中国信托业年鉴 2016—2017（下卷）

ALMANAC OF CHINA'S TRUSTEE

中国信托业协会　编

中国金融出版社

目　录
CONTENTS

下　卷

中国信托业 2016—2017

年鉴（下卷）

2016年度中国信托公司信息披露分析报告

2016 年度中国信托公司信息披露分析报告摘要

第一章　信托公司的基本信息

本章主要介绍了 68 家信托公司披露的公司基本信息、注册资本以及股东情况等。

第二章　信托公司年度报告的质量评价——关于审计报告

本章对信托公司被出具的审计报告类型及执行企业会计准则的情况进行分析，以此作为后面章节对信托公司进行分析的一个依据。

第三章　信托公司财务指标排行榜

本章列出信托公司 2016 年度的各项主要财务数据，并做简要的比较分析。

第四章　固有资产报表总体分析

本章将 68 家信托公司披露的 2016 年固有资产部分的会计报表（分为合并报表和母公司单体报表），包括资产负债表、利润表和所有者权益变动表，分别汇总成代表中国信托行业固有资产整体的汇总报表，以此来分析中国信托公司固有资产整体的财务状况和经营成果。

第五章　信托资产报表总体分析

本章将 68 家信托公司披露的 2016 年信托资产部分的会计报表，包括资产负债表和利润表，分别汇总成代表中国信托行业信托资产整体情况的汇总报表，以此来分析中国信托公司信托资产整体的财务状况和经营成果。

第六章　会计报表附注及其他项目的分析

本章分析了在会计报表附注部分披露的包括或有事项、自营资产风险分类、资产损失准备计提以及关联方关系及其交易等各项情况。同时，就信托公司 2016 年年报中对经营因素的认可情况作了详细的统计，以便于相关部门决策参考。

第七章　公司治理结构及人员结构

本章就信托公司的公司治理情况进行分析。

编制说明

2016 年纳入统计范围的信托公司和 2015 年一致，共计 68 家。

在进行《2016 年度中国信托公司信息披露分析报告》的编制过程中，关注到在 68 家信托公司披露的 2016 年度审计报告中，共有 11 家信托公司本年披露的期初净资产与上年披露的期末净资产不一致；10 家信托公司本年披露的上年净利润与上年披露的当年净利润不一致。在这些产生差异的公司中，有 4 家信托公司未披露导致比较报表年初数调整的原因。由于年鉴篇幅所限，不可能一一列示其差异产生的原因和数据调整过程，因此在计算本年各项指标排名时以信托公司本年披露的年初数为准，同时列报上年净资产数和上年净利润数，以供信息使用者参考。

在对 68 家信托公司报表进行汇总统计时，采用各公司的合并报表进行统计分析，同时注意到信托公司报表所采用的货币单位不一致，大部分公司使用万元为单位，部分公司使用元为单位。为便于汇总合并，我们统一以万元为单位，对于存量部分以元为单位的报表进行折算，由于折算差异可能造成部分表格的明细构成与合计数存在尾差。

今年，对第三章至第五章进行了较大的修正，主要包括资本实力、业务能力、盈利能力、信托理财能力和抗风险能力五个方面的指标，希望借此能建立更加合理的信托公司综合评价体系。

2016 年度中国信托公司信息披露分析报告

第一章　信托公司的基本信息

一、信息披露情况总览

本章主要介绍68家公司的基本情况，包括信托公司的基本信息、注册资本、股东情况等。

在银监会颁发的《信托投资公司信息披露管理暂行办法》的附件《年度报告内容与格式》中要求公司在重要提示及目录中刊登声明：本公司董事会及董事保证本报告所载资料不存在任何虚假记载、误导性陈述或者重大遗漏，并对其内容的真实性、准确性和完整性承担个别及连带责任。公司负责人、主管会计工作负责人及会计机构负责人（会计主管人员）应当声明：保证年度报告中财务报告的真实、完整。2016年所有68家信托公司披露的年度报告都作了这样的声明，因此之后进行的所有分析均是基于这样的假设：所有披露的信息内容都是真实、准确、完整的。

2016年68家信托公司固有业务中，44家明确披露已执行《企业会计准则》（2006年），21家披露已执行《企业会计准则》（2006年）及2014年新修订/颁布的《企业会计准则》，1家披露同时执行《企业会计准则》（2006年）和《金融负债与权益工具的区分及相关会计处理规定》（2014年），1家披露同时执行《企业会计准则》（2006年）和《信托业务会计核算办法》（2005年），1家披露同时执行《企业会计准则》和《金融企业会计制度》（2014年）。由于信托公司披露的年度报告没有统一的格式，使得部分公司财务报表格式存在较大的差异：有的公司采用了一般企业的财务报表披露格式，有的公司参考采用了银监会的财务报表格式，还有的公司根据自身业务的特点对相关报表格式进行了调整和补充，导致财务报表列示的科目差别较大，很难统一到一个格式中。为了使各公司的指标具有可比性，我们在统计这些数据时按照统一的口径作了适当的调整。

2016年信托公司财务报表涉及上年金额和本年金额的披露，部分公司对比较报表年初数进行了调整，但在2016年年报中未详细披露数据的调整过程。由于年鉴篇幅所限，无法一一列示其差异原因和数据调整过程，因此本报告中对于公司披露的2015年年末数与2016年年初数不一致的情况，以2016年年初数作为统计口径。

本报告所有的统计数据都是依据信托公司公开披露的2016年年报内容进行的。以下是信托公司披露的基本信息汇总分析。

（一）信托公司披露户数及其地区分布情况

表1-1-1　信托公司2014年、2015年、2016年披露户数比较

项目	2014年	2015年	2016年
披露户数	68	68	68

表1-1-2　披露的信托公司2014年、2015年、2016年在各省、自治区、直辖市分布情况

省份		北京	上海	广东	江苏	山东	陕西	安徽	福建	河南	辽宁	内蒙古	天津	浙江	重庆	甘肃	黑龙江
分布户数	2014年	11	7	5	4	2	3	2	2	2	1	2	2	5	2	1	1
	2015年	11	7	5	4	2	3	2	2	2	1	2	2	5	2	1	1
	2016年	11	7	5	4	2	3	2	2	2	1	2	2	5	2	1	1
省份		湖南	吉林	江西	山西	西藏	新疆	云南	河北	湖北	四川	贵州	广西	宁夏	青海	海南	合计
分布户数	2014年	1	1	2	1	1	2	1	1	2	2	1			1		68
	2015年	1	1	2	1	1	2	1	1	2	2	1			1		68
	2016年	1	1	2	1	1	2	1	1	2	2	1			1		68

信托公司位于北京的有11家，上海有7家，广东和浙江分别有5家，大部分省、自治区、直辖市分别有1~4家不等，广西、宁夏、海南3个省或自治区均没有信托公司。

（二）信托公司变更公司名称情况的披露

截至2016年12月31日，无公司更名。

（三）信托公司基本情况的披露

表1-1-3　披露的信托公司2016年基本情况

公司法定中文名称	公司形式	注册资本（万元）	法定代表人	注册地址	所在地
重庆国际信托股份有限公司	股份有限公司	1 280 000.00	翁振杰	重庆市渝北区龙溪街道金山路9号附7号	重庆
平安信托有限责任公司	有限责任公司	1 200 000.00	任汇川	广东省深圳市福田区益田路5033号平安金融中心27层（东北、西北、西南）、29层（东南、西南、西北）、31层（3120室、3122室）、32层、33层	广东
中信信托有限责任公司	有限责任公司	1 000 000.00	陈一松	北京市朝阳区新源南路6号京城大厦	北京
中国民生信托有限公司	有限公司	700 000.00	卢志强	北京市东城区建国门内大街28号民生金融中心C座19层	北京
华信信托股份有限公司	股份有限公司	660 000.00	董永成	辽宁大连市西岗区大公街34号	辽宁
华润深国投信托有限公司	有限公司	600 000.00	孟扬	广东省深圳市福田区中心四路1—1号嘉里建设广场第三座第10～12层	广东
中融国际信托有限公司	有限公司	600 000.00	刘洋	黑龙江省哈尔滨市南岗区嵩山路33号	黑龙江
新时代信托股份有限公司	股份有限公司	600 000.00	赵利民	内蒙古自治区包头市钢铁大街甲5号信托金融大楼	内蒙古
兴业国际信托有限公司	有限公司	500 000.00	杨华辉	福建省福州市鼓楼区五四路137号信和广场25～26层	福建
上海国际信托有限公司	有限公司	500 000.00	潘卫东	上海市九江路111号	上海
新华信托股份有限公司	股份有限公司	420 000.00	李桂林	重庆市江北区北城一路6号	重庆
华能贵诚信托有限公司	有限公司	420 000.00	李进	贵州省贵阳市金阳新区金阳南路6号购物中心商务楼一号楼24层5号、6号、7号	贵州
中航信托股份有限公司	股份有限公司	402 226.72	姚江涛	江西省南昌市红谷滩新区赣江北大道1号中航广场24～25层	江西
百瑞信托有限责任公司	有限责任公司	400 000.00	王振京	河南省郑州市郑东新区商务外环路10号中原广发金融大厦	河南
交银国际信托有限公司	有限公司	376 470.59	赵炯	湖北省武汉市江汉区建设大道847号瑞通广场B座16～17层	湖北
华宝信托有限责任公司	有限责任公司	374 400.00	王成然	上海市自由贸易试验区世纪大道100号环球金融中心59层	上海
中原信托有限公司	有限公司	365 000.00	黄曰珉	河南省郑州市商务外环路24号中国人保大厦	河南
四川信托有限公司	有限公司	350 000.00	牟跃	四川省成都市锦江区人民南路2段18号川信红照壁大厦	四川
光大兴陇信托有限责任公司	有限责任公司	341 819.05	闫桂军	甘肃省兰州市静宁路308号	甘肃
长安国际信托股份有限公司	股份有限公司	333 000.00	高成程	陕西省西安市高新区科技路33号高新国际商务中心23～24层	陕西
中铁信托有限责任公司	有限责任公司	320 000.00	郭敬辉	四川省成都市航空路1号国航世纪中心B座	四川
陕西省国际信托股份有限公司	股份有限公司	309 049.17	薛季民	陕西省西安市高新区科技路50号金桥国际广场C座	陕西
英大国际信托有限责任公司	有限责任公司	302 175.45	王剑波	北京市东城区建国门内大街乙18号院1号楼英大国际大厦4层	北京
中江国际信托股份有限公司	股份有限公司	300 505.00	裘强	江西省南昌市北京西路88号江信国际金融大厦	江西
安徽国元信托有限责任公司	有限责任公司	300 000.00	张彦	安徽省合肥市庐阳区宿州路20号	安徽
昆仑信托有限责任公司	有限责任公司	300 000.00	肖华	浙江省宁波市鄞州区和济街180号1幢24～27层	浙江
上海爱建信托有限责任公司	有限责任公司	300 000.00	周伟忠	上海市徐汇区肇嘉浜路746号3～8层	上海
陆家嘴国际信托有限公司	有限公司	300 000.00	常宏	山东省青岛市崂山区梅岭路29号综合办公楼1号818室	山东
广东粤财信托有限公司	有限公司	280 000.00	邓斌	广东省广州市越秀区东风中路481号粤财大厦9楼、14楼、40楼	广东
江苏省国际信托有限责任公司	有限责任公司	268 389.90	王树华	江苏省南京市长江路2号22～26层	江苏
渤海国际信托股份有限公司	股份有限公司	264 000.00	李光荣	河北省石家庄市新石中路377号B座22～23层	河北
中海信托股份有限公司	股份有限公司	250 000.00	黄晓峰	上海市蒙自路763号36楼	上海
中诚信托有限责任公司	有限责任公司	245 666.67	牛成立	北京市东城区安定门外大街2号	北京
紫金信托有限责任公司	有限责任公司	245 300.00	陈峥	江苏省南京市鼓楼区中山北路2号紫峰大厦30层	江苏
华融国际信托有限责任公司	有限责任公司	236 898.67	周道许	新疆维吾尔自治区乌鲁木齐市天山区中山路333号	新疆
厦门国际信托有限公司	有限公司	230 000.00	洪文瑾	福建省厦门市思明区展鸿路82号厦门金融中心大厦39～42层	福建
中粮信托有限责任公司	有限责任公司	230 000.00	邬小蕙	北京市朝阳区朝阳门南大街8号中粮福临门大厦11层	北京
北京国际信托有限公司	有限公司	220 000.00	李民吉	北京市朝阳区安立路30号院1号、2号楼	北京
中国对外经济贸易信托有限公司	有限公司	220 000.00	杨林	北京市西城区复兴门内大街28号凯晨世贸中心中座6层	北京
华鑫国际信托有限公司	有限公司	220 000.00	李长旭	北京市西城区宣武门内大街2号华电大厦B座11层	北京
中国金谷国际信托有限责任公司	有限责任公司	220 000.00	彭新	北京市西城区金融大街33号通泰大厦C座10层	北京
国投泰康信托有限公司	有限公司	219 054.55	叶柏寿	北京市西城区阜成门北大街2号楼16层、17层	北京
安信信托股份有限公司	股份有限公司	207 164.32	王少钦	上海市控江路1553～1555号A座3楼301室	上海
山东省国际信托股份有限公司	股份有限公司	200 000.00	王映黎	山东省济南市解放路166号	山东
五矿国际信托有限公司	有限公司	200 000.00	任珠峰	青海省青海生物科技产业园纬二路18号	青海
天津信托有限责任公司	有限责任公司	170 000.00	赵毅	天津市河西区围堤道125～127号天信大厦	天津

续表

公司法定中文名称	公司形式	注册资本(万元)	法定代表人	注册地址	所在地
中建投信托有限责任公司	有限责任公司	166 574. 00	杨金龙	浙江省杭州市教工路18号世贸丽晶城欧美中心1号楼(A座)18~19层C区,D区及1层C区103室、105室	浙江
吉林省信托有限责任公司	有限责任公司	159 659. 75	李 伟	吉林省长春市人民大街9889号	吉林
建信信托有限责任公司	有限责任公司	152 727. 00	杜亚军	安徽省合肥市九狮桥街45号	安徽
杭州工商信托股份有限公司	股份有限公司	150 000. 00	虞利明	浙江省杭州市江干区迪凯国际中心41层	浙江
西部信托有限公司	有限公司	150 000. 00	徐朝晖	陕西省西安市东新街232号	陕西
山西信托股份有限公司	股份有限公司	135 700. 00	刘叔肄	山西省太原市府西街69号	山西
万向信托有限公司	有限公司	133 900. 00	肖 风	浙江省杭州市下城区体育场路429号天和大厦4~6层及9~17层	浙江
国联信托股份有限公司	股份有限公司	123 000. 00	周卫平	江苏省无锡市滨湖区太湖新城金融一街8号国联金融大厦	江苏
东莞信托有限公司	有限公司	120 000. 00	黄晓雯	广东省东莞松山湖高新技术开发产业园区创新科技园2号楼	广东
湖南省信托有限责任公司	有限责任公司	120 000. 00	王双云	湖南省长沙市城南西路1号	湖南
苏州信托有限公司	有限公司	120 000. 00	袁维静	江苏省苏州市竹辉路383号	江苏
方正东亚信托有限责任公司	有限责任公司	120 000. 00	冯鹏熙	湖北省武汉市江汉区新华街296号汉江国际1栋1单元32~38层	湖北
北方国际信托股份有限公司	股份有限公司	100 099. 89	王建东	天津市经济技术开发区第三大街39号	天津
国民信托有限公司	有限公司	100 000. 00	杨小阳	北京市东城区安外西滨河路18号院1号	北京
西藏信托有限公司	有限公司	100 000. 00	苏生有	西藏自治区拉萨市经济开发区博达路1号阳光新城别墅区A7栋	西藏
云南国际信托有限公司	有限公司	100 000. 00	刘刚	云南省昆明市南屏街4号(云南国托大厦)	云南
大业信托有限责任公司	有限责任公司	100 000. 00	陈俊标	广东省广州市天河区体育西路191号中石化大厦B塔25层	广东
华澳国际信托有限公司	有限公司	60 000. 00	张宏	上海市自由贸易试验区花园石桥路33号花旗集团大厦1702室	上海
华宸信托有限责任公司	有限责任公司	57 200. 00	甄学军	内蒙古自治区呼和浩特市赛罕区如意西街23号	内蒙古
中泰信托有限责任公司	有限责任公司	51 660. 00	吴庆斌	上海市中华路1600号黄浦中心大厦17楼、18楼	上海
浙商金汇信托股份有限公司	股份有限公司	50 000. 00	蓝翔	浙江省杭州市庆春路199号6-8楼	浙江
长城新盛信托有限责任公司	有限责任公司	30 000. 00	周礼耀	新疆维吾尔自治区乌鲁木齐经济技术开发区卫星路475号紫金矿业研发大厦A座11层	新疆

表1-1-4 披露的信托公司2016年基本情况(续)

公司简称	邮编	网址	电子信箱	负责信息披露事务人姓名	年度审计报告出具日期	披露媒体
爱建信托	200030	www. ajxt. com. cn	ajmail-1@ajfc. com. cn	李洋洋	2017年3月20日	《上海证券报》
安信信托	200001	www. anxintrust. com	600816@anxintrust. com	武国建	2017年1月24日	《中国证券报》《上海证券报》《证券时报》
百瑞信托	450018	www. brxt. net	brxt@brxt. net	王克槿	2017年3月23日	《上海证券报》
北方信托	300457	www. nitic. cn	wanghui@nitic. cn	王辉	2017年3月28日	《证券时报》
北京信托	100012	www. bjitic. com	webmaster@bjitic. com	夏彬	2017年2月23日	《上海证券报》《金融时报》
渤海信托	50090	www. bohaitrust. com	l-chen2@bohaitrust. com	马建军	2017年2月16日	《证券时报》
大业信托	510620	www. dytrustee. com	info@dytrustee. com	汪鑫	2017年3月17日	《金融时报》
东莞信托	523808	www. dgxt. com	bgs@dgxt. com	陈贺健	2017年3月20日	《证券时报》
方正东亚	430000	www. fd-trust. com	info@fd-trust. com	田野	2017年3月16日	《金融时报》
光大兴陇信托	730030	www. ebtrust. com	contact@ebtrust. com	黄智洋	2017年4月13日	《证券时报》
国联信托	214131	www. gltic. com. cn	gltic@gltic. com. cn	李倩	2017年3月22日	《金融时报》
国民信托	100011	www. natrust. cn	info@natrust. cn	付然	2017年4月19日	《上海证券报》
国投泰康信托	100034	www. sdictrust. com. cn	sdictrust@sdic. com. cn	李涛	2017年3月14日	《证券时报》
国元信托	230001	www. gyxt. com. cn	xtbgs@gyxt. com. cn	虞焰智	2017年4月21日	《证券时报》
杭州工商信托	310016	www. hztrust. com	hztrust@hztrust. com	张锐	2017年4月27日	《证券时报》
湖南信托	410015	www. huntic. com	huntic@huntic. com	张仁兴	2017年3月10日	《证券时报》
华澳信托	200120	www. huaao-trust. com	enquiry@huaao-trust. com	吕林荫	2017年3月20日	《证券时报》
华宝信托	200120	www. hwabaotrust. com	hbservice@hwabaotrust. com	张晓喆	2017年3月29日	《中国证券报》《证券时报》《上海证券报》
华宸信托	010011	www. hctrust. cn	hctrust@hctrust. cn	晋军	2017年3月20日	《证券时报》
华能信托	550022	www. hngtrust. com	public@hngtrust. com	王卓	2017年2月22日	《金融时报》
华融信托	830002	www. huarongtrust. com. cn	hrxt@chamc. com. cn	彭鹏	2017年3月23日	《证券时报》
华润信托	518048	www. crctrust. com	crctrust@crctrust. com	李巍巍	2017年4月24日	《证券时报》《中国证券报》《上海证券报》

续表

公司简称	邮编	网址	电子信箱	负责信息披露事务人姓名	年度审计报告出具日期	披露媒体
华鑫信托	100031	www. cfitc. com	hxxt@ cfitc. com	李扬建	2017 年 3 月 15 日	《金融时报》
华信信托	116011	www. huaxintrust. com	huaxin@ hxtic. cn	叶凌风	2017 年 3 月 28 日	《金融时报》《中国证券报》《证券时报》
吉林信托	130022	www. jptic. com. cn	jptic@ jptic. com. cn	曹轩	2017 年 4 月 6 日	《上海证券报》
建信信托	230001	www. ccbtrust. com. cn	jxxt@ ccbtrust. com. cn	王金生	2017 年 4 月 26 日	《金融时报》
江苏信托	210005	www. jsitc. net	jsitc@ jsitc. net	胡军	2017 年 3 月 28 日	《经济日报》
交银国际信托	430015	www. bocommtrust. com	jygx@ bocommtrust. com	赵德刚	2017 年 3 月 10 日	《金融时报》《上海证券报》《证券时报》
金谷信托	100033	www. jingutrust. com	wangchong@ cindamc. com. cn	王崇	2017 年 3 月 28 日	《金融时报》
昆仑信托	315042	www. kunluntrust. com	klinfo@ cnpc. com. cn	黄志斌	2017 年 4 月 25 日	《金融时报》
陆家嘴信托	266061	www. ljzitc. com. cn	ljzxt@ ljzitc. com. cn	浦凤丹	2017 年 4 月 17 日	《上海证券报》
平安信托	518033	www. pingan. com	Pub_PATMB@ pingan. com. cn	顾攀	2017 年 3 月 28 日	《证券时报》《中国证券报》《上海证券报》《证券日报》《金融时报》
厦门国际信托	361008	www. xmitic. com	master@ xmitic. com	李自成	2017 年 2 月 28 日	《证券时报》
山东信托	250013	www. sitic. com. cn	zhb@ sitic. com. cn	贺创业	2017 年 4 月 25 日	《上海证券报》
山西信托	030002	www. sxxt. net	websxxt@ sxgt. net	陈强	2017 年 4 月 7 日	《金融时报》
陕国投	710075	www. siti. com. cn	sgtdm@ siti. com. cn	孙一娟	2017 年 3 月 3 日	《中国证券报》《证券时报》
上海信托	200002	www. shanghaitrust. com	info@ shanghaitrust. com	吴海波	2017 年 4 月 18 日	《上海证券报》
四川信托	610016	www. schtrust. com	schtrust@ schtrust. com	陈洪亮	2017 年 4 月 20 日	《金融时报》《中国证券报》《上海证券报》
苏州信托	215007	www. trustsz. com	sztic@ trustsz. com	张言	2017 年 4 月 10 日	《经济日报》
天津信托	300074	www. tjtrust. com	office@ tjtrust. com	韩立新	2017 年 3 月 28 日	《金融时报》
外贸信托	100031	www. fotic. com. cn	fotic@ sinochem. com	张一冰	2017 年 3 月 31 日	《上海证券报》
万向信托	310006	www. wxtrust. com	wxtrust@ wxtrust. com	陆炯	2017 年 1 月 6 日	《证券时报》
五矿信托	810003	www. mintrust. com	mintrust－fortune@ mintrust. com	蔡琦	2017 年 3 月 21 日	《金融时报》
西部信托	710004	www. wti－xa. com	wti－xa@ wti－xa. com	齐冰	2017 年 2 月 10 日	《证券时报》
西藏信托	850000	www. ttco. cn	wujy@ ttco. cn	荀诗敏	2017 年 2 月 20 日	《上海证券报》
新华信托	400023	www. nct－china. com	service@ nct－china. com	姜志暤	2017 年 4 月 27 日	《上海证券报》
新时代信托	014030	www. xsdxt. com	xsdxt@ xsdxt. com	陈永利	2017 年 3 月 30 日	《证券日报》
兴业信托	350003	www. ciit. com. cn	contact@ ciit. com. cn	杨刚强	2017 年 3 月 31 日	《上海证券报》《证券时报》
英大信托	100005	www. yditc. sgcc. com. cn	yditc@ yditc. sgcc. com. cn	乔发栋	2017 年 3 月 20 日	《金融时报》
粤财信托	510045	www. utrusts. com	wealth@ utrust. cn	陈韶辉	2017 年 3 月 23 日	《金融时报》《证券时报》
云南信托	650021	www. yntrust. com	ynxt@ yntrust. com	舒广	2017 年 3 月 20 日	《金融时报》
长安信托	710075	www. caitc. cn	lilunjia@ caitc. cn	李伦佳	2017 年 3 月 24 日	《上海证券报》《金融时报》
长城新盛信托	830026	www. gwxstrust. com	gwxs@ gwxstrust. com	孟 庄	2017 年 3 月 16 日	《上海证券报》
浙金信托	310006	www. zhejintrust. com	zjtrust@ zjtrust. com	戴俊	2017 年 4 月 23 日	《金融时报》《证券时报》《中国证券报》《上海证券报 》
中诚信托	100013	www. cctic. com. cn	contactus@ cctic. com. cn	魏青	2017 年 4 月 27 日	《金融时报》
中国民生信托	100005	www. msxt. com	minshengtrust@ msxt. com	王彤	2017 年 4 月 18 日	《金融时报》《证券时报》
中海信托	200023	www. zhtrust. com	service@ zhtrust. com	刘显忠	2017 年 2 月 22 日	《中国证券报》《证券时报》《上海证券报》
中航信托	330038	www. avictc. com	zhxt@ avictc. com	罗国华	2017 年 3 月 6 日	《金融时报》《证券时报》
中建投信托	310012	www. jictrust. cn	gs_zh@ jictrust. cn	刘屹	2017 年 3 月 27 日	《证券时报》
中江信托	330046	www. jxi. cn	yqh－jx@ 163. com	钟镰斧	2017 年 3 月 31 日	《上海证券报》
中粮信托	100020	www. cofco－trust. com	zhangyu1@ cofco. com	辛伟	2017 年 3 月 31 日	《金融时报》
中融信托	150090	www. zritc. com	Zritc @ zritc. com	游宇	2017 年 3 月 23 日	《金融时报》《上海证券报》
中泰信托	200021	www. zhongtaitrust. com	zhongtai@ zhongtaitrust. com	李颖	2017 年 4 月 12 日	《证券时报》《上海证券报》《金融时报》
中铁信托	610041	www. crtrust. com	crtc@ crtrust. com	陈赤	2017 年 4 月 14 日	《证券时报》
中信信托	100004	www. trust. ecitic. com	citict@ citic. com	王道远	2017 年 3 月 16 日	《金融时报》
中原信托	450016	www. zyxt. com. cn	info@ zyxt. com. cn	刘 飞	2017 年 3 月 28 日	《证券时报》
重庆信托	401147	www. cqitic. com	cqitic@ cqitic. com	吕维	2017 年 3 月 30 日	《上海证券报》《证券时报》
紫金信托	210008	www. zjtrust. com. cn	bgs@ zjtrust. com. cn	高晓俊	2017 年 2 月 8 日	《证券时报》

（四）信托公司董事会、监事会及高管对年报意见的披露

1. 董事会对年报意见的披露

根据银监会颁发的《信托投资公司信息披露管理暂行办法》的附件《年度报告内容与格式》，要求公司在重要提示及目录中刊登声明：本公司董事会及董事保证本报告所载资料不存在任何虚假记载、误导性陈述或者重大遗漏，并对其内容的真实性、准确性和完整性承担个别及连带责任。68 家董事均按要求作了声明保证。

2. 监事会对年报意见的披露

根据银监会颁发的《信托投资公司信息披露管理暂行办法》的附件《年度报告内容与格式》，要求公司监事会应当对本公司依法运作情况、财务报告是否真实反映公司的财务状况和经营成果等发表独立意见。2016 年年报中 68 家信托公司的监事会均发表了相关意见，认为公司依法运作、财务报告真实反映了公司的财务状况和经营成果。

3. 高管对年报意见的披露

根据银监会颁发的《信托投资公司信息披露管理暂行办法》的附件《年度报告内容与格式》，要求公司负责人、主管会计工作负责人及会计机构负责人（会计主管人员）应当声明：保证年度报告中财务报告的真实、完整。68 家公司均按要求完整披露了高管发表的声明。

（五）信托公司重大事项临时公告的披露

表 1－1－5　披露的信托公司 2016 年临时公告情况

公司简称	期内临时报告的披露次数	公司简称	期内临时报告的披露次数
陕国投	87	紫金信托	1
安信信托	49	中国民生信托	1
百瑞信托	6	北方信托	—
湖南信托	6	北京信托	—
东莞信托	5	国联信托	—
平安信托	5	杭州工商信托	—
新华信托	5	建信信托	—
云南信托	4	华宝信托	—
国投泰康信托	3	吉林信托	—
长安信托	3	江苏信托	—
西部信托	3	中江信托	—
华润信托	3	兴业信托	—
新时代信托	3	山东信托	—
国元信托	2	上海信托	—
中铁信托	2	华融信托	—
光大兴陇信托	2	苏州信托	—
昆仑信托	2	天津信托	—
山西信托	2	西藏信托	—
厦门国际信托	2	英大信托	—
中诚信托	2	中信信托	—
中海信托	2	重庆信托	—
方正东亚	2	渤海信托	—
粤财信托	1	中建投信托	—
国民信托	1	华能信托	—
华宸信托	1	浙金信托	—
华信信托	1	爱建信托	—
外贸信托	1	中航信托	—
中融信托	1	华澳信托	—
中泰信托	1	金谷信托	—
中原信托	1	陆家嘴信托	—
交银国际信托	1	五矿信托	—
大业信托	1	中粮信托	—
华鑫信托	1	长城新盛信托	—
四川信托	1	万向信托	—

《信托投资公司信息披露管理暂行办法》第十八条规定：

信托投资公司发生重大事项，应当制作重大事项临时报告并向社会披露。重大事项包括（但不限于）下列情况：（一）公司第一大股东变更及原因；（二）公司董事长、总经理变动及原因；（三）公司董事报告期内累计变更超过 50%；（四）信托经理和信托业务人员报告期内累计变更超过 30%；（五）公司章程、注册资本、注册地和公司名称的变更；（六）公司合并、分立、解散等事项；（七）公司更换为其审计的会计师事务所；（八）公司更换为其服务的律师事务所；（九）法律法规规定的其他重要事项。

上述信托公司中，陕国投披露了 87 次公告，安信信托披露了 49 次公告，34 家公司分别披露了 1 ~6 次不等的临时公告，32 家公司期内无临时公告。

二、信托公司实收资本及股东情况

（一）信托公司实收资本及股东 2015 年、2016 年的综合变动情况分析

从整体来说，信托公司平均注册资本 2016 年较 2015 年增加了 53 184. 00 万元，增幅为 21. 57%，平均股东家数较上年略有减少，平均持股 10% 以上的股东家数与上年持平，第一大股东平均持股比例略有增加，第二大股东平均持股比例略有减少，第三大股东平均持股比例略有减少。应当来说，股本增加而股权构成基本稳定，说明股东对信托公司的发展充满信心。信托公司 2015 年、2016 年注册资本及股东综合情况详见表 1 -2 -1。

表 1 -2 -1　信托公司 2015 年、2016 年注册资本及股东综合情况

项　　目	2015 年末	2016 年末	增减变动
平均注册资本（万元）	246 546. 01	299 730. 01	53 184. 00
平均股东家数	5. 76	5. 59	-0. 17
平均持股 10% 以上股东家数	2. 18	2. 10	-0. 07
第一大股东平均持股比例（%）	63. 15	64. 24	1. 10
第二大股东平均持股比例（%）	20. 45	19. 95	-0. 50
第三大股东平均持股比例（%）	10. 35	9. 31	-1. 04

注：1. 2015 年末披露的信托公司共 68 家。计算平均股东数时不包括安信信托和陕国投两家上市公司，共采用 66 家数据进行平均计算；计算平均持股 10% 以上股东数时各家全部披露，共采用 68 家数据进行平均计算；2015 年末第一大股东平均持股比例计算的基数是 68 家信托公司的平均数据，第二大股东平均持股比例计算的基数是 67 家信托公司的平均数据，第三大股东平均持股比例计算的基数是 49 家信托公司的平均数据。

2. 2016 年末披露的信托公司共 68 家。计算平均股东数时不包括安信信托和陕国投两家上市公司，共采用 66 家数据进行平均计算；计算平均持股 10% 以上股东数时各家全部披露，共采用 68 家数据进行平均计算；2016 年末第一大股东平均持股比例计算的基数是 68 家信托公司的平均数据，第二大股东平均持股比例计算的基数是 67 家信托公司的平均数据，第三大股东平均持股比例计算的基数是 46 家信托公司的平均数据。

2016 年末平均股本比 2015 年末增加了 56 713. 41 万元，达到了 299 730. 01 万元。超过平均股本的公司有 28 家，占全部 68 家公司的 67. 98%，低于平均注册资本的公司占 32. 02%，说明部分信托公司的规模与上年相比已有所扩大。信托公司 2015 年、2016 年股本情况详见表 1 -2 -2。信托公司注册资本变动情况明细详见表 1 -2 -3。

表 1 -2 -2　信托公司 2015 年、2016 年股本情况（按 2016 年末股本数进行排序）

排名	公司简称	上期股本（万元）	股本增加	股本减少	本期股本（万元）	排名	公司简称	上期股本（万元）	股本增加	股本减少	本期股本（万元）
1	重庆信托	1 280 000. 00	—	—	1 280 000. 00	18	四川信托	250 000. 00	100 000. 00	—	350 000. 00
2	平安信托	1 200 000. 00	—	—	1 200 000. 00	19	光大兴陇信托	101 819. 05	240 000. 00	—	341 819. 05
3	中信信托	1 000 000. 00	—	—	1 000 000. 00	20	长安信托	134 602. 29	198 397. 71	—	333 000. 00
4	中国民生信托	300 000. 00	400 000. 00	—	700 000. 00	21	中铁信托	320 000. 00	—	—	320 000. 00
5	华信信托	330 000. 00	330 000. 00	—	660 000. 00	22	陕国投	154 524. 59	154 524. 59	—	309 049. 17
6	华润信托	263 000. 00	337 000. 00	—	600 000. 00	23	英大信托	302 175. 45	—	—	302 175. 45
7	中融信托	600 000. 00	—	—	600 000. 00	24	中江信托	115 578. 91	184 926. 09	—	300 505. 00
8	新时代信托	120 000. 00	480 000. 00	—	600 000. 00	25	国元信托	200 000. 00	100 000. 00	—	300 000. 00
9	兴业信托	500 000. 00	—	—	500 000. 00	26	昆仑信托	300 000. 00	—	—	300 000. 00
10	上海信托	245 000. 00	255 000. 00	—	500 000. 00	27	爱建信托	300 000. 00	—	—	300 000. 00
11	新华信托	420 000. 00	—	—	420 000. 00	28	陆家嘴信托	300 000. 00	—	—	300 000. 00
12	华能信托	300 000. 00	120 000. 00	—	420 000. 00	29	粤财信托	150 000. 00	130 000. 00	—	280 000. 00
13	中航信托	168 648. 52	233 578. 20	—	402 226. 72	30	江苏信托	268 389. 90	—	—	268 389. 90
14	百瑞信托	300 000. 00	100 000. 00	—	400 000. 00	31	渤海信托	200 000. 00	64 000. 00	—	264 000. 00
15	交银国际信托	376 470. 59	—	—	376 470. 59	32	中海信托	250 000. 00	—	—	250 000. 00
16	华宝信托	374 400. 00	—	—	374 400. 00	33	中诚信托	245 666. 67	—	—	245 666. 67
17	中原信托	250 000. 00	115 000. 00	—	365 000. 00	34	紫金信托	120 000. 00	125 300. 00	—	245 300. 00

续表

排名	公司简称	上期股本（万元）	股本增加	股本减少	本期股本（万元）	排名	公司简称	上期股本（万元）	股本增加	股本减少	本期股本（万元）
35	华融信托	198 288.63	38 610.04	—	236 898.67	53	万向信托	133 900.00	—	—	133 900.00
36	厦门国际信托	230 000.00	—	—	230 000.00	54	国联信托	123 000.00	—	—	123 000.00
37	中粮信托	230 000.00	—	—	230 000.00	55	东莞信托	120 000.00	—	—	120 000.00
38	北京信托	220 000.00	—	—	220 000.00	56	湖南信托	120 000.00	—	—	120 000.00
39	外贸信托	220 000.00	—	—	220 000.00	57	苏州信托	120 000.00	—	—	120 000.00
40	华鑫信托	220 000.00	—	—	220 000.00	58	方正东亚	120 000.00	—	—	120 000.00
41	金谷信托	220 000.00	—	—	220 000.00	59	北方信托	100 099.89	—	—	100 099.89
42	国投泰康信托	219 054.55	—	—	219 054.55	60	国民信托	100 000.00	—	—	100 000.00
43	安信信托	176 988.98	30 175.34	—	207 164.32	61	西藏信托	50 000.00	50 000.00	—	100 000.00
44	山东信托	200 000.00	—	—	200 000.00	62	云南信托	100 000.00	—	—	100 000.00
45	五矿信托	200 000.00	—	—	200 000.00	63	大业信托	30 000.00	70 000.00	—	100 000.00
46	天津信托	170 000.00	—	—	170 000.00	64	华澳信托	60 000.00	—	—	60 000.00
47	中建投信托	166 574.00	—	—	166 574.00	65	华宸信托	57 200.00	—	—	57 200.00
48	吉林信托	159 659.75	—	—	159 659.75	66	中泰信托	51 660.00	—	—	51 660.00
49	建信信托	152 727.00	—	—	152 727.00	67	浙金信托	50 000.00	—	—	50 000.00
50	杭州工商信托	150 000.00	—	—	150 000.00	68	长城新盛信托	30 000.00	—	—	30 000.00
51	西部信托	150 000.00	—	—	150 000.00		平均数	243 016.60	56 713.41	—	299 730.01
52	山西信托	135 700.00	—	—	135 700.00		合计数	16 525 128.76	3 856 511.97	—	20 381 640.73

注:68 家信托公司的股本 2016 年比 2015 年总体增加了 3 856 511.97 万元。其中,增资最大的是新时代信托,增加了 480 000.00 万元。

表 1-2-3 信托公司注册资本变动情况明细

公司简称	上期股本（万元）	本期股本（万元）	增减变动（万元）	注册资本变动原因
国元信托	200 000.00	300 000.00	100 000.00	报告期内,经公司 2015 年度股东会审议批准,公司注册资本由 20 亿元变更为 30 亿元。此项变更经安徽银监局审查核准,并于 2016 年 10 月 19 日完成了工商注册变更登记。
安信信托	176 988.98	207 164.32	30 175.34	安信信托股份有限公司（以下简称公司）经中国证券监督管理委员会《关于核准安信信托股份有限公司非公开发行股票的批复》（证监许可[2016]2956 号）核准,公司完成了向特定对象非公开发行 301 753 323 股新股。本次非公开发行完成后,公司股份总数由 1 769 889 828 股增加至 2 071 643 151 股,注册资本增至 2 071 643 151 元。2017 年 1 月,公司办理完成注册资本变更登记,并取得了上海市工商行政管理局换发的营业执照。本次工商变更完成后,公司注册资本变更为 207 164.3151 万元,其余登记事项不变。
百瑞信托	300 000.00	400 000.00	100 000.00	2016 年 10 月,公司 2016 年度第五次股东会（临时）会议审议通过《关于增加注册资本的议案》,各股东共同出资 10 亿元,注册资本增至 40 亿元。2016 年 12 月,河南银监局向公司下发《关于同意百瑞信托有限责任公司变更注册资本的批复》（豫银监复[2016]373 号）,同意注册资本增至 40 亿元。当月,公司完成验资、章程备案、外商投资企业批准证书登记变更与工商登记变更等程序,并在《上海证券报》第 104 版进行信息披露。
光大兴陇信托	101 819.05	341 819.05	240 000.00	2015 年 12 月 28 日,根据中国银行业监督管理委员会《中国银监会甘肃监管局关于光大兴陇信托有限责任公司增加公司注册资本金的批复》（甘银监复[2015]348 号）,公司采取原股东等比例一次性增资方式,将公司注册资本金从 101 819.05 万元增至 341 819.05 万元,并于 2016 年 2 月 26 日在甘肃省工商局完成了工商变更登记法律手续。
华宝信托	374 400.00	374 400.00	—	本报告期内公司股东宝钢集团有限公司变更为中国宝武钢铁集团有限公司,法定代表人由徐乐江变更为马国强。
上海信托	245 000.00	500 000.00	255 000.00	本公司 2016 年 7 月经股东会作出决议增加注册资本 25.5 亿元,由所有股东同比例增资。2016 年 10 月经上海银监局（沪银监复[2016]463 号）文批复同意,公司注册资本由 24.5 亿元增至 50 亿元,原有股东及股权比例保持不变。公司于 2016 年 11 月 14 日完成增加注册资本的工商变更登记,并由上会会计师事务所出具（上会师报字[2016]第 4988 号）验资报告。
华融信托	198 288.63	236 898.67	38 610.04	经华融信托股东会决议,并经中国银监会新疆监管局《关于华融国际信托有限责任公司变更注册资本及调整股权结构的批复》（新银监复[2016]115 号）的批准,本公司于 2016 年 9 月 28 日收到中国华融资产管理股份有限公司缴纳的新增注册资本 38 610 万元,本公司注册资本由 198 288.63 万元增加至 236 898.67 万元。同年,公司章程相关条款作相应修改,并于 2016 年 11 月 11 日完成工商变更登记手续。本次增资后,本公司股权结构变更为中国华融资产管理股份有限公司,出资 233 102.71 万元,占比 98.40%;新疆凯迪投资有限责任公司出资 2 245万元,占比 0.95%;新疆恒合投资股份有限公司出资 1 550.96 万元,占比 0.65%。

续表

公司简称	上期股本（万元）	本期股本（万元）	增减变动（万元）	注册资本变动原因
天津信托	170 000.00	170 000.00	—	天津信托有限责任公司2016年股东会第2次会议审议通过了《关于同意天津信托有限责任公司增加资本金的决议》。一致同意公司提出增加资本金的需求，在现有资本金17亿元的基础上再增资1.7亿元，使公司注册资本金达到18.7亿元。有关增加资本的申请批复正在进行中。
长安信托	134 602.29	333 000.00	198 397.71	2016年2月1日，经中国银行业监督管理委员会陕西监管局《关于长安国际信托股份有限公司变更注册资本的批复》（陕银监复[2016]4号）批准，公司注册资本由1 346 022 857元增至33.3亿元。2016年2月5日，公司完成增加注册资本的工商变更登记。
西藏信托	50 000.00	100 000.00	50 000.00	经《西藏银监局关于西藏信托有限公司利润转增注册资本的批复》（藏银监复[2016]22号）批准，公司于2016年6月增加注册资本至10亿元，增资完成后，西藏自治区财政厅出资金额为8亿元，出资比例为80%，西藏自治区投资有限公司出资金额为2亿元，出资比例为20%。
华润信托	263 000.00	600 000.00	337 000.00	报告期内，注册资本由26.3亿元增至60亿元，公司未发生注册地、名称变更或分立合并事项。
华信信托	330 000.00	660 000.00	330 000.00	报告期内注册资本由33亿元增至66亿元。
中原信托	250 000.00	365 000.00	115 000.00	2016年12月19日，中国银行业监督管理委员会河南监管局批复同意增资扩股方案（豫银监复[2016]425号）；12月27日，在河南省工商局取得新营业执照；12月28日，在《证券时报》B1版披露《中原信托有限公司关于增加注册资本及调整股权结构的公告》，标志着增资扩股工作全面完成，注册资本金从25亿元增至36.5亿元。
渤海信托	200 000.00	264 000.00	64 000.00	公司于2016年9月26日向河北银监局报送了《渤海国际信托股份有限公司关于变更注册资本的请示》（渤海信托[2016]150号），2016年10月14日河北银监局向公司下发了《河北银监局关于渤海国际信托股份有限公司变更注册资本变更股权及调整股权结构的批复》（冀银监复[2016]236号），同意公司的注册资本由200 000万元增至360 000万元。
华能信托	300 000.00	420 000.00	120 000.00	截至2016年末，公司注册资本由30亿元增至42亿元。
新时代信托	120 000.00	600 000.00	480 000.00	2016年8月，公司注册资本由120 000万元变更为600 000万元。
中航信托	168 648.52	402 226.72	233 578.20	本报告期内，经江西银监局核准，公司实施资本公积、未分配利润转增注册资本，注册资本由168 648.52万元增至402 226.7202万元，股东持股比例不变，中航投资控股有限公司持有公司321 786.0603万股，华侨银行有限公司持有公司80 440.6599万股。
大业信托	30 000.00	100 000.00	70 000.00	2016年3月30日，公司股东会2015年度会议审议通过了《关于公司增资扩股及2015年度利润分配方案的议案》，拟以未分配利润转增资本70 000万元，使转增后的公司注册资本达到100 000万元。2016年12月19日，中国银行业监督管理委员会广东监管局下发了《关于大业信托责任有限公司变更注册资本的批复》（粤银监复[2016]448号），批准公司以未分配利润转增资本70 000万元，使转增后的公司注册资本达到100 000万元。
四川信托	250 000.00	350 000.00	100 000.00	经公司2015年度股东会决议，并经《中国银监会四川监管局关于四川信托有限公司变更注册资本的批复》（川银监复[2016]290号）批准，公司的注册资本由25亿元增至35亿元。
紫金信托	120 000.00	245 300.00	125 300.00	2016年7月4日，经中国银监会江苏监管局批准《中国银监会江苏监管局关于紫金信托有限责任公司增加注册资本及修改公司章程的批复》（苏银监复[2016]150号），公司注册资本由12亿元增至24.53亿元，并于8月18日完成了工商变更登记及备案。
中国民生信托	300 000.00	700 000.00	400 000.00	2016年3月29日，公司注册资本由30亿元增至70亿元。公司完成了工商注册变更登记程序，并取得新换发的营业执照。

（二）信托公司年末股东和大股东情况分析

表1-2-4　披露的信托公司2016年年末股东数量及持股比例10%以上股东数汇总

公司简称	股东家数	其中：持股比例10%以上股东家数	公司简称	股东家数	其中：持股比例10%以上股东家数
国元信托	7	2	新华信托	6	4
安信信托	上市公司	1	华润信托	2	2
百瑞信托	8	3	华信信托	20	3
北方信托	27	2	英大信托	6	1
北京信托	10	4	云南信托	6	4
中铁信托	17	1	中诚信托	15	3
东莞信托	6	1	外贸信托	2	1
光大兴陇信托	4	2	中海信托	2	1
粤财信托	2	1	中融信托	4	3
国联信托	5	1	中泰信托	6	3
国民信托	4	4	中信信托	2	2

续表

公司简称	股东家数	其中：持股比例10%以上股东家数	公司简称	股东家数	其中：持股比例10%以上股东家数
国投泰康信托	4	3	中原信托	4	3
杭州工商信托	9	2	重庆信托	5	2
建信信托	3	2	渤海信托	2	2
湖南信托	2	1	交银国际信托	2	2
华宝信托	2	1	中建投信托	2	1
吉林信托	5	1	华能信托	9	2
江苏信托	4	1	浙金信托	3	2
中江信托	14	3	爱建信托	3	1
兴业信托	6	1	新时代信托	4	3
华宸信托	6	3	中航信托	2	2
昆仑信托	3	2	华澳信托	2	2
平安信托	2	1	大业信托	3	3
山东信托	6	2	方正东亚	3	3
山西信托	3	1	华鑫信托	2	2
陕国投	上市公司	2	金谷信托	3	1
上海信托	3	1	陆家嘴信托	3	3
华融信托	3	1	四川信托	10	3
苏州信托	3	3	五矿信托	4	2
天津信托	5	2	中粮信托	3	2
长安信托	7	4	紫金信托	5	3
西部信托	24	1	长城新盛信托	4	3
西藏信托	2	2	中国民生信托	6	2
厦门国际信托	3	3	万向信托	5	2
			平均数	5.59	2.10

注：计算股东平均数时上市公司未包含在内。

50家信托公司的第一大股东持股比例超过了50%，处于绝对控股地位。披露的信托公司2016年末第一大股东的持股比例排序，详见表1-2-5。

表1-2-5　披露的信托公司2016年末第一大股东的持股比例排序

排名	公司简称	第一大股东名称	持股比例(%)	第一大股东性质
1	平安信托	中国平安保险(集团)股份有限公司	99.88	股份有限公司
2	爱建信托	上海爱建集团股份有限公司	99.33	股份有限公司
3	华融信托	中国华融资产管理股份有限公司	98.40	股份有限公司
4	粤财信托	广东粤财投资控股有限公司	98.14	有限公司
5	华宝信托	中国宝武钢铁集团有限公司	98.00	有限公司
6	吉林信托	吉林省财政厅	97.50	机关法人
7	上海信托	上海浦东发展银行股份有限公司	97.33	股份有限公司
8	外贸信托	中国中化股份有限公司	96.22	股份有限公司
9	湖南信托	湖南财信投资控股有限责任公司	96.00	有限责任公司
10	中海信托	中国海洋石油总公司	95.00	有限公司
11	金谷信托	中国信达资产管理股份有限公司	92.29	股份有限公司
12	山西信托	山西金融投资控股集团有限公司	90.70	有限公司
13	中建投信托	中国建银投资有限责任公司	90.05	有限责任公司
14	交银国际信托	交通银行股份有限公司	85.00	股份有限公司
15	英大信托	国网英大国际控股集团有限公司	84.55	有限公司
16	中国民生信托	武汉中央商务区建设投资股份有限公司	82.71	股份有限公司
17	昆仑信托	中油资产管理有限公司	82.18	有限公司
18	江苏信托	江苏国信股份有限公司	81.49	股份有限公司
19	中航信托	中航投资控股有限公司	80.00	有限公司
20	西藏信托	西藏自治区财政厅	80.00	机关法人
21	厦门国际信托	厦门金圆金控股份有限公司	80.00	股份有限公司
22	中信信托	中国中信股份有限公司	80.00	股份有限公司

续表

排名	公司简称	第一大股东名称	持股比例(%)	第一大股东性质
23	中铁信托	中国中铁股份有限公司	78.91	股份有限公司
24	万向信托	中国万向控股有限公司	76.50	有限公司
25	中粮信托	中粮资本投资有限公司	76.01	有限公司
26	东莞信托	东莞金融控股集团有限公司	73.50	有限公司
27	兴业信托	兴业银行股份有限公司	73.00	股份有限公司
28	陆家嘴信托	上海陆家嘴金融发展有限公司	71.61	有限公司
29	苏州信托	苏州国际发展集团有限公司	70.01	有限公司
30	华能信托	华能资本服务有限公司	67.58	有限公司
31	方正东亚	武汉金融控股(集团)有限公司	67.51	有限公司
32	建信信托	中国建设银行股份有限公司	67.00	股份有限公司
33	重庆信托	重庆国信投资控股有限公司	66.99	有限公司
34	五矿信托	五矿资本控股有限公司	66.00	有限公司
35	国联信托	无锡市国联发展(集团)有限公司	65.85	有限公司
36	山东信托	山东省鲁信投资控股集团有限公司	63.02	有限公司
37	渤海信托	海航资本集团有限公司	60.22	有限公司
38	紫金信托	南京紫金投资集团有限责任公司	60.01	有限责任公司
39	新时代信托	新时代远景(北京)投资有限公司	58.54	有限公司
40	杭州工商信托	杭州市金融投资集团有限公司	57.99	有限公司
41	西部信托	陕西省电力建设投资开发公司	57.78	有限公司
42	浙金信托	浙江省国际贸易集团有限公司	56.00	有限公司
43	国投泰康信托	国投资本控股有限公司	55.00	有限公司
44	安信信托	上海国之杰投资发展有限公司	52.44	有限公司
45	天津信托	天津海泰控股集团有限公司	51.58	有限公司
46	光大兴陇信托	中国光大集团股份公司	51.00	股份公司
47	华润信托	华润股份有限公司	51.00	股份有限公司
48	华鑫信托	中国华电集团公司	51.00	有限公司
49	百瑞信托	国家电投集团资本控股有限公司	50.24	有限公司
50	华澳信托	北京融达投资有限公司	50.10	有限公司
51	国元信托	安徽国元控股(集团)有限责任公司	49.69	有限责任公司
52	中原信托	河南投资集团有限公司	46.43	有限公司
53	长安信托	西安投资控股有限公司	40.44	有限公司
54	新华信托	上海珊瑚礁信息系统有限公司	40.00	有限公司
55	大业信托	广州金融控股集团有限公司	38.33	有限公司
56	中融信托	经纬纺织机械股份有限公司	37.47	股份有限公司
57	华宸信托	包头钢铁(集团)有限责任公司	36.50	有限责任公司
58	长城新盛信托	中国长城资产管理股份有限公司/新疆生产建设兵团国有资产经营公司	35.00	股份有限公司
59	陕国投	陕西煤业化工集团有限责任公司	34.58	国有法人
60	北京信托	北京市国有资产经营有限责任公司	34.30	有限责任公司
61	中诚信托	中国人民保险集团股份有限公司	32.92	股份有限公司
62	中江信托	领锐资产管理股份有限公司	32.74	股份有限公司
63	北方信托	天津泰达投资控股有限公司	32.33	有限公司
64	四川信托	四川宏达(集团)有限公司	32.04	有限公司
65	国民信托	上海丰益股权投资基金有限公司	31.73	有限公司
66	中泰信托	中国华闻投资控股有限公司	31.57	有限公司
67	华信信托	华信汇通集团有限公司	26.29	有限公司
68	云南信托	云南省财政厅	25.00	机关法人
		平均数	64.24	

经统计，2016 年，信托公司第一大股东平均持股比例为 64.24%，第二大股东平均持股比例为 19.95%，第三大股东平均持股比例为 9.31%。前三大股东平均合计持股比例为 93.50 %。披露的信托公司 2016 年末前三大股东名称及持股比例详见表 1－2－6。

表 1－2－6　披露的信托公司 2016 年末前三大股东名称及持股比例

公司简称	第一大股东名称	第一大股东持股比例(%)	第二大股东名称	第二大股东持股比例(%)	第三大股东名称	第三大股东持股比例(%)
国元信托	安徽国元控股(集团)有限责任公司	49.69	深圳中海投资管理有限公司	40.38	安徽皖投资产管理有限公司	9.00
安信信托	上海国之杰投资发展有限公司	52.44	上海公信实业有限公司	3.33	瀚博汇鑫(天津)投资有限公司	2.91
百瑞信托	国家电投集团资本控股有限公司	50.24	摩根大通	19.99	郑州市财政局	15.65
北方信托	天津泰达投资控股有限公司	32.33	津联集团有限公司	11.21	—	—

续表

公司简称	第一大股东名称	第一大股东持股比例（%）	第二大股东名称	第二大股东持股比例（%）	第三大股东名称	第三大股东持股比例（%）
北京信托	北京市国有资产经营有限责任公司	34.30	航天科技财务有限责任公司	15.32	威益投资有限公司（Win Eagle Investments Limited）	15.30
中铁信托	中国中铁股份有限公司	78.91	—	—	—	—
东莞信托	东莞金融控股集团有限公司	73.50	东莞市经济贸易总公司、东莞发展控股股份有限公司、广东福地科技总公司、东莞市糖酒集团有限公司	6.00	东莞市东糖集团有限公司	2.50
光大兴陇信托	中国光大集团股份公司	51.00	甘肃省国有资产投资集团有限公司	41.58	天水市财政局	4.00
粤财信托	广东粤财投资控股有限公司	98.14	广东省科技创业投资有限公司	1.86	—	—
国联信托	无锡市国联发展（集团）有限公司	65.85	无锡国联环保能源集团有限公司	9.76	无锡市地方电力公司、无锡市交通产业集团有限公司、无锡商业大厦大东方股份有限公司	8.13
国民信托	上海丰益股权投资基金有限公司	31.73	上海璟安实业有限公司	27.55	上海创信资产管理有限公司	24.16
国投泰康信托	国投资本控股有限公司	55.00	泰康保险集团股份有限公司	32.98	悦达资本股份有限公司	10.00
杭州工商信托	杭州市金融投资集团有限公司	57.99	绿地金融投资控股集团有限公司	19.90	浙江新安化工集团股份有限公司	6.26
建信信托	中国建设银行股份有限公司	67.00	合肥兴泰金融控股（集团）有限公司	27.50	—	—
湖南信托	湖南财信投资控股有限责任公司	96.00	湖南省国有投资经营有限公司	4.00	—	—
华宝信托	中国宝武钢铁集团有限公司	98.00	浙江省舟山市财政局	2.00	—	—
吉林信托	吉林省财政厅	97.50	吉林粮食集团有限公司	0.63	吉林化纤集团有限责任公司	0.63
江苏信托	江苏国信股份有限公司	81.49	江苏省苏豪控股集团有限公司	9.25	江苏高科技投资集团有限公司、江苏省农垦集团有限公司	4.63
中江信托	领锐资产管理股份有限公司	32.74	大连昱辉科技发展有限公司	25.11	江西省财政厅	20.44
兴业信托	兴业银行股份有限公司	73.00	澳大利亚国民银行	8.42	福建省能源集团有限责任公司	8.42
华宸信托	包头钢铁（集团）有限责任公司	36.50	中国大唐集团资本控股有限公司	32.45	内蒙古自治区人民政府国有资产监督管理委员会	30.20
昆仑信托	中油资产管理有限公司	82.18	天津经济技术开发区国有资产经营公司	12.82	广博投资控股有限公司	5.00
平安信托	中国平安保险（集团）股份有限公司	99.88	上海市糖业烟酒（集团）有限公司	0.12	—	—
山东信托	山东省鲁信投资控股集团有限公司	63.02	中油资产管理有限公司	25.00	山东省高新技术创业投资有限公司	6.25
山西信托	山西金融投资控股集团有限公司	90.70	太原市海信资产管理有限公司	8.30	山西国际电力集团有限公司	1.00
陕国投	陕西煤业化工集团有限责任公司	34.58	陕西省高速公路建设集团公司	21.33	华宝信托有限责任公司	2.67
上海信托	上海浦东发展银行股份有限公司	97.33	上海汽车集团股权投资有限公司	2.00	—	—
华融信托	中国华融资产管理股份有限公司	98.40	新疆凯迪投资有限责任公司	0.95	新疆恒合投资股份有限公司	0.65
苏州信托	苏州国际发展集团有限公司	70.01	苏格兰皇家银行公众有限公司	19.99	联想控股有限公司	10.00
天津信托	天津海泰控股集团有限公司	51.58	天津市泰达国际控股（集团）有限公司	42.11	—	—
长安信托	西安投资控股有限公司	40.44	上海淳大资产管理有限公司	21.80	上海证大投资管理有限公司	15.60
西部信托	陕西省电力建设投资开发公司	57.78	陕西省产业投资有限公司	8.66	重庆中侨置业有限公司	6.36
西藏信托	西藏自治区财政厅	80.00	西藏自治区投资有限公司	20.00	—	—
厦门国际信托	厦门金圆金控股份有限公司	80.00	厦门建发集团有限公司	10.00	厦门港务控股集团有限公司	10.00
新华信托	上海珊瑚礁信息系统有限公司	40.00	上海纪辉资产管理有限公司	21.43	新产业投资股份有限公司	17.33
华润信托	华润股份有限公司	51.00	深圳市人民政府国有资产监督管理委员会	49.00	—	—
华信信托	华信汇通集团有限公司	26.29	北京万联同创网络科技有限公司	19.90	—	—
英大信托	国网英大国际控股集团有限公司	84.55	中国电力财务有限公司	5.21	济南市能源投资有限责任公司	4.38
云南信托	云南省财政厅	25.00	涌金实业（集团）有限公司	24.50	上海纳米创业投资有限公司	23.00
中诚信托	中国人民保险集团股份有限公司	32.92	国华能源投资有限公司	20.35	兖矿集团有限公司	10.18
外贸信托	中国中化股份有限公司	96.22	中化集团财务有限责任公司	3.78	—	—
中海信托	中国海洋石油总公司	95.00	中国中信有限公司	5.00	—	—
中融信托	经纬纺织机械股份有限公司	37.47	中植企业集团有限公司	32.99	哈尔滨投资集团有限责任公司	21.54
中泰信托	中国华闻投资控股有限公司	31.57	上海新黄浦置业股份有限公司	29.97	广联（南宁）投资股份有限公司	20.00
中信信托	中国中信股份有限公司	80.00	中信兴业投资集团有限公司	20.00	—	—
中原信托	河南投资集团有限公司	46.43	河南中原高速公路股份有限公司	31.91	河南盛润控股集团有限公司	12.54
重庆信托	重庆国信投资控股有限公司	66.99	国寿投资控股有限公司	26.04	上海淮矿资产管理有限公司	4.10
渤海信托	海航资本集团有限公司	60.22	中国新华航空集团有限公司	39.78	—	—
交银国际信托	交通银行股份有限公司	85.00	湖北省交通投资集团有限公司	15.00	—	—
中建投信托	中国建银投资有限责任公司	90.05	建投控股有限责任公司	9.95	—	—
华能信托	华能资本服务有限公司	67.58	贵州产业投资（集团）有限责任公司	31.45	人保投资控股有限公司	0.16
浙金信托	浙江省国际贸易集团有限公司	56.00	中国国际金融股份有限公司	35.00	传化集团有限公司	9.00

续表

公司简称	第一大股东名称	第一大股东持股比例（%）	第二大股东名称	第二大股东持股比例（%）	第三大股东名称	第三大股东持股比例（%）
爱建信托	上海爱建集团股份有限公司	99.33	上海爱建纺织品公司	0.33	上海爱建进出口有限公司	0.33
新时代信托	新时代远景（北京）投资有限公司	58.54	上海人广实业发展有限公司	24.39	潍坊科微投资有限公司	14.63
中航信托	中航投资控股有限公司	80.00	华侨银行有限公司	20.00	—	—
华澳信托	北京融达投资有限公司	50.10	重庆财信企业集团有限公司	49.99	—	—
大业信托	广州金融控股集团有限公司	38.33	中国东方资产管理股份有限公司	41.67	广东京信电力集团有限公司	20.00
方正东亚	武汉金融控股（集团）有限公司	67.51	东亚银行有限公司	19.99	北大方正集团有限公司	12.50
华鑫信托	中国华电集团公司	51.00	中国华电集团财务有限公司	49.00	—	—
金谷信托	中国信达资产管理股份有限公司	92.29	中国妇女活动中心	6.25	中国海外工程有限责任公司	1.46
陆家嘴信托	上海陆家嘴金融发展有限公司	71.61	青岛国信金融控股有限公司	18.28	青岛国信发展（集团）有限责任公司	10.11
四川信托	四川宏达（集团）有限公司	32.04	中海信托股份有限公司	30.25	四川宏达股份有限公司	22.16
五矿信托	五矿资本控股有限公司	66.00	青海省国有资产投资管理有限公司	30.98	西宁城市投资管理有限公司	2.96
中粮信托	中粮资本投资有限公司	76.01	蒙特利尔银行	19.99	中粮财务有限责任公司	4.00
紫金信托	南京紫金投资集团有限责任公司	60.01	三井住友信托银行股份有限公司	19.99	三胞集团有限公司	10.00
长城新盛信托	中国长城资产管理股份有限公司/新疆生产建设兵团国有资产经营公司	35.00	德阳市国有资产经营有限公司	27.00	伊犁哈萨克自治州财信融通融资担保有限公司	3.00
中国民生信托	武汉中央商务区建设投资股份有限公司	82.71	浙江泛海建设投资有限公司	10.71	—	—
万向信托	中国万向控股有限公司	76.50	浙江烟草投资管理有限责任公司	14.49	北京中邮资产管理有限公司	3.97
平均数		64.24		19.95		9.31

注：计算平均持股比例时，相关股东情况未披露的信托公司不包含在内。

（三）信托公司股东变更情况分析

表 1-2-7　披露的信托公司 2016 年股东变更次数及期内变更详细列示

公司简称	股东变更次数	期内股东变更详细列示
国元信托	1	报告期内，公司股东安徽巢东水泥股份有限公司因资产重组，变更名称为安徽新力金融股份有限公司，同时变更经营范围为：互联网信息服务；金融信息咨询服务；经济信息咨询服务；计算机网络技术开发及服务；投资管理及咨询；广告业务；房屋租赁；物业管理。
安信信托	1	2016 年 12 月 27 日，公司在中国证券登记结算有限责任公司上海分公司办理了本次非公开发行相关股份的股权登记及股份限售手续（详情请查阅 2016 年 12 月 29 日上海证券交易所、《中国证券报》《上海证券报》《证券时报》，公告编号：临 2016－048，《非公开发行股票发行结果暨股本变动的公告》）。 报告期内，公司完成非公开发行相关股份的股权登记手续。公司本次非公开发行 A 股股票 301 753 323 股，发行对象为公司控股股东上海国之杰投资发展有限公司、上海公信实业有限公司、瀚博汇鑫（天津）投资有限公司、日照岚桥港务有限公司和湘财证券股份有限公司，本次发行新增股份的性质为有限售条件流通股，限售期分别为 60 个月和 36 个月，预计上市可交易时间为 2019 年 12 月 27 日和 2021 年 12 月 27 日。如遇法定节假日或休息日，则顺延至其后的第一个交易日。本次非公开发行完成后，公司总股本增至 2 071 643 151 股。
百瑞信托	1	2016 年 8 月，经河南银监局批准，原股东中电投财务有限公司将持有股权转让给中电投融和控股投资有限公司（现已更名为国家电投集团资本控股有限公司），该事项已于 2016 年 10 月完成工商登记变更及备案，并在《上海证券报》第 23 版进行信息披露。
东莞信托	1	2016 年 1 月，公司股东东莞市财信发展有限公司名称变更为东莞金融控股集团有限公司。 2016 年 9 月 27 日，经公司 2016 年度股东会第九次临时会议审议通过，同意公司股东东莞市财政局向公司股东东莞金融控股集团有限公司划转持有东莞信托有限公司 30% 的股权（36 000 万股）。2016 年 12 月，经中国银行业监督管理委员会广东监管局《关于东莞信托有限公司申请调整股权结构的批复》（粤银监复［2016］454 号）批准，公司调整股权结构，调整后股东 6 名。
国联信托	1	根据2016 年 11 月 18 日《关于同意协议转让国联信托股份有限公司股权的批复》（锡国资权［2016］81 号（和《关于同意无偿划转国联信托股份有限公司股权的批复》（锡国资权［2016］82 号），无锡市交通产业集团有限公司持有本公司 8.13% 的股权，其中 4.065% 的股权无偿划转给无锡市国联发展（集团）有限公司，其余 4.065% 的股权以 2015 年 12 月审计报告净资产值协议转让给无锡市地方电力公司。股权变更事宜正在报江苏银监局审批之中。 根据中国银监会江苏监管局《中国银监会江苏监管局关于国联信托股份有限公司股权变更的批复》（苏银监复［2016］300 号），批准无锡华光锅炉股份有限公司以吸收合并无锡国联环保能源集团有限公司的方式持有本公司 9.756% 的股权，相关股权转让手续已于 2017 年 2 月 7 日完成。
国投泰康信托	1	报告期内，经北京银监局批准，国投资本控股有限公司受让国投高科技投资有限公司持有公司的 2.5% 股权。 报告期内，因公司股东江苏悦达资产管理有限公司更名为悦达资本股份有限公司，泰康人寿保险股份有限公司更名为泰康保险集团股份有限公司，公司相应修改章程并分别于 2016 年 5 月、2017 年 2 月获得北京银监局核准。 上述变更及调整完成后，公司现股东构成为：国投资本控股有限公司持股 55%；泰康保险集团股份有限公司持股 32.98%；泰康资产管理有限责任公司持股 2.02%；悦达资本股份有限公司持股 10%。
江苏信托	1	根据江苏舜天船舶股份有限公司出资人组会议暨 2016 年第二次临时股东大会决议，并经中国证券监督管理委员会《关于核准江苏舜天船舶股份有限公司向江苏省国信资产管理集团有限公司发行股份购买资产的批复》（证监许可［2016］3102 号）核准，江苏舜天船舶股份有限公司向江苏省国信资产管理集团有限公司发行 2 358 364 152 股 A 股，以收购江苏省国信资产管理集团有限公司所拥有的江苏省国际信托有限责任公司 81.49% 的股权、江苏新海发电有限公司 89.81% 的股权、江苏国信扬州发电有限责任公司 90% 的股权、江苏射阳港发电有限责任公司 100% 的股权、扬州第二发电有限责任公司 45% 的股权、江苏国信靖江发电有限公司 55% 的股权、江苏淮阴发电有限责任公司 95% 的股权、江苏国信协联燃气热电有限公司 51% 的股权。上述股东变更事项，公司已于 2016 年 12 月 21 日办妥工商变更手续。

续表

公司简称	股东变更次数	期内股东变更详细列示
中江信托	1	报告期内，公司股权结构未发生变化，前五名股东的持股比例分别为：领锐资产管理股份有限公司32.7354%，大连昱辉科技发展有限公司25.1121%，江西省财政厅20.4444%，天津瀚晟同创贸易有限公司7.1749%，深圳市振辉利科技有限公司6.2780%。
兴业信托	1	2016年3月，经中国银监会福建银监局以（闽银监复[2016]43号）批准，福建省能源集团有限责任公司受让澳大利亚国民银行持有公司8.4167%的股权。此次股权结构调整后，公司股东名称、出资额及出资比例情况如下：兴业银行股份有限公司，出资额为3 650 000 000元，出资比例73%；澳大利亚国民银行（National Australia Bank Limited），出资额为420 833 500元，出资比例8.4167%；福建省能源集团有限责任公司，出资额为420 833 500元，出资比例8.4167%；福建华投投资有限公司，出资额为240 426 600元，出资比例4.8085%；福建省华兴集团有限责任公司，出资额为226 239 900元，出资比例4.5248%；南平市投资担保中心，出资额为41 666 500元，出资比例0.8333%。
山西信托	1	根据山西省人民政府筹组山西金融投资控股集团有限公司方案要求，公司原控股股东山西国信投资集团有限公司所持公司123 079.9万股股份全部划转至山西金融投资控股集团有限公司。股份划转后，山西金融投资控股集团有限公司持有公司12 3079.9万股股份，持股比例为90.7%。
上海信托	1	2016年3月，上海浦东发展银行股份有限公司与公司原股东上海国际集团有限公司、上海久事（集团）有限公司、申能股份有限公司、上海锦江国际投资管理有限公司、上海石化城市建设综合开发公司、上海地产（集团）有限公司、国网英大国际控股集团有限公司、中国东方航空股份有限公司、双钱集团股份有限公司、上海爱建股份有限公司和上海百联集团股份有限公司11家公司签订了《发行股份购买资产协议》，以发行股份的方式购买其合计持有公司97.33%的股权，完成对公司的收购。公司股东由原13名变更为3名，2016年3月15日公司完成股东变更的工商登记变更手续。 现公司3名股东为上海浦东发展银行股份有限公司、上海汽车集团股权投资有限公司、上海新黄浦置业股份有限公司。
华融信托	1	经华融信托股东会决议，并经中国银监会新疆监管局《关于华融国际信托有限责任公司变更注册资本及调整股权结构的批复》（新银监复[2016]115号）的批准，公司于2016年9月28日收到中国华融资产管理股份有限公司缴纳的新增注册资本38 610万元，公司注册资本由198 288.63万元增至236 898.67万元。同年，公司章程相关条款作相应修改，并于2016年11月11日完成工商变更登记手续。本次增资后，公司股权结构变更为：中国华融资产管理股份有限公司出资233 102.71万元，占比98.40%；新疆凯迪投资有限责任公司出资2 245万元，占比0.95%；新疆恒合投资股份有限公司出资1 550.96万元，占比0.65%。
长安信托	1	公司股东上海证大投资管理有限公司将持有公司的271 983 092股股份（8.168%）转让给公司股东上海淳大资产管理有限公司、将持有公司196 207 987股股份（5.89%）转让给公司股东上海景林投资发展有限公司。2016年9月26日该股权转让事项经中国银行业监督管理委员会陕西监管局批复同意。
厦门国际信托	1	2016年公司未发生股权变更事项。公司控股股东厦门市金财投资有限公司于2016年8月10日完成公司性质变更，即有限责任公司变更为股份有限公司，并正式更名为厦门金圆金控股份有限公司。此次变更不涉及公司合并、分立事项，不存在影响公司股权，及其他可能导致公司股权发生变化的情况。
华信信托	1	报告期内北京万联同创网络科技有限公司受让华信汇通集团有限公司131 340万股股份，成为第二大股东。
中原信托	1	2016年12月中国银行业监督管理委员会河南监管局《河南银监局关于同意中原信托有限公司增加注册资本、变更股权比例及核准股东资格的批复》（豫银监复[2016]425号）批准公司注册资本金由25亿元变更为36.5亿元，核准了河南省豫粮粮食集团有限公司股东资格，同意公司在新股东入股后变更股权比例。其中河南投资集团有限公司持股比例由48.4193%变为46.42947%；河南中原高速公路股份有限公司持股比例由33.2779%变为31.91032%；河南盛润控股集团有限公司持股比例由18.3028%变为12.53616%；新股东河南省豫粮粮食集团有限公司持股比例为9.12405%。
渤海信托	1	公司于2016年9月26日向河北银监局报送了《渤海国际信托股份有限公司关于变更股权及调整股权结构的请示》（渤海信托[2016]149号），2016年10月14日河北银监局向公司下发了《河北银监局关于渤海国际信托股份有限公司变更注册资本变更股权及调整股权结构的批复》（冀银监复[2016]236号），同意公司的股东由海航资本集团有限公司、中国新华航空集团有限公司变更为3家，海航资本集团有限公司、中国新华航空集团有限公司及北京海航金融控股有限公司持股比例分别为51.23%、22.10%和26.67%。
华能信托	1	因公司资本金由30亿元增至42亿元，公司前五名股东的出资额和出资比例变更为： 华能资本服务有限公司出资额2 844 947 463（元），出资比例67.7369%； 贵州产业投资（集团）有限责任公司出资额1 320 921 000（元），出资比例31.4505%； 人保投资控股有限公司出资额6 841 800（元），出资比例0.1629%； 贵州省技术改造投资公司出资额6 757 800（元），出资比例0.1609%； 中国华融资产管理股份有限公司出资额5 251 089（元），出资比例0.1250%。
华澳信托	1	公司原股东麦格理资本证券有限公司因其所属集团麦格理资本集团进行股权调整并在中国区域整合业务，拟转让其所持有的公司19.99%股权。2015年4月23日，经股东会批准，该19.99%股权由重庆财信企业集团有限公司以协议方式受让，相关审批及变更手续于2015年11月13日完成。
大业信托	1	根据《中国银监会关于中国东方资产管理公司改制为中国东方资产管理股份有限公司有关事项的批复》（银监复[2016]281号），公司股东中国东方资产管理公司已整体改制为中国东方资产管理股份有限公司，并已完成工商登记。公司股东名称由中国东方资产管理公司，变更为中国东方资产管理股份有限公司。
方正东亚	1	经中国银监会批准（银监复[2016]351号），公司的股权结构调整为：武汉金控出资比例67.51%，东亚银行出资比例19.99%，方正集团出资比例12.50%。
四川信托	1	公司现第四大股东四川濠吉食品（集团）有限责任公司行使股东优先认购权，受让中海信托股份有限公司持有的本公司30.2534%股权。上述股权变动事项尚待监管部门审核批准。
长城新盛信托	1	2016年12月30日，经中国银监会新疆监管局批复同意并经工商登记变更，长城股份公司下属的全资子公司德阳市国有资产经营有限公司受让了伊犁财信所持有长城信托10%的股权；股权转让后，德阳国资持有长城信托27%的股权，伊犁财信所持有长城信托3%的股权。
中国民生信托	1	报告期内，根据《北京银监局关于中国民生信托有限公司变更注册资本的批复》（京银监复[2015]607号），公司获准将资本公积10亿元按当时股东出资比例转增注册资本。资本公积转增注册资本后，公司注册资本由20亿元增至30亿元，各股东出资比例不变。
万向信托	1	报告期内，因中国邮政集团公司法人体制调整，公司原股东浙江省邮政公司变更为北京中邮资产管理有限公司。

注：2016年内共有25家信托公司发生了股东变更相关事项。

（四）银监会及其派出机构对公司检查后提出整改意见

表1-2-8　披露的信托公司2016年对银监会及其派出机构对公司检查后提出整改意见详细列示

国元信托	报告期内，安徽银监局对公司进行了两次现场检查。 根据"两个加强、两个遏制"回头看工作要求，安徽银监局检查组于2016年10月9日至28日对公司进行了现场检查。2017年1月3日，公司收到《检查意见书》（[2016]39号），《检查意见书》指出了公司"两个加强、两个遏制"前期检查发现的问题整改及问责不到位、公司治理不完善、内部控制有效性不足、案防工作不到位及业务合规性存在薄弱环节等问题，并提出相应的整改意见。 为落实39号《检查意见书》提出的检查意见以及相关工作要求，公司高度重视，立即部署整改落实工作，逐项逐条研究制定具体整改措施，并对相关问题及监管意见进行了分解，明确了牵头领导、责任/牵头部门与整改完成时间。2017年1月17日公司印发了《关于落实安徽银监局2016年检查意见的通知》，并据此制定了《国元信托贯彻落实安徽银监局[2016]39号文件整改任务分解表》，要求各有关部门对照《任务分解表》，结合《检查意见书》相关内容，认真整改检查中发现的有关问题，落实各项监管意见。 对于39号《检查意见书》中提及的关于公司治理、内部控制、案件防控等方面的问题，公司决定启动全面梳理公司章程及公司内控制度工作，进一步厘清治理主体的职责边界，确保公司治理与制度设计合法合规；对于极个别历史遗留问题，因为时间久远，情况复杂，暂时难以整改，公司也已向监管部门及有关上级部门做书面汇报；对于业务开展中的合规问题，公司将在合同条款中予以明确，并进一步优化业务操作流程；对于项目尽调、后续管理中存在的问题，公司强化操作管理，要求确保制度执行到位。同时，为进一步规范员工履职行为，强化履职责任，根据公司《岗位问责办法》以及监管要求，公司决定启动问责程序，对直接责任人和所属部门主要负责人问责。 2017年3月6日，根据公司整改落实情况，向安徽银监局报送《关于落实安徽银监局检查意见的整改和问责情况的报告》。 2016年11月14日至21日，安徽银监局检查组对公司截至2016年9月末房地产项目进行了现场检查。2017年1月3日，公司收到《检查意见书》（[2016]40号），《检查意见书》指出了公司房地产业务中对资金用途及担保人担保能力审查不严等方面存在的一些问题，并提出整改意见。 为落实40号《检查意见书》提出的检查意见以及相关工作要求，公司高度重视，立即部署整改落实工作，逐项逐条研究制定具体整改措施，并对相关问题及监管意见进行了分解，明确了牵头领导、责任/牵头部门与整改完成时间。2017年1月17日公司印发了《关于落实安徽银监局2016年检查意见的通知》，并据此制定了《国元信托贯彻落实安徽银监局[2016]40号文件整改任务分解表》，要求各有关部门对照《任务分解表》，结合《检查意见书》相关内容，认真整改检查中发现的有关问题，落实各项监管意见。 对于40号《检查意见书》中提及的问题，一方面，公司已启动梳理完善相关制度工作，通过及时补充和修订相关制度，落实监管意见；另一方面，公司强化项目后续管理，相关部门持续关注借款人、担保人的经营和财务状况，保障项目安全运行，并在后续业务开展中更为审慎地对房地产项目进行审查。为进一步规范员工履职行为，强化履职责任，根据公司《岗位问责办法》以及监管要求，公司决定启动问责程序，对直接责任人和所属部门主要负责人问责。
安信信托	公司建立了多层次的内控评价、后评价和监督纠正体系。一是股东层面，监事会履行对董事会和公司经营管理情况的监督职能；二是董事会层面，董事会及其专门委员会通过会议、书面审议等形式，对公司重大经营管理事项进行审议；三是公司管理层面，稽核审计部审计公司内部控制情况，提出存在问题和整改意见，连同整改情况向管理层和董事会报告。 公司组织各部门对规章制度进行系统、全面的修订，不断完善加强内控基本管理制度；积极开展内部控制自我评估工作，公司各业务部门对各项业务的经营状况和风险管理进行检查，及时发现内部控制缺陷并切实整改落实到位；稽核审计部依照内部审计工作程序开展独立的审计监督活动，出具内部审计报告，督促各部门对审计发现问题进行及时整改并跟踪落实。 报告期内，公司内控制度得到有效执行，未发生因违反内部控制制度对公司财务状况、经营成果产生重大影响的事项，公司将持续完善和健全内部控制体系。
百瑞信托	公司一贯理解、支持和配合各级监管部门的监管工作，对监管部门的监管意见高度重视，及时按照有关要求进行整改，得到了监管部门的肯定。 2016年，公司针对监管部门提出的监管意见和建议，及时逐项制定整改措施，并通过加强领导、责任到人等手段，认真落实到位。整改意见及整改落实情况如下： （1）依托自身研发优势，业务转型创新初见成效。公司秉承"以稳为主，稳中求进"的整体工作思路，不断拓展业务领域和种类，推动业务转型升级。在业务创新方面进行了积极探索和尝试，辅以细化部门专业分工、调整绩效考核导向，积极推进创新项目落地。充银2016年第一期信贷资产证券化信托、公司第一只教育消费信托即百瑞恒益323号教育消费信托（伊顿游学）、首单现金管理类信托即百瑞安鑫悦盈集合资金信托相继落地。信托受益权资产证券化、慈善信托、家族信托等创新业务的相关研究、筹备和审批工作也正在稳步推进中。 （2）履行"八项责任"，管理工作勤勉尽责。公司依据战略发展规划，已建立业务中心、风控中心和营销中心为基础的内控体系，并不断完善产品设立及尽职责任、营销责任、管理责任、信息披露、产品清算等机制，制定了涵盖各个环节的一系列规章制度和业务规则，通过内控机制的建立，明晰了各环节各岗位的职责边界。同时，公司狠抓八项责任落实，要求各部门员工严格遵守产品设计、项目尽调、立项审批、营销、后期管理、项目信息披露各环节相关规章制度和监管规定。各部门各司其职，各负其责，确保公司业务稳健开展。 （3）采取多种举措并行，提升合规经营理念。公司始终牢固树立合规经营理念，始终坚持合规为重，在合规的前提下开展业务经营活动，把合规管理当作一项核心工作来抓，以守住合规底线、不越风险红线、不碰法律高压线为原则，从严管理、常抓不懈。通过丰富合规培训计划等多种举措，持续加强员工合规教育和行为管理，强化员工良好品德和行为规范建设，以全面提升员工的合规意识、职业素养和履职能力。 （4）发挥三道防线作用，强化风险管理工作。公司积极贯彻"风险管理三道防线"理念，以层级清晰、权责明确为目标，要求各级人员履行审慎管理义务，强调根据战略目标和运营、报告、合规等其他相关目标，采用"自上而下"与"自下而上"相结合的方法，辨识可能对达成重要目标产生影响的因素，并对风险发生的可能性以及发生后对整体目标达成的影响程度进行预测和评价，以便尽早进行干预，开展风险应对，提高配置管理资源的效率效果，以保障重要目标的顺利达成。 （5）以防范风险为导向，完善长效机制建设。公司一贯注重对内部控制及风险管理长效机制的建设，2016年通过聘请专业机构，协助开展内控和风险管理体系优化工作，以完善适应公司经营特点的风险评价体系及内部控制体系，推进风险管理与内部控制的融合，提升公司风险管控的水平以支持公司战略的实现为目标，建立了完善的风险评价及内部控制体系，进一步增强了风控能力，提升了运营效率，为保障公司战略目标实现打下了坚实基础。
北方信托	报告期内，天津银监局对公司进行了"两个加强，两个遏制"的专项检查，提出了检查发现的问题。公司高度重视，针对银监局提出的问题与要求，公司进行逐条对照，制定了整改措施，逐条落实，针对检查情况对相关部门和责任人进行了处罚。
北京信托	报告期内北京银监局对公司开展了关于房地产业务专项现场检查，并下发了《关于北京国际信托有限公司房地产业务专项现场检查意见书》（京银监发[2016]232号）对公司固有存续房地产业务的管理情况提出了监管意见。公司已按监管要求进行了相应整改，并将整改情况上报了北京银监局。

续表

光大兴陇信托	2016 年 5 月—7 月中国银监会甘肃监管局对公司截至 2015 年 12 月末存续固有业务和信托业务的合规性、风险性以及 2015 年现场检查整改情况进行了现场检查，对公司治理水平的提升、业务快速稳定的发展、风险抵御能力的增强、兑付风险的化解、社会责任的履行等方面取得的成绩给予了肯定；对公司内控管理、信托业务推介、信托产品设立、项目审查、投后管理等环节存在的问题，提出了宝贵的整改意见和要求：一是持续夯实公司治理基础、完善内部控制；二是提升战略规划、坚守合规经营底线；三是进一步规范产品营销、揭示项目风险；四是严格项目审批、风险关口前移；五是充分履职尽责、披露信托管理信息；六是做好风险台账填报、严格净资本管理。 针对监管意见和要求，公司高度重视，深入分析并制定有效整改措施：(1)持续强化公司治理机制的完善，进一步落实各项监管政策；(2)牢固树立法治意识和合规经营理念，加强业务的合规管理；(3)不断提升风险防控能力，妥善处置风险项目；(4)进一步完善内控管理制度和流程，提升内控执行力。公司以监管检查为契机，深入查找和挖掘经营管理、业务发展中存在问题的根源，严格落实整改措施，根据监管的指导意见遵循全面、持续、审慎和有效的原则，加强合规与风险管理，不断增强发展的内生动力，积极履行社会责任，切实维护和保障信托受益人的利益，保证公司稳步健康发展。
粤财信托	本年度广东银监局对公司进行了现场检查，提出加强制度建设、加强业务管理系统建设以及加强风险揭示等要求。据此，公司认真进行了整改：一是梳理和修订公司业务操作等相关制度；二是建设了新一代信托业务系统；三是加强与投资者沟通，充分做好风险揭示工作等。
国联信托	2015 年 10 月，银监会检查组对江苏银监局进行了信托监管有效性检查，又对公司进行了延伸检查。2016 年 4 月 15 日，公司收到江苏银监局下发的《关于银监会 2015 年信托监管有效性延伸检查的意见》。针对监管部门提出的意见和建议，公司积极整改逐条落实：第一，完善公司治理架构，加速推进引入战投工作，通过引入有品牌、有资源、有实力的战略投资者，优化股东结构，完善公司治理，进一步强化董事会战略决策的核心作用。同时，进行市场化机制改革，制定新的市场化薪酬激励约束机制；第二，积极稳妥推进资金池清理，对具有"类资金池"特征的信托项目进行排查并加强风险评估，完善管理，排除风险隐患；第三，进一步提升合规管理水平，强化合规经营意识，对公司项目进行全面自查并开展风控合规培训，严守合规底线。
国民信托	2016 年 5 月，北京银监局向公司出具了《2015 年度监管意见书》，对公司治理、流动性和风险管控等方面提出了加强和改进意见。公司已组织相关部门和人员对监管意见进行落实，现已基本完善。
国投泰康信托	报告期内，银监局对公司开展的"两个加强、两个遏制"回头看专项自查的情况进行了检查，本次检查对公司经营管理提出了改进建议。目前，公司正在进行积极整改，尚未完成。
吉林信托	银监会吉林银监局于 2016 年 9 月 19 日至 10 月 20 日对公司开展了"两个加强、两个遏制"回头看监管抽查工作。对公司信托业务、兑付风险、合规整改落实情况进行了现场检查，并于检查后下发了《现场检查意见书》。按照该意见书的要求，公司组织相关业务部室针对检查中存在的问题进行梳理和分析，制定了切实可行的整改方案，认真落实各项监管意见和要求，以使公司信托业务依法合规、稳健开展。具体做法： (1)强化内控执行力度，提高现代治理能力，牢固树立依法合规经营理念。 (2)持续强化风险防控理念，强化了贷后风险管理工作，加大风险处置力度。 (3)强化合规、风险管理制度机制建设，完善了风险管理制度审批流程，杜绝违规操作行为发生。 (4)夯实内部管理基础工作，提升内部审批流程的规范性、归档文件的完整性。 (5)持续加强尽职管理，提高自主管理信托财产能力。 (6)强化制度约束与制衡机制，加大内控制度执行力度。 (7)加大监管意见落实力度，加强责任追究。 (8)全面提升员工素质，倡导合规风险文化。
中江信托	本报告期内，公司存续的信托计划均运作正常，未发现影响信托财产安全性的因素，到期信托项目均按合同约定向受益人交付信托财产。2016 年，公司接受了江西银监局组织的"两个加强、两个遏制"专项检查"回头看"现场检查。检查组认为，公司能够按照《信托法》《信托公司管理办法》《信托公司集合资金信托计划管理办法》及相关法律法规开展信托业务，业务操作符合有关规定和制度要求，在业务开展过程中，采取了有效的风险防范和控制措施，信托业务总体运行平稳，没有发现到期不能安全兑付的信托项目，也未发现存在明显风险隐患以致影响到期安全终止的信托计划。但检查中也发现，公司也存在部分制度建设不够完善、业务尽职调查不够充分、项目后期管理不到位、关联交易风控措施不够严密、薪酬延期支付执行不到位等问题。公司对上述存在的问题进行了整改，其他薄弱环节也将在今后业务中加强。
兴业信托	2016 年 3 月 21 日，中国银行业监督管理委员会福建监管局印发《福建银监局关于兴业信托公司 2015 年度经营管理情况的监管意见》(闽银监发[2016]20 号)(以下简称《意见》)。公司认真按照《意见》的监管要求，加快改革转型步伐，强化合规与风险管控，防范重点领域风险，加强集团内部管理，注重基础平台建设。有关落实情况报告已书面报告福建银监局。 2016 年 8 月 31 日，中国银行业监督管理委员会印发《中国银监会办公厅关于兴业国际信托有限公司的现场检查意见书》(银监办发[2016]132 号)，就 2015 年跨区域业务风险管控等情况出具检查意见。公司根据监管要求，加强内控建设，提升合规管理水平，加强风险管控，重视并表管理，加大问责力度，确保公司规范有序发展。有关落实情况报告已书面报告中国银行业监督管理委员会。
华宸信托	在接到内银监发[2015]25 号文件后，公司立即就文件中指出的"公司治理架构不健全，固有资产分类不真实，信托风险项目增加"等问题作出具体安排，积极推进整改。截至报告期末，除增资扩股以及个别风险项目处置等受外部影响因素较大的问题仍在积极推进外，其余问题已基本完成整改，并已于 9 月向内蒙古银监局提交了相关整改报告和验收申请。
昆仑信托	2016 年没有正式的现场检查，就以前年度的现场检查意见由稽核审计部跟踪所有问题的整改情况。
平安信托	2016 年 8 月 31 日至 9 月 30 日，中国银行业监督管理委员会深圳监管局对公司开展了"两个加强、两个遏制""回头看"现场检查，并出具《现场检查意见书》，对公司业务发展、资产规模和盈利水平、综合实力等方面给予了肯定，同时也对日常经营中存在的问题提出检查意见。公司高度重视，深入分析检查意见并采取有效措施，进一步完善了公司治理、内控管理等相关制度和流程。2016 年，本公司严格落实监管检查意见，以合规风险防范为中心，持续提升合规管理水平，为公司稳健经营提供基础保障。
山东信托	报告期内，山东银监局共对公司开展了结构化股票、房地产和"两个加强、两个遏制"回头看检查三项常规检查，公司对检查发现的问题，制定了有针对性的整改方案，完善制度建设，优化业务流程，实施内部问责，整改工作取得积极进展。
上海信托	公司于 2016 年 5 月 4 日收到《上海银监局关于上海国际信托有限公司 2015 年度的监管意见》(沪银监发[2016]71 号)。上海银监局对公司 2015 年度经营发展和风险管控认可的同时，也指出了存在的问题。公司高度重视，在公司净资本管理、信托业务结构、信托业保障基金认缴、数据质量管理、并表管理等方面，结合公司现状和发展规划，制定相应的改进措施，逐项落实监管意见。 公司于 2016 年 12 月 5 日收到《上海银监局关于上海国际信托有限公司固有业务及"两个加强、两个遏制"回头看专项现场检查的意见》(沪银监发[2016]165 号)。上海银监局对公司法人治理结构、授权控制体系、内部制度建设给予较好评价，认为公司固有业务及信托业务管理组织架构健全，风险管理较为有效。同时，也指出了公司在固有业务审批流程、信托产品设计、信托产品推介、项目后续管理、统计信息质量等方面存在的不足和问题。公司已经制定整改措施报监管部门，并在经营管理中加强整改落实。

续表

苏州信托	2016年9月19日至9月23日，中国银行业监督管理委员会江苏监管局派出检查组对公司开展“两个加强、两个遏制”回头看工作情况进行了现场检查，并出具了《现场检查意见书》。根据《现场检查意见书》，公司对检查中指出的相关情况逐条进行了讨论和分析，积极落实监管意见。公司按规定及时将以上整改情况以书面形式向江苏监管局进行了报告。
长安信托	公司认真学习和讨论了中国银行业监督管理委员会陕西监管局对公司的《现场检查意见书》后，制定了切实可行的整改方案并及时对整改落实情况进行了检查督导。 （1）“八项机制、八大责任”的落实整改方面。一是落实“八项机制、八大责任”建设的后评价工作，重视机制和责任建设的实际落地效果，开展落实评估工作；二是进一步完善内部机制和制度，制定信息科技风险管理办法，制定针对风险识别、计量和监测的专门制度，明确风险评价的定量指标；三是切实发挥公司内审部门职责，确保内审部门有效履行内部控制的监督职能。 （2）非标资金池信托项目清理方面。一是严选入池资产，进一步细化资金池项目管理，按照监管要求，逐步清理整顿原有的非标资金池业务；二是进一步强化档案资料的完整性，充分发挥既有的台账管理作用，充分履行受托人职责。 （3）固有资金使用方面。一是制定固有资金与股东合作的专门管理制度；二是在董事会设置关联交易委员会，负责关联交易的管理，及时审查关联交易，并由独立董事担任关联交易委员会主任委员；三是每年至少对关联交易进行一次专项审计，形成专项审计报告；四是统一固有资金与股东合作投后管理的标准，规范投后管理。 公司将在认真落实监管意见的基础上，不断提升风险控制能力和管理水平，加强规范性管理，立足西部、面向全国，创国内一流信托公司。
西藏信托	2016年3月30日，西藏银监局下发《中国银行业监督管理委员会西藏监管局关于西藏信托有限公司2015年度监管意见书》（藏银监发[2016]37号），对公司提出如下整改意见： （1）完善公司治理体系； （2）加强合规文化建设； （3）提高风险管控能力； （4）做实市场风险防控； （5）防范流动性风险； （6）强化操作风险管理； （7）加强信用风险管理； （8）有效提高数据质量； （9）提升风险处置质效。 2016年5月26日，中国银监会西藏监管局下发《西藏银监局关于西藏信托证券投资信托业务风险提示的通知》（藏银监发[2016]61号），对公司提出如下监管意见： （1）增强合规经营意识； （2）采取有效措施进行整改； （3）加强对《中国银监会办公厅关于进一步加强信托公司风险监管工作的意见》（银监发[2016]58号）等监管法规的学习和落实，及时修订业务准入制度，举一反三； （4）切实落实尽职管理职责，完善合同档案管理，严格按照合同规定进行信息披露，增强主动管理能力，严格填写合同要件内容。 2016年8月29日，西藏银监局下发《中国银监会西藏监管局关于西藏信托近期风险情况的风险提示》（藏银监发[2016]122号），对公司提出如下监管意见和要求： （1）控制业务发展速度，务实资产管理能力； （2）增强风险识别水平，强化资本管理能力； （3）明确岗位分工责任，做好风险问责工作。 2016年11月24日，西藏银监局下发《中国银监会西藏监管局关于西藏信托有限公司“两个加强、两个遏制”回头看现场检查的意见》（藏银监发[2016]165号），对公司提出如下监管意见及建议： （1）继续完善“三会一层”运行机制，切实增强执行力； （2）从严把握固有业务与信托业务关系，严禁通过关联交易掩盖风险项目； （3）严格执行贷款“三查”制度，切实加强信贷业务管理； （4）牢固树立依法合规经营理念，夯实合规管理基础； （5）提高尽职管理能力，推动合规文化建设。 就西藏银监局提出的上述整改意见，公司组织员工认真学习，明确了整改落实目标，落实整改的责任部门和责任人，目前各项整改措施均按照公司的既定目标有序进行。
厦门国际信托	本年度厦门银监局向公司下发监管意见《中国银监会厦门监管局办公室关于厦门国际信托有限公司“两个加强、两个遏制”的现场检查意见书》（厦银监办发[2015]79号）、《关于厦门国际信托有限公司资管和同业业务暨“两个加强、两个遏制”专项检查“回头看”的现场检查意见书》（厦银监办发[2015]186号）及交叉检查谈话等。公司逐一对照检查意见，认真落实和整改，并将有关整改计划和进展情况书面报告厦门银监局。主要整改措施包括：（1）召集相关部门对现有相关制度进一步梳理、修改和补充。（2）强调尽职调查的质量，特别是根据现场检查指出的问题，加强对信托项目合规手续、资金使用人资信等情况的全面调查分析。（3）加强贷后跟踪管理，特别是跟踪信托资金流向；加强对资金使用人、担保物风险预警信息的排查，及时发现问题。（4）在整改具体业务问题的同时，进一步完善制度流程，由风险管理部、法务合规部等出台了相关完善的制度。加大对员工的宣传培训力度，提高经办人员的合规意识与风险意识。（5）进一步完善公司的风险管控体系，确保各项风险管控措施及时、有效的得到落实。（6）着力提升自主管理能力，提高市场竞争力，规范与相关合作机构的合作内容，建立可持续发展的客户资源。
新华信托	报告期内，重庆银监局对公司法人治理、经营管理、业务开展及落实监管要求情况进行了提示，并出具了金融监管提示书，公司已按照监管意见或要求逐笔开展整改工作。
英大信托	2016年10月，中国银行业监督管理委员会北京监管局对公司开展了“两个加强、两个遏制”回头看现场检查并出具《检查意见书》，对公司内控体系、风险管理、制度体系、业务发展等方面给予了肯定，同时也对公司进一步完善制度建设等三个方面提出优化整改意见。公司对此制定了整改方案并进行了落实。公司将以此为契机，进一步优化公司内控流程，持续提升合规管理水平。
云南信托	2016年3月，公司收到《中国银监会云南监管局办公室关于2016年云南国际信托有限公司监管工作的意见》（云银监办发[2016]16号，以下简称《2016年监管意见》）。对于《2016年监管意见》提出的各项要求，公司高度重视，结合公司经营管理实际，全面落实了《2016年监管意见》各项要求，并已将有关落实情况于2017年2月书面报告云南银监局。 2016年3月，公司收到《中国银行业监督管理委员会云南监管局关于云南国际信托有限公司2015年信托监管有效性检查的整改通知》（云银监办发[2016]12号，以下简称《整改通知》）。公司高度重视云南银监局在《整改通知》中提出的各项意见和要求，进行了全面整改，并已将有关情况书面报告云南银监局。

续表

外贸信托	根据北京银监局于2016年3月下发的《关于开展2016年指定内审检查有关事项的通知》要求，外贸信托结合相关业务实际运行情况，对证券投资信托业务和资金池等项目的合规性和风险管理情况等开展内部审计，并及时上报相关内部审计报告。 根据北京银监局于2016年6月下发的《关于对银监会监管有效性检查发现问题进行自查的通知》，外贸信托对照上述通知，迅速开展全面自查并接受北京银监局检查，包括认真调查问题情况、分析问题原因并提出相应整改措施，持续改进风险管理工作。
中海信托	2016年5月11日，公司收到《关于中海信托股份有限公司2015年度监管意见的通知》，上海银监局认为，2015年公司经营较为稳健，信托业务规模增长较为迅速，盈利保持较高水平，对上海银监局提出的监管意见能够采取有效措施，基本整改到位，但公司存在合规管理组织架构设置不合理、风控合规人员流失、盈利模式缺乏可持续性等问题。 公司管理层高度重视监管意见，并部署开展监管意见的落实工作，对现有高管的职责分工进行调整，完善合规管理组织架构；通过成品人才招聘和员工梯队建设等途径加强风控合规队伍建设；加强机制建设，稳妥创新，提升可持续发展能力；公司通过制度建设、完善信息化保障、定期开展数据自查等措施持续提升数据质量管理。
中融信托	2016年10月，黑龙江银监局对公司开展了"两加强、两遏制回头看"专项现场检查。根据检查情况，银监局对公司提出了完善业务决策机制及关联交易审查机制等监管要求。为切实落实监管意见，公司组织相关部门研究制定整改方案，修订相关管理制度，完善了相关决策程序，优化业务合规管控手段，进一步加强了公司风险管理体系建设，为公司业务的持续健康发展奠定基础。
中泰信托	上海银监局于2016年3月至4月期间对公司进行了例行的全面现场检查，检查主要侧重于公司法人治理、内部控制、固有业务风险情况、信托业务合规性、信托推介录音录像等。现场检查总体评价公司部门管理职能基本清晰，信托业务操作基本符合政策规定与制度流程。上海银监局根据现场检查和非现场监管的情况，主要提出了包括进一步完善法人治理机制、加强合规和风控管理、完善销售关键环节的双录工作等监管意见。 公司对上海银监局提出的监管意见高度重视，及时向董事会、监事会、股东会进行了报告，组织经营管理层、相关部门进行了学习和研究，并已上报了详细的现场检查意见整改方案和整改计划时间表，同时责成专门部门督促整改方案的落实，每季度对整改工作的有效性进行评价，并在年底将整改推进情况向上海银监局进行了汇报，主要包括持续落实公司治理优化工作，持续加强业务风险管控，落实公司信托业务战略和风险战略的制定，严格对照公司指引执行业务准入并逐步完善，持续规范项目运营管理监测方案，系统性加强员工管理，进一步规范营销行为，持续落实风险揭示工作，继续推进公司系统化建设，优化公司信息系统，提升系统对于数据的自动生成能力等。
中信信托	报告期内，北京银监局对公司开展了全面内控、净资本管理及"两个遏制、两个加强"回头看现场检查，并结合消费者保护工作对部分业务实施了专项检查。结合检查情况，公司积极梳理业务发展、内控管理等方面工作，认真制定和落实改进优化方案，有针对性地加强项目独立管理、尽职调查、风险提示、过程管理、信息披露、关联交易等方面的规范管理，公司整体风险、合规管控水平得以进一步提升。
中原信托	报告期内，河南银监局对公司进行了包括非现场检查、行业评级、专项业务排查、高管访谈、列席董事会及项目审查委员会等系列监督检查活动。通过监督检查，河南银监局在肯定公司坚持依法合规经营、整体经营状况良好、固有资产规模、营业收入规模和盈利能力保持稳定、总体风险基本可控的同时，也提出了以下监管意见：一是应深度挖掘信托制度优势，探索创新业务增长点；二是完善激励约束机制，提升团队稳定性；三是认真做好存续项目风险排查，及时发现风险隐患；四是进一步完善公司分级授权决策制度。 公司高度重视监管意见，制定了专项整改方案并积极推进实施：一是探索资产管理和财富管理业务，积极实施创新型业务。如家族信托、资产证券化业务、消费信托业务、产业基金业务模式等均在积极推进中；二是探索建立以市场为导向的选人用人和激励约束机制，有效解决公司可持续发展的深层次问题；三是进一步修订完善了公司风险排查制度，并加强对业务部门风险排查工作的督导，高度重视交易对手的还本付息、还款来源、项目建设、项目销售及舆情等情况，努力做到风险隐患的早发现、早预警、早化解；四是修订《公司章程》，完善了董事会对董事长和经营层的授权规定，确保各管理层级的决策活动得到明确授权。
重庆信托	报告期内，重庆银监局根据对公司的现场检查和非现场监管，对公司进一步完善公司治理、内控制度、项目风控措施等提出了监管要求。公司认真落实监管要求，积极整改，不断完善。公司在报告期内对规章制度进行了重新修订、补充和完善，进一步加强项目尽职调查、后续管理和信息披露，对个别存在合规和风险隐患的项目采取了及时有效的措施，进一步规范了信托项目后续管理，严防项目风险；同时，加强员工培训，提高员工合规意识，确保公司业务合规、持续、稳健发展。
渤海信托	2016年10月24日至10月28日，河北银监局对公司2016年6月末的部分固有业务和信托业务及2015年现场检查整改意见的落实情况进行了现场检查。公司对河北银监局《关于渤海国际信托股份有限公司"两个加强"、"两个遏制"现场检查意见书》(冀银监发[2016]80号)中发现的问题和提出的监管意见高度重视，组织相关部门逐一核查问题产生的原因，并责任到人，限期整改，形成的整改报告已于2016年12月22日向河北银监局报送。
中建投信托	2016年，中国银行业监督管理委员会浙江监管局对公司开展了监管检查与指导，认为公司总体建立较为有效的公司治理机制和较为完善的内控制度；通过不断提升交易对手层级、加强中台、后台力量建设、完善制度流程等方式强化风险防控能力，提升合规管理水平，总体风险基本可控；积极提升主动管理类信托业务比例，利用专业化优势探索新能源等领域信托业务，转型升级初见成效。但检查同时指出，公司仍然存在公司治理和内控环境有待优化、部分固有业务运作不当、合规管理有待加强、部分领域风险管控较为薄弱和内部管理不够精细等问题。公司高度重视监管提出的各项意见，多次召开专题会议学习、讨论监管问题和整改措施，部署和安排整改落实工作，采取优化公司治理、进一步加强合规管理、风险管理和尽职管理等多项整改措施，从完善体制机制及强化制度执行方面切实落实长效机制建设，保证公司业务快速发展的同时，管理水平不断提升，为公司持续发展提供坚实保障。
华能信托	根据《中国银监会办公厅关于全面开展银行业"两个加强、两个遏制"回头看工作的通知》(银监办发[2016]115号)精神，以及中国银行业监督管理委员会贵州监管局关于开展全面现场检查工作的通知，贵州银监局于2016年8月至12月对华能贵诚信托有限公司先后开展了"两个加强、两个遏制"回头看专项检查和"业务经营及管理"全面现场检查工作，公司高度重视，积极配合，现将检查整改情况报告如下： 通过检查，贵州银监局对公司治理结构、规章制度建设、"三道"风险管理防线、"四级"风险组织架构等给予了高度总结概括和充分肯定，对公司在2015年至2016年上半年所取得的成绩给予高度评价，认为公司总体风险可控，但同时也指出管理上的一些不足，公司进行了及时整改。公司认为，贵州银监局能站在国家监管的高度，以高度负责的精神，从细微深处为企业把脉，指出公司症结所在，对规范公司发展，防范经营风险，具有重要意义。同时，对强化公司精细化管理，推动公司做大做强、向更高层次迈进具有重要的指导作用。公司结合贵州银监局提出的意见和建议，举一反三，重点在以下方面开展了系列整改，取得积极效果：一是强化公司治理，完善三会记录；二是强化案件防控工作，完善案防培训计划；三是加强尽职管理教育，进一步完善档案管理和信息披露工作；四是加强风险资本管理，积极做好风险防范工作。整改内容涉及公司各项业务，包括公司治理、固有业务、信托业务、内部控制、合规管理、财务管理、档案管理等内容。
爱建信托	2016年，监管部门未对公司进行专项检查或现场检查，且未出具书面检查报告。 2017年3月20日，上海银监局下发《上海银监局关于上海爱建信托有限责任公司2016年度的监管意见》(沪银监发[2017]52号)。收到监管意见后，公司高度重视，逐条对照存在的问题并进行分析，制定相应的落实方案和计划。通过制定2017—2020年战略规划，从公司整体层面统一认识，形成合力，在经营理念、产品体系、组织架构、激励约束机制以及人才制度等领域积极寻求变革，确保公司的可持续发展；针对业务规模增长带来的压力进行合理评估，统筹业务风险水平和业务趋势，动态扩充、调配人力资源，并通过培训、内部交流等方式，不断提高管理能力，以与业务规模匹配；针对不同类型业务建立相应的风险政策，同时根据监管和市场环境的变化，动态调整风险政策；继续坚持服务实体经济的本质要求，努力与实体经济形成有效互动，减少信托资金"脱实向虚"情况的产生；进一步发挥信托制度优势，充分整合、连通资金、资本以及实业三大市场，灵活组合金融工具，更好地发挥金融对经济结构调整和转型升级的支持作用；在拓展新的业务增长领域方面，结合公司自身的资源及资金现状，在传统投资领域与新兴投资领域广泛进行创新布局等，以尽快落实监管意见。

续表

新时代信托	2016 年包头银监分局按照 2016 年银监会信托公司监管工作会议、内蒙古银监局非银行金融机构监管工作会议和包头市银行业监管工作会议精神和要求，结合分局 2015 年现场检查和非现场监管情况，对公司 2016 年度工作提出如下监管意见。 (1) 进一步提升服务实体经济水平。 (2) 进一步提升公司治理水平，提高履职效能。 (3) 进一步提高风险管理水平和业务合规性。 (4) 加强重点领域风险防控。 (5) 加大创新力度，进一步提升资产管理能力。 (6) 有序推进存量风险信托项目处置进程。 公司围绕监管要求进行了周密部署贯彻落实，组织开展整改、梳理工作，深入分析和挖掘存在各类问题的根源，落实整改措施，根据监管指导意见遵循全面性、持续性、审慎性和有效性原则，加强合规与风险管理，把整改工作落实到位，切实维护和保障信托受益人的利益，保证公司的健康发展，不断提升公司的核心竞争力和风险防范能力。
中航信托	2016 年 5 月 5 日至 2016 年 6 月 20 日江西银监局对公司开展了监管有效性后续现场检查，下发的《现场检查意见书》（赣银监改字［2016］27 号）指出了存在的问题并提出了具体的整改意见和要求。公司高度重视，董事长及总经理立即组织相关人员根据意见书的具体意见和建议，制定整改方案，积极落实整改，整改完成后及时向江西银监局报告整改落实情况。通过此次检查，公司的各项业务管理、内控管理能力得到了检验，优化了内部控制体系和完善了业务操作流程，为公司可持续健康发展奠定基础。
大业信托	2016 年 9 月 19 日至 11 月 22 日，中国银行业监督管理委员会广东监管局对公司开展"两个加强、两个遏制"回头看现场监管检查，检查内容包括公司对前期发现问题的整改和问责，以及内部控制、风险管理、案件防控、重点业务环节的合规经营和风控、服务实体经济等各方面工作开展情况，并出具了《现场检查意见书》（粤银监办发［2016］448 号）。《现场检查意见书》指出公司在公司治理、内部控制、案件防控、信托业务等方面存在的需要改进及后续整改落实的问题。 公司已针对现场检查意见逐一进行了反馈，并将需要后续整改的事项梳理形成问题清单，逐项建立整改台账，明确整改落实责任人和整改时限。同时要求全体员工认真学习，深入分析问题成因，总结经验，对于共性问题要引以为戒，避免类似问题再次发生。
华鑫信托	2016 年 4 月和 10 月，北京银监局对公司进行现场检查。对检查中提出的制度建设不完善、尽职调查不到位等问题，公司按照相关监管要求，已整改落实完毕。
金谷信托	2016 年 3 月和 5 月，北京银监局对公司进行了现场检查和核查，提出相关意见。根据监管意见，公司完善和细化《固有资产风险分类管理暂行办法》《非事务管理类信托业务操作规程》《事务管理类信托业务操作规程》等制度，加强全员合规意识，并按监管要求报送资产分类等情况。
陆家嘴信托	2016 年 9 月下旬至 10 月底，中国银监会青岛银监局对公司实施现场检查并下发《现场检查意见书》（青银监意［2016］26 号）。根据青岛银监局在公司治理、内部控制、固有业务、信托业务、关联交易等方面提出的检查意见，公司向青岛银监局提交了整改报告并进行了相应整改。 一是完善固有财务顾问业务、咨询服务业务。公司将拟定固有财务顾问业务、咨询服务业务等中间业务的管理办法，弥补制度上的空白，规范财务顾问业务费、咨询服务费等中间业务收入的收取。 二是完善公司治理。公司将严格按照公司章程和制度的要求，督促监事会、董事会及下属委员会切实履行相关职责，按时召开监事会。 三是加大授权制度执行力度。公司将完善固有业务审批流程，通过调整系统风控参数控制审批权限，保障授权制度执行到位。 四是完善同业业务的财务规则。公司将根据第三方机构的专业意见，持续完善同业业务的财务规则。 五是完善信托房地产业务的审查。公司将持续加强对房地产业务的审核力度，坚持审慎原则，依据监管的各项规定严格审查上报的各类房地产项目，有序推进房地产业务的健康发展。 六是完善关联交易公允定价。公司将加强对关联交易市场定价的审核力度，保障集合信托委托人预期收益率的定价具有合理性、公允性，切实保护好信托计划各委托人的合法利益。 七是完善运营操作规范。公司将梳理运营各操作流程，规范各操作节点的合规意识，通过咨询第三方专业机构不断完善内控机制。
五矿信托	(1) 关于五矿信托 2015 年的监管意见及整改情况。2016 年 4 月，中国银监会青海监管局针对公司 2015 年整体情况下发监管意见，要求公司严格把控信托风险，强化员工责任意识；加强和改进基础工作，确保非现场数据准确性；加强合规运营意识，提高规章制度执行效力；完善公司治理架构，切实有效发挥职能作用；推动公司创新转型，提升服务实体经济水平。公司认真学习监管意见，积极推进完成相关整改工作，完善公司治理架构，切实有效发挥各职能委员会的作用；加强基础工作建设，提高合规运营意识；加强制度建设，提高规章制度的执行力；加强与新闻媒体的沟通交流，严防声誉风险；增资扩股，积极探索创新领域；积极推进专业子公司筹备工作，激发发展活力，并将整改落实情况报告向青海银监局进行报送。 (2) 关于五矿信托—信利达 3 号证券投资集合资金信托计划的监管意见及整改情况 。2016 年 5 月，中国银监会青海监管局对信利达 3 号证券投资集合资金信托计划下发监管意见，要求公司修订完善《关于规范公司股票投资类结构化信托业务阶段性操作标准的通知》中与银监会相关规定不相符的条款内容，开展的结构化偏股型证券投资信托计划要严格按照《中国银监会办公厅关于进一步加强信托公司风险监管工作的意见》执行，不得变相放大劣后级受益人的杠杆比例。公司严格落实监管意见，修订完善相关业务制度，合理控制结构化偏股型证券投资信托杠杆比例，严格按照监管规定开展业务。 (3) 关于信托监管有效性相关问题的监管意见及整改情况。2016 年 6 月，中国银监会青海监管局下发关于信托监管有效性检查相关问题的监管意见，要求公司持续推进落实"八项机制、八大责任"，持续加强风险监管，持续完善市场准入监管，着力提升合规监管有效性，着力加大监管问责力度。公司坚决贯彻执行监管意见，继续加强异地展业行为规范，做到"三盯三谈三报"，规范公司行政申请事项，持续推进落实"八项机制、八大责任"工作；继续加强风险管控；加大信息披露力度，严格规范关联交易，加强内控督导力度，着力提升合规监管力度。 (4) 关于房地产信托项目的监管意见及整改情况。2016 年 6 月，中国银监会青海监管局对公司下发了关于房地产信托项目的监管意见，要求公司认真贯彻落实房地产宏观调控政策，有效防控金融风险，探索转型发展方向；加强房地产信托项目内控审核力度，优化房地产信托项目业务结构，防止风险积累和扩大；加强房地产风险管控，对项目进行认真的尽职调查，按照"穿透"原则向下识别产品底层资产，并要求公司对存续的房地产信托项目全面进行合规制度执行情况自查和风险隐患自查。公司认真学习监管文件，对房地产业务进行了全面自查，同时，公司认真贯彻落实房地产宏观调控政策，以服务"去产能、去库存、去杠杆、降成本、补短板"五大任务为目标，加强房地产信托项目内控审核力度，提高准入门槛，注重区域选择，确保在经济下行压力下，合理控制房地产信托项目业务规模，优化房地产信托项目业务结构，加强房地产风险管控，缓释存量风险，严控增量风险，落实全面风险管控主体责任，建立健全房地产信托项目审批标准、操作流程和风险管理制度并切实执行，对项目进行认真的尽职调查，按照"穿透"原则向下识别产品底层资产，不开展不符合"四三二"条件的房地产的信托项目，并形成自查报告上报青海银监局。

续表

五矿信托	(5)关于新增信托风险项目的监管意见及整改情况。2016年7月,中国银监会青海监管局对公司下发了关于新增信托风险项目的监管意见,要求公司加强风险管理、制定风险预案、加强风险评估、落实风险责任、加大问责力度。公司认真贯彻落实监管意见,对主动管理类和事务管理类信托风险项目的最新进展向青海银监局进行了汇报,同时强化项目风险审查、严控项目风险,加强传统业务领域的深耕细作,推动业务平稳发展的同时,鼓励类投行业务发展,加大与大客户、大渠道的深入合作,设置风险项目处置领导小组,制定风险项目处置预案,根据风险事件的性质组建问责小组,负责问责工作实施,加强对风险项目管控。 (6)关于"两个加强,两个遏制"专项检查的监管意见及整改情况。2016年10月,中国银监会青海监管局对公司下发了关于"两个加强,两个遏制"回头看现场检查的监管意见,要求公司尽快落实独立董事人选,有效发挥信托委员会作用;完善公司内部控制,切实提高制度执行力;强化事前、事中管理工作,切实履行受托责任;严抓业务合规性,切实防范信托风险,严格执行信政业务、证券业务、房地产业务、银信业务相关制度,持续强化风险排查工作,关注房地产、地方政府融资平台、产能过剩等领域信用风险,适时开展风险排查和压力测试,做好风险缓释准备。公司严格贯彻落实监管意见,制定整改方案,制订培训计划,加强内部学习和培训;落实独立董事人员任职资格核准事项,及时召开专业委员会会议;强化制度执行,完善公司内部控制;严格审核、规范展业,提高风险管控能力。
紫金信托	报告期内,中国银监会江苏监管局对公司日常经营管理提出一些意见和要求,公司已严格按要求落实。
长城新盛信托	报告期间,新疆银监局派检查组于2016年10月至11月,对公司的公司治理、内控合规管理以及截至2016年8月末存续的信托项目、部分前期清收项目、公司治理、内部控制、风险管理和案件防控、重点业务环节的合规经营和风控措施、服务实体经济等情况,通过查阅项目档案、合同、文件、资料以及谈话、实地核实等方式进行了现场检查。针对检查中提出的问题,公司领导高度重视,立即召开现场检查意见整改工作会议。一是认真分析问题根源,要求相关部门逐项落实整改措施,并明确整改预计完成时间,切实消除风险隐患。二是高度重视合同文本等正式法律文件,避免再次发生关键要素不全等情况;对于本次检查中出现的文件归档等问题,今后杜绝出现同质同类问题。同时,公司还就整改工作中遇到的问题与新疆监管局保持充分、持续、有效的沟通和交流,确保整改工作的顺利进行。 报告期间,各项整改工作均已取得积极成效。公司将不断加强内部控制建设,进一步完善日常经营,强化信息披露,提高信托业务风险把控能力、自主管理能力,加强公司开展项目的中后期管理,确保公司业务的稳健发展。
万向信托	2016年4月13日,公司收到银监局下发的《中国银监会浙江监管局关于万向信托有限公司2015年度监管的意见》(浙银监发[2016]59号),对公司的公司治理与经营管理中存在的主要问题进行了充分提示,并对相关整改工作提出了具体要求。 针对银监局提出的监管意见,公司高度重视,在报告期内积极从体系、机制、流程、架构上进行了针对性的整改:一是持续推进合规基础建设,不断完善内控管理体系,重新梳理合规管理架构和流程,整章建制,有效识别和防范各类风险;二是提高业务指引前瞻性,为促进业务转型奠定基础;三是逐步加强员工队伍的配置和培养,增强尽职调查和期间管理的资源投入,优化工作方式提升工作质量;四是强化对异地团队的管理控制,延伸总部的管理触角,确保商业模式的成功复制;五是通过培训宣导增强公司主动的合规意识,使信托业务从尽职调查、产品设计、立项、审批、募集、后续管理和终止的全过程,都有章可循,并严格按规定、按程序操作。进一步完善公司治理架构,根据实际经营管理状况,调整和增补独立董事,优化高管分工,推进公司健康、均衡发展。

注:2016年内共有46家信托公司披露了整改事项。

(五)银监会及其省级派出机构认定的其他有必要让客户及相关利益人了解的重要信息

表1-2-9　披露的信托公司2016年对银监会及其省级派出机构认定的其他有必要让客户及相关利益人了解的重要信息详细列示

公司简称	重要信息
江苏信托	《信托公司净资本管理办法》规定,公司净资本监管风险控制指标执行情况如下: 净资本/各项业务风险资本之和=851 620.55万元/630 101.00万元×100% =135.16%≥100%(监管标准)。 净资本/净资产=851 620.55万元/988 258.31万元×100%=86.17%≥40%(监管标准)。
西藏信托	(1)根据西藏自治区财政厅下发的《西藏自治区财政厅、西藏自治区投资有限公司关于委托查松同志代行西藏信托有限公司董事长及法定代表人职责的函》,公司原董事长苏生有同志不再担任西藏信托董事长职务,为确保西藏信托有限公司业务工作的顺利开展和日常工作的顺利进行,公司股东委托公司总经理查松同志在新任董事长到位前,全权代行公司董事长及法定代表人职责。 (2)《信托公司净资本管理办法》规定,公司净资本监管风险控制指标执行情况如下: 净资本/各项业务风险资本之和= 157 827.35万元/ 128 318.91万元×100%=123.00%≥100%(监管标准)。 净资本/净资产=157 827.35万元/191 381.00万元×100%=82.47%≥40%(监管标准)。
厦门国际信托	经厦门国际信托有限公司(以下简称厦门信托)股东会决议,厦门信托拟进行存续分立:分立新设厦门圆信投资管理有限公司(暂定名,最终名称以工商登记的为准,以下简称新设公司),注册资本和实收资本均为37 500万元;厦门信托继续存续(以下简称存续公司),注册资本和实收资本均减少至192 500万元。分立申请尚待中国银行业监督管理委员会最终审核批准。分立后,厦门信托所持的厦门华夏国际电力发展有限公司20%股权资产及其所涉及的一切权益与义务剥离至分立后的新设公司,剩余资产、债权债务、业务、人员、名称由本次分立的存续公司承继,存续公司保留金融许可证和从事信托业务相关的资格并继续运营。厦门信托分立前的债务由分立后的存续公司和新设公司承担连带责任。
新华信托	根据辽宁省大连市中级人民法院民事裁定书[(2014)大民三初字第121号],人和投资控股股份有限公司(以下简称人和)向法院申请诉讼保全,申请人和以其持有的新华信托股份有限公司139 208 338股股权为其诉讼保全申请提供担保。 该事项可能会导致公司股权发生变化,公司正就该事项作进一步核实并会及时进行披露。
云南信托	报告期内,公司在多方面践行企业的社会责任:(1)继续紧跟中央步伐,依据政策导向,加强政策及业务学习。尤其是在反洗钱宣传、消费者保护及金融服务方面组织多次学习讨论。(2)进一步加强内控建设,规范企业经营,更好地为社会创造价值。(3)继续运用专业能力为客户创造价值,为受益人取得了较好的投资回报。(4)坚持以员工为本,构建企业文化。培育了一支高素质、高学历、年轻化、专业化的人才队伍。(5)以责任培养爱心,用爱心温暖社会。公司不仅组织开展了一系列志愿服务活动,更重要的是,公司通过专业的投资管理经验与信托制度完美结合,自2006年与云南省青少年发展基金会合作,推出了"爱心稳健收益型集合资金信托计划",并运营至今。(6)依法履行纳税人义务。2016年内公司上缴各种税金合计12 217.24万元,公司为国家及地方财政收入和经济发展作出了应有的贡献。(7)继续推进系统化办公,创建节约型社会。在全社会树立节约意识、节约观念,倡导节约文化、节约文明的大背景下云南信托积极创建节约型企业,推进无纸化办公,节约成本,降低能耗,提高效率;同时运用金融机构专业优势开展绿色碳权信托,进一步发展碳资产管理能力,力求把自身打造成绿色金融产业的先驱和领导者。

续表

公司简称	重要信息
中海信托	(1)2016 年 1 月,公司在中央国债登记结算有限责任公司举办的 2015 年中国债券市场优秀成员评选中荣获"优秀发行人"和信托公司类"优秀资产管理机构" 荣誉称号。 (2)2016 年 4 月,公司荣获"2015 年度上海市黄浦区高端服务业 100 强企业"荣誉称号(第 20 位)。 (3)2016 年 7 月,由《证券时报》主办的 2016 中国信托业发展高峰论坛暨第九届中国优秀信托公司评选中,公司以完善的风控体系及良好的经营业绩,荣获"优秀风控信托公司"奖。
中融信托	报告期内,公司相继得到新闻媒体及社会各方的积极评价,获得主要荣誉如下: (1)中央国债登记结算有限责任公司颁发"优秀发行人"。 (2)银行间市场清算所股份有限公司颁发"基金信托机构类结算业务特别奖"。 (3)《经济观察报》"卓越财富管理信托公司奖"。 (4)《证券时报》"年度优秀信托公司奖"。 (5)《每日经济新闻》"卓越风控能力奖"。 (6)《金融时报》"年度最佳财富管理信托公司奖"。
中国民生信托	公司始终坚持"受益人利益最大化"的宗旨,高度重视消费者保护工作。2016 年,根据相关法律法规,公司加强消费者权益保护管理工作,进一步梳理了消费者权益保护工作制度、准则和管理办法,切实为客户提供优质的金融服务,积极分析和解决客户反映的问题,不断提升客户的满意度和忠诚度。 公司对产品设计研发进行严格审批管理,对产品销售过程要求销售人员充分向消费者进行风险提示,严格执行信托产品销售过程录音录像的要求,同时通过公司官方网站等形式对在售产品及存续产品的过程管理信息按时对外披露。此外,公司积极开展投资者教育工作,持续关注新闻舆情,时刻接受消费者的监督并跟踪处理结果。

注:2016 年内共有 8 家信托公司披露了重要信息。

第二章　信托公司年度报告的质量评价
——关于审计报告

本章节对信托公司被出具的审计报告类型及执行企业会计准则的情况进行分析，以此作为后面章节对信托公司进行分析的依据之一。

一、信托公司2016年、2015年审计报告类型分类汇总情况

表2-1-1　信托公司2016年、2015年审计报告意见类型汇总比较

审计意见	2016年		2015年	
	份数	百分比(%)	份数	百分比(%)
标准无保留意见	68	100.00	68	100.00
无保留意见+强调事项段				
保留意见				
无法表示意见				
合计	68	100.00	68	100.00

2016年，会计师事务所对所有68家信托公司年报审计均出具了标准无保留意见的审计报告详见表2-1-1。表明财务报告在所有重大方面公允反映了被审计信托公司的财务状况和经营成果。

从2009年起，会计师事务所对所审计的信托公司均出具了标准无保留意见的审计报告。

二、信托公司2016年、2015年会计师事务所审计情况

经统计，2016年度的审计报告均是由具有证券期货资格的会计师事务所出具的。2016年度有德勤华永会计师事务所（特殊普通合伙）、立信会计师事务所（特殊普通合伙）、天职国际会计师事务所（特殊普通合伙）、普华永道中天会计师事务所（特殊普通合伙）、大信会计师事务所（特殊普通合伙）、瑞华会计师事务所（特殊普通合伙）、安永华明会计师事务所（特殊普通合伙）、毕马威华振会计师事务所（特殊普通合伙）、天衡会计师事务所（特殊普通合伙）、希格玛会计师事务所（特殊普通合伙）、致同会计师事务所（特殊普通合伙）、中审华会计师事务所（特殊普通合伙）和中审众环会计师事务所（特殊普通合伙），共13家会计师事务所，分别为3~6家信托公司进行了财务报表审计，其中德勤华永会计师事务所（特殊普通合伙）、立信会计师事务所（特殊普通合伙）和天职国际会计师事务所（特殊普通合伙）更是分别为6家信托公司提供了审计服务，普华永道中天会计师事务所（特殊普通合伙）为5家信托公司提供了审计服务，大信会计师事务所（特殊普通合伙）和瑞华会计师事务所（特殊普通合伙）也分别为4家信托公司提供了审计服务。这13家事务所共为52家信托公司提供了审计服务，占2016年信托公司总户数的76.47%。详见表2-2-1。

表2-2-1　信托公司2016年聘请的会计师事务所资格情况

公司简称	聘请的会计师事务所	资格情况
国元信托	华普天健会计师事务所（特殊普通合伙）	证券期货资格
安信信托	立信会计师事务所（特殊普通合伙）	证券期货资格
百瑞信托	大信会计师事务所（特殊普通合伙）	证券期货资格
北方信托	瑞华会计师事务所（特殊普通合伙）	证券期货资格
北京信托	天职国际会计师事务所（特殊普通合伙）	证券期货资格
中铁信托	德勤华永会计师事务所（特殊普通合伙）	证券期货资格
东莞信托	中审众环会计师事务所（特殊普通合伙）	证券期货资格
光大兴陇信托	安永华明会计师事务所（特殊普通合伙）	证券期货资格
粤财信托	广东正中珠江会计师事务所（特殊普通合伙）	证券期货资格
国联信托	天衡会计师事务所（特殊普通合伙）	证券期货资格
国民信托	安永华明会计师事务所（特殊普通合伙）	证券期货资格
国投泰康信托	立信会计师事务所（特殊普通合伙）	证券期货资格
杭州工商信托	德勤华永会计师事务所（特殊普通合伙）	证券期货资格

续表

公司简称	聘请的会计师事务所	资格情况
建信信托	普华永道中天会计师事务所（特殊普通合伙）	证券期货资格
湖南信托	天健会计师事务所（特殊普通合伙）	证券期货资格
华宝信托	瑞华会计师事务所（特殊普通合伙）	证券期货资格
吉林信托	中准会计师事务所（特殊普通合伙）	证券期货资格
江苏信托	天衡会计师事务所（特殊普通合伙）	证券期货资格
中江信托	大信会计师事务所（特殊普通合伙）	证券期货资格
兴业信托	德勤华永会计师事务所（特殊普通合伙）	证券期货资格
华宸信托	瑞华会计师事务所（特殊普通合伙）	证券期货资格
昆仑信托	立信会计师事务所（特殊普通合伙）	证券期货资格
平安信托	普华永道中天会计师事务所（特殊普通合伙）	证券期货资格
山东信托	普华永道中天会计师事务所（特殊普通合伙）	证券期货资格
山西信托	毕马威华振会计师事务所（特殊普通合伙）	证券期货资格
陕国投	希格玛会计师事务所（特殊普通合伙）	证券期货资格
上海信托	普华永道中天会计师事务所（特殊普通合伙）	证券期货资格
华融信托	德勤华永会计师事务所（特殊普通合伙）	证券期货资格
苏州信托	天衡会计师事务所（特殊普通合伙）	证券期货资格
天津信托	中审华会计师事务所（特殊普通合伙）	证券期货资格
长安信托	希格玛会计师事务所（特殊普通合伙）	证券期货资格
西部信托	希格玛会计师事务所（特殊普通合伙）	证券期货资格
西藏信托	天职国际会计师事务所（特殊普通合伙）	证券期货资格
厦门国际信托	北京兴华会计师事务所（特殊普通合伙）	证券期货资格
新华信托	大信会计师事务所（特殊普通合伙）	证券期货资格
华润信托	天职国际会计师事务所（特殊普通合伙）	证券期货资格
华信信托	致同会计师事务所（特殊普通合伙）	证券期货资格
英大信托	中天运会计师事务所（特殊普通合伙）	证券期货资格
云南信托	中审众环会计师事务所（特殊普通合伙）	证券期货资格
中诚信托	中审华会计师事务所（特殊普通合伙）	证券期货资格
外贸信托	毕马威华振会计师事务所（特殊普通合伙）	证券期货资格
中海信托	立信会计师事务所（特殊普通合伙）	证券期货资格
中融信托	天职国际会计师事务所（特殊普通合伙）	证券期货资格
中泰信托	中审亚太会计师事务所（特殊普通合伙）	证券期货资格
中信信托	毕马威华振会计师事务所（特殊普通合伙）	证券期货资格
中原信托	中审华会计师事务所（特殊普通合伙）	证券期货资格
重庆信托	信永中和会计师事务所（特殊普通合伙）	证券期货资格
渤海信托	中兴财光华会计师事务所（特殊普通合伙）	证券期货资格
交银国际信托	普华永道中天会计师事务所（特殊普通合伙）	证券期货资格
中建投信托	德勤华永会计师事务所（特殊普通合伙）	证券期货资格
华能信托	大信会计师事务所（特殊普通合伙）	证券期货资格
浙金信托	大华会计师事务所（特殊普通合伙）	证券期货资格
爱建信托	立信会计师事务所（特殊普通合伙）	证券期货资格
新时代信托	瑞华会计师事务所（特殊普通合伙）	证券期货资格
中航信托	致同会计师事务所（特殊普通合伙）	证券期货资格
华澳信托	信永中和会计师事务所（特殊普通合伙）	证券期货资格
大业信托	天职国际会计师事务所（特殊普通合伙）	证券期货资格
方正东亚信托	中审众环会计师事务所（特殊普通合伙）	证券期货资格
华鑫信托	立信会计师事务所（特殊普通合伙）	证券期货资格
金谷信托	安永华明会计师事务所（特殊普通合伙）	证券期货资格
陆家嘴信托	众华会计师事务所（特殊普通合伙）	证券期货资格
四川信托	致同会计师事务所（特殊普通合伙）	证券期货资格
五矿信托	天健会计师事务所（特殊普通合伙）	证券期货资格
中粮信托	天职国际会计师事务所（特殊普通合伙）	证券期货资格
紫金信托	立信会计师事务所（特殊普通合伙）	证券期货资格
长城新盛信托	德勤华永会计师事务所（特殊普通合伙）	证券期货资格
中国民生信托	中兴华会计师事务所（特殊普通合伙）	证券期货资格
万向信托	大华会计师事务所（特殊普通合伙）	证券期货资格

在68家信托公司中，有12家在2016年变更了会计师事务所，占2016年全部信息披露户数的17.65%，相对于2015年的8.82%，该比例大幅上升。详见表2-2-2。

表2-2-2 信托公司2016年与2015年聘请的会计师事务所变更情况统计

公司简称	2016年	2015年
百瑞信托	大信会计师事务所(特殊普通合伙)	瑞华会计师事务所(特殊普通合伙)
东莞信托	中审众环会计师事务所(特殊普通合伙)	天职国际会计师事务所(特殊普通合伙)
光大兴陇信托	安永华明会计师事务所(特殊普通合伙)	毕马威华振会计师事务所(特殊普通合伙)
吉林信托	中准会计师事务所(特殊普通合伙)	中兴财光华会计师事务所(特殊普通合伙)
山东信托	普华永道中天会计师事务所(特殊普通合伙)	天健会计师事务所(特殊普通合伙)
上海信托	普华永道中天会计师事务所(特殊普通合伙)	上会会计师事务所(特殊普通合伙)
苏州信托	天衡会计师事务所(特殊普通合伙)	德勤华永会计师事务所(特殊普通合伙)
厦门国际信托	北京兴华会计师事务所(特殊普通合伙)	致同会计师事务所(特殊普通合伙)
新华信托	大信会计师事务所(特殊普通合伙)	毕马威华振会计师事务所(特殊普通合伙)
外贸信托	毕马威华振会计师事务所(特殊普通合伙)	天职国际会计师事务所(特殊普通合伙)
中海信托	立信会计师事务所(特殊普通合伙)	信永中和会计师事务所(特殊普通合伙)
渤海信托	中兴财光华会计师事务所(特殊普通合伙)	中审亚太会计师事务所(特殊普通合伙)

三、信托公司2016年、2015年执行的会计制度统计

表2-3-1 信托公司2016年与2015年执行的会计制度比较

固有业务执行的会计制度	2016年	2015年	信托业务执行的会计制度	2016年	2015年
	家数	家数		家数	家数
《企业会计准则》(2006年)	44	45	《企业会计准则》(2006年)	45	45
《企业会计准则》(2006年、2014年)	21	20	《企业会计准则》(2006年、2014年)	19	18
《企业会计准则》(2006年、2014年)及《金融负债与权益工具的区分及相关会计处理规定》(2014年)	1	1	《企业会计准则》(2006年、2014年)及《金融负债与权益工具的区分及相关会计处理规定》(2014年)	1	1
《企业会计准则》(2006年)、《信托业务会计核算办法》(2005年)	1	1	《企业会计准则》(2006年)《信托业务会计核算办法》(2005年)	1	1
《企业会计准则》、《金融企业会计制度》(2014年)	1	1	《企业会计准则》、《金融企业会计制度》(2014年)	1	1
			《信托业务会计核算办法》(2005年)	1	2
合计	68	68	合计	68	68

表2-3-2 2016年68家信托公司披露执行的会计制度统计

公司简称	固有业务执行的会计制度	信托业务执行的会计制度
国元信托	《企业会计准则》(2006年)	《企业会计准则》(2006年)
安信信托	《企业会计准则》(2006年)	《企业会计准则》(2006年)
百瑞信托	《企业会计准则》(2006年、2014年)	《企业会计准则》(2006年、2014年)
北方信托	《企业会计准则》(2006年、2014年)	《企业会计准则》(2006年、2014年)
北京信托	《企业会计准则》(2006年)	《企业会计准则》(2006年)
中铁信托	《企业会计准则》(2006年)	《企业会计准则》(2006年)
东莞信托	《企业会计准则》(2006年)	《企业会计准则》(2006年)
光大兴陇信托	《企业会计准则》(2006年、2014年)及《金融负债与权益工具的区分及相关会计处理规定》(2014年)	《企业会计准则》(2006年、2014年)及《金融负债与权益工具的区分及相关会计处理规定》(2014年)
粤财信托	《企业会计准则》(2006年、2014年)	《企业会计准则》(2006年、2014年)
国联信托	《企业会计准则》(2006年、2014年)	《企业会计准则》(2006年、2014年)
国民信托	《企业会计准则》(2006年、2014年)	《企业会计准则》(2006年、2014年)

续表

公司简称	固有业务执行的会计制度	信托业务执行的会计制度
国投泰康信托	《企业会计准则》(2006 年、2014 年)	《企业会计准则》(2006 年、2014 年)
杭州工商信托	《企业会计准则》(2006 年、2014 年)	《企业会计准则》(2006 年、2014 年)
建信信托	《企业会计准则》(2006 年、2014 年)	《企业会计准则》(2006 年、2014 年)
湖南信托	《企业会计准则》(2006 年)	《企业会计准则》(2006 年)
华宝信托	《企业会计准则》(2006 年)	《企业会计准则》(2006 年)
吉林信托	《企业会计准则》(2006 年、2014 年)	《企业会计准则》(2006 年、2014 年)
江苏信托	《企业会计准则》(2006 年)	《企业会计准则》(2006 年)
中江信托	《企业会计准则》(2006 年)	《企业会计准则》(2006 年)
兴业信托	《企业会计准则》(2006 年)	《企业会计准则》(2006 年)
华宸信托	《企业会计准则》(2006 年)	《企业会计准则》(2006 年)
昆仑信托	《企业会计准则》和《金融企业会计制度》(2014 年)	《企业会计准则》《金融企业会计制度》(2014 年)
平安信托	《企业会计准则》(2006 年)	《企业会计准则》(2006 年)
山东信托	《企业会计准则》(2006 年)	《企业会计准则》(2006 年)
山西信托	《企业会计准则》(2006 年、2014 年)	《企业会计准则》(2006 年、2014 年)
陕国投	《企业会计准则》(2006 年)	《企业会计准则》(2006 年)
上海信托	《企业会计准则》(2006 年)	《企业会计准则》(2006 年)
华融信托	《企业会计准则》(2006 年)、《信托业务会计核算办法》(2005)	《企业会计准则》(2006 年)、《信托业务会计核算办法》(2005 年)
苏州信托	《企业会计准则》(2006 年、2014 年)	《企业会计准则》(2006 年)
天津信托	《企业会计准则》(2006 年)	《企业会计准则》(2006 年)
长安信托	《企业会计准则》(2006 年、2014 年)	《企业会计准则》(2006 年、2014 年)
西部信托	《企业会计准则》(2006 年)	《企业会计准则》(2006 年)
西藏信托	《企业会计准则》(2006 年)	《企业会计准则》(2006 年)
厦门国际信托	《企业会计准则》(2006 年)	《企业会计准则》(2006 年)
新华信托	《企业会计准则》(2006 年、2014 年)	《企业会计准则》(2006 年、2014 年)
华润信托	《企业会计准则》(2006 年)	《企业会计准则》(2006 年)
华信信托	《企业会计准则》(2006 年)	《企业会计准则》(2006 年)
英大信托	《企业会计准则》(2006 年)	《企业会计准则》(2006 年)
云南信托	《企业会计准则》(2006 年)	《企业会计准则》(2006 年)
中诚信托	《企业会计准则》(2006 年)	《企业会计准则》(2006 年)
外贸信托	《企业会计准则》(2006 年)	《企业会计准则》(2006 年)
中海信托	《企业会计准则》(2006 年、2014 年)	《企业会计准则》(2006 年、2014 年)
中融信托	《企业会计准则》(2006 年、2014 年)	《企业会计准则》(2006 年、2014 年)
中泰信托	《企业会计准则》(2006 年、2014 年)	《企业会计准则》(2006 年、2014 年)
中信信托	《企业会计准则》(2006 年)	《企业会计准则》(2006 年)
中原信托	《企业会计准则》(2006 年)	《企业会计准则》(2006 年)
重庆信托	《企业会计准则》(2006 年)	《企业会计准则》(2006 年)
渤海信托	《企业会计准则》(2006 年、2014 年)	《企业会计准则》(2006 年、2014 年)
交银国际信托	《企业会计准则》(2006 年)	《企业会计准则》(2006 年)
中建投信托	《企业会计准则》(2006 年)	《企业会计准则》(2006 年)
华能信托	《企业会计准则》(2006 年)	《信托业务会计核算办法》(2005 年)
浙金信托	《企业会计准则》(2006 年、2014 年)	《企业会计准则》(2006 年、2014 年)
爱建信托	《企业会计准则》(2006 年、2014 年)	《企业会计准则》(2006 年)
新时代信托	《企业会计准则》(2006 年)	《企业会计准则》(2006 年)
中航信托	《企业会计准则》(2006 年)	《企业会计准则》(2006 年)
华澳信托	《企业会计准则》(2006 年)	《企业会计准则》(2006 年)
大业信托	《企业会计准则》(2006 年)	《企业会计准则》(2006 年)
方正东亚信托	《企业会计准则》(2006 年)	《企业会计准则》(2006 年)
华鑫信托	《企业会计准则》(2006 年、2014 年)	《企业会计准则》(2006 年、2014 年)
金谷信托	《企业会计准则》(2006 年)	《企业会计准则》(2006 年)
陆家嘴信托	《企业会计准则》(2006 年)	《企业会计准则》(2006 年)

续表

公司简称	固有业务执行的会计制度	信托业务执行的会计制度
四川信托	《企业会计准则》(2006 年)	《企业会计准则》(2006 年)
五矿信托	《企业会计准则》(2006 年)	《企业会计准则》(2006 年)
中粮信托	《企业会计准则》(2006 年、2014 年)	《企业会计准则》(2006 年、2014 年)
紫金信托	《企业会计准则》(2006 年)	《企业会计准则》(2006 年)
长城新盛信托	《企业会计准则》(2006 年)	《企业会计准则》(2006 年)
中国民生信托	《企业会计准则》(2006 年)	《企业会计准则》(2006 年)
万向信托	《企业会计准则》(2006 年)	《企业会计准则》(2006 年)

表 2-3-3　2015 年 68 家信托公司披露执行的会计制度统计

公司简称	固有业务执行的会计制度	信托业务执行的会计制度
国元信托	《企业会计准则》(2006 年)	《企业会计准则》(2006 年)
安信信托	《企业会计准则》(2006 年)	《企业会计准则》(2006 年)
百瑞信托	《企业会计准则》(2006 年、2014 年)	《企业会计准则》(2006 年、2014 年)
北方信托	《企业会计准则》(2006 年、2014 年)	《企业会计准则》(2006 年、2014 年)
北京信托	《企业会计准则》(2006 年)	《企业会计准则》(2006 年)
中铁信托	《企业会计准则》(2006 年)	《企业会计准则》(2006 年)
东莞信托	《企业会计准则》(2006 年)	《企业会计准则》(2006 年)
光大兴陇信托	《企业会计准则》(2006 年、2014 年)及《金融负债与权益工具的区分及相关会计处理规定》(2014 年)	《企业会计准则》(2006 年、2014 年)及《金融负债与权益工具的区分及相关会计处理规定》(2014 年)
粤财信托	《企业会计准则》(2006 年、2014 年)	《企业会计准则》(2006 年、2014 年)
国联信托	《企业会计准则》(2006 年、2014 年)	《企业会计准则》(2006 年、2014 年)
国民信托	《企业会计准则》(2006 年、2014 年)	《企业会计准则》(2006 年、2014 年)
国投泰康信托	《企业会计准则》(2006 年、2014 年)	《企业会计准则》(2006 年、2014 年)
杭州工商信托	《企业会计准则》(2006 年、2014 年)	《企业会计准则》(2006 年、2014 年)
建信信托	《企业会计准则》(2006 年、2014 年)	《企业会计准则》(2006 年、2014 年)
湖南信托	《企业会计准则》(2006 年)	《企业会计准则》(2006 年)
华宝信托	《企业会计准则》(2006 年)	《企业会计准则》(2006 年)
吉林信托	《企业会计准则》(2006 年)	《企业会计准则》(2006 年)
江苏信托	《企业会计准则》(2006 年)	《企业会计准则》(2006 年)
中江信托	《企业会计准则》(2006 年)	《信托业务会计核算办法》(2005 年)
兴业信托	《企业会计准则》(2006 年)	《企业会计准则》(2006 年)
华宸信托	《企业会计准则》(2006 年)	《企业会计准则》(2006 年)
昆仑信托	《企业会计准则》《金融企业会计制度》(2014 年)	《企业会计准则》《金融企业会计制度》(2014 年)
平安信托	《企业会计准则》(2006 年)	《企业会计准则》(2006 年)
山东信托	《企业会计准则》(2006 年)	《企业会计准则》(2006 年)
山西信托	《企业会计准则》(2006 年、2014 年)	《企业会计准则》(2006 年、2014 年)
陕国投	《企业会计准则》(2006 年)	《企业会计准则》(2006 年)
上海信托	《企业会计准则》(2006 年)	《企业会计准则》(2006 年)
华融信托	《企业会计准则》(2006 年)、《信托业务会计核算办法》(2005 年)	《企业会计准则》(2006 年)、《信托业务会计核算办法》(2005 年)
苏州信托	《企业会计准则》(2006 年、2014 年)	《企业会计准则》(2006 年)
天津信托	《企业会计准则》(2006 年)	《企业会计准则》(2006 年)
长安信托	《企业会计准则》(2006 年、2014 年)	《企业会计准则》(2006 年、2014 年)
西部信托	《企业会计准则》(2006 年)	《企业会计准则》(2006 年)
西藏信托	《企业会计准则》(2006 年)	《企业会计准则》(2006 年)
厦门国际信托	《企业会计准则》(2006 年)	《企业会计准则》(2006 年)
新华信托	《企业会计准则》(2006 年、2014 年)	《企业会计准则》(2006 年、2014 年)
华润信托	《企业会计准则》(2006 年)	《企业会计准则》(2006 年)
华信信托	《企业会计准则》(2006 年)	《企业会计准则》(2006 年)
英大信托	《企业会计准则》(2006 年)	《企业会计准则》(2006 年)
云南信托	《企业会计准则》(2006 年)	《企业会计准则》(2006 年)

续表

公司简称	固有业务执行的会计制度	信托业务执行的会计制度
中诚信托	《企业会计准则》(2006 年)	《企业会计准则》(2006 年)
外贸信托	《企业会计准则》(2006 年)	《企业会计准则》(2006 年)
中海信托	《企业会计准则》(2006 年、2014 年)	《企业会计准则》(2006 年、2014 年)
中融信托	《企业会计准则》(2006 年、2014 年)	《企业会计准则》(2006 年、2014 年)
中泰信托	《企业会计准则》(2006 年、2014 年)	《企业会计准则》(2006 年、2014 年)
中信信托	《企业会计准则》(2006 年)	《企业会计准则》(2006 年)
中原信托	《企业会计准则》(2006 年)	《企业会计准则》(2006 年)
重庆信托	《企业会计准则》(2006 年)	《企业会计准则》(2006 年)
渤海信托	《企业会计准则》(2006 年、2014 年)	《企业会计准则》(2006 年、2014 年)
交银国际信托	《企业会计准则》(2006 年)	《企业会计准则》(2006 年)
中建投信托	《企业会计准则》(2006 年)	《企业会计准则》(2006 年)
华能信托	《企业会计准则》(2006 年)	《信托业务会计核算办法》(2005 年)
浙金信托	《企业会计准则》(2006 年、2014 年)	《企业会计准则》(2006 年、2014 年)
爱建信托	《企业会计准则》(2006 年、2014 年)	《企业会计准则》(2006 年)
新时代信托	《企业会计准则》(2006 年)	《企业会计准则》(2006 年)
中航信托	《企业会计准则》(2006 年)	《企业会计准则》(2006 年)
华澳信托	《企业会计准则》(2006 年)	《企业会计准则》(2006 年)
大业信托	《企业会计准则》(2006 年)	《企业会计准则》(2006 年)
方正东亚信托	《企业会计准则》(2006 年)	《企业会计准则》(2006 年)
华鑫信托	《企业会计准则》(2006 年、2014 年)	《企业会计准则》(2006 年、2014 年)
金谷信托	《企业会计准则》(2006 年)	《企业会计准则》(2006 年)
陆家嘴信托	《企业会计准则》(2006 年)	《企业会计准则》(2006 年)
四川信托	《企业会计准则》(2006 年)	《企业会计准则》(2006 年)
五矿信托	《企业会计准则》(2006 年)	《企业会计准则》(2006 年)
中粮信托	《企业会计准则》(2006 年、2014 年)	《企业会计准则》(2006 年、2014 年)
紫金信托	《企业会计准则》(2006 年)	《企业会计准则》(2006 年)
长城新盛信托	《企业会计准则》(2006 年)	《企业会计准则》(2006 年)
中国民生信托	《企业会计准则》(2006 年)	《企业会计准则》(2006 年)
万向信托	《企业会计准则》(2006 年)	《企业会计准则》(2006 年)

第三章　信托公司财务指标排行榜

2016 年希望通过汇总统计分析信托公司的财务指标，建立信托公司综合评价体系，该体系主要包含五个方面的能力分析：资本实力、业务能力、盈利能力、信托理财能力和抗风险能力。本文中仅对指标进行列示和相应的描述，分别对各项指标按照金额大小排序，不对公司的综合评价进行排名。

评价标准	评价指标	公式	索引号
资本实力	总资产		表 3 -1 -1
	净资产		表 3 -1 -7
盈利能力	营业总收入		表 3 -1 -3
	营业费用收入比	营业费用/营业收入 ×100%	表 3 -1 -12
	净利润		表 3 -1 -8
	人均净利润	净利润/员工总人数	表 3 -3 -9
	信托报酬率	信托业务收入/实收信托资产平均余额 ×100%	表 3 -1 -24
	资本利润率	净利润/所有者权益平均余额 ×100%	表 3 -3 -11
业务能力	信托资产余额		表 3 -1 -18
	年度新增信托业务规模		表 3 -3 -7、表 3 -3 -8
	固有总资产年度增量	固有总资产期末余额 - 固有总资产期初余额	表 3 -1 -1
	固有资产增长率	（本期固有资产余额/上期固有资产余额 -1）×100%	表 3 -1 -1
	信托业务收入		表 3 -1 -22
	信托业务收入增长率	（本期信托业务收入/上期信托业务收入 -1）×100%	表 3 -1 -22
	信托业务收入占比	信托业务收入/营业总收入 ×100%	表 3 -1 -22
	自营业务收入		表 3 -1 -3
	自营业务收入增长率	（本期自营业务收入/上期自营业务收入 -1）×100%	表 3 -1 -3
理财能力	信托产品年度清算综合收益率		表 3 -3 -3
	集合信托年度清算收益率		表 3 -3 -3
	主动管理型信托资产余额		表 3 -3 -6
	主动管理型信托资产占比	主动管理型信托资产余额/信托资产余额 ×100%	表 3 -3 -6
	集合信托资产余额		表 3 -3 -4
	集合信托资产占比	集合信托资产余额/信托资产余额 ×100%	表 3 -3 -4
	信托净利润		表 3 -1 -29
	信托资产信托报酬率	信托业务收入/实收信托平均余额	表 3 -1 -24
抗风险能力	净资本		表 3 -3 -13
	净资本/净资产		表 3 -3 -13
	风险覆盖率	净资本/各项风险资本准备之和	表 3 -3 -13
	固有资产不良率		表 6 -3 -1
	信托风险准备金余额	信托赔偿准备金余额 + 一般风险准备金余额	表 3 -1 -16
	信托赔偿准备金提取率	信托赔偿准备金余额/注册资本 ×100%	表 3 -1 -17
	信托风险赔偿率	信托风险准备金余额/信托资产余额 ×100%	表 3 -3 -14

本章固有资产相关指标所涉及的数据均采用合并报表数据，对于母公司数据在第四章中作出汇总分析。

一、信托公司单项财务指标排行榜

（一）固有资产相关指标

68 家信托公司固有资产总额达到 7 228. 21 亿元，比 2015 年增加了 9. 56%。其中资产总额增长的有 58 家，减少的有 10 家；其中增长幅度最大的为中国民生信托，增长了 168. 52%。固有资产总额排行榜详见表 3 -1 -1。

表 3-1-1 固有资产总额排行榜

排名	公司简称	2016 年 12 月 31 日(万元)	2015 年 12 月 31 日(万元)	增长率(%)
1	平安信托	13 033 111. 38	16 559 350. 57	-21. 29
2	中信信托	2 792 152. 43	2 379 890. 69	17. 32
3	重庆信托	2 596 294. 70	2 430 431. 04	6. 82
4	中融信托	2 565 124. 52	1 885 181. 72	36. 07
5	上海信托	2 138 971. 69	992 540. 99	115. 50
6	中诚信托	1 944 525. 38	1 856 513. 71	4. 74
7	安信信托	1 912 569. 51	915 895. 11	108. 82
8	华润信托	1 898 006. 12	1 928 257. 31	-1. 57
9	中铁信托	1 896 571. 41	1 465 590. 56	29. 41
10	四川信托	1 820 711. 25	2 045 482. 58	-10. 99
11	兴业信托	1 735 543. 98	1 603 537. 43	8. 23
12	建信信托	1 719 119. 79	1 096 786. 46	56. 74
13	华能信托	1 467 163. 57	1 045 223. 82	40. 37
14	华信信托	1 349 747. 01	750 931. 96	79. 74
15	中国民生信托	1 264 693. 88	470 980. 58	168. 52
16	江苏信托	1 152 835. 34	910 175. 39	26. 66
17	中江信托	1 085 805. 82	2 052 181. 55	-47. 09
18	中海信托	1 073 325. 26	542 795. 18	97. 74
19	华融信托	1 016 707. 33	710 962. 11	43. 00
20	新时代信托	1 009 318. 14	409 495. 76	146. 48
21	华宝信托	961 944. 95	861 129. 86	11. 71
22	陕国投	950 466. 69	874 385. 80	8. 70
23	新华信托	894 906. 13	894 825. 39	0. 01
24	中航信托	871 393. 38	860 939. 24	1. 21
25	山东信托	864 802. 44	817 075. 03	5. 84
26	西部信托	862 959. 95	1 206 351. 67	-28. 47
27	渤海信托	856 191. 10	484 820. 33	76. 60
28	北京信托	853 632. 20	817 592. 10	4. 41
29	中建投信托	813 229. 74	706 466. 55	15. 11
30	外贸信托	783 187. 50	759 064. 50	3. 18
31	交银国际信托	765 977. 62	657 518. 79	16. 50
32	中原信托	758 984. 34	513 081. 18	47. 93
33	百瑞信托	746 376. 14	617 890. 47	20. 79
34	长安信托	739 187. 50	674 078. 67	9. 66
35	国投泰康信托	722 195. 84	617 456. 29	16. 96
36	五矿信托	720 582. 08	611 610. 00	17. 82
37	陆家嘴信托	703 847. 55	665 654. 30	5. 74
38	吉林信托	690 426. 30	518 224. 70	33. 23
39	昆仑信托	642 495. 43	667 735. 55	-3. 78
40	国元信托	624 138. 69	580 567. 43	7. 50
41	英大信托	572 597. 54	525 065. 59	9. 05
42	国联信托	571 393. 00	399 104. 00	43. 17
43	中粮信托	547 290. 55	405 008. 52	35. 13
44	爱建信托	546 869. 03	475 366. 56	15. 04
45	光大兴陇信托	523 075. 99	462 197. 34	13. 17
46	方正东亚信托	516 901. 90	465 930. 95	10. 94
47	苏州信托	493 244. 57	429 644. 15	14. 80

续表

排名	公司简称	2016年12月31日(万元)	2015年12月31日(万元)	增长率(%)
48	厦门国际信托	490 433.00	456 033.00	7.54
49	粤财信托	489 638.50	457 400.11	7.05
50	湖南信托	475 964.00	349 902.00	36.03
51	金谷信托	474 195.50	494 092.40	-4.03
52	中泰信托	473 006.43	406 440.61	16.38
53	北方信托	454 706.41	432 041.01	5.25
54	天津信托	448 387.23	451 169.05	-0.62
55	华鑫信托	422 432.67	449 336.73	-5.99
56	东莞信托	409 923.73	396 325.19	3.43
57	国民信托	402 035.61	306 513.00	31.16
58	杭州工商信托	401 992.00	335 798.00	19.71
59	山西信托	391 380.57	336 486.71	16.31
60	紫金信托	367 689.92	210 482.13	74.69
61	万向信托	289 050.19	206 916.87	39.69
62	华澳信托	244 742.17	173 263.27	41.25
63	云南信托	240 778.61	220 953.61	8.97
64	西藏信托	220 296.13	218 967.37	0.61
65	大业信托	210 504.74	166 171.75	26.68
66	华宸信托	143 495.99	155 683.32	-7.83
67	浙金信托	90 314.90	87 634.01	3.06
68	长城新盛信托	70 574.35	43 113.46	63.69
合计		72 282 139.31	65 975 713.08	9.56
平均		1 062 972.64	970 231.07	9.56

注:由于存在会计政策变更等因素造成部分本年初的金额和上年末的金额存在调整差异,本年度统计的数据按照各企业在公布的审计报告确认的年初数为准。

超过100亿元的信托公司有20家公司,这20家公司占68家信托公司固有资产总额的62.91%;低于10亿元的和2015年未发生变化的,仍为2家公司。固有资产总额分布情况见表3-1-2。

表3-1-2 固有资产总额分布情况

项目	2016年			2015年		
	家数	资产总额(万元)	占比(%)	家数	资产总额(万元)	占比(%)
100亿元以上	20	45 472 298.53	62.91	13	37 554 779.11	56.92
10亿~50亿元	20	26 648 951.57	36.87	28	28 290 186.49	42.88
10亿元以下	2	160 889.21	0.22	2	130 747.48	0.20
合计	68	72 282 139.31	100.00	68	65 975 713.08	100.00

2016年信托行业固有资产营业总收入为1 318.57亿元,比2015年下降了10.62%,其中下降的有42家,下降幅度最大的为华宸信托;上涨幅度最大的为长城新盛信托,增长了181.70%。固有资产营业总收入排行榜详见表3-1-3。

表3-1-3 固有资产营业总收入排行榜

排名	公司简称	2016年度(万元)	2015年度(万元)	增长率(%)
1	平安信托	2 175 274.74	2 627 143.46	-17.20
2	中融信托	679 612.98	658 781.90	3.16
3	中信信托	581 760.31	1 026 300.06	-43.31
4	安信信托	524 595.90	295 476.74	77.54
5	重庆信托	428 129.60	530 860.03	-19.35
6	上海信托	388 937.53	426 841.55	-8.88
7	四川信托	358 500.77	420 967.50	-14.84
8	中铁信托	345 517.29	282 596.71	22.27
9	华润信托	300 170.10	570 177.82	-47.36
10	中江信托	282 954.81	308 647.59	-8.32

续表

排名	公司简称	2016 年度(万元)	2015 年度(万元)	增长率(%)
11	华能信托	281 322.64	267 673.09	5.10
12	华宝信托	275 078.80	271 091.20	1.47
13	建信信托	268 508.88	212 932.17	26.10
14	兴业信托	261 895.75	294 422.89	-11.05
15	中航信托	238 632.97	200 776.07	18.86
16	华信信托	231 053.86	274 768.56	-15.91
17	中诚信托	210 093.74	289 002.11	-27.30
18	五矿信托	204 747.95	217 501.04	-5.86
19	外贸信托	199 525.85	247 414.91	-19.36
20	中国民生信托	192 081.49	108 214.40	77.50
21	华融信托	190 620.12	164 033.09	16.21
22	北京信托	184 979.44	185 240.27	-0.14
23	国投泰康信托	183 443.61	247 531.18	-25.89
24	长安信托	176 381.56	292 018.24	-39.60
25	中建投信托	171 165.36	153 476.19	11.53
26	百瑞信托	164 187.47	171 996.04	-4.54
27	江苏信托	160 031.67	163 966.62	-2.40
28	中原信托	149 867.00	180 631.50	-17.03
29	中海信托	138 288.08	159 010.09	-13.03
30	交银国际信托	137 185.71	128 993.07	6.35
31	山东信托	134 766.25	184 227.45	-26.85
32	陆家嘴信托	131 989.95	140 174.85	-5.84
33	渤海信托	125 235.74	106 994.23	17.05
34	方正东亚信托	124 457.32	152 796.07	-18.55
35	西部信托	120 022.92	118 900.00	0.94
36	昆仑信托	119 085.15	147 163.97	-19.08
37	爱建信托	116 910.40	100 067.92	16.84
38	英大信托	113 447.69	120 383.75	-5.76
39	天津信托	112 264.01	114 769.44	-2.18
40	厦门国际信托	107 837.00	99 142.00	8.77
41	万向信托	104 785.50	60 313.02	73.74
42	粤财信托	104 522.39	103 536.57	0.95
43	陕国投	101 357.21	115 097.24	-11.94
44	北方信托	100 132.40	121 528.29	-17.61
45	华鑫信托	98 894.71	154 730.26	-36.09
46	杭州工商信托	98 350.00	89 292.00	10.14
47	苏州信托	91 860.97	99 780.67	-7.94
48	湖南信托	89 664.00	85 301.00	5.11
49	国元信托	87 609.94	121 378.70	-27.82
50	新华信托	85 962.35	105 539.98	-18.55
51	新时代信托	80 830.51	70 971.66	13.89
52	光大兴陇信托	80 133.74	61 865.40	29.53
53	东莞信托	78 057.15	84 638.89	-7.78
54	紫金信托	73 890.17	70 384.04	4.98
55	中粮信托	73 886.85	56 350.96	31.12
56	西藏信托	62 250.92	51 770.72	20.24
57	大业信托	61 520.27	57 480.12	7.03
58	中泰信托	60 885.25	75 965.75	-19.85

续表

排名	公司简称	2016 年度(万元)	2015 年度 (万元)	增长率(%)
59	国民信托	60 319.86	92 396.04	-34.72
60	吉林信托	59 765.03	90 273.50	-33.80
61	云南信托	45 026.97	70 021.81	-35.70
62	金谷信托	42 770.81	47 131.14	-9.25
63	国联信托	38 906.00	64 186.00	-39.39
64	华澳信托	33 856.24	50 802.14	-33.36
65	山西信托	28 153.51	35 891.63	-21.56
66	长城新盛信托	22 977.63	8 156.65	181.70
67	浙金信托	19 352.96	23 572.12	-17.90
68	华宸信托	9 389.81	21 203.47	-55.72
合计		13 185 681.59	14 752 665.54	-10.62
平均		193 907.08	216 950.96	-10.62

注:由于各家公司的报告格式不一致,在统计利润表时对报表项目进行了调整,具体调整结果见第四章、表 4-1-3 汇总利润表。

营业收入超过 50 亿元的信托公司有 4 家,其营业收入占 68 家信托公司合计数的 30.04%;40 家信托公司收入集中在 10 亿~50 亿元,其营业收入占 68 家信托公司合计数的 38.70%。固有资产营业总收入分布情况见表 3-1-4。

表 3-1-4　固有资产营业总收入分布情况

项目	2016 年			2015 年		
	家数	营业总收入(万元)	占比(%)	家数	营业总收入(万元)	占比(%)
50 亿元以上	4	3 961 243.93	30.04	5	5 413 263.27	36.69
10 亿~50 亿元	40	7 740 122.02	58.70	40	7 872 511.55	53.36
5 亿~10 亿元	16	1 243 881.72	9.43	18	1 330 890.91	9.02
5 亿元以下	8	240 433.93	1.82	5	135 955.01	0.92
合计	68	13 185 681.59	100.00	68	14 752 620.74	100.00

2016 年信托行业利润总额为 839.82 亿元,比 2015 年下降了 1.27%,其中增长的有 33 家,增长幅度最大的为长城新盛信托,增长了 573.61%。利润总额下降的公司有 35 家,其中下降幅度最大的公司为吉林信托。固有资产利润总额排行榜详见表 3-1-5。

表 3-1-5　固有资产利润总额排行榜

排名	公司简称	2016 年度(万元)	2015 年度(万元)	增长率(%)
1	平安信托	843 815.40	1 006 560.12	-16.17
2	重庆信托	422 836.02	449 036.40	-5.83
3	安信信托	415 322.13	236 143.58	75.88
4	中信信托	406 689.74	404 563.95	0.53
5	中融信托	352 466.60	337 157.40	4.54
6	上海信托	237 570.77	261 092.46	-9.01
7	华能信托	230 582.54	201 257.41	14.57
8	华润信托	220 796.64	310 705.93	-28.94
9	华信信托	220 388.36	252 133.44	-12.59
10	中铁信托	214 730.25	188 163.26	14.12
11	兴业信托	190 840.74	212 191.23	-10.06
12	建信信托	186 396.88	157 382.84	18.44
13	四川信托	185 588.65	214 184.93	-13.35
14	中江信托	179 886.17	167 089.88	7.66
15	中航信托	172 384.54	142 826.52	20.70
16	华宝信托	157 804.13	94 275.91	67.39
17	江苏信托	147 438.23	149 174.98	-1.16

续表

排名	公司简称	2016 年度(万元)	2015 年度(万元)	增长率(%)
18	中诚信托	142 280. 85	205 049. 44	-30. 61
19	外贸信托	140 342. 92	151 302. 68	-7. 24
20	五矿信托	131 253. 80	126 112. 27	4. 08
21	北京信托	129 555. 01	123 610. 81	4. 81
22	中国民生信托	127 735. 05	52 995. 94	141. 03
23	百瑞信托	123 107. 65	121 110. 71	1. 65
24	中海信托	121 045. 57	130 402. 26	-7. 18
25	华融信托	117 136. 60	97 798. 62	19. 77
26	长安信托	114 140. 16	126 496. 49	-9. 77
27	中建投信托	113 641. 88	99 496. 42	14. 22
28	交银国际信托	111 895. 07	94 880. 67	17. 93
29	国投泰康信托	108 204. 19	169 751. 09	-36. 26
30	山东信托	107 712. 84	134 581. 19	-19. 96
31	中原信托	102 866. 50	109 601. 44	-6. 14
32	西部信托	98 695. 31	96 145. 03	2. 65
33	粤财信托	97 116. 10	82 818. 45	17. 26
34	昆仑信托	95 854. 14	113 433. 92	-15. 50
35	英大信托	85 537. 06	90 787. 13	-5. 78
36	渤海信托	85 032. 25	67 854. 99	25. 31
37	方正东亚信托	80 841. 10	92 115. 88	-12. 24
38	爱建信托	78 978. 80	69 409. 57	13. 79
39	厦门国际信托	77 164. 00	70 794. 00	9. 00
40	苏州信托	72 881. 19	74 266. 14	-1. 86
41	湖南信托	71 864. 00	55 600. 00	29. 25
42	杭州工商信托	69 426. 00	57 934. 00	19. 84
43	陕国投	68 554. 37	60 816. 96	12. 72
44	国元信托	67 824. 97	103 708. 84	-34. 60
45	陆家嘴信托	67 731. 44	70 570. 45	-4. 02
46	万向信托	67 345. 75	35 130. 61	91. 70
47	华鑫信托	61 429. 52	80 583. 89	-23. 77
48	紫金信托	56 352. 75	49 256. 30	14. 41
49	新时代信托	55 535. 53	48 056. 57	15. 56
50	东莞信托	52 957. 41	64 921. 05	-18. 43
51	中粮信托	51 948. 24	40 918. 94	26. 95
52	北方信托	50 093. 25	75 685. 60	-33. 81
53	光大兴陇信托	47 981. 98	30 691. 49	56. 34
54	天津信托	45 465. 04	65 100. 89	-30. 16
55	西藏信托	44 968. 65	39 062. 67	15. 12
56	大业信托	39 236. 47	34 750. 70	12. 91
57	中泰信托	35 974. 48	44 374. 89	-18. 93
58	吉林信托	35 913. 86	73 349. 12	-51. 04
59	国联信托	35 186. 00	43 187. 00	-18. 53
60	云南信托	27 377. 01	40 798. 04	-32. 90
61	国民信托	26 219. 76	45 886. 89	-42. 86
62	金谷信托	21 972. 41	15 815. 06	38. 93
63	长城新盛信托	14 718. 46	2 185. 01	573. 61

续表

排名	公司简称	2016年度(万元)	2015年度(万元)	增长率(%)
64	山西信托	11 666. 10	11 857. 55	-1. 61
65	华澳信托	9 340. 36	17 046. 99	-45. 21
66	浙金信托	8 084. 01	8 563. 92	-5. 60
67	新华信托	2 310. 89	3 426. 71	-32. 56
68	华宸信托	2 191. 66	2 604. 46	-15. 85
合计		8 398 226. 18	8 506 640. 00	-1. 27
平均		123 503. 33	125 097. 65	-1. 27

注:由于各家公司的报告格式不一致,在统计利润表时对报表项目进行了调整,具体调整结果见第四章、表4-1-3汇总利润表。

2016年利润总额超过20亿元的共有10家,合计356. 52亿元,其利润总额占全部68家公司利润总额的42. 45%;低于1亿元以下有仍有4家公司。固有资产利润总额分布情况见表3-1-6。

表3-1-6 固有资产利润总额分布情况

项目	2016年			2015年		
	家数	利润总额(万元)	占比(%)	家数	利润总额(万元)	占比(%)
20亿元以上	10	3 565 198. 45	42. 45	12	4 090 076. 30	48. 08
10亿~20亿元	21	2 911 257. 42	34. 67	16	2 214 749. 18	26. 04
1亿~10亿元	33	1 899 843. 39	22. 62	36	2 184 992. 39	25. 69
1亿元以下	4	21 926. 92	0. 26	4	16 780. 07	0. 20
合计	68	8 398 226. 18	100. 00	68	8 506 597. 94	100. 00

2016年信托行业固有资产净资产总额为4 863. 31亿元,比2015年增长了14. 31%,其中增长的有60家,增长幅度最大的为中国民生信托,增长了176. 38%。

68家公司平均净资产71. 52亿元,净资产超过10亿元的有66家,净资产5亿元以下的仅有1家。固有资产净资产排行榜详见表3-1-7。

表3-1-7 固有资产净资产排行榜

排名	公司简称	2016年12月31日(万元)	本年列报	上年列报	2015年末与2016年初数差异(万元)
			2015年12月31日(万元)	2015年12月31日(万元)	
1	平安信托	4 868 145. 64	5 601 783. 02	5 601 783. 02	
2	中信信托	2 021 404. 91	1 799 692. 32	1 799 692. 32	
3	重庆信托	1 866 333. 08	1 605 289. 77	1 641 106. 80	-35 817. 03
4	华润信托	1 690 303. 24	1 713 771. 91	1 713 771. 91	
5	中诚信托	1 553 762. 09	1 428 653. 42	1 428 495. 19	158. 23
6	中融信托	1 399 417. 94	1 188 472. 32	1 188 472. 32	
7	兴业信托	1 383 550. 01	1 242 552. 85	1 242 552. 85	
8	安信信托	1 371 816. 67	630 891. 92	630 891. 92	—
9	上海信托	1 252 136. 30	842 291. 08	842 291. 08	—
10	华信信托	1 197 106. 24	731 996. 81	731 996. 81	—
11	华能信托	1 093 389. 17	727 761. 01	727 761. 01	—
12	建信信托	1 003 961. 87	847 510. 60	847 510. 59	—
13	中国民生信托	993 239. 08	359 373. 65	359 373. 65	—
14	江苏信托	988 147. 31	875 226. 33	875 226. 33	—
15	中江信托	875 048. 86	741 928. 44	741 928. 44	—
16	华宝信托	806 909. 93	722 392. 57	722 392. 57	—
17	中铁信托	797 118. 34	623 476. 97	623 476. 97	—
18	陕国投	772 836. 06	765 414. 12	765 414. 12	—
19	北京信托	771 409. 52	698 797. 16	698 797. 16	—
20	外贸信托	769 635. 32	743 389. 61	743 389. 61	—
21	四川信托	747 444. 33	618 263. 75	618 263. 75	—

续表

排名	公司简称	2016年12月31日(万元)	本年列报	上年列报	2015年末与2016年初数差异(万元)
			2015年12月31日(万元)	2015年12月31日(万元)	
22	新时代信托	737 492. 82	368 455. 64	368 455. 64	—
23	中原信托	728 413. 55	420 254. 82	420 254. 82	—
24	交银国际信托	709 508. 61	628 483. 30	628 483. 30	—
25	渤海信托	704 624. 13	423 372. 18	423 372. 18	—
26	西部信托	698 439. 62	941 101. 72	941 101. 72	—
27	华融信托	677 606. 18	513 808. 27	513 808. 27	—
28	山东信托	634 112. 41	599 747. 98	532 799. 97	66 948. 01
29	中航信托	630 774. 41	520 001. 97	520 001. 97	—
30	百瑞信托	608 698. 95	544 030. 52	544 030. 52	—
31	国元信托	599 689. 59	557 690. 66	557 690. 66	—
32	国投泰康信托	581 220. 81	557 132. 63	557 132. 63	—
33	中建投信托	577 885. 71	500 202. 82	500 202. 82	—
34	新华信托	575 556. 30	575 161. 25	575 161. 24	—
35	五矿信托	571 139. 76	571 139. 76	564 975. 14	6 164. 62
36	英大信托	564 760. 48	507 937. 91	507 937. 91	—
37	长安信托	561 316. 91	492 502. 27	492 502. 27	—
38	中粮信托	524 724. 81	383 669. 92	385 645. 36	-1 975. 44
39	国联信托	512 442. 00	372 905. 00	372 905. 00	—
40	昆仑信托	497 428. 20	585 121. 86	621 303. 66	-36 181. 80
41	粤财信托	469 252. 37	427 646. 37	427 646. 37	—
42	光大兴陇信托	459 351. 04	432 212. 17	432 212. 17	—
43	中海信托	444 741. 94	424 217. 68	424 217. 68	—
44	苏州信托	435 873. 37	374 417. 47	374 417. 47	—
45	方正东亚信托	433 080. 49	372 854. 67	372 854. 67	—
46	陆家嘴信托	423 309. 69	371 039. 19	371 039. 19	—
47	爱建信托	403 255. 61	382 115. 24	382 115. 21	—
48	天津信托	401 509. 16	377 647. 93	377 647. 93	—
49	北方信托	401 370. 39	371 548. 20	364 031. 53	7 516. 67
50	吉林信托	398 866. 00	438 287. 42	438 287. 42	—
51	中泰信托	397 594. 62	373 387. 54	373 605. 16	-217. 62
52	华鑫信托	390 094. 37	346 120. 45	346 120. 45	—
53	东莞信托	381 051. 36	368 618. 08	368 572. 82	45. 26
54	厦门国际信托	376 137. 00	384 753. 00	402 880. 00	-18 127. 00
55	金谷信托	356 427. 67	340 159. 73	340 159. 73	—
56	紫金信托	341 351. 66	190 878. 00	190 878. 00	—
57	杭州工商信托	333 328. 00	286 576. 00	286 576. 00	—
58	湖南信托	311 971. 00	297 645. 00	300 633. 00	-2 988. 00
59	国民信托	232 826. 91	213 185. 33	213 185. 33	—
60	云南信托	207 630. 86	187 186. 42	187 186. 42	—
61	山西信托	205 290. 03	195 920. 29	195 920. 28	—
62	万向信托	194 528. 53	165 167. 95	165 167. 95	—
63	西藏信托	191 381. 00	161 249. 07	161 249. 07	—
64	大业信托	149 598. 42	128 091. 42	128 091. 42	—
65	华宸信托	123 013. 34	133 424. 77	133 424. 77	—
66	华澳信托	121 275. 25	114 373. 43	114 373. 43	—
67	浙金信托	80 622. 62	74 580. 54	74 580. 54	—
68	长城新盛信托	49 402. 07	38 455. 76	38 455. 76	—
合计		48 633 085. 93	42 543 409. 23	42 557 883. 27	-14 474. 04
平均		715 192. 44	625 638. 37	625 851. 22	

注：报表披露中绝对值差异小于或等于1万元的视为尾差，不计入不一致范围。本次排名以公司本年披露的年初数为准，同时列报上年净资产。

由于本年会计政策变更等原因，导致很多公司审计报告中披露的期初净资产与上年披露存在差异，共有 11 家信托公司本年披露的期初净资产与上年披露的期末净资产不一致，其中山东信托、五矿信托、北方信托、东莞信托 4 家公司未披露变动原因。

表 3－1－8　固有资产净利润排行榜

排名	公司简称	2016 年(万元)	本年列报 2015 年数(万元)	上年列报 2015 年数(万元)	两年列报差异(万元)
1	平安信托	645 843. 67	758 214. 05	758 214. 05	—
2	重庆信托	363 055. 94	399 014. 28	412 772. 23	－13 757. 95
3	中信信托	312 245. 59	315 408. 92	315 408. 92	—
4	安信信托	303 394. 75	172 214. 86	172 214. 86	—
5	中融信托	270 401. 24	260 540. 71	260 540. 71	—
6	华润信托	193 883. 53	324 476. 10	324 476. 10	—
7	上海信托	178 180. 08	206 575. 52	206 575. 54	—
8	华能信托	173 402. 30	150 787. 69	150 787. 69	—
9	中铁信托	161 700. 19	142 458. 39	142 458. 39	—
10	华信信托	160 632. 55	197 008. 85	197 008. 85	—
11	兴业信托	146 237. 82	161 086. 45	161 086. 45	—
12	建信信托	141 969. 25	119 622. 81	119 622. 81	—
13	四川信托	138 769. 50	159 335. 83	159 335. 83	—
14	江苏信托	132 898. 49	134 001. 78	134 001. 78	—
15	中航信托	130 167. 02	107 562. 98	107 562. 98	—
16	华宝信托	119 430. 85	71 280. 11	71 280. 11	—
17	中诚信托	118 707. 39	167 835. 63	167 839. 48	－3. 85
18	外贸信托	109 817. 21	120 400. 38	120 400. 38	—
19	中海信托	104 174. 41	109 905. 22	109 905. 22	—
20	北京信托	99 271. 56	97 821. 14	97 821. 14	—
21	五矿信托	98 014. 56	120 638. 28	114 473. 66	6 164. 62
22	中江信托	96 647. 90	125 997. 49	125 997. 49	—
23	中国民生信托	95 145. 43	39 125. 09	39 125. 09	—
24	长安信托	95 101. 18	104 518. 37	104 518. 37	—
25	华融信托	92 925. 09	75 990. 47	75 990. 48	—
26	百瑞信托	92 257. 45	87 573. 40	87 573. 40	—
27	中建投信托	85 156. 27	75 136. 12	75 136. 12	—
28	国投泰康信托	85 072. 39	129 556. 20	129 556. 20	—
29	粤财信托	84 224. 23	66 339. 95	66 339. 70	—
30	交银国际信托	84 068. 95	71 227. 81	71 227. 81	—
31	山东信托	83 302. 95	107 551. 21	99 226. 90	8 324. 31
32	西部信托	75 931. 76	72 983. 26	72 983. 26	—
33	中原信托	74 888. 23	77 147. 24	77 147. 24	—
34	昆仑信托	73 097. 04	85 039. 71	90 548. 24	－5 508. 53
35	渤海信托	67 416. 05	54 933. 41	54 933. 41	—
36	英大信托	64 715. 26	69 752. 19	69 752. 19	—
37	厦门国际信托	60 409. 00	55 329. 00	55 330. 00	－1. 00
38	方正东亚信托	60 225. 82	68 301. 77	68 301. 77	—
39	爱建信托	60 019. 84	50 916. 64	50 916. 64	—
40	国元信托	58 377. 27	87 035. 11	87 035. 11	—
41	苏州信托	55 496. 41	56 178. 05	56 178. 05	—
42	湖南信托	55 408. 00	41 223. 00	42 259. 00	－1 036. 00
43	陆家嘴信托	52 400. 60	55 189. 98	55 189. 98	—
44	杭州工商信托	52 000. 00	43 389. 00	43 389. 00	—
45	万向信托	51 609. 43	26 175. 11	26 175. 11	—
46	陕国投	51 523. 76	45 395. 12	45 395. 12	—
47	华鑫信托	45 402. 14	55 430. 27	55 430. 27	—
48	中粮信托	43 214. 21	33 222. 86	35 198. 30	－1 975. 44

续表

排名	公司简称	2016年（万元）	本年列报2015年数（万元）	上年列报2015年数（万元）	两年列报差异（万元）
49	紫金信托	41 338.66	37 218.65	37 218.65	—
50	天津信托	41 258.85	53 547.03	53 547.03	—
51	新时代信托	41 206.74	35 357.47	35 357.47	—
52	西藏信托	40 920.94	35 501.80	35 501.80	—
53	北方信托	40 547.84	56 973.03	53 448.30	3 524.73
54	东莞信托	39 800.80	49 250.21	49 204.95	45.26
55	光大兴陇信托	35 868.07	23 031.05	23 031.05	—
56	吉林信托	31 603.83	56 080.07	56 080.07	—
57	国联信托	29 512.00	40 672.00	40 672.00	—
58	大业信托	29 382.00	26 248.48	26 248.48	—
59	中泰信托	28 887.29	36 061.86	36 279.47	-217.61
60	云南信托	20 444.44	30 492.04	30 492.02	0.02
61	国民信托	19 583.76	33 991.82	33 991.82	—
62	金谷信托	16 267.94	12 056.17	12 056.17	—
63	长城新盛信托	10 950.81	1 504.49	1 504.49	—
64	山西信托	8 394.45	9 389.12	9 389.13	—
65	华澳信托	6 901.81	12 659.57	12 659.57	—
66	浙金信托	6 042.08	6 401.25	6 401.25	—
67	华宸信托	3 686.68	4 701.68	4 701.68	—
68	新华信托	471.65	1 964.15	1 964.15	—
合计		6 491 305.18	6 719 949.75	6 724 390.99	-4 441.23
平均		95 460.37	98 822.79	98 888.10	

注：报表披露中差异绝对值小于或等于1万元的视为尾差，不计入不一致范围。共有10家信托公司本年披露的上年净利润与上年披露的当年净利润不一致，本次排名以公司本年披露的上年数为准，同时列示上年披露的净利润数。

2016年净利润超过1亿元的有63家，超过10亿元的有19家，比2015年减少了4家，19家公司合计净利润为390.49亿元，占68家信托公司净利润合计数的60.16%。固有资产净利润分布情况详见表3-1-9。

表3-1-9　固有资产净利润分布情况

项目	2016年			2015年		
	家数	净利润（万元）	占比（%）	家数	净利润（万元）	占比（%）
30亿元以上	4	1 624 539.95	25.03	4	1 797 113.35	26.74
10亿～30亿元	15	2 280 371.84	35.13	19	2 797 598.65	41.63
1亿～10亿元	44	2 560 896.72	39.45	40	2 101 277.07	31.27
1亿元以下	5	25 496.67	0.39	5	23 960.68	0.36
合计	68	6 491 305.18	100.00	68	6 719 949.75	100.00

表3-1-10　固有资产净资产收益率排行榜

排名	公司简称	2016年收益率（%）	2015年收益率（%）
1	中信信托	17.96	22.17
2	中融信托	17.95	10.05
3	上海信托	17.40	18.24
4	重庆信托	16.73	19.65
5	中江信托	14.89	26.92
6	中国民生信托	14.88	14.50
7	江苏信托	14.80	9.87
8	中海信托	14.21	15.73
9	建信信托	14.14	14.11
10	华能信托	13.97	44.34
11	交银国际信托	13.89	19.29
12	中诚信托	13.85	27.30

续表

排名	公司简称	2016年收益率(%)	2015年收益率(%)
13	外贸信托	13.81	13.09
14	华融信托	13.50	15.73
15	华信信托	13.45	15.31
16	四川信托	13.42	26.91
17	北京信托	13.42	21.60
18	中航信托	13.40	16.63
19	兴业信托	13.37	22.13
20	中建投信托	13.35	12.76
21	平安信托	13.27	13.54
22	西部信托	13.21	9.31
23	山东信托	13.19	17.95
24	华宝信托	13.11	19.51
25	陕国投	13.10	34.20
26	中原信托	13.06	13.10
27	新华信托	13.06	9.31
28	百瑞信托	12.96	15.42
29	中铁信托	12.91	16.91
30	新时代信托	12.90	13.16
31	安信信托	12.88	16.63
32	长安信托	12.70	14.79
33	华润信托	12.64	23.90
34	渤海信托	12.57	14.62
35	山西信托	12.41	16.92
36	方正东亚信托	12.17	12.23
37	国联信托	12.06	9.54
38	爱建信托	11.93	11.59
39	光大兴陇信托	11.92	7.02
40	英大信托	11.83	13.14
41	国投泰康信托	11.80	9.62
42	中粮信托	11.78	13.01
43	国元信托	11.74	14.87
44	昆仑信托	11.71	13.65
45	吉林信托	11.48	17.80
46	五矿信托	11.46	13.73
47	苏州信托	11.26	14.51
48	厦门国际信托	10.76	8.80
49	陆家嘴信托	10.76	11.23
50	北方信托	10.64	15.46
51	天津信托	10.58	12.80
52	中泰信托	10.49	10.26
53	金谷信托	10.36	9.47
54	湖南信托	10.34	12.22
55	粤财信托	10.30	10.02
56	华鑫信托	10.06	6.77
57	紫金信托	9.85	16.29
58	万向信托	9.54	17.35
59	杭州工商信托	9.42	8.82

续表

排名	公司简称	2016 年收益率(%)	2015 年收益率(%)
60	东莞信托	9.26	29.38
61	国民信托	8.85	14.19
62	华澳信托	8.36	7.30
63	云南信托	5.72	0.93
64	西藏信托	5.61	7.33
65	大业信托	5.61	9.49
66	华宸信托	4.98	5.60
67	浙金信托	4.57	6.30
68	长城新盛信托	0.95	5.11
平均值		13.35	15.80

2016 年总体平均净资产收益率为 13.35%，比 2015 年有所降低；低于 6% 的有 7 家。

表 3－1－11　固有资产平均净资产收益率分布情况

指标	家数	平均净资产收益率(%)
大于或等于 6%	61	13.88
3% ~6%(含 3%)	6	5.15
0 ~3%	1	0.08
0 以下	—	—

表 3－1－12　成本收入比排行榜

排名	公司简称	2016 年			2015 年		
		业务及管理费(万元)	营业总收入(万元)	成本收入比(%)	业务及管理费(万元)	营业总收入(万元)	成本收入比(%)
1	华澳信托	24 949.95	33 856.24	73.69	23 750.27	50 802.14	46.75
2	山西信托	17 102.07	28 153.51	60.75	14 881.94	35 891.63	41.46
3	国民信托	30 872.41	60 319.86	51.18	33 964.83	92 396.04	36.76
4	中融信托	328 965.77	679 612.98	48.40	279 095.87	658 781.90	42.37
5	新华信托	40 781.10	85 962.35	47.44	32 110.03	105 539.98	30.42
6	平安信托	978 062.33	2 175 274.74	44.96	1 146 327.86	2 627 143.46	43.63
7	四川信托	154 318.26	358 500.77	43.05	176 688.15	420 967.50	41.97
8	华宝信托	117 060.81	275 078.80	42.56	110 583.48	271 091.20	40.79
9	吉林信托	25 157.68	59 765.03	42.09	25 790.42	90 273.50	28.57
10	国投泰康信托	75 150.97	183 443.61	40.97	70 091.27	247 531.18	28.32
11	长城新盛信托	9 066.48	22 977.63	39.46	5 012.02	8 156.65	61.45
12	长安信托	65 497.46	176 381.56	37.13	129 934.41	292 018.24	44.50
13	云南信托	16 639.34	45 026.97	36.95	25 379.48	70 021.81	36.25
14	上海信托	140 936.72	388 937.53	36.24	135 898.44	426 841.55	31.84
15	浙金信托	6 963.09	19 352.96	35.98	9 792.68	23 572.12	41.54
16	华宸信托	3 330.13	9 389.81	35.47	5 679.21	21 203.47	26.78
17	万向信托	35 359.67	104 785.50	33.74	22 096.56	60 313.02	36.64
18	光大兴陇信托	27 029.08	80 133.74	33.73	18 306.11	61 865.40	29.59
19	陆家嘴信托	44 045.23	131 989.95	33.37	54 503.12	140 174.85	38.88
20	金谷信托	14 170.15	42 770.81	33.13	14 055.63	47 131.14	29.82
21	中国民生信托	61 768.09	192 081.49	32.16	50 577.61	108 214.40	46.74
22	大业信托	18 789.68	61 520.27	30.54	18 439.21	57 480.12	32.08
23	东莞信托	23 414.38	78 057.15	30.00	15 573.95	84 638.89	18.40
24	北京信托	53 295.34	184 979.44	28.81	52 823.43	185 240.27	28.52
25	中粮信托	21 195.01	73 886.85	28.69	16 676.16	56 350.96	29.59

续表

排名	公司简称	2016 年			2015 年		
		业务及管理费(万元)	营业总收入(万元)	成本收入比(%)	业务及管理费(万元)	营业总收入(万元)	成本收入比(%)
26	陕国投	28 729. 17	101 357. 21	28. 34	30 644. 61	115 097. 24	26. 62
27	中泰信托	17 206. 87	60 885. 25	28. 26	29 573. 60	75 965. 75	38. 93
28	中建投信托	48 142. 27	171 165. 36	28. 13	36 948. 74	153 476. 19	24. 07
29	渤海信托	35 049. 28	125 235. 74	27. 99	29 522. 73	106 994. 23	27. 59
30	新时代信托	22 303. 67	80 830. 51	27. 59	19 914. 56	70 971. 66	28. 06
31	爱建信托	31 748. 22	116 916. 43	27. 15	24 033. 47	100 067. 92	24. 02
32	杭州工商信托	26 106. 00	98 350. 00	26. 54	22 623. 00	89 292. 00	25. 34
33	中诚信托	53 301. 89	210 093. 74	25. 37	41 505. 30	289 002. 11	14. 36
34	中航信托	59 365. 24	238 632. 97	24. 88	46 578. 30	200 776. 07	23. 20
35	兴业信托	64 990. 98	261 895. 75	24. 82	66 948. 26	294 422. 89	22. 74
36	方正东亚信托	30 780. 58	124 457. 32	24. 73	35 494. 29	152 796. 07	23. 23
37	厦门国际信托	26 627. 00	107 837. 00	24. 69	23 474. 00	99 142. 00	23. 68
38	华鑫信托	23 754. 70	98 894. 71	24. 02	23 416. 72	154 730. 26	15. 13
39	紫金信托	17 563. 49	73 890. 17	23. 77	17 191. 46	70 384. 04	24. 43
40	英大信托	25 574. 89	113 447. 69	22. 54	23 817. 92	120 383. 75	19. 78
41	中信信托	129 499. 67	581 760. 31	22. 26	121 878. 14	1 026 300. 06	11. 88
42	西藏信托	13 801. 35	62 250. 92	22. 17	12 528. 83	51 770. 72	24. 20
43	华融信托	41 764. 40	190 620. 12	21. 91	41 670. 20	164 033. 09	25. 40
44	百瑞信托	35 754. 30	164 187. 47	21. 78	43 291. 42	171 996. 04	25. 17
45	安信信托	112 605. 19	524 595. 90	21. 47	48 966. 45	295 476. 74	16. 57
46	交银国际信托	28 718. 40	137 185. 71	20. 93	27 560. 53	128 993. 07	21. 37
47	中江信托	57 859. 45	282 954. 81	20. 45	119 565. 50	308 647. 59	38. 74
48	北方信托	20 349. 25	100 132. 40	20. 32	22 153. 69	121 528. 29	18. 23
49	建信信托	54 073. 00	268 508. 88	20. 14	43 796. 28	212 932. 17	20. 57
50	华能信托	53 692. 40	281 322. 64	19. 09	53 465. 16	267 673. 09	19. 97
51	昆仑信托	21 850. 21	119 085. 15	18. 35	19 970. 43	147 163. 97	13. 57
52	苏州信托	16 806. 26	91 860. 97	18. 30	17 076. 67	99 780. 67	17. 11
53	五矿信托	37 381. 87	204 747. 95	18. 26	36 792. 92	217 501. 04	16. 92
54	中原信托	26 420. 89	149 867. 00	17. 63	23 391. 16	180 631. 50	12. 95
55	湖南信托	15 546. 00	89 664. 00	17. 34	12 550. 00	85 301. 00	14. 71
56	中铁信托	54 959. 90	345 517. 29	15. 91	81 588. 81	282 596. 71	28. 87
57	山东信托	21 431. 71	134 766. 25	15. 90	15 935. 24	184 227. 45	8. 65
58	国元信托	13 570. 12	87 609. 94	15. 49	11 290. 58	121 378. 70	9. 30
59	外贸信托	30 864. 95	199 525. 85	15. 47	26 882. 20	247 414. 91	10. 87
60	华润信托	43 727. 36	300 170. 10	14. 57	36 926. 66	570 177. 82	6. 48
61	中海信托	19 139. 28	138 288. 08	13. 84	25 874. 94	159 010. 09	16. 27
62	天津信托	15 376. 16	112 264. 01	13. 70	14 946. 26	114 769. 44	13. 02
63	西部信托	12 701. 25	120 022. 92	10. 58	12 350. 41	118 900. 00	10. 39
64	国联信托	3 892. 00	38 906. 00	10. 00	5 586. 00	64 186. 00	8. 70
65	江苏信托	10 423. 95	160 031. 67	6. 51	10 234. 23	163 966. 62	6. 24
66	粤财信托	6 247. 43	104 522. 39	5. 98	7 902. 02	103 536. 57	7. 63
67	华信信托	8 730. 84	231 053. 86	3. 78	9 364. 45	274 768. 56	3. 41
68	重庆信托	13 345. 55	428 129. 60	3. 12	73 043. 39	530 860. 03	13. 76
合　计		3 765 698. 59	13 185 681. 59	28. 56	3 936 301. 67	14 752 665. 54	26. 68

2016 年 68 家信托公司总体成本收入比为 28. 56%,比 2015 年降低了 1. 88%;有 22 家信托公司成本收入比降低。其中,比例

超过50%的有3家公司,比2015年多了2家,低于10%的有4家,比2015年少了3家公司。固有资产成本收入比分布情况见表3-1-13。

表3-1-13 固有资产成本收入比分布情况

项目	2016年		2015年	
	家数	成本收入比(%)	家数	成本收入比(%)
50%以上	3	59.61	1	61.45
30%~50%	19	42.47	18	41.42
10%~20%	42	21.16	42	19.11
10%以下	4	4.19	7	6.56
合计	68	28.56	68	26.68

68家信托公司平均每股净资产2.39元,比2016年有所下降;所有公司的每股净资产均大于1.00元,其中42家信托公司每股净资产超过了2.00元。固有资产每股净资产排行榜详见表3-1-14。

表3-1-14 固有资产每股净资产排行榜

排名	公司简称	2016年12月31日	2015年12月31日
1	中泰信托	7.70	7.23
2	安信信托	6.62	3.56
3	建信信托	6.57	5.55
4	中诚信托	6.32	5.82
5	西部信托	4.66	6.27
6	国联信托	4.17	3.03
7	平安信托	4.06	4.67
8	北方信托	4.01	3.71
9	江苏信托	3.68	3.26
10	苏州信托	3.63	3.12
11	方正东亚信托	3.61	3.11
12	北京信托	3.51	3.18
13	外贸信托	3.50	3.38
14	中建投信托	3.47	3.00
15	东莞信托	3.18	3.07
16	山东信托	3.17	3.00
17	中江信托	2.91	6.42
18	华融信托	2.86	2.59
19	五矿信托	2.86	2.86
20	华润信托	2.82	6.52
21	兴业信托	2.77	2.49
22	渤海信托	2.67	2.12
23	国投泰康信托	2.65	2.54
24	华能信托	2.60	2.43
25	湖南信托	2.60	2.48
26	上海信托	2.50	3.44
27	陕国投	2.50	4.95
28	吉林信托	2.50	2.75
29	中铁信托	2.49	1.95
30	天津信托	2.36	2.22
31	中融信托	2.33	1.98
32	国民信托	2.33	2.13

续表

排名	公司简称	2016 年 12 月 31 日	2015 年 12 月 31 日
33	中粮信托	2. 28	1. 67
34	杭州工商信托	2. 22	1. 91
35	华宝信托	2. 16	1. 93
36	华宸信托	2. 15	2. 33
37	四川信托	2. 14	2. 47
38	云南信托	2. 08	1. 87
39	中信信托	2. 02	1. 80
40	华澳信托	2. 02	1. 91
41	国元信托	2. 00	2. 79
42	中原信托	2. 00	1. 68
43	西藏信托	1. 91	3. 22
44	交银国际信托	1. 88	1. 67
45	英大信托	1. 87	1. 68
46	华信信托	1. 81	2. 22
47	中海信托	1. 78	1. 70
48	华鑫信托	1. 77	1. 57
49	长安信托	1. 69	3. 66
50	粤财信托	1. 68	2. 85
51	昆仑信托	1. 66	1. 95
52	长城新盛信托	1. 65	1. 28
53	厦门国际信托	1. 64	1. 67
54	金谷信托	1. 62	1. 55
55	浙金信托	1. 61	1. 49
56	中航信托	1. 57	3. 08
57	百瑞信托	1. 52	1. 81
58	山西信托	1. 51	1. 44
59	大业信托	1. 50	4. 27
60	重庆信托	1. 46	1. 25
61	万向信托	1. 45	1. 23
62	中国民生信托	1. 42	1. 20
63	陆家嘴信托	1. 41	1. 24
64	紫金信托	1. 39	1. 59
65	新华信托	1. 37	1. 37
66	爱建信托	1. 34	1. 27
67	光大兴陇信托	1. 34	4. 24
68	新时代信托	1. 23	3. 07
	平均	2. 39	2. 57

2016 年 68 家信托公司货币资金总额为 1 262. 88 亿元,比 2015 年减少了 268. 18 亿元,减少了 15. 25%。其中有 38 家公司减少,减少最多的为平安信托。固有资产货币资金排行榜详见表 3 -1 -15。

表 3 -1 -15　固有资产货币资金排行榜

排名	公司简称	2016 年 12 月 31 日（万元）	2015 年 12 月 31 日（万元）	增减(万元)
1	平安信托	4 089 676. 84	6 016 234. 66	-1 926 557. 82
2	中融信托	1 110 017. 53	773 415. 42	336 602. 11
3	四川信托	845 632. 64	982 389. 96	-136 757. 32
4	中海信托	532 526. 05	35 253. 43	497 272. 62
5	兴业信托	366 198. 79	221 841. 36	144 357. 43
6	建信信托	349 263. 60	222 204. 20	127 059. 40
7	安信信托	344 547. 30	134 807. 72	209 739. 58

续表

排名	公司简称	2016年12月31日（万元）	2015年12月31日（万元）	增减（万元）
8	中铁信托	322 035. 11	302 764. 26	19 270. 85
9	上海信托	287 577. 39	281 264. 01	6 313. 38
10	渤海信托	269 392. 70	55 598. 20	213 794. 50
11	中诚信托	261 655. 43	316 575. 95	-54 920. 52
12	中国民生信托	241 983. 95	206 504. 31	35 479. 64
13	五矿信托	240 352. 24	228 593. 32	11 758. 92
14	中信信托	215 576. 51	546 817. 71	-331 241. 20
15	重庆信托	212 936. 56	291 832. 11	-78 895. 55
16	北京信托	204 670. 80	72 903. 98	131 766. 82
17	中航信托	192 901. 78	139 089. 62	53 812. 16
18	华信信托	164 873. 33	18 931. 96	145 941. 37
19	华宝信托	140 089. 22	198 019. 55	-57 930. 33
20	中江信托	129 737. 64	1 305 221. 92	-1 175 484. 28
21	云南信托	116 322. 83	153 161. 78	-36 838. 95
22	光大兴陇信托	114 727. 56	330 838. 33	-216 110. 77
23	长安信托	129 003. 54	106 365. 08	22 638. 47
24	华润信托	96 070. 77	89 148. 45	6 922. 32
25	国投泰康信托	94 154. 53	51 459. 82	42 694. 71
26	外贸信托	88 136. 58	186 869. 00	-98 732. 42
27	交银国际信托	82 888. 85	65 823. 28	17 065. 57
28	紫金信托	77 680. 87	41 660. 10	36 020. 77
29	苏州信托	68 045. 49	103 823. 89	-35 778. 40
30	陕国投	67 529. 66	217 369. 74	-149 840. 09
31	方正东亚信托	61 365. 01	41 603. 51	19 761. 50
32	中原信托	61 066. 06	79 091. 84	-18 025. 78
33	中粮信托	52 891. 57	86 776. 78	-33 885. 22
34	西藏信托	55 777. 12	49 356. 30	6 420. 82
35	昆仑信托	48 447. 01	99 238. 48	-50 791. 47
36	长城新盛信托	48 335. 23	24 944. 11	23 391. 12
37	大业信托	47 391. 12	4 836. 13	42 554. 99
38	厦门国际信托	47 151. 00	44 331. 00	2 820. 00
39	金谷信托	46 556. 13	29 267. 10	17 289. 03
40	吉林信托	44 804. 63	56 907. 03	-12 102. 40
41	天津信托	40 899. 50	73 294. 24	-32 394. 74
42	北方信托	40 228. 54	50 990. 56	-10 762. 02
43	英大信托	39 062. 17	45 457. 03	-6 394. 86
44	华澳信托	38 963. 20	87 398. 67	-48 435. 47
45	山西信托	37 531. 79	24 926. 36	12 605. 43
46	华能信托	36 636. 39	72 998. 70	-36 362. 31
47	新时代信托	34 626. 74	37 251. 91	-2 625. 18
48	东莞信托	33 767. 16	21 047. 48	12 719. 68
49	湖南信托	32 538. 00	25 959. 00	6 579. 00
50	浙金信托	31 851. 78	20 378. 25	11 473. 53
51	百瑞信托	30 387. 45	41 876. 01	-11 488. 56
52	粤财信托	30 224. 86	131 873. 30	-101 648. 44
53	国联信托	28 920. 00	55 261. 00	-26 341. 00
54	山东信托	27 448. 58	48 169. 67	-20 721. 09
55	新华信托	27 269. 39	37 082. 79	-9 813. 40
56	陆家嘴信托	26 447. 14	85 784. 61	-59 337. 47

续表

排名	公司简称	2016年12月31日(万元)	2015年12月31日(万元)	增减(万元)
57	华融信托	22 158.79	25 880.31	-3 721.52
58	国元信托	17 857.12	10 474.58	7 382.54
59	江苏信托	16 445.40	30 567.78	-14 122.38
60	万向信托	13 539.74	1 292.59	12 247.15
61	爱建信托	12 962.33	33 686.61	-20 724.28
62	中建投信托	10 602.37	43 628.86	-33 026.49
63	杭州工商信托	10 184.00	30 157.00	-19 973.00
64	华宸信托	6 861.06	7 947.61	-1 086.55
65	西部信托	4 253.95	4 696.33	-442.38
66	中泰信托	3 835.20	13 306.83	-9 471.63
67	国民信托	3 304.75	7 811.26	-4 506.51
68	华鑫信托	51.54	28 328.79	-28 277.25
合计		12 628 849.91	15 310 663.53	-2 681 813.63
平均		185 718.38	225 156.82	-39 438.44

注:为了使各家公司报告对货币资金披露的一致,表格中的货币资金包括货币资金、存放中央银行款项、存放同业款项、拆出资金和其他货币资金。

2016年68家信托公司期末信托风险准备金余额为306.80亿元,比2015年增加19.44%,其中2家公司本年未计提风险准备。信托风险准备金余额排行榜详见表3-1-16。

表3-1-16　信托风险准备金余额排行榜

排名	公司简称	2016年12月31日(万元)	2015年12月31日(万元)	增长率(%)
1	平安信托	299 485.89	258 485.23	15.86
2	中信信托	140 651.11	123 009.00	14.34
3	中铁信托	125 683.61	97 613.90	28.76
4	上海信托	121 360.61	104 723.07	15.89
5	新华信托	118 581.90	118 581.90	0.00
6	江苏信托	92 361.48	81 839.10	12.86
7	华润信托	88 455.60	79 401.03	11.40
8	交银国际信托	85 433.46	84 132.01	1.55
9	中融信托	82 103.09	69 524.93	18.09
10	北京信托	81 608.04	70 996.51	14.95
11	华宝信托	64 807.60	53 484.01	21.17
12	四川信托	64 090.41	28 771.31	122.76
13	山东信托	63 842.32	59 046.02	8.12
14	华信信托	63 833.29	49 101.01	30.00
15	中诚信托	62 198.49	62 198.49	0.00
16	重庆信托	60 876.15	40 187.19	51.48
17	外贸信托	54 590.85	48 981.64	11.45
18	国投泰康信托	54 275.03	45 511.33	19.26
19	华能信托	53 914.89	39 556.20	36.30
20	中海信托	53 276.58	41 573.69	28.15
21	五矿信托	50 451.85	48 353.99	4.34
22	国元信托	47 849.56	44 930.70	6.50
23	安信信托	47 066.44	24 168.39	94.74
24	方正东亚信托	46 561.21	49 284.74	-5.53
25	兴业信托	46 201.22	41 415.30	11.56

续表

排名	公司简称	2016 年 12 月 31 日(万元)	2015 年 12 月 31 日(万元)	增长率(%)
26	百瑞信托	44 172.70	37 636.25	17.37
27	建信信托	42 014.65	32 320.38	29.99
28	吉林信托	40 735.77	38 550.56	5.67
29	新时代信托	40 642.64	25 626.67	58.60
30	中航信托	38 208.99	31 194.32	22.49
31	长安信托	35 914.46	30 346.89	18.35
32	华融信托	32 737.49	28 091.24	16.54
33	西部信托	31 920.17	28 123.59	13.50
34	中江信托	31 437.42	14 056.09	123.66
35	湖南信托	31 310.00	26 961.00	16.13
36	中建投信托	30 615.46	23 675.98	29.31
37	北方信托	30 398.16	27 357.07	11.12
38	渤海信托	29 477.06	20 391.00	44.56
39	英大信托	28 670.04	24 614.38	16.48
40	粤财信托	28 322.06	22 013.46	28.66
41	昆仑信托	27 465.35	23 810.50	15.35
42	厦门国际信托	26 305.00	22 483.00	17.00
43	天津信托	25 742.51	23 679.56	8.71
44	爱建信托	25 629.95	17 628.89	45.39
45	国联信托	25 488.00	21 062.00	21.01
46	中粮信托	24 590.27	22 600.91	8.80
47	陕国投	24 430.40	18 752.26	30.28
48	西藏信托	24 377.61	22 331.56	9.16
49	中国民生信托	23 123.88	7 049.81	228.01
50	山西信托	22 378.42	20 544.42	8.93
51	中原信托	22 315.09	18 570.67	20.16
52	东莞信托	20 265.17	18 088.21	12.04
53	杭州工商信托	19 650.00	16 106.00	22.00
54	苏州信托	18 738.43	14 795.24	26.65
55	华鑫信托	18 626.11	16 203.17	14.95
56	中泰信托	17 683.46	16 542.30	6.90
57	陆家嘴信托	16 818.97	14 198.94	18.45
58	金谷信托	14 161.73	13 348.33	6.09
59	光大兴陇信托	13 837.23	11 537.41	19.93
60	云南信托	13 546.79	12 022.75	12.68
61	紫金信托	12 131.00	7 700.61	57.53
62	国民信托	11 757.12	8 905.10	32.03
63	大业信托	8 683.96	6 849.33	26.79
64	万向信托	6 971.09	4 390.62	58.77
65	华宸信托	6 868.42	6 084.12	12.89
66	华澳信托	6 425.39	4 838.59	32.79
67	浙金信托	2 596.01	1 917.83	35.36
68	长城新盛信托	1 222.40	674.86	81.13
合计		3 067 967.51	2 568 546.57	19.44
平均		45 117.17	37 772.74	

注:信托风险准备金余额 = 信托风险准备金余额 + 一般风险准备金余额。

2016 年 68 家信托公司平均信托赔偿准备金提取率为 15.05%,有 31 家公司超过平均值,其中,超过 30% 的有 7 家公司,低于 5% 的有 5 家公司。信托风险准备金余额提取率排行榜详见表 3 - 1 - 17。

表3－1－17　信托风险准备金余额提取率排行榜

排名	公司简称	信托风险准备金（万元）	注册资本（万元）	提取率（%）
1	中铁信托	125 683. 61	320 000. 00	39. 28
2	方正东亚信托	46 561. 21	120 000. 00	38. 80
3	北京信托	81 608. 04	220 000. 00	37. 09
4	江苏信托	92 361. 48	268 389. 90	34. 41
5	中泰信托	17 683. 46	51 660. 00	34. 23
6	山东信托	63 842. 32	200 000. 00	31. 92
7	北方信托	30 398. 16	100 099. 89	30. 37
8	新华信托	118 581. 90	420 000. 00	28. 23
9	建信信托	42 014. 65	152 727. 00	27. 51
10	湖南信托	31 310. 00	120 000. 00	26. 09
11	吉林信托	40 735. 77	159 659. 75	25. 51
12	中诚信托	62 198. 49	245 666. 67	25. 32
13	五矿信托	50 451. 85	200 000. 00	25. 23
14	平安信托	299 485. 89	1 200 000. 00	24. 96
15	外贸信托	54 590. 85	220 000. 00	24. 81
16	国投泰康信托	54 275. 03	219 054. 55	24. 78
17	西藏信托	24 377. 61	100 000. 00	24. 38
18	上海信托	121 360. 61	500 000. 00	24. 27
19	安信信托	47 066. 44	207 164. 32	22. 72
20	交银国际信托	85 433. 46	376 470. 59	22. 69
21	中海信托	53 276. 58	250 000. 00	21. 31
22	西部信托	31 920. 17	150 000. 00	21. 28
23	国联信托	25 488. 00	123 000. 00	20. 72
24	中建投信托	30 615. 46	166 574. 00	18. 38
25	四川信托	64 090. 41	350 000. 00	18. 31
26	华宝信托	64 807. 60	374 400. 00	17. 31
27	东莞信托	20 265. 17	120 000. 00	16. 89
28	山西信托	22 378. 42	135 700. 00	16. 49
29	国元信托	47 849. 56	300 000. 00	15. 95
30	苏州信托	18 738. 43	120 000. 00	15. 62
31	天津信托	25 742. 51	170 000. 00	15. 14
32	华润信托	88 455. 60	600 000. 00	14. 74
33	中信信托	140 651. 11	1 000 000. 00	14. 07
34	华融信托	32 737. 49	236 898. 67	13. 82
35	中融信托	82 103. 09	600 000. 00	13. 68
36	云南信托	13 546. 79	100 000. 00	13. 55
37	杭州工商信托	19 650. 00	150 000. 00	13. 10
38	华能信托	53 914. 89	420 000. 00	12. 84
39	华宸信托	6 868. 42	57 200. 00	12. 01
40	国民信托	11 757. 12	100 000. 00	11. 76
41	厦门国际信托	26 305. 00	230 000. 00	11. 44
42	渤海信托	29 477. 06	264 000. 00	11. 17
43	百瑞信托	44 172. 70	400 000. 00	11. 04
44	长安信托	35 914. 46	333 000. 00	10. 79
45	华澳信托	6 425. 39	60 000. 00	10. 71
46	中粮信托	24 590. 27	230 000. 00	10. 69
47	中江信托	31 437. 42	300 505. 17	10. 46
48	粤财信托	28 322. 06	280 000. 00	10. 12

续表

排名	公司简称	信托风险准备金(万元)	注册资本(万元)	提取率(%)
49	华信信托	63 833.29	660 000.00	9.67
50	中航信托	38 208.99	402 226.72	9.50
51	英大信托	28 670.04	302 175.45	9.49
52	兴业信托	46 201.22	500 000.00	9.24
53	昆仑信托	27 465.35	300 000.00	9.16
54	大业信托	8 683.96	100 000.00	8.68
55	爱建信托	25 629.95	300 000.00	8.54
56	华鑫信托	18 626.11	220 000.00	8.47
57	陕国投	24 430.40	309 049.17	7.91
58	新时代信托	40 642.64	600 000.00	6.77
59	金谷信托	14 161.73	220 000.00	6.44
60	中原信托	22 315.09	365 000.00	6.11
61	陆家嘴信托	16 818.97	300 000.00	5.61
62	万向信托	6 971.09	133 900.00	5.21
63	浙金信托	2 596.01	50 000.00	5.19
64	紫金信托	12 131.00	245 300.00	4.95
65	重庆信托	60 876.15	1 280 000.00	4.76
66	长城新盛信托	1 222.40	30 000.00	4.07
67	光大兴陇信托	13 837.23	341 819.05	4.05
68	中国民生信托	23 123.88	700 000.00	3.30
合计		3 067 967.51	20 381 640.90	15.05
平均		45 117.17	299 730.01	

(二)信托资产相关指标

2016 年 68 家信托公司信托资产总额达到了 202 597.66 亿元，比 2015 年增长了 23.88%。其中有 57 家公司增长，增幅最大的为浙金信托。其中信托资产总额排行榜详见表 3－1－18。

表 3－1－18 信托资产总额排行榜

排名	公司简称	2016 年 12 月 31 日(万元)	2015 年 12 月 31 日(万元)	增长率(%)
1	中信信托	142 488 879.17	102 281 496.46	39.31
2	建信信托	130 619 640.08	109 683 949.76	19.09
3	兴业信托	94 462 050.68	92 201 673.37	2.45
4	上海信托	82 579 375.78	60 858 316.78	35.69
5	华润信托	80 823 042.82	73 609 109.79	9.80
6	交银国际信托	71 396 121.15	49 516 333.96	44.19
7	华能信托	70 938 996.28	52 784 658.45	34.39
8	中融信托	68 296 726.89	66 991 854.89	1.95
9	平安信托	67 722 093.68	55 843 462.16	21.27
10	华宝信托	52 698 548.78	55 752 384.79	-5.48
11	西藏信托	52 404 787.46	35 664 016.85	46.94
12	外贸信托	47 625 707.10	45 588 998.77	4.47
13	中航信托	47 478 942.75	33 269 448.30	42.71
14	江苏信托	46 772 056.24	34 799 105.12	34.41
15	五矿信托	41 167 009.54	28 059 883.77	46.71
16	长安信托	36 812 744.77	29 452 287.22	24.99
17	四川信托	36 054 983.02	33 798 248.81	6.68
18	新时代信托	34 977 199.20	18 102 172.42	93.22
19	渤海信托	34 637 657.66	21 617 279.12	60.23
20	中海信托	34 534 308.06	41 169 285.46	-16.12
21	光大兴陇信托	30 878 020.06	13 947 712.97	121.38

续表

排名	公司简称	2016年12月31日(万元)	2015年12月31日(万元)	增长率(%)
22	中铁信托	30 420 515.00	19 461 740.00	56.31
23	北方信托	26 437 296.70	28 324 919.93	-6.66
24	国投泰康信托	26 426 644.50	12 094 375.28	118.50
25	山东信托	26 157 347.83	24 635 982.88	6.18
26	北京信托	25 862 068.98	20 638 020.69	25.31
27	华鑫信托	25 770 815.14	17 075 286.77	50.92
28	华融信托	25 395 517.71	22 676 324.58	11.99
29	陕国投	25 381 102.42	18 675 440.31	35.91
30	国民信托	24 747 529.17	12 445 361.27	98.85
31	厦门国际信托	23 654 122.00	11 682 865.00	102.47
32	安信信托	23 495 167.40	23 591 000.27	-0.41
33	英大信托	22 189 988.97	23 086 559.98	-3.88
34	陆家嘴信托	21 637 814.73	13 874 520.45	55.95
35	云南信托	21 554 035.63	20 796 826.52	3.64
36	方正东亚信托	20 275 280.51	10 397 980.80	94.99
37	粤财信托	20 196 897.89	19 729 543.28	2.37
38	爱建信托	19 884 954.02	9 436 301.05	110.73
39	中诚信托	19 749 966.08	22 244 761.18	-11.22
40	重庆信托	17 269 495.34	15 507 154.83	11.36
41	中江信托	16 683 077.89	18 982 535.25	-12.11
42	百瑞信托	16 503 224.29	15 817 731.68	4.33
43	天津信托	15 305 245.43	13 309 711.16	14.99
44	万向信托	15 214 099.00	9 523 881.61	59.75
45	昆仑信托	14 467 505.14	11 139 995.28	29.87
46	中国民生信托	14 340 473.53	11 336 598.19	26.50
47	中粮信托	14 177 710.72	11 615 469.39	22.06
48	西部信托	13 804 599.04	10 202 113.71	35.31
49	中原信托	13 391 726.34	12 648 857.04	5.87
50	大业信托	13 147 958.55	7 603 946.19	72.91
51	新华信托	12 935 098.26	12 250 778.85	5.59
52	紫金信托	12 541 414.54	8 228 681.43	52.41
53	金谷信托	12 452 636.30	12 112 012.87	2.81
54	华信信托	12 210 864.56	9 421 219.77	29.61
55	国元信托	12 096 385.67	11 549 796.69	4.73
56	中建投信托	11 600 348.95	9 966 404.00	16.39
57	苏州信托	9 818 957.74	8 876 197.14	10.62
58	吉林信托	5 402 900.77	4 143 618.93	30.39
59	中泰信托	5 310 004.49	8 240 317.09	-35.56
60	浙金信托	4 906 773.06	2 140 954.44	129.19
61	华澳信托	4 817 763.93	2 983 165.23	61.50
62	湖南信托	4 779 990.00	4 794 596.00	-0.30
63	国联信托	4 541 468.00	4 206 787.00	7.96
64	东莞信托	4 158 276.05	4 815 059.74	-13.64
65	杭州工商信托	3 372 904.00	3 253 885.00	3.66
66	山西信托	3 108 514.11	2 737 329.33	13.56
67	长城新盛信托	2 040 099.13	1 122 975.79	81.67
68	华宸信托	971 110.74	980 256.24	-0.93
合计		2 025 976 581.42	1 635 371 519.33	23.88
平均		29 793 773.26	24 049 581.17	23.88

信托资产总额超过1 000.00亿元的公司有56家，比2015年的50家增加了6家；56家信托公司信托资产总额达到197 274.78

亿元，占整个信托资产总额的97.37%，68家信托公司信托资产总额平均为2 979.37亿元，超过平均值的仅有22家公司。

表3－1－19　信托资产总额分布情况

项目	2016年			2015年		
	家数	信托资产总额（万元）	占比（%）	家数	信托资产总额（万元）	占比（%）
1万亿元以上	2	273 108 519.25	13.48	2	211 965 446.22	12.96
0.5万亿～1万亿元	9	641 321 743.52	31.65	7	458 041 460.23	28.01
0.1万亿～0.5万亿元	45	1 058 317 556.63	52.24	41	862 889 036.90	52.76
0.1万亿元以下	12	53 228 762.02	2.63	18	102 475 575.98	6.27
合计	68	2 025 976 581.42	100.00	68	1 635 371 519.33	100.00

2016年68家信托公司信托资产营业收入合计10 850.26亿元。比2015年减少了15.89%。其中上涨的有24家，下降的有44家，降幅最大的是外贸信托。信托资产营业收入排行榜详见表3－1－20。

表3－1－20　信托资产营业收入排行榜

排名	公司简称	2016年（万元）	2015年（万元）	增长率（%）
1	中信信托	7 552 411.72	6 788 765.34	11.25
2	兴业信托	5 074 847.16	4 772 820.34	6.33
3	建信信托	4 915 515.52	4 179 409.22	17.61
4	平安信托	4 685 176.71	6 969 569.30	-32.78
5	上海信托	4 524 012.54	3 788 523.92	19.41
6	华能信托	4 151 551.23	3 821 432.14	8.64
7	中融信托	4 141 495.73	7 067 050.46	-41.40
8	交银国际信托	3 382 168.90	3 155 957.24	7.17
9	西藏信托	2 744 421.32	2 214 525.09	23.93
10	四川信托	2 655 843.63	3 662 810.28	-27.49
11	中航信托	2 600 300.05	2 690 219.54	-3.34
12	华润信托	2 529 687.32	5 150 094.31	-50.88
13	长安信托	2 480 021.44	2 532 446.58	-2.07
14	安信信托	2 225 976.50	1 640 484.50	35.69
15	五矿信托	2 062 534.16	1 853 551.98	11.27
16	江苏信托	2 016 530.20	1 508 484.81	33.68
17	中海信托	1 917 035.11	3 306 519.56	-42.02
18	华宝信托	1 875 735.78	4 054 579.75	-53.74
19	北方信托	1 820 547.64	2 463 810.84	-26.11
20	华鑫信托	1 745 994.70	1 749 648.31	-0.21
21	渤海信托	1 703 800.30	1 764 514.58	-3.44
22	山东信托	1 608 563.15	2 792 626.13	-42.40
23	中江信托	1 581 769.62	1 704 972.33	-7.23
24	中铁信托	1 541 548.00	1 052 993.00	46.40
25	北京信托	1 527 418.21	1 782 717.23	-14.32
26	新时代信托	1 411 794.65	1 427 628.92	-1.11
27	中诚信托	1 344 071.15	2 028 387.77	-33.74
28	光大兴陇信托	1 338 534.31	624 479.96	114.34
29	国民信托	1 332 058.70	865 049.81	53.99
30	百瑞信托	1 306 772.05	1 346 721.76	-2.97
31	英大信托	1 303 235.11	1 384 117.33	-5.84
32	陆家嘴信托	1 262 370.16	1 002 379.74	25.94
33	华融信托	1 237 871.26	2 150 146.79	-42.43
34	外贸信托	1 232 720.00	6 555 990.93	-81.20
35	陕国投	1 210 707.03	1 979 910.23	-38.85

续表

排名	公司简称	2016 年(万元)	2015 年(万元)	增长率(%)
36	厦门国际信托	1 168 552.00	1 834 268.00	-36.29
37	国投泰康信托	1 092 766.36	1 123 998.33	-2.78
38	西部信托	1 027 866.18	928 464.91	10.71
39	新华信托	1 008 402.63	1 403 392.98	-28.15
40	万向信托	999 093.52	714 562.81	39.82
41	重庆信托	975 591.96	1 304 337.75	-25.20
42	中国民生信托	944 805.55	789 907.65	19.61
43	中建投信托	922 226.62	620 793.32	48.56
44	中泰信托	918 145.95	890 937.55	3.05
45	中原信托	914 315.27	1 205 860.17	-24.18
46	爱建信托	895 630.64	638 427.77	40.29
47	方正东亚信托	894 578.97	354 309.97	152.48
48	粤财信托	891 083.32	2 242 080.15	-60.26
49	云南信托	847 052.10	2 535 500.96	-66.59
50	中粮信托	838 773.87	525 419.26	59.64
51	昆仑信托	816 310.14	1 084 077.76	-24.70
52	华信信托	809 765.64	777 186.14	4.19
53	国元信托	796 802.69	1 154 906.54	-31.01
54	苏州信托	793 388.80	958 740.34	-17.25
55	紫金信托	723 423.88	568 867.57	27.17
56	金谷信托	652 950.69	751 554.60	-13.12
57	大业信托	621 621.11	636 259.70	-2.30
58	湖南信托	454 348.00	586 551.00	-22.54
59	吉林信托	399 842.67	552 937.10	-27.69
60	天津信托	393 707.63	609 182.51	-35.37
61	国联信托	379 371.00	391 388.00	-3.07
62	杭州工商信托	337 413.00	424 219.00	-20.46
63	华澳信托	294 207.24	340 964.68	-13.71
64	东莞信托	242 894.31	508 312.21	-52.22
65	浙金信托	154 491.81	215 455.26	-28.30
66	山西信托	125 996.80	305 946.47	-58.82
67	华宸信托	70 784.96	74 020.56	-4.37
68	长城新盛信托	51 311.82	119 741.40	-57.15
合计		108 502 558.19	129 005 912.44	-15.89
平均		1 595 625.86	1 897 145.77	-15.89

营业收入达到100亿元以上的有39家,占全部营业收入的83.27%。68家公司平均营业收入为159.56亿元,超过平均水平的有22家公司。信托资产营业收入分布情况见表3-1-21。

表3-1-21 信托资产营业收入分布情况

项目	2016 年			2015 年		
	家数	信托资产总额(万元)	占比(%)	家数	信托资产总额(万元)	占比(%)
500 亿元以上	2	12 627 258.88	11.64	5	32 531 470.34	25.22
100 亿~500 亿元	37	77 715 369.35	71.63	37	81 700 762.55	63.33
10 亿~100 亿元	27	18 037 833.18	16.62	25	14 699 658.99	11.39
10 亿元以下	2	122 096.78	0.11	1	74 020.56	0.06
合计	68	108 502 558.19	100.00	68	129 005 912.44	100.00

2016 年 68 家信托公司业务收入合计 757. 90 亿元，比 2015 年信托业务收入 708. 80 亿元上升 6. 17%，68 家信托公司平均业务收入 11. 07 亿元，超过平均水平的有 22 家。信托业务收入排行榜详见表 3－1－22。

表 3－1－22 信托业务收入排行榜

排名	公司简称	信托手续费及佣金收入（万元）	其他业务收入中的信托部分收入（万元）	业务收入合计（万元）	收入合计（万元）	信托业务收入占比（%）
1	安信信托	439 342. 00	—	439 342. 00	554 529. 00	79. 23
2	中信信托	427 175. 76	—	427 175. 76	605 686. 32	70. 53
3	中融信托	376 429. 00	—	376 429. 00	695 425. 00	54. 13
4	平安信托	318 827. 38	—	318 827. 38	2 599 721. 09	12. 26
5	中铁信托	287 529. 75	—	287 529. 75	358 426. 07	80. 22
6	重庆信托	257 431. 52	—	257 431. 52	467 224. 77	55. 10
7	四川信托	243 804. 47	—	243 804. 47	360 046. 52	67. 71
8	华能信托	235 840. 08	—	235 840. 08	304 060. 58	77. 56
9	中航信托	212 711. 69	—	212 711. 69	249 061. 88	85. 41
10	上海信托	195 972. 95	—	195 972. 95	392 109. 25	49. 98
11	长安信托	169 776. 68	17 942. 39	187 719. 07	176 492. 15	106. 36
12	建信信托	180 421. 91	—	180 421. 91	269 910. 32	66. 85
13	五矿信托	171 925. 46	—	171 925. 46	213 646. 62	80. 47
14	华融信托	158 242. 08	—	158 242. 08	196 526. 50	80. 52
15	兴业信托	152 479. 00	—	152 479. 00	264 582. 00	57. 63
16	中国民生信托	120 581. 26	26 730. 04	147 311. 30	195 898. 93	75. 20
17	国投泰康信托	135 321. 19	—	135 321. 19	190 147. 72	71. 17
18	中建投信托	130 772. 42	—	130 772. 42	183 120. 48	71. 41
19	外贸信托	128 215. 73	—	128 215. 73	199 999. 41	64. 11
20	北京信托	126 631. 00	—	126 631. 00	194 980. 00	64. 95
21	渤海信托	118 053. 83	—	118 053. 83	139 340. 41	84. 72
22	百瑞信托	117 733. 50	—	117 733. 50	168 053. 00	70. 06
23	中江信托	109 752. 63	—	109 752. 63	283 707. 32	38. 69
24	华宝信托	108 376. 19	—	108 376. 19	283 603. 87	38. 21
25	中原信托	107 920. 03	—	107 920. 03	151 792. 99	71. 10
26	交银国际信托	98 556. 08	8 036. 81	106 592. 89	137 363. 90	77. 60
27	陆家嘴信托	102 972. 00	—	102 972. 00	141 391. 00	72. 83
28	方正东亚信托	101 481. 03	—	101 481. 03	125 352. 25	80. 96
29	昆仑信托	95 872. 51	—	95 872. 51	123 911. 17	77. 37
30	万向信托	91 067. 63	—	91 067. 63	105 391. 36	86. 41
31	爱建信托	90 177. 39	—	90 177. 39	124 385. 04	72. 50
32	华润信托	87 365. 49	—	87 365. 49	365 291. 78	23. 92
33	英大信托	84 991. 90	—	84 991. 90	114 062. 24	74. 51
34	华信信托	83 953. 53	—	83 953. 53	231 952. 43	36. 19
35	山东信托	82 753. 98	—	82 753. 98	146 694. 55	56. 41
36	北方信托	77 408. 93	—	77 408. 93	100 557. 12	76. 98
37	中海信托	76 762. 75	—	76 762. 75	140 559. 75	54. 61
38	杭州工商信托	74 571. 00	—	74 571. 00	98 436. 00	75. 76
39	中诚信托	72 674. 76	—	72 674. 76	224 264. 30	32. 41
40	华鑫信托	67 263. 20	—	67 263. 20	107 104. 18	62. 80
41	江苏信托	66 465. 79	—	66 465. 79	160 812. 58	41. 33
42	厦门国际信托	63 048. 00	—	63 048. 00	108 616. 00	58. 05
43	苏州信托	62 244. 00	—	62 244. 00	91 933. 92	67. 71
44	东莞信托	61 173. 71	—	61 173. 71	78 136. 85	78. 29
45	天津信托	60 112. 64	680. 27	60 792. 91	114 404. 52	53. 14

续表

排名	公司简称	信托手续费及佣金收入(万元)	其他业务收入中的信托部分收入(万元)	业务收入合计(万元)	收入合计(万元)	信托业务收入占比(%)
46	湖南信托	60 585.00	—	60 585.00	91 346.00	66.32
47	新华信托	59 868.88	—	59 868.88	88 159.69	67.91
48	紫金信托	59 780.36	—	59 780.36	75 038.63	79.67
49	西藏信托	59 119.34	—	59 119.34	66 716.73	88.61
50	国民信托	58 808.18	—	58 808.18	65 455.04	89.85
51	陕国投	57 035.89	—	57 035.89	105 767.57	53.93
52	大业信托	53 900.09	—	53 900.09	62 873.39	85.73
53	光大兴陇信托	53 697.13	—	53 697.13	80 136.26	67.01
54	新时代信托	50 671.39	—	50 671.39	80 830.83	62.69
55	中泰信托	47 495.59	—	47 495.59	66 248.79	71.69
56	粤财信托	44 827.13	—	44 827.13	104 550.14	42.88
57	国元信托	37 279.16	—	37 279.16	87 722.16	42.50
58	云南信托	33 679.92	—	33 679.92	45 497.24	74.03
59	中粮信托	33 328.41	—	33 328.41	73 927.37	45.08
60	金谷信托	32 158.05	—	32 158.05	50 215.16	64.04
61	西部信托	31 568.33	—	31 568.33	120 136.74	26.28
62	华澳信托	28 233.00	—	28 233.00	38 615.19	73.11
63	山西信托	27 295.99	—	27 295.99	45 047.50	60.59
64	国联信托	18 066.00	—	18 066.00	38 920.00	46.42
65	浙金信托	16 730.50	—	16 730.50	19 981.27	83.73
66	吉林信托	15 836.42	—	15 836.42	61 486.43	25.76
67	华宸信托	7 102.11	—	7 102.11	9 750.75	72.84
68	长城新盛信托	6 366.49	—	6 366.49	24 896.23	25.57
合计		7 525 617.19	53 389.51	7 579 006.70	14 042 032.23	53.97
平均		110 670.84	785.14	111 455.98	206 500.47	53.97

本年度信托业务收入占固有资产营业收入的比重为53.97%，比2015年的47.31%有所增长。其中超过平均占比的公司有51家。

2016年信托资产实收信托总额达到196 513.43亿元，比2015年增长25.02%，其中上涨的有58家公司，增长额超过1 000亿元的有18家公司。68家公司平均实收信托2 889.90亿元，超过1 000亿元的有56家，比2015年增加了6家公司。信托资产实收信托排行榜详见表3-1-23。

表3-1-23 信托资产实收信托排行榜

排名	公司简称	2016年(万元)	2015年(万元)	增减率(%)
1	中信信托	133 704 568.35	96 152 588.42	39.05
2	建信信托	124 132 037.56	101 554 600.76	22.23
3	兴业信托	93 513 612.94	90 848 235.54	2.93
4	上海信托	81 805 659.18	60 332 329.61	35.59
5	华润信托	72 991 210.97	66 352 260.08	10.01
6	交银国际信托	70 167 836.36	48 684 768.54	44.13
7	华能信托	70 163 967.50	52 261 761.13	34.25
8	中融信托	65 464 127.76	62 383 798.62	4.94
9	平安信托	64 980 482.29	51 532 789.81	26.10
10	西藏信托	51 370 107.30	35 600 628.88	44.30
11	华宝信托	47 662 009.61	50 939 641.73	-6.43
12	中航信托	47 014 301.22	33 016 399.64	42.40
13	江苏信托	46 109 440.35	34 570 331.98	33.38
14	外贸信托	44 968 876.87	41 529 908.12	8.28
15	五矿信托	40 912 313.53	26 981 532.18	51.63
16	长安信托	36 422 453.86	29 016 278.88	25.52

续表

排名	公司简称	2016 年（万元）	2015 年（万元）	增减率（%）
17	四川信托	35 078 972. 77	32 536 879. 57	7. 81
18	渤海信托	34 503 614. 81	21 571 435. 41	59. 95
19	中海信托	33 160 581. 81	39 265 760. 74	-15. 55
20	新时代信托	32 315 616. 70	15 609 615. 39	107. 02
21	光大兴陇信托	30 746 261. 00	13 757 738. 95	123. 48
22	中铁信托	30 068 761. 00	19 271 330. 00	56. 03
23	国投泰康信托	26 402 587. 48	12 059 018. 40	118. 94
24	华鑫信托	25 751 196. 98	16 836 547. 51	52. 95
25	北方信托	25 674 842. 96	27 508 034. 80	-6. 66
26	山东信托	25 501 672. 48	24 135 030. 22	5. 66
27	北京信托	25 273 601. 88	20 001 329. 41	26. 36
28	陕国投	24 914 399. 33	18 016 786. 12	38. 28
29	国民信托	24 700 030. 09	12 379 473. 03	99. 52
30	华融信托	24 259 265. 60	21 244 845. 47	14. 19
31	安信信托	23 323 893. 34	23 438 835. 64	-0. 49
32	厦门国际信托	23 321 024. 00	11 338 678. 00	105. 68
33	英大信托	22 146 415. 87	23 057 464. 59	-3. 95
34	陆家嘴信托	21 362 953. 21	13 612 743. 37	56. 93
35	云南信托	21 271 546. 81	20 183 070. 89	5. 39
36	方正东亚信托	20 019 155. 04	10 126 389. 16	97. 69
37	爱建信托	19 661 859. 50	9 345 646. 32	110. 39
38	粤财信托	19 523 794. 60	19 104 700. 38	2. 19
39	中诚信托	18 742 611. 71	21 399 130. 46	-12. 41
40	重庆信托	17 103 826. 90	15 081 360. 28	13. 41
41	中江信托	16 342 222. 90	18 601 174. 75	-12. 14
42	百瑞信托	16 039 043. 55	15 295 641. 48	4. 86
43	天津信托	15 202 868. 46	13 158 944. 48	15. 53
44	万向信托	15 097 312. 01	9 383 524. 93	60. 89
45	中国民生信托	14 275 552. 99	11 122 807. 38	28. 34
46	昆仑信托	14 250 121. 56	11 041 249. 19	29. 06
47	西部信托	13 746 812. 93	10 112 732. 81	35. 94
48	中粮信托	13 687 634. 14	11 372 011. 17	20. 36
49	中原信托	13 299 286. 96	12 518 088. 49	6. 24
50	大业信托	13 109 890. 14	7 543 738. 07	73. 79
51	紫金信托	12 476 192. 00	8 158 939. 80	52. 91
52	金谷信托	12 179 629. 60	11 871 371. 15	2. 60
53	新华信托	12 131 984. 15	11 573 916. 94	4. 82
54	华信信托	12 006 409. 60	9 197 340. 25	30. 54
55	国元信托	11 773 311. 59	11 447 384. 24	2. 85
56	中建投信托	11 469 986. 09	9 875 132. 20	16. 15
57	苏州信托	9 578 469. 93	8 692 077. 37	10. 20
58	吉林信托	5 357 547. 82	4 080 654. 79	31. 29
59	中泰信托	5 089 181. 56	8 064 532. 22	-36. 89
60	浙金信托	4 889 882. 17	2 104 755. 44	132. 33
61	湖南信托	4 627 455. 00	4 632 287. 00	-0. 10
62	华澳信托	4 614 916. 90	2 895 419. 62	59. 39
63	国联信托	4 382 026. 00	4 006 824. 00	9. 36
64	东莞信托	3 976 103. 34	4 593 042. 93	-13. 43
65	杭州工商信托	3 301 408. 00	3 156 335. 00	4. 60
66	山西信托	3 035 077. 37	2 620 279. 32	15. 83
67	长城新盛信托	2 031 971. 37	1 117 521. 30	81. 83
68	华宸信托	950 560. 09	945 750. 03	0. 51
合计		1 965 134 349. 74	1 571 823 174. 39	25. 02
平均		28 899 034. 55	23 115 046. 68	

表 3－1－24　信托资产信托报酬率排行榜

排名	公司简称	信托业务收入（万元）	实收信托		信托报酬率（%）
			2016年（万元）	2015年（万元）	
1	杭州工商信托	74 571.00	3 301 408.00	3 156 335.00	2.31
2	安信信托	439 342.00	23 323 893.34	23 438 835.64	1.88
3	重庆信托	257 431.52	17 103 826.90	15 081 360.28	1.60
4	东莞信托	61 173.71	3 976 103.34	4 593 042.93	1.43
5	湖南信托	60 585.00	4 627 455.00	4 632 287.00	1.31
6	中建投信托	130 772.42	11 469 986.09	9 875 132.20	1.23
7	中铁信托	287 529.75	30 068 761.00	19 271 330.00	1.17
8	中国民生信托	147 311.30	14 275 552.99	11 122 807.38	1.16
9	山西信托	27 295.99	3 035 077.37	2 620 279.32	0.97
10	中原信托	107 920.03	13 299 286.96	12 518 088.49	0.84
11	华信信托	83 953.53	12 006 409.60	9 197 340.25	0.79
12	昆仑信托	95 872.51	14 250 121.56	11 041 249.19	0.76
13	华澳信托	28 233.00	4 614 916.90	2 895 419.62	0.75
14	百瑞信托	117 733.50	16 039 043.55	15 295 641.48	0.75
15	华宸信托	7 102.11	950 560.09	945 750.03	0.75
16	万向信托	91 067.63	15 097 312.01	9 383 524.93	0.74
17	中泰信托	47 495.59	5 089 181.56	8 064 532.22	0.72
18	四川信托	243 804.47	35 078 972.77	32 536 879.57	0.72
19	国投泰康信托	135 321.19	26 402 587.48	12 059 018.40	0.70
20	华融信托	158 242.08	24 259 265.60	21 244 845.47	0.70
21	苏州信托	62 244.00	9 578 469.93	8 692 077.37	0.68
22	方正东亚信托	101 481.03	20 019 155.04	10 126 389.16	0.67
23	中江信托	109 752.63	16 342 222.90	18 601 174.75	0.63
24	爱建信托	90 177.39	19 661 859.50	9 345 646.32	0.62
25	中融信托	376 429.00	65 464 127.76	62 383 798.62	0.59
26	陆家嘴信托	102 972.00	21 362 953.21	13 612 743.37	0.59
27	紫金信托	59 780.36	12 476 192.00	8 158 939.80	0.58
28	长安信托	187 719.07	36 422 453.86	29 016 278.88	0.57
29	北京信托	126 631.00	25 273 601.88	20 001 329.41	0.56
30	平安信托	318 827.38	64 980 482.29	51 532 789.81	0.55
31	中航信托	212 711.69	47 014 301.22	33 016 399.64	0.53
32	大业信托	53 900.09	13 109 890.14	7 543 738.07	0.52
33	五矿信托	171 925.46	40 912 313.53	26 981 532.18	0.51
34	新华信托	59 868.88	12 131 984.15	11 573 916.94	0.51
35	浙金信托	16 730.50	4 889 882.17	2 104 755.44	0.48
36	国联信托	18 066.00	4 382 026.00	4 006 824.00	0.43
37	天津信托	60 792.91	15 202 868.46	13 158 944.48	0.43
38	渤海信托	118 053.83	34 503 614.81	21 571 435.41	0.42
39	长城新盛信托	6 366.49	2 031 971.37	1 117 521.30	0.40
40	华能信托	235 840.08	70 163 967.50	52 261 761.13	0.39
41	英大信托	84 991.90	22 146 415.87	23 057 464.59	0.38
42	中信信托	427 175.76	133 704 568.35	96 152 588.42	0.37
43	厦门国际信托	63 048.00	23 321 024.00	11 338 678.00	0.36
44	中诚信托	72 674.76	18 742 611.71	21 399 130.46	0.36
45	吉林信托	15 836.42	5 357 547.82	4 080 654.79	0.34
46	山东信托	82 753.98	25 501 672.48	24 135 030.22	0.33
47	国元信托	37 279.16	11 773 311.59	11 447 384.24	0.32
48	国民信托	58 808.18	24 700 030.09	12 379 473.03	0.32
49	华鑫信托	67 263.20	25 751 196.98	16 836 547.51	0.32
50	外贸信托	128 215.73	44 968 876.87	41 529 908.12	0.30
51	北方信托	77 408.93	25 674 842.96	27 508 034.80	0.29
52	上海信托	195 972.95	81 805 659.18	60 332 329.61	0.28

续表

排名	公司简称	信托业务收入（万元）	实收信托		信托报酬率（%）
			2016 年（万元）	2015 年（万元）	
53	金谷信托	32 158. 05	12 179 629. 60	11 871 371. 15	0. 27
54	中粮信托	33 328. 41	13 687 634. 14	11 372 011. 17	0. 27
55	陕国投	57 035. 89	24 914 399. 33	18 016 786. 12	0. 27
56	西部信托	31 568. 33	13 746 812. 93	10 112 732. 81	0. 26
57	光大兴陇信托	53 697. 13	30 746 261. 00	13 757 738. 95	0. 24
58	粤财信托	44 827. 13	19 523 794. 60	19 104 700. 38	0. 23
59	华宝信托	108 376. 19	47 662 009. 61	50 939 641. 73	0. 22
60	中海信托	76 762. 75	33 160 581. 81	39 265 760. 74	0. 21
61	新时代信托	50 671. 39	32 315 616. 70	15 609 615. 39	0. 21
62	交银国际信托	106 592. 89	70 167 836. 36	48 684 768. 54	0. 18
63	兴业信托	152 479. 00	93 513 612. 94	90 848 235. 54	0. 17
64	江苏信托	66 465. 79	46 109 440. 35	34 570 331. 98	0. 16
65	云南信托	33 679. 92	21 271 546. 81	20 183 070. 89	0. 16
66	建信信托	180 421. 91	124 132 037. 56	101 554 600. 76	0. 16
67	西藏信托	59 119. 34	51 370 107. 30	35 600 628. 88	0. 14
68	华润信托	87 365. 49	72 991 210. 97	66 352 260. 08	0. 13
合计		7 579 006. 70	1 965 134 349. 74	1 571 823 174. 38	0. 43

注：1. 信托报酬率＝信托业务收入÷实收信托平均余额×100%。
2. 信托业务收入＝信托手续费收入＋其他业务信托收入。
3. 实收信托平均余额＝（期初实收信托余额＋期末实收信托余额）÷2。

信托资产平均信托报酬率已经连续4年下降，从2013年的0. 68%降至2016年的0. 43%，2016年有33家信托公司的信托报酬率小于平均值0. 48%。2013—2016年信托资产平均信托报酬率见图3－1－1。

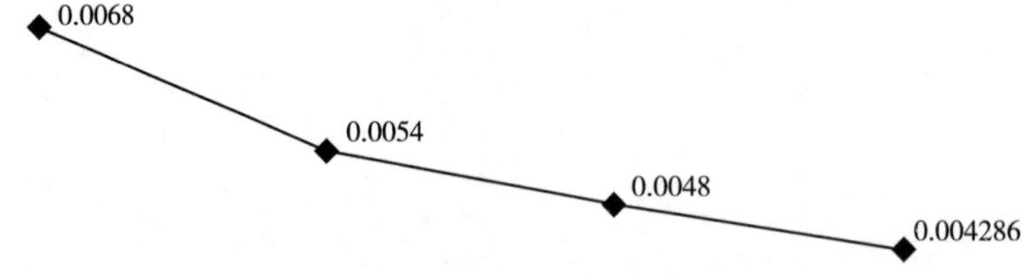

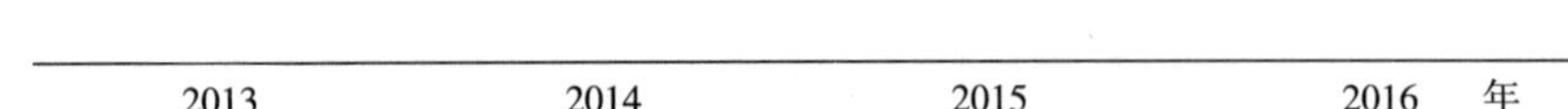

图3－1－1 2013—2016年信托资产平均信托报酬率

表3－1－25 信托资产信托权益（净资产）排行榜

排名	公司简称	2016 年（万元）	2015 年（万元）	增长率（%）
1	中信信托	140 416 774. 85	100 528 364. 29	39. 68
2	建信信托	129 813 949. 87	108 633 516. 23	19. 5
3	兴业信托	94 265 984. 68	91 835 987. 44	2. 65
4	上海信托	82 259 539. 28	60 731 670. 94	35. 45
5	华润信托	75 202 680. 69	69 775 356. 39	7. 78
6	交银国际信托	71 241 500. 35	49 280 979. 49	44. 56

续表

排名	公司简称	2016 年(万元)	2015 年(万元)	增长率(%)
7	华能信托	70 930 078. 60	52 768 945. 60	34. 42
8	平安信托	67 168 532. 54	54 859 923. 58	22. 44
9	中融信托	66 071 781. 28	65 624 016. 63	0. 68
10	华宝信托	51 819 469. 36	55 377 868. 68	-6. 43
11	西藏信托	51 538 329. 25	35 574 328. 04	44. 88
12	中航信托	47 321 978. 56	33 184 143. 76	42. 6
13	外贸信托	47 076 671. 15	45 161 063. 47	4. 24
14	江苏信托	46 713 827. 99	34 787 210. 97	34. 28
15	五矿信托	40 943 937. 36	27 082 687. 97	51. 18
16	长安信托	36 771 119. 84	29 397 419. 22	25. 08
17	四川信托	35 695 662. 62	33 557 559. 24	6. 37
18	新时代信托	34 780 124. 60	18 066 622. 90	92. 51
19	渤海信托	34 525 414. 50	21 608 223. 23	59. 78
20	中海信托	34 398 566. 46	41 063 119. 99	-16. 23
21	光大兴陇信托	30 769 414. 16	13 770 567. 99	123. 44
22	中铁信托	30 296 014. 00	19 446 177. 00	55. 79
23	国投泰康信托	26 424 236. 75	12 093 695. 74	118. 5
24	北方信托	26 396 460. 42	28 258 389. 88	-6. 59
25	山东信托	26 052 231. 18	24 436 984. 31	6. 61
26	北京信托	25 831 875. 43	20 601 129. 74	25. 39
27	华鑫信托	25 741 458. 59	17 044 460. 11	51. 03
28	陕国投	25 350 672. 31	18 653 251. 66	35. 9
29	国民信托	24 717 040. 47	12 412 508. 36	99. 13
30	华融信托	24 401 969. 80	21 946 699. 95	11. 19
31	厦门国际信托	23 638 301. 00	11 620 057. 00	103. 43
32	安信信托	23 416 027. 47	23 530 080. 54	-0. 48
33	英大信托	22 188 272. 33	23 078 277. 71	-3. 86
34	陆家嘴信托	21 489 312. 06	13 755 044. 97	56. 23
35	云南信托	21 413 934. 56	20 564 269. 87	4. 13
36	粤财信托	20 169 337. 90	19 703 284. 88	2. 37
37	方正东亚信托	20 027 248. 77	10 245 720. 74	95. 47
38	爱建信托	19 724 866. 46	9 346 500. 96	111. 04
39	中诚信托	19 589 641. 73	21 999 465. 80	-10. 95
40	重庆信托	17 005 083. 42	15 311 316. 46	11. 06
41	中江信托	16 546 234. 82	18 867 731. 11	-12. 3
42	百瑞信托	16 174 866. 99	15 336 357. 19	5. 47
43	天津信托	15 290 240. 24	13 283 820. 67	15. 1
44	万向信托	15 200 231. 83	9 508 982. 50	59. 85
45	昆仑信托	14 382 734. 34	11 112 312. 50	29. 43
46	中国民生信托	14 280 761. 91	11 199 199. 14	27. 52
47	中粮信托	13 926 810. 98	11 502 131. 38	21. 08
48	西部信托	13 793 089. 45	10 166 340. 53	35. 67
49	中原信托	13 352 023. 75	12 594 194. 78	6. 02
50	大业信托	13 114 532. 92	7 574 370. 14	73. 14
51	紫金信托	12 523 810. 13	8 220 781. 66	52. 34
52	金谷信托	12 376 055. 65	12 002 228. 62	3. 11
53	华信信托	12 196 961. 42	9 408 113. 18	29. 64

续表

排名	公司简称	2016 年(万元)	2015 年(万元)	增长率(%)
54	新华信托	12 142 906. 09	11 542 904. 09	5. 2
55	国元信托	11 857 292. 70	11 524 247. 53	2. 89
56	中建投信托	11 568 982. 69	9 936 360. 41	16. 43
57	苏州信托	9 648 950. 49	8 793 685. 49	9. 73
58	吉林信托	5 359 511. 80	4 082 087. 86	31. 29
59	中泰信托	5 169 267. 45	8 176 512. 11	-36. 78
60	浙金信托	4 903 274. 22	2 139 929. 03	129. 13
61	湖南信托	4 692 564. 00	4 712 444. 00	-0. 42
62	华澳信托	4 684 560. 13	2 898 498. 03	61. 62
63	国联信托	4 476 417. 00	4 118 958. 00	8. 68
64	东莞信托	4 140 948. 93	4 793 596. 91	-13. 61
65	杭州工商信托	3 325 605. 00	3 191 599. 00	4. 2
66	山西信托	3 077 097. 78	2 724 102. 21	12. 96
67	长城新盛信托	2 032 013. 84	1 117 521. 72	81. 83
68	华宸信托	962 627. 09	961 213. 21	0. 15
合计		2 004 799 696. 28	1 618 207 114. 73	23. 89

2016 年信托资产信托权益总额为 200 479. 97 亿元，比 2015 年增长 23. 89%。其中上涨的有 58 家公司，增长额超过 1 000 亿元的有 18 家公司。

68 家公司平均信托权益 2 948. 23 亿元，超过 1 000 亿元的有 56 家，比 2015 年增加了 6 家公司。信托资产信托权益总额分布情况见表 3 -1 -26。

表 3 -1 -26　信托资产信托权益总额分布情况

项目	2016 年			2015 年		
	家数	信托权益(万元)	占比(%)	家数	信托权益(万元)	占比(%)
1 万亿元以上	2	270 230 724. 72	13. 48	2	209 161 880. 52	12. 93
0. 5 万亿 ~1 万亿元	9	630 497 896. 03	31. 45	7	450 973 769. 26	27. 87
0. 1 万亿 ~0. 5 万亿元	45	1 051 598 237. 81	52. 45	41	856 366 208. 53	52. 92
0. 1 万亿元以下	12	52 472 837. 73	2. 62	18	101 705 256. 43	6. 29
合计	68	2 004 799 696. 28	100. 00	68	1 618 207 114. 73	100. 00

2016 年末信托资产中长期股权投资总额为 14 016. 11 亿元，占全部信托资产的 6. 92%。68 家信托公司中超过平均值 6. 92% 的有 32 家公司。长期股权投资占比排行榜详见表 3 -1 -27。

表 3 -1 -27　长期股权投资占比排行榜

排名	公司简称	长期股权投资(万元)	信托资产总额(万元)	长期股权投资占比(%)
1	昆仑信托	4 052 133. 61	14 467 505. 14	28. 01
2	百瑞信托	3 696 637. 71	16 503 224. 29	22. 40
3	杭州工商信托	664 876. 00	3 372 904. 00	19. 71
4	长城新盛信托	401 445. 56	2 040 099. 13	19. 68
5	苏州信托	1 853 017. 23	9 818 957. 74	18. 87
6	金谷信托	2 098 498. 66	12 452 636. 30	16. 85
7	中融信托	11 009 443. 54	68 296 726. 89	16. 12
8	东莞信托	669 670. 74	4 158 276. 05	16. 10
9	中原信托	2 054 837. 86	13 391 726. 34	15. 34
10	陆家嘴信托	3 274 181. 25	21 637 814. 73	15. 13
11	中诚信托	2 972 212. 86	19 749 966. 08	15. 05
12	重庆信托	2 596 003. 71	17 269 495. 34	15. 03
13	中粮信托	1 917 209. 48	14 177 710. 73	13. 52
14	中航信托	6 111 479. 36	47 478 942. 75	12. 87
15	北京信托	3 319 483. 23	25 862 068. 98	12. 84
16	大业信托	1 656 559. 03	13 147 958. 55	12. 60

续表

排名	公司简称	长期股权投资(万元)	信托资产总额(万元)	长期股权投资占比(%)
17	国元信托	1 520 340.94	12 096 385.66	12.57
18	光大兴陇信托	3 651 637.30	30 878 020.06	11.83
19	国联信托	484 066.00	4 541 468.00	10.66
20	山东信托	2 753 911.19	26 157 347.83	10.53
21	中信信托	14 826 271.15	142 488 879.17	10.41
22	华鑫信托	2 627 180.47	25 770 815.14	10.19
23	安信信托	2 391 786.50	23 495 167.40	10.18
24	中铁信托	2 958 120.00	30 420 515.00	9.72
25	华能信托	6 887 180.22	70 938 996.28	9.71
26	中泰信托	481 294.32	5 310 004.49	9.06
27	新华信托	1 151 786.21	12 935 098.26	8.90
28	爱建信托	1 744 223.01	19 884 954.02	8.77
29	兴业信托	7 979 150.77	94 462 050.68	8.45
30	粤财信托	1 569 007.08	20 196 897.90	7.77
31	陕国投	1 775 926.59	25 381 102.42	7.00
32	五矿信托	2 850 360.90	41 167 009.53	6.92
33	紫金信托	831 139.00	12 541 414.53	6.63
34	长安信托	2 312 459.31	36 812 744.77	6.28
35	华融信托	1 547 072.92	25 395 517.71	6.09
36	中建投信托	706 341.42	11 600 348.95	6.09
37	方正东亚信托	1 233 172.31	20 275 280.51	6.08
38	厦门国际信托	1 371 076.00	23 654 122.00	5.80
39	中江信托	959 319.56	16 683 077.89	5.75
40	北方信托	1 513 724.64	26 437 296.70	5.73
41	天津信托	806 465.83	15 305 245.43	5.27
42	山西信托	146 786.77	3 108 514.11	4.72
43	英大信托	1 007 764.00	22 189 988.97	4.54
44	华澳信托	216 350.00	4 817 763.93	4.49
45	吉林信托	236 984.00	5 402 900.77	4.39
46	西部信托	574 577.44	13 804 599.04	4.16
47	华宸信托	36 650.00	971 110.75	3.77
48	国民信托	932 615.84	24 747 529.17	3.77
49	上海信托	3 070 010.80	82 579 375.78	3.72
50	渤海信托	1 268 670.39	34 637 657.66	3.66
51	湖南信托	168 116.00	4 779 990.00	3.52
52	浙金信托	154 170.00	4 906 773.06	3.14
53	国投泰康信托	819 536.55	26 426 644.50	3.10
54	华宝信托	1 599 287.65	52 698 548.78	3.03
55	万向信托	453 190.07	15 214 099.00	2.98
56	交银国际信托	2 075 682.95	71 396 121.15	2.91
57	平安信托	1 947 360.09	67 722 093.70	2.88
58	中国民生信托	388 373.88	14 340 473.53	2.71
59	建信信托	3 450 474.23	130 619 640.08	2.64
60	江苏信托	1 214 064.40	46 772 056.24	2.60
61	中海信托	826 012.57	34 534 308.06	2.39
62	四川信托	796 670.65	36 054 983.03	2.21
63	华润信托	1 494 567.44	80 823 042.82	1.85
64	云南信托	370 831.20	21 554 035.63	1.72
65	华信信托	174 040.46	12 210 864.56	1.43
66	外贸信托	557 185.31	47 625 707.10	1.17
67	西藏信托	600 834.86	52 404 787.46	1.15
68	新时代信托	299 585.00	34 977 199.20	0.86
合计		140 161 096.02	2 025 976 581.45	6.92

2016 年末信托资产中交易性金融资产总额为 26 822.17 亿元，占全部信托资产的 13.24%。68 家信托公司中超过平均值 15.04%的有 19 家公司。其中，华润信托占比达到 73.08%高居榜首。交易性金融资产占比排行榜详见表 3－1－28。

表 3－1－28　交易性金融资产占比排行榜

排名	公司简称	交易性金融资产（万元）	信托资产总额（万元）	交易性金融资产占比（%）
1	华润信托	59 066 095.79	80 823 042.82	73.08
2	中海信托	15 532 053.37	34 534 308.06	44.98
3	陕国投	9 920 039.64	25 381 102.42	39.08
4	江苏信托	16 506 599.66	46 772 056.24	35.29
5	外贸信托	15 966 949.24	47 625 707.10	33.53
6	华宝信托	16 657 337.81	52 698 548.78	31.61
7	交银国际信托	15 842 706.64	71 396 121.15	22.19
8	中诚信托	4 167 058.77	19 749 966.08	21.10
9	东莞信托	858 548.79	4 158 276.05	20.65
10	重庆信托	3 549 438.09	17 269 495.34	20.55
11	粤财信托	4 007 927.88	20 196 897.90	19.84
12	华鑫信托	5 097 875.12	25 770 815.14	19.78
13	云南信托	3 755 957.74	21 554 035.63	17.43
14	北方信托	4 420 677.66	26 437 296.70	16.72
15	山东信托	4 353 449.26	26 157 347.83	16.64
16	四川信托	5 903 473.29	36 054 983.03	16.37
17	西藏信托	7 493 921.86	52 404 787.46	14.30
18	新时代信托	4 815 179.18	34 977 199.20	13.77
19	中国民生信托	1 962 945.70	14 340 473.53	13.69
20	北京信托	3 126 715.64	25 862 068.98	12.09
21	兴业信托	11 417 247.47	94 462 050.68	12.09
22	华融信托	2 742 856.67	25 395 517.71	10.80
23	爱建信托	2 128 497.03	19 884 954.02	10.70
24	光大兴陇信托	3 209 728.98	30 878 020.06	10.39
25	上海信托	6 923 298.12	82 579 375.78	8.38
26	长安信托	3 059 657.60	36 812 744.77	8.31
27	建信信托	10 637 669.00	130 619 640.08	8.14
28	湖南信托	365 736.00	4 779 990.00	7.65
29	中融信托	4 823 218.81	68 296 726.89	7.06
30	平安信托	4 682 111.51	67 722 093.70	6.91
31	中粮信托	912 433.36	14 177 710.73	6.44
32	中江信托	1 003 137.34	16 683 077.89	6.01
33	方正东亚信托	1 115 220.08	20 275 280.51	5.50
34	山西信托	169 094.25	3 108 514.11	5.44
35	中信信托	6 600 804.50	142 488 879.17	4.63
36	金谷信托	356 115.66	12 452 636.30	2.86
37	厦门国际信托	663 889.00	23 654 122.00	2.81
38	昆仑信托	357 456.55	14 467 505.14	2.47
39	苏州信托	234 383.16	9 818 957.74	2.39
40	华信信托	283 093.18	12 210 864.56	2.32
41	国元信托	264 340.08	12 096 385.66	2.19
42	天津信托	326 651.50	15 305 245.43	2.13
43	陆家嘴信托	433 837.06	21 637 814.73	2.00
44	国投泰康信托	484 791.56	26 426 644.50	1.83
45	中泰信托	93 991.67	5 310 004.49	1.77
46	五矿信托	598 505.17	41 167 009.53	1.45
47	大业信托	120 465.37	13 147 958.55	0.92

续表

排名	公司简称	交易性金融资产(万元)	信托资产总额(万元)	交易性金融资产占比(%)
48	华澳信托	43 319.87	4 817 763.93	0.90
49	中航信托	421 262.79	47 478 942.75	0.89
50	万向信托	119 226.60	15 214 099.00	0.78
51	中铁信托	234 296.00	30 420 515.00	0.77
52	国民信托	144 541.76	24 747 529.17	0.58
53	西部信托	50 820.77	13 804 599.04	0.37
54	新华信托	32 458.97	12 935 098.26	0.25
55	百瑞信托	22 530.89	16 503 224.29	0.14
56	华能信托	96 016.90	70 938 996.28	0.14
57	中原信托	13 486.53	13 391 726.34	0.10
58	国联信托	4 241.00	4 541 468.00	0.09
59	中建投信托	5 063.17	11 600 348.95	0.04
60	渤海信托	14 854.79	34 637 657.66	0.04
61	紫金信托	3 244.32	12 541 414.53	0.03
62	吉林信托	694.50	5 402 900.77	0.01
63	英大信托	2 454.05	22 189 988.97	0.01
64	安信信托	—	23 495 167.40	0.00
65	浙金信托	—	4 906 773.06	0.00
66	杭州工商信托	—	3 372 904.00	0.00
67	长城新盛信托	—	2 040 099.13	0.00
68	华宸信托	—	971 110.75	0.00
合计		268 221 694.72	2 025 976 581.45	13.24

表 3-1-29　信托资产净利润排行榜

排名	公司简称	2016年(万元)	2015年(万元)	增长率(%)
1	中信信托	6 869 639.58	6 092 402.05	12.76
2	兴业信托	4 759 101.94	4 273 259.83	11.37
3	建信信托	4 573 946.62	3 950 391.67	15.78
4	平安信托	4 216 123.14	6 378 796.76	-33.90
5	上海信托	4 157 028.58	3 529 384.82	17.78
6	华能信托	3 740 463.27	3 402 080.04	9.95
7	中融信托	3 432 551.96	5 809 925.67	-40.92
8	交银国际信托	3 089 106.84	2 739 034.80	12.78
9	西藏信托	2 588 007.64	2 038 762.66	26.94
10	四川信托	2 315 320.42	3 308 901.97	-30.03
11	中航信托	2 243 262.44	2 327 465.81	-3.62
12	华润信托	2 223 743.28	4 741 581.98	-53.10
13	长安信托	2 163 129.56	2 197 092.65	-1.55
14	江苏信托	1 865 538.32	1 400 752.19	33.18
15	华宝信托	1 739 597.74	3 924 704.58	-55.68
16	中海信托	1 722 036.06	3 073 182.98	-43.97
17	安信信托	1 645 189.02	1 324 693.87	24.19
18	北方信托	1 638 884.78	2 167 204.71	-24.38
19	华鑫信托	1 622 630.55	1 558 092.65	4.14
20	五矿信托	1 619 809.03	1 423 752.79	13.77
21	渤海信托	1 486 926.22	1 602 466.81	-7.21
22	中江信托	1 432 268.93	1 493 297.46	-4.09
23	中铁信托	1 394 618.00	948 412.00	47.05
24	山东信托	1 373 391.52	2 565 112.22	-46.46

续表

排名	公司简称	2016年（万元）	2015年（万元）	增长率（%）
25	北京信托	1 278 668.73	1 477 612.04	-13.46
26	光大兴陇信托	1 245 118.09	576 425.56	116.01
27	新时代信托	1 226 435.37	1 300 889.55	-5.72
28	中诚信托	1 213 201.96	1 835 089.87	-33.89
29	国民信托	1 208 376.39	723 748.13	66.96
30	英大信托	1 193 109.46	1 259 161.55	-5.25
31	百瑞信托	1 158 894.25	1 192 001.16	-2.78
32	陆家嘴信托	1 095 031.16	825 132.69	32.71
33	厦门国际信托	1 060 976.00	1 616 175.00	-34.35
34	陕国投	1 037 422.50	1 801 735.36	-42.42
35	华融信托	1 004 795.24	1 852 491.51	-45.76
36	国投泰康信托	1 000 408.29	1 042 297.17	-4.02
37	西部信托	944 560.16	845 578.25	11.71
38	新华信托	942 198.08	1 313 445.60	-28.27
39	外贸信托	844 217.44	5 820 087.42	-85.49
40	万向信托	842 904.67	592 596.45	42.24
41	中泰信托	833 166.99	780 529.96	6.74
42	中国民生信托	803 125.72	669 372.25	19.98
43	粤财信托	795 877.18	2 066 453.20	-61.49
44	中原信托	791 772.21	1 035 817.54	-23.56
45	中建投信托	776 682.73	487 129.41	59.44
46	爱建信托	767 216.86	552 799.38	38.79
47	中粮信托	758 376.77	454 910.17	66.71
48	方正东亚信托	757 363.53	117 307.06	545.62
49	重庆信托	750 417.37	1 171 912.62	-35.97
50	国元信托	717 686.64	1 043 694.80	-31.24
51	云南信托	713 145.71	2 171 075.32	-67.15
52	昆仑信托	707 671.30	972 035.47	-27.20
53	华信信托	703 916.37	664 795.60	5.88
54	苏州信托	692 026.88	825 191.46	-16.14
55	紫金信托	618 452.66	487 655.00	26.82
56	金谷信托	584 484.61	675 110.16	-13.42
57	大业信托	536 651.17	562 682.30	-4.63
58	湖南信托	373 789.00	510 317.00	-26.75
59	吉林信托	360 539.55	420 344.47	-14.23
60	国联信托	352 317.00	351 175.00	0.33
61	天津信托	325 549.58	533 795.80	-39.01
62	华澳信托	261 995.19	294 444.27	-11.02
63	杭州工商信托	259 032.00	336 953.00	-23.13
64	东莞信托	169 119.68	424 031.26	-60.12
65	浙金信托	131 006.59	188 392.12	-30.46
66	山西信托	98 968.11	276 401.61	-64.19
67	华宸信托	64 175.70	61 267.56	4.75
68	长城新盛信托	44 379.22	109 470.03	-59.46
合计		95 957 539.55	114 590 284.10	-16.26
平均		1 411 140.29	1 685 151.24	—

2016年68家公司信托资产净利润合计为9 595.75亿元，超过100亿元的有36家，比2015年减少了3家，占整个信托净利润

的 80.91%；50 亿元以下的有 11 家，比 2015 年减少 2 家。信托资产净利润分布情况见表 3－1－30。

表 3－1－30　信托资产净利润分布情况

项目	2016 年			2015 年		
	家数	净利润	占比(%)	家数	净利润	占比(%)
500 亿元以上	1	6 869 639.58	7.16	4	24 101 211.90	21.03
100 亿～500 亿元	35	70 765 113.30	73.75	35	75 221 068.78	65.64
50 亿～100 亿元	21	15 881 915.05	16.55	16	11 258 522.46	9.83
50 亿元以下	11	2 440 871.62	2.54	13	4 009 480.96	3.50
合计	68	95 957 539.55	100.00	68	114 590 284.10	100.00

二、信托公司一些总体指标排名

(一)信托公司总资产排行榜

2016 年末总资产达到 209 825.87 亿元，平均固有资产总额占比为 3.44%。其中比例最低为西藏信托，仅为 0.42%。连续 4 年固有资产占总资产的比重都在 3.4% 以上，2015 年最高为 3.85%。信托公司总资产排行榜详见表 3－2－1。

表 3－2－1　信托公司总资产排行榜

排名	公司简称	固有资产总计(万元)	信托资产总计(万元)	总资产总计(万元)	固有资产总额占比(%)
1	中信信托	2 792 152.43	142 488 879.17	145 281 031.60	1.92
2	建信信托	1 719 119.79	130 619 640.08	132 338 759.87	1.30
3	兴业信托	1 735 543.98	94 462 050.68	96 197 594.66	1.80
4	上海信托	2 138 971.69	82 579 375.78	84 718 347.47	2.52
5	华润信托	1 898 006.12	80 823 042.82	82 721 048.94	2.29
6	平安信托	13 033 111.38	67 722 093.68	80 755 205.06	16.14
7	华能信托	1 467 163.57	70 938 996.28	72 406 159.85	2.03
8	交银国际信托	765 977.62	71 396 121.15	72 162 098.77	1.06
9	中融信托	2 565 124.52	68 296 726.89	70 861 851.41	3.62
10	华宝信托	961 944.95	52 698 548.78	53 660 493.73	1.79
11	西藏信托	220 296.13	52 404 787.46	52 625 083.59	0.42
12	外贸信托	783 187.50	47 625 707.10	48 408 894.60	1.62
13	中航信托	871 393.38	47 478 942.75	48 350 336.13	1.80
14	江苏信托	1 152 835.34	46 772 056.24	47 924 891.58	2.41
15	五矿信托	720 582.08	41 167 009.54	41 887 591.62	1.72
16	四川信托	1 820 711.25	36 054 983.02	37 875 694.27	4.81
17	长安信托	739 187.50	36 812 744.77	37 551 932.27	1.97
18	新时代信托	1 009 318.14	34 977 199.20	35 986 517.34	2.80
19	中海信托	1 073 325.26	34 534 308.06	35 607 633.32	3.01
20	渤海信托	856 191.10	34 637 657.66	35 493 848.76	2.41
21	中铁信托	1 896 571.41	30 420 515.00	32 317 086.41	5.87
22	光大兴陇信托	523 075.99	30 878 020.06	31 401 096.05	1.67
23	国投泰康信托	722 195.84	26 426 644.50	27 148 840.34	2.66
24	山东信托	864 802.44	26 157 347.83	27 022 150.27	3.20
25	北方信托	454 706.41	26 437 296.70	26 892 003.11	1.69
26	北京信托	853 632.20	25 862 068.98	26 715 701.18	3.20
27	华融信托	1 016 707.33	25 395 517.71	26 412 225.04	3.85
28	陕国投	950 466.69	25 381 102.42	26 331 569.11	3.61
29	华鑫信托	422 432.67	25 770 815.14	26 193 247.81	1.61

续表

排名	公司简称	固有资产总计(万元)	信托资产总计(万元)	总资产总计(万元)	固有资产总额占比(%)
30	安信信托	1 912 569. 51	23 495 167. 40	25 407 736. 91	7. 53
31	国民信托	402 035. 61	24 747 529. 17	25 149 564. 78	1. 60
32	厦门国际信托	490 433. 00	23 654 122. 00	24 144 555. 00	2. 03
33	英大信托	572 597. 54	22 189 988. 97	22 762 586. 51	2. 52
34	陆家嘴信托	703 847. 55	21 637 814. 73	22 341 662. 28	3. 15
35	云南信托	240 778. 61	21 554 035. 63	21 794 814. 24	1. 10
36	中诚信托	1 944 525. 38	19 749 966. 08	21 694 491. 46	8. 96
37	方正东亚信托	516 901. 90	20 275 280. 51	20 792 182. 41	2. 49
38	粤财信托	489 638. 50	20 196 897. 89	20 686 536. 39	2. 37
39	爱建信托	546 869. 03	19 884 954. 02	20 431 823. 05	2. 68
40	重庆信托	2 596 294. 70	17 269 495. 34	19 865 790. 04	13. 07
41	中江信托	1 085 805. 82	16 683 077. 89	17 768 883. 71	6. 11
42	百瑞信托	746 376. 14	16 503 224. 29	17 249 600. 43	4. 33
43	天津信托	448 387. 23	15 305 245. 43	15 753 632. 66	2. 85
44	中国民生信托	1 264 693. 88	14 340 473. 53	15 605 167. 41	8. 10
45	万向信托	289 050. 19	15 214 099. 00	15 503 149. 19	1. 86
46	昆仑信托	642 495. 43	14 467 505. 14	15 110 000. 57	4. 25
47	中粮信托	547 290. 55	14 177 710. 72	14 725 001. 27	3. 72
48	西部信托	862 959. 95	13 804 599. 04	14 667 558. 99	5. 88
49	中原信托	758 984. 34	13 391 726. 34	14 150 710. 68	5. 36
50	新华信托	894 906. 13	12 935 098. 26	13 830 004. 39	6. 47
51	华信信托	1 349 747. 01	12 210 864. 56	13 560 611. 57	9. 95
52	大业信托	210 504. 74	13 147 958. 55	13 358 463. 29	1. 58
53	金谷信托	474 195. 50	12 452 636. 30	12 926 831. 80	3. 67
54	紫金信托	367 689. 92	12 541 414. 54	12 909 104. 46	2. 85
55	国元信托	624 138. 69	12 096 385. 67	12 720 524. 36	4. 91
56	中建投信托	813 229. 74	11 600 348. 95	12 413 578. 69	6. 55
57	苏州信托	493 244. 57	9 818 957. 74	10 312 202. 31	4. 78
58	吉林信托	690 426. 30	5 402 900. 77	6 093 327. 07	11. 33
59	中泰信托	473 006. 43	5 310 004. 49	5 783 010. 92	8. 18
60	湖南信托	475 964. 00	4 779 990. 00	5 255 954. 00	9. 06
61	国联信托	571 393. 00	4 541 468. 03	5 112 861. 00	11. 18
62	华澳信托	244 742. 17	4 817 763. 93	5 062 506. 10	4. 83
63	浙金信托	90 314. 90	4 906 773. 06	4 997 087. 96	1. 81
64	东莞信托	409 923. 73	4 158 276. 05	4 568 199. 78	8. 97
65	杭州工商信托	401 992. 00	3 372 904. 00	3 774 896. 00	10. 65
66	山西信托	391 380. 57	3 108 514. 11	3 499 894. 68	11. 18
67	长城新盛信托	70 574. 35	2 040 099. 13	2 110 673. 48	3. 34
68	华宸信托	143 495. 99	971 110. 74	1 114 606. 73	12. 87
合计		72 282 139. 34	2 025 976 581. 45	2 098 258 720. 76	3. 44

注:总资产 = 固有资产总计 + 信托资产总计。

其中,总资产排名前 10 的信托公司总资产为 89 110. 26 亿元,占 68 家信托公司总资产的 42. 47% ;这 10 家公司固有资产占其总资产的比重为 3. 26% ,以平安信托 16. 14% 最高,交银国际信托最低为 1. 06% 。

(二)年末信托资产规模资本比例排行榜

2016 年信托资产规模资本比例整体相比 2015 年略有上升(2014 年平均比例为 2. 60%),其中高于平均值 2. 40% 的有 35 家公司。信托资产规模资本比例排行榜详见表 3 -2 -2。

表 3 -2 -2　信托资产规模资本比例排行榜

排名	公司简称	净资产(万元)	信托资产(万元)	信托规模资本比例(%)
1	华宸信托	123 013. 34	971 110. 74	12. 67
2	国联信托	512 442. 00	4 541 468. 03	11. 28
3	重庆信托	1 866 333. 08	17 269 495. 34	10. 81
4	杭州工商信托	333 328. 00	3 372 904. 00	9. 88
5	华信信托	1 197 106. 24	12 210 864. 56	9. 80
6	东莞信托	381 051. 36	4 158 276. 05	9. 16
7	中诚信托	1 553 762. 09	19 749 966. 08	7. 87
8	中泰信托	397 594. 62	5 310 004. 49	7. 49
9	吉林信托	398 866. 00	5 402 900. 77	7. 38
10	平安信托	4 868 145. 64	67 722 093. 68	7. 19
11	中国民生信托	993 239. 08	14 340 473. 53	6. 93
12	山西信托	205 290. 03	3 108 514. 11	6. 60
13	湖南信托	311 971. 00	4 779 990. 00	6. 53
14	安信信托	1 371 816. 67	23 495 167. 40	5. 84
15	中原信托	728 413. 55	13 391 726. 34	5. 44
16	中江信托	875 048. 86	16 683 077. 89	5. 25
17	西部信托	698 439. 62	13 804 599. 04	5. 06
18	中建投信托	577 885. 71	11 600 348. 95	4. 98
19	国元信托	599 689. 59	12 096 385. 67	4. 96
20	新华信托	575 556. 30	12 935 098. 26	4. 45
21	苏州信托	435 873. 37	9 818 957. 74	4. 44
22	中粮信托	524 724. 81	14 177 710. 72	3. 70
23	百瑞信托	608 698. 95	16 503 224. 29	3. 69
24	昆仑信托	497 428. 20	14 467 505. 14	3. 44
25	陕国投	772 836. 06	25 381 102. 42	3. 04
26	北京信托	771 409. 52	25 862 068. 98	2. 98
27	金谷信托	356 427. 67	12 452 636. 30	2. 86
28	紫金信托	341 351. 66	12 541 414. 54	2. 72
29	华融信托	677 606. 18	25 395 517. 71	2. 67
30	天津信托	401 509. 16	15 305 245. 43	2. 62
31	中铁信托	797 118. 34	30 420 515. 00	2. 62
32	英大信托	564 760. 48	22 189 988. 97	2. 55
33	华澳信托	121 275. 25	4 817 763. 93	2. 52
34	山东信托	634 112. 41	26 157 347. 83	2. 42
35	长城新盛信托	49 402. 07	2 040 099. 13	2. 42
36	粤财信托	469 252. 37	20 196 897. 89	2. 32
37	国投泰康信托	581 220. 81	26 426 644. 50	2. 20
38	方正东亚信托	433 080. 49	20 275 280. 51	2. 14
39	江苏信托	988 147. 31	46 772 056. 24	2. 11
40	新时代信托	737 492. 82	34 977 199. 20	2. 11
41	华润信托	1 690 303. 24	80 823 042. 82	2. 09
42	四川信托	747 444. 33	36 054 983. 02	2. 07
43	中融信托	1 399 417. 94	68 296 726. 89	2. 05
44	渤海信托	704 624. 13	34 637 657. 66	2. 03
45	爱建信托	403 255. 61	19 884 954. 02	2. 03

续表

排名	公司简称	净资产（万元）	信托资产（万元）	信托规模资本比例（%）
46	陆家嘴信托	423 309.69	21 637 814.73	1.96
47	浙金信托	80 622.62	4 906 773.06	1.64
48	外贸信托	769 635.32	47 625 707.10	1.62
49	厦门国际信托	376 137.00	23 654 122.00	1.59
50	华能信托	1 093 389.17	70 938 996.28	1.54
51	华宝信托	806 909.93	52 698 548.78	1.53
52	长安信托	561 316.91	36 812 744.77	1.52
53	北方信托	401 370.39	26 437 296.70	1.52
54	上海信托	1 252 136.30	82 579 375.78	1.52
55	华鑫信托	390 094.37	25 770 815.14	1.51
56	光大兴陇信托	459 351.04	30 878 020.06	1.49
57	兴业信托	1 383 550.01	94 462 050.68	1.46
58	中信信托	2 021 404.91	142 488 879.17	1.42
59	五矿信托	571 139.76	41 167 009.54	1.39
60	中航信托	630 774.41	47 478 942.75	1.33
61	中海信托	444 741.94	34 534 308.06	1.29
62	万向信托	194 528.53	15 214 099.00	1.28
63	大业信托	149 598.42	13 147 958.55	1.14
64	交银国际信托	709 508.61	71 396 121.15	0.99
65	云南信托	207 630.86	21 554 035.63	0.96
66	国民信托	232 826.91	24 747 529.17	0.94
67	建信信托	1 003 961.87	130 619 640.08	0.77
68	西藏信托	191 381.00	52 404 787.46	0.37
合计		48 633 085.92	2 025 976 581.45	
平均		715 192.44	29 793 773.26	2.40

超过10%的公司有3家，主要都集中在1%～5%。2013—2016年信托资产规模资本分布情况见表3-2-3。

表3-2-3 信托资产规模资本分布情况

单位：%

项目	2016年	2015年	2014年	2013年
大于10%	3	4	1	1
5%～10%	14	10	9	12
1%～5%以下	46	51	56	50
小于1%	5	3	2	5
合计	68	68	68	68

（三）信托公司总收入排行榜

2016年68家信托公司总收入为12 168.83亿元，2015年总收入为14 376.33亿元，减少了15.36%，其中固有资产营业收入减少10.63%，信托资产营业收入减少15.90%。信托公司总收入排行榜详见表3-2-4。

表3-2-4 信托公司总收入排行榜

排名	公司简称	固有资产营业收入（万元）	信托资产营业收入（万元）	总收入合计（万元）	固有资产营业收入/信托资产营业收入（%）
1	中信信托	581 760.31	7 552 411.72	8 134 172.03	7.70
2	平安信托	2 175 274.74	4 685 176.71	6 860 451.45	46.43
3	兴业信托	261 895.75	5 074 847.16	5 336 742.91	5.16
4	建信信托	268 508.88	4 915 515.52	5 184 024.40	5.46
5	上海信托	388 937.53	4 524 012.54	4 912 950.07	8.60
6	中融信托	679 612.98	4 141 495.73	4 821 108.71	16.41
7	华能信托	281 322.64	4 151 551.23	4 432 873.87	6.78

续表

排名	公司简称	固有资产营业收入(万元)	信托资产营业收入(万元)	总收入合计(万元)	固有资产营业收入/信托资产营业收入(%)
8	交银国际信托	137 182.06	3 382 168.90	3 519 350.96	4.06
9	四川信托	358 500.77	2 655 843.63	3 014 344.40	13.50
10	中航信托	238 632.97	2 600 300.05	2 838 933.02	9.18
11	华润信托	300 170.10	2 529 687.32	2 829 857.42	11.87
12	西藏信托	62 250.92	2 744 421.32	2 806 672.24	2.27
13	安信信托	524 595.90	2 225 976.50	2 750 572.40	23.57
14	长安信托	176 381.56	2 480 021.44	2 656 403.00	7.11
15	五矿信托	204 747.95	2 062 534.16	2 267 282.11	9.93
16	江苏信托	160 031.67	2 016 530.20	2 176 561.87	7.94
17	华宝信托	275 078.80	1 875 735.78	2 150 814.58	14.67
18	中海信托	138 288.08	1 917 035.11	2 055 323.19	7.21
19	北方信托	100 132.40	1 820 547.64	1 920 680.04	5.50
20	中铁信托	345 517.29	1 541 548.00	1 887 065.29	22.41
21	中江信托	282 954.81	1 581 769.62	1 864 724.43	17.89
22	华鑫信托	98 894.71	1 745 994.70	1 844 889.41	5.66
23	渤海信托	125 235.74	1 703 800.30	1 829 036.04	7.35
24	山东信托	134 766.25	1 608 563.15	1 743 329.40	8.38
25	北京信托	184 979.44	1 527 418.21	1 712 397.65	12.11
26	中诚信托	210 093.74	1 344 071.15	1 554 164.89	15.63
27	新时代信托	80 830.51	1 411 794.65	1 492 625.16	5.73
28	百瑞信托	164 187.47	1 306 772.05	1 470 959.52	12.56
29	外贸信托	199 525.85	1 232 720.00	1 432 245.85	16.19
30	华融信托	190 620.12	1 237 871.26	1 428 491.38	15.40
31	光大兴陇信托	80 133.74	1 338 534.31	1 418 668.05	5.99
32	英大信托	113 447.69	1 303 235.11	1 416 682.80	8.71
33	重庆信托	428 129.60	975 591.96	1 403 721.56	43.88
34	陆家嘴信托	131 989.95	1 262 370.16	1 394 360.11	10.46
35	国民信托	60 319.86	1 332 058.70	1 392 378.56	4.53
36	陕国投	101 357.21	1 210 707.03	1 312 064.24	8.37
37	厦门国际信托	107 837.00	1 168 552.00	1 276 389.00	9.23
38	国投泰康信托	183 443.61	1 092 766.36	1 276 209.97	16.79
39	西部信托	120 022.92	1 027 866.18	1 147 889.10	11.68
40	中国民生信托	192 081.49	944 805.55	1 136 887.04	20.33
41	万向信托	104 785.50	999 093.52	1 103 879.02	10.49
42	新华信托	85 962.35	1 008 402.63	1 094 364.98	8.52
43	中建投信托	171 165.36	922 226.62	1 093 391.98	18.56
44	中原信托	149 867.00	914 315.27	1 064 182.27	16.39
45	华信信托	231 053.86	809 765.64	1 040 819.50	28.53
46	方正东亚信托	124 457.32	894 578.97	1 019 036.29	13.91
47	爱建信托	116 916.43	895 630.64	1 012 547.07	13.05
48	粤财信托	104 522.39	891 083.32	995 605.71	11.73
49	中泰信托	60 885.25	918 145.95	979 031.20	6.63
50	昆仑信托	119 085.15	816 310.14	935 395.29	14.59
51	中粮信托	73 886.85	838 773.87	912 660.72	8.81
52	云南信托	45 026.97	847 052.10	892 079.07	5.32
53	苏州信托	91 860.97	793 388.80	885 249.77	11.58
54	国元信托	87 609.94	796 884.90	884 494.84	10.99
55	紫金信托	73 890.17	723 423.88	797 314.05	10.21
56	金谷信托	42 770.81	652 950.69	695 721.50	6.55
57	大业信托	61 520.27	621 621.11	683 141.37	9.90
58	湖南信托	89 664.00	454 348.00	544 012.00	19.73

续表

排名	公司简称	固有资产营业收入（万元）	信托资产营业收入（万元）	总收入合计（万元）	固有资产营业收入/信托资产营业收入（%）
59	天津信托	112 264. 01	393 707. 63	505 971. 64	28. 51
60	吉林信托	59 765. 03	399 842. 67	459 607. 70	14. 95
61	杭州工商信托	98 350. 00	337 413. 00	435 763. 00	29. 15
62	国联信托	38 906. 00	379 371. 00	418 277. 00	10. 26
63	华澳信托	33 856. 24	294 207. 24	328 063. 48	11. 51
64	东莞信托	78 057. 15	242 894. 31	320 951. 46	32. 14
65	浙金信托	19 352. 96	154 491. 81	173 844. 77	12. 53
66	山西信托	28 153. 51	125 996. 80	154 150. 31	22. 34
67	华宸信托	9 389. 81	70 784. 96	80 174. 77	13. 27
68	长城新盛信托	22 977. 63	51 311. 82	74 289. 45	44. 78
合计		13 185 677. 94	108 502 640. 40	121 688 318. 34	12. 15

注：总收入＝固有资产营业收入＋信托资产营业收入。

2016年固有资产营业收入与信托资产营业收入之比平均值为12. 15%，比上年平均值11. 44%略有上升。其中有39家公司的固有资产营业收入与信托资产营业收入比尚未达到平均值。

（四）现金比率排行榜

2016年68家信托公司总体现金比率相比上年下降0. 17，现金比率增长的有19家公司，增长最多的为西藏信托；现金比率减少的有49家公司，减少最多的为光大兴陇信托。现金比率排行榜详见表3－2－5。

表3－2－5　现金比率排行榜

排名	公司简称	2016年	2015年	较上年增减
1	外贸信托	6. 79	11. 92	-5. 13
2	国民信托	6. 50	7. 85	-1. 35
3	英大信托	5. 76	7. 21	-1. 46
4	山西信托	5. 08	7. 16	-2. 07
5	五矿信托	4. 94	5. 94	-1. 00
6	中粮信托	4. 64	5. 29	-0. 65
7	昆仑信托	4. 40	7. 85	-3. 45
8	西藏信托	4. 36	0. 91	3. 45
9	浙金信托	3. 90	3. 98	-0. 07
10	华鑫信托	3. 72	3. 73	-0. 00
11	中诚信托	3. 56	3. 38	0. 18
12	云南信托	3. 52	4. 55	-1. 03
13	安信信托	3. 46	3. 95	-0. 49
14	华信信托	3. 14	1. 02	2. 11
15	厦门国际信托	3. 11	3. 74	-0. 63
16	建信信托	3. 03	5. 51	-2. 48
17	紫金信托	2. 95	2. 13	0. 82
18	粤财信托	2. 91	7. 38	-4. 47
19	长安信托	2. 84	3. 98	-1. 14
20	北方信托	2. 84	1. 92	0. 92
21	中江信托	2. 84	1. 20	1. 64
22	天津信托	2. 83	1. 71	1. 12
23	苏州信托	2. 68	3. 92	-1. 24
24	方正东亚信托	2. 60	0. 52	2. 08
25	北京信托	2. 59	0. 69	1. 90
26	中融信托	2. 47	3. 08	-0. 61
27	长城新盛信托	2. 29	5. 44	-3. 15
28	国联信托	2. 13	2. 25	-0. 12

续表

排名	公司简称	2016年	2015年	较上年增减
29	中原信托	2.00	0.85	1.15
30	渤海信托	1.99	1.35	0.64
31	中泰信托	1.99	2.21	-0.22
32	光大兴陇信托	1.93	11.30	-9.37
33	爱建信托	1.86	3.27	-1.41
34	东莞信托	1.84	2.92	-1.08
35	华宝信托	1.71	2.14	-0.42
36	华润信托	1.54	1.91	-0.37
37	华融信托	1.48	0.66	0.82
38	交银国际信托	1.47	2.27	-0.80
39	兴业信托	1.34	1.10	0.24
40	上海信托	1.32	3.84	-2.52
41	四川信托	1.31	0.96	0.35
42	陕国投	1.16	3.14	-1.97
43	新华信托	1.15	1.31	-0.15
44	国投泰康信托	1.13	2.14	-1.00
45	国元信托	0.98	2.41	-1.42
46	华能信托	0.98	1.47	-0.49
47	中海信托	0.91	0.84	0.06
48	大业信托	0.90	1.14	-0.24
49	中国民生信托	0.89	1.94	-1.05
50	山东信托	0.85	1.97	-1.11
51	平安信托	0.82	0.96	-0.15
52	百瑞信托	0.81	2.80	-1.99
53	中航信托	0.80	0.41	0.39
54	重庆信托	0.71	1.01	-0.30
55	杭州工商信托	0.65	2.00	-1.35
56	中铁信托	0.62	0.85	-0.23
57	江苏信托	0.58	1.06	-0.48
58	中信信托	0.43	1.43	-1.01
59	陆家嘴信托	0.41	0.61	-0.20
60	金谷信托	0.40	0.19	0.21
61	吉林信托	0.38	1.83	-1.46
62	华宸信托	0.38	0.48	-0.10
63	湖南信托	0.37	0.70	-0.33
64	西部信托	0.34	0.29	0.05
65	华澳信托	0.32	1.72	-1.40
66	新时代信托	0.23	3.67	-3.44
67	万向信托	0.14	0.03	0.11
68	中建投信托	0.05	0.22	-0.17
平均		1.13	1.30	-0.17

注：1. 平均值由68家合计数计算得出。
2. 计算时货币资金为各家报告中的货币资金、现金及存放中央银行款项、存放同业款项、贵金属、拆出资金、其他货币资金汇总金额。
3. 现金比率=(货币资金+交易性金融资产)/流动负债。
4. 流动比率=流动资产/流动负债。

2016年现金比率大于1的公司有44家，低于0.5的公司有11家。信托资产现金比率分布情况见表3-2-6。

表 3-2-6　信托资产现金比率分布情况

项目	2016 年	2015 年
大于3	16	24
1~3	28	27
0.5~1	13	11
小于0.5	11	6
合计	68	68

(五)流动比率排行榜

2016 年68 家信托公司总体流动比率基本持平,流动比率增长的有28 家公司,增长最多的为华融信托;现金比率减少的有40 家公司,减少最多的为山西信托。流动比率排行榜详见表3-2-7。

表 3-2-7　流动比率排行榜

排名	公司简称	2016 年	2015 年	较上年增减
1	新华信托	28.53	19.35	9.19
2	华融信托	20.39	10.55	9.84
3	英大信托	16.12	27.85	-11.73
4	方正东亚信托	14.03	4.63	9.40
5	国民信托	10.93	10.28	0.65
6	外贸信托	10.64	14.62	-3.98
7	粤财信托	9.62	8.03	1.59
8	中粮信托	7.63	7.15	0.47
9	浙金信托	7.61	5.44	2.17
10	山西信托	7.16	20.22	-13.06
11	北方信托	6.40	3.86	2.54
12	西部信托	5.88	3.94	1.94
13	中诚信托	5.63	4.31	1.32
14	华信信托	5.22	2.14	3.08
15	昆仑信托	5.08	8.55	-3.47
16	五矿信托	4.94	5.94	-1.00
17	华鑫信托	4.92	3.96	0.96
18	天津信托	4.77	2.74	2.04
19	北京信托	4.72	0.91	3.81
20	西藏信托	4.68	1.22	3.46
21	华润信托	4.41	2.62	1.78
22	云南信托	4.26	4.81	-0.54
23	长安信托	3.65	4.28	-0.63
24	兴业信托	3.60	3.07	0.53
25	中江信托	3.56	1.38	2.17
26	安信信托	3.49	3.96	-0.46
27	交银国际信托	3.29	8.84	-5.56
28	厦门国际信托	3.14	3.76	-0.62
29	建信信托	3.04	5.52	-2.47
30	陕国投	3.04	3.68	-0.64
31	东莞信托	3.02	3.27	-0.25
32	紫金信托	2.95	2.13	0.82
33	国联信托	2.83	2.74	0.10
34	光大兴陇信托	2.82	11.65	-8.83
35	中泰信托	2.81	3.06	-0.25
36	苏州信托	2.68	3.92	-1.24

续表

排名	公司简称	2016年	2015年	较上年增减
37	中融信托	2.61	3.16	-0.55
38	中原信托	2.46	1.17	1.29
39	中建投信托	2.36	2.29	0.07
40	爱建信托	2.34	3.49	-1.14
41	长城新盛信托	2.31	5.44	-3.12
42	渤海信托	2.30	1.63	0.67
43	华宝信托	2.01	2.47	-0.46
44	四川信托	1.92	1.31	0.61
45	山东信托	1.91	5.30	-3.40
46	国元信托	1.83	2.56	-0.73
47	中信信托	1.82	2.13	-0.31
48	华澳信托	1.36	2.06	-0.70
49	上海信托	1.35	3.88	-2.53
50	国投泰康信托	1.34	2.59	-1.25
51	平安信托	1.26	1.30	-0.04
52	华能信托	1.12	1.47	-0.34
53	大业信托	1.08	1.43	-0.35
54	万向信托	1.05	0.81	0.23
55	中铁信托	0.98	1.51	-0.53
56	陆家嘴信托	0.97	1.32	-0.35
57	中海信托	0.97	0.86	0.11
58	中国民生信托	0.94	2.03	-1.09
59	百瑞信托	0.92	3.05	-2.13
60	华宸信托	0.89	1.02	-0.13
61	中航信托	0.85	0.45	0.40
62	重庆信托	0.80	1.43	-0.62
63	杭州工商信托	0.70	2.01	-1.32
64	江苏信托	0.62	1.14	-0.52
65	吉林信托	0.49	2.73	-2.24
66	金谷信托	0.45	0.24	0.22
67	湖南信托	0.38	1.47	-1.09
68	新时代信托	0.31	3.78	-3.47
平均		1.82	1.84	-0.02

2016年流动比率大于1的公司有54家，低于1的公司有14家。信托资产流动比率分布情况见表3-2-8。

表3-2-8　信托资产流动比率分布情况

项目	2016年	2015年
大于10	6	7
5~10	9	9
1~5	39	47
小于1	14	5
合计	68	68

三、信托公司一些其他指标排名

(一)固有资产资产负债率增减变动情况排行榜

2016年68家信托公司整体资产负债率为32.72%，比2015年降低了2.80%，其中有34家公司上涨，34家公司下降。其中上涨最多的是中海信托，下降最多的是中江信托。固有资产资产负债增减变动情况排行榜详见表3-3-1。

表3-3-1　固有资产资产负债率增减变动情况排行榜

排名	公司简称	2016年12月31日			2015年12月31日			资产负债率增减变动（%）
		资产总计（万元）	负债总计（万元）	资产负债率（%）	资产总计（万元）	负债总计（万元）	资产负债率（%）	
1	中海信托	1 073 325.26	628 583.31	58.56	542 795.18	118 577.49	21.85	36.72
2	吉林信托	690 426.30	291 560.29	42.23	518 224.70	79 937.28	15.43	26.80
3	上海信托	2 138 971.69	886 835.39	41.46	992 540.99	150 249.91	15.14	26.32
4	湖南信托	475 964.00	163 993.00	34.45	349 902.00	52 257.00	14.93	19.52
5	长城新盛信托	70 574.35	21 172.28	30.00	43 113.46	4 657.70	10.80	19.20
6	建信信托	1 719 119.79	715 157.93	41.60	1 096 786.46	249 275.88	22.73	18.87
7	新时代信托	1 009 318.14	271 825.33	26.93	409 495.76	41 040.12	10.02	16.91
8	华澳信托	244 742.17	123 466.92	50.45	173 263.27	58 889.84	33.99	16.46
9	五矿信托	720 582.08	149 442.32	20.74	611 610.00	40 470.24	6.62	14.12
10	万向信托	289 050.19	94 521.66	32.70	206 916.87	41 748.92	20.18	12.52
11	国民信托	402 035.61	169 208.70	42.09	306 513.00	93 327.67	30.45	11.64
12	江苏信托	1 152 835.34	164 688.03	14.29	910 175.39	34 949.06	3.84	10.45
13	昆仑信托	642 495.43	145 067.23	22.58	667 735.55	82 613.69	12.37	10.21
14	国投泰康信托	722 195.84	140 975.04	19.52	617 456.29	60 323.66	9.77	9.75
15	华信信托	1 349 747.01	152 640.77	11.31	750 931.96	18 935.15	2.52	8.79
16	中融信托	2 565 124.52	1 165 706.58	45.44	1 885 181.72	696 709.40	36.96	8.49
17	中泰信托	473 006.43	75 411.82	15.94	406 440.61	33 053.07	8.13	7.81
18	厦门国际信托	490 433.00	114 296.00	23.31	456 033.00	71 280.00	15.63	7.67
19	爱建信托	546 869.03	143 613.42	26.26	475 366.56	93 251.32	19.62	6.64
20	百瑞信托	746 376.14	137 677.19	18.45	617 890.47	73 859.95	11.95	6.49
21	陕国投	950 466.69	177 630.63	18.69	874 385.80	108 971.68	12.46	6.23
22	大业信托	210 504.74	60 906.32	28.93	166 171.75	38 080.33	22.92	6.02
23	山西信托	391 380.57	186 090.54	47.55	336 486.71	140 566.42	41.77	5.77
24	光大兴陇信托	523 075.99	63 724.95	12.18	462 197.34	29 985.17	6.49	5.70
25	华融信托	1 016 707.33	339 101.15	33.35	710 962.11	197 153.84	27.73	5.62
26	渤海信托	856 191.10	151 566.97	17.70	484 820.33	61 448.14	12.67	5.03
27	国联信托	571 393.00	58 951.00	10.32	399 104.00	26 199.00	6.56	3.75
28	中信信托	2 792 152.43	770 747.52	27.60	2 379 890.69	580 198.37	24.38	3.22
29	交银国际信托	765 977.62	56 469.01	7.37	657 518.79	29 035.49	4.42	2.96
30	杭州工商信托	401 992.00	68 664.00	17.08	335 798.00	49 222.00	14.66	2.42
31	中铁信托	1 896 571.41	1 099 453.07	57.97	1 465 590.56	842 113.60	57.46	0.51
32	山东信托	864 802.44	230 690.03	26.68	817 075.03	217 327.05	26.60	0.08
33	东莞信托	409 923.73	28 872.37	7.04	396 325.19	27 707.11	6.99	0.05
34	华宝信托	961 944.95	155 035.00	16.12	861 129.86	138 737.27	16.11	0.01
35	国元信托	624 138.69	24 449.09	3.92	580 567.43	22 876.77	3.94	-0.02
36	华宸信托	143 495.99	20 482.66	14.27	155 683.32	22 258.54	14.30	-0.02
37	新华信托	894 906.13	319 349.83	35.69	894 825.39	319 664.14	35.72	-0.04
38	华润信托	1 898 006.12	207 702.88	10.94	1 928 257.31	214 485.40	11.12	-0.18
39	中建投信托	813 229.74	235 344.03	28.94	706 466.55	206 263.73	29.20	-0.26
40	外贸信托	783 187.50	13 552.18	1.73	759 064.50	15 674.89	2.07	-0.33
41	中粮信托	547 290.55	22 565.75	4.12	405 008.52	21 338.60	5.27	-1.15
42	苏州信托	493 244.57	57 371.20	11.63	429 644.15	55 226.68	12.85	-1.22
43	云南信托	240 778.61	33 147.75	13.77	220 953.61	33 767.19	15.28	-1.52
44	英大信托	572 597.54	7 837.09	1.37	525 065.59	17 127.68	3.26	-1.89
45	紫金信托	367 689.92	26 338.28	7.16	210 482.13	19 604.13	9.31	-2.15
46	兴业信托	1 735 543.98	351 993.97	20.28	1 603 537.43	360 984.58	22.51	-2.23
47	中国民生信托	1 264 693.88	271 454.80	21.46	470 980.58	111 606.93	23.70	-2.23
48	北方信托	454 706.41	53 336.02	11.73	432 041.01	60 492.81	14.00	-2.27

续表

排名	公司简称	2016年12月31日			2015年12月31日			资产负债率增减变动(%)
		资产总计(万元)	负债总计(万元)	资产负债率(%)	资产总计(万元)	负债总计(万元)	资产负债率(%)	
49	粤财信托	489 638.50	20 386.13	4.16	457 400.11	29 753.74	6.50	-2.34
50	安信信托	1 912 569.51	540 752.84	28.27	915 895.11	285 003.19	31.12	-2.84
51	长安信托	739 187.50	177 870.60	24.06	674 078.67	181 576.40	26.94	-2.87
52	西部信托	862 959.95	164 520.33	19.06	1 206 351.67	265 249.95	21.99	-2.92
53	中诚信托	1 944 525.38	390 763.29	20.10	1 856 513.71	427 860.29	23.05	-2.95
54	平安信托	13 033 111.38	8 164 965.74	62.65	16 559 350.57	10 957 567.55	66.17	-3.52
55	方正东亚信托	516 901.90	83 821.41	16.22	465 930.95	93 076.28	19.98	-3.76
56	浙金信托	90 314.90	9 692.28	10.73	87 634.01	13 053.47	14.90	-4.16
57	陆家嘴信托	703 847.55	280 537.86	39.86	665 654.30	294 615.11	44.26	-4.40
58	华能信托	1 467 163.57	373 774.40	25.48	1 045 223.82	317 462.81	30.37	-4.90
59	北京信托	853 632.20	82 222.68	9.63	817 592.10	118 794.93	14.53	-4.90
60	重庆信托	2 596 294.70	729 961.62	28.12	2 430 431.04	825 141.27	33.95	-5.83
61	天津信托	448 387.23	46 878.07	10.45	451 169.05	73 521.12	16.30	-5.84
62	金谷信托	474 195.50	117 767.83	24.84	494 092.40	153 932.67	31.15	-6.32
63	四川信托	1 820 711.25	1 073 266.92	58.95	2 045 482.58	1 427 218.83	69.77	-10.83
64	中航信托	871 393.38	240 618.97	27.61	860 939.24	340 937.27	39.60	-11.99
65	西藏信托	220 296.13	28 915.13	13.13	218 967.37	57 718.30	26.36	-13.23
66	中原信托	758 984.34	30 570.79	4.03	513 081.18	92 826.36	18.09	-14.06
67	华鑫信托	422 432.67	32 338.30	7.66	449 336.73	103 216.28	22.97	-15.32
68	中江信托	1 085 805.82	210 756.97	19.41	2 052 181.55	1 310 253.11	63.85	-44.44
合计		72 282 139.31	23 649 053.46	32.72	65 975 713.08	23 432 303.82	35.52	-2.80

2016年平均资产负债率在5%以上的有62家公司，有11家公司平均资产负债率超过了40%。固有资产平均资产负债率分布情况见表3-3-2。

表3-3-2　固有资产平均资产负债率分布情况

项目	2016年		2015年	
	家数	平均资产负债率(%)	家数	平均资产负债率(%)
40%以上	11	55.84	6	64.75
20%~40%	24	26.62	24	28.25
5%~20%	27	13.84	32	12.53
5%以下	6	3.16	6	3.31
合计	68	32.72	68	35.52

(二)已清算结束信托项目综合实际年化收益率排行榜

2016年68家信托公司整体已清算结束信托项目加权平均实际年化收益率为7.66%，高于平均值的有35家公司。除华宝信托集合类的收益率出现负值外，其他所有项目的收益率均为正值；综合实际年化收益率超过10%的有4家公司。已清算结束信托项目综合实际年化收益率排行榜详见表3-3-3。

表3-3-3　已清算结束信托项目综合实际年化收益率排行榜

排名	公司简称	实际信托金额(万元)			加权平均实际年化收益率(%)			综合实际年化收益率(%)
		集合类	单一类	财产管理类	集合类	单一类	财产管理类	
1	长城新盛信托	49 900.00	323 992.50	—	7.04	14.28	—	13.31
2	国联信托	346 504.00	1 742 929.00	35 805.00	8.39	11.39	12.50	10.92
3	平安信托	7 884 436.29	9 159 379.14	3 034 275.93	12.70	9.61	6.24	10.31
4	重庆信托	4 741 003.00	2 255 923.39	273 900.00	10.91	7.35	19.16	10.12
5	杭州工商信托	1 757 685.00	159 597.00	30 000.00	10.19	7.99	0.00	9.85
6	华融信托	2 943 379.40	3 108 006.00	192 481.26	12.68	6.89	8.48	9.67
7	中国民生信托	2 916 493.00	4 275 636.76	135 377.89	9.96	8.83	9.93	9.30

续表

排名	公司简称	实际信托金额（万元）			加权平均实际年化收益率（%）			综合实际年化收益率（%）
		集合类	单一类	财产管理类	集合类	单一类	财产管理类	
8	东莞信托	1 217 980.00	333 000.00	—	10.05	6.23	—	9.23
9	五矿信托	8 131 977.90	4 811 107.75	17 000.00	9.58	7.74	5.66	8.89
10	安信信托	1 230 031.00	7 630 996.13	168 723.25	10.17	8.74	5.76	8.88
11	中航信托	3 320 645.00	7 201 509.91	207 500.00	8.96	8.68	8.05	8.75
12	山西信托	665 816.50	829 909.45	—	8.55	8.87	—	8.73
13	国民信托	1 146 127.89	6 022 788.00	—	9.65	8.22	—	8.45
14	苏州信托	2 335 567.00	1 463 799.83	194 320.00	9.18	7.09	9.52	8.43
15	中原信托	2 953 489.50	2 984 731.46	181 508.00	8.74	8.39	3.43	8.41
16	湖南信托	1 873 710.00	1 753 487.00	2 592.00	8.94	7.70	91.98	8.40
17	吉林信托	125 440.00	2 303 357.10	61 000.00	6.77	8.56	5.41	8.39
18	浙金信托	464 860.00	1 028 949.23	36 000.00	9.06	8.13	7.22	8.39
19	新华信托	404 551.00	4 493 900.00	168 900.00	10.22	8.30	2.86	8.27
20	紫金信托	1 164 788.64	1 694 240.00	405 800.00	9.01	7.68	8.61	8.27
21	上海信托	5 583 252.03	8 291 715.34	1 632 257.68	8.69	7.82	8.23	8.18
22	爱建信托	1 997 642.09	1 773 883.84	260 162.75	8.79	7.69	6.41	8.15
23	英大信托	1 215 140.00	1 252 718.15	730 899.88	9.72	7.80	5.71	8.05
24	光大兴陇信托	729 477.00	3 941 984.89	15 000.00	10.02	7.66	4.06	8.02
25	百瑞信托	2 837 535.51	4 184 393.72	346 500.00	9.67	7.45	0.87	8.00
26	西藏信托	3 386 086.00	12 724 018.00	4 340 664.00	9.39	8.24	6.18	7.99
27	中泰信托	1 431 550.00	3 558 170.00	—	9.28	7.42	—	7.95
28	粤财信托	673 544.23	2 533 992.70	236 697.40	8.51	7.55	9.62	7.88
29	长安信托	6 521 768.96	9 215 377.41	686 530.00	7.78	7.90	7.92	7.85
30	新时代信托	3 681 495.88	6 918 988.94	5 838 090.39	7.80	8.62	6.96	7.85
31	华宸信托	200 670.00	230 808.54	—	9.28	6.55	—	7.82
32	金谷信托	955 698.00	2 430 232.72	291 823.14	7.42	8.23	5.13	7.77
33	陆家嘴信托	2 155 124.00	4 128 993.00	867 500.00	8.13	7.48	7.99	7.74
34	中铁信托	2 658 431.00	4 171 968.00	825 400.00	8.82	7.63	4.67	7.72
35	华信信托	2 889 978.00	1 825 779.00	391 456.93	9.17	7.05	0.00	7.71
36	北京信托	2 852 600.66	1 408 235.00	2 457 898.14	8.99	7.22	6.22	7.61
37	建信信托	3 463 771.53	590 800.00	120 000.00	7.66	6.42	11.49	7.59
38	四川信托	8 923 693.08	8 663 659.82	—	7.86	7.15	—	7.51
39	华润信托	2 772 685.02	1 821 811.94	735 140.11	7.92	6.74	7.85	7.51
40	华澳信托	801 610.00	1 261 852.00	—	9.34	6.34	—	7.51
41	外贸信托	5 013 104.37	9 693 285.62	1 037 695.71	8.64	7.30	3.77	7.49
42	山东信托	2 443 630.00	7 837 438.00	26 499.00	7.10	7.60	5.65	7.48
43	大业信托	1 900 344.58	2 454 952.71	256 491.00	8.22	7.14	4.43	7.43
44	北方信托	1 352 969.00	9 283 205.00	881 080.00	6.61	7.62	6.53	7.42
45	云南信托	4 820 005.29	12 048 457.80	187 657.97	8.46	6.94	5.54	7.35
46	渤海信托	2 297 980.90	13 886 294.50	388 563.90	8.80	7.15	5.71	7.35
47	华能信托	37 092 971.74	21 549 820.52	7 967 532.60	7.70	7.27	5.72	7.32
48	国元信托	1 094 331.00	4 515 964.92	116 062.13	7.71	7.17	2.30	7.17
49	西部信托	458 714.46	7 399 736.59	—	14.29	6.69	—	7.13
50	中融信托	8 223 142.08	6 414 748.79	5 197 871.93	5.77	7.83	8.36	7.11
51	中海信托	3 740 605.98	9 009 084.89	2 225 764.45	8.85	6.63	4.86	6.92
52	华鑫信托	3 940 113.18	17 684 129.58	449 300.00	10.65	6.00	9.63	6.90
53	万向信托	934 122.60	1 887 365.90	298 879.87	5.79	7.62	4.81	6.80
54	国投泰康信托	269 190.13	9 507 765.13	753 750.00	9.74	7.16	0.21	6.73

续表

排名	公司简称	实际信托金额(万元)			加权平均实际年化收益率(%)			综合实际年化收益率(%)
		集合类	单一类	财产管理类	集合类	单一类	财产管理类	
55	中建投信托	4 307 372.50	4 946 520.31	844 601.54	8.54	6.03	0.07	6.60
56	中信信托	14 601 793.81	43 400 143.87	10 853 703.92	7.50	5.91	6.64	6.36
57	陕国投	1 546 876.85	3 349 111.33	—	4.90	6.86	—	6.24
58	昆仑信托	2 573 108.52	3 505 403.30	490.96	8.26	4.48	13.89	6.08
59	天津信托	1 696 640.00	2 548 876.51	159 560.00	8.61	4.67	1.37	6.07
60	中江信托	3 398 689.46	6 300 536.08	20 000.00	4.08	7.04	3.87	6.00
61	江苏信托	737 110.00	8 948 570.50	—	8.38	5.76	—	5.96
62	交银国际信托	1 847 854.41	12 234 100.16	185 000.00	7.74	5.59	4.69	5.86
63	中粮信托	678 193.00	2 552 950.97	574 429.76	8.54	5.36	4.86	5.85
64	兴业信托	6 148 355.00	24 995 011.00	6 603 241.00	5.91	6.54	3.04	5.83
65	厦门国际信托	6 950 961.00	5 665 655.00	371 132.00	4.88	6.54	5.34	5.62
66	方正东亚信托	5 324 637.53	1 423 894.31	95 000.00	4.92	7.30	5.03	5.42
67	中诚信托	1 078 345.00	6 057 287.09	1 082 719.32	8.02	4.88	3.40	5.10
68	华宝信托	1 916 626.57	2 444 802.98	195 020.38	-1.59	4.76	7.32	2.20
平　均		3 349 910.69	5 971 349.06	966 077.22	8.41	7.37	6.34	7.66

注:已清算结束信托项目综合实际年化收益率=(集合类实收信托合计×集合类加权平均实际年化收益率+单一类实收信托合计×单一类加权平均实际年化收益率+财产权实收信托合计×财产权类加权平均实际年化收益率)/(集合、单一、财产权实收信托合计)。

(三)信托资产配比分析

1. 期末信托资产配比分析

2016年68家信托公司期末信托资产总额为200 996.96亿元,比2015年增长21.95%,其中上涨的有55家公司,涨幅最大的为浙金信托。期末信托资产增长排行榜(类别分类)详见表3-3-4。

表3-3-4　期末信托资产增长排行榜(类别分类)

排名	公司简称	2016年				2015年合计(万元)	增长率(%)
		集合类(万元)	单一类(万元)	财产管理类(万元)	合计(万元)		
1	浙金信托	1 475 433.16	3 350 539.90	80 800.00	4 906 773.06	2 140 954.44	129.19
2	光大兴陇信托	9 851 361.83	17 433 011.93	3 461 887.24	30 746 261.00	13 757 738.94	123.48
3	国投泰康信托	4 074 468.92	18 915 229.27	3 436 946.31	26 426 644.50	12 094 375.27	118.50
4	爱建信托	12 181 334.41	5 828 823.42	1 897 388.78	19 907 546.61	9 458 893.64	110.46
5	厦门信托	8 002 635.00	15 368 738.00	282 750.00	23 654 123.00	11 682 865.00	102.47
6	国民信托	4 201 401.76	20 008 433.81	537 693.60	24 747 529.17	12 445 361.27	98.85
7	方正东亚信托	15 102 530.13	4 965 904.15	206 846.23	20 275 280.51	10 397 980.80	94.99
8	新时代信托	14 955 652.17	3 687 860.88	16 333 686.15	34 977 199.20	18 102 172.42	93.22
9	长城新盛信托	15 033.97	1 477 667.87	547 397.30	2 040 099.14	1 122 975.78	81.67
10	大业信托	4 615 929.84	6 860 839.52	1 671 189.19	13 147 958.55	7 603 946.19	72.91
11	华澳信托	1 908 912.00	2 456 634.00	452 219.00	4 817 765.00	2 983 165.00	61.50
12	渤海信托	7 859 691.98	24 964 363.38	1 813 602.30	34 637 657.66	21 617 279.12	60.23
13	万向信托	5 706 189.13	6 637 951.61	2 869 958.26	15 214 099.00	9 523 881.61	59.75
14	中铁信托	13 725 403.00	13 201 221.00	3 493 891.00	30 420 515.00	19 461 740.00	56.31
15	陆家嘴信托	13 467 724.53	7 217 933.59	952 156.61	21 637 814.73	13 874 520.45	55.95
16	紫金信托	4 918 369.92	4 695 662.95	2 927 381.66	12 541 414.53	8 228 681.43	52.41
17	华鑫信托	14 294 719.37	10 603 750.19	872 345.58	25 770 815.14	17 075 286.77	50.92
18	西藏信托	9 632 127.60	14 468 794.46	28 303 865.40	52 404 787.46	35 664 016.85	46.94
19	五矿信托	21 257 901.71	14 090 792.71	5 818 315.11	41 167 009.53	28 059 883.77	46.71
20	交银国际信托	14 106 059.81	56 563 645.42	726 415.92	71 396 121.15	49 516 333.96	44.19
21	中航信托	24 844 335.67	21 139 427.57	1 495 179.52	47 478 942.76	33 269 448.30	42.71
22	中信信托	37 356 391.86	59 710 378.43	45 422 108.88	142 488 879.17	102 281 496.46	39.31

续表

排名	公司简称	2016年				2015年合计（万元）	增长率(%)
		集合类（万元）	单一类（万元）	财产管理类(万元)	合计（万元）		
23	陕国投	10 414 552.55	14 937 367.97	29 181.90	25 381 102.42	18 675 440.31	35.91
24	上海信托	33 009 734.50	36 362 444.34	13 207 196.94	82 579 375.78	60 858 316.78	35.69
25	西部信托	3 023 417.26	10 495 258.06	285 923.72	13 804 599.04	10 202 113.71	35.31
26	江苏信托	3 891 000.45	42 213 555.79	667 500.00	46 772 056.24	34 799 105.12	34.41
27	华能信托	25 480 613.00	24 059 494.60	21 398 888.68	70 938 996.28	52 784 658.45	34.39
28	吉林信托	266 689.55	4 775 712.63	360 498.59	5 402 900.77	4 143 618.93	30.39
29	华信信托	6 586 596.13	4 481 930.69	1 142 337.74	12 210 864.56	9 421 219.77	29.61
30	昆仑信托	6 127 132.32	7 538 959.17	584 030.07	14 250 121.56	11 041 249.19	29.06
31	中国民生信托	7 757 335.20	5 625 556.93	957 581.40	14 340 473.53	11 336 598.19	26.50
32	北京信托	12 450 370.85	5 977 832.60	7 433 865.53	25 862 068.98	20 638 020.69	25.31
33	长安信托	17 575 362.70	16 702 564.12	2 534 817.95	36 812 744.77	29 452 287.22	24.99
34	中粮信托	5 177 211.21	4 910 982.34	4 089 517.17	14 177 710.72	11 615 469.37	22.06
35	平安信托	32 160 415.31	27 711 574.64	7 850 103.73	67 722 093.68	55 843 462.17	21.27
36	建信信托	40 456 028.83	82 553 998.75	7 609 612.50	130 619 640.08	109 683 949.76	19.09
37	中建投信托	7 355 889.81	3 785 630.56	458 828.58	11 600 348.95	9 966 404.00	16.39
38	天津信托	2 484 592.08	10 999 860.35	1 820 793.01	15 305 245.44	13 309 711.16	14.99
39	华融信托	15 633 515.97	6 283 747.33	2 342 002.30	24 259 265.60	21 244 845.47	14.19
40	山西信托	1 064 560.44	1 860 157.14	183 796.53	3 108 514.11	2 737 329.33	13.56
41	重庆信托	13 341 807.35	3 086 038.49	841 649.50	17 269 495.34	15 507 154.83	11.36
42	苏州信托	4 292 416.10	5 230 672.57	295 869.07	9 818 957.74	8 876 197.14	10.62
43	华润信托	18 897 420.86	55 027 584.27	6 898 037.69	80 823 042.82	73 609 109.79	9.80
44	四川信托	14 447 914.25	20 885 071.71	721 997.06	36 054 983.02	33 798 248.81	6.68
45	山东信托	7 073 361.46	17 459 197.82	1 624 788.55	26 157 347.83	24 635 982.88	6.18
46	中原信托	7 640 412.42	5 219 898.85	531 415.07	13 391 726.34	12 648 857.04	5.87
47	新华信托	2 125 343.56	10 557 163.58	252 591.12	12 935 098.26	12 250 778.85	5.59
48	国元信托	2 629 947.69	6 886 243.58	2 580 194.39	12 096 385.66	11 549 796.69	4.73
49	外贸信托	31 029 693.14	9 223 519.44	7 372 494.52	47 625 707.10	45 588 998.77	4.47
50	百瑞信托	9 354 606.39	6 936 579.03	212 038.88	16 503 224.30	15 817 731.68	4.33
51	杭州工商信托	3 048 404.00	324 500.00	—	3 372 904.00	3 253 885.00	3.66
52	云南信托	4 496 444.98	11 733 657.52	5 323 933.13	21 554 035.63	20 796 826.52	3.64
53	金谷信托	4 576 604.70	2 658 849.04	5 217 182.56	12 452 636.30	12 112 012.87	2.81
54	兴业信托	17 973 808.00	62 056 634.00	14 431 609.00	94 462 051.00	92 201 673.00	2.45
55	粤财信托	2 701 016.11	13 345 440.59	4 150 441.19	20 196 897.89	19 729 543.28	2.37
56	中融信托	45 436 914.85	17 355 405.09	5 504 406.95	68 296 726.89	66 991 854.90	1.95
57	湖南信托	3 039 391.00	1 718 511.00	22 088.00	4 779 990.00	4 794 596.00	-0.30
58	安信信托	11 169 888.31	11 746 916.39	578 362.69	23 495 167.40	23 590 666.67	-0.40
59	华宸信托	258 287.96	712 822.79	—	971 110.75	980 256.25	-0.93
60	英大信托	3 245 066.54	7 309 147.31	11 635 775.11	22 189 988.96	23 086 559.98	-3.88
61	华宝信托	12 899 540.32	39 108 971.70	690 036.75	52 698 548.77	55 752 384.79	-5.48
62	北方信托	3 699 789.12	19 826 397.17	2 911 110.41	26 437 296.70	28 324 919.93	-6.66
63	国联信托	1 473 493.00	2 697 488.00	35 807.00	4 206 788.00	4 541 468.00	-7.37
64	中诚信托	4 388 702.45	13 189 999.03	2 171 264.60	19 749 966.08	22 244 761.18	-11.22
65	中江信托	7 117 538.59	9 469 698.79	95 840.51	16 683 077.89	18 982 535.25	-12.11
66	东莞信托	2 746 991.99	1 410 783.39	500.67	4 158 276.05	4 815 059.74	-13.64
67	中海信托	20 365 869.00	9 029 678.00	5 138 761.00	34 534 308.00	41 169 285.00	-16.12
68	中泰信托	2 691 027.72	2 532 352.59	86 624.17	5 310 004.48	8 240 317.09	-35.56
合计		736 630 327.79	1 011 663 453.81	275 885 319.97	2 024 179 101.58	1 634 008 259.02	23.88

2016年期末信托资产中集合类73 663.03亿元，单一类101 166.35亿元，财务管理类27 588.53亿元；单一类资产比重为49.98%，比2015年的56.88%有所降低，但仍占重要比重。信托资产分类情况见表3-3-5。

表3-3-5 信托资产分类情况

单位：%

项目	2016年	2015年
集合类	36.39	33.31
单一类	49.98	56.88
财务管理类	13.63	9.81
合计	100.00	100.00

2016年期末信托资产中主动管理型68 675.44亿元，占比33.93%，被动管理型133 741.47亿元，占比66.07%；较2015年被动管理型信托资产占比进一步增加6个百分点；在68家信托公司中仅有18家公司主动管理型占比超过被动管理型。期末信托资产增长排行榜（类型分类）详见表3-3-6。

表3-3-6 期末信托资产增长排行榜（类型分类）

排名	公司简称	2016年			2015年			合计增长率(%)
		主动管理型(万元)	被动管理型(万元)	合计(万元)	主动管理型(万元)	被动管理型(万元)	合计(万元)	
1	浙金信托	932 081.83	3 974 691.23	4 906 773.06	1 011 170.58	1 129 783.86	2 140 954.44	129.19
2	光大兴陇信托	5 987 383.79	24 758 877.21	30 746 261.00	1 951 993.83	11 805 745.12	13 757 738.95	123.48
3	国投泰康信托	1 773 668.00	24 652 976.50	26 426 644.50	3 260 556.59	8 833 818.68	12 094 375.27	118.50
4	爱建信托	5 813 163.40	14 094 383.21	19 907 546.61	4 150 288.46	5 308 605.18	9 458 893.64	110.46
5	厦门国际信托	2 819 284.00	20 834 839.00	23 654 123.00	2 802 764.00	8 880 101.00	11 682 865.00	102.47
6	国民信托	2 558 843.10	22 188 686.07	24 747 529.17	2 447 446.84	9 997 914.43	12 445 361.27	98.85
7	方正东亚信托	5 517 319.23	14 757 961.28	20 275 280.51	6 783 545.58	3 614 435.22	10 397 980.80	94.99
8	新时代信托	14 192 175.79	20 785 023.41	34 977 199.20	6 497 766.04	11 604 406.38	18 102 172.42	93.22
9	长城新盛信托	951 230.21	1 088 868.92	2 040 099.13	54 113.21	1 068 862.57	1 122 975.78	81.67
10	大业信托	3 222 308.66	9 925 649.89	13 147 958.55	2 013 140.09	5 590 796.10	7 603 936.19	72.91
11	华澳信托	1 405 330.00	3 412 433.00	4 817 763.00	1 364 595.00	1 618 570.00	2 983 165.00	61.50
12	渤海信托	2 602 906.70	32 034 750.96	34 637 657.66	5 098 230.50	16 519 048.62	21 617 279.12	60.23
13	万向信托	3 200 228.65	12 013 870.35	15 214 099.00	2 415 161.32	7 108 720.29	9 523 881.61	59.75
14	中铁信托	4 652 464.00	25 768 051.00	30 420 515.00	5 634 826.00	13 826 914.00	19 461 740.00	56.31
15	陆家嘴信托	7 785 733.06	13 852 081.67	21 637 814.73	6 066 526.96	7 807 993.49	13 874 520.45	55.95
16	紫金信托	4 544 272.77	7 997 141.76	12 541 414.53	3 795 059.30	4 433 622.13	8 228 681.43	52.41
17	华鑫信托	6 266 678.63	19 504 136.51	25 770 815.14	4 458 783.13	12 616 503.65	17 075 286.78	50.92
18	西藏信托	9 632 127.60	42 772 659.86	52 404 787.46	3 277 012.97	32 387 003.88	35 664 016.85	46.94
19	五矿信托	9 693 347.18	31 473 662.35	41 167 009.53	12 297 455.63	15 762 428.14	28 059 883.77	46.71
20	交银国际信托	3 053 025.38	68 343 095.77	71 396 121.15	3 122 191.61	46 394 142.35	49 516 333.96	44.19
21	中航信托	24 209 748.82	23 269 193.92	47 478 942.74	16 035 058.74	17 234 389.56	33 269 448.30	42.71
22	四川信托	10 185 511.01	25 869 472.01	36 054 983.02	8 786 534.37	16 642 347.97	25 428 882.34	41.79
23	中信信托	42 555 080.99	99 933 798.18	142 488 879.17	42 435 092.59	59 846 403.87	102 281 496.46	39.31
24	陕国投	13 572 136.25	11 808 966.17	25 381 102.42	8 685 050.78	9 990 389.53	18 675 440.31	35.91
25	上海信托	20 006 174.05	62 573 201.73	82 579 375.78	24 849 866.78	36 008 450.00	60 858 316.78	35.69
26	西部信托	2 574 991.35	11 229 607.69	13 804 599.04	2 650 350.78	7 551 762.93	10 202 113.71	35.31
27	江苏信托	4 170 831.53	42 601 224.71	46 772 056.24	3 642 463.57	31 156 641.55	34 799 105.12	34.41
28	华能信托	30 361 476.21	40 577 520.07	70 938 996.28	34 699 462.40	18 085 196.05	52 784 658.45	34.39
29	吉林信托	1 244 072.85	4 158 827.91	5 402 900.76	1 426 998.68	2 716 620.25	4 143 618.93	30.39
30	华信信托	6 224 833.48	5 986 031.08	12 210 864.56	5 882 287.17	3 538 932.60	9 421 219.77	29.61
31	昆仑信托	11 345 130.55	2 904 991.01	14 250 121.56	9 669 769.96	1 371 479.23	11 041 249.19	29.06
32	中国民生信托	10 537 382.00	3 803 091.53	14 340 473.53	6 452 841.58	4 883 756.61	11 336 598.19	26.50
33	北京信托	13 961 741.86	11 900 327.52	25 862 069.38	13 131 346.59	7 506 674.10	20 638 020.69	25.31
34	长安信托	15 627 990.22	21 184 754.55	36 812 744.77	16 910 065.41	12 542 221.81	29 452 287.22	24.99
35	中粮信托	6 144 889.00	8 032 821.72	14 177 710.72	2 153 431.65	9 462 037.72	11 615 469.37	22.06
36	平安信托	28 496 289.45	39 225 804.23	67 722 093.68	33 205 236.63	22 638 225.54	55 843 462.17	21.27
37	建信信托	47 474 944.98	83 144 695.10	130 619 640.08	36 571 812.70	73 112 137.06	109 683 949.76	19.09

续表

排名	公司简称	2016年			2015年			合计增长率(%)
		主动管理型(万元)	被动管理型(万元)	合计(万元)	主动管理型(万元)	被动管理型(万元)	合计(万元)	
38	中建投信托	7 903 080.82	3 697 268.13	11 600 348.95	6 930 522.38	3 035 881.62	9 966 404.00	16.39
39	天津信托	3 469 307.71	11 835 937.73	15 305 245.44	3 690 126.07	9 619 585.09	13 309 711.16	14.99
40	华融信托	12 593 113.79	11 666 151.81	24 259 265.60	10 299 394.73	10 945 450.74	21 244 845.47	14.19
41	山西信托	1 089 584.00	2 018 930.11	3 108 514.11	1 062 412.78	1 674 916.55	2 737 329.33	13.56
42	重庆信托	11 903 728.75	5 365 766.59	17 269 495.34	9 143 449.16	6 363 705.67	15 507 154.83	11.36
43	苏州信托	4 529 906.72	5 289 051.02	9 818 957.74	6 407 330.63	2 468 866.51	8 876 197.14	10.62
44	华润信托	56 437 155.84	24 385 886.98	80 823 042.82	49 037 981.81	24 571 127.98	73 609 109.79	9.80
45	山东信托	7 073 361.46	19 083 986.37	26 157 347.83	5 133 443.00	19 502 539.88	24 635 982.88	6.18
46	中原信托	5 650 880.66	7 740 845.68	13 391 726.34	7 104 590.72	5 544 266.32	12 648 857.04	5.87
47	新华信托	2 420 522.41	10 514 575.85	12 935 098.26	10 216 448.11	2 034 330.74	12 250 778.85	5.59
48	国元信托	2 118 895.93	9 977 489.74	12 096 385.67	2 035 297.39	9 514 499.30	11 549 796.69	4.73
49	外贸信托	15 957 631.37	31 668 075.73	47 625 707.10	17 840 114.61	27 748 884.16	45 588 998.77	4.47
50	百瑞信托	9 813 657.79	6 689 566.51	16 503 224.30	8 190 603.25	7 627 128.45	15 817 731.70	4.33
51	杭州工商信托	3 320 425.00	52 479.00	3 372 904.00	3 155 520.00	98 364.00	3 253 884.00	3.66
52	云南信托	6 330 744.94	15 223 290.69	21 554 035.63	3 796 961.95	16 999 864.57	20 796 826.52	3.64
53	金谷信托	7 465 854.65	4 986 781.65	12 452 636.30	8 137 117.90	3 974 894.97	12 112 012.87	2.81
54	兴业信托	6 795 157.00	87 666 894.00	94 462 051.00	11 991 177.00	80 210 496.00	92 201 673.00	2.45
55	粤财信托	7 319 857.38	12 877 040.51	20 196 897.89	8 048 886.86	11 680 656.42	19 729 543.28	2.37
56	中融信托	48 206 216.63	20 090 510.26	68 296 726.89	45 850 379.73	21 141 475.16	66 991 854.89	1.95
57	湖南信托	3 242 236.00	1 537 754.00	4 779 990.00	2 976 697.00	1 817 899.00	4 794 596.00	-0.30
58	安信信托	14 136 600.92	9 358 566.49	23 495 167.41	10 602 802.17	12 988 198.10	23 591 000.27	-0.41
59	华宸信托	633 047.36	338 063.38	971 110.74	704 669.48	275 586.77	980 256.25	-0.93
60	英大信托	2 861 170.05	19 328 818.91	22 189 988.96	2 359 960.16	20 697 504.43	23 057 464.59	-3.76
61	华宝信托	25 771 609.00	26 926 939.77	52 698 548.77	26 381 495.24	29 370 889.55	55 752 384.79	-5.48
62	北方信托	217 165.43	26 220 131.27	26 437 296.70	672 892.04	27 652 027.89	28 324 919.93	-6.66
63	国联信托	1 900 903.00	2 305 885.00	4 206 788.00	1 234 605.00	3 306 863.00	4 541 468.00	-7.37
64	中诚信托	6 316 358.01	13 433 608.07	19 749 966.08	7 085 830.74	15 158 930.44	22 244 761.18	-11.22
65	中江信托	5 858 018.41	10 825 059.48	16 683 077.89	6 138 553.25	12 843 982.00	18 982 535.25	-12.11
66	东莞信托	3 964 417.22	193 858.83	4 158 276.05	4 721 565.24	93 494.50	4 815 059.74	-13.64
67	中海信托	13 802 276.00	20 732 032.00	34 534 308.00	15 301 519.00	25 867 766.00	41 169 285.00	-16.12
68	中泰信托	2 364 767.61	2 945 236.87	5 310 004.48	4 102 545.48	4 137 771.61	8 240 317.09	-35.56
合计		686 764 448.44	1 337 414 651.51	2 024 179 099.95	646 045 190.90	979 564 928.89	1 625 610 119.79	24.52
比重		33.93	66.07	100.00	39.74	60.26	100.00	

注：2016年末信托资产按类型分类与类别分类金额存在差异是尾差造成。

由于各家公司类型中披露的明细与合计金额存在差异，我们未对信托资产类型中的细分进行统计，仅作出汇总分析详见表5-2-9和表5-2-10。

2. 本期新增信托资产配比分析

2016年68家信托公司本期新增信托资产总额为124 577.86亿元，其中新增最多的是江苏信托，增加了10 605.23亿元；本期新增类别中集合类占36.31%，单一类占46.66%，财务管理类占17.03%，各家公司新增的类别各不相同。本期新增信托资产类别情况详见表3-3-7。

表3-3-7 本期新增信托资产类别情况

排名	公司简称	集合类（万元）	单一类（万元）	财务管理类（万元）	合计（万元）
1	江苏信托	5 000 334.61	105 364 807.46	735 511.63	111 100 653.70
2	华能信托	39 790 024.08	24 716 918.63	20 005 588.54	84 512 531.25
3	中信信托	23 230 656.40	24 622 487.65	30 810 912.55	78 664 056.60
4	兴业信托	8 252 594.00	27 277 666.00	14 133 749.00	49 664 009.00
5	上海信托	9 701 321.44	28 256 414.66	10 159 230.75	48 116 966.85
6	五矿信托	21 178 989.51	9 260 914.79	5 737 848.99	36 177 753.29

续表

排名	公司简称	集合类（万元）	单一类（万元）	财务管理类（万元）	合计（万元）
7	交银国际信托	10 219 366.01	24 846 617.15	786 726.03	35 852 709.19
8	平安信托	16 128 750.66	14 210 539.61	3 794 491.84	34 133 782.11
9	新时代信托	12 915 786.00	3 445 425.07	16 783 365.45	33 144 576.52
10	西藏信托	4 052 388.30	8 153 238.17	20 809 864.88	33 015 491.35
11	四川信托	17 669 214.46	14 700 927.43	402 211.32	32 772 353.21
12	渤海信托	7 251 611.30	21 124 304.00	1 129 103.20	29 505 018.50
13	中航信托	14 235 244.48	10 862 123.46	1 157 401.26	26 254 769.20
14	长安信托	12 127 613.62	11 262 054.10	2 422 309.58	25 811 977.30
15	光大兴陇信托	9 916 437.85	12 242 993.24	3 244 796.24	25 404 227.33
16	中铁信托	13 875 748.00	8 117 811.00	2 122 795.00	24 116 354.00
17	国投泰康信托	3 230 992.00	17 029 716.26	3 595 327.51	23 856 035.77
18	厦门国际信托	8 380 276.00	13 533 594.00	358 038.00	22 271 908.00
19	华润信托	9 172 355.00	6 245 665.00	5 969 684.00	21 387 704.00
20	华融信托	10 179 801.40	8 958 510.82	1 911 551.60	21 049 863.82
21	国民信托	3 011 433.65	16 722 950.91	537 650.59	20 272 035.15
22	中融信托	10 732 271.56	5 917 542.29	3 201 110.64	19 850 924.49
23	华鑫信托	11 020 617.67	7 644 134.00	127 687.48	18 792 439.15
24	建信信托	4 359 288.00	7 313 761.39	7 021 380.27	18 694 429.66
25	方正东亚信托	14 184 534.73	3 161 716.78	234 066.37	17 580 317.88
26	陆家嘴信托	12 149 427.75	3 443 818.68	829 199.99	16 422 446.42
27	外贸信托	6 767 761.22	2 339 020.93	7 013 690.83	16 120 472.98
28	爱建信托	9 193 167.93	4 522 267.29	1 396 445.19	15 111 880.41
29	北京信托	4 196 283.24	1 834 759.79	7 923 796.00	13 954 839.03
30	陕国投	8 736 890.94	5 114 290.00	—	13 851 180.94
31	中国民生信托	8 905 406.42	4 711 495.69	179 740.00	13 796 642.11
32	粤财信托	3 154 649.77	5 911 268.22	4 552 984.41	13 618 902.40
33	云南信托	3 247 934.64	5 590 744.88	4 528 206.42	13 366 885.94
34	安信信托	5 659 468.80	6 284 766.50	414 448.20	12 358 683.50
35	西部信托	2 881 240.00	8 638 566.72	462 690.00	11 982 496.72
36	山东信托	4 169 939.00	7 710 022.00	92 458.00	11 972 419.00
37	万向信托	3 868 255.94	5 080 528.40	2 062 874.08	11 011 658.42
38	大业信托	3 530 900.00	6 136 700.00	473 200.00	10 140 800.00
39	中粮信托	3 845 141.15	2 473 979.44	3 777 396.27	10 096 516.86
40	紫金信托	3 697 446.58	3 409 462.15	2 243 178.62	9 350 087.35
41	中江信托	4 479 945.00	4 775 594.50	53 300.00	9 308 839.50
42	北方信托	1 884 263.00	6 281 830.70	1 067 888.35	9 233 982.05
43	国元信托	3 031 489.04	3 009 414.05	2 688 933.24	8 729 836.33
44	百瑞信托	5 469 166.77	2 811 804.33	269 885.00	8 550 856.10
45	新华信托	—	8 389 333.06	1 315.00	8 390 648.06
46	中海信托	3 106 911.98	1 573 132.89	3 660 433.45	8 340 478.32
47	中建投信托	5 008 413.09	2 832 827.17	161 704.87	8 002 945.13
48	中原信托	4 924 653.26	2 888 592.80	96 500.00	7 909 746.06
49	金谷信托	3 107 389.00	1 153 500.00	3 328 443.52	7 589 332.52
50	华宝信托	3 347 162.48	3 541 954.06	628 913.03	7 518 029.57
51	重庆信托	5 795 509.58	1 045 405.78	673 662.70	7 514 578.06
52	昆仑信托	3 336 205.91	3 662 790.71	399 727.98	7 398 724.60
53	中诚信托	4 468 474.52	1 780 407.84	670 609.86	6 919 492.22
54	华信信托	2 598 431.40	2 854 122.20	1 043 569.99	6 496 123.59
55	苏州信托	2 911 103.27	3 322 665.43	216 533.64	6 450 302.34
56	华澳信托	2 344 980.00	3 762 160.00	294 704.00	6 401 844.00
57	天津信托	1 560 387.82	3 391 549.73	1 349 215.98	6 301 153.53
58	英大信托	2 120 832.70	1 888 841.62	1 798 785.65	5 808 459.97
59	浙金信托	1 402 786.00	3 452 381.45	80 800.00	4 935 967.45
60	吉林信托	108 640.00	3 701 639.41	318 421.14	4 128 700.55
61	湖南信托	2 743 685.00	870 258.00	11 014.00	3 624 957.00

续表

排名	公司简称	集合类（万元）	单一类（万元）	财务管理类（万元）	合计（万元）
62	中泰信托	689 870.00	1 661 626.85	—	2 351 496.85
63	国联信托	1 000 495.00	1 270 863.00	—	2 271 358.00
64	山西信托	480 739.00	1 251 640.00	178 145.00	1 910 524.00
65	杭州工商信托	1 599 500.00	141 975.00	—	1 741 475.00
66	东莞信托	1 009 853.00	192 550.00	—	1 202 403.00
67	长城新盛信托	—	1 123 479.52	27 214.77	1 150 694.29
68	华宸信托	28 920.00	407 950.00	—	436 870.00
平均		452 381 370.93	581 234 814.66	212 162 431.90	1 245 778 617.49
比重(%)		36.31	46.66	17.03	100.00

表 3-3-8　本期新增信托资产类型情况

排名	公司简称	主动管理型（万元）	被动管理型（万元）	合计（万元）
1	江苏信托	5 048 334.61	106 052 319.09	111 100 653.70
2	华能信托	46 788 637.39	37 723 893.85	84 512 531.25
3	中信信托	9 986 576.13	68 677 480.47	78 664 056.60
4	兴业信托	2 467 861.00	47 196 148.00	49 664 009.00
5	上海信托	3 853 212.79	44 263 754.06	48 116 966.85
6	五矿信托	7 616 953.91	28 560 799.38	36 177 753.29
7	交银国际信托	2 328 340.00	33 524 369.19	35 852 709.19
8	平安信托	9 144 453.21	24 989 328.90	34 133 782.11
9	新时代信托	11 757 182.00	21 387 394.52	33 144 576.52
10	西藏信托	3 629 581.85	29 385 909.50	33 015 491.35
11	四川信托	12 356 391.20	20 415 962.01	32 772 353.21
12	渤海信托	674 910.00	28 830 108.50	29 505 018.50
13	中航信托	13 129 029.80	13 125 739.40	26 254 769.20
14	长安信托	7 662 059.79	18 149 917.51	25 811 977.30
15	光大兴陇信托	5 904 318.98	19 499 908.35	25 404 227.33
16	中铁信托	3 067 727.00	21 048 627.00	24 116 354.00
17	国投泰康信托	1 560 736.70	22 295 299.07	23 856 035.77
18	厦门国际信托	2 178 548.00	20 093 360.00	22 271 908.00
19	华润信托	10 705 144.00	10 682 560.00	21 387 704.00
20	华融信托	9 505 007.29	11 544 856.53	21 049 863.82
21	国民信托	1 197 609.77	19 074 425.38	20 272 035.15
22	中融信托	13 658 618.33	6 192 306.16	19 850 924.49
23	华鑫信托	3 369 993.18	15 422 445.97	18 792 439.15
24	建信信托	5 596 854.30	13 097 575.36	18 694 429.66
25	方正东亚信托	5 240 734.73	12 339 583.15	17 580 317.88
26	陆家嘴信托	6 707 933.86	9 714 512.56	16 422 446.42
27	外贸信托	2 276 460.78	13 844 012.20	16 120 472.98
28	爱建信托	4 197 423.69	10 914 456.72	15 111 880.41
29	北京信托	3 380 230.65	10 574 608.38	13 954 839.03
30	陕国投	8 029 766.94	5 821 414.00	13 851 180.94
31	中国民生信托	10 677 652.60	3 118 989.51	13 796 642.11
32	粤财信托	3 290 317.79	10 328 584.61	13 618 902.40
33	云南信托	5 150 575.49	8 216 310.45	13 366 885.94
34	安信信托	8 705 708.80	3 652 974.70	12 358 683.50
35	西部信托	2 285 095.00	9 697 401.72	11 982 496.72
36	山东信托	4 169 939.00	7 802 480.00	11 972 419.00
37	万向信托	1 962 903.00	9 048 755.42	11 011 658.42
38	大业信托	2 142 900.00	7 997 900.00	10 140 800.00
39	中粮信托	6 348 227.81	3 748 289.05	10 096 516.86

续表

排名	公司简称	主动管理型（万元）	被动管理型（万元）	合计（万元）
40	紫金信托	3 368 574. 68	5 981 512. 67	9 350 087. 35
41	中江信托	5 924 088. 50	3 384 751. 00	9 308 839. 50
42	北方信托	—	9 233 982. 05	9 233 982. 05
43	国元信托	1 386 553. 04	7 343 283. 29	8 729 836. 33
44	百瑞信托	6 005 461. 77	2 545 394. 33	8 550 856. 10
45	新华信托	220 026. 48	8 170 621. 58	8 390 648. 06
46	中海信托	2 135 817. 03	6 204 661. 29	8 340 478. 32
47	中建投信托	5 608 695. 09	2 394 250. 04	8 002 945. 13
48	中原信托	3 498 472. 69	4 411 273. 37	7 909 746. 06
49	金谷信托	5 162 319. 52	2 427 013. 00	7 589 332. 52
50	华宝信托	2 722 147. 32	4 795 882. 25	7 518 029. 57
51	重庆信托	5 777 649. 58	1 736 928. 48	7 514 578. 06
52	昆仑信托	5 341 406. 24	2 057 318. 36	7 398 724. 60
53	中诚信托	1 947 369. 51	4 972 122. 71	6 919 492. 22
54	华信信托	2 521 814. 40	3 974 309. 19	6 496 123. 59
55	苏州信托	2 507 343. 73	3 942 958. 61	6 450 302. 34
56	华澳信托	998 050. 00	5 403 793. 00	6 401 844. 00
57	天津信托	2 228 500. 32	4 072 653. 21	6 301 153. 53
58	英大信托	1 449 631. 82	4 358 828. 14	5 808 459. 97
59	浙金信托	877 376. 00	4 058 591. 45	4 935 967. 45
60	吉林信托	778 510. 00	3 350 190. 55	4 128 700. 55
61	湖南信托	2 800 185. 00	824 772. 00	3 624 957. 00
62	中泰信托	448 520. 00	1 902 976. 85	2 351 496. 85
63	国联信托	260 830. 00	2 010 528. 00	2 271 358. 00
64	山西信托	530 814. 00	1 379 710. 00	1 910 524. 00
65	杭州工商信托	1 675 675. 00	65 800. 00	1 741 475. 00
66	东莞信托	1 116 900. 00	85 503. 00	1 202 403. 00
67	长城新盛信托	948 021. 90	202 672. 40	1 150 694. 29
68	华宸信托	213 870. 00	223 000. 00	436 870. 00
平均		336 208 574. 99	909 570 041. 49	1 245 778 617. 49
比重（%）		26. 99	73. 01	100. 00

承接表3－3－6，本期新增类型中主动管理型占26. 99%，被动管理型占73. 01%各家公司新增的类别各不相同；其中主动管理型大于被动管理型的有18家信托托公司。

（四）信托公司人均净利润排行榜

2016年68家公司总体的平均人均净利润为361. 20万元，比2015年有所下降，其中26家公司增加，42家公司减少。信托公司人均净利润排行榜详见表3－3－9。

表3－3－9　信托公司人均净利润排行榜

排名	公司简称	2016年人数（人）	2015年人数（人）	净利润（万元）	人均净利润（万元/人）
1	重庆信托	141	149	363 055. 94	2 512. 66
2	江苏信托	92	76	132 898. 49	1 601. 19
3	安信信托	210	185	303 394. 75	1 536. 00
4	中江信托	252	191	96 647. 90	866. 93
5	华信信托	189	183	160 632. 55	863. 62
6	粤财信托	110	98	84 224. 23	809. 85
7	中铁信托	211	185	161 700. 19	698. 00
8	中海信托	167	132	104 174. 41	694. 50

续表

排名	公司简称	2016 年人数(人)	2015 年人数(人)	净利润(万元)	人均净利润(万元/人)
9	平安信托	972	1 120	645 843.67	617.44
10	中航信托	327	252	130 167.02	595.45
11	中信信托	517	528	312 245.59	572.85
12	华能信托	312	298	173 402.30	568.07
13	西藏信托	85	62	40 920.94	552.99
14	华润信托	312	294	193 883.53	520.53
15	百瑞信托	193	184	92 257.45	490.73
16	上海信托	352	319	178 180.08	472.95
17	中诚信托	271	249	118 707.39	453.55
18	五矿信托	304	341	98 014.56	452.60
19	交银国际信托	202	187	84 068.95	431.00
20	西部信托	183	170	75 931.76	430.21
21	苏州信托	127	111	55 496.41	430.20
22	山东信托	192	194	83 302.95	429.40
23	英大信托	151	150	64 715.26	423.17
24	华宝信托	294	274	119 430.85	420.53
25	外贸信托	348	325	109 817.21	410.36
26	湖南信托	141	145	55 408.00	387.00
27	国元信托	154	161	58 377.27	371.83
28	中国民生信托	285	228	95 145.43	369.68
29	国联信托	76	78	29 512.00	351.32
30	中原信托	233	210	74 888.23	346.50
31	爱建信托	201	176	60 019.84	335.31
32	厦门国际信托	202	197	60 409.00	316.66
33	渤海信托	239	197	67 416.05	309.25
34	北京信托	234	232	99 271.56	306.00
35	华融信托	356	306	92 925.09	295.94
36	天津信托	139	141	41 258.85	294.71
37	昆仑信托	253	248	73 097.04	290.64
38	杭州工商信托	176	165	52 000.00	286.00
39	建信信托	343	271	141 969.25	270.93
40	华鑫信托	198	180	45 402.14	264.00
41	万向信托	204	195	51 609.43	258.69
42	北方信托	132	134	40 547.84	255.02
43	紫金信托	147	141	41 338.66	252.07
44	中建投信托	392	302	85 156.27	243.48
45	东莞信托	166	162	39 800.80	242.69
46	国投泰康信托	189	153	85 072.39	226.26
47	方正东亚信托	270	264	60 225.82	225.56
48	中粮信托	177	164	43 214.21	221.44
49	大业信托	138	99	29 382.00	212.91
50	兴业信托	518	530	146 237.82	198.15

续表

排名	公司简称	2016 年人数(人)	2015 年人数(人)	净利润(万元)	人均净利润(万元/人)
51	四川信托	725	744	138 769.50	178.40
52	陆家嘴信托	295	296	52 400.60	177.63
53	新时代信托	246	235	41 206.74	167.51
54	陕国投	367	295	51 523.76	155.66
55	长安信托	622	597	95 101.18	154.35
56	长城新盛信托	83	49	10 950.81	150.01
57	中融信托	1 939	1 980	270 401.24	140.10
58	光大兴陇信托	271	227	35 868.07	132.84
59	中泰信托	215	234	28 887.29	128.96
60	金谷信托	128	180	16 267.94	120.50
61	云南信托	212	216	20 444.44	95.53
62	国民信托	243	219	19 583.76	85.52
63	吉林信托	169	186	31 603.83	71.18
64	山西信托	189	172	8 394.45	67.93
65	浙金信托	95	95	6 042.08	63.60
66	华宸信托	96	104	3 686.68	37.62
67	华澳信托	195	196	6 901.81	35.00
68	新华信托	184	231	471.65	2.27
合计		18 351	17 592	6 491 305.18	361.20

注：1. 人均净利润以各家公司披露金额为准。
2. 陕国投、浙金信托未披露人均净利润，我们采用本期净利润/全年平均人数计算得出。
3. 合计的人均利润我们也采用本期所有公司净利润合计数/(2015 年人数 +2016 年人数) ×2 计算得出。

人均利润在 1 000 万元以上的为 3 家公司，100 万元以下有 7 家信托公司。信托公司人均利润分布情况见表 3 –3 –10。

表 3 –1 –10　信托公司人均利润分布情况

项目	2016 年	2015 年
	家数	家数
1 000 万元以上	3	3
500 ~1 000 万元	11	14
100 万 ~500 万元	46	44
100 万元以下	8	7
合计	68	68

(五)信托公司资本利润率排行榜

2016 年 68 家信托公司平均资本利润率为 14.24%，比 2015 年下降 3.11%，有 52 家公司的资本利润率都出现下降。信托公司资本利润率排行榜详见表 3 –3 –11。

表 3 –3 –11　信托公司资本利润率排行榜

排名	公司简称	2016 年资本利润率(%)	2015 年资本利润率(%)	增减率(%)
1	安信信托	41.15	42.73	-1.58
2	万向信托	28.70	16.60	12.10
3	长城新盛信托	24.93	3.88	21.05
4	中铁信托	24.87	26.10	-1.23
5	中海信托	23.98	27.20	-3.22
6	四川信托	23.75	26.13	-2.38
7	西藏信托	23.21	24.74	-1.53
8	中航信托	22.62	21.62	1.00

续表

排名	公司简称	2016 年资本利润率(%)	2015 年资本利润率(%)	增减率(%)
9	中江信托	21.83	11.90	9.93
10	大业信托	21.47	22.00	-0.53
11	华能信托	21.38	22.12	-0.74
12	重庆信托	21.17	28.17	-7.00
13	中融信托	21.08	23.78	-2.70
14	长安信托	19.08	21.19	-2.11
15	粤财信托	18.78	16.63	2.15
16	上海信托	18.52	22.13	-3.61
17	湖南信托	18.18	15.84	2.34
18	五矿信托	17.16	21.77	-4.61
19	杭州工商信托	17.08	22.62	-5.54
20	紫金信托	17.02	21.01	-3.99
21	厦门国际信托	16.79	14.92	1.87
22	中信信托	16.34	17.35	-1.01
23	华信信托	16.19	26.19	-10.00
24	百瑞信托	16.01	19.12	-3.11
25	中建投信托	15.83	16.07	-0.24
26	华宝信托	15.62	10.32	5.30
27	华融信托	15.60	15.05	0.55
28	中原信托	15.57	21.31	-5.74
29	建信信托	15.34	15.16	0.18
30	爱建信托	15.28	13.70	1.58
31	国投泰康信托	14.95	22.19	-7.24
32	方正东亚信托	14.95	20.17	-5.22
33	外贸信托	14.52	17.26	-2.74
34	江苏信托	14.26	16.11	-1.85
35	苏州信托	14.00	14.33	-0.33
36	北京信托	13.50	16.81	-3.31
37	昆仑信托	13.50	15.02	-1.52
38	山东信托	13.50	19.26	-5.76
39	陆家嘴信托	13.29	16.05	-2.76
40	中国民生信托	13.08	11.43	1.65
41	交银国际信托	12.57	12.03	0.54
42	平安信托	12.34	16.21	-3.87
43	华鑫信托	12.33	16.82	-4.49
44	英大信托	11.99	14.64	-2.65
45	渤海信托	11.95	13.88	-1.93
46	华润信托	11.51	21.27	-9.76
47	兴业信托	11.14	13.70	-2.56
48	东莞信托	10.84	14.32	-3.48
49	天津信托	10.59	14.94	-4.35
50	北方信托	10.49	15.61	-5.12
51	云南信托	10.36	17.48	-7.12
52	国元信托	9.90	17.03	-7.13
53	中粮信托	9.88	9.47	0.41
54	西部信托	9.26	9.59	-0.33
55	国民信托	8.78	17.32	-8.54
56	新时代信托	8.17	10.12	-1.95
57	光大兴陇信托	8.05	10.03	-1.98
58	中诚信托	7.83	12.29	-4.46

续表

排名	公司简称	2016 年资本利润率(%)	2015 年资本利润率(%)	增减率(%)
59	浙金信托	7.79	8.97	-1.18
60	吉林信托	7.55	12.33	-4.78
61	中泰信托	7.49	10.11	-2.62
62	陕国投	6.79	7.92	-1.13
63	国联信托	6.67	11.69	-5.02
64	山西信托	6.30	4.91	1.39
65	华澳信托	6.00	12.00	-6.00
66	金谷信托	4.67	3.60	1.07
67	华宸信托	2.88	4.13	-1.25
68	新华信托	0.08	0.46	-0.38
平均		14.24	17.34	-3.11

注:1. 资本利润率 = 净利润/所有者权益平均余额 ×100% 。

2. 我们以各信托公司审计报告中披露的数字为准。

3. 陕国投、中江信托未披露 2015 年资本利润率,我们采用公式计算得出 2015 年资本利润率。

2016 年信托公司平均资本利润率在 20% 以上的公司有 13 家,较 2015 年少了 7 家;10% ~20% 的与 2015 年基本持平。信托公司平均资本利润率分布情况见表 3 -3 -12。

表 3 -3 -12 信托公司平均资本利润率分布情况

项目	2016 年	2015 年
20% 以上	13	20
10% ~20%	38	39
5% ~10%	14	4
5% 以下	3	5
合计	68	68

(六)信托公司风控能力排行榜

《信托公司净资本管理办法》(中国银行业监督管理委员会令 2010 年第 5 号)的有关规定,信托公司需达到以下风险控制指标要求:

(1)信托公司净资本不得低于人民币 20 000 万元。

(2)信托公司净资本不得低于各项风险资本之和的 100%。

(3)信托公司净资本不得低于净资产的 40%。

2016 年披露的 68 家信托公司全部符合监管要求。

2016 年 68 家信托公司净资本合计 3 600.89 亿元,有 4 家公司低于 10 亿元;净资本与各项业务风险资本之比为 196.91%,超过 200% 的有 36 家公司;净资本与净资产之比为 80.48%,均超过监管要求。信托公司风控指标排行榜详见表 3 -3 -13。

表 3 -3 -13 信托公司风控指标排行榜(以净资本与各项业务风险资本之比大小排序)

排名	公司简称	净资本(亿元)	各项业务风险资本(亿元)	风险覆盖率(%)	净资本与净资产之比(%)
1	西部信托	65.09	15.70	414.59	93.20
2	华信信托	92.61	23.58	392.79	77.36
3	华宸信托	9.47	2.55	370.54	76.94
4	中泰信托	30.54	8.34	366.19	76.81
5	渤海信托	56.70	15.88	356.94	80.47
6	中诚信托	116.65	33.24	350.95	75.64
7	华润信托	137.22	39.61	346.46	83.45
8	长城新盛信托	4.34	1.48	293.24	87.85
9	中江信托	57.59	20.33	283.34	65.81
10	紫金信托	30.03	11.21	267.97	87.97
11	东莞信托	32.77	12.33	265.76	85.99
12	国元信托	53.40	20.17	264.72	89.05
13	吉林信托	22.43	8.60	260.95	58.46
14	天津信托	28.37	10.95	259.12	70.65
15	安信信托	112.83	43.64	258.56	82.25

续表

排名	公司简称	净资本（亿元）	各项业务风险资本（亿元）	风险覆盖率（%）	净资本与净资产之比（%）
16	北方信托	33.37	12.94	258.00	83.00
17	新华信托	37.89	14.74	257.11	65.57
18	中国民生信托	79.01	31.40	251.60	79.54
19	山东信托	55.24	21.99	251.24	88.05
20	平安信托	167.24	66.58	251.00	74.00
21	重庆信托	137.13	54.91	249.73	74.32
22	国联信托	40.48	16.28	248.64	79.55
23	中铁信托	53.53	21.64	247.36	82.04
24	苏州信托	25.17	10.18	247.30	77.10
25	杭州工商信托	26.04	10.63	245.06	78.32
26	粤财信托	41.65	17.28	241.01	88.75
27	英大信托	45.65	19.10	239.00	83.00
28	中原信托	55.13	23.81	231.58	75.69
29	陕国投	57.23	24.93	229.56	74.05
30	湖南信托	25.98	11.38	228.32	83.30
31	北京信托	61.94	27.31	226.77	81.14
32	四川信托	53.03	23.49	226.00	89.00
33	中粮信托	35.99	16.23	222.00	91.00
34	中建投信托	47.74	21.68	220.16	82.61
35	华宝信托	55.45	25.42	218.14	84.24
36	浙金信托	5.42	2.64	204.98	67.21
37	厦门国际信托	31.32	15.71	199.38	83.73
38	云南信托	18.20	9.57	190.00	88.00
39	长安信托	45.79	24.10	190.00	82 00
40	新时代信托	64.01	33.82	189.24	86.79
41	五矿信托	47.89	26.10	183.49	83.86
42	百瑞信托	49.89	28.98	172.19	81.96
43	中信信托	139.00	81.00	172.00	69.00
44	外贸信托	67.72	39.76	170.35	87.82
45	金谷信托	23.54	14.40	163.42	66.04
46	中融信托	113.28	71.24	159.01	88.43
47	中海信托	38.74	24.66	157.10	87.11
48	兴业信托	118.52	75.56	157.00	89.00
49	上海信托	90.25	58.11	155.32	84.54
50	国投泰康信托	43.18	28.29	152.64	87.42
51	华澳信托	7.71	5.05	152.62	63.61
52	国民信托	17.80	11.90	149.57	76.43
53	交银国际信托	62.13	42.08	147.70	87.60
54	爱建信托	29.49	20.09	146.79	73.12
55	山西信托	15.41	10.52	146.48	78.68
56	陆家嘴信托	33.74	23.12	145.94	79.70
57	昆仑信托	37.87	26.97	140.41	76.14
58	光大兴陇信托	39.62	28.78	137.65	86.24
59	万向信托	17.58	12.93	136.04	90.39
60	江苏信托	85.16	63.01	135.16	86.17
61	方正东亚信托	33.00	25.18	131.04	76.20
62	中航信托	55.37	43.40	127.58	87.79
63	西藏信托	15.78	12.83	123.00	82.47
64	华能信托	89.76	75.48	118.92	82.14
65	建信信托	73.95	62.94	117.50	75.83
66	华鑫信托	34.41	29.51	116.59	88.20
67	大业信托	13.28	11.62	114.23	88.75
68	华融信托	55.28	49.81	110.98	81.58
合计		3 599.02	1 828.67	196.91	80.48

注：1. 合计的净资本与各项业务风险资本之比 =68 家净资本合计/68 家各项业务风险资本。

2. 合计的净资本与净资产之比 =68 家净资本合计/68 家公司报表披露净资产之和。

(七)信托风险赔偿率排行榜

2016 年 68 家信托公司平均信托风险赔偿率为 0. 151%,有 33 家公司超过平均值。信托风险赔偿率排行榜详见表 3 -3 -14。

表 3 -3 -14　信托风险赔偿率排行榜

排名	公司简称	信托风险准备金(万元)	信托资产总额(万元)	信托风险赔偿率(%)
1	新华信托	118 581. 90	12 935 098. 26	0. 917
2	吉林信托	40 735. 77	5 402 900. 77	0. 754
3	山西信托	22 378. 42	3 108 514. 11	0. 720
4	华宸信托	6 868. 42	971 110. 74	0. 707
5	湖南信托	31 310. 00	4 779 990. 00	0. 655
6	杭州工商信托	19 650. 00	3 372 904. 00	0. 583
7	国联信托	25 488. 00	4 541 468. 00	0. 561
8	华信信托	63 833. 29	12 210 864. 56	0. 523
9	东莞信托	20 265. 17	4 158 276. 05	0. 487
10	平安信托	299 485. 89	67 722 093. 68	0. 442
11	中铁信托	125 683. 61	30 420 515. 00	0. 413
12	国元信托	47 849. 56	12 096 385. 67	0. 396
13	重庆信托	60 876. 15	17 269 495. 34	0. 353
14	中泰信托	17 683. 46	5 310 004. 49	0. 333
15	北京信托	81 608. 04	25 862 068. 98	0. 316
16	中诚信托	62 198. 49	19 749 966. 08	0. 315
17	百瑞信托	44 172. 70	16 503 224. 29	0. 268
18	中建投信托	30 615. 46	11 600 348. 95	0. 264
19	山东信托	63 842. 32	26 157 347. 83	0. 244
20	西部信托	31 920. 17	13 804 599. 04	0. 231
21	方正东亚信托	46 561. 21	20 275 280. 51	0. 230
22	国投泰康信托	54 275. 03	26 426 644. 50	0. 205
23	安信信托	47 066. 44	23 495 167. 40	0. 200
24	江苏信托	92 361. 48	46 772 056. 24	0. 197
25	苏州信托	18 738. 43	9 818 957. 74	0. 191
26	昆仑信托	27 465. 35	14 467 505. 14	0. 190
27	中江信托	31 437. 42	16 683 077. 89	0. 188
28	四川信托	64 090. 41	36 054 983. 02	0. 178
29	中粮信托	24 590. 27	14 177 710. 72	0. 173
30	天津信托	25 742. 51	15 305 245. 43	0. 168
31	中原信托	22 315. 09	13 391 726. 34	0. 167
32	中国民生信托	23 123. 88	14 340 473. 53	0. 161
33	中海信托	53 276. 58	34 534 308. 06	0. 154
34	上海信托	121 360. 61	82 579 375. 78	0. 147
35	粤财信托	28 322. 06	20 196 897. 89	0. 140
36	华澳信托	6 425. 39	4 817 763. 93	0. 133
37	英大信托	28 670. 04	22 189 988. 97	0. 129
38	华融信托	32 737. 49	25 395 517. 71	0. 129
39	爱建信托	25 629. 95	19 884 954. 02	0. 129
40	华宝信托	64 807. 60	52 698 548. 78	0. 123
41	五矿信托	50 451. 85	41 167 009. 54	0. 123
42	中融信托	82 103. 09	68 296 726. 89	0. 120

续表

排名	公司简称	信托风险准备金（万元）	信托资产总额（万元）	信托风险赔偿率（%）
43	交银国际信托	85 433. 46	71 396 121. 15	0. 120
44	新时代信托	40 642. 64	34 977 199. 20	0. 116
45	北方信托	30 398. 16	26 437 296. 70	0. 115
46	外贸信托	54 590. 85	47 625 707. 10	0. 115
47	金谷信托	14 161. 73	12 452 636. 30	0. 114
48	厦门国际信托	26 305. 00	23 654 122. 00	0. 111
49	华润信托	88 455. 60	80 823 042. 82	0. 109
50	中信信托	140 651. 11	142 488 879. 17	0. 099
51	长安信托	35 914. 46	36 812 744. 77	0. 098
52	紫金信托	12 131. 00	12 541 414. 54	0. 097
53	陕国投	24 430. 40	25 381 102. 42	0. 096
54	渤海信托	29 477. 06	34 637 657. 66	0. 085
55	中航信托	38 208. 99	47 478 942. 75	0. 080
56	陆家嘴信托	16 818. 97	21 637 814. 73	0. 078
57	华能信托	53 914. 89	70 938 996. 28	0. 076
58	华鑫信托	18 626. 11	25 770 815. 14	0. 072
59	大业信托	8 683. 96	13 147 958. 55	0. 066
60	云南信托	13 546. 79	21 554 035. 63	0. 063
61	长城新盛信托	1 222. 40	2 040 099. 13	0. 060
62	浙金信托	2 596. 01	4 906 773. 06	0. 053
63	兴业信托	46 201. 22	94 462 050. 68	0. 049
64	国民信托	11 757. 12	24 747 529. 17	0. 048
65	西藏信托	24 377. 61	52 404 787. 46	0. 047
66	万向信托	6 971. 09	15 214 099. 00	0. 046
67	光大兴陇信托	13 837. 23	30 878 020. 06	0. 045
68	建信信托	42 014. 65	130 619 640. 08	0. 032
合计		3 067 967. 51	2 025 976 581. 42	0. 151
平均		45 117. 17	29 793 773. 26	

第四章　固有资产报表总体分析

本章汇总了2016年68家信托公司固有资产部分的合并报表和单体报表，对于没有合并报表的公司我们在合并报表统计中汇总了单体报表数据；这些报表包括资产负债表、利润表、所有者权益变动表。汇总成报表代表中国信托行业固有资产整体状况，以此来分析中国信托公司固有资产整体的财务状况和经营成果。

一、合并报表数据

（一）固有资产财务状况总体分析

2016年信托行业固有资产总规模为7 228.21亿元，比2015年增加了630.64亿元，增幅9.56%。其中非流动资产增加719.61亿元导致资产总额的增长。负债总额为2 364.91亿元，比2015年增加了21.67亿元，增幅为0.93%。所有者权益增加了681.71亿元，主要是实收资本及未分配利润增加导致。

2016年信托行业固有资产资产负债率为32.72%，3年内首次出现降低，主要是负债未发生重大变化，而资产总额增长导致（见表4－1－1和表4－1－2）。

表4－1－1　2016年固有资产汇总资产负债表

单位：万元

资产	年末数	年初数	负债和所有者权益	年末数	年初数
现金及存放中央银行款项	1 262 861.14	2 295 883.46	同业及其他金融机构存放款项	—	—
存放同业款项	3 139 798.55	2 774 273.37	向中央银行借款	4 000.00	4 000.00
贵金属	—	—	短期借款	660 067.34	609 019.21
其他货币资金	5 012.61	—	拆入资金	1 195 600.00	1 130 800.00
拆出资金	911 786.87	1 484 946.57	交易性金融负债	978 270.96	7 974.32
货币资金	7 309 390.72	8 755 560.14	衍生金融负债	2 569.65	21 482.03
交易性金融资产	3 969 024.89	4 132 641.07	卖出回购金融资产款	2 122 506.96	2 625 720.30
衍生金融资产	1 385.67	9 574.79	存入保证金	—	—
买入返售金融资产	2 700 535.45	2 107 827.24	应付款项	276 850.00	375 860.36
应收利息	208 377.86	188 252.98	应付手续费及佣金	3 657.81	6 983.18
应收股利	14 154.81	5 926.85	预收款项	839 005.70	732 341.38
分为贷款和应收款类的投资	3 176 280.26	2 285 179.64	应付职工薪酬	2 032 750.95	1 854 875.30
应收手续费及佣金	55 100.77	42 052.90	应交税费	1 155 563.12	1 170 872.01
应收款项	834 454.40	913 781.68	代理买卖证券款	3 130 494.50	4 798 829.32
结算备付金	1 055 073.55	1 029 744.24	代理业务负债	1 630.51	1 548.38
存出保证金	90 483.69	157 430.86	应付利息	45 089.27	77 854.27
其他应收款	1 663 745.11	1 145 684.87	应付股利	225 021.01	210 293.16
预付款项	30 041.84	61 167.09	其他应付款	1 689 237.25	1 054 174.07
存货	24 485.97	72 524.29	一年内到期的非流动负债	—	—
其他流动资产	233 318.52	112 565.06	其他流动负债	296 800.22	310 179.17
流动资产合计	26 685 312.67	27 575 017.08	流动负债合计	14 659 115.27	14 992 806.46
发放贷款和垫款	5 105 276.34	5 221 422.48	长期借款	883 720.77	1 113 180.96
可供出售金融资产	28 280 102.49	22 016 167.61	应付债券	1 159 019.19	690 919.62
长期应收款	—	—	递延收益	30 241.57	51 479.22
长期股权投资	5 878 924.39	5 323 158.73	长期应付款	54 885.16	80 766.10
投资性房地产	100 720.81	116 644.34	预计负债	296 542.49	221 230.56
持有至到期投资	1 164 626.00	1 367 378.42	递延所得税负债	525 836.58	678 852.40
固定资产	370 734.66	489 238.12	其他负债	6 039 692.43	5 603 068.49
固定资产清理	8 445.64	9 132.81	长期负债合计	8 989 938.18	8 439 497.36
在建工程	41 314.29	30 749.21	负债合计	23 649 053.46	23 432 303.82
无形资产	665 430.31	1 074 643.73	所有者权益		
开发支出	942.43	483.73	实收资本（或股本）	20 381 640.90	16 525 128.76
长期待摊费用	22 543.65	29 969.42	资本公积	4 539 691.67	3 975 729.68
递延所得税资产	929 424.01	756 162.13	其他综合收益	1 209 827.45	1 651 517.37
抵债资产	2 119.50	2 028.35	盈余公积	3 368 497.12	2 802 227.36
代理业务资产	—	—	信托赔偿准备金	911 281.20	767 512.05
商誉	61 964.54	329 991.20	一般风险准备	2 156 686.32	1 801 034.52
信托受益权	86 183.44	42 885.32	未分配利润	14 182 562.22	12 409 928.92
其他非流动资产	2 878 074.21	1 590 640.34	归属于母公司所有者权益合计	46 750 186.87	39 933 078.66
非流动资产合计	45 596 826.71	38 400 695.96	少数股东权益	1 882 899.05	2 610 330.57
			所有者权益合计	48 633 085.92	42 543 409.22
资产总计	72 282 139.37	65 975 713.04	负债和所有者权益总计	72 282 139.37	65 975 713.04

注：其他非流动资产中包含了报表尾差。

表4－1－2　2016年固有资产汇总简式资产负债表增减变动明细表

项目	2016年	2015年	增减额（万元）	增减率（%）	平均每户增减（万元）
流动资产	26 685 312. 67	27 575 017. 08	-889 704. 42	-3. 23	-13 083. 89
非流动资产	45 596 826. 71	38 400 695. 96	7 196 130. 75	18. 74	105 825. 45
资产合计	72 282 139. 37	65 975 713. 04	6 306 426. 33	9. 56	92 741. 56
流动负债	14 659 115. 27	14 992 806. 46	-333 691. 19	-2. 23	-4 907. 22
长期负债	8 989 938. 18	8 439 497. 36	550 440. 83	6. 52	8 094. 72
负债合计	23 649 053. 46	23 432 303. 82	216 749. 64	0. 93	3 187. 49
归属于母公司所有者权益	46 750 186. 87	39 933 078. 66	6 817 108. 22	17. 07	100 251. 59
少数股东权益	1 882 899. 05	2 610 330. 57	-727 431. 52	-27. 87	-10 697. 52
所有者权益合计	48 633 085. 92	42 543 409. 22	6 089 676. 69	14. 31	89 554. 07
资产负债率（%）	32. 72	35. 52	-2. 80	-7. 88	

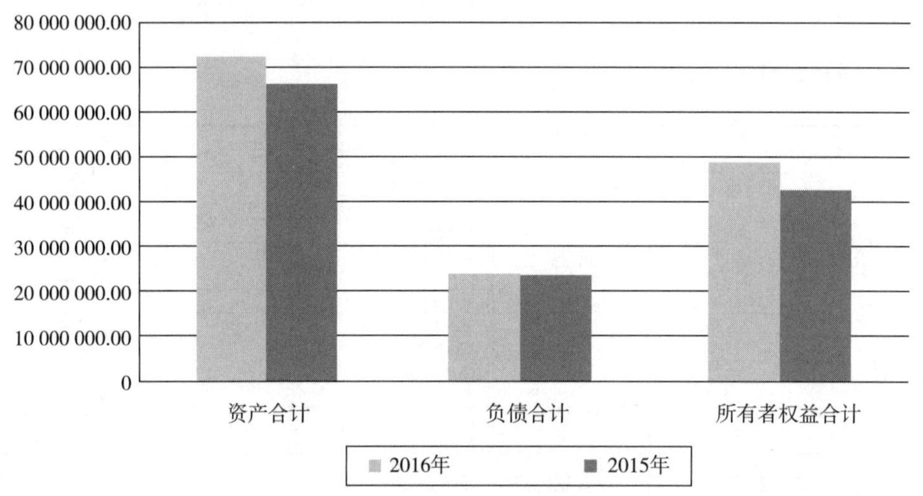

图4－1－1　固有资产汇总资产负债情况

（二）固有资产经营成果总体分析

2016年信托行业汇总净利润为649. 13亿元，较上年的671. 99亿元减少了3. 40%；汇总综合收益总额为605. 60亿元，减少了14. 47%。

汇总利润表中，2016年的营业总收入为1 318. 57亿元，降低10. 62%。其中，手续费及佣金净收入868. 84亿元，占营业总收入的65. 89%，投资收益290. 87亿元，占营业收入的22. 06%；营业总支出为483. 75亿元，降低21. 21%，其中业务及销售管理费用376. 57亿元，占营业总支出的77. 84%（见表4－1－3）。

表4－1－3　2016年汇总利润表

项目	本年实际数（万元）	上年实际数（万元）	增减数	
			金额（万元）	比例（%）
一、营业总收入	13 185 681. 59	14 752 665. 54	-1 566 983. 95	-10. 62
1. 营业收入	498 638. 70	669 941. 78	-171 303. 08	-25. 57
2. 利息净收入	531 243. 13	607 254. 41	-76 011. 28	-12. 52
利息收入	1 051 564. 85	1 072 792. 57	-21 227. 72	-1. 98
利息支出	520 321. 71	465 538. 16	54 783. 56	11. 77
3. 金融企业往来净收入	638. 18	737. 31	-99. 13	-13. 44

续表

项目	本年实际数(万元)	上年实际数(万元)	增减数	
			金额(万元)	比例(%)
金融企业往来收入	638.18	737.31	-99.13	-13.44
金融企业往来支出	—	—	—	—
4. 手续费及佣金净收入	8 688 389.77	8 592 367.50	96 022.28	1.12
手续费及佣金收入	8 837 356.38	8 759 581.11	77 775.27	0.89
手续费及佣金支出	148 966.60	167 213.62	-18 247.01	-10.91
5. 租赁收入	24.94	64.64	-39.70	-61.42
6. 投资收益(损失以"-"号填列)	2 908 734.48	4 452 873.85	-1 544 139.36	-34.68
7. 公允价值变动收益(损失以"-"号填列)	-94 635.20	15 660.95	-110 296.15	-704.27
8. 汇兑收益(损失以"-"号填列)	5 855.67	6 248.68	-393.01	-6.29
9. 其他业务收入	646 791.91	407 516.42	239 275.49	58.72
二、营业总支出	4 837 499.75	6 140 036.79	-1 302 537.05	-21.21
1. 营业成本	250 184.21	300 126.44	-49 942.23	-16.64
2. 营业税金及附加	252 663.36	662 912.21	-410 248.86	-61.89
3. 业务及销售管理费用	3 765 698.59	3 936 301.66	-170 603.07	-4.33
4. 财务费用	-17.57	-6.63	-10.94	165.01
5. 资产减值损失	446 987.19	1 169 175.12	-722 187.93	-61.77
6. 其他业务成本	121 983.97	71 527.99	50 455.98	70.54
三、营业利润(亏损以"-"号填列)	8 348 181.85	8 612 628.75	-264 446.90	-3.07
加:营业外收入	213 162.75	78 711.82	134 450.93	170.81
减:营业外支出	163 118.42	184 700.56	-21 582.14	-11.68
四、利润总额(亏损总额以"-"号填列)	8 398 226.18	8 506 640.00	-108 413.82	-1.27
减:所得税费用	1 906 921.00	1 786 690.24	120 230.76	6.73
五、净利润(净亏损以"-"号填列)	6 491 305.18	6 719 949.76	-228 644.58	-3.40
六、其他综合收益	-435 262.62	360 695.16	-795 957.78	-220.67
七、综合收益总额	6 056 042.56	7 080 644.92	-1 024 602.36	-14.47

注:2016 年由于会计政策变更等原因,10 家公司对年初数进行了追溯调整,各科目的期初数和上年期末数有所差异,以本年报告披露数为准。

(三)固有资产所有者权益总体分析

2016 年所有者权益为 4 863.31 亿元,较上年增加 608.97 亿元,增幅 14.31%,其中股本占比 41.91%,较上年增加 23.34%;资本公积占比 9.33%,较上年增加 14.19%;其他综合收益占比 2.49%,较上年减少 26.74%,盈余公积占比 6.93%,较上年增加 20.21%,风险准备金占比 6.31%,较上年增加 19.44%,未分配利润占比 29.16%,较上年增加 14.28%。所有者权益中除其他综合收益外各项均有所增长(见表 4-1-4)。

表 4-1-4 固有资产所有者权益的组成占比一览表

项目	2016 年		2015 年		2016 年增减	
	金额(万元)	比率(%)	金额(万元)	比率(%)	金额(万元)	比率(%)
股本	20 381 640.90	41.91	16 525 128.76	38.84	3 856 512.14	23.34
资本公积	4 539 691.67	9.33	3 975 729.68	9.35	563 961.99	14.19
其他综合收益	1 209 827.45	2.49	1 651 517.37	3.88	-441 689.92	-26.74
盈余公积	3 368 497.12	6.93	2 802 227.36	6.59	566 269.76	20.21
风险准备金	3 067 967.51	6.31	2 568 546.57	6.04	499 420.94	19.44
未分配利润	14 182 562.22	29.16	12 409 928.92	29.17	1 772 633.29	14.28
归属于母公司所有者权益合计	46 750 186.87	96.13	39 933 078.66	93.86	6 817 108.22	17.07
少数股东权益	1 882 899.05	3.87	2 610 330.57	6.14	-727 431.52	-27.87
所有者权益合计	48 633 085.92	100.00	42 543 409.22	100.00	6 089 676.69	14.31

68 家公司 2016 年股本共增加 385.65 亿元，2016 年股本发生变动的情况分析见第一章。

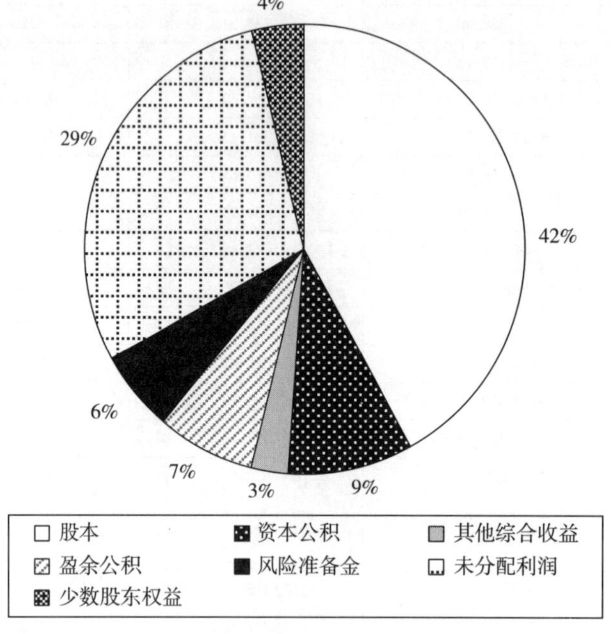

图 4－1－2　2016 年末固有资产所有者权益结构

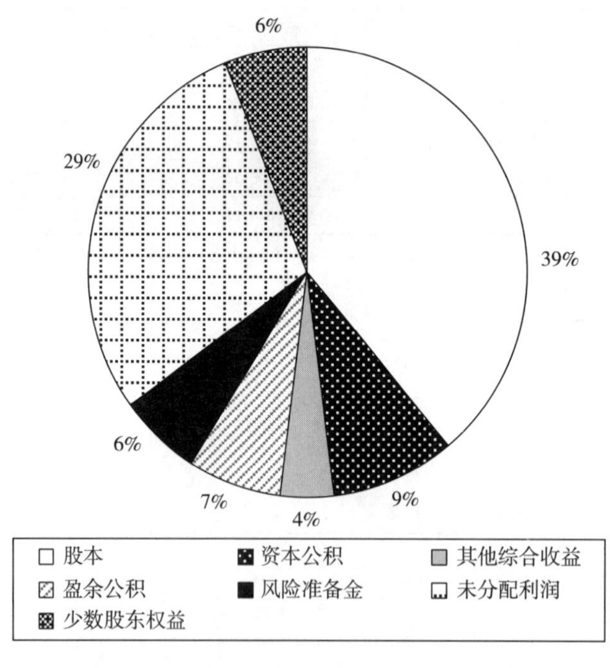

图 4－1－3　2015 年末固定资产所有者权益结构

表 4-1-5　2016 年汇总所有者权益变动表

单位:万元

项目	本年金额								
	归属于母公司所有者权益							少数股东权益	所有者权益合计
	实收资本（或股本）	资本公积	其他综合收益	盈余公积	信托赔偿准备	一般风险准备	未分配利润		
一、上年年末余额	16 525 128. 76	3 975 729. 68	1 680 236. 40	2 801 168. 35	766 982. 03	1 800 923. 49	12 433 657. 77	2 610 330. 57	42 594 157. 05
加:会计政策变更	—	—	-28 719. 00	1 059. 00	529. 00	113. 00	8 889. 00	—	-18 129. 00
前期差错更正	—	—	—	—	—	—	-36 145. 90	—	-36 145. 90
其他	—	—	—	—	—	—	—	—	—
二、本年年初余额	16 525 128. 76	3 975 729. 68	1 651 517. 40	2 802 227. 35	767 511. 03	1 801 036. 49	12 406 400. 87	2 610 330. 57	42 539 882. 15
三、本年增减变动金额(减少以“-”号填列)	3 856 512. 13	565 461. 95	-451 939. 94	566 269. 73	143 770. 14	355 583. 86	1 775 925. 43	-727 974. 14	6 083 609. 15
(一)净利润	—	11 928. 10	-449 594. 67	—	—	—	6 245 990. 85	232 956. 19	6 041 280. 48
(二)其他综合收益							6 245 990. 85	247 873. 29	6 493 864. 14
1. 可供出售金融资产公允价值变动净额	—	11 928. 10	-449 594. 67	—	—	—	—	-14 917. 10	-452 583. 67
2. 权益法下被投资单位其他所有者权益变动的影响	—	—	-61 901. 91	—	—	—	—	-90. 17	-61 992. 07
3. 与计入所有者权益项目相关的所得税影响	—	-241. 65	-46 503. 67	—	—	—	—	—	-46 745. 32
4. 其他	—	—	-11 978. 65	—	—	—	—	—	-11 978. 65
5. 未披露	—	6 769. 16	-4 328. 97	—	—	—	—	-277. 83	2 162. 36
净利润及其他综合收益小计	—	5 400. 59	-324 881. 47	—	—	—	—	-14 549. 10	-334 029. 98
(三)所有者投入和减少资本	2 303 011. 63	985 660. 47	—	—	—	—	-371. 12	219 612. 58	3 507 913. 56
1. 所有者投入资本	2 303 011. 63	984 283. 02	—	—	—	—	—	218 060. 03	3 505 354. 68
2. 股份支付计入所有者权益的金额	—	1 032. 56	—	—	—	—	—	1 552. 55	2 585. 11
3. 分立减资(或其他)	—	344. 88	—	—	—	—	-371. 12	—	-26. 24
(四)利润分配	222 226. 22	-3 947. 03	—	633 150. 71	143 770. 14	355 583. 86	-3 569 788. 90	-1 020 122. 90	-3 239 127. 90
1. 提取盈余公积	—	—	—	633 150. 71	—	—	-633 150. 71	—	—
2. 提取信托赔偿准备	—	—	—	—	143 770. 14	—	-143 770. 14	—	—
3. 一般风险准备	—	—	—	—	—	355 583. 86	-355 583. 86	—	—
4. 所有者的分配	—	—	—	—	—	—	-2 202 924. 17	-82 219. 70	-2 285 143. 87
5. 其他	222 226. 22	-3 947. 03	—	—	—	—	-234 360. 02	-937 903. 20	-953 984. 03
(五)所有者权益内部结转	1 331 274. 28	-428 179. 59	-2 345. 27	-66 880. 98	—	-0. 00	-899 905. 41	-160 420. 01	-226 456. 98
1. 资本公积转增资本	364 487. 89	-433 835. 24	—	—	—	—	—	—	-69 347. 35
2. 盈作公积转增资本	66 880. 98	—	—	-66 880. 98	—	—	—	—	—
3. 盈余公积弥补亏损	—	—	—	—	—	—	—	—	—
4. 其他	899 905. 41	5 655. 65	-2 345. 27	—	—	-0. 00	-899 905. 41	-160 420. 01	-157 109. 63
未披露变更原因的调整事项	—	—	—	—	—	65. 93	—	68. 61	134. 54
四、本年年末余额	20 381 640. 89	4 541 191. 63	1 199 577. 46	3 368 497. 08	911 281. 17	2 156 686. 28	14 182 326. 30	1 882 425. 04	48 623 625. 84

续表

项目	上年金额								
	归属于母公司所有者权益							少数股东权益	所有者权益合计
	实收资本（或股本）	资本公积	其他综合收益	盈余公积	信托赔偿准备	一般风险准备	未分配利润		
一、上年年末余额	13 865 165. 91	3 038 348. 23	1 799 758. 04	2 473 748. 16	533 084. 25	1 450 541. 47	10 410 736. 01	1 372 472. 16	34 943 854. 23
加：会计政策变更	—	—	—	—	—	—	—	—	—
前期差错更正	—	1 231. 28	30 185. 37	−23 731. 71	34 078. 79	15 403. 59	20 700. 02	−23 218. 53	54 648. 81
其他	—	—	−0. 92	732. 67	−9. 00	646. 37	4 115. 72	—	5 484. 84
二、本年年初余额	13 865 165. 91	3 039 579. 51	1 829 942. 49	2 450 749. 12	567 154. 04	1 466 591. 43	10 435 551. 76	1 349 253. 63	35 003 987. 88
三、本年增减变动金额（减少以"−"号填列）	2 659 962. 85	936 150. 17	−149 708. 02	350 424. 22	199 830. 52	334 244. 27	1 998 053. 99	1 260 985. 58	7 589 943. 58
（一）净利润	—	2 917. 76	−5 316. 01	—	—	—	6 311 687. 38	428 941. 13	6 738 230. 27
（二）其他综合收益							6 311 837. 76	398 942. 53	6 710 780. 29
1. 可供出售金融资产公允价值变动净额	—	2 917. 76	−5 316. 01	—	—	—	−150. 38	29 998. 60	27 449. 97
2. 权益法下被投资单位其他所有者权益变动的影响	—	—	−256 121. 95	—	—	—	—	−212. 62	−256 334. 57
3. 与计入所有者权益项目相关的所得税影响	—	2 917. 76	28 265. 57	—	—	—	—	−12. 80	31 170. 53
4. 其他	—	—	598. 55	—	—	—	—	—	598. 55
5. 未披露	—	—	−96 074. 04	—	—	—	—	4 005. 64	−92 068. 40
净利润及其他综合收益小计	—	—	318 015. 86	—	—	—	−150. 38	26 218. 38	344 083. 86
（三）所有者投入和减少资本	588 442. 46	1 232 522. 47	—	−97 708. 41	—	—	−149 253. 63	895 052. 29	2 469 055. 18
1. 所有者投入资本	513 442. 46	1 019 517. 40	—	−97 708. 41	—	—	−126 846. 73	881 976. 84	2 190 381. 57
2. 股份支付计入所有者权益的金额	—	1 464. 77	—	—	—	—	—	10 495. 67	11 960. 44
3. 分立减资（或其他）	75 000. 00	211 540. 30	—	—	—	—	−22 406. 90	2 579. 77	266 713. 17
（四）利润分配	—	−367. 67	—	655 661. 76	253 258. 40	365 631. 64	−2 736 706. 23	−59 045. 35	−1 521 567. 45
1. 提取盈余公积	—	—	—	646 430. 38	—	—	−646 430. 38	—	—
2. 提取信托赔偿准备	—	—	—	—	253 258. 40	5 559. 82	−258 818. 22	—	—
3. 一般风险准备	—	—	—	—	—	360 071. 82	−448 662. 38	−30 427. 84	−119 018. 40
4. 所有者的分配	—	—	—	—	—	—	−1 346 228. 85	−28 491. 14	−1 374 719. 99
5. 其他	—	−367. 67	—	9 231. 38	—	—	−36 566. 40	−126. 37	−27 829. 06
（五）所有者权益内部结转	2 071 520. 39	−298 922. 39	−144 392. 01	−207 529. 13	−53 427. 88	−31 387. 37	−1 427 673. 53	−3 962. 49	−95 774. 41
1. 资本公积转增资本	936 193. 39	−644 993. 39	—	—	—	—	−291 200. 00	—	—
2. 盈作公积转增资本	103 883. 61	—	—	−191 593. 03	—	—	—	—	−87 709. 42
3. 盈余公积弥补亏损	—	—	—	—	—	—	—	—	—
4. 其他	1 031 443. 39	346 071. 00	−144 392. 01	−15 936. 10	−53 427. 88	−31 387. 37	−1 136 473. 53	−3 962. 49	−8 064. 99
未披露变更原因的调整事项	—	—	—	—	—	87. 77	—	91. 35	179. 12
四、本年年末余额	16 525 128. 76	3 975 729. 68	1 680 234. 48	2 801 173. 34	766 984. 55	1 800 923. 47	12 433 605. 75	2 610 330. 56	42 594 110. 59

注：在编制汇总所有者权益变动表中，存在部分公司与资产负债表数据上的尾差，汇总时未将尾差调整。

(四)固有资产报表结构比率分析

1. 资产结构分析

2016 年信托行业整体固有资产总额为 7 228.21 亿元,比 2015 年增长 9.56%;其中流动资产减少 3.23%,非流动资产增长 18.74%(见表 4-1-6)。

表 4-1-6　固有资产汇总报表资产结构分析表

科目	2016 年 12 月 31 日		2015 年 12 月 31 日		增减	
	金额(万元)	占比(%)	金额(万元)	占比(%)	金额(万元)	占比(%)
货币资产	12 628 849.90	17.47	15 310 663.53	23.21	-2 681 813.63	-17.52
金融资产	6 670 946.00	9.23	6 250 043.10	9.47	420 902.90	6.73
往来资产	7 127 712.28	9.86	5 829 221.10	8.84	1 298 491.17	22.28
存货	24 485.97	0.03	72 524.29	0.11	-48 038.32	-66.24
其他流动资产	233 318.52	0.32	112 565.06	0.17	120 753.46	107.27
流动资产合计	26 685 312.67	36.92	27 575 017.08	41.80	-889 704.42	-3.23
长期投资等投资资产	40 428 929.22	55.93	33 928 127.24	51.43	6 500 801.98	19.16
固定资产等实物资产	521 215.40	0.72	645 764.48	0.98	-124 549.08	-19.29
无形资产等非实物资产	839 183.87	1.16	1 480 001.76	2.24	-640 817.90	-43.30
递延税款资产	929 424.01	1.29	756 162.13	1.15	173 261.88	22.91
其他非流动资产	2 878 074.21	3.98	1 590 640.34	2.41	1 287 433.87	80.94
非流动资产合计	45 596 826.71	63.08	38 400 695.96	58.20	7 196 130.75	18.74
资产合计	72 282 139.37	100.00	65 975 713.04	100.00	6 306 426.33	9.56

注:由于在统计分析过程中,各家公司审计报告的科目设置并不一致,我们根据资产的流动属性将资产重新分类,分类明细如下:1. 流动资产包括:(1)货币资产:现金及存放中央银行款项、存放同业款项、贵金属、其他货币资金、拆出资金、货币资金。(2)金融资产:交易性金融资产、衍生金融资产、买入返售金融资产。(3)往来资产:应收利息、应收股利、分为贷款和应收款类的投资、应收手续费及佣金、应收款项、结算备付金、存出保证金、其他应收款、预付款项。(4)其他流动资产:存货及其他流动资产。2. 非流动资产包括:(1)长期投资等投资资产:发放贷款和垫款、可供出售金融资产、长期应收款、长期股权投资、持有至到期投资。(2)固定资产等实物资产:投资性房地产、固定资产、固定资产清理、在建工程。(3)递延税款资产:专门核算递延所得税资产。(4)无形资产及其他非流动资产:无形资产、开发支出、长期待摊费用、抵债资产、代理业务资产、商誉、信托受益权、其他非流动资产。

2016 年流动资产总额为 2 668.53 亿元,比上年减少 3.23%,主要为货币资产减少导致;流动资产占资产总额的 36.92%,比 2015 年也有所下降。非流动资产为 4 559.68 亿元,比上年增加了 719.61 亿元,增幅为 18.74%,主要表现在长期投资等投资资产的增加,其中可供出售金融资产增加最多,为 626.39 亿元。

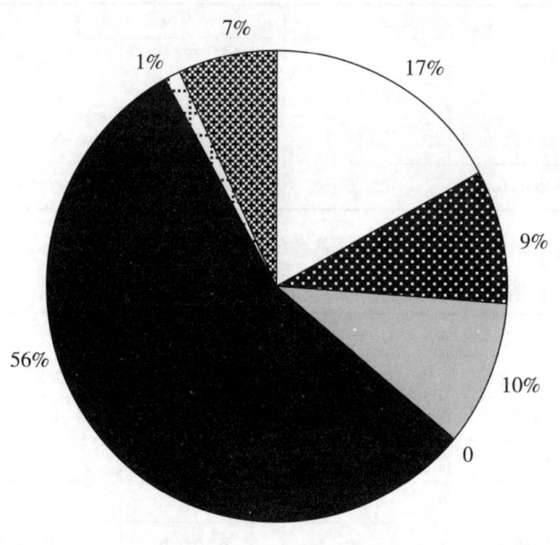

图 4-1-4　2016 年固有资产汇总报表资产结构

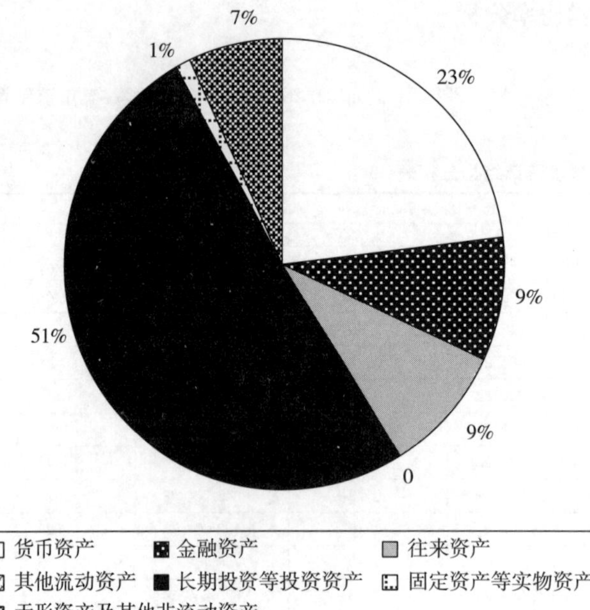

图 4－1－5　2015 年固有资产汇总表资产结构

从资产项目结构来看，长期投资等长期资产、流动资产占比依然较大。其中，货币占比 17.47%，长期投资等长期资产占比 55.93%，两者共占总资产的 73.40%；与上年的 74.63%基本持平。

2. 负债结构分析

2016 年整个信托行业的负债总量以及负债结构并未发生重大变化，整体负债增长 0.93%，其中流动负债减少 2.23%，长期负债增加 6.52%（见表 4－1－7）。

表 4－1－7　固有资产汇总报表负债结构分析表

科目	2016 年 12 月 31 日		2015 年 12 月 31 日		增减	
	金额（万元）	比例（%）	金额（万元）	比例（%）	金额（万元）	比例（%）
流动负债合计	14 659 115.27	61.99	14 992 806.46	63.98	−333 691.19	−2.23
长期负债合计	8 989 938.18	38.01	8 439 497.36	36.02	550 440.83	6.52
合计	23 649 053.46	100.00	23 432 303.82	100.00	216 749.64	0.93

2016 年，长期负债比上年增加 55.04 亿元，其中长期借款减少，应付债券、其他负债增加（见表 4－1－8）。

表 4－1－8　固有资产汇总报表长期负债结构分析表

科目	2016 年 12 月 31 日		2015 年 12 月 31 日		增减	
	金额（万元）	比例（%）	金额（万元）	比例（%）	金额（万元）	比例（%）
长期借款	883 720.77	5.91	1 113 180.96	10.92	−229 460.19	−20.61
应付债券	1 159 019.19	7.75	690 919.62	6.78	468 099.56	67.75
递延收益	30 241.57	0.20	51 479.22	0.50	−21 237.65	−41.25
长期应付款	54 885.16	0.37	80 766.10	0.79	−25 880.95	−32.04
预计负债	296 542.49	1.98	221 230.56	2.17	75 311.93	34.04
递延所得税负债	525 836.58	3.51	678 852.40	6.66	−153 015.81	−22.54
其他负债	6 039 692.43	40.37	5 603 068.49	54.96	436 623.93	7.79
长期负债合计	8 989 938.18	100.00	8 439 497.36	100.00	550 440.83	6.52

3. 偿债能力分析

(1)资产负债率分析

资产负债率＝汇总负债总额÷汇总资产总额×100%

2016 年信托公司汇总资产负债率为 32.72%，较上年减少了 2.80%(见表 4－1－9)。

表 4－1－9　固有资产汇总报表资产负债率分析

项目	2016 年	2015 年	增减
资产负债率(%)	32.72	35.52	−2.80

(2)流动比率分析

流动比率＝汇总流动资产÷汇总流动负债

2016 年固有资产流动比例为 1.82，较上年下降了 0.02，企业短期偿债能力基本保持不变(见表 4－1－10)。

表 4－1－10　固有资产汇总报表流动比率分析

项目	2016 年	2015 年	增减
流动比率(%)	1.82	1.84	−0.02

68 家公司中流动比率增长的有 28 家公司，增长最多的为华融信托；现金比率减少的有 40 家公司，减少最多的为山西信托；其中，2016 年流动比率大于 1 的有 54 家，低于 1 的有 14 家(见表 3－2－5)。

(3)现金比率分析

现金偿债比率＝汇总(货币资金＋存放中央银行款项＋存放同业款项＋其他货币资金)÷汇总流动负债。

现金偿债比率较上年上升 0.02(见表 4－1－11)。

表 4－1－11　固有资产汇总现金偿债比率分析

项目	2016 年	2015 年	增减
现金偿债比率(%)	0.86	0.84	0.02

4. 盈利能力分析

(1)营业利润分析

2016 年信托行业整体营业利润率提高了 4.93%，营业总收入和营业利润都有所下降，但营业总收入的下降幅度低于营业总成本的下降幅度(见表 4－1－12)。

表 4－1－12　固有资产汇总报表营业利润率

项目	2016 年(万元)	2015 年(万元)	增减金额(万元)	变动比率(%)
营业总收入	13 185 677.95	14 752 665.54	−1 566 987.59	−10.62
营业总成本	4 837 499.75	6 140 036.79	−1 302 537.05	−21.21
营业利润	8 348 178.21	8 612 628.75	−264 450.54	−3.07
营业利润率(%)	63.31	58.38	4.93	8.45

(2)收入结构分析

2016 年营业总收入为 1 318.57 亿元，较上年 1 475.27 亿元减少了 156.70 亿元，减少 10.62%。除其他业务收入和手续费及佣金收入外，其他项目均有所减少，其中投资收益减少最大，减少 154.41 亿元；手续费及佣金收入仅增长 9.60 亿元，增长幅度为 1.12%。

营业总收入构成中，手续费及佣金净收入占比最大，达到 65.89%，其次是投资收益，占比 22.06%(见表 4－1－13)。

表 4－1－13　固有资产汇总报表营业收入组成明细表

项　目	2016 年		2015 年		增减	
	金额(万元)	比例(%)	金额(万元)	比例(%)	金额(万元)	比例(%)
1. 营业收入	498 638.70	3.78	669 941.78	4.54	−171 303.08	−25.57
2. 利息净收入	531 243.13	4.03	607 254.41	4.12	−76 011.28	−12.52
3. 金融企业往来净收入	638.18	0.00	737.31	0.00	−99.13	−13.44
4. 手续费及佣金净收入	8 688 389.77	65.89	8 592 367.50	58.24	96 022.28	1.12
5. 租赁收入	24.94	0.00	64.64	0.00	−39.70	−61.42
6. 投资收益	2 908 734.48	22.06	4 452 873.85	30.18	−1 544 139.36	−34.68
7. 公允价值变动收益	−94 638.84	−0.72	15 660.95	0.11	−110 299.80	−704.30
8. 汇兑收益	5 855.67	0.04	6 248.68	0.04	−393.01	−6.29
9. 其他业务收入	646 791.91	4.91	407 516.42	2.76	239 275.49	58.72
营业总收入合计	13 185 677.95	100.00	14 752 665.54	100.00	−1 566 987.59	−10.62

注：营业收入单独列示披露。

(3)固有业务资产收益率分析

2016年整个信托行业的总资产收益率为8.98%,比2015年减少1.20%;净资产收益为13.35%,比2015年减少了2.45%,详见表4-1-14。其中,净利润减少了22.86亿元,降低3.40%;净资产增加了608.97亿元,增长14.31%。68家信托公司净资产收益率都为正值,超过6%的公司有61家。

表4-1-14　固有资产汇总报表资产收益率情况表

项目名称	2016年(万元)	2015年(万元)	增减(%)
净利润	6 491 301.54	6 719 949.76	-3.40
净资产	48 633 085.92	42 543 409.22	14.31
净资产收益率(%)	13.35	15.80	-2.45
总资产	72 282 139.37	65 975 713.04	9.56
总资产收益率(%)	8.98	10.19	-1.20

(4)综合收益总额分析

表4-1-15　汇总综合收益总额变动情况表

项目	2016年(万元)	2015年(万元)	增减额(万元)	增减率(%)
营业利润	8 348 178.21	8 612 628.75	-264 450.54	-3.07
营业外收入	213 162.75	78 711.82	134 450.93	170.81
营业外支出	163 118.42	184 700.56	-21 582.14	-11.68
利润总额	8 398 222.54	8 506 640.00	-108 417.47	-1.27
所得税费用	1 906 921.00	1 786 690.24	120 230.76	6.73
净利润	6 491 301.54	6 719 949.76	-228 648.22	-3.40
其他综合收益	-435 262.62	360 695.16	-795 957.78	-220.67
综合收益总额	6 056 038.91	7 080 644.92	-1 024 606.01	-14.47

2016年整个信托行业的综合收益总额为605.60亿元,比2015年减少102.46亿元,降低14.47%。其中,净利润降低3.40%,其他综合收益出现亏损43.53亿元,与2015年相比盈利36.07亿元发生重大改变(见表4-1-15)。

2016年68家信托公司中,其他综合收益出现亏损的有37家公司,其中西藏信托亏损金额最大,为31.86亿元;仅14家公司出现盈利(见表4-1-16)。

表4-1-16　固有资产综合收益的组成占比一览表

公司简称	利润总额(万元)	所得税费用(万元)	净利润(万元)	其他综合收益(万元)	综合收益总额(万元)	占总额比例(%)
平安信托	843 815.40	197 971.73	645 843.67	-49 486.81	596 356.86	9.85
中信信托	406 689.74	94 444.15	312 245.59	—	312 245.59	5.16
安信信托	415 322.13	111 927.38	303 394.75	2 175.43	305 570.18	5.05
重庆信托	422 836.02	59 780.08	363 055.94	-68 906.89	294 149.05	4.86
中江信托	179 886.17	83 238.27	96 647.90	182 611.02	279 258.92	4.61
中融信托	352 466.60	82 065.36	270 401.24	5 857.07	276 258.32	4.56
上海信托	237 570.77	59 390.69	178 180.08	-1 759.29	176 420.79	2.91
华能信托	230 582.54	57 180.24	173 402.30	—	173 402.30	2.86
中铁信托	214 730.25	53 030.05	161 700.19	5 739.36	167 439.55	2.76
华信信托	220 388.36	59 755.81	160 632.55	—	160 632.55	2.65
建信信托	186 396.88	44 427.63	141 969.25	11 982.02	153 951.27	2.54
国联信托	35 186.00	5 674.00	29 512.00	110 025.00	139 537.00	2.30
四川信托	185 588.65	46 819.15	138 769.50	-797.52	137 971.98	2.28
兴业信托	190 840.74	44 602.92	146 237.82	-10 140.66	136 097.16	2.25
华润信托	220 796.64	26 913.11	193 883.53	-58 994.76	134 888.77	2.23
江苏信托	147 438.23	14 539.74	132 898.49	-2 526.01	130 372.48	2.15
中航信托	172 384.54	42 217.52	130 167.02	—	130 167.02	2.15
中诚信托	142 280.85	23 573.46	118 707.39	7 254.51	125 961.90	2.08
华宝信托	157 804.13	38 373.28	119 430.85	4 261.75	123 692.60	2.04

续表

公司简称	利润总额(万元)	所得税费用(万元)	净利润(万元)	其他综合收益(万元)	综合收益总额(万元)	占总额比例(%)
中海信托	121 045. 57	16 871. 16	104 174. 41	-3 650. 13	100 524. 28	1. 66
北京信托	129 555. 01	30 283. 45	99 271. 56	-9. 30	99 262. 26	1. 64
五矿信托	131 253. 80	33 239. 24	98 014. 56	-226. 50	97 788. 06	1. 61
百瑞信托	123 107. 65	30 850. 20	92 257. 45	5 091. 45	97 348. 90	1. 61
中国民生信托	127 735. 05	32 589. 62	95 145. 43	—	95 145. 43	1. 57
华融信托	117 136. 60	24 211. 51	92 925. 09	-3 290. 41	89 634. 68	1. 48
中建投信托	113 641. 88	28 485. 61	85 156. 27	-1 167. 37	83 988. 90	1. 39
外贸信托	140 342. 92	30 525. 71	109 817. 21	-27 114. 17	82 703. 04	1. 37
长安信托	114 140. 16	19 038. 98	95 101. 18	-12 932. 22	82 168. 95	1. 36
交银国际信托	111 895. 07	27 826. 12	84 068. 95	-3 043. 64	81 025. 30	1. 34
昆仑信托	95 854. 14	22 757. 10	73 097. 04	7 370. 85	80 467. 89	1. 33
国投泰康信托	108 204. 19	23 131. 80	85 072. 39	-5 932. 05	79 140. 34	1. 31
中原信托	102 866. 50	27 978. 27	74 888. 23	-137. 86	74 750. 37	1. 23
山东信托	107 712. 84	24 409. 89	83 302. 95	-9 378. 81	73 924. 14	1. 22
渤海信托	85 032. 25	17 616. 20	67 416. 05	—	67 416. 05	1. 11
英大信托	85 537. 06	20 821. 80	64 715. 26	-1 269. 39	63 445. 87	1. 05
国元信托	67 824. 97	9 447. 70	58 377. 27	3 621. 65	61 998. 92	1. 02
粤财信托	97 116. 10	12 891. 87	84 224. 23	-22 618. 23	61 606. 00	1. 02
苏州信托	72 881. 19	17 384. 78	55 496. 41	5 959. 49	61 455. 90	1. 01
方正东亚信托	80 841. 10	20 615. 27	60 225. 82	—	60 225. 82	0. 99
爱建信托	78 978. 80	18 958. 96	60 019. 84	-19. 23	60 000. 61	0. 99
陆家嘴信托	67 731. 44	15 330. 85	52 400. 60	-130. 09	52 270. 50	0. 86
杭州工商信托	69 426. 00	17 426. 00	52 000. 00	—	52 000. 00	0. 86
万向信托	67 345. 75	15 736. 32	51 609. 43	—	51 609. 43	0. 85
华鑫信托	61 429. 52	16 027. 38	45 402. 14	—	45 402. 14	0. 75
湖南信托	71 864. 00	16 456. 00	55 408. 00	-11 082. 00	44 326. 00	0. 73
紫金信托	56 352. 75	15 014. 09	41 338. 66	—	41 338. 66	0. 68
西藏信托	44 968. 65	4 047. 71	40 920. 94	—	40 920. 94	0. 68
天津信托	45 465. 04	4 206. 19	41 258. 85	-646. 18	40 612. 67	0. 67
北方信托	50 093. 25	9 545. 41	40 547. 84	-14. 97	40 532. 87	0. 67
厦门国际信托	77 164. 00	16 755. 00	60 409. 00	-22 393. 00	38 016. 00	0. 63
光大兴陇信托	47 981. 98	12 113. 91	35 868. 07	-3 783. 20	32 084. 87	0. 53
东莞信托	52 957. 41	13 156. 61	39 800. 80	-9 367. 53	30 433. 27	0. 50
中粮信托	51 948. 24	8 734. 03	43 214. 21	-13 251. 04	29 963. 17	0. 49
大业信托	39 236. 47	9 854. 47	29 382. 00	—	29 382. 00	0. 49
中泰信托	35 974. 48	7 087. 19	28 887. 29	-4 680. 22	24 207. 07	0. 40
新时代信托	55 535. 53	14 328. 79	41 206. 74	-17 169. 56	24 037. 18	0. 40
云南信托	27 377. 01	6 932. 57	20 444. 44	—	20 444. 44	0. 34
国民信托	26 219. 76	6 636. 00	19 583. 76	57. 82	19 641. 58	0. 32
山西信托	11 666. 10	3 271. 65	8 394. 45	9 617. 04	18 011. 49	0. 30
金谷信托	21 972. 41	5 704. 47	16 267. 94	—	16 267. 94	0. 27
陕国投	68 554. 37	17 030. 61	51 523. 76	-39 466. 08	12 057. 68	0. 20
长城新盛信托	14 718. 46	3 767. 65	10 950. 81	-4. 50	10 946. 31	0. 18
华澳信托	9 340. 36	2 438. 55	6 901. 81	—	6 901. 81	0. 11
浙金信托	8 084. 01	2 041. 93	6 042. 08	—	6 042. 08	0. 10
新华信托	2 310. 89	1 839. 24	471. 65	-76. 60	395. 05	0. 01
华宸信托	2 191. 66	-1 495. 02	3 686. 68	-13 727. 01	-10 040. 33	-0. 17
吉林信托	35 913. 86	4 310. 03	31 603. 83	-59 100. 00	-27 496. 17	-0. 45
西部信托	98 695. 31	22 763. 55	75 931. 76	-318 593. 86	-242 662. 10	-4. 01
合计	8 398 226. 18	1 906 921. 00	6 491 305. 18	-435 262. 62	6 056 042. 56	100. 00

(5)固有资产人均利润

表4-1-17 固有资产汇总报表人均利润最高最低前五位公司排名表

最高五位			最低五位		
序号	公司简称	人均利润(万元)	序号	公司简称	人均利润(万元)
1	重庆信托	2 512.66	1	新华信托	2.27
2	江苏信托	1 601.19	2	华澳信托	35.00
3	安信信托	1 536.00	3	华宸信托	37.62
4	中江信托	866.93	4	浙金信托	63.60
5	华信信托	863.62	5	山西信托	67.93

注:明细详见表3-3-9。

二、母公司报表数据

(一)固有资产财务状况总体分析

2016年信托行业母公司固有资产总规模为5 568.47亿元,比2015年增加909.13亿元,增幅为19.51%。其中非流动资产增加713.68亿元是导致资产总额较大幅度增长的主要因素。负债总额为1 086.55亿元,比2015年增加238.64亿元,增幅为28.14%,主要因长期负债大幅度增长所致。所有者权益增加670.49亿元,主要是实收资本及未分配利润增加导致(见表4-2-1、表4-2-2和图4-2-1)。

表4-2-1 2016年母公司固有资产汇总资产负债表

单位:万元

资产	年末数	年初数	负债和所有者权益	年末数	年初数
现金及存放中央银行款项	635 244.76	739 637.48	同业及其他金融机构存放款项	—	—
存放同业款项	2 546 126.94	2 333 371.35	向中央银行借款	4 000.00	4 000.00
贵金属	—	—	短期借款	60 000.00	372 000.00
其他货币资金	5 012.61	—	拆入资金	1 138 600.00	890 000.00
拆出资金	28 201.69	33 000.00	交易性金融负债	—	—
货币资金	3 698 325.33	3 965 118.20	衍生金融负债	—	—
交易性金融资产	2 836 888.12	2 988 690.16	卖出回购金融资产款	—	—
衍生金融资产	—	600.55	存入保证金	—	—
买入返售金融资产	1 050 468.57	545 700.02	应付款项	4 977.03	309.26
应收利息	96 635.05	79 073.30	应付手续费及佣金	3 496.34	6 700.46
应收股利	14 017.82	5 920.51	预收款项	711 242.14	524 426.14
分为贷款和应收款类的投资	3 118 414.47	2 154 374.93	应付职工薪酬	1 633 229.45	1 435 428.38
应收手续费及佣金	43 611.89	39 151.47	应缴税费	1 043 682.46	946 236.44
应收款项	637 604.26	656 268.25	代理买卖证券款	—	—
结算备付金	14.36	10.64	代理业务负债	1 630.51	1 548.38
存出保证金	—	—	应付利息	5 989.54	5 302.60
其他应收款	1 329 928.83	673 196.90	应付股利	224 457.78	210 293.16
预付款项	20 275.19	42 758.43	其他应付款	1 461 252.02	864 143.97
存货	—	—	一年内到期的非流动负债	—	—
其他流动资产	283 660.33	132 989.46	其他流动负债	169 282.81	160 646.98
流动资产合计	16 344 430.22	14 389 861.66	流动负债合计	6 461 840.08	5 421 035.75
发放贷款和垫款	2 456 397.05	3 168 374.34	长期借款	314 193.92	303 587.57
可供出售金融资产	24 562 795.08	18 965 675.11	应付债券	—	—
长期应收款	—	—	递延收益	12 005.16	10 477.53
长期股权投资	7 677 693.04	6 672 228.02	长期应付款	52 135.16	77 516.10
投资性房地产	63 499.38	67 869.94	预计负债	650 729.58	566 187.19
持有至到期投资	966 708.21	1 072 333.58	递延所得税负债	437 300.88	498 767.56

续表

资产	年末数	年初数	负债和所有者权益	年末数	年初数
固定资产	299 746. 14	287 664. 70	其他负债	2 937 302. 83	1 601 559. 48
固定资产清理	8 445. 64	9 132. 81	长期负债合计	4 403 667. 54	3 058 095. 43
在建工程	34 695. 35	30 240. 98	负债合计	10 865 507. 62	8 479 131. 18
无形资产	76 231. 86	63 863. 38	所有者权益		
开发支出	1 213. 79	705. 46	实收资本(或股本)	20 381 640. 90	16 525 128. 76
长期待摊费用	21 057. 17	27 594. 75	资本公积	4 349 577. 43	3 792 658. 21
递延所得税资产	805 913. 11	639 396. 76	其他综合收益	1 099 169. 35	1 531 869. 55
抵债资产	2 119. 50	2 028. 35	盈余公积	3 368 655. 36	2 802 322. 36
代理业务资产	—	—	信托赔偿准备金	928 645. 69	775 253. 60
商誉	—	—	一般风险准备	1 854 771. 81	1 548 194. 41
信托受益权	86 183. 44	42 885. 32	未分配利润	12 836 746. 65	11 138 836. 46
其他非流动资产	2 277 585. 80	1 153 538. 38	归属于母公司所有者权益合计	44 819 207. 18	38 114 263. 35
非流动资产合计	39 340 284. 58	32 203 531. 88	少数股东权益	—	—
			所有者权益合计	44 819 207. 18	38 114 263. 35
资产总计	55 684 714. 80	46 593 393. 54	负债和所有者权益总计	55 684 714. 80	46 593 394. 54

注:其他非流动资产中包含了报表尾差。

表 4 -2 -2　2016 年母公司固有资产简式资产负债表增减变动明细表

项目	2016 年(万元)	2015 年(万元)	增减额(万元)	增减率(%)	平均每户增减(万元)
流动资产	16 344 430. 22	14 389 861. 66	1 954 568. 56	13. 58	28 743. 66
非流动资产	39 340 284. 58	32 203 531. 88	7 136 752. 70	22. 16	104 952. 25
资产合计	55 684 714. 80	46 593 393. 54	9 091 321. 26	19. 51	133 695. 90
流动负债	6 461 840. 08	5 421 035. 75	1 040 804. 33	19. 20	15 305. 95
长期负债	4 403 667. 54	3 058 095. 43	1 345 572. 11	44. 00	19 787. 83
负债合计	10 865 507. 62	8 479 131. 18	2 386 376. 44	28. 14	35 093. 77
所有者权益合计	44 819 207. 18	38 114 263. 35	6 704 943. 83	17. 59	98 602. 12
资产负债率(%)	19. 51	18. 20	1. 31	7. 22	

2016 年信托行业固有资产资产负债率为 19. 51%,较上年有所上升。

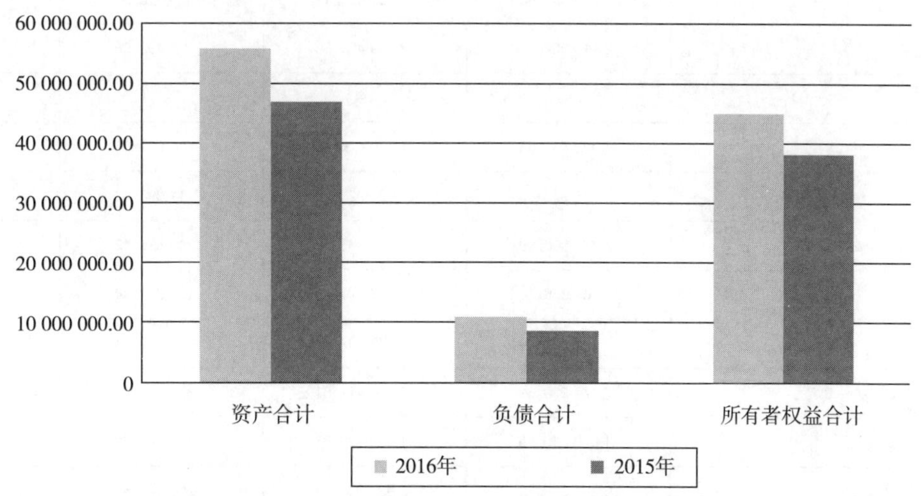

图 4 -2 -1　固有资产母公司资产负债情况

(二)固有资产经营成果总体分析

2016 年信托行业母公司汇总净利润为 612. 84 亿元,较上年的 592. 82 亿元增长了 3. 38%,但综合收益总额为 571. 30 亿元,却较上年减少了 8%(见表 4 -2 -3)。

表 4-2-3　2016 年母公司汇总利润表

项目	本年实际数(万元)	上年实际数(万元)	增减数	
			金额(万元)	比例(%)
一、营业总收入	10 852 102. 97	11 640 817. 20	-788 714. 23	-6. 78
1. 营业收入	171. 94	175. 00	-3. 06	-1. 75
2. 利息净收入	377 703. 39	476 837. 20	-99 133. 82	-20. 79
利息收入	562 430. 85	578 562. 83	-16 131. 98	-2. 79
利息支出	184 727. 46	101 725. 63	83 001. 83	81. 59
3. 金融企业往来净收入	638. 18	737. 31	-99. 13	-13. 44
金融企业往来收入	638. 18	737. 31	-99. 13	-13. 44
金融企业往来支出	—	—	—	—
4. 手续费及佣金净收入	7 408 403. 50	7 023 406. 02	384 997. 48	5. 48
手续费及佣金收入	7 505 901. 90	7 161 657. 67	344 244. 23	4. 81
手续费及佣金支出	97 498. 40	138 251. 65	-40 753. 25	-29. 48
5. 租赁收入	24. 94	64. 64	-39. 70	-61. 42
6. 投资收益(损失以"-"号填列)	2 901 636. 19	3 978 199. 05	-1 076 562. 86	-27. 06
7. 公允价值变动收益(损失以"-"号填列)	-54 689. 32	27 673. 19	-82 362. 51	-297. 63
8. 汇兑收益(损失以"-"号填列)	4 059. 88	-19 511. 59	23 571. 48	-120. 81
9. 其他业务收入	214 154. 27	153 236. 38	60 917. 89	39. 75
二、营业总支出	3 077 212. 07	4 106 511. 43	-1 029 299. 36	-25. 07
1. 营业成本	66. 27	88. 99	-22. 72	-25. 53
2. 营业税金及附加	203 566. 88	532 585. 19	-329 018. 31	-61. 78
3. 业务及销售管理费用	2 413 927. 62	2 409 495. 55	4 432. 06	0. 18
4. 财务费用	—	—	—	—
5. 资产减值损失	422 735. 62	1 139 418. 48	-716 682. 86	-62. 90
6. 其他业务成本	36 915. 69	24 923. 22	11 992. 47	48. 12
三、营业利润(亏损以"-"号填列)	7 774 890. 89	7 534 305. 76	240 585. 13	3. 19
加:营业外收入	164 336. 54	62 544. 20	101 792. 34	162. 75
减:营业外支出	161 947. 04	178 437. 95	-16 490. 91	-9. 24
四、利润总额(亏损总额以"-"号填列)	7 777 280. 39	7 418 412. 01	358 868. 38	4. 84
减:所得税费用	1 648 910. 59	1 490 186. 87	158 723. 72	10. 65
五、净利润(净亏损以"-"号填列)	6 128 369. 79	5 928 225. 14	200 144. 65	3. 38
六、其他综合收益	-415 395. 12	280 885. 85	-696 280. 97	-247. 89
七、综合收益总额	5 712 974. 68	6 209 111. 00	-496 136. 32	-7. 99

母公司汇总利润表中,2016 年的营业总收入为 1 085. 21 亿元,降低 6. 78%。其中,手续费及佣金净收入 740. 84 亿元,占营业

总收入的68.27%,投资收益290.16亿元,占营业总收入的26.74%;营业总支出为307.72亿元,降低25.07%,其中业务及销售管理费用241.39亿元,占营业总支出的78.45%。

另外2016年由于会计政策变更等原因,部分公司对年初数进行了追溯调整,各科目的期初数,和上年末数有所差异,以本年报告披露数为准。

(三)固有资产所有者权益总体分析

2016年所有者权益为4 481.92亿元,较上年增加670.49亿元,增幅17.59%,其中股本占比45.48%,较上年增加23.34%;资本公积占比9.70%,较上年增加14.68%;其他综合收益占比2.45%,较上年减少28.25%,盈余公积占比7.52%,较上年增加20.21%,风险准备金占比6.21%,较上年增加19.80%,未分配利润占比28.64%,较上年增加了15.24%。所有者权益中除其他综合收益外各项均有所增长(见表4-2-4)。

表4-2-4　母公司固有资产所有者权益的组成占比一览表

项目	2016年		2015年		增减	
	金额(万元)	比率(%)	金额(万元)	比率(%)	金额(万元)	比率(%)
股本	20 381 640.90	45.48	16 525 128.76	43.36	3 856 512.14	23.34
资本公积	4 349 577.43	9.70	3 792 658.21	9.95	556 919.21	14.68
其他综合收益	1 099 169.35	2.45	1 531 869.55	4.02	-432 700.21	-28.25
盈余公积	3 368 655.36	7.52	2 802 322.36	7.35	566 333.00	20.21
风险准备金	2 783 417.49	6.21	2 323 448.01	6.10	459 969.48	19.80
未分配利润	12 836 746.65	28.64	11 138 836.46	29.22	1 697 910.20	15.24
所有者权益合计	44 819 207.18	100.00	38 114 263.35	100.00	6 704 943.83	17.59

注:部分信托未披露母公司所有者权益变动表,我们未单独列示汇总母公司所有者权益变动表。

(四)固有资产报表结构比率分析

1. 母公司资产结构分析

2016年信托行业母公司整体固有资产总额为5 568.47亿元,比2015年增长19.51%;其中流动资产增长13.58%,非流动资产增长22.16%(见表4-2-5、图4-2-2、图4-2-3)。

表4-2-5　母公司固有资产汇总报表资产结构分析

科目	2016年12月31日		2015年12月31日		增减	
	金额(万元)	占比(%)	金额(万元)	占比(%)	金额(万元)	比例(%)
货币资产	6 912 911.34	12.41	7 071 127.04	15.18	-158 215.70	-2.24
金融资产	3 887 356.69	6.98	3 534 990.73	7.59	352 365.96	9.97
往来资产	5 260 501.87	9.45	3 650 754.43	7.84	1 609 747.44	44.09
其他流动资产	283 660.33	0.51	132 989.46	0.27	150 670.87	113.30
流动资产合计	16 344 430.22	29.35	14 389 861.66	30.88	1 954 568.56	13.58
长期投资等投资资产	35 663 593.39	64.05	29 878 611.05	64.13	5 784 982.34	19.36
固定资产等实物资产	406 386.51	0.73	394 908.43	0.85	11 478.08	2.91
无形资产等非实物资产	186 805.77	0.34	137 077.26	0.29	49 728.51	36.28
递延税款资产	805 913.11	1.45	639 396.76	1.37	166 516.35	26.04
其他非流动资产	2 277 585.80	4.08	1 153 538.38	2.48	1 124 047.43	97.44
非流动资产合计	39 340 284.58	70.65	32 203 531.88	69.12	7 136 752.70	22.16
资产合计	55 684 714.80	100.00	46 593 393.54	100.00	9 091 321.26	19.51

注:由于在统计分析过程中,各家公司审计报告的科目设置并不一致,我们根据资产的流动属性将资产重新分类,分类规则和合并规则一致。

根据表4-2-5,2016年流动资产总额为1 634.43亿元,比上年增长13.58%,主要为金融资产投资增加造成;流动资产占资产总额的29.35%,比2015年也有所下降。非流动资产为3 934.03亿元,比上年增加713.68亿元,增幅为22.16%,主要体现在长期投资等投资资产的增加。

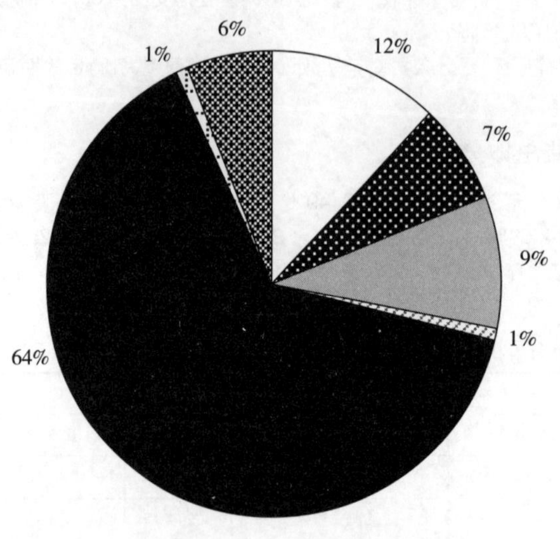

图4－2－2　母公司2016年固有资产汇总报表资产结构分析

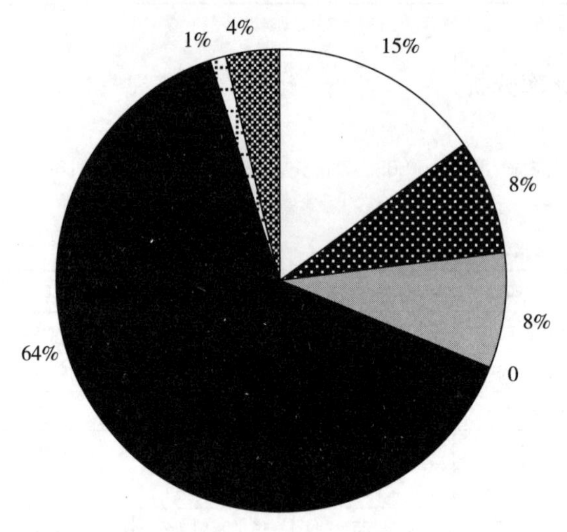

图4－2－3　母公司2015年固有资产汇总报表资产结构分析

从资产项目结构来看，货币资金和长期投资占比依然较大。其中，货币资金占比为12.41%，长期投资等长期资产占比为64.05%，两者共占总资产的76.46%；与上年的79.30%基本保持持平。

2. 母公司负债结构分析

2016年整个负债结构并未发生重大变化，基本上保持着短期负债占比为60%左右，长期负债占比为40%左右的比例，但整体负债金额有较大幅度的增长，增长率为28.14%，其中流动负债增长19.20%，长期负债增长44.00%（见表4－2－6）。

表 4-2-6 母公司固有资产汇总报表负债结构分析

科目	2016 年 12 月 31 日		2015 年 12 月 31 日		增减	
	金额(万元)	比例(%)	金额(万元)	比例(%)	金额(万元)	比例(%)
流动负债合计	6 461 840. 08	59. 47	5 421 035. 75	63. 93	1 040 804. 33	19. 20
长期负债合计	4 403 667. 54	40. 53	3 058 095. 43	36. 07	1 345 572. 11	44. 00
合计	10 865 507. 62	100. 00	8 479 131. 18	100. 00	2 386 376. 44	28. 14

2016 年，长期负债比上年增加 134. 56 亿元，其中其他负债增长 133. 57 亿元为长期负债增长的主要因素（见表 4-2-7）。

表 4-2-7 母公司固有资产汇总报表长期负债结构分析

科目	2016 年 12 月 31 日		2015 年 12 月 31 日		增减	
	金额(万元)	比例(%)	金额(万元)	比例(%)	金额(万元)	比例(%)
长期借款	314 193. 92	7. 13	303 587. 57	9. 93	10 606. 35	3. 49
应付债券						
递延收益	12 005. 16	0. 27	10 477. 53	0. 34	1 527. 63	14. 58
长期应付款	52 135. 16	1. 18	77 516. 10	2. 53	-25 380. 95	-32. 74
预计负债	650 729. 58	14. 78	566 187. 19	18. 51	84 542. 39	14. 93
递延所得税负债	437 300. 88	9. 93	498 767. 56	16. 31	-61 466. 67	-12. 32
其他负债	2 937 302. 83	66. 70	1 601 559. 48	52. 37	1 335 743. 36	83. 40
长期负债合计	4 403 667. 54	100. 00	3 058 095. 43	100. 00	1 345 572. 11	44. 00

3. 偿债能力分析

（1）母公司资产负债率分析

资产负债率 = 汇总负债总额 ÷ 汇总资产总额 ×100%

2016 年信托公司汇总母公司资产负债率为 19. 51%，较上年小幅提高了 1. 31%（见表 4-2-8）。

表 4-2-8 母公司固有资产汇总报表资产负债率分析

项目	2016 年	2015 年	增减
资产负债率(%)	19. 51	18. 20	1. 31

（2）流动比率分析

流动比率 = 汇总流动资产 ÷ 汇总流动负债

2016 年固有资产流动比例为 2. 53%，较上年下降了 0. 13%，企业短期偿债能力基本保持不变（见表 4-2-9）。

表 4-2-9 固有资产汇总报表流动比率分析

项目	2016 年	2015 年	增减
流动比率(%)	2. 53	2. 65	-0. 13

（3）母公司现金比率分析

现金偿债比率 = 汇总（货币资金 + 存放中央银行款项 + 存放同业款项 + 其他货币资金）÷ 汇总流动负债

现金偿债比率较上年下降 0. 21%（见表 4-2-10）。

表 4-2-10 固有资产汇总现金偿债比率分析

项目	2016 年	2015 年	增减
现金偿债比率(%)	1. 07	1. 28	-0. 21

4. 盈利能力分析

（1）营业利润分析

2016 年信托行业营业总收入虽然有所下降，但是总体来看行业良好地控制了营业成本，营业利润达到 71. 64%，仍较上年增长了 10. 69%（见表 4-2-11）。

表 4-2-11　固有资产汇总报表营业利润率

项目	2016 年(万元)	2015 年(万元)	增减(万元)	变动比率(%)
营业总收入	10 852 102. 97	11 640 817. 20	-788 714. 23	-6. 78
营业总成本	3 077 212. 07	4 106 511. 43	-1 029 299. 36	-25. 07
营业利润	7 774 890. 89	7 534 305. 76	240 585. 13	3. 19
营业利润率(%)	71. 64	64. 72	6. 92	10. 69

(2)收入结构分析

2016 年营业总收入为 1 085. 21 亿元，较上年 1 164. 08 亿元减少了 78. 87 亿元，减少 6. 78%。除其他业务收入和手续费及佣金收入外其他项目均有所减少，其中投资收益减少金额最大，减少 107. 66 亿元；手续费及佣金收入增长 38. 50 亿元，增长幅度为 5. 48%。

营业总收入构成中，手续费及佣金净收入占比最大，达到 68. 27%，其次是投资收益，占比 26. 74%(见表 4-2-12)。

表 4-2-12　固有资产汇总报表营业收入组成明细

项目	2016 年		2015 年		增减	
	金额(万元)	比例(%)	金额(万元)	比例(%)	金额(万元)	比例(%)
1. 营业收入	171. 94	0. 00	175. 00	0. 00	-3. 06	-1. 75
2. 利息净收入	377 703. 39	3. 48	476 837. 20	4. 10	-99 133. 82	-20. 79
3. 金融企业往来净收入	638. 18	0. 01	737. 31	0. 01	-99. 13	-13. 44
4. 手续费及佣金净收入	7 408 403. 50	68. 27	7 023 406. 02	60. 33	384 997. 48	5. 48
5. 租赁收入	24. 94	0. 00	64. 64	0. 00	-39. 70	-61. 42
6. 投资收益	2 901 636. 19	26. 74	3 978 199. 05	34. 17	-1 076 562. 86	-27. 06
7. 公允价值变动收益	-54 689. 32	-0. 50	27 673. 19	0. 24	-82 362. 51	-297. 63
8. 汇兑收益	4 059. 88	0. 04	-19 511. 59	-0. 17	23 571. 48	-120. 81
9. 其他业务收入	214 154. 27	1. 97	153 236. 38	1. 32	60 917. 89	39. 75
营业总收入合计	10 852 102. 97	100. 00	11 640 817. 20	100. 00	-788 714. 23	-6. 78

注：本期将营业收入单独列示披露。

5. 固有业务资产收益率分析

2016 年整个信托行业的总资产收益率为 11. 01%，比 2015 年减少 1. 72%；净资产收益为 13. 67%，比 2015 年减少了 1. 88%。其中，净利润减少了 20. 01 亿元，降低 3. 38%；净资产增加了 670. 49 亿元，增长 17. 59%(见表 4-2-13)。

表 4-2-13　固有资产汇总报表资产收益率情况

项目名称	2016 年(万元)	2015 年(万元)	增减(%)
净利润	6 128 369. 79	5 928 225. 14	3. 38
净资产	44 819 207. 18	38 114 263. 35	17. 59
净资产收益率(%)	13. 67	15. 55	-1. 88
总资产	55 684 714. 80	46 593 394. 54	19. 51
总资产收益率(%)	11. 01	12. 72	-1. 72

6. 综合收益总额分析

2016 年整个信托行业的综合收益总额为 571. 30 亿元，比 2015 年减少 49. 61 亿元，降低 7. 99%。其中，净利润上升 3. 38%，但由于其他综合收益出现亏损 41. 54 亿元，与 2015 年相比盈利 28. 09 亿元，利润大幅度下降，导致总体的综合收益总额负增长(见表 4-2-14)。

表 4-2-14　汇总综合收益总额变动情况

项目	2016 年(万元)	2015 年(万元)	增减额(万元)	增减率(%)
营业利润	7 774 890. 89	7 534 305. 76	240 585. 13	3. 19
营业外收入	164 336. 54	62 544. 20	101 792. 34	162. 75
营业外支出	161 947. 04	178 437. 95	-16 490. 91	-9. 24
利润总额	7 777 280. 39	7 418 412. 01	358 868. 38	4. 84
所得税费用	1 648 910. 59	1 490 186. 87	158 723. 72	10. 65
净利润	6 128 369. 79	5 928 225. 14	200 144. 65	3. 38
其他综合收益	-415 395. 12	280 885. 85	-696 280. 97	-247. 89
综合收益总额	5 712 974. 68	6 209 111. 00	-496 136. 32	-7. 99

第五章 信托资产报表总体分析

本章将2016年68家信托公司披露的信托资产部分的会计报表，包括信托资产负债表和信托项目利润及利润分配表分别汇总成代表中国信托行业信托资产整体状况的汇总报表，对中国信托公司信托资产的整体财务状况和经营成果进行分析。

一、信托资产汇总报表分析

（一）信托业务汇总报表

2016年披露所涉及的68家信托公司整体信托项目资产合计202 597.66亿元，比2015年增长23.88%，信托负债增长23.38%，信托权益增长23.89%，三者的增幅基本保持一致（见表5－1－1）。

表5－1－1 信托资产的汇总资产负债表

信托资产	年末数(万元)	年初数(万元)	增减额(万元)	增减率(%)
信托资产:				
货币资金	105 891 187.54	109 697 820.79	-3 806 633.25	-3.47
拆出资金	398 000.00	97 000.00	301 000.00	310.31
存出保证金	292 342.52	713 335.51	-420 992.99	-59.02
交易性金融资产	268 221 694.72	245 982 857.00	22 238 837.72	9.04
衍生金融资产	116 134.92	124 398.53	-8 263.61	-6.64
结算备付金	107 351.55	354 316.88	-246 965.33	-69.70
应收票据	0.37	50 000.00	-49 999.63	-100.00
应收利息	263 251.74	260 815.79	2 435.95	0.93
应收股利	88 573.77	22 405.07	66 168.70	295.33
应收款项	78 641 666.69	52 907 183.03	25 734 483.66	48.64
买入返售资产	65 250 299.81	44 018 051.47	21 232 248.34	48.24
其他应收款	1 443 289.66	1 638 629.71	-195 340.05	-11.92
贷款	656 416 904.82	566 685 294.43	89 731 610.39	15.83
可供出售金融资产	326 820 346.17	224 090 841.64	102 729 504.53	45.84
持有至到期投资	224 980 036.47	175 940 117.78	49 039 918.69	27.87
长期股权投资	140 161 096.02	109 779 381.17	30 381 714.85	27.68
长期应收款	32 723 718.00	17 227 243.66	15 496 474.34	89.95
固定资产	1 945.13	1 945.13	0.00	0.00
投资性房地产	34 008.86	34 163.31	-154.45	-0.45
无形资产	3 531 391.77	2 793 695.49	737 696.28	26.41
长期待摊费用	17 935.55	19 075.94	-1 140.39	-5.98
其他资产	120 575 405.33	82 932 946.99	37 642 458.34	45.39
信托资产合计	2 025 976 581.42	1 635 371 519.33	390 605 062.09	23.88

续表

信托负债和信托权益	年末数(万元)	年初数(万元)	增减额(万元)	增减率(%)
信托负债:				
应付受托人报酬	636 154.42	537 075.00	99 079.42	18.45
应付托管费	98 015.08	86 115.11	11 899.97	13.82
应付管理人报酬	8 463.33	7 671.75	791.58	10.32
应付受益人收益	2 054 042.82	1 836 326.98	217 715.84	11.86
应付销售服务费	29 597.03	24 684.43	4 912.60	19.90
衍生金融负债	34.59	18.34	16.25	88.60
卖出回购资产款	5 239 632.51	3 467 098.12	1 772 534.39	51.12
应付股利	105 632.17	138 666.22	-33 034.05	-23.82
应付账款	1 279 656.97	468 319.77	811 337.20	173.24
预收账款	30.00	50.00	-20	-40.00
应交税金	47 351.96	37 807.25	9 544.71	25.25
其他应付款项	10 602 340.67	10 375 016.65	227 324.02	2.19
长期应付款	—	5 614.27	-5 614.27	-100.00
其他负债	1 075 933.59	179 940.71	895 992.88	497.94
信托负债合计	21 176 885.14	17 164 404.60	4 012 480.54	23.38
信托权益:				
实收信托	1 965 134 349.74	1 571 823 174.39	393 311 175.35	25.02
资本公积	10 151 674.64	12 059 031.22	-1 907 356.58	-15.82
其他综合收益	571 694.84	910 835.42	-339 140.58	-37.23
外币报表折算差额	14 314.10	5 613.56	8 700.54	154.99
未分配利润	28 927 662.96	33 408 460.14	-4 480 797.18	-13.41
信托权益合计	2 004 799 696.27	1 618 207 114.73	386 592 581.54	23.89
信托负债及信托权益合计	2 025 976 581.42	1 635 371 519.33	390 605 062.09	23.88

注:在统计过程中,由于部分公司报表存在尾差,尾差合计0.03,在汇总报表时将其全部记入"其他资产"科目。

2016年信托资产总额比2015年增加了39 060.51亿元,增长23.88%;其中增加最多的为可供出售金融资产,增加了10 272.95亿元,其次是贷款(包括客户贷款、发放贷款等)增加了8 973.16亿元。

相比资产总额的大额增加,信托负债增加的金额相对较小,仅401.25亿元,增幅与资产总额相当。信托资产的权益合计增加了38 659.26亿元,主要是实收信托增加了39 331.12亿元,但未分配利润本期减少448.08亿元,减少了13.41%(见表5-1-1、表5-1-2)。

表5-1-2 信托资产的汇总简式资产负债表

信托资产	2016年12月31日(万元)	2015年12月31日(万元)	增减额(万元)	增减率(%)
信托负债合计	21 176 885.14	17 164 404.60	4 012 480.54	23.38
信托权益合计	2 004 799 696.27	1 618 207 114.73	386 592 581.54	23.89
信托资产合计	2 025 976 581.42	1 635 371 519.33	390 605 062.09	23.88
信托资产负债率(%)	1.05	1.05		

整个信托行业信托项目资产负债率一直保持在1.05%左右,负债占比较低。

2016 年信托业务收入 10 850. 26 亿元，比 2015 年的 12 900. 59 亿元增加了 2 050. 33 亿元，下降了 15. 89%。除利息收入外其他项目均有所下降，下降最多的是投资收益，下降了 1 648. 42 亿元。

2016 年综合收益为 9 646. 31 亿元，比 2015 年减少了 2 065. 97 亿元。本年将可供分配利润中 76. 93% 用于分配，比 2015 年的 80. 45% 略有减少。年末未分配信托利润 2 888. 50 亿元，比 2015 年减少了 1 011. 47 亿元。

信托利润点依然来自利息收入和投资收益，分别占营业总收入的 55. 50% 和 44. 27%（见表 5 –1 –3）。

表 5 –1 –3　信托资产的汇总简式利润表

项目	2016 年（万元）	2015 年（万元）	增减额（万元）	增减率（%）
一、营业收入	108 502 640. 40	129 005 912. 44	–20 503 272. 04	–15. 89
利息收入	60 220 058. 03	58 481 680. 70	1 738 377. 34	2. 97
投资收益	48 030 835. 12	64 515 051. 23	–16 484 216. 12	–25. 55
租赁收入	9 355. 07	43 215. 03	–33 859. 96	–78. 35
公允价值变动损益	–3 260 126. 19	1 280 359. 85	–4 540 486. 04	–354. 63
汇兑损益（损失以"–"号填列）	43 070. 51	41 352. 89	1 717. 62	4. 15
其他收入	3 459 447. 86	4 644 252. 74	–1 184 804. 88	–25. 51
二、营业支出	12 003 532. 84	13 826 656. 78	–1 823 123. 93	–13. 19
三、营业税金及附加	300 195. 03	357 569. 49	–57 374. 45	–16. 05
四、营业外收支	–20 565. 07	–13 152. 15	–7 412. 92	56. 36
五、扣除资产损失前的信托利润	96 178 347. 45	114 808 534. 03	–18 630 186. 58	–16. 23
减：资产减值损失	241 372. 97	231 402. 08	9 888. 68	4. 27
加：其他综合收益	526 163. 77	2 545 780. 27	–2 019 616. 50	–79. 33
六、综合收益	96 463 138. 25	117 122 912. 22	–20 659 691. 76	–17. 64
加：期初未分配信托利润	33 440 986. 97	23 296 978. 50	10 144 008. 47	43. 54
加：未分配信托利润平准金	1 087 300. 41	2 989 822. 35	–1 902 521. 94	–63. 63
加：其他转入	2 809. 22	17 524. 59	–14 715. 37	–83. 97
减：其他综合收益	526 163. 77	2 545 780. 27	–2 019 616. 5	–79. 33
七、可供分配的信托利润	130 468 071. 09	140 881 457. 39	–10 413 304. 09	–7. 39
减：本期已分配信托利润	100 370 679. 91	113 339 626. 94	–12 968 947. 04	–11. 44
加：损益平准金	–1 212 431. 92	5 890 868. 12	–7 103 300. 04	–120. 58
加：未注明原因的事项				
八、期末未分配信托利润	28 884 959. 26	33 432 698. 56	10 114 704. 66	43. 42

注：对部分未披露上年金额的信托公司，采用 2015 年报告的数据进行统计。

（二）信托资产汇总结构分析

2016 年信托行业整体信托资产增幅达到 23. 88%，从增长额上看，最主要的是贷款、可供出售金融资产以及持有至到期投资，其三项总额合计比上年合计增加 24 150. 10 亿元，占信托资产总增加额的 61. 83%；货币资产和固定资产等变动不大（见表 5 –1 –4）。

表 5 –1 –4　信托资产汇总报表资产结构分析表

项目名称	2016 年 12 月 31 日		2015 年 12 月 31 日		增减	
	金额（万元）	占比（%）	金额（万元）	占比（%）	金额（万元）	比率（%）
货币资金	105 891 187. 54	5. 23	109 697 820. 79	6. 71	–3 806 633. 25	–3. 47
拆出资金	398 000. 00	0. 02	97 000. 00	0. 01	301 000. 00	310. 31
存出保证金	292 342. 52	0. 01	713 335. 51	0. 04	–420 992. 99	–59. 02
交易性金融资产	268 221 694. 72	13. 24	245 982 857. 00	15. 04	22 238 837. 72	9. 04
衍生金融资产	116 134. 92	0. 01	124 398. 53	0. 01	–8 263. 61	–6. 64
结算备付金	107 351. 55	0. 01	354 316. 88	0. 02	–246 965. 33	–69. 70
应收票据	0. 37	0. 00	50 000. 00	0. 00	–49 999. 63	–100. 00
应收利息	263 251. 74	0. 01	260 815. 79	0. 02	2 435. 95	0. 93
应收股利	88 573. 77	0. 00	22 405. 07	0. 00	66 168. 70	295. 33
应收款项	78 641 666. 69	3. 88	52 907 183. 03	3. 24	25 734 483. 66	48. 64
买入返售资产	65 250 299. 81	3. 22	44 018 051. 47	2. 69	21 232 248. 34	48. 24
其他应收款	1 443 289. 66	0. 07	1 638 629. 71	0. 10	–195 340. 05	–11. 92
贷款	656 416 904. 82	32. 40	566 685 294. 43	34. 65	89 731 610. 39	15. 83
可供出售金融资产	326 820 346. 17	16. 13	224 090 841. 64	13. 70	102 729 504. 53	45. 84
持有至到期投资	224 980 036. 47	11. 10	175 940 117. 78	10. 76	49 039 918. 69	27. 87

续表

项目名称	2016年12月31日		2015年12月31日		增减	
	金额（万元）	占比（%）	金额（万元）	占比（%）	金额（万元）	比率（%）
长期股权投资	140 161 096.02	6.92	109 779 381.17	6.71	30 381 714.85	27.68
长期应收款	32 723 718.00	1.62	17 227 243.66	1.05	15 496 474.34	89.95
固定资产	1 945.13	0.00	1 945.13	0.00	0.00	0.00
投资性房地产	34 008.86	0.00	34 163.31	0.00	-154.45	-0.45
无形资产	3 531 391.77	0.17	2 793 695.49	0.17	737 696.28	26.41
长期待摊费用	17 935.55	0.00	19 075.94	0.00	-1140.39	-5.98
其他资产	120 575 405.33	5.95	82 932 946.99	5.07	37 642 458.34	45.39
信托资产运用合计	2 025 976 581.42	100.00	1 635 371 519.33	100.00	390 605 062.09	23.88

从资产结构构成来看，贷款（包括发放贷款和客户贷款等）合计为65 641.69亿元，占总信托资产的32.40%，其次为可供出售金融资产总额达32 682.03亿元，占总资产的16.13%。

信托资产的权益合计200 479.97亿元，其中，实收信托总额达196 513.43亿元，占信托权益总额的98.02%（见表5－1－5）。信托权益增加的主要原因是实收信托的增加（见表5－1－2）。

表5－1－5　信托资产汇总报表信托权益结构分析表

项目名称	2016年12月31日		2015年12月31日		增减	
	金额（万元）	占比（%）	金额（万元）	占比（%）	金额（万元）	比率（%）
实收信托	1 965 134 349.74	98.02	1 571 823 174.39	97.13	393 311 175.35	25.02
资本公积	10 151 674.64	0.51	12 059 031.22	0.75	-1 907 356.58	-15.82
其他综合收益	571 694.84	0.03	910 835.42	0.06	-339 140.58	-37.23
外币折算差额	14 314.10	0.00	5 613.56	0.00	8 700.54	154.99
未分配利润	28 927 662.96	1.44	33 408 460.14	2.06	-4 480 797.18	-13.41
信托权益合计	2 004 799 696.27	100.00	1 618 207 114.73	100.00	386 592 581.54	23.89

2016年营业总收入比2015年减少了2 050.33亿元，除利息收入外，其他主要项目均有所减少。其中投资收益减少最多，减少额1 648.42亿元，减幅为25.55%；利息收入增加173.84亿元，增长2.97%（见表5－1－6）。

表5－1－6　信托资产汇总报表收入结构分析表

项目名称	2016年12月31日		2015年12月31日		增减	
	金额（万元）	占比（%）	金额（万元）	占比（%）	金额（万元）	比率（%）
利息收入	60 220 058.03	55.50	58 481 680.70	45.33	1 738 377.34	2.97
投资收益	48 030 835.12	44.27	64 515 051.23	50.01	-16 484 216.12	-25.55
租赁收入	9 355.07	0.01	43 215.03	0.03	-33 859.96	-78.35
公允价值变动损益	-3 260 126.19	-3.00	1 280 359.85	0.99	-4 540 486.04	-354.63
汇兑损益	43 070.51	0.04	41 352.89	0.03	1 717.62	4.15
其他收入	3 459 365.65	3.19	4 644 252.74	3.60	-1 184 887.09	-25.51
营业收入合计	108 502 558.19	100.00	129 005 912.44	100.00	-20 503 354.25	-15.89

从公司收入结构分析，利息收入与投资收益是收入的主要来源，这与资产分布情况有关联。发放贷款和客户贷款合计占资产总额的32.40%，导致利息收入占总收入的比例为55.50%；金融资产（包括交易性金融资产、可供出售金融资产和持有至到期投资）占资产总额的40.48%；对外投资（包括短期投资、长期债权投资、长期股权投资及其他长期投资）占资产总额的6.92%，导致投资收益占收入总额的比例为44.27%。

（三）信托资产经营成果及结构分析

表5－1－7　信托资产汇总报表利润总额结构表

单位：万元

公司简称	营业收入	营业支出	营业税金及附加	营业外收支	减：资产减值损失	其他综合收益	综合收益
中信信托	7 552 411.72	666 032.87	16 342.12	—	397.15	—	6 869 639.58
兴业信托	5 074 847.16	315 745.22	—	—	—	—	4 759 101.94
建信信托	4 915 515.52	301 744.67	1 141.48	—	38 682.75	—	4 573 946.62
平安信托	4 685 176.71	464 182.11	4 871.46	103.25	—	—	4 216 226.39

续表

公司简称	营业收入	营业支出	营业税金及附加	营业外收支	减:资产减值损失	其他综合收益	综合收益
上海信托	4 524 012.54	355 513.22	6 309.54	—	5 161.20	-5 713.87	4 151 314.71
中融信托	4 141 495.73	708 943.77	—	—	—	648 868.45	4 081 420.41
华能信托	4 151 551.23	265 267.12	2 695.23	—	143 125.61	200.48	3 740 663.75
交银国际信托	3 382 168.90	290 054.17	3 007.89	—	—	—	3 089 106.84
西藏信托	2 744 421.32	156 413.68	—	—	—	—	2 588 007.64
四川信托	2 655 843.63	340 523.21	—	—	—	—	2 315 320.42
中航信托	2 600 300.05	357 037.61	—	—	—	7 728.25	2 250 990.69
长安信托	2 480 021.44	316 891.88	—	—	—	35 195.82	2 198 325.38
华润信托	2 529 687.32	281 187.11	3 464.81	-33 000.00	21 292.12	—	2 190 743.28
江苏信托	2 016 530.20	150 989.30	2.58	—	—	—	1 865 538.32
中海信托	1 917 035.11	189 752.92	5 246.13	—	—	—	1 722 036.06
北方信托	1 820 547.64	181 662.86	—	—	—	41 144.33	1 680 029.11
安信信托	2 225 976.50	555 282.63	—	—	25 504.85	-6 840.00	1 638 349.02
华鑫信托	1 745 994.70	123 364.15	—	—	—	—	1 622 630.55
五矿信托	2 062 534.16	442 675.18	49.95	—	—	—	1 619 809.03
华宝信托	1 875 735.78	135 721.05	416.99	—	—	-206 168.75	1 533 428.99
渤海信托	1 703 800.30	216 874.08	—	—	—	—	1 486 926.22
中江信托	1 581 769.62	149 500.69	—	—	—	—	1 432 268.93
中铁信托	1 541 548.00	146 930.00	—	—	—	—	1 394 618.00
山东信托	1 608 563.15	235 112.62	59.01	—	—	—	1 373 391.52
北京信托	1 527 418.21	235 438.72	13 310.76	—	—	—	1 278 668.73
光大兴陇信托	1 338 534.31	93 416.22	—	—	—	—	1 245 118.09
新时代信托	1 411 794.65	185 359.28	—	—	—	—	1 226 435.37
中诚信托	1 344 071.15	127 209.03	3 660.16	—	—	—	1 213 201.96
国民信托	1 332 058.70	123 682.31	—	—	—	—	1 208 376.39
英大信托	1 303 235.11	97 614.75	12 510.90	—	—	—	1 193 109.46
百瑞信托	1 306 772.05	147 377.52	500.28	—	—	—	1 158 894.25
陆家嘴信托	1 262 370.16	167 339.00	—	—	—	—	1 095 031.16
厦门国际信托	1 168 552.00	107 576.00	—	—	—	—	1 060 976.00
陕国投	1 210 707.03	173 284.53	—	-5.09	—	—	1 037 417.41
华融信托	1 237 871.26	232 003.52	1 072.50	—	—	—	1 004 795.24
国投泰康信托	1 092 766.36	92 358.07	—	—	—	—	1 000 408.29
西部信托	1 027 866.18	83 306.02	—	—	—	—	944 560.16
新华信托	1 008 402.63	66 204.55	—	—	—	437.01	942 635.09
外贸信托	1 232 720.00	383 803.08	4 699.48	12 336.77	—	-8 954.46	847 599.75
万向信托	999 093.52	156 148.51	40.34	—	—	—	842 904.67
中泰信托	918 145.95	84 978.96	—	—	—	—	833 166.99
中国民生信托	944 805.55	141 321.73	358.10	—	—	20 595.63	823 721.35
粤财信托	891 083.32	85 888.95	2 190.11	—	7 127.08	—	795 877.18
中原信托	914 315.27	122 543.06	—	—	—	—	791 772.21
中建投信托	922 226.62	144 911.01	632.88	—	—	—	776 682.73
爱建信托	895 630.64	128 413.78	—	—	—	—	767 216.86
中粮信托	838 773.87	77 714.55	2 682.55	—	—	—	758 376.77
方正东亚信托	894 578.97	137 014.86	200.58	—	—	—	757 363.53
重庆信托	975 591.96	225 174.59	—	—	—	—	750 417.37
国元信托	796 802.69	76 175.82	2 940.23	—	—	—	717 686.64

续表

公司简称	营业收入	营业支出	营业税金及附加	营业外收支	减:资产减值损失	其他综合收益	综合收益
云南信托	847 052. 10	133 906. 39	—	—	—	125. 06	713 270. 77
昆仑信托	816 310. 14	108 638. 84	—	—	—	—	707 671. 30
华信信托	809 765. 64	105 849. 27	—	—	—	—	703 916. 37
苏州信托	793 388. 80	101 071. 60	290. 32	—	—	—	692 026. 88
紫金信托	723 423. 88	104 971. 22	—	—	—	—	618 452. 66
金谷信托	652 950. 69	62 769. 97	5 696. 11	—	—	—	584 484. 61
大业信托	621 621. 11	84 528. 42	441. 52	—	—	—	536 651. 17
湖南信托	454 348. 00	80 559. 00	—	—	—	—	373 789. 00
吉林信托	399 842. 67	39 303. 12	—	—	—	—	360 539. 55
国联信托	379 371. 00	26 986. 00	68. 00	—	—	—	352 317. 00
天津信托	393 707. 63	68 158. 05	—	—	—	23. 72	325 573. 30
华澳信托	294 207. 24	32 212. 05	—	—	—	—	261 995. 19
杭州工商信托	337 413. 00	78 325. 00	56. 00	—	—	—	259 032. 00
东莞信托	242 894. 31	73 232. 32	542. 31	—	—	-477. 90	168 641. 78
浙金信托	154 491. 81	22 945. 37	539. 85	—	—	—	131 006. 59
山西信托	125 996. 80	27 028. 69	—	—	—	—	98 968. 11
华宸信托	70 784. 96	6 609. 26	—	—	—	—	64 175. 70
长城新盛信托	51 311. 82	6 932. 60	—	—	—	—	44 379. 22
合计	108 502 558. 19	12 207 687. 70	96 040. 17	-20 565. 07	241 290. 76	526 163. 77	96 463 138. 25

2016 年信托资产汇总综合收益总额合计 9 646. 31 亿元(见表 5 -1 -7)。其中超过 500 亿元的仅一家公司(中信信托),金额在 100 亿 ~500 亿元的有 35 家公司,10 亿元以下的有 3 家公司(见表 5 -1 -8)。

表 5 -1 -8　信托资产汇总综合收益总额分布情况

项目	2016 年		
	家数	综合收益总额(万元)	占比(%)
500 亿元以上	1	6 869 639. 58	7. 12
100 亿 ~500 亿元	35	71 246 626. 17	73. 86
10 亿 ~100 亿元	29	18 139 349. 47	18. 80
10 亿元以下	3	207 523. 03	0. 22
合计	68	96 463 138. 25	100. 00

表 5 -1 -9　信托资产汇总报表总信托资产综合收益率

排名	公司简称	综合收益(万元)	平均信托资产(万元)	总信托资产综合收益率(%)
1	中泰信托	833 166. 99	6 775 160. 79	12. 30
2	国联信托	352 317. 00	4 374 127. 50	8. 05
3	中江信托	1 432 268. 93	17 832 806. 57	8. 03
4	西部信托	944 560. 16	12 003 356. 38	7. 87
5	杭州工商信托	259 032. 00	3 313 394. 50	7. 82
6	湖南信托	373 789. 00	4 787 293. 00	7. 81
7	华鑫信托	1 622 630. 55	21 423 050. 96	7. 57
8	吉林信托	360 539. 55	4 773 259. 85	7. 55
9	新华信托	942 635. 09	12 592 938. 56	7. 49
10	苏州信托	692 026. 88	9 347 577. 44	7. 40
11	中建投信托	776 682. 73	10 783 376. 48	7. 20
12	百瑞信托	1 158 894. 25	16 160 477. 99	7. 17
13	安信信托	1 638 349. 02	23 543 083. 84	6. 96
14	平安信托	4 216 226. 39	61 782 777. 92	6. 82
15	万向信托	842 904. 67	12 368 990. 31	6. 81
16	华澳信托	261 995. 19	3 900 464. 58	6. 72
17	长安信托	2 198 325. 38	33 132 516. 00	6. 63

续表

排名	公司简称	综合收益(万元)	平均信托资产(万元)	总信托资产综合收益率(%)
18	四川信托	2 315 320. 42	34 926 615. 92	6. 63
19	华宸信托	64 175. 70	975 683. 49	6. 58
20	华信信托	703 916. 37	10 816 042. 17	6. 51
21	国民信托	1 208 376. 39	18 596 445. 22	6. 50
22	中国民生信托	823 721. 35	12 838 535. 86	6. 42
23	陆家嘴信托	1 095 031. 16	17 756 167. 59	6. 17
24	北方信托	1 680 029. 11	27 381 108. 32	6. 14
25	中原信托	791 772. 21	13 020 291. 69	6. 08
26	国元信托	717 686. 64	11 823 091. 18	6. 07
27	华能信托	3 740 663. 75	61 861 827. 37	6. 05
28	中融信托	4 081 420. 41	67 644 290. 89	6. 03
29	厦门国际信托	1 060 976. 00	17 668 493. 50	6. 00
30	紫金信托	618 452. 66	10 385 047. 99	5. 96
31	中粮信托	758 376. 77	12 896 590. 06	5. 88
32	西藏信托	2 588 007. 64	44 034 402. 16	5. 88
33	上海信托	4 151 314. 71	71 718 846. 28	5. 79
34	中诚信托	1 213 201. 96	20 997 363. 63	5. 78
35	中信信托	6 869 639. 58	122 385 187. 82	5. 61
36	中铁信托	1 394 618. 00	24 941 127. 50	5. 59
37	中航信托	2 250 990. 69	40 374 195. 53	5. 58
38	光大兴陇信托	1 245 118. 09	22 412 866. 52	5. 56
39	昆仑信托	707 671. 30	12 803 750. 21	5. 53
40	北京信托	1 278 668. 73	23 250 044. 84	5. 50
41	山东信托	1 373 391. 52	25 396 665. 36	5. 41
42	渤海信托	1 486 926. 22	28 127 468. 39	5. 29
43	英大信托	1 193 109. 46	22 638 274. 48	5. 27
44	爱建信托	767 216. 86	14 660 627. 54	5. 23
45	国投泰康信托	1 000 408. 29	19 260 509. 89	5. 19
46	大业信托	536 651. 17	10 375 952. 37	5. 17
47	交银国际信托	3 089 106. 84	60 456 227. 56	5. 11
48	兴业信托	4 759 101. 94	93 331 862. 03	5. 10
49	方正东亚信托	757 363. 53	15 336 630. 66	4. 94
50	金谷信托	584 484. 61	12 282 324. 59	4. 76
51	陕国投	1 037 417. 41	22 028 271. 37	4. 71
52	五矿信托	1 619 809. 03	34 613 446. 66	4. 68
53	新时代信托	1 226 435. 37	26 539 685. 81	4. 62
54	重庆信托	750 417. 37	16 388 325. 09	4. 58
55	江苏信托	1 865 538. 32	40 785 580. 68	4. 57
56	中海信托	1 722 036. 06	37 851 796. 76	4. 55
57	华融信托	1 004 795. 24	24 035 921. 15	4. 18
58	粤财信托	795 877. 18	19 963 220. 59	3. 99
59	建信信托	4 573 946. 62	120 151 794. 92	3. 81
60	东莞信托	168 641. 78	4 486 667. 90	3. 76
61	浙金信托	131 006. 59	3 523 863. 75	3. 72
62	山西信托	98 968. 11	2 922 921. 72	3. 39
63	云南信托	713 270. 77	21 175 431. 08	3. 37
64	华润信托	2 190 743. 28	77 216 076. 31	2. 84
65	华宝信托	1 533 428. 99	54 225 466. 79	2. 83
66	长城新盛信托	44 379. 22	1 581 537. 46	2. 81
67	天津信托	325 573. 30	14 307 478. 30	2. 28
68	外贸信托	847 599. 75	46 607 352. 94	1. 82
	合计	96 463 138. 25	1 830 674 050. 37	5. 27

2016 年信托资产总资产综合收益率为 5. 27%(见表 5 -1 -9),其中超过 10% 的仅一家公司(中泰信托),5% ~10% 的有 47 家信托公司,3% 以下的有 5 家公司(见表 5 -1 -10)。

表 5－1－10　信托资产总资产综合收益率分布情况

项目	2016 年	
	家数	平均综合收益率(%)
10%以上	1	12.30
5%～10%	47	6.00
3%～5%	15	4.24
3%以下	5	3.12
合计	68	5.27

二、信托资产管理情况分析

(一)信托资产运用及分布情况分析

2016 年信托资产总额为 202 486.29 亿元，从资产结构情况分析，客户贷款占资产的比重最大，达到 32.38%；从资产投向分布分析，主要集中在金融/证券及基础产业/实业中，四大产业占比为 72.11%，其他产业占比为 15.87%（见表 5－2－1）。

表 5－2－1　信托资产分布及运用情况表

资产运用情况			资产分布情况		
项目	金额(万元)	比例(%)	项目	金额(万元)	比例(%)
货币资产	106 225 172.12	5.25	基础产业	310 537 319.95	15.34
客户贷款	655 658 845.82	32.38	房地产业	151 942 103.08	7.50
交易性金融资产	268 631 611.99	13.27	证券	317 127 345.97	15.66
应收账款	14 191 015.76	0.70	实业	401 575 772.43	19.83
买入返售金融资产	18 842 996.67	0.93	金融	430 869 168.83	21.28
可供出售金融资产	337 395 963.26	16.66	教育	0.00	0.00
持有至到期投资	206 545 588.10	10.20	工商企业	90 190 904.08	4.45
长期股权投资	140 039 078.63	6.92	债券	1 135 951.12	0.06
融资租赁	10 297.00	0.00	基金	179 428.13	0.01
长期应收款	32 749 462.93	1.62	其他	321 304 933.33	15.87
投资性房地产	30 000.00	0.00			
无形资产	3 249 383.61	0.16			
其他	241 293 511.03	11.92			
信托资产总额	2 024 862 926.92	100.00	信托资产总额	2 024 862 926.92	100.00

注：其他中包含尾差 0.98 万元。

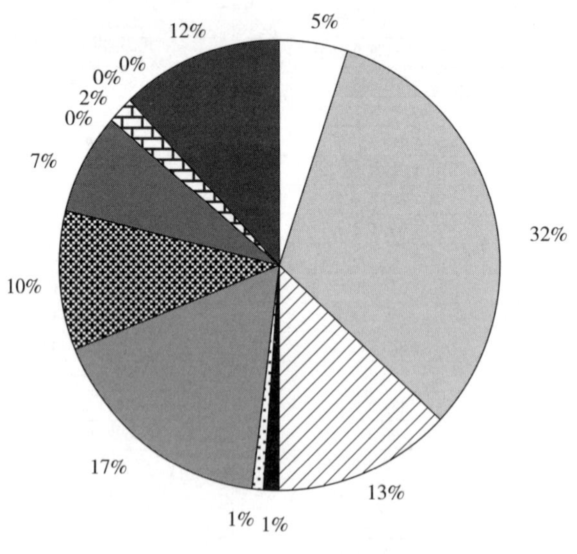

□ 货币资产　▨ 客户贷款　▨ 交易性金融资产　■ 应收账款
▨ 买入返售金融资产　■ 可供出售金融资产　▩ 持有至到期投资
■ 长期股权投资　▨ 融资租赁　▨ 长期应收款
▨ 投资性房地产　▨ 无形资产　■ 其他

图 5－2－1　信托资产运用分析图

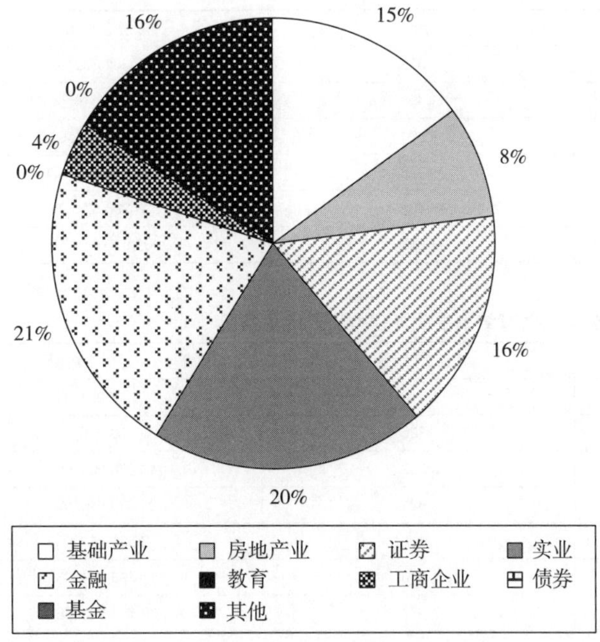

图5-2-2　信托资产分布分析图

(二)集合类、单一类和财产管理类信托项目变动情况

2016年中止的信托项目数量比2015年少1 721个,金额比2015年多9 238.04亿元。其中,单一类信托项目资产金额占比为58.05%,比2015年有所下降(见表5-2-2)。

表5-2-2　2016年中止的集合类、单一类和财产管理类信托项目数量、金额汇总分析

类别	2016年			2015年		
	份数	合计金额(万元)	金额比重(%)	份数	合计金额(万元)	金额比重(%)
集合类	6 177	227 793 927.07	32.56	7 036	183 738 473.55	30.26
单一类	9 507	406 051 736.02	58.05	10 614	385 973 656.90	63.57
财产管理类	1 202	65 693 251.19	9.39	957	37 446 406.62	6.17
合计	16 886	699 538 914.28	100.00	18 607	607 158 537.07	100.00

表5-2-3　2016年中止的集合类加权平均实际收益率前五名

公司简称	加权平均实际收益率(%)
西部信托	14.29
平安信托	12.70
华融信托	12.68
重庆信托	10.91
华鑫信托	10.65
总体平均	8.41

注:明细表详见表3-3-3。

表5-2-4　2016年中止的单一类加权平均实际收益率前五名

公司简称	加权平均实际收益率(%)
长城新盛信托	14.28
国联信托	11.39
平安信托	9.61
山西信托	8.87
中国民生信托	8.83
总体平均	7.37

注:明细表详见表3-3-3。

表 5-2-5　2016 年新增的集合类、单一类和财产管理类信托项目数量、金额汇总

类别	份数	合计金额(万元)	金额比重(%)
集合类	7 372	452 381 370. 93	36. 31
单一类	11 498	581 234 814. 66	46. 66
财产管理类	2 101	212 162 431. 90	17. 03
新增合计	20 972	1 245 778 616. 47	100. 00
其中:主动管理型	7 355	336 208 574. 99	26. 99
被动管理型	13 617	909 570 041. 49	73. 01

注:明细表详见表 3-3-7、表 3-3-8。

表 5-2-6　2016 年信托公司已清算结束主动管理型资产运用情况

已清算结束信托项目	项目个数(个)	实收信托合计金额(万元)	金额占比(%)
证券投资类	1 240	37 547 274. 41	13. 93
股权投资类	726	35 830 655. 10	13. 29
融资类	3 882	149 066 609. 69	55. 30
事务管理类	621	27 090 640. 05	10. 05
权益类	192	2 526 342. 00	0. 94
其他投资类	1 016	17 493 714. 43	6. 49
合计	7 677	269 555 235. 68	100. 00

表 5-2-7　2016 年信托公司已清算结束被动管理型资产运用情况

已清算结束信托项目	项目个数(个)	实收信托合计金额(万元)	金额占比(%)
证券投资类	463	18 184 863. 36	4. 26
股权投资类	270	14 264 662. 99	3. 34
融资类	3 182	113 590 571. 51	26. 61
事务管理类	5 079	273 214 364. 25	64. 01
其他投资类	157	7 577 659. 71	1. 78
合计	9 151	426 832 121. 82	100. 00

表 5-2-8　信托资产的期初数、期末数

信托资产	期初数		期末数	
	金额(万元)	比重(%)	金额(万元)	比重(%)
集合类	538 560 315. 17	32. 96	736 630 327. 79	36. 39
单一类	934 753 754. 78	57. 21	1 011 663 453. 81	49. 98
财产权	160 694 189. 06	9. 83	275 885 319. 97	13. 63
合 计	1 634 008 259. 01	100. 00	2 024 179 101. 58	100. 00

注:明细表详见表 3-3-4。

表 5-2-9　主动管理型信托业务的信托资产期初数、期末数

主动管理型信托资产	期初数		期末数	
	金额(万元)	比重(%)	金额(万元)	比重(%)
证券投资类	165 567 614. 29	25. 78	183 502 754. 59	26. 85
股权投资类	109 932 359. 30	17. 12	122 596 257. 19	17. 94
融资类	268 505 483. 37	41. 81	271 239 759. 76	39. 69
事务管理类	36 867 419. 69	5. 74	25 466 591. 92	3. 73
权益类	5 009 572. 33	0. 78	4 482 710. 54	0. 66
其他投资类	56 315 738. 39	8. 77	76 110 325. 91	11. 14
合 计	642 198 187. 37	100. 00	683 398 399. 91	100. 00

注:明细表详见 3-3-6。

表5-2-10 被动管理型信托业务的信托资产期初数、期末数

被动管理型信托资产	期初数		期末数	
	金额(万元)	比重(%)	金额(万元)	比重(%)
证券投资类	151 792 506.53	15.59	163 134 095.14	12.28
股权投资类	62 364 495.27	6.41	75 567 926.53	5.69
融资类	245 325 882.70	25.20	290 211 409.58	21.85
事务管理类	498 222 977.10	51.18	774 608 215.62	58.33
权益类	646 494.36	0.07	710 868.06	0.05
其他投资类	15 027 615.27	1.54	23 706 564.60	1.79
合　计	973 379 971.23	100.00	1 327 939 079.53	100.00

注:明细表详见3-3-6。

第六章　财务报表附注及其他项目的分析

本章对财务报表附注披露的一些重要事项进行了分析，包括或有事项、自营资产风险分类情况、资产损失准备计提情况以及关联方关系及其交易等各项情况。同时，本章节还对信托公司在2016年年报中对经营因素的认可情况作了详细的统计。

一、或有事项情况

（一）对外担保和或有事项情况

1. 对外担保总额分析

表6-1-1　2016年末信托公司担保事项汇总一览表

币种	2016年末担保金额（万元）	2015年末担保金额（万元）	增减额（万元）	增减（%）
人民币	53 568.46	53 781.46	-213.00	-0.40

经过对68家公司的统计，2016年末涉及对外担保的公司共有3家，对外担保金额5.36亿元，比上年减少了213万元（见表6-1-1）。2016年3家公司平均对外担保额为1.79亿元，与2015年3家公司平均对外担保额1.79亿元基本持平。2016年末信托公司对外担保的详细情况见表6-1-2。

表6-1-2　2016年信托公司涉及对外担保的详细情况

单位：万元

公司简称	被担保单位	年初担保金额	年末担保金额
厦门国际信托	厦门市市政项目担保	2 914.00	2 701.00
中诚信托	未披露	6 000.00	6 000.00
渤海信托	未披露	44 867.46	44 867.46
合计		53 781.46	53 568.46

2. 对外担保与净资产的比较分析

68家信托公司披露的2016年末担保事项合计5.36亿元，占68家公司自有净资产总额4 857.97亿元的0.11%。有担保事项的公司年末担保额均没有超过净资产；担保额占净资产比例的平均值为2.49%，超过平均值的有1家，情况详见表6-1-3。

表6-1-3　2016年末信托公司担保金额占自有净资产比例情况表

公司简称	期末担保金额（万元）	期末净资产（万元）	担保占净资产比（%）
厦门国际信托	2 701.00	376 137.00	0.72
中诚信托	6 000.00	1 553 762.09	0.39
渤海信托	44 867.46	704 624.13	6.37
合计	2 701.00	2 634 523.22	2.03

（二）公司本年发生或存在的重大诉讼仲裁事项

2016年68家信托公司中有36家披露没有诉讼仲裁事项，32家披露有诉讼仲裁事项，情况详见表6-1-4。

28家披露有诉讼仲裁事项的信托公司合计存在163件诉讼仲裁案件，涉及金额约为145.94亿元（其中有41个案件未披露涉案金额），平均每个案件约8 953.43万元。

表6-1-4　披露信托公司诉讼仲裁事件表

公司简称	件数（起诉）（件）	金额（起诉）（万元）	件数（被诉）（件）	金额（被诉）（万元）	涉诉金额合计（万元）
百瑞信托	1	40 000.00			40 000.00
北方信托	1	①未披露			—
中铁信托	2	2 900.00	2	35.00	2 935.00
东莞信托	4	42 400.00			42 400.00
光大兴陇信托	12	10 215.79			10 215.79
国联信托	4	48 330.00	1	880.00	49 210.00
国投泰康信托			1	700.00	700.00
湖南信托	12	61 983.43			61 983.43
兴业信托	2	95 000.00			95 000.00

续表

公司简称	件数(起诉)(件)	金额(起诉)(万元)	件数(被诉)(件)	金额(被诉)(万元)	涉诉金额合计(万元)
华宸信托	2	②未披露	14	②未披露	—
昆仑信托	4	89 346.77			89 346.77
山东信托	9	③未披露			
山西信托	4	172 371.00			172 371.00
陕国投	2	④未披露			—
上海信托	2	⑤未披露			—
苏州信托	2	22 839.66			22 839.66
长安信托	2	204 522.00			204 522.00
西部信托	1	13 000.00	1	297.00	13 297.00
厦门国际信托	7	⑥未披露	5	⑥未披露	—
新华信托	2	11 369.25	1	4 069.87	15 439.12
外贸信托	1	10 000.00			10 000.00
中泰信托	1	⑦未披露	1	⑦未披露	—
中原信托	1	⑧未披露			—
重庆信托	4	107 900.00			107 900.00
渤海信托	1	38 000.00			38 000.00
中投信托	5	⑨未披露			—
爱建信托			3	17 300.00	17 300.00
新时代信托			3	26 700.00	26 700.00
华澳信托	2	30 000.00			30 000.00
方正东亚	4	64 415.00			64 415.00
五矿信托	11	279 680.17	20	53 775.16	333 455.33
万向信托	6	11 379.19			11 379.19
合计	111	1 355 652.26	52	103 757.03	1 459 409.29

注:1. 北方信托自营贷款智造(中国)项目,2016年1月8日天津市高级人民法院出具《民事判决书》[(2015)津高民二初字第0076号],判决公司胜诉,未披露明确涉案金额。

2. 2016年,华宸信托固有业务发生1起诉讼事项。公司以自有资金发放贷款,到期后融资方违约,华寰信托对融资方以及担保方提起了强制执行申请。信托业务新发生6起民事诉讼事项,其中1起为信托计划融资方违约,公司对融资方及担保方提起了诉讼,另5起为投资者诉公司营业信托纠纷案,一审阶段;以前年度发生,本报告年度内终结1起诉讼事项,为投资者诉公司营业信托纠纷案,判令公司无须承担给付义务;本报告年度发生,于本报告年度内终结9起诉讼事项,为投资者诉公司营业信托纠纷案,已在法院主持下通过调解解决。以上均未披露明确涉案金额。

3. 2016年,山东信托在报告期内作为原告涉及未决诉讼、仲裁项目共9件,其中代表集合资金信托计划的有公司诉山东高开变压器制造有限公司等借款合同纠纷案等两件,代表单一资金信托的有公司诉东方文博城文化发展有限公司等借款合同纠纷案等7件。此外,在甘孜州农村信用联社股份有限公司诉四川科亨矿业(集团)有限公司等合同纠纷一案中,公司被列为第三人。以上均未披露明确涉案金额。

4. 2016年,陕国投因福建泰宁南方林业发展有限公司(以下简称南方林业公司)无法按期偿还信托贷款,为有效维护信托受益人权益和广大股东的利益,公司采取了申请强制执行保全资产和受让信托受益权等方式以求妥善解决相关问题。2014年6月12日,公司收到福建省泰宁县人民法院《执行裁定书》[(2014)泰执委字第13-1号]。三明市中级人民法院于2016年12月5日作出《民事裁定书》[(2016)闽04民破申1号],裁定受理申请人张雄等人对被申请人福建泰宁南方林业发展有限公司的破产清算申请,公司正在积极申报债权。以上均未披露明确涉案金额。

5. 2016年,上海信托有限公司有两个信托计划涉及重大诉讼,分别为上信雨润控股信托贷款集合资金信托计划、上信雨润控股2号信托贷款集合资金信托计划。鉴于上述项目出现融资方等违约情形,2015年末,公司向上海市高级人民法院提起诉讼,现两个案件正在一审审理中。以上均未披露明确涉案金额。

6.(1)2016年,厦门尚威电子有限公司借款合同纠纷。因借款人厦门尚威电子有限公司及保证人福建省华兴中小企业融资担保股份有限公司、陈德光、谢雅玲未履行合同义务,公司对其提起仲裁,并已胜诉。现已向法院申请强制执行。(2)厦门信托—济南车站北街棚户区改造项目销售收入收益权集合资金信托计划项目,公司已依据民生银行指令并授权民生银行操作起诉借款人事宜,山东省高院于2016年判决公司胜诉,公司根据委托人指令提出强制执行申请。(3)中铁华天项目,公司受委托人指令,于2016年5月、9月分别申请对华天进行起诉(1号)和仲裁(2号),案件已开庭。(4)厦门信托—邵武德贤1502号流动资金贷款项目,2016年7月公司申请对福建德至贤和华兴担保的仲裁,厦门仲裁委员会已于7月21日开庭仲裁,已裁决公司胜诉,并已申请执行,目前已冻结福建德至贤名下厂房和法定代表人王志贤名下两套房屋。(5)锦绣鹭岛1401号中小企业贷款集合资金信托计划(宝来家居)项目,2016年9月公司对宝来家居、华兴担保仲裁已向厦门仲裁委员会申请立案,尚未开庭。(6)厦门信托—金硕鼎盛一号新型结构化证券投资集合资金信托计划第1期项目,2016年8月深圳前海金硕鼎盛起诉公司,要求承担证券投资亏损等的案件,已于10月11日开庭审理,还需第二次开庭。尚未判决。(7)湖南新越信息咨询管理有限公司起诉公司要求承担证券投资亏损等的案件,将于2017年2月28日开庭。厦信稳利1207单一资金信托大鹏佳兆业项目,公司于2015年1月向福建省高院提起诉讼,并申请保全了佳兆业部分房产、股权和银行账户。该案于2015年12月16日开庭审理,2016年4月公司收到福建省高院判决书,公司获得胜诉,现已经多方协商进行和解履行。以上均未披露明确涉案金额。

7. 2016年,中泰信托收到江苏省泰州市中级人民法院应诉通知书,江苏江山制药有限公司就昆山玉成开发贷款单一资金信托计划的信托纠纷起诉中泰信托,该案经二审业已审结,中泰信托与江苏江山制药有限公司协商达成和解,相关判决现已履行完毕。公司"中泰·天地缘实业信托贷款集合资金信托计划"因融资方山东天地缘实业有限公司出现违约情形,公司于2016年12月向上海二中院提起对保证人和股权出质人的诉讼并申请财产保全,上海二中院已立案并裁定进行财产保全。未披露明确涉案金额。

8. 2016年,中原信托针对由河北融投担保集团有限公司担保但到期未履行代偿义务的信托项目借款人和担保人向河南省高级人民法院提起了法律诉讼,目前已胜诉,且已进入执行阶段。除此之外,无其他重大诉讼事项。以上均未披露明确涉案金额。

9. 2016年,中投信托无新增诉讼案件,往年未决诉讼共6件。普达海文化产业投资集合资金信托计划(主动管理)继续执行法院生效判决,已对该案抵押物进行拍卖,并根据法院执行裁定书对抵押物以资抵债;奕淳信托贷款集合资金信托计划(主动管理)继续执行法院生效判决,已对该案抵押物进行拍卖,并根据法院执行裁定书对抵押物以资抵债;至诚32号·财产收益权单一信托(被动管理)继续执行仲裁机构的生效裁决;瑞富3号·单一资金信托(被动管理)一审判决已获得胜诉,因部分被告人提出上诉,目前二审已开庭尚未判决;启航8号·单一资金信托(被动管理)继续执行生效法庭调解书,抵押物拍卖成交价款已对受益人进行分配。公司作为被告应诉1件,具体情况为:聚鑫2号·证券投资集合资金信托计划(主动管理)融资融券交易纠纷一案,已于2015年10月一审开庭,截至2016年12月31日仍在审理中尚未判决;至诚31号·财产收益权单一信托(被动管理)一案已于4月将信托项目项下债权转让给第三方,并由该债权受让方继续推进执行仲裁机构的生效裁决,公司已对本单一信托项目清算终止。以上未披露明确涉案金额。

二、重要资产转让及其出售的说明

根据68家信托公司2016年年度报告中披露的重要资产转让及出售说明统计，共有9家信托公司本年度发生了重要资产的转让（见表6-2-1）。

表6-2-1 2016年信托公司重要资产转让及出售说明

公司简称	金额（万元）	备注
国元信托	7 490.00	附注1
粤财信托	4 143.61	附注2
国联信托	12 200.00	附注3
湖南信托	74 216.00	附注4
中江信托	261 300.00	附注5
西部信托	未披露	附注6
新华信托	11 369.25	附注7
华信信托	未披露	附注8
中海信托	500 000.00	附注9

注：1. 国元信托出售桐城农村商业银行金融股权7490万元，取得投资收益11 065.41万元。

2. 粤财信托将所持有的广东高速公司发展股份有限公司股票出售，实现投资收益4 143.61万元。

3. 国联信托将持有的国联财务有限责任公司的20%股权以1.22亿元出售。

4. 湖南信托将账面原值72 246万元、账面净值58 494万元的潜在风险资产和产权瑕疵资产整体打包转让给湖南国投，转让价格58 184万元，公司已于年内收到转让款；将持有的湖南省财信产业基金管理有限公司的40%股权全部转让给湖南财信金融控股集团有限公司，转让价格16 032万元，湖南信托已于年内收到转让款。

5. 中江信托控股子公司国盛证券有限责任公司经中国证监会核准（证监许可[2016]657号）由广东华声电器股份有限公司收购重组，根据相关协议，中江信托向广东华声电器股份有限公司（现更名为广东国盛金控集团有限公司）出售所持国盛证券有限责任公司全部股权，相应获得股权投资收益26.13亿元及广东国盛金控集团有限公司部分股权。

6. 西部信托通过交易所市场集中竞价减持所持有的西部证券（股票代码:002673）股票共计27 955 600股，占上市公司总股本的1%。减持后，西部信托持有的西部证券股票共计272 044 400股，占上市公司总股本的9.73%。

7. 2016年10月，新华信托转让子公司新华创新资本投资有限公司100%股权，转让价款为10 733.8万元。

8. 华信信托转让所持有的丹东银行股份有限公司33 310万股股份。

9. 中海信托于2016年6月启动四川信托有限公司股权转让项目。于2016年9月9日在北京产权交易所网站以37.5亿元底价正式公开披露转让信息，最终交易竞价为50亿元。四川濠吉食品（集团）有限责任公司行使优先购买权，与中海信托签署《关于四川信托有限公司之股权转让协议》，截至2016年12月31日，中海信托已收到四川濠吉食品（集团）有限责任公司支付的50亿元的交易对价。截至财务报告批准报出日，股权转让的监管审批手续尚未完成，正积极配合四川信托有限公司和四川银监局履行股权转让的监管审批手续。

三、自营资产风险分类情况

根据68家信托公司在其2016年年度报告中披露的自营信用风险资产及其分类情况统计，2015年末自营资产合计为2 814.24亿元，正常类自营信用风险资产占93.79%、关注类自营信用风险资产占3.55%，不良类自营信用风险资产占2.66%。2016年纳入分类的自营信用风险资产为4 194.79亿元，比2015年增加1 380.56亿元，增加比例为49.06%；2016年末正常类自营信用风险资产占94.73%，关注类自营信用风险资产占2.58%，不良类自营信用风险资产占2.69%。可见，正常类自营信用风险资产比例有所提高，关注类资产不良率比上年有所下降。详见表6-3-1。

但根据数据统计，2016年末华宸信托的资产不良率达到31.35%，不良资产为4.84亿元；浙金信托的资产不良率达到26.19%，不良资产为2.05亿元；五矿信托的资产不良率达到23.07%，不良资产为16.08亿元，详见表6-3-3。

表6-3-1 2016年末与2015年末信托公司自营资产五级分类汇总比较表

类别	2016年末		2015年末		增减率（%）
	金额（万元）	比例（%）	金额（万元）	比例（%）	
正常	39 738 947.23	94.73	26 394 852.88	93.79	0.94
关注	1 081 547.09	2.58	999 451.17	3.55	-0.97
次级	439 400.97	1.05	362 870.73	1.29	-0.24
可疑	431 316.39	1.03	198 539.89	0.71	0.32
损失	256 721.83	0.61	186 665.34	0.66	-0.05
合计	41 947 933.51	100.00	28 142 380.01	100.00	—
不良比例	1 127 439.19	2.69	748 075.96	2.66	—

2015年末不良资产率情况详见表6-3-2。

表6-3-2 2015年末自营资产五级分类不良比例由高到低排序表

公司简称	不良比例(%)	公司简称	不良比例(%)
浙金信托	47.60	外贸信托	0.11
新时代信托	36.31	华鑫信托	0.11
华宸信托	30.98	中江信托	0.04
中泰信托	26.72	平安信托	0.03
吉林信托	23.25	华宝信托	0.02
五矿信托	16.43	陆家嘴信托	0.02
新华信托	14.66	北京信托	—
北方信托	14.41	中铁信托	—
华澳信托	10.43	东莞信托	—
山西信托	9.62	粤财信托	—
华润信托	7.45	国联信托	—
光大兴陇信托	7.35	国投泰康信托	—
西藏信托	6.53	杭州工商信托	—
金谷信托	5.51	建信信托	—
天津信托	5.34	湖南信托	—
山东信托	5.09	江苏信托	—
大业信托	4.44	兴业信托	—
爱建信托	2.29	上海信托	—
中诚信托	2.24	华融信托	—
渤海信托	2.18	苏州信托	—
昆仑信托	1.80	华信信托	—
陕国投	1.68	云南信托	—
西部信托	1.57	中海信托	—
中信信托	1.01	中融信托	—
国民信托	0.90	中原信托	—
国元信托	0.79	重庆信托	—
百瑞信托	0.79	交银国际	—
四川信托	0.67	中航信托	—
安信信托	0.67	方正东亚	—
中投信托	0.36	中粮信托	—
英大信托	0.29	紫金信托	—
华能信托	0.23	长城新盛信托	—
长安信托	0.17	中国民生信托	—
厦门国际信托	0.13	万向信托	—

注:68家公司中,新时代信托、五矿信托、昆仑信托、国元信托4家公司披露的不良资产率与计算有差异。

2016年末不良资产率情况详见表6-3-3。

表6-3-3 2016年末自营资产五级分类不良比例由高到低排序表

公司简称	不良比例(%)	公司简称	不良比例(%)
华宸信托	31.35	百瑞信托	0.38
浙金信托	26.19	英大信托	0.27
五矿信托	23.07	华能信托	0.16
吉林信托	22.87	长安信托	0.16
昆仑信托	14.26	华鑫信托	0.14
北方信托	11.86	外贸信托	0.05
华宝信托	11.09	东莞信托	0.02
新华信托	9.33	中江信托	—
西藏信托	8.56	安信信托	—
山西信托	8.21	北京信托	—
华润信托	7.92	中铁信托	—
中泰信托	7.22	粤财信托	—
天津信托	6.48	国联信托	—
华融信托	5.48	国投泰康信托	—
陆家嘴信托	5.42	杭州工商信托	—
光大兴陇信托	5.19	建信信托	—
四川信托	4.97	湖南信托	—
中投信托	4.86	江苏信托	—
金谷信托	4.51	平安信托	—
华澳信托	4.16	苏州信托	—
陕国投	4.00	厦门国际信托	—
爱建信托	3.69	华信信托	—
新时代信托	3.03	云南信托	—
中诚信托	2.77	中海信托	—
中信信托	2.49	中融信托	—
渤海信托	2.29	中原信托	—
西部信托	2.15	重庆信托	—
大业信托	1.89	交银国际	—
上海信托	1.49	方正东亚	—
国民信托	1.05	中粮信托	—
山东信托	1.05	紫金信托	—
中航信托	0.93	长城新盛信托	—
国元信托	0.83	中国民生信托	—
兴业信托	0.53	万向信托	—

注:68家公司中,新时代信托、五矿信托、昆仑信托、国元信托4家公司披露的不良资产率与计算有差异。

四、资产损失准备计提和覆盖情况

(一)资产损失准备的计提

根据68家信托公司在2016年年报中披露汇总分析,2016年初资产损失准备余额为148.80亿元,2016年计提82.93亿元,转回44.70亿元,核销11.22亿元,其他增加1.00亿元,2016年末余额为174.80亿元。2016年末资产损失准备余额大于2015年末余额。在资产损失准备余额的构成中,其他减值准备、可供出售金融资产减值准备和坏账准备为主要的计提内容。此外,各信托公司的资产损失准备的计提差异较大。汇总的资产损失准备计提详见表6-4-1。

表6-4-1　信托公司资产损失准备计提情况

单位:万元

类别	2016年初	2016年计提	2016年转回	2016年核销	2016年其他增加	2016年末
贷款损失准备	254 776.31	171 388.66	124 341.81	37 485.57		264 337.59
其中:一般准备	78 869.73	21 717.26	21 018.73	330.00		79 238.26
专项准备	175 906.58	149 671.40	103 323.08	37 155.57		185 099.33
其他资产减值准备	1 233 213.15	657 908.40	322 630.89	74 754.10	10 026.46	1 483 710.10
其中: 可供出售金融资产减值准备	624 467.84	288 747.10	71 657.96	26 386.39	4 139.38	811 031.21
持有至到期投资减值准备	78 368.93	3 430.00	46 880.40		3 722.50	31 196.03
长期股权投资减值准备	55 271.00	899.74	34 149.55			22 021.19
坏账准备	290 828.91	214 052.39	95 386.73	48 367.71	-0.30	361 127.17
固定资产减值准备	431.73					431.73
投资性房地产减值准备	4 058.50		788.88			3 269.62
其他减值准备	179 786.23	150 779.17	73 767.37		2 164.88	254 633.15
合计	1 487 989.46	829 297.07	446 972.70	112 239.67	10 026.46	1 748 047.69

注:其他减值准备包含存货跌价准备、拆出资金减值准备、抵债资产减值准备等。

对68家信托公司披露的资产准备余额、风险资产准备余额、非风险资产准备余额进行排序,由高到低的排序结果详见表6-4-2、表6-4-3、表6-4-4。

表6-4-2　信托公司2016年末资产准备合计余额情况表

单位:万元

公司简称	准备合计	公司简称	准备合计
华润信托	182 249.44	国元信托	8 881.29
五矿信托	119 169.51	渤海信托	8 507.57
华融信托	94 879.15	四川信托	7 832.52
外贸信托	93 966.02	华能信托	6 131.10
天津信托	93 355.01	中航信托	5 494.83
金谷信托	93 058.18	重庆信托	5 080.08
中信信托	83 915.75	百瑞信托	4 015.15
华宝信托	82 142.32	大业信托	3 360.50
昆仑信托	76 860.10	北京信托	3 189.00
新华信托	69 517.07	中海信托	2 174.43
中铁信托	67 394.00	兴业信托	2 062.00
中诚信托	60 895.04	英大信托	1 919.89
陕国投	56 830.87	长安信托	1 738.60
中原信托	56 798.95	湖南信托	938.00
北方信托	55 697.30	新时代信托	627.89
华鑫信托	50 995.32	中粮信托	600.00
方正东亚	38 899.57	江苏信托	560.75
中泰信托	35 658.01	长城新盛信托	492.50
陆家嘴信托	31 679.00	厦门国际信托	304.00
吉林信托	30 412.86	安信信托	280.53
山西信托	23 169.55	国联信托	273.00
华宸信托	20 963.29	中国民生信托	120.24
中融信托	20 798.00	杭州工商信托	95.00
西藏信托	20 633.45	中江信托	50.00
中投信托	18 159.53	东莞信托	25.00
光大兴陇信托	13 741.01	粤财信托	—
苏州信托	11 750.00	国投泰康信托	—
西部信托	11 305.28	建信信托	—
国民信托	10 746.94	华信信托	—
爱建信托	10 591.51	云南信托	—
浙金信托	10 366.26	紫金信托	—
上海信托	9 453.51	万向信托	—
华澳信托	9 226.00		
山东信托	9 077.54		
交银国际	8 938.48	合计	1 748 047.69

2016 年 68 家披露年报的信托公司中有 7 家没有计提资产损失准备。

表 6-4-3　信托公司 2016 年末风险资产准备合计余额情况表

单位：万元

公司简称	一般准备	专项准备	风险资产准备合计
天津信托		67 236.81	67 236.81
中信信托	23 511.76	23 568.28	47 080.04
中泰信托		30 716.06	30 716.06
北方信托		29 942.00	29 942.00
金谷信托		14 385.20	14 385.20
陕国投	12 627.81		12 627.81
光大兴陇信托	9 484.28		9 484.28
华鑫信托	6 198.59		6 198.59
吉林信托	5 906.44		5 906.44
重庆信托	5 070.00		5 070.00
国元信托	4 863.42		4 863.42
交银国际		4 676.72	4 676.72
中航信托	4 319.00		4 319.00
新华信托	81.62	4 041.43	4 123.05
西部信托		3 522.21	3 522.21
中诚信托		2 863.92	2 863.92
北京信托	2 803.00		2 803.00
中投信托	550.00	1 467.20	2 017.20
华宸信托	1 560.00		1 560.00
湖南信托		898.00	898.00
中铁信托	880.00		880.00
爱建信托	857.34		857.34
渤海信托		760.00	760.00
中粮信托		600.00	600.00
英大信托	400.00	7.50	407.50
厦门国际信托		304.00	304.00
国联信托	37.00	60.00	97.00
华澳信托	88.00		88.00
中江信托		50.00	50.00
安信信托			
百瑞信托			
东莞信托			
粤财信托			
国民信托			
国投泰康信托			
杭州工商信托			
建信信托			
华宝信托			
江苏信托			
兴业信托			
昆仑信托			
山东信托			
山西信托			
上海信托			
华融信托			
苏州信托			
长安信托			
西藏信托			

续表

公司简称	一般准备	专项准备	风险资产准备合计
华润信托			
华信信托			
云南信托			
外贸信托			
中海信托			
中融信托			
中原信托			
华能信托			
浙金信托			
新时代信托			
大业信托			
方正东亚			
陆家嘴信托			
四川信托			
五矿信托			
紫金信托			
长城新盛信托			
中国民生信托			
万向信托			
平安信托			
合计	79 238. 26	185 099. 33	264 337. 59

2016 年 68 家披露年报的信托公司中有 39 家没有计提风险资产准备。

表 6 -4 -4 信托公司 2016 年末非风险资产准备合计情况表

单位:万元

公司简称	可供出售金融资产减值准备	持有至到期投资减值准备	长期股权投资减值准备	坏账准备	固定资产减值准备	投资性房地产减值准备	其他资产减值准备	合计
华润信托				11 065. 23		409. 89	170 774. 32	182 249. 44
五矿信托	42 197. 36			76 972. 15				119 169. 51
华融信托	5 963. 02		341. 77	46 188. 55			42 385. 81	94 879. 15
外贸信托	92 732. 37		401. 79	831. 86				93 966. 02
华宝信托	75 057. 75		7 066. 23	18. 34				82 142. 32
金谷信托	73 836. 62			4 836. 36				78 672. 98
昆仑信托	58 060. 60		259. 00	18 540. 50				76 860. 10
中铁信托	58 384. 00			5 555. 00			2 575. 00	66 514. 00
新华信托	29 990. 02			35 404. 00				65 394. 02
中诚信托	47 131. 63		1 591. 60	9 307. 89				58 031. 12
中原信托	56 024. 00			774. 95				56 798. 95
华鑫信托	42 903. 52			1 876. 62			16. 59	44 796. 73
陕国投				44 203. 06				44 203. 06
方正东亚				38 899. 57				38 899. 57
中信信托	20 505. 00		713. 16	15 617. 55				36 835. 71
陆家嘴信托	31 679. 00							31 679. 00
天津信托	18 538. 00			0. 20			7 580. 00	26 118. 20
北方信托	21 780. 96		3 925. 00				49. 34	25 755. 30
吉林信托	7 769. 93	15 985. 68	297. 75	396. 02			57. 04	24 506. 42
山西信托	23 139. 55			30. 00				23 169. 55
中融信托	19 489. 00			1 309. 00				20 798. 00
西藏信托		11 684. 85					8 948. 60	20 633. 45
华宸信托	12 525. 49			6 871. 25			6. 55	19 403. 29

续表

公司简称	可供出售金融资产减值准备	持有至到期投资减值准备	长期股权投资减值准备	坏账准备	固定资产减值准备	投资性房地产减值准备	其他资产减值准备	合计
中投信托	1 205.00						14 937.33	16 142.33
苏州信托	11 750.00							11 750.00
国民信托	10 409.65			337.29				10 746.94
浙金信托				10 366.26				10 366.26
爱建信托	9 168.77			524.61			40.79	9 734.17
上海信托	9 399.91		53.60					9 453.51
华澳信托	2 191.00			6 947.00				9 138.00
山东信托	1 145.72		7 250.29	368.66			312.87	9 077.54
四川信托	2 741.40			5 091.12				7 832.52
西部信托	7 615.19			167.88				7 783.07
渤海信托	4 825.00			62.84		2 859.73		7 747.57
华能信托				1 886.61			4 244.49	6 131.10
中泰信托				4 941.95				4 941.95
交银国际				4 261.76				4 261.76
光大兴陇信托	709.87			872.56	73.53		2 600.77	4 256.73
国元信托	3 225.00			792.87				4 017.87
百瑞信托	1 743.46			2 263.04			8.65	4 015.15
大业信托		3 360.50						3 360.50
中海信托	2 002.70			171.73				2 174.43
兴业信托	2 062.00							2 062.00
长安信托	587.83			792.57	358.20			1 738.60
英大信托	1 512.39							1 512.39
中航信托				1 175.83				1 175.83
新时代信托				627.89				627.89
江苏信托	500.00			60.75				560.75
长城新盛信托	492.50							492.50
北京信托			121.00	265.00				386.00
安信信托				280.53				280.53
国联信托	11.00	165.00						176.00
中国民生信托				120.24				120.24
杭州工商信托							95.00	95.00
湖南信托				40.00				40.00
东莞信托	25.00							25.00
重庆信托				10.08				10.08
合计	811 031.21	31 196.03	22 021.19	361 127.17	431.73	3 269.62	254 633.15	1 483 710.10

2016 年披露年报的信托公司中有 11 家没有计提非风险资产准备。

(二)资产准备覆盖分析

根据68 家信托公司在2016 年年报中的披露汇总分析,2015 年末风险资产余额为 2 814.24 亿元,2016 年末风险资产余额为 4 194.79亿元;2015 年末资产减值准备余额为61.94 亿元,2016 年末资产减值准备余额为 174.80 亿元;2015 年末风险资产减值准备余额为 24.65 亿元,2016 年末风险资产减值准备余额为 26.43 亿元。根据上述数据计算 2015 年末资产准备覆盖率为 0.94%,2016 年末资产准备覆盖率为 2.42%;2015 年末风险资产准备覆盖率为 0.88%,2016 年末风险资产准备覆盖率为 0.63%。信托公司的风险资产安全水平下降。68 家信托公司汇总的资产准备覆盖情况见表 6-4-5。

表 6-4-5 信托公司资产损失准备覆盖情况分析

项目	2015 年末	2016 年末
资产总额(万元)	65 570 806.06	72 199 330.09
风险资产总额(万元)	28 142 380.01	41 947 933.51
全部准备总额(万元)	619 379.21	1 748 047.69
风险资产准备总额(万元)	246 526.69	264 337.59
资产准备覆盖率(%)	0.94	2.42
风险资产准备覆盖率(%)	0.88	0.63

68 家信托公司 2016 年末的资产准备覆盖率和风险资产准备覆盖率排序详见表 6 –4 –6 和表 6 –4 –7。

表 6 –4 –6　信托公司 2016 年末资产准备覆盖率

公司简称	准备合计（万元）	自营报表资产总额（万元）	资产准备覆盖率（%）
天津信托	93 355. 01	448 387. 23	20. 82
金谷信托	93 058. 18	474 195. 50	19. 62
五矿信托	119 169. 51	720 582. 08	16. 54
华宸信托	20 963. 29	143 496. 01	14. 61
北方信托	55 697. 30	454 706. 40	12. 25
华鑫信托	50 995. 32	422 432. 67	12. 07
外贸信托	93 966. 02	783 187. 50	12. 00
昆仑信托	76 860. 10	642 495. 43	11. 96
浙金信托	10 366. 26	90 314. 90	11. 48
华润信托	182 249. 44	1 898 006. 12	9. 60
西藏信托	20 633. 45	220 296. 13	9. 37
华融信托	94 879. 15	1 016 707. 33	9. 33
华宝信托	82 142. 32	961 944. 94	8. 54
新华信托	69 517. 07	894 906. 13	7. 77
中泰信托	35 658. 01	473 006. 43	7. 54
方正东亚	38 899. 57	516 901. 90	7. 53
中原信托	56 798. 95	758 984. 34	7. 48
陕国投	56 830. 87	950 466. 69	5. 98
山西信托	23 169. 55	391 380. 57	5. 92
陆家嘴信托	31 679. 00	703 847. 55	4. 50
吉林信托	30 412. 86	690 426. 29	4. 40
华澳信托	9 226. 00	244 742. 17	3. 77
中铁信托	67 394. 00	1 896 571. 41	3. 55
中诚信托	60 895. 04	1 944 525. 38	3. 13
中信信托	83 915. 75	2 792 152. 43	3. 01
国民信托	10 746. 94	402 035. 61	2. 67
光大兴陇信托	13 741. 01	523 075. 99	2. 63
苏州信托	11 750. 00	493 244. 57	2. 38
中投信托	18 159. 53	813 229. 74	2. 23
爱建信托	10 591. 51	546 869. 03	1. 94
大业信托	3 360. 50	210 504. 74	1. 60
国元信托	8 881. 29	624 138. 69	1. 42
西部信托	11 305. 28	862 959. 95	1. 31
交银国际	8 938. 48	709 508. 61	1. 26
山东信托	9 077. 54	864 802. 44	1. 05
渤海信托	8 507. 57	856 191. 10	0. 99
中融信托	20 798. 00	2 565 124. 52	0. 81
长城新盛信托	492. 50	70 574. 35	0. 70
中航信托	5 494. 83	871 393. 38	0. 63
百瑞信托	4 015. 15	746 376. 14	0. 54
上海信托	9 453. 51	2 138 971. 69	0. 44
四川信托	7 832. 52	1 820 711. 25	0. 43
华能信托	6 131. 10	1 467 163. 57	0. 42
北京信托	3 189. 00	853 632. 20	0. 37
英大信托	1 919. 89	572 597. 56	0. 34
长安信托	1 738. 60	739 187. 50	0. 24
中海信托	2 174. 43	1 073 325. 26	0. 20
湖南信托	938. 00	475 964. 00	0. 20

续表

公司简称	准备合计(万元)	自营报表资产总额(万元)	资产准备覆盖率(%)
重庆信托	5 080.08	2 596 294.70	0.20
兴业信托	2 062.00	1 735 543.98	0.12
中粮信托	600.00	547 290.55	0.11
新时代信托	627.89	1 009 318.14	0.06
厦门国际信托	304.00	490 433.00	0.06
江苏信托	560.75	1 152 835.34	0.05
国联信托	273.00	571 391.00	0.05
杭州工商信托	95.00	401 992.00	0.02
安信信托	280.53	1 912 569.51	0.01
中国民生信托	120.24	1 264 693.88	0.01
东莞信托	25.00	409 923.73	0.01
中江信托	50.00	1 085 805.82	0.00
万向信托		289 050.19	0.00
建信信托		1 719 119.79	0.00
粤财信托		489 638.50	0.00
国投泰康信托		722 195.84	0.00
华信信托		1 349 747.01	0.00
云南信托		240 778.61	0.00
紫金信托		341 351.66	0.00
平安信托		13 033 111.38	0.00
合计	1 748 047.69	72 199 330.09	2.42

表6-4-7　信托公司2016年末风险资产准备覆盖率

公司简称	风险资产准备合计(万元)	风险资产总额(万元)	风险资产准备覆盖率(%)
吉林信托	5 906.44	26 233.41	22.51
天津信托	67 236.81	494 128.69	13.61
金谷信托	14 385.20	133 731.24	10.76
中泰信托	30 716.06	490 630.05	6.26
北方信托	29 942.00	480 497.47	6.23
中信信托	47 080.04	1 631 160.54	2.89
光大兴陇信托	9 484.28	504 181.11	1.88
华鑫信托	6 198.59	422 432.67	1.47
陕国投	12 627.81	908 907.79	1.39
中诚信托	2 863.92	278 787.45	1.03
华宸信托	1 560.00	154 459.51	1.01
中粮信托	600.00	60 000.00	1.00
国元信托	4 863.42	575 380.80	0.85
交银国际	4 676.72	755 396.70	0.62
湖南信托	898.00	158 871.00	0.57
新华信托	4 123.05	765 807.27	0.54
中航信托	4 319.00	858 726.69	0.50
西部信托	3 522.21	866 683.91	0.41
中铁信托	880.00	230 649.00	0.38
北京信托	2 803.00	773 869.00	0.36
中投信托	2 017.20	783 214.12	0.26
重庆信托	5 070.00	2 547 165.25	0.20
爱建信托	857.34	546 889.85	0.16
渤海信托	760.00	851 606.00	0.09

续表

公司简称	风险资产准备合计（万元）	风险资产总额（万元）	风险资产准备覆盖率（%）
英大信托	407.50	564 041.80	0.07
厦门国际信托	304.00	477 815.00	0.06
华澳信托	88.00	206 487.00	0.04
国联信托	97.00	567 777.00	0.02
中江信托	50.00	1 085 805.82	0.00
安信信托		1 909 781.00	0.00
百瑞信托		599 452.39	0.00
东莞信托		402 562.59	0.00
粤财信托		99 949.86	0.00
国民信托		143 810.60	0.00
国投泰康信托		585 145.00	0.00
杭州工商信托		392 790.00	0.00
建信信托		1 061 896.75	0.00
华宝信托		681 853.17	0.00
江苏信托		225 110.45	0.00
兴业信托		566 539.00	0.00
昆仑信托		547 788.14	0.00
山东信托		718 935.91	0.00
山西信托		224 297.59	0.00
上海信托		1 369 932.51	0.00
华融信托		177 969.44	0.00
苏州信托		481 543.00	0.00
长安信托		740 926.10	0.00
西藏信托		240 922.70	0.00
华润信托		1 931 014.93	0.00
华信信托		676 200.54	0.00
云南信托		141 083.51	0.00
外贸信托		754 811.20	0.00
中海信托		571 502.40	0.00
中融信托		1 268 607.00	0.00
中原信托		177 700.00	0.00
华能信托		1 431 551.70	0.00
浙金信托		78 154.60	0.00
新时代信托		13 073.03	0.00
大业信托		177 812.87	0.00
陆家嘴信托		584 470.00	0.00
四川信托		600 237.07	0.00
五矿信托		696 789.91	0.00
紫金信托		361 148.58	0.00
长城新盛信托		69 808.95	0.00
中国民生信托		1 012 728.05	0.00
万向信托		272 115.72	0.00
平安信托		1 756 581.11	0.00
方正东亚			
合计	264 337.59	41 947 933.51	0.63

五、自营股票投资、基金投资、债券投资、长期股权投资和代理业务的分析

根据68 家信托公司2016 年年报披露,2015 年末自营股票投资、基金投资、债券投资、长期股权投资、代理业务和其他投资的总额为2 753. 35 亿元,2016 年末为3 373. 60 亿元,比2015 年末增加620. 25 亿元,主要是其他投资的增加所致。从构成来看,其他投资业务占54. 79%,为主要业务内容。68 家公司整体汇总情况见表6 -5 -1,各信托公司的具体业务情况见表6 -5 -2。

表6 -5 -1 信托公司自营股票投资、基金投资、债券投资、长期股权投资和代理业务情况分析

	2016 年末(万元)	2016 年末比例(%)	2015 年末(万元)	2015 年末比例(%)	变动比例(%)
自营股票	2 898 828. 38	8. 59	2 786 637. 41	10. 12	4. 03
基金	2 789 280. 49	8. 27	3 041 245. 53	11. 05	-8. 28
债券	791 575. 40	2. 35	586 154. 08	2. 13	35. 05
长期股权投资	8 547 265. 01	25. 34	7 053 860. 51	25. 62	21. 17
其他投资	18 483 371. 10	54. 79	13 894 675. 60	50. 46	33. 02
代理业务	225 652. 00	0. 67	170 914. 29	0. 62	32. 03
合计	33 735 972. 38	100. 00	27 533 487. 42	100. 00	22. 53

表6 -5 -2 信托公司2016 年末具体业务情况表

单位:万元

公司简称	自营股票	基金	债券	长期股权投资	其他投资	代理业务	合计
国元信托	13 582. 29	7 554. 39		324 679. 79	151 526. 56		497 343. 03
安信信托							
百瑞信托	57 388. 87	30 240. 84		90 963. 87	410 847. 89		589 441. 47
北方信托		41 661. 03	14 017. 27	40 003. 91	12 379. 68		108 061. 89
北京信托	8 346. 00	55 022. 00		10 125. 00	112 965. 00	1 372. 72	187 830. 72
中铁信托	6 996. 00			296 009. 00		3 946. 00	306 951. 00
东莞信托				6 210. 67	351 787. 73		357 998. 40
光大兴陇信托	4 224. 80	3 865. 14	270. 00		357 216. 91		365 576. 85
粤财信托		5 778. 35	2 000. 00	180 087. 95	192 817. 88	680. 00	381 364. 18
国联信托	6 605. 00	15 000. 00		158 619. 00	344 627. 00	1 930. 00	526 781. 00
国民信托					277 367. 09		277 367. 09
国投泰康信托		40 805. 00		12 877. 00	476 242. 00		529 924. 00
杭州工商信托	434. 00			5 250. 00	261 546. 00	4 211. 00	271 441. 00
建信信托	1 088. 23	517. 13		459 222. 40	482 147. 52		942 975. 28
湖南信托	6 602. 00	14 553. 00	5 057. 00		376 827. 00		403 039. 00
华宝信托	41 249. 15	24 002. 88		81 180. 64	408 559. 15		554 991. 82
吉林信托	1 093. 05		55 307. 74	447 998. 65	23 275. 11		527 674. 55
江苏信托	7 866. 15	8 752. 26		848 436. 04	189 631. 98		1 054 686. 43
中江信托	579 962. 06	146 284. 09	50 819. 00	112 974. 82			890 039. 97
兴业信托	16 515. 00	99 589. 00	126 217. 00	101 834. 00	835 250. 00		1 179 405. 00
华宸信托	1 918. 58	30 971. 23		4 567. 32	70 390. 42		107 847. 55
昆仑信托	11 131. 76	2 000. 00		10 100. 94			23 232. 70
平安信托		129 601. 05		587 799. 13	814 545. 75		1 531 945. 93
山东信托	7 075. 02	31 094. 02	29 890. 00	156 610. 23			224 669. 27
山西信托	18 096. 07	1 389. 73		68 011. 99			87 497. 79
陕国投							
上海信托	14 819. 01	74 785. 86	23 451. 22	85 376. 40	786 037. 61	2 864. 42	987 334. 52

续表

公司简称	自营股票	基金	债券	长期股权投资	其他投资	代理业务	合计
华融信托	27 770. 14	53 245. 06	129 674. 68	20 000. 00	710 434. 20		941 124. 08
苏州信托	125 204. 00			6 926. 00	261 815. 00		393 945. 00
天津信托	380. 58	3 451. 28	12 947. 85	65 213. 98	154 102. 05		236 095. 74
长安信托	15 440. 79	300 350. 66	2 513. 25	2 513. 25			320 817. 95
西部信托	584 935. 21	50 000. 00			215 231. 66		850 166. 87
西藏信托	19 452. 60	5 000. 00	20 221. 35	3 540. 03			48 213. 98
厦门国际信托	37 461. 00	20 004. 00		106 469. 00	258 309. 00	3 308. 00	425 551. 00
新华信托	52. 23		5 000. 00	29 334. 13	286 725. 88	1 188. 79	322 301. 03
华润信托		111 095. 43		1 116 494. 34	234 238. 53		1 461 828. 30
华信信托	472 622. 68			150 941. 84		1 030. 45	624 594. 97
英大信托	1 450. 02	132 396. 27	10 717. 32	9 800. 00	268 803. 47		423 167. 08
云南信托	287. 91				86 183. 44		86 471. 35
中诚信托	22 316. 87	76 845. 92		498 822. 46	785 079. 02		1 383 064. 27
外贸信托	98 400. 17	26 007. 04		79 671. 28			204 078. 49
中海信托	6 732. 86	37 495. 49		257 834. 07	771 262. 85		1 073 325. 27
中融信托	61 653. 38	652 267. 67		210 100. 81			924 021. 86
中泰信托	32 946. 02			189 754. 78	163 227. 95		385 928. 75
中信信托	50 650. 94	100 007. 47		137 559. 36	518 138. 48	72 527. 79	878 884. 04
中原信托			274. 34		363 597. 51		363 871. 85
重庆信托	282 128. 05	1 864. 35		737 451. 56	959 871. 60		1 981 315. 56
渤海信托	2 455. 52	29 882. 86		87 903. 94	298 845. 48		419 087. 80
交银国际			9 500. 00	32 957. 00			42 457. 00
中投信托	40 640. 96	10 000. 00	15 000. 00	2 880. 16	579 553. 03	4 558. 95	652 633. 10
华能信托	49 012. 42	133 018. 70		20 000. 00			202 031. 12
浙金信托			7 277. 23		25 408. 26		32 685. 49
爱建信托	5 028. 11	84 349. 18	10 838. 81	20 219. 06	306 091. 34	128 033. 88	554 560. 38
新时代信托			35 105. 00	329 983. 55	483 722. 00		848 810. 55
中航信托				203 522. 00	414 752. 60		618 274. 60
华澳信托		5 818. 00	40 000. 00		100 245. 00		146 063. 00
大业信托							
方正东亚	11 740. 40		5 000. 00		361 543. 39		378 283. 79
华鑫信托	19. 28	50 759. 22			332 580. 83		383 359. 33
金谷信托					332 602. 77		332 602. 77
陆家嘴信托		48 058. 00	10 960. 00		481 126. 00		540 144. 00
四川信托	37 227. 71		168 325. 68	84 453. 03			290 006. 42
五矿信托	10 609. 49	49 125. 96	290. 66	50 000. 00	303 702. 64		413 728. 75
中粮信托	77 611. 84	38 954. 51		2 510. 00			119 076. 35
紫金信托	19 604. 16	5 816. 42	900. 00	1 470. 63	302 664. 74		330 455. 95
长城新盛信托							
中国民生信托					1 000 704. 10		1 000 704. 10
万向信托					186 820. 00		186 820. 00
合计	2 898 828. 38	2 789 280. 49	791 575. 40	8 547 265. 01	18 483 371. 10	225 652. 00	33 735 972. 38

六、自营贷款分析

2016 年末 68 家信托公司中有中江信托、陕国投、中国民生信托、长安信托四家公司没有披露前五名自营贷款的信息。在披露自营贷款信息的 68 家信托公司中有 28 家披露无自营贷款。有 21 家信托公司前五名自营贷款占全部自营贷款的比例为 100%,风险非常集中。68 家信托公司前五名自营贷款占自营贷款总额的比例情况详见表 6 -6 -1。

表 6 -6 -1　2016 年信托公司前五名自营贷款占自营贷款总额的比例情况表

公司简称	前五名自营贷款占总自营贷款比例(%)	公司简称	前五名自营贷款占总自营贷款比例(%)
粤财信托	无自营贷款	平安信托	100.00
东莞信托	无自营贷款	华信信托	100.00
国投泰康信托	无自营贷款	华澳信托	100.00
建信信托	无自营贷款	中粮信托	100.00
华宝信托	无自营贷款	国联信托	100.00
江苏信托	无自营贷款	华宸信托	100.00
兴业信托	无自营贷款	厦门国际信托	100.00
昆仑信托	无自营贷款	新华信托	100.00
山东信托	无自营贷款	英大信托	100.00
山西信托	无自营贷款	湖南信托	100.00
上海信托	无自营贷款	苏州信托	100.00
华融信托	无自营贷款	中诚信托	100.00
华润信托	无自营贷款	交银国际	100.00
云南信托	无自营贷款	中投信托	100.00
外贸信托	无自营贷款	金谷信托	100.00
中海信托	无自营贷款	吉林信托	100.00
中融信托	无自营贷款	中航信托	100.00
华能信托	无自营贷款	重庆信托	100.00
浙金信托	无自营贷款	四川信托	100.00
新时代信托	无自营贷款	中泰信托	100.00
大业信托	无自营贷款	西藏信托	97.56
方正东亚	无自营贷款	中信信托	96.23
华鑫信托	无自营贷款	北方信托	95.39
陆家嘴信托	无自营贷款	渤海信托	95.07
五矿信托	无自营贷款	光大兴陇信托	91.94
紫金信托	无自营贷款	中原信托	91.73
长城新盛信托	无自营贷款	西部信托	87.86
万向信托	无自营贷款	杭州工商信托	84.61
中江信托	未披露	安信信托	78.00
陕国投	未披露	爱建信托	74.78
中国民生信托	未披露	国元信托	74.15
长安信托	未披露	百瑞信托	68.00
中铁信托	100.00	天津信托	63.51
国民信托	100.00	北京信托	54.40

七、关联方关系及其交易的披露

关联交易一直是公司经营的一个瓶颈,在公司业务发展良好和不良两个阶段均会发生大量的关联交易。在业务发展良好时,公司可能会向关联方输送利益;在业务发展不良时,关联方可能会向公司输送利益。即使在公司业务发展一般时,也会由于种种原因与关联方发生关联交易。因此关联交易也就一直成为公众和监管部门关注的重点。

(一)关联方及其交易汇总

经统计,2016 年 68 家信托公司关联方数量为 745 家,关联交易总金额为 10 156.69 亿元,详见表 6 -7 -1。

表 6－7－1　2016 年信托公司关联方交易情况表，关联方交易金额由高到低排序

公司简称	关联交易方数量	关联交易金额（万元）	公司简称	关联交易方数量	关联交易金额（万元）
兴业信托	9	29 352 520.93	紫金信托	2	171 470.63
英大信托	90	15 647 149.45	中粮信托	20	161 550.00
光大兴陇信托	6	8 895 196.63	东莞信托	5	134 650.00
华润信托	17	6 278 516.49	厦门国际信托	12	123 406.00
中海信托	11	6 173 663.28	云南信托	1	105 000.00
平安信托	25	5 025 322.34	陆家嘴信托	5	95 972.35
百瑞信托	4	2 912 439.61	中铁信托	3	78 460.11
上海信托	7	2 860 633.46	湖南信托	3	74 576.00
中信信托	22	2 365 138.77	西藏信托	2	73 100.00
华融信托	7	2 106 590.05	山东信托	3	68 419.35
中融信托	12	1 836 651.89	天津信托	2	60 000.00
昆仑信托	14	1 730 300.00	交银国际	5	31 991.17
建信信托	7	1 662 946.04	国联信托	4	28 040.00
渤海信托	20	1 639 288.10	长城新盛信托	7	22 442.21
中国民生信托	16	1 616 323.45	中泰信托	4	15 822.42
重庆信托	44	1 480 336.26	山西信托	2	6 303.04
国投泰康信托	15	832 474.29	外贸信托	4	3 652.56
五矿信托	10	821 349.02	中投信托	2	2 852.80
长安信托	70	817 107.77	大业信托	1	2 300.00
华能信托	6	789 895.00	浙金信托	4	1 096.01
中诚信托	56	565 486.25	万向信托	2	935.36
华信信托	1	558 890.00	四川信托	4	770.56
金谷信托	6	524 922.24	粤财信托	1	670.45
北京信托	3	506 820.00	吉林信托	3	438.00
中原信托	38	467 670.99	西部信托	8	365.58
中航信托	17	419 327.31	国民信托	1	287.69
江苏信托	6	355 203.64	方正东亚	1	130.30
新华信托	3	348 155.81	杭州工商信托	1	9.00
苏州信托	59	330 774.54	国元信托	1	2.15
华宝信托	3	305 383.00	安信信托	5	—
北方信托	5	289 000.00	爱建信托	—	—
华鑫信托	14	226 363.24	新时代信托	—	—
陕国投	2	202 000.00	华澳信托	—	—
中江信托	1	180 000.00			
华宸信托	1	180 000.00	合计	745	101 568 553.59

（二）固有资产与关联方关联交易

从表 6－7－2 分析发现，固有资产与关联方的交易主要集中在投资和其他两个方面，关于其他的具体内容，信托公司年报中未详细披露。总体看来，固有资产与关联方之间的交易比上年有所上升。68 家信托公司 2016 年固有资产与关联方交易的汇总表及明细表分别见表 6－7－2 和表 6－7－3。

表 6－7－2　固有资产与关联方关联交易汇总表

项目	2015 年末余额（万元）	2015 年末比例（%）	2016 年末余额（万元）	2016 年末比例（%）	增减率（%）
贷款					
投资	2 389 380.04	60.41	2 835 457.19	63.31	18.67
租赁	2 500.71	0.06	5 203.55	0.12	108.08
担保	0		—		
应收账款	97 778.76	2.47	94.47	0.00	-99.90
其他	1 465 311.20	37.05	1 638 061.54	36.57	11.79
合计	3 954 970.71	100.00	4 478 816.74	100.00	13.25

表 6-7-3　2016 年末固有资产与关联方关联交易余额明细表，由高到低排序

单位：万元

公司简称	关联交易余额	公司简称	关联交易余额
平安信托	579 924. 92	万向信托	59. 82
安信信托	500 887. 63	华能信托	48. 97
中融信托	493 520. 00	方正东亚	16. 00
光大兴陇信托	490 843. 83	国元信托	2. 15
重庆信托	458 085. 00	百瑞信托	—
华信信托	456 719. 41	东莞信托	—
中信信托	338 137. 21	粤财信托	—
长安信托	295 462. 66	国联信托	—
中诚信托	289 062. 45	国民信托	—
兴业信托	163 506. 83	杭州工商信托	—
国投泰康信托	90 948. 27	华宝信托	—
新华信托	78 049. 29	中江信托	—
上海信托	77 656. 37	昆仑信托	—
华润信托	74 807. 54	陕国投	—
山东信托	68 419. 35	苏州信托	—
北京信托	54 477. 00	天津信托	—
金谷信托	32 134. 97	西藏信托	—
华融信托	30 017. 66	英大信托	—
吉林信托	22 850. 00	云南信托	—
中泰信托	19 632. 75	中海信托	—
交银国际	16 000. 00	中原信托	—
厦门国际信托	13 529. 00	渤海信托	—
北方信托	11 000. 00	中投信托	—
西部信托	10 000. 00	爱建信托	—
中铁信托	8 460. 11	新时代信托	—
山西信托	5 770. 25	华澳信托	—
华宸信托	1 818. 00	大业信托	—
浙金信托	1 664. 22	华鑫信托	—
紫金信托	1 470. 63	陆家嘴信托	—
中国民生信托	989. 67	长城新盛信托	—
外贸信托	862. 01	五矿信托	-40 091. 88
四川信托	770. 56	建信信托	-52 797. 09
中粮信托	271. 61	江苏信托	-116 347. 56
中航信托	105. 13	万向信托	59. 82
湖南信托	72. 00	合计	4 478 816. 74

(三)信托资产与关联方关联交易

经统计，信托资产与关联方的交易主要集中在贷款和其他方面，信托资产与关联方贷款交易约占整个信托资产与关联方交易的 11. 64%，信托资产与关联方其他交易约占整个信托资产与关联方交易的 83. 83%。68 家信托公司 2016 年信托资产与关联方交易的汇总表及明细表分别见表 6-7-4 和表 6-7-5。

表 6-7-4　信托资产与关联方关联交易汇总分析

项目	2015 年末余额(万元)	2015 年末比例(%)	2016 年末余额(万元)	2016 年末比例(%)	增减率(%)
贷款	16 868 337. 08	13. 43	19 088 276. 11	11. 64	13. 16
投资	7 359 026. 28	5. 86	7 072 426. 36	4. 31	-3. 89
租赁	47 218. 67	0. 04	61 812. 90	0. 04	30. 91
担保	—	—	11 000. 00	0. 01	
应收账款	338 880. 00	0. 27	285 034. 74	0. 17	-15. 89
其他	101 007 879. 12	80. 40	137 513 540. 47	83. 83	36. 14
合计	125 621 341. 15	100. 00	164 032 090. 58	100. 00	30. 58

表 6-7-5　2016 年末信托资产与关联方关联交易余额明细表，由高到低排序

单位：万元

公司简称	关联交易余额	公司简称	关联交易余额
建信信托	83 014 494. 17	西藏信托	66 100. 00
兴业信托	29 352 521. 00	湖南信托	63 500. 00
英大信托	15 347 582. 78	江苏信托	59 357. 98
光大兴陇信托	8 404 352. 80	中粮信托	56 040. 00
华润信托	4 253 715. 52	天津信托	50 000. 00
中海信托	3 954 969. 29	国投泰康信托	38 462. 50
上海信托	2 138 431. 03	北京信托	29 436. 00
华融信托	2 076 572. 39	浙金信托	14 000. 00
平安信托	1 832 257. 81	西部信托	11 000. 00
昆仑信托	1 730 300. 00	万向信托	7 600. 00
中国民生信托	1 665 357. 78	国联信托	4 000. 00
渤海信托	1 639 288. 10	大业信托	2 300. 00
中诚信托	1 146 470. 02	国元信托	—
北方信托	1 100 840. 00	安信信托	—
华能信托	789 895. 00	粤财信托	—
百瑞信托	568 200. 00	国民信托	—
五矿信托	553 911. 90	杭州工商信托	—
长安信托	521 645. 11	吉林信托	—
陕国投	520 000. 00	山东信托	—
金谷信托	492 787. 27	山西信托	—
中航信托	417 500. 00	苏州信托	—
陆家嘴信托	306 543. 87	新华信托	—
四川信托	229 141. 60	华信信托	—
华宝信托	194 428. 00	外贸信托	—
华宸信托	187 000. 00	中泰信托	—
中江信托	180 000. 00	中原信托	—
紫金信托	170 000. 00	交银国际	—
中融信托	161 443. 83	中投信托	—
东莞信托	134 650. 00	爱建信托	—
厦门国际信托	109 877. 00	新时代信托	—
云南信托	105 000. 00	华澳信托	—
重庆信托	98 089. 10	方正东亚	—
中信信托	95 428. 73	长城新盛信托	—
中铁信托	70 000. 00	合计	164 032 090. 58
华鑫信托	67 600. 00		

（四）固有财产与信托财产相互交易

表 6-7-6　固有财产与信托财产相互交易汇总分析

单位：万元

项目	2016 年末
余额	13 044 366. 72
发生额	5 322 504. 38

表6-7-7　固有财产与信托财产关联交易余额情况表

单位:万元

公司简称	2016年末	公司简称	2016年末
新时代信托	1 004 032.00	万向信托	145 030.00
重庆信托	671 744.00	厦门国际信托	129 041.00
上海信托	621 882.47	渤海信托	126 209.24
中国民生信托	544 474.10	大业信托	122 739.00
华融信托	517 170.00	中海信托	116 001.00
中投信托	505 450.00	英大信托	114 066.67
华宝信托	410 921.00	西藏信托	106 605.40
中信信托	394 053.72	交银国际	101 210.00
陆家嘴信托	391 322.89	中粮信托	98 050.00
山东信托	389 174.00	山西信托	91 921.13
中航信托	383 585.81	云南信托	86 183.44
兴业信托	335 969.36	北方信托	68 278.98
外贸信托	334 781.00	国联信托	49 834.00
东莞信托	323 898.95	华宸信托	45 703.32
华润信托	320 702.27	长安信托	42 775.65
百瑞信托	296 873.94	西部信托	38 660.72
五矿信托	295 900.00	中江信托	23 319.00
昆仑信托	274 276.37	国民信托	15 000.00
方正东亚	273 823.39	国元信托	5 858.12
爱建信托	269 095.37	浙金信托	510.00
新华信托	251 758.59	北京信托	45.72
中原信托	246 260.99	安信信托	—
中融信托	235 000.00	中铁信托	—
建信信托	223 000.00	粤财信托	—
平安信托	209 793.83	湖南信托	—
光大兴陇信托	200 810.00	吉林信托	—
陕国投	195 400.00	天津信托	—
杭州工商信托	191 470.00	华信信托	—
江苏信托	189 531.98	中泰信托	—
国投泰康信托	178 120.00	华能信托	—
紫金信托	176 878.89	华澳信托	—
中诚信托	175 096.91	金谷信托	—
苏州信托	166 125.00	长城新盛信托	—
四川信托	159 584.26	合计	13 044 366.72
华鑫信托	159 363.24		

(五)信托资产与信托财产相互交易

表6-7-8　信托资产与信托财产相互交易汇总分析

单位:万元

项目	2016年末
余额	56 406 239.07
发生额	30 549 599.97

表6-7-9　信托资产与信托财产关联交易余额情况表

单位：万元

公司简称	2016年末	公司简称	2016年末
建信信托	15 993 510.15	山东信托	229 483.00
华宝信托	5 459 625.00	中原信托	221 410.00
厦门国际信托	4 087 962.00	西藏信托	189 625.20
外贸信托	4 019 456.74	英大信托	185 500.00
平安信托	2 403 345.77	山西信托	161 652.00
昆仑信托	2 176 657.89	陕国投	141 754.25
百瑞信托	2 047 365.67	中诚信托	101 480.00
兴业信托	1 911 557.81	爱建信托	98 810.18
紫金信托	1 740 508.19	长安信托	81 140.55
华润信托	1 629 291.16	粤财信托	76 622.83
中信信托	1 537 519.11	中国民生信托	58 401.00
中海信托	1 214 020.13	浙金信托	44 510.00
上海信托	853 039.30	国投泰康信托	39 280.00
四川信托	830 517.50	国元信托	—
中融信托	711 688.38	中铁信托	—
五矿信托	695 062.96	国民信托	—
东莞信托	661 816.65	吉林信托	—
中投信托	621 038.55	中江信托	—
万向信托	563 120.00	华宸信托	—
湖南信托	477 231.10	华融信托	—
陆家嘴信托	453 482.48	天津信托	—
安信信托	443 000.00	西部信托	—
北京信托	420 332.10	华信信托	—
大业信托	379 518.00	中泰信托	—
杭州工商信托	375 940.00	渤海信托	—
国联信托	372 178.00	华能信托	—
新华信托	361 100.14	新时代信托	—
江苏信托	356 757.30	中航信托	—
苏州信托	330 774.54	华澳信托	—
云南信托	322 291.55	华鑫信托	—
北方信托	300 000.00	金谷信托	—
方正东亚	270 297.29	中粮信托	—
光大兴陇信托	268 850.00	长城新盛信托	—
重庆信托	252 418.16	合计	56 406 239.07
交银国际	235 296.44		

八、子公司及其合并情况

2016年68家信托公司中有36家公司不需要编制合并报表，在需要编制合并报表的31家中，有28家披露了合并子公司数量，共计合并了70家子公司；山西信托、中投信托、华澳信托虽编制了合并报表，但未披露合并子公司的情况；另有天津信托未披露是否需要编制合并报表及应纳入合并范围的子公司数量。具体情况详见表6-8-1。

表 6－8－1　2016 年信托公司对合并范围内的子公司的披露情况

公司简称	是否编制合并报表	合并子公司数量	公司简称	是否编制合并报表	合并子公司数量
中融信托	是	16	国民信托	不适用	
平安信托	是	8	湖南信托	不适用	
吉林信托	是	5	江苏信托	不适用	
建信信托	是	4	华宸信托	不适用	
苏州信托	是	4	昆仑信托	不适用	
中诚信托	是	4	陕国投	不适用	
北京信托	是	3	华融信托	不适用	
上海信托	是	3	长安信托	不适用	
华润信托	是	3	西部信托	不适用	
中铁信托	是	2	西藏信托	不适用	
兴业信托	是	2	华信信托	不适用	
中信信托	是	2	云南信托	不适用	
四川信托	是	2	外贸信托	不适用	
国联信托	是	1	中海信托	不适用	
国投泰康信托	是	1	中泰信托	不适用	
杭州工商信托	是	1	中原信托	不适用	
华宝信托	是	1	渤海信托	不适用	
中江信托	是	1	浙金信托	不适用	
厦门国际信托	是	1	爱建信托	不适用	
新华信托	是	1	新时代信托	不适用	
英大信托	是	1	中航信托	不适用	
重庆信托	是	1	大业信托	不适用	
交银国际	是	1	方正东亚	不适用	
华能信托	是	1	华鑫信托	不适用	
中粮信托	是	1	金谷信托	不适用	
安信信托	是		五矿信托	不适用	
陆家嘴信托	是		紫金信托	不适用	
山东信托	是		长城新盛信托	不适用	
国元信托	不适用		中国民生信托	不适用	未披露
百瑞信托	不适用		万向信托	不适用	未披露
北方信托	不适用		山西信托	是	未披露
东莞信托	不适用		中投信托	是	未披露
光大兴陇信托	不适用		华澳信托	是	未披露
粤财信托	不适用		天津信托	未披露	未披露

九、信托公司年报中对经营因素的认可情况分析

（一）关于经营目标

共有 68 家公司均对经营目标作出了表述。认同前 5 名经营目标的详见表 6－9－1。

表 6－9－1　认同前 5 名的经营目标

经营目标	认同公司数
对全国行业排名或地位提出期望，努力成为卓越金融企业	45
完善内部管理、提高经营绩效和风控水平	23
回报股东和信托受益人	12
扩大业务范围，加强信托主业	15
为客户提供多样化金融产品，并创造价值	11

（二）关于经营方针

共有68家公司披露了经营方针。认同前5名的经营方针详见表6-9-2。

表6-9-2 认同前5名的经营方针

经营方针	认同公司数
强化诚信、稳健、合规的经营思路	37
创新业务模式和盈利模式，扩大信托产品规模，推动信托业务转型	32
完善法人治理结构和内部管理、加强风险控制	14
股东回报或信托受益人收益最大化	14
加强业务的专业化，有针对性地为客户提供服务	18

（三）关于战略规划

共有67家公司均披露了战略规划。认同前5名的战略规划详见表6-9-3。

表6-9-3 认同前5名的战略规划

战略规划	认同公司数
对全国行业排名或地位提出期望，努力成为卓越金融企业	31
在创新业务领域内实现突破，实现业务转型、培育核心竞争力	43
形成专业的员工队伍，完善激励机制	22
提升风险管理能力	21
结合区域发展规划实现自身发展	20

（四）关于经济形势认识

共有23家公司披露了对经济形势的认识。认同前4名的经济形势分析详见表6-9-4。

表6-9-4 认同前4名的经济形势分析

经济形势	认同公司数
国家宏观调控政策的密集出台，经济结构调整的步伐明显加快	11
在稳固现有传统业务的同时，加速业务转型升级，改革创新才能保障信托公司未来的辉煌	7
经济增速持续下滑 工业生产增长放缓，企业利润增速回落，出口减少	7
经济和政策面临一定的困难和波动，对信托公司业务拓展和风险管理造成一定影响	2

（五）关于金融形势认识

共有16家公司披露了对金融形势的认识。认同前2名的金融形势分析详见表6-9-5。

表6-9-5 认同前2名的金融形势分析

金融形势	认同公司数
国民财富的增长对信托行业来说，将对其稳健发展起到一定的推动作用	5
国家通过一系列措施，继续深化金融改革，加快金融市场发展，以及推动金融格局发生转变，推进金融机构经营行为的变革	12

（六）关于经营有利因素的认识

共有66家公司披露了经营有利因素。认同前5名的经营有利因素分析详见表6-9-6。

表6-9-6 认同前5名的经营有利因素分析

经营有利因素	认同公司数
投资、理财需求的旺盛	37
信托市场已经初具规模，信托业呈现出良好的发展趋势，信托行业影响力进一步提升	44
宏观经济政策良好	32
公司自身的转型、管理的完善、雄厚的资金实力、资产质量的改善、品牌形象的树立	29
监管部门的支持、信托新规的完善形成巨大机遇	39

(七)关于经营不利因素的认识

共有65家公司均披露了经营不利因素。认同前5名的经营不利因素分析详见表6-9-7。

表6-9-7 认同前5名的经营不利因素分析

经营不利因素	认同公司数
传统业务领域难以持续,转型创新迫在眉睫	41
金融危机波及金融行业,内外宏观经济环境不确定因素较多	41
理财产品市场竞争激烈,其他金融行业构成竞争	31
信托业务的开发缺乏更为广阔的市场基础,地区欠发达	8
信托新规对信托业短期发展,尤其是现有信托业务的限制,信托法规有待完善	11
缺乏宏观决策的关注和存在政策支持力度的问题	11

(八)关于内部控制职能部门的认识

共有68家公司披露了内部控制职能部门。认同前5名的对内部控制职能部门认同分析详见表6-9-8。

表6-9-8 认同前5名的对内部控制职能部门认同分析

内部控制职能部门	认同公司数
股东会、董事会、监事会及管理层	64
董事会合规与风险管理委员会	47
董事会审计委员会	36
风险及合规管理部	25
稽核审查部	22

(九)关于风险管理可能遇到的风险的认识

共有68家公司披露了可能遇到的风险。认同前4名的风险管理可能遇到的风险分析详见表6-9-9。

表6-9-9 认同前4名的风险管理可能遇到的风险分析

可能遇到的风险	认同公司数
信用风险	68
市场风险	68
操作风险	68
其他风险	65

(十)关于风险管理基本原则与政策的认识

共有35家公司披露了风险管理的基本原则和政策。认同前5名的风险管理基本原则与政策的分析详见表6-9-10。

表6-9-10 认同前5名的风险管理基本原则与政策的分析

风险管理基本原则与政策	认同公司数
全面性原则	26
独立性原则	19
审慎性原则	18
有效性原则	14
及时性原则	15

(十一)关于风险管理组织机构与职责的认识

共有65家公司披露了风险管理的组织机构与职责。认同前5名的风险管理组织机构与职责的分析详见表6-9-11。

表 6 -9 -11　认同前 5 名的风险管理组织机构与职责的分析

风险管理组织机构与职责	认同公司数
合规及风险控制委员会：拟定公司的风险管理政策和指导原则，风险的评估、识别、防范和认定	58
董事会：承担风险管理的最终责任，对公司进行全面风险管理，掌握公司面临的各项重大风险及其风险管理状况，作出有效控制风险的决策	55
合规风险部门：发挥日常监督、控制和预警的职能，对公司经营管理和执业行为的监察监督	35
稽核审查部：对各项经营风险控制情况进行全面监督检查和评价	43
公司各职能部门是公司风险控制措施的具体执行部门	33

（十二）关于信用风险状况的认识

共有 68 家公司认同信用风险，信用风险是指交易过程中由于交易对手方或相关交易方产生的交易不确定性。认同前 4 名的信用风险状况分析详见表 6 -9 -12。

表 6 -9 -12　认同前 4 名的信用风险状况分析

信用风险	认同公司数
公司贷款业务中贷款对象、债券发行人造成的不确定性	61
担保业务中的相关交易方造成的不确定性	20
证券投资中的券商、股权投资中的被投资人造成的不确定性	9
应收款、其他应收款项中的信用风险	7

（十三）关于信用风险管理措施的认识

共有 68 家公司披露了信用风险管理措施。认同前 5 名的信用风险管理措施的分析详见表 6 -9 -13。

表 6 -9 -13　认同前 5 名的信用风险管理措施的分析

信用风险管理措施	认同公司数
加强对交易对手尽职调查等事前防范	52
项目结束后及时进行审计和评价，事后定期监控财务指标，足额计提准备	42
事中对交易对手进行动态管理	39
认真落实贷款担保、抵押	30
严格按照业务流程开展业务	15

（十四）关于市场风险状况的认识

共有 62 家公司披露了市场风险状况。认同前 4 名的市场风险状况的分析详见表 6 -9 -14。

表 6 -9 -14　认同前 4 名的市场风险状况的分析

市场风险	认同公司数
股价波动的影响	50
利率波动的影响	53
汇率波动的影响	45
其他价格波动的影响	47

（十五）关于市场风险管理措施的认识

共有 64 家公司披露了市场风险管理措施。认同前 5 名的市场风险管理措施的分析详见表 6 -9 -15。

表 6 -9 -15　认同前 5 名的市场风险管理措施的分析

市场风险管理措施	认同公司数
加强行业风险研究，规避宏观面和行业周期产生的市场风险	34
关注国家宏观政策变化，规避限制类行业和相关项目	38
进行资产组合管理，设置止损，风险对冲，动态调整资产配置方案	34
加强对经济及金融形势的分析预测	23
合理约定信托资金的还款方式、价格、期限及有效的内控措施，避免市场风险带来的信托财产收益的不确定性	12

（十六）关于操作风险状况的认识

共有62家公司明确披露了操作过程中可能的风险点。认同前5名的操作风险状况的分析详见表6-9-16。

表6-9-16　认同前5名的操作风险状况的分析

操作风险	认同公司数
内部管理制度或流程失误	55
操作者个人原因	50
信息系统的不完善	31
外部事件影响	17
内部控制缺失	11

（十七）关于操作风险管理措施的认识

共有65家公司披露了操作风险管理措施。认同前5位的操作风险管理措施的分析详见表6-9-17。

表6-9-17　认同前5名的操作风险管理措施的分析

操作风险管理措施	认同公司数
完善业务流程，加强合规管理	59
加强内控，加强岗位之间的制衡	40
员工加强风险教育，制定奖惩制度	29
对内控制度的执行情况和制度完备性进行定期的检查，并督促及时整改	21
完善信息系统	14

（十八）关于其他风险状况的认识

共有61家公司披露了其他风险状况。认同前5名的其他风险状况详见表6-9-18。

表6-9-18　认同前5名的其他风险状况的分析

其他风险状况	认同公司数
声誉风险：由于公司操作失误，违反有关规定，资产质量下降不能到期偿债和管理不善等原因，对其外部市场造成的不良影响	40
政策风险：宏观政策以及监管政策的变动对公司经营环境和发展所造成的风险	34
道德风险：由于内部人员蓄意违法或与利益主体串通所引起的风险	37
法律风险：公司在业务经营中由于合同内容等方面在法律上有缺陷或不完善而发生法律纠纷等风险	29
合规风险：公司因没有遵循法律、规则和准则可能遭受法律制裁、监管处罚、重大财务损失和声誉损失的风险	20

（十九）关于其他风险管理措施的认识

共有52家公司披露了其他风险管理措施。认同前5名的其他风险管理措施的分析详见表6-9-19。

表6-9-19　认同前5名的其他风险管理措施的分析

其他风险管理措施	认同公司数
加强内控建设和道德教育，控制道德风险	25
加强宏观研究，控制政策风险	29
合规性审查	22
通过尽职管理和充分信息披露以塑造公司的专业和诚信形象，对可能影响公司声誉的业务坚决予以回避	17
设立法务部或聘请律师，加强法律研究	20

第七章　公司治理结构及人员结构

本章就信托公司的公司治理情况进行分析。

一、2016 年公司股东会、董事会和监事会三会情况分析

(一)股东会、董事会和监事会三会会议次数

2016 年,66 家(上年 67 家)信托公司在年报中不同程度地披露了“三会”会议的情况(见表 7－1－1)。

股东会召开次数为 295 次,平均股东会召开次数为 4. 47 次;董事会召开次数为 603 次,平均董事会召开次数为 9. 14 次;监事会召开次数为 183 次,平均监事会召开次数为 2. 77 次。上年此三项平均数字分别为 3. 96 次、8. 76 次和 2. 87 次。

表 7－1－1　68 家信托公司 2016 年“三会”会议情况表

公司简称	年度股东会会议次数	年度董事会会议次数	年度监事会会议次数
爱建信托	3	3	3
安信信托	3	13	5
百瑞信托	5	12	3
北方信托	5	20	3
北京信托	5	2	2
渤海信托	5	8	2
大业信托	2	2	1
东莞信托	14	11	3
方正东亚信托	5	3	1
光大兴陇信托	3	8	2
国联信托	4	9	3
国民信托	9	6	2
国投泰康信托	3	7	2
国元信托	2	5	4
杭州工商信托	3	2	2
湖南信托	未披露	未披露	未披露
华澳信托	11	8	2
华宝信托	4	9	3
华宸信托	5	6	2
华能信托	5	12	2
华融信托	1	2	2
华润信托	4	4	1
华鑫信托	2	3	1
华信信托	8	13	2
吉林信托	0	18	2
建信信托	5	11	2
江苏信托	7	8	2
交银国际信托	3	4	2
金谷信托	2	11	2
昆仑信托	5	5	1

续表

公司简称	年度股东会会议次数	年度董事会会议次数	年度监事会会议次数
陆家嘴信托	4	5	1
平安信托	4	7	2
厦门国际信托	2	3	3
山东信托	7	7	2
山西信托	6	9	1
陕国投	2	13	8
上海信托	6	11	3
四川信托	4	14	2
苏州信托	4	11	2
天津信托	9	11	8
外贸信托	4	6	3
万向信托	1	2	2
五矿信托	7	8	4
西部信托	6	9	4
西藏信托	1	3	2
新华信托	9	14	4
新时代信托	3	6	2
兴业信托	4	13	6
英大信托	3	6	2
粤财信托	7	14	3
云南信托	6	10	6
长安信托	1	46	4
长城信托	4	11	3
浙金信托	4	10	3
中诚信托	3	4	2
中国民生信托	3	11	4
中海信托	4	7	4
中航信托	4	6	2
中江信托	未披露	未披露	未披露
中粮信托	2	4	3
中融信托	6	16	4
中泰信托	7	14	6
中铁信托	2	24	2
中建投信托	9	10	4
中信信托	3	12	2
中原信托	6	5	0
重庆信托	2	9	4
紫金信托	3	7	2
合计	295	603	183
平均	4. 47	9. 14	2. 77

（二）董事会及其基本情况分析

1. 董事的变更分析

经统计，有 55 家公司详细披露了 2016 年内发生的董事变更次数和变更人员情况；其余 13 家明确披露了 2016 年内没有发生董事的变更。具体变更情况详见表 7－1－2。

表 7－1－2　信托公司 2016 年董事变更情况表

公司简称	是否变更	变更次数	董事变更详情列示
爱建信托	是	1	2016 年 12 月 9 日，公司股东会召开 2016 年第三次会议，审议通过《关于同意公司第五届董事会组成人员的决议》，同意周伟忠、蒋明康、侯学东、张建中、吴淳、吴文新担任董事，潘飞、吴斌、黄辉担任独立董事，并组成公司第五届董事会，同时建议由周伟忠担任董事长，由蒋明康担任副董事长。新增董事的任职资格待监管部门核准后生效。第四届董事会成员董事职务自然免除。
安信信托	否		
百瑞信托	是	3	1. 2016 年 1 月，第五届董事会独立董事刘亚先生向公司提出辞去独立董事申请，公司根据相关规定履行了审批手续，并向监管部门进行了备案。 2. 2016 年 5 月，经股东会审议及河南银监局核准，曾刚先生当选为第五届董事会独立董事。 3. 2016 年 9 月，第五届董事会董事长马宝军先生辞去董事长职务，公司根据相关规定履行了审批手续，并向监管部门进行了备案。
北方信托	是	2	1. 根据 2016 年 11 月 22 日《天津银监局关于毛翔任职资格的批复》（津银监复［2016］313 号），毛翔同志担任公司独立董事职务。 2. 根据公司 2016 年 12 月 9 日召开的 2016 年第三次临时股东大会决议，王迈先生担任公司董事，马贵中先生不再担任公司董事。
北京信托	是	2	1. 报告期内，中国银行业监督管理委员会北京监管局核准了周瑞明的副董事长任职资格。 2. 中国银行业监督管理委员会北京监管局核准了徐哲的副董事长任职资格。
渤海信托	是	1	2016 年 11 月公司原董事郑宏先生向董事会递交了辞职报告，申请辞去董事职务，按照相关法规及《公司章程》规定，郑宏先生的辞职报告自送达董事会时生效。公司 2016 年第四次临时股东大会审议通过了《关于选举马建军先生担任公司董事的议案》，马建军先生的董事任期自聘任之日起至本届董事会届满，董事任职资格需获得中国银行业监督管理委员会派出机构的核准。
大业信托	是	2	1. 2016 年 10 月，薛贵先生因任期届满不再担任公司董事职务，公司股东会选举牛南洁先生担任公司董事职务。截至 2016 年 12 月 31 日，牛南洁先生的任职资格尚待监管部门核准。 2. 2016 年 10 月，张衢先生因任期届满不再担任公司独立董事职务，公司股东会选举华庆成先生担任公司独立董事职务。截至 2016 年 12 月 31 日，华庆成先生的任职资格尚待监管部门核准。
东莞信托	是	4	1. 2014 年 7 月 18 日，经公司 2014 年度股东会第四次临时会议审议通过，选举黄晓雯为公司董事；并经广东银监局《关于黄晓雯任职资格的批复》（粤银监复［2016］139 号）核准，黄晓雯于 2016 年 5 月正式履行公司董事职责。 2. 2016 年 1 月 28 日，经公司 2016 年度股东会第三次临时会议审议通过，选举林海为公司独立董事；并经广东银监局《关于林海任职资格的批复》（粤银监复［2016］172 号）核准，林海独立董事于 2016 年 6 月正式履行公司独立董事职责，原独立董事彭志坚不再履行公司独立董事职责。 3. 2016 年 5 月 9 日，经第四届董事会第三十三次会议、2016 年度股东会第四次临时会议审议，同意廖玉林辞去公司董事长，一并辞去公司第四届董事会董事及第四届董事会风险管理委员会委员职务。根据相关规定，廖玉林将在公司新董事长履职之前继续履行公司董事长职责。 4. 2016 年 11 月 1 日，经第四届董事会第三十七次会议审议通过，选举黄晓雯为公司董事长，并经银监部门任职资格许可后正式履职。经广东银监局《关于黄晓雯任职资格的批复》（粤银监复［2017］24 号）核准，2017 年 2 月公司董事长、法定代表人由廖玉林变更为黄晓雯。
方正东亚信托	是	2	1. 报告期内，公司独立董事刘志敏先生因个人原因辞去独立董事职务。 2. 报告期内，经董事会审议通过，冯鹏熙先生担任公司董事长，李胜利先生不再担任公司董事长。2017 年 1 月 17 日，湖北银监局核准冯鹏熙先生担任公司董事长的任职资格（鄂银监复［2017］10 号）。
光大兴陇信托	否		
国联信托	是	1	2016 年 4 月 22 日，国联信托股份有限公司 2015 年度股东大会，同意丁武斌同志辞去国联信托董事、胡滨同志辞去国联信托独立董事，选举汪兴平为国联信托第三届董事会董事。2016 年 12 月 28 日《江苏银监局关于汪兴平任职资格的批复》（苏银监复［2016］332 号）核准了汪兴平董事的任职资格。
国民信托	是	1	经公司股东会审议通过，并报北京银监局核准，肖鹰先生、李春彦先生、张涛先生和黄晓东先生获批为公司董事；王海智先生、李建生女士、罗毅先生和王向燊先生获批为公司独立董事。
国投泰康信托	否		
国元信托	是	1	2016 年 4 月 14 日，公司 2015 年度股东会批准肖喜学先生、朱毅坚先生辞去公司董事职务，批准刘祖前先生辞去公司独立董事职务；选举陈德有先生、于上游先生担任公司董事，选举王昊先生担任公司独立董事。任职资格已经监管机关审查核准。

续表

公司简称	是否变更	变更次数	董事变更详情列示
杭州工商信托	是	2	1. 公司原股东摩根士丹利国际控股公司于2015年12月31日完成股权转让，将其持有的全部公司股份转让给绿地金融投资控股集团有限公司。摩根士丹利提名的两名董事Carlos Alfonso，Oyarbide Seco、陈涛于2016年1月提出辞职。根据《公司章程》的有关规定，绿地金融投资控股集团有限公司提名朱虹、张建两人为董事候选人。公司2016年第一次临时股东大会表决通过《关于变更公司董事的议案》，同意Carlos Alfonso，Oyarbide Seco、陈涛不再担任公司董事职务，以累积投票制选举朱虹、张建为新任董事。新任董事的任期至公司第七届董事会届满之日止，其任职资格已根据有关规定报中国银行业监督管理委员会浙江监管局核准确认。 2. 公司第七届董事会独立董事秦永忠先生因个人原因于2015年12月25日提请辞职。公司2016年第二次临时股东大会表决通过《关于免去秦永忠先生独立董事职务的议案》，同意免去秦永忠先生公司第七届董事会独立董事职务。
湖南信托	是	6	1. 报告期内，2016年3月8日，经2016年股东会第一次临时会议审议，因董事长朱德光同志已届退休年龄，根据股东湖南财信投资控股有限责任公司意见，朱德光同志不再担任湖南省信托有限责任公司第四届董事会董事长、董事。 2. 根据股东湖南财信投资控股有限责任公司推荐，选举王双云同志担任湖南省信托有限责任公司第四届董事会董事，并提名担任董事长。2016年3月11日，经第四届董事会第67次临时会议审议，选举王双云同志为湖南省信托有限责任公司第四届董事会董事长。王双云同志董事长任职资格已获得监管机构湖南银监局核准（湘银监复[2016]85号）。 3. 2016年3月11日，经2016年股东会第二次临时会议审议，同意斯洪标同志因工作原因辞去湖南省信托有限责任公司第四届董事会董事职务，根据股东湖南财信投资控股有限责任公司推荐，选举刘格辉同志担任湖南省信托有限责任公司第四届董事会董事。刘格辉同志董事任职资格已获得监管机构湖南银监局核准（湘银监复[2016]75号）。 4. 2016年9月6日，经股东会2016年第二次会议审议，同意聘任戴晓凤女士为湖南省信托有限责任公司第四届董事会独立董事。戴晓凤女士董事任职资格已获得监管机构湖南银监局核准（湘银监复[2016]275号）。 5. 2016年12月7日，因个人工作原因，李莉芳女士辞去职工董事、副总裁职务。2016年12月22日，第四届董事会第81次临时会议通报了李莉芳女士辞去职工董事、信托委员会委员、副总裁等职务的事项。 6. 根据公司职工代表大会差额选举结果，工会主席曾慧同志被推选为湖南信托职工董事人选。2016年12月22日，股东会2016年第5次临时会议，第四届董事会第81次临时会议通报了曾慧同志拟任湖南省信托有限责任公司第四届董事会职工董事的事项，其任职资格待监管部门核准后生效。
华澳信托	是	2	1. 原董事田英女士于2016年3月3日经股东会批准不再担任董事职务，由罗宇星先生于2016年3月3日经股东会批准担任董事职务，其任职资格于2016年6月12日经监管部门核准。 2. 原董事周孙明先生于2016年8月15日经股东会批准不再担任董事职务，由熊伟女士于2016年8月15日经股东会批准担任董事职务，其任职资格于2016年10月25日经监管部门核准。
华宝信托	是	1	本年度股东会第一次临时会议于2016年8月29日以通信方式召开，股东宝钢集团有限公司、浙江省舟山市财政局全部参加通信表决。股东一致同意通过《关于选举林利军担任独立董事的议案》。
华宸信托	是	1	2016年1月25日，中国银监会内蒙古监管局下发了《关于核准赵廉慧华宸信托有限责任公司独立董事任职资格的批复》（内银监复[2016]4号），核准赵廉慧华宸信托有限责任公司独立董事任职资格。赵廉慧先生即日起开始履行公司独立董事职务。
华能信托	是	1	2016年末，公司独立董事魏云鹏因病过世，公司董事会按照《公司章程》正在积极进行补选工作。
华融信托	是	9	1. 报告期内，因工作需要，经公司2015年度股东大会审议通过，同意推选周利国、黄亚钧为公司独立董事。 2. 经2016年第1次临时股东会审议通过，同意罗群芳、安秀梅辞去公司独立董事职务及推选刘纪鹏为公司独立董事。 3. 经2016年第3次临时股东会审议通过，同意免去杨宝春董事职务。 4. 经2016年第7次临时股东会审议通过，同意推选沈易明为公司董事会董事。 5. 经2016年第8次临时股东会审议通过，同意推选金文秀为公司董事会董事。 6. 经2016年第8次临时董事会审议通过，同意免去马肯 · 穆哈买提都拉副董事长职务。 7. 经2016年第26次临时董事会审议通过，同意免去杨宝春副董事长职务。 8. 经2016年第76次临时董事会审议通过，同意免去邹俊副董事长、总经理职务。 9. 经公司第二届第四次职工代表大会审议通过，同意选举王鹰为公司职工董事同时免去邹俊职工董事职务（刘纪鹏、黄亚钧独立董事任职资格尚待中国银监会新疆监管局审核通过）。
华润信托	是	1	2016年4月，经股东会审议，公司董事会进行换届，免去伍斌、魏斌、梁伯韬、靳海涛、路强、宋群董事职务，选举产生新一届董事会。6月，经深圳银监局核准，新一届董事会成员包括刘晓勇、桂自强、杨鹏、陈荣、孟扬、刘小腊、洪霄。
华鑫信托	是	1	根据工作需要，按照股东提名，经股东会审议通过，并上报监管部门核准，张泽星、郝彬、李文峰担任公司董事，金树成、赵远波、吴晓球不再担任公司董事。
华信信托	是	1	报告期内，钟石不再担任董事，股东大会选举周喆人担任第十届董事会董事。
吉林信托	是	1	报告期内，公司原独立董事蔡立东提出辞职，经董事会批准，该同志不再担任公司独立董事。
建信信托	是	3	1. 2016年8月29日，公司2016年第2次临时股东会批准同意李春信担任公司董事，李敏新不再担任公司董事；李春信任职资格尚需监管机关核准。 2. 2016年11月7日，公司董事会2016年第9次会议批准同意杜亚军不再担任公司董事长职务。 3. 2016年11月11日，公司2016年第3次临时股东会批准同意杜亚军不再担任公司董事。
江苏信托	是	1	2016年8月29日，江苏银监局核准陈宁为江苏信托董事会董事（苏银监复[2016]208号）。

续表

公司简称	是否变更	变更次数	董事变更详情列示
交银国际信托	否		
金谷信托	否		
昆仑信托	是	1	原董事长王亮辞去董事长职务，改选肖华为董事长
陆家嘴信托	是	4	1. 2016 年 8 月 2 日，2016 年股东会第三次会议通过了《关于变更董事的议案》，免去舒榕怀公司第三届董事会董事职务，选举黎作强担任第三届董事会董事。 2. 由于董事人选的变动，部分公司董事会下属专门委员会也应作调整。2016 年 12 月 16 日，第三届董事会第九次会议审议通过了《关于选举风险管理委员会、提名与薪酬委员会委员的议案》，舒榕怀在风险管理委员会的委员职务由殷剑峰接任，舒榕怀在提名与薪酬委员会的委员职务由丁文忠接任。在同日召开的上述两个专门委员会会议上，重新推选出了主任委员。最终形成的上述两个专门委员会人员组成如下： 风险管理委员会：张广鸿（主任委员）、殷剑峰、丁文忠。 提名与薪酬委员会：殷剑峰（主任委员）、沈宏山、丁文忠。 除上述专门委员会以外，其余 3 个专门委员会的人员组成没有发生变化。 3. 独立董事殷剑峰曾因个人原因于 2015 年 12 月向公司股东会和董事会提出辞职。之后，其提出辞职的个人原因已排除，经公司董事会极力挽留，同意其继续担任公司独立董事。 4. 独立董事沈宏山因个人原因已于 2016 年 8 月分别向公司股东会和董事会提出辞职说明和辞职报告。2016 年 10 月 31 日，2016 年股东会第四次会议审议通过了《关于变更独立董事的议案》，同意免去沈宏山的独立董事职务，选举胡柏枝担任独立董事。截至本报告出具之日，胡柏枝的独立董事资格正在准备申报材料中。根据相关法律法规，在此之前，沈宏山仍继续履行独立董事职责。
平安信托	是	2	1. 报告期内，任汇川先生出任公司董事长。 2. 宋成立先生出任公司副董事长。
厦门国际信托	是	1	2016 年，公司第四届董事会成员任期届满，按照《公司法》《信托公司治理指引》《公司章程》及相关议事规则的规定，公司顺利完成董事会换届工作。陈小林（女）任期届满不再担任公司董事，杨清榕为新任董事，其余组成人员不变。2016 年 12 月 16 日，杨清榕任职资格获中国银监会厦门监管局核准通过。
山东信托	是	4	1. 经公司第一届董事会第六次会议审议通过，并报经中国银监会山东监管局核准（鲁银监准[2016]297 号），王映黎女士任公司董事长。 2. 经公司第三届职工代表大会第四次会议审议通过，并报经中国银监会山东监管局核准（鲁银监准[2016]239 号），万众先生任公司董事。 3. 经公司 2016 年第四次临时股东大会审议通过，并报经中国银监会山东监管局核准（鲁银监准[2016]311 号），孟茹静女士任公司独立董事。 4. 经公司 2016 年第五次临时股东大会审议通过，同意王映黎、王亮、金同水、丁慧平、颜怀江、孟茹静与职工代表董事万众共同组成公司董事会，其中丁慧平、颜怀江、孟茹静为独立董事，自股东大会审议通过之日起，陈道江、王曰普、张守合、赵长一不再继续担任公司董事职务。
山西信托	是	1	2016 年 6 月 20 日，经公司股东大会 2016 年第三次临时会议审议通过，选举陈凯为公司第一届董事会独立董事，其任职资格已经山西银监局核准。
陕国投	是	6	1. 2016 年 4 月 22 日，经公司 2016 年第一次临时股东大会采用累积投票制方式分类选举，卓国全当选公司第八届董事会董事。 2. 2016 年 4 月 22 日，经公司 2016 年第一次临时股东大会采用累积投票制方式分类选举，殷醒民当选公司第八届董事会独立董事。 3. 2016 年 4 月 22 日，经公司 2016 年第一次临时股东大会采用累积投票制方式分类选举，张俊瑞当选公司第八届董事会独立董事。 4. 2016 年 4 月 22 日董事李骋任期届满离任。 5. 2016 年 4 月 22 日独立董事冯宗宪任期届满离任。 6. 2016 年 4 月 22 日独立董事张晓明任期届满离任。
上海信托	是	1	公司于 2016 年 4 月 12 日召开第一次股东会议，选举产生新一届董事会，同意潘卫东、陈兵、陈海宁、刘长江、冯金安担任公司第六届董事会董事，同意陈学彬、李宪明、谢荣担任公司第六届董事会独立董事。任期自 2016 年 4 月 12 日起，任期三年。公司第六届董事会第一次会议推选潘卫东担任上海国际信托有限公司第六届董事会董事长。新任董事陈海宁、刘长江、冯金安、陈学彬、谢荣于 2016 年 6 月 8 日经中国银监会上海监管局核准任职资格后正式任职。
四川信托	是	1	2016 年 5 月，经公司 2016 年第一次临时股东会审议通过，选举黄晓峰、刘军为公司董事，任职资格分别经四川银监局川银监复[2016]421 号、川银监复[2016]398 号文件核准。2016 年 5 月，经公司第二届董事会第三十一次会议审议通过，选举黄晓峰为公司副董事长，任职资格经四川银监局川银监复[2016]422 号文件核准。
苏州信托	否		
天津信托	是	2	1. 2016 年 12 月 16 日，公司召开 2016 年股东会第二次会议，审议通过了《关于同意王丽不再担任天津信托股东董事的决议》《关于同意苏欣、王鑫、康悦不再担任天津信托股东监事的决议》。通过《关于同意天津信托第八届董事会新增董事人选，董事长提名人选的决议》，同意原董事会成员赵毅、李林、王雪利、钟玲玲、弓劲梅、刁锋、冯伟、韩立新、郭田勇（独立董事）9 人继续留任，新增董事 3 人，苏欣为股东董事，闵路浩、王威为独立董事。苏欣的股东董事任职资格，闵路浩、王威的独立董事任职资格正在监管部门核准中。 2. 2016 年 12 月 16 日，公司召开第八届董事会第一次会议，选举赵毅同志任天津信托有限责任公司第八届董事会董事长（法定代表人）。

续表

公司简称	是否变更	变更次数	董事变更详情列示
外贸信托	是	1	2016年11月29日，外贸信托2016年第四次股东大会审议了《关于调整中国对外经济贸易信托有限公司董事的议案》，选举伊力扎提任中国对外经济贸易信托有限公司董事，徐卫晖不再担任中国对外经济贸易信托有限公司董事职务。伊力扎提的董事、总经理任职资格于2017年2月3日获北京银监局核准。
万向信托	是	2	1. 2016年6月22日，独立董事吴晓波由于个人原因离职。 2. 2016年12月17日，董事凌金良由于个人原因离职。
五矿信托	是	1	2016年9月20日，公司股东会2016年第五次会议审议通过了《关于选举公司第三届董事会组成人员的议案》。
西部信托	否		
西藏信托	否		
新华信托	是	2	1. 2016年3月8日，公司2016年第二次临时股东大会审议并决议，同意张立文辞去公司董事职务。 2. 2016年10月28日，公司2016年第七次临时股东大会审议并决议，选举项琥为公司第六届董事会成员，项琥董事任职资格已于2016年12月30日经重庆银监局核准。报告期末，公司董事会由李桂林（董事长）、项琥、李春莉、吴军安、金洪伟、魏相永、张玉敏（独立董事）、汪方军（独立董事）、黄志亮（独立董事）组成。
新时代信托	否		
兴业信托	是	3	报告期内，本公司董事会成员发生以下变动： 1. 陈世涌先生因工作调整，辞去公司董事职务； 2. 吴雅伦先生因个人原因，辞去公司独立董事职务。 3. 2016年9月9日，公司2016年第二次临时股东会选举林榕辉先生担任公司第五届董事会董事职务，选举卢东斌先生担任公司第五届董事会独立董事职务。林榕辉先生董事任职资格、卢东斌先生独立董事任职资格已经福建银监局分别以闽银监复[2016]204号及闽银监复[2016]205号文件核准。
英大信托	是	1	2016年11月，由于股东单位变更委派人员，范海荣先生出任公司董事，刘晓鹏先生不再担任。
粤财信托	是	1	报告期内，因工作需要，广东省科技创业投资有限公司原董事代表黎全辉先生不再担任公司董事，公司2016年第二次股东会推荐王鹏先生担任公司董事，王鹏先生的董事任职资格于2016年6月13日获监管部门核准。
云南信托	否		
长安信托	是	4	1. 2016年1月6日，公司股东选举赵泉先生为公司第二届董事会董事。赵泉先生的任职资格于2016年4月18日经中国银行业监督管理委员会陕西监管局核准。 2. 2016年7月2日，公司拟任独立董事刘熀松先生向董事会递交了辞职报告，辞去公司独立董事职务。 3. 2016年12月13日，公司股东选举施继元先生为公司第二届董事会独立董事。施继元先生的任职资格于2017年1月23日经中国银行业监督管理委员会陕西监管局核准。 4. 2016年12月16日，公司股东选举强力先生为公司第二届董事会独立董事。
长城信托	是	1	本报告期内，因公司股权（东）变更，公司第二届董事会进行了改选换届，经监管部门核准同意，周礼耀（董事长）、陈一滔（副董事长）、武彪、顾涛、蔺怀华任公司董事；根据公司职工大会选举并经监管部门核准同意，喻林任公司职工董事；刘普、马德贵、闫晓旭任公司独立董事。
浙金信托	否		
中诚信托	是	1	2016年11月25日，经2016年临时股东会审议通过《关于中诚信托有限责任公司董事会换届选举的议案》，选举杨俊、吕海鹏、王天忠为第五届董事会董事，原董事王少华、张胜东、张毅不再担任董事职务，新任董事任职资格在获得北京银监局核准后方可履职。
中国民生信托	是	2	1. 2016年5月6日，经2016年第一次临时股东会审议通过，选举卢志强、李明海、张博、王彤、陈基建、张喜芳、陈怀东、李源光为第二届董事会董事，选举齐逢昌、田忠华、刘纪鹏为第二届董事会独立董事。 2. 2016年10月，经2016年第二次临时股东会审议通过，增选严法善为公司第二届董事会独立董事。
中海信托	是	3	1. 2016年10月17日，公司股东大会2016年第三次临时会议审议通过《关于免去吴孟飞公司董事、董事长职务的提案》，同意免去吴孟飞公司董事、董事长职务。 2. 公司股东大会第三次临时会议同时审议通过《关于选举温冬芬为公司董事会董事的提案》，同意选举温冬芬担任公司董事。2016年10月21日，公司第三届董事会第二十三次会议审议通过《关于选举温冬芬为公司董事长的议案》，选举温冬芬为公司第三届董事会董事长。温冬芬任职资格已获上海银监局核准。 3. 2016年9月23日王国樑董事提出辞去公司独立董事职务，公司股东大会2017年第一次临时会议审议通过《关于同意王国樑辞去公司独立董事的提案》，同意王国樑辞去公司独立董事职务。
中航信托	是	3	1. 本报告期内，公司独立董事吴晓求、董事孙泽群因工作原因分别于2016年4月、6月辞去公司董事及下属专门委员会所任职务。 2. 2016年4月，经公司股东大会审议通过，江西银监局核准，姚江涛、薛云燕担任公司董事，经董事会选举，姚江涛推选为公司董事长。 3. 2016年12月，经公司股东大会审议通过，江西银监局核准，康慧珍担任公司董事。
中江信托	否		

续表

公司简称	是否变更	变更次数	董事变更详情列示
中粮信托	否		
中融信托	是	1	董事换届，2016 年第一次临时股东会董事长范韬离任。
中泰信托	是	1	报告期内，葛贵生先生因个人原因申请辞去董事职务，经公司股东会决议通过，葛贵生先生不再担任公司第六届董事会董事职务，并选举李杰先生为公司第六届董事会股东代表董事，其任职资格自上海银监局核准之日起生效。
中铁信托	是	1	董事会成员新任 1 人，因工作原因，傅代国先生在公司第四届董事会第二十七次会议上辞去独立董事职务。公司股东会 2015 年第三次（临时）会议选举龙宗智为公司第四届董事会独立董事，其任职资格于 2016 年 2 月 4 日获得四川银监局核准（川银监复[2016]52 号）。
中建投信托	是	2	1. 2016 年 8 月 9 日，公司召开股东会 2016 年第五次临时会议，审议批准王勇华担任公司股东董事（任职资格已于 2016 年 12 月核准生效），施东辉不再担任公司股东董事。 2. 2016 年 11 月 11 日，公司召开股东会 2016 年第八次临时会议，审议批准王文津担任公司董事、董事长，杨金龙不再担任中建投信托有限责任公司董事长、董事职务。
中信信托	是	2	1. 2016 年 6 月，公司股东会选举张宏久担任公司独立董事，姜国华因个人原因不再担任公司独立董事。 2. 2016 年 11 月，公司股东会选举任霞担任公司董事，原拟任董事曹国强因工作原因不再担任公司董事。
中原信托	是	2	1. 经新股东河南省豫粮粮食集团有限公司推荐，股东会 2016 年第四次会议选举袁顺兴同志担任公司第五届董事会董事。 2. 中原信托有限公司职代会 2016 年第二次会议选举崔泽军同志兼任职工董事。
重庆信托	是	2	1. 报告期内，原董事李寒晨女士辞职。 2. 报告期内，公司股东大会选举于胜全先生、陈蕾女士为公司第一届董事会董事，上述拟任董事任职资格尚需监管部门核准。
紫金信托	是	1	2016 年 2 月 1 日，同日召开的紫金信托有限责任公司 2015 年度股东会审议通过《关于沙福贵先生辞职的议案》，沙福贵先生不再担任紫金信托有限责任公司董事。审议通过《关于选举公司董事的议案》，选举赵磊先生出任公司第二届董事会董事。自获得中国银监会或其派出机构任职资格核准批复日起计算。 2016 年 5 月 4 日，中国银监会江苏监管局核准赵磊先生紫金信托有限责任公司董事任职资格（《中国银监会江苏监管局关于赵磊任职资格的批复》苏银监复[2016]95 号文）。

2. 董事构成分析

表 7－1－3　68 家信托公司 2016 年末董事会人员性别构成分析表

公司简称	董事会成员人数	其中男性人数	男性人数比例（%）	其中女性人数	女性人数比例（%）
爱建信托	10	9	90.00	1	10.00
安信信托	8	6	75.00	2	25.00
百瑞信托	10	8	80.00	2	20.00
北方信托	14	9	64.29	5	35.71
北京信托	13	未披露		未披露	
渤海信托	8	8	100.00	0	0.00
大业信托	9	9	100.00	0	0.00
东莞信托	7	6	85.71	1	14.29
方正东亚信托	7	7	100.00	0	0.00
光大兴陇信托	9	8	88.89	1	11.11
国联信托	8	8	100.00	0	0.00
国民信托	10	9	90.00	1	10.00
国投泰康信托	9	7	77.78	2	22.22
国元信托	9	8	88.89	1	11.11
杭州工商信托	8	6	75.00	2	25.00
湖南信托	10	7	70.00	3	30.00
华澳信托	7	6	85.71	1	14.29
华宝信托	8	7	87.50	1	12.50
华宸信托	8	8	100.00	0	0.00
华能信托	9	7	77.78	2	22.22
华融信托	11	10	90.91	1	9.09
华润信托	7	5	71.43	2	28.57
华鑫信托	7	4	57.14	3	42.86

续表

公司简称	董事会成员人数	其中男性人数	男性人数比例(%)	其中女性人数	女性人数比例(%)
华信信托	9	9	100.00	0	0.00
吉林信托	3	3	100.00	0	0.00
建信信托	7	7	100.00	0	0.00
江苏信托	8	8	100.00	0	0.00
交银国际信托	8	6	75.00	2	25.00
金谷信托	8	6	75.00	2	25.00
昆仑信托	9	8	88.89	1	11.11
陆家嘴信托	7	7	100.00	0	0.00
平安信托	8	8	100.00	0	0.00
厦门国际信托	9	7	77.78	2	22.22
山东信托	7	5	71.43	2	28.57
山西信托	6	6	100.00	0	0.00
陕国投	7	6	85.71	1	14.29
上海信托	8	8	100.00	0	0.00
四川信托	7	5	71.43	2	28.57
苏州信托	7	6	85.71	1	14.29
天津信托	12	8	66.67	4	33.33
外贸信托	9	8	88.89	1	11.11
万向信托	11	11	100.00	0	0.00
五矿信托	7	7	100.00	0	0.00
西部信托	10	8	80.00	2	20.00
西藏信托	9	9	100.00	0	0.00
新华信托	9	7	77.78	2	22.22
新时代信托	9	7	77.78	2	22.22
兴业信托	9	7	77.78	2	22.22
英大信托	9	8	88.89	1	11.11
粤财信托	6	6	100.00	0	0.00
云南信托	9	8	88.89	1	11.11
长安信托	8	8	100.00	0	0.00
长城信托	9	8	88.89	1	11.11
浙金信托	11	10	90.91	1	9.09
中诚信托	13	12	92.31	1	7.69
中国民生信托	12	11	91.67	1	8.33
中海信托	8	5	62.50	3	37.50
中航信托	8	6	75.00	2	25.00
中江信托	9	8	88.89	0	0.00
中粮信托	9	7	77.78	2	22.22
中融信托	7	6	85.71	1	14.29
中泰信托	10	9	90.00	1	10.00
中铁信托	9	9	100.00	0	0.00
中建投信托	10	6	60.00	4	40.00
中信信托	8	6	75.00	2	25.00
中原信托	10	9	90.00	1	10.00
重庆信托	12	11	91.67	1	8.33
紫金信托	7	5	71.43	2	28.57
合计	593	497	83.81	82	13.83
平均	8.72	7.42		1.22	

注:中江信托披露了8名董事的信息,另1名独立董事的情况未披露。

表 7-1-4　披露的信托公司 2016 年末董事会人员年龄构成分析表

公司简称	董事会成员人数	其中 20～29 岁人数	20～29 岁人数比例(%)	其中 30～39 岁人数	30～39 岁人数比例(%)	其中 40 岁以上人数	40 岁以上人数比例(%)	董事的平均年龄(岁)
爱建信托	10	0	0.00	0	0.00	10	100.00	51.50
安信信托	8	0	0.00	1	12.50	7	87.50	51.50
百瑞信托	10	0	0.00	0	0.00	10	100.00	48.40
北方信托	14	0	0.00	0	0.00	14	100.00	52.57
北京信托	13	0	0.00	1	7.69	12	92.31	50.62
渤海信托	8	0	0.00	0	0.00	8	100.00	57.38
大业信托	9	0	0.00	0	0.00	9	100.00	54.78
东莞信托	7	0	0.00	0	0.00	7	100.00	55.00
方正东亚信托	7	0	0.00	0	0.00	7	100.00	50.57
光大兴陇信托	9	0	0.00	0	0.00	9	100.00	51.33
国联信托	8	0	0.00	0	0.00	8	100.00	50.25
国民信托	10	0	0.00	1	10.00	9	90.00	53.90
国投泰康信托	9	0	0.00	0	0.00	9	100.00	50.00
国元信托	9	0	0.00	0	0.00	9	100.00	51.67
杭州工商信托	8	0	0.00	1	12.50	7	87.50	50.75
湖南信托	10	0	0.00	0	0.00	10	100.00	52.70
华澳信托	7	0	0.00	0	0.00	7	100.00	51.00
华宝信托	8	0	0.00	0	0.00	8	100.00	48.50
华宸信托	8	0	0.00	0	0.00	8	100.00	53.75
华能信托	9	0	0.00	0	0.00	9	100.00	52.33
华融信托	11	0	0.00	0	0.00	11	100.00	53.64
华润信托	7	0	0.00	0	0.00	7	100.00	51.43
华鑫信托	7	0	0.00	0	0.00	7	100.00	51.29
华信信托	9	0	0.00	1	11.11	8	88.89	55.56
吉林信托	3	0	0.00	1	33.33	2	66.67	50.33
建信信托	7	0	0.00	0	0.00	7	100.00	56.71
江苏信托	8	0	0.00	0	0.00	8	100.00	50.25
交银国际信托	8	0	0.00	0	0.00	8	100.00	51.25
金谷信托	8	0	0.00	0	0.00	8	100.00	53.88
昆仑信托	9	0	0.00	1	11.11	8	88.89	52.33
陆家嘴信托	7	0	0.00	0	0.00	7	100.00	49.43
平安信托	8	0	0.00	0	0.00	8	100.00	52.00
厦门国际信托	9	0	0.00	0	0.00	9	100.00	51.44
山东信托	7	0	0.00	1	14.29	6	85.71	49.29
山西信托	6	0	0.00	0	0.00	6	100.00	48.83
陕国投	7	0	0.00	0	0.00	7	100.00	54.57
上海信托	8	0	0.00	0	0.00	8	100.00	52.00
四川信托	7	0	0.00	1	14.29	6	85.71	52.00
苏州信托	7	0	0.00	1	14.29	6	85.71	49.00
天津信托	12	0	0.00	1	8.33	11	91.67	46.33
外贸信托	9	0	0.00	0	0.00	9	100.00	51.00
万向信托	11	0	0.00	1	9.09	10	90.91	51.91
五矿信托	7	0	0.00	0	0.00	7	100.00	46.86
西部信托	10	0	0.00	0	0.00	10	100.00	45.40
西藏信托	9	0	0.00	0	0.00	9	100.00	54.00
新华信托	9	0	0.00	0	0.00	9	100.00	49.11
新时代信托	9	0	0.00	2	22.22	7	77.78	45.00
兴业信托	9	0	0.00	0	0.00	9	100.00	54.11
英大信托	9	0	0.00	0	0.00	9	100.00	52.56

续表

公司简称	董事会成员人数	其中20~29岁人数	20~29岁人数比例(%)	其中30~39岁人数	30~39岁人数比例(%)	其中40岁以上人数	40岁以上人数比例(%)	董事的平均年龄(岁)
粤财信托	6	0	0.00	0	0.00	6	100.00	49.00
云南信托	9	0	0.00	2	22.22	7	77.78	48.00
长安信托	8	0	0.00	0	0.00	8	100.00	49.63
长城信托	9	0	0.00	0	0.00	9	100.00	48.22
浙金信托	11	0	0.00	1	9.09	10	90.91	52.82
中诚信托	13	0	0.00	0	0.00	13	100.00	54.54
中国民生信托	12	0	0.00	1	8.33	11	91.67	54.17
中海信托	8	0	0.00	0	0.00	8	100.00	52.75
中航信托	8	0	0.00	2	25.00	6	75.00	48.13
中江信托	9	0	0.00	0	0.00	8	88.89	49.89
中粮信托	9	0	0.00	0	0.00	9	100.00	54.78
中融信托	7	0	0.00	1	14.29	6	85.71	45.43
中泰信托	10	0	0.00	3	30.00	7	70.00	49.40
中铁信托	9	0	0.00	0	0.00	9	100.00	52.44
中建投信托	10	0	0.00	3	30.00	7	70.00	49.70
中信信托	8	0	0.00	0	0.00	8	100.00	51.50
中原信托	10	0	0.00	0	0.00	10	100.00	53.00
重庆信托	12	0	0.00	1	8.33	11	91.67	55.67
紫金信托	7	0	0.00	1	14.29	6	85.71	48.00
合计	593	0	0.00	29	4.89	563	94.94	
平均	8.72	0.00	0.00	0.43	4.89	8.28	94.94	51.28

注:中江信托披露了8名董事的信息,另1名独立董事的情况未披露。

3. 董事会下设机构情况分析

经统计,68家信托公司中只有59家完整地设置了审计委员会、风险管理委员会和人事薪酬委员会(见表7-1-5)。

表7-1-5 信托公司2016年末董事会下设机构情况分析表

公司简称	董事会下是否设置了审计委员会	董事会下是否设置了风险管理委员会	董事会下是否设置了人事薪酬委员会
爱建信托	是	是	是
安信信托	是	是	是
百瑞信托	是	是	是
北方信托	是	是	是
北京信托	是	是	是
渤海信托	是	是	是
大业信托	是	是	是
东莞信托	是	是	是
方正东亚信托	是	是	是
光大兴陇信托	否	是	是
国联信托	是	是	是
国民信托	是	是	是
国投泰康信托	是	是	是
国元信托	是	是	是
杭州工商信托	是	是	是
湖南信托	是	是	是
华澳信托	是	是	是
华宝信托	是	是	是
华宸信托	是	是	是
华能信托	是	是	是

续表

公司简称	董事会下是否设置了审计委员会	董事会下是否设置了风险管理委员会	董事会下是否设置了人事薪酬委员会
华融信托	是	是	是
华润信托	是	是	是
华鑫信托	是	是	是
华信信托	是	是	是
吉林信托	是	是	是
建信信托	是	是	是
江苏信托	是	是	是
交银国际信托	是	是	否
金谷信托	是	是	是
昆仑信托	是	是	是
陆家嘴信托	是	是	是
平安信托	是	是	是
厦门国际信托	是	否	是
山东信托	是	是	是
山西信托	是	是	是
陕国投	是	是	是
上海信托	是	是	是
四川信托	是	是	否
苏州信托	是	是	是
天津信托	是	是	是
外贸信托	是	是	是
万向信托	是	是	否
五矿信托	是	是	是
西部信托	是	是	是
西藏信托	是	否	是
新华信托	是	是	是
新时代信托	是	是	是
兴业信托	是	是	是
英大信托	是	是	是
粤财信托	是	是	否
云南信托	是	是	是
长安信托	是	是	是
长城信托	是	是	是
浙金信托	否	是	是
中诚信托	是	是	是
中国民生信托	是	是	是
中海信托	是	是	是
中航信托	是	是	是
中江信托	是	是	是
中粮信托	是	是	否
中融信托	是	是	是
中泰信托	是	是	是
中铁信托	是	是	是
中建投信托	是	是	是
中信信托	是	是	是
中原信托	是	是	是
重庆信托	是	是	是
紫金信托	是	是	是

按照银监会的信息披露要求，信托公司应当披露董事会下设机构的年度会议情况。经统计，在68家信托公司中，有26家未作任何披露，仅有42家公司作了相关披露（见表7－1－6）。

表7－1－6　披露的68家信托公司2016年董事会下设委员会开会情况表

公司简称	年度董事会下设审计委员会会议次数	年度董事会下设风险管理委员会会议次数	年度董事会下设人事薪酬委员会会议次数
爱建信托	1	1	2
安信信托	未披露	未披露	未披露
百瑞信托	未披露	未披露	未披露
北方信托	3	3	1
北京信托	未披露	未披露	未披露
渤海信托	2	2	3
大业信托	4	1	1
东莞信托	1	1	1
方正东亚信托	1	1	1
光大兴陇信托	不适用	1	2
国联信托	7	7	1
国民信托	未披露	未披露	未披露
国投泰康信托	1	1	1
国元信托	5	5	5
杭州工商信托	未披露	未披露	未披露
湖南信托	未披露	未披露	未披露
华澳信托	未披露	未披露	未披露
华宝信托	3	3	1
华宸信托	2	2	2
华能信托	1	1	1
华融信托	2	2	2
华润信托	未披露	未披露	未披露
华鑫信托	未披露	未披露	未披露
华信信托	4	89	5
吉林信托	未披露	未披露	未披露
建信信托	未披露	未披露	未披露
江苏信托	未披露	未披露	未披露
交银国际信托	未披露	未披露	不适用
金谷信托	2	2	1
昆仑信托	2	1	2
陆家嘴信托	2	2	2
平安信托	4	2	5
厦门国际信托	未披露	不适用	未披露
山东信托	未披露	未披露	未披露
山西信托	2	2	1
陕国投	5	5	2
上海信托	2	2	2
四川信托	未披露	未披露	不适用
苏州信托	4	3	2
天津信托	2	3	0
外贸信托	6	13	3
万向信托	2	2	不适用

续表

公司简称	年度董事会下设审计委员会会议次数	年度董事会下设风险管理委员会会议次数	年度董事会下设人事薪酬委员会会议次数
五矿信托	未披露	未披露	未披露
西部信托	3	3	4
西藏信托	2	不适用	1
新华信托	3	2	2
新时代信托	未披露	未披露	未披露
兴业信托	6	6	1
英大信托	未披露	未披露	未披露
粤财信托	5	5	不适用
云南信托	7	12	2
长安信托	6	5	4
长城信托	未披露	未披露	未披露
浙金信托	不适用	未披露	未披露
中诚信托	1	2	2
中国民生信托	1	2	1
中海信托	未披露	未披露	未披露
中航信托	1	4	1
中江信托	未披露	未披露	未披露
中粮信托	未披露	未披露	不适用
中融信托	3	3	6
中泰信托	未披露	未披露	未披露
中铁信托	3	3	3
中建投信托	2	2	5
中信信托	2	1	4
中原信托	3	0	0
重庆信托	未披露	未披露	未披露
紫金信托	5	5	2

经统计，66 家信托公司在董事会下设了审计委员会，其中 62 家信托公司对董事会下设审计委员会的委员人数作了披露，65 家信托公司对审计委员会的职能作了披露。通过对 62 家已经披露的审计委员会委员人数情况分析，审计委员会的平均设置人数为 3.39 人（见表 7－1－7）。

表 7－1－7　信托公司 2016 年末董事会下设审计委员会情况分析表

公司简称	是否设置	审计委员会人数	审计委员会职能
爱建信托	是	3	确定公司合规管理的总体目标；审议公司合规管理组织机构设置及其职责；向董事会提交公司合规管理年度报告；对公司信托业务和自营业务的合规管理情况进行监督；审议公司自有财产和信托财产合规状况的评估报告；提出完善公司合规管理的建议；对公司信息披露的真实性、准确性、完整性和合规性等进行监督；提出案防工作整体要求、审议批准案防工作总体政策和审议案防工作报告，推动案防管理体系建设、考核评估本机构案防工作有效性，监督案防工作的内审稽核；明确高级管理层有关案防职责及权限，确保高级管理层采取必要措施有效监测、预警和处置案件风险；对公司关联交易业务风险进行评估，对重大关联交易事项进行审查并提交董事会审议；审查公司年度关联交易报告，并提交董事会审议；监督公司内部审计制度及其实施；提议聘请或更换外部审计机构等。
安信信托	是	4	检查公司经理层遵守法规、公司章程的情况；研究拟定公司风险管理战略和政策；监督公司内部审计等。
百瑞信托	是	4	审查公司的财务收支、效益、预算执行等经营情况；审查公司内部控制的健全性和有效性的审计报告；审查公司内审部门审计工作计划及工作报告；监督公司内部审计和外部审计中发现的问题及整改情况；提议聘请或更换外部审计机构；审查公司年度报告和审计报告；审查审计管理制度、政策；其他相关工作。
北方信托	是	5	代表董事会对公司运作和经营活动中的风险进行监督、控制和管理，是公司风险防范与控制经营风险的机构；代表董事会对公司经营活动行使审计评价和监督职能，是对公司内部、外部审计和内控活动进行监督、核查的机构。
北京信托	是	3	1. 提议聘请或更换外部审计机构。 2. 监督公司的内部审计制度及其实施。 3. 负责内部审计与外部审计之间的沟通。 4. 审核公司的财务信息及其披露。 5. 审查公司内控制度，对重大关联交易进行审计。

续表

公司简称	是否设置	审计委员会人数	审计委员会职能
渤海信托	是	3	主要负责检查公司风险及合规状况、会计政策、财务报告程序和财务状况；负责公司年度审计工作，提出外部审计机构的聘请与更换建议，并就审计后的财务报告信息的真实性、准确性、完整性和及时性作出判断性报告，提交董事会审议；监督高级管理层关于信用风险、流动性风险、市场风险、操作风险、合规风险和声誉风险等风险的控制情况，对公司风险政策、管理状况及风险承受能力进行定期评估，提出完善公司风险管理和内部控制的意见。
大业信托	是	3	主要对公司的内部审计制度进行评价，对内部审计工作进行核查。
东莞信托	是	3	主要负责董事会要求的审计事项，监督公司的内部审计制度及其实施，审查公司内控制度。
方正东亚信托	是	3	向董事会提交公司全面风险管理年度报告；确定公司风险管理的总体目标、风险偏好、风险承受度、风险管理策略和重大风险管理解决方案；对公司信托业务和固有业务的风险控制及管理情况进行监督；对公司固有财产和信托财产的风险状况进行定期评估；对公司关联交易业务风险进行评估，对重大关联交易事项进行审查并提交董事会审议；组织制定和修改公司风险控制制度，提出完善公司风险管理和内部控制的建议；审议公司风险管理组织机构设置及其职责；为董事会督导公司风险管理文化建设提供建议；对公司信息披露的真实性、准确性、完整性和合规性等进行监督；监督公司内部审计制度及其实施；负责内部审计与外部审计之间的沟通；审核公司的财务信息及其披露；检查公司内部控制制度的制定、完善和执行；提议聘请或更换外部审计机构；董事会授予的其他职责。
光大兴陇信托	否		
国联信托	是	2	审查和监督公司风险管理政策、制度，并对其执行情况进行评价。
国民信托	是	3	负责公司重大的会计和审计事项；协助董事会对财务报告提供独立审阅及监察意见，并监察外聘审计师是否独立客观及审计程序是否有效；监察公司业绩表现，包括财务报表，账目及正式公告的完整性、准确性等董事会授予的职责。
国投泰康信托	是	3	1. 审议公司内部审计报告。 2. 审议公司年度风险管理报告。 3. 审议公司年度案件防控报告和反洗钱报告。 4. 委托外部审计机构，负债公司内部、外部审计的沟通、监督和核查工作。 5. 对公司内控机制和风险管理方面存在的问题进行评价、分析。 6. 有权向董事会提交内部控制、审计、风险管理方面的议案。 7. 董事会授予的其他职责。
国元信托	是	5	负责根据公司风险承受能力制定公司风险管理政策，确定合理的风险管理水平，并督促高级管理层采取必要的措施识别、计量、监测和控制风险；负责公司内、外部审计的沟通和对公司经营的监督、检查工作。
杭州工商信托	是	3	提议聘用或更换会计师事务所；监督公司的内部审计制度的建立及其实施；负责内部审计及外部审计之间的沟通，了解定期报告的编制和相关重大调整情况，并向董事会报告；审阅总裁提交的公司年度财务报告、审计报告等，并向董事会提出建议；审阅公司的财务信息及其披露；审查公司的内控制度；审阅内审部门提交的内审报告；对总裁编制的预算提出建议；董事会授权的其他事宜。
湖南信托	是	3	负责拟定公司风险控制管理战略、风险管理政策和内部控制流程，并对其实施情况进行监督和评价；监督公司内部审计制度及其实施，审核公司财务情况，提议聘用、更换或解聘公司审计机构等。
华澳信托	是	3	1. 根据国家金融政策、市场情况和公司发展方向，制定重点业务管理及经营风险的防范与控制措施。 2. 负责督促公司依法履行董事会赋予的职责，对公司执行经董事会批准的年度经营计划的过程及结果进行监督和审计。 3. 对公司合规、合法运营进行审计和监督。 4. 对会计报表、会计账目及相关材料进行审计，审查财务收支的真实性、合法性、效益性。 5. 审议董事会不时要求的其他事项。 6. 评估审计报告中所提出的相关问题以及行动建议。 7. 审批审计工作计划。 8. 评估审计团队的工作表现。 9. 参与评估审计稽核部的工作绩效。 10. 审核公司的重大关联交易。 11. 对公司关联交易情况进行监督检查。 12. 审议执行委员会不时请求的其他事项。
华宝信托	是	3	负责公司风险的控制、管理、监督和评估，负债公司内部、外部审计的沟通、监督和核查工作以及重大关联交易的审核。
华宸信托	是	3	提议聘请或更换外部审计机构；监督公司的制度建设及其执行情况；负责内部审计与外部审计之间的沟通；审核公司的财务信息及其披露；审查公司内控制度，对重大关联交易进行审查；董事会授权的其他事项。
华能信托	是	3	拟定公司风险管理政策和重大风险管理解决方案；审议公司风险管理组织机构设置及其职责；定期审查公司风险管理、合规管理、内部审计工作报告，就完善内部控制向董事会提出建议；董事会授予的其他职责。
华融信托	是	3	1. 审查公司内部控制制度以及公司建立的用于监控行为准则遵循情况的规划。 2. 提议聘请或更换外部审计机构。 3. 监督董事会决议的执行情况。 4. 审核公司的财务信息及其披露。 5. 在公司重大财务问题的处理上提出独立的意见，负责内部审计与外部审计之间的沟通等。

续表

公司简称	是否设置	审计委员会人数	审计委员会职能
华润信托	是	未披露	负责检查公司财务报告；监督公司内部审计制度及其实施，批准授权范围内的关联交易事项；评估公司内控制度健全性及关联交易情况；审核公司财务信息及其披露，检查、监督公司关联交易管理情况；批准公司内部审计部门负责人的任免；提出外部审计机构的聘请与更换建议。
华鑫信托	是	3	负责内、外部审计的沟通、监督和核查工作以及重大关联交易的审核。
华信信托	是	3	监督管理内部审计工作；对高管人员的经营行为进行检查监督。
吉林信托	是	未披露	负责批准公司内部审计制度、中长期审计规划和年度工作计划，监督公司的内部审计基本制度及其实施及内部审计与外部审计之间的沟通。
建信信托	是	3	1. 向董事会提议聘请或更换外部审计机构。 2. 监督公司的内部审计制度的制定及其实施。 3. 负责内部审计与外部审计之间的沟通。 4. 审核公司的各项相关业务信息及其披露。 5. 评价公司的内控制度。 6. 监督监管机构及其他外部部门对公司提出意见的整改，并向董事会报告。 7. 董事会授予的其他职责。
江苏信托	是	2	审议关于公司财务审计、内部控制的规划、制度、规则、报告等，为董事会决策提供依据和建议；监督公司内部审计制度实施。
交银国际信托	是	3	提议聘请或更换外部审计机构；审议并报请董事会批准内部审计制度并监督实施情况；审议公司经审计的财务信息披露事项；评价公司内部控制和风险管理制度设计的合理性和运行的有效性，并根据需要对重大关联交易、重大投资进行审计等。
金谷信托	是	3	负责公司的风险控制、管理、监督和评估以及公司内外部审计的沟通、监督和核查等工作。
昆仑信托	是	3	检查内部审计监督部门职责要求、目标及有关的审计监督政策；监督公司内部审计质量与财务信息披露；检查公司风险及合规状况；负责公司年度审计工作。
陆家嘴信托	是	3	监督公司内部审计制度及其实施；负责内部审计与外部审计之间的沟通；审核公司的财务信息及其披露；提议聘请或更换外部审计机构；董事会授予的其他职责。
平安信托	是	3	提议聘请或更换外部审计机构；审核公司内部审计基本制度；听取并审议外部审计机构报告；监督公司内部审计制度及其实施；监督公司遵守国家法律、法规等合规经营情况。
厦门国际信托	是	3	提议聘请和更换外部审计机构；审批公司年度审计工作计划；每季度听取并审议审计部的工作报告；审批公司年度审计工作报告，并报董事会审议；审议批准公司案防工作总体政策，推动案防管理体系建设；明确高级管理层有关案防职责及权限，确保高级管理层采取必要措施有效监测、预警和处置案件风险；提出案防工作整体要求，审议案防工作报告；考核评估公司案防工作有效性；确保内审稽核对案防工作进行有效审查和监督。
山东信托	是	3	就外聘审计师的委任、重新委任及罢免撤换向董事会提供建议，批准外聘审计师的薪酬及聘用条款，及处理任何有关该审计师辞职或辞退该审计师的问题；按适用的标准检讨及监察外聘审计师是否独立客观及审计程序是否有效；审计委员会应于审计工作开始前先与审计师讨论审计性质、范畴及有关申报责任；就外聘审计师提供非审计服务制定政策，并予以执行；检讨公司的财务监控，以及检讨公司的风险管理及内部监控系统；与管理层讨论风险管理及内部监控系统，确保管理层已履行职责建立及维护有效的系统。讨论内容应包括考虑公司在会计及财务汇报职能方面的资源、员工资历及经验是否足够以及员工所接受的培训课程和有关预算是否充足；主动或应董事会的委派，就有关风险管理及内部监控事宜的重要调查结果及管理层对调查结果的响应进行研究；须确保内部和外聘审计师的工作得到协调；也须确保内部审核功能在公司内部有足够资源运作，并且有适当的地位；以及审查及监察内部审核功能是否有效；检讨集团的财务及会计政策及实务；检查外聘审计师给予管理层的审核情况说明函件、审计师就会计记录、财务账目或监控制度向管理层提出的任何重大疑问及管理层作出的响应；确保董事会及时响应于外聘审计师给予管理层的审核情况说明函件中提出的事宜；担任公司与外聘审计师之间的主要代表，负责监察两者之间的关系；审核内部审计章程等重要制度和报告，审批中长期审计规划和年度审计计划，指导、考核和评价内部审计工作；公司董事会授权的其他事宜。
山西信托	是	5	审定公司风险管理的原则和政策，在授权范围内，对公司重大事项的风险进行评审，检查、指导公司日常风险管理工作；审定公司内部审计计划，监督公司财务运行，提议聘请或更换外部审计机构。
陕国投	是	3	1. 向董事会提交公司全面风险管理年度报告。 2. 确定公司风险管理的总体目标、风险偏好、风险承受度、风险管理策略和重大风险管理解决方案。 3. 审议公司风险管理组织机构设置及其职责。 4. 对公司信托业务和自营业务的风险控制及管理情况进行监督。 5. 对公司自有财产和信托财产的风险状况进行定期评估。 6. 对公司关联交易业务风险进行评估，对重大关联交易事项进行审查并提交董事会审议。 7. 对公司信息披露的真实性、准确性、完整性和合规性等进行监督。 8. 提出完善公司风险管理和内部控制的建议。 9. 监督公司内部审计制度及其实施。 10. 负责内部审计与外部审计之间的沟通。 11. 审核公司的财务信息及其披露。 12. 提议聘请或更换外部审计机构。 13. 为董事会督导公司风险管理文化建设提供建议。 14. 董事会授予的其他职责。

续表

公司简称	是否设置	审计委员会人数	审计委员会职能
上海信托	是	3	监督公司的内部审计制度实施；负责内部审计与外部审计之间的沟通；审核公司的财务信息及其披露；对重大关联交易进行审计；提议聘请或更换外部审计机构；董事会授权的其他事宜。
四川信托	是	3	提议聘请或更换外部审计机构；监督公司的内部审计制度及其实施；负责内部审计与外部审计之间的沟通；审核公司的财务信息及其披露；审查公司内控制度等。
苏州信托	是	5	审核公司内部审计基本制度；监督公司的内部审计制度实施；审核公司的财务信息；提议聘请或更换外部审计机构；听取并审议外部审计机构报告。
天津信托	是	5	负责对公司内部、外部审计和信息披露以及重大关联交易进行监督和审查。
外贸信托	是	3	提出公司审计监督体系设置建议，包括组织机构、部门职责等；指导制定内部审计制度，审议年度审计计划，审核内部审计报告，监督内部审计质量，跟踪审计整改情况，并向董事会提出建议；指导内部审计部门开展风险及合规状况检查；评价和监督内部控制健全性和执行的有效性，并向董事会提出完善公司内部控制的建议；审核公司的财务报告、会计政策及其变动情况，监督财务信息披露，并向董事会提出建议；提议聘请或更换外部审计机构；指导内部审计部门与社会中介机构、纪检部门和国家审计机关之间的沟通；对其他影响公司发展的重大事项进行专项调查，并向董事会报告。
万向信托	是	3	确定公司风险管理的总体目标、风险偏好、风险承受度、风险管理策略和重大风险管理解决方案；评估公司关联交易业务风险；监督公司信托业务和自营业务的风险控制及管理；监督公司信息披露的真实性、准确性、完整性和合规性；提出完善公司风险管理和内部控制及内部审计实施的建议等。
五矿信托	是	未披露	主要负责拟定公司风险管理政策和重大风险管理解决方案，督促公司各项业务的合规、合法运作，以防范和控制业务风险。
西部信托	是	3	对管理层的经营情况、内控制度的制定和执行情况的监督检查。
西藏信托	是	3	监督、审核公司内部审计制度及其实施、信息披露、财务信息；负责内部审计与外部审计之间的沟通；提议聘请或更换外部审计机构等。
新华信托	是	5	提议聘请全国前十大会计师事务所以及"四大"（即普华永道、安永、毕马威和德勤）中的一家对公司年度财务情况进行审计，由董事会报股东大会批准；负责任命公司内审稽核部门负责人；审议公司内部审计的主要制度，报董事会审核批准后组织实施；审议公司内审稽核部门年度工作计划、中长期审计规划，并对其工作进行监督、指导；定期向董事会报告审计工作情况，并抄送监事会和高级管理层；审议公司的内部审计报告，将审议意见报董事会审核批准，并抄送公司高级管理人员、监事会，呈报监管部门；配合监管部门、监事会进行检查活动，组织执行前述部门、组织机构和注册会计师检查审计意见或建议，并对该检查意见或建议不执行或执行不力的部门及人员，向公司提出处理意见；公司董事会授予的其他职权。
新时代信托	是	3	专门负责对公司财务活动及其有关经济活动的真实、合法、合规、准确和效益的监督审计，依法审议、拟定内部监督活动方案，指导稽核部门实施稽核审计，为维护公司合法权益，防范金融风险，促进增收节支，提高经济效益服务。
兴业信托	是	5	主要负责公司审计与风险的控制、管理、评估和监督，同时负责公司内、外部审计的沟通、监督和核查工作以及重大关联交易的审核。
英大信托	是	3	负责监督公司内、外部审计工作。
粤财信托	是	5	审议公司内部管理制度、风险控制制度和监控制度；审议、制定各类操作业务细则和财务控制制度；监控投资项目、信托项目的风险；评估公司经营风险并提出整改意见；监督公司的内部审计制度及其实施；审核、批准公司年度审计计划、审计报告；向董事会推荐并聘请外部审计机构对公司进行审计；负责内部审计与外部审计之间的沟通；定期向董事会汇报工作情况，并提交书面报告；董事会授权的其他事项。
云南信托	是	3	监督公司的内部审计制度及其实施。
长安信托	是	3	主要职责范围为：监督公司重大经营活动的合法性、合规性，保证有关法律、法规、监管规章的贯彻执行；提议聘请或更换外部审计机构；负责内部审计与外部审计之间的沟通；检查、监督、评价公司内部审计工作情况和内部审计制度的实施情况；审核公司的财务信息及其披露；审核公司的重大关联交易；董事会授予的其他职责。
长城信托	是	3	1. 监督公司的内部审计制度及其实施，检查、指导公司内部审计工作。 2. 选聘公司年度审计所需的会计师事务所，财政部、银监会等有关部门如有特殊规定的从其规定。 3. 审查公司内控制度，监督、检查公司内部控制制度的建立、健全与执行情况。 4. 董事会授权的其他职权。
浙金信托	否		
中诚信托	是	3	对公司内部审计制度进行评价，对内部审计工作进行核查。
中国民生信托	是	5	1. 对公司信息披露的真实性、准确性、完整性和合规性等进行监督。 2. 监督公司内部审计制度及其实施。 3. 负责内部审计与外部审计之间的沟通。 4. 审核公司的财务信息及其披露。 5. 提议聘请或更换外部审计机构。 6. 董事会授予的其他职责。

续表

公司简称	是否设置	审计委员会人数	审计委员会职能
中海信托	是	3	提议聘请或更换外部审计机构；监督公司的内部审计制度及其实施；负责内部审计与外部审计之间的沟通；审核公司的财务信息及其披露；审查公司内控制度等。
中航信托	是	3	负责监督公司内部、外部审计工作。
中江信托	是	未披露	未披露
中粮信托	是	3	1. 制定、审核、批准公司的风险管理和内部控制的政策、程序并报请董事会审议。 2. 对公司信托业务、自营业务及其他业务的风险控制及风险管理政策、程序、执行情况进行监督。 3. 对公司固有财产和信托财产的风险状况进行定期评估。 4. 对公司合规风控部、审计部的工作程序和工作效果进行评议。 5. 提议聘请或更换外部审计机构。 6. 监督公司的制度建设及其执行情况。 7. 监督董事会决议的执行情况。 8. 审核公司的财务信息及其披露。 9. 审查公司内控制度。 10. 公司董事会授权的其他事项。
中融信托	是	3	对公司重大投资项目、信托资金运用及中介业务进行风险评估和预测，提出风险防范措施；对公司重大的投资项目、信托计划运作及中介业务的执行情况进行监控；针对业务过程中的异常情况作出预警并及时报告董事会等；提议聘请或更换外部审计机构；监督公司内部稽核审计制度实施情况；审核公司重大财务信息及其披露情况；监督公司资金信托业务过程合规性；审查固有业务关联交易合规性、可能导致的各项风险以及是否符合公司长期发展战略。
中泰信托	是	4	负责公司的风险控制、管理、监督和评估，及公司内外部审计的沟通、监督和核查等工作。
中铁信托	是	3	负责公司风险的控制、管理、监督和评估；公司关联交易的审查；公司内部、外部审计的监督和核查工作。
中建投信托	是	4	1. 根据公司发展战略，制定、审核公司风险管理工作规划，评价公司战略目标和经营计划所涉及的风险因素，并向董事会提出建议。 2. 定期审核、评议公司风险管理政策，促进风险管理政策的合法合规和及时有效。 3. 从风险控制角度，监督公司各项规章制度的执行情况，并对公司重大经营决策进行风险监测和评价。 4. 审阅公司风险管理工作报告，对风险管理工作提出改善意见和建议。 5. 审核、批准公司的风险控制流程与风险计量模型和方法的监测、调整等相关工作。 6. 审核、评议公司年度审计工作规划。 7. 负责对公司内部审计制度的有效性及其执行情况进行监督。 8. 负责内部审计与外部审计之间的沟通与协调。 9. 提议聘请或更换外部审计机构。 10. 董事会授权的其他事宜。
中信信托	是	3	审核和监督风险控制和内部审计年度计划的制定和执行，评估风险控制和审计结果，并提出改进建议等。
中原信托	是	5	审议公司年度内部审计计划，提议聘请或更换外部审计机构，监督公司内部审计制度的实施，负责内部审计与外部审计之间的沟通，监督和审核公司的财务信息，监督和审核公司的信息披露，审查公司内控制度有效性，审计重大关联交易。
重庆信托	是	5	负责审定公司内部审计制度；负责提议聘请或更换外部审计机构；负责审定公司内部审计部门的年度审计工作计划；负责审定公司内部审计部门提交的年度工作总结；负责批准公司内部审计方案；负责公司内部审计部门负责人的任免；负责研究审定公司内部审计部门报送的审计报告；指导公司内部审计工作，检查、监督公司内部审计实施情况；负责对公司内部审计部门工作成效进行评价；审查评估公司内部控制的健全性和有效性；监督公司业务经营活动的真实性、合法性等。
紫金信托	是	3	合法合规性审查；风险控制审查；财务及内控审查；审计工作及审查；关联交易审查；案防工作及审查；公司董事会授权的其他事宜

经统计，66 家信托公司在董事会下设了风险管理委员会，其中 62 家信托公司对董事会下设风险管理委员会的委员人数作了披露，65 家信托公司对风险管理委员会的职能作了披露。通过对 62 家已经披露的风险管理委员会委员人数情况分析可见，风险管理委员会的平均设置人数为 3.68 人（见表 7－1－8）。

表 7－1－8　信托公司 2016 年末董事会下设风险管理委员会情况分析表

公司简称	是否设置	风险管理委员会人数	风险管理委员会职能
爱建信托	是	3	拟定公司风险管理的总体目标、风险偏好、风险承受度、风险管理策略和重大风险管理解决方案，听取上海爱建集团股份有限公司意见后，报董事会审议；审议公司风险管理组织机构设置及其职责；向董事会提交公司风险管理年度报告；对公司信托业务和自营业务的风险控制及管理情况进行监督；审议公司自有财产和信托财产风险状况的评估报告；提出完善公司风险管理的建议；为董事会督导公司风险管理文化建设提供建议。
安信信托	是	4	检查公司经理层遵守法规、公司章程的情况；研究拟定公司风险管理战略和政策；监督公司内部审计等。

续表

公司简称	是否设置	风险管理委员会人数	风险管理委员会职能
百瑞信托	是	4	监督、检查公司经营活动的合法合规性；审查经营层提交的公司全面风险评估和合规报告，提出整改意见，督促改进；审查重大风险管理解决方案以及重大决策的风险评估报告；审查风险管理制度、政策；其他相关工作。
北方信托	是	5	代表董事会对公司运作和经营活动中的风险进行监督、控制和管理，是公司风险防范与控制经营风险的机构；代表董事会对公司经营活动行使审计评价和监督职能，是对公司内部、外部审计和内控活动进行监督、核查的机构。
北京信托	是	5	1. 负责制定公司风险管理的目标和政策。 2. 完善和健全公司风险管理的体系建设。 3. 制定公司风险管理的流程管控程序。
渤海信托	是	3	主要负责检查公司风险及合规状况、会计政策、财务报告程序和财务状况；负责公司年度审计工作，提出外部审计机构的聘请与更换建议，并就审计后的财务报告信息真实性、准确性、完整性和及时性作出判断性报告，提交董事会审议；监督高级管理层关于信用风险、流动性风险、市场风险、操作风险、合规风险和声誉风险等风险的控制情况，对公司风险政策、管理状况及风险承受能力进行定期评估，提出完善公司风险管理和内部控制的意见。
大业信托	是	3	强化董事会在防范公司经营风险中的作用，并对公司长期发展战略和资产结构、投资方向以及重大投资决策进行审议评价并提出建议。
东莞信托	是	3	建立风险管理制度，对重大业务风险进行识别、监视和综合管理。
方正东亚信托	是	3	向董事会提交公司全面风险管理年度报告；确定公司风险管理的总体目标、风险偏好、风险承受度、风险管理策略和重大风险管理解决方案；对公司信托业务和固有业务的风险控制及管理情况进行监督；对公司固有财产和信托财产的风险状况进行定期评估；对公司关联交易业务风险进行评估，对重大关联交易事项进行审查并提交董事会审议；组织制定和修改公司风险控制制度，提出完善公司风险管理和内部控制的建议；审议公司风险管理组织机构设置及其职责；为董事会督导公司风险管理文化建设提供建议；对公司信息披露的真实性、准确性、完整性和合规性等进行监督；监督公司内部审计制度及其实施；负责内部审计与外部审计之间的沟通；审核公司的财务信息及其披露；检查公司内部控制制度的制定、完善和执行；提议聘请或更换外部审计机构；董事会授予的其他职责。
光大兴陇信托	是	5	根据公司总体战略，审核和修订公司风险政策，对其实施情况及效果进行监督和评价，并向董事会提出建议；对项目风险进行预警、评价；董事会授予的其他职责。
国联信托	是	2	审查和监督公司风险管理政策、制度，并对其执行情况进行评价。
国民信托	是	3	负责公司内控和风险管理体系、政策的建立和完善；拟定公司关联交易政策，审议重大关联交易；根据授权，对重要信托项目进行审批；负责组织对公司存在重大风险隐患或出现的重大风险事故的内部调查工作等董事会授予的其他职责。
国投泰康信托	是	3	1. 审议公司内部审计报告。 2. 审议公司年度风险管理报告。 3. 审议公司年度案件防控报告和反洗钱报告。 4. 委托外部审计机构，公司内部、外部审计的沟通、监督和核查工作。 5. 对公司内控机制和风险管理方面存在的问题进行评价、分析。 6. 有权向董事会提交内部控制、审计、风险管理方面的议案。 7. 董事会授予的其他职责。
国元信托	是	5	负责根据公司风险承受能力制定公司风险管理政策，确定合理的风险管理水平，并督促高级管理层采取必要的措施识别、计量、监测和控制风险；负责公司内部、外部审计的沟通和对公司经营的监督、检查工作。
杭州工商信托	是	3	审议公司的合规与风险管理构架、风险战略和合规与风险管理基本政策，并提请董事会批准；研究宏观国家经济金融政策、分析市场变化，提出有效执行的实施建议和行业风险管理建议，研究公司风险约束指标体系；监督公司对国家金融方针、政策、法规及各项业务规章的执行情况，对公司管理内控薄弱环节和存在问题提出整改意见，并要求及时进行纠正；研究公司发展战略、风险管理体系，审阅有关风险管理报告、合规（包括合规、反洗钱、案防、舆情等合规相关事项）报告及相关计划，了解公司合规与风险管理决策体系的有效性，指导公司的合规与风险管理工作，提出改进合规与风险管理的组织架构、控制程序、风险处置等决策建议，完善公司合规与风险管理和内部控制；对战略规划的实施过程进行监督和评估，对公司高级管理层在业务、经营、操作等方面的风险控制及管理情况进行监督；督促高级管理层定期对公司固有财产和信托财产的风险状况进行评估，并采取必要的措施有效识别、监测和控制、防范风险；组织对公司重大经营风险事件的风险评估工作，审议高级管理层提交的重大突发事件、重大风险的解决方案；董事会授权的其他事宜。
湖南信托	是	3	负责拟定公司风险控制管理战略、风险管理政策和内部控制流程，并对其实施情况进行监督和评价；监督公司内部审计制度及其实施，审核公司财务情况，提议聘用、更换或解聘公司审计机构等。
华澳信托	是	3	1. 审议公司的信托及固有资本的贷款、投资、产品发行等业务。 2. 确定信托产品及发行和服务的定价原则。 3. 年度风险控制评估。 4. 董事会决定的其他事项。
华宝信托	是	3	负责公司风险的控制、管理、监督和评估，公司内部、外部审计的沟通、监督和核查工作以及重大关联交易的审核。
华宸信托	是	3	对公司信托业务、自营业务及其他业务的风险控制及风险管理情况进行监督；对公司固有财产和信托财产的风险状况进行定期评估；提出完善公司风险管理和内部控制的建议；对公司内部稽核部门的工作程序和工作效果进行评估；董事会授权的其他事项。
华能信托	是	3	拟定公司风险管理政策和重大风险管理解决方案；审议公司风险管理组织机构设置及其职责；定期审查公司风险管理、合规管理、内部审计工作报告，就完善内部控制向董事会提出建议；董事会授予的其他职责。

续表

公司简称	是否设置	风险管理委员会人数	风险管理委员会职能
华融信托	是	4	1. 研究拟定公司的风险管理框架，风险战略、风险管理基本政策、内部风险控制制度和流程。 2. 检查公司风险管理基本政策、经营决策程序、内部风险控制制度和流程执行情况。 3. 审议批准公司的季度、年度风险管理报告，跟踪落实有关执行情况。 4. 定期审阅公司风险状况报告，了解公司风险管理的总体情况及有效性，提出完善公司风险管理和内部控制的意见。 5. 制定风险奖惩办法、对公司重大风险隐患或出现的重大风险事故进行调查。 6. 审核公司资产风险分类标准和风险准备金提取政策，审核呆账核销事项和年度损失准备金提取总额等。
华润信托	是	未披露	负责对高级管理层在合规、业务、市场、操作等方面的风险控制情况和薪酬方案的实施情况进行监督；对公司的风险状况进行定期评估并提出完善风险管理、内部控制和薪酬方案的意见；审议公司薪酬管理制度和政策。
华鑫信托	是	3	负责公司风险的控制、管理、监督和评估。
华信信托	是	2	制定完善公司业务风险管理与控制政策；评估、识别与防范业务风险；审议风险资产分类与不良资产处置方案；审议核准资产五级分类。
吉林信托	是	未披露	负责制定、审核风险控制制度，监督制度执行。对重大业务事项从风险管理角度向董事会提出意见和建议。
建信信托	是	2	1. 根据公司总体战略，研究拟定公司风险战略和风险管理政策，报董事会审定，并对其实施情况进行监督和评价。 2. 监督和评价风险管理部门的设置、组织方式、工作程序，并提出改善意见。 3. 指导公司的风险管理工作和内控制度建设。 4. 审议公司风险和内控报告，对公司风险和内控状况进行定期评估，提出完善公司风险管理和内部控制的意见。 5. 对公司首席风险官的工作进行评价。 6. 审批各项业务管理办法中注明需由董事会审议的重大经营项目，具体的审批权限按董事会相关文件执行。 7. 董事会授予的其他职责。
江苏信托	是	6	审核公司关于风险管控、关联交易的规划、制度、规则、报告等，为董事会决策提供依据和建议；对公司经营的风险控制及管理情况进行监督。
交银国际信托	是	3	拟定公司风险管理的总体战略和原则；检查和评价公司整体风险和风险管理体系；定期向董事会报告风险管理状况；确定总体风险容忍度及审批总体风险管理相关指标等。
金谷信托	是	3	负责公司的风险控制、管理、监督和评估以及公司内外部审计的沟通、监督和核查等工作。
昆仑信托	是	3	组建公司风险管理系统；对公司日常经营管理风险进行整体分析和评估；负责公司的危机处理工作；对公司运作过程中的重大事项进行风险管理和控制；负责公司案防工作。
陆家嘴信托	是	3	向董事会提交公司全面风险管理年度报告；确定公司风险管理的总体目标、风险偏好、风险承受度、风险管理策略和重大风险管理解决方案；提出完善公司风险管理和内部控制的建议；对公司固有业务和信托业务的风险控制及管理情况进行监督；对公司固有财产和信托财产的风险管理状况进行定期评价；对公司关联交易业务风险进行评估，对重大关联交易事项进行审查并提交董事会审议；董事会授予的其他职责。
平安信托	是	3	审核公司风险治理架构和风险管理策略；审议公司整体风险偏好和风险限额；督促公司管理层采取必要措施有效识别、评估、监测和控制风险；评估公司管理层关于信用风险、流动性风险、操作风险和市场风险等风险的控制情况，提出完善建议；审议公司风险管理报告；董事会授予的其他职责。
厦门国际信托	否		
山东信托	是	3	根据宏观经济环境、行业发展趋势和公司经营状况，对公司中长期发展战略进行研究并提出建议；检查、监督和评估公司发展战略的执行情况；组织制定公司信托业务、自营业务发展等专项规划；了解和掌握公司面临的各项重大风险及其风险管理现状；审议公司年度或专项风险管理报告；审查公司风险管理的体制机制是否健全、政策措施是否有效、风险控制流程是否合理；审议风险策略、重大风险管理解决方案以及重大决策、重大风险、重大事件和重要业务流程的判断标准或判断机制；审查、监督公司遵守、执行法律法规的情况；为公司信托业务的风险防控提供意见和建议；董事会规定的其他职责。
山西信托	是	5	审定公司风险管理的原则和政策，在授权范围内，对公司重大事项的风险进行评审，检查、指导公司日常风险管理工作；审定公司内部审计计划，监督公司财务运行，提议聘请或更换外部审计机构。
陕国投	是	3	1. 向董事会提交公司全面风险管理年度报告。 2. 确定公司风险管理的总体目标、风险偏好、风险承受度、风险管理策略和重大风险管理解决方案。 3. 审议公司风险管理组织机构设置及其职责。 4. 对公司信托业务和自营业务的风险控制及管理情况进行监督。 5. 对公司自有财产和信托财产的风险状况进行定期评估。 6. 对公司关联交易业务风险进行评估，对重大关联交易事项进行审查并提交董事会审议。 7. 对公司信息披露的真实性、准确性、完整性和合规性等进行监督。 8. 提出完善公司风险管理和内部控制的建议。 9. 监督公司内部审计制度及其实施。 10. 负责内部审计与外部审计之间的沟通。 11. 审核公司的财务信息及其披露。 12. 提议聘请或更换外部审计机构。 13. 为董事会督导公司风险管理文化建设提供建议。 14. 董事会授予的其他职责。

续表

公司简称	是否设置	风险管理委员会人数	风险管理委员会职能
上海信托	是	3	对公司高级管理层在信托业务和自营业务方面的风险控制及管理情况进行监督；对公司固有财产和信托财产的风险状况进行定期评估；提出完善公司风险管理和内部控制的建议；董事会授权的其他事宜。
四川信托	是	3	研究公司发生重大、突发性事项的对策；研究制定总体风险管理、关联交易控制政策供董事会审议；研究公司风险管理的战略结构和资源，并使之与公司的内部风险管理政策相兼容；研究重要的风险边界；对相关的风险管理、关联交易控制政策进行监督、审查和向董事会提出建议等。
苏州信托	是	4	审核和拟定公司的风险管理战略、政策和规程以及内部控制制度，并监督上述战略、政策、规程和内部控制制度的执行。
天津信托	是	5	负责审核公司风险管理的政策和程序，审定公司风险管理目标，督促公司管理层建立必要的风险识别、衡量、监测和控制制度，监督和评价公司风险管理的全面性、有效性以及高级管理层在风险管理方面的履职情况。
外贸信托	是	3	贯彻落实董事会风险管理总体要求，对公司风险管理工作进行指导及监督，为董事会提供决策支持意见和管理改善建议，并在本条例规定范围内进行业务事项审批决策。
万向信托	是	3	确定公司风险管理的总体目标、风险偏好、风险承受度、风险管理策略和重大风险管理解决方案；评估公司关联交易业务风险；监督公司信托业务和自营业务的风险控制及管理；监督公司信息披露的真实性、准确性、完整性和合规性；提出完善公司风险管理和内部控制及内部审计实施的建议等。
五矿信托	是	未披露	主要负责拟定公司风险管理政策和重大风险管理解决方案，督促公司各项业务的合规、合法运作，以防范和控制业务风险。
西部信托	是	5	对公司所面临的风险状况进行评估，并提出相应的意见。
西藏信托	否		
新华信托	是	7	组织拟定公司的战略发展规划，并对公司战略发展规划的执行情况进行跟踪检查；组织制定公司信托业务风险管理策略和风险偏好，并提交董事会批准；审议公司风险控制及合规管理相关的主要管理制度（包括警示机制），并结合监管部门之要求实时更新；对公司风险政策、管理状况及风险承受能力进行定期评估，并出具评估报告；针对股东、监管部门等提出的风险管理工作中存在的重大问题拟订整改方案并组织实施，并就整改情况书面呈报股东、监管部门；建立健全有效的反洗钱工作内部控制体系，明确各层级反洗钱岗位职责；听取高级管理层关于反洗钱重大事项和反洗钱风险整体状态的评估报告，适时做出调整有关政策的决定；协调反洗钱工作中的重大和疑难问题，提出解决方案；董事会授予的其他职责。
新时代信托	是	5	负责对公司长期发展战略规划、重大战略性投资进行可行性研究，负责全面监督、指导公司风险管理工作，检查公司管理层贯彻和执行董事会确立的风险取向和管理战略的情况，并根据董事会授权进行业务决策的常设机构，对公司董事会负责。
兴业信托	是	5	主要负责公司审计与风险的控制、管理、评估和监督，同时负责公司内部、外部审计的沟通、监督和核查工作以及重大关联交易的审核。
英大信托	是	3	监督、评估公司的风险管理状况，提出完善风险管理意见，监督、评估公司风险管理部门的工作。
粤财信托	是	5	审议公司内部管理制度、风险控制制度和监控制度；审议、制定各类操作业务操作细则和财务控制制度；监控投资项目、信托项目的风险；评估公司经营风险并提出整改意见；监督公司的内部审计制度及其实施；审核、批准公司年度审计计划、审计报告；向董事会推荐并聘请外部审计机构对公司进行审计；负责内部审计与外部审计之间的沟通；定期向董事会汇报工作情况，并提交书面报告；董事会授权的其他事项。
云南信托	是	3	研究、考核公司的风险控制制度，并提出建议。
长安信托	是	6	主要职责范围为：定期评估公司全面风险管理的现状及存在问题，并针对具体问题提出合理化建议；确定公司整体风险偏好，并对公司出台的各类业务风险管理指引进行评价；确定公司案防工作总体政策，推动案防管理体系建设；对高级管理层在信托、信贷、市场、操作等方面的风险控制进行监督；对公司自有财产和信托财产的风险状况进行定期评估；提出完善公司风险管理和内部控制的建议；董事会授予的其他职责。
长城信托	是	5	1. 组织研究公司风险防范体系和组织方案。 2. 对公司信托业务和固有业务的风险控制及管理情况进行监督。 3. 对公司自有财产和信托财产的风险状况进行整体评价。 4. 向董事会提交公司全面风险管理年度报告。 5. 对战略规划的实施过程进行监督和评估，督促经营管理层持续改进风险管控能力。 6. 组织研究公司风险管理体系，提出改进风险管理体系的决策程序及建议。 7. 组织制定公司风险管理体系，监督检查公司内部风险控制制度执行情况。 8. 董事会授权的其他职权。
浙金信托	是	3	审议公司的风险管理构架、风险战略和风险管理基本政策，并提请董事会批准；研究国家宏观经济金融政策，分析市场变化，提出有效风险管理建议，研究公司风险控制指标体系；监督公司对国家金融方针、政策、法规及各项规章的执行情况，及时提出整改意见并进行纠正；研究公司风险管理体系，审议有关风险管理报告、合规报告及风险管理计划，了解公司风险管理决策体系的有效性，提出风险管理的组织构架、控制程序、风险处置等决策建议，完善公司风险管理和内部控制；对公司战略规划的实施过程进行监督和评估，对公司高级管理层在业务经营中的风险控制及管理情况进行监督；督促公司高级管理层定期对公司固有财产和信托财产的风险状况进行评估，并采取必要的措施有效识别、监测和控制、缓释风险；审议公司创新产品的风险控制情况；审议公司经营管理中重大风险的预警预控、应急预案；组织对公司重大经营风险事件的风险评估工作，审议高级管理层提交的重大突发事件、重大风险事件的应对处置方案；审议公司案防工作总体方案，推动案防体系建设；明确高级管理层在案防工作中的职责及权限；审议案防工作报告，考核评估公司案防工作有效性；督促高级管理层制定和执行反洗钱政策、制度和程序，并对反洗钱工作进行监督和评价；审议公司高级管理层关于重大反洗钱事项及反洗钱风险整体状况的报告；审议公司内部审计年度工作计划，并提请董事会批准；根据内部审计年度工作计划，对内部审计工作的开展进行监督、指导；董事会授权的其他事宜。

续表

公司简称	是否设置	风险管理委员会人数	风险管理委员会职能
中诚信托	是	3	强化董事会在防范公司经营风险中的作用，对公司长期发展战略、资产结构、投资方向以及重大投资决策进行审议评价并提出建议。
中国民生信托	是	5	1. 向董事会提交公司全面风险管理年度报告。 2. 确定公司风险管理的总体目标、风险偏好、风险承受度、风险管理策略和重大风险管理解决方案。 3. 对公司信托业务和自营业务的风险控制及管理情况进行监督。 4. 对公司自有财产和信托财产的风险状况进行定期评估。 5. 对公司关联交易业务风险进行评估，对重大关联交易事项进行审查并提交董事会审议。 6. 提出完善公司风险管理和内部控制的建议。 7. 审议公司风险管理组织机构设置及其职责。 8. 为董事会督导公司风险管理文化建设提供建议。 9. 董事会授予的其他职责。
中海信托	是	3	研究公司发生重大、突发性事项的对策；研究制定总体风险管理、关联交易控制政策供董事会审议；研究公司风险管理的战略结构和资源，并使之与公司的内部风险管理政策相兼容；研究重要的风险边界；对相关的风险管理、关联交易控制政策进行监督、审查和向董事会提出建议等。
中航信托	是	3	监督、评估公司的风险管理状况，提出完善风险管理意见，监督、评估公司风险管理部门的工作。
中江信托	是	未披露	未披露
中粮信托	是	3	1. 制定、审核、批准公司的风险管理和内部控制的政策、程序并报请董事会审议。 2. 对公司信托业务、自营业务及其他业务的风险控制及风险管理政策、程序、执行情况进行监督。 3. 对公司固有财产和信托财产的风险状况进行定期评估。 4. 对公司合规风控部、审计部的工作程序和工作效果进行评议。 5. 提议聘请或更换外部审计机构。 6. 监督公司的制度建设及其执行情况。 7. 监督董事会决议的执行情况。 8. 审核公司的财务信息及其披露。 9. 审查公司内控制度。 10. 公司董事会授权的其他事项。
中融信托	是	3	对公司重大的投资项目、信托资金运用及中介业务进行风险评估和预测，提出风险防范措施；对公司重大的投资项目、信托计划运作及中介业务的执行情况进行监控；针对业务过程中的异常情况做出预警并及时报告董事会等；提议聘请或更换外部审计机构；监督公司内部稽核审计制度实施情况；审核公司重大财务信息及其披露情况；监督公司资金信托业务过程合规性；审查固有业务关联交易合规性、可能导致的各项风险以及是否符合公司长期发展战略。
中泰信托	是	4	负责公司的风险控制、管理、监督和评估，及公司内外部审计的沟通、监督和核查等工作。
中铁信托	是	3	负责公司风险的控制、管理、监督和评估；公司关联交易的审查；公司内部、外部审计的监督和核查工作。
中建投信托	是	4	1. 根据公司发展战略，制定审核公司风险管理工作规划，评价公司战略目标和经营计划所涉及的风险因素，并向董事会提出建议。 2. 定期审核、评议公司风险管理政策，促进风险管理政策的合法合规和及时有效。 3. 从风险控制角度，监督公司各项规章制度的执行情况，并对公司重大经营决策进行风险监测和评价。 4. 审阅公司风险管理工作报告，对风险管理工作提出改善意见和建议。 5. 审核、批准公司的风险控制流程与风险计量模型和方法的监测、调整等相关工作。 6. 审核、评议公司年度审计工作规划。 7. 负责对公司内部审计制度的有效性及其执行情况进行监督。 8. 负责内部审计与外部审计之间的沟通与协调。 9. 提议聘请或更换外部审计机构。 10. 董事会授权的其他事宜。
中信信托	是	3	拟定风险管理战略、风险管理政策和内部控制原则，监督风险管理和内部控制系统的健全性、合理性和执行的有效性，指导公司全面风险管理和内部控制工作。
中原信托	是	6	对公司发展战略和运营模式进行风险评价；对公司风险管理体系进行评价；对经营管理层提交审议的重大业务创新和重大项目进行事前评估；对公司资产风险状况进行评价；处置重大风险；董事会交办的事项；经营班子提交审议的事项。
重庆信托	是	5	制定公司全面风险管理的总体目标和政策，制定公司风险管理基本制度；负责对包括信用风险、交易风险、结构性利率风险、汇率风险、流动性风险、运营风险等在内的所有风险进行全面管理；负责董事会授权范围内公司固有业务的审批；负责集合资金信托业务和特定的单一信托业务的审批；负责对公司信托新产品的风险评判；负责制定公司不良资产监控与管理策略，批准不良资产经营和清收计划；负责公司风险管理突发事项和紧急事项的应急处理；负责定期评价公司风险管理状况和相关政策的执行状况。
紫金信托	是	3	合法合规性审查；风险控制审查；财务及内控审查；审计工作及审查；关联交易审查；案防工作及审查；公司董事会授权的其他事宜。

经统计,63家信托公司在董事会下设了人事薪酬委员会,59家信托公司对董事会下设人事薪酬委员会的委员人数的设置作了披露,62家信托公司对董事会下设人事薪酬委员会的职能作了披露(见表7-1-9)。通过对59家已经披露的人事薪酬委员会的委员人数情况分析可见,人事薪酬委员会的平均设置人数为3.41人。

表7-1-9 信托公司2016年末董事会下设人事薪酬委员会情况分析表

公司简称	是否设置	人事薪酬委员会人数	人事薪酬委员会职能
爱建信托	是	3	高级管理人员的提名和审核;研究制订高管人员的薪酬计划与考核方案;审查高管人员的职责履行情况并对其进行年度绩效考评;监督公司薪酬制度的制定与执行情况。
安信信托	是	5	根据董事及高级管理人员的岗位及职责制订薪酬计划和方案、审查董事和高管人员的履行职责进行年度考评。
百瑞信托	是	4	审查公司内部管理机构的设置、调整方案;审查提请董事会聘任的高级管理人员人选;监督公司年度用工总量;审查公司应付工资总额;审查董事会聘任的高级管理人员的年度考核和薪酬发放方案;审查董事、监事薪酬方案;审查人力资源管理制度、政策;其他相关工作。
北方信托	是	5	代表董事会对公司激励机制建设、薪酬分配进行管理;代表董事会拟定董事和高级管理层成员的选任程序和标准,对董事和高级管理层的任职资格进行初步审核,并向董事会提出建议。
北京信托	是	3	1. 根据经营活动情况、资产规模和股权结构对董事会的规模和构成向董事会提出建议。 2. 研究董事和经营班子的选择标准和程序,并向董事会提出建议。 3. 广泛搜寻合格的董事和经营班子的人选。 4. 对董事候选人和经理人选进行审查并提出建议。 5. 对须提请董事会聘任的其他高级管理人员进行审查并提出建议。 6. 根据董事及高级管理人员管理岗位的主要范围、职责、重要性以及其他相关企业相关岗位的薪酬水平制定薪酬计划或方案。 7. 薪酬计划或方案主要包括但不限于绩效评价标准、程序及主要评价体系,奖励和惩罚的主要方案和制度等。 8. 审查公司董事(非独立董事)及高级管理人员履行职责情况并对其进行年度绩效考评。 9. 负责对公司薪酬制度执行情况进行监督。
渤海信托	是	3	主要负责拟定董事和高级管理层成员的选任程序和标准,对董事和高级管理层成员的任职资格进行初步审核,并向董事会提出建议;审议公司薪酬管理制度和政策,拟定董事和高级管理层成员的薪酬方案,向董事会提出薪酬方案建议,并监督方案实施;制定公司董事及高级管理层成员的考核标准并进行考核。
大业信托	是	3	旨在评价公司的绩效考核办法和薪酬管理制度,并提出建议。
东莞信托	是	3	研究和审查高级管理人员的薪酬政策与方案。
方正东亚信托	是	3	研究董事、监事、总经理和其他高级管理人员的薪酬标准,根据董事、监事、总经理和其他高级管理人员的职责与重要性,参考同业相关岗位的薪酬水平,制订薪酬计划或方案并监督薪酬计划或方案的实施;拟定考核标准,审查董事、总经理和其他高级管理人员履行职责情况并对其进行年度绩效考评,提交考核评价意见;负责对公司薪酬制度执行情况进行监督;研究董事、高级管理层人员的选择标准和程序,并向董事会提出建议;广泛搜寻合格的董事和经理层人员的人选;对董事、高级管理层人员人选进行审查并提出建议;董事会授予的其他职权。
光大兴陇信托	是	3	拟定董事、独立董事、监事及高级管理人员的薪酬方案,并向董事会提出薪酬方案的建议;负责对公司薪酬制度执行情况进行监督;拟定董事会年度费用预算方案,向董事会提出建议;董事会授予的其他职责。
国联信托	是	3	负责审核人力资源管理政策,研究薪酬策略,决定薪酬标准。
国民信托	是	3	拟定董事和高级管理人员的薪酬标准;依据董事会批准的高级管理人员激励考核标准对其进行考核;对公司人力资源发展规划及长期激励策略进行研究等董事会授予的其他职责。
国投泰康信托	是	3	1. 制定公司的薪酬体系和激励体系。 2. 制定公司经营管理人员的考核体系。 3. 根据董事会批准的考核指标在董事会授权范围内进行考核等工作。 4. 制定为员工设置的基于股权的激励计划或奖励。 5. 对公司薪酬与考核制度执行情况进行监督。 6. 有权向董事会提交薪酬与考核方面的议案。 7. 董事会授予的其他职责。
国元信托	是	5	负责审查公司绩效考核、薪酬管理的政策、实施方案及实施状况。
杭州工商信托	是	3	研究董事、高级管理经理人员的选择标准和程序并提出建议;广泛搜寻合格的董事和高级管理人员的人选;对董事候选人和高级管理人员人选进行审查并提出建议;研究董事与高级管理人员绩效考核的标准并提出建议;就公司董事及高级管理人员的薪酬政策及架构,以及制定该政策的程序等向董事会提出建议;对公司薪酬制度的执行情况进行监督;董事会授权的其他事宜。
湖南信托	是	4	负责拟定公司高级管理人员选择标准、选择程序,对其任职资格和任职条件进行初步审核等;拟定公司薪酬、福利和其他激励计划,并监督实施。
华澳信托	是	3	研究和审查公司薪酬政策与方案。

续表

公司简称	是否设置	人事薪酬委员会人数	人事薪酬委员会职能
华宝信托	是	3	负责制定公司董事及高级管理人员的考核标准并进行考核；制定、审查公司董事及高级管理人员的薪酬政策与方案；制定公司长期激励机制和方案，为公司发展提供人才激励保障；制定公司人力资源发展规划。
华宸信托	是	3	寻找符合要求的董事候选人（候选人也可以由股东、董事或其他人推荐），并根据银监会关于金融机构高级管理人员任职资格的要求对其进行初步审查；寻找符合要求的总经理、副总经理、董事会秘书、财务总监候选人（可以由股东、董事或其他人推荐），并根据银监会关于金融机构高级管理人员任职资格的要求对其进行初步审查；拟定执行董事及高级管理人员的薪酬待遇，并就非执行董事的薪酬向董事会提出建议；董事会授权的其他事项。
华能信托	是	3	拟定公司高级管理人员的薪酬与奖励政策，并提请董事会审批；对公司高级管理人员进行考核，并出具绩效评价报告，报董事会核准；审议公司职工的薪酬福利及绩效考核方案；董事会授予的其他职责。
华融信托	是	3	1. 对董事、经营层的选任标准和程序进行审议并提出意见，搜寻合格的董事和经营层人选，对董事和经营层人选的资格条件进行审查并提出建议。 2. 根据董事与经营层职责、业务范围，研究拟定绩效方案、薪酬政策和考核标准。 3. 组织对董事和经营层年度履职及绩效完成情况考核。 4. 负责对公司绩效管理办法、薪酬制度执行情况的监督、检查和评价等。
华润信托	是	未披露	负责对高级管理层在合规、业务、市场、操作等方面的风险控制情况和薪酬方案的实施情况进行监督；对公司的风险状况进行定期评估并提出完善风险管理、内部控制和薪酬方案的意见；审议公司薪酬管理制度和政策。
华鑫信托	是	2	负责制定公司董事及高级人员的考核标准并进行考核；制定、审查公司董事及高级管理人员的薪酬政策与方案；制定公司长期激励机制和方案，为公司发展提供人才激励保障；制定公司人力资源发展规划。
华信信托	是	2	对公司薪酬体系、绩效考核、人力资源进行规划管理。
吉林信托	是	未披露	负责董事会任命人员提名及资格审核，负责薪酬制度及具体方案的评估、审定以及落实情况的跟踪、监督。
建信信托	是	2	1. 组织拟定董事和高级管理人员的选任标准和程序，并对其候选人进行初审，提请董事会决定。 2. 审议公司薪酬方案，提请董事会决定，并监督其执行。 3. 组织拟定公司董事、监事的业绩考核办法和薪酬方案，提交董事会审议。 4. 组织对公司董事、监事及高级管理层的业绩考核，提出对董事、监事及高级管理层薪酬分配的建议，提交董事会审议。 5. 检查及批准向执行董事及高级管理人员支付的与丧失或终止职务或委任有关的赔偿，以确保该等赔偿按有关合同条款决定；若未能按有关合约条款决定，有关赔偿亦须合理适当。 6. 检查及批准因董事行为失当而解雇或罢免有关董事所涉及的赔偿安排，以确保该等安排按有关合约条款决定；若未能按有关合约条款决定，有关赔偿亦须合理适当。 7. 董事会授予的其他职责。
江苏信托	是	2	审议关于公司薪酬考核的规划、制度、规则、报告等，为董事会决策提供依据和建议；监督公司薪酬考核政策实施。
交银国际信托	否		
金谷信托	是	3	负责制定、审查公司高级管理人员（以下公司简称高管人员）的薪酬政策与方案，拟定公司高管人员的考核标准并进行考核，接受董事会授权的其他事项。
昆仑信托	是	4	研究拟定公司整体薪酬政策；拟定公司高级管理人员的薪酬制度、考核办法和激励方案；对公司高级管理人员进行绩效考评；对公司整体薪酬制度的执行情况进行指导、监督。
陆家嘴信托	是	3	根据公司经营发展战略、资产规模和业务结构等，对董事会的规模和结构向董事会提出建议；拟定公司董事和高级管理人员的选任程序和标准，对董事和高级管理人员的任职资格和条件进行初步审核，并向董事会提出建议；拟定公司董事和高级管理人员的考核标准，据此进行考核并提出建议；拟定公司董事和高级管理人员的具体薪酬和激励方案，向董事会提出薪酬方案的建议，并监督实施；董事会授权的其他事宜。
平安信托	是	3	审议公司提名与薪酬管理的策略和计划；审核公司人员编制、薪酬总额、薪酬制度、年度薪酬方案、考核方案；审议公司考核与奖惩制度等。
厦门国际信托	是	3	审查公司董事、高管人员的年度薪酬、年度效益工资提取办法、基本（固定）薪酬管理制度、员工企业年金方案并提交董事会审定；对公司薪酬制度执行情况进行监督；董事会授权的其他事宜。
山东信托	是	3	就董事及高级管理人员的全体薪酬政策及架构，以及就设立正规而具透明度的程序制定薪酬政策，向董事会提出建议；评审公司董事和高级管理人员的履职情况并对其进行绩效考核评价；对公司薪酬制度执行情况进行监督；因应董事会所订企业方针及目标而检讨及批准高级管理人员的薪酬建议；就厘定个别执行董事及高级管理层的特定薪酬待遇，包括非金钱利益、退休金权利及赔偿金额（包括丧失或终止职务或委任的赔偿）向董事会提出建议；就非执行董事的薪酬向董事会提出建议；考虑同类公司的薪酬、须付出的时间和职责及集团内其他职位的雇用条件；检讨及批准向执行董事及高级管理人员就其丧失或终止职务或委任而须支付的赔偿，以确保该等赔偿与合约条款一致；若未能与合约条款一致，赔偿也须公平合理，不致过多；检讨及批准因董事行为失当而解雇或罢免有关董事所涉及的赔偿安排，以确保该等安排与合约条款一致；若未能与合约条款一致，有关赔偿亦须合理适当；确保任何董事或其任何联系人不得参与厘定自身薪酬；就其他执行董事的薪酬建议咨询董事长及/或总经理；及董事会授权的其他事宜。

续表

公司简称	是否设置	人事薪酬委员会人数	人事薪酬委员会职能
山西信托	是	5	审定公司的薪酬制度，制定公司高级管理人员的绩效评价标准和薪酬标准。
陕国投	是	3	1. 根据董事及高级管理人员管理岗位的主要范围、职责、重要性以及其他相关企业相关岗位的薪酬水平制订薪酬计划或方案。 2. 薪酬计划或方案主要包括但不限于绩效评价标准、程序及主要评价体系，奖励和惩罚的主要方案和制度等。 3. 审查公司董事（非独立董事）及高级管理人员的履行职责情况并对其进行年度绩效考评。 4. 负责对薪酬制度执行情况进行监督。 5. 董事会授权的其他事宜。
上海信托	是	3	研究、拟定和执行公司董事、经理及其他高级管理人员的考核标准和办法，并提出意见或建议；研究、拟定和审查公司董事、经理及其他高级管理人员的薪酬政策和方案，并提出意见或建议；审查公司董事及高级管理人员的履行职责情况并对其进行年度绩效考评；负责对公司薪酬制度执行情况进行监督检查；建议聘请外部中介机构提供专业咨询意见；董事会授权的其他事宜。
四川信托	否		
苏州信托	是	5	审议公司提交的薪酬管理策略和计划；审核公司人力资源计划与安排、薪酬方案和绩效考核的建议方案；跟踪、监督公司薪酬制度的落实情况。
天津信托	是	5	根据董事、高级管理人员和公司员工管理岗位的主要范围、职责、重要性以及其他相关公司相关岗位的薪酬水平制订薪酬计划或方案；薪酬计划或方案主要包括但不限于绩效评价标准、程序及主要评价体系，奖励和惩罚的主要方案和制度等；审查公司董事及高级管理人员履行职责的情况并对其进行年度绩效考评；负责对公司薪酬制度执行情况进行监督；董事会授权的其他事宜。
外贸信托	是	3	研究、制定公司高级管理人员的选择标准、程序和方法以及总经理继任计划（包括人选）；对提名的高级管理人员人选进行考察；负责拟定公司高级管理人员的经营业绩考核办法和薪酬管理办法，报董事会审批；按董事会确定的管理办法，考核、评价高级管理人员的业绩，并依据考核结果，向董事会提出高级管理人员的薪酬兑现建议；研究公司整体薪酬和员工考核管理办法，并向董事会提出建议。
万向信托	否		
五矿信托	是	未披露	主要负责拟订公司的薪酬及绩效考核方案，对公司高级管理人员进行考核，研究公司董事、总经理人选的选择标准和程序并提出建议。
西部信托	是	3	负责制定公司董事、高管人员的薪酬标准与方案，审查公司董事、高级管理人员履行职责并对其进行年度考核；负责对公司薪酬制度执行情况进行监督。
西藏信托	是	3	提名董事、经理层人员董事、经理层人员；审议关于公司薪酬考核的规划、制度、规则、报告等，为董事会决策提供依据和建议；监督公司薪酬考核政策实施。
新华信托	是	5	审议公司考核、奖惩及薪酬等涉及公司人事管理的主要制度和政策，并检查督导执行情况；根据董事、高级管理人员的岗位职责、重要性，拟订董事、高级管理层的薪酬方案和激励制度；根据监事会对董事、高级管理层履职评价情况，进行年度绩效考评，制定具体的奖惩方案；检查督导公司人事制度、薪酬制度的执行情况，并定期向董事会作报告；董事会授予的其他权限。
新时代信托	是	5	对公司董事和总裁的人选、选择标准和程序进行选择并提出建议，同时对总裁提名的财务负责人以及总裁提名的其他高级管理人员、董事长提名的董事会秘书人选进行审查并提出建议；负责制定公司董事、高级管理人员以及其他员工的全员考核标准并进行考核，对董事会负责。
兴业信托	是	5	主要负责拟订董事和高级管理人员的薪酬方案、考核标准，监督方案的实施。
英大信托	是	3	负责审核公司的人事与薪酬管理制度，监督公司人力资源管理工作，对人力资源管理及绩效考核等工作提出建议和意见。
粤财信托	否		
云南信托	是	3	研究董事、总裁的选择标准和程序及考核标准，并提出建议。
长安信托	是	2	主要职责范围为：研究董事、经理人员的选择标准和程序并提出建议；广泛搜寻合格的董事和经理人员的人选；对董事候选人和经理人选进行审查并向董事会提出建议；研究董事与经理人员考核的标准，年终进行考核并提出建议；研究和审查董事、监事、高级管理人员的薪酬政策与方案等；董事会授予的其他职责。
长城信托	是	5	1. 研究和审查董事、监事津贴方案及高级管理人员和公司员工的薪酬政策与方案。 2. 研究和审查高级管理人员的考核标准与方案。 3. 审查公司高级管理人员的履行职责情况并组织对其进行年度绩效考评。 4. 对公司薪酬制度执行情况进行监督。 5. 董事会授权薪酬委员会的其他职权。
浙金信托	是	3	研究董事、高级管理经理人员的选择标准和程序并提出建议；广泛搜寻合格的董事和高级管理人员的人选；对董事候选人和高级管理人员的人选进行审查并提出建议；研究董事与高级管理人员绩效考核的标准并提出建议；公司董事及高级管理人员的薪酬政策及架构，以及制定该政策的程序等薪酬政策向董事会提出建议；对公司薪酬制定的执行情况进行监督；董事会授权的其他事宜。
中诚信托	是	3	评价公司的绩效考核办法和薪酬管理制度并提出建议。
中国民生信托	是	5	1. 研究董事、监事、总裁和其他高级管理人员的薪酬标准，根据董事、监事、总裁和其他高级管理人员的职责与重要性，参考同业相关岗位的薪酬水平，制订薪酬计划或方案并监督薪酬计划或方案的实施。 2. 拟定考核标准，审查董事、总裁和其他高级管理人员履行职责情况并对其进行年度绩效考评，提交考核评价意见。 3. 负责对公司薪酬制度执行情况进行监督。 4. 研究董事、经理层人员的选择标准和程序，并向董事会提出建议。 5. 广泛搜寻合格的董事和经理层人员的人选。 6. 对董事、经理层人员人选进行审查并提出建议。 7. 董事会授权的其他职权。

续表

公司简称	是否设置	人事薪酬委员会人数	人事薪酬委员会职能
中海信托	是	3	研究董事与总裁人员考核的标准，进行考核并提出建议；研究和审查董事、高级管理人员的薪酬政策与方案等。
中航信托	是	2	研究董事与高级管理人员考核的标准，进行考核并提出建议；研究与审查董事、高级管理人员的薪酬政策与方案。
中江信托	是	未披露	未披露
中粮信托	否		
中融信托	是	3	制定公司高管人员的考核标准和薪酬标准，对公司高管人员的薪酬及奖励执行情况进行监督、检查并向董事会报告。拟定董事和高级管理人员的选任程序和标准；对董事和高级管理人员的任职资格进行初步审核，并向董事会提出建议。
中泰信托	是	3	负责制定董事及高级管理人员的薪酬政策、考核标准并进行考核。
中铁信托	是	3	负责董事及高级管理人员的任职、薪酬与考核管理。
中建投信托	是	4	1. 研究、拟定公司高级经营管理人员业绩考核办法和薪酬管理办法并提交董事会。 2. 研究并提出公司高级经营管理人员的年度薪酬方案，依据公司高级经营管理人员的业绩，拟定薪酬及奖惩建议方案并提交董事会。 3. 监督公司薪酬制度与奖惩制度的执行情况。 4. 董事会授权的其他事宜。
中信信托	是	3	负责拟定董事、高级管理人员、员工的薪酬、福利和其他激励计划，并监督方案的实施；拟定高级管理人员的选择标准、选择程序；对高级管理人员人选的任职资格和条件进行初步审核等。
中原信托	是	5	审议确定公司薪酬相关制度以及负责人年薪发放标准和发放办法。
重庆信托	是	5	对董事会的规模和构成向董事会提出建议；制定董事及高级管理人员薪酬计划或方案；研究董事、高级管理人员的选择标准和程序，并向董事会提出建议；搜寻合格的独立董事和高级管理人员的人选；对董事、高级管理人员人选进行审查并提出建议；审查公司董事及高级管理人员的履行职责情况；负责对公司薪酬制度执行情况进行监督；董事会授权的其他事宜。
紫金信托	是	3	审核公司薪酬政策或方案；审查公司董事及高级管理人员的履行职责情况并对其进行年度绩效考评；根据公司经营活动情况、资产规模和股权结构对董事会的规模和构成向董事会提出建议；研究董事、高级管理人员的选择标准和程序，并向董事会提出建议；向股东会、董事会提名董事和高级管理人员候选人；对董事、高级管理人员人选进行审查并提出建议；董事会授权的其他事宜。

（三）独立董事分析

68 家信托公司全部披露了独立董事人数，但中江信托未对独立董事的详细情况进行披露。具体情况请见表 7－1－10、表 7－1－11、表 7－1－12。

设立独立董事是加强公司治理的一个重要手段。上市公司一般要求独立董事人数占全部董事人数的 1/3 以上，这对公司治理非常重要，共有 33 家信托公司符合这一标准。除中江信托、北京信托的独立董事未披露性别年龄情况外，其他独立董事男性人数为 147 人，占总人数的 83. 05%，女性人数为 25 人，占总人数的 14. 12%；其中 30 ~39 岁的人数为 4 人，占总人数的 2. 26%，40 岁以上的人数为 172 人，占总人数的 97. 18%；独立董事的平均年龄为 54. 96 岁，高于董事平均年龄。

表 7－1－10　披露的信托公司 2016 年末独立董事人数构成分析表

公司简称	董事会成员人数	独立董事成员人数	独立董事占比（%）
爱建信托	10	4	40. 00
安信信托	8	3	37. 50
百瑞信托	10	3	30. 00
北方信托	14	4	28. 57
北京信托	13	4	30. 77
渤海信托	8	3	37. 50
大业信托	9	3	33. 33
东莞信托	7	2	28. 57
方正东亚信托	7	2	28. 57
光大兴陇信托	9	3	33. 33
国联信托	8	2	25. 00
国民信托	10	4	40. 00
国投泰康信托	9	3	33. 33
国元信托	9	3	33. 33
杭州工商信托	8	2	25. 00
湖南信托	10	2	20. 00
华澳信托	7	2	28. 57
华宝信托	8	3	37. 50

续表

公司简称	董事会成员人数	独立董事成员人数	独立董事占比(%)
华宸信托	8	2	25.00
华能信托	9	3	33.33
华融信托	11	3	27.27
华润信托	7	1	14.29
华鑫信托	7	2	28.57
华信信托	9	3	33.33
吉林信托	3	0	0.00
建信信托	7	2	28.57
江苏信托	8	2	25.00
交银国际信托	8	2	25.00
金谷信托	8	2	25.00
昆仑信托	9	3	33.33
陆家嘴信托	7	3	42.86
平安信托	8	3	37.50
厦门国际信托	9	3	33.33
山东信托	7	3	42.86
山西信托	6	1	16.67
陕国投	7	3	42.86
上海信托	8	3	37.50
四川信托	7	3	42.86
苏州信托	7	1	14.29
天津信托	12	3	25.00
外贸信托	9	3	33.33
万向信托	11	3	27.27
五矿信托	7	2	28.57
西部信托	10	3	30.00
西藏信托	9	1	11.11
新华信托	9	3	33.33
新时代信托	9	3	33.33
兴业信托	9	3	33.33
英大信托	9	3	33.33
粤财信托	6	2	33.33
云南信托	9	3	33.33
长安信托	8	2	25.00
长城信托	9	3	33.33
浙金信托	11	3	27.27
中诚信托	13	3	23.08
中国民生信托	12	4	33.33
中海信托	8	3	37.50
中航信托	8	2	25.00
中江信托	9	1	11.11
中粮信托	9	1	11.11
中融信托	7	2	28.57
中泰信托	10	4	40.00
中铁信托	9	3	33.33
中建投信托	10	3	30.00
中信信托	8	3	37.50
中原信托	10	2	20.00
重庆信托	12	4	33.33
紫金信托	7	2	28.57
合计	593.00	177.00	29.85
平均	8.72	2.60	29.85

表7－1－11　披露的信托公司2016年末独立董事人员性别构成分析表

公司简称	独立董事人员数	其中男性人数	男性所占比例(%)	其中女性人数	女性所占比例(%)
爱建信托	4	3	75.00	1	25.00
安信信托	3	3	100.00	0	0.00
百瑞信托	3	2	66.67	1	33.33
北方信托	4	1	25.00	3	75.00
北京信托	4	未披露		未披露	
渤海信托	3	3	100.00	0	0.00
大业信托	3	3	100.00	0	0.00
东莞信托	2	2	100.00	0	0.00
方正东亚信托	2	2	100.00	0	0.00
光大兴陇信托	3	2	66.67	1	33.33
国联信托	2	2	100.00	0	0.00
国民信托	4	3	75.00	1	25.00
国投泰康信托	3	3	100.00	0	0.00
国元信托	3	3	100.00	0	0.00
杭州工商信托	2	2	100.00	0	0.00
湖南信托	2	1	50.00	1	50.00
华澳信托	2	2	100.00	0	0.00
华宝信托	3	3	100.00	0	0.00
华宸信托	2	2	100.00	0	0.00
华能信托	3	2	66.67	1	33.33
华融信托	3	3	100.00	0	0.00
华润信托	1	0	0.00	1	100.00
华鑫信托	2	0	0.00	2	100.00
华信信托	3	3	100.00	0	0.00
吉林信托	0	0		0	
建信信托	2	2	100.00	0	0.00
江苏信托	2	2	100.00	0	0.00
交银国际信托	2	1	50.00	1	50.00
金谷信托	2	2	100.00	0	0.00
昆仑信托	3	3	100.00	0	0.00
陆家嘴信托	3	3	100.00	0	0.00
平安信托	3	3	100.00	0	0.00
厦门国际信托	3	3	100.00	0	0.00
山东信托	3	2	66.67	1	33.33
山西信托	1	1	100.00	0	0.00
陕国投	3	2	66.67	1	33.33
上海信托	3	3	100.00	0	0.00
四川信托	3	1	33.33	2	66.67
苏州信托	1	1	100.00	0	0.00
天津信托	3	3	100.00	0	0.00
外贸信托	3	3	100.00	0	0.00
万向信托	3	3	100.00	0	0.00
五矿信托	2	2	100.00	0	0.00
西部信托	3	3	100.00	0	0.00
西藏信托	1	1	100.00	0	0.00
新华信托	3	2	66.67	1	33.33
新时代信托	3	2	66.67	1	33.33
兴业信托	3	3	100.00	0	0.00
英大信托	3	3	100.00	0	0.00
粤财信托	2	2	100.00	0	0.00

续表

公司简称	独立董事人员数	其中男性人数	男性所占比例(%)	其中女性人数	女性所占比例(%)
云南信托	3	3	100.00	0	0.00
长安信托	2	2	100.00	0	0.00
长城信托	3	3	100.00	0	0.00
浙金信托	3	3	100.00	0	0.00
中诚信托	3	3	100.00	0	0.00
中国民生信托	4	4	100.00	0	0.00
中海信托	3	2	66.67	1	33.33
中航信托	2	2	100.00	0	0.00
中江信托	1	0	0.00	0	0.00
中粮信托	1	0	0.00	1	100.00
中融信托	2	2	100.00	0	0.00
中泰信托	4	4	100.00	0	0.00
中铁信托	3	3	100.00	0	0.00
中建投信托	3	1	33.33	2	66.67
中信信托	3	3	100.00	0	0.00
中原信托	2	1	50.00	1	50.00
重庆信托	4	3	75.00	1	25.00
紫金信托	2	2	100.00	0	0.00
合计	177	147	83.05	25	14.12
平均	2.60	2.23	83.05	0.38	14.12

注:北京信托和中江信托未披露独立董事的性别,故统计年龄和平均值时按照剔除这两家后数据统计。

表7-1-12　披露的信托公司2016年末独立董事人员年龄构成分析表

公司简称	独立董事人员数	其中20~29岁人数	20~29岁比例(%)	其中30~39岁人数	30~39岁比例(%)	其中40岁以上人数	40岁以上比例(%)	独立董事平均年龄
爱建信托	4	0	0.00	0	0.00	4	100.00	52.75
安信信托	3	0	0.00	0	0.00	3	100.00	58.00
百瑞信托	3	0	0.00	0	0.00	3	100.00	49.67
北方信托	4	0	0.00	0	0.00	4	100.00	60.50
北京信托	4	0	0.00	0	0.00	4	100.00	53.00
渤海信托	3	0	0.00	0	0.00	3	100.00	64.67
大业信托	3	0	0.00	0	0.00	3	100.00	70.00
东莞信托	2	0	0.00	0	0.00	2	100.00	53.50
方正东亚信托	2	0	0.00	0	0.00	2	100.00	58.00
光大兴陇信托	3	0	0.00	0	0.00	3	100.00	54.67
国联信托	2	0	0.00	0	0.00	2	100.00	50.50
国民信托	4	0	0.00	0	0.00	4	100.00	55.50
国投泰康信托	3	0	0.00	0	0.00	3	100.00	53.67
国元信托	3	0	0.00	0	0.00	3	100.00	49.33
杭州工商信托	2	0	0.00	0	0.00	2	100.00	58.00
湖南信托	2	0	0.00	0	0.00	2	100.00	58.00
华澳信托	2	0	0.00	0	0.00	2	100.00	50.00
华宝信托	3	0	0.00	0	0.00	3	100.00	46.33
华宸信托	2	0	0.00	0	0.00	2	100.00	51.50
华能信托	3	0	0.00	0	0.00	3	100.00	58.33
华融信托	3	0	0.00	0	0.00	3	100.00	56.33
华润信托	1	0	0.00	0	0.00	1	100.00	61.00
华鑫信托	2	0	0.00	0	0.00	2	100.00	49.50
华信信托	3	0	0.00	0	0.00	3	100.00	64.33

续表

公司简称	独立董事人员数	其中 20 ~29 岁人数	20 ~29 岁比例(%)	其中 30 ~39 岁人数	30 ~39 岁比例(%)	其中 40 岁以上人数	40 岁以上比例(%)	独立董事平均年龄
吉林信托	0	0		0		0		
建信信托	2	0	0. 00	0	0. 00	2	100. 00	61. 00
江苏信托	2	0	0. 00	0	0. 00	2	100. 00	57. 00
交银国际信托	2	0	0. 00	0	0. 00	2	100. 00	58. 50
金谷信托	2	0	0. 00	0	0. 00	2	100. 00	60. 50
昆仑信托	3	0	0. 00	0	0. 00	3	100. 00	59. 33
陆家嘴信托	3	0	0. 00	0	0. 00	3	100. 00	50. 67
平安信托	3	0	0. 00	0	0. 00	3	100. 00	56. 33
厦门国际信托	3	0	0. 00	0	0. 00	3	100. 00	55. 33
山东信托	3	0	0. 00	1	33. 33	2	66. 67	47. 33
山西信托	1	0	0. 00	0	0. 00	1	100. 00	40. 00
陕国投	3	0	0. 00	0	0. 00	3	100. 00	58. 67
上海信托	3	0	0. 00	0	0. 00	3	100. 00	58. 00
四川信托	3	0	0. 00	0	0. 00	3	100. 00	53. 33
苏州信托	1	0	0. 00	0	0. 00	1	100. 00	65. 00
天津信托	3	0	0. 00	1	33. 33	2	66. 67	45. 67
外贸信托	3	0	0. 00	0	0. 00	3	100. 00	56. 67
万向信托	3	0	0. 00	0	0. 00	3	100. 00	57. 67
五矿信托	2	0	0. 00	0	0. 00	2	100. 00	44. 00
西部信托	3	0	0. 00	0	0. 00	3	100. 00	46. 33
西藏信托	1	0	0. 00	0	0. 00	1	100. 00	68. 00
新华信托	3	0	0. 00	0	0. 00	3	100. 00	57. 33
新时代信托	3	0	0. 00	1	33. 33	2	66. 67	46. 67
兴业信托	3	0	0. 00	0	0. 00	3	100. 00	59. 67
英大信托	3	0	0. 00	0	0. 00	3	100. 00	59. 67
粤财信托	2	0	0. 00	0	0. 00	2	100. 00	52. 00
云南信托	3	0	0. 00	0	0. 00	3	100. 00	58. 00
长安信托	2	0	0. 00	0	0. 00	2	100. 00	57. 50
长城信托	3	0	0. 00	0	0. 00	3	100. 00	46. 00
浙金信托	3	0	0. 00	0	0. 00	3	100. 00	60. 33
中诚信托	3	0	0. 00	0	0. 00	3	100. 00	58. 00
中国民生信托	4	0	0. 00	0	0. 00	4	100. 00	65. 75
中海信托	3	0	0. 00	0	0. 00	3	100. 00	59. 67
中航信托	2	0	0. 00	0	0. 00	2	100. 00	56. 00
中江信托	1	0		0		0		—
中粮信托	1	0	0. 00	0	0. 00	1	100. 00	64. 00
中融信托	2	0	0. 00	0	0. 00	2	100. 00	48. 50
中泰信托	4	0	0. 00	1	25. 00	3	75. 00	55. 75
中铁信托	3	0	0. 00	0	0. 00	3	100. 00	54. 67
中建投信托	3	0	0. 00	0	0. 00	3	100. 00	63. 67
中信信托	3	0	0. 00	0	0. 00	3	100. 00	55. 00
中原信托	2	0	0. 00	0	0. 00	2	100. 00	52. 00
重庆信托	4	0	0. 00	0	0. 00	4	100. 00	62. 25
紫金信托	2	0	0. 00	0	0. 00	2	100. 00	53. 50
合计	177	0	0. 00	4	2. 26	172	97. 18	
平均	2. 60	0	0. 00	0. 06	2. 26	2. 57	97. 18	54. 96

(四)监事会及其基本情况分析

68 家信托公司中,有 33 家披露没有发生变动、35 家披露监事变更次数和变更的详情,35 家披露了 2016 年发生监事变更的公司大部分发生了 1 ~3 次的监事变更(见表 7 -1 -13)。

表 7 -1 -13　披露的信托公司 2016 年监事变更情况表

公司简称	是否变更	变更次数	期内监事变更详情列示
爱建信托	是	1	2016 年 12 月 9 日,公司股东会召开 2016 年第三次会议,审议通过《关于成立公司第四届监事会的决议》,同意马金、胡爱军、刘兵军担任监事,与经公司职代会选举产生的职工监事朱学明、陈抗非组成公司第四届监事会,同时建议由马金担任监事会主席。第三届监事会成员监事职务自然免除。
安信信托	否		
百瑞信托	是	2	1. 2016 年 8 月,第五届监事会监事栾帅女士、王逸馨女士、赵克明先生向公司提出辞去监事申请,公司根据相关规定履行了审批手续。 2. 2016 年 9 月,经股东会审议通过,高鹏飞先生、董生玉先生和宋继军先生当选为第五届监事会监事。
北方信托	是	1	根据公司 2016 年 12 月 9 日召开的 2016 年第三次临时股东大会决议,徐松先生担任公司监事,田以林先生不再担任公司监事。王迈先生任职材料正在报批过程中。2016 年 6 月 21 日,田以林先生因到龄退休,不再担任公司监事长职务。
北京信托	是	1	报告期内,公司股东会选举王深坤为公司监事。
渤海信托	否		
大业信托	否		
东莞信托	否		
方正东亚信托	否		
光大兴陇信托	否		
国联信托	是	1	2016 年 4 月 22 日,国联信托股份有限公司 2015 年度股东大会,推荐吴卫华为国联信托第三届监事会监事。2016 年 4 月 25 日,国联信托股份有限公司第三届监事会第四次会议,选举吴卫华为国联信托第三届监事会主席。
国民信托	是	1	经公司股东会审议通过,陶蓉女士和郭培能先生出任公司监事。
国投泰康信托	否		
国元信托	是	2	1. 2016 年 10 月 31 日,公司监事会 2016 年第一次临时会议批准陈康先生辞去公司职工监事职务。 2. 2016 年 11 月 1 日,公司职工大会选举宋菊芳女士为公司职工监事。
杭州工商信托	是	1	公司第七届监事会职工监事包晓红因工作调动,自 2016 年 1 月起不再在公司任职。根据相关法律法规的规定,公司于 2016 年 2 月 23 日召开职工大会,免去包晓红同志职工监事职务,选举石峰同志为职工监事,其任期至公司第七届监事会届满之日止。
湖南信托	否		
华澳信托	是	2	1. 原监事金梅女士于 2016 年 3 月 3 日经股东会批准不再担任监事职务,由李登峰先生于 2016 年 3 月 3 日经股东会批准担任监事职务。 2. 原监事长刘汉平先生于 2016 年 4 月 13 日经股东会批准不再担任监事长职务,由夏勇先生于 2016 年 4 月 13 日经股东会批准担任监事职务,经 2016 年 4 月 13 日监事会选举,担任监事长。
华宝信托	是	1	根据《公司章程》和集团公司有关职工监事的规定,公司工会和行政人力资源部就推荐职工监事按规定征求意见后提出了候选人建议人选,并报经金融系统工会、党委组织及华宝投资行政人事部等进行确认,于 2016 年 3 月 3 日至 3 月 9 日进行了公示。华宝信托工会在 2016 年 3 月 10 日举办第四届职工代表会议暨工会会员代表会议(通信表决),正式推选刘文力同志为职工监事。
华宸信托	否		
华能信托	否		
华融信托	是	1	经 2016 年第二次临时股东会审议通过,同意推选刘绍华为公司监事会监事。
华润信托	是	1	2016 年 4 月,经股东会审议,公司监事会进行换届,免去俞建、刘娇琳监事职务,选举产生新一届监事会,成员包括施长跃、陈向军、杜新春。
华鑫信托	是	1	根据工作需要,按照股东提名,经股东会审议通过,任明霞、刘伟担任公司监事,郝彬、张学云不再担任公司监事。
华信信托	否		
吉林信托	否		
建信信托	否		
江苏信托	否		
交银国际信托	否		
金谷信托	否		
昆仑信托	是	1	原监事盖文国辞去监事职务,改选丁泉为监事。
陆家嘴信托	否		
平安信托	否		

续表

公司简称	是否变更	变更次数	期内监事变更详情列示
厦门国际信托	否		
山东信托	是	3	1. 经公司2016年第三次临时股东大会审议通过，侯振凯先生任公司监事。 2. 经公司第一届监事会第三次会议审议通过，同意选举杨公民先生为公司第一届监事会监事长。 3. 经2016年第五次临时股东大会审议通过，王曰普先生任公司监事。
山西信托	否		
陕国投	是	2	1. 2016年4月22日，经公司2016年第一次临时股东大会采用累积投票制方式分类选举，李易桓当选公司第八届监事会监事。 2. 2016年4月22日监事刘建利任期届满离任。
上海信托	是	2	1. 公司于2016年4月12日召开第一次股东会议，选举产生新一届监事会，同意郁忠民、姚建东担任公司第六届监事会监事。公司第六届监事会第一次会议推选郁忠民担任上海国际信托有限公司第六届监事会监事长。 2. 公司于2016年9月12日以通信方式召开2016年第三次股东会议，书面审议了《关于上海国际信托有限公司监事人选变更的决议》，同意推选赵峥嵘担任上海国际信托有限公司第六届监事会监事，任职期限与公司第六届监事会任期一致。上海国际信托有限公司第六届监事会第二次会议推选赵峥嵘担任监事长。郁忠民不再担任公司第六届监事会监事、监事长职务。
四川信托	是	1	2016年4月，经公司2016年第一次职工代表大会审议，选举孔维文为公司职工监事，经公司第二届监事会第七次会议审议通过，选举孔维文为公司第二届监事会主席。
苏州信托	否		
天津信托	是	3	1. 2016年5月17日，公司以通信表决方式召开2016年股东会第四次临时会议，审议通过了《关于同意陈杰担任天津信托有限责任公司职工监事的决议》。同日，公司以通信表决方式召开第七届监事会2016年第三次临时会议，审议通过了《关于同意陈杰担任天津信托有限责任公司职工监事、监事长的决议》。 2. 通过《关于同意天津信托第八届监事会新增监事人选，监事长提名人选的决议》。同意原监事会成员陈杰、丁粤军等2人继续留任，新增股东监事于浛、杨雪屏。 3. 2016年12月16日，公司召开第八届监事会第一次会议，选举陈杰同志任天津信托有限责任公司第八届监事会监事长。
外贸信托	否		
万向信托	否		
五矿信托	是	1	2016年9月20日，公司股东会2016年第五次会议审议通过了《关于选举公司第三届监事会组成人员的议案》。
西部信托	是	2	1. 公司于2016年9月23日召开了2016年第三次临时股东会会议，同意樊来盈出任西部信托有限公司第五届监事会监事。 2. 公司于2016年12月13日召开了第五届临时监事会第三次会议，推选樊来盈担任西部信托有限公司第五届监事会主席，姜阿合不再担任公司监事及监事会主席职务。
西藏信托	否		
新华信托	是	1	2016年10月28日，公司2016年第七次临时股东大会审议并决议，同意徐大勇辞去公司监事职务，选举田爱学为公司第六届监事会成员。报告期末，公司监事会由刘建良（监事会主席）、肖磊、王永卫、郑福成、田爱学组成。
新时代信托	否		
兴业信托	是	1	报告期内，公司监事会成员发生以下变动：赖少英女士因年龄原因辞去公司监事及监事长职务。2016年7月26日，经公司2016年第一次临时股东会及第五届监事会第三次会议选举，吕伟先生当选为公司第五届监事会监事并担任监事长职务。
英大信托	否		
粤财信托	是	1	因工作需要，广东粤财投资控股有限公司原监事代表吴佩华女士不再担任公司监事，公司2016年第三次股东会推荐蒋健冬同志担任公司监事。
云南信托	是	1	公司股东上海纳米创业投资有限公司原选派监事章卫红女士因工作原因，向我公司监事会提交了辞去监事职务的申请。上海纳米创业投资有限公司向我公司出具了监事候选人推荐函，推荐曲舒心女士作为股东选派监事候选人。公司召开2016年第三次临时股东会审议通过了《关于更换股东选派监事的议案》，上海纳米创业投资有限公司选派监事由章卫红女士变更为曲舒心女士。
长安信托	是	2	1. 2016年7月13日，公司监事王萍女士向监事会递交了辞职报告，辞去公司监事职务。 2. 2016年9月12日，公司股东选举陈献春先生为公司第二届监事会监事。
长城信托	是	1	因公司股权（东）变更并经公司股东会选举，第二届监事会进行了换届选举，李勇（监事会主席）、黄虎（监事会副主席）、顾雷任公司监事；郭韬、耿全会任职工监事。
浙金信托	是	1	李亚鸣女士于2015年1月31日辞去公司监事职务，公司股东大会选举余艳梅女士为公司监事。
中诚信托	是	1	2016年11月25日，经2016年临时股东会审议通过《关于中诚信托有限责任公司监事会换届选举的议案》，选举许玉金、郑建新、殷召峰为第五届监事会监事，原监事连福忠、俞建辉、王言彬不再担任监事职务，新增选举王玉国、赵明为公司职工监事。
中国民生信托	是	1	2016年5月6日，经2016年第一次临时股东会审议通过，选举王宏、李能、赵英伟、刘冰、刘国升、石磊为第二届监事会股东代表监事。公司职工代表大会选举冯宗苏、吴斌、欧阳燕红为第二届监事会职工代表监事。
中海信托	是	1	2016年10月17日，公司2016年第三次临时股东大会审议通过《关于免去逄本利公司监事、监事会主席职务的提案》，同意免去逄本利公司监事、监事会主席职务；审议通过《关于选举王宇凡作为公司监事会监事的提案》，同意选举王宇凡为公司监事会监事。2016年10月11日，公司第三届监事会第九次会议审议通过《关于选举王宇凡为公司监事会主席的议案》，选举王宇凡为公司监事会主席。

续表

公司简称	是否变更	变更次数	期内监事变更详情列示
中航信托	否		
中江信托	否		
中粮信托	否		
中融信托	是	1	监事换届，2016 年第一次临时股东会监事长高兴山及监事刘立刚离任。
中泰信托	是	1	报告期内，刘忠宁先生因个人原因申请辞去监事职务，经公司股东会决议通过，刘忠宁先生不再担任公司第六届监事会监事职务，并选举王红梅女士为公司第六届监事会股东代表监事。
中铁信托	否		
中建投信托	是	1	2016 年 8 月 9 日，公司召开股东会 2016 年第五次临时会议，推荐杜文和为中建投信托有限责任公司监事、监事会主席人选，陈勇胜不再担任中建投信托有限责任公司监事、监事会主席职务。2016 年 8 月 9 日，公司召开第三届监事会第七次会议，选举杜文和担任公司第三届监事会主席。
中信信托	否		
中原信托	是	1	股东会 2016 年第四次会议选举魏华阳同志担任公司第五届监事会监事。
重庆信托	否		
紫金信托	否		

截至 2016 年末，68 家信托公司均设立了监事及监事会，合计监事 291 人，平均每家设置监事 4 人。由于北京信托未披露监事的性别，故按照剔除北京信托后数据统计，在监事中有男性 199 人，占 68. 38%；女性 85 人，占 29. 21%。与董事的性别构成比较，监事的女性占比大于董事的女性占比。从监事的年龄结构来看，20～29 岁的人有 1 人，占 0. 34%；30～39 岁的有 39 人，占 13. 40%；40 岁以上的有 251 人，占 86. 25%；而监事的平均年龄为 47. 49 岁，年龄结构比董事要年轻。总体来说，监事人数及其构成基本合理（见表 7－1－14、表 7－1－15）。

表 7－1－14　披露的信托公司 2016 年末监事会人员性别构成分析表

公司简称	监事会成员人数	其中男性人数	男性比例(%)	其中女性人数	女性比例(%)
爱建信托	6	5	83. 33	1	16. 67
安信信托	3	1	33. 33	2	66. 67
百瑞信托	8	7	87. 50	1	12. 50
北方信托	6	3	50. 00	3	50. 00
北京信托	7	未披露		未披露	
渤海信托	3	2	66. 67	1	33. 33
大业信托	5	2	40. 00	3	60. 00
东莞信托	7	5	71. 43	2	28. 57
方正东亚信托	5	3	60. 00	2	40. 00
光大兴陇信托	3	2	66. 67	1	33. 33
国联信托	3	1	33. 33	2	66. 67
国民信托	3	1	33. 33	2	66. 67
国投泰康信托	3	3	100. 00	0	0. 00
国元信托	3	2	66. 67	1	33. 33
杭州工商信托	3	3	100. 00	0	0. 00
湖南信托	3	2	66. 67	1	33. 33
华澳信托	3	2	66. 67	1	33. 33
华宝信托	3	3	100. 00	0	0. 00
华宸信托	4	4	100. 00	0	0. 00
华能信托	3	2	66. 67	1	33. 33
华融信托	8	5	62. 50	3	37. 50
华润信托	3	3	100. 00	0	0. 00
华鑫信托	3	1	33. 33	2	66. 67
华信信托	3	1	33. 33	2	66. 67
吉林信托	4	3	75. 00	1	25. 00

续表

公司简称	监事会成员人数	其中男性人数	男性比例(%)	其中女性人数	女性比例(%)
建信信托	5	5	100.00	0	0.00
江苏信托	6	5	83.33	1	16.67
交银国际信托	3	3	100.00	0	0.00
金谷信托	5	2	40.00	3	60.00
昆仑信托	5	5	100.00	0	0.00
陆家嘴信托	5	3	60.00	2	40.00
平安信托	3	2	66.67	1	33.33
厦门国际信托	3	3	100.00	0	0.00
山东信托	9	8	88.89	1	11.11
山西信托	3	1	33.33	2	66.67
陕国投	3	3	100.00	0	0.00
上海信托	2	2	100.00	0	0.00
四川信托	3	2	66.67	1	33.33
苏州信托	5	3	60.00	2	40.00
天津信托	4	1	25.00	3	75.00
外贸信托	3	3	100.00	0	0.00
万向信托	3	3	100.00	0	0.00
五矿信托	3	2	66.67	1	33.33
西部信托	3	3	100.00	0	0.00
西藏信托	3	2	66.67	1	33.33
新华信托	5	5	100.00	0	0.00
新时代信托	3	2	66.67	1	33.33
兴业信托	3	2	66.67	1	33.33
英大信托	3	2	66.67	1	33.33
粤财信托	3	0	0.00	3	100.00
云南信托	7	4	57.14	3	42.86
长安信托	6	5	83.33	1	16.67
长城信托	5	5	100.00	0	0.00
浙金信托	3	1	33.33	2	66.67
中诚信托	11	9	81.82	2	18.18
中国民生信托	9	7	77.78	2	22.22
中海信托	3	0	0.00	3	100.00
中航信托	5	4	80.00	1	20.00
中江信托	3	3	100.00	0	0.00
中粮信托	4	4	100.00	0	0.00
中融信托	3	2	66.67	1	33.33
中泰信托	3	1	33.33	2	66.67
中铁信托	5	4	80.00	1	20.00
中建投信托	6	4	66.67	2	33.33
中信信托	3	1	33.33	2	66.67
中原信托	6	5	83.33	1	16.67
重庆信托	5	1	20.00	4	80.00
紫金信托	3	1	33.33	2	66.67
合计	291	199	68.38	85	29.21
平均	4.28	2.97	68.38	1.27	29.21

表7－1－15　披露的信托公司2016年末监事会人员年龄构成分析表

公司简称	监事会成员人数	其中20～29岁人数	20～29岁比例（%）	其中30～39岁人数	30～39岁比例（%）	其中40岁以上人数	40岁以上比例（%）	监事的平均年龄（岁）
爱建信托	6	0	0.00	0	0.00	6	100.00	45.83
安信信托	3	0	0.00	1	33.33	2	66.67	41.67
百瑞信托	8	0	0.00	0	0.00	8	100.00	43.00
北方信托	6	0	0.00	0	0.00	6	100.00	49.33
北京信托	7	0	0.00	0	0.00	7	100.00	50.86
渤海信托	3	0	0.00	0	0.00	3	100.00	51.33
大业信托	5	0	0.00	0	0.00	5	100.00	44.20
东莞信托	7	0	0.00	1	14.29	6	85.71	50.29
方正东亚信托	5	0	0.00	1	20.00	4	80.00	47.00
光大兴陇信托	3	0	0.00	0	0.00	3	100.00	50.33
国联信托	3	0	0.00	3	100.00	0	0.00	36.33
国民信托	3	0	0.00	1	33.33	2	66.67	39.33
国投泰康信托	3	0	0.00	0	0.00	3	100.00	44.33
国元信托	3	0	0.00	1	33.33	2	66.67	45.00
杭州工商信托	3	0	0.00	1	33.33	2	66.67	49.33
湖南信托	3	0	0.00	0	0.00	3	100.00	48.33
华澳信托	3	0	0.00	2	66.67	1	33.33	40.67
华宝信托	3	0	0.00	0	0.00	3	100.00	44.33
华宸信托	4	0	0.00	0	0.00	4	100.00	49.25
华能信托	3	0	0.00	0	0.00	3	100.00	52.67
华融信托	8	1	12.50	1	12.50	6	75.00	47.50
华润信托	3	0	0.00	0	0.00	3	100.00	52.67
华鑫信托	3	0	0.00	0	0.00	3	100.00	43.33
华信信托	3	0	0.00	0	0.00	3	100.00	54.33
吉林信托	4	0	0.00	0	0.00	4	100.00	56.75
建信信托	5	0	0.00	0	0.00	5	100.00	53.40
江苏信托	6	0	0.00	1	16.67	5	83.33	47.33
交银国际信托	3	0	0.00	0	0.00	3	100.00	53.00
金谷信托	5	0	0.00	0	0.00	5	100.00	52.60
昆仑信托	5	0	0.00	0	0.00	5	100.00	50.20
陆家嘴信托	5	0	0.00	1	20.00	4	80.00	43.40
平安信托	3	0	0.00	1	33.33	2	66.67	46.67
厦门国际信托	3	0	0.00	0	0.00	3	100.00	47.67
山东信托	9	0	0.00	1	11.11	8	88.89	45.00
山西信托	3	0	0.00	0	0.00	3	100.00	49.33
陕国投	3	0	0.00	0	0.00	3	100.00	50.00
上海信托	2	0	0.00	0	0.00	2	100.00	50.00
四川信托	3	0	0.00	0	0.00	3	100.00	50.33
苏州信托	5	0	0.00	1	20.00	4	80.00	43.60
天津信托	4	0	0.00	1	25.00	3	75.00	45.00
外贸信托	3	0	0.00	0	0.00	3	100.00	52.67
万向信托	3	0	0.00	1	33.33	2	66.67	42.33
五矿信托	3	0	0.00	1	33.33	2	66.67	38.67
西部信托	3	0	0.00	0	0.00	3	100.00	45.67
西藏信托	3	0	0.00	1	33.33	2	66.67	45.67
新华信托	5	0	0.00	0	0.00	5	100.00	46.40
新时代信托	3	0	0.00	1	33.33	2	66.67	45.00
兴业信托	3	0	0.00	0	0.00	3	100.00	50.33
英大信托	3	0	0.00	0	0.00	3	100.00	46.67

续表

公司简称	监事会成员人数	其中20~29岁人数	20~29岁比例(%)	其中30~39岁人数	30~39岁比例(%)	其中40岁以上人数	40岁以上比例(%)	监事的平均年龄(岁)
粤财信托	3	0	0.00	0	0.00	3	100.00	50.33
云南信托	7	0	0.00	3	42.86	4	57.14	42.14
长安信托	6	0	0.00	1	16.67	5	83.33	50.83
长城信托	5	0	0.00	1	20.00	4	80.00	45.60
浙金信托	3	0	0.00	0	0.00	3	100.00	52.33
中诚信托	11	0	0.00	3	27.27	8	72.73	46.82
中国民生信托	9	0	0.00	2	22.22	7	77.78	48.22
中海信托	3	0	0.00	1	33.33	2	66.67	40.67
中航信托	5	0	0.00	0	0.00	5	100.00	51.40
中江信托	3	0	0.00	0	0.00	3	100.00	56.00
中粮信托	4	0	0.00	0	0.00	4	100.00	51.75
中融信托	3	0	0.00	0	0.00	3	100.00	44.33
中泰信托	3	0	0.00	1	33.33	2	66.67	46.00
中铁信托	5	0	0.00	0	0.00	5	100.00	50.00
中建投信托	6	0	0.00	1	16.67	5	83.33	46.50
中信信托	3	0	0.00	0	0.00	3	100.00	45.33
中原信托	6	0	0.00	1	16.67	5	83.33	45.83
重庆信托	5	0	0.00	2	40.00	3	60.00	47.00
紫金信托	3	0	0.00	1	33.33	2	66.67	49.00
合计	291	1	0.34	39	13.40	251	86.25	
平均	4.28	0.01	0.34	0.57	13.40	3.69	86.25	47.49

(五)信托公司股东派出董事和监事情况分析

根据68家信托公司所披露的情况,由股东派出的董事为459人,占这些公司董事会总人数593人的77.40%,平均每家公司派出6.75人;由股东派出的监事共187人,占这些公司监事会总人数291人的64.26%。由此可见,目前信托公司的董事和监事绝大部分是由股东派出的,股东对信托公司日常经营的控制非常明显(见表7-1-16)。

表7-1-16 2016年末股东派出董事和监事情况分析表

名称	董事			监事		
	总人数	其中股东单位派出人数	股东单位派出占比(%)	总人数	其中股东单位派出人数	股东单位派出占比(%)
爱建信托	10	6	60.00	6	4	66.67
安信信托	8	5	62.50	3	2	66.67
百瑞信托	10	7	70.00	8	5	62.50
北方信托	14	13	92.86	6	4	66.67
北京信托	13	8	61.54	7	5	71.43
渤海信托	8	5	62.50	3	1	33.33
大业信托	9	8	88.89	5	3	60.00
东莞信托	7	7	100.00	7	4	57.14
方正东亚信托	7	4	57.14	5	3	60.00
光大兴陇信托	9	5	55.56	3	2	66.67
国联信托	8	8	100.00	3	1	33.33
国民信托	10	3	30.00	3	2	66.67
国投泰康信托	9	9	100.00	3	2	66.67
国元信托	9	9	100.00	3	2	66.67
杭州工商信托	8	8	100.00	3	2	66.67
湖南信托	10	6	60.00	3	2	66.67
华澳信托	7	6	85.71	3	2	66.67
华宝信托	8	8	100.00	3	2	66.67
华宸信托	8	6	75.00	4	3	75.00

续表

名称	董事			监事		
	总人数	其中股东单位派出人数	股东单位派出占比(%)	总人数	其中股东单位派出人数	股东单位派出占比(%)
华能信托	9	5	55.56	3	2	66.67
华融信托	11	11	100.00	8	5	62.50
华润信托	7	6	85.71	3	2	66.67
华鑫信托	7	5	71.43	3	2	66.67
华信信托	9	6	66.67	3	2	66.67
吉林信托	3	2	66.67	4	2	50.00
建信信托	7	5	71.43	5	3	60.00
江苏信托	8	6	75.00	6	4	66.67
交银国际信托	8	6	75.00	3	2	66.67
金谷信托	8	6	75.00	5	4	80.00
昆仑信托	9	8	88.89	5	3	60.00
陆家嘴信托	7	4	57.14	5	3	60.00
平安信托	8	8	100.00	3	2	66.67
厦门国际信托	9	6	66.67	3	2	66.67
山东信托	7	3	42.86	9	6	66.67
山西信托	6	4	66.67	3	3	100.00
陕国投	7	4	57.14	3	2	66.67
上海信托	8	5	62.50	2	2	100.00
四川信托	7	7	100.00	3	2	66.67
苏州信托	7	6	85.71	5	4	80.00
天津信托	12	11	91.67	4	2	50.00
外贸信托	9	9	100.00	3	2	66.67
万向信托	11	8	72.73	3	2	66.67
五矿信托	7	4	57.14	3	2	66.67
西部信托	10	6	60.00	3	2	66.67
西藏信托	9	7	77.78	3	2	66.67
新华信托	9	6	66.67	5	3	60.00
新时代信托	9	3	33.33	3	2	66.67
兴业信托	9	6	66.67	3	2	66.67
英大信托	9	8	88.89	3	2	66.67
粤财信托	6	6	100.00	3	2	66.67
云南信托	9	9	100.00	7	4	57.14
长安信托	8	7	87.50	6	4	66.67
长城信托	9	8	88.89	5	3	60.00
浙金信托	11	11	100.00	3	2	66.67
中诚信托	13	8	61.54	11	7	63.64
中国民生信托	12	12	100.00	9	6	66.67
中海信托	8	5	62.50	3	2	66.67
中航信托	8	6	75.00	5	1	20.00
中江信托	9	8	88.89	3	2	66.67
中粮信托	9	9	100.00	4	3	75.00
中融信托	7	5	71.43	3	2	66.67
中泰信托	10	10	100.00	3	2	66.67
中铁信托	9	5	55.56	5	3	60.00
中建投信托	10	8	80.00	6	4	66.67
中信信托	8	8	100.00	3	2	66.67
中原信托	10	7	70.00	6	4	66.67
重庆信托	12	8	66.67	5	3	60.00
紫金信托	7	7	100.00	3	2	66.67
合计	593	459	77.40	291	187	64.26
平均	8.72	6.75	77.40	4.28	2.75	64.26

二、公司高管情况分析

（一）公司高管变动情况分析

2016 年 68 家信托公司中 49 家公司披露有高管的变动，与 2015 年的 49 家公司持平（见表 7－2－1）。

表 7－2－1　2016 年高管变更情况表

公司简称	是否变更	变更次数	期内高管变更详情列示
爱建信托	是	1	2016 年 3 月 3 日，公司董事会以通信表决方式作出《关于同意聘任朱建高同志公司首席财务官的决议》。
安信信托	是	1	报告期内，公司第七届董事会第三十九次会议聘任冯之鑫先生为公司风控总监。
百瑞信托	否		
北方信托	是	2	1. 根据 2016 年 12 月 21 日《天津银监局关于王辉任职资格的批复》（津银监复[2016]349 号），王辉同志担任公司董事会秘书职务。 2. 根据 2017 年 2 月 6 日《天津银监局关于曾广炜任职资格的批复》（津银监复[2017]22 号），曾广炜同志担任公司风险总监职务。
北京信托	是	1	报告期内，中国银行业监督管理委员会北京监管局核准了我公司周瑞明的总经理任职资格。
渤海信托	是	3	1. 2016 年 4 月公司原董事会秘书任惊雷先生辞去董事会秘书职务，公司第一届董事会第八次会议审议通过了《关于渤海信托增加董事会秘书高管编制及聘任陈雷先生为公司董事会秘书的议案》，选举陈雷先生担任公司董事会秘书，其高管任职资格于 2016 年 5 月 26 日获得河北银监局的批复。 2. 2016 年 7 月公司原财务总监郭占刚先生辞去财务总监职务，公司第一届董事会第十次会议审议通过《关于聘任董丁丁先生担任公司财务总监的议案》，聘任董丁丁先生担任公司财务总监，其高管任职资格于 2016 年 8 月 15 日获得河北银监局的批复。 3. 2016 年 11 月公司总裁郑宏先生向董事会递交了辞职报告，申请辞去公司总裁职务，公司第一届董事会第十二次会议审议通过了《关于郑宏先生不再担任公司总裁的议案》《关于聘任马建军先生担任公司总裁的议案》，马建军先生的任期自聘任之日起至本届董事会任期届满，其高级管理人员任职资格需获得中国银行业监督管理委员会派出机构的核准。依据《中国银监会信托公司行政许可事项实施办法》第 66 条规定，经公司研究决定并报河北省银监局审批，马建军先生自 2016 年 12 月 11 日至 2017 年 3 月 10 日代为履行公司总裁职权。
大业信托	否		
东莞信托	否		
方正东亚信托	否		
光大兴陇信托	是	1	2016 年 9 月 28 日，光大兴陇信托有限责任公司第一届董事会第二十次会议审议通过了《关于聘任李春菊同志为总裁助理的议案》，聘任李春菊为公司总裁助理。
国联信托	是	1	2016 年 8 月 30 日，国联信托股份有限公司第三届董事会第十一次会议审议通过，聘任王颖同志为公司副总经理。2016 年 10 月 20 日《江苏银监局关于王颖任职资格的批复》（苏银监复[2016]267 号）核准了王颖副总经理的任职资格。
国民信托	否		
国投泰康信托	是	6	1. 2016 年 1 月 5 日，公司第五届董事会第五次会议审议通过《关于免去王彬同志公司副总经理职务的议案》，同意免去王彬同志公司副总经理、董事会秘书职务。公司按照监管要求，对王彬总经理助理进行了离任审计并报告北京银监局。 2. 2016 年 1 月 5 日，公司第五届董事会第五次会议审议通过《关于调整公司董事会秘书的议案》，同意聘任李涛同志为公司董事会秘书。2016 年 4 月 28 日经北京银监局核准任职资格后履职。 3. 2016 年 3 月 24 日，公司第五届董事会第六次会议审议通过《关于聘任姚少杰同志为公司副总经理的议案》，同意聘任姚少杰同志为公司副总经理。2016 年 5 月 23 日经北京银监局核准任职资格后履职。 4. 2016 年 9 月 18 日，公司第五届董事会第九次会议审议通过《关于免去张仲和同志公司总经理助理职务的议案》，同意免去张仲和同志公司总经理助理职务。公司按照监管要求，对张仲和总经理助理进行了离任审计并报告北京银监局。 5. 2016 年 9 月 18 日，公司第五届董事会第九次会议审议通过《关于聘任江芳同志为公司副总经理的议案》，同意聘任江芳同志为公司副总经理。2016 年 11 月 7 日经北京银监局核准任职资格后履职。 6. 2016 年 11 月 18 日，公司第五届董事会第十一次会议审议通过《关于聘任元磊同志为公司副总经理的议案》，同意聘任元磊同志为公司副总经理。2017 年 1 月 13 日经北京银监局核准任职资格后履职。
国元信托	是	1	2016 年 3 月 3 日，公司董事会 2016 年第一次临时会议聘任程碧波女士、陈康先生担任公司副总裁，任职资格已经监管机关审查核准。
杭州工商信托	是	1	公司原股东摩根士丹利国际控股公司提名的两名高级管理人员市场及发展总监陈涛、资产管理总监林海滨于 2016 年 1 月提出辞职。第七届董事会第九次会议审议通过《关于公司高级管理人员免职的议案》，同意陈涛先生的辞职，并免去其市场及发展总监等职务；同意林海滨先生的辞职，并免去其资产管理总监等职务。
湖南信托	是	2	1. 2016 年 11 月 11 日，经第四届董事会第 79 次临时会议审议，同意聘任段湘姬同志为湖南省信托有限责任公司副总裁，试用期一年；同意聘任朱昌寿同志为湖南省信托有限责任公司副总裁，免去其湖南省信托有限责任公司财务总监职务；同意聘任张林新同志为湖南省信托有限责任公司副总裁，免去其湖南省信托有限责任公司风控总监职务；同意聘任万少科同志为湖南省信托有限责任公司副总裁，试用期一年。相关人员任职资格待监管部门核准后生效。 2. 2016 年 12 月 7 日，因个人工作原因，李莉芳女士辞去职工董事、副总裁职务。2016 年 12 月 22 日，第四届董事会第八十一次临时会议通报了李莉芳女士辞去职工董事、信托委员会委员、副总裁等职务的事项。
华澳信托	是	4	1. 原总裁杨自理先生于 2016 年 3 月 3 日经董事会批准不再担任总裁，2016 年 4 月 15 日正式离任。 2. 解媛媛女士于 2015 年 12 月 21 日经董事会批准担任公司总审计师，上海银监局于 2016 年 3 月 14 日核准其高管任职资格。 3. 陈鸣先生于 2015 年 12 月 21 日经董事会批准担任公司副总裁职务，上海银监局于 2016 年 3 月 14 日核准其高管任职资格。 4. 吴瑞忠先生于 2016 年 9 月 5 日经董事会批准担任公司总裁职务，上海银监局于 2016 年 10 月 12 日核准其总裁任职资格。

续表

公司简称	是否变更	变更次数	期内高管变更详情列示
华宝信托	否		
华宸信托	否		
华能信托	否		
华融信托	是	6	1. 经2016年第11次临时董事会审议通过，同意聘任彭鹏为公司董事会秘书。 2. 经2016年第26次临时董事会审议通过，同意聘任沈易明、朱大鹏为公司副总经理。 3. 经2016年第33次临时董事会审议通过，同意聘任李厚啟为公司总经理助理。 4. 经2016年第55次临时董事会审议通过，同意推选王晓春为公司专职风险总监。 5. 经2016年第66次临时董事会审议通过，同意聘任李敬风为公司总经理助理。 6. 经2016年第76次临时董事会审议通过，同意任沈易明为公司总经理及免去邹俊副董事长、总经理职务，同意聘任杨凡为公司总经理助理。
华润信托	是	2	1. 报告期内，公司原总经理路强、副总经理田洁离职。 2. 2016年4月，董事会聘任刘小腊任总经理，洪霄、程红任副总经理，卢伦任财务总监；2016年6月，深圳银监局核准上述高级管理人员的任职资格。
华鑫信托	是	3	1. 根据工作需要，经董事会审议通过，并上报监管部门核准，赵远波担任公司副总经理，金树成不再担任公司副总经理。 2. 杨丹青不再担任公司首席财务官。 3. 蔡概还不再担任公司首席风险控制官。
华信信托	是	2	1. 报告期内，董事会聘任叶凌风任副总裁，并兼任董事会秘书。 2. 侯宇不再兼任董事会秘书。
吉林信托	是	1	报告期内，由吉林省人民政府推荐，经公司董事会通过，聘任郎戈为吉林省信托有限责任公司总经理。
建信信托	是	1	2016年9月2日，根据公司董事会2016年第7次会议决议，吴振广担任公司首席风险官（常务副总裁），王业强担任公司首席投资官；钟四清、黄建峰不再担任公司副总裁职务。
江苏信托	是	1	2016年12月28日，江苏银监局核准李起年为江苏信托副总经理。
交银国际信托	否		
金谷信托	是	1	报告期内，经金谷信托第七届董事会第二十次会议审议通过，元磊不再担任公司副总经理职务。
昆仑信托	否		
陆家嘴信托	是	2	1. 2016年4月11日，青岛银监局下发《青岛银监局关于核准姚海岚陆家嘴国际信托有限公司副总经理任职资格的批复》（青银监复[2016]51号），核准姚海岚陆家嘴国际信托有限公司副总经理的任职资格。 2. 2016年5月6日，青岛银监局下发《青岛银监局关于核准浦凤丹陆家嘴国际信托有限公司副总经理任职资格的批复》（青银监复[2016]68号），核准浦凤丹陆家嘴国际信托有限公司副总经理的任职资格。
平安信托	是	2	1. 报告期内，公司副董事长宋成立代履职公司总经理，冷培栋先生因工作调动不再担任公司总经理。 2. 公司新聘任了郑翔先生为公司副总经理，赵洪先生不再担任公司副总经理。
厦门国际信托	否		
山东信托	是	3	1. 经公司第一届董事会第七次会议审议通过，并报经中国银监会山东监管局核准（鲁银监准[2016]261号），万众先生任公司总经理。 2. 经公司第一届董事会第八次会议审议通过，并报经中国银监会山东监管局核准（鲁银监准[2016]283号），贺创业先生兼任公司董事会秘书。 3. 经公司第一届董事会第八次会议审议通过，不再聘任岳增光先生为公司风控总监，报经中国银监会山东监管局核准（鲁银监准[2016]284号），付吉广先生担任公司风控总监。
山西信托	是	2	1. 2016年12月30日，中共山西金融投资控股集团有限公司委员会任命乔彦林同志为公司专职党委副书记。 2. 2016年12月30日，中共山西金融投资控股集团有限公司委员会任命邢秉华同志为公司党委委员、纪委书记。
陕国投	是	10	1. 2016年4月22日，经公司第八届董事会第一次会议审议，同意聘任李玲为公司副总裁。 2. 2016年4月22日，经公司第八届董事会第一次会议审议，同意聘任李永周为公司副总裁。 3. 经公司第八届董事会第一次会议审议，同意聘任王晓雁为公司副总裁。 4. 经公司第八届董事会第一次会议审议，同意聘任孙若鹏为公司副总裁。 5. 经公司2016年第五次职工代表大会选举，郭菊红当选公司工会主席。 6. 2016年4月22日，常务副总裁杜磊任期届满离任。 7. 2016年12月15日，因工作岗位变动原因，何熙平辞去公司副总裁职务。 8. 公司于2016年4月完成了董事会、监事会和经营层换届，李玲免去总经济师。 9. 公司于2016年4月完成了董事会、监事会和经营层换届，王晓雁免去总裁助理。 10. 公司于2016年4月完成了董事会、监事会和经营层换届，孙若鹏免去总裁助理。

续表

公司简称	是否变更	变更次数	期内高管变更详情列示
上海信托	是	3	1. 公司第六届董事会第二次会议于2016年4月12日召开。经会议审议，聘陈兵担任公司总经理，应华担任公司副总经理，张文桥、叶力俭、吴海波担任公司总经理助理。任职期限自2016年4月12日起，任期3年。 2. 公司第六届董事会于2016年8月24日召开2016年第四次通信会议，以通信表决方式书面审议了《关于聘任张文桥同志为公司副总经理的议案》，同意聘任张文桥为公司副总经理，任职期限与本届经营班子任期一致。张文桥于2016年9月26日经中国银监会上海监管局核准任职资格后正式任职。 3. 公司第六届董事会于2016年12月30日召开2016年第九次通信会议，以通信表决方式书面审议了《关于公司管理层职务任免的议案》，同意聘任邹俪为公司总经理助理，任职期限与本届经营班子任期一致。张文桥不再担任公司副总经理职务。邹俪于2017年1月17日经中国银监会上海监管局核准任职资格后正式任职。
四川信托	是	6	1. 2016年2月，经公司第二届董事会第二十四次会议审议通过，免去陶勤海公司副总裁职务。 2. 2016年3月，经公司第二届董事会第二十六次会议审议通过，聘任陈进、马振邦担任公司总裁助理，任职资格分别经四川银监局川银监复[2016]264号、川银监复[2016]265号文件核准。 3. 2016年4月，经公司第二届董事会第二十七次会议审议通过，免去孔维文公司副总裁职务。 4. 2016年4月，经公司第二届董事会第二十九次会议审议通过，聘任刘学川担任公司副总裁，任职资格经四川银监局川银监复[2016]401号文件核准。 5. 2016年11月，经公司第二届董事会第三十五次会议审议通过，聘任周可彤副总裁兼任首席风控官。 6. 2016年12月，经公司第二届董事会第三十六次会议审议通过，聘任李长君、陈军担任公司总裁助理，任职资格分别经四川银监局川银监复[2017]92号、川银监复[2017]90号文件核准。
苏州信托	是	3	1. 报告期内，第四届董事会第六次会议审议同意聘任张言女士为公司副总裁，审议同意解除华彪女士公司首席风险官，聘任袁敏文先生为公司首席风险官。 2. 第四届董事会第二十次临时会议审议同意聘任姚文德先生为公司副总裁。 3. 第四届董事会第二十一次临时会议审议解除戈海先生公司副总裁。
天津信托	是	1	董事会继续聘任韩立新同志为天津信托有限责任公司总经理；杨湧、王辉同志为副总经理；尹梅同志为财务负责人（总会计师）；冉启文同志为董事会秘书。按照《中国银监会信托公司行政许可事项实施办法》有关规定，冉启文同志董事会秘书任职资格正在监管部门核准中。
外贸信托	是	1	2016年6月28日，外贸信托第六届董事会第四次会议通过决议，免去徐卫晖外贸信托总经理职务。2016年11月29日，第六届董事会第六次会议通过决议，聘伊力扎提任公司总经理。
万向信托	否		
五矿信托	是	2	1. 2016年6月20日，根据工作需要，经公司研究决定，解聘刘永和同志总经理助理及证券信托事业部总经理职务。 2. 自刘永和同志离任后，经公司研究决定，由公司财务总监蔡琦同志负责分管信息管理部，由公司副总经理孙卓立分管证券信托事业部，并聘任张国璐同志为证券信托事业部总经理，部门各项业务未受该人事变动影响，部门各项工作平稳开展。
西部信托	否		
西藏信托	是	1	报告期内，公司聘任王满先生任总经理助理、吴嘉怡女士任财务总监。
新华信托	是	4	1. 2016年2月29日，公司2016年第三次临时董事会审议并决议，同意张立文辞去公司总经理职务，聘任项琥为公司副总经理（代为履行总经理职责），其任职资格于2016年3月25日经重庆银监局核准。 2. 2016年9月13日，公司2016年第十次临时董事会审议并决议，聘任项琥为公司总经理，其任职资格于2016年10月17日经重庆银监局核准。 3. 2016年12月29日，公司2016年第十三次临时董事会审议并决议，聘任罗建华为公司副总经理，其任职资格于2017年3月29日经重庆银监局核准。 4. 2016年12月29日，公司2016年第十三次临时董事会审议并决议，同意万健敏辞去公司副总经理职务。
新时代信托	是	3	1. 报告期内，洪军先生辞去公司副总裁职务。 2. 公司聘任徐建先生为首席信息官，其任职资格已获得银监会内蒙古监管局核准批复。 3. 公司聘任陈淑翠女士为总裁助理，其任职资格目前尚处于银监会内蒙古监管局审批中。
兴业信托	否		
英大信托	是	2	1. 2016年6月，由于原董事会秘书工作调动，公司董事会聘任乔发栋先生任董事会秘书。 2. 2016年6月，由于工作需要，公司董事会聘任李翔宇先生担任公司总经理助理。
粤财信托	是	1	因工作需要，第五届董事会第十五次会议同意免去陈彦卿同志公司副总经理职务。
云南信托	是	1	公司副总裁邓国山先生因个人原因，于2016年4月向公司董事会提出辞职申请。邓国山先生任职期间分管公司北京联络处、创新业务总部、信托业务一部及研究发展部，同时，其也是公司业务决策委员会委员。为此，公司监事会按照《公司章程》及监事会议规则相关规定，委托外部审计机构中审众环会计师事务所（特殊普通合伙）云南亚太分所开展对其离任审计工作，并出具了《关于对云南国际信托有限公司原副总裁邓国山先生离任的审计报告》（众环云专字[2016]0185号）。审计意见如下："我们认为邓国山先生在任职期间，按照《公司法》、信托行业相关法律法规及《公司章程》等的规定履行了公司副总裁的岗位职责，未发现邓国山先生在任职期间占用公司财产或借款未归还等情况。"

续表

公司简称	是否变更	变更次数	期内高管变更详情列示
长安信托	是	2	1. 2016年3月28日,公司董事会聘任姜燕女士为公司总裁助理。姜燕女士的任职资格于2016年6月27日经中国银行业监督管理委员会陕西监管局核准。 2. 2015年4月24日,公司董事会聘任喻福兴先生为公司副总裁。喻福兴先生的任职资格于2016年10月31日经中国银行业监督管理委员会陕西监管局核准。
长城信托	否		
浙金信托	是	1	张逢伟先生于2015年2月6日辞去公司风险总监职务,公司董事会聘任曹学文先生为公司风险总监,中国银行业监督管理委员会浙江监管局于2015年3月27日核准曹学文先生浙商金汇信托股份有限公司风险总监的任职资格。
中诚信托	是	5	1. 2016年5月9日,取得《北京银监局关于核准刘孟革中诚信托有限责任公司副总裁任职资格的批复》(京银监复[2016]204号),核准刘孟革为中诚信托有限责任公司副总裁。 2. 2016年5月9日,取得《北京银监局关于核准秦岭中诚信托有限责任公司副总裁任职资格的批复》(京银监复[2016]206号),核准秦岭为中诚信托有限责任公司副总裁。 3. 2016年5月9日,取得《北京银监局关于核准魏青中诚信托有限责任公司董事会秘书任职资格的批复》(京银监复[2016]205号),核准魏青为中诚信托有限责任公司董事会秘书。 4. 2016年8月11日,取得《北京银监局关于核准张树忠中诚信托有限责任公司总裁任职资格的批复》(京银监复[2016]449号),核准张树忠为中诚信托有限责任公司总裁,原总裁牛成立同志不再担任公司总裁职务。上述变化已完成工商变更手续。 5. 2016年11月25日,经五届第一次董事会审议通过,聘任丛雪萍为财务负责人(财务总监),敖磊为首席风险官;财务负责人(财务总监)、首席风险官任职资格在获得北京银监局核准后方可履职。
中国民生信托	是	3	1. 2016年1月,郭庆卫因个人原因,辞去公司副总裁职务。 2. 2016年5月6日,经第二届董事会第一次会议审议通过,聘任张博为公司总裁;聘任王彤为公司首席稽核总监兼董事会秘书;聘任冯壮勇为公司首席法律合规总监;聘任赵东为公司首席财务总监;聘任田吉申为公司首席风险控制总监;聘任林德琼为公司执行副总裁;聘任易宏伟、李庆平、解玉平、董军、李杰为公司副总裁;聘任李永平、钟天翔为公司助理总裁。 3. 2016年9月,李庆平因个人原因,辞去公司副总裁职务。
中海信托	是	3	1. 2016年2月1日,公司第三届董事会第十八次会议审议通过《关于免去翁贵春风控总监职务的议案》,同意翁贵春辞去公司风控总监职务;审议通过《关于聘任张德荣兼任风控总监职务的议案》,同意张德荣兼任公司风控总监职务。 2. 2016年8月11日,公司第三届董事会第二十一次会议审议通过《关于免去张悦合规总监的议案》,同意张悦不再兼任合规总监职务;审议通过《关于免去张德荣风控总监的议案》《关于聘任张德荣兼任合规总监的议案》,同意张德荣不再兼任风控总监、聘任张德荣兼任合规总监。 3. 2016年11月15日,公司第三届董事会第二十四次会议审议通过《关于免去周炯公司财务总监职务的议案》《关于聘任刘显忠为公司财务总监的议案》,公司副总裁周炯不再兼任公司财务总监职务,同意聘任刘显忠为公司财务总监。刘显忠任职资格已获上海银监局核准。
中航信托	是	2	1. 2016年6月,经第二届董事会第十六次会议审议通过及江西银监局核准,刘寅任职公司常务副总经理。 2. 2016年11月,因工作原因,王守军不再担任公司财务总监、李培新不再担任公司总经理助理职务。
中江信托	否		
中粮信托	是	1	原公司总经理助理杨勇因工作调整不再担任公司总经理助理,其离任审计报告已于2017年3月按要求提交监管部门。
中融信托	是	1	因工作变动,第五届董事会第八次会议副总裁战伟宏离任。
中泰信托	是	1	报告期内,于潇女士因个人原因申请辞去合规总监(总裁助理级)职务,经公司第六届董事会决议通过,于潇女士不再担任公司合规总监(总裁助理级)职务。
中铁信托	否		
中建投信托	否		
中信信托	是	2	1. 2016年5月,公司董事会聘任刘小军为公司副总经理。 2. 2016年12月,包学勤因个人原因辞去公司副总经理职务。
中原信托	否		
重庆信托	是	3	1. 报告期内,董事会指定公司副总裁董尚可先生代为履行公司总经理职务。 2. 报告期内,董事会聘任窦仁政先生为公司副总裁,2016年6月16日,窦仁政先生高级管理人员任职资格获监管部门批准。 3. 报告期内,董事会聘任杨帆先生、方莉女士、潘峰先生、罗怀建先生为公司副总裁,2017年1月4日,杨帆先生、方莉女士、潘峰先生、罗怀建先生副总经理(副总裁)任职资格获监管部门批准。
紫金信托	是	1	1. 2016年2月1日,紫金信托有限责任公司第二届董事会第十次会议审议通过《关于甲斐伸一郎先生辞职的议案》,甲斐伸一郎先生不再担任紫金信托有限责任公司副总裁。审议通过《关于聘任公司副总裁的议案》,聘任泽村研太郎先生为紫金信托有限责任公司副总裁,任期3年,自获得中国银监会或其派出机构任职资格核准批复日起计算。 2. 2016年5月21日,中国银监会江苏监管局核准泽村研太郎先生紫金信托有限责任公司副总裁任职资格(《中国银监会江苏监管局关于泽村研太郎任职资格的批复》苏银监复[2016] 109号文)。

（二）公司及其董事、监事和高级管理人员受到处罚的情况

61家信托公司明确表示公司及其董事、监事和高级管理人员未受到处罚，另外7家公司受到了相关的处罚（见表7-2-2）。

表7-2-2　2016年公司及其董事、监事和高级管理人员受到处罚的情况

公司简称	是否处罚	处罚次数	期内处罚的详情列示
湖南信托	是	2	1. 2016年1月15日，湖南银监局下发了行政处罚决定书（湘银监罚决字[2016]3号），对公司存在的"董事职权由非董事人员行使"的行为，根据《银行业金融机构董事（理事）和高级管理人员任职资格管理办法》第四十七条和《中华人民共和国银行业监督管理法》第四十六条的规定，罚款人民币20万元。 2. 2016年1月20日，湖南银监局下发了行政处罚决定书（湘银监罚决字[2016]4号），对公司存在的"将公司管理的不同集合资金信托计划投资同一项目""将机构所持有的信托受益权向自然人转让或拆分转让"的行为，根据《信托公司集合资金信托计划管理办法》第四十九条的规定，罚款人民币50万元。对公司存在的"公司设立的集合资金信托计划300万元以下自然人投资者实际人数超过50人，且公司相关人员知悉该情况""公司设立的集合资金信托计划300万元以下自然人投资者实际人数超过了50人，且公司存在主动管理超限额自然人资金行为"的行为，根据《信托公司集合资金信托计划管理办法》第四十七条的规定，罚款人民币30万元。
兴业信托	是	1	报告期内，公司因2015年12月《信托项目全要素报表》报送数据存在差错，被中国银行业监督管理委员会福建监管局予以行政处罚，罚款50万元。
山东信托	是	1	2016年12月，山东银监局以山东信托·天衡晟1期证券投资集合资金信托计划未按规定及《信托合同》约定向受益人定期披露信息、未按规定及《信托合同》约定方式向全体受益人披露临时信息为由，给予公司罚款20万元的行政处罚，公司已按期足额缴纳前述罚款，并已对前述行政处罚存在的问题进行整改。
西藏信托	是	1	2016年10月9日，西藏银监局下发《中国银行业监督管理委员会西藏监管局行政处罚决定书》（藏银监罚决字[2016]第4号），对公司未将西藏信托—金鑫27号单一资金信托项目信息在银监会1104系统报表s31《信托项目资产负债及利润权益情况表》《信托公司信托项目全要素报表》中反映，影响了统计数据的及时性，进而影响非现场监管整体数据的准确性，违反了《信托公司管理办法》《中华人民共和国银行业监督管理法》的相关规定，对公司处以人民币200 000.00元的罚款。
厦门国际信托	是	1	公司于2016年4月25日收到厦门银监局行政处罚通知书（厦银监罚告字[2016]1号），对公司罚款人民币30万元，责令公司对责任人员进行纪律处分。处罚原因是公司2015年12月23日成立的厦门国际信托—复兴1号金融资产证券组合投资单一资金信托。出于从项目接触到项目设立过程中的各方面原因，公司在初期将该项目分类为证券类信托。厦门银监局认为公司该笔业务分类填报错误，由于该项目规模占比较大（约200亿元，占公司当时管理规模17.13%），决定对公司进行行政处罚。
中海信托	是	1	2016年7月27日，无锡市人民检察院告知公司，公司副总裁魏志刚因涉嫌受贿被指定居所监视居住。公司从江苏检查网2017年1月26日发布的《江苏省人民检察院依法决定逮捕犯罪嫌疑人魏志刚》中获知，"2016年9月23日，江苏省人民检察院以涉嫌受贿罪决定逮捕中海信托股份有限公司原副总裁魏志刚"。2017年4月24日，公司从无锡市人民检察院获知，魏志刚案件于当日被依法移送公诉部门。 自2016年7月29日起，公司党委会决定暂停魏志刚在党内的表决权、选举权和被选举权等党员权利，暂停魏志刚行政、管理职务。
金谷信托	是	1	根据北京银监局（京银监发[2016]105号）文件处罚要求，公司已按期执行。

三、人员结构分析

对年报中所披露的信托公司人员构成来看，各信托公司普遍拥有一定比例的博士研究生、硕士研究生以及本科以上学历的人员，行业从业人员的整体素质较好。就从业经历而言，大多数人员基本具备了相应的业务经验和一定的专业理财能力。岗位分布包括前台一线业务部门、中台二线业务管理部门、后台三线综合管理部门三个层次。其中，前台一线业务部门包括了信托公司自营、信托业务中直接为客户提供服务的部门，如自营资产管理、运作部门；信托业务的产品研发、营销部门等；中台二线业务管理部门包括了直接为公司自营及信托业务运作提供支持、进行管理与监督的部门，如研究、风险控制、财务核算、稽核审计、信息技术、法律等部门；后台三线综合管理部门包括了除一线、二线以外的其他部门，如人力资源部门、行政管理部门、工会、党办、机关党委等。总体来说，信托公司目前的人员构成基本合理。

（一）员工数量分析

表7-3-1　2016年末员工人数前五名信托公司情况表

序号	公司简称	人数（人）
1	中融信托	1 939
2	平安信托	972
3	四川信托	725
4	兴业信托	518
5	长安信托	622

表 7－3－2　2016 年末员工人数后五名信托公司情况表

序号	名称	人数(人)
1	国联信托	76
2	长城信托	83
3	西藏信托	85
4	江苏信托	92
5	浙金信托	95

(二)年龄构成分析

1. 全体员工的年龄构成

2016 年 68 家公司披露的员工总人数为 18 351 人,其中有 2 家没有披露具体的人员年龄段构成,2 家员工人数合计 577 人。通过对其余 66 家公司人员年龄构成分析可以看出,20～29 岁的人数占 28. 94%,30～39 岁的人数占 44. 72%,40 岁以上的人数占 26. 34%。人员年龄汇总分析见表 7－3－3、图 7－3－1。

表 7－3－3　2016 年末披露的 66 家信托公司人员年龄汇总分析一览表

年龄段	2016 年员工人数	所占比例(%)
20～29 岁人数	5 144	28. 94
30～39 岁人数	7 948	44. 72
40 岁以上人数	4 682	26. 34
小计	17 774	100. 00

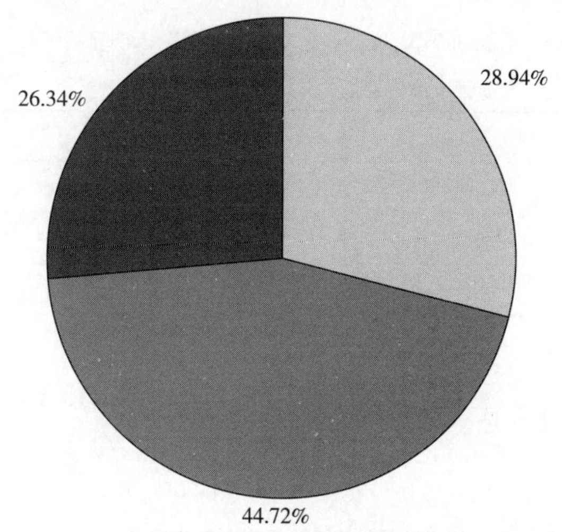

图 7－3－1　2016 年员工年龄汇总分析

2. 高级管理人员年龄构成分析

2016 年 68 家信托公司的高管总人数为 459 人,平均每家 6. 75 人;2015 年 68 家信托公司的高管总人数为 441 人,平均每家 6. 49 人;2016 年度各信托公司的平均高管人数略大于 2015 年的平均高管人数。

通过对 68 家公司高管年龄构成的分析可以看出,主要集中在 40 岁以上的年龄段,占 92. 59%。汇总分析见表 7－3－4、图 7－3－2。

表 7－3－4　2016 年末披露的 68 家信托公司高管年龄汇总分析一览表

年龄段	人数	所占比例(%)
20～29 岁人数	0	0. 00
30～39 岁人数	34	7. 41
40 岁以上人数	425	92. 59
小计	459	100. 00

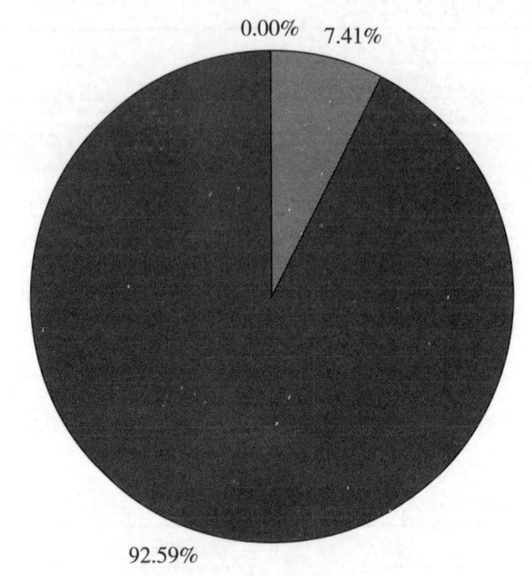

图7－3－2　2016年高管年龄汇总分析

(三)高管性别构成分析

2016年末68家信托公司的高管总人数为459人,男性从业人员占80.17%,明显高于女性(见表7－3－5)。

表7－3－5　2016年末68家信托公司高管人员性别汇总分析表

分类	人数(人)	所占比例(%)
男性	368	80.17
女性	91	19.83
小计	459	100.00

(四)学历构成分析

1. 员工的学历构成

2016年68家公司披露的员工总人数为18 351人。与2015年相比较,2016年其他类人员学历的比例下降了0.21%,大专人员的比例下降了0.33%,本科的比例下降了0.77%,硕士的比例上升了1.30%,博士的比例没有变化(见表7－3－6、图7－3－3)。

表7－3－6　2016年末、2015年末披露的信托公司员工学历结构比较分析表

学历	2016年		2015年		2016年与2015年学历结构比较(%)
	人数	比例(%)	人数	比例(%)	
其他	173	0.94	202	1.15	-0.21
大专	1 067	5.81	1 081	6.14	-0.33
本科	7 977	43.48	7 783	44.24	-0.77
硕士	8 757	47.72	8 166	46.42	1.30
博士	377	2.05	360	2.05	0.00
总计	18 351	100.00	17 592	100.00	

2. 高管的学历构成

据统计,68家信托公司中,1家未在年报中披露高管学历构成,该家高管人数为4人。与2015年情况相比较,2016年大专人员

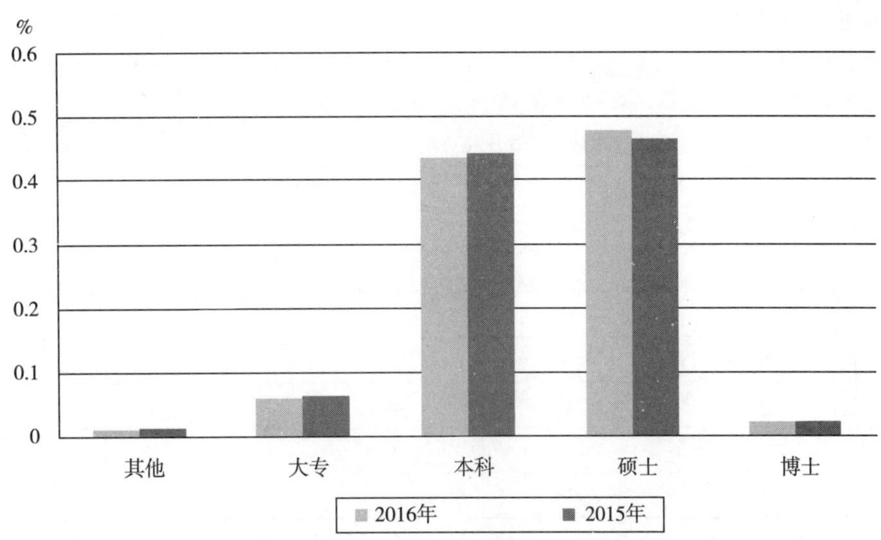

图7-3-3　员工学历结构比较分析

的比例减少了0.52%，本科减少了2.49%，硕士增加了1.91%，博士增加了1.11%。2016年67家信托公司高管的学历构成分析见表7-3-7、图7-3-4。

表7-3-7　2016年末高管人员学历结构与上年比较分析表

学历	2016年		2015年		2016年与2015年学历结构比较(%)
	人数	比例(%)	人数	比例(%)	
其他	1.00	0.22	1	0.23	-0.01
大专	6.00	1.32	8	1.83	-0.52
本科	140.00	30.77	145	33.26	-2.49
硕士	256.00	56.26	237	54.36	1.91
博士	52.00	11.43	45	10.32	1.11
总计	455	100.00	436	100.00	

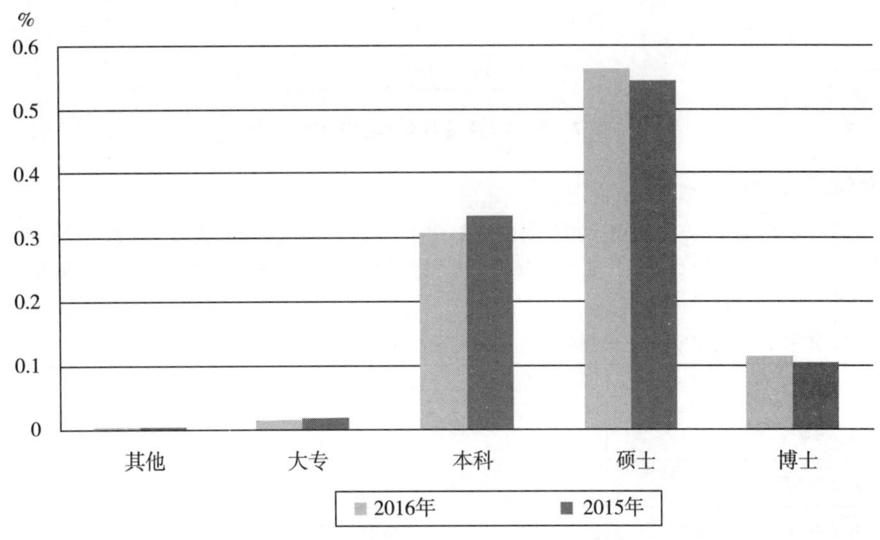

图7-3-4　高管人员学历结构比较分析

(五)高管从业年限结构分析

68 家信托公司中,2 家公司未在年报中披露高管从业年限结构,2 家高管人数为 13 人。在披露的 66 家信托公司中,从业年限 15 年以上的高管人员人数高于上年(见表 7 -3 -8、图 7 -3 -5)。

表 7 -3 -8 2016 年末信托公司高管从业年数与上年比较分析表

从业年限	2016 年		2015 年		2016 年与 2015 年从业年限比较(%)
	人数	比例(%)	人数	比例(%)	
3 年以下	6	1. 35	3	0. 70	0. 64
3 ~4 年	11	2. 47	7	1. 64	0. 82
5 ~8 年	25	5. 61	29	6. 81	-1. 20
9 ~14 年	82	18. 38	80	18. 78	-0. 39
15 年以上	322	72. 19	307	72. 07	0. 13
合计	446	100. 00	426	100. 00	

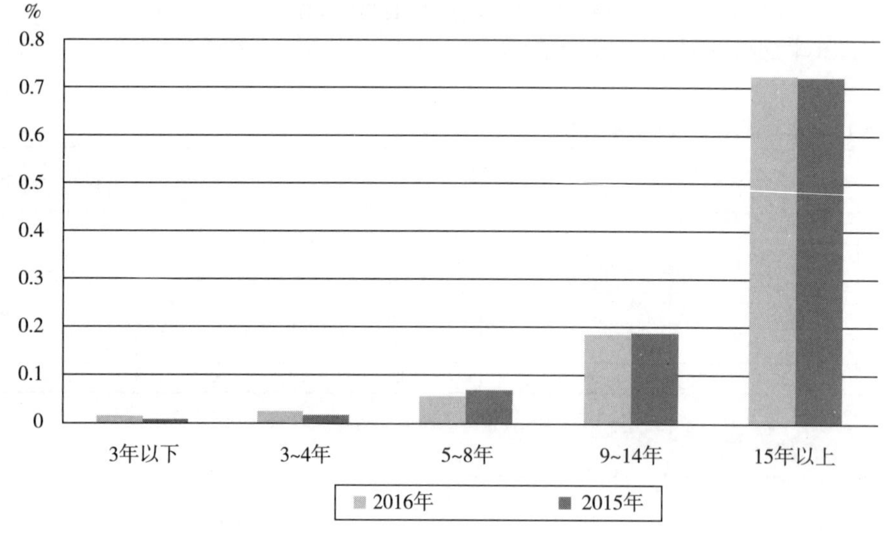

图 7 -3 -5 高管从业年数比例分析

(六)员工岗位汇总分析

2016 年 68 家信托公司中,有 1 家没有披露员工的岗位构成,剔除该家数据后,员工岗位结构分析情况详见表 7 -3 -9、图 7 -3 -6。2016 年末信托公司自营业务人员与信托业务人员占公司人数的 58. 47%,为主要的员工;董事、监事及高管人员占公司人数的 3. 52%,其他人员占公司人数的 38. 01%。

表 7 -3 -9 2016 年末 67 家信托公司已披露的员工岗位汇总分析表

分类	人数	结构比例(%)
董事、监事及高管人员	636	3. 52
自营业务人员	820	4. 54
信托业务人员	9 732	53. 93
其他	6 859	38. 01
合计	1 8047	100. 00

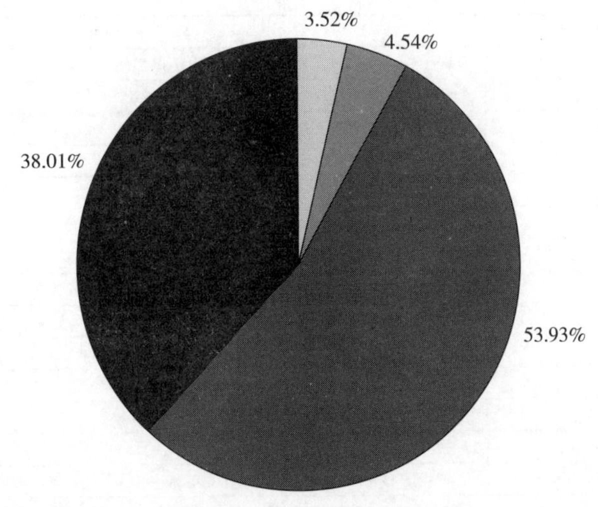

图 7－3－6　员工岗位汇总分析

表 7－3－10　2016 年末披露的信托公司各岗位与效益分析表

单位：万元

	自营业务	信托业务
人数	820	9 732
营业收入	12 980 930. 00	106 440 106. 24
人均营业收入	15 830. 40	10 937. 13
净利润	6 409 254. 73	94 337 812. 73
人均净利润	7 816. 16	9 693. 57
资产总额	71 537 376. 20	1 984 809 571. 92
人均资产总额	87 240. 70	203 946. 73

注：五矿信托未按规定披露员工岗位构成，以上营业收入，净利润以及资产数字均剔除了五矿信托的数字。

对 67 家披露了员工岗位构成的信托公司 2016 年从事自营业务和信托业务的人员和业务经营效益进行分析后可以得出：

（1）从事自营业务人员的人均营业收入为 15 830. 40 万元，比从事信托业务人员的人均营业收入 10 937. 13 万元多 4 893. 27 万元。

（2）从事自营业务人员的人均净利润为 7 816. 16 万元，比从事信托业务人员的人均净利润 9 693. 57 万元少 1 877. 41 万元。

（3）从事自营业务人员的人均资产为 87 240. 70 万元，比从事信托业务人员的人均资产 203 946. 73 万元少 116 706. 03 万元。

这里应当指出的是，自营业务数据是经过审计的，而信托业务数据未经审计，该因素可能会给数据的计算带来差异。

四、信托公司聘请律师事务所的情况分析

68 家信托公司中，有 17 家没有披露聘请律师事务所的相关情况，2 家明确表示没有聘任律师事务所，其余 49 家披露了聘请的律师事务所的名称及其地址。在 49 家披露了律师事务所情况的信托公司中，重庆信托聘请了两家律师事务所，厦门国际信托和紫金信托聘请了三家律师事务所，金谷信托聘请了四家律师事务所。

表 7－4－1　2016 年信托公司披露的年度律师事务所聘请情况表

公司简称	年度律师事务所	律师事务所地址
爱建信托	未披露	未披露
安信信托	未披露	未披露
百瑞信托	上海锦天城（郑州）律师事务所	河南省郑州市金水东路 49 号绿地原盛国际 3 号楼 A 座 7 楼
北方信托	未披露	未披露
北京信托	北京市华贸硅谷律师事务所	北京市朝阳区慧忠路 5 号远大中心 C 座 17 层
渤海信托	未披露	未披露

续表

公司简称	年度律师事务所	律师事务所地址
大业信托	中伦文德律师事务所	中国北京市朝阳区西坝河南路1号金泰大厦19层
东莞信托	广东陈梁永钜律师事务所	东莞市南城区莞太路23号鸿禧商业大楼9楼
方正东亚信托	北京六明律师事务所	北京市朝阳区光华路7号汉威大厦东区15层15A1
光大兴陇信托	北京德恒律师事务所	中国北京市西城区金融街19号富凯大厦B座12层
国联信托	江苏漫修律师事务所	江苏省无锡市智慧路18号智慧大厦607室
国民信托	北京观韬中茂律师事务所	北京市西城区金融大街5号新盛大厦B座18层
国投泰康信托	北京天达共和律师事务所	北京市朝阳区东三环北路8号亮马河大厦1座20层
国元信托	中天恒律师事务所	安徽省合肥市濉溪路287号金鼎广场A座八层
杭州工商信托	浙江天册律师事务所	浙江省杭州市杭大路1号黄龙世纪广场A座11楼
湖南信托	未披露	未披露
华澳信托	无	无
华宝信托	上海市锦天城律师事务所	上海市浦东新区花园石桥路33号花旗集团大厦14楼
华宸信托	未披露	未披露
华能信托	北京中盛律师事务所	北京朝阳区建外大街永安东里甲3号通用国际中心1号楼A座23层
华融信托	北京德恒律师事务所	北京市西城区金融街19号富凯大厦B座12层
华润信托	广东经天律师事务所	深圳市滨河大道5022号联合广场A座25层
华鑫信托	北京德恒律师事务所	北京市西城区金融大街19号富凯大厦B座12层
华信信托	辽宁双护律师事务所	大连市沙河口区西安路90号广荣大厦1601室
吉林信托	吉林功承律师事务所	长春市净月高新技术产业开发区银杏路500号 伟峰·领袖领地1号楼4层
建信信托	未披露	未披露
江苏信托	江苏世纪同仁律师事务所	江苏省南京市北京西路26号4~5楼
交银国际信托	上海市锦天城律师事务所	上海市浦东新区银城中路501号上海中心大厦
金谷信托	北京市中伦律师事务所	北京市朝阳区建国门外大街甲6号SK大厦31/36/37层
	北京市环球律师事务所	北京市朝阳区建国路81号华贸中心1号写字楼15层
	北京市京都律师事务所	北京市朝阳区景华南街5号远洋光华国际C座23层
	北京市天伦怡达律师事务所	北京市朝阳门外大街昆泰国际大厦1009室
昆仑信托	上海市锦天城律师事务所	上海市浦东新区银城中路501号上海中心大厦11层、12层
陆家嘴信托	锦天城律师事务所	上海市浦东新区银城中路501号上海中心大厦11楼
平安信托	未披露	未披露
厦门国际信托	上海锦天城（厦门）律师事务所	厦门市思明区展鸿路82号厦门金融中心大厦23层
	福建天衡联合律师事务所	厦门市厦禾路666号海翼大厦A栋16层、17层
	福建闽翔律师事务所	福建省厦门市嘉禾路298号（吕厝福隆国际大厦）702室
山东信托	上海市锦天城律师事务所	上海浦东新区花园石桥路33号
山西信托	未披露	未披露
陕国投	未披露	未披露
上海信托	锦天城律师事务所	上海市浦东新区银城中路501号上海中心大厦12层
四川信托	泰和泰律师事务所	成都高新区天府大道中段199号棕榈泉国际中心16~17楼
苏州信托	江苏新天伦律师事务所	苏州工业园区苏桐路37号（星海街口）四号楼3~4楼
天津信托	无	无
外贸信托	未披露	未披露
万向信托	未披露	未披露
五矿信托	未披露	未披露
西部信托	北京金诚同达律师事务所西安分所	西安市沣惠南路华晶广场B座15层
西藏信托	北京市嘉源律师事务所	北京市西城区复兴门内大街158号远洋大厦F408
新华信托	未披露	未披露
新时代信托	内蒙古炳鸿律师事务所	包头市青山区恒源银座25层
兴业信托	未披露	未披露
英大信托	北京市兰台律师事务所	北京市朝阳区曙光西里甲1号第三置业大厦B座29层
粤财信托	广东君信律师事务所	广州市农林下路83号广发银行大厦20楼
云南信托	云南八谦律师事务所	云南省昆明市滇池路914号摩根道5栋

续表

公司简称	年度律师事务所	律师事务所地址
长安信托	北京市康达(西安)律师事务所	西安市雁塔区太白南路139号云图中心十五层
长城信托	上海星瀚律师事务所	上海市常德路1211号1204~1207室
浙金信托	上海锦天城律师事务所	上海市浦东新区花园石桥路33号花旗集团大厦14楼
中诚信托	未披露	未披露
中国民生信托	未披露	未披露
中海信托	上海市锦天城律师事务所	上海市浦东新区花园石桥路33号花旗大厦14层
中航信托	北京市君泽君律师事务所	北京市西城区金融大街9号金融街中心南楼六层
中江信托	江西豫章律师事务所	江西南昌
中粮信托	北京市君泽君律师事务所	北京市西城区金融大街9号金融街中心南楼6层
中融信托	中伦律师事务所上海分所	上海市浦东新区世纪大道8号国金中心二期10~11楼
中泰信托	上海市锦天城律师事务所	上海市浦东新区银城中路501号上海中心大厦11层、12层
中铁信托	泰和泰律师事务所	成都市高新区天府大道中段199号棕榈泉国际中心16楼、17楼
中建投信托	浙江天册律师事务所	浙江省杭州市杭大路1号黄龙世纪广场A座11楼
中信信托	北京市嘉源律师事务所	北京市西城区复兴门内大街158号远洋大厦F407室
中原信托	北京市大成律师事务所郑州分所	郑州市商务外环路20号海联大厦4层
重庆信托	重庆索通律师事务所	重庆市渝中区瑞天路56号企业天地4号楼九层
	中豪律师事务所	重庆市渝中区邹容路68号大都会广场22层
紫金信托	通力律师事务所	上海市银城中路68号时代金融中心19楼
	锦天城律师事务所(上海)	上海市浦东新区花园石桥路33号花旗集团大厦14楼
	北京中伦律师事务所	中国北京市建国门外大街甲6号SK大厦36~37层

中国信托业

2016—2017

年鉴（下卷）

2016年度各公司年度报告

安徽国元信托有限责任公司

1. 重要提示

1.1 本公司董事会及董事保证本报告所载资料不存在任何虚假记载、误导性陈述或者重大遗漏，并对其内容的真实性、准确性和完整性承担个别及连带责任。

1.2 未有董事对年度报告内容的真实性、准确性和完整性无法保证或存在异议的情况。

1.3 本公司独立董事宋炳山、蒋敏、王昊声明：保证年度报告内容的真实、准确、完整。

1.4 华普天健会计师事务所（特殊普通合伙）根据中国注册会计师审计准则对本公司年度财务报告进行审计，出具了标准无保留意见的审计报告。

1.5 本公司董事长张彦、总裁许植、总会计师朱先平，计划财务部总经理陈红原声明：保证本年度报告中财务报告的真实、完整。

2. 公司概况

2.1 公司简介

2.1.1 公司法定中文名称：安徽国元信托有限责任公司
中文名称缩写：国元信托
公司法定英文名称：Anhui Guoyuan Trust Co.,Ltd.
英文名称缩写：Guoyuan Trust

2.1.2 法定代表人：张彦

2.1.3 注册地址：安徽省合肥市庐阳区宿州路20号
邮政编码：230001
公司国际互联网网址：www.gyxt.com.cn
电子信箱：xtbgs@gyxt.com.cn

2.1.4 公司信息披露事务负责人：虞焰智
联系电话：0551-62631010
传真：0551-62620261
电子信箱：yuyanzhi@gyxt.com.cn

2.1.5 公司选定的信息披露报纸：《证券时报》

2.1.6 公司年度报告备置地点：安徽省合肥市庐阳区宿州路20号17层及公司网站

2.1.7 公司聘请的会计师事务所：华普天健会计师事务所（特殊普通合伙）
地址：北京市西城区阜成门外大街22号1幢外经贸大厦901-22至901-26

2.1.8 公司聘请的律师事务所：中天恒律师事务所
地址：安徽省合肥市濉溪路287号金鼎广场A座八层

2.2 组织结构

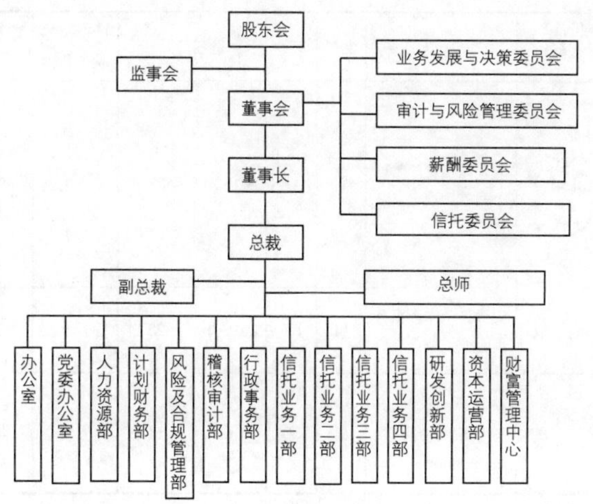

3. 公司治理

3.1 股东

报告期末股东总数7个，前3位股东为安徽国元控股（集团）有限责任公司、深圳中海投资管理有限公司、安徽皖投资产管理有限公司。其中，安徽国元控股（集团）有限责任公司和安徽皖投资产管理有限公司为国有独资公司。股东基本情况为：

股东名称	持股比例（%）	法人代表	注册资本（万元）	注册地址	主要经营业务及主要财务情况
安徽国元控股（集团）有限责任公司	49.6875	张子良	300 000.00	安徽省合肥市寿春路179号	受权管理国有资产，资本运营、收购兼并等。2016年末资产总额8 853 222万元，负债5 556 038万元，归属于母公司所有者权益1 234 808万元，归属于母公司净利润72 928万元。
深圳中海投资管理有限公司	40.375	孔庆平	195 000.00	深圳市罗湖区翠竹街道翠竹路2058号旭飞华达园裙楼三楼309-3A	股权投资、投资管理、受托资产管理；建筑、投资项目咨询、监理；房地产、国内贸易等。2016年末资产总额374 812万元，负债80 131万元，所有者权益294 681万元，净利润24 549万元。
安徽皖投资产管理有限公司	9	张梅	100 000.00	合肥市包河区徽州大道329号兴业商办楼第六层	管理、经营、处置托管资产及不良资产；股权、债权投融资业务；社会化资产管理、服务业务；投资财务咨询服务。2016年末资产总额123 289.69万元，负债5 557.56万元，所有者权益117 732.13万元，净利润12 709.16万元。

3.2 董事

姓名	职务	性别	年龄	选任日期	所推举的股东名称	该股东持股比例(%)	简要履历
张 彦	董事长	男	57	2015 年 5 月 23 日	国元集团	49.6875	历任安徽经济管理干部学院研究室主任，安徽省国际信托投资公司证券发行部、投行部副经理、国债部经理、证券总部副总经理兼国债部经理，国元信托副总裁，国元信托党委副书记、监事长，国元信托总裁；现任国元信托董事长、党委书记。
许 斌	董 事	男	53	2015 年 5 月 23 日	国元集团	49.6875	历任安徽大学教师，安徽省国际信托投资公司法律部主任，国元集团法律部主任，国元托信托总部总经理、监事长，国元集团总法律顾问；现任国元集团副总经理、党委委员。
芦 辉	董 事	女	55	2015 年 5 月 23 日	国元集团	49.6875	历任安徽省国际信托投资公司计划财务部科长、副经理，国元集团计划财务部经理、副总会计师；现任国元集团总会计师。
庞金营	董 事	男	49	2015 年 5 月 23 日	中海投资	40.375	历任中国海外集团有限公司财务资金部助理总经理、副总经理；现任中国海外集团有限公司财务资金部总经理。
陈德有	董事	男	46	2016 年 4 月 14 日	中海投资	40.375	历任中建总公司党校辅导员、鸿达大厦项目财务负责人、资金部律师，中建电子公司办公室负责人，北京建孚律师事务所兼职律师，中海集团中星网(北京)财务负责人、财务资金部助理总经理；现任中海集团助理总法律顾问兼法律事务部总经理。
于上游	董事	男	57	2016 年 4 月 14 日	中海投资	40.375	历任中国黑龙江国际经济技术合作公司海外投资管理项目经理，中国建筑工程总公司高级经济师，中国海外集团有限公司财务资金部副总经理，中海财务有限公司董事及总经理，中国海外金融投资有限公司副董事长，深圳市中海投资管理有限公司副总经理，中海工银中国投资管理有限公司副总裁兼合规主管，中国海外宏洋集团有限公司执行董事；现任中国海外金融投资有限公司副董事长兼总经理。

姓名	所在单位及职务	性别	年龄	选任日期	所推举的股东名称	该股东持股比例(%)	简要履历
宋炳山	北京尊嘉资产管理公司首席投资官	男	47	2015 年 5 月 23 日	国元集团	49.6875	1991 年 9 月至 1993 年 7 月任济南通用自动化技术研究所，助理工程师。1996 年 3 月至 1998 年 6 月任国家科技部高技术司信息处科员。1998 年 7 月至 2003 年 9 月任博时基金管理公司研究部研究员，裕阳、裕华基金经理、交易部总经理。2003 年至 2004 年任富国基金公司投资副总监、投资决策委员会委员。2006 年至 2008 年任长盛基金公司副总经理，投资决策委员会主席；2008 年至今任北京尊嘉资产管理公司创始合伙人、首席投资官。
蒋 敏	安徽天禾律师事务所合伙人	男	51	2015 年 5 月 23 日	国元集团	49.6875	1987 年 9 月至 1990 年 7 月，安徽大学法律系研究生，法学硕士学位；1990 年研究生毕业后进入法律事务所从事专职律师工作。
王 昊	南京审计大学审计科学研究院副院长、研究员	男	50	2016 年 4 月 14 日	中海投资	40.375	1986 年 7 月至 1999 年 11 月南京大学科技处科员、副主任科员，科技开发部副主任；1999 年 11 月至今南京审计大学科研处副处长、处长，经管实验中心主任，审计信息工程重点实验室主任，审计科学研究院副院长，研究员。

3.3 监事

姓名	职务	性别	年龄	选任日期	所推举的股东名称	该股东持股比例(%)	简要履历
徐景明	监事长	男	53	2015 年 5 月 23 日	国元信托	49.6875	历任肥东县人民银行副股长、股长、副行长、行长，人民银行合肥中心支行合作处副处长，人民银行淮北市中心支行副行长，淮北银监分局局长，安徽银监局政策法规处处长、非银处处长，国元信托副总裁；现任国元信托监事长。
陈 浩	监事	男	30	2015 年 5 月 23 日	中海投资	40.375	2007 年 7 月至 2011 年 7 月，中海地产苏州公司财务资金部财务主管、高级财务主管；2011 年 7 月至 2012 年 9 月中国海外集团有限公司财务资金部财务经理；2012 年 9 月至 2014 年 7 月，中国海外集团有限公司财务资金部高级财务经理；2014 年 7 月至今，中国海外集团有限公司财务资金部助理总经理。
宋菊芳	监事	女	52	2016 年 11 月 16 日	职工监事		历任中国农业银行芜湖市支行营业部会计股长、内勤主任，安徽省国际信托投资公司长江路营业部副主任、合肥分公司财务部经理，国元信托机构信托部、稽核审计部科长、业务经理、高级业务经理；现任国元信托计划财务部副总经理。

3.4 高级管理人员

姓名	职务	性别	年龄	选任日期	金融从业年限(年)	学历	专业	简要履历
许植	总裁	男	49	2015年5月23日	18	硕士	法学	历任安徽大学教师,安徽省国际信托投资公司,国元信托部门副总经理、总经理,国元信托副总裁;现任国元信托总裁。
黄庆兵	副总裁	男	50	2015年5月23日	20	硕士	工商管理	历任南京大学工程师、直属机关团总支副书记,华泰证券投资银行部业务经理、高级经理、投资银行业务内核委员,中海财务公司助理总经理,中国海外金融投资公司助理总经理,深圳中海投资助理总经理;现任国元信托副总裁。
魏世春	副总裁	男	46	2015年5月23日	24	硕士	政治经济学	历任安徽省信托投资公司综合计划部科员、营业部副主任、办公室副主任、资金计划部副经理、经理,国元信托董事会秘书兼计划财务部总经理、总经济师;现任国元信托副总裁。
朱先平	总会计师	男	50	2015年5月23日	19	本科	工业管理工程	历任巢湖东风矿副科长、科长、副矿长,安徽省国际信托投资公司部门副经理、国元信托稽核部经理、计划财务部总经理、董事会秘书;现任国元信托总会计师。
虞焰智	董事会秘书	男	52	2015年5月23日	19	本科	计算机	历任合肥炮兵学院教员、安徽省国际信托投资公司电脑中心副主任、国元证券网上经纪业务部副总经理、国元信托信息技术部总经理、办公室主任、人力资源部总经理;现任国元信托董事会秘书。
程碧波	副总裁	女	50	2016年3月3日	19	硕士	工商管理	历任安徽省国际信托投资公司投资咨询公司副总经理、证券研究部总经理,国元信托信托业务二部总经理,国元信托总裁助理;现任国元信托副总裁。
陈康	副总裁	男	46	2016年3月3日	25	本科	法学	历任安徽省国际信托投资公司法律事务部业务主办,国元信托法律事务部副主任、风险及合规管理部总经理;现任国元信托副总裁。

3.5 公司员工

项目		2016年		2015年	
		人数(人)	比例(%)	人数(人)	比例(%)
年龄分布	25岁以下	2		5	3.11
	25~29岁	25		33	20.5
	30~39岁	45		39	24.22
	40岁以上	82		84	52.17
学历分布	博士	1		1	0.62
	硕士	58		60	37.27
	本科	69		73	45.34
	专科	26		27	16.77
	其他	0	—	0	—
岗位分布	董事、监事及高管人员	10		9	5.59
	自营业务人员	9		9	5.59
	信托业务人员	81		86	53.42
	其他人员	54		57	35.4

4. 经营管理

4.1 经营方针、战略规划

4.1.1 经营方针

继续坚持“依法合规、稳健经营”的理念,积极适应经济新常态,围绕提升公司核心竞争力,以改革创新为动力,迎难而上、定向施策,稳健开展传统业务、切实推进转型创新,积极支持实体经济和地方建设,高度重视并加强公司基础管理,持续优化制度建设、人才队伍和信息系统建设等,实现公司持续、稳定、健康发展。

4.1.2 战略规划

中期目标:“十三五”期间,努力将公司发展成为在国内具有行业代表性和市场影响力、形象良好、资产优良、业务创新能力强、专业化水平高、服务质量好、管理体制灵活、富有竞争力的现代金融企业,达到完善的公司法人治理结构、规范化的经营管理制度、专业化的公司员工队伍和科学合理的业务定位,进而将公司建设成为行业先进的信托公司。

长期目标:以将公司建设成为植根地方、辐射全国,服务地方、服务广大社会投资者的行业先进的财富管理机构为战略目标,达到“资产管理规模化、经营领域多元化、行业地位领先化”,使公司跻身国内第一方阵的信托机构行列。

4.2 经营业务的主要内容

公司业务主要分为信托业务和固有业务两大类。信托业务主要从事资金信托、财产信托、股权信托、财务顾问等业务。品种主要有集合资金信托、单一资金信托、财产权信托;按运用方式分为贷款、交易性金融资产、持有至到期投资和长期股权投资等。固有业务主要包括贷款、股权投资和金融产品投资等业务。

自营资产运用与分布表

资产运用	金额（万元）	占比（%）	资产分布	金额（万元）	占比（%）
货币资产	17 857.12	2.86	基础产业	55 000.00	8.81
贷款及应收款	77 968.22	12.49	房地产业	23 505.00	3.77
交易性金融资产	4 971.69	0.80	证券市场	51 704.67	8.28
可供出售金融资产	111 192.08	17.82	实业	40 650.00	6.51
持有至到期投资	39 000.00	6.25	金融机构	443 816.48	71.11
长期股权投资	324 679.79	52.02	其他	9 462.54	1.52
其他	48 469.79	7.76			
资产总计	624 138.69	100.00	资产总计	624 138.69	100.00

注：其他资产中主要项目包括买入返售金融资产、固定资产、无形资产、递延所得税资产。

信托资产运用与分布表

资产运用	金额（万元）	占比（%）	资产分布	金额（万元）	占比（%）
货币资产	167 028.69	1.38	基础产业	5 994 403.81	49.56
贷款	6 223 751.88	51.45	房地产业	235 618.00	1.95
交易性金融资产	264 340.08	2.19	证券市场	264 340.08	2.19
可供出售金融资产	0.00	0.00	实业	2 682 201.72	22.17
持有至到期投资	3 421 152.88	28.28	金融机构	2 449 469.02	20.25
长期股权投资	1 520 340.94	12.57	其他	470 353.04	3.88
其他	499 771.20	4.13			
资产总计	12 096 385.67	100.00	资产总计	12 096 385.67	100.00

4.3 市场分析

4.3.1 影响本公司业务发展的有利因素

国内宏观经济缓中趋稳、稳中向好，供给侧结构性改革初见成效，供给结构有所改善，经济结构加快调整，发展活力进一步加强。国内生产总值达到74.4万亿元，增长6.7%，经济发展的质量和效益明显提高。

信托行业资产规模跨入“20万亿元”时代，积极推进供给侧结构性改革，加速转型升级，强化风险治理，寻求增长动力，回归信托本源。截至2016年末，信托行业管理的信托资产规模达到20.22亿元，同比增长24.01%，信托已经成为服务实体经济的重要力量和创造国民财富的重要途径。

公司牢固坚持“依法合规、稳健经营”的理念，以提升盈利水平为核心，围绕业务拓展能力、风险控制能力、创新转型能力、精细化管理能力建设，加大业务结构调整力度。公司注册资本由20亿元增至30亿元，增强发展新动力。

公司经过十几年的不懈努力，已初步形成了自己的发展特色和业务优势，具有稳定的客户资源、扎实的业务经验、良好的风控体系、较强的人才储备、有效的管理手段和不断提升的社会知名度、美誉度等优势，竞争力大为增强。

4.3.2 影响本公司业务发展的不利因素

国内经济形势仍面临复杂严峻的局面，经济下行压力加大，供给端企业发展环境发生深刻改变。

信托公司依赖于外部市场环境刺激、利用相对灵活的制度安排追求“短、平、快”短期盈利模式已不可持续，信托投资收益增速回落，信托业经营收入与信托项目年化综合实际收益率均呈现出回落状态。

公司区域优势和资源禀赋相对有限，稳增长压力较大，传统业务受限，可持续盈利的新型业务模式尚未建立，人才队伍建设需继续加强。

4.4 内部控制

4.4.1 内部控制环境和内部控制文化

在经营管理中，公司始终坚持“依法合规，稳健经营”的核心理念，强化风险管控，构建了完善的公司治理、内部控制、内部组织架构，建立了与公司经营范围、组织结构、业务规模相适应的内部控制体系。

公司具有完善的法人治理结构。按照“三会分设、三权分开、有效制约、协调发展”的要求，公司设立了由股东会、董事会、监事会和高级管理层构建的公司治理架构。股东会、董事会、监事会和高级管理层之间既相互独立，又相互制衡和相互协调，形成了权力机构、决策机构、监督机构和经营层之间的制衡机制，在公司经营和发展中行使各自的职能，发挥着各自的作用。

公司董事会下设业务发展与决策委员会，负责对公司发展战略和重大投资决策进行研究并提出建议；下设审计与风险管理委员会，根据公司面临的风险状况与风险承受能力制定公司风险管理政策，确定合理的风险管理水平，并督促高级管理层采取必要的措施识别、计量、监测和控制风险，负责公司内部和外部审计的沟通和对公司经营的监督、检查工作；下设薪酬委员会，负责审查公司绩效考核、薪酬管理的政策、实施方案及实施状况；下设信托委员会，负责督促公司依法履行受托职责，保证公司为受益人的最大利益服务。各委员会独立开展工作，运作正常；高级管理层对董事会负责，全面负责公司日常经营管理工作。

公司高度重视内控文化的培育，注重内控文化的建设与执行，建立以“合规文化”为核心的企业文化，通过多年的经营，形成了审慎稳健、勤勉尽责、理性创新、全员参与的内部控制和风险管理文化。公司以风险教育为重点推进合规管理，加强员工对风险管理、内部控制、合规经营的重要性认识，引导员工建立诚信道德观念，牢固树立合规意识和风险意识，提高职业道德水准，熟练掌握与公司经营活动密切相关的法律法规、行政规章和行业准则等，规范职业行为，形成以“全员参与、内控先行”为主旋律的内控文化，使风险防范意识贯穿到公司各个部门、各个岗位和各个工作环节。2016年，公司邀请业内专家讲解行业发展、解读监管政策；积极安排员工参加信托业协会举办的全员培训，安排公司全体员工参加公司内部培训、考试，促进全体员工对法律法规和业务合规知识的学习，掌握有效的防范风险技能，倡导合规经营，培育合规文化。

4.4.2 内部控制措施

按照信托公司内部控制管理要求，公司建立了清晰的内部控制目标、原则和完善的内部控制体系、制度，确保对风险的事前防范、事中控制、事后监督和检查纠正。

4.4.2.1 绩效考评控制

公司建立和实施绩效考核办法，科学设置考核指标，并于每年年初为各部门制定年度考核目标，年末进行考核和客观评价。

4.4.2.2 授权审批控制

公司各级管理人员按照规章制度要求，在授权范围内行使职权和承担责任。

4.4.2.3 不相容岗位职责分离控制

公司建立了中台、后台对前台的监督制约机制，通过风险控制、内部检查与审计等手段对前台业务进行有效监督制约。信托业务部门、财富管理中心等前台部门进行业务拓展和项目运营、客户开发与维护，财务部门、风险管理部门及合规管理部门提供中台服务，进行事前和事中的风险与合规控制，信息技术部门提供信息技术保障支持，内审部门进行事后监督检查。

4.4.2.4 预算控制

公司每年年初发布预算通知，要求各部门在客观分析经济形势的基础上，合理确定部门年度预算。同时，公司年度考评中将年初预算作为年度考核的重要指标，强化预算约束。

4.4.2.5 财产保全控制

公司建立财产日常管理机制和定期清查机制，采取财产记录、实物保管、定期盘点、账实核对等措施，确保财产安全。

4.4.2.6 会计系统控制

财务部门按照国家颁布的会计准则进行会计核算，严格履行会计监督职能，认真执行财务会计制度，通过规范的账务处理流程、可靠的会计凭证、完整的账簿登记、严格的信息核对保障公司各项经营管理活动能够通过会计信息得到准确反映。

4.4.2.7 运营分析控制

公司定期召开经营分析会议，各级管理层通过对外部经营环境与内部经营管理活动进行分析，发现存在的问题，分析原因，提出改进建议，为公司制定年度业务工作指引提供依据。

报告期内，公司及时补充、完善了部分内控制度，主要包括：为维护委托人、受益人的合法权益，防控经营风险，制定了《信息披露管理办法》；为规范公司房地产信托业务、地方政府融资平台业务及银信合作业务，分别制定了《房地产信托业务管理规定》《融资平台业务管理规定》《银信合作业务管理规定》；此外，还制定了《假期管理暂行规定》《劳动纪律管理暂行规定》《费用管理办法》等。报告期内，根据宏观经济形势、监管要求及公司业务发展需要，还制定了《2016 年信托业务工作指引》《2016 年监督检查工作指引》等多项工作指引。通过上述内控措施，能够保证公司战略目标的实现。

4.4.3 信息交流与反馈

4.4.3.1 内部信息传达机制

公司及时印发各类文件和规章制度，在办公内网上开辟《重要通知》《公司文件》《最新来文》《信托研究》《法律园地》《合规建设》《信托业务制度及流程》等栏目，能够及时将最新的法律法规、监管要求、行业动态以及本单位的经营和风险状况传递给员工。

4.4.3.2 信息报告机制

通过总裁办公会、半年经营形势分析会、项目管理工作交流汇报会、各部门工作情况汇报以及定期、不定期会议等形式，各部门及各岗位能将经营过程中存在的重大问题及时向高级管理层报告，管理层定期向董事会、监事会、股东会和监管部门报告。

4.4.3.3 外部沟通机制

公司注重加强与监管部门的沟通和汇报，定期报送财务报表、统计报表、年度财务报告、项目发行与管理报告等，真实、完整、准确、及时地反映公司经营管理状况，重大事项及时汇报请示，就内外部审计情况、风险状况、经营情况及时向监管部门沟通、报告。此外，公司积极承办、参加业内举行的各种研讨会，加强业内交流与合作。

公司严格按照法律法规和公司章程，根据监管机构要求，真实、准确、及时、完整地披露了 2015 年度报告及重大事项临时公告。通过公司网站、媒体等途径及时向客户公开披露公司经营状况、信托财产管理状况等信息，并根据文件约定向相关利益人提交书面文件，披露相关信息。此外，公司还通过电话、电子邮件、微信平台等途径与投资者进行交流。报告期内，公司内控制度得到有效执行，未发生因违反内控制度对公司财务状况、经营成果产生重大影响的事项。

4.4.4 监督评价与纠正

4.4.4.1 内部审计监督机制

内审部门是公司的内部稽核审计监督机构，具有独立性，由董事长直接分管。公司内部财务审计至少每年一次，内部专项审计主要包括内控制度审计、薪酬绩效管理审计、反洗钱工作审计及集合信托项目审计等均按照年度计划如期开展。内部审计能及时、全面、准确地发现公司内控存在的缺陷与隐患，及时以审计报告、专项报告等形式向公司报告。

4.4.4.2 外部审计监督机制

公司年报审计会计师事务所为华普天健会计师事务所（特殊普通合伙），由董事会选聘，该会计师事务所执业记录良好。公司 2016 年度审计报告中审计意见为标准无保留意见。

4.4.4.3 内部控制的评价机制

公司每年对内部控制的建设和执行情况进行检查评价，出具年度内部控制评价报告，评价结果能真实反映公司的内控水平。

4.4.4.4 内部控制的纠正机制

公司内外部检查、审计发现的问题能得到限期整改，公司制定有岗位问责和重大事故责任追究制度，并能有效落实。

4.5 风险管理

公司一贯坚持“依法合规、稳健经营”的理念，能够及时识别和度量业务运行中的潜在风险，建立了以董事会、审计与风险管理委员会、高级管理层和风险管理部门为主体的风险管理组织体系，形成了防范、控制和处置风险机制。

公司重视风险管理，通过制定健全的内部规章制度，建立职责分工合理的组织机构，设置专业的风险管理部门，结合公司实际情况，将现代风险管理技术与传统风险管理方法相结合，对可能产生的风险及时作出反应，积极采取有效措施进行事前、事中、事后的有效控制与管理，并根据实际需要及时对风险管理体系进行调整。

公司风险管理组织架构按照功能不同划分为决策层、执行层和监督层，通过分离决策层、执行层、监督层，各层级履行各自专门职能，起到相互独立、相互制衡的作用。决策层由董事会、高级管理层构成，同时还包括复审、终审等专业评审机制等。公司董事会下设审计与风险管理委员会对高级管理层在业务、市场、操作等方面的风险控制情况进行监督，对公司的风险状况进行定期评估，提出完善风险管理和内部控制的意见。

根据有关规定及业务发展需要，公司建立相应的权限管理体系，严格按照规定，分别设立了固有、信托相互独立的运作部门——负责固有财产的固有运营部门和负责信托财产的信托业务部门，并由不同的高管人员分管。在财务核算等环节，也做到了固有财产与信托财产的岗位隔离与信息隔离，对每个信托项目设立独立的账套进行核算，并出具独立的财务报告。针对各项业务，公司制定了系统的业务制度与完善的业务标准和操作要求。公司建立了有效的业务决策系统：对于集合项目，各信托业务部门负责项目的初审，合规管理部门、财务部门分别负责项目复审前合法、合规审查与财务审查，公司复审及终审委员会是公司常设决策机构，对项目进行评审，得出结论。

公司所有合同签署前，必须经过合规管理部门审核，集合项目及其他重大业务合同还需外聘法律顾问审核并出具法律意见书。各部门和岗位，职权分明，职能独立，相互牵制，相互制衡，重要岗位实行双人负责制并有相应的后续监督和整改、纠正措施，能够做到及时完整堵塞漏洞，切实防范各类风险。

公司前台、中台、后台设置合理，有效分离，操作互相独立。各部门负责执行本部门职能范围内的具体风险管理事务。风险管理职能部门在公司层级化、专业化、多维度的风险管理组织架构下统筹公司风险管理事务，根据公司要求对各部门业务活动和各风险环节、岗位进行合规检查和监督，并向高级管理层报告。内审部门负责对公司内部控制情况进行监督和检查，对于检查中所发现的问题，可直接向董事会或下设的风险及审计委员会报告。

4.5.1 风险状况

公司经营活动中面对的主要风险包括信用风险、市场风险、操作风险、合规风险和其他风险。

4.5.1.1 信用风险状况

4.5.1.1.1 风险状况

信用风险主要是指交易对手因履约意愿或履约能力发生变化，违约造成不履行义务的可能性，主要表现在贷款、投资回购、担保、履约承诺等交易过程中，交易对手不履行承诺，不能或不愿履行合同而使固有财产、信托财产遭受潜在损失的可能性。

信托业务方面：截至2016年12月31日，公司管理信托资产1 209.64亿元。其中，集合信托262.99亿元，单一信托946.65亿元。在项目管理中，公司认真履行受托人谨慎尽职义务，有效管理信托项目，2016年，清算信托项目273个，资金规模572.64亿元。其中，集合项目53个，清算资金109.43亿元；单一项目220个，清算资金463.21亿元。公司对借款人等交易对手制定了严格的筛选标准，公司在项目设计中设置了以财产抵押、权利抵押、企业保证、实际控制人无限连带责任保证、结构化设计等作为增信措施的防范安排，以合同条款约束交易对手。公司交易对手具有较好的信用记录，公司可能面临信用风险的债权类信托资产运作基本正常。

固有业务方面：报告期内公司固有业务无信用风险敞口。公司固有业务资产62.41亿元，以金融股权投资为主的优质资产，金融股权投资金额为36.58亿元。固有资金贷款均拥有土地房产抵押、上市公司股权抵押、企业保证等多重保障措施，对民营企业，在设置了资产抵（质）押的同时，要求附加第三方担保、实际控制人无限连带责任保证等担保措施。固有资产业务布局合理、质量优良，盈利能力、财务状况良好。

按照资产五级分类标准分类，报告期末公司固有业务信用风险资产620 128.28万元，其中信用不良资产期末数为12 483.59万元，较期初4 772.59万元增加了7 711万元，已计提各项资产减值准备8 881.28万元。期末信用不良资产包括不良贷款4 863.42万元；股权投资4 940万元；应收利息和其他应收款690.17万元；委托投资1 990万元。

报告期末公司信托资产12 096 385.67万元，其中到期未清算项目4个，金额86 490万元；年末，存续风险信托项目6个，金额169 046.20万元，其中银信合作类项目4个，金额109 046.20万元。

4.5.1.1.2 管理情况

公司信用风险管理主要通过对交易对手的尽职调查进行事前控制。以交易结构设计、风险定价、设定担保、持续评估风险等手段防范和监督交易对手信用风险变化。

交易前：公司通过制定、执行尽职调查工作指引等业务规章，强化对交易对手的尽职调查，科学评估交易对手的履约能力和履约意愿；选择有效的、与交易对手信用风险相匹配的增级措施；科学、客观、公正评估担保物，严格控制、实时监测不同担保物价值与融资本息的抵（质）押率，注重采用多种有效担保措施提高信用风险的保障系数。

审查阶段：集合项目建立了三级评审体系，对业务进行集体评审与决策，提出风险控制具体要求。单一项目，按照委托人与受托人承担的责任划分为事务管理与非事务管理两类，并在合同文本中明确约定合同当事人之间的权利义务与项目管理责任。

管理阶段：公司全面收集融资方、担保方等交易对手财务、生产经营数据、重大经营情况等资料，定期对企业或者项目进行现场检查，对于风险较大的行业与业务类型，公司加大现场检查频率，判断项目的风险状况及抵（质）押物价值变化情况；建立项目预警指标，根据业务发展中遇到的新情况、新问题，及时采取应对措施，确保项目信用风险的可控、可测、可承受。

公司加强项目到期前检查安排，形成季度项目管理与兑付工作安排例会。会后由公司风险管理部门与内审部门作为独立第三方根据项目性质与风险大小抽取部分项目到现场检查。

此外，公司严格按照监管要求及时足额计提一般准备金，按比例计提专项准备金，缴纳行业保障基金，根据贷款风险分类制度准确划分贷款类别。

4.5.1.2 市场风险状况

4.5.1.2.1 风险状况

市场风险主要是指公司开展资产管理业务过程中，投资于有公开市场价值的金融产品或者其他产品时，因股价、市场汇率、利率及其他价格因素变动，金融产品或者其他产品的价格发生波动导致资产遭受损失的可能性。

2016年，公司信托业务中，未开展诸如私募阳光化有价证券信托等证券市场投资类信托，也未开展投资货币市场的主动型资产管理类信托业务。固有业务中，开展自营股票投资业务控制在一定的额度内，原则上不开展市场风险敏感度较高的金融衍生品投资业务及外汇交易业务；固有资金主要用于投资金融股权等中高流动性、低风险的金融产品（含信托产品），具有较高的安全性。公司面临的市场风险主要包括因国家产业政策、财政政策、投资政策调整带来的市场变化和因行业发展，环境变化所带来的市场风险。具体说来，即由于国内外经济金融形势发展变化和行业、产业监管政策导向变化以及市场波动所带来的风险等。如房地产市场不景气，对公司房地产项目产生的影响；国家对地方政府债务政策调整，对公司平台项目的开展产生较大的影响；钢铁等过剩行业的持续低迷，对公司该类业务的影响等。

4.5.1.2.2　管理情况

市场风险管理是识别、计量、监测和控制市场风险的全过程，将市场风险控制在公司可承受的范围之内，实现风险可控前提下的效益最大化。公司未开展主动管理类证券投资信托业务，固有业务股票投资通过限额控制，降低证券市场波动对公司的影响。平台业务、房地产业务及产能过剩行业的市场风险管理情况如下：

（1）严密防范房地产信托项目风险。公司以极为审慎的态度开展房地产业务，要求选择负债率不高、信托期内没有大量到期负债的实力较强的企业进行合作，同时规定必须符合项目“四证”齐全、开发商或其控股股东具备二级资质、项目资本金比例符合国家的有关要求。

截至 2016 年 12 月末，公司存续集合项目中房地产项目 1 个，存续的固有贷款项目中，房地产项目 1 个。对于存续的房地产集合与固有项目，公司以最高的标准管理此类业务：项目管理阶段，要求项目经理加大检查频率，及时关注房地产行业发展动态和融资方的经营管理变化，关注所投项目的市场运行情况和项目运行情况；项目兑付前，严格按照公司规定，做好项目到期兑付前倒计时安排，及时跟踪融资方还款准备情况，加大到期前的汇报、检查力度，并将责任落实到岗位、到人，以层层负责的方式对可能发生的风险及时报告。2016 年，公司存续集合房地产项目均安全运行，未发现导致不能到期清算的风险因素。

（2）加强融资平台贷款管理。公司严格按照监管部门提出的要求，加强融资平台贷款项目风险的管理工作：一是严格按照监管要求，规范开展该类业务；二是制定业务工作指引，明确各地区平台贷款规模上限，防止区域性集中风险；三是加强对融资平台贷款项目的实时监测，定期出具融资平台贷款统计表，并报监管机构；四是严格按照受托人职责继续做好存续项目后期跟踪管理工作，并按照监管要求和合同约定进行现场检查，出具相关管理报告和检查报告；五是及时关注政府出台的相关新政策、新规定，要求交易对手按照新规定对存量贷款分门别类纳入预算管理；六是积极探讨 PPP 等与地方政府新的合作模式，促进该项业务规范、健康发展。

（3）有效规避钢铁等过剩行业信托项目风险。面对钢铁等过剩行业持续低迷的市场状况，公司多方面防范该类市场风险给受益人及公司带来的影响：一是严格按照监管规定，限制信托资金投向该类行业，公司集合信托中无投向产能过剩行业的信托项目；二是做好项目后续跟踪管理，对于个别投向该类行业的存续单一事务管理类信托，要求项目经理严格按照合同约定与公司规定做好后续管理及风险预警工作；三是积极与委托人、受益人沟通，约定信托财产原状返还等方式化解项目可能出现的兑付风险。

4.5.1.3　操作风险状况

4.5.1.3.1　风险状况

操作风险是指因公司治理、内控机制失效或因有关责任人出现失误、欺诈等问题，公司没有及时充分地做好尽职调查、持续监控、信息披露等工作，未能及时作出应有的反应，或者作出的反应明显有失专业和常理，甚至违约违规；公司没有履行勤勉尽职管理义务，或者无法出具充分有效的证据和记录，证明自己已经履行勤勉尽职管理义务。操作风险表现在信托业务和固有业务的整个管理过程中。公司实行规范化、标准化、制度化管理，管理制度健全，并根据外部环境变化和内部业务发展需要，及时修订、完善、细化了各项业务操作流程，进一步明确了岗位职责和操作规范。报告期内，公司未发现因操作风险所造成的损失。

4.5.1.3.2　管理情况

在操作风险的管理上：一是按照“规范管理、制度先行”的原则开展各类业务，要求每项业务在尽职调查、受理申请、交易结构设计、审查审批、营销签约、执行终止等各阶段全过程合法合规，按照相关流程、制度办理；二是建立了职责分离、相互监督制约的内控机制，建立和完善有效的投资决策机制，实行严格的复核审核程序；三是完善业务信息系统，通过计算机信息系统强化操作风险管理；四是通过项目风险排查，补缺补漏，及时整改项目管理过程中不合规、不完善之处；五是定期开展员工行为风险排查，强化员工合规、廉政开展业务，防范员工欺诈或利用开展业务时谋取不当的利益；六是强化问责，对因监管政策与公司制度执行不力的部门与人员进行处罚，强化员工合规操作意识。

4.5.1.4　合规风险状况

4.5.1.4.1　风险状况

合规风险是指因没有遵循法律、规则和准则可能遭受法律制裁、监管处罚、重大财务损失和声誉损失的风险。报告期内，公司的各项业务基本能做到依法合规，合规风险管理状况较好，没有因合规问题而遭受法律制裁、监管处罚和声誉损失等。

4.5.1.4.2　管理情况

公司董事会、监事会及高级管理层将合规管理工作视为提升公司内在价值和创造价值的重要手段，在以下几个方面始终坚持“依法合规、稳健经营”的理念：一是加大以“合规”为主题的培训力度，通过公司内网、内刊、微信企业号等途径宣传合规文化、强化员工合规意识，积极倡导和培育“合规创造价值”“全员合规、人人合规”；通过专题培训与学习考试促进员工掌握应知应会的专业技能。二是公司总裁亲自撰写了《合规认知及管理计划书》，并报监管部门审核确认后下发公司各部门，要求各部门结合各自工作内容和岗位职责，组织员工认真学习、深刻理解，切实提高合规管理水平。三是为构建层层负责，全员参与的合规管理责任体系，有效防范各类合规风险，公司要求全体员工逐层、逐级、逐岗签订《合规责任承诺书》，要求全体员工认真履行在《合规责任承诺书》中所作承诺，遵守公司各项规章制度，进一步落实各项合规责任。四是强化合规审查，对公司所有集合项目与单一信托文件均需合规管理部门审查，确保项目依法合规。

4.5.1.5　其他风险状况

4.5.1.5.1　风险状况

其他风险包括政策风险、道德风险和声誉风险等。

（1）政策风险是指国家宏观经济政策的调整可能对公司业务经营或成果造成一定影响。报告期内，公司的各项业务严格按照国家相关政策，依法合规操作，未出现违反国家相关政策及违规事件。

（2）道德风险是指公司内部人员蓄意违规、违法给公司带来损失的可能性，报告期内未发生此类风险。

（3）声誉风险是指因公司操作失误、违反有关规定、资产质量下降，不能兑付、不能向服务对象提供高质量金融服务或管理不善等原因，对公司外部市场地位和声誉产生的消极与不良影响。报告期内未发生重大声誉风险。

4.5.1.5.2　管理情况

公司及时跟踪和研究国家宏观政策和行业政策的调整与变化，加强与政府机构和政策制定部门的沟通，坚持依法合规、稳健经营，保持经营策略与国家政策一致，保证各项业务合法合规。

公司通过完善内控机制，严格岗位管理职责与纪律，加强道德文化教育，提高全员廉洁自律和勤勉尽责的意识，鼓励遵纪守法，培养职业操守，防范道德风险。

公司在强调合规经营和健康发展的基础上，通过充分及时地信息披露等方式实现与投资者的互动沟通，加强舆情监测，以设立公益信托、捐资助学等方式履行社会责任来提升公司的社会形象。

4.5.2　净资本管理

2016 年末，公司净资本风险控制指标：净资本 533 997.68 万元，各项业务风险资本 201 719.14 万元，净资本与各项业务风险资本之比为 264.72%，净资本与净资产之比为 89.05%，各项指标均符合监管标准。

5. 报告期末及上一年度末的比较式会计报表

5.1　自营资产

5.1.1　会计师事务所审计意见全文

审 计 报 告

会审字[2017]2052 号

安徽国元信托有限责任公司全体股东：

我们审计了后附的安徽国元信托有限责任公司（以下简称“国元信托公司”）财务报表，包括2016 年12 月31 日的资产负债表，2016 年度的利润表、现金流量表和所有者权益变动表以及财务报表附注。

一、管理层对财务报表的责任

编制和公允列报财务报表是国元信托管理层的责任，这种责任包括：（1）按照企业会计准则的规定编制财务报表，并使其实现公允反映；（2）设计、执行和维护必要的内部控制，以使财务报表不存在由于舞弊或错误导致的重大错报。

二、注册会计师的责任

我们的责任是在执行审计工作的基础上对财务报表发表审计意见。我们按照中国注册会计师审计准则的规定执行了审计工作。中国注册会计师审计准则要求我们遵守中国注册会计师职业道德守则，计划和执行审计工作以对财务报表是否不存在重大错报获取合理保证。

审计工作涉及实施审计程序，以获取有关财务报表金额和披露的审计证据。选择的审计程序取决于注册会计师的判断，包括对由于舞弊或错误导致的财务报表重大错报风险的评估。在进行风险评估时，注册会计师考虑与财务报表编制和公允列报相关的内部控制，以设计恰当的审计程序，但目的并非对内部控制的有效性发表意见。审计工作还包括评价管理层选用会计政策的恰当性和作出会计估计的合理性，以及评价财务报表的总体列报。

我们相信，我们获取的审计证据是充分、适当的，为发表审计意见提供了基础。

三、审计意见

我们认为，国元信托财务报表在所有重大方面按照企业会计准则的规定编制，公允反映了国元信托 2016 年 12 月 31 日的财务状况以及 2016 年度的经营成果和现金流量。

华普天健会计师事务所
中国注册会计师　王　静
（特殊普通合伙）
中国・北京　中国注册会计师　陈　莲
2017 年 4 月 21 日

5.1.2　资产负债表

资产负债表

编制单位：安徽国元信托有限责任公司　　2016 年 12 月 31 日　　单位：万元

项　目	年末余额	年初余额	项　目	年末余额	年初余额
流动资产：			流动负债：		
货币资金	8.31	9.78	短期借款	—	—
存放同业款项	17 848.81	10 464.80	拆入资金	—	—
贵金属	—	—	交易性金融负债	—	—
拆出资金	—	—	衍生金融负债	—	—
以公允价值计量且其变动计入当期损益的金融资产	4 971.69	42 348.76	卖出回购金融资产款	—	—
衍生金融资产	—	—	应付账款	—	—
买入返售金融资产	17 499.47	—	预收账款	—	—
应收账款	—	—	应付职工薪酬	9 307.35	6 800.87
预付账款	—	—	应交税费	10 555.89	10 907.25
应收利息	2 030.60	1 636.31	应付利息		—
应收股利	123.83	1 132.53	应付利润	720.00	720.00

续表

项目	年末余额	年初余额	项目	年末余额	年初余额
其他应收款	13.79	509.36	其他应付款	2 650.59	3 504.57
存货	—	—	一年内到期的非流动负债	—	—
一年内到期的非流动资产	—	—	其他流动负债	26.95	26.95
其他流动资产	94.46	103.91	流动负债合计	23 260.78	21 959.64
流动资产合计	42 590.96	56 205.46	非流动负债:		
非流动资产:			长期借款	—	—
发放贷款和垫款	75 800.00	63 850.00	应付债券	—	—
可供出售金融资产	111 192.08	96 662.75	长期应付款	—	—
持有至到期投资	39 000.00	39 000.00	预计负债	—	—
长期应收款	—	—	递延所得税负债	1 188.31	917.13
长期股权投资	324 679.79	312 479.06	其他非流动负债	—	—
投资性房地产	—	—	非流动负债合计	1 188.31	917.13
固定资产	3 414.61	3 834.64	负债合计	24 449.09	22 876.77
在建工程	—	—	所有者权益:		
无形资产	223.08	238.83	实收资本	300 000.00	200 000.00
递延所得税资产	3 562.16	2 328.52	资本公积	—	—
其他非流动资产	23 676.01	5 968.18	减:库存股	—	—
非流动资产合计	581 547.73	524 361.98	其他综合收益	133 253.67	129 632.02
			盈余公积	43 123.24	37 285.51
			一般风险准备	47 849.56	44 930.70
			未分配利润	75 463.12	145 842.43
			所有者权益合计	599 689.59	557 690.66
资产总计	624 138.69	580 576.44	负债和股东权益总计	624 138.69	580 567.44

单位负责人:张彦　　财务负责人:朱先平　　会计机构负责人:陈红原

5.1.3 利润表

利润表

编制单位:安徽国元信托有限责任公司　　2016 年度　　单位:万元

项目	本年金额	上年金额
一、营业收入	87 609.95	121 378.70
利息净收入	7 741.71	8 659.23
利息收入	7 745.34	9 014.48
利息支出	3.63	355.25
手续费及佣金净收入	37 504.57	45 324.10
手续费及佣金收入	37 559.30	45 498.51
手续费及佣金支出	54.73	174.41
投资收益(损失以"-"填列)	41 220.21	68 118.65
其中:对联营企业和合营企业的投资收益	21 284.95	42 925.62
公允价值变动收益(损失以"-"填列)	881.10	-994.12
租赁收益	—	—
汇兑收益(损失以"-"填列)	2.82	2.40
其他业务收入	259.53	268.44
二、营业支出	19 617.61	17 554.56
营业税金及附加	1 829.59	4 247.61
业务及管理费	13 570.12	11 290.58
资产减值损失	4 217.90	2 016.37
其他业务成本	—	—
三、营业利润(亏损以"-"号填列)	67 992.34	103 824.14
加:营业外收入	53.86	38.54
减:营业外支出	221.22	153.84
四、利润总额(亏损以"-"号填列)	67 824.98	103 708.84
减:所得税费用	9 447.70	16 673.73
五、净利润(净亏损以"-"号填列)	58 377.28	87 035.11
六、其他综合收益	3 621.65	-2 734.72
七、综合收益	61 998.93	84 300.39

单位负责人:张彦　　财务负责人:朱先平　　会计机构负责人:陈红原

5.1.4 所有者权益变动表

所有者权益变动表

2016 年度

编制单位:安徽国元信托有限责任公司　　单位:万元

项目	本期						上期					
	实收资本	其他综合收益	盈余公积	一般风险准备	未分配利润	所有者权益合计	实收资本	其他综合收益	盈余公积	一般风险准备	未分配利润	所有者权益合计
一、上年期末余额	200 000. 00	129 632. 02	37 285. 51	44 930. 70	145 842. 43	557 690. 66	200 000. 00	132 366. 74	28 582. 00	44 930. 70	77 510. 83	483 390. 27
加:会计政策变更												
前期差错更正												
其他												
二、本年期初余额	200 000. 00	129 632. 02	37 285. 51	44 930. 70	145 842. 43	557 690. 66	200 000. 00	132 366. 74	28 582. 00	44 930. 70	77 510. 83	483 390. 27
三、本年增减变动金额(减少以"-"号填列)	100 000. 00	3 621. 65	5 837. 73	2 918. 86	-70 379. 31	41 998. 93		-2 734. 72	8 703. 51		68 331. 60	74 300. 39
(一)综合收益总额		3 621. 65			58 377. 28	61 998. 93		-2 734. 72			87 035. 11	84 300. 39
(二)所有者投入和减少资本												
1. 股东投入的普通股												
2. 其他权益工具持有者投入资本												
3. 股份支付计入所有者权益的金额												
4. 其他												
(三)利润分配			5 837. 73	2 918. 86	-28 756. 59	-20 000. 00			8 703. 51		-18 703. 51	-10 000. 00
1. 提取盈余公积			5 837. 73		-5 837. 73				8 703. 51		-8 703. 51	
2. 对所有者(或股东)的分配					-20 000. 00	-20 000. 00					-10 000. 00	-10 000. 00
3. 其他				2 918. 86	-2 918. 86							
(四)所有者权益内部结转	100 000. 00				-100 000. 00							
1. 资本公积转增资本(或股本)												
2. 盈余公积转增资本(或股本)												
3. 盈余公积弥补亏损												
4. 其他	100 000. 00				-100 000. 00							
(五)专项储备												
1. 本期提取							—					
2. 本期使用							—					
(六)其他												
四、本期期末余额	300 000. 00	133 253. 67	43 123. 24	47 849. 56	75 463. 12	599 689. 59	200 000. 00	129 632. 02	37 285. 51	44 930. 70	145 842. 43	557 690. 66

单位负责人:张彦　　财务负责人:朱先平　　会计机构负责人:陈红原

5.2 信托资产

5.2.1 信托项目资产负债汇总表

编制单位:安徽国元信托有限责任公司　　2016 年 12 月 31 日　　单位:万元

信托资产	期末余额	年初余额	信托负债和信托权益	期末余额	年初余额
信托资产:			信托负债:		
货币资金	167 027.82	41 684.28	交易性金融负债	—	—
拆出资金	—	—	衍生金融负债	—	—
存出保证金	0.87	—	应付受托人报酬	—	—
交易性金融资产	264 340.08	281 526.52	应付托管费	—	—
衍生金融资产	—	—	应付受益人收益	—	—
买入返售金融资产	—	—	应交税费	—	—
其中:买入返售证券	—	—	应付销售服务费	—	—
买入返售信贷资产	—	—	其他应付款项	239 092.97	25 549.16
应收款项	232 507.81	21 470.94	其他负债		
发放贷款	6 223 751.88	5 093 298.15	信托负债合计	239 092.97	25 549.16
其中:基础产业	3 431 066.81	2 382 435.00	信托权益:		
房地产	226 618.00	182 460.00	实收信托	11 773 311.59	11 447 384.24
其他产业	2 566 067.07	2 528 403.15	其中:资金信托	9 222 623.34	10 007 158.42
可供出售金融资产	—	—	集合	2 565 565.04	1 473 560.00
持有至到期投资	3 421 152.87	3 437 063.58	单一	6 657 058.30	8 533 598.42
长期应收款	—	—	财产信托	2 550 688.25	1 440 225.82
长期股权投资	1 520 340.94	2 162 737.23	资本公积	—	—
其中:基础产业	677 000.00	421 400.00	未分配利润	83 981.11	76 863.29
房地产	—	—	信托权益合计	11 857 292.70	11 524 247.53
其他产业	843 340.94	1 741 337.23			
投资性房地产					
固定资产					
无形资产					
长期待摊费用					
其他资产	267 263.39	512 016.00			
其中:融资租赁资产					
信托资产总计	12 096 385.67	11 549 796.69	信托负债及信托权益总计	12 096 385.67	11 549 796.69

单位负责人:张彦　　财务负责人:朱先平　　会计机构负责人:陈红原

5.2.2 信托项目利润及利润分配汇总表

编制单位:安徽国元信托有限责任公司　　2016 年度　　单位:万元

项　目	本年金额	上年金额
1. 营业收入	796 802.70	1 154 906.54
1.1 利息收入	376 624.49	420 131.30
1.2 投资收益	429 340.29	735 899.83
1.2.1 其中:对联营企业和合营企业投资收益	—	—
1.3 公允价值变动收益	−9 162.09	−1 644.62
1.4 租赁收入	—	—
1.5 汇兑收益	—	—
1.6 其他收入	82.21	520.03
2. 支出	79 116.06	111 211.74
2.1 营业税金及附加	2 940.23	1 332.18
2.2 受托人报酬	37 341.23	44 760.96

续表

项　目	本年金额	上年金额
2.3 保管费	9 449.94	18 657.79
2.4 投资管理费	90.78	458.83
2.5 销售服务费	1 289.05	4 561.42
2.6 交易费用	43.33	8.62
2.7 资产减值损失	—	—
2.8 其他费用	27 961.49	41 431.94
3. 信托净利润	717 686.64	1 043 694.80
4. 其他综合收益		
5. 综合收益	717 686.64	1 043 694.80
6. 加:期初未分配信托利润	76 863.29	72 305.53
7. 可供分配的信托利润	794 549.93	1 116 000.33
8. 减:本期已分配信托利润	710 568.82	1 039 137.04
9. 期末未分配信托利润	83 981.11	76 863.29

单位负责人:张彦　　财务负责人:朱先平　　会计机构负责人:陈红原

6. 会计报表附注

6.1 会计报表编制基准不符合会计核算基本前提的说明

报告期内公司无上述事项。

6.2 或有事项说明

报告期内公司无上述事项。

6.3 重要资产转让及其出售的说明

报告期内公司出售桐城农村商业银行金融股权 7 490 万元,取得投资收益 11 065.41 万元。

6.4 会计报表中重要项目的明细资料

6.4.1 自营资产经营情况

6.4.1.1 按信用风险五级分类结果披露信用风险资产的期初数、期末数

信用风险资产五级分类	正常类(万元)	关注类(万元)	次级类(万元)	可疑类(万元)	损失类(万元)	信用风险资产合计(万元)	不良资产合计(万元)	不良资产率(%)
期初数	565 660.03	4 948.18	8.16	583.29	4 181.14	575 380.80	4 772.59	0.82
期末数	607 644.19	0.50	4 940.74	8.18	7 534.67	620 128.28	12 483.59	2.00

注:不良资产合计 = 次级类 + 可疑类 + 损失类。

6.4.1.2 各项资产减值损失准备的期初数、本期计提、本期转回、本期核销、期末数

单位:万元

	期初数	本期计提	本期转回	其他变化	期末数
贷款损失准备	0.00	4 863.42			4 863.42
一般准备					
专项准备					
其他资产减值准备	4 663.11	1 523.40	4.03	-2 164.61	4 017.86
可供出售金融资产减值准备	2 090.00	1 135.00			3 225.00
持有至到期投资减值准备	—				
长期股权投资减值准备	—				
坏账准备	408.50	388.40	4.03		792.86
固定资产减值准备	—				
其他减值准备	2 164.88			-2 164.88	0

6.4.1.3 按照投资品种分类,固有股票投资、基金投资、债券投资、股权投资等投资业务的期初数、期末数

单位:万元

	自营股票	基金	债券	长期股权投资	其他投资	合计
期初数	11 586.12	42 975.33		312 479.06	123 450.06	490 490.57
期末数	13 582.29	7 554.39		324 679.79	151 526.56	497 343.03

6.4.1.4 按投资入股金额排序,前五名的自营长期股权投资的企业名称、占被投资企业权益的比例、主要经营活动及投资收益情况等

企业名称	占被投资企业权益的比例(%)	主要经营活动	投资损益(万元)
1. 国元证券股份有限公司	15.47	证券经纪、证券买卖	21 738.65
2. 金信基金管理有限公司	31.00	基金募集、基金销售、特定客户资产管理	-453.70
3. 安徽国滨物业管理有限公司	30.00	物业管理	0

6.4.1.5 前五名的自营贷款的企业名称、占贷款总额的比例和还款情况等

企业名称	占贷款总额的比例(%)	还款情况
1. 安徽省安福置业有限公司	24.55	正常
2. 蓝德集团股份有限公司	12.40	正常
3. 阜阳东兴建设投资有限责任公司	12.40	正常
4. 宁国市青龙湾综合开发有限责任公司	12.40	正常
5. 郎溪道其建设工程有限公司	12.40	正常

6.4.1.6 表外业务的期初数、期末数;按照代理业务、担保业务和其他类型表外业务分别披露表外业务的期初数、期末数情况

单位:万元

表外业务	期初数	期末数
担保业务	—	—
代理业务(委托业务)	—	—
其他	—	—
合计	—	—

6.4.1.7 公司当年的收入结构

收入结构	金额(万元)	占比(%)
手续费及佣金收入	37 559.30	42.82
其中:信托手续费收入	37 279.16	42.50
投资银行业务收入	280.14	0.32
利息收入	7 745.34	8.83
其他业务收入	262.35	0.30
其中:计入信托业务收入部分	—	—
投资收益	41 220.21	46.99
其中:股权投资收益	33 510.43	38.20
证券投资收益	1 557.09	1.78
其他投资收益	6 152.69	7.01
公允价值变动收益	881.10	1.00
营业外收入	53.86	0.06
收入合计	87 722.16	100.00

注:1. 手续费及佣金收入、利息收入、其他业务收入、投资收益、营业外收入均应为损益表中的一级科目,其中手续费及佣金收入、利息收入、营业外收入为未抵减掉相应支出的全年累计实现收入数。
2. 其他业务收入中包含汇兑收益、租赁收入等。

6.4.2 信托财产管理情况

6.4.2.1 信托资产的期初数、期末数

单位:万元

信托资产	期初数	期末数
集合	1 534 045.46	2 629 947.69
单一	8 561 434.40	6 886 243.58
财产权	1 454 316.83	2 580 194.39
合计	11 549 796.69	12 096 385.67

6.4.2.1.1 主动管理型信托业务的信托资产期初数、期末数

单位:万元

主动管理型信托资产	期初数	期末数
证券投资类	281 741.91	272 718.67
股权投资类	194 265.29	237 860.18
融资类	883 709.21	727 991.90
事物管理类	0.41	370 281.73
合计	2 035 297.39	2 118 895.93

6.4.2.1.2 被动管理型信托业务的信托资产期初数、期末数

单位:万元

被动管理型信托资产	期初数	期末数
证券投资类	—	—
股权投资类	1 974 838.60	1 286 764.84
融资类	5 367 473.63	5 337 590.67
事物管理类	2 172 187.07	2 188 021.81
合计	9 514 499.30	9 977 489.74

6.4.2.2 本年度已清算结束信托项目

6.4.2.2.1 本年度已清算结束信托项目

已清算结束信托项目	项目个数(个)	实收信托合计金额(万元)	加权平均实际年化收益率(%)
集合类	53	1 094 331.00	7.71
单一类	213	4 515 964.92	7.17
财产管理类	7	116 062.13	2.30

注:加权平均实际年化收益率=(信托项目1的实际年化收益率×信托项目1的实收信托+……+信托项目n的实际年化收益率×信托项目n的实收信托)/(信托项目1的实收信托+……+信托项目n的实收信托)×100%。

6.4.2.2.2 本年度已清算结束的主动管理型信托项目

已清算结束信托项目	项目个数(个)	实收信托合计金额(万元)	加权平均实际年化信托报酬率(%)	加权平均实际年化收益率(%)
证券投资类	—	—	—	—
投资类	40	712 544.00	1.48	8.59
融资类	46	970 061.00	0.78	6.82
事务管理类	—	—	—	—

注:加权平均实际年化收益率=(信托项目1的实际年化收益率×信托项目1的实收信托+…+信托项目n的实际年化收益率×信托项目n的实收信托)/(信托项目1的实收信托+…+信托项目n的实收信托)×100%。

6.4.2.2.3 本年度已清算结束的被动管理型信托项目

已清算结束信托项目	项目个数(个)	实收信托合计金额(万元)	加权平均实际年化信托报酬率(%)	加权平均实际年化收益率(%)
证券投资类	—	—	—	—
投资类	22	797 893.30	0.18	7.26
融资类	153	3 122 173.00	0.14	7.12
事务管理类	12	123 686.75	0.08	2.53

6.4.2.3 本年度新增的信托项目

新增信托项目	项目个数(个)	实收信托合计金额(万元)
集合类	57	3 031 489.04
单一类	97	3 009 414.05
财产管理类	46	2 688 933.24
新增合计	200	8 729 836.33
其中:主动管理型	35	1 386 553.04
被动管理型	165	7 343 283.29

注:本年新增信托项目指在本报告年度内累计新增的信托项目个数和金额。包含本年度新增并于本年度内结束的项目和本年度新增至报告期末仍在持续管理的信托项目,包含本年度开放式产品金额。

6.4.2.4 信托业务创新成果和特色业务有关情况

2016年,公司认真执行国家经济金融政策,围绕供给侧结构性改革,有效支持"三去一降一补",坚守本省、拓展省外,优化传统业务发展,加快推进转型创新,积极运用信托功能,支持实体经济、助力中小企业,提升金融服务水平,助力地方建设发展,实现了信托主业的平稳发展。

(1)作为当前国内金融机构积极发展的领域,公司将资产证券化作为转型创新的业务方向之一,通过建立专业化团队,不断提升在产品设计及受托管理等全方位的服务能力和水平。自开展此项业务以来,公司已累计发行资产证券化项目13个,资金规模308.30亿元。截至2016年末,公司存续资产证券化项目规模172.78亿元。业务开展中,公司一方面,继续深化与商业银行的合作,以个人消费贷款、对公企业贷款、住房抵押贷款、中小企业信贷资产等为入池资产,开展资产证券化业务;另一方面,积极开展与汽车金融公司等其他金融机构的合作,以个人汽车抵押贷款为入池资产发行资产支持证券项目,不断丰富合作机构和合作方式,提升合作水平。2016年,公司新增各类资产证券化信托项目8个,资金规模183.12亿元,较上年同期增长46.29%。同时,积极开展通过银行业信贷资产登记流转中心登记和流转的项目。

(2)设立了公司首单类PPP项目——宁波冀和投资管理合伙企业(有限合伙)投资集合资金信托计划,募集信托资金2.5亿元,作为有限合伙人投资有限合伙企业,该合伙企业资金全部运用于政府基础设施建设。

(3)开展产业投资基金类信托项目,开发规模已超过160亿元,将分期投放,以信托资金的基金化运作实现对基础设施、国有企业和民营经济的支持。

(4)作为安徽省内第一只公益信托产品,公司发行的"国元爱心慈善公益信托"在2016年的募集规模得到了较快增长。截至12月末,已募集资金137.04万元,有效地撬动和整合公益资源,凝聚社会力量,支持安徽省教育事业发展、扶贫助困和抗灾救助等。

6.4.2.5 本公司履行受托人义务情况

公司作为受托人,严格按照《信托法》《信托公司管理办法》《信托公司集合资金信托计划管理办法》及信托文件对受托人义务的规定,在管理信托财产时,恪尽职守,履行诚实、信用、谨慎、有效管理的义务,为受益人的最大利益处理信托事务。

公司将信托财产与其固有财产分别管理、分别记账,并将不同委托人的信托财产设立信托专户,单独记账,单独核算。

按照信托文件的约定,及时履行定期信托计划的信息披露

及报告事项。每个信托计划设立后5个工作日内，在公司网站发布成立公告。并按照信托合同的约定，定期发布信托项目管理报告。信托合同终止时，根据信托合同的约定，向受益人支付信托财产及收益。同时，在信托终止后10个工作日内作出处理信托事务的清算报告。

妥善保管处理信托事务的完整记录、原始凭证及有关资料，保存期自本信托终止之日起15年。同时对委托人、受益人以及处理信托事务的情况和资料依法保密。

报告期内，公司管理的信托项目运作正常，全年到期清算信托项目273个，资金规模572.64亿元，未出现因本公司自身责任而导致信托资产损失情况，信托业务稳健发展。

6.5 关联方关系及其交易的披露

6.5.1 关联交易方的数量、关联交易的总金额及关联交易的定价政策等

	关联交易方数量	关联交易金额（万元）	定价政策
合　计	1	2.15	市场公允价

6.5.2 关联交易方与本公司的关系性质，关联交易方的名称、法定代表人，注册地址、注册资本及主营业务等

关系性质	关联方名称	法定代表人	注册地址	注册资本（万元）	主营业务
同受母公司控制	安徽国元投资有限责任公司	邵文革	安徽省合肥市宿州路20号	100 000.00	项目投资、管理及咨询等

6.5.3 本公司与关联方的重大交易事项

6.5.3.1 固有与关联方交易情况：贷款、投资、租赁、应收账款、担保、其他方式等期初汇总数、本期发生额汇总数、期末汇总数

单位：万元

固有与关联方关联交易				
	期初数	借方发生额	贷方发生额	期末数
贷款	—	—	—	—
投资	—	—	—	—
租赁	—	—	—	—
担保	—	—	—	—
应收账款	—	—	—	—
其他	2.15	—	2.15	0
合计	2.15	—	2.15	0

6.5.3.2 信托与关联方交易情况：贷款、投资、租赁、应收账款、担保、其他方式等期初汇总数、本期发生额汇总数、期末汇总数

单位：万元

信托与关联方关联交易				
	期初数	借方发生额	贷方发生额	期末数
贷款	—	—	—	—
投资	—	—	—	—
租赁	—	—	—	—
担保	—	—	—	—
应收账款	—	—	—	—
其他	—	—	—	—
合计	—	—	—	—

6.5.3.3 信托公司自有资金运用于自己管理的信托项目（固信交易）、信托公司管理的信托项目之间的相互（信信交易）交易金额，包括余额和本报告年度的发生额

6.5.3.3.1 固有与信托财产之间的交易金额期初汇总数、本期发生额汇总数、期末汇总数

单位：万元

固有财产与信托财产相互交易			
	期初数	本期发生额	期末数
合　计	15 364.88	5 858.12	21 223.00

6.5.3.3.2 信托项目之间的交易金额期初汇总数、本期发生额汇总数、期末汇总数

单位：万元

信托资产与信托财产相互交易			
	期初数	本期发生额	期末数
合计	451.00	0	451.00

6.5.4 关联方逾期未偿还本公司资金的详细情况以及本公司为关联方担保发生或即将发生垫款的详细情况

报告期内公司无上述事项。

6.6 会计制度的披露

公司固有业务自2008年1月1日起执行财政部2006年颁布的企业会计准则。

公司信托业务自2010年1月1日起执行财政部2006年颁布的企业会计准则。

7. 财务情况说明书

7.1 利润实现和分配情况

2016年公司实现净利润58 377.28万元，加上年初未分配利润145 842.43万元，可供分配利润204 219.71万元。根据法律法规要求和公司股东会决议，提取盈余公积5 837.73万元，提取一般风险准备2 918.86万元，转增注册资本100 000万元，支付普通股股利20 000万元，年末未分配利润75 463.12万元。

7.2 主要财务指标

指标名称	指标值
资本利润率（%）	9.90
加权年化信托报酬率（%）	0.35
人均净利润（万元）	371.83

注：1. 资本利润率＝净利润/所有者权益平均余额×100%。

2. 加权年化信托报酬率＝（信托项目1的实际年化信托报酬率×信托项目1的实收信托＋信托项目2的实际年化信托报酬率×信托项目2的实收信托＋…信托项目n的实际年化信托报酬率×信托项目n的实收信托）/（信托项目1的实收信托＋信托项目2的实收信托＋…信托项目n的实收信托）×100%。

3. 人均净利润＝净利润/年平均人数。

4. 平均值采取年初、年末余额简单平均法。

5. 公式为：a（平均）＝（年初数＋年末数）/2。

7.3 对本公司财务状况、经营成果有重大影响的其他事项

2016年10月，经公司股东会决议和修改后公司章程规定，并经中国银行业监督管理委员会安徽监管局《关于安徽国元信托有限责任公司增加注册资本和修改公司章程的批复》(银监复[2016]125号)同意，公司以未分配利润10亿元转增注册资本。

财政部于2016年3月12日发布了《关于全面推开营业税改征增值税试点的通知》(财税[2016]36号)，本公司自2016年5月1日起发生的相关交易由原营业税改征增值税。

8. 特别事项揭示

8.1 前五名股东报告期内变动情况及原因

报告期内，公司股东安徽巢东水泥股份有限公司因资产重组，变更名称为安徽新力金融股份有限公司，同时变更经营范围：互联网信息服务；金融信息咨询服务；经济信息咨询服务；计算机网络技术开发及服务；投资管理及咨询；广告业务；房屋租赁；物业管理。

8.2 董事、监事及高级管理人员变动情况及原因

2016年4月14日，公司2015年度股东会批准肖喜学先生、朱毅坚先生辞去公司董事职务，批准刘祖前先生辞去公司独立董事职务；选举陈德有先生、于上游先生担任公司董事，选举王昊先生担任公司独立董事。任职资格已经监管机关审查核准。

2016年10月31日，公司监事会2016年第一次临时会议批准陈康先生辞去公司职工监事职务。

2016年11月1日，公司职工大会选举宋菊芳女士为公司职工监事。

2016年3月3日，公司董事会2016年第一次临时会议聘任程碧波女士、陈康先生担任公司副总裁，任职资格已经监管机关审查核准。

8.3 变更注册资本、变更注册地或公司名称、公司分立合并事项

报告期内，经公司2015年度股东会审议批准，公司注册资本由20亿元变更为30亿元。此项变更经安徽银监局审查核准，并于2016年10月19日完成了工商注册变更登记。

报告期内，公司注册地和公司名称未发生变更，未发生分立合并事项。

8.4 公司的重大诉讼事项

报告期内，无重大诉讼事项。

8.5 公司及其董事、监事和高级管理人员受到处罚的情况

报告期内，公司及其董事、监事和高级管理人员未发生受到处罚的情况。

8.6 银监会及其派出机构对公司检查的整改情况

报告期内，安徽银监局对公司进行了两次现场检查。

根据“两个加强、两个遏制”回头看工作要求，安徽银监局检查组于2016年10月9日至28日对公司进行了现场检查。2017年1月3日，公司收到《检查意见书》(〔2016〕39号)，《检查意见书》指出了公司“两个加强、两个遏制”前期检查发现的问题整改及问责不到位、公司治理不完善、内部控制有效性不足、案防工作不到位及业务合规性存在薄弱环节等问题，并提出相应的整改意见。

为落实39号《检查意见书》提出的检查意见以及相关工作要求，公司高度重视，立即部署整改落实工作，逐项逐条研究制定具体整改措施，并对相关问题及监管意见进行了分解，明确了牵头领导、责任/牵头部门与整改完成时间。2017年1月17日公司印发了《关于落实安徽银监局2016年检查意见的通知》，并据此制定了《国元信托贯彻落实安徽银监局[2016]39号文件整改任务分解表》要求各有关部门对照《任务分解表》，结合《检查意见书》相关内容，认真整改检查中发现的有关问题，落实各项监管意见。

对于39号《检查意见书》中提及的关于公司治理、内部控制、案件防控等方面的问题，公司决定启动全面梳理公司章程及公司内控制度工作，进一步厘清治理主体的职责边界，确保公司治理与制度设计合法合规；对于极个别历史遗留问题，因为时间久远，情况复杂，暂时难以整改，公司也已向监管部门及有关上级部门做书面汇报；对于业务开展中的合规问题，公司将在合同条款中予以明确，并进一步优化业务操作流程；对于项目尽调、后续管理中存在的问题，公司强化操作管理，要求确保制度执行到位。同时，为进一步规范员工履职行为，强化履职责任，根据公司《岗位问责办法》以及监管要求，公司决定启动问责程序，对直接责任人和所属部门主要负责人问责。

2017年3月6日，根据公司整改落实情况，向安徽银监局报送《关于落实安徽银监局检查意见的整改和问责情况的报告》。

2016年11月14日至21日，安徽银监局检查组对公司截至2016年9月末房地产项目进行了现场检查。2017年1月3日，公司收到《检查意见书》(〔2016〕40号)，《检查意见书》指出了公司房地产业务中对资金用途及担保人担保能力审查不严等方面存在的一些问题，并提出整改意见。

为落实40号《检查意见书》提出的检查意见以及相关工作要求，公司高度重视，立即部署整改落实工作，逐项逐条研究制定具体整改措施，并对相关问题及监管意见进行了分解，明确了牵头领导、责任/牵头部门与整改完成时间。2017年1月17日公司印发了《关于落实安徽银监局2016年检查意见的通知》，并据此制定了《国元信托贯彻落实安徽银监局[2016]40号文件整改任务分解表》要求各有关部门对照《任务分解表》，结合《检查意见书》相关内容，认真整改检查中发现的有关问题，落实各项监管意见。

对于40号《检查意见书》中提及的问题，一方面，公司已启动梳理完善相关制度工作，通过及时补充和修订相关制度，落实监管意见；另一方面，公司强化项目后续管理，相关部门持续

关注借款人、担保人的经营和财务状况，保障项目安全运行，并在后续业务开展中更为审慎地对房地产项目进行审查。为进一步规范员工履职行为，强化履职责任，根据公司《岗位问责办法》以及监管要求，公司决定启动问责程序，对直接责任人和所属部门主要负责人问责。

8.7 本年度重大事项临时报告的简要内容、披露时间、所披露的媒体及其版面

2016 年 8 月 13 日，公司在《证券时报》B4 版刊登了公司下列重大事项临时报告内容：

（1）因工作及个人原因，肖喜学先生、朱毅坚先生书面提出辞去公司董事职务，刘祖前先生书面提出辞去公司独立董事职务，以上三位董事的辞职申请已经公司 2015 年度股东会批准。

（2）经公司 2015 年度股东会选举，任职资格报安徽银监局审核批准，陈德有先生、于上游先生担任公司董事，王昊先生担任公司独立董事。

2016 年 10 月 21 日，公司在《证券时报》B122 版刊登了公司下列重大事项临时报告内容：

（1）经公司 2015 年度股东会审议同意，公司注册资本由 20 亿元增至 30 亿元，增资方式为将向股东分配的 10 亿元利润按股东出资比例转增注册资本。增资完成后股东出资额及出资比例如下：安徽国元控股（集团）有限责任公司出资 149 062.5万元，出资比例为 49.6875%；深圳中海投资管理有限公司出资 121 125 万元，出资比例为 40.375%；安徽皖投资产管理有限公司出资 27 000 万元，出资比例为 9%；安徽皖维高新材料股份有限公司出资 1 875 万元，出资比例为 0.625%；安徽巢东水泥股份有限公司出资 562.5 万元，出资比例为 0.1875%；安徽国生电器有限责任公司出资 187.5 万元，出资比例为 0.0625%；安徽省信用担保集团有限公司出资 187.5 万元，出资比例为 0.0625%。

（2）公司股东安徽巢东水泥股份有限公司变更名称为安徽新力金融股份有限公司。

（3）鉴于公司注册资本发生变化以及公司股东单位名称或住所发生变更，股东会同时对公司章程进行了修改。

此变更公司注册资本事项和修改公司章程事项已经中国银监会安徽监管局审核批准，并于 2016 年 10 月 19 日完成了工商注册变更登记。

8.8 银监会及其省级派出机构认定的其他有必要让客户及相关利益人了解的重要信息

报告期内，公司已按有关规定充分披露相关信息，无银监会及其省级派出机构认定的其他有必要让客户及相关利益人了解的重要信息。

安信信托股份有限公司

1. 重要提示及目录

1.1　公司董事会、监事会及董事、监事、高级管理人员保证年度报告内容的真实、准确、完整,不存在虚假记载、误导性陈述或重大遗漏,并承担个别和连带的法律责任。

1.2　公司全体董事出席董事会会议。

1.3　立信会计师事务所(特殊普通合伙)为本公司出具了标准无保留意见的审计报告。

1.4　公司负责人王少钦、主管会计工作负责人赵宝英及会计机构负责人(会计主管人员)赵宝英声明:保证年度报告中财务报告的真实、准确、完整。

1.5　公司 2016 年度归属于母公司净利润 303 394.74 万元,母公司累计可供分配利润为 403 480.00 万元。本年度拟以 2016 年末总股本 2 071 643 151 股为基数,向全体股东每 10 股派发现金红利 6 元(含税),共派发现金红利 1 242 985 890.60 元;拟以 2016 年末总股本 2 071 643 151 股为基数,资本公积金每 10 股转增 12 股,共计 2 485 971 781 股。

该议案已经 2016 年度股东大会审议通过,2017 年 3 月 6 日 2016 年度现金红利派发及资本公积转增事宜完成。

1.6　前瞻性陈述的风险声明

本报告中所涉及的未来计划、发展战略等前瞻性描述不构成公司对投资者的实质承诺,敬请投资者注意投资风险。

1.7　是否存在被控股股东及其关联方非经营性占用资金情况

否。

1.8　是否存在违反规定决策程序对外提供担保的情况

否。

2. 公司概况

2.1　公司简介

2.1.1　公司法定中文名称:安信信托股份有限公司

公司法定中文名称缩写:安信信托

公司英文名称:Anxin Trust Co. ,Ltd.

公司英文名称缩写:AXXT

2.1.2　注册资本:207 164.3151 万元

2.1.3　成立日期:1995 年 9 月 15 日

2.1.4　公司法定代表人:王少钦

2.1.5　公司董事会秘书:武国建

电话:021 -63410710

传真:021 -63410712

E -mail:ax600816@126.com

联系地址:上海市广东路 689 号 29 层

2.1.6　公司注册地址:上海市控江路 1553 ~1555 号 A 座 3 楼 301 室

公司办公地址:上海市广东路 689 号 29 层

邮政编码:200001

公司国际互联网网址:http://www.anxintrust.com

公司电子信箱:600816@anxintrust.com

2.1.7　公司信息披露报纸名称:《中国证券报》《上海证券报》《证券时报》

登载公司年度报告的中国证监会指定国际互联网网址:http://www.sse.com.cn

公司年度报告备置地点:上海市广东路 689 号 29 层

2.1.8　公司 A 股上市交易所:上海证券交易所

公司 A 股简称:安信信托

公司 A 股代码:600816

2.1.9　其他有关资料

公司统一社会信用代码:91310000765596096G

公司聘请的境内会计师事务所名称:立信会计师事务所(特殊普通合伙)

公司聘请的境内会计师事务所办公地址:上海南京东路 61 号新黄浦金融大厦 4 楼

2.2 组织结构

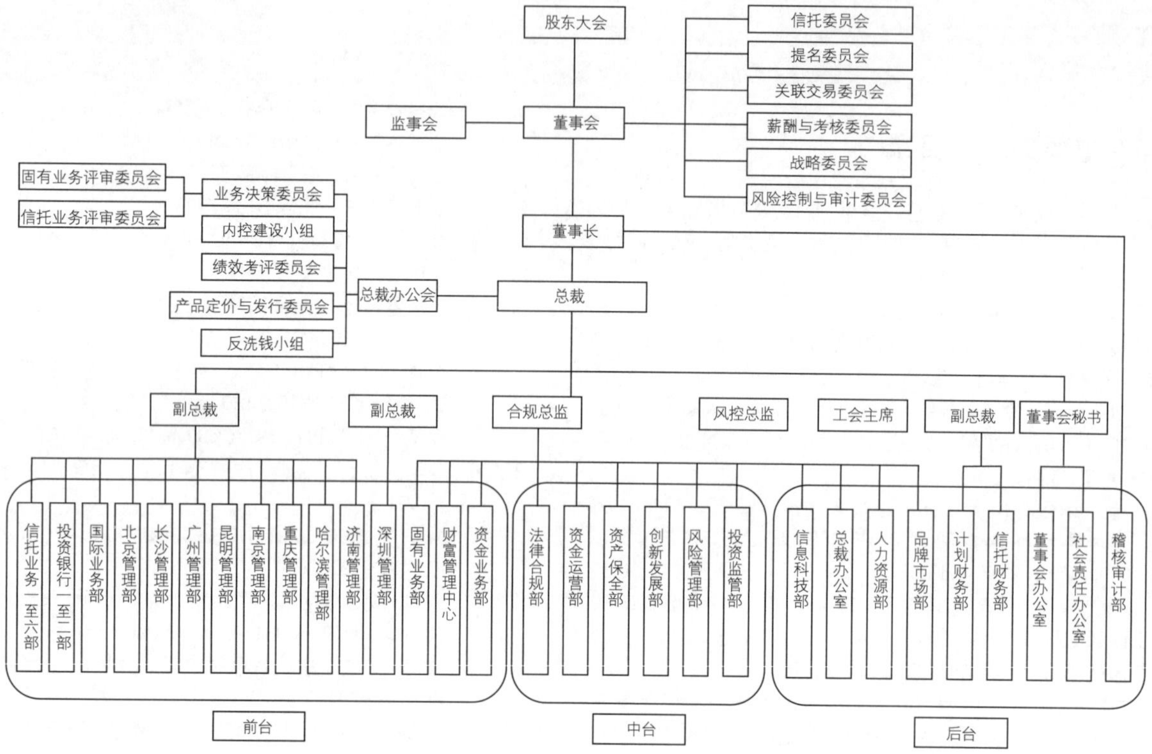

3. 公司治理

3.1 公司治理结构

3.1.1 股东

前十名股东持股情况							
股东名称	报告期内增减	期末持股数量（股）	比例（%）	持有有限售条件股份数量（股）	质押或冻结情况		股东性质
					股份状态	数量	
上海国之杰投资发展有限公司		1 086 336 872	52.44	712 209 095	无		境内非国有法人
上海公信实业有限公司		68 972 188	3.33	68 972 188	无		境内非国有法人
瀚博汇鑫（天津）投资有限公司		60 350 665	2.91	60 350 665	无		境内非国有法人
日照岚桥港务有限公司		51 729 141	2.50	51 729 141	无		境内非国有法人
湘财证券股份有限公司		43 107 617	2.08	43 107 617	无		境内非国有法人
香港中央结算有限公司		38 466 754	1.86	0	无		境外法人
中国证券金融股份有限公司		32 501 849	1.57	0	无		国有法人
白溶溶		26 711 455	1.29	0	无		境内自然人
顾斌		32 223 436	1.02	0	无		境内自然人
中央汇金资产管理有限责任公司		18 766 000	0.91	0	无		国有法人

前十名无限售条件股东持股情况			
股东名称	持有无限售条件流通股的数量（股）	股份种类及数量	
		种类	数量（股）
上海国之杰投资发展有限公司	374 127 777	人民币普通股	374 127 777
香港中央结算有限公司	38 466 754	人民币普通股	38 466 754
中国证券金融股份有限公司	32 501 849	人民币普通股	32 501 849
白溶溶	26 711 455	人民币普通股	26 711 455
顾斌	21 112 436	人民币普通股	21 112 436
中央汇金资产管理有限责任公司	18 766 000	人民币普通股	18 766 000
国联安基金－工商银行－国联安－至臻1号资产管理计划	17 962 122	人民币普通股	17 962 122
周万沅	14 791 253	人民币普通股	14 791 253
广东西域投资管理有限公司—西域诚长稳赢壹号私募基金	14 332 266	人民币普通股	14 332 266
重庆振玺投资发展有限公司	10 298 965	人民币普通股	10 298 965
上述股东关联关系或一致行动的说明	公司股东中上海国之杰投资发展有限公司为本公司实际控制人高天国先生控制的企业，其余股东本公司未知是否存在关联关系及一致行动的情况		

前十名有限售条件股东持股数量及限售条件

序号	有限售条件股东名称	持有的有限售条件股份数量（股）	有限售条件股份可上市交易情况		限售条件
			可上市交易时间	新增可上市交易股份数量（股）	
1	上海国之杰投资发展有限公司	712 209 095	2018年7月2日；2021年12月27日	0	定增禁售期
2	上海公信实业有限公司	68 972 188	2019年12月27日	0	定增禁售期
3	瀚博汇鑫（天津）投资有限公司	60 350 665	2019年12月27日	0	定增禁售期
4	日照岚桥港务有限公司	51 729 141	2019年12月27日	0	定增禁售期
5	湘财证券股份有限公司	43 107 617	2019年12月27日	0	定增禁售期
上述股东关联关系或一致行动的说明		公司股东中上海国之杰投资发展有限公司为本公司实际控制人高天国先生控制的企业，其余股东本公司未知是否存在关联关系及一致行动的情况			

3.1.2 董事、董事会及其下属委员会

董事长、副董事长、董事

姓名	职务	性别	年龄	任期起始日期	任期终止日期
王少钦	董事长	男	58	2012年11月26日	2015年11月26日
杨晓波	董事、总裁	男	40	2012年11月26日	2015年11月26日
赵宝英	董事、副总裁	女	48	2012年11月26日	2015年11月26日
邵明安	董事	男	56	2012年11月26日	2015年11月26日
高超	董事	女	36	2012年11月26日	2015年11月26日

注：延期说明：公司七届董事会和监事会成员的任期已于2015年11月26日届满，鉴于公司第八届董事会和监事会候选人的提名工作尚未全部完成，为保证公司董事会、监事会工作的连续性，公司董事会和监事会换届选举工作将延期举行，公司董事会各专门委员会和高级管理人员的任期也相应顺延。

独立董事

姓名	所在单位及职务	性别	年龄	选任日期	所推举的股东名称	该股东持股比例（%）	简要履历
朱荣恩	独立董事	男	62	2012年11月26日			现任上海财经大学会计学教授、上海新世纪资信评估投资服务有限公司法定代表人、董事长，华域汽车系统股份有限公司独立董事和上海海立（集团）股份有限公司独立董事。
佘云辉	独立董事	男	53	2012年11月26日			曾任海通证券有限责任公司投资银行部项目经理、副总经理、基金部副总经理、交易部总经理、战略合作与并购部总经理、德邦证券有限责任公司常务副总裁、总裁；现任厦门大学金融系客座教授，厦门缘谱网络科技有限公司董事、华安财产保险股份有限公司独立董事。
邵平	独立董事	男	59	2012年11月26日			曾任民生银行总行信贷部副主任、总行信贷业务部副总经理、总经理，上海分行党委书记、行长，总行党委委员、行长助理，总行党委委员、副行长，总行风险管理委员会主席，平安银行股份有限公司董事、行长。

董事会下属委员会

董事会下属委员会名称	职责	组成人员姓名	职务
战略委员会	对公司长期发展战略规划进行研究并提出建议	王少钦	主任
		邵明安	委员
		朱荣恩	委员
		杨晓波	委员
提名委员会	研究公司董事、经理人员的选择标准和程序，并向董事会提出建议	邵平	主任
		王少钦	委员
		朱荣恩	委员
		佘云辉	委员
		杨晓波	委员
风险控制与审计委员会	检查公司经理层遵守法规、公司章程的情况；研究拟定公司风险管理战略和政策；监督公司内部审计等	朱荣恩	主任
		邵平	委员
		佘云辉	委员
		邵明安	委员

续表

董事会下属委员会名称	职　责	组成人员姓名	职　务
关联交易委员会	审核提交董事会和股东大会的关联交易的必要性和公允性	王少钦	主任
		朱荣恩	委员
		余云辉	委员
		邵平	委员
薪酬与考核委员会	根据董事及高级管理人员的岗位及职责制定薪酬计划和方案、审查董事和高管人员的履行职责进行年度考评	朱荣恩	主任
		邵平	委员
		余云辉	委员
		赵宝英	委员
		高超	委员
信托委员会	主要负责督促公司依法履行受托职责，当公司或股东利益与受益人利益发生冲突时，信托委员会应保证公司为受益人最大利益服务	余云辉	主任
		王少钦	委员
		杨晓波	委员
		高超	委员
		邵明安	委员

3.1.3 监事、监事会及其下属委员会

监事会成员

姓名	职务	性别	年龄	选任日期	所推举的股东名称	该股东持股比例（%）	简　要　履　历
马惠莉	监事长	女	49	2010 年 1 月 8 日	上海国之杰投资发展有限公司	52.44	曾任上海谷元房地产开发有限公司副总经理；现任上海国之杰投资发展有限公司副总裁，上海谷元房地产开发有限公司董事，上海凯盟投资发展有限公司监事，上海三至酒店投资管理有限公司法定代表人、董事长，上海国业贸易有限公司法定代表人、执行董事。
陈　兵	监事	男	42	2009 年 7 月 29 日	职工监事		曾任上海爱建信托投资有限责任公司财务主管；现任安信信托投资股份有限公司计划财务部副总经理、职工监事。
黄晓敏	监事	女	34	2013 年 5 月 31 日	上海国之杰投资发展有限公司	52.44	曾任上海东洲久信会计师事务所项目经理、上海国之杰投资发展有限公司集团内审；现任上海国之杰投资发展有限公司资金财务部副总经理。

监事会下属委员会

目前公司监事会暂未设专业委员会。

3.1.4 高级管理人员

姓　名	职务	性别	年龄	选任日期	金融从业年限（年）	学历	专业
王少钦	董事长	男	58	2012 年 11 月 26 日	21	研究生	工商管理
杨晓波	总裁	男	40	2012 年 11 月 26 日	10	研究生	工商管理
赵宝英	副总裁	女	48	2012 年 11 月 26 日	9	硕士	工商管理
梁清德	副总裁	男	56	2012 年 11 月 26 日	26	硕士	经济管理
董玉舸	副总裁	男	39	2015 年 2 月 9 日	17	硕士	工商管理
武国建	董秘	男	46	2007 年 7 月 11 日	16	本科	会计学
朱文	合规总监	女	49	2013 年 10 月 25 日	7	本科	会计学
冯之鑫	风控总监	男	40	2016 年 7 月 15 日	10	本科	会计学

3.1.5 公司员工

单位：人

母公司在职员工的数量	210
在职员工的数量合计	210
母公司及主要子公司需承担费用的离退休职工人数	18
专业构成	
专业构成类别	专业构成人数
财务人员	14
行政人员	32
高级管理人员	8
前台人员（业务部门、财富管理中心、投行等）	119
中台人员（风控、合规、信息科技、创新发展、投资监管等）	35
顾问团	2
合计	210
教育程度	
教育程度类别	数量
本科以下	22
本科	105
硕士研究生	82
博士研究生	1
合计	210

4. 经营管理

4.1 经营目标、经营方针、战略规划

2016年伊始，在全球经济周期、国内债务周期和新兴产业周期等多重周期叠加的背景下，国内经济呈现出增长乏力的态势，部分非金融企业的资产负债率居高不下，利润空间被压缩。第三季度以来，国内经济增速趋稳，并出现稳中向好的势头，零售消费平稳增长，投资增速企稳，工业企业利润逐步改善。年内信托资产管理规模再创新高，监管政策继续释放红利，然而，受到宏观经济波动的影响，较之以往，信托业景气度下降，业务风险显现，信托公司也面临自身业务的结构和短板问题。

报告期内，公司董事会和经营管理层面对错综复杂的经济环境，坚持产融结合的经营模式，加速业务结构的优化，提升主动管理能力和直销能力，加快公司的转型升级，增强核心竞争力，为实现差异化细分化发展奠定基础。

2016年12月末，公司顺利完成了非公开发行股票募集资金相关事项（详情请查阅2016年12月29日刊登于上海证券交易所，以及《中国证券报》《上海证券报》《证券时报》，编号：临2016-048号，《非公开发行股票发行结果暨股本变动公告》），通过此次再融资，公司总股本又实现了飞跃，由年初的1 769 889 828增至2 071 643 151股，共计募集资金49.73亿元，进一步充实公司资本金，有效提高公司抗风险能力，改善资本结构。

2016年，公司荣获《中国证券报》“第18届中国上市公司金牛奖百强企业”“金牛奖最高效率公司奖”“金牛奖企业领袖奖”；《证券时报》“第九届中国优秀信托公司”“优秀信托经理”等奖项；《经济观察报》“2016年度中国上市公司卓越价值创造50强企业”称号；中国上市公司市值管理研究中心“2016年度中国上市公司市值管理绩效百佳榜”；《每日经济新闻》第七届金鼎奖评选中荣获“优秀信托公司”“卓越信托资管能力”。

4.2 经营业务的主要内容

4.2.1 经营的主要业务及品种

报告期内，公司共实现营业收入524 595.90万元，归属于母公司的净利润303 394.74万元，归属于母公司的所有者权益1 371 816.66万元。

4.2.1.1 固有业务方面

截至报告期末，公司总资产191.26亿元，比上年末增加99.67亿元，增幅为108.82%，负债总额5.41亿元。资产负债率28.27 %，比上年度减少2.85个百分点。

固有业务稳步推进，固有业务收入来源增加。2016年12月公司顺利完成非公开发行股票募集资金，在补充资本金、增加公司净资本实力的同时，固有业务资产的流动性也有了较大幅度增长。公司固有业务资金的用途不再局限于传统的贷款业务，本年度实现了固有业务资金在贷款、证券市场、定向增发项目、非上市金融企业股权投资等金融产品的多元化投资运作，在有效控制金融风险的同时，实现了业务收入的多元化。2016年公司固有业务利息收入、投资收益、公允价值变动收益较上年都有了较大的提升。

4.2.1.2 信托业务方面

截至报告期末，存续信托项目325个，受托管理信托资产规模2 349.52亿元；已完成清算的信托项目173个，清算信托规模902.98亿元；新增设立信托项目184个，新增信托规模1 235.87亿元。其中，新增集合类信托项目50个，实收信托规模565.95亿元；新增单一类信托项目134个，实收信托规模为669.92亿元。

信托资金投向：公司2016年信托资金主要投向基础产业、房地产、实业等领域，并继续调整业务结构，向新能源、大健康和物流地产等领域进行业务拓展和布局。

主动管理类信托业务：主动管理类信托业务占信托资产总规模比例为60%，较2015年末有较大提升，公司继续加强自主发行能力和主动管理能力。

信托业务风险方面：公司执行各项信托业务管理制度，信托业务的开展及后续管理均严格以受益人利益最大化等为宗旨依法操作。

4.2.2 资产组合与分布

4.2.2.1 自营资产运用与分布表

截至2016年末，公司自营业务总资产191.26亿元（较上年增长108.82%），净资产137.18亿元（较上年末增长117.44%），未开展担保类业务，具体资产情况如下：

2016年自营资产分布情况

资产运用	金额（万元）	占比（%）	资产分布	金额（万元）	占比（%）
货币资产	344 547	18.01	基础产业		
贷款	389 403	20.36	房地产业	174 200	9.11
金融资产	1 040 934	54.43	证券	606 319	31.70
长期投资	87 078	4.55	实业	215 203	11.25
其他	50 607	2.65	其他	916 847	47.94
资产总计	1 912 569	100.00	资产总计	1 912 569	100.00

4.2.2.2 信托资产运用与分布表

资产运用	金额（万元）	占比（%）	资产分布	金额（万元）	占比（%）
货币资金	1 236 925.99	5.26	基础产业	1 570 887.94	6.69
贷款	12 080 593.45	51.42	房地产	4 329 303.80	18.43
交易性金融资产		0.00	证券市场		
可用出售金融资产	38 160.00	0.16	实业	14 165 359.51	60.29
持有至到期投资	2 109 197.18	8.98	金融机构		
长期股权投资	2 391 786.50	10.18	其他	3 429 616.15	14.59
其他	5 638 504.28	24.00			
信托资产总计	23 495 167.40	100.00	信托资产总计	23 495 167.40	100.00

4.3 市场分析

信托业作为中国金融子行业之一，自1979年恢复经营以来，沧桑砥砺，历经30年改革与发展的跌宕起伏，积累与沉淀

了宝贵的经验。信托业发展基础逐步夯实，风控能力不断提升，服务水平持续提高，信托资产管理规模再创新高。

信托业发挥其制度优势，主动回归业务本源，行业规模逐步扩大，服务质效不断提高，风控能力逐步增强。信托业充分利用其业务的综合性、灵活性和敏锐性，通过对社会闲置资金的多方式运用、跨市场配置，以债权融资、股权投资、投贷联动、产业基金、资产证券化等投入实体经济，有效弥补了传统信贷业务的不足。信托业发挥资产管理的专业优势，设计开发多样化信托产品，满足投资者多样化、特色化和个性化的投资需求，为国民财富的保值增值提供了更多的途径。信托业在稳步发展的同时积极构建与业务发展水平相匹配的科学风险管理体系，重视信托公司治理体系和内部控制体系的建设。

以新“一法两规”为核心的一整套信托业发展的监管体系框架日趋完善。为更好地适应信托业发展需要，引领信托业科学转型，2015 年银监会成立信托监管部，进一步强化信托监管的专业化、科学化、精细化水平。信托业保障基金的有效运行标志着行业保障机制的初步建立，市场化风险处置工作稳步推进。2016 年 12 月末，中国信托登记有限责任公司的正式揭牌，标志着支持信托业发展的“一体三翼”架构全面建成，形成了多层次、多维度的信托业风险防控体系，为信托业转型升级提供了强有力的保障。

信托业将坚持回归本源业务的基本定位，充分发挥信托自身价值和制度优势，立足于信托主业，坚持以固有和其他中间业务为辅的总体思路，以金融创新为导向，聚焦资产管理、财富管理和受托服务三大领域，服务实体经济，通过开展投贷联动、债转股、并购基金、资产证券化等业务，支持优质企业通过兼并重组去产能、去杠杆。积极探索和扩大公益信托规模，推动精准扶贫、精准脱贫，积极履行信托公司的社会责任。继续完善信托业“八大机制”建设，强化“八大责任”意识，清晰界定信托公司在不同类型业务中的受托责任，加强对金融消费者的教育引导，培育有信托业特色的风控文化，为信托业的健康发展提供良好的环境。

4.4 内部控制

4.4.1 内部控制环境和内部控制文化

公司根据法律、法规的规定制定了一系列行之有效的内部控制规章制度，建立了既符合监管部门要求，又能满足公司经营管理特点的内部控制体系。公司秉承“受人之托，代人理财”的宗旨以及诚信、务实、分享、责任的经营理念，积极创造良好的内部环境。在公司法人治理、组织机构设置、内部审计监督、人力资源政策、内部控制文化等方面不断完善，以保证内部控制的有效实施。

公司法人治理。公司建立了由股东会、董事会、监事会和高级管理层组成的公司治理结构，完善分层授权体系，形成了权力机构、决策机构、监督机构和管理层之间分工配合、各司其职、协调运作、相互制衡的内控运行机制，从而确保对各类风险的事前防范、事中控制、事后监督得到有效执行，为公司发展提供良好的内部控制环境。

组织机构设置。公司已按照国家法律、法规的规定以及监管部门的要求，设置了符合公司业务规模和经营管理需要的组织机构；遵循不相容职务相分离的原则，合理设置部门和岗位，科学划分职责和权限，形成各司其职、各负其责、相互配合、相互制约、环环相扣的内部控制体系。

内部审计监督。公司董事会下设风险控制与审计委员会，其常设机构为稽核审计部，主要负责公司内部控制的监督、审查和公司的审计工作，对公司内部控制制度的有效性进行评价，对公司经营管理进行监督检查，协助董事会建立并有效维持公司内部控制体系。

人力资源政策。公司高度重视人力资源建设，大力优化公司人力资源管理与薪酬管理体系。制定或修订了一系列公司人事管理制度，对员工的招聘、培训、考勤、绩效考核、休假等进行规范管理；重视员工能力提升，对各类员工进行业务知识、风险控制、职业操守方面的培训；在员工考核管理方面，依据内部制度，结合任职要求实施考核，对员工实施业绩考核并依据考核结果确定其奖惩，同时通过严格的目标责任书年度考核，明确公司高级管理人员权、责、利，促成公司战略目标的实现。

内部控制文化建设。本公司高度重视内部控制文化的建设和培育，通过建立和完善内部控制制度、业务培训、信息系统控制等传导贯彻内部控制理念，通过合规审查、合规培训、合规检查等多种形式开展合规文化建设，规范员工职业行为，使风险防范意识贯穿到公司各个部门、各个岗位和工作的各个环节，培养员工合规理念与风险防范意识，营造良好的内控控制文化。

4.4.2 内部控制措施

按照信托公司内部控制的要求，公司建立了清晰的内部控制目标和原则，完善的内部控制体系和制度，确保公司对风险的事前防范、事中控制、事后监督和反馈纠正。公司建立了职责明确、分工合理、相互制衡的组织结构和内部控制机制，构筑了基本涵盖公司各项业务和管理活动的内部控制制度体系。

公司遵循不相容职务相分离的原则，合理设置部门和岗位，科学划分职责和权限，严格按照前台、中台、后台进行划分：前台负责对业务进行立项、论证、审批前的尽职调查、业务方案设计和提交，完成项目审批后投资交易和运作管理、客户服务等工作；中台贯穿业务的决策程序和管理环节，负责业务项目的合法合规性审核、风险评估、议事决策、业务综合管理和过程控制，对各类风险提出指导意见和改进措施，对风险发出预警信号，与前台部门共同完成事前防范和事中控制；后台负责对信托业务和自营业务财务管理与会计核算、科技支持、客户维护、风险检查和审计监督，对前台、中台提供支持服务和监督评价。前台、中台、后台有效配合且相互制衡，风险控制渗透于业务开展各环节，风险评估与检查、业务运作、资产管理、会计监督控制和稽核审计再监督评价相互独立，构建了全过程风险管理控制体系，从而确保业务项目安全稳健运行与风险管理全面实施。

报告期间，通过明确的业务、风控、合规、运营、稽核审计在风险管理工作中的职能定位，各司其职开展经营活动各领域的风险识别、评估、管理和监督管理控制，以及对管理控制效果进行的再监督和评价，合理保证公司对风险能够进行事前识别和防范、事中控制和化解、事后检查和纠正，形成有效的风险控制和反馈机制。同时，信托业务评审委员会引入外部专家委员，进行充分论证、沟通和调研，并遵循制度和流程先行的原则，确保了对潜在风险的有效防范和控制。

此外，公司聘请立信会计师事务所（特殊普通合伙）为

2016年内部控制审计机构，对公司的内部控制建设进行了评价和规范，进一步完善了公司治理和内控制度建设。

4.4.3 信息交流与反馈

公司致力于信息安全管理体系建设，制定了一系列信息安全方针、策略和制度，及时、准确地收集、传递与内部控制相关的信息，确保了信息在公司内部、公司与外部之间进行有效的信息沟通。

在公司内部信息交流与反馈方面，建立了信息沟通的管理制度和系统，形成了内部清晰完整的报告路线，通过业务管理系统、公司官方网站、微信、企业邮箱等平台，收集、处理、存储、利用和反馈管理信息和业务信息，保证了股东会、董事会、监事会、高级管理层和公司员工能够及时了解掌握各类相关信息，并在公司内部实行重大信息报告制度。同时，公司通过持续运用信息手段，优化信息流程，整合信息系统不断提高管理的决策及运营效力。

在公司与外部的信息交流与反馈方面，一方面严格信托产品信息披露管理，向监管部门履行信托产品的报备程序，向客户公开披露公司经营状况、信托资产管理状况等信息，并根据文件约定向相关利益人提交书面文件披露相关信息，使得监管部门和客户能及时获得真实、准确、完整的信息；另一方面，依法履行上市信息披露义务，按时、规范、全面、准确地在中国证券监督管理委员会指定的《中国证券报》《上海证券报》、上海证券交易所网站以及公司官网上披露年度报告、中期报告、季度报告等定期报告及重大事项临时公告。

4.4.4 监督评价与纠正

公司建立了多层次的内部控制评价、后评价和监督纠正体系。一是股东层面，监事会履行对董事会和公司经营管理情况的监督职能；二是董事会层面，董事会及其专门委员会通过会议、书面审议等形式，对公司重大经营管理事项进行审议；三是公司管理层面，稽核审计部审计公司内部控制情况，提出存在问题和整改意见，连同整改情况向管理层和董事会报告。

公司组织各部门对规章制度进行系统、全面的修订，不断完善加强内控基本管理制度；积极开展内部控制自我评估工作，公司各业务部门对各项业务的经营状况和风险管理进行检查，及时发现内部控制缺陷并切实整改落实到位；稽核审计部依照内部审计工作程序开展独立的审计监督活动，出具内部审计报告，督促各部门对审计发现问题进行及时整改并跟踪落实。

报告期内，公司内部控制制度得到有效的执行，未发生因违反内部控制制度对公司财务状况、经营成果产生重大影响的事项，公司将持续完善和健全内部控制体系。

4.5 风险管理

4.5.1 风险管理概况

公司在经营活动中可能遇到的风险为信用风险、市场风险、操作风险、流动性风险、法律风险、声誉风险和战略风险等。董事会和高级管理层非常重视风险管理，认为风险控制是金融机构立身之本、展业之本，高度重视在展业过程中的各种风险，由公司风控总监担任首席风控官。在风险管理的组织结构方面，董事会下设风险控制与审计委员会，负责审议重大决策、重大风险、重大事件及重要业务流程的判断标准或判断机制。在经营层面，设有信托业务评审委员会、信托业务决策委员会和固有业务评审委员会，负责公司项目立项和设立评审，对存续项目定期进行风险评估；设有专门的风险管理部门——风险管理部及投资监管部。风险管理部负责提出风险管理流程、解决方案及日常监控和指导、监督及开展风险管理工作；投资监管部负责房地产业务的后续监管等工作。

报告期内，公司依据《信托公司净资本管理办法》积极推进净资本管理，在优化存量风险资产结构的同时，进一步强化增量业务的资本约束机制，确立了以净资本管理为核心的业务发展模式和管理体系。截至2016年末，公司净资本为1 128 271.67万元，各项业务风险资本之和为436 361.66万元，净资本/各项业务风险资本之和的比率为258.56%，净资本/净资产的比率为82.25%。包括上述两个指标在内的净资本各项指标均符合监管要求。

4.5.2 风险状况

4.5.2.1 信用风险状况

信用风险主要指交易对手不履行义务的可能性，主要表现为：在贷款、资产回购、后续资金安排、担保、履约承诺等交易过程中，借款人、担保人、保管人（托管人）等交易对手不履行承诺，不能或不愿履行合约承诺而使信托财产和固有财产遭受潜在损失的可能性。同时，当信用风险发生时，如受托人没有尽职管理、安排预算不恰当时，或信托项目违法违规未能如期执行时，会导致发生流动性风险。公司严格按照《中国银行业监督管理委员会关于非银行金融机构全面推行资产质量五级分类管理的通知》，定期对公司资产质量进行五级分类。公司信用风险管理主要通过对交易对手的尽职调查进行事前控制；通过交易结构设计、风险定价、设定担保措施、持续进行风险评估等手段规避和监控交易对手信用风险变化；明确界定业务部门与风险管理等部门的风险管理职责。公司强调风险管理关口前移，注重业务管理的调研和过程控制，严格授权审批制度、决策限额。公司持续监控交易对手的履约能力，注重贷前调查、贷中审查、贷后检查，强化对交易对手实际控制人的风险管理。注重信用风险的分散和补偿，在产品交易结构设计上，综合运用规避、预防、分散、转移等手段管理风险，尽力降低信用风险敞口。公司通过引入金融机构信用、财产抵押（权利质押）等担保方式，将融资主体的信用风险进行分散、转移。密切关注合作企业财务指标、建设进程、证照取得、销售去化、运营管理等重大事项的进展情况，尽早发现相应风险，尽早应变，以最大限度地降低信托及固有业务的运营风险。

4.5.2.2 市场风险状况

市场风险主要是指在开展资产管理业务过程中，投资有公开市场价值的金融产品或者其他产品时，金融产品或者其他产品的价格发生波动导致资产遭受损失的可能性。同时，市场风险还具有很强的传导效应，某些信用风险的根源可能也来自交易对手的市场风险。公司密切关注各类市场风险，及时调整产品战略，勤勉尽职履行受托人职责，报告期内公司市场风险可控，未发生因市场风险造成的损失。公司注重研究和防范系统性风险，强调发掘研究的价值，以研究指引投资决策；坚持稳健风格，注重稳健型投资品种的开发。公司关注国家宏观政策变化，避免进入限制类行业和相关项目；公司控制行业集中度，通过业务创新不断拓展多元化的投资领域；充分考虑拟投资项目筛选、评估、运营、退出中的策略、渠道和措施，注重投资项目的调研和分析工作，建立充足的项目储备池，制定风险处置预案锁定项目退出风险，组建专业化的管理团队，明确项目组织管理结构与投资管理责任，对私人股权直接投资业务则通过受益人大会和定期信息披露向投资者报告项目运行状况。保证信托兑付款来源的安全性。报告期内，公司各项业务面临的市场性风险得到了有效的防范和控制。

4.5.2.3　操作风险状况

操作风险表现为由于公司治理机制、内部控制失效或者有关责任人出现失误、欺诈等问题，没有充分及时地做好尽职调查、持续监控、信息披露等工作，未能及时作出应有的反应，或作出的反应明显有失专业和常理，甚至违规违约；没有履行勤勉尽职管理的义务，或者无法出具充分有效的证据和记录，证明自己已履行勤勉尽职管理的义务。公司要求每项业务在尽职调查、受理、设计、审批、销售、执行和终止的全过程中都合法合规，按照程序操作，杜绝不正当交易等违法行为导致或增加业务风险。各相关主体按照各自的职责在授权范围内独立运作，任何人不能利用自身的权利干预风险评估工作。公司建立了职责分离、相互监督制约的内部控制机制；建立和完善了有效的投资决策机制，明确各项业务的操作流程；实行严格的复核、审核程序；制定严格的信息系统管理制度。公司在业务尽职调查、产品规范化管理、外部中介机构管控、风险监测评价、合同档案管理、信息披露等方面不断细化管理要点和规范操作流程，提升业务操作的规范化和标准化水平，消除操作风险隐患，有效管理各类操作风险。

4.5.2.4　其他风险状况

其他风险包括流动性风险、法律政策风险、道德风险和声誉风险等。

流动性风险是指信托期限届满或者在一定的承诺期限内，信托项目没有足够的资金向受益人、信托文件约定人、信托项目债权人支付，没有及时兑现已取得的收益，导致信托业务违约或者未实现预期的可能性。报告期内，无此类风险发生。截至2016年末，公司固有业务总资产为191.26亿元，主要为货币资金、贷款、交易性金融资产、可供出售金融资产，均为高流动性资产。因此，公司具备一定的对抗流动性风险的能力。

法律政策风险是指没有遵循法律、规则和准则而使公司遭受法律制裁、监管处罚、重大财务损失和声誉损失的可能性，以及由于国家宏观经济政策的调整对公司业务经营或者成果造成一定影响的可能性。公司开展业务时，业务要素、业务方案、业务文件及事务执行等均符合法律、法规及相关监管规定，不存在由于公司自身风险管理体系无效或者不完善，未能对法律政策问题作出适当行为而产生的风险。此外，公司重视评估和应对因政策变化而引起的系统性风险，面对较为重大的市场形势和政策变化，及时调整公司风险管理的策略和应对措施。

道德风险是指在不对称信息下，由于观念、公司治理、管理技术、管理经验存在缺陷，或公司内部人员蓄意违规、违法给公司造成财产损失、合同违约、业务失败的可能性。

声誉风险是指由于公司操作失误、违反有关规定、资产质量下降、不能按期兑付、不能提供高质量的金融服务或者管理不善等原因，对公司外部市场地位和声誉产生消极不良影响的可能性。报告期内，无这两类风险发生。

4.5.3　风险管理情况

4.5.3.1　信用风险管理

一是严格按照信托业务流程开展信托业务，确保高级管理层能充分了解项目涉及的信用风险，定期进行存续期项目尽职管理的基本作业流程操作。二是加强事前对交易对手（项目）的尽职调查，并在项目正式提交信托业务评审委员会之前，由风险管理部门将项目相关资料进行核实，确保资料的真实性。三是认真落实贷款担保措施，除常规抵押、保证等担保措施外，通过多种交易条件设置获得缓释风险的实质性效果，主要选择信用等级高的机构作为交易对手；聘请外部独立机构客观、公正地评估抵押品，严格控制贷款本金与不同抵押品价值之比，一般控制在50%以下，部分项目甚至控制在30%以下。四是事中对交易对手（项目）进行动态管理，在信托成立后，业务部门及投资监管部定期进行后期检查，形成项目检查报告，并向管理层报告。五是根据财政部《金融企业准备金计提管理办法》（财金[2012]20号）及公司章程，为了防范经营风险，增强金融企业抵御风险能力，按不低于风险资产期末余额的1.5%计提一般准备。

4.5.3.2　市场风险管理

公司产品的投向涉足房地产、基础设施、矿产资源、金融等多个领域。控制市场风险的主要方法是加强对经济及金融形势的分析预测，加强相关行业研究，在具体项目尽职调查时，也聘请专业的机构参与调查，在业务决策时，将外部行业专家对项目进行行业与市场的分析作为参考。

4.5.3.3　操作风险管理

公司主要通过引入合规管理来控制操作风险：一是不断梳理和完善公司的各项规章制度，使之更加完整、严密，更加符合公司的实际情况。二是将合规管理与风险管理贯穿于公司的所有业务环节之中，严格按照信托业务流程，履行立项及设立程序，通过流程控制使各项业务严格按照公司的制度开展。对于拟开展的业务，先由业务部门对照公司产品策略进行初步的项目筛选，评估风险，然后填写立项审批表，法律合规部及风险管理部进行合规性及风险性审查，报分管领导审批。分管领导同意开展此项目后，业务部门对项目进行详细的尽职调查，评估项目的盈利能力和风险点，制定风险控制措施，然后报法律合规部及风险管理部进行形式审查，包括资料的齐备性、主体资格的合法性、程序的有效性等，风险审查包括信用、市场、流动性等审查，提出设立风险审查意见书。信托业务评审委员会对上报项目材料进行审查，提出合规及风险控制意见。法律合规部、风险管理部和业务部门对信托业务评审委员会提出的意见进行落实，必要时风险管理部到项目现场进行核实。在业务评审会提出的问题都得到落实后，才能形成同意设立的决议并履行内部审批程序，然后向银监局履行报告程序。三是强化操作风险排查工作。根据公司业务发展的特点和金融监管的要求，公司专门组织了信托项目稽核审计工作，并将检查结果在高管联席会上通报，并在规定期内将相关问题彻底解决。四是在信托业务的每一个环节都严格按照法律法规操作。在推介环节，实行信托项目推介联席会议制度，不承诺“保本保息”或最低收益，不通过报纸、电视、广播和其他公共媒体进行营销宣传，不存在委托非金融机构推介信托计划的行为；在信托财产运用和管理环节，不存在通过信托项目为自己和他人谋取不当利益的行为，切实履行了受托管理的责任，持续跟踪说明资金使用和项目进展情况，坚持了信托财产之间、信托财产与固有财产之间分别管理、分别记账的原则，对信托财产管理过程中的各项事务、数据和其他有关情况都保留了真实完整的记录，强化工作底稿和信托管理事务记录的保存。在信托终止清算环节，确保信托安全兑付并及时出具信托项目清算报告。

4.5.3.4　其他风险管理

流动性风险管理：在流动性风险控制方面，公司在开展具体项目时，首先是采取降低抵押率（一般控制在50%以下）、工程节点监测、现金流指标监测、保证金机制、分期还款结构设置等措施来控制；其次是加强信托项目的到期兑付工作。对于集合信托，在兑付前一个月，公司向上海银监局报告兑付资金落实情况和清算方案，由信托经理逐日向公司报告兑付资金落实进展情况，在到期前一天，信托经理到资金方现场督促划拨资金。

法律政策风险管理：公司设立法律合规部，并聘请专业的法律人员为公司提供法律服务，负责审核公司法律文本，参与重大合同的起草和签约等工作，并为公司重大业务活动提供法律咨询和服务。目前公司对外的法律文本均由专业律师起草，有效保证了公司法律风险的管理工作。

声誉风险管理：董事会和高级管理层认为声誉是金融机构赖以生存的基础，是立身之本、展业之本，高度重视在展业过程中的各种声誉风险。通过已有案例，不断总结，并在新的业务中加以规范，公司财富管理中心负责处理客户（委托人）的关系，董事会办公室负责处理与公司股东的关系。

5. 报告期末及上一年度末的比较式会计报表

5.1　自营资产（会计报表已经审计）

5.1.1　会计师事务所审计意见全文

审 计 报 告

信会师报字［2017］第 ZA10052 号

安信信托股份有限公司全体股东：

我们审计了后附的安信信托股份有限公司（以下简称贵公司）财务报表，包括 2016 年 12 月 31 日的合并及公司资产负债表、2016 年度的合并及公司利润表、合并及公司现金流量表、合并及公司所有者权益变动表以及财务报表附注。

一、管理层对财务报表的责任

编制和公允列报财务报表是贵公司管理层的责任。这种责任包括：(1) 按照企业会计准则的规定编制财务报表，并使其实现公允反映；(2) 设计、执行和维护必要的内部控制，以使财务报表不存在由于舞弊或错误导致的重大错报。

二、注册会计师的责任

我们的责任是在执行审计工作的基础上对财务报表发表审计意见。我们按照中国注册会计师审计准则的规定执行了审计工作。中国注册会计师审计准则要求我们遵守中国注册会计师职业道德守则，计划和执行审计工作以对财务报表是否不存在重大错报获取合理保证。

审计工作涉及实施审计程序，以获取有关财务报表金额和披露的审计证据。选择的审计程序取决于注册会计师的判断，包括对由于舞弊或错误导致的财务报表重大错报风险的评估。在进行风险评估时，注册会计师考虑与财务报表编制和公允列报相关的内部控制，以设计恰当的审计程序。审计工作还包括评价管理层选用会计政策的恰当性和作出会计估计的合理性，以及评价财务报表的总体列报。

我们相信，我们获取的审计证据是充分、适当的，为发表审计意见提供了基础。

三、审计意见

我们认为，贵公司财务报表在所有重大方面按照企业会计准则的规定编制，公允反映了贵公司 2016 年 12 月 31 日的财务状况以及 2016 年度的经营成果和现金流量。

立信会计师事务所　　中国注册会计师：肖菲
（特殊普通合伙）

中国注册会计师：徐萍

中国·上海　　二〇一七年一月二十四日

5.1.2　合并及公司资产负债表

合并资产负债表

编制单位：安信信托股份有限公司　　2016 年 12 月 31 日　　单位：万元

资　产	期末余额	年初余额
资产：		
现金及存放中央银行款项	2.16	1.17
存放同业款项	344 545.14	134 806.55
结算备付金		
贵金属		
拆出资金		
以公允价值计量且其变动计入当期损益的金融资产	568 347.04	312 321.84
衍生金融资产		
买入返售金融资产	7 500.08	
应收利息	1 546.77	497.58
存出保证金		
发放贷款和垫款	389 403.10	254 312.00
可供出售金融资产	465 087.08	160 660.19
持有至到期投资		
应收款项类投资		
划分为持有待售的资产		
长期股权投资	87 077.92	—
投资性房地产		
固定资产	729.14	863.78
在建工程	82.23	10.00
无形资产	464.90	605.27
长期待摊费用	1 229.59	1 381.81
商誉		
递延所得税资产		
其他资产	46 554.36	50 434.92

续表

资　　产	期末余额	年初余额
资产总计	1 912 569. 51	915 895. 11
负债：		
向中央银行借款		
同业及其他金融机构存放款项		
拆入资金		
以公允价值计量且其变动计入当期损益的金融负债	112 452. 64	
衍生金融负债		
卖出回购金融资产款		
吸收存款		
应付职工薪酬	54 702. 17	38 241. 86
应交税费	96 832. 85	74 890. 32
应付利息		
划分为持有待售的负债		
应付债券		
长期应付职工薪酬		
预计负债	44 064. 05	12 800. 64
递延所得税负债	11 839. 15	4 617. 32
其他负债	220 861. 98	154 453. 05
负债合计	540 752. 84	285 003. 19
所有者权益（或股东权益）：		
实收资本（或股本）	207 164. 32	176 988. 98
其他权益工具		
资本公积	649 835. 30	182 709. 93
减：库存股		
其他综合收益	2 465. 08	289. 65
盈余公积	61 805. 53	31 466. 05
一般风险准备	47 066. 44	24 168. 39
未分配利润	403 480. 00	215 268. 92
归属于母公司所有者权益合计	1 371 816. 67	630 891. 92
少数股东权益		
股东权益合计	1 371 816. 67	630 891. 92
负债和股东权益总计	1 912 569. 51	915 895. 11

资产负债表

编制单位：安信信托股份有限公司　　2016 年 12 月 31 日　　单位：万元

资　　产	期末余额	年初余额
资产：		
现金及存放中央银行款项	2. 16	1. 17
存放同业款项	344 080. 50	134 806. 55
贵金属		
拆出资金		
以公允价值计量且其变动计入当期损益的金融资产	455 775. 65	312 321. 84
衍生金融资产		
买入返售金融资产	7 500. 08	

续表

资　　产	期末余额	年初余额
应收利息	1 546. 67	497. 58
发放贷款和垫款	215 203. 10	254 312. 00
可供出售金融资产	625 087. 08	160 660. 19
持有至到期投资		
应收款项类投资		
划分为持有待售的资产		
长期股权投资	87 077. 92	
投资性房地产		
固定资产	729. 14	863. 78
在建工程	82. 23	10. 00
无形资产	464. 90	605. 27
长期待摊费用	1 229. 59	1 381. 81
商誉		
递延所得税资产		
其他资产	46 554. 36	50 434. 92
资产总计	1 785 333. 38	915 895. 11
负债：		
向中央银行借款		
同业及其他金融机构存放款项		
拆入资金		
以公允价值计量且其变动计入当期损益的金融负债		
衍生金融负债		
卖出回购金融资产款		
吸收存款		
应付职工薪酬	54 702. 17	38 241. 86
应交税费	96 832. 85	74 890. 32
应付利息		
划分为持有待售的负债		
应付债券		
长期应付职工薪酬		
预计负债	44 064. 05	12 800. 64
递延所得税负债	11 839. 15	4 617. 32
其他负债	206 078. 49	154 453. 05
负债合计	413 516. 71	285 003. 19
所有者权益（或股东权益）：		
实收资本（或股本）	207 164. 32	176 988. 98
其他权益工具		
资本公积	649 835. 30	182 709. 93
减：库存股		
其他综合收益	2 465. 08	289. 65
盈余公积	61 805. 53	31 466. 05
一般风险准备	47 066. 44	24 168. 39
未分配利润	403 480. 00	215 268. 92
所有者权益（或股东权益）合计	1 371 816. 67	630 891. 92
负债和所有者权益（或股东权益）总计	1 785 333. 38	915 895. 11

5.1.3 合并及公司利润表

合并利润表

编制单位:安信信托股份有限公司　2016 年度　单位:万元

项　目	本期发生额	上期发生额
一、营业收入	524 595.90	295 476.74
利息净收入	17 767.65	26 599.84
利息收入	32 650.95	26 599.92
利息支出	14 883.30	0.08
手续费及佣金净收入	451 614.20	231 775.17
手续费及佣金收入	452 410.89	233 134.37
手续费及佣金支出	796.69	1 359.20
投资收益(损失以“-”号填列)	27 977.43	19 047.31
其中:对联营企业和合营企业的投资收益	2 557.80	
公允价值变动收益(损失以“-”号填列)	27 236.62	18 054.42
汇兑收益(损失以“-”号填列)		
其他业务收入		
二、营业支出	122 336.35	64 913.23
营业税金及附加	9 741.01	15 699.58
业务及管理费	112 605.19	48 966.45
资产减值损失	-9.85	247.20
其他业务成本		
三、营业利润(亏损以“-”号填列)	402 259.55	230 563.51
加:营业外收入	14 252.86	5 629.61
其中:非流动资产处置利得		
减:营业外支出	1 190.28	49.54
其中:非流动资产处置损失	2.28	9.93
四、利润总额(亏损总额以“-”号填列)	415 322.13	236 143.58
减:所得税费用	111 927.38	63 928.72
五、净利润(净亏损以“-”号填列)	303 394.75	172 214.86
归属于母公司所有者的净利润	303 394.75	172 214.86
少数股东损益		
六、每股收益:		
(一)基本每股收益(元/股)		
(二)稀释每股收益(元/股)		
七、其他综合收益	2 175.43	-427.05
归属于母公司所有者的其他综合收益的税后净额	2 175.43	-427.05
(一)以后不能重分类进损益的其他综合收益		
1. 重新计量设定受益计划净负债净资产的变动		
2. 权益法下在被投资单位不能重分类进损益的其他综合收益中享有的份额		
(二)以后将重分类进损益的其他综合收益	2 175.43	-427.05
1. 权益法下在被投资单位以后将重分类进损益的其他综合收益中享有的份额		
2. 可供出售金融资产公允价值变动损益	2 175.43	-427.05
3. 持有至到期投资重分类为可供出售金融资产损益		
4. 现金流量套期损益的有效部分		
5. 外币财务报表折算差额		
6. 其他		
归属于少数股东的其他综合收益的税后净额		
八、综合收益总额	305 570.18	171 787.81
归属于母公司所有者的综合收益总额	305 570.18	171 787.81
归属于少数股东的综合收益总额		

利润表

编制单位:安信信托股份有限公司　2016 年度　单位:万元

项　目	本期发生额	上期发生额
一、营业收入	524 266.59	295 476.74
利息净收入	18 688.21	26 599.84
利息收入	32 650.95	26 599.92
利息支出	13 962.74	0.08
手续费及佣金净收入	451 614.20	231 775.17
手续费及佣金收入	452 410.89	233 134.37
手续费及佣金支出	796.69	1 359.20
投资收益(损失以“-”号填列)	27 977.43	19 047.31
其中:对联营企业和合营企业的投资收益	2 557.80	
公允价值变动收益(损失以“-”号填列)	25 986.75	18 054.42
汇兑收益(损失以“-”号填列)		
其他业务收入		
二、营业支出	122 007.04	64 913.23
营业税金及附加	9 741.01	15 699.58
业务及管理费	112 275.88	48 966.45

续表

项　目	本期发生额	上期发生额
资产减值损失	-9.85	247.20
其他业务成本		
三、营业利润（亏损以"－"号填列）	402 259.55	230 563.51
加：营业外收入	14 252.86	5 629.61
其中：非流动资产处置利得		
减：营业外支出	1 190.28	49.54
其中：非流动资产处置损失	2.28	9.93
四、利润总额（亏损总额以"－"号填列）	415 322.13	236 143.58
减：所得税费用	111 927.38	63 928.72
五、净利润（净亏损以"－"号填列）	303 394.75	172 214.86
六、其他综合收益	2 175.43	-427.05
（一）以后不能重分类进损益的其他综合收益		
1. 重新计量设定受益计划净负债净资产的变动		
2. 权益法下在被投资单位不能重分类进损益的其他综合收益中享有的份额		
（二）以后将重分类进损益的其他综合收益	2 175.43	-427.05
1. 权益法下在被投资单位以后将重分类进损益的其他综合收益中享有的份额		
2. 可供出售金融资产公允价值变动损益	2 175.43	-427.05
3. 持有至到期投资重分类为可供出售金融资产损益		
4. 现金流量套期损益的有效部分		
5. 外币财务报表折算差额		
6. 其他		
七、综合收益总额	305 570.18	171 787.81

5.1.4 合并及公司现金流量表

合并现金流量表

编制单位：安信信托股份有限公司　　2016 年度　　单位：万元

项　目	本期金额	上期金额
一、经营活动产生的现金流量：		
销售商品、提供劳务收到的现金		
客户存款和同业存放款项净增加额		
向中央银行借款净增加额		
向其他金融机构拆入资金净增加额		
收到原保险合同保费取得的现金		
收到再保险业务现金净额		

续表

项　目	本期金额	上期金额
保户储金及投资款净增加额		
以公允价值计量且其变动计入当期损益的金融工具净增加额		
收取利息、手续费及佣金的现金	522 178.89	228 332.69
拆入资金净增加额		
回购业务资金净增加额		
收到的税费返还		
收到其他与经营活动有关的现金	67 532.16	126 752.45
经营活动现金流入小计	589 711.05	355 085.14
购买商品、接受劳务支付的现金		
客户贷款及垫款净增加额	80 094.34	78 812.00
存放中央银行和同业款项净增加额		
支付原保险合同赔付款项的现金		
支付利息、手续费及佣金的现金	15 250.25	901.74
支付保单红利的现金		
支付给职工及为职工支付的现金	29 167.37	18 033.94
支付的各项税费	116 311.47	44 345.84
支付其他与经营活动有关的现金	49 508.23	32 343.82
经营活动现金流出小计	290 331.66	174 437.34
经营活动产生的现金流量净额	299 379.39	180 647.80
二、投资活动产生的现金流量：		
收回投资收到的现金	1 459 335.91	1 129 709.69
取得投资收益收到的现金	32 183.21	13 813.64
处置固定资产、无形资产和其他长期资产收回的现金净额		
处置子公司及其他营业单位收到的现金净额		
收到其他与投资活动有关的现金		
投资活动现金流入小计	1 491 519.12	1 143 523.33
购建固定资产、无形资产和其他长期资产支付的现金	643.44	1 126.43
投资支付的现金	2 140 248.79	1 510 088.14
质押贷款净增加额		
取得子公司及其他营业单位支付的现金净额		
支付其他与投资活动有关的现金		
投资活动现金流出小计	2 140 892.23	1 511 214.57
投资活动产生的现金流量净额	-649 373.11	-367 691.24
三、筹资活动产生的现金流量：		

续表

项目	本期金额	上期金额
吸收投资所收到现金	502 600. 00	310 730. 77
其中:子公司吸收少数股东投资收到的现金		
取得借款收到的现金	120 000. 00	
发行债券收到的现金		
收到其他与筹资活动有关的现金		
筹资活动现金流入小计	622 600. 00	310 730. 77
偿还债务支付的现金		
分配股利、利润或偿付利息支付的现金	62 866. 70	31 787. 68
其中:子公司支付给少数股东的股利、利润		
支付其他与筹资活动有关的现金		
筹资活动现金流出小计	62 866. 70	31 787. 68
筹资活动产生的现金流量净额	559 733. 30	278 943. 09
四、汇率变动对现金及现金等价物的影响		
五、现金及现金等价物净增加额	209 739. 58	91 899. 65
加:期初现金及现金等价物余额	129 644. 63	37 744. 98
六、期末现金及现金等价物余额	339 384. 21	129 644. 63

现金流量表

编制单位:安信信托股份有限公司　2016 年度　单位:万元

项目	本期金额	上期金额
一、经营活动产生的现金流量		
客户存款和同业存放款项净增加额		
向中央银行借款净增加额		
向其他金融机构拆入资金净增加额		
存放中央银行和同业款项净减少额		
收取利息的现金	32 662. 30	26 102. 34
收取手续费及佣金的现金	489 308. 75	202 230. 35
收到其他与经营活动有关的现金	67 532. 16	126 752. 45
经营活动现金流入小计	589 503. 21	355 085. 14
客户贷款及垫款净增加额	-94 105. 66	78 812. 00
存放中央银行和同业款项净增加额		
支付利息的现金	13 962. 74	0. 08
支付手续费及佣金的现金	1 413. 22	901. 66

续表

项目	本期金额	上期金额
支付给职工以及为职工支付的现金	29 167. 37	18 033. 94
支付的各项税费	116 311. 47	44 345. 84
支付其他与经营活动有关的现金	49 428. 77	32 343. 82
经营活动现金流出小计	116 177. 91	174 437. 34
经营活动产生的现金流量净额	473 325. 30	180 647. 80
二、投资活动产生的现金流量:		
收回投资收到的现金	1 459 335. 91	1 129 709. 69
取得投资收益收到的现金	32 183. 21	13 813. 64
处置固定资产、无形资产和其他长期资产收回的现金净额		
收到其他与投资活动有关的现金		
投资活动现金流入小计	1 491 519. 12	1 143 523. 33
投资支付的现金	2 190 579. 90	1 510 088. 14
购建固定资产、无形资产和其他长期资产支付的现金	643. 44	1 126. 43
支付其他与投资活动有关的现金		
投资活动现金流出小计	2 191 223. 34	1 511 214. 57
投资活动产生的现金流量净额	-699 704. 22	-367 691. 24
三、筹资活动产生的现金流量:		
吸收投资收到的现金	497 600. 00	310 730. 77
发行债券收到的现金		
收到其他与筹资活动有关的现金		
筹资活动现金流入小计	497 600. 00	310 730. 77
偿还债务支付的现金		
分配股利、利润或偿付利息支付的现金	61 946. 14	31 787. 68
支付其他与筹资活动有关的现金		
筹资活动现金流出小计	61 946. 14	31 787. 68
筹资活动产生的现金流量净额	435 653. 86	278 943. 09
四、汇率变动对现金及现金等价物的影响		
五、现金及现金等价物净增加额	209 274. 94	91 899. 65
加:期初现金及现金等价物余额	129 644. 63	37 744. 98
六、期末现金及现金等价物余额	338 919. 57	129 644. 63

5.1.5 合并及公司所有者权益变动表

合并所有者权益变动表

编制单位：安信信托股份有限公司　　　2016 年度　　　单位：万元

项　目	本期												
	归属于母公司所有者权益											少数股东权益	所有者权益合计
	股本	其他权益工具			资本公积	减:库存股	其他综合收益	专项储备	盈余公积	一般风险准备	未分配利润		
		优先股	永续债	其他									
一、上年年末余额	176 988. 98				182 709. 93		289. 65		31 466. 05	24 168. 39	215 268. 92		630 891. 92
加:会计政策变更													
前期差错更正													
同一控制下企业合并													
其他													
二、本年年初余额	176 988. 98				182 709. 93		289. 65		31 466. 05	24 168. 39	215 268. 92		630 891. 92
三、本期增减变动金额(减少以“－”号填列)	30 175. 33				467 125. 37		2 175. 43		30 339. 48	22 898. 05	188 211. 08		740 924. 74
(一)综合收益总额							2 175. 43				303 394. 75		305 570. 18
(二)所有者投入和减少资本	30 175. 33				467 125. 37								497 300. 70
1. 股东投入的普通股	30 175. 33				467 125. 37								497 300. 70
2. 其他权益工具持有者投入资本													
3. 股份支付计入所有者权益的金额													
4. 其他													
(三)利润分配									30 339. 48	22 898. 05	-115 183. 67		-61 946. 14
1. 提取盈余公积									30 339. 48		-30 339. 48		
2. 提取一般风险准备										22 898. 05	-22 898. 05		
3. 对所有者(或股东)的分配											-61 946. 14		-61 946. 14
4. 其他													
(四)所有者权益内部结转													
1. 资本公积转增资本(或股本)													
2. 盈余公积转增资本(或股本)													
3. 盈余公积弥补亏损													
4. 其他													
(五)专项储备													
1. 本期提取													
2. 本期使用													
(六)其他													
四、本期期末余额	207 164. 32				649 835. 30		2 465. 08		61 805. 53	47 066. 44	403 480. 00		1 371 816. 67

合并所有者权益变动表(续)

编制单位:安信信托股份有限公司

2016 年度

单位:万元

项　　目	上期												
	归属于母公司所有者权益											少数股东权益	所有者权益合计
	股本	其他权益工具			资本公积	减:库存股	其他综合收益	专项储备	盈余公积	一般风险准备	未分配利润		
		优先股	永续债	其他									
一、上年年末余额	45 410. 98				3 859. 85		716. 70		14 244. 57	11 819. 20	104 412. 43		180 463. 73
加:会计政策变更													
前期差错更正													
同一控制下企业合并													
其他													
二、本年年初余额	45 410. 98				3 859. 85		716. 70		14 244. 57	11 819. 20	104 412. 43		180 463. 73
三、本期增减变动金额(减少以“－”号填列)	131 578. 00				178 850. 08		－427. 05		17 221. 48	12 349. 19	110 856. 49		450 428. 19
(一)综合收益总额							－427. 05				172 214. 86		171 787. 81
(二)所有者投入和减少资本	25 384. 61				285 043. 47								310 428. 08
1. 股东投入的普通股	25 384. 61				285 043. 47								310 428. 08
2. 其他权益工具持有者投入资本													
3. 股份支付计入所有者权益的金额													
4. 其他													
(三)利润分配									17 221. 48	12 349. 19	－61 358. 37		－31 787. 70
1. 提取盈余公积									17 221. 48		－17 221. 48		
2. 提取一般风险准备										12 349. 19	－12 349. 19		
3. 对所有者(或股东)的分配											－31 787. 70		－31 787. 70
4. 其他													
(四)所有者权益内部结转	106 193. 39				－106 193. 39								
1. 资本公积转增资本(或股本)	106 193. 39				－106 193. 39								
2. 盈余公积转增资本(或股本)													
3. 盈余公积弥补亏损													
4. 其他													
(五)专项储备													
1. 本期提取													
2. 本期使用													
(六)其他													
四、本期期末余额	176 988. 98				182 709. 93		289. 65		31 466. 05	24 168. 39	215 268. 92		630 891. 92

所有者权益变动表

编制单位：安信信托股份有限公司　　2016年度　　单位：万元

项　目	本期							
	股本	资本公积	其他综合收益	专项储备	盈余公积	一般风险准备	未分配利润	所有者权益合计
一、上年年末余额	176 988.98	182 709.93	289.65		31 466.05	24 168.39	215 268.92	630 891.92
加：会计政策变更								
前期差错更正								
其他								
二、本年年初余额	176 988.98	182 709.93	289.65		31 466.05	24 168.39	215 268.92	630 891.92
三、本期增减变动金额（减少以"－"号填列）	30 175.33	467 125.36	2 175.43		30 339.47	22 898.05	188 211.08	740 924.72
（一）综合收益总额			2 175.43				303 394.74	305 570.17
（二）所有者投入和减少资本	30 175.33	467 125.36						497 300.69
1. 股东投入的普通股	30 175.33	467 125.36						497 300.69
2. 其他权益工具持有者投入资本								
3. 股份支付计入所有者权益的金额								
4. 其他								
（三）利润分配					30 339.47	22 898.05	－115 183.66	－61 946.14
1. 提取盈余公积					30 339.47		－30 339.47	
2. 提取一般风险准备						22 898.05	－22 898.05	
3. 对股东的分配							－61 946.14	－61 946.14
4. 其他								
（四）所有者权益内部结转								
1. 资本公积转增资本（或股本）								
2. 盈余公积转增资本（或股本）								
3. 盈余公积弥补亏损								
4. 其他								
（五）专项储备								
1. 本期提取								
2. 本期使用								
（六）其他								
四、本期期末余额	207 164.32	649 835.30	2 465.08		61 805.53	47 066.44	403 480.00	1 371 816.67

所有者权益变动表（续）

编制单位：安信信托股份有限公司　　2016年度　　单位：万元

项　目	上期							
	股本	资本公积	其他综合收益	专项储备	盈余公积	一般风险准备	未分配利润	所有者权益合计
一、上年年末余额	45 410.98	3 859.85	716.70		14 244.57	11 819.20	104 412.43	180 463.73
加：会计政策变更								
前期差错更正								
其他								
二、本年年初余额	45 410.98	3 859.85	716.70		14 244.57	11 819.20	104 412.43	180 463.73
三、本期增减变动金额（减少以"－"号填列）	131 578.00	178 850.08	－427.05		17 221.48	12 349.19	110 856.49	450 428.19
（一）综合收益总额			－427.05				172 214.86	171 787.81
（二）所有者投入和减少资本	25 384.61	285 043.47						310 428.08
1. 股东投入的普通股	25 384.61	285 043.47						310 428.08
2. 其他权益工具持有者投入资本								
3. 股份支付计入所有者权益的金额								
4. 其他								
（三）利润分配					17 221.48	12 349.19	－61 358.37	－31 787.70
1. 提取盈余公积					17 221.48		－17 221.48	
2. 提取一般风险准备						12 349.19	－12 349.19	
3. 对股东的分配							－31 787.70	－31 787.70
4. 其他								
（四）所有者权益内部结转	106 193.39	－106 193.39						
1. 资本公积转增资本（或股本）	106 193.39	－106 193.39						
2. 盈余公积转增资本（或股本）								
3. 盈余公积弥补亏损								
4. 其他								
（五）专项储备								
1. 本期提取								
2. 本期使用								
（六）其他								
四、本期期末余额	176 988.98	182 709.93	289.65		31 466.05	24 168.39	215 268.92	630 891.92

5.2 信托资产

5.2.1 信托项目资产负债汇总表(信托业务数据未经审计)

资产负债表

编制单位:安信信托股份有限公司　　2016 年 12 月 31 日　　单位:万元

信托资产	期末数	期初数	信托负债和信托权益	期末数	期初数
信托资产:			信托负债:		
货币资金	1 236 925. 99	1 056 262. 29	交易性金融负债	0. 00	0. 00
拆出资金	0. 00	0. 00	衍生金融负债	0. 00	0. 00
存出保证金	0. 00	0. 00	应付受托人报酬	0. 00	17 570. 32
交易性金融资产	0. 00	0. 00	应付保管费	0. 00	0. 00
衍生金融资产	0. 00	0. 00	应付受益人收益	26 439. 37	11 922. 30
买入返售金融资产	0. 00	0. 00	应交税费	0. 00	0. 00
应收款项	5 638 504. 28	3 096 501. 05	应付销售服务费	0. 00	0. 00
发放贷款	12 080 593. 45	13 251 446. 07	其他应付款项	52 700. 56	31 427. 11
可供出售金融资产	38 160. 00	45 000. 00	其他负债	0. 00	0. 00
持有至到期投资	2 109 197. 18	4 619 376. 66	信托负债合计	79 139. 93	60 919. 73
长期应收款					
长期股权投资	2 391 786. 50	1 522 414. 20	信托权益:		
投资性房地产	0. 00	0. 00	实收信托	23 323 893. 34	23 438 835. 64
固定资产	0. 00	0. 00	资本公积	4 840. 00	11 680. 00
无形资产	0. 00	0. 00	外币报表折算差额	0. 00	0. 00
长期待摊费用	0. 00	0. 00	未分配利润	87 294. 13	79 564. 90
其他资产	0. 00	0. 00	信托权益合计	23 416 027. 47	23 530 080. 54
信托资产总计	23 495 167. 40	23 591 000. 27	信托负债及信托权益总计	23 495 167. 40	23 591 000. 27

5.2.2 信托项目利润及利润分配汇总表

利润及利润分配表

编制单位:安信信托股份有限公司　　2016 年 1—12 月　　单位:万元

项目	本年累计金额	上年累计金额
1. 营业收入	2 225 976. 50	1 640 484. 50
1. 1 利息收入	1 292 033. 81	1 115 971. 73
1. 2 投资收益	505 841. 07	236 365. 01
1. 2. 1 对联营企业和合营企业的投资收益	0. 00	0. 00
1. 3 公允价值变动损益	0. 00	0. 00
1. 4 租赁收入	0. 00	0. 00
1. 5 汇兑损益	0. 00	0. 00
1. 6 其他收入	428 101. 62	288 147. 76
2. 支出	580 787. 48	315 790. 63
2. 1 税金及附加	0. 00	0. 00
2. 2 受托人报酬	442 457. 47	209 855. 16
2. 3 保管费	10 413. 81	5 925. 67
2. 4 投资管理费	0. 00	0. 00
2. 5 销售服务费	6 742. 65	6 407. 35
2. 6 交易费用	0. 00	0. 00
2. 7 资产减值损失	25 504. 85	0. 00
2. 8 其他费用	95 668. 70	93 602. 45
3. 信托净利润	1 645 189. 02	1 324 693. 87
4. 其他综合收益	−6 840. 00	6 240. 00
5. 综合收益	1 638 349. 02	1 330 933. 87
6. 加:期初未分配信托利润	79 564. 90	50 105. 11
7. 可供分配的信托利润	1 724 753. 92	1 374 798. 98
8. 减:本期已分配信托利润	1 637 459. 79	1 295 234. 08
9. 期末未分配信托利润	87 294. 13	79 564. 90

6. 会计报表附注

6.1 会计报表编制基准不符合会计核算基本前提的说明

6.1.1 会计报表不符合会计核算基本前提的事项

本报告期无会计报表不符合会计核算基本前提的事项。

6.1.2 企业合并及合并财务报表

公司合并财务报表范围包括本公司控制的结构化主体,纳入合并范围的结构化主体。

本公司对结构化主体是否应纳入合并范围进行判断,包括本公司作为受托人的结构化主体和本公司投资的由其他机构发行的结构化主体。

本公司认购或受让的资产管理计划、基金、信托计划,综合考虑本公司对该等结构化主体拥有的权利及参与该等结构化主体的相关活动而享有可变回报等控制因素,认定将本公司控制的8个结构化主体纳入合并范围。

6.2 重要会计政策和会计估计说明

6.2.1 计提资产减值准备的范围和方法

6.2.1.1 金融资产减值准备计提

除以公允价值计量且其变动计入当期损益的金融资产外,本公司于资产负债表日对金融资产的账面价值进行检查,当有客观证据表明金融资产因在其初始确认后发生的一项或多项损失事件而发生减值,且这些损失事件对该项或该组金融资产的预计未来现金流量产生的影响能可靠估计时,本公司认定该项或该组金融资产已发生减值并确认减值损失。表明金融资产发生减值的客观证据,是指金融资产初始确认后实际发生的、对该金融资产的预计未来现金流量有影响,且本公司能够对该影响进行可靠计量的事项。

6.2.1.1.1　以摊余成本计量的金融资产

如果有客观证据表明该金融资产发生减值，则将该金融资产的账面价值减记至预计未来现金流量（不包括尚未发生的未来信用损失）现值，减记金额计入当期损益。预计未来现金流量现值，按照该金融资产原实际利率（即初始确认时计算确定的实际利率）折现确定，并考虑相关担保物的价值。对于浮动利率，在计算未来现金流量现值时采用合同规定的现行实际利率作为折现率。

对单项金额重大的金融资产单独进行减值测试，如有客观证据表明其已发生减值，确认减值损失，计入当期损益。对单项金额不重大的金融资产，包括在具有类似信用风险特征的金融资产组合中进行减值测试。单独测试未发生减值的金融资产，包括在具有类似信用风险特征的金融资产组合中再进行减值测试。已单项确认减值损失的金融资产，不包括在具有类似信用风险特征的金融资产组合中进行减值测试。

当金融资产无法收回时，在完成所有必要程序及确定损失金额后，本集团对该金融资产进行核销，冲减相应的资产减值准备。

本公司对以摊余成本计量的金融资产确认减值损失后，如有客观证据表明该金融资产价值已恢复，且客观上与确认该损失后发生的事项有关，原确认的减值损失予以转回，计入当期损益。

6.2.1.1.2　可供出售金融资产的减值准备

表明可供出售权益工具投资发生减值的客观证据包括权益工具投资的公允价值发生严重或非暂时性下跌。本公司于资产负债表日对各项可供出售权益工具投资单独进行检查，若该权益工具投资于资产负债表日的公允价值低于其初始投资成本超过50%（含50%）或低于其初始投资成本持续时间超过一年（含一年）的，则表明其发生减值；若该权益工具投资于资产负债表日的公允价值低于其初始投资成本超过20%（含20%）但尚未达到50%的，本公司会综合考虑其他相关因素诸如价格波动率等，判断该权益工具投资是否发生减值。本公司以加权平均法计算可供出售权益工具投资的初始投资成本。

如果可供出售金融资产发生减值，原计入其他综合收益的因公允价值下降形成的累计损失，予以转出，计入当期损益。该转出的累计损失金额等于可供出售金融资产的初始取得成本扣除已收回本金和已摊销金额后与当前公允价值之前的差额，减去原已计入损益的减值损失后的余额。

对于已确认减值损失的可供出售债务工具，在随后的会计期间公允价值已上升且客观上与确认原减值损失后发生的事项有关的，原确认的减值损失予以转回，计入当期损益。可供出售权益工具投资发生的减值损失，不通过损益转回，减值之后发生的公允价值增加直接在其他综合收益中确认。

6.2.1.2　应收款项坏账准备

6.2.1.2.1　单项金额重大的应收款项坏账准备计提

单项金额重大的判断依据或金额标准：应收款项余额前五名或占应收账款10%以上的款项之和。

单项金额重大应收款项坏账准备的计提方法：单独进行减值测试，如有客观证据表明其已发生减值，按预计未来现金流量现值低于其账面价值的差额计提坏账准备，计入当期损益。单独测试未发生减值的应收款项，将其归入相应组合计提坏账准备。

6.2.1.2.2　按组合计提坏账准备应收款项

组合中，采用余额百分比法计提坏账准备：

组合名称	应收账款计提比例（%）	其他应收款计提比例（%）
按余额百分比法计提坏账准备组合	0.6	0.6

6.2.1.2.3　单项金额虽不重大但单项计提坏账准备的应收账款

单项计提坏账准备的理由：估计可收回性存在较大疑问的应收款项。

坏账准备的计提方法：单独进行减值测试，并根据测试结果确定具体的坏账准备比例。

6.2.2　金融资产四分类的范围和标准

管理层按照取得持有金融资产和承担金融负债的目的，将其划分为以公允价值计量且其变动计入当期损益的金融资产或金融负债，包括交易性金融资产或金融负债和直接指定为以公允价值计量且其变动计入当期损益的金融资产或金融负债；持有至到期投资；贷款和应收款项；可供出售金融资产；其他金融负债等。

6.2.3　交易性金融资产核算方法

以公允价值计量且其变动计入当期损益的金融资产（金融负债）。

取得时以公允价值（扣除已宣告但尚未发放的现金股利或已到付息期但尚未领取的债券利息）作为初始确认金额，相关的交易费用计入当期损益。

持有期间将取得的利息或现金股利确认为投资收益，期末将公允价值变动计入当期损益。

处置时，其公允价值与初始入账金额之间的差额确认为投资收益，同时调整公允价值变动损益。

6.2.4　可供出售金融资产核算方法

取得时按公允价值（扣除已宣告但尚未发放的现金股利或已到付息期但尚未领取的债券利息）和相关交易费用之和作为初始确认金额。

持有期间将取得的利息或现金股利确认为投资收益。期末以公允价值计量且将公允价值变动计入其他综合收益。但是，在活跃市场中没有报价且其公允价值不能可靠计量的权益工具投资，以及与该权益工具挂钩并须通过交付该权益工具结算的衍生金融资产，按照成本计量。

处置时，将取得的价款与该金融资产账面价值之间的差额，计入投资损益；同时，将原直接计入其他综合收益的公允价值变动累计额对应处置部分的金额转出，计入当期损益。

6.2.5　持有至到期投资核算方法

取得时按公允价值（扣除已到付息期但尚未领取的债券利息）和相关交易费用之和作为初始确认金额。

持有期间按照摊余成本和实际利率计算确认利息收入，计入投资收益。实际利率在取得时确定，在该预期存续期间或适用的更短期间内保持不变。

处置时，将所取得价款与该投资账面价值之间的差额计入投资收益。

6.2.6　长期股权投资核算方法

6.2.6.1　共同控制、重大影响的判断标准

共同控制是指按照相关约定对某项安排所共有的控制，并

且该安排的相关活动必须经过分享控制权的参与方一致同意后才能决策。本公司与其他合营方一同对被投资单位实施共同控制且对被投资单位净资产享有权利的，被投资单位为本公司的合营企业。

重大影响是指对一个企业的财务和经营决策有参与决策的权力，但并不能够控制或者与其他方一起共同控制这些政策的制定。本公司能够对被投资单位施加重大影响的，被投资单位为本公司联营企业。

6.2.6.2　初始投资成本的确定

6.2.6.2.1　企业合并形成的长期股权投资

同一控制下的企业合并，公司以支付现金、转让非现金资产或承担债务方式以及以发行权益性证券作为合并对价的，在合并日按照取得被合并方所有者权益在最终控制方合并财务报表中的账面价值的份额作为长期股权投资的初始投资成本。

非同一控制下的企业合并，公司按照购买日确定的合并成本作为长期股权投资的初始投资成本。

6.2.6.2.2　其他方式取得的长期股权投资

以支付现金方式取得的长期股权投资，按照实际支付的购买价款作为初始投资成本。以发行权益性证券取得的长期股权投资，按照发行权益性证券的公允价值作为初始投资成本。

6.2.6.3　后续计量及损益确认方法

6.2.6.3.1　成本法核算的长期股权投资

公司对子公司的长期股权投资，采用成本法核算。除取得投资时实际支付的价款或对价中包含的已宣告但尚未发放的现金股利或利润外，公司按照享有被投资单位宣告发放的现金股利或利润确认当期投资收益。

6.2.6.3.2　权益法核算的长期股权投资

对联营企业和合营企业的长期股权投资，采用权益法核算。初始投资成本大于投资时应享有被投资单位可辨认净资产公允价值份额的差额，不调整长期股权投资的初始投资成本；初始投资成本小于投资时应享有被投资单位可辨认净资产公允价值份额的差额，计入当期损益。

公司按照应享有或应分担的被投资单位实现的净损益和其他综合收益的份额，分别确认投资收益和其他综合收益，同时调整长期股权投资的账面价值；按照被投资单位宣告分派的利润或现金股利计算应享有的部分，相应减少长期股权投资的账面价值；对于被投资单位除净损益、其他综合收益和利润分配以外所有者权益的其他变动，调整长期股权投资的账面价值并计入所有者权益。

在确认应享有被投资单位净损益的份额时，以取得投资时被投资单位可辨认净资产的公允价值为基础，并按照公司的会计政策及会计期间，对被投资单位的净利润进行调整后确认。在持有投资期间，被投资单位编制合并财务报表的，以合并财务报表中的净利润、其他综合收益和其他所有者权益变动中归属于被投资单位的金额为基础进行核算。

在公司确认应分担被投资单位发生的亏损时，按照以下顺序进行处理：首先，冲减长期股权投资的账面价值。其次，长期股权投资的账面价值不足以冲减的，以其他实质上构成对被投资单位净投资的长期权益账面价值为限继续确认投资损失，冲减长期应收项目等的账面价值。最后，经过上述处理，按照投资合同或协议约定企业仍承担额外义务的，按预计承担的义务确认预计负债，计入当期投资损失。

6.2.6.3.3　长期股权投资的处置

处置长期股权投资，其账面价值与实际取得价款的差额，计入当期损益。

采用权益法核算的长期股权投资，在处置该项投资时，采用与被投资单位直接处置相关资产或负债相同的基础，按相应比例对原计入其他综合收益的部分进行会计处理。因被投资单位除净损益、其他综合收益和利润分配以外的其他所有者权益变动而确认的所有者权益，按比例结转入当期损益，由于被投资方重新计量设定受益计划净负债或净资产变动而产生的其他综合收益除外。

因处置部分股权投资等原因丧失了对被投资单位的共同控制或重大影响的，处置后的剩余股权改按金融工具确认和计量准则核算，其在丧失共同控制或重大影响之日的公允价值与账面价值之间的差额计入当期损益。原股权投资因采用权益法核算而确认的其他综合收益，在终止采用权益法核算时采用与被投资单位直接处置相关资产或负债相同的基础进行会计处理。因被投资方除净损益、其他综合收益和利润分配以外的其他所有者权益变动而确认的所有者权益，在终止采用权益法核算时全部转入当期损益。

因处置部分股权投资、因其他投资方对子公司增资而导致本公司持股比例下降等原因丧失了对被投资单位控制权的，在编制个别财务报表时，剩余股权能够对被投资单位实施共同控制或重大影响的，改按权益法核算，并对该剩余股权视同自取得时即采用权益法核算进行调整；剩余股权不能对被投资单位实施共同控制或施加重大影响的，改按金融工具确认和计量准则的有关规定进行会计处理，其在丧失控制之日的公允价值与账面价值间的差额计入当期损益。

处置的股权是因追加投资等原因通过企业合并取得的，在编制个别财务报表时，处置后的剩余股权采用成本法或权益法核算的，购买日之前持有的股权投资因采用权益法核算而确认的其他综合收益和其他所有者权益按比例结转；处置后的剩余股权改按金融工具确认和计量准则进行会计处理的，其他综合收益和其他所有者权益全部结转。

6.2.7　投资性房地产核算方法

目前无投资性房地产。

6.2.8　固定资产计价和折旧方法

6.2.8.1　固定资产确认条件

固定资产是指为生产商品、提供劳务、出租或经营管理而持有，并且使用寿命超过一个会计年度的有形资产。固定资产在同时满足下列条件时予以确认：(1)与该固定资产有关的经济利益很可能流入企业；(2)该固定资产的成本能够可靠地计量。

6.2.8.2　各类固定资产的折旧方法

固定资产折旧采用年限平均法分类计提，根据固定资产类别、预计使用寿命和预计净残值率确定折旧率。如固定资产各组成部分的使用寿命不同或者以不同方式为企业提供经济利益，则选择不同折旧率或折旧方法，分别计提折旧。

融资租赁方式租入的固定资产，能合理确定租赁期届满时将会取得租赁资产所有权的，在租赁资产尚可使用年限内计提折旧；无法合理确定租赁期届满时能够取得租赁资产所有权的，在租赁期与租赁资产尚可使用年限两者中较短的期间内计提折旧。

各类固定资产折旧年限和年折旧率如下：

类别	折旧年限(年)	残值率(%)	年折旧率(%)
房屋及建筑物	35	5	2.71
专用设备	3~5	5	19.00~31.67
运输设备	4	5	23.75
其他设备	6	5	15.83

6.2.8.3 固定资产的减值测试方法、减值准备计提方法

公司在每期末判断固定资产是否存在可能发生减值的迹象。

固定资产存在减值迹象的，估计其可收回金额。可收回金额根据固定资产的公允价值减去处置费用后的净额与固定资产预计未来现金流量的现值两者之间较高者确定。

当固定资产的可收回金额低于其账面价值的，将固定资产的账面价值减记至可收回金额，减记的金额确认为固定资产减值损失，计入当期损益，同时计提相应的固定资产减值准备。

固定资产减值损失确认后，减值固定资产的折旧在未来期间作相应调整，以使该固定资产在剩余使用寿命内，系统地分摊调整后的固定资产账面价值（扣除预计净残值）。

固定资产的减值损失一经确认，在以后会计期间不再转回。

有迹象表明一项固定资产可能发生减值的，企业以单项固定资产为基础估计其可收回金额。企业难以对单项固定资产的可收回金额进行估计的，以该固定资产所属的资产组为基础确定资产组的可收回金额。

6.2.9 无形资产计价及摊销政策

6.2.9.1 无形资产的计价方法

6.2.9.1.1 公司取得无形资产时按成本进行初始计量

外购无形资产的成本，包括购买价款、相关税费以及直接归属于使该项资产达到预定用途所发生的其他支出。购买无形资产的价款超过正常信用条件延期支付，实质上具有融资性质的，无形资产的成本以购买价款的现值为基础确定。

债务重组取得债务人用于抵债的无形资产，以该无形资产的公允价值为基础确定其入账价值，并将重组债务的账面价值与该用于抵债的无形资产公允价值之间的差额，计入当期损益。

在非货币性资产交换具备商业实质且换入资产或换出资产的公允价值能够可靠计量的前提下，非货币性资产交换换入的无形资产以换出资产的公允价值为基础确定其入账价值，除非有确凿证据表明换入资产的公允价值更加可靠；不满足上述前提的非货币性资产交换，以换出资产的账面价值和应支付的相关税费作为换入无形资产的成本，不确认损益。

以同一控制下的企业吸收合并方式取得的无形资产按被合并方的账面价值确定其入账价值；以非同一控制下的企业吸收合并方式取得的无形资产按公允价值确定其入账价值。

内部自行开发的无形资产，其成本包括开发该无形资产时耗用的材料、劳务成本、注册费、在开发过程中使用的其他专利权和特许权的摊销以及满足资本化条件的利息费用，以及为使该无形资产达到预定用途前所发生的其他直接费用。

6.2.9.1.2 后续计量

在取得无形资产时分析判断其使用寿命。

对于使用寿命有限的无形资产，在为企业带来经济利益的期限内按直线法摊销；无法预见无形资产为企业带来经济利益期限的，视为使用寿命不确定的无形资产，不予摊销。

6.2.9.2 使用寿命有限的无形资产的使用寿命估计情况

软件从购入月份在受益期内平均摊销。

每期末，对使用寿命有限的无形资产的使用寿命及摊销方法进行复核。

经复核，本年期末无形资产的使用寿命及摊销方法与以前估计未有不同。

6.2.9.3 无形资产减值准备的计提

对于使用寿命确定的无形资产，如有明显减值迹象的，期末进行减值测试。

对于使用寿命不确定的无形资产，每期末进行减值测试。

对于无形资产进行减值测试，估计其可收回金额。有迹象表明一项无形资产可能发生减值的，公司以单项无形资产为基础估计其可收回金额。公司难以对单项资产的可收回金额进行估计的，以该无形资产所属的资产组为基础确定无形资产组的可收回金额。

可收回金额根据无形资产的公允价值减去处置费用后的净额与无形资产预计未来现金流量的现值两者之间较高者确定。

当无形资产的可收回金额低于其账面价值的，将无形资产的账面价值减记至可收回金额，减记的金额确认为无形资产减值损失，计入当期损益，同时计提相应的无形资产减值准备。

无形资产减值损失确认后，减值无形资产的折耗或者摊销费用在未来期间作相应调整，以使该无形资产在剩余使用寿命内，系统地分摊调整后的无形资产账面价值（扣除预计净残值）。

无形资产的减值损失一经确认，在以后会计期间不再转回。

6.2.10 长期应收款的核算方法

目前无长期应收款资产。

6.2.11 长期待摊费用的摊销政策

长期待摊费用为已经发生但应由本期和以后各期负担的分摊期限在一年以上的各项费用。

6.2.11.1 摊销方法

长期待摊费用在受益期内平均摊销。

6.2.11.2 摊销年限

经营租赁方式租入的固定资产改良支出，按剩余租赁期与租赁资产尚可使用年限两者中较短的期限平均摊销。

6.2.12 合并会计报表的编制方法

6.2.12.1 合并范围

本公司合并财务报表的合并范围以控制为基础确定，包括本公司、本公司控制的子公司及受本公司控制的结构化主体。

6.2.12.2 合并程序

本公司编制合并财务报表，将整个企业集团视为一个会计主体，依据相关企业会计准则的确认、计量和列报要求，按照统一的会计政策，反映本企业集团整体财务状况、经营成果和现

金流量。

所有纳入合并财务报表合并范围的子公司、结构化主体所采用的会计政策、会计期间与本公司一致,如子公司、结构化主体采用的会计政策、会计期间与本公司不一致的,在编制合并财务报表时,按本公司的会计政策、会计期间进行必要的调整。对于非同一控制下企业合并取得的子公司,以购买日可辨认净资产公允价值为基础对其财务报表进行调整。对于同一控制下企业合并取得的子公司,以其资产、负债(包括最终控制方收购该子公司而形成的商誉)在最终控制方财务报表中的账面价值为基础对其财务报表进行调整。

子公司、结构化主体所有者权益、当期净损益和当期综合收益中属于少数股东的份额分别在合并资产负债表中所有者权益项目下、合并利润表中净利润项目下和综合收益总额项目下单独列示。子公司、结构化主体少数股东分担的当期亏损超过了少数股东在该子公司、结构化主体期初所有者权益中所享有份额而形成的余额,冲减少数股东权益。

6.2.12.2.1　增加子公司或业务

在报告期内,若因同一控制下企业合并增加子公司或业务的,则调整合并资产负债表的期初数;将子公司或业务合并当期期初至报告期末的收入、费用、利润纳入合并利润表;将子公司或业务合并当期期初至报告期末的现金流量纳入合并现金流量表,同时对比较报表的相关项目进行调整,视同合并后的报告主体自最终控制方开始控制时点起一直存在。

在报告期内,若因非同一控制下企业合并增加子公司或业务的,则不调整合并资产负债表期初数;将该子公司或业务自购买日至报告期末的收入、费用、利润纳入合并利润表;该子公司或业务自购买日至报告期末的现金流量纳入合并现金流量表。

6.2.12.2.2　处置子公司或业务

第一,一般处理方法。在报告期内,本公司处置子公司或业务,则该子公司或业务期初至处置日的收入、费用、利润纳入合并利润表;该子公司或业务期初至处置日的现金流量纳入合并现金流量表。

因处置部分股权投资或其他原因丧失了对被投资方控制权时,对于处置后的剩余股权投资,本公司按照其在丧失控制权日的公允价值进行重新计量。处置股权取得的对价与剩余股权公允价值之和,减去按原持股比例计算应享有原有子公司自购买日或合并日开始持续计算的净资产的份额与商誉之和的差额,计入丧失控制权当期的投资收益。与原有子公司股权投资相关的其他综合收益或除净损益、其他综合收益及利润分配之外的其他所有者权益变动,在丧失控制权时转为当期投资收益,由于被投资方重新计量设定受益计划净负债或净资产变动而产生的其他综合收益除外。

因其他投资方对子公司增资而导致本公司持股比例下降从而丧失控制权的,按照上述原则进行会计处理。

第二,分步处置子公司。

通过多次交易分步处置对子公司股权投资直至丧失控制权的,处置对子公司股权投资的各项交易的条款、条件以及经济影响符合以下一种或多种情况,通常表明应将多次交易事项作为一揽子交易进行会计处理:

一是这些交易是同时或者在考虑了彼此影响的情况下订立的;

二是这些交易整体才能达成一项完整的商业结果;

三是一项交易的发生取决于其他至少一项交易的发生;

四是一项交易单独看是不经济的,但是和其他交易一并考虑时是经济的。

处置对子公司股权投资直至丧失控制权的各项交易属于一揽子交易的,本公司将各项交易作为一项处置子公司并丧失控制权的交易进行会计处理;但是,在丧失控制权之前每一次处置价款与处置投资对应的享有该子公司净资产份额的差额,在合并财务报表中确认为其他综合收益,在丧失控制权时一并转入丧失控制权当期的损益。

处置对子公司股权投资直至丧失控制权的各项交易不属于一揽子交易的,在丧失控制权之前,按不丧失控制权的情况下部分处置对子公司的股权投资的相关政策进行会计处理;在丧失控制权时,按处置子公司一般处理方法进行会计处理。

6.2.12.3　购买子公司少数股权

本公司因购买少数股权新取得的长期股权投资与按照新增持股比例计算应享有子公司自购买日(或合并日)开始持续计算的净资产份额之间的差额,调整合并资产负债表中的资本公积中的股本溢价,资本公积中的股本溢价不足冲减的,调整留存收益。

6.2.12.4　不丧失控制权的情况下部分处置对子公司的股权投资

在不丧失控制权的情况下因部分处置对子公司的长期股权投资而取得的处置价款与处置长期股权投资相对应享有子公司自购买日或合并日开始持续计算的净资产份额之间的差额,调整合并资产负债表中的资本公积中的股本溢价,资本公积中的股本溢价不足冲减的,调整留存收益。

6.2.13　收入确认原则和方法

6.2.13.1　利息收入确认和计量原则

利息收入金额,按照他人使用本企业货币资金的时间和实际利率计算确定。

实际利率是指按金融工具的预计存续期间或更短期间将其预计未来现金流入折现至其金融资产账面净值的利率。利息收入的计算需要考虑金融工具的合同条款并且包括所有归属于实际利率组成部分的费用和所有交易成本,但不包括未来贷款损失。当单项金融资产或一组类似的金融资产发生减值,利息收入将按原实际利率和减值后的账面价值计算。

6.2.13.2　手续费及佣金收入确认和计量原则

手续费及佣金收入在同时满足以下两个条件时确认:(1)相关的服务已经提供;(2)根据合同约定,收取的金额可以可靠计量。

6.2.14　所得税的会计处理方法

对于可抵扣暂时性差异确认递延所得税资产,以未来期间很可能取得的用来抵扣可抵扣暂时性差异的应纳税所得额为限。对于能够结转以后年度的可抵扣亏损和税款抵减,以很可能获得用来抵扣可抵扣亏损和税款抵减的未来应纳税所得额为限,确认相应的递延所得税资产。

对于应纳税暂时性差异,除特殊情况外,确认递延所得税负债。

不确认递延所得税资产或递延所得税负债的特殊情况包

括：商誉的初始确认；除企业合并以外的发生时既不影响会计利润也不影响应纳税所得额（或可抵扣亏损）的其他交易或事项。

当拥有以净额结算的法定权利，且意图以净额结算或取得资产、清偿负债同时进行时，当期所得税资产及当期所得税负债以抵销后的净额列报。

6.2.15 信托报酬确认原则和方法

手续费及佣金收入在同时满足以下两个条件时确认：（1）相关的服务已经提供；（2）根据合同约定，收取的金额可以可靠计量。

6.2.16 主要会计政策、会计估计的变更

6.2.16.1 会计政策变更

6.2.16.1.1 执行《增值税会计处理规定》。

财政部于2016年12月3日发布了《增值税会计处理规定》（财会[2016]22号），适用于2016年5月1日起发生的相关交易。本公司执行该规定的主要影响：将利润表中的“营业税金及附加”项目调整为“税金及附加”项目。

6.2.16.1.2 会计估计变更

本报告期公司主要会计估计未发生变更。

6.3 或有事项说明

未决诉讼。

中国信达资产管理股份有限公司辽宁省分公司（以下简称辽宁信达）依据2015年1月8日生效的最高人民法院（2014）民提字第163号民事判决书向辽宁省大连市中级人民法院（以下简称大连中院）申请执行安信信托应支付其自2007年8月6日起算至今的迟延履行金人民币16 140 848.24元。

2015年8月18日，大连中院签发民事裁定书（稿）[（2015）大执字第72号]，冻结安信信托银行存款16 130 847.11元，冻结期限自2015年8月18日至2016年8月17日。

2016年3月18日，辽宁省大连市中级人民法院作出执行裁定书[（2015）大执字第134号]，解除对安信信托自2007年8月6日至最高人民法院民事判决[（2014）民提字第163号]确定的履行届满期间的利息部分的强制执行措施。

辽宁信达以及安信信托因均不服上述执行裁定书，分别于2016年3月24日、2016年3月30日依法向辽宁省高级人民法院申请复议。目前，该案正在辽宁省高级人民法院审理期间。

6.4 重要资产转让及其出售的说明

本报告期无重要资产转让及出售。

6.5 会计报表中重要项目的明细资料

6.5.1 自营资产经营情况

6.5.1.1 信用风险资产五级分类情况

信用风险资产五级分类	正常类（万元）	关注类（万元）	次级类（万元）	可疑类（万元）	损失类（万元）	信用风险资产合计（万元）	不良资产合计（万元）	不良资产率（%）
期初数	906 955			6 078		913 033	6 078	0.67
期末数	1 909 781					1 909 781		

注：不良资产合计＝次级类＋可疑类＋损失类。

6.5.1.2 各项资产减值损失准备情况表

单位：万元

	年初余额	本期计提	卖出资产	本期转回	冲销	期末数
贷款损失准备						
一般准备						
专项准备						
其他资产减值准备	6 360.42	-9.85			6 070.04	280.53
可供出售金融资产减值准备						
持有至到期投资减值准备						
长期股权投资减值准备						
坏账准备	6 360.42	-9.85			6 070.04	280.53
固定资产减值准备						
投资性房地产减值准备						

6.5.1.3 自营贷款排名

截至2016年末，公司自营贷款余额389 403万元，其中期末余额前五名的自营贷款排名如下：

单位：元

项目	金额
第一名	1 221 000 000
第二名	549 967 591
第三名	521 000 000
第四名	395 000 000
第五名	350 000 000
合计	3 036 967 591

6.5.1.4 公司当年的收入结构

收入结构	金额（万元）	占比（%）
手续费及佣金收入	452 411	81.58
其中：信托手续费收入	439 342	
中间业务收入	13 069	
利息收入	32 651	5.89
投资收益	27 977	5.05
其中：股权投资收益	2 558	
证券投资收益	10 652	
其他投资收益	14 767	
公允价值变动收益	27 237	4.91
营业外收入	14 253	2.57
收入合计	554 529	100.00

6.5.2 信托财产管理情况

6.5.2.1 信托资产

6.5.2.1.1 主动管理型信托业务的信托资产

单位：万元

主动管理型信托资产	期初数	期末数
证券投资类		
其他投资类	7 748 065.69	9 075 384.05
融资类	2 854 736.48	5 061 216.87
事务管理类		
合计	10 602 802.17	14 136 600.92

6.5.2.1.2　被动管理型信托业务的信托资产

单位：万元

被动管理型信托资产	期初数	期末数
证券投资类		
其他投资类		
融资类	150 927.53	8 181.40
事务管理类	12 837 270.57	9 350 385.09
合计	12 988 198.10	9 358 566.49

6.5.2.2　本年度已清算结束的信托项目个数、实收信托合计金额、加权平均实际年化收益率

6.5.2.2.1　本年度已清算结束的信托项目

已清算结束信托项目	项目个数（个）	实收信托合计金额（万元）	加权平均实际年化收益率（%）
集合类	27	1 230 031.00	10.17
单一类	132	7 630 996.13	8.74
财产管理类	14	168 723.25	5.76

6.5.2.2.2　本年度已清算结束的主动管理型信托项目

已清算结束信托项目	项目个数（个）	实收信托合计金额（万元）	加权平均实际年化信托报酬率（%）	加权平均实际年化收益率（%）
证券投资类	—	—	—	—
其他投资类	22	1 166 230.00	4.28	10.95
融资类	52	1 907 098.90	4.59	12.22
事务管理类	—	—	—	—

6.5.2.2.3　本年度已清算结束的被动管理型信托项目

已清算结束信托项目	项目个数（个）	实收信托合计金额（万元）	加权平均实际年化信托报酬率（%）	加权平均实际年化收益率（%）
证券投资类	—	—	—	—
其他投资类	—	—	—	—
融资类	4	141 719.50	0.10	6.32
事务管理类	95	5 814 701.98	0.41	7.43

6.5.2.3　本年度新增信托项目

新增信托项目	项目个数（个）	实收信托合计金额（万元）
集合类	50	5 659 468.80
单一类	112	6 284 766.50
财产管理类	22	414 448.20
新增合计	184	12 358 683.50
其中：主动管理型	118	8 705 708.80
被动管理型	66	3 652 974.70

6.5.2.4　本公司履行受托人义务情况及因本公司自身责任而导致的信托资产损失情况

近年来，部分信托业务受宏观经济的影响，出现了不同程度的流动性风险。对此，本公司已制定相应的风险管理策略，并建立了有效的危机处理机制。公司根据《信托法》《信托公司管理办法》等相关法律法规和信托文件的规定，在管理和处分信托财产时，履行了恪尽职守、诚实、信用、谨慎、有效管理的义务。没有发生任何损害受益人利益的情况，也无自身责任而导致信托财产损失的情况。

6.5.2.5　信托赔偿准备金的提取、使用和管理情况

根据中国银行业监督管理委员会颁布的《信托公司管理办法》有关规定，公司按当年税后净利润的5%计提信托赔偿准备金。本年度提取信托赔偿准备金15 170万元，信托赔偿准备金余额为32 634万元。

6.6　关联方关系及其交易的披露

6.6.1　关联交易方的数量、关联交易的总金额及关联交易的定价政策等

6.6.2　本企业的关联方

6.6.2.1　本公司的控股股东情况

控股股东名称	注册地	业务性质	注册资本（万元）	对本公司的持股比例（%）	对本公司的表决权比例（%）	本公司最终控制方
上海国之杰投资发展有限公司（以下简称国之杰）	上海市杨浦区	综合	765 279	52.44	52.44	高天国

6.6.2.2　本公司的其他关联方情况

其他关联方名称	其他关联方与本公司的关系
上海谷元房地产开发有限公司	控股股东的股东
上海三至酒店投资管理有限公司	关联人担任其母公司法定代表人
上海国正投资管理有限公司	控股股东的股东
上海假日百货有限公司	关联人担任其母公司董事长

6.6.3　逐笔披露本公司与关联方的重大交易事项

6.6.3.1　固有与关联方交易情况

6.6.3.1.1　关联租赁情况

本公司上海总部办公所在地为海通证券大厦，该物业属关联方上海谷元房地产开发有限公司所有，根据双方签订的房屋租赁合同，2015年度支付租金及相关费用24 046 783.97元，2016年度支付租金及相关费用23 976 385.97元。

本公司向上海三至酒店投资管理有限公司租赁其位于虹口区四平路59号三至喜来登酒店38～39楼，面积共计2 566.2平方米，租赁期限10年。根据双方签订的房屋租赁合同，2015年度支付租金及相关费用8 900 000.00元，2016年度支付租金及相关费用8 900 000.00元。

6.6.3.1.2　其他关联交易

（1）非公开发行股票

根据公司第七届董事会第三十次会议及2015年第三次临时股东大会决议，并经中国银行业监督管理委员会上海监管局“沪银监复[2016]6号”文、中国证券监督管理委员会“证监许可[2016]2956号”文核准，公司以非公开发行方式向上海国之杰投资发展有限公司等5家特定对象发行人民币普通股（A股）301 753 323股，发行价为16.54元/股，均为现金认购。其中，上海国之杰投资发展有限公司认购77 593 712股。

2016 年 12 月 23 日，立信会计师事务所（特殊普通合伙）出具了“信会师报字[2016]第 116651 号”验资报告。经审验，截至 2016 年 12 月 23 日，公司已收到主承销商之海通证券股份有限公司划转的股票募集款 4 975 999 962. 42 元（发行收入 4 990 999 962. 42 元，扣除承销费 14 000 000. 00 元、保荐费 1 000 000. 00 元），均以货币出资。公司发行收入 4 990 999 962. 42元，扣除承销费、保荐费以及各项其他发行费用后实际募集资金净额为 4 973 006 952. 83 元。其中增加实收资本（股本）301 753 323. 00 元，增加资本公积—股本溢价 4 671 253 629. 83 元。

2016 年 12 月 27 日，公司在中国证券登记结算有限责任公司上海分公司办理了本次非公开发行相关股份的股权登记及股份限售手续。

2017 年 1 月 5 日，公司办理完成注册资本变更登记，并取得了上海市工商行政管理局换发的《营业执照》。

（2）2015 年 9 月 10 日，公司第七届董事会第二十八次会议审议通过了《公司受让泸州市商业银行股份有限公司股份关联交易》的议案。本期，公司以自有资金受让了上海国正投资管理有限公司和上海假日百货有限公司合计持有的泸州市商业银行股份有限公司股份 4 372 万股，每股受让价格 2. 57 元，合计 11 236. 04 万元。该笔交易已经中国银行业监督管理委员会四川监管局（川银监复[2016]166 号）审批。

（3）关键管理人员薪酬情况

单位：万元

项目名称	本期发生额	上期发生额
关键管理人员薪酬	3 140. 51	2 242. 86

6. 6. 3. 1. 3　关联方应收应付款项

单位：元

项目名称	关联方	应收关联方款项			
		期末余额		年初余额	
		账面余额	坏账准备	账面余额	坏账准备
其他资产—其他应收款					
	上海谷元房地产开发有限公司	4 889 271. 00	29 335. 63	4 889 271. 00	29 335. 63
	上海三至酒店投资管理有限公司	8 158 333. 32	48 950. 00	8 158 333. 32	48 950. 00

6. 6. 3. 2　信托与关联方交易情况

本期无信托与关联方之间的交易。

6. 6. 3. 3　信托公司自有资金运用于自己管理的信托项目（固信交易）

公司用自有资金运用于自己管理的信托计划的信托受益权，期初金额为 12 亿元，本期购买金额 44. 3 亿元，本期赎回金额 12 亿元，期末余额为 44. 3 亿元。

6. 6. 4　逐笔披露关联方逾期未偿还本公司资金的详细情况以及本公司为关联方担保发生或即将发生垫款的详细情况

无关联方逾期未偿还本公司资金的情况及本公司为关联方担保发生或即将发生垫款的情况。

6. 7　会计制度的披露

固有业务（自营业务）、信托业务均执行财政部制定的企业会计准则。

7. 财务情况说明书

7. 1　利润实现和分配情况

2016 年公司实现净利润 303 394. 74 万元；归属于母公司净利润 303 394. 74 万元，累计可供分配利润为 403 480 万元。

根据 2017 年 1 月 24 日召开的第七届董事会第四十六次会议决议，本年度拟以 2016 年末总股本2 071 643 151股为基数，向全体股东每 10 股派发现金红利 6 元（含税），共派发现金红利 1 242 985 890. 60 元；拟以 2016 年末总股本 2 071 643 151股为基数，资本公积金每 10 股转增 12 股，共计 2 485 971 781股。

该议案已经 2016 年股东大会审议通过，至 2017 年 3 月 6 日，2016 年现金红利派发及资本公积转增事宜完成。

7. 2　主要财务指标

指标名称	指标值
资本利润率（%）	41. 15
加权年化信托报酬率（%）	1. 55
人均净利润（万元）	1 536

7. 3　对本公司财务状况、经营成果有重大影响的其他事项

本报告期内无重大影响的其他事件。

8. 特别事项揭示

8. 1　前五名股东报告期内变动情况及原因

2016 年 12 月 27 日，公司在中国证券登记结算有限责任公司上海分公司办理了本次非公开发行相关股份的股权登记及股份限售手续（详情请查阅2016 年 12 月 29 日上海证券交易所、《中国证券报》《上海证券报》《证券时报》，公告编号：临 2016 －048，《非公开发行股票发行结果暨股本变动的公告》）。

报告期内，公司完成非公开发行相关股份的股权登记及股份限售手续。公司本次非公开发行 A 股股票 301 753 323 股，发行对象为公司控股股东上海国之杰投资发展有限公司、上海公信实业有限公司、瀚博汇鑫（天津）投资有限公司、日照岚桥港务有限公司和湘财证券股份有限公司，本次发行新增股份的性质为有限售条件流通股，限售期分别为 60 个月和 36 个月，预计上市可交易时间为 2019 年 12 月 27 日和 2021 年 12 月 27 日。如遇法定节假日或休息日，则顺延至其后的

第一个交易日。本次非公开发行完成后，公司总股本增加至2 071 643 151股。

8.2 董事、监事及高级管理人员变动情况及原因

报告期内，公司第七届董事会第三十九次会议聘任冯之鑫先生为公司风控总监。

8.3 变更注册资本、变更注册地或公司名称、公司分立合并事项

报安信信托股份有限公司（以下简称公司）经中国证券监督管理委员会《关于核准安信信托股份有限公司非公开发行股票的批复》（证监许可[2016]2956号）核准，公司完成了向特定对象非公开发行301 753 323股新股。本次非公开发行完成后，公司股份总数由1 769 889 828股增至2 071 643 151股，注册资本增至2 071 643 151元。

2017年1月，公司办理完成注册资本变更登记，并取得了上海市工商行政管理局换发的《营业执照》。本次工商变更完成后，公司注册资本变更为207 164.3151万元，其余登记事项不变。

8.4 公司的重大诉讼事项

8.4.1 重大未决诉讼事项

报告期内，公司无重大未决诉讼事项。

8.4.2 以前年度发生，于本报告年度内终结的诉讼事项

报告期内，公司无以前年度发生并于本报告年度内终结的诉讼事项。

8.4.3 本报告年度发生，于本报告年度内终结的诉讼事项

报告期内，公司无本报告年度发生，于本报告年度内终结的诉讼事项。

8.5 公司及其董事、监事和高级管理人员受到处罚的情况

报告期内公司及其董事、监事、高级管理人员、公司股东、实际控制人均未受中国证监会的稽查、行政处罚、通报批评及证券交易所的公开谴责。

8.6 银监会及其派出机构对公司检查后提出整改意见的，应简单说明整改情况

本报告期内，银监会及其派出机构未对公司进行现场检查。

8.7 本年度重大事项临时报告的简要内容、披露时间、所披露的媒体及其版面

公告编号	事项	刊载的纸刊名称及版面	刊载日期	刊载的互联网网站及检索路径
临2016-001	关于2015年度业绩预增的公告	《中国证券报》B004版；《上海证券报》B64版；《证券时报》B39版	2016年1月13日	http://www.sse.com.cn
临2016-002	第七届董事会第三十三次会议决议公告	《中国证券报》A21版；《上海证券报》33版；《证券时报》B30版	2016年1月18日	http://www.sse.com.cn
临2016-003	第七届监事会第二十三次会议决议公告	《中国证券报》A21版；《上海证券报》33版；《证券时报》B30版	2016年1月18日	http://www.sse.com.cn
	2015年度报告摘要及全文	《中国证券报》A21版；《上海证券报》33版；《证券时报》B30版	2016年1月18日	http://www.sse.com.cn
	2015年度募集资金存放与实际使用情况报告	《中国证券报》A21版；《上海证券报》33版；《证券时报》B30版	2016年1月18日	http://www.sse.com.cn
	前次募集资金使用情况报告	《中国证券报》A21版；《上海证券报》33版；《证券时报》B30版	2016年1月18日	http://www.sse.com.cn
	海通证券股份有限公司关于安信信托非公开发行股票之2015年持续督导报告书	《中国证券报》A21版；《上海证券报》33版；《证券时报》B30版	2016年1月18日	http://www.sse.com.cn
临2016-004	收到上海银监局关于同意公司募集新股份方案批复的公告	《中国证券报》B008版；《上海证券报》B64版；《证券时报》B099版	2016年1月20日	http://www.sse.com.cn
临2016-005	关于非公开发行股票申请材料获中国证监会行政许可申请受理的公告	《中国证券报》B004版；《上海证券报》B32版；《证券时报》B34版	2016年1月28日	http://www.sse.com.cn
临2016-006	第七届董事会第三十四次会议决议公告	《中国证券报》；《上海证券报》B72版；《证券时报》B62版	2016年2月26日	http://www.sse.com.cn
临2016-007	关于收到《中国证监会行政许可项目审查反馈意见通知书》的公告	《中国证券报》B012版；《上海证券报》44版；《证券时报》B45版	2016年3月3日	http://www.sse.com.cn
临2016-008	第七届董事会第三十五次会议决议公告	《中国证券报》B012版；《上海证券报》44版；《证券时报》B39版	2016年3月9日	http://www.sse.com.cn
临2016-009	关于非公开发行股票预案修订情况说明的公告	《中国证券报》B012版；《上海证券报》44版；《证券时报》B39版	2016年3月9日	http://www.sse.com.cn
临2016-010	关于非公开发行股票摊薄即期回报对公司主要财务指标的影响及公司拟采取措施的公告	《中国证券报》B012版；《上海证券报》44版；《证券时报》B39版	2016年3月9日	http://www.sse.com.cn

续表

公告编号	事项	刊载的报纸名称及版面	刊载日期	刊载的互联网网站及检索路径
临 2016－011	关于召开2015年年度股东大会的通知	《中国证券报》B012版；《上海证券报》44版；《证券时报》B39版	2016年3月9日	http：//www. sse. com. cn
临 2016－012	关于最近五年被证券监管部门和交易所采取监管措施或处罚情况的公告	《中国证券报》；《上海证券报》72版；《证券时报》B059版	2016年3月12日	http：//www. sse. com. cn
临 2016－013	非公开发行股票申请文件反馈意见回复的公告	《中国证券报》；《上海证券报》72版；《证券时报》B059版	2016年3月12日	http：//www. sse. com. cn
临 2016－014	2015年年度股东大会决议的公告	《中国证券报》；《上海证券报》92版；《证券时报》B151版	2016年3月30日	http：//www. sse. com. cn
临 2016－015	2015年度利润分配实施公告	《中国证券报》；《上海证券报》101版；《证券时报》B37版	2016年4月7日	http：//www. sse. com. cn
临 2016－016	关于调整发行底价和发行数量的公告	《中国证券报》B040版；《上海证券报》53版；《证券时报》B8版	2016年4月14日	http：//www. sse. com. cn
临 2016－017	第七届董事会第三十六次会议决议公告	《中国证券报》；《上海证券报》56版；《证券时报》B107版	2016年4月16日	http：//www. sse. com. cn
	2016年第一季度报告正文及全文	《中国证券报》；《上海证券报》56版；《证券时报》B107版	2016年4月16日	http：//www. sse. com. cn
临 2016－018	关于非公开发行股票申请文件反馈意见回复修订的公告	《中国证券报》B032版；《上海证券报》105版；《证券时报》B42版	2016年4月23日	http：//www. sse. com. cn
临 2016－019	第七届董事会第三十七次会议决议公告	《中国证券报》B007版；《上海证券报》348版；《证券时报》B356版	2016年4月29日	http：//www. sse. com. cn
临 2016－020	第七届监事会第二十五次会议决议公告	《中国证券报》B007版；《上海证券报》348版；《证券时报》B356版	2016年4月29日	http：//www. sse. com. cn
	非公开发行A股股票预案（二次修订稿）		2016年4月29日	http：//www. sse. com. cn
临 2016－021	关于本次非公开发行股票涉及关联交易的公告	《中国证券报》B007版；《上海证券报》348版；《证券时报》B356版	2016年4月29日	http：//www. sse. com. cn
临 2016－022	关于非公开发行股票预案二次修订情况说明的公告	《中国证券报》B007版；《上海证券报》348版；《证券时报》B356版	2016年4月29日	http：//www. sse. com. cn
临 2016－023	关于召开2016年第一次临时股东大会的通知	《中国证券报》B007版；《上海证券报》348版；《证券时报》B356版	2016年4月29日	http：//www. sse. com. cn
临 2016－024	2016年第一次临时股东大会决议公告	《中国证券报》B012版；《上海证券报》44版；《证券时报》B12版	2016年5月17日	http：//www. sse. com. cn
临 2016－025	关于受让泸州市商业银行股份有限公司股权的进展公告	《中国证券报》；《上海证券报》96版；《证券时报》B43版	2016年6月4日	http：//www. sse. com. cn
临 2016－026	关于非公开发行A股股票申请获得中国证券监督管理委员会发行审核通过的公告	《中国证券报》B052版；《上海证券报》84版；《证券时报》B1版	2016年6月16日	http：//www. sse. com. cn
临 2016－027	第七届董事会第三十八次会议决议公告	《中国证券报》；《上海证券报》；《证券时报》版	2016年6月25日	http：//www. sse. com. cn
临 2016－028	关于2016年半年度业绩预增的公告	《中国证券报》B005版；《上海证券报》52版；《证券时报》B27版	2016年7月8日	http：//www. sse. com. cn
临 2016－029	第七届董事会第三十九次会议决议公告	《中国证券报》B017版；《上海证券报》48版；《证券时报》B59版	2016年7月16日	http：//www. sse. com. cn
临 2016－030	关于集体接待日的公告	《中国证券报》；《上海证券报》60版；《证券时报》B088版	2016年7月19日	http：//www. sse. com. cn
	2016年半年报摘要	《中国证券报》B077版；《上海证券报》；《证券时报》B178版	2016年7月26日	http：//www. sse. com. cn
临 2016－031	第七届董事会第四十次会议决议公告	《中国证券报》B077版；《上海证券报》；《证券时报》B178版	2016年7月26日	http：//www. sse. com. cn
临 2016－032	2016年半年度募集资金存放与实际使用情况报告	《中国证券报》B077版；《上海证券报》；《证券时报》B178版	2016年7月26日	http：//www. sse. com. cn
临 2016－033	关于增持泸州市商业银行股份有限公司股权的进展公告	《中国证券报》B004版；《上海证券报》100版；《证券时报》B001版	2016年9月29日	http：//www. sse. com. cn

续表

公告编号	事项	刊载的报纸名称及版面	刊载日期	刊载的互联网网站及检索路径
临 2016 -034	第七届董事会第四十一次会议决议公告	《中国证券报》B009 版;《上海证券报》84 版;《证券时报》B016 版	2016 年 10 月 12 日	http://www.sse.com.cn
临 2016 -035	关于 2016 年第三季度业绩预增的公告	《中国证券报》B016 版;《上海证券报》60 版;《证券时报》B042 版	2016 年 10 月 21 日	http://www.sse.com.cn
临 2016 -036	第七届董事会第四十二次会议决议公告	《中国证券报》B085 版;《上海证券报》77 版;《证券时报》B258 版	2016 年 10 月 28 日	http://www.sse.com.cn
临 2016 -037	第七届监事会第二十七次会议决议公告	《中国证券报》B085 版;《上海证券报》77 版;《证券时报》B258 版	2016 年 10 月 28 日	http://www.sse.com.cn
临 2016 -038	关于延长非公开发行股票股东大会决议及授权有效期的公告	《中国证券报》B085 版;《上海证券报》77 版;《证券时报》B258 版	2016 年 10 月 28 日	http://www.sse.com.cn
临 2016 -039	关于召开 2016 年第二次临时股东大会的通知	《中国证券报》B085 版;《上海证券报》77 版;《证券时报》B258 版	2016 年 10 月 28 日	http://www.sse.com.cn
临 2016 -040	关于修订《公司章程》的公告	《中国证券报》B085 版;《上海证券报》77 版;《证券时报》B258 版	2016 年 10 月 28 日	http://www.sse.com.cn
	2016 年三季报正文	《中国证券报》B085 版;《上海证券报》77 版;《证券时报》B258 版	2016 年 10 月 28 日	http://www.sse.com.cn
临 2016 -041	第七届董事会第四十三次会议决议公告	《中国证券报》B012 版;《上海证券报》33 版;《证券时报》B48 版	2016 年 11 月 5 日	http://www.sse.com.cn
临 2016 -042	关于终止关联交易的公告	《中国证券报》B012 版;《上海证券报》33 版;《证券时报》B48 版	2016 年 11 月 5 日	http://www.sse.com.cn
临 2016 -043	2016 年第二次临时股东大会决议公告	《中国证券报》B009 版;《上海证券报》61 版;《证券时报》B54 版	2016 年 11 月 17 日	http://www.sse.com.cn
临 2016 -044	关于渤海人寿保险股份有限公司股权投资项目进展的公告	《中国证券报》B004 版;《上海证券报》124 版;《证券时报》B39 版	2016 年 11 月 22 日	http://www.sse.com.cn
临 2016 -045	第七届董事会第四十四次会议决议公告	《中国证券报》B012 版;《上海证券报》85 版;《证券时报》B51 版	2016 年 11 月 29 日	http://www.sse.com.cn
临 2016 -046	关于非公开发行股票获得中国证券监督管理委员会核准批文的公告	《中国证券报》B005 版;《上海证券报》116 版;《证券时报》B50 版	2016 年 12 月 9 日	http://www.sse.com.cn
临 2016 -047	第七届董事会第四十五次会议决议公告	《中国证券报》B010 版;《上海证券报》92 版;《证券时报》B47 版	2016 年 12 月 29 日	http://www.sse.com.cn
临 2016 -048	非公开发行股票发行结果暨股本变动公告	《中国证券报》B010 版;《上海证券报》92 版;《证券时报》B47 版	2016 年 12 月 29 日	http://www.sse.com.cn
临 2016 -049	关于签订募集资金专户存储三方监管协议的公告	《中国证券报》B010 版;《上海证券报》92 版;《证券时报》B47 版	2016 年 12 月 29 日	http://www.sse.com.cn

8.8 银监会及其省级派出机构认定的其他有必要让客户及相关利益人了解的重要信息

本报告期内,公司已经按有关规定充分披露信息,无银监会及其省级派出机构认定的其他有必要让客户及相关利益人了解的重要信息。

8.9 其他重要事项

无其他重要事项。

百瑞信托有限责任公司

1. 重要提示

1.1　本公司董事会及董事保证本报告所载资料不存在任何虚假记载、误导性陈述或者重大遗漏,并对其内容的真实性、准确性和完整性承担个别及连带责任。

1.2　公司全体董事出席了董事会。无董事声明异议。

1.3　公司独立董事曾刚先生、张明洪先生、姚毅女士声明:保证本年度报告内容的真实性、准确性和完整性。

1.4　大信会计师事务所(特殊普通合伙)为本公司出具了标准无保留意见的审计报告。

1.5　公司总裁石笑东先生、董事会秘书王克槿女士和计划财务部总经理刘芳女士声明:保证本年度报告中财务报告的真实、完整。

2. 公司概况

2.1　公司简介

2.1.1　公司历史沿革

公司前身为郑州信托投资公司,始建于 1986 年 4 月 15 日,注册资本为 1 000 万元,注册地为河南省郑州市;1988 年 7 月,公司开始与郑州市财务开发公司合署办公;1990 年 11 月,郑州市财政局将公司的注册资本补充为 5 006.7 万元;1992 年 10 月,公司与郑州市财务开发公司分设重组,1993 年 2 月 18 日重组开业;2002 年 9 月,经中国人民银行总行批准,公司重新登记,更名为百瑞信托投资有限责任公司,注册资本 35 000 万元;2007 年 11 月,经中国银行业监督管理委员会(以下简称银监会)批准,公司换领新的金融许可证后更名为百瑞信托有限责任公司。自 2008 年 3 月起,公司历经数次增资扩股,截至 2016 年末注册资本增至 400 000 万元。

2.1.2　公司法定中文名称:百瑞信托有限责任公司
中文简称:百瑞信托
公司法定英文名称:Bridge Trust Co. ,Ltd.
英文缩写:BRTC
公司法定代表人:王振京(根据河南银监局 2017 年 4 月 1 日作出的《关于核准百瑞信托有限责任公司董事长任职资格的批复》(豫银监复[2017] 68 号),王振京先生董事长资格获得核准并正式履职,公司 4 月 13 日完成工商登记,法定代表人由马宝军先生变更为王振京先生)
公司注册地址:河南省郑州市郑东新区商务外环路 10 号中原广发金融大厦
邮政编码:450018
公司网址:www. brxt. net
公司电子信箱:brxt@ brxt. net

2.1.3　公司负责信息披露事务的高级管理人员:董事会秘书王克槿女士
联系电话:0371 -65817171
电子信箱:wkj@ brxt. net

2.1.4　公司负责信息披露事务的联系人:董事会办公室副主任康磊先生
联系电话:0371 -65817003
电子信箱:kanglei@ brxt. net
传真:0371 -69177300

2.1.5　公司选定的信息披露报纸:《上海证券报》

2.1.6　公司年度报告备置地点:公司董事会办公室

2.1.7　公司聘请的会计师事务所:大信会计师事务所(特殊普通合伙)
住所:北京市海淀区知春路 1 号学院国际大厦 15 层

2.1.8　公司聘请的律师事务所:上海锦天城(郑州)律师事务所
住所:河南省郑州市金水东路 49 号绿地原盛国际 3 号楼 A 座 7 楼

2.2　组织结构

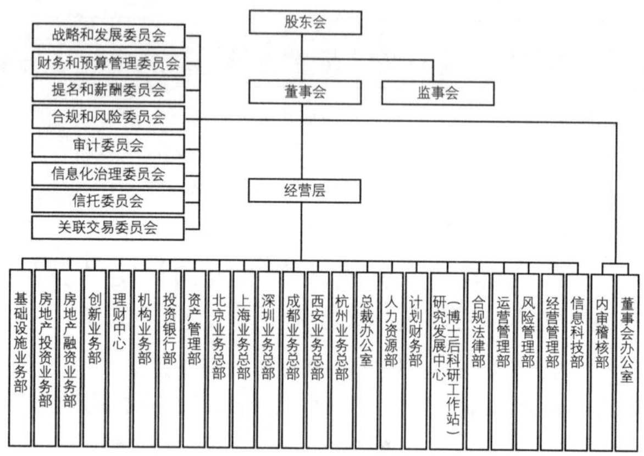

3. 公司治理结构

3.1　公司股东

3.1.1　截至 2016 年 12 月 31 日,公司共有 8 家股东,最终实际控制人为国家电力投资集团公司。股东国家电投集团资本控股有限公司为国家电力投资集团公司二级子公司。以下是持有本公司出资比例前三位的股东情况。

股东名称	持股比例(%)	法定代表人	注册资本(亿元)	注册地址	主要经营业务及2016年末主要财务情况
国家电投集团资本控股有限公司	50.24	王振京	47.70	北京市西城区金融大街28号院3号楼	主要经营业务:股权投资与资产管理;资产受托管理;投资业务、融资业务的研发与创新;委托与受托投资;为企业重组、并购、创业投资提供服务;投资顾问、投资咨询;有色金属产品销售;组织展览、会议服务(企业依法自主选择经营项目,开展经营活动;依法须经批准的项目,经相关部门批准后依批准的内容开展经营活动;不得从事本市产业政策禁止和限制类项目的经营活动)。 主要财务情况(合并报表):资产总额6 757 625万元,负债总额5 248 078万元,所有者权益总额1 509 547万元。
摩根大通	19.99	—	—	c/o CT Corporation, 1209 Orange Street, Wilmington, New Castle, Delaware, DE 19801-1120, USA.	主要经营业务:零售及社区银行,企业及投资银行,商业银行和资产管理。 主要财务情况(合并报表):资产总额24 909.72亿美元,负债总额22 367.82亿美元,所有者权益总额2 541.90亿美元。
郑州市财政局	15.65	刘睿	—	郑州市兴华南街39号	政府职能部门。

注:截至2016年12月31日,摩根大通被批准发行的普通股为90亿股,每股1美元,计90亿美元;被批准发行的优先股2亿股,每股1美元,计2亿美元,共计92亿美元。

3.1.2 公司出资前三位股东的主要股东情况

3.1.2.1 国家电投集团资本控股有限公司主要股东情况

主要股东名称	持股比例(%)	法定代表人	注册资本(亿元)	注册地址	主要经营业务及2016年末主要财务情况
国家电力投资集团公司	100	王炳华	450	北京市西城区金融大街28号院3号楼	主要经营业务:电力(煤电、核电、水电、风电、太阳能发电、天然气发电、垃圾发电、生物质发电、煤层气发电等)、热力的开发、投资、建设、生产、经营和销售;电力配电、售电;与电力相关的煤炭、煤层气、页岩气开发及相关交通运输;铝土矿、氧化铝、电解铝的开发、投资、建设、生产、经营和贸易等业务;节能环保工程投资、建设、生产、运营;核电、火电等电力及相关产业技术的科研开发、技术咨询服务、工程建设、运行、维护、工程监理、招投标代理等;业务范围内设备的成套、配套、监造、运行及检修;电能及相关产业配套设备的销售;对外工程承包和对外劳务合作;进出口业务;业务范围内的境内外投资及相关融资业务(依法须经批准的项目,经相关部门批准后方可开展经营活动)。 主要财务情况(合并报表,未审计):资产总额8 661亿元,负债总额7 111亿元,所有者权益总额1 550亿元。

3.1.2.2 摩根大通主要股东情况

主要股东名称	持股比例(%)	法定代表人	注册资本	注册地址	主要经营业务及2016年末主要财务情况
BlackRock, Inc.	6.6	—	—	55 East 52nd Street, New York, NY 10055	投资管理
The Vanguard Group	6.6	—	—	100 Vanguard Boulevard Malvern, PA 19355	投资管理

注:此处主要股东指截至2016年12月31日持有摩根大通5%以上(含5%)普通股股份的股东。

3.1.2.3 郑州市财政局为机关法人

3.2 公司董事

3.2.1 公司董事会成员

姓名	职务	性别	年龄	选任日期	任期(年)	所推举的股东名称	股东持股比例(%)	简要履历
马宝军	董事长	男	54	2014年3月27日	3	资本控股	50.24	2002年5月至2003年7月任公司董事长兼总经理;2003年7月至2011年4月任公司董事长;2011年4月至2011年12月在中电投财务有限公司任党组成员兼百瑞信托有限责任公司董事长;2011年12月至2015年7月在中电投融和控股投资有限公司、中电投财务有限公司任党组成员兼百瑞信托有限责任公司董事长;2015年7月至2016年8月任国家电投集团资本控股有限公司党组成员兼百瑞信托有限责任公司董事长;2016年8月起任百瑞信托有限责任公司董事长。
苏琛	董事	女	44	2014年3月27日	3	资本控股	50.24	曾在北京压缩机研究所、美国3CX公司北京代表处等公司工作;2005年9月起历任中电投财务有限公司综合管理部职员、劳资管理高级主管、综合管理部人力资源经理、综合管理部总经理助理兼人力资源经理、人力资源部副总经理;2012年2月至2014年5月任中电投融和控股投资有限公司、中电投财务有限公司人力资源部总经理;2014年5月至2015年9月任中电投融和控股投资有限公司人力资源部总经理;2015年9月至2016年3月任国家电投集团资本控股有限公司人力资源部总经理;2016年3月至今任国家电投集团资本控股有限公司总经理助理兼人力资源部总经理。

续表

姓 名	职 务	性别	年龄	选任日期	任期（年）	所推举的股东名称	股东持股比例（%）	简 要 履 历
陈 立	董事	男	44	2016年11月8日	0.5	资本控股	50.24	曾在湖南省建行湖南电力专业分行、建行长沙市迎宾办事处、建行长沙市马王堆分理处等工作；2010年7月至2011年3月在国家核电技术公司财务部任一级业务主管；2011年3月至2015年9月在国核财务有限公司历任结算部副经理、资金部副经理、资金部经理；2015年9月至2016年3月在中电投财务有限公司计划资金部任副总经理（部门总经理级）；2016年3月至2016年7月在国家电投集团资本控股有限公司任战略发展部副总经理（部门总经理级）；2016年7月至今在国家电投集团资本控股有限公司战略发展部任总经理。
熊丽生	董事	男	49	2014年3月27日	3	资本控股	50.24	曾在江西省粮食干部学校、三九集团进出口公司、蔚深证券有限责任公司、英大证券有限责任公司工作；2010年9月至2013年7月任中电投财务有限公司投资管理部经理兼中电投先融期货有限公司董事长；2013年7月至2014年5月在中电投融和控股投资有限公司、中电投财务有限公司运营管理部任总经理兼中电投先融期货有限公司董事长；2014年5月至2015年1月在中电投融和控股投资有限公司运营管理部任总经理兼中电投先融期货有限公司董事长，2015年1月至2016年12月任中电投财务有限公司投资管理部总经理。
樊玉涛	董事	男	51	2014年3月27日	3	郑州股东	29.77	1988年7月起在郑州市财政局工作，历任预算处处长、国库处处长；2009年7月至2016年3月任总经济师；2016年3月至今任副局长。
张可欣	董事	男	51	2014年3月27日	3	郑州股东	29.77	曾任郑州市自来水总公司柿园水厂副厂长、郑州市自来水总公司设计院院长、支部书记、郑州市自来水总公司总经理助理、副总经理；2010年12月至今任郑州自来水投资控股有限公司党委委员、董事会董事、总经理。
何耀东	董事	男	42	2014年8月1日	2.8	摩根大通	19.99%	曾在香港德勤会计师事务所、瑞士信贷第一波士顿香港有限公司工作；2005年8月至2011年8月在摩根大通集团工作，历任亚洲地区信贷市场业务控制专员、亚洲地区自营投资管理首席财务官、中国区财务总监及首席运营官；2011年8月至2016年9月任摩根大通亚太区财务控制总监；2016年9月至2017年2月任摩根大通亚太区财务控制总监兼东南亚、韩国、中国香港及中国台湾地区首席运营官；2017年2月至今任摩根大通东南亚、韩国、中国香港及中国台湾地区首席运营官。

注：1. 国家电投集团资本控股有限公司简称资本控股；

2. 根据公司章程规定，郑州市财政局、郑州自来水投资控股有限公司、郑州市金水区财政局、巩义市财政局、登封市财政局和中牟县财政局合称为郑州股东。

3.2.2 公司独立董事

姓名	所在单位及职务	性别	年龄	选任日期	所推举的股东名称	股东持股比例（%）	简 要 履 历
曾刚	中国社会科学院金融所研究员、教授	男	42	2016年5月10日	—	—	2003年7月至2005年9月任中国社会科学院金融研究所货币理论与政策研究室助理研究员；2005年9月至2008年10月在中国社会科学院金融所国际金融与经济研究室任副主任，副研究员；2008年10月至2015年12月在中国社会科学院金融所银行研究室历任副主任、副研究员、主任、研究员；2015年12月至今任国家金融与发展实验室银行研究中心主任、中国社会科学院金融所银行研究室主任、中小银行研究基地主任，多所高校兼职教授、博士生导师。
姚毅	天达共和律师事务所合伙人律师	女	51	2014年3月27日	—	—	曾在北京市对外经济律师事务所、澳大利亚铭德律师事务所墨尔本办公室等单位工作；1995年5月至2014年8月任北京市共和律师事务所合伙人律师；2014年8月至今任天达共和律师事务所合伙人律师。
张明洪	郑州乔天置业有限公司副总经理	男	56	2014年3月27日	—	—	曾在郑州市财政局、河南大桥石化有限公司工作；2011年4月至2014年8月在河南宏光奥林匹克置业有限公司任副总经理；2014年8月至今在郑州乔天置业有限公司任副总经理。

3.3 公司监事

姓名	职务	性别	年龄	选任日期	任期	所推举的股东名称	该股东持股比例(%)	简要履历
黄涛	监事会主席	男	43	2014年3月27日	3年	郑州股东	29.77	曾在郑州市金水区审计局、南阳新村街道办事处工作;2012年12月至2014年10月在郑州市金水区财政局任副局长兼金水投资公司经理;2014年10月至今任郑州市金水区兴达路办事处主任。
高鹏飞	监事	男	47	2016年8月31日	8个月	资本控股	50.24	曾在山东电力集团公司财务部、审计办公室综合审计处工作;2008年4月至2008年7月在中电投保险经纪有限公司任高级主管;2008年7月至2009年2月在中电投保险经纪有限公司任总经理助理;2009年2月至2010年7月在中电投保险经纪有限公司任副总经理;2010年7月至2011年6月在中电投保险经纪有限公司任总经理;2011年6月至2013年7月在中电投保险经纪有限公司任执行董事;2013年7月至2015年9月在中电投保险经纪有限公司任执行董事、总经理;2015年9月至2016年3月在国家电投保险经纪公司任执行董事、总经理;2016年3月至今在国家电投集团资本控股有限公司任副总会计师兼财务管理部总经理。
董生玉	监事	男	42	2016年8月31日	8个月	资本控股	50.24	曾在中瑞华恒信会计师事务所、安永华明会计师事务所、毕马威华振会计师事务所工作;2008年3月起至2014年5月历任中电投财务有限公司结算管理部会计主管、投资管理部投行业务主管、投资管理部投行业务管理经理、投资管理部总经理助理兼财务顾问经理;2014年5月至2015年9月在中电投融和控股投资有限公司监察审计与风险管理部任副总经理;2015年9月至2016年3月在国家电投集团资本控股有限公司审计与风险管理部任副总经理;2016年3月至2016年12月在国家电投集团资本控股有限公司监察审计与风险管理部任副总经理;2016年12月至今在国家电投集团资本控股有限公司监察审计部任副总经理。
梁斌	监事	男	43	2014年3月27日	3年	摩根大通	19.99	1997年8月至2005年7月在香港高伟绅国际律师事务所工作;2005年7月至今在摩根大通集团法律部任职,现任摩根大通集团中国区法律总监。
宋继军	监事	男	41	2016年8月31日	8个月	郑州股东	29.77	1996年10月至2002年2月在巩义市财政局涉村、原南河渡财政所工作;2002年2月至2011年3月在巩义市财政局工作,历任预算科副科长、科长;2011年3月至今在巩义市财政局任副局长。
闫继红	职工监事	女	45	2014年3月27日	3年	—	—	1995年起在公司历任国际业务部、投资银行部负责人、信托业务部信托经理、合规风险部风控主管;2010年12月至2013年1月在公司风险稽核部任副总经理;2013年1月至今任内审稽核部总经理。
高志杰	职工监事	男	43	2014年3月27日	3年	—	—	曾在中国建设银行河南濮阳分行工作,任会计、客户经理、票据中心主任;2008年10月起在公司历任研究发展中心研究员、高级研究员;2013年4月至2015年1月任公司研究发展中心副主任;2015年1月至今任公司研究发展中心主任。
李东垚	职工监事	男	40岁	2014年3月27日	3年	—	—	曾在中国农业发展银行开封市分行、科龙电器股份有限公司、西南财经大学信托研究所工作;2008年2月起在公司历任房地产业务部信托助理、信托经理、高级信托经理、成都业务总部总经理;2014年1月至2014年2月在公司房地产业务部任副总经理兼成都业务部总经理;2014年2月至2015年1月在房地产业务部任总经理兼成都业务部总经理;2015年1月至2016年1月在公司房地产业务部任总经理;2016年1月至今任公司房地产投资部总经理。

注:公司监事会没有下属委员会。

3.4 高级管理人员

姓名	职务	性别	年龄	选任日期	金融从业年限(年)	学历	专业	简要履历
石笑东	总裁	男	45	2014年9月26日	24	硕士研究生	工商管理	曾任公司董事会秘书兼总裁办公室主任;2005年9月至2010年7月任公司董事会秘书兼副总裁;2010年7月至2014年9月任公司副总裁;2014年9月至今任公司总裁。
罗靖	执行总裁	男	42	2014年5月13日	9	博士研究生	金融学	曾任公司研究发展中心高级研究员、研究发展中心主任、业务总监;2012年3月至2014年5月任公司副总裁;2014年5月至今任公司执行总裁。

续表

姓 名	职 务	性别	年龄	选任日期	金融从业年限(年)	学历	专业	简 要 履 历
刘英辉	副总裁	女	49	2014年5月13日	22	硕士研究生	工商管理	曾任公司信托业务一部总经理、业务总监兼信托业务一部和信托业务三部总经理;2010年7月至今任公司副总裁。
王克槿	董事会秘书	女	44	2014年5月13日	22	硕士研究生	经济法	曾任公司总裁办公室副主任、主任、人力资源部总经理、董事会秘书兼人力资源部总经理;2011年3月至2014年5月任公司董事会秘书兼财务总监;2014年5月至今任公司董事会秘书。
苏小军	副总裁	男	44	2014年5月13日	21	硕士研究生	工商管理	曾任公司信托业务二部总经理、业务总监;2012年3月至今任公司副总裁。

注:“选任日期”栏中总裁任职时间为监管部门核准资格时间,其他高管任职时间为公司股东会、董事会审议通过时间。

3.5 公司员工

项目		报告期年度		上年度	
		人数(人)	比例(%)	人数(人)	比例(%)
年龄分布	20岁以下	0	0	0	0
	20~29岁	44	23	48	26
	30~39岁	101	52	96	52
	40岁以上	48	25	40	22
学历分布	博士	12	6	12	7
	硕士	132	68	129	70
	本科	41	21	38	21
	专科	3	2	3	1
	其他	5	3	2	1
岗位分布	董事、监事及其他高级管理人员	9	5	9	5
	固有业务人员	17	9	13	7
	信托业务人员	109	56	110	60
	其他人员	58	30	52	28

注:董事、监事及其他高级管理人员不含未在公司就职的董事和监事。

4. 经营管理

4.1 经营目标、经营方针和战略规划

4.1.1 经营目标和经营方针

“追求卓越,与时俱进,做中国信托业的百年老店”是公司坚持追求的经营目标,“客户至上,品誉第一,稳健高效,精诚服务”是公司始终秉承的经营方针,紧密结合中国资产管理行业的发展,立足信托主业,在继续发挥房地产、基础设施和工商企业三大传统业务优势的基础上,及时把握市场变化,积极开拓创新类信托业务,通过满足客户多样化理财需求提升现有客户的品牌忠诚度,大力拓展高净值客户群体,以市场为导向,在市场中求生存,在竞争中求发展,通过全方位的制度化建设,保证各项业务规范运作,保障公司的可持续发展,提高盈利能力。

4.1.2 战略规划

公司根据行业最新发展态势和股东期望,滚动修订公司“十三五”及中长期(2016—2025年)发展战略规划,以保证公司的可持续发展。通过客户中心、产品中心和风控中心三大中心建设,推进公司管理精细化,跻身于行业前列是公司中长期的战略目标。在信托行业由快速发展期向稳定发展期迈进的背景下,公司新的规划力求稳健、有质量地发展;通过持续提升客户服务能力提升客户的品牌忠诚度,大力开拓高净值客户群体;通过做好重点业务布局,根据客户多样化理财需求丰富信托产品种类,提升客户和产品的匹配度,提高公司核心竞争力,形成稳定、可持续的盈利模式,实现公司的长期稳健发展。

4.2 所经营业务的主要内容

自营资产运用与分布表

资产运用	金额(万元)	占比(%)	资产分布	金额(万元)	占比(%)
货币资产	30 387.45	4.07	基础产业	9 500	1.27
贷款及应收款	121 537.27	16.28	房地产业	1 000	0.13
交易性金融资产	60 260.00	8.07	证券市场	57 388.87	7.70
可供出售金融资产	527 438.01	70.67	实业	136 238	18.25
持有至到期投资	—	—	金融机构	31 162.82	4.18
长期股权投资	—	—	其他	511 086.45	68.47
其他	6 753.41	0.91	—	—	—
资产总计	746 376.14	100.00	资产总计	746 376.14	100.00

信托资产运用与分布表

资产运用	金额(万元)	占比(%)	资产分布	金额(万元)	占比(%)
货币资产	154 104.61	0.93	基础产业	4 658 351.80	28.23
贷款	7 916 735.90	47.97	房地产业	3 690 884.35	22.36
交易性金融资产	22 530.89	0.14	证券市场	4 415.59	0.03
可供出售金融资产	2 380 336.91	14.42	实业	3 326 142.85	20.15
持有至到期投资	—	0.00	金融机构	521 446.76	3.16
长期股权投资	3 696 637.71	22.40	其他	4 301 982.95	26.07
其他	2 332 878.28	14.14	—	—	—
信托资产总计	16 503 224.30	100.00	信托资产总计	16 503 224.30	100.00

4.3 市场分析

4.3.1 宏观经济金融形势

2016年全球经济增长不及预期,英国脱欧、特朗普当选、意大利修宪公投被否等事件冲击全球经济和金融市场。在全球经济周期、国内债务周期和新兴产业周期“三期叠加”背景下,国内经济同样呈现出增长乏力态势,在基建、地产、汽车等支撑下国内生产总值(GDP)迈上“70万亿元”台阶,但仅比上年增长6.7%。2016年第三季度以来,国内经济出现稳中向好

势头，零售消费平稳增长，投资增速企稳，工业企业利润逐步改善。年内信托资产管理规模再创新高，达20万亿元，监管政策继续释放红利。然而，受到宏观经济波动及周期叠加的影响，较之以往，信托业景气度有所下降，业务风险有所显现，信托公司面临着转型创新的压力。2017年，货币政策基调仍然稳健，M^2和社会融资存量增速仍将与2016年的13%一致。汇率方面，人民币实际有效汇率仍高估，2017年汇率弹性或继续增强。财政政策方面，应对经济潜在下行压力下，基建投资仍可能保持一定增速。

4.3.2 影响本公司业务发展的主要因素

4.3.2.1 促进公司业务发展的有利因素

4.3.2.1.1 行业制度建设不断完善

中国信托登记有限公司（以下简称中信登）于2016年成立，中信登统筹下信托产品可能从现在的非标变成标准化，流动性将大幅提升，将对行业发展产生深远影响。信保基金规模约1 000亿元，基本满足行业风险保障。《信托公司监管评级办法》进一步推进信托公司评级管理，不同评级结果将对应不同风险调整系数，直接影响公司未来业务规模拓展。监管部门提出信托八大业务分类也为信托业未来转型指明方向。2016年内多家信托公司曲线上市，也表明了监管层对信托行业的商业模式和运行状况的认同。

4.3.2.1.2 信托资产质量有所提升

在宏观经济略有复苏及银行信贷资产不良好转的态势下，信托的资产投向与不良率都在可控范围，资产质量有所提升。从行业来看，20万亿元信托资产主要投向工商制造业、金融机构、证券市场、基础设施行业以及房地产等。2016年，河南自贸区、郑州国家中心城市等利好为公司在基础设施及房地产等传统领域发展提供机遇，同时公司积极开拓股权投资、PPP、定增并购等创新业务。基础设施领域，公司多与优良地方政府平台合作，风险可控。房地产和工商企业等周期性行业，目前通过去杠杆、去库存等手段，风险也大大化解，行业与公司资产的安全系数均有所提升。

4.3.2.1.3 集团联动发展进一步深化

公司根据国家电投资本控股的部署，紧紧围绕国家电投金融板块“四化”“四中心”发展定位，以强化风控为前提，以提升业绩为核心，以转型创新为方向，以管理升级为抓手，以人才培养为基石，不断加大与集团业务对接的力度，先后在清洁能源产业基金、资产证券化、企业年金等方面持续投入，同时在国家电投内部资产重组、核电产业链打造等方面寻求业务机会，进一步发挥集团对接业务对稳定公司业务规模的支撑作用。

4.3.2.2 影响公司业务发展的不利因素

2016年，资管市场竞争进一步加剧，基金子公司、券商资管、期货资管等开展类信托业务，对信托的分流效应较大。同时伴随信托行业政策收紧，信托行业制度优势进一步减弱。原有的传统业务领域（基础设施融资和房地产融资）业务机会持续收窄。同时，利率持续下行，交易对手融资渠道加大，信托业务开展的难度不断加大。信托行业管理规模增速呈下滑态势反映的是现阶段信托行业发展所面临的问题。传统业务难以支撑行业营收持续增长，资产证券化、家族信托、消费信托、慈善信托等创新业务未能形成稳定的营业收入增长点。

4.4 内部控制

4.4.1 内部控制环境和内部控制文化

为保证公司规范运作，有效防范和化解经营风险，确保公司经营、财务和其他信息真实、准确、完整，最大限度地维护信托当事人、债权人、公司股东及其他利益相关者的合法权益，公司按照《公司法》《信托公司治理指引》及相关法律、法规的要求，建立了包括股东会、董事会、监事会和高级管理层在内的完善的法人治理结构，各自根据公司章程确定的职责范围行使职权，在保持相互独立的基础上，做到了有机协调和相互制衡。

公司通过建立和完善法人治理结构，强化决策机制，充分发挥股东会、董事会和监事会的决策与监督作用。公司采用多种方式将良好、诚信的企业文化在公司内传播，通过责任目标的制定、激励考核机制的导向、晋升通道的完善、开展以企业文化为主题的各类活动，增加员工归属感和忠诚度。同时，也将“诚信、创新、务实、高效”的理念和“缔造财富价值、责任重于泰山”的精神贯穿于公司的各项制度和日常经营管理中，并最终落实在履行受托人职责上。公司牢固树立内部控制和风险管理优先的审慎经营理念，积极培养员工的风险防范意识，营造浓厚的内控文化氛围。

4.4.2 内部控制措施

4.4.2.1 履行内部控制职能的部门

公司根据业务发展的需要设立了业务部门和职能部门，并按照职责分离的原则设立相应的工作岗位，各个岗位都有明确的岗位职责说明和清晰的报告关系。在此基础上，公司努力建立健全内部约束机制，实行前台、中台、后台的岗位职责分离。

4.4.2.2 内部控制的主要政策、制度、程序及执行情况

公司遵循全面性、审慎性、制衡性和相匹配原则，确定业务受理及初审、业务决策及风险控制、业务核算及业务监督相分离的部门和岗位，建立了对风险进行事前防范、事中控制、事后监督和纠正的动态机制。

公司内部控制制度由公司法人治理制度、基本管理制度、具体规章组成。其中，公司法人治理制度包括公司章程、董事、监事产生办法、股东会议事规则、董事会议事规则、监事会议事规则等。公司基本管理制度包括内部控制管理制度、风险管理制度、关联交易管理制度、财务管理制度、人力资源管理制度、信托业务管理制度、自营业务管理制度、反腐败、反贿赂、反舞弊管理制度、内部审计制度和信息披露管理制度等。公司具体规章是指公司基本管理制度的实施细则或具体业务的管理办法及其附属流程。

公司章程的制定充分考虑了《公司法》及相关法律法规的要求，股东会、董事会、监事会、高级管理层等相应的议事规则切实可行，董事会下属委员会有明确的委员构成、职权权限和工作细则，公司日常管理和业务经营决策等环节均有章可循。

内部控制执行方面，一是公司各部门进行自我评估和分析，对发现内部控制的隐患和缺陷及时报告，并据此对相关规章制度进行调整和补充，使得公司的各项规章制度在实际工作中得到有效执行；二是公司合规法律部与内审稽核部分别承担检查公司制度执行情况、定期评价内部控制制度有效性的职责；三是由公司董事会下属的合规和风险委员会监督检查公司经营活动的合法合规性，信托委员会监督公司管理信托财产时

依法履行受托人职责的情况。通过以上措施，公司内部控制体系不断完善，同时经营层的自律和独立于经营层的外部监督，保证了内部控制体系在促进业务稳健经营和持续发展方面能够有效发挥作用。

4.4.3 信息交流与反馈

公司内部信息交流方面：通过建立各项规章制度，明确了公司股东会、董事会、监事会、高级管理层、各部门负责人及员工职责和报告路径，从而使各级管理者和员工能够及时了解和掌握公司的经营管理情况，有效履行各自的职责。

公司与外部信息交流方面：一是采取书面、媒体发布等形式，向监管部门、受益人报告公司的重大事项和项目管理情况；二是树立良好的外部形象，让客户了解、认知公司，建立并充分运用外部网站，及时更新和发布公司概况、公司动态、产品推介、信息披露、客户服务等内容；三是通过短信、电话通知、设立400免费客服电话和在营业场所提供服务等方式，向客户推介产品信息、解答问题，力求最大限度地履行诚实、信用、谨慎、有效管理的义务，切实维护受益人的利益；四是公司不断努力提升公司内刊《百瑞财富》《百瑞研究》的编辑出版质量，并通过向重点客户和合作伙伴免费寄送，使其成为客户了解公司的重要宣传载体，有力地促进了公司品牌宣传和形象提升。

4.4.4 监督评价与纠正

公司的内控监督体系包括三个层面：一是对股东会负责的监事会，主要对董事会、董事及高级管理人员履职情况行使监督职能。二是董事会下属的合规和风险委员会、审计委员会。其中，合规和风险委员会主要负责监督、检查公司经营活动的合法合规性；审查风险管理制度、政策；审查重大风险管理解决方案以及重大决策的风险评估报告；审查经营层提交的公司全面风险评估和合规报告，提出整改意见并督促改进。审计委员会主要负责审查公司的财务收支、效益、预算执行等经营情况；审查公司内部控制的健全性和有效性的审计报告；提议聘请或更换外部审计机构；监督公司内部审计和外部审计中发现的问题及整改情况等。三是对公司董事会负责的内审稽核部和对经营层负责的合规法律部。内审稽核部主要根据董事会的要求，对公司业务和内部管理事项实施内部审计，并对发现的问题进行督促整改，同时审查和评价风险管理的充分性和有效性，及时向董事会、监事会提交内部审计报告；合规法律部主要根据经营层的要求，督导内控制度建设，检查内控制度的执行情况，组织开展业务活动中合规与法律风险的研究、监控与评价。

为了保证稳健经营，防范和化解经营风险，明确风险责任，公司对不履行或不正确履行国家法律法规和公司内部规章制度的人员进行责任追究。

4.5 风险管理

4.5.1 风险管理概况

4.5.1.1 公司经营活动中可能遇到的风险

基于金融行业运营环境和信托业特征，公司在经营活动中可能遇到的主要风险包括合规风险、信用风险、市场风险和操作风险，同时还可能承担流动性风险、法律风险和声誉风险等其他风险。

4.5.1.2 公司风险管理的基本原则和控制政策

为了防范和化解经营风险，保证稳健经营，公司在董事会的领导下，确立了如下风险管理基本原则和政策。

4.5.1.2.1 全面性原则

全员参与风险管理，对所有业务进行全程风险管理，对所有种类的风险进行管理。即将信用风险、市场风险、操作风险以及包含这些风险的各种金融资产与资产组合、承担这些风险的各个业务单位、形成这些风险的交易环节和流程纳入到统一的风险管理体系中，全面覆盖公司的所有部门和岗位，逐步渗透到各项业务过程和每一个操作环节中。

4.5.1.2.2 独立性原则

保持风险管理决策、监控的独立性，并与业务决策适当分离。公司风险控制中心在董事会、合规和风险委员会的领导下，客观评价公司经营风险，独立履行风险管理职能。在业务调研和决策环节，保持风险管理决策和业务决策的适度分离，在业务实施前，独立进行风险研判和风险提示。

4.5.1.2.3 客观性原则

正确认识风险客观存在，避免利益冲突或偏见，如实反映公司的风险状况，遵循内容真实，数字准确，资料可靠的原则。

4.5.1.2.4 定量和定性相结合原则

通过建立完善的风险管理指标体系，依托定量分析和定性分析手段评价和控制风险。

4.5.1.2.5 风险与收益匹配原则

风险评价参与公司业务决策和产品定价环节，逐步量化风险评价指标，项目收益评价加入风险调整因素，指导业务产品定价，实现产品定价覆盖预期损失，保持公司业务发展与风险控制工作并行不悖。

4.5.1.2.6 制衡性原则

坚持内控优先，全面分析公司经营环节和业务流程，合理设置体现制衡原则的前台、中台、后台岗位职责，明确划分相关部门之间、岗位之间、上下级机构之间的职责，建立职责分离、横向与纵向相互监督制约的机制。

4.5.1.2.7 信托财产单独管理原则

信托业务系统和自营业务系统的部门和人员分离；信托业务和自营业务由不同的高级管理人员分工管理，实现高管人员分工分离；信托财务和自营财务的部门、人员、账表、资产分离，对每项信托业务单独开户、单独核算、单独管理，维护信托财产的独立性，形成管理“防火墙”。

4.5.1.2.8 风险信息充分披露原则

培育信托产品的合格投资人，强化风险意识，在信托产品设计和销售中充分识别和揭示风险。

4.5.1.3 公司风险管理的组织结构和职责划分

公司建立了以董事会、合规和风险委员会、高级管理层、风控中心和各基层风险单位为主体的风险管理组织体系。

董事会就公司全面风险管理工作的有效性对股东会负责，在其下设合规和风险委员会的协助下，了解公司的风险状况，制定公司的风险管理政策；批准需要董事会批准的公司任何合规和内部控制政策或程序。

合规和风险委员会对董事会负责，为董事会决策提供支持。负责监督、检查公司经营活动的合法、合规性；审查经营层提交的公司全面风险评估和合规报告，提出整改意见并督促改进；审查重大风险管理解决方案以及重大决策的风险评估报告;审查风险管理制度、政策等。

高级管理层负责执行公司风险管理政策,审查监督风险管理程序以及具体操作规程,及时向董事会或其下设委员会、监事会报告风险管理情况。

风险控制中心由风险管理部、合规法律部、运营管理部、内审稽核部组成,各部门在其职责范围内开展风险管理工作。风险管理部负责从项目尽职调查、预审核、项目决策审批、事中风险管理至资产保全等环节,全程参与项目的风险管理,促进公司安全运营;合规法律部组织实施公司合规建设与管理工作,开展公司经营和业务活动中合规风险监控与评价,防范公司合规法律风险;运营管理部尽职管理公司存续项目,开展合同执行性工作并对发现的风险信息进行反馈和报告;内审稽核部对董事长交办的风险事项进行跟踪、督办,对风险事项进行调查,提出责任追究建议等。

公司按照组织架构分成若干风险单位,各部门负责人在各自职责范围内承担相应的风险管理职责,负责部门内部基础风险管理工作,将本部门相关风险信息向公司高级管理层和风险管理部门报告。

4.5.2 风险状况

4.5.2.1 合规风险状况

公司面临的合规风险主要是指公司因没有遵循法律、规则和准则可能遭受法律制裁、监管处罚、重大财务损失和声誉损失的风险。

公司合规管理的目标是通过建立健全合规管理框架,实现对合规风险的有效识别和管理,促进全面合规管理体系建设,确保依法合规经营。同时,公司加强合规文化建设,积极倡导和培育优良的合规文化和价值观念,通过合规制度建设、合规培训、合规信息传递等方式,努力营造合规经营、合规决策、合规管理的有效氛围,使合规文化贯穿日常经营的始终,并将合规文化建设融入企业文化建设全过程。2016 年未出现重大违规违法经营行为。

4.5.2.2 信用风险状况

公司面临的信用风险主要来自于交易对手不能或不愿按照合同约定到期还款付息履行偿债义务而使公司遭受损失的风险。

公司根据河南银监局《转发〈中国银行业监督管理委员会关于非银行金融机构全面推行资产质量五级分类管理的通知〉的通知》(豫银监发[2004]93 号)要求,定期对公司资产质量进行五级分类。

公司按照《金融企业准备金计提管理办法》(财金[2012]20 号)的规定,对承担风险和损失的资产提取呆账准备金,具体包括贷款(含抵押、质押、保证等)、股权和债权投资、存放同业款项、应收账款、其他应收款、应收利息、应收股利等债权和股权。

准备金分为一般准备金和资产减值准备金。一般准备金余额原则上不得低于风险资产期末余额的 1.5%,资产减值准备金按照资产风险分类结果计提,其中关注类 3%,次级类 30%,可疑类 60%,损失类 100%。

2016 年公司不良资产期初数 4 239.55 万元,期末数 2 273.57万元,已足额计提资产减值准备。

以动产、不动产、财产权等设定抵押、质押担保的,需提供抵押物、质押物的权属证明及有权部门出具的价值评估报告。公司从业务类型出发制定了相应的抵(质)押率标准,具体设定时结合抵押物评估值、质押物面值、抵(质)押物净值、潜在的价值损失及处置变现的程度从严掌控。

担保人的主体资格调查按照融资人的资格调查方式和要求进行,除此以外,还需符合《担保法》及其司法解释中有关担保人资格禁止性条款的规定。

4.5.2.3 市场风险状况

公司面临的市场风险主要来自于因市场价格(利率、汇率、股票价格等)的不利变动而使公司业务发生损失的风险。市场风险存在于公司的交易和非交易业务中,可细分为利率风险、汇率风险和股票价格风险等。

利率风险是指市场利率变动的不确定性给公司造成损失的可能性。公司在开展贷款类业务时,综合对未来利率走势的预测和交易成本等因素,有效应对可能发生的利率风险。2016 年市场利率的变化对公司经营收益未产生明显影响。

2016 年汇率波动未对公司造成影响。

公司密切关注宏观经济政策变化,加强证券投资研究,通过信托产品结构化设计、组合投资策略等以提高公司抵御证券价格波动风险的能力。2016 年证券价格波动风险对公司整体经营未产生明显影响。

4.5.2.4 操作风险状况

公司面临的操作风险主要是由不完善或有问题的内部程序、人员、系统以及外部事件所造成损失的风险。

目前公司的内控制度体系已覆盖了各项业务的全部操作环节,建立了完善的授权体系,各项制度和流程的执行效果达到预期目标。报告期内无该类风险发生。

4.5.2.5 其他风险状况

其他风险主要包括流动性风险、法律风险和声誉风险等。

流动性风险主要有两种形式,一是非现金资产的流动性风险,二是资金的流动性风险。前者是指非现金资产不能按现有市场价值及时变现而导致损失的可能性,后者是指现金流不能满足各项现金支出的需求,可能导致公司产生声誉风险从而引发公司系统性的风险。报告期内公司非现金资产可正常变现,有稳定的现金流,无该类风险发生。

法律风险是指公司签订合同的内容在法律上有缺陷或不完善而发生法律纠纷甚至无法履约,以及法律的不完善或修订使收益产生的不确定性。报告期内无该类风险发生。

声誉风险是指由公司经营、管理及其他行为或外部事件导致利益相关方对公司负面评价的风险。报告期内无该类风险发生。

4.5.3 风险管理

4.5.3.1 合规风险管理

公司合规风险管理主要是通过建立健全合规风险管理框架,实现对合规风险的有效识别和管理,促进全面风险管理体系建设,确保依法合规经营。具体措施包括以下几方面。

第一,全面开展合规文化建设活动,巩固深化合规执行成效,提升合规理念、意识,建设合规制度、文化,落实合规激励、问责、考核机制,全方位推进合规建设。

第二,公司开展固有与信托相关业务时严格遵循相关金融法规,业务创新不能突破政策底线,最大限度地维护公司股东、委托人、受益人及其他利益相关者的利益。

第三，持续关注法律、规则和准则的最新发展，正确理解法律、规则和准则的规定及其精神，准确把握法律、规则和准则对信托行业经营的影响。

第四，制订并执行风险为本的合规管理计划，包括特定政策和程序的实施与评价、合规风险评估、合规培训与教育等。

第五，建立有效的合规问责制度，严格对违规行为的责任认定与追究，并采取有效的纠正措施，及时改进经营管理流程，适时修订相关政策、程序和操作指南。

第六，保持与监管机构日常的工作联系，跟踪和评估监管意见和监管要求的落实情况。

第七，2016 年，公司开展了多项制度建设工作，在严守合规底线的基础上，以风险防控为目标，规范各项审批制度和操作流程。公司坚持持续优化内控制度体系，2016 年公司聘请中介机构提供内控优化服务，通过外部服务及内部完善有效提升内控水平。

2016 年，公司未发生因违规、违法问题引发的案件，严格执行监管政策要求，未受到监管部门的行政处罚或被采取限制性监管措施，未受到监管部门的负面通报和书面风险警示。

4.5.3.2　信用风险管理

公司信用风险管理主要通过对交易对手的综合信用分析进行事前控制，以及通过交易结构设计、定价、制定融资限额、定期风险评估等手段规避和监控交易对手信用风险的变化，明确界定各部门的风险管理责任，强调业务管理的前期调研和过程控制，严格授权审批制度、决策限额和投资比例控制。具体措施包括以下几方面。

第一，根据目前公司的业务构成、规模和经营环境，对信用风险的管理主要采用信用分析和交易监督及控制方法。前者主要是按照监管部门要求，定期对公司资产质量进行监测和分类；后者主要是采用定期调查、资金用途控制、抵押担保等方式降低交易对手的信用风险。

第二，公司根据《金融企业准备金计提管理办法》（财金[2012]20 号）规定，对承担风险和损失的资产提取呆账准备金。

第三，公司认定的抵押财产包括抵押人依法有处分权的国有土地使用权、房屋和其他地上定着物等。公司从业务类型出发制定了相应的抵（质）押率标准，具体设定时结合抵押物评估值、质押物面值、抵（质）押物净值、潜在的价值损失及处置变现的程度从严掌控。

第四，公司有关保证担保类贷款的管理措施包括严格筛选保证人，调查与审批相分离等。具体实施过程为：双人现场见证法律文件签署，与保证人以书面形式订立保证合同，保证方式的约定采用保证人承担连带责任保证，明确约定承担保证责任的终止时间。担保生效后，公司组织人员定期进行项目检查，对被担保人、担保人，以及抵（质）押物进行实地检查，定期出具管理报告。

第五，2016 年，公司风控中心根据市场态势变化、政策导向和具体业务特征等，制定并多次完善公司股权投资类房地产业务、融资类房地产业务等风控标准。认真开展全面风险管理工作，各部门严格执行事前风控和事中管理各项措施，提升事前尽职调查水平、加强中介机构管理、强化投后管理，确保风控工作的及时性和有效性。

第六，2016 年，公司继续强化“三道防线”建设，业务部门是第一道风险防线，中后台部门是第二道风险防线，内审稽核部是第三道风险防线。通过强化第一道防线的源头控制及第二道防线的抽查、督促和跟踪，实现有效的风险管控。内审稽核部通过开展风险监督评价工作，促进公司不断提升风险管理体系与流程的健全性、合理性以及有效性。

第七，2016 年，公司持续完善信用风险预警体系，妥善处理各项风险信号，实行严格的信用风险报告制度，有效管理信用风险。

4.5.3.3　市场风险管理

市场风险管理是指识别、计量、监测和控制市场风险的全过程，其目标是通过将市场风险控制在公司可以承受的合理范围内，以实现风险调整后的收益率的最大化。

4.5.3.3.1　公司市场风险管理策略

制定了与公司业务性质、规模、复杂程度和风险特征相适应的，与公司总体业务发展战略、管理能力、资本实力和能够承担的总体风险水平相一致的市场风险管理原则和程序；对每项业务和产品中的市场风险因素进行分解和分析，及时、准确地识别所有交易和非交易业务中市场风险的类别和性质；建立了完善的市场风险管理内部控制体系，并将其作为公司整体内部控制体系的有机组成部分。

4.5.3.3.2　市场风险管理措施

关注国家宏观政策变化，规避限制类行业和相关项目；加强行业风险研究，规避宏观面和行业周期产生的市场风险；进行资产组合管理，动态调整资产配置方案；控制总体证券投资规模和股票持仓数量，设定证券投资限制性指标和止损点；控制行业集中度，拓展多元化投资领域和项目；贷款合同及相关文件进行浮动利率变化的事前约定，规避利率风险；建立证券业务的市场风险模型，科学测量证券投资的安全边界。

4.5.3.4　操作风险管理

4.5.3.4.1　公司操作风险管理的基本策略是加强内控制度建设和落实

公司操作风险管理坚持内控优先，全面分析公司经营环节和业务流程，合理设置体现制衡原则的前台、中台、后台岗位职责，明确划分相关部门之间、岗位之间的职责，建立职责分离、横向与纵向相互监督制约的机制；优化公司经营决策和管理，密切关注信息系统、风险报告和监控系统可能出现的疏漏，建立和完善授权制度，进行不同岗位制衡安排，防患于未然；按照公司责任追究制度、风险管理制度以及业务管理制度中的罚则规定，对违规人员进行问责。

4.5.3.4.2　操作风险管理措施

完善公司各项规章制度和操作流程，切实加强执行力度；强调业务管理的过程控制，设置事前、事中和事后相互支持和制约的职责关系；进行合理的岗位设置和有效的职责分离，建立严格的复核和审批程序；制定项目尽职调研和尽职管理相关制度，规范业务操作流程；加强业务创新，提高产品设计质量和强化风险保障措施；对内控制度的执行情况和制度完备性进行定期检查，并督促及时整改。

2016 年，公司深入开展了多项制度建设工作，并通过中介机构外部服务及内部完善实现内控水平的持续优化：建立《风险管理方法指南》，明确风险识别、评价、防范机制；建立关键风险指标，明确监控指标预警阈值；修订业务和管理节点风险点及措施，为三道防线的执行和监控奠定基础；对2015年度风险管理有效性进行评价，提出存在缺陷及建议等。

4.5.3.5 其他风险管理

公司流动性风险管理策略包括保持足够的可变现资产、合理安排资产的期限组合、针对信托业务设计信托产品的流通平台等。2016年，公司探索了流动性管理方法，制定了相应制度，以有效实现流动性风险的管控。

公司法律风险管理策略包括充分利用法律手段，优化产品结构和法律文本设计；提高公司全员的法律风险意识，强化公司合规法律部的法律风险监督职能；在合规法律部专设法律事务管理岗位，加强公司业务的法律风险管理工作；在公司业务决策和审批流程中加入法律审查环节，引入外部法律顾问参与交易结构设计和法律文本审核等工作。

公司声誉风险管理策略包括将公司声誉构建与公司发展战略和企业文化进行有机结合，通过尽职管理和充分信息披露以塑造公司的专业和诚信形象，对可能影响公司声誉的业务坚决予以回避等。同时，公司依托专业舆情监控系统的技术支持和舆情管理制度体系的不断完善，实现了对各类与公司有关舆情的全天侯监控，确保了公司能够在第一时间发现负面舆情并迅速作出反应，确保公司声誉不受损害。

5. 2016年度及上年度比较式会计报表

5.1 自营资产

5.1.1 会计师事务所审计意见全文

审 计 报 告

大信审字[2017]第1－00107号

百瑞信托有限责任公司董事会：

我们审计了后附的百瑞信托有限责任公司(以下简称百瑞信托)的财务报表，包括2016年12月31日的资产负债表，2016年度的利润表、现金流量表，所有者权益变动表，以及财务报表附注。

一、管理层对财务报表的责任

编制和公允列报财务报表是百瑞信托管理层的责任。这种责任包括：(1)按照企业会计准则的规定编制财务报表，并使其实现公允反映；(2)设计、执行和维护必要的内部控制，以使财务报表不存在由于舞弊或错误导致的重大错报。

二、注册会计师的责任

我们的责任是在执行审计工作的基础上对财务报表发表审计意见。我们按照中国注册会计师审计准则的规定执行了审计工作。中国注册会计师审计准则要求我们遵守中国注册会计师职业道德守则，计划和执行审计工作以对财务报表是否不存在重大错报获取合理保证。

审计工作涉及实施审计程序，以获取有关财务报表金额和披露的审计证据。选择的审计程序取决于注册会计师的判断，包括对由于舞弊或错误导致的财务报表重大错报风险的评估。在进行风险评估时，注册会计师考虑与财务报表编制和公允列报相关的内部控制，以设计恰当的审计程序，但目的并非对内部控制的有效性发表意见。审计工作还包括评价管理层选用会计政策的恰当性和作出会计估计的合理性，以及评价财务报表的总体列报。

我们相信，我们获取的审计证据是充分、适当的，为发表审计意见提供了基础。

三、审计意见

我们认为，上述财务报表在所有重大方面按照企业会计准则的规定编制，公允反映了百瑞信托有限责任公司2016年12月31日的财务状况以及2016年度的经营成果和现金流量。

大信会计师事务所（特殊普通合伙）

中国注册会计师：

中国注册会计师：

二〇一七年三月二十三日

5.1.2 资产负债表

资产负债表

2016年12月31日

编制单位：百瑞信托有限责任公司　　单位：万元

项　目	年末金额	年初金额
流动资产：	—	—
货币资金	30 387.45	41 876.01
拆出资金	—	—
以公允价值计量且其变动计入当期损益的金融资产	60 260.00	125 570.00
衍生金融资产	—	—
应收票据	—	—
应收账款	6 006.23	11 936.72
预付款项	—	—
应收利息	108.33	—
应收股利	—	—
其他应收款	5 422.70	2 787.22
买入返售金融资产	—	—
划分为持有待售的资产	—	—
一年内到期的非流动资产	—	—
其他流动资产	—	—
流动资产合计	102 184.71	182 169.95
非流动资产：	—	—
发放贷款及垫款	110 000.00	77 900.00
可供出售金融资产	527 438.01	351 401.04
持有至到期投资	—	—
长期应收款	—	—

续表

项　目	年末金额	年初金额
长期股权投资	—	—
投资性房地产	—	—
固定资产原价	8 326.26	8 090.04
减：累计折旧	3 798.21	3 284.62
固定资产净值	4 528.05	4 805.42
减：固定资产减值准备	8.65	8.65
固定资产净额	4 519.40	4 796.77
在建工程	—	—
工程物资	—	—
固定资产清理	—	—
无形资产	1 041.03	1 057.67
开发支出	—	—
长期待摊费用	189.20	—
递延所得税资产	1 003.79	565.04
其他非流动资产	—	—
其中：特准储备物资	—	—
非流动资产合计	644 191.43	435 720.52
资产总计	746 376.14	617 890.47

法定代表人：马宝军　　主管会计工作负责人：王克槿　　会计机构负责人：刘芳

资产负债表（续）

2016 年 12 月 31 日

编制单位：百瑞信托有限责任公司　　单位：万元

项　目	年末金额	年初金额
流动负债：	—	—
短期借款	—	—
拆入资金	—	—
以公允价值计量且其变动计入当期损益的金融负债	—	—
衍生金融负债	—	—
应付票据	—	—
应付账款	—	—
预收款项	—	—
卖出回购金融资产款	—	—
应付手续费及佣金	—	—
应付职工薪酬	626.44	508.41
其中：应付工资	—	—
应付福利费	—	—
应交税费	11 555.39	16 700.52
其中：应交税金	11 490.34	16 572.07
应付利息	—	—
应付股利	8 975.47	—
其他应付款	90 338.35	42 615.89
划分为持有待售的负债	—	—
一年内到期的非流动负债	—	—
其他流动负债	—	—
流动负债合计	111 495.65	59 824.82
非流动负债：	—	—
长期借款	—	—
应付债券	—	—
长期应付款	—	—
长期应付职工薪酬	—	—
专项应付款	—	—

续表

项　目	年末金额	年初金额
预计负债	21 447.13	10 997.87
递延收益	—	—
递延所得税负债	4 734.41	3 037.26
其他非流动负债	—	—
其中：特种储备基金	—	—
非流动负债合计	26 181.54	14 035.13
负债合计	137 677.19	73 859.95
所有者权益：	—	—
实收资本	400 000.00	300 000.00
国家资本	320 040.00	240 030.00
其中：国有法人资本	220 160.00	165 120.00
集体资本	—	—
民营资本	—	—
其中：个人资本	—	—
外商资本	79 960.00	59 970.00
减：已归还投资	—	—
实收资本净额	400 000.00	300 000.00
其他权益工具	—	—
其中：优先股	—	—
永续债	—	—
资本公积	7 609.33	7 609.33
其他综合收益	14 203.22	9 111.77
盈余公积	44 756.37	35 530.62
其中：法定公积金	44 756.37	35 530.62
一般风险准备	44 172.70	37 636.25
未分配利润	97 957.33	154 142.55
所有者权益合计	608 698.95	544 030.52
负债和所有者权益总计	746 376.14	617 890.47

法定代表人：马宝军　　主管会计工作负责人：王克槿　　会计机构负责人：刘芳

5.1.3 利润和利润分配表

利润表

编制单位：百瑞信托有限责任公司　2016 年度　　单位：万元

项　目	本年金额	上年金额
一、营业收入	164 187.47	171 996.04
利息净收入	11 751.82	15 727.58
其中：利息收入	15 230.54	16 734.25
利息支出	3 478.72	1 006.67
手续费及佣金净收入	117 733.50	126 252.35
其中：手续费及佣金收入	117 733.50	126 252.35
手续费及佣金支出	—	—
投资收益（亏损以“-”号填列）	33 583.84	29 933.72
其中：对联营企业和合营企业的投资收益	—	—
公允价值变动收益（亏损以“-”号填列）	—	—
租赁收入	24.94	64.64
汇兑损益	1 093.37	17.75
二、营业支出	41 459.56	50 623.6
营业税金及附加	3 950.26	9 523.35
业务及管理费	35 754.30	43 291.42
资产减值损失	1 755.00	-2 191.17
其他业务成本	—	—

续表

项　　目	本年金额	上年金额
三、营业利润(亏损以“－”号填列)	122 727. 91	121 372. 44
加:营业外收入	386. 80	132. 18
其中:非流动资产处置利得	1. 62	0. 03
非货币性资产交换利得	—	—
政府补助	—	—
债务重组利得	—	—
减:营业外支出	7. 06	393. 91
其中:非流动资产处置损失	1. 61	0. 02
非货币性资产交换损失	—	—
债务重组损失	—	—
四、利润总额(亏损总额以“－”号填列)	123 107. 65	121 110. 71
减:所得税费用	30 850. 20	33 537. 31
五、净利润(净亏损以“－”号填列)	92 257. 45	87 573. 40
六、其他综合收益的税后净额	5 091. 45	4 401. 10
(一)以后不能重分类进损益的其他综合收益	—	—
其中:1. 重新计量设定受益计划净负债或净资产的变动	—	—
2. 权益法下在被投资单位不能重分类进损益的其他综合收益中享有的份额	—	—
(二)以后将重分类进损益的其他综合收益	5 091. 45	4 401. 10
其中:1. 权益法下在被投资单位以后将重分类进损益的其他综合收益中享有的份额	—	—
2. 可供出售金融资产公允价值变动损益	5 091. 45	4 401. 10
3. 持有至到期投资重分类为可供出售金融资产损益	—	—
4. 现金流量套期损益的有效部分	—	—
5. 外币财务报表折算差额	—	—
七、综合收益总额	97 348. 90	91 974. 50

法定代表人:马宝军　　主管会计工作负责人:王克槿　　会计机构负责人:刘芳

利润分配表

编制单位:百瑞信托有限责任公司　　2016 年度　　单位:万元

项　　目	本年累计数	上年累计数
本年净利润	92 257. 45	87 573. 40
加:(一)年初未分配利润	154 142. 55	82 602. 29
(二)盈余公积弥亏	—	—
(三)其他调整因素	—	—
(四)会计政策变更	—	—
可供分配的利润	246 400. 00	170 175. 69
减:(一)单项留用的利润	—	—
(二)补充流动资本	—	—
(三)提取法定盈余公积	9 225. 74	8 757. 34
(四)提取法定公益金	—	—
(五)提取信托赔偿准备金	4 612. 87	4 378. 67
(六)提取一般准备金	1 923. 57	2 897. 13
(七)提取企业发展基金	—	—
(八)利润归还投资	—	—
(九)其他	—	—
可供投资者分配的利润	—	—
减:(一)应付优先股股利	—	—
(二)提取任意盈余公积	—	—
(三)应付普通股股利	132 680. 47	—
(四)转作资本(股本)的普通股股利	—	—
(五)其他	—	—
未分配利润	97 957. 33	154 142. 55

法定代表人:马宝军　　主管会计工作负责人:王克槿　　会计机构负责人:刘芳

5. 1. 4　所有者权益变动表

所有者权益变动表

编制单位:百瑞信托有限责任公司　　2016 年度　　单位:万元

项　　目	本年数										
	实收资本	其他权益工具			资本公积	减:库存股	其他综合收益	盈余公积	一般风险准备	未分配利润	所有者权益合计
		优先股	永续债	其他							
一、上年年末余额	300 000. 00	—	—	—	7 609. 33	—	9 111. 77	35 530. 62	37 636. 25	154 142. 55	544 030. 52
加:会计政策变更	—	—	—	—	—	—	—	—	—	—	—
前期差错更正	—	—	—	—	—	—	—	—	—	—	—
其他	—	—	—	—	—	—	—	—	—	—	—
二、本年年初余额	300 000. 00	—	—	—	7 609. 33	—	9 111. 77	35 530. 62	37 636. 25	154 142. 55	544 030. 52
三、本期增减变动金额(减少以“－”号填列)	100 000. 00	—	—	—	—	—	5 091. 45	9 225. 74	6 536. 45	-56 185. 21	64 668. 43
(一)综合收益总额	—	—	—	—	—	—	5 091. 45	—	—	92 257. 45	97 348. 90
(二)所有者投入和减少资本	100 000. 00	—	—	—	—	—	—	—	—	—	100 000. 00
1. 所有者投入资本	100 000. 00	—	—	—	—	—	—	—	—	—	100 000. 00
2. 股份支付计入所有者权益的金额	—	—	—	—	—	—	—	—	—	—	—
3. 其他	—	—	—	—	—	—	—	—	—	—	—

续表

项　目	本年数										
	实收资本	其他权益工具			资本公积	减:库存股	其他综合收益	盈余公积	一般风险准备	未分配利润	所有者权益合计
		优先股	永续债	其他							
(三)利润分配	—	—	—	—	—	—	—	9 225.74	6 536.45	-148 442.66	-132 680.47
1. 提取盈余公积	—	—	—	—	—	—	—	9 225.74	—	-9 225.74	—
2. 提取一般风险准备	—	—	—	—	—	—	—	—	6 536.45	-6 536.45	—
3. 对股东的分配	—	—	—	—	—	—	—	—	—	-132 680.47	-132 680.47
4. 其他	—	—	—	—	—	—	—	—	—	—	—
(四)股东权益内部结转	—	—	—	—	—	—	—	—	—	—	—
1. 资本公积转增资本	—	—	—	—	—	—	—	—	—	—	—
2. 盈余公积转增资本	—	—	—	—	—	—	—	—	—	—	—
3. 盈余公积弥补亏损	—	—	—	—	—	—	—	—	—	—	—
4. 其他	—	—	—	—	—	—	—	—	—	—	—
(五)其他	—	—	—	—	—	—	—	—	—	—	—
四、本期期末余额	400 000.00	—	—	—	7 609.33	—	14 203.22	44 756.37	44 172.70	97 957.33	608 698.95

法定代表人:马宝军　　主管会计工作负责人:王克槿　　会计机构负责人:刘芳

所有者权益变动表(续)

编制单位:百瑞信托有限责任公司　　2016 年度　　单位:万元

项　目	上年数										
	实收资本	其他权益工具			资本公积	减:库存股	其他综合收益	盈余公积	一般风险准备	未分配利润	所有者权益合计
		优先股	永续债	其他							
一、上年年末余额	220 000.00	—	—	—	7 609.33	—	4 710.67	26 773.28	30 360.45	82 602.29	372 056.02
加:会计政策变更	—	—	—	—	—	—	—	—	—	—	—
前期差错更正	—	—	—	—	—	—	—	—	—	—	—
其他	—	—	—	—	—	—	—	—	—	—	—
二、本年年初余额	220 000.00	—	—	—	7 609.33	—	4 710.67	26 773.28	30 360.45	82 602.29	372 056.02
三、本期增减变动金额(减少以"-"号填列)	80 000.00	—	—	—	—	—	4 401.10	8 757.34	7 275.80	71 540.26	171 974.50
(一)综合收益总额	—	—	—	—	—	—	4 401.10	—	—	87 573.40	91 974.50
(二)所有者投入和减少资本	80 000.00	—	—	—	—	—	—	—	—	—	80 000.00
1. 所有者投入资本	80 000.00	—	—	—	—	—	—	—	—	—	80 000.00
2. 股份支付计入所有者权益的金额	—	—	—	—	—	—	—	—	—	—	—
3. 其他	—	—	—	—	—	—	—	—	—	—	—
(三)利润分配	—	—	—	—	—	—	—	8 757.34	7 275.80	-16 033.14	—
1. 提取盈余公积	—	—	—	—	—	—	—	8 757.34	—	-8 757.34	—
2. 提取一般风险准备	—	—	—	—	—	—	—	—	7 275.80	-7 275.80	—
3. 对股东的分配	—	—	—	—	—	—	—	—	—	—	—
4. 其他	—	—	—	—	—	—	—	—	—	—	—
(四)股东权益内部结转	—	—	—	—	—	—	—	—	—	—	—
1. 资本公积转增资本	—	—	—	—	—	—	—	—	—	—	—
2. 盈余公积转增资本	—	—	—	—	—	—	—	—	—	—	—
3. 盈余公积弥补亏损	—	—	—	—	—	—	—	—	—	—	—
4. 其他	—	—	—	—	—	—	—	—	—	—	—
(五)其他	—	—	—	—	—	—	—	—	—	—	—
四、本期期末余额	300 000.00	—	—	—	7 609.33	—	9 111.77	35 530.62	37 636.25	154 142.55	544 030.52

法定代表人:马宝军　　主管会计工作负责人:王克槿　　会计机构负责人:刘芳

5.2 信托资产

5.2.1 信托项目资产负债汇总表

信托项目资产负债表

编制单位:百瑞信托有限责任公司　　2016 年 12 月 31 日　　单位:万元

信托资产	期末余额	期初余额	信托负债和信托权益	期末余额	期初余额
信托资产	—	—	信托负债	—	—
货币资金	154 104.61	216 451.99	交易性金融负债	—	—
拆出资金	—	—	衍生金融负债	—	—
存出保证金	—	—	应付受托人报酬	7 294.45	14 803.56
交易性金融资产	22 530.89	57 684.24	应付托管费	—	—
衍生金融资产	—	—	应付受益人收益	3 110.23	1 848.70
买入返售金融资产	1 369 905.21	1 298 660.00	应交税费	—	—
应收款项	138 864 18	57 995.41	应付销售服务费	—	—
发放贷款	7 916 735.90	7 764 575.72	其他应付款项	317 710.15	464 722.23
可供出售金融资产	2 380 336.91	1 457 491.60	预计负债	—	—
持有至到期投资	—	—	其他负债	—	—
长期应收款	7 747.65	8 747.65	信托负债合计	328 357.31	481 374.49
长期股权投资	3 696 637.71	3 607 871.71	—	—	—
其他长期投资	—	—	—	—	—
投资性房地产	—	—	信托权益	—	—
固定资产	—	—	实收信托	16 039 043.55	15 295 641.48
无形资产	—	—	资本公积	157 700.00	131 020.38
长期待摊费用	2560.58	3 770.14	损益平准金	—	—
其他资产	813 800.65	1 344 483.23	未分配利润	−21 876.56	−90 304.67
减:各项资产减值准备	—	—	信托权益合计	16 174 866.99	15 336 357.19
信托资产总计	16 503 224.30	15 817 731.68	信托负债和信托权益总计	16 503 224.30	15 817 731.68

法定代表人:马宝军　　主管会计工作负责人:王克槿　　会计机构负责人:刘芳

5.2.2 信托项目利润及利润分配汇总表

信托项目利润及利润分配表

编制单位:百瑞信托有限责任公司　2016 年度　　单位:万元

项　目	本年数	上年数
1. 营业收入	1 306 772.05	1 346 721.76
1.1 利息收入	766 095.10	699 206.73
1.2 投资收益(损失以"−"号填列)	264 548.77	373 469.21
1.2.1 其中:对联营企业和合营企业的投资收益	—	—
1.3 公允价值变动收益(损失以"−"号填列)	−9 159.66	11 254.62
1.4 租赁收入	—	—
1.5 汇兑损益(损失以"−"号填列)	—	—
1.6 其他收入	285 287.84	262 791.20
2. 支出	147 877.80	154 720.61
2.1 营业税金及附加	500.28	693.57
2.2 受托人报酬	117 053.97	120 256.45
2.3 保管费	10 308.29	7 854.06
2.4 投资管理费	63.00	1 302.57
2.5 销售服务费	644 31	1 979.24
2.6 交易费用	248.27	1 474.37
2.7 资产减值损失	—	—
2.8 其他费用	18 459.68	20 960.34
2.9 其他支出	600.00	200.00
3. 信托净利润(净亏损以"−"号填列)	1 158 894.25	1 192 001.16
4. 其他综合收益	—	—
5. 综合收益	1 158 894.25	1 192 001.16
6. 加:期初未分配信托利润	−90 304.67	−41 992.85
7. 可供分配的信托利润	1 068 589.58	1 150 008.31
8. 减:本期已分配信托利润	1 090 466.14	1 240 312.98
9. 期末未分配信托利润	−21 876.56	−90 304.67

法定代表人:马宝军　　主管会计工作负责人:王克槿　　会计机构负责人:刘芳

6. 会计报表附注

6.1 报告年度会计报表编制基准、会计政策、会计估计和核算方法发生的变化

6.1.1 会计报表编制基准不符合会计核算基本前提的说明

报告期内无上述事项。

6.1.2 重要会计政策和会计估计说明

6.1.2.1 计提资产减值准备的范围和方法

6.1.2.1.1 计提资产减值准备的原则

公司根据谨慎性原则,预计各项资产可能发生的损失,对可能发生的各项损失计提一般准备和资产减值准备。

6.1.2.1.2 计提范围和方法

6.1.2.1.2.1 一般准备计提范围和方法

财政部《金融企业准备金计提管理办法》(财金[2012]20号),为了防范经营风险,增强金融企业抵御风险能力,促进金融企业稳健经营和健康发展,金融企业应提取一般准备作为利润分配处理,并作为股东权益的组成部分。公司根据标准法对风险资产所面临的风险状况定量分析,确定潜在风险估计值。对于潜在风险估计值高于资产减值准备的差额,计提一般准备。当潜在风险估计值低于资产减值准备时,可不计提一般准备。一般准备余额原则上不得低于风险资产期末余额的 1.5%。难以一次性达到 1.5%的,可以分年到位,原则上不得超过 5 年。

6.1.2.1.2.2 资产减值准备计提范围和方法

除了以公允价值计量且其变动计入当期损益的金融资产

外，本公司在每个资产负债表日对其他金融资产的账面价值进行检查，有客观证据表明金融资产发生减值的，计提减值准备。根据公司资产五级分类结果，按照《金融企业准备金计提管理办法》（财金[2012]20 号）规定，对承担风险和损失的资产应计提准备金，具体包括发放贷款和垫款、可供出售类金融资产、持有至到期投资、长期股权投资、存放同业、拆出资金、抵债资产、其他应收款项等。

公司按照正常类 0、关注类 3%、次级类 30%、可疑类 60%、损失类 100% 计提资产减值准备。在确认减值损失后，期后如有客观证据表明该金融资产价值已恢复，且客观上与确认该损失后发生的事项有关，原确认的减值损失予以转回，可供出售权益工具投资的减值损失转回确认为其他综合收益，可供出售债务工具的减值损失转回计入当期损益。在活跃市场中没有报价且其公允价值不能可靠计量的权益工具投资，或与该权益工具挂钩并须通过交付该权益工具结算的衍生金融资产的减值损失，不予转回。

对于固定资产、在建工程、使用寿命有限的无形资产、以成本模式计量的投资性房地产及对子公司、合营企业、联营企业的长期股权投资、商誉等长期资产，本公司于资产负债表日判断是否存在减值迹象。如存在减值迹象的，则估计其可收回金额，进行减值测试。商誉、使用寿命不确定的无形资产和尚未达到可使用状态的无形资产，无论是否存在减值迹象，每年均进行减值测试。减值测试结果表明资产的可收回金额低于其账面价值的，按其差额计提减值准备并计入减值损失。上述资产减值损失一经确认，以后期间不予转回。

6.1.2.2 金融资产四分类的范围和标准

以常规方式买卖金融资产，按交易日进行会计确认和终止确认。金融资产在初始确认时划分为以公允价值计量且其变动计入当期损益的金融资产、持有至到期投资、贷款和应收款项以及可供出售金融资产。

6.1.2.2.1 以公允价值计量且其变动计入当期损益的金融资产的范围和标准

以公允价值计量且其变动计入当期损益的金融资产包括交易性金融资产和指定为以公允价值计量且其变动计入当期损益的金融资产。交易性金融资产是指满足下列条件之一的金融资产：(1)取得该金融资产的目的，主要是为了近期内出售；(2)属于进行集中管理的可辨认金融工具组合的一部分，且有客观证据表明本公司近期采用短期获利方式对该组合进行管理；(3)属于衍生工具，但是，被指定且为有效套期工具的衍生工具、属于财务担保合同的衍生工具、与在活跃市场中没有报价且其公允价值不能可靠计量的权益工具投资挂钩并须通过交付该权益工具结算的衍生工具除外。

符合下述条件之一的金融资产，在初始确认时可指定为以公允价值计量且其变动计入当期损益的金融资产：(1)该指定可以消除或明显减少由于该金融资产的计量基础不同所导致的相关利得或损失在确认或计量方面不一致的情况；(2)本公司风险管理或投资策略的正式书面文件已载明，对该金融资产所在的金融资产组合或金融资产和金融负债组合以公允价值为基础进行管理、评价并向关键管理人员报告。

6.1.2.2.2 持有至到期投资金融资产的范围和标准

持有至到期投资金融资产是指到期日固定、回收金额固定或可确定，且本公司有明确意图和能力持有至到期的非衍生金融资产。

6.1.2.2.3 贷款和应收款项的范围和标准

贷款和应收款项是指在活跃市场中没有报价、回收金额固定或可确定的非衍生金融资产。本公司划分为贷款和应收款的金融资产包括应收票据、应收账款、应收利息、应收股利及其他应收款等。

6.1.2.2.4 可供出售金融资产的范围和标准

可供出售金融资产包括初始确认时即被指定为可供出售的非衍生金融资产，以及除了以公允价值计量且其变动计入当期损益的金融资产、贷款和应收款项、持有至到期投资以外的金融资产。

6.1.2.3 交易性金融资产核算方法

交易性金融资产初始确认时以公允价值计量，相关的交易费用直接计入损益。后续计量采用采用公允价值进行计量，公允价值变动形成的利得或损失以及与该等金融资产相关的股利和利息收入计入当期损益。

6.1.2.4 可供出售金融资产核算方法

可供出售金融资产初始确认时以公允价值计量，相关交易费用计入初始确认金额。

可供出售债务工具投资的期末成本按照其摊余成本法确定，即初始确认金额扣除已偿还的本金，加上或减去采用实际利率法将该初始确认金额与到期日金额之间的差额进行摊销形成的累计摊销额，并扣除已发生的减值损失后的金额。可供出售权益工具投资的期末成本为其初始取得成本。

可供出售金融资产采用公允价值进行后续计量，公允价值变动形成的利得或损失，除减值损失和外币货币性金融资产与摊余成本相关的汇兑差额计入当期损益外，确认为其他综合收益，在该金融资产终止确认时转出，计入当期损益。但是，在活跃市场中没有报价且其公允价值不能可靠计量的权益工具投资，以及与该权益工具挂钩并须通过交付该权益工具结算的衍生金融资产，按照成本进行后续计量。

可供出售金融资产持有期间取得的利息及被投资单位宣告发放的现金股利，计入投资收益。

6.1.2.5 持有至到期投资核算方法

持有至到期投资初始确认时以公允价值计量，相关交易费用计入初始确认金额。

持有至到期投资采用实际利率法，按摊余成本进行后续计量，在终止确认、发生减值或摊销时产生的利得或损失，计入当期损益。

实际利率法是指按照金融资产或金融负债（含一组金融资产或金融负债）的实际利率计算其摊余成本及各期利息收入或支出的方法。实际利率是指将金融资产或金融负债在预期存续期间或适用的更短期间内的未来现金流量，折现为该金融资产或金融负债当前账面价值所使用的利率。

在计算实际利率时，本公司将在考虑金融资产或金融负债所有合同条款的基础上预计未来现金流量（不考虑未来的信用损失），同时还将考虑金融资产或金融负债合同各方之间支付或收取的、属于实际利率组成部分的各项收费、交易费用及折价或溢价等。

6.1.2.6 长期股权投资核算方法

长期股权投资是指本公司对被投资单位具有控制、共同控制或重大影响的长期股权投资。本公司对被投资单位不具有控制、共同控制或重大影响的长期股权投资，作为可供出售金融资产或以公允价值计量且其变动计入当期损益的金融资产核算。

6.1.2.6.1 投资成本的确定

对于企业合并形成的长期股权投资，如为同一控制下的企业合并取得的长期股权投资，在合并日按照取得被合并方所有者权益账面价值的份额作为初始投资成本。通过非同一控制下的企业合并取得的长期股权投资，企业合并成本包括购买方付出的资产、发生或承担的负债、发行的权益性证券的公允价值之和；购买方为企业合并发生的审计、法律服务、评估咨询等中介费用以及其他相关管理费用，应当于发生时计入当期损益；购买方作为合并对价发行的权益性证券或债务性证券的交易费用，应当计入权益性证券或债务性证券的初始确认金额。

除企业合并形成的长期股权投资外的其他股权投资，按成本进行初始计量，该成本视长期股权投资取得方式的不同，分别按照本公司实际支付的现金购买价款、本公司发行的权益性证券的公允价值、投资合同或协议约定的价值、非货币性资产交换交易中换出资产的公允价值或原账面价值、该项长期股权投资自身的公允价值等方式确定。与取得长期股权投资直接相关的费用、税金及其他必要支出也计入投资成本。

6.1.2.6.2 长期股权投资的后续计量及损益确认方法

对被投资单位具有共同控制（构成共同经营者除外）或重大影响的长期股权投资，采用权益法核算。此外，公司财务报表采用成本法核算能够对被投资单位实施控制的长期股权投资。

采用成本法核算时，长期股权投资按初始投资成本计价，除取得投资时实际支付的价款或者对价中包含的已宣告但尚未发放的现金股利或者利润外，当期投资收益按照享有被投资单位宣告发放的现金股利或利润确认。

采用权益法核算时，长期股权投资的初始投资成本大于投资时应享有被投资单位可辨认净资产公允价值份额的，不调整长期股权投资的初始投资成本；初始投资成本小于投资时应享有被投资单位可辨认净资产公允价值份额的，其差额计入当期损益，同时调整长期股权投资的成本。

采用权益法核算时，当期投资损益为应享有或应分担的被投资单位当年实现的净损益的份额。在确认应享有被投资单位净损益的份额时，以取得投资时被投资单位各项可辨认资产等的公允价值为基础，并按照本公司的会计政策及会计期间，对被投资单位的净利润进行调整后确认。对于本公司与联营企业及合营之间发生的未实现内部交易损益，按照持股比例计算属于本公司的部分予以抵销，在此基础上确认投资损益。但本公司与被投资单位发生的未实现内部交易损失，按照《企业会计准则第8号——资产减值》等规定属于所转让资产减值损失的，不予以抵销。对被投资单位的其他综合收益，相应调整长期股权投资的账面价值确认为其他综合收益并计入资本公积。

在确认应分担被投资单位发生的净亏损时，以长期股权投资的账面价值和其他实质上构成对被投资单位净投资的长期权益减记至零为限。此外，如本公司对被投资单位负有承担额外损失的义务，则按预计承担的义务确认预计负债，计入当期投资损失。被投资单位以后期间实现净利润的，本公司在收益分享额弥补未确认的亏损分担额后，恢复确认收益分享额。

对于本公司首次执行新会计准则之前已经持有的对联营企业和合营企业的长期股权投资，如存在与该投资相关的股权投资借方差额，按原剩余期限直线摊销的金额计入当期损益。

收购少数股权时，在编制合并财务报表时，因购买少数股权新增的长期股权投资与按照新增持股比例计算应享有子公司自购买日（或合并日）开始持续计算的净资产份额之间的差额，调整资本公积，资本公积不足冲减的，调整留存收益。

除合并财务报表外的其他情形下的长期股权投资处置，对于处置的股权，其账面价值与实际取得价款的差额，计入当期损益；采用权益法核算的长期股权投资，在处置时将原计入所有者权益的其他综合收益部分按相应的比例转入当期损益。对于剩余股权，按其账面价值确认为长期股权投资或其他相关金融资产，并按前述长期股权投资或金融资产的会计政策进行后续计量。涉及对剩余股权由成本法转为权益法核算的，按相关规定进行追溯调整。

6.1.2.7 投资性房地产核算方法

投资性房地产是指为赚取租金或资本增值，或两者兼有的房地产。投资性房地产应当能够单独计量和出售，包括已出租的土地使用权、持有并准备增值后转让的土地使用权和已出租的建筑物。

对于外购投资性房地产按照取得时的成本进行初始计量，成本包括购买价款、相关税费和可直接归属于该资产的其他支出。公司采用成本模式对投资性房地产进行后续计量。

6.1.2.8 固定资产计价和折旧方法

6.1.2.8.1 固定资产确认条件

固定资产是指为生产商品、提供劳务、出租或经营管理而持有的，使用寿命超过一个会计年度的有形资产。固定资产仅在与其有关的经济利益很可能流入本公司，且其成本能够可靠地计量时才予以确认。固定资产按成本并考虑预计弃置费用因素的影响进行初始计量。

6.1.2.8.2 固定资产的分类、计价方法及折旧方法

固定资产从达到预定可使用状态的次月起，在使用寿命内计提折旧。各类固定资产的使用寿命、预计净残值和年折旧率、折旧方法如下：

固定资产类别	折旧年限（年）	预计净残值率（%）	年折旧率（%）	折旧方法
房屋建筑物	20～35	5	2.71～4.75	平均年限法
电子设备	3～5	5	19.00～31.67	平均年限法
安全保卫设备	5	5	19	平均年限法
办公设备	5	5	19	平均年限法
交通运输设备	4～5	5	19.00～23.75	平均年限法

预计净残值是指假定固定资产预计使用寿命已满并处于使用寿命终了时的预期状态，本公司目前从该项资产处置中获得的扣除预计处置费用后的金额。

6.1.2.8.3 融资租入固定资产的认定依据及计价方法

融资租赁为实质上转移了与资产所有权有关的全部风险和报酬的租赁，其所有权最终可能转移，也可能不转移。以融资租赁方式租入的固定资产采用与固定资产一致的政策计提租赁资产折旧。能够合理确定租赁期届满时取得租赁资产所

有权的在租赁资产使用寿命内计提折旧，无法合理确定租赁期届满能够取得租赁资产所有权的，在租赁期与租赁资产使用寿命两者中较短的期限内计提折旧。

6.1.2.8.4 固定资产后续支出的处理

与固定资产有关的后续支出，如果与该固定资产有关的经济利益很可能流入且其成本能可靠地计量，则计入固定资产成本，并终止确认被替换部分的账面价值。除此以外的其他后续支出，在发生时计入当期损益。

当固定资产处于处置状态或预期通过使用或处置不能产生经济利益时，终止确认该固定资产。固定资产出售、转让、报废或毁损的处置收入扣除其账面价值和相关税费后的差额计入当期损益。

本公司至少于年度终了对固定资产的使用寿命、预计净残值和折旧方法进行复核，如发生改变则作为会计估计变更处理。

6.1.2.9 无形资产计价及摊销政策

6.1.2.9.1 无形资产的确认及计价方法

无形资产是指本公司拥有或者控制的没有实物形态的可辨认非货币性资产。

无形资产按成本进行初始计量。与无形资产有关的支出，如果相关的经济利益很可能流入本公司且其成本能可靠地计量，则计入无形资产成本。除此以外的其他项目的支出，在发生时计入当期损益。

取得的土地使用权通常作为无形资产核算。自行开发建造厂房等建筑物，相关的土地使用权支出和建筑物建造成本则分别作为无形资产和固定资产核算。如为外购的房屋及建筑物，则将有关价款在土地使用权和建筑物之间进行分配，难以合理分配的，全部作为固定资产处理。

6.1.2.9.2 无形资产的摊销

使用寿命有限的无形资产自可供使用时起，对其原值减去预计净残值和已计提的减值准备累计金额在其预计使用寿命内采用直线法分期摊销。使用寿命不确定的无形资产不予摊销。

期末，对使用寿命有限的无形资产的使用寿命和摊销方法进行复核，如发生变更则作为会计估计变更处理。此外，还对使用寿命不确定的无形资产的使用寿命进行复核，如果有证据表明该无形资产为企业带来经济利益的期限是可预见的，则估计其使用寿命并按照使用寿命有限的无形资产的摊销政策进行摊销。

6.1.2.10 长期应收款的核算方法

长期应收款的核算内容包括融资租赁产生的应收款项和采用递延方式具有融资性质的提供劳务等产生的应收款项。

出租人融资产生的应收租赁款初始价值按租赁开始日最低租赁收款额与初始直接费用之和进行入账。

采用递延方式分期收款提供劳务产生的长期应收款，在满足收入确认条件时，初始价值按应收的合同或协议价款入账。

6.1.2.11 长期待摊费用的摊销政策

长期待摊费用为已经发生但应由报告期和以后各期负担的分摊期限在一年以上的各项费用。长期待摊费用在预计受益期间按直线法摊销。

6.1.2.12 合并会计报表的编制方法

公司对合并财务报表按照《企业会计准则第 33 号——合并财务报表》执行。

合并财务报表以母公司和纳入合并范围的子公司的个别财务报表为基础，根据其他有关资料为依据，按照权益法调整对子公司的长期股权投资后，由母公司编制。合并时对内部权益性投资与子公司所有者权益、内部投资收益与子公司利润分配、内部交易事项、内部债权债务进行抵销。

合并成本大于合并中取得的被购买方可辨认净资产公允价值份额的差额，确认为商誉。合并成本小于合并中取得的被购买方可辨认净资产公允价值份额的，其差额计入当期损益。

子公司所采用的会计政策与母公司保持一致。对于子公司所采用的会计政策与母公司不一致的，在编制合并财务报表时，应按母公司会计政策进行必要的调整。

6.1.2.13 收入确认原则和方法

本公司的收入包括利息收入、手续费及佣金收入、证券投资业务收入和其他收入。收入在经济利益很可能流入本公司，且金额能够可靠计量，并同时满足下列条件时予以确认。

6.1.2.13.1 利息收入

利息收入是指存放于中国人民银行和同业的款项、买入返售金融资产及发放贷款及垫款所产生的利息收入，按照他人使用本公司货币资金的时间和实际利率计算确定。发放贷款到期（含展期，下同）90 天后尚未收回的，其应计利息停止计入当期利息收入，纳入表外核算；已计提的贷款应收利息，在贷款到期 90 天后仍未收回的，或在应收利息逾期 90 天后仍未收到的，冲减原已计入损益的利息收入，转作表外核算。已核销贷款收回超过原本金部分，以及在表外核算的应收利息如有收回，计入当期利息收入。

6.1.2.13.2 手续费及佣金收入

手续费及佣金收入是指公司为客户提供各类信托服务包括信托产品报酬收入以及由信托项目延伸的咨询服务费收入、公司提供的中介服务所取得的收入，如财务咨询顾问服务费收入、委托贷款手续费收入以及其他金融服务等各种手续费收入。信托业务收入按照信托合同的约定来确认。中介服务所取得的收入按照合同或协议的约定来确认。

6.1.2.13.3 其他业务收入

其他业务收入于提供相关服务且与其相关的经济利益能够可靠计量时确认。

6.1.2.13.4 投资收益

投资收益包括证券投资业务收入和股权投资业务收入。其中，证券投资业务收入是证券出售时，按成交价（扣除实际支付的交易手续费用）与成本价的差额确认收入；股权投资业务收入是在成本法下，按收到股权分红款、收到股权处置款与投资成本的差额确认收入。

6.1.2.14 所得税的会计处理方法

某些资产、负债项目的账面价值与其计税基础之间的差额，以及未作为资产和负债确认但按照税法规定可以确定其计税基础的项目的账面价值与计税基础之间的差额产生的暂时性差异，采用资产负债表债务法确认递延所得税资产及递延所得税负债。

与商誉的初始确认有关，以及与既不是企业合并、发生时也不影响会计利润和应纳税所得额（或可抵扣亏损）的交易中产生的资产或负债的初始确认有关的应纳税暂时性差异，不予确认有关的递延所得税负债。此外，对与子公司、联营企业及合营企业投资相关的应纳税暂时性差异，如果本公司能够控制暂时性差异转回的时间，而且该暂时性差异在可预见的未来很可能不会转回，也不予确认有关的递延所得税负债。除上述例外情况，本公司确认其他所有应纳税暂时性差异产生的递延所得税负债。

与既不是企业合并、发生时也不影响会计利润和应纳税所得额（或可抵扣亏损）的交易中产生的资产或负债的初始确认有关的可抵扣暂时性差异，不予确认有关的递延所得税资产。此外，对与子公司、联营企业及合营企业投资相关的可抵扣暂时性差异，如果暂时性差异在可预见的未来不是很可能转回，或者未来不是很可能获得用来抵扣可抵扣暂时性差异的应纳税所得额，不予确认有关的递延所得税资产。除上述例外情况外，本公司以很可能取得用来抵扣可抵扣暂时性差异的应纳税所得额为限，确认其他可抵扣暂时性差异产生的递延所得税资产。

对于能够结转以后年度的可抵扣亏损和税款抵减，以很可能获得用来抵扣可抵扣亏损和税款抵减的未来应纳税所得额为限，确认相应的递延所得税资产。

资产负债表日，对于递延所得税资产和递延所得税负债，根据税法规定，按照预期收回相关资产或清偿相关负债期间的适用税率计量。

于资产负债表日，对递延所得税资产的账面价值进行复核，如果未来很可能无法获得足够的应纳税所得额用于抵扣递延所得税资产的利益，则减记递延所得税资产的账面价值。在很可能获得足够的应纳税所得额时，减记的金额予以转回。

6.1.2.15　信托报酬确认原则和方法

与信托业务相关的利益能够流入公司；收入的金额能够可靠地计量；按照合同、协议约定的收费时间和方法，信托服务已经提供或者有关合同已经履行。

6.1.2.16　会计估计变更

本公司报告期内无会计估计变更。

6.2　或有事项说明

报告期内无上述事项。

6.3　重要资产转让及其出售的说明

无。

6.4　会计报表中重要项目的明细资料

6.4.1　自营资产经营情况

6.4.1.1　信用风险资产的期初数、期末数

信用风险资产五级分类	正常类（万元）	关注类（万元）	次级类（万元）	可疑类（万元）	损失类（万元）	信用风险资产合计（万元）	不良资产合计（万元）	不良资产率（%）
期初数	443 266.13	—	1 781.55	2 458.00	—	447 505.68	4 239.55	0.95
期末数	554 364.29	42 814.53	178.52	—	2 095.05	599 452.39	2 273.57	0.38

注：不良资产合计＝次级类＋可疑类＋损失类。

6.4.1.2　各项资产减值损失准备的期初金额、本期计提金额、本期转回金额、本期核销金额、期末金额

单位：万元

	期初金额	本期计提金额	本期转回金额	本期核销金额	期末金额
贷款损失准备	—	—	—	—	—
一般准备	—	—	—	—	—
专项准备	—	—	—	—	—
其他资产减值准备	8.65	—	—	—	8.65
可供出售金融资产减值准备	1 518.59	1 699.67	1 474.80	—	1 743.46
持有至到期投资减值准备	—	—	—	—	—
长期股权投资减值准备	—	—	—	—	—
坏账准备	732.92	1 980.14	450.02	—	2 263.04
投资性房地产减值准备	—	—	—	—	—

6.4.1.3 自营股票投资、基金投资、债券投资、股权投资等投资业务的期初数、期末数

单位：万元

	自营股票	基金	债券	股权投资	其他投资	合计
期初数	20 301.50	17 747.82	—	90 825.25	349 615.07	478 489.63
期末数	57 388.87	30 240.84	—	90 963.87	410 847.89	589 441.47

6.4.1.4　按投资入股金额排序，前三名的自营长期股权投资的企业名称、占被投资企业权益的比例、主要经营活动及投资收益情况

企业名称	占被投资企业权益的比例（%）	主要经营活动	投资损益（万元）
郑州银行股份有限公司	2.16	吸收公众存款；发放短期、中期和长期贷款；办理国内外结算；办理票据承兑与贴现；发行金融债券；代理发行、代理兑付、承销政府债券；买卖政府债券、金融债券；从事同业拆借；外汇存款、外汇贷款、外汇汇款、外币兑换；从事银行卡业务；提供信用证服务及担保；代理收付款项业务及代理保险业务；提供保管箱服务；经国务院银行业监督管理机构批准的其他业务。	2 293.94
广发信德（珠海）医疗产业投资中心（有限合伙）	16.86	股权投资或股权相关的债权投资及法律允许的其他投资活动，与股权投资相关的投资顾问、投资管理、财务顾问服务。	—
郑州百瑞创新资本创业投资有限公司	48	创业投资；代理其他创业投资企业等机构或个人的创业投资业务；创业投资咨询业务；为创业企业提供创业管理服务；参与设立创业投资企业与创业投资管理顾问机构。	594.00

注：投资损益是指按照企业会计准则规定，核算股权投资确认损益并计入披露年度利润表的金额。

6.4.1.5 前三名的自营贷款的企业名称、占贷款总额的比例和还款情况

企业名称	占贷款总额的比例(%)	还款情况
河南宜家商业运营管理有限公司	27	正常
河南布鲁斯凯贸易有限公司	23	正常
郑州思念食品有限公司	18	正常

6.4.1.6 表外业务的期初数、期末数

单位:万元

表外业务	期初数	期末数
担保业务	—	—
代理业务(委托业务)	—	—
其他	—	—
合计	—	—

注:代理业务主要反映因客观原因应规范而尚未完成规范的历史遗留委托业务,包括委托贷款和委托投资。

6.4.1.7 公司当年的收入结构

收入结构	金额(万元)	占比(%)
手续费及佣金收入	117 733.50	71.54
其中:信托手续费收入	117 733.50	71.54
投资银行业务收入	—	—
利息收入	11 751.81	7.14
其他业务收入	24.95	0.02
其中:计入信托业务收入部分	—	—
投资收益	33 583.84	20.41
其中:股权投资收益	7 089.40	4.31
证券投资收益	9.86	0.01
其他投资收益	26 484.58	16.09
汇兑损益	1 093.37	0.66
营业外收入	386.80	0.24
收入合计	164 574.27	100.00

注:1. 手续费及佣金收入、其他业务收入、投资收益、营业外收入均应为损益表中的科目,其中手续费及佣金收入、营业外收入为未抵减掉相应支出的全年累计实现收入数。
2. 利息收入为抵减掉利息支出的利息净额。
3. 其他业务收入中包含租赁业务收入等收入。

6.4.2 信托资产管理情况

6.4.2.1 信托资产的期初数、期末数

单位:万元

信托资产	期初数	期末数
集合	7 224 678.85	9 354 606.39
单一	8 141 495.93	6 936 579.03
财产权	451 556.90	212 038.88
合计	15 817 731.68	16 503 224.30

6.4.2.1.1 主动管理型信托业务的信托资产期初数、期末数。分证券投资类、股权投资类、融资类、事务管理类及其他投资分别披露

单位:万元

主动管理型信托资产	期初数	期末数
证券投资类	77 216.47	9 460.62
股权投资类	2 501 115.54	2 617 014.56
融资类	3 950 164.65	4 324 975.66
事务管理类	29 804.76	885.75
其他投资	1 632 301.83	2 861 321.20
合计	8 190 603.25	9 813 657.79

6.4.2.1.2 被动管理型信托业务的信托资产期初数、期末数。分证券投资类、股权投资类、融资类、事务管理类及其他投资分别披露

单位:万元

被动管理型信托资产	期初数	期末数
证券投资类	—	—
股权投资类	841 810.63	761 794.72
融资类	2 342 123.46	615 399.88
事务管理类	4 206 078.43	5 250 524.73
其他投资	237 115.93	61 847.18
合计	7 627 128.43	6 689 566.51

6.4.2.2 本年度已清算结束的信托项目个数、实收信托合计金额、加权平均实际年化收益率

6.4.2.2.1 本年度已清算结束的集合类、单一类资金信托项目和财产管理类信托项目个数、实收信托合计金额、加权平均实际年化收益率

已清算结束信托项目	项目个数(个)	实收信托合计金额(万元)	加权平均实际年化收益率(%)
集合类	100	2 837 535.51	9.67
单一类	93	4 184 393.72	7.45
财产管理类	3	346 500	0.87

注:收益率是指信托项目清算后,给受益人赚取的实际收益水平。加权平均实际年化收益率 =(信托项目 1 的实际年化收益率 × 信托项目 1 的实收信托 + 信托项目 2 的实际年化收益率 × 信托项目 2 的实收信托 +…+ 信托项目 n 的实际年化收益率 × 信托项目 n 的实收信托)/(信托项目 1 的实收信托 + 信托项目 2 的实收信托 +…+ 信托项目 n 的实收信托) ×100%。

6.4.2.2.2 本年度已清算结束的主动管理型信托项目个数、实收信托合计金额、加权平均实际年化收益率。分证券投资类、股权投资类、融资类、事务管理类及其他投资分别披露

已清算结束信托项目	项目个数(个)	实收信托合计金额(万元)	加权平均实际年化信托报酬率(%)	加权平均实际年化收益率(%)
证券投资类	4	34 233.51	0.58	5.54
股权投资类	11	688 270	2.71	8.40
融资类	47	1 769 530	2.29	9.48
事务管理类	1	17 700	0.13	8.40
其他投资	44	887 371	1.13	8.96

注:加权平均实际年化信托报酬率 =(信托项目 1 的实际年化信托报酬率 × 信托项目 1 的实收信托 + 信托项目 2 的实际年化信托报酬率 × 信托项目 2 的实收信托 +…+ 信托项目 n 的实际年化信托报酬率 × 信托项目 n 的实收信托)/(信托项目 1 的实收信托 + 信托项目 2 的实收信托 +…+ 信托项目 n 的实收信托) ×100%。

6.4.2.2.3 本年度已清算结束的被动管理型信托项目个数、实收信托合计金额、加权平均实际年化收益率。分证券投资类、股权投资类、融资类、事务管理类及其他投资分别披露

已清算结束信托项目	项目个数(个)	实收信托合计金额(万元)	加权平均实际年化信托收益率(%)	加权平均实际年化收益率(%)
证券投资类	—	—	—	—
股权投资类	1	60 000	0.15	8.26
融资类	34	1 593 500	0.71	7.94
事务管理类	51	2 270 639.72	0.15	6.39
其他投资	3	47 195	0.11	8.53

6.4.2.3 本年度新增的集合类、单一类和财产管理类信托项目个数、实收信托合计金额

新增信托项目	项目个数（个）	实收信托合计金额（万元）
集合类	98	5 469 166.77
单一类	59	2 811 804.33
财产管理类	7	269 885
新增合计	164	8 550 856.10
其中：主动管理型	110	6 005 461.77
被动管理型	54	2 545 394.33

注：本年新增信托项目是指在本报告年度内累计新增的信托项目个数和金额。包含本年度新增并于本年度内结束的项目和本年度新增至报告期末仍在持续管理的信托项目。

6.4.2.4 信托业务创新成果和特色业务有关情况

按照年初确定的工作思路和重点，公司积极推进业务转型，探索向发展主动管理型业务转变。2016 年公司业务创新有三大进展。

首先，研发与业务发展进一步融合。2016 年，公司对研发工作的投入进一步增加，博士后科研工作站在郑州和北京两地开展工作，并成功引入多名优秀博士人才入站，研发实力得到进一步提升。研发中心与业务部门紧密合作，积极推动二级市场量化投资、家族信托等创新业务实施，使研发能够为公司业务尤其是创新业务开展提供更有力的支撑。

其次，不动产投资基金实现突破。公司进一步细化专业分工，设立房地产投资业务部探索持有并运营物业的新型股权信托业务。已投资发起不动产投资基金，通过打包买断上市公司优质存量资产并进行专业化运作，以租金或销售收入为项目提供稳定投资回报。

最后，推出基于资金端的创新产品：百瑞恒益 365 号（百瑞优选 1 期）项目。该项目由基础设施业务部和机构部共同研发实施，有效解决了公司部分存续项目受益权转让和降低资金成本的问题，从项目资金端创新的角度扩大了新项目营销，有效提升了公司政信业务的竞争力。

6.4.2.5 本公司履行受托人义务情况及因本公司自身责任而导致的信托资产损失情况

6.4.2.5.1 本公司履行受托人义务情况

公司作为受托人，严格按照《信托法》等法律法规以及监管部门的要求，履行以下义务。

公司管理信托财产时恪尽职守，本着诚实、信用、谨慎、有效管理的原则为受益人的最大利益处理信托事务；公司妥善保管处理信托事务的完整记录、原始凭证及有关资料，并且按照信托合同的约定将信托财产的管理运用、处分及收支情况，报告委托人和受益人；公司对委托人、受益人以及处理信托事务的情况和资料依法保密；公司以信托财产为限向受益人支付信托利益；法律法规及信托合同规定的其他义务。

6.4.2.5.2 因本公司自身责任而导致的信托资产损失情况

报告期内无上述事项。

6.5 关联方关系及其交易的披露

6.5.1 关联交易方的数量、关联交易的总金额及关联交易的定价政策等

	关联交易方数量	关联交易金额（万元）	定价政策
合计	4	2 912 439.61	市场价

注：关联交易总金额中，信托与关联方之间的交易金额为 568 200.00 万元；信托项目之间的交易金额为 2 047 365.67 万元；固有财产与信托财产之间的交易金额为 296 873.94万元。

6.5.2 关联交易方与本公司的关系性质、关联交易方的名称、法定代表人、注册地址、注册资本及主营业务等

关系性质	关联方名称	法定代表人	注册地址	注册资本（万元）	主营业务
股东关联企业	国家电投集团东北电力有限公司	邵连友	辽宁省沈阳市浑南产业区世纪路 49 号	659 900.5817	从事电力的开发、投资、建设、经营和管理，组织电力、热力的生产和销售；从事电力工程建设监理、招投标、电能设备的运行维护检修，物资经销，科技开发，粉煤灰开发与利用，物业管理及中介服务；从事国内投资业务，房屋及设备出租、租赁（以上经营范围中法律法规禁止及应经审批而未获批准的项目除外）。
股东关联企业	青海黄河上游水电开发有限责任公司	魏显贵	青海省西宁市五四路西路 43 号	650 000	电站的开发与建设；电站的生产、经营；硅产品和太阳能发电设备的生产、销售；铝锭、铝合金及铝型材的生产、销售；碳素制品的生产、销售；经营国家禁止和指定公司经营以外的进出口商品；经营进出口代理业务。
信托公司以托管或信托等其他方式控制的企业	北京富诚宝鼎投资基金管理有限公司	刘英辉	北京市西城区西直门外大街 18 号金贸大厦 3 单元 16 层 1609	3 000	从事非证券业务的投资管理、咨询（不得从事下列业务：(1)发放贷款；(2)公开交易证券类投资或金融衍生品交易；(3)以公开方式募集资金；(4)对除被投资企业外的企业提供担保）。
信托公司以托管或信托等其他方式控制的企业	兰州新区城市投资发展基金合伙企业	执行事务合伙人：北京富诚宝鼎投资基金管理有限公司	甘肃省兰州市兰州新区商业服务中心 4 号楼	—	项目投资、股权投资、股权投资管理、投资管理及咨询、企业管理及咨询。

6.5.3 本公司与关联方的重大交易事项

6.5.3.1 固有与关联方交易情况

报告期内无上述事项。

6.5.3.2 信托与关联方交易情况

单位：万元

信托与关联方关联交易				
	期初数	借方发生额	贷方发生额	期末数
贷款	99 601.31	0.00	35 401.31	64 200.00
投资	1 083 000.00	0.00	579 000.00	504 000.00
租赁	0.00	0.00	0.00	0.00
担保	0.00	0.00	0.00	0.00
应收账款	0.00	0.00	0.00	0.00
其他	0.00	0.00	118 451.00	0.00
合计	1 182 601.31	0.00	614 401.31	568 200.00

注：以信托资产为关联方提供投融资等服务，或以担保等方式为关联方融资提供便利的业务均应纳入统计披露范围。

6.5.3.3 信托公司固有资金运用于自己管理的信托项目（固信交易），信托公司管理的信托项目之间的相互（信信交易）交易金额

6.5.3.3.1 固有与信托财产之间的交易

单位：万元

固有财产与信托财产相互交易			
	期初数	本期发生额	期末数
合计	201 149.22	95 724.72	296 873.94

注：以固有资金投资公司自己管理的信托项目收益权，或购买自己管理的信托项目的信托资产均应纳入统计披露范围。

6.5.3.3.2 信托项目之间的交易

单位：万元

信托财产与信托财产相互交易			
	期初数	本期发生额	期末数
合计	1 077 369.99	969 995.68	2 047 365.67

注：以公司受托管理的一个信托项目的资金购买自己管理的另一个信托项目的收益权或信托项下资产均应纳入统计披露范围。

6.5.4 关联方逾期未偿还本公司资金的详细情况以及本公司为关联方担保发生或即将发生垫款的详细情况

报告期内无上述事项。

6.6 会计制度的披露

公司固有业务、信托业务均执行财政部2006年颁布的《企业会计准则——基本准则》（财政部令第33号）、《财政部关于印发〈企业会计准则第1号——存货〉等38项具体准则的通知》（财会[2006]3号）及2014年财政部分别以财会[2014]6号、7号、8号、14号、23号颁布的《企业会计准则第39号——公允价值计量》《企业会计准则第30号——财务报表列报（2014年修订）》《企业会计准则第9号——职工薪酬（2014年修订）》《企业会计准则第2号——长期股权投资（2014年修订）》《企业会计准则第37号——金融工具列报（2014年修订）》。

7. 财务情况说明书

7.1 利润实现和分配情况

2016年公司实现净利润92 257.45万元。根据《金融企业准备金计提管理办法》（财金[2012]20号）规定，从净利润中足额提取一般准备金1 923.57万元；根据公司章程规定，以净利润的10%足额提取了法定盈余公积金9 225.74万元；根据董事会决议，公司年末提取信托赔偿准备金4 612.87万元；根据股东会决议，公司向股东分配以前年度利润132 680.47万元，分配后期末未分配利润累计为97 957.33万元。

7.2 主要财务指标

指标名称	指标值
资本利润率（%）	16.01
加权年化信托报酬率（%）	0.99
人均净利润（万元）	490.73

注：1. 资本利润率=净利润/所有者权益平均余额×100%。

2. 加权年化信托报酬率=（信托项目1的实际年化信托报酬率×信托项目1的实收信托+信托项目2的实际年化信托报酬率×信托项目2的实收信托+…+信托项目n的实际年化信托报酬率×信托项目n的实收信托）/（信托项目1的实收信托+信托项目2的实收信托+…+信托项目n的实收信托）×100%。

3. 人均净利润=净利润/年平均人数。

4. 平均值采取年初、年末余额简单平均法。

5. 公式为：a（平均）=（年初数+年末数）/2。

7.3 对本公司财务状况、经营成果有重大影响的其他事项

报告期内无上述事项。

8. 净资本、风险资本以及风险控制指标

8.1 净资本

截至2016年12月31日，公司净资产为608 698.95万元，净资本为498 919.89万元。

8.2 风险资本

截至2016年12月31日，公司各项业务风险资本之和为289 756.83万元，其中固有业务风险资本为107 559.28万元，信托业务风险资本为182 197.55万元。

8.3 风险控制指标

《信托公司净资本管理办法》（中国银行业监督管理委员会令2010年第5号）的有关规定，信托公司需达到以下风险控制指标要求：

（1）信托公司净资本不得低于20 000万元；

（2）信托公司净资本不得低于各项风险资本之和的100%；

（3）信托公司净资本不得低于净资产的40%。

截至2016年12月31日，公司净资本498 919.89万元，净资本比各项业务风险资本之和为172.19%，净资本比净资产为81.96%，符合以上风险控制指标要求。

9. 特别事项简要揭示

9.1 前五名股东报告期内变动情况及原因

2016年8月，经河南银监局批准，原股东中电投财务有限公司将持有股权转让给中电投融和控股投资有限公司（现已更名为国家电投集团资本控股有限公司），该事项已于2016年10月完成工商登记变更及备案，并在《上海证券报》第23版进

行信息披露。

9.2 董事、监事及高级管理人员变动情况及原因

9.2.1 董事、监事人员变动情况及原因

2016年1月，第五届董事会独立董事刘亚先生向公司提出辞去独立董事申请，公司根据相关规定履行了审批手续，并向监管部门进行了备案。

2016年5月，经股东会审议及河南银监局核准，曾刚先生当选为第五届董事会独立董事。

2016年8月，第五届监事会监事栾帅女士、王逸馨女士、赵克明先生向公司提出辞去监事申请，公司根据相关规定履行了审批手续。

2016年9月，经股东会审议通过，高鹏飞先生、董生玉先生和宋继军先生当选为第五届监事会监事。

2016年9月，第五届董事会董事长马宝军先生辞去董事长职务，公司根据相关规定履行了审批手续，并向监管部门进行了备案。

9.2.2 高级管理人员变动情况及原因

报告期内无上述事项。

9.3 公司的重大未决诉讼事项

2016年公司的重大诉讼事项为信托业务，固有业务无重大诉讼事项，公司也无被诉讼事项。

9.3.1 重大未决诉讼事项

本年度，公司尚未执行终结的重大诉讼事项为1件，属信托业务，被诉讼对象为融资方及相关担保方，案涉标的为借款本金40 000万元及利息，起诉时间为2013年。

9.3.2 以前年度发生，于本报告年度内终结的重大诉讼事项

无。

9.4 公司及其董事、监事和高级管理人员受到处罚的情况

报告期内无上述事项。

9.5 对银监会及其派出机构所提监管意见的整改情况

公司一贯理解、支持和配合各级监管部门的监管工作，对监管部门的监管意见高度重视，及时按照有关要求进行整改，得到了监管部门的肯定。

2016年，公司针对监管部门提出的监管意见和建议，及时逐项制定整改措施，并通过加强领导、责任到人等手段，认真落实到位。整改意见及整改落实情况如下。

9.5.1 依托自身研发优势，业务转型创新初见成效

公司秉承“以稳为主，稳中求进”的整体工作思路，不断拓展业务领域和种类，推动业务转型升级。在业务创新方面进行了积极探索和尝试，辅以细化部门专业分工、调整绩效考核导向，积极推进创新项目落地。充银2016年第一期信贷资产证券化信托、公司第一支教育消费信托即百瑞恒益323号教育消费信托（伊顿游学）、首单现金管理类信托即百瑞安鑫悦盈集合资金信托相继落地。信托受益权资产证券化、慈善信托、家族信托等创新业务的相关研究、筹备和审批工作也正在稳步推进中。

9.5.2 履行“八项责任”，管理工作勤勉尽责

公司依据战略发展规划，已建立业务中心、风控中心和营销中心为基础的内控体系，并不断完善产品设立及尽职责任、营销责任、管理责任、信息披露、产品清算等机制，制定了涵盖各个环节的一系列规章制度和业务规则，通过内控机制的建立，明晰了各环节各岗位的职责边界。同时，公司狠抓八项责任落实，要求各部门员工严格遵守产品设计、项目尽调、立项审批、营销、后期管理、项目信息披露各环节相关规章制度和监管规定。各部门各司其职，各负其责，确保公司业务稳健开展。

9.5.3 采取多种举措并行，提升合规经营理念

公司始终牢固树立合规经营理念，始终坚持合规为重，在合规的前提下开展业务经营活动，把合规管理当作一项核心工作来抓，以“守住合规底线、不越风险红线、不碰法律高压线”为原则，从严管理、常抓不懈。通过丰富合规培训计划等多种举措，持续加强员工合规教育和行为管理，强化员工良好品德和行为规范建设，以全面提升员工的合规意识、职业素养和履职能力。

9.5.4 发挥三道防线作用，强化风险管理工作

公司积极贯彻“风险管理三道防线”理念，以层级清晰、权责明确为目标，要求各级人员履行审慎管理义务，强调根据战略目标和运营、报告、合规等其他相关目标，采用“自上而下”与“自下而上”相结合的方法，辨识可能对达成重要目标产生影响的因素，并对风险发生的可能性以及发生后对整体目标达成的影响程度进行预测和评价，以便尽早进行干预，开展风险应对，提高配置管理资源的效率效果，以保障重要目标的顺利达成。

9.5.5 以防范风险为导向，完善长效机制建设

公司一贯注重对内部控制及风险管理长效机制的建设，2016年通过聘请专业机构，协助开展内控和风险管理体系优化工作，以“完善适应公司经营特点的风险评价体系及内部控制体系，推进风险管理与内部控制的融合，提升公司风险管控的水平以支持公司战略的实现”为目标，建立了完善的风险评价及内部控制体系，进一步增强了风控能力，提升了运营效率，为保障公司战略目标实现打下了坚实基础。

9.6 本年度重大事项临时报告的简要内容、披露时间、所披露的媒体及其版面

序号	披露内容	披露时间	披露媒体及版面
1	关于增加注册资本的公告（30亿元）	2016年3月4日	《上海证券报》第16版
2	公司2015年度报告摘要	2016年4月29日	《上海证券报》第58、第59版
3	公司关于常年法律顾问更名改组的公告	2016年7月1日	《上海证券报》第108版
4	关于股权转让的公告	2016年11月9日	《上海证券报》第23版

续表

序号	披露内容	披露时间	披露媒体及版面
5	关于变更会计师事务所的公告	2016 年 12 月 30 日	《上海证券报》第 179 版
6	关于增加注册资本的公告（40 亿元）	2016 年 12 月 31 日	《上海证券报》第 104 版

9.7　银监会及其省级派出机构认定的其他有必要让客户及相关利益人了解的重要信息

报告期内无上述事项。

10. 公司监事会意见

报告期内，公司监事会成员认真履行职责，恪尽职守，通过查阅相关文件资料、列席董事会等方式，对公司依法运作情况进行监督。在此基础上，监事会发表如下独立意见。

10.1 公司依法运作情况

2016 年公司董事会按照股东会的决议要求，切实履行了各项决议，决策程序符合《公司法》、《信托法》和《公司章程》及监管部门的有关规定。公司建立了完善的内部控制制度，董事和高级管理人员在履行职责及行使职权时，履行诚信和勤勉尽责的义务，遵守国家法律法规和《公司章程》，以维护公司股东利益为出发点，认真执行股东会决议。公司目标明确、管理科学、决策民主、运作规范。

10.2　检查公司财务情况

公司监事会认为公司财务制度健全、内控体系完善，无重大遗漏和虚假记载。大信会计师事务所（特殊普通合伙）对公司本年度财务报告进行了审计，出具了标准无保留意见的审计报告（大信审字[2017]第 1－00107 号）。该审计报告真实、客观地反映了公司 2016 年度的财务状况和经营成果。

北方国际信托股份有限公司

1. 重要提示

1.1 本公司董事会及董事保证本报告所载资料不存在任何虚假记载、误导性陈述或者重大遗漏，并对其内容的真实性、准确性和完整性承担个别及连带责任。本年度报告摘要摘自年度报告全文，客户及相关利益人欲了解详细内容，应阅读年度报告全文。

1.2 公司董事贾晋平、胡军因公缺席，委托朱文芳董事代为行使表决权；于学昕董事因公缺席，委托包立杰董事代为行使表决权；侯维民董事、吴爽董事因公缺席，委托王建东董事代为行使表决权。公司其他董事均出席了董事会并对公司2016年年度报告发表了同意的意见。

1.3 独立董事王爱俭、苑德军、戴金平、毛翔对公司2016年年度报告基于独立判断立场，发表意见如下：公司2016年度报告属实，内容真实、准确完整。

1.4 瑞华会计师事务所出具了标准无保留意见的审计报告。

1.5 公司董事长王建东、总经理包立杰、主管会计工作负责人陆妍、会计部门负责人多艳平声明：保证年度报告中财务会计报告的真实、完整。

2. 公司概况

2.1 公司简介

1	法定名称(及缩写)	北方国际信托股份有限公司(北方信托)
2	英文名称(及缩写)	Northern International Trust Co., Ltd.(NITIC)
3	法定代表人	王建东
4	注册地址	天津经济技术开发区第三大街39号
5	邮政编码	300457
6	办公地址	天津市河西区友谊路5号北方金融大厦
7	邮政编码	300201
8	互联网网址	http://www.nitic.cn/
9	负责信息披露高级管理人员	王辉
10	联系人	赵丹丹
11	联系电话	022-28370688
12	传真	022-28370088
13	电子信箱	wanghui@nitic.cn
14	公司信息披露的报纸名称	《证券时报》
15	公司年度报告备置地点	天津市河西区友谊路5号北方金融大厦26层
16	公司聘请的会计师事务所名称及住所	瑞华会计师事务所 北京市海淀区西四环中路16号院2号楼4层

2.2 组织结构

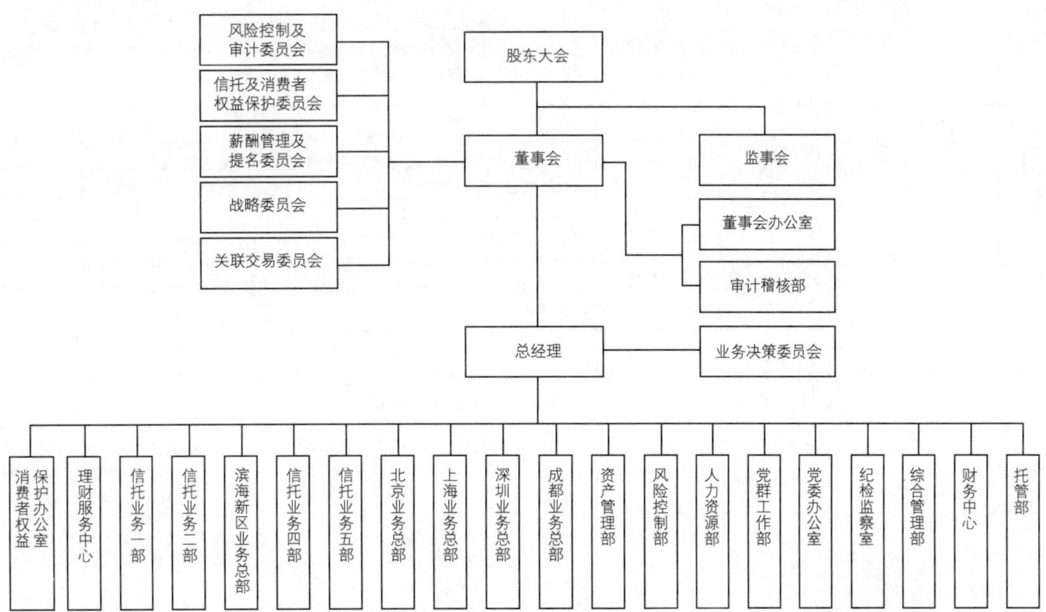

3. 公司治理结构

3.1 股东

报告期末，股东总数27家。公司前三位股东情况：

股东名称	出资比例(%)	法人代表	注册资本	注册地址	主要经营业务及主要财务情况
天津泰达投资控股有限公司	32.33	张秉军	100亿元	天津经济技术开发区盛达街9号	以自有资金对区域内基础设施开发建设、金融、保险、证券业、房地产业等的投资。
津联集团有限公司	11.21		200万港元	香港干诺道中168~200号信德中心招商局大厦3607－13室	实业投资；国际贸易；投资咨询服务；各类资产经营服务，国资局授权范围内的国有资产处置等。
天津市财政局	6.23				

3.2 董事

董事长、副董事长、董事

姓名	职务	性别	年龄	选任日期	所推举的股东名称	该股东持股比例(%)	简要履历
王建东	董事长	男	54	2015年11月4日	天津泰达水业有限公司	4.31	曾任职中国银行天津分行综合计划处，中国银行天津国际信托咨询公司上海证券部总经理，香港津联集团董事会秘书、金融部总经理、副总经理，天津发展控股有限公司执行董事、副总经理，渤海财产保险公司董事、总经理、党委副书记，天津滨海柜台交易市场股份公司董事、总经理、党委书记，渤海钢铁集团副总经理；现任北方国际信托股份有限公司党委书记、董事长。
包立杰	董事	男	46	2015年11月4日	职工代表	—	曾任天津滨海信托投资公司副经理、香港津诚财务公司经理，北方国际信托股份有限公司投资管理部副经理、业务拓展经理兼投资银行部经理、信托业务总部副总经理、业务发展总部副总经理兼北信投资担保有限公司总经理，北方国际信托股份有限公司理财中心副总经理、信托业务一部总经理，北方国际信托股份有限公司总经理助理、副总经理；现任北方国际信托股份有限公司党委副书记、总经理。
申小林	董事	男	50	2014年4月22日	天津泰达投资控股有限公司	32.33	曾任国家冶金工业部经济发展研究中心经济师、高级经济师，首钢总公司计划财务部副部长、高级会计师，中央企业工作委员会国有重点大型企业监事会专职监事，国务院国资委国有重点大型企业监事会专职监事；现任天津泰达投资控股有限公司副总经理、党委委员，渤海银行股份有限公司董事。
贾晋平	董事	男	53	2014年4月22日	天津泰达电力公司	4.31	曾任兰州大学管理学院教师，中国化工进出口总公司甘肃公司业务主办，中粮集团甘肃分公司副科长、科长、总经理助理，天津泰达投资控股有限公司项目评估部副部长，风险控制部副部长；现任天津泰达投资控股有限公司总经理助理兼财务部党支部书记。
朱文芳	董事	女	49	2014年4月22日	天津泰达投资控股有限公司	32.33	曾任兰州公共交通公司宣传干事，天津开发区工业投资公司企划部干部，天津泰达集团投资部干部、办公室副主任，天津泰达投资控股有限公司证券部副经理、证券部经理；现任天津泰达投资控股有限公司金融事业部经理。
胡军	董事	男	40	2014年4月22日	天津泰达股份有限公司	5.43	曾任中国工商银行天津分行房地产信贷部高级主管，天津泰达投资控股有限公司投资管理部副经理、经理；现任天津泰达集团有限公司副总经理、董事，天津泰达建设集团有限公司董事，天津滨海泰达物流集团股份有限公司董事，天津滨海能源发展股份有限公司董事，天津津滨发展股份有限公司董事。
王迈（拟任）	董事	男	47	2016年12月9日	天津市医药集团有限公司	4.27	曾任天津药业集团有限公司投资部和信息化办主任，天津市天发药业进出口有限公司副总经理，美国大圣科技贸易发展有限公司总经理，天津药业集团有限公司总经理助理、副总经理；现任天津市医药集团有限公司企业管理部副部长。
侯维民	董事	男	58	2014年12月5日	天津津融投资服务集团有限公司	4.18	曾任天津市国际信托投资公司国际金融部业务员、国际金融部经理助理、信贷部副经理，天津国际投资有限公司信贷部副经理、资产管理部副经理（主持工作）、资产管理部经理、总经理助理兼资产管理部经理、党委委员、副总经理；现任天津津融投资服务集团有限公司副总经理。
于学昕	董事	男	51	2015年3月25日	津联集团有限公司	11.21	曾任天津市油漆助剂厂干部，天津市化学工业局干部，天津市经委调整工业办公室科员、副主任科员、主任科员、副主任，天津市国资委企业改革改组处副处长，天津渤海国资公司副总经理、常务副总经理，天津市国资委综合协调处处长，天津市国有企业监事会正处级领导职务专职监事（处长）；现任天津渤海国资公司总经理、天津津联投资控股有限公司总经理助理、房地产开发部部长。
吴爽（拟任）	董事	女	46	2015年12月23日	天津市财政局	6.24	曾任天津市财政局办事员，天津市财政局副主任科员，天津市政府采购和投资评审中心采购部副部长、采购部部长，天津市政府采购中心部长、副主任；现任天津市财政投资管理中心副主任、天津市国有资产经营有限责任公司副总经理。

独立董事

姓名	所在单位及职务	性别	年龄	选任日期	所推举的股东名称	该股东持股比例(%)	简要履历
王爱俭		女	62	2014年4月22日	天津保税区投资有限公司	1.35	曾任天津财经大学副校长。
苑德军		男	66	2014年4月22日	天津市宁发集团有限公司	4.75	曾在中国人民银行所属的哈尔滨金融高等专科学校任教,曾任天津财经大学学术委员会、学位委员会委员、天津市哲学社会科学"九·五"规划经济学科组成员;现任《金融时报》专家组成员,中国社科院研究生院、吉林财经大学等多所高等院校客座教授,中国"恩必特经济论坛"核心成员。
戴金平	南开大学国家经济战略研究院副院长	女	52	2014年4月22日	天津市大安房地产开发有限公司	3.37	曾任河北经贸大学教师,南开大学教师,南开大学国经所所长,南开大学深圳金融工程学院副院长;现任南开大学国家经济战略研究院副院长、跨国公司研究中心副主任、教授、博士生导师。
毛翔	天津市吉威汇英商务咨询公司经理、天津中审联会计师事务所经理、税务咨询公司经理	女	62	2015年12月23日	监事会	—	曾在二轻局按扣厂会计科工作,曾在天津市计划委员会财政金融处工作,先后负责主抓市财政局及国资委、计算机网络等方面的工作,兼任市计划委员会团副书记,后被派往市委机关下属三产主持建立会计师事务所,后组建天津吉威会计师事务所、商务咨询公司、评估公司、税务咨询公司、深圳鹏城会计师事务所北京分所,均任负责人;现担任天津市吉威汇英商务咨询公司经理、天津中审联会计师事务所经理、税务咨询公司经理。

3.3 监事

监事会成员

姓名	职务	性别	年龄	选任日期	所推举的股东名称	该股东持股比例(%)	简要履历
徐松	监事长	男	47	2016年12月9日	天津市津能投资公司	1.73	曾任中共天津市委统战部干部处副主任科员、主任科员,天津市人大常委会办公厅主任科员级、副处级秘书,天津通信科技发展有限公司书记、副总经理、总经理,天津华泽集团副总经理,兼任国华金电子商务有限公司董事长,天津尊华投资管理有限公司执行董事;现任北方信托党委副书记、监事长、工会主席。
王春丽	监事	女	48	2014年9月10日	天津天药药业股份有限公司	3.37	曾任天津NEC财务部长,艾迪斯鼎力科技(天津)有限公司财务总监,天津天药药业股份有限公司总经理助理兼财务部长;现任天津天药药业股份有限公司董事、财务总监兼董事会秘书。
蒲彦泉	监事	男	57	2014年4月22日	中国海洋石油渤海公司	3.89	曾任渤海公司供应公司科员,渤海公司财务部科长,海油发展油建财务部经理,渤海公司财务部资金经理;现任中海油渤海公司计划管理部经理。
王振忠	监事	男	51	2014年4月22日	天津市水利投资建设发展有限公司	0.35	曾任天津市经济体制改革委员会干部,君安证券天津业务部总经理,渤海证券有限公司董事、副总裁,中国节能投资公司总经理助理兼资本运营部主任;现任天津滨海海胜股权投资基金管理有限公司总裁。
					天津市津东房地产开发集团有限公司	0.26	
					天津火炬科技发展公司	0.26	
					天津海晶汇利实业有限公司	0.20	
					天津渤海化工有限公司天津化工厂	0.19	
					中信天津工业发展公司	0.18	
					天津大沽化工投资发展有限公司	0.11	
					天津经济技术开发区工业投资公司	0.02	
夏金玲	监事	女	49	2014年4月22日	职工代表	—	曾任天津滨海信托财务部经理,北方信托计划财务部副经理、托管部经理,天津北信财务咨询服务有限公司副总经理,北方国际信托投资股份有限公司稽核专员,天津北信中乒投资发展有限公司副总经理兼财务总监;现任北方国际信托股份有限公司审计稽核部总经理。
翟绍菁	监事	女	44	2014年10月22日	职工代表	—	曾在天津市人民政府办公厅信息处从事政务信息编辑工作,天津市人民政府法制办公室复议应诉指导处工作;现任北方国际信托股份有限公司风险控制主管。

3.4 高级管理人员

姓名	职务	性别	年龄	选任日期	金融从业年限（年）	学历	专业
包立杰	总经理	男	46	2015 年 11 月	23	本科	国际金融
陆妍	副总经理	女	48	2008 年 8 月	20	硕士	工商管理
王燕滨	副总经理	男	54	2014 年 11 月	35	硕士	工商管理
金树良（拟任，待监管机关核准后履职）	总经济师	男	50		23	硕士	世界经济
王辉	董事会秘书	男	46	2016 年 12 月	22	博士	金融工程
曾广炜	总经理助理	男	47	2017 年 2 月	16	本科	会计

3.5 公司员工

项目		报告期年度	
		人数（人）	比例（%）
年龄分布	25 岁以下	0	0
	25～29 岁	26	19.70
	30～39 岁	36	27.27
	40 岁以上	70	53.03
学历分布	博士	6	4.55
	硕士	54	40.91
	本科	62	46.97
	专科	7	5.30
	其他	3	2.27

4. 经营管理

4.1 经营目标、经营方针、战略规划

公司全面贯彻党的十八大和十八届三中、四中、五中、六中全会精神，认真落实中共天津市委十届十一次全会精神，以公司“十三五”规划发展纲要为指引，继续坚持“低风险运营，可持续发展”的经营理念，以推动改革、转型升级、提升资产管理能力为中心，夯实内部管理基础，稳中求进、创新发展，为跻身于全国一流的信托公司迈出新的一步。

4.2 所经营业务的主要内容

4.2.1 自营资产运用与分布

自营资产运用与分布表

资产运用	金额（万元）	占比（%）	资产分布	金额（万元）	占比（%）
货币资产	40 228.54	8.85	基础产业	6 000.00	1.32
贷款及应收款	110 358.00	24.27	房地产业	57 162.00	12.57
交易性金融资产	56 458.93	12.42	证券市场	109 478.71	24.08
可供出售金融资产	101 163.01	22.25	实业	30 000.00	6.60
持有至到期投资	2 092.97	0.46	金融机构	46 350.31	10.19
长期股权投资	1 862.57	0.40	其他	205 715.38	45.24
其他资产	142 542.38	31.35			
资产合计	454 706.40	100.00	资产总计	454 706.40	100.00

4.2.2 信托资产运用与分布

信托资产运用与分布表

资产运用	金额（万元）	占比（%）	资产分布	金额（万元）	占比（%）
货币资产	129 805.41	0.49	基础产业	6 509 459.47	24.62
贷款	13 374 522.18	50.59	房地产	2 026 100.00	7.66
交易性金融资产	4 420 677.66	16.72	证券	4 647 968.27	17.58
可供出售金融资产	1 077 738.75	4.08	实业（工商企业）	5 777 128.63	21.85
持有至到期投资	5 448 409.81	20.61	金融机构	1 106 334.54	4.18
长期股权投资	1 513 724.64	5.73	其他	6 370 305.79	24.10
其他	472 418.25	1.79			
资产总计	26 437 296.70	100.00	资产总计	26 437 296.70	100.00

4.3 市场分析

4.3.1 有利因素

宏观层面，国内工业经济企稳迹象明显。工业品价格持续明显回升；投资增速缓中趋稳，结构调整持续推进；消费品市场总体运行平稳，对经济增长贡献提高；消费价格温和上涨，生产价格由降转涨，反映出经济运行中积极变化累积增多、市场形势稳中向好的新态势。

区域层面，公司坐落在天津，天津经济发展对公司影响重大。天津正处在京津冀协同发展、自由贸易试验区建设、国家自主创新示范区建设、滨海新区开发开放和“一带一路”建设，这五大战略机遇期共同叠加的关键发展阶段，其中蕴含着巨大的业务发展机会，公司牢牢把握住天津历史性的发展机遇，积极转型，创新发展。

行业层面，信托业不断深化落实行业供给侧结构性改革，坚决避免行业发展“脱实向虚”，以提升实体经济发展的质量和效益为中心，发挥好多层次、多领域、多渠道配置资源的独特优势，去通道、去链条、降杠杆，为实体经济提供针对性强、附加值高的金融服务。2016 年，信托资产规模跨入“20 万亿元”时代，信托作为我国金融体系的重要一员，已经成为服务实体经济的重要力量和创造国民财富的重要途径。

公司层面，公司始终坚持“低风险运营，可持续发展”的经营理念，运用信托手段“集成金融功能，整合社会资源”，推进企业兼并重组，促进天津经济社会发展。公司业务布局基本实现了国内经济热点地区的全覆盖，国外办事机构正在积极筹划中；业务投向覆盖了实体经济、资本市场等多元化投资领域；收入构成实现了受托管理、债权股权投融资和特色投行三足鼎立的合理结构。公司客户资源、团队业务能力、盈利能力不断增强，内部管理和风控能力不断提升，员工队伍不断壮大，为公司可持续发展奠定了坚实的基础。

4.3.2 不利因素

宏观层面，世界经济增长低迷态势仍在延续，“逆全球化”思潮和保护主义倾向抬头，主要经济体政策走向及外溢效应变数较大，不稳定不确定因素明显增加。国内经济稳定运行的基础还不牢固，区域和行业走势持续分化，困难和风险不容低估。

行业层面，信托项目风险逐步显现，风险暴露也进一步加快；传统经营模式难以为继，行业进入结构调整和转型发展关键时期；资产管理业务参与主体增多，市场竞争更加激烈，信托公司独有的制度红利以及非完全竞争局面将被打破；信托公司监管环境更加严格，信托价值的社会认可度尚需提高，合格投资者仍需培育。

公司层面，公司资本实力不足，业务转型发展压力持续增大，整体科学化、精细化、制度化管理还有提升空间，管理流程有待进一步优化。

4.4 内部控制概况

公司在持续稳健发展的同时，始终将业务的合规性、风险的有效防控作为前提和保证。公司已经建立起一套较完善的内部控制体系，具备明确的内控目标和原则，覆盖公司各项业务及所有部门和人员。公司坚持倡导合规企业文化，注重引导员工树立合规意识和风险意识，并通过严格业务审批权限、规范业务操作流程、完善全员合规管理责任制、监督考核与奖惩制对员工的行为进行规范、监督。

公司已建立了三个层级的内部控制机构，形成了分工合理、职责明确、运行顺畅、制衡有效的风险管理机制。各级机构均严格履行职责，保证对各种业务风险进行事前、事中、事后的有效监管和控制。已建立一套涵盖公司经营管理的各个方面及所有业务种类的制度体系。制度中既有原则规范，又包含操作流程、风险点和防范措施，保证可操作性，并根据监管法规政策变化、监管部门检查后的要求、公司经营管理需要及时进行修订、新订。公司为各项业务的开发、决策、实施、后期管理设定了标准化、规范化的流程，将业务全流程纳入系统管理，并根据需要对系统进行不断升级改造，完善系统的功能、优化系统流程，以保证业务的规范有序开展。

4.5 风险管理概况

公司经营活动中可能遇到的风险包括信用风险、市场风险、操作风险、其他风险等。

信用风险即违约风险，是指交易对手不能全部或部分按时履行合约义务而造成财务上损失的风险。公司涉及客户信用风险的业务包括存放同业款项、贷款、担保和应收款项。对于信用风险的管理，注重事前对交易对手、项目的尽职调查，业务方案设定保证担保、资产抵押、权利质押等多种信用增级方式，项目实施过程中加强跟踪检查，项目结束后及时进行稽核和评价。对于固有资产，按要求进行了五级分类管理。对除存放同业款项之外的表内信用类资产计提一般准备和专项准备，一般准备金按照信用风险类资产余额的一定比例差额提取；专项准备按照单项资产未来预计损失情况确认准备金额。

市场风险指公司在信托资产及其固有资产合法经营中，因为利率、汇率、股价、股指、商品价格等市场价格的波动而产生的风险。对于市场风险的管理，公司加强对经济及金融形势的分析预测，注重关注市场变动，并提出相应对策及业务调整方案。对于证券市场风险，侧重于把握整体趋势，通过创新产品和业务模式、建立有效的投资组合，设定预警点和止损点，严格按照监管部门的要求和合同的约定进行管理，规避股市风险。以“赚取确定性收益”为原则，深入研究新型投资业务，努力加大在资本市场的业务推广和投资配置力度。对于利率风险，在贷款发放过程中，制定合理的固定利率或者浮动利率方案，公司努力实现业务区域、投资行业、收入结构的合理布局，积极贯彻落实监管部门法规政策，对房地产、“两高一剩”等重点行业、政府融资平台等重点业务定期进行压力测试，密切关注市场情况，加强业务风险的防范。

操作风险主要指因内控机制不健全、管理失误、操作系统不完善，或其他一些人为的错误而导致损失的可能性。对于操作风险的管理，公司一方面围绕固有、信托资产运营管理、证券投资、会计核算、资金交易、信息系统及文档管理等日常经营、业务开展的各个方面，制定管理规定和操作流程，明确操作权限和内容，严格遵循“决策与操作分离”“业务操作与风险监控分离”等原则；另一方面，加强对制度执行的检查、评价，推行责任追究机制，同时加强员工培训，提高员工风险意识。通过建立满足业务需要信息管理系统，将业务全流程纳入系统管理，设定严格的流程与使用权限，赋予风控、审计部门监督权，减少人为的操作风险。

其他风险主要有合规风险、道德风险。合规风险是指公司经营活动、业务开展因未能遵循国家法律法规、监管部门规则和公司内部规章制度，而可能遭受法律制裁、监管处罚、财务或声誉损失的风险。道德风险主要表现为公司内部人员蓄意违法违规或与公司的利益主体串通而给信托受益人或公司自身带来损失的可能。对于其他风险的管理，公司将合规风险管理作为公司风险管理的基础，从完善公司治理、内控制度、加强合规组织机构及配套机制建设、培育良好合规文化等方面，构建有效的合规风险管理机制。通过加强党的建设、员工思想政治方面教育，强化内控机制，严格业务流程与监督制衡，加大检查监督的频率和力度，防范道德风险的发生。

5. 报告期末及上一年度末的比较式会计报表

5.1 自营资产

5.1.1 会计师事务所审计结论

瑞华会计师事务所认为，公司自营资产财务报表在所有重大方面按照企业会计准则的规定编制，公允反映了公司 2016 年 12 月 31 日的财务状况以及 2016 年度的经营成果和现金流量。

5.1.2 资产负债表

资产负债表

编制单位：北方国际信托股份有限公司　　2016年12月31日　　单位：万元

资产	年末数	年初数	负债及股东权益	年末数	年初数
流动资产：			流动负债：		
货币资金	40 228.54	50 990.56	短期借款		
结算备付金	—	—	以公允价值计量且其变动计入当期损益的金融负债		
拆出资金	—	—	衍生金融负债		
以公允价值计量且其变动计入当期损益的金融资产	56 458.94	64 841.09	应付票据		
衍生金融资产	—	—	应付账款		
应收票据	—	—	预收款项		
应收账款	—	—	应付职工薪酬	17 112.67	17 217.93
预付款项	—	—	应交税费	7 492.08	11 946.66
应收保费	—	—	应付利息	23.59	23.59
应收分保账款	—	—	应付股利	1 778.39	337.02
应收分保准备金	—	—	其他应付款	7 593.94	30 715.16
买入返售金融资产	50 926.81	71 490.02	划分为持有待售的负债		
应收利息	559.69	711.30	一年内到期的非流动负债		
应收股利	—	—	其他流动负债		
其他应收款	69 359.33	44 322.55	流动负债合计	34 000.67	60 240.36
存货	—	—	非流动负债：		
划分为持有待售的资产	—	—	长期借款		
一年内到期的非流动资产	—	—	应付债券		
发放贷款及垫款	110 358.00	109 304.00	长期应付款		
其他流动资产	2.19	—	长期应付职工薪酬		
流动资产合计	327 893.49	341 659.52	专项应付款		
			预计负债	19 333.80	
非流动资产：			递延收益		
可供出售金融资产	101 163.01	73 724.40	递延所得税负债	1.55	252.45
持有至到期投资	2 092.97	—	其他非流动负债		
长期应收款	—	—	非流动负债合计	19 335.35	252.45
长期股权投资	1 862.57	1 378.59	负债合计	53 336.01	60 492.81
投资性房地产	1 048.83	1 910.47	所有者权益（或股东权益）：		
固定资产原价	5 244.21	3 834.08	实收资本（或股本）	100 099.89	100 099.89
减：累计折旧	2 869.48	1 906.78	减：已归还投资		
固定资产净值	2 374.73	1 927.30	实收资本（或股本）净额	100 099.89	100 099.89
减：固定资产减值准备	—	—	其他权益工具		
固定资产净额	2 374.73	1 927.30	其中：优先股		
在建工程	—	—	永续债		
工程物资	—	—	资本公积		
固定资产清理	—	—	减：库存股		
生产性生物资产	—	—	其他综合收益	30.75	45.71
油气资产	—	—			
无形资产	—	—	专项储备		
开发支出	—	—	盈余公积	35 234.75	31 179.96
商誉	—	—	其中：法定公积金	35 234.75	31 179.96
长期待摊费用	995.75	1 271.99	一般风险准备	30 398.16	27 357.07
递延所得税资产	17 275.05	10 168.74	未分配利润	235 606.84	212 865.57
其他非流动资产	—	—	归属于母公司所有者权益合计	401 370.38	371 548.20
			少数股东权益		
非流动资产合计	126 812.91	90 381.49	所有者权益（或股东权益）合计	401 370.38	371 548.20
资产总计	454 706.40	432 041.01	负债和所有者权益（或股东权益）总计	454 706.40	432 041.01

公司法定代表人：王建东　　主管会计工作负责人：陆　妍　　会计机构负责人：多艳平

5.1.3 利润表

利润表

编制单位:北方国际信托股份有限公司　　2016年度　　单位:万元

项　　目	本年	上年
一、营业收入	100 132.40	121 528.29
利息净收入	11 224.18	21 305.91
利息收入	11 224.18	21 305.91
利息支出		
手续费及佣金净收入	79 041.51	93 452.81
手续费及佣金收入	79 190.66	94 023.43
手续费及佣金支出	149.15	570.62
投资收益(损失以"-"号填列)	10 882.97	5 368.98
其中:对联营企业和合营企业的投资收益	503.58	238.78
公允价值变动收益(损失以"-"号填列)	-1 125.15	890.62
汇兑收益(损失以"-"号填列)	0.48	0.57
其他业务收入	108.41	509.40
二、营业成本	30 979.12	45 964.72
营业税金及附加	1 653.81	6 779.03
业务及管理费	20 349.25	22 153.69
资产减值损失	8 976.06	17 032.00
其他业务成本		
三、营业利润(亏损以"-"号填列)	69 153.28	75 563.57
加:营业外收入	275.57	264.02
减:营业外支出	19 335.60	141.99
四、利润总额(亏损总额以"-"号填列)	50 093.25	75 685.61
减:所得税费用	9 545.41	18 712.57
五、净利润(净亏损以"-"号填列)	40 547.84	56 973.04
归属于母公司所有者的净利润		
少数股东损益		
六、每股收益:		
(一)基本每股收益(元)	0.41	0.57
(二)稀释每股收益(元)	0.41	0.57
七、其他综合收益的税后净额	-14.97	-16.53
(一)以后不能重分类进损益的其他综合收益		
1. 重新计量设定受益计划净负债或净资产的变动		
2. 权益法下在被投资单位不能重分类进损益的其他综合收益中享有的份额		
(二)以后将重分类进损益的其他综合收益	-14.97	-16.53
1. 权益法下在被投资单位以后将重分类进损益的其他综合收益中享有的份额	-19.60	45.71
2. 可供出售金融资产公允价值变动损益	4.64	-62.24
3. 持有至到期投资重分类为可供出售金融资产损益		
4. 现金流量套期损益的有效部分		
5. 外币财务报表折算差额		
6. 其他		
八、综合收益总额	40 532.87	56 956.51

公司法定代表人:王建东　　主管会计工作负责人:陆妍　　会计机构负责人:多艳平

5.1.4 股东权益变动表

股东权益变动表

编制单位：北方国际信托股份有限公司　　2016年度　　单位：万元

项　目	本年数						
	实收资本（或股本）	资本公积	其他综合收益	盈余公积	一般风险准备	未分配利润	所有者权益合计
一、上年年末余额	100 099.89	0.00	45.71	31 179.96	27 357.07	212 865.57	371 548.20
加：会计政策变更	—	—	—	—	—	—	—
前期差错更正	—	—	—	—	—	—	—
其他							
二、本年年初余额	100 099.89	0.00	45.71	31 179.96	27 357.07	212 865.57	371 548.20
三、本年增减变动金额（减少以"－"号填列）			-14.97	4 054.78	3 041.09	22 741.28	29 822.18
（一）综合收益总额			-14.97			40 547.84	40 532.87
（二）所有者投入和减少资本							
1. 所有者投入的普通股							
2. 其他权益工具持有者投入资本							
3. 股份支付计入所有者权益的金额							
4. 其他							
（三）专项储备提取和使用							
1. 提取专项储备							
2. 使用专项储备							
（四）利润分配				4 054.78	3 041.09	-17 806.56	-10 710.69
1. 提取盈余公积				4 054.78		-4 054.78	
其中：法定公积金				4 054.78		-4 054.78	
任意公积金							
储备基金							
企业发展基金							
利润归还投资							
2. 提取一般风险准备					3 041.09	-3 041.09	
3. 对所有者（或股东）的分配						-10 710.69	-10 710.69
4. 其他							
（五）所有者权益内部结转							
1. 资本公积转增资本（或股本）							
2. 盈余公积转增资本（或股本）							
3. 盈余公积弥补亏损							
4. 结转重新计量设定受益计划净负债或净资产所产生的变动							
5. 其他							
四、本年年末余额	100 099.89	0.00	30.75	35 234.75	30 398.16	235 606.84	401 370.38

公司法定代表人：王建东　　主管会计工作负责人：陆妍　　会计机构负责人：多艳平

5.2 信托资产

5.2.1 信托项目资产负债汇总表

信托项目资产负债表

编制单位：北方国际信托股份有限公司　　2016年12月31日　　单位：万元

信托资产	期末数	期初数	信托负债和信托权益	期末数	期初数
信托资产：			信托负债：		
货币资金	129 805.41	213 137.69	交易性金融负债		
拆出资金			衍生金融负债		
存出保证金			卖出回购金融资产款		
交易性金融资产	4 420 677.66	5 096 985.10	应付受托人报酬	1 555.87	6 365.06
衍生金融资产			应付托管费	1 451.00	5 054.27

续表

信托资产	期末数	期初数	信托负债和信托权益	期末数	期初数
买入返售资产	97 290. 61	277 375. 95	应付受益人收益	13 121. 00	25 327. 28
应收款项	236 627. 64	222 196. 89	应交税费		
发放贷款	13 374 522. 18	13 937 371. 65	应付销售服务费		
可供出售金融资产	1 077 738. 75	545 155. 14	其他应付款项	22 238. 43	26 933. 45
持有至到期投资	5 448 409. 81	5 908 999. 71	预计负债		
长期应收款	138 500. 00	336 400. 00	其他负债	2 469. 98	2 849. 99
长期股权投资	1 513 724. 64	1 787 297. 80	信托负债合计	40 836. 28	66 530. 05
投资性房地产			信托权益:		
固定资产			实收信托	25 674 842. 96	27 508 034. 80
无形资产			资本公积	30 451. 10	38 644. 35
长期待摊费用			未分配利润	691 166. 36	711 710. 73
其他资产					
			信托权益合计	26 396 460. 42	28 258 389. 88
信托资产总计	26 437 296. 70	28 324 919. 93	信托资产总计	26 437 296. 70	28 324 919. 93

5. 2. 2 信托项目利润及利润分配汇总表

信托项目利润及利润分配表

2016 年度

编制单位:北方国际信托股份有限公司 单位:万元

项 目	本年	上年
一、营业收入	1 820 547. 64	2 463 810. 84
利息收入	1 378 734. 78	1 587 159. 16
投资收益(损失以"-"号填列)投资收入	528 539. 18	800 981. 80
其中:对联营企业和合营企业的投资收益	0. 00	0. 00
公允价值变动收益(损失以"-"号填列)	-86 774. 88	75 604. 02
租赁收入	0	0
汇兑损益(损失以"-"号填列)	0	0
其他收入	48. 56	65. 86
二、营业支出	181 662. 86	296 606. 13
营业税金及附加		
业务及管理费	181 662. 86	296 606. 13
资产减值损失		
三、信托利润(净亏损以"-"号填列)	1 638 884. 78	2 167 204. 71
加:其他综合收益	41 144. 33	
四、综合收益	1 680 029. 11	2 167 204. 71
加:期初未分配信托利润	705 912. 89	524 956. 52
五、可供分配的信托利润	2 385 942. 00	2 692 161. 23
减:本期已分配信托利润	1 694 775. 64	1 980 450. 50
六、期末未分配信托利润	691 166. 36	711 710. 73

6. 会计报表附注

6. 1 简要说明报告年度会计报表编制基准、会计政策、会计估计和核算方法发生的变化

6. 1. 1 计提资产减值准备的范围和方法

计提资产减值准备的范围包括:除了以公允价值计量且其变动计入当期损益的金融资产外,本公司在每个资产负债表日对其他金融资产的账面价值进行检查,有客观证据表明金融资产发生减值的,计提减值准备。

计提资产减值准备的方法:本公司对单项金额重大的金融资产单独进行减值测试;对单项金额不重大的金融资产,单独进行减值测试或包括在具有类似信用风险特征的金融资产组合中进行减值测试。单独测试未发生减值的金融资产(包括单项金额重大和不重大的金融资产),包括在具有类似信用风险特征的金融资产组合中再进行减值测试。已单项确认减值损失的金融资产,不包括在具有类似信用风险特征的金融资产组合中进行减值测试。

6. 1. 1. 1 持有至到期投资、贷款和应收款项减值

以成本或摊余成本计量的金融资产将其账面价值减记至预计未来现金流量现值,减记金额确认为减值损失,计入当期损益。金融资产在确认减值损失后,如有客观证据表明该金融资产价值已恢复,且客观上与确认该损失后发生的事项有关,原确认的减值损失予以转回,金融资产转回减值损失后的账面价值不超过假定不计提减值准备情况下该金融资产在转回日的摊余成本。

6. 1. 1. 2 可供出售金融资产减值

当综合相关因素判断可供出售权益工具投资公允价值下跌是严重下跌或非暂时性下跌时,表明该可供出售权益工具投资发生减值。其中,"严重下跌"是指公允价值下跌幅度累计超过 20%;"非暂时性下跌"是指公允价值连续下跌时间超过 12 个月。

可供出售金融资产发生减值时,将原计入其他综合收益的因公允价值下降形成的累计损失予以转出并计入当期损益,该转出的累计损失为该资产初始取得成本扣除已收回本金和已摊销金额、当前公允价值和原已计入损益的减值损失后的余额。

在确认减值损失后,期后如有客观证据表明该金融资产价值已恢复,且客观上与确认该损失后发生的事项有关,原确认的减值损失予以转回,可供出售权益工具投资的减值损失转回确认为其他综合收益,可供出售债务工具的减值损失转回计入当期损益。

在活跃市场中没有报价且其公允价值不能可靠计量的权益工具投资,或与该权益工具挂钩并须通过交付该权益工具结算的衍生金融资产的减值损失,不予转回。

6.1.2　金融资产四分类的范围和标准

以常规方式买卖金融资产，按交易日进行会计确认和终止确认。金融资产在初始确认时划分为以公允价值计量且其变动计入当期损益的金融资产、持有至到期投资、贷款和应收款项以及可供出售金融资产。

6.1.3　以公允价值计量且其变动计入当期损益的金融资产

以公允价值计量且其变动计入当期损益的金融资产包括交易性金融资产和指定为以公允价值计量且其变动计入当期损益的金融资产。本公司以公允价值计量且其变动计入当期损益的金融资产均为交易性金融资产。

交易性金融资产是指满足下列条件之一的金融资产：(1)取得该金融资产的目的，主要是为了近期内出售或回购；(2)属于进行集中管理的可辨认金融工具组合的一部分，且有客观证据表明本公司近期采用短期获利方式对该组合进行管理；(3)属于衍生工具，但是，被指定且为有效套期工具的衍生工具、属于财务担保合同的衍生工具、与在活跃市场中没有报价且其公允价值不能可靠计量的权益工具投资挂钩并须通过交付该权益工具结算的衍生工具除外。

交易性金融资产采用公允价值进行后续计量，公允价值变动形成的利得或损失以及与该金融资产相关的股利和利息收入计入当期损益。

6.1.4　可供出售金融资产核算方法

可供出售金融资产包括初始确认时即被指定为可供出售的非衍生金融资产，以及除了以公允价值计量且其变动计入当期损益的金融资产、贷款和应收款项、持有至到期投资以外的金融资产。

可供出售债务工具投资的期末成本按照其摊余成本法确定，即初始确认金额扣除已偿还的本金，加上或减去采用实际利率法将该初始确认金额与到期日金额之间的差额进行摊销形成的累计摊销额，并扣除已发生的减值损失后的金额。可供出售权益工具投资的期末成本为其初始取得成本。

可供出售金融资产采用公允价值进行后续计量，公允价值变动形成的利得或损失，除减值损失和外币货币性金融资产与摊余成本相关的汇兑差额计入当期损益外，确认为其他综合收益，在该金融资产终止确认时转出，计入当期损益。但是，在活跃市场中没有报价且其公允价值不能可靠计量的权益工具投资，以及与该权益工具挂钩并须通过交付该权益工具结算的衍生金融资产，按照成本进行后续计量。

可供出售金融资产持有期间取得的利息及被投资单位宣告发放的现金股利，计入投资收益。

6.1.5　持有至到期投资核算方法

持有至到期投资是指到期日固定、回收金额固定或可确定，且本公司有明确意图和能力持有至到期的非衍生金融资产。

持有至到期投资采用实际利率法，按摊余成本进行后续计量，在终止确认、发生减值或摊销时产生的利得或损失，计入当期损益。

实际利率法是指按照金融资产或金融负债（含一组金融资产或金融负债）的实际利率计算其摊余成本及各期利息收入或支出的方法。实际利率是指将金融资产或金融负债在预期存续期间或适用的更短期间内的未来现金流量，折现为该金融资产或金融负债当前账面价值所使用的利率。

在计算实际利率时，本公司将在考虑金融资产或金融负债所有合同条款的基础上预计未来现金流量（不考虑未来的信用损失），同时还将考虑金融资产或金融负债合同各方之间支付或收取的、属于实际利率组成部分的各项收费、交易费用及折价或溢价等。

6.1.6　长期股权投资核算方法

本部分所指的长期股权投资是指本公司对被投资单位具有控制、共同控制或重大影响的长期股权投资。本公司对被投资单位不具有控制、共同控制或重大影响的长期股权投资，作为可供出售金融资产或以公允价值计量且其变动计入当期损益的金融资产核算。

共同控制是指本公司按照相关约定对某项安排所共有的控制，并且该安排的相关活动必须经过分享控制权的参与方一致同意后才能决策。重大影响是指本公司对被投资单位的财务和经营政策有参与决策的权力，但并不能够控制或者与其他方一起共同控制这些政策的制定。

6.1.6.1　长期股权投资成本的确定

对于同一控制下的企业合并取得的长期股权投资，在合并日按照被合并方所有者权益在最终控制方合并财务报表中的账面价值的份额作为长期股权投资的初始投资成本。长期股权投资初始投资成本与支付的现金、转让的非现金资产以及所承担债务账面价值之间的差额，调整资本公积；资本公积不足冲减的，调整留存收益。以发行权益性证券作为合并对价的，在合并日按照被合并方所有者权益在最终控制方合并财务报表中的账面价值的份额作为长期股权投资的初始投资成本，按照发行股份的面值总额作为股本，长期股权投资初始投资成本与所发行股份面值总额之间的差额，调整资本公积；资本公积不足冲减的，调整留存收益。

对于非同一控制下的企业合并取得的长期股权投资，在购买日按照合并成本作为长期股权投资的初始投资成本，合并成本包括购买方付出的资产、发生或承担的负债、发行的权益性证券的公允价值之和。通过多次交易分步取得被购买方的股权，最终形成非同一控制下的企业合并的，应分别是否属于"一揽子交易"进行处理：属于"一揽子交易"的，将各项交易作为一项取得控制权的交易进行会计处理；不属于"一揽子交易"的，按照原持有被购买方的股权投资账面价值加上新增投资成本之和，作为改按成本法核算的长期股权投资的初始投资成本。原持有的股权采用权益法核算的，相关其他综合收益暂不进行会计处理。原持有股权投资为可供出售金融资产的，其公允价值与账面价值之间的差额，以及原计入其他综合收益的累计公允价值变动转入当期损益。

合并方或购买方为企业合并发生的审计、法律服务、评估咨询等中介费用以及其他相关管理费用，于发生时计入当期损益。

除企业合并形成的长期股权投资外的其他股权投资，按成本进行初始计量，该成本视长期股权投资取得方式的不同，分别按照本公司实际支付的现金购买价款、本公司发行的权益性证券的公允价值、投资合同或协议约定的价值、非货币性资产交换交易中换出资产的公允价值或原账面价值、该项长期股权投资自身的公允价值等方式确定。与取得长期股权投资直接相关的费用、税金及其他必要支出也计入投资成本。对于因追加投资能够对被投资单位实施重大影响或实施共同控制但不构成控制的，长期股权投资成本为按照《企业会计准则第22号——金融工具确认和计量》确定的原持有股权投资的公允价值加上新增投资成本之和。

6.1.6.2 长期股权投资的后续计量

对被投资单位具有共同控制（构成共同经营者除外）或重大影响的长期股权投资，采用权益法核算。此外，公司财务报表采用成本法核算能够对被投资单位实施控制的长期股权投资。

6.1.6.2.1 成本法核算的长期股权投资

采用成本法核算时，长期股权投资按初始投资成本计价，追加或收回投资调整长期股权投资的成本。除取得投资时实际支付的价款或者对价中包含的已宣告但尚未发放的现金股利或者利润外，当期投资收益按照享有被投资单位宣告发放的现金股利或利润确认。

6.1.6.2.2 权益法核算的长期股权投资

采用权益法核算时，长期股权投资的初始投资成本大于投资时应享有被投资单位可辨认净资产公允价值份额的，不调整长期股权投资的初始投资成本；初始投资成本小于投资时应享有被投资单位可辨认净资产公允价值份额的，其差额计入当期损益，同时调整长期股权投资成本。

采用权益法核算时，按照应享有或应分担的被投资单位实现的净损益和其他综合收益的份额，分别确认投资收益和其他综合收益，同时调整长期股权投资的账面价值；按照被投资单位宣告分派的利润或现金股利计算应享有的部分，相应减少长期股权投资的账面价值；对于被投资单位除净损益、其他综合收益和利润分配以外所有者权益的其他变动，调整长期股权投资的账面价值并计入资本公积。在确认应享有被投资单位净损益的份额时，以取得投资时被投资单位各项可辨认资产等的公允价值为基础，对被投资单位的净利润进行调整后确认。被投资单位采用的会计政策及会计期间与本公司不一致的，按照本公司的会计政策及会计期间对被投资单位的财务报表进行调整，并据此确认投资收益和其他综合收益。对于本公司与联营企业和合营企业之间发生的交易，投出或出售的资产不构成业务的，未实现内部交易损益按照享有的比例计算归属于本公司的部分予以抵销，在此基础上确认投资损益。但本公司与被投资单位发生的未实现内部交易损失，属于所转让资产减值损失的，不予以抵销。本公司向合营企业或联营企业投出的资产构成业务的，投资方因此取得长期股权投资但未取得控制权的，以投出业务的公允价值作为新增长期股权投资的初始投资成本，初始投资成本与投出业务的账面价值之差，全额计入当期损益。本公司向合营企业或联营企业出售的资产构成业务的，取得的对价与业务的账面价值之差，全额计入当期损益。本公司自联营企业及合营企业购入的资产构成业务的，按《企业会计准则第20号——企业合并》的规定进行会计处理，全额确认与交易相关的利得或损失。

在确认应分担被投资单位发生的净亏损时，以长期股权投资的账面价值和其他实质上构成对被投资单位净投资的长期权益减记至零为限。此外，如本公司对被投资单位负有承担额外损失的义务，则按预计承担的义务确认预计负债，计入当期投资损失。被投资单位以后期间实现净利润的，本公司在收益分享额弥补未确认的亏损分担额后，恢复确认收益分享额。

6.1.6.3 长期股权投资的处置

对于处置的股权，其账面价值与实际取得价款的差额，计入当期损益。

采用权益法核算的长期股权投资，处置后的剩余股权仍采用权益法核算的，在处置时将原计入所有者权益的其他综合收益部分按相应的比例采用与被投资单位直接处置相关资产或负债相同的基础进行会计处理。因被投资方除净损益、其他综合收益和利润分配以外的其他所有者权益变动而确认的所有者权益，按比例结转入当期损益。

采用成本法核算的长期股权投资，处置后剩余股权仍采用成本法核算的，其在取得对被投资单位的控制之前因采用权益法核算或金融工具确认和计量准则核算而确认的其他综合收益，采用与被投资单位直接处置相关资产或负债相同的基础进行会计处理，并按比例结转当期损益；因采用权益法核算而确认的被投资单位净资产中除净损益、其他综合收益和利润分配以外的其他所有者权益变动按比例结转当期损益。

本公司因处置部分股权投资丧失了对被投资单位的控制的，在编制个别财务报表时，处置后的剩余股权能够对被投资单位实施共同控制或施加重大影响的，改按权益法核算，并对该剩余股权视同自取得时即采用权益法核算进行调整；处置后的剩余股权不能对被投资单位实施共同控制或施加重大影响的，改按金融工具确认和计量准则的有关规定进行会计处理。其在丧失控制之日的公允价值与账面价值之间的差额计入当期损益。对于本公司取得对被投资单位的控制之前，因采用权益法核算或金融工具确认和计量准则核算而确认的其他综合收益，在丧失对被投资单位控制时采用与被投资单位直接处置相关资产或负债相同的基础进行会计处理，因采用权益法核算而确认的被投资单位净资产中除净损益、其他综合收益和利润分配以外的其他所有者权益变动在丧失对被投资单位控制时结转入当期损益。其中，处置后的剩余股权采用权益法核算的，其他综合收益和其他所有者权益按比例结转；处置后的剩余股权改按金融工具确认和计量准则进行会计处理的，其他综合收益和其他所有者权益全部结转。

本公司因处置部分股权投资丧失了对被投资单位的共同控制或重大影响的，处置后的剩余股权改按金融工具确认和计量准则核算，其在丧失共同控制或重大影响之日的公允价值与账面价值之间的差额计入当期损益。原股权投资因采用权益法核算而确认的其他综合收益，在终止采用权益法核算时采用与被投资单位直接处置相关资产或负债相同的基础进行会计处理，因被投资方除净损益、其他综合收益和利润分配以外的其他所有者权益变动而确认的所有者权益，在终止采用权益法时全部转入当期投资收益。

本公司通过多次交易分步处置对子公司股权投资直至丧失控制权，如果上述交易属于一揽子交易的，将各项交易作为一项处置子公司股权投资并丧失控制权的交易进行会计处理。在丧失控制权之前每一次处置价款与所处置的股权对应的长期股权投资账面价值之间的差额，先确认为其他综合收益，到丧失控制权时再一并转入丧失控制权的当期损益。

6.1.7　贷款和应收款项

贷款和应收款项是指在活跃市场中没有报价、回收金额固定或可确定的非衍生金融资产。本公司划分为贷款和应收款的金融资产包括买入返售金融资产、发放贷款和垫款以及其他应收款等。

贷款和应收款项采用实际利率法，按摊余成本进行后续计量，在终止确认、发生减值或摊销时产生的利得或损失，计入当期损益。

6.1.8　投资性房地产核算方法

投资性房地产是指为赚取租金或资本增值，或两者兼有而持有的房地产。包括已出租的土地使用权、持有并准备增值后转让的土地使用权、已出租的建筑物等。

投资性房地产按成本进行初始计量。与投资性房地产有关的后续支出，如果与该资产有关的经济利益很可能流入且其成本能可靠地计量，则计入投资性房地产成本。其他后续支出，在发生时计入当期损益。

本公司采用成本模式对投资性房地产进行后续计量，并按照与房屋建筑物或土地使用权一致的政策进行折旧或摊销。

自用房地产或存货转换为投资性房地产或投资性房地产转换为自用房地产时，按转换前的账面价值作为转换后的入账价值。

当投资性房地产被处置或者永久退出使用且预计不能从其处置中取得经济利益时，终止确认该项投资性房地产。投资性房地产出售、转让、报废或毁损的处置收入扣除其账面价值和相关税费后计入当期损益。

6.1.9　固定资产计价和折旧方法

固定资产从达到预定可使用状态的次月起，在使用寿命内计提折旧。各类固定资产的使用寿命、预计净残值和年折旧率、折旧方法如下：

固定资产类别	折旧年限（年）	预计净残值率（%）	年折旧率（%）	折旧方法
房屋、建筑物	20～44	5	2.16～4.75	年限平均法
运输工具	5	5	19.00	年限平均法
办公及电子设备	3	5	31.67	年限平均法
其他设备	3	5	31.67	年限平均法

预计净残值是指假定固定资产预计使用寿命已满并处于使用寿命终了时的预期状态，本公司目前从该项资产处置中获得的扣除预计处置费用后的金额。

6.1.10　无形资产计价及摊销政策

6.1.10.1　无形资产的确认及计价方法

无形资产是指本公司拥有或者控制的没有实物形态的可辨认非货币性资产。

无形资产按成本进行初始计量。与无形资产有关的支出，如果相关的经济利益很可能流入本公司且其成本能可靠地计量，则计入无形资产成本。除此以外的其他项目的支出，在发生时计入当期损益。

取得的土地使用权通常作为无形资产核算。自行开发建造厂房等建筑物，相关的土地使用权支出和建筑物建造成本则分别作为无形资产和固定资产核算。如为外购的房屋及建筑物，则将有关价款在土地使用权和建筑物之间进行分配，难以合理分配的，全部作为固定资产处理。

6.1.10.2　无形资产的摊销

使用寿命有限的无形资产自可供使用时起，对其原值减去预计净残值和已计提的减值准备累计金额在其预计使用寿命内采用直线法分期平均摊销。使用寿命不确定的无形资产不予摊销。

期末，对使用寿命有限的无形资产的使用寿命和摊销方法进行复核，如发生变更则作为会计估计变更处理。此外，还对使用寿命不确定的无形资产的使用寿命进行复核，如果有证据表明该无形资产为企业带来经济利益的期限是可预见的，则估计其使用寿命并按照使用寿命有限的无形资产的摊销政策进行摊销。

6.1.11　长期待摊费用的摊销政策

长期待摊费用为已经发生但应由报告期和以后各期负担的分摊期限在一年以上的各项费用。本公司的各主要长期待摊费用项目的内容、摊销方法和摊销年限如下表所示。

内容	摊销方法	摊销年限（年）
办公家具类	直线法	5
装修改造类	直线法	3
软件类	直线法	3
服务费类	直线法	3
其他类	直线法	3

6.1.12　收入确认原则和方法

收入是在与交易相关的经济利益能够流入本公司，且有关收入的金额可以可靠地计量时，按以下标准确认。

6.1.12.1　利息收入

对于所有以摊余成本计量的金融工具及可供出售类投资中计息的金融工具，利息收入以实际利率计量。实际利率是指按金融工具的预计存续期间或更短期间将其预计未来现金流入或流出折现至其金融资产或金融负债账面净值的利率。利息收入的计算，要考虑金融工具的合同条款（例如预付选择权）并且包括所有归属于实际利率组成部分的费用和所有交易成本，但不包括未来贷款损失。如果本公司对未来收入估计发生改变，金融资产的账面价值也可能随之调整。由于调整后的账面价值是按照原实际利率计算而得，变动也记入利息收入。

6.1.12.2　手续费、佣金及其他收入

手续费、佣金及其他收入按照信托合同约定或者在已提供有关服务后且收取的金额可以合理地估算时确认，其中信托项目承担的佣金由信托部门发起，经托管部审核确认后，自信托专户划入公司账户。

6.1.13　递延所得税资产和递延所得税负债所得税的会计处理方法

某些资产、负债项目的账面价值与其计税基础之间的差额，以及未作为资产和负债确认但按照《税法》规定可以确定其计税基础的项目的账面价值与计税基础之间的差额产生的暂时性差异，采用资产负债表债务法确认递延所得税资产及递延所得税负债。

与商誉的初始确认有关，以及与既不是企业合并、发生时也不影响会计利润和应纳税所得额（或可抵扣亏损）的交易中产生的资产或负债的初始确认有关的应纳税暂时性差异，不予确认有关的递延所得税负债。此外，对与子公司、联营企业及合营企业投资相关的应纳税暂时性差异，如果本公司能够控制暂时性差异转回的时间，而且该暂时性差异在可预见的未来很

可能不会转回,也不予确认有关的递延所得税负债。除上述例外情况,本公司确认其他所有应纳税暂时性差异产生的递延所得税负债。

与既不是企业合并、发生时也不影响会计利润和应纳税所得额(或可抵扣亏损)的交易中产生的资产或负债的初始确认有关的可抵扣暂时性差异,不予确认有关的递延所得税资产。此外,对与子公司、联营企业及合营企业投资相关的可抵扣暂时性差异,如果暂时性差异在可预见的未来不是很可能转回,或者未来不是很可能获得用来抵扣可抵扣暂时性差异的应纳税所得额,不予确认有关的递延所得税资产。除上述例外情况,本公司以很可能取得用来抵扣可抵扣暂时性差异的应纳税所得额为限,确认其他可抵扣暂时性差异产生的递延所得税资产。

对于能够结转以后年度的可抵扣亏损和税款抵减,以很可能获得用来抵扣可抵扣亏损和税款抵减的未来应纳税所得额为限,确认相应的递延所得税资产。

资产负债表日,对于递延所得税资产和递延所得税负债,根据《税法》规定,按照预期收回相关资产或清偿相关负债期间的适用税率计量。

资产负债表日,对递延所得税资产的账面价值进行复核,如果未来很可能无法获得足够的应纳税所得额用于抵扣递延所得税资产的利益,则减记递延所得税资产的账面价值。在很可能获得足够的应纳税所得额时,减记的金额予以转回。

6.2 或有事项说明

年末,公司存在待执行的亏损合同预计损失1.93亿元。

6.3 重要资产转让及其出售的说明

无。

6.4 会计报表中重要项目的明细资料

6.4.1 披露自营资产经营情况

6.4.1.1 按信用风险五级分类结果披露信用风险资产的期初数、期末数

风险分类	正常类(万元)	关注类(万元)	次级类(万元)	可疑类(万元)	损失类(万元)	信用风险资产合计(万元)	不良资产合计(万元)	不良资产率(%)
期初数	262 190.89		43 200.00	938.00		306 328.89	44 138.00	14.41
期末数	321 256.57	102 271.95	11 000.00	44 138.00	1 830.95	480 497.47	56 968.95	11.86

注:不良资产合计=次级类+可疑类+损失类。

6.4.1.2 各项资产减值损失准备的期初数、本期计提、本期转回、本期核销、期末数

单位:万元

	期初数	本期计提	本期转回	本期核销	期末数
贷款损失准备	34 919.00		4 977.00		29 942.00
一般准备	0.00				0.00
专项准备	34 919.00		4 977.00		29 942.00
其他资产减值准备	5 805.30	19 950.00			25 755.30
可供出售金融资产减值准备	1 830.96	19 950.00			21 780.96
持有至到期投资减值准备	0.00				0.00
长期股权投资减值准备	3 925.00				3 925.00
坏账准备	0.00				0.00
投资性房地产减值准备	0.00				0.00
其他减值准备	49.34				49.34
各项资产减值损失准备合计	40 724.30	19 950.00	4 977.00		55 697.30

6.4.1.3 按照投资品种分类,分别披露固有业务股票投资、基金投资、债券投资、股权投资等投资业务的期初数、期末数

单位:万元

	自营股票	基金	债券	长期股权投资	其他投资	合计
期初数		47 824.69	17 116.39	69 219.94	11 539.01	145 700.03
期末数		41 661.03	14 017.27	40 003.91	12 379.68	108 061.89

6.4.1.4 按投资入股金额排序,前五名的自营长期股权投资的企业名称、占被投资企业权益的比例、主要经营活动及投资收益情况等

企业名称	占被投资企业权益的比例(%)	主要经营活动	投资收益(万元)
天津滨海农村商业银行股份有限公司	2.86	吸收存款、发放贷款、办理结算、同业拆借、办理票据兑现和贴现等	1 645.21
渤海财产保险股份有限公司	6.77	财产损失险、责任险、信用保险和保证保险、短期健康险和意外伤害险等	无
长城基金管理有限公司	17.65	基金募集、基金销售、资产管理等高新技术产业投资及管理;投资咨询等	2 329.40
天津泰达科技风险投资股份有限公司	2.30	高新技术产业投资及管理;投资咨询等吸收公众存款、发放短期、中长期贷款、办理国内结算等	45.9
天津津南村镇银行股份有限公司	6.67	吸收公众存款、发放短期、中长期贷款、办理国内结算等	60

注:投资损益是指按照企业会计准则规定,核算股权投资确认损益并记入披露年度利润表的金额。

6.4.1.5 前五名的自营贷款的企业名称、占贷款总额的比例和还款情况等(从大到小顺序排列)

企业名称	占贷款总额的比例(%)	还款情况
智造(中国)有限公司	31.46	逾期
天津立达房地产有限公司	27.58	部分逾期
乐视网信息技术(北京)股份有限公司	21.38	未到期
上海维罗纳置业发展有限公司	10.69	未到期
天津塘沽海洋高新区滨都公用设施绿化工程有限公司	4.28	未到期

6.4.1.6 表外业务的期初数、期末数，按照代理业务、担保业务和其他类型表外业务分别披露

单位：万元

表外业务	期初数	期末数
担保业务	0	0.00
代理业务	0	0.00
其他	0	19 333.80
合计	0	19 333.80

注：代理业务主要反映因客观原因应规范而尚未完成规范的历史遗留委托业务，包括委托贷款和委托投资。

6.4.1.7 公司当年的收入结构（母公司口径、并表口径同时披露）

收入结构	金额（万元）	占比（%）
手续费及佣金收入	79 190.66	78.75
其中：信托手续费收入	77 408.93	76.98
投资银行业务收入	47.37	0.05
利息收入	11 224.18	11.16
其他业务收入	108.89	0.11
其中：计入信托业务收入部分	0	0.00
投资收益	10 882.97	10.82
其中：股权投资收益	10 289.55	10.23
证券投资收益	523.36	0.52
其他投资收益	70.05	0.07
公允价值变动收益	−1 125.15	−1.12
营业外收入	275.57	0.27
收入合计	100 557.12	100.00

注：1. 其他收入中108.41万元是指房租收入。
2. 手续费及佣金收入、利息收入、其他业务收入、投资收益、营业外收入均应为损益表中的科目，其中手续费及佣金收入、利息收入、营业外收入为未抵减掉相应支出的全年累计实现收入数。

6.4.2 披露信托财产管理情况

6.4.2.1 信托资产的期初数、期末数

单位：万元

信托资产	期初数	期末数
集合	2 770 164.91	3 699 789.12
单一	22 700 974.45	19 826 397.17
财产权	2 853 780.57	2 911 110.41
合计	28 324 919.93	26 437 296.70

6.4.2.1.1 主动管理型信托业务的信托资产期初数、期末数，分证券投资、股权投资、融资、事务管理类分别披露

单位：万元

主动管理型信托资产	期初数	期末数
证券投资类		
股权投资类	43 261.67	1 600.15
融资类	536 280.68	197 206.57
事务管理类	93 349.69	18 358.71
合计	672 892.04	217 165.43

6.4.2.1.2 被动管理型信托业务的信托资产期初数、期末数，分证券投资、股权投资、融资、事务管理类分别披露

单位：万元

被动管理型信托资产	期初数	期末数
证券投资类	4 782 149.86	4 058 183.70
股权投资类	709 149.71	432 549.86
融资类	6 305 049.10	2 544 559.16
事务管理类	15 855 679.22	19 184 838.55
合计	27 652 027.89	26 220 131.27

6.4.2.2 本年度已清算结束的信托项目个数、实收信托合计金额、加权平均实际年化收益率

6.4.2.2.1 本年度已清算结束的集合类、单一类资金信托项目和财产管理类信托项目个数、实收信托合计金额、加权平均实际年化收益率

单位：万元

已清算结束信托项目	项目个数（个）	实收信托合计金额（万元）	加权平均实际年化收益率（%）
集合类	57	1 352 969.00	6.6083
单一类	252	9 283 205.00	7.6232
财产管理类	19	881 080.00	6.5328

注：1. 收益率是指信托项目清算后，给受益人赚取的实际收益水平。
2. 加权平均实际年化收益率＝（信托项目1的实际年化收益率×信托项目1的实收信托＋信托项目2的实际年化收益率×信托项目2的实收信托＋…＋信托项目n的实际年化收益率×信托项目n的实收信托）/（信托项目1的实收信托＋信托项目2的实收信托＋…＋信托项目n的实收信托）×100%。

6.4.2.2.2 本年度已清算结束的主动管理型信托项目个数、实收信托合计金额、加权平均实际年化收益率，分证券投资、股权投资、融资、事务管理类分别计算并披露

单位：万元

已清算结束信托项目	项目个数（个）	实收信托合计金额（万元）	加权平均实际年化信托报酬率（%）	加权平均实际年化收益率（%）
证券投资类				
股权投资类				
融资类	22	384 956.00	0.7422	8.1606

注：加权平均实际年化信托报酬率＝（信托项目1的实际年化信托报酬率×信托项目1的实收信托＋信托项目2的实际年化信托报酬率×信托项目2的实收信托＋…＋信托项目n的实际年化信托报酬率×信托项目n的实收信托）/（信托项目1的实收信托＋信托项目2的实收信托＋…＋信托项目n的实收信托）×100%

6.4.2.2.3 本年度已清算结束的被动管理型信托项目个数、实收信托合计金额、加权平均实际年化收益率，分证券投资、股权投资、融资、事务管理类分别计算并披露

已清算结束信托项目	项目个数（个）	实收信托合计金额（万元）	加权平均实际年化信托报酬率（%）	加权平均实际年化收益率（%）
证券投资类	1	139 361.00	0.2498	1.4793
股权投资类	3	356 892.00	0.2516	0.0000
融资类	102	4 148 185.00	0.2055	7.6067
事务管理类	200	6 487 860.00	0.2191	7.8004

6.4.2.3 本年度新增的集合类、单一类和财产管理类信托项目个数、实收信托合计金额

新增信托项目	项目个数(个)	实收信托合计金额(万元)
集合类	38	1 884 263.00
单一类	198	6 281 830.70
财产管理类	17	1 067 888.35
新增合计	253	9 233 982.05
其中:主动管理型		
被动管理型	253	9 233 982.05

注:本年新增信托项目指在本报告年度内累计新增的信托项目个数和金额。包含本年度新增并于本年度内结束的项目和本年度新增至报告期末仍在持续管理的信托项目。

6.4.2.4 本公司履行受托人义务情况及因本公司自身责任而导致的信托资产损失情况(合计金额、原因等)

无。

6.5 关联方关系及其交易的披露

6.5.1 关联交易方的数量、关联交易的总金额及关联交易的定价政策等

	关联交易方数量(个)	关联交易金额(万元)	定价政策
合计	5	289 000.00	市场定价

注:关联交易定义应以《公司法》和《企业会计准则第36号——关联方披露》有关规定为准。

6.5.2 关联交易方与本公司的关系性质、关联交易方的名称、法定代表人、注册地址、注册资本及主营业务等

关系性质	关联方名称	法定代表人	注册地址	注册资本(万元)	主营业务
公司股东	天津泰达投资控股有限公司	张秉军	天津经济技术开发区盛达街9号1201	1 000 000	以自有资金对区域内基础设施开发建设业、金融业、保险业、证券业、房地产业、交通运输业、电力、燃气、蒸汽及水的生产和供应业、建筑业、仓储业、旅游业、餐饮业、旅馆业、娱乐服务业、广告、租赁服务业的投资;高新技术开发、咨询、服务、转让;房屋租赁(依法须经批准的项目,经相关部门批准后方可开展经营活动)。
公司股东的关联企业	成都泰达时代房地产开发有限公司	杨智勇	成都市高新区益州大道北段333号东方希望大厦8楼5~6号	10 000	房地产开发,房屋销售和租赁、房地产信息咨询服务(以上范围国家法律、行政法规、国务院决定禁止或限制的除外,涉及资质证的凭资质证经营)。
同一控制人	福建津汇房地产开发有限公司	于志丹	泉州市洛江区万福街万源花苑A幢二楼	59 245	一般经营项目:房地产开发与销售;物业管理及租赁;室内建筑装饰工程;园林绿化工程;销售:建筑装饰材料(不含危险化学品)(以上经营范围涉及许可经营项目的,应在取得有关部门的许可后方可经营)。
公司股东的关联企业	天津国泰会展有限公司	许立凡	天津市西青经济开发区赛达新兴产业园赛达九纬路8号E1座609室	273 372	会展服务;基础设施建设;以自有资金对房地产业投资;广告业务;仓储;房屋租赁(依法须经批准的项目,经相关部门批准后方可开展经营活动)。
公司股东的关联企业	天津泰达集团有限公司	房大海	天津市开发区第三大街16号	220 000	工业、商业、房地产业的投资、房产开发与销售;经营与管理及科技开发咨询业务;化学纤维及其原料、包装物的制造和销售;自营和代理各类商品及技术的进出口业务(国家限定公司经营或禁止进出口的商品及技术除外);对基础设施开发建设进行投资;自有房屋租赁及管理;产权交易代理中介服务(依法须经批准的项目,经相关部门批准后方可开展经营活动)。
公司股东的关联企业	天津滨海新都市投资有限公司	赵海鹏	天津经济技术开发区北塘企业总部园区大唐总部基地东区5-3	30 000	对工业、商业、房地产业、酒店业、建筑业、娱乐及餐饮业的投资;房地产销售;工业厂房和酒店的销售;对基础设施开发建设进行投资;市政工程设计、施工、咨询;自有房屋租赁及管理;房地产开发与经营(依法须经批准的项目,经相关部门批准后方可开展经营活动)。
公司股东的关联企业	天津泰达创业商业地产开发有限公司	赵海鹏	天津开发区时尚街10号	60 000	招标代理、商业信息咨询、工程咨询服务、工程项目管理;房地产开发;商品房销售;自有房屋租赁;物业管理;房地产中介服务;房屋拆迁服务;建筑材料批发兼零售;建筑工程;装饰装修工程(依法须经批准的项目,经相关部门批准后方可开展经营活动)。
公司股东的关联企业	天津悦海酒店投资有限公司	赵海鹏	天津市滨海新区塘沽天池北路358号(北塘)	3 000	对工业、商业、房地产业、酒店业、建筑业、娱乐及餐饮业的投资;商品房、酒店、工业厂房的销售代理;对基础设施开发建设进行投资;自有房屋租赁及管理;房地产开发与经营;餐饮服务(凭许可证经营)、会议服务(依法须经批准的项目,经相关部门批准后方可开展经营活动)。
控股子公司	泰达宏利基金管理有限公司	章嘉玉	上海市普陀区武威路789号东大楼107室	18 000	基金管理业务;发起设立基金;中国证监会批准的其他业务。

续表

关系性质	关联方名称	法定代表人	注册地址	注册资本(万元)	主营业务
公司股东的关联企业	天津泰丰智昇集团有限公司	宋长玉	天津开发区第四大街99号	9 900	咨询服务；代理服务；日用百货、五金电料、服装鞋帽、电子计算机、金属材料、建筑材料、钢材批发兼零售；建筑物清洗服务；自有房屋租赁、柜台租赁及相关的服务；市场经营服务、广告业务、自营和代理货物进出口、技术进出口、国家有专营、专项规定的按专营专项规定办理。
公司股东的关联企业	天津市泰达国际控股(集团)有限公司	卢志永	天津经济技术开发区盛达街9号泰达大厦金融广场11层	1 037 279	重点对金融业及国民经济其他行业进行投资控股；监督、管理控股投资企业的各种国内、国际业务；投资管理及相关咨询服务，进行金融综合产品的设计，促进机构间协同，推动金融综合经营，对金融机构的中介服务；金融及相关行业计算机管理；网络系统的设计、建设、管理、维护、咨询服务；资产受托管理。
我公司股东持股	天津轨道交通集团有限公司	苗玉刚	天津市西青区才智道36号	4 000 000	组织和管理城市轨道交通、铁路项目投融资、建设、运营、维修养管、资源开发；城市基础设施投资；有价证券与股权投资；铁路装卸服务、铁路仓储服务(危险品除外)；工程承包与施工、工程代建与管理、技术咨询与服务；商品房销售；自持物业、场地经营、租赁；物业管理服务；建筑材料生产与销售；会展、会议服务；广告发布、设计与代理(依法须经批准的项目，经相关部门批准后方可开展经营活动)。
同一控制人	天津市美银房地产开发有限公司	宋长玉	天津市河西区友谊路35号	30 000	房地产开发；商品房销售及商品房销售代理；房地产信息咨询服务(依法须经批准的项目，经相关部门批准后方可开展经营活动)。
同一控制人	渤海财产保险股份有限公司	卢志永	天津市河西区解放南路256号泰达大厦	162 500	财产损失保险；责任保险；信用保险和保证保险；短期健康保险和意外伤害保险；上述业务的再保险业务；国家法律、法规允许的保险资金运用业务；经保监会批准的其他业务(以上经营范围涉及行业许可的凭许可证件，在有效期限内经营，国家有专项专营规定的按规定办理)。

6.5.3 公司与关联方的重大交易事项

6.5.3.1 固有财产与关联方：贷款、投资、租赁、担保、应收账款、担保、其他方式等期初汇总数、本期借方和贷方发生额汇总数、期末汇总数

单位：万元

固有与关联方关联交易				
	期初数	借方发生额	贷方发生额	期末数
贷款	0		0	0
投资	11 000.00		0	11 000.00
租赁	0		0	0
担保	0		0	0
应收账款	0		0	0
其他			0	
合计	11 000.00		0	11 000.00

注：无自营资产与关联方重大关联交易具体情况。

6.5.3.2 信托资产与关联方：贷款、投资、租赁、应收账款、担保、其他方式等期初汇总数、本期发生额汇总数、期末汇总数

单位：万元

信托与关联方关联交易				
	期初数	借方发生额	贷方发生额	期末数
贷款	1 092 704.00	279 000.00	595 844.00	775 860.00
投资	15 080.00	0.00	0.00	15 080.00
租赁	0.00			0.00
担保	0.00			0.00
应收账款	0.00			0.00
其他	320 200.00	10 000.00	20 300.00	309 900.00
合计	1 427 984.00	289 000.00	616 144.00	1 100 840.00

信托资产与关联方重大关联交易具体情况

单位：万元

关联方名称	交易类型	期初余额	发生金额	归还金额	期末余额
天津泰达集团有限公司	信托贷款	139 994.00	110 000.00	69 994.00	180 000.00
天津泰达投资控股有限公司	信托贷款	359 860.00		359 860.00	0.00
成都泰达时代房地产开发有限公司	信托贷款	30 000.00	39 000.00	30 000.00	39 000.00
天津市泰达国际控股(集团)有限公司	信托贷款	222 950.00	49 000.00	99 990.00	171 960.00
福建津汇房地产开发有限公司	信托贷款	50 000.00		5 000.00	45 000.00
天津轨道交通集团有限公司	信托贷款	109 900.00	81 000.00		190 900.00
天津国泰会展有限公司	信托贷款	170 000.00		21 000.00	149 000.00
天津市美银房地产开发有限公司	信托贷款	10 000.00		10 000.00	0.00
天津滨海新都市投资有限公司	其他融出	211 700.00		16 000.00	195 700.00
天津泰达创业商业地产开发有限公司	其他融出	59 300.00		4 300.00	55 000.00
天津悦海酒店投资有限公司	其他融出	49 200.00			49 200.00
天津泰丰智昇集团有限公司	其他融出	0.00	10 000.00		10 000.00

续表

关联方名称	交易类型	期初余额	发生金额	归还金额	期末余额
泰达宏利基金管理公司	信托投资	4 080.00			4 080.00
天津渤海财产保险股份有限公司	信托投资	11 000.00			11 000.00

6.5.3.3 信托公司自有资金运用于自己管理的信托项目(固信交易)、信托公司管理的信托项目之间的相互(信信交易)交易金额,包括余额和本报告年度的发生额

6.5.3.3.1 固有与信托财产之间的交易金额期初汇总数、本期发生额汇总数、期末汇总数

单位:万元

固有财产与信托财产相互交易			
	期初数	本期发生额	期末数
合计	0	68 278.98	68 278.98

注:以固有资金投资公司自己管理的信托项目受益权,或购买自己管理的信托项目的信托资产均应纳入统计披露范围。

固有和信托资产之间重大关联交易具体情况:

单位:万元

信托项目(计划)名称	交易金额	交易日期
JH 天钢国际贸易有限公司流动资金贷款集合信托	10 464.53	2016.06.09
JH 兴天地实业发展有限公司流动资金贷款集合信托	10 400.95	2016.05.20
天津冶金轧一钢铁贸易流动资金贷款集合信托	5 209.78	2016.09.05
JH 祥润昌商贸流动资金贷款集合信托	5 350.95	2016.10.16
JH 冶金集团轧一制钢流动资金贷款集合信托	5 237.73	2016.11.04
JH 轧三钢铁公司流动资金贷款集合信托	10 576.88	2016.11.12
JH 中兴盛达钢业公司流动资金贷款集合信托	10 000.00	2016.11.28
JH 工益商贸有限公司流动资金贷款集合信托 2	5 456.04	2016.11.20
JH 轧一冷轧薄板有限公司流动资金贷款集合信托	5 582.12	2016.11.29
合计	68 278.98	

6.5.3.3.2 信托资产与信托财产之间的交易金额期初汇总数、本期发生额汇总数、期末汇总数

单位:万元

信托资产与信托财产相互交易			
	期初数	本期发生额	期末数
合计	0	300 000.00	300 000.00

注:以公司受托管理的一个信托项目的资金购买自己管理的另一个信托项目的受益权或信托项下资产均应纳入统计披露范围。

6.5.4 逐笔披露关联方逾期未偿还本公司资金的详细情况以及本公司为关联方担保发生或即将发生垫款的详细情况

无。

6.6 会计制度的披露

固有业务(自营业务)、信托业务执行会计制度的名称及颁布的年份。

本公司自营业务遵循 2014 年度颁布的新《企业会计准则》《企业会计准则——应用指南》以及财政部颁布的《企业会计准则实施问题专家工作组意见》及财政部颁布的其他规章制度。信托业务执行 2014 年度颁布的新《企业会计准则》。

7. 财务情况说明书

7.1 利润实现和分配情况(母公司口径和并表口径同时披露)

7.1.1 母公司口径

2016 年公司实现净利润 40 547.84 万元,按净利润的 10% 提取盈余公积金 4 054.78 万元,按 7.5% 提取信托赔偿准备金 3 041.09 万元,本年应计提一般风险准备金 0 元,进行上述分配后,留存净利润 33 451.97 万元。年初未分配利润 212 865.57万元,2016 年向股东分红 10 710.69 万元,2016 年末可供分配利润是 235 606.85 万元。

7.2 主要财务指标

7.2.1 母公司口径

指标名称	指标值(%)
资本利润率(%)	10.49
加权年化信托报酬率(%)	0.2331
人均净利润(万元)	255.02

注:1. 资本利润率 = 净利润/所有者权益平衡 ×100%。

2. 加权年化信托报酬率 =(信托项目 1 的实际年化信托报酬率 × 信托项目 1 的实收信托 + 信托项目 2 的实际年化信托报酬率 × 信托项目 2 的实收信托 + … + 信托项目 n 的实际年化信托报酬率 × 信托项目 n 的实收信托)/(信托项目 1 的实收信托 + 信托项目 2 的实收信托 + … + 信托项目 n 的实收信托) ×100%。

3. 人均净利润 = 净利润/年平均人数。

4. 平均值采取年初、年末余额简单平均法,公式为:a(平均) =(年初数 + 年末数)/2。

7.3 对本公司财务状况、经营成果有重大影响的其他事项

无。

8. 特别事项揭示

8.1 前五名股东报告期内变动情况及原因

无。

8.2 董事、监事及高级管理人员变动情况及原因

2016 年 6 月 21 日,田以林先生因到龄退休,不再担任公司监事长职务。

根据 2016 年 11 月 22 日《天津银监局关于毛翔任职资格的批复》(津银监复[2016]313 号),毛翔同志担任公司独立董事职务。

根据 2016 年 12 月 21 日《天津银监局关于王辉任职资格的批复》(津银监复[2016]349 号),王辉同志担任公司董事会秘书职务。

根据 2017 年 2 月 6 日《天津银监局关于曾广炜任职资格的批复》(津银监复[2017]22 号),曾广炜同志担任公司风险总监职务。

根据公司 2016 年 12 月 9 日召开的 2016 年第三次临时股东大会决议,王迈先生担任公司董事,马贵中先生不再担任公司董事,徐松先生担任公司监事,田以林先生不再担任公司监

事。王迈先生任职材料正在报批过程中。

根据公司2017年2月9日召开的第三届监事会2017年第一次临时会议，徐松先生担任公司监事长。

8.3 公司的重大未决诉讼事项

公司自营贷款智造（中国）项目，2016年1月8日天津市高级人民法院出具编号（2015）津高民二初字第0076号《民事判决书》，判决公司胜诉。

单一资金信托贷款给天津大道实业有限公司项目，公司提起诉讼后，被告对公司诉状及诉讼请求无异议。法庭鉴于原被告对法律事实无争议，同意调解，现已签订调解协议，并已按调解协议履约。

8.4 对会计师事务所出具的有保留意见、否定意见或无法表示意见的审计报告的，公司董事会应就所涉及事项作出说明

瑞华会计师事务所出具了标准无保留意见的审计报告。

8.5 公司及其董事、监事和高级管理人员受到处罚的情况

无。

8.6 银监会及其派出机构对公司检查后提出整改意见的，应简单说明整改情况

报告期内，天津银监局对公司进行了"两个加强，两个遏制"专项检查，提出了检查发现的问题。公司高度重视，针对银监局提出的问题与要求，公司进行逐条对照，制定了整改措施，逐条落实，针对检查情况对相关部门和责任人进行了处罚。

8.7 本年度重大事项临时报告的简要内容、披露时间、所披露的媒体及其版面

无。

8.8 其他重大需披露信息

无。

9. 监事会独立意见

监事会认为，公司能够严格按照《公司法》《公司章程》及有关法律、法规依法运作，各项经营管理活动依法合规，公司董事、高级管理人员执行公司职务时没有违反法律、法规、《公司章程》或损害公司、股东及受益人利益的行为，高级管理层认真执行股东会、董事会的各项决议，经营业绩良好，超额完成了报告期年初制订的经营计划。公司财务报告真实、客观反映了公司的财务状况和经营成果。

北京国际信托有限公司

1. 重要提示

1.1　本公司董事会及董事保证本报告所载资料不存在任何虚假记载、误导性陈述或者重大遗漏,并对其内容的真实性、准确性和完整性承担个别及连带责任。本年度报告摘要摘自年度报告全文,客户及相关利益人欲了解详细内容,应阅读年度报告全文。

1.2　无董事对年度报告内容真实性、准确性、完整性无法保证或存在异议进行声明。

1.3　独立董事贝多广、王化成、吴晶妹、王剑钊 4 人保证本报告所载资料不存在任何虚假记载、误导性陈述或者重大遗漏,并对其内容的真实性、准确性和完整性承担个别及连带责任。

1.4　天职国际会计师事务所(特殊普通合伙)为本公司出具了无保留意见的审计报告。

1.5　公司负责人董事长李民吉、总经理周瑞明、总会计师吴京林声明:保证年度报告中财务会计报告的真实、完整。

2. 公司概况

2.1　公司简介

北京国际信托有限公司(以下简称公司或本公司)成立于 1984 年 10 月,2000 年 3 月增资改制成为多家企业参股的非银行金融机构。2002 年 3 月,经中国人民银行批准重新登记。2007 年,经中国银行业监督管理委员会批准,公司实施了引进境外战略投资者的股权重组,同时按照信托新规的要求换发了新的《金融许可证》。公司注册资本金 22 亿元。

公司始终恪守"谨慎、诚信、尽职、创新"的理念,坚持防范风险、合规经营、持续创新、稳健发展的方针。公司在现代企业制度基础上建立了日臻完善的法人治理结构;拥有高素质、专业化的业务管理团队;具备较雄厚的产品研发、创新实力并已形成系列品牌;建立了涵盖各类业务操作流程、内控制度在内的较为完备的风险管理体系。基于健全的内部管理架构和有效的激励机制,并依托于良好和谐的外部环境,公司业务取得了快速发展。截至 2016 年末,公司净资产达到 77.14 亿元,受托管理的信托财产余额为 2 586.21 亿元,分配信托财产收益 125.02 亿元。公司以自身不断提升的综合实力为投资人创造了安全、稳定的信托财产增值收益,成为广大投资人值得信赖的金融机构。公司为中国信托业协会会员、常务理事单位。

2.1.1　中文名称:北京国际信托有限公司
中文名称缩写:北京信托
英文名称:Beijing International Trust Co., Ltd.
英文名称缩写:BJITIC

2.1.2　法定代表人:李民吉
地　　址:北京市朝阳区安立路 30 号院 1 号、2 号楼
邮政编码:100012
网　　址:www.bjitic.com
电子信箱:webmaster@bjitic.com

2.1.3　信息披露事务负责人:夏彬
电　　话:010-59680888
传　　真:010-59680999
电子信箱:xiabin@bjitic.com

2.1.4　信息披露报纸:《上海证券报》《金融时报》

2.1.5　年度报告备置地点:北京市朝阳区安立路 30 号院 1 号、2 号楼

2.1.6　公司聘请的会计师事务所:天职国际会计师事务所(特殊普通合伙)
住所:北京市海淀区车公庄西路 19 号 68 号楼 A-1和 A-5 区域

2.1.7　公司聘请的律师事务所:北京市华贸硅谷律师事务所
住所:北京市朝阳区慧忠路 5 号远大中心 C 座 17 层

2.1.8　财务报表数据口径说明

本公司于 2011 年 5 月投资设立北京国投汇成创业投资管理有限公司,持有其 100% 的股权,自 2012 年起本公司按照《企业会计准则》编制合并报表。本公司于 2014 年 4 月发起投资设立北信瑞丰基金管理有限公司,持有其 60% 的股权,自 2014 年起本公司按照《企业会计准则》编制合并报表。本公司于 2016 年 5 月投资深圳市京信国投基金管理有限责任公司,持有其 70% 的股权,自 2016 年起本公司按照《企业会计准则》编制合并报表。成立至今未开展业务,并据北京信托总办[10195]、[10367]号文,降低股权比例至 40%,目前正在办理之中。

根据会计准则规定,本年财务报表同时存在"合并报表"和"公司报表"两个概念。除特殊说明外,本报告中的相关分析均为合并报表数据口径。

2.2 组织结构

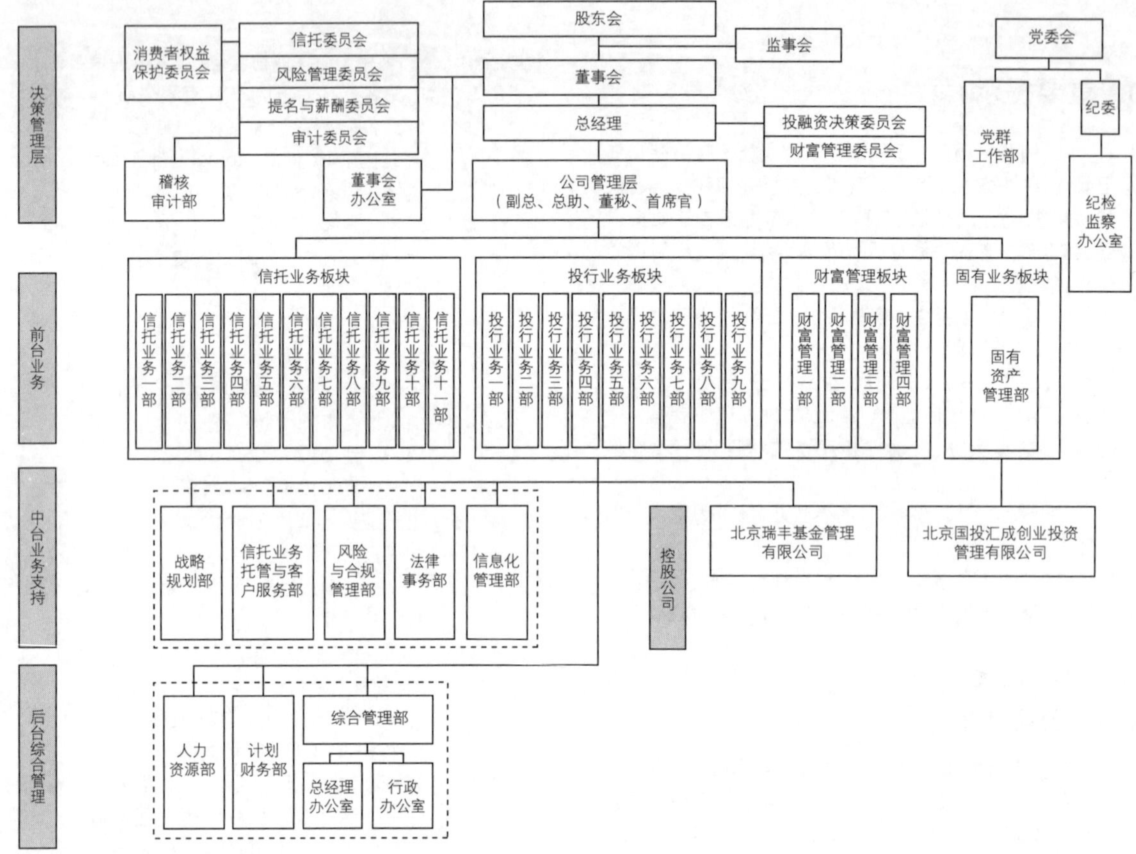

3. 公司治理结构

3.1 股东

序号	股东名称	持股金额（元）	占比（%）
1	北京市国有资产经营有限责任公司	754 600 000.00	34.30
2	航天科技财务有限责任公司	337 127 377.02	15.32
3	威益投资有限公司（Win Eagle Investments Limited）	336 713 485.67	15.30
4	中国石油化工股份有限公司	314 285 714.29	14.29
5	上海游久游戏股份有限公司	139 595 297.85	6.35
6	杭州钢铁集团公司	135 142 857.14	6.14
7	天津经济技术开发区投资有限公司	72 204 464.40	3.28
8	鹏丰投资有限公司	55 371 428.57	2.52
9	北京宏达信资产经营有限公司	36 102 232.20	1.64
10	北京市海淀区欣华农工商公司	18 857 142.86	0.86
	合　计	2 200 000 000	100

3.2 董事

序号	姓名	董事性质	担任本机构及其他机构职务	国别	年龄	选任时间	任期(年)	代表股东	该股东持股比例(%)
1	李民吉	董事	党委书记、董事长	中国	51	2015 年 9 月	3	北京市国有资产经营有限责任公司	34.3
2	周瑞明	董事	党委副书记、副董事长、总经理	中国	53	2016 年 1 月	3	北京市国有资产经营有限责任公司	34.3
3	徐哲	董事	副董事长 北京市国有资产经营有限责任公司党委委员、董事、副总裁	中国	46	2015 年 9 月	3	北京市国有资产经营有限责任公司	34.3
4	石明磊	董事	董事 航天科技财务有限责任公司副总经理	中国	42	2015 年 9 月	3	航天科技财务有限责任公司	15.32
5	于宏英	董事	董事 中诚信投资有限公司财务总监	中国	52	2016 年 2 月	3	威益投资有限公司 (Win Eagle Investments Limited)	15.30
6	朱汪友	董事	董事 北京石油分公司副总经理、北京石油有限责任公司副总经理	中国	38	2015 年 9 月	3	中国石油化工股份有限公司	14.29
7	许汉章	董事	董事 上海游久游戏股份有限公司党委书记、总经理	中国	60	2015 年 9 月	3	上海游久游戏股份有限公司	6.35
8	汤民强	董事	董事 浙江省属企业经营班子正职,杭钢集团董事、党委委员、总会计师	中国	59	2015 年 9 月	3	杭州钢铁集团公司	6.14
9	贝多广	独立董事	独立董事 国民小微金融投资有限公司董事局主席、 中国人民大学小微金融研究中心理事会联席主席	中国	59	2015 年 9 月	3	无	无
10	王化成	独立董事	独立董事 中国人民大学商学院教授	中国	53	2015 年 9 月	3	无	无
11	吴晶妹	独立董事	独立董事 中国人民大学财政金融学院教授	中国	52		3	无	无
12	王剑钊	独立董事	独立董事 北京奋迅律师事务所合伙人	中国	48	2015 年 9 月	3	无	无
13	夏彬	职工董事	董事、董事会秘书	中国	45	2015 年 9 月	3	无	无

3.3 监事

序号	姓名	监事性质	担任本机构及其他机构职务	国别	年龄	选任时间	任期(年)	代表股东	该股东持股比例(%)
1	王深坤	监事	航天科技财务有限责任公司副总经理	中国	44	2016 年 12 月	3	航天科技财务有限责任公司	15.32
2	王进才	监事	天津经济技术开发区投资有限公司副总经理	中国	57	2015 年 9 月	3	天津经济技术开发区投资有限公司	3.28
3	孟福增	监事	鹏丰投资有限公司高管人员	中国	62	2015 年 9 月	3	鹏丰投资有限公司	2.52
4	刘率	监事	北京宏达信资产经营有限公司财务总监	中国	41	2015 年 9 月	3	北京宏达信资产经营有限公司	1.64
5	韩新梅	监事	北京市海淀区欣华农工商公司监事会主任	中国	51	2015 年 9 月	3	北京市海淀区欣华农工商公司	0.86
6	韩波	职工监事	北京国际信托有限公司党群工作部、战略规划部总经理	中国	44	2015 年 9 月	3	—	—
7	董颖	职工监事	北京国际信托有限公司稽核审计部总经理	中国	57	2015 年 9 月	3	—	—

3.4 高级管理人员

姓 名	职 务	性别	年龄	选任日期	金融从业年限(年)	学历	专 业
李民吉	党委书记、董事长	男	51	2013 年 11 月	19	博士	管理学
周瑞明	党委副书记、副董事长、经理	男	53	2015 年 12 月	24	博士	管理学
瞿纲	副总经理	男	42	2013 年 5 月	17	硕士	工商管理
幸宇晖	副总经理	女	52	2013 年 5 月	29	硕士	经济学
何晓峰	副总经理	男	44	2015 年 6 月	13	硕士	政治经济学
吴京林	总会计师	男	52	2008 年 7 月	24	硕士	工商管理

续表

姓 名	职 务	性别	年龄	选任日期	金融从业年限(年)	学历	专 业
黄晓炜	总经理助理	女	46	2013 年 5 月	23	硕士	经济学
夏彬	董事会秘书	男	45	2016 年 2 月	10	硕士	政治经济学
黄明芳	首席风控官	女	44	2015 年 6 月	18	硕士	会计学

公司设专职党委副书记 1 人。

姓 名	职 务	性别	年龄	选任日期	金融从业年限(年)	学历	专 业
何燕卿	党委副书记	男	54	2016 年 3 月	1	硕士	法律

3.5 公司员工

报告期内，公司职工人数为 234 人，平均年龄为 36 岁。

项目		报告期年度（2016 年）		报告期年度（2015 年）	
		人数（人）	比例（%）	人数（人）	比例（%）
年龄分布	20 岁以下	0	0	0	0
	20～29 岁	50	21.4	60	25.9
	30～39 岁	110	47.0	100	43.1
	40 岁以上	74	31.6	72	31
学历分布	博士	8	3.4	10	4.3
	硕士	152	65.0	140	60.3
	本科	60	25.6	67	28.9
	专科	14	6.0	15	6.5
	其他	0	0.0	0	0
岗位分布	高管人员	8	3.4	7	3
	自营业务人员	8	3.4	6	2.6
	信托业务人员	191	81.6	191	82.3
	其他人员	27	11.5	28	12.1

4. 经营管理

4.1 经营目标、经营方针、战略规划

经营目标：以诚信合规、稳健发展为理念，充分发挥信托功能，建成战略清晰、实力雄厚、管理严谨、风控完备、队伍精良、执行得力的卓越信托公司。

经营方针：继续坚持防范风险、合规经营、持续创新、稳健发展的方针。

战略规划：将遵循国家和监管部门法规，遵循信托业的发展规律，安全稳健运作作为公司发展的第一要务，进一步优化公司法人治理结构，在内部组织、决策流程、产品研发和营销、风险控制和管理、信息管理系统、人力资源等方面实施有效管理，进一步加大风险控制的深度管理，强化规范发展，使公司形成具有自身鲜明特色的业务结构和可持续健康发展盈利模式，形成品种多样、结构合理的新型信托业务结构，扩大信托资产管理规模，确立自身在信托领域的专长优势，为机构投资者和私人投资者提供一流的信托金融服务，并努力使股东获得较好的回报，共享财富稳定增值收益。

4.2 所经营业务的主要内容

4.2.1 自营资产运用与分布表

资产运用	金额（万元）	占比（%）	资产分布	金额（万元）	占比（%）
货币资产	204 671	23.98	基础产业	0	0.00
贷款及应收款	452 283	52.98	房地产业	43 000	5.04
交易性金融资产	8 346	0.98	证券市场	149 472	17.51
可供出售金融资产	137 942	16.16	实业	290 120	33.99
持有至到期投资	30 046	3.52	金融机构	360 820	42.27
长期股权投资	10 125	1.19	其他	10 220	1.20
其他	10 220	1.20			
资产总计	853 632	100.00	资产总计	853 632	100.00

4.2.2 信托资产运用与分布表

资产运用	金额（万元）	占比（%）	资产分布	金额（万元）	占比（%）
货币资产	296 719.51	1.15	基础产业	3 808 111.32	14.73
贷款	11 046 942.62	42.71	房地产	3 799 884.33	14.69
交易性金融资产	3 126 715.64	12.09	证券市场	3 828 804.38	14.80
可供出售金融资产	1 052 677.33	4.07	实业	3 124 081.91	12.08
持有至到期投资	5 965 607.83	23.07	金融机构	10 767 233.01	41.63
长期股权投资	3 319 483.23	12.83	其他	533 954.03	2.07
其他	1 053 922.82	4.08			
信托总资产	25 862 068.98	100.00	信托总资产	25 862 068.98	100.00

4.3 市场分析

4.3.1 宏观经济形势分析

2016 年我国国民经济运行缓中趋稳，稳中向好，GDP 同比增速达 6.7%，保持在了合理的区间。经济发展质量和效益进一步提高，顺利推进了“十三五”规划的有效实施。主要表现在：一是继续深化改革，全面推进营改增、加快财税体制改革、深化金融体制改革、落实“三权分置”土地改革、大力推进国有企业改革等举措。二是深入开展供给侧结构性改革，完成“三去一降一补”的重要任务，有效地处置“僵尸企业”，化解房地产库存，防控金融风险，降低企业成本和补充供给短板。三是深挖国内需求潜力，开拓发展更大空间。积极调整改革需求结构，促进供给需求有效对接、投资消费有机结合、城乡区域协调发展，形成对经济发展稳定而持久的内需支撑。四是适应新常态，培育新动能，通过加快推进产业结构优化升级，强化创新引领作用，为发展注入强大动力；增强消费拉动经济增长的基础作用，发展服务消费、壮大新兴消费，推动实体经济创新转型。

4.3.2 金融形势分析

2016 年，国际国内经济金融形势不容乐观，产能过剩和需求结构升级矛盾突出。经济增长内生动力不足，金融风险有所积聚，部分地区困难增多等矛盾和风险，宏观调控和金融改革发展稳定工作任务依然繁重。面对复杂严峻的经济金融形势，中央银行实施稳健的货币政策，保持灵活适度，在保持流动性合理充裕的同时，注重抑制资产泡沫和防范经济金融风险。增强人民币汇率双向浮动弹性，保持人民币汇率在合理、均衡水平上的基本稳定。

信托业面临诸多“新常态”，包括传统业务萎缩，资管市场环境发生重大变化，信托公司制度红利优势削弱，高速发展积累的风险逐渐暴露并释放，以及互联网金融的冲击等，行业创新转型压力不断增加。信托公司不断增强自身风控能力，定位于“私募投行＋另类资管＋财富管理”，坚持向专业化和差异化方向发展。

4.3.3 影响公司业务发展的主要因素

4.3.3.1 有利因素

2016 年我国贯彻落实创新、协调、绿色、开放、共享的发展理念，着力加强供给侧结构性改革，加快培育新的发展动能和新的经济增长点，为信托业的发展奠定了良好的社会和经济基础。2016 年是继续推进“十三五”规划的发展之年、全面深化

改革的关键之年。从社会经济发展情况看，我国继续保持宏观政策连续性和稳定性，有针对性地预调微调、精准调控，延续了“十三五”规划提出的良好稳定态势。经济结构持续优化，新产业、新业态、新商业模式保持良好势头，高技术产业、装备制造业增长明显加快，服务类消费、移动购物、农产品消费成为新的增长点，战略性新兴产业和服务业的支撑作用进一步增强。国家进一步加大京津冀协同发展，对珠江三角洲、长江三角洲、环渤海以及成渝城市群等战略布局。积极稳妥推进区域发展与产业布局。基础设施投资快速增长，民生工程建设加快，水利、环境和公共设施管理业投资增长显著，高耗能投资增速下降。随着居民收入提高和消费升级，旅游、文化、养老、健康、体育等“五大幸福产业”快速发展，新消费潜能加快释放，间接融资发展空间巨大。

2016 年信托资产规模稳步提升，整体风险可控。信托行业在经历了多年的高速增长后，进入平稳发展时期，尽管增速略低于前几年，但是信托资产结构显著优化。资金来源及投向更加多元化，主动管理能力不断增强。信托公司对银信理财合作业务的依赖度大幅降低。房地产市场结构调整带来阶段性窗口机会。地方政府融资需求较高，政策调整倒逼信托公司创新融资模式，加强风控措施。2016 年多项关于基金子公司、券商资管及银行理财的监管新规密集发布，对整个资管行业进行顶层设计，为信托业提供了发展契机。

2016 年公司继续坚持“旗帜鲜明抓党建，坚定不移走市场化发展道路”的工作理念，以五年规划为指引，坚定围绕六大资产配置方向，深耕传统业务，加速业务创新。在公司治理层面进行“举手制”与员工职业生涯双晋升通道的体制机制改革，最大限度地激发人才禀赋；冷静看待宏观金融形势，果断提出 2016 年防风险甚于防衰退，打造强大中台，强化风险管控；重构 CRM 系统、架设新的基础数据平台，提高数据质量，增强服务功能，优化业务流程，以迎接科技金融新模式的挑战；成功获得了股指期货交易业务资格，未雨绸缪，备齐各项经营资质，瞄准未来新的利润增长点。

4.3.3.2　不利因素

宏观经济增长保持 L 形走势，且持续低位徘徊，“资产荒”与阶段性资金荒并存，企业风险事件频发，各项信托业务的违约风险加大。信托在私募投行细分领域的投资融资能力以及二级市场的资产管理能力有待进一步提升。

2016 年人民币贬值预期增强，资金外流现象明显，外汇监管日趋严格，资金出境渠道受限，资产价格下行压力加大，汇率走势不明朗。

监管部门对系统风险零容忍，狠抓不怠，严控风险。信托行业监管环境日趋严峻，展业限制不断增加。

房地产市场无论是在市场层面还是在政策层面均出现了剧烈变化，资本市场总体呈弱势震荡态势，缺乏投资亮点和趋势性投资机会。

4.4　内部控制概况

4.4.1　内部控制环境和内部控制文化

4.4.1.1　公司内部控制遵循原则

全面性原则。内部控制覆盖公司的所有部门和岗位，渗透各项业务过程和业务环节。

审慎性原则。内部控制的核心是有效防范各种风险，公司组织体系的构成、内部管理制度的建立以防范风险、审慎经营为出发点。

独立性原则。公司内部机构的设置权责分明，各业务部门相对独立，部门之间建立防火墙。

有效性原则。公司内部管理制度具有高度的权威性。

适时性原则。公司内控制度随着公司经营战略、经营方针、经营理念等内部环境的变化和国家法律、法规、政策制度等外部环境的变化进行相应的修改和完善。

相互制约原则。公司在内部组织结构的设计上形成一种相互制约的机制，建立不同岗位之间的制衡体系。

4.4.1.2　公司内部控制的主要政策和程序

授权控制。根据业务发展需要，建立相应的权限管理体系，实行法人统一授权和管理。

岗位分离。明确有关部门分设，有关岗位分离，自营和信托业务人员不相互兼职等。

资产隔离。对自营资产和信托资产分别管理。

规范操作。对各项业务制定系统、成文的业务流程和操作指引，实行统一规范的业务标准和操作要求。

4.4.2　组织保障

通过规范法人治理结构、建立内控组织、制定业务运作基本政策和工作流程、完善授权制度、充实内部审计系统等内容，形成内控制度，主要包括五个层次。

4.4.2.1　董事会

负责建立和完善公司的风险管理体系并保持其有效性，负责督促、检查和评价公司的各项内部控制制度的建立与执行，评价公司经营的主要风险，确定这些风险的可控性和可承受程度，并对其负有最终的责任。

4.4.2.2　监事会

履行程序化的监督检查职能，具体负责监督董事会和经营层相关风险管理制度的执行情况，并形成报告提交股东会审议。

4.4.2.3　风险管理委员会

董事会层面的董事会风险管理委员会侧重宏观、中观的风险管理，履行公司风险管理目标和政策，建立健全公司风险管理体系建设和流程管控程序等职责。业务决策与风险控制委员会作为董事会风险管理委员会下设的经营层面的风险管理机构，侧重微观具体工作，在董事会授权范围内审议公司业务方案及具体项目，对公司经营管理及业务开展过程中的风险防范提出指导意见，审议业务经营管理过程中风险监控的措施，对显现的风险制定化解措施。

4.4.2.4　经营层

经营层负责执行由股东会、董事会批准的年度业务发展计划，履行风险目标设定和资源分配等职能，确定适当的内控政策、各业务系列风险管理的具体目标。公司经营层设立合规与风控执委会，明确其职责为对公司合规与风险管理工作实施全面的组织管理，向总经理办公会和业务决策与风险控制委员负责。

4.4.2.5　各职能部门和业务管理部门

通过建立合理的业务流程和内部控制制度，明确各部门的职责、部门之间的分工和协作关系。具体为：法律事务部门负责对全部法律文件的审核在业务方面提供法律支持；风险与合规管理部门负责对业务风险进行管理，建立风险体系和各类业务流程系统，统筹管理公司合规事务；信托业务托管部门负责信托存续期的日常管理和监控，负责监督控制信托业务财务运作；稽核审计部门负责完善内部审计流程，定期进行业务全过程管理的检查；计划财务部门负责监督控制全公司经济效益的落实情况；人力资源部门负责人力资源的配置和管理，考核评价员工的风险管理职责的完成情况；战略规划部门负责公司发展战略的研究及公司信托业务创新平台的建立；综合管理部门负责公司对外联络、公司形象及宣传、公司内控制度维护，监督公司整个信息系统的安全性和信息流的规范性。

4.4.3 制度保证

本着规范管理、防范风险的原则，加强内控制度的建设并不断进行完善，已制定包括公司治理、业务管理、合规内控、综合管理等在内的类别清晰体系完整的多项制度，以及实施细则和操作流程，形成较完善的制度保障体系。同时通过标准合同文本指引方式，规范法律文件，基本形成标准化、规范化、制度化的业务管理体系。为适应业务发展需要，加强内控管理，报告期内按照公司内控制度修订计划，已完成对公司内控制度的全面修订工作，并实施了业务管理流程的优化工作。

4.4.4 流程约束

公司注重执行力管理和程序管理，在既有的五道防范业务风险的“防火墙”的基础上，将每一道防火墙继续细化和对接，使业务流程上下环节协调和相互制衡。

一是项目前期尽职调查和内部初审。审慎进行项目前期尽职调查，建立了项目风险初审机制，切实做好项目的基础调研工作。

二是实行预审会制度。公司设立预审会，负责组织项目风险审核与控制工作，重点把握项目的合规性、资料的完整性、经济可行性、风险揭示的充分性以及中后期管理方案的可行性、营销与消费者权益保护方案的合理性等内容。

三是业务决策与风险控制委员会投融资决策委员会决策。实行委员问责制的投融资决策委员会对项目进行综合评判、直接审查，是防范业务风险最重要的环节。

四是风险与合规管理部门在资金拨付前的把关控制、信托业务托管部门对信托项目实行标准化的集中管理。

五是风险与合规管理部门和稽核审计部门的追踪监控和评价预警。

严格执行风险控制制度和稽核审计制度，着重对信托项目进行始点管理和过程管理。依据信托项目日常管理及重大事项管理制度、信托财产风险评估制度、信息披露制度及危机处理制度，把控风险控制流程。

4.4.5 信息交流与反馈

公司梳理了所有前中后期业务流程，根据人员变动和各部门需求继续完善综合业务管理系统和流程，实现了数据流、信息流和资金流的共享。公司优化了项目审批及中后期项目管理业务流程系统，系统针对各个业务环节和操作流程建立了一整套较为规范合理的风险防范和监控功能。公司信息传递路径通畅，各项信息上通下达，交流反馈快捷，确保了公司安全运行和持续发展。

4.4.6 监督评价与纠正机制

公司建立自控、互控、监控三结合的内控机制，对内部控制活动进行检查、评价、监督和纠正。

业务部门对各项业务和项目进行跟踪管理，一旦发现存在问题，及时予以自纠。

风险与合规管理部门按照风险管理的事前严格调查和审查、事中、事后跟踪管理和监控不同阶段的管理特征，规范相应的内部审批、操作和风险管理的程序，细化和完善内控制度，通过制度化、流程化监控、管理信托业务流程的具体执行。

稽核审计部门对业务的各项运作和风险管理进行动态审计和检查，对业务的开展进行合规性检查，并进行有效性评价和风险识别，对相关人员的行为规范进行监督和检查。根据审计的结果撰写审计报告，对被审计项目或信托经理作出客观评价，提出意见或建议。并对内审报告作出的结论和处理意见的执行及整改情况进行后期追踪检查，督促整改落实。

4.5 风险管理

4.5.1 风险管理概况

报告期内公司将全年工作定位于“打造全面的风险防控体系，适应经济新常态”，面对复杂经济形势，公司始终把业务风险管控作为公司经营管理的首要任务，化挑战为机遇，积极贯彻落实监管部门对风险防控工作的各项要求。公司坚持进一步完善风险管理架构和风控体系的基础建设，明确了年度风险管理政策和目标，严格落实风险防控双线责任，落实风险责任制，从严履行受托人责任，严守风险底线，全力保证信托财产安全运行，努力做到防风险、保兑付、不出事。

4.5.1.1 进一步强化项目全过程管控，防范发生受托人责任风险

公司严格执行年度风险管理政策，加强了对风控条线部门的人力资源配置，细化了岗位设置和职能分工，风控管理链条进一步延伸，实现项目成立前的全流程管控和项目风险监控内嵌。公司强化了对业务部门负责人和员工在日常工作中的风控要求，加强项目和业务的风险管控，动态把握项目中后期进程，做好舆情风险管理和风险项目的跟踪处置等工作。

在项目立项尽调阶段。公司采取分工明确、密切合作的内部岗位管理模式，提前介入项目前期，将风险管理向前端延伸，对尽调项目进行复核。通过项目现场实地考察，提前掌握业务动向，在项目交易结构、合规性以及风控措施等多方面进行把关，实现在项目尽职调查阶段到项目成立阶段的风险监控内嵌，为不同类型业务在项目前期提供专业化建议和意见，同时为公司审议、决策提供参考。公司加强对项目基础材料和尽调情况的审慎核查，规范尽职调查程序，防范受托人责任风险，加强业务尽职调查基础资料审核力度，确保审议质量。同时，公司调整完善了会计师、评估师等中介机构的选聘流程，加强了对项目实质性风险的识别判断与细节把控，从源头上严格把控风险。

在项目存续期的中后期管理阶段。将防范兑付风险作为存续期项目监控的首要任务，按月对全部集合项目和部分单一财产权项目进行排查，结合月度兑付报表，每月对6个月内到期项目进行排查，落实到期项目还款资金来源。公司出台了《信托项目存续期风险管理操作指引》，进一步细化公司前台、中台、后台在信托项目存续期风险管控的具体职责，细化中后期管理内容，强化了项目预警信号的发现与风险处置的及时

性、有效性。

4.5.1.2　加强舆情监测，防范发生舆情风险

公司全面加强了风险管控的关注面，将声誉风险纳入公司的核心风险、系统性风险的主要内容进行管理。一是借助专业化手段将舆情监测内容和职能扩宽，监测载体由全网络平台到各类相关媒体，从不同层面和角度开展舆情监测工作；二是提升公司服务水平，进一步完善客户投诉机制与消费者权益保护机制，及时解决客户反映的问题，改善客户服务质量；三是设置预警机制，制订应急处置预案，细化突发事件报送流程，形成公司快速反应的联动机制，有效防范公司声誉风险。

4.5.1.3　建立业务展业指引，完善内控制度体系建设

公司尝试建立风险计量工具，发布了《房地产信托业务展业指引》《政信合作业务展业指引》《应收账款信托业务尽职调查指引》三项业务指引，界定风险边界，引导业务布局。以打造主动管理能力为公司业务发展特色，加强行业拓展能力。公司继续开展内控制度修订完善工作，年内共修订和完善内控制度42项，加强执行的内控制度10项。根据业务发展及监管环境的实际情况，修订完善并根据需要拟定业务标准文本。

4.5.2　风险状况

4.5.2.1　信用风险状况

信用风险主要表现为公司交易对手不能履行合约义务带来的风险，其中包括业务合作伙伴、贷款对象的信用风险，资金往来银行的信用风险，从而导致公司资产价值发生变动遭受损失的风险。公司自营信用风险资产合计773 869万元，其中正常类信用风险资产为773 869万元，无关注类、次级类、可疑类和损失类。不良资产期初数为零，期末数为零，已足额计提资产减值准备。

4.5.2.2　市场风险状况

市场风险主要表现为因市场价格——利率、汇率、股票价格和商品价格等的不利变动而使公司的表内和表外业务发生损失的风险。具体表现为经济运行周期变化风险、金融市场利率波动风险、通货膨胀风险、房地产交易风险、证券市场、货币市场交易风险等。这些风险的存在不但影响信托财产的价值以及信托收益水平，也将影响公司由于资产负债结构不匹配等而导致公司整体的、当前和未来收入的损失。报告期内，公司未发生因市场风险所造成的损失。

4.5.2.3　操作风险状况

操作风险主要是公司内部控制、系统及运营过程中的错误或疏忽，或外部事件而可能引起潜在损失的风险，表现在信息系统还不够全面及时，风险评估、风险管理的程序和结构、会计系统还不够完善，以及人员操作不规范和责任心不强等方面。报告期内，公司未发生因操作风险所造成的损失。

4.5.2.4　其他风险状况

其他风险主要是指公司业务开展中的合规风险、政策风险、公司信誉风险、人员道德风险等。报告期内，公司未发生因上述风险所造成的损失。

4.5.3　风险管理

4.5.3.1　信用风险管理

信用风险主要表现为公司交易对手不能履行合约义务带来的风险，其中包括业务合作伙伴、贷款对象的信用风险，资金往来银行的信用风险，从而导致公司资产价值发生变动遭受损失的风险。为有效规避信用风险，公司主要实施以下风险管理手段。

（1）公司通过事前评估、事中控制、事后评价的风险控制体系来防范和规避信用风险。密切结合国家宏观调控政策、产业导向政策和地区经济发展战略，加强对融资对象的运营状况和信用分析；完善业务各环节的责任评议，做到责任到岗、责任考评和责任追究三个环节紧密相扣，环环问责。

（2）抵押（质押）品确认的主要原则：抵押（质押）品必须是抵押人所有的或依法有权处分的财产；要求抵押（质押）品所有权人在房产、土地等主管部门办理抵押登记手续。

（3）公司根据财政部《金融企业准备金计提管理办法》（财金[2012]20号）的规定，计提准备金，包括一般准备和相关资产减值准备。一般准备余额原则上不得低于风险资产期末余额的1.5%。

（4）公司按不低于净利润5%的比例从税后利润中计提信托赔偿准备。该赔偿准备累计总额达到本公司注册资本的20%时，可不再提取信托赔偿准备金。

2016年公司未发生因信用风险所造成的损失。

4.5.3.2　市场风险管理

市场风险主要表现为因市场价格——利率、汇率、股票价格和商品价格等的不利变动而使公司的表内和表外业务发生损失的风险。具体表现为经济运行周期变化风险、金融市场利率波动风险、通货膨胀风险、房地产交易风险、证券市场、货币市场交易风险等。这些风险的存在不但影响信托财产的价值以及信托收益水平，也将影响公司由于资产负债结构不匹配等而导致公司整体的、当前和未来收入的损失。

面对种种复杂多变的市场风险，公司调整了信托业务布局。首先，在房地产业务方面，实施了主动收缩的策略，将房地产项目的风险监控作为公司风险管理工作的重点，对于新增项目从房地产业态、所在区域、交易对手信用等方面充分识别风险，针对存量项目做好动态评估与压力测试，落实还款来源，防范兑付风险。其次，政信合作方面，公司加强了对地方政府债务风险的甄别，结合财政收入结构、债务余额占GDP比重等指标衡量地方政府偿债能力，在此基础上建立了政信合作业务名单库。公司审慎开展资本市场业务，着重培养公司自主管理能力。对于证券投资信托业务的投资人考核其真实的资金实力与风险承受能力，保障了证券业务的平稳运行。

报告期内公司未发生因市场风险所造成的损失。

4.5.3.3　操作风险管理

操作风险主要是公司内部控制、系统及运营过程中的错误或疏忽，或外部事件而可能引起潜在损失的风险，表现在信息系统还不够全面及时，风险评估、风险管理的程序和结构、会计系统还不够完善，以及人员操作不规范和责任心不强等方面。

公司严格履行受托人职责，从严格内控合规管理、严格岗位分离、规范员工行为、保障信息系统安全管理等方面防范操作风险。结合内控制度审计成果，启动了内控制度的集中修订，加强内控执行力；对公司业务审批流程进行持续的优化，明确节点责任；适时优化公司信息系统，为提高管理效能，启动了信息数据智能化项目，推行大数据库建设。

报告期内公司未发生因操作风险所造成的损失。

4.5.3.4　其他风险管理

公司强化了合法合规经营的制度保障，持续关注法律、法

规的最新发展，正确理解和准确把握其内涵，并及时对业务程序和操作指引进行梳理和修订；注重员工培训，提高员工的业务技能和风险管理意识；加强职业道德教育，增强员工的工作责任心，提高公司信誉。

报告期内公司未发生因上述风险所造成的损失。

5. 报告期末及上一年度末的比较式会计报表

5.1 自营资产（经审计）

5.1.1 会计师事务所审计结论

审 计 报 告

天职业字[2017]5936 号

北京国际信托有限公司全体股东：

我们审计了后附的北京国际信托有限公司（以下简称“北京信托”）财务报表，包括 2016 年 12 月 31 日的资产负债表及合并资产负债表，2016 年度的利润表及合并利润表、所有者权益变动表及合并所有者权益变动表和现金流量表及合并现金流量表以及财务报表附注。

一、管理层对财务报表的责任

编制和公允列报财务报表是北京信托管理层的责任，这种责任包括：（1）按照企业会计准则的规定编制财务报表，并使其实现公允反映；（2）设计、执行和维护必要的内部控制，以使财务报表不存在由于舞弊或错误导致的重大错报。

二、注册会计师的责任

我们的责任是在执行审计工作的基础上对财务报表发表审计意见。我们按照中国注册会计师审计准则的规定执行了审计工作。中国注册会计师审计准则要求我们遵守中国注册会计师职业道德守则，计划和执行审计工作以对财务报表是否不存在重大错报获取合理保证。

审计工作涉及实施审计程序，以获取有关财务报表金额和披露的审计证据。选择的审计程序取决于注册会计师的判断，包括对由于舞弊或错误导致的财务报表重大错报风险的评估。在进行风险评估时，注册会计师考虑与财务报表编制和公允列报相关的内部控制，以设计恰当的审计程序，但目的并非对内部控制的有效性发表意见。审计工作还包括评价管理层选用会计政策的恰当性和作出会计估计的合理性，以及评价财务报表的总体列报。

我们相信，我们获取的审计证据是充分、适当的，为发表审计意见提供了基础。

三、审计意见

我们认为，北京信托财务报表在所有重大方面按照企业会计准则的规定编制，公允反映了北京信托 2016 年 12 月 31 日的财务状况及合并财务状况以及 2016 年度的经营成果和现金流量及合并经营成果和合并现金流量。

中国・北京

注册会计师：王清峰

注册会计师：迟文洲

二〇一七年二月二十三日

5.1.2 资产负债表

合并及公司资产负债表

编制单位：北京国际信托有限公司　　2016 年 12 月 31 日　　单位：元

项 目	行次	期末数		期初数	
		合并	母公司	合并	母公司
资产：	1				
现金及银行存款	2	157 919 433. 88	13 399 627. 13	101 240 182. 39	11 781 428. 83
存放中央银行款项	3				
存放同业款项	4	1 888 788 523. 07	1 888 788 523. 07	627 799 603. 37	627 799 603. 37
贵金属	5				
预付账款	6	122 188 256. 24	117 622 114. 24	125 211 149. 24	122 295 114. 24
以公允价值计量且其变动计入当期损益的金融资产	7	83 463 410. 85	64 409 651. 85	88 225 361. 00	
衍生金融资产	8				
买入返售金融资产	9	1 411 261 280. 00	1 411 261 280. 00	47 000 000. 00	
应收账款	10	148 936 732. 39	115 719 056. 39	43 338 181. 95	34 372 632. 95
应收利息	11	3 904 577. 10	3 813 246. 10	36 897 927. 65	36 488 676. 65
其他应收款	12	61 178 874. 09	8 719 533. 69	11 527 925. 35	7 046 888. 35
发放贷款和垫款	13	2 775 357 953. 30	2 725 778 753. 30	2 550 685 500. 00	2 545 785 000. 00
可供出售金融资产	14	1 379 418 110. 81	1 300 908 882. 81	1 405 008 214. 71	1 347 195 233. 71
持有至到期投资	15	300 457 200. 00	300 457 200. 00	2 947 421 872. 00	2 947 421 872. 00
长期股权投资	16	101 249 024. 70	351 567 716. 28	118 628 626. 03	248 583 780. 46
投资性房地产	17				
固定资产原价	18	56 553 738. 36	45 682 511. 47	55 577 017. 54	45 590 559. 54
减：累计折旧	19	35 057 949. 79	28 529 069. 88	29 457 841. 45	25 780 506. 30

续表

项　目	行次	期末数		期初数	
		合并	母公司	合并	母公司
固定资产净值	20	21 495 788. 57	17 153 441. 59	26 119 176. 09	19 810 053. 24
减:固定资产减值准备	21				
固定资产净额	22	21 495 788. 57	17 153 441. 59	26 119 176. 09	19 810 053. 24
工程物资	23				
在建工程	24				
固定资产清理	25				
无形资产	26	2 471 584. 22	1 636 333. 22	3 587 200. 34	2 036 283. 34
长期待摊费用	27	296 479. 00		866 756. 00	
递延所得税资产	28	77 932 511. 55	78 316 785. 53	42 363 277. 66	43 363 781. 91
其他资产	29	2 302. 53			
	32				
	71				
资产总计	72	8 536 322 042. 30	8 399 552 145. 20	8 175 920 953. 78	7 993 980 349. 05

企业负责人:李民吉　　主管会计工作负责人:吴京林　　会计机构负责人:魏东华

合并及公司资产负债表(续)

编制单位:北京国际信托有限公司　　2016 年 12 月 31 日　　单位:元

项　目	行次	期末数		期初数	
		合并	母公司	合并	母公司
负债:	73				
向中央银行借款	74				
同业及其他金融机构存放款项	75				
拆入资金	76			500 000 000. 00	500 000 000. 00
以公允价值计量且其变动计入当期损益的金融负债	77			30 071 905. 00	
衍生金融负债	78				
卖出回购金融资产款	79			40 000 000. 00	
应付账款	80	7 817 436. 00		16 865 127. 00	
应付职工薪酬	81	481 840 245. 30	464 821 892. 30	338 658 602. 53	328 223 954. 53
应交税费	82	300 547 051. 39	294 561 821. 16	244 288 545. 76	239 483 786. 79
应付利息	83				
应付股利	84	5 632 339. 00			
预收账款	85				
其他应付款	86	26 334 338. 52	5 975 540. 24	17 539 153. 36	5 044 423. 56
递延所得税负债	87	55 416. 06	55 416. 06	526 008. 00	
预计负债	88				
其他负债	89				
负债合计	90	822 226 826. 27	765 414 669. 76	1 187 949 341. 65	1 072 752 164. 88
所有者权益:	91				
实收资本	92	2 200 000 000. 00	2 200 000 000. 00	2 200 000 000. 00	2 200 000 000. 00
国家资本	93	1 863 286 514. 33	1 863 286 514. 33	1 863 286 514. 33	1 863 286 514. 33
集体资本	94				
法人资本	95				
其中:国有法人资本	96				
集体法人资本	97				

续表

项　目	行次	期末数		期初数	
		合并	母公司	合并	母公司
个人资本	98				
外商资本	99	336 713 485. 67	336 713 485. 67	336 713 485. 67	336 713 485. 67
资本公积	100	1 664 000 000. 00	1 664 000 000. 00	1 664 000 000. 00	1 664 000 000. 00
减:库存股	101				
其他综合收益	102	-1 327 310. 24	166 248. 16	-3 045 206. 44	-4 268 028. 04
其中:外币报表折算差额	103				
盈余公积	104	635 611 637. 45	635 611 637. 45	538 097 469. 28	538 097 469. 28
一般风险准备	105	116 080 401. 90	116 080 401. 90	109 965 137. 72	109 965 137. 72
信托赔偿准备	106	700 000 000. 00	700 000 000. 00	600 000 000. 00	600 000 000. 00
未分配利润	107	2 325 393 542. 32	2 318 279 187. 93	1 812 629 420. 97	1 813 433 605. 21
外币报表折算差额	108				
归属于母公司权益合计	109	7 639 758 271. 43		6 921 646 821. 53	
少数股东权益	110	74 336 944. 60		66 324 790. 60	
所有者权益(或股东权益)合计	111	7 714 095 216. 03	7 634 137 475. 44	6 987 971 612. 13	6 921 228 184. 17
负债和所有者权益(或股东权益)总计	112	8 536 322 042. 30	8 399 552 145. 20	8 175 920 953. 78	7 993 980 349. 05

企业负责人:李民吉　　主管会计工作负责人:吴京林　　会计机构负责人:魏东华

5. 1. 3　利润表

合并及公司利润表

编制单位:北京国际信托有限公司　　2016 年度　　单位:元

项　目	行次	本期数		上期数	
		合并	母公司	合并	母公司
一、营业收入	1	1 849 794 433. 26	1 728 862 756. 95	1 852 402 736. 90	1 750 220 716. 14
利息净收入	2	272 163 891. 34	262 025 483. 56	118 580 865. 01	112 033 397. 51
利息收入	3	344 066 391. 34	333 927 983. 56	182 268 365. 01	175 720 897. 51
利息支出	4	71 902 500. 00	71 902 500. 00	63 687 500. 00	63 687 500. 00
手续费及佣金净收入	5	1 359 275 819. 78	1 251 712 727. 78	1 284 085 362. 39	1 203 788 400. 39
手续费及佣金收入	6	1 373 868 636. 68	1 266 305 544. 68	1 300 480 634. 01	1 220 183 672. 01
手续费及佣金支出	7	14 592 816. 90	14 592 816. 90	16 395 271. 62	16 395 271. 62
投资收益/(损失)	8	223 317 433. 80	220 497 692. 54	445 142 734. 72	433 750 215. 46
其中:对联营企业和合营企业的投资收益/(损失)	9				
公允价值变动收益/(损失)	10	-10 894 248. 86	-5 636 907. 86	-3 425 546. 93	-4 810 932. 93
汇兑收益/(损失)	11	136 380. 05	136 380. 05	110 220. 04	110 220. 04
其他业务收入	12	5 795 157. 15	127 380. 88	7 909 101. 67	5 349 415. 67
二、营业支出	13	566 027 570. 13	467 587 683. 96	623 557 494. 04	524 088 409. 02
营业税金及附加	14	28 645 753. 58	26 622 512. 30	83 380 891. 10	78 306 990. 81
业务及管理费	15	532 953 384. 77	437 087 960. 96	528 234 296. 32	434 119 874. 59
资产减值损失	16	4 428 431. 78	3 877 210. 70	11 942 306. 62	11 661 543. 62

续表

项　目	行次	本期数		上期数	
		合并	母公司	合并	母公司
其他业务成本	17				
三、营业利润	18	1 283 766 863. 13	1 261 275 072. 99	1 228 845 242. 86	1 226 132 307. 12
加:营业外收入	19	13 502 772. 91	12 080 741. 68	8 814 827. 40	4 642 483. 40
减:营业外支出	20	1 719 526. 33	1 476 173. 54	1 551 981. 68	1 530 537. 68
四、利润总额	21	1 295 550 109. 71	1 271 879 641. 13	1 236 108 088. 58	1 229 244 252. 84
减:所得税费用	22	302 834 476. 34	296 737 959. 39	257 896 679. 97	255 848 388. 37
五、净利润	23	992 715 633. 37	975 141 681. 74	978 211 408. 61	973 395 864. 47
归属于母公司所有者的净利润	24	983 060 220. 37	975 141 681. 74	978 343 084. 01	973 395 864. 47
少数股东损益	25	9 655 413. 00		-131 675. 40	
六、其他综合收益的税后净额	26	-93 023. 80	4 434 276. 20	-8 327 417. 44	-9 610 239. 04
(一)以后不能重分类进损益的其他综合收益	27				
其中:1. 重新计量设定受益计划净负债或净资产的变动	28				
2. 权益法下在被投资单位不能重分类进损益的其他综合收益中享有的份额	29				
(二)以后将重分类进损益的其他综合收益	30	-93 023. 80	4 434 276. 20	-8 327 417. 44	-9 610 239. 04
其中:1. 权益法下在被投资单位以后将重分类进损益的其他综合收益中享有的份额	31				
2. 可供出售金融资产公允价值变动损益	32	-93 023. 80	4 434 276. 20	-8 327 417. 44	-9 610 239. 04
3. 持有至到期投资重分类为可供出售金融资产损益	33				
4. 现金流量套期损益的有效部分	34				
5. 外币报表折算差额	35				
七、综合收益总额	36	992 622 609. 57	979 575 957. 94	969 883 991. 17	963 785 625. 43
归属于母公司所有者的综合收益总额	37	984 778 116. 57	979 575 957. 94	969 160 452. 17	963 785 625. 43
*归属于少数股东的综合收益总额	38	7 844 493. 00		723 539. 00	
八、每股收益	39				
基本每股收益	40				
稀释每股收益	41				

企业负责人:李民吉　　主管会计工作负责人:吴京林　　会计机构负责人:魏东华

5.1.4 所有者权益变动表

合并所有者权益变动表

编制单位：北京国际信托有限公司　　2016 年度　　单位：元

项目	行次	本年金额													
		归属于母公司所有者权益											少数股东权益	所有者权益合计
		实收资本（或股本）	其他权益工具	资本公积	减：库存股	其他综合收益	专项储备	盈余公积	Δ一般风险准备	Δ信托赔偿准备	未分配利润	其他	小计		
栏次	—	1	2	3	4	5	6	7	8		9	10	11	12	13
一、上年年末余额	1	2 200 000 000.00		1 664 000 000.00		-3 045 206.44		538 097 469.28	109 965 137.72	600 000 000.00	1 812 629 420.97		6 921 646 821.53	66 324 790.60	6 987 971 612.13
加：会计政策变更	2	—	—	—	—	—	—	—	—		—	—	—	—	—
前期差错更正	3	—	—	—	—	—	—	—	—		—	—	—	—	—
其他	4												—		—
二、本年年初余额	5	2 200 000 000.00		1 664 000 000.00		-3 045 206.44		538 097 469.28	109 965 137.72	600 000 000.00	1 812 629 420.97		6 921 646 821.53	66 324 790.60	6 987 971 612.13
三、本年增减变动金额（减少以"－"号填列）	6	—	—	—	—	1 717 896.20	—	97 514 168.17	6 115 264.18	100 000 000.00	512 764 121.35		718 111 449.90	8 012 154.00	726 123 603.90
（一）综合收益总额	7	—	—	—	—	1 717 896.20	—	—	—		983 060 220.37	—	984 778 116.57	7 844 493.00	992 622 609.57
（二）所有者投入和减少资本	8	—	—	—	—	—	—	—	—		—	—	—	5 800 000.00	5 800 000.00
1. 所有者投入的普通股	9		—		—	—	—	—	—		—	—	—	5 800 000.00	5 800 000.00
2. 其他权益工具持有者投入资本	10				—	—	—	—	—		—	—	—		—
3. 股份支付计入所有者权益的金额	11		—		—	—	—	—	—		—	—	—		—
4. 其他	12														
（三）专项储备提取和使用	13														
1. 计提专项储备	14	—	—	—	—	—		—	—		—	—	—		—
2. 使用专项储备	15	—	—	—	—	—		—	—		—	—	—		—
（四）利润分配	16							97 514 168.17	6 115 264.18	100 000 000.00	-470 296 099.02		-266 666 666.67	-5 632 339.00	-272 299 005.67
1. 提取盈余公积	17	—	—	—	—	—	—	97 514 168.17	—		-97 514 168.17	—	—	—	—
其中：法定公积金	18	—	—	—	—	—	—	97 514 168.17	—		-97 514 168.17	—	—	—	—
任意公积金	19	—	—	—	—	—	—		—		—	—	—	—	—
#储备基金	20	—	—	—	—	—	—		—			—	—	—	—
#企业发展基金	21	—	—	—	—	—	—		—			—	—	—	—
#利润归还投资	22	—	—	—	—	—	—		—			—	—	—	—
2. 提取一般风险准备	23	—	—	—	—	—	—	—	6 115 264.18		-6 115 264.18	—	—	—	—
3. 对所有者（或股东）的分配	24	—	—	—	—	—	—	—	—		-266 666 666.67	—	-266 666 666.67	-5 632 339.00	-272 299 005.67
4. 提取信托赔偿准备	25									100 000 000.00	-100 000 000.00		—		—
（五）所有者权益内部结转	26	—	—	—	—										
1. 资本公积转增资本（或股本）	27		—		—										
2. 盈余公积转增资本（或股本）	28		—	—	—										
3. 盈余公积弥补亏损	29	—	—	—	—	—	—		—			—	—	—	—
4. 结转重新计量设定受益计划净负债或净资产所产生的变动	30	—	—	—	—		—	—	—			—	—	—	—
5. 其他	31												—		—
四、本年年末余额	32	2 200 000 000.00	—	1 664 000 000.00	—	-1 327 310.24	—	635 611 637.45	116 080 401.90	700 000 000.00	2 325 393 542.32	—	7 639 758 271.43	74 336 944.60	7 714 095 216.03

企业负责人：李民吉　　主管会计工作负责人：吴京林　　会计机构负责人：魏东华

公司所有者权益变动表(续)

2016 年度

编制单位:北京国际信托有限公司　　　　单位:元

项目	行次	上年金额													
		归属于母公司所有者权益												少数股东权益	所有者权益合计
		实收资本(或股本)	其他权益工具	资本公积	减:库存股	其他综合收益	专项储备	盈余公积	Δ一般风险准备	Δ信托赔偿准备	未分配利润	其他	小计		
栏次	—	1	2	3	4	5	6	7	8		9	10	11	12	13
一、上年年末余额	1	1 400 000 000.00				5 282 211.00		1 317 852 982.68	75 193 985.39	400 000 000.00	1 390 396 151.05		4 588 725 330.12	60 901 251.60	4 649 626 581.72
加:会计政策变更	2												—		—
前期差错更正	3												—		—
其他	4												—		—
二、本年年初余额	5	1 400 000 000.00	—	—	—	5 282 211.00	—	1 317 852 982.68	75 193 985.39	400 000 000.00	1 390 396 151.05	—	4 588 725 330.12	60 901 251.60	4 649 626 581.72
三、本年增减变动金额(减少以"-"号填列)	6	800 000 000.00	—	1 664 000 000.00	—	-8 327 417.44	—	-779 755 513.40	34 771 152.33	200 000 000.00	422 233 269.92	—	2 332 921 491.41	5 423 539.00	2 338 345 030.41
(一)综合收益总额	7	—	—	—	—	-8 327 417.44	—	—	—		978 343 084.01	—	970 015 666.57	723 539.00	970 739 205.57
(二)所有者投入和减少资本	8	800 000 000.00	—	1 664 000 000.00	—	—		—	—		—	—	2 464 000 000.00	4 700 000.00	2 468 700 000.00
1. 所有者投入的普通股	9		—		—	—	—	—	—		—	—	—	4 700 000.00	4 700 000.00
2. 其他权益工具持有者投入资本	10				—	—	—	—	—		—	—	—		—
3. 股份支付计入所有者权益的金额	11		—		—	—	—	—	—		—	—	—		—
4. 其他	12	800 000 000.00	—	1 664 000 000.00									2 464 000 000.00		2 464 000 000.00
(三)专项储备提取和使用	13		—				—						—		—
1. 计提专项储备	14	—	—	—	—	—		—	—		—	—	—		—
2. 使用专项储备	15	—	—	—	—	—		—	—		—	—	—		—
(四)利润分配	16							97 338 661.76	34 771 152.33	200 000 000.00	-556 109 814.09		-224 000 000.00		-224 000 000.00
1. 提取盈余公积	17	—	—	—	—	—	—	97 338 661.76	—		-97 338 661.76	—	—	—	—
其中:法定公积金	18	—	—	—	—	—	—	97 338 661.76	—		-97 338 661.76	—	—	—	—
任意公积金	19	—	—	—	—	—	—		—		—	—	—	—	—
#储备基金	20	—	—	—	—	—	—		—			—	—	—	—
#企业发展基金	21	—	—	—	—	—	—		—			—	—	—	—
#利润归还投资	22	—	—	—	—	—	—		—			—	—	—	—
2. 提取一般风险准备	23	—	—	—	—	—	—		34 771 152.33	200 000 000.00	-234 771 152.33	—	—	—	—
3. 对所有者(或股东)的分配	24	—	—	—	—	—	—	—	—		-224 000 000.00	—	-224 000 000.00		-224 000 000.00
4. 提取信托赔偿准备	25												—		—
(五)所有者权益内部结转	26	—	—	—	—	—	—	-877 094 175.16	—		—	—	-877 094 175.16		-877 094 175.16
1. 资本公积转增资本(或股本)	27				—	—	—	—	—		—	—	—	—	—
2. 盈余公积转增资本(或股本)	28		—	—	—	—	—	-877 094 175.16	—		—	—	-877 094 175.16	—	-877 094 175.16
3. 盈余公积弥补亏损	29	—	—	—	—	—	—		—			—	—	—	—
4. 结转重新计量设定受益计划净负债或净资产所产生的变动	30	—	—	—	—		—	—	—			—	—	—	—
5. 其他	31												—		—
四、本年年末余额	32	2 200 000 000.00	—	1 664 000 000.00	—	-3 045 206.44	—	538 097 469.28	109 965 137.72	600 000 000.00	1 812 629 420.97	—	6 921 646 821.53	66 324 790.60	6 987 971 612.13

企业负责人:李民吉　　　　主管会计工作负责人:吴京林　　　　会计机构负责人:魏东华

公司所有者权益变动表

2016 年度

编制单位：北京国际信托有限公司　　单位：元

项　目	行次	本年金额											
		实收资本（或股本）	其他权益工具	资本公积	减：库存股	其他综合收益	专项储备	盈余公积	△一般风险准备	△信托赔偿准备	未分配利润	其他	所有者权益合计
栏次	—	1	2	3	4	5	6	7	8		9	10	11
一、上年年末余额	1	2 200 000 000. 00	—	1 664 000 000. 00	—	-4 268 028. 04	—	538 097 469. 28	109 965 137. 72	600 000 000. 00	1 813 433 605. 21		6 921 228 184. 17
加：会计政策变更	2	—	—	—	—	—	—	—	—		—	—	—
前期差错更正	3	—	—	—	—	—	—	—	—		—	—	—
其他	4												—
二、本年年初余额	5	2 200 000 000. 00	—	1 664 000 000. 00	—	-4 268 028. 04	—	538 097 469. 28	109 965 137. 72	600 000 000. 00	1 813 433 605. 21	—	6 921 228 184. 17
三、本年增减变动金额（减少以“-”号填列）	6	—	—	—	—	4 434 276. 20	—	97 514 168. 17	6 115 264. 18	100 000 000. 00	504 845 582. 72	—	712 909 291. 27
（一）综合收益总额	7	—	—	—	—	4 434 276. 20	—	—	—		975 141 681. 74	—	979 575 957. 94
（二）所有者投入和减少资本	8	—	—	—	—	—	—	—	—		—	—	—
1. 所有者投入的普通股	9		—		—	—	—	—	—		—	—	—
2. 其他权益工具持有者投入资本	10				—	—	—	—	—		—	—	—
3. 股份支付计入所有者权益的金额	11		—		—	—	—	—	—		—	—	—
4. 其他	12		—										—
（三）专项储备提取和使用	13		—				—						—
1. 计提专项储备	14	—	—	—	—	—		—	—		—	—	—
2. 使用专项储备	15	—	—	—	—	—		—	—		—	—	—
（四）利润分配	16							97 514 168. 17	6 115 264. 18	100 000 000. 00	-470 296 099. 02		-266 666 666. 67
1. 提取盈余公积	17	—	—	—	—	—	—	97 514 168. 17	—		-97 514 168. 17	—	—
其中：法定公积金	18	—	—	—	—	—	—	97 514 168. 17	—		-97 514 168. 17	—	—
任意公积金	19	—	—	—	—	—	—		—		—	—	—
#储备基金	20	—	—	—	—	—	—		—			—	—
#企业发展基金	21	—	—	—	—	—	—		—			—	—
#利润归还投资	22	—	—	—	—	—	—		—			—	—
2. 提取一般风险准备	23	—	—	—	—	—	—	—	6 115 264. 18		-6 115 264. 18	—	—
3. 对所有者（或股东）的分配	24	—	—	—	—	—	—	—	—		-266 666 666. 67	—	-266 666 666. 67
4. 提取信托赔偿准备	25									100 000 000. 00	-100 000 000. 00		—
（五）所有者权益内部结转	26	—	—	—	—	—		—	—		—		—
1. 资本公积转增资本（或股本）	27		—		—	—	—	—	—		—	—	—
2. 盈余公积转增资本（或股本）	28		—	—	—	—	—		—		—	—	—
3. 盈余公积弥补亏损	29	—	—	—	—	—	—		—			—	—
4. 结转重新计量设定受益计划净负债或净资产所产生的变动	30	—	—	—	—		—	—	—			—	—
5、其他	31												—
四、本年年末余额	32	2 200 000 000. 00	—	1 664 000 000. 00	—	166 248. 16	—	635 611 637. 45	116 080 401. 90	700 000 000. 00	2 318 279 187. 93	—	7 634 137 475. 44

企业负责人：李民吉　　主管会计工作负责人：吴京林　　会计机构负责人：魏东华

公司所有者权益变动表（续）

2016 年度

编制单位：北京国际信托有限公司　　　　单位：元

项　目	行次	上年金额											
		实收资本（或股本）	其他权益工具	资本公积	减：库存股	其他综合收益	专项储备	盈余公积	Δ一般风险准备	Δ信托赔偿准备	未分配利润	其他	所有者权益合计
栏次	—	12	13	14	15	16	17	18	19		20	21	22
一、上年年末余额	1	1 400 000 000. 00				5 342 211. 00		1 317 852 057. 99	75 193 985. 39	400 000 000. 00	1 396 148 479. 52		4 594 536 733. 90
加：会计政策变更	2												—
前期差错更正	3												—
其他	4												—
二、本年年初余额	5	1 400 000 000. 00	—	—	—	5 342 211. 00	—	1 317 852 057. 99	75 193 985. 39	400 000 000. 00	1 396 148 479. 52	—	4 594 536 733. 90
三、本年增减变动金额（减少以“－”号填列）	6	800 000 000. 00	—	1 664 000 000. 00	—	−9 610 239. 04	—	−779 754 588. 71	34 771 152. 33	200 000 000. 00	417 285 125. 69	—	2 326 691 450. 27
（一）综合收益总额	7	—	—	—	—	−9 610 239. 04	—	—	—		973 395 864. 47	—	963 785 625. 43
（二）所有者投入和减少资本	8	800 000 000. 00	—	1 664 000 000. 00	—	—	—	—	—		—	—	2 464 000 000. 00
1. 所有者投入的普通股	9		—		—	—	—	—	—		—	—	—
2. 其他权益工具持有者投入资本	10				—	—	—	—	—		—	—	—
3. 股份支付计入所有者权益的金额	11		—		—	—	—	—	—		—	—	—
4. 其他	12	800 000 000. 00	—	1 664 000 000. 00									2 464 000 000. 00
（三）专项储备提取和使用	13		—				—						—
1. 计提专项储备	14	—	—	—	—	—		—	—		—	—	—
2. 使用专项储备	15	—	—	—	—	—		—	—		—	—	—
（四）利润分配	16							97 339 586. 45	34 771 152. 33	200 000 000. 00	−556 110 738. 78		−224 000 000. 00
1. 提取盈余公积	17	—	—	—	—	—	—	97 339 586. 45	—		−97 339 586. 45	—	—
其中：法定公积金	18	—	—	—	—	—	—	97 339 586. 45	—		−97 339 586. 45	—	—
任意公积金	19	—	—	—	—	—	—		—		—	—	—
#储备基金	20	—	—	—	—	—	—		—			—	—
#企业发展基金	21	—	—	—	—	—	—		—			—	—
#利润归还投资	22	—	—	—	—	—	—		—			—	—
2. 提取一般风险准备	23	—	—	—	—	—	—	—	34 771 152. 33		−34 771 152. 33	—	—
3. 对所有者（或股东）的分配	24	—	—	—	—	—	—	—	—		−224 000 000. 00		−224 000 000. 00
4. 提取信托赔偿准备	25									200 000 000. 00	−200 000 000. 00		—
（五）所有者权益内部结转	26	—	—	—	—	—	—	−877 094 175. 16	—		—	—	−877 094 175. 16
1. 资本公积转增资本（或股本）	27				—	—	—	—	—		—	—	—
2. 盈余公积转增资本（或股本）	28		—	—	—	—	—	−877 094 175. 16	—		—	—	−877 094 175. 16
3. 盈余公积弥补亏损	29	—	—	—	—	—	—					—	—
4. 结转重新计量设定受益计划净负债或净资产所产生的变动	30	—	—	—	—		—	—	—			—	—
5. 其他	31												—
四、本年年末余额	32	2 200 000 000. 00	—	1 664 000 000. 00	—	−4 268 028. 04	—	538 097 469. 28	109 965 137. 72	600 000 000. 00	1 813 433 605. 21	—	6 921 228 184. 17

企业负责人：李民吉　　　　主管会计工作负责人：吴京林　　　　会计机构负责人：魏东华

5.2 信托资产

5.2.1 信托项目资产负债汇总表

信托项目资产负债汇总表

编制单位：北京国际信托有限公司　　2016 年 12 月 31 日　　单位：万元

信托资产	期初数	期末数	信托负债和信托权益	期初数	期末数
信托资产：			信托负债：		
货币资金	292 462.62	289 593.65	交易性金融负债	—	—
拆出资金	—	—	衍生金融负债	—	—
存出保证金	67 769.71	7 125.86	应付受托人报酬	1 988.94	1 053.65
交易性金融资产	2 539 537.38	3 126 715.64	应付托管费	1 128.91	1 546.41
衍生金融资产	—	—	应付受益人收益	2 677.42	3 907.93
买入返售金融资产	437 722.94	259 585.83	应交税费	—	1 289.08
应收款项	437 360.24	416 187.15	应付销售服务费	18.79	58.86
发放贷款	9 511 488.97	11 046 942.62	其他应付款项	31 076.89	22 337.62
可供出售金融资产	895 576.81	1 052 677.33	预计负债	—	—
持有至到期投资	3 268 421.47	5 965 607.83	其他负债	—	—
长期应收款	3 898.29	3 339.52	信托负债合计	36 890.95	30 193.55
长期股权投资	2 875 906.94	3 319 483.23			
投资性房地产	—	—	信托权益：	—	—
固定资产	—	—	实收信托	20 001 329.41	25 273 601.88
无形资产	237 632.91	118 029.91	资本公积	190 700.94	120 676.83
长期待摊费用	—	—	损益平准金	—	—
其他资产	70 242.41	256 780.41	未分配利润	409 099.39	437 596.72
减：各项资产减值准备	—	—	信托权益合计	20 601 129.74	25 831 875.43
信托资产总计	20 638 020.69	25 862 068.98	信托负债及信托权益总计	20 638 020.69	25 862 068.98

会计机构负责人：孟广杰　　复核：陆雅清　　制表：：马政毅

5.2.2 信托项目利润及利润分配汇总表

信托项目利润及利润分配汇总表

2016 年 12 月 31 日

编制单位：北京国际信托有限公司　　单位：万元

项目	本年数	上年数
1. 营业收入	1 527 418.21	1 782 717.23
1.1 利息收入	957 750.66	807 989.71
1.2 投资收益（损失以"－"号填列）	490 525.42	966 626.75
1.2.1 其中：对联营企业和合营企业的投资收益	—	—
1.3 公允价值变动收益（损失以"－"号填列）	15 152.60	-143 725.68
1.4 租赁收入	7.29	170.58
1.5 汇兑损益（损失以"－"号填列）	-119.46	-816.53
1.6 其他收入	64 101.70	152 472.40
2. 支出	248 749.48	305 105.19
2.1 营业税金及附加	13 310.76	19 023.80
2.2 受托人报酬	119 481.70	119 398.94
2.3 托管费	20 588.42	22 928.35
2.4 投资管理费	20 396.65	27 586.59
2.5 销售服务费	7 968.61	7 162.78
2.6 交易费用	2 354.58	11 608.65
2.7 资产减值损失	—	53 104.07
2.8 其他费用	64 648.76	44 292.01

续表

项目	本年数	上年数
3. 信托净利润（净亏损以"－"号填列）	1 278 668.73	1 477 612.04
4. 其他综合收益	—	—
5. 综合收益	1 278 668.73	1 477 612.04
6. 加：期初未分配信托利润	409 099.39	468 226.52
7. 可供分配的信托利润	1 687 768.12	1 945 838.56
8. 减：本期已分配信托利润	1 250 171.40	1 536 739.17
9. 期末未分配信托利润	437 596.72	409 099.39

会计机构负责人：孟广杰　　复核：陆雅清　　制表：马政毅

6. 会计报表附注

6.1 简要说明报告年度会计报表编制基准、会计政策、会计估计和核算方法发生的变化

6.1.1 计提资产减值准备的范围和方法

根据财政部《金融企业准备金计提管理办法》（财金[2012]20 号）的规定，公司计提一般准备和资产减值准备。原则上一般准备余额不得低于风险资产期末余额的 1.5%。公司按中国银行业监督管理委员会《关于非银行金融机构全面推行资产质量五级分类管理的通知》（银监发[2004]4 号）文件规定实行以风险为基础的五级分类，按资产风险特征划分为若干

组合，计提资产减值准备，包括贷款损失准备、坏账准备和长期投资减值准备。各项组合计提比例如下：

风险程度	计提比例(%)
正常类	1
关注类	2
次级类	25
可疑类	50
损失类	100

6.1.2 金融工具

金融工具存在活跃市场的，本公司采用活跃市场中的报价确定其公允价值。活跃市场中的报价是指易于定期从交易所、经纪商、行业协会、定价服务机构等获得的价格，且代表了在公平交易中实际发生的市场交易的价格。金融工具不存在活跃市场的，本公司采用估值技术确定其公允价值。估值技术包括参考熟悉情况并自愿交易的各方最近进行的市场交易中使用的价格、参照实质上相同的其他金融工具当前的公允价值、现金流量折现法和期权定价模型等。

6.1.2.1 金融资产的确认及计量

本公司按照取得金融资产的目的，将持有的金融资产分成以下四类：以公允价值计量且其变动计入当期损益的金融资产，包括交易性金融资产和指定为以公允价值计量且其变动计入当期损益的金融资产；持有至到期投资；贷款和应收款项；可供出售金融资产。金融资产在初始确认时以公允价值计量，对于不属于以公允价值计量且其变动计入当期损益的金融资产，在初始确认时还需要加上可直接归属于该金融资产购置的相关交易费用。

6.1.2.1.1 以公允价值计量且其变动计入当期损益的金融资产

以公允价值计量且其变动计入当期损益的金融资产包括为交易而持有的金融资产，或是初始确认时就被管理层指定为以公允价值计量且其变动计入当期损益的金融资产。

交易性金融资产是指满足下列条件之一的金融资产：(1)取得该金融资产的目的，主要是为了近期内出售；(2)初始确认时即属于进行集中管理的可辨认金融工具组合的一部分，且有客观证据表明本公司近期采用短期获利方式对该组合进行管理；(3)属于衍生工具，但是，被指定且为有效套期工具的衍生工具、属于财务担保合同的衍生工具、与在活跃市场中没有报价且其公允价值不能可靠计量的权益工具投资挂钩并须通过交付该权益工具结算的衍生工具除外。

以公允价值计量且其变动计入当期损益的金融资产采用公允价值进行后续计量，公允价值变动形成的利得或损失以及与该等金融资产相关的股利和利息收入计入当期损益。

本公司交易性金融资产主要包括从二级市场购入的股票、债券和基金以及从一级市场通过网上配售方式认购的新股等。

6.1.2.1.2 持有至到期投资

持有至到期投资是指到期日固定、回收金额固定或可确定，且本公司有明确意图和能力持有至到期的非衍生金融资产。

持有至到期投资采用实际利率法，按摊余成本进行后续计量，在终止确认、发生减值或摊销时产生的利得或损失，计入当期损益。

实际利率法是指按照金融资产或金融负债(含一组金融资产或金融负债)的实际利率计算其摊余成本及各期利息收入或支出的方法。实际利率是指将金融资产或金融负债在预期存续期间或适用的更短期间内的未来现金流量，折现为该金融资产或金融负债当前账面价值所使用的利率。

在计算实际利率时，本公司将在考虑金融资产或金融负债所有合同条款的基础上预计未来现金流量(不考虑未来的信用损失)，同时还将考虑金融资产或金融负债合同各方之间支付或收取的、属于实际利率组成部分的各项收费、交易费用及折价或溢价等。

6.1.2.1.3 贷款和应收款项

贷款和应收款项指具有固定或可确定回收金额，缺乏活跃市场的非衍生金融资产，且本公司没有意图立即或在短期内出售该资产。贷款和应收款项的价值以按实际利率法计算的摊余成本减去减值准备计量。

当贷款和应收款项被终止确认、出现减值或在摊销时所产生的利得或损失，均计入当期损益。

6.1.2.1.4 可供出售金融资产

可供出售金融资产指那些被指定为可供出售的非衍生金融资产，或未划分为贷款和应收款项类投资、持有至到期投资或以公允价值计量且其变动计入当期损益的金融资产这三类的其他金融资产。在后续计量期间，该类金融资产以公允价值计量。可供出售类金融资产的公允价值变动所带来的未实现收益，在该金融资产被终止确认或发生减值之前，列入资本公积(其他资本公积)。在该金融资产被终止确认或发生减值时，以前计入在资本公积中的累计公允价值变动应转入当期损益。

本公司将从一级市场通过网下配售方式认购的锁定期3个月以上(含3个月)的新股、认购的封闭期在3个月以上(含3个月)的开放式基金、持有上市公司限售股权且对上市公司不具有控制、共同控制或重大影响的、持有的非上市公司的股权或股权收益权且不具有控制、共同控制或重大影响的划分为可供出售性金融资产。

对于在活跃市场中没有报价且其公允价值不能可靠计量的权益工具投资，以及与该权益工具挂钩并须通过交付该权益工具结算的衍生金融资产，按成本计量。

6.1.2.2 金融资产的减值测试和减值准备计提方法

资产负债表日对以公允价值计量且其变动计入当期损益的金融资产以外的金融资产的账面价值进行检查，如有客观证据表明该金融资产发生减值的，计提减值准备。

对单项金额重大的金融资产单独进行减值测试；对单项金额不重大的金融资产，可以单独进行减值测试，或包括在具有类似信用风险特征的金融资产组合中进行减值测试；单独测试未发生减值的金融资产(包括单项金额重大和不重大的金融资产)，包括在具有类似信用风险特征的金融资产组合中再进行减值测试。

按摊余成本计量的金融资产，期末有客观证据表明其发生了减值的，根据其账面价值与预计未来现金流量现值之间的差额确认减值损失。在活跃市场中没有报价且其公允价值不能可靠计量的权益工具投资，或与该权益工具挂钩并须通过交付该权益工具结算的衍生金融资产发生减值时，将该权益工具投资或衍生金融资产的账面价值，与按照类似金融资产当时市场收益率对未来现金流量折现确定的现值之间的差额，确认为减值损失。可供出售金融资产的公允价值发生较大幅度下降，或在综合考虑各种相关因素后，预期这种下降趋势属于非暂时性的，确认其减值损失，并将原直接计入所有者权益的公允价值累计损失一并转出计入减值损失。

6.1.2.3 贷款

6.1.2.3.1 贷款种类和范围

（1）短期贷款及中长期贷款的分类依据。本公司贷款种类按贷款的发放期限之长短确定。凡合同期限在1年以内（含1年）的贷款作为短期贷款，合同期限在1~5年（含5年）的贷款作为中期贷款，合同期限在5年以上的贷款作为长期贷款。本公司单项金额重大的贷款标注：余额为500万元以上的贷款。

（2）逾期贷款的划分依据。逾期贷款是指贷款本金逾期90天以内的没有收回的贷款和透支及垫款。

（3）非应计贷款的划分依据和会计处理方法。非应计贷款是指贷款本金或利息逾期达到或超过90天没有收回的贷款和透支及垫款。非应计贷款不计提应收利息。

（4）自营贷款与委托贷款划分依据。自营贷款是指本公司自主发放并承担风险，并由本公司收取本金和利息的贷款；委托贷款是指由委托人提供资金，由本公司根据委托人确定的贷款对象、用途、金额、期限、利率等而代理发放、监督使用并协助收回的贷款，其风险由委托人承担，本公司发放委托贷款时，不代垫资金。

6.1.2.3.2 计提贷款损失准备的范围和方法

贷款损失准备计提范围为本公司承担风险和损失的贷款（含抵押、质押、保证、信用等贷款）、贴现、信用垫款（如银行承兑汇票垫款、担保垫款、信用证垫款等）、进出口押汇、应收账款保理等表内外信贷资产。

以本公司上述表内外信贷资产按风险分类（五级分类）的结果为基础，结合实际情况，如对借款人还款能力、财务状况、抵押担保充分性等的评价，充分评估可能存在的损失，分析确定各类信贷资产应计提损失准备总额。各类贷款计提贷款损失准备的比例如下：

贷款级次	贷款损失准备计提比例（%）
正常	1
关注	2
次级	25
可疑	50
损失	100

对本公司不承担风险的委托贷款等，则不计提贷款损失准备。

提取的贷款损失准备计入当期损益，发生贷款损失，冲减已计提的贷款损失准备。已核销的贷款损失以后又收回的，其冲减的贷款损失准备则予以转回。

6.1.2.4 应收款项

应收款项包括应收账款、其他应收款等。

6.1.2.4.1 单项金额重大并单项计提坏账准备的应收账款

本公司单项金额重大的应收款项标准：余额为500万元以上的应收账款、余额为300万元以上的其他应收款。

单项金额重大并单项计提坏账准备的计提方法：对于单项金额重大的应收款项单独进行减值测试，有客观证据表明发生了减值，根据其未来现金流量现值低于其账面价值的差额计提坏账准备。

单项金额重大经单独测试未发生减值的应收款项，再按组合计提坏账准备。

6.1.2.4.2 按组合计提坏账的应收款项

对于单项金额非重大的应收款项，与经单独测试后未减值的应收款项一起按信用风险特征划分为若干组合，根据以前年度与之相同或相类似的，具有类似信用风险特征的应收款项组合的实际损失率为基础，结合现时情况确定以下各项组合计提坏账准备的比例，据此计算当期应计提的坏账准备。

风险程度	计提比例（%）
正常	1
关注	2
次级	25
可疑	50
损失	100

本公司向金融机构转让不附追索权的应收账款，按交易款项扣除已转销应收账款的账面价值和相关税费后的差额计入当期损益。

提取的坏账准备计入当期损益，发生坏账损失，冲减已计提的坏账准备。已核销的坏账损失以后又收回的，其冲减的坏账准备则予以转回。

6.1.3 长期股权投资核算方法

6.1.3.1 投资成本的确定

同一控制下的企业合并形成的，合并方以支付现金、转让非现金资产、承担债务或发行权益性证券作为合并对价的，在合并日按照取得被合并方所有者权益在最终控制方合并财务报表中账面价值的份额作为其初始投资成本。长期股权投资初始投资成本与支付的合并对价的账面价值或发行股份的面值总额之间的差额调整资本公积；资本公积不足冲减的，调整留存收益。

非同一控制下的企业合并形成的，在购买日按照支付的合并对价的公允价值作为其初始投资成本。

除企业合并形成以外的，以支付现金取得的，按照实际支付的购买价款作为其初始投资成本；以发行权益性证券取得的，按照发行权益性证券的公允价值作为其初始投资成本；投资者投入的，按照投资合同或协议约定的价值作为其初始投资成本（合同或协议约定价值不公允的除外）。

6.1.3.2 后续计量及损益确认方法

对被投资单位能够实施控制的长期股权投资采用成本法核算，在编制合并财务报表时按照权益法进行调整；对具有共同控制或重大影响的长期股权投资，采用权益法核算。

6.1.3.3 确定对被投资单位具有控制、重大影响的依据

按照合同约定，与被投资单位相关的重要财务和经营决策需要分享控制权的投资方一致同意的，认定为共同控制；对被投资单位的财务和经营政策有参与决策的权力，但并不能够控制或者与其他方一起共同控制这些政策的制定的，认定为重大影响。

6.1.3.4 减值测试方法及减值准备计提方法

对子公司、联营企业及合营企业的投资，在资产负债表日

有客观证据表明其发生减值的，按照账面价值与可收回金额的差额计提相应的减值准备。

6.1.4 固定资产计价和折旧方法

6.1.4.1 固定资产确认条件、计价和折旧方法

本公司的固定资产是指为提供劳务、出租或经营管理而持有，并且使用年限超过一年的有形资产。固定资产在同时满足下列条件时予以确认：(1)与该固定资产有关的经济利益很可能流入企业；(2)该固定资产的成本能够可靠地计量。

固定资产取得时按照实际成本进行初始计量。外购固定资产的成本，以购买价款、相关税费、使固定资产达到预定可使用状态前所发生的可归属于该项资产的运输费、装卸费、安装费和专业人员服务费等确定。

6.1.4.2 各类固定资产的折旧方法

本公司采用年限平均法计提折旧，固定资产自达到预定可使用状态时开始计提折旧，终止确认时或划分为持有待售非流动资产时停止计提折旧。在不考虑减值准备的情况下，公司根据固定资产类别、预计使用寿命和预计净残值率分别确定折旧率如下：

固定资产类别	预计净残值率(%)	预计使用寿命(年)	年折旧率(%)
房屋及建筑物	3	30~45	2.16~3.23
机器设备	3	10	9.7
运输设备	3	6	16.17
电子设备及其他	3	3~6	16.17~32.33

预计净残值是指假定固定资产预计使用寿命已满并处于使用寿命终了时的预期状态，本公司目前从该项资产处置中获得的扣除预计处置费用后的金额。

与固定资产有关的后续支出，如果与该固定资产有关的经济利益很可能流入本公司且其成本能可靠地计量，则计入固定资产成本，并终止确认被替换部分的账面价值，除此以外的其他后续支出，在发生时计入当期损益。固定资产装修费用符合资本化条件的，本公司予以资本化。

以融资租赁方式租入的固定资产采用与自有固定资产一致的政策计提租赁资产折旧。能够合理确定租赁期届满时取得租赁资产所有权的在租赁资产使用寿命内计提折旧，无法合理确定租赁期届满能够取得租赁资产所有权的，在租赁期与租赁资产使用寿命两者中较短的期间内计提折旧。

本公司定期对固定资产的使用寿命、预计净残值和折旧方法进行复核，如发生改变则作为会计估计变更处理。

固定资产出售、转让、报废或毁损的处置收入扣除其账面价值和相关税费后的差额计入当期损益。

6.1.5 在建工程

在建工程达到预定可使用状态时，按工程实际成本转入固定资产。已达到预定可使用状态但尚未办理竣工决算的，先按估计价值转入固定资产，待办理竣工决算后再按实际成本调整原暂估价值，但不再调整原已计提的折旧。

资产负债表日，有迹象表明在建工程发生减值的，按照账面价值与可收回金额的差额计提相应的减值准备。

6.1.6 无形资产

无形资产是指本公司拥有或控制的没有实物形态的可辨认非货币性资产。无形资产按成本进行初始计量。与无形资产有关的支出，如果相关的经济利益很可能流入本公司且其成本能可靠地计量，则计入无形资产成本。除此以外的其他无形项目的支出，在发生时计入当期损益。

使用寿命有限的无形资产自可供使用时起，对其原值在其预计的使用寿命内采用直线法分期平均摊销。本公司定期对无形资产的使用寿命及摊销方法进行复核，如发生变更则作为会计估计变更处理。

使用寿命确定的无形资产，在资产负债表日有迹象表明发生减值的，按照账面价值与可收回金额的差额计提相应的减值准备；使用寿命不确定的无形资产和尚未达到可使用状态的无形资产，无论是否存在减值迹象，每年均进行减值测试。

内部研究开发项目研究阶段的支出，于发生时计入当期损益。内部研究开发项目开发阶段的支出，同时满足下列条件的，确认为无形资产：(1)完成该无形资产以使其能够使用或出售在技术上具有可行性；(2)具有完成该无形资产并使用或出售的意图；(3)无形资产产生经济利益的方式，包括能够证明运用该无形资产生产的产品存在市场或无形资产自身存在市场，无形资产将在内部使用的，能证明其有用性；(4)有足够的技术、财务资源和其他资源支持，以完成该无形资产的开发，并有能力使用或出售该无形资产；(5)归属于该无形资产开发阶段的支出能够可靠地计量。

本公司无形资产为计算机软件，为使用寿命有限的无形资产，摊销方法如下：

类别	使用寿命(年)	摊销方法
计算机软件	2	直线法

本公司于本年年度终了，对使用寿命有限的无形资产的使用寿命及摊销方法进行复核，与以前估计不同的，调整权限估计数，并按会计估计变更处理。

本公司期末预计某项无形资产已经不能给企业带来未来经济利益的，将该无形资产的账面价值全部转入当期损益。

6.1.7 抵债资产

本公司取得抵债资产时，按公允价值入账。为取得抵债资产支付的抵债资产欠缴的税费、垫付的诉讼费用和取得抵债资产支付的相关税费计入抵债资产价值。

本公司处置抵债资产时，如果取得的处置收入大于抵债资产账面价值，其差额计入营业外收入；如果取得的处置收入小于抵债资产账面价值，其差额计入营业外支出；保管过程中发生的费用直接计入其他业务支出；处置过程中发生的费用从处置收入中抵减。

本公司将抵债资产列入其他资产。

6.1.8 职工薪酬

职工薪酬是指本公司为获得职工提供的服务或解除劳动关系而给予的除股份支付以外各种形式的报酬或补偿。职工薪酬包括短期薪酬、离职后福利、辞退福利和其他长期职工福利。本公司提供给职工配偶、子女、受赡养人、已故员工遗属及其他受益人等的福利，也属于职工薪酬。

6.1.8.1 短期薪酬

本公司在职工提供服务的会计期间，将实际发生的短期薪酬确认为负债，并计入当期损益或相关资产成本。其中，非货币性福利按照公允价值计量。

6.1.8.2 辞退福利

本公司在职工劳动合同到期之前解除与职工的劳动关系，或者为鼓励职工自愿接受裁减而提出给予补偿，在本公司不能单方面撤回解除劳动关系计划或裁减建议时和确认与涉及支付辞退福利的重组相关的成本费用时两者孰早日，确认因解除与职工的劳动关系给予补偿而产生的负债，同时计入当期损益。

6.1.8.3 设定提存计划

本公司职工参加了由当地劳动和社会保障部门组织实施的社会基本养老保险。本公司以当地规定的社会基本养老保险缴纳基数和比例，按月向当地社会基本养老保险经办机构缴纳养老保险费。职工退休后，当地劳动及社会保障部门有责任向已退休员工支付社会基本养老金。本公司在职工提供服务的会计期间，将根据上述社保规定计算应缴纳的金额确认为负债，并计入当期损益或相关资产成本。

6.1.8.4 设定收益计划

6.1.8.4.1 内退福利

本公司向接受内部退休安排的职工提供内退福利。内退福利是指向未达到国家规定的退休年龄、经本公司批准自愿退出工作岗位的职工支付的工资及为其缴纳的社会保险费等。本公司自内部退休安排开始之日起至职工达到正常退休年龄止，向内退职工支付内部退养福利。对于内退福利，本公司比照辞退福利进行会计处理，在符合辞退福利相关确认条件时，将自职工停止提供服务日至正常退休日期间拟支付的内退福利，确认为负债，计入当期损益。精算假设变化及福利标准调整引起的差异于发生时计入当期损益。

6.1.8.4.2 其他补充退休福利

本公司也向满足一定条件的职工提供国家规定的保险制度外的补充退休福利，该等补充退休福利属于设定受益计划，资产负债表上确认的设定受益负债为设定受益义务的现值减去计划资产的公允价值。设定受益义务每年由独立精算师采用与义务期限和币种相似的国债利率、以预期累积福利单位法计算。与补充退休福利相关的服务费用（包括当期服务成本、过去服务成本和结算利得或损失）和利息净额计入当期损益或相关资产成本，重新计量设定受益计划净负债或净资产所产生的变动计入其他综合收益。

本公司按规定参加由政府机构设立的职工社会保障体系，包括基本养老保险、医疗保险、住房公积金及其他社会保障制度，相应的支出于发生时计入相关资产成本或当期损益。

养老保险、医疗保险、住房公积金等社会保险基金计算比例如下：

名称	比例（%）
基本养老保险费	20.00
基本医疗保险费	9.00
大额医疗费用互助资金	1.00
补充养老保险	8.33
补充医疗保险费	5.00
失业保险费	1.00
工伤保险费	0.30
住房公积金	12.00
生育保险	0.80

在职工劳动合同到期之前解除与职工的劳动关系，或为鼓励职工自愿接受裁剪而提出给予补偿的建议，如果本公司已经制定正式的解除劳动关系计划或提出自愿裁减建议并即将实施，同时本公司不能单方面撤回解除劳动关系计划或裁减建议的，确认因解除与职工劳动关系给予补偿产生的预计负债，并计入当期损益。

6.1.9 预计负债

当与或有事项相关的义务同时符合以下条件，本公司将其确认为预计负债：(1)该义务是企业承担的现时义务；(2)该义务的履行很可能导致经济利益流出企业；(3)该义务的金额能够可靠地计量。

预计负债按照履行相关现时义务所需支出的最佳估计数进行初始计量。

企业应当在资产负债表日对预计负债的账面价值进行复核，如有确凿证据表明预计负债账面价值不能真实反映当前最佳估计数的，应当按照当前最佳估计数对该账面价值进行调整。

企业清偿预计负债所需支出全部或部分预期由第三方补偿的，补偿金额只有在基本确定能够收到时才能作为资产单独确认。确认的补偿金额不应当超过预计负债的账面价值。

6.1.10 收入确认原则和方法

收入是本公司在开展日常业务活动过程中所取得的各项收入，主要包括利息收入、手续费及佣金收入、投资收益及其他业务收入等。

在相关的经济利益能够流入及收入的金额能够可靠地计量时，本公司确认收入。

6.1.10.1 利息收入

利息收入是指本公司发放自营贷款，按期计提利息所确认的收入。

利息收入按照实际利率法确认，实际利率与合同利率差异较小的，也可按合同利率计算。

实际利率法是指按照金融资产或金融负债的实际利率计算其摊余成本及各期利息收入或利息支出的方法。实际利率是指将金融资产或金融负债在预期存续期间或适用的更短期间内的未来现金流量，折现为该金融资产或金融负债当前账面价值所使用的利率。在确定实际利率时，本公司在考虑金融资产或金融负债所有合同条款的基础上预计未来现金流量，但不考虑未来信用损失，本公司支付或收取的属于实际利率组成部分的各项收费、交易费用及溢价或折价等，在确定实际利率时予以考虑。

另外根据财政部有关规定，本公司发放的贷款，按期计提利息并确认收入。发放贷款到期（含展期，下同）90天后尚未收回的，其应计利息停止计入当期利息收入，纳入表外核算，原在表内反映的应计利息同时冲销当期损益，转入表外核算；同时该笔贷款转作非应计贷款，以后每期计息均在表外核算，不确认当期收益。

金融企业往来存款利息收入在收到存款银行结息通知单时确认存款利息收入。

拆借利息收入按让渡资金使用权的时间和适用利率计算确定。

金融资产发生减值后，利息收入应当按照确定减值损失时对未来现金流量进行折现采用的折现率作为利率确认计算。

6.1.10.2 手续费及佣金收入

手续费及佣金收入主要包括托管及其他受托业务佣金、顾问和咨询费收入。托管及其他受托业务佣金是根据信托合同规定的计提方法、计提标准确认应由信托项目承担的受托人报酬;顾问和咨询费收入,于所提供金融咨询服务的结果能够可靠估计的情况小,按合同或协议约定确认收入。

6.1.10.3 投资收益

本公司的投资收益划分为持有金融工具产生的投资收益和持有长期股权投资产生的投资收益。

对于持有金融工具产生的投资收益,本公司根据持有金融工具的不同,按对应金融工具的确认和计量标准确认投资收益。

对于长期股权投资,在采用成本法核算时,当被投资单位宣告发放现金股利或分派利润时,本公司确认投资收益;在采用权益法核算时,根据被投资单位实现的净利润或经调整后的净利润计算应享有的份额,确认投资收益;出售或处置长期股权投资是,按所获得的收入与投资账面价值之间的差额确认投资收益。

6.1.10.4 汇兑收益

在交易已经完成,实际收到款项时确认汇兑收益。

6.1.11 支出确认原则

支出主要包括利息支出、手续费佣金支出及其他业务支出等。

利息支出采用实际利率法确认在利润表。实际利率与合同利率差异较小的,也可按合同利息计算。

手续费及佣金支出及其他业务支出按权责发生制原则确认和计量。

6.1.12 租赁

本公司将租赁分为经营租赁和融资租赁。

6.1.12.1 经营租赁

公司为承租人时,在租赁期内各个期间按照直线法将租金计入相关资产成本或确认为当期损益,发生的初始直接费用,直接计入当期损益。或有租金在实际发生时计入当期损益。

公司为出租人时,在租赁期内各个期间按照直线法将租金确认为当期损益,发生的初始直接费用,除金额较大的予以资本化并分期计入损益外,均直接计入当期损益。或有租金在实际发生时计入当期损益。

6.1.12.2 融资租赁

公司为承租人时,在租赁期开始日,公司以租赁开始日租赁资产公允价值与最低租赁付款额现值中两者较低者作为租入资产的入账价值,将最低租赁付款额作为长期应付款的入账价值,其差额为未确认融资费用,发生的初始直接费用,计入租赁资产价值。在租赁期各个期间,采用实际利率法计算确认当期的融资费用。采用与自有固定资产相一致的折旧政策计提租赁资产折旧。能够合理确定租赁期届满时取得租赁资产所有权的,应当在租赁资产使用寿命内计提折旧。无法合理确定租赁期届满时能够取得租赁资产所有权的,应当在租赁期与租赁资产使用寿命两者中较短的期间内计提折旧。

公司为出租人时,在租赁期开始日,公司以租赁开始日最低租赁收款额与初始直接费用之和作为应收融资租赁款的入账价值,同时记录未担保余值;将最低租赁收款额、初始直接费用及未担保余值之和与其现值之和的差额确认为未实现融资收益。在租赁期各个期间,采用实际利率法计算确认当期的融资收入。

6.1.13 政府补助

政府补助需同时满足政府补助所附条件及本公司能够收到政府补助的两个条件时,予以确认,包括财政拨款、财政贴息、税收返还、无偿划拨非货币性资产。

政府补助为货币性资产的,按照收到的金额计量;政府补助为非货币性资产的,按照公允价值计量,公允价值不能可靠取得的,按照名义金额计量。

与资产相关的政府补助确认为递延收益,在相关资产使用寿命内平均分配,计入当期损益;使用寿命结束前处置毁损的,将递延收益一次性转入当期损益。

与收益相关的政府补助,用于补偿以后期间的相关费用或损失的,确认为递延收益,在相关费用的期间,计入当期损益;用于补偿已发生的相关费用或损失的,直接计入当期损益。

6.1.14 所得税的会计处理方法

所得税包括当期所得税(当期应交所得税)和递延所得税,均作为所得税费用或收益计入当期损益,但不包括直接计入所有者权益的交易或事项的所得税影响。

本公司对于当期和以前期间形成的当期所得税负债或资产,按照税法规定计算的预期应交纳或返还的所得税金额计量。

本公司根据资产与负债于资产负债表日的账面价值与计税基础之间的暂时性差异,采用资产负债表债务法计提递延所得税。

各种应纳税暂时性差异均据以确认递延所得税负债,除非应纳税暂时性差异是在以下交易中产生的。

(1)商誉的初始确认,或者具有以下特征的交易中产生的资产或负债的初始确认:该交易不是企业合并,并且交易发生时既不影响会计利润也不影响应纳税所得额。

(2)对于与子公司、合营企业及联营企业投资相关的应纳税暂时性差异,该暂时性差异转回的时间能够控制并且该暂时性差异在可预见的未来很可能不会转回。

本公司以很可能取得用来抵扣可抵扣暂时性差异的应纳税所得额为限,确认由可抵扣暂时性差异产生的递延所得税资产,除非可抵扣暂时性差异是在以下交易中产生的。

(1)该交易不是企业合并,并且交易发生时既不影响会计利润也不影响应纳税所得额。

(2)对于与子公司、合营企业及联营企业投资相关的可抵扣暂时性差异,未能满足:暂时性差异在可预见的未来很可能转回,且未来很可能获得用来抵扣可抵扣暂时性差异的应纳税所得额。

本公司于资产负债表日,对于递延所得税资产和递延所得税负债,依据税法规定,按照预期收回该资产或清偿该负债期间的适用税率计量,并反映资产负债表日预期收回资产或清偿负债方式的所得税影响。

于资产负债表日,本公司对递延所得税资产的账面价值进行复核。如果未来期间很可能无法获得足够的应纳税所得额用于抵扣递延所得税资产的利益,减记递延所得税资产的账面价值。在很可能获得足够的应纳税所得额时，减记的金额予以转回。

6.1.15　信托业务核算办法

《信托法》规定，信托财产与属于受托人所有的财产（固定财产）相区别，不得归入受托人的固有财产或者成为固有财产的一部分。

本公司信托财产是指因承诺信托而取得的财产，对于因信托财产的管理、运用、处分或者其他情形而取得的财产，也归入信托财产。

信托财产不属于本公司的固有资产，也不属于本公司对受益的负债。本公司终止时，信托财产不属于清算资产。

本公司对信托财产与固有财产分别管理、分别记账，并将不同委托人的信托财产分别管理、分别记账。

本公司的信托项目是指根据信托文件的约定，单独或者集合管理、运用、处分信托财产的基本单位，本公司以每个信托项目作为独立的会计核算主体，独立核算信托财产的管理、运用和处分情况。各信托项目分别记账、独立核算并编制财务报表。信托项目财务报表不列入本财务报表。

6.1.16　信托赔偿准备金的计提

根据中国人民银行颁布的《信托投资公司管理办法》有关规定，公司按税后利润的5%计提信托赔偿准备金，公司信托赔偿准备金累计额为公司注册资本20%以上时不再提取。提取的信托赔偿准备金主要用于弥补因管理操作不善而对信托财产造成的损失。

虽然信托赔偿准备累计总额已超过本公司注册资本的20%，本公司因提高公司抗风险能力的需要，效仿银监会设计的信托业救助基金的基本理念和方案，把公司会计科目项下的信托赔偿准备加上公司对项目责任人预留的风险准备金等，设立公司信托项目缓解风险救助基金，从2015年起分六年每年计提1亿元，共计提取6亿元。本期计提1亿元信托赔偿准备金。

6.1.17　一般准备的计提

一般风险准备是从净利润中提取的、用于部分弥补尚未识别的可能性损失的准备金。

本公司运用动态拨备原理，采用标准法对风险资产所面临的风险状况定量分析，确定潜在风险估计值。计算风险资产的潜在风险估计值后，对于潜在风险估计值高于资产减值准备的，扣减已计提的资产减值准备，计提一般风险准备。当潜在风险估值低于资产减值准备时，不计提一般风险准备。

动态拨备是金融企业根据宏观经济形势变化，采取逆周期计提拨备的方法，即在宏观经济上行周期、风险资产违约率相对较低时多计提拨备，增强财务缓冲能力；在宏观经济下行周期、风险资产违约率相对较高时少计提拨备，并动用积累的拨备吸收资产损失的做法。

本公司每年年度终了对承担风险和损失的资产计提一般风险准备，具体包括发放贷款和垫款、可供出售金融资产、持有至到期投资、长期股权投资、存放同业、拆出资金、抵债资产、应收款项等，一般准备余额原则上不得低于风险资产期末余额的1.5%。

本公司采用标准法确认潜在风险估计值，按潜在风险估计值与资产减值准备的差额，对风险资产计提一般准备。其中，信贷资产根据金融监管部门的有关规定进行风险分类，标准风险系数暂定为：正常类1.5%、关注类3%、次级类30%、可疑类60%、损失类100%；对于其他风险资产参照信贷资产进行风险分类，采用的标准风险系数同上述信贷资产标准风险系数。

财政部将根据宏观经济形势变化，参考金融企业不良贷款额、不良贷款率、不良贷款拨备覆盖率、贷款拨备率、贷款总拨备率等情况，适时调整计提一般风险准备的风险资产范围、标准风险系数、一般风险准备占风险资产的比例要求。本公司将根据财政部的要求适时进行相应调整。

一般风险准备计提不足的，原则上不得进行税后利润分配。一般风险准备经本公司董事会、股东大会审批通过，并报经同级财政部门备案后，可用一般准备弥补亏损，但不得用于分红。因特殊原因，经董事会、股东大会审批通过后，并报经同级财政部门备案后，可将一般准备转为未分配利润。

6.2　或有事项说明

公司对外担保及其他或有事项的期初数、期末数及其对公司存在的影响：无。

6.3　重要资产转让及其出售的说明

无。

6.4　会计报表中重要项目的明细资料

6.4.1　披露自营资产经营情况

6.4.1.1　按信用风险五级分类结果披露信用风险资产的期初数、期末数

信用风险资产五级分类	正常类（万元）	关注类（万元）	次级类（万元）	可疑类（万元）	损失类（万元）	信用风险资产合计（万元）	不良资产合计（万元）	不良资产率（%）
期初数	341 169	0	0	0	0	341 169	0	0
期末数	773 869	0	0	0	0	773 869	0	0

注：不良资产合计 = 次级类 + 可疑类 + 损失类。

6.4.1.2　各项资产减值损失准备的期初数、本期计提、本期转回、本期核销、期末数

单位：万元

	期初数	本期计提	本期转回	本期核销	期末数
贷款损失准备	2 576	227	0	0	2803
一般准备	2 576	227	0	0	2803
专项准备	0	0	0	0	0
其他资产减值准备	170	216	0	0	386
可供出售金融资产减值准备	0	0	0	0	0
持有至到期投资减值准备	0	0	0	0	0
长期股权投资减值准备	124	-3	0	0	121
坏账准备	46	219	0	0	265
投资性房地产减值准备	0	0	0	0	0

6.4.1.3　自营股票投资、基金投资、债券投资、股权投资等投资业务的期初数、期末数

单位：万元

	自营股票	基金	债券	长期股权投资	其他投资	合计
期初数	3 373	65 204	3 991	11 863	370 038	454 469
期末数	8 346	55 022	0	10 125	112 965	186 458

注：其他投资为可供出售金融资产、持有至到期投资。

6.4.1.4 按投资入股金额排序，前三名的自营长期股权投资的企业名称、占被投资企业权益的比例及投资收益情况等(依大小顺序排列)

企业名称	占被投资企业权益的比例(%)	投资收益
1. 天津津京文化传媒发展有限公司	49	0
2. 中合供销(上海)股权投资基金管理有限公司	40	300
3. 天津众创资产管理有限公司	40	0

6.4.1.5 前三名的自营贷款的企业名称、占贷款总额的比例和还款情况等(依大小顺序排列)

企业名称	占贷款总额的比例(%)	还款情况(万元)
1. 无锡苏源置业有限公司	15.34	正常
2. 广微科技集团有限公司	10.70	正常
3. 广微控股有限责任公司	10.70	正常

6.4.1.6 表外业务的期初数、期末数

单位:万元

表外业务	期初数	期末数
担保业务	0	0
代理业务(委托业务)	2 991.82	1 372.72
其他	0	0
合计	2 991.82	1 372.72

6.4.1.7 公司当年的收入结构

收入结构	金额(万元)	占比(%)
手续费及佣金收入	137 387	70.46
其中:信托手续费收入	126 631	64.95
投资银行业务收入	10 756	5.52
利息收入	34 407	17.65
其他业务收入	593	0.30
其中:计入信托业务收入部分	0	0
投资收益	22 332	11.45
其中:股权投资收益	9 679	4.96
证券投资收益	2 895	1.48
其他投资收益	9 758	5.00
公允价值变动收益	-1 089	-0.56
营业外收入	1 350	0.69
收入合计	194 979	100.00

注:手续费及佣金收入、利息收入、其他业务收入、投资收益、营业外收入均应为损益表中的一级科目，其中手续费及佣金收入、利息收入、营业外收入为未抵减掉相应支出的全年累计实现收入数。

6.4.2 披露信托财产管理情况

6.4.2.1 信托资产的期初数、期末数

单位:万元

信托资产	期初数	期末数
集合	10 391 134.89	12 450 370.85
单一	5 869 341.54	5 977 832.60
财产权	4 377 544.26	7 433 865.53
合计	20 638 020.69	25 862 068.98

6.4.2.1.1 主动管理型信托业务的信托资产期初数、期末数

单位:万元

主动管理型信托资产	期初数	期末数
证券投资类	3 429 848.41	3 695 149.92
其他金融产品投资	446 528.10	557 313.26
股权投资类	2 155 822.40	1 649 736.96
其他投资	67 658.53	104 044.40
融资类	6 917 072.84	7 854 651.63
事务管理类	114 416.31	100 845.69
合计	13 131 346.59	13 961 741.46

注:1. 上市公司股票受益权统计在证券投资类。
2. 本年度将其他金融产品投资从证券投资类分离统计。
3. 其他投资为信托资金直接投资于艺术品、贵金属等。

6.4.2.1.2 被动管理型信托业务的信托资产期初数、期末数

单位:万元

被动管理型信托资产	期初数	期末数
证券投资类	38 408.47	21 455.52
股权投资类	—	—
融资类	252 004.12	45 067.85
事务管理类	7 216 261.51	11 833 804.15
合计	7 506 674.10	11 900 327.52

6.4.2.2 本年度已清算结束的信托项目个数、实收信托合计金额、加权平均实际年化收益率

6.4.2.2.1 本年度已清算结束的集合类、单一类资金信托项目和财产管理类信托项目个数、实收信托合计金额、加权平均实际年化收益率

已清算结束信托项目	项目个数(个)	实收信托合计金额(万元)	加权平均实际年化收益率(%)
集合	52	2 852 600.66	8.99
单一	19	1 408 235.00	7.22
财产权	6	2 457 898.14	6.22

注:实收信托合计金额是信托本金累计给付额。

6.4.2.2.2 本年度已清算结束的主动管理型信托项目个数、实收信托合计金额、加权平均实际年化收益率

主动管理

已清算结束信托项目	项目个数(个)	实收信托合计金额(万元)	加权平均实际年化信托报酬率(%)	加权平均实际年化收益率(%)
证券投资类	9	698 292.87	0.37	9.62
股权投资类	4	60 750.00	2.66	8.71
其他投资类	8	717 974.79	1.70	7.15
融资类	0	—	—	—
事务管理类	38	3 324 867.14	0.97	7.70

注:1. 实收信托合计金额是信托本金累计给付额。
2. 上市公司股票受益权投资统计在证券投资类。
3. 本年度将其他金融产品投资从证券投资类分离统计。
4. 其他投资为信托资金直接投资于艺术品、贵金属等。

6.4.2.2.3　本年度已清算结束的被动管理型信托项目个数、实收信托合计金额、加权平均实际年化收益率

被动管理

已清算结束信托项目	项目个数（个）	实收信托合计金额（万元）	加权平均实际年化信托报酬率（%）	加权平均实际年化收益率（%）
证券投资类	0	—	—	—
股权投资类	0	—	—	—
融资类	2	302 600.00	0.28	7.08
事务管理类	15	1 612 699.00	0.14	6.78

注：实收信托合计金额是信托本金累计给付额。

6.4.2.3　本年度新增的集合类、单一类和财产管理类信托项目个数、实收信托合计金额

新增信托项目	项目个数（个）	实收信托合计金额（万元）
集合	50	4 196 283.24
单一	216	1 834 759.79
财产权	6	7 923 796.00
合计	272	13 954 839.03
其中：主动管理型	47	3 380 230.65
被动管理型	225	10 574 608.38

注：实收信托合计金额是本年新增信托项目累计新增的实收信托金额。

6.4.2.4　信托业务创新成果和特色业务

报告期间，公司认真贯彻落实国家宏观政策和金融监管要求，以推动业务转型与结构调整为契机，在稳定传统业务的基础上，积极拓展新业务，涵盖政信合作、资产证券化、资本市场、跨境投资等大类资产配置及业务子领域，投融资能力和客户服务能力有显著提升。

积极探索政信合作新方向。2016 年，公司深挖政信项目内涵，在江苏、安徽、福建、四川等地成功落地多个优质项目，探索拓展了政信合作新模式，其中安徽亳州项目创下公司主动管理类集合信托规模之最。积极挖掘自身优势，服务推进京津冀协同发展，作为唯一一家信托公司与相关区县、市属企业合作设立了300 亿元的海淀建设发展基金、200 亿元的京津冀基础设施建设产业基金，以及重点推进与市政路桥、首发集团等市属国企的合作，有力地支持了地方经济建设和北京市属国企的发展。

资产证券化业务稳步前进。2016 年公司继续开拓资产证券化业务市场。除信贷资产证券化外，进一步扩大了公司信贷资产证券化业务的影响和品牌效应；公司开展电力企业资产证券化，为央企盘活存量资产、降杠杆提供了服务；与三甲医院合作的应收账款信托项目，形成了具有品牌价值、流动性好的业务模式，稳定了市场占有率。

资产管理业务加速推进。公司密切关注资本市场变化，推出了公司首个 3 年期定增股票收益权信托产品和首个通过预付款形式投资未来股票收益权的信托产品，实现了模式可复制；在农村金融服务方面，公司发行富民系列产品为北京市门头沟、怀柔等区超过 50 个自然村提供农村集体资产管理服务，有效地支持了“三农”发展；在中小企业服务方面，成长之星系列产品为上千家中小企业提供金融支持；与保理公司合作开展电子商业承兑汇票业务，为企业提供短期流动性支持；现金管理类业务提升对机构客户的服务能力，在净值管理、流动性管理、资产配置等方面积累了经验。

家族信托延续先发优势。2016 年末，公司继续发挥家族信托品牌优势，进一步拓展家族信托业务，家族信托系统一期实现上线试运行，客户数量增长了一倍，管理资产规模同比实现翻番。公司通过标准化、定制化、资产配置等多种家族信托方式满足客户多层次财富管理需求，搭建客户个性化财富管理平台，尝试打通“资产端与资金端”链条，充分发挥全能金融平台的资产配置、财富规划与客户服务能力。

境外主动管理型业务成功试水。2016 年，在港股优先股投资、打新基金、定增基金等多款传统和创新产品的基础上，公司着力开发真实投资类海外项目，成立了第一单海外地产项目、首例真实投资于境外房地产的信托产品、国企境外并购项目，实现了公司主动管理类境外业务的突破，开启了前中后台联合创新模式。

房地产信托业务积极转型。公司抓住 2016 年市场去库存的有利时机，通过“一减一增”的调节，在一线城市力推优质项目储备、三四线城市加快去库存化，采取投贷联动、债务重组、配资摘地、杠杆并购、物业收购及租金收益权等多种模式拓展业务，与知名房企合作摘地，实现了真实股权投资和固定收益并举，公司在由“狩猎模式”向“种田模式”转型中做了有益的尝试。

慈善信托初试锋芒。2016 年，公司响应监管要求，积极发行大病关爱慈善信托、艺术类慈善信托，体现了公司的社会责任感，同时积极探索“家族财富管理 + 慈善信托”“互联网 + 慈善信托”等创新，深耕公益信托与慈善信托业务领域，为公司业务转型提供新的切入点。

6.4.2.5　截至本报告期末，公司通过归集专户认缴资金信托对应的信托业保障基金余额为 96 781.23 万元。

6.5　关联方关系及其交易的披露

6.5.1　关联交易方的数量、关联交易的总金额及关联交易的定价政策等

关联交易方数量	关联交易定价政策	关联交易总金额（万元）
3	基金以市场公允价值计价； 信托产品以合同约定的收益级别定价	506 820

6.5.2　关联交易方与本公司的关系性质、关联交易方的名称、法定代表人、注册地址、注册资本及主营业务等

北信瑞丰基金管理有限公司，法定代表人周瑞明，公司注册地址北京市怀柔区九渡河镇黄坎村 735 号，公司注册资本17 000万元，主营业务为基金募集、基金销售、资产管理。

公司子公司北信瑞丰基金管理有限公司之子公司上海北信瑞丰资产管理有限公司，法定代表人周瑞明，公司注册地址上海市虹口区欧阳路 196 号 10 号楼 5 层 01 室，公司注册资本3 000万元，主营业务为资产管理、投资咨询、投资管理、企业管理咨询、商务咨询、实业投资、市场信息咨询与调查（不得从事社会调查、社会调研、民意调查、民意测验）、市场营销策划、财务咨询（不得从事代理记账）、金融信息服务（不得从事金融业务）。

6.5.3　本公司与关联方的重大交易事项

北信瑞丰稳定收益 A 基金为本公司子公司北信瑞丰基金管理有限公司发行并受托管理的基金产品，该基金成立于 2014 年 8 月 27 日，基金规模为 4.85 亿元，为债券型基金。该基金

投资于国内依法发行和上市交易的国债、央行票据、金融债券、企业债券、公司债券、中期票据、短期融资券、超短期融资券、次级债券、政府机构债、地方政府债、资产支持证券、可转换债券(含分离交易可转债)、债券回购、银行存款(包括协议存款、定期存款及其他银行存款)、货币市场工具以及经中国证监会允许基金投资的其他金融工具,但需符合中国证监会的相关规定。该基金不直接从二级市场买入股票、权证等,不参与一级市场的新股申购或增发新股,本公司截至 2016 年 12 月 31 日,该基金公允价值变动为 229. 13 万元。

北信瑞丰稳定收益 C 基金为公司于本年度认购的由北信瑞丰基金管理有限公司发行并管理的北信瑞丰稳定收益 C 基金,该基金不直接从二级市场买入股票、权证等,不参与一级市场的新股申购或增发新股,本公司截至 2016 年 12 月 31 日,该基金公允价值变动为 339. 94 万元。

北信瑞丰宜投宝 B 为公司于本年度认购的由北信瑞丰基金管理有限公司发行并管理的北信瑞丰宜投宝 B,成立日期 2014 年 11 月 20 日,基金类型为货币型,本基金投资于法律法规及监管机构允许投资的金融工具,包括现金,通知存款,短期融资券,超短期融资券,1 年以内(含 1 年)的银行定期存款、大额存单,期限在 1 年以内(含 1 年)的债券回购,期限在 1 年以内(含 1 年)的中央银行票据,剩余期限在 397 天以内(含 397 天)的债券、资产支持证券、中期票据,以及法律法规或中国证监会、中国人民银行允许基金投资的其他具有良好流动性的货币市场工具。本公司截至 2016 年 12 月 31 日,该基金公允价值变动为 22. 17 万元。

北信瑞丰中国智造主题为公司于本年度认购的由北信瑞丰基金管理有限公司发行并管理的北信瑞丰中国智造主题,本基金成立日期为 2016 年 1 月 27 日,基金类型为混合型,投资范围为具有良好流动性的金融工具,包括国内依法发行上市的股票、债券、资产支持证券、债券回购、银行存款、货币市场工具、权证以及法律法规或中国证监会允许基金投资的其他金融工具。本公司截至 2016 年 12 月 31 日,出售全部持有份额。

北信瑞丰资产丰祥 5 号专项资产管理计划为北京国际信托有限公司与上海北信瑞丰资产管理有限公司签订的专项资产管理计划,本合同期限为 3 年,投资范围为现金、银行存款、债券类资产、信托计划等,本公司截至 2016 年 12 月 31 日,出售全部持有份额。

北信瑞丰资产丰祥 12 号资产管理计划为北京国际信托有限公司与上海北信瑞丰资产管理有限公司签订的专项资产管理计划,本合同期限为 3 年,投资范围为现金、银行存款、债券类资产、信托计划等,本公司截至 2016 年 12 月 31 日,出售全部持有份额。

北信瑞丰资产丰祥 14 号资产管理计划为北京国际信托有限公司与上海北信瑞丰资产管理有限公司签订的专项资产管理计划,本合同期限为 3 年,投资范围为现金、银行存款、债券类资产、信托计划等,本公司截至 2016 年 12 月 31 日,出售全部持有份额。

增益资本 2014005 号集合信托计划、安盈财富 2015001 号信托计划、银驰资本 2015005 号集合资金信托计划均系本公司发行并管理的信托产品;本期本公司以固有资金进行投资,截至 2016 年 12 月 31 日,出售全部持有的增益资本 2014005 号集合信托计划、安盈财富 2015001 号信托计划的份额,持有银驰资本 2015005 号集合资金信托计划 45. 72 万元份额。本期购买上述信托产品获得投资收益共计 4 711. 80 万元。

丰收理财 022 号集合—津杉华融定增 2 号投资北信瑞丰浦发银行北京国际信托百瑞 8 号资产管理计划,投资金额为 100 000 000. 00 元,该资管计划期末公允价值变动为零。

丰收理财 018 号集合—潇湘资本定增投资北信瑞丰浦发银行北京国际信托北信瑞丰基金百瑞 7 号资产管理计划,投资金额为 135 000 000. 00 元,该资管计划期末公允价值变动为 −22 107 465. 04 元。

银驰资本 092 号集合—北信瑞丰定增投资北信瑞丰民生银行北京国际信托北极星 1 号资产管理计划,投资金额为 59 360 000. 00元,该资管计划期末公允价值变动为零。

6. 5. 3. 1　固有与关联方:贷款、投资、租赁、应收账款、担保、其他方式等期初汇总数、本期借方和贷方发生额汇总数、期末汇总数

单位:万元

固有与关联方关联交易				
	期初数	借方发生额	贷方发生额	期末数
贷款	0	0	0	0
投资	257 073	152 112	354 708	54 477
租赁	0	0	0	0
担保	0	0	0	0
应收账款	0	0	0	0
其他	0	0	0	0
合计	257 073	152 112	354 708	54 477

6. 5. 3. 2　信托与关联方交易情况:贷款、投资、租赁、应收账款、担保、其他方式等期初汇总数、本期借方和贷方发生额汇总数、期末汇总数

单位:万元

信托与关联方关联交易				
	期初数	借方发生额	贷方发生额	期末数
贷款	0	0	0	0
投资	0	29 628. 00	192. 00	29 436. 00
租赁	0	0	0	0
担保	0	0	0	0
应收账款	0	0	0	0
其他	0	0	0	0
合计	0	29 628. 00	192. 00	29 436. 00

6. 5. 3. 3　信托公司自有资金运用于自己管理的信托项目(固信交易)、信托公司管理的信托项目之间的相互(信信交易)交易金额,包括余额和本报告年度的发生额

6. 5. 3. 3. 1　固有财产与信托财产之间的交易金额期初汇总数、本期发生额汇总数、期末汇总数

单位:万元

固有财产与信托财产相互交易			
	期初数	本期发生额	期末数
合计	169 451. 00	−169 405. 28	45. 72

6.5.3.3.2 信托项目之间的交易金额期初汇总数、本期发生额汇总数、期末汇总数

单位:万元

	信托资产与信托财产相互交易		
	期初数	本期发生额	期末数
合计	282 933.00	137 399.10	420 332.10

6.5.4 逐笔披露关联方逾期未偿还本公司资金的详细情况以及本公司为关联方担保发生或即将发生垫款的详细情况

无。

6.6 会计制度的披露

公司固有业务(自营业务)自2008年1月1日起执行财政部2006年发布的《企业会计准则》,信托业务自2010年1月1日起执行《企业会计准则》。

7. 财务情况说明书

7.1 利润实现和分配情况

单位:万元

项目	金额
利润总额	129 555
减:所得税费用	30 283
净利润	99 272
减:少数股东损益	966
提取法定盈余公积	9 751
提取一般风险准备	612
信托赔偿准备	10 000
加:期初未分配利润	181 263
减:本期利润分配	26 667
期末未分配利润	232 539

7.2 主要财务指标

指标名称	指标值
资本利润率(%)	13.50
人均净利润(万元)	306

注:1. 资本利润率=净利润/所有者权益平均余额×100%。

2. 加权年化信托报酬率=(信托项目1的实际年化信托报酬率x信托项目1的实收信托+信托项目2的实际年化信托报酬率x信托项目2的实收信托+…+信托项目n的实际年化信托报酬率x信托项目n的实收信托)/(信托项目1的实收信托+信托项目2的实收信托+…+信托项目n的实收信托)x100%。

3. 人均净利润=净利润/年平均人数。

4. 平均值采取年初及各季末余额移动算术平均法。公式为:a(平均)=($a_0/2+a_1+a_2+a_3+a_4/2$)/4。

7.3 对本公司财务状况、经营成果有重大影响的其他事项

无。

7.4 公司净资本情况

信托公司风险控制指标监管报表

2016年12月31日

项目	期末余额	监管标准	备注
净资本(万元)	619 411	≥2亿元	达标
固有业务风险资本(万元)	67 326		
信托业务风险资本(万元)	205 823		
其他业务风险资本(万元)	0		
各项业务风险资本之和(万元)	273 149		
净资本/各项业务风险资本之和(%)	226.77	≥100	达标
净资本/净资产(%)	81.14	≥40	达标

注:此表以母公司数据口径编制。

8. 特别事项简要揭示

8.1 前五名股东报告期内变动情况

2016年公司股东无变化。前五名股东现为北京市国有资产经营有限责任公司、航天科技财务有限责任公司、威益投资有限公司、中国石油化工股份有限公司、上海游久游戏股份有限公司。

8.2 董事、监事及高级管理人员变动情况及原因

报告期内,中国银行业监督管理委员会北京监管局核准了我公司周瑞明的副董事长和总经理任职资格,核准了徐哲的副董事长任职资格,公司股东会选举王深坤为公司监事。目前履职的新一届董事会、监事会、高管组成情况如下:董事会成员为李民吉、周瑞明、徐哲、石明磊、于宏英、朱汪友、许汉章、汤民强、贝多广、王化成、吴晶妹、王剑钊、夏彬,共13人;监事会成员为王深坤、王进才、孟福增、刘率、韩新梅、韩波、董颖,共7人;高管人员为李民吉、周瑞明、瞿纲、幸宇晖、何晓峰、吴京林、黄晓炜、夏彬、黄明芳,共9人;以上人员的任职资格均已获得监管部门核准。

8.3 公司重大未决诉讼事项

无。

8.4 会计师事务所出具的审计报告

会计师事务所出具了无保留意见的审计报告。

8.5 公司及其董事、监事和高级管理人员受到处罚的情况

无。

8.6 银监会及其派出机构对公司检查后提出的整改意见及整改情况简要说明

报告期内北京银监局对公司开展了关于房地产业务专项

现场检查,并下发了《关于北京国际信托有限公司房地产业务专项现场检查意见书》(京银监发[2016]232号)对公司固有存续房地产业务的管理情况提出了监管意见。公司已按监管要求进行了相应整改,并将整改情况上报了北京银监局。

8.7 本年度重大事项临时报告

无。

8.8 银监会及其派出机构认定的其他有必要让客户及其相关利益人了解的重要信息

无。

9. 公司监事会对公司依法运作情况、财务报告情况的独立意见

公司监事会认为,公司董事会各项决议符合《公司法》等法律法规和《公司章程》的规定,公司经营管理活动合法合规,高级管理层认真执行股东会、董事会的各项决议,经营业绩良好,圆满完成了报告期年初制订的经营计划。公司经营中未出现违规操作行为,未出现损害公司、股东及受益人利益的行为。公司财务报告真实、客观反映了公司的财务状况和经营成果。

渤海国际信托股份有限公司

1. 重要提示

1.1 本公司董事会及董事保证本报告所载资料不存在任何虚假记载、误导性陈述或者重大遗漏，并对其内容的真实性、准确性和完整性承担个别及连带责任。

1.2 本公司独立董事陈日进、王松奇和王力对本报告内容的真实性、准确性和完整性表示认可。

1.3 中兴财光华会计师事务所（特殊普通合伙）为本公司出具了标准无保留意见的审计报告。

1.4 公司董事长李光荣、副总裁马建军、财务总监董丁丁声明：保证年度报告中财务会计报告的真实、完整。

注：2016 年 11 月公司总裁郑宏先生因工作调动辞去总裁职务，依据《中国银监会信托公司行政许可事项实施办法》第六十六条规定，经公司研究决定并报河北银监局批准，副总裁马建军先生自 2016 年 12 月 11 日至 2017 年 3 月 10 日代为履行公司总裁职权。

2. 公司概况

2.1 公司简介

渤海国际信托股份有限公司前身为河北省国际信托投资公司，成立于 1982 年 10 月，2004 年 1 月获准重新登记，注册资本金 32 565 万元（含 1500 万美元），2006 年 12 月完成重组，2007 年 2 月增资扩股后，注册资本金增至 72 565 万元（含 1 500 万美元）。2007 年 11 月，中国银监会批准公司名称变更为渤海国际信托有限公司。2009 年 3 月由原股东再次增资 7 000万元，注册资本金增至 79 565 万元（含 1 500 万美元）。2011 年 6 月，海航资本控股有限公司（现更名为海航资本集团有限公司）增资 120 435 万元，注册资本金增至 200 000 万元（含 1 500 万美元）。2015 年 8 月完成股改，更名为渤海国际信托股份有限公司。

法定中文名称	渤海国际信托股份有限公司
法定中文缩写名称	渤海信托
公司法定英文名称	Bohai International Trust Co., Ltd.
法定英文缩写名称	BITC
法定代表人	李光荣
注册地址	石家庄市新石中路 377 号 B 座 22 -23 层
公司网址	www. bohaitrust. com
邮政编码	050090
信息披露事务联系人	陈雷，电话：（0755）88696655；电子信箱：l - chen2@bohaitrust. com
选定的信息披露报纸	《证券时报》
信息披露事务负责人	马建军
公司年报备置地点	石家庄市新石中路 377 号 B 座 22 -23 层
聘请的会计师事务所	中兴财光华会计师事务所（特殊普通合伙）
聘请的会计师事务所住所	北京市西城区阜成门外大街 2 号 22 层 A24

2.2 组织结构

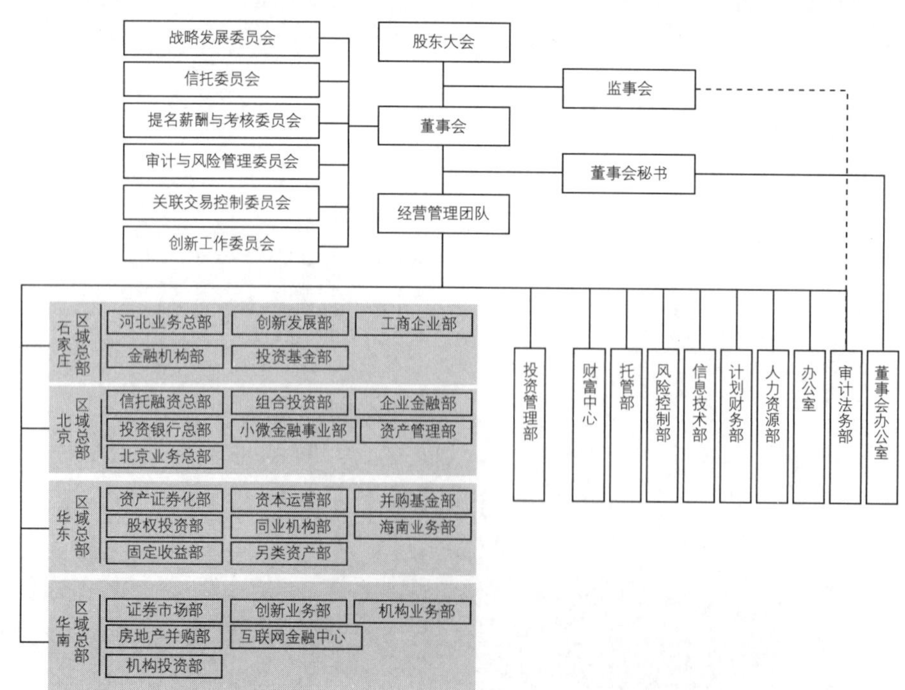

3. 公司治理

3.1 公司治理结构

3.1.1 股东

截至2016年末，股东总数2家，海航资本集团有限公司为实际控制人。

股东名称	持股比例(%)	法人代表
海航资本集团有限公司	60.22	刘小勇
中国新华航空集团有限公司	39.78	杨景林

海航资本集团有限公司的主要股东

股东名称	持股比例(%)	法人代表
海航集团有限公司	100.00	陈峰

中国新华航空集团有限公司的主要股东

股东名称	持股比例(%)	法人代表
海南航空股份有限公司	69.65	辛笛
嘉兴兴晟海新投资合伙企业(有限合伙)	16.47	宁波梅山保税港区远晟投资管理有限公司(执行事务合伙人)
北京德通顺利投资顾问有限公司	13.88	李温吉

3.1.2 董事、董事会及其下属委员会

董事长、董事

姓名	职务	性别	年龄	选任日期	所推举股东名称	该股东持股比例(%)	简要履历
李光荣	董事长	男	54	2014年7月	海航资本集团有限公司	60.22	历任湖南省人民政府财贸办科长，中国银行湖南省分行证券部经理，广东国际信托投资公司经理，中国光大银行广州分行业务发展部总经理，特华投资控股有限公司董事长，华安财产保险股份有限公司董事长，华安财保资产管理有限公司董事长，渤海国际信托股份有限公司董事长。
金平	董事	男	63	2008年10月	海航资本集团有限公司	60.22	历任国家计委发展战略处处长，神华集团研究室主任、神华集团企业策划部总经理，海航资本集团有限公司副董事长，渤海金控投资股份有限公司副董事长。
郑宏	董事	男	51	2012年6月	中国新华航空集团有限公司	39.78	历任海南航空股份有限公司总经理、财务总监，海航集团有限公司财务总监，海航机场集团有限公司首席运营官兼财务总监、副董事长，海航集团华东总部有限公司财务总监，渤海国际信托股份有限公司执行董事兼总裁。
李令星	董事	男	50	2013年3月	海航资本集团有限公司	60.22	历任河北省国际信托投资有限公司稽核审计部总经理、海航资本集团有限公司合规管理部总经理，渤海人寿保险股份有限公司副总经理。
汪杰宁	董事	男	47	2013年10月	中国新华航空集团有限公司	39.78	历任新希望集团金融事业部副总裁，联华国际信托投资有限公司董事会秘书、副总裁、董事、代总裁，百年城商业地产有限公司董事兼副总裁，渤海国际信托股份有限公司执行董事兼首席风控官。

注：郑宏先生因工作需要于2016年11月19日向董事会递交了辞职报告，申请辞去董事职务。按照相关法规及《渤海国际信托股份有限公司章程》规定，郑宏先生的辞职报告自送达董事会时生效。公司2016年第四次临时股东大会审议通过了《关于选举马建军先生担任公司第一届董事会董事的议案》，董事任职资格需获得中国银行业监督管理委员会派出机构的核准。

独立董事

姓名	职务	性别	年龄	选任日期	所推举股东名称	该股东持股比例(%)	简要履历
陈日进	独立董事	男	71	2011年6月	—	—	历任海南省政府副秘书长，财政厅厅长。
王松奇	独立董事	男	65	2013年11月	—	—	历任中国人民大学财经系金融教研室主任，中国社会科学院金融所党委书记兼副所长。
王力	独立董事	男	58	2013年11月	—	—	历任内蒙古呼伦贝尔盟计划管理委员会经济所副所长，特华投资控股有限公司执行总裁兼任特华博士后科研工作站执行站长。

董事会下属委员会

董事会下属委员会名称	职责	组成人员	职务
战略发展委员会	主要负责制定公司经营管理目标和长期发展战略，监督、检查年度经营计划、投资方案的执行情况。	李光荣	主任委员
		金平	委员
		王松奇	委员
		郑宏	委员
		汪杰宁	委员

续表

董事会下属委员会名称	职责	组成人员	职务
信托委员会	主要负责督促公司依法履行受托职责。当公司或其股东利益与受益人利益发生冲突时，保证公司为受益人的最大利益服务。	王松奇	主任委员
		金平	委员
		郑宏	委员
提名薪酬与考核委员会	主要负责拟定董事和高级管理层成员的选任程序和标准，对董事和高级管理层成员的任职资格进行初步审核，并向董事会提出建议；审议公司薪酬管理制度和政策，拟定董事和高级管理层成员的薪酬方案，向董事会提出薪酬方案建议，并监督方案实施；制定公司董事及高级管理层成员的考核标准并进行考核。	王力	主任委员
		李光荣	委员
		郑宏	委员
审计与风险管理委员会	主要负责检查公司风险及合规状况、会计政策、财务报告程序和财务状况；负责公司年度审计工作，提出外部审计机构的聘请与更换建议，并就审计后的财务报告信息真实性、准确性、完整性和及时性作出判断性报告，提交董事会审议；监督高级管理层关于信用风险、流动性风险、市场风险、操作风险、合规风险和声誉风险等风险的控制情况，对公司风险政策、管理状况及风险承受能力进行定期评估，提出完善公司风险管理和内部控制的意见。	陈日进	主任委员
		汪杰宁	委员
		李令星	委员
关联交易控制委员会	主要负责公司关联交易的管理、审批，控制关联交易风险。	陈日进	主任委员
		金平	委员
		李令星	委员

注：根据《董事会战略发展委员会工作细则》《董事会信托委员会工作细则》《董事会提名薪酬与考核委员会工作细则》的规定，郑宏先生自辞去董事职务之日起自动失去公司第一届董事会战略发展委员会委员、信托委员会委员和提名薪酬与考核委员会委员的资格。马建军先生在公司股东大会审议同意其担任公司董事，并在其董事任职资格获得中国银行业监督管理委员会派出机构的核准后开始履行其战略发展委员会委员、信托委员会委员和提名薪酬与考核委员会委员职责。

3.1.3 监事、监事会及其下属委员会

监事会成员

姓　名	职　务	性别	年龄	选任日期	所推举股东名称	该股东持股比例（%）	简　要　履　历
师增轩	监事会主席	男	60	2015年4月	海航资本集团有限公司	60.22	历任海军某部队战士、军士长、艇长、中队长；渤海国际信托股份有限公司干事、科长、副主任、主任、综合管理部部门负责人、公司资产处置办公室部门主任、综合管理部总经理、办公室总经理、总裁助理，监事会主席。
唐晓蕾	员工监事	女	44	2013年3月	—	—	历任渤海国际信托股份有限公司法律事务主管，渤海国际信托股份有限公司审计法务部总经理。
童清	外部监事	男	50	2013年3月	—	—	历任华安财产保险股份有限公司董事长特别助理、副总裁、执行董事兼总裁。

3.1.4　公司高级管理人员

姓　名	职　务	性别	年龄	任职日期	金融从业年限（年）	学历	专业	简　要　履　历
郑宏	总裁	男	51	2012年6月	24	本科	财务会计	历任海南航空股份有限公司总经理、财务总监，海航集团有限公司财务总监，海航机场集团有限公司首席运营官兼财务总监、副董事长，海航集团华东总部有限公司财务总监，渤海国际信托股份有限公司执行董事兼总裁。
马建军	副总裁	男	45	2012年12月	17	本科	金融学	历任渤海国际信托股份有限公司信托业务部副总经理、信托业务二部总经理、总裁助理、副总裁。
王学江	副总裁	男	54	2012年12月	22	硕士	英美语言文学	历任渤海国际信托股份有限公司信托业务部总经理、副总裁、常务副总裁、副总裁。
任惊雷	副总裁	男	39	2013年12月	16	硕士	MBA	历任华安财产保险股份有限公司总公司行政管理部总经理、董事会秘书，渤海国际信托股份有限公司副总裁兼董事会秘书、副总裁。
汪杰宁	首席风控官	男	47	2013年10月	21	硕士	EMBA	历任新希望集团金融事业部副总裁，联华国际信托投资有限公司董事会秘书、副总裁、董事、代总裁，百年城商业地产有限公司董事兼副总裁，渤海国际信托股份有限公司执行董事兼首席风控官。

续表

姓 名	职 务	性别	年龄	任职日期	金融从业年限(年)	学历	专业	简 要 履 历
董丁丁	财务总监	男	37	2016 年 8 月	9	硕士	金融学	历任海南航空股份有限公司飞行计划员、机组资源管理员，海航集团财务有限公司金融服务部信贷信息助理、信贷信息主管、公司业务经理、客户经理、总经理助理、资金信贷部副总经理、总经理，渤海国际信托股份有限公司财务总监。
符高萌	总裁助理	男	48	2014 年 1 月	24	硕士	财政学	历任海南省信托投资公司信贷主管、投资部副经理、资金部副经理，海南海信期货经纪有限公司交割部总经理、海南营业部总经理、总经理助理，国泰君安证券股份有限责任公司海口营业部市场部经理、资本运作部经理，幸运旅行社项目经理，渤海国际信托股份有限公司信托业务部信托经理、信托业务二部高级经理、信托业务五部信托业务总监、副总经理、总裁助理。
陈雷	董事会秘书	男	34	2016 年 5 月	9	本科	经济	历任北京清华消防研究所员工，深圳市国土资源与房产管理局科员，华安财产保险股份有限公司秘书、公司治理室副主任、董事会办公室主任助理，渤海国际信托股份有限公司董事会办公室副主任、主任、董事会秘书。

注：1. 2016 年 4 月公司原董事会秘书任惊雷先生辞去董事会秘书职务，公司第一届董事会第八次会议审议通过了《关于渤海信托增加董事会秘书高管编制及聘任陈雷先生为公司董事会秘书的议案》，选举陈雷先生担任公司董事会秘书，其高管任职资格于 2016 年 5 月 26 日获得河北银监局的批复。

2. 2016 年 7 月公司原财务总监郭占刚先生辞去财务总监职务，公司第一届董事会第十次会议审议通过了《关于聘任董丁丁先生担任公司财务总监的议案》，聘任董丁丁先生担任公司财务总监，其高管任职资格于 2016 年 8 月 15 日获得河北银监局的批复。

3. 2016 年 11 月公司总裁郑宏先生因工作调动辞去总裁职务，依据《中国银监会信托公司行政许可事项实施办法》第六十六条规定，经公司研究决定并报河北省银监局批准，副总裁马建军先生自 2016 年 12 月 11 日至 2017 年 3 月 10 日代为履行公司总裁职权。

3. 1. 5 公司员工

项目		报告期年度		上年度	
		人数(人)	比例(%)	人数(人)	比例(%)
年龄分布	20 岁以下	—	—	—	—
	20 ~29 岁	85	35. 56	81	41. 12
	30 ~39 岁	111	46. 44	74	37. 56
	40 岁以上	43	17. 99	42	21. 32
学历分布	博士	3	1. 26	3	1. 52
	硕士	108	45. 19	87	44. 16
	本科	120	50. 21	100	50. 76
	专科	6	2. 51	5	2. 54
	其他	2	0. 84	2	1. 02
岗位分布	董事、监事及高管人员	9	3. 77	9	4. 57
	自营业务人员	6	2. 51	10	5. 08
	信托业务人员	127	53. 14	97	49. 24
	其他人员	97	40. 59	81	41. 12

3. 2 公司治理信息

3. 2. 1 2016 年度内召开股东大会情况

公司 2016 年共召开五次股东大会会议。

2016 年 1 月 14 日，公司以通信表决的方式召开 2016 年第一次临时股东大会，全体股东以全票通过如下议案：

一、《关于豁免 2016 年第一次临时股东大会于会议召开前 15 日通知各股东的议案》

二、《关于更换会计师事务所的议案》

2016 年 3 月 18 日，公司以通信表决的方式召开 2016 年第二次临时股东大会，全体股东以全票通过了如下议案：

一、《关于豁免 2016 年第二次临时股东大会于会议召开前 15 日通知各股东的议案》

二、《关于同意公司与中国信托业保障基金公司开展流动性支持业务的议案》

2016 年 4 月 22 日，公司以现场会议的方式，在福建省武夷山市召开了 2015 年年度股东大会，全体股东以全票通过了如下报告和议案：

一、《关于审议 2015 年度董事会工作报告的议案》

二、《关于审议 2015 年度监事会工作报告的议案》

三、《关于审议 2015 年度财务决算报告的议案》

四、《关于审议 2016 年财务预算报告的议案》

五、《关于审议 2015 年度利润分配方案的议案》

六、《关于审议〈2015 年度报告〉正文及摘要的议案》

七、《关于审议 2015 年度信托项目受益人利益实现情况报告的议案》

八、《关于监管部门对公司的监管意见及公司执行整改情况报告》

九、《2015 年度董事尽职报告》

十、《2015 年度独立董事尽职报告》

十一、《关于提高董事长和经营层自有资金投资规模授权额度的议案》

十二、《关于修订〈公司章程〉的议案》

十三、《渤海国际信托股份有限公司 2016—2020 年战略发展规划》

2016 年 8 月 14 日，公司以现场会议的方式，在北京召开了 2016 年第三次临时股东大会，全体股东以全票通过如下议案：

《关于渤海国际信托股份有限公司 2016 年增加注册资本的议案》

2016 年 12 月 20 日，公司以通信表决的方式召开了 2016 年第四次临时股东大会，全体股东以全票通过如下议案：

《关于选举马建军先生担任公司第一届董事会董事的议案》

3. 2. 2 董事会及下属委员会履行职责情况

公司 2016 年共召开八次董事会会议，九次下属委员会会议：

2016 年 1 月 10 日，公司以通信表决的方式召开第一届董事会第五次会议，全体董事以全票通过如下议案：

一、《关于更换会计师事务所的议案》

二、《关于审议〈渤海国际信托股份有限公司压力测试管理办法（试行）〉的议案》

三、《关于审议〈渤海国际信托股份有限公司合规管理指引〉的议案》

四、《关于审议〈渤海国际信托股份有限公司内部控制指引〉的议案》

2016 年 3 月 12 日，公司以通信表决的方式召开第一届董事会第六次会议，全体董事以全票通过如下议案：

《关于同意公司与中国信托业保障基金公司开展流动性支持业务的议案》

2016 年 3 月 24 日，公司以通信表决的方式召开第一届董事会第七次会议，全体董事以全票通过如下议案：

一、《关于豁免第一届第七次董事会于会议召开前 5 日通知各董事的议案》

二、《关于同意申请开办受托境外理财业务资格的议案》

三、《关于同意申请特定目的信托受托机构资格的议案》

2016 年 4 月 21 日，第一届董事会审计与风险管理委员会以通信表决的方式召开了 2016 年第一次会议，全体委员以全票通过如下议案和报告：

一、《关于审议 2015 年度公司内部控制自我评价报告的议案》

二、《2015 年度风险管理工作报告》

三、《2015 年度内部审计工作报告》

四、《关于修订〈渤海国际信托股份有限公司审计管理制度〉的议案》

2016 年 4 月 21 日，第一届董事会提名薪酬与考核委员会以通信表决的方式召开了 2016 年第一次会议，全体委员以全票通过如下议案：

一、《关于审议 2015 年度高管人员绩效考核情况的报告的议案》

二、《关于审议 2015 年度董事尽职报告的议案》

三、《关于审议 2015 年度独立董事尽职报告的议案》

四、《关于聘任陈雷先生为公司董事会秘书的议案》

2016 年 4 月 21 日，第一届董事会信托委员会以通信表决的方式召开了 2016 年第一次会议，全体委员以全票通过如下议案：

《关于审议 2015 年度信托项目受益人的实现情况报告的议案》

2016 年 4 月 21 日，第一届董事会战略发展委员会以通信表决的方式召开了 2016 年第一次会议，全体委员以全票通过如下议案：

一、《渤海国际信托股份有限公司 2016 -2020 年战略发展规划》

二、《关于修改〈公司章程〉的议案》

三、《关于提高董事长及经营层自有资金投资授权规模的议案》

2016 年 4 月 22 日，公司以现场会议的方式，在福建省武夷山市召开了第一届董事会第八次会议，全体董事以全票通过如下报告或议案：

一、《关于审议 2015 年度董事会工作报告的议案》

二、《关于审议 2015 年度经营工作报告的议案》

三、《关于审议 2015 年度财务决算报告的议案》

四、《关于审议 2016 年财务预算报告的议案》

五、《关于审议 2015 年度利润分配方案的议案》

六、《关于审议〈2015 年度报告〉正文及摘要的议案》

七、《关于审议 2015 年度公司内部控制自我评价报告的议案》

八、《关于审议 2015 年度风险管理工作报告的议案》

九、《关于审议 2015 年度内部审计工作报告的议案》

十、《关于审议 2015 年度信托项目受益人利益实现情况报告的议案》

十一、《关于监管部门对公司的监管意见及公司执行整改情况报告》

十二、《关于审议 2015 年度高管人员绩效考核情况的报告的议案》

十三、《关于审议 2015 年度董事尽职报告的议案》

十四、《关于审议 2015 年度独立董事尽职报告的议案》

十五、《关于任惊雷先生不再担任公司董事会秘书的议案》

十六、《关于渤海信托增加董事会秘书高管编制及聘任陈雷先生为公司董事会秘书的议案》

十七、《关于提高董事长及经营层关于自有资金投资授权规模额度的议案》

十八、《关于修改〈公司章程〉的议案》

十九、《渤海国际信托股份有限公司 2016—2020 年战略发展规划》

二十、《关于依法合规借助股东资源推动渤海信托发展的报告》

二十一、《关于选举董事会关联交易控制委员会委员的议案》

二十二、《关于审议〈董事会关联交易控制委员会工作细则〉的议案》

二十三、《关于修订〈渤海国际信托股份有限公司审计管理制度〉的议案》

2016 年 6 月 3 日，公司以通信表决的方式召开第一届董事会第九次会议，审议通过如下议案：

一、《关于豁免第一届第九次董事会于会议召开前 5 日通知各董事的议案》

二、《关于审议〈渤海信托上海城隍庙项目〉的议案》

2016 年 7 月 13 日，第一届董事会提名薪酬与考核委员会以通信表决的方式召开了 2016 年第二次会议，全体委员以全票通过如下议案：

《关于聘任董丁丁先生担任公司财务总监的议案》

2016 年 7 月 24 日，公司以视频会议的方式，在深圳、北京、石家庄、海口四地召开了第一届董事会第十次会议，全体董事以全票通过如下议案：

一、《关于渤海国际信托股份有限公司 2016 年增加注册资本的议案》

二、《关于郭占刚先生不再担任公司财务总监的议案》

三、《关于聘任董丁丁先生担任公司财务总监的议案》

2016 年 8 月 20 日，第一届董事会审计与风险管理委员会以通信表决的方式召开了 2016 年第二次会议，全体委员以全票通过如下报告：

一、《2016 年上半年内部控制管理报告》

二、《2016 年上半年风险管理报告》

三、《2016 年上半年内部审计工作报告》

2016 年 8 月 20 日，公司以现场会议的方式，在深圳市召开了第一届董事会第十一次会议，全体董事以全票通过如下报告：

一、《2016 年上半年经营工作报告》

二、《2016 年上半年内部控制管理报告》

三、《2016 年上半年风险管理报告》

四、《2016 年上半年内部审计工作报告》

2016 年 9 月 11 日，第一届董事会关联交易控制委员会以通信表决的方式召开了 2016 年第一次会议，全体委员以全票通过如下议案：

一、《关于豁免关联交易控制委员会 2016 年第一次会议召开前 5 日通知各委员的议案》

二、《关于审议渤海信托接受东莞证券股份有限公司委托向海航集团有限公司提供 10 亿元融资的议案》

2016 年 9 月 25 日，第一届董事会关联交易控制委员会以通信表决的方式召开了 2016 年第二次会议，全体委员以全票通过如下议案：

一、《关于豁免关联交易控制委员会 2016 年第二次会议召开前 5 日通知各委员的议案》

二、《关于审议渤海信托接受广州国寿城市发展产业投资企业委托向海航资本集团有限公司提供 10 亿元融资的议案》

2016 年 11 月 30 日，第一届董事会提名薪酬与考核委员会以通信表决的方式召开了 2016 年第三次会议，全体委员以全票通过如下议案：

一、《关于聘任马建军先生担任公司总裁的议案》

二、《关于提名马建军先生担任公司第一届董事会董事候选人的议案》

2016 年 12 月 11 日，公司以现场会议的方式，在深圳市召开了第一届董事会第十二次会议，全体董事以全票通过如下议案：

一、《关于郑宏先生不再担任公司总裁的议案》

二、《关于聘任马建军先生担任公司总裁的议案》

三、《关于提名马建军先生担任公司第一届董事会董事候选人的议案》

四、《关于选举马建军先生担任公司第一届董事会战略发展委员会委员的议案》

五、《关于选举马建军先生担任公司第一届董事会信托委员会委员的议案》

六、《关于选举马建军先生担任公司第一届董事会提名薪酬与考核委员会委员的议案》

3.2.3 监事、监事会及其下属委员会

公司 2016 年召开两次监事会会议：

2016 年 4 月 22 日，公司以现场会议的方式，在福建省武夷山市召开了第一届监事会第二次会议，全体监事以全票通过如下报告或议案：

一、《关于审议 2015 年度监事会工作报告的议案》

二、《关于审议 2015 年度经营工作报告的议案》

三、《关于审议 2015 年度财务决算报告的议案》

四、《关于审议 2016 年财务预算报告的议案》

五、《关于审议 2015 年度利润分配方案的议案》

六、《关于审议〈2015 年度报告〉正文及摘要的议案》

七、《关于审议 2015 年度公司内部控制自我评价报告的议案》

八、《关于审议 2015 年度风险管理工作报告的议案》

九、《关于审议 2015 年度内部审计工作报告的议案》

十、《关于监管部门对公司的监管意见及公司执行整改情况报告》

十一、《关于审议 2015 年度董事尽职报告的议案》

十二、《关于审议 2015 年度独立董事尽职报告的议案》

十三、《关于审议 2015 年度高管人员绩效考核情况的报告的议案》

十四、《渤海国际信托股份有限公司 2016—2020 年战略发展规划》

十五、《审议监事会对〈2016—2020 年战略发展规划（草案）〉审议意见的议案》

十六、《关于修订〈渤海国际信托股份有限公司审计管理制度〉的议案》

2016 年 8 月 20 日，公司以现场会议的方式，在深圳市召开了第一届监事会第三次会议，全体监事以全票通过如下议案：

一、《关于审议 2016 年上半年经营工作报告的议案》

二、《关于审议 2016 年上半年内部控制管理报告的议案》

三、《关于审议 2016 年上半年风险管理报告的议案》

四、《关于审议 2016 年上半年内部审计工作报告的议案》

3.2.4 高级管理层履职情况

公司高管人员拥有多年金融、经济从业经验，具有高度的责任感和强烈的使命感，具有勤勉诚信的品质和良好的职业素养，具有与公司业务发展相适应的风险管理能力。高级管理层积极倡导企业文化建设，努力构建学习型企业，遵纪守法、合规经营，富于创新精神；在经营管理过程中能严格执行股东大会、董事会的各项决议和公司的各项管理制度，完成了公司年度经营目标。

4. 经营管理

4.1 经营目标、经营方针、战略规划

4.1.1 经营目标

立足信托本源，遵循金融本质规律，服务社会经济发展，通过优质的产品和服务，成为客户资产保值增值的理财专家和首选管家；紧密结合网络时代的新型社会特征、国家新四化建设的宏观形势，按照金融企业价值三要素原则，选择一个业务方向，形成一个业务模式，走差异化发展的道路；注重沉淀长远价值，对国家负责，对社会负责，对员工负责，对股东负责，致力于成长为核心竞争优势明显、可持续发展能力强的综合金融服务机构。

4.1.2 经营方针

坚持“诚信、业绩、创新”的企业理念，以诚信树品牌，以创新促发展，以客户为中心，以市场为导向，规范经营，严控风险，

通过优异的经营业绩,实现国家、社会、员工和股东价值的共同增长。

4.1.3 战略规划

4.1.3.1 基本理念

(1)创新,事业部改革,设立子公司,优化激励约束机制。

(2)协调,协调短期利益和长期利益,分阶段推进改革措施。

(3)开放,打通国际化业务通道,发展互联网信托业务。

(4)共享,实施员工持股计划,倡导大众分享理念。

4.1.3.2 战略定位

回归"受人之托、代人理财"的信托本源,做好资产管理能力建设,提升自有资金运用收益,做好信托业务创新转型,提升主动管理类信托业务占比,以资产管理和信托业务为依托,战略培育财富管理的核心竞争力,为客户提供综合金融服务,致力于使渤海信托成为国内差异化和综合金融服务能力领先的信托公司。

4.2 所经营业务的主要内容

自营资产运用与分布表

资产运用	金额(万元)	占比(%)	资产分布	金额(万元)	占比(%)
货币资产	269 392.70	31.46	基础产业	49 091.51	5.73
贷款及应收款	157 479.60	18.40	房地产业	143 012.80	16.70
以公允价值及其变动计入当期损益的金融资产	32 338.38	3.78	证券市场	42 438.38	4.96
可供出售金融资产	386 749.42	45.17	实业	63 205.00	7.38
持有至到期投资	—	—	金融机构	501 972.81	58.63
长期股权投资	—	—	其他	56 470.60	6.60
其他	10 231.00	1.19	—	—	—
资产总计	856 191.10	100.00	资产总计	856 191.10	100.00

信托资产运用与分布表

资产运用	金额(万元)	占比(%)	资产分布	金额(万元)	占比(%)
货币资产	1 050 842.81	3.03	基础产业	5 198 471.50	15.01
贷款	20 890 813.89	60.31	房地产	2 282 897.80	6.59
以公允价值及其变动计入当期损益的金融资产	14 854.79	0.04	证券市场	729 236.30	2.11
可供出售金融资产	0.00	0.00	实业	17 285 010.00	49.90
持有至到期投资	11 410 574.71	32.95	金融机构	8 208 664.20	23.70
长期股权投资	1 268 670.39	3.66	其他	933 377.86	2.69
其他	1 901.07	0.01	—		
信托资产总计	34 637 657.66	100.00	信托资产总计	34 637 657.66	100.00

4.3 市场分析

4.3.1 有利因素

(1)国内经济形势总体缓中趋稳、稳中向好。同时,伴随经济发展新常态,新业态、新模式不断涌现,给信托业带来了新的发展机遇。

(2)中国信托登记有限责任公司正式挂牌成立,形成了信托登记和流转的国家级统一平台,为信托业的可持续发展奠定了坚实基础。

(3)京津冀一体化进程持续加快,市场广阔,潜力巨大,作为河北省唯一一家信托公司,公司具有得天独厚的优势条件。

(4)公司顶层设计进一步完善,转型步伐不断加快,差异化布局初具雏形,行业地位提升明显,发展基础持续夯实。

4.3.2 不利因素

(1)经济下行压力依然持续,资产荒的状况没有得到根本改善。

(2)随着利率市场化加快和金融业准入门槛降低,资产管理行业竞争日趋白热化,信托业在客户资源、业务模式、风险控制等方面面临巨大挑战。

(3)信托业主要经营指标增速持续放缓,个案风险事件时有发生,行业转型发展尚处于艰难前行的起步阶段。

4.4 内部控制

4.4.1 内部控制机制依据和内部控制机制覆盖范围

4.4.1.1 内部控制机制依据

渤海信托内部控制评估工作的依据是《公司法》《信托公司管理办法》《信托公司治理指引》等法律法规,《渤海国际信托股份有限公司章程》(以下简称《公司章程》)《渤海国际信托股份有限公司内部控制指引》及其他相关规章制度。

4.4.1.2 内部控制机制覆盖范围

渤海信托内部控制评估涵盖公司治理结构三会一层、固有、信托两大业务体系及前台、中台、后台各部门。

4.4.2 内部控制制度及执行情况

4.4.2.1 公司治理内控

《公司章程》规范、完善,股东大会、董事会和监事会的议事规则和决策程序健全,董事会和董事长的决策权限明确、具体,对关联交易设置了专门的审议规则和决策机制。董事会、监事会及董事会下设的战略发展委员会、信托委员会、审计与风险管理委员会、提名薪酬与考核委员会以及关联交易控制委员会的议事规则健全、决策程序完善、工作职责明确和年度工作计划具体,且落实情况良好,为公司内部控制的运作提供了良好的基础和环境。股东大会正常、有效地行使在决定公司经营方针和投资计划、更换董事、批准财务预算和决算方案等方面的权利。董事会、监事会能够正常有效地行使《公司章程》所赋予的各项职权。

海航资本集团有限公司以及中国新华航空集团有限公司作为公司股东,严格遵守法律、行政法规和中国银监会的规定履行出资人义务和行使出资人的权利。公司建立了规范的关联交易管理制度,涉及关联交易项目均严格执行相关审核原则和程序,关联交易活动遵循了平等、自愿、信用和对价的商业原则,向利益关系人予以充分披露关联交易的定价依据,关联交易均按监管要求事先向监管机构报告。

在公司经营管理过程中,董事会、监事会和公司高级管理人员认真履行了《公司章程》及公司内部控制制度所赋予的职责,遵守《公司法》《金融违法行为处罚办法》《金融机构高级管理人员任职资格管理办法》等相关法律法规以及《公司章程》和内部控制制度所列示的禁止性规定,展现了公正廉洁、遵纪守法、忠于职守、重视内控、规范经营、严防风险的高度责任意识和优良的工作作风;组织管理能力和业务能力与任职相称。

4.4.2.2 业务控制

4.4.2.2.1 信托业务与固有业务独立机制

相关法律规定信托业务和固有业务完全独立,形成防火墙,确保相关人员、系统以及财产不交叉。《渤海国际信托股份有限公司审批流程指引》对此也进行了明确的认识和区分。

4.4.2.2.2 项目独立评审机制

项目尽职调查、审查、评审、审批、执行、后期管理、信息反馈、审计监督基本是相互分离的,项目尽职调查基本上客观、如实地记录和报告了业务状况和风险状况,风险控制部和业务评审委员会在项目审查、评审环节独立发表意见。业务评审委员会在公平公开的前提下的评审项目,业务评审委员对于项目的评审遵循独立客观原则。

4.4.2.2.3 风险量化机制

公司按照《渤海国际信托股份有限公司交易对手及项目评级指引》对交易对手进行量化评估。交易对手及项目评级由定量评价和定性评价构成,评级要素包括市场竞争地位、信誉状况、管理水平、财务指标及项目评估五个方面。交易对手及项目评级通过对潜在交易对手及拟融资项目主要风险要素的评价,系统分析和识别潜在交易对手及项目存在的风险和问题,据此确定对潜在交易对手融资需求拟采取的风控措施。

4.4.2.2.4 项目操作指引规范化机制

公司重视完善风险管理制度,通过完善业务管理制度,明确业务操作规范。随着业务发展,公司相关部门不断总结风险管理工作经验,积极落实监管要求,逐步提高风险管理工作水平,适时对《审批流程指引》《融资项目尽职调查工作指引》《交易对手及项目评级指引》《项目过程管理办法》《房地产信托业务操作指引》《供应链金融信托业务指引》《信托并购业务指引》《证券投资类信托业务操作指引》《事务管理型信托业务操作指引》《信托业务评审委员会工作规则》《信托业务档案管理办法》《业务合同核对及用印管理办法》《项目风险应急响应和处置办法》《法律事务工作细则》等制度进行了修订和完善,制定并发布《交叉金融产品风险管理制度》《基础设施投融资业务操作指引》《股票质押融资业务操作指引》《企业资产证券化业务操作指引》《禁止证券类业务知情人员利用内幕信息交易管理规定》《金融消费者权益保护制度》《集合信托产品录音录像工作制度》等制度,将公司的风险管理理念和工作经验固化到规章制度中,使业务标准和操作程序更加明确,风险管理更加有效。

4.4.2.2.5 项目审计机制

根据监管要求,跟踪审核业务整改情况。银监局开展年度例行现场检查后,根据发现的问题,提出一系列监管要求,需要管理层或信托业务部门马上落实,对相关问题进行整改。审计法务部对业务部门的整改工作进行审计监督,有效保证了监管要求的落实和缺陷项目的整改,降低了公司经营风险。此外,公司制定并发布《审计管理制度》,修订并完善《离任审计管理办法》《非现场审计监控管理办法》,定期向股东及公司领导上报公司业务发展情况、执行差异及处理情况、即将到期项目还款来源落实情况。上述措施为公司加强内部控制、有效落实各项管理制度、提早落实到期项目还款来源、敦促业务部门及时对已出现执行差异的项目提出和落实解决方案、防范与化解各类经营风险、提升非现场审计风险监控工作水平等,提供了有力的支持。

4.4.2.2.6 合规管理机制

为防控合规风险,由风险控制部合规内控管理模块专职负责合规内控事宜。公司与各业务部门签订《风险合规责任书》《案件防控责任书》,落实业务风险合规责任和金融机构案件防控责任。此外,风险控制部与审计法务部密切保持与监管当地分局的工作联系和信息沟通,确保公司治理、业务经营等诸方面均能较好地落实监管政策,依法依规稳健经营。

4.4.2.2.7 业务流程监控机制

信息技术部按照《业务流程监控方案》编制 IT 建设方案并与开发商恒生电子公司协商落实系统开发,积极推进公司业务流程监控系统建设,为科学开展风险管理创造条件。

4.4.2.2.8 注重过程管理机制

为进一步规范信托项目运营管理,提高运营管理水平,公司成立运营管理部。以《集合资金信托和固有业务融资项目风控措施落实办法》《风险应急响应和处置办法》《关于集合资金信托及固有资金贷款项目运营管理工作有关问题的通告》相关制度为依托,严格控制项目操作风险,提高项目过程管理水平。

4.4.2.3 授权审批控制

公司授权管理制度规定清晰、明确。董事会在公司日常经营管理方面对总裁合理授权,经营管理层各位高级管理人员、职能部门负责人和关键岗位均在公司经营相应层次和项目管理的相应环节有适度授权,且授权范围及额度根据市场形势及公司业务运作实际需要适时调整。特别是固有资金运用和费用预算审批,在不同层级有明确的授权额度。从实际运行情况看,目前各层级、各类型授权范围及额度是适当的,符合公司经营需要,也能够满足风险控制要求。

4.4.2.4 重大投资控制

对于重大投资项目,公司设有投资风险评估与控制(项目小组、风险控制部、项目评审委员会和审计与风险管理委员会)、财务成本收益监管与控制(计划财务部和财务总监)、董事会决策控制和股东大会授权控制多层次控制机制。

4.4.2.5 信息披露控制

公司信息反馈机制完善,内部报告路径明确完整,交流渠道通畅,不断加强信息系统建设,逐步实现信息的共享,确保公司股东、董事会、监事会和高管层能够及时全面了解公司的经营和内控情况;公司通过监管报表、专项报告、事前报告和重大事项报告等形式向监管部门及时报送各种数据信息和资料;公司严格执行信息披露的监管要求,根据信托文件约定通过公司网站和书面通知的形式,向当事人全面披露信托财产管理运用的相关信息,按时披露公司年报和重要经营信息等重大事项。董事会秘书负责信息披露工作。信息披露内容真实、完整、充分,按照银监会的规定刊登在全国性报纸上向公众披露有关信息。

4.4.2.6 财务管理内部控制

4.4.2.6.1 核算管理方面

认真贯彻落实《中华人民共和国会计法》《企业财务会计报告条例》《企业会计准则》等有关法律、法规;以实际发生的交易或事项为依据,提供的会计信息能够如实反映财务状况、经营成果和现金流量;按照公司制度规定的会计处理方法进行会计核算，核算及时、清晰明了，会计指标口径一致，相互可比；能够及时、准确上报各种财务报表。

4.4.2.6.2 资金管理方面

现金管理和银行存款管理均按照《现金管理暂行条例》和《银行存款结算办法》认真执行。同时，按照海航集团要求，严格账户开立审批制度；使用海航集团资金管理系统，按照海航集团要求，每日向财务总监上报当日资金变动及节余、每周上报下周资金使用计划及本周资金付款执行情况、每月上报资金计划及资金执行情况；根据公司业务开展模式，完善公司资金管理形式，并按照流程严格执行，做到既配合业务部室及时完成资金的划转，同时保证了资金的安全和相对可控。

4.4.2.6.3 税收管理方面

计划财务部将纳税管理责任落实到具体岗位，实行纳税专管制度；日常税务申报及时；按照税务机关《发票管理办法》购买和正确使用各种发票；按照国务院财政、税务主管部门规定的保管期限保管账簿、记账凭证、完税凭证及其他有关资料。

4.4.2.7 预算控制

公司严格执行相关预算管理办法，控制日常各项经济活动的支出。公司贯彻海航集团确定的发展方针，落实管理构架调整要求，进一步明确市场定位和发展方向，建设具有核心竞争力的一流信托公司为目标，大力拓展市场，积极培育客户，快速扩大信托业务，同时，严格控制风险，加强队伍建设，不断提高经营效益。

4.4.2.8 财产保护控制

计划财务部按照公司相关制度每月进行固定资产折旧的计提、无形资产的摊销；利用海航集团资产管理系统，按时对资产变动状况进行维护，并保证账务处理正确、及时；对账面保留的原有业务产生的债权、资产，计划财务部积极配合资产处置，提出财务建议和意见，完成不良资产的清理，降低公司不良资产率。

4.4.2.9 绩效考评控制

公司高度重视绩效考评工作，通过完善的绩效考评机制，建立竞争意识强且公平公正的公司环境。目前，公司绩效考评从年度重点工作、职位胜任素质、工作业绩、民主评议四个重点方面展开。根据全员考核成绩确定考核等级，并根据考核等级对干部员工进行相应的激励和处罚，建立起绩效考评与员工激励的联动机制，使绩效考评真正落到实处。

4.4.2.10 反洗钱内部控制

为了建立健全反洗钱工作管理机制，加强公司反洗钱工作，有效预防洗钱活动，保持公司经营稳健，审计法务部修订了《反洗钱工作管理制度》，要求各相关部门按照中国人民银行《银行账户管理办法》相关规定，严格审查客户提供的法定代表人身份证、经办人身份证、企业营业执照、组织机构代码证、国地税务登记证以及贷款卡信息等证明文件和资料，确保其真实性、完整性和有效性。交易对手是自然人的，严格审查自然人的身份证明等基本资料，真正做到"了解客户""识别客户"。对于委托人的信托财产，公司按照《信托法》等有关法律规定严格审查其来源的合法性，严禁与财产来源不明确的委托人开展业务。

4.4.2.11 重大突发事件应急控制

公司制定了《突发事件应急预案管理办法》《信托业务突发事件应急预案》《渤海国际信托股份有限公司项目风险应急响应和处置办法》，为应对业务及其他方面的重大突发事件作了预先准备，在组织领导、工作程序、物质准备、信息披露及反馈等方面为妥善处置重大突发事件，将事件对公司的不利影响降到最低进行了周密的计划和安排。

4.4.2.12 信息系统保障机制

继公司官网、信托财务系统、信托 TA 系统、网上查询系统、固有证券投资系统陆续投产之后，2013 年搭建了信托业务管理平台、贷款业务管理系统、EAST 数据报送系统和内网门户系统，打通了信托计划设立、资金募集及投资运用的通道，全面实现信息共享、业务流程电子化，使公司的信息化水平上了一个新台阶。

4.4.3 内部控制监督体系

内部控制监督体系是由公司的董事会、经营管理层和全体员工共同建立并实施的，公司为控制风险，实现经营管理目标，通过制定和执行一系列制度、程序和方法，对风险进行识别、评估、控制、监测和纠正的动态持续过程和机制。

4.4.4 内部审计机制

审计法务部担任着公司内部审计的职能，按照《信托公司管理办法》《信托公司治理指引》以及公司制定的《审计管理制度》的有关规定，每年进行两次年度审计。在日常工作中，对公司业务后期管理的跟踪等进行实时、不定期的监督审查。此外，审计法务部还依照《审计管理制度》对拟离任的公司高管进行审计，以核查其在任职期间是否依法合规履行自己的权利和义务。

4.4.5 内部控制缺陷认定及跟踪整改机制

公司通过不断完善内控机制，已形成了以合规审核、风险管理和内部审计为主，业务授权控制、会计控制以及业务流程环节控制等方面共同作用的内部监督评价与纠正机制，实现了内控缺陷的及时发现和自主纠正。监督评价机制的有效运作，一方面促进了业务操作流程的不断优化和完善，另一方面增强了对操作风险的实时掌控，使内部监督制约机制更加健全有效。同时，审计法务部按照监管要求和公司制度对内部控制机制和业务运作进行监督、检查与跟踪评价，发现问题迅速自纠。公司高级管理层高度重视监管意见和专业机构的审计结果，根据监管政策和业务发展现状，及时梳理公司规章制度和业务审批流程，不断修订完善，确保内部控制体系的科学有效运行。

公司定期聘请外部审计机构对公司的经营状况、财务状况和内部控制状况进行外部审计，并积极采纳外部审计机构的意见，改善和健全自身的内部控制。

4.5 风险管理

公司始终坚持"全员风控"的理念，将"三会一层"和前台、中台、后台各部门、各岗位均纳入了公司风险管理体系，搭建起了以董事会下设的审计与风险管理委员会做原则统领，经营层下设的业务评审委员会和风险控制部、审计法务部、运营管理部，前台各业务部门（团队）负责具体项目的筛选和风险识别；公司全面实施风险管理精细化、流程化体系建设、明确风险防控目标和职责；通过健全和完善审计与风险管理委员会的功能和作用，建立直接向董事会汇报的内控管理机制；通过建立完善资产质量考核体系和问责制，形成良好的风险管理文化；通过建立重大事项报告和信息沟通制度，为董事会、监事会履行职责和正确决策提供基础。

为提升公司的整体风险管控能力，加强项目运营管理能力，经过两年多探索与完善，将原托管部下设运营管理单独成立运营管理部，旨在不断提升运营管理水平。此外，在风险控制部单独设置合规管理模块，负责公司合规内控事宜。至此，公司已经初步建立了风险控制、内控合规、运营管理、内部审计相互支撑、相互监督的风险管控体系。

公司修订完善了《渤海国际信托股份有限公司审批流程指引》，对公司风险管控流程的搭建进一步科学规范化。信托业务以及固有业务实行调查评估、预审、审批、风险监测与监督检查相互分离的原则，风险管控流程覆盖了信托项目以及固有项目的设立、信托财产以及固有资金的运用与管理、固有融资到期偿还以及信托计划终止与清算等所有业务环节。

制定并发布《交叉金融产品风险管理制度》，旨在加强公司全面风险管理，健全完善跨行业跨市场业务的风险管理制度和手段，严控交叉金融产品风险，使渤海信托产品跨行业跨市场资金流动始终能够"看得见、管得了、控得住"；制定并发布《资产风险分类管理指引》，旨在改进资产风险分类方法，提升资产质量，切实提升资产分类管理水平。

公司目前不断对信息化建设的投入、相关系统不断上线，如渤海信托业务管理平台及其 APP、CRM 系统、EAST 等。这些系统的搭建积极推进了业务流程监控系统建设，为科学开展风险管理创造条件。

4.6 金融消费者权益保护

公司积极开展金融消费者权益保护工作，全面落实监管要求，完善金融消费者权益保护制度体系建设及工作机制。2016 年公司举办各类金融知识公益宣传活动 15 场次，引导公众理性理财，树立公司保护消费者权益的良好社会形象。公司内部开展金融消费者权益保护知识学习及内部培训，提高员工金融消费者权益保护意识及技能。公司把消费者权益保护定位为发展战略之一，为持续开展消费者权益保护工作指明了方向。

公司金融消费者权益保护工作领导小组由公司领导和相关职能部门组成，负责研究领导部署、组织协调公司金融消费者权益保护工作，构建落实公司金融消费者权益保护工作的体制机制。

《渤海国际信托股份有限公司 2016 年度消费者权益保护工作报告》系统性地总结了公司 2016 年度消费者权益保护工作开展情况，报告详情可通过公司官方网站进行查阅。

5. 报告期末及上一年度末的比较式会计报表

5.1 自营资产

5.1.1 会计师事务所审计意见全文

审 计 报 告

中兴财光华审会字(2017)第 215001 号

渤海国际信托股份有限公司：

我们审计了后附的渤海国际信托股份有限公司(以下简称渤海信托)的财务报表，包括 2016 年 12 月 31 日的资产负债表，2016 年度的利润表、现金流量表、股东权益变动表以及财务报表附注。

一、管理层对财务报表的责任

编制和公允列报财务报表是渤海信托管理层的责任，这种责任包括：(1)按照企业会计准则的规定编制财务报表，并使其实现公允反映；(2)设计、执行和维护必要的内部控制，以使财务报表不存在由于舞弊或错误导致的重大错报。

二、注册会计师的责任

我们的责任是在执行审计工作的基础上对财务报表发表审计意见。我们按照中国注册会计师审计准则的规定执行了审计工作。中国注册会计师审计准则要求我们遵守职业道德守则，计划和执行审计工作以对财务报表是否不存在重大错报获取合理保证。

审计工作涉及实施审计程序，以获取有关财务报表金额和披露的审计证据。选择的审计程序取决于注册会计师的判断，包括对由于舞弊或错误导致的财务报表重大错报风险的评估。在进行风险评估时，注册会计师考虑与财务报表编制和公允列报相关的内部控制，以设计恰当的审计程序，但目的并非对内部控制的有效性发表意见。审计工作还包括评价管理层选用会计政策的恰当性和作出会计估计的合理性，以及评价财务报表的总体列报。

我们相信，我们获取的审计证据是充分、适当的，为发表审计意见提供了基础。

三、审计意见

我们认为，渤海信托财务报表在所有重大方面按照企业会计准则的规定编制，公允反映了渤海信托 2016 年 12 月 31 日的财务状况以及 2016 年度的经营成果和现金流量。

中兴财光华会计师事务所(特殊普通合伙) 中国注册会计师：刘永

中国·北京　　　中国注册会计师：逯文君

二〇一七年二月十六日

5.1.2 资产负债表

资产负债表

单位：元

项　目	期末余额	期初余额
资产：	—	—
现金及存放中央银行款项	19 062.19	1 803.77
存放同业款项	2 693 907 972.81	555 980 197.09
贵金属	—	—
拆出资金	—	—
以公允价值计量及其变动计入当期损益的金融资产	323 383 799.53	271 628 927.89
买入返售金融资产	—	—
应收利息	33 216 107.29	—
其他应收款	429 179 836.16	172 496 300.85
发放贷款和垫款	1 112 400 000.00	774 993 437.50
可供出售金融资产	3 867 494 219.03	3 002 709 952.50
持有至到期投资	—	—
长期股权投资	—	—
投资性房地产	22 493 994.80	23 171 298.08
固定资产	4 259 841.13	4 446 222.63
在建工程	5 203 300.22	3 461 440.00
无形资产	3 024 770.58	3 354 260.03
递延所得税资产	64 726 599.72	31 615 393.40
长期待摊费用	2 601 530.67	4 344 032.50
其他资产	—	—
资产合计	8 561 911 034.13	4 848 203 266.24

资产负债表（续表）

单位：元

项目	期末余额	期初余额
负债：	—	—
向中央银行借款	—	—
同业及其他金融机构存放款项	—	—
拆入资金	—	—
以公允价值计量及其变动计入当期损益的金融负债	—	—
衍生金融负债	—	—
卖出回购金融资产款	—	—
吸收存款	—	—
应付职工薪酬	60 080 246.59	41 153 854.08
应交税费	105 664 528.38	67 441 365.55
应付利息	—	—
应付股利	40 578 150.00	—
其他应付款	1 309 099 199.98	505 638 593.52
预计负债	—	—
长期借款	—	—
应付债券	—	—
递延所得税负债	—	—
其他负债	247 604.74	247 604.74
负债合计	1 515 669 729.69	614 481 417.89
股东权益：	—	—
股本	2 640 000 000.00	2 000 000 000.00
资本公积	3 203 586 997.66	1 603 586 997.66
减：库存股	—	—
盈余公积	129 210 391.13	61 794 344.35
一般风险准备	133 496 323.13	76 343 810.99
信托赔偿准备金	161 274 239.09	127 566 215.70
未分配利润	778 673 353.43	364 430 479.65
股东权益合计	7 046 241 304.44	4 233 721 848.35
负债和股东权益总计	8 561 911 034.13	4 848 203 266.24

5.1.3 利润表

利润表

单位：元

项目	本年金额	上年金额
一、营业收入	1 252 357 390.17	1 069 942 307.91
利息净收入	48 968 628.64	145 798 437.94
利息收入	109 022 795.31	150 131 771.27
利息支出	60 054 166.67	4 333 333.33
手续费及佣金净收入	1 104 795 090.26	879 409 846.92
手续费及佣金收入	1 184 092 959.05	969 163 194.40
手续费及佣金支出	79 297 868.79	89 753 347.48
投资收益（损失以"－"号填列）	204 708 495.87	113 230 982.24
其中：对联营企业和合营企业的投资收益	—	—
公允价值变动损益（损失以"－"号填列）	－107 323 611.80	-69 746 359.96
汇兑损益（损失以"－"号填列））	3 451.97	2 915.77
其他业务收入	1 205 335.23	1 246 485.00
二、营业支出	398 233 018.46	391 375 452.25
营业税金及附加	21 260 610.80	61 721 823.49
业务及管理费	350 492 824.68	295 227 277.01
资产减值损失	25 802 279.70	33 749 048.47
其他业务成本	677 303.28	677 303.28
三、营业利润（亏损以"－"号填列）	854 124 371.71	678 566 855.66
加：营业外收入	1 698 110.72	3 000.34
减：营业外支出	5 500 000.00	20 000.00
四、利润总额（亏损总额以"－"号填列）	850 322 482.43	678 549 856.00
减：所得税费用	176 162 014.67	129 215 790.54
五、净利润（净亏损以"－"号填列）	674 160 467.76	549 334 065.46
六、每股收益：	—	—
基本每股收益	—	—
稀释每股收益	—	—
七、其他综合收益	—	—
八、综合收益总额	674 160 467.76	549 334 065.46

5.1.4 所有者权益变动表

所有者权益（股东权益）变动表

单位：元

项目	本年金额							
	实收资本（股本）	资本公积	库存股	盈余公积	一般风险准备	信托赔偿准备金	未分配利润	所有者权益合计
一、上年年末余额	2 000 000 000.00	1 603 586 997.66	—	61 794 344.35	76 343 810.99	127 566 215.70	364 430 479.65	4 233 721 848.35
加：1. 会计政策变更	—	—	—	—	—	—	—	—
2. 前期差错更正	—	—	—	—	—	—	358 988.33	358 988.33
二、本年年初余额	2 000 000 000.00	1 603 586 997.66	—	61 794 344.35	76 343 810.99	127 566 215.70	364 789 467.98	4 234 080 836.68
三、本年增减变动金额（减少以"－"号填列）	640 000 000.00	1 600 000 000.00	—	67 416 046.78	57 152 512.14	33 708 023.39	413 883 885.45	2 812 160 467.76
（一）本年净利润	—	—	—	—	—	—	674 160 467.76	674 160 467.76
（二）其他综合收益	—	—	—	—	—	—	—	—
上述（一）和（二）小计	—	—	—	—	—	—	674 160 467.76	674 160 467.76
（三）股东投入和减少资本	640 000 000.00	1 600 000 000.00	—	—	—	—	—	2 240 000 000.00
1. 股东投入资本	640 000 000.00	1 600 000 000.00	—	—	—	—	—	2 240 000 000.00
2. 股份支付计入股东权益的金额	—	—	—	—	—	—	—	—

续表

项　目	本年金额							
	实收资本(股本)	资本公积	库存股	盈余公积	一般风险准备	信托赔偿准备金	未分配利润	所有者权益合计
3. 其他	—	—	—	—	—	—	—	—
(四)利润分配	—	—	—	67 416 046.78	57 152 512.14	33 708 023.39	-260 276 582.31	-102 000 000.00
1. 提取盈余公积	—	—	—	67 416 046.78	—	—	-67 416 046.78	—
2. 提取一般风险准备	—	—	—	—	57 152 512.14	—	-57 152 512.14	—
3. 提取信托赔偿准备金	—	—	—	—	—	33 708 023.39	-33 708 023.39	—
4. 对股东的分配	—	—	—	—	—	—	-102 000 000.00	-102 000 000.00
(五)股东权益内部结转	—	—	—	—	—	—	—	—
1. 资本公积转增股本	—	—	—	—	—	—	—	—
2. 盈余公积转增股本	—	—	—	—	—	—	—	—
3. 盈余公积弥补亏损	—	—	—	—	—	—	—	—
4. 其他	—	—	—	—	—	—	—	—
四、本年年末余额	2 640 000 000.00	3 203 586 997.66	—	129 210 391.13	133 496 323.13	161 274 239.09	778 673 353.43	7 046 241 304.44

5.2 信托资产

5.2.1 信托项目资产负债汇总表

信托项目资产负债汇总表

单位:万元

信托资产	2016年12月31日	2015年12月31日	信托负债和信托权益	2016年12月31日	2015年12月31日
信托资产:			信托负债:		
货币资金	1 050 842.81	57 865.51	交易性金融负债	—	—
拆出资金	—	—	衍生金融负债	—	—
存出保证金	—	—	应付账款	1 700.00	—
买入返售金融资产	—	2 780.13	应付受托人报酬	—	—
以公允价值计量及其变动计入当期损益的金融资产	14 854.79	20 835.22	应付托管费	—	—
衍生金融资产	—	—	应付受益人收益	—	—
持有至到期投资	11 410 574.71	4 909 907.15	其他应付款项	110 543.16	9 055.89
应收账款	1 900.00	—	应交税金	—	—
应收利息	—	—	卖出回购金融资产款	—	—
应收股利	—	—	其他负债	—	—
应收票据	—	—	信托负债合计	112 243.16	9 055.89
其他应收款	1.07	2 275.00			
长期应收款	—	—			
长期股权投资	1 268 670.39	1 583 295.06			
发放贷款	20 890 813.89	15 040 321.05			
可供出售金融资产	—	—	信托权益:		
投资性房地产	—	—	实收信托	34 503 614.81	21 571 435.41
融资租赁资产	—	—	资本公积	—	—
固定资产	—	—	损益平准金	—	—
固定资产清理	—	—	未分配利润	21 799.69	36 787.82
无形资产	—	—	信托权益合计	34 525 414.50	21 608 223.23
长期待摊费用	—	—			
其他资产	—	—			
信托资产总计	34 637 657.66	21 617 279.12	信托负债和信托权益总计	34 637 657.66	21 617 279.12

5.2.2　信托项目利润及利润分配汇总表

信托项目利润及利润分配汇总表

单位：万元

项　目	2016 年度	2015 年度
一、营业收入	1 703 800.30	1 764 514.58
利息收入	1 331 490.22	1 334 563.77
投资收入	367 096.96	415 368.75
租赁收入	—	—
其他收入	5 213.12	14 582.06
二、营业费用	216 874.08	162 047.77
三、营业税金及附加	—	—
四、扣除资产损失前的信托利润	1 486 926.22	1 602 466.81
减：资产减值损失	—	—
五、扣除资产损失后的信托利润	1 486 926.22	1 602 466.81
加：期初未分配信托利润	36 787.82	47 072.72
六、可供分配的信托利润	1 523 714.04	1 649 539.53
减：本期已分配信托利润	1 501 914.35	1 612 751.71
七、期末未分配信托利润	21 799.69	36 787.82

6. 会计报表附注

6.1　财务报表的编制基础

6.1.1　编制基础

本公司财务报表以持续经营假设为基础，根据实际发生的交易和事项，按照财政部发布的《企业会计准则——基本准则》（财政部令第 33 号发布、财政部令第 76 号修订）、于 2006 年 2 月 15 日及其后颁布和修订的 41 项具体会计准则、企业会计准则应用指南、企业会计准则解释及其他相关规定（以下合称企业会计准则）编制。

根据企业会计准则的相关规定，本公司会计核算以权责发生制为基础。除某些金融工具外，本财务报表均以历史成本为计量基础。资产如果发生减值，则按照相关规定计提相应的减值准备。

6.1.2　持续经营

本公司自本报告期末至少 12 个月内具备持续经营能力，无影响持续经营能力的重大事项。

6.2　重要会计政策和会计估计说明

6.2.1　计提资产减值准备的范围和方法

根据银监发《中国银行业监督管理委员会关于非银行金融机构全面推行资产质量五级分类管理的通知》（银监发［2004］4 号）的相关规定要求，计提相应的资产减值准备。

6.2.2　金融工具的分类

金融负债在初始确认时划分为以公允价值计量且其变动计入当期损益的金融负债和其他金融负债。初始确认金融负债，以公允价值计量。对于以公允价值计量且其变动计入当期损益的金融负债，相关的交易费用直接计入当期损益，对于其他金融负债，相关交易费用计入初始确认金额。

6.2.3　长期股权投资

6.2.3.1　投资成本的确定

6.2.3.1.1　企业合并形成的长期股权投资

同一控制下的企业合并，合并方以支付现金、转让非现金资产或承担债务方式作为合并对价的，应当在合并日按照被合并方所有者权益在最终控制方合并财务报表中的账面价值的份额作为长期股权投资的初始投资成本。长期股权投资初始投资成本与支付的现金、转让的非现金资产以及所承担债务账面价值之间的差额，应当调整资本公积；资本公积不足冲减的，调整留存收益。

合并方以发行权益性证券作为合并对价的，应当在合并日按照被合并方所有者权益在最终控制方合并财务报表中的账面价值的份额作为长期股权投资的初始投资成本。按照发行股份的面值总额作为股本，长期股权投资初始投资成本与所发行股份面值总额之间的差额，应当调整资本公积；资本公积不足冲减的，调整留存收益。

非同一控制下的企业合并，购买方在购买日应当按照《企业会计准则第 20 号——企业合并》的有关规定确定的合并成本作为长期股权投资的初始投资成本。

合并方或购买方为企业合并发生的审计、法律服务、评估咨询等中介费用以及其他相关管理费用，应当于发生时计入当期损益。

6.2.3.1.2　其他方式取得的长期股权投资

以支付现金取得的长期股权投资，应当按照实际支付的购买价款作为初始投资成本。初始投资成本包括与取得长期股权投资直接相关的费用、税金及其他必要支出。

以发行权益性证券取得的长期股权投资，应当按照发行权益性证券的公允价值作为初始投资成本。与发行权益性证券直接相关的费用，应当按照《企业会计准则第 37 号——金融工具栏报》的有关规定确定。

通过非货币性资产交换取得的长期股权投资，其初始投资成本应当按照《企业会计准则第 7 号——非货币性资产交换》的有关规定确定。

通过债务重组取得的长期股权投资，其初始投资成本应当按照《企业会计准则第 12 号——债务重组》的有关规定确定。

6.2.3.2　长期股权投资的核算

投资方能够对被投资单位实施控制的长期股权投资应当采用成本法核算。投资方对联营企业和合营企业的长期股权投资，采用权益法核算。

6.2.4　投资性房地产

6.2.4.1　初始计量

投资性房地产按照成本进行初始计量。

（1）外购投资性房地产的成本，包括购买价款、相关税费和可直接归属于该资产的其他支出。

（2）自行建造投资性房地产的成本，由建造该项资产达到预定可使用状态前所发生的必要支出构成。

（3）以其他方式取得的投资性房地产的成本，按照相关会计准则的规定确定。

6.2.4.2　后续计量

公司期末采用成本模式对投资性房地产进行后续计量。

6.2.4.3 折旧或摊销

采用成本模式计量投资性房地产，采用与固定资产和无形资产相同方法计提折旧或进行摊销。

6.2.4.4 减值的处理

资产负债表日，若单项投资性房地产的可收回金额低于账面价值时，将资产账面价值减记至可收回金额，减记的金额确认为资产减值损失，计入当期损益，同时计提相应的资产减值准备。投资性房地产减值一经确认，在以后会计期间不再转回。

6.2.5 固定资产计价和折旧方法

6.2.5.1 固定资产的确认标准

固定资产是指同时具有下列特征的有形资产：

(1)为生产商品、提供劳务、出租或经营管理而持有的。

(2)使用年限超过一个会计年度。

6.2.5.2 固定资产取得时的实际成本进行初始计量

(1)投资者投入固定资产的成本，按照投资合同或协议约定的价值确定。

(2)非货币性资产交换、债务重组、企业合并和融资租赁取得的固定资产的成本，分别按照《企业会计准则第7号——非货币性资产交换》《企业会计准则第12号——债务重组》《企业会计准则第20号——企业合并》《企业会计准则第21号——租赁》确定。

6.2.5.3 固定资产的折旧方法

公司固定资产折旧采用平均年限法，并按固定资产原价，估计经济使用年限和预计残值率，分类别确定折旧。

固定资产类别	估计经济折旧年限（年）	预计残值率（%）	年折旧率（%）
房屋及建筑物	20～40	5.00	2.38～4.75
运输设备	5	5.00	19.00
电子设备	5	5.00	19.00
机器设备	5	5.00	19.00
办公家具	5	5.00	19.00

资产负债表日，有迹象表明固定资产发生减值的，按照账面价值与可收回金额的差额计提相应的减值准备。

6.2.6 无形资产

6.2.6.1 无形资产的计价

无形资产按其成本作为入账价值。内部研究开发项目研究阶段支出，于发生时计入当期损益。内部研究开发项目开发阶段的支出，同时满足下列条件的，确认为无形资产：

(1)完成该无形资产以使其能够使用或出售在技术上具有可行性。

(2)具有完成该无形资产并使用或出售的意图。

(3)无形资产产生经济利益的方式，包括能够证明运用该无形资产生产的产品存在市场或无形资产自身存在市场，无形资产将在内部使用的，可证明其有用性。

(4)有足够的技术、财务资源和其他资源支持，以完成该无形资产的开发并有能力使用或出售该无形资产。

(5)归属于该无形资产开发阶段的支出能够可靠地计量。

6.2.6.2 无形资产的摊销

使用寿命有限的无形资产采用直线法按预计使用年限、合同规定的受益年限和法律规定的有效年限三者中最短者分期摊销，按其受益对象分别计入相关资产成本和当期损益。使用寿命不确定的无形资产不予摊销，但在每个会计期末进行减值测试。

6.2.6.3 无形资产减值准备的确认标准和计提方法

期末对无形资产逐项进行检查，当存在以下减值迹象时估计其可收回金额，按可收回金额低于账面价值的差额计提无形资产减值准备：

(1)已被其他新技术等所替代，使其为企业创造经济利益的能力受到重大不利影响。

(2)某项无形资产的市价在当期大幅下降，在剩余摊销年限内预期不会恢复。

(3)某项无形资产已超过法律保护期限，但仍然具有部分使用价值。

(4)其他足以证明某项无形资产实质上已经发生了减值的情形。

无形资产减值准备一经计提，不予转回。

6.2.7 在建工程

在建工程同时满足经济利益很可能流入、成本能够可靠计量则予以确认。在建工程按建造该项资产达到预定可使用状态前所发生的实际成本计量。

在建工程达到预定可使用状态时，按工程实际成本转入固定资产。已达到预定可使用状态但尚未办理竣工决算的，先按估计价值转入固定资产，待办理竣工决算后再按实际成本调整原暂估价值，但不再调整原已计提的折旧。

资产负债表日，有迹象表明在建工程发生减值的，按照账面价值与可收回金额的差额计提相应的减值准备。

6.2.8 长期待摊费用的摊销政策

本公司长期待摊费用是指已经支出但受益期限在一年以上(不含一年)的各项费用。包括公司办公楼的装修费用，其摊销方法为直线法。

6.2.9 收入确认原则和方法

销售商品收入确认的确认标准及收入确认时间的具体判断标准：已将商品所有权上的主要风险和报酬转移给购买方；既没有保留与所有权相联系的继续管理权，也没有对已售出的商品实施有效控制；收入的金额能够可靠地计量；相关的经济利益很可能流入企业；相关的已发生或将发生的成本能够可靠地计量时，确认商品销售收入实现。

提供劳务交易的结果在资产负债表日能够可靠估计的(同时满足收入的金额能够可靠地计量、相关经济利益很可能流入、交易的完工进度能够可靠地确定、交易中已发生和将发生的成本能够可靠地计量)，采用完工百分比法确认提供劳务的收入，并按已完工作的测量确定提供劳务交易的完工进度。提供劳务交易的结果在资产负债表日不能够可靠估计的，若已经发生的劳务成本预计能够得到补偿，按已经发生的劳务成本金额确认提供劳务收入，并按相同金额结转劳务成本；若已经发生的劳务成本预计不能够得到补偿，将已经发生的劳务成本计入当期损益，不确认劳务收入。

让渡资产使用权在同时满足相关的经济利益很可能流入、收入金额能够可靠计量时，确认让渡资产使用权的收入。利息收入按照他人使用本公司货币资金的时间和实际利率计算确定；使用费收入按有关合同或协议约定的收费时间和方法计算确定。

利息收入金额，按照他人使用本企业货币资金的时间和实际利率计算确定。使用费收入金额，按照有关合同或协议约定的收费时间和方法计算确定。

信托报酬收入，在与信托业务相关的经济利益能够流入、收入的金额能够可靠计量的情况下，按有关合同、协议规定的时间和方法确认收入的实现。

6.2.10 所得税的会计处理方法

本公司所得税的会计处理当期所得税是按照当期应纳税所得额计算的当期应交所得税金额。应纳税所得额是根据有关税法规定对本年度税前会计利润作相应调整后得出。

本公司根据资产、负债于资产负债表日的账面价值与计税基础之间的暂时性差异，采用资产负债表债务法确认递延所得税。

6.3 或有事项说明

期末，公司对外担保余额4.49亿元。

6.4 资产负债表日后事项

根据公司2016年8月14日第三次临时股东大会决议和修改后的《公司章程》并经中国银行业监督管理委员会河北监管局冀银监局复［2016］236号批准文件，公司注册资本由200 000.00万元增至360 000.00万元，本次增资款分次到位。2017年2月24日，公司完成工商变更。

6.5 会计报表中重要项目的明细资料

6.5.1 披露自营资产经营情况

6.5.1.1 按信用风险五级分类结果披露信用风险资产的期初数、期末数

信用风险资产五级分类	正常类（万元）	关注类（万元）	次级类（万元）	可疑类（万元）	损失类（万元）	信用风险资产合计（万元）	不良资产合计（万元）	不良资产率（%）
期初数	448 253.00	22 091.00	10 503.00	—	—	480 847.00	10 503.00	1.64
期末数	793 392.00	38 721.00	19 493.00	—	—	851 606.00	19 493.00	1.72

注：不良资产合计=次级类+可疑类+损失类。

6.5.1.2 各项资产减值损失准备的期初数、本期计提、本期转回、本期核销、期末数

单位：万元

	期初数	本期计提	本期转回	本期核销	期末数
贷款损失准备	2 693.78	760.00	—	2 693.78	760.00
一般准备	—	—	—	—	—
专项准备	2 693.78	760.00	—	2 693.78	760.00
其他资产减值准备	—	—	—	—	—
可供出售金融资产减值准备	207.90	4 825.00	—	207.90	4 825.00
持有至到期投资减值准备	—	—	—	—	—
长期股权投资减值准备	—	—	—	—	—
坏账准备	165.93	62.84	—	165.93	62.84
投资性房地产减值准备	2 859.73	—	—	—	2 859.73

6.5.1.3 按照投资品种分类，分别披露固有业务股票投资、基金投资、债券投资、股权投资等投资业务的期初数、期末数

单位：万元

项目	自营股票	基金	债券	股权	理财产品	合计
期初数	2 054.99	25 107.90	—	50 905.00	249 366.00	327 433.89
期末数	2 455.52	29 882.86	—	87 903.94	298 845.48	419 087.80

6.5.1.4 按投资入股金额排序，前五名的自营长期股权投资的企业名称、占被投资企业权益的比例、主要经营活动及投资收益情况等（从大到小顺序排列）

企业名称	占被投资企业权益的比例（%）	主要经营活动	投资损益（万元）
—	—	—	

注：投资损益是指按照企业会计准则规定，核算股权投资确认损益并计入披露年度利润表的金额。

6.5.1.5 前五名的自营贷款的企业名称、占贷款总额的比例和还款情况等（贷款金额从大到小顺序排列）

企业名称	占贷款总额的比例（%）	还款情况
邯郸市博地房地产开发有限公司	33.48	尚未到期
深圳市创汇银建设发展有限公司	21.13	尚未到期
许昌三昌实业有限公司	20.68	尚未到期
深圳市满溢贸易有限公司	10.79	尚未到期
潍坊新华总部经济投资有限公司	8.99	尚未到期

6.5.1.6 表外业务的期初数、期末数；按照代理业务、担保业务和其他类型表外业务分别披露

单位：万元

表外业务	期初数	期末数
担保业务	44 867.46	44 867.46
代理业务（委托业务）	—	—
其他	—	—
合计	44 867.46	44 867.46

注：代理业务主要反映因客观原因应规范而尚未完成规范的历史遗留委托业务，包括委托贷款和委托投资。

无其他表外业务。

6.5.1.7 公司当年的收入结构（母公司口径、并表口径同时披露）

收入结构	金额（万元）	占比（%）
手续费及佣金收入	118 409.30	84.98
其中：信托手续费收入	118 053.83	84.72
投资银行业务收入	355.47	0.26
利息收入	10 902.28	7.82
其他业务收入	120.53	0.09
其中：计入信托业务收入部分	—	—

续表

收入结构	金额(万元)	占比(%)
投资收益	20 470.85	14.69
其中:股权投资收益	2 734.45	1.96
证券投资收益	8 514.35	6.11
其他投资收益	9 222.05	6.62
公允价值变动收益	-10 732.36	-7.70
营业外收入	169.81	0.12
收入合计	139 340.41	100.00

6.5.2 披露信托财产管理情况

6.5.2.1 信托资产的期初数、期末数

单位:万元

信托资产	期初数	期末数
集合	2 909 134.10	7 859 691.98
单一	17 635 051.92	24 964 363.38
财产权	1 073 093.10	1 813 602.30
合计	21 617 279.12	34 637 657.66

6.5.2.1.1 主动管理型信托业务的信托资产期初数、期末数,分证券投资类、股权投资类、融资类、事务管理类分别披露

单位:万元

主动管理型信托资产	期初数	期末数
证券投资类	—	—
股权投资类	461 380.00	129 885.80
融资类	4 469 080.50	2 367 220.90
事务管理类	167 770.00	105 800.00
合计	5 098 230.50	2 602 106.70

6.5.2.1.2 被动管理型信托业务的信托资产期初数、期末数,分证券投资类、股权投资类、融资类、事务管理类分别披露

单位:万元

被动管理型信托资产	期初数	期末数
证券投资类	197 318.90	729 236.30
股权投资类	1 121 915.60	1 106 090.10
融资类	13 175 255.40	25 943 519.20
事务管理类	2 024 558.72	4 255 905.36
合计	16 519 048.62	32 034 750.96

6.5.2.2 本年度已清算结束的信托项目个数、实收信托合计金额、加权平均实际年化收益率

6.5.2.2.1 本年度已清算结束的集合类、单一类资金信托项目和财产管理类信托项目个数、实收信托金额、加权平均实际年化收益率

已清算结束信托项目	项目个数(个)	实收信托合计金额(万元)	加权平均实际年化收益率(%)
集合类	35	2 297 980.90	8.80%
单一类	436	13 886 294.50	7.15%
财产管理类	5	388 563.90	5.71%

注:1. 收益率是指信托项目清算后,给受益人赚取的实际收益水平。

2. 加权平均实际年化收益率 =(信托项目 1 的实际年化收益率 × 信托项目 1 的实收信托 + 信托项目 2 的实际年化收益率 × 信托项目 2 的实收信托 + … + 信托项目 n 的实际年化收益率 × 信托项目 n 的实收信托)/(信托项目 1 的实收信托 + 信托项目 2 的实收信托 + … + 信托项目 n 的实收信托)×100%。

6.5.2.2.2 本年度已清算结束的主动管理型信托项目个数、实收信托合计金额、加权平均实际年化收益率,分证券投资类、股权投资类、融资类、事务管理类分别计算并披露

已清算结束信托项目	项目个数(个)	实收信托合计金额(万元)	加权平均实际年化信托报酬率(%)	加权平均实际年化收益率(%)
证券投资类	0	—	—	—
股权投资类	3	361 494.20	0.19	6.83
融资类	110	2 649 664.60	0.60	8.22
事务管理类	2	65 000.00	0.17	8.89

注:加权平均实际年化信托报酬率 =(信托项目 1 的实际年化信托报酬率 × 信托项目 1 的实收信托 + 信托项目 2 的实际年化信托报酬率 × 信托项目 2 的实收信托 + … + 信托项目 n 的实际年化信托报酬率 × 信托项目 n 的实收信托)/(信托项目 1 的实收信托 + 信托项目 2 的实收信托 + … + 信托项目 n 的实收信托)×100%。

6.5.2.2.3 本年度已清算结束的被动管理型信托项目个数、实收信托合计金额、加权平均实际年化收益率,分证券投资类、股权投资类、融资类、事务管理类分别计算并披露

已清算结束信托项目	项目个数(个)	实收信托合计金额(万元)	加权平均实际年化信托报酬率(%)	加权平均实际年化收益率(%)
证券投资类	4	103 940.00	0.48	11.50
股权投资类	5	903 769.50	0.24	10.82
融资类	322	8 324 500.50	0.30	8.05
事务管理类	30	4 164 470.50	0.13	4.55

6.5.2.3 本年度新增的集合类、单一类和财产管理类信托项目个数、实收信托合计金额

新增信托项目	项目个数(个)	实收信托合计金额(万元)
集合类	93	7 251 611.30
单一类	453	21 124 304.00
财产管理类	12	1 129 103.20
新增合计	558	29 505 018.50
其中:主动管理型	17	674 910.00
被动管理型	541	28 830 108.50

注:本年新增信托项目指在本报告年度内累计新增的信托项目个数和金额,包含本年度新增并于本年度内结束的项目和本年度新增至报告期末仍在持续管理的信托项目。

6.5.2.4 信托业务创新成果和特色业务有关情况

2016 年公司获批固有资产从事股权投资业务(PE)及特定目的信托受托机构(信贷资产证券化)两项业务资格,夯实了创新类业务的发展基础。

2016 年公司聚焦小微金融,设立了小微金融事业部,完成了小微业务核心系统的开发工作,搭建了信用类、抵押类两条小微业务条线,聚集了行业小微业务信息系统领域 4 名专家中的 2 名,积累了京东金融、分期乐、51 信用卡等一大批优质交易对手,成为行业第四个获批个人征信牌照的信托公司,截至 2016 年末,小微金融业务已累计实现业务规模 56.66 亿元,在业内有了相当的名气,小微系统过程管理能力跃居行业首位。

6.5.2.5 本公司履行受托人义务情况及因本公司自身责任而导致的信托资产损失情况(合计金额、原因等)

在本信托年度,公司作为受托人,严格遵守《信托法》《信托公司管理办法》等法律、法规以及公司规章制度,每一信托项目

分别开立了信托财产专用账户，对不同的信托资产单独进行管理和核算，公司管理的信托资产与固有资产由不同的部门和人员分别进行管理，信息隔离；同时，公司始终坚持诚实、信用、谨慎、有效管理的原则，牢固树立风险管理的理念，严格按照《信托合同》中约定的管理方式、权限，忠实地为委托人管理、运用及处分信托财产，保证了信托财产的安全完整和受益人的最大利益。

截至目前，公司无信托财产损失情况的发生。

6.6 关联方关系及其交易的披露

6.6.1 关联交易方的数量、关联交易的总金额及关联交易的定价政策等

单位：万元

	关联交易方数量	关联交易金额	定价政策
合计	20	1 639 288.10	公平的协议价格

6.6.2 关联交易方与本公司的关系性质、关联交易方的名称、法定代表人、注册地址、注册资本及主营业务等

序号	关系性质	关联方名称	法定代表人	注册地址	注册资本（万元）	主营业务
1	实际控制人	海航集团有限公司	陈峰	海口市美兰区国兴大道7号新海航大厦25层	6 000 000	航空运输及机场的投资与管理；酒店及高尔夫球场的投资与管理；信息技术服务；飞机及航材进出口贸易；能源、交通、新技术、新材料的投资开发及股权运作；境内劳务及商务服务中介代理（凡需行政许可的项目凭许可证经营）。
2	股东	海航资本集团有限公司	汤亮	海南省海口市海秀路29号	2 948 035	企业资产重组、购并及项目策划，财务顾问中介服务，信息咨询服务，交通能源新技术、新材料的投资开发，航空器材的销售及租赁业务，建筑材料、酒店管理，游艇码头设施投资。
3	同一控制	海航旅游集团有限公司	张岭	海口市美兰区国兴大道7号新海航大厦23层	1 750 000	酒店项目开发、管理；旅游项目投资和管理；装饰装修工程；建筑材料；家用电器、电子产品、通信设备的销售。
4	同一控制	海航地产集团有限公司	梁军	海口市美兰区国兴大道7号新海航大厦15层	530 000	投资管理，信息咨询服务，农业项目开发，财产租赁，室内外装饰装修工程，五金交电、建筑机械销售，房地产开发与经营，房地产销售，旅游项目开发及管理。
5	同一控制	海航商业控股有限公司	姜杰	北京市顺义区南法信镇府前街12号207室	760 000	项目投资及投资管理；货物进出口、技术进出口、代理进出口；专业承包；技术开发、技术咨询、技术服务、技术转让；设备租赁（汽车除外）；销售服装鞋帽、五金交电、日用杂品、文化体育用品、日用百货、珠宝首饰、针纺织品。
6	同一控制	大鹏航旅信息有限公司	蔡晓辉	海南省海口市国贸路2号时代广场21层	220 000	航旅信息服务，航旅信息技术软件开发及服务，航旅信息咨询服务；旅游服务、航空运输服务及代理，旅游及航空的投资管理；旅客、货物和邮件航空运输包机业务。
7	同一控制	海航基础产业集团有限公司	黄秋	海南省海口市琼山区琼州大道21号琼山商务局大楼三楼310号	1 719 391.44	建筑设计、基础设施建设的咨询；商业、酒店、机场、房地产的投资与管理；能源、新技术、新材料的投资开发；股权投资；旅游项目开发；农业项目开发。
8	同一控制	海航基础控股集团有限公司	梁军	海南省海口市龙华区滨海大道南洋大厦706房	2 553 574.08	建筑设计、基础设施建设的投资与咨询，商业、酒店、机场、房地产的投资与管理，能源、新技术、新材料的投资开发，旅游项目开发，农业项目开发。
9	同一控制	海航资产管理集团有限公司	穆先义	海南省海口市国贸大道45号银通国际中心28层	2 226 000	投资管理，企业管理，企业资产管理与咨询；投资财务顾问；股权投资，实业投资；承担各类型工业与民用建设项目的策划、管理，室内外装饰装修工程，酒店项目投资管理，高尔夫地产投资、赛事组织和策划，高尔夫旅游业服务及咨询服务，高尔夫球场投资，建筑材料、家用电器、电子产品、通信设备的销售。
10	同一控制	浦航租赁有限公司	童志胜	中国（上海）自由贸易试验区正定路530号A5库区集中辅助区三层318室	766 040	融资租赁业务；自有设施设备租赁；租赁交易咨询（经纪业务除外）；实业投资（股权投资除外）；财务咨询（代理记账业务除外）；向国内外购买融资租赁资产；从事与主营业务相关的货物进出口业务。（依法须经批准的项目，经相关部门批准后方可开展经营活动）。
11	同一控制	海航资本投资（北京）有限公司	李明碧	北京市朝阳区霄云路甲26号院2号楼23层	21 000	项目投资；投资管理；资产管理；投资咨询；经济贸易咨询；酒店管理。
12	同一控制	海航实业集团有限公司	赵权	北京市朝阳区建国路108号18层A区	1 357 974.08	项目投资；投资管理；企业管理；销售机械设备；机械设备租赁。
13	同一控制	天津渤海四号租赁有限公司	任卫东	天津自贸试验区（东疆保税港区）亚洲路6975号金融贸易中心南区1栋1门5014室-23	10	融资租赁业务；租赁业务；向国内外购买租赁财产；租赁财产的残值处理及维修；租赁交易咨询。
14	同一控制	大新华国际会议展览有限公司	陈小兵	北京市朝阳区东三环北路乙2号1幢12层1201室	5 000	会议及展览服务；组织文化艺术交流活动（不含演出）；公共关系服务；经济贸易咨询；汽车租赁；租赁舞台灯光音响设备；包装装潢设计；家居装饰；室内装饰工程设计；计算机技术培训；销售工艺品、建筑材料、体育用品、文具用品；设计、制作、代理、发布广告；票务代理；陆路、海上、航空国际货运代理。

续表

序号	关系性质	关联方名称	法定代表人	注册地址	注册资本（万元）	主营业务
15	同一控制	海航机场集团有限公司	梁军	海南省海口市海秀路29号海航发展大厦	1 003 740	机场投资，机场改造；机场运营管理与国内外航空运输有关的地面服务；机场管理咨询服务；仓储业（非危险品）；国内外航空运输业务的技术合作及咨询服务。
16	同一控制	海南乐游国际旅行社有限公司	吴永华	三亚市商品街东方大厦203室	5 000	入境旅游业务，国内旅游业务，出境旅游业务，销售：日用品、文化用品、体育用品、家用电器、电子产品、五金产品、家具、建筑材料、纺织品、服装。
17	同一控制	新华旅行网络服务有限公司	苏志一	北京市怀柔区迎宾中路36号四层4549号	5 000	销售化工产品；第二类增值电信业务中的信息服务业务（仅限互联网信息服务）；网站设计与开发、网页制作、电子商务网络技术服务与支持；网络系统集成；企业信息化咨询；票务代理、会议服务、代理发布广告；企业策划；承办展览展示；企业管理咨询；经济贸易咨询；技术开发；技术转让；技术咨询；技术服务；销售工艺美术品、日用品、服装、小饰品、鞋帽、洗涤用品、化妆品、卫生用品、摄影器材、玩具、家用电器、文化用品、五金交电、电子产品、通信设备、仪器仪表、机械设备、计算机、软件及辅助配件、塑料制品、金属制品、建筑材料、家具、新鲜水果、花卉（企业依法自主选择经营项目，开展经营活动；依法须经批准的项目，经相关部门批准后依批准的内容开展经营活动；不得从事本市产业政策禁止和限制类项目的经营活动）。
18	同一控制	海口渤海四号租赁有限公司	任卫东	海南省澄迈县老城经济开发区南一环路69号海口综合保税区联检大楼301房－4	10	融资租赁（金融租赁公司特有的经营内容除外）业务、租赁业务、租赁财产的残值处理及维修、租赁业务的咨询、向国内外购买租赁资产、货物及技术进出口。
19	同一控制	北京首都航空有限公司	胥昕	北京市顺义区后沙峪镇吉祥工业区5－1号	231 500	国内（含港澳台）、国际航空客货运输业务（公共航空运输企业经营许可证有效期至2018年6月24日）；公务机出租飞行、医疗救护飞行（不含诊疗活动）；航空器代管和直升机引航作业业务；保险兼业代理；销售工艺美术品、机械设备、化妆品、日用品、电子产品；货物进出口；机械设备租赁；技术服务；设计、制作、代理、发布广告；利用飞机模拟机提供训练业务（企业依法自主选择经营项目，开展经营活动；依法须经批准的项目，经相关部门批准后依批准的内容开展经营活动；不得从事本市产业政策禁止和限制类项目的经营活动）。
20	同一控制	长江租赁有限公司	任卫东	天津自贸试验区（空港经济区）环河南路88号2—2034室	679 000	国内外各种先进或适用的生产设备、通信设备、医疗设备、科研设备、检验检测设备、工程机械、交通运输工具（包括飞机、汽车、船舶）等机械设备及其附带技术的直接租赁、转租赁、回租赁、杠杆租赁、委托租赁、联合租赁等不同形式的本外币融资性租赁业务；自有公共设施、房屋、桥梁、隧道等不动产及基础设施租赁；根据承租人的选择，从国内外购买租赁业务所需的货物及附带技术；租赁物品残值变卖及处理业务；租赁交易咨询和担保业务；投资管理；财务顾问咨询；信息咨询服务；以自有资金对交通、能源、新技术、新材料及游艇码头设施进行投资；酒店管理。

6.6.3 逐笔披露本公司与关联方的重大交易事项

6.6.3.1 固有与关联方交易情况：贷款、投资、租赁、应收账款担保、其他方式等期初汇总数、本期借方和贷方发生额汇总数、期末汇总数

单位：万元

固有与关联方关联交易				
	期初数	借方发生额	贷方发生额	期末数
贷款	—	—	—	—
投资	—	—	—	—
租赁	—	—	—	—
担保	—	—	—	—
应收账款	—	—	—	—
其他	—	—	—	—
合计	—	—	—	—

6.6.3.2 信托与关联方交易情况：贷款、投资、租赁、应收账款、担保、其他方式等期初汇总数、本期借方和贷方发生额汇总数、期末汇总数

单位：万元

信托与关联方关联交易				
	期初数	借方发生额	贷方发生额	期末数
贷款	854 288.10	1 071 700.00	421 700.00	1 504 288.10
投资	150 000.00	85 000.00	100 000.00	135 000.00
租赁	—			—
担保	—			—
应收账款	—			—
其他	—			—
合计	1 004 288.10	1 156 700.00	521 700.00	1 639 288.10

6.6.3.3　信托公司自有资金运用于自己管理的信托项目（固信交易）、信托公司管理的信托项目之间的相互（信信交易）交易金额，包括余额和本报告年度的发生额

6.6.3.3.1　固有与信托财产之间的交易金额期初汇总数、本期发生额汇总数、期末汇总数

单位：万元

固有财产与信托财产相互交易			
	期初数	本期发生额	期末数
合计	88 681.62	37 527.62	126 209.24

注：以固有资金投资公司自己管理的信托项目受益权，或购买自己管理的信托项目的信托资产均应纳入统计披露范围。

6.6.3.3.2　信托项目之间的交易金额期初汇总数、本期发生额汇总数、期末汇总数

单位：万元

信托资产与信托财产相互交易			
	期初数	本期发生额	期末数
合计	—	—	—

注：以公司受托管理的一个信托项目的资金购买自己管理的另一个信托项目的受益权或信托项下资产均应纳入统计披露范围。

6.6.4　逐笔披露关联方逾期未偿还本公司资金的详细情况以及本公司为关联方担保发生或即将发生垫款的详细情况

无。

6.7　会计制度的披露

固有业务及信托业务均执行2006年财政部颁布及2014年修订的《企业会计准则》。

7. 财务情况说明书

7.1　利润实现和分配情况（母公司口径和并表口径同时披露）

经中兴财光华会计师事务所（特殊普通合伙）审计后，公司2016年实现利润总额85 032.25万元，扣除所得税17 616.20万元，净利润67 416.05万元，根据《信托公司管理办法》及公司章程规定，提取5%信托赔偿准备金3 370.80万元，根据《金融企业准备金计提管理办法》规定计提一般风险准备5 715.25万元，根据《公司法》提取法定盈余公积金6 741.60万元，期末可供股东分配的利润为77 867.34万元。

7.2　主要财务指标（母公司口径和并表口径同时披露）

指标名称	指标值
资本利润率（%）	11.95
加权年化信托报酬率（%）	0.33
人均净利润（万元）	309.25

注：1. 资本利润率＝净利润/所有者权益平均余额×100%。

2. 加权年化信托报酬率＝（信托项目1的实际年化信托报酬率×信托项目1的实收信托＋信托项目2的实际年化信托报酬率×信托项目2的实收信托＋…＋信托项目n的实际年化信托报酬率×信托项目n的实收信托）/（信托项目1的实收信托＋信托项目2的实收信托＋…＋信托项目n的实收信托）×100%。

3. 人均净利润＝净利润/平均人数。

4. 平均值采取年初、年末余额简单平均法。公式为：a（平均）＝（年初数＋年末数）/2。

7.3　对本公司财务状况、经营成果有重大影响的其他事项

无。

8. 特别事项简要揭示

8.1　前五名股东报告期内变动情况及原因

无。

公司于2016年9月26日向河北银监局报送了《渤海国际信托股份有限公司关于变更股权及调整股权结构的请示》（渤海信托[2016]149号），2016年10月14日河北银监局向公司下发了《河北银监局关于渤海国际信托股份有限公司变更注册资本变更股权及调整股权结构的批复》（冀银监复[2016]236号），同意公司的股东由海航资本集团有限公司、中国新华航空集团有限公司变更为3家，海航资本集团有限公司、中国新华航空集团有限公司及北京海航金融控股有限公司持股比例分别为51.23%、22.10%和26.67%。

8.2　董事、监事及高级管理人员变动情况及原因

2016年4月公司原董事会秘书任惊雷先生辞去董事会秘书职务，公司第一届董事会第八次会议审议通过了《关于渤海信托增加董事会秘书高管编制及聘任陈雷先生为公司董事会秘书的议案》，选举陈雷先生担任公司董事会秘书，其高管任职资格于2016年5年26日获得河北银监局的批复。

2016年7月公司原财务总监郭占刚先生辞去财务总监职务，公司第一届董事会第十次会议审议通过《关于聘任董丁丁先生担任公司财务总监的议案》，聘任董丁丁先生担任公司财务总监，其高管任职资格于2016年8年15日获得河北银监局的批复。

2016年11月公司总裁郑宏先生向董事会递交了辞职报告，申请辞去公司总裁职务，公司第一届董事会第十二次会议审议通过了《关于郑宏先生不再担任公司总裁的议案》《关于聘任马建军先生担任公司总裁的议案》，马建军先生的任期自聘任之日起至本届董事会任期届满，其高级管理人员任职资格需获得中国银行业监督管理委员会派出机构的核准。依据《中国银监会信托公司行政许可事项实施办法》第六十六条规定，经公司研究决定并报河北省银监局审批，马建军先生自2016年12月11日至2017年3月10日代为履行公司总裁职权。

2016年11月公司原董事郑宏先生向董事会递交了辞职报告，申请辞去董事职务，按照相关法规及《公司章程》规定，郑宏先生的辞职报告自送达董事会时生效。公司2016年第四次临时股东大会审议通过了《关于选举马建军先生担任公司董事的议案》，马建军先生的董事任期自聘任之日起至本届董事会届满，董事任职资格需获得中国银行业监督管理委员会派出机构的核准。

8.3　变更注册资本、变更注册地或公司名称、公司分立合并事项

公司于2016年9月26日向河北银监局报送了《渤海国际信托股份有限公司关于变更注册资本的请示》（渤海信托

[2016]150号),2016年10月14日河北银监局向公司下发了《河北银监局关于渤海国际信托股份有限公司变更注册资本变更股权及调整股权结构的批复》(冀银监复[2016]236号),同意公司的注册资本由200 000万元增至360 000万元。

8.4 公司的重大诉讼事项

燕港富源城案件,涉诉金额约3.8亿元,目前已取得生效判决,正处于执行阶段,项目担保措施充足,抵押物价值较高,未来通过处置抵押物不会给公司带来损失。

8.5 公司及其董事、监事和高级管理人员受到处罚的情况

公司及其董事、监事和高级管理人员报告期内未受到任何处罚。

8.6 银监会及其派出机构对公司检查后提出整改意见的,应简单说明整改情况

2016年10月24日到10月28日,河北银监局对公司2016年6月末的部分固有业务和信托业务及2015年现场检查整改意见的落实情况进行了现场检查。公司对河北银监局《关于渤海国际信托股份有限公司"两个加强""两个遏制"现场检查意见书》(冀银监发[2016]80号)中发现的问题和提出的监管意见高度重视,组织相关部门逐一核查问题产生的原因,并责任到人,限期整改,形成的整改报告已于2016年12月22日向河北银监局报送。

8.7 本年度重大事项临时报告的简要内容、披露时间、所披露的媒体及其版面

无。

8.8 银监会及其省级派出机构认定的其他有必要让客户及相关利益人了解的重要信息

无。

9. 公司监事会意见

监事会认为,本报告期内,公司决策程序合法,内部控制制度较为完善,没有发现公司董事、高级管理人员在执行公司职务时有违法违纪和损害委托人、受益人、公司及股东利益的行为。公司财务报告真实客观地反映了公司的财务状况和经营成果。

长安国际信托股份有限公司

1. 重要提示

1.1 本公司董事会及董事保证本报告所载资料不存在任何虚假记载、误导性陈述或者重大遗漏，并对其内容的真实性、准确性和完整性承担个别及连带责任。

1.2 公司独立董事强力、李成声明：保证本年度报告内容真实、准确、完整。

1.3 本公司2016年度财务报告经希格玛会计师事务所（特殊普通合伙）审计，并出具了标准无保留意见的审计报告。

1.4 公司董事长高成程、总裁崔进才及会计机构负责人马华声明：保证年度报告中财务会计报告的真实、完整。

2. 公司概况

2.1 公司简介

长安国际信托股份有限公司的前身为西安市信托投资公司，1986年8月经中国人民银行批准成立，系国有独资的非银行金融机构。1999年12月公司增资改制为有限责任公司。2002年4月，经中国人民银行总行批准，在信托业清理整顿中予以单独保留。2003年12月经中国银行业监督管理委员会陕西监管局批准，换发了新的中华人民共和国金融许可证。2008年1月，经中国银行业监督管理委员会批准，公司名称变更为西安国际信托有限公司，注册资本变更为3.6亿元。2009年12月经中国银行业监督管理委员会陕西监管局批准，公司注册资本变更为5.1亿元。2011年7月，经中国银行业监督管理委员会陕西监管局批准，公司注册资本变更为5.58亿元。2011年11月，经中国银行业监督管理委员会批准，公司整体变更并更名为长安国际信托股份有限公司，注册资本变更为7.5888亿元。2011年12月，经中国银行业监督管理委员会陕西监管局批准，公司注册资本变更为12.5888亿元。2014年3月，经中国银行业监督管理委员会陕西监管局批准，公司注册资本变更为13.46022857亿元。2016年2月，经中国银行业监督管理委员会陕西监管局批准，公司注册资本变更为33.3亿元。

2.1.1 公司法定中文名称：长安国际信托股份有限公司（简称长安信托）

公司法定英文名称：Chang'an International Trust Co.,Ltd.（缩写：CITC）

2.1.2 公司法定代表人：高成程

2.1.3 公司注册地址：西安市高新区科技路33号高新国际商务中心23~24层

公司邮政编码：710075

公司国际互联网网址：http://www.caitc.cn

2.1.4 负责信息披露事务人：董事会秘书 谷林强

信息披露事务联系人：李伦佳

联系电话：029-87990855

传　　真：029-87990856

电子信箱：lilunjia@caitc.cn

2.1.5 公司选定的信息披露报纸：《上海证券报》《金融时报》《证券时报》

2.1.6 公司年度报告备置地点：西安市高新区科技路33号高新国际商务中心24层

2.1.7 公司聘请的会计师事务所名称：希格玛会计师事务所（特殊普通合伙）

住　所：西安市高新路25号

2.1.8 公司聘请的律师事务所名称：北京市康达（西安）律师事务所

住　所：西安市雁塔区太白南路139号云图中心十五层

2.2 组织结构

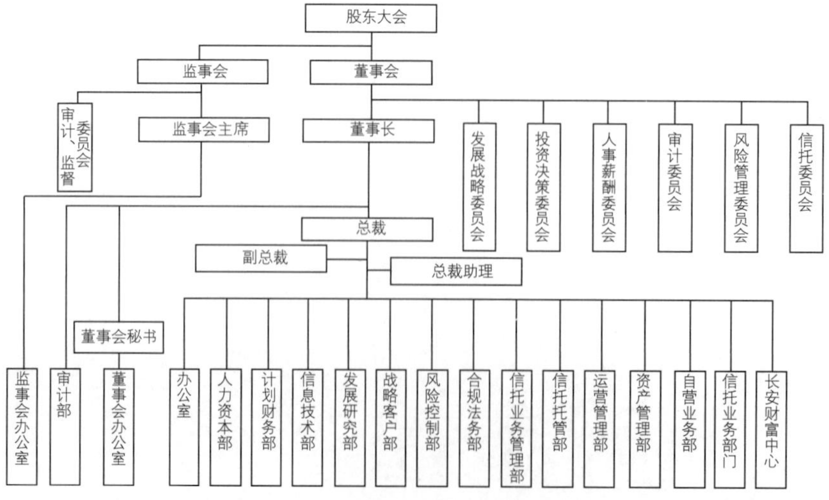

3. 公司治理

3.1 股东

报告期末股东总数	7					
持有本公司10%以上(含)股份的股东						
股东名称	年末持股数（万股）	持股比例（%）	法定代表人	注册资本（万元）	注册地址	主要经营业务
西安投资控股有限公司	134 662.21	40.44	巩宝生	512 494.33	西安市高新区科技五路8号数字大厦四层	投资业务;项目融资;资产管理;资产重组与购并;财务咨询等
上海淳大资产管理有限公司	72 605.22	21.80	耿双华	252 000.00	上海市浦东新区长柳路100号一层G室	实业投资;投资管理咨询;企业管理咨询等
上海证大投资管理有限公司	51 938.66	15.60	朱南松	200 000.00	上海市浦东新区民生路1199弄1号16层1908室	投资管理;企业资产委托管理;资产重组;收购兼并等
上海景林投资发展有限公司	48 922.83	14.69	蒋锦志	100 000.00	上海市浦东新区杨园南路116号3幢222室	资产经营管理(除金融业务),实业投资,企业管理咨询等

3.2 董事、独立董事

姓名	职务	性别	年龄	选任日期	所推举的股东名称	所推举的股东持股比例(%)	简要履历
高成程	董事长	男	48	2015年4月24日	西安投资控股有限公司	40.44	曾任西安市国际信托投资公司投资租赁部副主任、主任,西安市生产资金管理分局副局长,西安市经济技术投资担保有限公司副总经理、总经理,西安国际信托有限公司董事长;现任长安国际信托股份有限公司董事长。
赵泉	董事	男	46	2016年1月6日	西安投资控股有限公司	40.44	曾任西安市62中学、55中学教师,西安市灞桥区投资服务中心主任科员,中共市委办公厅主任科员,西安市财政局办公室副主任、主任,陕西省信用再担保有限责任公司总经理;现任西安投资控股有限公司总经理。
柳志伟	董事	男	49	2015年4月24日	上海淳大资产管理有限公司	21.80	曾任海南汇通国际信托投资有限公司董事长助理,长城证券有限责任公司投资银行部总经理,国信证券有限责任公司收购兼并部总经理,新疆汇通(集团)股份有限公司总经理、董事、董事长、监事长,西安国际信托有限公司董事、监事;现任上海淳大资产管理有限公司董事长。
朱南松	董事	男	50	2015年4月24日	上海证大投资管理有限公司	15.60	1992年开始从事证券投资工作,1994年作为主要创始人参与创建上海证大投资管理有限公司,历任多家上市和非上市公司董事;现任上海证大投资管理有限公司董事长。
蒋锦志	董事	男	49	2015年4月24日	上海景林投资发展有限公司	14.69	曾就职于深圳证券交易所、国信证券,曾任深圳正达信投资有限公司CEO,粤海证券(香港)有限公司董事长;现任上海景林投资发展有限公司董事长。
章击舟	董事	男	40	2015年4月24日	陕西鼓风机(集团)有限公司	6.11	曾任天健会计师事务所业务发展部总经理,上海和山投资顾问有限公司执行董事、总裁;现任陕西鼓风机(集团)有限公司财务投资顾问。
强 力	独立董事	男	55	2015年4月24日	董事会	—	曾任西北政法学院经济法系、法学二系副主任、主任;现为西北政法大学经济法学院院长,中国银行法学研究会副会长,中国证券法学研究会常务理事,陕西省法学会金融法学研究会会长,陕西省金融学会常务理事。
李 成	独立董事	男	60	2015年4月24日	西安投资控股有限公司	40.44	曾任陕西财经学院金融系教授;现任西安交通大学经济与金融学院金融系教授、博导,全国金融专业学位研究生教指委员,陕西省金融学会副秘书长。

姓名	所在单位及职务	性别	年龄	选任日期	所推举的股东名称	所推举的股东持股比例(%)	简要履历
强 力	西北政法大学、教授	男	55	2015年4月24日	董事会	—	曾任西北政法学院经济法系、法学二系副主任、主任;现为西北政法大学经济法学院院长,中国银行法学研究会副会长,中国证券法学研究会常务理事,陕西省法学会金融法学研究会会长,陕西省金融学会常务理事。
李 成	西安交通大学、教授	男	60	2015年4月24日	西安投资控股有限公司	40.44	曾任陕西财经学院金融系教授;现任西安交通大学经济与金融学院金融系教授、博导,全国金融专业学位研究生教指委员,陕西省金融学会副秘书长。

3.3 监事

姓名	职务	性别	年龄	选任日期	所推举的股东名称	所推举的股东持股比例(%)	简要履历
刘峥嵘	监事会主席	男	57	2015年4月24日	西安投资控股有限公司	40.44	曾任西安国际信托投资有限公司部门副主任、主任，西安国际信托有限公司副总经理、监事长；现任长安国际信托股份有限公司监事会主席。
耿双华	监事	男	36	2015年4月24日	上海淳大资产管理有限公司	21.80	曾任上海德茂投资管理有限公司项目经理，上海淳大投资有限公司项目经理，新疆汇通（集团）股份有限公司总裁助理，上海淳大酒店投资管理有限公司投资总监；现任上海淳大资产管理有限公司法定代表人、总经理。
陈献春	监事	男	51	2016年9月12日	上海证大投资管理有限公司	15.60	曾任上海证大投资管理有限公司基金经理、研究部副总经理、资产管理部副总经理、风控合规部总经理；现任上海证大投资管理有限公司总裁助理、投资总监。
刘明学	监事	男	55	2015年4月24日	西安高新技术产业开发区科技投资服务中心	0.97	曾任陕西省机械进出口公司、西安高新区生产力促进中心任会计主管；现任西安高新区管委会会计核算服务中心综合管理部部长。
刘　静	职工代表监事	女	47	2015年4月24日	—	—	曾任西安国际信托投资有限公司投资银行部投资经理、投资银行部副总经理、信托二部副总经理；现任长安国际信托股份有限公司审计部总经理。
白伏波	职工代表监事	男	59	2015年4月24日	—	—	曾任西安国际信托有限公司业务部主任、信托部主任、自营部副总经理、办公室副主任；现任长安国际信托股份有限公司监事会秘书、监事会办公室主任、办公室主任。

3.4 高级管理人员

姓　名	职　务	性别	年龄	选任日期	金融从业年限(年)	学历	专业	简要履历
崔进才	总裁	男	48	2015年4月24日	27	硕士	货币银行学	曾任中信银行总行信贷管理部，公司业务管理部，零售银行业务总部总经理助理、副总经理、总经理等职，在中信资产管理有限公司任董事、副总经理、业务审查委员会主任、资产收购处置定价小组长，西安国际信托有限公司董事、总经理；现任长安国际信托股份有限公司总裁。
陈　英	常务副总裁	男	47	2015年4月24日	22	本科	金融	曾任中信银行总行信贷管理部副经理、审查部副总经理，中信银行公司银行总部信贷业务部副总经理、公司产品发展部总经理，中信银行青岛分行行长助理、副行长；现任长安国际信托股份有限公司常务副总裁。
徐　立	副总裁	男	57	2015年4月24日	37	本科	中文	曾任广东发展银行广州开发区办事处（分行级）主任，国内业务部副总经理，总行营业部负责人，个人业务部总经理，曾在中信银行广州分行担任行长助理兼公司部副总经理；现任长安国际信托股份有限公司副总裁。
瞿文康	副总裁	男	50	2015年4月24日	30	硕士	经济管理	曾在西安市财政局、西安市国际信托投资有限公司工作，曾任西安市生产资金管理分局副主任、主任，西安市经济技术投资担保有限公司计财部主任、财务总监、公司副总经理兼财务负责人；现任长安国际信托股份有限公司副总裁。
黄海涛	副总裁	男	49	2015年4月24日	28	工商管理硕士	工商管理	曾任陕西省邮政储汇局局长助理，商洛市邮政局副局长，陕西省邮政储汇局副局长，中国邮政储蓄银行陕西省分行副行长，中邮证券有限责任公司总经理；现任长安国际信托股份有限公司副总裁。
唐乾山	副总裁	男	52	2015年4月24日	5	EMBA硕士	高级工商管理	曾任深圳中华会计师事务所项目经理，新疆汇通（集团）股份有限公司财务总监，上海淳大资产管理有限公司总经理；现任长安国际信托股份有限公司副总裁。
喻福兴	副总裁	男	49	2015年4月24日	29	本科	信息技术应用与管理	曾任建行浙江省信托投资有限公司信贷科科长，金信信托投资有限公司信托业务二部副经理，平安信托投资有限公司浙江营销中心总经理助理，长安国际信托股份有限公司信托六部总经理、总裁助理；现任长安国际信托股份有限公司副总裁。
胡　鹏	总裁助理	男	41	2015年4月24日	13	硕士	金融	曾任山西省国家安全厅二处任科员，中国对外经济贸易信托投资有限公司投资银行部信托经理、信托业务总监；现任长安国际信托股份有限公司总裁助理。
王方军	总裁助理	男	47	2015年4月24日	26	本科	经济信息管理	曾任中国人民银行青海省分行办公室、外汇管理处副主任科员，中国人民银行西安分行非银处信托公司监管科科长，陕西银监局非银处信托科、现场检查四处非银科、非银处现场和财务公司监管科负责人；现任长安国际信托股份有限公司总裁助理。
黄立军	总裁助理	男	40	2015年4月24日	11	硕士	货币银行学	曾任安信证券研究中心任金融分析师，宏源证券研究所行业公司部主管、公司战略小组成员、所长助理、副所长；现任长安国际信托股份有限公司总裁助理。
万　刚	总裁助理	男	43	2015年4月24日	19	硕士	应用经济学	曾任建行青岛市分行财会处、会计部、营运管理部科员，副经理、总经理助理、副总经理，中信银行青岛分行会计部、营业部总经理，长安国际信托股份有限公司长安财富中心总经理；现任长安国际信托股份有限公司总裁助理。

续表

姓 名	职 务	性别	年龄	选任日期	金融从业年限(年)	学历	专业	简 要 履 历
姜 燕	总裁助理	女	42	2016年3月28日	17	硕士	国际金融	曾任中信银行总行客户经理、高级信审经理、分行信用审查部经理,美林国际(MERRILL LYNCH INTERNATIONAL)、伦敦、固定收益副总裁,花旗集团(CITI-GROUP)、伦敦、固定收益副总裁,长安国际信托股份有限公司投资总监、家族信托事业部总监;现任长安国际信托股份有限公司总裁助理。
谷林强	董事会秘书	男	50	2015年4月24日	22	本科	管理科学	曾任陕西商业专科学校校长办公室秘书,长安国际信托股份有限公司投资银行部副总经理、证券业务部总经理、控股子公司总经理、自营业务部副总经理;现任长安国际信托股份有限公司董事会秘书、董事会办公室主任。

3.5 公司员工

项目		报告期年度		上年度	
		人数(人)	比例(%)	人数(人)	比例(%)
年龄分布	25岁以下	6	0.96	3	0.50
	25~29岁	168	27.01	138	23.10
	30~39岁	317	50.96	318	53.30
	40岁以上	131	21.06	138	23.10
学历分布	博士	10	1.61	7	1.20
	硕士	321	51.61	298	49.90
	本科	253	40.68	247	41.40
	专科	38	6.11	45	7.50
	其他	0	0	0	0
岗位分布	董事、监事及高管	16	2.57	12	2.00
	自营业务人员	4	0.64	4	0.70
	信托业务人员	262	42.12	260	43.60
	其他人员	340	54.66	321	53.80

4. 经营管理

4.1 经营目标、经营方针、战略目标

4.1.1 经营目标

公司积极创新业务模式及产品服务,不断拓展新的业务领域,做大做强信托业务,持续扩大管理资产规模,全面提升综合金融服务能力,力争使公司成为具有核心竞争力和特色明显的专业资产管理和财富管理机构,为客户提供更优质、更个性化的金融理财服务,为委托人和受益人的财富管理和财富增值作出贡献。

4.1.2 经营方针

公司坚持诚信、专业、稳健、创新的经营管理原则,以全面满足客户的投融资需求为目标,以提升自主管理能力为着力点,以增强风险控制能力和专业人才队伍建设为保障,通过持续推进业务和产品创新,不断完善产品和客户服务体系,为客户提供专业、诚信的综合金融服务。

4.1.3 战略目标

公司的战略愿景是将公司打造为专注于资产管理和财富管理的领先金融服务商。围绕"私募投行、资产管理、财富管理"三大核心业务板块,公司的战略目标为:一是紧密服务实体经济,提升专业化运作能力,推进业务模式向投行化转型,聚焦基础设施及产业升级领域的融资需求,为客户提供专业的投融资中介服务;二是提升细分领域的专业资产管理能力,弥补资本市场短板,培育另类特色,整合内外部资源,构建综合性的资产管理平台,实现管理资产规模的持续增长;三是推动财富管理业务的转型,以满足客户的需求为核心,通过提供全面的资产配置服务,帮助客户实现财富的保值增值及传承。

4.2 所经营业务的主要内容

4.2.1 自营资产运用与分布情况

自营资产运用与分布表

资产运用	金额(万元)	占比(%)	资产分布	金额(万元)	占比(%)
货币资金	107 603.54	14.56	房地产	1 492.54	0.20
贷款及应收款	77 985.87	10.55	金融机构	475 948.64	64.39
交易性金融资产	199 960.75	27.05	实业	27 394.78	3.71
可供出售金融资产	242 904.48	32.86	证券市场	183 917.24	24.88
持有至到期投资	1 785.54	0.24	基础设施	5 000.00	0.67
买入返售金融资产	18 070.79	2.45	其他	45 434.30	6.15
长期股权投资	30 556.82	4.13			
其他	60 319.71	8.16			
资产总计	739 187.50	100.00	资产总计	739 187.50	100.00

4.2.2 信托资产运用与分布情况

信托资产运用与分布表

资产运用	金额(万元)	占比(%)	资产分布	金额(万元)	占比(%)
货币资产	557 982.37	1.52	基础产业	7 657 394.40	20.80
贷款	17 187 742.39	46.69	房地产	3 418 278.78	9.29
交易性金融资产	3 059 657.60	8.31	证券市场	3 487 910.78	9.47
可供出售金融资产	2 300 588.43	6.25	实业	14 159 993.15	38.46
买入返售金融资产	6 347 690.55	17.24	金融机构	2 420 780.35	6.58
持有至到期投资	3 317 189.28	9.01	其他	5 668 387.32	15.40
长期股权投资	2 312 459.31	6.28			
其他	1 729 434.84	4.70			
信托资产总计	36 812 744.77	100.00	信托资产总计	36 812 744.77	100.00

4.3 市场分析

4.3.1 影响本公司业务发展的有利因素

在财富持续积累和财富管理需求日益强烈的大背景下，信托行业的发展前景依然光明。随着国内高收入群体数量快速增长和国民可支配收入持续增加，国内财富管理需求呈现快速增长的趋势，投资者对于拓展投资渠道、提高投资收益的需求越发强烈，这为信托行业提供了广阔的发展空间。公司成立30年来，在全国培育了一批忠诚的高净值客户，与众多机构建立了战略合作关系，成为促进公司长远发展的重要基础。随着“一带一路”战略的稳步推进、中国（陕西）自由贸易试验区获批、西安全面创新改革试验加快推进，为业务开展提供了良好机遇。2016年末召开的信托年会正式提出八大信托业务分类，确立了信托行业的业务体系，支撑行业发展的业务体系、保障体系及监管体系都得以明确，信托行业作为独立金融子行业的地位将得以进一步稳定和巩固，有利于保障信托行业的长期稳定发展。

4.3.2 影响本公司业务发展的不利因素

2016年，宏观经济复苏缓慢，我国经济增长仍然处于L形底部区域；实体经济增速低位运行，实体经济的盈利状况和投资需求难以有效改善；金融市场震荡调整，融资利率持续下行；资管行业竞争进一步加剧，资产荒现象仍将长期存在，投资环境持续低迷以及违约风险的加大，这些因素都对深入推进转型发展阶段的信托行业形成更为严峻的挑战。同时，信托行业分化日益加剧，两极分化程度不断加深。

4.4 内部控制

4.4.1 内部控制环境和内部控制文化

为保证公司规范运作，有效防范和化解经营风险，公司按照《公司法》《信托公司治理指引》等相关法律、法规的要求，建立了股东大会、董事会、监事会和高级管理层为核心的法人治理结构。公司的股东大会、董事会、监事会和高级管理层各司其职，各层面按照法律法规的有关规定和“三会分设、三权分开、有效制约、协调发展”的原则，独立决策、执行和监督。

公司内部控制建设的总体目标是遵循法律法规及监管规定，保证公司经营合法合规；有效整合资源，确保经济、高效地实现公司目标；建立健全内部控制制度，做到有规可循；保障各项业务有序进行、信息传递畅通无误；保障公司资产安全及财务报告质量。

4.4.2 内部控制措施

2016年，公司将制度建设及流程梳理纳入内控体系，在上年初步评估和建设的基础上，结合德勤华永会计师事务所的咨询建议，持续推进本年的内控体系建设。一是以制度形式对内控成果予以固化，制定了《内部控制制度》《内控手册》《内控评价手册》，对内控体系、内控基本要求、内控职责等进行了原则性规定；二是加强制度管理、流程管理。制定了《规章制度管理办法》《流程管理办法》，并建立了线上“制度库”，统筹归类管理各项制度、流程；三是对公司内部控制流程进行梳理和优化，在公司治理、信托项目管理、固有项目管理、财富业务管理、财务管理、综合管理、信息系统7大模块、34个子项中形成了有针对性的管理制度及管控流程，通过全面内控管理体系确保公司整体经营管理在规范、可控、有序的框架下进行。

4.4.3 信息交流与反馈

公司在与外部信息交流方面，一是根据监管相关要求及时报备业务方案，汇报公司管理、经营情况及监管政策执行情况；二是树立良好外部形象，通过公司网络及时更新和发布了公司动态、产品推介、信息披露等方面信息；三是通过400免费客户电话、96668理财热线、长安财富微信平台等方式向客户介绍推介产品信息，解答疑问；四是借助公司内刊《信长安》向客户及合作伙伴传递公司声音。

公司在内部信息交流方面，一是通过总裁办公会、季度工作会、信托业务管理例会等各种会议和行业业务动态及信托业务月报、公司业务审批月报、工作周报等各种内部文件，加强公司各部门之间的沟通，并快速解决业务和管理中出现的问题；二是通过公司OA系统、门户网站、视频会议系统等信息化平台建设工作的推动，公司内部交流的便利性、保密性进一步加强。

4.4.4 监督评价与纠正

公司建立了多层次的内控监督体系：监事会依法履行监督职能，对公司董事、高级管理层履职情况进行监督；董事会下设各专业委员会不定期召开会议，检查监督内部控制体系的运行情况；审计部对公司各项经营活动及内部控制制度的执行情况进行检查和评价，提出改进建议并督导落实整改。

4.5 风险管理

4.5.1 风险管理概况

4.5.1.1 风控政策

公司按照“全员、全流程、全业务”的思路实施全面风险管理，先后出台了《全面风险管理制度》《全面风险管理手册》《全面风险管理小组工作管理规定》，使制度覆盖了管理的各个层面，对公司风险管理架构进行了全面梳理，搭建了全面风险管理体系。

针对公司核心的业务风险管理，公司主要从业务准入、期间管理及兑付管理三个环节进行严控，提升业务风险管理质效。

业务准入方面，一是结合对外部经济形势的判断，公司于年初按照“严控风险、有序转型、积极创新、有进有退”的原则出台了覆盖政府融资平台、房地产、一级资本市场、二级资本市场、家族信托、通道类业务等八大细分业务领域的风险管理指引；二是为促进一级资本市场业务有序开展，结合业务开展情况，出台了《一级资本市场投资业务风险管理指引》，从展业思路、合作主体准入、尽职调查规范和期间运行管理四个方面，为业务开展提供投前、投中、投后全方位的指导与规范；三是针对业务开展过程中出现的新情况及时调整风险管理要求，快速响应市场变化，2016年内出台了《政府投资基金方案设计要点》等业务指引，加强重点领域的风险管理。

期间管理方面，一是公司全面、系统地梳理了覆盖所有业务类型的期间管理工作，从制度、流程、数据管理、规定动作等方面进行完善，通过制定《信托项目全面期间管理指引》、修订《金融统计管理办法》，实现信托业务档案统一管理以及建立投资权益类项目内部信息互通机制等强化期间管理，真正做到将原来分散割裂在各业务部门和管理部门的期间管理工作，从实操层面统筹起来，防范期间管理操作风险和受托人履职风险；二是公司按照“集中运营、规范管理”的思路推进大运营体系建设，将原多个部门涉及的期间管理工作进行整合，实现对所有信托项目的集中统一管理，提升公司整体期间管理水平。

兑付管理方面，公司出台了《非重点集合融资类信托项目兑付管理细则》，明确项目进入兑付期后的管理操作要求，通过日常风险监控和专项排查确保项目正常兑付。此外，按照项目风险等级不同，修订了《重点项目管理细则》，细化重点项目管理流程、明确相关部门责任，加强对重点项目的风险管理，兑付管理规范性得到提升。

4.5.1.2 风控体系

在现有组织架构基础上，公司按照“权责明确、合理制衡、信息沟通顺畅”的原则，从全面风险管理的角度，搭建职责清晰的风险管理组织架构，具体可描述为“三道防线”。

第一道防线由公司经营层搭建，具体包括全面风险管理小组各成员部门、全面风险管理小组、总裁办公会。其中全面风险管理小组各成员部门围绕公司经营过程中的战略、业务、人事、财务、信息技术，在各自职责范围内进行风险监控，督促各项风险管理措施落实到位，是风险管理的具体实施主体。全面风险管理小组组织协调各成员部门开展风险管理工作，评估公司风险管理现状，是风险管理的组织、评估主体。总裁办公会就风险管理的有效性对董事会负责，是第一道防线的最高决策机构。

第二道防线由董事会、监事会及董事会下属的风险管理委员会、审计委员会搭建，其中风险管理委员会督促经营层识别、计量、监测和控制经营过程中的各类风险，对经营层的风险管理情况进行评估，是对第一道防线管理情况的评估主体；审计委员会作为内审监督主体，对第一道防线管理的有效性进行内部审计监督；董事会就风险管理的有效性对股东大会负责，是公司风险管理战略的制定主体；监事会定期获取风险管理报告及其他重大报告，是风险管理的监督主体。

第三道防线由股东大会搭建，股东大会负责决定公司中长期发展战略、修改公司章程、审批董事会相关报告，从发展方向、顶层设计、风险管理监督方面对公司重大事项进行决策，是公司风险管理战略的决策主体。

4.5.2 风险状况

4.5.2.1 信用风险

信用风险主要表现为公司交易对手不能履行合约义务从而导致公司资产价值发生变动遭受损失带来的风险。

4.5.2.2 市场风险

市场风险主要表现为因市场价格——利率、汇率、股票价格和商品价格等的不利变动而使公司的表内和表外业务发生损失的风险。具体表现为经济运行周期变化风险、金融市场利率波动风险、通货膨胀风险、房地产交易风险、证券市场、货币市场交易风险等。这些风险的存在不但影响信托财产的价值以及信托收益水平，也将影响公司由于资产负债结构不匹配等而导致公司整体的、当前和未来收入的损失。

4.5.2.3 操作风险

操作风险主要是指公司内部控制、系统及运营过程中的错误、疏忽或外部事件而可能引起潜在损失的风险。具体表现在信息系统还不够全面及时，风险评估、风险管理的程序和结构还不够完善，以及人员操作不规范和责任心不强等方面。

4.5.2.4 其他风险

其他风险主要是指公司业务开展中的合规性风险、政策风险、公司信誉风险、人员道德风险等。

4.5.3 风险管理

4.5.3.1 信用风险管理

公司信用风险管理措施完善，其中融资类业务管理方面，通过加强与政府融资平台公司合作力度、提升房地产主动管理能力、深化同业合作、压缩民营企业合作规模等方式，稳步改善业务结构，严控融资类业务交易对手信用风险；投资类业务管理方面，制定的业务指引中明确了合作机构准入标准，并在期间管理制度中对合作机构合作期间的服务质量进行监控，加强合作机构的信用风险管理。

4.5.3.2 市场风险管理

市场风险管理主要体现在两个方面：一是建立市场风险监测机制，明确由风险控制部针对业务开展实际情况提出市场风险研究需求，发展研究部对具体需求进行跟踪、分析，定期形成研究报告；二是建立市场风险应对机制，由风险控制部会同自营业务部、证券投资部、固定收益部等市场风险相关管理主体对研究报告进行讨论，形成一致的判断意见，共同采取风险管理措施防范市场变化对投资标的价值的影响。

4.5.3.3 操作风险管理

操作风险涉及的方面较多，分布在业务经营的各个环节。一是在管理体系上，公司通过聘请外部专业机构对公司内控体系进行全面梳理评估，建立了规范、可控的内控管理体系，防范管理过程中的操作风险。同时，在建立内控体系的基础上，通过制度梳理、流程优化不断对内控体系进行完善，确保公司整体管理在规范、可控、有序的框架下进行；二是重点针对期间管理过程中的操作风险，推动相关期间管理部门职能整合，实现对所有信托项目的统一归口管理，从组织职责设置角度防范因多头管理、职责界定不清造成的管理操作风险。同时，全面、系统地梳理了覆盖所有业务类型的期间管理工作，从制度、流程、数据管理、规定动作梳理等方面进行完善，通过制定《信托项目全面期间管理指引》、修订《金融统计管理办法》，实现信托业务档案统一管理以及建立投资权益类项目内部信息互通机制等强化期间管理，真正做到将原来分散割裂在各业务部门和管理部门的期间管理工作，从实操层面统筹起来，防范期间管理操作风险和受托人履职风险；三是加强公司对各部门操作执行情况的审计监督，通过对审计发现问题的跟踪整改，不断完善操作漏洞，提升管理的质量。同时，加大对发现的问题的责任追究力度，加强制度执行的严肃性，对操作犯规行为起到警示作用。

4.5.3.4 其他风险管理

公司强化全员的合法合规经营意识，持续关注有关法律、法规的最新变化，正确理解和准确把握其内涵，并及时对业务程序和操作指引进行梳理和修订；加强职业道德教育，增强员工的工作责任心。

4.5.3.5 净资本管理

2016 年末，公司净资本风险控制指标为：净资本 45.79 亿元，各项业务风险资本之和 24.10 亿元，净资本/各项业务风险资本之和为 190%，净资本/净资产为 82%。2016 年，公司积极调整优化资产和业务结构，净资本各项监管指标均达到监管要求。

4.6 企业社会责任

公司始终坚持依法合规、诚信经营，不断改进和完善风险管理体系、提升风险管理能力，积极支持地方经济发展，关注并践行社会公益、热心慈善事业，支持倡导绿色环保办公。公司严格按照法律、行政法规的规定，遵守社会公德、商业道德，诚实守信，接受政府和社会公众的监督，不断提升和完善企业的价值观，将追求良好人文环境的价值取向传达给社会大众，促进社会的进步。

4.7 消费者权益保护

以“一区双录”工作为抓手，积极推进公司消保制度和员工销售行为管理的长效机制建设。公司成为省内乃至全国信托行业中较早执行银监会“一区双录”新规的金融机构。持续推动公司全面风险管理体系建设，明确风险管理理念、风险管理组织架构、建立风险管理评估、报告和反馈机制，将消费者核心权益保护落到实处。2016 年陆续制定下发了《全面风险管理制度》《一级资本市场投资业务期间管理办法》《举牌及收并购信托业务管理细则》等多个业务管理制度。公司积极参与政府部门、监管机构、消费者组织、行业协会等开展的金融消费者教育活动。2016 年精心组织实施了“3·15”主题宣传活动、打非宣传活动、“电影进社区”宣传活动及“金融知识普及月”及“金融知识进万家”等一系列宣传活动。2015 年消保工作考评得到监管机构的高度认可，公司考评结果为一级。

5. 报告期末及上一年度末的比较式会计报表

5.1 自营资产

5.1.1 会计师事务所审计意见全文

审计报告

希会审字(2017) 0206 号

长安国际信托股份有限公司全体股东：

我们审计了后附的长安国际信托股份有限公司(以下简称贵公司)固有财务报表，包括 2016 年 12 月 31 日的资产负债表，2016 年度的利润表、现金流量表和所有者权益变动表以及固有财务报表附注。

一、管理层对固有财务报表的责任

编制和公允列报固有财务报表是贵公司管理层的责任，这种责任包括：(1)按照企业会计准则的规定编制固有财务报表，并使其实现公允反映；(2)设计、执行和维护必要的内部控制，以使固有财务报表不存在由于舞弊或错误导致的重大错报。

二、注册会计师的责任

我们的责任是在执行审计工作的基础上对固有财务报表发表审计意见。我们按照中国注册会计师审计准则的规定执行了审计工作。中国注册会计师审计准则要求我们遵守中国注册会计师职业道德守则，计划和执行审计工作以对固有财务报表是否不存在重大错报获取合理保证。

审计工作涉及实施审计程序，以获取有关固有财务报表金额和披露的审计证据。选择的审计程序取决于注册会计师的判断，包括对由于舞弊或错误导致的固有财务报表重大错报风险的评估。在进行风险评估时，注册会计师考虑与固有财务报表编制和公允列报相关的内部控制，以设计恰当的审计程序，但目的并非对内部控制的有效性发表意见。审计工作还包括评价管理层选用会计政策的恰当性和作出会计估计的合理性，以及评价固有财务报表的总体列报。

我们相信，我们获取的审计证据是充分、适当的，为发表审计意见提供了基础。

三、审计意见

我们认为，贵公司固有财务报表在所有重大方面按照企业会计准则的规定编制，公允反映了贵公司固有业务 2016 年 12 月 31 日的财务状况以及 2016 年度的经营成果和现金流量。

希格玛会计师事务所(特殊普通合伙)

中国注册会计师：袁蓉

中国·西安　　中国注册会计师：曹爱民

二〇一七年三月二十四日

5.1.2 资产负债表

资产负债表

2016 年 12 月 31 日

单位名称：长安国际信托股份有限公司　　单位：元

项目	2016 年 12 月 31 日	2015 年 12 月 31 日
流动资产：		
货币资金	1 076 035 443. 34	1 063 650 787. 99
结算备付金		
拆出资金	214 000 000. 00	
交易性金融资产	1 999 607 478. 19	2 218 762 680. 17
应收票据		
应收账款		
预付款项	7 145 848. 58	497 186. 00
应收保费		
买入返售金融资产	180 707 879. 28	
应收分保合同准备金		
应收利息		
应收股利		
其他应收款	742 375 464. 76	239 761 064. 72
存货		
一年内到期的非流动资产		
其他流动资产		
流动资产合计	4 219 872 114. 15	3 522 671 718. 88
非流动资产：		
发放贷款及垫款	37 483 217. 80	43 249 921. 44
可供出售金融资产	2 429 044 823. 58	2 489 100 566. 41
持有至到期投资	17 855 440. 00	109 436 666. 67

续表

项目	2016 年 12 月 31 日	2015 年 12 月 31 日
长期应收款		
长期股权投资	305 568 241. 10	82 126 092. 68
投资性房地产		
固定资产	84 456 403. 91	91 328 101. 39
在建工程	4 411 487. 74	5 374 239. 00
工程物资		
固定资产清理		
生产性生物资产		
油气资产		
无形资产	3 254 784. 07	8 150 084. 43
开发支出	9 424 256. 03	2 923 030. 13
商誉		
长期待摊费用	23 765 097. 21	37 888 376. 66
递延所得税资产	256 739 171. 94	348 537 913. 61
其他非流动资产		
非流动资产合计	3 172 002 923. 38	3 218 114 992. 42
资产总计	7 391 875 037. 53	6 740 786 711. 30

法定代表人:高成程　　主管会计工作负责人:王方军　　会计机构负责人:马　华

资产负债表(续表)

2016 年 12 月 31 日

单位名称:长安国际信托股份有限公司　　单位:元

负债和所有者权益(或股东权益)	2016 年 12 月 31 日	2015 年 12 月 31 日
流动负债:		
短期借款		
向中央银行借款		
吸收存款及同业存放		
拆入资金	300 000 000. 00	
交易性金融负债		
应付票据		
应付账款		
预收账款	385 065 153. 36	331 211 760. 28
卖出回购金融资产款		
应付手续费及佣金		
应付职工薪酬	364 393 999. 87	342 680 147. 47
应交税费	92 522 643. 23	104 837 306. 22
应付利息		
应付股利	6 281 553. 02	6 281 553. 02
其他应付款	8 363 760. 79	38 870 516. 76
应付分保账款		
保险合同准备金		
代理买卖证券款		
代理承销证券款		
一年内到期的非流动负债		
其他流动负债		
流动负债合计	1 156 627 110. 27	823 881 283. 75
非流动负债:		
长期借款		
应付债券		

续表

负债和所有者权益(或股东权益)	2016 年 12 月 31 日	2015 年 12 月 31 日
长期应付款		
专项应付款		
预计负债		
长期应付职工薪酬	490 817 524. 42	750 484 833. 65
递延所得税负债	131 261 339. 28	241 397 900. 93
其他非流动负债		
非流动负债合计	622 078 863. 70	991 882 734. 58
负债合计	1 778 705 973. 97	1 815 764 018. 33
所有者权益(或股东权益):		
实收资本(或股本)	3 330 000 000. 00	1 346 022 857. 00
资本公积	1 059 130. 23	96 113 246. 70
减:库存股		
盈余公积	483 454 859. 08	388 353 683. 09
信托赔偿准备金	250 971 818. 90	203 421 230. 91
一般风险准备	108 172 745. 14	100 047 686. 43
未分配利润	1 497 451 898. 23	2 719 683 143. 05
其他综合收益	-57 941 388. 02	71 380 845. 79
归属于母公司所有者权益合计	5 613 169 063. 56	4 925 022 692. 97
少数股东权益		
所有者权益(或股东权益)合计	5 613 169 063. 56	4 925 022 692. 97
负债和所有者权益(或股东权益)总计	7 391 875 037. 53	6 740 786 711. 30

法定代表人:高成程　　主管会计工作负责人:王方军　　会计机构负责人:马　华

5. 1. 3　利润表

利润表

2016 年度

单位名称:长安国际信托股份有限公司　　单位:元

项　目	2016 年度	2015 年度
一、营业总收入	1 764 505 498. 40	2 920 182 359. 99
其中:手续费及佣金收入	1 697 766 776. 92	1 677 758 696. 82
其他业务收入	179 423 887. 35	151 883 532. 75
利息收入	10 618 543. 07	6 697 569. 72
已赚保费		
投资收益(损失以"-"号填列)	221 969 742. 36	677 470 648. 17
公允价值变动收益(损失以"-"号填列)	-345 280 622. 95	406 365 856. 80
汇兑收益(损失以"-"号填列)	7 171. 65	6 055. 73
二、营业总成本	622 090 251. 36	1 656 713 606. 73
其中:营业成本		
利息支出	689 921. 31	
手续费及佣金支出		
退保金		
赔付支出净额		
提取保险合同准备金净额		
保单红利支出		
分保费用		
税金及附加	36 771 924. 99	115 593 925. 79
业务及管理费	654 974 586. 29	1 299 344 101. 46
管理费用		
财务费用		

续表

项　目	2016 年度	2015 年度
资产减值损失	-70 346 181. 23	241 775 579. 48
三、营业利润（亏损以“-”号填列）	1 142 415 247. 04	1 263 468 753. 26
加：营业外收入	423 179. 26	2 765 008. 11
减：营业外支出	1 436 859. 28	1 268 833. 71
其中：非流动资产处置损失		
四、利润总额（亏损总额以“-”号填列）	1 141 401 567. 02	1 264 964 927. 66
减：所得税费用	190 389 807. 15	219 781 277. 63
五、净利润（净亏损以“-”号填列）	951 011 759. 87	1 045 183 650. 03
其中：归属于母公司所有者的净利润	951 011 759. 87	1 045 183 650. 03
少数股东损益		
六、其他综合收益的税后净额	-129 322 233. 81	-58 279 510. 55
归属于母公司所有者的其他综合收益的税后净额	-129 322 233. 81	-58 279 510. 55
（一）以后不能重分类进损益的其他综合收益		
其中：1. 重新计量设定受益计划净负债或净资产的变动		
2. 权益法下在被投资单位不能重分类进损益的其他综合收益中享有的份额		
（二）以后将重分类进损益的其他综合收益	-129 322 233. 81	-58 279 510. 55
其中：1. 权益法下在被投资单位以后将重分类进损益的其他综合收益中享有的份额	-134 514. 77	243 582. 29
2. 可供出售金融资产公允价值变动损益	-129 187 719. 04	-58 523 092. 84
3. 持有至到期投资重分类为可供出售金融资产损益		
4. 现金流量套期损益的有效部分		
5. 外币财务报表折算差额		
6. 其他		
归属于少数股东的其他综合收益的税后净额		
七、综合收益总额	821 689 526. 06	986 904 139. 48
归属于母公司所有者的综合收益总额	821 689 526. 06	986 904 139. 48
归属于少数股东的综合收益总额		
八、每股收益：		
（一）基本每股收益	0. 32	0. 78
（二）稀释每股收益	0. 32	0. 78

法定代表人：高成程　　主管会计工作负责人：王方军　　会计机构负责人：马华

5. 2　信托资产

5. 2. 1　信托项目资产负债汇总

信托项目资产负债表

2016 年 12 月 31 日

编制单位：长安国际信托股份有限公司　　单位：万元

信托资产	期末数	信托负债和信托权益	期末数
信托资产：		信托负债	
货币资金	557 982. 37	交易性金融负债	—
拆出资金	—	应付受托人报酬	2 993. 99
存出保证金	1 769. 59	应付托管费	330. 55
交易性金融资产	3 059 657. 60	应付受益人收益	4 785. 19
买入返售金融资产	6 347 690. 55	其他应付款项	33 374. 18
应收款项	1 422 315. 69	应交税费	—
发放贷款	17 187 742. 39	应付销售服务费	141. 02
可供出售金融资产	2 300 588. 43	其他负债	—
持有至到期投资	3 602 220. 95	信托负债合计	41 624. 93
长期股权投资	2 312 459. 31	信托权益：	
固定资产	—	实收信托	36 422 453. 86
无形资产	—	资本公积	1 982. 13
长期应收款	6 626. 40	其他综合收益	36 865. 53
长期待摊费用	94. 74	未分配利润	309 818. 32
其他资产	13 596. 75	信托权益合计	36 771 119. 84
信托资产总计	36 812 744. 77	信托负债及信托权益总计	36 812 744. 77

法定代表人：高成程　　会计主管：李杰　　审核：申维飞　　制表：孙晓毓

5. 2. 2　信托项目利润及利润分配汇总表

信托项目利润及利润分配汇总表

2016 年度

编制单位：长安国际信托股份有限公司　　单位：万元

项　目	本年累计数
一、营业收入	2 480 021. 43
利息收入	2 083 250. 98
投资收益	440 199. 11
公允价值变动损益	-58 705. 80
租赁收入	3 062. 28
其他收入	12 214. 87
二、营业支出	316 891. 88
三、信托净利润	2 163 129. 55
四、其他综合收益	35 195. 82
五、综合收益	2 198 325. 37
加：期初未分配信托利润	379 470. 64
六、可供分配的信托利润	2 542 600. 19
减：本期已分配信托利润	2 232 781. 87
七、期末未分配信托利润	309 818. 32

法定代表人：高成程　　会计主管：李杰　　审核：申维飞　　制表：孙晓毓

6. 会计报表附注

6. 1　简要说明报告年度会计报表编制基准、会计政策、会计估计和核算方法发生的变化

本公司根据《企业会计准则》、应用指南及准则解释的规定进行确认和计量，在此基础上编制固有业务财务报表。

财政部于 2016 年 12 月 3 日发布了《增值税会计处理规定》（财会[2016]22 号），适用于 2016 年 5 月 1 日起发生的相关交易。本公司根据该规定将利润表中的“营业税金及附加”项目调整为“税金及附加”项目，并对 2016 年 5 月 1 日后发生的交易进行了追溯调整。

6. 2　或有事项说明

无。

6. 3　重要资产转让及其出售的说明

无。

6.4 会计报表中重要项目的明细资料

6.4.1 披露自营资产经营情况

6.4.1.1 按信用风险五级分类结果披露信用风险资产的期初数、期末数

信用风险资产五级分类	正常类（万元）	关注类（万元）	次级类（万元）	可疑类（万元）	损失类（万元）	信用风险资产合计（万元）	不良信用风险资产合计（万元）	不良信用风险资产率（%）
期初数	655 682.59	20 474.62			1 150.76	677 307.97	1 150.76	0.17
期末数	727 513.33	12 262.01			1 150.76	740 926.10	1 150.76	0.16

注：不良资产合计＝次级类＋可疑类＋损失类。

逐笔说明不良信用资产的形成时间、债务人、收回可能性。

编号	债务人名称	账面金额（万元）	资产种类	形成时间（年月）	收回可能性
1	西安经济技术开发区资产投资有限公司	792.56	其他应收款	2006年12月	形成损失
2	政策性房改房职工交纳款与房款差额	358.20	固定资产清理	—	形成损失
合计		1 150.76			

6.4.1.2 各项资产减值损失准备的期初数、本期计提、本期转回、本期核销、期末数，贷款的一般准备、专项准备和其他资产减值准备应分别披露

单位：万元

项目	期初数	本期增加	本期减少		期末数
			转回	转销	
一、坏账准备	792.57				792.57
二、贷款损失准备					
三、可供出售金融资产减值准备	2 078.53		1 490.70		587.83
四、持有至到期投资减值准备					
五、长期股权投资减值准备					
六、投资性房地产减值准备					
七、固定资产减值准备	358.20				358.20
八、工程物资减值准备					
九、在建工程减值准备					
十、生产性生物资产减值准备					
十一、油气资产减值准备					
十二、无形资产减值准备					
十三、商誉减值准备					
十四、其他					
合　计	3 229.30		1 490.70		1 738.60

6.4.1.3 自营股票投资、基金投资、债券投资、股权投资等投资业务的期初数、期末数

单位：万元

项目	自营股票	基金	债券	长期股权投资
期初数	5 728.16	216 148.11		8 212.61
期末数	15 440.79	300 350.66	2 513.25	30 556.82

6.4.1.4 前五名的自营长期股权投资的企业名称、占被投资企业权益的比例、主要经营活动及投资收益情况等（从大到小顺序排列）

企业名称	投资比例（%）	经营活动	投资收益情况
上海淳璞投资管理中心（有限合伙）	62.50	投资管理、咨询、企业管理咨询、实业投资、财务咨询	无
长安基金管理有限公司	29.63	基金募集、基金销售、资产管理和中国证监会许可的其他业务	本年按权益法核算确认996.97万元

续表

企业名称	投资比例（%）	经营活动	投资收益情况
西安股权托管交易中心有限公司	13.16	非上市股份有限公司融资、并购、代理分红派息和股份的托管、登记、转让、结算交收相关业务	本年按权益法核算确认-7.09万元
西安财金合作发展基金投资管理有限公司	40.00	一般经营项目：股权投资、项目投资、资产管理咨询、投资管理	本年按权益法核算确认－185.66万元
青岛溢源润达投资管理有限公司	40.00	自有资金对外投资及投资咨询	本年按权益法核算确认7.54万元

6.4.1.5 前五名的自营贷款的企业名称、占贷款总额的比例和还款情况等（从大到小顺序排列）

2016年末，本公司贷款余额3 748.32万元，向个人发放汽车消费贷款2 608.32万元，发放流动资金贷款1 140万元。

6.4.1.6　表外业务的期初数、期末数，按照代理业务、担保业务和其他类型表外业务分别披露

无。

6.4.1.7　公司当年的收入结构

收入结构	金额（万元）	占比（%）
信托收入	187 719.07	106.36
其中：信托手续费收入	169 776.68	96.20
财务顾问费收入	17 942.39	10.16
利息收入	1 061.85	0.60
投资收益	22 196.97	12.58
其中：股票债券基金投资收益	15 788.71	8.95
信托投资收益	963.78	0.55
现金分红	1 897.08	1.07
资产管理计划投资收益	3 547.40	2.01
公允价值变动损益及汇兑损益	−34 528.06	−19.56
营业外收入	42.32	0.02
合计	176 492.15	100

6.4.2　信托资产管理情况

6.4.2.1　信托资产的期初数、期末数

单位：万元

信托资产	期初数	期末数
集合	11 891 414.33	17 575 362.70
单一	15 695 355.58	16 702 564.12
财产权	1 865 517.31	2 534 817.95
合计	29 452 287.22	36 812 744.77

6.4.2.1.1　主动管理型信托业务的信托资产期初数、期末数

单位：万元

主动管理型信托资产	期初数	期末数
证券投资类	4 469 923.44	4 943 375.85
股权投资类	894 639.41	1 314 452.73
权益投资类	2 083 322.16	1 423 365.03
融资类	9 026 378.53	7 946 796.61
事务管理类	435 801.87	0.00
合计	16 910 065.41	15 627 990.22

6.4.2.1.2　被动管理型信托业务的信托资产期初数、期末数

单位：万元

被动管理型信托资产	期初数	期末数
证券投资类	0	406 717.94
股权投资类	232 660.66	555 231.54
权益投资类	646 494.36	710 868.06
融资类	4 588 735.62	2 326 955.93
事务管理类	7 074 331.17	17 184 981.08
合计	12 542 221.81	21 184 754.55

6.4.2.2　本年度已清算结束的集合类、单一类资金信托项目和财产管理类信托项目数量、实收信托合计金额、加权平均实际年化收益率

6.4.2.2.1　本年度已清算结束的集合类、单一类资金信托项目和财产管理类信托项目个数、实收信托合计金额、加权平均实际年化收益率

已清算结束信托项目	项目个数（个）	实收信托合计金额（万元）	加权平均实际年化收益率（%）
集合类	190	6 521 768.96	7.78
单一类	244	9 215 377.41	7.90
财产管理类	24	686 530.00	7.92

6.4.2.2.2　本年度已清算结束的主动管理型信托项目个数、实收信托合计金额、加权平均实际年化信托报酬率、加权平均实际年化收益率

已清算结束信托项目	项目个数（个）	实收信托合计金额（万元）	加权平均实际年化信托报酬率（%）	加权平均实际年化收益率（%）
证券投资类	41	503 856.01	0.43	−10.32
股权投资类	14	719 069.49	2.85	9.30
其他权益投资	63	1 974 115.99	0.90	8.67
融资类	214	7 728 987.53	0.99	8.55
事务管理类	—	—	—	—

6.4.2.2.3　本年度已清算结束的被动管理型信托项目个数、实收信托合计金额、加权平均实际年化信托报酬率、加权平均实际年化收益率

已清算结束信托项目	项目个数（个）	实收信托合计金额（万元）	加权平均实际年化信托报酬率（%）	加权平均实际年化收益率（%）
证券投资类	—	—	—	—
股权投资类	2	114 000.00	0.16	13.16
其他权益投资	6	266 208.77	0.31	9.28
融资类	19	900 834.00	0.60	8.65
事务管理类	99	4 216 604.58	0.19	7.72

6.4.2.3　本年度新增的集合类、单一类资金信托项目和财产管理类信托项目个数、实收信托合计金额

新增信托项目	项目个数（个）	实收信托合计金额（万元）
集合类	233	12 127 613.62
单一类	277	11 262 054.10
财产管理类	41	2 422 309.58
新增合计	551	25 811 977.30
其中：主动管理型	188	7 662 059.79
被动管理型	363	18 149 917.51

6.4.2.4 信托业务创新成果和特色业务有关情况

公司鼓励创新,积极突破。2016年公司债券业务、资产证券化业务、家族信托业务、慈善/公益信托业务和国际业务等创新业务在不同层面均有突破和亮点。一是债券业务日趋成熟,综合实力进一步增强;二是资产证券化业务继续保持行业领先地位;三是家族信托业务上轨道、有亮点;四是慈善信托业务品牌效应显著。公司支持慈善信托发展,通过设立慈善信托部、注册成立北京长安公益基金会(行业里唯一一家慈善信托+公益基金会复合平台)、加入中慈联慈善信托委员会并成为副主任委员单位等为慈善信托业务开展提供了平台保障。业务发展方面,慈善法生效日成功设立"山间书香·儿童阅读慈善信托",并在后续又成立2单涉及教育和环境保护类慈善信托,公司成为市场上成立慈善信托单数最多的公司,形成了良好的市场影响力。

6.4.2.5 本公司履行受托人义务情况及因公司自身责任而导致信托资产的损失情况(合计金额、原因等)

无。

6.5 关联方关系及其交易的披露

6.5.1 关联交易方的数量、关联交易的总金额及关联交易的定价政策等

	关联交易数量	关联交易余额(万元)	定价政策
合计	70	817 107.77	公允价格

注:关联交易是指信托公司以自有资产、信托资产为关联方提供投融资等服务,或以担保等方式为关联方融资提供便利的业务。关联交易的统计范围应基本与银监会非现场监管信息系统中关于关联交易的范围和口径一致,也可增加为关联方提供咨询等其他非投融资类业务服务的信息。

6.5.2 关联交易方与本公司的关系性质、关联交易方的名称、法定代表人、注册地址、注册资本及主营业务等

关联性质	关联方名称	法定代表人	注册地址	注册资本(万元)	主营业务
股东的关联方	宝信国际融资租赁有限公司	巩宝生	西安市高新区科技五路8号数字大厦三层	50 000	融资租赁(金融租赁除外),租赁业务,租赁交易咨询等。
股东控制的关联方	上海景林资产管理有限公司	蒋锦志	上海市浦东新区海徐路939号3幢129室	3 000	资产管理,企业购并及资产重组策划等。
股东控制的关联方	博石资产管理股份有限公司	耿双华	上海市浦东新区民生路1199弄1906室	7 000	资产管理、投资管理及咨询、商务咨询、财务顾问咨询业务等。
股东	上海证大投资管理有限公司	朱南松	浦东新区民生路1199弄1号16层1908室	200 000	投资管理,企业资产委托管理,资产重组、收购兼并、企业管理等。
关联方控股公司	深圳长安兴业不动产股权投资管理有限公司	樊振东	深圳市前海深港合作区前湾一路1号A栋201室	2 000	受托资产管理、投资管理;企业管理咨询、投资顾问等。
股东控制的关联方	西安投融资担保有限公司	赵增宽	西安市太白北路320号	100 000	主营贷款担保、票据承兑担保、贸易融资担保、项目融资担保等。
股东	西安投资控股有限公司	巩宝生	西安市高新区科技五路8号数字大厦四层	512 494	投资业务;项目融资;资产管理;资产重组与购并等。
关联方控股公司	长安财富资产管理有限公司	黄陈	上海市虹口区广纪路738号2幢428室	5 000	特定客户资产管理业务以及中国证监会许可的其他业务。
能施加重大影响的关联方	长安基金管理有限公司	万跃楠	上海市虹口区丰镇路806号3幢371室	27 000	基金募集、基金销售、资产管理和中国证监会许可的其他业务。
信托计划持股公司	长安融通资产管理有限公司	唐乾山	西安市浐灞生态区浐灞大道1号金融商务区投资服务中心2-4室	5 000	资产管理;企业管理咨询;财务咨询。
信托计划控股公司	长安盛世(深圳)资产管理有限公司	高春亮	深圳市前海深港合作区前湾一路1号A栋201室	10 000	受托资产管理;投资管理、投资顾问等。
信托计划控股公司	长安停车投资管理(上海)有限公司	高春亮	中国(上海)自由贸易试验区英伦路38号二层201室	2 000	投资管理、投资咨询、停车场库运营管理,建筑装饰装修工程设计及施工等。
能施加重大影响的关联方	长安新生(深圳)金融投资有限公司	陈英	深圳市前海深港合作区前湾一路1号A栋201室	8 000	投资管理、投资咨询;金融信息咨询等。
信托计划持股公司	西安汉长安城投资有限公司	吴智民	西安市石化大道乾源庄酒店内	120 000	土地整理;基础设施建设;城中村改造;房地产开发;城乡统筹建设;绿化工程施工等。
信托计划持股公司	宜昌绿色产业基金管理有限公司	陈兆平	宜昌市伍家岗区沿江大道182号	1 000	管理或受托管理股权类投资并从事相关咨询业务等。
关联方持股公司	陕西关天西咸股权投资管理有限公司	赵丰	陕西省西安市高新区科技五路8号数字大厦3层	10 000	产业(股权)投资管理;发起设立产业(股权)投资;投资咨询(证券、期货咨询除外)等。

6.5.3 **逐笔披露本公司与关联方的重大交易事项**

6.5.3.1 固有财产与关联方:贷款、投资、租赁、应收账款担保、其他方式等期初汇总数、本期发生额汇总数、期末汇总数

单位:万元

固有财产与关联方关联交易			
	期初	发生额	期末
贷款	—	—	—
投资	342 601.56	-47 138.90	295 462.66
租赁	—	—	—
担保	—	—	—
应收账款	—	—	—
其他	2 161.88	-2 161.88	0.00
合计	344 763.44	-49 300.78	295 462.66

6.5.3.2 信托资产与关联方:贷款、投资、租赁、应收账款、担保、其他方式等期初汇总数、本期发生额汇总数、期末汇总数

单位:万元

信托资产与关联方关联交易			
	期初	发生额	期末
贷款	22 000.00	-21 200.00	800.00
投资	115 736.00	216 349.01	332 085.01
租赁	—	—	—
担保	—	11 000.00	11 000.00
应收账款	—	—	—
其他	369 604.23	-191 844.13	177 760.10
合计	507 340.23	14 304.88	521 645.11

6.5.3.3 信托公司自有资金运用于自己管理的信托项目(固信交易)、信托公司管理的信托项目之间的相互(信信交易)交易金额,包括余额和本报告年度的发生额

6.5.3.3.1 固有财产与信托财产之间的交易金额期初汇总数、本期发生额汇总数、期末汇总数

单位:万元

固有财产与信托财产相互交易			
	期初数	本期发生额	期末数
合计	77 851.77	-35 076.12	42 775.65

6.5.3.3.2 信托项目之间的交易金额期初汇总数、本期发生额汇总数、期末汇总数

单位:万元

信托资产与信托财产相互交易			
	期初数	本期发生额	期末数
合计	67 891.61	13 248.94	81 140.55

6.5.4 **逐笔披露关联方逾期未偿还本公司资金的详细情况以及本公司为关联方担保发生或即将发生垫款的详细情况**

未偿还的关联方款项是西安经济技术开发区资产投资有限公司欠款792.56万元,是本公司原控股子公司,注册资本1 500万元,该欠款主要用于补充其营运资金不足,逾期时间在7年以上。

6.5.5 **其他需披露的关联交易事项**

报告期内公司以信托计划募集资金出资与深圳长安兴业不动产股权投资管理有限公司、宜昌绿色发展投资基金管理有限公司、陕西关天西咸股权投资管理有限公司等关联方共同设立有限合伙企业,通过合伙企业进行股权、证券投资的信托项目共计5个。

同时,报告期内公司以投资顾问角色为关联方长安基金管理有限公司出具项目投资意见书1份;公司向关联方长安基金管理有限公司子公司长安财富资产管理有限公司出具项目投资意见书1份;关联方长安基金管理有限公司子公司长安财富资产管理有限公司向公司出具项目投资意见书1份。

6.6 会计制度的披露

固有业务(自营业务)、信托业务执行会计制度的名称及颁布的年份。

本公司固有业务和信托业务财务报表均执行2006年2月15日财政部颁布的《企业会计准则》(财政部令第33号)《企业会计准则应用指南》(财会[2006]18号)以及财政部2014年新修订和发布的八项会计准则:《企业会计准则第39号——公允价值计量》《企业会计准则第40号——合营安排》《企业会计准则第41号——在其他主体中权益的披露》《企业会计准则第2号——长期股权投资》《企业会计准则第9号——职工薪酬》《企业会计准则第30号——财务报表列报》《企业会计准则第33号——合并财务报表》《企业会计准则第37号——金融工具列报》。

本公司编制的固有业务财务报表反映了本公司2016年12月31日的财务状况、2016年度的经营成果和现金流量等信息。

7. 财务情况说明书

7.1 利润实现和分配情况

单位:万元

项目	金额
利润总额(亏损总额以"-"号填列)	114 140.16
减:所得税费用	19 038.98
净利润(净亏损以"-"号填列)	95 101.18
其中:归属于母公司所有者的净利润	95 101.18
少数股东损益	—
每股收益(元):	—
(一)基本每股收益	0.32
(二)稀释每股收益	0.32
其他综合收益	-12 932.23
综合收益总额	82 168.95

按照《公司章程》的规定,税后利润按以下顺序进行分配:

按照10%提取法定盈余公积95 101 175.99元;

按照5%提取信托赔偿准备金47 550 587.99元;

按照《金融企业准备金计提管理办法》(财金[2012]20号)计提一般风险准备8 125 058.71元;

向投资者分配利润,具体分配方案由董事会提出预案,股东大会决定。

2016年末可供分配的未分配利润为1 497 451 898.23元。

7.2 主要财务指标

指标名称	指标值
资本利润率(%)	19.08
信托报酬率(%)	0.59
人均净利润(万元)	154.35

注:1. 资本利润率=净利润/所有者权益平均余额×100%。

2. 信托报酬率=信托业务收入/实收信托平均余额×100%。

3. 人均净利润=净利润/年平均人数。

4. 平均值采取年初及各季末余额移动算术平均法。公式为:a(平均)=(a_0/2+a_1+a_2+a_3+a_4/2)/4。

7.3 对本公司财务状况、经营成果有重大影响的其他事项

无。

8. 特别事项揭示

8.1 前五名股东报告期内变动情况及原因

公司股东上海证大投资管理有限公司将持有的本公司271 983 092股股份(8.168%)转让给公司股东上海淳大资产管理有限公司、将持有的本公司196 207 987股股份(5.89%)转让给公司股东上海景林投资发展有限公司。2016年9月26日该股权转让事项经中国银行业监督管理委员会陕西监管局批复同意。

8.2 董事、监事及高级管理人员变动情况及原因

8.2.1 董事变动情况及原因

2016年1月6日,公司股东选举赵泉先生为公司第二届董事会董事。赵泉先生的任职资格于2016年4月18日经中国银行业监督管理委员会陕西监管局核准。

2016年7月2日,公司拟任独立董事刘焜松先生向董事会递交了辞职报告,辞去公司独立董事职务。

2016年12月13日,公司股东选举施继元先生为公司第二届董事会独立董事。施继元先生的任职资格于2017年1月23日经中国银行业监督管理委员会陕西监管局核准。

2016年12月16日,公司股东选举强力先生为公司第二届董事会独立董事。

2017年1月12日,公司董事会收到章击舟先生递交的辞职报告,章击舟先生辞去公司董事职务。

8.2.2 监事变动情况及原因

2016年7月13日,公司监事王萍女士向监事会递交了辞职报告,辞去公司监事职务。

2016年9月12日,公司股东选举陈献春先生为公司第二届监事会监事。

8.2.3 高级管理人员变动情况

2016年3月28日,公司董事会聘任姜燕女士为公司总裁助理。姜燕女士的任职资格于2016年6月27日经中国银行业监督管理委员会陕西监管局核准。

2015年4月24日,公司董事会聘任喻福兴先生为公司副总裁。喻福兴先生的任职资格于2016年10月31日经中国银行业监督管理委员会陕西监管局核准。

8.3 变更注册资本、变更注册地或公司名称、公司分立合并事项

2016年2月1日,经中国银行业监督管理委员会陕西监管局《关于长安国际信托股份有限公司变更注册资本的批复》(陕银监复[2016]4号)批准,公司注册资本由1 346 022 857元增至33.3亿元。2016年2月5日,公司完成增加注册资本的工商变更登记。

8.4 公司的重大诉讼事项

2016年,公司以前年度存续的诉讼执行总计2宗,标的金额合计150 000万元,全部为信托业务项下,公司申请法院执行融资方或担保方的案件,分别为信集志高项目30 000万元及利息、信集楼俊项目120 000万元及利息。

2016年,公司新增诉讼案件为信集楼俊项目系列案件,涉及金额合计54 522万元。新增执行案件1宗,为信集润基项目,标的21 500万元及利息,目前公司正在与融资方协商还款事宜,预计将于近期执行完毕。

2016年,公司共收回资金6 100万元,其中固有业务项下收回600万元;信托业务项下信集博雅项目收回5 500万元。

8.5 公司及其董事、监事和高级管理人员受到处罚的情况

无。

8.6 银监会检查意见的整改情况

公司认真学习和讨论了中国银行业监督管理委员会陕西监管局对公司的《现场检查意见书》后,制定了切实可行的整改方案并及时对整改落实情况进行了检查督导。

“八项机制、八大责任”的落实整改方面。一是落实“八项机制、八大责任”建设的后评价工作,重视机制和责任建设的实际落地效果,开展落实评估工作;二是进一步完善内部机制和制度,制定信息科技风险管理办法,制定针对风险识别、计量和监测的专门制度,明确风险评价的定量指标;三是切实发挥公司内审部门职责,确保内审部门有效履行内部控制的监督职能。

非标资金池信托项目清理方面。一是严选入池资产,进一步细化资金池项目管理,按照监管要求,逐步清理整顿原有的非标资金池业务;二是进一步强化档案资料的完整性,充分发挥既有的台账管理作用,充分履行受托人职责。

固有资金使用方面。一是制定固有资金与股东合作的专门管理制度;二是在董事会设置关联交易委员会,负责关联交易的管理,及时审查关联交易,并由独立董事担任关联交易委员会主任委员;三是每年至少对关联交易进行一次专项审计,形成专项审计报告;四是统一固有资金与股东合作投后管理的标准,规范投后管理。

公司将在认真落实监管意见的基础上,不断提升风险控制能力和管理水平,加强规范性管理,立足西部、面向全国,创国内一流信托公司。

8.7　本年度重大事项临时报告的简要内容、披露时间、所披露的媒体及其版面

鉴于公司注册资本增至33.3亿元，2016年2月15日公司在《上海证券报》第9版发布《长安国际信托股份有限公司关于增加注册资本及修改公司章程的公告》。

鉴于公司股东上海证大投资管理有限公司将持有的本公司股份转让给公司股东上海淳大资产管理有限公司和公司股东上海景林投资发展有限公司，2016年10月25日公司在《上海证券报》第15版发布《长安国际信托股份有限公司关于股权转让及修改公司章程的公告》。

鉴于公司章程相应条款进行变更，2017年2月4日公司在《上海证券报》第38版发布《长安国际信托股份有限公司关于修改公司章程的公告》。

8.8　银监会及其省级派出机构认定的其他有必要让客户及相关利益人了解的重要信息

无。

9. 公司监事会意见

监事会认为，公司在日常经营中，能够严格遵守国家有关法律和法规以及中国银行业监督管理委员会的监管规定。

公司董事会编制的2016年年度报告及其摘要程序符合法律、法规的规定，报告内容真实、准确、完整地反映了公司的实际情况，不存在虚假记载、误导性陈述或者重大遗漏。

长城新盛信托有限责任公司

1. 重要提示

1.1 本公司董事会及董事保证本报告所载资料不存在任何虚假记载、误导性陈述或者重大遗漏，并对其内容的真实性、准确性和完整性承担个别及连带责任。

1.2 公司独立董事刘普、马德贵、闫晓旭声明：保证年度报告内容的真实性、准确性、完整性。

1.3 执行本公司审计的会计事务所未对公司出具保留意见（或否定意见，无法表示意见的审计报告）。

1.4 公司董事长周礼耀、总经理喻林、财务总监王敏声明：保证本年度财务报告的真实、完整。

2. 公司概况

2.1 公司简介

长城新盛信托有限责任公司（以下简称长城信托）是在重组原伊犁哈萨克自治州信托投资公司基础上设立。伊犁哈萨克自治州信托投资公司设立于1988年12月9日，是经中国人民银行新疆维吾尔自治区新疆分行（新人银[88]金管字第70号）批准并经伊犁哈萨克自治州工商局登记注册，由新疆伊犁哈萨克自治州财政局出资的国有独资地方性金融机构，注册资本3 000万元。

在信托业第五次清理整顿过程中，2003年12月17日中国银监会下发了《关于同意伊犁州信托投资公司重组方案的复函》（银监函[2003]205号），伊犁哈萨克自治州信托投资公司被中国银监会列为13家遗留问题信托公司之一。

2011年9月30日中国银监会下发了《关于伊犁哈萨克自治州信托投资公司重新登记等有关事项的批复》（银监复[2011]408号），批准由中国长城资产管理公司（2016年更名为中国长城资产管理股份有限公司，以下简称长城股份公司）、新疆生产建设兵团国有资产经营公司（2016年更名为新疆生产建设兵团国有资产经营有限责任公司，以下简称兵团国资）、深圳市盛金创业投资发展有限公司（后更名为深圳市盛金投资控股有限公司，以下简称深圳盛金）、伊犁哈萨克自治州财信融通融资担保有限公司（以下简称伊犁财信）四家在对伊犁哈萨克自治州信托投资公司进行重组的基础上进行增资扩股、更名，改制等事项变更重组。2011年10月8日由中国银监会新疆监管局发放了金融许可证，同日在新疆维吾尔自治区工商局经济技术开发区分局领取了换发后的企业法人营业执照，公司名称由伊犁哈萨克自治州信托投资公司变更为新疆长城新盛信托有限责任公司，公司注册资本由3 000万元变更为30 000万元。

2013年11月8日，经国家工商总局核准并经监管部门批准，公司名称再次变更为长城新盛信托有限责任公司（以下简称长城信托）。

2015年8月21日，经中国银监会新疆监管局核准并经工商登记变更，长城股份公司下属的全资子公司德阳市国有资产经营有限公司受让了深圳盛金所持有长城信托17%的全部股权，由此，长城信托股权结构发生了根本性的变化。

2016年12月30日，经中国银监会新疆监管局批复同意并经工商登记变更，长城股份公司下属的全资子公司德阳市国有资产经营有限公司（以下简称德阳国资）受让了伊犁财信所持有长城信托10%的股权，股权转让后，德阳国资持有长城信托27%的股权，伊犁财信所持有长城信托3%的股权。

2.1.1 公司法定名称

公司中文名称：长城新盛信托有限责任公司

公司英文名称：Great Wall Xinsheng Trust Co., Ltd.

公司英文名称缩写：GWXS TRUST

2.1.2 公司法定代表人：周礼耀

2.1.3 公司注册地址：乌鲁木齐经济技术开发区卫星路475号紫金矿业研发大厦A座11层

公司邮政编码：830026

公司国际互联网网址：www.gwxstrust.com

公司电子信箱：gwxs@gwxstrust.com

2.1.4 公司负责信息披露事务人员：

联系人：孟　庄

联系电话：0991－3775363

传　　真：0991－3775362

电子信箱：mengzhuang@gwxstrust.com

2.1.5 公司信息披露报纸名称：《上海证券报》

年度报告备置地点：乌鲁木齐经济技术开发区卫星路475号紫金矿业研发大厦A座11层和北京市西城区月坛北街2号月坛大厦B座7层

登载年度报告的互联网网址：www.gwxstrust.com

2.1.6 公司聘请的会计师事务所名称：德勤华永会计师事务所（特殊普通合伙）

公司聘请的会计师事务所住所：上海市延安东路222号外滩中心29层

2.1.7 公司聘请的律师事务所名称：上海星瀚律师事务所

公司聘请的律师事务所住所：上海市常德路1211号1204～1207室

2.2 组织结构

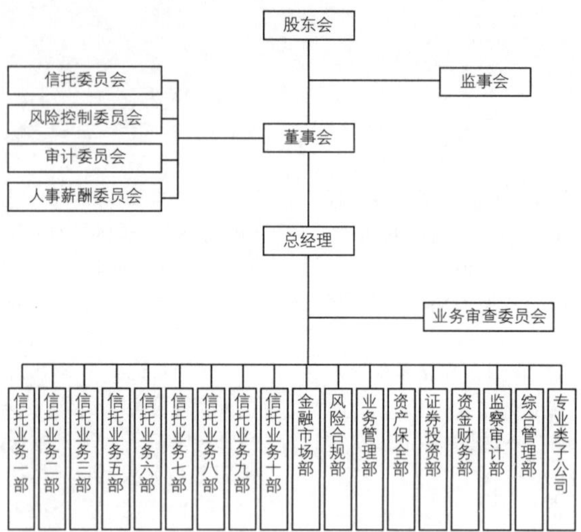

3. 公司治理

3.1 公司治理结构

3.1.1 股东

报告期末股东总数为4家（3家股东持有10%以上股份）。按股东持股比例从大到小排列如下。

股东名称	持股比例（%）	法定代表人	注册资本（万元）	注册地址	主要经营业务及主要财务情况
★长城股份公司	35	张晓松	4 315 010.7216	北京市西城区月坛北街2号	收购、受托经营金融机构不良资产，对不良资产进行管理、投资和处置；债权转股权，对股权资产进行管理、投资和处置；对外投资；买卖有价证券；发行金融债券、同业拆借和向其他金融机构进行商业融资；破产管理；财务、投资、法律及风险管理咨询和顾问；资产及项目评估；经批准的资产证券化业务、金融机构托管和关闭清算业务；非金融机构不良资产业务；国务院银行业监督管理机构批准的其他业务。财务状况良好。
兵团国资	35	陈一滔	135 156.4415	乌鲁木齐市扬子江路188号	新疆生产建设兵团授权范围国有资产经营管理；国有资产产（股）权交易；商业信息咨询；房屋租赁。财务状况良好。
德阳国资	27	桑自国	10 000	四川省德阳市庐山南路三段79号	资产置换、转让与销售，债务重组、资产重组及并购，基金投资与管理；股权投资、投资、财务及法律咨询（依法须经批准的项目，经相关部门批准后方可开展经营活动）。财务状况良好。
伊犁财信	3	林峰	50 223.3507	伊宁市新滨河路怡安家园1号综合楼	许可经营项目：贷款担保、票据承兑担保、贸易融资担保、项目融资担保、信用证担保及其他融资性担保业务；兼营诉讼保全担保；投标担保、预付款担保、工程履约担保、尾付款如约偿付担保等履约担保业务；与担保业务有关的融资咨询、财务顾问等中介服务；以自有资金进行投资；办理债券发行担保业务；国家及自治区规定的其他业务。财务状况良好。

注：由于德阳国资属于长城股份公司全资子公司，故长城信托实际控制人为长城股份公司。

3.1.2 董事、董事会及其下属委员会

姓　名	职　务	性别	年龄	选任日期	所推举的股东名称	该股东持股比例（%）	简　要　履　历
周礼耀	董事长	男	56	2015年11月16日	长城股份公司	35	经济学硕士，复旦大学国际金融专业，高级经济师。历任中国农业银行上海市宝山支行计划科副科长、吴淞营业所副主任（主持工作），中国农业银行上海市分行人事处副处长、处长，中国农业银行上海市分行直属党委副书记兼五角场支行行长，长城公司上海办事处副总经理、工会主席，长城公司上海办事处总经理；长城公司副总裁；现任长城股份公司董事、副总裁。

续表

姓名	职务	性别	年龄	选任日期	所推举的股东名称	该股东持股比例(%)	简要履历
陈一滔	副董事长	女	52	2015年11月16日	兵团国资	35	硕士研究生、解放军空军工程大学管理科学与工程专业，高级会计师。历任新疆生产建设兵团外经贸局计财处，新疆农垦纺织五矿化工机械进出口公司计财部经理，新疆农垦进出口公司董事、常务副总经理，兵团国资总经理助理兼财务部经理、兵团国资副总经理、总经理；现任兵团国资董事长。
武彪	董事	男	45	2016年3月21日	长城股份公司	35	博士研究生，上海社会科学院政治经济学专业，高级经济师。历任农业银行平凉分行计划财务部科员，中泰信托投资有限责任公司创新投资产品部经理助理、创新业务总部副总经理、业务总监（总裁业务助理），长城公司投资（投行）事业部总经理助理，长城公司上海自贸区筹备组副组长（副总经理级），长城公司上海自贸区分公司副总经理；现任长城信托副总经理。
顾涛	董事	男	46	2016年3月21日	长城股份公司	35	华中理工大学工学、中国政法大学法学双学士，证券、银行风险管理、律师从业资格，高级经济师。历任农业银行北京分行资产保全处科员、主任科员，长城资产管理公司北京办事处债权管理部项目经理、法律事务部高级经理（副处级），长城资产管理公司法律事务部法律审核处副处长、诉讼业务管理处高级副经理、重大诉讼项目处高级经理、专项资产经营管理事业部副主任；长城国融担保有限公司风险总监（总经理助理级）、党委委员、董事，长城资产管理公司深圳办事处党委委员、风险总监（副总经理级）；现任长城信托风险总监。
蔺怀华	董事	男	48	2015年11月16日	兵团国资	35	法学学士，兰州大学法学专业，律师资格。历任新疆维吾尔自治区高级人民法院审判员，新疆国通律师事务所律师，新疆元正律师事务所律师；现任兵团国资法律顾问。
喻林	董事	男	49	2015年11月16日	职工董事	—	大学本科，湖南财经学院工业企业管理专业，经济师。历任中国农业银行湖南省分行信贷管理处副科级，长城公司长沙办事处资产经营部主任科员，湖南天一科技股份有限公司副总经理，长城公司长沙办事处资产经营部主任科员，长城公司长沙办事处资产经营一部高级副经理，长城公司长沙办事处资产经营一部高级副经理（主持工作），长城公司长沙办事处资产经营三部高级副经理（主持工作），长城公司长沙办事处资产经营三部高级经理，长城公司长沙办事处业务拓展一部高级经理，长城公司长沙办事处党委委员、总经理助理，长城公司长沙办事处党委委员、副总经理，长城信托第一副总经理；现任长城信托总经理。

独立董事

姓名	所在单位及职务	性别	年龄	选任日期	所推举的股东名称	该股东持股比例(%)	简要履历
刘普	独立董事	男	44	2015年11月16日	长城股份公司	35	博士研究生，清华大学经济学专业。历任某律师事务所律师，某人民法院法官，清华控股有限公司高级管理人员，清华大学经济学博士后；现任北京天驰君泰律师事务所高级合伙人兼清华大学中国企业发展研究中心研究员兼中国政法大学票据法研究中心副主任兼中国银行业协会首届首席法律顾问。
马德贵	独立董事	男	54	2015年11月16日	兵团国资	35	硕士研究生，中国社会科学院研究生院工业经济系企业管理专业。历任新疆鄯善县县委办公室文秘，乌鲁木齐市政府办公厅、新疆生产建设兵团党委办公厅秘书，新疆生产建设兵团供销合作公司副总经理，北京鸿运集团新疆分公司总经理，海南睿丰投资公司董事长助理；现任国泰君安证券股份有限公司乌鲁木齐营业部总经理。
闫晓旭	独立董事	男	40	2016年3月21日	伊犁财信	27	硕士研究生，厦门大学民商法专业，执业律师。历任山西某律师事务所律师助理，大唐移动通讯设备有限公司法律顾问，中国航空技术进出口总公司法律顾问，北京君泽君律师事务所律师；现任北京君泽君律师事务所合伙人。

董事会下属委员会

委员会名称	职责	组成人员	职务
信托委员会	1. 监督、检查信托计划的实施情况； 2. 对公司依法履行受托职责进行监督； 3. 监督公司利益或公司股东利益是否与受益人利益冲突； 4. 监督公司将信托财产与公司自有财产分开管理、分别记账的实施情况以及将不同客户的信托财产分开管理的实施情况； 5. 监督信托业务与公司其他业务之间的隔离机制； 6. 董事会授权信托委员会的其他职权。	刘普	主任委员
		喻林	委员
		武彪	委员
		蔺怀华	委员
		闫晓旭	委员

续表

委员会名称	职　责	组成人员	职　务
风险控制委员会	1. 组织研究公司风险防范体系和组织方案； 2. 对公司信托业务和固有业务的风险控制及管理情况进行监督； 3. 对公司自有财产和信托财产的风险状况进行整体评价； 4. 向董事会提交公司全面风险管理年度报告； 5. 对战略规划的实施过程进行监督和评估，督促经营管理层持续改进风险管控能力； 6. 组织研究公司风险管理体系，提出改进风险管理体系的决策程序及建议； 7. 组织制定公司风险管理体系，监督检查公司内部风险控制制度执行情况； 8. 董事会授权的其他职权。	喻林	主任委员
		武彪	委员
		顾涛	委员
		刘普	委员
		马德贵	委员
人事薪酬委员会	1. 研究和审查董事、监事津贴方案及高级管理人员和公司员工的薪酬政策与方案； 2. 研究和审查高级管理人员的考核标准与方案； 3. 审查公司高级管理人员的履行职责情况并组织对其进行年度绩效考评； 4. 对公司薪酬制度执行情况进行监督； 5. 董事会授权薪酬委员会的其他职权。	闫晓旭	主任委员
		武彪	委员
		蔺怀华	委员
		刘普	委员
		阚秋	委员
审计委员会	1. 监督公司的内部审计制度及其实施，检查、指导公司内部审计工作； 2. 选聘公司年度审计所需的会计师事务所，如财政部、银监会等有关部门有特殊规定的从其规定； 3. 审查公司内控制度，监督、检查公司内部控制制度的建立、健全与执行情况； 4. 董事会授权的其他职权。	刘普	主任委员
		马德贵	委员
		孟庄	委员

3.1.3 监事、监事会及其下属委员会

监事会成员

姓名	职务	性别	年龄	选任日期	所推举的股东名称	该股东持股比例（%）	简 要 履 历
李　勇	监事会主席	男	41	2016 年 5 月 23 日	兵团国资	35	大学毕业、经济学学士，新疆财经大学货币银行学专业。历任新疆驰远会计师事务所审计主办，兵团国资公司审计部业务主办、财务管理部副经理；现任兵团国资公司财务管理部经理。
黄　虎	监事会副主席	男	53	2015 年 11 月 16 日	长城股份公司	35	研究生毕业，硕士学位，长江商学院 EMBA 工商管理专业，高级经济师。历任农业银行广东省分行人事处干部科干部、副科长、科长、处长助理、副处长（主持全面工作），农业银行广东省江门市分行党组成员、副行长并兼任外海支行行长，农业银行广州市分行党委委员、广州穗西支行行长（正处级），农业银行广东省韶关市分行党委书记、行长，长城公司广州办事处党委委员、副总经理、纪委书记，长城公司海口办事处党委书记、总经理；现任长城融资担保有限公司监事会监事长。
顾　雷	监事	男	52	2016 年 3 月 21 日	德阳国资	27	研究生毕业，法学博士学位，中国人民大学刑法学专业。历任上海市人民政府办公厅科员，海通证券有限公司发行部经理，上海财政证券公司证券发行部经理，上海财经大学法学院副教授，长城资产管理公司投资银行部高级经理（正处级）、投资银行部受托代理处高级经理、市场拓展部（投资银行部）业务拓展一处高级经理、机构协同部经营监测处高级经理、战略发展部（博士后工作站）研究与刊物编辑处高级经理、天津金融资产交易所有限责任公司总经理助理；现任天津金融资产交易所有限责任公司监事。
郭　韬	职工监事	男	39	2015 年 11 月 16 日	职工代表大会	—	硕士研究生毕业，中国人民大学经济法学专业。历任长城公司法律事务部、债权管理部副主任科员、法律事务部主任科员、业务主管、高级副经理，长城信托产品研发与运营部总经理兼综合部总经理；现任长城信托风险合规部总经理。
耿全会	职工监事	男	43	2015 年 11 月 16 日	职工代表大会	—	大学毕业，新疆大学法律专业。历任河南洛阳市九都律师事务所律师助理、执业律师，新疆丝路律师事务所执业律师，长城公司乌鲁木齐办事处债权管理处业务员，长城公司乌鲁木齐办事处综合管理处法律事务部业务主办，长城公司乌鲁木齐办事处资产经营二部（南疆项目组）项目经理，长城公司乌鲁木齐办事处资产经营部（北疆项目组）业务主管，伊犁信托重组小组成员，长城信托审计部高级经理；现任长城信托业务九部高级经理。

本公司监事会未下设委员会。

3.1.4 高级管理人员高级管理人员

姓　名	职务	性别	年龄	任职日期	金融从业年限(年)	学历	专业	简　要　履　历
喻　林	总经理	男	49	2016年3月21日	25	本科	企业管理	大学本科,湖南财经学院工业企业管理专业,经济师。历任中国农业银行湖南省分行信贷管理处副科级,长城公司长沙办事处资产经营部主任科员,湖南天一科技股份有限公司副总经理,长城公司长沙办事处资产经营部主任科员,长城公司长沙办事处资产经营一部高级副经理,长城公司长沙办事处资产经营一部高级副经理(主持工作),长城公司长沙办事处资产经营三部高级副经理(主持工作),长城公司长沙办事处资产经营三部高级经理,长城公司长沙办事处业务拓展一部高级经理,长城公司长沙办事处党委委员、总经理助理,长城公司长沙办事处党委委员、副总经理,长城信托第一副总经理;现任长城信托总经理。
武　彪	副总经理	男	45	2016年3月21日	20	博士	经济学	博士研究生,上海社会科学院政治经济学专业,高级经济师。历任农业银行平凉分行计划财务部科员,中泰信托投资有限责任公司创新投资产品部经理助理、创新业务总部副总经理、业务总监(总裁业务助理),长城公司投资(投行)事业部总经理助理,长城公司上海自贸区筹备组副组长(副总经理级),长城公司上海自贸区分公司副总经理;现任长城信托副总经理。
段　薇	副总经理	女	44	2013年4月2日	21	硕士	法律	辽宁大学法学院法律硕士,高级经济师。曾任中国工商银行辽宁省分行商业信贷处、第三产业信贷处、工商信贷处业务综合员,中国华融资产管理公司沈阳办事处股权管理部负责人、投资银行部负责人,东亚银行沈阳分行房地产贷款部负责人、营业部负责人、企业及银团贷款部负责人,华融国际信托有限责任公司历任投资银行部总经理、信托市场部总经理,中国华融资产管理股份有限公司资产经营部总经理助理,业务审查部总经理助理、副总经理;现任长城信托副总经理。
杨　辰	副总经理	男	52	2011年10月8日	9	硕士	金融	商学硕士,日本早稻田大学商学专业。历任南开大学金融学系讲师,日本安田火灾海上保险公司总部、安田综合研究所委托研究员,日本安田火灾海上保险公司总部国际业务部业务主办,深圳力合数字电视有限公司副总裁,深圳力合传媒有限公司董事,宁波成功多媒体通讯有限公司董事,深圳盛金董事、副总裁,上海飞乐音响股份有限公司董事、战略委员会委员;现任长城信托副总经理。
李　凯	副总经理	男	57	2011年10月8日	34	大专	金融	大专学历,福建金融管理干部学院,经济师。历任农业银行石河子支行科员,人民银行石河子分行计划科科员、稽核科副科长、人事科科长,人民银行克拉玛依中心支行副行长,银监会克拉玛依分局局长;现任长城信托副总经理。
顾　涛	风险总监	男	46	2015年11月16日	19	本科	法律	华中理工大学工学、中国政法大学法学双学士,证券、银行风险管理、律师从业资格,高级经济师。历任农业银行北京分行资产保全处科员、主任科员,长城资产管理公司北京办事处债权管理部项目经理、法律事务部高级经理(副处级),长城资产管理公司法律事务部法律审核处副处长、诉讼业务管理处高级副经理、重大诉讼项目处高级经理、专项资产经营管理事业部副主任;长城国融担保有限公司风险总监(总经理助理级)、党委委员、董事,长城资产管理公司深圳办事处党委委员、风险总监(副总经理级);现任长城信托风险总监。
王　敏	财务总监	女	49	2016年5月23日	—	硕士	金融	研究生学历,新疆财经学院,高级会计师。历任兵团经济专科学校任教师,新疆农垦进出口股份有限公司计财部、结算部经理,兵团国资公司研发部副经理、财务总监,新疆宏海房地产开发有限公司总会计师,兵团国资公司风险管控部经理,长城信托监事会主席;现任长城信托财务总监。

3.1.5 公司员工

最近两个年度职工人数、年龄分布、学历分布、岗位分布,所有层级加总整体为100%。

公司员工共计83人

项目		报告期年度		上年度	
		人数(人)	比例(%)	人数(人)	比例(%)
年龄分布	25岁以下	2	2.41	2	4.08
	25~29岁	28	33.74	12	24.49
	30~39岁	36	43.37	20	40.82
	40岁以上	17	20.48	15	30.61
学历分布	博士	4	4.82	2	4.08
	硕士	47	56.63	17	34.69
	本科	29	34.94	25	51.02
	专科	3	3.61	5	10.20
	其他	0	0	0	0

续表

项目		报告期年度		上年度	
		人数(人)	比例(%)	人数(人)	比例(%)
岗位分布	高管人员	8	9.64	7	14.29
	自营业务人员	5	6.02	3	6.12
	信托业务人员	50	60.24	25	51.02
	其他人员	20	24.10	14	28.57

注:1. 自营业务人员是指按照岗位分工,专门或至少主要从事固有资金使用和固有资产管理有关业务的职工。

2. 信托业务人员是指按照岗位分工,专门或主要从事信托资金使用和信托资产管理各项业务的职工。

3. 对于人力资源部等类似无法明确区分的综合部门归为其他人员。

3.2 公司治理信息

3.2.1 年度内召开股东会情况

2016年度公司共召开四次股东会会议。

2016年3月21日，公司以现场会议方式召开了第二十一次股东会议，会议审议通过了《选举长城新盛信托公司董事、独立董事及监事的议案》。

2016年5月23日，公司以通信表决方式召开了第二十二次临时股东会议，会议审议通过了《选举李勇拟任公司监事》。

2016年9月28日，公司以通信表决方式召开了第二十三次临时股东会议，会议审议通过了关于公司《股东会议事规则》《董事会议事规则》《监事会议事规则》的议案；关于《公司2016年度财务预算报告》的议案。

2016年12月18日，公司以通信表决方式召开了第二十四次临时股东会议，会议审议通过了关于《公司章程修正案（四）》的议案。

3.2.2 董事会及其下属委员会履行职责情况

2016年度公司共召开十一次董事会会议。

2016年3月21日，公司以现场会议方式召开了第二届董事会第二次会议，会议审议通过了关于《选举公司董事长》的议案；关于《聘任公司总经理、副总经理》的议案；关于《公司2015年度工作报告》议案；关于《公司2015年度财务决算报告》的议案；关于《股东会议事规则》《董事会议事规则》的议案；关于《调整董事会下设专业委员会设置及人员方案》的议案。

2016年5月20日，公司以通信表决方式召开了第二届董事会第三次会议，会议审议通过了关于《公司2016年度经营计划》的议案；关于《公司2016年度财务预算报告》的议案；关于《独立董事制度》《董事、监事津贴管理办法》的议案；关于《董事会下设专业委员会工作规则》的议案；关于《修订总经理议事规则等11项基本制度》的议案。

2016年5月23日，公司以通信表决方式召开第二届董事会第四次会议，会议审议通过了关于《聘任王敏为公司财务总监的议案》。

2016年7月29日，公司以通信表决方式召开第二届董事会第五次会议，会议审议通过了关于《长城新盛·华讯科技单一资金信托》的议案。

2016年10月10日，公司以通信表决方式召开第二届董事会第六次会议，会议审议通过了关于《长城新盛·北京山水文园特定资产收益权单一资金信托项目方案》的议案。

2016年10月26日，公司以通信表决方式召开第二届董事会第七次会议，会议审议通过了:《长城新盛·富临集团股权投资单一资金信托项目方案》的议案。

2016年11月21日，公司以通信表决方式召开第二届董事会第八次会议，会议审议通过了关于《长城新盛·友利控股股权投资单一资金信托项目方案》的议案。

2016年11月23日，公司以通信表决方式召开第二届董事会第九次会议，会议审议通过了关于《长城新盛·嘉华城特定资产收益权单一资金信托项目方案》的议案。

2016年12月12日，公司以通信表决方式召开第二届董事会第十次会议，会议审议通过了关于《长城新盛·友利控股股权投资单一资金信托项目变更方案》的议案；《关于增设证券投资部的请示及相关制度》的议案。

2016年12月22日，公司以通信表决方式召开第二届董事会第十一次会议，会议审议通过了关于《长城新盛·华讯科技单一资金信托项目计划变更方案》的议案。

2016年度，公司董事会下属的各专业委员会认真履行职责，按照《公司章程》及相关规定，认真履行股东会及董事会授予职权，加强公司风险管理监督、控制，积极做好公司内部风险评估和报告，及时召开各种相关业务会议并履行相应职责。

报告期内公司独立董事按照《公司法》《公司章程》赋予的各项职责，勤勉尽责，对董事会审议的各个议案认真负责地发表明确意见并积极行使表决权，在公司发展战略、业务开展、财务监督、薪酬管理、风险管控等方面积极献言献策，对董事会的科学决策形成支持，积极负责地履行独立董事职责。

3.2.3 监事会履行职责情况

报告期内，公司监事会根据《公司法》《公司章程》的有关规定并结合工作实际，严格诚信原则，本着对全体股东负责的态度，认真履行监督职责。2016年度公司共召开三次监事会会议。

2016年3月21日，公司以现场会议方式召开第二届监事会第二次会议，通报了公司第二十一次股东会选举顾雷先生任公司第二届监事会监事等决议事项内容；通报了公司第二届董事会第二次决议内容情况；审议通过了《公司监事会议事规则》；听取公司财务总监关于年度公司业务经营、财务状况及财务预算情况的通报，问询公司财务工作和预算控制情况；通报了监事会向公司员工征求意见的情况；监事会成员就公司运营状况发表了意见和建议，为公司经营层建言献策；研究安排了监事会年度的工作计划并明确细化监事会成员分工。

2016年6月2日，公司以通信表决方式召开第二届监事会第三次会议，审议通过了李勇先生任公司第二届监事会主席职务，王敏女士不再担任公司监事会主席职务。

2016年11月30日，根据新疆银监局《现场检查意见书》（新银监意通[2016]20号）提出的公司运营问题及监管意见，公司以通信方式召开第二届监事会第四次会议，会议研究通过了进一步加强监事会在监督公司战略决策、风险管理、合规管理及内部审计等重要事项的执行情况方面有效发挥监督、议事功能作用；加快完善定期获取监管部门意见、内部审计报告、合规检查报告、财务会计报告或者其他重大报告的措施；研究提出整改措施。

监事会认为，报告期内公司能够认真贯彻国家法律、法规和公司章程、制度的要求，依法合规促发展，不断完善内控制度、持续强化风险管控。董事及高级管理人员能够遵守国家有关金融法律法规和《公司法》的有关规定，认真履职，未发现有违法、违规及违章行为及损害公司利益、股东利益和委托人利益的行为。

3.2.4 高级管理层履职情况

公司高级管理层认真贯彻实施董事会通过的2016年度经营计划，按照《信托法》《公司法》《公司章程》及公司各项规章制度，自觉接受监管部门的监管，积极采取有效措施，防范化解经营风险，完成了公司董事会下达的经营目标任务。

4. 经营管理

4.1 经营目标、经营方针、战略规划

4.1.1 经营目标

按照“大资管、大投行、大协同”发展战略，以投资投行为手

段，以并购重组业务为核心，坚持创新盈利与风险管控并重，完成规模与净利润双目标，做强投资投行业务，做大资产管理业务，做精主动管理信托业务，实现业务发展好、风险控制好、制度完善好、队伍建设好的发展目标。

4.1.2　经营方针

遵循稳健、创新、和谐、发展的经营方针，根据客户需求、风险偏好，充分发挥信托独特的制度优势，采用信托贷款、股权投资、投资理财、资产管理、财务顾问等多种方式，为客户提供多样化的综合金融服务。

4.1.3　战略规划

以科学发展观为指导，立足重点城市，辐射全国市场，坚持客户至上的理念，坚持依法合规、稳健经营，依托雄厚的股东背景及其在资产管理领域的竞争优势，专心致力于信托主业，围绕投资投行业务，不断提高公司风险控制能力、业务创新能力和运营管理能力，将公司发展成为在投资投行和资产管理业务领域具有一定品牌影响力、具有较强市场竞争力的专业化金融服务机构。

4.2　所经营业务的主要内容

4.2.1　经营的主要业务、品种

公司业务主要分为资产管理和信托服务两个大类：资产管理目前主要从事面向资本市场的项目融资等业务。信托服务目前主要开展贷款、收益权及平台等业务。

4.2.2　资产组合与分布

公司自营资产中，货币资产占总资产比例为68.49%，可供出售金融资产27.97%，持有至到期投资占零，其他资产占3.54%。

自营资产运用与分布表

资产运用	金额（万元）	占比（%）	资产分布	金额（万元）	占比（%）
货币资产	48 335.23	68.49	基础产业		
贷款及应收款			房地产业		
交易性金融资产			证券市场		
可供出售金融资产	19 739.63	27.97	实业		
持有至到期投资			金融机构	68 074.86	96.46
长期股权投资			其他	2 499.49	3.54
其他	2 499.49	3.54			
资产总计	70 574.35	100	资产总计	70 574.35	100

信托资产运用与分布表

资产运用	金额（万元）	占比（%）	资产分布	金额（万元）	占比（%）
货币资产	8 260.61	0.40	基础产业	110 617.16	5.42
贷款	391 690.00	19.20	房地产	1 076 033.13	52.74
交易性金融资产			证券市场		
可供出售金融资产	296 745.73	14.55	实业	383 876.65	18.82
持有至到期投资	134 739.56	6.60	金融机构	58 722.96	2.88
长期股权投资	401 445.56	19.68	其他	410 849.23	20.14
其他	807 217.67	39.57			0.00
信托资产总计	2 040 099.13		信托资产总计	2 040 099.13	100.00

4.2.3　资本充足率、资产质量和盈利状况

期末公司固有资产7.06亿元，固有负债2.12亿元，所有者权益4.94亿元。公司资本充足，所有者权益比率为70.00%。

公司无不良资产，整体资产质量较好。

报告期内公司实现收入合计22 977.63万元，利润总额14 718.46万元，净利润10 950.81万元。公司2016年总资产利润率（税前利润/年均总资产）为25.89%，资本利润率（净利润/年均所有者权益）为24.93%，主营业务收益率（净利润/营业总收入）为47.66%。

4.3　市场分析

4.3.1　有利因素

国家供给侧结构性改革深入推进，为公司做大做强以并购重组为核心的投资投行业务带来难得的发展机遇。

国民财富快速增长，企业和个人对不同类型资产配置和财富传承的需求日益旺盛，为信托公司资产管理等业务开展提供有利条件。

依托股东资源和品牌优势，在市场上有较高认知度，为业务开展方提供得天独厚的条件。

4.3.2　不利因素

宏观经济进入新常态，发展换挡调速，房地产等传统行业风险积聚，信托传统业务领域遭受较大的冲击，信托公司处于转型发展期，新的利润增长点尚在探索中。

泛资管时代到来，各金融主体间监管政策日益趋同，信托制度红利逐渐削弱。

信托业出现增资潮，各经营主体实力不断增强，行业内部竞争压力不断增大。

4.4　内部控制

4.4.1　内部控制环境和内部控制文化

公司建立了分工合理、职责明确、报告关系清晰的组织机构。报告期内，公司完成了部门岗位设置和人员编制安排。公司董事会和高级管理层重视公司内部控制机制的建设。董事会下设风险管理委员会，负责审核公司内控机制的建设规划。公司股东会按照章程规定，负责风险管理的决策，并通过授权管理、投资决策管理、人力资源管理、财务管理、运营管理和运营保障管理等制度建设，建立公司风险管理的制度体系并维持其有效性。董事会风险管理委员会负责对公司风险管理的政策、项目执行过程实施风险监督和评审，并按照公司风险管理总体要求，制定风险管理监督、风险计量检测和风险控制流程等风险监控制度。公司经营管理层根据股东会和董事会制定的风险管理政策、程序，负责对风险控制过程实施管理。对风险控制过程中出现和可能出现的风险，制定和采取风险控制措施并及时报告董事会和股东会。合规部负责公司风险管理基本政策的制定，起草制定各类风险管理制度，负责建立和完善风险管理体系，进行风险识别、计量和控制，开展公司内部风险评估和报告，参与各类业务的风险评估、管理及对合法性和合规性进行审核，指导公司内部全面开展风险管理。公司风险管理程序是公司在融资、贷款、投资及重大经营决策上，实行“六审一会”制度。“六审”即部门负责人及分管副总、风险

合规部、资金财务部、业务管理部、财务总监、风险总监审核。“一会”即信托业务审查委员会审查，根据项目审批权限，部分项目需报公司董事会审议决策。操作程序是：业务部门在对项目进行调查并由部门负责人与分管副总进行初审，通过后报送风险合规部、资金财务部、业务管理部进行风险及合规性、投融资对象财务状况、业务流程及综合审查，通过后报财务总监、风险总监审查，通过后提请业务审查委员会进行审批，之后报总裁决策。

4.4.2 内部控制措施

公司内部控制职能部门为风险合规部、业务管理部、综合管理部、资金财务部和监察审计部。公司内部控制遵循全面、审慎、有效、独立的原则。公司内控的控制活动，包括不相容职务分离控制、授权审批控制、业务流程控制、会计系统控制、财产保护控制、运营分析控制、信息系统控制和绩效考评控制，并建立业务预警、应急机制等。报告期内，公司股东会按照章程规定，负责风险管理决策，并通过授权管理、投资决策管理、人力资源管理、财务管理、运营管理和运营保障管理等制度建设，建立公司风险管理的制度体系并维持其有效性。公司信托业务审查委员会负责对信托项目审核。公司固有业务按照项目金额大小按股东会、董事会和经营管理层分层授权审核。董事会风险管理委员会负责对公司风险管理的政策、项目执行过程实施风险监督和评审，并按照公司风险管理总体要求，制定风险管理监督、风险计量检测和风险控制流程等风险监控制度。公司经营管理层根据股东会和董事会制定的风险管理政策、程序，负责对风险控制过程实施管理。对风险控制过程中出现和可能出现的风险，制定和采取风险控制措施并及时报告董事会和股东会。风险合规部负责公司风险管理基本政策的制定，起草制定各类风险管理制度，负责建立和完善风险管理体系，进行风险识别、计量和控制，开展公司内部风险评估和报告，参与各类业务的风险评估、管理及对合法性和合规性进行审核，指导公司内部全面开展风险管理。

4.4.3 信息交流与反馈

报告期内，公司不断完善信息交流与反馈机制。在信息传达方面，通过办公自动化系统或专题会议形式，将最新的法律法规、监管要求、信托行业及内部经营风险状况等信息及时传递给相关部门，确保员工充分掌握信息并及时作出反馈。在信息报告方面，制定了清晰的信息报告流程，确保各部门将经营过程中存在的重大问题和风险事项及时报告高级管理层、董事会、监事会和相关监管部门。在外部沟通方面，公司严格遵循监管要求，与监管部门建立了完备的沟通和报告机制，及时就公司的经营情况、风险状况、内外部审计情况等向监管部门报告。在部门间工作协调方面，公司内部搭建了高效畅通的信息交流渠道，通过定期会议和随时沟通实现跨部门协作。

4.4.4 监督评价与纠正

公司通过建立自控、互控、监控三位一体的机制，对内部控制活动进行检查、评价、监督和纠正。业务部门对各项业务跟踪管理，经常检查其经营状况，一旦发现存在问题，迅速予以自纠；财务管理部门和风险合规管理部门分别行使后台监督职能和风险管理职能，相关部门、岗位之间互相制衡、监督，一旦发现问题，均要求限时纠正。

4.5 风险管理

4.5.1 风险管理概况

公司业务经营中所面临的主要风险是信用风险、市场风险、操作风险和合规风险。公司风险管理的基本原则是合规性，即公司经营活动与所涉及的法律、规则和准则及自身规章制度相一致；全面性，即风险管理涵盖各项业务管理的各环节，并渗透到各项业务过程中；制衡性，即明确划分相关部门、岗位之间的职责，建立职责分离、横向与纵向相互监督制约的机制；资产隔离性，即将公司自营资产与信托资产、不同委托人的信托财产分别管理、分别记账、独立核算；流动性，即突出现金流量管理在公司经营活动中的重要性；程序性，即公司风险管理组织系统的安排遵循事前授权审批、事中控制和事后审计监督三道程序；可衡量性，即采用定性分析与定量分析相结合的方法控制风险。公司股东会按照章程规定，负责风险管理的决策，并通过授权管理、投资决策管理、人力资源管理、财务管理、运营管理和运营保障管理等制度建设，建立公司风险管理的制度体系并维持其有效性。公司信托业务审查委员会负责对信托项目的审核。董事会风险管理委员会负责对公司风险管理的政策、项目执行过程实施风险监督和评审，并按照公司风险管理总体要求，制定风险管理监督、风险计量检测和风险控制流程等风险监控制度。公司经营管理层根据股东会和董事会制定的风险管理政策、程序，负责对风险控制过程实施管理。对风险控制过程中出现和可能出现的风险，制定和采取风险控制措施并及时报告董事会和股东会。风险合规部负责公司风险管理基本政策的制定，起草制定各类风险管理制度，负责建立和完善风险管理体系，进行风险识别、计量和控制，开展公司内部风险评估和报告，参与各类业务的风险评估、管理及对合法性和合规性进行审核，指导公司内部全面开展风险管理。

4.5.2 风险状况

公司经营活动中可能遇到的主要风险包括信用风险、市场风险、操作风险等。

4.5.2.1 信用风险状况

信用风险主要指交易对手不履行义务的可能性，主要表现为：在贷款、资产回购、后续资金安排、担保、履约承诺、资金往来、证券投资等交易过程中，借款人、担保人、保管人（托管人）、证券投资开户券商、银行等交易对手不履行承诺，不能或不愿履行合约承诺而使信托财产或固有财产遭受潜在损失的可能性。本公司信用风险资产按五级分为正常类、关注类、次级类、可疑类和损失类，对信用风险资产本公司根据《金融企业呆账准备提取管理办法》（财金[2005]49 号）及《中国银监会办公厅关于修订信托公司年报披露格式规范信息披露有关问题的通知》（银监办发[2009]407 号）规定，参照中国人民银行《银行贷款损失计提指引》（银发[2002]98 号）规定，对年末信用风险资产按照关注类资产 2%、次级类资产 25%、可疑类资产 50%、损失类资产 100%的比例计提贷款损失准备、坏账准备。

报告期内，公司存续信托业务中无风险项目。

报告期内，公司固有业务和信托业务均无不良信用资产。2016 年末公司已按照净利润的 5%计提了信托赔偿准备，年末余额 1222.40 万元，较 2015 年增加了 547.54 万元。

4.5.2.2 市场风险状况

市场风险主要是指在金融市场等投资业务过程中，投资于有公开市场价值的金融产品或者其他产品时，金融产品或者其他产品的价格发生波动导致使公司信托财产或固有财产遭受损失的可能性。同时，市场风险还具有很强的传导效应，某些信用风险的根源可能也来自于交易对手的市场风险。报告期内，公司无在公开市场交易的金融产品，受市场风险影响有限。

4.5.2.3　操作风险状况

操作风险表现为由于公司治理机制、内部控制失效或者有关责任人出现失误、欺诈等问题，公司没有充分及时地做好尽职调查、持续监控、信息披露等工作，未能及时作出应有的反应，或作出的反应明显有失专业和常理，甚至违规违约；公司没有履行勤勉尽职管理的义务，或者无法出具充分有效的证据和记录，证明自己已履行勤勉尽职管理的义务。报告期内，公司通过系统、制度、权限等对操作风险进行有效的管控。

4.5.2.4　其他风险状况

其他风险主要是指公司业务开展中的流动性风险、政策风险、信誉风险、道德风险等。公司固有业务流动性强，发生流动性风险的可能性较小。政策、信誉、道德风险方面，公司没有发生因信托财产管理、处分不当或其他信托公司的原因，致使信托财产遭受损失，进而致使公司声誉受损的情况。公司注重将各方股东的优秀企业文化融入公司内部管理中，致力于塑造诚信、专业的公司形象，通过尽职管理和充分披露等方式，避免产生对公司不良影响事件的发生。

4.5.3　风险管理

4.5.3.1　信用风险管理

信用风险的管理：一是公司严格实行“贷前调查、贷中审查、贷后检查”。在贷前调查（项目立项）阶段，公司规范项目尽职调查的程序、重点和方法；在贷中审查（项目审批）阶段，公司合规部、风险管理部进行预审，公司项目评审委员会对业务进行项目可行性风险评估；在贷后检查（项目运营）阶段，公司要求业务部门持续监控交易对手的履约能力。二是注重信用风险的分散和补偿。在产品交易结构设计上，公司综合运用规避、预防、分散、转移、补偿等手段管理风险，尽力降低信用风险敞口。比如，公司通过引入金融机构信用、财产抵押、权利质押等担保方式，将融资主体的信用风险进行分散、转移。为防止因抵（质）押价值变化扩大信用风险敞口，公司对拟抵（质）押资产设置了抵（质）押率上限，作为价值变化的缓冲；通过账户管理归集和监控项目本身的现金流，作为履约的主要资金来源；在可能的情况下监管交易对手账户，监督资金使用，防止挪用；通过信托受益权的优先劣后安排，将具有不同风险偏好和风险承受能力的客户分开；加大交易对手违约成本，使交易对手不敢轻易违约；通过现场过程监控和非现场信息监控，及时了解项目进展、交易对手经营和资金使用状况；安排信托受益权的流通转让，分散信用风险。三是按照银监会要求，定期对公司资产进行风险分类。四是严格按财政部和中国银监会的要求，提足包括呆账准备金、信托赔偿准备金在内的各项准备金。

4.5.3.2　市场风险管理

市场风险的管理：一是加强对经济及金融形势的分析预测，并据此提出资产配置及其调整方案。密切跟踪市场，及时调整投资策略和投资组合，密切关注经济运行状况，严格规避政策导向变化带来的不利影响。二是坚持稳健原则，在投资组合中配置足够的固定收益类低风险投资品种。三是对证券投资组合的净值、仓位和投资集中度等指标事先设定预警点或止损点。四是通过投资分散化（组合对冲）降低非系统性风险。五是在业务决策和管理过程中，分别通过压力测试进行分析和评估，进行动态跟踪管理。六是积极贯彻落实监管部门有关文件精神，及时对公司信托业务中的房地产业务、证券投资业务和银信合作等业务提出“风险提示”，密切专注市场变化，加强防范业务风险的措施。

4.5.3.3　操作风险管理

操作风险的管理：一是制定和完善公司内部控制制度，在业务操作、会计系统、信息披露、信息系统、人力资源管理、关联交易、档案管理、紧急事故应变等方面，建立行之有效的内控制度和内控流程。二是明确岗位职责，即在合理的组织机构基础上，将各部门的业务活动和管理活动细化为各个具体的工作岗位，按照岗位确定职责和权限，做到定岗、定责、定职、定编、定人，从而建立起公司内部相互制约、相互督促的工作网络。三是在建立岗位职责的基础上，制定公司的业务授权制度和问责制度。通过授权机制，将从业人员的灵活性和责任制结合起来。四是不断整合公司各项业务流程和管理流程，逐步实现前台、中台、后台分离的业务操作流程化管理。五是建立管理防火墙，以信托财产和固有财产为隔离基础，实现信托业务系统和自营业务系统的部门和人员分离；高管人员管理分工分离；信托财务和自营财务的部门、人员、账表、资产和办公场所分离；每个信托财产的分离，即对每项信托业务单独开户、单独核算、单独管理。六是强调信息系统支持。七是制定公司员工行为规范，加强对员工守法意识、职业道德的教育。八是重视合规文化建设，宣传合规政策，使员工牢固树立“风险管理是公司经营的基础、效益的前提和核心竞争力的保证”这一风险管理核心价值观念。

4.5.3.4　其他风险管理

其他风险的管理：一是加强员工合规培训，要求员工认真学习并执行有关的法律法规，增强合规意识，提高员工的风险管理意识和风险管理水平。二是加强对运作项目的现金流量管理，同时做好公司现金流量的预测和安排。三是加强职业道德教育，规范职业行为，把职业道德、职业操守作为员工教育的一个重要内容，不断增强员工的工作责任心，严格控制道德风险。

5. 报告期末及上一年度末的比较式会计报表

5.1　自营资产

5.1.1　会计师事务所审计意见全文

审计报造

德师京报（审）字（17）第 P00161 号

长城新盛信托有限责任公司管理层：

我们审计了后附的长城新盛信托有限责任公司（以下简称长城新盛信托）的财务报表，包括 2016 年 12 月 31 日的资产负债表、2016 年度的利润表、所有者权益变动表和现金流量表以及财务报表附注。

一、管理层对财务报表的责任

编制和公允列报财务报表是长城新盛信托管理层的责任。这种责任包括：(1)按照企业会计准则的规定编制财务报表，并使其实现公允反映；(2)设计、执行和维护必要的内部控制，以使财务报表不存在由于舞弊或错误而导致的重大错报。

二、注册会计师的责任

我们的责任是在执行审计工作的基础上对财务报表发表审计意见。我们按照中国注册会计师审计准则的规定执行了审计工作。中国注册会计师审计准则要求我们遵守中国注册会计师职业道德守则，计划和执行审计工作以对财务报表是否不存在重大错报获取合理保证。

审计工作涉及实施审计程序，以获取有关财务报表金额和披露的审计证据。选择的审计程序取决于注册会计师的判断，包括对由于舞弊或错误导致的财务报表重大错报风险的评估。在进行风险评估时，注册会计师考虑与财务报表编制和公允列报相关的内部控制，以设计恰当的审计程序，但目的并非对内部控制的有效性发表意见。审计工作还包括评价管理层选用会计政策的恰当性和作出会计估计的合理性，以及评价财务报表的总体列报。

我们相信，我们获取的审计证据是充分、适当的，为发表审计意见提供了基础。

三、审计意见

我们认为，长城新盛信托财务报表在所有重大方面按照企业会计准则的规定编制，公允反映了长城新盛信托2016年12月31日的财务状况以及2016年度的经营成果和现金流量。

德勤华永会计师事务所(特殊普通合伙)

中国注册会计师：范里鸿

中国注册会计师：王建丽

中国·北京　　2017年3月16日

5.1.2 资产负债表

资产负债表

编制单位:长城新盛信托有限责任公司　　2016年12月31日　　单位:元

资　产	附注	年末数	年初数
资产:			
货币资金	1	483 352 295.12	249 441 068.77
拆出资金			
交易性金融资产			
衍生金融资产			
买入返售金融资产			
应收手续费及佣金		5 491 247.38	
应收股利			

续表

资　产	附注	年末数	年初数
应收利息			
发放贷款和垫款			
持有至到期投资	2		
可供出售金融资产	3	197 396 325.51	163 072 810.23
应收款项类投资			
长期股权投资			
投资性房地产			
长期待摊费用			
固定资产	4	2 043 952.02	2 675 590.84
无形资产	5	1 865 187.34	2 238 060.66
递延所得税资产	6	1 636 312.98	1 219 594.25
其他资产	7	13 958 166.21	12 487 443.62
资产总计		705 743 486.56	431 134 568.37

资产负债表(续)

编制单位:长城新盛信托有限责任公司　　2016年12月31日　　单位:元

负债和所有者权益	附注	年末数	年初数
负债:			
拆入资金			
交易性金融负债			
衍生金融负债			
卖出回购金融资产款			
应付职工薪酬	8	53 907 677.59	32 053 051.06
应交税费	9	34 583 463.51	7 520 687.44
预收账款			
预计负债			
递延所得税负债			
其他应付款	10	122 785 749.38	6 303 162.56
其他负债	11	445 875.73	700 050.21
负债合计		211 722 766.21	46 576 951.27
所有者权益:			
实收资本	12	300 000 000.00	300 000 000.00
其他综合收益	13	200 096.33	245 064.22
盈余公积	14	24 448 079.29	13 497 272.18
信托赔偿准备	15	12 224 039.65	6 748 636.09
未分配利润	16	157 148 505.08	64 066 644.61
所有者权益合计		494 020 720.35	384 557 617.10
负债和所有者权益总计		705 743 486.56	431 134 568.37

法定代表人:周礼耀　　主管会计工作负责人:王敏　　会计机构负责人:王敏

5.1.3 利润表

利润表

编制单位:长城新盛信托有限责任公司　2016 年度　　单位:元

项　目	附注	本年数	上年数
一、营业收入		229 776 300.25	81 566 508.54
(一)利息净收入	17	4 150 473.58	7 736 247.81
利息收入		4 150 473.58	7 736 247.81
利息支出			
(二)手续费及佣金净收入	18	219 727 907.35	65 564 735.63
手续费及佣金收入		228 122 441.76	76 207 120.61
手续费及佣金支出		8 394 534.41	10 642 384.98
(三)投资收益(损失以“-”填列)	19	5 897 919.32	8 265 525.10
(四)公允价值变动损益(损失以“-”填列)			
(五)其他收入			
汇兑收益(损失以“-”填列)			
其他业务收入			
二、营业支出		93 317 483.33	59 775 693.23
(一)营业税金及附加	20	2 652 696.24	4 730 463.27

续表

项　目	附注	本年数	上年数
(二)业务及管理费	21	90 664 787.09	50 120 229.96
(三)资产减值损失或呆账损失(转回以“-”填列)	22		4 925 000.00
(四)其他业务成本			
三、营业利润(亏损以“-”填列)		136 458 816.92	21 790 815.31
加:营业外收入	23	10 791 455.37	59 521.34
减:营业外支出	24	65 690.00	234.94
四、利润总额(亏损以“-”填列)		147 184 582.29	21 850 101.71
减:所得税费用	25	37 676 511.15	6 805 214.25
五、净利润(亏损以“-”填列)		109 508 071.14	15 044 887.46
归属于母公司所有者的净利润		109 508 071.14	15 044 887.46
少数股东损益			
六、每股收益:			
七、其他综合收益	26	-44 967.89	115 239.47
八、综合收益总额		109 463 103.25	15 160 126.93
归属于母公司所有者的综合收益总额		109 463 103.25	15 160 126.93

法定代表人:周礼耀　　主管会计工作负责人:王敏　　会计机构负责人:王敏

5.1.4 所有者权益变动表

所有者权益变动表

编制单位:长城新盛信托有限责任公司　2016 年度　单位:元

项　目	本年度					
	实收资本	其他综合收益	盈余公积	信托赔偿准备	未分配利润	所有者权益合计
一、2016 年 1 月 1 日余额	300 000 00	245 064.22	13 497 272.18	6 748 636.09	64 066 644.61	384 557 617.10
二、本年增减变动金额						
1. 净利润	—	—	—	—	109 508 071.14	109 508 071.14
2. 其他综合收益	—	(44 967.89)	—	—	—	(44 967.89)
(一) 综合收益总额	—	(44 967.89)	—	—	109 508 071.14	109 463 103.25
(二)利润分配						
1. 提取盈余公积	—	—	10 950 807.11	—	(10 950 807.11)	—
2. 提取信托赔偿准备	—	—	—	5 475 403.56	(5 475 403.56)	—
三、2016 年 12 月 31 日余额	300 000 000.00	200 096.33	24 448 079.29	12 224 039.65	157 148 505.08	494 020 720.35

所有者权益变动表(续)

编制单位:长城新盛信托有限责任公司　2015 年度　单位:元

项　目	上年度					
	实收资本	其他综合收益	盈余公积	信托赔偿准备	未分配利润	所有者权益合计
一、2015 年 1 月 1 日余额	300 000 000.00	129 824.75	11 992 783.43	5 996 391.72	72 746 988.50	390 865 988.40
二、本年增减变动金额						
1. 净利润	—	—	—	—	15 044 887.46	15 044 887.46
2. 其他综合收益	—	115 239.47	—	—	—	115 239.47
(一) 综合收益总额	—	115 239.47	—	—	15 044 887.46	15 160 126.93
(二)利润分配						
1. 提取盈余公积	—	—	1 504 488.75	—	(1 504 488.75)	—
2. 提取信托赔偿准备	—	—	—	752 244.37	(752 244.37)	—
3. 对所有者的分配	—	—	—	—	(21 468 498.23)	(21 468 498.23)
三、2015 年 12 月 31 日余额	300 000 000.00	245 064.22	13 497 272.18	6 748 636.09	64 066 644.61	384 557 617.10

5.2 信托资产

5.2.1 信托项目资产负债汇总表

信托项目资产负债汇总表

编制单位：长城新盛信托有限责任公司　　2016 年 12 月 31 日　　单位：万元

资　　产	期末数	期初数	负债和信托权益	期末数	期初数
资产：			负债：		
现金及存放中央银行款项	8 260.61	5 679.50	向中央银行借款		
其中：现金及银行存款	8 260.61	5 679.50	同业及其他金融机构存放款项		
其他货币资金			拆入资金		
拆出资金			交易性金融负债		
交易性金融资产			衍生金融负债		
衍生金融资产			应付受托人报酬		
买入返售金融资产	698 797.67	37 300.00	应付保管费		
应收账款			应付受益人收益		
应收股利			应付销售服务费		
应收利息			应交税费		
其他应收款			其他应付款	8 085.29	5 454.07
发放贷款和垫款	391 690.00	461 885.00	其他负债		—
可供出售金融资产	296 745.73	308 745.73	负债合计	8 085.29	5 454.07
持有至到期投资	134 739.56	—			
长期应收款	108 420.00	123 775.00	信托权益：		
长期股权投资	401 445.56	185 590.56			
投资性房地产			实收信托	2 031 971.37	1 117 521.30
固定资产			资本公积		—
无形资产			未分配利润	42.47	0.42
其他资产			信托权益合计	2 032 013.84	1 117 521.72
资产总计	2 040 099.13	1 122 975.79	负债和信托权益总计	2 040 099.13	1 122 975.79

法定代表人：周礼耀　　主管会计工作负责人：王敏　　会计机构负责人：王敏

5.2.2 信托项目利润及利润分配汇总表

信托项目利润及利润分配汇总表

编制单位：长城新盛信托有限责任公司　2016 年度　　金额单位：万元

项　　目	本年累计数	上年累计数
一、营业收入	51 311.82	119 741.40
利息收入	13 749.69	64 053.97
投资收益	36 131.95	45 788.52
公允价值变动收益		—
租赁收入		—
汇兑损益		—
其他收入	1 430.18	9 898.91
二、支出	6 932.60	10 271.37
营业税金及附加		—
受托人报酬	6 526.95	3 351.78
托管费	197.97	1 909.64
投资管理费		—
销售服务费		—
交易费用		—
资产减值损失		—
其他费用	207.68	5 009.95
三、信托净利润	44 379.22	109 470.03
四、其他综合收益		—
五、综合收益	44 379.22	109 470.03
加：年初未分配信托利润	0.42	(2 363.43)
六、可供分配的信托利润	44 379.64	107 106.60
减：本年已分配信托利润	44 337.17	107 106.18
七、年末未分配信托利润	42.47	0.42

法定代表人：周礼耀　　主管会计工作负责人：王敏　　会计机构负责人：王敏

6. 会计报表附注

6.1 会计报表编制基准不符合会计核算基本前提的说明

本公司无上述情况。

6.2 重要会计政策和会计估计说明

6.2.1 计提资产减值准备的范围和方法

根据《企业会计准则》和相关指南讲解以及财政部《金融企业准备金计提管理办法》和银监会《关于非银行金融机构全面推行资产质量五级分类管理的通知》，公司对计提坏账准备的资产进行风险分类，并根据风险分类结果确定一般风险准备和专项准备的计提比例。

6.2.2 金融资产四分类的范围和标准

按照投资目的和经济实质，公司将拥有的金融资产划分为四类：(1)以公允价值计量且其变动计入当期损益的金融资产，包括交易性金融资产和指定为以公允价值计量且其变动计入当期损益的金融资产；(2)持有至到期投资；(3)贷款和应收款项；(4)可供出售金融资产。

持有至到期投资是指到期日固定、回收金额固定或可确定，且企业有明确意图和能力持有至到期的非衍生金融资产。

贷款和应收款项是指在活跃市场中没有报价、回收金额固定或可确定的非衍生金融资产。

可供出售金融资产包括初始确认时即被指定为可供出售的非衍生金融资产，以及除了以公允价值计量且其变动计入当期损益的金融资产、贷款和应收款项、持有至到期投资以外的金融资产。

6.2.3 交易性金融资产核算方法

公司购入的股票、债券、基金等，确定以公允价值计量且其变动计入当期损益的金融资产，按照取得时的公允价值作为初始确认金额，相关的交易费用在发生时计入当期损益。

支付的价款中包含已宣告但尚未发放的现金股利或债券利息，单独确认为应收项目。

公司在持有该等金融资产期间取得的利息或现金股利，于收到时确认为投资收益。

资产负债表日，公司将该等金融资产的公允价值变动计入当期损益。

处置该等金融资产时，该等金融资产公允价值与初始入账金额之间的差额确认为投资收益，同时调整公允价值变动损益。

6.2.4 可供出售金融资产核算方法

公司可供出售金融资产按取得时的公允价值和相关交易费用之和作为初始确认金额。支付的价款中包含已到付息期但尚未领取的债券利息或已宣告但尚未发放的现金股利，单独确认为应收项目。

公司可供出售金融资产持有期间取得的利息或现金股利，于收到时确认为投资收益。资产负债表日，可供出售金融资产按公允价值计量，其公允价值变动计入其他综合收益。

处置可供出售金融资产时，将取得的价款和该金融资产的账面价值之间的差额，计入投资收益，同时，将原直接计入所有者权益的公允价值变动累计额对应处置部分的金额转出，计入投资损益。

6.2.5 持有至到期投资核算方法

公司购入的固定利率国债、浮动利率公司债券等持有至到期投资，按取得时的公允价值和相关交易费用之和作为初始确认金额。

支付的价款中包含已宣告发放债券利息的，单独确认为应收项目。持有至到期投资在持有期间按照摊余成本和实际利率确认利息收入，计入投资收益。

实际利率在取得持有至到期投资时确定，在随后期间保持不变。实际利率与票面利率差别很小的，也可按票面利率计算利息收入，计入投资收益。

处置持有至到期投资时，将所取得价款与该投资账面价值之间的差额确认为投资收益。

如公司因持有意图或能力发生改变，使某项投资不再适合作为持有至到期投资，则将其重分类为可供出售金融资产，并以公允价值进行后续计量。重分类日，该投资的账面价值与公允价值之间的差额计入所有者权益，在该可供出售金融资产发生减值或终止确认时转出，计入当期损益。

6.2.6 长期股权投资核算方法

6.2.6.1 初始投资成本的确定

对于企业合并形成的长期股权投资，如为同一控制下的企业合并取得的长期股权投资，在合并日按照取得被合并方所有者权益账面价值的份额作为初始投资成本；通过非同一控制下的企业合并取得的长期股权投资，企业合并成本包括购买方付出的资产、发生或承担的负债、发行的权益性证券的公允价值之和，购买方为企业合并发生的审计、法律服务、评估咨询等中介费用以及其他相关管理费用，应当于发生时计入当期损益，购买方作为合并对价发行的权益性证券或债务性证券的交易费用，应当计入权益性证券或债务性证券的初始确认金额。

除企业合并形成的长期股权投资外的其他股权投资，按成本进行初始计量。

6.2.6.2 后续计量及损益确认方法

对被投资单位不具有共同控制或重大影响并且在活跃市场中没有报价、公允价值不能可靠计量的长期股权投资，采用成本法核算；对被投资单位具有共同控制或重大影响的长期股权投资，采用权益法核算；对被投资单位不具有控制、共同控制或重大影响并且公允价值能够可靠计量的长期股权投资，作为可供出售金融资产核算。

此外，本公司财务报表采用成本法核算能够对被投资单位实施控制的长期股权投资。

6.2.6.2.1 成本法核算的长期股权投资

采用成本法核算时，长期股权投资按初始投资成本计价，除取得投资时实际支付的价款或者对价中包含的已宣告但尚未发放的现金股利或者利润外，当期投资收益按照享有被投资单位宣告发放的现金股利或利润确认。

6.2.6.2.2 权益法核算的长期股权投资

采用权益法核算时，长期股权投资的初始投资成本大于投资时应享有被投资单位可辨认净资产公允价值份额的，不调整长期股权投资的初始投资成本；初始投资成本小于投资时应享有被投资单位可辨认净资产公允价值份额的，其差额计入当期损益，同时调整长期股权投资的成本。

采用权益法核算时，当期投资损益为应享有或应分担的被投资单位当年实现的净损益的份额。在确认应享有被投资单位净损益的份额时，以取得投资时被投资单位各项可辨认资产等的公允价值为基础，并按照本公司的会计政策及会计期间，对被投资单位的净利润进行调整后确认。对于本公司与联营企业及合营之间发生的未实现内部交易损益，按照持股比例计算属于本公司的部分予以抵销，在此基础上确认投资损益。但本公司与被投资单位发生的未实现内部交易损失，按照《企业会计准则第8号——资产减值》等规定属于所转让资产减值损失的，不予以抵销。对被投资单位的其他综合收益，相应调整长期股权投资的账面价值确认为其他综合收益。

在确认应分担被投资单位发生的净亏损时，以长期股权投资的账面价值和其他实质上构成对被投资单位净投资的长期权益减记至零为限。此外，如本公司对被投资单位负有承担额外损失的义务，则按预计承担的义务确认预计负债，计入当期投资损失。被投资单位以后期间实现净利润的，本公司在收益分享额弥补未确认的亏损分担额后，恢复确认收益分享额。

6.2.6.2.3 收购少数股权

在编制合并财务报表时，因购买少数股权新增的长期股权投资与按照新增持股比例计算应享有子公司自购买日（或合并日）开始持续计算的净资产份额之间的差额，调整资本公积，资本公积不足冲减的，调整留存收益。

6.2.6.2.4　处置长期股权投资

在合并财务报表中，母公司在不丧失控制权的情况下部分处置对子公司的长期股权投资，处置价款与处置长期股权投资相对应享有子公司净资产的差额计入所有者权益；母公司部分处置对子公司的长期股权投资导致丧失对子公司控制权的，按合并财务报表编制的相关会计政策处理。

其他情形下的长期股权投资处置，对于处置的股权，其账面价值与实际取得价款的差额，计入当期损益；采用权益法核算的长期股权投资，在处置时将原计入所有者权益的其他综合收益部分按相应的比例转入当期损益。对于剩余股权，按其账面价值确认为长期股权投资或其他相关金融资产，并按前述长期股权投资或金融资产的会计政策进行后续计量。涉及对剩余股权由成本法转为权益法核算的，按相关规定进行追溯调整。

6.2.6.3　确定对被投资单位具有共同控制、重大影响的依据

控制是指有权决定一个企业的财务和经营政策，并能据以从该企业的经营活动中获取利益。共同控制是指按照合同约定对某项经济活动所共有的控制，仅在与该项经济活动相关的重要财务和经营决策需要分享控制权的投资方一致同意时存在。重大影响是指对一个企业的财务和经营政策有参与决策的权力，但并不能够控制或者与其他方一起共同控制这些政策的制定。在确定能否对被投资单位实施控制或施加重大影响时，已考虑投资企业和其他持有的被投资单位当期可转换公司债券、当期可执行认股权证等潜在表决权因素。

6.2.6.4　减值测试方法及减值准备计提方法

公司在资产负债表日判断长期股权投资是否发生减值。公司一般以单项长期股权投资为基础估计其可收回金额，可收回金额根据长期股权投资的公允价值减去处置费用后的净额与长期股权投资预计未来现金流量的现值两者之间较高者确定，并计提减值准备。难以对单项长期股权投资的可收回金额进行估计的，以该长期股权投资所属的资产组为基础确定资产组的可收回金额，并按照《企业会计准则第8号——资产减值》有关规定计提长期股权投资减值准备。减值损失一经确认，在以后会计期间不能转回。

6.2.7　投资性房地产核算方法

投资性房地产是指为赚取租金或资本增值，或两者兼有而持有的房地产。

6.2.7.1　投资性房地产的确认

投资性房地产同时满足下列条件，才能确认：

与投资性房地产有关的经济利益很可能流入企业；

该投资性房地产的成本能够可靠计量。

6.2.7.2　投资性房地产初始计量

外购投资性房地产的成本，包括购买价款、相关税费和可直接归属于该资产的其他支出。

自行建造投资性房地产的成本，由建造该项资产达到预定可使用状态前所发生的必要支出构成。

以其他方式取得的投资性房地产的成本，按照相关会计准则的规定确定。

与投资性房地产有关的后续支出，满足投资性房地产确认条件的，计入投资性房地产成本；不满足确认条件的在发生时计入当期损益。

6.2.7.3　投资性房地产的后续计量

本公司在资产负债表日采用成本模式对投资性房地产进行后续计量。根据《企业会计准则第4号——固定资产》《企业会计准则第6号——无形资产》的有关规定，对投资性房地产在预计可使用年限内按年限平均法摊销或计提折旧。

6.2.7.4　投资性房地产的转换

本公司有确凿证据表明房地产用途发生改变，将投资性房地产转换为其他资产，或将其他资产转换为投资性房地产，将房地产转换前的账面价值作为转换后的入账价值。

6.2.7.5　投资性房地产减值准备

采用成本模式进行后续计量的投资性房地产，其减值准备的确认标准和计提方法参照固定资产和无形资产。

6.2.8　固定资产计价和折旧方法

6.2.8.1　固定资产确认条件

固定资产是指为提供劳务、出租或经营管理而持有的，使用寿命超过一个会计年度的有形资产，包括房屋建筑物、机具设备、运输工具、电子设备等。

6.2.8.2　固定资产初始计量

固定资产按照成本进行初始计量。外购固定资产的成本，包括购买价款、相关税费、使固定资产达到预定可使用状态前所发生的可归属于该项资产的运输费、装卸费、安装费和专业人员服务费等，自行建造的固定资产的成本，包括由建造该项资产达到预定可使用状态前所发生的必要支出。

6.2.8.3　各类固定资产的折旧方法

固定资产按成本并考虑预计弃置费用因素的影响进行初始计量。固定资产从达到预定可使用状态的次月起，采用年限平均法在使用寿命内计提折旧。各类固定资产的使用寿命、预计净残值和年折旧率如下：

固定资产类别	预计净残值率(%)	预计使用年限	年折旧率(%)
运输工具	5	6	15.83
办公家具	5	5	19
电子设备	5	3	31.67

预计净残值是指假定固定资产预计使用寿命已满并处于使用寿命终了时的预期状态，本公司目前从该项资产处置中获得的扣除预计处置费用后的金额。

6.2.8.4　融资租入固定资产的认定依据及计价方法

融资租赁为实质上转移了与资产所有权有关的全部风险和报酬的租赁，其所有权最终可能转移，也可能不转移。以融资租赁方式租入的固定资产采用与自有固定资产一致的政策计提租赁资产折旧。能够合理确定租赁期届满时取得租赁资产所有权的在租赁资产使用寿命内计提折旧，无法合理确定租赁期届满能够取得租赁资产所有权的，在租赁期与租赁资产使用寿命两者中较短的期间内计提折旧。

6.2.8.5　其他说明

与固定资产有关的后续支出，如果与该固定资产有关的经济利益很可能流入且其成本能可靠地计量，则计入固定资产成本，并终止确认被替换部分的账面价值。除此以外的其他后续支出，在发生时计入当期损益。

固定资产出售、转让、报废或毁损的处置收入扣除其账面

价值和相关税费后的差额计入当期损益。

本公司至少于年度终了对固定资产的使用寿命、预计净残值和折旧方法进行复核，如发生改变则作为会计估计变更处理。

6.2.9 无形资产计价及摊销政策

6.2.9.1 无形资产

无形资产是指本公司拥有或者控制的没有实物形态的可辨认非货币性资产。

无形资产按成本进行初始计量。与无形资产有关的支出，如果相关的经济利益很可能流入本公司且其成本能可靠地计量，则计入无形资产成本。除此以外的其他项目的支出，在发生时计入当期损益。

取得的土地使用权通常作为无形资产核算。自行开发建造厂房等建筑物，相关的土地使用权支出和建筑物建造成本则分别作为无形资产和固定资产核算。如为外购的房屋及建筑物，则将有关价款在土地使用权和建筑物之间进行分配，难以合理分配的，全部作为固定资产处理。

使用寿命有限的无形资产自可供使用时起，对其原值减去已计提的减值准备金额在其预计使用寿命内采用直线法分期平均摊销。使用寿命不确定的无形资产不予摊销。

期末，对使用寿命有限的无形资产的使用寿命和摊销方法进行复核，如发生变更则作为会计估计变更处理。此外，还对使用寿命不确定的无形资产的使用寿命进行复核，如果有证据表明该无形资产为企业带来经济利益的期限是可预见的，则估计其使用寿命并按照使用寿命有限的无形资产的摊销政策进行摊销。

6.2.9.2 研究与开发支出

本公司内部研究开发项目的支出分为研究阶段支出与开发阶段支出。

研究阶段的支出，于发生时计入当期损益。

开发阶段的支出同时满足下列条件的确认为无形资产；不能满足下述条件的开发阶段的支出计入当期损益：

(1)完成该无形资产以使其能够使用或出售在技术上具有可行性；

(2)具有完成该无形资产并使用或出售的意图；

(3)无形资产产生经济利益的方式，包括能够证明运用该无形资产生产的产品存在市场或无形资产自身存在市场，无形资产将在内部使用的，能够证明其有用性；

(4)有足够的技术、财务资源和其他资源支持，以完成该无形资产的开发，并有能力使用或出售该无形资产；

(5)归属于该无形资产开发阶段的支出能够可靠地计量。

无法区分研究阶段支出和开发阶段支出的，将发生的研发支出全部计入当期损益。

6.2.9.3 无形资产的减值测试方法及减值准备计提方法

公司一般以单项无形资产为基础估计其可收回金额，可收回金额根据无形资产的公允价值减去处置费用后的净额与无形资产预计未来现金流量的现值两者之间较高者确定。可收回金额的计量结果表明无形资产的可收回金额低于其账面价值的，将其账面价值减记至可收回金额，减记的金额确认为资产减值损失，计入当期损益，同时计提相应的无形资产减值准备。难以对单项无形资产的可收回金额进行估计的，以该无形资产所属的资产组为基础确定资产组的可收回金额，并按照《企业会计准则第8号——资产减值》有关规定计提无形资产减值准备。减值损失一经确认，在以后会计期间不能转回。

6.2.10 长期应收款的核算方法

新准则设置了“长期应收款”和“未实现融资收益”科目。采用递延方式分期收款销售商品或提供劳务等经营活动产生的长期应收款、实质上具有融资性质的经营活动，满足收入确认条件的，按应收的合同或协议价款，借记本科目，按应收合同或协议价款的公允价值(折现值)，贷记“手续费及佣金收入”等科目，按其差额，贷记“未实现融资收益”科目。涉及增值税的，进行相应处理。

6.2.11 长期待摊费用的摊销政策

长期待摊费用是指本公司已经发生但应由本期和以后各期负担的分摊期限在1年以上(不含1年)的各项费用。长期待摊费用按实际支出入账，在项目受益期内平均摊销。

企业在筹建期间发生的费用，除购置和建造固定资产以外，应先在长期待摊费用中归集，待企业开始生产经营起一次计入开始生产经营当期的损益。

6.2.12 合并会计报表编制方法

公司编制单户会计报表，不存在应纳入合并范围的子公司。

6.2.13 收入确认原则和方法

收入指公司在日常活动中形成的、会导致所有者权益增加的、与所有者投入资本无关的经济利益的总流入。

6.2.13.1 利息收入

利息收入为存放于中国人民银行和同业的款项及发放贷款及垫款所产生的利息收入，按让渡资金使用权的时间和适用利率计算确定。

6.2.13.2 手续费及佣金收入

手续费及佣金收入通常在提供相关服务时确认。手续费及佣金收入分为信托业务手续费收入及财务顾问业务收入。

信托业务手续费收入按合同约定的收益分配报告或清算报告确认手续费收入的实现。

财务顾问业务按合同约定义务的履行情况和进度确认手续费收入的实现。

6.2.13.3 其他收入

公司在完成合同义务并收到款项时确认收入的实现。

6.2.14 所得税的会计处理方法

所得税为当期所得税和递延所得税的总额。

当期所得税是按照当期应纳税所得额计算的当期应纳所得税金额。应纳税所得额是根据有关税法规定对当期税前会计利润进行相应调整后得出的。

递延所得税资产及负债根据资产和负债的计税基础与其账面价值的差额(暂时性差异)计算确认。对于按照税法规定能够于以后年度抵减应纳税所得额的可抵扣亏损和税款抵减，视同暂时性差异确认相应的递延所得税资产。对于既不影响会计利润也不影响应纳税所得额(或可抵扣亏损)的交易中产生的资产的初始确认形成的暂时性差异，不确认相应的递延所得税资产。资产负债表日，对于递延所得税资产和递延所得税负债，应当根据税法规定按照预期收回该资产或清偿该负债期间的适用税率计量。

递延所得税资产的确认以本公司很可能取得用于抵扣的可抵扣暂时性差异、可抵扣亏损和税款抵减的应纳税所得额为限。

可供出售金融资产的公允价值相应的递延所得税计入所有者权益，待相关的金融资产出售时，转入当期损益。

6.2.15 信托报酬确认原则和方法

信托报酬依照信托合同中关于信托报酬的约定确认收入。

6.3 或有事项说明

本公司报告期内无或有事项。

6.4 重要资产转让及其出售的说明

本公司2016年未发生重要资产的转让。

6.5 会计报表中重要项目的明细资料

6.5.1 披露自营资产经营情况

6.5.1.1 按信用风险五级分类结果披露信用风险资产的期初数、期末数

信用风险资产五级分类	正常类（万元）	关注类（万元）	次级类（万元）	可疑类（万元）	损失类（万元）	信用风险资产合计（万元）	不良资产合计（万元）	不良资产率（%）
期初数	26 145.89							
期末数	69 808.95							

注：不良资产合计＝次级类＋可疑类＋损失类。

6.5.1.2 各项资产减值损失准备的期初数、本期计提、本期转回、本期核销、期末数

单位：万元

	期初数	本期计提	本期转回	本期核销	期末数
贷款损失准备					
一般准备					
专项准备					
其他资产减值准备	492.50				492.50
可供出售金融资产减值准备	492.50				492.50
持有至到期投资减值准备					
长期股权投资减值准备					
坏账准备					
投资性房地产减值准备					

6.5.1.3 自营股票投资、基金投资、债券投资、股权投资等投资业务的期初数、期末数

报告期内，公司无此类业务。

6.5.1.4 自营长期股权投资的企业名称、占被投资企业权益比例、主要经营活动及投资收益情况等

报告期内，公司无此类业务。

6.5.1.5 自营贷款的企业名称、占贷款总额的比例和还款情况等

报告期内，公司无此类业务。

6.5.1.6 表外业务的期初数、期末数；按照代理业务、担保业务和其他类型表外业务分别披露

报告期内，公司无此类业务。

6.5.1.7 公司当年的收入结构

收入结构	金额（万元）	占比（%）
手续费及佣金收入	22 812.24	91.63
其中：信托手续费收入	6 366.49	25.57
投资银行业务收入	16 445.75	66.06
利息收入	415.05	1.67
其他业务收入		
其中：计入信托业务收入部分		
投资收益	589.79	2.37
其中：股权投资收益		
公允价值变动收益		
其他投资收益	589.79	2.37
营业外收入	1 079.15	4.33
收入合计	24 896.23	100.00

6.5.2 披露信托资产管理情况

6.5.2.1 信托资产的期初数、期末数

单位：万元

信托资产	期初数	期末数
集合	54 113.22	15 033.97
单一	525 528.62	1 477 667.87
财产权	543 333.94	547 397.30
合计	1 122 975.78	2 040 099.13

6.5.2.1.1 主动管理型信托业务的信托资产期初数、期末数

单位：万元

主动管理型信托资产	期初数	期末数
证券投资类		
股权投资类	11 825.60	255 021.26
融资类	42 287.61	696 208.95
事务管理类		
合计	54 113.21	951 230.21

6.5.2.1.2 被动管理型信托业务的信托资产期初数、期末数

单位：万元

被动管理型信托资产	期初数	期末数
证券投资类		
股权投资类		11 825.65
融资类	79 502.24	19697.68
事务管理类	989 360.33	1 057 345.60
合计	1 068 862.57	1 088 868.92

6.5.2.2 本年度已清算结束的信托项目个数、实收信托合计金额、加权平均实际年化收益率

本年度已清算信托项目9个，实收信托合计金额373 892.50万元，加权平均实际年化收益率13.32%。

6.5.2.2.1 本年度已清算结束的集合类、单一类资金信托项目和财产管理类信托项目个数、实收信托合计金额、加权平均实际年化收益率

已清算结束信托项目	项目个数(个)	实收信托合计金额(万元)	加权平均实际年化收益率(%)
集合类	2	49 900.00	7.04
单一类	7	323 992.50	14.28
财产管理类			

6.5.2.2.2 本年度已清算结束的主动管理型信托项目个数、实收信托合计金额、加权平均实际年化收益率

已清算结束信托项目	项目个数(个)	实收信托合计金额(万元)	加权平均实际年化信托报酬率(%)	加权平均实际年化收益率(%)
证券投资类				
股权投资类				
融资类	4	89 900.00	2.01	11.79
事务管理类				

6.5.2.2.3 本年度已清算结束的被动管理型信托项目个数、实收信托合计金额、加权平均实际年化收益率

已清算结束信托项目	项目个数(个)	实收信托合计金额(万元)	加权平均实际年化信托报酬率(%)	加权平均实际年化收益率(%)
证券投资类				
股权投资类				
融资类				
事务管理类	5	283 992.5	6.80	14.84

6.5.2.3 本年度新增的集合类、单一类和财产管理类信托项目个数、实收信托合计金额

新增信托项目	项目个数(个)	实收信托合计金额(万元)
集合类		
单一类	27	1 123 479.52
财产管理类	2	27 214.77
新增合计	29	1 150 694.29
其中:主动管理型	16	948 021.90
被动管理型	13	202 672.40

6.5.2.4 信托业务创新成果和特色业务有关情况

公司目前正在积极探索创新业务和特色业务。

6.5.2.5 本公司履行受托人义务情况及因本公司自身责任而导致的信托资产损失情况

本公司严格遵守信托法律法规及信托文件对受托人义务的规定,为受益人的最大利益处理信托事务,管理信托财产时,恪守职守,履行诚实、信用、谨慎、有效管理的义务。

报告期内,本公司无因自身责任而导致的信托资产损失情况。

6.5.2.6 信托赔偿准备金的提取、使用和管理情况

本公司严格按照《信托公司管理办法》规定,每年按照税后利润5%提取信托赔偿准备金,当信托赔偿准备金累计总额达到公司注册资本的20%时不再提取。本公司至今未发生需使用信托赔偿准备金弥补亏损的情况。

6.6 关联方关系及其交易的披露

6.6.1 关联交易方的数量、关联交易的总金额及关联交易的定价政策等

	关联交易方数量	关联交易金额(万元)	定价政策
合计	7	22 442.21	按市场公允价格

6.6.2 关联交易方与本公司的关系性质、关联交易方的名称、法定代表人、注册地址、注册资本及主营业务等

关系性质	关联方名称	法定代表人	注册地址	注册资本(万元)	主营业务
股东	中国长城资产管理股份有限公司	张晓松	北京市西城区月坛北街2号	4 315 010.7216	不良资产收购
股东	德阳市国有资产经营公司	桑自国	四川省德阳市泰山南路二段733号15层	10 000	资产置换、转让与销售,债务重组、投资
受同一母公司控制	长城国融投资管理有限公司	桑自国	北京市丰台区丽泽路18号院1号楼401-05室	30 003	对私募股权基金、能源、信息传输业的投资与投资管理等
受同一母公司控制	长生人寿保险有限公司	孟晓东	上海市静安区南京西路688号5楼	216 700	人寿保险、健康保险和意外伤害保险等保险业务
受同一母公司控制	长城华西银行股份有限公司	谭运财	四川省德阳市蒙山街14号	165 486.4599	吸收公众存款;发放短期、中期和长期贷款;办理国内结算;办理票据贴现等
受同一母公司控制	上海斯格威大酒店有限公司	邢秀燕	上海市黄浦区打浦路15号	20 000	房地产开发经营,自有房屋租赁,物业管理
受同一母公司控制	长城金桥金融咨询有限公司	梁哲	北京市西城区月坛北街2号	5 000	金融债权估值;项目评估;企业信用评估和咨询

6.6.3 逐笔披露本公司与关联方的重大交易事项

6.6.3.1 固有与关联方交易情况:贷款、投资、租赁、应收账款担保、其他方式等期初汇总数、本期借方和贷方发生额汇总数、期末汇总数

报告期内,公司无此类业务。

6.6.3.2 信托与关联方交易情况:贷款、投资、租赁、应收账款、担保、其他方式等期初汇总数、本期借方和贷方发生额汇总数、期末汇总数

报告期内,公司无此类业务。

6.6.3.3 信托公司自有资金运用于自己管理的信托项目（固信交易）、信托公司管理的信托项目之间的相互（信信交易）交易金额，包括余额和本报告年度的发生额

6.6.3.3.1 固有与信托财产之间的交易金额期初汇总数、本期发生额汇总数、期末汇总数

报告期内，公司无此类业务。

6.6.3.3.2 信托项目之间的交易金额期初汇总数、本期发生额汇总数、期末汇总数

报告期内，公司无此类业务。

6.6.4 逐笔披露关联方逾期未偿还本公司资金的详细情况以及本公司为关联方担保发生或即将发生垫款的详细情况

报告期内，公司无此类业务。

6.7 会计制度的披露

本报告期公司固有业务及信托业务均执行中华人民共和国财政部颁布的《企业会计准则》（财会[2006]3号）及相关规定。

7. 财务情况说明书

7.1 利润实现和分配情况

根据公司2016年度的经营实绩，拟对2016年度利润进行如下分配：

当年利润总额:14 718.46万元；所得税费用:3 767.65万元；净利润:10 950.81万元；提取法定盈余公积金:1 095.08万元；按照《信托公司管理办法》规定，按照税后利润5%提取信托赔偿准备金547.54万元；2016年当年公司可分配利润9 308.19万元；2016年末公司累计可分配利润15 714.85万元；综上，考虑公司实际情况，2016年公司拟不进行利润分配。

7.2 主要财务指标

指标名称	指标值
资本利润率（%）	24.93
加权年化信托报酬率（%）	2.01
人均净利润（万元）	150.01

注：1. 资本利润率=净利润/所有者权益平均余额×100%。

2. 加权年化信托报酬率=（信托项目1的实际年化信托报酬率×信托项目1的实收信托+信托项目2的实际年化信托报酬率×信托项目2的实收信托+…+信托项目n的实际年化信托报酬率×信托项目n的实收信托）/（信托项目1的实收信托+信托项目2的实收信托+…+信托项目n的实收信托）×100%。

3. 人均净利润=净利润/年平均人数。

4. 平均值采取年初、年末余额简单平均法。公式为：a（平均）=（年初数+年末数）/2。

7.3 本公司财务状况、经营成果有重大影响的其他事项

本公司报告期内无财务状况、经营成果有重大影响的其他事项。

8. 特别事项揭示

8.1 报告期内变动情况

2016年12月30日，经中国银监会新疆监管局批复同意并经工商登记变更，长城股份公司下属的全资子公司德阳市国有资产经营有限公司受让了伊犁财信所持有长城信托10%的股权；股权转让后，德阳国资持有长城信托27%的股权，伊犁财信所持有长城信托3%的股权。

8.2 董事、监事及高级管理人员变动情况及原因

本报告期内，因公司股权（东）变更，公司第二届董事会进行了改选换届，经监管部门核准同意，周礼耀（董事长）、陈一滔（副董事长）、武彪、顾涛、蔺怀华任公司董事；根据公司职工大会选举并经监管部门核准同意，喻林任公司职工董事；刘普、马德贵、闫晓旭任公司独立董事。

因公司股权（东）变更并经公司股东会选举，第二届监事会进行了换届选举，李勇（监事会主席）、黄虎（监事会副主席）、顾雷任公司监事；郭韬、耿全会任职工监事。

8.3 报告期内变更注册资本、变更注册地和公司分立合并事项

无。

8.4 公司的重大诉讼事项（包括重大未决诉讼事项、以前年度发生并于报告年度内终结的诉讼事项和报告年度发生并于报告年度内终结的诉讼事项）

8.4.1 重大未决诉讼事项

报告期内，公司无重大未决诉讼事项。

8.4.2 报告期内公司有无以前年度发生，于本报告年度内终结的诉讼事项

无。

8.4.3 报告期内公司有无本报告年度发生，于本报告年度内终结的诉讼事项

无。

8.5 报告期内有无公司及其董事、监事和高级管理人员受到处罚的情况

无。

8.6 银监会及其派出机构对公司检查后提出整改意见的整改情况

报告期间，新疆银监局派检查组于2016年10月至11月，对公司的公司治理、内控合规管理以及截至2016年8月末存续的信托项目、部分前期清收项目、公司治理、内部控制、风险管理和案件防控、重点业务环节的合规经营和风控措施、服务实体经济等情况，通过查阅项目档案、合同、文件、资料以及谈话、实地核实等方式进行了现场检查。针对检查中提出的问题，公司领导高度重视，立即召开现场检查意见整改工作会议。

一是认真分析问题根源，要求相关部门逐项落实整改措施，并明确整改预计完成时间，切实消除风险隐患。二是高度重视合同文本等正式法律文件，避免再次发生关键要素不全等情况；对于本次检查中出现的文件归档等问题，今后杜绝出现同质同类问题。同时，公司还就整改工作中遇到的问题与新疆监管局保持充分、持续、有效的沟通和交流，确保整改工作的顺利进行。

报告期间，各项整改工作均已取得积极成效。公司将不断加强内部控制建设，进一步完善日常经营，强化信息披露，提高信托业务风险把控能力、自主管理能力，加强公司开展项目的中后期管理，确保公司业务的稳健发展。

8.7 2016 年度公司有无重大事项对媒体进行披露

无。

8.8 报告期内有无发生银监会及其省级派出机构认定的其他有必要让客户及相关利益人了解的重要信息

无。

9. 公司监事会意见

监事会认为，公司 2016 年能够认真贯彻国家法律、法规、公司章程和制度的要求，依法合规促发展，不断完善内控制度、持续强化风险管控。董事及高级管理人员能够遵守国家有关金融法律法规和《公司法》的有关规定，认真履职，未发现有违法、违规及违章行为，也没有损害公司利益、股东利益和委托人利益的行为。公司 2016 年度财务报告客观真实地反映了公司的实际财务状况和经营成果，中介机构出具了无保留意见审计报告，本年度报告的内容和格式符合中国银监会的规定。

重庆国际信托股份有限公司

1. 重要提示

1.1 本公司董事会及董事保证本报告所载资料不存在任何虚假记载、误导性陈述或者重大遗漏,并对其内容的真实性、准确性和完整性承担个别及连带责任。

1.2 公司独立董事雷世文、史锦杰、王友伟、王淑慧认为本报告内容是真实、准确、完整的。

1.3 信永中和会计师事务所(特殊普通合伙)为本公司出具了标准无保留意见的审计报告。

1.4 公司负责人翁振杰先生、财务负责人吕维女士及财务部门负责人刘影女士声明:保证年度报告中财务报告的真实、完整。

2. 公司概况

2.1 公司简介

2.1.1 历史沿革

公司的前身是重庆国际信托投资公司,于1984年10月经中国人民银行批准成立,注册资本金3 500万元。2002年1月,公司引入战略投资者,进行增资改制,并经中国人民银行总行《中国人民银行关于重庆国际信托投资有限公司重新登记有关事项的批复》(银复[2002]9号)批准,获准重新登记,注册资本金增至10.3373亿元(含美元1 565万元)。2004年末,公司进一步增资扩股,注册资本金增至16.3373亿元,取得了中国银行业监督管理委员会重庆监管局颁发的《中华人民共和国金融许可证》(编号为K10226530H002)和重庆市工商行政管理局颁发的《企业法人营业执照》(注册号为5000001800019)。2007年10月19日,经中国银行业监督管理委员会《中国银监会关于重庆国际信托投资有限公司变更公司名称和业务范围的批复》(银监复[2007]461号)批准变更公司名称、业务范围并领取新的金融许可证(编号为K0051H250000001)。2010年11月,经中国银行业监督管理委员会《关于批准重庆国际信托有限公司增加注册资本及调整股权结构等有关事项的批复》(银监复[2010]552号)批准,公司注册资本由16.3373亿元增至24.3873亿元,公司股权结构由重庆国信投资控股有限公司100%持股,变更为多家机构投资者共同持股,上述事项已于2010年12月22日完成工商变更登记(注册号为500000000005609)。2015年9月,经中国银行业监督管理委员会重庆监管局渝《关于重庆国际信托有限公司变更名称及注册资本的批复》(银监复[2015]114号)批准,公司完成股份制改造,变更名称为重庆国际信托股份有限公司,注册资本由24.3873亿元增至128亿元,上述事项已于2015年9月29日完成工商变更登记(注册号91500000202805720T)。

2.1.2 公司的法定中文名称:重庆国际信托股份有限公司

中文名称缩写:重庆信托

公司法定英文名称:Chongqing International Trust Inc.

英文名称缩写:CQITI

2.1.3 公司负责人:翁振杰

2.1.4 注册地址:重庆市渝北区龙溪街道金山路9号附7号

2.1.5 邮政编码:401147

2.1.6 公司国际互联网网址:http://www.cqiti.com

2.1.7 电子信箱:cqiti@cqiti.com

2.1.8 信息披露事务负责人:吕维

联系电话:023-89035888

传真:023-89035998

电子信箱:cqiti@cqiti.com

2.1.9 年度报告备置地点:重庆市渝中区民权路107号

信息披露报纸:《上海证券报》《证券时报》

2.1.10 聘请的会计师事务所:

信永中和会计师事务所(特殊普通合伙)

住所:北京市东城区朝阳门北大街8号富华大厦A座8层

2.1.11 聘请的律师事务所:

重庆索通律师事务所

地址:重庆市渝中区瑞天路56号企业天地4号楼九层

中豪律师事务所

地址:重庆市渝中区邹容路68号大都会广场22层

2.2 组织结构

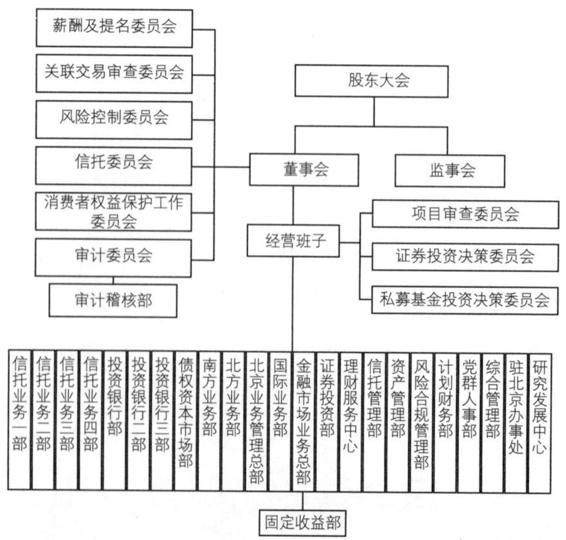

3. 公司治理

3.1 前3位股东

股东名称	持股比例(%)	法定代表人或负责人	注册资本(亿元)	注册地址	主要经营业务及主要财务情况
重庆国信投资控股有限公司	66.99	刘勤勤	25.74	重庆市渝北区龙溪街道金山路9号附7号	依法进行项目投资与管理、投资咨询业务等。2016年末合并资产总额24 475 222.32万元;合并所有者权益4 304 494.09万元;归属于母公司的净利润316 369.36万元。
国寿投资控股有限公司	26.04	王思东	37.00	北京市西城区金融大街17号11层	投资及投资管理;资产管理。2016年末合并资产总额1 924 776.64万元,合并所有者权益1 303 240.23万元,归属于母公司的净利润130 526.92万元。
上海淮矿资产管理有限公司	4.10	刘建祥	10	上海市浦东新区浦东南路256号803~804室	资产管理,股权投资,股权投资管理,实业投资,企业资产并购与重组策划,投资咨询,财务咨询(不得从事代理记账),企业管理咨询(除经纪),知识产权代理(除专利代理),为企业解散提供清算服务。2016年末资产总额117 352万元,所有者权益为109 236万元。

3.2 董事

董事长、副董事长、董事

姓名	职务	性别	年龄	选任日期	所推举的股东名称	该股东持股比例(%)	简要履历
翁振杰	董事长	男	54	2015年9月21日	重庆国信投资控股有限公司	66.99	硕士研究生,高级经济师,重庆市第三、第四届人大常委委员,民建中央财政金融委员会副主任、民建重庆市委副主委,享受国务院特殊津贴专家。历任重庆三峡银行股份有限公司董事长,西南证券股份有限公司董事长等职;现任重庆国际信托股份有限公司董事长、首席执行官,益民基金管理有限公司董事长,重庆三峡银行股份有限公司董事,合肥科技农村商业银行股份有限公司董事,重庆渝涪高速公路有限公司董事,国都证券股份有限公司董事,中国信托业保障基金有限责任公司董事,中国信托登记有限责任公司董事。
时平生	董事	男	53	2015年9月21日	重庆国信投资控股有限公司	66.99	硕士研究生,助理研究员,历任陕西证券常务副总经理、ITG(香港)风险投资公司北京代表处首席代表等职;现任中国新纪元有限公司董事长,重庆国际信托股份有限公司董事。
王晓岩	董事	男	56	2015年9月21日	重庆国信投资控股有限公司	66.99	硕士研究生,高级经济师,历任中国科技财务公司总经济师、信贷部总经理等职;现任中国希格玛有限公司董事长、总裁,重庆国际信托股份有限公司董事。
谢维宪	董事	男	61	2015年9月21日	重庆国信投资控股有限公司	66.99	大学本科,高级(管理)工程师,历任中共中央政法委员会干部,北京市公安局海淀分局副局长,公安部正局级干部;现任重庆国信投资控股有限公司董事,北京中关村科学城建设股份有限公司总裁,重庆国际信托股份有限公司董事。
刘勤勤	董事	男	60	2015年9月21日	重庆国信投资控股有限公司	66.99	硕士研究生,讲师、编辑,历任军事经济学院教官、财务理论教研室主任,总后勤部财务结算中心副主任等职;现任重庆国信投资控股有限公司总经理、重庆国际信托股份有限公司董事。
战涛	董事	男	43	2015年9月21日	国寿投资控股有限公司	26.04	硕士研究生,曾任中国民生银行代客资产管理中心副总经理,中国人寿保险股份有限公司投资管理部总经理助理,国寿投资控股有限公司投资管理部总经理;现任滨海(天津)金融资产交易中心股份有限公司副总经理,重庆国际信托股份有限公司董事。
赵立军	董事	男	53	2015年9月21日	国寿投资控股有限公司	26.04	硕士研究生,高级会计师,曾任香港中国保险(集团)有限公司财务部经理、中国人寿保险股份有限公司财务部总经理,山东省分公司副总经理、中国人寿保险(集团)公司财务总监兼财务部总经理;现任中国人寿保险股份有限公司副总裁、党委委员,重庆国际信托股份有限公司董事。
王荣武	董事	男	39	2015年9月21日	重庆国信投资控股有限公司	66.99	博士研究生,历任中国民生银行北京管理部投资银行处、公司银行处处长、金融资产运营管理中心总经理、中国民生银行总行团委副书记等职;现任重庆国际信托股份有限公司董事。

独立董事

姓　名	所在单位及职务	性别	年龄	选任日期	所推举的单位名称	该股东持股比例	简　要　履　历
雷世文	北京市天驰律师事务所	男	52	2015年9月21日	重庆国际信托股份有限公司	—	硕士研究生，曾任职于安徽省机械工业厅、国家工商行政管理局；现任北京市天驰律师事务所合伙人、律师，重庆国际信托股份有限公司独立董事。
史锦杰	重庆市劳动保障局退休干部	男	69	2015年9月21日	重庆国际信托股份有限公司	—	大学本科，高级经济师，历任重庆市市中区副区长、巴南区区委书记、重庆市劳动保障局局长，重庆市三届政协常委等职；现任重庆国际信托股份有限公司独立董事。
王淑慧	北京化工大学经济管理学院财务管理系主任	女	56	2015年9月21日	重庆国际信托股份有限公司	—	大学本科，教授，注册会计师、注册税务师、注册资产评估师，历任北京化工大学经济管理学院副院长、会计系主任等职；现任北京化工大学经济管理学院财务管理系主任、硕士研究生导师，重庆国际信托股份有限公司独立董事。
王友伟	重庆市国资委退休干部	男	72	2015年9月21日	重庆国际信托股份有限公司	—	高级经济师，历任重庆市团委书记、市总工会常务副主席，市旅游局局长、市企业工委、国资委副书记等职；现任重庆国际信托股份有限公司独立董事。

3.3　监事

监事会成员

姓　名	职　务	性别	年龄	选任日期	所推举股东名称	该股东持股比例(%)	简　要　履　历
雷万亚	监事长	女	62	2015年9月21日	重庆国信投资控股有限公司	66.99	硕士研究生，一级高级检察官，曾任重庆市人民检察院副检察长；现任重庆市第四届政协委员，重庆国际信托股份有限公司党委书记、纪委书记、监事长。
刘建祥	监事	男	54	2015年9月21日	上海淮矿资产管理有限公司	4.10	大学本科，高级会计师；现任上海淮矿资产管理有限公司董事长，淮南矿业集团财务公司董事，重庆国际信托股份有限公司监事。
康　乐	监事	女	39	2015年9月21日	国寿投资控股有限公司	26.04	硕士研究生，律师；现任国寿投资控股有限公司风险管理合规部总经理，重庆国际信托股份有限公司监事。
胡雪莲	职工监事	女	43	2015年9月21日	重庆国际信托股份有限公司职代会	—	硕士研究生，注册会计师；现任重庆国际信托股份有限公司信托业务二部总经理、职工监事。
李　静	职工监事	女	37	2015年9月21日	重庆国际信托股份有限公司职代会	—	硕士研究生，律师；现任重庆国际信托股份有限公司党群人事部副总经理、职工监事。

3.4　高级管理人员

高级管理人员

姓　名	职务	性别	年龄	选任时期	金融从业年限(年)	学历	专业
翁振杰	首席执行官	男	54	2015年9月21日	14	硕士研究生	通信与电子系统
董尚可	总经理(代)	男	47	2015年9月21日	18	硕士研究生	工商管理
吕　维	副总裁	女	44	2015年9月21日	12	硕士研究生	民商法
杨　云	副总裁	男	47	2015年9月21日	17	大学专科	会计
窦仁政	副总裁	男	47	2016年5月9日	19	硕士研究生	货币银行学
方　莉	总裁助理	女	43	2015年9月30日	7	大学专科	EMBA
潘　峰	总裁助理	男	40	2015年9月30日	16	大学本科	政治、经济学
罗怀建	总裁助理	男	40	2015年9月30日	16	大学本科	金融学、经济法

注：2016年9月18日，公司董事会聘任杨帆先生、方莉女士、潘峰先生、罗怀建先生为公司副总经理（副总裁），上述副总经理（副总裁）的任职资格已于2017年1月4日获重庆银监局核准。

3.5　公司员工

公司员工

项　目		报告期 人数(人)	报告期 比例(%)
学历分布	博士	1	0.71
	硕士	79	56.03
	本科	53	37.59
	专科	8	5.67
	其他	0	0
总人数		141	
平均年龄		35.38	

4. 经营管理

4.1　经营目标、经营方针、战略规划

公司的经营目标：突出信托主业地位，以创新为核心推动信托业务拓展，重点为优质客户特别是机构客户提供综合性金融产品和服务；深化与其他金融机构的合作，积极适应金融业混业经营的趋势，不断提高控制、驾驭风险的能力，形成可持续发展的盈利模式和核心竞争力。在信托服务领域奠定全国性的行业领先地位，将公司建设成为全国一流的金融机构，充分实现公司价值、股东权益和社会效益的和谐发展。

公司的经营方针：坚持科学发展观，以诚信树品牌，以创新

促发展;严控风险,稳健经营,发展壮大与风险防控并重,坚持依法合规经营。

公司的战略规划:立足重庆,紧跟"一带一路""长江经济带建设""京津冀协同发展""成渝城市群发展规划"等国家重大战略部署,以基础设施建设和金融投资为核心,大力发展信托主业,不断探索前沿业务,积极推进金融创新,力争公司信托规模、管理水平、盈利能力不断迈向新的高度;同时,积极探索与国内外金融机构的合作,引进优质战略资本及先进管理技术,不断提升公司的资本实力、管理水平和盈利能力。

4.2 经营业务的主要内容

4.2.1 公司经营业务

公司经营业务由自营业务、信托业务等构成。自营业务主要开展贷款、金融机构股权投资、证券投资等业务;信托业务主要开展资金信托、财产或财产权信托、信贷(票据)资产转让、投资银行等业务。

4.2.2 公司信托业务的主要品种

公司信托业务的主要品种是单一资金信托、集合资金信托、股权信托,按运用方式分为投资类信托、贷款类信托、财产(财产权)管理类信托。

4.2.3 资产组合与分布

自营资产运用与分布表

资产运用	金额(万元)	占比(%)	资产分布	金额(万元)	占比(%)
货币资产	197 441.60	7.67	基础产业		
贷款及应收款	360 610.30	14.01	房地产业	151 836.07	5.90
以公允价值计量且其变动计入当期损益的金融资产	39 297.01	1.53	证券市场	283 992.40	11.03
可供出售金融资产	1 188 395.58	46.18	实业	100 000.00	3.89
持有至到期投资			金融机构	1 894 764.80	73.62
长期股权投资	737 451.56	28.65	其他	143 065.09	5.56
其他	50 462.31	1.96			
资产总计	2 573 658.36	100.00	资产总计	2 573 658.36	100.00

信托资产运用与分布表

资产运用	金额(万元)	占比(%)	资产分布	金额(万元)	占比(%)
货币资产	265 553.70	1.54	基础产业	810 900.00	4.70
贷款及应收款	3 928 118.14	22.75	房地产业	2 608 209.00	15.10
以公允价值计量且其变动计入当期损益的金融资产	4 079 821.63	23.62	证券市场	3 842 320.08	22.25
可供出售金融资产	6 399 998.16	37.06	实业	4 712 174.27	27.29
持有至到期投资			金融机构	3 727 347.30	21.58
长期股权投资	2 596 003.71	15.03	其他	1 568 544.69	9.08
其他					
信托资产总计	17 269 495.34	100.00	信托资产总计	17 269 495.34	100.00

4.3 市场分析

2016年,中国宏观经济运行总体平稳、稳中有序、稳中有好,完成了年度主要目标任务。一方面,经济运行保持在合理区间,国内生产总值达到74.41万亿元,实现了6.7%的增长率,在世界主要经济体中位居前列;另一方面,结构调整取得积极进展,投资、消费均保持稳定增长,消费增速超过同期投资增速,消费需求成为促进经济稳定增长的主动力。服务业平稳较快发展、工业逐步企稳、农业逐季加快,服务业较快发展对经济稳定增长发挥了重要作用。创新驱动发展的格局初步形成,新经济、新动能茁壮孕育成长,新产业、新业态加快形成,传统动能加紧改造升级。

2017年是实施"十三五"规划的重要一年,是供给侧结构性改革的深化之年,对重塑未来中国经济的发展至关重要。展望2017年,尽管世界经济深度调整、复苏乏力,对我国发展的影响不可低估,国内长期积累的矛盾和风险进一步显现,经济下行压力加大。但党中央统筹推进"五位一体"总体布局和协调推进"四个全面"战略布局,坚持稳中求进工作总基调,牢固树立和贯彻落实新发展理念,适应把握引领经济发展新常态,坚持以提高发展质量和效益为中心,坚持宏观政策要稳、产业政策要准、微观政策要活、改革政策要实、社会政策要托底的政策思路,经济增长波动将不会太大。

4.3.1 有利因素

(1)深化金融体制改革,为信托业营造良好发展环境。金融改革是供给侧改革的重要组成部分。中央对深化金融体制改革作出重大战略部署,围绕使市场在资源配置中起决定性作用深化经济体制改革,将有利于促进利率市场化和建立多层次的资本市场,进一步解放和发展我国社会生产力和创造力,加之金融脱媒趋势的确立,金融资源的市场化逐步实现,为信托行业发展提供了较为稳定的宏观经济环境。

(2)行业制度逐渐完善,推动行业健康可持续发展。2016年,中国信托登记有限责任公司正式成立。中国信托登记有限责任公司是全国唯一的信托产品集中登记平台、统一发行交易平台和信托业运行监测平台,其设立将有利于解决信托产品统一登记、信息披露和流动性等问题,进一步强化市场纪律,降低行业风险,推动信托业稳健发展。

(3)财富管理需求旺盛,信托公司蓄势待发。预计到2020年,中国居民个人可投资资产总额超过200万亿元,高净值客户家庭会达到388万户。高速扩张的财富管理市场为信托产品带来了大量需求。财富管理对现代社会具有重要的意义,不仅可以实现财富的保全、增值和传承,还能为社会应对养老挑战提供解决方案。信托公司大力开展财富管理业务,在凸显自身制度优势的同时,也将为社会经济发展作出较大的贡献。

(4)综合实力强劲,力保行业领先优势。公司坚持秉承"诚信、稳健、创新、求精"的经营理念,积极回归"受人之托、代人理财"的信托本源,在稳健发展传统信托业务的基础上,发挥信托专业优势,不断提高金融创新能力,严控风险,合规经营。截至2016年末,公司净资产185.20亿元,资本充足,资产优良,2016年各项经营业绩位居全国68家信托公司第一梯队,为进一步提高盈利能力和抗风险能力,实现持续快速健康发展奠定了扎实的基础。

4.3.2 不利因素

（1）宏观经济环境的复杂性使信托业面临新的挑战。在稳增长、调结构以及中性偏紧的货币政策的总体思路下，宏观形势继续呈现实体经济低迷、通缩压力持续的格局，实体经济仍难以扭转下行趋势，特别是部分房地产开发企业面临经营困境，实体企业去杠杆压力增大，煤炭、钢铁等产能过剩行业举步维艰，风险暴露进一步加快，为信托业发展带来了新的挑战。

（2）传统经营模式有待改善，转型发展较慢。当前，信托公司经营模式呈现融资化、通道化等粗放经营特点。我国不断推动企业融资渠道的扩展和畅通，加快构建直接融资渠道。企业融资来源日益多元化，融资成本也趋于下降，这不仅使信托融资项目来源收窄，而且项目定价能力也将受到削弱。信托公司现有的粗放经营模式不仅受到市场竞争的冲击，而且也越来越受制于日趋严格的监管政策，可持续性降低，转型发展更为迫切。

（3）资产管理市场竞争加剧。我国经济社会改革进程加快，尤其是金融体系改革的提速，使信托业享有的制度红利逐步消失。一方面，随着泛资产管理时代的来临，各主要监管机构相继放宽了证券、保险、基金公司资产管理投资范围，打破了资产管理市场分割的状态，使得整个资管市场更加开放，行业竞争更加激烈；另一方面，信托公司曾经利用我国利率市场化程度不高的有利机遇，提供了高收益率的理财产品，吸引了大量资金涌入信托行业。然而，在利率市场化不断深化的当下，信托与其他理财产品的收益率差距逐步缩小，信托收益率优势有所下降。

（4）信托价值的社会认知度尚需提高，合格投资者仍需培育。相较于银行、证券、保险等传统金融机构，社会大众对信托价值的认知程度尚需大力提高，信托知识需要得到推广和普及。而公司地处西部，信息和资源优势相对较弱，一方面企业和百姓对信托业不甚了解，另一方面符合要求的合格投资者数量与发达地区相比也存在一定差距。

4.4 内部控制

4.4.1 内部控制环境和内部控制文化

公司按照《公司法》《信托公司管理办法》《信托公司治理指引》和监管部门的要求完善公司治理的相关制度和实施细则，进一步明确了“三会一层”的权责和制约关系，公司经营班子与下属部门也形成了有效的授权分责关系。

公司坚持“诚信、稳健、创新、求精”的经营理念，坚持以人为本，追求效率与效益，综合运用激励与福利机制，在积极向上的企业文化体系中实现员工与公司共同成长进步。

4.4.2 内部控制措施

公司董事会下设关联交易审查委员会、风险控制委员会、审计委员会、信托委员会、薪酬及提名委员会、消费者权益保护工作委员会，各委员会职责清晰、分工明确，协助董事会开展公司各项业务；引入了独立董事制度，并由独立董事出任信托委员会、审计委员会、关联交易审查委员会和消费者权益保护工作委员会主任委员，以控制公司重大业务的经营风险，实现公司业务的健康可持续发展；监事会有效履行监督职责。

公司按职责分离的原则设置内部各部门。前台（业务部门）对业务进行受理和初审，并负责实施项目的具体操作；中台（信托管理部、风险合规管理部等）对业务进行决策和事中控制；后台（计划财务部等）对业务进行财务核算和管理。通过内部约束机制达到强化中台、后台对前台的控制反映和监督评价。

为了进一步完善业务经营机制、防范和化解风险，2016年，公司新制定了《关于开展流动性支持业务的工作指引》《同业授信业务管理暂行办法》《铁路发展基金专项信托业务管理暂行办法》等制度，并对公司业务和风险管理制度进行了全面梳理、修订和分类整理，进一步明晰了各类信托业务管理流程，加强了项目的全流程管理。

4.4.3 信息交流与反馈

公司内部建立了良好的信息交流与反馈制度，通过公司内网、会议、座谈、报告、讲座等方式，公司经营班子和员工之间开展有效的互动和交流，相互传递政策信息；通过公司外部网站及报纸等媒介，根据法律法规规定向公众披露公司资产经营状况，根据信托文件约定向信托委托人（受益人）及时披露信托财产管理运用等相关信息。

4.4.4 监督评价与纠正

公司的内控机制通过内部的自我完善和外部的检查督促来实现监督、评价和纠正，并在实际工作中得到检验。一是自我检验纠错，二是经监管部门的检查提示，在出现遗漏或不足时公司会采取相应措施加以完善。

公司从多方面入手，充分发挥内部审计的监督作用。2016年，内部审计工作得到了加强，审计的范围和深度进一步加强，全年出具各类内审报告238份。对审计过程中发现的问题及时与各部门沟通，要求限期完善或整改，并采取后续审计等方式进行跟踪，对防止风险出现或扩大，促进业务合法、合规、稳健经营发挥了积极作用。

4.5 风险管理

4.5.1 风险管理概况

公司坚持“宁可错过，不可做错”的风险管理理念，已形成一套比较完善和行之有效的风控机制、规章制度和操作流程，促进公司各项业务可持续发展。公司经营活动中可能遇到的风险主要有信用风险、市场风险、操作风险、其他风险（如政策风险、法律风险、道德风险、声誉风险）等。

4.5.2 风险状况

4.5.2.1 信用风险状况

信用风险主要是交易对手违约带来的风险，信用风险主要来自借款、对外担保、投资等业务。报告期内，公司严格按财政部和中国银监会的要求，提足各项准备金。2016年末公司信用风险资产按照资产五级分类标准分类结果为：（1）正常类资产2 545 329.18万元；（2）关注类资产1 836.07万元；（3）次级类资产无；（4）可疑类资产无；（5）损失类资产无。公司不良资产期初数为零、期末数为零。

4.5.2.2 市场风险状况

公司面临的市场风险主要是指因股价、市场汇率、利率及其他价格因素变动而产生和可能产生的风险。对于公司开展的股票质押信托业务，侧重于选择业绩面好的股票，设置较低的质押率；同时引入了保证金追加制度和止损线，以有效防范市场波动风险；公司目前暂未开展外币业务，不受汇率市场变动影响;公司的信托贷款项目大部分为固定利率贷款,市场利率的变动对投资者的收益及公司信托报酬影响较小。

4.5.2.3 操作风险状况

操作风险主要是指由于公司内部程序、人员、系统的不完善或失误,或外部事件而引发的风险。为实现公司标准化、制度化、规范化管理,报告期内,公司进一步清理、修订、拟订了一系列规章制度和操作流程,以提高预防和控制操作风险的能力;同时公司结合业务发展需要,加强员工培训,提高员工技能,加强流程控制;对于外部事件可能给公司经营带来的风险,公司制定专门应急预案,实行突发事件预案管理。报告期内,公司未发生因操作风险带来的损失。

4.5.2.4 其他风险状况

公司面临的其他风险主要有政策风险、法律风险、道德风险、声誉风险等。报告期内,公司适时关注宏观经济政策、行业发展政策和信托业监管政策的变化对公司经营和业务运作带来的影响,顺应政策要求合理设计项目方案;加强公司员工专业技能、职业道德培训,提升依法合规意识和风险管控能力。

截至目前,公司信托产品全部实现了按期兑付,公司美誉度和知名度得到社会广泛认可。

4.5.3 风险管理

4.5.3.1 信用风险管理

公司对信用风险的管理,一是加强事前对交易对手(项目)或债务人的尽职调查,严格按照业务流程开展业务,强化项目风险控制措施的有效性和合法合规性;二是事中对交易对手(项目)进行跟踪检查,对资产分类进行评级及动态管理;三是对重点项目制定应急处置预案,及时化解已发生的风险、降低损失程度;四是事后对已结束项目进行审计和后续评价,以获取管理经验。此外,在产品结构设计时,通过结构化配置和多样化组合投资来分散和降低风险。

在自有业务方面,公司严格控制对外担保,2016 年末发生对外担保,截至报告日,对外担保余额为零;公司的短期投资主要投资于质地优良、风险低的金融类产品。公司存续的所有自营贷款均根据具体项目采取了抵(质)押或保证担保的风险控制措施,抵押物、质押物的价值能够确保债务的履行;房地产作为抵押物按《重庆国际信托股份有限公司房地产抵押估价管理暂行办法》相关规定执行,金融类股权作为质押物按《重庆国际信托股份有限公司金融类股权质押贷款暂行规定》执行,其他抵押物和质押物主要是根据抵押物、质押物的价值以及实现抵押权、质押权的可行性,处置抵押物、质押物的难易程度确定抵(质)押率。保证贷款主要是根据保证人的信用状况、偿还能力而定,确保担保人的担保能力能覆盖贷款金额。

在信托业务方面,公司依法合规履行受托人职责,所有信托项目均是根据委托人指令或信托文件的约定进行管理、运用、处分。

4.5.3.2 市场风险管理

在加强市场风险管理方面,公司采取以下控制措施:发挥现有研发人员作用,积极吸引人才,加强对国家宏观经济政策、货币信贷政策、财政政策等领域的研究,及时掌握市场变化,为调整投资决策提供依据;对产业市场、资本市场等领域实行分散投资,根据公司整体安排,适时调整各领域的投资规模,合理安排期限结构;建立有效的止损防范措施和市场风险预警机制,强化日常风险监控和报告制度,以便及时处置化解风险。

4.5.3.3 操作风险管理

公司结合国家最新监管规定及公司业务发展需要、部门调整等实际情况,对内部业务及风险管理制度等进行了一系列补充、修订和完善。进一步规范了放款审批核查流程,加强了股票质押融资业务后续管理,建立了质押股票逐日盯市制度。公司坚持信托财产与固有财产之间,不同信托财产之间分别管理、分别记账的原则,在部门设置和人员安排上使前台、中台、后台部门分设和人员分离,业务交易、会计记录和后续管理监督分离;加强对员工的业务技能培训,强化员工的责任意识和道德水准;修改完善公司各类法律文本,以便规范化、标准化运行;制定应急预案,适时启动奖惩机制等措施防范和控制操作风险。

4.5.3.4 其他风险管理

公司通过加强对宏观经济政策和行业政策的跟踪、研究,提高预见性;公司风险合规管理部、信托管理部、计划财务部对交易行为或合同进行内部审查,聘请专门的律师事务所和会计师事务所协助公司开展项目法律审查和咨询,以防范和控制业务风险;加强职业道德和思想教育,开展培训和座谈等措施防范和控制道德风险。公司还将根据业务发展规模的不断扩大和市场变化等情况,对公司风险管理措施进一步修改和完善。

4.6 企业社会责任

公司始终秉承"立足重庆,竭诚服务地方经济"的宗旨,依托在项目设计、资产管理、风险控制等方面积累的大量经验,充分发挥信托行业横跨货币、资本和实业市场的优势,立足信托行业灵活多变的特点,积极支持民营企业和中小企业的发展,截至 2016 年末,累计为重庆市经济建设募集资金 1 475 亿元,为人民群众创造财产性收入 496 亿元,为促进重庆长江上游经济中心建设发挥了重要作用。公司在加快自身发展的同时,从未忘记企业的社会责任和使命,坚持开展扶贫助困活动,积极投入公益事业,用心回馈社会,累计向各类慈善活动捐款近 2 亿元。公司全年为近 30 名大学生提供实习岗位,增加 14 个就业岗位,专门指派资深的业务经理作为指导老师,手把手教学工作实操,心比心引导从学生到职业人转型,为即将踏入职场的毕业生做好就业引导工作。

5. 报告期末及上一年度末的比较式会计报表

5.1 自营资产

5.1.1 会计师事务所审计意见

信永中和会计师事务所(特殊普通合伙)审计了公司财务报表,包括 2016 年 12 月 31 日的合并及母公司资产负债表,2016 年度的合并及母公司利润表、合并及母公司现金流量表、合并及母公司所有者权益变动表以及财务报表附注。会计师事务所认为,公司财务报表在所有重大方面按照企业会计准则的规定编制,公允反映了公司 2016 年 12 月 31 日的合并及母公司财务状况以及 2016 年度的合并及母公司经营成果和现金流量。

5.1.2 资产负债表

5.1.2.1 母公司资产负债表

资产负债表

2016年12月31日

单位：万元

资产	期末数	期初数	负债和所有者权益	期末数	期初数
资 产：			负 债：		
现金及存放银行款项	197 441.60	274 321.62	向中央银行借款		
贷款及垫款	331 430.00	153 987.50	拆入资金	190 000.00	250 000.00
拆出资金			交易性金融负债		
以公允价值计量且其变动计入当期损益的金融资产	39 297.01	144 040.75	卖出回购金融资产款		
买入返售金融资产	2 500.00	150 000.00	应付职工薪酬	69 685.69	81 333.05
应收投资类款项			应交税费	52 972.93	58 685.55
应收利息	2 107.01	1 200.21	应付利息	819.10	955.60
应收手续费及佣金	5 635.27	9 568.92	其他应付款	40 234.28	25 447.25
其他应收款	21 438.02	17 076.61	预收账款	2 984.43	16 154.72
预付账款			其他负债	340 000.00	340 000.00
可供出售金融资产	1 188 395.58	1 016 186.92	递延所得税负债	31 766.36	50 485.41
持有至到期投资			预计负债		
长期股权投资	737 451.56	597 784.79	负债合计	728 462.79	823 061.58
投资性房地产	563.74	581.58			
固定资产	3 755.86	3 911.23	所有者权益：		
无形资产	0.48	108.10	实收资本	1 280 000.00	1 280 000.00
递延所得税资产	25 904.19	22 717.08	资本公积	213 169.49	206 702.18
抵债资产			其他综合收益	−55 188.44	13 088.73
其他资产	17 738.04	12 899.99	盈余公积	44 689.45	8 153.28
			一般风险准备	38 235.02	35 880.08
			信托赔偿准备	22 344.73	4 076.64
			未分配利润	301 945.32	33 422.81
			所有者权益合计	1 845 195.57	1 581 323.72
资产总计	2 573 658.36	2 404 385.30	负债和所有者权益总计	2 573 658.36	2 404 385.30

5.1.2.2 合并资产负债表

合并资产负债表

2016年12月31日

单位：万元

资产	期末数	期初数	负债和所有者权益	期末数	期初数
资 产：			负 债：		
现金及存放银行款项	212 936.56	291 832.11	向中央银行借款		
贷款及垫款	331 430.00	153 987.50	拆入资金	190 000.00	250 000.00
拆出资金			交易性金融负债		
以公允价值计量且其变动计入当期损益的金融资产	42 439.60	148 365.41	卖出回购金融资产款		
买入返售金融资产	2 500.00	150 800.00	应付职工薪酬	69 877.95	81 495.11
应收投资类款项			应交税费	53 145.75	58 984.75
应收利息	2 107.25	1 204.73	应付利息	819.10	955.60
应收手续费及佣金	6 309.57	9 905.11	其他应付款	41 337.37	27 065.68
其他应收款	21 683.09	17 317.51	预收账款	2 984.43	16 154.72
预付账款	92.91	119.41	其他负债	340 000.00	340 000.00
可供出售金融资产	1 204 908.07	1 024 552.59	递延所得税负债	31 797.02	50 485.41
持有至到期投资			预计负债		
长期股权投资	723 048.08	591 466.32	负债合计	729 961.62	825 141.27

续表

资　产	期末数	期初数	负债和所有者权益	期末数	期初数
投资性房地产	563.74	581.58			
固定资产	3 907.61	4 077.00	所有者权益:		
无形资产	428.99	514.33	实收资本	1 280 000.00	1 280 000.00
递延所得税资产	26 181.73	22 750.67	资本公积	213 222.78	206 702.18
抵债资产			其他综合收益	-55 263.56	13 324.11
其他资产	17 757.50	12 956.77	盈余公积	44 761.38	8 225.21
			一般风险准备	38 531.42	36 110.55
			信托赔偿准备	22 344.73	4 076.64
			未分配利润	308 371.72	40 875.93
			归属于母公司的权益	1 851 968.47	1 589 314.62
			少数股东权益	14 364.61	15 975.15
			所有者权益合计	1 866 333.08	1 605 289.77
资产总计	2 596 294.70	2 430 431.04	负债和所有者权益总计	2 596 294.70	2 430 431.04

5.1.3 利润表

5.1.3.1 母公司利润表

利润表

2016 年度　　单位:万元

项　目	本年数	上年数
一、营业收入	424 052.72	519 767.28
利息净收入	-6 529.50	12 298.70
利息收入	16 402.64	25 135.38
利息支出	22 932.14	12 836.68
手续费及佣金净收入	257 952.61	246 169.56
手续费及佣金收入	259 590.31	248 613.92
手续费及佣金支出	1 637.70	2 444.36
投资收益(损失以"-"号填列)	174 698.33	269 050.44
其中:对联营企业和合营企业的投资收益	99 324.63	65 884.24
公允价值变动收益(损失以"-"号填列)	-2 812.73	-8 789.57
汇兑收益(损失以"-"号填列)	0.04	-0.04
其他业务收入	743.97	1 038.19
二、营业支出	13 564.74	78 559.00
营业税金及附加	3 835.90	11 054.90
业务及管理费	7 185.24	66 533.01
资产减值损失	2 525.76	953.25
其他业务成本	17.84	17.84
三、营业利润(亏损以"-"号填列)	410 487.98	441 208.28
加:营业外收入	14 408.31	3 790.91
减:营业外支出	7.08	21.33
四、利润总额(亏损总额以"-"号填列)	424 889.21	444 977.86
减:所得税费用	59 527.50	49 068.97
五、净利润(净亏损以"-"号填列)	365 361.71	395 908.89
六、其他综合收益的税后净额	-68 277.17	-40 486.24
七、综合收益总额	297 084.54	355 422.65

5.1.3.2 合并利润表

合并利润表

2016 年度　　单位:万元

项　目	本年数	上年数
一、营业收入	428 129.60	530 860.03
利息净收入	-6 297.15	12 564.68
利息收入	16 634.99	25 401.36
利息支出	22 932.14	12 836.68
手续费及佣金净收入	262 928.66	255 609.22
手续费及佣金收入	264 566.36	258 053.58
手续费及佣金支出	1 637.70	2 444.36
投资收益(损失以"-"号填列)	173 623.97	270 550.69
其中:对联营企业和合营企业的投资收益	99 324.63	65 884.24
公允价值变动收益(损失以"-"号填列)	-2 870.02	-8 902.70
汇兑收益(损失以"-"号填列)	0.04	-0.05
其他业务收入	744.10	1 038.19
二、营业支出	19 806.82	85 598.64
营业税金及附加	3 917.68	11 584.16
业务及管理费	13 345.55	73 043.39
资产减值损失	2 525.75	953.25
其他业务成本	17.84	17.84
三、营业利润(亏损以"-"号填列)	408 322.78	445 261.39
加:营业外收入	14 525.33	3 797.23
减:营业外支出	12.09	22.22
四、利润总额(亏损总额以"-"号填列)	422 836.02	449 036.40
减:所得税费用	59 780.08	50 022.12
五、净利润(净亏损以"-"号填列)	363 055.94	399 014.28
其中:被合并方在合并前实现的净利润		
归属于母公司的净利润	364 334.99	397 365.43
少数股东损益	-1 279.05	1 648.85
六、其他综合收益的税后净额	-68 906.89	-41 067.85
七、综合收益总额	294 149.05	357 946.43
归属于母公司股东的综合收益总额	295 747.32	356 555.79
归属于少数股东的综合收益总额	-1 598.27	1 390.64

5.1.4 所有者权益变动表

5.1.4.1 母公司所有者权益变动表

所有者权益变动表

2016 年度

单位:万元

项目	本年金额							
	实收资本	资本公积	其他综合收益	盈余公积	一般风险准备	信托赔偿准备	未分配利润	所有者权益合计
一、上年年末余额	1 280 000.00	206 702.18	13 088.73	8 153.28	35 880.08	4 076.64	33 422.81	1 581 323.72
加:会计政策变更								
前期差错更正								
其他								
二、本年年初余额	1 280 000.00	206 702.18	13 088.73	8 153.28	35 880.08	4 076.64	33 422.81	1 581 323.72
三、本年增减变动金额(减少以"—"号填列)		6 467.31	-68 277.17	36 536.17	2 354.94	18 268.09	268 522.51	263 871.85
(一)综合收益总额			-68 277.17				365 361.71	297 084.54
(二)所有者投入和减少资本		6 467.31						6 467.31
1. 所有者投入资本								
2. 股份支付计入所有者权益的金额								
3. 其他		6 467.31						6 467.31
(三)利润分配				36 536.17	2 354.94	18 268.09	-96 839.20	-39 680.00
1. 提取盈余公积				36 536.17			-36 536.17	
2. 提取一般风险准备					2 354.94		-2 354.94	
3. 提取信托赔偿准备						18 268.09	-18 268.09	
4. 对所有者(或股东)的分配							-39 680.00	39 680.00
(四)所有者权益(或股东权益)内部结转								
1. 资本公积转增资本(或股本)								
2. 盈余公积转增资本(或股本)								
3. 盈余公积弥补亏损								
4. 一般风险准备弥补亏损								
5. 其他								
四、本年年末余额	1 280 000.00	213 169.49	-55 188.44	44 689.45	38 235.02	22 344.73	301 945.32	1 845 195.57

所有者权益变动表(续)

2016 年度

单位:万元

项目	上年金额							
	实收资本	资本公积	其他综合收益	盈余公积	一般风险准备	信托赔偿准备	未分配利润	所有者权益合计
一、上年年末余额	243 873.00	228 800.00	198 042.29	74 695.83	24 794.06	38 833.99	478 455.14	1 287 494.31
加:会计政策变更								
前期差错更正			-75.31	-2 249.83	-338.60	-1 124.91	-18 784.91	-22 573.56
其他								
二、本年年初余额	243 873.00	228 800.00	197 966.98	72 446.00	24 455.46	37 709.08	459 670.23	1 264 920.75
三、本年增减变动金额(减少以"—"号填列)	1 036 127.00	-22 097.82	-184 878.25	-64 292.72	11 424.62	-33 632.44	-426 247.42	316 402.97
(一)综合收益总额			-40 486.24				395 908.89	355 422.65
(二)所有者投入和减少资本								
1. 所有者投入资本								
2. 股份支付计入所有者权益的金额								
3. 其他								
(三)利润分配				39 590.89	42 811.99	19 795.44	-141 218.00	-39 019.68
1. 提取盈余公积				39 590.89			-39 590.89	
2. 提取一般风险准备					42 811.99		-42 811.99	

续表

项　　目	上年金额							
	实收资本	资本公积	其他综合收益	盈余公积	一般风险准备	信托赔偿准备	未分配利润	所有者权益合计
3. 提取信托赔偿准备						19 795.44	-19 795.44	
4. 对所有者（或股东）的分配							-39 019.68	39 019.68
（四）所有者权益（或股东权益）内部结转	1 036 127.00	-22 097.82	-144 392.01	-103 883.61	-31 387.37	-53 427.88	-680 938.31	
1. 资本公积转增资本（或股本）	228 800.00	-228 800.00						
2. 盈余公积转增资本（或股本）	103 883.61			-103 883.61				
3. 盈余公积弥补亏损								
4. 一般风险准备弥补亏损								
5. 其他	703 443.39	206 702.18	-144 392.01		-31 387.37	-53 427.88	-680 938.31	
四、本年年末余额	1 280 000.00	206 702.18	13 088.73	8 153.28	35 880.08	4 076.64	33 422.81	1 581 323.72

5.1.4.2　合并所有者权益变动表

合并所有者权益变动表

2016 年度

单位：万元

项　　目	本年金额								
	归属于母公司股东的权益							少数股东权益	所有者权益合计
	实收资本	资本公积	其他综合收益	盈余公积	一般风险准备	信托赔偿准备	未分配利润		
一、上年年末余额	1 280 000.00	206 702.18	13 324.11	8 225.21	36,110.55	4 076.64	40 875.93	15 975.15	1 605 289.77
加：会计政策变更									
前期差错更正									
其他									
二、本年年初余额	1 280 000.00	206 702.18	13 324.11	8 225.21	36 110.55	4 076.64	40 875.93	15 975.15	1 605 289.77
三、本年增减变动金额（减少以"—"号填列）		6 520.60	-68 587.67	36 536.17	2 420.87	18 268.09	267 495.79	-1 610.54	261 043.31
（一）综合收益总额			-68 587.67				364 334.99	-1 598.27	294 149.05
（二）所有者投入和减少资本		6 520.60						-80.88	6 439.72
1. 所有者投入资本								-80.88	-80.88
2. 股份支付计入所有者权益的金额									
3. 其他		6 520.60							6 520.60
（三）利润分配				36 536.17	2 354.94	18 268.09	-96 839.20		-39 680.00
1. 提取盈余公积				36 536.17			-36 536.17		
2. 提取一般风险准备					2 354.94		-2 354.94		
3. 提取信托赔偿准备						18 268.09	-18 268.09		
4. 对所有者（或股东）的分配							-39 680.00		-39 680.00
（四）所有者权益内部结转									
1. 资本公积转增资本									
2. 盈余公积转增资本									
3. 盈余公积弥补亏损									
4. 一般风险准备弥补亏损									
5. 其他									
（五）同一控制下合并结转									
（六）其他					65.93			68.61	134.54
四、本年年末余额	1 280 000.00	213 222.78	-55 263.56	44 761.38	38 531.42	22 344.73	308 371.72	14 364.61	1 866 333.08

合并所有者权益变动表（续）

2016 年度

单位：万元

项 目	上年金额								
	归属于母公司股东的权益							少数股东权益	所有者权益合计
	实收资本	资本公积	其他综合收益	盈余公积	一般风险准备	信托赔偿准备	未分配利润		
一、上年年末余额	243 873. 00	228 800. 00	198 525. 77	74 767. 76	24 936. 76	38 833. 99	483 870. 40	12 939. 26	1 306 546. 94
加：会计政策变更									
前期差错更正			-75. 31	-2 249. 83	-338. 60	-1 124. 91	-18 784. 91		-22 573. 56
其他									
二、本年年初余额	243 873. 00	228 800. 00	198 450. 46	72 517. 93	24 598. 16	37 709. 08	465 085. 49	12 939. 26	1 283 973. 38
三、本年增减变动金额（减少以“—”号填列）	1 036 127. 00	-22 097. 82	-185 126. 35	-64 292. 72	11 512. 39	-33 632. 44	-424 209. 56	3 035. 89	321 316. 39
（一）综合收益总额			-40 734. 34				397 365. 43	1 390. 64	358 021. 73
（二）所有者投入和减少资本							581. 32	1 553. 90	2 135. 22
1. 所有者投入资本								948. 85	948. 85
2. 股份支付计入所有者权益的金额									
3. 其他							581. 32	605. 05	1 186. 37
（三）利润分配				39 590. 89	42 811. 99	19 795. 44	-141 218. 00		-39 019. 68
1. 提取盈余公积				39 590. 89			-39 590. 89		
2. 提取一般风险准备					42 811. 99		-42 811. 99		
3. 提取信托赔偿准备						19 795. 44	-19 795. 44		
4. 对所有者（或股东）的分配							-39 019. 68		-39 019. 68
（四）所有者权益内部结转	1 036 127. 00	-22 097. 82	-144 392. 01	-103 883. 61	-31 387. 37	-53 427. 88	-680 938. 31		
1. 资本公积转增资本	228 800. 00	-228 800. 00							
2. 盈余公积转增资本	103 883. 61			-103 883. 611					
3. 盈余公积弥补亏损									
4. 一般风险准备弥补亏损									
5. 其他	703 443. 39	206 702. 18	-144 392. 01		-31 387. 37	-53 427. 88	-680 938. 31		
（五）同一控制下合并结转									
（六）其他					87. 77			91. 35	179. 12
四、本年年末余额	1 280 000. 00	206 702. 18	13 324. 11	8 225. 21	36 110. 55	4 076. 64	40 875. 93	15 975. 15	1 605 289. 77

5. 2　信托资产

5. 2. 1　信托项目资产负债汇总表

信托项目资产负债表

2016 年 12 月 31 日

单位：万元

信托资产	期末余额	期初余额	信托负债和信托权益	期末余额	期初余额
信托资产：			信托负债：		
货币资金	265 553. 70	531 784. 12	交易性金融负债		
拆出资金			衍生金融负债		
存出保证金			应付受托人报酬	255. 49	250. 07
交易性金融资产	3 549 438. 09	1 982 881. 85	应付托管费	22. 15	
衍生金融资产			应付受益人收益	1 050. 34	
买入返售金融资产	530 383. 54	12 518. 31	应交税费	92. 00	91. 99
应收款项	508 104. 74	211 010. 62	应付销售服务费		
发放贷款	3 420 013. 40	3 570 562. 63	其他应付款项	262 991. 94	195 496. 31
可供出售金融资产	6 399 998. 16	6 672 038. 29	预计负债		
持有至到期投资			其他负债		
长期应收款			信托负债合计	264 411. 92	195 838. 37
长期股权投资	2 596 003. 71	2 526 359. 01			
投资性房地产					
固定资产			信托权益		
无形资产			实收信托	17 103 826. 90	15 081 360. 28
长期待摊费用			资本公积		
其他资产			未分配利润	-98 743. 48	229 956. 18
减：各项资产减值准备			信托权益合计	17 005 083. 42	15 311 316. 46
信托资产总计：	17 269 495. 34	15 507 154. 83	信托负债和信托权益总计：	17 269 495. 34	15 507 154. 83

5.2.2 信托项目利润及利润分配汇总表

信托项目利润及利润分配表

2016 年度 单位:万元

项目	本年数	上年数
一、营业收入	975 591.96	1 304 337.75
利息收入	378 157.32	456 372.65
投资收益(损失以"-"号填列)	545 362.83	916 444.21
其中:对联营企业和合营企业的投资收益		
公允价值变动收益(损失以"-"号填列)	-41 229.21	-95 340.70
租赁收入		
汇兑损益(损失以"-"号填列)		
其他收入	93 301.02	26 861.59
二、营业支出	225 174.59	132 425.13
营业税金及附加		
受托人报酬	203 460.73	97 283.80
保管费	2 649.71	4 275.02
投资管理费	316.51	1 047.76
销售服务费	4 709.76	11 605.59
交易费用	3.64	4.96
资产减值损失		
其他费用	14 034.24	18 208.00
三、信托净利润(净亏损以"-"号填列)	750 417.37	1 171 912.62
四、其他综合收益		
五、综合收益	750 417.37	1 171 912.62
加:期初未分配信托利润	229 956.18	187 730.31
六、可供分配的信托利润	980 373.55	1 359 642.93
减:本期已分配信托利润	1 079 117.03	1 129 686.75
七、期末未分配信托利润	-98 743.48	229 956.18

6. 会计报表附注

6.1 会计报表编制基准、会计政策、会计估计和核算方法的变化

报告年度会计报表编制基准、会计政策、会计估计和核算方法未发生变化。

6.2 或有事项说明

6.2.1 对外担保

单位:万元

项目	年末数	年初数
对外担保	0.00	0.00
合计	0.00	0.00

6.2.2 重大承诺事项

本报告期内公司无重大承诺事项。

6.3 重要资产转让及其出售的说明

本报告期内公司无重要资产转让及其出售情况。

6.4 会计报表中重要项目的明细资料

6.4.1 自营资产经营情况

6.4.1.1 资产风险分类结果

单位:万元

信用风险资产五级分类	正常类(万元)	关注类(万元)	次级类(万元)	可疑类(万元)	损失类(万元)	资产合计(万元)	不良资产合计(万元)	不良资产率(%)
期初数	2 367 237.44	12 383.82				2 379 621.26	0.00	0.00
期末数	2 545 329.18	1 836.07				2 547 165.25	0.00	0.00

6.4.1.2 各项资产减值损失准备

单位:万元

项目	期初数	本期计提	本期核销	其他增加	期末数
贷款损失准备	2 512.50	2 557.50			5 070.00
一般准备	2 512.50	2 557.50			5 070.00
专项准备					
其他资产减值准备	41.51	-31.73		0.30	10.08
可供出售金融资产减值准备					
持有至到期投资减值准备					
长期股权投资减值准备					
坏账准备	41.51	-31.73		0.30	10.08
投资性房地产减值准备					

6.4.1.3 股票投资、基金投资、债券投资、股权投资等投资业务

单位:万元

项目	自营股票	基金	债券	长期股权投资	其他投资	合计
期初数	375 007.72	4 437.72		597 784.79	793 422.23	1 770 652.46
期末数	282 128.05	1 864.35		737 451.56	959 871.60	1 981 315.56

6.4.1.4 前三名的自营长期股权投资

企业名称	占被投资企业权益的比例(%)	主要经营活动	投资损益(万元)
1. 重庆三峡银行股份有限公司	28.996	人民币业务;吸收存款;发放贷款;办理国内结算等经中国人民银行批准的业务。	69 050.31
2. 合肥科技农村商业银行股份有限公司	24.99	吸收公众存款;发放短期、中期和长期贷款;办理国内结算等经中国银行业监督管理委员会批准的业务。	16 317.08
3. 中国信托业保障基金有限责任公司	13.04	受托管理保障基金;参与托管和关闭清算信托公司;通过融资、注资等方式向信托公司提供流动性支持;收购、受托经营信托公司的固有财产,并进行管理、投资和处置等依法经相关部门批准后依批准展开的经营活动。	11 229.56

6.4.1.5 前三名的自营贷款

企业名称	占贷款总额的比例(%)	还款情况
合肥市宝能房地产开发有限公司	44.58	尚未到期,已于2017年3月9日收回50万元
德力西集团有限公司	29.72	已于2017年1月3日收回
云南融智资本管理有限公司	13.37	尚未到期

6.4.1.6 表外业务

单位:万元

表外业务	期初数	期末数
担保业务	0.00	0.00
代理业务(委托业务)	0.00	0.00
其他	0.00	0.00
合计	0.00	0.00

6.4.1.7 公司当年的收入结构

母公司口径

收入结构	金额(万元)	占比(%)
手续费及佣金收入	259 590.31	56.07
其中:信托手续费收入	257 431.52	55.60
投资银行业务收入	2 158.79	0.47
利息收入	16 402.64	3.54
其他业务收入	744.01	0.16
投资收益	174 698.33	37.73
其中:股权投资收益	99 324.63	21.45
证券投资收益	-1 401.92	-0.30
其他投资收益	76 775.62	16.58
公允价值变动收益	-2 812.73	-0.61
营业外收入	14 408.31	3.11
收入合计	463 030.87	100.00

合并口径

收入结构	金额(万元)	占比(%)
手续费及佣金收入	264 566.36	56.63
其中:信托手续费收入	257 431.52	55.10
投资银行业务收入	2 297.27	0.49
基金管理费及销售服务费收入	4 837.57	1.04
利息收入	16 634.99	3.56
其他业务收入	744.14	0.15
投资收益	173 623.97	37.16
其中:股权投资收益	99 324.63	21.26
证券投资收益	-2 281.75	-0.49
其他投资收益	76 581.09	16.39
公允价值变动收益	-2 870.02	-0.61
营业外收入	14 525.33	3.11
收入合计	467 224.77	100.00

6.4.2 信托财产管理情况

6.4.2.1 信托资产

单位:万元

信托资产	期初数	期末数
集合	10 883 950.25	13 341 807.35
单一	4 189 443.83	3 086 038.49
财产权	433 760.75	841 649.50
合　计	15 507 154.83	17 269 495.34

6.4.2.1.1 主动管理型信托业务

单位:万元

主动管理型信托资产	期初数	期末数
证券投资类	1 120 786.33	3 648 729.77
股权投资类	1 581 313.61	2 006 403.91
融资类	6 122 819.97	5 953 560.08
事务管理类	318 529.25	295 034.99
合　计	9 143 449.16	11 903 728.75

6.4.2.1.2 被动管理型信托业务

单位:万元

被动管理型信托资产	期初数	期末数
证券投资类	1 069 708.86	1 582 797.81
股权投资类	468 433.05	454 443.30
融资类	4 661 604.00	2 758 476.63
事务管理类	163 959.76	570 048.85
合　计	6 363 705.67	5 365 766.59

6.4.2.2 本年度已清算结束的信托项目

6.4.2.2.1 按信托类型分类

已清算结束信托项目	项目个数(个)	实收信托合计金额(万元)	加权平均实际年化收益率(%)
集合类	53	4 741 003.00	10.91
单一类	58	2 255 923.39	7.35
财产管理类	11	273 900.00	19.16

6.4.2.2.2 主动管理型

已清算结束信托项目	项目个数(个)	实收信托合计金额(万元)	加权平均实际年化信托报酬率(%)	加权平均实际年化收益率(%)
证券投资类	5	87 844.39	2.72	176.02
股权投资类	5	779 000.00	1.24	8.42
融资类	46	3 593 248.00	2.13	6.76
事务管理类	3	69 000.00	0.37	8.87

6.4.2.2.3 被动管理型

已清算结束信托项目	项目个数(个)	实收信托合计金额(万元)	加权平均实际年化信托报酬率(%)	加权平均实际年化收益率(%)
证券投资类	0	0.00	0.00	0.00
股权投资类	1	9,000.00	0.05	-2.08
融资类	54	2 527 834.00	0.28	8.70
事务管理类	8	204 900.00	0.14	22.62

6.4.2.3 本年度新增的信托项目

新增信托项目	项目个数(个)	实收信托合计金额(万元)
集合	64	5 795 509.58
单一	12	1 045 405.78
财产权	14	673.662.70
新增合计	90	7 514 578.06
其中:主动管理型	60	5 777 649.58
被动管理型	30	1 736 928.48

6.4.2.4 信托业务创新成果和特色业务有关情况

6.4.2.4.1 为创新业务提供组织保障

公司在2016年加大了对各类创新业务的支持力度,立足于服务实体经济和国家战略,多措并举推进各类创新业务的健康发展,于2016年先后获得铁路发展基金专项信托业务资格、受托境外理财业务(QDII)资格,拓展了服务实体经济的广度和深度。

6.4.2.4.2 服务新兴产业领域

公司于2016年设立了重庆信托·健康养老产业1号集合资金信托计划,募集资金2亿元,信托资金用于国寿健康公园体验中心的运营建设、引进医疗设备等。该项目是公司服务养老、医疗产业的尝试,有助于促进公司未来继续在商业物业、养老地产、医疗服务等业务领域项目的落地。

6.4.2.4.3 继续强化普惠金融

公司继续提高金融服务水平,强化普惠金融服务,努力改善民生和助推经济发展方式转型升级。2016年设立鑫利保1号消费金融投资集合资金信托计划,将募集资金用于向有现金分期贷款需求的消费者发放消费贷款,为中低收入阶层提供金融服务,有效地解决了该部分消费者的短期资金需求,该产品还首次引入了保险公司进行增信,使得产品的风险控制措施得到加强。

6.4.2.4.4 逐步推进资产证券化业务

为带动传统信托业务升级转型,公司在中证机构间报价系统发行了两期公募信托受益权ABS产品,国有商业银行、全国性股份行对此类产品认购积极,产品发行收益率在企业资产支持证券中处于较低水平,降低了信托项目融资成本,盘活了信托资产,带动了传统信托业务的升级,未来将继续在信贷资产证券化、商业物业资产证券化等领域寻求突破。

6.4.2.5 本公司履行受托人义务的情况及因本公司自身责任而导致的信托资产损失情况

作为信托计划的受托人公司严格按照国家法律、法规和信托合同的约定,从事信托活动。在信托成立之前,对委托人明示信托投资的风险,不承诺保底收益;在信托计划履行过程中,恪尽诚实、信用、谨慎、有效管理的义务,对所有信托项目均单独开户,单独核算,严格收支管理;从后期管理上,设置专职的信托经理,对信托项目实行及时跟踪管理和书面报告制度,真实记录并全面反映信托项目管理情况和财务状况,并根据法律法规要求及信托文件约定对信托项目的运行情况在公司网站上进行定期披露。

截至报告期末,所有信托项目均按时分配收益,无拖延拒付情况,也未出现因本公司自身责任而导致信托资产出现损失的情况。

6.5 关联方关系及其交易

6.5.1 关联交易方的数量、关联交易的总金额及关联交易的定价政策

	关联交易方数量	关联交易金额(万元)	定价政策
合计	44	1 480 336.26	按市价公平定价

6.5.2 关联交易方与本公司的关系性质,关联交易方的名称、法人代表、注册地址、注册资本及主营业务

序 号	关联性质	关联方名称	法定代表人或负责人	注册地址	注册资本(万元)	主营业务
1	母公司	重庆国信投资控股有限公司	刘勤勤	重庆	257 416.25	项目投资与管理
2	同一母公司	重庆路桥股份有限公司	江 津	重庆	90 774.20	城市道路桥梁等基础设施的投资、建设、管理等
3	同一母公司	重庆渝涪高速公路有限公司	谷安东	重庆	200 000.00	重庆渝涪高速公路经营管理、设计、代理国内广告
4	同一母公司	重庆饭店有限公司	吴成惠	重庆	USD 500.00	饮食、食品加工销售、旅游、车队服务、康乐中心、写字楼出租等
5	同一母公司	重庆未来投资有限公司	卢 俊	重庆	6 000.00	实业、股权及市场开发投资、资产经营管理、国内贸易等
6	同一母公司	重庆普丰置业发展有限公司	郭锋超	重庆	8 000.00	房地产开发、物业管理、房屋及车库租赁、销售;资产经营管理咨询;企业项目投资咨询等
7	被投资单位	益民基金管理有限公司	翁振杰	重庆	10 000.00	基金管理业务、发起设立基金
8	被投资单位	重庆三峡银行股份有限公司	丁世录	重庆	440 630.44	人民币业务。吸收公众存款;发放短期、中期和长期贷款;办理国内结算等经中国人民银行批准的业务
9	被投资单位	合肥科技农村商业银行股份有限公司	胡忠庆	合肥	180 034.64	吸收公众存款;发放短期、中期和长期贷款;办理国内结算等经中国银行业监督管理委员会批准的业务
10	被投资单位	中国信托业保障基金有限责任公司	许志超	北京	1 150 000.00	受托管理保障基金;参与托管和关闭清算信托公司;通过融资、注资等方式向信托公司提供流动性支持;收购、受托经营信托公司的固有财产,并进行管理、投资和处置等依法经相关部门批准后依批准展开的经营活动
11	被投资单位	国泓资产管理有限公司	黄桦	北京	10 000.00	特定客户资产管理业务以及中国证监会许可的其他业务;投资咨询;财务咨询

6.5.3 **重大关联方交易**

6.5.3.1 固有财产与关联方交易

单位：万元

	期初数	借方发生额	贷方发生额	期末数
贷款				
投资		8 085.00		8 085.00
租赁		714.54	714.54	
担保				
应收账款				
其他	590 000.00	450 300.49	590 300.49	450 000.00
合计	590 000.00	459 100.03	591 015.03	458 085.00

6.5.3.2 信托财产与关联方交易

单位：万元

	期初数	借方发生额	贷方发生额	期末数
贷款	25 000.00		25 000.00	
投资				
租赁				
担保				
应收账款				
其他	98 089.10			98 089.10
合计	123 089.10			98 089.10

6.5.3.3 固信交易与信信交易

6.5.3.3.1 固信交易

单位：万元

	期初数	本期发生额	期末数
合计	702 898.00	−31 154.00	671 744.00

固有财产与信托财产相互交易本年增加 3 735 641 万元，本年减少 3 766 795 万元。

6.5.3.3.2 信信交易

单位：万元

	期初数	本期发生额	期末数
合计	20 243.66	232 174.50	252 418.16

6.5.4 报告期末，关联方逾期未偿还本公司资金和为关联方担保发生或即将发生垫款的情况

无。

6.6 会计制度的披露

报告年度，公司自营业务、信托业务均执行企业会计准则。

7. 财务情况说明书

7.1 利润实现和分配情况

7.1.1 利润实现和分配情况（母公司）

本报告期初公司未分配利润 33 422.81 万元，2016 年实现净利润 365 361.71 万元，提取法定盈余公积 36 536.17 万元，提取信托赔偿准备 18 268.09 万元，提取一般风险准备 2 354.94万元，向股东分配 2015 年现金红利 39 680 万元后，剩余可供股东分配的利润为 301 945.32 万元，将用于以后年度分配。

7.1.2 利润实现和分配情况（合并口径）

本报告期初归属于母公司的未分配利润为 40 875.93 万元，2016 年实现的归属于母公司的净利润 364 334.99 万元，提取法定盈余公积 36 536.17 万元，提取信托赔偿准备 18 268.09万元，提取一般风险准备 2 354.94 万元，向股东分配 2015 年现金红利 39 680 万元后，剩余可供母公司股东分配的利润为 308 371.72 万元，将用于以后年度分配。

7.2 主要财务指标

7.2.1 主要财务指标（母公司）

指标名称	指标值
资本利润率（%）	21.33
加权年化信托报酬率（%）	1.24
人均净利润（万元）	2 519.74

7.2.2 主要财务指标（并表口径）

指标名称	指标值
资本利润率（%）	21.17
加权年化信托报酬率（%）	1.24
人均净利润（万元）	2 512.66

7.3 对本公司财务状况、经营成果有重大影响的其他事项

无。

7.4 公司净资本情况

指标名称	指标值	监管标准
净资本（万元）	1 371 275.70	≥2 亿元
各项业务风险资本之和（万元）	549 095.42	
净资本/各项业务风险资本之和（%）	249.73	≥100
净资本/净资产（%）	74.32	≥40

8. 特别事项揭示

8.1 前五名股东报告期内变动情况及原因

无。

8.2 董事、监事及高级管理人员变动情况及原因

报告期内，原董事李寒晨女士辞职。

报告期内，董事会指定公司副总裁董尚可先生代为履行公司总经理职务。

报告期内，董事会聘任窦仁政先生为公司副总裁，2016 年 6 月 16 日，窦仁政先生高级管理人员任职资格获监管部门批准。

报告期内，董事会聘任杨帆先生、方莉女士、潘峰先生、罗怀建先生为公司副总裁，2017 年 1 月 4 日，杨帆先生、方莉女士、潘峰先生、罗怀建先生副总经理（副总裁）任职资格获监管部门批准。

报告期内，公司股东大会选举于胜全先生、陈蕾女士为公司第一届董事会董事，上述拟任董事任职资格尚需监管部门核准。

8.3 重大未决诉讼事项

8.3.1 固有业务

无未结、新办诉讼案件。

8.3.2 信托业务

新办诉讼案件1件。

公司诉重庆中关村实业发展有限责任公司等合同纠纷案，涉案债务本金1.3亿元。该案已于2016年3月31日由重庆市第一中级人民法院立案受理并由该院采取诉讼财产保全措施，已于8月30日开庭审理，尚未判决。

8.3.3 新办执行案件3件

公司与金福地置业（北京）有限公司、合肥市百盛木业有限责任公司公证债权文书执行案，涉案回购本金0.99亿元，该案已于2016年2月1日由北京市第二中级人民法院立案受理并由该院查封涉案财产，目前已进入评估程序。

公司与重庆市地平线置业有限公司公证执行案，涉案债务本金1.5亿元，该案已于2016年9月8日立案受理，并由法院查封涉案房产、冻结被执行人银行存款。截至目前已收到法院划付案款145.8万元。

公司申请拍卖、变卖重庆典雅房地产开发集团有限公司抵押物特别程序案，涉案借款本金7亿元，该案由重庆市巴南区、江津区人民法院立案受理，并分别于2016年2月4日、2016年2月24日作出裁定书，支持我公司全部诉讼请求并查封涉案房产。现部分涉案房产已完成评估，等待拍卖。

8.3.4 未结执行案件3件

公司与金福地置业（北京）有限公司、合肥市百盛木业有限责任公司公证债权文书执行案。

公司与重庆市地平线置业有限公司公证执行案。

公司申请拍卖、变卖重庆典雅房地产开发集团有限公司抵押物特别程序案。

8.4 对会计师事务所出具的有保留意见、否定意见或无法表示意见的审计报告的，公司董事会应就所涉及事项作出说明

无。

8.5 公司及其董事、监事和高级管理人员受到处罚的情况

无。

8.6 银监会及其派出机构对公司检查后提出整改意见的整改情况

报告期内，重庆银监局根据对公司的现场检查和非现场监管，对公司进一步完善公司治理、内控制度、项目风控措施等提出了监管要求。公司认真落实监管要求，积极整改，不断完善。公司在报告期内对规章制度进行了重新修订、补充和完善，进一步加强项目尽职调查、后续管理和信息披露，对个别存在合规和风险隐患的项目采取了及时有效的措施，进一步规范了信托项目后续管理，严防项目风险；同时，加强员工培训，提高员工合规意识，确保公司业务合规、持续、稳健发展。

8.7 本年度重大事项临时报告的简要内容、披露时间、所披露的媒体及其版面

无。

8.8 银监会及其省级派出机构认定的其他有必要让客户及相关利益人了解的重要信息

无。

9. 公司监事会意见

监事会对任期内公司的生产经营活动进行了监督检查，监事会认为：

2016年，公司认真贯彻科学发展观，务实推进信托业务稳步开展，存续信托资产1 726.95亿元，全年实现利润总额42.28亿元、归属于母公司净利润36.43亿元。

董事会及各位董事认真执行了股东大会的各项决议，勤勉尽责，未出现损害公司、股东利益的行为，董事会的各项决议符合《公司法》等法律法规和《公司章程》的要求，重大决策项目思路清晰，为公司稳健发展奠定了基础。

2016年，公司经营班子认真执行了董事会的各项决议，取得了良好的经营业绩，圆满完成了公司年初制定的经营计划和利润目标，实现了公司可持续发展，经营中未出现违规操作行为。

本报告期内，公司财务报告符合相关制度和规定的编制要求，真实地反映了公司的财务状况和经营成果。

大业信托有限责任公司

1. 重要提示

本公司董事会及董事保证本报告所载资料不存在任何虚假记载、误导性陈述或者重大遗漏,并对其内容的真实性、准确性和完整性承担个别及连带责任。

独立董事王仲兴先生、张衢先生、俞二牛先生认为本报告内容是真实、准确、完整的。

本公司董事长陈俊标先生、总经理王毅先生、财务总监孙多伟先生及会计机构负责人谢祖江先生声明:保证年度报告中财务报告的真实、完整。

2. 公司概况

2.1 公司简介

大业信托有限责任公司是经中国银监会批准的,在重组原广州科技信托投资公司的基础上,重新登记的非银行金融机构。公司注册资本为10亿元,注册地为广州市,在北京和上海设有业务管理部。公司在2011年3月10日获取金融许可证,并在2011年3月16日换取新的营业执照正式开业,经允许从事经中国银行业监督管理委员会依照有关法律、行政法规和其他规定批准的业务。

2.1.1 公司的法定名称
中文名称:大业信托有限责任公司
中文简称:大业信托
英文名称:Daye Trust Co. ,Ltd.
英文缩写:Daye Trust

2.1.2 公司法定代表人:陈俊标

2.1.3 公司注册地址:广州市天河区体育西路191号中石化大厦B塔25楼
邮政编码:510620
公司国际互联网网址:http://www. dytrustee. com
电子信箱:info@ dytrustee. com

2.1.4 公司负责信息披露事务的高级管理人员:汪鑫
电话:020-28028700
传真:020-28028701
电子邮箱:wangx@ dytrustee. com

2.1.5 公司选定的信息披露报纸:《金融时报》

2.1.6 公司年度报告备置地点:广州市天河区体育西路191号中石化大厦B塔25楼

2.1.7 公司聘请的会计师事务所:天职国际会计师事务所(特殊普通合伙)深圳分所
地址:深圳市福田区深南大道6009号绿景广场B座17楼

2.1.8 公司聘请的律师事务所:中伦文德律师事务所
地址:中国北京市朝阳区西坝河南路1号金泰大厦19层

2.2 组织结构

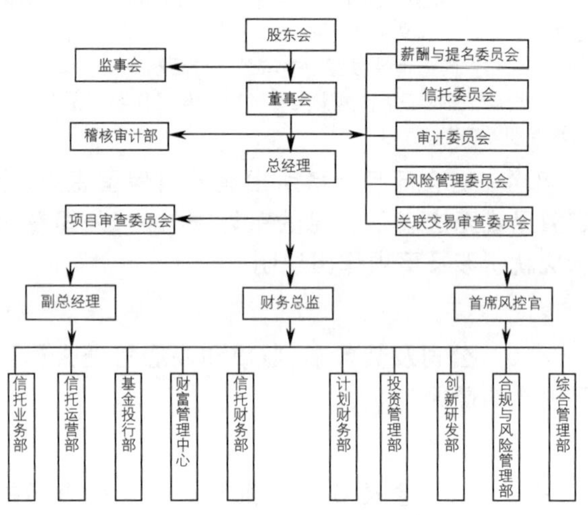

3. 公司治理结构

3.1 股东

截至报告期末公司股东共3家。股东情况如下:

股东名称	持股比例(%)	法人代表	注册资本(万元)	注册地址	主要经营业务
广州金融控股集团有限公司	38.33	李舫金	622 095.65	广州市天河区体育西路191号中石化大厦B塔26楼2601~2624号房	运用自有资金进行授权范围内的国有资产经营及管理
中国东方资产管理股份有限公司	41.67	吴跃	5 536 278.6326	北京市西城区阜成门内大街410号	收购、受托经营金融机构不良资产,对不良资产进行管理、投资和处置;债权转股权,对股权资产进行管理、投资和处置;对外投资;买卖有价证券;发行金融债券、同业拆借和向其他金融机构进行商业融资;破产管理等
广东京信电力集团有限公司	20	许玉琪	18 638.00	佛山市南海区西樵镇新田南海发电一厂行政楼二楼	国内贸易、电力投资、投资策划、商务信息咨询、电力技术的咨询服务、物业管理

3.2 董事

董事长、董事

姓 名	职 务	性别	年龄	选任日期	所推举的股东名称	该股东持股比例(%)	简 要 履 历
陈俊标	董事长	男	50	2015年8月3日	广州金融控股集团有限公司	38.33	曾任广发基金资金财务部副总经理，浙江升华拜克生物股份有限公司董事兼董事会秘书、副总经理兼财务负责人，广州国际控股集团有限公司产权管理部总经理，大业信托有限责任公司董事会秘书。
张文健	董事	男	45	2015年4月28日	广东京信电力集团有限公司	20	曾任农行花都金狮支行(兼狮岭皮革城支行)行长、农行花都支行公司业务部经理与电子银行部经理、农行花都雅宝新城支行行长、农行花都支行电子银行部经理、农行花都龙珠路支行行长；现任佛山市南海京能小额贷款有限公司总经理。
徐胤	董事	男	46	2015年8月21日	广州金融控股集团有限公司	38.33	曾任广州开发区国际信托投资公司办公室副主任兼董事会秘书、总经理助理、副总经理；广东杜桥顾问有限公司总经理，广州华美建设开发公司副总经理，广州金融控股集团有限公司行政办公室高级业务主管、产权管理部总经理；现任广州金控基金有限公司董事长。
薛贵	董事	男	43	2013年2月2日	中国东方资产管理股份有限公司	41.67	曾任中信证券高级经理，中国东方资产管理股份有限公司机构管理部副总经理；现任中华联合财产保险股份有限公司副总经理。
杨东	董事	男	45	2015年12月4日	中国东方资产管理股份有限公司	41.67	曾任中国东方资产管理股份有限公司投资管理部项目管理二处经理，投行业务部助理总经理，资产经营部副总经理、总经理；现任中国东方资产管理股份有限公司资金运营及金融市场部总经理。
王毅	职工董事	男	54	2010年10月18日			曾任财政部工交财务司主任科员，中国经济开发信托投资公司总经理特别助理兼计财部总经理，中诚信托有限责任公司总裁助理。

独立董事

姓 名	所在单位及职务	性别	年龄	选任日期	所推举的股东名称	该股东持股比例(%)	简 要 履 历
王仲兴	中山大学法学院	男	72	2010年10月18日	广州金融控股集团有限公司	38.33	曾任中山大学法律学系主任、中山大学刑事法学研究中心主任，中国法学会理事，中国刑法学研究会理事，中国犯罪学会常务理事，广东省法学会副会长，全国高等学校法学学科教学指导委员会委员。
张衢	工银瑞信基金管理有限公司	男	70	2011年7月29日	广东京信电力集团有限公司	20	曾任中国工商银行杭州市分行行长、党委书记，浙江省分行行长、党组书记，广东省分行行长、党委书记，中国工商银行总行副行长、党委委员；工银瑞信基金管理有限公司监事会主席。
俞二牛	中国投资有限责任公司	男	68	2013年11月18日	中国东方资产管理股份有限公司	41.67	曾任财政部人事教育司司长，中国银行董事、董事会薪酬委员会主席，中国投资有限责任公司董事、人力资源总监、公司党委组织部长、工会主席，中央汇金公司派驻光大银行董事、董事会薪酬委员会主任。

3.3 监事

监事会成员

姓 名	职 务	性别	年龄	选任日期	所推举的股东名称	该股东持股比例(%)	简 要 履 历
吉金	监事长	男	47	2010年10月18日	广东京信电力集团有限公司	20.00	曾任广东省石油公司部门经理，广东华兴公司副总经理，广东京信电力集团有限公司董事总经理；现任广州国电京信电力投资有限公司董事长。
邵晓怡	监事	女	41	2013年2月2日	中国东方资产管理股份有限公司	41.67	曾任普华永道中天会计师事务所有限公司审计经理，中国东方资产管理股份有限公司财务管理部制度处经理、高级经理、助理总经理；现任中国东方资产管理股份有限公司综合计划与战略协同部副总经理。
朱琬瑜	监事	女	44	2015年8月21日	广州金融控股集团有限公司	38.33	曾任联合证券广州华乐路证券营业部财务部副经理，广州科技风险投资有限公司综合部财务主管，万联证券有限责任公司财务部财务主管，广州金融控股集团有限公司财务部副总经理(主持工作)；现任广州金融控股集团有限公司财务部总经理。

续表

姓 名	职 务	性别	年龄	选任日期	所推举的股东名称	该股东持股比例(%)	简 要 履 历
费琳	职工监事	女	42	2012 年 4 月 18 日			曾任中国东方资产管理股份有限公司信息科技部项目经理、处室负责人；现任大业信托有限责任公司综合管理部、电子金融部总经理。
倪林	职工监事	男	47	2012 年 4 月 18 日			曾任中国银行广州市分行风险管理处副科长、中国银行广东省分行资产保全处科长，广州亿达投资有限公司总经理助理兼风险管理部高级经理；现任大业信托有限责任公司合规与风险管理部资深经理。

3.4 高级管理人员

姓名	职务	性别	年龄	选任日期	金融从业年限(年)	学历	专业	简 要 履 历
王毅	总经理	男	54	2010 年 10 月 18 日	25	硕士研究生	经济学	曾任财政部工交财务司主任科员，中国经济开发信托投资公司总经理特别助理兼计财部总经理，中诚信托有限责任公司总裁助理。
田明	常务副总经理	男	43	2011 年 3 月 28 日	14	硕士研究生	工商管理	曾任中诚信托有限责任公司信托业务二部执行经理、信托业务总部高级经理。
陈玉鹏	副总经理	男	54	2010 年 10 月 18 日	33	硕士研究生	金融	曾就职于人民银行总行办公厅财务处、会计司国库处、金融系统纪检组监察局、计划资金司非银行金融机构处，曾任华宝信托有限责任公司董事会秘书兼总裁助理，中国信托业协会秘书长。
赖革	副总经理兼首席风险控制官	男	50	2013 年 6 月 17 日	28	硕士研究生	人文地理	曾任中国银行广东省分行资产保全处副处长，中国东方资产管理股份有限公司广州办事处审办高级经理、深圳办事处副总经理、党委委员、纪委副书记、广州办事处副总经理、党委委员、纪委书记。
孙多伟	财务总监	男	43	2013 年 10 月 18 日	3	本科	商学	曾任香港德勤·关黄陈方会计师行高级审计经理，德勤华永会计师事务所有限公司(特殊普通合伙)高级审计经理。
饶森元	总经理助理	男	47	2010 年 10 月 18 日	25	本科	国际金融	曾任中国银行广州市分行信贷处副科长，中国东方资产管理股份有限公司广州办事处资产经营二部助理经理、市场发展部副经理、市场开发部高级经理。
汪鑫	董事会秘书	男	31	2015 年 8 月 21 日	7	硕士研究生	经济学	曾任广州有林投资管理有限公司产权管理部主管，广州金融控股集团有限公司人力资源部业务主办、总经理助理，大业信托有限责任公司董事长秘书、董事会办公室总经理。

3.5 公司员工

报告期末，公司共有正编员工 138 名，平均年龄 33.45 岁。

项 目		报告期年度		上年度	
		人数(人)	比例(%)	人数(人)	比例(%)
年龄分布	25 岁以下	6	4.35	1	1.01
	25～29 岁	43	31.16	28	28.28
	30～39 岁	65	47.10	50	50.51
	40 岁以上	24	17.39	20	20.20
学历分布	博士	2	1.45	0	0
	硕士	88	63.77	68	68.69
	本科	42	30.43	31	31.31
	大专	6	4.35	0	0
岗位分布	高管人员	8	5.80	7	7.07
	自营业务人员	2	1.45	1	1.01
	信托业务人员	61	44.20	51	51.52
	其他人员	67	48.55	40	40.40

4. 经营管理

4.1 经营目标、经营方针、战略规划

4.1.1 经营目标

公司以建设国内一流的信托公司为目标，致力于建成比较优势明显、核心业务较为突出、盈利能力较强、内部管理先进的专业资产管理机构。

4.1.2 经营方针

恪守信用，合法经营，以市场为导向，以客户为中心，提供优质金融服务，创造良好经济效益，促进国民经济发展。

4.1.3 战略规划

依托广东省的区位经济金融优势，并充分利用股东方的行业优势地位，以提升自主管理能力为着力点，以增强风险控制能力为保障，通过持续推进业务和产品创新，不断完善理财产品线和客户服务体系，形成公司优势业务和主导产品，树立公司信托理财品牌，实现以产品为导向的业务模式向以客户需求为导向业务模式的转变，逐步形成以投资能力、研发能力、营销能力为主要内容的核心竞争力，成为在部分细分市场领域具有领先地位，在国内具有较大影响力的信托公司。

4.2 所经营业务的主要内容

4.2.1 信托业务

公司坚持发展信托主业，积极顺应监管政策导向，注重内涵式增长，不断培育和增强主动管理能力，大幅增加主动管理规模。

截至 2016 年 12 月 31 日，公司已成立的信托产品规模 3 772.20亿元，存续信托资产余额 1 314.80 亿元。

根据信托业务服务内容划分，公司信托业务分为投资类、融资类和事务管理类三大部分。

4.2.1.1 投资类信托

公司将该类业务作为重点发展方向，着力提高产品创新含量、设计水平和管理能力，将自身定位从融资工具转变为个性化产品及基金的设计者和管理者。公司担任受托人和投资管

理人,对信托资金的投资运作效果承担责任。截至 2016 年 12 月 31 日,该类业务存续信托资产余额为 121.47 亿元,约占存续信托资产余额的 9.24%。其主要业务包括集合资金信托金融投资、集合资金信托直接投资、集合投资类资产流动化信托、单一授权型信托金融投资和单一授权型信托直接投资。

4.2.1.2 融资类信托

公司在该类业务中担任受托人、贷款人和贷款服务商,主要承担融资项目尽职调查、筛选推荐、交易结构设计、债权及担保管理职责。其主要业务包括集合资金信托贷款、集合资金信托结构性融资、集合融资类资产流动化信托和单一授权型信托贷款。截至 2016 年 12 月 31 日,该类业务存续信托资产余额为 362.49 亿元,约占存续信托资产余额的 27.57%。

4.2.1.3 事务管理类信托

公司在该类业务中主要担任受托人、账户管理人和财务顾问,按照信托文件约定和委托人指令执行或提出建议。这类业务主要是单一指定型信托。

截至 2016 年 12 月 31 日,该类业务存续信托资产余额为 830.83 亿元,约占存续信托资产余额的 63.19%。

4.2.2 固有业务

根据净资本管理办法的要求,结合公司净资本的实际状况以及与信托业务协同发展的需要,公司对固有资金运用制定了高流动性、低风险的投资原则。2016 年公司固有业务投资净收入 0.76 亿元。

4.2.3 主要业务的资产组合与分布

4.2.3.1 运用与分布表

资产运用	金额(万元)	占比(%)	资产运用	金额(万元)	占比(%)
货币资产	54 578.39	25.93	金融机构	140 855.21	66.91
应收类款项	11 175.72	5.31	其他	69 649.54	33.09
持有至到期投资	140 855.21	66.91			
其他	3 895.43	1.85			

4.2.3.2 信托资产运用与分布表

资产运用	金额(万元)	占比(%)	资产运用	金额(万元)	占比(%)
贷款	511.45	38.90	房地产业	342.12	26.02
长期股权投资	153.45	11.67	工商企业	369.86	28.13
可供出售及持有至到期投资	349.34	26.57	基础产业	139.57	10.62
其他	300.56	22.86	金融机构	89.40	6.80
			其他	373.85	28.43

4.3 市场分析

4.3.1 有利因素

(1)国民财富不断累积,居民可支配收入和高净值人群的持续增长,使通过信托这类专业财富管理机构投资理财的需求日趋旺盛。

(2)信托业近年发展迅速,信托资产管理总规模已突破 20 万亿元。信托业在理财市场和资产管理领域的地位和作用及其对中国经济社会发展的价值不断被认识,其在中国金融体系中的地位和影响力不断提升。

(3)党的十八大报告提出深化金融体制改革,健全促进宏观经济稳定、支持实体经济发展的现代金融体系。党的十八届三中全会提出的新型城镇化建设、国企改革、丰富金融市场层次和产品等改革举措,为信托行业发挥制度优势、实现业务转型提供了更加广阔的空间。

(4)监管体系日益完善。2014 年中国银监会发布《关于信托公司风险监管的指导意见》(银监办发[2014]99 号,以下简称 99 号文)明确了信托公司"受人之托,代人理财"的金融服务功能,着力培育"卖者尽责,买者自负"的信托文化,推动信托公司业务转型发展,回归主业,将信托公司打造成服务投资者、服务实体经济、服务民生的专业资产管理机构。2015 年,中国银监会单设信托监管部并颁布《信托公司行政许可事项实施办法》,专业化的监管对信托业发展产生推动作用,有助于信托业制度性建设的进一步完善。2016 年 3 月 18 日,银监会下发《关于进一步加强信托公司风险监管工作的意见》(银监办发[2016]58 号),被市场称为继 2014 年银监会发布 99 号文之后又一严格的监管文件,该文件强调风险监管的前瞻性和主动性,明确提出要严守风险底线,促进行业稳健发展。

4.3.2 不利因素

(1)全球经济持续低迷,各主要经济体的经济增幅不断下调,国内宏观经济增速放缓,面临经济下行压力,需求疲软,部分行业产能过剩,投资与消费状况不容乐观。信托业传统业务萎缩,高速发展积累的风险逐渐暴露并释放。

(2)各类金融机构之间的业务边界趋于模糊,交叉融合度大幅度提升,金融同业机构间的竞合关系和深度已达到历史空前的水平,资产管理市场的竞争趋于白热化。

(3)公司资本规模偏小。净资本管理办法出台后,资本实力的高低将成为制约未来信托公司业务发展的关键因素。

(4)培育和集聚高端客户资源已成为信托公司的核心资源所在,也是公司能否持续发展的关键因素之一。作为一家新公司,在激烈的市场竞争中要赢得客户的信任,积蓄形成具有一定规模的客户资源面临较大压力。

4.4 内部控制

4.4.1 内部控制环境和内部控制文化

公司建立分工明确、权责对应、合理制衡的公司治理结构;不断完善选贤举能、优胜劣汰、约束监督、科学激励的治理机制。公司重视环境文化、制度文化、组织文化和行为文化等内控文化建设,通过多种形式,研讨讲解内部控制的最新法规制度和政策;加强制度建设,强化员工职业操守;强化公司内控部门的管理,提升公司内控文化。

4.4.2 内部控制措施

(1)公司不断检讨和修订内控制度,监督检查和评价内控的科学性、规范性和可操作性。

(2)公司通过《内部控制指引》对不同业务和管理事项制定有针对性的控制措施,构筑设计监督、操作执行和规范评价三道内控防线,保证了业务管理活动的正常运行。

(3)公司内部不同级次、不同部门之间有明确的授权关系和报告关系;每类业务都有相应的操作规程和风险管理制度。

(4)公司成立信托业务审查委员会和固有业务审查委员会进行项目评审,由公司领导、前中后台部门负责人担任评审委员，对高风险或创新业务进行集体审议。

4.4.3 监督评价与纠正

公司在配合好外部审计工作的同时，注重内部的经济监督及评价，健全内部审计制度，在董事会下设立审计委员会，对公司财务收支及其经济效益进行内部审计监督。同时，董事会下设稽核审计部，对公司内部控制情况进行定期评价，对存在的问题及时指正，并提出相关整改意见和建议。

4.5 风险管理

4.5.1 风险管理概况

公司风险管理的全局性目标是实现长远发展、资本回报和风险暴露之间的平衡，追求运营的高效率和资源的优化配置，追求公司价值最大化。

4.5.2 风险状况

公司经营活动中面临的风险主要有信用风险、市场风险、操作风险、合规风险及其他风险等。

4.5.2.1 信用风险状况

信用风险主要表现为公司交易对手不能履行合约义务从而导致公司资产价值发生变动遭受损失带来的风险，其中包括业务合作伙伴、贷款对象的信用风险，资金往来银行的信用风险。

4.5.2.2 市场风险状况

市场风险主要表现为因市场价格——利率、汇率、股票价格和商品价格等的不利变动而使公司的表内和表外业务发生损失的风险。具体表现为经济运行周期变化风险、金融市场利率波动风险、通货膨胀风险、房地产交易风险、证券市场、货币市场交易风险等。这些风险的存在不但影响信托财产的价值以及信托收益水平，也将影响公司由于资产负债结构不匹配等而导致公司整体的、当前和未来收入的损失。

4.5.2.3 操作风险状况

操作风险主要是公司内部控制、系统及运营过程中的错误或疏忽或外部事件而可能引起潜在损失的风险，表现在信息系统还不够全面及时，风险评估、风险管理的程序和结构还不够完善，以及人员操作不规范和责任心不强等方面。

4.5.2.4 其他风险状况

（1）政策风险是指国家宏观经济政策的调整可能对公司业务经营或成果造成一定影响。

（2）道德风险是指由于公司内部人员蓄意违规、违法给公司带来损失的可能性。

（3）声誉风险是指由于公司操作失误、违反有关规定、资产质量下降不能按期兑付、不能向公众提供高质量的综合金融服务和管理不善等原因，对公司外部市场地位和声誉产生的消极和不良影响。

4.5.3 风险管理

4.5.3.1 信用风险管理

公司信用风险管理主要通过对交易对手的尽职调查进行事前控制；通过交易结构设计、风险定价、设定担保措施、持续进行风险评估等手段规避和监控交易对手信用风险变化；明确界定业务部门与风险管理等部门的风险管理职责。公司强调风险管理关口前移，注重业务管理的调研和过程控制，严格授权审批制度、决策限额。公司注重信用风险的分散和补偿，关注交易对手的履约能力，并借鉴商业银行信贷管理经验加强该类风险管理。

4.5.3.2 市场风险管理

市场风险管理是识别、计量、监测和控制市场风险的全过程，其目标是通过将市场风险控制在公司可以承受的合理范围内，实现经风险调整后的收益最大化。

公司关注国家宏观政策变化，避免进入限制类行业和相关项目；控制行业集中度，通过业务创新不断拓展多元化的投资领域；充分考虑拟投资项目筛选、评估、运营、退出中的策略、渠道和措施，注重投资项目的调研和分析工作，建立充足的项目储备池，制定风险处置预案锁定项目退出风险，组建专业化的管理团队，明确项目组织管理结构与投资管理责任，并通过对货币政策、行业政策和利率走势等的深入分析研究，进行持续的专项监控。

4.5.3.3 操作风险管理

（1）公司要求每项业务在尽职调查、受理、设计、审批、销售、执行和终止的全过程中都合法合规，按照程序操作。

（2）构建内部控制环境，目前公司的各项控制制度和操作规程涵盖了所有业务领域，基本实现了对公司各项业务操作过程的有效控制。

（3）操作风险管理要点包括注重尽职调查、加强产品规范化管理、借助外部中介机构进行管控、进行持续风险监测和风险评价、加强合同档案管理、规范信息披露、加强信息化支持等。

4.5.3.4 其他风险管理

4.5.3.4.1 政策风险管理

公司及时跟踪研究国家宏观政策和行业政策的调整与变化，尽可能准确地分析宏观政策和监管政策的未来趋势；积极研究、分析外部政策法规变化对信托公司发展方向、盈利模式的影响，不断摸索适合公司发展的道路；加强与政策制定部门的沟通，及时调整发展思路和经营理念，保持公司经营策略与国家政策的一致性。

4.5.3.4.2 道德风险管理

公司通过制度设计完善内部控制机制，规范操作流程；严格执行管理制度及纪律要求；公司加强道德文化教育，鼓励员工遵纪守法，构筑道德风险“防火墙”，不断提高员工廉洁自律和勤勉尽职的意识；公司以员工为本，强调和谐共赢，不断加强企业的凝聚力和员工的归属感，避免各类短期行为和寻租现象；公司加强制度建设，通过制度建设为防范道德风险提供制度保障。

4.5.3.4.3 声誉风险管理

公司将声誉风险管理纳入公司治理和全面风险管理体系，强调在合规经营和健康发展的基础上，主动、有效、灵活地管理声誉风险和应对声誉事件，主要是通过机制和制度建设明晰声誉风险监控、管理和应对流程，通过充分信息披露等方式实现与投资者的良性沟通，通过履行社会责任等积极提升公司的品牌价值和社会形象。

5. 报告期末及上一年度末的比较式会计报表

5.1 自营资产

5.1.1 会计师事务所审计意见全文

审 计 报 告

天职业字［2017］8785 号

大业信托有限责任公司：

我们审计了后附的大业信托有限责任公司（以下简称大业

信托)财务报表,包括2016年资产负债表,2016年度利润表、所有者权益变动表和现金流量表以及财务报表附注。

一、管理层对财务报表的责任

编制和公允列报财务报表是大业信托管理层的责任,这种责任包括:(1)按照企业会计准则的规定编制财务报表,并使其实现公允反映;(2)设计、执行和维护必要的内部控制,以使财务报表不存在由于舞弊或错误导致的重大错报。

二、注册会计师的责任

我们的责任是在执行审计工作的基础上对财务报表发表审计意见。我们按照中国注册会计师审计准则的规定执行了审计工作。中国注册会计师审计准则要求我们遵守中国注册会计师职业道德守则,计划和执行审计工作以对财务报表是否不存在重大错报获取合理保证。

审计工作涉及实施审计程序,以获取有关财务报表金额和披露的审计证据。选择的审计程序取决于注册会计师的判断,包括对由于舞弊或错误导致的财务报表重大错报风险的评估。在进行风险评估时,注册会计师考虑与财务报表编制和公允列报相关的内部控制,以设计恰当的审计程序,但目的并非对内部控制的有效性发表意见。审计工作还包括评价管理层选用会计政策的恰当性和作出会计估计的合理性,以及评价财务报表的总体列报。

我们相信,我们获取的审计证据是充分、适当的,为发表审计意见提供了基础。

三、审计意见

我们认为,大业信托财务报表在所有重大方面按照企业会计准则的规定编制,公允反映了大业信托2016年12月31日财务状况以及2016年度的经营成果和现金流量。

中国注册会计师:黎明

中国注册会计师:王冬林

中国·北京　　二○一七年三月十七日

5.1.2 资产负债表

资产负债表

编制单位:大业信托有限责任公司　　2016年12月31日　　单位:元

项目	年末余额	年初余额	项目	年末余额	年初余额
资产			负债		
现金及银行款项	473 911 205.40	48 361 259.99	同业存放款项		
存放同业款项			拆入资金		
贵金属			交易性金融负债		
拆出资金			衍生金融负债		
交易性金融资产	71 872 684.14	385 472 459.38	卖出回购金融资产款		
衍生金融资产			预收账款	35 835 357.11	22 378 912.05
买入返售金融资产			吸收存款		
应收账款	49 718 958.32	46 090 097.30	应付职工薪酬	138 903 376.16	154 780 781.73
应收利息	5 027 632.30	19 285 881.66	应交税费	81 596 425.59	51 650 879.08
其他应收款	57 010 630.74	46 935 095.20	应付利息	902 222.22	
发放贷款和垫款			其他应付款	825 849.65	2 992 709.18
可供出售金融资产			其他流动负债	350 000 000.00	149 000 000.00
持有至到期投资	1 408 552 075.97	1 069 677 871.32	预计负债	1 000 000.00	
长期股权投资			应付债券		
固定资产	2 274 479.53	1 726 596.16	递延所得税负债		
无形资产	3 041 032.44	2 349 808.57	其他负债		
长期待摊费用	1 083 030.28	782 421.82	负债合计	609 063 230.73	380 803 282.04
递延所得税资产	32 555 711.59	41 036 034.17	所有者权益		
其他非流动资产			实收资本(或股本)	1 000 000 000.00	300 000 000.00
			资本公积		
			减:库存股		
			盈余公积	137 835 637.89	108 453 641.24
			一般风险准备	86 839 593.95	68 493 320.63
			未分配利润	271 308 978.14	803 967 281.66
			所有者权益合计	1 495 984 209.98	1 280 914 243.53
资产总计	2 105 047 440.71	1 661 717 525.57	负债及所有者权益合计	2 105 047 440.71	1 661 717 525.57

法定代表人:陈俊标　　主管会计工作负责人:孙多伟　　会计机构负责人:谢祖江

5.1.3 利润表

利润表

编制单位：大业信托有限责任公司　　2016年度　　单位：元

项目	本期金额	上期金额
一、营业收入合计	615 202 667.15	574 801 150.66
（一）利息净收入	-12 372 657.52	-14 936 295.21
利息收入	380 214.70	392 438.12
利息支出	12 752 872.22	15 328 733.33
（二）手续费及佣金净收入	539 000 882.49	491 459 057.00
手续费及佣金收入	539 000 882.49	491 459 057.00
手续费及佣金支出		
（三）投资收益（损失以"-"号填列）	88 574 442.18	98 278 388.87
（四）公允价值变动收益（损失以"-"号填列）		
（五）汇兑收益（损失以"-"号填列）		
（六）其他业务收入		
二、营业成本	223 186 462.39	227 294 118.86
营业税金及附加	11 014 681.22	32 572 030.40
业务及管理费	187 896 781.17	184 392 088.46
资产减值损失	24 275 000.00	10 330 000.00
其他业务成本		
三、营业利润（亏损以"-"号填列）	392 016 204.76	347 507 031.80
营业外收入	778 335.03	
营业外支出	429 834.09	
四、利润总额（亏损以"-"号填列）	392 364 705.70	347 507 031.80
减：所得税费用	98 544 739.25	85 022 242.66
五、净利润（亏损以"-"号填列）	293 819 966.45	262 484 789.15

法定代表人：陈俊标　　主管会计工作负责人：孙多伟　　会计机构负责人：谢祖江

5.1.4 所有者权益变动表

所有者权益变动表

编制单位：大业信托有限责任公司　　2016年度　　单位：元

项　目	本期金额						所有者
	实收资本	资本公积	减：库存股	盈余公积	一般风险准备	未分配利润	权益合计
一、上期期末余额	300 000 000.00	—	—	108 453 641.24	68 493 320.63	803 967 281.66	1 280 914 243.53
加：会计政策变更							
前期差错更正							
其他							
二、本期期初余额	300 000 000.00	—	—	108 453 641.24	68 493 320.63	803 967 281.66	1 280 914 243.53
三、本期增减变动金额（减少以"-"号填列）	700 000 000.00			29 381 996.65	18 346 273.32	-532 658 303.52	215 069 966.45
（一）净利润						293 819 966.45	293 819 966.45
（二）其他综合收益							
综合收益小计						293 819 966.45	293 819 966.45
（三）所有者投入和减少资本							
1. 所有者本期投入资本							
2. 股份支付计入所有者权益的金额							
3. 其他							
（四）利润分配				29 381 996.65	18 346 273.32	-126 478 269.97	-78 750 000.00
1. 提取盈余公积				29 381 996.65		-29 381 996.65	
其中：法定盈余公积				29 381 996.65		-29 381 996.65	
任意盈余公积							
2. 提取一般风险准备（金融企业填报）					18 346 273.32	-18 346 273.32	
3. 对所有者（或股东）的分配						-78 750 000.00	-78 750 000.00
4. 其他							
（五）所有者权益内部结转	700 000 000.00					-700 000 000.00	
1. 资本公积转增资本（或股本）							
2. 盈余公积转增资本（或股本）							
3. 盈余公积弥补亏损							
4. 其他	700 000 000.00					-700 000 000.00	
四、本期期末余额	1 000 000 000.00	—	—	137 835 637.89	86 839 593.95	271 308 978.14	1 495 984 209.98

所有者权益变动表

编制单位：大业信托有限责任公司　　2016 年度　　单位：元

项　　目	上期金额						
	实收资本	资本公积	减：库存股	盈余公积	一般风险准备	未分配利润	所有者权益合计
一、上期期末余额	300 000 000. 00	—	—	82 205 162. 33	56 456 581. 17	633 389 879. 85	1 072 051 623. 35
加：会计政策变更							
前期差错更正							
其他						1 377 831. 04	1 377 831. 04
二、本期期初余额	300 000 000. 00	—	—	82 205 162. 33	56 456 581. 17	634 767 710. 89	1 073 429 454. 39
三、本期增减变动金额（减少以“ - ”号填列）				26 248 478. 91	12 036 739. 46	169 199 570. 77	207 484 789. 15
（一）净利润						262 484 789. 15	262 484 789. 15
（二）其他综合收益							
综合收益小计						262 484 789. 15	262 484 789. 15
（三）所有者投入和减少资本							
1. 所有者本期投入资本							
2. 股份支付计入所有者权益的金额							
3. 其他							
（四）利润分配				26 248 478. 91	12 036 739. 46	-93 285 218. 37	-55 000 000. 00
1. 提取盈余公积				26 248 478. 91		-26 248 478. 91	—
其中：法定盈余公积				26 248 478. 91		-26 248 478. 91	—
任意盈余公积							
2. 提取一般风险准备（金融企业填报）					12 036 739. 46	-12 036 739. 46	—
3. 对所有者（或股东）的分配						-55 000 000. 00	-55 000 000. 00
4. 其他							
（五）所有者权益内部结转							
1. 资本公积转增资本（或股本）							
2. 盈余公积转增资本（或股本）							
3. 盈余公积弥补亏损							
4. 其他							
四、本期期末余额	300 000 000. 00	—	—	108 453 641. 24	68 493 320. 63	803 967 281. 66	1 280 914 243. 53

法定代表人：陈俊标　　主管会计工作负责人：孙多伟　　会计机构负责人：谢祖江

5.2 信托资产

5.2.1 信托项目资产负债汇总表

信托项目资产负债汇总表

编制单位：大业信托有限责任公司　　2016 年 12 月 31 日　　单位：元

信托资产	年初数	期末数	信托负债和信托权益	年初数	期末数
信托资产：			信托负债：		
货币资金	943 387 995. 74	557 383 380. 10	交易性金融负债		
拆出资金			衍生金融负债		
存出保证金			应付受托人报酬	13 359 759. 69	
交易性金融资产	382 500. 00	1 204 653,710. 12	应付托管费	894 772. 62	93 458. 34
衍生金融资产			应付受益人收益	4 142 597. 26	8 000 823. 06
买入返售金融资产			应交税费		6 831 444. 04
应收款项	2 846 840 838. 56	7 946 012 201. 96	应付销售服务费	4 209 183. 86	
贷款	37 709 431 583. 41	51 144 702 917. 47	其他应付款项	273 154 139. 17	319 330 542. 70
可供出售金融资产		1 100 000. 00	预计负债		
持有至到期投资	8 664 341 700. 00	34 933 296 157. 65	其他负债		
长期应收款			信托负债合计	295 760 452. 60	334 256 268. 14
长期股权投资	9 583 461 000. 00	16 565 590 333. 64			
投资性房地产			信托权益：		
固定资产			实收信托	75 437 380 729. 35	131 098 901 398. 41
无形资产			资本公积		
长期待摊费用			损益平准金		
其他资产	16 291 616 248. 66	19 126 846 765. 65	未分配利润	306 320 684. 42	46 427 800. 04
减：各项资产减值准备			信托权益合计	75 743 701 413. 77	131 145 329 198. 45
信托资产总计	76 039 461 866. 37	131 479 585 466. 59	信托负债及信托权益总计	76 039 461 866. 37	131 479 585 466. 59

5.2.2 信托项目利润及利润分配表

信托项目利润及利润分配表

编制单位：大业信托有限责任公司 2016 年度 单位：元

项目	上期累计数	本期累计数
1. 营业收入	6 362 596 976.20	6 216 211 053.91
1.1 利息收入	3 749 648 193.92	4 090 821 835.00
1.2 投资收益（损失以"-"号填列）	2 592 985 087.47	2 177 878 679.32
1.2.1 其中：对联营企业和合营企业的投资收益		
1.3 公允价值变动收益（损失以"-"号填列）	-22 692.77	-78 092 260.59
1.4 租赁收入	4 995 000.00	
1.5 汇兑损益（损失以"-"号填列）		
1.6 其他收入	14 991 387.58	25 602 800.18
2. 支出	735 774 006.01	849 699 395.68
2.1 营业税金及附加	15 834 060.48	4 415 231.06
2.2 受托人报酬	346 255 059.37	442 603 923.15
2.3 保管费	94 469 749.36	113 436 968.25
2.4 投资管理费		
2.5 销售服务费	134 487 844.81	57 924 056.26
2.6 交易费用		
2.7 资产减值损失		
2.8 其他费用	144 727 291.99	231 319 216.96
3. 信托净利润（净亏损以"-"号填列）	5 626 822 970.19	5 366 511 658.23
4. 其他综合收益		
5. 综合收益	5 626 822 970.19	5 366 511 658.23
6. 加：期初未分配信托利润	1 083 074 232.23	306 320 684.42
7. 可供分配的信托利润	6 709 897 202.42	5 672 832 342.65
8. 减：本期已分配信托利润	6 403 576 518.00	5 626 404 542.61
9. 期末未分配信托利润	306 320 684.42	46 427 800.04

6. 会计报表附注

6.1 会计报表编制基准不符合会计核算基本前提的说明

6.1.1 会计核算基本前提的说明

公司以持续经营为基础，根据实际发生的交易和事项，按照《企业会计准则——基本准则》和其他各项具体会计准则、应用指南及准则解释的规定进行确认和计量，在此基础上编制财务报表。

公司所编制的会计报表符合企业会计准则的要求，真实、完整地反映了公司的财务状况、经营成果、股东权益变动和现金流量等有关信息。

6.1.2 重要会计政策和会计估计说明

公司自 2010 年 9 月开始筹建起执行财政部 2006 年 2 月 15 日颁布的《企业会计准则》（财会［2006］3 号）及其后续规定。

6.2 或有事项说明

本期公司无对外担保及其他或有事项。

6.3 重要资产转让及其出售的说明

本期公司无重要资产转让及其出售。

6.4 会计报表中重要项目的明细资料

6.4.1 披露自营资产经营情况

6.4.1.1 按信用风险五级分类结果披露信用风险资产的期初数和期末数

按照银监会《非银行金融机构资产风险分类指导原则（试行）》的分类标准，本年末公司质量情况是：

信用风险资产五级分类	正常类（万元）	关注类（万元）	次级类（万元）	可疑类（万元）	损失类（万元）	信用风险资产合计（万元）	不良资产合计（万元）	不良资产率（%）
期初数	111 167.80	0.00	5 165.00	0.00	0.00	116 332.80	5 165.00	3.55
期末数	174 452.37	0.00	3 360.50	0.00	0.00	177 812.87	3 360.50	0.00

6.4.1.2 各项资产减值损失准备的期初数、本期计提、本期转回、本期核销、期末数

单位：万元

	期初数	本期计提	本期转回	本期核销	期末数
贷款损失准备：	0.00	0.00	0.00	0.00	0.00
一般准备	0.00	0.00	0.00	0.00	0.00
专项准备	0.00	0.00	0.00	0.00	0.00
其他资产减值准备：	1 033.00	2 327.50	0.00	0.00	3 360.50
可供出售金融资产减值准备	0.00	0.00	0.00	0.00	0.00
持有至到期投资减值准备	1 033.00	2 327.50	0.00	0.00	3 360.50
长期股权投资减值准备	0.00	0.00	0.00	0.00	0.00
坏账准备	0.00	0.00	0.00	0.00	0.00
投资性房地产减值准备	0.00	0.00	0.00	0.00	0.00
合计	1 033.00	2 327.50	0.00	0.00	3 360.50

6.4.1.3 自营股票投资、基金投资、债券投资、长期股权投资等投资的期初数、期末数

本期公司尚无此类业务。

6.4.1.4 前五名的自营长期股权投资的企业名称、占被投资企业权益的比例、主要经营活动及投资收益情况等

本期公司尚无此类业务。

6.4.1.5 前五名的自营贷款的企业名称、占贷款总额的比例和还款情况等

期末，公司无此类业务。

6.4.1.6 表外业务的期初数、期末数

本期公司尚无此类业务。

6.4.1.7 公司当年的收入结构

收入结构	金额（元）	占比（%）
手续费及佣金收入	539 000 882.49	85.73
其中：信托手续费收入	539 000 882.49	85.73
投资银行业务收入		
利息收入	380 214.70	0.06
其他业务收入		
其中：计入信托业务收入部分		
投资收益	88 574 442.18	14.09
其中：股权投资收益		
证券投资收益		
其他投资收益	88 574 442.18	14.09
公允价值变动收益		
营业外收入	778 335.03	0.12
收入合计	628 733 874.40	100.00

6.4.2 **信托资产管理情况**

6.4.2.1 信托资产的期初数、期末余额数

单位:万元

信托资产	期初数	期末数
集合	2 481 688.29	4 615 929.84
单一	3 592 929.04	6 860 839.52
财产权	1 529 328.86	1 671 189.19
合计	7 603 946.19	13 147 958.55

6.4.2.1.1 主动管理型信托业务的信托资产期初数、期末数

单位:万元

主动管理型信托资产	期初数	期末数
证券投资类	0.00	0.00
股权投资类	560 955.23	846 186.74
融资类	1 452 184.86	2 376 121.92
事务管理类	0.00	0.00
合计	2 013 150.09	3 222 308.66

6.4.2.1.2 被动管理型信托业务的信托资产期初数、期末数

单位:万元

被动管理型信托资产	期初数	期末数
证券投资类	118 081.84	120 465.37
股权投资类	131 654.07	264 959.57
融资类	381 457.34	0.00
事务管理类	4 959 602.85	9 540 224.95
合计	5 590 796.10	9 925 649.89

6.4.2.2 本年度已清算结束的信托项目个数、实收信托合计金额、加权平均实际年化收益率

6.4.2.2.1 本年度已清算结束的集合类、单一类资金信托项目和财产管理类信托项目个数、实收信托合计金额、加权平均实际年化收益率

已清算结束信托项目	项目个数(个)	实收信托合计金额(万元)	加权平均实际收益率(%)	加权平均实际年化收益率(%)
集合类	45	1 900 344.58	0.71	8.22
单一类	85	2 454 952.71	0.19	7.14
财产管理类	10	256 491.00	0.59	4.43

6.4.2.2.2 本年度已清算结束的主动管理型信托项目个数、实收信托合计金额、加权平均实际年化收益率

已清算结束信托项目	项目个数(个)	实收信托合计金额(万元)	加权平均实际年化信托报酬率(%)	加权平均实际年化收益率(%)
证券投资类	0	0.00	0	0
股权投资类	9	397 785.00	0.90	8.00
融资类	29	799 251.00	0.95	9.80
事物管理类	0	0.00	0	0

6.4.2.2.3 本年度已清算结束的被动管理型信托项目个数、实收信托合计金额、加权平均实际年化收益率

已清算结束信托项目	项目个数(个)	实收信托合计金额(万元)	加权平均实际年化信托报酬率(%)	加权平均实际年化收益率(%)
证券投资类	1	2 000.00	0.35	-41.22
股权投资类	2	56 300.00	0.34	8.31
融资类	0	0.00	0.00	0.00
事物管理类	99	3 356 452.29	0.22	7.56

6.4.2.3 本年度新增的集合类、单一类和财产管理类信托项目个数、实收信托合计金额

新增信托项目	项目个数(个)	实收信托合计金额(万元)
集合类	88	353.09
单一类	159	613.67
财产管理类	5	47.32
新增合计	252	1 014.08
其中:主动管理型	54	214.29
被动管理型	198	799.79

6.4.2.4 本公司履行受托人义务情况及因本公司自身责任而导致的信托资产损失情况

2016年公司共成立信托项目252个,新成立项目增加信托规模总计1 014.08亿元;共清算信托项目140个,清算信托规模合计512.31亿元(含部分清算项目),截至2016年12月31日存续信托项目359个,存续项目信托规模合计1 310.99亿元。

2016年全部信托项目共实现信托净利润53.67亿元,加上年初未分配利润3.06亿元,全年可供分配信托利润合计56.73亿元,2016年公司累计共向各类受益人分配信托净利润56.26亿元,正常兑付140个已清算项目信托本金461.18亿元,截至2016年末累计未分配信托利润余额为0.47亿元。

本公司勤勉尽职履行受托人义务,未发生信托财产的损失情况。

6.5 关联方关系及其交易的披露

6.5.1 关联交易方的数量、关联交易的总金额及关联交易的定价政策

	关联交易方数量	关联交易金额(万元)	定价政策
合计	1	2 300	按市场公允价格定价

6.5.2 关联交易方与本公司的关系性质、关联交易方的名称、法定代表人、注册地址、注册资本及主营业务

关系性质	关联方名称	法人代表	注册地址	注册资本(万元)	主营业务
股东	广州金融控股集团有限公司	李舫金	广州市天河区体育西路191号中石化大厦B塔26楼2601 ~ 2624号房	622 095.64720	运用自有资金进行授权范围内的国有资产经营及管理等
股东之孙公司	广州铭康生物工程有限公司	曾凡春	广州经济技术开发区金峰园路1号	14 412.52	研究和试验发展及生物技术推广、开发、咨询和交流等

6.5.3 公司与关联方的重大交易事项

6.5.3.1 固有资产与关联方

报告期内无固有资产与关联方发生重大交易情况。

6.5.3.2 信托资产与关联方

单位：万元

项目	期初数	期末数
贷款	26 800.00	2 300.00
投资	0.00	0.00
租赁	0.00	0.00
担保	0.00	0.00
应收账款	0.00	0.00
其他	0.00	0.00
合计	26 800.00	2 300.00

6.5.3.3 公司自有资金运用于自己管理的信托项目（固信交易）、信托公司管理的信托项目之间的相互（信信交易）交易金额

6.5.3.3.1 固有与信托财产之间的交易金额期初汇总数、本期发生额汇总数、期末汇总数

单位：万元

固有财产与信托财产相互交易			
	期初数	本期发生额	期末数
合计	100 175.00	22 564.00	122 739.00

6.5.3.3.2 信托项目之间的交易金额期初汇总数、本期发生额汇总数、期末汇总数

单位：万元

信托资产与信托财产相互交易			
	期初数	本期发生额	期末数
合计	150 565.00	228 953.00	379 518.00

6.5.4 关联方逾期未偿还本公司资金的详细情况以及本公司为关联方担保发生或即将发生垫款的情况

关联方无逾期不偿还本公司资金情况，本公司无为关联方担保发生或即将发生垫款情况。

6.6 会计制度的披露

公司固有业务自2008年1月1日起执行财政部2006年2月15日颁布的《企业会计准则》（财会［2006］3号）及其后续规定。以持续经营为基础，根据实际发生的交易和事项，按照《企业会计准则——基本准则》和其他各项具体会计准则、应用指南及准则解释的规定进行确认和计量，在此基础上编制财务报表。

7. 财务情况说明书

7.1 利润实现和分配情况

2016年度，公司实现净利润29 382.00万元。依据《公司法》《信托公司管理办法》《金融企业准备金计提管理办法》《公司章程》，公司对2016年可供分配利润按照10%提取法定盈余公积金2 938.20万元，提取5%的信托赔偿准备金1 469.10万元，根据风险资产余额变动情况调整一般准备金余额365.53万元。

7.2 主要财务指标

指标名称	指标值
资本收益率（%）	21.47
加权年化信托报酬率（%）	0.52
人均利润（万元）	212.91

注：1. 资本收益率＝净利润÷所有者权益平均余额×100%。

2. 加权年化信托报酬率＝$\sum_{i=1}^{n}(A_i \times P_i) \div \sum_{i=1}^{n}(A_i)$（$A_i$——信托项目 i 的实收信托规模，P_i——信托项目 i 的实际年化信托报酬率）。

3. 人均净利润＝净利润÷期末人数。

7.3 对本公司财务状况、经营成果有重大影响的其他事项

报告期内无上述事项。

8. 特别事项揭示

8.1 股东报告期内变动情况及原因

根据《中国银监会关于中国东方资产管理公司改制为中国东方资产管理股份有限公司有关事项的批复》（银监复［2016］281号），公司股东中国东方资产管理公司已整体改制为中国东方资产管理股份有限公司，并已完成工商登记。公司股东名称由中国东方资产管理公司，变更为中国东方资产管理股份有限公司。

8.2 董事、监事及高级管理人员变动情况及原因

2016年10月，薛贵先生因任期届满不再担任公司董事职务，公司股东会选举牛南洁先生担任公司董事职务。截至2016年12月31日，牛南洁先生的任职资格尚待监管部门核准。

2016年10月，张衢先生因任期届满不再担任公司独立董事职务，公司股东会选举华庆成先生担任公司独立董事职务。截至2016年12月31日，华庆成先生的任职资格尚待监管部门核准。

8.3 公司的重大未决诉讼事项

报告期内公司无重大未决诉讼事项。

8.4 公司及其董事、监事和高级管理人员受到处罚的情况

报告期内无上述处罚情况。

8.5 对银监会及其派出机构提出整改意见的整改情况说明

2016年9月19日至11月22日，中国银行业监督管理委员会广东监管局对公司开展“两个加强、两个遏制”回头看现场监管检查，检查内容包括公司对前期发现问题的整改和问责，

以及内部控制、风险管理、案件防控、重点业务环节的合规经营和风控、服务实体经济等各方面工作开展情况，并出具了《现场检查意见书》（粤银监办发［2016］448 号）。《现场检查意见书》指出公司在公司治理、内部控制、案件防控、信托业务等方面存在的需要改进及后续整改落实的问题。

公司已针对现场检查意见逐一进行了反馈，并将需要后续整改的事项梳理形成问题清单，逐项建立整改台账，明确整改落实责任人和整改时限。同时要求全体员工认真学习，深入分析问题成因，总结经验，对于共性问题要引以为戒，避免类似问题再次发生。

8.6 重大事项临时报告情况

经公司第二届董事会 2015 年第二次会议审议通过，并经中国银行业监督管理委员会广东监管局核准（粤银监复［2015］518 号），公司董事长及法定代表人变更为陈俊标先生。上述变更事项于 2016 年 1 月 6 日完成工商变更登记并按规定进行了重大事项临时报告。

8.7 其他有必要让客户及相关利益人了解的重要信息

报告期内无其他有必要让客户及相关利益人了解的重要信息。

9. 公司监事会意见

监事会认为，本报告期内，公司决策程序合法，内部控制制度较为完善，没有发现公司董事、经理和其他高级管理人员在执行公司职务时有违法违纪和有损公司及股东利益的行为。公司财务报告真实地反映了公司的财务状况和经营成果。

东莞信托有限公司

1. 重要提示

1.1 本公司董事会及董事保证本报告所载资料不存在任何虚假记载、误导性陈述或者重大遗漏,并对其内容的真实性、准确性和完整性承担个别及连带责任。

1.2 本公司独立董事林海、陈平声明:保证本年度报告真实、准确和完整。

1.3 本公司2016年度财务报告经中审众环会计师事务所(特殊普通合伙)审计,认为公司财务报表已经按照企业会计准则的规定编制,在所有重大方面公允反映了东莞信托有限公司2016年12月31日的财务状况以及2016年度的经营成果和现金流量。

1.4 本公司董事长黄晓雯及财务负责人张凌声明:保证年度报告中财务会计报告的真实、完整。

2. 公司概况

2.1 公司简介

法定中文名称/缩写	东莞信托有限公司/东莞信托
英文名称/缩写	Dongguan Trust Co.,Ltd. DGTC
法定代表人	黄晓雯
注册地址	东莞松山湖高新技术产业开发区创新科技园2号楼
邮政编码	523808
网址	http://www.dgxt.com
电子邮箱	bgs@dgxt.com
信息披露事务负责人	陈贺健
信息披露事务联系人	姓名:冯杰
	联系电话:0769-26261010
	传真:0769-22389630
	电子邮箱:fj@dgxt.com
公司年报信息披露报纸	《证券时报》
公司年报备置地点	东莞松山湖高新技术产业开发区创新科技园2号楼

续表

公司聘请的会计师事务所	名称:中审众环会计师事务所(特殊普通合伙)
	地址:武汉市武昌区东湖路169号
	电话:027-86770549
公司聘请的律师事务所	名称:广东陈梁永钜律师事务所
	地址:东莞市南城区莞太路23号鸿禧商业大楼9楼
	电话:0769-22498518

2.2 组织结构

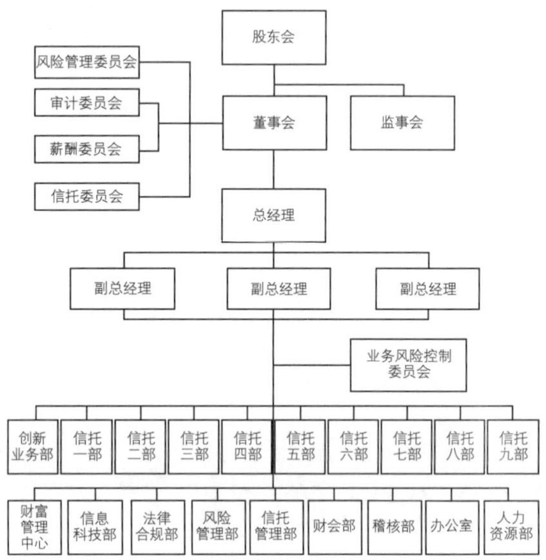

注:经本公司2016年9月27日召开的第四届董事会第三十六次会议审议通过,同意公司增设信托八部;经本公司2017年3月16日召开的第四届董事会第四十四次会议审议通过,同意公司增设信托九部。

3. 公司治理结构

3.1 股东

报告期末,公司股东总数6家,主要股东为东莞金融控股集团有限公司,持有本公司73.5%的股权,其他股东中有4家股东持股比例为6%、有1家股东持股比例为2.5%。本公司主要股东情况:

股东名称	持股比例(%)	法定代表人	注册资本(万元)	注册地址	主要经营业务	主要财务情况
东莞金融控股集团有限公司	73.5	廖玉林	122 767	东莞松山湖高新技术产业开发区创新科技园2号楼A室	股权投资、物业投资,资产管理,商业咨询等	总资产884 312万元,总负债287 971万元,所有者权益596 341万元

本公司第一大股东东莞金融控股集团有限公司,是东莞市人民政府国有资产监督管理委员会全资拥有的企业。东莞金融控股集团有限公司股东情况:

股东名称	持股比例(%)	法定代表人	注册资本	注册地址	主要经营业务及财务情况
东莞市人民政府国有资产监督管理委员会	100	任洪杰	—	东莞市莞城区万寿路76号	—

3.2 董事

董事长、董事

姓名	职务	性别	年龄	选任日期	所推举的股东名称	该股东持股比例(%)	简要履历
廖玉林	董事长	男	52	2015年4月	东莞金融控股集团有限公司	73.5	现任东莞金融控股集团有限公司董事长、东莞信托有限公司董事长(于2017年2月离任东莞信托有限公司董事长)。
丁暖容	副董事长	男	52	2014年9月	东莞金融控股集团有限公司	73.5	现任东莞信托有限公司副董事长。
黄晓雯	董事	女	43	2016年5月	东莞金融控股集团有限公司	73.5	现任东莞信托有限公司董事、总经理(于2017年2月任东莞信托有限公司董事长)。
王启波	董事	男	58	2013年4月	东莞发展控股股份有限公司	6	现任东莞发展控股股份有限公司顾问。
陈尧燊	董事	男	73	2013年4月	东莞市东糖集团有限公司	2.5	现任东莞市东糖集团有限公司董事长。

独立董事

姓名	所在单位及职务	性别	年龄	选任日期	所推举的股东名称	该股东持股比例(%)	简要履历
林海	广东南粤银行监事长	男	56	2016年6月	东莞金融控股集团有限公司	73.5	曾任人行广州分行监管专员(副局级),广东银监局党委委员、副局长,东莞银行党委副书记、纪委书记(正行级)、副董事长;现任广东南粤银行监事长。
陈平	中山大学岭南学院教授	男	51	2013年4月	东莞金融控股集团有限公司	73.5	曾任中山大学岭南学院国际金融教研室主任、国际贸易金融系主任助理、国际贸易金融系主任、经济研究所副所长、所长,中山大学岭南学院教授。

3.3 监事

监事会成员

姓名	职务	性别	年龄	选任日期	所推举的股东名称	该股东持股比例(%)	简要履历
王兆鹏	监事长	男	57	2013年4月	东莞金融控股集团有限公司	73.5	现任东莞信托有限公司监事长。
唐普新	监事	男	62	2013年4月	东莞市糖酒集团有限公司	6	现任东莞市糖酒集团有限公司总裁。
胡德新	监事	男	53	2013年4月	东莞市经济贸易总公司	6	现任东莞市经济贸易总公司副总经理。
周杰峰	监事	男	50	2013年4月	广东福地科技总公司	6	现任广东福地科技总公司总经理。
谭利玲	监事	女	52	2013年4月	职工监事代表		现任东莞信托有限公司工会副主席。
陈建锋	监事	女	38	2013年4月	职工监事代表		现任东莞信托有限公司人力资源部总经理。
邓颂尧	监事	男	40	2013年4月	职工监事代表		现任东莞信托有限公司风险管理部总经理。

3.4 高级管理人员

姓名	职务	性别	年龄	任职日期	金融从业年限	学历	专业	简要履历
黄晓雯	总经理	女	43	2015年4月	20	研究生	金融学	曾任东莞银行副行长、副行长兼广州分行行长、副行长兼首席风险官、副行长兼首席风险官和清远分行行长;现任东莞信托有限公司董事、总经理(2017年2月任东莞信托有限公司董事长)。
刘绮澜	副总经理	女	48	2013年4月	25	本科	经济学	曾任东莞信托有限公司办公室主任、总经理助理;现任东莞信托有限公司副总经理。
陈贺健	副总经理	男	54	2013年4月	38	本科	金融学	曾任东莞市望牛墩农信社副主任(主管全面工作),东莞市麻涌农信社主任、党支部书记,东莞信托有限公司行政部经理;现任东莞信托有限公司副总经理。
郑建文	副总经理	男	44	2013年4月	21	本科	国际经济法	曾任中国银行东莞分行资产保全科副科长、业务部经理,中国银行东莞塘厦支行行长,平安银行总行公司部副总经理,东莞信托有限公司信托二部经理;现任东莞信托有限公司副总经理。

3.5 公司员工

报告期内职工人数为 166 人，平均年龄 34 岁，学历分布：硕士学历占 23.49%，本科学历占 69.28%，专科学历占7.23%。

4. 经营管理

4.1 经营目标、方针、战略规划

4.1.1 经营目标

坚持市场化道路，追求风险控制和收益的最佳平衡，探索差异化道路，形成比较优势，成为值得信赖的专业资产管理金融机构。

4.1.2 经营方针

秉承“怀敬畏之心，立诚信之本，走务实之路，创长青之业”的企业精神，坚持“诚信立业、稳健务实、合规创新、追求效益”的经营理念，以市场为导向，创新业务发展模式、创新盈利模式、创新盈利手段，树立公司品牌，实现公司规范、稳健、可持续发展。

4.1.3 战略规划

探索差异化道路，追求风险控制和收益的最佳平衡，通过重新构建产品体系，在资产配置组合、新型政府合作项目、房地产投融资、二级证券市场及其他资本市场投融资等专业领域上形成比较优势，推动公司向专业化、制度化、市场化方向发展，成为珠江三角洲有特点、持续创造价值的专业资产管理金融机构。

4.2 经营业务的主要内容

4.2.1 自营资产运用与分布表

资产运用	金额（万元）	占比（%）	资产分布	金额（万元）	占比（%）
货币资产	33 767.16	8.24	基础产业		
贷款及应收款	6 682.51	1.63	房地产业		
可供出售金融资产	336 797.54	82.16	证券市场	58 754.14	14.33
买入返售金融资产	14 990.19	3.66	实业		
长期股权投资	6 210.67	1.51	金融机构	21 028.66	5.13
其他	11 475.66	2.80	其他	330 140.93	80.54
资产总计	409 923.73	100.00	资产总计	409 923.73	100.00

4.2.2 信托资产运用与分布表

资产运用	金额（万元）	占比（%）	资产分布	金额（万元）	占比（%）
货币资产	216 458.98	5.21	基础产业	531 744.00	12.79
贷款	1 113 358.51	26.77	房地产	194 221.81	4.67
交易性金融资产	858 548.79	20.65	证券市场	187 592.14	4.51
可供出售金融资产	135 927.10	3.27	实业	1 452 684.69	34.93
持有至到期投资	0.00	0.00	金融机构	0.00	0.00
长期股权投资	669 670.74	16.10	其他	1 792 033.41	43.10
其他	1 164 311.93	28.00			
信托资产总计	4 158 276.05	100.00	信托资产总计	4 158 276.05	100.00

4.3 市场分析

4.3.1 影响公司业务发展的主要因素

4.3.1.1 有利因素

（1）资管行业统一监管助推行业良性发展。统一监管临近，资管行业都在同一个起跑线上同场竞技，有利于形成统一的资产管理市场；各类机构按照同一个标准来展业，避免恶性的无序竞争，这也有利于整个市场长期有序发展，形成良性的市场环境。

（2）中信登平台即将落地运行，信托产品的透明度与流动性有望大大加强。有利于从产品设计环节上解决信息不对称和不当销售问题，更好地维护投资者的知情权和选择权，切实保护投资者合法权益，并为信托产品的二级市场发展创造基础性条件。

4.3.1.2 不利因素

随着资产规模扩大，风险因素也在逐步积累。受宏观经济的大环境和信托业自身的结构性问题、业务短板的共同影响，2017 年信托业发展将更加关注风险防控与监管，伴随着较大的信托资产存量，预计 2017 年信托业资产规模增速将有所放缓。而且大资管市场行业竞争加剧，挤压了信托业的市场占有率，影响了信托公司的规模扩张，信托业在 2017 年将继续面临深化转型的压力。

4.4 内部控制概况

4.4.1 内部控制环境和内部控制文化

公司已按照《企业内部控制基本规范》的规范及建立现代企业制度的要求逐步完善了符合公司发展需要的组织结构、内部控制和运行机制，逐步建立科学、合理、有效的内部控制体系，确立了风险管理优先的内控文化。

内部控制环境：公司组织机构包括股东会、董事会、监事会、经营管理层及相关专业委员会。各机构根据《公司法》及公司章程规定行使相关职责，公司制定了《风险管理委员会工作细则》《审计委员会工作细则》《薪酬委员会工作细则》《信托委员会工作细则》《董事会议事规则》，明确了各自的议事方式和表决程序。

公司董事会设立了风险管理委员会，对董事会负责；在经营管理层设有业务风险控制委员会、风险管理部、法律合规部及稽核部构成的风险管理组织架构。各主体根据其风险管理的职责对公司各项业务的事前、事中和事后风险开展不同层面的管理。

4.4.2 内部控制措施

公司的内部控制制度由组织架构、业务管理制度、授权制度、资金管理制度、会计系统、计算机应用系统及保密、人事管理、风险管理及稽核等方面构成，通过有效建立防火墙，做到事前防范、事中控制、事后监督和纠正，形成操作、决策、稽核与评价相互监督和纠正的内部约束机制。

公司通过不断完善各项内控制度，完善法人治理，加强人力资源管理，明确各部门岗位责任，强化风险管理职能，进一步加强对事中风险的控制和事后监督，加强各项业务的合规性审查，加快业务流程的改造等措施，进一步完善公司的内控制度和提升公司风险管理能力。2016 年共新制定了 19 项制度，修订14项制度，涉及信托业务操作、风险资产管理、代销业务指引、员工管理、内部审计、“双录”操作指引、公司采购等，进一步提升公司治理机制作用，完善风险防范机制，提高内部管理有效性。

4.4.3 信息交流与反馈

公司积极配合监管部门的监管，按时报送各类报表、报告，主动地向监管部门反映经营状况。并根据监管政策和监管意见对公司内控制度进行不断完善，使业务合规、健康地发展。严格按照信托合同的约定，定期向监管部门、委托人和受益人披露信托项目执行报告，按时披露年度报告，主动接受社会各界的监督。

4.4.4 监督评价与纠正

公司建立了以法律合规部和稽核部为核心的内部控制监督、评价机制。

稽核部通过常规性稽核和专项稽核，对公司业务活动、财务收支、资金流转、经济效益及内控执行情况等进行全面的稽核、评价，对存在的问题提出整改措施，并结合公司业务发展和监管要求，对公司各项制度提出修订及更新意见；法律合规部不断加强及完善对业务流程的设置、梳理、修改及评价，定期出具合规管理报告，及时修订、更新公司各项业务制度，使内控制度建设不断完善。

4.5 风险管理概况

4.5.1 信用风险状况及其管理策略

4.5.1.1 信用风险状况

公司面临的信用风险主要表现为融资业务中交易对手违约造成的风险。公司采用以风险为基础的分类方法评估信用风险资产质量，将其分为正常、关注、次级、可疑和损失五类，其中后三类合称为不良资产。

截至2016年12月31日，公司自营贷款余额为零。

4.5.1.2 信用风险管理

对信用风险，公司不断完善业务的决策流程及操作流程，并针对不同业务的交易对象进行严格的准入审核，加强对客户的尽职调查，对交易对手进行事前、事中、事后的监测、检查、评价，逐步形成交易对手的信用记录，降低其违约风险。

4.5.2 市场风险状况及其管理策略

4.5.2.1 市场风险状况

主要表现为证券市场由于股市价格、利率、汇率等的变动而导致公司财产或信托财产未预料到的潜在损失的风险。证券投资主要是证券一级、二级市场股票投资、基金投资、证券型资管计划、委托基金公司的专户理财以及债券投资。

4.5.2.2 市场风险管理

公司在自营证券业务方面，通过各种形式（基金专户、有限合伙、信托计划等）寻找优秀的投资管理人和合作伙伴，不断优化固有资产配置组合，确保自营证券获得稳定投资收益。在信托证券业务方面，逐步转变为资产管理者角色，主要通过择优选择具备市场业绩、口碑优良的行业精英及背景强大的合作伙伴，着力发展资产配置类业务，设计符合客户风险、收益偏好的产品。

4.5.3 操作风险状况及其管理策略

4.5.3.1 操作风险状况

操作风险是指公司由于内部程序、系统的不完善或操作失误而产生的风险。2016年公司没有因内部程序、系统不完善、人员操作失误而造成损失的情况发生。

4.5.3.2 操作风险管理

公司通过整合部门职能，制定业务流程、开发信息系统等手段规范业务前台、中台、后台操作，减少操作风险。公司推进了证券投资管理系统、业务管理系统、档案管理系统建设，进一步优化、细化业务流程，加强对各项业务事前、事中的风险监控和预警，构建事前、事中、事后的风险控制体系。

4.5.4 流动性风险状况及其管理策略

公司流动性比例624.47%，自有资产保持了较高的流动性。目前公司的流动性负债主要是应付税金、应付职工薪酬支出等，无对外举债。

4.5.5 法律风险及声誉风险状况及其管理策略

4.5.5.1 法律风险、声誉风险状况

公司能够遵守相关法律、法规要求，合规经营，截至2016年末，未发生被诉讼案件，未发生到期无法支付或提前支付导致出现声誉风险的情况。

4.5.5.2 法律风险和声誉风险管理

公司通过聘请专业的律师事务所作为公司法律顾问，加强与银监部门、信托业协会联系沟通等途径，及时了解法规政策的变化，得到专业到位的法律咨询服务。

5. 报告期末及上一年度末的比较式会计报表

5.1 自营资产

5.1.1 会计师事务所审计意见全文

审 计 报 告

众环审字(2017)050021号

东莞信托有限公司：

我们审计了后附的东莞信托有限公司（以下简称贵公司）财务报表，包括2016年12月31日的资产负债表、2016年度的利润表、现金流量表、所有者权益变动表以及财务报表附注。

一、管理层对财务报表的责任

编制和公允列报财务报表是贵公司管理层的责任。这种责任包括：(1)按照企业会计准则的规定编制财务报表，并使其实现公允反映；(2)设计、执行和维护必要的内部控制，以使财务报表不存在由于舞弊或错误导致的重大错报。

二、注册会计师的责任

我们的责任是在执行审计工作的基础上对财务报表发表审计意见。我们按照中国注册会计师审计准则的规定执行了审计工作。中国注册会计师审计准则要求我们遵守中国注册会计师职业道德守则，计划和执行审计工作以对财务报表是否不存在重大错报获取合理保证。

审计工作涉及实施审计程序，以获取有关财务报表金额和披露的审计证据。选择的审计程序取决于注册会计师的判断，包括对由于舞弊或错误导致的财务报表重大错报风险的评估。在进行风险评估时，注册会计师考虑与财务报表编制和公允列报相关的内部控制，以设计恰当的审计程序。审计工作还包括评价管理层选用会计政策的恰当性和作出会计估计的合理性，以及评价财务报表的总体列报。

我们相信，我们获取的审计证据是充分、适当的，为发表审计意见提供了基础。

三、审计意见

我们认为，贵公司财务报表在所有重大方面按照企业会计准则的规定编制，公允反映了贵公司2016年12月31日的财务状况以及2016年度的经营成果和现金流量。

中审众环会计师事务所（特殊普通合伙）
中国注册会计师：王　兵
中国注册会计师：李佰柯
中国·武汉　　二〇一七年三月二十日

5.1.2 资产负债表

资产负债表

单位：东莞信托有限公司　　2016年12月31日　　单位：万元

序号	资产	期末余额	年初余额	序号	负债及所有者权益	期末余额	年初余额
1	资产：			27	负债：		
2	货币资金	33 767.16	21 047.48	28	拆入资金	—	—
3	其中：现金	0.22	0.15	29	交易性金融负债	—	—
4	存放同业款项	28 754.33	21 047.33	30	衍生金融负债		
5	其他货币资金	5 012.61	—	31	应付账款	—	—
6	交易性金融资产	—	20 110.22	32	应付职工薪酬	12 347.28	6 921.34
7	衍生金融资产	—	—	33	应交税费	5 751.91	6 507.59
8	买入返售金融资产	14 990.19	—	34	应付股利	—	—
9	应收账款	4 411.66	3 672.91	35	其他应付款	257.73	650.70
10	应收股利	—	—	36	预计负债	—	—
11	应收利息	6.64	162.28	37	递延所得税负债	10 515.45	13 627.48
12	其他应收款	2 264.20	983.66	38	其他负债	—	—
13	贴现资产	—	—	39	负债合计	28 872.37	27 707.11
14	拆出资金	—	—	40			
15	发放贷款		36 500.00	41			
16	抵债资产	—	—	42	所有者权益：		
17	持有至到期投资	—	—	43	实收资本	120 000.00	120 000.00
18	可供出售金融资产	336 797.54	297 627.69	44	资本公积	70 000.00	70 000.00
19	长期股权投资	6 210.67	5 927.93	45	其他综合收益	31 530.66	40 898.18
20	固定资产	671.08	802.80	46	盈余公积	29 475.32	25 495.24
21	在建工程	—	—	47	一般风险准备	5 981.27	5 794.36
22	无形资产	700.11	267.39	48	信托赔偿准备	14 283.90	12 293.85
23	长期待摊费用	5 083.70	5 971.07	49	未分配利润	109 780.21	94 136.45
24	递延所得税资产	1 289.79	6.25	50	所有者权益合计	381 051.36	368 618.08
25	其他非流动资产	3 730.99	3 245.51	51			
26	资产总计	409 923.73	396 325.19	52	负债及所有者权益总计	409 923.73	396 325.19

公司负责人：黄晓雯　　会计机构负责人：张凌

5.1.3 利润及利润分配表

利润表

制表单位：东莞信托有限公司　　2016年度　　单位：万元

序号	项目	本期数	上期数
1	一、营业收入	78 057.15	84 638.89
2	利息净收入	2 883.21	6 736.09
3	利息收入	2 883.21	6 736.09
4	利息支出	—	—
5	手续费及佣金净收入	61 534.34	64 001.96
6	手续费及佣金收入	61 534.34	64 001.96
7	手续费及佣金支出	—	—
8	投资收益（损失以"－"号填列）	13 671.68	13 830.89

续表

序号	项目	本期数	上期数
9	其中:对联营企业和合营企业的投资收益		
10	公允价值变动损益(损失以“-”号填列)	-32.08	24.78
11	汇兑损益(损失以“-”号填列)	—	—
12	其他业务收入		45.17
13	二、营业支出	25 022.14	19 670.21
14	营业税金及附加	1 607.76	4 596.26
15	业务及管理费	23 414.38	15 573.95
16	资产减值损失		-500.00
17	其他业务成本	—	—
18	三、营业利润(亏损以“-”号填列)	53 035.01	64 968.68
19	加:营业外收入	79.70	35.62
20	减:营业外支出	157.30	83.25
21	四、利润总额(亏损总额以“-”号填列)	52 957.41	64 921.05
22	减:所得税费用	13 156.61	15 670.84
23	五、净利润(净亏损以“-”号填列)	39 800.80	49 250.21
24	六、其他综合收益	-9 367.53	17 478.12
25	七、综合收益总额	30 433.27	66 728.33

公司负责人:黄晓雯　　　　会计机构负责人:张凌

5.1.4 所有者权益变动表

所有者权益变动表

编制单位:东莞信托有限公司　　　　2016 年度　　　　单位:万元

项目	行次	本年金额							
		股本	资本公积	其他综合收益	盈余公积	赔偿准备	一般风险准备	未分配利润	股东权益合计
一、上年年末余额	1	120 000.00	70 000.00	40 898.19	25 495.24	12 293.85	5 794.36	94 136.45	368 619.09
加:会计政策变更	2	—	—	—				—	—
前期差错更正	3	—							—
二、本年年初余额	4	120 000.00	70 000.00	40 898.19	25 495.24	12 293.85	5 794.36	94 136.45	368 618.09
三、本期增减变动金额(减少以“-”号填列)	5	—	—	-9 367.53	3 980.08	1 990.04	186.92	15 643.76	12 433.27
(一)综合收益总额	6		—	-9 367.53				39 800.80	30 433.27
(二)所有者投入和减少资本	7		—						—
(三)专项储备提取和使用	8				—	—	—		—
(四)利润分配	9	—	—	—	3 980.08	1 990.04	186.92	15 643.76	21 800.80
1. 提取盈余公积	10	—	—	—	3 980.08	—		-3 980.08	—
其中:法定公积金	11	—	—	—	3 980.08	—		-3 980.08	—
2. 提出一般风险准备	12	—	—	—	—	—	186.92	-186.92	—
3. 对所有者(或股东)的分配	13	—	—	—	—	—	—	-18 000.00	-18 000.00
4. 其他	14	—	—	—	—	1 990.04	—	-1 990.04	—
(五)所有者权益内部结转	15	—	—	—	—	—	—	—	—
1. 资本公积转增资本(或股本)	16				—	—	—		—
2. 盈余公积转增资本(或股本)	17					—	—	—	—
3. 盈余公积弥补亏损	18								—
4. 结转重新计量设定受益计划净负债或净资产所产生的变动	19								—
5. 其他	20								—
四、本年末余额	21	120 000.00	70 000.00	31 530.66	29 475.32	14 283.89	5 981.28	109 780.21	381 051.36

公司负责人:黄晓雯　　　　会计机构负责人:张凌

5.2 信托资产

5.2.1 信托项目资产负债表

信托项目资产负债表

编制单位:东莞信托有限公司　　2016年12月31日　　单位:万元

序号	资产	期末余额	年初余额	序号	负债及所有者权益	期末余额	年初余额
1	资产:			27	负债:		
2	现金	—	—	28	拆入资金	—	—
3	存放同业款项	177 628.72	145 944.75	29	交易性金融负债	—	—
4	其他货币资金	38 830.26	38 365.87	30	衍生金融负债	—	—
5	交易性金融资产	858 548.79	1 208 932.29	31	应付账款	—	—
6	衍生金融资产	—	—	32	预收账款	30.00	50.00
7	买入返售金融资产	51 372.32	43 220.31	33	应付受益人收益	916.80	1 783.42
8	应收账款	—	—	34	应付受托人报酬	3 463.67	3 616.86
9	预付账款	262.38	31.88	35	应付托管费	158.77	232.09
10	应收手续费及佣金	—	—	36	应付销售及顾问费	9.86	—
11	应收股利	9.73	10.61	37	应交税费	29.43	5.36
12	应收利息	613.57	858.70	38	其他应付款	12 718.59	15 775.10
13	其他应收款	163 203.93	46 076.31	39	预计负债	—	—
14	拆出资金	—	—	40	递延所得税负债	—	—
15	发放贷款	1 113 358.51	1 569 653.01	41	其他负债:	—	—
16	抵债资产	—	—	42	负债合计	17 327.12	21 462.83
17	持有至到期投资	—	—	43			
18	可供出售金融资产	135 927.10	115 271.27	44	所有者权益:		
19	长期股权投资	669 670.74	512 764.74	45	实收信托	3 976 103.34	4 593 042.93
20	投资性房地产	—	—	46	资本公积	—	142.57
21	固定资产	—	—	47	盈余公积	—	—
22	无形资产	—	—	48	其他综合收益	-477.9	—
23	长期待摊费用	—	—	49	外币报表折算差数	—	—
24	递延所得税资产	—	—	50	未分配利润	165 323.49	200 411.41
25	其他资产	948 850.00	1 133 930.00	51	所有者权益合计	4 140 948.93	4 793 596.91
26	资产总计	4 158 276.05	4 815 059.74	52	负债及所有者权益总计	4 158 276.05	4 815 059.74

会计主管:刘瑜　　复核人:黎晓慧　　制表人:周晓蕾

5.2.2 信托项目利润及利润分配表

信托项目利润表及利润分配表

编制单位:东莞信托有限公司　　2016年度　　单位:万元

序号	项目	本年数	上年数
1	一、营业收入	242 894.31	508 312.21
2	利息收入	101 048.71	135 658.54
3	租赁收入	—	—
4	投资收益(损失以"-"号填列)	158 158.35	318 088.85
5	其中:对联营企业和合营企业的投资收益	—	—
6	公允价值变动损益(损失以"-"号填列)	-41 093.41	17 440.27
7	汇兑损益(损失以"-"填列)	—	—
8	其他收入	24 780.66	37 124.55
9	二、营业支出	73 774.63	84 280.95
10	营业税金及附加	542.31	1 874.21
11	管理费用	73 232.32	82 406.74
12	资产减值损失	—	—
13	其他费用	—	—
14	三、信托净利润(亏损以"-"号填列)	169 119.68	424 031.26
15	四、其他综合收益	-477.90	—
16	五、综合收益(净亏损以"-"号填列)	168 641.78	424 031.26
17	六、加:期初未分配信托利润	200 411.41	90 038.17
	七、加:本期损益平准金	54 851.68	—
18	八、可供分配的信托利润	424 382.77	514 069.43
19	九、减:本期已分配信托利润	259 059.28	313 658.01
20	十、期末未分配信托利润	165 323.49	200 411.42

会计主管:刘瑜　　复核人:黎晓慧　　制表人:周晓蕾

6. 会计报表附注

6.1 简要说明报告年度会计报表编制基准、会计政策、会计估计和核算方法发生的变化

本公司本年度无会计政策、会计估计和核算方法变更事项。

6.2 或有事项说明

报告期内,本公司没有发生或有事项。

6.3 重要资产转让及其出售的说明

报告期内,本公司没有发生重要资产转让及出售。

6.4 会计报表中重要项目的明细资料

6.4.1 披露自营资产经营情况

6.4.1.1 按信用风险五级分类结果披露信用风险资产的期初数、期末数

信用风险资产五级分类	正常类(万元)	关注类(万元)	次级类(万元)	可疑类(万元)	损失类(万元)	信用风险资产合计(万元)	不良资产合计(%)	不良资产率(%)
期初数	62 366.18	0	0	0	0	62 366.18	0	0
期末数	402 462.59	0	100	0	0	402 562.59	100	0.02

6.4.1.2 各项资产减值损失准备的期初数、本期计提、本期转回、本期核销、期末数

单位:万元

	期初数	本期计提	本期转回	本期核销	期末数
贷款损失准备	0	0	0	0	0
一般准备	0	0	0	0	0
专项准备	0	0	0	0	0
其他资产减值准备	0	0	0	0	0
可供出售金融资产减值准备	25	0	0	0	25
持有至到期投资减值准备	0	0	0	0	0
长期股权投资减值准备	0	0	0	0	0
坏账准备	0	0	0	0	0
投资性房地产减值准备	0	0	0	0	0

6.4.1.3 按照投资品种分类,分别披露固有业务股票投资、基金投资、债券投资、股权投资等投资业务的期初数、期末数

单位:万元

	自营股票	基金	债券	长期股权投资	其他投资	合计
期初数	0	20 110.22	0	5 927.93	297 627.69	323 665.84
期末数	0	0	0	6 210.67	351 787.73	357 998.40

6.4.1.4 按投资入股金额排序,前三名的自营长期股权投资的企业名称、占被投资企业权益的比例、主要经营活动及投资收益情况等

企业名称	占被投资企业权益的比例(%)	主要经营活动	投资损益(万元)
华联期货有限公司	44	期货经纪业务、期货信息咨询培训	754.17

6.4.1.5 前三名的自营贷款的企业名称、占贷款总额的比例和还款情况等(贷款金额按从大到小顺序排列)

企业名称	占贷款总额的比例	还款情况
—		
—		
—		

报告期末,自营贷款余额为零。

6.4.1.6 表外业务的期初数、期末数;按照代理业务、担保业务和其他类型表外业务分别披露

单位:万元

表外业务	期初数	期末数
担保业务	0.00	0.00
代理业务(委托业务)	0.00	0.00
其他	0.00	0.00
合计	0.00	0.00

6.4.1.7 公司当年的收入结构

收入结构	金额(万元)	占比(%)
手续费及佣金收入	61 534.33	78.75
其中:信托手续费收入	61 173.71	78.29
投资银行业务收入	0.00	0.00
利息收入	2 883.21	3.69
其他业务收入	0.00	0.00
其中:计入信托业务收入部分	0.00	0.00
投资收益	13 671.68	17.50
其中:股权投资收益	1 405.03	1.80
证券投资收益	7 999.38	10.24
其他投资收益	4 267.27	5.46
公允价值变动收益	-32.07	-0.04
营业外收入	79.70	0.10
收入合计	78 136.85	100.00

报告年度实现手续费及佣金收入61 534.33万元,其中以手续费及佣金确认的信托业务收入金额61 356.97万元。

6.4.2 披露信托财产管理情况

6.4.2.1 信托资产的期初数、期末数

单位:万元

信托资产	期初数	期末数
集合	3 225 711.48	2 746 991.99
单一	1 588 847.60	1 410 783.39
财产权	500.66	500.67
合计	4 815 059.74	4 158 276.05

6.4.2.1.1 主动管理型信托业务的信托资产期初数、期末数,分证券投资、股权投资、融资、事务管理类分别披露

单位:万元

主动管理型信托资产	期初数	期末数
证券投资类	449 846.39	264 546.82
股权投资类	576 451.97	689 403.85
融资类	2 437 216.83	1 996 943.05
事务管理类	0.00	0.00
其他投资类	1 258 050.05	1 013 523.50
合计	4 721 565.24	3 964 417.22

6.4.2.1.2 被动管理型信托业务的信托资产期初数、期末数,分证券投资、股权投资、融资、事务管理类分别披露

单位:万元

被动管理型信托资产	期初数	期末数
证券投资类	0.00	0.00
股权投资类	0.00	103.08
融资类	93 494.50	146 438.48
事务管理类	0.00	0.00
其他投资类	0.00	47 317.27
合计	93 494.50	193 858.83

6.4.2.2 本年度已清算结束的信托项目个数、实收信托合计金额、加权平均实际年化收益率

6.4.2.2.1 本年度已清算结束的集合类、单一类资金信托项目和财产管理类信托项目个数、实收信托合计金额、加权平均实际年化收益率

已清算结束信托项目	项目个数(个)	实收信托合计金额(万元)	加权平均实际年化收益率(%)
集合类	78	1 217 980.00	10.0475
单一类	10	333 000.00	6.2260
财产管理类	0	0.00	0.00

6.4.2.2.2 本年度已清算结束的主动管理型信托项目个数、实收信托合计金额、加权平均实际年化收益率，分证券投资、股权投资、融资、事务管理类分别计算并披露

已清算结束信托项目	项目个数（个）	实收信托合计金额（万元）	加权平均实际年化信托报酬率（%）	加权平均实际年化收益率（%）
证券投资类	12	89 530.00	1.6059	20.7307
股权投资类	0	0.00	0.00	0.00
融资类	68	1 077 140.00	3.2922	9.1307
事务管理类	0	0.00	0.00	0.00
其他	8	384 310.00	3.1415	6.8169

6.4.2.2.3 本年度已清算结束的被动管理型信托项目个数、实收信托合计金额、加权平均实际年化收益率，分证券投资、股权投资、融资、事务管理类分别计算并披露

单位：万元

已清算结束信托项目	项目个数（个）	实收信托合计金额（万元）	加权平均实际年化信托报酬率（%）	加权平均实际年化收益率（%）
证券投资类	0	0.00	0.00	0.00
股权投资类	0	0.00	0.00	0.00
融资类	0	0.00	0.00	0.00
事务管理类	0	0.00	0.00	0.00
其他	0	0.00	0.00	0.00

6.4.2.3 本年度新增的集合类、单一类和财产管理类信托项目个数、实收信托合计金额

新增信托项目	项目个数（个）	实收信托合计金额（万元）
集合类	59	1 009 853.00
单一类	24	192 550.00
财产管理类	0	0.00
新增合计	83	1 202 403.00
其中：主动管理型	76	1 116 900.00
被动管理型	7	85 503.00

6.4.2.4 本公司履行受托人义务情况及因本公司自身责任而导致的信托资产损失情况

报告期内，本公司没有发生因履行受托人义务情况及因本公司自身责任而导致的信托资产损失情况。

6.4.2.5 信托赔偿准备金的提取、使用和管理情况

信托赔偿准备金按本公司净利润5%提取，信托赔偿准备金2016年12月31日余额14 283.89万元，本年未使用信托赔偿准备金。

6.5 关联方关系及其交易的披露

6.5.1 关联交易方的数量、关联交易的总金额及关联交易的定价政策等

	关联交易方数量	关联交易金额（万元）	定价政策
合计	5	134 650.00	按市场公允价格定价

6.5.2 关联交易方与本公司的关系性质、关联交易方的名称、法定代表人、注册地址、注册资本及主营业务等

关系性质	关联方名称	法定代表人	注册地址	注册资本（万元）	主营业务
本公司股东	东莞市经济贸易总公司	王镜光	东莞市	12 200	零售、工业生产资料、百货；批发、其他家庭用品等
本公司股东	广东福地科技总公司	周杰锋	东莞市	39 800	实业投资，物业租赁，国内贸易等
本公司股东的母公司	东莞市交通投资集团有限公司	尹锦容	东莞市	150 000	交通基础设施投资、建设、经营、管理与养护等
股东的子公司	东莞市桥泰实业有限公司	莫锦洪	东莞市	100	实业投资开发等
股东的子公司	东莞市三联热电有限公司	肖可见	东莞市	61 800	产销热电、电力

6.5.3 本公司与关联方的重大交易事项

6.5.3.1 固有财产与关联方交易情况：贷款、投资、租赁、应收账款担保、其他方式等期初汇总数、本期借方和贷方发生额汇总数、期末汇总数

固有财产与关联方关联交易				
	期初数	借方发生额	贷方发生额	期末数
贷款	0	0	0	0
投资	0	0	0	0
租赁	0	0	0	0
担保	0	0	0	0
应收账款	0	0	0	0
其他	0	0	0	0
合计	0	0	0	0

6.5.3.2 信托与关联方交易情况：贷款、投资、租赁、应收账款、担保、其他方式等期初汇总数、本期借方和贷方发生额汇总数、期末汇总数

单位：万元

信托与关联方关联交易				
	期初数	借方发生额	贷方发生额	期末数
贷款	60 850.00	19 500.00	21 700.00	58 650.00
投资	0.00	0.00	0.00	0.00
租赁	0.00	0.00	0.00	0.00

续表

信托与关联方关联交易				
	期初数	借方发生额	贷方发生额	期末数
担保	0.00	0.00	0.00	0.00
应收账款	0.00	0.00	0.00	0.00
其他	76 000.00	0.00	0	76 000.00
合计	136 850.00	19 500.00	21 700.00	134 650.00

6.5.3.3 信托公司自有资金运用于自己管理的信托项目（固信交易）、信托公司管理的信托项目之间的相互（信信交易）交易金额，包括余额和本报告年度的发生额

6.5.3.3.1 固有与信托财产之间的交易金额期初汇总数、本期发生额汇总数、期末汇总数

单位：万元

固有财产与信托财产相互交易			
	期初数	本期发生额	期末数
合计	283 039.58	40 859.37	323 898.95

6.5.3.3.2 信托项目之间的交易金额期初汇总数、本期发生额汇总数、期末汇总数

单位：万元

信托资产与信托财产相互交易			
	期初数	本期发生额	期末数
合计	766 699.06	−104 882.41	661 816.65

6.5.4 逐笔披露关联方逾期未偿还本公司资金的详细情况以及本公司为关联方担保发生或即将发生垫款的详细情况

报告期内,本公司没有发生关联方逾期未偿还本公司资金以及本公司为关联方担保发生或即将发生垫款的情况。

6.6 会计制度的披露

本公司固有业务及信托业务均执行按照《企业会计准则》和其他各项具体会计准则、应用指南及准则解释的规定进行确认和计量。

7. 财务情况说明书

7.1 利润实现和分配情况

本年实现利润总额 52 957.41 万元,税后利润 39 800.80 万元,年初未分配利润 94 136.45 万元,扣除本年分配的 2015 年度股东红利 18 000 万元后,本年按 2016 年净利润提取法定盈余公积 3 980.08 万元,信托赔偿准备 1 990.04 万元,一般风险准备 186.92 万元,年末未分配利润 109 780.21 万元。

7.2 主要财务指标

指标名称	指标值
资本利润率(%)	10.84
加权年化信托报酬率(%)	3.1575
人均净利润(万元)	242.69

7.3 对本公司财务状况、经营成果有重大影响的其他事项

报告期内,公司没有发生对本公司财务状况、经营成果有重大影响的其他事项。

8. 特别事项揭示

8.1 前五名股东报告期内变动情况及原因

2016 年 1 月,公司股东东莞市财信发展有限公司名称变更为东莞金融控股集团有限公司。

2016 年 9 月 27 日,经公司 2016 年度股东会第九次临时会议审议通过,同意公司股东东莞市财政局向公司股东东莞金融控股集团有限公司划转持有东莞信托有限公司 30% 股权(36 000 万股)。2016 年 12 月,经中国银行业监督管理委员会广东监管局《关于东莞信托有限公司申请调整股权结构的批复》(粤银监复[2016]454 号)批准,公司调整股权结构,调整后股东 6 名。

8.2 董事、监事及高级管理人员变动情况及原因

2014 年 7 月 18 日,经公司 2014 年度股东会第四次临时会议审议通过,选举黄晓雯为公司董事,并经广东银监局《关于黄晓雯任职资格的批复》(粤银监复[2016]139 号)核准,黄晓雯于 2016 年 5 月正式履行公司董事职责。

2016 年 1 月 28 日,经公司 2016 年度股东会第三次临时会议审议通过,选举林海为公司独立董事,并经广东银监局《关于林海任职资格的批复》(粤银监复[2016]172 号)核准,林海独立董事于 2016 年 6 月正式履行公司独立董事职责,原独立董事彭志坚不再履行公司独立董事职责。

2016 年 5 月 9 日,经第四届董事会第三十三次会议、2016 年度股东会第四次临时会议审议,同意廖玉林辞去公司董事长,一并辞去公司第四届董事会董事及第四届董事会风险管理委员会委员职务。根据相关规定,廖玉林将在公司新董事长履职之前继续履行公司董事长职责。

2016 年 9 月 27 日,经公司 2016 年度股东会第九次临时会议审议,同意第四届董事会董事、监事会监事的任期顺延至股东大会选举产生第五届董事会、监事会止;经公司第四届董事会第三十六次会议审议,同意决定延长高级管理人员任期。

2016 年 11 月 1 日,经第四届董事会第三十七次会议审议通过,选举黄晓雯为公司董事长,并经银监部门任职资格许可后正式履职。经广东银监局《关于黄晓雯任职资格的批复》(粤银监复[2017]24 号)核准,2017 年 2 月公司董事长、法定代表人由廖玉林变更为黄晓雯。

8.3 变更注册资本、变更注册地或公司名称、公司分立合并事项

报告期内,公司没有发生变更注册资本、变更注册地或公司名称、公司分立合并事项。

8.4 公司的重大诉讼事项

8.4.1 重大未决诉讼事项

报告期内,公司新发生 4 项重大未决诉讼事项(单个诉讼案件涉诉贷款本金 1 000 万元以上诉讼事项),均为公司为原告方的信托业务诉讼事项,涉诉金额合计 42 400 万元。

8.4.2 以前年度发生,于本报告年度内终结的诉讼事项

报告期内,公司发生 1 项以前年度发生,于本报告年度内终结的重大诉讼事项(单个诉讼案件涉诉贷款本金 1 000 万元以上诉讼事项),为信托业务诉讼事项,涉诉金额 5 000 万元,为公司胜诉案件。

8.4.3 本报告年度发生,于本报告年度内终结的诉讼事项

报告期内,公司有 2 项在本报告年度发生,于本报告年度内终结的重大诉讼事项(单个诉讼案件涉诉贷款本金1 000万元以上诉讼事项),为信托业务诉讼事项,涉诉金额合计10 900 万元,均为公司胜诉案件。

8.5 公司及其董事、监事和高级管理人员受到处罚的情况

报告期内,公司及董事、监事和高级管理人员没有受到重大处罚。

8.6 本年度重大事项临时报告的简要内容、披露时间、所披露的媒体及其版面

(1)公司于 2016 年 9 月 22 日在《证券时报》B20 版刊登《东莞信托有限公司关于变更公司章程的公告》:

为进一步提高公司治理水平,保障公司健康发展,公司章程中关于股东承担义务、财务会计报告、股东名称和住所、股份转让要求,以及董事、高级管理人员任职资格等内容作了变更。上述章程变更事项已经中国银行业监督管理委员会东莞监管

分局批准（东银监复[2016]19 号），并于 2016 年 9 月 9 日完成工商备案手续。

（2）公司于 2016 年 12 月 6 日在《证券时报》B1 版刊登《东莞信托有限公司关于更换常年法律顾问的公告》：

公司原聘请广东赋诚律师事务所担任常年法律顾问的协议已到期。经东莞信托有限公司第四届董事会第三十八次会议审议通过，自 2016 年 12 月 7 日起公司聘请广东陈梁永钜律师事务所提供常年法律服务。新任常年法律顾问律师事务所名称广东陈梁永钜律师事务所；负责人梁智锐；地址东莞市南城区莞太路 23 号鸿禧商业大楼 9 楼。

（3）公司于 2016 年 12 月 27 日在《证券时报》B1 版刊登《东莞信托有限公司关于变更公司财务审计服务机构的公告》：

鉴于公司原审计机构天职国际会计师事务所（特殊普通合伙）（以下简称天职国际）已经连续多年为公司提供财务审计服务。为确保公司审计工作的独立性与客观性，经与天职国际协商同意，公司不再聘请天职国际为公司财务审计服务机构。经公司第四届董事会第三十九次会议审议通过，聘请中审众环会计师事务所（特殊普通合伙）（以下简称中审众环）为公司财务审计服务机构。中审众环具有金融、证券、期货等相关业务审计资质，拥有优秀的人力资源团队和良好的会计、审计职业素质和水平，能够满足公司年度审计的要求。

（4）公司于 2016 年 12 月 31 日在《证券时报》B1 版刊登《东莞信托有限公司关于调整股权结构的公告》：

经中国银行业监督管理委员会广东监管局批准（粤银监复[2016]454 号），同意公司股东东莞市财政局向公司股东东莞金融控股集团有限公司划转持有公司 30% 的股权（36 000 万股）。股权划转后，具体股东及持股情况如下：东莞金融控股集团有限公司出资 88 200 万元，占比 73.5%；东莞市经济贸易总公司出资 7 200 万元，占比 6%；广东福地科技总公司出资 7 200万元，占比 6%；东莞发展控股股份有限公司出资 7 200 万元，占比 6%；东莞市糖酒集团有限公司出资 7 200 万元，占比 6%；东莞市东糖集团有限公司出资 3 000 万元，占比 2.5%。公司已于 2016 年 12 月 29 日完成工商登记变更手续，并对公司章程进行修改。

（5）公司于 2017 年 2 月 9 日在《证券时报》B1 版刊登《东莞信托有限公司关于变更法定代表人的公告》：

经东莞信托有限公司第四届董事会第三十七次会议审议通过，并经广东银监局（粤银监复[2017]24 号）批准，公司董事长、法定代表人由廖玉林变更为黄晓雯。公司已于 2017 年 2 月 8 日完成工商登记变更手续。

8.7 银监会及其省级派出机构认定的其他有必要让客户及相关利益人了解的重要信息

报告期内，公司没有未披露银监会及其省级派出机构认定的其他有必要让客户及相关利益人了解的重要信息。

9. 公司监事会意见

本报告期内，公司监事会列席了 2015 年度股东会会议、第四届董事会第三十一次、第三十六次、第三十七次会议，监督检查了公司依法运作情况、重大决策和重大经营活动情况及公司的财务状况，并在此基础上发表如下独立意见：

（1）公司依法运作情况。公司能够严格按照《公司法》《东莞信托有限公司章程》及国家有关法律法规运作，公司决策程序合法，公司内控制度进一步得到完善，没有发现公司董事、高级管理人员在执行公司职务时存在违法违纪、损害公司利益和委托人、受益人利益的行为。

（2）检查公司财务情况。本报告期公司财务状况良好。2016 年度财务报告经中审众环会计师事务所（特殊普通合伙）审计并出具无保留审计意见的审计报告，该报告真实、客观、准确地反映了公司的财务状况和经营成果。

（3）报告期内，公司发生的关联交易业务均严格遵循市场公允价值，认真执行《信托公司管理办法》有关规定，未发现损害股东权益及公司利益的情况。

（4）对关联交易业务的监督。报告期内，公司发生的关联交易业务均严格遵循市场公允价值，认真执行《信托公司管理办法》有关规定，未发现损害公司利益及委托人、受益人利益的情况。

方正东亚信托有限责任公司

1. 重要提示

1.1 本公司董事会及董事保证:本报告所载资料不存在任何虚假记载、误导性陈述或者重大遗漏,并对其内容的真实性、准确性和完整性承担个别及连带责任。

1.2 本公司2016年度财务报告已经中审众环会计师事务所(特殊普通合伙)根据中国注册会计师独立审计准则审计,并出具了标准无保留意见的审计报告。

1.3 本公司董事长(法定代表人)冯鹏熙先生、总裁周全锋先生、主管会计工作负责人财务总监李宏先生、会计机构负责人计划财务部李艳桃女士、信托事务管理部负责人袁晓丽女士声明:保证年度报告中财务报告的真实、完整。

1.4 《公司2016年度报告》全文同时在公司网站上公布(网址:http://www.fd-trust.com)。欲了解公司更为详细的情况,谨请登录公司网站阅鉴。

2. 公司概况

2.1 公司简介

法定中文名称	方正东亚信托有限责任公司
法定中文缩写名称	方正东亚信托
法定英文名称	Founder BEA Trust Co.,Ltd.
法定英文缩写名称	Founder BEA
法定代表人	冯鹏熙
注册地址	武汉市江汉区新华街296号汉江国际1栋1单元32-38层
邮政编码	430000
国际互联网网址	http://www.fd-trust.com
电子信箱	info@fd-trust.com
信息披露事务负责人	田野

续表

联系方式	联系电话:027-85566427;传真:027-85565776
选定的信息披露报纸	《金融时报》
公司年报备置地点	公司办公室
聘请的会计师事务所及住所	中审众环会计师事务所(特殊普通合伙) 武汉市武昌区东湖路169号众环大厦2~9层
聘请的律师事务所及住所	北京六明律师事务所 北京市朝阳区光华路7号汉威大厦东区15层15A1

2.2 组织结构

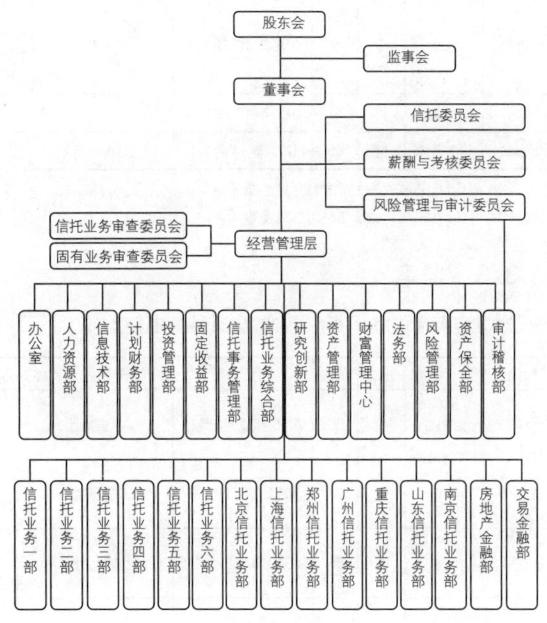

3. 公司治理

3.1 股东

报告期末股东总数为3名。股东之间不存在关联关系。

股东名称	持股比例(%)	法定代表人	注册资本	注册地址	主要经营业务
武汉金融控股(集团)有限公司	67.51	马小援	人民币40亿元	武汉市江汉区长江日报路77号	投资业务、担保业务等
东亚银行有限公司	19.99	李国宝	股本 35 490 170 511.16港元 (截至2016年12月31日)	香港中环德辅道中10号	商业银行业务
北大方正集团有限公司	12.50	肖建国	人民币110 252.86万元	北京市海淀区成府路298号	制造方正电子出版系统、技术开发、投资管理等业务

3.2 董事

公司董事会成员基本情况如下：

姓 名	职 务	性别	年龄	选任日期	所推举的股东名称	该股东持股比例(%)	简 要 履 历
冯鹏熙	董事长	男	43	2017年1月17日	武汉金控	67.51	博士，现任武汉金融控股(集团)有限公司副总经理。2013年11月至今，任方正东亚信托有限责任公司董事；2017年1月起任方正东亚信托有限责任公司董事长。
李群元	常务副董事长	男	63	2010年9月2日			硕士，2005年至2010年9月，任武汉国际信托投资公司总经理；2010年9月至2011年12月，任方正东亚信托有限责任公司董事、副董事长、总经理；2011年12月至今，任方正东亚信托有限责任公司常务副董事长。
周全锋	董事	男	46	2010年9月2日			硕士，2010年9月至2011年3月，任方正东亚信托有限责任公司董事、副总经理、财务总监；2011年3月至2011年12月，任方正东亚信托有限责任公司董事、副总经理(全面主持工作)；2011年12月至今，任方正东亚信托有限责任公司董事、总裁。
叶志衡	董事	男	42	2015年4月23日	东亚银行	19.99	博士，现任东亚银行有限公司总经理兼中国业务总部主管。2015年4月至今，任方正东亚信托有限责任公司董事。
李胜利	董事	男	44	2015年10月28日	方正集团	12.50	硕士，现任北大方正集团有限公司副总裁，北大方正集团财务有限公司董事、总裁；2015年10月至今，任方正东亚信托有限责任公司董事，其中2015年10月至2017年1月，任方正东亚信托有限责任公司董事长。
宋常	独立董事	男	51	2012年10月16日			2012年10月至2017年2月，任方正东亚信托有限责任公司独立董事。
刘志敏	独立董事	男	65	2013年11月8日	东亚银行	19.99	2013年11月至2016年6月，任方正东亚信托有限责任公司独立董事。

注：1. 2016年6月，刘志敏先生辞去公司独立董事职务。
2. 2017年2月，宋常先生辞去公司独立董事职务。

3.3 监事

公司监事会由5人组成，监事会成员基本情况如下：

姓 名	职 务	性别	年龄	选任日期	所推举的股东名称	该股东持股比例(%)	简 要 履 历
牛晓莉	监事长	女	36	2015年8月25日	方正集团	12.50	北京大学EMBA，2015年8月至今，任方正东亚信托有限责任公司监事长。
王焕萍	监事	女	53	2010年9月2日	东亚银行	19.99	英国伯明翰大学工商管理硕士，2010年9月至今，任方正东亚信托有限责任公司监事。
岳建强	监事	男	55	2010年9月2日	武汉金控	67.51	在职研究生学历，注册会计师，2010年9月至今，任方正东亚信托有限责任公司监事。
邹小华	职工监事	男	47	2010年9月2日			武汉大学工商管理硕士，会计师；现任方正东亚信托有限责任公司投资管理部总经理、职工监事。
王晶	职工监事	男	44	2013年9月30日			中南政法学院本科，律师；现任方正东亚信托有限责任公司法务部总经理、职工监事。

3.4 高级管理人员

姓名	职务	性别	年龄	选任日期	学历/学位	专业	简要履历
周全锋	总裁	男	46	2011年12月	硕士	工商管理	2010年9月至2011年3月，任方正东亚信托有限责任公司董事、副总经理、财务总监；2011年3月至2011年12月，任方正东亚信托有限责任公司董事、副总经理(全面主持工作)；2011年12月至今，任方正东亚信托有限责任公司董事、总裁。金融从业年限14年。
谢从斌	副总裁	男	52	2012年7月	硕士	金融学	2010年9月至2012年6月，任方正东亚信托有限责任公司总经理助理；2012年7月至今，任方正东亚信托有限责任公司副总裁。金融从业年限29年。
李宏	财务总监	男	52	2011年5月	硕士	项目管理	2011年5月至今，任方正东亚信托有限责任公司财务总监。金融从业年限18年。
方灏	首席风险控制官	男	43	2011年5月	博士	经济学	2011年5月至今，任方正东亚信托有限责任公司首席风险控制官。金融从业年限20年。

续表

姓 名	职 务	性别	年龄	选任日期	学历/学位	专业	简 要 履 历
白艺丰	总稽核	女	60	2010年9月	硕士	国民经济计划与管理	2010年9月起,任方正东亚信托有限责任公司总稽核。金融从业年限9年。
曹阳	副总裁	男	46	2015年5月	本科	金融学	2010年9月至2014年4月,任方正东亚信托有限责任公司董事会秘书;2013年10月至2015年5月,任方正东亚信托有限责任公司总裁助理;2015年5月至今,任方正东亚信托有限责任公司副总裁。金融从业年限23年。
邹晓磊	助理总裁	男	40	2015年5月	硕士	EMBA	2011年3月至2015年5月,任方正东亚信托有限责任公司上海业务总部总经理;2015年5月至今,任方正东亚信托有限责任公司助理总裁兼华东大区总经理、上海信托业务部总经理、房地产金融事业部总经理。金融从业年限10年。

3.5 公司员工

报告期末,公司职工人数270人,平均年龄33.6岁。学历分布比率为:博士2.60%;硕士46.67%;本科44.81%,专科5.18%,其他0.74%。

4. 经营管理

4.1 经营目标、经营方针、战略规划

4.1.1 经营目标

通过为客户创造价值,实现股东的价值创造,并回馈社会和员工,实现客户价值、社会价值、股东价值和员工价值"四位一体"的分享型价值创造和价值增长,把公司建设成为"受人尊敬的信托公司"。

4.1.2 经营方针

组建"经营+管理"的业务组织,完善区域组织功能,统一区域管理,整合区域功能。针对不同的业务条线实行不同的专业化策略,整合、引进专业化人才建立专业化的部门推进专业化进程。与专业机构和人才建立战略合作关系,使公司成为吸引优秀外部专业管理团队的大平台。提升财富管理中心的功能,完善产品销售体系和客户服务体系。整合和改进公司的信息系统,改造完善流程,加快组织控制的标准化和信息化建设进程。

4.1.3 战略规划

通过业务管理专业化、信托产品模式化、公司客户立体化、业务网络全国化、固有业务协同化、组织能力的系统化,实现"六化一体、协同发展"。依托私募投行业务,发展资产管理业务和财富管理业务,协同固有业务,使公司发展成为具有核心竞争优势的优秀资产管理机构和财富管理机构,达成"资产管理高手、财富管理专家"的战略目标。

4.2 所经营业务的主要内容

经中国银监会和公司登记机关核准,公司经营下列本外币业务:

(1)资金信托;

(2)动产信托;

(3)不动产信托;

(4)有价证券信托;

(5)其他财产或财产权信托;

(6)作为投资基金或者基金管理公司的发起人从事投资基金业务;

(7)经营企业资产的重组、购并及项目融资、公司理财、财务顾问等业务;

(8)受托经营国务院有关部门批准的证券承销业务;

(9)办理居间、咨询、资信调查等业务;

(10)代保管及保管箱业务;

(11)存放同业、拆放同业、贷款、租赁、投资方式运用固有财产;

(12)以固有财产为他人提供担保;

(13)从事同业拆借业务;

(14)中国银监会批准的其他业务。

4.2.1 信托业务

公司主要信托业务品种有资金信托、动产信托、不动产信托、有价证券信托、财产或财产权信托、事务管理信托。报告期内,公司信托资产运用与分布情况:

信托资产运用与分布表

资产运用	金额(万元)	占比(%)	资产分布	金额(万元)	占比(%)
货币资产	416 178.38	2.05	基础产业	2 998 275.31	14.79
贷款	4 115 978.46	20.30	房地产	1 381 039.43	6.81
交易性金融资产	1 115 220.08	5.50	证券市场	1 205 366.66	5.95
可供出售金融资产	34 500.00	0.17	实业	3 598 580.76	17.75
持有至到期投资	12 384 503.26	61.08	金融机构	9 351 484.43	46.12
长期股权投资	1 233 172.31	6.08	其他	1 740 533.92	8.58
其他	975 728.02	4.82			
信托资产总计	20 275 280.51	100.00	信托资产总计	20 275 280.51	100.00

4.2.2 固有业务

报告期内,公司固有资产运用与分布情况见下表:

固有资产运用与分布表

资产运用	金额(万元)	占比(%)	资产分布	金额(万元)	占比(%)
货币资产	61 365.01	11.87	基础产业		
贷款及应收款	405 677.33	78.48	房地产业		
交易性金融资产	15 046.40	2.91	证券市场	15 046.40	2.91
可供出售金融资产			实业		

续表

资产运用	金额（万元）	占比（%）	资产分布	金额（万元）	占比（%）
持有至到期投资			金融机构	387 843.63	75.03
长期股权投资			其他	114 011.87	22.06
其他	34 813.16	6.74			
资产总计	516 901.90	100.00	资产总计	516 901.90	100.00

4.3 市场分析

4.3.1 影响本公司业务发展的有利因素

2016 年信托业资产规模保持增长态势，跨入"20 万亿元"时代，固有资产规模首次突破 5 000 亿元关口，利润总额实现增速回升。在信托公司业务向差异化方向发展的同时，信托公司的盈利也开始逐渐多样化。传统的信托业务中利差收入是信托公司主要的利润来源，然而，随着房地产市场的调整以及资产荒的到来，利差空间逐渐收窄，信托报酬率也持续走低。在这种环境下，信托公司开始积极寻找新的利润增长点。例如，通过布局资本市场获得利润提升，或者进行长期股权投资，为将来的收入创设空间，或者利用资产证券化业务的机会，探索信托受益权资产证券化业务，将信托较高的收益与通过公开发行的低成本之间的差额部分作为利润来源。虽然新的利润增长点的形成可能需要一定的时间，但不容忽视的是，信托公司的盈利模式已经开始多样化，这也表明信托公司的转型已经初见成效。

对公司来说，在始终坚持"宁失效益、不失风控"的原则背景下，积极探索转型方向，与同业互通有无，在行业转型的浪潮中坚持稳健发展，持续提升资本实力和资产规模，为进一步发展奠定基础。

4.3.2 影响本公司业务发展的不利因素

2016 年信托行业发展短期调整态势明显，各项盈收数据增速均出现了不同程度的回落，行业平均的净利润、营业收入和固有收入均为多年来首次出现负增长。与 2012 年左右的行业快速发展期相比，上述三项数据增速的回落幅度均在 50% 左右。面对传统领域展业空间的收窄，一部分信托公司主动收缩了资产管理规模，另一部分信托公司则在加强业务风险把控、增强主动管理能力的同时，在多个领域稳步开展信托业务，因而行业内信托业务开展情况的差异有所加大，信托收入的两极分化程度不断加剧。

对公司来说，传统业务利润贡献比例不断降低，业务开展难度持续加大，公司转型压力陡增。同时，信托公司为争夺转型的有利位置，不断降低创新业务的收费标准，导致创新业务对公司收益贡献力非常有限。此外，公司面临注册资本规模偏小、缺乏资源优势的问题，是对业务扩展的障碍之一，同时公司资金获取能力有待提升，项目后续管理能力仍需加强。

4.4 内部控制概况

4.4.1 内部控制环境和内部控制文化

公司按照《公司法》和监管机构的要求，不断规范以股东会、董事会、监事会和高级管理层为核心的"三会一层"的公司治理架构，董事会下设信托委员会、薪酬与考核委员会、风险管理与审计委员会，各机构按照规定的工作程序、议事规则运作，做到有机协调和分权制衡。公司独立董事按照《公司章程》的规定对重大事项发表独立意见；公司监事会强化对董事和高级管理层的约束和监督，推进公司治理制度的有效执行。

公司根据内部控制要求和信托业务特点设置内部机构，将组织结构划分为决策层、前台业务层、中台管理与支持层、后台管理与监督层，明确界定总办会、信托业务审查委员会、固有业务审查委员会、各部门、岗位之间的职责及风险控制分工，形成了职责分离、相互监督制约的机制。

公司秉承"规范、稳健、创新"的经营理念，坚持"宁失效益，不失风控"的风控原则，认真履行受托人职责。公司将内控管理理念融汇在各项管理制度和业务流程中，要求员工遵守职业操守和公司规章制度，从制度层面上促进公司合规理念、合规文化的建设。公司定期组织员工开展案件风险行为排查，结合其他公司的案件信息组织员工学习总结，做到警钟长鸣，并通过制度竞赛、专题培训等方式，持续向员工传达遵守法律法规和实施内部控制的重要性，引导员工树立合规意识和风险意识，规范员工职业行为，促进公司长期稳健发展。

4.4.2 内部控制措施

公司股东会、董事会、监事会、高级管理层按照《公司章程》规定的职权，实施内部控制的监督管理；公司前台、中台、后台职责分离，横向与纵向相互监督制约；内审部门负责组织对公司内部控制情况进行监督、检查。公司建立了包括决策系统、业务审批及操作系统、风险控制系统，以及内部规章制度等为主要内容的内部控制机制。

4.4.3 监督评价与纠正

公司建立了多层次的内部控制监督评价机制。监事会负责对公司董事及高级管理人员履职情况进行监督；董事会下设的风险管理与审计委员会，依据《公司章程》及议事规则所赋予的职责权限对公司风险管理、关联交易、内部控制与内部审计制度及其实施进行监督；内审部门根据董事会批准的年度内审工作计划，对公司经营管理活动进行审计评价，并督促改进，不断推进公司制度健全，强化制度执行力。

4.5 风险管理概况

公司坚持"宁失效益，不失风控"的风控原则，通过建立和完善全面风险管理体系，使公司风险管理与战略目标相适应，确保公司风险始终在公司确定的承受水平之内，并在此基础上持续提高风险管理水平，促进各项业务稳健发展，实现客户价值、公司价值最大化。

公司根据经营管理和风险控制需要，设置有三级风险管理机构：分别是董事会下设专门委员会——风险管理与审计委员会；公司高级管理层常设议事决策机构——信托业务审查委员会及固有业务审查委员会；公司内部职能部门——风险管理部、法务部及审计稽核部。

公司以业务流程为主导，形成了风险识别、风险评估、风控措施的落实、风险监控、风险预警五级风险管理体系，风险管理职责覆盖到前台、中台、后台的全部流程，实现了风险内部控制机制的有效运作。

4.5.1 信用风险管理概况

信用风险不仅包括交易对手和合作方的违约风险，还包括由于交易对手和合作方的信用状况和履约能力上的变化而导致公司各类资产价值发生变动所造成损失的风险。公司通过详尽的尽职调查，有效利用各类信用评级系统和人民银行征信系统，对项目信用风险进行充分的事前评估，审慎选择交易对手；通过事中控制、事后检查持续关注交易对手的信用状况，以及抵（质）押物价值及保证人担保能力的变化，并根据具体情况采取有效的应对措施；通过实施重点客户、区域倾斜，保持一定程度的客户集中度，在依托各种信用增级手段的基础上，切实降低信用风险；选聘外部中介机构在尽职调查中对交易结构、交易对手出具专业意见，通过法律条款的设定，借助外部律师的意见，提高抵御信用风险的能力。公司建立了项目风险量化指标体系，公司内部的项目风险量化评级系统已投入使用。该指标体系覆盖项目的立项和审批环节，对新增项目的交易对手和项目进行客观的评价，提供量化的评级数据，使公司各类项目的风控审核更加具有客观性。公司根据市场变化和监管部门的要求适时调整、完善风险量化指标体系。公司加强对存续项目定期或不定期的后续风险检查，定期对存续项目进行风险分类及监控，做到第一时间进行风险预警，并及时采取应对措施防范风险的发生或扩大。报告期内，公司所面临的信用风险总体上在可控范围内。

4.5.2 市场风险管理概况

市场风险是指在对公司各类财产的经营管理中，因市场利率、汇率和股价等市场参数的波动而产生的风险。公司建立了市场风险识别、计量、监测和控制程序，以确保市场风险管理能够与业务性质、规模、复杂程度和风险特征相适应，与能够承担的总体市场风险水平相一致；公司加强对宏观经济和市场的研究，及时跟踪市场价格波动情况，对每项业务和产品中的市场风险因素进行分解和分析，及时准确识别所有业务中市场风险的类别和性质；通过定期或不定期对房地产和证券投资等业务进行市场风险压力测试，分析业务对外部市场变化的敏感程度和可能的影响，以制定策略应对市场变化；公司对重大市场风险情况事先制定应急处理方案，积极采取对冲、减少风险暴露等措施降低市场风险水平。报告期内，公司固有业务和信托业务中，主动管理型证券投资业务继续保持较低比例，公司盈利能力和财务状况受其影响较小；市场利率和汇率波动对公司所管理的资产没有显著影响。

4.5.3 操作风险管理概况

操作风险是指由于不完善或有问题的内部程序、员工、信息科技系统或外部事件所造成损失的风险。公司明确界定各业务部门和管理部门的操作风险管理职责，确保各部门切实履职；公司根据业务特点、管理流程和复杂程度，逐步确定重点操作风险，通过运用操作风险因素清单、关键风险指标、风险与控制自我评估等工具，定期监测并报告操作风险状况和重大损失情况；公司针对潜在损失不断增大的风险，建立了早期的操作风险预警机制，以便及时采取措施控制、降低风险，降低损失事件的发生频率及损失程度；公司还将履约风险作为重大操作风险，实施专项管理，按照信托合同和其他有关法律文件的规定和要求，勤勉尽职履行受托人管理义务，避免因操作不当导致风险事件的发生。报告期内，公司未发生因内部原因或外部事件造成的直接或间接损失，也未发现滥用操作权的情况。

4.5.4 合规风险管理概况

合规风险是指因没有遵循法律法规、监管要求、市场规则、行业准则或内部行为准则，可能遭受法律制裁、监管处罚、重大财务损失和声誉损失的风险。公司董事会、监事会及高级管理层的工作职责包括合规管理职能，并按照相应的权限进行决策、监督、执行和考核；公司设立了满足业务发展需要的法务部，并配置2名以上关键人员，法务部具有独立的职责权限，负责对日常经营管理和业务操作进行合规审查，发现和纠正违规现象，保障公司各项业务发展遵循法律法规、监管要求、市场规则、行业准则或内部行为准则执行，避免由此所导致的财产损失和声誉损失；公司保持与监管机构日常的工作联系，跟踪和评估监管意见和监管要求的落实情况；公司建立了有效的合规问责制度，严格对违规行为的责任认定与追究，及时改进经营管理流程，适时修订相关制度、程序；公司要求新产品和新业务的开发必须经过合规性审核的测试，识别和评估新业务的拓展方式、新客户关系的建立以及客户关系的性质发生重大变化等所产生的合规风险。报告期内，公司未发生从业人员违反法律法规和职业操守的事件，未发生合规风险。

4.5.5 其他风险管理概况

其他风险包括政策风险、法律风险、流动性风险、员工道德风险等。公司通过加强对国家政策分析和研究，提高对政策的理解能力，加强与监管部门及同业间的沟通，以提高对政策的理解度和执行力，保持资金投向与宏观调控方向的一致性，从而防范政策风险；公司内设法务部，对于重大项目聘请外部律师提供专业意见或法律咨询，尤其是对创新产品强化法律方面的风险管理；公司运用资产负债管理方法加强对流动性风险进行管理，严格匹配资产和负债的合理比例，并定期或不定期地对流动性进行压力测试；公司主要通过制度规范、业务及职业道德培训、内部审计人员的监督与检查来防范员工道德风险。报告期内，在公司经营管理及业务发展中未出现相关风险事件。

5. 报告期末及上一年度末的比较式会计报表

5.1 固有资产

5.1.1 会计师事务所审计意见全文

审 计 报 告

众环审字（2017）010203号

方正东亚信托有限责任公司全体股东：

我们审计了后附的方正东亚信托有限责任公司（以下简称方正东亚信托公司）财务报表，包括2016年12月31日的资产负债表，2016年度的利润表、所有者权益变动表和现金流量表以及财务报表附注。

一、管理层对财务报表的责任

编制和公允列报财务报表是方正东亚信托公司管理层的责任，这种责任包括：（1）按照企业会计准则的规定编制财务报表，并使其实现公允反映；（2）设计、执行和维护必要的内部控制，以使财务报表不存在由于舞弊或错误导致的重大错报。

二、注册会计师的责任

我们的责任是在实施审计工作的基础上对财务报表发表审计意见。我们按照中国注册会计师审计准则的规定执行了审计工作。中国注册会计师审计准则要求我们遵守职业道德规范，计划和实施审计工作以对财务报表是否不存在重大错报获取合理保证。

审计工作涉及实施审计程序，以获取有关财务报表金额和披露的审计证据。选择的审计程序取决于注册会计师的判断，包括对由于舞弊或错误导致的财务报表重大错报风险的评估。在进行风险评估时，我们考虑与财务报表编制相关的内部控制，以设计恰当的审计程序，但目的并非对内部控制的有效性发表意见。审计工作还包括评价管理层选用会计政策的恰当性和作出会计估计的合理性，以及评价财务报表的总体列报。

我们相信，我们获取的审计证据是充分、适当的，为发表审计意见提供了基础。

三、审计意见

我们认为，方正东亚信托公司财务报表在所有重大方面按照企业会计准则的规定编制，公允反映了方正东亚信托公司2016年12月31日的财务状况以及2016年度的经营成果和现金流量。

中审众环会计师事务所（特殊普通合伙）

中国注册会计师　王明璀

中国注册会计师　钟志刚

中国·武汉　　2017年3月16日

5.1.2　资产负债表

资产负债表

单位：元

资产	2016年12月31日	2015年12月31日	负债和所有者权益	2016年12月31日	2015年12月31日
资产：			负债：		
货币资金	613 650 114.41	416 035 095.73	向中央银行借款		
存放同业款项			同业及其他金融机构存放款项		
贵金属			拆入资金		560 000 000.00
拆出资金			交易性金融负债		
交易性金融资产	150 464 000.00	23 044 000.00	衍生金融负债		
衍生金融资产			卖出回购金融资产款		
买入返售金融资产			吸收存款		
应收利息	94 054 856.85	91 483 772.63	应付职工薪酬	135 885 841.72	197 815 582.41
发放贷款及垫款		177 290 150.00	应交税费	156 941 750.94	91 517 789.50
可供出售金融资产			应付利息	1 031 111.11	
持有至到期投资			预计负债		
应收款项类投资	3 264 786 173.50	3 220 891 623.41	应付债券		
长期股权投资			递延所得税负债		
投资性房地产			其他负债	544 355 405.43	81 429 423.70
固定资产	226 101 041.04	215 956 550.17	负债合计	838 214 109.20	930 762 795.61
在建工程		17 968 300.49	股东权益：		
无形资产	15 428 540.11	8 721 555.68	实收资本	1 200 000 000.00	1 200 000 000.00
递延所得税资产	101 323 923.48	73 588 260.86	资本公积	25 997 150.00	25 997 150.00
其他资产	703 210 355.26	414 330 151.46	减：库存股		
			其他综合收益		
			盈余公积	333 080 489.54	272 854 666.48
			一般风险准备	465 612 121.41	492 847 414.30
			未分配利润	2 306 115 134.50	1 736 847 434.04
			外币报表折算差额		
			归属于母公司的股东权益合计	4 330 804 895.45	3 728 546 664.82
			少数股东权益		
			股东权益合计	4 330 804 895.45	3 728 546 664.82
资产总计	5 169 019 004.65	4 659 309 460.43	负债和股东权益总计	5 169 019 004.65	4 659 309 460.43

5.1.3　利润表

利润表

单位：元

项　目	2016年度	2015年度
一、营业收入	1 244 573 153.34	1 527 960 730.49
利息净收入	11 717 485.39	45 154 799.18
利息收入	18 894 774.14	53 529 097.04
利息支出	7 177 288.75	8 374 297.86
手续费及佣金净收入	1 014 810 327.32	1 167 038 187.48

续表

项　目	2016年度	2015年度
投资收益（损失以"－"号填列）	216 205 169.21	308 200 376.79
公允价值变动净收益（损失以"－"号填列）	−2 580 000.00	3 752 000.00
汇兑收益（损失以"－"号填列）	4 420 171.42	3 815 367.04
其他业务收入		
二、营业支出	437 676 713.24	606 630 698.60
营业税金及附加	23 308 126.48	72 290 243.11
业务及管理费	307 805 836.28	354 942 884.64

续表

项　　目	2016 年度	2015 年度
资产减值损失	106 562 750. 48	179 397 570. 85
其他业务成本		
三、营业利润(亏损以"－"号填列)	806 896 440. 10	921 330 031. 89
加:营业外收入	1 771 959. 16	10 527. 89
减:营业外支出	257 434. 86	181 729. 64
四、利润总额(亏损总额以"－"号填列)	808 410 964. 40	921 158 830. 14
减:所得税费用	206 152 733. 77	238 141 154. 05

续表

项　　目	2016 年度	2015 年度
五、净利润(净亏损以"－"号填列)	602 258 230. 63	683 017 676. 09
六、每股收益		
(一)基本每股收益(元)		
(二)稀释每股收益(元)		
七、其他综合收益		150 000. 00
八、综合收益总额	602 258 230. 63	683 167 676. 09

5.1.4　所有者权益变动表

所有者权益变动表

单位:元

项　　目	2016 年度						
	实收资本	资本公积	其他综合收益	盈余公积	一般风险准备	未分配利润	所有者权益合计
一、上年末余额	1 200 000 000. 00	25 997 150. 00		272 854 666. 48	492 847 414. 30	1 736 847 434. 04	3 728 546 664. 82
加:会计政策变更							
前期差错更正							
其他							
二、本年初余额	1 200 000 000. 00	25 997 150. 00		272 854 666. 48	492 847 414. 30	1 736 847 434. 04	3 728 546 664. 82
三、本期增减变动金额(减少以"－"填列)				60 225 823. 06	-27 235 292. 89	569 267 700. 46	602 258 230. 63
(一)综合收益总额						602 258 230. 63	602 258 230. 63
(二)所有者投入和减少资本							
1. 所有者投入资本							
2. 其他权益工具持有者投入的资本							
3. 股份支付计入所有者权益的金额							
4. 其他							
(三)专项储备提取和使用							
1. 提取专项储备							
2. 使用专项储备							
(四)利润分配				60 225 823. 06	-27 235 292. 89	-32 990 530. 17	
1. 提取盈余公积				60 225 823. 06		-60 225 823. 06	
2. 提取一般风险准备					-27 235 292. 89	27 235 292. 89	
3. 对所有者的分配							
4. 其他							
(五)所有者权益内部结转							
1. 资本公积转增资本							
2. 盈余公积转增资本							
3. 盈余公积弥补亏损							
4. 其他							
四、本年年末余额	1 200 000 000. 00	25 997 150. 00		333 080 489. 54	465 612 121. 41	2 306 115 134. 50	4 330 804 895. 45

所有者权益变动表（续）

单位：元

项　　目	2015 年度						
	实收资本	资本公积	其他综合收益	盈余公积	一般风险准备	未分配利润	所有者权益合计
一、上年末余额	1 200 000 000. 00	25 997 150. 00	-150 000. 00	204 552 898. 87	223 275 474. 66	1 391 703 465. 20	3 045 378 988. 73
加：会计政策变更							
前期差错更正							
其他							
二、本年初余额	1 200 000 000. 00	25 997 150. 00	-150 000. 00	204 552 898. 87	223 275 474. 66	1 391 703 465. 20	3 045 378 988. 73
三、本期增减变动金额（减少以"-"填列）			150 000. 00	68 301. 767. 61	269 571 939. 64	345 143 968. 84	683 167 676. 09
（一）综合收益总额			150 000. 00			683 017 676. 09	683 167 676. 09
（二）所有者投入和减少资本							
1. 所有者投入资本							
2. 其他权益工具持有者投入的资本							
3. 股份支付计入所有者权益的金额							
4. 其他							
（三）专项储备提取和使用							
1. 提取专项储备							
2. 使用专项储备							
（四）利润分配				68 301. 767. 61	269 571 939. 64	-337. 873 707. 25	
1. 提取盈余公积				68 301. 767. 61		-68 301 767. 61	
2. 提取一般风险准备					269 571 939. 64	-269 571 939. 64	
3. 对所有者的分配							
4. 其他							
（五）所有者权益内部结转							
1. 资本公积转增资本							
2. 盈余公积转增资本							
3. 盈余公积弥补亏损							
4. 其他							
四、本年年末余额	1 200 000 000. 00	25 997 150. 00		272 854 666. 48	492 847 414. 30	1 736 847 434. 04	3 728 546 664. 82

5. 2　信托资产

5. 2. 1　信托项目资产负债汇总表

信托项目资产负债表

单位：万元

序号	项目	期末余额	年初余额
1	信托资产：		
2	1. 货币资金	416 178. 38	388 792. 42
3	2. 拆出资金		
4	3. 存出保证金		
5	4. 交易性金融资产	1 115 220. 08	661 180. 16
6	5. 衍生金融资产		
7	6. 买入返售金融资产	90 146. 58	
8	其中：6. 1 买入返售证券	90 146. 58	
9	6. 2 买入返售信贷资产		
10	7. 应收款项	441 051. 57	391 189. 28
11	8. 发放贷款	4 115 978. 46	3 174 855. 67
12	其中：8. 1 基础产业	1 138 331. 54	714 661. 19
13	8. 2 房地产	659 307. 12	765 788. 92
14	9. 可供出售金融资产	34 500. 00	215 594. 00
15	10. 持有至到期投资	12 384 503. 26	3 811 187. 56

续表

序号	项目	期末余额	年初余额
16	11. 长期应收款	127 146. 35	
17	12. 长期股权投资	1 233 172. 31	1 608 043. 71
18	其中：12. 1 基础产业	93 090. 00	100 120. 00
19	12. 2 房地产	449 292. 31	507 096. 21
20	13. 投资性房地产		
21	14. 固定资产		
22	15. 无形资产		
23	16. 长期待摊费用		
24	17. 其他资产	317 383. 52	147 138. 00
25	18. 信托资产总计	20 275 280. 51	10 397 980. 80
26	19. 各项资产减值准备		
27	信托负债		
28	20. 交易性金融负债		
29	21. 衍生金融负债		
30	22. 应付受托人报酬	19 430. 71	13 197. 12
31	23. 应付托管费	4 495. 05	3 642. 62
32	24. 应付受益人收益	116 181. 35	73 347. 17
33	25. 应交税费	431. 91	40. 93
34	26. 应付销售服务费	319. 09	410. 15

续表

序号	项目	期末余额	年初余额
35	27. 其他应付款项	107 173.63	61 622.07
36	28. 其他负债		
37	29. 信托负债合计	248 031.74	152 260.06
38	信托权益:		
39	30. 实收信托	20 019 155.04	10 126 389.16
40	30.1 资金信托	19 811 720.31	10 038 934.16
41	30.1.1 集合	14 969 868.71	6 566 853.00
42	30.1.2 单一	4 841 851.60	3 472 081.16
43	30.2 财产信托	207 434.73	87 455.00
44	30.2.1 信贷资产证券化	177 696.15	—
45	30.2.2 其他资产(准)证券化	24 515.32	81 221.00
46	31. 资本公积		
47	32. 外币报表折算差额		
48	33. 未分配利润	8 093.73	119 331.58
49	34. 信托权益合计	20 027 248.77	10 245 720.74
50	35. 信托负债和信托权益总计	20 275 280.51	10 397 980.80

5.2.2 信托项目利润及利润分配汇总表

单位:万元

序号	项 目	2016 年度	2015 年度
1	1. 营业收入	894 578.98	354 309.96
2	1.1 利息收入	327 549.03	430 938.20
3	1.2 投资收益(损失以"-"号填列)	579 092.85	-107 319.09
4	1.2.1 其中:对联营企业和合营企业的投资收益		
5	1.3 公允价值变动收益(损失以"-"号填列)	-14 589.61	29 632.47
6	1.4 租赁收入		
7	1.5 汇兑损益(损失以"-"号填列)		
8	1.6 其他收入	2 526.70	1 058.39
9	2. 支出	137 215.45	237 002.91
10	2.1 营业税金及附加	200.58	
11	2.2 受托人报酬	88 928.06	93 278.88
12	2.3 托管费	10 230.35	19 262.99
13	2.4 投资管理费		
14	2.5 销售服务费	8 290.71	33 988.47
15	2.6 交易费用	1 259.44	55 002.16
16	2.7 资产减值损失		
17	2.8 其他费用	28 306.30	35 470.41
18	3. 信托净利润(净亏损以"-"号填列)	757 363.53	117 307.05
19	4. 其他综合收益		
20	5. 综合收益	757 363.53	117 307.05
21	6. 加:期初未分配信托利润	119 331.58	68 882.19
22	7. 可供分配的信托利润	876 695.11	186 189.25
23	8. 减:本期已分配信托利润	868 601.38	66 857.66
24	9. 期末未分配信托利润	8 093.73	119 331.58

6. 会计报表附注

6.1 会计报表编制基准不符合会计核算基本前提的说明

本公司执行财政部于2006年2月15日颁布的《企业会计准则》,会计报表编制无不符合会计核算基本前提事项。

6.2 或有事项说明

本公司在报告期内无需要披露的承诺事项及或有事项。

6.3 重要资产转让及其出售的说明

报告期内无重要资产转让或出售。

6.4 会计报表中重要项目的明细资料

6.4.1 披露固有资产经营情况

6.4.1.1 按信用风险五级分类结果披露信用风险资产的期初数、期末数

信用风险资产五级分类	正常类(万元)	关注类(万元)	次级类(万元)	可疑类(万元)	损失类(万元)	信用风险资产合计(万元)	不良资产合计(万元)	不良资产率(%)
期初数	17 999.00					17 999.00		0.00
期末数	0					0		0

注:不良资产合计=次级类+可疑类+损失类。

6.4.1.2 各项资产减值损失准备

单位:万元

项目	期初数	本期计提	本期转回	本期核销	期末数
贷款损失准备	269.98		269.98		0
一般准备	269.98		269.98		0
专项准备					
其他资产减值准备	27 973.31	10 926.26			38 899.57
可供出售金融资产减值准备					
持有至到期投资减值准备					
长期股权投资减值准备					
坏账准备	27 973.31	10 926.26			38 899.57
投资性房地产减值准备					

6.4.1.3 固有业务投资品种明细

单位:万元

项目	固有股票	基金	债券	长期股权投资	其他投资	合计
期初数	3 676.40				345 533.19	349 209.59
期末数	11 740.40		5 000.00		361 543.39	378 283.79

6.4.1.4 前三名固有长期股权投资企业情况

报告期内公司无长期股权投资。

6.4.1.5 前三名固有贷款企业情况

报告期内，公司固有贷款已全部还清，期末无余额。

企业名称	贷款金额（万元）	占贷款总额的比例（%）	还款情况
湖北新海盛顿置业有限公司	0	0	已还清

6.4.1.6 表外业务情况

报告期内公司无表外业务。

6.4.1.7 公司当年的收入结构

收入结构	金额（万元）	占比（%）
手续费及佣金净收入	101 481.03	81.43
其中：信托手续费收入	101 481.03	81.43
投资银行业务收入		
利息净收入	1 171.75	0.94
其他业务收入		
其中：计入信托业务收入部分		
投资收益	21 620.52	17.35
其中：股权投资收益		
证券投资收益		
其他投资收益	21 620.52	17.35
公允价值变动损益	-258.00	-0.21
汇兑损失	442.02	0.35
营业外收入	177.20	0.14
收入合计	124 634.52	100

6.4.2 信托财产管理情况

6.4.2.1 信托资产的期初数、期末数

单位：万元

信托资产	期初数	期末数
集合	6 760 624.39	15 102 530.13
单一	3 549 412.52	4 965 904.15
财产权	87 943.89	206 846.23
合计	10 397 980.80	20 275 280.51

6.4.2.1.1 主动管理型信托业务的信托资产期初数、期末数

单位：万元

主动管理型信托资产	期初数	期末数
证券投资类		104 355.96
股权投资类	476 366.38	356 980.35
其他投资类	80 153.60	494 358.58
融资类	3 696 975.25	3 405 427.11
事务管理类	2 530 050.35	1 156 197.23
合计	6 783 545.58	5 517 319.23

6.4.2.1.2 被动管理型信托业务的信托资产期初数、期末数

单位：万元

被动管理型信托资产	期初数	期末数
证券投资类		
股权投资类		
其他投资类		
融资类		
事务管理类	3 614 435.22	14 757 961.28
合计	3 614 435.22	14 757 961.28

6.4.2.2 本年度已清算结束的信托项目

6.4.2.2.1 本年度已清算结束的集合类，单一类资金信托项目和财产管理类信托项目情况

已清算结束信托项目	项目个数（个）	实收信托合计金额（万元）	加权平均实际年化收益率（%）
集合类	97	5 324 637.53	4.92
单一类	44	1 423 894.31	7.30
财产管理类	4	95 000.00	5.03

6.4.2.2.2 本年度已清算结束的主动管理型信托项目情况

已清算结束信托项目	项目个数（个）	实收信托合计金额（万元）	加权平均实际年化信托报酬率（%）	加权平均实际年化收益率（%）
证券投资类	1	1 750.00	0.60	0.00
股权投资类	6	205 164.00	1.46	9.51
融资类	51	1 547 197.53	1.32	9.64
事务管理类	19	522 896.00	0.14	9.96

6.4.2.2.3 本年度已清算结束的被动管理型信托项目情况

已清算结束信托项目	项目个数（个）	实收信托合计金额（万元）	加权平均实际年化信托报酬率（%）	加权平均实际年化收益率（%）
证券投资类				
股权投资类				
融资类				
事务管理类	68	4 566 524.31	1.01	3.28

6.4.2.3 本年度新增信托项目情况

新增信托项目	项目个数（个）	合计金额（万元）
集合类	111	14 184 534.73
单一类	76	3 161 716.78
财产管理类	1	234 066.37
新增合计	189	17 580 317.88
其中：主动管理型	79	5 240 734.73
被动管理型	110	12 339 583.15

6.4.2.4 公司履行受托人义务情况及因公司自身责任而导致的信托财产损失情况

公司严格按照信托相关法律法规规章及公司制度的要求管理、运用及处分信托财产，恪尽职守，履行诚实、信用、谨慎、有效管理的义务，维护受益人的最大利益。

公司对信托业务实施自主管理，亲自处理信托事务，在处理信托事务时避免利益冲突，并对委托人、受益人以及所处理信托事务的情况和资料依法严格保密。

公司将信托财产与其固有财产分别管理、分别记账，并将不同委托人的信托财产分别管理、分别记账，并对信托业务与非信托业务分别进行核算、对每项信托业务单独进行核算。

公司的信托业务部门独立于公司的其他部门，其人员未与公司其他部门的人员相互兼职，业务信息未与公司的其他部门共享。

本年无因公司自身责任而导致的信托资产损失情况。

6.4.2.5 信托赔偿准备金的提取、使用和管理情况

本年公司提取信托赔偿准备金3 011.29万元，截至2015年12月31日，信托赔偿准备金余额16 654.02万元。报告期内，未使用信托赔偿准备金。

6.5 关联方关系及其交易的披露

6.5.1 关联交易方的数量、关联交易的总金额及关联交易的定价政策等

项目	关联交易方的数量	关联交易总金额(万元)	定价原则
合计	1	130.30	参照市场价格

6.5.2 关联交易方情况

关联性质	关联方名称	法定代表人	注册地址	注册资本(亿元)	主营业务
母公司	武汉金融控股(集团)有限公司	马小援	武汉市江汉区长江日报路77号	40	金融服务业务
控股股东子公司	武汉开发投资有限公司	叶长春	武汉市江汉区长江日报路24号	10	投资业务及其他

6.5.3 公司与关联方的重大交易事项

6.5.3.1 固有资产与关联方关联交易

单位:万元

项目	期初数	借方发生额	贷方发生额	期末数
贷款				
投资				
租赁		130.30	130.30	
担保				
应收账款				
其他	16.00			16.00
合计	16.00	130.30	130.30	16.00

注:1. 公司承租武汉开发投资有限公司位于武汉市长江日报路77号投资大厦11~14层、2层部分作为办公场所，支付2016年1月至2016年3月租金130.30万元。

2. 公司支付武汉开发投资有限公司房屋租赁保证金16.00万元。

6.5.3.2 信托财产与关联方关联交易

无。

6.5.3.3 信托公司固有资金运用于自己管理的信托项目(固信交易)、信托公司管理的信托项目之间的相互(信信交易)交易金额，包括余额和本报告年度的发生额

6.5.3.3.1 固有与信托财产相互交易情况

单位:万元

	期初数	本期发生额	期末数
合计	325 533.19	-51 709.80	273 823.39

6.5.3.3.2 信托资产与信托财产相互交易情况

单位:万元

	期初数	本年借方发生额	本年贷方发生额	期末数
合计	419 975.00	121 012.29	270 690.00	270 297.29

6.5.4 逐笔披露关联方逾期未偿还本公司资金的详细情况以及本公司为关联方担保发生或即将发生垫款的详细情况

报告期内无关联方逾期未偿还本公司资金的情况以及公司为关联方担保发生或即将发生垫款的情况。

6.6 会计制度的披露

公司固有业务和信托业务执行的是2006年颁布的企业会计准则。

7. 财务情况说明书

7.1 利润实现和分配情况

单位:万元

项目	本年数	上年数
本年净利润	60 225.82	68 301.77
加:年初未分配利润	173 684.74	139 170.34
其他转入		
可供分配的利润	233 910.56	207 472.11
减:提取法定盈余公积	6 022.58	6 830.18
提取法定公益金		
提取信托赔偿准备金	3 011.29	3 415.09
提取一般准备金	-5 734.82	23 542.10
提取职工奖励及福利基金		
提取储备基金		
提取企业发展基金		
利润归还投资		
可供投资者分配的利润	230 611.51	173 684.74
减:应付优先股股利		
提取任意盈余公积		
股利分配		
转作股本的普通股股利		
年末未分配利润	230 611.51	173 684.74

7.2 主要财务指标

指标名称	指标值
资本利润率(%)	14.95
加权年化信托报酬率(%)	0.46
人均净利润(万元)	225.56

7.3 对本公司财务状况、经营成果有重大影响的其他事项

报告期内没有发生对本公司财务状况、经营成果有重大影响的其他事项。

8. 特别事项揭示

8.1 前五名股东报告期内变动情况及原因

经中国银监会批准（银监复[2016]351号），公司的股权结构调整为：武汉金控出资比例67.51%，东亚银行出资比例19.99%，方正集团出资比例12.50%。

8.2 董事、监事及高级管理人员变动情况及原因

报告期内，公司独立董事刘志敏先生因个人原因辞去独立董事职务。

报告期内，经董事会审议通过，冯鹏熙先生担任公司董事长，李胜利先生不再担任公司董事长。2017年1月17日，湖北银监局核准冯鹏熙先生担任公司董事长的任职资格（鄂银监复[2017]10号）。

8.3 变更注册资本、变更注册地或公司名称、公司分立合并事项

报告期内，经股东会审议通过，并经湖北银监局2016年3月28日"鄂银监复[2016]61号"文批准，公司注册地址变更为武汉市江汉区新华街296号汉江国际1栋1单元32～38层。

8.4 公司的重大诉讼事项

8.4.1 重大未决诉讼事项

公司诉北京邦文当代艺术投资有限公司、黄宇杰、李红合同纠纷一案，已于2014年12月19日与北京邦文、黄宇杰、李红等在湖北省高级人民法院主持下达成了《民事调解书》，目前已收到艺术品回购款1500万元，对剩余债权，公司已申请人民法院强制执行。

根据公司与债务人常州华光房地产开发有限公司、常州阳光银河湾置业有限公司、江苏华光银河湾房地产开发有限公司、钱菊生等办理的具有强制执行效力的公证债权文书，公司已申请江苏省高级人民法院强制执行，在执行过程中，本案因常州华光房地产开发有限公司进入破产程序而中止执行。公司已向破产管理人申报了债权，并得到全部确认，确认的债权金额为169 155 954.81元。

根据公司与债务人华门控股有限公司、浙江浙大网新实业发展有限公司、天津安吉拉房地产开发有限公司、南京瑞柏贸易有限公司、南京嘉坤工贸实业有限公司、南京山水置业有限公司、徐群等办理的具有强制执行效力的公证债权文书，公司已向人民法院申请强制执行，执行金额为债权本金2.6亿元及相应利息。

根据公司与债务人中广建设集团有限公司、杭州环东置业有限公司、丁亚平等办理的具有强制执行效力的公证债权文书，公司已向杭州市中级人民法院申请强制执行，执行金额为债权本金2亿元及相应孳息。公司现已获得清偿的债权金额1.65亿元，剩余债权将继续向债务人追索。

8.4.2 以前年度发生，于本报告期内终结的诉讼事项

无。

8.4.3 本报告年度发生，于本报告期内终结的诉讼事项

无。

8.5 公司及其董事、监事和高级管理人员受到处罚的情况

无。

8.6 中国银监会及其派出机构对公司的整改意见及公司整改情况

无。

8.7 公司重大事项临时报告的简要内容、披露时间、所披露的媒体及版面

2016年6月29日，公司于《湖北日报》第十版刊登了关于公司迁址的公告。

2016年12月12日，公司于《金融时报》03版刊登了《关于股权结构变更的公告》，对公司股权结构调整事宜进行了披露。

8.8 中国银监会及其派出机构认定的其他有必要让客户及相关利益人了解的重要信息

无。

9. 监事会意见

报告期内，公司决策程序符合《公司法》《信托法》《信托公司管理办法》《公司章程》的规定，内部控制制度较为完善，公司董事、高级管理人员认真履行职责，未发生违法行为和损害公司利益的行为。公司2016年度财务报告经中审众环会计师事务所（特殊普通合伙）审计，真实反映了公司财务状况和经营成果。

光大兴陇信托有限责任公司

1. 重要提示

1.1 本公司董事会及董事保证本报告所载资料不存在任何虚假记载、误导性陈述或者重大遗漏，并对其内容的真实性、准确性和完整性承担个别及连带责任。本年度报告摘要摘自年度报告全文，客户及相关利益人欲了解详细内容，应阅读年度报告全文。

1.2 本公司独立董事对年度报告内容的真实性、准确性、完整性无异议。

1.3 安永华明会计师事务所（特殊普通合伙）为本公司出具了标准无保留意见的审计报告。

1.4 本公司董事会郑重声明：保证年度报告中财务报告的真实和完整。

2. 公司概况

2.1 公司简介

2.1.1 公司历史沿革

光大兴陇信托有限责任公司是在原甘肃省信托有限责任公司（以下简称原甘肃信托）基础上重组后成立的。原甘肃信托是1980年2月经甘肃省政府批准成立、1981年6月经中国人民银行和财政部批准续办的甘肃省第一家具有金融业务资格的省属金融机构。1991年、1996年两次经中国人民银行批准进行重新登记，1996年更名为甘肃省信托投资公司。2002年4月，经中国人民银行批准由原甘肃省信托投资公司、天水市信托投资公司和白银市信托投资公司合并重组，组建成立甘肃省信托投资有限责任公司，注册资本金为45 143万元。2009年2月经中国银行业监督管理委员会批准，公司名称变更为甘肃省信托有限责任公司，注册资本金变更为31 819.05万元。2010年5月，经中国银行业监督管理委员会批准，公司注册资本金变更为101 819.05万元。2014年5月，经中国银行业监督管理委员会批准，甘肃省国有资产投资集团有限公司将其持有的51%股权转让至中国光大（集团）总公司。2014年7月1日，经中国银监会甘肃监管局核准，公司名称变更为光大兴陇信托有限责任公司。2015年12月28日，经中国银监会甘肃监管局批准，公司采取原股东等比例一次性增资方式，将公司注册资本金从101 819.05万元增至341 819.05万元，并于2016年2月26日在甘肃省工商行政管理局完成了工商变更登记法律手续。

2.1.2 公司的法定名称

中文：光大兴陇信托有限责任公司（缩写：光大兴陇信托）

英文：Everbright Xinglong Trust Co., Ltd.（缩写：EXTC）

2.1.3 公司法定代表人：闫桂军

2.1.4 公司注册地址：甘肃省兰州市静宁路308号

邮政编码：730030

公司互联网网址：http://www.ebtrust.com

公司电子信箱：contact@ebtrust.com

2.1.5 公司负责信息披露事务的高级管理人员：黄智洋

信息披露事务联系人：刘卓飞

办公电话：010－63630699

办公传真：010－63630600

电子信箱：liuzhuofei@ebtrust.com

2.1.6 公司选定的信息披露报纸：《证券时报》

2.1.7 年度报告备置地点：北京市西城区武定侯街6号卓著中心8层；甘肃省兰州市东岗西路555号甘肃金融国际大厦9层

2.1.8 公司聘请的会计师事务所：安永华明会计师事务所（特殊普通合伙）

住所：中国北京市东城区东长安街1号东方广场安永大楼16层

2.1.9 公司聘请的律师事务所：北京德恒律师事务所

住所：中国北京市西城区金融街19号富凯大厦B座12层

2.2 组织结构

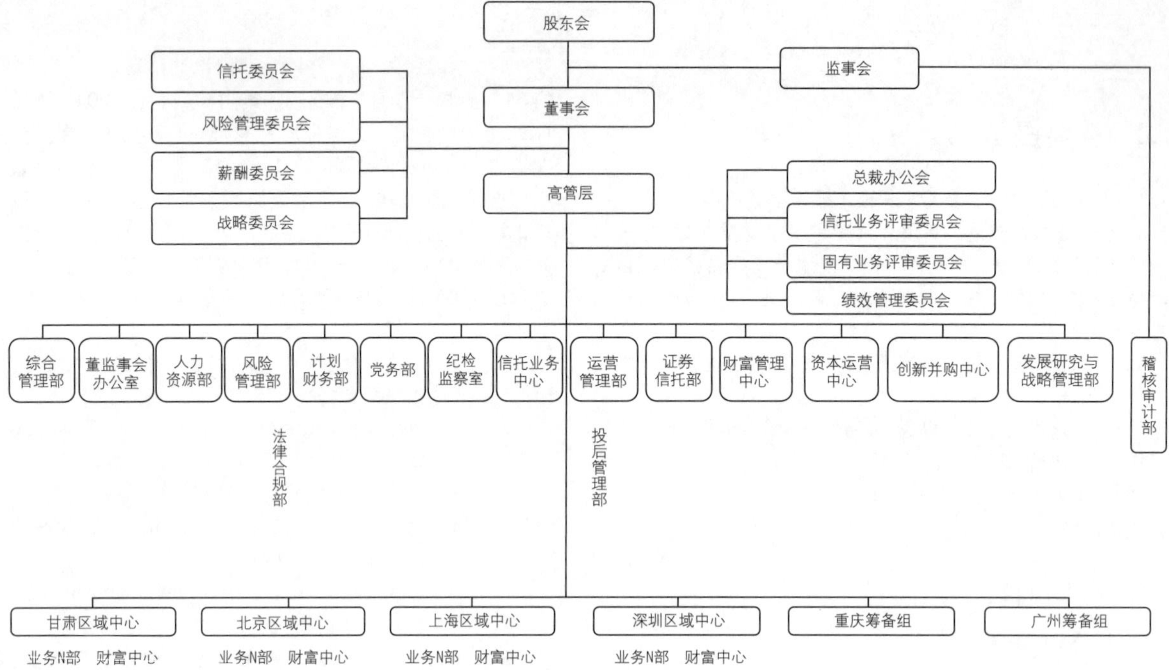

3. 公司治理结构

3.1 股东和股东会

截至报告期末，股东总数为4名。股东及出资情况：

股东名称	出资比例（%）	法定代表人	注册资本（万元）	注册地址	主要经营业务
中国光大集团股份公司	51.00	唐双宁	6 000 000.00	北京市西城区太平桥大街25号	投资和管理金融业包括银行、证券、保险、基金、信托、期货、租赁、金银交易；资产管理；投资和管理非金融业。
甘肃省国有资产投资集团有限公司	41.58	吴万华	1 197 056.55	兰州市静宁路308号	国有资本（股权）管理和融资业务，产业整合和投资业务，基金投资和创投业务，上市股权管理和运营业务，有色金属材料的批发和零售，以及经批准的其他业务等。
天水市财政局	4.00	张栋梁	—	天水市合作北路62号	—
白银市财政局	3.42	马　勤	—	白银市广场北路1号统办2号楼	—

3.2 董事、董事会及其下属委员会

董事长、副董事长、董事

姓名	职务	性别	年龄	选任日期	任期（年）	所代表（推举）的股东名称	该股东持股比例（%）	简要履历
吴少华	董事长	男	52	2014年12月	3	中国光大集团股份公司	51	曾任中国光大（集团）总公司党委委员、执行董事、副总经理；现任中国光大集团股份公司党委委员、执行董事、副总经理兼光大金控资产管理有限公司党委书记、董事长，光大兴陇信托有限责任公司党委书记、董事长。
梁春满	副董事长	男	46	2014年12月	3	甘肃省国有资产投资集团有限公司、天水市财政局、白银市财政局（三方联合）	49	曾任甘肃省人民政府金融工作办公室副主任；现任光大兴陇信托有限责任公司党委副书记、副董事长、工会主席。

续表

姓名	职务	性别	年龄	选任日期	任期(年)	所代表(推举)的股东名称	该股东持股比例(%)	简要履历
闫桂军	董事	男	48	2015年4月	3	中国光大集团股份公司	51	曾任中国光大银行公司业务部总经理,中国光大银行杭州分行党委书记、行长,光大金控资产管理有限公司党委副书记、总裁;现任光大兴陇信托有限责任公司党委副书记、总裁、法定代表人。
陆卫东	董事	男	47	2014年9月	3	中国光大集团股份公司	51	曾任中国光大银行北京分行计划财务部总经理、光大金控资产管理有限公司财务管理部总经理;现任光大金控资产管理有限公司党委委员、副总裁。
吴万华	董事	男	51	2014年12月	3	甘肃省国有资产投资集团有限公司、天水市财政局、白银市财政局(三方联合)	49	曾任甘肃省人民政府国有资产监督管理委员会党委副书记、纪委书记;现任甘肃省国有资产投资集团有限公司董事长、党委书记。
杨　文	职工董事	男	54	2014年9月	3	—	—	曾任原甘肃省信托有限责任公司职工董事、总裁、党委委员;现任光大兴陇信托有限责任公司职工董事、甘肃区域中心总经理。

董事会下属委员会

董事会下属委员会名称	职　责	组成人员姓名	职　务
信托委员会	协助董事会建立和完善公司信托业务职能规则体系并监督实施;对公司信托计划的设立、信托财产、信托当事人、信托的变更与终止等信托事务,进行合法合规性鉴定,以达到信托业务规范运作;对公司信托业务合规管理工作进行监督;对公司信托业务运行情况进行定期评估;负责公司关联交易管理,对重大关联交易事项进行审查并提交董事会审议;董事会授予的其他职责。	周小明	主任委员
		闫桂军	委员
		吴万华	委员
风险管理委员会	根据公司总体战略,审核和修订公司风险政策,对其实施情况及效果进行监督和评价,并向董事会提出建议;对项目风险进行预警、评价;董事会授予的其他职责。	闫桂军	主任委员
		陆卫东	委员
		杨　文	委员
		张　萍	委员
		苑德军	委员
薪酬委员会	拟定董事、独立董事、监事及高级管理人员的薪酬方案,并向董事会提出薪酬方案的建议;负责对公司薪酬制度执行情况进行监督;拟定董事会年度费用预算方案,向董事会提出建议;董事会授予的其他职责。	陆卫东	主任委员
		周小明	委员
		苑德军	委员
战略委员会	研究审议公司长期发展战略;研究审议公司业务及机构发展规划;研究审议公司重大投资融资方案和其他影响公司发展的重大事项;将研究审议结论向公司董事会提出建议及方案。	闫桂军	主任委员
		周小明	委员
		陆卫东	委员

3.3　监事、监事会及其下属委员会

监事会成员

姓名	职务	性别	年龄	选任日期	任期(年)	所代表(推举)的股东名称	该股东持股比例(%)	简要履历
陆代森	监事会主席	男	60	2014年12月	3	甘肃省国有资产投资集团有限公司、天水市财政局、白银市财政局(三方联合)	49	曾任甘肃省人民政府副秘书长兼金融工作办公室主任;现任光大兴陇信托有限责任公司监事会主席。
孙新红	监事	男	49	2014年9月	3	中国光大集团股份公司	51	曾任中国光大(集团)总公司财务管理部资金处处长、总经理助理;现任中国光大集团股份公司财务管理部副总经理。
俞　静	职工监事	女	42	2014年9月	3	—	—	曾任原甘肃省信托有限责任公司党委委员、总裁助理;现任光大兴陇信托有限责任公司职工监事、稽核审计部副总经理(主持工作)。

注:本届监事会未设立下属委员会。

3.4 独立董事

独立董事

姓名	所在单位及职务	性别	年龄	选任日期	任期（年）	简要履历
周小明	中国人民大学信托与基金研究所所长	男	50	2014年9月	3	曾任安信信托投资股份有限公司总裁、北京君泽君律师事务所高级合伙人、北京六名律师事务所主任；现任中国人民大学信托与基金研究所所长。
苑德军	中国社科院研究生院、中国人民大学客座教授（退休后担任）	男	66	2014年9月	3	曾任中国银河证券公司高级经济学家；现任中国社科院研究生院、中国人民大学客座教授（退休后担任）。
张　萍	甘肃茂源会计师事务有限公司董事长	女	48	2014年9月	3	曾在甘肃省审计厅第一审计事务所工作；现任甘肃注册会计师（资产评估）协会副会长、甘肃茂源会计师事务有限公司董事长、甘肃中联茂源工程造价咨询有限公司董事长、中联资产评估集团（甘肃）有限公司总经理。

3.5 高级管理人员

高级管理人员

姓　名	职务	性别	年龄	任职日期	金融从业年限（年）	学历	专业	简要履历
吴少华	董事长	男	52	2014年12月	17	硕士研究生	工商管理	曾任中国光大（集团）总公司党委委员、执行董事、副总经理；现任中国光大集团股份公司党委委员、执行董事、副总经理兼光大金控资产管理有限公司党委书记、董事长，光大兴陇信托有限责任公司党委书记、董事长（2015年8月取得任职资格）。
闫桂军	总裁	男	48	2015年4月	19	硕士研究生	金融	曾任中国光大银行公司业务部总经理，中国光大银行杭州分行党委书记、行长，光大金控资产管理有限公司党委副书记、总裁；现任光大兴陇信托有限责任公司党委副书记、总裁（2015年8月取得任职资格）、法定代表人。
梁春满	副董事长	男	46	2014年12月	7	博士研究生	财政学	曾任甘肃省人民政府金融工作办公室副主任；现任光大兴陇信托有限责任公司党委副书记、副董事长（2015年7月取得任职资格）、工会主席。
陈凯慧	常务副总裁	男	53	2014年12月	26	博士研究生	管理科学与工程	曾任中国光大银行广州分行党委书记、行长；现任光大兴陇信托有限责任公司党委委员、常务副总裁（2015年7月取得任职资格）。
李招军	副总裁	男	52	2014年12月	24	博士研究生	政治经济学	曾任中国银行业监督管理委员会非银行金融机构监管部处长，河北银监局党委委员、副局长；现任光大兴陇信托有限责任公司党委委员、副总裁（2015年7月取得任职资格）。
黄智洋	董事会秘书	男	49	2014年12月	27	硕士研究生	政治经济学	曾任光大金控资产管理有限公司党委委员、助理总裁；现任光大兴陇信托有限责任公司党委委员、纪委书记、董事会秘书（2015年7月取得任职资格）。
刘向东	副总裁	女	49	2014年12月	18	博士研究生	金融学	曾任北京信托首席研究员兼研究发展中心总经理；现任光大兴陇信托有限责任公司党委委员、副总裁（2015年7月取得任职资格）、首席经济学家。
李春菊	总裁助理	女	50	2016年9月	21	硕士	工商管理	曾任中国光大银行深圳分行人力资源部总经理兼零售业务部总经理、电子银行业务部总经理、法律合规部总经理；现任光大兴陇信托有限责任公司党委委员、纪委委员、总裁助理（2016年11月取得任职资格）兼人力资源部总经理。

3.6 公司员工

公司2015年末员工人数为227人,2016年末员工人数为271人。

项目		报告期年度		上年度	
		人数(人)	比例(%)	人数(人)	比例(%)
年龄分布	25岁以下	7	2.6	2	0.88
	25~29岁	65	24	47	20.70
	30~39岁	133	49	108	47.58
	40岁以上	66	24.4	70	30.84
学历分布	博士	15	5.5	13	5.73
	硕士	151	55.8	121	53.30
	本科	87	32.1	73	32.16
	专科	11	4	13	5.73
	其他	7	2.6	7	3.08
岗位分布	董事、监事及高管人员	9	3.3	8	3.52
	自营业务人员	27	10	7	3.08
	信托业务人员	176	65	104	45.82
	其他人员	59	21.7	108	47.58

注:自营业务人员是指按照岗位分工,专门或至少从事固有资金使用和固有资产管理有关业务的职工;信托业务人员是指按照岗位分工,专门或至少从事信托资金使用和信托资产管理各项业务的职工;对于人力资源部等类似无法明确区分的综合部门归为其他人员。

4. 经营管理

4.1 经营目标、经营方针、战略规划

4.1.1 经营方针

2016年,光大兴陇信托积极探索革新之道,外依集团综合化金融服务优势,内部苦练内功,通过业务和模式创新,促进公司实现"基金化、证券化和资产管理化"战略转型,坚持"五做",即产业金融、交易性金融、基础设施金融、房地产金融和金融的金融,沿着既定的"三化"路径分阶段逐步推进,从第一阶段的股债一体,到第二阶段的投融联动,最后到第三阶段实现产融结合,推动业务稳健发展。

2016年,信托业务在做大做强资产管理规模的同时,积极发展主动管理业务,强化风险管理,提升业务收入;固有业务在安全性和流动性的前提下,大力支持促进公司信托业务稳健发展,为公司未来发展提供资本支持和业务支撑;业务创新结出累累硕果,消费信托实现零的突破,首单慈善信托光大陇善行慈善信托计划1号成功落地,提升了公司声誉,扩大了在业内的影响力。

2016年,公司积极推进落实集团关于建成一流特色化金控集团的目标,各业务条线与光大银行总分行和集团其他兄弟企业间积极开展业务联动,并探索完善联动制度办法与内生机制。

4.1.2 战略规划及目标

未来五年,公司充分依托光大集团综合化经营优势,以支持甘肃省社会经济发展和服务地方经济建设为使命,努力推进业务全面转型升级基础上的持续稳健发展。巩固发展主营业务,持续培育创新业务,加强主动管理能力,发挥集团联动优势,打造高效运转的管理保障体系,强化资本约束和风险管理,加强人力资源和信息科技对业务的支撑作用,加速核心竞争力的形成,将公司构建成为具有自身发展特色的综合性金融服务平台,成为内控严密、管理精良具有品牌影响力和核心竞争力的智慧型和创新型信托公司。

4.2 所经营业务的主要内容

4.2.1 自营资产运用与分布表

资产运用	金额(万元)	占比(%)	资产分布	金额(万元)	占比(%)
货币资产	114 727.56	21.93	基础产业		
贷款及应收款	29 444.05	5.63	房地产	8 876.00	1.70
交易性金融资产	8 359.94	1.60	证券市场	12 074.02	2.31
可供出售金融资产	311 482.18	59.55	实业	22 191.40	4.24
持有至到期投资			金融机构	209 451.73	40.04
长期股权投资			其他	270 482.84	51.71
其他	59 062.26	11.29			
资产总计	523 075.99	100.00	资产总计	523 075.99	100.00

4.2.2 信托资产运用与分布表

资产运用	金额(万元)	占比(%)	资产分布	金额(万元)	占比(%)
货币资产	347 794.17	1.13	基础产业	13 895 244.52	45
贷款	13 737 162.6	44.49	房地产	2 589 386.95	8.39
交易性金融资产	3 209 728.98	10.39	证券市场	1 178 466.56	3.82
可供出售金融资产	2 166 660.91	7.02	实业	7 489 159.51	24.25
持有至到期投资	89 750.00	0.29	金融机构	3 887 008.78	12.59
长期股权投资	3 651 637.30	11.83	其他	1 838 753.74	5.95
其他	7 675 286.07	24.85			
信托资产总计	30 878 020.06	100.00	信托资产总计	30 878 020.06	100.00

4.3 市场分析

4.3.1 经济形势分析

2016年以来,中国经济运行遭遇到国际、国内多重压力与挑战。国内外环境复杂严峻,国际贸易和投资疲弱,增长动力不足,受贸易保护主义抬头、逆经济全球化趋势加剧、欧元区政治经济困局等影响,全球生产率降低、创新受阻,世界经济艰难复苏并呈非均衡增长。国内经济下行压力不减,供给侧结构性改革进入攻坚阶段,各种深层次矛盾凸显。面对错综复杂的形势,在以习近平同志为核心的党中央坚强领导下,通过积极适应和引领经济发展新常态,坚持全面深化改革,坚持创新驱动发展,加快经济发展方式转变和经济结构调整,我国经济运行保持在合理区间,结构优化升级取得进展,新旧动能加速转换,民生持续改善。

展望2017年,"降成本,去杠杆"逐渐取代"去库存、去产能"成为宏观调控工作的中心环节,部分行业和领域的工作重心转向"补短板"。继续深化供给侧结构性改革,继续推进简政放权,提高发展的质量和效益,优化升级经济结构,持续改善人民生活水平,并进一步使生态环境有所好转,"一带一路"和"大众创业、万众创新"战略向纵深推进,为党的十九大的胜利召开奠定基础。

4.3.2　金融形势分析

2016 年，国内外金融形势同样错综复杂多变，保护主义、民粹主义的兴起、美元加息的不确定性、叠加国内经济形势的复杂性，货币政策正常化困难重重，诸多因素对我国金融稳定构成不小挑战。

国际上，"黑天鹅"频飞，经济基本面一再低于市场预期，全球需求低迷不振，企业盈利下滑，债务比例和不良债务攀升，这些因素都冲击着市场信心。全球主要经济体货币政策分化。美国经济持续增长进入加息通道，不断释放推动货币政策正常化的信号；然而欧洲中央银行进一步下调负利率水平，日本中央银行首度跟随实施负利率并调整量化和质化宽松的政策框架。英国脱欧公投、意大利的修宪公投和特朗普胜出美国大选成为国际金融市场上的几大"黑天鹅"事件，成为潜在的动荡因素。

面对各种不稳定因素和意外事件，2016 年国际金融市场在动荡中回升。以二十国集团（G20）杭州峰会成功召开等事件为标志，各国政府和金融监管当局积极开展市场沟通和政策协调，加速推动金融监管和全球治理变革，目标和行动更趋一致使得市场信心得以提振，全球金融市场稳定得以改善。

国内，利率市场化正式启动满一年，宏观审慎管理框架全面升级，人民币正式纳入 SDR，深港通正式启动，标志着我国金融基础设施建设取得重要进展，市场化和国际化迈上新台阶。

2016 年，国内金融市场波动加剧，外汇储备较快下降的势头得到控制，人民币汇率在波动中逐渐回归稳定，下半年通过一系列调控措施抑制了房地产快速增长可能出现的泡沫，通过打击各类金融投机和内幕交易等，维护了资本市场的秩序，加强金融治理改革与监管协调和创新，引导资金脱虚向实，有力地支持了实体经济。金融风险有所上升，债券违约现象增多。

4.3.3　影响本公司业务发展的主要因素

4.3.3.1　有利因素

（1）光大集团综合金融优势。光大集团是具有金融全牌照的金融控股集团，可充分依托集团综合金融优势，深入挖掘信托功能优势，主动加强与集团内各企业的业务联动，开展多渠道、多层次、多元化业务合作。

（2）财富管理和资产管理领域蕴含巨大的市场潜力，可进一步为信托行业带来大量的业务机会。

（3）"十三五"规划多领域蕴含创新转型机会。在经济转型升级，新供给、新动力正处于形成过程中的大背景下，在资本、技术、土地、消费等领域，存在国企改革、新三板、高科技创业、城市更新旧城改造、农村土地产权流转、新消费、养老医疗、家族企业传承等信托投资机会。

4.3.3.2　不利因素

（1）监管政策趋严。信托行业功能定位清晰，监管体系完备，政策总体趋严；而资产管理公司和基金子公司的监管政策相对宽松。

（2）资本金不足。从外部看，行业竞争的加剧和增资的你追我赶，监管环境趋严并首重资本实力指标考核，资本金不足问题十分突出。从内部看，随着公司业务的超常规发展已引发更高战略需求，特别是获取业务资质开展 PE 股权投资、资产证券化、受托境外理财等高回报和创新型业务已摆上公司极其重要的议事日程，要获取各类创新业务资质，公司必须通过增资进一步提升资本金的规模进而提升监管评级方可实现。

（3）资管行业竞争加剧。在经济增速下行和资管行业竞争加剧的双重挑战下，信托行业步入转型发展期。行业内信托资产增速放缓，经营效益开始出现增速下滑，发展动力下降。

（4）风险管控难度加大。受经济环境影响，信托行业虽整体风险可控，但是风险项目个案风险频频发生，加之"刚性兑付"效应阴影未除、信托业务投资风险不断加大，行业发展面临诸多困难与挑战。

4.4　风险管理

4.4.1　风险管理概况

报告期内，公司进一步坚持严控风险、稳健经营的方针，不断完善风险管理政策，针对经营活动中的信用风险、市场风险、操作风险以及其他风险，完善风险管理的组织架构和流程，积极推进主营业务准入标准的建立和完善，并根据市场和政策变化及时应变调整，提高风险预测、预警和处置能力，进而保障公司业务的持续发展。

公司风险管理的基本原则是全面性、审慎性、及时性、有效性和独立性。风险管理涵盖公司的各项业务、各个部门和各级人员，渗透到决策、执行、监督、反馈各个环节；风险管理是一项长期持续性工作，贯穿于公司经营过程始终；风险管理的核心是有效防范风险。公司通过制定和不断完善健全的内部控制制度，建立职责分工合理的组织机构，对可能产生的风险及时做出反应，采取有效措施进行事前、事中、事后的有效控制，以促进公司持续、稳健、规范运行。

4.4.2　风险状况

4.4.2.1　信用风险状况

信用风险是公司面临的主要风险之一，主要指交易对手因履约意愿或履约能力发生变化导致信托财产或公司财产遭受损失的风险，主要表现为在贷款、资产回购、后续资金安排、担保、履约承诺等交易过程中，借款人、担保人、保管人等交易对手不履行承诺，不能或者不愿履行合约承诺而使信托财产和固有财产遭受损失。

报告期内，公司严格履行受托人尽职管理职责，针对存量项目中交易对手违约事件，公司积极采取多项措施化解风险，及时进行信息披露，必要时采取法律手段予以解决，最大限度地保护受托人合法权益，公司总体信用风险基本可控。报告期内，公司无新增不良资产。

4.4.2.2　市场风险状况

市场风险主要是指在开展资产管理业务过程中，投资于有公开市场价值的金融产品或者其他产品时，金融产品或者其他产品的价格发生波动导致资产遭受损失的可能性。同时，市场风险还具有很强的传导效应，市场风险很可能引发交易对手的信用风险。

报告期内，公司坚持稳健运营的策略，密切关注宏观政策导向，充分深入调研，对有价证券投资管理状况进行实时监测，控制总体证券投资规模和比例，设置限制性指标和止损限额，通过投资组合分散投资风险。公司信托资产投资、固有资产投资的市场风险情况正常。

4.4.2.3　操作风险状况

操作风险是指由不完善或有问题的内部程序、员工和信息科技系统，以及外部事件所造成损失的风险。公司持续对现有制度和流程进行梳理，建立健全相关制度，并对所开展的业务工作进行操作流程优化的同时，注重提高员工素质和责任心的培养，避免人为主观因素引发操作风险。报告期内未发生上述风险情况。

4.4.2.4　其他风险状况

其他风险主要包括流动性风险、政策风险、合规风险和声誉风险等。流动性风险指金融机构虽然有清偿能力，但无法及时获得充足资金或无法以合理成本及时获得充足资金以应对资产增长或支付到期债务的风险。政策风险主要表现为宏观政策以及行业政策的变动对公司经营环境和发展所造成的影响。合规风险是指公司因没有遵循法律、规则和准则可能遭受法律制裁、监管处罚、重大财务损失和声誉损失的风险。声誉风险是指由公司经营、管理及其他行为或外部事件导致利益相关方对公司做出负面评价的风险，影响公司正常经营。

4.4.3　风险管理

4.4.3.1　信用风险管理

报告期内，公司积极面对复杂多变的外部形势带来的不利影响和潜在挑战，高度重视信用风险的防范和管理，加强信用风险防范的前瞻性、针对性和及时性，强化过程管理和风险预警处置，及时转移、释放和化解信用风险及流动性风险，具体措施包括：一是公司严格落实监管政策和指导要求，持续推动制度建设，及时调整和优化各项业务政策，着力构建和完善信用风险管理体系；二是制定和修订信托业务系列操作标准，重点细化交易对手等尽职调查内容，严格规范审查审批等全业务流程、部门职责和实施要求，报告期内已制定并修订完善 20 余项业务指引和审查审批操作流程规范；三是建立和完善投后管理、风险监测分析等各项机制，及时防范和化解信用风险，并加强存量不良资产管理和处置。

4.4.3.2　市场风险管理

报告期内，针对市场风险的管理，公司通过全面、客观分析经济形势，力争准确判断市场走向；谨慎选择项目，各项投资活动前均经过全面调查，对可能产生市场风险的各因素进行测算评估；不断优化业务结构，提早做好防范措施，运用金融工具防范风险。在证券投资过程中，严格遵循组合投资、分散风险的原则。

报告期内，公司加强对宏观经济金融形势、调控政策以及行业周期性的研究，加大股票投资项目的实地调研和考察力度，增强对资本市场走向及证券投资产品走势的预判，优化固有业务投资业务流程，提高固有证券投资业务决策有效性和时效性。此外，对于证券投资信托产品，积极引入证券投资及风险管理系统，提高证券估值效率和风险评估的科学性，强化预警平仓等风险防范措施。

4.4.3.3　操作风险管理

公司重点加强内控制度和风险管理制度的落实，不断提升业务操作的规范化水平，有效管理各类操作风险。公司加强内控机制建设，建立系统化的公司制度体系，强化层级授权体系，明确各部门、岗位的职责和权限，使公司业务运行的每一个过程和环节均有章可循，各相关业务部门按照各自的职责在授权范围内独立运作，评审、审批工作依法合规进行。公司不断加强员工培训，提高员工的责任感，提高业务合规管理和风险管理质量；通过技术手段对操作权限和内容进行程序设定、制订应急预案等措施控制操作风险；根据监管规定对公司固有业务和信托业务进行严格的分离和岗位设置。

4.4.3.4　其他风险管理

公司坚持稳健运营的基本原则，合理制定固有资产投资策略，审慎进行固有资产的投资，在固有资产配置上以流动性和安全性为首要原则，提高货币资金、金融产品投资等流动性资产的配置比例，在确保流动性及安全性的基础上取得了较好的经营成效。

公司通过加强对国家政策的分析和研究，准确把握政策变化趋势，根据监管政策和市场的变化，加强政策风险管理，适时调整发展战略和经营策略。

公司严格按照法律法规规定开展业务，注重与监管部门的沟通，确保公司经营活动符合国家政策和监管要求，从完善公司治理、加强合规组织机构、配套机制建设、培育良好合规文化等方面，构建有效的合规风险管理机制。

公司高度重视各种声誉风险，将公司声誉构建与公司发展战略、企业文化进行有机结合，对可能影响公司声誉的业务坚决予以回避，尽职管理受托资产并充分披露，积极维护公司良好的声誉和企业形象。

4.5　企业社会责任

公司积极履行作为企业公民的社会责任，努力培育履行社会责任的企业文化和机制，积极践行《信托公司社会责任公约》，培育和挖掘央企控股金融企业社会责任的内涵，不断丰富企业社会责任的实践内容。

4.5.1　实现股东稳定回报，国有资产保值增值

公司依托中国光大集团的品牌、管理及产业优势，以稳定回报股东利益、保值增值国有资产为目标，发挥信托行业本身具有的制度优势与创新理念，不断提升投资效率和效益，回归“受人之托，代人理财”的信托本源。2016 年，在信托行业整体规模增速出现大幅下滑的环境下，公司上下砥砺前行，奋勇开拓，取得了较好的业绩。截至 2016 年末，公司管理资产规模首破 3 000 亿元，达到 3 074 亿元，较 2016 年初增加 1 699 亿元，增幅为 123.48%，创造历史最好发展水平。盈利及财务状况方面，截至年末公司实现营业收入 8.01 亿元，同比增幅为 29.53%，剔除 2015 年转让兰石重装股票这一偶发因素，可比营业收入同比增加 4.2 亿元，增幅达 112.72%；全年实现利润总额 4.8 亿元，同比增长 56.34%，剔除兰石重装因素，同比增幅超过 300%。在 2016 年第九届中国优秀信托公司评选中，光大兴陇信托荣获“锐意进取信托公司”大奖，公司闫桂军总裁荣获“行业领军人物”大奖。

4.5.2　依法履行纳税义务，支持甘肃经济发展

公司本着积极支持甘肃经济发展的宗旨，全年上缴各项税费及附加共 2.44 亿元。2016 年 3 月，甘肃省政府印发《甘肃省国民经济和社会发展第十三个五年规划纲要》后，公司党委高度重视在甘业务发展，第一时间指派专门力量开展政策学习研讨，提出“树立服务甘肃新理念”的整体思路，努力探索符合甘肃省域特点的金融服务模式措施。为充分发挥光大兴陇信托在跨市场投资和资产组合化管理方面的专业特长，进一步支持甘肃经济社会发展，经认真调研，公司专门制定了《光大兴陇信托进一步支持甘肃经济社会发展专项工作方案》，工作方案由“一个目标”“两项原则”“三个导入”“四类重点”“五项举措”几方面构成，统筹起来，形成支持甘肃经济社会发展专项工作方案，并已积极开展相关工作。

4.5.3　坚决贯彻人本精神，深化企业文化内涵

公司在稳健快速发展的同时，坚持“以人为本”，组织开展丰富多彩的文体运动，极大地丰富了员工的业余生活。公司持续完善工会组织建设，积极保护职工合法权益，制定了光大兴陇信托公司员工阳光关爱基金管理公司暂行办法和光大兴陇信托公司困难员工补助办法。制订了详细的员工培训计划，定期开展具有针对性的内外部培训。加强人才梯队建设，制订实施系统的后备干部培养计划，建设公司网络学习和移动学习体系，全面提升培训工作效率，深化学习型组织建设。

4.5.4　认真履行受托人义务，维护受益人利益

公司以受益人利益最大化为原则，认真履行诚实、信用、专业和有效管理信托财产的受托人义务，过去一年为受益人分配信托利润 123.47 亿元。

4.5.5　积极参与慈善事业，成立慈善信托计划

一是积极参加各类爱心捐款活动，公司领导干部率先垂范，带动广大干部职工踊跃捐款，积极参与公益慈善事业，先后在“向实行计划生育的贫困母亲献爱心捐款”活动中捐款 17 118元、“助学贫困学生”活动中资助 27 人共 3.86 万元、向贫困灾区捐款 30 万元。二是为发扬光大企业文化，进一步发挥信托公益慈善职能，体现光大兴陇信托社会责任，2016 年 12 月 28 日，由公司独立发起设立的光大·陇善行 1 号慈善信托产品获得备案管辖机关备案回执，成为在《慈善法》颁布当年内实现民政部门备案的慈善信托产品，也是甘肃省首单通过备案的慈善信托产品，共有来自公司自有资金和员工捐赠的 109.7 万元善款，将无偿捐给甘肃省迭部、和政、临洮三县进行定点扶贫和对口帮扶，具体用于慰问数百户五保户、为贫困中学生提供助学金资助、图书馆书籍采购与数字化管理等多个公益慈善重点项目。

5. 报告期末及上一年度末的比较式会计报表

5.1　自营资产

5.1.1 会计师事务所审计意见全文

审 计 报 告

安永华明(2017)审字第 61238341_A53 号

光大兴陇信托有限责任公司董事会：

我们审计了后附的光大兴陇信托有限责任公司的财务报表，包括 2016 年 12 月 31 日的资产负债表，2016 年度的利润表、所有者权益变动表和现金流量表以及财务报表附注。

一、管理层对财务报表的责任

编制和公允列报财务报表是光大兴陇信托有限责任公司管理层的责任。这种责任包括：(1) 按照企业会计准则的规定编制财务报表，并使其实现公允反映；(2) 设计、执行和维护必要的内部控制，以使财务报表不存在由于舞弊或错误而导致的重大错报。

二、注册会计师的责任

我们的责任是在执行审计工作的基础上对财务报表发表审计意见。我们按照中国注册会计师审计准则的规定执行了审计工作。中国注册会计师审计准则要求我们遵守中国注册会计师职业道德守则，计划和执行审计工作以对财务报表是否不存在重大错报获取合理保证。

审计工作涉及实施审计程序，以获取有关财务报表金额和披露的审计证据。选择的审计程序取决于注册会计师的判断，包括对由于舞弊或错误导致的财务报表重大错报风险评估。在进行风险评估时，注册会计师考虑与财务报表编制和公允列报相关的内部控制，以设计恰当的审计程序，但目的并非对内部控制的有效性发表意见。审计工作还包括评价管理层选用会计政策的恰当性和作出会计估计的合理性，以及评价财务报表的总体列报。

我们相信，我们获取的审计证据是充分、适当的，为发表审计意见提供了基础。

三、审计意见

我们认为，上述财务报表在所有重大方面按照企业会计准则的规定编制，公允反映了光大兴陇信托有限责任公司 2016 年 12 月 31 日的财务状况以及 2016 年度的经营成果和现金流量。

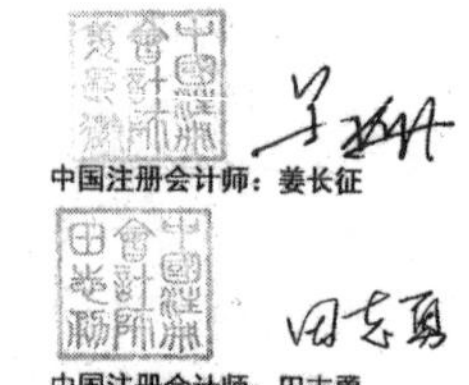

安永华明会计师事务所（特殊普通合伙）　　中国注册会计师：姜长征

中国　北京　　中国注册会计师：田志勇

2017年4月13日

5.1.2　资产负债表

资产负债表

2016 年 12 月 31 日

编制单位：光大兴陇信托有限责任公司　　单位：万元

项目	2016 年 12 月 31 日	2015 年 12 月 31 日	2015 年 1 月 1 日
资产			
现金	2.50	2.19	3.08
存放同业款项	114 725.06	330 836.14	35 877.84
以公允价值计量且其变动计入当期损益的金融资产	8 359.94	1 372.77	15 534.53
应收账款	10 626.56	10 185.07	9 151.28
应收股利			548.83
发放贷款和垫款	16 687.12	32 912.79	47 009.10
应收款项类投资	45 734.73		
可供出售金融资产	311 482.18	73 118.17	54 819.47
固定资产	4 995.52	5 514.62	7 505.36
无形资产	959.28	744.48	118.55
投资性房地产	3 585.42	3 687.26	

续表

项目	2016年12月31日	2015年12月31日	2015年1月1日
递延所得税资产	2 802.13	955.06	1 112.03
其他资产	3 115.55	2 868.79	1 740.33
资产总计	523 075.99	462 197.34	173 420.40
负债和所有者权益			
预收款项	27 617.55	14 884.65	555.22
应付职工薪酬	5 473.51	5 055.94	1 922.88
应交税费	4 891.28	7 197.54	3 990.83
其他负债	25 742.61	2 254.83	1 181.47
预计负债		592.21	
负债合计	63 724.95	29 985.17	7 650.40
所有者权益			
实收资本	341 819.05	101 819.05	101 819.05
资本公积	7 730.00	247 730.00	7 730.00
其他综合收益	2 459.21	6 242.40	2 831.29
盈余公积	12 188.38	8 601.57	6 298.47
一般风险准备	7 417.33	6 910.91	3 821.20
信托赔偿准备	6 419.90	4 626.50	3 474.94
未分配利润	81 317.17	56 281.74	39 795.05
所有者权益合计	459 351.04	432 212.17	165 770.00
负债和所有者权益总计	523 075.99	462 197.34	173 420.40

单位负责人：闫桂军　主管会计工作的公司负责人：李招军　会计机构负责人：李敏

5.1.3 利润表

利润表

2016年12月31日

编制单位：光大兴陇信托有限责任公司　单位：万元

项目	2016年	2015年
一、营业收入	80 133.74	61 865.40
利息收入	6 676.05	2 864.02
手续费及佣金收入	54 472.86	25 322.67
投资收益	18 833.29	31 221.90
公允价值变动（损失）/收益	−517.55	2 100.50
其他业务收入	669.09	356.31
汇兑净收益/（损失）		
二、营业支出	32 108.10	31 172.40
营业税金及附加	2 638.44	3 235.83
业务及管理费	27 029.08	18 306.11
资产减值损失	2 338.74	8 936.40
其他业务成本	101.84	694.06
三、营业利润	48 025.64	30 693.00
加：营业外收入	2.52	
减：营业外支出	46.18	1.51
四、利润总额	47 981.97	30 691.49
减：所得税费用	12 113.91	7 660.44
五、净利润	35 868.06	23 031.05
六、其他综合收益的税后净额以后将重分类进损益的其他综合收益	−3 783.20	3 411.12
可供出售金融资产		
公允价值变动损益	−3 783.20	3 411.12
综合收益总额	32 084.86	26 442.17

单位负责人：闫桂军　主管会计工作的公司负责人：李招军　会计机构负责人：李　敏

5.1.4 所有者权益变动表

所有者权益变动表

编制单位：光大兴陇信托有限责任公司　2016年12月31日　单位：万元

2016年度								
项目	实收资本	资本公积	其他综合收益	盈余公积	一般风险准备	信托赔偿准备	未分配利润	所有者权益合计
2016年1月1日余额	101 819.05	247 730.00	6 242.40	8 601.57	6 910.91	4 626.50	56 281.74	432 212.17
本年增减变动金额								
1. 净利润							35 868.06	35 868.06
2. 其他综合收益			−3 783.20					−3 783.20
3. 国有股减持无偿划转全国社会保障基金理事会								
4. 股东注资	240 000.00	−240 000.00						
上述1.2.3和4小计	240 000.00	−240 000.00	−3 783.20				35 868.06	32 084.86
5. 利润分配								
−提取盈余公积				3 586.81			−3 586.81	
−提取一般风险准备					506.42		−506.42	
−提取信托赔偿准备						1 793.40	−1 793.40	
−分配股利							−4 946	−4 946
2016年12月31日余额	341 819.05	7 730.00	2 459.20	12 188.38	7 417.33	6 419.90	81 317.17	459 351.03

所有者权益变动表（续）

编制单位：光大兴陇信托有限责任公司　　2015 年 12 月 31 日　　单位：万元

2015 年度								
项目	实收资本	资本公积	其他综合收益	盈余公积	一般风险准备	信托赔偿准备	未分配利润	所有者权益合计
2014 年 12 月 31 日余额	101 819. 05	7 730. 00	2 831. 28	6 298. 47	3 821. 19	3 474. 95	39 795. 06	165 770. 00
会计政策变更								
会计差错更正								
2015 年 1 月 1 日余额	101 819. 05	7 730. 00	2 831. 28	6 298. 47	3 821. 19	3 474. 95	39 795. 06	165 770. 00
本年增减变动金额								
1. 净利润							23 031. 05	23 031. 05
2. 其他综合收益			3 411. 12					3 411. 12
4. 股东注资		240 000. 00						240 000. 00
上述 1. 2. 4 小计		240 000. 00	3 411. 12				23 031. 05	266 442. 17
3. 利润分配								
－提取盈余公积				2 303. 11			－2 303. 11	
－提取一般风险准备					3 089. 71		－3 089. 71	
－提取信托赔偿准备						1 151. 55	－1 151. 55	
2015 年 12 月 31 日余额	101 819. 05	247 730. 00	6 242. 40	8 601. 57	6 910. 91	4 626. 50	56 281. 74	432 212. 17

单位负责人：闫桂军　　主管会计工作的公司负责人：李招军　　会计机构负责人：李敏

5. 2 信托资产

5. 2. 1 信托项目资产负债汇总表

信托项目资产负债汇总表

编制单位：光大兴陇信托有限责任公司　　2016 年 12 月 31 日　　单位：万元

信托资产	期末数	期初数	信托负债和信托权益	期末数	期初数
信托资产：			信托负债：		
货币资金	347 794. 17	163 992. 59	交易性金融负债		
拆出资金			衍生金融负债		
存出保证金			应付受托人报酬	11 047. 11	10 726. 70
交易性金融资产	3 209 728. 98	627 233. 12	应付托管费	1 167. 74	129. 05
衍生金融资产			应付受益人收益	60 886. 32	37 171. 53
买入返售金融资产	3 632 760. 20	1 862 072. 76	应交税费	77. 65	170. 61
应收款项	3 949 795. 64	1 523 384. 93	应付销售服务费		
发放贷款	13 737 162. 63	7 438 232. 29	其他应付款项	35 427. 08	128 947. 09
可供出售金融资产	2 166 660. 91	511 231. 92	其他负债		
持有至到期投资	89 750. 00	369 400. 00	信托负债合计	108 605. 90	177 144. 98
长期应收款			信托权益：		
长期股权投资	3 651 637. 30	1 323 683. 20	实收信托	30 746 261. 00	13 757 738. 95
投资性房地产			资本公积		110. 00
固定资产			损益平准金		
无形资产			未分配利润	23 153. 16	12 719. 04
长期待摊费用					
其他资产	92 730. 23	128 482. 16	信托权益合计	30 769 414. 16	13 770 567. 99
信托资产总计	30 878 020. 06	13 947 712. 97	信托负债及权益总计	30 878 020. 06	13 947 712. 97

单位负责人：闫桂军　　会计主管：李　敏　　复核：陈继辉　　制表：吴娟

5.2.2 信托项目利润及利润分配汇总表

信托项目利润及利润分配汇总表

2016年12月31日

编制单位：光大兴陇信托有限责任公司 单位：万元

项　目	本年数	上年数
一、营业收入	1 338 534.31	624 479.96
1. 利息收入	1 181 812.61	558 222.16
2. 投资收益	152 837.09	63 995.84
3. 公允价值变动损益	2 186.58	2 261.44
4. 租赁收入		
5. 汇兑损益		
6. 其他收入	1 698.03	0.52
二、营业费用	93 416.22	48 054.40
1. 营业税金及附加		
2. 受托人报酬	55 923.63	23 850.07
3. 托管费	8 444.84	1 712.20
4. 投资管理费	4 692.10	804.70
5. 销售服务费	235.59	1 580.35
6. 交易费用	681.39	202.18
7. 资产减值损失		
8. 其他费用	23 438.67	19 904.90
三、信托净利润(净亏损以"—"填列)	1 245 118.09	576 425.57
四、其他综合收益		
五、综合收益	1 245 118.09	576 425.57
加：期初未分配信托利润	12 719.05	8 880.78
六、可供分配信托利润	1 257 837.14	585 306.35
减：本期已分配信托利润	1 234 683.98	572 587.30

单位负责人：闫桂军　　会计主管：李　敏　　复核：陈继辉　　制表：吴娟

6. 会计报表附注

6.1 会计报表编制基准不符合会计核算基本前提的说明

6.1.1 会计报表不符合会计核算基本前提的事项

无。

6.1.2 合并报表说明

无。

6.2 重要会计政策和会计估计说明

会计年度：本公司会计年度采用公历年度，即每年自1月1日起至12月31日止。

记账本位币：本公司记账本位币和编制本财务报表所采用的货币均为人民币。除有特别说明外，均以人民币元为单位表示。

计量属性在本期发生变化的报表项目及其本期采用的计量属性：编制本财务报表时，除某些金融工具外，均以历史成本为计价原则。资产如果发生减值，则按照相关规定计提相应的减值准备。

现金等价物确定标准：现金是指本公司的库存现金以及可以随时用于支付的存款；现金等价物是指本公司持有的期限短、流动性强、易于转换为已知金额的现金、价值变动风险很小的投资。

6.2.1 计提资产减值准备的范围和方法

6.2.1.1 贷款及应收款项减值准备的范围和方法

发生减值时，将该金融资产的账面通过备抵项目价值减记至预计未来现金流量(不包括尚未发生的未来信用损失)现值，减记金额计入当期损益。预计未来现金流量现值，按照该金融资产原实际利率(即初始确认时计算确定的实际利率)折现确定，并考虑相关担保物的价值。减值后利息收入按照确定减值损失时对未来现金流量进行折现采用的折现率作为利率计算确认。对于贷款和应收款项，如果没有未来收回的现实预期且所有抵押品均已变现或已转入本公司，则转销贷款和应收款项以及与之相关的减值准备。

对单项金额重大的金融资产单独进行减值测试，如有客观证据表明其已发生减值，确认减值损失，计入当期损益。对单项金额不重大的金融资产，包括在具有类似信用风险特征的金融资产组合中进行减值测试。单独测试未发生减值的金融资产(包括单项金额重大和不重大的金融资产)，包括在具有类似信用风险特征的金融资产组合中再进行减值测试。已单项确认减值损失的金融资产，不包括在具有类似信用风险特征的金融资产组合中进行减值测试。

本公司对以摊余成本计量的金融资产确认减值损失后，如有客观证据表明该金融资产价值已恢复，且客观上与确认该损失后发生的事项有关，原确认的减值损失予以转回，计入当期损益。但是，该转回后的账面价值不超过假定不计提减值准备情况下该金融资产在转回日的摊余成本。

6.2.1.2 固定资产、无形资产、长期股权投资减值准备

本公司于资产负债表日判断资产是否存在可能发生减值的迹象，存在减值迹象的，本公司将估计其可收回金额，进行减值测试。

可收回金额根据资产的公允价值减去处置费用后的净额与资产预计未来现金流量的现值两者之间较高者确定。本公司以单项资产为基础估计其可收回金额；难以对单项资产的可收回金额进行估计的，以该资产所属的资产组为基础确定资产组的可收回金额。资产组的认定，以资产组产生的主要现金流入是否独立于其他资产或者资产组的现金流入为依据。

当资产或资产组的可收回金额低于其账面价值时，本公司将其账面价值减记至可收回金额，减记的金额计入当期损益，同时计提相应的资产减值准备。

资产减值损失一经确认，在以后会计期间不会转回。

6.2.1.3 金融资产的减值准备

本公司于资产负债表日对金融资产的账面价值进行检查，有客观证据表明该金融资产发生减值的，计提减值准备。表明金融资产发生减值的客观证据，是指金融资产初始确认后实际发生的、对该金融资产的预计未来现金流量有影响，且企业能够对该影响进行可靠计量的事项。金融资产发生减值的客观证据，包括发行人或债务人发生严重财务困难、债务人违反合同条款(如偿付利息或本金发生违约或逾期等)、债务人很可能倒闭或进行其他财务重组，以及公开的数据显示预计未来现金

流量确已减少且可计量。

6.2.2 **金融工具核算方法**

金融资产的后续计量取决于其分类。

6.2.2.1 以公允价值计量且其变动计入当期损益的金融资产

以公允价值计量且其变动计入当期损益的金融资产，包括交易性金融资产和初始确认时指定为以公允价值计量且其变动计入当期损益的金融资产。交易性金融资产是指满足下列条件之一的金融资产：取得该金融资产的目的是为了在短期内出售；属于进行集中管理的可辨认金融工具组合的一部分，且有客观证据表明企业近期采用短期获利方式对该组合进行管理；属于衍生工具，但是，被指定且为有效套期工具的衍生工具、属于财务担保合同的衍生工具、与在活跃市场中没有报价且其公允价值不能可靠计量的权益工具投资挂钩并须通过交付该权益工具结算的衍生工具除外。对于此类金融资产，采用公允价值进行后续计量，所有已实现和未实现的损益均计入当期损益。与以公允价值计量且其变动计入当期损益的金融资产相关的股利或利息收入，计入当期损益。

只有符合以下条件之一，金融资产才可在初始计量时指定为以公允价值计量且其变动计入当期损益的金融资产：

(1)该项指定可以消除或明显减少由于金融工具计量基础不同所导致的相关利得或损失在确认或计量方面不一致的情况。

(2)风险管理或投资策略的正式书面文件已载明，该金融工具组合以公允价值为基础进行管理、评价并向关键管理人员报告。

(3)包含一项或多项嵌入衍生工具的混合工具，除非嵌入衍生工具对混合工具的现金流量没有重大改变，或所嵌入的衍生工具明显不应当从相关混合工具中分拆。

(4)包含需要分拆但无法在取得时或后续的资产负债表日对其进行单独计量的嵌入衍生工具的混合工具。

在活跃市场中没有报价、公允价值不能可靠计量的权益工具投资，不得指定为以公允价值计量且其变动计入当期损益的金融资产。

企业在初始确认时将某金融资产划分为以公允价值计量且其变动计入当期损益的金融资产后，不能重分类为其他类金融资产；其他类金融资产也不能重分类为以公允价值计量且其变动计入当期损益的金融资产。

6.2.2.2 贷款和应收款项

贷款和应收款项，是指在活跃市场中没有报价、回收金额固定或可确定的非衍生金融资产。对于此类金融资产，采用实际利率法，按照摊余成本进行后续计量，其摊销或减值产生的利得或损失，均计入当期损益。

6.2.2.3 可供出售金融资产

可供出售金融资产，是指初始确认时即指定为可供出售的非衍生金融资产，以及除上述金融资产类别以外的金融资产。对于此类金融资产，采用公允价值进行后续计量。其折价或溢价采用实际利率法进行摊销并确认为利息收入或费用。除减值损失及外币货币性金融资产的汇兑差额确认为当期损益外，可供出售金融资产的公允价值变动作为其他综合收益确认，直到该金融资产终止确认或发生减值时，其累计利得或损失转入当期损益。与可供出售金融资产相关的股利或利息收入，计入当期损益。

对于在活跃市场中没有报价且其公允价值不能可靠计量的权益工具投资，按成本计量。

本公司于报告期内无持有至到期投资、被指定为有效套期工具的衍生工具。

6.2.3 **长期股权投资核算方法**

对联营企业的投资。

联营企业是指本公司能够对其施加重大影响的企业。

在取得对联营企业投资时，本公司确认初始投资成本的原则是对于以支付现金取得的长期股权投资，本公司按照实际支付的购买价款作为初始投资成本。

后续计量时，对联营企业的长期股权投资采用权益法核算。

本公司在采用权益法核算时的具体会计处理包括：

第一，对于长期股权投资的初始投资成本大于投资时应享有被投资单位可辨认净资产公允价值份额的，以前者作为长期股权投资的成本；对于长期股权投资的初始投资成本小于投资时应享有被投资单位可辨认净资产公允价值份额的，以后者作为长期股权投资的成本，长期股权投资的成本与初始投资成本的差额计入当期损益。

取得对联营企业投资后，本公司按照应享有或应分担的被投资单位实现的净损益和其他综合收益的份额，分别确认投资损益和其他综合收益并调整长期股权投资的账面价值；按照被投资单位宣告分派的利润或现金股利计算应分得的部分，相应减少长期股权投资的账面价值。对联营企业除净损益、其他综合收益和利润分配以外所有者权益的其他变动，本公司按照应享有或应分担的份额计入所有者权益，并同时调整长期股权投资的账面价值。

在计算应享有或应分担的被投资单位实现的净损益、其他综合收益及所有者权益的其他变动的份额时，本公司以取得投资时被投资单位可辨认净资产公允价值为基础，按照本公司的会计政策或会计期间进行必要调整后确认投资收益和其他综合收益等。本公司与联营企业之间内部交易产生的未实现损益按照应享有的比例计算归属于本公司的部分，在权益法核算时予以抵销。内部交易产生的未实现损失，有证据表明该损失是相关资产减值损失的，则全额确认该损失。

第二，本公司对联营企业发生的净亏损，除本公司负有承担额外损失义务外，以长期股权投资的账面价值以及其他实质上构成对联营企业净投资的长期权益减记至零为限。联营企业以后实现净利润的，本公司在收益分享额弥补未确认的亏损分担额后，恢复确认收益分享额。

6.2.4 **固定资产计价和折旧方法**

6.2.4.1 固定资产及在建工程的确认

固定资产仅在与其有关的经济利益很可能流入本公司，且其成本能够可靠地计量时才予以确认。与固定资产有关的后续支出，符合该确认条件的，计入固定资产成本，并终止确认被替换部分的账面价值；否则，在发生时计入当期损益。

6.2.4.2 固定资产及在建工程的计价

固定资产按照成本进行初始计量。外购固定资产的初始成本包括购买价款、相关税费以及使该资产达到预定可使用状态前所发生的可归属于该项资产的支出。

6.2.4.3 固定资产折旧方法

固定资产的折旧采用年限平均法计提，各类固定资产的使用寿命、预计净残值率及年折旧率如下：

类 别	使用寿命(年)	预计净残值率(%)	年折旧率(%)
房屋及建筑物	50	5	1.9
运输工具	10	5	9.5
办公设备及其他	5~10	5	9.5~19

本公司至少于每年年度终了，对固定资产的使用寿命、预计净残值和折旧方法进行复核，必要时进行调整。

6.2.5 无形资产计价及摊销政策

无形资产仅在与其有关的经济利益很可能流入本公司，且其成本能够可靠地计量时才予以确认，并以成本进行初始计量。但非同一控制下企业合并中取得的无形资产，其公允价值能够可靠地计量的，即单独确认为无形资产并按照公允价值计量。

无形资产按照其能为本公司带来经济利益的期限确定使用寿命，无法预见其为本公司带来经济利益期限的作为使用寿命不确定的无形资产。各项无形资产的使用寿命如下：

类 别	使用寿命(年)
软件	5~10

本公司至少于每年年度终了，对无形资产的使用寿命及摊销方法进行复核，必要时进行调整。

6.2.6 长期待摊费用的摊销政策

长期待摊费用是已经发生但应由本期和以后各期负担的、分摊期限在1年以上的各项费用，按预计受益期间分期平均分摊。

6.2.7 合并会计报表的编制方法

无。

6.2.8 收入确认原则和方法

收入是本公司在日常活动中形成的、会导致所有者权益增加且与所有者投入资本无关的经济利益的总流入。收入在金额及相关成本能够可靠计量、相关的经济利益很可能流入本公司、并且同时满足以下不同类型收入的其他确认条件时，予以确认。

6.2.8.1 利息收入

金融资产的利息收入按实际利率法计算并计入当期损益。利息收入包括折价或溢价摊销，或生息资产的初始账面价值与到期日金额之间的其他差异按实际利率法计算进行的摊销。

实际利率法是指按金融资产或金融负债的实际利率计算其摊除成本及利息收入或利息支出的方法。实际利率是将金融工具在于其存续期间或适用的更短期间内的未来现金流量，折现为该金融工具当前账面价值所使用的利率。在计算实际利率时，本公司会在考虑金融工具(如提前还款权等)的所有合同条款(但不会考虑未来信用损失)的基础上预计未来现金流量。计算项目包括属于实际利率组成部分的订约方之间所支付或收取的各项收费、交易费用及溢价或折价。

金融资产发生减值损失后，确认利息收入所使用的利率为计量减值损失时对未来现金流量进行贴现时使用的利率。

6.2.8.2 手续费及佣金收入

手续费及佣金收入主要包括信托报酬及财务顾问费，其中信托报酬是根据信托合同规定的方法或标准确认应由信托项目承担的受托人报酬；财务顾问费按照提供劳务收入的确认条件，在提供劳务交易的结果能够可靠估计时确认为收入。

6.2.8.3 股利收入

非上市权益工具投资的股利收入与本公司收取股利的权利确立时在利润表内确认。上市权益工具投资的股利收入在投资项目的股价除息时确认。

6.2.9 所得税的会计处理方法

所得税包括当期所得税和递延所得税。除由于企业合并产生的调整商誉，或与直接计入股东权益的交易或者事项相关的计入股东权益外，均作为所得税费用或收益计入当期损益。

本公司对于当期和以前期间形成的当期所得税负债或资产，按照税法规定计算的预期应交纳或返还的所得税金额计量。

本公司根据资产负债表日资产与负债的账面价值与计税基础之间的暂时性差异，以及未作为资产和负债确认但按照税法规定可以确定其计税基础的项目的账面价值与计税基础之间的差额产生的暂时性差异，采用资产负债表债务法计提递延所得税。

除以下两方面外；各种应纳税暂时性差异均应确认递延所得税负债。

(1)应纳税暂时性差异是在以下交易中产生的：商誉的初始确认，或者具有以下特征的交易中产生的资产或负债的初始确认：该交易不是企业合并，并且交易发生时既不影响会计利润也不影响应纳税所得额或可抵扣亏损。

(2)对于与子公司、合营企业及联营企业投资相关的应纳税暂时性差异，该暂时性差异转回的时间能够控制并且该暂时性差异在可预见的未来很可能不会转回。

除以下两方面外；对于可抵扣暂时性差异、能够结转以后年度的可抵扣亏损和税款抵减，本公司以很可能取得用来抵扣可抵扣暂时性差异、可抵扣亏损和税款抵减的未来应纳税所得额为限，确认由此产生的递延所得税资产。

(1)可抵扣暂时性差异是在以下交易中产生的：该交易不是企业合并，并且交易发生时既不影响会计利润也不影响应纳税所得额或可抵扣亏损。

(2)对于与子公司、合营企业及联营企业投资相关的可抵扣暂时性差异，同时满足下列条件的，确认相应的递延所得税资产：暂时性差异在可预见的未来很可能转回，且未来很可能获得用来抵扣可抵扣暂时性差异的应纳税所得额。

本公司于资产负债表日，对于递延所得税资产和递延所得税负债，依据《税法》规定，按照预期收回该资产或清偿该负债期间的适用税率计量，并反映资产负债表日预期收回资产或清偿负债方式的所得税影响。

于资产负债表日，本公司对递延所得税资产的账面价值进行复核，如果未来期间很可能无法获得足够的应纳税所得额用于抵扣递延所得税资产的利益，减记递延所得税资产的账面价值。于资产负债表日，本公司重新评估未确认的递延所得税资产，在很可能获得足够的应纳税所得额可供所有或部分递延所得税资产转回的限度内，确认递延所得税资产。

如果拥有以净额结算当期所得税资产及当期所得税负债的法定权利，且递延所得税与同一应纳税主体和同一税收征管部门相关，则将递延所得税资产和递延所得税负债以抵销后的净额列示。

6.2.10 信托报酬确认原则和方法

手续费及佣金收入在提供相关服务时计入当期损益。

6.2.11 **投资性房地产核算方法**

投资性房地产是指为赚取租金或资本增值，或两者兼有而持有的房地产，包括已出租的建筑物。

投资性房地产按照成本进行初始计量。与投资性房地产有关的后续支出，如果与该资产有关的经济利益很可能流入且其成本能够可靠地计量，则计入投资性房地产成本。否则，于发生时计入当期损益。

本公司采用成本模式对投资性房地产进行后续计量。本公司将投资性房地产的成本扣除预计净残值和累计减值准备后在使用寿命内按年限平均法计提折旧。投资性房地产的使用寿命、预计净残值率及年折旧率如下：

	使用寿命（年）	预计净残值率（%）	年折旧率（%）
房屋及建筑物	50	5	1.9

6.2.12 **长期应收款的核算方法**

无。

6.2.13 **其他资产的核算方法**

6.2.13.1 其他资产分类

无。

6.2.13.2 抵债资产的计量

无。

6.2.13.3 抵债资产的减值

无。

6.2.14 **利润分配**

资产负债表日后，经审议批准的利润分配方案中拟分配的股利或利润，不确认为资产负债表日的负债，在附注中单独披露。

6.3 或有事项说明

如果与或有事项相关的义务是本公司承担的现时义务，且该义务的履行很可能会导致经济利益流出本公司，以及有关金额能够可靠地计量，则本公司会确认预计负债。对于货币时间价值影响重大的，预计负债以预计未来现金流量折现后的金额确定。

对过去的交易或者事项形成的潜在义务，其存在须通过未来不确定事项的发生或不发生予以证实；或过去的交易或者事项形成的现时义务，履行该义务不是很可能导致经济利益流出本公司或该义务的金额不能可靠计量，则本公司会将该潜在义务或现时义务披露为或有负债。

6.4 会计报表中重要项目的明细资料

6.4.1 **自营资产经营情况**

6.4.1.1 按资产风险五级分类结果披露资产的期初数、期末数

信用风险资产五级分类	正常类（万元）	关注类（万元）	次级类（万元）	可疑类（万元）	损失类（万元）	信用风险资产合计（万元）	不良资产合计（万元）	不良资产率（%）
期初数	332 869.30	15 000	24 158.28	3 352.50	102.35	375 482.43	27 613.13	7.35
期末数	478 009.71	0	20 865	5 204.05	102.35	504 181.11	26 171.40	5.19

注：不良资产合计 = 次级类 + 可疑类 + 损失类。

6.4.1.2 披露资产损失准备的期初数、本期计提、本期转回、期末数

单位：万元

	2016年1月1日	本期计提	本期转回	2016年12月31日
发放贷款和垫款	9 700.33	965.25	1 181.30	9 484.28
可供出售金融资产	1 101.54	479.77	871.44	709.87
应收账款	837.63	34.93		872.56
固定资产	73.53			73.53
其他资产	105.56	2 495.21		2 600.77
合　计	11 818.60	3 975.16	2 052.74	13 741.01

6.4.1.3 披露自营股票投资、基金投资、债券投资、长期股权投资等投资的期初数、期末数

单位：万元

	自营股票	基金	债券	长期股权投资	其他投资	合计
期初数	632.77		740		74 219.71	75 592.48
期末数	4 224.80	3 865.14	270		357 216.91	365 576.85

6.4.1.4 按投资入股金额排序，披露前三名的自营长期股权投资的企业名称、占被投资企业权益的比例、主要经营活动及投资收益情况等

无。

6.4.1.5 披露前三名的自营贷款的企业名称、占贷款总额的比例和还款情况等

企业名称	占贷款总额的比例（%）	还款情况
嘉联皮革（中国）有限公司	27	逾期
甘肃丽新房地产有限责任公司	26.75	逾期
甘肃兰亚铝业有限公司	22.16	逾期

6.4.1.6 表外业务的期初数、期末数；按照代理业务、担保业务和其他类型表外业务分别披露

无。

6.4.1.7 公司当年的收入结构

收入结构	金额（万元）	占比（%）
手续费及佣金收入	54 472.85	67.98
其中：信托手续费收入	53 697.13	
投资银行业务收入	775.72	
利息收入	2 322.25	2.90
金融企业往来收入	4 353.80	5.43
其他业务收入	669.09	0.83
其中：计入信托业务收入部分		

续表

收入结构	金额(万元)	占比(%)
汇兑收益		
投资收益	18 833.29	23.50
其中:股权投资收益	7 123.53	
证券投资收益	-65.62	
其他投资收益	11 775.38	
公允价值变动收益	-517.54	-0.65
营业外收入	2.52	0.01
收入合计	80 136.26	100

6.4.1.8 公司净资本、风险资本以及风险控制指标

根据公司审计报告、《信托公司净资本管理办法》(中国银监会令2010年第5号)和《中国银监会关于印发信托公司净资本计算标准有关事项的通知》(银监发[2011]11号)的规定计算,截至2016年12月31日:

公司净资产459 351.03万元;

固有业务风险资本60 649.85万元;

信托业务风险资本227 149.95万元;

其他业务风险资本0万元;

各项业务风险资本之和287 799.80万元;

公司净资本为396 160.57万元,符合大于或等于2亿元的监管标准。

净资本/各项业务风险资本之和为137.65%,符合大于或等于100%的监管标准。

净资本/净资产为86.24%,符合大于或等于40%的监管标准。

6.4.2 信托资产管理情况

6.4.2.1 披露履行受托人义务的情况

公司作为受托人,严格按照《中华人民共和国信托法》《信托公司管理办法》《信托公司资金信托管理暂行办法》等法律法规的规定及信托合同等文件的约定,恪尽职守,诚信、谨慎、高效地管理信托财产,严格履行受托人的义务,为委托人的最大利益处理信托事务。

6.4.2.2 披露信托资产的期初数、期末数

单位:万元

信托资产	期初数	期末数
集合	2 251 975.44	9 851 361.83
单一	10 845 341.25	17 433 011.93
财产权	660 422.25	3 461 887.24
合计	13 757 738.94	30 746 261.00

6.4.2.2.1 主动管理型信托业务的信托资产期初数、期末数

单位:万元

主动管理型信托资产	期初数	期末数
证券投资类	467 520.00	3 007 398.00
股权投资类	75 100.00	97 840.00
融资类	956 458.28	2 600 166.20
事务管理类	452 915.55	281 979.59
合计	1 951 993.83	5 987 383.79

6.4.2.2.2 被动管理型信托业务的信托资产期初数、期末数

单位:万元

被动管理型信托资产	期初数	期末数
证券投资类	200 470.00	567 704.73
股权投资类	670 540.00	1 762 924.02
融资类	9 159 354.68	8 206 864.06
事务管理类	1 775 380.44	14 221 384.40
合计	11 805 745.12	24 758 877.21

6.4.2.3 本年度已清算结束的信托项目个数、实收信托合计金额、加权平均实际年化收益率

6.4.2.3.1 本年度已清算结束的集合类、单一类资金信托项目和财产管理类信托项目个数、实收信托合计金额、加权平均实际年化收益率

已清算结束信托项目	项目个数(个)	实收信托合计金额(万元)	加权平均实际年化收益率(%)
集合类	29	729 477.00	10.02
单一类	117	3 941 984.89	7.66
财产管理类	2	15 000.00	4.06

6.4.2.3.2 本年度已清算结束的主动管理型信托项目个数、实收信托合计金额、加权平均实际年化收益率

已清算结束信托项目	项目个数(个)	实收信托合计金额(万元)	加权平均实际年化信托报酬率(%)	加权平均实际年化收益率(%)
证券投资类	5	61 380.00	0.55	8.40
股权投资类				
融资类	22	586 377.00	1.49	11.12
事务管理类				
合计	27	647 757.00		

6.4.2.3.3 本年度已清算结束的被动管理型信托项目个数、实收信托合计金额、加权平均实际年化收益率

已清算结束信托项目	项目个数(个)	实收信托合计金额(万元)	加权平均实际年化信托报酬率(%)	加权平均实际年化收益率(%)
证券投资类				
股权投资类				
融资类	84	1 621 309.00	0.24	9.16
事务管理类	37	2 411 395.89	0.09	6.48
合计	121	4 032 704.89		

6.4.2.4 本年度新增的集合类、单一类和财产管理类信托项目数量、实收信托合计金额

新增信托项目	项目个数(个)	合计金额(万元)
集合类	129	9 916 437.85
单一类	192	12 242 993.24
资产管理类(财产权)	36	3 244 796.24
新增合计	357	25 404 227.33
其中:主动管理型	46	5 904 318.98
被动管理型	311	19 499 908.35

6.4.2.5 披露信托财产的损失情况（笔数、合计金额、原因等）

无。

6.4.2.6 披露因本公司自身责任而导致的信托资产损失情况

无。

6.5 关联方关系及其交易的披露

6.5.1 关联交易方的数量、关联交易的总金额及关联交易的定价政策等

关联交易方数量	关联交易方总金额（万元）	关联交易的定价政策
6	8 895 196.63	按市场价格交易；若无市场价格，则按公允原则，以不优于对非关联方同类交易的条件交易。

6.5.2 关联交易方与本公司的关系性质、关联交易方的名称、法定代表、注册地址、注册资本及主营业务等

关联交易方与本公司的关系性质	关联交易方的名称	法定代表	注册地址	注册资本（万元）	主营业务
同一母公司控制下的子公司	光大金控资产管理有限公司	杜建军	北京市西城区武定侯街6号卓著中心16层1600室	150 000	股权投资与管理、财务顾问、投资顾问、资产并购、资产受托管理咨询。
同一母公司控制下的子公司	光大证券股份有限公司	薛峰	上海市静安区新闸路1508号	390 670	主要从事证券经纪业务、投资银行业务、证券投资业务及资产管理业务等四大业务。
同一母公司控制下的子公司	中国光大银行股份有限公司	唐双宁	北京市西城区太平桥大街25号、甲25号中国光大中心	4 667 910	吸收公众存款、发放贷款、办理国内外结算等。
同一母公司控制下的子公司	中国光大控股有限公司	唐双宁（董事会主席）	香港夏悫道16号远东金融中心46楼	168 525	金融服务业，包括资产管理、产业投资、直接投资、策略投资及其他。
同一母公司控制下的子公司	中国光大实业（集团）有限公司	葛海蛟	北京市西城区复兴门外大街6号光大大厦25层	440 000	投资及投资管理，企业管理咨询、投资咨询，房地产开发，资产管理，出租商业设施，技术开发等业务。
重大影响	甘肃省国有资产投资集团有限公司	吴万华	兰州市静宁路308号	1 197 057	国有资本（股权）管理和融资业务，产业整合和投资业务，基金投资和创投业务，上市股权管理和运营业务，有色金属材料的批发和零售，以及经批准的其他业务。

6.5.3 逐笔披露本公司与关联方的重大交易事项

6.5.3.1 固有财产与关联方交易情况

6.5.3.1.1 投资关联交易情况

单位：万元

名称	金额
光大金控实业发展契约基金	450 000.00

6.5.3.1.2 其他关联交易情况

单位：万元

名称	金额
光大银行兰州分行营业部房租	315.54
光大银行兰州分行营业部存款	40 409.69
甘肃省国有资产投资集团有限公司房租	105.97
光大实业（集团）有限公司保洁费	12.63

6.5.3.2 信托资产与关联方交易情况

单位：万元

业务类型	子公司	金额
贷款	光大银行	4 874 650.00
	光大证券	48 058.71
投资类	光大银行	2 618 689.35
	光大证券	530 000.00
	光大资管	159 350.00
应收账款	光大银行	162 750.00
	光大证券	10 854.74
合计		8 404 352.80

6.5.3.3 信托公司自有资金运用于自己管理的信托项目（固信交易）、信托公司管理的信托项目之间的相互（信信交易）交易金额

6.5.3.3.1 固有财产与信托财产之间的交易金额、交易方式等期初汇总数、本期发生汇总数、期末汇总数

单位：万元

期初汇总数	本期发生汇总数	期末汇总数
23 671.81	177 138.19	200 810

6.5.3.3.2 信托资产与信托财产之间的交易金额、交易方式等期初汇总数、本期发生汇总数、期末汇总数

单位：万元

期初汇总数	本期发生汇总数	期末汇总数
163 070.00	105 780.00	268 850.00

6.5.4 逐笔披露关联方逾期未偿还本公司资金的详细情况以及本公司为关联方担保发生或即将发生垫款的详细情况

无。

6.6 会计制度的披露

为加强公司财务管理，规范财务工作，促进经营业务的发展，提高经济效益，促进本公司法人治理结构的建立和完善，防范财务风险、规范公司会计行为，根据国家有关法律、法规规定和公司章程，公司修订了《光大兴陇信托财务制度》，制定了《光大兴陇信托有限责任公司会计制度》《光大兴陇信托有限责任公司信托业务会计核算操作规程》《光大兴陇信托出纳岗位操

作规程》《光大兴陇信托证券信托会计核算办法》《光大兴陇信托证券信托会计工作流程指引》《营改增实施管理办法》《增值税会计核算办法》《增值税发票管理办法》等制度。

7. 财务情况说明书

7.1 利润实现和分配情况

7.1.1 实现利润

本公司2016年实现利润总额479 819 764.22元，净利润358 680 625.38元。

7.1.2 提取盈余公积

本公司按公司章程规定，按2016年税后利润的10%提取法定盈余公积35 868 062.54元(2015年，为86 015 730.37元)。

7.1.3 提取一般风险准备

根据财政部于2012年3月20日印发的《金融企业准备金计提管理办法》(财金[2012]20号)的规定，一般风险准备是从净利润中计提的、用于部分弥补尚未识别的可能性损失的准备金。原则上一般风险准备余额不低于风险资产期末余额的1.5%。本公司2016年从净利润中提取一般风险准备5 064 166.34元(2015为69 109 128.59元)。

7.1.4 提取信托赔偿准备

根据银监会于2007年1月23日颁布的《信托公司管理办法》(中国银行业监督管理委员会令2007年第2号)第四十九条及《公司章程》规定，按2016年税后利润的5%提取信托赔偿准备17 934 031.27元(2015年为46 264 971.02元)。

7.1.5 分配股利

根据2016年7月19日和2016年11月21日的股东会的决议批准，本公司2016年按持股比例向股东派发现金股利，金额分别为16 486 678.38元和32 973 356.77元，合计49 460 035.15元(2015年无现金股利)。

7.2 主要财务指标

指标名称	指标值
资本利润率(%)	8.05
加权年化信托报酬率(%)	0.23
人均净利润(万元)	132.84

7.3 对本公司财务状况、经营成果有重大影响的其他事项

本公司于2016年2月26日取得甘肃省工商行政管理局颁发的营业执照，并于2016年2月26日股东增资款共计24亿元由资本公积转入实收资本中核算。

7.4 其他事项

无。

8. 特别事项揭示

8.1 前五名股东报告期内变动情况及原因

无。

8.2 董事、监事及高级管理人员变动情况及原因

8.2.1 董事变动情况

无。

8.2.2 监事变动情况

无。

8.2.3 高管人员变动情况

2016年9月28日，光大兴陇信托有限责任公司第一届董事会第二十次会议审议通过了《关于聘任李春菊同志为总裁助理的议案》，聘任李春菊为公司总裁助理。

8.3 变更注册资本、变更注册地或公司名称、公司分立合并事项

2015年12月28日，根据中国银行业监督管理委员会《中国银监会甘肃监管局关于光大兴陇信托有限责任公司增加公司注册资本金的批复》(甘银监复[2015]348号)，公司采取原股东等比例一次性增资方式，将公司注册资本金从101 819.05万元增至341 819.05万元，并于2016年2月26日在甘肃省工商局完成了工商变更登记法律手续。

8.4 公司的重大诉讼事项

8.4.1 重大未决诉讼事项

光大集团接管甘肃信托以来，本着对投资者负责的态度，积极调用各方资源，协调解决甘肃信托遗留的风险项目，并依法启动相关诉讼程序，具体详情如下：

8.4.1.1 固有业务重大诉讼案件情况

(1)公司与甘肃省飞天工贸总公司(以下简称飞天工贸)、飞天大酒店有限公司(以下简称飞天酒店)股权转让侵权纠纷一案，最高人民法院(2006)民二终字第115号《民事判决书》判决公司胜诉，由飞天工贸、飞天酒店共同返还公司本金7 443 400元及其利息损失的70%。上述案件仍在执行中。

(2)公司与飞天工贸借款合同纠纷案，经甘肃省高级人民法院(2003)甘民二初字第42号民事调解书确认由飞天工贸偿还500万元贷款本金及相应利息。之后公司以飞天工贸为被告以飞天酒店为第三人以代位权纠纷为案由向法院提起诉讼，甘肃省高级人民法院(2007)甘民二初字第7号《民事判决书》判决公司胜诉，判决由飞天酒店以每年酒店的盈利按飞天工贸所占注册资本比例偿还公司9 668 369.00元及利息3 086 143.00元。上述案件仍在执行中。

(3)白银有色金属公司(以下简称白银有色)欠公司两笔贷款的借款纠纷案，第一笔经最高人民法院(2002)民二终字第187号《民事判决书》判决公司胜诉，由白银有色偿还贷款本金30 430 000.00元及相应利息；第二笔经甘肃省高级人民法院(2002)甘民二初字第39号《民事判决书》判决公司胜诉，由白银有色偿还贷款本金7 130 000.00元及相应利息，案件受理费75 627.00元由白银有色承担。上述案件仍在执行中。

(4)公司与甘肃兰亚铝业有限公司(以下简称兰亚铝业)借款合同纠纷一案，甘肃省高级人民法院已作出《甘肃省高级人民法院民事判决书》(2015)甘民二初字第4号判决。公司不服甘肃省高院的判决于2015年9月30日向最高人民法院

提起上诉。目前在最高人民法院的主持调解下，最终与债务人达成和解还款协议，最高人民法院已经下达（2016）最高法民终13号民事调解书，截至2016年末债务人已经偿还本息1 400万元，剩余本息将在未来3年内分期还清，现在案件已在甘肃省高级人民法院的和解执行中。

（5）公司与甘肃丽新房地产开发有限公司（神骏物流，简称甘肃丽新）借款纠纷一案，该公司自2014年6月欠付利息，贷款本金到期无法按期归还，公司将甘肃丽新起诉至兰州市中级人民法院，目前相关法律手续已经办理完毕，已查封被告人相关资产。兰州市中级人民法院于2016年11月14日开庭审理了此案，判公司胜诉。被告对法庭判决不服，已向甘肃省高级人民法院提起上诉。

（6）公司与浙江黄氏控股集团有限公司借款合同纠纷一案，甘肃省高级人民法院已作出（2015）甘民二初字第28号判决。判决内容除将黄氏固有贷款部分的罚息、复利利率调整为合同年利率的150%（诉讼请求主张为合同年利率的200%）外，其余诉讼请求全部得到支持。被告上诉后，公司与被告已经在最高人民法院的主持下达成和解协议。

（7）公司与江苏东来房地产开发有限公司固有部分借款合同纠纷一案，公司于2015年11月24日诉至北京市西城区法院，北京市西城区人民法院下达2015西民（商）初字第35120号受理案件通知书并于2015年12月7日开庭，由于被告人提出《诉讼地管辖权异议申请》《延期开庭申请》。北京市二中院驳回江苏东来所持诉讼地管辖权异议，将案件发回北京市西城区法院重新审理。北京市西城区法院2016年9月1日重新开庭审理案件，法院已判决并生效，判公司胜诉，目前公司依据法院判决进入执行程序。

（8）公司与金塔砂砖厂借款合同纠纷一案，公司于2015年12月22日诉至兰州市城关区人民法院。因被告对法律诉讼地持有异议，于2016年6月上诉至兰州市中级人民法院，兰州市中级人民法院在审理了相关案卷后，于2016年11月重新将案件发回兰州市城关区人民法院重新审理，在法院的调解下，当事人双方达成和解意向，目前和解方案正在谈判中。

8.4.1.2 信托业务重大诉讼案件情况

（1）江苏东来案，该案公司已经作为原告向甘肃省高级人民法院起诉，2015年12月7日收到甘肃省高级人民法院（2015）甘民二初字第27号民事判决书，判决江苏东来房地产公司提前偿还借款本息，并需支付自提前到期日至实际偿付日期间所有利息及罚息，各担保人承担连带担保责任，公司对抵押物优先受偿。目前，该案件已经进入执行程序。

（2）北京联拓案，公司于2015年8月25日在北京市顺义区人民法院提交《实现担保物权申请书》，顺义区法院于2015年9月10日开庭。2015年9月24日，公司取得北京市顺义区人民法院民事裁定书，准许公司对被申请人众和投资有限公司的抵押物采取拍卖、变卖等方式依法变价，并优先受偿所得价款。众和投资抵押土地在顺义区人民法院已经进入执行阶段。2016年5月，公司又将北京联拓、郭和通、梁东绿、众和投资作为被告在甘肃高院起诉，但是目前该案因为北京联拓被申请破产处于中止状态。

光大集团相信，通过公平、公正、公开的司法环境，能够促使以上遗留问题的圆满解决。

8.4.2 以前年度发生，于本报告年度内终结的诉讼事项

（1）黄氏控股案，公司作为原告将借款人向甘肃省高级人民法院起诉后，法院于2015年12月14日向公司送达（2015）甘民二初字第28号民事判决书，判决除将黄氏固有贷款部分的罚息、复利利率调整为合同年利率的150%（诉讼请求主张为合同年利率的200%）外，其余诉讼请求全部得到支持。被告上诉后，公司与被告已经在最高人民法院的主持下达成和解协议。

（2）皇台酒业案，该案涉诉金额为3040万元，因借款人销售下滑，资金回笼量小且慢，现金净流量小，不能归还公司贷款本息。为保证公司委托人利益，公司向兰州市中级人民法院对甘肃皇台酒业股份有限公司提起诉讼。公司立案后，皇台酒业偿还了公司的全部借款本金，公司已撤诉。

8.4.3 本报告年度发生，于本报告年度内终结的诉讼事项

无。

8.5 对会计师事务所出具的有解释性说明、保留意见、拒绝表示意见或否定意见的审计报告的，公司董事会应就所涉及事项作出说明

安永华明会计师事务所（特殊普通合伙）为本公司出具了标准无保留意见的审计报告。

8.6 公司及其董事、监事和高级管理人员受到处罚的情况

报告期内公司及其董事、监事和高级管理人员依法经营、依法履职，没有受到监管部门处罚的情况发生。

8.7 银监会及其派出机构对公司检查后提出整改意见的，应简单说明整改情况

2016年5月至2016年7月中国银监会甘肃监管局对公司截至2015年12月末存续固有和信托业务的合规性、风险性以及2015年现场检查整改情况进行了现场检查，对公司治理水平的提升、业务快速稳定的发展、风险抵御能力的增强、兑付风险的化解、社会责任的履行等方面取得的成绩给予了肯定；对公司内控管理、信托业务推介、信托产品设立、项目审查、投后管理等环节存在的问题，提出了宝贵的整改意见和要求：一是持续夯实公司治理基础、完善内部控制；二是提升战略规划、坚守合规经营底线；三是进一步规范产品营销、揭示项目风险；四是严格项目审批、风险关口前移；五是充分履职尽责、披露信托管理信息；六是做好风险台账填报、严格净资本管理。

针对监管意见和要求，公司高度重视，深入分析并制定有效整改措施：（1）持续强化公司治理机制的完善，进一步落实各项监管政策；（2）牢固树立法治意识和合规经营理念，加强业务的合规管理；（3）不断提升风险防控能力，妥善处置风险项目；（4）进一步完善内控管理制度和流程，提升内控执行力。公司以监管检查为契机，深入查找和挖掘经营管理、业务发展中存在问题的根源，严格落实整改措施，根据监管的指导意见遵循全面、持续、审慎和有效的原则，加强合规与风险管理，不断增强发展的内生动力，积极履行社会责任，切实维护和保障信托受益人的利益，保证公司稳步健康发展。

8.8 本年度重大事项临时报告的简要内容、披露时间、所披露的媒体及其版面

2016 年 3 月 11 日，在《证券时报》B1 版对变更公司注册资本金（变更为 341 819.05 万元）事项进行了公告。

2016 年 12 月 17 日，在《证券时报》B2 版对李春菊总裁助理任职资格获中国银监会甘肃监管局核准事项进行了公告。

8.9 银监会及其省级派出机构认定的其他有必要让客户及相关利益人了解的重要信息

无。

9. 公司监事会意见

报告期内，公司监事会严格遵守《公司法》《光大兴陇信托有限责任公司章程》的有关规定，依法独立履行职责，全体监事列席了各次股东会会议及董事会会议，监督检查了公司依法运作、重大决策、重大经营活动情况及财务状况，认为公司能够合规运作。2016 年度财务报告经安永华明会计师事务所（特殊普通合伙）审计，出具了标准无保留意见的审计报告，该报告真实、客观、准确地反映了公司财务状况和经营成果。

广东粤财信托有限公司

1. 重要提示

1.1 本公司董事会及董事保证本报告所载资料不存在任何虚假记载、误导性陈述或者重大遗漏,并对其内容的真实性、准确性和完整性承担个别及连带责任。

1.2 公司独立董事对本报告所披露内容进行了认真审查,保证本报告内容的真实性、准确性和完整性。

1.3 广东正中珠江会计师事务所(特殊普通合伙)对本公司年度财务报告进行了审计,出具了标准无保留意见的审计报告。

1.4 公司负责人、主管会计工作负责人及会计部门负责人保证年度报告中财务报告的真实、完整。

2. 公司概况

2.1 公司简介

广东粤财信托有限公司成立于1984年,是经中国银监会批准设立的非银行金融机构,是国内首批设立的信托公司,目前为广东省唯一省属国有信托机构。公司注册资本28亿元,其中,广东粤财投资控股有限公司出资274 791.59万元,出资比例98.14%;广东省科技创业投资有限公司出资5 208.41万元,出资比例1.86%。

公司一直坚持"诚信为本、稳健经营、专业进取、开拓创新"的经营方针,以完善的风险控制系统为基础,以金融产品创新为手段,构建专业化,综合性的金融服务平台,为客户提供个性化、专业化、全方位的金融需求解决方案。未来,公司将以致力更优服务,成就客户与员工价值,引领行业发展为使命,向着成为资本实力雄厚、主动管理能力及创新研发能力卓越的全球资产管理与财富管理金融服务商的目标不断迈进。

2.1.1 公司法定中文名称:广东粤财信托有限公司
英文名称:Guangdong Finance Trust Co. ,LTD

2.1.2 法定代表人:邓斌

2.1.3 注册地址:广东省广州市越秀区东风中路481号粤财大厦9楼、14楼、40楼

2.1.4 邮政编码:510045

2.1.5 公司国际互联网网址:http://www. utrusts. com

2.1.6 公司电子信箱:wealth@ utrust. cn

2.1.7 公司信息披露事务联系人:陈韶辉
联系电话:020 -83063141
传真:020 -83063082
电子信箱:wealth@ utrust. cn

2.1.8 公司本次信息披露报纸名称:《金融时报》《证券时报》

2.1.9 公司年度报告备置地点:广州市东风中路481号粤财大厦14楼

2.1.10 公司聘请的会计师事务所:广东正中珠江会计师事务所(特殊普通合伙)
地址:广东省广州市越秀区东风东路555号粤海集团大厦10楼

2.1.11 公司常年法律顾问:广东君信律师事务所
地址:广州市越秀区农林下路83号广发银行大厦20楼

2.2 组织结构

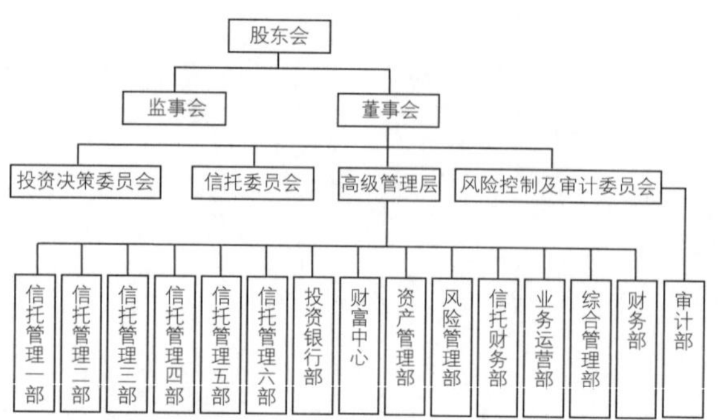

3. 公司治理

3.1 股东

股东构成

股东名称	广东粤财投资控股有限公司	广东省科技创业投资有限公司
出资额(万元)	274 791.59	5 208.41
出资比例(%)	98.14	1.86
法人代表	杨润贵	汪涛
注册资本(万元)	142.08	10.402079
注册地址	广州市东风中路481号粤财大厦15楼	广东省广州市天河区珠江西路17号 4301房自编号1房
主要经营业务及主要财务情况	主要经营业务:资本运营管理、资产受托管理、投资项目的管理;科技风险投资、实业投资;企业重组、并购咨询服务。 主要财务情况(未经审计,合并报表):资产总额5 890 000万元;净资产2 590 000万元;当年净利润223 200万元。	主要经营业务:创业投资业务;为创业企业提供创业管理服务业务;参与设立创业投资企业与创业投资管理顾问机构;股权投资业务;咨询业务;产业园投资;物业出租。 主要财务情况:资产总额232623.34万元;净资产173 221.67万元;当年净利润3 422.10万元(未经审计)。

3.2 董事

董事长、董事

职务	姓名	性别	年龄	选任日期	所推举的股东名称	该股东持股比例(%)	简要履历
董事长	邓斌	男	46	2015年8月20日	广东粤财投资控股有限公司	98.14	2005年10月起任公司副总经理; 2009年8月起任公司总经理; 2015年8月起任公司董事长
董事	林波	男	53	2015年12月2日	广东粤财投资控股有限公司	98.14	2009年9月起任粤财控股董事、副总经理、党委委员,兼任粤财资产董事长; 2015年1月起任粤财控股董事、总经理、党委副书记; 2015年6月起任中银粤财股权投资基金管理(广东)有限公司董事长; 2015年12月起兼任公司董事
董事	王鹏	男	45	2016年6月13日	广东省科技创业投资有限公司	1.86	2015年4月起就职于广东省粤科金融集团,任科技金融事业部副总裁; 2016年3月起担任公司董事
董事	王海	男	46	2015年12月2日	广东粤财投资控股有限公司	98.14	2011年11月起任工商银行韶关分行行长、党委书记; 2015年11月起任公司总经理; 2015年12月起兼任公司董事

独立董事

职务	姓名	所在单位及职务	性别	年龄	选任日期	所推举的股东名称	该股东持股比例(%)	简要履历
独立董事	王聪	暨南大学经济学院教授	男	58	2014年12月12日	广东粤财投资控股有限公司	98.14	现任暨南大学经济学院金融系教授、博士生导师、国际学院副院长。
独立董事	张天民	北京市君泽君律师事务所高级合伙人	男	46	2014年12月12日	广东粤财投资控股有限公司	98.14	2004年起任北京市君泽君律师事务所高级合伙人。

3.3 监事

监事会成员

职务	姓名	性别	年龄	选任日期	所推举的股东名称	该股东持股比例(%)	简要履历
监事长	蒋健冬	女	51	2016年2月18日	广东粤财投资控股有限公司	98.14	2013年7月至2015年6月任中银粤财股权投资基金管理(广东)有限公司董事、副总经理; 2015年7月起任广东粤财投资控股有限公司总监,兼任广东粤财创业投资有限公司、广东粤财股权投资有限公司、广东粤财基金管理有限公司监事长; 2016年1月起任公司监事长,2016年4月起兼任公司纪检监察专员
监事	林绮	女	46	2014年10月9	广东粤财投资控股有限公司	98.14	2003年3月起任职广东粤财投资控股有限公司计划财务部; 2014年4月起任广东粤财投资控股有限公司计划财务部总经理。
监事	李湛	女	54	2014年10月9日	职工代表监事		2007年1月至2012年1月任公司证券投资部经理;2012年2月起任公司信托管理三部高级经理; 2016年7月起任公司业务运营部高级经理。

3.4 高级管理人员

高级管理人员

职务	姓名	性别	年龄	任职日期	金融从业年限(年)	学历	专业	简要履历
总经理	王海	男	46	2015年11月24日	25	硕士研究生	经济学	2011年11月起任工商银行韶关分行行长、党委书记; 2015年11月起任公司总经理; 2015年12月起兼任公司董事。
副总经理	李亚娟	女	47	2013年7月15日	22	硕士研究生	经济学	2010年1月起任广东银监局非银处处长; 2012年9月起任广东银监局纪委副书记; 2013年7月起任公司副总经理。

续表

职务	姓名	性别	年龄	任职日期	金融从业年限（年）	学历	专业	简要履历
副总经理	陈海珍	女	50	2013年7月15日	21	本科	会计学	2012年2月起任公司信托管理部总经理； 2013年7月起任公司副总经理。
副总经理	刘东辉	男	48	2015年11月24日	22	博士	企业管理	2012年1月起任公司信托管理三部总经理； 2013年7月起任公司总经理助理； 2015年11月起任公司副总经理。
总经理助理	徐茹斌	女	43	2016年4月20日	14	硕士	工商管理	2012年1月起任公司财务部总经理； 2013年7月起任公司财务部、信托财务部总经理； 2016年4月起至今任公司总经理助理。

3.5 公司员工

项目		报告期年度		上年度	
		人数（人）	比例（%）	人数（人）	比例（%）
年龄分布	30岁以下	46	42	36	37
	30~40岁	32	29	38	39
	40~50岁	25	23	20	20
	50岁以上	7	6	4	4
学历分布	博士	4	4	5	5
	硕士	62	56	49	50
	本科	42	38	40	41
	专科	2	2	4	4
	其他	0	0	0	0
岗位分布	董事、监事及其高管人员	7	6	8	8
	自营业务人员	9	8	9	9
	信托业务人员	48	44	58	59
	其他人员	46	42	23	24

4. 经营管理

4.1 经营目标、经营方针、战略规划

4.1.1 经营目标

公司的经营目标是成为资本实力雄厚、主动管理能力及创新研发能力卓越的全球资产管理与财富管理金融服务商。

4.1.2 经营方针

公司的经营方针是"诚信为本、稳健经营、专业进取、开拓创新"。

4.1.3 战略规划

在公司股东的大力支持下，加快推进各项改革，积极推动业务创新，通过管理机制先行、研发营销领先、运营风控优化与家园文化提升等举措，全面践行客户倍增战略、业务创新战略、全球服务战略和"互联网＋战略"。以致力于更优服务，成就客户与员工价值，引领行业发展为使命，向着成为资本实力雄厚、主动管理能力及创新研发能力卓越的全球资产管理与财富管理金融服务商的目标不断迈进。

4.2 经营业务的主要内容

中国银监会核准公司承办以下人民币和外币金融业务：资金信托；动产信托；不动产信托；有价证券信托；其他财产或财产权信托；作为投资基金或者基金管理公司的发起人从事投资基金业务；经营企业资产的重组、购并及项目融资、公司理财、财务顾问等业务；受托经营国务院有关部门批准的证券承销业务；办理居间、咨询、资信调查等业务；代保管及保管箱业务；以存放同业、拆放同业、贷款、租赁、投资方式运用固有财产；以固有财产为他人提供担保；从事同业拆借；法律法规规定或中国银行业监督管理委员会批准的其他业务。

本年度，公司自营资产运用与分布和信托财产运用与分布情况列示如下：

自营资产运用与分布表

资产运用	金额（万元）	占比（%）	资产分布	金额（万元）	占比（%）
货币资产	30 224.86	6.17	基础产业	—	
贷款及应收款	69 731.65	14.24	房地产业	—	
可供出售金融资产	183 596.23	37.50	证券市场	2 804.36	0.57
持有至到期投资	17 000.00	3.47	工商企业	—	
长期股权投资	180 087.95	36.78	金融机构	481 892.97	98.42
其他	8 997.81	1.84	其他	4 941.17	1.01
资产总计	489 638.50	100.00	资产总计	489 638.50	100.00

信托资产运用与分布表

资产运用	金额（万元）	占比（%）	资产分布	金额（万元）	占比（%）
货币资产	1 172 328.13	5.80	基础产业	590 763.83	2.93
贷款	4 020 001.87	19.90	房地产业	1 053 429.59	5.22
交易性金融资产	4 007 927.88	19.84	证券市场	3 865 832.30	19.14
可供出售金融资产	—		工商企业	4 713 985.64	23.34
持有至到期投资	9 342 786.27	46.26	金融机构	5 029 349.74	24.90
长期股权投资	1 569 007.08	7.77	其他	4 943 536.79	24.48
其他	84 846.67	0.42			
信托资产总计	20 196 897.89	100.00	信托资产总计	20 196 897.89	100.00

4.3 市场分析

4.3.1 促进本公司业务发展的有利因素

（1）2016年，中国宏观经济缓中趋稳，以不变价格测算的国内生产总值为735 149亿元，GDP实现了6.7%的增长率。

（2）国家供给侧结构性改革持续深化，"三去一降一补"政策效果明显，增强经济持续增长动力，为信托行业的深层调整和转型发展奠定了良好的基础。

（3）中国高净值人士投资领域由房地产拓展到各类金融资产，催生财富管理需求，信托公司大有可为。

（4）中国信托登记有限责任公司已正式揭牌，探索建立统

一规范的信托产品流通市场，有利于提高市场运行效率，增强行业活跃度，进一步发挥资源配置功能。

(5)公司作为具有多年经营历史的广东省唯一省属国有信托机构，有着良好的社会声誉和品牌影响力。

4.3.2 影响本公司业务发展的不利因素

(1)世界经济深度调整、复苏乏力，国际金融市场震荡加剧；国内经济增速换挡、结构调整阵痛，经济下行压力较大，风险不容低估。

(2)泛资产管理行业竞争更为激烈，银行、信托、保险、券商、基金、期货之资产管理业务相互渗透融合，传统市场空间逐步收窄。

(3)利率市场化进程加速，利率水平持续下行，投资收益率不断下降，对传统业务模式造成较大压力。

(4)消费者的投资理念与风险意识有待提高。

4.4 内部控制

公司通过完善的组织架构、内部规章实现内部控制，形成了研究、决策、操作、检查、反馈的PDCA管理循环，构建了前台调查、中台审查、后台审计评价相互制衡的内部控制机制。

4.4.1 内部控制环境和内部控制文化

公司按照合法、高效、精简、制衡原则设置组织机构，设股东会、董事会和监事会，实行董事会领导下的总经理负责制。公司董事会及其下设投资决策委员会为公司决策系统，在董事会领导下的经营管理层及相关业务部门为公司执行系统，监事会以及董事会下设的风险控制及审计委员会、信托委员会为公司监督及信息反馈系统，3个系统既相互独立又相互联系。公司大力推进合规文化建设，通过开展内控制度培训、内部合规检查、建立风险问责制度等，促进全体员工牢固树立合规经营、按程序办事的意识。

4.4.2 内部控制措施

公司建立多层次内部控制组织架构，根据《公司法》《信托公司管理办法》《信托公司治理指引》等法律法规，建立《股东会议事规则》《董事会议事规则》《监事会议事规则》等规章制度，严格按章办事，确保董事、监事、经营管理层成员的权力有效约束、职责有效履行。

除董事会下属风险控制及审计委员会、投资决策委员会、信托委员会外，专设审计部、风险管理部为内部控制职能部门。审计部职责：根据信托行业法律法规、监管政策和公司章程，制定公司内部审计稽核制度，对公司各部门及有关业务活动进行审计监督，每半年向董事会提交全面审计报告；衔接、配合外部审计部门对公司的检查、审计稽核工作，定期将公司内部审计报告副本上报监管部门。审计部的审计对象覆盖全部业务活动，包括信托业务、资产管理、证券投资、股权投资以及公司内部管理、财务收支等，对公司经营管理活动进行稽核监督，确保公司经营合法合规。

风险管理部作为向经营管理层负责的内部控制部门，主要承担以下职能：拟订公司风险管理制度框架以及风险管理制度体系；制定风险管理办法及其实施细则、合规管理办法，组织修订业务管理制度及流程；对各业务项目进行事中审查和事后监督检查；衔接、配合行业监管部门对公司的检查工作。

公司内部控制职责明确，建立了前中后台分离、集中审批的业务管理架构，确保各业务环节岗位职能分离，相互监督，有效制衡。

4.4.3 信息交流与反馈

公司通过建立详细的工作报告及审核流程，工作信息得以规范、快速、有序传递；内部控制部门通过办公自动化系统实时传递外部监管意见及内部管理信息，业务部门与风险管理部门保持全流程业务信息共享，有效避免因信息交流不足导致的业务差错、信息递减或效率损耗。公司与监管部门建立了良好的沟通机制，各类业务按规定及时报告或报备，有效落实监管意见，为公司合规经营提供支持。

4.4.4 监督评价与纠正

公司定期对内部控制执行情况实施审计，并于2016年进一步加强内部控制监督工作，充实审计队伍，完善相关制度，年度审计稽核及内部合规检查情况显示公司内控执行情况良好，监管部门外部检查及内控检查发现的问题均已得到及时纠正。

4.5 风险管理

4.5.1 风险管理概况

公司构建以董事会为核心，以风险控制及审计委员会、投资决策委员会、信托委员会为支点的风险管理体系，由内部规章、组织架构、授权制度、技术手段以及稽核与事后评价等部分组成。在项目运作上建立事前预防、事中控制、事后监督检查的三个阶段风险控制流程，在项目审核上经由业务部门、风险管理部门、投资决策委员会等多道环节进行综合风险控制，尤其强调过程控制，使公司在出现风险苗头时能快速反应，及时有效化解。

4.5.2 风险状况

4.5.2.1 信用风险状况

信用风险是公司经营面临的主要风险，是指交易对手未能及时履行契约义务而对公司业务经营所造成的风险。本报告期内，公司固有业务项下未发生交易对手信用风险事项。信托业务项下，公司针对不同类别的信托产品项下的交易对手风险，采取充分的信息披露，紧盯重点领域的交易对手风险隐患，及时充分地向委托人、受益人进行密切沟通和报告，审慎履行受托人职责。

4.5.2.2 市场风险状况

受国内外经济形势以及资本市场改革和资本市场本身波动等诸多因素影响，2016年证券投资面临一定的市场风险，但除年初受熔断机制影响大幅下跌外，2016年证券市场总体相对稳定。公司一方面保持对该类业务风险的高度关注，严格履行信托法律法规以及相关信托法律文件规定义务和责任，审慎对投资者进行风险偏好、风险承受能力进行分析、识别；另一方面，积极加强与投资者的沟通，做好项目的信息披露、风险排查，控制投资进度，将有关风险情况、净值变化等及时知会投资者，妥善管理市场风险。

4.5.2.3 操作风险状况

2016年公司继续保持较高的信托业务规模，信托项目笔数多、资金流量大、交易流程节点多，公司通过严格执行授权制度，统一业务操作流程、工作模板等，明确信托开户、保管、资金划付等岗位责任，最大限度地降低操作风险。2016年未发生操作风险事故。

4.5.2.4 其他风险状况

本年度未发生其他风险事件。

4.5.3 风险管理

4.5.3.1 信用风险管理

公司通过业务部门事前尽职调查，风险管理部门风险审查，公司投资决策委员会审核决策，项目现金流压力测试、抵/质押担保、资金监控等予以防范；通过项目实施过程中的跟踪检查以及稽核与评价进行事中、事后控制。在合作机构、交易对手信用风险防范方面，通过选择实力雄厚、信誉卓著、业绩优良的金融机构作为合作伙伴，关注交易对手经营管理及财务状况，适时调整合作规模及产品，控制交易对手风险。在出现风险预警后，通过协商、调解、债权申报以及诉讼等多种方式，积极主张权利，化解风险，有效维护信托财产安全。

4.5.3.2 市场风险管理

公司坚持“诚信为本、稳健发展”的经营理念，避免介入风险较大且难以有效控制的项目，审慎介入风险可控的项目，综合运用敏感性分析、情景分析等方法充分评估潜在市场风险，并通过业务部门—风险管理部—投资决策委员会的多层次审核，结合严格的分级授权、系统支持、逐日盯市、预警止损等制度控制市场风险。

4.5.3.3 操作风险管理

公司通过严格的授权制度和业务操作流程，明确岗位职责，建立内部相互制约、相互督促的工作机制；严格依法建账，将信托财产与固有财产分开管理、分别记账，对信托业务与非信托业务分开核算，对每项信托业务单独核算，对各项经营活动过程及资金运作建立严格的复核和监控程序；通过系统权限设置对证券投资操作权限和内容进行严格划分和分工，在业务和资金流转过程中设立双岗核定、确认制度，防范可能出现的漏洞。风险管理部、审计部分别根据自身职责，独立进行定期、不定期的检查，及时发现问题并督促纠正。

4.5.3.4 其他风险管理

4.5.3.4.1 政策风险

公司严格依法经营，建立健全内部控制制度、组织架构以规范与控制公司经营行为。公司设立风险控制及审计委员会和投资决策委员会，并由风险管理部负责法律合规事务，对公司的法律合规风险进行识别、评估、监控，提出合规风险提示和修改完善建议；及时梳理、整合、改进公司规章制度和操作流程；组织员工进行合规培训和反洗钱教育；保持与监管部门的密切沟通，及时掌握政策动向，把握公司业务方向以控制政策风险。

4.5.3.4.2 经营风险

公司通过健全法人治理结构，明确董事会和监事会职责，严格执行内部经营管理授权，对经营管理层进行约束，保证稳健经营；通过不断吸收素质高、从业经验丰富的专业人士加盟团队，以提高企业经营管理水平，降低经营风险；通过构建健康的企业文化和科学的经营理念及切合自身实际的激励约束机制，逐步提升核心竞争力；通过事中事后稽核与评价，及时矫正与问责等，控制经营风险。

4.5.3.4.3 声誉风险

公司坚持诚实守信原则，审慎尽职履行受托人管理职责，关注各种市场变化、突发事件或风波可能给公司声誉带来的影响，明确舆情管理职责，实时关注舆情信息，加强舆情信息研判，及时披露相关信息，主动接受舆论监督；日常加强分析研究，对可能发生的各类声誉风险事件进行情景分析，制定应急预案，强化声誉风险防范意识，切实防范声誉风险。

4.5.3.4.4 客户风险

公司依法合规，稳健经营，以客户资产保值增值为已任，最大限度地维护客户利益，维持良好客户关系；公司聘请信誉良好、经验丰富的行业资深律师事务所为顾问，对信托合同等各类法律文件进行规范，对重大信托项目出具专项法律意见；公司严格执行各项操作程序，对客户资信、资金实力、资金来源合法性等进行调查、评估，向客户真实、客观、全面提示风险，根据客户风险偏好及风险承受能力不同推介不同的信托产品，管理好客户风险。

4.5.3.5 净资本及风险资本情况

截至2016年12月31日，公司净资产为46.93亿元，净资本为41.65亿元；公司各项业务风险资本之和为17.28亿元，其中固有业务风险资本为5.72亿元，信托业务风险资本为11.56亿元。净资本比各项业务风险资本之和为241.01%，净资本比净资产为88.75%，符合风险控制要求。

5. 报告期末及上一年度末的比较式会计报表

5.1 自营资产

5.1.1 会计师事务所审计结论（标准无保留审计意见）

我们认为，粤财信托财务报表在所有重大方面按照企业会计准则的规定编制，公允反映了粤财信托2016年12月31日的财务状况以及2016年度的经营成果和现金流量。

5.1.2 资产负债表

资产负债表

2016年12月31日

单位：万元

资产	年末数	年初数	负债及所有者权益	年末数	年初数
资产：			负债：		
现金及存放中央银行款项	6.65	4.19	向中央银行借款	—	—
存放同业款项	30 218.21	131 869.11	同业及其他金融机构存放款项	—	—
贵金属	—	—	拆入资金	—	—
拆出资金	—	—	以公允价值计量且其变动计入当期损益的金融负债	—	—
以公允价值计量且其变动计入当期损益的金融资产	—	0.83	衍生金融负债	—	—
衍生金融资产	—	—	卖出回购金融资产款	—	—
买入返售金融资产	—	—	应付账款	—	—
应收账款	1 395.30	—	预收账款	—	—

续表

资　产	年末数	年初数	负债及所有者权益	年末数	年初数
应收利息	422.53	—	应付职工薪酬	5 109.92	7 456.14
应收股利	—	—	应付股利	—	—
其他应收款	67 913.82	11 571.21	应交税费	5 037.53	10 177.77
预付账款	—	—	其他应付款	238.68	225.10
发放贷款及垫款	—	—	应付利息	—	—
可供出售金融资产	183 596.23	133 662.78	预计负债	10 000.00	10 000.00
持有至到期投资	17 000.00	—	应付债券	—	—
长期股权投资	180 087.95	171 430.57	长期应付款	—	—
固定资产	3 635.25	3 813.03	递延所得税负债	—	1 894.73
在建工程	—	—	其他负债	—	—
无形资产	352.90	122.20	负　债　合　计	20 386.13	29 753.74
商誉	—	—			
长期待摊费用	—	—	所有者权益:		
递延所得税资产	725.54	1 297.16	实收资本	280 000.00	150 000.00
其他资产	4 284.12	3 629.03	资本公积	2 363.55	2 363.55
			其他综合收益	5 430.42	28 048.66
			盈余公积	44 219.99	35 797.56
			一般风险准备	28 322.06	22 013.46
			未分配利润	108 916.35	189 423.14
			所有者权益合计	469 252.37	427 646.37
资　产　总　计	489 638.50	457 400.11	负债及所有者权益合计	489 638.50	457 400.11

企业负责人:邓　斌　　主管会计机构负责人:徐茹斌　　会计机构负责人:秦敬东

5.1.3　利润表

利润表

2016 年度　　单位:万元

项　目	2016 年度	2015 年度
一、营业收入	104 522.39	103 536.57
利息净收入	2 193.36	2 580.51
其中:利息收入	2 193.36	2 581.21
利息支出	—	0.70
手续费及佣金净收入	44 827.13	49 703.50
其中:手续费及佣金收入	44 827.13	49 703.50
手续费及佣金支出	—	—
投资收益(亏损以“-”号填列)	56 122.77	51 225.30
其中:对联营企业和合营企业的投资收益	45 079.98	28 088.46
公允价值变动收益(损失以“-”号填列)	-0.25	0.25
汇兑收益(亏损以“-”号填列)	23.11	19.51
其他业务收入	1 356.27	7.50
二、营业支出	7 416.18	10 711.98
营业税金及附加	1 168.75	2 809.96
业务及管理费用	6 247.43	7 902.02
资产减值损失	—	—
其他业务成本	—	—
三、营业利润(亏损以“-”号填列)	97 106.21	92 824.59
加:营业外收入	27.74	—
减:营业外支出	17.85	10 006.14
四、利润总额(亏损总额以“-”号填列)	97 116.10	82 818.45
减:所得税费用	12 891.87	16 478.50
五、净利润(净亏损以“-”号填列)	84 224.23	66 339.95
六、其他综合收益的税后净额	-22 618.23	11 063.02
以后将重分类进损益的其他综合收益	-22 618.23	11 063.02
1. 权益法下在被投资单位以后将重分类进损益的其他综合收益中享有的份额	-16 922.60	8 720.33
2. 可供出售金融资产公允价值变动损益	-5 695.63	2 342.69
七、综合收益总额	61 606.00	77 402.97

企业负责人:邓　斌　　主管会计机构负责人:徐茹斌　　会计机构负责人:秦敬东

5.1.4 所有者权益变动表

所有者权益变动表

2016 年度

项目	2016 年度							2015 年度						
	实收资本	资本公积	其他综合收益	盈余公积	一般风险准备金	未分配利润	所有者权益合计	实收资本	资本公积	其他综合收益	盈余公积	一般风险准备金	未分配利润	所有者权益合计
一、上期期末余额	150 000. 00	2 363. 55	28 048. 66	35 797. 56	22 013. 46	189 423. 14	427 646. 37	150 000. 00	2 363. 55	16 985. 64	29 163. 57	18 233. 71	153 496. 93	370 243. 40
加:会计政策变更	—	—	—	—	—	—	—	—	—	—	—	—	—	—
前期差错更正	—	—	—	—	—	—	—	—	—	—	—	—	—	—
其他	—	—	—	—	—	—	—	—	—	—	—	—	—	—
二、本期期初余额	150 000. 00	2 363. 55	28 048. 66	35 797. 56	22 013. 46	189 423. 14	427 646. 37	150 000. 00	2 363. 55	16 985. 64	29 163. 57	18 233. 71	153 496. 93	370 243. 40
三、本年增减变动金额	130 000. 00	—	-22 618. 24	8 422. 43	6 308. 60	-80 506. 79	41 606. 00	—	—	11 063. 02	6 634. 00	3 779. 75	35 926. 21	57 402. 97
（一）综合收益总额	—	—	-22 618. 24	—	—	84 224. 23	61 605. 99	—	—	11 063. 02	—	—	66 475. 65	77 402. 97
（二）所有者投入和减少资本	—	—		—	—	—	—	—	—	—	—	—	—	—
1. 所有者投入资本	—	—	—	—	—	—	—	—	—	—	—	—	—	—
2. 股份支付计入所有者权益的金额	—	—	—	—	—	—	—	—	—	—	—	—	—	—
3. 其他	—	—	—	—	—	—	—	—	—	—	—	—	—	—
（三）利润分配	—	—		8 422. 43	6 308. 60	-34 731. 02	-19 999. 99	—	—	—	6 634. 00	3 779. 75	-30 413. 74	-20 000. 00
1. 提取盈余公积	—	—	—	8 422. 43	—	-8 422. 42	0. 01	—	—	—	6 634. 00	—	-6 634. 00	—
2. 提取一般风险准备	—	—	—	—	6 308. 60	-6 308. 60	—	—	—	—	—	3 779. 75	-3 779. 75	—
3. 对所有者的分配	—	—	—	—	—	-20 000. 00	-20 000. 00	—	—	—	—	—	-20 000. 00	-20 000. 00
4. 其他	—	—	—	—	—	—	—	—	—	—	—	—	—	—
（四）所有者权益内部结转	130 000. 00	—		—	—	-130 000. 00	—	—	—	—	—	—	—	—
1. 资本公积转增资本	—	—	—	—	—	—	—	—	—	—	—	—	—	—
2. 盈余公积转增资本	—	—	—	—	—	—	—	—	—	—	—	—	—	—
3. 盈余公积弥补亏损	—	—	—	—	—	—	—	—	—	—	—	—	—	—
4. 其他	130 000. 00	—	—	—	—	-130 000. 00	—	—	—	—	—	—	—	—
（五）其他因素调整	—	—	—	—	—	—	—	—	—	—	—	—	—	—
四、本期期末余额	280 000. 00	2 363. 55	5 430. 42	44 219. 99	28 322. 06	108 916. 35	469 252. 37	150 000. 00	2 363. 55	28 048. 66	35 797. 56	22 013. 46	189 423. 14	427 646. 37

企业负责人:邓斌　　主管会计机构负责人:徐茹斌　　会计机构负责人:秦敬东

5.2 信托资产

5.2.1 信托项目资产负债汇总表

信托项目资产负债汇总表

2016 年 12 月 31 日

单位:万元

信托资产	年初数	年末数	信托负债和信托权益	年初数	年末数
信托资产:			信托负债:		
货币资金	2 657 027. 18	1 172 328. 13	以公允价值计量且其变动计入当期损益的金融负债	—	—
拆出资金	—	—	衍生金融负债	—	—
存出保证金	—	—	应付受托人报酬	2 248. 70	1 395. 30
以公允价值计量且其变动计入当期损益的金融资产	2 620 946. 43	4 007 927. 88	应付托管费	137. 74	1 121. 96
衍生金融资产	—	—	应付受益人收益	1 103. 69	1 286. 92
买入返售金融资产	84 871. 71	69 534. 74	应交税费	—	—
应收款项	228 572 09	13 450. 04	应付销售服务费	—	—
发放贷款	4 236 563. 09	4 020 001. 87	其他应付款项	22 768. 27	23 755. 81
可供出售金融资产	—	—	预计负债	—	—
持有至到期投资	6 842 862. 36	9 342 786. 27	其他负债	—	—
长期应收款	—	—	信托负债合计	26 258. 40	27 559. 99
长期股权投资	3 056 684. 07	1 569 007. 08		—	
投资性房地产	2 016. 34	1 861. 89	信托权益:	—	
固定资产	—	—	实收信托	19 104 700. 38	19 523 794. 60
无形资产	—	—	资本公积	—	—
长期待摊费用	—	—	损益平准金	—	—
其他资产	—	—	未分配利润	598 584. 50	645 543. 30
减:各项资产减值准备	—	—	信托权益合计	19 703 284. 88	20 169 337. 90
信托资产总计	19 729 543. 28	20 196 897. 90	信托负债及信托权益总计	19 729 543. 28	20 196 897. 89

企业负责人:邓　斌　　　主管会计机构负责人:徐茹斌　　　会计机构负责人:秦敬东

5.2.2 信托项目利润及利润分配汇总表

信托项目利润及利润分配汇总表

2016 年度

单位:万元

项　目	本年累计数	上年同期数
一、营业收入	891 083. 33	2 242 080. 15
利息收入	423 251. 69	452 195. 09
投资收益(损失以"-"号填列)	543 078. 03	1 293 223. 92
其中:对联营企业和合营企业的投资收益	—	—
公允价值变动收益(损失以"-"号填列)	-83 677. 28	178 545. 71
租赁收入	575. 52	520. 08
汇兑损益(损失以"-"号填列)	—	—
其他收入	7 855. 36	317 595. 35
二、支出	95 206. 14	175 626. 95
营业税金及附加	2 190. 11	3 175. 81
受托人报酬	41 733. 63	49 743. 63
托管费	14 208. 31	15 695. 39
投资管理费	4 929. 37	24 106. 70
销售服务费	—	415. 40
交易费用	6 191. 57	38 554. 43

续表

项　目	本年累计数	上年同期数
资产减值损失	7 127. 08	—
其他费用	18 826. 07	43 935. 59
三、信托净利润(净亏损以"-"号填列)	795 877. 18	2 066 453. 20
其他综合收益	—	—
四、综合收益	795 877. 18	2 066 453. 20
加:期初未分配信托利润	598 584. 50	321 864. 33
五、可供分配的信托利润	1 394 461. 68	2 388 317. 53
减:本期已分配信托利润	748 918. 38	1 789 733. 03
六、期末未分配信托利润	645 543. 30	598 584. 50

企业负责人:邓　斌　　　主管会计机构负责人:徐茹斌　　　会计机构负责人:秦敬东

6. 会计报表附注

6.1 报告年度会计报表编制基准、会计政策、会计估计和核算方法发生的变化

本年度公司无会计政策及估计变更。

6.2 或有事项说明

本年度公司未发生重要的或有事项。

6.3 重要资产转让及其出售的说明

2016年，公司将所持有的广东高速公司发展股份有限公司股票出售，实现投资收益4 143.61万元。本年度公司未发生其他重要资产转让和出售等事项。

6.4 会计报表中重要项目的明细资料

6.4.1 自营资产经营情况

6.4.1.1 信用风险资产五级分类

信用风险资产五级分类	正常类（万元）	关注类（万元）	次级类（万元）	可疑类（万元）	损失类（万元）	信用风险资产合计（万元）	不良资产合计	不良资产率（%）
2016.12.31	99 949.86					99 949.86	—	—
2015.12.31	143 440.32	—	—	—	—	143 440.32	—	—

注：1. 不良资产合计 = 次级类 + 可疑类 + 损失类。

2. 本公司信用风险资产为存放同业款项、贷款、其他应收款和应收利息。

6.4.1.2 各项资产减值损失准备

单位：万元

	期初数	本期计提	本期转回	本期核销	其他减少	期末数
贷款损失准备：						
一般准备	—	—	—	—	—	—
专项准备	—	—	—	—	—	—
其他资产减值准备：						
可供出售金融资产减值准备	—	—	—	—	—	—
持有至到期投资减值准备	—	—	—	—	—	—
长期股权投资减值准备	—	—	—	—	—	—
坏账准备	—	—	—	—	—	—
投资性房地产减值准备	—	—	—	—	—	—
合　计	—	—	—	—	—	—

6.4.1.3 投资品种分类

单位：万元

投资品种分类	自营股票	基　金	债券	长期股权投资	其他投资	合　计
期初数	8 413.30	3 440.31	—	171 430.57	121 810.00	305 094.18
期末数	—	5 778.35	2 000.00	180 087.95	192 817.88	380 684.18

6.4.1.4 前五名的自营长期股权投资

企业名称	占被投资企业权益的比例（%）	主要经营活动	按照权益法核算投资收益（万元）
易方达基金管理有限公司	25.00	基金管理和发起设立基金	33 686.01
众诚汽车保险股份有限公司	15.00	各类保险及再保险业务	-494.61

6.4.1.5 公司自营贷款

截至2016年12月31日，公司自营贷款余额为0。

6.4.1.6 表外业务分类

单位：万元

表外业务	期初数	期末数
担保业务	—	—
代理业务（委托贷款）	980.00	680.00
其他	—	—
合　计	980.00	680.00

6.4.1.7 公司当年的收入结构

收入结构	金额（万元）	占比（%）
手续费及佣金收入	44 827.13	42.88
其中：信托手续费收入	44 827.13	42.88
投资银行业务收入	—	—
利息收入	2 193.36	2.10
其他业务收入	1 356.27	1.30
其中：计入信托业务收入部分	—	—
投资收益	56 122.77	53.68
其中：股权投资收益	45 079.98	43.12
证券投资收益	—	—
其他投资收益	11 042.79	10.56
公允价值变动收益	-0.25	—
汇兑收益	23.12	0.02
营业外收入	27.74	0.02
收入合计	104 550.14	100.00

6.4.2 信托财产管理情况

6.4.2.1 信托资产分类

单位：万元

信托资产	期初数	期末数
集合	2 260 352.53	2 701 016.11
单一	16 892 446.30	13 345 440.59
财产权	576 744.45	4 150 441.19
合计	19 729 543.28	20 196 897.90

6.4.2.1.1 主动管理型信托业务的信托资产分类

单位：万元

主动管理型信托资产	期初数	期末数
证券投资类	2 897 344.68	3 400 652.67
股权投资类	2 832 453.70	1 930 760.49
融资类	2 123 275.00	1 320 416.83
事务管理类	195 813.48	668 027.39
合计	8 048 886.86	7 319 857.38

6.4.2.1.2 被动管理型信托业务的信托资产分类

单位：万元

被动管理型信托资产	期初数	期末数
证券投资类	579 106.02	757 894.12
股权投资类	3 820 402.16	2 572 062.62
融资类	6 473 009.09	5 314 198.87
事务管理类	808 139.15	4 232 884.90
合计	11 680 656.42	12 877 040.51

6.4.2.2　本年度已清算结束的信托项目分类

6.4.2.2.1　本年度已清算结束的信托项目

本报告期内，本年度已清算结束的信托项目个数为211个，合计金额为3 444 234.34万元，加权平均实际年化收益率为7.8044%。

已清算结束信托项目	项目个数（个）	实收信托合计金额（万元）	加权平均实际年化收益率（%）
集合类	114	673 544.23	8.5087
单一类	89	2 533 992.70	7.5496
财产管理类	8	236 697.40	9.6175

注：收益率是指信托项目清算后，给受益人赚取的实际收益水平。加权平均实际年化收益率＝（信托项目1的实际年化收益率×信托项目1的实收信托＋信托项目2的实际年化收益率×信托项目2的实收信托＋…＋信托项目n的实际年化收益率×信托项目n的实收信托）/（信托项目1的实收信托＋信托项目2的实收信托＋…＋信托项目n的实收信托）×100%（下同）。

6.4.2.2.2　本年度已清算结束的主动管理型信托项目

本年度已清算结束的主动管理型信托项目128个，实收信托合计1 232 152.22万元，加权平均实际年化收益率6.9946%。

已清算结束信托项目	项目个数（个）	实收信托合计金额（万元）	加权平均实际年化收益率（%）
证券投资类	53	188 553.23	15.40
股权投资类	64	832 398.99	6.00
融资类	11	211 200.00	6.14
事务管理类	—	—	—

6.4.2.2.3　本年度已清算结束的被动管理型信托项目

本年度已清算结束的被动管理型信托项目83个，实收信托合计2 212 082.12万元，加权平均实际年化收益率8.8258%。

已清算结束信托项目	项目个数（个）	实收信托合计金额（万元）	加权平均实际年化收益率（%）
证券投资类	—	—	—
股权投资类	16	331 834.69	6.61
融资类	59	1 643 550.03	9.08
事务管理类	8	236 697.40	9.62

6.4.2.3　本年度新增的信托项目分类

新增信托项目	项目个数（个）	实收信托合计金额（万元）
集合类	86	3 154 649.77
单一类	145	5 911 268.22
财产管理类	6	4 552 984.41
新增合计	237	13 618 902.40
其中：主动管理型	94	3 290 317.79
被动管理型	143	10 328 584.61

6.4.2.4　信托业务创新成果和特色业务有关情况

报告期内，公司把握市场需求和信托业发展趋势，有重点地逐步开展创新业务工作，为今后优化业务结构，拓展新业务盈利点，打造先行优势和核心竞争力做好充分准备。

6.4.2.4.1　继续拓展资产证券化业务

2016年，继续拓展资产证券化业务，取得较好业绩。其中，公司作为发行人和受托人，东莞农商银行作为发起机构和委托人，成功合作发行莞盈2016年第一期信贷资产支持证券，产品规模14.15亿元；公司作为发行人和受托人，广发银行作为发起机构和委托人，成功合作发行启元2016年第一期信贷资产支持证券，产品规模52.01亿元。

2017年1月7日，根据中国资产证券化研究院首届中国资产证券化年度评选结果，启元2016年第一期信贷资产支持证券被评为“2016企业贷款ABS最受欢迎奖”，莞盈2016年第一期信贷资产支持证券被评为“2016企业贷款ABS最佳资产奖”。

6.4.2.4.2　专业引领，做大做强节能减排特色业务

2016年，公司继续发挥自身的资源优势，联动担保公司、财务公司等机构，撬动社会资本，通过广东亚行节能减排项目服务优质的实体经济及节能减排，达到信托受益人、节能改造方、节能服务方、整个社会多方共赢的良好结果。2016年2月，广东省亚行贷款能效电厂项目执行中心向公司发送感谢信，对公司在开展亚行项目贷款管理中付出的努力给予充分的肯定。

2016年亚洲开发银行出版的《我们共同实现2015——携手合作消除贫困》一书中以题为“充分利用隐性燃料”中指出“从LED路灯到创新塑料生产，中华人民共和国高能耗大省广东省实施的一个创新项目使该省成为了节能增效的典范”，充分肯定了亚行节能减排项目在广东实施以来取得的巨大成效。

截至报告期末，该项目实收信托规模6.49亿元，累计向43家节能减排企业发放贷款14.12亿元，本金及利息的回收率为100%，累计回收贷款本金10.21亿元，回收资金进入循环使用，继续扶持节能减排项目。

广东节能减排促进项目的成功实施，每年可节电14.33亿千瓦时，由于减少了电力需求，相当于每年可减少消耗标准煤472 942吨，相应每年可减少排放1 117 863吨二氧化碳、12 898吨二氧化硫、2 866吨氮氧化物和5 016吨悬浮颗粒物。

6.4.2.4.3　履行社会责任，推动慈善信托发展

2016年10月，公司申请并成功备案广州市首宗获批慈善信托——粤财信托·德睿慈善信托计划。粤财信托·德睿慈善信托计划由大成律师事务所作为监察人，中国邮政储蓄银行广东省分行作为保管人。信托财产将运用于扶贫、济困；扶老、救孤、恤病、助残优抚；救助自然灾害、事故灾难和公共卫生事件等突发事件造成的损害；促进教育、科学、文化、卫生、体育等事业的发展；防治污染和其他公害，保护和改善生态环境等符合慈善法规定的其他公益活动。

6.4.2.5　本公司履行受托人义务情况及因本公司自身责任而导致的信托资产损失情况（合计金额、原因等）

公司已成立信托委员会，并按照信托合同条款的规定，履行诚实、信用、谨慎、有效的管理，为受益人的最大利益处理信托事务，除按规定取得信托报酬外，没有利用信托资产为自己谋取利益。

公司设置独立运作的自营与信托业务、财务部门，对信托资产与固有资产分别管理，并为每个信托项目开设专户，分别记账，分别核算。

公司信托业务部门妥善保存处理信托事务的完整记录，定

期将信托财产的管理运用、处分及收支情况报告委托人、收益人，对委托人和收益人的信托资料保密。信托项目结束后，公司以信托财产为限向收益人兑付信托财产及收益，无延期兑付和无法兑付情况发生。

6.5 关联方关系及其交易的披露

6.5.1 关联交易方的数量、关联交易的总金额及关联交易的定价政策等

	关联交易方数量	关联交易金额（万元）	定价政策
合计	1	670.45	市场价格

6.5.2 关联交易方与本公司的关系性质、关联交易方的名称、法定代表人、注册地址、注册资本及主营业务等

关系性质	关联方名称	法定代表人	注册地址	注册资本（万元）	主营业务
同一控制方	广州粤财房地产开发有限公司	罗潮明	广州市越秀区东风中路481号粤财大厦5楼	18 551.35	在东风中路与德政路交界处西北角地段开发、建设、销售、出租和管理自建的商品楼宇及配套设施

6.5.3 本公司与关联方的重大交易事项

6.5.3.1 固有与关联方交易情况

单位：万元

固有与关联方关联交易				
	期初数	借方发生额	贷方发生额	期末数
贷款	—	—	—	—
投资	—	—	—	—
租赁	—	670.45	670.45	—
担保	—	—	—	—
应收账款	—	—	—	—
其他	—	—	—	—
合计	—	670.45	670.45	—

6.5.3.2 信托与关联方交易情况

单位：万元

信托与关联方关联交易				
	期初数	借方发生额	贷方发生额	期末数
贷款	—	—	—	—
投资	—	—	—	—
租赁	—	—	—	—
担保	—	—	—	—
应收账款	—	—	—	—
其他	—	—	—	—
合计	—	—	—	—

6.5.3.3 公司自有资金运用于自己管理的信托项目（固信交易）、公司管理的信托项目之间的相互（信信交易）交易情况

6.5.3.3.1 固有与信托财产之间的交易情况

单位：万元

固有财产与信托财产相互交易			
	期初数	本期发生额	期末数
合计	—	—	—

6.5.3.3.2 信托项目之间的交易情况

单位：万元

	期初数	本期减少额	期末数
合计	279 435.62	202 812.79	76 622.83

6.5.4 关联方逾期未偿还本公司资金的详细情况以及本公司为关联方担保发生或即将发生垫款的详细情况

本年度公司无上述情况。

6.6 会计制度的披露

（1）本公司以持续经营为基础，根据实际发生的交易和事项，按照财政部2006年颁布的企业会计准则、新颁布或修订的相关会计准则进行会计核算。

（2）根据《中华人民共和国信托法》《信托公司管理办法》等规定，信托财产与属于受托人所有的财产（以下简称固有财产）相区别，不得归入受托人的固有财产或者成为固有财产的一部分。公司将固有财产与信托财产分开管理、分别核算。公司管理的信托项目是指受托人根据信托文件的约定，单独或者集合管理、运用、处分信托财产的基本单位，以每个信托项目作为独立的会计核算主体，独立核算信托财产的管理、运用和处分情况。各信托项目单独记账，单独核算，并编制财务报表。其资产、负债及损益不列入本财务报表。

7. 财务情况说明书

7.1 利润实现和分配情况

本年度公司经审计后实现税后净利润84 224.23万元，年初未分配利润为189 423.14万元，向所有者分配2015年下半年和2016年上半年利润20 000.00万元，2016年末可供分配的利润为253 647.37万元。经公司董事会批准，按《信托公司管理办法》规定根据净利润的5%提取信托赔偿准备金4 211.21万元；根据财政部关于印发《金融企业准备金计提管理办法》（财金[2012]20号）的通知按承担风险和损失的资产期末余额的1.5%提取其他风险准备金2 097.39万元；按新准则规定提取法定盈余公积8 422.42万元；根据2016年第五次股东会议决议，以未分配利润转增资本130 000.00万元；年末未分配利润为108 916.35万元。

7.2 主要财务指标

指标名称	指标值
资本利润率（%）	18.78
人均净利润（万元）	809.85

注：1. 资本利润率＝净利润/所有者权益平均余额×100%。

2. 人均净利润＝净利润/年平均人数。

7.3 对本公司财务状况、经营成果有重大影响的其他事项

本年度公司无其他须披露的重大影响事项。

8. 特别事项揭示

8.1 前两名股东报告期内变动情况及原因

报告期内,公司股东无变动情况。

8.2 董事、监事及高级管理人员变动情况及原因

报告期内,因工作需要,广东省科技创业投资有限公司原董事代表黎全辉先生不再担任公司董事,公司2016年度第二次股东会推荐王鹏先生担任公司董事,王鹏先生的董事任职资格于2016年6月13日获监管部门核准。

因工作需要,广东粤财投资控股有限公司原监事代表吴佩华女士不再担任公司监事,公司2016年第三次股东会推荐蒋健冬同志担任公司监事。

因工作需要,第五届董事会第十五次会议同意免去陈彦卿同志公司副总经理职务。

8.3 公司的重大诉讼事项

报告期内公司无重大诉讼事项。

8.4 公司及其董事、监事和高级管理人员受到处罚的情况

报告期内公司及其高管人员无处罚情况。

8.5 银监会及其派出机构对公司检查后提出整改意见的相应简单说明整改情况

本年度广东银监局对公司进行了现场检查,提出加强制度建设、加强业务管理系统建设以及加强风险揭示等要求。据此,公司认真进行了整改;一是梳理和修订公司业务操作等相关制度;二是建设了新一代信托业务系统;三是加强与投资者沟通,充分做好风险揭示工作等。

8.6 本年度重大事项临时报告情况

2016年7月9日,公司在《证券时报》A7版刊登了《关于广东粤财信托有限公司注册资本变更的公告》。

8.7 银监会及其省级派出机构认定的其他有必要让客户及相关利益人了解的重要信息

本报告期内无银监会及其省级派出机构认定的有必要让客户及相关利益人了解的重要信息。

8.8 公司履行社会责任情况

报告期内,公司严格遵守国家法律法规,认真贯彻国家经济金融政策以及监管要求;始终坚持诚信经营,自觉履行纳税义务,2016年缴纳各项税费1.92亿元,2016年4月,被广州市国家税务局评为纳税信用A级纳税人;不断推动信托产品创新,全力支持实体经济发展;有效履行受托人职责与义务,充分维护受益人利益最大化;2016年,公司信托业务为投资者实现的营业收入89.11亿元。

为推动慈善事业发展,更好地履行公司社会责任,公司积极开拓与慈善机构、社会各界企业的合作,开展邀请特殊儿童家庭共同乘坐有轨电车、请美术老师指导特殊儿童绘画写生等公益活动。在《慈善法》修订、慈善信托开闸的大背景下,公司积极探索开展公益信托,获得中国信托业协会关于"《慈善法》背景下的公益信托"专题研究的协办资格,并于2016年10月20日成功备案广州市首宗获批慈善信托——粤财信托·德睿慈善信托计划。该项目信托资金优先用于广东省内的扶贫济困项目,首期受益人范围为孤儿、特困户、五保户。

9. 公司监事会意见

报告期内公司以《信托公司净资本管理办法》为核心,强化风险控制,逐步构建新的信托业务管理体系,公司各项规章制度和业务操作规程进一步完善,没有发现公司董事及高级管理人员在执行公司职务时有违法违纪和损害公司利益及股东利益的行为。报告期内公司财务报告真实反映了公司财务状况和经营成果,广东正中珠江会计师事务所(特殊普通合伙)出具了标准无保留意见的审计报告,审计报告真实、客观、准确地反映了公司财务状况。

国联信托股份有限公司

1. 重要提示

1.1 本公司董事会及董事保证本报告所载资料不存在任何虚假记载、误导性陈述或者重大遗漏，并对其内容的真实性、准确性和完整性承担个别及连带责任。

1.2 公司独立董事吴斌、许成宝对公司2016年年度报告基于独立判断立场，发表意见如下：公司2016年年度报告属实，其内容真实、准确、完整。

1.3 公司董事长、主管会计工作负责人周卫平、总经理朱文革、会计机构负责人（会计主管人员）李倩声明：保证年度报告中财务报告的真实、完整。

2. 公司概况

2.1 公司简介

国联信托股份有限公司（以下简称国联信托）前身为无锡市信托投资公司，初创于1987年1月。2003年1月，经中国人民银行批准，公司获准重新登记，更名为国联信托投资有限责任公司。2007年6月，经中国银行业监督管理委员会批准，公司获准换领新金融许可证，并更名为国联信托有限责任公司。2007年9月，经增资扩股，公司注册资本由6.15亿元增至12.3亿元。2008年7月，经中国银行业监督管理委员会批准，公司整体变更为股份公司，并更名为国联信托股份有限公司。公司控股股东为无锡市国联发展（集团）有限公司（以下简称国联集团）。国联集团是无锡市人民政府出资设立并授予国有资产投资主体资格的国有独资企业集团。

1	法定名称	国联信托股份有限公司
2	英文名称（及缩写）	Guolian Trust Co.,Ltd.(GLTRUST)
3	法定代表人	周卫平
4	注册地址	无锡市滨湖区太湖新城金融一街8号国联金融大厦
5	邮政编码	214131
6	公司国际互联网网址	http://www.gltic.com.cn

续表

7	公司电子信箱	gltic@gltic.com.cn
8	公司负责信息披露事务高级管理人员	朱文革
9	公司负责信息披露事务人	李倩
10	联系电话	0510-82833729
11	传真电话	0510-82833803
12	电子信箱	zhangwen@gltic.com.cn
13	公司信息披露的报纸名称	《金融时报》
14	公司年度报告备置地点	无锡市滨湖区太湖新城金融一街8号国联金融大厦11楼
15	公司聘请的会计师事务所名称及住所	天衡会计师事务所（特殊普通合伙） 江苏省无锡市人民中路37号
16	公司聘请的律师事务所名称及住所	江苏漫修律师事务所 江苏省无锡市智慧路18号智慧大厦607室

2.2 组织结构

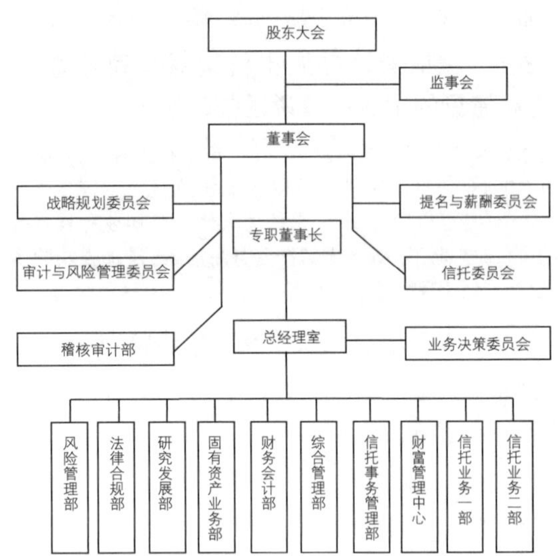

3. 公司治理

3.1 股东

2016年末，公司股东总数5名。

股东名称	持股比例（%）	法人代表	注册资本（万元）	注册地址
★无锡市国联发展（集团）有限公司	65.85	高敏	800 000	无锡市金融一街8号
无锡国联环保能源集团有限公司	9.76	蒋志坚	80 000	无锡市金融一街8号
无锡市地方电力公司	8.13	章彦	31 950.6	无锡市金融一街8号
无锡市交通产业集团有限公司	8.13	刘玉海	574 546	无锡市人民西路109号
无锡商业大厦大东方股份有限公司	8.13	高兵华	56 716.6357	无锡市中山路343号

注：★表示公司实际控制人。

股东名称	主要经营业务	2016 年主要财务情况(亿元)		
		总资产	净资产	利润总额
★无锡市国联发展(集团)有限公司	从事资本、资产经营;代理投资、投资咨询及投资服务	751.13	276.59	18.5
无锡国联环保能源集团有限公司	环保行业、能源行业、城市共用基础设施及相关产业的投资等	89.66	43.34	6.82
无锡市地方电力公司	规划全市电力建设和电力销售	6.58	5.00	1.08
无锡市交通产业集团有限公司	受托经营、管理市级交通国有资产,进行国有资产的收益管理和经营;从事交通运输及相关产业投资	359.41	176.76	15.34
无锡商业大厦大东方股份有限公司	国内贸易(国家有专项规定的,办理审批手续后经营)	53.89	30.12	2.86

注:1. ★表示公司实际控制人。

2. 关联关系说明:无锡国联环保能源集团有限公司为无锡市国联发展(集团)有限公司全资子公司;无锡市地方电力公司为无锡国联实业投资有限公司的全资子公司,是无锡市国联发展(集团)有限公司二级子公司;其余无关联。

3.2 董事

董事会由 9 名董事组成,由股东无锡市国联发展(集团)有限公司推荐 2 名,股东无锡国联环保能源集团有限公司推荐 1 名,股东无锡市地方电力公司推荐 1 名,股东无锡市交通产业集团有限公司推荐 1 名,股东无锡商业大厦大东方股份有限公司推荐 1 名,独立董事 3 名(因独立董事胡滨辞任,现空缺一名独立董事)。

董事会成员

姓　名	职务	性别	年龄	选任日期	任期(年)	所推举的股东名称	持股比例(%)	简要履历
周卫平	董事长	男	48	2014 年 1 月 28 日	3	无锡市国联发展(集团)有限公司	65.85	曾任无锡市探矿机械总厂会计,无锡恒达证券公司财务部经理,无锡市信托投资公司上海邯郸路营业部副经理,无锡市信托投资公司开信证券营业部,先后任副经理、经理,国联证券有限责任公司县前东街营业部总经理,国联证券有限责任公司经纪业务部总经理,无锡国联期货经纪有限公司总经理,无锡市国联发展(集团)有限公司财务部经理,兼无锡国联期货经纪有限公司董事长,尚德电力控股有限公司执行董事、总裁、CEO、CFO;现任国联信托股份有限公司董事长。
汪兴平	董事	男	53	2016 年 4 月 22 日	3	无锡市国联发展(集团)有限公司	65.85	曾任湖北鄂州师范学校教师,纺织工业部管理干部学院讲师,无锡证券、国联证券电子商务部副总经理、高级经济师,上海联狐信息技术有限公司市场总监、经纪业务总监,国联集团法务部经理助理;现任国联集团法务部经理。
朱文革	董事	男	49	2014 年 9 月 24 日	3	无锡国联环保能源集团有限公司	9.76	曾任无锡幸福食品厂生产调度、车间主任、副厂长,国联证券有限责任公司营业部总经理、投资银行部总经理、研发部总经理,国联基金管理有限责任公司副总经理,国联信托有限责任公司副总经理,国联创投公司总经理,国联信托副总经理、兼无锡市国联资本管理有限公司总经理,无锡市金融投资有限公司董事长;现任国联信托股份有限公司总经理、无锡市国联资本管理有限公司董事长。
周志明	董事	男	47	2015 年 4 月 21 日	3	无锡市地方电力公司	8.13	曾任无锡市金万达期货经纪有限公司交易员、上海营业部经理、研究发展部经理,国联信托有限责任公司综合管理部副经理、国联信托股份有限公司固有资产业务部副经理、国联信托股份有限公司信托业务部经理、国联信托股份有限公司信托一部经理,兼国联信托股份有限公司监事、国联信托总经理助理;现任国联信托副总经理。
刘建春	董事	男	51	2011 年 11 月 28 日	3	无锡市交通产业集团有限公司	8.13	曾任无锡市交通局财务处科员、副处长,无锡市交通资产经营有限公司副总会计师、财务资产部经理,无锡市交通产业集团有限公司财务负责人、副总会计师、财务审计部经理、融资管理部经理;现任无锡市交通产业集团有限公司党委委员、总会计师兼财务负责人。
席国良	董事	男	53	2011 年 11 月 28 日	3	无锡商业大厦大东方股份有限公司	8.13	曾任无锡市糖业烟酒公司财务科会计,无锡市商业局财务科会计,无锡市交电采购批发站副总经理,江苏无锡商业大厦集团有限公司副总经理;现任无锡商业大厦大东方股份有限公司董事总经理。

独立董事

姓　名	所在单位及职务	性别	年龄	选任日期	任期(年)	所推举的股东名称	持股比例(%)	简要履历
吴斌	东南大学经济管理学院	男	51	2015 年 4 月 21 日	3	无锡市国联发展(集团)有限公司	65.85	曾任南京交通高等专科学校管理系财会教研室主任、副教授;现任东南大学,经济管理学院财务与会计系教授。
许成宝	江苏世纪同仁律师事务所	男	50	2015 年 4 月 21 日	3	无锡市国联发展(集团)有限公司	65.85	曾任江苏对外经济律师事务所(世纪同仁前身)律师,华泰证券股份有限公司证券发行内核小组成员(外聘专家),江苏省律师协会金融证券业务委员会副主任、江苏省律师协会直属分会金融证券业务委员会主任;现任江苏世纪同仁律师事务所副主任、高级合伙人。

3.3 监事

监事会由3名监事组成，其中股东无锡市国联发展（集团）有限公司推荐1名，职工监事2名。

姓名	职务	性别	年龄	选任日期	所推举的股东名称	持股比例（%）	简要履历
吴卫华	监事会主席	男	38	2016年4月22日	无锡市国联发展（集团）有限公司	65.85	曾任无锡市国联发展（集团）有限公司投资发展部经理助理、副经理（主持工作）、无锡市国联发展（集团）有限公司办公室副主任；现任无锡市国联发展（集团）有限公司金融投资管理部副经理，兼集团综合金融党委副书记、纪委书记和集团风险管控委员会秘书。
季羚	监事	女	37	2015年4月15日	职工代表	—	曾任职于无锡市数码通宽带网络有限责任公司、深圳美商化工有限公司、国联信托股份有限公司综合管理部经理助理、副经理；现任国联信托股份有限公司综合管理部经理。
薛晓丽	监事	女	34	2015年4月15日	职工代表	—	曾任职于无锡市国联发展（集团）有限公司法务部，国联信托股份有限公司合规管理部副经理、国联信托股份有限公司法律合规部副经理；现任国联信托股份有限公司法律合规部经理。

3.4 高级管理人员

姓名	职务	性别	年龄	选任日期	金融从业年限（年）	学历	专业	简要履历
朱文革	总经理	男	49	2014年9月9日	17	本科	食品工程系	曾任无锡幸福食品厂生产调度、车间主任、副厂长，国联证券有限责任公司营业部总经理、投资银行部总经理、研发部总经理，国联基金管理有限责任公司副总经理，国联信托有限责任公司副总经理，国联创投公司总经理，国联信托副总经理、兼无锡市国联资本管理有限公司总经理、无锡市金融投资有限公司董事长；现任国联信托总经理、国联资本董事长。
周志明	副总经理	男	47	2015年4月30日	17	博士	管理学	曾任无锡市金万达期货经纪有限公司交易员、上海营业部经理、研究发展部经理，国联信托有限责任公司综合管理部副经理，国联信托股份有限公司固有资产业务部副经理、国联信托股份有限公司信托业务部经理、国联信托股份有限公司信托一部经理，兼国联信托股份有限公司监事，国联信托总经理助理；现任国联信托副总经理。
王颖	副总经理	女	42	2016年8月30日	14	本科	会计学	曾任职于无锡市信托投资公司营业部、证券投资部、恒信证券营业部、财务部，国联信托有限责任公司财务部，国联信托有限责任公司稽核审计部副经理、经理，无锡微研有限公司财务总监（兼），国联信托股份有限公司稽核审计部经理，江苏资产管理有限公司总经理助理；现任国联信托副总经理。

注：王颖副总经理任职资格于2016年10月获监管部门核准。

3.5 公司员工表

项目		报告期年度		上年度	
		人数（人）	比例（%）	人数（人）	比例（%）
年龄分布	25岁以下	5	6.58	3	3.85
	25～29岁	23	30.26	28	35.9
	30～39岁	30	39.48	29	37.18
	40岁以上	18	23.68	18	23.07
学历分布	博士	1	1.32	3	3.85
	硕士	29	38.15	31	39.74
	本科	41	53.95	36	46.15
	专科	5	6.58	7	8.97
	其他	0	0	1	1.29
岗位分布	董事、监事及高管人员	7	9.21	7	8.97
	自营业务人员	3	3.95	3	3.85
	信托业务人员	26	34.21	25	32.05
	其他人员	42	55.26	46	58.97

注：公司部分高管及职工监事分别为信托业务人员和其他人员，故岗位百分比大于100%。

4. 经营管理

4.1 经营目标、经营方针和战略规划

4.1.1 经营目标

立足江苏、面向长江三角洲、适当辐射发达地区，提高受托事务管理能力、主动投资管理能力和资产配置能力，在资本市场相关、私募股权投资、新经济投资、财富管理等重点领域打造专业化、差异化的核心竞争力，将国联信托打造成一家以信托为基础，能综合运用金融市场资源提供综合金融服务，成为国内一流的资产管理机构和财富管理机构。

4.1.2 经营方针

秉承"诚信、稳健、规范、创新"的经营理念，严控风险，审慎经营，以多元化的资产管理手段和金融工具，实现金融、资本和实业的融合，在可容忍风险下，谋求信托受益人的利益最大化。

4.1.3 战略规划

回归信托本源，发挥信托制度优势，以客户为中心，以国联综合金融平台为依托，以资产管理业务和财富管理业务为两翼，以提升资源整合能力、投资盈利能力和风险管理能力为抓手，形成专属竞争优势，打造具有区域影响力和美誉度的私人

银行、投资银行。

4.2 所经营业务的主要内容

4.2.1 自营资产运用与分布表

资产运用	金额（万元）	占比（%）	资产分布	金额（万元）	占比（%）
货币资产	28 583	5.03	基础产业		
贷款及应收款	17 416	3.07	房地产业	1 940	0.34
交易性金融资产投资	15 006	2.64	证券市场	21 605	3.81
可供出售金融资产投资	289 569	51	实业	17 438	3.07
持有至到期投资	49 670	8.75	金融机构	425 625	74.96
长期股权投资	158 619	27.94	其他	101 169	17.82
其他	8 914	1.57			
资产总计	567 777	100.00	资产总计	567 777	100.00

4.2.2 信托资产运用与分布

资产运用	金额（万元）	占比（%）	资产分布	金额（万元）	占比（%）
货币资产	36 898	0.81	基础产业	1 877 006	41.33
贷款	2 583 756	56.89	房地产业	59 461	1.31
交易性金融资产	4 241	0.09	证券市场	4 241	0.09
可供出售金融资产	257 100	5.66	工商企业	712 874	15.70
持有至到期投资	1 165 705	25.67	金融机构	146 450	3.22
长期股权投资	484 066	10.66	其他	1 741 437	38.35
其他	9 702	0.21			
信托资产总计	4 541 468	100.00	信托资产总计	4 541 468	100.00

4.3 市场分析

4.3.1 有利因素

（1）宏观经济总体平稳。2016 年我国经济运行缓中趋稳、稳中向好。国内生产总值达到 74.4 万亿元，增长 6.7%，名列世界前茅，对全球经济增长的贡献率超过 30%。居民消费价格上涨 2%。工业企业利润由上年下降 2.3% 转为增长 8.5%，单位国内生产总值能耗下降 5%，经济发展的质量和效益明显提高。

（2）信托行业资产规模增速回升。2016 年第三季度末，全国 68 家信托公司管理的信托资产规模为 18.17 万亿元，同比增长 16.33%，环比增长 5.09%。与 2016 年第二季度同比增长 8.95% 相比，第三季度信托资产规模增速再次实现两位数增长。

在宏观经济明显企稳和市场预期略有好转的积极影响下，2016 年第三季度的信托业已越过了第二季度个位数增长低点，信托业自此跨入了 18 万亿元时代。一方面实际反映了中国经济增长韧性强、回旋余地大的基本经济面，另一方面则是信托公司紧紧抓住经济稳定增长出现实体经济部门资金需求的市场机遇。

（3）转型发展持续推动。2013 年第三季度以来，融资类信托经历了一次快速下降的过程，这正是信托公司推动行业转型发展的成果。融资、投资、事务管理类业务结构曾经是信托业务的"三分天下"格局，到 2016 年第三季度末则是投资类和事务管理类信托占比分别为 32.19% 和 45.71%，成为信托业务发展的两个风火轮。

2016 年第三季度末，融资类信托规模为 4.02 万亿元，占比 22.11%；投资类信托规模为 5.85 万亿元，占比 32.19%；事务管理类信托规模为 8.30 万亿元，占比 45.71%。但是，应该看到 2016 年前第三个季度投资类信托占比分别为 33.23%、33.13% 和 32.19%，占比相对稳定。今后，投资类信托宜进一步上升，以适应信托公司提升资产管理能力和转型发展的需求。

（4）财富管理进一步深化。经过多年经济高速发展，我国高净值人群日益庞大，居民理财意识和理财需求逐步提升，财富管理市场前景良好。信托财产独立和破产隔离的功能逐渐被高净值人群了解和认可，消费信托、家族信托、养老信托等财富管理类产品发展迅速。

4.3.2 不利因素

（1）资产收益率持续下降。2016 年 7 月集合信托产品平均收益率为 6.59%，是 2009 年 7 月以来首次跌入"6 时代"。在"资产荒"的大背景下，收益率的普遍下行促使信托公司传统业务无以为继。加上人民币汇率频繁波动，高净值客户更多地选择全球化配置。

（2）金融监管加剧。随着整个金融行业逐步进入混业经营、混业竞争时代，银行理财、信托、保险、证券、基金及其子公司、期货、私募基金等各类机构纷纷进入资管市场，监管机构在 2016 年也出台了各项政策，在规范金融市场的同时也限制了信托业务的多元发展。

（3）相关配套制度仍待进一步完善。《信托法》已经颁布实施 14 年，一些应有的重要基础配套法律制度仍不健全，完善进度缓慢。2016 年国家出台《慈善法》，虽然正式确认了慈善信托的法律地位，但具体实施过程中仍有许多障碍。2016 年底，中国信托登记有限责任公司正式成立，但具体的信托登记管理办法仍未正式出台。

部门规章和规范性文件法律层级较低，办法细则尚未完善，导致诸多信托的本源及优势业务无法开展。

4.4 内部控制概况

4.4.1 内部控制环境和内部控制文化

按照"三会分设、三权分开、有效制约、协调发展"的要求，公司设立了由股东会、董事会、监事会和高级管理层构建的公司治理架构。股东会、董事会、监事会和高级管理层之间既相互独立，又相互制衡和相互协调，形成了权力机构、决策机构、监督机构和管理层之间的制衡机制，在公司经营和发展中持续发挥着各自的职能与作用。董事会引入独立董事制度并下设各专门委员会，能够较好地运行，为公司内部控制制度制定与运行提供了一个良好的内部环境。

公司坚持业务经营与风险管理并重的原则。通过组织员工培训、学习等办法，培养员工风险防范意识，并提升了员工的法律意识，道德规范及自身素质建设，提高了风险管理的自觉性。

4.4.2 内部控制措施

公司在完善内部控制机制中，贯彻健全、合理、制衡、独立的原则，建立起内控岗位授权制度、内控报告制度、内控责任制度、内控审计检查制度及考核评价制度。公司内部控制覆盖了包括环境控制、业务控制、资金管理控制、会计系统控制、电子信息系统控制、内部稽核控制等各个环节和公司的各项业务、各个部门和各级人员，并贯穿于决策、执行、监督、反馈整个流程。各部门和岗位，职权分明，职能独立，并相互牵制，相互制衡，重要岗位实行双人负责制；对担任单岗处理的业务，有相应的后续监督。

报告期内，公司严格执行各项内控制度，操作规范，措施有效。

4.4.3 信息交流与反馈

公司加强信息建设，为内控的设计、执行、反馈提供信息保障。一是建立起管理层与内控管理专职部门信息联结和定期联系机制，及时、真实、完整地传导监管意图，交流信息，沟通问题。制定并执行内控报告制度和突发事件应急管理办法。二是严格执行信息披露制度，主动及时向社会公众准确披露有关信息，发挥社会公众对公司内控建设的监督作用。

4.4.4 监督评价与纠正

公司推行事前、事中与事后“三位一体”的风险管理和监督评价体系，对业务环节和经营管理进行持续性的全方位、全过程的监督、评价、后评价与纠正。

2016年，公司充分发挥内、外部审计的监督作用，审计的范围和深度进一步加强，对审计过程中发现的问题及时与各部门沟通，要求限期完善或整改，并采取后续审计等方式进行跟踪，对防止风险出现或扩大，对促进业务合法、合规、稳健经营发挥了积极作用。

4.5 风险管理

4.5.1 风险管理概况

公司倡导“全员风控”的理念，并已建立符合监管要求的风险管理体系。公司风险管理架构由公司董事会及专门委员会、监事会、经营管理层、业务决策委员会、各职能部门组成，形成了多层次、上下联动的架构格局。

公司风险管理贯彻匹配性原则、全覆盖原则、独立性原则、合规性原则、相互制衡原则、审慎性原则以及责任追究原则。风险管理贯穿于公司业务活动的各个方面和运行过程的每一环节，并建立了涵盖业务操作和风险管理各层面的制度体系。对风险着重进行事前防范、实时监控和事后稽查三方面的工作，通过确保规章制度和流程的规范有效运行，保障公司经营目标和风险管理目标的实现。

公司董事会和经营层坚持业务发展与风险管理并重的原则。在新业务开展前，充分研判其风险点及控制措施，在确保风险可控前提下开展业务；对于已实施的业务项目，实时跟踪，对潜在风险采取积极措施有效监控。公司风险管理水平及其管理状况较好，并且建立了较为完善的识别、计量、监测和控制各项风险的组织机构与信息管理系统。

公司风险管理的基本策略为：(1)预防，侧重于内控和损失准备，适用于市场风险、信用风险和操作风险。(2)多样化分散，指投资或交易对手分散，适用于非系统性风险。(3)转嫁，要求企业进行担保、抵押等，适用于信用和市场风险。

4.5.2 风险状况

4.5.2.1 信用风险状况

信用风险主要是指交易对手违约带来的风险，信用风险主要存在于贷款、担保等业务中。公司严格落实各项抵（质）押、担保手续等保障措施，并严格按照监管规定足额计提一般准备和资产减值准备，按比例提取信托赔偿准备金，以提高公司抵御风险的能力。报告期内公司不良资产期初数、期末数都为零，无对外担保余额。

4.5.2.2 市场风险状况

市场风险是指公司在业务经营中所不可避免的因市场参数的波动而产生的风险。公司面临的市场风险主要是股价波动风险、利率风险及同业竞争形成的风险和购买力风险。这些风险的存在不但影响信托财产的价值以及信托收益水平，也将影响公司由于资产负债结构不匹配等而导致公司整体的、当前和未来收入的损失。报告期内公司市场风险管理状况良好。

4.5.2.3 操作风险状况

操作风险主要表现在相关业务办理过程中，因尽职管理不到位、内部控制缺失或系统的不完善等带来的损失。公司建立了完善的内部控制机制，并制定了各项操作规程，不断提升业务操作的规范化，有效管理各类操作风险。报告期内公司未发生因操作风险所造成的损失。

4.5.2.4 其他风险状况

公司还面临着诸如政策风险、法律风险和声誉风险等其他风险。政策风险主要是指由于宏观政策以及监管政策的变动对公司经营环境和发展所造成的风险。法律风险主要是指业务合同的内容在法律上有缺陷或不完善而发生法律纠纷等的风险。声誉风险是指由公司在经营、管理及其他行为或外部事件导致利益相关方对公司负面评价的风险。报告期内未发生相关风险事项。

4.5.3 风险管理

4.5.3.1 信用风险管理

对于信用风险的防范，在信托贷款业务中，公司执行贷前调查、贷时审查、贷后检查的三查制度，严格审贷分离。公司主要通过对融资对象的尽职调查，业务决策委员会对项目的审核，信托合同中抵押、担保条款的科学设计来进行风险事前防范；通过项目实施过程中的跟踪管理以及资产分类评级来进行风险事中控制；通过对项目的稽查与评价进行事后控制。

公司通过尽职调查程序，选择信誉良好、管理规范、业绩出色的企业作为交易对手，并严格落实抵（质）押等担保措施。同时，选择实力雄厚、信誉卓著、业绩优良的金融机构为合作伙伴，作为公司信托业务的托管银行，以防范来自金融同业的信用风险。公司按规定对贷款实行五级分类，并足额计提相应资产损失准备。

公司无对外担保余额。

4.5.3.2 市场风险管理

对于市场风险的防范，公司制定管理制度，规范操作程序，配备与业务规模和市场风险管理要求相适应的专业团队，加强项目合同审查和立项论证以及投资决策委员会的运作力度，通过研究、决策、操作、评价相互制衡的机制，结合严格的授权制度，以防范市场风险。

公司合理设计投资组合、严格控制相关项目的质押率，密切跟踪市场行情变化，审慎分析预测，及时调整投资策略和项目方案。公司坚持不仅关注市场风险的控制，更强调市场风险的规避，不盲目追求业务规模和短期的经营业绩。坚持业务规模及复杂程度与公司业务能力相匹配，在市场风险可控前提下开展证券类业务。

4.5.3.3 操作风险管理

对于操作风险的防范，公司不断完善内部控制制度，明细各岗位各节点的操作流程要求，加强对操作流程的监督、检查，及时排除隐患。同时，并通过制定应急预案等措施以控制操作风险。

公司通过对各部门、各岗位制定明确的职责和权限，坚持信托财产之间、信托财产与固有财产之间分别管理、分别记账等相互分离、相互监督、相互制约的原则，并通过严格的授权制度与过程监控来实施，其中采用大量的技术手段，如在电脑系统对操作权限和内容进行程序设定，以及在业务和资金流转过程中实施双岗核定确认等。

公司持续加强员工教育培训，使其增强责任意识和业务技能，并通过奖惩激励对其行为进行约束。同时，加大投入，实施软件升级和硬件更新，定期进行系统维护，避免出现故障。目前内部程序系统基本完善有效，各项业务顺利开展，成效明显。

4.5.3.4 其他风险管理

对于政策风险的防范，加强对国家宏观政策和监管规定的调查研究，加强与监管部门和行业间的沟通、联系，以尽可能准确地判断分析宏观政策和监管政策的未来趋势来管理政策风险。

对于法律风险的防范，公司通过设立法务岗位和聘请外部律师事务所的形式，对项目方案、项目操作、各类法律文本等合法、合规性进行审查，提出法律审查意见。防范新产品的法律风险，确保创新业务符合政策、市场和运营要求，还进一步加大合同管理力度，有步骤地建立业务合同标准化体系。

对于声誉风险的防范，将公司声誉构建与公司发展战略和公司文化进行有机结合，通过尽职管理和充分信息披露以塑造公司的专业和诚信形象，对可能影响公司声誉的业务坚决予以回避等。加强员工职业道德教育和公司文化教育，增强员工的工作责任心和团队意识，维护公司信誉，防范声誉风险。

4.6 社会责任履行情况

国联信托自成立以来，始终坚持合规经营、诚实守信的基本原则，以维护良好的金融市场环境为己任，不断提高社会责任感。根据地区经济发展的要求，公司发挥信托联结三个市场的作用和优势，积极投身地方经济建设和社会事业的发展，通过引导和培育居民投资意识和财富管理理念，实现地方经济发展与国联信托业务拓展、居民收入增长的有机结合。

2016年，国联信托立足地方，支持区域经济发展，将自身成长与地方经济发展紧密结合起来，大力促进经济结构调整和产业转型升级，积极扶植中小企业发展和科技创新，为地方经济持续、健康、协调发展提供了有力的金融支持，用实际行动响应了无锡“产业强市”的战略号召。

公司始终秉承客户价值优先理念，强调以客户为中心，不断努力提升服务水平。公司不断改进服务，依托国联综合金融平台，在为企业量身定制一揽子金融产品和服务的同时，为地方百姓的财富收入增长提供了重要的投资渠道。

公司积极响应国家宏观调控，主动加强对信托业务的风险综合控制，坚持节能减排，控制“两高”行业的融资；积极投身社会公益事业，组织广大干部员工开展“慈善一日捐”等慈善活动；支持教育事业发展，关心弱势群体，积极履行企业社会责任，努力推动经济、社会与环境的和谐发展。

5. 报告期末及上一年度末的比较式会计报表

5.1 自营资产（经审计）

5.1.1 会计师事务所审计结论

审 计 报 告

天衡审字（2017）00579号

国联信托股份有限公司全体股东：

我们审计了后附的国联信托股份有限公司（以下简称国联信托）财务报表，包括2016年12月31日的资产负债表，2016年度利润表、现金流量表、所有者权益变动表，以及财务报表附注。

一、管理层对财务报表的责任

编制和公允列报财务报表是国联信托管理层的责任，这种责任包括：（1）按照企业会计准则的规定编制财务报表，并使其实现公允反映；（2）设计、执行和维护必要的内部控制，以使财务报表不存在由于舞弊或错误而导致的重大错报。

二、注册会计师的责任

我们的责任是在执行审计工作的基础上对财务报表发表审计意见。我们按照中国注册会计师审计准则的规定执行了审计工作。中国注册会计师审计准则要求我们遵守中国注册会计师职业道德守则，计划和执行审计工作以对财务报表是否不存在重大错报获取合理保证。

审计工作涉及实施审计程序，以获取有关财务报表金额和披露的审计证据。选择的审计程序取决于注册会计师的判断，包括对由于舞弊或错误导致的财务报表重大错报风险的评估。在进行风险评估时，注册会计师考虑与财务报表编制和公允列报相关的内部控制，以设计恰当的审计程序，但目的并非对内部控制的有效性发表意见。审计工作还包括评价管理层选用会计政策的恰当性和作出会计估计的合理性，以及评价财务报表的总体列报。

我们相信，我们获取的审计证据是充分、适当的，为发表审计意见提供了基础。

三、审计意见

我们认为，国联信托财务报表在所有重大方面按照企业会计准则的规定编制，公允反映了国联信托2016年12月31日的财务状况以及2016年度的经营成果和现金流量。

天衡会计师事务所（特殊普通合伙）

中国注册会计师：朱敏杰

中国注册会计师：张利华

中国 · 无锡

2017年3月22日

5.1.2 资产负债表

资产负债表

编制单位：国联信托股份有限公司　　2016年12月31日　　单位：万元

资产	附注	合并		母公司	
		期末余额	年初余额	期末余额	年初余额
货币资金		28 920	55 261	28 583	54 646
交易性金融资产		15 006	80	15 006	80
买入返售金融资产			420		
应收账款					
应收利息			400		400
其他应收款		14 416	11 203	14 013	10 253
发放贷款和垫款		3 403	25 860	3 403	25 860
可供出售金融资产		291 151	128 269	289 570	128 028
持有至到期投资		49 673	10 129	49 670	9 718
长期股权投资		159 903	163 169	158 619	162 026
固定资产		276	324	269	314
递延所得税资产		60	169	60	169
其他资产		8 585	3 820	8 585	3 897
资产总计		571 391	399 104	567 777	395 392
应付职工薪酬		780	1 486	780	893
应交税费		1 478	377	1 423	321
其他应付款		18 352	14 524	18 352	14 493
应付股利			8 240		8 240
递延所得税负债		38 341	1 572	38 341	1 572
负债合计		58 950	26 198	58 895	25 519
实收资本		123 000	123 000	123 000	123 000
资本公积		69 341	69 341	69 732	69 732
其他综合收益		116 257	6 232	116 257	6 232
盈余公积		27 717	24 818	27 717	24 818
信托赔偿准备		17 400	15 951	17 400	15 951
一般风险准备		8 088	5 111	8 088	5 111
未分配利润		150 639	128 452	146 689	125 029
所有者权益（或股东权益）总计		512 441	372 906	508 882	369 873
负债和所有者权益（或股东权益）总计		571 391	399 104	567 777	395 392

5.1.3 利润表

利润表

编制单位：国联信托股份有限公司　　2016年度　　单位：万元

项　目	行次	合并		母公司	
		本期金额	上期金额	本期金额	上期金额
一、营业收入	1	38 906	64 186	38 386	61 791
利息净收入	2	2 479	3 797	2 475	3 776
利息收入	3	2 479	3 849	2 475	3 828
利息支出	4		52		52
手续费及佣金净收入	5	18 066	22 578	17 516	20 666

续表

项　目	行次	合并		母公司	
		本期金额	上期金额	本期金额	上期金额
手续费及佣金收入	6	18 066	22 578	17 516	20 666
手续费及佣金支出	7				
投资收益(损失以“-”号填列)	8	18 403	37 770	18 436	37 307
其中:对联营企业和合营企业的投资收益	9	12 435	30 502	12 511	30 176
公允价值变动收益(损失以“-”号填列)	10	-42	41	-42	41
其他业务收入	11				
二、营业支出	12	3 749	20 954	3 910	19 671
营业税金及附加	13	522	1 619	513	1 512
业务及管理费	14	3 892	5 586	4 063	4 411
资产减值损失	15	-666	13 748	-666	13 748
三、营业利润(亏损以“-”号填列)	16	35 157	43 232	34 476	42 119
加:营业外收入	17	14		11	
减:营业外支出	18	-14	46	-12	43
四、利润总额(亏损总额以“-”号填列)	19	35 185	43 186	34 498	42 076
减:所得税费用	20	5 674	2 515	5 513	2 294
五、净利润(净亏损以“-”号填列)	21	29 511	40 671	28 985	39 782
六、其他综合收益的税后净额	22	110 025	-9 762	110 025	-9 762
以后不能重分类进损益的其他综合收益	23				
以后将重分类进损益的其他综合收益	24	110 025	-9 762	110 025	-9 762
1. 权益法下在被投资单位其他综合收益享有份额	25	-313	-4 718	-313	-4 718
2. 可供出售金融资产公允价值变动损益	26	110 338	-5 044	110 338	-5 044
七、综合收益总额	27	139 535	30 909	139 010	30 020
八、每股收益	28				
基本每股收益	29	0. 24	0. 33	0. 24	0. 32

5. 1. 4　所有者权益变动表(合并)

所有者权益变动表(合并)

编制单位:国联信托股份有限公司　　2016 年度　　单位:万元

项　目	2016 年度								2015 年度							
	股本	资本公积	其他综合收益	盈余公积	信托赔偿准备	一般风险准备	未分配利润	所有者权益合计	股本	资本公积	其他综合收益	盈余公积	信托赔偿准备	一般风险准备	未分配利润	所有者权益合计
一、上年年末余额	123 000	69 341	6 232	24 818	15 951	5 111	128 452	372 906	123 000	42 258	15 994	20 840	13 962	3 764	103 336	323 154
1. 会计政策变更																
2. 前期差错更正																
二、本年年初余额	123 000	69 341	6 232	24 818	15 951	5 111	128 452	372 906	123 000	42 258	15 994	20 840	13 962	3 764	103 336	323 154
三、本年增减变动金额(减少以“-”号填列)			110 025	2 899	1 449	2 977	22 186	135 935		27 083	-9 762	3 978	1 989	1 347	25 117	49 752
(一) 综合收益总额			110 025				29 511	135 935			-9 762				40 671	30 909
(二) 所有者投入和减少资本										27 083						27 083
1. 股东投入的普通股																
2. 其他权益工具持有者投入资本																
3. 股份支付计入所有者权益的金额																
4. 其他										27 083						27 083
(三) 利润分配				2 899	1 449	2 977	-7 324					3 978	1 989	1 347	-15 554	-8 240

续表

项目	2016 年度								2015 年度							
	股本	资本公积	其他综合收益	盈余公积	信托赔偿准备	一般风险准备	未分配利润	所有者权益合计	股本	资本公积	其他综合收益	盈余公积	信托赔偿准备	一般风险准备	未分配利润	所有者权益合计
1. 提取盈余公积				2 899	1 449		-4 348					3 978	1 989		-5 967	
2. 提取一般风险准备						2 977	-2 977							1 347	-1 347	
3. 对所有者或股东的分配															-8 240	-8 240
4. 其他																
（四）所有者权益内部结转																
1. 资本公积转增资本（或股本）																
2. 盈余公积转增资本（或股本）																
3. 盈余公积弥补亏损																
4. 其他																
四、本年年末余额	123 000	69 341	116 257	27 717	17 400	8 088	150 639	512 441	123 000	69 341	6 232	24 818	15 951	5 111	128 452	372 906

5.1.5 所有者权益变动表（母公司）

所有者权益变动表（母公司）

编制单位：国联信托股份有限公司　　2016 年度　　单位：万元

项目	2016 年度								2015 年度							
	股本	资本公积	其他综合收益	盈余公积	信托赔偿准备	一般风险准备	未分配利润	所有者权益合计	股本	资本公积	其他综合收益	盈余公积	信托赔偿准备	一般风险准备	未分配利润	所有者权益合计
一、上年年末余额	123 000	69 732	6 232	24 818	15 951	5 111	125 029	369 873	123 000	42 649	15 994	20 840	13 962	3 764	100 801	321 010
1. 会计政策变更																
2. 前期差错更正																
二、本年年初余额	123 000	69 732	6 232	24 818	15 951	5 111	125 029	369 873	123 000	42 649	15 994	20 840	13 962	3 764	100 801	321 010
三、本年增减变动金额（减少以"-"号填列）			110 025	2 899	1 449	2 977	23 913	139 010		27 083	-9 762	3 978	1 989	1 347	24 228	48 863
（一）综合收益总额			110 025				28 985	139 010			-9 762				39 782	30 020
（二）所有者投入和减少资本										27 083						27 083
1. 股东投入的普通股																
2. 其他权益工具持有者投入资本																
3. 股份支付计入所有者权益的金额																
4. 其他										27 083						27 083
（三）利润分配				2 899	1 449	2 977	-7 324					3 978	1 989	1 347	-15 554	-8 240
1. 提取盈余公积				2 899	1 449		-4 348					3 978	1 989		-5 235	
2. 提取一般风险准备						2 977	-2 977							1 347	-1 347	
3. 对所有者或股东的分配															-8 240	-8 240
4. 其他																
（四）所有者权益内部结转																
1. 资本公积转增资本（或股本）																
2. 盈余公积转增资本（或股本）																
3. 盈余公积弥补亏损																
4. 其他																
四、本年年末余额	123 000	69 732	116 257	27 717	17 400	8 088	146 689	508 882	123 000	69 732	6 232	24 818	15 951	5 111	125 029	369 873

5.2 信托资产

5.2.1 信托项目资产负债汇总表

信托项目资产负债汇总表

编制单位:国联信托股份有限公司　　2016 年 12 月 31 日　　单位:万元

信托资产	行次	年末数	年初数	信托负债和信托权益	行次	年末数	年初数
信托资产:				信托负债:			
货币资金	1	36 898	34 332	交易性金融负债	20		
拆出资金	2			衍生金融负债	21		
存出保证金	3			应付受托人报酬	22		
交易性金融资产	4	4 241	41 568	应付托管费	23		
衍生金融资产	5			应付受益人收益	24		
买入返售金融资产	6			应交税费	25		
应收款项	7	9 702	22 913	应付销售服务费	26		
发放贷款	8	2 583 756	2 396 616	其他应付款项	27	65 051	87 829
可供出售金融资产	9	257 100	397 675	预计负债	28		
持有至到期投资	10	1 165 705	862 555	其他负债	29		
长期应收款	11			信托负债合计	30	65 051	87 829
长期股权投资	12	484 066	419 938	信托权益:	31		
投资性房地产	13			实收信托	32	4 382 026	4 006 824
固定资产	14			资本公积	33		
无形资产	15			损益平准金	34		
长期待摊费用	16			未分配利润	35	94 391	112 134
其他资产	17		31 190	信托权益合计	36	4 476 417	4 118 958
减:各项资产减值准备	18						
信托资产总计	19	4 541 468	4 206 787	信托负债及信托权益总计	37	4 541 468	4 206 787

5.2.2 信托项目利润及利润分配汇总表

信托项目利润及利润分配汇总表

2016 年度

编制单位:国联信托股份有限公司　　单位:万元

项　目	行次	本年数	上年数
一、营业收入	1	379 371	391 388
利息收入	2	223 651	278 848
投资收益	3	156 208	111 129
其中:对联营企业和合营企业的投资收益	4		
公允价值变动收益(损失以"-"号填列)	5	-562	1 334
租赁收入	6		
汇兑损益(损失以"-"号填列)	7		
其他收入	8	74	77
二、支出	9	27 054	40 213
营业税金及附加	10	68	
受托人报酬	11	17 756	19 484
托管费	12	2 456	4 324
投资管理费	13		
销售服务费	14	1 104	2 386
交易费用	15	3	14
资产减值损失	16		
其他费用	17	5 667	14 005
三、信托净利润	18	352 317	351 175
四、其他综合收益	19		
五、综合收益	20	352 317	351 175
加:期初未分配利润	21	112 134	106 987
六、可供分配的信托利润	22	464 451	458 163
减:本期已分配信托利润	23	370 060	346 029
七、期末未分配信托利润	24	94 391	112 134

6. 会计报表附注

6.1 简要说明报告年度会计报表编制基础、会计政策、会计估计和核算方法发生的变化

2014 年,财政部发布了数项会计准则,对会计核算提出了新的要求。本公司于 2014 年 7 月 1 日开始执行前述除金融工具列报准则以外的 7 项新颁布或修订的企业会计准则。

合并会计报表的范围及子公司基本情况:本公司合并子公司为无锡国联资本管理有限公司,注册资本 3 000 万元,所占股权比例 100%。

会计期间以公历年月划分,会计年度自公历 1 月 1 日起至 12 月 31 日止。以权责发生制为基础进行会计确认、计量和报告。在对会计要素进行计量时一般采用历史成本,在保证所确认的会计要素金额能够取得并可靠计量时,采用重置成本、可变现净值、现值、公允价值计量。

根据财政部《关于呆账准备提取有关问题的通知》的规定、《金融企业呆账准备提取及呆账核销管理办法》《非银行金融机构资产风险分类指导原则(试行)》的规定,在净利润中按风险资产最低提取比例 1.5%减值准备即一般风险准备。计提资产减值一般风险准备的范围为交易性金融资产、应收款项、发放贷款和垫款、长期应收款、可供出售金融资产、持有至到期投资、长期股权投资、固定资产、在建工程、无形资产、其他长期资产。

根据《信托公司管理办法》及董事会决议,按净利润的 5%

计提信托赔偿准备金，该赔偿准备金累计总额达到公司注册资本的20%时，可不再提取。

6.2 或有事项

无。

6.3 重要资产转让及其出售

2016年10月，公司将持有的国联财务有限责任公司20%的股权以1.22亿元出售。

6.4 会计报表中重要项目的明细资料

6.4.1 披露自营资产经营情况

6.4.1.1 按信用风险资产分类的结果披露资产的期初数、期末数

信用风险资产五级分类	正常类（万元）	关注类（万元）	次级类（万元）	可疑类（万元）	损失类（万元）	信用风险资产合计（万元）	不良资产合计（万元）	不良资产率（%）
期初数	375 116	20 276				395 392	—	—
期末数	560 138	7 639				567 777	—	—

注：不良资产合计＝次级类＋可疑类＋损失类。

6.4.1.2 各项资产减值损失准备的期初数、本期计提、本期转回、本期核销、期末数；贷款的一般准备、专项准备和其他资产减值准备

单位：万元

	期初数	本期计提	本期转回	本期核销	期末数
贷款损失准备	735		638		97
一般准备	312		275		37
专项准备	423		363		60
其他资产减值准备					
可供出售金融资产减值准备	39		28		11
持有至到期投资减值准备	165				165
长期股权投资准备					
坏账准备					
投资性房地产减值准备					

6.4.1.3 自营股票投资、基金投资、债券投资、长期股权投资等投资的期初数、期末数

单位：万元

	自营股票	基金	债券	长期股权投资	其他投资	合计
期初数	10 879			162 026	156 088	328 993
期末数	6 605	15 000		158 619	344 627	524 851

6.4.1.4 前三名的自营长期股权投资的企业名称、占被投资企业权益的比例、主要经营活动及投资收益情况

企业名称	占被投资企业权益的比例（%）	投资收益（万元）
1. 国联证券股份有限公司（列示于长期股权投资）	20.508	12 511
2. 无锡农村商业银行股份有限公司（列示于可供出售金融资产）	9	0
3. 江苏宜兴农村商业银行股份有限公司（列示于可供出售金融资产）	6.35	560

注：无锡农村商业银行股份有限公司于2016年9月上市，2015年利润暂不分配。

6.4.1.5 前三名的自营贷款的企业名称、占贷款总额的比例和还款情况

企业名称	占贷款总额的比例（%）	还款情况
无锡民申房地产开发有限公司	57.14	贷款未到期、无欠息
江阴联华铸造有限公司	42.86	贷款未到期、无欠息

6.4.1.6 表外业务的期初数、期末数；按照代理业务、担保业务和其他类型表外业务分别披露

单位：万元

表外业务	期末数	期初数
担保业务		
代理业务（委托业务）	1 930	1 930
其他		
合计	1 930	1 930

注：代理业务主要反映因客观原因应规范而尚未完成规范的历史遗留委托业务，包括委托贷款和委托投资。

6.4.1.7 公司当年的收入结构

项目	合并		母公司	
收入结构	金额（万元）	占总收入比例（%）	金额（万元）	占总收入比例（%）
手续费及佣金收入	18 066	46.43	17 516	45.63
其中：信托手续费收入	18 066	46.43	17 516	45.63
投资银行业务收入				
利息收入	2 479	6.37	2 475	6.45
其他业务收入				
其中：计入信托业务收入部分				
投资收益	18 403	47.3	18 436	48.03
其中：股权投资收益	15 869	40.79	15 944	41.54
证券投资收益	1 886	4.85	1 886	4.91
其他投资收益	648	1.67	606	1.58
公允价值变动收益	−42	−0.11	−42	−0.11
收入合计	38 906	100	38 386	100

注：手续费及佣金收入、利息收入、其他业务收入、投资收益、营业外收入均应为损益表中的一级科目，其中手续费及佣金收入、利息收入、营业外收入为未抵减掉相应支出的全年累计实现收入数。

6.4.2 披露信托资产管理情况

6.4.2.1 信托资产的期初数、期末数

单位：万元

信托资产	期末数	期初数
集合	1 789 554	1 473 493
单一	2 751 914	2 697 488
财产权		35 807
合计	4 541 468	4 206 788

6.4.2.1.1 主动管理型信托业务期初数、期末数，分证券投资类、股权投资类、融资类、事务管理类分别披露

单位：万元

主动管理型信托资产	期末数	期初数
证券投资类	4 241	10 199
股权投资类	124 052	116 214
融资类	486 097	909 237
事务管理类		
其他投资类	620 216	865 253
合计	1 234 605	1 900 903

6.4.2.1.2 被动管理型信托业务期初数、期末数，分证券投资类、股权投资类、融资类、事务管理类分别披露

单位：万元

被动管理型信托资产	期末数	期初数
证券投资类		292
股权投资类	253 514	311 705
融资类	244 033	735 079
事务管理类	11 492	434 733
其他投资类	2 797 825	824 076
合计	3 306 863	2 305 885

6.4.2.2 本年度已清算结束的信托项目个数、实收信托合计金额、加权平均实际年化收益率

本年度已清算结束的信托项目个数为53个，合计金额为2 125 238万元，加权平均实际年化收益率为10.92%。

6.4.2.2.1 本年度已清算结束的集合类、单一类资金信托项目和财产管理类信托项目个数、金额、加权平均实际年化收益率

已清算结束信托项目	项目个数（个）	合计金额（万元）	加权平均实际年化收益率（%）
集合类	19	346 504	8.39
单一类	32	1 742 929	11.39
财产管理类	2	35 805	12.50

注：1. 收益率是指信托项目清算后，给受益人赚取的实际收益水平。

2. 加权平均实际年化收益率 =（信托项目1的实际年化收益率×信托项目1的资产总计+信托项目2的实际年化收益率×信托项目2的资产总计+…+信托项目n的实际年化收益率×信托项目n的资产总计）/（信托项目1的资产总计+信托项目2的资产总计+…+信托项目n的资产总计）×100%。

6.4.2.2.2 本年度已清算结束的主动管理型信托项目个数、合计金额、加权平均实际年化收益率。分证券投资类、股权投资类、融资类、事务管理类分别披露

本年度已清算结束的主动管理型信托项目个数为22个，合计金额为435 386万元，加权平均实际年化收益率为8.53%，加权平均实际年化信托报酬率为2.21%。

已清算结束信托项目	项目个数（个）	合计金额（万元）	加权平均实际年化信托报酬率（%）	加权平均实际年化收益率（%）
证券投资类				
股权投资类	2	28 796	0.71	9.05
融资类	15	290 900	2.40	9.00
事务管理类				
其他投资类	5	115 690	2.10	7.21

6.4.2.2.3 本年度已清算结束的被动管理型信托项目个数、合计金额、加权平均实际年化收益率。分证券投资类、股权投资类、融资类、事务管理类分别披露

本年度已清算结束的被动管理型信托项目个数为31个，合计金额为1 689 852万元，加权平均实际年化收益率为11.54%，加权平均实际年化信托报酬率为0.16%。

已清算结束信托项目	项目个数（个）	合计金额（万元）	加权平均实际年化信托报酬率（%）	加权平均实际年化收益率（%）
证券投资类	1	816 609	0.15	12.57
股权投资类				—
融资类	19	579 397	0.20	9.78
事务管理类	9	209 005	0.09	9.46
其他投资类	2	84 841	0.06	18.74

6.4.2.3 本年度新增的集合类、单一类和财产管理类信托项目个数、实收信托合计金额。

新增信托项目	项目个数（个）	实收信托合计金额（万元）
集合类	23	1 000 495
单一类	26	1 270 863
财产管理类		
新增合计	49	2 271 358
其中：主动管理型	9	260 830
被动管理型	40	2 010 528

注：本年新增信托项目指在本报告年度内累计新增的信托项目个数和金额。包含本年度新增并于本年度内结束的项目和本年度新增至报告期末仍在持续管理的信托项目。

6.4.2.4 信托业务创新成果和特色业务有关情况（此部分为可选项，即公司可自主决定是否披露、部分披露或全部披露）

6.4.2.5 本公司履行受托人义务情况及因本公司自身责任而导致的信托资产损失情况

截至2016年12月31日，本公司未出现因自身责任导致信托资产损失的情况。

6.5 关联方关系及其交易的披露

6.5.1 关联交易方的数量、关联交易的总金额及关联交易的定价政策等

	关联交易方数量	关联交易金额（万元）	定价政策
合计	4	28 040	详见注

注：关联交易的定价政策：（1）本公司对关联方交易价格根据市场价或协议价确定，与对非关联方的交易价格基本一致，无重大高于或低于正常交易价格的情况。（2）固有财产、信托资产与关联方贷款按人民银行规定的利率执行，投资按市场公允价确定。（3）信托财产与信托财产之间的关联交易按交易双方协商价格执行。

6.5.2 关联交易方与本公司的关系性质、关联交易方的名称、法人代表、注册地址、注册资本及主营业务等

关系性质	关联方名称	法定代表人	注册地址	注册资本（万元）	主营业务
股东的关联方	无锡国联新城投资有限公司	陈亮	无锡市	40 000	房地产业
股东的关联方	无锡联泰创业投资有限公司	华伟荣	无锡市	10 410	创业投资

续表

关系性质	关联方名称	法定代表人	注册地址	注册资本（万元）	主营业务
股东的关联方	无锡市国联物业管理有限责任公司	许军	无锡市	500	物业管理
股东	无锡市交通产业集团有限公司	刘玉海	无锡市	574 546	实业、投资

6.5.3　逐笔披露本公司与关联方的重大交易事项

单位：万元

项目名称	年初数	增加额	减少额	期末数
无锡联泰创业投资有限公司	4 000			4 000
无锡市交通产业集团有限公司	28 000		28 000	
无锡市国联物业管理有限责任公司	40		40	
合计	32 040		28 040	4 000

6.5.3.1　固有财产与关联方：贷款、投资、租赁、应收账款担保、其他方式等期初汇总数、本期发生额汇总数、期末汇总数

单位：万元

项目名称	类别	年初数	增加额	减少额	期末数
无锡国联新城投资有限公司	租赁		445		

6.5.3.2　信托资产与关联方：贷款、投资、租赁、应收账款、担保、其他方式等期初汇总数、本期借方和贷方发生额汇总数、期末汇总数

单位：万元

信托与关联方关联交易				
	期初数	借方发生额	贷方发生额	期末数
贷款	32 000		28 000	4 000
投资	40		40	
租赁				
担保				
其他				
合计	32 040		28 040	4 000

6.5.3.3　信托公司自有资金运用于自己管理的信托项目（固信交易）、信托公司管理的信托项目之间的相互（信信交易）交易金额，包括余额和本报告年度的发生额

6.5.3.3.1　固有财产与信托财产之间的交易金额期初汇总数、本期发生额汇总数、期末汇总数

单位：万元

固有财产与信托财产相互交易			
	期初数	本期发生额	期末数
合计	9 883	39 951	49 834

注：以固有资金投资公司自己管理的信托项目受益权，或购买自己管理的信托项目的信托资产均应纳入统计披露范围。

6.5.3.3.2　信托资产与信托财产之间的交易金额期初汇总数、本期发生额汇总数、期末汇总数

单位：万元

信托资产与信托财产相互交易			
	期初数	本期发生额	期末数
合计	189 772	182 406	372 178

注：以公司受托管理的一个信托项目的资金购买自己管理的另一个信托项目的受益权或信托项下资产均应纳入统计披露范围。

6.5.4　逐笔披露关联方逾期未偿还本公司资金的详细情况以及本公司为关联方担保发生或即将发生垫款的详细情况

截至2016年12月31日，本公司未发生关联方逾期未偿还本公司资金的情况，也无本公司为关联方担保发生或即将发生垫款的情况。

6.6　会计制度的披露

本财务报表（包含固有业务及信托业务）以公司持续经营假设为基础，根据实际发生的交易和事项，按照财政部2006年2月15日颁布的《企业会计准则——基本准则》以及其后颁布及修订的具体会计准则、应用指南、解释以及其他相关规定（统称企业会计准则）编制。

7. 财务情况说明书

7.1　利润实现和分配情况

母公司：

经天衡会计师事务所（特殊普通合伙）审计，2016年公司实现利润34 498万元，企业所得税5 513万元，实现净利润28 985万元。

根据公司章程及财务制度的相关规定：

（1）按净利润的10%计提法定盈余公积金2 899万元。

（2）根据《信托公司管理办法》（中国银监会令2007年第2号）的规定，按净利润的5%计提信托赔偿准备金1 449万元。

（3）根据财政部《金融企业准备金计提管理办法》的规定，按风险资产1.5%计提一般风险准备2 977万元。

（4）上述各项计提后结余利润21 660万元，年末可供股东分配利润为146 689万元。

合并：

报告期集团实现净利润29 511万元，2016年初未分配利润为128 452万元，提取盈余公积金2 899万元，信托赔偿准备金1 449万元，一般风险准备2 977万元，2016年末可供股东分配利润为150 639万元。

7.2　主要财务指标

	合并	母公司
指标名称	指标值	指标值
资本利润率（%）	6.67	6.60
加权年化信托报酬率（%）	0.58	0.58
人均净利润（万元）	351.32	376.43

注：1. 资本利润率＝净利润/所有者权益平均余额×100%。

2. 加权年化信托报酬率＝（信托项目1的实际年化信托报酬率×信托项目1的实收信托＋信托项目2的实际年化信托报酬率×信托项目2的实收信托＋…＋信托项目 n 的实际年化信托报酬率×信托项目 n 的实收信托）/（信托项目1的实收信托＋信托项目2的实收信托＋…＋信托项目 n 的实收信托）×100%。

该指标是反映公司实际的信托报酬水平，计算在报告年度真正清算结束了的项目。

3. 人均净利润＝净利润/年平均人数。

4. 平均值采取年初、年末余额简单平均法，公式为：a（平均）＝（年初数＋年末数）/2。

7.3 对本公司财务状况、经营成果有重大影响的其他事项

无。

7.4 公司净资本监管指标

指标名称	指标值	监管标准
净资本(万元)	404 791	≥2
各项业务风险资本之和(万元)	162 803	
净资本/各项业务风险资本之和(%)	248.64	≥100
净资本/净资产(%)	79.55	≥40

8. 特别事项简要揭示

8.1 前五名股东报告期内变动情况及原因

根据2016年11月18日《关于同意协议转让国联信托股份有限公司股权的批复》(锡国资权[2016]81号)和《关于同意无偿划转国联信托股份有限公司股权的批复》(锡国资权[2016]82号),无锡市交通产业集团有限公司持有本公司8.13%的股权,其中4.065%的股权无偿划转给无锡市国联发展(集团)有限公司,其余4.065%的股权以2015年12月审计报告净资产值协议转让给无锡市地方电力公司。股权变更事宜正在报江苏银监局审批之中。

根据中国银监会江苏监管局《中国银监会江苏监管局关于国联信托股份有限公司股权变更的批复》(苏银监复[2016]300号),批准无锡华光锅炉股份有限公司以吸收合并无锡国联环保能源集团有限公司的方式持有本公司9.756%的股权,相关股权转让手续已于2017年2月7日完成。

8.2 董事、监事及高级管理人员变动情况及原因

2016年4月22日,国联信托股份有限公司2015年度股东大会,同意丁武斌同志辞去国联信托董事、胡滨同志辞去国联信托独立董事,选举汪兴平为国联信托第三届董事会董事,推荐吴卫华为国联信托第三届监事会监事。2016年12月28日《江苏银监局关于汪兴平任职资格的批复》(苏银监复[2016]332号)核准了汪兴平董事的任职资格。

2016年4月25日,国联信托股份有限公司第三届监事会第四次会议,选举吴卫华为国联信托第三届监事会主席。

2016年8月30日,国联信托股份有限公司第三届董事会第十一次会议审议通过,聘任王颖同志为公司副总经理。2016年10月20日《江苏银监局关于王颖任职资格的批复》(苏银监复[2016]267号)核准了王颖副总经理的任职资格。

8.3 公司的重大未决诉讼事项

单一信托起诉个数:1个。

诉讼对象:昆明天和斗特实业(集团)有限公司、史佩欣、昆明和信屋业开发有限责任公司。

金额:本金8 000万元。

单一信托上诉个数:1个。

诉讼对象:陈永明。

金额:330万元股权投资。

单一信托被诉个数:1个(报告日前,法院已判决驳回上海桑逸的诉讼请求)。

起诉主体:上海桑逸国际贸易有限公司。

金额:请求对返还880万元利息承担连带责任。

8.4 对会计师事务所出具的有保留意见、否定意见或无法表示意见的审计报告的,公司董事会应就所涉及事项做出说明

无。

8.5 公司及其董事、监事和高级管理人员受到处罚的情况

无。

8.6 银监会及其派出机构对公司检查后提出整改意见的,应简要说明整改情况

2015年10月,银监会检查组对江苏银监局进行了信托监管有效性检查,其间对公司进行了延伸检查。2016年4月15日,公司收到江苏银监局下发的《关于银监会2015年信托监管有效性延伸检查的意见》。针对监管部门提出的意见和建议,公司积极整改逐条落实:

第一,完善公司治理架构,加速推进引入战投工作,通过引入有品牌、有资源、有实力的战略投资者,优化股东结构,完善公司治理,进一步强化董事会战略决策的核心作用。同时,进行市场化机制改革,制定新的市场化薪酬激励约束机制;第二,积极稳妥推进资金池清理,对具有"类资金池"特征的信托项目进行排查并加强风险评估,完善管理,排除风险隐患;第三,进一步提升合规管理水平,强化合规经营意识,对公司项目进行全面自查并开展风控合规培训,严守合规底线。

8.7 本年度重大事项临时报告的简要内容、披露时间、所披露的媒体及其版面

无。

8.8 银监会及其省级派出机构认定的其他有必要让客户及相关利益人了解的重要信息

无。

9. 公司监事会意见

9.1 公司依法运作情况

经检查,监事会认为:报告期内,依据国家有关法律、法规和公司章程的规定,公司建立了较完善的内部控制制度,决策程序符合相关规定。公司董事及其他高级管理人员在履行职责时,未发现违反法律、法规、规章以及《公司章程》等的规定或损害公司及股东利益的行为。

9.2 检查公司财务情况

2016年,监事会对公司的财务制度、内控制度和财务状况等进行了认真细致的检查,认为公司目前财务会计内控制度健全,会计无重大遗漏和虚假记载,公司财务状况、经营成果及现

金流量情况良好。

9.3 公司关联交易情况

对于公司2016年日常经营相关的关联交易，监事会认为：交易定价公允，符合市场原则，交易公平、公开，无内幕交易行为，也无损害股东利益，特别是中小非关联股东利益的行为。

9.4 公司对外担保及股权、资产置换情况

2016年公司无对外担保，无债务重组、非货币性交易事项、资产置换，也无其他损害公司股东利益或造成公司资产流失的情况。

9.5 内部控制自我评价报告

公司已建立了适合公司运行的内部控制制度体系并能得到有效的执行。公司内部控制的自我评价报告真实、客观地反映了公司内部控制制度的建设及运行情况。本届监事会将继续严格按照《公司法》《公司章程》和国家有关法规政策的规定，忠实履行自己的职责，进一步促进公司的规范运作。

国民信托有限公司

1. 重要提示

1.1 公司董事会及董事保证本报告所载资料不存在任何虚假记载、误导性陈述或者重大遗漏，并对其内容的真实性、准确性和完整性承担个别及连带责任。

1.2 公司独立董事王海智先生、李建生女士、罗毅先生、王向橥先生申明：本报告所载资料真实、准确、完整。

1.3 公司2016年度财务会计报告经安永华明会计师事务所审计，并出具了标准无保留意见的审计报告。

1.4 公司法定代表人杨小阳先生、总经理石俊志先生及财务总监曹志强先生申明：保证本年度报告中财务会计报告的真实、完整。

2. 公司概况

2.1 公司简介

2.1.1 法定中文名称：国民信托有限公司
法定英文名称：The National Trust Ltd.
法定英文名称缩写：Natrust

2.1.2 法定代表人：杨小阳
注册地址：北京市东城区安外西滨河路18号院1号
邮政编码：100011
互联网网址：www.natrust.cn
电子信箱：info@natrust.cn

2.1.3 信息披露报纸：《上海证券报》

2.1.4 信息披露事务负责人：付然
电话：010-84268088
传真：010-84268000
电子信箱：florafu@natrust.cn

2.1.5 公司年报备置点：北京市东城区安外西滨河路18号院1号

2.1.6 金融许可证机构编码：K0007H211000001
统一社会信用代码：911100001429120804

2.1.7 聘请的会计师事务所：安永华明会计师事务所
地址：北京市东城区东长安街1号东方广场安永大楼16层
聘请的律师事务所：北京观韬中茂律师事务所
地址：北京市西城区金融大街5号新盛大厦B座18层

2.2 组织结构

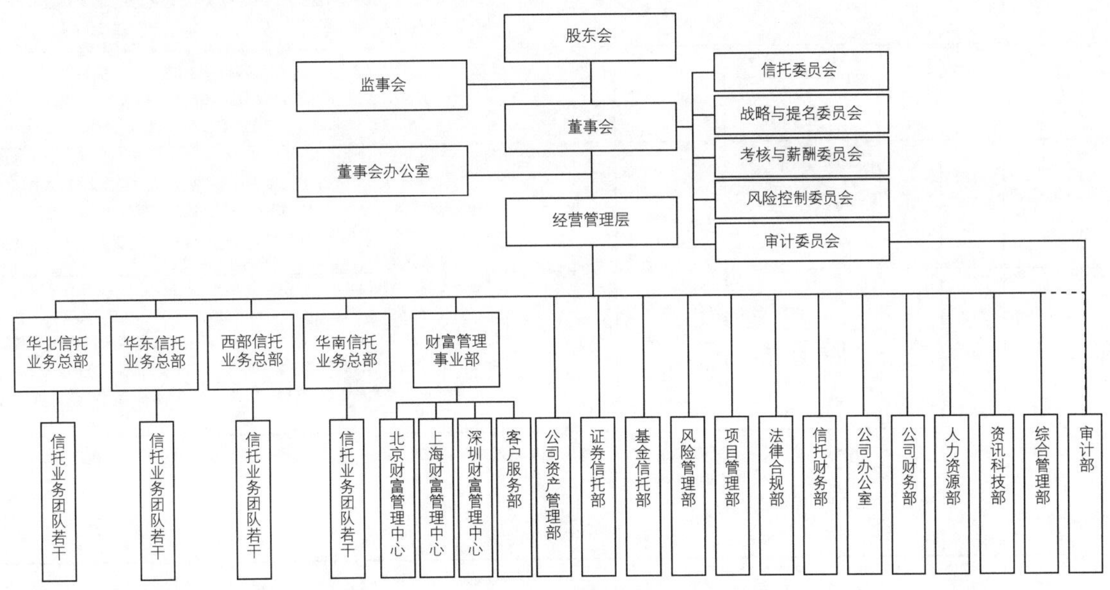

3. 公司治理

3.1 股东

公司前三位股东的情况如下：

股东名称	持股金额(元)	持股比例(%)	法定代表人	注册资本(万元)	注册地址	主营业务及财务情况
上海丰益股权投资基金有限公司	317 272 727. 28	31. 73	张峻	55 000	上海市浦东新区莲林路15号403室	主营股权投资，财务状况良好
上海璟安实业有限公司	275 472 727. 27	27. 55	裴白	5 418	上海市浦东新区绿科路90号1幢301室H座	主营企业管理、财务顾问，财务状况良好
上海创信资产管理有限公司	241 654 545. 45	24. 16	李荣辉	100 000	浦东南路1952号238室	主营项目投资，财务状况良好

注：股东上海璟安股权投资有限公司于2016年12月更名为上海璟安实业有限公司；公司正在办理章程变更和工商登记变更手续。

3.2 董事及独立董事

董事

姓名	职务	性别	年龄	选任日期	所推举的股东名称	代表股东持股比例(%)	简要履历
杨小阳	董事长	男	69	2012年8月7日（连选连任）	—	—	毕业于中南工业大学管理工程专业，获硕士学位，曾在中国农村发展信托投资公司、中国建设银行、中国建银投资有限责任公司、中国建银投资证券有限责任公司、中国光大实业（集团）有限责任公司及中国光大投资管理公司任高级管理职务，具备26年金融从业及管理经验。
肖鹰	董事	男	43	2016年12月29日	—	—	毕业于中国人民大学金融学专业，获金融学硕士学位，拥有注册会计师资格，历任中国人民银行银行一处、工商银行监管处副主任科员、副科长；中国银监会北京监管局国有银行一处科长、副处长，政策法规处副处长，办公室主任，纪委书记、党委委员，具有17年的金融机构监管和从业工作经验。
李春彦	董事	男	52	2016年12月29日	上海丰益股权投资基金有限公司	31. 73	毕业于对外经济贸易大学国际法学专业，获法学博士学位，历任中国平安部门总经理、分公司总经理、北京代表处主任，平安银行董事、行长助理、董事会秘书，生命人寿董事会秘书、董事，富德保险控股董事、副总经理；现任富德控股集团副董事长，富德资源控股董事长，具备23年的金融从业及管理工作经验。
石俊志	董事	男	63	2013年3月27日（连选连任）	—	—	毕业于中国人民银行总行金融研究所金融学专业，获博士学位，高级经济师，曾在中国银行总行国际业务部、中国银行伦敦分行、招商银行总行、东方资产管理公司、渤海银行总行任高级管理职务，具备28年的金融从业和管理工作经验。
张涛	董事	男	37	2016年12月29日	恒丰裕实业发展有限公司	16. 56	毕业于中国人民大学金融学（保险）专业获经济学硕士学位，历任太平洋保险部门经理，富德生命人寿部门经理、董事长办公室总监、总经理助理，富德保险控股股份有限公司副总经理、董事会秘书；现任富德财产保险董事，富德控股集团董事、总裁，富德前海基础设施投资控股有限公司董事长，恒丰裕实业发展有限公司执行董事、总经理，拥有15年的金融工作经历。
黄晓东	董事	男	53	2017年1月16日	上海创信资产管理有限公司	24. 16	毕业于吉林大学政治学理论专业，获法学博士学位，历任共青团博罗县县委副书记，博罗县石湾镇镇委副书记，共青团广东省省委正科级干部，深圳市委办公厅副处级秘书，深圳人事局副处长，龙岗镇党委书记，龙岗区区长助理，共青团广东省省委副书记，珠海市香洲区区委书记，珠海市市委常委，南方报业总经理，珠影集团党委书记、董事长；现任富德控股集团副总裁，拥有多年的经济管理工作经验。

注：原董事曾进任期已于2017年2月1日届满，公司正根据内部治理规则要求提名董事候选人，待股东会审议通过后办理相应的任职资格申请；2017年3月9日，董事会选举董事肖鹰和董事李春彦为公司副董事长，其任职资格已报请北京银监局审批，尚待批复。

独立董事

姓名	所在单位及职务	性别	年龄	选任日期	所推举的股东名称	代表股东持股比例(%)	简要履历
王海智	—	男	63	2016年12月29日	—	—	毕业于中国农业大学经济管理专业，高级经济师。历任中国银行河北省分行围场支行、承德市分行、秦皇岛市分行副行长，东方资产管理公司石家庄办事处、天津办事处总经理，天津信托党委书记、董事长，拥有25年的金融工作经验。

续表

姓 名	所在单位及职务	性别	年龄	选任日期	所推举的股东名称	代表股东持股比例(%)	简 要 履 历
李建生	—	女	62	2017 年 1 月 16 日	—	—	毕业于香港浸会大学应用会计与金融理学专业,获理学硕士学位,历任铁道部基本建设总局财务处助理会计师、会计师、副处长、处长,中国铁路工程总公司副总会计师、总会计师,中国中铁股份有限公司副总裁、财务总监、总法律顾问,中铁信托董事长,宝盈基金董事长,具有 32 年的会计、金融从业经验。
罗毅	深圳前海宝华盛资产投资管理有限公司总经理	男	54	2016 年 12 月 29 日	—	—	毕业于上海财经大学高级管理人员工商管理专业,获工商管理硕士学位,历任南京港务集团财务处主办会计,蛇口中华会计师事务所项目经理,沙河股份财务总监,曙光信息产业(深圳)有限公司总经理,具有32 年的企业会计核算、财务管理、企业管理及项目投资经营。
王向燊	贝罗斯资本(亚洲)有限公司行政总裁	男	43	2017 年 1 月 16 日	—	—	毕业于莫纳什大学会计专业,获实用会计硕士学位,历任中银香港投资主任,粤海控股集团策划发展部总主任、澳门区主管,雅诺金融分析员、风险投资主管,莎莉美集团董事总经理,具有 18 年的投资管理工作经验。

3.3 监事会

姓名	职务	性别	年龄	选任日期	所推举的股东名称	代表股东持股比例(%)	简 要 履 历
陶蓉	监事	女	40	2016 年 11 月 22 日	上海丰益股权投资基金有限公司	31.73	毕业于清华大学,获工商管理硕士学位;现任传奇梦想(北京)文化传媒有限公司董事长、北京京西文化旅游股份有限公司副董事长,具有丰富的经营管理工作经验。
郭培能	监事	男	45	2016 年 11 月 22 日	上海璟安实业有限公司	27.55	毕业于四川大学法学专业,获法学学士学位,先后于揭阳市公安机关、深圳市交通管理机关、深圳市泰腾材料贸易有限公司任职;现任深圳市锦祥盛投资控股有限公司董事长、总经理,具有丰富的经营管理工作经验。
程翔华	职工监事	女	33	2015 年 6 月 11 日	—	—	先后就读于浙江大学竺可桢学院和英国 Lancaster 管理学院,金融管理学硕士,英国皇家特许会计师(ACA),曾就职于伦敦德勤会计师事务所,在各类行业的审计及内控咨询服务工作方面拥有丰富经验。

注:原股东监事任期届满,根据股东会决议,选举陶蓉和郭培能出任公司监事职务。

3.4 高级管理人员

姓名	职务	性别	年龄	选任日期	金融从业年限(年)	学历	专业
石俊志	总经理	男	63	2013 年 1 月 28 日	28	博士	金融学
刘晶	副总经理	女	43	2013 年 1 月 10 日	16	博士	金融学
何远	副总经理	男	47	2011 年 10 月 11 日	22	硕士	金融学
曹志强	财务总监	男	49	2015 年 3 月 19 日	10	本科	金融学

注:报告期内,经董事会审议通过,续聘石俊志为公司总经理,续聘刘晶为公司副总经理。

3.5 公司员工

报告期内公司员工人数、年龄分布、学历分布:

项 目		报告期年度	
		人数(人)	比例(%)
年龄分布	25 岁以下	15	6.17
	26~29 岁	55	22.64
	30~39 岁	118	48.56
	40 岁以上	55	22.63
学历分布	博士	9	3.70
	硕士	107	44.03
	本科	111	45.68
	专科	10	4.12
	其他	6	2.47

4. 经营管理

4.1 经营目标、经营方针、战略规划

4.1.1 经营目标

公司的战略目标是打造中国一流的信托金融服务机构。以完善的内部控制和风险管理为保障,以差异化的研发能力和高端资产管理服务来建立核心竞争力,立足信托主业,根据市场变化及时有效地进行业务创新,通过向高端客户提供高附加值的金融产品服务在市场竞争中赢得生存和发展,逐步创建国民信托品牌,致力于客户利益、股东价值和员工满足感的最大化,成为市场领先、客户信赖的综合金融服务商。

4.1.2 经营方针

以敬业的员工、可靠的产品、优质的服务和先进的平台为客户提供最佳的金融理财服务。

4.1.3 战略规划

发展方向:从传统信托业务向以主动资产管理为核心的现代金融业务发展。

业务类型:从以项目为导向的投融资业务转向以客户为中心的私人财富管理业务和以机构资产管理为主业的信托金融服务。

费率结构:持续增加信托收入,并逐步转为以主动管理类

业务的稳定、持续信托报酬收入为主要利润来源。

短期策略：巩固业务基础和客户群，优化资讯科技平台，完善营运系统、制度和流程，建立高效问责的管理和营销团队。以事务管理类、投资类等业务为主，同时积极拓展资产证券化类、PPP 类、消费金融类信托业务。

中长期策略：逐步扩大市场和产品的深度和广度，加速产品和服务创新，不断优化投资解决方案和服务流程，强化开放式财富管理平台，逐步建立全国性销售网络和服务团队，改善品牌效应，积极发掘潜在客户和业务，并持续深化高净值客户关系。

长期策略：成长为具有重要市场地位的国际性综合金融服务集团。在金融股权投资和信托服务上取得市场领先地位，逐步发展“互联网 +”及证券投资等与现有业务具有协同效应的配套金融业务，保持优秀的投资业绩、明确的发展策略以及稳健的财务状况。以优越的体制、机制和管理文化吸引并留住人才以取得可持续发展，提升客户利益和股东价值。

4.2 经营业务的主要内容

4.2.1 固有业务

截至 2016 年 12 月 31 日，公司固有资产运用与分布情况：

固有资产运用与分布表

资产运用	金额（万元）	占比（%）	资产分布	金额（万元）	占比（%）
货币资产	3 304. 75	0. 82	基础产业	—	—
贷款及应收款	225 208. 73	56. 02	房地产业	—	—
以公允价值计量且其变动计入当期损益的金融资产	169 687. 64	42. 21	证券市场	—	—
			实业	—	—
			金融机构	171 819. 49	42. 74
可供出售金融资产	2 131. 85	0. 53	其他（注）	230 216. 12	57. 26
其他	1 702. 64	0. 42			
资产合计	402 035. 61	100. 00	资产合计	402 035. 61	100. 00

注：资产分布中，对“其他”事项的说明。

资产分布中“其他”事项明细		
资产运用分布	金额（万元）	占比（%）
货币资产	3 304. 75	0. 82
贷款、应收款	225 208. 73	56. 02
其他	1 702. 64	0. 42
其他合计	230 216. 12	57. 26

4.2.2 信托业务

截至 2016 年 12 月 31 日，公司受托管理的信托资产运用与分布情况：

信托资产运用与分布表

资产运用	金额（万元）	占比（%）	资产分布	金额（万元）	占比（%）
货币资产	130 866. 83	0. 53	基础产业	2 586 472. 60	10. 45
贷款	15 347 440. 42	62. 02	房地产业	2 814 407. 92	11. 37
交易性金融资产	144 541. 76	0. 58	证券市场	252 300. 15	1. 02
可供出售金融资产	3 401 765. 48	13. 75	金融机构	3 321 968. 60	13. 42
长期股权投资	932 615. 84	3. 77	实业	14 949 426. 60	60. 41
其他（注）	4 790 298. 84	19. 35	其他（注）	822 953. 30	3. 33
信托资产合计	24 747 529. 17	100. 00	信托资产合计	24 747 529. 17	100. 00

注：资产运用和资产分布中，对“其他”事项的说明。

资产运用中“其他”事项明细			资产分布中“其他”事项明细		
资产运用	金额（万元）	占比（%）	资产分布	金额（万元）	占比（%）
应收账款	1 458 445. 96	5. 89	银行存款	130 866. 83	0. 53
无形资产	3 249 383. 61	13. 13	应收账款	29 792. 81	0. 12
买入返售金融资产	44 885. 51	0. 18	其他投资款	660 731. 71	2. 67
其他	37 583. 76	0. 15	其他	1 561. 95	0. 01
其他合计	4 790 298. 84	19. 35	其他合计	822 953. 30	3. 33

4.3 市场分析

4.3.1 影响公司业务发展的主要因素

4.3.1.1 有利因素

（1）行业制度供给更加充足。2015 年初，为适应信托业快速发展的需要，引领信托业科学转型，银监会成立信托监管部，进一步强化信托监管专业化水平。此后，监管规章制度日趋完善，信托业保障基金落地并有效运行，2016 年末，中国信托登记有限责任公司正式成立，支持信托业发展的“一体三翼”架构全面建成；监管部门首推信托业务的“八大分类”。这些举措将进一步推动信托公司充分发挥制度优势，主动回归业务本源，以及有效控制信托财产风险。

（2）我国财富总量稳步增长，信托财产的管理需求上升。随着我国人均 GDP 的持续提高，收入阶层中中产阶级人数迅速增长。据瑞士信贷发布的《全球财富报告》，2015 年我国中产阶级绝对人口达 1. 09 亿人，雄踞世界第一。中产阶级的财富大幅增长 330%，2015 年已达 7. 3 万亿美元，占全国财富的 32%。“十三五”计划中，国家明确提出要通过“供给侧”改革补短板，促消费，基本确立以创新驱动和消费拉动的新增长模式。这些不仅将从资金来源端推动信托业的管理规模，而且委托人日益多样化的信托目的和产品需求，也将促进我国信托业的发展、转型与分化。

4.3.1.2 不利因素

经济形势以及竞争环境也给信托公司带来了许多挑战。

2016 年，中国经济持续下行，“泛资管”行业竞争加剧，信托业结束了自 2008 年以来的高速增长阶段，步入转型期。此时，不少信托公司还面临着资本充足率不高、个体风险加大、业务结构调整、经营效益下滑、资产规模增速放缓等诸多挑战。但我们相信，伴随着行业的发展与制度的完善，未来信托业将能探索出一条差异化、专业化的发展路径。

4.4 内部控制

4.4.1 内部控制环境和文化

按照《信托公司治理指引》和现代企业制度的要求，公司设置了以股东会、董事会、监事会和高级管理层为核心的法人治理结构，明确了公司的议事规则和决策程序。股东会为公司最高权力机构；董事会为公司决策机构；高级管理层为公司执行机构，负责执行董事会批准的各项决策和制度；监事会为公司监督机构，主要对公司财务经营状况及董事、高级管理人员履行职务的行为进行监督。公司确立了分工明确、权责相互制衡的公司治理和内部控制机制，实现了董事会对高级管理层经营活动的合理授权和有效监督。

公司在董事会及高级管理层的领导下，形成了诚实守信、稳健经营、恪尽职守的内部控制文化。对维护公司自身、委托人以及受益人的正当、合法权益发挥了重要作用。

4.4.2 内部控制措施

公司强化内控机构设置和制度建设;强调董事会和高级管理层的责任,将风险内控管理作为公司内部管理的核心,营造风险管理的环境。公司建立了董事会风险控制委员会、高级管理层、风险内控管理职能部门和业务部门四个层级的全面风险管理架构,贯彻全面风险管理要求和全方位管理、全过程和全员风控管理的原则。

在公司制定的全面风险管理体系架构下,内部控制的主要实施工作由公司法律合规部、风险管理部、项目管理部、信托财务部、公司财务部和审计部等部门具体执行。各部门保持独立:法律合规部负责法律事务方面的风险管理;风险管理部负责对公司业务除法律及合规风险外的所有相关风险审查工作,出具风险审查意见;项目管理部组织对存续期项目的后期管理开展风险排查、风险预警、风险报告等各项工作;信托财务部和公司财务部分别对信托财产和固有财产进行计量、监查和报告;审计部则对公司业务和经营管理工作进行独立审计和监督,直接向董事会审计委员会负责,保证内部控制机构的独立性和权威性。公司现有风险管理体系架构,有效保障风险管理程序的执行力,使公司业务运作和决策更为可控,也使高级管理层能全面及时地掌握公司的日常经营、财务和风险状况并保证有效执行。

2016 年公司 OA 办公管理系统全面升级,对业务审批流程进行了全面梳理,相关流程固化在办公管理系统、业务管理系统等各类信息系统中,从公司内部管理到业务开展的各项工作审批管理进一步标准化、规范化和系统化,公司内控水平大幅提升。

4.4.3 监督评价与纠正

公司十分重视内部控制问题的后续追踪整改,对于持续监控、内审稽核、监管检查以及重大事件所反映的内控问题组织持续追踪整改。针对常规内审高风险项目、重大行政监管意见、潜在损失案件中反映的制度和流程缺陷,公司通过合规部门关注重大合规风险识别、评估、整改要求,对重大违规事项整改情况进行跟踪,持续优化制度和流程,从源头防范内控漏洞,以杜绝类似问题重复发生。公司内部审计人员对业务部门落实整改执行情况进行逐项跟踪,对未按时整改的情况及时予以分析追踪和报告。

2016 年,公司未发生违法违规事件,各项业务稳健运行。

4.5 风险管理

4.5.1 风险状况

4.5.1.1 信用风险状况

信用风险不仅包括违约风险,还包括由于交易对手和合作方的信用状况及履约能力上的变化而导致公司资产价值发生变动造成损失的风险。公司在各项业务中加强了对交易对手、合作方以及业务本身的尽职调查,并根据不同的业务类别形成了标准化的调查、复核和监督机制,有力地保障了公司对信用风险的管控效果。

2016 年底公司存续事务管理类项目规模合计 2 215.94 亿元,占总信托规模 2 470 亿元的 89.72%,主动管理类规模 254.07 亿元,仅占比 10.29%。主动管理项目中,风险较低、与地方政府所属企业合作的基础设施类项目规模 176.96 亿元,占比 69.65%,公司整体信用风险敞口显著下降。

4.5.1.2 市场风险状况

市场风险是指公司在对信托财产和固有财产的合法经营中,因市场利率、汇率、股指和商品价格等市场参数的波动而产生的风险,包括利率风险、汇率风险、股市风险和通胀风险等。

2016 年公司面临的市场风险主要是证券市场价格波动风险,全年公司新发布了多项进一步规范公司证券业务操作的制度性文件。根据证券市场不确定性较大的情形,公司证券信托业务一方面调整证券投资策略、优化风险组合,另一方面严格按照合同的约定履行受托人职责,获得了委托人的认可。

4.5.1.3 操作风险状况

操作风险是指由于内部控制程序和系统的不完善、人员操作失误或外部突发事件等可能导致公司遭受损失的风险。

公司实行规范化、标准化、制度化管理,各项业务的开展都严格执行内部控制程序及业务操作流程。此外,公司还根据市场环境、监管规则及业务发展变化,不断调整和完善业务操作流程,并将多项制度的执行信息化、自动化,降低操作风险。

2016 年公司根据业务发展战略,加强了基础设施类业务和事务管理类业务的展业,一方面,颁布了《基础设施类集合信托业务风控指引(2016 年)》,规范了基础设施业务的开展和甄选;另一方面,在公司原《信托业务审批管理办法》的基础上,公司出台了《关于集合类项目审批通过后再次调整费率结构的审批流程说明》《事务管理类项目通过审批后要素变更审批流程》《关于调整低风险类的集合项目发行前审批流程的通知》等规范具体操作的各项文件,在项目审批、成立环节进一步防范操作风险。2016 年公司升级新的办公 OA 系统,对各项工作流程进行了全面梳理,进一步防范了操作风险的发生。

4.5.1.4 其他风险状况

除以上三类风险外,公司还面临合规风险、流动性风险、声誉风险、员工道德风险,以及国家法律法规和政策的不确定性对公司经营产生影响的政策风险等。公司针对各项风险建立了较完善的防范、应对机制。

2016 年,公司没有出现因其他风险对公司造成损失和影响经营活动的情况。

4.5.2 风险管理

4.5.2.1 信用风险管理

公司严格执行信用风险的事前防范、事中控制和事后检查制度。在业务发生前,主要由业务部门对交易对手进行详尽地调查,重点确定业务的商业风险可控性、公司收益与风险承担的合理性;法律合规部根据业务部门的尽职调查情况对项目交易结构和合同条款的合规性进行审查;风险管理部对风险识别情况及其控制措施进行充分的评估和审核,“两级评审会”对项目进行审核和评定,从而尽可能地降低信用风险发生的概率;项目管理部组织开展项目投后管理,开展定期、不定期风险排查,多维度防范、预警项目运行潜在信用风险。

2016 年，公司面对经济下行的宏观经济态势，业务重点转向以事务管理类项目为主的低风险项目，主动管理类项目以和地方政府所属企业合作的基础设施类、证券投资类两类较低风险业务为主，并考虑地区风险和集中度情况，严控开展高风险的房地产、产能过剩行业项目，风险偏好走向稳健。

4.5.2.2　市场风险管理

控制市场风险的主要方法是加强对经济及金融形势的分析预测，加强相关行业研究，必要情况下在具体项目尽职调查时聘请专业的机构参与调查，在业务决策时，参考聘请的外部行业专家对项目进行的行业与市场分析。公司根据业务性质、规模、复杂程度和风险特征，结合总体业务发展战略、管理能力和资本实力，确定总体风险承担水平，并尽量采取分散投资、分散风险的办法。加强对宏观经济和证券市场的研究，坚持价值投资理念，采取稳健的投资策略，建立止损机制，有效防范资本市场风险。定期或不定期对房地产和证券投资等业务进行市场风险压力测试，分析业务对外部市场变化的敏感程度和可能的影响，以制定策略应对市场变化。

2016 年证券市场整体不振，公司积极合理调整证券投资策略，较好地保全了信托资产，获得了委托人的认可。

4.5.2.3　操作风险管理

公司建立起较完整的内控制度，保障各项业务正常、有序的开展。公司部门间实行明确的职责划分，部门内部细分岗位职责和权限，开展不相容岗位梳理，保证岗位的有效分离与制衡，形成了相互配合、相互监督、相互制约的风控机制。公司各项业务的开展都严格执行内部控制程序及业务操作流程。公司根据市场及其规则的变化不断调整和完善业务操作流程；公司将各项工作的操作规范编入信息系统审批流程，操作风险的防控效率、效果大大提升。

4.5.2.4　其他风险管理

公司加强对国家政策的分析和研究，提高对政策的理解能力，并与监管部门及时沟通，根据要求进行业务调整和制度完善。此外，还不定期与同行进行业务交流，探讨业务经营管理中发现的问题，以提高对政策的理解度和执行力，从而有效地防范政策风险。

公司高度重视法律风险的防范，法律合规部专职负责法律风险的监控和管理，对于重大项目聘请外部律师事务所等专业服务机构提供专业意见，以强化法律方面的风险管理。同时，公司颁布相关制度规范外聘律师事务所操作，防止出现道德风险。

公司高度重视流动性风险，专门成立了资产负债委员会统筹公司流动性管理。公司坚持审慎性原则，持续监测在各产品、各业务条线的流动性风险；公司建立流动资金预警线预警机制，并按照监管的要求建立了流动性补充方案。

公司高度重视声誉风险防控，建立了舆情应对应急管理机制，防范在先，未雨绸缪；每日监测舆情，及时发现，迅速处置，保持各方面的沟通。

公司全面加强员工素质教育，防范道德风险。公司积极组织员工参加监管部门开展的与信托业务有关的法律法规学习和考试；鼓励员工参加内部和外部培训交流，进一步提高员工的业务能力和专业知识，增强风险意识和预判能力，将风险控制理念融入业务和管理工作的各方面、各环节。

4.6　净资本风险控制指标

公司报告期末的净资本风险控制指标情况如下：

指标名称	期末数	监管标准
净资本（万元）	177 955.50	≥2
固有业务风险资本（万元）	45 123.14	
信托业务风险资本（万元）	73 858.49	
其他业务风险资本（万元）	—	
各项业务风险资本（万元）	118 981.62	
净资本/各项业务风险资本之和（%）	149.57	≥100
净资本/净资产（%）	76.43	≥40

5. 报告期末及上一年度末的比较式会计报表

5.1　自营资产

5.1.1　会计师事务所审计意见结论

安永华明会计师事务所对公司 2016 年财务报表出具了标准无保留意见，认为公司财务报表在所有重大方面已经按照企业会计准则的规定编制，公允地反映了国民信托有限公司 2016 年 12 月 31 日的财务状况以及 2016 年度的经营成果和现金流量。

5.1.2　资产负债表

资产负债表

单位：万元

	2016 年 12 月 31 日	2015 年 12 月 31 日
资产		
货币资金	3 304.75	7 811.26
以公允价值计量且其变动计入当期损益的金融资产	169 687.64	187 852.71
应收账款	12 174.63	11 884.27
发放贷款	15 000.00	15 000.00
可供出售金融资产	2 131.85	4 799.46
应收款项类投资	105 547.60	48 660.34
固定资产	840.97	996.93
无形资产	734.90	884.57
其他资产	92 613.27	28 623.46
资产合计	402 035.61	306 513.00
负债及所有者权益		
负债		
应付职工薪酬	22 057.18	19 942.40
应交税费	4 285.68	4 839.43
应付利息	261.29	135.55
递延所得税负债	19 254.68	19 745.66
其他负债	123 349.87	48 664.63
负债合计	169 208.70	93 327.67
所有者权益		
实收资本	100 000.00	100 000.00
其他综合收益	78.23	20.41
盈余公积	17 920.22	15 961.84
一般风险准备	3 470.88	1 598.05
信托赔偿准备	8 286.24	7 307.05
未分配利润	103 071.34	88 297.98
所有者权益合计	232 826.91	213 185.33
负债及所有者权益合计	402 035.61	306 513.00

5.1.3 利润表

利润表

单位：万元

	2016 年	2015 年
营业收入		
手续费及佣金收入	58 808.18	64 333.65
投资收益/(损失)	1 146.39	2 673.99
公允价值变动收益	756.45	21 656.55
利息净收入	1 001.44	251.94
其他业务收入	3 740.70	4 326.49
营业收入合计	65 453.16	93 242.62
营业支出		
营业税金及附加	1 337.05	3 726.27
业务及管理费	30 872.41	33 964.83
利息支出	5 133.30	846.58

续表

	2016 年	2015 年
资产减值损失	1 891.32	8 855.61
营业支出合计	39 234.08	47 393.29
营业利润	26 219.08	45 849.33
加：营业外收入	1.88	51.36
减：营业外支出	1.20	13.80
利润总额	26 219.76	45 886.89
减：所得税费用	6 636.00	11 895.07
净利润	19 583.76	33 991.82
其他综合收益的税后净额	57.82	30.40
综合收益总额	19 641.58	33 961.42

5.1.4 所有者权益变动表

所有者权益变动表

2016 年度

单位：万元

	实收资本	其他综合收益	盈余公积	一般风险准备	信托赔偿准备	未分配利润	所有者权益合计
本年年初余额	100 000.00	20.41	15 961.84	1 598.05	7 307.05	88 297.98	213 185.33
本年增减变动金额							
(一)综合收益总额	—	57.82	—	—	—	19 583.76	19 641.58
(二)利润分配							
提取盈余公积	—	—	1 958.38	—	—	(1 958.38)	—
提取一般风险准备	—	—	—	1 872.83	—	(1 872.83)	—
提取信托赔偿准备	—	—	—	—	979.19	(979.19)	—
对所有者的分配	—	—	—	—	—	—	—
本年年末余额	100 000.00	78.23	17 920.22	3 470.88	8 286.24	103 071.34	232 826.91

所有者权益变动表(续)

2015 年度

单位：万元

	实收资本	其他综合收益	盈余公积	一般风险准备	信托赔偿准备	未分配利润	所有者权益合计
本年年初余额	100 000.00	50.80	12 562.66	368.34	5 607.46	60 634.64	179 223.90
本年增减变动金额							
(一)综合收益总额	—	(30.39)	—	—	—	33 991.82	33 961.43
(二)利润分配							
提取盈余公积	—	—	3 399.18	—	—	(3 399.18)	—
提取一般风险准备	—	—	—	1 229.71	—	(1 229.71)	—
提取信托赔偿准备	—	—	—	—	1 699.59	(1 699.59)	—
对所有者的分配	—	—	—	—	—	—	—
本年年末余额	100 000.00	20.41	15 961.84	1 598.05	7 307.05	88 297.98	213 185.33

5.2 信托资产

5.2.1 信托项目资产负债汇总表

信托项目资产负债汇总表

单位：万元

	2016 年 12 月 31 日	2015 年 12 月 31 日
信托资产		
货币资金	130 866.83	72 025.30
交易性金融资产	144 541.76	77 568.12
买入返售金融资产	44 885.51	6 848.59
应收款项	1 458 445.96	418 455.61
发放贷款	15 347 440.42	8 668 334.32
可供出售金融资产	3 401 765.48	307 344.00
长期股权投资	932 615.84	474 180.84
无形资产	3 249 383.61	2 392 084.33
其他	37 583.76	28 520.16
信托资产总计	24 747 529.17	12 445 361.27
信托负债和信托权益		
信托负债		
应付受托人报酬	72.69	43.53
应付托管费	12.66	7.58
应付受益人收益	1 034.81	1 481.88
其他应付款项	29 368.54	31 319.92
信托负债合计	30 488.70	32 852.91
信托权益		
实收信托	24 700 030.09	12 379 473.03
资本公积	1 087.57	—
未分配利润	15 922.81	33 035.33
信托权益合计	24 717 040.47	12 412 508.36
信托负债和信托权益总计	24 747 529.17	12 445 361.27

5.2.2 信托项目利润及利润分配汇总表

单位：万元

	2016 年度	2015 年度
营业收入		
利息收入	935 078.11	602 243.40
投资收益	419 871.35	261 108.75
公允价值变动损失	(22 926.56)	1 676.19
其他收入	35.80	21.47
营业收入合计	1 332 058.70	865 049.81
营业支出		
营业税金及附加	—	(0.03)
受托人报酬	55 539.16	47 103.11
托管费	10 828.22	2 981.37
销售服务费	2 402.73	5 365.47
交易费用	532.48	1 153.61
其他费用	54 379.72	84 698.15
营业支出合计	123 682.31	141 301.68
信托净(亏损)/利润	1 208 376.39	723 748.13
其他综合收益	—	—
综合(亏损)/收益	1 208 376.39	723 748.13
加：期初未分配信托利润	33 035.33	29 367.82
可供分配的信托利润	1 241 411.72	753 115.95
减：本期已分配信托利润	1 225 488.91	720 080.62
期末未分配信托收益	15 922.81	33 035.33

5.2.3 信托资产管理情况

5.2.3.1 信托资产的期初数、期末数

单位：万元

信托资产	期初数	期末数
集合	2 472 093.79	4 201 401.76
单一	9 973 267.48	20 008 433.81
财产权	—	537 693.60
合计	12 445 361.27	24 747 529.17

5.2.3.2 主动管理型信托业务的信托资产期初数、期末数

单位：万元

主动管理型信托资产	期初数	期末数
证券投资类	93 721.87	285 466.24
股权投资类	178 127.16	125 142.93
融资类	2 154 203.42	2 098 720.08
事务管理类	20.16	—
其他	21 374.23	49 513.85
合计	2 447 446.84	2 558 843.10

5.2.3.3 被动管理型信托业务的信托资产期初数、期末数

单位：万元

被动管理型信托资产	期初数	期末数
证券投资类	9 317.03	—
股权投资类	18 207.45	11 802.91
融资类	998 918.14	342 314.24
事务管理类	8 966 191.78	21 834 568.92
其他	5 280.03	—
合计	9 997 914.43	22 188 686.07

5.2.3.4 本年度已清算结束的信托项目情况

本年度已清算结束的信托项目为 263 个，实收信托合计 7 168 915.89万元，加权平均年化收益率为 8.43%，加权平均年化信托报酬率为 0.52%。

5.2.3.5 本年度已清算结束的集合类、单一类资金信托项目和财产管理类信托项目个数、实收信托金额、加权平均实际年化收益率

已清算结束信托项目	项目个数(个)	实收信托合计金额(万元)	加权平均实际年化收益率(%)
集合类	59	1 146 127.89	9.65
单一类	204	6 022 788.00	8.22
财产管理类	—	—	—

5.2.3.6 本年度已清算结束的主动管理型信托项目情况

主动管理型已清算信托项目	项目个数(个)	实收信托合计金额(万元)	加权平均实际年化信托收益率(%)	加权平均实际年化信托报酬率(%)
证券投资类	4	14 647.74	11.78	0.66
股权投资类	3	109 930.00	10.01	3.31
融资类	44	940 280.00	9.81	1.98
事务管理类	1	20.15	—	—
其他	4	21 250.00	7.78	0.83

5.2.3.7　本年度已清算结束的被动管理型信托项目情况

被动管理型已清算信托项目	项目个数(个)	实收信托合计金额(万元)	加权平均实际年化信托收益率(%)	加权平均实际年化信托报酬率(%)
证券投资类	1	5 000.00	(14.20)	0.28
股权投资类	1	12 900.00	0.12	0.06
融资类	26	631 230.00	8.67	0.12
事务管理类	178	5 422 678.00	8.19	0.28
其他	1	10 980.00	8.54	0.08

5.2.3.8　本年度新增的集合类、单一类和财产管理类信托项目个数、实收信托合计金额

新增信托项目	项目个数(个)	实收信托合计金额(万元)
集合类	90	3 011 433.65
单一类	479	16 722 950.91
财产管理类	6	537 650.59
新增合计	575	20 272 035.15
其中:主动管理类	55	1 197 609.77
被动管理类	520	19 074 425.38

5.2.4　关联方关系及其交易

5.2.4.1　信托资产与关联方交易情况

单位:万元

信托与关联方关联交易				
	期初数	借方发生额	贷方发生额	期末数
贷款	—	—	—	—
投资	—	—	—	—
租赁	—	—	—	—
担保	—	—	—	—
应收账款	—	—	—	—

续表

	期初数	借方发生额	贷方发生额	期末数
其他	—	—	—	—
合计	—	—	—	—

5.2.4.2　固有财产与信托财产之间的交易情况

单位:万元

固有财产与信托财产相互交易			
	期初数	本期发生额	期末数
证券投资集合资金信托	—	—	—
融资集合资金信托	15 000.00	—	15 000.00

5.2.4.3　信托财产与信托财产之间的交易情况

本年度无信托财产与信托财产之间的交易情况。

5.2.5　会计制度

信托业务于2010年1月1日起全面执行财政部2006年2月颁布的《企业会计准则——基本准则》和38项具体会计准则、其后颁布的应用指南、解释以及其他相关规定(统称企业会计准则)。

6. 财务报表附注

6.1　报告期内,公司财务报表编制基准、会计政策、会计估计和核算方法变化情况

本公司2016年度会计报表编制基准、会计政策、会计估计和核算方法无重大变化。

根据财政部、国家税务总局颁布的《关于全面推开营业税改征增值税试点的通知》(财税[2016]36号),本公司自2016年5月1日起由缴纳营业税改为缴纳增值税。

6.2　财务报表主要项目的明细

6.2.1　资产风险分类情况

信用风险资产五级分类	正常类(万元)	关注类(万元)	次级类(万元)	可疑类(万元)	损失类(万元)	资产合计(万元)	不良资产合计(万元)	不良资产率(%)
期初数	102 319.04	2 260.88	950.65	—	—	105 530.57	950.65	0.90%
期末数	140 487.11	1 809.06	1 514.43	—	—	143 810.59	1 514.43	1.05%

注:1. 不良资产合计=次级类+可疑类+损失类。

2. 根据公司相关制度规定,信用风险资产包含存放同业、以公允价值计量且其变动计入当期损益的金融资产、可供出售金融资产、应收账款、发放贷款及其他应收款。

6.2.2　各项资产减值损失准备的期初数、本期计提、本期转回、本期核销、期末数

单位:万元

	期初数	本期计提	本期转回	本期核销	期末数
贷款损失准备	—	—	—	—	—
一般准备	—	—	—	—	—
专项准备	—	—	—	—	—
其他资产减值准备	—	—	—	—	—
应收款项类资产	8 518.32	1 891.33	—	—	10 409.65
持有至到期投资减值准备	—	—	—	—	—

续表

	期初数	本期计提	本期转回	本期核销	期末数
长期股权投资减值准备	—	—	—	—	—
坏账准备	337.29	—	—	—	337.29
投资性房地产减值准备	—	—	—	—	—

6.2.3　固有业务股票投资、基金投资、债券投资、股权投资等投资业务的期初数、期末数

单位:万元

	自营股票	基金	债券	长期股权投资	其他投资	合计
期初数	—	—	3 011.26	—	238 301.25	241 312.51
期末数	—	—	—	—	277 367.09	277 367.09

6.2.4　前三名自营贷款的企业名称、占贷款总额的比例和还款情况等

企业名称	占贷款总额的比例(%)	还款情况
江苏武进太湖湾旅游发展有限公司	100	—

6.2.5　前三名自营长期股权投资(包括以公允价值计量且其变动计入当期损益的金融资产)的企业名称、占被投资企业权益的比例、主要经营活动及投资收益情况等

企业名称	占被投资企业权益的比例(%)	投资收益
汇丰人寿保险有限公司	50	—

6.2.6　表外业务的期初数、期末数;按照代理业务、担保业务和其他类型表外业务分别披露

本年无表外业务。

6.2.7　收入结构

收入结构	金额(万元)	占比(%)
手续费及佣金收入	58 808.18	89.85
其中:信托手续费收入	58 808.18	89.85
利息收入	1 001.44	1.53
其他业务收入(注)	3 740.70	5.71
投资收益/(损失)	1 146.39	1.75
其中:证券投资收益	-63.45	-0.10
其他投资收益	1 209.84	1.85
公允价值变动收益	756.45	1.16
营业外收入	1.88	0.00
收入合计	65 455.04	100.00

注:其他业务收入为合营企业的有关收益。

6.3　关联方关系及其交易

6.3.1　关联交易方的数量、关联交易的总金额及关联交易的定价政策

	关联交易方数量	关联交易金额(万元)	定价政策
合计	1	287.69	按市场价格或公允原则交易

6.3.2　关联交易方与公司的关系性质、关联交易方的名称、法定代表人、注册地址、注册资本及主营业务

报告期涉及关联交易的关联方情况如下:

关系性质	关联方名称	法定代表人	注册地址	注册资本	主营业务
股东间接持有的子公司	上海银信网络科技发展有限公司	蔡震	中国(上海)自由贸易试验区浦东南路1950号106室	8 000万港元	软件开发、销售及技术咨询等

注:截至2016年12月31日,上海银信网络科技发展有限公司已和本公司不存在关联方关系。

6.3.3　公司与关联方的重大交易事项

固有资产与关联方交易情况

单位:万元

	固有资产与关联方关联交易			
	期初数	借方发生额	贷方发生额	期末数
贷款	—	—	—	—
投资	—	—	—	—
租赁	—	—	—	—
担保	—	—	—	—
应收账款	—	—	—	—
其他	—	287.69	287.69	—
合计	—	287.69	287.69	—

6.3.4　关联方逾期未偿还公司资金以及公司为关联方担保发生或即将发生垫款情况

公司未出现关联方逾期未偿还公司资金以及公司为关联方担保发生或即将发生垫款情况。

6.4　或有事项说明

截至2016年12月31日,本公司无作为被告的诉讼案件,无其他或有事项。

截至2016年12月31日,本公司共有数起作为原告方针对公司发行的信托产品发生本金或利息违约的主诉案件。经向专业法律顾问咨询后,本公司管理层认为目前该等法律诉讼与仲裁事项不会对本公司的财务状况或经营成果产生重大影响。

6.5　重要资产转让及其出售的说明

截至2016年12月31日,本公司并无须作披露的重要资产转让及其出售。

6.6　会计制度

公司固有业务执行财政部颁布的《企业会计准则——基本准则》以及其后颁布修订的具体会计准则、应用指南、解释以及其他相关规定(统称企业会计准则)。

7. 财务情况说明

7.1　利润实现和分配情况

公司2016年总收入为65 455.04万元,总支出为39 235.28万元,实现净利润19 583.76万元。2016年公司未向股东分配利润。

7.2　主要财务指标

指标名称	指标值
资本利润率(%)	8.78
加权年化信托报酬率(%)	0.52
人均净利润(万元)	85.52

注:该指标仅包括本报告年度内已清算结束了的信托项目。

7.3 报告期内，公司发生的对公司财务状况、经营成果有重大影响的其他事项

无。

8. 特别事项揭示

8.1 前五名股东报告期内变动情况及原因

报告期内，公司股东未发生变动。

8.2 董事、监事及高级管理人员变动情况及原因

经公司股东会审议通过，并报北京银监局核准，肖鹰先生、李春彦先生、张涛先生和黄晓东先生获批为公司董事；王海智先生、李建生女士、罗毅先生和王向燊先生获批为公司独立董事。

经公司股东会审议通过，陶蓉女士和郭培能先生出任公司监事。

8.3 报告期内变更注册资本、变更注册地或公司名称、公司分立合并事项

无。

8.4 报告期内公司重大诉讼事项

无。

8.5 公司及其董事、监事和高级管理人员在报告期内受到处罚的情况

无。

8.6 中国银监会及其派出机构对公司检查后提出整改意见及整改情况

2016年5月，北京银监局向公司出具了2015年度监管意见书，对公司治理、流动性和风险管控等方面提出了加强和改进意见。公司已组织相关部门和人员对监管意见进行落实，现已基本完善。

8.7 本年度重大事项临时报告的简要内容、披露时间、所披露的媒体及其版面

序号	刊登内容	刊登时间	报纸名称	所属版面
1	国民信托有限公司2015年年度报告摘要	2016年4月29日	《上海证券报》	54版

8.8 其他重大需披露信息

报告期内，公司未发生中国银监会及其省级派出机构认定的其他有必要让客户及相关利益人了解的重要信息。

9. 公司监事会意见

监事会认为，公司董事会和管理层能够严格遵守法规及政策，稳健经营，业务风险可控，公司业务不存在违法违规情形；本年度财务报告经安永华明会计师事务所审计并出具无保留审计意见的审计报告，该财务报告真实、客观地反映了公司的财务状况和经营成果；致同会计师事务所就公司本年度内部控制情况进行了审核，并出具无保留意见的内部控制鉴证报告，该报告也真实和客观反映了公司合规经营和内控状况。

国投泰康信托有限公司

1. 重要提示

1.1 本公司董事会及董事保证本报告所载资料不存在任何虚假记载、误导性陈述或者重大遗漏,并对其内容的真实性、准确性和完整性承担个别及连带责任。本年度报告摘要摘自年度报告全文,客户及相关利益人欲了解详细内容,应阅读年度报告全文。

1.2 本报告经公司第五届董事会第十二次会议审议通过。本公司独立董事张先云先生、童朋方先生、付磊先生,认为本报告内容是真实、准确、完整的。

1.3 立信会计师事务所为本公司出具了标准无保留意见的审计报告。

1.4 公司法定代表人董事长叶柏寿先生、总经理傅强先生、财务总监李涛先生及计划财务部临时负责人孙欣妍女士声明:保证年度报告中财务报告的真实、完整。

2. 公司概况

2.1 公司简介

2.1.1 公司法定中文名称:国投泰康信托有限公司

2.1.2 公司法定英文名称:Sdic Taikang Trust Co., Ltd.

2.1.3 法定代表人:叶柏寿

2.1.4 公司注册地址:
北京市西城区阜成门北大街2号楼16层、17层
邮政编码:100034

2.1.5 国际互联网网址:www. sdictktrust. com

2.1.6 电子信箱:sdictktrust@ sdic. com. cn

2.1.7 信息披露事务负责人:李涛
联系电话:010-83321800
传真:010-83321811
电子信箱:sdictktrust@ sdic. com. cn

2.1.8 报告期内公司信息披露报纸名称:《证券时报》

2.1.9 公司年度报告备置地点:
北京市西城区阜成门北大街2号楼17层

2.1.10 公司聘请的会计师事务所:
立信会计师事务所(特殊普通合伙)
地址:北京市西城区北三环中路29号院茅台大厦28层

2.1.11 公司聘请的常年律师事务所:
北京天达共和律师事务所
地址:北京市朝阳区东三环北路8号亮马河大厦1座20层

2.2 组织结构

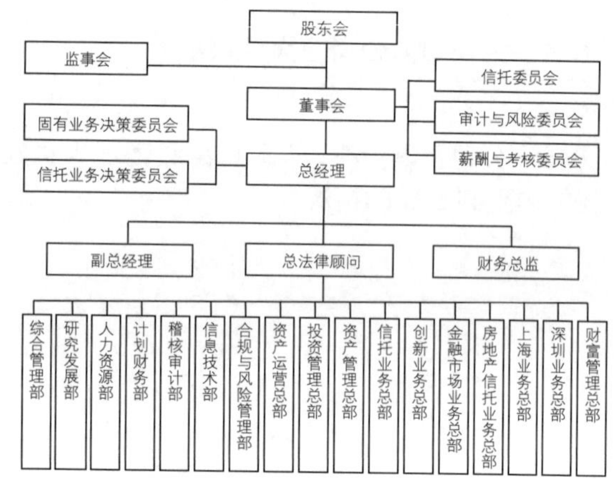

3. 公司治理

3.1 股东

股东名称	出资比例(%)	法人代表	注册资本(亿元)	注册地址	主要经营业务及主要财务情况
国投资本控股有限公司	55.00	叶柏寿	25	北京市西城区阜成门北大街6-6号国际投资大厦A座	从事对外投资、资产管理、接受委托对企业进行管理、投资策划及咨询服务。
泰康保险集团股份有限公司	32.98	陈东升	27.2919707	北京市西城区复兴门内大街156号泰康人寿大厦8层、9层	投资设立保险企业,管理投资控股企业,国家法律法规允许的投资业务,经中国保监会批准的保险业务,经中国保监会批准的其他业务。
悦达资本股份有限公司	10.00	祁广亚	25	盐城经济技术开发区希望大道南路5号	资产管理;创业投资;实业投资;投资咨询;自有房屋租赁。
泰康资产管理有限责任公司	2.02	段国圣	10	中国(上海)自由贸易试验区张杨路828~838号26F07、F08室	管理运用自有资金及保险资金;受托资金管理业务;与资金管理业务相关的咨询业务;公开募集证券投资基金管理业务;国家法律法规允许的其他资产管理业务。

注:1. 2016年8月泰康人寿保险股份有限公司更名为泰康保险集团股份有限公司。
2. 2016年2月江苏悦达资产管理有限公司更名为悦达资本股份有限公司。

3.2 董事

董事长、副董事长、董事

姓　名	职　务	性别	年龄	选任日期	所推举的股东名称	该股东持股比例(%)	简　要　履　历
叶柏寿	董事长	男	54	2015年3月	国投资本控股有限公司	55	大学本科学历,高级会计师,现任国投泰康信托有限公司董事长、国家开发投资公司副总经济师、国投资本控股有限公司董事长、国投瑞银基金管理有限公司董事长;曾任国家计委经济研究所财政金融研究室副主任、国家开发投资公司财务会计部资金处处长、财务会计部副主任、主任。
段国圣	副董事长	男	55	2015年3月	泰康保险集团股份有限公司、泰康资产管理有限责任公司	35	博士研究生学历,研究员,现任国投泰康信托有限公司副董事长、泰康保险集团股份有限公司执行副总裁、首席投资官兼泰康资产管理有限责任公司首席执行官、中国保险资产管理业协会会长;曾在江汉石油学院工作,曾任中国平安保险(集团)公司执委会成员、助理首席投资官、泰康人寿保险股份有限公司执行副总裁、首席投资官。
崔宏琴	董事	女	43	2015年3月	国投资本控股有限公司	55	大学本科学历,高级会计师,现任国投泰康信托有限公司董事、国家开发投资公司财务会计部副主任;曾在国农实业开发公司、国投农业公司、国家开发投资公司任职,曾任国家开发投资公司财务会计部会计处副处长、资金处处长、财务会计部主任助理。
鲍红雨	董事	女	47	2015年3月	国投资本控股有限公司	55	硕士研究生学历,高级经济师,现任国投泰康信托有限公司董事、国投资本控股有限公司业务管理部部门经理;曾在中国太平洋保险公司北京分公司、世纪兴业投资有限公司、国家开发投资公司工作,曾任国投泰康信托有限公司投资银行部副经理、资产管理部、产品部、信托业务总部部门经理。
谭祖愈	董事	男	43	2015年3月	泰康保险集团股份有限公司、泰康资产管理有限责任公司	35	硕士研究生学历,现任国投泰康信托有限公司董事、泰康资产管理有限责任公司执行委员会委员兼北京泰康投资公司总经理;曾在毕马威会计师事务所、光大国际信托投资公司、国际金融公司东亚局工作,曾任英联投资公司中国代表处投资董事、平安信托有限责任公司投资部董事总经理。
祁广亚	董事	男	47	2015年3月	悦达资本股份有限公司	10	硕士研究生学历,高级会计师,注册会计师,现任国投泰康信托有限公司董事、悦达集团党委副书记、总裁、悦达资本股份有限公司董事长;曾在盐城拖拉机厂、盐城汽车总厂、悦达投资股份公司工作,曾任悦达集团副总裁、副总会计师、财务部部长、悦达资本股份有限公司总经理。

独立董事

姓　名	所在单位及职务	性别	年龄	选任日期	所推举的股东名称	该股东持股比例(%)	简　要　履　历
张先云	北京中证天通会计师事务所(特殊普通合伙)首席合伙人	男	52	2015年3月	国投资本控股有限公司	55	大学本科学历,高级会计师,现任国投泰康信托有限公司独立董事、北京中证天通会计师事务所(特殊普通合伙)首席合伙人;曾在财政部、中国进出口银行工作,曾任北京农业集团公司、北京农业科技股份公司财务总监、北京中洲光华会计师事务所副主任会计师。
童朋方	北京市德润律师事务所高级合伙人、律师	男	44	2015年3月	国投资本控股有限公司	55	硕士研究生学历,注册会计师、律师,现任国投泰康信托有限公司独立董事、北京市德润律师事务所高级合伙人、律师;曾任财政部中国财政经济出版社会计分社编辑。
付磊	首都经济贸易大学教授、博士生导师	男	65	2015年3月	泰康保险集团股份有限公司、泰康资产管理有限责任公司	35	博士研究生学历,教授、博士生导师,现任国投泰康信托有限公司独立董事、首都经济贸易大学教授、博士生导师;曾在北京东城机修厂工作,曾任首都经济贸易大学会计学院副院长、党总支书记、院长。

3.3 监事

姓　名	职　务	性别	年龄	选任日期	所推举的股东名称	该股东持股比例(%)	简　要　履　历
曲刚	监事会主席	男	42	2015年1月	国投资本控股有限公司	55	硕士研究生学历,经济师,现任国投泰康信托有限公司监事会主席、国投财务有限公司副总经理。曾在中国人民银行大连分行、澳大利亚ANZ银行、澳大利亚Silver M公司工作;曾任国家开发投资公司财务会计部财务处副处长、国投资本控股有限公司计划财务部经理。
霍焱	监事	男	43	2015年1月	泰康保险集团股份有限公司、泰康资产管理有限责任公司	35	硕士研究生学历,现任国投泰康信托有限公司监事、泰康资产管理有限责任公司董事总经理、投后管理部负责人;曾在广东北电通信设备有限公司、摩托罗拉(中国)有限公司工作,曾任工银瑞信基金管理有限公司财务总监、泰康资产管理有限责任公司财务负责人。
汪斌	职工监事	男	51	2015年1月	—	—	大学本科学历,高级审计师,现任国投泰康信托有限公司稽核审计部总经理;曾在鞍山市审计局、鞍山市信托投资股份有限公司任职。曾任国投泰康信托有限公司稽核审计部副经理。

3.4 高级管理人员

姓名	职务	性别	年龄	选任日期	金融从业年限(年)	学历	专业
傅强	总经理	男	47	2013年8月	21	硕士	工商管理
李涛	财务总监(副总经理级)	男	42	2013年11月	11	硕士	会计学
刘桂进	副总经理、总法律顾问	男	45	2015年5月	11	硕士	工商管理
姚少杰	副总经理	男	43	2016年5月	16	学士	机械制造工艺及设备
江芳	副总经理	女	46	2016年11月	23	博士	国际法
元磊	副总经理	男	44	2017年1月	17	硕士	工业与民用建筑

注:北京银监局于2017年1月核准元磊任职资格。

3.5 公司员工

项目		报告期年度	
		人数(人)	比例(%)
年龄分布	25岁以下	8	4
	25~29岁	57	30
	30~39岁	97	52
	40岁以上	27	14
学历分布	博士	7	4
	硕士	103	54
	本科	73	39
	专科	5	2
	其他	1	1
岗位分布	董事、监事及其高管人员	17	9
	自营业务人员	6	3
	信托业务人员	118	63
	其他人员	48	25

注:自营业务人员是指按照岗位分工,专门或至少主要从事固有资金使用和固有资产管理有关业务的职工;信托业务人员是指按照岗位分工,专门或主要从事信托资金使用和信托资产管理各项业务的职工;对于人力资源部等类似无法明确区分的综合部门归为其他人员。

4. 经营管理

4.1 经营目标、经营方针、战略规划

依托股东优势资源,坚持“规模适当、业绩优良、风险可控、发展健康”的发展思路,紧贴市场、锐意创新、控制风险、提升品牌,打造实业投行、资产管理、财富管理三大业务板块,走市场化、专业化、特色化、国际化的发展道路,实现中高速发展和中高端转型,力争用3~5年建成国内精品信托公司,成为稳健卓越的资产管理机构和值得信赖的财富管理机构。

4.2 所经营业务的主要内容

自营资产运用与分布表

资产运用	金额(万元)	占比(%)	资产分布	金额(万元)	占比(%)
货币资产	40 461	6.85	基础产业	—	—
应收款项	14 445	2.45	房地产业	—	—
以公允价值计量且其变动计入当期损益的金融资产	20 000	3.38	证券市场	116 282	19.68
买入返售资产	—	—	实业	—	—
可供出售金融资产	497 047	84.12	金融机构	59 171	10.01
长期股权投资	12 877	2.18	其他	415 415	70.31
其他	6 038	1.02			
资产总计	590 868	100.00	资产总计	590 868	100.00

注:在资产分布中,其他资产包括货币资金40 461万元,应收款项14 445万元,公司投资的信托产品、资管计划和信托业保障基金等354 471万元,其他固定资产投资、在建工程、无形资产和递延所得税资产等6 038万元。

信托资产运用与分布表

资产运用	金额(万元)	占比(%)	资产分布	金额(万元)	占比(%)
货币资产	98 393.53	0.37	基础产业	3 784 156.50	14.32
贷款	16 823 798.37	63.66	房地产业	1 422 373.84	5.38
交易性金融资产	484 791.56	1.83	证券市场	633 455.24	2.40
可供出售金融资产	3 954 481.64	14.96	实业	14 240 271.34	53.89
持有至到期投资	306 797.77	1.16	金融机构	703 652.00	2.66
长期股权投资	819 536.55	3.10	其他	5 642 735.58	21.35
其他	3 938 845.08	14.92			
信托资产总计	26 426 644.50	100.00	信托资产总计	26 426 644.50	100.00

4.3 影响公司业务发展的主要因素

4.3.1 有利因素

(1)当前及未来一段时期,国内宏观经济逐步企稳,供给侧改革取得成效,增长动力不断恢复,新兴产业发展加速,开始具备复苏势头,各行业的投融资机会也逐渐增多。

(2)资本市场机制不断成熟,未来传统融资类业务与同业业务仍有市场机会,投资类业务也进入了资产配置的较好时期,消费信托、投行业务、供应链金融、家族信托等新业务领域也出现了较多机会。

(3)监管部门不断加强行业基础建设,引导信托公司向专业化方向转型,提高行业整体形象,保障基金公司与信托登记公司相继成立,“八项机制”“八大责任”“八大业务”深入人心,转型取得较为明显成效,行业进入新的战略发展机遇期。

4.3.2 不利因素

(1)从宏观经济来看,全球市场动荡加剧、复苏脆弱,各国央行货币宽松模式难以持续;国内部分行业仍存在产能过剩情

况，银行业不良资产率持续上升，去杠杆面临反弹压力；金融机构混业经营深化、竞争激烈，面临优质资产匮乏、投资风险增大的困境。

（2）从行业环境来看，信托业发展大而不强、战略定位模糊不清、风控能力有待加强、竞争格局分化严重等问题仍有待解决，未来行业转型的不确定性仍旧较大。

（3）从市场格局来看，信托公司竞争激烈、分化明显，领先公司与落后公司的差距进一步拉大；业务单一、能力不足、风控薄弱、管理松散、发展停滞的公司数量呈现增长趋势。

4.4 内部控制

4.4.1 内部控制环境和内部控制文化

4.4.1.1 治理机制建设和执行情况

股东会是公司的最高权力机构。

公司设立董事会，负责公司的重大决策，并向股东会负责。公司董事会设有信托委员会、审计与风险委员会、薪酬与考核委员会3个专项委员会，专项委员会向董事会负责。董事长为公司的法定代表人。

公司设立监事会。监事会是公司的监督机构，对股东会负责。

公司董事会聘任经营层，依法行使经营权。为严格固有财产与信托业务的分类管理及科学决策，公司设立固有业务决策委员会和信托业务决策委员会，分别对固有业务、信托业务进行决策。

公司设立投资管理总部、信托业务总部、财富管理总部等业务部门，以及综合管理部、研究发展部、人力资源部等职能部门。各业务部门和职能部门按照公司确定的部门职责开展工作。公司主要从业人员均符合中国银行业监督管理委员会及公司规定的职业操守和职业技能。

公司不断完善内部控制制度，通过建立风险防范的“三道防线”，构筑完整的内控管理架构：“第一道防线”为各部门对本部门的业务流程和操作流程进行日常维护和管理，对本部门所面临的主要风险点进行识别、检查和控制；“第二道防线”为风险管理部门对各部门的主要风险点进行日常监控与管理；“第三道防线”为稽核审计部门对各部门的业务运行过程和结果进行稽核与检查。

4.4.1.2 内控文化建设和执行情况

公司的经营宗旨是以市场为导向，以效益为中心，依法规范经营，科学管理，维护股东、债权人、信托当事人和公司自身的合法权益。公司依照诚实、信用、谨慎、有效的原则，遵循监管机构的各项法规政策，倡导“有道而正、信则人任”的企业文化精神。公司加强内控文化建设，组织员工参加公司内外部培训，培育每个员工的内控文化理念，建立以风险管理为核心的公司内控文化和内控环境。

4.4.2 内部控制措施

公司健全内控体系，及时优化管理制度和业务制度，强化制度的执行力度。制定各项业务指引及业务流程，有效控制业务风险。

4.4.3 监督评价与纠正

4.4.3.1 内部控制的评价和后评价

公司通过对法律法规、监管机构各项规章和公司各项制度的执行情况、执行效果对内部控制进行评价和后评价。公司努力探索对内部控制评价的方法，定性与定量相结合，对内部控制进行科学评价和后评价。本年公司各项规章制度、业务流程执行情况良好，内部控制成效显著。

4.4.3.2 内部控制的监督和纠正

风险管理部门监督检查各部门内控制度的执行情况，稽核审计部门对公司内部控制情况进行稽核审计。对操作过程中发现的内控缺陷按照管辖权限层层上报，经有权管辖的相应层级决定后开展整改。公司各个管理层级在自己的管理权限内对内部控制存在的问题进行纠正。

4.5 风险管理

4.5.1 风险状况

4.5.1.1 信用风险状况

宏观经济形势复杂，企业经济效益下滑，部分产能过剩行业盈利情况较差，行业风险事件频发。2016年运用信托资金开展的主动管理业务，未发生因信用风险带来的损失。2016年为公司信托项目提供服务的机构，均持续经营，运作良好，未出现被吊销营业执照、宣告破产、公司解散等对信托项目产生不利影响的情况。

4.5.1.2 市场风险状况

截至2016年末，公司证券投资余额96 282万元，占公司固有财产的16%。此类投资受市场价格影响，承担市场价格波动引起的收益波动风险。

4.5.1.3 操作风险状况

2016年，公司未发生因操作风险带来的损失。公司通过完善内控制度、优化业务操作流程、细化岗位职责、加强关键节点监控，有效防范操作风险。

4.5.1.4 其他风险状况

2016年，公司未发生因其他风险带来的损失。

4.5.2 风险管理政策及策略

4.5.2.1 信用风险管理

公司通过深化项目选择能力、项目管理能力，加强事前评估和判断、事中管理和控制，防范和规避信用风险。公司选择声誉良好、资产质量好、资信等级高的交易对手，并综合交易对手情况，设置较强的担保措施，降低信用风险。公司通过制定业务准入标准、强化对交易对手的尽调和筛选能力，提升信用风险识别和判断水平。

4.5.2.2 市场风险管理

公司根据宏观经济形势、市场情况及时调整投资结构，关注资产类别和行业配置，严控个股投资比例，有效降低投资组合的市场风险。发挥信息技术手段对市场风险的监控作用，对业务数据进行及时跟踪监测、预警。

4.5.2.3 操作风险管理

公司通过建立和严格执行业务制度和业务流程防范操作风险。通过流程培训、持续督导、风险提示等形式，加强制度执行的引导教育，结合问责机制，力促各项制度落到实处。

4.5.2.4 其他风险管理

公司密切关注监管政策变化，增强政策敏感度，积极防范合规风险。公司运作与既定战略方向一致，组织架构合理，管理职责分工明晰，人力资源培训能满足公司发展需要，有效控制管理风险。

5. 报告期末及上一年度末的比较式会计报表

5.1 自营资产

5.1.1 会计师事务所审计结论

立信会计师事务所(特殊普通合伙)审计结论:贵公司财务报表在所有重大方面按照企业会计准则的规定编制,公允反映了贵公司 2016 年 12 月 31 日的财务状况以及 2016 年度的经营成果和现金流量。

5.1.2 资产负债表

资产负债表(母公司)

编制单位:国投泰康信托有限公司 2016 年 12 月 31 日 单位:元

项目	期末余额	期初余额
流动资产:		
货币资金	404 614 465.95	27 857 499.84
结算备付金	—	—
拆出资金	—	—
以公允价值计量且其变动计入当期损益的金融资产	200 000 000.00	363 104 575.90
衍生金融资产	—	—
应收票据	—	—
应收账款	648 559.86	—
预付款项	—	—
应收保费	—	—
应收分保账款	—	—
应收分保准备金	—	—
应收利息	183.95	0.29
应收股利	—	—
其他应收款	143 801 430.79	22 012 170.52
买入返售金融资产	—	47 600 000.00
存货	—	—
划分为持有待售的资产	—	—
一年内到期的非流动资产	—	—
其他流动资产	—	—
流动资产合计	749 064 640.55	460 574 246.55
非流动资产:		
发放贷款及垫款	—	—
可供出售金融资产	4 970 466 156.79	4 438 085 218.85
持有至到期投资	—	—
长期应收款	—	—
长期股权投资	128 768 691.54	111 000 000.00
投资性房地产	—	—
固定资产原价	14 432 676.48	12 853 768.18
减:累计折旧	9 667 111.66	7 851 255.32
固定资产净值	4 765 564.82	5 002 512.86
减:固定资产减值准备	—	—
固定资产净额	4 765 564.82	5 002 512.86
在建工程	5 625 023.93	80 000.00
工程物资	—	—
固定资产清理	—	—
生产性生物资产	—	—
油气资产	—	—
无形资产	5 548 646.81	5 982 684.02

续表

项目	期末余额	期初余额
开发支出	—	—
商誉	—	—
长期待摊费用	—	—
递延所得税资产	44 441 541.39	29 286 579.31
其他非流动资产	—	—
其中:特准储备物资	—	—
非流动资产合计	5 159 615 625.28	4 589 436 995.04
资产合计	5 908 680 265.83	5 050 011 241.59
流动负债:		
短期借款	—	—
向中央银行借款	—	—
吸收存款及同业存放	—	—
拆入资金	—	—
以公允价值计量且其变动计入当期损益的金融负债	—	—
衍生金融负债	—	—
应付票据	—	—
应付账款	—	—
预收款项	—	—
卖出回购金融资产款	—	—
应付手续费及佣金	—	—
应付职工薪酬	137 139 586.12	128 808 796.82
应交税费	49 280 863.60	45 641 940.78
应付利息	—	—
应付股利	—	—
其他应付款	780 703 407.52	32 603 683.59
一年内到期的非流动负债	—	—
其他流动负债	—	—
流动负债合计	967 123 857.24	207 054 421.19
非流动负债:		
长期借款	—	—
应付债券	—	—
长期应付款	—	—
长期应付职工薪酬	—	—
专项应付款	—	—
预计负债	—	—
递延收益	—	—
递延所得税负债	—	12 134 652.07
其他非流动负债	2 108 206.68	2 108 206.68
其中:特准储备基金	—	—
非流动负债合计	2 108 206.68	14 242 858.75
负债合计	969 232 063.92	221 297 279.94
所有者权益:		
实收资本	2 190 545 454.00	2 190 545 454.00
国有资本	1 423 854 545.00	1 423 854 545.00
其中:国有法人资本	1 423 854 545.00	1 423 854 545.00
集体资本	—	—
民营资本	766 690 909.00	766 690 909.00
其中:个人资本	—	—
外商资本	—	—
减:已归还投资	—	—
实收资本(或股本)净额	2 190 545 454.00	2 190 545 454.00
其他权益工具	—	—
其中:优先股	—	—
永续债	—	—

续表

项　目	期末余额	期初余额
资本公积	1 514 016 640. 31	1 514 016 640. 31
减:库存股	—	—
其他综合收益	-38 103 701. 98	36 403 956. 07
其中:外币报表折算差额	—	—
专项储备	—	—
盈余公积	414 883 993. 21	346 697 638. 25
其中:法定公积金	413 959 285. 26	345 772 930. 30
任意公积金	924 707. 95	924 707. 95
储备基金	—	—
企业发展基金	—	—
利润归还投资	—	—
一般风险准备	294 261 718. 08	244 428 621. 75
未分配利润	563 844 098. 29	496 621 651. 27
归属于母公司所有者权益合计	4 939 448 201. 91	4 828 713 961. 65
少数股东权益	—	—
所有者权益合计	4 939 448 201. 91	4 828 713 961. 65
负债和所有者权益总计	5 908 680 265. 83	5 050 011 241. 59

资产负债表(母子公司合并)

编制单位:国投泰康信托有限公司　2016 年 12 月 31 日　　单位:元

项　目	期末余额	期初余额
流动资产:		
货币资金	941 545 273. 95	514 598 193. 47
结算备付金	—	—
拆出资金	—	—
以公允价值计量且其变动计入当期损益的金融资产	645 200 413. 75	707 073 122. 31
衍生金融资产	—	—
应收票据	—	—
应收账款	96 412 245. 75	95 037 703. 16
预付款项	—	—
应收保费	—	—
应收分保账款	—	—
应收分保准备金	—	—
应收利息	5 368 138. 90	10 572 329. 62
应收股利	207 772. 00	—
其他应收款	160 355 925. 36	31 712 273. 94
买入返售金融资产	28 500 285. 00	121 300 737. 00
存货	—	—
划分为持有待售的资产	—	—
一年内到期的非流动资产	—	—
流动资产合计	1 877 590 054. 71	1 480 294 359. 50
非流动资产:		
发放贷款及垫款	—	—
可供出售金融资产	5 046 213 116. 54	4 448 867 611. 91
持有至到期投资	50 838 359. 74	50 836 725. 53
长期应收款	—	—
长期股权投资	17 768 691. 54	—
投资性房地产	—	—
固定资产原价	52 774 346. 87	45 821 441. 98
减:累计折旧	36 963 181. 01	33 306 793. 88
固定资产净值	15 811 165. 86	12 514 648. 10
减:固定资产减值准备	—	—
固定资产净额	15 811 165. 86	12 514 648. 10

续表

项　目	期末余额	期初余额
在建工程	11 675 988. 48	1 741 400. 00
工程物资	—	—
固定资产清理	—	—
生产性生物资产	—	—
油气资产	—	—
无形资产	12 290 340. 84	14 076 701. 09
开发支出	—	—
商誉	68 578 612. 63	68 578 612. 63
长期待摊费用	2 165 569. 83	2 935 357. 41
递延所得税资产	118 461 781. 80	92 906 043. 28
其他非流动资产	564 767. 25	1 811 400. 26
其中:特准储备物资	—	—
非流动资产合计	5 344 368 394. 51	4 694 268 500. 21
资产合计	7 221 958 449. 22	6 174 562 859. 71
流动负债:		
短期借款	—	—
向中央银行借款	—	—
吸收存款及同业存放	—	—
拆入资金	—	—
以公允价值计量且其变动计入当期损益的金融负债	—	—
衍生金融负债	—	—
应付票据	—	—
应付账款	—	—
预收款项	—	—
卖出回购金融资产款	—	—
应付手续费及佣金	1 614 694. 75	2 827 182. 14
应付职工薪酬	355 339 544. 46	296 025 023. 35
应交税费	143 203 825. 30	127 971 458. 33
应付利息	—	—
应付股利	—	—
其他应付款	808 983 012. 43	67 128 909. 29
应付分保账款	—	—
保险合同准备金	—	—
代理买卖证券款	—	—
代理承销证券款	—	—
划分为持有待售的负债	—	—
一年内到期的非流动负债	—	—
其他流动负债	91 951 598. 35	77 793 946. 27
流动负债合计	1 401 092 675. 29	571 746 519. 38
非流动负债:		
长期借款	—	—
应付债券	—	—
长期应付款	—	—
长期应付职工薪酬	—	—
专项应付款	—	—
预计负债	—	—
递延收益	6 549 498. 98	4 079 475. 36
递延所得税负债	—	25 302 366. 88
其他非流动负债	2 108 206. 68	2 108 206. 68
其中:特准储备基金	—	—
非流动负债合计	8 657 705. 66	31 490 048. 92
负债合计	1 409 750 380. 95	603 236 568. 30
所有者权益:		

续表

项　目	期末余额	期初余额
实收资本	2 190 545 454.00	2 190 545 454.00
国有资本	1 423 854 545.00	1 423 854 545.00
其中:国有法人资本	1 423 854 545.00	1 423 854 545.00
集体资本	—	—
民营资本	766 690 909.00	766 690 909.00
其中:个人资本	—	—
外商资本	—	—
减:已归还投资	—	—
实收资本(或股本)净额	2 190 545 454.00	2 190 545 454.00
资本公积	1 514 016 640.31	1 514 016 640.31
减:库存股	—	—

续表

项　目	期末余额	期初余额
其他综合收益	-634 156.45	50 779 390.68
其中:外币报表折算差额	1 041 770.38	387 011.03
专项储备	—	—
盈余公积	414 883 993.21	346 697 638.25
一般风险准备	542 750 286.13	455 113 323.30
未分配利润	702 207 036.74	629 507 323.49
归属于母公司所有者权益合计	5 363 769 253.94	5 186 659 770.03
少数股东权益	448 438 814.33	384 666 521.38
所有者权益合计	5 812 208 068.27	5 571 326 291.41
负债和所有者权益总计	7 221 958 449.22	6 174 562 859.71

5.1.3 利润表

利润表(母公司)

编制单位:国投泰康信托有限公司　　2016 年度　　单位:元

项　目	本期金额	上期金额
一、营业收入	1 038 487 578.98	1 612 896 531.61
利息净收入	-28 374 609.96	2 172 029.30
利息收入	2 782 637.42	2 189 467.30
利息支出	31 157 247.38	17 438.00
手续费及佣金净收入	501 456 505.23	557 875 760.82
手续费及佣金收入	501 456 505.23	557 875 760.82
手续费及佣金支出	—	—
投资收益(损失以"-"号填列)	550 285 107.49	1 041 764 404.02
其中:对联营企业和合营企业的投资收益	-4 731 308.46	—
公允价值变动收益(损失以"-"号填列)	—	—
汇兑收益(损失以"-"号填列)	—	—
其他业务收入	15 120 576.22	11 084 337.47
二、营业支出	197 951 448.93	195 686 043.11
营业税金及附加	13 533 665.78	40 208 393.21
业务及管理费	184 417 783.15	155 477 649.90
资产减值损失	—	—
其他业务成本	—	—
三、营业利润(亏损以"-"号填列)	840 536 130.05	1 417 210 488.50
加:营业外收入	539 731.66	190 201.64
减:营业外支出	958.97	6 051.00
四、利润总额(亏损总额以"-"号填列)	841 074 902.74	1 417 394 639.14
减:所得税费用	159 211 353.16	325 681 898.13
五、净利润(净亏损以"-"号填列)	681 863 549.58	1 091 712 741.01
归属于母公司所有者的净利润	681 863 549.58	1 091 712 741.01
※少数股东损益	—	—
六、每股收益	—	—
(一)基本每股收益	—	—
(二)稀释每股收益	—	—
七、其他综合收益	-74 507 658.05	-26 538 898.68
八、综合收益总额	607 355 891.53	1 065 173 842.33
其中:归属于母公司所有者的综合收益总额	607 355 891.53	1 065 173 842.33
※归属于少数股东的综合收益总额	—	—

利润表(母子公司合并)

编制单位:国投泰康信托有限公司　　2016 年度　　单位:元

项　　目	本期金额	上期金额
一、营业收入	1 834 436 147. 73	2 475 311 848. 58
利息净收入	-15 211 986. 48	25 688 424. 38
利息收入	15 945 260. 90	25 705 862. 38
利息支出	31 157 247. 38	17 438. 00
手续费及佣金净收入	1 351 130 668. 05	1 337 789 436. 65
手续费及佣金收入	1 353 211 894. 81	1 340 072 292. 10
手续费及佣金支出	2 081 226. 76	2 282 855. 45
投资收益(损失以"-"号填列)	526 068 498. 48	1 026 424 044. 29
其中:对联营企业和合营企业的投资收益	-4 731 308. 46	—
公允价值变动收益(损失以"-"号填列)	-42 428 165. 85	2 388 332. 13
汇兑收益(损失以"-"号填列)	-243 442. 69	-309 914. 80
其他业务收入	15 120 576. 22	83 331 525. 93
二、营业支出	786 133 722. 87	788 839 157. 23
营业税金及附加	34 624 023. 48	87 766 506. 47
业务及管理费	751 509 699. 39	700 912 650. 76
资产减值损失	—	160 000. 00
其他业务成本	—	—
三、营业利润(亏损以"-"号填列)	1 048 302 424. 86	1 686 472 691. 35
加:营业外收入	33 802 814. 42	11 170 501. 64
减:营业外支出	63 323. 85	132 333. 95
四、利润总额(亏损总额以"-"号填列)	1 082 041 915. 43	1 697 510 859. 04
减:所得税费用	231 318 033. 26	401 948 875. 45
五、净利润(净亏损以"-"号填列)	850 723 882. 17	1 295 561 983. 59
归属于母公司所有者的净利润	725 144 682. 31	1 183 818 996. 62
※少数股东损益	125 579 199. 86	111 742 986. 97
六、每股收益	—	—
(一)基本每股收益	—	—
(二)稀释每股收益	—	—
七、其他综合收益	-59 320 454. 04	-6 776 223. 03
(一)以后不能重分类进损益的其他综合收益	—	—
其中:1. 重新计量设定受益计划净负债或净资产的变动	—	—
2. 权益法下在被投资单位不能重分类进损益的其他综合收益中享有的份额	—	—
(二)以后将重分类进损益的其他综合收益	-59 320 454. 04	-6 776 223. 03
其中:1. 权益法下在被投资单位以后将重分类进损益的其他综合收益中享有的份额	—	—
2. 可供出售金融资产公允价值变动损益	-60 604 295. 90	-7 825 396. 67
3. 持有至到期投资重分类为可供出售金融资产损益	—	—
4. 外币财务报表折算差额	1 283 841. 86	1 049 173. 64
八、综合收益总额	791 403 428. 13	1 288 785 760. 56
其中:归属于母公司所有者的综合收益总额	673 731 135. 18	1 162 726 688. 85
※归属于少数股东的综合收益总额	117 672 292. 95	126 059 071. 71

5.1.4 所有者权益变动表

所有者权益变动表（母公司）

编制单位：国投泰康信托有限公司　　2016 年度　　单位：元

项目	本年金额						
	归属于母公司所有者权益						所有者权益合计
	实收资本（或股本）	资本公积	其他综合收益	盈余公积	一般风险准备	未分配利润	
一、上年年末余额	2 190 545 454.00	1 514 016 640.31	36 403 956.07	346 697 638.25	244 428 621.75	496 621 651.27	4 828 713 961.65
加：会计政策变更	—	—	—	—	—	—	—
前期差错更正	—	—	—	—	—	—	—
其他	—	—	—	—	—	—	—
二、本年年初余额	2 190 545 454.00	1 514 016 640.31	36 403 956.07	346 697 638.25	244 428 621.75	496 621 651.27	4 828 713 961.65
三、本期增减变动金额（减少以"－"号填列）	—	—	-74 507 658.05	68 186 354.96	49 833 096.33	67 222 447.02	110 734 240.26
（一）综合收益总额	—	—	-74 507 658.05	—	—	681 863 549.58	607 355 891.53
（二）所有者投入和减少资本	—	—	—	—	—	—	—
1. 所有者投入的普通股	—	—	—	—	—	—	—
2. 其他权益工具持有者投入资本	—	—	—	—	—	—	—
3. 股份支付计入所有者权益的金额	—	—	—	—	—	—	—
4. 其他	—	—	—	—	—	—	—
（三）专项储备提取和使用	—	—	—	—	—	—	—
1. 提取专项储备	—	—	—	—	—	—	—
2. 使用专项储备	—	—	—	—	—	—	—
（四）利润分配	—	—	—	68 186 354.96	49 833 096.33	-614 641 102.56	-496 621 651.27
1. 提取盈余公积	—	—	—	68 186 354.96	—	-68 186 354.96	—
其中：法定公积金	—	—	—	68 186 354.96	—	-68 186 354.96	—
任意公积金	—	—	—	—	—	—	—
储备基金	—	—	—	—	—	—	—
企业发展基金	—	—	—	—	—	—	—
利润归还投资	—	—	—	—	—	—	—
2. 提取一般风险准备	—	—	—	—	49 833 096.33	-49 833 096.33	—
3. 对所有者（或股东）的分配	—	—	—	—	—	-496 621 651.27	-496 621 651.27
4. 其他	—	—	—	—	—	—	—
（五）所有者权益内部结转	—	—	—	—	—	—	—
1. 资本公积转增资本（或股本）	—	—	—	—	—	—	—
2. 盈余公积转增资本（或股本）	—	—	—	—	—	—	—
3. 盈余公积弥补亏损	—	—	—	—	—	—	—
4. 结转重新计量设定受益计划净资产或净负债所产生的变动	—	—	—	—	—	—	—
5. 其他	—	—	—	—	—	—	—
四、本年年末余额	2 190 545 454.00	1 514 016 640.31	-38 103 701.98	414 883 993.21	294 261 718.08	563 844 098.29	4 939 448 201.91

编制单位：国投泰康信托有限公司　　　　2016 年度　　　　单位：元

项目	上年金额						
	归属于母公司所有者权益						所有者权益合计
	实收资本（或股本）	资本公积	其他综合收益	盈余公积	一般风险准备	未分配利润	
一、上年年末余额	2 190 545 454.00	1 514 016 640.31	62 942 854.75	237 526 364.15	183 048 259.70	1 367 744 463.41	5 555 824 036.32
加：会计政策变更	—	—	—	—	—	—	—
前期差错更正	—	—	—	—	—	—	—
其他	—	—	—	—	—	—	—
二、本年年初余额	2 190 545 454.00	1 514 016 640.31	62 942 854.75	237 526 364.15	183 048 259.70	1 367 744 463.41	5 555 824 036.32
三、本期增减变动金额（减少以"－"号填列）	—	—	−26 538 898.68	109 171 274.10	61 380 362.05	−871 122 812.14	−727 110 074.67
（一）综合收益总额	—	—	−26 538 898.68	—	—	1 091 712 741.01	1 065 173 842.33
（二）所有者投入和减少资本	—	—	—	—	—	—	—
1. 所有者投入的普通股	—	—	—	—	—	—	—
2. 其他权益工具持有者投入资本	—	—	—	—	—	—	—
3. 股份支付计入所有者权益的金额	—	—	—	—	—	—	—
4. 其他	—	—	—	—	—	—	—
（三）专项储备提取和使用	—	—	—	—	—	—	—
1. 提取专项储备	—	—	—	—	—	—	—
2. 使用专项储备	—	—	—	—	—	—	—
（四）利润分配	—	—	—	109 171 274.10	61 380 362.05	−1 962 835 553.15	−1 792 283 917.00
1. 提取盈余公积	—	—	—	109 171 274.10	—	−109 171 274.10	—
其中：法定公积金	—	—	—	109 171 274.10	—	−109 171 274.10	—
任意公积金	—	—	—	—	—	—	—
储备基金	—	—	—	—	—	—	—
企业发展基金	—	—	—	—	—	—	—
利润归还投资	—	—	—	—	—	—	—
2. 提取一般风险准备	—	—	—	—	61 380 362.05	−61 380 362.05	—
3. 对所有者（或股东）的分配	—	—	—	—	—	−1 792 283 917.00	−1 792 283 917.00
4. 其他	—	—	—	—	—	—	—
（五）所有者权益内部结转	—	—	—	—	—	—	—
1. 资本公积转增资本（或股本）	—	—	—	—	—	—	—
2. 盈余公积转增资本（或股本）	—	—	—	—	—	—	—
3. 盈余公积弥补亏损	—	—	—	—	—	—	—
4. 结转重新计量设定受益计划净资产或净负债所产生的变动	—	—	—	—	—	—	—
5. 其他	—	—	—	—	—	—	—
四、本年年末余额	2 190 545 454.00	1 514 016 640.31	36 403 956.07	346 697 638.25	244 428 621.75	496 621 651.27	4 828 713 961.65

所有者权益变动表（母子公司合并）

编制单位：国投泰康信托有限公司　　2016 年度　　单位：元

项目	本年金额								
	归属于母公司所有者权益							少数股东权益	所有者权益合计
	实收资本（或股本）	资本公积	其他综合收益	盈余公积	一般风险准备	未分配利润	小计		
一、上年年末余额	2 190 545 454.00	1 514 016 640.31	50 779 390.68	346 697 638.25	455 113 323.30	629 507 323.49	5 186 659 770.03	384 666 521.38	5 571 326 291.41
加：会计政策变更	—	—	—	—	—	—	—	—	—
前期差错更正	—	—	—	—	—	—	—	—	—
其他	—	—	—	—	—	—	—	—	—
二、本年年初余额	2 190 545 454.00	1 514 016 640.31	50 779 390.68	346 697 638.25	455 113 323.30	629 507 323.49	5 186 659 770.03	384 666 521.38	5 571 326 291.41
三、本期增减变动金额（减少以"－"号填列）	—	—	-51 413 547.13	68 186 354.96	87 636 962.83	72 699 713.25	177 109 483.91	63 772 292.95	240 881 776.86
（一）综合收益总额	—	—	-51 413 547.13	—	—	725 144 682.31	673 731 135.18	117 672 292.95	791 403 428.13
（二）所有者投入和减少资本	—	—	—	—	—	—	—	—	—
1. 所有者投入的普通股	—	—	—	—	—	—	—	—	—
2. 其他权益工具持有者投入资本	—	—	—	—	—	—	—	—	—
3. 股份支付计入所有者权益的金额	—	—	—	—	—	—	—	—	—
4. 其他	—	—	—	—	—	—	—	—	—
（三）专项储备提取和使用	—	—	—	—	—	—	—	—	—
1. 提取专项储备	—	—	—	—	—	—	—	—	—
2. 使用专项储备	—	—	—	—	—	—	—	—	—
（四）利润分配	—	—	—	68 186 354.96	87 636 962.83	-652 444 969.06	-496 621 651.27	-53 900 000.00	-550 521 651.27
1. 提取盈余公积	—	—	—	68 186 354.96	—	-68 186 354.96	—	—	—
其中：法定公积金	—	—	—	68 186 354.96	—	-68 186 354.96	—	—	—
任意公积金	—	—	—	—	—	—	—	—	—
储备基金	—	—	—	—	—	—	—	—	—
企业发展基金	—	—	—	—	—	—	—	—	—
利润归还投资	—	—	—	—	—	—	—	—	—
2. 提取一般风险准备	—	—	—	—	87 636 962.83	-87 636 962.83	—	—	—
3. 对所有者（或股东）的分配	—	—	—	—	—	-496 621 651.27	-496 621 651.27	-53 900 000.00	-550 521 651.27
4. 其他	—	—	—	—	—	—	—	—	—
（五）所有者权益内部结转	—	—	—	—	—	—	—	—	—
1. 资本公积转增资本（或股本）	—	—	—	—	—	—	—	—	—
2. 盈余公积转增资本（或股本）	—	—	—	—	—	—	—	—	—
3. 盈余公积弥补亏损	—	—	—	—	—	—	—	—	—
4. 结转重新计量设定受益计划净资产或净负债所产生的变动	—	—	—	—	—	—	—	—	—
5. 其他	—	—	—	—	—	—	—	—	—
四、本年年末余额	2 190 545 454.00	1 514 016 640.31	-634 156.45	414 883 993.21	542 750 286.13	702 207 036.74	5 363 769 253.94	448 438 814.33	5 812 208 068.27

编制单位：国投泰康信托有限公司　　　　2016 年度　　　　单位：元

项　目	上年金额								
	归属于母公司所有者权益							少数股东权益	所有者权益合计
	实收资本（或股本）	资本公积	其他综合收益	盈余公积	一般风险准备	未分配利润	小计		
一、上年年末余额	2 190 545 454. 00	1 514 016 640. 31	71 871 698. 45	237 526 364. 15	355 305 479. 19	1 446 951 362. 08	5 816 216 998. 18	290 457 449. 67	6 106 674 447. 85
加：会计政策变更	—	—	—	—	—	—	—	—	—
前期差错更正	—	—	—	—	—	—	—	—	—
其他	—	—	—	—	—	—	—	—	—
二、本年年初余额	2 190 545 454. 00	1 514 016 640. 31	71 871 698. 45	237 526 364. 15	355 305 479. 19	1 446 951 362. 08	5 816 216 998. 18	290 457 449. 67	6 106 674 447. 85
三、本期增减变动金额（减少以“－”号填列）	—	—	-21 092 307. 77	109 171 274. 10	99 807 844. 11	-817 444 038. 59	-629 557 228. 15	94 209 071. 71	-535 348 156. 44
（一）综合收益总额	—	—	-21 092 307. 77	—	—	1 183 818 996. 62	1 162 726 688. 85	126 059 071. 71	1 288 785 760. 56
（二）所有者投入和减少资本	—	—	—	—	—	—	—	—	—
1. 所有者投入的普通股	—	—	—	—	—	—	—	—	—
2. 其他权益工具持有者投入资本	—	—	—	—	—	—	—	—	—
3. 股份支付计入所有者权益的金额	—	—	—	—	—	—	—	—	—
4. 其他	—	—	—	—	—	—	—	—	—
（三）专项储备提取和使用	—	—	—	—	—	—	—	—	—
1. 提取专项储备	—	—	—		—	—	—	—	—
2. 使用专项储备	—	—	—	—	—	—	—	—	—
（四）利润分配	—	—	—	109 171 274. 10	99 807 844. 11	-2 001 263 035. 21	-1 792 283 917. 00	-31 850 000. 00	-1 824 133 917. 00
1. 提取盈余公积	—	—	—	109 171 274. 10	—	-109 171 274. 10	—	—	—
其中：法定公积金	—	—	—	109 171 274. 10	—	-109 171 274. 10	—	—	—
任意公积金	—	—	—	—	—	—	—	—	—
储备基金	—	—	—	—	—	—	—	—	—
企业发展基金	—	—	—	—	—	—	—	—	—
利润归还投资	—	—	—	—	—	—	—	—	—
2. 提取一般风险准备	—	—	—	—	99 807 844. 11	-99 807 844. 11	—	—	—
3. 对所有者（或股东）的分配	—	—	—	—	—	-1 792 283 917. 00	-1 792 283 917. 00	-31 850 000. 00	-1 824 133 917. 00
4. 其他	—	—	—	—	—	—	—	—	—
（五）所有者权益内部结转	—	—	—	—	—	—	—	—	—
1. 资本公积转增资本（或股本）	—	—	—	—	—	—	—	—	—
2. 盈余公积转增资本（或股本）	—	—	—	—	—	—	—	—	—
3. 盈余公积弥补亏损	—	—	—	—	—	—	—	—	—
4. 结转重新计量设定受益计划净资产或净负债所产生的变动	—	—	—	—	—	—	—	—	—
5. 其他	—	—	—	—	—	—	—	—	—
四、本年年末余额	2 190 545 454. 00	1 514 016 640. 31	50 779 390. 68	346 697 638. 25	455 113 323. 30	629 507 323. 49	5 186 659 770. 03	384 666 521. 38	5 571 326 291. 41

5.2 信托资产

5.2.1 信托项目资产负债汇总表

信托项目资产负债汇总表

编制单位:国投泰康信托有限公司　　2016 年 12 月 31 日　　单位:万元

信托资产	期末数	期初数	信托负债和信托权益	期末数	期初数
信托资产:			信托负债:		
货币资金	98 393.53	29 150.25	交易性金融负债		
拆出资金			衍生金融负债		
存出保证金	0	1.03	应付受托人报酬	261.53	144.06
交易性金融资产	484 791.56	42 752.90	应付托管费	29.77	17.11
衍生金融资产			应付受益人收益	1 572.67	
买入返售金融资产	102 231.34	73 890.07	应交税费		
应收款项	286 207.90	114 927.50	应付销售服务费		
发放贷款	16 823 798.37	9 597 304.64	其他应付款项	543.78	518.37
可供出售金融资产	3 954 481.64	408 770.00	预计负债		
持有至到期投资	306 797.77	487 990.18	其他负债		
长期应收款			信托负债合计	2 407.75	679.54
长期股权投资	819 536.55	845 592.00			
投资性房地产			信托权益:		
固定资产			实收信托	26 402 587.48	12 059 018.40
无形资产			资本公积		
长期待摊费用			损益平准金		
其他资产	3 550 405.84	493 996.69	未分配利润	21 649.27	34 677.34
减:各项资产减值准备			信托权益合计	26 424 236.75	12 093 695.73
信托资产总计	26 426 644.50	12 094 375.27	信托负债及信托权益总计	26 426 644.50	12 094 375.27

5.2.2 信托项目利润及利润分配汇总表

信托项目利润及利润分配表

编制单位:国投泰康信托有限公司　　2016 年度　　单位:万元

项目	本年累计数	上年累计数
1. 营业收入	1 092 766.36	1 123 998.33
1.1 利息收入	850 055.28	796 356.52
1.2 投资收益(损失以“-”号填列)	245 061.03	329 393.01
1.2.1 其中:对联营企业和合营企业的投资收益	0.00	
1.3 公允价值变动收益(损失以“-”号填列)	-12 443.95	-1 926.75
1.4 租赁收入	0.00	
1.5 汇兑损益(损失以“-”号填列)	0.00	
1.6 其他收入	10 094.00	175.55
2. 支出	92 358.07	81 701.16
2.1 营业税金及附加	0.00	
2.2 受托人报酬	37 697.51	33 922.27
2.3 托管费	23 263.76	12 214.57
2.4 投资管理费	100.50	526.88
2.5 销售服务费	0.00	
2.6 交易费用	-703.67	460.82
2.7 资产减值损失	0.00	
2.8 其他费用	31 999.97	34 576.62
3. 信托净利润(净亏损以“-”号填列)	1 000 408.29	1 042 297.17
4. 其他综合收益	0.00	
5. 综合收益	1 000 408.29	1 042 297.17
6. 加:期初未分配信托利润	34 677.34	30 401.30
7. 可供分配的信托利润	1 035 085.63	1 072 698.46
8. 减:本期已分配信托利润	1 013 436.36	1 038 021.13
9. 期末未分配信托利润	21 649.27	34 677.34

6. 会计报表附注

6.1 简要说明报告年度会计报表编制基准、会计政策、会计估计和核算方法发生的变化

财政部于 2016 年 12 月 3 日发布了《增值税会计处理规定》(财会[2016]22 号),本公司:

(1)将利润表中的“营业税金及附加”项目调整为“税金及附加”项目。

(2)将企业经营活动发生的房产税、土地使用税、车船税、印花税从“管理费用”项目重分类至“税金及附加”项目,比较数据相应调整。

(3)将已确认收入(或利得)但尚未发生增值税纳税义务而需于以后期间确认为销项税额的增值税额从“应交税费”项目重分类至“其他流动负债”(或“其他非流动负债”)项目。

(4)将“应交税费”科目下的“应交增值税”“未交增值税”“待抵扣进项税额”“待认证进项税额”“增值税留抵税额”等明细科目的借方余额从“应交税费”项目重分类至“其他流动资产”(或“其他非流动资产”)项目。

除此之外,本公司会计估计和核算方法未发生变化。

6.2 或有事项说明

截至 2016 年 12 月 31 日,本公司无其他重大或有事项。

6.3 重要资产转让及其出售的说明

截至报告日,公司无需要披露的重要资产转让及其出售事项。

6.4 会计报表中重要项目的明细资料

6.4.1 自营资产经营情况

6.4.1.1 信用风险资产分类

信用风险资产五级分类	正常类（万元）	关注类（万元）	次级类（万元）	可疑类（万元）	损失类（万元）	信用风险资产合计（万元）	不良资产合计（万元）	不良资产率（%）
期初数	501 499	—	—	—	—	501 499	—	—
期末数	585 145	—	—	—	—	585 145	—	—

注：不良资产合计＝次级类＋可疑类＋损失类。

6.4.1.2 各项资产减值损失准备

单位：万元

	期初数	本期计提	本期转回	本期核销	期末数
贷款损失准备	—	—	—	—	—
一般准备	—	—	—	—	—
专项准备	—	—	—	—	—
其他资产减值准备	—	—	—	—	—
可供出售金融资产减值准备	—	—	—	—	—
持有至到期投资减值准备	—	—	—	—	—
长期股权投资减值准备	—	—	—	—	—
坏账准备	—	—	—	—	—
投资性房地产减值准备	—	—	—	—	—

6.4.1.3 固有业务投资品种明细

单位：万元

	自营股票	基金	债券	长期股权投资	其他投资	合计
期初数	—	85 152	—	11 100	399 727	495 979
期末数	—	40 805	—	12 877	476 242	529 924

6.4.1.4 前三名的自营长期股权投资情况

企业名称	占被投资企业权益的比例（%）	主要经营活动	投资损益（万元）
国投瑞银基金管理有限公司	51.00	基金管理	5 610

6.4.1.5 前三名的自营贷款的企业情况

无

6.4.1.6 表外业务情况

单位：万元

表外业务	期初数	期末数
担保业务	0	0
代理业务（委托业务）	0	0
其他	0	0
合计	0	0

6.4.1.7 公司当年的收入结构

收入结构	母公司		母子合并	
	金额（万元）	占比（%）	金额（万元）	占比（%）
手续费及佣金净收入	50 146	48.26	135 113	72.31
利息净收入（支出）	-2 838	-2.73	-1 521	-0.81
其他业务收入	1 512	1.46	1 512	0.81
投资收益	55 029	52.96	52 607	28.16
其中：股权投资收益	23 764	22.87	18 154	9.72
证券投资收益	—	—	—	—
其他投资收益	31 265	30.09	34 453	18.44
公允价值变动收益	—	—	-4 243	-2.27
汇兑收益	—	—	-24	-0.01
营业外收入	53	0.05	3 380	1.81
收入合计	103 902	100	186 824	100

6.4.2 信托财产管理情况

6.4.2.1 信托资产的期初数、期末数

单位：万元

信托资产	期初数	期末数
集合	901 246.03	4 074 468.92
单一	10 777 410.59	18 915 229.27
财产权	415 718.65	3 436 946.31
合计	12 094 375.27	26 426 644.50

6.4.2.1.1 主动管理型信托业务的信托资产

单位：万元

主动管理型信托资产	期初数	期末数
证券投资类	94 476.47	164 273.36
股权投资类	324 905.48	0
融资类	2 479 622.99	1 521 102.23
事务管理类	315 717.80	36 037.52
其他	45 833.85	52 254.89
合计	3 260 556.59	1 773 668.00

6.4.2.1.2 被动管理型信托业务的信托资产

单位：万元

被动管理型信托资产	期初数	期末数
证券投资类	532 706.25	987 671.28
股权投资类	438 401.77	755 344.55
融资类	7 659 701.33	18 071 403.57
事务管理类	100 020.72	3 267 072.62
其他	102 988.61	1 571 484.48
合计	8 833 818.68	24 652 976.50

6.4.2.2 本年度已清算结束的信托项目

6.4.2.2.1 本年度已清算结束的集合类、单一类资金信托项目和财产管理类信托项目

已清算结束信托项目	项目个数（个）	实收信托合计金额（万元）	加权平均实际年化收益率（%）
集合类	9	269 190.13	9.74
单一类	202	9 507 765.13	7.16
财产管理类	11	753 750.00	0.21

6.4.2.2.2　本年度已清算结束的主动管理型信托项目

已清算结束信托项目	项目个数（个）	实收信托合计金额（万元）	加权平均实际年化信托报酬率（%）	加权平均实际年化收益率（%）
证券投资类	2	42 280.82	0.05	8.36
股权投资类	1	30 000.00	0.00	0.00
融资类	61	3 686 208.00	0.23	7.17
事务管理类	8	630 000.00	0.36	0.00
其他	2	99 600.00	0.23	7.45

6.4.2.2.3　本年度已清算结束的被动管理型信托项目

已清算结束信托项目	项目个数（个）	实收信托合计金额（万元）	加权平均实际年化信托报酬率（%）	加权平均实际年化收益率（%）
证券投资类	3	60 271.30	0.11	0.74
股权投资类	4	413 800.00	0.22	9.56
融资类	135	5 269 795.14	0.64	7.01
事务管理类	3	123 750.00	0.03	1.27
其他	3	175 000.00	1.33	12.53

6.4.2.3　本年度新增集合类、单一类和财产管理类信托项目

新增信托项目	项目个数（个）	实收信托合计金额（万元）
集合类	34	3 230 992.00
单一类	432	17 029 716.26
财产管理类	105	3 595 327.51
新增合计	571	23 856 035.77
其中：主动管理型	33	1 560 736.70
被动管理型	538	22 295 299.07

6.4.2.4　信托业务创新成果和特色业务有关情况

2016年，公司信托业务转型与创新取得了显著成绩，获批特定目的的信托受托机构资格以及受托境外理财业务资格，推出了现金管理产品，落地个人消费金融、私募资产证券化等创新项目，新组建了房地产业务部、小微金融部、证券业务部、供应链金融部、投资银行部、股权管理部等专业化部门，于《慈善法》正式生效的9月1日当天成功发行国内首两单慈善信托并正式完成北京民政局备案，取得了慈善信托业务的行业领先地位。

6.4.2.5　本公司履行受托人义务情况及因本公司自身责任而导致的信托资产损失情况（合计金额、原因等）

公司严格按照《中华人民共和国信托法》《信托公司管理办法》《信托公司集合资金信托计划管理办法》等法律法规的规定及信托合同等文件的约定，诚实、信用、谨慎、有效地管理信托财产，严格履行受托人的义务。报告期内公司没有发生因自身责任而导致的信托资产损失情况。

6.4.3　公司净资本及风险资本情况

截至2016年末，公司净资本为431 814.38万元，公司开展固有业务、信托业务等占用的风险资本为282 905.26万元，公司净资本高于各项风险资本之和，高于公司净资产的40%，符合《信托公司净资本管理办法》的风险控制指标。

6.5　关联方关系及其交易的披露

6.5.1　关联交易概况

	关联交易方数量	关联交易金额（万元）	定价政策
合计	15	832 474.29	本公司向关联方提供贷款、管理咨询服务等的交易价格由双方协商确定，与非关联方的交易价格并无重大差异；收取的信托项目手续费按照信托合同的约定确定。

6.5.2　关联交易方情况

关系性质	关联方名称	法定代表人	注册地址	注册资本（亿元）	主营业务
最终控制方	国家开发投资公司	王会生	北京市西城区阜成门北大街6号-6国际投资大厦A座	224.1	能源、交通、农业、科技、金融服务等行业投资及管理
母公司	国投资本控股有限公司	叶柏寿	北京市西城区阜成门北大街6号-6国际投资大厦A座	25	对外投资，资产管理，接受委托对企业进行管理，投资策划及咨询服务
子公司	国投瑞银基金管理有限公司	叶柏寿	上海市虹口区东大名路638号7层	1	基金募集、基金销售、资产管理
合营企业	国投万和资产管理有限公司	傅强	珠海市横琴新区宝华路6号105室-19507	1	资产管理、股权投资
受同一最终控制方控制的其他企业	北京亚华房地产开发有限责任公司	韩松	北京市西城区阜成门北大街6号三层309室	31	房地产开发、销售；自有房屋的物业管理
受同一最终控制方控制的其他企业	国投物业有限责任公司	韩松	北京市西城区阜成门北大街6号-6国际投资大厦	1	自有及受托房屋的租赁、物业管理；航空客运销售代理业务；出租写字间；停车场经营
受同一最终控制方控制的其他企业	国投亚华（上海）有限公司	涂璟	上海市虹口区东大名路638号2层	23	实业投资、投资管理、投资咨询、房地产开发经营、物业管理、会展会务服务、商务咨询
受同一最终控制方控制的其他企业	国投财务有限公司	兰如达	北京市西城区阜成门北大街2号18层	50	对成员单位办理财务和融资顾问、信用鉴证及相关咨询、代理业务；协助成员单位实现交易款项的收付；经批准的保险代理业务；对成员单位提供担保

续表

关系性质	关联方名称	法定代表人	注册地址	注册资本(亿元)	主营业务
受同一最终控制方控制的其他企业	北京通程金海置业发展有限公司	韩松	北京市密云区东邵渠镇政府街68号	7.3	房地产开发;销售商品房;信息咨询(中介除外);销售百货、五金交电、建筑材料、装饰材料;出租商业用房、办公用房、家具;租赁计算机及辅助设备;建设工程项目管理
受同一最终控制方控制的其他企业	国投电力控股股份有限公司	胡刚	北京市西城区西直门南小街147号11层1108室	67.86	投资建设、经营管理以电力生产为主的能源项目
受同一最终控制方控制的其他企业	国投资产管理公司	刘良	北京市西城区西直门南小街147号16层	6.5	资产管理
受同一最终控制方控制的其他企业	中国投融资担保有限公司	黄炎勋	北京市海淀区西三环北路100号北京金玉大厦写字楼9层	45	融资性担保业务
受同一最终控制方控制的其他企业	国投湄洲湾港口有限公司	王宏	莆田市城厢区龙桥石顶小区	8.1784	码头设施服务、货物装卸、仓储、淡水供应
受同一最终控制方控制的其他企业	天津国投津能发电有限公司	胡刚	天津市滨海新区汉沽汉南路266号	22	电力、热力、海水淡化设施的开发建设、生产、供应;燃料灰渣的综合利用;旅馆住宿服务
受同一最终控制方控制的其他企业	雅砻江流域水电开发有限公司	陈云华	四川省成都市成华区双林路288号	241	雅砻江流域水电站开发、建设、经营管理;从事为水电行业服务的咨询、物业等相关业务

6.5.3 本公司与关联方的重大交易事项

6.5.3.1 固有与关联方交易情况

单位:万元

	固有与关联方关联交易			
	期初数	借方发生额	贷方发生额	期末数
贷款	—	—	—	—
投资	188 400.00	133 528.07	230 980.00	90 948.07
租赁	—	1 511.34	—	—
担保	—	—	—	—
应收账款	—	—	—	—
其他	0.06	11 524.32	11 190.56	0.20
合计	188 400.06	146 563.73	242 170.56	90 948.27

6.5.3.2 信托与关联方交易情况

单位:万元

	信托与关联方关联交易			
	期初数	借方发生额	贷方发生额	期末数
贷款	71 162.50	0	32 700.00	38 462.50
投资	0	0	0	0
租赁	0	0	0	0
担保	0	0	0	0
应收账款	0	0	0	0
其他	0	0	0	0
合计	71 162.50	0	32 700.00	38 462.50

6.5.3.3 信托公司自有资金运用于自己管理的信托项目(固信交易)、信托公司管理的信托项目之间的相互(信信交易)交易金额

6.5.3.3.1 固有与信托财产之间的交易

单位:万元

	固有财产与信托财产相互交易			
	期初数	借方发生额	贷方发生额	期末数
合计	111 960	218 960.00	152 800	178 120

6.5.3.3.2 信托项目之间的交易

单位:万元

	信托资产与信托财产相互交易			
	期初数	借方发生额	贷方发生额	期末数
合计	0	39 280.00	0	39 280.00

6.5.4 报告期关联方逾期未偿还本公司资金,为关联方担保发生或即将发生垫款的情况

无。

6.6 会计制度的披露

报告期内,公司固有及信托业务均执行财政部颁布的《企业会计准则——基本准则》和陆续颁布的各项具体会计准则、企业会计准则应用指南、企业会计准则解释及其他相关规定。

7. 财务情况说明书

7.1 利润实现和分配情况

母公司口径:公司累计实现利润总额84 107万元,较上年同期减少57 632万元,减幅为41%。实现净利润68 186万元,较上年同期减少40 985万元,减幅为38%。按相关法规及公司章程提取盈余公积6 819万元,提取一般准备金4 983万元。

合并口径:公司累计实现利润总额108 204万元,较上年同期减少61 547万元,减幅为36%。实现净利润85 072万元,较上年同期减少44 484万元,减幅为34%。按相关法规及公司章程提取盈余公积6 819万元,提取一般准备金8 764万元。

7.2 主要财务指标

指标名称	指标值(母公司)	指标值(母子公司合并)
资本利润率(%)	13.96	14.95
加权年化信托报酬率(%)	0.23	0.23
人均净利润(万元)	437.09	226.26

7.3 对本公司财务状况、经营成果有重大影响的其他事项

报告期内无对本公司财务状况、经营成果有重大影响的其他事项。

8. 特别事项揭示

8.1 前五名股东报告期内变动情况及原因

报告期内，经北京银监局批准，国投资本控股有限公司受让国投高科技投资有限公司持有的我公司2.50%的股权；

报告期内，因公司股东江苏悦达资产管理有限公司更名为悦达资本股份有限公司，泰康人寿保险股份有限公司更名为泰康保险集团股份有限公司，公司相应修改章程并分别于2016年5月、2017年2月获得北京银监局核准。

上述变更及调整完成后，公司现股东构成为：国投资本控股有限公司持股55%；泰康保险集团股份有限公司持股32.98%；泰康资产管理有限责任公司持股2.02%；悦达资本股份有限公司持股10%。

8.2 董事、监事及高级管理人员变动情况及原因

2016年1月5日，公司第五届董事会第五次会议审议通过《关于免去王彬同志公司副总经理职务的议案》，同意免去王彬同志公司副总经理、董事会秘书职务。公司按照监管要求，对王彬总经理助理进行了离任审计并报告北京银监局。

2016年1月5日，公司第五届董事会第五次会议审议通过《关于调整公司董事会秘书的议案》，同意聘任李涛同志为公司董事会秘书。2016年4月28日经北京银监局核准任职资格后履职。

2016年3月24日，公司第五届董事会第六次会议审议通过《关于聘任姚少杰同志为公司副总经理的议案》，同意聘任姚少杰同志为公司副总经理。2016年5月23日经北京银监局核准任职资格后履职。

2016年9月18日，公司第五届董事会第九次会议审议通过《关于免去张仲和同志公司总经理助理职务的议案》，同意免去张仲和同志公司总经理助理职务。公司按照监管要求，对张仲和总经理助理进行了离任审计并报告北京银监局。

2016年9月18日，公司第五届董事会第九次会议审议通过《关于聘任江芳同志为公司副总经理的议案》，同意聘任江芳同志为公司副总经理。2016年11月7日经北京银监局核准任职资格后履职。

2016年11月18日，公司第五届董事会第十一次会议审议通过《关于聘任元磊同志为公司副总经理的议案》，同意聘任元磊同志为公司副总经理。2017年1月13日经北京银监局核准任职资格后履职。

8.3 公司的重大未决诉讼事项

截至2016年末，公司未决诉讼案件1件，涉案时间为2012年8月，涉案金额700万元，起诉人为沈阳万鹏投资有限责任公司。

沈阳万鹏投资有限责任公司收购了对沈阳市经济技术协作开发总公司的本金为700万元的债权后，以经济总公司未清算被吊销营业执照为由，在沈阳市沈河区法院起诉了经济总公司的7家股东中的6家，要求这6家股东承担赔偿责任。被诉的6家股东以公司为经济总公司股东之一为由，向法院申请追加公司为第三人。法院已同意追加，并通知公司出庭应诉，后公司被确定追加为被告之一。

由于公司于2005年已将持有的经济总公司股权转让给沈阳弘泰公司，且该股权所占经济总公司全部股权比例不足5%，所以公司实际承担赔偿责任的可能性较小。

8.4 对会计师事务所出具的有保留意见、否定意见或无法表示意见的审计报告的，公司董事会应就所涉及事项作出说明

会计师事务所出具了无保留意见审计报告。

8.5 公司及其董事、监事和高级管理人员受到处罚的情况

报告期内，公司未发现公司及其董事、监事和高级管理人员受到处罚的信息。

8.6 银监会及其派出机构对公司检查后提出整改意见的，应简单说明整改情况

报告期内，北京银监局对公司开展的“两个加强、两个遏制”回头看专项自查的情况进行了检查，本次检查对公司经营管理提出了改进建议。目前，公司正在进行积极整改，尚未完成。

8.7 本年度重大事项临时报告的简要内容、披露时间、所披露的媒体及其版面

公司关于营业执照、组织机构代码证、税务登记证“三证合一”的公告于2016年4月7日在《证券时报》B1版发布。

公司关于变更住所及营业场所的公告于2016年8月12日在《证券时报》B76版发布。

公司关于变更股权及修改公司章程的公告于2016年8月12日在《证券时报》B76版发布。

8.8 银监会及其省级派出机构认定的其他有必要让客户及相关利益人了解的重要信息

无。

9. 公司监事会意见

报告期内，监事列席了股东会、董事会会议并发表了独立意见，对公司依法经营情况、财务情况进行了监督。公司监事会无下属委员会。

监事会认为：公司2016年的经营和运作，符合法律规范和监管部门的要求，完成了各项年度经营指标和重点工作；公司各位董事、高级管理人员在执行公司职务时能够恪尽职守，围绕股东会确定的年度目标审慎经营、规范运作，各项决策程序合法有效；依据立信会计师事务所2017年3月14日发布的编

号为信会师报字[2017]第ZG20793号、第ZG20794号的审计报告,公司财务报告客观真实地反映了公司财务状况及经营成果。依据公司的内部审计报告,未发现公司存在违法、违规和损害股东、投资者利益的行为,也未发现公司因违法、违规给公司和客户财产造成损失的问题。

10. 公司履行社会责任情况

作为中央企业控股的信托公司和中国信托业协会理事单位,公司秉承"有道而正、信则人任"的核心价值观,以务实的精神、稳健的作风以及细致的服务,为客户、为股东、为社会、为员工创造最大价值。公司严格遵守国家法律法规、监管部门规章、规范性文件以及《信托公司社会责任公约》《公司章程》的规定,依法合规稳健经营,所有产品均实现平稳运行,树立了良好的社会形象,荣获"卓越稳健发展信托公司奖""2016年度金牌创新力信托公司奖""2016优秀研发团队奖""年度新媒体TOP100"等多个奖项。

公司积极履行社会责任,主动投身公益慈善事业,将开展公益信托、慈善信托作为重要的战略方向。在《慈善法》正式生效的9月1日当天,公司成功发行国内首两单慈善信托,并正式完成北京民政局备案,其中"真爱梦想1号教育慈善信托"是信托公司与慈善组织创新合作模式的代表,由自然人出资,信托目的是促进发展中小学校素养教育,慈善项目的执行人为中国最具公信力的慈善组织——上海真爱梦想基金会;"国投慈善1号慈善信托"是中央企业率先创新慈善模式的代表,由国家开发投资公司出资,信托财产及收益将全部用于改善贫困地区群众生活及发展贫困地区教育事业。同时,公司通过志愿者活动、基金会校长培训计划、爱心捐助等活动实现对社会慈善公益事业全方位、立体化的深度参与。

在经营过程中,公司高度重视利益相关方的权益保护工作,高度注重风险管控,依照诚实、信用、谨慎、有效的原则,审慎管理信托资产,切实维护客户权益,年度内所有到期项目均实现正常兑付,存续项目运转良好,为客户投资理财的安全性、稳定性提供了必要保障。公司不断健全客户服务体系,以实际行动践行"普惠金融"的理念;持续完善客户投诉受理机制,全年未发生客户投诉举报事件。公司重视和保护员工合法权益,定期组织职业培训,关心员工成长。公司还按照监管部门要求,积极有效开展反洗钱、治理商业贿赂和案件防控工作,为维护社会安定和金融秩序作出努力。

杭州工商信托股份有限公司

1. 重要提示

1.1 本报告根据中国银行业监督管理委员会的有关规定编制。本公司董事会及董事保证本报告所载资料不存在任何虚假记载、误导性陈述或者重大遗漏，并对其内容的真实性、准确性和完整性承担个别及连带责任。本年度报告摘要摘自年度报告全文，客户及相关利益人欲了解详细内容，应阅读年度报告全文。

1.2 独立董事 Andrew Gordon Williamson 先生、金雪军先生认为本年度报告内容是真实、准确、完整的。

1.3 公司总裁丁建萍先生、主管会计工作负责人康波女士及会计主管人员吴庆元先生声明：保证年度报告中财务报告的真实、完整。

2. 公司概况

2.1 公司简介

2.1.1 公司法定中文名称：杭州工商信托股份有限公司
公司法定英文名称：Hangzhou Industrial & Commercial Trust Co.,Ltd.

2.1.2 法定代表人：虞利明

2.1.3 注册地址：浙江省杭州市江干区迪凯国际中心41层

2.1.4 邮政编码：310016

2.1.5 公司国际互联网网址：www.hztrust.com

2.1.6 电子信箱：hztrust@hztrust.com

2.1.7 信息披露事务负责人：张锐
联系电话/传真：0571-87213936
电子信箱：zhangrui@hztrust.com

2.1.8 公司选定的信息披露报纸名称：《证券时报》

2.1.9 公司年度报告备置地点：浙江省杭州市江干区迪凯国际中心41层

2.1.10 公司聘请的会计师事务所名称：德勤华永会计师事务所（特殊普通合伙）
地址：上海市延安东路222号外滩中心30楼

2.1.11 公司聘请的律师事务所名称：浙江天册律师事务所
地址：浙江省杭州市杭大路1号黄龙世纪广场A座11楼

2.2 组织结构

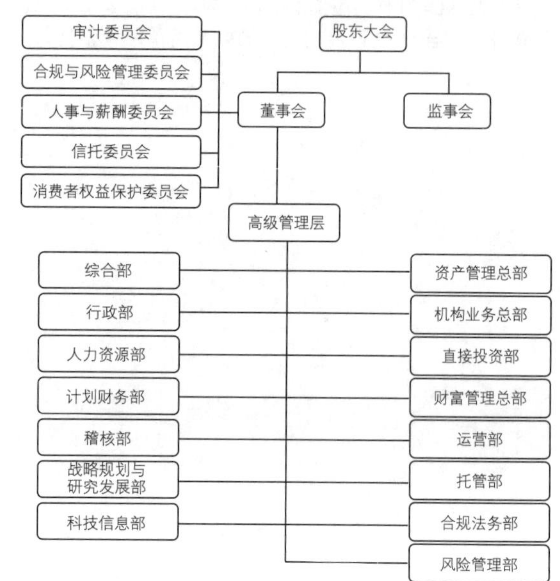

3. 公司治理

3.1 股东

公司前三位股东情况：

股东名称	出资比例（%）	法人代表	注册资本	注册地址	主要经营业务及主要财务情况
杭州市金融投资集团有限公司	57.992	张锦铭	50亿元	杭州市上城区庆春路155号中财发展大厦12楼	市政府授权范围内的国有资产经营，市政府及有关部门委托经营的资产。2016年末净资产140.79亿元，净利润12.41亿元（未经审计）。
绿地金融投资控股集团有限公司	19.9	耿靖	90亿元	上海市崇明县潘园公路1800号2号楼888室（上海泰和经济开发区）	金融资产投资，资产管理，投资管理，商务咨询与服务。2016年末净资产158.53亿元，净利润36.95亿元（合并口径）。
浙江新安化工集团股份有限公司	6.2625	吴建华	679 184 633元	浙江省建德市新安江镇	化工原料及产品、化工机械、农药、化肥、包装物的制造和经营。2016年末净资产44.36亿元，净利润8 724.37万元。

3.2 董事

董事长、董事

姓 名	职 务	性别	年龄	选任日期	所推举的股东名称	该股东持股比例(%)	简 要 履 历
虞利明	董事长	男	50	2014 年 10 月	杭州市金融投资集团有限公司	57.992	曾任交通银行杭州分行党委委员、副行长,杭州市投资控股有限公司董事长、总经理;现任杭州市金融投资集团有限公司副董事长、总经理。
徐云鹤	董事	男	53	2014 年 10 月	杭州市金融投资集团有限公司	57.992	曾任杭州市投资控股有限公司投资发展部经理,董事、副总经理;现任杭州市金融投资集团有限公司副总经理。
丁建萍	董事	男	51	2014 年 10 月	杭州市金融投资集团有限公司	57.992	曾任海南万通集团有限公司咨询事业部总经理;新加坡大洋企业有限公司副总经理,杭州市投资控股有限公司投资发展部经理,杭州工商信托股份有限公司执行总经理;现任杭州工商信托股份有限公司总裁,杭州市金融投资集团有限公司副总经理。
周宇	董事	男	36	2014 年 10 月	杭州市金融投资集团有限公司	57.992	曾任华信邮电咨询设计研究院高级咨询师;现任杭州市金融投资集团有限公司金融投资事业部副总经理。
朱虹	董事	女	49	2016 年 10 月	绿地金融投资控股集团有限公司	19.9	曾任里昂证券上海办事处分析员和首席代表,汉宇资本(亚洲)有限公司董事总经理、蓝涛(亚洲)—上海蓝涛投资咨询有限公司董事总经理;现任绿地金融投资控股集团有限公司执行副总裁。
张建	董事	女	51	2016 年 10 月	绿地金融投资控股集团有限公司	19.9	曾任上海冶金建筑安装公司财务主管,上海五金机械总公司财务主管,中远置业集团有限公司财务主管,绿地集团事业四部、事业一部总助、副总、财务总监;现任绿地金融投资控股集团有限公司副总裁、财务总监。

独立董事

姓 名	所在单位及职务	性别	年龄	选任日期	所推举的股东名称	该股东持股比例(%)	简 要 履 历
Andrew Gordon Williamson	无	男	58	2014 年 10 月	杭州市金融投资集团有限公司	57.992	曾任 Coopers & Lybrand(伦敦)审计主管,汇丰银行集团总部会计师,亚太地区首席会计师、香港会计和银行业的自聘顾问。
金雪军	浙江大学应用经济研究中心	男	58	2014 年 10 月	杭州市金融投资集团有限公司	57.992	曾任浙江大学金融研究所所长,浙江大学外经贸学院副院长兼经济与金融系主任,浙江大学经济学院副院长兼金融系主任,金融学院院长;现任浙江大学求是特聘教授、金融学博士生导师,浙江大学应用经济研究中心主任,浙江省高校财政金融学专业教学指导委员会主任,浙江省国际金融学会会长,浙江省政府咨询委员、中国金融学会常务理事,浙江大学金融研究院学术委员会主任等。

3.3 监事

监事会成员

姓 名	职 务	性别	年龄	选任日期	所推举的股东名称	该股东持股比例(%)	简 要 履 历
王 伟	监事会主席	男	66	2014 年 10 月	浙江新安化工集团股份有限公司	6.2625	曾任建德化工厂厂长,建德市经委副主任,建德市工业局局长,浙江新安化工集团股份有限公司董事长;现任浙江新安化工集团股份有限公司名誉董事长。
金俊	监事	男	44	2014 年 10 月	杭州市金融投资集团有限公司	57.992	曾任杭州康力食品有限公司财务科长,浙江中青审计师事务所注册会计师,浙江广厦建筑集团股份有限公司审计师,杭州市投资控股有限公司外派财务总监、财务管理部经理,杭州市金融投资集团有限公司财务管理部部长;现任杭州市金融投资集团有限公司财务管理部/资金管理部总经理。
石峰	监事	男	38	2016 年 2 月	职工监事	—	曾先后供职于浙江天名律师事务所,浙江浙元律师事务所,杭州工商信托股份有限公司合规与风险管理部;现任杭州工商信托股份有限公司合规法务部副总经理(主持工作)。

3.4 高级管理人员

姓 名	职 务	性别	年龄	选任日期	金融从业年限(年)	学历	专业
丁建萍	总裁	男	51	2014 年 10 月	24	硕士	国际政治
张锐	行政总监	男	55	2014 年 10 月	36	本科	经济管理
汪勇	投资运营总监	男	44	2014 年 10 月	21	本科	会计学
叶大志	基金运营总监	男	43	2014 年 10 月	13	本科	数理统计
马晓涛	风险管理总监	男	47	2014 年 10 月	29	硕士	EMBA
康波	财务总监	女	52	2014 年 10 月	33	本科	经济管理

3.5 公司员工

报告期内,职工人数:176 人;平均年龄:34.5 岁。

学历分布比率:

学历	人数(人)	学历分布比例(%)
博士	1	0.6
硕士	77	43.8
本科	85	48.3
专科	10	5.7
其他	3	1.7

4. 经营管理

4.1 经营目标、经营方针、战略规划

4.1.1 经营目标

充分发挥和利用信托的制度与功能优势,打造优秀的资产管理团队,为客户提供持续的个性化的资产管理产品和金融服务,打造国内领先的、具有鲜明专业特色的信托资产管理机构。

4.1.2 经营方针

公司将坚持“有所为,有所不为”的发展思路和投资化、中长期化、基金化、产品化的业务模式,关注经济增长的新领域,加大对传统产业转型升级、新兴产业发展空间的业务开发力度,实施以分散投资为核心的基金化策略和私募金融工具为目标资产的投资策略,着重拓展资产管理、私募投行、财富管理三大业务领域,完善内控体系建设,推进业务转型,创新服务模式,优化客户结构,构建扁平化的高效内部管理体系,实现合规经营、稳健发展。

4.1.3 战略规划

建立以账户管理为核心的内部管理体系,不断完善内控体系与资产管理框架,提高公司核心竞争力和风险管理能力,提升公司整体价值,合规经营,稳健发展。

4.2 所经营业务的主要内容

4.2.1 经营业务、品种

4.2.1.1 公司业务主要分为信托业务和固有财产管理两大类

公司的信托业务主要包括:

(1)以组合投资管理为主要特征的资产管理业务,包括房地产投资信托等私募投资管理业务。

(2)以项目或企业融资为主的信托投行业务。

(3)事务管理类信托业务。

4.2.1.2 公司目前信托业务品种主要有单一资金信托、集合资金信托,按运用方式分有投资类信托、融资类信托、组合投资管理类信托。

4.2.2 资产组合与分布

自营资产运用与分布表

资产运用	金额(万元)	占比(%)	资产分布	金额(万元)	占比(%)
货币资产	10 064	2.51	基础产业	0	0.00
贷款及应收款	82 274	20.51	房地产业	48 000	11.97
交易性金融资产投资	0	0.00	证券市场	434	0.11
可供出售金融资产投资	256 437	63.94	实业	10 250	2.56
持有至到期投资	0	0.00	金融机构	73 892	18.42
长期股权投资	5 000	1.25	其他	268 491	66.94
其他	47 292	11.79			
资产总计	401 067	100	资产总计	401 067	100

信托资产运用与分布表

资产运用	金额(万元)	占比(%)	资产分布	金额(万元)	占比(%)
货币资产	27 596	0.82	基础产业	26 850	0.80
贷款	956 170	28.35	房地产业	2 357 912	69.91
交易性金融资产投资	0	0.00	证券市场	29 300	0.87
可供出售金融资产投资	29 300	0.87	实业	137 750	4.08
持有至到期投资	0	0.00	金融机构	463 324	13.73
长期股权投资	664 876	19.71	其他	357 768	10.61
其他	1 694 962	50.25			
信托资产总计	3 372 904	100.00	信托资产总计	3 372 904	100.00

4.3 市场分析

4.3.1 有利因素

在我国经济发展进入新常态的时代背景下,经济结构调整与产业升级深入推进、金融改革深化、混业经营趋势明显、监管政策日趋完善,为信托公司业务创新与业务转型带来了新的空间和机会。同时,信托投资进一步被公众所认识与接受,民众财富增长,也使得资产管理和信托投资的市场需求巨大。

本公司治理结构完善,内控机制健全,业务战略规划清晰,拥有一支经验丰富、专业敬业、合规意识强烈的经营管理团队。2016 年,公司以服务受益人、支持实体经济为己任,严控风险,加强创新,积极寻找经济转型中的信托切入契机,发掘和培育新的增长点,把握发展机遇;深化业务转型,提升全面管理水平,打造公司的核心竞争力。公司历年来稳健经营、开拓创新,市场形象良好。

4.3.2 不利因素

国内产业结构的调整和升级仍在持续,宏观经济增速放缓,优质资产稀缺;利率市场化不断推进,利差收窄致使传统信托盈利模式亟待转型;资产管理领域市场竞争加剧;房地产市

场从结构性回暖到局部过热并促使各地调控政策集中出台，房地产业步入转型调整期。与此同时，信托行业规模增速放缓，风险有所暴露，行业监管趋严，信托公司面临经营环境变化和经营模式转型的挑战。信托公司成为真正的资产管理机构的业务转型、客户结构优化和专业团队建设尚未完成，自主管理能力与金融服务水平仍有待提升。

4.4 内部控制概况

公司建立了完善的内部治理架构，清晰的内部控制目标和原则，经营管理层牢固树立了内控优先的风险管理理念，公司前台、中台、后台职责明确，操作独立、运行顺畅。公司根据"一法两规"和相关法律法规的要求，建立了一整套顺应公司业务发展、符合监管政策的内部控制制度体系，公司现行内控制度渗透到公司的各项业务过程和各个操作环节，基本覆盖所有的部门和岗位，基本形成对风险进行事前防范、事中控制、事后监督和纠正的内控机制，体现了较好的完整性、合理性和有效性，在控制金融风险方面起到了积极的作用，并根据经营管理发展需要，适时新增或修订内部控制制度。公司建立了上传下达、下情上达的充分、合理的信息沟通制度，通过多种渠道获取各类信息。公司内部监督分为日常监督和专项监督，合规法务部、风险管理部和稽核部职能分离、职责分明、协同合作，成为公司合规风险的前后道防线，并能组织落实公司的合规风险评估，整个控制活动措施到位，帮助公司降低和规避各类风险，通过后续纠正和改进达到合规和降低风险的目的。

4.5 风险管理概况

公司在经营活动中所面临的风险主要包括信用风险、市场风险、操作风险及其他各类风险。针对不同类型的风险，公司进一步提高对交易对手和项目的选择标准，加强项目管理和风险预警以防范信用风险；加强对宏观经济形势和行业特征的研究，适时调整策略以防范市场风险；严格执行并不断补充和完善各项经营管理制度、问责制度，以防范操作风险；认真研究国家政策，聘请专业法律顾问机构，完善合规制度体系和合规管理工作机制，以防范政策风险、法律合规风险以及其他风险。

报告期内，公司严格执行国家政策、法规，并不断完善公司风险管理框架，加强合规风险管理体系建设，加强项目后期管理，落实各项风险控制措施。目前公司经营正常，报告期内所有信托计划（项目）均正常存续，到期项目均按时完成信托财产的清算（分配）工作。

5. 报告期末及上一年度末的比较式会计报表

5.1 自营资产

5.1.1 会计师事务所审计结论

德勤华永会计师事务所有限公司出具了标准无保留审计意见。

5.1.2 资产负债表（母公司）

资产负债表（母公司）

编制单位：杭州工商信托股份有限公司　　2016 年 12 月 31 日　　单位：万元

资　产	期末余额	年初余额	负债和所有者权益（或股东权益）	期末余额	年初余额
资产：			负债：		
现金及存放中央银行款项	0	0	向中央银行借款	0	0
存放同业款项	10 064	28 633	同业及其他金融机构存放款项	0	0
贵金属	0	0	拆入资产	0	0
拆出资金	0	0	交易性金融负债	0	0
交易性金融资产	0	3	衍生金融负债	0	0
衍生金融资产	0	0	卖出回购金融资产款	0	0
买入返售金融资产	0	0	吸收存款	0	0
应收利息	774	151	应付职工薪酬	3 639	3 343
发放贷款和垫款	82 274	100 547	应交税费	11 919	11 668
可供出售金融资产	256 437	150 712	应付利息	0	0
持有至到期投资	0	0	预计负债	0	0
长期股权投资	5 000	5 000	应付债券	0	0
投资性房地产	1 393	1 491	递延所得税负债	0	0
固定资产	249	344	其他负债	52 987	34 167
无形资产	413	426	负债合计	68 545	49 178
递延所得税资产	5 603	4 624	股东权益：		
其他资产	38 860	43 294	股本	150 000	150 000
			资本公积	334	334
			减：库存股	0	0

续表

资　　产	期末余额	年初余额	负债和所有者权益（或股东权益）	期末余额	年初余额
			盈余公积	26 648	21 477
			其他综合收益	2 651	1 616
			一般风险准备	19 650	16 106
			未分配利润	133 239	96 514
			股东权益合计	332 522	286 047
资产总计	401 067	335 225	负债和股东权益总计	401 067	335 225

企业负责人：虞利明　　财务负责人：康波　　制表：赵红新

资产负债表（合并报表）

编制单位：杭州工商信托股份有限公司　　2016 年 12 月 31 日　　单位：万元

资　　产	期末余额	年初余额	负债和所有者权益（或股东权益）	期末余额	年初余额
资产：			负债：		
现金及存放中央银行款项	0	0	向中央银行借款	0	0
存放同业款项	10 184	30 157	同业及其他金融机构存放款项	0	0
贵金属	0	0	拆入资产	0	0
拆出资金	0	0	交易性金融负债	0	0
交易性金融资产	0	3	衍生金融负债	0	0
衍生金融资产	0	0	卖出回购金融资产款	0	0
买入返售金融资产	0	0	吸收存款	0	0
应收利息	774	151	应付职工薪酬	3 642	3 362
发放贷款和垫款	82 274	100 547	应交税费	12 035	11 688
可供出售金融资产	261 078	153 462	应付利息	0	0
持有至到期投资	0	0	预计负债	0	0
长期股权投资	799	572	应付债券	0	0
投资性房地产	1 393	1 491	递延所得税负债	0	5
固定资产	250	344	其他负债	52 987	34 167
无形资产	413	428	负债合计	68 664	49 222
递延所得税资产	5 603	4 624	股东权益：		
其他资产	39 224	44 019	股本	150 000	150 000
			资本公积	334	334
			减：库存股	0	0
			盈余公积	26 648	21 477
			其他综合收益	2 651	1 632
			一般风险准备	19 650	16 106
			未分配利润	134 045	97 027
			股东权益合计	333 328	286 576
资产总计	401 992	335 798	负债和股东权益总计	401 992	335 798

企业负责人：虞利明　　财务负责人：康波　　制表：赵红新

5.1.3 利润表

利润表（母公司）

编制单位：杭州工商信托股份有限公司　　2016 年度　　单位：万元

项　　目	本期累计金额	上期累计金额
一、营业收入	97 600	88 987
利息净收入	8 494	2 134
利息收入	8 494	2 134
利息支出	0	0
手续费及佣金净收入	74 597	64 840
手续费及佣金收入	74 597	64 840

续表

项 目	本期累计金额	上期累计金额
手续费及佣金支出	0	0
投资收益(损失以"－"号填列)	13 336	20 261
其中:对联营企业和合营企业的投资收益	0	0
公允价值变动收益(损失以"－"号填列)	−2	2
汇兑收益(损失以"－"号填列)	0	0
其他业务收入	1 175	1 750
二、营业支出	28 602	28 208
营业税金及附加	2 399	4 883
业务及管理费	25 743	22 361
资产减值损失	0	0
其他业务成本	460	964
三、营业利润(亏损以"－"号填列)	68 998	60 779
加:营业外收入	80	69
减:营业外支出	39	2 958
四、利润总额(亏损总额以"－"号填列)	69 039	57 890
减:所得税费用	17 332	14 537
五、净利润(净亏损以"－"填列)	51 707	43 353
六、每股收益		
(一)基本每股收益	0. 34	0. 51
(二)稀释每股收益	0. 34	0. 51

企业负责人:虞利明　　财务负责人:康波　　制表:赵红新

利润表(合并报表)

编制单位:杭州工商信托股份有限公司　　2016 年度　　单位:万元

项 目	本期累计金额	上期累计金额
一、营业收入	98 350	89 292
利息净收入	8 496	2 139
利息收入	8 496	2 139
利息支出	0	0
手续费及佣金净收入	75 161	65 093
手续费及佣金收入	75 161	65 093
手续费及佣金支出	0	0
投资收益(损失以"－"号填列)	13 520	20 308
其中:对联营企业和合营企业的投资收益	0	0
公允价值变动收益(损失以"－"号填列)	−2	2
汇兑收益(损失以"－"号填列)	0	0
其他业务收入	1 175	1 750
二、营业支出	28 971	28 484
营业税金及附加	2 405	4 897
业务及管理费	26 106	22 623
资产减值损失	0	0
其他业务成本	460	964
三、营业利润(亏损以"－"号填列)	69 379	60 808
加:营业外收入	86	85
减:营业外支出	39	2 959
四、利润总额(亏损总额以"－"号填列)	69 426	57 934
减:所得税费用	17 426	14 545
五、净利润(净亏损以"－"填列)	52 000	43 389
六、每股收益:		
(一)基本每股收益	0. 35	0. 51
(二)稀释每股收益	0. 35	0. 51

企业负责人:虞利明　　财务负责人:康波　　制表:赵红新

5.1.4 股东权益变动表

股东权益变动表（母公司）

2016 年 12 月 31 日

单位：万元

	股本	资本公积	其他综合收益	盈余公积	一般风险准备	信托赔偿准备	未分配利润	股东权益
一、2015 年 12 月 31 日	150 000	334	1 616	21 477	4 875	11 231	96 514	286 047
二、2016 年 1 月 1 日余额	150 000	334	1 616	21 477	4 875	11 231	96 514	286 047
三、本年增减变动金额								
（一）净利润							51 707	51 707
（二）其他综合收益			1 035					1 035
（一）和（二）小计			1 035				51 707	52 742
（三）股东投入和减少资本								
（四）利润分配								
1. 提取盈余公积				5 171			-5 171	
2. 提取一般风险准备					959		-959	
3. 提取信托赔偿准备						2 585	-2 585	
4. 对股东的分配							-6 267	-6 267
（五）股东权益内部结转								
四、2016 年 12 月 31 日余额	150 000	334	2 651	26 648	5 834	13 816	133 239	332 522

股东权益变动表（母公司）（续）

2015 年 12 月 31 日

单位：万元

	股本	资本公积	其他综合收益	盈余公积	一般风险准备	信托赔偿准备	未分配利润	股东权益
一、2014 年 12 月 31 日	75 000	334	1 574	17 142	2 906	9 063	61 633	167 652
二、2015 年 1 月 1 日余额	75 000	334	1 574	17 142	2 906	9 063	61 633	167 652
三、本年增减变动金额								
（一）净利润							43 353	43 353
（二）其他综合收益			42					42
（一）和（二）小计			42				43 353	43 395
（三）股东投入和减少资本	75 000							75 000
（四）利润分配								
1. 提取盈余公积				4 335			-4 335	
2. 提取一般风险准备					1 969		-1 969	
3. 提取信托赔偿准备						2 168	-2 168	
4. 对股东的分配								
（五）股东权益内部结转								
四、2015 年 12 月 31 日余额	150 000	334	1 616	21 477	4 875	11 231	96 514	286 047

股东权益变动表（合并报表）

2016 年 12 月 31 日

单位：万元

	归属于母公司股东权益							少数股东权益	股东权益合计
	股本	资本公积	其他综合收益	盈余公积	一般风险准备	信托赔偿准备	未分配利润		
一、2015 年 12 月 31 日	150 000	334	1 632	21 477	4 875	11 231	97 027		286 576
二、2016 年 1 月 1 日余额	150 000	334	1 632	21 477	4 875	11 231	97 027		286 576
三、本年增减变动金额									
（一）净利润							52 000		52 000
（二）其他综合收益			1 019						1 019
（一）和（二）小计			1 019				52 000		53 019
（三）股东投入和减少资本									
（四）利润分配									
1. 提取盈余公积				5 171			-5 171		
2. 提取一般风险准备					959		-959		
3. 提取信托赔偿准备						2 585	-2 585		
4. 对股东的分配							-6 267		-6 267
（五）股东权益内部结转									
四、2016 年 12 月 31 日余额	150 000	334	2 651	26 648	5 834	13 816	134 045		333 328

股东权益变动表(合并报表)(续)

2015 年 12 月 31 日

单位:万元

	归属于母公司股东权益							少数股东权益	股东权益合计
	股本	资本公积	其他综合收益	盈余公积	一般风险准备	信托赔偿准备	未分配利润		
一、2014 年 12 月 31 日	75 000	334	1 576	17 142	2 906	9 063	62 110		168 131
二、2015 年 1 月 1 日余额	75 000	334	1 576	17 142	2 906	9 063	62 110		168 131
三、本年增减变动金额									
(一)净利润							43 389		43 389
(二)其他综合收益			56						56
(一)和(二)小计			56				43 389		43 445
(三)股东投入和减少资本	75 000								75 000
(四)利润分配									
1. 提取盈余公积				4 335			−4 335		
2. 提取一般风险准备					1 969		−1 969		
3. 提取信托赔偿准备						2 168	−2 168		
4. 对股东的分配									
(五)股东权益内部结转									
四、2015 年 12 月 31 日余额	150 000	334	1 632	21 477	4 875	11 231	97 027		286 576

5.2 信托资产

5.2.1 信托项目资产负债汇总表

信托项目资产负债汇总表

编制单位:杭州工商信托股份有限公司　　单位:万元

信托资产	期初数	期末数	信托负债和信托权益	期初数	期末数
信托资产:			信托负债:		
货币资金	79 100	27 596	交易性金融负债	0.00	0.00
拆出资金	0.00	0.00	衍生金融负债	0.00	0.00
存出保证金	0.00	0.00	应付受托人报酬	49 918	32 602
以公允价值计量且其变动计入当前损益的金融资产	0.00	0.00	应付托管费	0.00	0.00
衍生金融资产	0.00	0.00	应付受益人收益	0.00	26
买入返售金融资产	0.00	0.00	应交税费	0.00	0.00
应收款项	4 547	37 470	应付销售服务费	0.00	0.00
发放贷款	999 600	956 171	其他应付款项	12 368	14 671
可供出售金融资产	0.00	29 300	其他负债	0.00	0.00
持有至到期投资	0.00	0.00	信托负债合计	62 286	47 299
长期应收款	0.00	0.00			
长期股权投资	569 195	664 876	信托权益:		
投资性房地产	0.00	0.00	实收信托	3 156 335	3 201 408
固定资产	0.00	0.00	资本公积	0.00	0.00
无形资产	0.00	0.00	外币报表折算差额	0	0
长期待摊费用	0.00	0.00	未分配利润	35 264	24. 197
其他资产	1 601 443	1 657 491	信托权益合计	3 191 599	3 325 605
信托资产总计	3 253 885	3 372 904	信托负债和信托权益总计	3 253 885	3 372 904

企业负责人:虞利明　　财务负责人:康波　　制表:倪澄

5.2.2 信托项目利润及利润分配汇总表

信托项目利润及利润分配汇总表

编制单位:杭州工商信托股份有限公司　　单位:万元

项　目	本年累计数	上年累计数
一、营业收入	334 713	424 219
利息收入	114 223	91 104
投资收益	92 420	135 156
公允价值变动收益	0	0
财务顾问收入	1 656	1 082
租赁收入	0	0
汇兑损益	0	0
其他收入	129 114	196 877
二、支出	78 381	87 266
营业税金及附加	56	33
受托人报酬	75 370	80 838
保管费	0	0
投资管理费	0	0
销售服务费	0	0
交易费用	0	0
资产减值损失	0	0
其他费用	2 955	6 395
三、信托净利润	259 032	336 953
四、其他综合收益	0	0
五、综合收益	259 032	336 953
加:期初未分配信托利润	35 264	4 748
六、可供分配的信托利润	294 296	341 701
减:本期已分配信托利润	270 099	306 437
七、期末未分配信托利润	24 197	35 264

续表

企业负责人:虞利明　　财务负责人:康波　　制表:倪澄

6. 会计报表附注

6.1 简要说明报告年度会计报表编制基准、会计政策、会计估计和核算方法发生的变化

无。

6.2 或有事项说明

截至报告日,本公司不存在需要披露的重大或有事项。

6.3 重要资产转让及其出售的说明

无。

6.4 会计报表中重要项目的明细资料

6.4.1 披露自营资产经营情况

6.4.1.1 按信用风险五级分类结果披露信用风险资产的期初数、期末数

信用风险资产五级分类	正常类(万元)	关注类(万元)	次级类(万元)	可疑类(万元)	损失类(万元)	信用风险资产合计(万元)	不良资产合计(万元)	不良资产率(%)
期初数	134 711	0	0	0	0	134 711	0	0.00
期末数	392 790	0	0	0	0	392 790	0	0.00

注:不良资产合计=次级类+可疑类+损失类。

6.4.1.2 各项资产减值损失准备的期初、本期计提、本期转回、本期核销、期末数;贷款的一般准备、专项准备和其他资产减值准备应分别披露

单位:万元

	期初数	本期计提	本期转回	本期核销	期末数
贷款损失准备	0	0	0	0	0
一般准备	0	0	0	0	0
专项准备	0	0	0	0	0
其他资产减值准备	95	0	0	0	95
可供出售金融资产减值准备	0	0	0	0	0
持有至到期投资减值准备	0	0	0	0	0
长期股权投资减值准备	0	0	0	0	0
坏账准备	0	0	0	0	0
投资性房地产减值准备	0	0	0	0	0
其他资产减值准备	95	0	0	0	95

6.4.1.3 自营股票投资、基金投资、债券投资、股权投资等投资业务的期初数、期末数

单位:万元

	自营股票	基金	债券	长期股权投资	其他投资	合计
期初数	586	0	0	5 250	186 946	192 782
期末数	434	0	0	5 250	261 546	267 230

6.4.1.4 按投资入股金额排序,前五名的自营长期股权投资的企业名称、占被投资企业权益的比例、主要经营活动及投资收益情况等(从大到小顺序排列)

企业名称	占被投资企业权益的比例(%)	主要经营活动	投资损益(万元)
1. 浙江蓝桂资产管理有限公司	100	资产管理,投资管理,企业管理,商务咨询,实业投资	0
2. 杭州迪佛通信股份有限公司	4.48	通信设备及配件、电子和通信测量仪器、报警器的制造、销售,电话信息服务,交换机设计安装,数据通信服务等	0

注:投资损益是指按照企业会计准则规定,核算股权投资确认损益并计入披露年报利润表的金额。

6.4.1.5 前五名的自营贷款的企业名称、占贷款总额的比例和还款情况等(从大到小顺序排列)

企业名称	贷款金额(万元)	占贷款总额的比例(%)	还款情况
1. 常德鑫泽置业有限公司	30 000	39.23	正常收息,未到期
2. 上海骁翼投资有限公司	18 000	23.54	正常收息,未到期
3. 上海伊禾食品国际贸易有限公司	10 000	13.07	正常收息,未到期
4. 徐州得正物业管理有限公司	3 403	4.45	正常收息,未到期
5. 徐州昌丽物业管理有限公司	3 307	4.32	正常收息,未到期
合计	64 710	84.61	

6.4.1.6 表外业务的期初数、期末数;按照代理业务、担保业务和其他类型表外业务分别披露

单位:万元

表外业务	期初数	期末数
担保业务	0	0
代理业务(委托业务)	8 802	4 211
其他	0	0
合计	8 802	4 211

注:代理业务主要反映因客观原因应规范而尚未完成规范的历史遗留委托业务,包括委托贷款和委托投资。

6.4.1.7 公司当年的收入结构(母公司口径、并表口径同时披露)

收入结构	母公司口径		合并口径	
	金额(万元)	占比(%)	金额(万元)	占比(%)
手续费及佣金收入	74 597	76.37	75 161	76.36
其中:信托手续费收入	74 571	76.34	74 571	75.76
投资银行业务收入	0	0.00	0	0.00
利息收入	8 494	8.70	8 496	8.63
其他业务收入	1 175	1.20	1 175	1.19
其中:计入信托业务收入部分	757	0.77	757	0.77
投资收益	13 336	13.65	13 520	13.73
其中:股权投资收益	0	0.00	16	0.02
证券投资收益	22	0.02	22	0.02
其他投资收益	13 314	13.63	13 482	13.70
公允价值变动收益	−2	0.00	−2	0.00
营业外收入	80	0.08	86	0.09
收入合计	97 680	100	98 436	100

注:手续费及佣金收入、利息收入、其他业务收入、投资收益、营业外收入均应为损益表中的一级科目,其中手续费及佣金收入、利息收入、营业外收入为未抵减掉相应支出的全年累计实现收入数。

"其他业务收入""营业外收入"如超过总收入的5%，应具体说明来自什么业务。

报告年度实现信托业务收入的总额为75 328万元，其中：

(1)以手续费及佣金确认的信托业务收入：46 439万元(固定)；

(2)以业绩报酬形式确认的信托业务收入：28 132万元(浮动)；

(3)以其他形式确认的信托业务收入：757万元(财务顾问费)。

6.4.2 披露信托资产管理情况

6.4.2.1 信托资产的期初数、期末数

单位：万元

信托资产	期初数	期末数
集合	2 916 717	3 048 404
单一	307 168	324 500
财产权	30 000	0
合计	3 253 885	3 372 904

6.4.2.1.1 主动管理型信托业务的信托资产期初数、期末数，分证券投资、股权投资、融资、事务管理类分别披露

单位：万元

主动管理型信托资产	期初数	期末数
证券投资类	0	0
股权投资类	968 270	1 064 018
组合投资类	1 238 679	1 693 851
融资类	948 571	562 556
事务管理类	0	0
其他投资	0	0
合计	3 155 520	3 320 425

6.4.2.1.2 被动管理型信托业务的信托资产期初数、期末数，分证券投资、股权投资、融资、事务管理类分别披露

单位：万元

被动管理型信托资产	期初数	期末数
证券投资类	0	0
股权投资类	0	0
融资类	0	0
事务管理类	98 364	52 479
合计	98 364	52 479

6.4.2.2 本年度已清算结束的信托项目个数、实收信托合计金额、加权平均实际年化收益率

6.4.2.2.1 本年度已清算结束的集合类、单一类资金信托项目和财产管理类信托项目个数、实收信托合计金额、加权平均实际年化收益率

已清算结束信托项目	项目个数(个)	实收信托合计金额(万元)	加权平均实际年化收益率(%)
集合类	41	1 757 685	10.19
单一类	6	159 597	7.99
财产管理类	1	30 000	0.00

注：收益率是指信托项目清算后，给受益人赚取的实际收益水平。加权平均实际年化收益率=(信托项目1的实际年化收益率×信托项目1的实收信托+信托项目2的实际年化收益率×信托项目2的实收信托+…+信托项目n的实际年化收益率×信托项目n的实收信托)/(信托项目1的实收信托+信托项目2的实收信托+…+信托项目n的实收信托)×100%。

6.4.2.2.2 本年度已清算结束的主动管理型信托项目个数、实收信托合计金额、加权平均实际年化收益率，分证券投资、股权投资、融资、事务管理类分别披露

已清算结束信托项目	项目个数(个)	实收信托合计金额(万元)	加权平均实际年化信托报酬率(%)	加权平均实际年化收益率(%)
证券投资类	0	0	0	0
股权投资类	19	690 055	2.63	10.49
组合投资类	7	309 273	2.92	10.02
融资类	22	947 954	1.81	9.07
事务管理类	0	0	0	0

6.4.2.2.3 本年度已清算结束的被动管理型信托项目个数、实收信托合计金额、加权平均实际年化收益率，分证券投资、股权投资、融资、事务管理类分别披露

已清算结束信托项目	项目个数(个)	合计金额(万元)	加权平均实际年化信托报酬率(%)	加权平均实际年化收益率(%)
证券投资类	0	0	0	0
股权投资类	0	0	0	0
融资类	0	0	0	0
事务管理类	0	0	0	0

6.4.2.3 本年度新增的集合类、单一类和财产管理类信托项目个数、实收信托合计金额

新增信托项目	项目个数(个)	合计金额(万元)
集合类	23	1 599 500
单一类	6	141 975
财产管理类	0	0
新增合计	29	1 741 475

注：仅为新发行项目规模，不包括以前年度成立项目在本年度后续发行的规模。

6.4.2.4 信托业务创新成果和特色业务有关情况(此部分为可选项，即公司可自主决定是否披露、部分披露或全部披露)

报告期内，在国内宏观经济增速放缓、经济结构调整与金融改革深入推进、资产管理行业竞争激烈的背景下，杭州工商信托正视挑战，坚定信心，坚持"有所为，有所不为"的业务策略与基金化、投资化、中长期化、产品化的业务战略方向，抢抓机遇，稳中求进，以服务受益人、支持实体经济为己任，严控风险；加强创新，积极发掘和培育新的增长点，深化业务转型，提升全面管理水平，打造公司的核心竞争力。

契合国内经济转型、产业结构调整的业务需求及投资者日益增长的财富管理需求，2016年，公司密切关注实体经济的金融需求，关注战略性新兴产业发展，聚焦收购兼并业务，结合投资者理财需求，积极探索新业务，并取得了初步成效。公司分别推出"杭信·伊禾海淘通2号集合资金信托计划""远洲旅业投资集合资金信托计划""天洋集团燕郊成功项目集合资金信托计划"等集合信托产品和"景瑞申花郡"并购项目，推出京津冀一体化、广深一体化投资类产品，以及通过公司的全资子公司平台，以发起设立"蓝桂资产—蓝桂携领海外投资集合资产管理计划"等资管计划，或与合作方共同组建管理公司，从事不同主题的私募基金管理业务，分别在农产品供应链、酒店服务、

医疗等新领域及并购业务、基金化信托产品、PE 基金等领域进行积极探索与实践，充分发挥信托的“投融资兼备”功能及专业子公司的平台优势，以市场化方式募集社会资金，投入新兴领域和关键产业，助力企业成长，支持产业结构调整、支持实体经济发展。

2016 年 12 月 30 日，公司收到《中国银监会浙江监管局关于杭州工商信托股份有限公司以固有资产从事股权投资业务资格的批复》（浙银监复[2016]497 号），正式获得以固有资产从事股权投资业务的资格。该项业务资格的取得将推进公司固有直接投资业务的开展，有助于提升公司整体投资能力、推动公司业务转型升级。

公司通过发挥自身的专业优势，积极开发具有不同风险收益特征的信托产品，为客户提供人性化、个性化的服务，满足其多样化需求。通过推动基金化信托产品的技术升级，加强投资运作与组合管理，强调全期限管理、重视资产配置及风险管理手段的科学性、提高组合管理的精细化水平，优化了客户体验，并启动外部私募证券配置等新领域的业务探索与实践。报告期内公司的信托业务结构持续优化，在风险管理、业务的拓展与创新等方面保持可持续发展，截至 2016 年 12 月末，公司集合资金信托规模占比 90.38%；信托业务收入占比为 77%，信托报酬率为 2.38%；存续信托业务中，主动管理型信托业务规模占比为 98%；存续集合信托业务中，基金化产品规模占比为 55%。

公司与 18 家浙江法人金融机构共同发布“回归金融本质、服务实体经济”的倡议，共同成立“价值连城”浙江法人金融机构战略合作联盟，旨在整合各法人金融机构优势，增强区域金融凝聚力，回归金融本质，服务实体经济。

在坚持合规稳健经营、维护客户利益、为社会提供优质金融产品和服务、保障员工合法权益的同时，公司积极参加公益活动，勇于承担社会责任，反哺社会，为构建和谐社会贡献力量。如在浙江省阳光教育基金会建立的“杭州工商信托阳光助学基金”专户，2016 年与《丽水日报》共同发起了“六一・微心愿”公益活动，为丽水市遂昌县湖山小学的留守儿童送去“六一”节惊喜，并在学校举行以“用爱播种希望”为主题的捐资助学结对活动。公司及员工连续 16 年参加春风行动，2016 年再度被市委、市政府授予“杭州市‘春风行动’先进单位”；每年实施“四年百万”的联乡结村帮扶计划；2016 年，公司获评“杭州市企业社会责任建设最佳企业”。

在由《证券时报》主办的“第九届中国优秀信托公司评选活动”中，杭州工商信托荣获“2016 优秀财富管理品牌”奖项。

6.4.2.5 本公司履行受托人义务情况及因本公司自身责任而导致的信托资产损失情况（合计金额、原因等）

无。

6.5 关联方关系及其交易的披露

6.5.1 关联交易方的数量、关联交易的总金额及关联交易的定价政策等

	关联交易方数量	关联交易金额（万元）	定价政策
合计	1	9	市场公允价格

注：“关联交易”定义应以《公司法》和《企业会计准则第 36 号——关联方披露》有关规定为准。

6.5.2 关联交易方与本公司的关系性质、关联交易方的名称、法定代表人、注册地址、注册资本及主营业务等

关系性质	关联方名称	法定代表人	注册地址	注册资本（万元）	主营业务
受同一母公司控制	杭州国际机场大厦开发有限公司	徐晓	杭州	16 000	国际机场大厦开发；自有房屋租赁

6.5.3 本公司与关联方的重大交易事项

6.5.3.1 固有财产与关联方交易情况：贷款、投资、租赁、应收账款担保、其他方式等期初汇总数、本期借方和贷方发生额汇总数、期末汇总数

单位：万元

固有财产与关联方关联交易				
	期初数	借方发生额	贷方发生额	期末数
贷款	0	0	0	0
投资	0	0	0	0
租赁	0	0	0	0
担保	0	0	0	0
应收账款	0	0	0	0
其他（支付房租、押金）	0	9	0	0
合计	0	9	0	0

向关联方杭州国际机场大厦开发有限公司支付房租 70 988.75 元，押金 20 000 元。

本公司与上述关联方按一般企业关系进行业务往来。

6.5.3.2 信托资产与关联方：贷款、投资、租赁、应收账款、担保、其他方式等期初汇总数、本期发生额汇总数、期末汇总数

单位：万元

信托资产与关联方关联交易				
	期初数	借方发生额	贷方发生额	期末数
贷款	0	0	0	0
投资	0	0	0	0
租赁	0	0	0	0
担保	0	0	0	0
应收账款	0	0	0	0
其他	0	0	0	0
合计	0	0	0	0

6.5.3.3 信托公司自有资金运用于自己管理的信托项目（固信交易）、信托公司管理的信托项目之间的相互（信信交易）交易金额，包括余额和本报告年度的发生额

6.5.3.3.1 固有财产与信托财产之间的交易金额期初汇总数、本期发生额汇总数、期末汇总数

单位：万元

固有财产与信托财产相互交易			
	期初数	本期发生额	期末数
合计	143 337	48 133	191 470

注：以固有资金投资公司自己管理的信托项目受益权，或购买自己管理的信托项目的信托资产均应纳入统计披露范围。

6.5.3.3.2 信托项目之间的交易金额期初汇总数、本期发生额汇总数、期末汇总数

单位：万元

信托资产与信托财产相互交易			
	期初数	本期发生额	期末数
合计	329 032	46 908	375 940

注：以公司受托管理的一个信托项目的资金购买自己管理的另一个信托项目的受益权或信托项下资产均应纳入统计披露范围。

6.5.4 逐笔披露关联方逾期未偿还本公司资金的详细情况以及本公司为关联方担保发生或即将发生垫款的详细情况

无。

6.6 会计制度的披露

固有业务(自营业务)、信托业务:本公司执行财政部颁布的企业会计准则(包括2014年新颁布的新的和修订的企业会计准则)及相关规定。

7. 财务情况说明书

7.1 利润实现和分配情况(母公司口径和并表口径同时披露)

(1)母公司口径:本年实现利润总额69 039万元,所得税费用17 332万元(其中当期所得税18 655万元、递延所得税-1 323万元),净利润51 707万元,年初未分配利润96 514万元,年末未分配利润133 239万元。

并表口径:本年度实现利润总额69 426万元,所得税费用17 426万元(其中当期所得税18 749万元、递延所得税-1 323万元),净利润52 000万元,年初未分配利润97 027万元,年末未分配利润134 045万元。

(2)母公司口径:按10%提取法定盈余公积5 171万元。
并表口径:按10%提取法定盈余公积5 171万元。

(3)母公司口径:按5%提取信托赔偿准备金2 585万元。
并表口径:按5%提取信托赔偿准备金2 585万元。

(4)母公司口径:按风险资产余额的1.5%计提一般风险准备金959万元。
并表口径:按风险资产余额的1.5%计提一般风险准备金959万元。

(5)母公司口径:年末可供分配的利润为133 239万元。
并表口径:年末可供分配的利润为134 045万元。

7.2 主要财务指标(母公司口径和并表口径同时披露)

指标名称	指标值	
	母公司口径	合并口径
资本利润率(%)	17.01	17.08
加权年化信托报酬率(%)	2.38	2.38
人均净利润(万元)	295	286

注:1. 资本利润率=净利润/股东权益平均余额×100%。
2. 股东权益平均余额采取年初及各季末余额移动算术平均法,公式为:a(平均)=(a0/2+a1+a2+a3+a4/2)/4。
3. 加权年化信托报酬率=(信托项目1的实际年化信托报酬率×信托项目1的实收信托+信托项目2的实际年化信托报酬率×信托项目2的实收信托+…+信托项目*n*的实际年化信托报酬率×信托项目*n*的实收信托)/(信托项目1的实收信托+信托项目2的实收信托+…+信托项目*n*的实收信托)×100%。
4. 人均净利润=净利润/年平均人数。
5. 平均人数采取年初、年末余额简单平均法,公式为:a(平均)=(年初数+年末数)/2。

7.3 对本公司财务状况、经营成果有重大影响的其他事项

无。

8. 特别事项简要揭示

8.1 前五名股东报告期内变动情况及原因

无。

8.2 董事、监事及高级管理人员变动情况及原因

公司原股东摩根士丹利国际控股公司于2015年12月31日完成股权转让,将其持有的全部公司股份转让给绿地金融投资控股集团有限公司。摩根士丹利提名的两名董事Carlos Alfonso、Oyarbide Seco、陈涛于2016年1月提出辞职。根据《公司章程》的有关规定,绿地金融投资控股集团有限公司提名朱虹、张建两人为董事候选人。公司2016年第一次临时股东大会,表决通过《关于变更公司董事的议案》,同意Carlos Alfonso、Oyarbide Seco、陈涛不再担任公司董事职务,以累积投票制选举朱虹、张建为新任董事。新任董事的任期至公司第七届董事会届满之日止,其任职资格已根据有关规定报中国银行业监督管理委员会浙江监管局核准确认。

公司第七届董事会独立董事秦永忠先生因个人原因于2015年12月25日提请辞职。公司2016年第二次临时股东大会表决通过《关于免去秦永忠先生独立董事职务的议案》,同意免去秦永忠先生公司第七届董事会独立董事职务。

公司第七届监事会职工监事包晓红因工作调动,自2016年1月起不在公司任职。根据相关法律法规的规定,公司于2016年2月23日召开职工大会,免去包晓红同志职工监事职务,选举石峰同志为职工监事,其任期至公司第七届监事会届满之日止。

另公司原股东摩根士丹利国际控股公司提名的两名高级管理人员市场及发展总监陈涛、资产管理总监林海滨于2016年1月提出辞职。第七届董事会第九次会议审议通过《关于公司高级管理人员免职的议案》,同意陈涛先生的辞职,并免去其市场及发展总监等职务;同意林海滨先生的辞职,并免去其资产管理总监等职务。

8.3 公司的重大诉讼事项

无。

8.4 对会计师事务所出具的有保留意见、否定意见或无法表示意见的审计报告的,公司董事会应就所涉及事项作出说明

无。

8.5 公司及其董事、监事和高级管理人员受到处罚的情况

无。

8.6 银监会及其派出机构对公司检查后提出整改意见的,应简单说明整改情况

无。

8.7 本年度重大事项临时报告的简要内容、披露时间、所披露的媒体及其版面

无。

8.8 本年度净资本管理情况

净资本管理风险控制指标表

项 目	期末余额	监管标准
净资本(万元)	260 443	≥20 000
净资本/各项业务风险资本之和(%)	245.06	≥100
净资本/净资产(%)	78.32	≥40

8.9 银监会及其省级派出机构认定的其他有必要让客户及相关利益人了解的重要信息

无。

9. 公司监事会意见

监事会认为，本报告期内，公司决策程序合法，内部控制制度较为完善，没有发现公司董事、总裁和其他高级管理人员在执行公司职务时有违法违纪或有损公司及股东利益的行为。公司财务报告真实地反映了公司的财务状况和经营成果。

湖南省信托有限责任公司

1. 重要提示

1.1 本公司董事会及其董事保证本报告所载资料不存在任何虚假记载、误导性陈述或者重大遗漏，并对其内容的真实性、准确性和完整性承担个别及连带责任。本年度报告摘要摘自年度报告全文，客户及相关利益人欲了解详细内容，应阅读年度报告全文。

1.2 未有公司董事声明对本年度报告内容的真实性、准确性、完整性存在异议。

1.3 公司独立董事张军建、戴晓凤声明：保证本年度报告内容真实、准确、完整。

1.4 公司董事长王双云、分管财务副总裁段湘姬声明：保证本年度报告中财务报告的真实、完整。

2. 公司概况

2.1 公司简介

1	法定名称	湖南省信托有限责任公司
2	中文缩写	湖南信托
3	英文名称（及缩写）	Hunan Trust Co.,Ltd. （Hunan Trust）
4	法定代表人	王双云
5	注册地址	湖南省长沙市城南西路1号
6	邮政编码	410015
7	公司国际互联网网址	http://www.huntic.com
8	公司电子信箱	huntic@huntic.com

续表

9	公司负责信息披露事务人	张仁兴
10	联系电话	0731-85196916
11	传真电话	0731-85196911
12	电子信箱	zhangrx@huntic.com
13	公司信息披露报纸名称	《证券时报》
14	公司年度报告备置地点	湖南省长沙市城南西路1号财信大厦9楼917室
15	公司聘请的会计师事务所名称及住所	天健会计师事务所（特殊普通合伙）湖南分所。湖南省长沙市芙蓉中路二段198号新世纪城大厦19~20层

2.2 组织结构

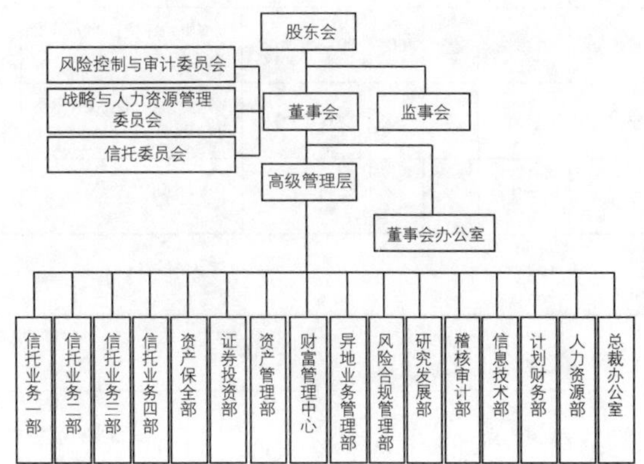

3. 公司治理

3.1 股东

公司两名股东全部为国有独资公司，湖南财信投资控股有限责任公司、湖南省国有投资经营有限公司均为湖南财信金融控股集团有限公司的全资子公司。

股东名称	出资比例（%）	法人代表	注册资本（万元）	注册地址	主要经营业务及主要财务情况
湖南财信投资控股有限责任公司*	96	王红舟	374 418.89	长沙市天心区城南西路1号	主要经营业务：省政府授权的国有资产投资、经营及管理；投资策划咨询、财务顾问、担保；酒店经营与管理（具体业务由分支机构凭许可证书经营）、房屋出租。 主要财务情况：截至2016年12月31日，公司资产总额3 695 246万元，负债总额3 051 923万元，少数股东权益282 739万元，归属于母公司所有者权益360 583万元，利润总额71 416万元（合并利润表）。
湖南省国有投资经营有限公司	4	陆小平	33 282.06	长沙市天心区城南西路1号	主要经营业务：授权范围内的国有资产投资、经营、管理与处置，企业资产重组、债务重组，企业托管、并购、委托投资，投资咨询、财务顾问；旅游资源投资、开发、经营（限分支机构凭许可证书经营）；经营商品和技术的进出口业务（以上业务国家法律法规禁止、限制的除外）。 主要财务情况：截至2016年12月31日，资产总额194 260万元，负债总额126 662万元，少数股东权益0，所有者权益67 598万元，利润总额3 056万元。

注：*为公司控股股东，系湖南财信金融控股集团全资子公司。公司实际控制人为湖南财信金融控股集团有限公司。

3.2 董事

董事长、董事

姓 名	职 务	性别	年龄	选任日期	所推举的股东名称	该股东持股比例(%)	简 要 履 历
王双云	董事长	男	52	2016年3月	湖南财信投资控股有限责任公司	96	曾任湖南省财政厅经济建设处副处长，湖南省财政厅监督检查局副局长、省财政稽查办公室主任(正处长级)，湖南省财政厅机关党委专职副书记、党办主任、机关工会主席，湖南省财政厅人事教育处处长；现任湖南财信金融控股集团有限公司党委副书记，2016年3月起，任湖南省信托有限责任公司董事长。
胡小龙	董事	男	59	2013年9月	湖南财信投资控股有限责任公司	96	曾任湖南省国有资产投资经营总公司副总经理、总经理、董事长，湖南省产权交易所有限公司总经理、董事长，湖南财信投资控股有限责任公司常务副总裁，湖南担保有限责任公司总经理；现任湖南财信金融控股集团有限公司总经理，湖南省信托有限责任公司董事。
陆小平	董事	男	53	2012年4月	湖南省国有投资经营有限公司	4	曾任湖南省信托投资公司办公室主任，湖南省信托投资有限责任公司总稽核，湖南省信托有限责任公司副总裁，湖南省国有投资经营有限公司董事长；现任湖南财信金融控股集团有限公司工会主席，湖南省信托有限责任公司董事。
刘格辉	董事	男	46	2016年3月	湖南财信投资控股有限责任公司	96	曾任湖南省信托投资有限责任公司信托管理二部经理、信托管理总部总经理、信托业务总部总经理、资源运营总监、副总裁；现任湖南省信托有限责任公司总裁，2016年3月起任湖南省信托有限责任公司董事。
曾慧	职工董事(拟任)	女	44	2016年12月			曾任湖南省信托投资有限责任公司投资管理部副总经理、湖南省信托有限责任公司信托二部副总经理、人力资源部总经理；现任湖南省信托有限责任公司工会主席兼人力资源部总经理，2016年12月拟任湖南省信托有限责任公司职工董事。
朱德光	董事长	男	60	2012年4月	湖南财信投资控股有限责任公司	96	因届退休年龄，自2016年3月起，不再担任湖南省信托有限责任公司第四届董事会董事长、董事。
斯洪标	董事	男	50	2015年10月	湖南财信投资控股有限责任公司	96	自2016年3月起，不再担任湖南省信托有限责任公司第四届董事会董事。
李莉芳	职工董事	女	47	2012年4月	职工董事	—	自2016年12月起，不再担任湖南省信托有限责任公司副总裁、第四届董事会职工董事。

独立董事

姓名	所在单位及职务	性别	年龄	选任日期	任期(年)	所推举的股东名称	该股东持股比例	简 要 履 历
张军建	中南大学法学院教授	男	60	2015年10月	3	湖南财信投资控股有限责任公司	—	博士、中南大学法学院教授，中南大学法学院民商法学科信托法方向、经济法学科金融法方向的学科带头人、中南大学信托法学科创建人。现任中南大学信托与信托法研究中心主任、中南大学中日经济法研究所所长，湖南省信托有限责任公司独立董事。
戴晓凤	湖南大学金融学院教授	女	56	2016年9月	3	湖南财信投资控股有限责任公司	—	湖南大学金融与统计学院资本市场研究中心主任、教授，证券市场与投资方向学术带头人。全国政协十二届委员会委员，民盟湖南省委员会副主委。日本国立一桥大学商学部、英国诺丁汉大学商学院高级访问学者。现任湖南省信托有限责任公司独立董事。

3.3 监事

姓 名	职 务	性别	年龄	选任日期	所推举的股东名称	该股东持股比例(%)	简 要 履 历
欧光荣	监事会主席	男	54	2014年4月	湖南财信投资控股有限责任公司	96	先后在中国人民银行邵阳分行、湖南省分行、长沙金融监管办事处和湖南银监局从事会计、监管和纪检监察工作，曾任湖南银监局纪委办主任、监察室主任；现任湖南省信托有限责任公司监事会主席。
杨科宇	监事	男	46	2012年4月	湖南省国有投资经营有限公司	4	曾任长沙电表厂设备动能科科员，湖南省信托投资公司证券总部系统维护员、证券分析师，湖南省国有资产投资经营总公司投资发展部经理、总经理助理；现任湖南省国有投资经营有限公司风控总监兼工会主席，湖南省信托有限责任公司监事。
刘畅	监事	女	45	2012年4月	职工监事	—	曾任湖南省信托投资公司计划财务部会计，湖南省信托投资有限责任公司稽核审计部稽核专员；现任湖南省信托有限责任公司稽核审计部总经理，湖南省信托有限责任公司职工监事。

3.4 高级管理人员

姓名	职务	性别	年龄	选任日期	金融从业年限(年)	学历	专业	其他说明
刘格辉	总裁	男	46	2014年10月	24	研究生	会计学	
杨云	副总裁	男	36	2012年4月	8	研究生	金融信息工程	2016年12月16日起，挂职任湖南省湘潭县副县长(挂职期两年)。
李莉芳	副总裁	女	47	2013年8月	28	本科	法学	2016年12月7日辞去湖南省信托有限责任公司副总裁职务。
段湘娅	拟任副总裁	女	44	2016年11月	12	本科	工商管理	任职资格待监管部门核准后生效
朱昌寿	拟任副总裁	男	44	2016年11月	18	本科	会计学	任职资格待监管部门核准后生效
张林新	拟任副总裁	男	43	2016年11月	7	博士	会计学	任职资格待监管部门核准后生效
张仁兴	董事会秘书	男	34	2015年10月	7	本科	法学	

3.5 公司员工

报告期内，公司员工141人，平均年龄35.2岁。

项目		报告期年度		上年度	
		人数(人)	比例(%)	人数(人)	比例(%)
年龄分布	20岁以下	—	—	—	—
	20~29岁	40	28.37	48	33.10
	30~39岁	62	43.97	63	43.45
	40岁以上	39	27.66	34	23.45
学历分布	博士	3	2.13	2	1.38
	硕士	46	32.62	46	31.72
	本科	71	50.36	75	51.72
	专科	13	9.22	11	7.59
	其他	8	5.67	11	7.59
岗位分布	董事、监事及其高管人员	10	7.10	10	6.90
	自营业务人员	8	5.67	5	3.45
	信托业务人员	65	46.10	74	51.03%
	其他人员	58	41.13	56	38.62

3.6 薪酬制度及当年董事、监事和高级管理人员薪酬

公司严格按照相关薪酬管理制度开展薪酬管理工作，不断完善操作规程和制度规范。根据监管部门审查意见和公司薪酬绩效管理要求，修订了《绩效薪酬递延支付管理办法》，增加了递延绩效的延期追索和扣回规定，对包括公司高级管理人员在内的、对风险有重要影响岗位的员工，其薪酬支付期限与业务风险持续时期保持一致，进一步完善了与业绩激励相配套的风险抵偿机制；修订了《风险考核管理办法》，将风险考核结果与绩效分配、递延绩效管理进行挂钩，进一步强化激励约束机制。

董事、监事、高管人员薪酬待集团公司审批薪酬总额并由公司分配后再进行披露。

4. 经营管理

4.1 经营目标、经营方针、战略规划

4.1.1 经营目标

坚持以科学发展观统领公司发展全局，继续秉承“专注、协同、共享、规范”的经营理念，切实加强基础管理体系、人力资源管理体系和企业文化管理体系建设，大力发展信托主业，积极防范风险，夯实公司生存、改革和发展的基础，大胆探索创新业务模式，不断增强公司实力和市场竞争力，努力把公司打造成专业的理财机构，实现公司可持续和谐发展。

4.1.2 经营方针

审慎经营，专业专注，创新发展，构建和谐。

4.1.3 战略规划

立足湖南、面向全国，发挥信托的功能优势，创新发展业务，为经济建设服务，为客户创造财富，为股东创造价值，切实加强全面风险管理能力，不断提高核心竞争力，将湖南信托打造成为资本充足、信誉良好、经营稳健、勇于创新的专业理财机构。

4.2 所经营业务的主要内容

公司业务主要分为信托业务和固有业务两大类。

信托业务：公司目前主要从事资金信托、动产信托、不动产信托、有价证券信托、其他财产或财产权信托，开展的信托业务种类主要有市政基础设施类信托，房地产类信托，PE投资类信托，证券投资类信托，高科技、高成长产业类信托，信贷资产转让类信托，农林牧渔类信托以及企业改制、重组、收购类信托等。

固有业务：公司目前主要从事贷款、金融类股权投资、金融产品投资等业务。

报告期内，公司自营资产运用与分布和信托财产运用与分布情况：

自营资产运用与分布表

资产运用	金额(万元)	占比(%)	资产分布	金额(万元)	占比(%)
货币资产	32 538	6.84	基础产业	228 461	48.00
贷款及应收款	37 625	7.91	房地产业	4 900	1.03
以公允价值计量且其变动计入当期损益的金融资产	26 212	5.51	证券市场	26 212	5.51
可供出售金融资产	376 827	79.17	实业	46 899	9.85
其他	2 762	0.57	金融机构	140 043	29.42
			其他	29 449	6.19
资产总计	475 964	100.00	资产总计	475 964	100.00

“资产运用”中“其他”项主要明细说明：递延所得税资产2 314万元、固定资产390 万元等。

“资产分布”中“其他”项主要明细说明：主要是可供出售金融资产20 063 万元，贷款4 000 万元、其他应收款1 964 万元、应收账款658 万元、递延所得税资产2 314 万元等。

信托资产运用与分布

资产运用	金额（万元）	占比（%）	资产分布	金额（万元）	占比（%）
货币资产	60 872	1. 27	基础产业	2 565 218	53. 67
贷款	3 283 811	68. 70	房地产	192 200	4. 02
交易性金融资产投资	365 736	7. 65	证券市场	413 736	8. 66
可供出售金融资产投资	169 500	3. 55	实业	427 466	8. 94
持有至到期投资	628 564	13. 15	金融机构	590 467	12. 35
长期股权投资	168 116	3. 52	其他	590 903	12. 36
其他	103 391	2. 16	—		
信托资产总计	4 779 990	100. 00	信托资产总计	4 779 990	100. 00

资产运用类中的“其他”内容为应收款项103 391 万元；资产分布类中的“其他”为其他行业运用590 903 万元。

4. 3 市场分析

纵观国际形势，世界经济复苏之路依然艰辛。虽然美国、欧洲和日本经济都保持着慢速增长，但是不应忽略的是，利率仍处于历史较低水平，欧洲中央银行、日本中央银行在全面实施量化宽松政策。全球经济正在苦苦挣扎之中，需要面对增长乏力、总需求低迷、通缩压力以及稳定性方面的挑战。在“去全球化”“民粹主义”大行其道的大背景下，未来世界经济的格局将仍然充满着不确定性。

当前，我国经济保持平稳健康发展，缓中趋稳，稳中向好，经济运行保持在合理区间，质量和效益提升，结构继续优化，改革开放取得新突破。但仍存在不少突出矛盾和风险，宏观调控和金融改革发展稳定工作任务依然繁重。现在的经济还是主要依赖于基建投资、房地产和汽车消费，如果出现房地产和汽车消费大幅下滑，同时叠加外部贸易保护主义抬头的情况，这都将对我国的经济构成较大的压力。供给侧结构性改革是一个长期过程，中国经济运行L形的走势将维持较长一段时间。

金融、信托行业形势。信托行业已进入平稳发展时期，金融改革势在必行，利率市场化和混业经营风起云涌，资管统一监管呼之欲出。随着金融市场化改革的推进，信托行业依靠牌照赚取利差的盈利模式正逐渐消退，取而代之的是专业化的资产管理能力。

除此之外，信托业在“新常态”背景下，还面临一系列挑战，包括传统融资业务萎缩、行业监管趋严、项目风险爆发，以及来自互联网金融的冲击等。探索出可持续的、具有竞争力的业务发展模式仍是信托行业必须面对的严峻考验。

机遇方面，一是在中央的坚强领导和国家的宏观调控下，经济运行仍处于相对合理区间，结构调整步伐加快，“三去一降一补”不断深化，同时城镇化也在继续稳步推进，基础设施建设投资在相当长一段时间内仍将有巨额的资金需求。二是社会理财市场仍然巨大，国内高收入群体数量快速增长和国民可支配收入持续增加，国内财富管理需求呈现快速增长的趋势。投资者对于拓展投资渠道、提高投资收益的需求越发强烈。三是监管政策不断完善，信托发展日益规范，监管部门鼓励创新发展。总体判断，信托行业的发展机遇与挑战并存。

4. 4 内部控制概况

4. 4. 1 内部控制环境和内部控制文化

根据国家有关法律法规和公司章程，公司构建了较为完善的法人治理结构，逐步建立起权责分明、制衡合理、报告关系清晰的组织结构与决策程序，公司不断优化内部控制体系，董事会下设风险控制与审计委员会，负责公司风险控制、管理、监督和评估，以确保公司对风险的识别、防范和反馈纠正等管理活动能够有效的开展。

公司秉承“专注、协同、共享、规范”的经营理念，引导员工树立合规意识和风险意识。通过各种形式的讲座、交流和培训活动，将有关内部控制的最新制度和要求及时传达给员工，强调风险管理、内部控制、合规经营的重要性，不断提高员工职业道德水准，规范员工职业行为。

4. 4. 2 内部控制措施

公司通过构建全面风险管理体系，制定风险管理策略，针对管理风险、声誉风险、信用风险、操作风险、合规风险和市场风险等制定具体的内部控制制度，对公司的各项业务以及管理行为实行连续性监督。公司已经形成以风险控制为核心的管理理念，并根据程序制约和内部牵制的原则，将各职能部门业务划分到具体的工作岗位，并以岗位说明书的形式对各岗位职责进行详细描述，以明确责任和权限。公司各部门和各级人员遵守法律、法规和银监会的监管规章，并遵循公司内部控制的要求，在各项业务执行和信息传递中起到相互牵制、相互制衡的作用。

4. 4. 3 监督评价与纠正

公司通过定期或不定期对内部控制制度的审计，对公司内部控制制度的健全性和有效性进行测试和评价；对公司内部控制制度存在的偏差以及缺陷和薄弱的部分进行纠正，确保内部控制制度的健全和有效。

4. 5 风险管理概况

4. 5. 1 风险状况

4. 5. 1. 1 信用风险状况及管理情况

4. 5. 1. 1. 1 风险状况

信用风险主要是指公司交易对手违约造成损失的风险。公司对信用风险进行有效的管控，对交易对手进行资质和诚信等调查，对项目做深入详细的可行性研究，必要时聘请合格的会计师事务所和律师事务所等中介服务机构对项目和交易对手做专业性评估。

4. 5. 1. 1. 2 管理情况

公司通过翔实的尽职调查，对交易对手和项目进行事前筛选，选取符合公司风控要求的项目。注重增信措施安排，增强风险保障。严格执行内部评审制度，通过分级授权与专家评审会议进行风险识别与控制。项目后期，公司按照后期管理办法进行后期管理，持续关注交易对手经营情况变化，及时采取风险预警措施。

报告期末，公司无不良信用资产。

4.5.1.2　流动性风险状况及管理情况

4.5.1.2.1　风险状况

流动性风险主要是指公司无法及时获得充足资金或无法以合理成本及时获得充足资金以满足流动性需求的风险。由于信托公司的固有资产与信托资产之间、各个信托产品之间的隔离管理，信托公司的流动性风险主要表现在两个层次：一是公司整体流动性风险，即因可能出现的项目损失，需要以固有资金垫付情形下，固有资金不足而出现的流动性风险；二是具体业务层面，公司开展的开放类信托项目中，因负债结构不稳定、资产负债不匹配而出现的流动性风险。

4.5.1.2.2　管理情况

公司综合考虑年内固有资金投资与流动性需求，对固有资金使用进行合理安排，制订年度固有资金投资计划。落实恢复与处置计划，建立流动性补足机制，有效应对流动性风险。对具体业务，公司建立合理的流动性需求测算方法，对资产端、负债端之间的期限、规模实行动态监测，及时测算流动性需求，合理控制资金头寸与久期。

报告期内，公司通过强化项目风险管理、合理控制资金头寸、加强资产端与负债端的匹配性管理等措施，未出现流动性风险导致的风险事件。

4.5.1.3　市场风险状况及管理情况

4.5.1.3.1　风险状况

市场风险主要是指由于利率、汇率或金融市场价格的变动造成损失的风险或按权益法核算的被投资单位因股市下跌对公司的盈利能力和财务状况有不利影响。

4.5.1.3.2　管理情况

一是加强对宏观经济及金融形势的分析和预测，增强预警性，来防范利率、汇率等风险；二是密切关注国家相关行业政策变化并采取相应对策，加强对投资、贷款单位的监管；三是密切关注宏观经济形势变化。

报告期内，公司重视市场风险管理，严格落实各项风险管理措施，未发生由于市场风险引发的风险事件。

4.5.1.4　操作风险状况及管理情况

4.5.1.4.1　风险状况

操作风险主要是指在业务经办过程中由于员工操作不当或由于系统故障而带来损失的风险。公司项目执行尽职调查和报告管理，并对项目的尽职管理进行有效的监控以规避各种操作风险的产生和扩大。

4.5.1.4.2　管理情况

一是建立有效的决策机制；二是建立岗位职责分离、内部牵制制度；三是加强员工培训、强化责任追究；四是及时发现风险隐患并及时整改；五是对前台、中台、后台全面实施风险考核，并将风险考核运用到公司风险管理、绩效分配、资源配置、人力资源管理等方面。

报告期内，公司尚未发现因公司内部业务流程、计算机系统、工作人员在操作中的不完善造成损失的风险，也尚未发现公司因外部因素如通信系统故障等给公司造成损失或影响公司的正常运行。

4.5.1.5　声誉风险状况及管理情况

4.5.1.5.1　风险状况

声誉风险是指由公司经营、管理及其他行为或外部事件导致利益相关方对公司负面评价的风险。声誉风险关系到企业经营的对外形象及自身长远、稳健发展。

4.5.1.5.2　管理情况

声誉风险的管理，一是按照舆情管理办法，建立上下贯通、全面覆盖的舆情监控网络；二是加强舆情监测力度，及时掌握舆情动态；三是严格落实处置舆情突发事件应急预案，按照既定的负面舆情报告路径，做好舆情应急准备，确保早报告、早处置；四是建立迅速回应机制，明确舆情反映时间，确保舆情管理及时、有效；五是根据声誉风险事件发展阶段，对发酵期、高涨期制定相应的应对方案；六是加强公司正面形象宣传。

2016年，公司个别项目投资者到公司及监管部门非理性维权，给公司声誉造成了不良影响。公司及时向监管部门及政府维稳部门进行了报告，并组成专门工作组负责处置相关工作，较好地处置了相关事件。

2016年公司荣获“区域影响力信托公司”“优秀财富管理品牌”、第六届公益节“2016年度责任品牌奖”“湖南诚信企业”“湖南企业诚信建设先进单位”、第五届中国财经峰会“2016杰出品牌形象奖”等荣誉，公司的社会影响力和知名度进一步提升。

4.5.1.6　其他风险状况及管理情况

4.5.1.6.1　风险状况

其他风险主要是指公司在开展业务中存在的合规性风险、政策风险、道德风险等。

4.5.1.6.2　管理情况

公司落实《全面风险管理办法（试行）》《合规风险管理办法（试行）》等一系列风险管理与内控制度，执行风险考核与内部稽核审计，加强了公司的全面风险管理。公司通过强化、执行依法合规经营的各项规章制度，加强风险合规管理部、稽核审计部门对业务合规性的审查、专项稽核检查和内部审计来控制合规性风险；通过对宏观政策和行业政策的研究和适用，来控制政策风险；通过建立完善内部控制制度、责任追究制度、业务流程，不断加强员工的职业道德教育，来控制操作风险和道德风险。

报告期内，未发现该类风险给公司造成损失或影响公司的正常运行。

4.5.2　风险控制情况

4.5.2.1　董事会及高级管理层对风险监控能力

4.5.2.1.1　董事会对风险的监控

董事会承担风险管理最终责任，董事会下设风险控制与审计委员会，负责公司整体风险控制、管理、监督和评估，公司内部、外部审计的沟通、监督，以及公司风险控制、管理、监督、评估等重要政策的制定。对于重大业务风险，董事会主要通过重大业务决策委员会负责对公司重大信托业务、非投资类的重大固有贷款业务进行风险识别、评估、审查以及关联交易的控制、管理和监督；投资决策委员会负责对公司重大固有投资业务进行风险识别、评估、审查以及关联交易的控制、管理和监督。

4.5.2.1.2　高级管理层对风险的监控

通过业务评审委员会，负责对公司信托业务、非投资类的固有贷款业务及相关事项进行专业的风险识别和评估，完善产品风险控制方案，为公司的业务决策提供依据；投资管理小组负责对公司固有投资业务及相关事项进行专业的风险识别和评估，完善产品风险控制方案，为公司的业务决策提供依据；风险合规管理部，负责对具体业务及事项进行风险合规性审查，负责进行风险识别、评审、计量、监测以及对存量业务定期进行风险排查，并向公司经营层、有关部门提交风险排查报告。

通过以上组织架构安排和职能安排，确保了公司董事会及高级管理层对公司风险能够及时、全面地监控。

4.5.2.2　公司风险管理的政策和程序

4.5.2.2.1　风险管理政策

公司在发展过程中以防范风险为核心，风险管理贯彻全面性、审慎性、及时性、有效性、独立性等原则，覆盖公司各项业务、各个部门和各级人员，并渗透到决策、执行、监督、反馈等各个环节，对风险进行事前防范、事中控制、事后监督，促进公司持续、稳健、规范、健康运行。

4.5.2.2.2　风险管理的程序

公司风险管理程序主要包括：(1)风险识别。对尚未发生的、潜在的和客观存在的各种风险系统地、连续地进行识别和归类，并分析产生风险事故的原因。(2)风险估测。在风险识别基础上，估计风险发生的概率和损失幅度。(3)风险评价。在风险识别和风险估测基础上，对风险发生的概率、损失程度，结合其他因素全面进行考虑，评估发生风险的可能性及其危害程度，并与公认的安全指标相比较，以衡量风险的程度，并决定是否需要采取相应的措施。(4)选择合理的风险计量方式。(5)风险管理效果评价，以风险考核、稽核审计、绩效考核等为手段，建立风险管理监督、检查体系，确保管理程序到位、政策落实到位。

4.5.2.3　全面审计情况

4.5.2.3.1　内部审计情况

公司稽核审计部开展内部审计，项目主要包括年度和半年度常规审计、季度非现场稽核审计及其他专项检查等，上述项目均出具了内审报告和专项检查报告。

4.5.2.3.2　外部审计情况

天健会计师事务所(特殊普通合伙)湖南分所对公司自有业务年度财务报表进行了审计，并出具了审计报告。

公司相关部门针对内外部审计提出的问题进行了整改。

4.5.3　风险评估及计量

公司制定了项目风险评估与计量的基本方法：一是针对不同类型项目，制定严格的项目尽职调查指引，确保通过严实、全面的尽职调查，有效获取项目相关信息，以此作为风险评估与计量的基础；二是针对不同项目的主要风险特征，制定相应的风险评估与计量方法，对融资项目，以财务分析为基础，综合考虑融资方经营管理、行业状况、偿债能力、盈利能力等，科学评估、计量其信用风险；对投资项目，综合运用基本面分析与技术分析手段，评估、计量交易对手市场风险、流动性风险。

5. 报告期末及上一年度末的比较式会计报表

5.1　自营资产(经审计)

5.1.1　会计师事务所审计结论

天健会计师事务所有限公司出具了标准无保留审计意见。

审 计 报 告

天健湘审[2017]106号

湖南省信托有限责任公司全体股东：

我们审计了后附的湖南省信托有限责任公司(以下简称湖南信托公司)财务报表，包括2016年12月31日的资产负债表，2016年度的利润表、现金流量表和所有者权益变动表，以及财务报表附注。

一、管理层对财务报表的责任

编制和公允列报财务报表是湖南信托公司管理层的责任，这种责任包括：(1)按照企业会计准则的规定编制财务报表，并使其实现公允反映；(2)设计、执行和维护必要的内部控制，以使财务报表不存在由于舞弊或错误导致的重大错报。

二、注册会计师的责任

我们的责任是在执行审计工作的基础上对财务报表发表审计意见。我们按照中国注册会计师审计准则的规定执行了审计工作。中国注册会计师审计准则要求我们遵守中国注册会计师职业道德守则，计划和执行审计工作以对财务报表是否不存在重大错报获取合理保证。

审计工作涉及实施审计程序，以获取有关财务报表金额和披露的审计证据。选择的审计程序取决于注册会计师的判断，包括对由于舞弊或错误导致的财务报表重大错报风险的评估。在进行风险评估时，注册会计师考虑与财务报表编制和公允列报相关的内部控制，以设计恰当的审计程序。但目的并非对内部控制的有效性发表意见。审计工作还包括评价管理层选用会计政策的恰当性和作出会计估计的合理性，以及评价财务报表的总体列报。

我们相信，我们获取的审计证据是充分、适当的，为发表审计意见提供了基础。

三、审计意见

我们认为，湖南信托公司财务报表在所有重大方面按照企业计准则的规定编制，公允反映了湖南信托公司2016年12月31日的财务状况，以及2016年度的经营成果和现金流量。

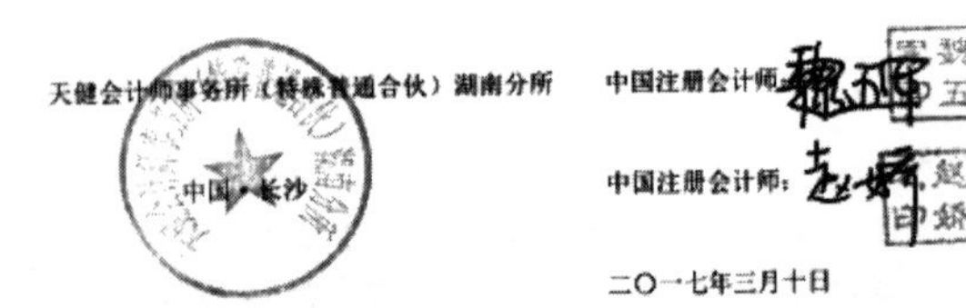

5.1.2 资产负债表

资产负债表

编制单位：湖南省信托有限责任公司　　2016 年 12 月 31 日　　单位：万元

项　目	期末数	期初数	项　目	期末数	期初数
资产：			负债：		
现金及银行款项	32 538	25 959	向中央银行借款	4 000	4 000
存放同业款项			拆入资金	77 700	
贵金属			以公允价值计量且其变动计入当期损益的金融负债		
拆出资金			衍生金融负债		
以公允价值计量且其变动计入当期损益的金融资产	26 212	10 373	卖出回购金融资产款		
衍生金融资产			预收账款	30 354	11 885
买入返售金融资产			其他应付款	35 363	17 935
应收账款	658	6 166	应付职工薪酬	5 192	8 975
应收利息			应交税费	7 281	9 323
其他应收款	1 964	34 068	应付利息		
发放贷款和垫款	35 003	78 094	预计负债	4 044	
可供出售金融资产	376 827	164 218	应付债券		
持有至到期投资			递延所得税负债	43	123
长期股权投资		23 554	其他负债	16	16
投资性房地产			负债合计	163 993	52 257
固定资产	390	1 142	所有者权益：		
无形资产	46	110	实收资本（或股本）	120 000	120 000
递延所得税资产	2 314	5 904	资本公积	1 362	1 362
其他资产	12	314	减：库存股		
			其他综合收益		11 082
			盈余公积	26 531	20 990
			一般风险准备	6 231	4 652
			信托赔偿准备	25 079	22 309
			未分配利润	132 768	117 250
			所有者权益合计	311 971	297 645
资产总计	475 964	349 902	负债和所有者权益总计	475 964	349 902

法定代表人：王双云　　主管会计工作的负责人：段湘姬　　会计机构负责人：胡爱明

5.1.3 利润表

利润表

编制单位：湖南省信托有限责任公司 2016 年度　　单位：万元

项　目	本期数	上年同期数
一、营业收入	89 664	85 301
利息净收入	3 057	3 621
利息收入	4 602	3 832
其中：金融企业往来利息收入	513	404
利息支出	1 545	210
手续费及佣金净收入	60 865	68 880
其中：信托报酬收入	60 585	68 717
手续费及佣金支出		
投资收益（损失以"－"号填列）	26 061	13 517
其中：对联营企业和合营企业的投资收益	−34	82
加：公允价值变动收益（损失以"－"号填列）	−320	−718
汇兑收益	1	
其他业务收入		
二、营业成本	17 705	29 749
税金及附加	2 128	4 712
业务及管理费	15 546	12 550
资产减值损失	30	12 487
其他业务支出		
三、营业利润（亏损以"－"号填列）	71 959	55 551

续表

项　目	本期数	上年同期数
加：营业外收入	138	83
其中：非流动资产处置利得		
减：营业外支出	234	35
其中：非流动资产处置损失	1	
四、利润总额（亏损总额以"－"号填列）	71 863	55 600
减：所得税费用	16 456	14 377
五、净利润（净亏损以"－"号填列）	55 407	41 223
六、其他综合收益的税后净额	−11 082	7 241
（一）以后不能重分类进损益的其他综合收益		
其中：重新计量设定受益计划净负债或净资产的变动		
权益法下在被投资单位不能重分类进损益的其他综合收益中享有的份额		
（二）以后将重分类进损益的其他综合收益	−11 082	7 241
其中：权益法下在被投资单位以后将重分类进损益的其他综合收益中享有的份额	−11 082	7 241
可供出售金融资产公允价值变动损益		
持有至到期投资重分类为可供出售金融资产损益		
现金流量套期损益的有效部分		
外币财务报表折算差额		
七、综合收益总额	44 326	48 464

法定代表人：王双云　　主管会计工作的负责人：段湘姬　　会计机构负责人：胡爱明

5.1.4 所有者权益变动表

所有者权益变动表

2016 年度

编制单位：湖南省信托有限责任公司　　　　单位：万元

项目	本年金额								上年金额							
	股本	资本公积	其他综合收益	盈余公积	信托赔偿准备	一般风险准备	未分配利润	所有者权益合计	股本	资本公积	其他综合收益	盈余公积	信托赔偿准备	一般风险准备	未分配利润	所有者权益合计
一、上年年末余额	120 000	1 362	11 082	20 990	22 309	4 652	117 250	297 645	120 000	1 362	3 840	16 887	20 257	3 821	84 967	251 133
加:会计政策变更																
前期差错更正											1	−19	−9		−1 925	−1 951
其他																
二、本年年初余额	120 000	1 362	11 082	20 990	22 309	4 652	117 250	297 645	120 000	1 362	3 841	16 868	20 248	3 821	83 042	249 182
三、本期增减变动金额(减少以"−"号填列)			−11 082	5 541	2 770	1 578	15 518	14 325			7 241	4 122	2 061	832	34 208	48 464
(一)综合收益总额			−11 082				55 407	44 325			7 241				41 223	48 464
(二)所有者投入和减少资本																
1. 所有者投入资本																
2. 股份支付计入所有者权益的金额																
3. 其他																
(三)利润分配				5 541	2 770	1 578	−39 889	−30 000				4 122	2 061	832	−7 015	
1. 提取盈余公积				5 541			−5 541					4 122			−4 122	
2. 提取一般风险准备						1 578	−1 578							832	−832	
3. 对所有者(或股东)的分配							−30 000	−30 000								
4. 提取信托赔偿准备					2 770		−2 770						2 061		−2 061	
(四)所有者权益内部结转																
1. 资本公积转增资本(或股本)																
2. 盈余公积转增资本(或股本)																
3. 盈余公积弥补亏损																
4. 其他																
(五)专项储备																
1. 本期提取																
2. 本期使用																
(六)其他																
四、本期期末余额	120 000	1 362		26 531	25 079	6 231	132 768	311 971	120 000	1 362	11 082	20 990	22 309	4 652	117 250	297 645

法定代表人：王双云　　　　主管会计工作的负责人：段湘姬　　　　会计机构负责人：胡爱明

5.2 信托资产

5.2.1 信托项目资产负债汇总表

编制单位：湖南省信托有限责任公司　　2016年12月31日　　单位：万元

信托资产	期末数	年初数	信托负债和信托权益	期末数	年初数
信托资产			一、信托负债		
货币资金	60 872	76 850	交易性金融负债		
拆出资金			衍生金融负债		
存出保证金			应付受托人报酬	1 625	14 910
交易性金融资产	365 736	92 222	应付托管费	176	44
衍生金融资产			应付受益人收益	1 338	734
买入返售金融资产			应交税费		
应收款项	103 391	83 189	应付销售服务费		
发放贷款	3 283 811	3 750 525	其他应付款项	84 287	66 464
可供出售金融资产	169 500		其他负债		
持有至到期投资	628 564	614 135			
长期应收款			信托负债合计	87 426	82 152
长期股权投资	168 116	177 675			
投资性房地产			二、信托权益		
固定资产			实收信托	4 627 455	4 632 287
无形资产			资本公积		
长期待摊费用			外币报表折算差额		
其他资产			未分配利润	65 109	80 157
减：各项资产减值准备			信托权益合计	4 692 564	4 712 444
信托资产总计	4 779 990	4 794 596	信托负债和信托权益总计	4 779 990	4 794 596

公司负责人：王双云　　财务负责人：段湘姬　　会计人员：唐亚

5.2.2 信托项目利润及利润分配汇总表

编制单位：湖南省信托有限责任公司　2016年度　　单位：万元

项　目	本年数	上年数
1. 营业收入	454 348	586 551
1.1 利息收入	358 440	475 661
1.2 投资收益（损失以“-”号填列）	95 908	110 890
1.2.1 其中：对联营企业和合营企业的投资收益		
1.3 公允价值变动收益（损失以“-”号填列）		
1.4 租赁收入		
1.5 汇兑损益（损失以“-”号填列）		
1.6 其他收入		
2. 支出	80 559	76 234
2.1 营业税金及附加		
2.2 受托人报酬	59 880	52 195
2.3 托管费	8 411	13 161
2.4 投资管理费	6 787	2 932
2.5 销售服务费		
2.6 交易费用		
2.7 资产减值损失		
2.8 其他费用	5 481	7 946
3. 信托净利润（净亏损以“-”号填列）	373 789	510 317
4. 其他综合收益		
5. 综合收益	373 789	510 317
6. 加：期初未分配信托利润	80 157	67 812
7. 可供分配的信托利润	453 946	578 129
8. 减：本期已分配信托利润	388 837	497 972
9. 期末未分配信托利润	65 109	80 157

公司负责人：王双云　　财务负责人：段湘姬　　会计人员：唐亚

6. 会计报表附注

6.1 简要说明报告年度会计报表编制基准、会计政策、会计估算和核算方法的变化

无。

6.2 或有事项说明

无。

6.3 重要资产转让及其出售的说明

根据财信投资公司统一安排，公司本期将账面原值72 246万元，账面净值58 494万元的潜在风险资产和产权瑕疵资产整体打包转让给湖南国投，转让价格58 184万元，公司已于年内收到转让款。

根据财信投资公司统一安排，公司本期将持有的湖南省财信产业基金管理有限公司的40%股权全部转让给湖南财信金融控股集团有限公司，转让价格16 032万元，公司已于年内收到转让款。

6.4 会计报表中重要项目的明细资料

6.4.1 披露自营资产经营情况

6.4.1.1 按信用风险五级分类的结果披露信用风险资产的期初数、期末数

信用风险资产五级分类	正常类（万元）	关注类（万元）	次级类（万元）	可疑类（万元）	损失类（万元）	信用风险资产合计（万元）	不良资产合计（万元）	不良资产率（%）
期初数	87 811	64 775				152 586		
期末数	71 060					71 060		

注：不良资产合计＝次级类＋可疑类＋损失类。

6.4.1.2 各项资产减值损失准备的期初数、本期计提、本期转回、资产转让、期末数

单位：万元

	期初数	本期计提	本期转回	本期核销	期末数
贷款损失准备	9 117	225		8 444	898
一般准备					
专项准备	9 117	225		8 444	898

续表

	期初数	本期计提	本期转回	本期核销	期末数
其他资产减值准备					
可供出售金融资产减值准备		177		177	
持有至到期投资减值准备					
长期股权投资减值准备					
坏账准备	5 460		372	5 048	40
投资性房地产减值准备					

6.4.1.3　自营股票投资、基金投资、债券投资、股权投资等投资业务的期初数、期末数

单位：万元

	自营股票	基金	债券	长期股权投资	其他投资	合计
期初数	5 542	4 831		23 554	164 218	198 145
期末数	6 602	14 553	5 057		376 827	403 039

6.4.1.4　按投资入股金额排序，前三名的自营长期股权投资的企业名称、占被投资企业权益的比例及投资收益情况等

无。

6.4.1.5　前三名的自营贷款的企业名称、占贷款总额的比例和还款情况等

企业名称	占贷款总额的比例(%)	还款情况
长沙恩吉实业投资有限公司	83.57	正常
华谊兄弟（长沙）电影文化城有限公司	13.65	正常
西藏华鸿财信创业投资有限公司	2.78	正常

6.4.1.6　表外业务的期初数、期末数，按照代理业务、担保业务和其他类型表外业务分别披露

单位：万元

表外业务	期初数	期末数
担保业务	—	—
代理业务（委托业务）	—	—
其他	—	—
合计	—	—

6.4.1.7　公司当年的收入结构

收入结构	金额（万元）	占比(%)
手续费及佣金收入	60 865	67.78
其中：信托手续费收入	60 585	67.47
投资银行业务收入		
利息净收入	3 057	3.40
其他业务收入		
其中：计入信托业务收入部分		
投资收益	26 061	29.03
其中：股权投资收益	12 432	13.84
证券投资收益	488	0.54
其他投资收益	13 141	14.63
公允价值变动收益	-320	-0.36
营业外收入	138	0.15
收入合计	89 800	100.00

6.4.2　披露信托资产管理情况

6.4.2.1　信托资产的期初数、期末数

单位：万元

信托资产	期初数	期末数
集合	2 177 315	3 039 391
单一	2 603 604	1 718 511
财产权	13 677	22 088
合计	4 794 596	4 779 990

6.4.2.1.1　主动管理型信托业务期初数、期末数，分证券投资、股权投资、融资、事务管理类分别披露

单位：万元

主动管理型信托资产	期初数	期末数
证券投资类	141 484	713 399
股权投资类	82 128	78 397
融资类	2 738 188	2 436 178
事务管理类	14 897	14 262
合计	2 976 697	3 242 236

6.4.2.1.2　被动管理型信托业务的信托资产期初数、期末数，分证券投资、股权投资、融资、事务管理类分别披露

单位：万元

被动管理型信托资产	期初数	期末数
证券投资类	—	33 330
股权投资类	1 000	—
融资类	30 002	495 294
事务管理类	1 786 897	1 009 130
合计	1 817 899	1 537 754

6.4.2.2　本年度已清算结束的信托项目个数、实收信托合计金额、加权平均实际年化收益率

6.4.2.2.1　本年度已清算结束的集合类、单一类资金信托项目和财产管理类信托项目个数、金额、加权平均实际年化收益率

已清算结束信托项目	项目个数（个）	实收信托合计金额（万元）	加权平均实际年化收益率(%)
集合类	91	1 873 710	8.94
单一类	85	1 753 487	7.70
财产管理类	1	2 592	91.98

6.4.2.2.2　本年度已清算结束的主动管理型信托项目个数、合计金额、加权平均实际年化收益率，分证券投资、股权投资、融资、事务管理类分别披露

已清算结束主动管理型信托项目	项目个数（个）	实收信托合计金额（万元）	加权平均实际年化信托报酬率(%)	加权平均实际年化收益率(%)
证券投资类	3	478 176	0.97	12.35
股权投资类	1	346	1	29.39
融资类	117	1 993 082	0.8	8.04
事务管理类	4	3 346	0.94	-19.94

6.4.2.2.3 本年度已清算结束的被动管理型信托项目个数、合计金额、加权平均实际年化收益率,分证券投资、股权投资、融资、事务管理类分别披露

已清算结束被动管理型信托项目	项目个数(个)	实收信托合计金额(万元)	加权平均实际年化信托报酬率(%)	加权平均实际年化收益率(%)
证券投资类	—	—	—	—
股权投资类	1	1 000	3	—
融资类	—	20 000	—	—
事务管理类	51	1 133 839	0.29	7.71

6.4.2.3 本年度新增的集合类、单一类、资金信托项目和财产管理类信托项目数量、合计金额

新增信托项目	项目个数(个)	实收信托合计金额(万元)
集合类	93	2 743 685
单一类	44	870 258
财产管理类	1	11 014
新增合计	138	3 624 957
其中:主动管理型	98	2 800 185
被动管理型	40	824 772

6.4.2.4 信托业务创新成果及相关事项

在精耕细作传统业务的同时,公司加了大业务创新转型的力度,积极探索开发新的业务领域和盈利模式,丰富公司产品线。2016 年,公司在抢抓机遇力推传统融资市政业务的同时,大力推进市政升级转型,以产品基金化为主要方向,确定了 PPP、健康养老、县域综合金融、资产证券化的具体方向,从全公司抽调精干人员,成立了工作小组,有力推进了公司创新成果转化。

2016 年,湖南信托与中国 PPP 基金达成战略合作,开始基金合作事宜,目前,湖南信托与中国 PPP 基金签署了《中政企湖南省合作绿色发展基金管理合同》,共同发起设立中政企湖南省合作绿色发展基金。该基金成为中国 PPP 基金省级层面的 PPP 子基金,已完成基金备案,正在按照中国 PPP 基金的要求寻找合适的 PPP 项目。

2016 年,湖南信托推出了益阳市住房公积金贷款存量资产证券化信托,湖南信托以受托的基础资产为支持发行优先级和次级份额。通过大力实施固有权益类资产证券化,能有效盘活存量资产,拓宽项目发行渠道。

6.4.2.5 本公司履行受托人义务情况及因公司自身责任而导致的信托资产损失情况(合计金额、原因等)

公司在管理信托财产的过程中,恪尽职守,履行诚实、信用、谨慎、有效管理的义务,公司没有发生损害受益人利益的情况。

报告期内公司没有发生因公司自身责任而导致的信托资产损失情况。

6.5 关联方关系及其交易的披露

6.5.1 关联交易方的数量、关联交易的总金额及关联交易的定价政策等

	关联交易方数量	关联交易金额(万元)	定价政策
合计	3	74 576	市场公允价格

6.5.2 关联交易方与本公司的关系性质、关联交易方的名称、法人代表、注册地址、注册资本及主营业务等

关系性质	关联方名称	法定代表人	注册地址	注册资本	主营业务
母公司	湖南财信投资控股有限责任公司	王红舟	长沙市天心区城南西路一号	374 418.89	法律法规允许的资产投资、经营及管理
实际控制人	湖南财信金融控股集团有限公司	王红舟	长沙市天心区城南西路一号	354 000.00	省政府授权的国有资产投资、经营、管理等
股东	湖南省国有投资经营有限公司	宁海成	长沙市天心区城南西路一号	33 282.06	授权范围内的国有资产投资、经营、管理与处置,企业资产重组、债务重组等

6.5.3 本公司与关联方的重大交易事项

6.5.3.1 固有财产与关联方:贷款、投资、应收账款、担保、其他方式等期初数汇总数、本期发生额汇总数、期末汇总数

单位:万元

固有财产与关联方关联交易				
	期初数	借方发生额	贷方发生额	期末数
贷款				
投资		16 032	16 032	
租赁		360	360	
担保				
应收款项	72			72
其他		58 184	58 184	
合计	72	74 576	74 576	72

6.5.3.2 信托资产与关联方交易情况:贷款、投资、租赁、应收账款、担保、其他方式等期初汇总数、本期发生汇总额、期末汇总数

单位:万元

信托资产与关联方关联交易				
	期初数	借方发生数	贷方发生数	期末数
贷款	13 500		50 000	63 500
投资	—	—		—

6.5.3.3 信托公司自有资金运用于自己管理的信托项目(固信交易)、信托公司管理的信托项目之间的相互(信信交易)交易金额,包括余额和本报告年度的发生额

6.5.3.3.1 固有与信托财产之间的交易金额期初汇总数、本期发生额汇总数、期末汇总数

无。

6.5.3.3.2 信托项目之间的交易金额期初汇总数、本期发生额汇总数、期末汇总数

单位:万元

信托资产与信托财产相互交易			
	期初数	本期发生额	期末数
合计	174 491	302 740.10	477 231.10

6.5.4 逐笔披露关联方逾期偿还本公司资金的详细情况以及本公司为关联方担保发生或即将发生垫款的详细情况

无。

6.6 会计制度的披露

(1)本公司固有业务(自营业务)已于 2008 年 1 月 1 日起

执行新的企业会计准则，同时所有与会计有关的内容均做出相应修改。

（2）信托业务于2010年1月1日起执行新的企业会计准则，同时所有与会计有关的内容均做出相应修改。

7. 财务情况说明书

7.1 利润实现和分配情况

经天健会计师事务所（特殊普通合伙）湖南分所审计，公司2016年实现利润总额71 863万元，所得税费用16 456万元，净利润55 407万元。公司提取法定盈余公积5 541万元，提取信托赔偿准备2 770万元，提取一般准备1 578万元，可供投资者分配利润45 518万元，暂不分配不转增。

2016年12月，公司以累计未分配利润向股东分配利润30 000万元。

7.2 主要财务指标

指标名称	指标值
资本利润率（%）	18.18
加权年化信托报酬率（%）	1.39
人均净利润（万元）	387
净资本（万元）	259 849
风险资本（万元）	113 808
净资本对各项风险资本（%）	228.32
净资本对净资产（%）	83.30

注：1. 资本利润率＝净利润/所有者权益平均余额×100%。
2. 所有者权益平均余额是指评级年度内年初及各季末所有者权益余额的简单平均数。
3. 人均净利润＝净利润/年平均人数。
4. 年平均人数是指评级年度内年初及年末人数的简单平均数。

7.3 对本公司财务情况、经营成果有重大影响的其他事项

无。

8. 特别事项揭示

8.1 前五名股东报告期内变动情况及原因

无。

8.2 董事、监事及高级管理人员变动情况及原因

报告期内，2016年3月8日，经2016年股东会第一次临时会议审议，因董事长朱德光同志已届退休年龄，根据股东湖南财信投资控股有限责任公司意见，朱德光同志不再担任湖南省信托有限责任公司第四届董事会董事长、董事；根据股东湖南财信投资控股有限责任公司推荐，选举王双云同志担任湖南省信托有限责任公司第四届董事会董事，并提名担任董事长。2016年3月11日，经第四届董事会第六十七次临时会议审议，选举王双云同志为湖南省信托有限责任公司第四届董事会董事长。王双云同志董事长任职资格已获得监管机构湖南银监局核准（湘银监复[2016]85号）。

2016年3月11日，经2016年股东会第二次临时会议审议，同意斯洪标同志因工作原因辞去湖南省信托有限责任公司第四届董事会董事职务，根据股东湖南财信投资控股有限责任公司推荐，选举刘格辉同志担任湖南省信托有限责任公司第四届董事会董事。刘格辉同志董事任职资格已获得监管机构湖南银监局核准（湘银监复[2016]75号）。

2016年9月6日，经股东会2016年度第二次会议审议，同意聘任戴晓凤女士为湖南省信托有限责任公司第四届董事会独立董事。戴晓凤女士董事任职资格已获得监管机构湖南银监局核准（湘银监复[2016]275号）。

2016年11月11日，经第四届董事会第七十九次临时会议审议，同意聘任段湘姬同志为湖南省信托有限责任公司副总裁，试用期一年；同意聘任朱昌寿同志为湖南省信托有限责任公司副总裁，免去其湖南省信托有限责任公司财务总监职务；同意聘任张林新同志为湖南省信托有限责任公司副总裁，免去其湖南省信托有限责任公司风控总监职务；同意聘任万少科同志为湖南省信托有限责任公司副总裁，试用期一年。相关人员任职资格待监管部门核准后生效。

2016年12月7日，因个人工作原因，李莉芳女士辞去职工董事、副总裁职务。2016年12月22日，第四届董事会第八十一次临时会议通报了李莉芳女士辞去职工董事、信托委员会委员、副总裁等职务的事项。

根据公司职工代表大会差额选举结果，工会主席曾慧同志被推选为湖南信托职工董事人选。2016年12月22日，股东会2016年度第五次临时会议，第四届董事会第八十一次临时会议通报了曾慧同志拟任湖南省信托有限责任公司第四届董事会职工董事的事项，其任职资格待监管部门核准后生效。

8.3 公司的重大未决诉讼事项

8.3.1 本公司作为原告的重大未决诉讼

序号	原告（申请人）	被告（被申请人）	案由	标的及金额	诉讼进展情况
1	湖南信托	湖南湘渝电力投资有限责任公司、湖南金垣电力集团股份有限公司	金融借款合同纠纷	本金3 200万元及相应利息、罚息	强制执行阶段
2	湖南信托	湖南博兴创业投资有限公司、湖南博雅眼科医院有限公司、李迟康、严素娥	借款合同纠纷	本金1 800万元及相应利息、违约金	强制执行阶段（终结本次执行程序）

续表

序号	原告(申请人)	被告(被申请人)	案由	标的及金额	诉讼进展情况
3	湖南信托	湖南蟠桃宴酒业有限公司、湖南天运生物技术集团有限公司	债权转让合同纠纷	3 270 万元及相应利息	强制执行阶段(天运生物破产中)
4	湖南信托	湖南蟠桃宴酒业有限公司、湖南天健纤维板有限公司、湖南天运生物技术集团有限公司、文靖波	债权转让合同纠纷	1 523.428 万元及相应利息	强制执行阶段(天运生物破产中)
5	湖南信托	湖南省科农林业科技开发有限公司	金融借款合同纠纷	本金 1 400 万元及相应利息	强制执行阶段
6	湖南信托	湖南省德胜房地产开发有限公司	金融借款合同纠纷	本金 1.35 亿元及相应利息	强制执行阶段
7	湖南信托	淮南志高动漫文化科技发展有限责任公司、志高实业(龙岩)有限公司、泰安志高实业集团有限责任公司、江焕溢	金融借款合同纠纷	本金 2.999 亿元及相应利息、罚息、复利、违约金	强制执行阶段(司法评估拍卖)
8	湖南信托	长沙三瑞环保科技实业有限公司、湖南天福泉酒业有限公司	金融借款合同纠纷	本金 1 000 万元及相应利息、罚息、复利、违约金、律师费	强制执行阶段(终结本次执行程序)
9	湖南信托	湖南洞庭珍珠开发有限公司	金融借款合同纠纷	本金 2 000 万元及相应利息、复利	破产阶段
10	湖南信托	湖南山江技术开发有限公司、世银联控股有限公司、崔璀	金融借款合同纠纷	本金 2 000 万元及相应利息、违约金	强制执行阶段
11	湖南信托	袁洁云;向平;李季;北京中科时代资产管理有限公司;中国科学院长春应用化学科技总公司;长沙坤宇实业有限公司	与公司有关的纠纷	赔偿款 2 300 万元及和解损失约 40 万元	待开庭

8.3.2 本公司作为第三人的重大未决诉讼

序号	原告(申请人)	被告(被申请人)	起诉日期	案由	标的及金额	进展情况
1	华宸未来资产管理有限公司	何新芸、张来普、毛珍芳、彭日大、张传棉、滁州中普置业有限公司	2016 年 4 月	金融借款合同纠纷	本金 2.951 亿元及其相应利息、复利、罚息、律师费	待开庭

8.4 对会计师事务所出具的有保留意见、否定意见或无法表示意见的审计报告的,公司董事会应就所涉及事项作出说明

天健会计师事务所(特殊普通合伙)湖南分所对公司出具无保留审计意见。

8.5 公司及其董事、监事和高级管理人员受到处罚的情况

2016 年 1 月 15 日,湖南银监局下发了行政处罚决定书(湘银监罚决字[2016]3 号),对公司存在的董事职权由非董事人员行使的行为,根据《银行业金融机构董事(理事)和高级管理人员任职资格管理办法》第四十七条和《中华人民共和国银行业监督管理法》第四十六条的规定,罚款 20 万元。

2016 年 1 月 20 日,湖南银监局下发了行政处罚决定书(湘银监罚决字[2016]4 号),对公司存在的将公司管理的不同集合资金信托计划投资同一项目、将机构所持有的信托受益权向自然人转让或拆分转让的行为,根据《信托公司集合资金信托计划管理办法》第四十九条的规定,罚款 50 万元。

对公司存在的公司设立的集合资金信托计划 300 万元以下自然人投资者实际人数超过 50 人,且公司相关人员知悉该情况、公司设立的集合资金信托计划 300 万元以下自然人投资者实际人数超过了 50 人,且公司存在主动管理超限额自然人资金行为的行为,根据《信托公司集合资金信托计划管理办法》第四十七条的规定,罚款 30 万元。

8.6 银监会及其派出机构对公司的检查意见及其整改情况说明

报告期内,2016 年 11 月 1 日至 11 月 15 日,湖南银监局对公司进行了"两个加强、两个遏制"回头看现场检查,并下发了《现场检查意见书》([2016]22 号),公司高度重视,积极落实整改。整改情况如下:

一是进一步规范董事会、监事会运作;二是加强信息科技体系的建设;三是进一步完善风险管理制度;四是认真落实案防工作要求;五是规范项目资料管理;六是加强固有贷款业务的贷后管理;七是落实"穿透"原则,严控通道业务风险。

8.7 本年度重大事项临时报告的简要内容、披露时间、所披露的媒体及其版面

2016 年 4 月 20 日,《证券时报》A11 版,刊登《湖南省信托有限责任公司关于变更公司董事长(法定代表人)的公告》,湖南省信托有限责任公司董事长(法定代表人)由朱德光同志变更为王双云同志。

2016 年 4 月 29 日,《证券时报》B11 版,刊登经公司第四届董事会第九次会议审议通过的《湖南省信托有限责任公司 2015 年年度报告摘要》。

2016 年 8 月 31 日,《证券时报》B5 版,刊登经公司第四届董事会第六十八次临时会议审议通过的《湖南省信托有限责任公司关于转让湖南省长株潭试验区小额贷款有限公司 25% 股权的公告》。

2016年9月2日，《证券时报》B3版，刊登经公司第四届董事会第七十次临时会议审议通过的《湖南省信托有限责任公司关于转让湖南财信产业基金管理有限公司40%股权的公告》。

2016年9月23日，《证券时报》B1版，刊登经公司股东会2016年第三次临时会议审议通过的《湖南省信托有限责任公司关于协议转让部分资产的公告》。

2016年11月4日，《证券时报》B1版，刊登《湖南省信托有限责任公司2016年累计变更董事人数超过董事会成员人数三分之一的公告》。

8.8 银监会及其省级派出机构认定的其他有必要让客户及相关利益人了解的重要信息

无。

9. 公司监事会意见

（1）报告期内，公司能够认真贯彻落实国家经济金融政策、法律法规、监管规章，严格执行公司章程和制度规定，大力扩展传统业务，全力推进创新转型，持续完善内控制度，继续强化风险管控，实现了公司的良好发展。未发现公司董事和高级管理人员履职时有违反法律法规、公司章程或损害公司利益的行为。

（2）天健会计师事务所（特殊普通合伙）湖南分所对公司2016年度财务报告出具的审计报告所涉及事项是真实、客观、公正的；公司2016年度财务报告能够真实地反映公司的财务状况和经营成果。

（3）报告期内未发现公司有损害受益人、股东权益或造成公司资产流失的行为。

10. 履行社会责任情况

一是全年发行信托计划筹集资金363亿元，缴税2.44亿元，为投资者创造收益39亿元，支持了湖南省经济建设及贵州等西部省份的发展，并保障了投资者资金的安全和增值。二是发挥信托功能积极支持公益事业发展，“湘信·善达农村医疗援助公益信托计划”已运行两年多，首期援建的3个乡镇卫生院、52个村卫生室项目，已全部投入使用；第二期首批援建的1个乡镇卫生院、42个村卫生室项目正在建设。公益信托极大改善了援建地区民众就医环境。三是精心管理和运行“自强助学金慈善信托计划”，2015年、2016年共捐助了湖南和海南两省160名高考考入大学本科的贫困学子。四是举行了“旧书换绿植”、“旧衣捐赠”等活动，募捐的千余册图书、1788件衣物通过省慈善总会、省扶贫基金会捐给山区图书馆和娄底市双峰县甘棠镇的贫困村民，省慈善总会、省扶贫基金会向公司颁发了荣誉证书和“精准扶贫，爱心企业”牌匾。

华澳国际信托有限公司

1. 重要提示

1.1 本公司董事会及董事保证本报告所载资料不存在任何虚假记载、误导性陈述或者重大遗漏，并对其内容的真实性、准确性和完整性承担个别及连带责任。

1.2 本公司全体董事出席董事会会议。

1.3 本公司设独立董事制度，独立董事朱宁、LamLee G（林家礼）在此发表独立声明，确认本报告所载资料及内容的真实性、准确性和完整性并无异议。

1.4 本公司已聘请信永中和会计师事务所根据中国注册会计师审计准则对本公司年度财务报告进行审计，该审计机构已为本公司出具了标准无保留意见的审计报告和审计结论。

1.5 公司法定代表人及董事长张宏、主管会计工作负责人 Diana Ling－Fung Jen（郑玲芳）及会计部门负责人（会计主管人员）钱旭在此声明：保证本年度报告所载财务资料和内容的真实性、准确性和完整性。

2. 公司概况

2.1 公司简介

2.1.1 公司法定中文名称：华澳国际信托有限公司

公司法定中文名称缩写：华澳信托

公司法定英文名称：Sino－Australian International Trust Co.，Ltd.

公司英文名称缩写：SATC

2.1.2 公司法定代表人：张宏

2.1.3 注册地址：中国（上海）自由贸易试验区花园石桥路33号花旗集团大厦1702室

邮政编码：200120

公司国际互联网网址：www.huaao－trust.com

公司电子信箱：enquiry@huaao－trust.com

2.1.4 公司信息披露事务负责人姓名：吕林荫

联系电话：+8621－68883098

传真：+8621－68885995

电子信箱：hadb@huaao－trust.com

2.1.5 公司信息披露报纸名称：《证券时报》

2.1.6 公司年度报告备置地点：中国（上海）自由贸易试验区花园石桥路33号花旗集团大厦1702室

2.1.7 公司聘请的境内会计师事务所名称：信永中和会计师事务所（特殊普通合伙）

办公地址：中国重庆市北部新区经开园金渝大道99号26楼

联系电话：+8623－89112588

2.1.8 公司聘请的境内律师事务所名称：报告期内，公司未聘请担任常年法律顾问的律师事务所

2.2 组织结构

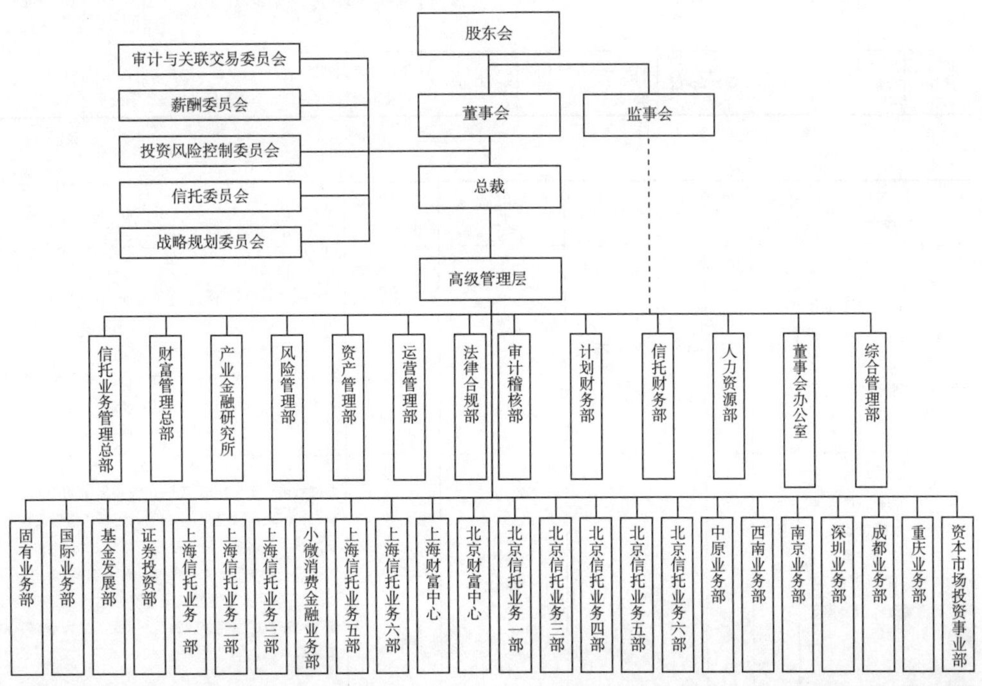

3. 公司治理

3.1 股东

报告期末股东总数2家。

公司全部股东均持有公司10%以上(含10%)出资比例,股东名称及持股情况如下:

股东名称	持股比例(%)	法人代表	注册资本(万元)	注册地址	主要经营业务及主要财务情况
北京融达投资有限公司★	50.01	郑俊	30 000	北京市海淀区首体南路20号国兴家园4号楼D1三层	主要从事房地产开发、金融等方面的投资与资产管理。
重庆财信企业集团有限公司	49.99	卢生举	71 600	重庆市江北区红黄路1号1栋25层	主要从事房地产、环保、金融、城市基础设施投资运营。

注:股东名称一栏中★为公司最终实际控制人。

3.2 董事、董事会

董事长、副董事长、董事

姓名	职务	性别	年龄	选任日期	所推举的股东名称	该股东持股比例(%)	简要履历
张宏	董事长	男	56	2014年11月17日	北京融达投资有限公司	50.01	曾任北京国利能源投资有限公司副总经理,华澳国际信托有限公司总裁、监事长,在财务、金融投资、资产重组及海外业务等方面拥有丰富的管理经验;现任华澳国际信托有限公司专职董事长。
郑俊	董事	男	54	2015年12月24日	北京融达投资有限公司	50.01	曾任北京国利能源投资有限公司总经理助理、副总经理,长期在能源、房地产、化工等行业的投资管理工作,在期货、财会及海外资产领域有丰富的管理经验;现任北京融达投资有限公司董事长。
彭陵江	董事	男	45	2015年11月11日	重庆财信企业集团有限公司	49.99	曾任重庆财信企业集团有限公司总裁助理、副总裁,擅长企业经营管理、对外投融资、经营风险控制、资本运作等;现任重庆财信企业集团有限公司总裁。
罗宇星	董事	男	54	2016年6月12日	重庆财信企业集团有限公司	49.99	曾任安诚财产保险股份有限公司总经理,重庆渝开发股份有限公司总经理,重庆市江北区市政绿化党工委书记、管理委员会主任,重庆市江北区人民法院副院长,重庆市江北区检察院副检察长;现任重庆财信企业集团有限公司常务副总裁,财信国兴地产发展股份有限公司董事,重庆财信环境资源股份有限公司董事长。
熊伟	董事	女	48	2016年10月25日	北京融达投资有限公司	50.01	历任北京国利能源投资有限公司经营财务部主管、副经理,拥有丰富的财务管理及审计经验;现任北京国利能源投资有限公司经营财务部经理。

独立董事

姓名	所在单位及职务	性别	年龄	选任日期	所推举的股东名称	该股东持股比例(%)	简要履历
朱宁	上海高级金融学院副院长、金融学教授,美国耶鲁大学国际金融中心教授研究员,美国加州大学和北京大学光华管理学院特聘金融教授	男	43	2013年3月25日	—	—	曾任雷曼兄弟和野村证券投资研究高级主管,负责拓展企业在亚太区域的股票交易业务;现任上海高级金融学院副院长、金融学教授,美国耶鲁大学国际金融中心研究员,并在北京大学光华管理学院担任特聘金融教授、美国加州大学兼职金融教授,研究领域涉足投资、公司财务、行为金融及金融法。
Lam Lee G(林家礼)	国际投资管理公司董事长、麦格理基础建设及有形资产投资基金东盟区主席兼亚洲区资深顾问、香港数码港管理有限公司董事局主席	男	57	2013年3月25日	北京融达投资有限公司	50.01	曾任香港电讯总经理,泰国正大集团高管及集团下属数家公司董事长、董事、行政总裁,中银国际董事总经理兼投资银行部副主席,新加坡主权基金淡马锡控股旗下新加坡科技电讯媒体执行董事,国际投行麦格理资本香港、越南、柬埔寨、老挝、泰国、缅甸区主席等;现任国际投资管理公司董事长,麦格理基础建设及有形资产投资基金东盟区主席兼亚洲区资深顾问,香港数码港管理有限公司董事局主席。

3.3 监事、监事会

姓名	所在单位及职务	性别	年龄	选任日期	所推举的股东名称	该股东持股比例(%)	简要履历
夏勇	监事长	男	51	2016年4月13日	重庆财信企业集团有限公司	49.99	曾任重庆市司法局副处长,重庆市涪陵区司法局副局长,重庆市任涪陵区公证处主任;现任重庆财信企业集团有限公司副总裁。
李登峰	监事	男	36	2016年3月3日	重庆财信企业集团有限公司	49.99	曾任重庆财信企业集团有限公司法务中心总经理,重庆辉腾律师事务所律师,重庆盛世文辉律师事务所律师;现任重庆财信企业集团有限公司风控中心总经理,重庆财信环境资源股份有限公司监事长。
彭烃烃	职工监事	女	35	2014年12月17日	—	—	曾任安永华明会计师事务所上海分所高级审计咨询师、平安保险(集团)股份有限公司高级稽核经理;现任华澳国际信托有限公司审计稽核部副总经理(主持工作)。

3.4 高级管理人员

姓名	职务	性别	年龄	选任日期	金融从业年限(年)	学历	专业	简要履历
吴瑞忠	总裁	男	52	2016年10月12日	35	本科	经济管理	曾任兴业银行总行企业金融总部风险总监、企业金融信用业务首席审批官;兴业银行重庆分行党委书记、行长,具有丰富的金融行业管理、风控等背景及从业经验。
Diana Ling-Fung Jen(郑玲芳)	首席财务官	女	54	2013年3月25日	12	硕士	税法学	曾任职于普华永道会计师事务所在芝加哥、北京、上海和广州的分公司,香港创业板上市的长达科技控股有限公司以及在亚太区享有盛誉的里昂证券有限公司,精通境内和国外的会计和税务法规、对重组规划、融资渠道和方式、财务管理及控制等有很好的国际财务管理工作的先进经验。
范华	副总裁	女	50	2014年12月9日	28	本科	货币银行学	曾任职于中国银行、中国光大银行、中国对外经济贸易信托有限公司,精通金融行业财富管理领域。
解媛媛	总审计师	女	47	2016年3月22日	1	硕士	工商管理	曾任重庆财信企业集团总裁助理兼重庆财信房地产开发有限公司副总裁;兼任重庆财信环境资源股份有限公司董事等职,具有丰富审计及管理方面的从业经验。
陈鸣	副总裁	男	54	2016年3月22日	32	研究生	哲学	曾任安诚财产保险上海分公司总经理;安诚财产保险江苏分公司总经理、支部书记兼上海分公司负责人、党支部书记等职,具有丰富金融行业管理经验。
杨宇浩	副总裁	男	45	2014年9月2日	20	硕士	工商管理	曾任职于浦发银行、苏格兰皇家银行、德勤华永会计师事务所、国际投行摩根士丹利,拥有丰富的金融行业、风险管理、咨询管理方面的背景和从业经验。
高杰	首席风控官	女	42	2014年12月9日	13	硕士	管理科学与工程	曾任中泰信托投资发展有限责任公司稽核审计部总经理、平安资产管理有限责任公司审计负责人等职,拥有丰富的金融、风控及管理方面的背景和从业经验。

3.5 公司员工

本报告期,我公司在岗员工195人。

项目		本报告期		2015年末	
		人数(人)	比例(%)	人数(人)	比例(%)
年龄分布	25岁以下	4	2	3	1
	25~29岁	57	29	68	35
	30~39岁	98	50	96	49
	40岁以上	36	18	29	15

续表

项目		本报告期		2015年末	
		人数(人)	比例(%)	人数(人)	比例(%)
学历分布	博士	3	2	2	1
	硕士	81	42	87	44
	本科	103	53	99	51
	专科	8	4	8	4
	其他	0	0	0	0
岗位分布	董事、监事及高管人员	7	4	9	5
	自营业务人员	1	1	3	1
	信托业务人员	64	33	56	29
	其他人员	123	63	128	65

4. 经营管理

4.1 经营目标、经营方针、战略规划

4.1.1 经营目标

以客户为核心，加大传统业务的创新力度，投资融资相结合，培育持续稳定的盈利能力，打造核心竞争力，成为行业领先者。

4.1.2 经营方针

以人力资源为核心，坚定不移地贯彻专业化、差异化策略，逐步实现向以资产配置和财富传承为目标的财富管理方向迈进。

围绕着“理思路、抓管理、严风控、稳经营、寻转型”的经营指导思想，理清公司发展思路，抓好基础管理体系、风险项目管理，严把风控关，稳健经营，稳步推进业务转型。

4.1.3 战略规划

本公司继续秉承“为客户提供优质专业的产品和服务；为股东创造合理、可持续的投资回报；为员工搭建坚实、和谐的事业发展平台”的发展理念，给予员工自我提升的机会，通过“聚焦重点客户、提供综合服务、完善产品线、强化战略合作、加强客户需求挖掘”五大战略重点的实施，提高主动管理能力和客户服务质量，保持公司持续稳定的盈利能力。

公司坚持信托本源特色，服务实体经济，强化创新意识，有效管控风险，结合公司发展需要制定科学、合理、可持续发展的中长期战略规划，努力打造“资本充足、信誉良好、经营稳健、产融结合”的华澳信托特色品牌。

4.2 所经营业务的主要内容

4.2.1 公司主营业务

公司目前主要以信托为主营业务，在确保风险可控基础上适当开展自营金融业务。

信托业务方面，公司贯彻落实监管部门指导精神，注重培养和提升主动管理能力，积极发展与各优质客户之间紧密持久的战略合作关系，确保信托产品的高起点、精品化。在确保传统信托产品为主的基础上，稳健开展同业信托、投资类信托等信托业务。逐步加大信托产品创新力度，积极拓展信托业务领域，丰富信托业务品种，在供应链金融、资本市场、基础设施、新兴农业、高科技、传媒、并购等领域不断深耕和拓展。顺应国家产业政策导向，着力打造公司独具特色的信托产品，以满足高端客户的投资需求。

今后，公司将逐步申请开展企业年金、QDII、PE 等以资产管理为核心竞争力主动管理型信托业务，着力发展非标资产证券化、投资类业务以及家族信托业务，探索和确立业务发展的新增长点。

2016 年公司固有业务以投资为主，同时更加重视流动性管理，适度增加固有资金杠杆，创新融资模式，提高固有资金收益水平；固有资金作为公司风险缓释的重要手段，给予信托项目一定的流动性支持，帮助信托项目解决成立及垫付信保基金等时点上需求。

公司固有业务主要包括：(1) 贷款类业务。贷款类业务是提高固有资金运营效率的重要手段，公司通过对贷款结构、期限、规模的动态调整和优化，积极把握各类行业领域孕育的投资机会，从客户资源、渠道资源、项目资源等方面为信托主业提供有力支持，同时获得风险可控的较高收益。(2) 金融产品投资类业务。金融产品投资类业务较为灵活，可根据公司当期资金情况，提高资金使用效率。当配比不同种类的金融产品时，可降低投资组合风险。同时在风险相对较低的情况下获得可观收益。(3) 固定收益业务。固定收益业务对公司在优化固有资产投资结构、提升固有资产运营效率等方面发挥着重要作用。公司以确保资金的安全性和资产的流动性为原则，通过对固定收益市场和相关投资品种的深入研究，根据市场环境的变化动态调整和优化资产配置结构，构成稳健的投资组合，获取固定收益。

目前公司各类投资产品为银行同业定存、货币基金、定向资管、基金、债券等。

4.2.2 资产组合与分布

自营资产运用与分布表

资产运用	金额（万元）	占比（%）	资产分布	金额（万元）	占比（%）
货币资产	37 222	18.12	基础产业	—	0.00
贷款	5 790	2.82	房地产业	5 790	2.82
交易性金融资产	18	0.01	证券市场		0.00
可供出售金融资产	143 854	70.05	工商企业		0.00
持有至到期投资		0.00	金融机构	37 240	18.13
长期股权投资		0.00	其他	162 339	79.05
其他	18 485	9.00			0.00
资产总计	205 368	100.00	资产总计	205 368	100.00

信托资产运用与分布表

资产运用	金额（万元）	占比（%）	资产分布	金额（万元）	占比（%）
货币资金	40 818.97	0.85	工商企业	1 479 213.10	30.70
交易性金融资产	43 319.87	0.90	基础产业	1 098 798.20	22.81
买入返售金融资产	917 641.38	19.05	金融机构	1 035 052.76	21.48
应收款项	373 601.63	7.75	其他	1 098 992.75	22.81
发放贷款	1 234 098.94	25.62	证券	92 243.23	1.91
可供出售金融资产	1 937 693.14	40.22	房地产	13 463.90	0.28
长期应收款	50 000.00	1.04			
长期股权投资	216 350.00	4.49			
其他资产	4 240.00	0.09			
合计	4 817 763.93	100.00	合计	4 817 763.93	100.00

4.3 市场分析

当前，国际政治经济形势日趋复杂多变，在全球经济增长步入长周期下行阶段，我国经济也逐步进入三期叠加的“新常态”，经历周期性调整和结构性转型的压力。无论是中国经济总量增长速度还是三大产业和区域经济发展，都在发生一些结构性变化。2016 年我国 GDP 总量达 74.4 万亿元，同比增速

为6.7%，为1990年以来最弱水平；分季度看，第一至第四季度GDP分别同比增长6.7%、6.7%、6.7%和6.8%；分产业看，第一产业、第二产业、第三产业同比增速分别为3.3%、6.1%和7.8%。无论是总量还是产业，都发生了一些结构性变化。从三大产业发展趋势看，第三产业将逐渐成为中国经济发展的新动力；与此同时，新兴农业、高新技术产业在实施供给侧改革方面的潜力巨大。也许从总量指标看，中国经济的时点数据和过往发展轨迹未必突出，但深入到经济结构层面看相关经济指标的变化趋势，会带给我们新的信心和动力。自2011年以来，我国单位GDP能耗不断下降，表明中国经济能源利用效率不断提升。高耗能、高污染、产能过剩行业工业增速趋于下滑，而以现代装备制造业、信息产业、生物医药等为代表的新兴产业蓬勃发展。单位能耗的降低以及新旧产业间的此消彼长，意味着中国结构性改革效果持续显现。

经济和金融两者间是共生共荣、相互促进的关系，随着信托业"八大机制""八大责任"的明确界定，并在此基础上通过构建信托业保障基金、信托登记、信托行业评级等行业制度机制，有助于信托业持续健康发展，为信托转型和为综合性金融服务平台构筑了有力基石。经过业内深入探讨，现今监管层依据资金运用方式并兼顾资金来源，将信托业务划分为债权信托、股权信托、标品信托、同业信托、财产信托、资产证券化信托、公益信托和事务信托八大类业务。因此，信托行业创新谋变路径可以在对业务分析基础上结合公司比较优势，实现各个方向的突破。而这八大类业务与其他资产管理机构存在业务重叠和交叉，无论是对既有业务的延伸，还是开拓新领域，都对信托业转型提出了艰巨挑战。不过挑战也是机遇，只有经历市场竞争洗礼，信托业才能真正作为金融子行业而屹立不倒。

具体来看，信托业未来的业务转型主要有四大方向：一是投资银行业务；二是资产管理业务；三是财富管理业务；四是专业化受托服务。这四大方向基本囊括八大类具体信托业务范畴，信托公司基于自身比较优势和战略发展规划，可以依据具体方向找到最契合公司发展的路径，据此形成业务发展的定力与基石。此外，无论转型是投行业务、资管业务、财富管理业务还是专业受托业务，每一个专业方向都面临着大资管领域行业对手的竞争。因此，信托业和信托公司需要也必须和中国的整体发展战略和发展方向结合起来，在中国产业发展变迁、区域经济结构调整、国家战略发展的大时代背景下，信托及信托公司依托制度性优势，可以有所作为，也应该有所作为。

4.4 内部控制

4.4.1 内部控制环境和内部控制文化

公司高级管理层始终坚持内控优先的风险管理理念，并强调公司各部门和岗位对内控和风险管理的重视。

2016年，为进一步提高内部控制水平，防范经营风险，保障公司体系安全稳健运行，公司持续推进内控建设工作，明确内部控制目标和原则，通过开展合规培训、组织反洗钱宣传教育以及定期发布合规专刊等活动，加强了员工风险防范意识。总体来说，公司十分重视内控建设，并通过对现行内控体制的定期评估和修改，不断完善内控体系。

4.4.2 内部控制措施

公司从组织架构调整、制度梳理和完善、自我风险评估体系建立、IT系统优化等方面加强了内部控制管理，本报告期内采取的具体内部控制措施主要包括：

持续梳理、完善制度。在梳理各项生效制度或办法基础上，结合公司经营管理情况，定期开展梳理工作。在制度建设计划的基础上，2016年公司新增、修订、下发业务类和管理类制度共计53项，废除旧制度26项。

不断加强IT系统建设。公司业务一体化信息（BIP）系统各模块进一步完善，不断加强业务流程中的规范化，强化内部控制的准确性和可追溯性。

强化内部监督制约机制、完善责任追究制度体系。通过加强合规宣导、加大审计监督和处罚力度，制定有关责任追究制度，构筑牢固的内部监督防范体系。

4.4.3 监督评价与纠正

公司设置了审计稽核部，对公司各职能部门的业务活动、财务收支及经营管理活动的真实性、合法性、效益性和资产安全性、完整性、保值增值性等方面进行监督、检查和评价，并直接向审计和关联交易委员会报告，具有充分的独立性。

审计稽核部根据年度审计计划开展常规全面审计、专项审计和项目稽核。常规全面审计每年至少进行一次，重点对公司内控建设情况、外部法律法规遵循情况、各项业务活动的风险控制以及制度执行情况、项目后续管理情况以及人事行政和财务管理等方面进行检查；专项审计有针对性地开展，2016年开展了消费者权益保护专项审计、金融数据统计和监管报送专项审计、档案归档专项审计、固定资产盘点专项审计、监管统计数据质量"一把手工程"自查工作、"两个加强、两个遏制"回头看自查工作等；专项审计针对特定领域或风险较高的业务不定期开展，项目稽核针对各业务项目，保证按监管要求对集合信托计划实施100%终止审计。内部审计以管理建议书的形式汇总审计发现的问题、提出改进意见、追踪意见落实情况，以及时、全面、准确地发现和更正公司内控体系中可能存在的问题和隐患。项目稽核以稽核报告的形式对项目的合规风险、操作风险、市场风险等提出独立意见和建议，对项目风险进行防范和监督。

4.5 风险管理

4.5.1 风险管理概况

4.5.1.1 公司风险管理的宗旨

公司风险管理以保护委托人/受益人和股东最大利益为宗旨。（1）风险管理是公司整体经营和各项业务稳健持续发展的保障。（2）董事会对风险的识别和管理负最终责任。（3）分工明确、相互制约的组织架构是公司风险管理的前提。（4）完善的制度体系建设是风险管理的基础。

4.5.1.2 公司风险管理的总体目标

（1）提升公司经营管理效果，促进经营和业务积极稳健发展。（2）确保公司经营合法合规以及公司内部规章制度得以贯彻执行。（3）确保将公司经营和业务风险控制在与公司总体目标相适应并可承受的范围内。（4）确保公司建立各类重大风险（包括但不限于法律合规风险、信用风险、市场风险、流动性风险、声誉风险、道德风险等）的防范和应急处理机制，保护公司不因灾害性风险或人为失误而遭受重大损失。（5）形成良好的风险管理文化，使全体员工不断强化风险防范和风险管理意识。

4.5.1.3 公司风险管理的原则

(1)全面性:公司风险管理应当做到事前、事中、事后控制相统一;覆盖公司的所有业务、部门和人员,渗透到决策、执行、监督、反馈等各个环节,确保不存在风险管理的空白或漏洞。(2)独立性:承担风险管理监督检查职能的部门应当独立于公司其他部门。各业务部门的业务环节应相互独立,各司其职。(3)制衡性:公司部门和岗位的设置应当权责分明、相互制衡,一线业务运作与二线管理支持及三线监督检查应适当分离。

4.5.1.4 公司风险管理的组织架构

公司积极推进全面风险管理体系建设,通过董事会成员组成的投资风险控制委员会以及公司高级管理层及相关部门负责人参加的项目评审委员会,评审审批公司各项业务及投资,及时了解并掌握拟开展项目的风险状况;公司将各业务部门及管理部门按前台、中台、后台进行职能分工,通过不断增加风险管理和风险控制的人力资源配置,通过不断强化全员风险管理理念,实现了从项目尽职调查到项目清算的全流程、全方位的风险防范体系。

董事会作为公司最高风险管理机构,管理并监督公司的风险偏好和风险容忍度。

投资风险控制委员会负责提出公司经营管理过程中防范和控制风险的指导意见,监督公司风险管理的制度建设;负责审查重大业务风险;对公司风险状况和风险管理能力及水平进行评价,提出完善公司风险管理的建议。

执行委员会负责公司战略发展规划及业务层面的管理工作;监督业务管理制度、业务流程的制定;组织开展其他日常经营管理工作。

项目评审委员会负责对公司各项业务的评审和审批,包括对项目合规风险、法律风险、信用风险、市场风险、流动性风险、操作风险、声誉风险等的综合审议;只有经该委员会评审通过的项目方可提交公司投资风险控制委员会审批。

风险管理部作为公司全面风险管理的牵头协调部门,负责制定公司及各业务的风险管理政策和风险管理制度体系搭建,不断完善公司风险管理文化;依据公司的总体战略和风险偏好,制定风控规划并确定公司风险容忍度。

资产管理部负责存续项目风险管理、房地产项目现场监管、应急处置和资产保全等工作。具体包括负责制定与公司资产管理相关的制度和管理流程;负责项目的后续风险管理、现场管理等工作;负责涉险项目的应急与危机处置、资产保全等方案的研究、策划和实施;负责存续项目的信息收集、整理、统计分析;按照监管部门要求,协调公司各相关部门,牵头完成与风险项目处置相关的各专项及临时监管信息的报备工作,形成相关报告并向监管部门报送材料等。

审计稽核部负责风险管理制度和流程执行的监督、审计并进行独立的风险评估;负责协助公司改进风险管理与内部控制系统;通过评价内部控制的效率与效果、促进内部控制的持续改善;对所发现的重大风险事项可直接向审计和关联交易委员会及投资风险控制委员会汇报。

法律合规部负责公司法律合规风险管理和咨询服务,对业务部门送审的项目进行法律合规风险审查,提出独立审查意见;负责牵头处理监管部门有关事务,组织案防、反洗钱相关工作;代表公司处理非诉及诉讼等相关事宜;负责促进公司合规文化建设,确保公司各项经营管理活动合法合规。

运营管理部作为公司信托业务中后端集中运营服务的管理综合平台,主要承担对信托资产存续期的运营处理、核算估值、运营分析和监督控制等职责;负责对信托业务进行有效监督和控制,提示并及时报告风险事项、合规事项等。

信托业务管理总部负责对公司信托业务进行统筹管理,优化资源配置,提升公司核心盈利能力,促进公司信托业务目标的达成,引领公司信托业务研究与创新;负责针对业务主要风险环节制定相应的业务操作流程。

各业务部门对风险管理负首要责任。各业务部门负责人是项目风险的第一责任人,履行风险管理和风险控制职能,执行具体的风险管理制度。

除上述承担管理职能部门以外的中后台其他管理部门,在其岗位职责范围内负责风险管理的相关事务。

4.5.2 风险状况

4.5.2.1 信用风险状况

信用风险主要是指交易对手不履行义务的可能性,主要表现为:在信托贷款、资产回购、后续资金安排、担保、履约承诺等交易过程中,借款人、担保人、保管人(托管人)等交易对手不履行承诺,不能或不愿履行合约承诺而使信托财产和固有财产遭受潜在损失的可能性。同时,当信用风险发生时,如受托人没有尽职管理、安排预算不恰当时,或信托项目违法违规未能如期执行时,则可能会发生流动性风险。

2016年末公司已按照净利润的5%计提了信托项目赔偿准备金,年末余额为3 864万元,较2015年末增加了345万元;已按风险资产的1.5%计提了一般风险准备,年末余额2 562万元,较2015年末增加了1 242万元。

4.5.2.2 市场风险状况

市场风险是指公司在运营过程中可能因股价、市场汇率、利率及其他商品价格因素等变动而产生的风险。具体表现为经济运作周期变化、金融市场利率波动、通货膨胀、房地产交易、证券市场变化等造成的风险,这些风险可能影响信托财产的价值及信托收益水平,也可能影响公司固有资产价值或导致损失。

报告期内,公司未发生因市场风险所造成的损失。

利率风险主要源于市场利率变动对利率敏感金融工具的公允价值或未来现金流量的影响。根据公司资金运作的实际情况,公司计息资产主要为短期同业存放及1年内到期的短期贷款,受市场利率变动的影响可控。

汇率风险是指因汇率变动产生损失的风险。截至2016年末,公司资本金户原外方股东麦格理资本证券股份有限公司美元出资款中的526万美元已经结汇,公司的其他主要业务活动以人民币计价结算。故此,外汇风险对公司的影响有限。

其他价格风险是指金融工具的公允价值受市场利率和外汇汇率以外的市场价格因素变动发生波动的风险。报告期内,公司不存在重大的其他价格风险。

4.5.2.3 操作风险状况

操作风险是指由于不完善或有问题的内部操作过程、人员、系统或外部事件而导致的直接或间接损失的风险。

公司所有从业人员均保持良好的道德意识和职业操守,未出现违法、违规、违约现象，未出现较大差错和失误，未发生责任事故。公司严格规范操作流程，严控操作风险。

4.5.2.4 其他风险状况

其他风险主要指公司业务开展中的流动性风险、道德风险和声誉风险等。流动性风险是指没有足够资金以满足到期债务支付的风险。根据公司资金运作的实际情况及对流动性的预测，公司的资本金充足，能满足公司各项业务的流动性支持，因此流动性风险不大。

4.5.3 风险管理

4.5.3.1 信用风险管理

为管理和防范信用风险，公司已建立信托项目全过程风险管理体系，风控措施覆盖项目立项、尽职调查、评审审批、发行、存续管理、清算等全过程。

风险管理部项目风险审查人员及法律合规部法律合规审查人员根据公司项目评审及风险防范相关原则，通过参与项目前期尽职调查、审核项目材料、参加项目预沟通会、优化交易方案等方式，有效识别、计量、揭示并控制项目存在的各类风险。

资产管理部存续项目管理人员通过对存续项目进行非现场监测及现场检查，持续监控存续期项目风险状况；通过每月查询交易对手（包括抵押人和保证人）涉诉及负面报道情况和征信系统、每月向业务部门发布并要求对未来即将到期的信托项目提交具有可操作性的资金安排计划，及时跟踪交易对手的信用状况；通过每月向公司管理层提交月度风险管理报告、存续项目检查报告、资产配置报告等方式，揭示项目风险并将公司整体风险管理状况通报公司高管层及相关人员。

不仅如此，公司还通过规范项目重大事项变更审批流程以及项目风险事件汇报路线和应急处置流程，填补现有评审审批环节的漏洞并不断优化审批流程，将授权和相互协调制约机制细化到具体经办流程中去。

此外，本着业务发展制度先行的原则，公司从上到下高度重视业务尽调指引、风控准入标准等相关风控管理制度流程的建设与完善。2016年以来，结合市场及公司实际情况，风险管理部制定和修订五类主要业务品种及其他相关管理制度共12项次，基本覆盖公司已开展和拟开展业务类型，为前台业务拓展方向、内部审核依据、日常管理规范提供制度保障。同时，就BIP系统中各类项目审批流程进行数次改进和调整，新增重大事项变更及正常项目存续期间续发流程，进一步完善了项目的线上审批各环节，填补了过去在发行前确认、成立前重大事项变更方面的线上空白，从操作角度加强了对信托业务风险的全流程管控。

公司还不断梳理和完善风险管理制度/办法/指引，已正式下发的制度包括：

制度/办法/指引	时间
关于近阶段公司开展政府和社会资本合作产品的通知	2016年12月
上市公司定向增发类信托业务风险管理指引	2016年12月
股票（质）押类信托融资业务风险管理指引	2016年12月
地方政府融资平台信托业务风险管理指引V5	2016年12月
房地产融资类信托业务风险管理指引V3	2016年12月
项目评审委员会议事规则V5	2016年10月
事务管理类信托业务风险管理指引V2	2016年8月

续表

制度/办法/指引	时间
关于无实质抵（质）押融资项目授信管理的通知	2015年11月
集团客户授信管理指引V2	2015年11月
证券投资业务投资顾问筛选管理办法	2015年11月
结构化证券投资业务风险管理指引	2015年11月
管理型证券投资业务风险管理指引	2015年11月
小额信贷基金业务风险管理指引（试行）V3.0	2015年8月
小额信贷基金项目尽职调查工作指引V2.0	2015年8月
关于评估机构的聘用及费用支付相关事项的通知	2015年8月
项目事前风险审查操作规范（试行）	2015年7月
房地产融资信托项目尽职调查工作指引	2015年1月
会计师和评估师事务所管理办法V2.0	2014年12月
风险管理制度	2013年12月
信托业务担保管理办法V2.0	2013年10月
项目重大事项变更审批管理办法（试行）	2013年10月
基金专户型债券投资信托业务风险管理指引（试行）	2013年2月
采矿权信托业务风险管理指引	2012年2月

2016年，公司严格按照已有制度流程执行存续管理方面工作，确保执行的有效性、完整性和审慎性，为公司可持续稳健开展业务提供有力的保障。通过《房地产业务后续监管操作指引》《向被投资企业派驻人员管理办法》《关于存续项目风险检查情况及风险管理要求的通知》《融资类业务风险事件汇报和应急处置管理办法》，加强存续项目管理，提高应对风险事件的效率，及时控制和处理风险事件带来的损失；通过《关于查询企业信用报告需取得企业签署授权书的重要通知》《有关及时准确报送征信数据的重要提示》《有关企业征信报告查询授权书纸质原件归档的通知》，规范并完善企业信用报告查询管理工作；通过新增下发《风险项目处置管理办法》，提高公司对风险项目的处置水平。

4.5.3.2 市场风险管理

公司已成立产业金融研究所，专门负责实体经济产业、特定产业的金融产品与服务的研究工作，以支持公司业务发展需要，提出指导意见。产业金融研究所依托其专业化的投研分析能力，及时获取市场信息和交易数据，为公司前台、中台、后台及时反馈和提示市场变化；定期针对特定的行业领域，发布相关研究报告，辨析其中蕴藏的投资机会和风险状况，为公司推进投资决策、利率定价和化解市场风险方面提供有效的专业化服务和建议。2016年以来，公司根据市场及行业发展状况，在业务指引方面分别修订并出台了地方政府融资平台类业务、资本市场投资类业务、房地产类业务、工商企业类业务、事务管理类业务共计五类主要业务品种的八项制度/办法/指引，基本覆盖公司已开展和拟开展业务类型，为管控市场风险提供制度保障。

4.5.3.3 操作风险管理

公司采取一系列措施规范操作流程，降低操作风险：（1）建立严格的部门职责和员工岗位职责，梳理各项业务流程和操作规程；（2）建立职责分离、相互监督制约的机制，建立严格的审核、复核程序；（3）建立规范的信息系统管理流程并配置灾备系统；（4）公司不断完善各项规章制度，使之更加完整严密。

通过在业务尽职调查、产品规范化管理、外部中介机构管控、风险监测评价、合同档案管理、信息披露等方面不断细化管理要点和规范操作流程，提升业务操作的规范化和标准化水平，消除操作风险隐患，有效管理各类操作风险。

4.5.3.4 其他风险管理

声誉风险：公司高度重视对声誉风险的管理，不断加强品牌宣传和舆情监测工作，定期收集公开信息对公司的相关评价报道。公司积极建立应对危机的应急预案和处理机制，能够妥善处理日常经营当中可能出现的声誉风险事件。公司加强贯彻声誉风险管理全员有责的理念，要求全体员工关心和维护公司的良好声誉，同时快速构建和完善高效的声誉风险管理组织体系，为公司持续、健康和稳定的发展提供保障。

道德风险：公司通过制度设计完善内部控制机制，规范操作流程；严格执行管理制度及纪律要求；加强道德文化教育，要求员工遵纪守法，不断提高员工廉洁自律和勤勉尽职的意识；以员工为本，强调和谐共赢，不断加强企业的凝聚力和员工的归属感，使员工认识到与公司共同成长的重要性，为防范道德风险提供制度保障。

流动性风险：公司充分重视流动性风险的管理和控制，固有资产流动性充沛，信托业务在方案设计及后续管理中把流动性风险管理作为重要风险要素之一。公司不断提高识别、监测和调控头寸的能力，随着业务项目的增加，将逐步完善流动性风险管理体系的建设。财务部人员及运营管理部人员对流动性缺口进行测算；资产管理部通过发布月度风险管理报告、流动性风险提示函等方式，及时跟踪并向公司管理层汇报存续项目可能存在的流动性风险；审计稽核部通过对日常经营管理定期审计，对业务项目常规的阶段性稽核及 1 个月内到期项目的专项稽核等对流动性管理情况进行监督检查；严格防范及很好地控制了流动性风险。

5. 报告期末及上一年度末的比较式会计报表

5.1 自营资产（会计报表已经审计）

5.1.1 会计师事务所审计意见全文

审 计 报 告

XYZH/2016CQA20248

华澳国际信托有限公司全体股东：

我们审计了后附的华澳国际信托有限公司（以下简称华澳信托）财务报表，包括 2016 年 12 月 31 日的合并及母公司资产负债表，2016 年度合并及母公司利润表、合并及母公司现金流量表、合并及母公司所有者权益变动表以及财务报表附注。

一、管理层对财务报表的责任

编制和公允列报财务报表是华澳信托管理层的责任，这种责任包括：（1）按照企业会计准则的规定编制财务报表，并使其实现公允反映；（2）设计、执行和维护必要的内部控制，以使财务报表不存在由于舞弊或错误导致的重大错报。

二、注册会计师的责任

我们的责任是在执行审计工作的基础上对财务报表发表审计意见。我们按照中国注册会计师审计准则的规定执行了审计工作。中国注册会计师审计准则要求我们遵守职业道德守则，计划和执行审计工作以对财务报表是否不存在重大错报获取合理保证。

审计工作涉及实施审计程序，以获取有关财务报表金额和披露的审计证据。选择的审计程序取决于注册会计师的判断，包括对由于舞弊或错误导致的财务报表重大错报风险的评估。在进行风险评估时，注册会计师考虑与财务报表编制和公允列报相关的内部控制，以设计恰当的审计程序，但目的并非对内部控制的有效性发表意见。审计工作还包括评价管理层选用会计政策的恰当性和作出会计估计的合理性，以及评价财务报表的总体列报。

我们相信，我们获取的审计证据是充分、适当的，为发表审计意见提供了基础。

三、审计意见

我们认为，华澳信托财务报表在所有重大方面按照企业会计准则的规定编制，公允反映了华澳信托 2016 年 12 月 31 日的合并及母公司财务状况以及 2016 年度合并及母公司经营成果和现金流量。

信永中和会计师事务所（特殊普通合伙）

中国注册会计师：侯黎明

中国注册会计师：阳　伟

中国·重庆　　二〇一七年三月二十日

5.1.2 资产负债表

资产负债表

编制单位：华澳国际信托有限公司　　2016 年 12 月 31 日　　单位：元

资产	合并		母公司	
	年末余额	年初余额	年末余额	年初余额
资产：				
现金及存放银行款项	389 632 001.78	873 986 739.24	372 216 940.52	873 965 757.72
存放中央银行款项				
贵金属				
拆出资金				
以公允价值计量且其变动计入当期损益的金融资产	175 620.43	138 168 067.13	175 620.43	138 168 067.13
衍生金融资产				
买入返售金融资产				

续表

资产	合并		母公司	
	年末余额	年初余额	年末余额	年初余额
应收利息	17 750 401. 97	13 680 639. 80	12 021 740. 24	10 961 705. 67
应收手续费及佣金	25 149 420. 76	15 956 065. 55	25 149 420. 76	15 956 065. 55
其他应收款	66 613 422. 36	158 092 769. 46	66 613 422. 36	160 466 562. 45
预付账款				
发放贷款及垫款	325 400 000. 00	519 900 000. 00	57 896 252. 59	295 500 000. 00
可供出售金融资产	121 200 000. 00	283 842 057. 55	1 438 543 250. 00	157 700 000. 00
持有至到期投资				
应收款项类投资	1 178 628 886. 36	10 000 000. 00		
长期股权投资				
投资性房地产				
固定资产	4 375 873. 80	4 339 606. 84	4 375 873. 80	4 339 606. 84
无形资产	10 349 694. 81	11 664 859. 50	10 349 694. 81	11 664 859. 50
商誉				
递延所得税资产	51 236 151. 87	49 958 696. 55	51 236 151. 87	49 958 696. 55
抵债资产				
其他资产	15 099 589. 70	10 185 282. 31	15 099 589. 70	10 185 282. 31
资产总计	2 447 421 680. 07	1 732 632 726. 38	2 053 677 957. 08	1 728 866 603. 72

法定代表人：张宏　　主管会计工作负责人：Diana Ling－Fung Jen　　会计机构负责人：钱旭

资产负债表（续）

编制单位：华澳国际信托有限公司　　2016 年 12 月 31 日　　单位：元

负债和股东权益	合并		母公司	
	年末余额	年初余额	年末余额	年初余额
负债：				
向中央银行借款				
同业及其他金融机构存放款项				
拆入资金	600 000 000. 00	300 000 000. 00	600 000 000. 00	300 000 000. 00
交易性金融负债				
衍生金融负债				
卖出回购金融资产款				
吸收存款				
应付职工薪酬	112 693 005. 15	108 829 371. 16	112 693 005. 15	108 829 371. 16
应交税费	34 456 667. 14	82 056 540. 53	34 456 667. 14	82 056 540. 53
应付利息	1 703 333. 30	937 500. 00	1 703 333. 30	937 500. 00
其他应付款	450 852 775. 39	29 778 388. 15	57 109 052. 40	26 012 265. 49
预收手续费及佣金	34 963 447. 42	67 004 571. 66	34 963 447. 42	67 004 571. 66
预计负债				
应付债券				
递延所得税负债	—	292 016. 78	—	292 016. 78
其他负债				
负债合计	1 234 669 228. 40	588 898 388. 28	840 925 505. 41	585 132 265. 62
股东权益：				
实收资本	600 000 000. 00	600 000 000. 00	600 000 000. 00	600 000 000. 00
减：库存股				
资本公积				
其他综合收益				
盈余公积	77 275 245. 18	70 373 433. 82	77 275 245. 18	70 373 433. 82
一般风险准备	25 616 263. 47	13 199 146. 47	25 616 263. 47	13 199 146. 47
信托赔偿准备	38 637 622. 59	35 186 716. 91	38 637 622. 59	35 186 716. 91
未分配利润	471 223 320. 43	424 975 040. 90	471 223 320. 43	424 975 040. 90
归属于母公司所有者权益	1 212 752 451. 67	1 143 734 338. 10		
少数股东权益				
所有者权益合计	1 212 752 451. 67	1 143 734 338. 10	1 212 752 451. 67	1 143 734 338. 10
负债和所有者权益总计	2 447 421 680. 07	1 732 632 726. 38	2 053 677 957. 08	1 728 866 603. 72

法定代表人：张宏　　主管会计工作负责人：Diana Ling－Fung Jen　　会计机构负责人：钱旭

5.1.3 利润表

利润表

编制单位：华澳国际信托有限公司　　2016 年度　　单位：元

项目	合并		母公司	
	本年发生额	上年发生额	本年发生额	上年发生额
一、营业收入	338 562 392.03	508 021 364.52	338 478 486.42	507 395 147.96
利息净收入	6 053 373.83	37 987 954.79	1 770 331.24	20 695 442.45
利息收入	35 884 207.13	41 758 788.13	31 601 164.54	24 466 275.79
利息支出	29 830 833.30	3 770 833.34	29 830 833.30	3 770 833.34
手续费及佣金净收入	291 458 586.75	413 979 575.24	292 814 134.69	418 234 449.55
手续费及佣金收入	296 451 028.57	414 128 442.79	297 806 576.51	418 383 317.10
手续费及佣金支出	4 992 441.82	148 867.55	4 992 441.82	148 867.55
投资收益	41 491 896.94	52 916 048.35	44 335 485.98	65 327 469.82
公允价值变动损益	-1 168 067.13	1 168 067.13	-1 168 067.13	1 168 067.13
汇兑收益	726 601.64	1 969 719.01	726 601.64	1 969 719.01
二、营业支出	257 252 873.57	352 214 742.72	257 168 967.96	351 588 526.16
营业税金及附加	6 507 203.73	24 711 893.08	6 507 203.73	24 711 893.08
业务及管理费	249 499 482.57	237 502 684.61	249 415 576.96	236 876 468.05
资产减值损失	1 246 187.27	90 000 165.03	1 246 187.27	90 000 165.03
三、营业利润	81 309 518.46	155 806 621.80	81 309 518.46	155 806 621.80
加：营业外收入	12 770 269.51	14 734 813.59	12 770 269.51	14 734 813.59
减：营业外支出	676 181.01	71 492.60	676 181.01	71 492.60
四、利润总额	93 403 606.96	170 469 942.79	93 403 606.96	170 469 942.79
减：所得税费用	24 385 493.39	43 874 223.02	24 385 493.39	43 874 223.02
五、净利润	69 018 113.57	126 595 719.77	69 018 113.57	126 595 719.77
归属于母公司的净利润				
少数股东损益				
六、其他综合收益的税后净额		-1 389 750.00		-1 389 750.00
归属母公司所有者的其他综合收益的税后净额		-1 389 750.00		-1 389 750.00
以后将重分类进损益的其他综合收益		-1 389 750.00		-1 389 750.00
可供出售金融资产公允价值变动损益		-1 389 750.00		-1 389 750.00
归属于少数股东的其他综合收益的税后净额				
七、综合收益总额	69 018 113.57	125 205 969.77	69 018 113.57	125 205 969.77
归属于母公司股东的综合收益总额	69 018 113.57	125 205 969.77		
归属于少数股东的综合收益总额	—	—		

法定代表人：张宏　　主管会计工作负责人：Diana Ling-Fung Jen　　会计机构负责人：钱旭

5.1.4 所有者权益变动表

所有者权益变动表

编制单位：华澳国际信托有限公司　　单位：元

项目	2016 年						
	实收资本	其他综合收益	盈余公积	一般风险准备	信托赔偿准备	未分配利润	所有者权益合计
一、上年年末余额	600 000 000.00		70 373 433.82	13 199 146.47	35 186 716.91	424 975 040.90	1 143 734 338.10
二、本年年初余额	600 000 000.00		70 373 433.82	13 199 146.47	35 186 716.91	424 975 040.90	1 143 734 338.10
三、本年增减变动金额（减少以“-”号填列）			6 901 811.36	12 417 117.00	3 450 905.68	46 248 279.53	69 018 113.57
（一）综合收益总额						69 018 113.57	69 018 113.57
1. 净利润						69 018 113.57	69 018 113.57
2. 其他综合收益							
（二）所有者投入和减少资本							
（三）利润分配			6 901 811.36	12 417 117.00	3 450 905.68	-22 769 834.04	
1. 提取盈余公积			6 901 811.36			-6 901 811.36	
2. 提取一般风险准备				12 417 117.00		-12 417 117.00	
3. 提取信托赔偿准备					3 450 905.68	-3 450 905.68	
四、本年年末余额	600 000 000.00		77 275 245.18	25 616 263.47	38 637 622.59	471 223 320.43	1 212 752 451.67

所有者权益变动表(续)

编制单位:华澳国际信托有限公司 单位:元

项目	2015 年						
	实收资本	其他综合收益	盈余公积	一般风险准备	信托赔偿准备	未分配利润	所有者权益合计
一、上年年末余额	600 000 000.00	1 389 750.00	57 713 861.84	8 920 432.45	28 856 930.92	321 647 393.12	1 018 528 368.33
二、本年年初余额	600 000 000.00	1 389 750.00	57 713 861.84	8 920 432.45	28 856 930.92	321 647 393.12	1 018 528 368.33
三、本年增减变动金额(减少以"-"号填列)		-1 389 750.00	12 659 571.98	4 278 714.02	6 329 785.99	103 327 647.78	125 205 969.77
(一)综合收益总额		-1 389 750.00				126 595 719.77	125 205 969.77
1. 净利润						126 595 719.77	126 595 719.77
2. 其他综合收益		-1 389 750.00					-1 389 750.00
(二)所有者投入和减少资本							
(三)利润分配			12 659 571.98	4 278 714.02	6 329 785.99	-23 268 071.99	
1. 提取盈余公积			12 659 571.98			-12 659 571.98	
2. 提取一般风险准备				4 278 714.02		-4 278 714.02	
3. 提取信托赔偿准备					6 329 785.99	-6 329 785.99	
四、本年年末余额	600 000 000.00		70 373 433.82	13 199 146.47	35 186 716.91	424 975 040.90	1 143 734 338.10

法定代表人:张宏 主管会计工作负责人:Diana Ling-Fung Jen 会计机构负责人:钱旭

5.2 信托资产(未经审计)

5.2.1 信托项目资产负债汇总表

2016 年 12 月 31 日 单位:元

信托资产	年末数	年初数	信托负债和信托权益	年末数	年初数
信托资产:			信托负债:		
货币资金	408 189 746.48	420 696 123.82	应付受托人报酬	1 992 361.10	1 846 617.13
拆出资金			应付托管费	57 314.93	
交易性金融资产	433 198 695.54		交易性金融负债		
应收款项	3 736 016 272.65	453 748 050.43	应付受益人收益	2 733 468.03	13 785 999.44
买入返售资产	9 176 413 757.00	5 646 594 323.29	应付销售服务费		
可供出售金融资产	19 376 931 439.48	3 353 016 872.88	其他应付款项	1 327 254 882.68	831 039 359.81
长期应收款	500 000 000.00	604 730 200.00	卖出回购资产款		
长期股权投资	2 163 500 000.00	3 019 232 000.00	内部往来		
客户贷款	12 340 989 378.61	16 291 234 743.19	其他负债		
应收融资租赁款			信托负债合计	1 332 038 026.74	846 671 976.38
固定资产			信托权益:		
无形资产			实收信托	46 149 168 969.62	28 954 196 231.91
长期待摊费用			资金公积		
其他资产	42 400 000.00	42 400 000.00	未分配利润	696 432 293.40	30 784 105.32
内部往来			信托权益合计	46 845 601 263.02	28 984 980 337.23
信托资产总计	48 177 639 289.76	29 831 652 313.61	信托负债和信托权益总计	48 177 639 289.76	29 831 652 313.61

5.2.2 信托项目利润及利润分配汇总表

2016 年度 单位:元

项目	本年数	上年数
一、营业收入	2 942 072 435.52	3 409 646 833.92
1. 利息收入	1 804 898 299.06	3 150 858 565.40
2. 投资收益	421 974 354.63	244 015 376.68
3. 公允价值变动损益	6 422 231.29	-261 777.47
4. 租赁收入		
5. 其他收入	708 777 550.54	15 034 669.31
二、营业费用	322 120 511.76	465 204 136.09

续表

项目	本年数	上年数
三、营业税金及附加		
四、扣除资产减值准备前的信托利润	2 619 951 923.76	2 944 442 697.83
减:资产减值准备		
五、扣除资产减值准备后的信托利润	2 619 951 923.76	2 944 442 697.83
加:年初未分配信托利润	30 784 105.32	133 637 845.07
六、可供分配的信托利润	2 650 736 029.08	3 078 080 542.90
减:本年已分配信托利润	1 954 303 735.68	3 049 748 505.05
加:损益平准金		2 452 067.47
七、年末未分配信托利润	696 432 293.40	30 784 105.32

6. 会计报表附注

6.1 会计报表编制基准不符合会计核算基本前提的说明

6.1.1 会计报表不符合会计核算基本前提的事项

本报告期会计报表编制基准不存在不符合会计核算基本前提的事项。

6.2 重要会计政策和会计估计说明

6.2.1 记账基础和计价原则

6.2.1.1 遵循企业会计准则的声明

本公司编制的财务报表符合企业会计准则的要求，真实、完整地反映了本公司的财务状况、经营成果和现金流量等有关信息。

6.2.1.2 会计期间

本公司的会计期间为公历1月1日至12月31日。

6.2.1.3 记账本位币

本公司以人民币为记账本位币。

6.2.1.4 记账基础和计价原则

本公司会计核算以权责发生制为记账基础。除某些金融工具以公允价值计量外，本财务报表以历史成本作为计量基础。资产如果发生减值，则按照相关规定计提相应的减值准备。

在历史成本计量下，资产按照购置时支付的现金或者现金等价物的金额或者所付出的对价的公允价值计量。负债按照因承担现时义务而实际收到的款项或者资产的金额，或者承担现时义务的合同金额，或者按照日常活动中为偿还负债预期需要支付的现金或者现金等价物的金额计量。

公允价值是市场参与者在计量日发生的有序交易中，出售资产所能收到或者转移一项负债所需支付的价格。无论公允价值是可观察到的还是采用估值技术估计的，在本财务报表中计量和披露的公允价值均在此基础上予以确定。

公允价值计量基于公允价值的输入值的可观察程度以及该等输入值对公允价值计量整体的重要性，被划分为三个层次：

第一层次输入值是在计量日能够取得的相同资产或负债在活跃市场上未经调整的报价；

第二层次输入值是除第一层次输入值外相关资产或负债直接或间接可观察的输入值；

第三层次输入值是相关资产或负债的不可观察输入值。

6.2.2 合并财务报表的编制方法

合并财务报表的合并范围以控制为基础予以确定。控制是指投资方拥有对被投资方的权力，通过参与被投资方的相关活动而享有可变回报，并且有能力运用对被投资方的权力影响其回报金额。一旦相关事实和情况的变化导致上述控制定义涉及的相关要素发生了变化，本公司将进行重新评估。

合并起始于本公司获得对该结构化主体的控制权时，终止于本公司丧失对结构化主体的控制权时。

对于本公司处置的结构化主体，处置日（丧失控制权的日期）前的经营成果和现金流量已经适当地包括在合并利润表和合并现金流量表中。

结构化主体采用的主要会计政策和会计期间按照本公司统一规定的会计政策和会计期间厘定。

本公司与结构化主体相互之间发生的内部交易对合并财务报表的影响于合并时抵销。

结构化主体股东权益中不属于母公司的份额作为其他投资者的权益，在合并资产负债表中以“其他应付款”项目列示。结构化主体当期净损益中属于其他投资者的份额，在合并利润表中与“投资收益”抵销列示。

公司本报告期未发生会计政策、会计估计、核算方法的变更。

6.3 或有事项说明

报告期内，本公司未发生对外担保及其他或有事项。

6.4 重要资产转让及其出售的说明

报告期内，本公司未发生重要资产转让及出售情况。

6.5 会计报表中重要项目的明细资料

6.5.1 自营资产经营情况

6.5.1.1 信用风险资产五级分类情况

信用风险资产五级分类	正常类（万元）	关注类（万元）	次级类（万元）	可疑类（万元）	损失类（万元）	信用风险资产合计（万元）	不良资产合计（万元）	不良资产率（%）
期初数	155 809	372	10 454	7 736	—	174 372	18 191	10
期末数	196 213	1 689	—	8 585	—	206 486	8 585	4

注：不良资产合计＝次级类＋可疑类＋损失类。

6.5.1.2 各项资产减值损失准备情况表

	年初数	本年计提	本年转回	本年核销	年末数
贷款损失准备	450	—	362	—	88
一般准备	—	—	—	—	—
专项准备	—	—	—	—	—
其他资产减值准备	—	—	—	—	—
可供出售金融资产减值准备	—	2 191	—	—	2 191
持有至到期投资减值准备	—	—	—	—	—
长期股权投资减值准备	—	—	—	—	—
坏账准备	8 651	—	1 704	—	6 947
投资性房地产减值准备	—	—	—	—	—

6.5.1.3 按照投资品种分类，固有业务股票投资、基金投资、债券投资、股权投资等投资业务的年初数、年末数

单位：万元

	自营股票	基金	债券	长期股权投资	其他投资	合计
年初数	—	13 817	—		15 770	29 587
年末数	—	5 818	40 000		100 245	146 063

6.5.1.4 按投资入股金额排序，前五名的自营长期股权投资的企业名称、占被投资企业权益的比例、主要经营活动及投资收益情况等

报告期末，本公司无长期股权投资。

6.5.1.5 前五名的自营贷款的企业名称、占贷款总额的比例和还款情况等

企业名称	占贷款总额的比例（%）	还款情况
泽信管理有限公司	100	尚未到期

6.5.1.6　表外业务的期初数、期末数；按照代理业务、担保业务和其他类型表外业务分别披露

单位：万元

表外业务	年初数	年末数
担保业务	—	—
代理业务（委托业务）	—	—
其他	—	—
合计	—	—

6.5.1.7　公司当年的收入结构

收入结构	公司合并		公司单体	
	金额（万元）	占比（%）	金额（万元）	占比（%）
手续费及佣金收入	29 645	76.54	29 781	76.90
其中：信托手续费收入	28 233	72.89	28 369	73.26
其他手续费收入	1 412	3.65	1 412	3.65
利息收入	3 588	9.26	3 160	8.16
其他业务收入	0	0.00	0	0.00
投资收益	4 149	10.71	4 434	11.45
汇兑收益	73	0.19	73	0.19
营业外收入	1 277	3.30	1 277	3.30
收入合计	38 732	100.00	38 724	100.00

6.5.2　信托财产管理情况

6.5.2.1　信托资产的年初数、年末数

单位：万元

信托资产	期初数	期末数
集合	1 175 139	1 908 912
单一	1 716 085	2 456 634
财产权	91 941	452 219
合计	2 983 165	4 817 764

6.5.2.1.1　主动管理型信托业务的信托资产年初数、年末数

单位：万元

主动管理型信托资产	年初数	年末数
其他投资类	214 910	1 160
证券投资类	0	53 840
股权投资类	36 276	14 602
融资类	1 113 409	1 335 728
事务管理类	—	—
合计	1 364 595	1 405 331

6.5.2.1.2　被动管理型信托业务的信托资产年初数、年末数

单位：万元

被动管理型信托资产	年初数	年末数
其他投资类	128 099	—
证券投资类	—	—
股权投资类	2	—
融资类	843 948	338
事务管理类	646 521	3 412 095
合计	1 618 570	3 412 433

6.5.2.2　本年度整体已清算结束的信托项目个数、实收信托合计金额、加权平均实际年化收益率

6.5.2.2.1　本年度整体已清算结束的信托项目个数、实收信托合计金额、加权平均实际年化收益率

已清算结束信托项目	项目个数（个）	实收信托合计金额（万元）	加权平均实际年化收益率（%）
集合类	36	801 610	9.34
单一类	29	1 261 852	6.34
财产管理类	0	0	—

注：加权平均实际年化收益率 $= \dfrac{\sum_{i=1}^{n}(\text{信托项目}i\text{的实际年化收益率} \times \text{信托项目}i\text{的实收信托})}{\sum_{i=1}^{n}\text{信托项目}i\text{的实收信托}} \times 100\%$。

6.5.2.2.2　本年度整体已清算结束的主动管理型信托项目个数、实收信托合计金额、加权平均实际年化收益率

已清算结束信托项目	项目个数（个）	实收信托合计金额（万元）	加权平均实际年化信托报酬率（%）	加权平均实际年化收益率（%）
证券投资类	0	0	—	—
股权投资类	0	0	—	—
融资类	34	767 490	2.04	9.62
事务管理类	0	0	—	—
其他投资类	3	260 000	1.11	5.50

注：加权平均实际年化收益率 $= \dfrac{\sum_{i=1}^{n}\left(\text{信托项目}i\text{的实际年化收益率} \times \text{信托项目}i\text{的实收信托}\right)}{\sum_{i=1}^{n}\text{信托项目}i\text{的实收信托}} \times 100\%$。

6.5.2.2.3　本年度整体已清算结束的被动管理型信托项目

已清算结束信托项目	项目个数（个）	实收信托合计金额（万元）	加权平均实际年化信托报酬率（%）	加权平均实际年化收益率（%）
证券投资类	0	0	—	—
股权投资类	0	0	—	—
融资类	4	186 466	0.17	7.20
事务管理类	24	849 506	0.17	6.27

注：加权平均实际年化收益率 $= \dfrac{\sum_{i=1}^{n}\left(\text{信托项目}i\text{的实际年化收益率} \times \text{信托项目}i\text{的实收信托}\right)}{\sum_{i=1}^{n}\text{信托项目}i\text{的实收信托}} \times 100\%$。

6.5.2.3　本年度整体新增信托项目个数、实收信托合计金额

新增信托项目	项目个数（个）	实收信托合计金额（万元）
集合类	29	2 344 980
单一类	52	3 762 160
财产管理类	14	294 704
新增合计	95	6 401 843
其中：主动管理型	28	998 050
被动管理型	67	5 403 793

6.5.2.4　信托业务创新成果和特色业务有关情况

公司各类业务创新成果和特色业务有关情况将于公司网站不时披露。

6.5.2.5　本公司履行受托人义务情况及因本公司自身责任而导致的信托资产损失情况

本公司没有发生任何因受托人自身责任或处理信托事务不当而导致所管理信托财产发生损失并致信托受益人利益受损的情况。

6.6　关联方关系及其交易的披露

6.6.1　关联交易方的数量、关联交易的总金额及关联交易的定价政策等

单位：万元

	关联交易方数量	关联交易金额	定价政策
合计	—	—	—

6.6.2　关联交易方与本公司的关系性质、关联交易方的名称、法定代表人、注册地址、注册资本及主营业务等

单位：万元

关系性质	关联方名称	法定代表人	注册地址	注册资本	主营业务
—	—	—	—	—	—

6.6.3　逐笔披露本公司与关联方的重大交易事项

6.6.3.1　固有财产与关联方交易情况：贷款、投资、租赁、应收账款、担保、其他方式等期初汇总数、本年借方和贷方发生额汇总数、年末汇总数

单位：万元

固有财产与关联方关联交易				
	年初数	借方发生额	贷方发生额	年末数
贷款	—	—	—	—
投资	—	—	—	—
租赁	—	—	—	—
担保	—	—	—	—
应收账款			—	—
其他			—	—
合计			—	—

6.6.3.2　信托资产与关联方交易情况：贷款、投资、租赁、应收账款、担保、其他方式等期初汇总数、本年借方和贷方发生额汇总数、年末汇总数

单位：万元

信托资产与关联方关联交易				
	年初数	借方发生额	贷方发生额	年末数
贷款	—	—	—	—
投资	—	—	—	—
租赁	—	—	—	—
担保	—	—	—	—
应收账款	—	—	—	—
其他	—	—	—	—
合计	—	—	—	—

6.6.3.3　信托公司自有资金运用于自己管理的信托项目（固信交易）、信托公司管理的信托项目之间的相互（信信交易）交易金额，包括余额和本报告年度的发生额

6.6.3.3.1　信托公司自有资金运用于自己管理的信托项目年初汇总数、本年发生额汇总数、年末汇总数

单位：万元

自有资金运用于自己管理的信托项目			
	年初数	本年发生数	年末数
合计	15 770	-15 770	—

6.6.3.3.2　信托公司管理的信托项目之间关联交易

报告期内，本公司管理的信托项目之间未发生关联交易。

6.6.4　逐笔披露关联方逾期未偿还本公司资金的详细情况以及本公司为关联方担保发生或即将发生垫款的详细情况

本公司无关联方逾期未偿还本公司资金的情况及为关联方担保发生或即将发生垫款的情况。

6.7　会计制度的披露

公司执行财政部2006年2月15日颁布的企业会计准则。

7. 财务情况说明书

7.1　利润实现和分配情况

报告期内本公司实现利润总额9 341万元，企业所得税费用2 439万元，实现净利润6 902万元。

按有关法律、法规规定，对净利润作了如下处理：

（1）按当年度实现的净利润提取10%的法定盈余公积金690万元；

（2）按当年度实现的净利润提取5%的信托赔偿准备345万元；

（3）按风险资产余额提取1.5%的一般风险准备1 242万元；

上述各项提取之后，剩余部分4 625万元。

2016年末可供分配的利润47 122万元。

7.2　主要财务指标

指标名称	指标值
资本利润率（%）	6
加权年化信托报酬率（%）	0.79
人均净利润（万元）	35

注：1. 资本利润率＝净利润/所有者权益平均余额×100%。

2. $$\text{加权年化信托报酬率}=\frac{\sum_{i=1}^{n}\left(\text{信托项目}i\text{的实际年化信托报酬率}\times\text{信托项目}i\text{的实收信托}\right)}{\sum_{i=1}^{n}\text{信托项目}i\text{的实收信托}}\times 100\%$$。

3. 人均净利润＝净利润/年平均人数。

7.3　对本公司财务状况、经营成果有重大影响的其他事项

报告期内，本公司没有发生对财务状况、经营成果有重大影响的其他事项。

8. 特别事项揭示

8.1　前五名股东报告期内变动情况及原因

报告期内，重庆财信企业集团有限公司以协议方式受让华兴电力股份公司持有的公司30%股权。该股权变更于2015年8月28日经公司股东会批准，2016年2月19日获中国银行业监督管理委员会上海监管局批准，并于2016年4月12日完成变更手续。股权变更后，公司原股东华兴电力股份公司不再持有公司股权。

8.2 董事、监事及高级管理人员变动情况及原因

8.2.1 董事变动情况

原董事田英女士于2016年3月3日经股东会批准不再担任董事职务，由罗宇星先生于2016年3月3日经股东会批准担任董事职务，其任职资格于2016年6月12日经监管部门核准。

原董事周孙明先生于2016年8月15日经股东会批准不再担任董事职务，由熊伟女士于2016年8月15日经股东会批准担任董事职务，其任职资格于2016年10月25日经监管部门核准。

8.2.2 监事变动情况

原监事金梅女士于2016年3月3日经股东会批准不再担任监事职务，由李登峰先生于2016年3月3日经股东会批准担任监事职务。

原监事长刘汉平先生于2016年4月13日经股东会批准不再担任监事长职务，由夏勇先生于2016年4月13日经股东会批准担任监事职务，经2016年4月13日监事会选举，担任监事长。

8.2.3 高级管理人员变动情况

原总裁杨自理先生于2016年3月3日经董事会批准不再担任总裁，2016年4月15日正式离任。

解媛媛女士于2015年12月21日经董事会批准担任公司总审计师，上海银监局于2016年3月14日核准其高管任职资格。

陈鸣先生于2015年12月21日经董事会批准担任公司副总裁职务，上海银监局于2016年3月14日核准其高管任职资格。

吴瑞忠先生于2016年9月5日经董事会批准担任公司总裁职务，上海银监局于2016年10月12日核准其总裁任职资格。

8.3 公司的重大诉讼事项

报告期内，公司无重大未决诉讼事项。

8.4 对会计师事务所出具的有保留意见、否定意见或无法表示意见的审计报告的，公司董事会应就涉及事项作出说明

报告期内，公司董事会无需要作出特别说明的相关事项。

8.5 公司及其董事、监事和高级管理人员受到处罚的情况

报告期内，公司及董事、监事、高级管理人员无因2016年内发生的违规事项受到监管部门行政处罚。

8.6 银监会及其派出机构对公司检查后提出整改意见的，应简单说明整改情况

报告期内，公司未发生上海银监局现场检查组开展的现场检查。

8.7 本年度重大事项临时报告的简要内容、披露时间、所披露的媒体及其版面

本年度公司无重大事项临时报告等披露事项。

8.8 银监会及其省级派出机构认定的其他有必要让客户及相关利益人了解的重要信息

报告期内，不存在上海银监局认定的有必要让客户及相关利益人了解的公司未进行披露的重要信息。

9. 公司监事会意见

报告期内，公司监事会无需要作出特别声明的意见。

华宝信托有限责任公司

1. 重要提示

1.1 本公司董事会及董事保证本报告所载资料不存在任何虚假记载、误导性陈述或者重大遗漏，并对其内容的真实性、准确性和完整性承担个别及连带责任。

1.2 独立董事赵欣舸、廖海、林利军认为本报告内容是真实、准确、完整的。

1.3 公司负责人董事长王成然，主管会计工作负责人副总经理张晓喆及会计部门负责人计划财务部总经理蒋勋声明：保证年度报告中财务报告的真实、准确、完整。

2. 公司概况

2.1 公司简介

2.1.1 企业简介

华宝信托有限责任公司（以下简称华宝信托）成立于1998年，是中国宝武钢铁集团有限公司旗下的金融板块成员公司，中国宝武钢铁集团有限公司持股98%，浙江省舟山市财政局持股2%。华宝信托注册资本金37.44亿元（含1 500万美元），旗下控股华宝兴业基金管理有限公司（中法合资）。

华宝信托的大股东宝武集团信誉卓著、实力雄厚。秉承中国宝武集团一贯的严谨稳健、诚信规范作风，华宝信托始终以“受益人利益最大化”为经营理念，以专业化和差异化发展为基本战略，以资产管理与信托服务为两大主业，立足资本市场，不断强化能力建设、渠道建设和品牌建设。公司业务门类齐全、专业化分工清晰、团队阵容整齐、主动管理与创新能力强大、业绩持续良好。目前，公司为中国信托业协会第三届理事会副会长单位，公司董事长任中国信托业保障基金有限责任公司董事。

多年来华宝信托始终保持创新意识，多项业务资格或行动处于行业领先地位。2016年，公司首单家族信托业务成功落地，并正式推出世家华传和基业宝承两个子系列服务产品，为客户提供个性化、定制化的家族财富管理综合解决方案。2015年，联手上海临港集团设立百亿元开发基金，并成功发行公司首单QDII集合信托计划。2014年，通过人力资源和社会保障部的企业年金管理资格延续申请，继续成为国内唯一一家拥有法人受托机构和账户管理人两项资格的信托公司。2013年，推出公益性质的信托——华宝爱心信托，建立业内首个标准化信托服务平台——华宝流通宝平台。2012年，首推国内信托产品评级，申请到第一个以信托计划名义设立的股指期货套保交易编码和套利交易编码。2011年，成为首家获得股指期货交易业务资格的信托公司。2007年，新“两规”颁布后首家获准换发金融牌照。2005年，第一家取得人力资源和社会保障部颁发的年金受托人及账管人资格，并且第一家开展结构化证券信托业务。2004年，第一家引入独立董事。2003年，第一家在公开媒体开展信息披露，行业内第一家发起成立合资基金公司。

此外，公司2012年获得受托境外理财业务资格，2008年获得大宗交易系统合格投资者资格，2006年获得资产证券化业务资格，2005年首批获得新股发行询价对象资格，业务资格全面。

2006年起，华宝信托进入快速发展阶段，2006～2016年累计清算信托项目1 113个，成功兑付率为100%。公司为投资者创造了良好收益，1998～2016年累计为客户实现收益1 326亿元。截至2016年末，华宝信托管理的信托资产规模已超5 300亿元（含年金），稳居行业前列。华宝信托也为股东创造了良好收益，自1998年成立以来，华宝信托连续19年都实现盈利。

近年来，华宝信托在各类专业行业评选中多次荣获优秀公司、知名品牌、最佳创新、最佳经理、最佳产品等各类奖项。其中2016年，公司荣获21世纪经济报道“金贝奖”年度最佳品牌建设信托公司，荣获《证券时报》第九届中国优秀信托公司评选“优秀组合投资基金类信托计划”奖、“优秀证券投资信托计划”奖。

目前，华宝信托产品利用多种结构和工具覆盖了资本市场、货币市场、实体经济。同时，在风控方面，华宝信托形成了由董事会及管理层直接领导，以风险管理部门为依托，相关职能部门配合，与各个业务部门全面联系的三级风险管理组织体系，公司治理结构及风险控制水平行业领先。

展望未来，华宝信托将继续以机构、高端客户需求为核心，专注于证券、投融资、产融结合、国际业务、信托服务等专业领域，提供综合财富管理和整体金融解决方案，打造中国领先的特色金融服务商。我们将进一步丰富产品线及提升信托服务能力，为客户打造更好产品，提供更好服务，让更多的市场主体参与信托，享受信托制度的优势。

2.1.2 历史沿革

1998年，华宝信托投资有限责任公司经过增资、更名、迁址。

2001年，第一批获得中国人民银行核准重新登记，注册资本金为10亿元（其中美元1 500万）；获得中国证监会筹建经纪公司方案的批复；正式成立并开始营业。

2007年，首家通过重新登记，更名为华宝信托有限责任公司。

2011年，经股东增资，华宝信托注册资本由10亿元增至20亿元（含1 500万美元）。

2014年，华宝信托完成工商变更及备案登记手续，注册资本由20亿元（含1 500万美元）增至37.44亿元（含1 500万美元），各股东持股比例保持不变。

2.1.3 公司的法定中文名称：华宝信托有限责任公司

中文名称缩写：华宝信托

公司的法定英文名称：Hwabao Trust Co., Ltd.

英文名称缩写：Hwabao Trust

2.1.4　法定代表人:王成然

2.1.5　注册地址:中国(上海)自由贸易试验区世纪大道100号环球金融中心59层

2.1.6　邮政编码:200120

2.1.7　国际互联网网址:www. hwabaotrust. com

2.1.8　电子信箱:hbservice@ hwabaotrust. com

2.1.9　负责信息披露的高管人员:张晓喆
联系人:毛怡玲
联系电话:021-38506666
传真:021-68403999
电子信箱:mao_yiling@ hwabaotrust. com

2.1.10　信息披露报纸:《中国证券报》《上海证券报》《证券时报》

2.1.11　年度报告备置地点:中国(上海)自由贸易试验区世纪大道100号环球金融中心59层

2.1.12　聘请的会计师事务所:瑞华会计师事务所(特殊普通合伙)
地址:北京市东城区永定门西滨河路8号院7号楼中海地产广场西塔5~11层

2.1.13　聘请的律师事务所:上海市锦天城律师事务所
地址:上海市浦东新区花园石桥路33号花旗集团大厦14楼

2.2　组织结构

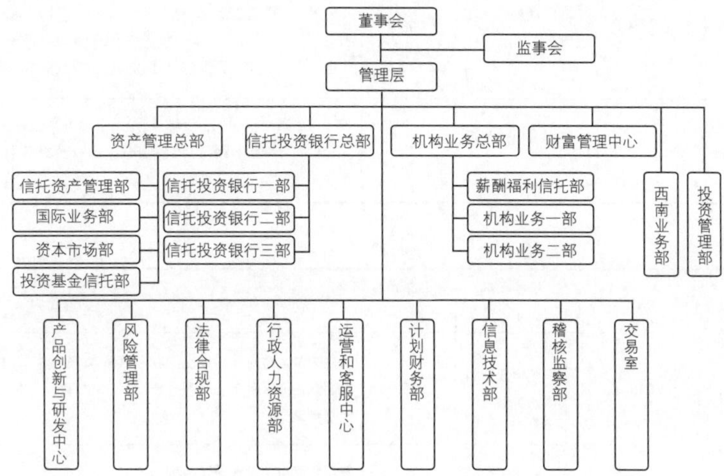

3. 公司治理

3.1　股东

股东总数:2个。

股东名称	持股比例(%)	法人代表	注册资本(万元)	注册地址	主要经营业务及主要财务情况
中国宝武钢铁集团有限公司★	98	马国强	5 279 110. 10	上海市浦东新区浦电路370号宝钢大厦	经营国务院授权范围内的国有资产,并开展有关投资业务;钢铁冶炼、冶金矿产、化工(除危险品)、电力、码头、仓储、运输与钢铁相关的业务以及技术开发、技术转让、技术服务和技术管理咨询业务,外经贸部批准进出口业务,国内贸易(除专项规定),商品及技术的进出口服务。
浙江省舟山市财政局	2	顾央军	—	—	政府机关

注:★表示最终实际控制人。

3.2　董事、董事会及其下属委员会

董事长、董事

姓　名	职　务	性别	年龄	选任日期	所推举的股东名称	该股东持股比例(%)	简要履历
王成然	董事长	男	57	2015年2月	中国宝武钢铁集团有限公司	98	曾任宝钢集团计划财务部投资处综合主管、财务处副处长、资产经营处副处长(主持工作)、资产经营处处长、资产经营部副部长、部长,宝钢集团业务总监,宝钢集团总经理助理兼华宝投资董事长,宝钢集团总经理助理兼审计部部长,宝钢集团金融系统党委书记兼华宝投资资本运营部总经理,宝钢金融系统党委书记;现任华宝信托董事长。

续表

姓 名	职 务	性别	年龄	选任日期	所推举的股东名称	该股东持股比例(%)	简要履历
贾璐	董事	女	45	2015年2月	中国宝武钢铁集团有限公司	98	曾任职宝钢自动化部冶炼室，宝钢自动化部组，国贸人事部人才开发室主办、主管、副主任、主任，宝钢国际人力资源部高级主管，宝钢国际人力资源部、党委组织部部长，宝钢资源有限公司总经理助理，宝钢资源（国际）有限公司总经理助理，华宝投资有限公司副总经理；现任宝钢金融系统党委副书记、纪委书记、工会主席，华宝信托董事。
孔祥清	董事	男	49	2015年2月	中国宝武钢铁集团有限公司	98	曾任宝钢计财部资金处外汇管理，宝钢计财部资金处资金业务主办、主管，宝钢计财部资金处副处长（主持工作），宝钢集团财务有限责任公司总经理，华宝投资副总经理兼华宝证券董事长，法兴华宝汽车租赁董事长；现任华宝投资有限公司副总经理，法兴华宝汽车租赁（上海）有限公司董事长，华宝信托董事。
王波	董事	男	44	2015年2月	中国宝武钢铁集团有限公司	98	曾任宝钢财务公司宝林证券营业部上海证券交易所出市代表、交易主管，华宝信托公司投资管理部总经理助理，资产运营部副总经理，发展研究中心副总经理、总经理，公司投资总监，公司总经理助理兼投资总监、公司副总经理、党总支书记、工会主席等职；现任华宝信托有限责任公司总经理、党总支书记、董事，华宝证券有限责任公司董事。
俞志龙	董事	男	54	2015年2月	浙江省舟山市财政局	2	曾任舟山市地税局税务专管员，舟山市地税局征管处处长、税政处处长，舟山市财政局外债金融处处长；现任舟山市国有资产投资经营有限公司董事长、总经理，华宝信托董事。

独立董事

姓 名	所在单位及职务	性别	年龄	选任日期	所推举的股东名称	该股东持股比例(%)	简要履历
赵欣舸	中欧国际工商学院会计学教授	男	46	2015年2月	中国宝武钢铁集团有限公司	98	曾任哈尔滨市对外科技交流中心职员，美国威廉与玛丽学院商学院金融学助理教授，中欧国际工商学院金融学副教授；现任中欧国际工商学院金融学与会计学教授，华宝信托独立董事。
廖海	源泰律师事务所主任合伙人	男	50	2015年2月	中国宝武钢铁集团有限公司	98	曾任北京市中伦金通律师事务所上海分所合伙人；现任上海源泰律师事务所主任合伙人，华宝信托独立董事。
林利军（拟任）	正心谷创新资本董事长	男	43	2016年8月	中国宝武钢铁集团有限公司	98	历任上海证券交易所办公室主任助理、上市部总监助理，曾于1998年在上海证券交易所参与过中国第一只基金发行上市工作，并曾任职于中国证监会创业板筹备工作组及上市公司监管部；现任正心谷创新资本董事长，华宝信托独立董事（拟任）。

3.3 监事、监事会

监事会成员

姓 名	职 务	性别	年龄	选任日期	所推举的股东名称	该股东持股比例(%)	简要履历
朱可炳	监事长	男	42	2011年2月	中国宝武钢铁集团有限公司	98	曾任宝钢集团公司财务部分项技术协理（统计管理），宝钢集团公司财务部分项技术协理（会计管理），宝钢集团公司资产经营部高级管理师（会计分析），宝钢集团公司资产经营部高级管理师（房地产），宝钢集团公司资产经营部企业投资业务块负责人，宝钢股份公司财务部副部长，宝钢集团有限公司财务部副部长，宝钢集团经营财务部总经理兼资产管理总监，宝山钢铁股份有限公司财务总监兼董事会秘书；现任华宝投资总经理，产业和金融业结合发展中心总经理。
甘龙华	监事	男	51	2011年2月	中国宝武钢铁集团有限公司	98	曾在宝钢总厂热轧厂，宝钢集团战略发展研究室、工程投资部、战略发展部等工作，曾任华宝投资综合财务部高级经理；现任华宝投资综合财务部资深经理。
刘文力	职工监事	男	40	2016年3月	—	—	1998年7月加入华宝信托有限责任公司，先后担任计划财务部税务、预算、统计、会计总账岗位，稽核监察部高级稽核经理、稽核主管；现任华宝信托稽核专家。

3.4 高级管理人员

姓 名	职 务	性别	年龄	选任日期	金融从业年限(年)	学历	专业
王波	总经理、党总支书记	男	44	2015年6月	22	硕士	金融学;高级管理人员工商管理硕士
张晓喆	副总经理	女	45	2009年10月	7	硕士	工商管理
王锦凌	副总经理	女	45	2013年5月	18	硕士	国民经济;工商管理
刘惠	副总经理	男	46	2016年8月	18	硕士	会计学;工商管理
高卫星	董事会秘书	女	46	2013年5月	21	硕士	法学;高级管理人员工商管理硕士
万福洋	合规总监(拟任)、风险管理部总经理	男	40	2015年11月	1	本科	经济法
刘雪莲	总经理助理、信托投资银行三部总经理	女	35	2016年4月	12	硕士	金融学
丁杰	总经理助理、财富管理中心总经理	男	35	2016年4月	9	硕士	行政管理;高级管理人员工商管理硕士

3.5 公司员工

最近两个年度职工人数、年龄分布、学历分布、岗位分布,所有层级加总整体为100%。

项 目		报告期年度		上年度	
		人数(人)	比例(%)	人数(人)	比例(%)
年龄分布	25岁以下	21	7	18	7
	25~29岁	93	32	93	34
	30~39岁	130	44	122	44
	40岁以上	50	17	41	15
学历分布	博士	5	2	6	2
	硕士	135	46	128	47
	本科	144	49	130	48
	专科	4	1	3	1
	其他	6	2	7	2
岗位分布	董事、监事及其高管人员	8	3	4	1
	自营业务人员	5	2	3	1
	信托业务人员	127	43	120	44
	其他人员	154	52	147	54

注:自营业务人员是指按照岗位分工,专门或至少主要从事固有资金使用和固有资产管理有关业务的职工;信托业务人员是指按照岗位分工,专门或主要从事信托资金使用和信托资产管理各项业务的职工;对于人力资源部等类似无法明确区分的综合部门归为其他人员。

4. 经营管理

4.1 经营目标、经营方针、战略规划

公司以高端客户需求为核心,专注于证券、投融资、产融结合等专业领域,提供另类财富管理和综合金融解决方案,打造中国领先的综合金融服务商。

以高端客户的理财及衍生需求为核心,由客户经理和专家团队为其在涉及私募证券、私募股权(含产业基金)、房地产基金等另类投资领域提供个性化、专业化的投资规划和资产配置,重点打造并扩大公司在证券、投融资、产融结合方面的专业管理能力优势。

公司大股东宝武集团信誉卓著、实力雄厚。公司秉承中国宝武集团一贯的严谨稳健、诚信规范作风,始终以"受益人利益最大化"为经营理念,以专业化和差异化发展为基本战略,以资产管理与信托服务为两大主业,立足资本市场,不断强化能力建设、渠道建设和品牌建设。公司业务门类齐全、专业化分工清晰、团队阵容整齐、主动管理与创新能力强大、业绩持续良好。公司作为宝武金融板块中的重要组成部分,将携信托制度优势和专业管理优势,推动宝武集团产融结合的有效开展,在产融结合方面成为集团各分子企业中最有力的推动者和实践者。

4.2 所经营业务的主要内容

4.2.1 资本充足率、资产质量和盈利状况

按照合并报表口径,期末公司固有资产96.19亿元,固有负债15.50亿元,少数股东权益7.33亿元,所有者权益(扣除少数股东权益)73.36亿元。公司资本充足,所有者权益(扣除少数股东权益)比率为76.27%。

公司对不良资产计提资产损失准备充足,整体资产质量较好。

按照合并口径,报告期内公司实现收入合计283 631.10万元,利润总额157 804.14万元,净利润119 430.86万元。公司2016年总资产利润率(税前利润/年均总资产)为17.31%,资本利润率(净利润/年均所有者权益)为15.62%,主营业务收益率(净利润/营业总收入)为42.93%。

4.2.2 经营的主要业务、品种

业务主要分为资产管理和信托服务两个大类:

资产管理:目前主要从事面向资本市场的股票、基金、债券及组合投资以及项目融资等业务。

信托服务:目前主要开展私募基金、年金及福利计划及平台等业务。

4.2.3 资产组合与分布

母公司固有资产中,货币资产占总资产比例为3.67%,贷款及应收款占2.05%,交易性金融资产占4.75%,可供出售金融资产占57.80%,长期股权投资占10.72%,其他资产占21.01%。

固有资产运用与分布表(母公司)

资产运用	金额(万元)	占比(%)	资产分布	金额(万元)	占比(%)
货币资产	27 766.09	3.67	基础产业	—	0.00
贷款及应收款	15 535.13	2.05	房地产业	88.60	0.01
交易性金融资产	35 953.46	4.75	证券市场	65 252.02	8.61
可供出售金融资产	437 857.72	57.80	实业	—	0.00
持有至到期投资	—	0.00	金融机构	635 754.07	83.92

续表

资产运用	金额(万元)	占比(%)	资产分布	金额(万元)	占比(%)
长期股权投资	81 180.64	10.72	其他	56 439.01	7.46
其他	159 240.66	21.01			
资产总计	757 533.70	100.00	资产总计	757 533.70	100.00

注：资产运用其他包含买入返售金融资产 1.59 亿元。

信托资产运用与分布表

资产运用	金额(万元)	占比(%)	资产分布	金额(万元)	占比(%)
货币资产	8 151 343.97	15.47	基础产业	2 534 092.00	4.81
贷款及应收款	4 833 538.86	9.17	房地产业	586 710.00	1.11
交易性金融资产	16 657 337.81	31.61	证券市场	19 248 739.51	36.53
可供出售金融资产	19 792 953.11	37.56	实业	1 644 664.21	3.12
持有至到期投资	—	0.00	金融机构	13 000 062.83	24.67
长期股权投资	1 599 287.65	3.03	其他	15 684 280.22	29.76
其他	1 664 087.37	3.16			
资产总计	52 698 548.77	100.00	资产总计	52 698 548.77	100.00

注：资产分布—其他中的 690 036.75 万元为财产信托，14 994 243.47 万元为其他。

4.3 市场分析

宏观经济：2016 年全球经济呈现弱复苏加底部震荡的主旋律，并最终飞出英国脱欧和美国大选两大“黑天鹅”，对全球政治和经济格局产生深远影响。9 月杭州 G20 峰会提出各国经济增长将从依靠货币政策转向更多依靠财政政策和结构性改革，伴随下半年美国十年期国债收益率的持续走高与年末美联储加息的如期而至，全球流动性开始收紧。2016 年中国经济延续了 2010 年以来下行的大趋势，并在“三去一降一补”政策的推动下出现企稳迹象。中国 GDP 按可比价格计算，第一季度、第二季度、第三季度均同比增长 6.7%，第四季度同比增长 6.8%，全年同比增长 6.7%，经济基本实现了“L”形走势。第三季度以来随着供给侧改革的推进，大部分经济数据进一步出现修复：PMI 重回荣枯线上方，PPI 同比增速四年半来首度转正，铁路货运量两年多来首次同比增长，A 股三季报净资产收益率出现向上拐点。中国经济企稳的主要动力来自于房地产业去库存政策以及基础设施建设投资增速维持在较高水平。不过随着房价的持续上涨，下半年房地产政策转向调控。与此同时，随着 CPI 和 PPI 的走高，成本推动的通胀预期开始升温。在美元走强的背景下，人民币对美元全年贬值幅度超过 6%，人民币贬值预期形成，资本外流压力加大。展望 2017 年，中国经济将面临的政策和市场环境可以表述为“去杠杆、去产能、去库存”加“防泡沫”（地产、大宗商品、债券、股票）加“中性货币”（管好货币闸门）加“紧信用”（产能过剩行业和地产行业）。经济增长目标有所淡化，其重要程度服从于防风险、调结构与促改革。预计财政政策将在稳增长中发挥主要作用，供给侧改革将继续作为引领新常态的重要战略。预计 2017 年中国 GDP 增速为 6.5% ~6.6% 左右，略低于 2016 年。2017 年在基建投资加码、供给侧改革深化的环境下，中国的通货膨胀压力将越发显著，CPI 将继续上升，并可能阶段性突破 3%。汇率方面，预计 2017 年人民币对美元贬值幅度小于 5%。

证券市场：2016 年 A 股行情平淡。在经历了年初的熔断大跌后，市场整体呈现出窄幅盘整的态势。5 月下旬后大盘缓慢震荡上行，结构性行情偶有出现，但随着货币政策的逐渐转向，第四季度金融体系开始出现“资产荒”“资金荒”并存的局面，债市出现剧烈调整，加之对险资监管的加码，A 股在 12 月再度出现快速回调。截至 12 月 30 日，全年 A 股主要指数均呈现下跌趋势，跌幅从小到大分别是：上证 50 下跌 5.53%、上证指数下跌 12.31%、深证成指下跌 19.64%、中小板下跌 22.89%、创业板下跌 27.71%。全年价值股相对成长股表现较强，以中小创为代表的高波动性板块持续处在估值消化中。分行业来看，食品饮料、建筑装饰、建筑材料、家用电器是少数几个取得个位数上涨或微跌的板块，传媒、计算机、交通运输、军工板块跌幅居前（传媒、计算机跌幅超过 30%）。展望 2017 年，在经历了之前一年房地产、大宗商品、黄金、债券的上涨后，从大类资产轮动及相对收益的角度看，股票资产的吸引力正逐渐上升。但由于投资者近年来的极端配置行为及国际环境的变化，2017 年 A 股行情将是充满变化和波动的一年，在流动性紧缩的背景下，很难看到“牛市”的出现。2017 年 A 股市场风险与机遇并存，全年存在结构性机会，上证指数 3 480 上方需谨慎。鉴于目前公募基金对中小创的配置仍处于历史高位，2017 年，中小创仍难言反转，价值股的配置需求仍可能持续，有估值支撑、2016 年滞胀的价值股及成长股值得重点关注。

信托业：（1）信托业进入平稳发展期。2016 年第三季度末，信托全行业管理的信托资产规模为 18.17 万亿元（平均每家信托公司 2 672.06 亿元），环比增长 5.09%，同比增长 16.33%。从季度环比增速来看，2016 年前三个季度环比增速分别为 1.72%、4.28%和 5.09%，呈上升态势。规模增长提速是由于银行表外和理财监管趋严，通道业务从券商和基金子公司重回信托；股市走强，投资类集合信托发行强劲；PPP 加速落地，撬动相关信托融资需求旺盛等有利因素。（2）信托全行业营业收入呈负增长态势，而利润总额实现增速回升。2016 年第三季度末，信托全行业经营收入 234.38 亿元，较 2015 年第三季度的 278.08 亿元，同比下降 15.71%。2016 年第三季度信托全行业实现利润总额 179.37 亿元，较上年同期水平上升 14.36%，成功扭转自 2015 年第四季度以来的负增长态势。（3）固定资产投资突破 5 000 亿元。2016 年第三季度末，固有资产规模达到 5 040.49 亿元，较 2015 年第三季度末的 4 177.94亿元同比增长 20.65%。进入 2016 年后，信托公司增资扩股潮壮大了信托业的固有资产规模，已先后有国元信托、上国投等 9 家信托公司增资，增资总额高达 210.09 亿元，平均每家信托公司增资 23.34 亿元。无论是采用引入战略投资者，还是向股东分配的利润转增资本金，都使固有资金增多，信托公司的资本实力提升。（4）事务性信托比重大幅上升。截至 2016 年第三季度末，全行业事务管理类信托资产规模突破 8 万亿元大关，达到 8.30 万亿元，较上季度净增 8 829 亿元，占信托总资产的比例达到 45.71%，接近信托总资产的半壁江山。而同期投资类信托资产规模为 5.85 万亿元，较上季度仅净增1 219亿元，占比则下滑至 32.19%；融资类信托资产规模仅 4.01 万亿元，较上季度净减 760 亿元，占比继续降至 22.11%。（5）信托项目结构继续优化。2016 年第三季度，集合资金信托规模为 6.33 万亿元，占比 34.84%；单一资金信托规模为 9.69 万亿元，占比 53.33%。以机构客户为主导的单一资金信托规模一直居于主要地位，近一年来呈下降趋势，2016 年第三季度比 2015 年第三季度的 58.18% 占比下降了近 5 个百分点。与此同时，集合资金信托占比要比第二季度的 32.59% 上升了 2.25%，体现了信托业持续推动行业转型的努力。管理财产信托占比也呈现稳步上升态势，2016 年第三季度管理的财产信托规模为 2.15 万亿元，占比 11.83%，比第一季度的 10.43% 和第二季度的 11.35% 均有所增加。可以预期，伴随着经济增长带来的基础资产增多和证券化等业务的不断深化，使得财产信托占比将逐步温和上升。(6)风险项目暴露增多。截至 2016 年第三季度末，信托行业风险项目个数为 606 个，比第二季度增加 1 个，比第一季度增加 79 个，规模达到 1 418.96 亿元，继续创造了有统计数据以来的新高。从来源划分看，集合类信托为 761.51 亿元，占比 53.67%；单一信托为 636.63 亿元，占比 44.87%。

法律法规：(1)2016 年 3 月 1 日，信托业协会向信托公司下发《关于开展信托公司行业评级的通知》，正式启动行业评级工作。以资本实力为基础，强调风险管理和增值能力的行业评级体系，与监管层风险管理与业务创新齐头发展的导向是一致的，行业评级的实施对于信托公司加快创新转型可以起到正向激励作用。(2)2016 年 3 月 18 日，银监会向各银监局下发《中国银监会办公厅关于进一步加强信托公司风险监管工作的意见》(银监办发[2016]58 号)，被市场称为继 2014 年银监会发布 99 号文之后又一严格的监管文件，该文件强调风险监管的前瞻性和主动性，明确提出要严守风险底线，促进行业稳健发展。(3)2016 年 3 月初，银监会下发《中国银监会办公厅关于进一步完善新闻发言人制度的通知》(银监办发[2016]17 号)，要求各银行业金融机构要高度重视新闻发言人制度建设，同时明确新闻发言人的任职要求、工作职责和保障机制。(4)2016年3月16日，第十二届全国人大四次会议通过了《慈善法》，2016 年 8 月 27 日，民政部、银监会联合发布《关于做好慈善信托备案有关工作的通知》，对于慈善信托备案的具体事项进行了明确，标志着我国慈善事业的发展从此迈入了依照法律进行的规范发展的新阶段。(5)2016 年 4 月 19 日，中国银行间市场交易商协会发布《不良贷款资产支持证券信息披露指引(试行)》及其配套的表格体系。《指引》立足现有的资产支持证券信息披露框架，针对不良资产证券化的特殊性，额外要求增加对不良贷款基础资产的信息披露要求，基础资产价值评估相关的尽职调查，以及基础资产分布信息及预计回收情况等。(6)2016 年8 月 1 日，银行业信贷资产流转登记中心发布《信贷资产收益权转让业务规则(试行)》《信贷资产收益权转让业务信息披露细则(试行)》，作为中国银监会办公厅《关于规范银行业金融机构信贷资产收益权转让业务的通知》(银监办发[2016]82 号)的细则，对信贷资产收益权转让进行了严格规定。(7)2016 年 10 月 10 日，国务院发布《关于积极稳妥降低企业杠杆率的意见》(国发[2016]54 号)，特别强调要提高银行不良资产核销和处置能力，拓宽不良资产市场转让渠道，探索扩大银行不良资产受让主体，强化不良资产处置市场竞争。

4.3.1 有利条件

中国高净值人群理财需求高速增长。2016 年中国人均 GDP 突破 8 800 美元，中国理财市场的环境，与 40 年前的美国非常接近，都在一个起步高速增长的阶段。投资者对他们手中的财富如何保值增值有浓厚的兴趣。胡润财富报告称，截至 2016 年 5 月，中国大陆地区千万高净值人群数量约 134 万人，比上年增加 13 万人，增长率达到 10.7%；亿万高净值人群人数约 8.9 万人，比上年增加 1.1 万人，增长率高达 14.1%。数据显示，中国富豪的资产配置正在往多元化、合理化的方向发展——原本更关注低风险、固定收益类的投资项目，现在开始逐渐尝试高风险、权益类、有波动性、带创新性、相对有技术含量的产品。信托公司通过专业化的产品设计，将不具备交易条件的资产进行一定标准化设计，形成产品面向公众销售，从而起到了较好的资金需求和理财桥梁作用。高净值人群与信托公司在理财、融资及其他金融服务方面的合作将进一步拓展。与生俱来的制度优势、宽泛的投资领域和灵活的交易安排使得信托在某种程度上成为一种稀缺资源，在增值需求的推动下，大资金向信托的靠拢将是一种长期趋势。

经济新常态，政策以供给侧改革为主，信托业引来新的发展良机。在经济新常态下，我国经济增速虽然放缓，但实际增量依然可观，增长速度将更趋平稳，增长动力更为多元，而且随着经济结构的优化升级，经济发展前景将更加稳定，信托业将面临重大发展机遇：(1)扩大主动管理业务比重。国民财富在已形成巨额积累的基础上继续以较快的速度增加，由此引发对资产管理服务的巨大需求，提高主动管理能力和扩大主动管理业务比重，进而兼顾资金端与资产端的全方位、多功能“资产管理＋财富管理”机构，为资产管理行业的发展注入新的活力。(2)产融结合。2017 年，包括信托业在内的金融机构理应树立“脱虚向实”的金融理念。信托业运用灵活和全市场的平台，可在产融结合战略上迈出坚实的步伐，可以用“股权＋债权”以及 PPP 等方式使资金与实体部门同命运、共呼吸，并在资金收益与风险可控的双重考虑下做好资金配置方向的调整。(3)深度发掘资本市场业务潜力。扩大直接融资比重、发展多层次资本市场体系是大势所趋，信托公司可在资产证券化、投资、融资、兼并重组、PE 等多领域发掘投资机会。(4)拓展国际业务。资本项目逐步开放和“一带一路”战略推进，高净值客户境外理财与全球资产配置需求日益强烈，国际业务将是信托业务重要方向。(5)特色信托。家族信托、公益信托、土地流转信托等创新类信托模式将逐步规模化发展。(6)互联网金融。信托业可以通过“金融＋互联网”的股权合作方式，提高营销效率、提升客户体验、增加客户忠诚度，这既有利于消化资产管理端的产品，也可以尝试建立初具规模的财富管理接口。

政策支持。党的十八届三中全会明确要求发展多层次资本市场。在分业经营、分业监管的金融体制下，作为唯一横跨货币市场、资本市场和产业市场的金融子行业，信托公司相比其他金融机构，投资范围最为广泛，投资方式最为灵活，因自身宽泛的业务领域而产生的平台作用将进一步彰显出来。信托公司可以充分发挥制度优势，为客户提供综合服务，提升核心竞争力。从以信托资产规模/GDP 的发展深度指标看，我国信托业还是有一定差距，日本和美国当前该指标约为 2 左右，中国台湾接近 1，我国该指标仅为 0.32，较之日美成熟信托业发展情况看，信托业仍有较大的发展空间。

公司依托优良的资产、规范诚信的经营、良好的品牌形象与商誉、专业化的人才队伍，以及控股股东中国宝武集团的大力支持，为业务拓展和健康成长奠定了基础。

4.3.2 不利条件

监管趋严风险。银监会主席尚福林在2016年信托业年会上表示，要坚持审慎、从严的监管导向，强化风险资本约束，完善净资本管理，培育信托公司的审慎经营理念。监管趋严，从长期来看，有利于信托业规范有序发展，避免了风险过度累积；但阶段性过严，对信托公司灵活性功能造成较大负面影响，不利于新业务的拓展。另外中央银行将于2017年第一季度评估时开始正式将表外理财纳入广义信贷范围，将挤占商业银行信贷指标，商业银行理财资金的发行预计将会减少，同时理财收益率将会抬升。理财资金是信托公司信托产品的主要认购资金来源，新规将对信托业务产生不利影响。

泛资产管理领域竞争加剧。近年来，信托行业稳居资产管理行业第二把交椅，不过仍然面临基金、券商等的不断追赶，未来市场地位恐有所动摇。信托行业的最大威胁是来自于替代品的威胁，也就是类信托产品以及互联网金融。截至2016年第三季度末，我国资产管理行业规模已达到108万亿元，信托行业资产规模达到18.2万亿元，占比为16.9%，目前已被基金公司及子公司整体管理的资产规模所超越，同时，也面临着保险资管、券商资管的不断追赶，市场地位逐步受到威胁。在监管不断放开的背景下，大资管时代将在创新与竞争的主导下加速向前发展，银行、信托、保险、券商及基金等之间的行业壁垒将越来越淡，发挥自身特长与主动管理能力在这越来越激烈的行业竞争中显得尤为重要。

业务风险。伴随着利率市场化和金融业竞争主体的多元化，加之2017年金融市场“去杠杆”力度增强，必然加大商业银行负债端的成本，从而使信托计划投资者（委托人）的收益要求相应提高，这会在挤压信托公司的盈利空间的同时，迫使信托公司的资产业务向风险更高的领域转移。这无疑会挤压信托公司准信贷类业务的市场空间，同时对其业务定位、产品设计和盈利模式等产生重大影响。在信托公司的存量资产中，也有较大的部分集中于风险和收益均较高的房地产、能源矿产和部分产能过剩的行业以及地方政府的融资平台。在经济新常态背景下，经济结构的进一步优化升级会对这些行业产生较大的冲击，信托公司存量资产的风险可能大幅度上升，这必然会在风险的防范、化解和处置等方面对信托公司提出更高的要求。

4.4 内部控制

4.4.1 内部控制环境和内部控制文化

公司根据国家有关法律法规和公司章程，构建了完备的法人治理结构，设立了股东会、董事会和监事会，“三会”分工明确并相互制衡、各司其职、规范运作，分别行使决策权、执行权和监督权。

股东会是公司的权力机构；董事会是公司的常设决策机构，向股东会负责；监事会是公司的监督机构，负责对公司董事、高级管理人员及公司财务和管理进行监督。董事会下设风险管理和审计委员会、信托委员会、人事薪酬委员会和关联交易控制委员会四个专业委员会，加强对公司长期发展战略、高管任职与考核、重大投资风险控制、重大关联交易的审议、信息披露等方面的管理和监督，以进一步完善治理结构、促进董事会科学高效决策。其中风险管理和审计委员会负责审查企业内部控制，监督内部控制的有效实施和内部控制自我评价情况，协调内部控制审计及其他相关事宜。

公司根据自身业务特点和内部控制要求设立了科学、规范的机构及岗位。风险管理部负责组织协调内部控制的建立实施及日常工作。稽核监察部作为内部审计机构对内部控制的有效性进行监督检查。内部审计机构对监督检查中发现的内部控制缺陷，按照内部审计工作程序进行报告；对监督检查中发现的内部控制重大缺陷，有权直接向董事会及其审计委员会、监事会报告。

公司明确界定各部门、各岗位的目标、职责和权限，建立相应的授权、检查和逐级问责制度，确保不相容岗位的相互分离及其在授权范围内履行职能；公司控制架构完善，并制定各层级之间的控制程序，保证董事会及高级管理人员下达的指令能够被有效执行。

公司提倡业务部门是内部控制及风险管理的第一道防线的内控文化。

4.4.2 内部控制措施

公司管理层下设投资决策委员会，在董事会的授权范围内以明晰的分级授权制度、健全的投资控制体系、及时完整的事前管理及过程控制和事后评价，使研究、决策、操作、审核、评价体系既相互配合，又相互制衡。

在日常业务中，公司对固有资产和信托资产设立了相互独立的运作部门，同时在财务核算等环节，通过核算岗位隔离与财务信息隔离，进一步保证了公司固有财产与信托财产的独立管理。

在信托资产运营环节，分别设立了研究部门、决策部门、交易部门和运营部门，实现了研究和决策分离、投资和交易分离、财产运营和监控保管分离。部门间有效配合且相互制衡，确保投资风险可控。

对于证券投资类项目，公司通过完善资产管理系统，实现了所有证券交易的系统化，使所有证券交易行为均处于系统的有效控制之下。在资产管理系统中，通过股票池、投资比例指标和人员授权等方面的管理，保证了证券投向、投资比例和不同岗位的投资权限均处于公司的有效控制之下。

对于投融资类项目，事前对交易对手开展尽职调查；风险管理部门和法律合规部门分别出具独立的风控意见书和法务意见书，发表专业意见；项目提交投决会进行集体决策；合同审批流程中相关部门制衡审批；业务部门根据投决会要求和合同约定落实放款前提；风险管理部门设置专岗负责审核放款条件；项目成立后对项目进行贷后投后管理，持续分析还款能力和意愿，根据合同约定对资金用途进行监管；业务部门和风险管理部门定期进行抵质押物的价值进行持续跟踪；持续评价资产质量；根据合同约定建立了资金沉淀提示机制；根据项目风险预警信号，建立了相应的报告路线和应对流程。

在业务流程上，公司通过事前、事中、事后控制三者结合进行综合风险防范，其中尤其强调即时的过程控制，各部门发生异常情况后及时汇报，在风险出现苗头后能立即做出反应，采取相应措施，确保公司内部控制的有效性。

除上述控制措施外，公司还建立了重大风险预警机制和突发事件应急处理机制，明确风险预警标准，对可能发生的重大风险或突发事件，制定应急预案，明确责任人员，规范处理程序，确保突发事件得到及时妥善处理。

4.4.3 信息交流与反馈

公司建立了信息与沟通制度，明确内部控制相关信息的收集、处理和传递程序，确保信息及时沟通，促进内部控制有效运行。

公司各业务部门、财务会计部门、法律合规部门、风险管理部门及行政管理部门负责收集各自职责范围内的各种内部信息和外部信息，通过财务会计资料、经营管理资料、调研报告、专项信息、内部刊物、办公网络等渠道获取内部信息；通过行业协会组织、社会中介机构、业务往来单位、市场调查、来信来访、网络媒体以及有关监管部门等渠道获取外部信息；并对收集的信息进行合理筛选、核对、整合，提高信息的有用性。

公司重要信息及时传递给董事会、监事会。

公司利用信息技术促进信息的集成与共享，充分发挥信息技术在信息与沟通中的作用。公司加强对信息系统开发与维护、访问与变更、数据输入与输出、文件储存与保管、网络安全等方面的控制，保证信息系统安全稳定运行。

公司建立了反舞弊机制，坚持惩防并举、重在预防的原则，明确反舞弊工作的重点领域、关键环节和有关机构在反舞弊工作中的职责权限，规范舞弊案件的举报、调查、处理、报告和补救程序。

公司将下列情形作为反舞弊工作的重点：

(1)未经授权或者采取其他不法方式侵占，挪用公司资产，牟取不当利益。

(2)在财务会计报告和信息披露等方面存在的虚假记载、误导性陈述或者重大遗漏等。

(3)董事、监事、经理及其他高级管理人员滥用职权。

(4)相关机构或人员串通舞弊。

公司建立了举报投诉制度和举报人保护制度，设置举报专线，明确举报投诉处理程序、办理时限和办理要求，确保举报、投诉成为公司有效掌握信息的重要途径。

举报投诉制度和举报人保护制度通过《员工手册》在发布和新员工入职时传达至员工本人。

4.4.4 监督评价与纠正

公司的稽核监察部门负责对公司内部控制的监督评价与纠正。

公司具有较为完善的内部控制机制，公司稽核监察部是公司独立的监督部门，直接向董事会汇报，是对公司经营活动全过程进行的一种内在经济监督，以防范风险、纠正违规、加强内控为工作目标，对公司内控制度、业务经营、财务活动等实施稽核监督。公司风险管理部负责牵头对公司规章制度和操作流程的健全性、有效性进行不断梳理整合，使公司的内部控制更加有效、趋于完善。

4.5 风险管理

4.5.1 风险管理概况

公司重视风险管理，通过制定健全的内部规章制度，建立职责分工合理的组织机构，设置专业的风险管理机构，将现代风险管理技术与传统风险管理方法相结合，对可能产生的风险及时作出反应，采取有效措施进行事前、事中、事后的有效控制与管理，并根据实际需要随时对风险管理体系进行调整。

公司风险管理遵循全面性原则、相互制衡原则、一致性原则、时效性原则、定性与定量相结合原则。

4.5.1.1 公司经营活动中可能遇到的风险

风险主要有：信用风险、市场风险、操作风险、流动性风险、政策风险等。

4.5.1.2 公司风险管理的基本原则与政策

风险管理贯彻全面性、审慎性、及时性、有效性、独立性等原则，覆盖到公司各项业务、各个部门和各级人员，并渗透到研究、决策、执行、监督、评价等各个环节；通过事前防范、事中控制、事后监督对风险进行全面综合的管理，促进公司持续、稳健、规范、健康运行。

4.5.1.3 公司风险管理组织结构与职责划分

公司建立了由董事会及管理层直接领导，以风险管理部门为依托，相关职能部门配合，与各个业务部门全面联系的三级风险管理组织架构。

公司董事会承担风险管理的最终责任，负责审批公司风险管理战略，审定公司总体风险水平，监控和评价风险管理的有效性和公司管理层在风险管理方面的履职情况。

董事会风险管理和审计委员会由独立董事担任主任委员，履行董事会的风险管理决策职能，负责拟定公司风险管理策略、风险管理总体目标、风险偏好、风险承受度，对公司经营和业务风险控制及管理情况进行监督。

管理层投资决策委员会分设固有业务投决会和信托业务投决会，分别负责公司管理层权限内的固有业务和信托业务的重要投资决策。

计划财务部通过会计核算和财务管理对公司财务状况及经营情况进行分析管理。

风险管理部负责建立和完善公司风险管理体系和风险管理相关制度；负责公司各类投融资业务的风险审查；负责公司各业务风险的日常管理，对公司经营管理活动中的各类风险实施有效的事前评估和过程监控，有效化解和降低公司运营风险，负责公司操作风险管理。

法律合规部主要负责关注、跟踪有关金融法规的最新发展情况，及时组织研究对公司有重大影响的法律合规动态；负责组织公司业务合规管理流程的制定、完善和执行监督；负责合同审查、法律纠纷处理、律师库管理等；负责反洗钱管理工作。

稽核监察部负责检查公司内部风险管理制度的日常执行情况，对公司内部风险控制制度的合理性、有效性进行分析，提出改进意见并直接向董事会报告。

各业务部门是风险管理的第一责任部门，承担与其业务相关的风险管理责任。各业务部门是公司风险管理的具体实施单位，在公司各项基本管理制度的基础上，根据具体情况制定本部门的业务管理规定、业务操作流程及风险控制规定。

4.5.2 风险状况

4.5.2.1 信用风险状况

信用风险主要是指交易对手违约造成损失的风险，主要表现为公司在开展固有业务和信托业务时，可能会因交易对手违约而给公司或信托财产带来风险。报告期内，公司发生的各类业务均履行了严格的内部评审程序，合法合规，担保措施充足，交易对手信用等级较高，信用风险可控。2016 年监管部门调整了不良信用风险资产的统计口径，根据最新统计范围，按母公司口径，不良信用风险资产期初数为 75 605.62 万元，期末数为75 076.09万元，基于谨慎角度，公司已于2015年末完成上述风险资产全额减值准备的计提。

4.5.2.2 市场风险状况

市场风险是指公司在运营过程中可能因股价、市场汇率、利率及其他价格因素等变动而产生的风险。具体表现为经济运作周期变化、金融市场利率波动、通货膨胀、房地产交易、证券市场变化等造成的风险，这些风险可能影响信托财产的价值及信托收益水平，也可能影响公司固有资产价值或导致损失。

公司建立了比较完善的授权和投决会决策体系，明确规定了管理层和信托投资经理的具体权限范围，对公司所面临的市场风险进行有效管理。同时，公司建立了一套完整的管理体系，将证券投资的研究、决策、执行、监督和评价进行了有效分离，形成了相互监督、相互制约的管理机制。系统管控方面，公司采用恒生资产管理系统进行事前风控，参照金手指估值数据进行事后监控，使用衡泰风控系统进行事后分析。

4.5.2.3 操作风险状况

操作风险是指公司内部业务流程、计算机系统、员工在操作中的不完善或失误，可能给公司直接或者间接造成损失的风险。

报告期内，公司未发生重大操作风险。

4.5.2.4 流动性风险状况

流动性风险是指按时履行支付义务和付款承诺的能力不足而遭受损失所形成的风险。

公司固有资金主要投资有价证券类，并支持信托业务的发展。公司设置专岗定期跟踪固有资金投向的资产类型，目前流动资产结构和变现能力良好，偿付能力较强。

4.5.2.5 其他风险状况

其他风险主要包括法律风险、声誉风险、战略风险等。法律风险是指公司在业务经营过程中由于不当的法律文书、违约行为或怠于行使自身法律权利等所造成的风险。声誉风险是指由于公司内部管理或服务出现问题而引起自身外部社会名声、信誉和公众信任度下降，从而对公司外部市场地位产生消极和不良影响的风险。战略风险是指公司战略制订过程中，无法对宏观经济环境、市场需求、行业竞争格局等变化情况进行准确把握，影响决策的风险。报告期内公司未发生重大其他风险。

4.5.3 风险管理

4.5.3.1 信用风险管理

公司通过事前评估、事中控制、事后监督的风险管理体系来防范和规避信用风险，具体措施包括：(1)严格按照业务流程、制度规定和相应程序开展各项业务，确保决策者充分了解业务涉及的信用风险。(2)对交易对手进行全面、深入的信用调查与分析，形成客观、翔实的尽职调查报告。(3)完善投决会议事规则，坚持横向、纵向相结合和集体决策的评审制度，多方面介入排查风险。(4)严格落实贷款担保等措施，注意对抵押物权属有效性、合法性进行审查，客观、公正评估抵押物。(5)强调事中管理和监控，通过项目实施过程中的业务跟踪及定期的资产五级分类进行风险事中控制。(6)要求定期与不定期进行后期检查。对重点项目，业务部门会同风险管理部门定期进行现场实地走访，对项目运作、企业财务状况及当地市场环境做进一步调研和分析，形成现场检查报告。对部分股权投资类项目，风险管理部门向项目公司派驻现场监管人员，介入项目公司的资金监管。业务人员和风险管理部门若发现问题，及时上报并采取措施，有效防范和化解各类信用风险。(7)根据项目风险预警信号建立了相应的报告路线和应对处置流程；规范了五级分类、风险准备金的计提比例和流程，以提高抗风险能力。(8)严格按财政部《金融企业准备金计提管理办法》等相关要求，足额计提一般准备；每年从税后利润中按10%(2009年及以前年度为5%)的比例提取信托赔偿准备金，本公司按照《金融企业准备金计提管理办法》《银行信贷损失计提指引》规定，按照金融企业承担风险和损失的资产期末余额的1.5%扣除年初一般风险准备余额，提取一般风险准备，以提高公司抵御风险的能力。

4.5.3.2 市场风险管理

2016年面临震荡的市场环境，公司采取积极的风险管理策略和方法，对于证券投资信托都要求有相应的风险管理策略和风险控制措施，包括大类资产配置、仓位比例、个股投资比例限制等，将市场风险控制在一定的范围内。

市场风险的监控对系统的依赖度较高，主观判断性较少。随着公司内部管理的不断提升，IT系统的不断完善，公司市场风险管理的能力将不断提高，公司整体面临的市场风险也将更趋可控。

从公司架构的中后台控制来看，设有法律合规部、风险管理部对证券项目独立发表法律专业意见和风控专业意见，交易室负责独立下单，实现业务部门与操作部门的分离；同时，计划财务部、运营和客服中心，对相关业务进行资金监管划付和支持。稽核监察部负责事后审核稽查。上述组织架构形成了有效的三级风险管理体系，使得公司的研究、决策、操作、控制和评价相互分离、相互制衡以及相互监督，保证公司经营业务持续、规范、健康运行。

4.5.3.3 操作风险管理

公司以“内控优先、制度先行”为原则，根据业务重点，持续总结整理各项业务规范、梳理操作流程、开展流程优化。2016年通过加强资源配置、制度建设、IT建设等措施全面提高风险管理能力，为公司进一步发展提供坚实基础。

2016年公司持续加强信息系统对风险管理的固化作用，不断优化流程，完善系统。信托业务系统三期上线后，覆盖了公司范围内主要业务和关键流程，提高了业务运营的效率，同时有力地推动了公司风险控制能力和客户服务水平的提升。公司及时梳理了业务流程，完善并更新了系统管理办法和细则。为进一步提升管控效率并防范操作风险，将系统数据质量纳入基础工作考核管理。

2016年公司在业务展业和管理环节中反复强调风险意识和流程运作的重要性，定期更新完善公司规章制度，持续完善管理体系，组织对规章制度进行专项梳理、修订和完善。公司按照重点展业行业发布尽职调查指引，细化尽职调查和存续期管理模板，加强集中度风险管理和限额管控，探索投融资类业务的内部风险预警机制，进一步加强和完善规范管理基础工作促进投融资信托业务的健康发展。公司为防范债券交易风险发布实施细则，保障债券市场业务的正常进行。在监管报表方面，公司发布填报指引，提升监管数据报送质量和效率。通过事前建立详细的业务标准和规范流程、事中即时过程监控、事后检查评价有效结合的方式，建立了横向扩展、纵向延伸的管理优化机制,内部控制更加有效和完善,员工行为规范得到强化,管理水平得到有效提升。

4.5.3.4 流动性风险管理

根据宏观资金环境,公司持续将流动性风险管理作为重点。为应对突发事件确保流动性支持,公司将持续加强固有资金现金流测算及配置管理,设置具有较高变现能力的自有资金规模的限制,并建立流动性风险管理应急机制。

4.5.3.5 其他风险管理

公司通过对宏观政策和行业政策的跟踪、研究,提高预见性,控制政策风险。对于法律风险,公司严格按照相关监管规章,对所有拟开展业务进行合规性审查,确保公司业务开展符合国家相关法律法规规定,并不断优化产品结构和法律文本设计,严格按公司法律文件审批程序进行审批后办理业务;对于声誉风险,公司把声誉构建与公司发展战略和企业文化进行有机结合,对可能影响公司声誉的业务坚决予以回避,尽职管理受托资产,并充分披露,塑造公司专业和诚信的社会形象;对于战略风险,公司管理层根据董事会制订的战略规划,对公司进行经营管理,定期向董事会报告战略执行情况。同时,公司投资决策委员会根据公司的战略规划,确定具体的投资规模、投资原则和投资方向,对公司的重大项目进行集体决策。公司配置了专业的研究人员,关注和跟踪宏观经济环境、行业环境和政策的变化,为公司的战略决策提供有力的支持。

5. 报告期末及上一年度末的比较式会计报表

5.1 固有资产

5.1.1 会计师事务所审计意见全文

审计报告

瑞华审字[2017]0126号

华宝信托有限责任公司:

我们审计了后附的华宝信托有限责任公司(以下简称贵公司)的财务报表,包括2016年12月31日合并及公司的资产负债表,2016年度合并及公司的利润表、合并及公司的现金流量表和合并及公司的所有者权益变动表以及财务报表附注。

一、管理层对财务报表的责任

编制和公允列报财务报表是贵公司管理层的责任。这种责任包括:(1)按照企业会计准则的规定编制财务报表,并使其实现公允反映;(2)设计、执行和维护必要的内部控制,以使财务报表不存在由于舞弊或错误导致的重大错报。

二、注册会计师的责任

我们的责任是在执行审计工作的基础上对财务报表发表审计意见。我们按照中国注册会计师审计准则的规定执行了审计工作。中国注册会计师审计准则要求我们遵守中国注册会计师职业道德守则,计划和执行审计工作以对财务报表是否不存在重大错报获取合理保证。

审计工作涉及实施审计程序,以获取有关财务报表金额和披露的审计证据。选择的审计程序取决于注册会计师的判断,包括对由于舞弊或错误导致的财务报表重大错报风险的评估。在进行风险评估时,注册会计师考虑与财务报表编制和公允列报相关的内部控制,以设计恰当的审计程序,但目的并非对内部控制的有效性发表意见。审计工作还包括评价管理层选用会计政策的恰当性和作出会计估计的合理性,以及评价财务报表的总体列报。

我们相信,我们获取的审计证据是充分、适当的,为发表审计意见提供了基础。

三、审计意见

我们认为,上述财务报表在所有重大方面按照企业会计准则的规定编制,公允反映了华宝信托有限责任公司2016年12月31日合并及公司的财务状况以及2016年度合并及公司的经营成果和现金流量。

5.1.2 资产负债表

合并资产负债表

编制单位:华宝信托有限责任公司　　2016年12月31日　　单位:万元

项目	年末余额	年初余额	项目	年末余额	年初余额
流动资产:			流动负债:		
货币资金	140 089.22	198 019.55	短期借款	—	—
结算备付金	271.86	187.65	向中央银行借款	—	—
拆出资金	—	—	吸收存款及同业存放	—	—
以公允价值计量且变动计入当期损益的金融资产	109 761.41	81 992.68	拆入资金	—	—
衍生金融资产	—	—	以公允价值计量且变动计入当期损益的金融负债	1 446.13	1 492.04
应收票据	—	—	衍生金融负债	—	50.33
应收账款	9 756.97	12 420.93	应付票据	—	—
预付款项	—	—	应付账款	—	—
应收保费	—	—	预收款项	—	—
应收分保账款	—	—	卖出回购金融资产款	—	—
应收分保合同准备金	—	—	应付手续费及佣金	—	—
应收利息	599.71	558.88	应付职工薪酬	38 939.40	35 252.22
应收股利	—	—	应交税费	43 304.87	48 566.62

续表

项目	年末余额	年初余额	项目	年末余额	年初余额
其他应收款	16 159.65	3 526.66	应付利息	—	—
买入返售金融资产	15 920.02	26 700.03	应付股利	—	—
存货	—	—	其他应付款	62 012.59	45 766.42
划分为持有待售的资产	—	—	应付分保账款	—	—
一年内到期的非流动资产	—	—	保险合同准备金	—	—
其他流动资产	937.45	460.13	代理买卖证券款	—	—
流动资产合计	293 496.28	323 866.51	代理承销证券款	—	—
非流动资产:	—	—	划分为持有待售的负债	—	—
发放贷款及垫款	—	—	一年内到期的非流动负债	—	—
可供出售金融资产	437 857.72	400 932.35	其他流动负债	—	—
持有至到期投资	—	—	流动负债合计	145 722.98	131 127.64
长期应收款	—	—	非流动负债:	—	—
长期股权投资	81 358.87	80 651.53	长期借款	—	—
投资性房地产	88.60	93.38	应付债券	—	—
固定资产	2 195.33	2 298.57	长期应付款	—	—
在建工程	—	65.02	专项应付款	—	—
工程物资	—	—	预计负债	46.96	42.26
固定资产清理	—	—	递延所得税负债	6 882.23	5 190.24
生产性生物资产	—	—	其他非流动负债	2 382.82	2 377.14
油气资产	—	—	非流动负债合计	9 312.01	7 609.64
无形资产	1 737.07	1 367.94	负债合计	155 035.00	138 737.28
开发支出	—	191.43	所有者权益:	—	—
商誉	—	—	实收资本	374 400.00	374 400.00
长期待摊费用	1 098.66	2 480.01	其他权益工具	—	—
递延所得税资产	25 864.23	26 051.27	资本公积	3 726.17	3 726.17
其他非流动资产	118 248.18	23 131.85	减:库存股	—	—
非流动资产合计	668 448.66	537 263.34	专项储备	—	—
			其他综合收益	20 756.97	16 543.92
			盈余公积	64 931.33	55 103.12
			一般风险准备	64 807.60	53 484.01
			未分配利润	204 981.21	144 955.59
			归属于母公司所有者权益合计	733 603.28	648 212.81
			少数股东权益	73 306.66	74 179.76
			所有者权益合计	806 909.95	722 392.57
资产总计	961 944.94	861 129.85	负债和所有者权益总计	961 944.94	861 129.85

法定代表人:王成然　　主管会计工作负责人:张晓喆　　会计机构负责人:蒋勋

母公司资产负债表

编制单位:华宝信托有限责任公司　　2016 年 12 月 31 日　　单位:万元

资产	年末数	年初数	负债和所有者权益	年末数	年初数
资产:			负债:		
现金及存放中央银行款项	—	—	向中央银行借款	—	—
存放同业款项	27 766.09	90 033.70	同业及其他金融机构存放款项	—	—
贵金属	—	—	拆入资金	—	—
拆出资金	—	—	以公允价值计量且变动计入当期损益的金融负债	—	—
以公允价值计量且变动计入当期损益的金融资产	35 953.46	5 033.99	衍生金融负债	—	—
衍生金融资产	—	—	卖出回购金融资产款	—	—
买入返售金融资产	15 920.02	26 700.03	吸收存款	—	—
应收账款	—	—	应付账款	—	—
应收股利	—	—	其他应付款	47 305.60	31 669.46

续表

资产	年末数	年初数	负债和所有者权益	年末数	年初数
应收利息	—	—	应付职工薪酬	17 210.75	14 799.31
其他应收款	15 535.13	3 016.08	应交税费	26 396.49	29 938.73
发放贷款及垫款	—	—	应付股利	—	—
可供出售金融资产	437 857.72	400 932.35	应付利息	—	—
持有至到期投资	—	—	预计负债	—	—
长期股权投资	81 180.64	80 473.30	应付债券	—	—
投资性房地产	88.60	93.38	递延所得税负债	6 882.23	5 190.24
固定资产净额	1 353.38	1 470.35	划分为持有待售的负债	—	—
在建工程	—	65.02	递延收益	—	—
固定资产清理	—	—	其他负债	2 382.82	2 377.14
无形资产净额	1 223.10	1 007.94	负债合计	100 177.89	83 974.88
长期待摊费用	1 086.62	1 669.07			
递延所得税资产	21 320.76	21 213.02	所有者权益:	—	—
划分为持有待售的资产	—	—	实收资本	374 400.00	374 400.00
其他资产	118 248.18	23 323.27	其他权益工具	—	—
			资本公积	10 877.67	10 877.67
			减:库存股	—	—
			其他综合收益	19 429.38	15 267.00
			盈余公积	65 658.26	55 830.05
			一般风险准备	65 171.06	53 847.47
			未分配利润	121 819.45	60 834.42
			所有者权益合计	657 355.82	571 056.61
资产总计	757 533.70	655 031.49	负债和所有者权益总计	757 533.70	655 031.49

法定代表人:王成然　　主管会计工作负责人:张晓喆　　会计机构负责人:蒋勋

5.1.3 利润表

合并利润表

编制单位:华宝信托有限责任公司　　2016 年度　　单位:万元

项目	本年金额	上年金额
一、营业总收入	251 877.60	233 432.42
其中:营业收入	171.90	294.23
利息收入	4 936.79	5 176.90
手续费及佣金收入	246 768.90	227 961.30
二、营业总成本	125 793.87	181 263.61
其中:营业成本	4.78	4.78
利息支出	—	10.35
手续费及佣金支出	3 123.61	422.55
税金及附加	6 134.20	14 747.23
业务及管理费	117 060.81	110 583.48
资产减值损失	-529.53	55 495.22
加:公允价值变动损益(损失以"-"号填列)	-2 429.08	2 951.96
投资收益(损失以"-"号填列)	28 726.67	35 064.63
其中:对联营企业和合营企业的投资收益	2 331.00	2 822.18
汇兑收益(损失以"-"号填列)	27.23	75.08
三、营业利润(亏损以"-"号填列)	152 408.54	90 260.49
加:营业外收入	5 428.68	4 066.82
减:营业外支出	33.09	51.40
其中:非流动资产处置损失	—	—
四、利润总额(亏损总额以"-"号填列)	157 804.14	94 275.91
减:所得税费用	38 373.28	22 995.80
五、净利润(净亏损以"-"号填列)	119 430.86	71 280.11
归属于母公司所有者的净利润	97 322.65	48 274.47
少数股东损益	22 108.21	23 005.64
六、其他综合收益	4 261.75	6 533.14
(一)以后不能重分类进损益的其他综合收益	—	—
其中:1. 重新计量设定受益计划净负债或净资产的变动		

续表

项目	本年金额	上年金额
2. 权益法下在被投资单位不能重分类进损益的其他综合收益中享有的份额	—	—
(二)以后将重分类进损益的其他综合收益	4 261.75	6 533.14
其中:1. 权益法下在被投资单位以后将重分类进损益的其他综合收益中享有的份额	-1 623.66	1 394.12
2. 可供出售金融资产公允价值变动损益	5 786.03	5 112.51
3. 持有至到期投资重分类为可供出售金融资产损益	—	—
4. 现金流量套期损益的有效部分	—	—
5. 外币财务报表折算差额	99.37	26.51
七、综合收益总额	123 692.61	77 813.25
归属于母公司所有者的综合收益总额	101 535.71	54 794.62
归属于少数股东的综合收益总额	22 156.90	23 018.63

法定代表人:王成然　　主管会计工作负责人:张晓喆　　会计机构负责人:蒋勋

母公司利润表

编制单位:华宝信托有限责任公司　　2016 年度　　单位:万元

项目	本年数	上年数
一、营业收入	157 986.41	130 509.97
利息净收入	1 549.58	1 722.52
利息收入	1 549.58	1 732.87
利息支出	—	10.35
手续费及佣金净收入	107 891.27	89 176.17
手续费及佣金收入	111 014.88	89 598.72
手续费及佣金支出	3 123.61	422.55
投资收益(损失以"-"填列)	50 433.27	38 592.08
其中:对联营企业和合营企业的投资收益	2 331.00	2 822.18
公允价值变动损益(损失以"-"填列)	-1 907.22	929.69
汇兑收益(损失以"-"填列)	-0.01	69.52
其他业务收入	19.52	20.00
二、营业支出	39 576.65	97 172.95
税金及附加	2 634.37	6 786.82
业务及管理费	37 467.03	34 886.13
资产减值损失	-529.53	55 495.22
其他业务成本	4.78	4.78
三、营业利润(亏损以"-"填列)	118 409.77	33 337.02
加:营业外收入	3 399.74	2 744.82
减:营业外支出	2.79	2.71
四、利润总额(亏损总额以"-"填列)	121 806.72	36 079.14
减:所得税费用	23 524.66	6 704.27
五、净利润(净亏损以"-"号填列)	98 282.06	29 374.86
六、其他综合收益	4 162.38	6 495.01
(一)以后不能重分类进损益的其他综合收益	—	—
其中:1. 重新计量设定受益计划净负债或净资产的变动	—	—
2. 权益法下在被投资单位不能重分类进损益的其他综合收益中享有的份额	—	—
(二)以后将重分类进损益的其他综合收益	4 162.38	6 495.01
其中:1. 权益法下在被投资单位以后将重分类进损益的其他综合收益中享有的份额	-1 623.66	1 394.12
2. 可供出售金融资产公允价值变动损益	5 786.03	5 100.89
3. 持有至到期投资重分类为可供出售金融资产损益	—	—
4. 现金流量套期损益的有效部分	—	—
5. 外币财务报表折算差额	—	—
七、综合收益总额	102 444.44	35 869.87

法定代表人:王成然　　主管会计工作负责人:张晓喆　　会计机构负责人:蒋勋

5.1.4 所有者权益变动

合并所有者权益变动表

2016 年度

编制单位：华宝信托有限责任公司　　　　单位：万元

项　目	本年金额									
	归属于母公司所有者权益								少数股东权益	所有者权益合计
	实收资本	其他权益工具	资本公积	减:库存股	其他综合收益	盈余公积	一般风险准备	未分配利润		
一、上年年末余额	374 400. 00	—	3 726. 17	—	16 543. 92	55 103. 12	53 484. 01	144 955. 59	74 179. 76	722 392. 57
加:会计政策变更	—	—	—	—	—	—	—	—	—	—
前期差错更正	—	—	—	—	—	—	—	—	—	—
其他	—	—	—	—	—	—	—	—	—	—
二、本年年初余额	374 400. 00	—	3 726. 17	—	16 543. 92	55 103. 12	53 484. 01	144 955. 59	74 179. 76	722 392. 57
三、本年增减变动金额(减少以"－"号填列)	—	—	—	—	4 213. 06	9 828. 21	11 323. 59	60 025. 62	-873. 10	84 517. 37
(一)综合收益总额	—	—	—	—	4 213. 06	—	—	97 322. 65	22 156. 90	123 692. 61
(二)所有者投入和减少资本	—	—	—	—	—	—	—	—	—	—
1. 所有者投入资本	—	—	—	—	—	—	—	—	—	—
2. 其他权益工具持有者投入资本	—	—	—	—	—	—	—	—	—	—
3. 股份支付计入所有者权益的金额	—	—	—	—	—	—	—	—	—	—
4. 其他	—	—	—	—	—	—	—	—	—	—
(三)利润分配	—	—	—	—	—	9 828. 21	11 323. 59	-37 297. 03	-23 030. 00	-39 175. 24
1. 提取盈余公积	—	—	—	—	—	9 828. 21	—	-9 828. 21	—	—
2. 提取一般风险准备	—	—	—	—	—	—	11 323. 59	-11 323. 59	—	—
3. 对所有者的分配	—	—	—	—	—	—	—	-16 145. 24	-23 030. 00	-39 175. 24
4. 其他	—	—	—	—	—	—	—	—	—	—
(四)所有者权益内部结转	—	—	—	—	—	—	—	—	—	—
1. 资本公积转增资本	—	—	—	—	—	—	—	—	—	—
2. 盈余公积转增资本	—	—	—	—	—	—	—	—	—	—
3. 盈余公积弥补亏损	—	—	—	—	—	—	—	—	—	—
4. 一般风险准备弥补亏损	—	—	—	—	—	—	—	—	—	—
5. 结转重新计量设定受益计划净负债或净资产所产生的变动	—	—	—	—	—	—	—	—	—	—
6. 其他	—	—	—	—	—	—	—	—	—	—
(五)专项储备	—	—	—	—	—	—	—	—	—	—
1. 本年提取	—	—	—	—	—	—	—	—	—	—
2. 本年使用	—	—	—	—	—	—	—	—	—	—
四、本年年末余额	374 400. 00	—	3 726. 17	—	20 756. 97	64 931. 33	64 807. 60	204 981. 21	73 306. 66	806 909. 95

法定代表人:王成然　　　　主管会计工作负责人:张晓喆　　　　会计机构负责人:蒋勋

合并所有者权益变动表（续）

编制单位：华宝信托有限责任公司　　2016 年度　　单位：万元

项目	上年金额									
	归属于母公司所有者权益								少数股东权益	所有者权益合计
	实收资本	其他权益工具	资本公积	减：库存股	其他综合收益	盈余公积	一般风险准备	未分配利润		
一、上年年末余额	374 400. 00	—	3 726. 17	—	10 023. 77	52 165. 63	49 922. 86	113 383. 84	55 993. 43	659 615. 70
加：会计政策变更	—	—	—	—	—	—	—	—	—	—
前期差错更正	—	—	—	—	—	—	—	—	—	—
其他	—	—	—	—	—	—	—	—	—	—
二、本年年初余额	374 400. 00	—	3 726. 17	—	10 023. 77	52 165. 63	49 922. 86	113 383. 84	55 993. 43	659 615. 70
三、本年增减变动金额（减少以“－”号填列）	—	—	—	—	6 520. 15	2 937. 49	3 561. 15	31 571. 76	18 186. 33	62 776. 87
（一）综合收益总额	—	—	—	—	6 520. 15	—	—	48 274. 47	23 018. 63	77 813. 25
（二）所有者投入和减少资本	—	—	—	—	—	—	—	—	—	—
1. 所有者投入资本	—	—	—	—	—	—	—	—	—	—
2. 其他权益工具持有者投入资本	—	—	—	—	—	—	—	—	—	—
3. 股份支付计入所有者权益的金额	—	—	—	—	—	—	—	—	—	—
4. 其他	—	—	—	—	—	—	—	—	—	—
（三）利润分配	—	—	—	—	—	2 937. 49	3 561. 15	-16 702. 71	-4 832. 30	-15 036. 38
1. 提取盈余公积	—	—	—	—	—	2 937. 49	—	-2 937. 49	—	—
2. 提取一般风险准备	—	—	—	—	—	—	3 561. 15	-3 561. 15	—	—
3. 对所有者的分配	—	—	—	—	—	—	—	-10 204. 08	-4 832. 30	-15 036. 38
4. 其他	—	—	—	—	—	—	—	—	—	—
（四）所有者权益内部结转	—	—	—	—	—	—	—	—	—	—
1. 资本公积转增资本	—	—	—	—	—	—	—	—	—	—
2. 盈余公积转增资本	—	—	—	—	—	—	—	—	—	—
3. 盈余公积弥补亏损	—	—	—	—	—	—	—	—	—	—
4. 一般风险准备弥补亏损	—	—	—	—	—	—	—	—	—	—
5. 结转重新计量设定受益计划净负债或净资产所产生的变动	—	—	—	—	—	—	—	—	—	—
6. 其他	—	—	—	—	—	—	—	—	—	—
（五）专项储备	—	—	—	—	—	—	—	—	—	—
1. 本年提取	—	—	—	—	—	—	—	—	—	—
2. 本年使用	—	—	—	—	—	—	—	—	—	—
四、本年年末余额	374 400. 00	—	3 726. 17	—	16 543. 92	55 103. 12	53 484. 01	144 955. 59	74 179. 76	722 392. 57

法定代表人：王成然　　主管会计工作负责人：张晓喆　　会计机构负责人：蒋勋

母公司所有者权益变动表

2016 年度

编制单位：华宝信托有限责任公司　　　　单位：万元

项　目	本年金额								
	实收资本	其他权益工具	资本公积	减：库存股	其他综合收益	盈余公积	一般风险准备	未分配利润	所有者权益合计
一、上年年末余额	374 400. 00	—	10 877. 67	—	15 267. 00	55 830. 05	53 847. 47	60 834. 42	571 056. 61
加：会计政策变更	—	—	—	—	—	—	—	—	—
前期差错更正	—	—	—	—	—	—	—	—	—
其他	—	—	—	—	—	—	—	—	—
二、本年年初余额	374 400. 00	—	10 877. 67	—	15 267. 00	55 830. 05	53 847. 47	60 834. 42	571 056. 61
三、本年增减变动金额（减少以“－”号填列）	—	—	—	—	4 162. 38	9 828. 21	11 323. 59	60 985. 03	86 299. 20
（一）综合收益总额	—	—	—	—	4 162. 38	—	—	98 282. 06	102 444. 44
（二）所有者投入和减少资本	—	—	—	—	—	—	—	—	—
1. 所有者投入资本	—	—	—	—	—	—	—	—	—
2. 其他权益工具持有者投入资本	—	—	—	—	—	—	—	—	—
3. 股份支付计入所有者权益的金额	—	—	—	—	—	—	—	—	—
4. 其他	—	—	—	—	—	—	—	—	—
（三）利润分配	—	—	—	—	—	9 828. 21	11 323. 59	－37 297. 03	－16 145. 24
1. 提取盈余公积	—	—	—	—	—	9 828. 21	—	－9 828. 21	—
2. 提取一般风险准备	—	—	—	—	—	—	11 323. 59	－11 323. 59	—
3. 对所有者的分配	—	—	—	—	—	—	—	－16 145. 24	－16 145. 24
4. 其他	—	—	—	—	—	—	—	—	—
（四）所有者权益内部结转	—	—	—	—	—	—	—	—	—
1. 资本公积转增资本	—	—	—	—	—	—	—	—	—
2. 盈余公积转增资本	—	—	—	—	—	—	—	—	—
3. 盈余公积弥补亏损	—	—	—	—	—	—	—	—	—
4. 一般风险准备弥补亏损	—	—	—	—	—	—	—	—	—
5. 结转重新计量设定受益计划净负债或净资产所产生的变动	—	—	—	—	—	—	—	—	—
6. 其他	—	—	—	—	—	—	—	—	—
（五）专项储备	—	—	—	—	—	—	—	—	—
1. 本年提取	—	—	—	—	—	—	—	—	—
2. 本年使用	—	—	—	—	—	—	—	—	—
四、本年年末余额	374 400. 00	—	10 877. 67	—	19 429. 38	65 658. 26	65 171. 06	121 819. 45	657 355. 82

法定代表人：王成然　　　　主管会计工作负责人：张晓喆　　　　会计机构负责人：蒋勋

母公司所有者权益变动表（续）

编制单位：华宝信托有限责任公司　　2016 年度　　单位：万元

项　目	上年金额								
	实收资本	其他权益工具	资本公积	减：库存股	其他综合收益	盈余公积	一般风险准备	未分配利润	所有者权益合计
一、上年年末余额	374 400. 00	—	10 877. 67	—	8 771. 99	52 892. 56	50 286. 33	48 162. 27	545 390. 82
加：会计政策变更	—	—	—	—	—	—	—	—	—
前期差错更正	—	—	—	—	—	—	—	—	—
其他	—	—	—	—	—	—	—	—	—
二、本年年初余额	374 400. 00	—	10 877. 67	—	8 771. 99	52 892. 56	50 286. 33	48 162. 27	545 390. 82
三、本年增减变动金额（减少以"－"号填列）	—	—	—	—	6 495. 01	2 937. 49	3 561. 15	12 672. 15	25 665. 79
（一）综合收益总额	—	—	—	—	6 495. 01	—	—	29 374. 86	35 869. 87
（二）所有者投入和减少资本	—	—	—	—	—	—	—	—	—
1. 所有者投入资本	—	—	—	—	—	—	—	—	—
2. 其他权益工具持有者投入资本	—	—	—	—	—	—	—	—	—
3. 股份支付计入所有者权益的金额	—	—	—	—	—	—	—	—	—
4. 其他	—	—	—	—	—	—	—	—	—
（三）利润分配	—	—	—	—	—	2 937. 49	3 561. 15	－16 702. 71	－10 204. 08
1. 提取盈余公积	—	—	—	—	—	2 937. 49	—	－2 937. 49	—
2. 提取一般风险准备	—	—	—	—	—	—	3 561. 15	－3 561. 15	—
3. 对所有者的分配	—	—	—	—	—	—	—	－10 204. 08	－10 204. 08
4. 其他	—	—	—	—	—	—	—	—	—
（四）所有者权益内部结转	—	—	—	—	—	—	—	—	—
1. 资本公积转增资本	—	—	—	—	—	—	—	—	—
2. 盈余公积转增资本	—	—	—	—	—	—	—	—	—
3. 盈余公积弥补亏损	—	—	—	—	—	—	—	—	—
4. 一般风险准备弥补亏损	—	—	—	—	—	—	—	—	—
5. 结转重新计量设定受益计划净负债或净资产所产生的变动	—	—	—	—	—	—	—	—	—
6. 其他	—	—	—	—	—	—	—	—	—
（五）专项储备	—	—	—	—	—	—	—	—	—
1. 本年提取	—	—	—	—	—	—	—	—	—
2. 本年使用	—	—	—	—	—	—	—	—	—
四、本年年末余额	374 400. 00	—	10 877. 67	—	15 267. 00	55 830. 05	53 847. 47	60 834. 42	571 056. 61

法定代表人：王成然　　主管会计工作负责人：张晓喆　　会计机构负责人：蒋勋

5.2 信托资产

5.2.1 信托项目资产负债汇总表

信托项目资产负债汇总表

编制单位:华宝信托有限责任公司　　2016 年 12 月 31 日　　单位:万元

资产	期末数	期初数	负债:	期末数	期初数
现金及存放中央银行款项	—	—	向中央银行借款	—	—
存放同业款项	8 151 343. 97	18 563 988. 10	同业及其他金融机构存放款项	—	—
拆出资金	—	—	拆入资金	—	—
以公允价值计量且其变动计入当期损益的金融资产	16 657 337. 81	18 901 584. 28	以公允价值计量且其变动计入当期损益的金融负债	—	—
衍生金融资产	—	—	衍生金融负债	—	—
买入返售金融资产	1 664 087. 38	1 984 219. 64	应付受托人报酬	—	—
应收票据	—	—	应付保管费	—	—
应收账款	5 000. 00	5 000. 00	应付受益人收益	—	—
应收股利	—	—	应付销售服务费	—	—
应收利息	—	—	应交税费	—	—
其他应收款	224 081. 15	69 242. 26	其他应付款	879 079. 42	374 516. 11
发放贷款和垫款	4 590 146. 36	4 179 103. 60	其他负债	—	—
可供出售金融资产	19 792 953. 11	11 126 935. 03	负债合计	879 079. 42	374 516. 11
持有至到期投资	—	—			
长期股权投资	1 599 287. 65	921 311. 88	信托权益:		
投资性房地产	—	—	实收信托	47 662 009. 61	50 939 641. 73
固定资产	—	—	资本公积	37 925. 61	45 808. 26
无形资产	—	—	其他综合收益	403 671. 79	609 801. 41
其他资产	14 311. 35	1 000. 00	未分配利润	3 715 862. 35	3 782 617. 28
			信托权益合计	51 819 469. 35	55 377 868. 68
资产总计	52 698 548. 77	55 752 384. 79	负债和信托权益总计	52 698 548. 77	55 752 384. 79

法定代表人:王成然　　主管会计工作负责人:张晓喆　　会计机构负责人:蒋勋

5.2.2 信托项目利润及利润分配汇总表

信托项目利润及利润分配汇总表

编制单位:华宝信托有限责任公司　　2016 年度　　单位:万元

项　目	本年累计数	上年累计数
一、信托营业收入	1 875 735. 78	4 054 580. 75
利息收入	880 356. 06	1 403 333. 45
投资收益(损失以“-”号填列)	1 287 892. 79	2 587 686. 79
其中:对联营企业和合营企业的投资收益	—	—
公允价值变动收益(损失以“-”号填列)	-397 218. 01	54 169. 74
租赁收入	—	—
汇兑收益(损失以“-”号填列)	27 867. 33	-3 183. 03
其他业务收入	76 837. 61	12 573. 80
二、信托营业支出	136 138. 04	129 875. 17
税金及附加	416. 99	2 267. 92
业务及管理费	135 721. 05	127 607. 25
资产减值损失	—	—
其他业务成本	—	—
三、利润总额(亏损总额以“-”填列)	1 739 597. 74	3 924 705. 58
加:期初未分配信托利润	3 782 617. 28	2 528 059. 50
损益平准金影响额	1 835 985. 15	2 614 514. 86
四、可供分配的信托利润	7 358 200. 17	9 067 279. 94
减:本期已分配信托利润	3 642 337. 82	5 284 662. 66
五、期末未分配信托利润	3 715 862. 35	3 782 617. 28
六、其他综合收益	-206 168. 75	496 200. 78
七、综合收益总额	3 369 414. 14	7 035 421. 22

法定代表人:王成然　　主管会计工作负责人:张晓喆　　会计机构负责人:蒋勋

6. 会计报表附注

6.1 年度会计报表编制基准、会计政策、会计估计和核算方法发生的变化

报告年度会计报表编制基准、会计政策、会计估计和核算方法未发生变化。

6.2 或有事项说明

截至2016年12月31日，本公司无需要披露的重大或有事项。

6.3 重要资产转让及其出售的说明

本公司2016年未发生重要资产的转让。

6.4 会计报表中重要项目的明细资料（以下为母公司口径）

6.4.1 固有资产经营情况

6.4.1.1 按信用风险五级分类结果披露信用风险资产的期初数、期末数

信用风险资产五级分类	正常类（万元）	关注类（万元）	次级类（万元）	可疑类（万元）	损失类（万元）	信用风险资产合计（万元）	不良资产合计（万元）	不良资产率（%）
期末数	675 063.06	—	—	75 057.75	18.34	750 139.15	75 076.09	10.01
期初数	606 247.55	—	—	75 587.28	18.34	681 853.17	75 605.62	11.09

注：不良资产合计 = 次级类 + 可疑类 + 损失类。

6.4.1.2 各项资产减值损失准备的期初数、本期计提、本期转回、本期核销、期末数

单位：万元

	期初数	本期计提	本期转回	本期核销	期末数
贷款损失准备	—	—	—	—	—
一般准备	—	—	—	—	—
专项准备	—	—	—	—	—
其他资产减值准备	82 671.85	—	529.53	—	82 142.32
可供出售金融资产减值准备	75 587.28	—	529.53	—	75 057.75
持有至到期投资减值准备	—	—	—	—	—
长期股权投资减值准备	7 066.23	—	—	—	7 066.23
坏账准备	18.34	—	—	—	18.34
投资性房地产减值准备	—	—	—	—	—

注：公司于以前年度对华宝证券的长期股权投资计提了7 066.23万元减值准备，根据目前华宝证券的经营情况，实际该项长期股权投资已不存在减值迹象。

6.4.1.3 固有业务股票投资、基金投资、债券投资、股权投资等投资业务的期初数、期末数

单位：万元

	股票	基金	债券	长期股权投资	其他投资	合计
期初数	124 770.38	1 762.58	—	80 473.30	279 433.37	486 439.63
期末数	41 249.15	24 002.88	—	81 180.64	408 559.15	554 991.82

6.4.1.4 固有长期股权投资的企业名称、占被投资企业权益比例、主要经营活动及投资收益情况等

企业名称	占被投资企业权益的比例（%）	主要经营活动	投资收益（万元）
1. 华宝兴业基金管理有限公司	51	基金管理、发起设立基金以及中国证监会批准的其他业务	23 970.00
2. 华宝证券有限责任公司	16.9322	证券经纪、证券投资咨询、证券自营	2 331.00

注：投资收益的口径为影响2016年损益的长期股权投资收益金额。

6.4.1.5 固有贷款的企业名称、占贷款总额的比例和还款情况等

无。

6.4.1.6 表外业务的期初数、期末数；按照代理业务、担保业务和其他类型表外业务分别披露

无。

6.4.1.7 公司当年的收入结构

收入结构	合并口径		母公司口径	
	金额（万元）	占比（%）	金额（万元）	占比（%）
手续费及佣金收入	246 768.91	87.01	111 014.87	67.48
其中：信托手续费收入	108 376.19	38.21	108 376.19	65.88
投资银行业务收入	—	0.00	—	0.00
利息收入	4 936.79	1.74	1 549.58	0.94
其他业务收入	171.90	0.06	19.52	0.01
其中：计入信托业务收入部分	—	0.00	—	0.00
投资收益	26 297.59	9.27	48 526.05	29.50
其中：股权投资收益	2 331.00	0.82	26 301.00	15.99
公允价值变动收益	−2 429.08	−0.86	−1 907.22	−1.16
其他投资收益	26 395.67	9.31	24 132.27	14.67
营业外收入	5 428.68	1.92	3 399.74	2.07
收入合计	283 603.87	100.00	164 509.76	100.00

注：以上收入结构表为规定格式，故此处收入合计未含汇兑损益。

本年度公司（母公司口径）实现信托业务收入总额108 376.19万元，其中以手续费及佣金确认的信托业务收入金额89 221.92万元，以业绩报酬形式确认的信托业务收入（浮动报酬）金额19 154.27万元，无以其他形式确认的信托业务收入。

6.4.2 披露信托资产管理情况

6.4.2.1 信托资产的期初数、期末数

单位：万元

信托资产	期初数	期末数
集合	10 153 690.62	12 899 540.32
单一	45 183 976.11	39 108 971.70
财产权	414 718.06	690 036.75
合计	55 752 384.79	52 698 548.77

6.4.2.1.1　主动管理型信托业务的信托资产期初数、期末数

单位:万元

主动管理型信托资产	期初数	期末数
证券投资类	19 871 757.50	18 194 187.36
股权投资类	340 681.83	313 377.98
融资类	1 403 397.36	1 496 576.67
事务管理类	456 083.59	364 730.85
组合投资	4 309 574.96	5 402 736.14
合计	26 381 495.24	25 771 609.00

6.4.2.1.2　被动管理型信托业务的信托资产期初数、期末数

单位:万元

被动管理型信托资产	期初数	期末数
证券投资类	20 615 816.56	12 909 304.26
股权投资类	36.85	222 016.94
融资类	2 395 334.43	1 601 991.05
事务管理类	5 932 926.24	10 282 630.10
组合投资	426 775.47	1 910 997.42
合计	29 370 889.55	26 926 939.77

6.4.2.2　本年度已清算结束的信托项目个数、实收信托合计金额、加权平均实际年化收益率

本公司本年度终止的信托项目个数为142个,本金合计为4 556 449.93万元,加权平均实际年化收益率为2.20%。

6.4.2.2.1　本年度已清算结束的集合类、单一类资金信托项目和财产管理类信托项目个数、实收信托合计金额、加权平均实际年化收益率

已清算结束信托项目	项目个数(个)	实收信托合计金额(万元)	加权平均实际年化收益率(%)
集合类	91	1 916 626.57	-1.59
单一类	45	2 444 802.98	4.76
财产管理类	6	195 020.38	7.32

6.4.2.2.2　本年度已清算结束的主动管理型信托项目个数、实收信托合计金额、加权平均实际年化收益率

已清算结束信托项目	项目个数(个)	实收信托合计金额(万元)	加权平均实际年化收益率(%)
证券投资类	50	1 087 015.90	0.37
股权投资类	4	167 046.62	8.87
融资类	19	1 002 303.13	-4.57
组合投资类	14	137 333.76	7.27
事务管理类	3	106 541.47	9.14

6.4.2.2.3　本年度已清算结束的被动管理型信托项目个数、实收信托合计金额、加权平均实际年化收益率

已清算结束信托项目	项目个数(个)	实收信托合计金额(万元)	加权平均实际年化收益率(%)
证券投资类	4	84 698.04	-7.96
股权投资类	1	34 309.27	47.68
融资类	21	1 382 487.25	5.65
组合投资类	1	17 108.51	5.29
事务管理类	25	537 605.98	3.49

6.4.2.3　本年度新增的集合类、单一类和财产管理类信托项目个数、实收信托合计金额

新增信托项目	项目个数(个)	实收信托合计金额(万元)
集合类	113	3 347 162.48
单一类	266	3 541 954.06
财产管理类	55	628 913.03
新增合计	434	7 518 029.57
其中:主动管理型	229	2 722 147.32
被动管理型	205	4 795 882.25

6.4.2.4　信托业务创新成果和特色业务有关情况

2016年,在实体经济增速放缓,信托行业转型的背景下,公司顺应行业发展趋势,明确了以受托/资产管理业务模式作为发展方向,并持续推动业务转型,顺应监管要求,注重风险控制,提高主动管理水平,通过创新开拓新的业务和市场以保持竞争优势。特别是在家族信托、资产证券化、产业基金及其他服务型信托等领域开拓创新,不断提升信托服务水平、资产管理能力和信托品牌,提高了公司的专业化和差异化的市场地位。具体表现在以下几个方面:

(1)公司大力开展资产证券化业务,积极向新的资产领域开拓,丰富作为证券化基础资产包的内容,加强产品创新力度,开拓新的产品模式,丰富公司产品线。

(2)开拓国际业务,全球资产类型丰富、可运用的各类衍生工具多种多样,进而实现客户资产的全球配置。另外推出海外员工持股计划,利用公司年金账管系统和QDII的优势,积极开拓此项业务。

(3)继续发展薪酬福利信托,通过"拓宽渠道、完善产品、树立品牌"等多项战略措施,快速占领市场、做大规模,继续保持公司在该项业务的市场领先优势及行业垄断地位。

(4)深化产融结合,挖掘宝武集团内部业务机会,推进产融结合,发展供应链金融业务、资产证券化业务等。在资产端和客户端与欧冶金融、集团各分子公司等进行广泛合作,在市场、营销、客户方面进行资源共享,开拓互联网市场,形成稳定的内部生态链。

(5)布局互联网金融,与欧冶金融在内的互联网金融企业的合作机会,借力信托在互联网金融领域内布局。为实业企业尤其是集团上下游解决投资、融资需求,建立互联网金融生态圈,构建"互联网+"产业基金的模式。

(6)探索家族信托业务,公司2016年正式启动家族信托创新业务的开展工作,组建了一支来自于海外家族信托机构、国内私人银行、律师事务所等的专业团队,目前已经形成家族信托业务模式"世家华传"和"基业宝承"两个系列。

(7)拓展医疗产业基金业务,针对公立二甲以上的医院,通过贷款、委托租赁及租赁资产受让等多种方式,形成稳定的医院还款现金流。一方面开启了公司在医疗领域的业务探索,另一方面也为将来进行医疗资产的资产证券化储备基础资产。

6.4.2.5　本公司履行受托人义务情况及因本公司自身责任而导致的信托资产损失情况

本公司遵守信托法和信托文件对受托人义务的规定,为受益人的最大利益处理信托事务,管理信托财产时,恪尽职守,履行诚实、信用、谨慎、有效管理的义务,没有损害受益人利益的情况。本公司无因自身责任而导致的信托资产损失情况。

6.5 关联方关系及其交易的披露

6.5.1 关联交易方的数量、关联交易的总金额及关联交易的定价政策等

	关联交易方数量	关联交易金额(万元)	定价政策
合计	3	305 383	按市场公允价格定价

注:"关联交易"定义应以《公司法》《企业会计准则第36号——关联方披露》有关规定为准。

6.5.2 关联交易方与本公司的关系性质、关联交易方的名称、法定代表人、注册地址、注册资本及主营业务等

关系性质	关联方名称	法定代表人	注册地址	注册资本(万元)	主营业务
子公司	华宝兴业基金管理有限公司	郑安国	上海市	15 000.00	在中国境内从事基金管理、发起设立基金;中国证监会批准的其他业务(涉及行政许可的凭许可证经营)。
联营企业	华宝证券有限责任公司	陈林	上海市	400 000.00	证券经纪;证券投资咨询;证券自营;证券资产管理;融资融券;证券投资基金代销;代销金融产品;为期货公司提供中间介绍业务;证券承销;与证券交易、证券投资活动有关的财务顾问业务。
同一控制人	上海欧冶金融信息服务股份有限公司	王成然	上海市	140 000.00	金融数据处理,金融软件开发,产业投资及投资管理,资产管理,商务咨询,企业管理咨询,投资咨询,财务咨询。(依法须经批准的项目,经相关部门批准后方可开展经营活动)

6.5.3 逐笔披露本公司与关联方的重大交易事项

6.5.3.1 固有与关联方交易情况:贷款、投资、租赁、应收账款、担保、其他方式等期初汇总数、本期借方和贷方发生额汇总数、期末汇总数

单位:万元

固有与关联方关联交易				
	期初数	借方发生额	贷方发生额	期末数
贷款	—	—	—	—
投资	1 318	1 473	2 791	—
租赁	—	—	—	—
担保	—	—	—	—
应收账款	—	—	—	—
其他	—	—	—	—
合计	1 318	1 473	2 791	—

6.5.3.2 信托与关联方交易情况:贷款、投资、租赁、应收账款、担保、其他方式等期初汇总数、本期借方和贷方发生额汇总数、期末汇总数

单位:万元

信托与关联方关联交易				
	期初数	借方发生额	贷方发生额	期末数
贷款	—	—	—	—
投资	252 701	303 910	362 182	194 428
租赁	—	—	—	—
担保	—	—	—	—
应收账款	—	—	—	—
其他	—	—	—	—
合计	252 701	303 910	362 182	194 428

6.5.3.3 信托公司自有资金运用于自己管理的信托项目(固信交易)、信托公司管理的信托项目之间的相互(信信交易)交易金额,包括余额和本报告年度的发生额

6.5.3.3.1 固有与信托财产之间的交易金额期初汇总数、本期发生额汇总数、期末汇总数

单位:万元

固有财产与信托财产相互交易			
	期初数	本期发生额	期末数
合计	292 457	623 331	410 921

注:以固有资金投资公司自己管理的信托项目受益权,或购买自己管理的信托项目的信托资产均应纳入统计披露范围。

6.5.3.3.2 信托项目之间的交易金额期初汇总数、本期发生额汇总数、期末汇总数

单位:万元

信托资产与信托财产相互交易			
	期初数	本期发生额	期末数
合计	3 185 391	5 629 658	5 459 625

注:以公司受托管理的一个信托项目的资金购买自己管理的另一个信托项目的受益权或信托项下资产均应纳入统计披露范围。

6.5.4 逐笔披露关联方逾期未偿还本公司资金的详细情况以及本公司为关联方担保发生或即将发生垫款的详细情况

本报告期公司无上述情况。

6.6 会计制度的披露

本报告期公司固有业务(自营业务)及信托业务均执行2006年版企业会计准则。

7. 财务情况说明书

7.1 利润实现和分配情况

根据公司2016年的经营实绩,对2016年利润进行如下分配:

(1)当年利润总额:1 218 067 213.72元。

(2)所得税费用:235 246 570.67元(已考虑纳税调整和递延税款)。

(3)净利润:982 820 643.05元。

(4)提取法定盈余公积金:98 282 064.31元。

(5)按照《信托公司管理办法》规定,按照税后利润10%提取信托赔偿准备金98 282 064.31元。

(6)按照《非银行金融机构外汇业务管理规定》,按税后外汇利润的50%提取外汇资本准备金,因2016年外汇利润为负数,故不提取。

(7)《金融企业准备金计提管理办法》《银行信贷损失计提指引》规定,按照金融企业承担风险和损失的资产期末余额的1.5%扣除年初一般风险准备余额,提取一般风险准备14 953 833.46元。

(8)2016年公司可分配利润771 302 680.97元。根据最新宝武集团管理文件《子公司利润分配管理办法》规定"按国资委对收益上交基数的核定方式确定返利基数,并按返利基数的30%分配利润"。考虑到公司发展规划及业务拓展的需求,按照返利基数的

30%向集团分配，即分配2016年利润267 840 137.41元，其中宝武集团262 483 334.66元，舟山财政5 356 802.75元。

7.2 主要财务指标

指标名称	母公司	合并
资本利润率(%)	16.00	15.62
人均净利润(万元)	346.06	420.53

注：1. 资本利润率=净利润/所有者权益平均余额×100%。
2. 人均净利润=净利润/年平均人数。
3. 平均值采取年初、年末余额简单平均法。公式为：a(平均)=(年初数+年末数)/2。

7.3 对本公司财务状况、经营成果有重大影响的其他事项

无。

8. 特别事项揭示

8.1 公司股东报告期内变动情况及原因

本报告期内公司股东宝钢集团有限公司变更为中国宝武钢铁集团有限公司，法定代表人由徐乐江变更为马国强。

8.2 董事、监事及高级管理人员变动情况及原因

根据《公司章程》和集团公司有关职工监事的规定，公司工会和行政人力资源部就推荐职工监事按规定征求意见后提出了候选人建议人选，并报经金融系统工会、党委组织及华宝投资行政人事部等进行确认，于2016年3月3日至3月9日进行了公示。华宝信托工会在2016年3月10日举办第四届职工代表会议暨工会会员代表会议(通信表决)，正式推选刘文力同志为职工监事。

本年度股东会第一次临时会议于2016年8月29日以通信方式召开，股东宝钢集团有限公司、浙江省舟山市财政局全部参加通信表决。股东一致同意通过《关于选举林利军担任独立董事的议案》。

8.3 变更注册资本、变更注册地或公司名称、公司分立合并事项

无。

8.4 公司的重大诉讼事项

报告期内，公司作为受托人设立的某事务管理类信托项下发生了三起标的金额较大的诉讼。但预计上述诉讼不会对公司经营造成重大影响。

8.5 本报告期内公司及其董事、监事和高级管理人员受到处罚的情况

无。

8.6 银监会及其派出机构对公司检查后提出整改意见的，应简单说明整改情况

无。

8.7 本年度重大事项临时报告的简要内容、披露时间、所披露的媒体及其版面

无。

8.8 银监会及其省级派出机构认定的其他有必要让客户及相关利益人了解的重要信息

无。

9. 公司监事会意见

监事会认为，本报告期内，公司决策程序合法，内部控制制度较为完善，没有发现公司董事、经理和其他高级管理人员在执行公司职务时有违法违纪和有损公司及股东利益的行为。公司财务报告真实地反映了公司的财务状况和经营成果。

华宸信托有限责任公司

1. 重要提示

1.1 本公司董事会及董事保证本报告所载资料不存在任何虚假记载、误导性陈述或者重大遗漏，并对其内容的真实性、准确性和完整性承担个别及连带责任。

1.2 本公司独立董事郝占魁、赵廉慧对年度报告内容的真实性、准确性和完整性无异议。

1.3 本公司负责人甄学军、主管财务工作负责人宋弘、财务部门负责人赵国平声明：保证年度报告中财务报告的真实、完整。

2. 公司概况

2.1 公司简介

2.1.1 公司基本情况

公司名称(中文)	华宸信托有限责任公司(简称：华宸信托)
公司名称(英文)	Hua Chen Trust Limited Corporation(缩写：HCTRUST)
法定代表人	甄学军
注册地址	内蒙古自治区呼和浩特市赛罕区如意西街23号
邮政编码	010011
公司国际互联网网址	http://www.hctrust.cn
电子信箱	hctrust@hctrust.cn
公司信息披露的报纸	《证券时报》
公司年度报告备置地点	内蒙古自治区呼和浩特市赛罕区如意西街23号

2.1.2 联系人和联系方式

	董事会秘书	公司信息披露联系人
姓名	晋军	刘建宇
联系地址	内蒙古自治区呼和浩特市赛罕区如意西街23号	内蒙古自治区呼和浩特市赛罕区如意西街23号
电话	0471-4193902	0471-4193901
传真	0471-4193908	0471-4193901
电子信箱	jinjun@hctrust.cn	ljy@hctrust.cn

2.1.3 公司聘请的会计师事务所

瑞华会计师事务所(特殊普通合伙)

办公地址：北京市东城区永定门西滨河路8号院7号楼中海地产广场西塔5~11层

2.2 组织结构

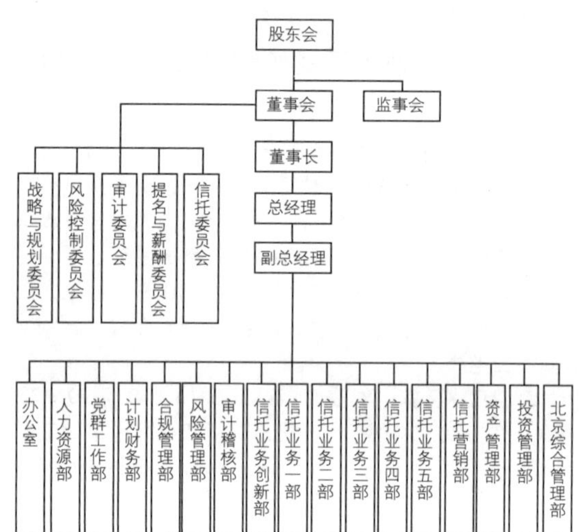

3. 公司治理

3.1 股东

股东名称	持股比例(%)	法定代表人	注册地址	主要经营业务及主要财务情况
包头钢铁(集团)有限责任公司	36.5	魏栓师	包头市昆区河西工业区	钢铁；经营正常
中国大唐集团资本控股有限公司	32.45	刘传东	北京市丰台区科学城星火路10号B-212室(园区)	投资管理；经营正常
内蒙古自治区人民政府国有资产监督管理委员会	30.2	张金亮	呼和浩特市新华大街63号政府大院5号楼	行政单位
呼和浩特市财政局	0.5	马保国	呼和浩特市赛罕区大学东街18号	行政单位
巴彦淖尔市国有资金资产监督管理局	0.175	田卫东	内蒙古巴彦淖尔市临河区新华西街财政大楼	事业单位
众兴集团有限公司	0.175	林来嵘	天津空港经济区国际商务园A地块D6号单体	煤炭；经营正常

3.2 董事

姓名	职务	性别	年龄	选任日期	所推举的股东名称	该股东持股比例(%)	简要履历
刘玉瀛	董事长(拟任)、董事	男	51	2013年11月22日	包头钢铁(集团)有限责任公司	36.5	历任包钢(集团)公司财务部副部长兼结算中心主任、计划财务部部长、总会计师兼计划财务部部长、副总经理、包钢股份董事、包钢矿业董事、包钢西创董事、包钢(集团)公司总经济师;现任华宸信托有限责任公司党委书记、董事,拟任公司董事长。
宋 弘	董事	男	57	2013年11月22日	包头钢铁(集团)有限责任公司	36.5	历任包钢财务部资金科科长、副总经济师,包钢(集团)公司计划财务部副总经济师兼资金处副处长、计划财务部资金处处长、计划财务部副部长兼资金处处长、纪委副书记兼审计部部长、纪委副书记兼审计部部长(主持日常工作)、包钢钢联股份监事会主席;现任华宸信托有限责任公司党委委员,拟任公司副总经理兼财务总监、董事。
刘传东	董事(拟任)	男	51	2015年4月24日	中国大唐集团资本控股有限公司	32.45	历任山东济宁发电厂团委负责人、财务科副科长(主持工作)、会计师、财务科长,山东省电力工业局财务部会计核算科科长、财务部副主任,济南英大国际信托投资公司总会计师,山东电力发电公司总会计师、党委委员,华能国际山东分公司副总会计师,中国电力投资集团公司财务与产权管理部产权资金高级主管、资金结算管理中心副主任、党组成员、副总经理,中国电力投资集团公司财务与产权管理部副主任,中电投财务有限公司总经理、党组副书记,中国大唐集团财务有限公司总经理、党组书记、财务与产权管理部主任,中国大唐集团资本控股有限公司党组书记。
王 温	董事	男	63	2013年11月22日	内蒙古自治区人民政府国有资产监督管理委员会	30.2	历任呼和浩特环保局科长,内蒙古经贸委副处长、处长,内蒙古自治区人民政府国有资产监督管理委员会监事会工作处处长、监事会主席。
甄学军	董事	男	52	2013年11月22日	内蒙古自治区人民政府国有资产监督管理委员会	30.2	历任内蒙古农业大学农经系教师、团总支书记,内蒙古信托有限责任公司业务二部副经理、信贷管理部副经理、经理、公司副总经理、总经理、董事。
张瑞平	董事	男	53	2013年11月22日	呼和浩特市财政局	0.5	历任呼和浩特市富泰热力股份有限公司副总工程师、副总经理,呼和浩特市城发投资经营有限责任公司副总经理、总经理、董事长。

独立董事

姓 名	所在单位及职务	性别	年龄	选任日期	所推举的股东名称	简要履历
郝占奎	北京陶氏投资控股有限公司	男	61	2013年11月22日	公司董事会	历任中国人民银行包头支行科员、科长,中国工商银行包头支行办事处副主任、主任,中国交通银行包头支行副行长,中国交通银行包头分行行长,中国交通银行内蒙古分行副行长,北京陶氏投资控股有限公司总裁。
赵廉慧	中国政法大学	男	42	2015年4月24日	公司董事会	历任中国政法大学民商经济法学院副教授、硕士生导师,中国人民大学信托与基金研究所资深研究员,《中国信托业发展报告》副主编。

3.3 监事

监事会成员

姓 名	职 务	性别	年龄	选任日期	所推举的股东名称	该股东持股比例(%)	简要履历
张世宏	监事会临时负责人	男	48	2013年11月22日	内蒙古自治区人民政府国有资产监督管理委员会	30.2	历任内蒙古自治区经贸委技改处科员、副主任科员,主任科员,内蒙古自治区经贸委企业监督处副处长,内蒙古自治区人民政府国有资产监督管理委员会业绩考核与统计评价处副处长、处长,内蒙古自治区人民政府国有资产监督管理委员会财务监督与统计评价处处长。
郝润宝	监事	男	52	2013年11月22日	包头钢铁(集团)有限责任公司	36.5	历任包头钢铁(集团)有限责任公司财务处会计科干事、副科长,包头钢铁(集团)有限责任公司计划财务部税政科科长,包头钢铁(集团)有限责任公司计划财务部会计处副处长、处长,包头钢铁(集团)有限责任公司计划财务部副部长、部长,包钢钢联股份有限公司监事。
刘肃楷	监事	男	44	2015年4月24日	中国大唐集团资本控股有限公司	32.45	历任建行广州黄埔支行信贷科主管,北京新锐互动网络有限公司互动营销顾问,民生证券有限公司投资银行部高级投资经理,华视传媒集团有限公司资本运营中心总监、媒体发展总监,中国大唐集团财务有限公司资金计划部投资业务高级主管,中国大唐集团资本控股有限公司发展研究部副经理(主持工作)。
杜东方	职工监事	男	53	2015年12月18日	公司职工代表大会		历任内蒙古社会科学院经济研究所研究员,内蒙古信托投资公司秘书、派驻广西北海民族股份有限公司工作、信贷员、上海证券营业部副经理、信托二部副经理,华宸信托有限责任公司信托资产部副经理、信托业务一部副经理、党群工作部副主任(主持工作)。

3.4 高级管理人员

高级管理人员

姓名	职务	性别	年龄	选任日期	金融从业年限(年)	学历	专业
甄学军	总经理、董事	男	52	2013年11月22日	25	本科双学位	农经管理、政教
宋　弘	副总经理兼财务总监(拟任)、董事(拟任)	男	57	2013年11月22日	4	硕士研究生	工业管理工程
赵澍堂	副总经理(拟任)	男	56	2015年11月19日	24	大学本科	统计
范永胜	副总经理(拟任)	男	50	2013年11月22日	24	大学本科学历、硕士学位	工商管理
于建琳	副总经理	女	45	2013年11月22日	22	大学本科学历、硕士学位	会计学、工商管理专业

3.5 公司员工

截至2016年末，公司共有在职员工96人，平均年龄为40.92岁。学历分布情况为：博士3人，占在岗员工总数的3.12%；硕士研究生39人，占在岗员工总数的40.63%；大学本科37人，占在岗员工总数的38.54%；大学专科12人，占在岗员工总数的12.50%；中专及以下5人，占在岗职工人数的5.21%。

4. 经营管理

4.1 经营目标、经营方针、战略规划

4.1.1 经营目标

以创造价值为目标，充分发挥信托功能，搭建联结资本市场、货币市场和产业市场的多元化金融理财平台，为股东和社会创造满意的回报。

4.1.2 经营方针

坚持专业化道路，不求"大"，也不求"全"，但求"强"、"实"和"特色"。

4.1.3 战略规划

以服务地方经济社会发展为基础，以构建金融控股集团为目标，稳步拓展业务区域，形成独具特色的发展之路。

4.2 所经营业务的主要内容

自营资产运用与分布表

资产运用	金额(万元)	占比(%)	资产分布	金额(万元)	占比(%)
货币资产	6 861.06	4.78	基础产业	—	—
买入返售金融资产	—		房地产业	38 026.11	26.50
贷款及应收款	14 821.63	10.33	证券市场	55 990.34	39.02
可供出售金融资产	103 280.22	71.97	实业	14 821.63	10.33
交易性金融资产	—		金融机构	25 215.03	17.57
持有至到期投资	—		其他	9 442.90	6.58
长期股权投资	4 567.32	3.18			—
其他资产	13 965.77	9.73			—
资产总计	143 496.01	100.00	资产总计	143 496.01	100.00

注：资产分布中其他项目包括固定资产、递延所得税资产、无形资产等。

信托资产运用与分布表

资产运用	金额(万元)	占比(%)	资产分布	金额(万元)	占比(%)
货币资产	15 826.84	1.63	基础产业	215 123.54	22.15
贷款	434 120.00	44.70	房地产业	253 340.78	26.09
买入返售金融资产	363 282.63	37.41	金融机构	23 457.72	2.42
可供出售金融资产	114 915.09	11.83	工商企业	280 569.27	28.89
持有至到期投资	0.00	—	其他	198 619.45	20.45
长期股权投资	36 650.00	3.77			—
其他	6 316.19	0.65			—
资产总计	971 110.75	100	资产总计	971 110.75	100

注：资产分布中其他198 619.45万元主要包括：其他129 131.54万元；水利、环境和公共设施管理业32 794.96万元；教育13 884.23万元；卫生、社会保障和社会福利业8 908.06万元；采矿业5 262.87万元；文化、体育和娱乐业4 043.45万元；电力、燃气及水的生产和供应业2 973.48万元；制造业1 620.87万元。

4.3 市场分析

4.3.1 影响公司发展的有利因素

信托行业发展迅速，盈利能力和市场影响力不断提高，公司的发展得到了内蒙古自治区的高度重视和大力支持，公司也在发展过程中注重与自治区政府有关部门的沟通和交流，建立了良好的合作关系。

4.3.2 影响公司发展的不利因素

国内经济增长放缓；信托公司竞争态势持续加剧；信托业政策法律法规有待完善，监管政策日趋严格；公司净资本实力较弱，抵抗风险能力有待提升，业务创新能力和团队建设需要不断加强。

4.4 内部控制概况

4.4.1 内部控制环境和内部控制文化

公司建立了由股东会、董事会、监事会和高级管理层组成的法人治理结构，董事会下设战略与规划委员会、风险控制委员会、提名与薪酬委员会、审计委员会和信托委员会。监事会是公司的监督机构，对公司经营管理进行监督。公司的股东会、董事会、监事会均按照相关法律、法规以及《公司章程》和自身议事规则及议事程序的规定，规范有效地运作。内设机构中，业务部门、审计稽核部、合规管理部、风险管理以及计划财务部等部门相互协调、互相制衡，形成了一套行之有效的内控机制。公司始终秉承"专业、务实、开放、创新"的宗旨，以"诚信

文化”为核心，形成以“全程、全员、立体式”为主旋律的内控文化。通过讲座、交流研讨等形式，学习掌握最新法律法规，修订和制定公司制度，强化员工职业操守，充实合规风险管理，形成了良好的内控合规文化。

4.4.2 内部控制措施

公司按照现代企业制度围绕控制环境、风险评估、控制流程、信息沟通和监督等内控要素进行内部控制系统和内部控制制度的建设。已形成了严格分离、制度保障、合规管理、风险评估与内部审计的全方位内部控制措施。构建了“业务部门→合规管理部/风险管理部/审计稽核部→业务决策委员会→董事会风险控制委员会→董事会”的内控机制，通过层层推进、层层把关的梯次式、立体型的内部控制管理体系，最大限度控制和降低公司经营风险。

内控措施主要包括：

(1)严格分离。公司信托业务与自营业务相分离，业务人员不相互兼职，并由不同的高管人员分工管理。不同的信托财产之间相分离，不同信托财产分账户管理；同一信托财产运用与保管相分离；业务操作与风险监控相分离。在此基础上认真制定业务流程和管理制度，公司所有的业务和管理活动都严格地按照制度规定的流程执行。

(2)制度保障。公司以业务流程为主线，建立健全前台、中台、后台并重的内控体系。公司业务决策委员会对董事会授权范围内的所有信托业务及自有资金运用业务项目进行集体决策，通过构建完善的决策机制、前台业务管理、中后台工作管理制度体系，将风险管理落实到业务开展的各个部门、岗位，保证公司业务健康发展，有效控制和防范经营风险。

(3)合规管理。公司设立专门的合规管理部，对国家颁布的各项法律法规、政府部门尤其是监管部门的部门规章和行政命令，以及公司内部制定的各项业务和管理制度监督执行。强调“合规从高层做起”，明确董事会、高级管理层直至每一位员工的合规职责，构建起层层负责、人人合规的合规风险管理体系。

(4)风险评估。公司设立了专门的风险管理部，对风险进行事前防范、事中控制，包括对各项经营活动的风险进行定期评价，确定关键控制点，从而有针对性地采取各种风险防范与风险控制措施，以及通过对相关信息进行识别、处理，以识别可能发生的风险，并向管理层报告，以便公司迅速而准确地对影响经营活动的各种因素作出反应。

(5)内部审计。公司审计稽核部在董事会审计委员会的具体指导下开展内部监督工作，对公司业务实施内部审计，以规范经营行为，防范、化解金融风险，提高经济效益，保障公司实现经营目标。

4.4.3 监督评价与纠正

报告期内公司监督评价体系进一步完善。内外部审计与检查工作基本实现常态化，开展了监管部门检查、外部审计机构年度审计等监督工作，同时内审机构实施了年度内部控制制度等审计工作。

(1)更加注重外部监督。积极与监管部门沟通与协调，增强主动接受监督的自觉性，对于监管中提出的问题及时进行整改和落实，并将整改落实结果向监管部门及公司董事会作出报告，保证各项工作业务合法、规范开展。

(2)内部监督检查工作更加全面。公司设立审计稽核部、合规管理部等部门，对公司各项业务经营情况和管理工作开展定期和不定期检查，及时发现内部控制存在的缺陷和隐患，防范管理风险，确保公司合规经营。

4.5 风险管理概况

2016 年，随着国内宏观经济的缓中趋稳，供给侧改革的不断深化，“三去一降一补”的效应显现，金融行业的监管细化，信托行业面临着加速转型升级，强化风险治理的要求和挑战。公司为了积极应对要求和挑战，在不断明确战略目标的同时通过建立和完善全面风险管理体系，使公司风险管理与战略目标相适应，并在此基础上持续提高风险管理水平，针对市场和政策的变化及时应变调整，保证风险管理政策的有效落实，最终保障公司运营安全。

报告期内，公司通过修订或制定各项制度，不断完善、充实以董事会、经营层、风险管理部、各职能部门为层级的四级风险管理体系，进一步优化风险管理规程，确保将各种风险控制在合理水平，保障公司业务的稳健运行。

基于金融行业运营环境和信托业特征，公司在经营活动中可能遇到的风险包括信用风险、市场风险、操作风险和其他风险等。

信用风险是公司面临的主要风险之一，主要是指交易对手因履约意愿或履约能力发生变化导致信托财产或公司财产遭受潜在损失的可能性。

报告期内，公司高度重视信用风险的防范和管理，严格落实监管政策和指导要求，及时调整和优化各项业务政策，进一步提高对交易对手和项目的选择标准，加强项目管理和风险预警工作；同时，建立和完善风险项目处置机制，通过明确管理责任、强化清收责任、认定风险责任等工作持续推进不良资产的管理和处置；最后，严格按照相关规定计提一般准备、据实计提专项准备来提高抵御风险的能力。

市场风险主要是由市场因素变动使公司遭受潜在损失的可能性，主要表现在证券市场、汇率、利率及其他价格因素变动，对公司的盈利能力和财务状况可能产生的影响。

报告期内，公司坚持稳健运营的策略，加强对宏观经济和市场的研究，及时跟踪市场价格波动情况，同时，通过定期或不定期对房地产等业务进行市场风险压力测试，分析业务对外部市场变化的敏感程度和可能的影响。此外，公司加大对已开展业务的监控力度，积极应对可能出现的风险。

操作风险主要是由于公司内部业务流程的不完善、计算机系统的错误、工作人员在操作过程中的失误，而给公司造成的直接或间接损失的风险。

报告期内，公司持续对现有制度和流程进行梳理，建立健全相关制度，并对开展的业务工作进行操作流程优化的同时，注重提高员工素质和责任心的培养，避免人为主观因素引发操作风险。同时通过技术手段对操作权限和内容进行程序设定，制定应急预案，适时启动奖惩机制等措施防范和控制操作风险。

其他风险主要表现为流动性风险、政策风险和声誉风险等。为防范公司其他风险的发生公司严格按照法律法规规定开展业务，注重与监管部门的沟通，确保公司经营活动符合国家政策和监管要求；加强项目风险排查，突出项目现金流量管理，加强对流动性风险的防范；公司高度重视各种声誉风险，对可能影响公司声誉的业务坚决予以回避，尽职管理受托资产并充分披露，积极维护公司良好的声誉和企业形象。

5. 报告期末及上一年度末的比较式会计报表

5.1 自营资产

5.1.1 会计师事务所审计意见全文

审计报告

瑞华审字[2017]第02160035号

华宸信托有限责任公司：

我们审计了后附的华宸信托有限责任公司（以下简称华宸信托公司）的财务报表，包括2016年12月31日的资产负债表，2016年度的利润表、现金流量表和所有者权益变动表以及财务报表附注。

一、管理层对财务报表的责任

编制和公允列报财务报表是华宸信托公司管理层的责任。这种责任包括：（1）按照企业会计准则的规定编制财务报表，并使其实现公允反映；（2）设计、执行和维护必要的内部控制，以使财务报表不存在由于舞弊或错误导致的重大错报。

二、注册会计师的责任

我们的责任是在执行审计工作的基础上对财务报表发表审计意见。我们按照中国注册会计师审计准则的规定执行了审计工作。中国注册会计师审计准则要求我们遵守中国注册会计师职业道德守则，计划和执行审计工作以对财务报表是否不存在重大错报获取合理保证。

审计工作涉及实施审计程序，以获取有关财务报表金额和披露的审计证据。选择的审计程序取决于注册会计师的判断，包括对由于舞弊或错误导致的财务报表重大错报风险的评估。在进行风险评估时，注册会计师考虑与财务报表编制和公允列报相关的内部控制，以设计恰当的审计程序，但目的并非对内部控制的有效性发表意见。审计工作还包括评价管理层选用会计政策的恰当性和作出会计估计的合理性，以及评价财务报表的总体列报。

我们相信，我们获取的审计证据是充分、适当的，为发表审计意见提供了基础。

三、审计意见

我们认为，上述财务报表在所有重大方面按照企业会计准则的规定编制，公允反映了华宸信托公司2016年12月31日的财务状况以及2016年度的经营成果和现金流量。

四、强调事项

我们提醒报表使用者，如财务报表附注“八、或有事项”所述，截至财务报表批准日，华宸信托公司尚有被诉讼案件未决，该事项存在重大不确定性。本段内容不影响已发表的审计意见。

瑞华会计师事务所（特殊普通合伙）

中国·北京

中国注册会计师：

中国注册会计师：

二〇一七年三月二十日

5.1.2 资产负债表

资产负债表

编制单位：华宸信托有限责任公司　　2016年12月31日　　单位：万元

项目	年末余额	年初余额
资产：		
货币资金	6 861.06	7 947.61
存放同业款项	—	—
贵金属	—	—
拆出资金	—	—
交易性金融资产	—	—
衍生金融资产	—	—
买入返售金融资产	—	—
应收股利	—	—
应收账款	423.72	702.74
其他应收款	8 957.91	8 314.27
发放贷款及垫款	5 440.00	10 470.00
可供出售金融资产	103 280.22	117 639.63
持有至到期投资	—	—
长期股权投资	4 567.32	6 205.34
投资性房地产	—	—
固定资产原值	4 378.11	4 377.25
减：累计折旧	2 131.31	1 931.10
固定资产净值	2 246.79	2 446.15
在建工程	—	—
无形资产	250.08	238.09
递延所得税资产	1 206.15	—
其他资产	10 262.74	1 719.49
资产总计	143 496.01	155 683.32
负债：	—	—
向中央银行借款	—	—
同业及其他金融机构存放款	—	—
拆入资金	—	—
交易性金融负债	—	—

续表

项目	年末余额	年初余额
衍生金融负债	—	—
卖出回购金融资产款	—	—
吸收存款	—	—
应付职工薪酬	3 395. 38	4 887. 39
应交税费	170. 27	93. 34
应付利息	—	—
应付股利	2 749. 67	2 749. 67
其他应付款	11 923. 11	8 882. 68
预计负债	1 578. 26	—
应付债券	—	—
递延所得税负债	—	4 819. 69
其他负债	665. 97	825. 77
负债合计	20 482. 66	22 258. 54
所有者权益(或股东权益):	—	—
实收资本(股本)	57 200. 00	57 200. 00
其他权益工具	—	—
资本公积	124. 28	124. 28
减:库存股	—	—
其他综合收益	23 711. 18	37 438. 19
盈余公积	9 170. 46	8 801. 79
一般风险准备	2 283. 19	1 683. 23
信托赔偿准备金	4 585. 23	4 400. 89
未分配利润	25 939. 00	23 776. 39
所有者权益合计	123 013. 35	133 424. 78
负债和股东权益总计	143 496. 01	155 683. 32

单位负责人:甄学军　　主管会计工作负责人:杨新良　　会计机构负责人:赵国平

5. 1. 3　利润表

利润表

编制单位:华宸信托有限责任公司　　2016 年度　　单位:万元

项　　目	本年金额	上年金额
一、营业收入	9 389. 81	21 203. 47
(一)利息净收入	823. 21	1 305. 71
利息收入	823. 21	1 305. 71
利息支出	—	—
(二)手续费及佣金净收入	7 025. 55	13 057. 77
手续费及佣金收入	7 102. 11	13 327. 85
手续费及佣金支出	76. 56	270. 08
(三)投资收益(损失以"-"号填列)	1 336. 59	6 622. 62
其中:对联营企业和合营企业的投资收益	-1 503. 83	-207. 17
(四)公允价值变动收益(损失以"-"号填列)	—	—
(五)汇兑收益(损失以"-"号填列)	—	—
(六)其他业务收入	204. 46	217. 37
二、营业支出	3 688. 78	18 542. 65
(一)营业税金及附加	264. 78	1 063. 33
(二)业务及管理费	3 330. 13	5 679. 21
(三)资产减值损失(转回金额以"-"号填列)	62. 26	11 768. 49
(四)其他业务成本	31. 62	31. 62
三、营业利润(亏损以"-"号填列)	5 701. 03	2 660. 82
加:营业外收入	284. 38	15. 84
减:营业外支出	3 793. 74	72. 20
四、利润总额(亏损总额以"-"号填列)	2 191. 68	2 604. 46
减:所得税费用	-1 495. 02	-2 097. 22
五、净利润(净亏损以"-"号填列)	3 686. 70	4 701. 68
归属于母公司所有者的净利润	3 686. 70	4 701. 68
少数股东损益	—	—
六、其他综合收益的税后净额	-13 727. 01	34 548. 36
(一)以后不能重分类进损益的其他综合收益	—	—
1. 重新计量设定受益计划净负债或净资产的变动	—	—
2. 权益法下在被投资单位不能重分类进损益的其他综合收益中享有的份额	—	—
(二)以后将重分类进损益的其他综合收益	-13 727. 01	34 548. 36
1. 权益法下在被投资单位以后将重分类进损益的其他综合收益中享有的份额	-134. 19	-445. 32
2. 可供出售金融资产公允价值变动损益	-13 592. 82	34 993. 68
3. 持有至到期投资重分类为可供出售金融资产损益	—	—
4. 现金流量套期损益的有效部分	—	—
5. 外币财务报表折算差额	—	—
6. 其他	—	—
七、综合收益总额	-10 040. 31	39 250. 04
归属于母公司所有者的综合收益总额	-10 040. 31	39 250. 04
归属于少数股东的综合收益总额	—	—
八、每股收益	—	—
(一)基本每股收益	—	—
(二)稀释每股收益	—	—

单位负责人:甄学军　　主管会计工作负责人:杨新良　　会计机构负责人:赵国平

5. 1. 4　所有者权益变动表

所有者权益变动表

编制单位：华宸信托有限责任公司　　2016 年度　　单位：万元

项目	本年金额												
	归属于母公司所有者权益											少数股东权益	所有者权益合计
	实收资本（或股本）	其他权益工具	资本公积	减：库存股	其他综合收益	盈余公积	一般风险准备	信托赔偿准备金	未分配利润	其他	小计		
一、上年年末余额	57 200. 00	—	124. 28	—	37 438. 19	8 801. 79	1 683. 23	4 400. 89	23 776. 39	—	133 424. 78	—	133 424. 78
加：会计政策变更	—	—	—	—	—	—	—	—	—	—	—	—	—
前期差错更正	—	—	—	—	—	—	—	—	—	—	—	—	—
二、本年年初余额	57 200. 00	—	124. 28	—	37 438. 19	8 801. 79	1 683. 23	4 400. 89	23 776. 39	—	133 424. 78	—	133 424. 78
三、本年增减变动金额（减少以"－"号填列）	—	—	—	—	－13 727. 01	368. 67	599. 96	184. 33	2 162. 61	—	－10 411. 43	—	－10 411. 43
（一）综合收益总额	—	—	—	—	－13 727. 01	—	—	—	3 686. 70	—	－10 040. 31	—	－10 040. 31
（二）所有者投入和减少资本	—	—	—	—	—	—	—	—	-371. 12	—	—	—	—
1. 所有者投入资本	—	—	—	—	—	—	—	—	—	—	—	—	—
2. 其他权益工具持有者投入资本	—	—	—	—	—	—	—	—	—	—	—	—	—
3. 股份支付计入所有者权益的金额	—	—	—	—	—	—	—	—	—	—	—	—	—
4. 其他	—	—	—	—	—	—	—	—	-371. 12	—	—	—	—
（三）专项储备提取和使用	—	—	—	—	—	—	—	—	—	—	—	—	—
1. 提取专项储备	—	—	—	—	—	—	—	—	—	—	—	—	—
2. 使用专项储备	—	—	—	—	—	—	—	—	—	—	—	—	—
（四）利润分配	—	—	—	—	—	368. 67	—	184. 33	－1 152. 96	—	—	—	—
1. 提取盈余公积	—	—	—	—	—	368. 67	—	—	-368. 67	—	—	—	—
其中：法定公积金	—	—	—	—	—	368. 67	—	—	-368. 67	—	—	—	—
任意公积金	—	—	—	—	—	—	—	—	—	—	—	—	—
储备基金	—	—	—	—	—	—	—	—	—	—	—	—	—
企业发展基金	—	—	—	—	—	—	—	—	—	—	—	—	—
利润归还投资	—	—	—	—	—	—	—	—	—	—	—	—	—
2. 提取一般风险准备	—	—	—	—	—	—	599. 96	—	-599. 96	—	—	—	—
3. 提取信托赔偿准备金	—	—	—	—	—	—	—	184. 33	－184. 33	—	—	—	—
4. 所有者（或股东）的分配	—	—	—	—	—	—	—	—	—	—	—	—	—
5. 其他	—	—	—	—	—	—	—	—	—	—	—	—	—
（五）所有者权益内部结转	—	—	—	—	—	—	—	—	—	—	—	—	—
1. 资本公积转增资本（或股本）	—	—	—	—	—	—	—	—	—	—	—	—	—
2. 盈余公积转增资本（或股本）	—	—	—	—	—	—	—	—	—	—	—	—	—
3. 盈余公积弥补亏损	—	—	—	—	—	—	—	—	—	—	—	—	—
4. 结转重新计量设定受益计划净负债或净资产所产生的变动	—	—	—	—	—	—	—	—	—	—	—	—	—
5. 其他	—	—	—	—	—	—	—	—	—	—	—	—	—
四、本年年末余额	57 200. 00	—	124. 28	—	23 711. 18	9 170. 46	2 283. 19	4 585. 23	25 939. 00	—	123 013. 35	—	123 013. 35

项目	上年金额												
	归属于母公司所有者权益											少数股东权益	所有者权益合计
	实收资本（或股本）	其他权益工具	资本公积	减：库存股	其他综合收益	盈余公积	一般风险准备	信托赔偿准备金	未分配利润	其他	小计		
一、上年年末余额	57 200.00	—	124.28	—	2 889.83	8 331.62	1 429.77	4 165.81	20 033.42	—	94 174.75	—	94 174.75
加：会计政策变更	—	—	—	—	—	—	—	—	—	—	—	—	—
前期差错更正	—	—	—	—	—	—	—	—	—	—	—	—	—
二、本年年初余额	57 200.00	—	124.28	—	2 889.83	8 331.62	1 429.77	4 165.81	20 033.42	—	94 174.75	—	94 174.75
三、本年增减变动金额（减少以“－”号填列）	—	—	—	—	34 548.36	470.17	253.46	235.08	3 742.96	—	39 250.04	—	39 250.04
（一）综合收益总额	—	—	—	—	34 548.36	—	—	—	4 701.68	—	39 250.04	—	39 250.04
（二）所有者投入和减少资本	—	—	—	—	—	—	—	—	—	—	—	—	—
1. 所有者投入资本	—	—	—	—	—	—	—	—	—	—	—	—	—
2. 其他权益工具持有者投入资本	—	—	—	—	—	—	—	—	—	—	—	—	—
3. 股份支付计入所有者权益的金额	—	—	—	—	—	—	—	—	—	—	—	—	—
4. 其他	—	—	—	—	—	—	—	—	—	—	—	—	—
（三）专项储备提取和使用	—	—	—	—	—	—	—	—	—	—	—	—	—
1. 提取专项储备	—	—	—	—	—	—	—	—	—	—	—	—	—
2. 使用专项储备	—	—	—	—	—	—	—	—	—	—	—	—	—
（四）利润分配	—	—	—	—	—	470.17	253.46	235.08	-958.71	—	—	—	—
1. 提取盈余公积	—	—	—	—	—	470.17	—	—	-470.17	—	—	—	—
其中：法定公积金	—	—	—	—	—	470.17	—	—	-470.17	—	—	—	—
任意公积金	—	—	—	—	—	—	—	—	—	—	—	—	—
储备基金	—	—	—	—	—	—	—	—	—	—	—	—	—
企业发展基金	—	—	—	—	—	—	—	—	—	—	—	—	—
利润归还投资	—	—	—	—	—	—	—	—	—	—	—	—	—
2. 提取一般风险准备	—	—	—	—	—	—	253.46	—	-253.46	—	—	—	—
3. 提取信托赔偿准备金	—	—	—	—	—	—	—	235.08	-235.08	—	—	—	—
4. 所有者（或股东）的分配	—	—	—	—	—	—	—	—	—	—	—	—	—
5. 其他	—	—	—	—	—	—	—	—	—	—	—	—	—
（五）所有者权益内部结转	—	—	—	—	—	—	—	—	—	—	—	—	—
1. 资本公积转增资本（或股本）	—	—	—	—	—	—	—	—	—	—	—	—	—
2. 盈余公积转增资本（或股本）	—	—	—	—	—	—	—	—	—	—	—	—	—
3. 盈余公积弥补亏损	—	—	—	—	—	—	—	—	—	—	—	—	—
4. 结转重新计量设定受益计划净负债或净资产所产生的变动	—	—	—	—	—	—	—	—	—	—	—	—	—
5. 其他	—	—	—	—	—	—	—	—	—	—	—	—	—
四、本年年末余额	57 200.00	—	124.28	—	37 438.19	8 801.79	1 683.23	4 400.89	23 776.39	—	133 424.78	—	133 424.78

单位负责人：甄学军　　主管会计工作负责人：杨新良　　会计机构负责人：赵国平

5.2 信托资产

5.2.1 信托项目资产负债汇总表

资产负债汇总表

编制单位：华宸信托有限责任公司　　2016年12月31日　　单位：万元

信托资产	年末余额	年初余额
信托资产：		
货币资金	15 826.84	18 502.61
拆出资金		
存出保证金		
交易性金融资产		
衍生金融资产		
买入返售金融资产	363 282.63	390 860.00
应收款项	6 316.19	6 208.62
发放贷款	434 120.00	205 980.00
可供出售金融资产	114 915.09	270 585.03
持有至到期投资		38 470.00
长期应收款		
长期股权投资	36 650.00	49 650.00
投资性房地产		
固定资产		
无形资产		
长期待摊费用		
其他资产		
减：各项资产减值准备		
信托资产总计	971 110.75	980 256.25
信托负债：	—	—
交易性金融负债		
衍生金融负债		
应付受托人报酬	793.56	841.12
应付托管费		
应付受益人收益	0.15	79.68
应交税费		
应付销售服务费		
应付交易费用		
应付投资管理费		
应付银行服务费		
其他应付款项	7 689.94	18 122.23
预计负债		—
其他负债		—
信托负债合计	8 483.66	19 043.04
		—
信托权益：		—
实收信托	950 560.09	945 750.03
资本公积		
外币报表折算差额		
未分配利润	12 067.00	15 463.18
信托权益合计	962 627.09	961 213.21
信托负债及信托权益总计	971 110.75	980 256.25

单位负责人：甄学军　　主管会计工作负责人：杨新良　　会计机构负责人：赵国平

5.2.2 信托项目利润及利润分配汇总表

利润及利润分配汇总表

编制单位：华宸信托有限责任公司　　2016年度　　单位：万元

项目	本年金额	上年金额
1. 营业收入	70 784.96	74 020.56
1.1 利息收入	62 651.00	66 971.55
1.2 投资收益	8 133.96	7 049.01
1.3 公允价值变动损益		—
1.4 租赁收入		—
1.5 汇兑损益		—
1.6 其他收入		—
2. 支出	6 609.25	12 753.00
2.1 营业税金及附加		—
2.2 受托人报酬	6 514.12	12 585.37
2.3 托管费	39.39	—
2.4 投资管理费		—
2.5 销售服务费		—
2.6 交易费用		—
2.7 资产减值损失		—
2.8.1 律师费	1.30	55.70
2.8.2 资料印刷费	0.92	15.27
2.8.3 差旅费	17.90	37.78
2.8.4 印花税	18.46	10.74
2.8.5 银行结算费	3.43	4.34
2.8.6 银行服务费	11.18	15.00
2.8.7 招待费		—
2.8.8 机动车费用		—
2.8.9 其他费用	2.56	28.80
3. 信托净利润	64 175.71	61 267.56
4. 其他综合收益		—
5. 扣除资产减值准备前的信托利润	64 175.71	61 267.56
6. 减：资产减值损失		—
7. 扣除资产减值准备后的信托利润	64 175.71	61 267.56
8. 加：期初未分配信托利润	15 463.18	16 815.86
9. 可供分配的信托利润	79 638.89	78 083.42
10. 减：本期已分配信托利润	67 571.89	62 620.24
11. 期末未分配信托利润	12 067.00	15 463.18

单位负责人：甄学军　　主管会计工作负责人：杨新良　　会计机构负责人：赵国平

6. 会计报表附注

6.1 报告年度会计报表编制基准、会计政策、会计估值和核算方法发生的变化

报告期内，本公司会计报表编制基准、会计政策、会计估值和核算方法均未发生变化。

6.2 或有事项说明

种类	形成原因	经济利益流出不确定性的说明	预计产生的财务影响	获得补偿的可能性
未决诉讼	因公司职员诉讼案件承担连带民事赔偿责任	赔偿裁定及金额尚无法确定	尚无法确定	尚无法确定

注:本公司员工高普宾利用管理华宸信托空白合同的工作便利,私刻公司公章、私自打印空白收据,以信托受益人的名义开展虚假业务活动。

高普宾共诈骗王光宇、林梧霞等24人涉案金额7 558.70万元,在该事项中,本公司负有一定的管理责任,受害人以此为由向本公司提出了代偿申请。具体情况如下:

(1)2016年4月下旬,王光宇等10名主观过错较小的受害人向本公司提出偿付申请并签订《民事调解书》,就赔偿事项达成一致意见,涉案金额2 080.15万元,协议赔付1 824.84万元,已进行赔付;

(2)2015年1月6日,陈晓平、林智晗等7名受害人向法院提起诉讼,涉案金额1 762.35万元,法院于2016年12月19日判决赔付陈晓平、林智晗等4名受害人1 057.50万元,涉案金额为1 198.35万元;剩余时素珍、李峰、海曙光3名受害人法院仍处于审理过程中,涉案金额为564.00万元,目前尚未判决;本公司按照清偿该负债所需支出的最佳估计数账面确认预计负债1 578.26万元;2017年1月13日,因本公司不服判决已上诉,该4名受害人案件法院正在审理过程中。

(3)2016年4月25日,李利仙、林梧霞等5名受害人,向法院提起诉讼,现处于一审审理阶段,涉案金额3 348.20万元。本公司认为该5名受害人是小贷公司员工及担保公司员工,具有一定的专业判断能力,在明知回报率异常的情况下仍进行投资,具有较大主观过错行为。

(4)另有胡查日、敖登2名受害人涉案金额为368.00万元,至今尚未提起诉讼。

由于该类案件属于损害赔偿纠纷,司法机关对最终的处理结果享有较大自由裁量权,最终判决存在重大不确定性,故目前对可能承担的赔偿比例、金额无法准确界定,对上述(3)、(4)事项本公司未进行账务处理,仅作为或有事项披露。

6.3 重要资产转让及其出售的说明

2016年度本公司无重要资产转让、出售业务发生。

6.4 会计报表中重要项目的明细资料

6.4.1 披露自营资产经营情况

6.4.1.1 按风险资产分类的结果披露资产的期初数、期末数

信用风险资产五级分类	正常类(万元)	关注类(万元)	次级类(万元)	可疑类(万元)	损失类(万元)	资产合计(万元)	不良资产合计(万元)	不良资产率(%)
期初数	115 939.66	0.00	34 786.65	16 941.73	300.00	167 968.04	52 028.38	30.98
期末数	104 041.02	2 000.00	35 120.38	7 327.33	5 970.78	154 459.51	48 418.49	31.35

注:不良资产合计=次级类+可疑类+损失类。

6.4.1.2 资产减值准备情况

单位:万元

项目	年初余额	本年增加额	本年减少额		年末余额
		本年计提额	因资产价值回升转回额	转销额	
坏账准备	9 824.61	453.28	—	3 406.64	6 871.25
贷款损失准备	2 430.00	—	540.00	330.00	1 560.00
可供出售金融资产减值准备	8 646.43	3 879.06	—	—	12 525.49
抵债资产减值准备	—	6.55	—	—	6.55
合计	20 901.03	4 338.90	540.00	3 736.64	20 963.29

6.4.1.3 自营股票投资、基金投资、债券投资、长期股权投资等投资的期初数、期末数

单位:万元

项目	自营股票	基金	债券	长期股权投资	其他投资	合计
期初数	3 549.73	24 335.16	237.51	6 205.34	89 517.23	123 844.97
期末数	1 918.58	30 971.23		4 567.32	70 390.42	107 847.54

6.4.1.4 前五名的自营长期股权投资的企业名称、占被投资企业权益的比例、主要经营活动及投资收益情况等(按公司拥有权益比例从大到小顺序排列)

企业名称	占被投资企业权益的比例(%)	主要经营活动	投资收益(万元)
华宸未来基金管理有限公司	40.00	基金募集、基金销售、特定客户资产管理等	-1 503.83

注:华宸未来基金管理有限公司注册资本20 000万元人民币,系本公司与西安长涛电子科技有限公司和未来资产基金管理公司共同出资设立,本公司出资8 000万元,占比40%,不能对该公司实施控制,按权益法核算,公司于2012年6月20日成立并取得营业执照。

6.4.1.5 前五名的自营贷款的企业名称、占贷款总额的比例和还款情况等

企业名称	贷款金额(万元)	占总额比例(%)	还款情况
内蒙古万丰物资有限责任公司	5 000.00	71.42	2014年发放贷款,已到期,未收回本息。
商都县民宇水泥有限公司	2 000.00	28.57	2014年发放贷款,年末未欠付本息。

6.4.1.6 表外业务的期初数、期末数

报告期内公司未开展表外业务。

6.4.1.7 公司当年的收入结构

收入结构	金额(万元)	占比(%)
手续费及佣金收入	7 102.11	72.84
其中:信托手续费收入	7 102.11	72.84
利息收入	823.21	8.44
其他业务收入	204.46	2.10
其中:计入信托业务收入部分	0	0.00
投资收益	1 336.59	13.71
其中:股权投资收益	-1503.83	-15.42
证券投资收益	2 840.42	29.13
其他投资收益		0.00
公允价值变动收益	0	0.00
营业外收入	284.38	2.92
收入合计	9 750.76	100.00
手续费及佣金收入	7 102.11	72.84

6.4.2 披露信托资产管理情况

6.4.2.1 信托资产的期初数、期末数

单位:万元

信托资产	期初数	期末数
集合	438 453.47	258 287.96
单一	541 802.78	712 822.79
财产权		
合计	980 256.25	971 110.75

6.4.2.1.1 主动管理型信托业务期初数、期末数。分证券投资类、股权投资类、融资类、事务管理类分别披露

单位:万元

主动管理型信托资产	期初数	期末数
证券投资类		
股权投资类	228 615.64	140 361.04
融资类	476 053.84	315 235.79
事务管理类		177 450.53
合计	704 669.48	633 047.36

6.4.2.1.2 被动管理型信托业务期初数、期末数

单位:万元

被动管理型信托资产	期初数	期末数
证券投资类		
股权投资类	228 820.42	114 915.67
融资类		5 000.28
事务管理类	46 766.35	218 147.43
合计	275 586.77	338 063.38

6.4.2.2 本年度已清算结束信托项目33个,实收信托合计金额431 478.54万元、加权平均实际年化收益率8.13%

6.4.2.2.1 本年度已清算结束的集合类、单一类资金信托项目和财产管理类信托项目个数、金额、加权平均实际年化收益率

已清算结束信托项目	项目个数(个)	实收信托合计金额(万元)	加权平均实际年化收益率(%)
集合类	15	200 670.00	9.28
单一类	18	230 808.54	6.55
财产管理类			

6.4.2.2.2 本年度已清算结束的主动管理型信托项目个数、合计金额、加权平均实际年化收益率

已清算结束信托项目	项目个数(个)	实收信托合计金额(万元)	加权平均实际年化信托报酬率(%)	加权平均实际年化收益率(%)
证券投资类				
股权投资类	5	133 240.00	1.94	9.62
融资类	20	156 430.00	2.43	9.57
事务管理类	1	5 000.00	0.33	13.00

6.4.2.2.3 本年度已清算结束的被动管理型信托项目个数、实收信托合计金额、加权平均实际年化收益率

已清算结束信托项目	项目个数(个)	实收信托合计金额(万元)	加权平均实际年化信托报酬率(%)	加权平均实际年化收益率(%)
证券投资类				
股权投资类				
融资类	1	19 000.00	0.15	8.94
事务管理类				

6.4.2.3 本年度新增的集合类、单一类、财产管理类信托项目个数、实收信托合计金额

新增信托项目	项目个数(个)	实收信托合计金额(万元)
集合类	1	28 920.00
单一类	11	407 950.00
财产管理类		
新增合计	12	436 870.00
其中:主动管理型	4	213 870.00
被动管理型	8	223 000.00

6.4.2.4 本公司履行受托人义务情况及因本公司自身责任而导致的信托资产损失情况(合计金额、原因等)

本公司以诚实、信用、谨慎、有效管理为原则,在有效防范和着力控制风险的前提下,以受益人的利益最大化为宗旨,恪尽职守地处理各项信托事务,管理信托财产。加强信托项目的后期跟踪管理工作,及时向委托人、受益人披露有关信息,到期信托本金均如期或提前兑付,应分配的信托收益均如期支付受益人。截至2016年末,公司未发生因本公司自身责任而导致信托财产损失的情况。

6.5 关联方关系及其交易的披露

6.5.1 关联交易方的数量、关联交易的总金额及关联交易的定价政策等

	关联交易方数量	关联交易金额(万元)	定价政策
包头钢铁(集团)有限责任公司	1	180 000	市场定价
合计	1	180 000	

6.5.2 关联交易方与本公司的关系性质、关联交易方的名称、法定代表人、注册地址、注册资本及主营业务等

关系性质	关联方名称	法定代表人	注册地址	注册资本(万元)	主营业务
股东单位	包头钢铁(集团)有限责任公司	魏栓师	内蒙古自治区包头市昆区河西工业区	1 477 576.30	钢铁制品、稀土产品等。

6.5.3　本公司与关联方的重大交易事项

6.5.3.1　固有与关联方交易情况

固有与关联交易方关联交易

单位：万元

	期初数	借方发生额	贷方发生额	期末余额
贷款				
投资				
租赁				
担保				
应收账款				
其他	18	1 800		1 818
合计	18	1 800		1 818

6.5.3.2　信托与关联方交易情况

信托与关联交易方关联交易

单位：万元

	期初数	借方发生额	贷方发生额	期末余额
贷款		180 000.00		180 000.00
投资	44 750.00		37 750.00	7 000.00
租赁				
担保				
应收账款				
其他				
合计	44 750.00	180 000.00	37 750.00	187 000.00

6.5.3.3　本公司自有资金运用于自己管理的信托项目(固信交易)，信托公司管理的信托项目之间的相互(信信交易)交易金额

6.5.3.3.1　固有与信托财产之间的交易金额期初汇总数、本期发生额汇总数、期末汇总数

单位：万元

项　　目	期初数	本年发生额	期末数
合计	38 113.10	7 590.22	45 703.32

6.5.3.3.2　信托项目之间的交易金额期初汇总数、本期发生额汇总数、期末汇总数

无。

6.5.4　关联方逾期未偿还本公司资金的详细情况以及本公司为关联方担保发生或即将发生垫款的情况

报告期内，关联方无逾期不偿还本公司资金情况，本公司无为关联方担保发生或即将发生垫款情况。

6.6　会计制度的披露

本公司固有业务和信托业务分别于2008年和2010年开始执行财政部2006年2月15日颁布的企业会计准则。

7. 财务情况说明书

7.1　利润实现和分配情况

公司实现净利润3 686.70万元。根据华宸信托有限责任《公司章程》依次进行利润分配，按当年税后利润的10%提取法定盈余公积368.67万元；按当年税后利润的5%提取信托赔偿准备184.33万元；按照财金[2012]20号文提取一般风险准备金599.96万元。

7.2　主要财务指标

指标名称	指标值
资本利润率(%)	2.88
加权年化信托报酬率(%)	1.83
人均净利润(万元)	37.62

注：1. 资本利润率=净利润/所有者权益平均余额×100%。

2. 加权年化信托报酬率=(信托项目1的实际年化信托报酬率×信托项目1的实收信托+信托项目2的实际年化信托报酬率×信托项目2的实收信托+…+信托项目n的实际年化信托报酬率×信托项目n的实收信托)/(信托项目1的实收信托+信托项目2的实收信托+…+信托项目n的实收信托)×100%。

3. 人均净利润=净利润/平均人数。

4. 平均值采取年初、年末余额简单平均法，公式为：a(平均)=(年初数+年末数)/2。

7.3　对本公司财务状况、经营成果有重大影响的其他事项

报告期内本公司未发生其他对财务状况、经营成果有重大影响的事项。

8. 特别事项揭示

8.1　前五名股东报告期内变动情况及原因

报告期内公司前五名股东未发生变动。

8.2　董事、监事及高级管理人员变动情况及原因

2016年1月25日，中国银监会内蒙古监管局下发了《关于核准赵廉慧华宸信托有限责任公司独立董事任职资格的批复》(内银监复[2016]4号)，核准赵廉慧华宸信托有限责任公司独立董事任职资格。赵廉慧先生即日起开始履行公司独立董事职务。

报告期内公司监事及高级管理人员未发生变动。

8.3　公司的重大未决诉讼事项

8.3.1　固有业务

报告期内，公司固有业务发生1起诉讼事项。公司以自有资金发放贷款，到期后融资方违约，公司对融资方提起了诉讼。

8.3.2　信托业务

报告期内，公司信托业务新发生6起民事诉讼事项，其中1起为信托计划融资方违约，公司对融资方及担保方提起了诉讼，另5起为投资者诉公司营业信托纠纷案，一审阶段。

8.4　公司及其董事、监事和高级管理人员受到处罚的情况

无。

8.5　银监会及其派出机构对公司检查后提出整改意见的，应简单说明整改情况

在接到内银监发[2015]25号文件后，公司立即就文件中

指出的“公司治理架构不健全，固有资产分类不真实，信托风险项目增加”等问题作出具体安排，积极推进整改。截至报告期末，除增资扩股以及个别风险项目处置等受外部影响因素较大的问题仍在积极推进外，其余问题已基本完成整改，并已于9月向内蒙古银监局提交了相关整改报告和验收申请。

8.6 本年度重大事项临时报告的简要内容、披露时间、所披露的媒体及其版面

报告期内，公司共进行重大事项临时报告披露1次，具体如下：

披露事项	披露时间	披露媒体及版面
关于修改《公司章程》的公告	2016年8月20日	《证券时报》B1版

8.7 银监会及其省级派出机构认定的其他有必要让客户及相关利益人了解的重要信息

无。

9. 公司监事会意见

监事会认为公司能够依法合规运作，公司董事及高级管理人员在履行公司职务时没有违反法律、法规、《公司章程》或损害公司利益的行为。公司财务报告真实反映了公司的财务状况和经营成果。

华能贵诚信托有限公司

1. 重要提示

1.1 公司董事会及董事保证本报告所载资料不存在任何虚假记载、误导性陈述或者重大遗漏,并对其内容的真实性、准确性和完整性承担个别及连带责任。

1.2 公司独立董事对年度报告内容的真实性、准确性、完整性无异议。

1.3 公司总经理田军、主管信托会计的副总经理王卓、主管会计工作的副总经理鲍吉胜保证年度报告中财务报告的真实、完整。

2. 公司概况

2.1 公司简介

华能贵诚信托有限公司成立于2002年,2008年12月由华能资本服务有限公司增资扩股重组而成。2009年2月,经中国银监会批准,公司换发新的金融许可证。目前公司注册资本金为42亿元。

2.1.1 中文名称:华能贵诚信托有限公司
中文名称缩写:华能信托
英文名称:Huaneng Guicheng Trust Corporation Limited
英文名称缩写:HNGCTC

2.1.2 法定代表人:李进
注册地址:贵州省贵阳市金阳新区金阳南路6号购物中心商务楼一号楼24层5号、6号、7号
邮政编码:550022
网址:www.hngtrust.com
电子邮箱:public@hngtrust.com

2.1.3 公司负责信息披露事务的高级管理人员:王卓
公司信息披露事务联系人:万灵
电　话:0851-86825625
传　真:0851-86826139
信息披露报纸:《金融时报》

2.1.4 年度报告备置地点:(公司办公地点)贵州省贵阳市云岩区北京路27号鑫都财富大厦14层

2.1.5 公司聘请的会计师事务所:大信会计师事务所
办公地点:北京市海淀区知春路1号学院国际大厦15层

2.1.6 公司聘请的律师事务所:北京中盛律师事务所
办公地点:北京市朝阳区建外大街永安东里甲3号通用国际中心1号楼A座23层

2.2 组织结构

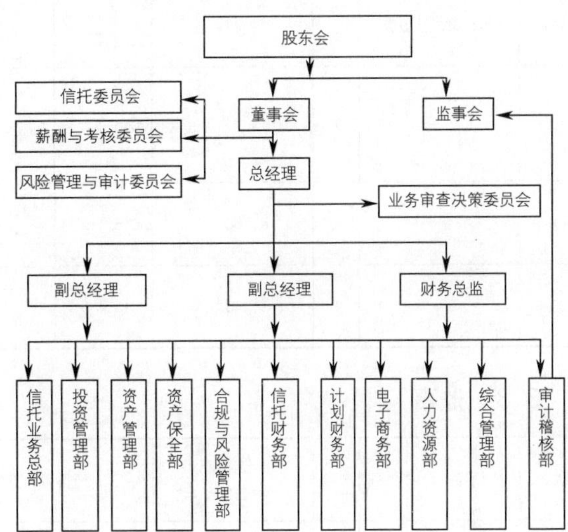

3. 公司治理

3.1 股东

3.1.1 报告期末公司股东总数:9个,其中占公司15%以上(含15%)出资比例的股东:2个

股东名称	持股比例(%)	法人代表
华能资本服务有限公司	67.74	丁益
贵州产业投资(集团)有限责任公司	31.45	翟彦

3.1.2 公司第一大股东

股东名称	出资比例(%)	法人代表
华能资本服务有限公司	67.74	丁益

3.2 董事

董事会成员

姓名	职务	性别	年龄	选任日期	所推举的股东名称	该股东持股比例(%)	简要履历
李进	董事长	男	50	2015年5月	华能资本服务有限公司	67.74	中国人民银行研究生部硕士,华能资本服务公司副总经理、总经理。
李仪华	副董事长	男	59	2015年5月	贵州产业投资(集团)有限责任公司	31.45	中南财经大学硕士研究生,本公司副董事长。
杨思东	董事	男	46	2015年5月	华能资本服务有限公司	67.74	中国社科院研究生院研究生,华能资本服务有限公司投资管理部经理、华能天成融资租赁有限公司副总经理。

续表

姓 名	职 务	性别	年龄	选任日期	所推举的股东名称	该股东持股比例(%)	简要履历
段一萍	董 事	女	41	2015年5月	华能资本服务有限公司	67.74	中国人民大学硕士研究生，高级会计师，华能资本服务有限公司研发部副经理、经理。
陈凡	董 事	男	47	2015年5月	贵州产业投资（集团）有限责任公司	31.45	武汉大学国际软件学院硕士研究生，贵州产业投资（集团）有限责任公司战略投资部经理、总经理助理。
田军	职工董事	男	53	2015年5月	—	—	中国社科院研究生部货币银行专业研究生学历，本公司总经理。

独立董事

姓名	所在单位及职务	性别	年龄	选任日期	所推举的股东名称	该股东持股比例(%)	简要履历
魏云鹏	—	男	2016年12月过世	2015年5月	—	—	大学本科学历，历任华能国际电力开发公司财务部经理、总会计师、党组成员，华能国际电力股份有限公司总会计师、中国华能集团公司总会计师，已退休。
矫丽燕	—	女	53	2015年5月	—	—	北京第二外国语学院外语专业毕业，基点商品期货交易公司（北京）董事总经理。
王涌	—	男	48	2015年5月	—	—	中国政法大学博士研究生学历。现担任中国政法大学民商经济法学院法学教授，博士生导师。

3.3 监事

姓名	职务	性别	年龄	选任日期	所推举的股东名称	该股东持股比例(%)	简要履历
周英序	监事会主席	男	58	2015年5月	贵州产业投资（集团）有限责任公司	31.45	贵州师范大学本科学历，本公司监事会主席。
何瑛	监 事	女	43	2015年5月	贵州产业投资（集团）有限责任公司	31.45	贵州财经学院大学本科学历，贵州省产业投资（集团）有限责任公司计划财务部经理、总经理助理。
于新仁	职工监事	男	57	2015年5月	—	—	贵州省委党校在职研究生学历，本公司审计稽核经理。

3.4 高级管理人员

姓名	职务	性别	年龄	任职日期	金融从业年限(年)	学历	专业
田 军	总经理	男	53	2015年5月	32	研究生	货币银行
涂继国	副总经理	男	52	2015年5月	25	学士	经济学
王 卓	副总经理兼董事会秘书	男	45	2015年5月	10	硕士研究生	货币银行
鲍吉胜	副总经理兼财务总监	男	52	2015年5月	28	研究生	财贸经济 金融
金志培	副总经理	男	46	2015年5月	21	硕士研究生	货币银行
孙 磊	副总经理兼首席合规官	男	43	2015年5月	21	硕士研究生 MBA	金融
刘芳	总经理助理、信托总监兼信托业务总部经理	女	45	2015年5月	22	学士	经济学
顾学新	总经理助理	男	52	2015年5月	32	研究生	金融

3.5 公司员工

报告期内，员工人数312人，平均年龄35岁，博士生占比1%，硕士生占比45%，本科生占比53%，专科生占比1%。

4. 经营管理

4.1 经营目标、经营方针、战略规划

4.1.1 经营目标

围绕提高公司核心资产管理能力和理财能力，以发展自主管理类信托业务为重点，打造专属产品，逐步培育和形成公司核心竞争力，推动公司发展方式从外延式增长向内涵式增长转变；加强公司各项基础管理，重点提升公司合规与风控能力。通过努力，确保完成董事会下达的各项经营指标，力争信托业务规模和利润迈上新台阶。

4.1.2 经营方针

诚信、专业、创新、和谐。

4.1.3 战略规划

依托股东的管理与资源优势，打造核心竞争力，重点发展面向能源、基础设施行业的产业投资基金业务和企业资产证券化业务（ABS），把公司建设成为在信托规模、盈利能力和管理水平上具有领先地位的、国内一流的电力、能源行业的信托公司。

4.2 所经营业务的主要内容

除另有注明外，本报告中所有披露内容均为母公司口径。

自营资产运用与分布表

资产运用	金额（万元）	占比（%）	资产运用	金额（万元）	占比（%）
货币资产	36 149.41	2.46	基础产业	—	—
贷款及应收款	—	—	房地产业	—	—
交易性金融资产投资	72 277.24	4.93	证券市场	72 277.24	4.93
可供出售金融资产投资	1 302 683.50	88.83	实业	—	—
持有至到期投资	—	—	金融机构	1 358 832.91	92.65
长期股权投资	20 000.00	1.36	其他	35 454.10	2.42
其他	35 454.10	2.42	—	—	—
资产合计	1 466 564.25	100.00	资产合计	1 466 564.25	100.00

信托资产运用与分布表

资产运用	金额（万元）	占比（%）	资产运用	金额（万元）	占比（%）
货币资产	1 857 365.86	2.62	基础产业	10 141 896.65	14.30
贷款及应收款	12 419 970.56	17.50	房地产业	1 340 917.16	1.89
交易性金融资产投资	96 016.90	0.14	证券市场	94 616.90	0.13
可供出售金融资产投资	—	—	实业	11 563 312.77	16.30
持有至到期投资	6 897 182.98	9.72	金融机构	11 342 922.72	15.99
长期股权投资	6 887 180.22	9.71	其他	36 455 330.08	51.39
其他	42 781 279.76	60.31	—	—	—
资产合计	70 938 996.28	100.00	资产合计	70 938 996.28	100.00

4.3 市场分析

4.3.1 有利因素

（1）公司主要股东华能资本服务公司和贵州产业投资（集团）有限责任公司的持续支持，保障了公司的平稳发展。

（2）新常态下经济社会变革深入，通过供给侧改革、创新驱动，大力实施“一带一路”、京津冀协同发展、长江经济带战略，带来新的发展机遇。

（3）监管模式逐渐规范化，金融混业经营明显，多层次资本市场推进，迫使资本机构间加强合作创新与业务拓展，也为新投资模式与产品形态的萌芽创造了机会。

（4）公司战略方向正确，建立了集约、高效、灵活的运营机制，整体运作、团结协作、握指成拳、精准发力，始终保持着生机和战斗力的重要源泉。

4.3.2 不利因素

（1）国际与国内经济压力持续下行，全国经济增速放缓、实体企业盈利下降，继续紧逼传统信托业务的转型升级。

（2）国家经济结构调整带来的财政金融领域风险严控，推动金融体制改革深化，对非标业务规范整理的要求持续升温。

（3）去产能、去杠杆调整期企业融资需求下降，对信托行业与市场信息灵敏度的要求提升。

（4）金融大资管竞争加剧，资本市场运作难度加大，“资产荒”持续酝酿，对信托业务在新兴产业领域、资产管理领域和私人财富管理领域的要求进一步提高。

4.4 内部控制概况

4.4.1 内部控制环境和内部控制文化

公司建立了以股东会、董事会、监事会、管理层等为主体的法人治理结构。董事会下设信托、风险管理与审计、薪酬与考核三个专业委员会，制定了董事会各专业委员会议事规则以及独立董事工作规则。在经营层面，建立了业务审查决策委员会集体决策机制，建立了合规与风险管理部、审计稽核部定期分别向董事会提交风险管理及内部审计工作情况的报告机制。公司高度重视内控文化建设，通过各种形式的讲座、交流和研讨活动，及时将有关内控的最新制度、要求和内控经验传递给广大员工，不断提高广大员工的风险意识、合规理念和责任意识。

4.4.2 内部控制措施

董事会（及其下设专业委员会）、监事会等制定了严格的议事规则和内部控制制度；管理层本着规范管理、防范风险的原则，制定和建立了公司员工行为准则和职业道德规范，建立了合理授权、有效问责、内部举报和奖惩制度。公司内部控制的主要政策和程序是授权控制、资产隔离、岗位分离、规范操作。

4.4.3 信息交流与反馈

公司建立了信息交流与反馈制度，持续提高信息化建设水平，为该机制的顺利运转提供有效技术支持。公司信息管理系统高效运转，董事会、监事会、管理层能及时了解公司的经营和风险状况，每一项信息均能够及时传递给相关的员工，各个部门和员工的有关信息均能够顺畅反馈。

4.4.4 监督评价与纠正

公司建立了业务部门（岗位）自查、业务部门（岗位）互相

制约、员工内部举报、合规部门检查、内审部门审计相结合的机制。按照风险管理"事前全面调查""事中严格审查""事后跟踪管理"的要求，相应规范内部审批、操作和风险管理程序，细化和完善内部控制制度，实行全过程、嵌入式管理。审计稽核部对业务的各项运作和风险管理进行动态审计和检查，对相关人员的规范操作进行监督和检查，对各项业务、各部门、各岗位实施全面监督、检查，并直接向董事会、管理层报告，管理层根据内部控制的检查情况和审计评价结果，提出整改意见和纠正措施，并督促各部门严格落实。

4.5 风险管理

4.5.1 风险管理概况

公司风险管理的基本原则是：(1)全面性原则。风险管理涵盖公司所有业务、部门、人员和各环节，确保不存在风险管理的空白或漏洞。(2)有效性原则。公司风险管理制度要符合国家法律法规的规定，并通过科学的控制手段、程序和方法确保各项风险管理制度的有效执行。(3)制衡性原则。公司按照权责分明、相互牵制的原则设置部门和岗位，确保前台业务运作与中台风险监控、后台管理支持相分离。(4)独立性原则。公司风险控制部门、内部审计部门独立于公司其他部门，对风险进行独立的监控、评估与检查。(5)主动管理原则。公司建立面向价值创造的风险管理体系，为业务发展提供有力支撑。

公司建立了包括董事会风险管理与审计委员会、经营层业务审查决策委员会、合规与风险管理部、各业务部门及管理支持部门的四级风险管理体系，形成自上而下垂直型风险管理组织机构，负责对公司整体风险和各项业务风险实施统一管理。公司已建立有系统的授权体系，并根据公司发展情况不断完善，保证公司业务运行呈现分级管理、各负其责、相互制衡、运转有效的特点。集中管理和分散监控有机结合，明确各级风险防范职责。

2016年，公司风险管理工作立足于坚守底线思维，不断完善以受托人责任履行为核心的全面风险管理体系，着力于推动风险防控手段升级，有力支持业务创新，使风险管理真正成为公司业务转型发展的重要推动力。

4.5.2 风险状况

公司主要面临的风险包括信用风险、市场风险、操作风险、法律合规风险等。

4.5.2.1 信用风险状况

信用风险是公司面临的主要风险之一，主要是指公司在运营过程中可能面临的交易对手不愿或不能履行其义务而使信托财产或固有财产遭受潜在损失的风险，主要表现为在贷款、资产回购、后续资金安排、担保、履约承诺等交易过程中，借款人、担保人、保管人等交易对手不履行承诺，不能或者不愿履行合约承诺而使信托财产和固有财产遭受损失。

报告期内，公司严格履行受托人尽职管理职责，所有项目均严格执行内部评审程序，认真开展信用评估，选取的交易对手信用等级较高，经营良好，履约能力正常。抵（质）押物严格执行公司区位、价值、抵（质）押率的标准要求，对抵（质）押物存续情况持续跟踪，及时调整完善。担保人财务状况、经营情况良好，持续跟踪担保人履约能力。

2016年末，公司资产质量较好，项目运行正常，分类均为正常类，信用风险可控。公司到期的全部信托项目，均按期向受益人兑付信托利益。公司无新增不良资产，并严格按照有关规定计提信托赔偿准备金及风险准备。

4.5.2.2 市场风险状况

市场风险是指因市场价格的不利变动而使公司管理的资产遭受损失的风险。市场风险可以分为利率风险、汇率风险、证券价格风险和商品价格风险等。

报告期内，公司坚持风险为本，稳健运营的经营策略。密切关注宏观政治、经济形势，深入研究行业周期和特性。公司信托项下存续的信托项目投向证券二级市场的业务规模占比很低，且通过严格监测业务风险限额，严格遵守资产配置比例要求，确保总体风险控制在风险偏好内，并做好定期信息披露，勤勉尽责履行受托人职责，确保受益人资金安全。而作为项目质押的股票质押率均较低，安全边际较高，且安排有专人按照合同及公司有关规定监测及落实平仓、补仓有关要求。固定收益类项目全部按照固定收益对应原则与委托人及交易对手签订协议，公司作为受托人本身不承担利率风险。固有项下，公司年末持有的投资类资产，按五级分类口径均为正常类投资，年末无不良投资。

4.5.2.3 操作风险状况

操作风险表现为由于公司治理机制、内部控制失效或者有关责任人出现失误、欺诈等问题，公司没有充分及时地做好尽职调查、持续监控、信息披露等工作，未能及时作出应有的反应，或作出的反应明显有失专业和常理，甚至违规违约。操作风险表现在信托业务和固有业务的整个管理过程中。

公司建立有一整套涵盖公司治理、业务管理、风险管理、财务管理等较为全面的制度体系。报告期内，公司不断完善业务审核标准和业务准入制度，前瞻性地制定和修订各类业务操作指引。加强对公司员工的学习培训、管理和问责，不断提高执行力、管理能力。报告期内公司没有发生因操作风险而导致的损失。

4.5.2.4 法律合规风险状况

法律合规风险是指公司因没有遵循法律、部门规章和行业准则可能遭受法律制裁、监管处罚、重大财务损失和声誉损失的风险。

公司始终把依法合规经营作为公司业务发展的立足点。通过宣传和解读，培育良好的合规文化，提高全员合规意识。密切保持与监管部门沟通，将监管部门的各项检查和要求作为提升公司管理水平的重要手段。报告期内公司没有因法律合规问题而遭受法律制裁、重大财务损失或声誉损失。

4.5.2.5 其他风险状况

其他风险包括流动性风险、声誉风险等。

流动性风险主要指清偿能力不足或虽然有清偿能力，但无法及时支付到期债务。主要产生于风险事件突发或公司资产负债变化导致。

声誉风险主要是在突发风险事件及风险事件缓释处置过程中，出现对公司的负面评价，进而影响公司声誉及品牌形象。

报告期内公司没有出现流动性风险也没有出现声誉损失。

4.5.3 风险管理

公司实行Pvar（程序＋风险限额）的风险管理基本策略，针对业务的不同阶段、不同风险特点，保证业务高效、安全、规范运营。针对信用风险、市场风险等可量化风险，严格实施风险指标管理和风险限额控制；对合规风险、操作风险等非量化风险，明确岗位职责，制定精细化的业务操作规程、风险控制流程，加强员工风险意识，实施岗位和流程控制。前瞻性地制定各类新业务的操作指引，细化管控要求和准入标准。动态修订已有规章制度、业务流程，完善决策机制，强化制度执行力。积极发挥风险管理的主动性和前瞻性。

4.5.3.1 信用风险管理

公司信用风险的管理机制主要包括四大机制：建立信用风险监测预警机制，定期对信托项目交易对手的经营状况、管理状况、财务状况进行动态监测和预警，及时识别、防范风险；建立信用风险防范机制，严格执行贷前调查、贷时审查和贷后检查制度；建立信用风险转移机制，通过控制信贷集中度降低信用风险，将合适的项目推介给能够识别且能自主承担风险的机构投资者客户以实现转移信用风险，切实做到卖者有责，买者自负；建立信用风险补偿机制，充分提取呆账准备金，加强不良资产处置与清收工作。

公司信用风险控制手段主要包括担保（保证、抵押、质押）、联合管理、资金提存、引入第三方增信、审计（专项审计和常规审计）、建立中介机构为主的外部智库机制等手段综合运用。外部智库直接对合规与风险管理部负责。公司信托业务总部、合规与风险管理部统筹安排实施项目中后期管理。

4.5.3.2 市场风险管理

市场风险对于公司信托业务的影响主要体现在开展融资类业务中由于融资利率的不利变动以及证券投资业务中由于股票价格变动给信托产品带来的风险。

在政策研究方面，公司注重市场风险的提前预判与识别，强调在经营过程中提前设置相关措施对未来市场风险进行检测、对冲乃至化解。在具体风险管理方面，在经营目标上公司合理设立盈利目标，避免过分追求盈利而承受较大风险。针对金融市场或环境的剧烈变化，评估在极端不利情况下的风险承受能力，以此为依据制定相应的应急处理预案。

4.5.3.3 操作风险管理

操作风险的控制活动主要通过四个层面进行：一是完善公司治理，以完善公司治理、健全内部管理为手段，以防范和控制风险为核心，制定并实行一整套经营活动及业务行为规范。二是公司建立规范的内部授权体系，任何个人不得超出授权作出业务决定和风险决策。建立较为完备的信息系统，为工作人员设置相对固化的权限范围，坚决避免越权审批、审批主体交叉、事务流程处理混乱等操作风险。在具体岗位设置上实现不相容岗位适当分离，避免利益冲突。三是基于操作风险与操作人员的主观方面相关的特点，重点在于建立和动态完善公司的操作风险管理制度。各项业务按照职责界定清晰、流程设计合理、信息传导通畅、运营操作规范的原则，建立相应制度，合规与风险管理部参与重要业务制度的制定、审核、修订。四是公司定期检查信托事务管理情况，建立操作风险管理的后评估体制；在公司内部定期开展操作风险的培训，使公司上下建立起关注操作风险、谨慎履行受托人职责的理念。

4.5.3.4 法律合规风险管理

公司通过完善合规培训、合规审查、合规监控机制，有效防范合规风险。合规与风险管理部持续关注法律、法规和准则的最新发展，及时分析对企业的影响，向管理层提出合规建议。在公司内部定期组织开展合规培训和教育。合规与风险管理部持续检查、评估业务的合规性，保证各项业务严格遵守国家各项法律法规。在公司内部普及格式化合同的使用，具体业务中合同协议文本的制定均适用公司聘请的外部法律顾问、合规与风险管理部律师的双层审核复核机制。保持与监管部门的有效沟通，严格执行监管政策，认真听取主管部门的意见要求，始终把监管机构的政策作为公司发展的业务边界和风险底限，把监管部门的要求及时传达到业务一线，严格落实各项监管要求，健全以风险防控为核心的基础管理制度。

4.5.3.5 其他风险的管理

4.5.3.5.1 流动性风险

一是紧盯流动性风险，遵循审慎、稳健的经营原则，合理配置业务结构。

二是对流动性风险实施动态管理，努力消除或减少产生流动性风险的各种因素。

4.5.3.5.2 声誉风险

作为华能品牌的企业，公司高度重视声誉风险管理，明确提出“要像爱护自己的眼睛一样爱护公司的声誉”“没有任何一笔交易、任何一个客户比公司声誉更重要”，不断增强广大员工自觉维护华能品牌形象的意识。

5. 报告期末及上一年度末的比较式会计报表

5.1 自营资产

5.1.1 会计师事务所审计结论

大信会计师事务所认为，华能贵诚信托有限公司财务报表在所有重大方面按照企业会计准则的规定编制，公允反映了贵公司2016年12月31日的财务状况以及2016年度的经营成果和现金流量。

5.1.2 资产负债表

资产负债表

编制单位：华能贵诚信托有限公司　　　　单位：万元

项　目	合并		母公司	
	年末数	年初数	年末数	年初数
资　产：				
货币资金	36 636.39	72 998.70	36 149.41	72 998.70
贵金属	—	—	—	—
拆出资金	—	—	—	—
以公允价值计量且其变动计入当期损益的金融资产	58 296.72	67 110.25	58 296.72	67 110.25

续表

项　目	合并		母公司	
	年末数	年初数	年末数	年初数
衍生金融资产	—	—	—	—
买入返售金融资产	13 980. 52	—	13 980. 52	—
应收利息	16. 57	—	16. 57	—
发放贷款和垫款	—	—	—	—
可供出售金融资产	1 322 781. 01	875 617. 37	1 302 683. 50	875 617. 37
持有至到期投资	—	—	—	—
长期股权投资	—	—	20 000. 00	—
投资性房地产	—	—	—	—
固定资产	1 834. 81	2 061. 10	1 834. 81	2 061. 10
无形资产	777. 04	532. 65	777. 04	532. 65
递延所得税资产	23 294. 49	17 097. 63	23 293. 87	17 097. 63
其他资产	9 546. 02	9 806. 12	9 531. 82	9 806. 12
资产总计	1 467 163. 57	1 045 223. 82	1 466 564. 26	1 045 223. 82

资产负债表（续）

编制单位：华能贵诚信托有限公司　　　　单位：万元

项　目	合并		母公司	
	年末数	年初数	年末数	年初数
负　债：				
向中央银行借款	—	—	—	—
同业及其他金融机构存放款项	—	—	—	—
拆入资金	—	—	—	—
交易性金融负债	—	—	—	—
衍生金融负债	—	—	—	—
卖出回购金融资产款	—	—	—	—
吸收存款	—	—	—	—
应付职工薪酬	87 467. 93	74 675. 54	87 467. 93	74 675. 54
应交税费	9 583. 80	20 880. 34	9 509. 01	20 880. 34
应付股利	—	—	—	—
预计负债	—	—	—	—
应付债券	—	—	—	—
递延所得税负债	513. 53	319. 14	513. 53	319. 14
其他负债	276 209. 14	221 587. 79	276 209. 14	221 587. 79
负债合计	373 774. 40	317 462. 81	373 699. 61	317 462. 81
所有者权益：	—	—	—	—
实收资本	420 000. 00	300 000. 00	420 000. 00	300 000. 00
资本公积	281 583. 30	110 187. 30	281 583. 30	110 187. 30
减：库存股	—	—	—	—
其他综合收益	829. 86	—	831. 72	—
盈余公积	64 658. 34	47 370. 75	64 658. 34	47 370. 75
一般风险准备	53 914. 89	39 556. 20	53 914. 89	39 556. 20
未分配利润	272 402. 78	230 646. 76	271 876. 40	230 646. 76
所有者权益合计	1 093 389. 17	727 761. 01	1 092 864. 65	727 761. 01
负债和所有者权益总计	1 467 163. 57	1 045 223. 82	1 466 564. 26	1 045 223. 82

5.1.3 利润和利润分配表

利润和利润分配表

编制单位:华能贵诚信托有限公司　　单位:万元

项　目	合并		母公司	
	2016 年度	2015 年度	2016 年度	2015 年度
一、营业收入	281 322. 64	267 673. 09	280 592. 46	267 673. 09
利息净收入	-10 387. 89	-8 129. 16	-10 388. 84	-8 129. 16
利息收入	1 042. 71	2 307. 71	1 041. 76	2 307. 71
利息支出	11 430. 60	10 436. 87	11 430. 60	10 436. 87
手续费及佣金净收入	233 790. 11	194 416. 98	233 790. 11	194 416. 98
手续费及佣金收入	236 015. 17	194 714. 18	236 015. 17	194 714. 18
手续费及佣金支出	2 225. 06	297. 20	2 225. 06	297. 20
投资收益(损失以“-”号填列)	58 090. 23	114 104. 76	57 361. 00	114 104. 76
其中:对联营企业和合营企业的投资收益	—	—	—	—
公允价值变动收益(损失以“-”号填列)	-331. 40	-32 911. 07	-331. 40	-32 911. 07
汇兑收益(损失以“-”号填列)	1. 24	1. 05	1. 24	1. 05
其他业务收入	160. 35	190. 53	160. 35	190. 53
二、营业支出	59 662. 69	69 371. 06	59 634. 35	69 371. 06
营业税金及附加	6 052. 26	16 414. 20	6 052. 26	16 414. 20
业务及管理费	53 692. 40	53 465. 16	53 664. 06	53 465. 16
资产减值损失	-81. 97	-508. 30	-81. 97	-508. 30
其他业务成本	—	—	—	—
三、营业利润(亏损以“-”号填列)	221 659. 95	198 302. 04	220 958. 11	198 302. 04
加:营业外收入	9 083. 52	3 397. 31	9 083. 52	3 397. 31
减:营业外支出	160. 93	441. 93	160. 93	441. 93
四、利润总额(亏损以“-”号填列)	230 582. 54	201 257. 42	229 880. 70	201 257. 42
减:所得税费用	57 180. 24	50 469. 72	57 004. 78	50 469. 72
五、净利润(净亏损以“-”号填列)	173 402. 30	150 787. 70	172 875. 92	150 787. 70
加:年初未分配利润	230 646. 76	157 134. 86	230 646. 76	157 134. 86
六、可供分配的利润	404 049. 06	307 922. 56	403 522. 68	307 922. 56
减:提取法定盈余公积	17 287. 59	15 078. 77	17 287. 59	15 078. 77
提取信托赔偿准备	8 643. 79	7 539. 39	8 643. 79	7 539. 39
提取一般风险准备	5 714. 90	4 657. 64	5 714. 90	4 657. 64
其他减少	—	—	—	—
七、可供股东分配的利润	372 402. 78	280 646. 76	371 876. 40	280 646. 76
减:分配股东股利	100 000. 00	50 000. 00	100 000. 00	50 000. 00
八、未分配利润	272 402. 78	230 646. 76	271 876. 40	230 646. 76

5.2 信托资产

5.2.1 信托项目资产负债汇总表

信托项目资产负债表

编制单位:华能贵诚信托有限公司　　2016 年 12 月 31 日　　单位:万元

信托资产	期末余额	年初余额	信托负债和信托权益	期末余额	年初余额
信托资产:			信托负债:		
货币资金	1 857 365. 86	3 513 414. 86	交易性金融负债	—	—
拆出资金	—	—	衍生金融负债	—	—
存出保证金	—	—	应付受托人报酬	381. 63	806. 95
交易性金融资产	96 016. 90	1 400. 00	应付托管费	389. 07	535. 79
衍生金融资产	—	—	应付受益人收益	66. 42	1 470. 92
买入返售金融资产	—	—	应交税费	—	—
应收款项	2 439. 17	3 581. 13	应付销售服务费	915. 41	1 989. 89
发放贷款	12 417 531. 39	10 994 634. 90	其他应付款项	7 165. 15	10 909. 30

续表

信托资产	期末余额	年初余额	信托负债和信托权益	期末余额	年初余额
可供出售金融资产	—	150 000.00	预计负债	—	—
持有至到期投资	6 897 182.98	6 145 540.99	其他负债	—	—
长期应收款	—	—	信托负债合计	8 917.68	15 712.85
长期股权投资	6 887 180.22	3 998 350.00		—	—
投资性房地产	—	—	信托权益:		
固定资产	—	—	实收信托	70 163 967.50	52 261 761.13
无形资产	—	—	资本公积	—	—
长期待摊费用	—	—	损益平准金	—	—
其他资产	42 781 279.76	27 977 736.57	未分配利润	766 111.10	507 184.47
减:各项资产减值准备	—	—	信托权益合计	70 930 078.60	52 768 945.60
信托资产总计	70 938 996.28	52 784 658.45	信托负债及信托权益合计	70 938 996.28	52 784 658.45

5.2.2 信托项目利润及利润分配汇总表

信托项目利润及利润分配汇总表

编制单位:华能贵诚信托有限公司　　单位:万元

项　目	2016 年度	2015 年度
1. 营业收入	4 151 551.23	3 821 432.14
1.1 利息收入	1 001 327.18	1 011 943.13
1.2 投资收益(损失以"-"号填列)	3 146 819.25	2 805 984.94
1.2.1 其中:对联营企业和合营企业的投资收益	—	—
1.3 公允价值变动收益(损失以"-"号填列)	2 210.65	—
1.4 租赁收入	—	583.01
1.5 汇兑损益(损失以"-"号填列)	—	—
1.6 其他收入	1 194.15	2 921.06
2. 支出	411 087.96	419 352.10
2.1 营业税金及附加	2 695.23	3 031.09
2.2 受托人报酬	206 850.09	170 452.76
2.3 托管费	23 493.38	30 836.58
2.4 投资管理费	—	—
2.5 销售服务费	33 707.00	65 507.89
2.6 交易费用	0.64	—
2.7 资产减值损失	1 216.01	—
2.8 其他费用	143 125.61	149 523.78
3. 信托净利润(净亏损以"-"号填列)	3 740 463.27	3 402 080.04
4. 其他综合收益	200.48	-130.06
5. 综合收益	3 740 663.75	3 401 949.98
6. 加:期初未分配信托利润	507 184.47	412 058.46
7. 可供分配的信托利润	4 247 848.22	3 814 008.44
8. 减:本期已分配信托利润	3 481 737.12	3 306 823.97
9. 期末未分配信托利润	766 111.10	507 184.47

6. 会计报表附注

6.1 会计报表编制基准、会计政策和会计估计变更、核算方法的说明

(1)编制基础。本公司财务报表以持续经营假设为基础,根据实际发生的交易和事项,按照财政部2006年2月15日颁布的企业会计准则及其应用指南的有关规定,并基于以下所述重要会计政策、会计估计进行编制。

(2)会计政策、核算方法在报告期均无变化。

6.2 或有事项说明

无。

6.3 重要资产(不含股权转让)转让及其出售的说明

无。

6.4 会计报表中重要项目的明细资料

6.4.1 披露自营资产经营情况

6.4.1.1 信用风险资产

信用风险资产五级分类	正常类(万元)	关注类(万元)	次级类(万元)	可疑类(万元)	损失类(万元)	信用风险资产合计(万元)	不良资产合计(万元)	不良资产率(%)
期初数	1 021 790.39	0	145	781.33	1 390.08	1 024 106.80	2 316.41	0.23
期末数	1 429 317.26	0	145	781.33	1 308.11	1 431 551.70	2 234.44	0.16

注:不良资产合计=次级类+可疑类+损失类。

(1)海南贵州大厦应收款项145万元,为2008年公司履行担保责任代海南贵州大厦支付执行款。该公司产权未理顺,经营不善。公司将此款项划分为次级类。

(2)盛安房地产开发有限公司应收款项为781.33万元,为代垫盛安公司台湾大厦后续建设资金。公司将此款项划分为可疑类。

(3)2003年,公司信托资金委托华夏证券理财。华夏证券于2008年7月31日经法院裁定受理破产,现已进入清算程序,应收华夏证券股份有限公司的余额为1 053.42万元。公司将此款项划分为损失类。

(4)海南发展银行清算组应收款项247.44万元,为本公司1993年发放贷款,所质押的海南发展银行定期存单,由于海南发展银行被人民银行关闭清算,该笔定期存单成为清算债权。经清算组确认领取了《海南发展银行债务确认书》,截至目前海南发展银行尚未清算完毕。公司将此款项划分为损失类,全额计提损失准备。

(5)李伟煤款应收款项7.25万元，为2007年子公司信达贸易公司注销转入，法院已判决，但无可执行财产。公司将此款项划分为损失类，全额计提损失准备。

6.4.1.2 各项资产减值损失准备

单位：万元

	期初数	本期计提	本期转回	本期核销	期末数
贷款损失准备	—	—	—	—	—
一般准备	—	—	—	—	—
专项准备	—	—	—	—	—
其他资产减值准备	4 244.48				4 244.48
可供出售金融资产减值准备	—	—	—	—	—
持有至到期投资减值准备	—	—	—	—	—
长期股权投资减值准备	—	—	—	—	—
坏账准备	1 968.58	—	81.97	—	1 886.61
投资性房地产减值准备	—	—	—	—	—

6.4.1.3 自营股票投资、基金投资、债券投资、股权投资等投资业务

单位：万元

	自营股票	基金	债券	长期股权投资
期初数	31 331.49	65 713.56	65.20	—
期末数	49 012.42	133 018.70	—	20 000

6.4.1.4 前三名的自营长期股权投资的企业名称、占被投资企业权益的比例、主要经营活动及投资收益情况等

企业名称	占被投资企业权益的比例	主要经营活动	投资收益
贵诚汇鑫股权投资有限公司	100	股权投资管理等	—

6.4.1.5 前三名的自营贷款的企业名称、占贷款总额的比例和还款情况等

无。

6.4.1.6 表外业务

无。

6.4.1.7 收入结构

收入结构	合并		母公司	
	金额(万元)	占比(%)	金额(万元)	占比(%)
手续费及佣金收入	236 015.17	77.62	236 015.17	77.81
其中：信托手续费收入	235 840.08	77.56	235 840.08	77.75
投资银行业务收入	—	—	—	—
利息收入	1 042.71	0.34	1 041.76	0.34
其他业务收入	160.35	0.05	160.35	0.05
其中：计入信托业务收入部分	—	—	—	—
投资收益	57 758.83	19.00	57 029.60	18.80
其中：股权投资收益	—	—	—	—
公允价值变动收益	−331.40	−0.11	−331.40	−0.11
其他投资收益	58 090.23	19.11	57 361.00	18.91
营业外收入	9 083.52	2.99	9 083.52	3.00
收入合计	304 060.58	100.00	303 330.40	100.00

6.4.2 披露信托资产管理情况

6.4.2.1 信托资产

单位：万元

信托资产	期初数	期末数
集合	22 635 026.36	25 480 613.00
单一	20 894 978.76	24 059 494.60
财产权	9 254 653.33	21 398 888.68
合计	52 784 658.45	70 938 996.28

6.4.2.1.1 主动管理型信托业务

单位：万元

主动管理型信托资产	期初数	期末数
证券投资类	—	94 616.90
股权投资类	2 864 798.00	3 603 728.00
融资类	23 852 844.40	19 127 662.93
事务管理类	7 981 820.00	7 535 468.38
合计	34 699 462.40	30 361 476.21

6.4.2.1.2 被动管理型信托业务

单位：万元

被动管理型信托资产	期初数	期末数
证券投资类	—	—
股权投资类	1 133 552.00	3 283 452.22
融资类	1 984 714.00	2 366 306.00
事务管理类	14 966 930.05	34 927 761.85
合计	18 085 196.05	40 577 520.07

6.4.2.2 本年度有287个项目清算，实收信托合计金额6 661.03亿元，加权平均实际年化收益率7.33%

6.4.2.2.1 本年度已清算结束的集合类、单一类资金信托项目和财产管理类信托项目

已清算结束信托项目	项目个数(个)	实收信托合计金额(万元)	加权平均实际年化收益率(%)
集合类	43	37 092 971.74	7.70
单一类	216	21 549 820.52	7.27
财产管理类	28	7 967 532.60	5.72

6.4.2.2.2　本年度已清算结束的主动管理型信托项目

已清算结束信托项目	项目个数（个）	实收信托合计金额（万元）	加权平均实际年化收益率（%）
证券投资类	—	—	—
股权投资类	6	585 000.00	7.96
融资类	67	28 266 426.32	7.60
事务管理类	47	15 647 795.55	7.12

6.4.2.2.3　本年度已清算结束的被动管理型信托项目

已清算结束信托项目	项目个数（个）	实收信托合计金额（万元）	加权平均实际年化收益率（%）
证券投资类	—	—	—
股权投资类	—	—	—
融资类	18	1 414 358.04	7.56
事务管理类	149	20 696 744.96	7.13

6.4.2.3　本年度新增的集合类、单一类和财产管理类信托项目

新增信托项目	项目个数（个）	实收信托合计金额（万元）
集合类	82	39 790 024.08
单一类	256	24 716 918.63
财产管理类	80	20 005 588.54
新增合计	418	84 512 531.24
其中：主动管理型	184	46 788 637.39
被动管理型	234	37 723 893.85

6.4.2.4　信托业务创新成果和特色业务有关情况

（1）加大内外部资源整合力度，深化资产和资金两端客户合作，提高资产质量和配置效率。

（2）持续拓展资产证券化业务，加快推进自主型、资产导向型业务的发展，深度介入资产证券化业务的全产业链。

（3）积极开发小微金融和消费金融业务，与龙头企业建立战略合作关系，拓宽服务对象，创新合作模式，变被动跟随为主动牵引。

（4）加大股权信托融资业务的开发，成功落地主动管理类净值型产品；稳步发展家族信托、慈善信托，推动信托本源得到发展。

6.4.2.5　本公司履行受托人义务情况及因本公司自身责任而导致的信托资产损失情况

本公司严格遵照行业监管法规和信托合同规定，在信息披露、受托资产管理、信托财务核算、项目到期清算及信托财产分配等方面都能自觉履行受托人义务，全年不存在因公司自身责任导致信托资产发生损失。

6.5　关联方关系及其交易披露

6.5.1　关联交易方的数量、关联交易的总金额及关联交易的定价政策等

	关联交易方数量	关联交易金额（万元）	定价政策
合计	6	789 895.00	以市场交易价格为定价依据

6.5.2　关联交易方与本公司的关系性质、关联交易方的名称、法定代表人、注册地址、注册资本及主营业务等

关系性质	关联方名称	法定代表人	注册地址	注册资本（万元）	主营业务
母公司	华能资本服务有限公司	丁益	北京市丰台区丽泽路18号院1号楼401～409室	600 000	投资及投资管理；资产管理；资产受托管理；投资及管理咨询服务。
子公司	贵诚汇鑫股权投资有限公司	金志培	珠海市横琴新区宝华路6号105室－13375	20 000	股权投资，股权投资管理，资产管理，投资管理，投资咨询，财务顾问，受托管理投资基金。
最终控制人	中国华能集团公司	曹培玺	北京市西城区复兴门内甲6号	2 000 000	实业投资经营及管理；电源的开发、投资、建设、经营和管理；组织电力（热力）的生产、销售等。
同属一最终控制方	中国华能财务有限责任公司	张咸阳	北京市西城区复兴门南大街丙2号天银大厦C段西区7层、8层	500 000	对成员单位办理财务和融资顾问、信用鉴定及相关的咨询、代理业务；协助成员单位实现交易款项的收付；对成员单位提供担保等。
同属一母公司	长城证券有限责任公司	丁益	深圳市深南大道6008号特区报业大厦16层、17层	279 306	证券经纪；证券投资咨询；与证券交易、证券投资活动有关的财务顾问；证券承销与保荐；证券自营等。
同属一最终控制方	华能南方实业开发股份有限公司	吴永钢	南京市秦淮区解放路20号	10 000	煤炭批发；危险化学品经营（按许可证所列范围经营）；煤制品批发；煤炭筛分、加工及配煤服务；仓储服务；货物装卸；物业管理等。
同属一最终控制方	华能呼伦贝尔能源开发有限公司	王书杰	内蒙古自治区呼伦贝尔市海拉尔区胜利大街29号	265 313	电力、热力、煤炭、水务、铁路运输、煤化工相关产业的投资、生产、经营和销售；配电网的投资和经营；电力供应服务的培训、咨询。

6.5.3 本公司与关联方的重大交易事项

6.5.3.1 固有财产与关联方

单位:万元

固有财产与关联方关联交易			
	期初数	发生额	期末数
贷款	—	—	—
投资	—	—	—
租赁	—	—	—
担保	—	—	—
应收账款	—	—	—
其他应收款项	1 578.44	−1 529.47	48.97
其他应付款项	773.47	−773.47	—
其他	—	535.52	—
合计	2 351.91	−1 767.42	48.97

6.5.3.2 信托资产与关联方

单位:万元

信托资产与关联方关联交易			
	期初数	发生额	期末数
贷款	—	139 895.00	139 895.00
投资	—	—	—
租赁	—	—	—
担保	—	—	—
应收账款	—	—	—
其他	—	650 000.00	650 000.00
合计	—	789 895.00	789 895.00

6.5.3.3 固有财产与信托财产之间的交易

单位:万元

固有财产与信托财产相互交易			
	期初数	本期发生额	期末数
—	—	—	—

6.5.3.4 信托资产与信托财产之间的交易

单位:万元

信托资产与信托财产相互交易			
	期初数	本期发生额	期末数
—	—	—	—

6.5.4 关联方逾期未偿还本公司资金的详细情况以及本公司为关联方担保发生或即将发生垫款的详细情况

无。

6.6 会计制度的披露

固有业务:执行财政部2006年2月颁布的《企业会计准则——基本准则》和38项具体会计准则、其后颁布的应用指南、解释、修订以及其他相关规定(统称企业会计准则)。

信托业务:执行财政部于2005年1月5日正式颁布的《信托业务会计核算办法》。

7. 财务情况说明书

7.1 利润实现和分配情况

2016年,公司实现净利润172 875.92万元,按净利润的5%比例提取信托赔偿准备8 643.79万元,按净利润的10%比例提取盈余公积17 287.59万元,计提一般准备5 714.90万元,当年分配股利100 000万元,年末未分配利润271 876.40万元。

7.2 主要财务指标

指标名称	指标值(合并)	指标值(母公司)
资本利润率(%)	21.38	21.32
人均净利润(万元)	568.07	566.34

7.3 对本公司财务状况、经营成果有重大影响的其他事项

本年政府补贴收入8 862.65万元。

7.4 净资本情况

指标名称	指标值
净资本(万元)	897 630.33
风险资本(万元)	754 792.76
净资本/各项业务风险资本之和(%)	118.92
净资本/净资产(%)	82.14

8. 特别事项揭示

8.1 前五名股东报告期内变动情况

公司资本金由30亿元增至42亿元,公司前五名股东的出资额和出资比例变更为:

序号	股东名称	出资额(元)	出资比例(%)
1	华能资本服务有限公司	2 844 947 463	67.7369
2	贵州产业投资(集团)有限责任公司	1 320 921 000	31.4505
3	人保投资控股有限公司	6 841 800	0.1629
4	贵州省技术改造投资公司	6 757 800	0.1609
5	中国华融资产管理股份有限公司	5 251 089	0.1250

8.2 董事、监事及高级管理层变化情况

2016年末,公司独立董事魏云鹏因病过世,公司董事会按照《公司章程》正在积极进行补选工作。

8.3 变更注册资本、变更公司名称、地址

截至2016年末,公司注册资本由30亿元增至42亿元。

8.4 公司重大诉讼事项

无。

8.5　公司及其董事、监事和高级管理人员受到处罚的情况

无。

8.6　银监会及其派出机构对公司检查后的整改情况

根据《中国银监会办公厅关于全面开展银行业“两个加强、两个遏制”回头看工作的通知》精神（银监办发［2016］115号），以及中国银行业监督管理委员会贵州监管局关于开展全面现场检查工作的通知，贵州银监局于2016年8月至12月对华能贵诚信托有限公司先后开展了“两个加强、两个遏制”回头看专项检查和业务经营及管理全面现场检查工作，公司高度重视，积极配合，现将检查整改情况报告如下：

通过检查，贵州银监局对公司治理结构、规章制度建设、“三道”风险管理防线、“四级”风险组织架构等给予了高度总结概括和充分肯定，对公司在2015年至2016年上半年所取得的成绩给予高度评价，认为公司总体风险可控，但同时也指出管理上的一些不足，公司进行了及时整改。公司认为，贵州银监局能站在国家监管的高度，以高度负责的精神从细微深处为企业把脉，指出公司症结所在，对规范公司发展防范经营风险，具有重要意义。同时，对强化公司精细化管理，推动公司做大做强、向更高层次迈进具有重要的指导作用。公司结合贵州银监局提出的意见和建议，举一反三，重点在以下方面开展了一系列整改，取得积极效果：一是强化公司治理，完善“三会”记录；二是强化案件防控工作，完善案防培训计划；三是加强尽职管理教育，进一步完善档案管理和信息披露工作；四是加强风险资本管理，积极做好风险防范工作。整改内容涉及公司各项业务，包括公司治理、固有业务、信托业务、内部控制、合规管理、财务管理、档案管理等内容。

8.7　本年度重大事项临时报告的简要内容、披露时间、所披露的媒体及其版面

无。

8.8　银监会及其省级派出机构认定的其他有必要让客户及相关利益人了解的重要信息

无。

9. 公司监事会意见

公司监事会根据有关法律、法规，监督检查了公司依法运作、重大决策、重大经营活动情况及财务状况，认为公司能够合规运作，公司董事、经营层等在履行公司职务时没有违反法律、法规、《公司章程》或损害公司利益的行为，公司财务报告真实反映了公司的财务状况和经营成果。

华融国际信托有限责任公司

1. 重要提示

1.1 公司董事会及董事保证本报告所载资料不存在任何虚假记载、误导性陈述或者重大遗漏,并对其内容的真实性、准确性和完整性承担个别及连带责任。

1.2 公司独立董事邢成、何维达、周利国声明:保证年度报告内容的真实性、准确性、完整性。

1.3 公司董事长周道许、总经理沈易明、会计部门负责人李劲声明:保证本年度财务会计报告的真实、完整。

2. 公司概况

2.1 公司简介

华融国际信托有限责任公司(以下简称华融信托)是在重组新疆国际信托投资有限责任公司基础上设立的,新疆国际信托投资有限责任公司成立于1987年1月。2002年5月,公司增资改制为有限责任公司。2002年7月,中国人民银行以"银复[2002]216号"文批准予以重新登记。2008年2月,中国银监会以"银监复[2008]78号"文批准中国华融资产管理股份有限公司重组新疆国际信托投资有限责任公司。公司注册地址:新疆乌鲁木齐市天山区中山路333号,注册资本金为236 898.67万元。

2.1.1 公司法定中文名称:华融国际信托有限责任公司

公司英文名称:Huarong International Trust Co., Ltd.

公司英文名称缩写:HUARONG TRUST

2.1.2 公司法定代表人:周道许

2.1.3 公司注册地址:新疆乌鲁木齐市天山区中山路333号

邮政编码:830002

公司国际互联网网址:http//www.huarongtrust.com.cn

公司电子信箱:hrxt@chamc.com.cn

2.1.4 公司负责信息披露事务人员

联系人:彭鹏

联系电话:010-58315786

传真:010-58315608

电子信箱:pengpengpp@chamc.com.cn

2.1.5 公司信息披露报纸名称:《证券时报》

公司年度报告备置地点:新疆维吾尔自治区乌鲁木齐市中山路333号

登载年度报告的互联网网址:http//www.huarongtrust.com.cn

2.1.6 公司聘请的会计师事务所名称:德勤华永会计师事务所(特殊普通合伙)北京分所

公司聘请的会计师事务所办公地址:北京市东城区东长安街1号东方经贸城西座

公司聘请的律师事务所名称:北京德恒律师事务所

公司聘请的律师事务所办公地址:北京市西城区金融街19号富凯大厦B座12层

2.2 组织结构

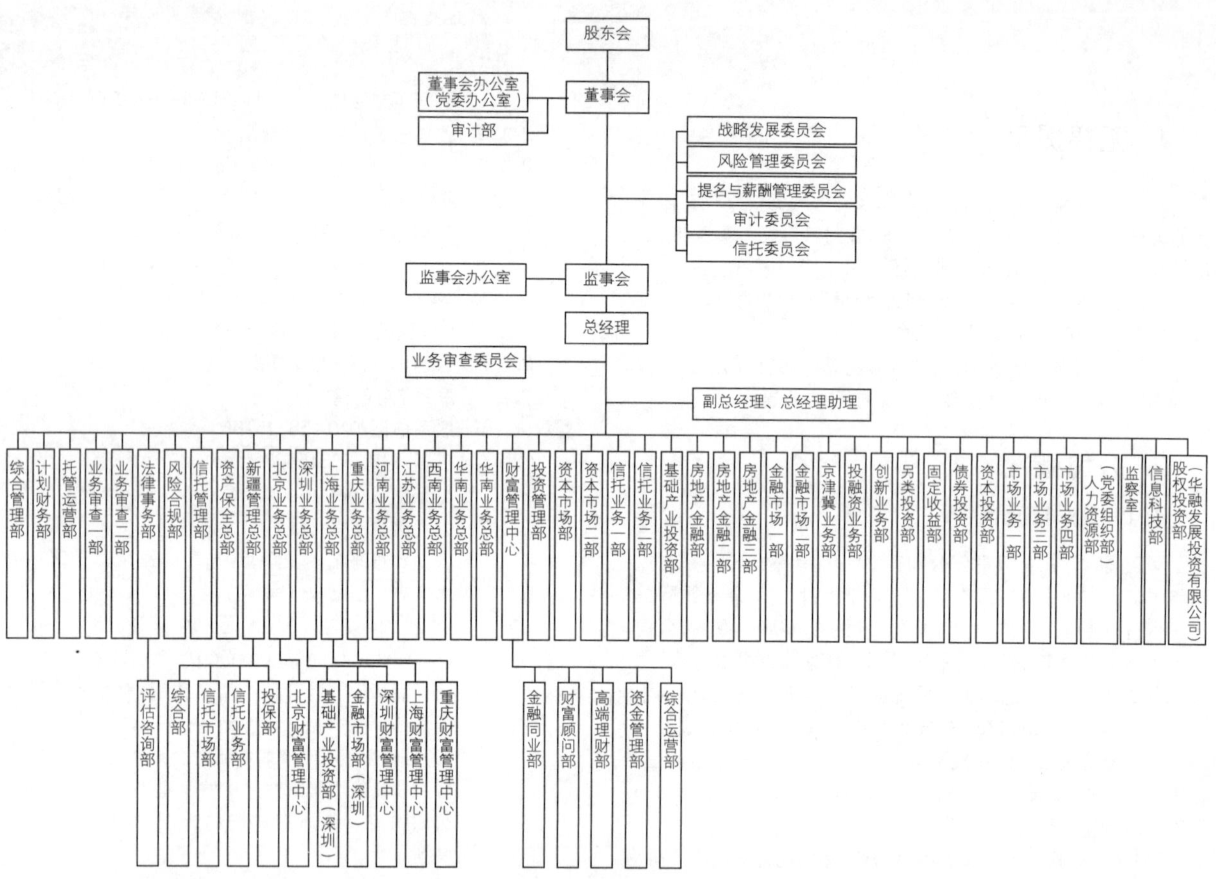

3. 公司治理

3.1 股东

报告期末股东总数为3名。

股东名称	持股比例（%）	法人代表	注册资本（万元）	注册地址	主要经营业务及主要财务情况
中国华融资产管理股份有限公司★	98.40	赖小民	3 907 020.85	北京市西城区金融大街8号	收购、受托经营金融机构不良资产，对不良资产进行管理、投资和处置；债权转股权，对股权资产进行管理、投资和处置；破产管理；对外投资；买卖有价证券；发行金融债券、同业拆借和向其他金融机构进行商业融资；经批准的资产证券化业务、金融机构托管和关闭清算业务；财务、投资、法律及风险管理咨询和顾问业务；资产及项目评估。财务状况良好。
新疆凯迪投资有限责任公司	0.95	李新忠	42 000	新疆乌鲁木齐市金银路53号	资产管理；证券业投资；房屋、车辆、设备的租赁；项目投资及相关咨询服务。财务状况良好。
新疆恒合投资股份有限公司	0.65	王誉谚	11 440	新疆乌鲁木齐市沙依巴克区黄河路1号	高新技术产业；新兴产业的风险投资、经营及管理；优势传统产业、资本市场的投资、经营管理；投资及融资信息咨询；汽车、房屋及机械设备的租赁。财务状况良好。

注：最终实际控制人在股东名称一栏中加★表示。

3.2 董事

董事长、副董事长、董事

姓名	职务	性别	年龄	选任日期	所推举的股东名称	该股东持股比例(%)	简要履历
周道许	董事长	男	50	2015 年 11 月 30 日	中国华融资产管理股份有限公司	98.40	博士,曾在国家商业部综合计划司市场处、中国农业发展银行办公室、中央金融工委研究室综合处、中国银行业监督管理委员会研究局、中国保险监督管理委员会政策研究室、贵阳市政府、贵州省政府、贵州省政府金融办工作,历任国家商业部综合计划司市场处主任科员,中国农业发展银行办公室秘书处主任科员、副处长,中央金融工委研究室综合处副处级干部、处长,中国银行业监督管理委员会研究局助理巡视员(副局级),中国保险监督管理委员会政策研究室副主任、主任,贵州省贵阳市委常委、副市长(挂职),贵州省政府副秘书长,省政府金融办党组书记、主任,兼省委金融工委副书记;现任华融国际信托有限责任公司党委书记、董事长。
沈易明	董事	男	50	2016 年 7 月 29 日	中国华融资产管理股份有限公司	98.40	硕士,历任中国人民银行北京市分行科员、副主任科员,中国人民银行营业管理部副主任科员、副科长、科长,北京银监局城市商业银行监管处、非银行金融机构监管处、财务公司监管处科长、正科级干部、副处长、办公室副主任(副处级)、财务公司监管处处长、党委宣传部部长(正处级),北京国际信托有限责任公司总经理助理;现任华融国际信托有限责任公司董事会董事、总经理。
李长海	董事	男	58	2015 年 2 月 5 日	中国华融资产管理股份有限公司	98.40	硕士,曾在中国人民银行图们市支行、中国工商银行延边中心支行工作,历任中国工商银行吉林省分行办公室副主任、主任,中国华融资产管理公司太原办事处总经理助理,中国华融资产管理公司沈阳办事处副总经理,中国华融资产管理公司长春办事处副总经理,中国华融资产管理公司济南办事处副总经理(主持工作),中国华融资产管理股份有限公司辽宁分公司总经理;现任华融国际信托有限责任公司董事会董事、副董事长。
马肯·穆哈买提都拉	董事	男	56	2014 年 10 月 24 日	中国华融资产管理股份有限公司	98.40	本科,历任工商银行新疆维吾尔自治区分行工业信贷处副处长(正处级),工商银行新疆维吾尔自治区分行副总经济师,中国华融资产管理公司乌鲁木齐办事处总经理、党委书记,中国华融资产管理股份有限公司新疆维吾尔自治区分公司党委书记、总经理;现任华融国际信托有限责任公司董事会董事。
王　鹰	董事	男	54	2016 年 10 月 10 日	中国华融资产管理股份有限公司	98.40	硕士,历任新疆国际信托投资公司计划财务部经理、证券投资部经理,新疆国际信托投资公司副总经理、党委委员,华融国际信托有限责任公司总经理助理、副总经理、党委委员,华融国际信托有限责任公司风险执行评审委员会副主任委员、主任委员;现任华融国际信托有限责任公司董事会董事。
金文秀	董事	女	49	2016 年 8 月 23 日	中国华融资产管理股份有限公司	98.40	本科,曾在中国人民银行昌吉州分行、新疆银监局昌吉州分局、新疆银监局非银处任职,历任华融国际信托有限责任公司风险合规部高级合规管理经理、审计部总经理;现任华融国际信托有限责任公司董事会董事。
王小选	董事	男	56	2010 年 3 月 12 日	新疆凯迪投资有限责任公司	0.95	大专,历任新疆生产建设兵团农业银行计划处副处长,新疆华融房地产公司总经理,陕西省建设银行房地产公司副总经理(主持工作),西安德恒证券营业部总经理,新疆凯迪房地产开发有限公司总经理,新疆蓝天阳光投资有限责任公司总经理;现任新疆凯迪投资有限责任公司副总经理兼任新疆凯迪创业投资有限责任公司执行董事、总经理。

独立董事

姓名	所在单位及职务	性别	年龄	选任日期	所推举的股东名称	该股东持股比例(%)	简要履历
邢　成	中国人民大学信托与基金研究所执行所长	男	54	2009 年 3 月 5 日	中国华融资产管理股份有限公司	98.40	南开大学博士;现任中国人民大学信托与基金研究所执行所长、教授。
何维达	北京科技大学经管学院教授、企业与产业发展研究所所长	男	56	2010 年 2 月 26 日	中国华融资产管理股份有限公司	98.40	中南财经政法大学博士;现任北京科技大学经济管理学院教授、企业与产业发展研究所所长。
周利国	中央财经大学商学院教授、博士生导师、经济学博士	男	59	2016 年 5 月 18 日	中国华融资产管理股份有限公司	98.40	中央财经大学博士;现任中央财经大学商学院教授、博士生导师。

3.3 监事

监事会成员

姓名	职务	性别	年龄	选任日期	所推举的股东名称	该股东持股比例(%)	简要履历
田玉明（拟任）	监事长	男	52	—	中国华融资产管理股份有限公司	98.40	硕士，曾在中国人民解放军海军试验基地、军事经济学院后勤教研室、总后勤部司令部、财政部任职，历任中国财经报社任党委副书记、副社长，中国华融资产管理股份有限公司非执行董事；现任华融国际信托有限责任公司党委副书记。拟任华融国际信托有限责任公司监事会监事、监事长。
祝晓军	专职监事	男	56	2014年4月21日	中国华融资产管理股份有限公司	98.40	本科，历任中国人民银行甘南州中心支行副科长，中国工商银行甘南州中心支行副行长，中国工商银行白银市支行副行长，中国工商银行白银市分行党委书记、行长，中国华融资产管理公司兰州办事处党委委员、副总经理，中国华融资产管理公司沈阳办事处党委副书记、副总经理、党委书记、总经理，中国华融资产管理公司上海办事处党委书记、总经理，中国华融资产管理股份有限公司上海分公司党委书记、总经理，华融国际信托有限责任公司监事会监事、监事会主席；现任华融国际信托有限责任公司监事会监事。
刘绍华	专职监事	男	52	2016年1月8日	中国华融资产管理股份有限公司	98.40	本科，历任新疆国际信托投资公司金融部经理、第二支部书记，新疆国际信托投资公司党委委员、副总经理、董事，华融国际信托有限责任公司党委委员、信托业务一部副总经理，华融国际信托有限责任公司党委委员、总经理助理兼信托业务二部总经理，华融国际信托有限责任公司党委委员、副总经理，华融国际信托有限责任公司党委委员、纪委书记；现任华融国际信托有限责任公司监事会监事、工会主席。
王金梅	监事	女	41	2014年4月21日	新疆凯迪投资有限责任公司	0.95	本科，历任新疆百花大酒店有限公司财务部会计，立信会计师事务所有限公司新疆分所高级审计员；现任新疆凯迪投资有限公司财务审计部副经理。
盛占银	监事	男	61	2008年3月19日	新疆恒合投资股份有限公司	0.65	硕士，历任新疆福海县计划委员会副主任、主任，福海县人民政府县长助理，重点项目建设办公室主任，新疆自治区投资公司阿舍勒铜矿筹建组自治区方代表，新疆自治区投资公司项目部业务主管，新疆哈密新天怡石材有限公司董事、副总经理，新疆自治区投资公司企管部副主任、国电新疆吉林台水电开发有限公司副董事长、天风发电股份有限公司副董事长，新疆投资公司项目开发部主任、第一党支部书记、天彩阿克苏良种公司副董事长，新疆恒合投资股份有限公司董事长；现任新疆恒合投资股份有限公司监事长。
李桂英	职工监事	女	53	2014年12月17日	职工代表大会	—	本科，曾在中国人民解放军57368部队、中国工商银行北京分行任职，中国华融资产管理公司北京办事处财务部、审计部和业务部门任职，华融国际信托有限责任公司风险合规部高级经理，现任华融国际信托有限责任公司监事会办公室副总经理。
李　劲	职工监事	男	28	2016年11月14日	职工代表大会	—	本科，历任中国华融资产管理股份有限公司计划财务部副经理、中国华融资产管理股份有限公司上海自贸试验区分公司资金财务部副经理，华融国际信托有限责任公司信托业务七部高级项目经理、深圳业务部工作任高级项目经理（履行部门总经理助理岗位职责）、深圳业务总部总经理助理；现任华融国际信托有限责任公司计划财务部副总经理（主持工作）。
王　娜	职工监事	女	37	2016年11月14日	职工代表大会	—	博士，历任兴业银行总行投行部高级风险经理、成都分行信用审查部对公信贷审查，邮储银行四川省分行信贷业务部信贷业务管理及零售贷款审批人、邮储银行四川省分行直属支行信贷业务主管；现任华融国际信托有限责任公司业务审查一部副总经理。

3.4 高级管理人员

高级管理人员

姓　名	职务	性别	年龄	选任日期	金融从业年限（年）	学历	专业
沈易明	总经理	男	50	2016年11月15日	29	硕士	运营管理
高翠霞	党委副书记（总经理级）	女	54	2016年5月24日	5	博士	自然地理学
朱大鹏	副总经理	男	42	2016年4月20日	19	博士	法学理论
刘张平	副总经理	男	44	2014年2月25日	24	本科	金融学
何保庆	副总经理	男	51	2016年12月28日	22	本科	农业经济及管理
马雪梅	纪委副书记（总经理助理级）	女	42	2016年6月13日	3	硕士	日语
杨凡	总经理助理	女	43	2016年11月15日	20	硕士	会计学
李厚啟	总经理助理	男	49	2016年5月25日	28	硕士	工商管理
李敬风	总经理助理	男	45	2016年9月22日	8	硕士	国际经营
王晓春	风险总监（总经理助理级）	男	41	2016年8月16日	15	硕士	区域经济

3.5 公司员工

项　目		报告期年度		上年度	
		人数（人）	比例（%）	人数（人）	比例（%）
年龄分布	25岁以下	2	0.7	30	9.8
	25～29岁	93	26.0	74	24.2
	30～39岁	181	50.8	133	43.5
	40岁以上	80	22.5	69	22.5
学历分布	博士	16	4.5	8	2.5
	硕士	207	58.1	182	59.5
	本科	119	33.0	107	35.0
	专科及其他	14	4.0	9	3.0
岗位分布	高管人员	21	5.9	16	5.2
	业务人员	213	60.01	189	61.8
	其他	122	34.0	101	33.0

4. 经营管理

4.1 经营目标、经营方针、战略规划

4.1.1 经营目标

以中国华融“五年三翻番”的创新转型战略为纲领，结合华融信托五年发展规划，按照“创新发展，提质转型，稳中求进，增比进位”的发展主基调，积极推进公司创新转型，全力打造国内一流、国际知名的信托公司。

努力实现“五年三变三”的发展目标。一是主要经营指标“一变三”，即2020年总资产、净资产、净利润增长为2016年的3倍；二是业务模式“一变三”，即2020年构建结构合理的资产管理、财富管理、投资银行“三驾马车”共同驱动的业务模式，为客户提供一站式、全球资产配置的综合金融服务；三是资本实力和市场地位“一变三”，即2020年完成“增资、引战、上市”，资本实力强、体制机制活、市场地位高，成为中国一流的信托金融服务机构。

4.1.2 经营方针

坚持听党的话，跟政府走，按市场规律办事，以“创新＋稳健”为经营方针，以客户为中心，以市场为导向，以中国华融优秀企业文化为引领，推动公司治理、经营管理、盈利能力、风控能力、创新能力、协同效应、内部控制、信息科技、薪酬激励等工作取得长足进步，实现公司稳健型经营、集约式增长、可持续发展。

4.1.3 战略规划

充分发挥中国华融品牌影响力和中国华融“一体两翼”协同效应，一方面要践行“平台化”创新发展策略，构建“总部管控”“业务转型”“财富管理”三大转型平台，形成条块清晰、管控有序、激励相容、治理科学的立体化发展架构；另一方面，要践行“基金化”创新经营策略，围绕“资产管理”“财富管理”“股权投资”为三大业务板块，打造以资金端到资产端“3＋3＋N”的基金化产品架构为依托，布局多元化金融产业链。最终，要将华融信托打造成为价值理念领先、经营业绩领先、商业模式领先、创新能力领先、风控能力领先的一流信托公司。

4.2 经营业务主要内容

公司目前经营的业务品种主要分为信托业务和固有业务。

4.2.1 信托业务

截至2016年末，华融信托当年新增信托资产规模2 104.99亿元，管理存续信托资产规模2 425.93亿元。管理的存续信托资产规模中，主要投向金融机构、基础产业和房地产行业；新增信托项目的主要投向是证券投资、金融机构及房地产行业。整体来看，存续资产的行业分布较为均衡，有利于资产的风险分散和资产安全。

信托资产运用与分布表

序号	资金运用	金额（万元）	占比（%）	资产分布	金额（万元）	占比（%）
1	贷款	10 223 515.22	42.14	金融机构	8 618 242.25	35.52
2	股权投资	996 064.63	4.11	证券投资	3 182 783.89	13.12
3	混合投资	4 396 112.04	18.12	工商企业	3 307 841.50	13.64
4	其他	1 974 670.47	8.14	基础产业	3 429 359.34	14.14
5	权益投资	3 402 111.19	14.02	房地产业	4 356 773.04	17.96
6	信贷资产	84 008.15	0.35	其他	1 364 265.57	5.62
7	证券投资	3 182 783.89	13.12	—		
	资产总计	24 259 265.60	100.00	资产总计	24 259 265.60	100.00

4.2.2 固有业务

固有资产运用与分布表

序号	资金运用	金额（万元）	占比（%）	资产分布	金额（万元）	占比（%）
1	货币资产	22 158.79	2.1800	基础产业	—	0.00
2	贷款及应收款	14 779.79	1.4500	房地产业	—	0.00
3	交易性金融资产	37 840.07	3.7200	证券市场	214 314.46	21.07
4	可供出售金融资产	121 508.86	11.9500	实业	—	0.00
5	应收款项类投资	710 434.20	69.8800			
6	持有至到期投资	0.00	0.0000	金融机构	732 592.99	72.06
7	长期股权投资	20 000.00	1.9700	其他	69 799.88	6.87
8	其他	89 985.62	8.8500	—	—	—
	资产总计	1 016 707.33	100.00	资产总计	1 016 707.33	100.00

4.3 市场分析

4.3.1 有利因素

（1）监管政策释放新制度红利。2016 年 12 月，在中国信托业年会上，中国信托登记公司正式成立，这标志着信托公司产品流转平台初步建立，未来信托产品流动性将大大提升；《信托公司条例》等新的监管举措有望加快出台，对于完善行业制度、强化监管支撑、丰富产品发行方式及公平参与市场竞争均具有积极意义；银行理财新规仅允许通过信托通道开展非标投资，基金子公司监管收紧，通道业务回流。

（2）财富管理需求仍较旺盛。据兴业银行与波士顿咨询的联合分析，截至 2015 年末，中国个人可投资金融资产总额约为 113 万亿元，同比增长 24%；预计到 2020 年末，中国个人财富将保持 12% 的年均复合增长率，达到 200 万亿元。国民财富不断积累，居民以及机构投资者资产管理需求不断上升，为信托公司在资产管理行业创造了较大的成长空间。

（3）新产业、新技术有利于促进信托业务创新和模式培育。目前，国内战略性新兴产业发展离不开金融服务的支撑，这将有利于信托业积极拓展业务新方向，通过投融资、产业基金、资产证券化等多种方式积极提供相配套的金融服务，以此促进自身业务创新和可持续发展。同时，随着互联网技术、区块链等信息技术的更广泛应用，也为信托公司的经营发展提供了新技术手段。

（4）信托行业财富管理和资产管理能力不断增强。截至 2016 年末，全国 68 家信托公司管理的信托资产规模达 20.22 万亿元，已居金融机构体系中资产规模第二大的地位，信托行业是中国金融体系中不容忽视的重要成员，中国信托业对经济社会发展的促进作用不断凸显。

（5）信托行业创新日渐活跃，创新力度逐步增强，信托制度在财富传承、土地流转、企业年金管理、资产证券化等方面的独特优势和价值得到不断挖掘和认可，持续的创新为信托行业不断注入生机和发展活力，逐步形成信托公司核心竞争力。

4.3.2 不利因素

（1）全球经济复苏动能疲弱。未来，全球经济政治不稳定因素较多，需谨慎对待全球资产价格波动风险。针对国内经济环境，随着经济结构性及周期性的双重调整，支撑信托业发展与繁荣的房地产、能源矿产处于深度调整期，不断暴露的信用风险使得信托项目风险管控难度加大。

（2）资产管理市场开放进程加快，证券、基金、保险、银行、信托公司围绕资产管理业务展开全面竞争，信托业享有的制度红利逐步消失。随着利率市场化改革的全面推进，信托公司转型发展需求越来越迫切。

（3）信托行业转型发展仍面临较大挑战。近年来，信托行业转型发展的需求越来越迫切，家族信托、消费信托、公益信托、土地流转信托、养老信托等创新信托如雨后春笋般的发展起来，但很多创新业务后续并没有大规模发展起来，特色业务和拳头产品不多，创新业务模式有待进一步探索。

4.4 内部控制

4.4.1 内部控制环境和内部控制文化

华融信托按照现代金融企业制度要求，建立科学的公司法人治理结构，成立股东会、董事会、监事会并制定相应议事规则，根据有关法律法规及《公司章程》分别行使职责；董事会层面设立战略发展委员会、风险管理委员会、提名与薪酬管理委员会、审计委员会及信托委员会，对涉及公司战略发展、薪酬考核、风险控制等重大事项进行民主决策、集体审议，并制定了各委员会工作细则，使公司在科学决策和风险管控方面增强了独立性、专业性和科学性。公司设立的独立董事工作制度进一步完善了公司的法人治理结构，加强了公司董事会决策的科学性，强化了对内部董事及经营层的约束和监督机制；董事会组建经营层，由总经理组织公司日常经营管理工作并对董事会负责；总经理层面设立总经理办公会、业务审查委员会、风险管理和内部控制委员会、资金财务审查委员会，分别负责对公司重大决策事项、重大风险管理解决方案、重大资金运用与支出和各项业务方案等事项进行审查。根据银监会监管要求及实际需要，公司设立董事会办公室、监事会办公室、综合管理部、纪检监察室、人力资源部、风险合规部、业务审查部、法律事务部、计划财务部、托管运营部、投资管理部、信托管理部等一系列职能部室，从而形成一个结构合理、管理科学、内部控制有效的治理结构和机制。

4.4.2 内部控制措施

公司建立了完善的各层级授权制度，明确董事会、监事会、经营层的权限及职责。

董事会作为公司决策机构，负责决定公司内部管理机构的设置、制定公司的基本管理制度、决定公司对外重大投资、重大资产处置事项、决定公司资本金运用、资产抵押、对外担保、关联交易等事项。为防范风险，董事会对重大资本金项目、重大信托项目负责审查审批。董事会严格按照董事会议事规则召开会议。

公司设立监事会，监事会为公司的监督机构。监事会按照《公司法》《公司章程》赋予的职责和权力，依法运作，认真履职。

经营层通过董事会的授权在权限范围内履行职责，建立健全内部控制体系，保证内部控制的各项职责得到有效履行，负责对内部控制的充分性与有效性进行监测评估；并负责执行董事会批准的各项规划、决策和制度。

公司坚持制度先行、规范经营的理念。2016 年，公司根据新实施的监管政策和法规，以及公司业务开展和风险管理的实际需要，对内部控制制度进行了全面优化，对各项制度重新进行了全面的梳理、完善和补充，进一步优化业务流程，有效控制各种风险。

4.4.3 信息交流与反馈

公司建立了信息披露工作制度及信息交流、汇报与反馈程序，通过工作简报、办公会议纪要、专题报告、内部要情通报、周报、月报、稽核报告等多种形式进行信息交流、汇报和反馈，使董事会和经营层能够及时了解业务信息、管理信息以及其他重要风险信息；所有员工能充分了解相关信息、遵守涉及其责任和义务的政策、程序；及时、真实、完整地向监管机构和外界报告、披露相关信息；及时把与企业既定经营目标有关的信息提供给所有员工等。

4.4.4 监督评价与纠正

公司自觉接受监事会的监督。公司监事会列席董事会，随时对公司特别是董事和高管人员的合规运作及勤勉尽责情况进行监督。严格按照有关信托法规，进一步完善内部控制制度。做到公司自营业务和信托业务分离，维护委托人和受益人的合法权益。加强内部稽核部门职能，坚持按季度对公司业务进行稽核，并报告董事会、监事会和监管部门。

4.5 风险管理

4.5.1 风险管理概况

公司坚持"稳中求进、险中取胜、创新转型、适度增长、效益优先"的发展主基调，紧紧围绕"调结构、促转型、补短板、防风险、提质量"五大中心任务，较好地控制了公司经营管理中的各类风险。坚持全面风险管理理念，始终将"防风险"作为稳健发展的重要保障，牢固树立审慎经营理念，不断提高全员风险管理意识，逐步完善风险预警机制，明确和落实各级风险管理职责，积极适应业务发展和业务创新的需要，切实把风险管理工作做深、做实、做细。2016 年公司持续推进全面风险管理理念，完善内部控制体系，梳理修订风险管理相关制度办法。加强存量信托项目管理，排查存量项目风险隐患，确保公司不出现流动性风险，声誉不受损失。控好增量信托项目风险，加强对监管法规的研究，细化完善新增项目审查标准，提高审查精准度和专业性，确保经营依法合规、风险可控。推动业务结构调整，优先选择国家支持鼓励行业开展信托业务，鼓励多做风险资本消耗少的项目。积极参与业务创新和风险管控手段创新，增强前台、中台、后台协同能力，提高公司整体的资产管理能力。同时，不断开发完善公司信息系统建设。

为加强风险管理，公司在董事会下设风险管理委员会、审计委员会。董事会风险管理委员会下设风险执行评审委员会，负责向风险管理委员会报告公司的风险合规与内部控制等情况，同时负责对提交董事会审议的重大业务项目向董事会提出审查意见。在经营层面设立风险管理和内部控制委员会。公司设立风险合规部、业务审查部和法律事务部等风控部门。风险合规部负责组织推动公司全面风险管理体系建设，组织制定公司风险管理基本政策和基本制度；负责对公司项目进行监测、分析和评价；负责和业务、审查等部门就项目的后期管理工作进行衔接、督促检查和评价；负责组织协调业务部门及时拟定风险项目的处置预案，督促处置预案的落实；负责组织开展项目风险案例警示工作；负责牵头组织公司风险项目处置工作；负责对公司拟实施项目出具合规性意见。业务审查部负责对提交公司业务审查委员会审议的项目进行独立业务审查，提出审查意见，并出具审查意见书，负责向业务审查委员会报告并接受委员询问。法律事务部负责对公司签署的法律合同、法律文件进行审查，出具法律审查意见，复核非诉事项及诉讼事宜；负责对公司开展业务中的律师机构的聘用与管理等。法律事务部下设评估咨询部二级部门，负责对公司开展业务中的审计、评估中介机构的聘用与管理；负责对评估报告的审查工作等。审计委员会主要负责审查公司内部控制制度以及公司建立的用于监控行为准则遵循情况的规划；负责提议聘请或更换外部审计机构；负责监督董事会决议的执行情况；负责审核公司的财务信息及其披露；负责在公司重大财务问题的处理上提出独立的意见；负责内部审计与外部审计之间的沟通等。

4.5.2 风险状况

4.5.2.1 信用风险状况

公司可能面临的信用风险主要是交易对手无法履约的风险。公司对于信用风险的控制，一是注重交易对手的选择，通过项目前期尽职调查、交易结构设计、抵（质）押担保条件的设置、项目投后尽职管理、现金流的监测、资金监管等措施，从项目的全过程加强对信用风险的防范和控制。二是采用资产五级分类、信贷资产评级等信用度量指标进行信用风险评级，并不断改进信用分析方法和技术。三是始终坚持抵押品确认原则，抵押品必须足值、足额、合法、有效、容易变现。四是严格按照规定对信用风险资产合理计提一般准备和专项准备。

公司按照有关规定足额计提各类风险准备。一般准备金的计提比例由公司综合考虑其所面临的风险状况等因素确定，原则上一般准备金余额不低于贷款期末余额的 1%。信托赔偿准备金按照税后净利润的 5% 计提，累计总额达到公司注册资本的 20% 时不再提取。

公司严格按照监管制度和公司制度定期对公司资产质量进行五级分类。截至 2016 年 12 月 31 日，公司不良资产账面价值为 10 100.50 万元。在信托业务方面，截至 2016 年 12 月 31 日已到期的信托项目均按期兑付，存续项目也未出现不及时兑付委托人收益的情况。

4.5.2.2 市场风险状况

市场风险指公司因股价、市场汇率、利率及其他价格因素变动给公司盈利能力和财务状况带来的风险。截至 2016 年 12 月 31 日，管理金融产品包括债券、货币基金、债券基金和股票等，账面净值共 16.69 亿元。由于货币基金及债券基金主要投资低风险资产，因此受价格变动影响较小，且流动性强，市场风险较低。尽管面临着未来利率市场化和国家相关利率调控政策的影响，该类金融资产的贷款利率和收益率均已经稳定在合理市场水平，受到市场波动而导致获利受影响的范围较小。

4.5.2.3 操作风险状况

操作风险主要表现在由于公司内部人员在相关业务办理过程中因操作失误和内部控制制度不完善而出现的风险。截至 2016 年 12 月 31 日，公司未出现操作风险事件。公司对所有项目均严格进行尽职调查，积极履行受托人职责，尽职管理，忠实执行合同，严格履行信息披露义务，实现了预期目标。公司还规范了信托和固有业务监管账户开立、印章使用、资金划拨、抵（质）押物变更审批等的管理，建立了抵（质）押权证保管登记制度，定期核实保管的权证，严防操作风险。

4.5.2.4 其他风险状况

其他风险主要包括合规风险和政策风险。2016 年,公司的各项业务严格按照国家相关政策,依法合规操作,未出现违反国家相关政策及违规事件。各项指标均大幅优于监管规定要求。

4.5.3 风险管理

4.5.3.1 信用风险管理

当前,宏观经济形势依然不明朗,实体经济问题持续向金融领域传导。公司将坚持做强做优传统业务保生存,加快发展创新业务促转型,战略性布局固有业务攒后劲的业务发展思路,不断优化业务结构,实现传统业务向新型业务的平稳过渡。调整信用风险指数较高的刚性兑付业务占比,不断缓解信用风险压力。

公司在信用风险管理上,主要采取以下具体举措:一是细化完善业务准入指引,不断改进信用分析方法和技术;二是持续关注抵(质)押物价值变动,确保抵(质)押率保持合理水平,抵(质)押物的担保价值足值;三是严格按照规定对信用风险资产合理计提一般准备和专项准备;四是密切关注宏观经济形式及国家产业政策、信贷政策及其他调控政策的变化,及时研究对策和措施,防控政策风险引起的企业信用风险;五是对交易对手进行事中动态管理,定期了解交易对手经营情况和财务情况,并及时向经营层和董事会报告。

4.5.3.2 市场风险管理

公司开展各项业务时,全面客观地分析经济形势,谨慎选择项目,对风险难以把握的项目,不轻易进入;在项目开展前,对金融市场有可能产生的市场风险的各个因素进行分析研究,提早做好防范措施;尽量采取分散投资,分散风险的办法;加强对项目的审查、决策;对涉及资本市场的项目或质押物设立相关股票的警戒线、止损位,并对相关股票价格变动进行动态监测。

4.5.3.3 合规风险管理

公司设立了专门的风险合规部和法律事务部,引入具有丰富金融从业经验和法律工作经验的人才,对所承做业务的交易模式、法律要点、合同主要条款的合法问题进行专门把握,确保每项业务重点法律问题的合法、有效和严密。根据《信托公司净资本管理办法》(中国银监会令 2010 年第 5 号)规定的披露要求,截至 2016 年 12 月 31 日,公司净资本规模为 55.28 亿元,远高于 2 亿元的监管要求;净资本/各项业务风险资本之和为 110.98%,达到净资本不得低于各项风险资本之和的 100%的规定;净资本/净资产为 81.58%,达到净资本不得低于净资产 40%的规定。

4.5.3.4 操作风险管理

公司指定部门定期对业务规章制度、操作流程等进行修订完善,多种方式举办培训班,加强对员工制度、业务培训。多层次设置防火墙,采取事前、事中、事后多角度控制操作风险:一是项目经理作为第一责任人全面负责项目风险;二是风险合规部负责定期检查项目执行情况,分析项目风险并向公司提交风险报告;三是审计部门同步跟进;四是公司经营层定期向董事会提交公司经营风险报告;五是设计和逐步完善风险控制信息系统,做好系统数据的备份,借助信息技术控制操作风险。

2016 年,为提升全员操作风险管控意识,严防操作风险发生,公司组织开展了“操作风险就在我身边”百日主题教育活动,狠抓制度执行,通过自查自纠,见人见事见行动,杜绝有章不循。总体来看,公司员工爱岗敬业,遵纪守法,保持良好的职业道德和职业操守。

5. 报告期末及上一年度末的比较式会计报表

5.1 自营资产

5.1.1 审计报告

审 计 报 告

德师京报(审)字(17)第 P00252 号

我们审计了后附的华融国际信托有限责任公司(以下简称华融信托)的财务报表,包括 2016 年 12 月 31 日的公司及合并资产负债表,2016 年度的公司及合并利润表、公司及合并所有者权益变动表和公司及合并现金流量表以及财务报表附注。

一、管理层对财务报表的责任

编制和公允列报财务报表是华融信托管理层的责任,这种责任包括:(1)按照企业会计准则的规定编制财务报表,并使其实现公允反映;(2)设计、执行和维护必要的内部控制,以使财务报表不存在由于舞弊或错误而导致的重大错报。

二、注册会计师的责任

我们的责任是在执行审计工作的基础上对财务报表发表审计意见。我们按照中国注册会计师审计准则的规定执行了审计工作。中国注册会计师审计准则要求我们遵守中国注册会计师职业道德守则,计划和执行审计工作以对财务报表是否不存在重大错报获取合理保证。

审计工作涉及实施审计程序,以获取有关财务报表金额和披露的审计证据。选择的审计程序取决于注册会计师的判断,包括对由于舞弊或错误导致的财务报表重大错报风险的评估。在进行风险评估时,注册会计师考虑与财务报表编制和公允列报相关的内部控制,以设计恰当的审计程序,但目的并非对内部控制的有效性发表意见。审计工作还包括评价管理层选用会计政策的恰当性和作出会计估计的合理性,以及评价财务报表的总体列报。

我们相信,我们获取的审计证据是充分、适当的,为发表审计意见提供了基础。

三、审计意见

我们认为,华融信托财务报表在所有重大方面按照企业会计准则的规定编制,公允反映了华融信托 2016 年 12 月 31 日的公司及合并财务状况以及 2016 年度的公司及合并经营成果和公司及合并现金流量。

德勤华永会计师事务所(特殊普通合伙)北京分所

中国注册会计师:景宜青

中国·北京　　中国注册会计师:杨　丽

二〇一七年三月二十三日

5.1.2 资产负债表

资产负债表

2016 年 12 月 31 日

编制单位：华融国际信托有限责任公司　　　　单位：万元

项目	期末余额	期初余额
存放同业款项	22 158.79	25 880.31
以公允价值计量且其变动计入当期损益的金融资产	37 840.07	—
买入返售金融资产	54 965.54	—
应收利息	1 009.31	3.36
发放贷款及垫款	—	—
可供出售金融资产	121 508.86	241 782.46
持有至到期投资	—	—
应收款项类投资	710 434.20	390 439.65
划分为持有待售的资产	—	—
长期股权投资	20 000.00	—
投资性房地产	2 043.78	2 134.29
固定资产	2 307.93	2 208.04
无形资产	608.10	244.18
递延所得税资产	27 971.05	17 199.06
其他资产	15 859.70	31 070.76
资产总计	1 016 707.33	710 962.11

资产负债表（续）

2016 年 12 月 31 日

编制单位：华融国际信托有限责任公司　　　　单位：万元

项目	期末余额	期初余额
以公允价值计量且其变动计入当期损益的金融负债		
卖出回购金融资产款		
应付职工薪酬	27 645.93	28 001.05
应交税费	12 319.94	11 052.51
应付利息	562.50	391.94
划分为持有待售的负债	—	—
递延所得税负债	—	—
其他负债	298 572.78	157 708.34
负债合计	339 101.15	197 153.84
实收资本	236 898.67	198 288.63
其他权益工具	—	—
其中：优先股	—	—
永续债	—	—
资本公积	114 878.78	53 488.83
减：库存股	—	—

续表

项目	期末余额	期初余额
其他综合收益	−4 442.47	−1 152.06
盈余公积	48 780.07	39 487.56
一般风险准备	32 737.49	28 091.24
未分配利润	248 753.64	195 604.07
归属于母公司所有者权益	677 606.18	513 808.27
少数股东权益	—	—
股东权益合计	677 606.18	513 808.27
负债和股东权益总计	1 016 707.33	710 962.11

5.1.3 利润表

利润表

2016 年度

编制单位：华融国际信托有限责任公司　　　　单位：万元

项目	本期金额	上期金额
一、营业收入	190 620.12	164 033.10
利息净收入	−5 187.30	−2 365.74
利息收入	719.08	2 965.85
利息支出	5 906.38	5 331.60
手续费及佣金净收入	158 242.08	150 145.47
手续费及佣金收入	158 242.08	150 145.47
手续费及佣金支出	0.00	0.00
投资收益（损失以“－”号填列）	37 635.03	15 988.56
公允价值变动收益（损失以“－”号填列）	−326.80	0.00
汇兑收益（损失以“－”号填列）	0.00	0.00
其他业务收入	257.11	264.81
二、营业支出	73 393.52	66 174.83
营业税金及附加	3 464.19	8 572.19
业务及管理费	41 764.40	41 670.20
资产减值损失	28 030.84	15 809.32
其他业务成本	134.09	123.12
三、营业利润（亏损以“－”号填列）	117 226.60	97 858.27
加：营业外收入	0.00	0.35
减：营业外支出	90.00	59.99
四、利润总额（亏损总额以“－”号填列）	117 136.60	97 798.63
减：所得税费用	24 211.51	21 808.15
五、净利润（净亏损以“－”号填列）	92 925.09	75 990.48
归属于母公司所有者的净利润	92 925.09	75 990.48
少数股东损益	0.00	0.00
六、每股收益	0.00	0.00
（一）基本每股收益	0	0
（二）稀释每股收益	0	0
七、其他综合收益（亏损以“－”号填列）	−3 290.41	−2 250.19
八、综合收益总额	89 634.68	73 740.29
归属于母公司所有者的综合收益总额	89 634.68	73 740.29
归属于少数股东的综合收益总额		

5.1.4 所有者权益变动表

所有者权益变动表

2016 年度

编制单位：华融国际信托有限责任公司　　单位：万元

项目	本期金额							上期金额						
	股本	资本公积	盈余公积	一般风险准备	未分配利润	少数股东权益	股东权益合计	股本	资本公积	盈余公积	一般风险准备	未分配利润	少数股东权益	股东权益合计
一、上年年末余额	198 288. 63	53 488. 83	39 487. 56	28 091. 24	195 604. 07	(1 152. 06)	513 808. 27	198 288. 63	53 488. 83	31 888. 51	24 291. 72	187 160. 25	1 098. 13	496 216. 07
加：会计政策变更	—	—	—	—	—	—	—							
前期差错更正	—	—	—	—	—	—	—							
二、本年年初余额	198 288. 63	53 488. 83	39 487. 56	28 091. 24	195 604. 07	(1 152. 06)	513 808. 27	198 288. 63	53 488. 83	31 888. 51	24 291. 72	187 160. 25	1 098. 13	496 216. 07
三、本年增减变动金额（减少以"（）"号填列）	38 610. 04	61 389. 96	9 292. 51	4 646. 25	53 149. 56	(3 290. 41)	163 797. 91	0. 00	0. 00	7 599. 05	3 799. 52	8 443. 82	(2 250. 19)	17 592. 20
（一）净利润	—		—	—	92 925. 09	—	92 925. 09					75 990. 46		75 990. 46
（二）其他综合收益	—		—	—	—	(3 290. 41)	(3 290. 41)						(2 250. 19)	(2 250. 19)
上述（一）和（二）小计	—	—	—	—	92 925. 09	(3 290. 41)	89 634. 68	0	0	0	0	75 990. 46	(2 250. 19)	73 740. 27
（三）股东投入和减少资本	38 610. 04	61 389. 96	—	—	—		—	—		—	—	—		—
1. 股东投入资本	38 610. 04	61 389. 96	—	—	—		—							
2. 股份支付计入股东权益的金额	—	—	—	—	—		—							
3. 其他	—	—	—	—	—	—	—							
（四）利润分配	—	—	9 292. 51	4 646. 25	(39 775. 53)	—	(25 836. 77)	0	0	7 599. 05	3 799. 52	(67 546. 64)	0	(56 148. 07)
1. 提取盈余公积	—	—	9 292. 51	—	(9 292. 51)	—	—	0		7 599. 05		(7 599. 05)		0
2. 提取一般风险准备	—	—	—	4 646. 25	(4 646. 25)	—	—	0			3 799. 52	(3 799. 52)		0
3. 对股东的分配	—	—	—	—	(25 836. 77)	—	(25 836. 77)	0				(56 148. 07)		(56 148. 07)
4. 其他	—	—	—	—	—	—	—	0						—
（五）所有者权益内部结转	—	—	—	—	—	—	—	0						—
1. 资本公积转增股本	—	—	—	—	—	—	—	0						—
2. 盈余公积转增股本	—	—	—	—	—	—	—	0						0
3. 盈余公积弥补亏损	—	—	—	—	—	—	—	0						0
4. 其他	—	—	—	—	—	—	—	0						0
（六）专项储备	—	—	—	—	—	—	—	0						0
1. 本期提取	—	—	—	—	—	—	—	0	0	0	0	0	0	0
2. 本期使用	—	—	—	—	—	—	—	0	0	0	0	0	0	0
四、本年年末余额	236 898. 67	114 878. 79	48 780. 07	32 737. 49	248 753. 63	(4 442. 47)	677 606. 18	198 288. 63	53 488. 83	39 487. 56	28 091. 24	195 604. 07	(1 152. 06)	513 808. 27

5.2 信托资产

5.2.1 信托项目资产负债汇总表

2016 年 12 月 31 日　　单位:万元

序号	项目	A	B
		年末余额	年初余额
1	信托资产:		
2	1. 货币资金	474 673.76	382 182.35
3	2. 拆出资金	—	—
4	3. 存出保证金	—	—
5	4. 交易性金融资产	2 742 856.67	3 595 448.32
6	5. 衍生金融资产	—	—
7	6. 买入返售金融资产	1 213 772.76	1 458 478.71
8	其中:6.1 买入返售证券	25 820.26	141 955.71
9	6.2 买入返售信贷资产	—	—
10	7. 应收款项	1 362 389.32	1 050 685.22
11	8. 发放贷款	11 318 594.51	9 963 741.68
12	其中:8.1 基础产业	2 274 472.90	2 092 493.53
13	8.2 房地产业	2 938 520.99	1 549 360.50
14	9. 可供出售金融资产	4 221 253.08	987 001.36
15	10. 持有至到期投资	2 514 904.69	4 055 364.69
16	11. 长期应收款	—	—
17	12. 长期股权投资	1 547 072.92	1 183 422.25
18	其中:12.1 基础产业	219 150.00	255 900.00
19	12.2 房地产业	354 891.01	136 754.00
20	13. 投资性房地产	—	—
21	14. 固定资产	—	—
22	15. 无形资产	—	—
23	16. 长期待摊费用	—	—
24	17. 其他资产	—	—
25	18. 信托资产总计	25 395 517.71	22 676 324.58
26	19. 各项资产减值准备	—	—
27	信托负债:		
28	20. 交易性金融负债	—	—
29	21. 衍生金融负债	—	—
30	22. 应付受托人报酬	5 147.69	2 960.05
31	23. 应付托管费	2 112.26	1 306.21
32	24. 应付受益人收益	46 696.03	17 476.16
33	25. 应交税费	—	—
34	26. 应付销售服务费	897.35	1 191.79
35	27. 其他应付款项	906 416.98	667 834.99
36	28. 其他负债	32 277.60	38 855.43
37	29. 信托负债合计	993 547.91	729 624.63
38	信托权益:		
39	30. 实收信托	24 259 265.60	21 244 845.47
40	30.1 资金信托	21 917 263.30	19 907 340.22
41	30.1.1 集合	15 633 515.97	11 842 737.02
42	30.1.2 单一	6 283 747.33	8 064 603.20
43	30.2 财产信托	2 342 002.30	1 337 505.25
44	30.2.1 信贷资产证券化	84 008.15	0.00
45	30.2.2 其他资产(准)证券化	—	—
46	31. 资本公积	—	—
47	32. 损益平准金	—	—
48	33. 未分配利润	142 704.20	701 854.48
49	34. 信托权益合计	24 401 969.80	21 946 699.95
50	35. 信托负债和信托权益总计	25 395 517.71	22 676 324.58

5.2.2 信托项目利润及利润分配汇总表

2016 年度

单位:万元

序号	项目	A	B
		本年数	上年数
1	1. 营业收入	1 237 871.26	2 150 146.79
2	1.1. 利息收入	998 908.37	954 383.76
3	1.2. 投资收益	649 003.45	911 703.68
4	1.3. 公允价值变动收益(损失以"-"号填列)	-428 901.33	265 285.84
5	1.4. 租赁收入	—	—
6	1.5. 其他收入	18 860.77	18 773.51
7	2. 营业费用	232 003.52	296 685.42
8	3. 营业税金及附加	1 072.50	969.86
9	4. 扣除资产损失前的信托利润	1 004 795.24	1 852 491.51
10	5. 减:资产减值损失	—	—
11	6. 扣除资产损失后的信托利润	1 004 795.24	1 852 491.51
12	7. 加:期初未分配信托利润	701 854.48	353 218.22
13	8. 可供分配的信托利润	1 706 649.72	2 205 709.72
14	9. 减:本期已分配信托利润	1 563 945.52	1 503 855.25
15	10. 期末未分配信托利润	142 704.20	701 854.48

6. 会计报表附注

6.1 会计报表编制基准不符合会计核算基本前提的说明

6.1.1 报告期内会计报表存在不符合会计核算基本前提的事项

无。

6.1.2 报告期内公司编制个别会计报表,存在应纳入合并范围的子公司

无。

6.2 重要会计政策和会计估计说明

公司执行新企业会计准则,本期未发生会计政策及会计估计变更。公司以人民币为记账本位币,会计年度自公历 1 月 1 日起至 12 月 31 日止。

6.2.1 计提资产减值准备的范围和方法

根据财政部《金融企业准备金计提管理办法》和银监会《中国银行业监督管理委员会关于非银行金融机构全面推行资产质量五级分类管理的通知》,公司对计提坏账准备的资产进行风险分类,并根据风险分类结果确定一般风险准备和专项准备的计提比例。

6.2.2 金融资产四分类的范围和标准

6.2.2.1 金融资产四分类的范围

金融资产包括金融工具和衍生工具,是指形成一个企业的金融资产,并形成其他单位的金融负债或权益工具的合同,具体包括(1)以公允价值计量且其变动计入当期损益的金融资产,包括交易性金融资产和指定为以公允价值计量且其变动计入当期损益的金融资产;(2)持有至到期投资;(3)贷款和应收

款项；(4)可供出售金融资产。

6.2.2.2 金融资产四分类的标准

以公允价值计量且其变动计入当期损益的金融资产：(1)交易性金融资产，主要是指企业为了近期内出售而持有的金融资产，包括不作为有效套期工具的衍生工具；(2)直接指定为以公允价值计量且其变动计入当期损益的金融资产。

可供出售金融资产：反映填报机构初始确认时即被指定为可供出售的非衍生金融资产以及除以公允价值计量且其变动计入当期损益的金融资产、持有至到期投资、贷款和应收款项以外的金融资产。例如，在活跃市场上有报价的股票投资、债券投资等。

持有至到期投资：本项目反映填报机构持有的到期日固定、回收金额固定或可确定，且企业有明确意图和能力持有至到期的非衍生金融资产。企业从二级市场上购入的固定利率国债、浮动利率公司债券等，符合持有至到期投资条件的，可以划分为持有至到期投资。购入的股权投资因其没有固定的到期日，不符合持有至到期投资的条件，不能划分为持有至到期投资。持有至到期投资通常具有长期性质，但期限较短(1年以内)的债券投资，符合持有至到期投资条件的，也可将其划分为持有至到期投资。

贷款和应收款项：持有的缺乏活跃市场报价的、但具备固定或可确定偿付金额的非衍生金融资产。包括贷款以及应收款项类投资等，例如填报机构发放的贷款、凭证式国债、中央银行定向票据等。填报机构所持证券投资基金或类似基金，不应当划分为贷款和应收款项。

6.2.3 交易性金融资产核算方法

本公司购入的股票、债券、基金等，确定以公允价值计量且其变动计入当期损益的金融资产，按照取得时的公允价值作为初始确认金额，相关的交易费用在发生时计入当期损益。

支付的价款中包含已宣告但尚未发放的现金股利或债券利息，单独确认为应收项目。

本公司在持有该等金融资产期间取得的利息或现金股利，于收到时确认为投资收益。

资产负债表日，本公司将该等金融资产的公允价值变动计入当期损益。

处置该等金融资产时，该等金融资产公允价值与初始入账金额之间的差额确认为投资收益，同时调整公允价值变动损益。

6.2.4 可供出售金融资产核算方法

本公司可供出售金融资产按取得时的公允价值和相关交易费用之和作为初始确认金额。支付的价款中包含已到付息期但尚未领取的债券利息或已宣告但尚未发放的现金股利，单独确认为应收项目。

本公司可供出售金融资产持有期间取得的利息或现金股利，于收到时确认为投资收益。资产负债表日，可供出售金融资产按公允价值计量，其公允价值变动计入资本公积——其他资本公积。

处置可供出售金融资产时，将取得的价款和该金融资产的账面价值之间的差额，计入投资收益，同时，将原直接计入所有者权益的公允价值变动累计额对应处置部分的金额转出，计入投资损益。

6.2.5 持有至到期投资核算方法

本公司购入的固定利率国债、浮动利率公司债券等持有至到期投资，按取得时的公允价值和相关交易费用之和作为初始确认金额。

支付的价款中包含已宣告发放债券利息的，单独确认为应收项目。持有至到期投资在持有期间按照摊余成本和实际利率确认利息收入，计入投资收益。

实际利率在取得持有至到期投资时确定，在随后期间保持不变。实际利率与票面利率差别很小的，也可按票面利率计算利息收入，计入投资收益。

处置持有至到期投资时，将所取得价款与该投资账面价值之间的差额确认为投资收益。

如本公司因持有意图或能力发生改变，使某项投资不再适合作为持有至到期投资，则将其重分类为可供出售金融资产，并以公允价值进行后续计量。重分类日，该投资的账面价值与公允价值之间的差额计入所有者权益，在该可供出售金融资产发生减值或终止确认时转出，计入当期损益。

6.2.6 长期股权投资核算方法

6.2.6.1 长期股权投资的初始计量

(1)公司合并形成的长期股权投资，按照下列规定确定其初始投资成本：

同一控制下的企业合并，以支付现金、转让非现金资产或承担债务方式作为合并对价的，在合并日按照取得被合并方所有者权益账面价值的份额作为长期股权投资的初始投资成本。

本公司非同一控制下的企业合并，在购买日按照在购买日为取得对被购买方的控制权而付出的资产、发生或承担的负债以及发行的权益性证券的公允价值确认合并成本。

(2)以支付现金取得的长期股权投资，按照实际支付的购买价款作为初始投资成本。通过非货币性资产交换取得的长期股权投资，其初始投资成本按照《企业会计准则第7号——非货币性资产交换》确定。通过债务重组取得的长期股权投资，其初始投资成本按照《企业会计准则第12号——债务重组》确定。

6.2.6.2 长期股权投资的后续计量及投资收益确认方法

(1)采用成本法核算的长期股权投资按照初始投资成本计价。公司确认投资收益，仅限于被投资单位接受投资后产生的累计净利润的分配额，所获得的利润或现金股利超过上述数额的部分作为初始投资成本的收回。

(2)采用权益法核算的长期股权投资，按照应享有的被投资单位实现的净损益的份额，确认投资损益并调整长期股权投资的账面价值。

公司确认被投资单位发生的净亏损，以长期股权投资的账面价值以及其他实质上构成对被投资单位净投资的长期权益减记至零为限。

6.2.6.3 长期股权投资减值准备的计提方法

公司在资产负债表日判断长期股权投资是否发生减值。公司一般以单项长期股权投资为基础估计其可收回金额，可收回金额根据长期股权投资的公允价值减去处置费用后的净额与长期股权投资预计未来现金流量的现值两者之间较高者确定，并计提减值准备。难以对单项长期股权投资的可收回金额进行估计的，以该长期股权投资所属的资产组为基础确定资产组的可收回金额,并按照《企业会计准则第8号——资产减值》有关规定计提长期股权投资减值准备。减值损失一经确认,在以后会计期间不能转回。

6.2.7 投资性房地产核算方法

投资性房地产是指为赚取租金或资本增值,或两者兼有而持有的房地产。本公司投资性房地产包括已出租的土地使用权和已出租的建筑物。

6.2.7.1 投资性房地产的确认

投资性房地产同时满足下列条件,才能确认:

(1)与投资性房地产有关的经济利益很可能流入企业。

(2)该投资性房地产的成本能够可靠计量。

6.2.7.2 投资性房地产初始计量

(1)外购投资性房地产的成本,包括购买价款、相关税费和可直接归属于该资产的其他支出。

(2)自行建造投资性房地产的成本,由建造该项资产达到预定可使用状态前所发生的必要支出构成。

(3)以其他方式取得的投资性房地产的成本,按照相关会计准则的规定确定。

(4)与投资性房地产有关的后续支出,满足投资性房地产确认条件的,计入投资性房地产成本;不满足确认条件的在发生时计入当期损益。

6.2.7.3 投资性房地产的后续计量

本公司在资产负债表日采用成本模式对投资性房地产进行后续计量。根据《企业会计准则第4号——固定资产》《企业会计准则第6号——无形资产》的有关规定,对投资性房地产在预计可使用年限内按年限平均法摊销或计提折旧。

6.2.7.4 投资性房地产的转换

本公司有确凿证据表明房地产用途发生改变,将投资性房地产转换为其他资产,或将其他资产转换为投资性房地产,将房地产转换前的账面价值作为转换后的入账价值。

6.2.7.5 投资性房地产减值准备

采用成本模式进行后续计量的投资性房地产,其减值准备的确认标准和计提方法参照固定资产和无形资产。

6.2.8 固定资产计价和折旧方法

6.2.8.1 固定资产的计价

固定资产按其成本作为入账价值,其中,外购的固定资产的成本包括购买价款、相关税费、使固定资产达到预定可使用状态前所发生的可直接归属于该资产的其他支出;投资者投入的固定资产的成本按照投资合同或协议约定的价值确定。

6.2.8.2 固定资产的分类

公司固定资产分为房屋及建筑物、运输工具、电子设备、其他设备等。

6.2.8.3 固定资产折旧方法

公司固定资产折旧采用年限平均法计提折旧。按固定资产的类别、使用寿命和预计净残值率确定的年折旧率如下:

固定资产类别	预计使用年限(年)	预计净残值率(%)	年折旧率(%)
房屋、建筑物	30~40	5	2.37~3.17
电子设备	3	5	31.67
运输工具	4	5	23.75
其他	5	5	19.00

6.2.9 无形资产计价及摊销政策

6.2.9.1 无形资产的计价方法

无形资产在取得时,按实际成本计量。购入的无形资产,按实际支付的价款作为实际成本;投资者投入的无形资产,按投资各方确认的价值作为实际成本;自行开发的无形资产,其成本包括自满足无形资产确认规定后至达到预定用途前所发生的支出总额,以前期间已经费用化的支出不再调整。

6.2.9.2 无形资产摊销方法

无形资产采用直线法摊销。无形资产的应摊销金额为其成本扣除预计残值后的金额。已计提减值准备的无形资产,还应扣除已计提的无形资产减值准备累计金额。无形资产的摊销金额计入当期损益。使用寿命不确定的无形资产不摊销,期末进行减值测试。

6.2.9.3 无形资产减值准备的计提方法

公司一般以单项无形资产为基础估计其可收回金额,可收回金额根据无形资产的公允价值减去处置费用后的净额与无形资产预计未来现金流量的现值两者之间较高者确定。可收回金额的计量结果表明无形资产的可收回金额低于其账面价值的,将其账面价值减记至可收回金额,减记的金额确认为资产减值损失,计入当期损益,同时计提相应的无形资产减值准备。难以对单项无形资产的可收回金额进行估计的,以该无形资产所属的资产组为基础确定资产组的可收回金额,并按照《企业会计准则第8号——资产减值》有关规定计提无形资产减值准备。减值损失一经确认,在以后会计期间不能转回。

6.2.10 长期应收款的核算方法

新准则设置了"长期应收款""未实现融资收益"科目。采用递延方式分期收款销售商品或提供劳务等经营活动产生的长期应收款、实质上具有融资性质的经营活动,满足收入确认条件的,按应收的合同或协议价款,借记本科目,按应收合同或协议价款的公允价值(折现值),贷记"手续费及佣金收入"等科目,按其差额,贷记"未实现融资收益"科目。涉及增值税的,进行相应处理。

6.2.11 长期待摊费用的摊销政策

长期待摊费用是指已经发生但不能全部计入当年损益,应当在以后年度内分期摊销的各项费用,如开办费、经营租赁方式租入的固定资产发生的改良支出、已提足折旧固定资产改良支出及摊销期限在1年以上的其他待摊费用。

长期待摊费用单独核算,在费用项目的受益期限内分期平均摊销。租入固定资产改良支出应当在租赁期限与租赁资产尚可使用年限两者孰短的期限内平均摊销;其他长期待摊费用应当在受益期内平均摊销。如果长期待摊的费用项目不能使以后会计期间受益的,应当将尚未摊销的该项目的摊余价值全部转入当期损益。其在资产负债表中的数额反映的是企业各项尚未摊销完毕的长期待摊费用的摊余价值。

6.2.12 公司编制个别会计报表,是否存在应纳入合并范围的子公司

无。

6.2.13 收入确认原则和方法

6.2.13.1 金融企业往来收入

按让渡资金使用权的时间和适用利率计算确定。

6.2.13.2 证券销售差价收入

在与证券交易清算时按成交价扣除买入成本、相关税费后的净额确认。

6.2.13.3 手续费收入

在向客户提供相关服务时确认收入。

6.2.13.4 贷款利息收入

按期计提利息并确认收入。

6.2.14 所得税的会计处理方法

公司所得税的会计核算采用资产负债表债务法。公司在取得资产、负债时，确定其计税基础。资产、负债的账面价值与其计税基础存在的暂时性差异，按照《企业会计准则第18号——所得税》的有关规定，确认所产生的递延所得税资产或递延所得税负债。

公司所得税分季预缴，由主管税务机关具体核定。在年终汇算清缴时，少缴的所得税税额，在下一年度内缴纳；多缴纳的所得税税额，在下一年度内抵缴。

公司所得税采取独立纳税方式缴纳。

6.2.15 信托报酬确认原则和方法

信托业务手续费收入依照信托合同中关于信托报酬的约定确认收入。

6.3 报告期内公司对外担保及其他或有事项

无。

6.4 重要资产转让及其出售的说明

报告期内公司无重大资产转让及出售事项。

6.5 会计报表中重要项目的明细资料

6.5.1 自营资产经营情况

6.5.1.1 信用风险五级分类结果

信用风险资产五级分类	正常类（万元）	关注类（万元）	次级类（万元）	可疑类（万元）	损失类（万元）	信用风险资产合计（万元）	不良资产合计（万元）	不良资产率（%）
期初数	76 950.22	6 876.00	—	—	—	83 826.22	—	0.00
期末数	168 210.71	—	9 758.73	—	—	177 969.44	9 758.73	5.48

注：不良资产合计＝次级类＋可疑类＋损失类。

6.5.1.2 各项资产减值损失准备情况

单位：万元

	期初数	本期计提	本期转回	本期核销	期末数
贷款损失准备	—	—	—	—	—
一般准备	—	—	—	—	—
专项准备	—	—	—	—	—
其他资产减值准备	66 848.31	57 172.21	29 141.37	—	94 879.15
可供出售金融资产减值准备	5 963.02	—	—	—	5 963.02
持有至到期投资减值准备	—	—	—	—	—
长期股权投资减值准备	341.77	—	—	—	341.77
坏账准备	27 713.16	18 475.39	—	—	46 188.55
其他减值准备	32 830.36	38 696.82	29 141.37		42 385.81
投资性房地产减值准备	—	—	—	—	—

6.5.1.3 按照投资品种分类的自有资金投资情况

单位：万元

	自营股票	基金	债券	长期股权投资	其他投资	合计
期初数	57.72	241 724.74	—	—	390 439.65	632 222.11
期末数	27 770.14	53 245.06	129 674.68	20 000.00	710 434.20	941 124.08

6.5.1.4 按投资入股金额排序，前五名的自营长期股权投资的企业名称、占被投资企业权益的比例、主要经营活动及投资收益情况等（从大到小顺序排列）

企业名称	占被投资企业权益比例（%）	主要经营活动	投资收益（万元）
1. 华融发展投资有限责任公司	100.00	投资兴办实业、股权投资、投资咨询、投资顾问	无收益
2. 新疆金新信托投资股份有限公司	0.90	信托投资业务（已停业）	无收益

6.5.1.5 前五名的自营贷款的企业名称、占贷款总额的比例和还款情况等（从贷款金额大到小顺序排列）

截至2016年12月31日，无自营贷款。

6.5.1.6 表外业务的期初数、期末数；按照代理业务、担保业务和其他类型表外业务分别披露

单位：万元

表外业务	期初数	期末数
担保业务	—	—
代理业务（委托业务）	—	—
其他	—	—
合计	—	—

6.5.1.7 公司当年的收入结构

收入结构	金额（万元）	占比（%）
手续费及佣金收入	158 242.08	80.51
其中：信托手续费收入	158 242.08	80.51
投资银行业务收入		0.00
利息收入	719.08	0.37
其他业务收入	257.11	0.13

续表

收入结构	金额(万元)	占比(%)
其中:计入信托业务收入部分		0.00
投资收益	37 635.03	19.16
其中:股权投资收益	—	0.00
证券投资收益	11 451.16	5.83
其他投资收益	26 183.87	13.32
公允价值变动收益	-326.80	-0.17
营业外收入	—	0.00
收入合计	196 526.50	100.00

报告期公司实现的信托业务收入全部是以手续费及佣金确认的信托业务收入。

6.5.2 披露信托财产管理情况

6.5.2.1 信托资产的期初数、期末数

单位:万元

信托资产	期初数	期末数
集合	11 842 737.02	15 633 515.97
单一	8 064 603.20	6 283 747.33
财产权	1 337 505.25	2 342 002.30
合计	21 244 845.47	24 259 265.60

6.5.2.1.1 主动管理型信托业务的信托资产期初数、期末数,分证券投资类、股权投资类、融资类、事务管理类分别披露

单位:万元

主动管理型信托资产	期初数	期末数
证券投资类	309 751.10	117 983.27
股权投资类	361 240.00	618 820.00
融资类	9 628 403.63	11 856 310.52
事务管理类	—	—
合计	10 299 394.73	12 593 113.79

6.5.2.1.2 被动管理型信托业务的信托资产期初数、期末数,分证券投资类、股权投资类、融资类、事务管理类分别披露

单位:万元

被动管理型信托资产	期初数	期末数
证券投资类	2 848 601.01	2 057 790.38
股权投资类	205 855.10	337 445.27
融资类	5 398 980.71	4 764 759.89
事务管理类	2 492 013.92	4 506 156.27
合计	10 945 450.74	11 666 151.81

6.5.2.2 本年度已清算结束的信托项目个数、实收信托合计金额、加权平均实际年化收益率

2016 年 1 月至 12 月累计到期清算结束信托项目 157 个,均按期向受益人进行了信托利益兑付,累计分配信托本金 6 243 866.66万元(含跨年分配本金),累计分配信托收益 817 833.93万元,加权平均实际年化收益率为 9.67%,无违约情况发生。

6.5.2.2.1 本年度已清算结束的集合类、单一类资金信托项目个数、实收信托合计金额、加权平均实际年化收益率

已清算结束信托项目	项目个数(个)	实收信托合计金额(万元)	加权平均实际年化收益率(%)
集合类	85	2 943 379.40	12.68
单一类	66	3 108 006.00	6.89
财产权	6	192 481.26	8.48

注:1. 收益率是指信托项目清算后,给受益人赚取的实际收益水平。

2. 加权平均实际年化收益率 =(信托项目 1 的实际年化收益率 × 信托项目 1 的实收信托 + 信托项目 2 的实际年化收益率 × 信托项目 2 的实收信托 +… + 信托项目 n 的实际年化收益率 × 信托项目 n 的实收信托)/(信托项目 1 的实收信托 + 信托项目 2 的实收信托 +… + 信托项目 n 的实收信托) ×100%。

6.5.2.2.2 本年度已清算结束的主动管理型信托项目个数、实收信托合计金额、加权平均实际年化收益率,分证券投资、投资、融资类分别计算并披露

已清算结束信托项目	项目个数(个)	实收信托合计金额(万元)	加权平均实际年化信托报酬率(%)	加权平均实际年化收益率(%)
融资类	73	3 056 559.69	1.85	8.59
投资类	0	0.00	0.00	0.00
证券投资类	7	623 023.84	0.21	25.03
事务管理类	0	0.00	0.00	0.00

注:加权平均实际年化信托报酬率 =(信托项目 1 的实际年化信托报酬率 × 信托项目 1 的实收信托 + 信托项目 2 的实际年化信托报酬率 × 信托项目 2 的实收信托 +… + 信托项目 n 的实际年化信托报酬率 × 信托项目 n 的实收信托)/(信托项目 1 的实收信托 + 信托项目 2 的实收信托 +… + 信托项目 n 的实收信托) ×100%。

6.5.2.2.3 本年度已清算结束的被动管理型信托项目个数、实收信托合计金额、加权平均实际年化收益率,分证券投资、投资、融资类、事务管理类分别计算并披露

已清算结束信托项目	项目个数(个)	实收信托合计金额(万元)	加权平均实际年化信托报酬率(%)	加权平均实际年化收益率(%)
融资类	23	971 060.00	0.28	8.60
投资类	2	79 781.25	0.13	8.43
证券投资类	24	690 916.88	0.17	12.21
事务管理类	28	822 525.00	0.21	1.86

6.5.2.3 本年度新增的集合类、单一类、财产管理类信托项目个数、实收信托合计金额

新增信托项目	项目个数(个)	实收信托合计金额(万元)
集合类	135	10 179 801.40
单一类	60	8 958 510.82
财产管理类	13	1 911 551.60
新增合计	208	21 049 863.82
其中:主动管理型	120	9 505 007.29
被动管理型	88	11 544 856.53

注:本年新增信托项目指在本报告年度内累计新增的信托项目个数和金额。包含本年度新增并于本年度内结束的项目和本年度新增至报告期末仍在持续管理的信托项目。

6.5.2.4 报告期内本公司严格履行受托人义务,因本公司自身责任而导致的信托资产损失情况

无。

6.5.2.5 信托赔偿准备金的提取、使用和管理情况

报告期公司提取信托赔偿准备金 4 646.25 万元，期末余额 32 737.49 万元。报告期内正常管理信托赔偿准备金，未使用该准备金。

6.6 关联方关系及其交易的披露

6.6.1 关联交易整体情况

	关联交易方数量	关联交易金额(万元)	定价政策
合计	7	2 106 590.05	市场交易价格

6.6.2 主要关联交易方的情况及与本公司的关系

关系性质	关联方名称	法定代表人	注册地址	注册资本（万元）	主营业务
母公司	中国华融资产管理股份有限公司	赖小民	北京市金融街8号	3 907 020.85	资产管理
与本公司同受一母公司控制	重庆华融两江置业有限责任公司	宋进义	重庆市渝北区龙山街道新南路439号2栋40-3#	2 000.00	房地产开发、物业管理、酒店管理
与本公司同受一母公司控制	华融致远投资管理有限责任公司	赖瑞华	北京市金融街8号	39 100.00	投资和资产管理、物业管理
与本公司同受一母公司控制	中国华融资产管理股份有限公司湖南省分公司	裴云华	长沙市开福区五一大道976号	—	资产管理
与本公司同受一母公司控制	华融渝富股权投资基金管理有限公司	白国红	重庆市渝北区洪湖西路18号19幢	39 900.00	股权投资、股权投资管理、投资咨询服务
与本公司同受一母公司控制	华融置业有限责任公司	梁志军	珠海市横琴天河街30号	85 000.00	房地产开发、投资
与本公司同受一母公司控制	华融西部开发投资股份有限公司	刘延风	银川市金凤区万寿路142号CBD金融中心16层、15层南	40 000.00	股权投资、债券投资、资产管理、投资咨询、财务顾问服务

6.6.3 逐笔披露本公司与关联方的重大交易事项

6.6.3.1 固有与关联方交易情况：贷款、投资、租赁、应收账款担保、其他方式等期初汇总数、本期借方和贷方发生额汇总数、期末汇总数

单位：万元

固有与关联方关联交易				
	期初数	借方发生额	贷方发生额	期末数
贷款	—	—	—	—
投资	—	—	—	—
租赁	8.55	46.62	8.55	46.62
担保	—	—	—	—
应收账款	—	—	—	—
其他	21.01	706.88	30 656.91	29 971.04
合计	29.56	753.50	30 665.46	30 017.66

6.6.3.2 信托与关联方交易情况：贷款、投资、租赁、应收账款、担保、其他方式等期初汇总数、本期借方和贷方发生额汇总数、期末汇总数

单位：万元

信托与关联方关联交易				
	期初数	借方发生额	贷方发生额	期末数
贷款	1 728 128.49	149 750.00	31 056.60	1 846 821.89
投资	750.00		750.00	0.00
租赁				0.00
担保				0.00
应收账款				0.00
其他	463 230.50	14 000.00	247 480.00	229 750.50
合计	2 192 108.99	163 750.00	279 286.60	2 076 572.39

6.6.3.3 信托公司自有资金运用于自己管理的信托项目（固信交易）、信托公司管理的信托项目之间的相互（信信交易）交易金额，包括余额和本报告年度的发生额

6.6.3.3.1 固有与信托财产之间的交易金额期初汇总数、本期发生额汇总数、期末汇总数

单位：万元

固有财产与信托财产相互交易			
	期初数	本期发生额	期末数
合计	408 270.00	108 900.00	517 170.00

注：以固有资金投资公司自己管理的信托项目受益权，或购买自己管理的信托项目的信托资产均应纳入统计披露范围。

6.6.3.3.2 信托项目之间的交易金额期初汇总数、本期发生额汇总数、期末汇总数

单位：万元

信托资产与信托财产相互交易			
	期初数	本期发生额	期末数
合计	—	—	—

注：以公司受托管理的一个信托项目的资金购买自己管理的另一个信托项目的受益权或信托项下资产均应纳入统计披露范围。

6.6.4 报告期内关联方逾期未偿还本公司资金情况以及本公司为关联方担保发生或即将发生垫款情况

无。

6.7 会计制度的披露

公司执行中华人民共和国财政部（以下简称财政部）于 2006 年 2 月颁布的《企业会计准则——基本准则》和 38 项具体会计准则、其后颁布的应用指南、解释以及其他相关规定，以及财政部于 2005 年 1 月颁布的《信托业务会计核算办法》。

7. 财务情况说明书

7.1 利润实现和分配情况

公司利润实现和分配情况

2016 年公司实现利润总额为 117 136.60 万元，当年所得

税费用为 24 211.51 万元,实现净利润 92 925.09 万元。本年提取信托赔偿准备金 4 646.25 万元,提取法定盈余公积金 9 292.51万元,本年向股东分配以前年度利润 25 836.77 万元。

7.2 主要财务指标

指标名称	本公司指标值
资本利润率(%)	15.60
加权年化信托报酬率(%)	—
人均净利润(万元)	295.94

注:1. 资本利润率 = 净利润/所有者权益平均余额 ×100%。

2. 加权年化信托报酬率 =(信托项目 1 的实际年化信托报酬率 × 信托项目 1 的实收信托 + 信托项目 2 的实际年化信托报酬率 × 信托项目 2 的实收信托 +… + 信托项目 n 的实际年化信托报酬率 × 信托项目 n 的实收信托)/(信托项目 1 的实收信托 + 信托项目 2 的实收信托 +… + 信托项目 n 的实收信托)×100%。

3. 人均净利润 = 净利润/年平均人数。

4. 平均值采取年初、年末余额简单平均法,公式为:a(平均)=(年初数 + 年末数)/2。

7.3 对本公司财务状况、经营成果有重大影响的其他事项

本报告期内未发生对本公司财务状况、经营成果有重大影响的其他事项。

8. 特别事项揭示

8.1 董事、监事及高级管理人员变动情况及原因

报告期内,因工作需要,经公司 2015 年度股东大会审议通过,同意推选周利国、黄亚钧为公司独立董事;经 2016 年第一次临时股东会审议通过,同意罗群芳、安秀梅辞去公司独立董事职务及推选刘纪鹏为公司独立董事;经 2016 年第二次临时股东会审议通过,同意推选刘绍华为公司监事会监事;经 2016 年第三次临时股东会审议通过,同意免去杨宝春董事职务;经 2016 年第七次临时股东会审议通过,同意推选沈易明为公司董事会董事;经 2016 年第八次临时股东会审议通过,同意推选金文秀为公司董事会董事;经公司第二届董事会第三次会议审议通过,同意对公司董事会专业委员会成员进行调整;经 2016 年第八次临时董事会审议通过,同意免去马肯・穆哈买提都拉副董事长职务;经 2016 年第十一次临时董事会审议通过,同意聘任彭鹏为公司董事会秘书;经 2016 年第二十六次临时董事会审议通过,同意免去杨宝春副董事长职务,同意聘任沈易明、朱大鹏为公司副总经理;经 2016 年第三十三次临时董事会审议通过,同意聘任李厚敢为公司总经理助理;经 2016 年第五十五次临时董事会审议通过,同意推选王晓春为公司专职风险总监;经 2016 年第六十六次临时董事会审议通过,同意聘任李敬风为公司总经理助理;经 2016 年第七十六次临时董事会审议通过,同意任沈易明为公司总经理及免去邹俊副董事长、总经理职务,同意聘任杨凡为公司总经理助理;经 2016 年第八十二次临时董事会审议通过,同意对公司董事会专业委员会成员进行调整;经公司第二届第四次职工代表大会审议通过,同意选举王鹰为公司职工董事,同时免去邹俊职工董事职务。刘纪鹏、黄亚钧独立董事任职资格尚待中国银监会新疆监管局审核通过。

8.2 报告期内,公司变更注册资本、变更注册地或公司名称及分立合并事项

经华融信托股东会决议,并经中国银监会新疆监管局《关于华融国际信托有限责任公司变更注册资本及调整股权结构的批复》(新银监复[2016]115 号)的批准,本公司于 2016 年 9 月 28 日收到中国华融资产管理股份有限公司缴纳的新增注册资本 38 610 万元,本公司注册资本由 198 288.63 万元增至 236 898.67 万元。同年,公司章程相关条款作相应修改,并于 2016 年 11 月 11 日完成工商变更登记手续。本次增资后,本公司股权结构变更为:中国华融资产管理股份有限公司出资 233 102.71 万元,占比 98.40%;新疆凯迪投资有限责任公司出资 2 245 万元,占比 0.95%;新疆恒合投资股份有限公司出资 1 550.96 万元,占比 0.65%。

经华融信托股东会决议,于 2016 年成立全资子公司华融发展投资有限责任公司(简称华融发展),注册资本为 2 亿元,注册地为深圳市前海深港合作区,法定代表人为沈易明。

8.3 报告期内公司重大诉讼事项

无。

8.4 报告期内会计师事务所出具有保留意见、否定意见或无法表示意见的审计报告

无。

8.5 报告期内公司及其董事、监事和高级管理人员受到处罚的情况

无。

8.6 银监会及其派出机构对公司检查意见

2016 年,针对新疆银监局检查提出的监管意见,结合公司既有的经营水平、业务开展、业绩目标、内外部监管与约束等实际情况,主要采取了以下执行落实措施:一是完善内控体系,提高员工的内控意识,建立风险防范长效机制;二是细化业务准入指引,严把项目准入关,从源头控制项目风险;三是开展风险大排查,深刻挖掘项目风险隐患;四是继续完善信息系统建设,加强数据报送工作,提高数据报送质量;五是进一步加强与监管部门的沟通,深入了解最新监管要求和政策动向,尊重监管、服从监管;六是加强项目后期管理,提高项目风险监测水平;七是加强培训,增强全体员工合规意识,营造学法守法用法的良好氛围;八是做好风险项目的处置工作,有效化解公司存量风险。

8.7 报告期内重大事项临时报告

无。

9. 公司监事会意见

监事会认为,报告期内,公司认真贯彻国家法律、法规和

《公司章程》、制度的要求，依法合规促发展，不断完善内控制度，持续强化风险管控。公司董事会能够严格按照《公司法》《公司章程》等有关法律、章程规范运作，依法合规组织召开股东会、董事会和各专业委员会会议，决策程序规范，领导决策能力不断提高。董事会能够认真贯彻各股东单位的意志，按照年初制订的计划有效地开展各项工作，公司治理架构进一步完善，内部管理进一步强化，工作目标明确，工作措施得力，完成了各项工作任务。公司经营层加大新项目营销、资金营销力度，资产管理规模再创新高，信托业务结构进一步优化，业务创新有所突破，完成了全年经营目标。

华润深国投信托有限公司

1. 重要提示

1.1 本公司董事会及董事保证本报告所载资料不存在任何虚假记载、误导性陈述或者重大遗漏，并对其内容的真实性、准确性和完整性承担个别及连带责任。

1.2 公司独立董事杨鶤保证本报告内容真实、准确、完整。

1.3 天职国际会计师事务所（特殊普通合伙）对本公司年度财务报告进行审计，出具了标准无保留意见的审计报告。

1.4 公司董事长孟扬、总经理刘小腊、财务总监卢伦声明：保证本年度报告中财务报告真实、完整。

2. 公司概况

2.1 公司简介

公司于1982年8月24日成立，原名为深圳市信托投资公司，注册资本人民币5 813万元。1984年经中国人民银行批准更名为深圳国际信托投资总公司，注册资本1亿元，正式成为非银行金融机构，并同时取得经营外汇金融业务的资格。1991年经中国人民银行批准更名为深圳国际信托投资公司，注册资本2.8亿元，其中外汇资本金1 200万美元。2002年2月经中国人民银行批准重新登记，领取了《信托机构法人许可证》，注册资本20亿元，其中外汇资本金5 000万美元。公司同时更名为深圳国际信托投资有限责任公司。2005年3月14日，深圳市人民政府国有资产管理委员会变更登记为公司的控股股东。2006年10月17日，华润股份有限公司与深圳市国资委等签订了股权转让及增资协议，股权变更登记后，华润股份有限公司持有公司51%的股权，深圳市人民政府国有资产监督管理委员会持有公司49%的股权，公司注册资本增至26.3亿元。2008年10月，经中国银行业监督管理委员会批准，公司变更名称及业务范围，换领新的金融许可证，公司更名为华润深国投信托有限公司（以下简称华润信托）。2016年6月，经中国银行业监督管理委员会深圳监管局核准，公司以资本公积、盈余公积、未分配利润转增33.70亿元注册资本，增资后公司实收资本由26.30亿元增至60亿元，股东出资比例不变。

公司的法定中文名称	华润深国投信托有限公司（缩写：华润信托）
公司的法定英文名称	China Resources SZITIC Trust Co., Ltd.（缩写：CR Trust）
法定代表人	孟扬
注册地址	深圳市福田区中心四路1-1号嘉里建设广场第三座第10~12层
邮政编码	518048
公司国际互联网网址	http://www.crctrust.com
电子信箱	crctrust@crctrust.com
信息披露事务负责人	李巍巍
信息披露事务联系人	贾国福
联系电话	0755-33031626
传真	0755-33380599
电子信箱	jiagf@crctrust.com
年度报告备置地点	深圳市福田区中心四路1-1号嘉里建设广场第三座第10层
信息披露报纸名称	《证券时报》《中国证券报》《上海证券报》
聘请的会计师事务所	天职国际会计师事务所（特殊普通合伙）
地址	北京市海淀区车公庄西路19号68号楼A-1和A-5区域
聘请的律师事务所	广东经天律师事务所
地址	深圳市滨河大道5022号联合广场A座25层

2.2 组织结构

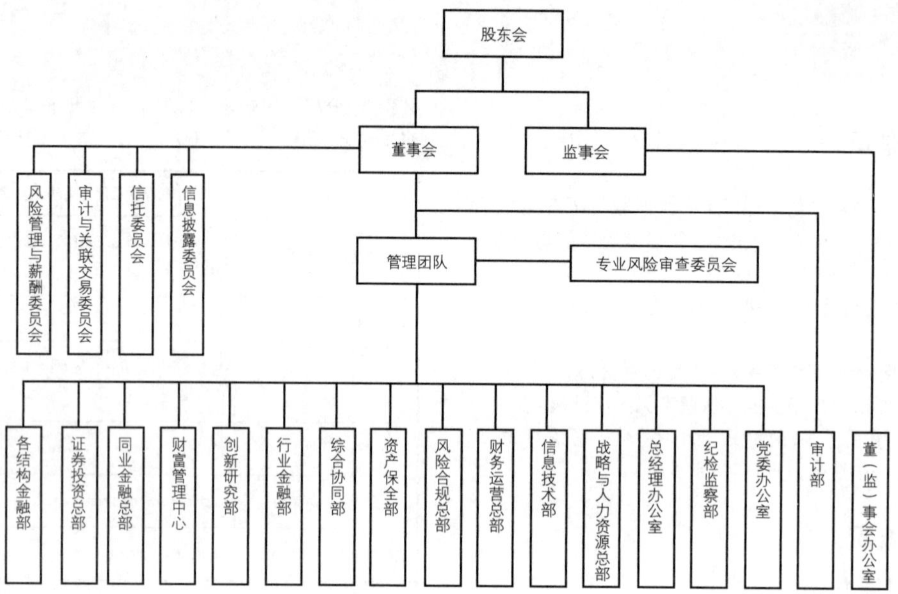

3. 公司治理结构

3.1 股东

报告期末，股东总数为 2 家。

股东

股东名称	持股比例（%）	法人代表	注册资本（万元）	注册地址	主要经营业务
★华润股份有限公司	51	傅育宁	1 646 706.35	深圳市南山区滨海大道 3001 号深圳湾体育中心体育场三楼	对金融、保险、能源、交通、电力、通讯、仓储运输、食品饮料生产企业的投资；对商业零售企业（含连锁超市）、民用建筑工程施工的投资与管理；石油化工、轻纺织品、建筑材料产品的生产；电子及机电产品的加工、生产、销售；物业管理；民用建筑工程的外装修及室内装修，技术交流
深圳市人民政府国有资产监督管理委员会	49	彭海斌		深圳市福田区深南大道 4009 号投资大厦 17 楼	代表国家履行出资人职责，依法对企业国有资产进行监管

注：★表示实际控制人。

3.2 董事、董事会及其下属委员会

董事会成员

姓　名	职　务	性别	年龄	选任日期	所代表的股东名称	股东持股比例（%）	简要履历
孟扬	董事长	女	53	2013 年 2 月	华润股份有限公司	51	曾任北京大学教师，公司租赁部副经理、资产管理部经理、总经理助理兼资产管理部经理、总经理助理兼信托业务部经理、公司副总经理、公司总经理；现任华润深国投信托有限公司党委书记、董事长。
刘晓勇	董事	男	53	2016 年 6 月	华润股份有限公司	51	曾任解放军总参三部副连职助理研究员，人民银行总行银行监管二司及管理司副处长，银监会法规部处长、副主任，山西银监局党委书记、局长；现任华润金融控股有限公司总经理。
桂自强	董事	男	51	2016 年 6 月	深圳市人民政府国有资产监督管理委员会	49	曾任深圳市投资管理公司企业管理部工程师、业务经理、信息中心副主任、主任、计划财务部副部长，深圳市国资委统计评价处副处长、业绩考核处调研员、统计预算处调研员、企业一处调研员、处长，深圳市国有资产监督管理局企业一处处长，深圳市人民政府国有资产监督管理委员会企业一处处长；现任深圳市特发集团有限公司副总经理。

续表

姓 名	职 务	性别	年龄	选任日期	所代表的股东名称	股东持股比例(%)	简要履历
杨 鹇	独立董事	女	61	2016年6月			先后在中国银行国际金融研究所、香港中银集团经济研究部从事研究工作,曾任招商银行证券部总经理,深圳中大投资管理公司常务副总经理、总经理,长盛基金管理公司副总经理,中信基金管理有限公司总经理,博时基金管理有限公司董事长,招商证券股份有限公司董事、总裁,招行局金融集团有限公司高级顾问;现任华润深国投信托有限公司独立董事。
陈 荣	董事	男	44	2016年6月	华润股份有限公司	51	曾任沃尔玛中国投资有限公司助理财务总监,爱普生技术有限公司财务部门经理,华润万家税务高级经理,华润集团财务部税务高级经理、财务部税务总监、财务部副总监,华润万家副总经理兼首席财务官;现任华润集团财务部总监。
刘小腊	董事	男	45	2016年6月	华润股份有限公司	51	曾任招商银行计划资金部经理、资金交易部总经理助理、副总经理、金融市场部总经理、资产管理部总经理、同业金融总部常务副总经理,招商银行佛山分行党委书记,珠海华润银行常务副行长;现任华润深国投信托有限公司党委副书记、总经理。
洪 霄	董事	男	53	2016年6月	深圳市人民政府国有资产监督管理委员会	49	曾任浙江省经贸学院教师,浙江省工商银行信托投资股份有限公司信贷科长、柯桥证券部经理,天和证券经纪有限公司温岭证券营业部总经理、国信证券有限责任公司义乌稠州北路证券营业部总经理、浙南分公司总经理、国信证券股份有限公司总裁助理兼资产管理总部总经理;现任华润深国投信托有限公司副总经理。

董事会下属委员会

名称	职 责
风险管理与薪酬委员会	负责对高级管理层在合规、业务、市场、操作等方面的风险控制情况和薪酬方案的实施情况进行监督;对公司的风险状况进行定期评估并提出完善风险管理、内部控制和薪酬方案的意见;审议公司薪酬管理制度和政策。
审计与关联交易委员会	负责检查公司财务报告;监督公司内部审计制度及其实施,批准授权范围内的关联交易事项;评估公司内控制度健全性及关联交易情况;审核公司财务信息及其披露,检查、监督公司关联交易管理情况;批准公司内部审计部门负责人的任免;提出外部审计机构的聘请与更换建议。
信息披露委员会	负责公司年度报告的披露;公司重大事项临时报告的披露。
信托委员会	负责督促公司依法履行受托职责;检查公司信托业务情况,保证公司为受益人的最大利益服务;审批公司拟定的投资者权益保护方案并监督实施情况。

3.3 监事会

监事会成员

姓 名	职 务	性别	年龄	选任日期	所代表的股东名称	股东持股比例(%)	简要履历
施长跃	监事会主席	男	58	2013年3月	深圳市人民政府国有资产监督管理委员会	49	曾任北京中航技总公司业务经理,奥地利艾森贝克集团北京公司业务经理,美国凯迪克工业公司项目经理,深圳中航技总公司部门经理,香港深业集团发展公司副总经理,香港深业集团增捷公司总经理兼深业总助,深圳经济特区发展(集团)公司副总经理,深圳市特发集团有限公司副总经理、党委副书记、总经理;现任华润深国投信托有限公司监事会主席。
陈向军	监事	男	45	2016年4月	华润股份有限公司	51	曾任中国华润总公司人事部劳资科科员、副经理、经理,五丰行有限公司投资部主任、副经理、高级经理、助总兼五丰食品(深圳)有限公司常务副总、总经理,华润金融控股有限公司战略及业务发展部联席董事、风险管理及审计部联席董事、副总监;现任华润金融控股有限公司助理总经理。
杜新春	职工监事	男	55	2016年4月			曾任葛洲坝水电工程学院情报室主任,深圳国际信托投资有限公司投资部副科长,办公室经理助理、副主任、主任、总经理,信托业务部、信息技术部、投资部、研究发展部总经理,监事,华润深国投投资有限公司董事、副总经理,华润深国投信托有限公司投资管理部、结构业务综合部总经理;现任公司综合协同部总经理。

注:本公司监事会未设立下属委员会。

3.4 高级管理人员

高级管理人员

姓名	职务	性别	年龄	任职日期	金融从业年限(年)	学历	专业	简要履历
刘小腊	总经理	男	45	2016年6月	18	博士研究生	财政学	曾任招商银行计划资金部经理、资金交易部总经理助理、副总经理、金融市场部总经理、资产管理部总经理、同业金融总部常务副总经理,招商银行佛山分行党委书记,珠海华润银行常务副行长;现任华润深国投信托有限公司董事、党委副书记、总经理。

续表

姓名	职务	性别	年龄	任职日期	金融从业年限(年)	学历	专业	简要履历
洪　霄	副总经理	男	53	2016年6月	22	硕士研究生	工商管理	曾任浙江省经贸学院教师，浙江省工商银行信托投资股份有限公司信贷科长、柯桥证券部经理，天和证券经纪有限公司温岭证券营业部总经理，国信证券有限责任公司义乌稠州北路证券营业部总经理、浙南分公司总经理，国信证券股份有限公司总裁助理兼资产管理总部总经理；现任华润深国投信托有限公司董事、副总经理。
李巍巍	副总经理	男	49	2010年7月	18	博士研究生	系统工程	曾任广州浪奇实业股份有限公司董事会秘书处主管、主任，国信证券有限责任公司总裁室主任秘书、人力资源部副总经理、人力资源总监，华西证券有限责任公司人力资源总监、副总裁；现任华润深国投信托有限公司党委委员、副总经理、董事会秘书。
程　红	副总经理	女	50	2016年6月	24	硕士研究生	经济法	曾任深圳市医药生产供应公司业务员，深圳市人民保险公司办公室科员，深圳国际信托投资公司办公室科员、秘书档案科副科长、办公室主任助理、信托业务部经理助理兼信托管理科科长、信托业务部副总经理，深国投商业投资有限公司副总经理，深国投商用置业有限公司副总经理，深圳国际信托投资有限公司信托二部总经理，华润深国投信托有限公司信托业务本部总经理、结构融资部总经理；现任华润深国投信托有限公司副总经理。
卢　伦	财务总监	女	41	2016年6月	4	硕士研究生	金融数学	曾任华为技术有限公司人力资源部经理，晨星（深圳）资讯有限公司股票研究部上市公司财务分析师、行业分析员，华润（集团）有限公司财务部经理、高级经理，华润深国投信托有限公司财务运营部总经理、财务管理部总经理；现任华润深国投信托有限公司党委委员、财务总监。

3.5　公司员工

公司员工

项　目		2016年末		2015年末	
		人数（人）	比例（%）	人数（人）	比例（%）
年龄分布	20岁以下	0	0.00	0	0.00
	21～30岁	92	29.49	84	28.57
	31～40岁	160	51.28	152	51.70
	41岁以上	60	19.23	58	19.73
学历分布	博士	10	3.21	8	2.72
	硕士	190	60.90	167	56.80
	本科	103	33.01	107	36.39
	专科	8	2.56	9	3.06
	其他	1	0.32	3	1.02
岗位分布	董事、监事及高管人员	7	2.24	5	1.70
	自营业务人员	4	1.28	5	1.70
	信托业务人员	181	58.02	176	59.86
	其他人员	120	38.46	108	36.73

4. 经营管理

4.1　经营目标、经营方针、战略规划

4.1.1　经营目标

以客户为导向，通过持续创新，建立专业专长，为客户持续提供定制化、差异化的综合解决方案，成为领先的资产管理及服务公司。

4.1.2　经营方针

通道业务通过交易化、标准化、规模化向平台类业务发展；信托项目通过结构化、净值化、组合化向基金类业务发展。平台类业务通过高毛利与基金类业务互动，基金类业务通过低边际成本与平台类业务互动。

4.1.3　战略规划

面对混业经营加剧和制度红利消退的双重压力，华润信托充分研究和分析了外部环境及自身能力，于2016年初制定了“十三五”战略规划，明确发展方向，布局资产管理、信贷融资、受托服务等业务领域，使融资业务敏捷化、基金业务精品化、平台业务精益化。

为此，公司决定重点抓两种能力建设：一是提升核心能力，兼顾标准化和非标资产管理能力，提升资产管理能力；根据行业、潜在客户需求、项目成立关键因素的分析，明确客户，并采取针对性营销策略，提升市场营销能力；通过打造成本控制能力、迅速响应能力和大规模定制服务能力提升运营服务能力。二是夯实基础能力，动态研究和制定风险战略，优化风险决策机制和流程，提升风险管理水平和效率，支持业务发展，夯实风险管理能力；以信息体系重构为主线，实现华润信托集中管控和共享服务能力的提升，夯实系统建设能力；按照从严治党、从严治企、党管干部原则，加大以德为先的人才吸引力度，促进人员文化和经验融合，夯实团队建设能力。

4.2　经营业务的主要内容

公司主要经营业务为信托业务和固有业务。

4.2.1　信托业务

信托业务主要种类包括：（1）债权信托。根据合同设立的信托计划，把资金借给需求方使用，约定期限和收益，到期连本带息收回。（2）股权信托。股权信托就是指投资非上市的各类企业法人，不同于在二级市场上的股票交易。（3）标品信托。标准化产品的信托，投资标的是可分割、可变卖、可在公开市场流通的有价证券，可以是国债、期货、股票、金融衍生产品等。（4）同业信托。资金来源或运用于金融同业的信托产品。

(5)财产信托。公司接受委托人的委托,将其合法拥有并且交付给公司的财产权设立财产权信托,依据信托文件的约定忠实受托人职责,为受益人利益或特定目的,管理或处分该财产权财产信托的信托。(6)资产证券化。充分利用信托公司资源配置、破产隔离的制度优势,充当各类资产证券化项目的资产受托机构,搭建协同平台,探索国内资产证券化的新路径和模式,为各类优质资产提供流动性。(7)公益(慈善)信托。由委托人提供一定的财产设立,公司作为受托人管理信托财产,并将信托财产用于信托文件制定的公益目的。(8)事务信托。公司根据委托人的指令,对信托财产进行管理和处分。

4.2.2 固有业务

固有业务是指使用公司固有资金进行的投资活动,包括但不限于公司信托产品投资、股权类投资、其他金融产品投资等,以及在符合公司固有资金运用原则下开展授信类业务,包括但不限于同业拆放、贷款(含过桥贷款)、提供增信、担保等(除另有注明外,本报告中所有披露内容均为母公司口径)。

自营资产运用与分布表

资产运用	金额(万元)	占比(%)	资产分布	金额(万元)	占比(%)
货币资产	92 376.72	5.01	基础产业	—	—
贷款及应收款	195 121.46	10.57	房地产业	—	—
交易性金融资产	—	—	证券市场	105 224.83	5.70
可供出售金融资产	345 333.96	18.72	实业	—	—
持有至到期投资	—	—	金融机构	1 216 868.08	65.95
长期股权投资	1 116 494.34	60.50	其他	523 107.20	28.35
其他	95 873.63	5.20			
资产总计	1 845 200.11	100.00	资产总计	1 845 200.11	100.00

信托资产运用与分布表

资产运用	金额(万元)	占比(%)	资产分布	金额(万元)	占比(%)
货币资产	5 767 044.70	7.14	基础产业	986 491.56	1.22
贷款及应收款	9 587 501.17	11.86	房地产业	2 534 719.15	3.14
交易性金融资产	59 066 095.79	73.08	证券市场	61 374 038.94	75.94
买入返售金融资产	439 800.00	0.54	实业	6 841 071.92	8.46
可供出售金融资产	4 468 033.72	5.53	金融机构	5 846 793.33	7.23
持有至到期投资	—	—	其他	3 239 927.92	4.01
长期股权投资	1 494 567.44	1.85			
信托资产总计	80 823 042.82	100.00	信托资产总计	80 823 042.82	100.00

4.3 市场分析

4.3.1 影响业务发展的有利因素

截至2016年12月末,信托行业资产管理规模超20亿元,行业在金融体系中影响力日趋扩大,投资者对信托的了解更加深入。

随着国民财富规模迅速累积,投资者理财需求扩大,消费提升将在中长期利好私人银行和资产管理业务。

"新八条底线"和基金子公司净资本监管新规使得归口证监会监管的基金子公司和券商资管业务更加规范,部分业务逐步回流到信托体系。

信托资产统一登记平台设立,监管层八大业务分类有望实现信托业务的规范化、阳光化、体系化,利好行业长期发展。

4.3.2 影响业务发展的不利因素

房地产、矿产能源行业处于库存消化和产能调整阶段,以抑制房地产泡沫为主基调的市场调控政策不断加码,结构性调整考验信托公司的风险识别能力和风险应对能力,业务开展更加谨慎。

在追求均好性发展、内涵式发展、可持续发展的过程中,公司加大了创新转型的步伐,但创新业务尚不足以贡献超额利润,短期业绩任务压力在一定程度上制约了长期转型道路上的投入。

4.4 风险管理

4.4.1 风险管理概况

公司通过完善规章制度,建立职责分工合理的组织机构,设置专业的风险管理机构,将现代风险管理技术与传统风险管理方法相结合,对可能产生的风险及时作出反应,采取有效措施进行事前、事中、事后的有效控制与管理,并根据实际需要随时对风险管理体系进行调整。

公司风险管理组织架构按照功能的不同划分为决策层、执行层和监督层。通过分离决策层、执行层、监督层,各层级各自履行不同专业化的职能,起到相互独立、相互制衡的作用。

决策层由董事会、高级管理层构成。公司董事会下设负责风险管理的专门委员会,对高级管理层在业务、市场、操作等方面的风险控制情况进行监督,对公司的风险状况进行定期评估,就完善风险管理和内部控制提出意见。公司下设专业风险审查委员会,负责对业务项目可行性、后期管理和资产处置中的重大事项等提出风险评审意见,为公司决策提供参考。执行层由各业务部门、各风险管理部门和其他职能部门组成,负责执行决策层的决定,风险管理部门在公司层级化、专业化、多维度的风险管理组织架构下整体统筹公司的风险管理事务。监督层由董事会授权其下属的审计委员会和公司审计部门组成,负责制定对公司内部控制和风险管理的监督评价制度,并据此对公司的内部控制和各项业务的风险管理状况进行监督评价,向董事会报告。

4.4.2 风险状况

2016年,公司无新增风险项目,未受到监管处罚,多层次、多维度的风险管理体系构建成效显著。

4.4.2.1 信用风险状况

信用风险主要是指交易对手因履约意愿或履约能力发生变化的违约而导致的交易资产价值损失。

4.4.2.1.1 信托业务

公司认真履行受托人谨慎尽职义务,有效管理信托项目,并注意分散风险,信托业务资产规模结构合理,低风险业务占比过半。公司针对交易对手制定了严格的筛选标准,并履行严格的事前调查、事中审查和事后管理程序。

2016年,面对宏观经济增速放缓及行业风险积聚的经营环境,公司高度重视项目的全程跟踪管理工作。在项目审查阶段,通过完善复审制度、后移投后事项调结构,基于组织架构变化调流程，根据以项目分类为基础的风险审查分工调人员。在投贷后管理方面，坚持全面风险排查与重点项目监控相结合，就行业、区域、主体信用风险发送风险提示，持续加强预警管理。报告期内，公司无新增信用风险项目。

4.4.2.1.2　固有业务

公司不良信用风险资产年初余额 144 367.35 万元，年末余额 152 890.11 万元，已实际提取信用风险资产减值准备 180 740.43万元。

4.4.2.2　市场风险状况

市场风险是指公司因股价、市场汇率、利率及其他价格因素变动而产生的风险。公司原则上不开展自营股票投资业务、金融衍生品投资业务及外汇交易业务，固有资金主要用于投资中高流动性、低风险的金融产品（含信托产品），具有较高的安全性。

4.4.2.3　操作风险状况

操作风险是指由不完善或有问题的内部流程、员工、信息科技系统，以及外部事件所造成损失的风险。报告期内公司未发生上述操作风险。

4.4.3　风险管理

公司秉承受益人利益最大化的目标，建立了相互独立、相互制衡的内部控制体系和统一、规范、高效的内部流程，对经营活动实施全面、持续的风险监控，以专业手段有效管理各类风险。

4.4.3.1　信用风险管理

2016 年，公司从以下四个方面落实信用风险管理：一是及时、充分揭示项目风险，监督风险管控条件的落实，年内完善主复审制度，将复审职能独立化、专业化；根据业务类型设立风险审查人员专业分工、统一审查标准；建立预审会机制，邀请专业人士参加预审会，共同完善项目方案。二是加强项目投贷后管理动态监测与监督，保障重大风险的早发现、早处置、早处理，定期收集审核业务后期风险管理材料、实施项目非现场监控、定期总结分析共性问题、编写月度《风险管理报告》；按月评估公司存续项目风险，由项目评级委员会会议定期评估存续项目资产质量分类；开展压力测试，加强了对投贷后管理工作的针对性指导与常态化监督，促进投贷后管理的常规化、标准化与透明化。三是持续完善风险管理体系，推进风险管理信息化建设，将风险审查内容、流程、时间标准化，全年制定和修订风险管理、法律合规制度 14 项。四是坚决贯彻党风廉政建设要求，积极传导风险管理理念，通过专题培训、项目讨论、轮岗辅导、咨询答疑、日常工作交流等多方式、多维度引导全员风控。

4.4.3.2　市场风险管理

在市场风险管理方面，公司根据市场变化及时调整投资策略和投资组合，注重低风险多元化配置，并密切关注货币信贷政策、财政政策、行业政策等领域，严控因宏观经济、政策调整导致的风险爆发。此外，公司为规避证券市场、汇率波动带来的风险，原则上不开展自营股票业务、金融衍生品投资业务及外汇交易业务。

在证券投资信托业务方面，公司按照法律法规规定按期进行信息披露，向投资者充分揭示市场风险；指定专职人员负责逐日盯市，进行风险监控，严格执行信托文件约定的投资限制条件；每月发布《投研参考》《晨星中国・华润信托中国对冲基金指数（MCRI）月报》，识别系统性商机和业务机会，结合宏观经济政策情况、行业格局以及公司自身情况对行业面临的系统性风险进行分析和预警。

4.4.3.3　操作风险管理

在操作风险管理方面，公司设立了有效的内部控制制度，并辅以信息化建设手段，以不断提高操作风险防控能力。一方面，风险合规总部和交易室分别牵头对结构金融业务和证券业务进行操作风险的日常监控。董事会和审计部对上述体系的运行情况进行监督与检查；另一方面，公司持续优化和完善项目管理系统（PMS 系统），陆续上线了业务审批、合同审批、放款审批、风险预警等模块，今年新增后期管理和担保管理模块，提升风险管理各模块的上线效率与使用效果。同时，公司还不断完善和更新风险管理制度，并持续通过内部审计对制度执行效果进行监督检查。

5. 报告期末及上一年度末的比较式会计报表

5.1　自营资产

5.1.1　会计师事务所审计意见全文

审 计 报 告

天职业字［2017］10733 号

华润深国投信托有限公司：

我们审计了后附的华润深国投信托有限公司（以下简称华润信托）的财务报表，包括 2016 年 12 月 31 日的资产负债表及合并资产负债表，2016 年度的利润表及合并利润表、所有者权益变动表及合并所有者权益变动表和现金流量表及合并现金流量表以及财务报表附注。

一、管理层对财务报表的责任

编制和公允列报财务报表是华润信托管理层的责任，这种责任包括：（1）按照企业会计准则的规定编制财务报表，并使其实现公允反映；（2）设计、执行和维护必要的内部控制，以使财务报表不存在由于舞弊或错误导致的重大错报。

二、注册会计师的责任

我们的责任是在执行审计工作的基础上对财务报表发表审计意见。我们按照中国注册会计师审计准则的规定执行了审计工作。中国注册会计师审计准则要求我们遵守中国注册会计师职业道德守则，计划和执行审计工作以对财务报表是否不存在重大错报获取合理保证。

审计工作涉及实施审计程序，以获取有关财务报表金额和披露的审计证据。选择的审计程序取决于注册会计师的判断，包括对由于舞弊或错误导致的财务报表重大错报风险的评估。在进行风险评估时，注册会计师考虑与财务报表编制和公允列报相关的内部控制，以设计恰当的审计程序，但目的并非对内部控制的有效性发表意见。审计工作还包括评价管理层选用会计政策的恰当性和作出会计估计的合理性，以及评价财务报表的总体列报。

我们相信，我们获取的审计证据是充分、适当的，为发表审计意见提供了基础。

三、审计意见

我们认为,华润信托的财务报表在所有重大方面按照企业会计准则的规定编制,公允反映了华润信托 2016 年 12 月 31 日的财务状况及合并财务状况以及 2016 年度的经营成果和现金流量及合并经营成果和合并现金流量。

天职国际会计师事务所(特殊普通合伙)

中国注册会计师:黎　明

中国注册会计师:王冬林

中国·北京　　二〇一七年四月二十四日

5.1.2　资产负债表

资产负债表

编制单位:华润深国投信托有限公司　　2016 年 12 月 31 日　　单位:万元

项　目	合并		母公司	
	期末数	期初数	期末数	期初数
资产				
货币资金	96 070.77	89 148.45	92 376.72	76 992.00
交易性金融资产	5 624.17	4 445.04	—	—
买入返售金融资产	—	—	—	—
应收股利	—	—	—	—
应收利息	—	1.42	—	—
预付账款	1 213.01	987.76	951.00	868.20
应收账款	20 799.44	26 707.25	19 406.78	23 060.55
其他应收款	167 532.67	7 336.54	175 714.68	7 133.59
长期应收款	—	—	—	—
贷款及垫付款项	—	—	—	—
可供出售金融资产	417 132.67	576 430.81	345 333.96	519 282.09
持有至到期投资	—	—	—	—
长期股权投资	1 093 633.86	1 132 954.55	1 116 494.34	1 174 290.49
投资性房地产原值	4 437.50	6 364.20	4 437.50	6 364.20
减:投资性房地产累计折旧	1 989.43	2 154.99	1 989.43	2 154.99
投资性房地产净值	2 448.07	4 209.21	2 448.07	4 209.21
减:投资性房地产减值准备	409.89	1 198.77	409.89	1 198.77
投资性房地产净额	2 038.18	3 010.44	2 038.18	3 010.44
固定资产原价	22 985.81	23 050.98	21 792.69	21 912.83
减:累计折旧	12 734.80	11 940.94	11 955.46	11 385.31
固定资产净值	10 251.01	11 110.04	9 837.23	10 527.52
减:固定资产减值准备	1 099.12	1 099.12	1 099.12	1 099.12
固定资产净额	9 151.89	10 010.92	8 738.11	9 428.40
在建工程	—	—	—	—
无形资产	2 681.01	1 593.38	2 201.79	1 067.06
递延所得税资产	81 422.45	73 718.58	81 335.63	73 681.66
长期待摊费用	706.00	1 912.17	608.92	1 642.27
资产总计	1 898 006.12	1 928 257.31	1 845 200.11	1 890 456.75

资产负债表(续)

编制单位:华润深国投信托有限公司　　2016 年 12 月 31 日　　单位:万元

项　目	合并		母公司	
	期末数	期初数	期末数	期初数
负债				
同业存放款项	—	—	—	—
拆入资金	—	—	—	—
以公允价值计量且其变动计入当期损益的金融负债	—	—	—	—
卖出回购金融资产款	—	—	—	—
短期借款	—	—	—	—
预收账款	11 103.31	1 101.99	10 937.95	1 101.99
应付职工薪酬	31 927.28	32 911.20	30 751.42	32 055.99
应交税费	18 909.54	9 710.17	14 730.19	4 478.50
应付利息	—	—	—	—
应付股利	—	—	—	—
其他应付款	4 164.12	5 313.33	2 836.02	3 834.48
预计负债	139 281.45	151 633.33	139 281.45	151 633.33
长期借款	—	—	—	—
长期应付款	—	—	—	—
长期应付职工薪酬	—	—	—	—
递延所得税负债	2 317.18	13 815.38	2 317.18	13 815.38
递延收益	—	—	—	—
其他负债	—	—	—	—
负债合计	207 702.88	214 485.40	200 854.21	206 919.67
所有者权益				
实收资本	600 000.00	263 000.00	600 000.00	263 000.00
资本公积	85 632.39	104 632.39	85 632.39	104 632.39
其他综合收益	4 521.16	63 515.92	4 588.34	63 515.92
盈余公积	82 672.79	132 630.98	82 672.79	132 630.98
信托赔偿准备金	61 061.39	52 600.00	61 061.39	52 600.00
一般风险准备金	27 394.21	26 801.03	27 394.21	26 801.03
未分配利润	822 754.45	1 054 665.54	782 996.78	1 040 356.76
归属于母公司所有者权益合计	1 684 036.39	1 697 845.86	—	—
少数股东权益	6 266.85	15 926.05	—	—
所有者权益合计	1 690 303.24	1 713 771.91	1 644 345.90	1 683 537.08
负债及所有者权益合计	1 898 006.12	1 928 257.31	1 845 200.11	1 890 456.75

5.1.3 利润表

利润表

编制单位:华润深国投信托有限公司　　2015 年度　　单位:万元

项目	合并		母公司	
	当年数	上年数	当年数	上年数
一、营业收入	300 247. 21	571 095. 42	255 824. 65	547 528. 43
利息收入	4 421. 92	1 639. 53	4 384. 22	1 598. 99
手续费及佣金收入	98 623. 66	138 302. 79	87 365. 49	132 538. 00
其中:信托业务收入	87 365. 49	131 887. 99	87 365. 49	132 538. 00
投资收益	195 384. 52	429 249. 33	162 785. 25	411 989. 82
汇兑收益	-5. 28	2. 31	-4. 75	-3. 61
公允价值变动收益	—	16. 40	—	—
其他业务收入	1 822. 39	1 885. 06	1 294. 44	1 405. 23
二、营业支出	93 264. 14	110 410. 49	82 163. 95	102 970. 61
利息支出	77. 11	17. 63	77. 11	17. 63
营业税金及附加	2 709. 29	15 316. 29	2 375. 59	14 888. 56
业务及管理费	43 727. 36	36 926. 66	35 743. 75	29 914. 52
手续费及佣金支出	—	899. 97	—	899. 97
资产减值损失	46 285. 99	56 627. 71	43 503. 11	56 627. 71
其他业务成本	464. 39	622. 23	464. 39	622. 22
三、营业利润(亏损以"-"号填列)	206 983. 07	460 684. 93	173 660. 70	444 557. 82
加:营业外收入	65 044. 57	1 668. 42	64 795. 36	1 325. 08
减:营业外支出	51 231. 00	151 647. 42	51 231. 00	151 647. 11
四、利润总额(亏损总额以"-"号填列)	220 796. 64	310 705. 93	187 225. 06	294 235. 79
减:所得税费用	26 913. 11	-13 770. 17	17 997. 18	-18 813. 44
五、净利润(净亏损以"-"号填列)	193 883. 53	324 476. 10	169 227. 88	313 049. 23
减:少数股东损益	-793. 24	-1 731. 28		—
六、归属于母公司所有者的净利润	194 676. 77	326 207. 38	169 227. 88	313 049. 23
七、每股收益	—	—	—	—
(一)基本每股收益	—	—	—	—
(二)稀释每股收益	—	—	—	—
八、其他综合收益	-58 994. 76	-1 504. 74	-58 927. 58	-1 494. 04
九、综合收益总额	134 888. 77	322 971. 36	110 300. 30	311 555. 19
归属于母公司所有者的综合收益总额	135 682. 01	324 702. 64	110 300. 30	311 555. 19
归属于少数股东的综合收益总额	-793. 24	-1 731. 28	—	—

5.1.4 所有者权益变动表

所有者权益变动表

编制单位:华润深国投信托有限公司(合并)　　2016 年度　　单位:万元

项目	本年金额									
	归属于母公司所有者权益								少数股东权益	所有者权益合计
	实收资本(或股本)	资本公积	其他综合收益	盈余公积	信托赔偿准备金	一般风险准备	未分配利润	小计		
一、上年年末余额	263 000. 00	104 632. 39	63 515. 92	132 630. 98	52 600. 00	26 801. 03	1 054 665. 54	1 697 845. 86	15 926. 05	1 713 771. 91
二、本年年初余额	263 000. 00	104 632. 39	63 515. 92	132 630. 98	52 600. 00	26 801. 03	1 054 665. 54	1 697 845. 86	15 926. 05	1 713 771. 91
三、本年增减变动金额(减少以"-"号填列)	337 000. 00	-19 000. 00	-58 994. 76	-49 958. 19	8 461. 39	593. 18	-231 911. 09	-13 809. 47	-9 659. 20	-23 468. 67
(一)净利润	—	—	—	—	—	—	194 676. 77	194 676. 77	-793. 24	193 883. 53
(二)其他综合收益	—	—	-58 994. 76	—	—	—	—	-58 994. 76	—	-58 994. 76
综合收益小计	—	—	-58 994. 76	—	—	—	194 676. 77	135 682. 01	-793. 24	134 888. 77
(三)所有者投入和减少资本	—	—	—	—	—	—	—	—	—	—
1. 所有者投入资本	—	—	—	—	—	—	—	—	—	—
2. 股份支付计入所有者权益的金额	—	—	—	—	—	—	—	—	—	—

续表

项目	本年金额									
	归属于母公司所有者权益								少数股东权益	所有者权益合计
	实收资本（或股本）	资本公积	其他综合收益	盈余公积	信托赔偿准备金	一般风险准备	未分配利润	小计		
3. 其他	—	—	—	—	—	—	—	—	—	—
（四）利润分配	—	—	—	16 922. 79	8 461. 39	593. 18	-175 468. 84	-149 491. 48	-8 865. 96	-158 357. 44
1. 提取盈余公积	—	—	—	16 922. 79	—	—	-16 922. 79	—	—	—
其中：法定公积金	—	—	—	16 922. 79	—	—	-16 922. 79	—	—	—
任意公积金	—	—	—	—	—	—	—	—	—	—
2. 提取信托赔偿准备金	—	—	—	—	8 461. 39	—	-8 461. 39	—	—	—
3. 提取一般风险准备金	—	—	—	—	—	593. 18	-593. 18	—	—	—
4. 对所有者（或股东）的分配	—	—	—	—	—	—	-149 491. 48	-149 491. 48	-8 865. 96	-158 357. 44
5. 其他	—	—	—	—	—	—	—	—	—	—
（五）所有者权益内部结转	337 000. 00	-19 000. 00	—	-66 880. 98	—	—	-251 119. 02	—	—	—
1. 资本公积转增资本（或股本）	19 000. 00	-19 000. 00	—	—	—	—	—	—	—	—
2. 盈余公积转增资本（或股本）	66 880. 98	—	—	-66 880. 98	—	—	—	—	—	—
3. 盈余公积弥补亏损	—	—	—	—	—	—	—	—	—	—
4. 其他	251 119. 02	—	—	—	—	—	-251 119. 02	—	—	—
四、本年年末余额	600 000. 00	85 632. 39	4 521. 16	82 672. 79	61 061. 39	27 394. 21	822 754. 45	1 684 036. 39	6 266. 85	1 690 303. 24

所有者权益变动表（续）

编制单位：华润深国投信托有限公司（合并）　　2015 年度　　单位：万元

项　　目	本年金额									
	归属于母公司所有者权益								少数股东权益	所有者权益合计
	实收资本（或股本）	资本公积	其他综合收益	盈余公积	信托赔偿准备金	一般风险准备	未分配利润	小计		
一、上年年末余额	263 000. 00	101 133. 19	65 020. 66	128 910. 37	52 600. 00	21 940. 69	737 412. 46	1 370 017. 37	12 757. 33	1 382 774. 70
二、本年年初余额	263 000. 00	101 133. 19	65 020. 66	128 910. 37	52 600. 00	21 940. 69	737 412. 46	1 370 017. 37	12 757. 33	1 382 774. 70
三、本年增减变动金额（减少以“-”号填列）	—	3 499. 20	-1 504. 74	3 720. 61	—	4 860. 34	317 253. 08	327 828. 49	3 168. 72	330 997. 21
（一）净利润	—	—	—	—	—	—	326 207. 38	326 207. 38	-1 731. 28	324 476. 10
（二）其他综合收益	—	—	-1 504. 74	—	—	—	—	-1 504. 74	—	-1 504. 74
综合收益小计	—	—	-1 504. 74	—	—	—	326 207. 38	324 702. 64	-1 731. 28	322 971. 36
（三）所有者投入和减少资本	—	3 499. 20	—	—	—	—	—	3 499. 20	4 900. 00	8 399. 20
1. 所有者投入资本	—	—	—	—	—	—	—	—	4 900. 00	4 900. 00
2. 股份支付计入所有者权益的金额	—	—	—	—	—	—	—	—	—	—
3. 其他	—	3 499. 20	—	—	—	—	—	3 499. 20	—	3 499. 20
（四）利润分配	—	—	—	3 720. 61	—	4 860. 34	-8 954. 30	-373. 35	—	-373. 35
1. 提取盈余公积	—	—	—	3 720. 61	—	—	-3 720. 61	—	—	—
其中：法定公积金	—	—	—	3 720. 61	—	—	-3 720. 61	—	—	—
任意公积金	—	—	—	—	—	—	—	—	—	—
2. 提取信托赔偿准备金	—	—	—	—	—	—	—	—	—	—
3. 提取一般风险准备金	—	—	—	—	—	4 860. 34	-4 860. 34	—	—	—
4. 对所有者（或股东）的分配	—	—	—	—	—	—	—	—	—	—
5. 其他	—	—	—	—	—	—	-373. 35	-373. 35	—	-373. 35
（五）所有者权益内部结转	—	—	—	—	—	—	—	—	—	—
1. 资本公积转增资本（或股本）	—	—	—	—	—	—	—	—	—	—
2. 盈余公积转增资本（或股本）	—	—	—	—	—	—	—	—	—	—
3. 盈余公积弥补亏损	—	—	—	—	—	—	—	—	—	—
4. 其他	—	—	—	—	—	—	—	—	—	—
四、本年年末余额	263 000. 00	104 632. 39	63 515. 92	132 630. 98	52 600. 00	26 801. 03	1 054 665. 54	1 697 845. 86	15 926. 05	1 713 771. 91

所有者权益变动表

编制单位：华润深国投信托有限公司（母公司） 2016 年度 单位：万元

项目	本年金额									
	归属于母公司所有者权益								少数股东权益	所有者权益合计
	实收资本（或股本）	资本公积	其他综合收益	盈余公积	信托赔偿准备金	一般风险准备	未分配利润	小计		
一、上年年末余额	263 000.00	104 632.39	63 515.92	132 630.98	52 600.00	26 801.03	1 040 356.76	1 683 537.08	—	1 683 537.08
二、本年年初余额	263 000.00	104 632.39	63 515.92	132 630.98	52 600.00	26 801.03	1 040 356.76	1 683 537.08	—	1 683 537.08
三、本年增减变动金额（减少以“-”号填列）	337 000.00	-19 000.00	-58 927.58	-49 958.19	8 461.39	593.18	-257 359.98	-39 191.18	—	-39 191.18
（一）净利润	—	—	—	—	—	—	169 227.88	169 227.88	—	169 227.88
（二）其他综合收益	—	—	-58 927.58	—	—	—	—	-58 927.58	—	-58 927.58
综合收益小计	—	—	-58 927.58	—	—	—	169 227.88	110 300.30	—	110 300.30
（三）所有者投入和减少资本	—	—	—	—	—	—	—	—	—	—
1. 所有者投入资本	—	—	—	—	—	—	—	—	—	—
2. 股份支付计入所有者权益的金额	—	—	—	—	—	—	—	—	—	—
3. 其他	—	—	—	—	—	—	—	—	—	—
（四）利润分配	—	—	—	16 922.79	8 461.39	593.18	-175 468.84	-149 491.48	—	-149 491.48
1. 提取盈余公积	—	—	—	16 922.79	—	—	-16 922.79	—	—	—
其中：法定公积金	—	—	—	16 922.79	—	—	-16 922.79	—	—	—
任意公积金	—	—	—	—	—	—	—	—	—	—
2. 提取信托赔偿准备金	—	—	—	—	8 461.39	—	-8 461.39	—	—	—
3. 提取一般风险准备金	—	—	—	—	—	593.18	-593.18	—	—	—
4. 对所有者（或股东）的分配	—	—	—	—	—	—	-149 491.48	-149 491.48	—	-149 491.48
5. 其他	—	—	—	—	—	—	—	—	—	—
（五）所有者权益内部结转	337 000.00	-19 000.00	—	-66 880.98	—	—	-251 119.02	—	—	—
1. 资本公积转增资本（或股本）	19 000.00	-19 000.00	—	—	—	—	—	—	—	—
2. 盈余公积转增资本（或股本）	66 880.98	—	—	-66 880.98	—	—	—	—	—	—
3. 盈余公积弥补亏损	—	—	—	—	—	—	—	—	—	—
4. 其他	251 119.02	—	—	—	—	—	-251 119.02	—	—	—
四、本年年末余额	600 000.00	85 632.39	4 588.34	82 672.79	61 061.39	27 394.21	782 996.78	1 644 345.90	—	1 644 345.90

所有者权益变动表（续）

编制单位：华润深国投信托有限公司（母公司） 2015 年度 单位：万元

项目	本年金额									
	归属于母公司所有者权益								少数股东权益	所有者权益合计
	实收资本（或股本）	资本公积	其他综合收益	盈余公积	信托赔偿准备金	一般风险准备	未分配利润	小计		
一、上年年末余额	263 000.00	101 133.19	65 009.96	128 910.37	52 600.00	21 940.69	736 261.83	1 368 856.04	—	1 368 856.04
二、本年年初余额	263 000.00	101 133.19	65 009.96	128 910.37	52 600.00	21 940.69	736 261.83	1 368 856.04	—	1 368 856.04
三、本年增减变动金额（减少以“-”号填列）	—	3 499.20	-1 494.04	3 720.61	—	4 860.34	304 094.93	314 681.04	—	314 681.04
（一）净利润	—	—	—	—	—	—	313 049.23	313 049.23	—	313 049.23
（二）其他综合收益	—	—	-1 494.04	—	—	—	—	-1 494.04	—	-1 494.04
综合收益小计	—	—	-1 494.04	—	—	—	313 049.23	311 555.19	—	311 555.19
（三）所有者投入和减少资本	—	3 499.20	—	—	—	—	—	3 499.20	—	3 499.20
1. 所有者投入资本	—	—	—	—	—	—	—	—	—	—
2. 股份支付计入所有者权益的金额	—	—	—	—	—	—	—	—	—	—
3. 其他	—	3 499.20	—	—	—	—	—	3 499.20	—	3 499.20
（四）利润分配	—	—	—	3 720.61	—	4 860.34	-8 954.30	-373.35	—	-373.35

续表

项目	本年金额									
	归属于母公司所有者权益								少数股东权益	所有者权益合计
	实收资本（或股本）	资本公积	其他综合收益	盈余公积	信托赔偿准备金	一般风险准备	未分配利润	小计		
1. 提取盈余公积	—	—	—	3 720. 61	—	—	-3 720. 61	—	—	—
其中：法定公积金	—	—	—	3 720. 61	—	—	-3 720. 61	—	—	—
任意公积金	—	—	—	—	—	—	—	—	—	—
2. 提取信托赔偿准备金	—	—	—	—	—	—	—	—	—	—
3. 提取一般风险准备金	—	—	—	—	—	4 860. 34	-4 860. 34	—	—	—
4. 对所有者（或股东）的分配	—	—	—	—	—	—	—	—	—	—
5. 其他	—	—	—	—	—	—	-373. 35	-373. 35	—	-373. 35
（五）所有者权益内部结转	—	—	—	—	—	—	—	—	—	—
1. 资本公积转增资本（或股本）	—	—	—	—	—	—	—	—	—	—
2. 盈余公积转增资本（或股本）	—	—	—	—	—	—	—	—	—	—
3. 盈余公积弥补亏损	—	—	—	—	—	—	—	—	—	—
4. 其他	—	—	—	—	—	—	—	—	—	—
四、本年年末余额	263 000. 00	104 632. 39	63 515. 92	132 630. 98	52 600. 00	26 801. 03	1 040 356. 76	1 683 537. 08	—	1 683 537. 08

5.2 信托财产

5.2.1 信托项目资产负债汇总表

信托项目资产负债汇总表

编制单位：华润深国投信托有限公司　　2016 年 12 月 31 日　　单位：万元

信托资产	期末数	期初数	信托负债和权益	期末数	期初数
信托资产：			信托负债：		
货币资金	5 767 044. 70	12 931 415. 42	应付受托人报酬	22 395. 35	26 360. 70
拆出资金	—		应付托管费	6 202. 18	5 535. 52
应收款项	2 909 888. 52	1 853 137. 68	应付受益人收益	117 230. 46	244 558. 12
买入返售金融资产	439 800. 00	162 360. 00	其他应付款项	227 997. 36	88 766. 44
交易性金融资产	59 066 095. 79	50 844 338. 38	应交税费	6 904. 27	1 434. 50
可供出售金融资产	4 468 033. 72	1 155 472. 96	卖出回购资产款	5 239 632. 51	3 467 098. 12
持有至到期投资	—	—	交易性金融负债	—	—
长期股权投资	1 494 567. 44	1 874 134. 10	其他负债	—	—
贷款	6 677 612. 65	4 788 251. 25	信托负债合计	5 620 362. 13	3 833 753. 40
应收融资租赁款	—	—	信托权益：	—	—
固定资产	—	—	实收信托	72 991 210. 97	66 352 260. 08
无形资产	—	—	资本公积	-467 978. 09	-174 979. 94
长期待摊费用	—	—	未分配利润	2 679 447. 81	3 598 076. 25
其他资产	—	—	信托权益合计	75 202 680. 69	69 775 356. 39
信托资产总计	80 823 042. 82	73 609 109. 79	信托负债及权益总计	80 823 042. 82	73 609 109. 79

5.2.2 信托项目利润及利润分配汇总表

信托项目利润及利润分配汇总表

编制单位：华润深国投信托有限公司　　2016 年度　　单位：万元

项　目	当年数	上年数
一、营业收入	2 529 687. 32	5 150 094. 31
利息收入	1 738 303. 25	1 881 000. 58
投资收益	1 745 456. 66	2 744 299. 45
公允价值变动损益	-954 072. 61	519 534. 69
汇兑收益	—	—
其他业务收入	0. 02	5 259. 59
二、营业支出	305 944. 04	408 512. 33
利息支出	—	—
营业税金及附加	3 464. 81	18 212. 07

续表

项　目	当年数	上年数
业务及管理费	281 187. 11	377 880. 13
资产减值损失	21 292. 12	12 420. 13
其他业务成本	—	—
三、信托营业利润	2 223 743. 28	4 741 581. 98
加：营业外收入	—	—
减：营业外支出	33 000. 00	4 600. 00
四、信托利润	2 190 743. 28	4 736 981. 98
加：期初未分配信托利润	3 598 076. 25	1 896 041. 42
五、可供分配的信托利润	5 788 819. 53	6 633 023. 40
减：本期已分配信托利润	3 109 371. 73	3 034 947. 15
六、期末未分配信托利润	2 679 447. 81	3 598 076. 25

6. 会计报表附注

6.1 年度会计报表编制基础及合并报表的并表范围说明

本公司编制会计报表所采用的主要会计政策，是根据财政部2006年2月15日颁布的企业会计准则及其补充规定制定的。

本年纳入合并报表范围的子企业及结构化主体基本情况：

企业名称	注册地	业务性质	注册资本（万元）	持股比例（%）	享有的表决权（%）
深圳红树林创业投资有限公司	深圳	创业投资	10 000	100.00	100.00
华润元大基金管理有限公司	深圳	基金管理	30 000	51.00	51.00
深圳华润元大资产管理有限公司	深圳	资产管理	3 000	51.00	51.00

6.2 重要会计政策和会计估计说明

6.2.1 计提资产减值准备的范围和方法

6.2.1.1 计提资产减值准备的范围

持有至到期投资、贷款及应收款项、可供出售金融资产、长期股权投资、投资性房地产、固定资产、在建工程、无形资产（包括资本化的开发支出）、商誉等。

6.2.1.2 计提资产减值准备的方法

6.2.1.2.1 持有至到期投资、贷款及应收款项减值的计量

公司采用单独减值评估和组合减值评估两种方法评估此类金融资产减值损失：对单项金额重大的金融资产是否存在减值的客观证据进行单独评估，对单项金额不重大的金融资产是否存在发生减值的客观证据进行组合评估。如果没有客观证据表明单独评估的金融资产存在减值情况，无论该金融资产金额是否重大，公司将其包括在具有类似信用风险特征的金融资产组别中，再进行组合减值评估。单独进行评估减值并且已确认或继续确认减值损失的资产，不再纳入组合减值评估的范围。

持有至到期投资、贷款及应收款项金融资产确认减值损失后，如有客观证据表明该金融资产价值已恢复，且客观上与确认该损失后发生的事项有关（如债务人的信用评级已提高等），原确认的减值准备予以转回，计入当期损益。转回后的账面价值不超过假定不计提减值准备情况下该金融资产在转回日的摊余成本。

6.2.1.2.2 可供出售金融资产减值的计量

可供出售金融资产发生减值时，原直接计入股东权益中的因公允价值下降形成的累计损失，予以转出，计入当期损益。该转出的累计损失，等于可供出售金融的初始取得成本扣除已收回本金和已摊销金额、当前公允价值和原已计入损益的减值损失后的余额。

在活跃市场中没有报价且其公允价值不能计量的权益工具投资，发生减值时，将该权益工具投资的账面价值，与按照类似金融资产当时市场收益率对未来现金流量折现确定的现值之间的差额，确认减值损失，计入当期损益。

已经确认减值损失的可供出售债务工具，在随后的会计期间公允价值已上升且客观上与确认原减值损失后发生的事项有关，原确认的减值损失予以转回，计入当期损益。可供出售权益工具投资发生的减值损失，不通过损益转回。

6.2.1.2.3 对长期股权投资减值的计量

资产负债表日，若因市价持续下跌或被投资单位经营状况恶化等原因使长期股权投资存在减值迹象时，根据长期股权投资的公允价值减去处置费用后的净额与长期股权投资预计未来现金流量的现值两者之间较高者确定长期股权投资的可回收金额。

长期股权投资的可收回金额低于账面价值时，按其差额计提资产减值准备。所计提的长期股权投资减值准备在以后年度不再转回。

6.2.1.2.4 其他资产减值的计量

对除金融资产以外的资产减值，按以下方法确定：

资产负债表日判断资产是否存在可能发生减值的迹象，存在减值迹象的，公司将估计其可收回金额，进行减值测试。

可收回金额根据资产的公允价值减去处置费用后的净额与资产预计未来现金流量的现值两者之间较高者确定。公司以单项资产为基础估计其可收回金额；难以对单项资产的可收回金额进行估计的，以该资产所属的资产组为基础确定资产组的可收回金额。资产组的认定，以资产组产生的主要现金流入是否独立于其他资产或者资产组的现金流入为依据。

当资产或资产组的可收回金额低于其账面价值时，将其账面价值减记至可收回金额，减记的金额计入当期损益，同时计提相应的资产减值准备。

6.2.1.3 可能发生减值资产的认定

公司在资产负债表日判断资产是否存在可能发生减值的迹象。因企业合并所形成的商誉和使用寿命不确定的无形资产，无论是否存在减值迹象，每年都进行减值测试。存在下列迹象的，表明资产可能发生了减值：

（1）资产的市价当期大幅度下跌，其跌幅明显高于因时间的推移或者正常使用而预计的下跌。

（2）公司经营所处的经济、技术或者法律等环境以及资产所处的市场在当期或者将在近期发生重大变化，从而对公司产生不利影响。

（3）市场利率或者其他市场投资报酬率在当期已经提高，从而影响公司计算资产预计未来现金流量现值的折现率，导致资产可收回金额大幅度降低。

（4）有证据表明资产已经陈旧过时或者其实体已经损坏。

（5）资产已经或者将被闲置、终止使用或者计划提前处置。

（6）公司内部报告的证据表明资产的经济绩效已经低于或者将低于预期，如资产所创造的净现金流量或者实现的营业利润（或者亏损）远远低于（或者高于）预计金额等。

（7）其他表明资产可能已经发生减值的迹象。

6.2.1.4 资产可收回金额的计量

资产存在减值迹象的，估计其可收回金额。可收回金额根据资产的公允价值减去处置费用后的净额与资产预计未来现金流量的现值两者之间较高者确定。资产的公允价值根据公平交

易中销售协议价格确定;不存在销售协议但存在资产活跃市场的,公允价值按照该资产的买方出价确定;不存在销售协议和资产活跃市场的,则以可获取的最佳信息为基础估计资产的公允价值。处置费用包括与资产处置有关的法律费用、相关税费、搬运费以及为使资产达到可销售状态所发生的直接费用。

6.2.1.5 资产减值损失的确定

可收回金额的计量结果表明,资产的可收回金额低于其账面价值的,将资产的账面价值减记至可收回金额,减记的金额确认为资产减值损失,计入当期损益,同时计提相应的资产减值准备。资产减值损失确认后,减值资产的折旧或者摊销费用在未来期间作相应调整,以使该资产在剩余使用寿命内,系统地分摊调整后的资产账面价值(扣除预计净残值)。资产减值损失一经确认,在以后会计期间不能转回。

6.2.2 金融资产四分类的范围和标准

金融资产应当在初始确认时划分为下列四类:

(1)以公允价值计量且其变动计入当期损益的金融资产,包括交易性金融资产和指定为以公允价值计量且其变动计入当期损益的金融资产。

①取得该金融资产或承担该金融负债的目的,主要是为了近期内出售或回购。

②属于进行集中管理的可辨认金融工具组合的一部分,且有客观证据表明企业近期采用短期获利方式对该组合进行管理。

③属于衍生工具。但是,被指定且为有效套期工具的衍生工具、属于财务担保合同的衍生工具、与在活跃市场中没有报价且其公允价值不能可靠计量的权益工具投资挂钩并须通过交付该权益工具结算的衍生工具除外。

(2)持有至到期投资。持有至到期投资,是指到期日固定、回收金额固定或可确定,且企业有明确意图和能力持有至到期的非衍生金融资产。

(3)贷款和应收款项。贷款和应收款项,是指在活跃市场中没有报价、回收金额固定或可确定的非衍生金融资产。

(4)可供出售金融资产。可供出售金融资产通常是指企业没有划分为以公允价值计量且其变动计入当期损益金融资产、持有至到期投资、贷款和应收款项的金融资产。

6.2.3 交易性金融资产的核算方法

交易性金融资产取得时以公允价值作为初始确认金额,相关的交易费用在发生时计入当期损益。支付的价款中包含已宣告但尚未发放的现金股利或已到付息期但尚未领取的债券利息,应当单独确认为应收项目。持有期间将取得的利息或现金股利确认为投资收益,期末将公允价值变动计入当期损益。处置时,其公允价值与账面价值之间的差额确认为投资收益,同时调整公允价值变动损益。

6.2.4 可供出售金融资产的核算方法

可供出售金融资产应当按取得该金融资产的公允价值和相关交易费用之和作为初始确认金额。支付的价款中包含的已到付息期但尚未领取的债券利息或已宣告但尚未发放的现金股利,应单独确认为应收项目。可供出售金融资产持有期间取得的利息或现金股利,应当计入投资收益。资产负债表日,可供出售金融资产应当以公允价值计量,且将公允价值变动计入其他综合收益。处置时,将取得的价款与该金融资产账面价值之间的差额,计入投资损益;同时,将原直接计入所有者权益的公允价值变动累计额对应处置部分的金额转出,计入投资损益。

6.2.5 持有至到期投资的核算方法

持有至到期投资应当按取得时的公允价值和相关交易费用之和作为初始确认金额。支付的价款中包含的已到付息期但尚未领取的债券利息,应单独确认为应收项目。持有至到期投资在持有期间应当按照摊余成本和实际利率计算确认利息收入,计入投资收益。实际利率应当在取得持有至到期投资时确定,在该持有至到期投资预期存续期间或适用的更短期间内保持不变。实际利率与票面利率差别较小的,也可按票面利率计算利息收入,计入投资收益。处置持有至到期投资时,应将所取得价款与该投资账面价值之间的差额确认为投资收益。

企业将尚未到期的某项持有至到期投资在本会计年度内出售或重分类为可供出售金融资产的金额,相对于该类投资在出售或重分类前的总额较大时,则公司将该类投资的剩余部分重分类为可供出售金融资产,且在本会计期间或以后两个完整会计年度内不再将任何金融资产分类为持有至到期,但下列情况除外:出售日或重分类日距离该项投资到期日或赎回日较近(如到期前3个月内),市场利率变化对该项投资的公允价值没有显著影响;根据合同约定的定期偿付或提前还款方式收回该投资几乎所有初始本金后,将剩余部分予以出售或重分类;出售或重分类是由于企业无法控制、预期不会重复发生且难以合理预计的独立事项所引起。

6.2.6 长期股权投资的核算方法

长期股权投资,是指投资方对被投资单位实施控制、重大影响的权益性投资,以及对其合营企业的权益性投资。

6.2.6.1 初始计量

6.2.6.1.1 企业合并形成的长期股权投资

同一控制下的企业合并,合并方以支付现金、转让非现金资产或承担债务方式作为合并对价的,应当在合并日按照被合并方所有者权益在最终控制方合并财务报表中的账面价值的份额作为长期股权投资的初始投资成本。长期股权投资初始投资成本与支付的现金、转让的非现金资产以及所承担债务账面价值之间的差额,应当调整资本公积;资本公积不足冲减的,调整留存收益。

合并方以发行权益性证券作为合并对价的,应当在合并日按照被合并方所有者权益在最终控制方合并财务报表中的账面价值的份额作为长期股权投资的初始投资成本。按照发行股份的面值总额作为股本,长期股权投资初始投资成本与所发行股份面值总额之间的差额,应当调整资本公积;资本公积不足冲减的,调整留存收益。

非同一控制下的企业合并,购买方在购买日应当按照《企业会计准则第20号——企业合并》的有关规定确定的合并成本作为长期股权投资的初始投资成本。

为企业合并发生的审计、法律服务、评估咨询等中介费用以及其他相关管理费用,应当于发生时计入当期损益。

6.2.6.1.2 其他方式取得的长期股权投资

以支付现金取得的长期股权投资,应当按照实际支付的购买价款作为初始投资成本。初始投资成本包括与取得长期股权投资直接相关的费用、税金及其他必要支出。

以发行权益性证券取得的长期股权投资，应当按照发行权益性证券的公允价值作为初始投资成本。与发行权益行证券直接相关的费用，应当按照《企业会计准则第37号——金融工具列报》的有关规定确定。

通过非货币性资产交换取得的长期股权投资，其初始投资成本应当按照《企业会计准则第7号——非货币性资产交换》的有关规定确定。

通过债务重组取得的长期股权投资，其初始投资成本应当按照《企业会计准则第12号——债务重组》的有关规定确定。

6.2.6.2 后续计量及收益确认

公司能够对被投资单位实施控制的长期股权投资应当采用成本法核算。采用成本法核算的长期股权投资应当按照初始投资成本计价。追加或收回投资应当调整长期股权投资的成本。被投资单位宣告分派的现金股利或利润，应当确认为当期投资收益。

公司对联营企业和合营企业的长期股权投资，采用权益法核算。

长期股权投资的初始投资成本大于投资时应享有被投资单位可辨认净资产公允价值份额的，不调整长期股权投资的初始投资成本；长期股权投资的初始投资成本小于投资时应享有被投资单位可辨认净资产公允价值份额的，其差额应当计入当期损益，同时调整长期股权投资的成本。

公司取得长期股权投资后，按照应享有或应分担的被投资单位实现的净损益和其他综合收益的份额，分别确认投资收益和其他综合收益，同时调整长期股权投资的账面价值；公司按照被投资单位宣告分派的利润或现金股利计算应享有的部分，相应减少长期股权投资的账面价值；公司对于被投资单位除净损益、其他综合收益和利润分配以外所有者权益的其他变动，调整长期股权投资的账面价值并计入所有者权益。

公司在确认应享有被投资单位净损益的份额时，以取得投资时被投资单位可辨认净资产的公允价值为基础，对被投资单位的净利润进行调整后确认。

公司确认被投资单位发生的净亏损，以长期股权投资的账面价值以及其他实质上构成对被投资单位净投资的长期权益减记至零为限，投资方负有承担额外损失义务的除外。

被投资单位以后实现净利润的，公司在其收益分享额弥补未确认的亏损分担额后，恢复确认收益分享额。

6.2.7 投资性房地产的核算方法

公司的投资性房地产是指为赚取租金或资本增值，或两者兼有而持有的房地产。主要包括：

（1）已出租的土地使用权。

（2）持有并准备增值后转让的土地使用权。

（3）已出租的建筑物。

公司的投资性房地产采用成本模式计量。

公司对投资性房地产成本减累计减值及净残值后按直线法，按估计可使用年限计算折旧，计入当期损益。

对使用寿命不确定的已出租的划拨土地使用权不计算折旧。

6.2.8 固定资产计价和折旧方法

6.2.8.1 固定资产确认条件

固定资产是指为生产商品、提供劳务、出租或经营管理而持有，并且使用年限超过一年的有形资产。固定资产在同时满足下列条件时予以确认：

（1）与该固定资产有关的经济利益很可能流入企业；

（2）该固定资产的成本能够可靠地计量。

6.2.8.2 固定资产的分类

固定资产分类为：房屋及建筑物、运输设备、电子设备、其他设备。

6.2.8.3 固定资产的初始计量

固定资产取得时按照实际成本进行初始计量。

外购固定资产的成本，以购买价款、相关税费、使固定资产达到预定可使用状态前所发生的可归属于该项资产的运输费、装卸费、安装费和专业人员服务费等确定。购买固定资产的价款超过正常信用条件延期支付，实质上具有融资性质的，固定资产的成本以购买价款的现值为基础确定。

自行建造固定资产的成本，由建造该项资产达到预定可使用状态前所发生的必要支出构成。

债务重组取得债务人用于抵债的固定资产，以该固定资产的公允价值为基础确定其入账价值，并将重组债权的账面价值与该用于抵债的固定资产公允价值之间的差额，计入当期损益。

在非货币性资产交换具备商业实质和换入资产或换出资产的公允价值能够可靠计量的前提下，换入的固定资产以换出资产的公允价值为基础确定其入账价值，除非有确凿证据表明换入资产的公允价值更加可靠；不满足上述前提的非货币性资产交换，以换出资产的账面价值和应支付的相关税费作为换入固定资产的成本，不确认损益。

以同一控制下的企业吸收合并方式取得的固定资产按被合并方的账面价值确定其入账价值；以非同一控制下的企业吸收合并方式取得的固定资产按公允价值确定其入账价值。

融资租入的固定资产，按租赁开始日租赁资产公允价值与最低租赁付款额现值两者中较低者作为入账价值。

6.2.8.4 固定资产折旧

固定资产以取得时的实际成本入账，并从其达到预定可使用状态的次月起，采用直线法提取折旧。各类固定资产的估计残值率、折旧年限和年折旧率如下：

类别	估计残值率（%）	折旧年限（年）	年折旧率（%）
房屋建筑物	5	50	1.9
电子设备	0~5	3~5	19~33.33
会所设备	5	5	19
运输工具	0~5	8	11.9~12.5
其他设备	0	5	20

6.2.9 无形资产计价及摊销政策

无形资产按照成本进行初始计量，使用寿命有限的无形资产，在其使用寿命内采用直线法摊销，于每年度终了，对使用寿命有限的无形资产的使用寿命及摊销方法进行复核，必要时进行调整。对使用寿命不确定的无形资产，无论是否存在减值迹象，每年均进行减值测试。此类无形资产不予摊销，在每个会计期间对其使用寿命进行复核。如果有证据表明使用寿命是有限的，则按上述使用寿命有限的无形资产的政策进行会计处理。出售无形资产，应当将取得的价款与该无形资产账面价值的差额计入当期损益。无形资产预期不能为企业带来经济利益的，应当将无形资产的账面价值予以转销。

6.2.10 长期应收款的核算方法

长期应收款核算企业融资租赁产生的应收款项和采用递延方式分期收款、实质上具有融资性质的销售商品和提供劳务等经营活动产生的应收款项。出租人融资租赁产生的应收租赁款，应按租赁开始日最低租赁收款额与初始直接费用之和，确认为长期应收款。企业采用递延方式分期收款、实质上具有融资性质的销售商品或提供劳务等经营活动产生的长期应收款，按应收合同或协议价款确认。根据合同或协议每期收到承租人或购货单位（接受劳务单位）偿还的款项，减少长期应收款。长期应收款的期末借方余额，反映企业尚未收回的长期应收款。

6.2.11 长期待摊费用的摊销政策

筹建期间发生的费用，除用于购建固定资产以外，于公司开始生产经营当月起一次计入当期损益。

其他长期待摊费用在相关项目的受益期内平均摊销。

6.2.12 合并会计报表的编制方法

合并财务报表反映本公司及子公司形成的集团报表整体财务状况、经营成果和现金流量。

合并财务报表的合并范围以控制为基础予以确定。控制是指投资方拥有对被投资方的权力，通过参与被投资方的相关活动而享有可变回报，并且有能力运用对被投资方的权力影响其回报金额。

合并财务报表以本公司及子公司的财务报表为基础，由本公司编制。本公司及子公司保持一致的会计政策、会计期间。本公司及子公司的内部交易及余额在编制合并财务报表时予以抵销，归属于子公司的少数股东权益和损益分别在合并资产负债表和合并利润表中单独列示。

子公司少数股东分担的当期亏损超过了少数股东在该子公司期初股东权益中所享有的份额，除公司章程或股东协议规定少数股东有义务承担，并且少数股东有能力予以弥补的部分外，其余部分冲减本公司股东权益。该子公司以后期间实现的利润，在弥补了由本公司股东权益所承担的属于少数股东的损失之前，全部归属于本公司的股东权益。

通过同一控制下企业合并取得的子公司，在编制当期合并财务报表时，视同被合并子公司在最终控制方对其开始实施控制时纳入合并财务报表范围，并对合并财务报表的年初数及前期比较报表进行相应调整，且自最终控制方对被合并子公司开始实施控制时起将合并子公司的各项资产、负债以其账面价值纳入合并资产负债表，被合并子公司经营成果纳入合并利润表。

通过非同一控制下企业合并取得的子公司在编制当期合并财务报表时，以购买日确定的各项可辨认资产、负债的公允价值为基础对子公司的财务报表进行调整，并自购买日起将被购买子公司资产、负债及经营成果纳入合并财务报表中。

6.2.13 收入确认原则和方法

在经济利益能够流入本公司，以及相关的收入和成本能够可靠地计量时，根据下列方法确认各项收入：

(1)利息收入。利息收入应按让渡资金使用权的时间和适用利率计算确定，在与交易相关的经济利益能够流入、且有关收入可以可靠计量时，按权责发生制确认。

发放贷款本金到期（含展期，下同）90天后尚未收回的，其应计利息停止计入当期利息收入，纳入表外核算；对已计提的贷款应收利息，如在贷款到期90天后仍未收回，或在应收利息逾期90天后仍未收到，则冲减原已计入损益的利息收入，转作表外核算。

贷款自应计贷款转为非应计贷款后，在收到该笔贷款的还款时，首先冲减本金；待本金全部收回后，再收到的还款则确认为当期利息收入。

(2)信托业务收入。详见6.2.14。

(3)担保业务收入。担保业务收入在同时满足以下条件时予以确认：担保合同成立并承担相应担保责任；与担保合同相关的经济利益能够流入企业；与担保合同相关的收入能够可靠地计量。

6.2.14 信托报酬确认原则和方法

信托报酬是指信托公司对信托财产进行管理而收取的管理费或佣金，信托报酬收取的标准一般是与委托人或受益人等有关当事人协商确定的。若信托报酬由信托财产承担，则按照信托合同的约定来计算、提取并按权责发生制确认信托报酬收入；若信托报酬由委托人等有关当事人直接承担，则按协议约定另行向有关当事人收取，并按权责发生制确认信托报酬收入。

6.3 或有事项说明

报告期内，公司期末无对外不可撤销的承诺。

6.4 会计报表中重要项目的明细资料

6.4.1 披露自营资产经营情况

6.4.1.1 按信用风险五级分类的结果披露信用风险资产的期初数、期末数

信用风险资产五级分类	正常类(万元)	关注类(万元)	次级类(万元)	可疑类(万元)	损失类(万元)	信用风险资产合计(万元)	不良资产合计(万元)	不良资产率(%)
期初数	1 753 368.91	41 125.20	36 160.05	106 468.12	1 739.18	1 938 861.46	144 367.35	0.37
期末数	1 776 455.48	1 669.34	-	151 150.93	1 739.18	1 931 014.93	152 890.11	0.00

注：不良资产合计=次级类+可疑类+损失类。

6.4.1.2　各项资产减值损失准备的期初数、本期计提、本期转回、本期核销、期末数

单位：万元

	期初数	本期计提	本期转回	本期核销	期末数
贷款损失准备	—	—	—	—	—
一般准备	—		—	—	—
专项准备	—		—	—	—
其他资产减值准备	121 538.32	73 812.00	24 576.00	—	170 774.32
持有至到期投资减值准备	—		—	—	—
长期股权投资减值准备	—		—	—	—
坏账准备	16 798.12	4 203.83	9 936.72	—	11 065.23
投资性房地产减值准备	1 198.77	—	788.88	—	409.89

6.4.1.3　按投资品种分类，分别披露固有业务股票投资、基金投资、债权投资、股权投资等投资业务的期初数、期末数

单位：万元

	自营股票	基金	债券	长期股权投资	其他投资	合计
期初数	—	247 941.56	—	1 174 290.49	271 340.52	1 693 572.57
期末数	—	111 095.43	—	1 116 494.34	234 238.53	1 461 828.30

6.4.1.4　前五名的自营长期股权投资的企业名称、占被投资企业权益的比例、主要经营活动及投资收益情况

企业名称	占被投资企业权益的比例（%）	主要经营活动	投资损益（万元）
1. 国信证券股份有限公司	25.15	证券的代理、承销、咨询及自营买卖业务	108 134.67
2. 华润元大基金管理有限公司	51	基金管理	—
3. 深圳红树林创业投资有限公司	100	创业投资	—

6.4.1.5　前五名的自营贷款的企业名称、占贷款总额的比例和还款情况等

贷款项目	期初数（万元）	本期增加（万元）	本期减少（万元）	期末数（万元）	占比（%）
唐山高科发展总公司	—	49 000.00	49 000.00	—	100
合计	—	49 000.00	49 000.00	—	100

6.4.1.6　表外业务的期初数、期末数

单位：万元

表外业务	期初数	期末数
担保业务	—	—
代理业务（委托业务）	—	—
其他	—	—
合计	—	—

6.4.1.7　公司当年的收入结构

收入结构	金额（万元）	占比（%）
手续费及佣金收入	87 365.49	27.25
其中：信托手续费收入	87 365.49	27.25
投资银行业务收入	—	—
利息收入	4 384.22	1.37
其他收入	1 289.69	0.40
其中：计入信托业务收入部分	—	—
投资收益	162 785.25	50.77
其中：股权投资收益	108 134.67	33.73
证券投资收益	—	—
其他投资收益	54 650.58	17.04
公允价值变动收益	—	—
营业外收入	64 795.35	20.21
收入合计	320 624.76	100.00

6.4.2　披露信托资产管理情况

6.4.2.1　信托资产的期初数、期末数

单位：万元

信托资产	期初数	期末数
集合类	13 937 850.23	18 897 420.86
单一类	56 482 499.73	55 027 584.27
财产管理类	3 188 759.83	6 898 037.69
合计	73 609 109.79	80 823 042.82

注：期初数、期末数按报告年度信托资产总额填列，非信托规模总额，以下均同。

6.4.2.1.1　主动管理型信托业务的信托资产期初数、期末数，分证券投资类、股权投资类、融资类、事务管理类等分别披露

单位：万元

主动管理型信托资产	期初数	期末数
证券投资类	44 801 204.05	53 361 745.32
股权投资类	1 003 502.25	358 752.52
融资类	2 273 182.29	2 296 180.47
事务管理类	—	—
其他类	960 093.22	420 477.53
合计	49 037 981.81	56 437 155.84

6.4.2.1.2　被动管理型信托业务的信托资产期初数、期末数，分证券投资类、股权投资类、融资类、事务管理类等分别披露

单位：万元

被动管理型信托资产	期初数	期末数
证券投资类	—	—
股权投资类	—	—
融资类	—	—
事务管理类	24 571 127.98	24 385 886.98
其他类	—	—
合计	24 571 127.98	24 385 886.98

6.4.2.2 本年度已清算结束的信托项目个数、实收信托合计金额、加权平均实际年化收益率

6.4.2.2.1 本年度已清算结束的集合类、单一类资金信托项目和财产管理类信托项目个数、实收信托合计金额、加权平均实际年化收益率

已清算结束信托项目	项目个数(个)	实收信托合计金额(万元)	加权平均实际年化收益率(%)
集合类	63	2 772 685.02	7.92
单一类	43	1 821 811.94	6.74
财产管理类	6	735 140.11	7.85

注:1. 收益率是指信托项目清算后,给受益人赚取的实际收益水平。

2. 加权平均实际年化收益率=(信托项目1的实际年化收益率×信托项目1的实收信托+信托项目2的实际年化收益率×信托项目2的实收信托+…+信托项目n的实际年化收益率×信托项目n的实收信托)/(信托项目1的实收信托+信托项目2的实收信托+…+信托项目n的实收信托)×100%。

6.4.2.2.2 本年度已清算结束的主动管理型信托项目个数、实收信托合计金额、加权平均实际年化收益率,分证券投资类、股权投资类、融资类、事务管理类等分别计算并披露

已清算结束信托项目	项目个数(个)	实收信托合计金额(万元)	加权平均实际年化收益率(%)
证券投资类	56	1 156 925.64	7.07
股权投资类	4	796 984.39	8.92
融资类	4	425 388.33	7.71
事务管理类	—	—	—
其他类	1	26 000.00	3.08
合计	65	2 405 298.36	7.75

6.4.2.2.3 本年度已清算结束的被动管理型信托项目个数、实收信托合计金额、加权平均实际年化收益率,分证券投资类、股权投资类、融资类、事务管理类等分别计算并披露

已清算结束信托项目	项目个数(个)	实收信托合计金额(万元)	加权平均实际年化收益率(%)
证券投资类	—	—	—
股权投资类	—	—	—
融资类	—	—	—
事务管理类	47	2 924 338.71	7.32
其他类	—	—	—
合计	47	2 924 338.71	7.32

6.4.2.3 本年度新增的集合类、单一类和财产管理类信托项目个数、实收信托合计金额

新增信托项目	项目个数(个)	实收信托合计金额(万元)
集合类	378	9 172 355.00
单一类	81	6 245 665.00
财产管理类	21	5 969 684.00
新增合计	480	21 387 704.00
其中:主动管理型	379	10 705 144.00
被动管理型	101	10 682 560.00

注:本年新增信托项目指在本报告年度内累计新增的信托项目个数和金额,包含本年度新增并于本年度内结束的项目和本年度新增至报告期末仍在持续管理的信托项目。

6.4.2.4 信托业务创新成果和特色业务有关情况

公司在2016年金融创新的总体工作进展良好。本年金融创新主要集中在产品服务创新和技术系统创新方面。

6.4.2.4.1 产品服务价值创新

公司在基金化转型方面取得了阶段性成果,创新性尝试"股+债+基金管理人"的地产基金模式,作为资产挖掘者、资金适配者、架构搭建者,牵手华润置地成立横琴万象项目。新虹桥医疗产业基金项目作为公司在非房领域的探索,通过母基金形式进行组合投资,培育公司在医疗领域的投资能力和资产管理能力,资金募集和投资管理逐步推进。资产证券化产品线日趋丰富和完善,从信贷资产证券化业务延伸至私募信贷资产证券化、企业资产证券化、银行业信贷资产登记流转中心非标转标及类REITs等业务方向,产品创新能力处于行业领先地位,年内发行全国首单信用卡不良贷款证券化产品、首单通信业信托型资产支持票据。

6.4.2.4.2 技术系统创新

2016年公司多项系统取得实质性进展,为运营提升、风险管理、智能投资作出突出贡献。TOS交易运营服务平台完成产品管理、权限管理、消息服务等基础功能,开发覆盖股票、期货、港股通等业务的风险监控报表,建立结构化产品从风险监控到交易平仓的全自动化或半自动化流程,支持运营核算模块实时估值及公允价估值;CTS算法交易平台完成了业务网关、算法服务器、CTS客户端的研发工作;ABS资产证券化系统于年内正式上线,成为信托行业内第一家落地实施的ABS管理系统,实现了从基础资产管理、产品方案设计、产品测算分析到存续期管理、受托服务报告产出的全生命周期的系统化管理。

6.4.2.5 本公司履行受托人义务情况及因本公司自身责任而导致的信托资产损失情况

6.4.2.5.1 履行受托人义务情况

公司按照《中华人民共和国信托法》《信托公司管理办法》和《信托公司集合资金信托计划管理办法》等法律法规的规定严格履行受托人的义务。

严格遵守信托文件的规定,恪尽职守,履行诚实、信用、谨慎、有效管理的义务,为受益人的利益处理信托事务。

每个信托计划设立后,按照信托合同的规定,定期将信托资金运用及收益情况告知信托文件规定的人。

将信托财产与公司固有财产分别管理、分别记账;并对不同的信托财产分别管理;根据不同的信托资金分别开设独立的银行账户。

信托合同到期、集合信托计划终止时,根据信托合同的规定,以信托财产为限向受益人支付信托利益。同时,在信托终止后及时作出处理信托事务的清算报告,按合同约定方式报告。

妥善保管处理信托事务的完整记录、原始凭证及资料,保存期自信托计划终止之日起十五年。同时对委托人、受益人以及处理信托事务的情况和资料依法保密。

根据信托合同及信托计划约定履行其他管理义务。

报告期内公司为受益人累计分配信托收益310.94亿元。

6.4.2.5.2 2016年因公司自身责任导致的信托资产损失；集合信托资产管理赔付等情况

无。

6.4.2.6 信托赔偿准备金的提取、使用和管理情况

公司根据《信托公司管理办法》的规定，按2016年净利润的5%提取信托赔偿准备金8 461.39万元，截至2016年已累计提取信托赔偿准备金61 061.39万元。截至2016年12月31日，公司尚未发生使用信托赔偿准备金的事项。

6.5 关联方关系及其交易的披露

6.5.1 关联交易方的数量、关联交易的总金额及关联交易的定价政策等

	关联交易方数量（个）	关联交易金额（万元）	定价政策
合计	17	6 278 516.49	详见注

注：关联交易的定价政策：本公司董事会认为上述交易根据正常的商业交易条件进行，并以一般交易价格为定价基础。

6.5.2 关联交易方与本公司的关系性质、关联交易方的名称、法定代表人、注册地址、注册资本及主营业务等

关系性质	关联方名称	法定代表人	注册地址	注册资本	主营业务
股东	深圳市人民政府国有资产监督管理委员会	彭海斌	深圳市福田区深南大道4009号投资大厦17楼		代表国家履行出资人职责，依法对企业国有资产进行监管。
同一最终控制母公司	北京华润大厦有限公司	陈鹰	北京市东城区建国门北大街8号	1 200万美元	在规划范围内进行房屋及附属配套设施开发、建设及物业管理，包括写字楼的出售、商业设施的租售。
同一最终控制母公司	北京优高雅装饰工程有限公司	余建明	北京市东城区东总布胡同5号9层	200万美元	为承接国内外各项工程的装饰装修并提供相关服务。
联营公司	国信证券股份有限公司	何如	深圳市罗湖区红岭中路1012号国信证券大厦16~26层	820 000万元	证券经纪；证券投资咨询；与证券交易，证券投资活动有关的财务顾问；证券承销与保荐；证券自营；证券资产管理；融资融券；证券投资基金代销；金融产品代销；为期货公司提供中间介绍业务；商品期货经纪、金融期货经纪、期货投资咨询、资产管理；受托管理股权投资基金、创业投资业务、代理其他创业投资企业等机构或个人的创业投资业务、创业投资咨询业务、为创业企业提供创业管理服务业务、参与设立创业投资企业与创业投资管理顾问机构；香港证券经纪业务、融资业务及资产管理业务。
同一母公司控制公司	华润深国投投资有限公司	张建民	深圳市福田区农林路69号深国投广场1号楼12层1202C室	50 000万元	投资兴办实业，投资管理和咨询，在合法取得使用权的土地上从事房地产开发经营，物业管理。
同一最终控制母公司	华润金融控股有限公司	刘晓勇	香港湾仔港湾道26号华润大厦37楼	10 000万港元	投资控股。
同一母公司控制公司	珠海华润银行股份有限公司	刘晓勇	广东省珠海市吉大九洲大道东1346号	563 783.7183万元	经营中国银行业监督管理委员会批准的金融业务。
孙公司	深圳华润元大资产管理有限公司	刘小腊	深圳市前海深港合作区前湾一路鲤鱼门街1号前海深港合作区管理局综合办公楼A栋201室（深圳市前海商务秘书有限公司）	3 000万元	特定客户资产管理业务以及中国证监会许可的其他业务。
子公司	华润元大基金管理有限公司	刘小腊	深圳市前海深港合作区前湾一路1号A栋201室（入驻深圳市前海商务秘书有限公司）	30 000万元	基金募集、基金销售、特定客户资产管理、资产管理和中国证监会许可的其他业务。
重大影响的其他公司	深圳市润鑫三号投资合伙企业（有限合伙）	—	深圳市福田区中心四路1-1号嘉里建设广场第三座第10层1001室	不适用	二级市场及衍生品、非上市股权、债权及其他财产权利的专项资产管理业务。
母公司重大影响的其他企业	万科企业股份有限公司	王石	深圳市盐田区大梅沙环梅路33号万科中心	1 099 521万元	房地产开发。
同一最终控制母公司	辽宁华润万家生活超市有限公司	钟窍	沈阳市铁西区建设中路52号	500万元	预包装食品兼散装食品、乳制品（含婴幼儿配方乳粉）批发兼零售；卷烟、雪茄烟零售；图书、报刊零售；电子出版物零售；音像制品零售；一般经营项目：计算机及配件、办公用品、工艺美术品、花卉、家具、汽车配件、摩托车配件、五金交电、电信器材、洗涤化妆品销售；技术信息咨询服务；柜台出租（承租方需另办执照）；农副产品收购（不含粮食）；自有房屋租赁；家用电器现场维修；货物运输代理；冷冻设备租赁。
同一最终控制母公司	华润五丰农业开发（中国）有限公司	王维勇	深圳市罗湖区深南东路5001号华润大厦第23层2304单元	1 000万美元	企业管理咨询，农业技术及信息咨询，农产品的种植，蔬菜、水果种植技术开发，初级农产品、蔬菜、水果、肉蛋禽的批发，机械设备及配件的批发（国家禁止、限制外商投资的除外）。

续表

关系性质	关联方名称	法定代表人	注册地址	注册资本	主营业务
同一最终控制母公司	华润湖南医药有限公司	张宁	长沙市高新区麓谷大道698号	10 000万元	中药材、中成药、中药饮片、蛋白同化制剂、肽类激素、西药、预包装食品、一类医疗器械、二类医疗器械、三类医疗器械、化妆品、日用百货、汽车零配件、办公用品的批发;医药原料、消毒剂、疫苗、医药辅料、生物制品、保健食品、蜂产品(蜂蜜、蜂王浆、蜂胶、蜂花粉、蜂产品制品)、玻璃仪器、包装材料的销售;物流代理服务;仓储代理服务;普通货物运输;软件开发;自营和代理各类商品及技术的进出口,但国家限定公司经营或禁止进出口的商品和技术除外(依法须经批准的项目,经相关部门批准后方可开展经营活动)。
同一最终控制母公司	华润租赁有限公司	彭晓吾	深圳市前海深港合作区前湾一路1号A栋201室	15 500万美元	融资租赁业务;租赁业务;向国内外购买租赁财产;租赁财产的残值处理及维修;租赁交易咨询和担保。批发Ⅲ类、Ⅱ类:医用光学器具、仪器及内窥镜设备;医用超声仪器及有关设备;医用高频仪器设备;医用磁共振设备;医用X射线设备;临床检验分析仪器Ⅱ类;神经外科手术器械;与主营业务相关的商业保理业务。
同一最终控制母公司	华润湖北金马医药有限公司	李向明	武汉市江岸区洞庭街139号六楼	2 000万元	日用化工产品(不含化学危险品)、保健食品销售(经营期限至2014年12月31日)、医药中间体、玻璃仪器、消毒用品、卫生材料的销售;Ⅰ类医疗器械的销售;会议会展服务;医药科技信息咨询;Ⅱ类、Ⅲ类医疗器械销售;中成药、中药材、中药饮片、化学原料药、化学药制剂、抗生素制剂、抗生素原料药、生化药品、生物制品、精神药品(二类)、体外诊断试剂的批发;预包装食品兼散装食品批发兼零售(凭有效许可证经营)(国家有专项规定的项目,须经审批后或凭有效许可证方可经营)。
同一最终控制母公司	华润衢州医药有限公司	李向明	衢州市中粮路33号	8 000万元	药品批发;危险化学品经营;医疗器械销售;食品销售;道路货运经营;一般经营项目;保健食品、化学试剂、玻璃仪器、保健用品、百货、化妆品销售;医药咨询(国家有专项规定的除外);货物及技术进出口(法律法规限制的除外,应当取得许可证的凭许可证经营);以下经营范围限分支机构经营:中药材、中药饮片零售。

6.5.3 本公司与关联方的重大交易事项

6.5.3.1 固有与关联方:贷款、投资、租赁、应收账款、担保、其他方式等期初汇总数、本期借方和贷方发生额汇总数、期末汇总数

单位:万元

固有与关联方关联交易				
	期初数	借方发生额	贷方发生额	期末数
贷款	—	—	—	—
投资	169 647.23	97 095.08	192 350.00	74 392.31
租赁	—	—	—	—
担保	—	—		
应收账款	—	—	—	—
其他应收款项	268.91	8.35	—	277.26
其他应付款项	132.01	—	5.96	137.97
合计	170 048.15	97 103.43	192 355.96	74 807.54

6.5.3.2 信托与关联方交易情况:贷款、投资、租赁、应收账款、担保、其他方式等期初汇总数、本期借方和贷方发生额汇总数、期末汇总数

单位:万元

信托与关联方关联交易				
	期初数	借方发生数	贷方发生数	期末数
贷款	107 000.00	35 001.95	107 000.00	35 001.95
投资	—	2 799.08	—	2 799.08
租赁	—	—	—	—
担保	—	—	—	—
应收账款	—	—	—	—
其他	3 782 016.41	446 869.08	12 971.00	4 215 914.49
合计	3 889 016.41	484 670.11	119 971.00	4 253 715.52

6.5.3.3 信托公司自有资金运用于自己管理的信托项目(固信交易),信托公司管理的信托项目之间的相互(信信交易)交易金额、包括余额和本报告年度的发生额

6.5.3.3.1 固有财产与信托财产之间的交易金额期初汇总数、本期发生额汇总数、期末汇总数

单位:万元

固有财产与信托财产相互交易			
	期初数	本期发生数	期末数
合计	148 653.89	172 048.38	320 702.27

6.5.3.3.2　信托项目之间的交易金额期初汇总数、本期发生额汇总数、期末汇总数

单位：万元

信托资产与信托财产相互交易			
	期初数	本期发生数	期末数
合计	1 346 966.02	282 325.14	1 629 291.16

6.5.4　逐笔披露关联方逾期未偿还本公司资金的详细情况以及本公司为关联方担保发生或即将发生垫款的详细情况

无。

6.6　会计制度的披露

本公司固有业务及信托业务均执行财政部2006年2月15日颁布的企业会计准则及其补充规定。

7. 财务情况说明书

7.1　利润实现和分配情况

7.1.1　母公司利润实现和分配情况

经天职国际会计师事务所（特殊普通合伙）审计，2016年母公司利润总额187 225.06万元，扣除所得税费用17 997.18万元，实现净利润169 227.88万元。根据公司章程及财务制度的相关规定，按以下利润分配方案分配2016年度利润：

（1）根据《公司章程》提取法定盈余公积16 922.79万元。

（2）根据银监会《信托公司管理办法》的规定提取信托赔偿准备金8 461.39万元。

（3）根据《关于印发〈金融企业准备金计提管理办法〉的通知》（财金[2012]20号）的规定及自身实际情况，选择标准法对风险资产所面临的风险状况定量分析，确定潜在风险估计值，对于潜在风险估计值高于资产减值准备的差额，计提一般准备。2016年提取一般风险准备金593.18万元，2016年末一般风险准备余额27 394.21万元。

7.1.2　合并利润实现和分配情况

经天职国际会计师事务所（特殊普通合伙）审计，2016年公司合并利润总额220 796.64万元，扣除所得税费用26 913.11万元，实现净利润193 883.53万元，其中归属于母公司的净利润194 676.77万元。根据《公司章程》及财务制度的相关规定，按以下利润分配方案分配2016年利润：

（1）根据《公司章程》提取法定盈余公积16 922.79万元。

（2）根据银监会《信托公司管理办法》的规定提取信托赔偿准备金8 461.39万元。

（3）根据《关于印发〈金融企业准备金计提管理办法〉的通知》（财金[2012]20号）的规定及自身实际情况，选择标准法对风险资产所面临的风险状况定量分析，确定潜在风险估计值，对于潜在风险估计值高于资产减值准备的差额，计提一般准备。2016年提取一般风险准备金593.18万元，2016年末一般风险准备余额27 394.21万元。

7.2　主要财务指标

指标名称	指标值合并	指标值母公司
资本利润率（%）	11.51	10.17
人均净利润（万元）	520.53	558.51

注：1. 资本利润率＝净利润/所有者权益平均余额×100%。
2. 人均净利润＝净利润/年平均人数。
3. 平均值采取期初、期末余额简单平均法，公式为：平均值＝（期初数＋期末数）/2。

7.3　对本公司财务状况、经营成果有重大影响的其他事项

无。

7.4　本公司净资本情况

风险管理指标监管表

编制单位：华润深国投信托有限公司　　2016年12月31日

项目	年末余额	监管标准
净资本（万元）	1 372 218.53	≥20 000
固有业务风险资本（万元）	152 973.88	
信托业务风险资本（万元）	243 093.96	
其他业务风险资本（万元）	—	
各项业务风险资本之和（万元）	396 067.84	
净资本/各项业务风险资本之和（%）	346.46	≥100
净资本/净资产（%）	83.45	≥40

8. 特别事项揭示

8.1　前五名股东报告期内变动情况及原因

无。

8.2　董事、监事及高级管理人员变动情况及原因

8.2.1　董事变动情况及原因

2016年4月，经股东会审议，公司董事会进行换届，免去伍斌、魏斌、梁伯韬、靳海涛、路强、宋群董事职务，选举产生新一届董事会。6月，经深圳银监局核准，新一届董事会成员包括刘晓勇、桂自强、杨鹏、陈荣、孟扬、刘小腊、洪霄。

8.2.2　监事变动情况及原因

2016年4月，经股东会审议，公司监事会进行换届，免去俞建、刘娇琳监事职务，选举产生新一届监事会，成员包括施长跃、陈向军、杜新春。

8.2.3　高级管理人员变动情况及原因

报告期内，公司原总经理路强、副总经理田洁离职；2016年4月，董事会聘任刘小腊任总经理，洪霄、程红任副总经理，卢伦任财务总监，6月，深圳银监局核准上述高级管理人员的任职资格。

8.3 变更注册资本、变更注册地或公司名称、公司分立合并事项

报告期内,注册资本由26.3亿元增至60亿元,公司未发生注册地、名称变更或分立合并事项。

8.4 公司的重大诉讼事项

报告期内,公司无重大诉讼事项。

8.5 公司及其董事、监事和高级管理人员受到处罚的情况

报告期内,公司及其董事、监事和高级管理人员无处罚事项。

8.6 银监会及其派出机构对公司检查意见

2016年11月,中国银行业监督管理委员会深圳监管局对公司进行了房地产业务专项检查,检查意见认为,公司建立了房地产业务相关制度,从项目准入、风险审查、投后管理等方面对房地产业务进行了规范,但在房地产业务合规性管理、制度建设等方面还需进一步加强。公司根据银监局检查意见要求及时推进整改落实,大部分待整改事项已整改完毕,进一步提升了公司房地产业务合规及风险管理水平。

8.7 本年度重大事项临时报告的简要内容、披露时间、所披露的媒体及其版面

2016年6月,公司注册资本金由26.3亿元增至60亿元事项获得中国银行业监督管理委员会深圳监管局核准(深银监复[2016]117号),并已在《中国证券报》2016年6月16日第A13版进行了相关信息的披露。

公司2016年第一次股东会审议通过,选举刘晓勇、桂自强、陈荣、杨鹏、刘小腊、洪霄任公司董事,上述人员任职资格经中国银行业监督管理委员会深圳监管局核准(核准文件:深银监复[2016]122号),并已在《中国证券报》2016年6月16日第A13版进行了相关信息的披露。

公司第五届董事会第六次会议审议通过,聘任刘小腊为公司总经理,其任职资格经中国银行业监督管理委员会深圳监管局核准(核准文件:深银监复[2016]122号),并已在《中国证券报》2016年6月16日第A13版进行了相关信息的披露。

8.8 履行社会责任情况

华润信托秉承“践行社会责任,做诚信企业”的社会责任理念,以受益人的最大利益处理信托事务,恪尽职守,履行诚实、信用、谨慎、有效管理的义务。一是落实客户责任,保障消费者权益,做好投资者教育;二是落实公共责任,成立农业、医药、文化类产品,支持实体经济,推行普惠金融;三是落实员工责任,关爱员工身心健康,展现以人为本的人文关怀;四是落实环境责任,推行绿色办公,支持环保产业发展。

8.9 银监会及其省级派出机构认定的其他有必要让客户及相关利益人了解的重要信息

无。

9. 公司监事会意见

监事会认为在报告期内,公司的决策程序符合国家法律、法规和公司的章程及相关制度,建立健全了比较有效的内控制度,董事会全体成员及高级管理人员认真履行了职责,未发现有违法、违规、违章的行为,也没有损害公司利益、股东利益和委托人利益的行为。公司财务报告真实反映了公司财务状况和经营成果。

华鑫国际信托有限公司

1. 重要提示

1.1 公司董事会及董事保证本报告所载资料不存在任何虚假记载、误导性陈述或者重大遗漏,并对其内容的真实性、准确性和完整性承担个别及连带责任。

1.2 公司全体董事出席了董事会。无董事声明异议。

1.3 公司独立董事王昊女士、孟向洁女士声明:保证本年度报告内容的真实性、准确性和完整性。

1.4 立信会计师事务所(特殊普通合伙)对本公司年度财务报告进行审计,出具了标准无保留意见的审计报告。

1.5 公司董事长李长旭先生、总经理朱勇先生、主管信托会计部门总经理王晓波及主管固有会计部门总经理隋仁凤声明:保证年度报告中财务报告的真实、完整。

2. 公司概况

2.1 公司简介

华鑫国际信托有限公司(以下简称公司)是经中国银行业监督管理委员会依法批准设立的非银行金融机构,前身为佛山国际信托投资有限公司,公司于2008年12月24日重新登记并更名为华鑫国际信托有限公司,2009年9月完成验资工作,注册资本金3.2亿元,其中中国华电集团公司占比51%,中国华电集团财务有限公司占比49%;2010年2月9日,取得中国银监会颁发的金融许可证,2010年3月15日,经营地址迁至北京市西城区,并于2010年3月18日正式挂牌开业;2010年12月23日,经股东方同意并报中国银监会批准,股东同比例增资至12亿元;2012年4月9日,经股东方同意并报中国银监会批准,股东同比例增资至22亿元。

公司自重新挂牌营业以来,先后获得《金融理财》杂志举办的金融理财TOP10总评榜"金貔貅奖""年度金牌成长潜力信托公司""年度金牌风控力信托公司""年度金牌服务力信托公司"等称号;中国企业文化促进会"企业文化建设百佳单位""中国企业诚信文化十佳单位"称号;连续获得中国华电集团公司"文明单位""先进集体"荣誉称号;荣获北京市西城区人民政府"年度发展区域经济突出贡献奖",成为北京市首批重点总部企业;"华鑫海洋文化传媒基金集合资金信托计划"荣获《证券时报》"优秀绿色信托计划"产品奖。

2.1.1 公司法定中文名称:华鑫国际信托有限公司
中文名称缩写:华鑫信托
公司英文名称:China Fortune International Trust Co., Ltd.
公司英文名称缩写:China Fortune Trust

2.1.2 公司法定代表人:李长旭

2.1.3 公司注册地址:北京市西城区宣武门内大街2号华电大厦B座11层
邮政编码:100031
公司国际互联网网址:http://www.cfitc.com
公司电子信箱:hxxt@cfitc.com

2.1.4 公司信息披露联系人:李扬建
联系电话:400-680-1616/010-83568201转
传真:010-83568281
电子信箱:servic@cfitc.com

2.1.5 公司信息披露报纸名称:《金融时报》
备置地点:北京市西城区宣武门内大街2号华电大厦B座11层

2.1.6 公司聘请的会计师事务所名称:立信会计师事务所(特殊普通合伙)
地址:上海市黄浦区南京东路61号四楼

2.1.7 公司聘请的律师事务所名称:北京德恒律师事务所
地址:北京市西城区金融大街19号富凯大厦B座12层

2.2 组织结构

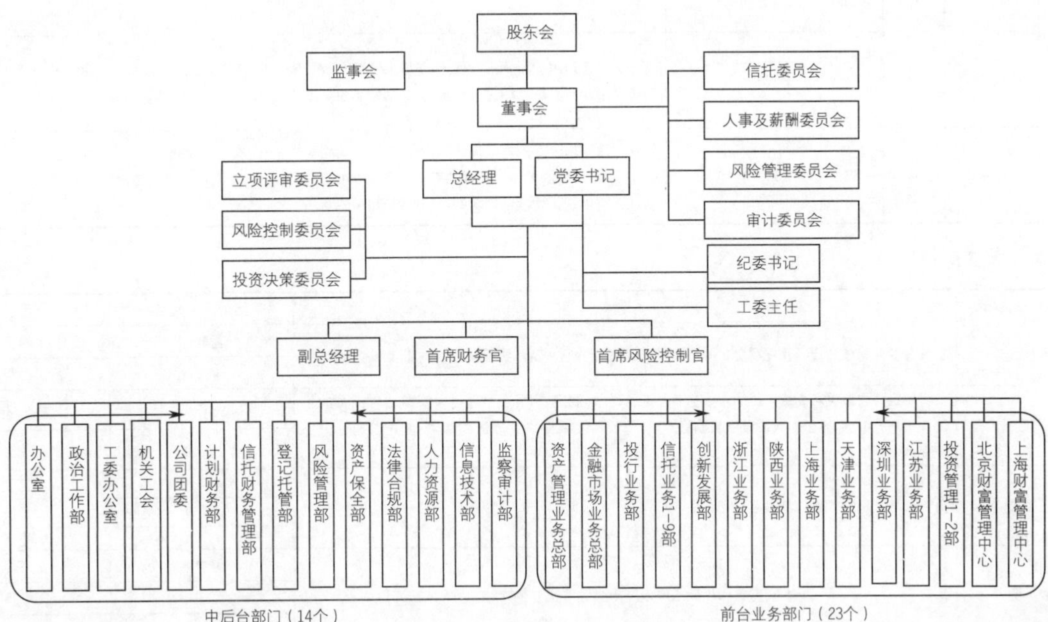

3. 公司治理

3.1 股东

股东总数:2 个。

股东名称	持股(%)	法人代表	注册地址	主营业务
中国华电集团公司★	51	赵建国	北京市西城区宣武门内大街2号A座	许可经营项目:对外派遣境外工程所需的劳务人员;一般经营项目:实业投资及经营管理;电源的开发、投资、建设、经营和管理等。
中国华电集团财务有限公司	49	陈 宇	北京市西城区宣武门内大街2号B座10层	对成员单位办理财务和融资、担保、结算等;从事同业拆借;对金融机构的股权投资;中国银行业监督管理委员会批准的其他业务等。

注:★表示中国华电集团公司为实际控制人。

3.2 董事会成员

董事长、董事

姓名	职务	性别	年龄	任职时间	简要履历
李长旭	董事长	男	54	2014年12月	曾任审计署驻电力部审计局一处主任科员、三处副处长,国家电力公司审计局生产审计处副处长、二处副处长、审计部正处级职员、审计部综合处处长,中国华电集团公司监察审计部副主任(主持工作);现任中国华电集团副总会计师,兼华鑫国际信托有限公司董事长。
张泽星	董事	男	54	2016年10月	曾任黑龙江省火电公司技术员,哈尔滨第三发电厂专工、副经理、总经理、哈尔滨第三发电厂实业集团总经理兼哈尔滨第三发电厂副厂长,牡丹江第二发电厂厂长、党委委员,华电能源股份有限公司总经理、党组成员,云南华电怒江水电开发有限公司总经理、党组成员、赛格水电站筹建处主任,华电云南发电有限公司执行董事、总经理、党组成员,中国华电集团资本控股有限公司党组书记;现任华鑫国际信托有限公司党委书记、董事。
郝 彬	董事	男	54	2016年4月	曾任华信保险公司总经理,中国华电集团资本控股公司党组成员、副总,华鑫国际信托有限公司董事长、党组书记;现任中国华电集团公司金融产业部主任。
袁亚男	董事	女	51	2013年5月	曾任国家开发银行正科级职员、副处长、处长,中国华电集团财务资产部融资管理处处长,中国华电集团资产管理部主任师、副主任,中国华电集团资本运营与产权管理部副主任,中国华电集团财务与风险管理部副主任;现任华电国际公司纪委书记、工委主任。
李文峰	董事	男	47	2016年4月	曾任中国人民保险公司山东省分公司财务处、业务管理处职员,中国电力信托投资有限公司信贷业务部项目经理,华电财务有限公司信贷管理部经理助理、副经理,资本控股公司(华电财务公司)信贷部经理、投资业务部(证券投资部)经理,中国华电集团资本控股有限公司副总经理、党组成员;现任中国华电集团财务有限公司党委委员、总经理。

独立董事

姓名	职务	性别	年龄	任职时间	简要履历
王 昊	独立董事	女	41	2009 年 11 月	曾任北京市瑞银律所律师合伙人，英国 LAMB CHAMBERS 实习，黎明网络公司法律事务部经理，德国百达律师事务所北京办事处中国法律顾问，金城律师事务所律师；现任瑞银律师事务所高级合伙人。
孟向洁	独立董事	女	58	2012 年 10 月	曾任财政部办公厅副司级调研员，农业部计划司副司长，中国农村发展信托投资公司副总经理，中农信香港公司董事长，中国诚信证券评估有限公司党委书记，副总经理、北京中兴正元资产管理咨询有限公司董事长；现任北京中资北方投资顾问有限公司董事长。

董事会下属委员会

董事会下属委员会名称	职责	组成人员姓名	职务
信托委员会	负责督促公司依法履行受托职责，了解公司信托业务的发展情况，维护受益人的最大利益。	孟向洁	委员
		李文峰	委员
人事及薪酬委员会	负责制定公司董事及高级人员的考核标准并进行考核；制定、审查公司董事及高级管理人员的薪酬政策与方案；制定公司长期激励机制和方案，为公司发展提供人才激励保障；制定公司人力资源发展规划。	张泽星	主任委员
		郝 彬	委员
风险管理委员会	负责公司风险的控制、管理、监督和评估。	郝 彬	主任委员
		袁亚男	委员
		王 昊	委员
审计委员会	负责内部、外部审计的沟通、监督和核查工作以及重大关联交易的审核。	孟向洁	主任委员
		郝 彬	委员
		王 昊	委员

3.3 监事、监事会成员

监事会成员

姓名	职务	性别	年龄	选任日期	简要履历
任明霞	监事长	女	44	2016 年 4 月	曾任山东邹县发电厂财务科会计员，山东国际电源开发股份有限公司财务部担任报表主编、预算管理、资金管理等岗位，华电国际财务处资产融资科副科长、科长，华电国际财务处副处长、财务资产部副主任兼资产融资处处长，华电国际财务资产部副主任；现任中国华电集团公司审计部副主任。
刘 伟	监事	女	43	2016 年 4 月	曾任中国农业银行潍坊市分行职员，中国华电集团财务有限公司财务部员工，中国华电集团资本控股有限公司（财务公司）财务部经理助理、风险合规管理部经理助理，中国华电集团财务有限公司存款业务部副经理、经理；现任中国华电集团财务有限公司风险与合规管理部（审计部）经理。
王晓波	职工监事	男	43	2010 年 10 月 28 日	曾任黑龙江龙电置业有限公司财务部主管会计，华电能源股份有限公司审计部审计员、审计部副经理、监察审计部副主任、监察审计部主任。现任华鑫国际信托有限公司运营总监兼信托财务管理部总经理。

3.4 高级管理人员

姓名	职务	性别	年龄	选任日期	简要履历
张泽星	党委书记	男	54	2016 年 9 月	曾任黑龙江省火电公司技术员，哈尔滨第三发电厂专工、副经理、总经理、哈尔滨第三发电厂实业集团总经理兼哈尔滨第三发电厂副厂长，牡丹江第二发电厂厂长、党委委员，华电能源股份有限公司总经理、党组成员，云南华电怒江水电开发有限公司总经理、党组成员、赛格水电站筹建处主任，华电云南发电有限公司执行董事、总经理、党组成员，中国华电集团资本控股有限公司党组书记；现任华鑫国际信托有限公司党委书记、董事。
朱 勇	总经理	男	48	2010 年 11 月	曾任中国农业发展银行总行信贷一部主任科员，经济师，中信证券股份有限公司资产管理部研究主管；中信信托有限责任公司资金运用部副总经理（主持工作）、资产管理部副总经理（主持工作）、资产管理部总经理、资本市场业务总监兼资产管理部总经理；现任华鑫国际信托有限公司党委委员、总经理。
陶 钧	副总经理	男	46	2013 年 9 月	曾任中信兴业信托投资公司资金处项目经理，中信信托有限责任公司年金信托部总经理、信托业务五部总经理、投资银行二部副总经理，中信锦绣资本管理有限公司投资总监。渤海国际信托有限公司副总裁；现任华鑫国际信托有限公司党委委员、副总经理。
赵远波	副总经理、总法律顾问	男	40	副总经理，2015 年 12 月 总法律顾问，2016 年 4 月	曾任中国华电集团公司结算中心金融运作处职员，华电财务有限公司信贷管理部职员，中国华电集团财务有限公司信贷管理部经理助理、副经理、经理、副总经理、党组成员；现任华鑫国际信托有限公司党委委员、副总经理。

3.5 公司党委委员

姓名	职务	性别	年龄	选任日期	简要履历
张泽星	党委书记	男	54	2016年9月	曾任黑龙江省火电公司技术员，哈尔滨第三发电厂专工、副经理、总经理、哈尔滨第三发电厂实业集团总经理兼哈尔滨第三发电厂副厂长，牡丹江第二发电厂厂长、党委委员，华电能源股份有限公司总经理、党组成员，云南华电怒江水电开发有限公司总经理、党组成员、赛格水电站筹建处主任，华电云南发电有限公司执行董事、总经理、党组成员，中国华电集团资本控股有限公司党组书记；现任华鑫国际信托有限公司党委书记、董事。
朱　勇	党委委员	男	48	2016年9月	曾任中国农业发展银行总行信贷一部主任科员，经济师，中信证券股份有限公司资产管理部研究主管；中信信托有限责任公司资金运用部副总经理（主持工作）、资产管理部副总经理（主持工作）、资产管理部总经理、资本市场业务总监兼资产管理部总经理；现任华鑫国际信托有限公司党委委员、总经理。
陶　钧	党委委员	男	46	2016年9月	曾任中信兴业信托投资公司资金处项目经理，中信信托有限责任公司年金信托部总经理、信托业务五部总经理、投资银行二部副总经理，中信锦绣资本管理有限公司投资总监。渤海国际信托有限公司副总裁；现任华鑫国际信托有限公司党委委员、副总经理。
李红淑	党委委员、纪委书记	女	46	2016年9月	曾任黑龙江省电力有限公司审计处审计员；中国华电集团公司审计部副处级职员；中国华电集团公司审计部审计二处副处长、处长；中国华电集团公司审计部基建审计处处长。现任华鑫国际信托有限公司党委委员、纪委书记、工委主任。
赵远波	党委委员	男	40	2016年9月	曾任中国华电集团公司结算中心金融运作处职员，华电财务有限公司信贷管理部职员，中国华电集团财务有限公司信贷管理部经理助理、副经理、经理、副总经理、党组成员；现任华鑫国际信托有限公司党委委员、副总经理。

3.6 公司员工

项　目		本年度		上年度	
		人数（人）	比例（%）	人数（人）	比例（%）
年龄分布	25岁以下	2	1.0	0	0.0
	25～29岁	36	18.2	30	16.7
	30～39岁	113	57.1	104	57.8
	40岁以上	47	23.7	46	25.5
学历分布	博士	9	4.5	7	3.9
	硕士	132	66.7	118	65.6
	本科	54	27.3	50	27.8
	专科	3	1.5	5	2.7
岗位分布	董事、监事及其高管人员	13	6.6	13	7.2
	固有业务人员	9	4.5	5	2.8
	信托业务人员	105	53.0	102	56.7
	其他人员	71	35.9	60	33.3

3.7 公司治理信息

3.7.1 年度内召开股东会情况

本年度共召开股东会两次，审议并通过了《关于董事会2015年度工作报告的议案》《关于监事会2015年度工作报告的议案》等9项议案。

3.7.2 年度内召开董事会情况

本年度召开董事会三次，审议通过了《关于公司“十三五”发展规划的议案》《关于总经理工作报告的议案》《关于董事会2015年度工作报告的议案》等18项议案。

3.7.3 监事会及履行职责情况

本年度召开监事会一次，审议并通过了《关于监事会2015年度工作报告的议案》《关于选举公司监事长的议案》两项议案。本报告年度，监事会列席了董事会历次会议。

3.7.4 高级管理人员履行职责情况

2016年，公司全体高级管理人员在董事会的正确领导和监事会的大力指导下，以提质增效为主线，紧紧围绕“调结构、促转型、补短板、防风险、提质量”五大中心任务，全面完成年度任务目标，为公司下一步转型升级奠定了良好的基础。

3.7.5 党委成员履行职责情况

2016年，公司党委班子认真学习贯彻党的十八届六中全会和习近平总书记系列重要讲话精神，深入开展“两学一做”学习教育活动，认真履行党委主体责任和纪委监督责任，切实发挥了党在企业管理中的核心领导作用。

4. 经营管理

4.1 经营目标、经营方针、战略规划

4.1.1 经营目标

本报告期公司以改革创新为统领，全面提升风险管控能力，大力推进传统业务升级和创新业务发展，统筹做好增量优化和存量调整，加快形成具备核心竞争力的产品和业务模式，不断培育华鑫特色品牌。

截至2016年末，公司管理资产总规模2 754亿元，实现利润总额6.1亿元。

4.1.2 经营方针

本报告期公司经营方针是稳健经营、价值至上。

4.1.3 战略规划

公司坚持风控优先、稳健经营、价值至上、开拓创新、专业专注、立足转型发展的中心工作，全面围绕投资银行、资产管理、财富管理和专业受托服务四大领域，实施转型发展战略，努

力把公司建设成为业绩优良、管理先进、科学发展、质形俱佳、值得信赖、同业领先的专业化、国际化信托公司。

4.2 所经营业务的主要内容

4.2.1 经营的主要业务及品种

公司经营的主要业务为信托业务和固有业务。

4.2.1.1 信托业务

公司以能源和基础产业信托业务为核心,坚持多领域经营;以提供多元化、专业化、特色化金融服务为手段,坚持业务创新;以全面风险管理为保障,坚持稳健经营,规范运作。主要经营的信托业务包括:资金信托;动产信托;不动产信托;有价证券信托;其他财产或财产权信托;作为投资基金或者基金管理公司的发起人从事投资基金业务;经营企业资产的重组、购并及项目融资、公司理财、财务顾问等业务;受托经营国务院有关部门批准的证券承销业务;办理居间、咨询、资信调查等业务;代保管及保管箱业务等。

4.2.1.2 固有业务

主要自营业务包括:存放同业;拆放同业;贷款业务;租赁业务;投资业务;以固有财产为他人提供担保;同业拆借;居间服务;法律法规规定或中国银行业监督管理委员会批准的其他业务。

4.2.2 资产组合与分布

4.2.2.1 固有资产运用与分布表

资产运用	期末余额(万元)	占比(%)	资产分布	期末余额(万元)	占比(%)
货币资金	51.54	0.01	房地产业	6 199.00	1.47
发放贷款和垫款	—	—	基础产业	—	—
交易性金融资产	37 156.50	8.80	工商企业	—	—
可供出售金融资产	297 100.72	70.33	证券市场	184 937.17	43.78
持有至到期投资	—	—	金融机构	231 296.50	54.75
其他	88 123.91	20.86			
总计	422 432.67	100.00	总计	422 432.67	100.00

4.2.2.2 信托资产运用与分布表

资产运用	金额(万元)	占比(%)	资产分布	金额(万元)	占比(%)
货币资产	368 835.89	1.43	基础产业	1 958 100.00	7.60
贷款	8 304 956.85	32.23	房地产业	996 800.00	3.87
交易性金融资产	5 097 875.12	19.78	证券市场	5 355 057.92	20.78
可供出售金融资产	52 204.24	0.20	工商企业	12 809 088.25	49.70
持有至到期投资	8 545 038.16	33.16	金融机构	2 661 974.29	10.33
长期股权投资	2 627 180.47	10.19	其他	1 989 794.68	7.72
其他	774 724.41	3.01			
信托资产总计	25 770 815.14	100.00	信托资产总计	25 770 815.14	100.00

4.3 市场分析

4.3.1 宏观经济形势分析

2017 年中国经济依然面临着巨大压力,人民币汇率在2016 年末大幅贬值后,仍将面临换汇及美元加息带来的贬值压力;美国特朗普新政府的政治激进政策或导致部分地缘政治紧张及恐怖主义抬头,增加风险因素。

4.3.2 行业形势分析

当前信托行业景气度下降,行业全要素生产率持续下降,尤其是技术进步效率明显放缓,以往倚重的规模效率也出现较大波动,业务风险显现。

4.3.3 影响公司发展的主要因素

当前影响公司发展的主要因素:一是公司创新能力需要提升,业务结构有待优化,产品线亟待丰富;二是体制机制还需优化,市场化程度有待进一步加强;三是全面风险管理能力和内部控制管理水平需进一步提升;四是财富管理职能还比较单一,营销服务手段还不够丰富,财富管理能力需要加强。

4.4 内部控制

4.4.1 内部控制环境和内部控制文化

公司按照《公司法》《信托公司管理办法》《信托公司治理指引》等要求,结合公司实际情况,建立由股东会、董事会、监事会、高级管理层组成的公司治理结构,形成了科学有效的职责分工和制衡机制。

4.4.2 内部控制措施

公司下设投资决策委员会和风险控制委员会,在董事会授权范围内行使权力。2016 年在立足公司新情况、行业新变化,以及监管法规等新要求,持续开展公司制度“废改立”工作,取得了积极成效。

4.4.3 信息交流与反馈

公司建立了信息与沟通制度,明确内部控制相关信息的收集、处理和传递程序,确保信息及时沟通,促进内部控制有效运行。

4.4.4 监督评价与纠正

公司监察审计部负责对公司内部控制的监督评价与纠正,对公司内控制度、业务经营、财务活动等实施稽核监督。

4.5 风险管理

4.5.1 风险管理概况

2016 年,公司立足新情况、行业新变化,以及监管法规和集团制度的新要求,启动了规章制度“废改立”工作,全面分析、评价各项管理制度,起草、修订及废止了多项规章制度。

4.5.1.1 公司经营活动中可能遇到的风险

风险主要包括信用风险、市场风险、操作风险、政策风险、道德风险等。

4.5.1.2 公司风险管理的基本原则与政策

风险管理贯彻全面性、审慎性、及时性、有效性、独立性等原则,覆盖到公司各项业务、各个部门和各级人员,并渗透到研究、决策、执行、监督、评价等各个环节;通过事前防范、事中控制、事后监督对风险进行全面综合管理,促进公司持续、稳健、规范、健康运行。

4.5.1.3 公司风险管理组织结构与职责划分

公司制定了股东会、董事会、监事会以及 4 个专业委员会的议事规则及总经理办公会工作规程等,逐步构建了以董事会为核心的覆盖公司整体的风险管理体系。董事会是风险管理的核心，公司高级管理人员负责组织实施董事会批准的风险管理战略，风险管理部门牵头公司日常的风险管理工作，各职能部门和业务部门对相关领域的风险管理承担直接责任。审计委员会和稽核审计部为公司风险管理监督评价机构。

4.5.2 风险状况

4.5.2.1 信用风险状况

报告期内，公司严格履行公司内部评审程序，加强事前尽职调查，落实风控措施，各项业务均合法合规、担保措施充足、交易对手信用等级较高，严格履行了受托人尽职管理职责。全年到期清算信托产品 213 个，累计清算信托本金 2 207 亿元，全部实现足额清算，未发生信用风险事项。

4.5.2.2 市场风险状况

公司在 2016 年密切关注各类市场风险，及时调整产品战略，勤勉、尽职履行受托人职责。报告期内未发生上述风险。

4.5.2.3 操作风险状况

报告期内，公司未因内部程序、系统不完善、人员操作失误等原因出现操作风险。

4.5.2.4 其他风险状况

其他风险主要包括法律风险、声誉风险、员工道德风险等。报告期内公司未发生此类风险。

4.5.3 风险管理

4.5.3.1 信用风险管理

公司防范和规避信用风险，具体措施包括：(1)加强制度建设，制定和修订业务操作规范指引；(2)加强信用风险过程管理；(3)公司持续推动风险管控端口前移；(4)公司持续发布风险提示、加强业务动态、政策分析和业务建议；(5)建立信托项目运营管理相关规定；(6)采用担保、资金托管等方式控制信用风险；(7)要求业务部门定期进行后期检查，形成项目检查报告；(8)严格按《金融企业呆账准备提取管理办法》《公司资产风险分类管理办法》等相关要求，足额计提拨备。

4.5.3.2 市场风险管理

公司制定并不断完善与总体业务发展战略、管理能力、资本实力和能够承担的总体风险水平相一致的市场风险管理原则和程序，对相关业务和产品中的市场风险因素进行分解和分析，及时准确识别业务中市场风险的类别和性质，通过多种途径进行市场风险的管理。

4.5.3.3 操作风险管理

公司通过合理的组织架构和岗位设置，优化业务操作流程，严控操作风险；积极推进前台、中台、后台与同业的交流活动；不断完善信息系统建设。

4.5.3.4 其他风险管理

对于政策风险，公司及时动态分析宏观政策和监管政策的变动趋势；对于法律合规风险，公司对信托业务进行分类梳理，引导依法合规开展业务；对于声誉风险，公司制定了声誉风险管理制度，对声誉事件实行分类分级管理。

4.6 社会责任

4.6.1 坚持合规自律，依法规范经营

报告期内公司严格遵守各项法律法规，认真落实监管要求；严格按照有关法律、法规、规章要求；自觉履行纳税义务；恪守社会公德和商业道德；履行反洗钱义务；忠实履行受托责任。

4.6.2 积极响应国家宏观政策，服务实体经济

公司积极响应国家宏观政策，优先支持符合国家发展政策的工商企业，为国家重要基础设施项目、战略性新兴产业的发展提供资金来源。

4.6.3 利用专业优势，积极支持公益事业

公司热心参与社会公益事业，积极开展捐款赈灾、捐资助学以及扶危济困等公益活动。2016 年，公司组建“鼎信”志愿者爱心团队，联系昌平区西峰山小学开展“鼎信华鑫·金秋助学”活动。

4.6.4 推广私人财富专业理财知识，提升信托专业服务水平

报告期内，公司优化华鑫信托 APP 手机客户端、微信公众号等互联网信息平台，定期推广信托文化、专业理财知识、投资者风险管理等，逐步引导投资者认知信托、理性投资。

4.6.5 勤勉尽责，维护投资者和受托人的利益最大化

公司高度重视消费者权益保护工作，成立了消费者权益保护委员会，建立健全工作机制，着力推进消费者权益保护制度建设，切实保护消费者权益。

4.6.6 保护股东权益，促进国有资产保值增值

报告期内，公司实现净利润 4.54 亿元，国有资产资保值增值率 112.70%。

5. 报告期末及上一年度末的比较式会计报表

5.1 自营资产

5.1.1 会计师事务所审计意见全文

审 计 报 告

信会师报字[2017]第 ZG24481 号

华鑫国际信托有限公司：

我们审计了后附的华鑫国际信托有限公司(以下简称贵公司)财务报表，包括 2016 年 12 月 31 日的资产负债表、2016 年度的利润表、现金流量表、所有者权益变动表以及财务报表附注。

一、管理层对财务报表的责任

编制和公允列表财务报表是贵公司管理层的责任。这种责任包括：(1)按照企业会计准则的规定编制财务报表，并使其实现公允反映；(2)设计、执行和维护必要的内部控制，以使财务报表不存在由于舞弊或错误导致的重大错报。

二、注册会计师的责任

我们的责任是在执行审计工作的基础上对财务报表发表审计意见。我们按照中国注册会计师审计准则的规定执行了审计工作。中国注册会计师审计准则要求我们遵守中国注册会计师职业道德守则，计划和执行审计工作以对财务报表是否不存在重大错报获取合理保证。

审计工作涉及实施审计程序，以获取有关财务报表金额和披露的审计证据。选择的审计程序取决于注册会计师的判断，包括对由于舞弊或错误导致的财务报表重大错报风险的评估。在进行风险评估时，注册会计师考虑与财务报表编制和公允列报相关的内部控制，以设计恰当的审计程序，但目的并非对内部控制的有效性发表意见。审计工作还包括评价管理层选用会计政策的恰当性和作出会计估计的合理性，以及评价财务报表的总体列报。

我们相信，我们获取的审计证据是充分、适当的，为发表审计意见提供了基础。

三、审计意见

我们认为，贵公司财务报表在所有重大方面按照企业会计准则的规定编制，公允反映了贵公司2016年12月31日的财务状况以及2016年度的经营成果和现金流量。

立信会计师事务所（特殊普通合伙）

中国注册会计师：

中国注册会计师：

二〇一七年三月十五日

5.1.2 资产负债表

资产负债表

2016年12月31日

单位：万元

资　产	期末余额	年初金额	负债和所有者权益	期末余额	年初金额
资　产：			负　债：		
现金	0.08	0.75	应付职工薪酬	569.47	486.56
存放同业款项	51.46	28 328.04	应交税费	9 419.41	21 953.15
交易性金融资产	37 156.50	55 359.72	预计负债		
应收账款	10 080.89	3 782.94	应付利息		
应收利息	1 901.28	1 482.52	递延所得税负债	1.84	259.07
发放贷款和垫款			其他负债	22 347.58	80 517.50
可供出售金融资产	297 100.72	179 013.47	负债合计	32 338.30	103 216.28
持有至到期投资		145 807.20	所有者权益：		
抵债资产	1 642.27	1 452.96	实收资本（或股本）	220 000.00	220 000.00
长期股权投资			资本公积		
固定资产原值	967.15	930.36	减：库存股		
累计折旧	758.29	632.02	其他综合收益	−651.05	777.17
固定资产净值	208.86	298.34	盈余公积	24 579.24	20 039.02
无形资产	621.49	718.45	一般风险准备	18 626.11	16 203.17
递延所得税资产	10 897.50	7 747.39	未分配利润	127 540.07	89 101.09
其他资产	62 771.62	25 344.95	所有者权益合计	390 094.37	346 120.45
资产总计	422 432.67	449 336.73	负债和所有者权益总计	422 432.67	449 336.73

5.1.3 利润表

利润表

2016年度

单位：万元

项　目	本年数	上年数
一、营业收入	98 894.71	154 730.26
利息净收入	67.42	974.46
利息收入	122.42	1 563.16
利息支出	55.00	588.70
手续费及佣金净收入	59 108.72	59 866.90
手续费及佣金收入	67 263.20	62 145.80
手续费及佣金支出	8 154.48	2 278.90
投资收益（损失以"－"填列）	39 711.28	93 912.07
公允价值变动收益（损益）（损失以"－"填列）	7.29	−23.17
其他业务收入		
二、营业支出	37 524.82	74 143.61
营业税金及附加	2 039.64	8 753.71
业务及管理费	23 754.70	23 416.72
资产减值损失	11 730.48	41 973.18
其他业务成本		
三、营业利润（亏损以"－"号填列）	61 369.89	80 586.65
加：营业外收入	82.72	0.01
减：营业外支出	23.09	2.77
四、利润总额（亏损总额以"－"号填列）	61 429.52	80 583.89
减：所得税费用	16 027.38	25 153.62
五、净利润（净亏损以"－"号填列）	45 402.14	55 430.27

5.1.4 所有者权益变动表

5.1.4.1 本年度所有者权益变动表

单位:万元

项目	本年金额					
	归属于母公司所有者权益					所有者权益合计
	实收资本	其他综合收益	盈余公积	一般风险准备	未分配利润	
栏次	1	2	3	4	5	6
一、上年年末余额	220 000.00	777.17	20 039.03	16 203.17	89 101.08	346 120.45
加:会计政策变更						
前期差错更正						
其他						
二、本年年初余额	220 000.00	777.17	20 039.03	16 203.17	89 101.08	346 120.45
三、本年增减变动金额(减少以"-"号填列)		-1 428.22	4 540.21	2 422.94	-6 963.15	-1 428.22
(一)净利润					45 402.14	45 402.14
(二)其他综合收益		-1 428.22				-1 428.22
综合收益小计		-1 428.22				-1 428.22
(三)所有者投入和减少资本						
1. 所有者投入资本						
2. 股份支付计入所有者权益的金额						
3. 对所有者的分配						
(四)专项储备提取和使用						
(五)利润分配			4 540.21	2 422.94	-6 963.15	
1. 提取盈余公积			4 540.21		-4 540.21	
其中:法定盈余公积			4 540.21		-4 540.21	
任意盈余公积						
2. 提取一般风险准备				2 422.94	-2 422.94	
四、本年年末余额	220 000.00	-651.05	24 579.24	18 626.11	127 540.07	390 094.37

5.1.4.2 本年度所有者权益变动表

单位:万元

项目	上年金额					
	归属于母公司所有者权益					所有者权益合计
	实收资本	其他综合收益	盈余公积	一般风险准备	未分配利润	
栏次	1	2	3	4	5	6
一、上年年末余额	220 000.00	797.03	14 496.00	12 028.83	65 795.08	313 116.94
加:会计政策变更						
前期差错更正						
其他						
二、本年年初余额	220 000.00	797.03	14 496.00	12 028.83	65 795.08	313 116.94
三、本年增减变动金额(减少以"-"号填列)		-19.86	5 543.03	4 174.34	23 306.00	33 003.51
(一)净利润					55 430.27	55 430.27
(二)其他综合收益		-19.86				-19.86
综合收益小计		-19.86				-19.86
(三)所有者投入和减少资本					-22 406.90	-22 406.90
1. 所有者投入资本						
2. 股份支付计入所有者权益的金额						
3. 其他					-22 406.90	-22 406.90
(四)专项储备提取和使用						
(五)利润分配			5 543.03	4 174.34	-9 717.37	
1. 提取盈余公积			5 543.03		-5 543.03	
其中:法定盈余公积			5 543.03		-5 543.03	
任意盈余公积						
2. 提取一般风险准备				4 174.34	-4 174.34	
四、本年年末余额	220 000.00	777.17	20 039.03	16 203.17	89 101.08	346 120.45

5.2 信托资产

5.2.1 信托项目资产负债汇总表

单位：万元

信托资产	期末余额	年初余额	信托负债和信托权益	期末余额	年初余额
信托资产			信托负债		
货币资金	368 835.89	157 211.01	交易性金融负债		
拆出资金			衍生金融负债		
存出保证金			应付受托人报酬	11 063.56	2 677.10
交易性金融资产	5 097 875.12	850 990.21	应付托管费	1 096.71	467.28
衍生金融资产			应付受益人收益	2 733.66	2 082.23
买入返售金融资产	772 232.64	1 150.01	应交税费		
应收款项	2 491.77	3 002.94	应付销售服务费	42.91	8.67
发放贷款	8 304 956.85	6 279 632.73	其他应付款项	14 419.71	25 591.38
可供出售金融资产	52 204.24	21 737.67	预计负债		
持有至到期投资	8 545 038.16	7 890 260.70	其他负债		
长期应收款			信托负债合计	29 356.55	30 826.66
长期股权投资	2 627 180.47	1 871 301.50			
投资性房地产			信托权益		
固定资产			实收信托	25 751 196.98	16 836 547.51
无形资产			其他综合收益	34 024.20	24 092.84
长期待摊费用			损益平准金		
其他资产			未分配利润	-43 762.59	183 819.76
减：各项资产减值准备			信托权益合计	25 741 458.59	17 044 460.11
信托资产总计	25 770 815.14	17 075 286.77	信托负债和信托权益总计	25 770 815.14	17 075 286.77

5.2.2 信托项目利润及利润分配汇总

单位：万元

项　目	本年金额	上年金额
1. 营业收入	1 745 994.70	1 749 648.31
1.1 利息收入	696 052.49	624 159.68
1.2 投资收益(损失以"-"号填列)	1 152 820.34	1 198 593.82
1.2.1 其中：对联营企业和合营企业的投资收益		
1.3 公允价值变动收益(损失以"-"号填列)	-115 569.48	-92 671.13
1.4 租赁收入		
1.5 汇兑损益(损失以"-"号填列)		
1.6 其他收入	12 691.35	19 565.94
2. 支出	123 364.15	191 555.66
2.1 营业税金及附加		
2.2 受托人报酬	70 136.13	59 816.63
2.3 托管费	8 922.47	12 253.96
2.4 投资管理费	581.13	
2.5 销售服务费	2 700.24	9 344.66
2.6 交易费用	1 290.71	7 785.96
2.7 资产减值损失		
2.8 其他费用	39 733.47	102 354.45
3. 信托净利润(净亏损以"-"号填列)	1 622 630.55	1 558 092.65
4. 其他综合收益		
5. 综合收益	1 622 630.55	1 558 092.65
6. 加：期初未分配信托利润	183 819.76	322 606.21
7. 可供分配的信托利润	1 806 450.31	1 880 698.87
8. 减：本期已分配信托利润	1 850 212.90	1 696 879.11
9. 期末未分配信托利润	-43 762.59	183 819.76

6. 会计报表附注

6.1 简要说明报告年度会计报表编制基准

公司执行财政部2006年2月15日颁布的企业会计准则及其后续规定，在此基础上编制2016年财务报表。

6.2 重要会计政策、会计估计和核算方法的说明

报告期内，无重要会计政策、会计估计和核算方法的变化。

6.3 或有事项说明

报告期内，无对外担保和其他或有事项。

6.4 重要资产转让及其出售的说明

报告期内，无重要资产转让及出售。

6.5 会计报表中重要项目的明细资料

6.5.1 披露固有资产经营情况

6.5.1.1 按信用风险五级分类结果披露信用风险资产的期初数、期末数

单位：万元

信用风险资产五级分类	正常类（万元）	关注类（万元）	次级类（万元）	可疑类（万元）	损失类（万元）	信用风险资产合计（万元）	不良资产合计（万元）	不良资产率（%）
期初数	448 836.73			500.00		449 336.73	500.00	0.11
期末数	421 852.17			580.50		422 432.67	580.50	0.14

注：不良资产合计＝次级类＋可疑类＋损失类。

6.5.1.2 各项资产减值损失准备的期初数、本期计提、本期转回、本期核销、期末数

单位:万元

	期初数	本期计提	本期转回	本期核销	期末数
贷款损失准备	6 391.46		192.87		6 198.59
一般准备	6 391.46		192.87		6 198.59
专项准备					
可供出售金融资产减值准备	41 691.49	3 076.16	1 864.13		42 903.52
持有至到期投资减值准备	1 472.80		1 472.80		
应收账款坏账准备	1 429.91	887.62	440.91		1 876.62
抵债资产减值准备	14.68	1.91			16.59

6.5.1.3 按照投资品种分类,披露固有业务股票投资、基金投资、债券投资、股权投资等投资业务

单位:万元

	自营股票	基金	债券	长期股权投资	其他投资	合计
期初数	29 785.39	222 226.05			177 724.70	429 736.14
期末数	19.28	50 759.22			332 580.83	383 359.33

6.5.1.4 按照投资入股金额排序,披露前五名的固有长期股权投资情况

报告期无长期股权投资业务。

6.5.1.5 固有贷款的企业名称、占贷款总额的比例和还款情况

单位:万元

企业名称	占贷款总额的比例	还款情况
—	—	—

6.5.1.6 表外业务的期初数、期末数;按照代理业务、担保业务和其他类型分别披露表外业务

报告期无表外业务。

6.5.1.7 公司当年的收入结构

收入结构	金额(万元)	占比(%)
手续费及佣金收入	67 263.20	62.80
其中:信托手续费收入	67 263.20	62.80
利息收入	122.41	0.11
投资收益	39 711.28	37.08
其中:证券投资收益	11 983.64	30.18
其他投资收益	27 727.64	25.89
公允价值变动收益	7.29	0.01
收入合计	107 104.18	100.00

6.5.2 披露信托财产管理情况

6.5.2.1 信托资产的期初数、期末数

单位:万元

信托资产	期初数	期末数
集合	7 015 833.79	14 294 719.37
单一	8 200 652.66	10 603 750.19
财产权	1 858 800.32	872 345.58
合计	17 075 286.77	25 770 815.14

6.5.2.1.1 主动管理型信托业务期初数、期末数

单位:万元

主动管理型信托资产	期初数	期末数
证券投资类	857 608.85	1 987 965.59
股权投资类	876 752.38	725 930.39
融资类	2 724 418.61	3 552 782.65
事务管理类	3.29	0.00
合计	4 458 783.12	6 266 678.63

6.5.2.1.2 被动管理型信托业务期初数、期末数

单位:万元

被动管理型信托资产	期初数	期末数
证券投资类	664 745.24	4 374 812.26
股权投资类	1 760 078.40	2 726 529.45
融资类	7 954 471.74	10 478 847.89
事务管理类	2 237 208.27	1 923 946.91
合计	12 616 503.65	19 504 136.51

6.5.2.2 本年度已清算结束的信托项目个数、实收信托合计金额、加权平均实际年化收益率

6.5.2.2.1 本年度已清算结束的集合类、单一类资金信托项目和财产管理类信托项目个数、实收信托合计金额、加权平均实际年化收益率

已清算结束信托项目	项目个数(个)	实收信托合计金额(万元)	加权平均实际年化收益率(%)
集合类	72	3 940 113.18	10.65
单一类	140	17 684 129.58	6.00
财产管理类	1	449 300.00	9.63

6.5.2.2.2 本年度已清算结束的主动管理型信托项目个数、实收信托合计金额、加权平均实际年化收益率

已清算结束信托项目	项目个数(个)	实收信托合计金额(万元)	加权平均实际年化收益率(%)
证券投资类	1	6 398.23	24.28
股权投资类	5	258 500.00	8.53
融资类	30	1 202 385.00	9.16

注:加权平均实际年化收益率=(信托项目1的实际年化收益率×信托项目1的实收信托+…+信托项目n的实际年化收益率×信托项目n的实收信托)/(信托项目1的实收信托+…+信托项目n的实收信托)×100%。

6.5.2.2.3 本年度已清算结束的被动管理型信托项目个数、实收信托合计金额、加权平均实际年化收益率,分投资类、融资类、事务管理类分别披露

已清算结束信托项目	项目个数(个)	实收信托合计金额(万元)	加权平均实际年化收益率(%)
证券投资类	5	103 465.89	3.05
股权投资类	13	1 766 061.50	6.58
融资类	143	7 198 239.14	9.19
事务管理类	15	11 475 631.00	5.29

6.5.2.3　本年度新增的集合类、单一类、财产管理类信托项目个数、实收信托合计金额

新增信托项目	项目个数(个)	实收信托合计金额(万元)
集合类	141	11 020 617.67
单一类	186	7 644 134.00
财产管理类	5	127 687.48
新增合计	332	18 792 439.15
其中:主动管理型	46	3 369 993.18
被动管理型	286	15 422 445.97

6.5.2.4　信托业务创新成果和特色业务有关情况

报告期内,公司成功发行首单家族信托"鑫鸿富系列"项目;联合山东省政府平台开展股权引导基金,实现公司首单大型 PPP 项目正式运作;携手华电置业发行首单系统内财产权信托项目。

6.5.2.5　本公司履行受托人义务情况及因本公司自身责任而导致的信托资产损失情况

报告期内,公司管理的信托业务运作正常,未出现因本公司自身责任而导致的信托资产损失情况。

6.5.2.6　信托赔偿准备金的提取、使用和管理情况

本报告期,公司计提信托赔偿金 2 270 万元,累计 12 290 万元,累计金额小于公司注册资本的 20%;计提一般准备金 153 万元,期末余额 6 336 万元。

6.6　关联方关系及其交易的披露

6.6.1　关联交易方的数量、关联交易的总金额及关联交易的定价政策

	关联交易方数量	关联交易金额(万元)	定价政策
合计	14	226 363.24	以市场交易价格为依据

6.6.2　关联交易方与本公司的关系性质、关联交易方的名称、法定代表人、注册地址、注册资本及主营业务等

关联关系	关联方名称	法定代表人	注册地址	注册资本(亿元)	主营业务
公司股东	中国华电集团财务有限公司	陈 宇	北京市西城区宣武门内大街 2 号 B 座 10 层	50	对成员单位办理财务和融资、担保、结算等;从事同业拆借;对金融机构的股权投资;中国银行业监督管理委员会批准的其他业务等。

6.6.3　本公司与关联方的重大交易事项

6.6.3.1　固有与关联方交易情况

无。

6.6.3.2　信托资产与关联方:贷款、投资、租赁、应收账款、担保、其他方式等期初汇总数、本期发生汇总额、期末汇总数

单位:万元

信托资产与关联方关联交易				
	期初数	借方发生额	贷方发生额	期末数
贷款	67 600.00		600.00	67 000.00
合计	67 600.00		600.00	67 000.00

6.6.3.3　信托公司自有资金运用于自己管理的信托项目(固信交易)、信托公司管理的信托项目之间的相互(信信交易)交易金额,包括余额和本报告年度的发生额

6.6.3.3.1　固有与信托财产之间的交易金额期初汇总数、本期发生额汇总数、期末汇总数

单位:万元

固有财产与信托财产相互交易			
	期初数	本期发生额	期末数
合计	100 863.24	58 500.00	159 363.24

6.6.3.3.2　信托资产与信托财产之间的交易金额期初汇总数、本期发生额汇总数、期末汇总数

单位:万元

信托资产与信托财产相互交易			
	期初数	本期发生额	期末数
合计	0	0	0

6.6.4　逐笔披露关联方逾期未偿还本公司资金的详细情况以及本公司为关联方担保发生或即将发生垫款的详细情况

本报告期,无上述事项发生。

6.7　会计制度的披露

公司固有业务和信托业务均执行财政部 2006 年颁布的企业会计准则及后续修订及新颁布的准则,以及实施细则。

7. 财务情况说明书

7.1　利润实现和利润分配情况

本报告期,公司实现利润总额 61 429.52 万元,所得税费用 16 027.39 万元,净利润 45 402.13 万元。

根据《公司法》《信托公司管理办法》《金融企业呆账准备提取管理办法》等规定,2016 年利润分配如下:

(1)按净利润的 10%,提取法定盈余公积金 4 540.21 万元。

(2)按净利润的 5%,提取信托赔偿准备金 2 270.11 万元。

(3)按风险资产余额的 1.5%,提取一般风险准备 152.83 万元。

上述各项提取后,加上年初未分配利润,剩余可供股东分配利润 127 540.07 万元。

7.2　主要财务指标

指标名称	指标值
资本利润率(%)	12.33
加权年化信托报酬率(%)	0.24
人均净利润(万元)	264.00

注:1. 资本利润率 = 净利润/所有者权益期初期末平均金额 ×100%。

2. 加权年化信托报酬率 =(信托项目 1 的年化信托报酬率 × 信托项目 1 的实收信托 +… + 信托项目 n 的年化信托报酬率 × 信托项目 n 的实收信托)/(信托项目 1 的实收信托 +… + 信托项目 n 的实收信托)×100%。

3. 人均净利润 = 净利润/期初期末平均人数。

7.3 净资本和风险资本情况

项目	期初数	期末数
净资本(万元)	299 004.88	344 068.41
风险资本(万元)	220 610.69	295 112.60
净资本/风险资本(%)	135.54	116.59
净资本/净资产(%)	86.39	88.20

报告期内,公司净资本充足,各项比例符合管理要求。

7.4 对本公司财务状况、经营成果有重大影响的其他事项

报告期内,未发生对财务状况、经营成果有重大影响的其他事项。

8. 特别事项揭示

8.1 前五名股东报告期内变动情况及原因

报告期内,前五名股东未发生变动情况。

8.2 董事、监事及高级管理人员变动情况及原因

按照股东提名,经股东会审议通过,并上报监管部门核准,张泽星、郝彬、李文峰担任公司董事,金树成、赵远波、吴晓球不再担任公司董事。

按照股东提名,经股东会审议通过,任明霞、刘伟担任公司监事,郝彬、张学云不再担任公司监事。

经董事会审议通过,并上报监管部门核准,赵远波担任公司副总经理,金树成不再担任公司副总经理,杨丹青不再担任公司首席财务官,蔡概还不再担任公司首席风险控制官。

8.3 变更注册资本、注册地或公司名称及公司分立合并事项

报告期内无上述事项。

8.4 公司的重大诉讼事项

报告期内无被诉讼事项。

8.5 公司及其董事、监事和高级管理人员受到处罚的情况

报告期内无上述事项。

8.6 对银监会及其派出机构所提监管意见的整改情况

2016年4月和10月,北京银监局对公司进行现场检查。对检查中提出的制度建设不完善、尽职调查不到位等问题,公司按照相关监管要求,已整改落实完毕。

8.7 本年度重大事项常规及临时报告的简要内容、披露时间、所披露的媒体及其版面

2016年4月29日,在《金融时报》第13版披露《华鑫国际信托有限公司年度报告摘要》。

8.8 银监会及其省级派出机构认定的其他有必要让客户及相关利益人了解的重要信息

报告期内无上述事项。

9. 公司监事会意见

报告期内,公司监事会认为公司决策程序合法,内部控制制度完善,未发现董事、经理和其他高级管理人员在执行职务时有违法、违纪及有损公司和股东利益的行为。财务报告真实反映了公司的财务状况和经营成果。

华信信托股份有限公司

1. 重要提示

1.1 公司董事会及董事保证本报告所载资料不存在任何虚假记载、误导性陈述或者重大遗漏，并对其内容的真实性、准确性和完整性承担个别及连带责任。本年度报告摘要摘自年度报告全文，客户及相关利益人欲了解详细内容，应阅读年度报告全文。

1.2 刘辉董事因工作原因未能参会，书面授权给董永成董事长代为行使表决权。独立董事王忠民、单建保、于元浦认为公司年度报告内容真实、准确、完整。

1.3 公司年度财务报告经致同会计师事务所（特殊普通合伙）辽宁分所审计，并出具了标准无保留意见的审计报告。

1.4 公司董事长董永成、主管会计工作负责人崔相斌及会计机构负责人王艳杰声明：保证年度报告中财务报告的真实、完整。

2. 公司概况

2.1 公司简介

公司设立于1987年，原名中国工商银行大连市信托投资公司；1988年，改制为股份有限公司，更名为中国工商银行大连信托投资股份有限公司；1997年，更名为大连华信信托投资股份有限公司；2001年，成为全国首批、东北地区首家完成重新登记的信托投资公司；2006年，注册资本金增至10.01亿元；2007年，注册资本增至12.1亿元；2007年，更名为大连华信信托股份有限公司；2010年，注册资本增至20.57亿元；2012年，注册资本增至30亿元；2013年，注册资本增至33亿元，更名为华信信托股份有限公司；2016年，注册资本增至66亿元。

2.1.1 公司基本情况

法定中文名称	华信信托股份有限公司
中文名称缩写	华信信托
法定英文名称	Huaxin Trust Co.,Ltd.
英文名称缩写	Huxin Trust
法定代表人	董永成
注册地址	大连市西岗区大公街34号
邮政编码	116011
国际互联网网址	www.huaxintrust.com
电子信箱	huaxin@hxtic.cn
选定的信息披露报纸	《金融时报》《中国证券报》《证券时报》
年度报告备置地点	华信信托理财中心
聘请的会计师事务所	名称：致同会计师事务所（特殊普通合伙）辽宁分所 注册地址：大连市中山区鲁迅路35号盛世大厦
聘请的律师事务所	名称：辽宁双护律师事务所 注册地址：大连市沙河口区西安路90号广荣大厦1601室

2.1.2 信息披露事务负责人

姓名	叶凌风
职务	副总裁、董事会秘书
联系电话	0411-83611895
传真	0411-83638415
电子信箱	huaxin@hxtic.cn

2.2 组织结构

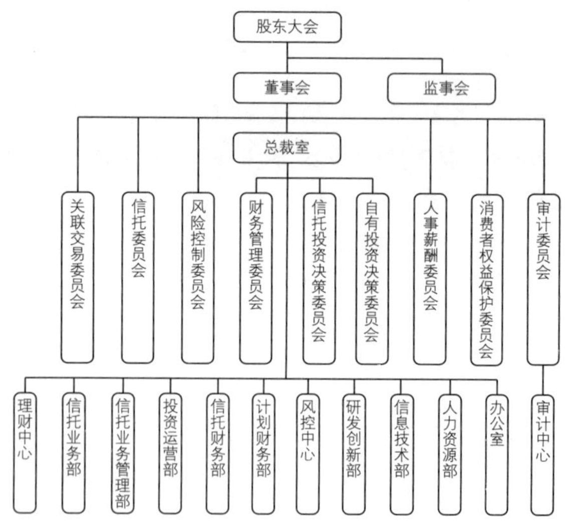

3. 公司治理

3.1 股东

公司前3位股东：

名称	出资比例(%)	法人代表	注册资本(万元)	注册地址	主要经营业务及财务状况
华信汇通集团有限公司	26.29	董永成	330 000	北京市西城区金融街28号2号楼19层	投资及资产管理；经济信息咨询；财务咨询等。2016年末，资产总额671 019.96万元，利润总额102 944.98万元（未经审计）。

续表

名称	出资比例(%)	法人代表	注册资本(万元)	注册地址	主要经营业务及财务状况
北京万联同创网络科技有限公司	19.9	张桂芝	4 200	北京市朝阳区东三环南路甲52楼17层20B	开发计算机软硬件;技术服务;技术转让;技术咨询;企业管理策划;投资咨询;投资管理等。2016年末,资产总额151 885.88万元,利润总额33.11万元。
沈阳品成投资有限公司	15.42	龚标	110 000	沈阳市沈河区市府大路262甲号	利用自有资金对外投资;投资咨询;经济信息咨询;企业管理策划。2016年末,资产总额161 515.20万元,利润总额61.77万元(未经审计)。

3.2 董事

董事会成员

姓　名	职　务	性别	年龄	选任日期	所推举的股东名称	该股东持股比例(%)	简要履历
董永成	董事长	男	60	2014年4月29日	华信汇通集团有限公司	26.29	曾任中国工商银行大连市分行技改处副处长,中国工商银行大连信托投资股份有限公司总经理;现任华信信托股份有限公司董事长。
杨家思	董事	男	67	2014年4月29日	华信汇通集团有限公司	26.29	曾任中国工商银行北京分行副行长,中国工商银行信托投资公司总经理,中国华融资产管理公司副总裁;现任华信汇通集团有限公司监事,华信信托股份有限公司董事。
周喆人	董事	男	39	2016年2月16日	沈阳品成投资有限公司	15.42	曾任上海市国茂律师事务所律师、合伙人;现任国浩律师(上海)事务所律师,沈阳品成投资有限公司副总经理,华信信托股份有限公司董事。
刘　辉	董事	男	45	2014年4月29日	西藏海涵实业有限公司	4.48	曾任海口卉烽粮油有限公司董事长;现任西藏海涵实业有限公司总经理,华信信托股份有限公司董事。
姜顺杰	董事	男	54	2014年4月29日	大连顺联达集团有限责任公司	4.48	曾任大连纺织厂财务科科长,大连碧海山庄旅游集团财务处长、总经理助理,大连凯撒餐饮有限公司总经理;现任大连保税区顺林石化有限公司董事长、总经理,华信信托股份有限公司董事。
贾文军	董事	男	42	2015年4月13日	大连港集团有限公司	3.09	曾任中国证监会大连证监局稽查处副处长、上市处副处长;现任大连港集团有限公司总会计师,大连港投融资控股集团有限公司总经理,华信信托股份有限公司董事。
王忠民	独立董事	男	67	2014年4月29日	—	—	曾任中诚信托有限责任公司董事长,中国信托业协会第一任会长,嘉实基金管理有限公司董事长;现任华信信托股份有限公司独立董事。
于元浦	独立董事	男	64	2014年4月29日	—	—	曾任中国银行辽宁省分行副行长,中国银行沈阳分行行长;现任华信信托股份有限公司独立董事。
单建保	独立董事	男	62	2014年12月16日	—	—	曾任光大银行总行副行长;现任华信信托股份有限公司独立董事。

独立董事

姓　名	所在单位及职务	性别	年龄	选任日期	提名人	简要履历
王忠民	独立董事	男	67	2014年4月29日	董事会	曾任中诚信托有限责任公司董事长,中国信托业协会第一任会长,嘉实基金管理有限公司董事长;现任华信信托股份有限公司独立董事。
于元浦	独立董事	男	64	2014年4月29日	董事会	曾任中国银行辽宁省分行副行长,中国银行沈阳分行行长;现任华信信托股份有限公司独立董事。
单建保	独立董事	男	62	2014年12月16日	董事会	曾任光大银行总行副行长;现任华信信托股份有限公司独立董事。

3.3 监事

监事会成员

姓　名	职　务	性别	年龄	选任日期	所推举的股东名称	该股东持股比例(%)	简要履历
于永顺	监事长	男	66	2014年4月29日	华信汇通集团有限公司	26.29	曾任中国建设银行总行副处长、处长、审计部总经理、首席审计官;现任华信信托股份有限公司监事长。
侯霞	监事	女	44	2014年4月29日	北京越达投资有限公司	4.48	曾任大连恒元经贸有限公司总经理,大连丰华恒昌公司副总经理、财务总监,加拿大道明金融集团金融分析师;现任华信信托股份有限公司监事。
臧冬青	监事	女	53	2014年4月29日	职工代表	—	曾任铁岭市一中教师,大连甘井子区教师进修学校教师;现任华信信托股份有限公司职员、监事。

3. 4 高级管理人员

姓 名	职务	性别	年龄	选任日期	金融从业年限(年)	学历	专业
黄 铎	总裁	男	64	2010 年 12 月 29 日	26	大专	管理
崔相斌	副总裁	男	49	2010 年 12 月 29 日	25	硕士研究生	管理
王瑾	副总裁	女	50	2010 年 12 月 29 日	19	本科	统计
付绍波	副总裁	男	40	2010 年 12 月 29 日	18	本科	建筑工程
侯宇	副总裁	女	38	2012 年 7 月 26 日	16	本科	法律
刘建春	副总裁	男	50	2014 年 9 月 12 日	28	本科	金融
董福航	副总裁	男	32	2015 年 3 月 28 日	6	本科	金融
叶凌风	副总裁	男	44	2016 年 6 月 13 日	16	博士研究生	国民经济

3. 5 公司员工

项目		报告期年度		上年度	
		人数(人)	比例(%)	人数(人)	比例(%)
年龄分布	25 岁以下	17	8. 99	11	6. 01
	25 ~29 岁	47	24. 87	49	26. 78
	30 ~39 岁	85	44. 97	86	46. 99
	40 岁以上	40	21. 17	37	20. 22
学历分布	博士	2	1. 06	1	0. 55
	硕士	92	48. 68	86	46. 99
	本科	89	47. 09	90	49. 18
	专科	6	3. 17	6	3. 28
岗位分布	董事、监事及高管人员	11	5. 82	10	5. 46
	自营业务人员	11	5. 82	8	4. 37
	信托业务人员	130	68. 78	126	68. 86
	其他人员	37	19. 58	39	21. 31

4. 经营管理

4. 1 经营目标、经营方针、战略规划

4. 1. 1 经营目标

以提升资产管理能力和盈利能力为核心，以风险控制为前提、团队建设为关键、机制完善为保障，致力于发挥信托功能优势，为客户提供安全稳健的金融产品和高效便捷的金融服务，将公司建设成为拥有优秀金融品牌、领先盈利能力、最高监管评级、核心竞争力突出的金融企业。

4. 1. 2 经营方针

恪守诚信、稳健合规、开拓创新、和谐共赢。

4. 1. 3 战略规划

充分发挥公司较强的自主管理能力、品牌影响力和协同效应，扩展投资领域、完善投资管理体系，提升资产管理能力和业务规模，带动盈利能力持续提升；提高风险管理能力，建立起科学、高效的风险分析与评价体系，准确识别、控制各类风险；加强企业文化建设、完善人才培养机制和绩效考核机制，建立一支富有创新意识、高素质、高水平的专业团队；丰富理财产品体系、提升客户服务水平，扩大客户群体。

4. 2 所经营业务的主要内容

公司业务主要分为固有业务和信托业务。其中，固有业务主要包括金融类公司股权投资业务、金融产品投资业务、贷款业务和担保业务等；信托业务主要包括财富管理类信托、融资类信托和投资类信托等常规类信托业务和资产支持证券信托、受托境外理财业务（QDII）等特许经营类信托业务。

4. 3 市场分析

4. 3. 1 公司发展的有利因素

一是我国整体经济保持平稳增长，政府投融资体制改革、新型城镇化建设和供给侧结构性改革进一步释放市场活力，高端制造业、生物医药产业、现代化农业、节能环保、新一代信息技术以及新能源行业等形成新的增长点，信托融资需求不断增加；二是居民可支配收入进一步提高，高净值人群数量不断增加，信托产品的投资需求将进一步增加；三是多年来公司诚信为本、稳健经营，树立了良好的社会信誉，投资者对公司品牌认可度与信任度不断提升；四是公司与众多银行、证券、保险、信托等金融同业及大型企业签订了战略合作协议，建立了良好的合作关系；五是公司经营管理团队经验丰富，员工具有较高的综合素质，业务能力较强；六是公司法人治理结构、业务产品结构、风险管理体系日趋完善，拥有较强的自主管理能力。

4. 3. 2 公司发展的不利因素

2016 年，受我国经济结构调整影响，实体经济持续疲弱，实体企业经营困难，金融机构无法独善其身；资管市场竞争激烈，信托传统业务增长乏力，资产证券化和受托境外理财等创新业务的市场规模和盈利能力尚需接受市场实践检验。

4. 4 内部控制

公司始终致力于内控制度的建设及完善，构建了以股东大会、董事会及其下属专业委员会、监事会、管理层等为主体的公司治理组织架构，制定了完备的议事规则和决策程序。建立了健全、有效，涵盖全部业务和管理活动的内控制度体系，从公司治理、业务操作、财务管理、风险控制与合规管理、审计监督、人力资源管理和其他事务管理等多方面进行规范。

公司倡导以“合规”“诚信”为核心的企业文化，加强合规培训和合规绩效考核，提高全员合规意识。业务发展以合规运作及风险可控为前提，切实履行受托责任，尽职管理信托财产，努力实现受益人利益最大化。

不断完善法人治理，切实发挥监事会、独立董事的监督职

能,加强外部监督作用;管理层建立了合理授权、有效问责、内部举报和奖惩制度;不断完善风险控制和合规管理. 建立了固有业务和信托业务相互分离的业务管理体系;各项业务均有健全的决策机构和决策程序,岗位之间职责分明、边界清晰,实现了前台、中台、后台分工协作又相对独立的科学、高效的运营机制。建立业务预警及突发事件应急机制,不断提高风险防范和处置能力,保障持续经营。建立并不断完善通畅、双向的信息交流与反馈机制。严格履行信息披露义务,通过公司网站、媒体发布、书面通知等方式,依法对投资者和社会公众披露信息。建立了部门自查、岗位相互制约、员工内部举报、合规检查及内部审计相结合的监督与纠正机制。

4.5 风险管理

公司经营中面临的主要风险包括信用风险、市场风险、操作风险、法律政策风险、兑付风险、道德风险以及声誉风险等。

信用风险是指因交易对手违约或信用等级下降,给公司造成的可能损失。公司严格按照监管规定,按比例提取信托赔偿准备金,以提高公司抵御风险的能力,并按照事前调查评估、事中防范控制、事后监督管理的原则对信用风险进行有效防范。

市场风险主要是指由于利率、汇率、股市价格等因素变动而产生的未知潜在损失的风险。公司持有的美元资产、自营贷款业务、信托贷款业务、自营证券投资业务以及证券投资类资金信托业务等均可能面临市场风险。报告期内公司通过资产组合投资等方法分散风险,将市场风险控制在可承受范围内。

操作风险是指由于内部程序、人员、系统不完善或失误,或外部事件造成损失的风险。公司通过完善治理结构、加强内控管理等措施防控操作风险。报告期内未发生因操作风险所造成的损失。

其他风险主要是指公司业务开展中的法律政策风险、兑付风险、道德风险、声誉风险等。报告期内公司未发生因其他风险所造成的损失。

4.6 净资本管理

公司依据《信托公司净资本管理办法》实施净资本管理,报告期内公司资本充足,流动性良好,能够抵御各项业务带来的不可预期的风险。截至2016年末,公司净资本926 129.06万元,各项业务风险资本之和为235 779.59万元,净资本/各项业务风险资本之和为392.79%,净资本/净资产为77.36%,均符合《信托公司净资本管理办法》要求,具有较大业务发展空间。

5. 报告期末及上一年度末的比较式会计报表

5.1 自营资产

5.1.1 会计师事务所审计意见全文

致同审字(2017)第210FB 0055号

华信信托股份有限公司全体股东:

我们审计了后附的华信信托股份有限公司(以下简称华信信托公司)财务报表,包括2016年12月31日的资产负债表,2016年度的利润表、现金流量表、股东权益变动表以及财务报表附注。

一、管理层对财务报表的责任

编制和公允列报财务报表是华信信托公司管理层的责任,这种责任包括:(1)按照企业会计准则的规定编制财务报表,并使其实现公允反映;(2)设计、执行和维护必要的内部控制,以使财务报表不存在由于舞弊或错误导致的重大错报。

二、注册会计师的责任

我们的责任是在执行审计工作的基础上对财务报表发表审计意见。我们按照中国注册会计师审计准则的规定执行了审计工作。中国注册会计师审计准则要求我们遵守中国注册会计师职业道德守则,计划和执行审计工作以对财务报表是否不存在重大错报获取合理保证。

审计工作涉及实施审计程序,以获取有关财务报表金额和披露的审计证据。选择的审计程序取决于注册会计师的判断,包括对由于舞弊或错误导致的财务报表重大错报风险的评估。在进行风险评估时,注册会计师考虑与财务报表编制和公允列报相关的内部控制,以设计恰当的审计程序,但目的并非对内部控制的有效性发表意见。审计工作还包括评价管理层选用会计政策的恰当性和作出会计估计的合理性,以及评价财务报表的总体列报。

我们相信,我们获取的审计证据是充分、适当的,为发表审计意见提供了基础。

三、审计意见

我们认为,华信信托公司财务报表在所有重大方面按照企业会计准则的规定编制,公允反映了华信信托公司2016年12月31日的财务状况以及2016年度的经营成果和现金流量。

致同会计师事务所　　中国注册会计师:姜　韬

(特殊普通合伙)辽宁分所　　中国注册会计师:张彦军

中国·大连　　二〇一七年三月二十八日

5.1.2 资产负债表

资产负债表

编制单位:华信信托股份有限公司　　2016年12月31日　　单位:万元

资　产	期末数	期初数	负债和所有者权益	期末数	期初数
资产:			负债:		
货币资金	164 873.33	18 931.96	拆入资金		
交易性金融资产			交易性金融负债		
买入返售金融资产	94 131.42	1 730.02	应付账款		
拆出资金			应付职工薪酬	684.13	1 948.49

续表

资　产	期末数	期初数	负债和所有者权益	期末数	期初数
贷款	2 000. 00	10 000. 00	应交税费	46 278. 55	10 386. 18
应收账款	12 297. 01	8 915. 22	应付利息	264. 45	
应收利息	1 250. 70	82. 57	应付股利	3 721. 06	4 639. 06
应收股利			代理业务	1 630. 51	1 548. 38
持有至到期投资	370 035. 00		递延所得税负债	28. 89	400. 83
可供出售金融资产	497 417. 97	432 532. 84	其他负债	100 033. 18	12. 21
长期股权投资	150 941. 84	238 130. 60	负债合计	152 640. 77	18 935. 15
投资性房地产			所有者权益:		
固定资产	4 684. 77	4 970. 58	股本	660 000. 00	330 000. 00
固定资产清理			资本公积	60 476. 00	60 476. 00
无形资产	1 274. 85	1 365. 69	其他综合收益	-109 287. 48	-83 764. 36
商誉			盈余公积	96 039. 77	79 976. 51
长期待摊费用			一般风险准备	63 833. 29	49 101. 01
递延所得税资产	36 006. 72	29 466. 09	未分配利润	426 044. 66	296 207. 65
其他资产	14 833. 40	4 806. 39	所有者权益合计	1 197 106. 24	731 996. 81
资产总计	1 349 747. 01	750 931. 96	负债和所有者权益总计	1 349 747. 01	750 931. 96

法定代表人:董永成　　　主管会计工作负责人:崔相斌　　　会计机构负责人:王艳杰

5. 1. 3　利润表

利润表

编制单位:华信信托股份有限公司　　　2016 年度　　　单位:万元

项　　目	本期金额	上期金额
一、营业收入	231 053. 86	274 768. 56
利息净收入	4 662. 21	6 400. 37
利息收入	5 455. 54	6 400. 37
利息支出	793. 33	
手续费及佣金净收入	84 647. 57	88 984. 90
手续费及佣金收入	84 647. 57	88 984. 90
手续费及佣金支出		
投资收益	140 697. 83	178 655. 56
其中:对联营企业和合营企业的投资收益	9 795. 26	27 362. 47
公允价值变动收益		
汇兑收益	735. 67	621. 24
其他业务收入	310. 58	106. 49
二、营业支出	10 768. 21	22 994. 73
税金及附加	2 037. 37	13 630. 28
业务及管理费	8 730. 84	9 364. 45
资产减值损失		
其他业务成本		
三、营业利润	220 285. 65	251 773. 83
营业外收入	105. 24	372. 09
营业外支出	2. 53	12. 48
四、利润总额	220 388. 36	252 133. 44
所得税费用	59 755. 81	55 124. 59
五、净利润	160 632. 55	197 008. 85

法定代表人:董永成　　　主管会计工作负责人:崔相斌　　　会计机构负责人:王艳杰

5.1.4 所有者权益(股东权益)变动表

编制单位:华信信托股份有限公司　　2016 年度　　单位:万元

项目	股本	资本公积	减:库存股	其他综合收益	盈余公积	一般风险准备	未分配利润	所有者权益合计
一、上年年末余额	330 000.00	60 476.00		-83 764.36	79 976.51	49 101.01	296 207.65	731 996.81
1. 会计政策变更								
2. 前期差错更正								
二、本年年初余额	330 000.00	60 476.00		-83 764.36	79 976.51	49 101.01	296 207.65	731 996.81
三、本年增减变动金额(减少以"-"号填列)				-25 523.12	16 063.26	14 732.28	129 837.01	465 109.43
(一)综合收益总额				-25 523.12			160 632.55	135 109.43
(二)股东投入和减少资本	330 000.00							330 000.00
1. 股东投入资本	330 000.00							330 000.00
2. 股份支付计入股东权益的金额								
3. 其他								
(三)利润分配					16 063.26	14 732.28	-30 795.54	
1. 提取盈余公积					16 063.26		-16 063.26	
2. 提取一般风险准备						14 732.28	-14 732.28	
3. 对股东的分配								
4. 其他								
(四)股东权益内部结转								
1. 资本公积转增资本								
2. 盈余公积转增资本								
3. 盈余公积弥补亏损								
4、其他								
(五)专项储备								
1. 本期提取								
2. 本期使用								
(六)其他								
四、本年年末余额	660 000.00	60 476.00		-109 287.48	96 039.77	63 833.29	426 044.66	1 197 106.24

法定代表人:董永成　　主管会计工作负责人:崔相斌　　会计机构负责人:王艳杰

5.2 信托资产

5.2.1 信托项目资产负债汇总表

信托项目资产负债汇总表

编制单位:华信信托股份有限公司　　2016 年 12 月 31 日　　单位:万元

信托资产	期末数	期初数	信托负债和信托权益	期末数	期初数
信托资产:			信托负债:		
货币资金	179 745.06	372 138.45	应付受托人报酬	12 297.02	8 915.22
拆出资金	—	—	应付托管费	20.29	18.42
应收款项	100 534.06	92 857.05	应付受益人收益	—	—
买入返售资产	—	—	其他应付款项	1 585.83	4 172.95
交易性金融资产	283 093.18	235 481.95	应交税金	—	—
可供出售金融资产	—	—	其他负债	—	—
持有至到期投资	6 658 423.80	5 935 982.86	信托负债合计	13 903.14	13 106.59
长期股权投资	174 040.46	89 040.46	信托权益:	—	—
贷款	4 815 028.00	2 695 719.00	实收信托	12 006 409.60	9 197 340.25
应收融资租赁款	—	—	资本公积	—	1 032.00
固定资产	—	—	未分配利润	190 551.82	209 740.93
无形资产	—	—		—	—
长期待摊费用	—	—		—	—
其他资产	—	—	信托权益合计	12 196 961.42	9 408 113.18
信托资产总计	12 210 864.56	9 421 219.77	信托负债及信托权益总计	12 210 864.56	9 421 219.77

法定代表人:董永成　　主管会计工作负责人:崔相斌　　会计机构负责人:李月英

5.2.2 信托项目利润及利润分配汇总表

编制单位：华信信托股份有限公司　　2016 年度　　单位：万元

项　　目	当年数	上年数
一、营业收入	809 765.64	777 186.14
利息收入	326 736.35	263 790.94
投资收益	503 504.62	504 251.94
公允价值变动收益	−20 380.35	9 124.78
租赁收入	—	—
汇兑收益	−94.98	18.48
其他收入	—	—
二、营业费用	105 849.27	112 390.54
三、营业税金及附加	—	—
四、扣除资产损失前的信托利润	703 916.37	664 795.60
减：资产减值损失	—	—
五、扣除资产损失后的信托利润	703 916.37	664 795.60
加：期初未分配信托利润	209 740.93	218 345.29
其他转入	2 809.22	17 524.59
六、可供分配的信托利润	916 466.52	900 665.48
减：本期已分配信托利润	725 914.70	690 924.55
七、期末未分配信托利润	190 551.82	209 740.93

法定代表人：董永成　　主管会计工作负责人：崔相斌　　会计机构负责人：李月英

6. 会计报表附注

6.1 报告年度会计报表编制基准、会计政策、会计估计和核算方法变化情况

6.1.1 重要会计政策变更

根据《增值税会计处理规定》(财会[2016]22 号)的规定，2016 年 5 月 1 日之后发生的与增值税相关交易，影响资产、负债等金额的，按该规定调整。利润表中的“营业税金及附加”项目调整为“税金及附加”项目，房产税、土地使用税、车船使用税、印花税等原计入管理费用的相关税费，自 2016 年 5 月 1 日起调整计入“税金及附加”。

6.1.2 重要会计估计变更

本报告期无重要会计估计变更。

6.2 或有事项说明

报告期内无需要说明的或有事项。

6.3 重要资产转让及其出售的说明

报告期内，转让所持有的丹东银行股份有限公司 33 310 万股股份。

6.4 会计报表中重要项目的明细资料

6.4.1 披露自营资产经营情况

6.4.1.1 按信用风险五级分类结果披露信用风险资产的期初数、期末数

信用风险资产五级分类	正常类（万元）	关注类（万元）	次级类（万元）	可疑类（万元）	损失类（万元）	信用风险资产合计（万元）	不良资产合计（万元）	不良资产率（%）
期初数	44 465.41	0	0	0	0	44 465.41	0	0
期末数	676 200.54	0	0	0	0	676 200.54	0	0

注：期末信用风险资产增加原因为按银监会标准调整了分类口径。

6.4.1.2 各项资产减值损失准备的期初数、本期计提、本期转回、本期核销、期末数

单位：万元

	期初数	本期计提	本期转回	本期核销	期末数
贷款损失准备	0	0	0	0	0
一般准备	0	0	0	0	0
专项准备	0	0	0	0	0
其他资产减值准备	0	0	0	0	0
可供出售金融资产减值准备	0	0	0	0	0
持有至到期投资减值准备	0	0	0	0	0
长期股权投资减值准备	0	0	0	0	0
坏账准备	0	0	0	0	0
投资性房地产减值准备	0	0	0	0	0

6.4.1.3 自营股票投资、基金投资、债券投资、股权投资等投资业务的期初数、期末数

单位：万元

	自营股票	基金	债券	长期股权投资
期初数	373 288.59	50 049.80	0	238 130.60
期末数	472 622.68	0	0	150 941.84

6.4.1.4 按投资入股金额排序，前五名的自营长期股权投资的企业名称、占被投资企业权益的比例、主要经营活动及投资收益情况等

企业名称	占被投资企业权益的比例（%）	主要经营活动	投资损益（万元）
大通证券股份有限公司	28.26	证券经纪；证券投资咨询；与证券交易、证券投资活动有关的财务顾问；证券承销与保荐；证券自营；证券资产管理；为期货公司提供中间介绍业务；证券投资基金销售业务；融资融券业务；代销金融产品业务	6 007.83

6.4.1.5 前五名的自营贷款的企业名称、占贷款总额的比例和还款情况等

企业名称	占贷款总额的比例（%）	还款情况
大连新财源投资管理有限公司	100	正常付息

6.4.1.6 表外业务的期初数、期末数

单位：万元

表外业务	期初数	期末数
担保业务	0	0
代理业务（委托业务）	1 120.45	1 030.45
合计	1 120.45	1 030.45

6.4.1.7　公司当年的收入结构

收入结构	金额(万元)	占比(%)
手续费及佣金收入	84 647.57	36.62
其中:信托手续费收入	83 953.53	36.32
投资银行业务收入	662.46	0.29
利息收入	4 662.21	2.02
其他业务收入	310.58	0.13
其中:计入信托业务收入部分	0	0
投资收益	140 697.83	60.86
其中:股权投资收益	108 412.90	46.90
证券投资收益	17 464.95	7.56
其他投资收益	14 819.98	6.41
公允价值变动收益	0	0
汇兑收益	735.67	0.32
营业外收入	105.24	0.05
收入合计	231 159.10	100

6.4.2　披露信托财产管理情况

6.4.2.1　信托资产的期初数、期末数

单位:万元

信托资产	期初数	期末数
集合	5 217 582.04	6 586 596.13
单一	3 171 143.65	4 481 930.69
财产权	1 032 494.08	1 142 337.74
合计	9 421 219.77	12 210 864.56

6.4.2.1.1　主动管理型信托业务的信托资产期初数、期末数

单位:万元

主动管理型信托资产	期初数	期末数
证券投资类	194 406.45	0
股权投资类	0	0
权益投资类	2 926 250.17	3 059 345.51
融资类	2 661 638.74	3 145 557.97
事务管理类	99 991.81	19 930.00
合计	5 882 287.17	6 224 833.48

6.4.2.1.2　被动管理型信托业务的信托资产期初数、期末数

单位:万元

被动管理型信托资产	期初数	期末数
证券投资类	51 626.37	305 004.17
股权投资类	2 691.22	2 754.05
权益投资类	0	0
融资类	377 675.50	45 695.89
事务管理类	3 106 939.51	5 632 576.97
合计	3 538 932.60	5 986 031.08

6.4.2.2　本年度已清算结束的信托项目个数、实收信托合计金额、加权平均实际年化收益率

6.4.2.2.1　本年度已清算结束的集合类、单一类资金信托项目和财产管理类信托项目个数、实收信托合计金额、加权平均实际年化收益率

已清算结束信托项目	项目个数(个)	实收信托合计金额(万元)	加权平均实际年化收益率(%)
集合类	195	2 889 978.00	9.17
单一类	189	1 825 779.00	7.05
财产管理类	2	391 456.93	0

6.4.2.2.2　本年度已清算结束的主动管理型信托项目个数、实收信托合计金额、加权平均实际年化收益率

已清算结束信托项目	项目个数(个)	实收信托合计金额(万元)	加权平均实际年化信托报酬率(%)	加权平均实际年化收益率(%)
证券投资类	3	203 350.00	0.82	23.96
股权投资类	0	0	—	—
权益投资类	189	2 266 342.00	1.51	7.40
融资类	149	822 975.00	2.89	10.34
事务管理类	12	328 490.00	0.10	3.34

6.4.2.2.3　本年度已清算结束的被动管理型信托项目个数、实收信托合计金额、加权平均实际年化收益率

已清算结束信托项目	项目个数(个)	实收信托合计金额(万元)	加权平均实际年化信托报酬率(%)	加权平均实际年化收益率(%)
证券投资类	0	0	—	—
股权投资类	0	0	—	—
权益投资类	0	0	—	—
融资类	6	310 900.00	0.10	6.22
事务管理类	27	1 175 156.93	0.13	5.28

6.4.2.3　本年度新增的集合类、单一类和财产管理类信托项目个数、实收信托合计金额

新增信托项目	项目个数(个)	实收信托合计金额(万元)
集合类	147	2 598 431.40
单一类	91	2 854 122.20
财产管理类	9	1 043 569.99
新增合计	247	6 496 123.59
其中:主动管理型	186	2 521 814.40
被动管理型	61	3 974 309.19

6.4.2.4　本公司履行受托人义务情况及因本公司自身责任而导致的信托资产损失情况(合计金额、原因等)

在报告期内公司作为受托人严格按照《信托公司管理办法》等法规及信托合同规定严格履行受托责任,为信托资产安全和受益人利益尽职管理,未出现因本公司自身责任或其他原因导致信托资产损失情况。

6.5　关联方关系及其交易的披露

6.5.1　关联交易方的数量、关联交易的总金额及关联交易的定价政策等

	关联交易方数量	关联交易金额(万元)	定价政策
合计	1	558 890.00	有市场公允价格的按市场价格;没有市场价格或规定价格的,双方协商定价

6.5.2 关联交易方与本公司的关系性质、关联交易方的名称、法定代表人、注册地址、注册资本及主营业务等

关系性质	关联方名称	法定代表人	注册地址	注册资本(万元)	主营业务
参股公司	大通证券股份有限公司	赵玺	大连市	330 000	证券经纪；证券投资咨询；与证券交易、证券投资活动有关的财务顾问；证券承销；证券自营；证券资产管理；为期货公司提供中间介绍业务；证券投资基金销售业务；融资融券业务；代销金融产品业务

6.5.3 逐笔披露本公司与关联方的重大交易事项

6.5.3.1 固有与关联方交易情况

单位：万元

固有与关联方关联交易				
	期初数	借方发生额	贷方发生额	期末数
贷款	0	0	0	0
投资	86 684.41	558 890.00	188 855.00	456 719.41
租赁	0	0	0	0
担保	0	0	0	0
应收账款	0	0	0	0
其他	0	0	0	0
合计	86 684.41	558 890.00	188 855.00	456 719.41

6.5.3.2 信托与关联方交易情况

报告期内无相关情况。

6.5.3.3 信托公司自有资金运用于自己管理的信托项目(固信交易)、信托公司管理的信托项目之间的相互(信信交易)交易金额

报告期内无相关情况。

6.5.4 逐笔披露关联方逾期未偿还本公司资金的详细情况以及本公司为关联方担保发生或即将发生垫款的详细情况

报告期内无相关情况。

6.6 会计制度的披露

固有业务、信托业务会计制度均执行2006年2月15日颁布的企业会计准则。

7. 财务情况说明书

7.1 利润实现和分配情况

(1)利润总额220 388.36万元。

(2)所得税59 755.81万元。

(3)净利润160 632.55万元。

(4)年初未分配利润296 207.65万元。

(5)提取法定盈余公积16 063.26万元。

(6)提取信托赔偿准备金8 031.63万元。

(7)提取一般风险准备6 700.65万元。

(8)未分配利润426 044.66万元。

7.2 主要财务指标

指标名称	指标值
资本利润率(%)	16.19
加权年化信托报酬率(%)	1.45
人均净利润(万元)	863.62

7.3 对公司财务状况、经营成果有重大影响的其他事项

报告期内无上述情况。

8. 特别事项揭示

8.1 前五名股东报告期内变动情况及原因

报告期内北京万联同创网络科技有限公司受让华信汇通集团有限公司131 340万股股份，成为第二大股东。

8.2 董事及高级管理人员变动情况及原因

报告期内，钟石不再担任董事，股东大会选举周喆人担任第十届董事会董事。

报告期内，董事会聘任叶凌风任副总裁，并兼任董事会秘书；侯宇不再兼任董事会秘书。

8.3 变更注册资本事项

报告期内注册资本由33亿元增至66亿元。

8.4 公司的重大诉讼事项

报告期内无重大诉讼事项。

8.5 公司及其董事、监事和高级管理人员受到处罚的情况

报告期内公司及其董事、监事和高级管理人员未受到处罚。

8.6 银监会及其派出机构对公司检查及整改情况

报告期内无相关情况。

8.7 本年度重大事项临时报告的简要内容、披露时间、所披露的媒体及其版面

2016年6月1日在《中国证券报》A13版刊发《关于增资扩股及修改公司章程的公告》。

8.8 银监会及其省级派出机构认定的其他有必要让客户及相关利益人了解的重要信息

报告期内无上述事项。

8.9 社会责任履行情况

2016年，为进一步强化消费者权益保护主体责任，完善消费者权益保护工作机制，公司在董事会下专门设置了消费者权

益保护委员会，并成立了消费者权益护部，专职负责协调、组织、推动各项消保工作开展。梳理、完善了消费者权益保护制度体系，完成了理财产品销售专区建设及“双录”工作，严格执行投资者尽职调查和风险揭示，加大金融知识宣传教育力度，改善服务设施，丰富金融产品，提升金融服务。客户满意度不断提高，全年无消费者投诉。

公司坚持依法合规经营，严格执行各项监管政策及行业自律公约，维护公平竞争环境。尽职进行信托项目管理，到期信托全部正常清算兑付。充分发挥信托功能优势，助力地方经济建设，落实国家经济政策，为实体企业和中小企业提供资金支持。致力于为股东和社会创造更大价值。2016 年累计为实体企业提供资金支持 603. 79 亿元，其中小微企业 356. 01 亿元，向受益人分配收益 72. 59 亿元，实现净利润 16. 06 亿元，全年贡献税收 3. 11 亿元。重视人才引进和培养，为职工提供完善的社会保障和良好的发展平台。热心公益事业，积极帮助定点扶贫帮困村解决困难。倡导绿色办公和环保理念，引导全员在工作和生活中厉行节约，降低能耗，减少污染。切实履行了企业公民的各项社会责任。

9. 公司监事会意见

监事会认为，报告期内，公司在经营活动中能够遵守《中华人民共和国公司法》《中华人民共和国信托法》《信托公司管理办法》等国家法律、法规和《公司章程》的相关规定。公司 2016 年度财务报告真实、客观、准确地反映了公司的财务状况和经营成果。

吉林省信托有限责任公司

1. 重要提示

1.1 公司董事会及董事保证本报告所载资料不存在任何虚假记载、误导性陈述或者重大遗漏,并对其内容的真实性、准确性和完整性承担个别及连带责任。

1.2 公司独立董事声明本年度报告内容真实、准确和完整。

1.3 公司董事长李伟、主管会计工作负责人郜戈、会计机构负责人马东生声明:保证年度报告中财务会计报告的真实、完整。

2. 公司概况

2.1 公司法定名称

公司法定中文名称:吉林省信托有限责任公司

中文名称缩写:吉林信托

公司法定英文名称:Jilin Province Trust Co. ,Ltd.

英文名称缩写:JPTC

2.2 法定代表人:李伟

2.3 注册地址:吉林省长春市人民大街9889号

2.4 邮政编码:130022

2.5 国际互联网网址:www. jptic. com. cn

2.6 电子信箱:jptic@ jptic. com. cn

2.7 负责信息披露事务人:曹轩

联系电话:0431 -88993572

传　　真:0431 -88993573

电子信箱:1067997349@ qq. com

2.8 信息披露报纸:《上海证券报》

2.9 年度报告备置地点:吉林省长春市人民大街9889号

2.10 聘请的会计师事务所:中准会计师事务所(特殊普通合伙)

地址:北京市西城区阜成门外大街2号万通新世界写字楼A座24层

2.11 聘请的律师事务所:吉林功承律师事务所

地址:长春市净月高新技术产业开发区银杏路500号 伟峰·领袖领地1号楼4层

3. 公司股东持股情况

3.1 报告期末共有股东五位,最终控制人为吉林省财政厅,持股10%以上股份的股东情况

股东名称	持股比例(%)	法定代表人
吉林省财政厅★	97.496	谢忠岩

3.2 公司前三位股东情况

股东名称	持股比例(%)	法人代表	注册资本(亿元)	注册地址	主要经营业务及主要财务情况
吉林省财政厅	97.496	谢忠岩			
吉林粮食集团有限公司	0.626	孟祥久	6.6	长春市春城大街1515号	粮食、油脂、油料、食品及农副产品的收购、加工、销售,粮油机械制造、经济信息咨询服务、商业、物资供销业,批发、零售、代销、代购、自营和代理粮油食品、纺织丝绸、工艺品、轻工业品、化工产品及技术进出口业务。
吉林化纤集团有限责任公司	0.626	宋德武	8.1	吉林省吉林市九站街516-1号	国有资产经营:承包境外化纤行业工程及境内国际招标工程;上述境外工程所需的设备、材料出口;对外派遣实施上述境外工程所需的劳务人员。

4. 经营概况

按照中国银行业监督管理委员会规定的业务范围,公司开展的业务主要分为信托业务和固有资产管理业务两类。信托业务主要包括资金信托、财产信托等业务。资金信托包括单一资金信托和集合资金信托。按资金运用方式划分,包括投资类信托、融资类信托等。固有业务主要为金融企业股权投资、贷款、证券投资、资金市场业务、担保等。

4.1 自营资产运用与分布表

自营资产运用与分布表

资产运用	金额(万元)	占比(%)	资产分布	金额(万元)	占比(%)
货币资产	23 320.47	3.52	基础产业	—	—
贷款及应收款	19 930.95	3.01	房地产业	21 046.01	3.17
交易性金融资产	56 346.25	8.50	证券市场	400 201.20	60.37
可供出售金融资产	510 225.43	76.96	实业	0.00	0.00
持有至到期投资	3 053.50	0.46	金融机构	190 676.39	28.76

续表

资产运用	金额(万元)	占比(%)	资产分布	金额(万元)	占比(%)
长期股权投资	19 552.25	2.95	其他	51 032.16	7.70
其他	30 526.91	4.60			
资产总计	662 955.76	100.00	资产总计	662 955.76	100.00

4.2 信托资产运用与分布表

信托资产运用与分布表

资产运用	金额(万元)	占比(%)	资产运用	金额(万元)	占比(%)
货币资产	10 821.18	0.20	基础产业	557 258.01	10.31
贷款	3 385 027.66	62.65	房地产业	628 593.62	11.63
交易性金融资产	694.50	0.01	证券市场	2 063.58	0.04
可供出售金融资产	0	0	实业	3 176 968.46	58.80
持有至到期投资	1 315 143.71	24.34	金融机构	515 595.14	9.54
长期股权投资	236 984.00	4.39	其他	522 421.96	9.67
其他(买入返售)	454 229.72	8.41			
资产总计	5 402 900.76	100	资产总计	5 402 900.76	100

4.3 信托资产管理情况

4.3.1 信托资产的期初数、期末数

单位:万元

信托资产	期初数	期末数
集合	293 341.34	266 689.55
单一	3 788 167.87	4 775 712.63
财产权	62 109.71	360 498.59
合计	4 143 618.93	5 402 900.76

4.3.2 主动管理型信托业务的信托资产期初数、期末数,分证券投资类、股权投资类、融资类、事务管理类分别披露

单位:万元

主动管理型信托资产	期初数	期末数
证券投资类	2 266.45	1 863.48
股权投资类	190 356.90	160 371.80
融资类	1 234 375.33	1 081 837.57
事务管理类	0	0
合计	1 426 998.68	1 244 072.85

4.3.3 被动管理型信托业务的信托资产期初数、期末数,分证券投资、股权投资、融资、事务管理类分别披露

单位:万元

被动管理型信托资产	期初数	期末数
证券投资类	95 868.81	390 893.62
股权投资类	0	1 010.11
融资类	93 108.21	159 937.52
事务管理类	2 527 643.23	3 606 986.65
合计	2 716 620.25	4 158 827.91

4.3.4 本年度已清算结束的集合类、单一类资金信托项目和财产管理类信托项目个数、实收信托合计金额、加权平均实际年化收益率

已清算结束信托项目	项目个数(个)	实收信托合计金额(万元)	加权平均实际年化收益率(%)
集合类	7	125 440.00	6.77
单一类	78	2 303 357.10	8.56
财产管理类	3	61 000.00	5.41

4.3.5 本年度已清算结束的主动管理型信托项目个数、实收信托合计金额、加权平均实际年化收益率

已清算结束信托项目	项目个数(个)	实收信托合计金额(万元)	加权平均实际年化信托报酬率(%)	加权平均实际年化收益率(%)
证券投资类	0	0.00	0	0
股权投资类	0	0.00	0	0
融资类	32	805 940.00	0.84	8.24
事务管理类	0	0.00	0	0

4.3.6 本年度已清算结束的被动管理型信托项目个数、实收信托合计金额、加权平均实际年化收益率

已清算结束信托项目	项目个数(个)	实收信托合计金额(万元)	加权平均实际年化信托报酬率(%)	加权平均实际年化收益率(%)
证券投资类	3	95 569.10	0.08	5.87
股权投资类	0	0	0	0
融资类	1	98 000.00	0.14	9.6
事务管理类	52	1 490 288.00	0.3	8.55

4.3.7 本年度新增的集合类、单一类资金信托项目和财产管理类信托项目数量、实收信托合计金额

新增信托项目	项目个数(个)	实收信托合计金额(万元)
集合类	5	108 640.00
单一类	111	3 701 639.41
财产管理类	2	318 421.14
新增合计	118	4 128 700.55
其中:主动管理型	27	778 510.00
被动管理型	91	3 350 190.55

4.4 信托业务创新成果和特色业务有关情况

公司把推进业务转型、提升自主理财能力提到了公司发展的战略高度。经过经营战略调整,职能重新定位,研发力度不

断加大，研发工作更加深入市场，更加注重理论研究、方案设计与具体业务相结合，提高研发成果的及时性、前瞻性，提升创新业务模板的可操作性，创新业务拓展及创新模式研究成果显著，对公司业务转型和创新信托产品设计的支持力度逐步提升。

4.4.1 创新业务

2016年公司相继取得了中国基金业协会登记资格、银登中心会员资格，为开展私募股权基金创新业务奠定了基础。成立产业基金，以投贷联动的方式为高新技术企业拓展国际产能合作提供金融支持，积极融入"一带一路"战略。同时，尝试开展了公益信托、土地流转信托等创新业务。

4.4.2 特色业务

（1）上市公司股权受益权类信托。公司面向上市公司股东推出系列融资类和投资类信托产品，为股票质押融资、增持上市公司股票、盘活持仓股票资产、定向增发等提供专业化服务，满足其多样化的金融服务需求。

（2）类PE股权投资信托。股权投资是公司对信托资金运用的主要方式之一，经过多年的经验积累，逐步由被动式管理向主动式管理转变。

（3）财产权投资信托。公司积极利用信托制度优势，探索资产衍生出的相关权益类信托产品，如股权受益权、项目受益权、物业受益权、信托受益权、特许经营收费权、应收账款以及其他特定资产未来收益权等业务，灵活运用投资、投资附带回购、投资优先分配收益、投资附带转让、融资租赁等多种资金运用方式，为委托人和企业提供量身定做信托理财产品。

（4）农牧业信托。东北是中国农业主产区，公司在多年服务地方农业发展的基础上形成了较为丰富的农牧业投融资经验，顺应国家产业政策导向，通过灵活多样的资金运用方式为现代化农业发展与升级提供金融支持。

4.4.3 研究成果

为提升对行业趋势、公司发展、业务指导的前瞻性和可操作性，公司全面重构了研发报告体系，2016年研发报告板块包括：探讨创新业务和创新领域的《创新业务研究报告》、聚焦监管新政与业内法务案例的《信托法务研究报告》、聚焦信托业动态的《信托市场报告》；以及结合公司的具体情况，提出可操作模板和方案，如房屋销售应收账款融资模式研究、财产权信托模式研究、PPP操作实务等；还做了一些专题研究，如供给侧改革与未来金融发展路径研究、PPP项目融资方案、新型信保合作模式简析、吉林省农业产业信托基金方案、未来收益支持型信托业务模式研究、农村土地信托流转的内涵和价值；此外编辑出版刊物《吉林信托》（季刊）并适时编写《吉信内参》。2016年在主要媒体及刊物上发表文章如下：《新金融生态下信托业的转型求索》刊登于用益信托网2016年8月19日信托实务版块；《消费信托的新蓝海》发表于《中国金融》2016年第19期。

5. 财务报表及财务数据

5.1 资产负债表

合并资产负债表

编制单位：吉林省信托有限责任公司　　2016年12月31日　　单位：万元

项　　目	期末余额	期初余额
流动资产：		
货币资金	44 804.63	56 907.03
结算备付金	—	—
拆出资金	—	—
以公允价值计量且其变动计入当期损益的金融资产	59 625.69	25 789.94
衍生金融资产	—	—
应收票据	—	—
应收账款	8 788.08	15 727.47
预付款项	20.27	837.33
应收保费	—	—
应收分保账款	—	—
应收分保合同准备金	—	—
应收利息	997.54	118.62
应收股利	—	—
其他应收款	22 448.47	21 901.43
买入返售金融资产	—	2 000.00
存货	—	—
其中：原材料	—	—
库存商品（产成品）	—	—
划分为持有待售的资产	—	—
一年内到期的非流动资产	—	—
其他流动资产	59.28	—
流动资产合计	136 743.96	123 281.82
非流动资产：	—	—
发放贷款及垫款	1 885.00	906.00
可供出售金融资产	510 225.43	353 004.81

续表

项　目	期末余额	期初余额
持有至到期投资	8 616. 31	6 460. 10
长期应收款	—	—
长期股权投资	133. 00	133. 00
投资性房地产	4 208. 39	2 509. 60
固定资产	21 489. 91	22 817. 44
减:累计折旧	5 083. 89	5 132. 27
固定资产净值	16 406. 02	17 685. 17
减:固定资产减值准备	—	—
固定资产净额	16 406. 02	17 685. 17
在建工程	79. 82	—
工程物资	—	—
固定资产清理	—	—
生产性生物资产	—	—
油气资产	—	—
无形资产	404. 15	564. 48
开发支出	—	—
商誉	4. 05	4. 05
长期待摊费用	460. 59	503. 90
递延所得税资产	7 513. 93	8 076. 12
其他非流动资产	3 745. 65	5 095. 65
其中:特准储备物资	—	—
非流动资产合计	553 682. 33	394 942. 89
资产总计	690 426. 29	518 224. 71

合并资产负债表(续)

编制单位:吉林省信托有限责任公司　　2016 年 12 月 31 日　　单位:万元

项　目	期末余额	期初余额
流动负债:		
短期借款	—	—
向中央银行借款	—	—
吸收存款及同业存放	—	—
拆入资金	54 500. 00	14 000. 00
以公允价值计量且其变动计入当期损益的金融负债	—	—
衍生金融负债	—	—
应付票据	—	—
应付账款	7 456. 32	13 157. 89
预收款项	202 097. 28	1 774. 82
卖出回购金融资产款	—	—
应付手续费及佣金	—	—
应付职工薪酬	4 969. 11	3 197. 84
其中:应付工资	4 728. 45	3 066. 95
应付福利费	—	—
#其中:职工奖励及福利基金	—	—
应交税费	1 359. 80	1 712. 30
其中:应交税金	1 338. 43	1 698. 52
应付利息	—	—
应付股利	—	—
其他应付款	5 214. 71	10 480. 91
应付分保账款	—	—
保险合同准备金	—	—
代理买卖证券款	—	—
代理承销证券款	—	—
划分为持有待售的负债	—	—
一年内到期的非流动负债	—	—
其他流动负债	806. 78	757. 24
流动负债合计	276 404. 00	45 081. 01

续表

项　目	期末余额	期初余额
非流动负债：	—	—
长期借款	—	—
应付债券	—	—
长期应付款	—	—
长期应付职工薪酬	—	—
专项应付款	—	—
预计负债	—	—
递延收益	—	—
递延所得税负债	14 608. 08	34 308. 07
其他非流动负债	548. 21	548. 21
其中：特准储备基金	—	—
非流动负债合计	15 156. 28	34 856. 28
负债合计	291 560. 28	79 937. 29
所有者权益（或股东权益）：	—	—
实收资本（或股本）	159 659. 75	159 659. 75
国有资本	159 659. 75	159 659. 75
其中：国有法人资本	4 000. 00	4 000. 00
集体资本	—	—
民营资本	—	—
其中：个人资本	—	—
外商资本	—	—
#减：已归还投资	—	—
实收资本（或股本）净额	159 659. 75	159 659. 75
其他权益工具	—	—
其中：优先股	—	—
永续债	—	—
资本公积	7 334. 16	7 334. 16
减：库存股	—	—
其他综合收益	43 829. 57	102 929. 57
其中：外币报表折算差额	—	—
专项储备	—	—
盈余公积	30 992. 87	24 812. 73
其中：法定公积金	15 496. 44	12 406. 37
任意公积金	15 496. 44	12 406. 37
#储备基金	—	—
#企业发展基金	—	—
#利润归还投资	—	—
一般风险准备	40 735. 77	38 550. 56
未分配利润	97 916. 92	86 759. 76
归属于母公司所有者权益合计	380 469. 04	420 046. 53
少数股东权益	18 396. 96	18 240. 89
所有者权益（或股东权益）合计	398 866. 00	438 287. 42
负债和所有者权益（或股东权益）总计	690 426. 29	518 224. 71

母公司资产负债表

编制单位：吉林省信托有限责任公司　　2016 年 12 月 31 日　　单位：万元

项　目	期末余额	期初余额
流动资产：		
货币资金	23 320. 47	34 407. 76
结算备付金	—	—
拆出资金	—	—
以公允价值计量且其变动计入当期损益的金融资产	56 346. 25	21 380. 88
衍生金融资产	—	—
应收票据	—	—
应收账款	—	—

续表

项　目	期末余额	期初余额
预付款项	142.18	105.00
应收保费	—	—
应收分保账款	—	—
应收分保合同准备金	—	—
应收利息	1 031.12	150.13
应收股利	—	—
其他应收款	18 945.95	19 508.84
买入返售金融资产	—	2 000.00
存货	—	—
其中:原材料	—	—
库存商品(产成品)	—	—
划分为持有待售的资产	—	—
一年内到期的非流动资产	—	—
其他流动资产	35.16	—
流动资产合计	99 821.13	77 552.61
非流动资产:	—	—
发放贷款及垫款	985.00	—
可供出售金融资产	510 225.43	353 004.81
持有至到期投资	3 053.50	5 485.10
长期应收款	—	—
长期股权投资	19 552.25	19 552.25
投资性房地产	2 443.39	2 509.60
固定资产	18 441.42	18 217.88
减:累计折旧	3 177.50	2 748.63
固定资产净值	15 263.91	15 469.25
减:固定资产减值准备	—	—
固定资产净额	15 263.91	15 469.25
在建工程	79.82	—
工程物资	—	—
固定资产清理	—	—
生产性生物资产	—	—
油气资产	—	—
无形资产	139.95	246.31
开发支出	—	—
商誉	—	—
长期待摊费用	46.11	71.02
递延所得税资产	7 599.62	8 161.81
其他非流动资产	3 745.65	3 745.65
其中:特准储备物资	—	—
非流动资产合计	563 134.63	408 245.80
资产总计	662 955.76	485 798.42

母公司资产负债表(续)

编制单位:吉林省信托有限责任公司　　2016 年 12 月 31 日　　单位:万元

项　目	期末余额	期初余额
流动负债:		
短期借款	—	—
向中央银行借款	—	—
吸收存款及同业存放	—	—
拆入资金	54 500.00	14 000.00
以公允价值计量且其变动计入当期损益的金融负债	—	—
衍生金融负债	—	—
应付票据	—	—
应付账款	—	—
预收款项	201 894.25	1 774.82
卖出回购金融资产款	—	—
应付手续费及佣金	—	—
应付职工薪酬	3 466.41	3 132.06

续表

项　目	期末余额	期初余额
其中:应付工资	3 394.77	3 066.95
应付福利费	—	—
#其中:职工奖励及福利基金	—	—
应交税费	913.45	604.51
其中:应交税金	896.18	590.73
应付利息	—	—
应付股利	—	—
其他应付款	3 295.58	7 837.42
应付分保账款	—	—
保险合同准备金	—	—
代理买卖证券款	—	—
代理承销证券款	—	—
划分为持有待售的负债	—	—
一年内到期的非流动负债	—	—
其他流动负债		
流动负债合计	264 069.69	27 348.81
非流动负债:	—	—
长期借款	—	—
应付债券	—	—
长期应付款	—	—
长期应付职工薪酬	—	—
专项应付款	—	—
预计负债	—	—
递延收益	—	—
递延所得税负债	14 608.08	34 308.07
其他非流动负债	548.21	548.21
其中:特准储备基金	—	—
非流动负债合计	15 156.28	34 856.28
负债合计	279 225.97	62 205.10
所有者权益(或股东权益):	—	—
实收资本(或股本)	159 659.75	159 659.75
国有资本	159 659.75	159 659.75
其中:国有法人资本	4 000.00	4 000.00
集体资本	—	—
民营资本	—	—
其中: 个人资本	—	—
外商资本	—	—
#减:已归还投资	—	—
实收资本(或股本)净额	159 659.75	159 659.75
其他权益工具	—	—
其中:优先股	—	—
永续债	—	—
资本公积	5 500.00	5 500.00
减:库存股	—	—
其他综合收益	43 829.57	102 929.57
其中:外币报表折算差额	—	—
专项储备	—	—
盈余公积	30 992.87	24 812.73
其中:法定公积金	15 496.44	12 406.37
任意公积金	15 496.44	12 406.37
#储备基金	—	—
#企业发展基金	—	—
#利润归还投资	—	—
一般风险准备	40 735.77	38 550.56
未分配利润	103 011.81	92 140.71
归属于母公司所有者权益合计	383 729.78	423 593.32
少数股东权益		
所有者权益(或股东权益)合计	383 729.78	423 593.32
负债和所有者权益(或股东权益)总计	662 955.76	485 798.42

5.2 利润表

合并利润表

2016 年度

编制单位:吉林省信托有限责任公司　　单位:万元

项　目	本期金额	上期金额
一、营业总收入	39 074.51	38 883.05
其中:营业收入	1 580.57	70.00
利息收入	2 756.83	4 965.15
已赚保费	—	—
手续费及佣金收入	34 737.11	33 847.90
二、营业总成本	25 385.48	17 596.65
其中:营业成本	70.57	88.99
利息支出	998.98	904.98
手续费及佣金支出	—	—
退保金	—	—
赔付支出净额	—	—
提取保险合同准备金净额	—	—
保单红利支出	—	—
分保费用	—	—
税金及附加	1 392.63	4 764.26
销售费用	—	—
管理费用	25 157.68	25 790.42
其中:研究与开发费	—	—
党建工作经费	—	—
财务费用	—	—
其中:利息支出	—	—
利息收入	—	—
汇兑净损失(净收益以"-"号填列)	—	—
资产减值损失	-2 234.38	-13 952.00
其他	—	—
加:公允价值变动收益(损失以"-"号填列)	-1 677.88	714.09
投资收益(损失以"-"号填列)	23 234.34	51 469.34
其中:对联营企业和合营企业的投资收益	—	—
汇兑收益(损失以"-"号填列)	133.04	112.00
三、营业利润(亏损以"-"号填列)	35 378.54	73 581.83
加:营业外收入	722.42	161.97
其中:非流动资产处置利得	1.01	4.64
非货币性资产交换利得	—	—
政府补助	353.63	135.00
债务重组利得	—	—
减:营业外支出	187.09	394.68
其中:非流动资产处置损失	24.62	0.81
非货币性资产交换损失	—	—
债务重组损失	—	—
四、利润总额(亏损总额"-"号填列)	35 913.87	73 349.12
减:所得税费用	4 310.03	17 269.05
五、净利润(净亏损以"-"号填列)	31 603.83	56 080.06
归属于母公司所有者的净利润	31 186.76	54,570.31
少数股东损益	417.07	1 509.75
六、其他综合收益的税后净额	-59 100.00	-49 139.64
(一)以后不能重分类进损益的其他综合收益	—	—
1. 重新计量设定受益计划净负债或净资产的变动	—	—
2. 权益法下在被投资单位不能重分类进损益的其他综合收益中享有的份额	—	—

续表

项　目	本期金额	上期金额
(二)以后将重分类进损益的其他综合收益	-59 100.00	-49 139.64
1. 权益法下在被投资单位以后将重分类进损益的其他综合收益中享有的份额	—	—
2. 可供出售金融资产公允价值变动损益	-59 100.00	-49 139.64
3. 持有至到期投资重分类为可供出售金融资产损益	—	—
4. 现金流量套期损益的有效部分	—	—
5. 外币财务报表折算差额	—	—
七、综合收益总额	-27 496.16	6 940.42
归属于母公司所有者的综合收益总额	-27 913.23	5 430.67
归属于少数股东的综合收益总额	417.07	1 509.75
八、每股收益:	—	—
(一)基本每股收益	—	—
(二)稀释每股收益	—	—

母公司利润表

2016 年度

编制单位:吉林省信托有限责任公司　　单位:万元

项　目	本期金额	上期金额
一、营业总收入	22 400.20	20 588.56
其中:营业收入	171.94	175.00
利息收入	2 112.52	4 142.63
已赚保费	—	—
手续费及佣金收入	20 115.73	16 270.93
二、营业总成本	11 258.32	3 467.42
其中:营业成本	66.27	88.99
利息支出	998.98	904.98
手续费及佣金支出	—	—
退保金	—	—
赔付支出净额	—	—
提取保险合同准备金净额	—	—
保单红利支出	—	—
分保费用	—	—
税金及附加	945.70	3 774.08
销售费用	—	—
管理费用	11 481.75	12 308.62
其中:研究与开发费	—	—
党建工作经费	—	—
财务费用	—	—
其中:利息支出	—	—
利息收入	—	—
汇兑净损失(净收益以"-"号填列)	—	—
资产减值损失	-2 234.38	-13 609.25
其他	—	—
加:公允价值变动收益(损失以"-"号填列)	-54.54	17.58
投资收益(损失以"-"号填列)	22 951.59	51 096.39
其中:对联营企业和合营企业的投资收益	—	—
汇兑收益(损失以"-"号填列)	133.04	112.00
三、营业利润(亏损以"-"号填列)	34 171.97	68 347.11
加:营业外收入	235.60	9.60
其中:非流动资产处置利得	1.01	—
非货币性资产交换利得	—	—
政府补助	—	—

续表

项　　目	本期金额	上期金额
债务重组利得	—	—
减：营业外支出	164. 90	4. 22
其中：非流动资产处置损失	4. 22	—
非货币性资产交换损失	—	—
债务重组损失	—	—
四、利润总额（亏损总额"－"号填列）	34 242. 67	68 352. 49
减：所得税费用	3 341. 96	16 036. 20
五、净利润（净亏损以"－"号填列）	30 900. 71	52 316. 29
归属于母公司所有者的净利润	30 900. 71	52 316. 29
少数股东损益	—	—
六、其他综合收益的税后净额	-59 100. 00	-49 139. 64
（一）以后不能重分类进损益的其他综合收益	—	—
1. 重新计量设定受益计划净负债或净资产的变动	—	—

续表

项　　目	本期金额	上期金额
2. 权益法下在被投资单位不能重分类进损益的其他综合收益中享有的份额	—	—
（二）以后将重分类进损益的其他综合收益	-59 100. 00	-49 139. 64
1. 权益法下在被投资单位以后将重分类进损益的其他综合收益中享有的份额	—	—
2. 可供出售金融资产公允价值变动损益	-59 100. 00	-49 139. 64
3. 持有至到期投资重分类为可供出售金融资产损益	—	—
4. 现金流量套期损益的有效部分	—	—
5. 外币财务报表折算差额	—	—
七、综合收益总额	-28 199. 29	3 176. 65
归属于母公司所有者的综合收益总额	-28 199. 29	3 176. 65
归属于少数股东的综合收益总额	—	—
八、每股收益：	—	—
（一）基本每股收益	—	—
（二）稀释每股收益	—	—

5. 3　所有者权益变动表

合并所有者权益变动表

编制单位：吉林省信托有限责任公司　　　　2016 年 12 月 31 日　　　　单位：万元

项　　目	本年金额								
	归属于母公司所有者权益							少数股东权益	所有者权益合计
	实收资本（或股本）	资本公积	其他综合收益	盈余公积	一般风险准备	未分配利润	小计		
一、上年年末余额	159 659. 75	7 334. 16	102 929. 57	24 812. 73	38 550. 56	86 759. 76	420 046. 53	18 240. 89	438 287. 42
加：会计政策变更	—	—	—	—	—	—	—	—	—
前期差错更正	—	—	—	—	—	—	—	—	—
其他	—	—	—	—	—	—	—	—	—
二、本年年初余额	159 659. 75	7 334. 16	102 929. 57	24 812. 73	38 550. 56	86 759. 76	420 046. 53	18 240. 89	438 287. 42
三、本年增减变动金额（减少以"－"号填列）	—	—	-59 100. 00	6 180. 14	2 185. 21	11 157. 16	-39 577. 48	156. 07	-39 421. 41
（一）综合收益总额	—	—	-59 100. 00	—	—	31 186. 76	-27 913. 23	417. 07	-27 496. 16
（二）所有者投入和减少资本	—	—	—	—	—	—	—	—	—
1. 所有者投入的普通股	—	—	—	—	—	—	—	—	—
2. 其他权益工具持有者投入资本	—	—	—	—	—	—	—	—	—
3. 股份支付计入所有者权益的金额	—	—	—	—	—	—	—	—	—
4. 其他	—	—	—	—	—	—	—	—	—
（三）专项储备提取和使用	—	—	—	—	—	—	—	—	—
1. 提取专项储备	—	—	—	—	—	—	—	—	—
2. 使用专项储备	—	—	—	—	—	—	—	—	—
（四）利润分配	—	—	—	6 180. 14	2 185. 21	-20 029. 60	-11 664. 25	-261. 00	-11 925. 25
1. 提取盈余公积	—	—	—	6 180. 14	—	-6 180. 14	—	—	—
其中：法定公积金	—	—	—	3 090. 07	—	-3 090. 07	—	—	—
任意公积金	—	—	—	3 090. 07	—	-3 090. 07	—	—	—
#储备基金	—	—	—	—	—	—	—	—	—
#企业发展基金	—	—	—	—	—	—	—	—	—
#利润归还投资	—	—	—	—	—	—	—	—	—
2. 提取一般风险准备	—	—	—	—	2 185. 21	-2 185. 21	—	—	—
3. 对所有者（或股东）的分配	—	—	—	—	—	-11 664. 25	-11 664. 25	-261. 00	-11 925. 25
4. 其他	—	—	—	—	—	—	—	—	—
（五）所有者权益内部结转	—	—	—	—	—	—	—	—	—

续表

项　　目	本年金额								
	归属于母公司所有者权益							少数股东权益	所有者权益合计
	实收资本（或股本）	资本公积	其他综合收益	盈余公积	一般风险准备	未分配利润	小计		
1. 资本公积转增资本（或股本））	—	—	—	—	—	—	—	—	—
2. 盈余公积转增资本（或股本）	—	—	—	—	—	—	—	—	—
3. 盈余公积弥补亏损	—	—	—	—	—	—	—	—	—
4. 结转重新计量设定受益计划净负债或净资产所产生的变动	—	—	—	—	—	—	—	—	—
5. 其他	—	—	—	—	—	—	—	—	—
四、本年年末余额	159 659.75	7 334.16	43 829.57	30 992.87	40 735.77	97 916.92	380 469.04	18 396.96	398 866.00

合并所有者权益变动表（续）

编制单位：吉林省信托有限责任公司　　2016 年 12 月 31 日　　单位：万元

项　　目	本年金额								
	归属于母公司所有者权益							少数股东权益	所有者权益合计
	实收资本（或股本）	资本公积	其他综合收益	盈余公积	一般风险准备	未分配利润	小计		
一、上年年末余额	159 659.75	7 334.16	152 069.21	14 349.47	38 550.56	83 510.17	455 473.33	15 803.14	471 276.46
加：会计政策变更	—	—	—	—	—	—	—	—	—
前期差错更正	—	—	—	—	—	—	—	—	—
其他	—	—	—	—	—	—	—	—	—
二、本年年初余额	159 659.75	7 334.16	152 069.21	14 349.47	38 550.56	83 510.17	455 473.33	15 803.14	471 276.46
三、本年增减变动金额（减少以"－"号填列）	—	—	−49 139.64	10 463.26	—	3 249.58	−35 426.80	2 437.75	−32 989.05
（一）综合收益总额	—	—	−49 139.64	—	—	54 570.31	5 430.67	1 509.75	6 940.42
（二）所有者投入和减少资本	—	—	—	—	—	—	—	928.00	928.00
1. 所有者投入的普通股	—	—	—	—	—	—	—	928.00	928.00
2. 其他权益工具持有者投入资本	—	—	—	—	—	—	—	—	—
3. 股份支付计入所有者权益的金额	—	—	—	—	—	—	—	—	—
4. 其他	—	—	—	—	—	—	—	—	—
（三）专项储备提取和使用	—	—	—	—	—	—	—	—	—
1. 提取专项储备	—	—	—	—	—	—	—	—	—
2. 使用专项储备	—	—	—	—	—	—	—	—	—
（四）利润分配	—	—	—	10 463.26	—	−51 320.73	−40 857.47	—	−40 857.47
1. 提取盈余公积	—	—	—	10 463.26	—	−10 463.26	—	—	—
其中：法定公积金	—	—	—	5 231.63	—	−5 231.63	—	—	—
任意公积金	—	—	—	5 231.63	—	−5 231.63	—	—	—
#储备基金	—	—	—	—	—	—	—	—	—
#企业发展基金	—	—	—	—	—	—	—	—	—
#利润归还投资	—	—	—	—	—	—	—	—	—
2. 提取一般风险准备	—	—	—	—	—	—	—	—	—
3. 对所有者（或股东）的分配	—	—	—	—	—	−4 831.93	−4 831.93	—	−4 831.93
4. 其他	—	—	—	—	—	−36 025.54	−36 025.54	—	−36 025.54
（五）所有者权益内部结转	—	—	—	—	—	—	—	—	—
1. 资本公积转增资本（或股本））	—	—	—	—	—	—	—	—	—
2. 盈余公积转增资本（或股本）	—	—	—	—	—	—	—	—	—
3. 盈余公积弥补亏损	—	—	—	—	—	—	—	—	—
4. 结转重新计量设定受益计划净负债或净资产所产生的变动	—	—	—	—	—	—	—	—	—
5. 其他	—	—	—	—	—	—	—	—	—
四、本年年末余额	159 659.75	7 334.16	102 929.57	24 812.73	38 550.56	86 759.76	420 046.53	18 240.89	438 287.42

母公司所有者权益变动表

编制单位：吉林省信托有限责任公司　　2016 年 12 月 31 日　　单位：万元

项　目	本年金额								
	归属于母公司所有者权益							少数股东权益	所有者权益合计
	实收资本（或股本）	资本公积	其他综合收益	盈余公积	一般风险准备	未分配利润	小计		
一、上年年末余额	159 659.75	5 500.00	102 929.57	24 812.73	38 550.56	92 140.71	423 593.32	—	423 593.32
加：会计政策变更	—	—	—	—	—	—	—	—	—
前期差错更正	—	—	—	—	—	—	—	—	—
其他	—	—	—	—	—	—	—	—	—
二、本年年初余额	159 659.75	5 500.00	102 929.57	24 812.73	38 550.56	92 140.71	423 593.32	—	423 593.32
三、本年增减变动金额（减少以“－”号填列）	—	—	-59 100.00	6 180.14	2 185.21	10 871.11	-39 863.54	—	-39 863.54
（一）综合收益总额	—	—	-59 100.00	—	—	30 900.71	-28 199.29	—	-28 199.29
（二）所有者投入和减少资本	—	—	—	—	—	—	—	—	—
1. 所有者投入的普通股	—	—	—	—	—	—	—	—	—
2. 其他权益工具持有者投入资本	—	—	—	—	—	—	—	—	—
3. 股份支付计入所有者权益的金额	—	—	—	—	—	—	—	—	—
4. 其他	—	—	—	—	—	—	—	—	—
（三）专项储备提取和使用	—	—	—	—	—	—	—	—	—
1. 提取专项储备	—	—	—	—	—	—	—	—	—
2. 使用专项储备	—	—	—	—	—	—	—	—	—
（四）利润分配	—	—	—	6 180.14	2 185.21	-20 029.60	-11 664.25	—	-11 664.25
1. 提取盈余公积	—	—	—	6 180.14	—	-6 180.14	—	—	—
其中：法定公积金	—	—	—	3 090.07	—	-3 090.07	—	—	—
任意公积金	—	—	—	3 090.07	—	-3 090.07	—	—	—
#储备基金	—	—	—	—	—	—	—	—	—
#企业发展基金	—	—	—	—	—	—	—	—	—
#利润归还投资	—	—	—	—	—	—	—	—	—
2. 提取一般风险准备	—	—	—	—	2 185.21	-2 185.21	—	—	—
3. 对所有者（或股东）的分配	—	—	—	—	—	-11 664.25	-11 664.25	—	-11 664.25
4. 其他	—	—	—	—	—	—	—	—	—
（五）所有者权益内部结转	—	—	—	—	—	—	—	—	—
1. 资本公积转增资本（或股本））	—	—	—	—	—	—	—	—	—
2. 盈余公积转增资本（或股本）	—	—	—	—	—	—	—	—	—
3. 盈余公积弥补亏损	—	—	—	—	—	—	—	—	—
4. 结转重新计量设定受益计划净负债或净资产所产生的变动	—	—	—	—	—	—	—	—	—
5. 其他	—	—	—	—	—	—	—	—	—
四、本年年末余额	159 659.75	5 500.00	43 829.57	30 992.87	40 735.77	103 011.81	383 729.78	—	383 729.78

母公司所有者权益变动表（续）

编制单位：吉林省信托有限责任公司　　2016 年 12 月 31 日　　单位：万元

项　目	本年金额								
	归属于母公司所有者权益							少数股东权益	所有者权益合计
	实收资本（或股本）	资本公积	其他综合收益	盈余公积	一般风险准备	未分配利润	小计		
一、上年年末余额	159 659.75	5 500.00	152 069.21	14 349.47	38 550.56	91 145.14	461 274.14	—	461 274.14
加：会计政策变更	—	—	—	—	—	—	—	—	—
前期差错更正	—	—	—	—	—	—	—	—	—
其他	—	—	—	—	—	—	—	—	—
二、本年年初余额	159 659.75	5 500.00	152 069.21	14 349.47	38 550.56	91 145.14	461 274.14	—	461 274.14
三、本年增减变动金额（减少以“－”号填列）	—	—	-49 139.64	10 463.26	—	995.57	-37 680.82	—	-37 680.82

续表

项　目	本年金额								
	归属于母公司所有者权益							少数股东权益	所有者权益合计
	实收资本（或股本）	资本公积	其他综合收益	盈余公积	一般风险准备	未分配利润	小计		
（一）综合收益总额	—	—	-49 139. 64	—	—	52 316. 29	3 176. 65	—	3 176. 65
（二）所有者投入和减少资本	—	—	—	—	—	—	—	—	—
1. 所有者投入的普通股	—	—	—	—	—	—	—	—	—
2. 其他权益工具持有者投入资本	—	—	—	—	—	—	—	—	—
3. 股份支付计入所有者权益的金额	—	—	—	—	—	—	—	—	—
4. 其他	—	—	—	—	—	—	—	—	—
（三）专项储备提取和使用	—	—	—	—	—	—	—	—	—
1. 提取专项储备	—	—	—	—	—	—	—	—	—
2. 使用专项储备	—	—	—	—	—	—	—	—	—
（四）利润分配	—	—	—	10 463. 26	—	-51 320. 73	-40 857. 47	—	-40 857. 47
1. 提取盈余公积	—	—	—	10 463. 26	—	-10 463. 26	—	—	—
其中：法定公积金	—	—	—	5 231. 63	—	-5 231. 63	—	—	—
任意公积金	—	—	—	5 231. 63	—	-5 231. 63	—	—	—
#储备基金	—	—	—	—	—	—	—	—	—
#企业发展基金	—	—	—	—	—	—	—	—	—
#利润归还投资	—	—	—	—	—	—	—	—	—
2. 提取一般风险准备	—	—	—	—	—	—	—	—	—
3. 对所有者（或股东）的分配	—	—	—	—	—	-4 831. 93	-4 831. 93	—	-4 831. 93
4. 其他	—	—	—	—	—	-36 025. 54	-36 025. 54	—	-36 025. 54
（五）所有者权益内部结转	—	—	—	—	—	—	—	—	—
1. 资本公积转增资本（或股本））	—	—	—	—	—	—	—	—	—
2. 盈余公积转增资本（或股本）	—	—	—	—	—	—	—	—	—
3. 盈余公积弥补亏损	—	—	—	—	—	—	—	—	—
4. 结转重新计量设定受益计划净负债或净资产所产生的变动	—	—	—	—	—	—	—	—	—
5. 其他	—	—	—	—	—	—	—	—	—
四、本年年末余额	159 659. 75	5 500. 00	102 929. 57	24 812. 73	38 550. 56	92 140. 71	423 593. 32	—	423 593. 32

5.4　信托项目资产负债汇总表

信托项目资产负债表

编制单位：吉林省信托有限责任公司　　2016 年 12 月 31 日　　单位：万元

信托资产	期末数	年初数	信托负债和信托收益	期末数	年初数
信托资产：			信托负债：		
货币资金	10 821. 18	12 244. 40	应付受托人报酬	1 799. 82	2 033. 56
拆出资金	0	0	应付托管费	184. 10	213. 41
应收款项	41 075. 83	53 093. 56	应付受益人收益	15 420. 85	30 534. 59
买入返售资产	5 820. 00	11 820. 00	其他应付款项	25 984. 20	28 749. 51
交易性金融资产	694. 50	694. 50	应交税金	0	0
持有至到期投资	1 315 143. 71	1 304 933. 41	卖出回购资产款	0	0
长期股权投资	236 984. 00	232 900. 00	其他负债	0	0
客户贷款	3 385 027. 66	2 440 973. 00	信托负债合计	43 388. 97	61 531. 07
应收融资租赁款	0	0	信托权益：	0	0
固定资产	0	0	实收信托	5 357 547. 82	4 080 654. 79
无形资产	0	0	资本公积	0	0
长期待摊费用	0	0	未分配利润	1 963. 98	1 433. 07
其他资产	407 333. 89	86 960. 06	信托权益合计	5 359 511. 79	4 082 087. 86
信托资产总计	5 402 900. 76	4 143 618. 93	信托负债及信托权益总计	5 402 900. 76	4 143 618. 93

5.5 信托项目利润及利润分配汇总表

信托项目利润及利润分配表

编制单位：吉林省信托有限责任公司　　2016 年 12 月 31 日　　单位：万元

项　目	本年累计数	上年累计数
一、营业收入	399 842.67	552 937.11
利息收入	276 183.21	392 836.00
投资收益	121 661.80	159 961.81
租赁收入	0.00	0.00
其他收入	1 997.66	139.29
二、营业费用	39 303.12	132 592.63
三、营业税金及附加	0	0
四、扣除资产损失前的信托利润	360 539.55	420 344.48
减：资产减值损失	0	0
五、扣除资产损失后的信托利润	360 539.55	420 344.48
加：期初未分配信托利润	1 433.07	392.06
减：调整期初未分配利润	0	0
六、可供分配的信托利润	361 972.62	420 736.54
减：本期已分配信托利润	360 008.65	419 303.47
七、期末未分配信托利润	1 963.98	1 433.07

5.6 利润实现和分配情况（母公司口径与合并口径）

单位：万元

指标名称	合并口径	母公司
利润总额	35 913.87	34 242.67
所得税费用	4 310.03	3 341.96
少数股东损益	417.07	
归属于母公司所有者的净利润	31 186.76	30 900.71
提取盈余公积	6 180.14	6 180.14
提取信托赔偿准备金	0.00	0.00
提取一般准备	2 185.21	2 185.21
上缴国有资本收益	11 664.25	11 664.25

5.7 主要财务指标（母公司口径与合并口径）

指标名称	合并指标值	母公司指标值
资本利润率（%）	7.55	7.66
加权年化信托报酬率（%）		
人均净利润（万元）	71.18	143.72

5.8 公司净资本情况

2016 年末，公司净资本余额为 224 337 万元；各项业务风险资本之和为 85 970 万元，净资本/各项业务风险资本之和为 260.95%；净资本/净资产为 58.46%，以上指标符合《信托公司净资本管理办法》（中国银监会令 2010 年第 5 号）各项监管指标。

6. 涉及财务报告的相关事项

6.1 纳入合并范围的子公司

序号	企业名称	级次	企业类型	注册地	业务性质	注册资本（万元）	持股比例（%）	享有的表决权	投资额（万元）
1	天治基金管理有限公司	2	2	上海市	基金业	16 000.00	61.25	61.25	11 600.00
2	天富期货有限公司	2	2	长春市	期货业	15 000.00	55.00	55.00	8 250.00
3	吉林省汇富投资管理有限公司	3	2	长春市	咨询业	2 300.00	100.00	100.00	2 300.00
4	吉林省汇通典当有限责任公司	3	2	长春市	典当业	1 000.00	65.00	65.00	650.00
5	天治北部资产管理有限公司	3	2	北京市	金融业	10 000.00	42.00	42.00	4 200.00

注：企业类型：(1)境内非金融子企业；(2)境内金融子企业；(3)境外子企业；(4)事业单位；(5)基建单位。

6.2 公司当年的收入结构

收入结构	合并		母公司	
	金额（万元）	占比（%）	金额（万元）	占比（%）
手续费及佣金收入	34 737.11	56.50	20 115.74	44.05
其中：信托业务手续费收入	15 836.42	25.76	15 836.42	34.68
担保业务手续费收入				
基金管理手续费收入	13 618.10	22.15		
期货业务手续费收入	1 003.27	1.63		
典当业务手续费收入				
其他手续费收入	4 279.32	6.96	4 279.32	9.37

续表

收入结构	合并		母公司	
	金额（万元）	占比（%）	金额（万元）	占比（%）
利息类收入	2 756.83	4.48	2 112.52	4.63
其他业务收入	1 580.57	2.57	171.94	0.38
其中：计入信托业务收入部分				
投资收益	23 234.34	37.79	22 951.59	50.26
其中：股权投资收益	21 146.47	34.39	21 146.47	46.31
证券投资收益	2 087.87	3.40	1 805.12	3.95
其他投资收益		0.00		0.00
公允价值变动收益	−1 677.88	−2.73	−54.54	−0.12
汇兑损益	133.04	0.22	133.04	0.29
营业外收入	722.42	1.17	235.60	0.52
收入合计	61 486.43	100.00	45 665.89	100.00

7. 特别事项揭示

报告期内,由吉林省人民政府推荐,经公司董事会通过,聘任部戈为吉林省信托有限责任公司总经理。报告期内,由于蔡立东同志个人提出辞职,经董事会批准,该同志不再担任公司独立董事。

建信信托有限责任公司

1. 重要提示

1.1 本公司董事会保证本报告所载资料不存在任何虚假记载、误导性陈述或者重大遗漏，并对其内容的真实性、准确性和完整性承担个别及连带责任。

1.2 公司独立董事王巍、范成法保证本报告内容真实、准确、完整。

1.3 普华永道中天会计师事务所对本公司年度财务报告进行审计，出具了审计报告。

1.4 公司执行董事、总裁王宝魁，财务部门负责人江涛声明：保证本年度报告中财务报告真实、完整。

2. 公司概况

2.1 公司简介

建信信托有限责任公司（以下简称建信信托）是经中国银监会报请国务院同意后批准，由中国建设银行投资控股的非银行金融机构，2009年8月重组运营，2010年1月对外揭牌。

公司法定中文名称：建信信托有限责任公司

中文名称缩写：建信信托

公司法定英文名称：CCB Trust Co.，Ltd.

英文名称缩写：CCBT

法定代表人：杜亚军

注册地址：安徽省合肥市九狮桥街45号

邮政编码：230001

网　　址：www.ccbtrust.com.cn

信息披露分管领导：王金生

信息披露联系人：高朝晖

联系电话：(010)67596155　18710162991

传　　真：(010)67596590

电子邮箱：jxxt@ccbtrust.com.cn

信息披露报纸名称：《金融时报》

年度报告备置地点：公司网站和公司办公室

会计师事务所：普华永道中天会计师事务所

地址：上海市浦东新区陆家嘴环路1318号星展银行大厦6楼

2.2 组织结构

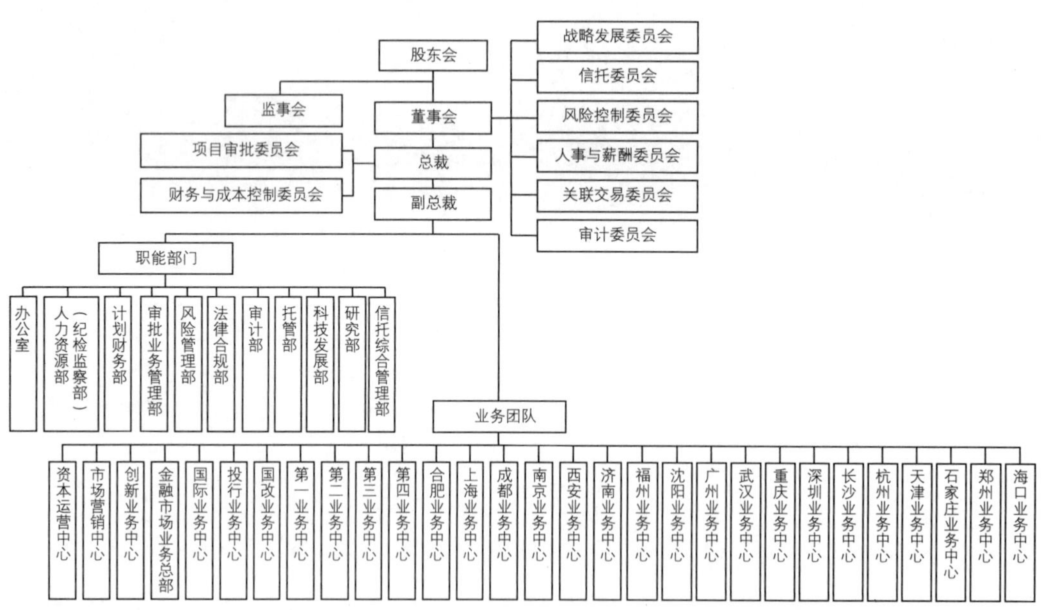

3. 公司治理

3.1 股东

报告期末，公司股东总数3家，最终实际控制人为中国建设银行股份有限公司，持股比例超过10%的股东有2家。

股东名称	持股比例(%)	法定代表人	注册资本(亿元)	注册地址	主要经营业务及主要财务情况
中国建设银行股份有限公司	67.00	王洪章	2500.11	北京市西城区金融大街25号	公司银行业务、个人银行业务、资金业务、投资银行业务及海外业务。

续表

股东名称	持股比例(%)	法定代表人	注册资本(亿元)	注册地址	主要经营业务及主要财务情况
合肥兴泰金融控股(集团)有限公司	27.50	程儒林	20.00	合肥市九狮桥街45号	对授权范围内的国有资产进行经营以及从事企业策划、管理咨询、财务顾问、公司理财、产业投资以及经批准的其他经营活动。

3.2 董事

董事会成员(非独立董事)

姓名	职务	性别	年龄	选任日期	所推举的股东名称	该股东持股比例(%)	简要履历
王宝魁	执行董事	男	53	2014年3月15日	中国建设银行	67.00	曾任中国建设银行北京市分行办公室副处级秘书,信托投资公司出纳管理部、规划发展部、市场开发部副总经理,资产保全部总经理,朝阳支行行长、党委书记,建信信托副总裁;现任建信信托执行董事、总裁。
程双起	董事	男	59	2014年3月15日			曾任中国建设银行张家口分行行长、党组书记,河北省分行副行长、党委副书记,建信信托总裁;现任建信期货董事长,建信信托董事。
李春信	董事	男	58	2016年8月29日			曾任中国建设银行筹资储蓄部、零售业务部处长、国际业务部国际金融研究中心主任、基金托管部处长、副总经理,中国建设银行人力资源部(党委组织部)副总经理(副部长)(部门总经理级);现拟任建信信托董事。
程儒林	董事	男	53	2015年3月25日	合肥兴泰金融控股(集团)有限公司	27.50	曾任合肥市政府驻北京联络处主任、副主任,兼任合肥市重点项目办公室副主任,国务院体改办综合调研司综合处副处长,合肥兴泰金融控股(集团)有限公司副总裁、总裁;现任合肥兴泰金融控股(集团)有限公司董事长,拟任建信信托董事。
高同国	董事	男	52	2013年4月18日	合肥市国有资产控股有限公司	5.50	曾任合肥市国有资产管理局副局长,百大集团监事会主席,合肥市产权交易中心主任,合肥市技术产权交易所董事长,合肥兴泰控股集团总裁,合肥市国有资产控股公司董事长;现任合肥市滨湖新区建设投资有限公司董事长,建信信托董事。

独立董事

姓名	所在单位及职务	性别	年龄	选任日期	简要履历
王 魏	万盟并购集团有限公司董事长,兼全国工商联并购公会会长	男	57	2015年3月25日	曾任职于中国建设银行、中国银行,曾担任美国化学银行分析师、美国世界银行顾问、中国南方证券有限公司副总裁、万盟投资管理有限公司董事长,以及中化国际、上海医药、方正证券独立董事;现任万盟并购集团有限公司董事长,同时兼全国工商联并购公会会长,以及中体产业、光大银行、嘉实基金独立董事,建信信托独立董事。
范成法	无	男	65	2015年3月25日	曾任安徽省财政厅预算外资金管理办公室主任、综合处处长、金融处处长,安徽省推进皖江城市带承接产业转移示范区建设领导小组办公室融资组组长,安徽省担保协会副会长;现任建信信托独立董事。

3.3 监事

监事会成员

姓名	职务	性别	年龄	选任日期	所代表股东	股东持股比例(%)	简要履历
王金生	监事长	男	52	2010年4月9日	合肥兴泰金融控股(集团)有限公司	27.50	曾任合肥市粮食局财务处长,合肥大米公司经理(法人代表)、党委副书记,合肥市国有资产管理局综合处长、局长助理,合肥市产权交易管理办公室副主任,合肥市国有资产控股公司副总经理,丰乐种业股份有限公司外部董事,合肥市财政局(合肥市国有资产管理办公室)专职副主任,主持国资办日常工作、分管市财政企财工作,合肥市人民政府国有资产监督管理委员会副主任、党委委员;现任建信信托有限责任公司监事长。
					合肥市国有资产控股有限公司	5.50	

续表

姓 名	职 务	性别	年龄	选任日期	所代表股东	股东持股比例(%)	简要履历
马 奎	监事	男	58	2015年11月12日	中国建设银行	67.00	曾任中国建设银行国际业务部代理行处副处长，中国信达信托投资公司国际部总经理，中国投资咨询公司总经理助理、副总经理、纪委书记，中国建设银行资产保全部副总经理、风险管理部资产保全部副总经理；现任建信信托监事、建信养老金管理有限责任公司监事。
施 良	监事	男	59	2015年11月12日			曾任中国建设银行投资研究所编辑室副处长、行政研室体改处副处长、计划财务部综合业务处高级经理、计划财务部财务监管处高级经理、信息中心总经理助理、副总经理、数据管理部副总经理；现任建信信托监事、建信期货监事。
周志寰	职工监事	男	45	2010年9月20日	—	—	曾任建行北京长安支行国际业务部经理，建行北京分行个人银行业务部副总经理，建行北京分行城建、建国支行风险主管；现任建信信托风险总监、兼风险管理部总经理。
王彦青	职工监事	男	53	2010年9月20日	—	—	曾任建行河北省分行资产保全部副总经理，建行河北省总审计室现场一处高级副经理（主持工作）；现任建信信托审计部总经理。

监事会无下属委员会。

3.4 高级管理人员

姓名	职务	性别	年龄	选任日期	金融从业年限(年)	学历	专业
王宝魁	总裁	男	53	2014年3月15日	30	本科	基本建设经济
吴振广	首席风险官（常务副总裁）（拟任）	男	51	2016年9月2日	20	博士研究生	金融
许 晔	副总裁	男	41	2011年3月28日	19	硕士研究生	法律
王业强	首席投资官（拟任）	男	36	2016年9月2日	14	硕士研究生	资产管理

3.5 公司员工

截至2016年12月31日，公司共有员工343人，平均年龄35岁，其中，博士学历17人，占比5.0%；硕士学历184人，占比53.6%；本科学历129人，占比37.6%；专科学历8人，占比2.3%；其他学历5人，占比1.5%。

4. 经营管理

4.1 经营目标、经营方针、战略规划

4.1.1 经营目标

至2020年，基本建成"功能综合、风控严密、市场导向、管理高效、业绩优良"的信托公司，树立让客户、股东和员工"满意和信赖"的企业形象，打造成为具有信托优势的综合金融解决方案提供商。

4.1.2 经营方针

贯彻党中央、国务院要求和国家经济金融政策精神，全面落实建设银行综合性、多功能、集约化经营的战略方针，深化母子公司战略协同，以风险防范保障发展，以自主创新推动发展，从战略上推进业务转型，在管理上实施市场化改革，持续提升市场竞争力，为客户提供高质量金融服务，为股东创造良好价值回报。

4.1.3 战略规划

在持续发展重要传统业务的同时，以国企改革为抓手，以混合所有制为契机，大力推动业务转型；树立"以客户为中心"的理念，扩大客户数量、优化客户结构；加大渠道代销、机构直销力度，探索开拓电子销售渠道，有效建立立体化、全方位的产品销售体系；紧密跟踪国家区域发展总体战略，加大在重点地区的业务布局和资源投入，力争在全国形成多个业务领先区域；重点推进固有业务资源化转型，为推进信托业务转型提供客户、销售和流动化协同支持；主动适应国家经济"走出去"战略，大力开拓海外市场，培养全球金融服务能力。

4.2 所经营业务的主要内容

公司目前经营的业务品种主要包括信托业务、投资银行业务和固有业务。

信托业务品种主要包括单一资金信托、集合资金信托、财产信托和股权信托等。信托财产的运用方式主要有贷款和投资。

投资银行业务主要包括财务顾问、股权信托、债券承销等。

固有业务主要是自有资金的贷款、股权投资、证券投资等。

固有资产运用与分布表

资产运用	金额(万元)	占比(%)	资产分布	金额(万元)	占比(%)
货币资产	10 720.54	0.99	基础产业		
贷款及应收款			房地产业		
交易性金融资产	1 605.36	0.15	证券市场	1 605.36	0.15
可供出售金融资产	482 147.52	44.39	实业		
持有至到期投资			金融机构	441 955.48	40.69
长期股权投资	459 222.40	42.28	其他	642 690.11	59.17
其他	132 555.13	12.20			
资产总计	1 086 250.95	100.00	资产总计	1 086 250.95	100.00

注：资产运用中的其他主要是应收信托报酬，资产分布中的其他主要是PE基金等非金融股权投资。

信托资产运用与分布表

资产运用	金额(万元)	占比(%)	资产分布	金额(万元)	占比(%)
货币资产	38 951 020.82	29.82	基础产业	5 635 113.74	4.31
贷款	11 965 113.59	9.16	房地产业	1 328 450.00	1.02
交易性金融资产	10 637 669.00	8.14	证券市场	33 815 684.08	25.89
可供出售金融资产	21 256 367.33	16.27	实业	1 218 910.00	0.93
持有至到期投资	41 126 389.93	31.49	金融机构	72 122 948.63	55.22
长期股权投资	3 450 474.23	2.64	其他	16 498 533.63	12.63
其他	3 232 605.18	2.48			
信托资产总计	130 619 640.08	100.00	信托资产总计	130 619 640.08	100.00

4.3 市场分析

4.3.1 影响业务发展的有利因素

2016年是“十三五”的开局之年,公司的转型发展业务迎来发展机遇:公共基础设施建设和运营模式的变化有利于产业基金和PPP业务的发展;供给侧结构性改革的推进和金融支持实体经济发展的新举措,给债转股、投贷联动、资产证券化等业务催生了新的机会;国企国资改革加快推进,实体经济发展动能转换、产能过剩化解和战略性新兴产业扶持,有利于发展国企改革、并购重组、PE投资等业务。2017年是供给侧结构性改革的深化之年,供给侧结构性改革扩大到农业领域,除了此前工业方面的供给侧结构性改革会有不断深化的政策改革红利外,农业供给侧结构性改革也带来新的业务机会。

4.3.2 影响业务发展的不利因素

从国内经济环境来看,在短期经济稳定、通货膨胀回升的背景下,货币政策转向稳健中性和金融领域去杠杆,造成市场资金面偏紧的预期。2017年,对于信托业而言,未来获取资金难度可能加大。在国家调控地产行业的大基调下,国家对房地产企业融资的收紧将加剧地产市场分化。房地产调控趋严之下,房地产行业上下游产业的发展受到限制,房地产金融业务将受到一定冲击。一些地区的国有重化工企业债务风险加大,区域性的金融风险有所提升,信托需要关注融资主体流动性危机和违约等问题。从外部经济环境来看,世界经济形势和外部环境更加复杂和充满不确定性。受美联储加息预期影响,人民币汇率的贬值预期增加了正常的海外投资并购等业务的风险和成本;一些发达国家的贸易和投资保护主义提升了海外投资、“走出去”等相关业务的风险和成本。

4.4 内部控制概况

公司建立了权责明确、制衡合理的治理结构和前后台分离、报告关系清晰的组织架构。董事会对公司内部控制有效性承担最终责任,经营管理层对内部控制制度的有效执行承担责任,监事会、独立董事对内部控制负有监督职责。

公司内部设置了29个业务团队和11个职能部门,实现了高管分离、部门人员分离、财务分离和前中后台分离的“四个分离”。明确界定了各部门的职责和权限,确保其在授权范围内行使职能。公司按照全面性、重要性、制衡性、适应性和遵循性的原则逐步健全各项内部控制制度,完善内部控制机制,使内部控制渗透到公司决策、执行、监督、反馈等各个环节,覆盖公司的所有业务、部门和岗位。公司建立了内部控制检查、报告和纠正机制,确保内控制度的执行落实和对发现问题的及时整改。报告期,公司持续完善规章制度和风控体系,加强内部控制规范工作,内部控制体系不断完善。

4.5 风险管理概况

公司依托“三会一层”和内设部门,逐步构建起涵盖全面、层次清晰、职责明确的风险管理架构,形成了“四个层级、三道防线”的风险控制体系。公司坚持依法合规的经营理念,不断健全科学的风险管理体系,培育健康的风险管理文化,防范和化解经营过程中面临的各种风险,促进公司持续健康发展。

4.5.1 信用风险状况及其管理

信用风险主要是指公司在经营过程中因交易对手不能或不愿按期履行义务而使受益人或公司遭受损失的可能性。2016年末,公司信托业务资产总额为13 061.96亿元,存续项目资产质量较好,到期信托项目均按期清算兑付;公司固有业务资产总额为108.62亿元(母公司口径),不良资产余额为零。

公司强调风险管理关口前移,注重业务调研和过程控制。通过对交易对手的尽职调查进行事前控制;通过交易结构设计、风险定价、设定担保措施、持续进行风险评估等手段规避和监控交易对手信用风险变化。

公司根据国家宏观政策、地区和行业发展变化情况,遵循集团整体风险偏好,制定了《风险偏好陈述书》《信托产品风控要点》,加强对项目前期风险评估工作,提高项目甄别和筛选能力,重视对交易对手经营状况、资信状况的尽职调查,落实总行并表授信管理规定,审慎选择交易对手。严格审查项目资金监管,持续关注交易对手的履约能力,强化对项目运行管理的监督力度。根据风险程度的不同对项目实施差异化的后期管理和风险监控措施,加大对重点项目监督检查力度,并建立风险预警制度,有效防范信用风险。

4.5.2 市场风险状况及其管理

市场风险主要是指公司在经营过程中因股价、汇率、利率及其他价格因素变动而造成财产损失的风险以及对公司盈利能力、财务状况的影响。

目前,公司由金融市场业务总部对证券投资信托业务实施专业化管理。公司及时关注国家政策和市场环境的变化,加强对经济及金融形势的分析预测,提出相应对策及业务调整方案。公司通过建立有效的投资组合,设置投资比例和投资限制,聘请丰富经验的投资顾问,规避证券市场风险。在产品设计时,结合经济、金融形势充分考虑利率变化对受益人或公司收益的影响,采取升息保护、浮动利率机制等合理措施规避利率风险。加强对证券投资产品单位净值、抵(质)押品价格变化的日常监控,安排专人进行盯市,按期进行估值,及时披露信托单位净值,严格执行信托文件中对预警线及止损线的具体约定,防范市场价格波动带来的风险。持续跟踪关注抵(质)押品市场价格波动情况,及时发现并预防市场风险。

4.5.3 操作风险状况及其管理

操作风险主要是指公司在运营过程中由于内部程序、人员、系统的不完善或外部事件等原因所带来的风险。报告期内，公司未发生因操作风险所造成的损失。公司不断健全法人治理结构，规范各项业务的操作流程，明确操作权限和内容，持续完善前台、中台、后台的内部控制体系。公司在业务尽职调查、产品规范化管理、风险监控、合同档案管理、信息披露等方面不断细化管理要求和规范操作流程，提升业务操作的规范化和标准化水平，消除操作风险隐患，有效管理各类操作风险。

4.5.4 其他风险状况及其管理

公司面临的其他风险主要包括政策风险、法律风险、道德风险、关联交易风险和声誉风险等。

政策风险主要是指因宏观经济政策、行业发展政策、行业监管政策的变动对公司经营环境和业务发展所造成的影响。

法律风险主要是指公司在业务开展过程中对相关法律法规的理解或执行出现偏差导致对公司经营造成影响，公司签订合同在法律上有缺陷或不完善而发生法律纠纷甚至无法履约。

道德风险主要是指公司内部人员蓄意违法违规或与公司的利益主体串通给信托受益人或公司自身带来损失而产生的风险。

关联交易风险主要是指公司在开展业务过程中涉及关联交易时，由于制度缺失、关联方控制、价格不公允等原因产生的风险。

声誉风险主要是指由于公司操作失误、违反有关规定、信托资产质量下降不能到期兑付、不能向公众提供高质量的金融服务和管理不善等原因，对外部市场地位产生的消极和不良影响。

报告期内，公司未发生因其他风险所造成的损失。

公司深入分析国家宏观经济政策、行业发展政策、监管政策以及国家法律法规，加强与政策制定部门的沟通，提高预见性和应变能力，及时调整发展战略和经营策略。

公司制定相关办法，加强法律合同制定、使用、审查和归档等管理，对交易行为或合同进行法律审查，重大事项征询律师意见。

公司不断加强员工职业道德和思想教育；制定了科学、清晰的业务流程，强化内部控制机制。公司制定了相关办法，明确了责任追究的相关程序和惩罚措施。

公司从保护股东、信托各方当事人的利益，尤其是委托人、受益人的利益角度出发，不断加强关联交易风险管理，确保关联交易的识别、统计、报告工作及时准确。不断完善关联交易相关制度和操作流程，加强关联交易业务的审查。涉及关联交易的业务，按照要求及时向监管部门事前报告，及时、完整地披露关联交易。

公司把声誉构建与公司发展战略和企业文化进行有机结合，将声誉风险管理纳入公司治理和全面风险管理体系，强调在依法合规经营、持续稳健发展的基础上，主动、有效、灵活地管理声誉风险和应对风险事件。公司制定了相关制度，明确规定了对声誉风险的监控、管理和应对流程。公司加强对信息披露工作的管理，规范公司的信息披露行为，保护受益人、股东及其他利益相关人的合法权益。在日常经营管理过程中，根据监管要求公司及时披露年度报告，增强对公众、客户的透明度，塑造专业和诚信形象。根据相关法律法规和信托文件的约定，公司向受益人及时披露信托计划的运行情况。

5. 报告期末及上一年度末的比较式会计报表

5.1 固有资产

5.1.1 会计师事务所审计意见全文

审计报告

普华永道中天审字（2017）第24499号

建信信托有限责任公司董事会：

我们审计了后附的建信信托有限责任公司（以下简称建信信托公司）的财务报表，包括2016年12月31日的合并及公司资产负债表，2016年度的合并及公司利润表、合并及公司所有者权益变动表和合并及公司现金流量表以及财务报表附注。

一、管理层对财务报表的责任

编制和公允列报财务报表是建信信托公司管理层的责任。这种责任包括：（1）按照企业会计准则的规定编制财务报表，并使其实现公允反映；（2）设计、执行和维护必要的内部控制，以使财务报表不存在由于舞弊或错误导致的重大错报。

二、注册会计师的责任

我们的责任是在执行审计工作的基础上对财务报表发表审计意见。我们按照中国注册会计师审计准则的规定执行了审计工作。中国注册会计师审计准则要求我们遵守中国注册会计师职业道德守则，计划和执行审计工作以对财务报表是否不存在重大错报获取合理保证。

审计工作涉及实施审计程序，以获取有关财务报表金额和披露的审计证据。选择的审计程序取决于注册会计师的判断，包括对由于舞弊或错误导致的财务报表重大错报风险的评估。在进行风险评估时，注册会计师考虑与财务报表编制和公允列报相关的内部控制，以设计恰当的审计程序，但目的并非对内部控制的有效性发表意见。审计工作还包括评价管理层选用会计政策的恰当性和作出会计估计的合理性，以及评价财务报表的总体列报。

我们相信，我们获取的审计证据是充分、适当的，为发表审计意见提供了基础。

三、审计意见

我们认为，上述建信信托公司的财务报表在所有重大方面按照企业会计准则的规定编制，公允反映了建信信托公司2016年12月31日的合并及公司财务状况以及2016年度的合并及公司经营成果和现金流量。

普华永道中天会计师事务所
（特殊普通合伙）

中国·上海市
2017年4月26日

注册会计师 胡亮

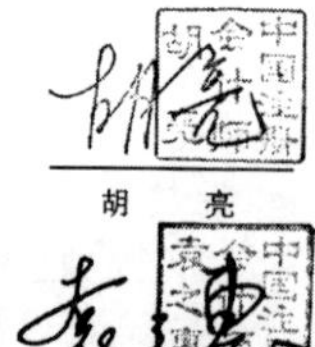

注册会计师 袁之惠

5.1.2 资产负债表

资产负债表

编制单位：建信信托有限责任公司（母公司）　　2016 年 12 月 31 日　　单位：万元

资　产	期末余额	年初余额	负债和所有者权益	期末余额	年初余额
资产：			负债：		
现金及存放同业款项	10 720.54	72 210.22	拆入资金	60 000.00	
以公允价值计量且其变动计入当期损益的金融资产	1 605.36	1 347.48	应付职工薪酬	18 419.11	14 419.05
应收利息	17.60	22.04	应交税费	24 499.54	16 597.29
贷款和应收款项			递延所得税负债		
可供出售金融资产	482 147.52	456 427.95	其他负债	8 060.02	11 925.44
买入返售金融资产			负债合计	110 978.67	42 941.78
长期股权投资	459 222.40	258 957.78	所有者权益：		
投资性房地产	1 091.56	1 273.76	实收资本	152 727.00	152 727.00
固定资产	11 932.29	12 314.85	资本公积	264 198.70	264 198.69
在建工程		69.66	其他综合收益	33 368.62	22 526.82
无形资产	2 306.00	1 106.94	盈余公积	53 736.40	40 378.41
递延所得税资产	7 586.55	1 681.11	一般风险准备	15 276.11	12 377.99
其他资产	109 621.13	68 380.54	信托赔偿准备	26 458.35	19 779.35
			未分配利润	429 507.10	318 862.28
			所有者权益合计	975 272.28	830 850.54
资产总计	1 086 250.95	873 792.32	负债和所有者权益总计	1 086 250.95	873 792.32

资产负债表

编制单位：建信信托有限责任公司（合并）　　2016 年 12 月 31 日　　单位：万元

资　产	期末余额	年初余额	负债和所有者权益	期末余额	年初余额
资产：			负债：		
现金及存放同业款项	349 263.60	222 204.20	短期借款	13 915.22	9 800.00
以公允价值计量且其变动计入当期损益的金融资产	13 763.57	13 098.78	拆入资金	60 000.00	
应收利息	2 032.76	544.72	应付职工薪酬	21 098.08	16 212.28
贷款和应收款项			应交税费	24 905.62	16 723.91
可供出售金融资产	496 333.69	454 478.54	长期借款	30 000.00	
买入返售金融资产			递延所得税负债	508.71	304.48
长期股权投资	418 444.35	219 620.98	其他负债	564 730.30	206 235.21
投资性房地产	1 091.56	1 273.75	负债合计	715 157.94	249 275.88
固定资产	13 263.48	13 719.86	所有者权益：		
在建工程	88.88	75.01	实收资本	152 727.00	152 727.00
无形资产	2 525.03	1 275.67	资本公积	260 079.69	260 079.69
递延所得税资产	7 917.82	1 932.64	其他综合收益	34 509.41	22 526.82
商誉	1 018.84	1 018.84	盈余公积	53 736.40	40 378.41
其他资产	413 376.21	167 543.47	一般风险准备	15 556.30	12 541.03
			信托赔偿准备	26 458.35	19 779.35
			未分配利润	447 218.69	328 481.48
			少数股东权益	13 676.03	10 996.82
			所有者权益合计	1 003 961.86	847 510.59
资产总计	1 719 119.79	1 096 786.47	负债和所有者权益总计	1 719 119.79	1 096 786.47

5.1.3 利润表

利润表

编制单位：建信信托有限责任公司（母公司） 2016年度 单位：万元

项 目	本年数	上年数
一、营业收入	220 343.07	197 552.25
利息净收入	452.54	2 120.98
利息收入	530.94	2 191.04
利息支出	78.40	70.06
手续费及佣金净收入	196 980.39	137 387.29
手续费及佣金收入	196 987.73	137 400.94
手续费及佣金支出	7.34	13.65
投资收益	22 182.97	57 220.43
公允价值变动损益	-259.25	314.50
其他业务收入	986.43	509.05
二、营业支出	43 505.03	45 387.84
营业税金及附加	5 242.98	11 819.13
业务及管理费	38 077.83	33 437.80
资产减值损失		
其他业务成本	184.23	130.91
三、营业利润	176 838.04	152 164.41
加：营业外收入	259.06	104.36
减：营业外支出	13.00	6.37
四、利润总额	177 084.11	152 262.40
减：所得税费用	43 504.17	37 750.19
五、净利润	133 579.94	114 512.21
六、其他综合收益	10 841.80	-2 602.79
七、综合收益总额	144 421.74	111 909.42

利润表

编制单位：建信信托有限责任公司（合并） 2016年度 单位：万元

项 目	本年数	上年数
一、营业收入	268 508.88	212 932.17
利息净收入	6 183.15	5 229.41
利息收入	7 249.43	5 299.47
利息支出	1 066.28	70.06
手续费及佣金净收入	207 709.20	143 743.86
手续费及佣金收入	207 717.92	143 759.14
手续费及佣金支出	8.72	15.28
投资收益	31 145.91	63 098.51
公允价值变动损益	-261.30	314.50
其他业务收入	23 731.92	545.89
二、营业支出	82 397.54	56 008.37
营业税金及附加	5 472.33	12 080.12
业务及管理费	54 073.00	43 796.28
资产减值损失		
其他业务成本	22 852.21	131.97
三、营业利润	186 111.34	156 923.80
加：营业外收入	326.44	527.11
减：营业外支出	40.90	68.07
四、利润总额	186 396.88	157 382.84
减：所得税费用	44 427.63	37 760.03
五、净利润	141 969.25	119 622.81
归属于母公司股东的净利润	141 789.47	119 448.43
少数股东收益	179.78	174.37
六、其他综合收益	11 982.02	-2 602.79
七、综合收益总额	153 951.28	117 020.01
归属于母公司股东的综合收益总额	153 772.06	116 845.64
归属于少数股东的综合收益总额	179.22	174.37

5.1.4 所有者权益变动表

所有者权益变动表

编制单位：建信信托有限责任公司（母公司） 2016年12月31日 单位：万元

项 目	实收资本	资本公积	其他综合收益	盈余公积	风险准备	未分配利润	所有者权益合计
2015年1月1日余额	152 727.00	264 198.70	25 129.61	28 927.18	25 026.44	222 932.18	718 941.10
2015年度增减变动额							
综合收益总额							
净利润						114 512.23	114 512.23
其他综合收益			-2 602.79				-2 602.79
利润分配							
提取盈余公积				11 451.22		-11 451.22	
提取一般风险准备					1 405.29	-1 405.29	
提取信托赔偿准备					5 725.61	-5 725.61	
2015年12月31日余额	152 727.00	264 198.70	22 526.82	40 378.41	32 157.35	318 862.28	830 850.54
2016年1月1日余额	152 727.00	264 198.70	22 526.82	40 378.41	32 157.35	318 862.28	830 850.54
2016年度增减变动额							
综合收益总额							
净利润						133 579.94	133 579.94
其他综合收益			10 841.80				10 841.80
利润分配							
提取盈余公积				13 357.99		-13 357.99	
提取一般风险准备					2 898.12	-2 898.12	
提取信托赔偿准备					6 679.00	-6 679.00	
2015年12月31日余额	152 727.00	264 198.70	33 368.62	53 736.40	41 734.46	429 507.11	975 272.28

所有者权益变动表

编制单位:建信信托有限责任公司(合并)　　2016年12月31日　　单位:万元

项　目	归属于母公司股东权益						少数股东权益	所有者权益合计
	实收资本	资本公积	其他综合收益	盈余公积	风险准备	未分配利润		
2015年1月1日余额	152 727.00	260 079.69	25 129.61	28 927.18	25 026.44	227 778.21	10 822.45	730 490.58
2015年度增减变动额								
综合收益总额								
净利润						119 448.43	174.37	119 622.80
其他综合收益			−2 602.79					−2 602.79
利润分配								
提取盈余公积				11 451.22		−11 451.22		
提取一般风险准备					1 568.33	−1 568.33		
提取信托赔偿准备					5 725.61	−5 725.61		
2015年12月31日余额	152 727.00	260 079.69	22 526.82	40 378.41	32 320.38	328 481.48	10 996.82	847 510.59
2016年1月1日余额	152 727.00	260 079.69	22 526.82	40 378.41	32 320.38	328 481.48	10 996.82	847 510.59
2016年度增减变动额								
综合收益总额								
净利润						141 789.47	179.79	141 969.26
其他综合收益			11 982.59				−0.57	11 982.02
所有者投入和减少资本							2 500.00	2 500.00
利润分配								
提取盈余公积				13 357.99		−13 357.99		
提取一般风险准备					3 015.27	−3 015.27		
提取信托赔偿准备					6 679.00	−6 679.00		
2016年12月31日余额	152 727.00	260 079.69	34 509.41	53 736.40	42 014.65	447 218.69	13 676.03	1 003 961.86

5.2 信托资产

5.2.1 信托项目资产负债汇总表

信托项目资产负债汇总表

编制单位:建信信托有限责任公司　　2016年12月31日　　单位:万元

信托资产	期末数	期初数	信托负债和信托权益	期末数	期初数
信托资产:			信托负债:		
货币资金	38 931 483.74	25 518 467.70	交易性金融负债	0.00	0.00
拆出资金	0.00	0.00	衍生金融负债	0.00	0.00
存出保证金	19 537.08	37 930.74	应付受托人报酬	101 128.05	56 966.65
交易性金融资产	10 637 669.00	12 689 016.68	应付保管费	38 821.50	25 024.21
衍生金融资产	0.00	0.00	应付受益人收益	516 720.12	504 735.76
买入返售金融资产	1 655 321.54	579 193.07	应交税费	4279.73	378.52
应收款项	1 577 283.64	1 167 378.92	应付销售服务费	1.43	23.14
贷款	11 965 113.59	8 643 608.63	其他应付款项	144 739.38	463 305.25
可供出售金融资产	21 256 367.33	20 146 360.77	预计负债	0.00	0.00
持有至到期投资	41 126 389.93	38 268 511.05	其他负债	0.00	0.00
长期应收款	0.00	0.00	信托负债合计	805 690.21	1 050 433.53
长期股权投资	3 450 474.23	2 633 482.20			
投资性房地产	0.00	0.00	信托权益:		
固定资产	0.00	0.00	实收信托	124 132 037.56	101 554 600.76
无形资产	0.00	0.00	资本公积	345.23	11 825.10
长期待摊费用	0.00	0.00	损益平准金	0.00	0.00
其他资产	0.00	0.00	未分配利润	5 681 567.08	7 067 090.37
			信托权益合计	129 813 949.87	108 633 516.23
信托资产总计	130 619 640.08	109 683 949.76	信托负债和信托权益总计	130 619 640.08	109 683 949.76

5.2.2 信托项目利润及利润分配汇总表

编制单位：建信信托有限责任公司　　2016 年度　　单位：万元

项目	当年数	上年数
1. 营业收入	4 915 515.52	4 179 409.22
1.1 利息收入	1 432 348.78	1 615 074.24
1.2 投资收益	3 561 485.25	2 504 976.93
1.2.1 其中：对联营企业和合营企业的投资收益	0.00	0.00
1.3 公允价值变动收益	−79 495.92	15 447.54
1.4 租赁收入	0.00	0.00
1.5 汇兑损益（损失以"－"号填列）	297.81	0.00
1.6 其他收入	879.60	43 910.51
2. 支出	341 568.90	229 017.55
2.1 营业税金及附加	1 141.48	233.22
2.2 受托人报酬	184 528.34	121 738.43
2.3 托管费	36 381.66	30 164.37
2.4 投资管理费	0.00	5.48
2.5 销售服务费	3218.89	155.69
2.6 交易费用	29.33	8.21
2.7 资产减值损失	38 682.75	16 392.52
2.8 其他费用	77 586.45	60 319.63
3. 信托净利润（净亏损以"－"号填列）	4 573 946.62	3 950 391.67
4. 其他综合收益	0.00	0.00
5. 综合收益	4 573 946.62	3 950 391.67
加：期初未分配信托利润	7 067 090.37	3 334 389.51
加：损益平准金	−3 103 212.75	3 274 231.05
6. 可供分配的信托利润	8 537 824.24	10 559 012.23
减：本期已分配信托利润	2 856 257.16	3 491 921.86
7. 期末未分配信托利润	5 681 567.08	7 067 090.37

6. 会计报表附注

6.1 会计报表编制基准不符合会计核算基本前提的说明

公司会计报表编制基准不存在不符合会计核算基本前提的情况。

公司执行财政部2006 年 2 月 15 日颁布的企业会计准则及其后续规定。公司以持续经营为基础，根据实际发生的交易和事项，按照《企业会计准则——基本准则》和其他各项具体会计准则、应用指南及准则解释的规定进行确认和计量，在此基础上编制财务报表。

6.2 或有事项说明

报告年度，本公司无对外担保及其他或有事项。

6.3 重要资产转让及其出售的说明

报告年度，公司无重要资产转让及出售事项。

6.4 会计报表中重要项目的明细资料

6.4.1 固有资产经营情况

6.4.1.1 信用风险五级分类情况

信用风险资产五级分类	正常类（万元）	关注类（万元）	次级类（万元）	可疑类（万元）	损失类（万元）	信用风险资产合计（万元）	不良资产合计（万元）	不良资产率（%）
期初数	855 387.06	0.00	0.00	0.00	0.00	855 387.06	0.00	0
期末数	1 061 896.75	0.00	0.00	0.00	0.00	1 061 896.75	0.00	0

6.4.1.2 各项资产减值损失准备情况

单位：万元

	期初数	本期计提	本期转回	本期核销	期末数
贷款损失准备	0.00	0.00	0.00	0.00	0.00
一般准备	0.00	0.00	0.00	0.00	0.00
专项准备	0.00	0.00	0.00	0.00	0.00
其他资产减值准备	62.88	0.00	62.88	0.00	0.00
可供出售金融资产减值准备	62.88	0.00	62.88	0.00	0.00
持有至到期投资减值准备	0.00	0.00	0.00	0.00	0.00
长期股权投资减值准备	0.00	0.00	0.00	0.00	0.00
坏账准备	0.00	0.00	0.00	0.00	0.00
投资性房地产减值准备	0.00	0.00	0.00	0.00	0.00

6.4.1.3 股票投资、基金投资、债券投资、股权投资等投资业务情况

单位：万元

	自营股票	基金	债券	长期股权投资	其他投资	合计
期初数	1 347.48	0.00	0.00	258 957.78	449 238.53	709 543.79
期末数	1 088.23	517.13	0.00	459 222.40	482 147.52	942 975.28

6.4.1.4 长期股权投资情况

企业名称	占被投资企业权益的比例（%）	主要经营活动	投资收益（万元）
建信（北京）投资基金管理公司	100.00	非证券业务的投资管理和咨询	0
海南建银建信专项基金一号合伙企业	49.96	股权投资、投资管理及咨询	−26.24
建信期货有限责任公司	80.00	商品期货经纪业务、金融期货经纪业务	0
广东国有企业重组发展基金（有限合伙）	49.67	股权投资、可转换类权益资产投资、其他投资经营、投资管理及咨询	360.41
北京建信瑞祥投资管理中心（有限合伙）	31.16	投资管理及咨询	−7.09

6.4.1.5 固有贷款情况

企业名称	占贷款总额的比例（%）	还款情况
—	0.00	—

6.4.1.6 表外业务情况

单位:万元

表外业务	期初数	期末数
担保业务	0.00	0.00
代理业务(委托业务)	0.00	0.00
其他	0.00	0.00
合计	0.00	0.00

6.4.1.7 公司当年的收入结构

6.4.1.7.1 母公司收入结构

收入结构	金额(万元)	占比(%)
手续费及佣金收入	196 987.73	89.26
其中:信托手续费收入	180 421.91	81.75
投资银行业务收入	16 565.82	7.51
利息收入	530.94	0.24
其他业务收入	986.43	0.45
其中:计入信托业务收入部分		
投资收益	22 182.97	10.05
其中:股权投资收益	5116.91	2.32
证券投资收益	67.62	0.03
其他投资收益	16 998.44	7.70
公允价值变动收益	−259.25	−0.12
营业外收入	259.06	0.12
收入合计	220 687.88	100.00

6.4.1.7.2 合并收入结构

收入结构	金额(万元)	占比(%)
手续费及佣金收入	207 717.92	76.96
其中:信托手续费收入	180 421.91	66.85
投资银行业务收入	16 565.82	6.14
利息收入	7 249.43	2.69
其他业务收入	23 731.92	8.79
其中:计入信托业务收入部分		
投资收益	31 145.91	11.54
其中:股权投资收益	12 730.71	4.72
证券投资收益	424.55	0.16
其他投资收益	17 990.65	6.67
公允价值变动收益	−261.30	−0.10
营业外收入	326.44	0.12
收入合计	269 910.32	100.00

6.4.2 披露信托财产管理情况

6.4.2.1 信托资产

单位:万元

信托资产	期初数	期末数
集合	36 088 159.61	40 456 028.83
单一	72 355 596.39	82 553 998.75
财产权	1 240 193.76	7 609 612.50
合计	109 683 949.76	130 619 640.08

6.4.2.1.1 主动管理型信托业务的信托资产

单位:万元

主动管理型信托资产	期初数	期末数
证券投资类	3 846 584.30	5 785 713.97
股权投资类	27 857 720.02	35 748 996.65
融资类	4 696 549.80	3 101 862.13
事务管理类	170 958.58	2 838 372.23
合计	36 571 812.70	47 474 944.98

6.4.2.1.2 被动管理型信托业务的信托资产

单位:万元

被动管理型信托资产	期初数	期末数
证券投资类	38 684 990.44	27 838 999.27
股权投资类	26 841 770.29	31 502 963.30
融资类	110 090.00	0.00
事务管理类	7 475 286.33	23 802 732.53
合计	73 112 137.06	83 144 695.10

6.4.2.2 本年度已清算结束的信托项目情况

本年度已清算结束的信托项目98个,实收信托合计金额4 174 571.53万元,加权平均实际年化收益率7.5927%。

6.4.2.2.1 本年度已清算结束的信托项目

已清算结束信托项目	项目个数(个)	实收信托合计金额(万元)	加权平均实际年化收益率(%)
集合类	83	3 463 771.53	7.6579
单一类	13	590 800.00	6.4198
财产管理类	2	120 000.00	11.4861

6.4.2.2.2 本年度已清算结束的主动管理型信托项目

本年度已清算结束的主动管理型信托项目87个,实收信托合计金额3 688 771.53万元,加权平均实际年化收益率7.5888%。

已清算结束信托项目	项目个数(个)	实收信托合计金额(万元)	加权平均实际年化信托报酬率(%)	加权平均实际年化收益率(%)
证券投资类	12	168 258.86	0.0860	6.2041
股权投资类	34	1 566 542.67	1.2743	8.0442
融资类	40	1 803 970.00	0.7463	7.4422
事务管理类	1	150 000.00	0.1025	6.1504

6.4.2.2.3 本年度已清算结束的被动管理型信托项目

本年度已清算结束的被动管理型信托项目11个,实收信托合计金额485 800.00万元,加权平均实际年化收益率7.6222%。

已清算结束信托项目	项目个数(个)	实收信托合计金额(万元)	加权平均实际年化信托报酬率(%)	加权平均实际年化收益率(%)
证券投资类	0	0.00	0.0000	0.0000
股权投资类	0	0.00	0.0000	0.0000
融资类	0	0.00	0.0000	0.0000
事务管理类	11	485 800.00	0.1258	7.6222

6.4.2.3　本年度新增信托项目

本年度新增的集合类、单一类和财产管理类信托项目 479 个，实收信托合计金额 18 694 429.66 万元。

新增信托项目	项目个数(个)	实收信托合计金额(万元)
集合类	92	4 359 288.00
单一类	370	7 313 761.39
财产管理类	17	7 021 380.27
新增合计	479	18 694 429.66
其中：主动管理型	399	5 596 854.30
被动管理型	80	13 097 575.36

6.4.2.4　本公司履行受托人义务情况及本公司自身责任而导致的信托资产损失情况

公司在信托财产的管理运用和处分过程中，严格按信托合同等信托文件的约定对信托财产进行管理，切实履行了受托人的诚实、信用、谨慎、有效管理的义务，维护受益人的最大利益。报告年度，没有发生因公司自身责任而导致的信托资产损失情况。

6.5　关联方关系及其交易的披露

6.5.1　关联交易方的数量、总金额及关联交易的定价政策等

	关联交易方数量	关联交易金额(万元)	定价政策
合计	7	1 662 946.04	市场公允价格

6.5.2　关联交易方情况

关系性质	关联方名称	法定代表人	注册地址	注册资本	主营业务
股东	中国建设银行股份有限公司	王洪章	北京市西城区金融大街 25 号	2500.11 亿元	公司银行业务、个人银行业务、资金业务、投资银行业务及海外业务
股东	合肥兴泰(金融)控股集团有限公司	程儒林	合肥市九狮桥街 45 号	20 亿元	授权范围内的国有资本运营；权益型投资、债务型投资；信用担保服务；资产管理，理财顾问，企业策划，企业管理咨询；企业重组、兼并、收购。
一级子公司	建信财富(北京)股权投资基金管理有限公司	许　晔	北京市丰台区西站南路 168 号 1114 室	3000 万元	投资管理；投资咨询；实业投资；资产管理；财务咨询；企业管理咨询。
一级子公司	建信(北京)投资基金管理有限公司	王业强	北京市丰台区西站南路 168 号 1009 室	14.81 亿元	非证券业务的投资管理、咨询
一级子公司	建信期货有限责任公司	葛文杰	上海市黄浦区打浦路 198 号	43 605.98 万元	商品期货经纪、金融期货经纪
被投资单位	北京建信财富股权投资基金(有限合伙)	许　晔	北京市丰台区西站南路 168 号 1008 室	6 亿元	非证券业务的投资、投资管理、咨询。
被投资单位	北京建信股权投资基金(有限合伙)	王业强	北京市丰台区西站南路 168 号 1201 室	11.05 亿元	非证券业务的投资、投资管理、咨询。

6.5.3　逐笔披露与关联方的重大交易情况

单位：万元

交易事项	期初数	借方发生额	贷方发生额	期末数
存放建行	68 705.93	1 103 229.39	1 164 938.67	6 996.65
建设银行拆入	0.00	120 000.00	180 000.00	60 000.00
固有财产购买建信信托——天房 3 号集合资金信托计划	80 000.00	80 000.00	10 000.00	70 000.00
固有财产购买建信信托——梧桐树资金集合信托计划	100 000.00	302 000.00	290 000.00	112 000.00
固有资产购买建信信托——武汉建设发展 1 号集合资金信托计划	0.00	51 516.00	51 516.00	0.00
固有资产购买建信信托葛洲坝建信产业投资基金集合资金信托(2 号)	0.00	10 000.00	10 000.00	0.00

6.5.3.1　固有与关联方交易情况

单位：万元

固有与关联方关联交易				
	期初数	借方发生额	贷方发生额	期末数
贷款	0	0	0	0
投资	0	0	0	0
租赁	0	0	0	0
担保	0	0	0	0
应收账款	190.43	266.16	270.85	185.74
其他	68 726.45	1 224 163.88	1 345 873.16	-52 982.83
合计	68 916.88	1 224 430.04	1 346 144.01	-52 797.09

6.5.3.2　信托与关联方交易情况

单位：万元

信托与关联方关联交易				
	期初数	借方发生额	贷方发生额	期末数
贷款	0.00	0.00	0.00	0.00
投资	0.00	0.00	0.00	0.00
租赁	0.00	0.00	0.00	0.00
担保	0.00	0.00	0.00	0.00
应收账款	0.00	0.00	0.00	0.00
其他	70 684 729.87	36 237 150.51	23 907 386.21	83 014 494.17
合计	70 684 729.87	36 237 150.51	23 907 386.21	83 014 494.17

注：本表其他项数据主要为公司与控股股东中国建设银行开展的银信合作业务规模、公司设立的集合资金信托计划存放并保管在中国建设银行的规模和公司设立的集合资金信托计划从信托财产中支付给中国建设银行的各类费用。

6.5.3.3 固信交易、信信交易情况

6.5.3.3.1 固有财产与信托财产之间的交易

单位:万元

固有财产与信托财产相互交易			
	期初数	本期发生额	期末数
合计	240 437.32	-17 437.32	223 000.00

6.5.3.3.2 信托项目之间的交易

单位:万元

信托资产与信托财产相互交易			
	期初数	本期发生额	期末数
合计	6 158 938.77	9 834 571.38	15 993 510.15

6.5.4 关联方逾期未偿还本公司资金的详细情况以及本公司为关联方担保发生或即将发生垫款的详细情况

报告年度,公司无上述情况。

6.6 会计制度的披露

公司执行财政部于2006年2月15日颁布的《企业会计准则——基本准则》和38项具体会计准则、其后颁布的企业会计准则应用指南、企业会计准则解释以及其他相关规定。

7. 财务情况说明书

7.1 利润实现和分配情况

7.1.1 母公司情况

2016年公司实现净利润133 579.94万元,根据《公司章程》《信托公司管理办法》《金融企业财务规则》的规定,提取法定盈余公积13 357.99万元,提取信托赔偿准备6 679万元,提取一般风险准备2 898.12万元。2016年末可供股东分配利润429 507.11万元。

7.1.2 合并口径情况

2016年实现的归属本公司净利润141 969.26万元,提取法定盈余公积13 357.99万元,提取信托赔偿准备6 679万元,提取一般风险准备3 015.27万元。

7.2 主要财务指标

指标名称	母公司指标值	合并指标值
资本利润率(%)	14.79	15.34
加权年化信托报酬率(%)	0.15	0.15
人均净利润(万元)	435.11	270.93

7.3 对本公司财务状况、经营成果有重大影响的其他事项

报告年度,本公司未发生对财务状况、经营成果有重大影响的其他事项。

8. 特别事项揭示

8.1 股东变动情况及原因

报告年度,公司未发生上述事项。

8.2 董事、监事、高级管理人员变动情况及原因

8.2.1 董事变动情况及原因

2016年8月29日,公司2016年第二次临时股东会批准同意李春信担任公司董事,李敏新不再担任公司董事;李春信任职资格尚需监管机关核准。

2016年11月7日,公司董事会2016年第九次会议批准同意杜亚军不再担任公司董事长职务。

2016年11月11日,公司2016年第三次临时股东会批准同意杜亚军不再担任公司董事。

8.2.2 监事变动情况及原因

报告年度,监事无变动。

8.2.3 高级管理人员变动情况及原因

2016年9月2日,根据公司董事会2016年第七次会议决议,吴振广担任公司首席风险官(常务副总裁),王业强担任公司首席投资官;钟四清、黄建峰不再担任公司副总裁职务。

8.3 公司重大诉讼事项

报告年度,公司未发生重大诉讼事项。

8.4 会计师事务所对审计报告所出具保留意见、否定意见或无法表示意见的情况

无。

8.5 公司及其董事、监事和高级管理人员受到处罚的情况

报告年度,公司无上述处罚情况。

8.6 银监会及其派出机构对公司检查后提出整改意见及整改情况

报告年度,银监会及其派出机构未对公司进行检查。

8.7 本年度重大事项报告

无。

8.8 银监会及其省级派出机构认定的其他有必要让客户及相关利益人了解的重要信息

无。

8.9 净资本、风险资本以及风险控制指标等情况

按照《中国银监会关于印发信托公司净资本计算标准有关事项的通知》(银监发[2011]11号),截至2016年12月31日,公司净资产975 272.28万元,净资本739 517.34万元,各项业务风险资本之和629 374.22万元,净资本与净资产比例75.83%,净资本与各项业务风险资本比例117.50%。

9. 社会责任履行情况

报告年度,公司坚持服务实体经济、服务民生、服务投资

者，认真贯彻国家经济金融政策和监管要求，加快转型和创新步伐，满足客户多样化金融需求；公司始终坚持依法合规、稳健经营，不断完善风险防控体系，有效履行受托人职责和义务，维护受益人利益最大化，所有到期信托产品均实现了按期清算、足额兑付。全年共为受益人创造收益889亿元，较上年增长22.96%。

10. 公司监事会意见

报告年度，公司依法经营，规范运作，实现健康快速发展。

董事会、高管层能够严格执行国家宏观调控政策和监管要求，稳健经营，勤勉尽责，廉洁自律，切实维护了受益人、股东和员工的利益。董事会充分发挥战略管理和统筹引领作用，做好决策、协调和服务，全力支持经营层的工作；经营层认真落实董事会的决策意见，立足自身优势，奋力抢抓机遇，严守风险底线，全面推进转型和改革，取得了较好的经营业绩。

经营指标稳步增长，业务转型成效明显。公司立足国家经济建设主战场，把握供给侧改革蕴含的业务机遇，围绕深化改革、战略新兴等八大领域深耕细作，以产业基金、国企改革业务、资产证券化、家族信托、PPP业务、股权投资业务等十大产品为抓手，全面推进业务转型取得明显成效，盈利水平创新高，资产规模保持行业前列，业务结构持续优化。

财务管理更加规范，会计核算质量和效率明显提升。严格执行财经纪律、财务管理制度和股东会批准的财务预算，财务工作的计划、核算和管理会计职能作用进一步增强，加强对下属企业的财务管理，实现“营改增”税制的平稳转换。自主开发的新一代信托业务管理系统成功上线，信托业务会计核算质量和效率明显提升，有效满足了信托业务快速发展的需要。

风险管理能力持续增强，内部控制体系进一步完善。根据内外部经营形势的变化，适时调整业务政策，针对不同业务类别和产品，形成了相应的业务标准和风控要点，建立差别化的审批流程和机制，进一步健全了与业务转型相适应的风险管理体系。加强内控建设，建立健全下属企业的管理体系。

年度财务报告数据真实、准确，真实地反映了公司财务状况和经营成果。

江苏省国际信托有限责任公司

1. 重要提示

1.1 本公司董事会及董事保证本报告所载资料不存在任何虚假记载、误导性陈述或者重大遗漏,并对其内容的真实性、准确性和完整性承担个别及连带责任。

1.2 公司独立董事对本报告内容真实性、完整性和准确性无异议。

1.3 公司编制的2016年度财务报告已经天衡会计师事务所(特殊普通合伙)审计,并出具了标准无保留意见的审计报告。

1.4 公司法定代表人王树华、主管会计工作负责人胡军和会计机构负责人李起年声明并保证年度报告中财务报告的真实和完整。

2. 公司概况

2.1 公司简介

2.1.1 公司历史沿革

公司前身为江苏省国际信托投资公司,于1981年10月经国家外资管理委员会和江苏省人民政府批准正式成立。2001年8月,江苏省政府决定对江苏省国际信托投资公司和江苏省投资管理有限责任公司进行集团化重组改制,组建江苏省国信资产管理集团有限公司。2002年8月,经中国人民银行批准,江苏省国际信托投资公司予以重新登记,并更名为江苏省国际信托投资有限责任公司,注册资金为248 389.9万元。2007年6月,根据"新两规"要求,经中国银监会批准,江苏省国际信托投资有限责任公司更名为江苏省国际信托有限责任公司,同时变更业务范围。2013年12月,公司注册资本增至268 389.9万元。2016年,江苏舜天船舶股份有限公司向江苏省国信资产管理集团有限公司发行股份以收购江苏省国信资产管理集团有限公司所拥有的江苏省国际信托有限责任公司81.49%的股权,公司已办理股东变更手续。

公司坚持"发展、创新、高效、稳健"的经营理念,积极按照"新两规"要求,发挥"受人之托、代人理财"的特点,立足信托本业,完善治理结构,改善经营机制,探索业务创新,加强人才开发,经济效益稳步增长,切实维护了委托人的最大利益。公司已经发展成为我国信托业中资产质量优良、管理规范、经营合规、信息透明、风控能力较强的信托公司。

2.1.2 公司的法定名称

公司法定中文名称:江苏省国际信托有限责任公司

中文缩写:江苏信托

公司法定英文名称:Jiangsu International Trust Corporation Limited

英文缩写:JSITC

2.1.3 公司法定代表人:王树华

2.1.4 公司注册地址:江苏省南京市长江路2号22~26层

邮编:210005

公司国际互联网网址:http://www.jsitc.net

公司电子邮箱:jsitc@jsitc.net

2.1.5 公司负责信息披露事务的高级管理人员:胡军

公司信息披露事务联系人:裴硕秋

联系电话:025-89667772

传真:025-89667700

电子信箱:peishuoqiu@163.com

2.1.6 公司选定的信息披露报纸:《经济日报》

2.1.7 年报备置地点:江苏省南京市长江路2号26层

2.1.8 公司聘请的会计师事务所:天衡会计师事务所(特殊普通合伙)

地址:江苏省南京市建邺区江东中路106号万达广场商务楼B座19~20楼

2.1.9 公司聘请的律师事务所:江苏世纪同仁律师事务所

地址:江苏省南京市北京西路26号4~5楼

2.2 组织结构

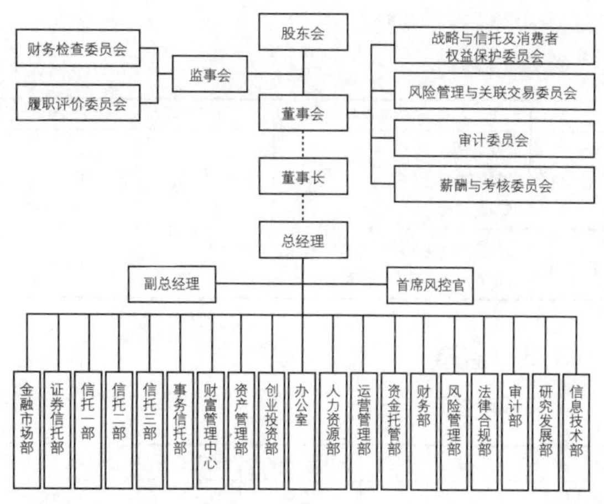

3. 公司治理

3.1 股东

报告期末公司股东总数为 4 家，持有本公司股份的股东及持股情况如下表：

股东名称	持股比例(%)	法人代表	注册资本(亿元)	注册地址	主要经营业务及主要财务情况
江苏国信股份有限公司(以下简称：江苏国信)★	81.4904	朱克江	32.53	江苏省南京市长江路 88 号	主要经营范围：实业投资、股权投资(包括金融、电力能源股权等)、投资管理与咨询。电力项目开发建设和运营管理，电力技术咨询、节能产品销售，进出口贸易。2016 年末，江苏国信总资产 432.43 亿元，净资产 202.17 亿元，营业总收入 168.15 亿元，归属上市公司股东净利润 10.78 亿元。
江苏省苏豪控股集团有限公司(以下简称：苏豪控股)	9.2548	王正喜	20	江苏省南京市软件大道 48 号	主要经营范围：金融、实业投资，授权范围内国有资产的经营、管理；国贸毛衣；房屋租赁；茧丝绸、纺织服装的生产、研发和销售。苏豪控股 2016 年财务数据尚未出具。
江苏高科技投资集团有限公司(以下简称：江苏高投)	4.6274	张伟	15	江苏省南京市山西路 128 号	主要经营范围：金融投资、实业投资、创业投资、股权投资及投资管理业务。省政府授权范围内国有资产经营、管理、兼并重组以及经批准的其他业务。投资咨询。2016 年末，江苏高投总资产 156.28 亿元，净资产 91.48 亿元，营业收入 7.77 亿元，利润总额 5.99 万元。
江苏省农垦集团有限公司(以下简称：江苏农垦)	4.6274	李春江	20	江苏省南京市珠江路 4 号	主要经营范围：农林牧渔及食品加工、医药制造、贸易物流及相关服务、投资及房地产、通用设备制造等。2016 年末，农垦集团总资产 215.84 亿元，净资产 109.49 亿元，营业收入 110.18 亿元，利润总额 15.90 亿元。

3.2 董事

董事会成员

姓 名	职 务	性别	出生年份(年)	选任日期	所推举的股东名称	该股东持股比例(%)	简要履历
王树华	董事长	男	1967	2015 年 11 月	江苏省国信资产管理集团有限公司(以下简称：国信集团)	81.4904	博士研究生，国信集团副总经理、党委委员。
胡 军	董事	男	1970	2014 年 4 月	国信集团	81.4904	工商管理硕士，江苏信托总经理。
余亦民	董事	男	1968	2014 年 12 月	苏豪控股	9.2548	公共管理硕士学位，高级国际商务师，苏豪集团副总裁、党委委员。
应文禄	董事	男	1965	2012 年 3 月	江苏高投	4.6274	工商管理硕士，高级会计师，注册会计师，江苏高投副总经理。
李起年	职工董事	男	1964	2014 年 4 月	职工大会	81.4904	经济学硕士研究生，注册会计师，江苏信托副总经理。
陈宁	董事	男	1974	2016 年 8 月	国信集团	81.4904	本科，高级会计师，国信集团财务部总经理。

注：本届董事会原定任期三年，自 2012 年 3 月至 2015 年 3 月，经股东会同意，本届董事会延期换届。2016 年公司进行了股权变更，控股股东由国信集团变更为江苏舜天船舶股份有限公司，后更名为江苏国信股份有限公司。

独立董事

姓 名	所在单位及职务	性别	出生年份(年)	选任日期	简要履历
范 健	南京大学法学院教授博士生导师	男	1957	2012 年 3 月	硕士研究生，南京大学法学院教授、博士生导师。
俞妙根	富越汇通金融服务(上海)有限公司首席执行官、副董事长	男	1961	2012 年 3 月	大学学历，高级经济师，历任上海国投副总经理，华安基金总经理、董事长。

3.3 监事

监事会成员

姓 名	职 务	性别	出生年份(年)	选任日期	所推举的股东名称	该股东持股比例(%)	简要履历
浦宝英	监事长	女	1963	2015 年 6 月	国信集团	81.4904	高级会计师，注册会计师，国信集团总会计师、党委委员。
徐文进	监事	男	1977	2012 年 3 月	国信集团	81.4904	硕士研究生，高级经济师，国信集团总经理办公室主任。
王会清	监事	男	1970	2014 年 3 月	国信集团	81.4904	硕士研究生，注册会计师、律师，江苏国信副总经理、董事会秘书。
杨炳生	监事	男	1963	2014 年 3 月	江苏农垦	4.6274	高级会计师，农垦集团计划财务部部长。
陆振东	职工代表监事	男	1971	2012 年 3 月	职工大会		大学本科，江苏信托资金托管部兼运营管理部总经理。
魏 东	职工代表监事	男	1968	2012 年 3 月	职工大会		大学本科，江苏信托风险管理部高级经理。

3.4 高级管理人员情况

姓名	职务	性别	出生年份(年)	选任日期	金融从业年限(年)	学历	专业	简要履历
王树华	董事长	男	1967	2015年11月	22	博士研究生	管理科学与工程	国信集团党委委员、副总经理,江苏信托董事长。
胡　军	总经理	男	1970	2014年1月	21	硕士研究生	金融	江苏信托总经理
唐　宁	副总经理	男	1963	2004年3月	24	硕士研究生	财政金融	江苏信托副总经理。
李起年	副总经理	男	1964	2016年12月	23	硕士研究生	经济	江苏信托副总经理。

3.5 公司员工

项　目		报告期年度	
		人数(人)	比例(%)
年龄分布	25岁以下	0	0
	25~29岁	29	32
	30~39岁	26	28
	40岁以上	37	40
平均年龄	38		
学历分布	博士	2	2
	硕士	46	50
	本科	37	40
	专科	6	7
	其他	1	1
岗位分布	董事、监事及高管人员	7	8
	自营业务人员	11	12
	信托业务人员	36	39
	其他人员	38	41
总人数		92	

4. 经营管理

4.1 经营目标、经营方针、战略规划

4.1.1 公司的战略规划目标

以适应新常态经济发展规律为指导,顺应不断变化的内外部环境,抢抓发展方式转变和区域发展的战略机遇,深化公司体制机制改革和经营管理创新,构建完善的法人治理结构,加大业务创新和转型,保持稳健良好的资产质量,全面履行社会责任,实现江苏信托向市场化先进金融企业的跨越。

4.1.2 公司的经营目标

大力发展金融投资,形成多元金融投资的格局,提升公司经营控制力和影响力;以客户需求为导向,以服务经济发展为根本,大力发展财富管理和资产管理能力,提升公司竞争活力和抗风险能力;大力推动市场化转型,提升公司治理能力和基础能力,形成与市场化发展相适应的组织结构、经营决策机制与人力资源体系。

4.1.3 公司的经营方针

公司的经营方针是高效、稳健、务实、创新。

4.2 经营业务

4.2.1 公司经营业务和品种

公司经营业务主要分为自营业务和信托业务。

自营业务主要包括股权投资、自营贷款、自营证券、金融产品投资等。信托业务是本公司的主营业务和重要收入来源,主要包括集合资金信托、单一资金信托、财产权信托等。

4.2.2 公司资产组合和分布

自营资产运用与分布表

资产运用	金额(万元)	占比(%)	资产分布	金额(万元)	占比(%)
货币资产	16 445.40	1.43	基础产业	0.00	—
贷款及应收款	60 426.15	5.24	房地产业	0.00	—
可供出售金融资产	380 845.84	33.04	金融机构	1 084 542.12	94.08
持有至到期投资	24 817.42	2.15	实业	0.00	—
长期股权投资	649 023.17	56.30	证券	7 866.15	0.68
其他	21 277.36	1.85	其他	60 427.07	5.24
资产总计	1 152 835.34	100.00	资产总计	1 152 835.34	100.00

信托资产运用与分布表

资产运用	金额(万元)	占比(%)	资产分布	金额(万元)	占比(%)
货币资产	8 874 517.06	18.97	基础产业	3 828 997.47	8.19
贷款	8 455 335.18	18.08	房地产业	1 316 674.23	2.82
交易性金融资产	16 506 599.66	35.29	金融机构	2 254 156.25	4.82
持有至到期投资	9 594 491.49	20.51	证券	32 826 439.48	70.18
长期股权投资	1 214 064.40	2.60	工商企业	5 570 722.48	11.91
其他	2 127 048.45	4.55	其他	975 066.31	2.08
资产总计	46 772 056.24	100.00	资产总计	46 772 056.24	100.00

4.3 市场分析

4.3.1 影响公司发展的有利因素

(1)良好的区域经济环境。江苏信托地处经济发达的长江三角洲地区,区域经济活跃度高,市场需求旺盛,民间资本富裕,特别是江苏经济的快速发展,江苏沿海开发战略以及苏南、苏中、苏北共同发展战略的实施为江苏信托的业务发展提供了良好机遇。

(2)良好的资产质量和股东背景。公司拥有较高的净资本,资产质量好,可开展业务空间宽裕。公司股东都是江苏省属国有企业集团,实力雄厚,经营各具特色,为公司业务拓展提

供了有力支持和合作机会。

(3)良好的品牌信誉。公司经过三十多年的发展，秉承“发展、创新、高效、稳健”的经营理念，发挥信托独特的功能优势，为客户提供多样化的综合金融服务，赢得了良好信誉，综合实力居同类型信托公司前列，树立了良好的品牌形象。

(4)日趋完善的公司治理。公司内部机构设置完备，责权清晰，管理规范，制度完善，有良好的企业文化，塑造和培养了一支高素质的员工队伍，是公司业务开拓的坚实基础。

4.3.2 影响公司发展的不利因素

(1)经济发展进入新常态，实体经济转型升级步伐加快，部分行业或领域风险积聚，传统业务模式受到挑战。

(2)资产管理市场全面放开，市场竞争日趋激烈，行业新商业模式仍在探索之中，公司转型发展面临挑战。

(3)建立现代化、市场化的经营管理机制既是公司治理结构完善的要求，也是公司保持持续稳定发展的基础。公司在此方面需要进一步完善。

4.4 内部控制

公司建立了“三会一层”各司其职、各负其责、相互制约的治理机制，并且营造合规经营的内部控制文化；通过采取不同的措施，公司的内部控制得到了进一步的加强，风险也得到了有效的防范和控制；公司信息交流和反馈机制也逐步在完善；公司内审部门加强了公司内部控制的监督和评价，内审工作频度和范围也逐步加大，年度内审内容基本覆盖公司全部集合信托项目和重大单一信托项目。

4.5 风险管理

公司针对经营活动中可能会遇到的信用风险、市场风险、操作风险、道德风险、政策风险、法律风险等，建立了以事前预防为主、事中控制及事后补救为辅的风险控制基本原则，切实开展各项工作，及时防范、化解风险，保障公司业务工作的正常开展。

公司风险管理组织结构与职责划分为：董事会主要负责对公司风险管理政策的制定和审批；风险管理委员会主要负责设计或修正公司的风险管理政策和程序，并对公司风险管理执行进行监督，加强董事会对公司的风险监控；风险管理部主要负责草拟公司风险管理方面的规章制度，落实有关风险管理措施；法律合规部主要负责具体项目的合法合规性审查，以及包括合同(协议)在内的全部法律文件的审核，防范法律合规风险；审计部负责项目的稽核审查、项目后续管理跟踪与监督以及定期的内部审计工作；财务部主要负责建立财务危机预警指标体系，加强筹资、投资、资金回收及收益分配的风险管理。

公司制定了信用风险管理制度，重点完善公司尽职调查制度，持续关注交易对手的资信状况、履约能力及其变化，并及时采取相应措施。对于信用风险的防范，公司主要通过对融资客户的资信状况进行认真、谨慎地审查，对融资项目的技术、经济和市场情况进行必要的尽职调查进行事前防范；通过项目实施过程中的跟踪管理以及信用风险资产分类评级进行事中控制；通过项目结束后的稽核与评价进行事后控制。在贷款管理中认真做好贷前调查、贷时审查和贷后检查“三查”工作，对交易对手的资质和诚信度进行尽职调查，力求以信誉良好、资产优质、业绩出色、管理规范的企业为交易对手，严格审查抵(质)押品的充足性，对资金使用情况进行持续跟踪管理，严格执行审批制度，审贷分离，实行贷款五级分类管理。对于存款中的信用风险，公司挑选实力雄厚，信誉卓著、业绩优良的金融机构作为合作伙伴，定期或不定期查看存款情况，以期及时发现问题、控制风险。

公司不断完善内部控制制度，对各部门、岗位制定了明确的职责和权限，职责的制定体现岗位相互分离的原则，能够实现中台、后台对前台的监督；对公司的各项业务制定了具体的业务操作流程，在集合信托项目中全面推行信托经理 AB 角制度，严格尽职调查工作标准，减少和消除人为因素而造成的风险，保障风险控制体系的有序规范运行，并通过事后评价和总结，防止相类似的风险发生。公司定期或不定期对员工进行培训，对渎职、超越权限或违背操作规定的人员进行问责；公司定期对内部的计算机信息系统进行维护和保养，加强技术系统的管理，保证其正常运行，消除风险隐患。公司运营管理部对所有存续信托项目进行统一、集中的后续管理，独立运作，有助于防范操作风险。

5. 报告期末及上一年末的比较式会计报表

5.1 自营资产

5.1.1 会计师事务所审计意见全文

审 计 报 告

江苏省国际信托有限责任公司：

我们审计了后附的江苏省国际信托有限责任公司(以下简称江苏信托)财务报表，包括 2016 年 12 月 31 日的资产负债表，2016 年度的利润表、现金流量表、所有者权益变动表，以及财务报表附注。

一、管理层对财务报表的责任

编制和公允列报财务报表是江苏信托管理层的责任，这种责任包括：(1)按照企业会计准则的规定编制财务报表，并使其实现公允反映；(2)设计、执行和维护必要的内部控制，以使财务报表不存在由于舞弊或错误而导致的重大错报。

二、注册会计师的责任

我们的责任是在实施审计工作的基础上对财务报表发表审计意见。我们按照中国注册会计师审计准则的规定执行了审计工作。中国注册会计师审计准则要求我们遵守职业道德规范，计划和实施审计工作以对财务报表是否不存在重大错报获取合理保证。

审计工作涉及实施审计程序，以获取有关财务报表金额和披露的审计证据。选择的审计程序取决于注册会计师的判断，包括对由于舞弊或错误导致的财务报表重大错报风险的评估。在进行风险评估时，我们考虑与财务报表编制相关的内部控制，以设计恰当的审计程序，但目的并非对内部控制的有效性发表意见。审计工作还包括评价管理层选用会计政策的恰当性和作出会计估计的合理性，以及评价财务报表的总体列报。

我们相信，我们获取的审计证据是充分、适当的，为发表审计意见提供了基础。

三、审计意见

我们认为，江苏信托财务报表已经按照企业会计准则的规定编制，在所有重大方面公允反映了江苏信托2016年12月31日的财务状况以及2016年度的经营成果和现金流量。

天衡会计师事务所(特殊普通合伙)

中国·南京　　中国注册会计师：陆德忠

2017年3月28日　　中国注册会计师：魏娜

5.1.2 资产负债表

资产负债表

2016年12月31日

编制单位：江苏省国际信托有限责任公司　　单位：万元

资　产	期末余额	期初余额
资产：	—	—
现金及存放中央银行款项	0.07	4.39
存放同业款项	16 445.33	10 563.39
贵金属	—	—
拆出资金	—	20 000.00
以公允价值计量且其变动计入当期损益的金融资产	—	—
衍生金融资产	—	—
买入返售金融资产	—	—
应收利息	1 100.77	2 263.65
发放贷款和垫款	—	—
可供出售金融资产	380 845.83	94 101.62
持有至到期投资	24 817.42	127 570.00
长期股权投资	649 023.17	580 572.94
投资性房地产	—	—
固定资产	20 175.68	21 077.18
在建工程	—	—
无形资产	1 101.68	191.21
递延所得税资产	—	—
其他资产	59 325.39	53 831.01
资产总计	1 152 835.34	910 175.39

公司法定代表人：王树华　主管会计工作负责人：胡　军　会计机构负责人：李起年

资产负债表(续)

2016年12月31日

编制单位：江苏省国际信托有限责任公司　　单位：万元

负债和所有者权益	期末余额	期初余额
负债：	—	—
向中央银行借款	—	—
同业及其他金融机构存放款项	—	—
拆入资金	20 000.00	20 000.00
以公允价值计量且其变动计入当期损益的金融负债	—	—
衍生金融负债	—	—
卖出回购金融资产款	—	—
吸收存款	—	—

续表

负债和所有者权益	期末余额	期初余额
应付职工薪酬	4 347.19	1 316.42
应交税费	3 928.35	7 495.51
应付利息	—	—
应付股利	—	—
预计负债	—	—
长期借款	—	—
应付债券	—	
递延所得税负债	823.17	1 006.88
其他负债	135 589.32	5 130.25
负债合计	164 688.03	34 949.06
所有者权益：	—	—
股本	268 389.90	268 389.90
资本公积	156 570.23	162 137.56
减：库存股	—	—
其他综合收益	5 785.02	8 311.02
盈余公积	292 525.50	279 235.65
一般风险准备	92 361.48	81 839.10
未分配利润	172 515.18	75 313.10
外币报表折算差额	—	—
所有者权益合计	988 147.31	875 226.33
负债和所有者权益合计	1 152 835.34	910 175.39

公司法定代表人：王树华　主管会计工作负责人：胡　军　会计机构负责人：李起年

5.1.3 利润表

利　润　表

2016年度

编制单位：江苏省国际信托有限责任公司　　单位：万元

项　目	本期金额	上期金额
一、营业收入	160 031.67	163 966.62
利息净收入	163.84	-218.85
其中：利息收入	932.17	85.31
利息支出	768.33	304.16
手续费及佣金净收入	66 465.79	54 585.08
其中：手续费及佣金收入	66 465.79	54 585.08
手续费及佣金支出	—	—
投资收益(损失以“-”号列示)	93 388.30	109 588.78
其中：对联营企业和合营企业的投资收益	88 237.97	83 182.52
公允价值变动收益(损失以“-”号列示)	—	—
汇兑收益(损失以“-”号列示)	13.74	11.61
其他业务收入	—	—
二、营业支出	12 398.00	14 603.50
营业税金及附加	1 716.07	4 340.26
业务及管理费	10 423.95	10 234.23
资产减值损失	257.98	29.01
其他业务成本	—	—
三、营业利润(损失以“-”号列示)	147 633.67	149 363.12
加：营业外收入	12.58	14.41
减：营业外支出	208.02	202.55
四、利润总额(损失以“-”号列示)	147 438.23	149 174.98
减：所得税费用	14 539.74	15 173.20
五、净利润(净亏损以“-”列示)	132 898.49	134 001.78

续表

项　　目	本期金额	上期金额
六、其他综合收益的税后净额	-2 526.01	-7 272.28
(一)以后不能重分类进损益的其他综合收益	—	—
1. 重新计量设定受益计划净负债或净资产的变动	—	—
2. 权益法下在被投资单位不能重分类进损益的其他综合收益中享有的份额	—	—
(二)以后将重分类进损益的其他综合收益	-2 526.01	-7 272.28

续表

项　　目	本期金额	上期金额
1. 权益法下在被投资单位以后将重分类进损益的其他综合收益中享有的份额	-2 336.23	4 855.36
2. 可供出售金融资产公允价值变动损益	-189.77	-12 127.64
3. 持有至到期投资重分类为可供出售金融资产损益	—	—
4. 现金流量套期损益的有效部分	—	—
5. 外币财务报表折算差额	—	—
6. 其他	—	—
七、综合收益总额	130 372.49	126 729.50

公司法定代表人:王树华　　主管会计工作负责人:胡　军　　会计机构负责人:李起年

5.1.4 所有者权益变动表

所有者权益变动表

编制单位:江苏省国际信托有限责任公司　　2016 年度　　单位:万元

项目	本期金额						
	实收资本	资本公积	其他综合收益	盈余公积	一般风险准备	未分配利润	所有者权益合计
一、上年年末余额	268 389.90	162 137.56	8 311.02	279 235.65	81 839.10	75 313.10	875 226.33
加:会计政策变更	—	—	—	—	—	—	—
前期差错更正	—	—	—	—	—	—	—
其他	—	—	—	—	—	—	—
二、本期年初余额	268 389.90	162 137.56	8 311.02	279 235.65	81 839.10	75 313.10	875 226.33
三、本期增减变动金额(减少以"-"号填列)	—	-5 567.32	-2 526.00	13 289.85	10 522.38	97 202.07	112 920.98
(一)综合收益总额	—	—	-2 526.00	—	—	132 898.49	130 372.49
(二)所有者投入和减少资本	—	—	—	—	—	—	—
1. 所有者投入资本	—	—	—	—	—	—	—
2. 其他权益工具持有者投入资本	—	—	—	—	—	—	—
3. 股份支付计入所有者权益的金额	—	—	—	—	—	—	—
4. 其他	—	—	—	—	—	—	—
(三)利润分配	—	—	—	13 289.85	10 522.38	-35 696.42	-11 884.19
1. 提取盈余公积	—	—	—	13 289.85	—	-13 289.85	—
2. 提取一般风险准备	—	—	—	—	10 522.38	-10 522.38	—
3. 对所有者(或股东)的分配	—	—	—	—	—	—	—
4. 其他	—	—	—	—	—	-11 884.19	-11 884.19
(四)所有者权益内部结转	—	—	—	—	—	—	—
1. 资本公积转增资本(或股本)	—	—	—	—	—	—	—
2. 盈余公积转增资本(或股本)	—	—	—	—	—	—	—
3. 盈余公积弥补亏损	—	—	—	—	—	—	—
4. 其他	—	—	—	—	—	—	—
(五)专项储备	—	—	—	—	—	—	—
1. 本期提取	—	—	—	—	—	—	—
2. 本期使用	—	—	—	—	—	—	—
(六)其他	—	-5 567.32	—	—	—	—	-5 567.32
四、本期期末余额	268 389.90	156 570.24	5 785.02	292 525.50	92 361.48	172 515.17	988 147.31

公司法定代表人:王树华　　主管会计工作负责人:胡　军　　会计机构负责人:李起年

5.2 信托资产

5.2.1 信托项目资产负债汇总表

信托项目资产负债表

2016 年 12 月 31 日

编制单位:江苏省国际信托有限责任公司　　单位:万元

资产	行次	期末数	年初数
资产:	1		
现金及存放中央银行款项	2	76 169.06	84 719.25
存放同业款项	3	8 798 348.00	6 517 219.00
拆出资金	4	0.00	0.00
交易性金融资产	5	16 506 599.66	11 652 241.37
衍生金融资产	6	0.00	0.00
买入返售金融资产	7	2 105 758.78	779 370.02
应收账款	8	0.00	0.00
应收利息	9	21 289.64	13 795.15
应收股利	10	0.00	0.00
其他应收款	11	0.03	20 000.03
贷款	12	8 455 335.18	9 647 092.45
可供出售金融资产	13	0.00	0.00
持有至到期投资	14	9 594 491.49	5 790 617.52
长期应收款	15	0.00	60 223.26
未实现融资收益	16	0.00	-403.26
长期股权投资	17	1 214 064.40	234 230.33
投资性房地产	18	0.00	0.00
固定资产	19	0.00	0.00
无形资产	20	0.00	0.00
长期待摊费用	21	0.00	0.00
其他资产	22	0.00	0.00
	23		
资产合计	24	46 772 056.24	34 799 105.12

公司法定代表人:王树华　主管会计工作负责人:胡　军　会计机构负责人:李起年

信托项目资产负债表(续)

2016 年 12 月 31 日

编制单位:江苏省国际信托有限责任公司　　单位:万元

负债及所有者权益	行次	期末数	年初数
负债:	25		
拆入资金	26	0.00	0.00
交易性金融负债	27	0.00	0.00
衍生金融负债	28	0.00	0.00
卖出回购金融资产款	29	0.00	0.00
应付受托人报酬	30	80.78	86.14
应付托管费	31	0.00	0.00
应付受益人收益	32	0.00	0.00
应交税费	33	0.00	0.00
应付利息	34	0.00	0.00
其他应付款	35	58 147.47	11 808.01
预计负债	36	0.00	0.00
其他负债	37	0.00	0.00

续表

负债及所有者权益	行次	期末数	年初数
负债合计	38	58 228.25	11 894.15
所有者权益	39		
实收信托	40	46 109 440.35	34 570 331.98
资本公积	41	0.31	2 880.70
盈余公积	42	0.00	0.00
一般风险准备	43	0.00	0.00
信托赔偿准备	44	0.00	0.00
未分配利润	45	604 387.33	213 998.29
所有者权益合计	46	46 713 827.99	34 787 210.97
	47		
负债及所有者权益总计	48	46 772 056.24	34 799 105.12

公司法定代表人:王树华　主管会计工作负责人:胡　军　会计机构负责人:李起年

5.2.2 信托项目利润及利润分配汇总表

信托项目利润及利润分配表

编制单位:江苏省国际信托有限责任公司　2016 年度　单位:万元

项　目	序号	本期金额	上期金额
一、收入	1	2 016 530.20	1 508 484.81
利息收入	2	1 668 086.93	1 186 062.84
手续费及佣金收入	3	23 891.39	34 218.18
投资收益	4	377 650.07	317 623.13
公允价值变动损益	5	-53 659.26	-30 298.26
其他业务收入	6	561.07	878.92
二、支出	7	150 991.88	107 732.62
营业税金及附加	8	2.58	8.95
业务及管理费	9	150 989.30	107 723.67
资产减值损失	10	0.00	0.00
其他费用	11	0.00	0.00
其他业务成本	12	0.00	0.00
三、营业利润	13	1 865 538.32	1 400 752.20
加:营业外收入	14	0.00	0.00
减:营业外支出	15	0.00	0.00
四、利润总额	16	1 865 538.32	1 400 752.20
加:期初未分配利润	17	213 998.29	76 683.02
五、可供分配的信托利润	18	2 079 536.61	1 477 435.22
减:本期已分配信托利润	19	1 475 149.28	1 263 436.93
六、期末未分配信托利润	20	604 387.33	213 998.29

公司法定代表人:王树华　主管会计工作负责人:胡　军　会计机构负责人:李起年

6. 会计报表附注

6.1 简要说明报告年度会计报表编制基准、会计政策、会计估计和核算方法的变化

(1)报告年度会计报表编制基准、会计估计和核算方法未发生变化。公司于2014 年 7 月 1 日起执行财政部于 2014 年修订及新颁布的《企业会计准则第 2 号——长期股权投资》(修订)等 7 项准则,发生重要会计政策变更,按照相关准则中的衔接规定进行追溯调整。

(2)期末公司没有纳入合并会计报表范围的控股子公司。

6.2 或有事项说明

截至2016年12月31日,公司无需要披露的或有事项。

6.3 重要资产转让及其出售的说明

报告期内,公司未发生重要资产转让及出售行为。

6.4 会计报表中重要项目的明细资料

6.4.1 自营资产经营情况

6.4.1.1 信用风险资产分类

信用风险资产五级分类	正常类（万元）	关注类（万元）	次级类（万元）	可疑类（万元）	损失类（万元）	信用风险资产合计（万元）	不良资产合计（万元）	不良资产率（%）
期初数	116 658.27	0.00	0.00	0.00	0.00	116 658.27	0.00	0.00
期末数	225 110.45	0.00	0.00	0.00	0.00	225 110.45	0.00	0.00

注:不良资产合计=次级类+可疑类+损失类。

6.4.1.2 各项资产减值准备的计提及转回

单位:万元

	期初数	本期计提	本期转回	本期核销	期末数
贷款损失准备	—	—	—	—	—
一般准备	—	—	—	—	—
专项准备	—	—	—	—	—
其他资产减值准备	78.93	500.00	18.18	0.00	560.75
可供出售金融资产减值准备	0.00	500.00	0.00	0.00	500.00
持有至到期投资减值准备	—	—	—	—	—
长期股权投资减值准备	—	—	—	—	—
坏账准备	78.93	0.00	18.18	0.00	60.75
投资性房地产减值准备	—	—	—	—	—

6.4.1.3 固有投资业务按投资品种分类

单位:万元

	自营股票	基金	债券	长期股权投资	其他投资	合计
期初数	8 006.74	8 111.65	0.00	658 556.18	127 570.00	802 244.57
期末数	7 866.15	8 752.26	0.00	848 436.04	189 631.98	1 054 686.43

6.4.1.4 前五名的自营长期股权投资企业情况

企业名称	占被投资单位权益的比例(%)	主要经营活动	投资收益（万元）
江苏银行股份有限公司	7.73	存贷款等银行业务	88 237.97
利安人寿保险股份有限公司	10.85	人身保险等业务	—
江苏国投衡盈创业投资中心（有限合伙）	14.12	投资与管理	—
江苏民丰农村商业银行股份有限公司	6.00	存贷款等银行业务	396.00
江苏海门农村商业银行股份有限公司	6.67	存贷款等银行业务	280.00

注:投资收益是指按照企业会计准则规定,核算股权投资确认损益并计入披露年度利润表的金额。

6.4.1.5 公司前三名的自营贷款情况

报告期末,公司自营贷款余额为零。

6.4.1.6 表外业务

报告期内,公司自营资产无表外业务。

6.4.1.7 公司本年的收入结构情况

收入结构	金额(万元)	占比(%)
手续费及佣金收入	66 465.79	41.33
其中:信托业务收入	66 465.79	41.33
投资银行业务收入	0.00	0.00
利息收入	932.17	0.58
其他业务收入	13.74	0.01
其中:计入信托业务收入部分		
投资收益	93 388.30	58.07
其中:股权投资收益	89 878.43	55.89
证券投资收益	186.64	0.12
其他投资收益	3 323.23	2.07
公允价值变动损益		
营业外收入	12.58	0.01
收入合计	160 812.58	100.00

注:手续费及佣金收入、利息收入、其他业务收入、投资收益、营业外收入均为损益表中的科目,其中手续费及佣金收入、利息收入、其他业务收入、投资收益、营业外收入为未抵减相应支出的全年累计实现收入数。

6.4.2 信托资产管理情况

6.4.2.1 信托资产的期初数、期末数

单位:万元

信托资产	期初数	期末数
集合	2 528 581.78	3 891 000.45
单一	32 270 523.34	42 213 555.79
财产权	0.00	667 500.00
合计	34 799 105.12	46 772 056.24

6.4.2.1.1 主动管理型信托资产

单位:万元

主动管理型信托资产	期初数	期末数
证券投资类	11 460.33	24 119.67
股权投资类	19 396.49	243 874.29
融资类	3 611 606.75	3 902 837.57
事务管理类	0.00	0.00
合计	3 642 463.57	4 170 831.53

注:"合计"行要求填主动管理型信托项目的总额,它包含所有运用方式的主动型产品,"证券投资类"、"股权投资类"、"融资类"、"事务管理类"是主动管理型信托中的几个重点类别,包含在"合计"中,但是与"合计"行没有钩稽关系,"合计"行应大于或等于这四类之和。

6.4.2.1.2 被动管理型信托资产

单位:万元

被动管理型信托资产	期初数	期末数
证券投资类	22 625 641.20	33 003 171.50
股权投资类	215 106.68	970 351.10
融资类	8 315 893.67	7 960 202.11
事务管理类	0.00	667 500.00
合计	31 156 641.55	42 601 224.71

注:"合计"数与主动管理类同理。

6.4.2.2 信托项目清算情况

6.4.2.2.1 本年度已清算信托项目

已清算结束信托项目	项目个数(个)	实收信托合计金额(万元)	加权平均实际年化收益率(%)
集合	22	737 110.00	8.38
单一	162	8 948 570.50	5.76
财产权	0	0.00	0.00

6.4.2.2.2 已清算结束的主动管理型信托项目

已清算结束信托项目	项目个数(个)	实收信托合计金额(万元)	加权平均实际年化信托报酬率(%)	加权平均实际年化收益率(%)
证券投资类	2	32 110.00	0.81	1.55
股权投资类	0	0.00	0.00	0.00
融资类	22	707 000.00	3.21	8.69
事务管理类	0	0.00	0.00	0.00

6.4.2.2.3 已清算结束的被动管理型信托项目

已清算结束信托项目	项目个数(个)	实收信托合计金额(万元)	加权平均实际年化信托报酬率(%)	加权平均实际年化收益率(%)
证券投资类	9	2 205 116.83	0.07	3.02
股权投资类	2	49 000.00	0.07	7.81
融资类	149	6 692 453.67	0.09	6.66
事务管理类	0	0.00	0.00	0.00

6.4.2.3 新增信托项目情况

新增信托项目	项目个数(个)	实收信托合计金额(万元)
集合	36	5 000 334.61
单一	149	105 364 807.46
财产权	3	735 511.63
新增合计	188	111 100 653.70
其中:主动管理型	39	5 048 334.61
被动管理型	149	106 052 319.09

6.4.2.4 信托业务创新成果和特色业务有关情况

2016年,江苏信托顺应政府投融资改革的大方向,设立了PPP业务管理中心,从PPP基金业务着手,提供综合化、全项目周期、全产业链的投融资管理服务,公司稳步推进PPP基金项目运营,积极履行江苏省PPP融资支持基金管理人职责,已投资14.5亿元,完成基金投资总规模的72.5%;积极部署资产证券化(ABS)业务,加快业务探索与研讨,并以私募类资产证券化业务为突破口,努力推动资产证券化业务的顺利实施,2016年5月,江苏信托联合券商、评级公司及律师事务所等机构,在江苏省率先推出信托受益权私募ABS产品“德苏1号专项资产管理计划”并在上海证券交易所固定收益平台挂牌发行,得到了多家银行机构的积极参与;持续纵深推进家族信托业务,通过与民生银行的大力合作,于2016年5月成功签约落地第二单家族信托业务,规模3 000万元;积极开展产业基金合作,扶持中小企业发展,设立“清控银杏投资中心(南通有限合伙)单一资金信托”,同国家财政部、清控银杏投资创业投资管理(北京)有限公司、南通市财政局等机构共同发起设立产业投资基金,服务于京津冀协同发展、长江经济带等国家重大战略的实施推进,主要投向信息技术、先进制造、清洁技术、健康医疗及现代服务业领域的成长型中小企业。

6.4.2.5 本公司履行受托人义务情况及因本公司自身责任而导致的信托资产损失情况

公司严格按照《信托法》《信托公司管理办法》《信托公司集合资金信托管理办法》开展各项信托业务。公司作为受托人,严格遵守信托文件的规定,为受益人的最大利益处理信托事务,管理信托财产,恪尽职守,履行诚实、信用、谨慎、有效管理的义务。在信托业务的设立、运用、内控、终止等环节和全过程做到合法、合规。公司信托财产没有因公司自身责任而导致信托资产损失的情况。

6.4.2.6 信托赔偿准备金的提取、使用和管理情况

单位:万元

年初数	本年计提	年末数
68 997.96	6 644.93	75 642.89

报告期内未发生信托财产损失的情况,信托赔偿准备金未使用。

6.5 关联方关系及其交易事项

6.5.1 关联交易方的数量、关联交易的总金额及关联交易的定价政策等

	关联交易方数量	关联交易金额(万元)	定价政策
合计	6	355 203.64	另见注

注:关联交易的定价政策:(1)本公司对关联方交易价格根据市场价或协议价确定,与对非关联方的交易价格基本一致,无重大高于或低于正常交易价格的情况。(2)固有财产、信托资产与关联方贷款按人民银行规定的利率执行,投资按市场公允价确定。

6.5.2 关联交易方与本公司的关系性质、关联交易方的名称、法人代表、注册地址、注册资本及主营业务等

关系性质	关联方名称	法定代表人	注册地址	注册资本(万元)	主营业务
母公司	江苏国信股份有限公司	朱克江	江苏省南京市	325 314.53	实业投资、股权投资(包括金融、电力能源股权等)、投资管理与咨询。
实际控制人	江苏省国信资产管理集团有限公司	朱克江	江苏省南京市	2 000 000.00	国有资产经营、管理、转让、投资等。
联营企业	江苏银行股份有限公司	夏平	江苏省南京市	1 154 445.00	存贷款等银行业务。

续表

关系性质	关联方名称	法定代表人	注册地址	注册资本（万元）	主营业务
同一实际控制人	江苏省国信集团财务有限公司	丁锋	江苏省南京市	150 000.00	办理成员单位之间的委托贷款及委托投资等。
同一实际控制人	江苏省国信担保有限公司	王树华	江苏省南京市	74 000.00	融资性担保。
同一实际控制人	南京国信大酒店有限公司	孙家银	江苏省南京市	2 000.00	住宿、餐饮（制售中、西餐）等业务。

6.5.3　本公司与关联方的重大交易事项

6.5.3.1　固有财产与关联方交易

单位：万元

固有财产与关联方关联交易				
	期初数	借方发生额	贷方发生额	期末数
贷款	0	0	0	0
投资	4 000.00	0	0	4 000.00
租赁	0	0	0	0
担保	0	0	0	0
应收账款	23 475.05	64.76	143 887.37	-120 347.56
其他	0.00	234 700.00	234 700.00	0.00
合计	27 475.05	234 764.76	378 587.37	-116 347.56

6.5.3.2　信托资产与关联方交易

单位：万元

信托资产与关联方关联交易				
	期初数	借方发生数	贷方发生数	期末数
贷款	27 500.00	0.00	2 000.00	25 500.00
投资	29 090.03	4 767.95		33 857.98
租赁				
担保				
应收账款				
其他				
合计	56 590.03	4 767.95	2 000.00	59 357.98

6.5.3.3　信托公司自有资金运用于自己管理的信托项目及信托公司管理的信托项目之间的相互交易

6.5.3.3.1　固有与信托财产之间的交易情况

单位：万元

固有财产与信托财产相互交易			
	期初数	本期发生额	期末数
合计	147 570.00	41 961.98	189 531.98

6.5.3.3.2　信托项目之间的交易情况

单位：万元

信托资产与信托财产相互交易			
	期初数	本期发生额	期末数
合计	0.00	356 757.30	356 757.30

6.5.4　逐笔披露关联方逾期未偿还本公司资金的详细情况以及本公司为关联方担保发生或即将发生垫款的详细情况

报告期内，公司未发生以上所述情况。

6.6　会计制度

固有业务和信托业务均执行企业会计准则。

7. 财务情况说明书

7.1　利润实现和分配情况

经天衡会计师事务所审计，江苏省国际信托有限责任公司2016年实现利润总额147 438.24万元，扣除企业所得税14 539.74万元，实现税后净利润132 898.49万元。减去2016年江苏银行首发新股上市无偿划转社保基金11 884.19万元，加上年初未分配利润75 313.10万元，根据法律法规要求和公司股东会决议，计提法定盈余公积金13 289.85万元、计提信托赔偿准备金6 644.92万元、一般准备金3 877.45万元，分配现金红利零，年末未分配利润172 515.18万元。

7.2　主要财务指标

指标名称	指标值
资本利润率(%)	14.26
加权年化信托报酬率(%)	0.23
人均净利润(万元)	1 601.19

注：1. 资本利润率 = 净利润/所有者权益平均余额 × 100% = 132 898.49/[(988 147.31 + 875 226.33)/2] × 100% = 14.26%。

2. 加权年化信托报酬率 = (信托项目1的实际年化信托报酬率 × 信托项目1的实收信托 + 信托项目2的实际年化信托报酬率 × 信托项目2的实收信托 + … + 信托项目N的实际年化信托报酬率 × 信托项目N的实收信托)/(信托项目1的实收信托 + 信托项目2的实收信托 + … + 信托项目N的实收信托) = 0.23%。

3. 人均净利润 = 净利润/年平均人数 = 132 898.49/[(75 + 91)/2] = 1601.19万元。

4. 平均值采取年初及年末余额简单平均法，公式为：a(平均) = (年初数 + 年末数)/2。

7.3　报告期内对公司财务状况、经营成果产生重大影响的其他事项

无。

8. 特别事项揭示

8.1　股东报告期内变动情况及原因

根据江苏舜天船舶股份有限公司出资人组会议暨2016年第二次临时股东大会决议，并经中国证券监督管理委员会《关于核准江苏舜天船舶股份有限公司向江苏省国信资产管理集团有限公司发行股份购买资产的批复》(证监许可[2016]3102号)核准，江苏舜天船舶股份有限公司向江苏省国信资产管理集团有限公司发行2 358 364 152股A股以收购江苏省国信资产管理集团有限公司所拥有的江苏省国际信托有限责任公司81.49%的股权、江苏新海发电有限公司89.81%的股权、江苏国信扬州发电有限责任公司90%的股权、江苏射阳港发电有限责任公司100%的股权、扬州第二发电有限责任公司45%的股权、江苏国信靖江发电有限公司55%的股权、江苏淮阴发电有

限责任公司95%的股权、江苏国信协联燃气热电有限公司51%的股权。上述股东变更事项,公司已于2016年12月21日办妥工商变更手续。

8.2 董事、监事及高级管理人员变动情况及原因

2016年8月29日,江苏银监局核准陈宁为江苏信托董事会董事(苏银监复[2016]208号)。

2016年12月28日,江苏银监局核准李起年为江苏信托副总经理。

8.3 变更注册资本、注册地或公司名称、公司分立合并事项

无。

8.4 公司的重大诉讼事项

8.4.1 重大未诉讼事项

无。

8.4.2 以前年度发生,于本报告年度终结的诉讼事项

无。

8.4.3 本年度发生,于本报告年度终结的诉讼事项

无。

8.5 公司及其董事、监事和高级管理人员受到处罚情况

无。

8.6 银监会现场检查情况及整改措施

无。

8.7 公司重大事项临时报告

无。

8.8 银监会及其省级派出机构认定的其他有必要让客户及相关利益人了解的重要信息

根据《信托公司净资本管理办法》规定,公司净资本监管风险控制指标执行情况如下:

(1)净资本/各项业务风险资本之和 =851 620.55万元/630 101.00万元×100%

=135.16%≥100%(监管标准)。

(2)净资本/净资产 =851 620.55万元/988 258.31万元×100% =86.17%≥40%(监管标准)

9. 公司监事会意见

报告期内公司决策程序合法有效,内控制度进一步完善,公司董事及高级管理人员能够按照国家有关法律、法规和公司章程的规定履行职责,未发现有违法违纪和损害公司利益及股东利益的行为。公司财务报告内容完整、真实地反映了公司的财务状况和经营成果。

交银国际信托有限公司

1. 重要提示

1.1 本公司董事会及董事保证本年度报告所载资料不存在任何虚假记载、误导性陈述或者重大遗漏，并对其内容的真实性、准确性和完整性承担个别及连带责任。

1.2 公司独立董事张纯女士、戴国强先生声明：保证本年度报告内容的真实、准确和完整。

1.3 普华永道中天会计师事务所（特殊普通合伙）根据中国注册会计师审计准则对本公司2016年度财务报告进行审计，出具了标准无保留意见的审计报告。

1.4 公司法人代表、董事长赵炯，分管财务副总裁李依贫，预算财务部总经理李原声明：保证本年度报告中财务报告的真实、完整。

2. 公司概况

2.1 公司简介

续表

法定中文名称	交银国际信托有限公司
法定中文缩写名称	交银国际信托
公司法定英文名称	Bank Of Communications International Trust Co., Ltd.
法定英文缩写名称	BOCOMMTRUST
法定代表人	赵炯
注册地址	湖北省武汉市江汉区建设大道847号瑞通广场B座16~17层
邮政编码	430015
国际互联网网址	www.bocommtrust.com
电子信箱	jygx@bocommtrust.com
信息披露事务联系人	赵德刚
信息披露事务联系人联系方式	电话：021-32169666；传真：021-62706820
选定的信息披露报纸	《金融时报》《上海证券报》《证券时报》
公司年报备置地点	湖北省武汉市江汉区建设大道847号瑞通广场B座16层
聘请的会计师事务所	普华永道中天会计师事务所（特殊普通合伙）
聘请的会计师事务所住所	上海市黄浦区湖滨路202号企业天地2号楼普华永道中心11楼
聘请的律师事务所	上海市锦天城律师事务所
聘请的律师事务所住所	上海市浦东新区银城中路501号上海中心大厦

2.2 组织结构

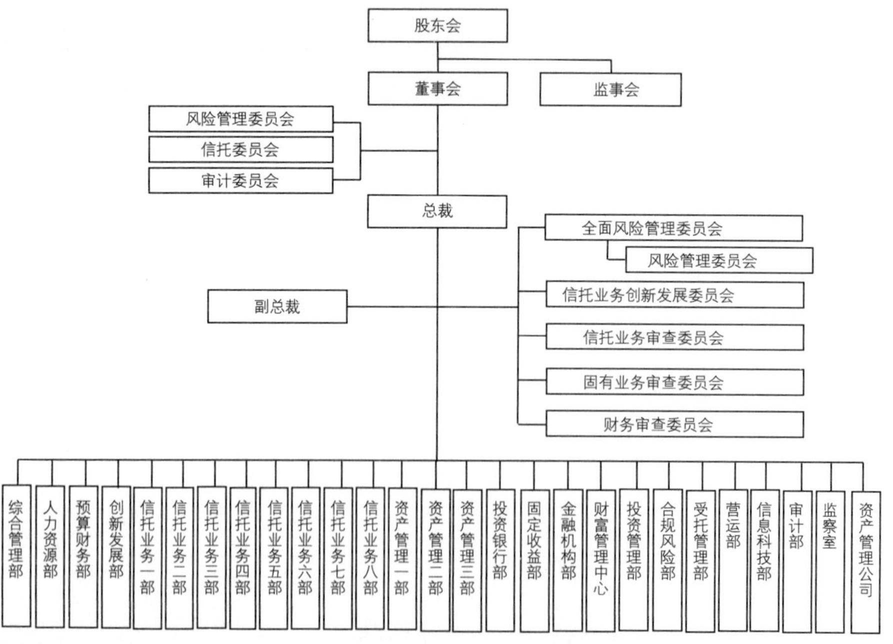

3. 公司治理

3.1 股东

报告期内,公司股东总数2家。

股东

序号	股东名称	持股比例(%)	法定代表人(负责人)	注册资本(亿元)	注册地址	主要经营业务	主要财务状况
1	★交通银行股份有限公司	85	牛锡明	742.63	上海市浦东新区银城中路188号	银行业务	2016年末,资产总额84 031.66亿元,每股净资产7.67元,资本充足率14.02%,全年实现净利润(归属于母公司股东)672.10亿元。
2	湖北省交通投资集团有限公司	15	张嗣义	100	武汉市汉阳区龙阳大道36号顶琇广场A栋25楼	交通基础项目建设等	2016年末,资产总额3 172.75亿元,负债总额2 148.02亿元,全年实现净利润17.58亿元。

注:★表示实际控制人。

3.2 董事

姓名	职务	性别	年龄	选任日期	所推举的股东名称	该股东持股比例(%)	简要履历
赵炯	董事长	男	55	2012年6月4日	交通银行股份有限公司	85	硕士,高级经济师,历任交通银行乌鲁木齐分行人事教育处处长、营业部总经理、行长;现任交银国际信托有限公司董事长、总裁。
吴伟	董事	男	47	2013年12月27日	交通银行股份有限公司	85	博士,高级会计师,历任交通银行财务会计部财务处副处长、财务会计部副总经理、预算财务部副总经理、总经理,辽宁省分行行长,交通银行投资银行部总经理、投资银行业务中心总裁;现任交通银行首席财务官兼任资产负债管理部总经理。
龙传华	董事	男	54	2014年12月31日	湖北省交通投资集团有限公司	15	博士,高级经济师,历任黄石市委政研室副主任、主任,黄石市经济开发区管委会副主任,湖北省交通厅副厅长;现任湖北省交通投资集团有限公司总经理。
栾立冰	董事	男	51	2013年1月25日	交通银行股份有限公司	85	硕士,历任中国银监会银行监管一部工行处调研员、综合处调研员、交行处处长、准入处处长、办公室主任,交通银行法律合规部副总经理、总经理,现任交通银行云南省分行副行长(代为履行行长职责)。
颇颖	董事	女	45	2013年1月25日	交通银行股份有限公司	85	硕士,高级会计师,历任交通银行南宁分行计划处副处长,总行财务会计部副处长、高级经理,苏州分行副行长;现任交通银行预算财务部副总经理。
赵海慧	董事	男	41	2015年8月12日	交通银行股份有限公司	85	硕士,经济师,历任交通银行投资管理部副高级经理、高级经理、总经理助理、副总经理;现任交通银行战略投资部副总经理。
张纯	独立董事	女	53	2011年7月28日	—	—	博士,历任上海财经大学讲师、副教授、硕士研究生导师、研究员、教授、博士研究生导师;现任上海财经大学会计学院教授、博士研究生导师、会计与财务研究院专职研究员、MPAcc中心主任。
戴国强	独立董事	男	64	2015年5月27日	—	—	博士,历任上海财经大学讲师、副教授、教授,财务金融学院副院长,金融学院常务副院长、院长,MBA学院院长,商学院副院长;现任上海财经大学商学院教授、博士研究生导师,享受国务院政府特殊津贴专家,中国金融学会常务理事,中国国际金融学会常务理事,上海城市金融学会副会长等。

3.3 监事

姓名	职务	性别	年龄	选任日期	所推举的股东名称	该股东持股比例(%)	简要履历
姚永杰	监事长	男	58	2013年4月2日	交通银行股份有限公司	85	硕士,高级经济师,历任交通银行洛阳分行行长,昆明分行副行长,西安分行行长,华中审计部总经理;现任交银国际信托有限公司监事长。
兰国光	监事	男	47	2014年12月31日	湖北省交通投资集团有限公司	15	本科,会计师,历任北京湘鄂情股份有限公司审计总监,湖北省交通投资有限公司融资财务部副部长、审计部副部长、部长;现任湖北省交通投资集团有限公司审计法务部部长。
韩泽民	职工监事	男	54	2010年11月5日	—	—	本科,经济师,历任湖北省国际信托投资公司金融部经理、国际金融部经理、办公室副主任,交银国际信托有限公司综合管理部副总经理;现任交银国际信托有限公司监察室副主任。

3.4 高级管理人员

姓 名	职务	性别	年龄	选任日期	金融从业年限(年)	学历/学位	专业
赵 炯	总裁	男	55	2008年9月1日	23	硕士	工商管理
李依贫	副总裁	男	52	2007年9月29日	20	硕士	财务金融
孟宪宇	副总裁	男	39	2013年4月28日	17	硕士	企业管理
谢 洁	副总裁	男	43	2013年4月28日	16	硕士	世界经济
蔡 平	副总裁	男	54	2013年9月3日	4	硕士	管理工程

3.5 公司员工

报告期末，员工总数为202人，平均年龄34岁，学历分布比率为：博士0.49%；硕士56.44%；本科41.58%；专科0.49%；其他1.00%。

4. 经营管理

4.1 经营目标、经营方针、战略规划

认真贯彻落实国家宏观政策和金融监管要求，将公司打造成为资产管理能力突出，财富管理特色鲜明，业务结构持续优化，盈利水平持续提升，风险内控稳健规范，行业领先的个性化产业金融服务商、综合资产管理服务商和高端财富服务机构。

4.2 所经营业务的主要内容

（1）信托融资业务包括信托贷款（流动资金贷款、固定资产贷款）、PPP项目融资、应收账款融资、项目收益权融资、并购融资、房地产融资、上市公司股票质押融资、外汇资金信托等产品。（2）信托投资类业务包括固定收益类投资、受托境外理财（QDII）、证券投资信托、私人股权投资（PE）和产业投资基金、PPP投资基金、债转股基金等产品。（3）事务管理类业务包括信贷和企业资产证券化（包括信托型资产支持票据、信托受益权资产支持证券）、家族财富管理信托、公益慈善信托、消费信托、土地流转信托、员工持股计划等产品。

自营业务：公司按照“低风险、多元化”的配置原则管理运用自有资金，配置品种包括自营贷款、基金投资、理财产品、股权投资等类别，兼顾权益类和固定收益类，充分考虑资产流动性、期限和收益之间的合理平衡，确保上述各类资产配置比例都在合理范围内。

信托资产运用与分布表

资产运用	金额(万元)	占比(%)	资产分布	金额(万元)	占比(%)
货币资产	3 089 058.44	4.33	基础产业	27 172 600.85	38.06
贷款	21 679 900.36	30.37	房地产业	2 878 158.44	4.03
交易性金融资产	15 842 706.64	22.19	证券市场	16 479 332.80	23.08
可供出售金融资产	943 826.41	1.32	实业	6 562 956.97	9.19
持有至到期投资	3 254 858.51	4.56	金融机构	5 119 315.69	7.17
长期股权投资	2 075 682.95	2.91	其他	13 183 756.40	18.47
其他	24 510 087.84	34.32			
信托资产总计	71 396 121.15	100.00	信托资产总计	71 396 121.15	100.00

自营资产运用与分布表

资产运用	金额(万元)	占比(%)	资产分布	金额(万元)	占比(%)
货币资产	82 888.85	10.82	基础产业	50 000.00	6.53
贷款及应收款	214 867.27	28.05	房地产业	66 918.00	8.74
交易性金融资产			证券市场	26 773.29	3.5
可供出售金融资产	80 660.92	10.53	实业		
持有至到期投资	9 500	1.24	金融机构	77 000.00	10.05
长期股权投资	851.28	0.11	其他	545286.33	71.18
其他	377 209.3	49.25	—		
资产总计	765 977.62	100.00	资产总计	765 977.62	100.00

4.3 市场分析

4.3.1 有利因素

一是实体经济稳中向好蕴含新机遇。中央经济工作会议首次提出中国经济“新方位”，明确稳中求进的总基调，指出中国经济正在螺旋式上升的发展历程中进入了新状态、新格局和新阶段。2016年我国GDP同比增长6.7%，成功跨越70万亿元大关，经济增速重回全球第一，经济增长缓中趋稳、稳中向好，经济结构继续优化，新兴动能正积聚壮大。

二是资产管理和财富管理需求广阔。从资产管理来看，稳增长、宽财政政策发力，PPP等投融资需求旺盛；供给侧结构性改革、国资改革等体制改革步伐明显加快，多层次资本市场日益成熟，投贷联动、债转股、并购基金、资产证券化等需求涌现；从财富管理来看，高净值客户群体快速增长，社会财富规模巨大，财富管理和家族信托需求彰显。

三是监管支持信托机构发展与创新。信托保障基金、监管评级、业务分类试点、信托登记公司设立及信托公司条例即将出台，意味着信托行业的业务体系、保障体系和监管体系日趋完善，信托行业进入规范、稳定发展的新阶段。基金资管、券商资管将逐步“去通道”“去非标”，信托制度红利和公司在主动管理、风险控制方面的积淀优势进一步显现。

4.3.2 不利因素

一是国内外宏观经济不确定性加大。从国际来看，英国退欧、美国特朗普上台，各国经济和货币政策走向分化，政治和经济领域不确定性因素叠加；从国内来看，产能过剩尚待根本解决，战略新兴行业处于培育之中，经济增长内生动力不足，去杠杆、去泡沫加快，资本外流压力加大。宏观经济金融形势的复杂性对金融机构经营管理提出了更高要求。

二是客户多元化金融服务需求增长。客户金融需求加速由传统信贷向创新化、多元化演进：在资产管理领域，证券化、基金化和资本市场融资需求日益增长；在财富管理领域，投资者客户多元配置等需求显现。这对公司加快产品创新和转变服务方式提出了更高的要求。

三是风险管控形势依然较为严峻。特别是经济周期性和结构性矛盾交织下，产业风险暴露加速并向金融领域传导，资产泡沫现象存在一定风险；随着资产价格波动及资金面趋紧、去杠杆提速，金融机构针对信用风险、市场风险和流动性风险

等各类风险亟须加强管控，完善把关。

4.4 内部控制

4.4.1 内部控制环境和内部控制文化

公司按照“纵到底、横到边、全覆盖”的要求，着力营造氛围和谐、运转高效的内部控制环境。第一，持续改进公司治理，不断完善公司治理架构。第二，强化内部审计监督作用，促进内部控制稳健运行。第三，强化制度建设与执行，确保业务运行的各环节均有章可循。第四，按照权责分明、相互制约的原则设置部门和岗位。

公司积极弘扬全员合规与内控优先的内部控制文化。第一，“三会一层”均牢固树立合法合规经营的理念，营造合规经营的文化环境。第二，加强监管政策学习，开展合规管理和专题业务培训。第三，建立公司员工行为准则、职业道德规范和诚信记录，坚持内控优先，狠抓制度执行。

4.4.2 内部控制措施

公司坚持“内控优先、制度先行”的管理理念，持续加强内控制度体系建设和完善细化工作，制定出台多项业务管理和基础管理制度。公司建立健全防火墙制度，实现四个分离：信托业务与自营业务相分离；不同的信托财产之间相分离；同一信托财产运用与保管相分离；业务操作与风险监控相分离。

对于信托业务，在设立环节，公司严格按照制度规定开展信托项目审批，制定规范的信托文件和项目尽职调查标准；在资金运用环节，公司严格履行受托人职责，依法运用信托财产，实现审批、运用和保管分离；在管理环节，公司不断完善风险识别、评估、监控、报告体系，前台、中台、后台紧密配合，形成职责明晰、相互制约的管理机制；在清算终止环节，公司严格依据法律法规、信托文件制作清算报告，并向受益人进行信息披露，持续完善信托业务档案管理制度。

对于固有业务，公司建立健全固有业务决策机制，2016 年初制定科学合理的年度自有资金配置计划与风险容忍度，并严格按照相关程序进行审批，实现固有业务协调发展；通过动态的监控机制、严密的账户管理、严格的资金审批调度、规范的交易操作以及完善的业务档案管理，公司严格控制固有资金的投资风险，重要投资均有详细的风险分析支持。

4.4.3 监督评价与纠正

2016 年度公司内审工作监督评价与纠正机制成效显著。一是内部审计和外部检查工作保持常态化。内审部门按照董事会审定的年度审计工作计划实施了项目审计检查及监督评价工作；外部监管和审计机构对公司进行了监管检查和内部控制检查等外部监督工作。二是持续推进内控体制机制建设优化。通过梳理公司存续内控制度，结合业务实际，分别对存量项目和清算项目实施内控审计和项目审计，督促内控建设和制度执行成效不断提升。三是持续推动审计发现问题的整改落实工作。逐步提高跟踪审计频次，定期核查上年度和当年审计发现问题的整改落实情况，确保审计发现问题得到整改落实。

4.5 风险管理

4.5.1 风险管理概况

公司经营活动中面临的风险主要包括信用风险、市场风险、操作风险及其他风险等。公司形成了“事前防范、事中控制、事后评价”的风险管理机制。

4.5.1.1 信用风险状况

(1)信托业务信用风险状况。截至 2016 年 12 月 31 日，公司存续信托项目 682 个，存续受托规模 7016.78 亿元，信托赔付率为零，按照相关部门要求计提一般准备与专项准备。

(2)固有业务信用风险状况。截至 2016 年 12 月 31 日，公司自有资金贷款余额为 11.69 亿元，固有业务信用风险资产均为正常类，不良资产的期初数与期末数均为零，按照相关部门要求计提一般准备与专项准备。2016 年，交易对手履约情况正常，公司固有业务信用风险处于较低水平。

4.5.1.2 市场风险状况

截至 2016 年 12 月 31 日，信托资产投资、固有资产投资市场风险情况正常；自有资金证券投资未突破公司确定的风险容忍度限额。

4.5.1.3 操作风险状况

公司建立完善的操作风险控制体系，并不断完善操作风险管控。截至 2016 年 12 月 31 日，公司未发生因操作风险所造成的损失。

4.5.1.4 其他风险状况

其他风险主要有合规风险、政策风险等。截至 2016 年 12 月 31 日，公司未发生因上述风险造成的损失。

4.5.2 风险管理

4.5.2.1 信用风险管理

公司高度重视交易对手的信用情况，加强项目运行前端风险管控，以尽职调查为重要风控抓手，科学评估交易对手的履约能力与意愿，筛选现金流充裕且第二还款来源稳固的项目，辅以有效的信用增级措施，如聘请专业的评估机构对抵押品进行评估，对担保物的充足性进行严格把关，审慎评估保证人的履约能力等，切实提高信用风险的保障系数。另外，公司按照相关主管部门要求计提一般准备与专项准备。

在项目运行过程中，公司深入研究影响交易对手履约能力的各种风险因素，持续跟踪抵（质）押物价值对融资本息的保障系数，加强监测有关还款来源的变化情况，持续高效开展项目后续管理，并根据具体问题研究采取相关应对措施，确保项目信用风险的可控、可测、可承受。

4.5.2.2 市场风险管理

第一，详细评估项目的市场风险，密切关注有关风险因子、情景的变化情况，采取有针对性的举措。第二，配备专业团队，对市场风险的认识较为充分、投资行为较为审慎。第三，加强形势分析预测，制定年度自有资金配置计划与风险容忍度。第四，公司高度重视市场价格风险因素的管理，不断强化对自有资金投资项目的科学决策与管理，密切关注经济运行状况，严控因宏观政策调整带来不利影响的风险。

4.5.2.3 操作风险管理

第一，公司建立了严格的部门职责、员工岗位职责、业务流程和操作规程，形成了职责分明、相互监督制约的机制和严格的审核、复核程序。第二，公司持续推进综合业务系统开发上线，并建立了全面的、规范的、现代化的信息系统管理流程。第三，公司不断完善各项规章制度，持续完善操作风险管理机制，切实提高业务管理的精细化水平。截至 2016 年 12 月 31 日，公司未出现重大差错和失误，未发生重大责任事故。

4.5.2.4 其他风险管理

公司严格按照国家法律法规和监管部门的有关要求开展业务；公司不断完善突发事件应急处理机制，以应对可能发生的突发事件。

4.5.3 净资本管理

2016年末，公司净资本风险控制指标为净资本62.13亿元，各项风险资本42.08亿元，净资本与各项业务风险资本之和之比为147.7%，净资本与净资产之比为87.6%，大于监管要求的40%标准。2016年末净资本监管各项指标全面达标。

4.6 消费者权益保护

2016年，公司印发了《关于增加公司消费者权益保护委员会及办公室工作职责的通知》，对公司消保委及消保办工作职责进行梳理；制定了《消费者金融知识宣传教育暂行管理办法》《消费者权益保护工作考评试行办法》等制度，持续加强消费者权益保护制度体系建设；认真贯彻落实监管要求，严格实施信托产品销售"一区双录"（销售专区、录音、录像）工作。公司消费者权益保护工作机制持续改进完善，确保消费者依法享有财产安全权、知情权、自主选择权、公平交易权、依法求偿权、受教育权、受尊重权、信息安全权等权利，促进产品管理水平和消费者服务质量的提升，切实加强消费者权益保护工作。

5. 报告期末及上一年度末的比较式会计报表

5.1 自营资产

5.1.1 会计师事务所审计意见全文

审 计 报 告

普华永道中天审字（2017）第21226号

交银国际信托有限公司董事会：

我们审计了后附的交银国际信托有限公司（以下简称贵公司）的财务报表，包括2016年12月31日的合并及公司资产负债表、2016年度的合并及公司利润表、合并及公司所有者权益变动表和合并及公司现金流量表以及财务报表附注。

一、管理层对财务报表的责任

编制和公允列报财务报表是贵公司管理层的责任。这种责任包括：

（1）按照企业会计准则的规定编制财务报表，并使其实现公允反映。

（2）设计、执行和维护必要的内部控制，以使财务报表不存在由于舞弊或错误导致的重大错报。

二、注册会计师的责任

我们的责任是在执行审计工作的基础上对财务报表发表审计意见。我们按照中国注册会计师审计准则的规定执行了审计工作。中国注册会计师审计准则要求我们遵守中国注册会计师职业道德守则，计划和执行审计工作以对财务报表是否不存在重大错报获取合理保证。

审计工作涉及实施审计程序，以获取有关财务报表金额和披露的审计证据。选择的审计程序取决于注册会计师的判断，包括对由于舞弊或错误导致的财务报表重大错报风险的评估。在进行风险评估时，注册会计师考虑与财务报表编制和公允列报相关的内部控制，以设计恰当的审计程序，但目的并非对内部控制的有效性发表意见。审计工作还包括评价管理层选用会计政策的恰当性和作出会计估计的合理性，以及评价财务报表的总体列报。

我们相信，我们获取的审计证据是充分、适当的，为发表审计意见提供了基础。

三、审计意见

我们认为，上述贵公司的财务报表在所有重大方面按照企业会计准则的规定编制，公允反映了贵公司2016年12月31日的合并及公司财务状况以及2016年度的合并及公司经营成果和现金流量。

普华永道中天会计师事务所（特殊普通合伙）

注册会计师：周 章

中国·上海市　　注册会计师：李 一

2017年3月10日

5.1.2 公司及合并资产负债表

合并资产负债表

编制单位：交银国际信托有限公司　　2016年12月31日　　单位：元

	附注	2016年12月31日	2015年12月31日
		合并	合并
资产			
货币资金	七(1)	828 888 476.90	658 232 798.11
可供出售金融资产	七(2)	806 609 249.55	523 962 983.21
持有至到期投资	七(3)	95 000 000.00	—
应收款项类投资	七(4)	1 026 259 927.21	1 909 044 226.85
发放贷款和垫款	七(5)	1 122 412 800.00	2 214 912 000.00
长期股权投资	七(6)	8 512 804.23	670 000.00
固定资产	七(7)	28 828 336.55	22 918 094.17
无形资产	七(8)	9 576 987.02	9 333 124.53
递延所得税资产	七(9)	37 454 051.38	37 228 307.11

续表

	附注	2016年12月31日	2015年12月31日
		合并	合并
其他资产	七(10)	3 696 233 527.63	1 198 886 405.72
资产总计		7 659 776 160.47	6 575 187 939.70
负债			
借款	七(12)	250 000 000.00	—
应付职工薪酬	七(13)	165 982 648.13	153 131 132.34
应交税费	七(14)	99 483 310.18	71 724 386.22
递延所得税负债	七(9)	—	—
其他负债	七(15)	49 224 109.20	65 499 376.79
负债合计		564 690 067.51	290 354 895.35
所有者权益			
实收资本	七(16)	3 764 705 882.35	3 764 705 882.35
其他综合收益	七(30)	5 837 828.16	36 274 256.49
盈余公积	七(17)	331 933 462.33	248 156 772.71
一般风险准备	七(18)	101 393 440.16	88 378 877.79
信托赔偿准备	七(19)	752 941 176.47	752 941 176.47
未分配利润	七(20)	2 138 274 303.49	1 394 376 078.54
所有者权益合计		7 095 086 092.96	6 284 833 044.35
负债及所有者权益总计		7 659 776 160.47	6 575 187 939.70

企业负责人:赵炯　　主管会计工作的负责人:李依贫　　会计机构负责人:李原

资产负债表

编制单位:交银国际信托有限公司　　2016年12月31日　　单位:元

	附注	2016年12月31日	2015年12月31日
		公司	公司
资产			
货币资金	八(1)	546 716 988.01	601 233 474.29
可供出售金融资产	八(2)	550 558 384.84	483 962 983.21
持有至到期投资		95 000 000.00	—
应收款项类投资		966 797 360.17	1 805 208 226.85
发放贷款和垫款		1 122 412 800.00	2 214 912 000.00
长期股权投资	八(3)	550 000 000.00	400 000 000.00
固定资产		28 700 939.19	22 613 852.93
无形资产		9 576 987.02	9 333 124.53
递延所得税资产		36 833 066.88	36 537 307.11
其他资产		3 496 230 527.63	998 883 405.72
资产总计		7 402 827 053.74	6 572 684 374.64
负债			
应付职工薪酬		165 871 071.16	153 076 334.55
应交税费		98 784 014.24	71 579 781.50
递延所得税负债		—	—
其他负债		48 331 783.10	65 480 392.69
负债合计		312 986 868.50	290 136 508.74
所有者权益			
实收资本		3 764 705 882.35	3 764 705 882.35
其他综合收益		5 799 679.63	36 274 256.49
盈余公积		331 933 462.33	248 156 772.71
一般风险准备		101 393 440.16	88 378 877.79
信托赔偿准备		752 941 176.47	752 941 176.47
未分配利润		2 133 066 544.30	1 392 090 900.09
所有者权益合计		7 089 840 185.24	6 282 547 865.90
负债及所有者权益总计		7 402 827 053.74	6 572 684 374.64

企业负责人:赵炯　　主管会计工作的负责人:李依贫　　会计机构负责人:李原

5.1.3 公司及合并利润表

合并利润表

编制单位：交银国际信托有限公司　　2016 年度　　单位：元

	附注	2016 年度	2015 年度
		合并	合并
一、营业收入		1 371 857 060. 75	1 289 930 707. 15
利息净收入	七(21)	114 775 469. 55	169 215 420. 03
手续费及佣金收入	七(22)	988 440 089. 23	930 499 435. 14
投资收益	七(23)	175 513 609. 86	144 932 325. 87
其中：对联营企业和合营企业的投资收益		(36 426. 77)	—
汇兑收益		7 004 612. 54	5 807 983. 66
其他业务收入	七(24)	86 123 279. 57	39 475 542. 45
二、营业支出		(254 724 664. 24)	(341 935 803. 29)
税金及附加	七(25)	(32 407 886. 57)	(71 112 771. 12)
业务及管理费	七(26)	(287 183 970. 71)	(275 605 254. 21)
资产减值损失	七(27)	64 867 193. 04	4 782 222. 04
三、营业利润		1 117 132 396. 51	947 994 903. 86
加：营业外收入	七(28)	1 818 640. 69	861 811. 66
减：营业外支出		(365. 49)	(50 000. 00)
四、利润总额		1 118 950 671. 71	948 806 715. 52
减：所得税费用	七(29)	(278 261 194. 77)	(236 528 582. 39)
五、净利润		840 689 476. 94	712 278 133. 13
六、其他综合收益的税后净额			
以后将重分类进损益的其他综合收益			
可供出售金融资产公允价值变动	七(30)	(30 436 428. 33)	13 365 808. 74
七、综合收益总额		810 253 048. 61	725 643 941. 87

企业负责人：赵炯　　主管信托会计工作的负责人：李依贫　　会计机构负责人：李原

公司利润表

编制单位：交银国际信托有限公司　　2016 年度　　单位：元

	附注	2016 年度	2015 年度
		公司	公司
一、营业收入		1 364 519 870. 85	1 280 934 646. 36
利息净收入		114 455 820. 60	166 284 070. 14
手续费及佣金收入		985 560 804. 28	930 499 435. 14
投资收益		171 375 353. 86	138 867 614. 97
汇兑收益		7 004 612. 54	5 807 983. 66
其他业务收入		86 123 279. 57	39 475 542. 45
二、营业支出		(250 935 062. 61)	(337 487 709. 51)
税金及附加		(32 196 090. 64)	(70 724 500. 13)
业务及管理费		(283 319 771. 97)	(272 559 431. 42)
资产减值损失		64 580 800. 00	5 796 222. 04
三、营业利润		1 113 584 808. 24	943 446 936. 85
加：营业外收入		1 444 038. 80	861 381. 77
减：营业外支出		(365. 49)	(50 000. 00)
四、利润总额		1 115 028 481. 55	944 258 318. 62
减：所得税费用		(277 261 585. 35)	(235 919 600. 29)
五、净利润		837 766 896. 20	708 338 718. 33
六、其他综合收益的税后净额			
以后将重分类进损益的其他综合收益			
可供出售金融资产公允价值变动		(30 474 576. 86)	13 365 808. 74
七、综合收益总额		807 292 319. 34	721 704 527. 07

企业负责人：赵炯　　主管会计工作的负责人：李依贫　　会计机构负责人：李原

5.1.4 合并及公司所有者权益变动表

合并所有者权益变动表

编制单位:交银国际信托有限公司　　2016 年度　　单位:元

	附注	实收资本	其他综合收益	盈余公积	一般风险准备	信托赔偿准备	未分配利润	所有者权益合计
		七(16)	七(30)	七(17)	七(18)	七(19)	七(20)	
2015 年 1 月 1 日年初余额		3 764 705 882. 35	22 908 447. 75	177 322 900. 88	77 682 498. 84	540 353 161. 06	976 216 211. 60	5 559 189 102. 48
2015 年度增减变动额								
综合收益总额								
净利润		—	—	—	—	—	712 278 133. 13	
其他综合收益		—	13 365 808. 74	—	—	—	—	13 365 808. 74
综合收益总额合计		—	13 365 808. 74	—	—	—	712 278 133. 13	725 643 941. 87
利润分配								
提取盈余公积		—	—	70 833 871. 83	—	—	(70 833 871. 83)	—
提取一般风险准备		—	—	—	10 696 378. 95	—	(10 696 378. 95)	—
提取信托风险准备		—	—	—	—	212 588 015. 41	(212 588 015. 41)	—
2015 年 12 月 31 日期末余额		3 764 705 882. 35	36 274 256. 49	248 156 772. 71	88 378 877. 79	752 941 176. 47	1 394 376 078. 54	6 284 833 044. 35
2016 年 1 月 1 日年初余额		3 764 705 882. 35	36 274 256. 49	248 156 772. 71	88 378 877. 79	752 941 176. 47	1 394 376 078. 54	6 284 833 044. 35
2016 年度增减变动额								
综合收益总额								
净利润		—	—	—	—	—	840 689 476. 94	840 689 476. 94
其他综合收益		—	(30 436 428. 33)	—	—	—	—	(30 436 428. 33)
综合收益总额合计		—	(30 436 428. 33)	—	—	—	840 689 476. 94	810 253 048. 61
利润分配								
提取盈余公积		—	—	83 776 689. 62	—	—	(83 776 689. 62)	—
提取一般风险准备		—	—	—	13 014 562. 37	—	(13 014 562. 37)	—
提取信托风险准备		—	—	—	—	—	—	—
2016 年 12 月 31 日期末余额		3 764 705 882. 35	5 837 828. 16	331 933 462. 33	101 393 440. 16	752 941 176. 47	2 138 274 303. 49	7 095 086 092. 96

企业负责人:赵炯　　主管会计工作的负责人:李依贫　　会计机构负责人:李原

母公司所有者权益变动表

编制单位:交银国际信托有限公司　　2016 年度　　单位:元

	实收资本	其他综合收益	盈余公积	一般风险准备	信托赔偿准备	未分配利润	所有者权益合计
2015 年 1 月 1 日年初余额	3 764 705 882. 35	22 908 447. 75	177 322 900. 88	77 682 498. 84	540 353 161. 06	977 870 447. 95	5 560 843 338. 83
2015 年度增减变动额							
综合收益总额							
净利润	—	—	—	—	—	708 338 718. 33	708 338 718. 33
其他综合收益	—	13 365 808. 74	—	—	—	—	13 365 808. 74
综合收益总额合计	—	13 365 808. 74	—	—	—	708 338 718. 33	721 704 527. 07
利润分配							
提取盈余公积	—	—	70 833 871. 83	—	—	(70 833 871. 83)	—
提取一般风险准备	—	—	—	10 696 378. 95	—	(10 696 378. 95)	—
提取信托风险准备	—	—	—	—	212 588 015. 41	(212 588 015. 41)	—
2015 年 12 月 31 日期末余额	3 764 705 882. 35	36 274 256. 49	248 156 772. 71	88 378 877. 79	752 941 176. 47	1 392 090 900. 09	6 282 547 865. 90
2016 年 1 月 1 日年初余额	3 764 705 882. 35	36 274 256. 49	248 156 772. 71	88 378 877. 79	752 941 176. 47	1 392 090 900. 09	6 282 547 865. 90
2016 年度增减变动额							
综合收益总额							
净利润	—	—	—	—	—	837 766 896. 20	837 766 896. 20
其他综合收益	—	(30 474 576. 86)	—	—	—	—	(30 474 576. 86)
综合收益总额合计	—	(30 474 576. 86)	—	—	—	837 766 896. 20	807 292 319. 34
利润分配							
提取盈余公积	—	—	83 776 689. 62	—	—	(83 776 689. 62)	—
提取一般风险准备	—	—	—	13 014 562. 37	—	(13 014 562. 37)	—
提取信托风险准备	—	—	—	—	—	—	—
2016 年 12 月 31 日期末余额	3 764 705 882. 35	5 799 679. 63	331 933 462. 33	101 393 440. 16	752 941 176. 47	2 133 066 544. 30	7 089 840 185. 24

企业负责人:赵炯　　主管会计工作的负责人:李依贫　　会计机构负责人:李原

5.2 信托资产

5.2.1 信托项目资产负债汇总表

信托项目资产负债汇总表（未经审计）

2016 年 12 月 31 日

编制单位：交银国际信托有限公司　　单位：万元

序号	项目	期末余额	年初余额
1	信托资产：		
2	1. 货币资金	3 089 058. 44	720 685. 86
3	2. 拆出资金	—	—
4	3. 存出保证金	—	—
5	4. 交易性金融资产	15 842 706. 64	11 925 836. 15
6	5. 衍生金融资产	—	—
7	6. 买入返售金融资产	20 456 623. 66	10 419 866. 59
8	7. 应收款项	355 979. 03	278 189. 64
9	8. 发放贷款	21 679 900. 36	20 255 131. 79
10	9. 可供出售金融资产	943 826. 41	561 934. 03
11	10. 持有至到期投资	3 254 858. 51	2 177 640. 40
12	11. 长期应收款	—	—
13	12. 长期股权投资	2 075 682. 95	2 017 489. 38
14	13. 投资性房地产	—	—
15	14. 固定资产	—	—
16	15. 无形资产	—	—
17	16. 长期待摊费用	—	—
18	17. 其他资产	3 697 485. 15	1 159 560. 12
19	18. 信托资产总计	71 396 121. 15	49 516 333. 96
20	19. 各项资产减值准备	—	—
21	信托负债：		
22	20. 交易性金融负债	—	—
23	21. 衍生金融负债	—	—
24	22. 应付受托人报酬	10 478. 42	8 499. 94
25	23. 应付托管费	7 684. 36	6 861. 52
26	24. 应付受益人收益	161. 65	345. 25
27	25. 应交税费	1 320. 27	1 066. 00
28	26. 应付销售服务费	4. 39	3. 39
29	27. 其他应付款项	134 971. 71	218 578. 37
30	28. 其他负债	—	—
31	29. 信托负债合计	154 620. 80	235 354. 47
32	信托权益：		
33	30. 实收信托	70 167 836. 36	48 684 768. 54
34	31. 资本公积	414 761. 33	—
35	32. 外币报表折算差额	14 314. 77	5 613. 56
36	33. 未分配利润	644 587. 89	590 597. 39
37	34. 信托权益合计	71 241 500. 35	49 280 979. 49
38	35. 信托负债和信托权益总计	71 396 121. 15	49 516 333. 96

企业负责人：赵炯　主管信托会计工作的负责人：李依贫　信托会计机构负责人：张悦迎

5.2.2 信托项目利润及利润分配汇总表

信托项目利润及利润分配汇总表

编制单位：交银国际信托有限公司　　2016 年度　　单位：万元

序号	项目	本期数	上期数
1	1. 营业收入	3 382 168. 90	3 155 957. 24
2	1. 1 利息收入	3 014 984. 04	2 626 478. 90
3	1. 2 投资收益（损失以"－"号填列）	423 318. 91	427 290. 58
4	1. 2. 1 其中：对联营企业和合营企业的投资收益	0	0
5	1. 3 公允价值变动收益（损失以"－"号填列）	-67 863. 80	92 569. 62
6	1. 4 租赁收入	0	0
7	1. 5 汇兑损益（损失以"－"号填列）	1319. 32	378. 31
8	1. 6 其他收入	10 410. 43	9 239. 83
9	2. 支出	293 062. 06	416 922. 44
10	2. 1 营业税金及附加	3 007. 89	5 831. 38
11	2. 2 受托人报酬	84 349. 70	76 742. 71
12	2. 3 托管费	40 862. 99	26 856. 78
13	2. 4 投资管理费	17 457. 56	16 155. 46
14	2. 5 销售服务费	6 419. 18	7 083. 79
15	2. 6 交易费用	1 861. 21	3 373. 87
16	2. 7 资产减值损失	0	0
17	2. 8 其他费用	139 103. 53	280 878. 45
18	3. 信托净利润（净亏损以"－"号填列）	3 089 106. 84	2 739 034. 80
19	4. 其他综合收益	0	0
20	5. 综合收益	3 089 106. 84	2 739 034. 80
21	6.　加：期初未分配信托利润	590 597. 39	409 034. 00
22	7. 可供分配的信托利润	3 679 704. 23	3 148 068. 80
23	8.　减：本期已分配信托利润	3 035 116. 34	2 557 471. 41
24	9. 期末未分配信托利润	644 587. 89	590 597. 39

公司负责人：赵炯　主管信托会计工作负责人：李依贫　信托会计机构负责人：张悦迎

6. 会计报表附注

6.1 会计报表编制基准不符合会计核算基本前提的说明

会计报表编制无不符合会计核算基本前提事项。

6.2 或有事项说明

报告期内，公司未发生对外担保及其他或有事项。

6.3 重要资产转让及其出售的说明

报告期内，无重要资产转让或出售。

6.4 会计报表中重要项目的明细资料

6.4.1 披露自营资产经营情况

6.4.1.1 按信用风险五级分类结果披露信用风险资产的期初数、期末数

信用风险资产五级分类	正常类（万元）	关注类（万元）	次级类（万元）	可疑类（万元）	损失类（万元）	信用风险资产合计（万元）	不良资产合计（万元）	不良资产率（%）
期初数	649 399.7	0.00	0.00	0.00	0.00	649 399.7	0.00	0.00
期末数	755 396.7	0.00	0.00	0.00	0.00	755 396.7	0.00	0.00

6.4.1.2 各项资产减值损失准备的期初数、本期计提、本期转回、本期核销、期末数

单位：万元

项目	期初数	本期计提	本期转回	本期核销	期末数
贷款损失准备	9 228.80	2 003.00	6 555.08	0.00	4 676.72
一般准备	0.00	0.00	0.00	0.00	0.00
专项准备	9 228.80	2 003.00	6 555.08	0.00	4 676.72
其他资产减值准备	0.00	0.00	0.00	0.00	0.00
可供出售金融资产减值准备	0.00	0.00	0.00	0.00	0.00
持有至到期投资减值准备	0.00	0.00	0.00	0.00	0.00
长期股权投资减值准备	0.00	0.00	0.00	0.00	0.00
坏账准备	6 196.40	5 302.36	7 237.00	0.00	4 261.76
投资性房地产减值准备	0.00	0.00	0.00	0.00	0.00

6.4.1.3 自营股票投资、基金投资、债券投资、长期股权投资等投资的期初数、期末数

单位：万元

项目	自营股票	基金	债券	长期股权投资
期初数	0.00	0.00	0.00	26 067
期末数	0.00	0.00	9 500	32 957

6.4.1.4 按照投资入股金额排序，前五名的自营长期股权投资的企业名称、占被投资企业权益的比例、主要经营活动及投资收益情况等。

本集团

企业名称	投资总额（万元）	投资占比（%）
中国航油集团财务有限公司	12 000.00	10.00
陕西煤业化工集团财务有限公司	10 000.00	10.00
上海国药并购股权投资基金合伙企业	1 600.00	1.96
上海诚鼎新扬子投资合伙企业	1 500.00	2.49
湖北省长江经济带产业基金管理有限公司	800.00	4.00

本公司

企业名称	投资总额（万元）	投资占比（%）
交银国信资产管理有限公司	55 000.00	100.00
中国航油集团财务有限公司	12 000.00	10.00
陕西煤业化工集团财务有限公司	10 000.00	10.00

6.4.1.5 前五名的自营贷款的企业名称、占贷款总额的比例和还款情况

企业名称	占贷款总额的比例（%）	还款情况
绿地控股集团有限公司	42.77	正常
上海中星（集团）有限公司	32.83	正常
上海月星环球家饰博览中心有限公司	24.4	正常

6.4.1.6 表外业务的期初数、期末数；按照代理业务、担保业务和其他类型表外业务分别披露

报告期内，本公司无代理业务、担保业务和其他类型表外业务。

6.4.1.7 公司当年的收入结构

收入结构	金额（万元）	占比（%）
手续费及佣金收入	98 844.01	71.96
其中：信托手续费收入	98 556.08	
基金管理费收入	287.93	
利息收入	11 477.55	8.36
其他业务收入	8 612.33	6.27
其中：计入信托业务收入部分	8 036.81	
投资收益	17 551.36	12.78
其中：股权投资收益	1 089.83	
证券投资收益		
其他投资收益	16 461.53	
汇兑收益	700.46	0.50
营业外收入	181.83	0.13
收入合计	137 367.54	100

其他业务收入主要是指公司为融资企业提供财务顾问、咨询及融资方案设计等服务，获得的财务顾问费收入。

本报告年度共实现信托业务收入总额为 106 592.89 万元，其中手续费及佣金收入 98 556.08 万元、财务顾问费收入 8 036.81万元。

6.4.2 披露信托财产管理情况

6.4.2.1 信托资产的期初数、期末数

单位：万元

信托资产	期初数	期末数
集合	7 541 203.53	14 106 059.81
单一	41 849 393.80	56 563 645.42
财产权	125 736.63	726 415.92
合计	49 516 333.96	71 396 121.15

6.4.2.1.1 主动管理型信托业务的信托资产期初数、期末数，分证券投资类、股权投资类、融资类、事务管理类分别披露

单位：万元

主动管理型信托资产	期初数	期末数
证券投资类	385 134.77	418721.25
股权投资类	8 290.29	200.10
融资类	2 728 766.55	2 634 104.03
事务管理类	0.00	0.00
合计	3 122 191.61	3 053 025.38

6.4.2.1.2　被动管理型信托业务的信托资产期初数、期末数，分证券投资类、股权投资类、融资类、事务管理类分别披露

单位：万元

被动管理型信托资产	期初数	期末数
证券投资类	14 135 348.54	22 245 821.18
股权投资类	2 196 767.87	3 287 739.29
融资类	28 986 939.68	39 351 285.68
事务管理类	1 075 086.26	3 458 249.62
合计	46 394 142.35	68 343 095.77

6.4.2.2　本年度已清算结束的信托项目个数、实收信托合计金额、加权平均实际年化收益率

6.4.2.2.1　本年度已清算结束的集合类，单一类资金信托项目和财产管理类信托项目个数、实收信托合计金额、加权平均实际年化收益率

已清算结束信托项目	项目个数（个）	实收信托合计金额（万元）	加权平均实际年化收益率（%）
集合类	58	1 847 854.41	7.74
单一类	343	12 234 100.16	5.59
财产管理类	4	185 000.00	4.69

6.4.2.2.2　本年度已清算结束的主动管理型信托项目个数、实收信托合计金额、加权平均实际年化收益率，分证券投资类、股权投资类、融资类、事务管理类分别计算并披露

已清算结束信托项目	项目个数（个）	实收信托合计金额（万元）	加权平均实际年化信托报酬率（%）	加权平均实际年化收益率（%）
证券投资类	31	10 330.03	0.34	8.17
股权投资类	0	0	0	0
融资类	42	1 257 606.00	1.60	8.34
事务管理类	0	0	0	0

6.4.2.2.3　本年度已清算结束的被动管理型信托项目个数、实收信托合计金额、加权平均实际年化收益率，分证券投资类、股权投资类、融资类、事务管理类分别计算并披露

已清算结束信托项目	项目个数（个）	实收信托合计金额（万元）	加权平均实际年化信托报酬率（%）	加权平均实际年化收益率（%）
证券投资类	0	0	0	0
股权投资类	8	315 732.00	0.10	6.58
融资类	322	12 674 100.13	0.15	5.57
事务管理类	2	9 186.41	0.26	7.87

6.4.2.3　本年度新增的集合类、单一类和财产管理类信托项目个数、实收信托合计金额

新增信托项目	项目个数（个）	实收信托合计金额（万元）
集合类	75	10 219 366.01
单一类	296	24 846 617.15
财产管理类	2	786 726.03
新增合计	373	35 852 709.19
其中：主动管理型	31	2 328 340.00
被动管理型	342	33 524 369.19

注：本年新增信托项目指在本报告年度内累计新增的信托项目个数和金额。包含本年度新增并于本年度内结束的项目和本年度新增至报告期末仍在持续管理的信托项目。

6.4.2.4　信托业务创新成果和特色业务有关情况

2016年，面对复杂严峻的宏观经济形势、经济L形调整期及资产管理行业竞争带来的压力，公司全面布局创新发展战略，加快改革创新和转型发展步伐，完善融资类、投资类和受托本源类三大类产品体系，形成具有银行系特点的完整信托产品线。公司积极推动PPP信托、企业资产证券化、信贷资产证券化、区域扶贫建设发展基金、受托境外理财信托等创新业务品种发展，并搭建了“PPP投资基金”“并购基金”“产业基金”等投资基金业务架构，积极推动各类投资基金产品的有效落地。当年公司主要推出如下创新产品。

（1）信贷资产证券化。报告期内，公司进一步深化在信贷资产证券化领域的领先优势，参与国内首批不良资产证券化试点，成功实施交通银行首单不良资产证券化产品“交诚2016年第一期不良资产支持证券”。同时，报告期内，公司中标住建部4单公积金资产证券化试点中的3单，并已成功实施杭州、湖州两地的公积金资产支持证券项目；作为受托机构和发行人，发行工商银行个人住房抵押贷款资产支持证券102亿元。

（2）企业资产证券化。公司加快布局企业资产证券化业务，作为受托人、贷款人成功发行“扬州迎宾馆信托受益权资产支持专项计划”，助力公司进一步转型布局抵押型类REITs产品。报告期内，公司资产证券化产品全年发行规模达到291亿元，同比增长479.45%，连续三年被中央国债登记结算有限责任公司评为“资产支持证券（ABS）优秀发行人”。

（3）PPP（政府和社会资本合作）信托。公司积极响应政府号召，加强基础设施、混合所有制改革、产业投资等领域的投资基金业务布局，报告期内出资参与财政部发起总额1 800亿元的中国政企合作投资基金，同时累计成功中标四川、山东、江苏等多项省级PPP基金，借助PPP项目助力“一带一路”等建设，资金广泛应用于水利、环保、能源、交通等关键领域和国家重大项目。

（4）扶贫建设发展基金。公司快速响应国家重点区域扶贫开发及建设需求，顺应政策导向，为扶贫开发等民生工程提供金融支持。报告期内，成功实施公司首单扶贫基金“商丘交银商发扶贫建设发展基金”，资金用于支持基础设施、水务管网、旅游文化等区域重点扶贫项目。

6.4.2.5　本公司履行受托人义务情况及因本公司自身责任而导致的信托资产损失情况

报告期内，本公司无因本公司自身责任而导致的信托资产损失情况。

6.5　关联方关系及其交易的披露

6.5.1　关联交易方的情况

	关联交易方数量	关联交易金额（万元）	定价政策
合计	5家	31 991.17	按市场价格交易；若无市场价格，则按公允原则，以不优于对非关联方同类交易的条件定价交易。

6.5.2 关联交易方的情况

关系性质	关联方名称	法定代表人	注册地址	注册资本（万元）	主营业务
控股股东	交通银行股份有限公司	牛锡明	上海市浦东新区银城中路188号	742.63亿元	银行业务
受同一母公司控制	交银施罗德基金管理有限公司	于亚利	上海市浦东新区银城中路188号	20 000万元	基金募集、基金销售、资产管理和中国证监会许可的其他业务
受同一母公司控制	上海交银企业管理服务（上海）有限公司	关兴社	上海市长宁区仙霞路18号	1 000万元	企业管理，餐饮管理，酒店管理、大楼物业管理、会务服务等（企业经营涉及行政许可的，凭许可证件经营）
受同一母公司控制	上海汇经置业有限公司	孙磊	上海陆家嘴环路333号东方汇经中心3楼301室	87 000万元	办公楼及附属配套设施的经营、出租、出售
全资子公司	交银国信资产管理有限公司	孟宪宇	上海市虹口区欧阳路218弄1号楼3楼	80 000万元	资产管理，股权投资，股权管理，实业投资，投资管理，投资顾问（企业经营涉及行政许可的，凭许可证件经营）

6.5.3 公司与关联方的重大交易事项

6.5.3.1 固有财产与关联方交易情况

单位：万元

固有与关联方关联交易				
	期初数	借方发生额	贷方发生额	期末数
贷款	0.00	0.00	0.00	0.00
投资	0.00	0.00	0.00	0.00
租赁	0.00	0.00	0.00	0.00
担保	0.00	0.00	0.00	0.00
应收账款	0.00	0.00	0.00	0.00
其他	16 000.00	3 000.00	3 000.00	16 000.00
合计	16 000.00	3 000.00	3 000.00	16 000.00

6.5.3.2 信托与关联方交易情况：贷款、投资、租赁、应收账款、担保、其他方式等期初汇总数、本期借方和贷方发生额汇总数、期末汇总数

单位：万元

信托与关联方关联交易				
	期初数	借方发生额	贷方发生额	期末数
贷款	0.00	0.00	0.00	0.00
投资	0.00	0.00	0.00	0.00
租赁	0.00	0.00	0.00	0.00
担保	0.00	0.00	0.00	0.00
应收账款	0.00	0.00	0.00	0.00
其他	0.00	0.00	0.00	0.00
合计	0.00	0.00	0.00	0.00

6.5.3.3 信托公司自有资金运用于自己管理的信托项目（固信交易）、信托公司管理的信托项目之间的相互（信信交易）金额，包括余额和本报告年度的发生额

6.5.3.3.1 固有与信托财产之间的交易

单位：万元

固有财产与信托财产相互交易				
	年初数	本年借方发生额	本年贷方发生额	年末数
合计	146 160.00	270 200.00	315 150.00	101 210.00

6.5.3.3.2 信托项目之间的交易金额期初汇总数、本期发生额汇总数、期末汇总数

单位：万元

信托资产与信托财产相互交易			
	期初数	本期发生额	期末数
合计	160 185.63	75 110.81	235 296.44

注：以公司受托管理的一个信托项目的资金购买自己管理的另一个信托项目的受益权或信托项下资产均应纳入统计披露范围。

6.5.4 关联方逾期未偿还公司资金的情况

无。

6.6 会计制度的披露

公司固有业务和信托业务的会计核算执行中华人民共和国财政部2006年颁布的企业会计准则及其相关规定。

7. 财务情况说明书

7.1 利润实现和分配情况

公司2016年实现净利润83 776.69万元，利润分配情况如下：

（1）根据《公司法》《公司章程》的规定，按照净利润的10%计提法定公积金8 377.67万元。

（2）根据财政部《金融企业准备金计提管理办法》（财金[2012]20号）的规定，按照公司2016年末风险资产账面余额的1.5%差额计提一般准备1 301.46万元。

（3）扣除上述利润分配项目后，公司2016年剩余净利润74 097.56万元，加上期初未分配利润139 209.09万元，期末累计未分配利润为213 306.65万元。经公司股东会审议，同意按照2016年当年剩余净利润74 097.56万元的5%对股东分配利润。

7.2 主要财务指标

指标名称	指标值
资本利润率（%）	12.57
加权年化信托报酬率（%）	0.29
人均净利润（万元）	431

7.3 对公司财务状况、经营成果有重大影响的其他事项

2016年无其他对公司财务状况、经营成果有重大影响的其他事项。

8. 特别事项揭示

8.1 前五名股东报告期内变动情况及原因

无。

8.2 董事、监事及高级管理人员变动情况及原因

无。

8.3 变更注册资本、变更注册地或公司名称、公司分立合并事项

无。

8.4 公司的重大未决诉讼事项

无。

8.5 公司及其高级管理人员受到处罚的情况

报告期内，无公司及其董事、监事和高级管理人员受处罚情况。

8.6 银监会及其派出机构对公司检查后提出的整改意见

无。

8.7 本年度重大事项临时报告的简要内容、披露时间、所披露的媒体及其版面

根据公司2016年股东会第三次会议决议，对《公司章程》进行修订。修订内容为因公司股东之一湖北省交通投资有限公司名称变更为湖北省交通投资集团有限公司，对《公司章程》第十六条、第六十九条、第九十七条有关股东名称的表述进行了相应修改。2016年10月12日在《金融时报》第七版对外披露。

8.8 银监会及其省级派出机构认定的其他有必要让客户及相关利益人了解的重要信息

无。

9. 监事会意见

监事会认为，报告期内，公司的决策程序符合国家法律、法规和公司章程及相关制度，建立健全了比较有效的内控制度，建立了相对完善的独立董事和董事会下属专业委员会，董事会全体成员及高级管理层认真履行职责，未发现有违法、违规、违章行为，也没有损害公司利益、股东利益和委托人利益的行为。报告期内，公司财务报告真实、客观地反映了公司的财务状况和经营成果。

昆仑信托有限责任公司

1. 重要提示

1.1 公司董事会及董事保证本报告所载资料不存在任何虚假记载、误导性陈述或者重大遗漏，并对其内容的真实性、准确性和完整性承担个别及连带责任。

1.2 独立董事邢成先生、施天涛先生、李忠臣先生认为本报告内容真实、准确、完整。

1.3 公司法定代表人董事长肖华先生、总裁吴妍女士、主管会计工作负责人张建慧女士、会计机构负责人康剑桥先生、托管部负责人武义双先生声明：保证年度报告中财务报告的真实、完整。

2. 公司概况

2.1 公司简介

昆仑信托有限责任公司前身是中国工商银行宁波市信托投资公司，成立于1986年11月，1994年改组为有限责任公司。1997年6月，公司与工商银行脱钩，更名为宁波市金港信托投资有限责任公司。2002年5月，公司增资扩股，获准重新登记。2005年5月，天津经济技术开发区国有资产经营公司收购部分原股东股权后成为控股股东。2008年10月，公司换发金融许可证，变更经营范围，公司名称变更为金港信托有限责任公司。2009年5月，公司增资扩股，中油资产管理有限公司成为控股股东，公司名称变更为昆仑信托有限责任公司，注册资本为30亿元。

公司法定中文名称	昆仑信托有限责任公司
中文缩写	昆仑信托
公司法定英文名称	Kunlun Trust Co. ,Ltd.
英文缩写	Kunlun Trust
法定代表人	肖华
注册地址	浙江省宁波市鄞州区和济街180号1幢24~27层
邮政编码	315042
国际互联网网址	www. kunluntrust. com
电子信箱	klinfo@ cnpc. com. cn
信息披露负责人员	黄志斌
信息披露联系人员	刘爽
联系电话	0574 -87031701
传真	0574 -87031700
电子信箱	ls216317@ cnpc. com. cn
公司信息披露的报纸名称	《金融时报》
公司年度报告备置地点	公司本部
公司聘请的会计师事务所及其住所	立信会计师事务所有限公司 上海市南京东路61号4楼
公司聘请的律师事务所及其住所	上海市锦天城律师事务所 上海市浦东新区银城中路501号上海中心大厦11层、12层

2.2 组织结构

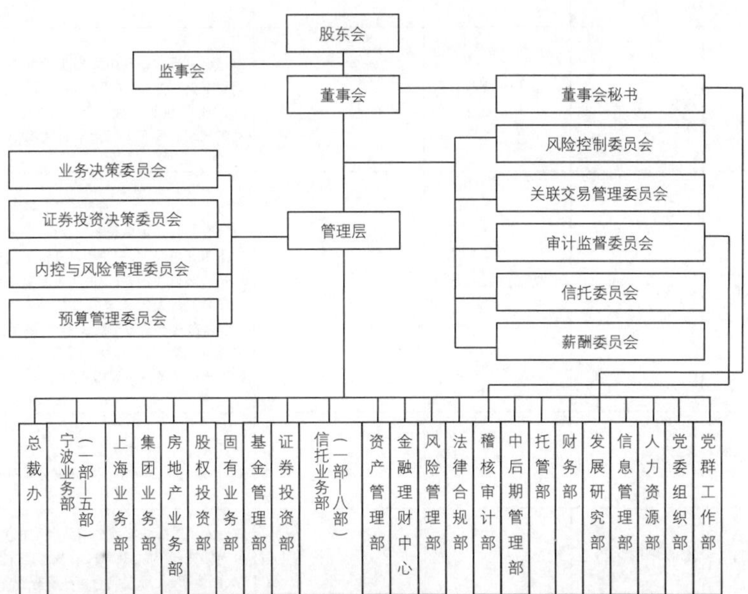

3. 公司治理

3.1 股东

本报告期末，公司共有 3 家法人股东，其中持有本公司 10% 以上出资比例的股东 2 家。

股东名称	持股比例(%)	法人代表	注册资本(万元)	注册地址	主要经营业务及主要财务情况
中油资产管理有限公司★	82.18	肖　华	502 000	北京市东城区东直门北大街9号	资产经营管理、投资、资本运营策划与咨询。截至 2016 年末，公司资产总额 2 052 040万元，负债总额 1 053 647 元，所有者权益 998 393 万元。公司实现利润 137 249 万元，净利润 111 376 万元。
天津经济技术开发区国有资产经营公司	12.82	叶　旺	1 280 000	天津经济技术开发区宏达路 19 号	投资、参股及国有资产的股权管理；国有资产评估、验资；房地产开发、服务及咨询。
广博控股集团有限公司	5.00	胡志明	48 000	宁波市鄞州区首南街道鄞县大道中段 1357 号 2603 室	项目投资。

注：★表示控股股东。股东之间无关联关系。股东广博投资控股有限公司于 2017 年 2 月 14 日完成名称变更手续，更名为广博控股集团有限公司。

3.2 董事

3.2.1 董事会成员

姓名	职务	性别	年龄(岁)	选任日期	所推举的股东名称	该股东持股比例(%)	简要履历
肖　华	董事长	男	51	2016 年 8 月 15 日	中油资产管理有限公司	82.18	教授级高级经济师，曾任华东化工销售分公司副总经理兼总会计师、党委书记、纪委书记、工会主席、总经理(兼任上海中油石油交易中心有限公司执行董事)；现任中油资产管理有限公司执行董事，昆仑信托有限责任公司党委书记、纪委书记、工会主席，昆仑信托有限责任公司董事长。
吴　妍	董事	女	53	2014 年 7 月 25 日	中油资产管理有限公司	82.18	曾任庄胜集团北京代表处首席代表，JUNEFIELD（L. A.）LIMITED 总经理，美国恒康互惠保险公司保险经纪和财务顾问，美国保德信金融集团北京代表处首席代表，中国出口信用保险公司海外投资保险部与总公司第二营业部副总经理，中国石油海外勘探开发公司(中国石油天然气勘探开发公司)副总经理；现任昆仑信托有限责任公司总裁。
周远鸿	董事	男	48	2013 年 9 月 26 日	中油资产管理有限公司	82.18	高级会计师。曾任中国石油天然气股份有限公司天然气与管道分公司财务处副处长，中国石油天然气集团公司资本运营部股权管理处处长，中国石油天然气集团公司投资公司专职董监事；现任中国石油天然气集团公司资本运营部副总经理。
王利平	董事	男	56	2013 年 9 月 26 日	广博控股集团有限公司	5.00	高级经济师；现任广博集团股份有限公司董事长，兼任宿迁广博控股集团有限公司董事长兼总经理，宁波市鄞州联枫投资咨询有限公司执行董事兼总经理，宁波广博建设开发有限公司董事，江苏博迁新材料股份有限公司董事，上海有金人家金银珠宝股份有限公司董事。第十二届全国人大代表，中国文教体育用品协会副会长、纸品本册专业委员会主任委员。获全国文教体育用品行业优秀企业家，中华慈善突出贡献人物奖，浙江省优秀中国特色社会主义事业建设者，新中国百名杰出贡献印刷企业家等荣誉。
叶　旺	董事	男	51	2013 年 9 月 26 日	天津经济技术开发区国有资产经营公司	12.82	曾任天津开发区管委会政策研究室办公室主任，天津开发区财政局副局长；现任天津经济技术开发区国有资产经营公司总经理。
李效熙	董事	男	34	2013 年 9 月 26 日	职工推选		曾任北京国际信托投资有限公司投资银行部经理，金港信托有限责任公司信托一部副总经理、总裁助理、战略发展及执行委员会副主席、主席、副董事长；现任昆仑信托有限责任公司副总裁。

3.2.2 独立董事

姓名	职务	性别	年龄(岁)	选任日期	所推举的股东名称	该股东持股比例(%)	简要履历
邢 成	独立董事	男	54	2013年9月26日	中油资产管理有限公司	82.18	经济学博士,教授。曾任天津市财政局干部,天津财经大学教授,北方信托股份有限责任公司战略发展研究所所长兼业务发展总部总经理;现任中国人民大学信托与基金研究所执行所长。
施天涛	独立董事	男	54	2013年9月26日	中油资产管理有限公司	82.18	法学博士,教授,曾任清华大学法学院副院长,中国商法研究会常务理事,北京市高级人民法院特约监督员,北京仲裁委员会仲裁员,新加坡东亚政治经济研究所研究员,美国斯坦福大学法学院访问教授;现为清华大学法学院法学教授、博士生导师。
李忠臣	独立董事	男	70	2013年9月26日	中油资产管理有限公司	82.18	高级会计师,曾任大庆石油管理局采油四厂财务科科员、副科长、科长,大庆石油管理局财务处副处长、处长,大庆石油管理局副总会计师、总会计师,中意人寿董事长,国家会计准则咨询专家,中国总会计师协会常务理事,黑龙江省企业管理协会副理事长。

3.3 监事

姓名	职务	性别	年龄(岁)	选任日期	所推举的股东名称	该股东持股比例(%)	简要履历
姜力孚	监事会主席	男	53	2015年3月26日	中油资产管理有限公司	82.18	高级经济师,曾任中国石油天然气总公司计划局项目处、规划二处高级经济师,新疆塔里木油田会战,任油田规划计划处副处长(主持工作),中国石油天然气集团公司规划计划部生产经营与统计处处长,中国石油天然气集团公司资本运营部资产重组处处长、股权管理处处长、副总经济师,中国石油天然气集团公司资本运营部副总经理,中国石油天然气集团公司规划计划部副总经理;现任中国石油天然气集团公司改革与企业管理部总经理。
丁 泉	监事	男	48	2016年3月25日	中油资产管理有限公司	82.18	高级工程师,曾先后在中国石油规划总院炼化研究所从事炼油化工发展规划研究工作,曾任中国石油天然气集团公司资本运营部资本企划处处长;现任中国石油天然气集团公司资本运营部专职董监事。
胡志明	监事	男	53	2013年9月26日	广博控股集团有限公司 天津经济技术开发区国有资产经营公司	17.82	高级会计师;现任广博控股集团有限公司董事长,兼任广博集团股份有限公司董事,宁波广博建设开发有限公司董事,宿迁广博控股集团有限公司董事,宁波广枫投资有限公司董事,宁波广博纳米新材料股份有限公司监事会主席,宁波通商银行股份有限公司监事,宁波广博钱湖置业有限公司监事。
马荣伟	职工监事	男	44	2013年9月26日	职工推选		高级经济师,曾任中国石油天然气集团公司、中国石油天然气股份有限公司法律事务部高级主管;现任昆仑信托有限责任公司法律合规部经理。
邹艳飞	职工监事	男	53	2013年9月26日	职工推选		高级政工师,曾任辽河油田旅游服务公司经理办秘书、副主任,辽河石油勘探局(后为辽河油田公司)党委办公室科长、副主任;现任昆仑信托有限责任公司纪委副书记、工会副主席、党群工作部部长。

3.4 高级管理人员

姓名	职务	性别	年龄(岁)	选任日期	金融从业年限(年)	学历	专业	简要履历
吴 妍	总裁	女	53	2014年7月25日	18	学士	经济管理	曾任庄胜集团北京代表处首席代表,JUNEFIELD (L. A.) LIMITED总经理,美国恒康互惠保险公司保险经纪和财务顾问,美国保德信金融集团北京代表处首席代表,中国出口信用保险公司海外投资保险部与总公司第二营业部副总经理,中国石油海外勘探开发公司(中国石油天然气勘探开发公司)副总经理;现任昆仑信托有限责任公司总裁。
姚 飞	副总裁	男	49	2010年4月20日	10	硕士	技术经济	教授级高级经济师,曾任中国石油天然气集团公司大庆石油管理局资本运营部副经理、财务资产部副经理、内控办主任,中油资产管理有限公司综合部经理兼财务部负责人、副总经理,大庆市商业银行独立董事;现任昆仑信托有限责任公司副总裁。
李效熙	副总裁	男	34	2010年4月20日	11	硕士	经济学	曾任北京国际信托投资有限公司投资银行部经理,金港信托有限责任公司信托一部副总经理、总裁助理、战略发展及执行委员会副主席、主席、副董事长;现任昆仑信托有限责任公司副总裁。

续表

姓名	职务	性别	年龄(岁)	选任日期	金融从业年限(年)	学历	专业	简要履历
朱佳平	副总裁 首席风控官	男	53	2009年6月11日	34	硕士	工商管理	高级经济师，曾任中国工商银行宁波市信托投资公司上海证券交易营业部经理、公司副总经理，金港信托有限责任公司总经理、总裁、副董事长、副总裁、代总裁；现任昆仑信托有限责任公司副总裁。
刘　刚	副总裁	男	45	2010年8月10日	6	硕士	工商管理	高级会计师，曾任中国石油天然气股份有限公司华东销售分公司财务处高级主管、中国石油天然气股份有限公司江西销售分公司总会计师兼财务资产处处长；现任昆仑信托有限责任公司副总裁。
黄志斌	副总裁 董事会秘书	男	50	2010年12月24日	33	硕士	工商管理	高级经济师，曾任中国工商银行宁波市信托投资公司信托业务部经理、总经理助理、副总经理，宁波市信托投资公司信托业务部经理、总经理助理、副总经理，金港信托有限责任公司副总经理、副总裁、常务副总裁；现任昆仑信托有限责任公司副总裁兼董事会秘书。
张建慧	财务总监	女	44	2012年3月16日	8	硕士	管理学	高级会计师，曾任中国华油集团公司财务资产处高级主管，中国石油天然气集团公司财务资产部会计处高级主管、财务稽查处副处长、综合授信处负责人，中油财务有限责任公司综合授信处负责人，昆仑信托有限责任公司财务部总经理；现任昆仑信托有限责任公司财务总监。
贾南征	总裁助理	男	38	2010年5月31日	13	学士	经济学	先后任职于加拿大 PROVEST 管理公司、瑞泰人寿，曾任金港信托有限责任公司信托业务部副总经理、总裁助理；现任昆仑信托有限责任公司总裁助理。
周江天	总裁助理	男	50	2015年3月26日	10	学士	西班牙语	曾任驻意大利使馆商务处二等秘书、一等秘书，商务部科技司综合处副处长，中国出口信用保险公司总公司第二营业部综合处处长，中合中小企业融资担保股份有限公司风险管理部兼公司业务评审委员会办公室负责人，职工监事；现任昆仑信托有限责任公司总裁助理。

3.5 公司员工

项目		报告期年度		上一年度	
		人数(人)	比例(%)	人数(人)	比例(%)
年龄分布	20岁以下	0	0	0	0
	20~29岁	81	32	78	31
	30~39岁	99	39	102	42
	40岁以上	73	29	68	27
学历分布	博士	6	2	6	2
	硕士	124	49	124	50
	本科	116	46	111	45
	专科	7	3	7	3
	其他	0	0	0	0
岗位分布	董事、监事及其高管人员	11	4	11	4
	自营业务人员	8	3	10	4
	信托业务人员	174	69	167	68
	其他人员	60	24	60	24

4. 经营管理

4.1 经营目标、经营方针、战略规划

4.1.1 经营目标

突出特色化经营模式，差异化市场定位，专业化投资管理能力，逐步形成强大的核心竞争力，坚持走市场化道路，在管理水平、风控能力和创新能力方面位居行业前列，进入行业第一梯队，培育具有竞争力、影响力的一流信托公司。

4.1.2 经营方针

坚定不移地走石油特色发展道路，贯彻低风险偏好的风险管理理念，坚持市场化导向，提高创新能力，树立服务意识。提升产融结合、自主管理、风险管理和产品创新能力。推进特色化、市场化和专业化。坚持“创新驱动、人才强企、区域发展和规模提升”四大战略，强化“六大区域中心”战略，以客户为中心，以市场为导向，效益第一，服务至上，把握机遇，应对挑战，稳中求进，从严治党，内强素质，外塑形象，实现公司跨越式发展。

4.1.3 战略规划

在中国石油天然气集团公司建成世界水平综合性国际能源公司奋斗目标的指引下，加快改革创新，深化产融结合，推进市场化机制，依托集团公司内部优势资源和社会外部可用资源，坚持内控优先、合规经营的管理理念，控制风险、自主管理，走特色化、市场化和专业化的经营发展道路，打造国内一流的资产管理平台、财富管理平台和战略共赢平台。

4.2 所经营业务的主要内容

公司业务分为信托业务和自营业务两个大类。信托业务主要品种包括单一资金信托、集合资金信托、财产信托等，自营业务主要开展金融股权投资、金融产品投资及贷款等业务。

4.2.1 自营资产运用与分布表

资产运用	金额(万元)	占比(%)	资产分布	金额(万元)	占比(%)
货币资产	48 447.01	7.54	基础产业	64 620	10.06
贷款及应收款	23 106.75	3.60	房地产业	117 300	18.26
交易性金融资产投资	90.67	0.01	证券市场	72 613	11.30
可供出售金融资产投资	526 271.67	81.91	实业	141 875	22.08
持有至到期投资	—	—	金融机构	722 19	11.24
长期股权投资	10 100.94	1.57	其他	173 868.43	27.06
其他	34 478.39	5.37			
资产总计	642 495.43	100	资产总计	642 495.43	100

4.2.2 信托资产运用与分布表

资产运用	金额(万元)	占比(%)	资产分布	金额	占比(%)
货币资产	132 826.45	0.92	基础产业	1 623 818	11.22
贷款	4 166 003	28.8	房地产业	1 480 791	10.24
交易性金融资产投资	357 456.55	2.47	证券市场	357 408.69	2.47
可供出售金融资产投资	143 926.87	0.99	实业	3 827 180.85	26.45
持有至到期投资	5 584 024.79	38.6	金融机构	2 188 312.12	15.13
长期股权投资	4 052 133.61	28.01	其他	4 989 994.48	34.49
其他	31 133.87	0.21			
信托资产总计	14 467 505.14	100	信托资产总计	14 467 505.14	100

4.3 市场分析

4.3.1 有利因素

4.3.1.1 信托业平稳增长态势持续

2016年，中国宏观经济缓中趋稳，供给侧结构性改革持续深化；信托业积极推进自身的供给侧结构性改革，加速转型升级，强化风险治理，寻求增长动力，回归信托本源，科学构建商业模式，实现行业可持续发展；2016年，信托资产规模跨入“20万亿元”时代，信托作为我国金融体系的重要一员，已经成为服务实体经济的重要力量和创造国民财富的重要途径；信托定位回归本源趋势明朗。

4.3.1.2 昆仑信托的自身优势

4.3.1.2.1 公司的区位优势

长江三角洲地区金融生态环境较为成熟，信用基础好。公司注册地为宁波市，金融环境位居中国前列，各类金融机构齐全，金融生态非常成熟，企业和居民的投资理财理念十分超前，信用基础很好。以宁波为注册地，业务辐射长江三角洲地区，能够享受长江三角洲地区经济快速增长带来的业务机会，充分利用该地区的金融资源，撬动高净值客户的理财需求，实现公司业务的持续快速发展。

公司实际运营总部设在北京。这种布局既不放弃注册地经济发达、民间经济富庶的优势，又充分享受公司股东所在地政治、文化、经济以及与股东资源方便对接的区位优势。

4.3.1.2.2 公司的发展优势

一是品牌优势。昆仑信托属于央企控股型信托公司，其母公司中国石油天然气集团公司是国有重要骨干企业。在理财产品市场上，昆仑信托发行的产品无形中带有中石油集团的品牌，更容易被投资者所接受。在项目开拓方面，融资方往往也倾向于选择大型央企控股的信托公司作为交易对手，减少交易中存在的信用风险。通过借助集团公司的品牌，可以在开展项目时具有一定优势，融资方认可度较高。

二是资金与信用支持优势。借助集团公司和中油资产较为充裕的闲置资金，股东可以为昆仑信托提供一定额度的流动性支持，以满足项目推进的需要，增强公司对外业务谈判能力。同时，便于公司设计灵活多样的信托产品，鼓励公司进行业务创新。

三是具有专业的人才资源、项目资源、销售资源、技术资源等油气能源资源领域的潜在优势，为设计开发能源特色类信托产品提供有利条件。

4.3.2 不利因素

4.3.2.1 宏观经济下行

从2012年开始，我国经济增长结束了过去平均高达两位数的增速，逐渐步入新常态阶段。经济增长速度放缓，经济结构不断优化升级，经济增长的动力由要素驱动、投资驱动转变为服务业发展及创新推动。在经济转型过程中，针对钢铁、水泥等制造业面临产能过剩、地方政府负债率较高、整体经济过于依赖房地产业等问题，要完成制造业去杠杆化及整体经济的去房地产化，上述转型导致中国宏观经济面临较大的下行压力。宏观经济下行给信托业带来的风险主要表现为：(1)由于实体经济下滑，过去利润空间较大、能够承受较高融资成本的行业，如房地产、矿产能源和基础设施利润空间必然下降，不同程度地影响着信托业定价以及收益率；(2)政府为应对宏观经济下行采取了一系列刺激政策，包括替代性融资渠道的打开及银行业务的拓展，对信托规模及信托业务的增长产生巨大影响；(3)宏观经济下行期也是个案风险容易爆发的时期，这也将导致信托风险项目呈逐渐增加趋势。

4.3.2.2 通道业务持续萎缩

面对经济增长下行和股票市场异常波动的双重压力，在流动性相对收缩的总体环境下，信托业告别了自2008年以来的阶段井喷式增长，步入转型发展期，向差异化、个性化以及全球化等趋势创新发展，而一直游走在政策边缘的通道业务则将走向衰败。国务院及监管机构为规范信托行业业务开展、防范系统风险及促进业务转型而发布的相关文件，加速了通道业务的压缩。此外，随着泛资管化市场竞争加剧，通道业务面临的竞争越来越激烈。

4.3.2.3　大资管背景下行业竞争愈演愈烈

2012年以前，信托公司从制度安排上讲，几乎是唯一能够从事私募投行业务的资产管理机构，享有制度红利。但是，2012年下半年各监管部门陆续推出了资产管理“新政”，赋予其他资产管理机构的理财产品具有不同程度的类似信托产品的私募融资功能，资产管理泛信托时代已经到来。在大资管时代，券商、基金、保险等过去与信托业不存在直接竞争关系的金融部门，可以通过资产管理计划或子公司等方式与信托业形成正面竞争，信托业原有的制度红利逐渐消失，原有的市场份额将被逐渐蚕食。

4.3.2.4　互联网金融迅速崛起

互联网金融异军突起，加快资金从金融机构脱媒，让信托公司越来越难以维持以往“理财神坛”的地位。互联网金融对于信托行业最大的冲击也许并不在于能够创造出颠覆性的金融产品，而在于能够通过追求极致的用户体验掐断金融机构与客户之间的紧密联系。虽然信托借力于互联网金融有很多的机会，但信托业自身的一些特点使得“互联网＋”的颠覆性效应很难在短时间内发生在信托行业本身。比如，信托是私募性质，很多信托产品并不像基金或其他理财产品那样标准化，对于大众化的互联网金融产品的线上交易并不适用；同时，根据规定，信托公司对产品不得进行公开宣传推广，且信托产品投资门槛大多在100万元以上，这种大额交易需要一种面对面接触的销售机制；此外，与证券、基金不同，信托产品的流动性受限于区域和政策的限制，信托行业第三方交易平台没能真正发展起来。

4.4　内部控制

4.4.1　内部控制环境和内部控制文化

报告期内，公司召开了5次股东会、5次董事会、1次监事会和7次董事会专门委员会会议，先后通过了《公司章程》修订、“十三五”发展战略及业务转型规划、财务预决算、增资扩股、年度工作报告、董事会履职评价、薪酬结构调整等43项议案，公司治理结构合规有序运转。

“三会一层”（股东会、董事会、监事会、管理层）的职能、权力和责任明确，确保了治理的合理性和有效性；建立了科学的经营管理授权制度，董事会制订的年度经营计划能有效通过经营管理层付诸实行；建立并已实施绩效考核制度和问责制度，有效实现全方位的激励考核。

依法合规经营，认真贯彻信托法律法规和各项监管要求，坚持“低风险偏好”的风控理念，坚守合规底线，全方位、全过程严控风险，稳健经营、稳健发展，妥善应对各种挑战，有序推进各项工作，创新业务初见成效，经营业绩稳步增长，党群工作扎实开展，综合实力不断增强。

4.4.2　内部控制措施

公司《制度手册》涵盖了公司治理、业务发展、内部控制和风险管理等多方面内容，并能适时根据政策的变化和业务发展的需要进行修订和完善，制度建设比较全面，执行有效。

公司主要职能部门之间建立了防火墙制度，实行岗位分离，保证了自营、信托业务各成体系、独立运行；严格信托业务前台、中台、后台的工作职责，形成有监督、有制衡的业务运作体系；通过具体、明确、合理的分工与授权，严格执行操作规程，确定各部门的目标、职责和权限，使其在授权范围内行使职能、操作相互独立；定期或不定期检查和评价有关内控制度建设与执行情况，及时改进内控制度，确保公司稳健发展。

报告期内，公司持续推进专业化审核模式，增强了项目风险审核环节政策的灵活性和可操作性；继续加大合规管理力度，加强了合规审查和检查的力度，建立健全了公司合规管理信息平台，不断提升全员合规意识；建立了全流程的项目风险管理和跟踪机制，有效提高风险的预警和处置能力；持续推进案防和反洗钱工作体系建设，修订完善制度流程，细化各项考核。

4.4.3　信息交流与反馈

公司按规定披露关联交易、公司重大事项及年度报告、集合信托计划信息，将相关信息及时告知委托人和股东；以信托综合业务管理系统为平台，收集、处理、存储、利用和反馈信托业务信息、财务信息、管理信息和客户信息，分级授权享用，有效支撑了公司业务的全流程内部控制和管理；实时视频会议系统，实现了多地信息的畅通，确保信息传递和督办落实，提升了决策执行力和办公效率。

报告期内，公司持续梳理、整合各项规章制度，不断加强信息化建设，风控可视化系统，大大提高了工作效率，网上客户服务平台上线运行，使内外沟通更加顺畅，营造了和谐的公共关系。

4.4.4　监督评价与纠正

公司建立了内部控制评价、监督、纠正机制。公司稽核审计部受董事会和高级管理层双重领导，承担公司内部控制的监督、评价工作，提出管理建议，解答各类咨询，有效发挥内控第三道防线的作用。

报告期内，公司内审部门坚持以风险为导向、以控制为主线、以治理为手段、以增值为目标开展内部审计工作，实施操作风险检查等7个专项审计、6项离任审计及多个存续项目和到期项目审计，及时发现管理的薄弱环节，提出改进建议，督促问题整改，为公司管理提供增值服务，为业务发展保驾护航。

4.5　风险管理

4.5.1　风险管理概况

4.5.1.1　公司经营活动中可能遇到的风险

风险主要包括信用风险、市场风险、操作风险、合规风险、政策风险、集中度风险。

4.5.1.2　公司风险管理的基本原则与政策

遵循合规性、全面性、审慎性、适时性原则，坚持以制度为基础、以流程为依托，充分识别和评估各类风险，将风险管理覆盖到公司经营管理的各个环节和岗位中。依据风险管理决策流程，根据业务分类实施相应控制措施，形成“事前防范、事中控制、事后评价”的风险管理机制。

公司坚持低风险的总体偏好，秉承合规、稳健的经营思路，追求风险可控的经济效益。

公司针对各业务类型，分别确定相应的风险容忍度，并确保总体风险敞口在公司风险容忍度的范围内。

公司针对不同业务领域的风险性质、风险类型和风险评估结果，恰当选择风险承担、风险规避、风险转移、风险转换、风险对冲、风险补偿、风险控制等风险对策。

4.5.1.3　公司风险管理组织结构与职责划分

风险控制委员会:负责审核、批准公司的风险管理和控制的政策及制度,对风险进行整体分析和评估,以及对公司运作过程中的重大事项进行风险管理和控制。

关联交易管理委员会:负责公司关联交易的管理与监督,防范不正当关联交易导致的风险。

审计监督委员会:负责审核公司内控制度,监督内部审计制度的实施状况与效果。

业务决策委员会:负责公司业务的控制、管理、监督和评估,在授权范围内对各项业务进行最终的风险审核。

证券投资决策委员会:负责公司自营业务、信托业务证券投资的控制、监督和评估,在授权范围内进行运营风险决策。

风险管理部:负责公司自营业务、信托业务的风险管理,不断完善公司经营风险管理体系和内部风险控制制度。

法律合规部:负责法律事务管理、合规管理、确保依法经营;制定并执行合规管理职责和计划,实施合规风险管理流程。

托管部:核算和监督信托财产运用部门按照信托文件约定运用信托财产。

财务部:核算和监督固有财产运用部门按照合同文件约定运用管理;通过会计核算和财务管理对公司财务状况及经营情况进行分析管理和监督。

稽核审计部:对公司日常经营以及公司风险管理流程的执行进行审计监督。

公司各部门负责人是非业务操作风险、道德风险、商誉风险等风险的第一责任人。

公司自营业务与信托业务分离,在资金、账户、部门、人员、信息以及财务核算等方面严格分开;信托财产运用部门独立于其他部门,并分别设立16个信托业务部门。

4.5.2　风险状况

4.5.2.1　信用风险状况

信用风险是指由于金融企业各项金融业务的交易对手不能履行合同义务,或者信用状况的不利变动而造成损失的风险。

公司充分利用行业和企业信息,进行信用风险评估,审批项目,监测风险资产,进行风险预警和风险处置,形成信用风险分析报告。

2016年公司自有资产保持较好的资产质量,不良资产期初9 216.67万元,期末为78 112.53万元,不良资产率期初为1.39%,期末为10.86%。风险资产分类:截至2016年12月31日,公司风险资产合计547 788.14万元,其中正常类资产424 960.75万元,关注类资产44 714.86万元,次级类资产10 368.42万元,可疑类资产14 900.00万元,损失类资产52 844.11万元。

2016年公司一般准备按风险资产五级分类的比例计提;专项准备——信托赔偿金按税后利润5%计提。2016年公司信托财产运营基本正常,集合类信托资金均按期兑付。

截至2016年12月31日,公司信托信用类资产共计13 815 001.78万元,其中正常类财产13 757 001.78万元,关注类财产为零,次级类财产为零,可疑类资产15 000.00万元,损失类财产43 000.00万元,不良资产率0.42%。

4.5.2.2　市场风险状况

市场风险包括经济周期风险、通货膨胀风险、利率风险、汇率风险、商品风险和金融市场风险等,市场的波动导致信托业务资产存在遭受损失的可能性。这些市场波动主要包括:利率、证券价格、商品价格、汇率、其他金融产品价格的波动;市场发展方向、供求关系的变动;市场流动性的变动等。

市场风险主要体现在投资于证券市场、货币市场的自营业务和信托产品。截至2016年12月31日,公司自有资金涉及证券投资领域7 717万元,主要是自营获配的新股、货币市场基金和二级市场买入的股票,浮动盈利3 406万元,当年已实现盈利2 911万元,盈利合计为6 317万元。证券投资信托业务共4个,金额合计450 000万元,主要用于二级市场证券投资。

4.5.2.3　操作风险状况

公司内部业务流程、计算机系统、工作人员在操作中的不完善或失误,可能给公司造成损失的风险。公司外部因素例如通信系统故障等,可能给公司造成损失或影响公司正常运行的风险。

2016年公司操作风险运行情况整体正常,未发生可能影响公司运营或损失的操作风险事件。根据公司操作风险自我检查及内控测试结果反映,当前公司各项规章制度能够得到有效执行,业务流程运行顺畅,能够满足公司的要求。

4.5.2.4　合规风险状况

合规风险是指金融企业因没有遵循法律、规则和准则或者员工因不合规的经营管理行为可能遭受法律制裁、监管处罚、重大财务损失和声誉损失的风险。合规风险包括反洗钱以及资本(充足率)管理的风险。

2016年公司未发生合规风险事件。

4.5.2.5　其他风险状况

其他风险主要是指政策风险和集中度风险。政策风险集中表现为国家宏观政策、法律法规以及行业政策的变动对公司经营环境和未来发展所造成的影响。集中度风险是指交易集中于某一交易对手,或交易对手如果集中于某一行业或地区或共同具备某些经济特性,其风险通常会相应提高。

2016年国家及行业政策变动情况较为正常,未对公司日常经营造成明显不利影响。同时公司业务开展中对区域、行业、交易对手的集中度控制情况良好,未发生可能对公司造成不利影响的集中度风险事件。

4.5.3　风险管理

4.5.3.1　信用风险管理

一般准备、专项准备的计提方法和统计方法:公司每年一次按自有风险资产的五级分类结果计提资产损失准备。公司按信托法律法规规定,每年按当年净利润的5%计提信托赔偿准备金,当该信托赔偿准备金累计总额达到公司注册资本的20%时,不再提取。

抵押品确认的主要原则:抵押品属依法可办理抵押的物品,抵押品权属清晰,确属担保人所有,不存在限制转移的情形,变现能力强。抵押品评估价值由中介评估部门确认,融资本金基本上不高于抵押品确认价值的60%。

保证贷款管理原则:严格控制谨慎从事保证方式贷款,贷款方必须具备经公司认定的良好的信用记录,保证方必须是具有很强保证能力的企业。公司对保证能力进行充分审查，谨慎签署保证合同，明确融资方与保证人的权利与义务，防止公司信用风险。

制定严格的项目立项及集体决策制度，择优筛选项目，实现控制信用风险关口前移。

4.5.3.2 市场风险管理

针对证券市场风险，公司以稳健、谨慎的投资理念投资证券产品。制定了证券业务的规章制度，规范操作程序，设定风险防范措施。建立日常的业务决策审批制度。引进、配备高素质的专业人才，组织专门人员研究金融市场形势，分析证券市场行情，为业务决策审批提供方案，在市场风险可控的状况下，实施证券投资运营。

4.5.3.3 操作风险管理

公司制定了操作风险管理制度，操作风险管理覆盖公司各个部门，并由稽核审计部对操作风险管理体系的运作情况进行定期检查评估。

公司通过完善业务操作流程，严格划分业务前台、中台、后台，加强员工培训、提高员工技能等措施控制操作风险。

业务前台负责受理和初审业务，并负责业务的具体操作，完成项目审批前的尽职调查、方案设计和提交，以及项目审批后的合同签署、产品发售、投资交易、客户服务等工作，并在持续监控项目的过程中适时启动提前收款、贷款利率调整、要求履约担保、审计、诉讼、召开受益人会议等管理措施。前台由各业务部门组成。

中台贯穿于业务的决策程序和管理环节。负责项目的合法、合规性审核，风险评估，议事决策，以及业务综合管理与过程控制，和前台部门共同完成事前防范和事中控制，针对各种风险提出指导意见和改进措施，并对风险发出预警信号。中台部门由风险管理部、法律合规部组成。

后台负责对业务进行财务管理、会计核算、审计监督，为前台、中台提供服务支持、信息服务和监督评价。后台由公司财务部、稽核审计部、托管部、中后期管理部等组成。

通过配置恒生证券投资与估值系统，公司加强了证券操作风险的控制，将固有、信托证券业务严格纳入该系统操作，按照设定的证券池以及预警线和止损线设置指标，每日实时监控交易状况，有效地控制了人为的违规操作，对预警和止损给予风险信号，提高了总体风险控制的效果。

4.5.3.4 合规风险管理

公司设置法律合规部，全面负责公司合规工作。同时根据政策规定和监管部门指导意见，在公司层面通过完善制度，确保有关政策得以顺利执行。

4.5.3.5 其他风险管理

公司通过对宏观政策、行业政策、法律法规的跟踪和研究，提高经营预见性，控制政策风险。通过对关键行业和企业进行总量控制的方式，严格控制集中度风险。

5. 报告期末及上一年度末的比较式会计报表

5.1 自营资产

5.1.1 会计师事务所审计意见全文

审计报告

信会师报字[2017]第ZA30308号

昆仑信托有限责任公司：

我们审计了后附的昆仑信托有限责任公司（以下简称贵公司）财务报表，包括2016年12月31日的资产负债表、2016年度的利润表、现金流量表、所有者权益变动表以及财务报表附注。

一、管理层对财务报表的责任

编制和公允列报财务报表是贵公司管理层的责任。这种责任包括：(1)按照企业会计准则的规定编制财务报表，并使其实现公允反映。(2)设计、执行和维护必要的内部控制，以使财务报表不存在由于舞弊或错误导致的重大错报。

二、注册会计师的责任

我们的责任是在执行审计工作的基础上对财务报表发表审计意见。我们按照中国注册会计师审计准则的规定执行了审计工作。中国注册会计师审计准则要求我们遵守中国注册会计师职业道德守则，计划和执行审计工作以对财务报表是否不存在重大错报获取合理保证。

审计工作涉及实施审计程序，以获取有关财务报表金额和披露的审计证据。选择的审计程序取决于注册会计师的判断，包括对由于舞弊或错误导致的财务报表重大错报风险的评估。在进行风险评估时，注册会计师考虑与财务报表编制和公允列报相关的内部控制，以设计恰当的审计程序，但目的并非对内部控制的有效性发表意见。审计工作还包括评价管理层选用会计政策的恰当性和作出会计估计的合理性，以及评价财务报表的总体列报。

我们相信，我们获取的审计证据是充分、适当的，为发表审计意见提供了基础。

三、审计意见

我们认为，贵公司财务报表在所有重大方面按照企业会计准则的规定编制，公允反映了贵公司2016年12月31日的财务状况以及2016年度的经营成果和现金流量。

立信会计师事务所（特殊普通合伙）

中国注册会计师：潘莉华

中国注册会计师：刘鹏飞

中国·上海　　二〇一七年四月二十五日

5.1.2 资产负债表

资产负债表

2016年12月31日

单位:万元

项目	期末余额	年初余额	项　目	期末余额	年初余额
资产:	—	—	负债:	—	—
现金及存放中央银行款项	—	—	向中央银行借款	—	—
存放同业款项	48 447.01	99 238.48	同业及其他金融机构存放款项	—	—
贵金属	—	—	拆入资金	—	—
拆出资金	—	—	以公允价值计量且其变动计入当期损益的金融负债	—	—
以公允价值计量且其变动计入当期损益的金融资产	90.67	144.89	衍生金融负债	—	—
衍生金融资产	—	—	卖出回购金融资产款	—	—
买入返售金融资产	—	—	吸收存款	—	—
应收利息	7 439.72	8 793.89	应付职工薪酬	520.08	430.02
划分为持有待售的资产	—	—	应交税费	10 509.22	12 229.67
发放贷款及垫款	—	—	应付利息	—	—
可供出售金融资产	526 271.67	492 491.87	划分为持有待售的负债	—	—
持有至到期投资	—	—	预计负债	—	—
应收款项类投资	—	—	应付债券	—	—
长期股权投资	10 100.94	11 871.67	其中:优先股	—	—
投资性房地产	—	—	永续债	—	—
固定资产	13 083.26	13 258.51	递延收益	—	—
在建工程	153.82	139.86	递延所得税负债	4 388.66	3 072.98
无形资产	1 838.05	1 969.05	其他负债	129 649.27	66 881.02
递延所得税资产	19 220.24	20 268.99	负债合计	145 067.23	82 613.69
其他资产	15 850.05	19 558.34	所有者权益(或股东权益):	—	—
	—	—	实收资本(或股本)	300 000.00	300 000.00
	—	—	其他权益工具	—	—
	—	—	其中:优先股	—	—
	—	—	永续债	—	—
	—	—	资本公积	62 663.74	62 663.74
	—	—	减:库存股	—	—
	—	—	其他综合收益	10 513.26	3 142.40
	—	—	盈余公积	55 380.34	48 070.64
	—	—	一般风险准备	27 465.35	23 810.50
	—	—	未分配利润	41 405.51	147 434.58
	—	—	所有者权益(或股东权益)合计	497 428.20	585 121.86
资产总计	642 495.43	667 735.55	负债和所有者权益(或股东权益)总计	642 495.43	667 735.55

法定代表人:肖　华　　财务总监:张建慧　　会计机构负责人:康剑桥　　填表人:林伟波

5.1.3 利润表

利润表

2016年度

单位:万元

项目	本期金额	上期金额
一、营业收入	119 085.15	147 163.97
利息净收入	1 015.24	5 252.83
利息收入	1 015.24	5 252.83
利息支出	—	—
手续费及佣金净收入	95 872.51	97 777.26
手续费及佣金收入	95 872.51	97 777.26
手续费及佣金支出	—	—
投资收益(损失以"-"号填列)	22 129.64	43 846.43
其中:对联营企业和合营企业的投资收益	-2 311.51	23.05
公允价值变动收益(损失以"-"号填列)	-37.72	97.10
汇兑收益(损失以"-"号填列)	—	—

续表

项目	本期金额	上期金额
其他业务收入	105.48	190.35
二、营业支出	28 057.02	39 957.81
营业税金及附加	2 371.32	7 824.18
业务及管理费	21 850.21	19 970.43
资产减值损失	3 812.19	12 143.95
其他业务成本	23.30	19.25
三、营业利润（亏损以"－"号填列）	91 028.13	107 206.16
加：营业外收入	4 826.01	6 227.94
其中：非流动资产处置利得	—	—
减：营业外支出	—	0.18
其中：非流动资产处置损失	—	—
四、利润总额（亏损总额以"－"号填列）	95 854.14	113 433.92
减：所得税费用	22 757.10	28 394.21
五、净利润（净亏损以"－"号填列）	73 097.04	85 039.71
六、其他综合收益的税后净额	7 370.85	-6 474.17
（一）以后不能重分类进损益的其他综合收益	—	—
1. 重新计量设定受益计划净负债或净资产的变动	—	—
2. 权益法下在被投资单位不能重分类进损益的其他综合收益中享有的份额	—	—
（二）以后将重分类进损益的其他综合收益	7 370.85	-6 474.17
1. 权益法下在被投资单位以后将重分类进损益的其他综合收益中享有的份额	45.29	—
2. 可供出售金融资产公允价值变动损益	7 325.56	-6 474.17
3. 持有至到期投资重分类为可供出售金融资产损益	—	—
4. 现金流量套期损益的有效部分	—	—
5. 外币财务报表折算差额	—	—
6. 其他	—	—
七、综合收益总额	80 467.89	78 565.54
八、每股收益：	—	—
（一）基本每股收益（元/股）	—	—
（二）稀释每股收益（元/股）	—	—

法定代表人：肖　华　　财务总监：张建慧　会计机构负责人：康剑桥　　填表人：林伟波

5.1.4 所有者权益变动表

所有者收益变动表

2016 年度

单位：万元

项目	本　期						
	实收资本（或股本）	资本公积	其他综合收益	盈余公积	一般风险准备	未分配利润	所有者权益合计
一、上年年末余额	300 000.00	62 663.74	3 142.41	48 070.64	23 810.50	183 616.38	621 303.66
加：会计政策变更							—
前期差错更正						-36 181.80	-36 181.80
其他							—
二、本年年初余额	300 000.00	62 663.74	3 142.41	48 070.64	23 810.50	147 434.58	585 121.86
三、本期增减变动金额（减少以"－"号填列）	—	—	7 370.84	7 309.70	3 654.85	-106 029.07	-87 693.67
（一）综合收益总额	—	—	7 370.84	—	—	73 097.04	80 467.89
（二）所有者投入和减少资本	—	—	—	—	—	—	—
1. 所有者投入资本	—	—	—	—	—	—	—
2. 其他权益工具持有者投入资本	—	—	—	—	—	—	—
3. 股份支付计入所有者权益的金额	—	—	—	—	—	—	—
4. 其他	—	—	—	—	—	—	—
（三）利润分配	—	—	—	7 309.70	3 654.85	-179 126.11	-168 161.56
1. 提取盈余公积	—	—	—	7 309.70	—	-7 309.70	—
2. 提取一般风险准备	—	—	—	—	3 654.85	-3 654.85	—
3. 对所有者（或股东）的分配	—	—	—	—	—	-168 161.56	-168 161.56

续表

项　　目	本　期						
	实收资本(或股本)	资本公积	其他综合收益	盈余公积	一般风险准备	未分配利润	所有者权益合计
4. 其他	—	—	—	—	—	—	—
(四)所有者权益内部结转	—	—	—	—	—	—	—
1. 资本公积转增资本(或股本)	—	—	—	—	—	—	—
2. 盈余公积转增资本(或股本)	—	—	—	—	—	—	—
3. 盈余公积弥补亏损	—	—	—	—	—	—	—
4. 其他	—	—	—	—	—	—	—
(五)其他	—	—	—	—	—	—	—
四、本期期末余额	300 000.00	62 663.74	10 513.25	55 380.34	27 465.35	41 405.51	497 428.19

法定代表人:肖　华　　财务总监:张建慧　　会计机构负责人:康剑桥　　填表人:林伟波

5.2　信托资产

5.2.1　信托项目资产负债汇总表

单位:万元

项目	期末余额	期初余额
信托资产:		
1. 货币资金	132 826.45	104 019.64
2. 拆出资金	0.00	0.00
3. 存出保证金	0.00	0.00
4. 交易性金融资产	357 456.55	718 498.05
5. 衍生金融资产	0.00	0.00
6. 买入返售金融资产	143 926.87	185 972.66
其中:6.1 买入返售证券	143 926.87	185 972.66
6.2 买入返售信贷资产	0.00	0.00
7. 应收款项	18 293.49	17 659.68
8. 发放贷款	4 166 003.00	2 929 099.00
其中:8.1 基础产业	1 056 808.00	289 650.00
8.2 房地产业	990 655.00	1 042 624.00
9. 可供出售金融资产	0.00	0.00
10. 持有至到期投资	5 584 024.79	4 394 439.41
11. 长期应收款	0.00	0.00
12. 长期股权投资	4 052 133.61	2 735 878.93
其中:12.1 基础产业	35 000.00	75 000.00
12.2 房地产业	0.00	40 000.00
13. 投资性房地产	0.00	0.00
14. 固定资产	0.00	0.00
15. 无形资产	0.00	0.00
16. 长期待摊费用	0.00	0.00
17. 其他资产	12 840.38	54 427.91
18. 信托资产总计	14 467 505.14	11 139 995.28
19. 各项资产减值准备	0.00	0.00
信托负债:		
20. 交易性金融负债	0.00	0.00
21. 衍生金融负债	0.00	0.00
22. 应付受托人报酬	209.82	11.65
23. 应付托管费	0.00	177.80
24. 应付受益人收益	0.00	337.53
25. 应交税费	25.31	30.23
26. 应付销售服务费	0.00	0.00
27. 其他应付款项	84 535.67	27 125.57
28. 其他负债	0.00	0.00
29. 信托负债合计	84 770.80	27 682.78
信托权益:		

续表

项目	期末余额	期初余额
30. 实收信托	14 250 121.56	11 041 249.19
30.1 资金信托	13 666 091.49	10 790 499.96
30.1.1 集合	6 127 132.32	5 214 304.82
30.1.2 单一	7 538 959.17	5 576 195.14
30.2 财产信托	584 030.07	250 749.23
30.2.1 信贷资产证券化	9 534.04	51 608.70
30.2.2 其他资产(准)证券化	574 496.03	199 140.53
31. 资本公积	93 327.37	60 062.00
32. 外币报表折算差额	0.00	0.00
33. 未分配利润	39 285.41	11 001.31
34. 信托权益合计	14 382 734.34	11 112 312.50
35. 信托负债和信托权益总计	14 467 505.14	11 139 995.28

法定代表人:肖　华　　财务总监:张建慧　　托管部负责人:武义双　填表人:邵国忠

5.2.2　信托项目利润及利润分配汇总表

单位:万元

项目	本年度累计	上年度累计
一、营业收入	816 310.14	1 084 077.76
利息收入	259 215.92	266 419.78
投资收入	556 696.76	817 626.94
租赁收入		0
其他收入	397.46	31.04
二、营业费用	108 638.84	112 042.29
三、营业税金及附加	0	0
四、扣除资产减值准备前的信托利润	0	0
减:资产减值损失	0	0
五、扣除资产减值准备后的信托利润	707 671.3	972 035.47
加:期初未分配信托利润	11 001.31	82 469.64
六、可供分配的信托利润	718 672.61	1 054 505.11
减:本期已分配信托利润	679 387.20	1 043 503.8
其中:损益平准金	0	0
七、期末未分配信托利润	39 285.41	11 001.31

法定代表人:肖　华　　财务总监:张建慧　　托管部负责人:武义双　填表人:邵国忠

6. 会计报表附注

6.1　会计报表编制基准、会计政策、会计估计和核算方法说明

6.1.1　会计报表编制基准不符合会计核算基本前提的说明

无。

6.1.2 重要会计政策、会计估计和核算方法说明

6.1.2.1 计提资产减值准备的范围和方法

6.1.2.1.1 金融资产减值

除以公允价值计量且其变动计入当期损益的金融资产外,本公司于资产负债表日对金融资产的账面价值进行检查,如果有客观证据表明某项金融资产发生减值的,计提减值准备。

期末如果可供出售金融资产的公允价值发生严重下降,或在综合考虑各种相关因素后,预期这种下降趋势属于非暂时性的,就认定其已发生减值,将原直接计入所有者权益的公允价值下降形成的累计损失一并转出,确认减值损失。

对于已确认减值损失的可供出售债务工具,在随后的会计期间公允价值已上升且客观上与已确认原减值损失确认后发生的事项有关的,原确认的减值损失予以转回,计入当期损益。

可供出售权益工具投资发生的减值损失,不得通过损益转回。

6.1.2.1.2 部分固有信用风险类资产的各种准备金

本公司根据《金融企业准备金计提管理办法》(财金[2012]20号)和《信托公司管理办法》计提准备金。准备金是指本公司对承担风险和损失的金融资产计提的准备金,包括一般准备和相关资产减值准备。

资产减值准备是指本公司对债权、股权等金融资产预计其未来现金流量现值低于账面价值的部分提取的用于弥补资产损失的准备金。本公司对应收利息、发放贷款和垫款、可供出售金融资产、长期股权投资、其他应收款和长期应收款等风险资产按照风险资产五级分类制度进行管理,即对分类为正常类的风险资产按照不低于2.5%的比例计提资产减值准备;关注类风险资产按照不低于3.0%的比例计提资产减值准备;次级类风险资产按照不低于25%的比例计提资产减值准备;可疑类按照不低于50%的比例计提资产减值准备;损失类按照100%的比例计提资产减值准备。

一般准备是指本公司从净利润中提取、用于弥补尚未识别的可能性损失的准备金,本公司按净利润的5%计提一般准备。

6.1.2.1.3 固定资产减值准备的确认标准和计提方法

本公司于期末对固定资产进行检查,如发现存在下列情况,则评价固定资产的可收回金额,以确定资产是否已经发生减值。对于可收回金额低于其账面价值的固定资产,分别按该单项固定资产可收回金额低于其账面价值的差额计提减值准备。固定资产减值准备一经计提,在以后会计期间不得转回。

(1)资产的市价当期大幅度下跌,其跌幅明显高于因时间推移或者正常使用而预计的下跌。

(2)本公司经营所处的经济、技术或法律环境以及资产所处的市场在当期或将在近期发生重大变化,从而对本公司产生不利影响。

(3)市场利率或其他市场投资回报率当期已经提高,从而影响本公司计算资产预计未来现金流量现值的折现率,导致资产可收回金额大幅度降低。

(4)有证据表明该资产已经陈旧过时或其实体已经损坏。

(5)该资产已经或将被闲置、终止使用或者计划提前处置。

(6)内部报告的证据表明该资产的经济绩效已经低于或者将低于预期,资产所创造的净现金流量或者实现的营业利润(或者亏损)远远低于(或者高于)预计金额。

(7)其他表明该资产可能已经发生减值的迹象。

对存在下列情况之一的固定资产,则可收回金额为零:

(1)因资源枯竭,并且在未来不可能再利用油气集输设施、输油气管线、储油设施等;

(2)停止开发或停止生产并预计未来不可能再利用的矿区办公楼、职工宿舍等固定资产。

6.1.2.1.4 无形资产减值准备的确认标准和计提方法

本公司期末对使用寿命不确定的无形资产及使用寿命确定、存在下列一项或若干项情况的无形资产,按其预计可收回金额低于账面价值的差额计提无形资产减值准备。

(1)已被其他新技术所代替,使其为本公司创造经济利益的能力受到重大不利影响。

(2)市价在当期大幅下跌,在剩余摊销年限内预期不会恢复。

(3)某项无形资产已超过法律保护期限,但仍然具有部分使用价值。

(4)其他足以证明实质上已经发生减值的情形。

6.1.2.2 金融资产四分类的范围和标准

公司按投资目的和经济实质对拥有的金融资产分为以公允价值计量且其变动计入当期损益的金融资产、持有至到期投资、贷款和应收款项及可供出售金融资产四大类。

以公允价值计量且其变动计入当期损益的金融资产是指持有的主要目的是短期内出售的并以公允价值计量且其变动计入当期损益的金融资产,在资产负债表中以交易性金融资产列示。

持有至到期投资是指到期日固定、回收金额固定或可确定,且管理层有明确意图和能力持有至到期的非衍生金融资产。

贷款和应收款项是指在活跃市场中没有报价,回收金额固定或可确定的非衍生金融资产,包括应收票据、应收账款、应收利息及其他应收款等。

可供出售金融资产包括初始确认时即被指定为可供出售的非衍生金融资产及未被划分为其他类的金融资产。

6.1.2.3 交易性金融资产核算方法

交易性金融资产取得时以公允价值(扣除已宣告但尚未发放的现金股利或已到付息期但尚未领取的债券利息)作为初始确认金额,相关的交易费用计入当期损益。

持有期间将取得的利息或现金股利确认为投资收益,期末将公允价值变动计入当期损益。

处置时,其公允价值与初始入账金额之间的差额确认为投资收益,同时调整公允价值变动损益。

6.1.2.4 可供出售金融资产核算方法

可供出售金融资产取得时按公允价值(扣除已宣告但尚未发放的现金股利或已到付息期但尚未领取的债券利息)和相关交易费用之和作为初始确认金额。

持有期间将取得的利息或现金股利确认为投资收益。期末以公允价值计量且将公允价值变动计入其他综合收益。

处置时,将取得的价款与该金融资产账面价值之间的差额,计入投资损益;同时,将原直接计入所有者权益的公允价值变动累计额对应处置部分的金额转出,计入投资损益。

6.1.2.5 持有至到期投资核算方法

持有至到期投资取得时按公允价值(扣除已到付息期但尚

未领取的债券利息)和相关交易费用之和作为初始确认金额。

持有期间按照摊余成本和实际利率(如实际利率与票面利率差别较小的,按票面利率)计算确认利息收入,计入投资收益。实际利率在取得时确定,在该预期存续期间或适用的更短期间内保持不变。

处置时,将所取得价款与该投资账面价值之间的差额计入投资收益。

6.1.2.6 长期股权投资核算方法

6.1.2.6.1 投资成本的确定

(1)企业合并形成的长期股权投资

同一控制下的企业合并:公司以支付现金、转让非现金资产或承担债务方式以及以发行权益性证券作为合并对价的,在合并日按照取得被合并方所有者权益在最终控制方合并财务报表中的账面价值的份额作为长期股权投资的初始投资成本。长期股权投资初始投资成本与支付的现金、转让的非现金资产、所承担债务账面价值以及发行股份的面值总额之间的差额,调整资本公积中的股本溢价;资本公积中的股本溢价不足冲减的,调整留存收益。因追加投资等原因能够对同一控制下的被投资单位实施控制的,在合并日根据合并后应享有被合并方净资产在最终控制方合并财务报表中的账面价值的份额,确定长期股权投资的初始投资成本。合并日长期股权投资的初始投资成本,与达到合并前的长期股权投资账面价值加上合并日进一步取得股份新支付对价的账面价值之和的差额,调整股本溢价,股本溢价不足冲减的,冲减留存收益。

非同一控制下的企业合并:公司按照购买日确定的合并成本作为长期股权投资的初始投资成本。因追加投资等原因能够对非同一控制下的被投资单位实施控制的,按照原持有的股权投资账面价值加上新增投资成本之和,作为改按成本法核算的初始投资成本。

为企业合并而发生的审计、法律服务、评估咨询等中介费用以及其他相关管理费用于发生时计入当期损益;作为合并对价发行的权益性证券或债务性证券的交易费用,计入权益性证券或债务性证券的初始确认金额。

(2)其他方式取得的长期股权投资

以支付现金方式取得的长期股权投资,按照实际支付的购买价款作为初始投资成本。

以发行权益性证券取得的长期股权投资,按照发行权益性证券的公允价值作为初始投资成本。

在非货币性资产交换具备商业实质和换入资产或换出资产的公允价值能够可靠计量的前提下,非货币性资产交换换入的长期股权投资以换出资产的公允价值和应支付的相关税费确定其初始投资成本,除非有确凿证据表明换入资产的公允价值更加可靠;不满足上述前提的非货币性资产交换,以换出资产的账面价值和应支付的相关税费作为换入长期股权投资的初始投资成本。

通过债务重组取得的长期股权投资,其初始投资成本按照公允价值为基础确定。

6.1.2.6.2 长期股权投资的后续计量

(1)成本法核算的长期股权投资

公司对子公司的长期股权投资,采用成本法核算。除取得投资时实际支付的价款或对价中包含的已宣告但尚未发放的现金股利或利润外,公司按照享有被投资单位宣告发放的现金股利或利润确认当期投资收益。

(2)权益法核算的长期股权投资

对联营企业和合营企业的长期股权投资,采用权益法核算。初始投资成本大于投资时应享有被投资单位可辨认净资产公允价值份额的差额,不调整长期股权投资的初始投资成本;初始投资成本小于投资时应享有被投资单位可辨认净资产公允价值份额的差额,计入当期损益。

公司按照应享有或应分担的被投资单位实现的净损益和其他综合收益的份额,分别确认投资收益和其他综合收益,同时调整长期股权投资的账面价值;按照被投资单位宣告分派的利润或现金股利计算应享有的部分,相应减少长期股权投资的账面价值;对于被投资单位除净损益、其他综合收益和利润分配以外所有者权益的其他变动,调整长期股权投资的账面价值并计入所有者权益。

在确认应享有被投资单位净损益的份额时,以取得投资时被投资单位可辨认净资产的公允价值为基础,并按照公司的会计政策及会计期间,对被投资单位的净利润进行调整后确认。在持有投资期间,被投资单位编制合并财务报表的,以合并财务报表中的净利润、其他综合收益和其他所有者权益变动中归属于被投资单位的金额为基础进行核算。

在公司确认应分担被投资单位发生的亏损时,按照以下顺序进行处理:首先,冲减长期股权投资的账面价值。其次,长期股权投资的账面价值不足以冲减的,以其他实质上构成对被投资单位净投资的长期权益账面价值为限继续确认投资损失,冲减长期应收项目等的账面价值。最后,经过上述处理,按照投资合同或协议约定企业仍承担额外义务的,按预计承担的义务确认预计负债,计入当期投资损失。被投资单位以后期间实现盈利的,公司在扣除未确认的亏损分担额后,按与上述相反的顺序处理,减记已确认预计负债的账面余额、恢复其他实质上构成对被投资单位净投资的长期权益及长期股权投资的账面价值,同时确认投资收益。

6.1.2.6.3 长期股权投资的处置

处置长期股权投资,其账面价值与实际取得价款的差额,计入当期损益。

采用权益法核算的长期股权投资,在处置该项投资时,采用与被投资单位直接处置相关资产或负债相同的基础,按相应比例对原计入其他综合收益的部分进行会计处理。因被投资单位除净损益、其他综合收益和利润分配以外的其他所有者权益变动而确认的所有者权益,按比例结转入当期损益。

因处置部分股权投资等原因丧失了对被投资单位的共同控制或重大影响的,处置后的剩余股权改按金融工具确认和计量准则核算,其在丧失共同控制或重大影响之日的公允价值与账面价值之间的差额计入当期损益。原股权投资因采用权益法核算而确认的其他综合收益,在终止采用权益法核算时采用与被投资单位直接处置相关资产或负债相同的基础进行会计处理。因被投资方除净损益、其他综合收益和利润分配以外的其他所有者权益变动而确认的所有者权益,在终止采用权益法核算时全部转入当期损益。

因处置部分股权投资等原因丧失了对被投资单位控制权的,在编制个别财务报表时,处置后的剩余股权能够对被投资单位实施共同控制或重大影响的，改按权益法核算，并对该剩余股权视同自取得时即采用权益法核算进行调整；处置后的剩余股权不能对被投资单位实施共同控制或施加重大影响的，改按金融工具确认和计量准则的有关规定进行会计处理，其在丧失控制之日的公允价值与账面价值间的差额计入当期损益。

处置的股权是因追加投资等原因通过企业合并取得的，在编制个别财务报表时，处置后的剩余股权采用成本法或权益法核算的，购买日之前持有的股权投资因采用权益法核算而确认的其他综合收益和其他所有者权益按比例结转；处置后的剩余股权改按金融工具确认和计量准则进行会计处理的，其他综合收益和其他所有者权益全部结转。

6.1.2.7 投资性房地产核算方法

报告期内，本公司无投资性房地产。

6.1.2.8 固定资产计价和折旧方法

固定资产是指为生产商品、提供劳务、出租或经营管理而持有的，使用寿命超过一个会计年度的有形资产。

6.1.2.8.1 固定资产的计价方法

固定资产按其成本作为入账价值。其中，外购的固定资产的成本包括买价、增值税（可抵扣的增值税进项税额除外）、进口关税等相关税费，以及为使固定资产达到预定可使用状态前所发生的可直接归属于该资产的其他支出；自行建造固定资产的成本，由建造该项资产达到预定可使用状态前所发生的必要支出构成；投资者投入的固定资产，按投资合同或协议约定的价值作为入账价值，但合同或协议约定价值不公允的按公允价值入账；融资租赁租入的固定资产，按租赁开始日租赁资产公允价值与最低租赁付款额现值两者中较低者，作为入账价值。

6.1.2.8.2 固定资产的分类和折旧方法

除已提足折旧仍继续使用的固定资产，及按照规定单独估价作为固定资产入账的土地等情况外，本公司对所有固定资产计提折旧。折旧方法为平均年限法，固定资产预计残值为资产原值的0～5%。固定资产分类、折旧年限和折旧率如下表所示。

资产类别	折旧年限（年）	年折旧率（%）
运输设备	7～15	6.33～14.29
工具及仪器	4～14	6.79～25
房屋	8～40	2.38～12.5

6.1.2.9 无形资产计价及摊销政策

无形资产是指本公司拥有或控制的没有实物形态的可辨认非货币性资产，包括专利权、非专利技术、商标权、著作权、土地使用权、特许权等。本公司的主要无形资产是电脑软件等。

6.1.2.9.1 无形资产的计价方法

无形资产在取得时，按实际成本计量。购入的无形资产，按实际支付的价款和相关的其他支出作为实际成本；投资者投入的无形资产，按投资合同或协议约定的价值确定实际成本，但合同或协议约定价值不公允的，按公允价值确定实际成本。

6.1.2.9.2 无形资产摊销方法和期限

使用寿命有限的无形资产，应当自无形资产可供使用时起，至不再作为无形资产确认时止，在使用寿命期采用直线法摊销，使用寿命不确定的无形资产不应摊销。本公司于每年年度终了，对使用寿命有限的无形资产的预计使用寿命及摊销方法进行复核。并于每个会计期间，对使用寿命不确定的无形资产的预计使用寿命进行复核，对于有证据表明无形资产的使用寿命是有限的，则估计其使用寿命并在预计使用寿命内摊销。

6.1.2.10 长期应收款的核算方法

长期应收款是指期限超过1年的应收款项，按照合同或协议价款作为初始入账金额。

6.1.2.11 长期待摊费用的摊销政策

本公司长期待摊费用是指已经支出，但摊销期限在1年以上的各项费用。长期待摊费用在受益期内平均摊销。

6.1.2.12 合并会计报表的编制方法

本公司无纳入合并范围的子公司。

6.1.2.13 收入确认原则和方法

本公司的营业收入主要包括利息收入、手续费及佣金收入和让渡资产使用权收入等，其收入确认原则如下：

（1）利息收入，按让渡资金使用权的时间和适用利率计算确定。

（2）手续费及佣金收入可分为信托报酬和中间业务收入（如财务顾问费等），信托报酬按照信托合同约定的计提方法、时间和比例确认，合理的中间业务收入在收到时一次性确认收入。

（3）让渡资产使用权收入，在与交易相关的经济利益能够流入，收入的金额能够可靠计量的情况下，按有关合同、协议规定的时间和方法确认收入的实现。

6.1.2.14 所得税的会计处理方法

本公司所得税采用资产负债表债务法核算。

递延所得税资产和递延所得税负债根据资产和负债的计税基础与其账面价值的差额（暂时性差异）计算确认。对于按照税法规定能够于以后年度抵减应纳税所得额的可抵扣亏损和税款抵减，视同暂时性差异确认相应的递延所得税资产。于资产负债表日，递延所得税资产和递延所得税负债，按照预期收回该资产或清偿该负债期间的适用税率计量。

递延所得税资产的确认以本公司很可能取得用来抵扣可抵扣暂时性差异、可抵扣亏损和税款抵减的应纳税所得额为限。对已确认的递延所得税资产，当预计到未来期间很可能无法获得足够的应纳税所得额用于抵扣递延所得税资产时，应当减记递延所得税资产的账面价值。在很可能获得足够的应纳税所得额时，减记的金额予以转回。

当拥有以净额结算的法定权利，且意图以净额结算或取得资产、清偿负债同时进行时，本公司当期所得税资产及当期所得税负债以抵销后的净额列报。

当拥有以净额结算当期所得税资产及当期所得税负债的法定权利，且递延所得税资产及递延所得税负债是与同一税收征管部门对同一纳税主体征收的所得税相关或者是对不同的纳税主体相关，但在未来每一具有重要性的递延所得税资产及负债转回的期间内，涉及的纳税主体意图以净额结算当期所得税资产和负债或是同时取得资产、清偿负债时，本公司递延所得税资产及递延所得税负债以抵销后的净额列报。

6.1.2.15 信托报酬确认原则和方法

本公司按照信托合同约定的计提方法、时间和比例确认受托人报酬。

6.1.2.16 信托业保障基金

根据中国银行业监督管理委员会、财政部于2014年12月10日颁布的《信托业保障基金管理办法》（银监发［2014］50号）的相关规定，信托业保障基金认购执行下列统一标准：

(1)信托公司按净资产余额的1%认购,每年4月末前以上年度末的净资产余额为基数动态调整。(2)资金信托按新发行金额的1%认购,其中,属于购买标准化产品的投资性资金信托的,由信托公司认购;属于融资性资金信托的,由融资者认购。在每个资金信托产品发行结束时,缴入信托公司基金专户,由信托公司按季度向保障基金公司集中划缴。(3)新设立的财产信托按信托公司收取报酬的5%计算,由信托公司认购。

6.1.2.17 会计政策、会计估计变更、差错更正的说明

6.1.2.17.1 报告期会计政策变更

根据财政部于2016年12月3日发布了《增值税会计处理规定的通知》(财会[2016]22号),本公司将自2016年1月1日起企业经营活动发生的房产税、土地使用税、车船使用税和印花税从"管理费用"项目重分类至"营业税金及附加"项目,2016年1月1日之前发生的税费不予调整,比较数据不予调整。

按照此项规定,本公司将2016年发生的房产税1 048 226.18元、土地使用税10 802.95元、车船使用税1 500.00元和印花税349.80元从"管理费用"调整至"营业税金及附加"。

6.1.2.17.2 报告期会计估计变更

本报告期未发生会计估计变更。

6.1.2.17.3 其他事项调整

公司根据企业会计准则的有关规定以及部分信托项目目前的实际变化情况,对前期会计处理进行了追溯调整。调整情况如下表所示。

单位:万元

报表项目	上年年末数/上年发生数	本年年初数/本年上期数	调整影响数	
			合计	其他
其他应收款	108 532 528.75	135 207 335.82	26 674 807.07	26 674 807.07
可供出售金融资产	4 946 031 724.48	4 924 918 724.48	-21 113 000.00	-21 113 000.00
长期股权投资	26 702 525.53	118 716 743.83	92 014 218.30	92 014 218.30
递延所得税资产	54 729 233.28	202 689 839.71	147 960 606.43	147 960 606.43
资产总额	6 431 818 839.95	6 677 355 471.75	245 536 631.80	245 536 631.80
应交税费	114 954 440.17	122 296 744.74	7 342 304.57	7 342 304.57
递延所得税负债	10 717 445.99	30 729 754.18	20 012 308.19	20 012 308.19
其他非流动负债		580 000 000.00	580 000 000.00	580 000 000.00
负债总额	218 782 241.64	826 136 854.40	607 354 612.76	607 354 612.76
未分配利润	1 836 163 768.62	1 474 345 787.66	-361 817 980.96	-361 817 980.96
所有者权益	6 213 036 598.31	5 851 218 617.35	-361 817 980.96	-361 817 980.96
资产减值损失	53 020 700.90	121 439 468.13	68 418 767.23	68 418 767.23
投资收益	443 492 618.68	438 464 268.05	-5 028 350.63	-5 028 350.63
利润总额	1 207 786 320.21	1 134 339 202.35	-73 447 117.86	-73 447 117.86
所得税费用	302 303 881.27	283 942 101.80	-18 361 779.47	-18 361 779.47
净利润	905 482 438.94	850 397 100.55	-55 085 338.39	-55 085 338.39

6.2 或有事项说明

无。

6.3 重要资产转让及其出售的说明

报告期内,本公司无重要资产转让及出售。

6.4 会计报表中重要项目的明细资料

6.4.1 自营资产经营情况

6.4.1.1 信用风险资产的期初数、期末数

信用风险资产五级分类	正常类(万元)	关注类(万元)	次级类(万元)	可疑类(万元)	损失类(万元)	信用风险资产合计(万元)	不良资产合计(万元)	不良资产率(%)
期初数	491 272.09	0	6 840.00	15 000.00	49 714.11	562 826.20	71 554.11	9.66
期末数	424 960.75	44 714.86	10 368.42	14 900.00	52 844.11	547 788.14	78 112.53	10.86

注:不良资产合计=次级类+可疑类+损失类。

6.4.1.2 各项资产减值损失准备的期初数、本期计提、本期转回、本期核销、期末数

单位:万元

	期初数	本期计提	本期转回	本期核销	期末数
贷款损失准备	0	0	0	0	0
一般准备	0	0	0	0	0
专项准备	0	0	0	0	0
其他资产减值准备	0	0	0	0	0

续表

	期初数	本期计提	本期转回	本期核销	期末数
可供出售金融资产减值准备	65 752.22	0	7 691.62	0	58 060.60
持有至到期投资减值准备	0	0	0	0	0
长期股权投资减值准备	68.47	190.53	0	0	259.00
坏账准备	7 227.22	11 313.28	0	0	18 540.50
投资性房地产减值准	0	0	0	0	0

6.4.1.3　自营股票投资、基金投资、债券投资、股权投资等投资业务的期初数、期末数

单位：万元

	自营股票	基金	债券	长期股权投资
期初数	11 804.49	20 000.00	0	11 871.67
期末数	11 131.76	2 000.00	0	10 100.94

6.4.1.4　前五名的自营长期股权投资的企业名称、占被投资企业权益的比例、主要经营活动及投资收益情况等

企业名称	占被投资企业权益的比例(%)	投资收益(万元)
1. 国联产业投资基金管理(北京)有限公司	20.83	45.29
2. 融源广达(天津)股权投资管理合伙企业(有限合伙)	47.50	0
3. 北京昆仑创元投资管理有限公司	51.00	0
4. 安阳中油销售有限责任公司	34.00	0
5. 海通昆仑股权投资管理(上海)有限公司	45.00	0

6.4.1.5　前五名的自营贷款的企业名称、占贷款总额的比例和还款情况

期末无对外贷款。

6.4.1.6　表外业务的期初数、期末数

无表外业务。

6.4.1.7　公司当年收入结构

收入结构	金额(万元)	占比(%)
手续费及佣金收入	95 872.51	77.37
其中:信托手续费收入	95 872.51	77.37
投资银行业务收入	0	0
利息收入	1 015.25	0.82
其他业务收入	105.48	0.09
其中:计入信托业务收入部分	0	0
投资收益	22 129.64	17.86
其中:股权投资收益	4 937.66	3.98
其他投资收益	17 191.98	13.87
公允价值变动收益	-37.72	-0.03
营业外收入	4 826.01	3.89
收入合计	123 911.17	100.00

6.4.2　信托资产管理情况

6.4.2.1　信托资产的期初数、期末数

单位：万元

信托资产	期初数	期末数
集合	5 214 304.82	6 127 132.32
单一	5 576 195.14	7 538 959.17
财产权	250 749.23	584 030.07
合计	11 041 249.19	14 250 121.56

6.4.2.1.1　主动管理型信托业务期初数、期末数

单位：万元

主动管理型信托资产	期初数	期末数
证券投资类	2 566 513.46	2 971 622.44
股权投资类	2 696 941.50	3 552 288.06
融资类	4 406 315	4 821 220.05
事务管理类	0	0
合计	9 669 769.96	11 345 130.55

6.4.2.1.2　被动管理型信托业务期初数、期末数

单位：万元

被动管理型信托资产	期初数	期末数
证券投资类	585 000	15 100
股权投资类	30 000	0
融资类	2 000	178 979.12
事务管理类	754 479.23	2 710 911.89
合计	1 371 479.23	2 904 991.01

6.4.2.2　本年度已清算结束的信托项目个数、实收信托合计金额、加权平均实际年化收益率

6.4.2.2.1　本年度已清算结束的集合类、单一类资金信托项目和财产管理类信托项目个数、实收信托合计金额、加权平均实际年化收益率

已清算结束信托项目	项目个数(个)	实收信托合计金额(万元)	加权平均实际年化收益率(%)
集合类	55	2 573 108.52	8.26
单一类	23	3 505 403.3	4.48
财产管理类	1	490.96	13.89

注:加权平均实际年化收益率 =(信托项目 1 的实际年化收益率 × 信托项目 1 的资产总计 + 信托项目 2 的实际年化收益率 × 信托项目 2 的资产总计 + … + 信托项目 n 的实际年化收益率 × 信托项目 n 的资产总计)/(信托项目 1 的资产总计 + 信托项目 2 的资产总计 + … + 信托项目 n 的资产总计)×100%。

6.4.2.2.2　本年度已清算结束的主动管理型信托项目个数、实收信托合计金额、加权平均实际年化收益率

已清算结束信托项目	项目个数(个)	实收信托合计金额(万元)	加权平均实际年化信托报酬率(%)	加权平均实际年化收益率(%)
证券投资类	4	496 875.42	1.35	5.03
股权投资类	6	133 4021	0.65	6.09
融资类	55	3 709 085.40	1.21	6.89
事务管理类	1	490.96	20.17	13.89

6.4.2.2.3　本年度已清算结束的被动管理型信托项目个数、实收信托合计金额、加权平均实际年化收益率

已清算结束信托项目	项目个数(个)	实收信托合计金额(万元)	加权平均实际年化信托报酬率(%)	加权平均实际年化收益率(%)
证券投资类	0	0	—	—
股权投资类	0	0	—	—
融资类	0	0	—	—
事务管理类	13	538 530	0.13	1.43

6.4.2.3 本年度新增的集合类、单一类和财产管理类信托项目个数、实收信托合计金额

单位:万元

新增信托项目	项目个数	实收信托合计金额
集合类	70	3 336 205.91
单一类	62	3 662 790.71
财产管理类	9	399 727.98
新增合计	141	7 398 724.60
其中:主动管理型	104	5 341 406.24
被动管理型	37	2 057 318.36

6.4.2.4 本公司履行受托人义务情况及因本公司自身责任而导致的信托资产损失情况

本公司根据《信托法》《信托公司管理办法》等相关法律法规的规定,在管理或处分信托财产时,履行了恪尽职守,诚实、信用、谨慎、有效管理的义务。具体为:

(1)遵守信托文件的规定,为受益人的最大利益处理信托事务。

(2)将受托人的固有财产与信托财产进行分别管理、分别记账,并将不同委托人的信托财产分别管理、分别记账。

截至2016年12月31日,本公司未发生因自身责任导致信托资产损失的情况。

6.4.2.5 信托赔偿准备金的提取、使用和管理情况

公司按信托法律法规规定,每年按当年净利润的5%计提信托赔偿准备金,当该信托赔偿准备金累计总额达到公司注册资本的20%时,不再提取。

6.5 关联方关系及其交易的披露

6.5.1 关联交易方的数量、关联交易的总金额及关联交易的定价政策

	关联交易方数量(个)	关联交易金额(万元)	定价政策
合计	14	1 730 300	坚持价格公允原则,由当事人依据市场价格通过合同约定

注:关联交易以《公司法》《企业会计准则第36号——关联方披露》有关规定为准。

6.5.2 关联交易方与本公司的关系性质、关联交易方基本信息

关系性质	关联方名称	法定代表人	注册地址	注册资本	主营业务
受控于同一实际控制人	中国石油天然气集团公司商业储备油分公司	肖燕明	北京市西城区六铺炕街6号1号楼523房间	500 000万元	石油和天然气开采辅助活动
	锦州天元房地产开发有限公司	王家彦	锦州市古塔区重庆路一段8-88号	800万元	房地产开发经营
	北京国联能源产业投资基金	无法人	北京市昌平区科技园区创新路7号2号楼2027号	505亿元	投资、投资管理、投资咨询服务
	大庆油田海南人才培训中心	徐川	海南省琼海市博鳌旅游开发区	1 000万元	房地产开发经营:本单位人才培训、职工疗养度假;文化、信息服务;百货销售(凡需行政许可的项目凭许可证经营)
	四川家益石油房地产开发有限公司	陈灵	四川成都市青羊区狮子巷55号华油楼4~5号楼	4 700万元	房地产开发

6.5.3 本公司与关联方的重大交易事项

6.5.3.1 固有财产与关联方交易情况

单位:万元

固有财产与关联方关联交易				
	期初数	借方发生额	贷方发生额	期末数
贷款	—	—	—	—
投资	—	—	—	—
租赁	—	3 463.22	—	—
其他	—	2 713.48	196.53	—
合计	—	6 176.70	196.53	—

6.5.3.2 信托与关联方交易情况

单位:万元

信托与关联方交易				
	期初数	借方发生额	贷方发生额	期末数
贷款	556 000	492 000	556 000	492 000
投资	1 000 211.37	150 188.63	40 000	1 110 400
租赁	0	0	0	0
担保	0	0	0	0
应收账款	0	0	0	0
其他	198 000	9 900	80 000	127 900
合计	1 754 211.37	652 088.63	676 000	1 730 300

6.5.3.3 固信交易与信信交易情况

6.5.3.3.1 固信交易情况

单位:万元

固有财产与信托财产相互交易			
	期初数	本期发生额	期末数
合计	333 220	-58 943.63	274 276.37

6.5.3.3.2 信信交易情况

单位:万元

信托资产与信托财产相互交易			
	期初数	本期发生额	期末数
合计	1 244 510.55	932 147.34	2 176 657.89

6.5.4 关联方逾期未偿还本公司资金情况及本公司为关联方担保垫款情况

报告期内,无关联方逾期未偿还情况发生,无为关联方担保垫款情况。

6.6 会计制度的披露

固有业务(自营业务):本公司执行2014年版企业会计准

则和《金融企业会计制度》及相关规定；

信托业务：本公司执行 2014 年版企业会计准则和《金融企业会计制度》及相关规定。

6. 7　资产负债表日后非调整事项

根据公司修改后的章程、2017 年第一次临时股东会决议、中国银行业监督管理委员会宁波监管局甬银监复［2016］203 号批复文件以及公司各股东于 2017 年 1 月签订的《增资协议》的规定，公司申请增加注册资本 7 227 058 910. 41 元，变更后的注册资本为 10 227 058 910. 41 元。各方股东已于 2017 年 1 月 23 日完成上述增资，并经立信会计师事务所（特殊普通合伙）对本次增资出具了信会师报字〔2017〕第 ZA30099 号验资报告验证，增资后公司实收资本为 10 227 058 910. 41 元，其中，中油资产管理有限公司出资 8 404 504 137. 89 元，占变更后注册资本比例为 82. 18 %；天津经济技术开发区国有资产经营公司出资 1 311 201 827. 00 元，占变更后注册资本比例为 12. 82%；广博控股集团有限公司出资 511 352 945. 52 元，占变更后注册资本比例为 5 %。

7. 财务情况说明书

7. 1　利润实现和分配情况

2016 年利润总额 95 854. 14 万元，同比减少 17 579. 78 万元，减少 15. 50%。净利润 73 097. 04 万元，同比减少 11 942. 67万元，减少 14. 04%。

报告期未分配利润变动情况如下表所示。

单位：万元

项　　目	金　　额
本年年初余额	147 434. 58
本年增加额	73 097. 04
其中：本年净利润转入	73 097. 04
其他调整因素	
本年减少额	179 126. 11
其中：本年提取盈余公积	7 309. 70
本年提取一般风险准备	3 654. 85
本年分配现金股利数	168 161. 56
转增资本	
其他减少	
本年年末余额	41 405. 51

7. 2　主要财务指标

指标名称	指标值
资本利润率（%）	13. 50
加权年化信托报酬率（%）	0. 84
人均净利润（万元）	290. 64

注：1. 资本利润率 = 净利润/所有者权益平均余额 ×100%。

2. 加权年化信托报酬率 =（信托项目 1 的实际年化信托报酬率 × 信托项目 1 的实收信托 + 信托项目 2 的实际年化信托报酬率 × 信托项目 2 的实收信托 + … + 信托项目 n 的实际年化信托报酬率 × 信托项目 n 的实收信托）/（信托项目 1 的实收信托 + 信托项目 2 的实收信托 + … + 信托项目 n 的实收信托）×100%。

3. 人均净利润 = 净利润/年平均人数。

4. 平均值采取年初、年末余额简单平均法，公式为：a（平均）=（年初数 + 年末数）/2。

7. 3　对本公司财务状况、经营成果有重大影响的其他事项

无。

8. 特别事项揭示

8. 1　前五名股东报告期内变动情况及原因

报告期内，股东情况无变动。

8. 2　董事、监事及高级管理人员变动情况及原因

职务	前任	现任	变动原因
董　事	王亮、吴妍、周远鸿、叶旺、王利平、李效熙、邢成、施天涛、李忠臣	肖华、吴妍、周远鸿、叶旺、王利平、李效熙、邢成、施天涛、李忠臣	原董事长王亮辞去董事长职务，改选肖华为董事长
监　事	姜力孚、盖文国、胡志明、马荣伟、邹艳飞	姜力孚、丁泉、胡志明、马荣伟、邹艳飞	原监事盖文国辞去监事职务，改选丁泉为监事
高级管理人员	总裁：吴妍 副总裁：姚飞、李效熙、朱佳平、刘刚、黄志斌 财务总监：张建慧	总裁：吴妍 副总裁：姚飞、李效熙、朱佳平、刘刚、黄志斌 财务总监：张建慧	无变化

8. 3　公司的重大诉讼事项

8. 3. 1　未决诉讼事项

单位：万元

序号	原告/申请执行人	被告/被执行人	涉及争议金额	进展情况
1	昆仑信托有限责任公司	濮阳恒润筑邦石油化工有限公司、濮阳市恒润石油化工有限公司、濮阳市恒润投资管理有限公司、尚拥军	12 150. 21	2015 年 6 月，昆仑信托向河南省高院申请强制执行。2015 年 6 月及 2015 年 8 月，濮阳市中院裁定财产保全事宜。
2	昆仑信托有限责任公司	华瑞房地产开发有限公司、河北融投集团以及李文东	51 196. 56	2015 年 4 月北京高院裁定由北京二中院执行。2015 年 4 月及 2016 年 6 月，北京二中院下达执行裁定。
3	昆仑信托有限责任公司	雨润控股集团有限公司、杭州雨润千岛房地产开发有限公司	11 000	2016 年 11 月北京四中院一审判决昆仑信托胜诉。二审中杭州雨润千岛房地产开发有限公司申请撤诉，一审判决已生效。
4	昆仑信托有限责任公司	安徽宝迪肉类食品有限公司、天津宝迪农业科技股份有限公司、银川恒润置业有限公司	15 000	2016 年 10 月西夏区法院对抵押物进行了查封，2017 年 3 月北京市二中院对银川恒润置业有限公司的四块土地使用权进行了查封。

8.3.2 以前年度发生,本报告年度内终结诉讼事项

无。

8.3.3 本报告年度发生并终结诉讼事项

8.3.3.1 固有业务涉及诉讼情况

无。

8.3.3.2 信托业务涉及诉讼情况

无。

8.4 公司及其董事、监事和高级管理人员受到处罚情况

无。

8.5 本年度重大事项临时报告情况

(1)昆仑信托有限责任公司2015年度报告摘要披露于2016年4月23日《金融时报》05版;

(2)昆仑信托有限责任公司关于变更董事长的公告披露于2016年11月30日《金融时报》08版。

8.6 其他重要信息

8.6.1 净资本管理情况

截至2016年末,公司各项净资本管理指标均符合银监会监管要求。年末净资本余额378 718万元;各项业务风险资本之和269 716万元,其中,固有业务风险资本106 641万元,信托业务风险资本163 075万元。净资本监管指标如下表所示。

序号	指标名称	指标值	监管要求
1	净资本余额(亿元)	37.87	≥2
2	固有业务风险资本(亿元)	10.66	
3	信托业务风险资本(亿元)	16.31	
4	各项业务风险资本之和(亿元)	26.97	
5	净资本/各项业务风险资本之和(%)	140.41	≥100
6	净资本/净资产(%)	76.14	≥40

8.6.2 社会责任履行情况

公司积极履行社会责任,一是公司开展“送温暖、献爱心”向缅甸克坎难民营捐赠衣物,捐赠整洁干净、完好无损的御寒衣物249件,以实际行动对难民提供了人道主义援助,传递了冬日温暖,为国际慈善事业贡献一份力量。同时还开展扶贫帮困、无偿献血等多项公益活动,树立了良好的社会形象。二是关心员工成长,重视人才培养,调整薪酬结构对引进人才、稳定人才,起到了较好的作用,凝心聚力为根本,营造和谐发展氛围。同时为践行“快乐工作健康生活”理念,公司体协组织了职工参与“宝石花杯”足球联赛,得到了广大员工的积极响应,丰富了员工业余文化生活。三是积极宣传社会责任理念、学习先进履责事迹,提高员工对社会责任工作的认识,在企业内部营造社会责任工作氛围;重视投资者教育,普及金融知识,通过主流媒体和网站传播公司的社会责任理念和实践经验,扩大社会责任影响力;四是消保工作的开展与落实严格遵循监管要求,消保理念深入人心,并在经营管理和业务环节有效落实,消保工作制度体系建设取得实质性进展,相关体制机制日趋完善。

9. 公司监事会意见

9.1 关于公司依法运作情况的意见

2016年,公司坚持依法合规经营,不断完善内部控制制度,决策程序符合法律、法规及公司章程的有关规定。董事会、高级管理层成员认真履行职责,未发现有违反法律、法规或损害公司利益的行为。

9.2 关于公司财务报告的意见

公司2016年度财务报告按照中国企业会计准则编制。经立信会计师事务所审计通过的公司财务报表,真实、公允地反映了公司的财务状况和经营成果,会计师事务所出具的无保留意见书是客观公正的。

9.3 关于关联交易的意见

公司2016年关联交易业务,符合商业原则和银监会监管要求,未发现有损害股东利益、公司利益和信托受益人利益的情形。

陆家嘴国际信托有限公司

1. 重要提示

1.1 公司董事会及董事保证本报告所载资料不存在任何虚假记载、误导性陈述或者重大遗漏，并对其内容的真实性、准确性和完整性承担个别及连带责任。

1.2 公司独立董事殷剑峰、沈宏山、张广鸿声明：保证年度报告内容的真实、准确、完整。

1.3 众华会计师事务所根据中国注册会计师审计准则对本公司年度财务报告进行审计，出具了标准无保留意见的审计报告。

1.4 公司董事长常宏、总经理丁文忠、副总经理兼财务总监浦凤丹声明：保证年度报告中财务报告的真实、完整。

2. 公司概况

2.1 公司简介

2.1.1 公司历史沿革

陆家嘴国际信托有限公司（以下简称陆家嘴信托或公司）是上海陆家嘴金融发展有限公司（以下简称陆金发）控股的信托机构，注册资本为30亿元。公司注册地为青岛，在部分城市设立业务团队。公司前身为2003年10月15日经中国银监会批准成立的青岛海协信托投资有限公司（以下简称海协信托）。公司经过重组，2011年1月26日，中国银监会批复同意新疆威仕达实业（集团）股份有限公司、新疆棉花产业（集团）有限责任公司、中铁十八局集团有限公司、安徽丰原集团有限公司四家股东合计持有的海协信托71.606%的股权转让给陆金发；2011年5月5日，经工商变更登记，陆金发成为海协信托股东。2011年9月16日，中国银监会批复同意山东海川集团控股公司和青岛联宇时装有限公司两家股东合计持有海协信托28.394%的股权转让给青岛国信发展（集团）有限责任公司（以下简称青岛国信）；2011年10月27日，经工商变更登记，青岛国信成为海协信托股东。2012年2月27日，中国银监会批复同意公司名称变更为陆家嘴信托，同意公司根据《信托公司管理办法》的有关规定开展中国银监会批准的业务。至此，海协信托重组工作取得重大突破，为公司稳健成长掀开崭新的一页。2012年11月5日，中国银监会青岛监管局批复同意公司注册资本金由31 500万元变更为106 834.62万元。2014年12月15日，中国银监会批复同意公司注册资本金增至30亿元，增资后陆金发持股比例为71.606%，青岛国信持股比例为10.112%，青岛国信金融控股有限公司（以下简称国信金控）持股比例为18.282%。2014年12月23日，公司完成增资验资及工商变更等变更手续。此次增资有效地增强了资金实力、主业协同和风险缓冲能力。

2.1.2 基本信息

2.1.2.1 公司法定中文名称：陆家嘴国际信托有限公司
中文名称缩写：陆家嘴信托
公司法定英文名称：Lujiazui International Trust Corporation Limited
英文缩写：Lujiazui Trust

2.1.2.2 法定代表人：常宏

2.1.2.3 注册地址：青岛市崂山区梅岭路29号综合办公楼1号818室
邮政编码：266061
公司国际互联网网址：http://www.ljzitc.com.cn
电子信箱：ljzxt@ljzitc.com.cn

2.1.2.4 公司负责信息披露事务的高级管理人员：浦凤丹
公司信息披露联系人：姚远
联系电话：021-50587808转
传真：021-50588225
电子信箱：ljzxt@ljzitc.com.cn

2.1.2.5 公司选定的信息披露报纸：《上海证券报》
公司年度报告备置地点：青岛市市南区香港中路26号远雄国际广场20楼
上海市浦东新区世纪大道1600号30楼

2.1.2.6 公司聘请的会计师事务所：众华会计师事务所
地址：上海市黄浦区中山南路100号金外滩国际广场6楼

2.1.2.7 公司聘请的律师事务所：锦天城律师事务所
地址：上海市浦东新区银城中路501号上海中心大厦11楼

2.2 组织结构

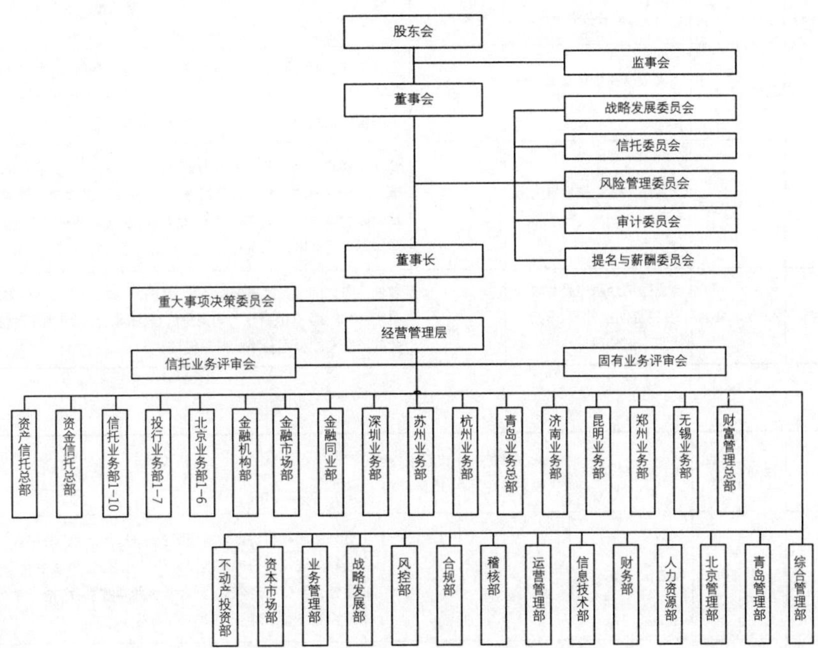

3. 公司治理

3.1 股东

报告期末股东总数为3家。其中，青岛国信金融控股有限公司为青岛国信发展(集团)有限责任公司直接和间接100%持股的子公司。

股东名称	持股比例(%)	法人代表	注册资本(万元)	注册地址	主要经营业务及主要财务情况
上海陆家嘴金融发展有限公司★	71.606	黎作强	800 000	中国(上海)自由贸易试验区世纪大道1600号2506室	金融产业、工业、商业、城市基础设施等项目的投资、管理，投资咨询，企业收购、兼并(依法须经批准的项目，经相关部门批准后方可开展经营活动)。截至2016年末，公司资产总额为237.27亿元。
青岛国信金融控股有限公司	18.282	邓友成	300 000	青岛市崂山区苗岭路9号	金融及金融服务性机构的投资与运营、资产管理与基金管理、股权投资及资本运营、证券与基金投资、投资策划与咨询服务；经政府及有关监管机构批准的其他资产投资与运营(依法须经批准的项目，经相关部门批准后方可开展经营活动)。截至2016年末，公司资产总额为102亿元。
青岛国信发展(集团)有限责任公司	10.112	王建辉	300 000	青岛市市南区东海西路15号	城乡重大基础设施项目投资建设与运营；政府重大公益项目的投资建设与运营；经营房产、旅游、土地开发等服务业及经批准的非银行金融服务业；经政府批准的国家法律、法规禁止以外的其他资产投资与运营(依法须经批准的项目，经相关部门批准后方可开展经营活动)。截至2016年末，公司资产总额为451亿元。

注：★为公司最终实际控制人。

3.2 董事、董事会及其下属委员会

董事长、副董事长、董事

姓名	职务	性别	年龄(岁)	选任日期	所推举的股东名称	该股东持股比例(%)	简要履历
常　宏	董事长	男	53	2015年2月	上海陆家嘴金融发展有限公司	71.606	曾任上海浦东新区管理委员会副处长、领导秘书，美国大都会人寿公司投资顾问，Sino-century Capital & Development Co. Ltd. 创始合伙人，汉世纪投资管理有限公司董事长，张江汉世纪创业投资有限公司总经理；现任陆家嘴国际信托有限公司董事长，上海陆家嘴金融发展有限公司总经理，中银消费金融有限公司董事。

续表

姓名	职务	性别	年龄（岁）	选任日期	所推举的股东名称	该股东持股比例（%）	简要履历
丁文忠	董事	男	46	2015年2月	上海陆家嘴金融发展有限公司	71.606	曾任美国友邦保险有限公司上海分公司业务部经理，平安集团卓越理财中心副总经理，平安信托有限责任公司信托业务部总经理、平安信托有限责任公司总经理助理；现任陆家嘴国际信托有限公司董事、总经理，爱建证券有限责任公司董事。
黎作强	董事	男	50	2016年8月	上海陆家嘴金融发展有限公司	71.606	曾任国泰君安湖北分公司人事管理部办公室副主任、监事会办公室（纪检监察室）副经理、上海分公司党委书记、总裁办主任；现任陆家嘴集团党委委员、副总经理，上海陆家嘴金融发展有限公司党委书记、董事长，爱建证券有限责任公司党委书记、董事长，陆家嘴国际信托有限公司董事。
邓友成	董事	男	45	2015年2月	青岛国信金融控股有限公司、青岛国信发展（集团）有限责任公司	合计持有28.394	曾任山东大信会计师事务所所长，青岛国信胶州湾交通有限公司副总经理；现任青岛国信发展（集团）有限责任公司副总经理、董事，陆家嘴国际信托有限公司董事，青岛国信金融控股有限公司董事长兼总经理。

独立董事

姓名	所在单位及职务	性别	年龄（岁）	选任日期	所推举的股东名称	该股东持股比例（%）	简要履历
殷剑峰	对外经济贸易大学教授、博士生导师	男	47	2015年2月	—	—	曾任中国社科院金融所研究室主任、所长助理，中国社科院金融所副所长，中国社科院陆家嘴研究基地秘书长，中国社会科学院金融研究所财富管理研究中心主任；现任对外经济贸易大学金融学院教授、博士生导师，国家金融与发展实验室副主任，浙商银行首席经济学家。
沈宏山	德恒上海律师事务所合伙人	男	46	2015年2月	—	—	曾任哈尔滨工程大学社科系教师，国泰君安证券股份有限公司经理及业务董事，方正证券有限责任公司法律部总经理；现任德恒上海律师事务所合伙人。
张广鸿	北京金融资产交易所常务副总裁	男	59	2015年2月	—	—	曾任青岛市证券公司总经理助理，青岛市财贸委员会副主任，青岛证券交易中心副总经理，青岛市商业银行行长及党委书记，青岛银行董事长及党委书记，青岛市国有资产管理委员会副主任；现任北京金融资产交易所常务副总裁。

董事会下属委员会

董事会下属委员会名称	职责	组成人员姓名	职务
战略发展委员会	对公司中长期发展战略规划和发展方针进行研究并提出建议；对《公司章程》规定的须经董事会批准的重大事项进行研究并提出建议；对其他影响公司发展的重大事项进行研究并提出建议；对以上事项的实施进行跟踪检查；董事会授权的其他事宜。	殷剑峰	主任委员
		常宏	委员
		邓友成	委员
信托委员会	组织制定公司信托业务发展规划；对公司信托业务运行情况进行定期评价；就银监会及其派出机构对公司信托业务的检查决定或意见，提出具体整改措施；指导公司开展信托业务创新；当公司或股东利益与受益人利益发生冲突时，提出维护受益人权益的具体措施；审查公司是否存在侵占受益人利益，获取不当信托报酬的行为；监督信托业务的信息披露情况；董事会授予的其他职责。	沈宏山	主任委员
		丁文忠	委员
		邓友成	委员
审计委员会	监督公司内部审计制度及其实施；负责内部审计与外部审计之间的沟通；审核公司的财务信息及其披露；提议聘请或更换外部审计机构；董事会授予的其他职责。	殷剑峰	主任委员
		沈宏山	委员
		张广鸿	委员
风险管理委员会	向董事会提交公司全面风险管理年度报告；确定公司风险管理的总体目标、风险偏好、风险承受度、风险管理策略和重大风险管理解决方案；提出完善公司风险管理和内部控制的建议；对公司信托业务和固有业务的风险控制及管理情况进行监督；对公司固有财产和信托财产的风险管理状况进行定期评价；对公司关联交易业务风险进行评估，对重大关联交易事项进行审查并提交董事会审议；董事会授予的其他职责。	张广鸿	主任委员
		丁文忠	委员
		殷剑峰	委员
提名与薪酬委员会	根据公司经营发展战略、资产规模和业务结构等，对董事会的规模和结构向董事会提出建议；拟定公司董事和高级管理人员的选任程序和标准，对董事和高级管理人员的任职资格和条件进行初步审核，并向董事会提出建议；拟定公司董事和高级管理人员的考核标准，据此进行考核并提出建议；拟定公司董事和高级管理人员的具体薪酬和激励方案，向董事会提出薪酬方案的建议，并监督实施；董事会授权的其他事宜。	殷剑峰	主任委员
		沈宏山	委员
		丁文忠	委员

3.3 监事、监事会及其下属委员会

监事会成员

姓名	职务	性别	年龄(岁)	选任日期	所推举的股东名称	该股东持股比例(%)	简要履历
张 浩	监事长	男	53	2015年2月	上海陆家嘴金融发展有限公司	71.606	曾任职于上海市、浦东新区政府部门的信息管理、外事、外资等经济和综合部门,曾任上海市浦东经贸局副局长、上海市主题公园办公室主任,上海金桥(集团)有限公司副总裁等职务;现任上海陆家嘴(集团)有限公司副总经理。
王玲珏	监事	女	45	2015年2月	上海陆家嘴金融发展有限公司	71.606	曾任上海市浦东新区生产力促进中心、科学技术协会部门负责人,上海上策投资咨询公司部门经理,上海张江创业投资有限公司、上海鼎嘉创业投资管理公司总经理助理、董事会秘书,上海陆家嘴金融发展有限公司总经理助理等职务;现任上海陆家嘴投资发展有限公司董事长。
扈 鑫	监事	男	38	2015年2月	青岛国信金融控股有限公司、青岛国信发展(集团)有限责任公司	合计持有28.394	曾任青岛国信发展(集团)有限责任公司财务审计部副部长,山东医药保健品进出口有限公司财务部副经理,青岛海信东海商贸有限公司财务部副部长,青岛青啤朝日饮品有限公司副总会计师等职务;现任中路财产保险股份有限公司财务部总经理。
翁 瑜	监事	女	41	2014年6月	职工代表	—	曾任上海汉世纪创业投资有限公司财务部经理,炬力集成电路设计有限公司集团资金负责人,上海炬力集成电路设计有限公司财务负责人,上海陆家嘴金融发展有限公司财务负责人等职务;现任陆家嘴国际信托有限公司稽核部总经理。
汪 晖	监事	男	40	2014年6月	职工代表	—	曾任中国银行上海市分行风险管理处金融分析师,华鑫证券财务部总会计师,加拿大安省交通部财务部高级金融分析师,陆家嘴国际信托有限公司运营管理部总经理、固有资产管理部总经理等职务;现任陆家嘴国际信托有限公司财务部总经理。

注:本报告期内,公司监事会未设下属委员会。

3.4 高级管理人员

姓 名	职 务	性别	年龄(岁)	选任日期	金融从业年限(年)	学历	专业
丁文忠	总经理	男	46	2013年12月	23	本科工学学士	机械工程
舒榕怀	副总经理	男	63	2011年11月	7	研究生	城市经济
叶晓军	副总经理	男	47	2011年11月	14	研究生	经济学
翟振明	副总经理	男	46	2013年12月	28	研究生	管理学
邱 翔	副总经理	女	50	2014年9月	2	研究生	会计学
浦凤丹	副总经理、财务总监	女	41	2016年1月	19	本科	经济学
姚海岚	副总经理	女	47	2016年1月	26	研究生	会计学
许丹健	总经理助理	男	39	2014年12月	16	研究生	工商管理

3.5 公司员工

学历分布	人数(人)	比例(%)
博士	4	1.36
硕士	144	48.81
本科	129	43.73
专科	16	5.42
其他	2	0.68

4. 经营管理

4.1 经营目标、经营方针、战略规划

4.1.1 经营目标

公司作为陆家嘴金融体系的旗舰企业,是陆家嘴金融打造综合金融分业经营的核心平台。公司要围绕建设"上海国际金融中心""青岛蓝色经济区"的国家战略,立足区域经济建设,辐射长三角、环渤海等广阔区域,借助国家在上海成立自贸区及青岛发展财富中心的重要契机,"一体两翼"打造上海及青岛双主场,服务社会,造福民生,为客户创造价值。

4.1.2 经营方针

秉持诚信合规、开拓创新、协同合作的经营原则,加大资产管理、财富管理等业务发展力度,加快创新业务发展,将主营业务打造成"私募投行+资产管理+财富管理"并驾齐驱,综合运用各种金融牌照与工具,实现资产和资金的双向贯通,将公司打造成为以资产配置为基础的财富管理型机构。

4.1.3 战略规划

公司实施"一体两翼"业务布局,"一体"即优化传统业务,"两翼"即强化专业业务、发展投资业务。公司秉持综合金融服务理念,以大基金、大项目为抓手,深耕战略客户,主要战略思

路包括：

发展综合金融服务：从提供单一融资服务到提供综合金融服务，在与客户的深度融合发展中提升合作层级，寻求长期战略合作机遇。

发展战略合作伙伴：集中公司营销资源，形成一批稳定的优质战略客户资源，推动公司品牌价值提升。

发挥股东优势：依托股东资源禀赋，复制推广城市新型区域发展基金，设立产业发展基金，与股东协同发展。

发展大基金：根据国家“十三五”规划、抓住供给侧结构性改革、国有企业改革等机遇，利用上海自贸区和青岛财富管理试验区的区域优势，设立顺应政策导向、发挥区域特色的大基金。

4.2 所经营业务的主要内容

公司主要业务分为信托业务和自营业务。

4.2.1 信托业务

信托业务：从委托人数量看，包括单一信托和集合信托；从委托人交付信托财产的性质看，包括资金信托和财产权信托；从信托财产运用方式看，包括证券投资类信托、融资类信托、股权投资类信托和其他投资类信托等。

相关信托业务：包括与基本信托业务相关的项目融资、财务顾问等业务品种。

信托资产运用与分布表

资产运用	金额（万元）	占比（%）	资产分布	金额（万元）	占比（%）
货币资产	1 010 453.13	4.67	基础产业	7 737 250.91	35.76
贷款	6 138 197.94	28.37	房地产业	2 032 692.65	9.39
交易性金融资产	433 837.06	2.00	证券市场	839 934.69	3.88
可供出售金融资产	5 448 880.56	25.18	工商企业	4 862 832.06	22.47
持有至到期投资	—	0.00	金融机构	1 281 083.48	5.92
长期股权投资	3 274 181.25	15.13	其他②	4 884 020.94	22.58
买入返售金融资产	4 279 209.88	19.78			
其他①	1 053 054.91	4.87			
信托资产总计	21 637 814.73	100.00	信托资产总计	21 637 814.73	100.00

注：①“其他”主要包括应收款项、长期待摊费用和财产权投资。

②“其他”主要包括投向信托计划、证券理财、银行理财等金融产品。

4.2.2 固有业务

本报告期内公司固有业务主要包括投资类业务：投资类业务主要包括金融产品投资。

自营资产运用与分布表

资产运用	金额（万元）	占比（%）	资产分布	金额（万元）	占比（%）
货币资产	10 353	1.82	基础产业		
贷款及应收款	2 624	0.46	房地产业		
交易性金融资产	104 658	18.43	证券市场	115 944	20.42
可供出售金融资产	435 486	76.68	实业		
持有至到期投资			金融机构	10 352	1.82
长期股权投资			其他	441 653	77.76
其他	14 828	2.61			
资产总计	567 949	100.00	资产总计	567 949	100.00

4.3 市场分析

2016 年，随着“十三五”规划出台，我国在供给侧改革的深入推进中，努力促进经济结构转型。然而，经济环境复杂而困难的局面延续，发达国家经济体增速缓慢上升，新兴市场国家呈现分化并伴随较大的通胀压力。作为新兴市场的中国，在增长速度换挡期、结构调整阵痛期、前期刺激政策消化期的叠加背景下，供给侧结构性产能过剩较为严重，新领域增长潜力释放不足，经济形势面临较大的下行压力。由于信托业一直以来以传统的私募投行业务为主，与经济周期保持较高的共振性和同步性，因此行业景气度呈现出持续探底的走势。

2016 年，信托行业的发展特点主要概括为以下五个方面：

一是信托资产增速驱动因素发生明显调整。2016 年，信托业资产规模突破 20 万亿元，再创历史新高，主要得益于两个方面，一方面企业融资需求增加，带动融资类业务增速回升；另一方面随着银行理财、基金子公司监管收紧，通道业务回流信托，事务管理类、投资类信托呈加速趋势。从具体投向来看，房地产、工商企业投向明显复苏，而基建投向增速较弱，地方政府债务置换对信托挤出效应明显，PPP 日益受到关注。

二是信托风险管理形势面临严峻考验。在宏观经济增速放缓、供给侧去杠杆及金融去杠杆等复杂环境中，民企、房企，甚至是国企的信用风险暴露，风险项目涉及金额呈现出上升趋势；部分地方政府收回承诺函，打破市场对政府兜底、刚性兑付的盲目信仰；股市熔断及债市去杠杆等市场风险，对信托业务造成冲击；某信托公司明股实债案例败诉，法律风险不容小觑。种种风险侵蚀信托公司盈利，近 1/3 的信托公司主要经营指标出现负增长。

三是监管政策推动信托业发展机制不断完善。继信托业建立了“八项机制”，明确了“八大责任”之后，银监会又提出“八大业务”。信托业公共安全机制暨信托保障基金已达 1 000 亿元，2016 年末又建立了信托登记制度。中国信托登记有限责任公司作为国内唯一的全国性信托登记平台，将有助于解决信托登记、信托财产独立、破产隔离、流动性、信息披露等关键问题。

四是信托公司上市及增资提速。2016 年，信托公司资本运作更加频繁，这是继 1994 年安信信托、陕国投上市后鲜有的现象。多家信托公司通过并购重组资产注入上市公司，实现曲线上市；赴港 IPO 预计成功概率较高。继近年来信托公司大量增资之后，年内又有十余家信托公司完成或推进增资，资本实力持续提升。

五是信托业开展重点创新实践。信托公司诸多创新举措中，ABS、PPP、消费金融、投贷联动等值得重点关注。信托公司通过信贷 ABS、ABN、双 SPV 发行 ABS、银登中心挂牌等方式，有效实现盘活资产、扩大规模；PPP 作为传统政信融资的替代品，正在由点及面铺开；信托公司为消费金融机构融资、自主放贷，甚至参与设立消费金融公司等；银监会明确鼓励信托公司通过专业子公司探索投贷联动，正在研究制定《信托公司专业子公司管理暂行办法》。

4.4 内部控制

4.4.1 内部控制环境和内部控制文化

公司构建由股东会、董事会、监事会和高级管理层构成的现代公司治理机制，三会分设，形成有效制约、协调发展。公司各治理主体职责明确，严格按照法律法规、公司章程及相关制度的规定，相对独立地开展工作，充分发挥有效的制衡作用。

公司以建立良好的公司治理为目标，以树立合法合规经营的理念和风险控制优先的意识为前提，形成业务不断发展和风险有效控制的运行机制。公司高度重视内部控制文化建设，大力培育全面风险管理理念，通过各类培训、内刊刊载、研讨活动等形式，提升员工的法治观念、诚信观念和道德水准，提高风险管理的自觉性。

4.4.2　内部控制措施

公司按照现代企业制度的要求，遵循全面性、重要性、制衡性、适应性、审慎性、独立性、成本效益、防火墙的原则和决策、执行、交流、监督、反馈的内控制度程序，采取五个方面的措施来加强公司的内控制度建设。

4.4.2.1　组织结构内部控制

公司依据业务系统、决策系统、执行系统、监督系统相互制衡的原则，建立科学的、相互制约的前中后台组织机构设置。公司各职能部门按照职责分工履行各自的管理职责并实现经营目标。公司采取自营业务和信托业务相分离的机构安排，构建权责清晰、目标明确、相互制衡、协调统一的组织机构设置。主要包括：

股东层面：股东会审议批准董事会制定的各项政策与经营计划。董事会负责审批公司的整体经营战略和重大政策；批准公司基本管理制度；任命高级管理层；董事会对管理层、审计机构、监管机构的内部控制评估报告进行审查，并监督管理层落实整改措施。

经营层面：高管层负责实施经董事会批准的内部控制的总体政策及策略，并通过制定相应的内部管理制度和业务管理制度来具体执行；采取固有财产与信托财产隔离、前中后台职责分离的管理理念，分设前台（信托业务部门、不动产投资部、资本市场部、财富管理总部、业务管理部等业务部门）、中台（合规部、风控部、战略发展部等支持部门）和后台（运营管理部、财务部、稽核部、人力资源部、综合管理部、信息技术部等管理部门）。通过部门设置的不断完善，公司形成了相互制衡的控制体系，有效降低了经营风险。

监督层面：监事会负责检查公司整体运营情况和风险管理情况。董事会下设信托委员会、风险管理委员会、审计委员会、提名与薪酬委员会、战略发展委员会并分别履行职能。信托委员会负责监督公司依法履行的受托职责；风险管理委员会负责公司的风险控制、管理、监督和评估，以及重大关联交易的审核；审计委员会负责公司内、外部审计的沟通，监督公司内部审计制度及其实施；提名与薪酬委员会负责提名公司高管，拟定董事及高管的考核标准并进行考核，审查董事和高管的薪酬政策和方案；战略发展委员会根据金融市场的发展及政策变化，研究金融行业在各个时段的特征，对公司业务发展方向提出指导性的意见。重大事项决策委员会是公司决定重大事项的非常设决策机构，重大事项决策委员会的职责为在公司授权制度及方案中超出总经理权限范围，且章程未明确规定由董事会、董事长行使职权的事项，及董事会授权重大事项决策委员会决策的或者董事长、总办会在其授权范围内认为需要提交重大事项决策委员会审议的事项进行决策。稽核部门负责对各部门、各岗位、各项业务的开展情况实施全面的监督检查和评价。

4.4.2.2　授权内部控制

公司建立统一、完善的授权体系，形成层级分明、权限清晰的授权理念。同时，公司建立以基本授权和特别授权为内容的授权管理制度，明确各部门、各岗位的管理及业务操作、审批权限，并将权限管理与业务系统、审批程序相结合，保证各级管理人员和操作人员在各自授权范围内行使职权并承担责任。公司各项投资决策按规定程序办理，并保留相应记录，严控各种违反授权行为的发生。

4.4.2.3　业务内部控制

公司在业务管理上，除了制定较为完善的业务管理制度、业务操作流程、岗位操作手册外，还注重资产的合理配置，以防范资产过度集中于高风险领域，保障资产安全性。同时，公司着力做好固有和信托业务的内部防火墙工作，具体包括：公司的自营业务和信托业务相互分离，分别由不同的业务部门管理；公司固有财产和信托财产分开管理、分别核算，并由不同的会计人员负责；自营业务和信托业务做到信息隔离，各业务信息相互独立，业务人员做到对工作中知悉的未公开的业务信息保密。公司组建了流程小组，系统地对流程管理工作进行规划，并分阶段对信托业务、固有业务和管理流程进行优化。

4.4.2.4　关联交易内部控制

公司为加强关联交易决策和监督的控制，防范关联交易所导致的风险，制定关联交易管理制度，包括但不限于关联交易的范围、关联方的范围、公允价格的确定、董事会或者经营决策机构对关联交易的监督管理、重大关联交易识别等。公司做好日常对关联方的信息收集与管理工作、回避制度、内部审计监督、信息披露等内容。关联交易按照国家法律法规的规定和银监会的要求，做到比例控制，逐笔报告，充分信息披露。

4.4.2.5　突发事件处理机制

公司为了防范突发事件给公司正常经营造成困难，制定了《项目异常处理办法》《信托项目异常处理预案》。当信托项目异常性质触发项目异常处置小组成立条件，则项目异常处理预案启动。启动后，由风控分管领导和业务分管领导牵头，落实项目处置方案与程序，寻找项目对接资金，并积极同资管公司、金融同业、交易对手共同商议处置办法，以降低项目异常造成的损失。

4.4.2.6　制度内部控制

公司本着规范管理、防范风险的原则，不断加强内控制度的建设和完善。公司通过制定基本管理制度、具体规章制度、部门规章制度，建立层次分明、权责清晰、管控合理的规章制度体系。随着公司的发展，公司不断建立健全各级规章制度，以加强内部控制，降低各类风险事件的发生；内部规章制度所涉及的范围包括但不限于业务管理、财务会计、风险管理、内部控制、行政人事等。

4.4.3　信息交流与反馈

公司的相关业务流程中设有信息反馈环节，确保公司各项管理信息在部门之间、部门内部能进行及时的传递和正确的处理。公司配备专职信息技术人员，按照要求加强公司信息系统的建设。

公司建立了有效的信息交流和反馈机制，确保股东会、董事会、监事会、高级管理层及时了解本行业的经营和风险状况，确保信息能够传递给相关的人员，各个部门和人员的有关信息能够顺畅反馈。

公司建立了完善的内部管理信息系统，为内部控制的设计、执行和反馈提供信息保障，建立与各部门定期沟通机制，及时、真实、完整地传导和交流信息，并做到及时反馈信息。

公司及时、准确地向监管部门报送监管部门所需要的各种数据和资料，并将监管部门的意见及时、准确地传达给公司相关人员。

通过公司网站、报纸等平台，向社会公众准确、及时地披露公司有关信息，充分发挥社会公众对公司内控制度的监督作用。

4.4.4 监督评价与纠正

公司建立有效的报告和纠正机制，业务部门和其他部门员工发现内部控制问题时，及时向合规部报告，合规部负责整改和监督落实情况。

公司设立稽核部门，负责内部控制的监督评价，发现内部控制的隐患和缺陷时，及时报告与纠正；对内部控制的制度建设和执行情况定期进行检查评价，并根据检查结果提出内部控制缺陷及改进建议。

公司设立监事会，负责监督公司整体运营情况和风险管理情况，并进行评价。

公司根据监管机构检查结果和所提的改进意见，明确整改措施，并督促相关部门落实。

4.5 风险管理

4.5.1 风险管理概况

公司重视风险管理，通过建立健全各项规章制度，制定清晰的岗位职责，设置专职的风险管理部门，将现代风险管理技术与传统风险管理方法相结合，对可能产生的风险及时作出反应。公司建立以事前防范为主、事中控制及事后监督并举的全面风险管理体系，切实开展各项工作，及时防范、化解风险，保障公司持续、稳健、规范、健康地运行。

4.5.1.1 公司经营活动中可能遇到的风险

公司经营活动中可能遇到的风险主要包括信用风险、市场风险、操作风险、法律风险、政策风险、声誉风险。

4.5.1.2 公司风险管理的基本原则与政策

公司风险管理遵循全面性、重要性、制衡性、适应性、审慎性、独立性、成本效益及防火墙原则，风险管理贯穿于整个公司，是全员参与的全过程管理，覆盖到公司各个部门、各级人员及各项业务，并渗透到分析、决策、执行、监督、评价等各个环节。

4.5.1.3 公司风险管理组织结构与职责划分

公司构建以董事会为核心的覆盖全公司的矩阵式风险管理组织结构，主要包括以下几项核心要素：

董事会：负责审批公司风险管理战略，审定公司总体风险水平，监控和评价风险管理的有效性和公司管理层在风险管理方面的履职情况；董事会及董事会各委员会通过各项管理政策的逐级下达，实现对公司经营风险的前端控制和纵向风险信息的传递。

高级管理层：公司设立总经理办公会、固有业务评审会、信托业务评审会，分别负责高级管理层权限内的公司日常管理事务、固有业务、信托业务的审议和决策。

风控部：负责建立健全公司风险管理体系；负责制定风险管理相关制度；负责公司各类业务风险的日常管理，对公司业务开展中的各类风险实施事前评估、项目的存续期间管理，化解和降低公司运营风险。

合规部：负责公司经营的合规性审查；负责公司业务的合规性审查；承担公司的政策法律事务，审核相关法律文书及合同，防范法律风险；代表公司对外处理相关法律事务，维护公司的合法权益。

战略部：负责制定公司战略；负责新产品研发。

财富管理总部：负责对信托产品销售环节的风险控制；负责合格投资人审查；负责审查资金来源合法合规；负责日常维护公司现金管理类产品。

运营管理部：负责信托产品开户、托管、估值、清算分配及信托产品信息披露。

财务部：负责固有项目收付款；通过会计核算和财务管理对公司财务状况及经营情况进行分析管理。

稽核部：检查公司内部风险管理制度和流程的日常执行情况，对公司内部风险控制制度的合理性、有效性进行分析，提出改进意见并直接向董事会和审计委员会报告。

业务部门：各业务部门是风险管理的第一责任部门，承担与其业务相关的风险管理责任。各业务部门是公司业务风险管理的具体实施单位，在公司各项基本管理制度的基础上，根据具体情况确定本部门的业务开拓方向。

4.5.2 风险状况

公司经营活动中可能遇到的主要风险包括信用风险、市场风险、操作风险等。

4.5.2.1 信用风险状况

信用风险主要是指交易对手不能或不愿按期偿还债务而使委托人或公司遭受损失的可能性。报告期内，公司发生的各类业务均经过严格的内部评审程序，合法合规，保障措施充分，交易对手信用度较好，信用风险可控。报告期内，公司未因该类风险造成受益人信托利益兑付损失。

4.5.2.2 市场风险状况

市场风险主要是指由于金融市场的波动或行情的变化给公司或其他信托当事人带来损失的可能性，主要表现为因经济运作周期变化、金融市场利率波动、通货膨胀、房地产交易、证券市场变化等造成的风险，这些风险可能影响信托财产的价值及信托收益水平，也可能影响公司固有资产价值或导致损失。2016年公司密切关注各类市场风险，勤勉、尽职履行职责，市场风险整体可控。

4.5.2.3 操作风险状况

操作风险主要是指由于内部程序、人员、系统的不完善或失误，或外部事件造成直接或间接损失的风险，即由公司内部操作流程、人为因素、体制及外部事件引起的风险。报告期内，公司未发生此类风险致使公司及受益人造成损失。

4.5.2.4 其他风险状况

其他风险主要包括法律风险、政策风险、声誉风险等。法律风险是指公司在业务经营过程中由于不当的法律文书、违约行为或怠于行使自身法律权利等所造成的风险。政策风险是指因国家宏观政策或监管政策发生变化，而导致经营风险、项目风险上升。声誉风险是指由于公司内部管理或服务出现问题而引起自身外部社会名声、信誉和公众信任度下降,从而对公司外部市场地位产生消极和不良影响的风险。报告期内,公司未发生此类风险。

4.5.3 风险管理

4.5.3.1 信用风险管理

公司通过事前评估、事中控制、事后监督的风险管理体系来防范和规避信用风险,具体措施包括:(1)严格按照业务流程、制度规定和相应程序开展各项业务,确保决策者充分了解业务涉及的信用风险;(2)对交易对手进行全面、深入的信用调查与分析,形成客观、翔实的尽职调查报告;(3)完善评审规则和流程,坚持集体决策的评审制度,全方面排查风险;(4)严格落实项目的保障措施,注意对抵押物权属有效性、合法性进行审查,客观、公正评估抵押物;(5)业务部门、风控部进行项目期间管理,跟踪交易对手情况、监控担保品价值及项目进度,若发现问题及时采取措施有效防范和化解各类风险;(6)严格按要求,足额计提相关资产减值准备,并按规定比例提取信托赔偿准备金,以提高公司抵御风险的能力。

4.5.3.2 市场风险管理

公司制定并不断完善市场风险管理原则和程序,对每项业务和产品中的市场风险因素进行分解和分析,及时准确识别业务中市场风险的类别和性质,具体措施包括:(1)对宏观经济走势、政策变化、投资策略演变及其他影响市场变化的因素进行持续分析,为投资决策提供参考;(2)关注国家宏观政策变化,规避限制类行业和相关项目;(3)进行资产组合管理,并动态调整资产配置方案,以规避或降低市场风险;(4)控制行业集中度,控制总体证券投资规模、设定证券投资限制指标和止损点;(5)加强对投资品种的研究和科学论证,按严格的流程进行控制;(6)密切监控已开展业务的运行情况,根据市场风险情况及时作出投资调整,避免或降低市场风险引起的损失。同时,公司通过做好实时监控、风险敞口限额控制、止损设置、压力测试等措施,最大限度地降低风险。

4.5.3.3 操作风险管理

公司通过不断完善规章制度,对部门、岗位制定了明确的职责和权限,职责的制定体现岗位相互分离的原则,能够实现中台、后台对前台的监督;对公司的各项业务制定了具体的业务操作流程,消除人为因素而造成的风险,保障风险控制体系的有序规范运行,并通过事后评价和总结,防止相类似的风险发生。公司定期或不定期对员工进行培训,并对渎职、越权或违背操作规定的人员进行问责;公司定期对内部的计算机信息系统进行维护和保养,加强技术系统的管理,保证其正常运行,消除风险隐患。

4.5.3.4 其他风险管理

对于法律风险,公司设置合规部,配备法律专业人员,同时聘请外部法律顾问,处理公司的各项法律、合规事务,帮助公司把好守法合规经营关;同时,公司通过员工教育和培训,强化合法合规意识,培育内部法律合规环境。

对于政策风险,公司严格依法合规经营,与监管部门保持紧密联系,及时获得和了解政策动向;公司定期或不定期组织员工学习相关政策文件,加强对宏观形势的分析研究。

良好的声誉是一家金融机构健康发展的重要资源。公司对可能影响公司声誉的业务坚决予以回避,尽职管理受托资产,履行承诺事项,并充分披露相关信息,塑造公司专业和诚信的社会形象。

5. 报告期末及上一年度末的比较式会计报表

5.1 自营资产(经审计)

5.1.1 会计师事务所审计意见

5.1.1.1 会计师事务所审计意见(单体)

审计报告

众会字(2017)第0635号

陆家嘴国际信托有限公司全体股东:

我们审计了后附的陆家嘴国际信托有限公司(以下简称陆家嘴信托公司)财务报表,包括2016年12月31日的资产负债表,2016年度的利润表、现金流量表、所有者权益变动表以及财务报表附注。

(一)管理层对公司财务报表的责任

编制和公允列报财务报表是陆家嘴信托公司管理层的责任,这种责任包括:(1)按照企业会计准则的规定编制财务报表,并使其实现公允反映;(2)设计、执行和维护必要的内部控制,以使财务报表不存在由于舞弊或错误导致的重大错报。

(二)注册会计师的责任

我们的责任是在执行审计工作的基础上对财务报表发表审计意见。我们按照中国注册会计师审计准则的规定执行了审计工作。中国注册会计师审计准则要求我们遵守中国注册会计师职业道德守则,计划和执行审计工作以对财务报表是否不存在重大错报获取合理保证。

审计工作涉及实施审计程序,以获取有关财务报表金额和披露的审计证据。选择的审计程序取决于注册会计师的判断,包括对由于舞弊或错误导致的财务报表重大错报风险的评估。在进行风险评估时,注册会计师考虑与财务报表编制和公允列报相关的内部控制,以设计恰当的审计程序,但目的并非对内部控制的有效性发表意见。审计工作还包括评价管理层选用会计政策的恰当性和作出会计估计的合理性,以及评价财务报表的总体列报。

我们相信,我们获取的审计证据是充分、适当的,为发表审计意见提供了基础。

(三)审计意见

我们认为,陆家嘴信托公司财务报表在所有重大方面按照企业会计准则的规定编制,公允反映了陆家嘴信托公司2016年12月31日的财务状况以及2016年度的经营成果和现金流量。

众华会计师事务所(特殊普通合伙)　　　中国注册会计师

中国注册会计师

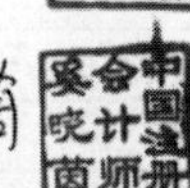

中国·上海　　　二〇一七年四月十七日

5.1.1.2 会计师事务所审计意见（合并）

审计报告

众会字（2017）第0638号

陆家嘴国际信托有限公司全体股东：

我们审计了后附的陆家嘴国际信托有限公司（以下简称陆家嘴信托公司）合并财务报表，包括2016年12月31日的合并及公司资产负债表，2016年度的合并及公司利润表、合并及公司现金流量表、合并及公司所有者权益变动表以及财务报表附注。

（一）管理层对公司财务报表的责任

编制和公允列报财务报表是陆家嘴信托公司管理层的责任，这种责任包括：（1）按照企业会计准则的规定编制财务报表，并使其实现公允反映；（2）设计、执行和维护必要的内部控制，以使财务报表不存在由于舞弊或错误导致的重大错报。

（二）注册会计师的责任

我们的责任是在执行审计工作的基础上对财务报表发表审计意见。我们按照中国注册会计师审计准则的规定执行了审计工作。中国注册会计师审计准则要求我们遵守中国注册会计师职业道德守则，计划和执行审计工作以对财务报表是否不存在重大错报获取合理保证。

审计工作涉及实施审计程序，以获取有关财务报表金额和披露的审计证据。选择的审计程序取决于注册会计师的判断，包括对由于舞弊或错误导致的财务报表重大错报风险的评估。在进行风险评估时，注册会计师考虑与财务报表编制和公允列报相关的内部控制，以设计恰当的审计程序，但目的并非对内部控制的有效性发表意见。审计工作还包括评价管理层选用会计政策的恰当性和作出会计估计的合理性，以及评价财务报表的总体列报。

我们相信，我们获取的审计证据是充分、适当的，为发表审计意见提供了基础。

（三）审计意见

我们认为，陆家嘴信托公司合并财务报表在所有重大方面按照企业会计准则的规定编制，公允反映了陆家嘴信托公司2016年12月31日的合并及公司财务状况以及2016年度合并及公司经营成果和合并及公司现金流量。

众华会计师事务所（特殊普通合伙）

中国注册会计师 

中国注册会计师 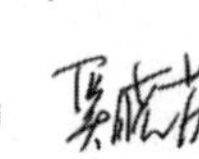

中国·上海　　二〇一七年四月十七日

5.1.2 资产负债表

5.1.2.1 资产负债表（单体）

资产负债表（单体）

编制单位：陆家嘴国际信托有限公司　　2016年12月31日　　单位：元

项目	行次	年初数	年末数	项目	行次	年初数	年末数
资产：				负债：			
现金及银行存款	1	4 175.16	4 955.16	向中央银行借款	28		
存放中央银行款项	2			联行存放款项	29		
贵金属	3			同业及其他金融机构存放款项	30		
存放联行款项	4			拆入资金	31		
存放同业款项	5	805 666 765.49	103 520 431.75	以公允价值计量且其变动计入当期损益的金融负债	32		
拆出资金	6			衍生金融负债	33		
以公允价值计量且其变动计入当期损益的金融资产	7	949 822 309.69	1 046 576 888.07	卖出回购金融资产款	34		
衍生金融资产	8			吸收存款	35		
买入返售金融资产	9			应付职工薪酬	36	405 988 113.39	395 205 033.37
应收款项类金融资产	10			应交税费	37	135 509 696.35	123 170 289.26
应收利息	11	6 499 271.69	3 258 423.02	应付利息	38	2 805 100.00	3 530 833.33
其他应收款	12	21 966 960.17	19 691 782.05	其他应付款	39	22 495 795.29	24 489 756.17
发放贷款和垫款	13			预计负债	40		
可供出售金融资产	14	3 210 646 271.34	4 354 865 780.54	应付债券	41		
持有至到期投资	15			递延所得税负债	42		
长期股权投资	16			其他负债	43	800 000 000.00	900 000 000.00
投资性房地产	17			负债合计	44	1 366 798 705.03	1 446 395 912.13
固定资产	18	7 873 336.62	7 710 201.01	所有者权益（或股东权益）：			
在建工程	19			实收资本（或股本）	45	3 000 000 000.00	3 000 000 000.00

续表

项目	行次	年初数	年末数	项目	行次	年初数	年末数
固定资产清理	20			国家资本	46		
无形资产	21	10 253 906.05	10 887 490.04	集体资本	47		
商誉	22			法人资本	48	3 000 000 000.00	3 000 000 000.00
长期待摊费用	23	5 958 394.07	3 062 285.11	其中:国有法人资本	49	3 000 000 000.00	3 000 000 000.00
抵债资产	24			个人资本	50		
递延所得税资产	25	51 350 475.72	126 625 454.59	外商资本	51		
其他资产	26	7 148 689.89	3 289 121.34	其他权益工具	52		
				资本公积	53		
				减:库存股	54		
				其他综合收益	55	1 510 884.00	209 981.18
				盈余公积	56	125 779 896.59	178 180 491.84
				一般风险准备	57	141 989 437.20	168 189 734.83
				未分配利润	58	441 111 633.07	886 516 692.70
				归属于母公司所有者权益合计	59	3 710 391 850.86	4 233 096 900.55
				少数股东权益	60		
				所有者权益(或股东权益)合计	61	3 710 391 850.86	4 233 096 900.55
资产总计	27	5 077 190 555.89	5 679 492 812.68	负债和所有者权益(或股东权益)总计	62	5 077 190 555.89	5 679 492 812.68

总经理:丁文忠　　财务总监:浦凤丹　　会计机构负责人:汪晖　　制表:陈 燕

5.1.2.2 资产负债表(合并)

资产负债表(合并)

编制单位:陆家嘴国际信托有限公司　　2016年12月31日　　单位:元

项目	行次	年初数	年末数	项目	行次	年初数	年末数
资产:				负债:			
现金及银行存款	1	4 175.16	4 955.16	向中央银行借款	28		
存放中央银行款项	2			联行存放款项	29		
贵金属	3			同业及其他金融机构存放款项	30		
存放联行款项	4			拆入资金	31		
存放同业款项	5	857 841 905.20	264 466 410.80	以公允价值计量且其变动计入当期损益的金融负债	32		
拆出资金	6			衍生金融负债	33		
以公允价值计量且其变动计入当期损益的金融资产	7	949 822 309.69	892 375 900.13	卖出回购金融资产款	34		
衍生金融资产	8			吸收存款	35		
买入返售金融资产	9	2 058 500 000.00	1 543 000 000.00	应付职工薪酬	36	405 988 113.39	395 205 033.37
应收款项类金融资产	10			应交税费	37	135 509 696.35	123 170 289.26
应收利息	11	6 499 271.69	3 436 818.09	应付利息	38	2 805 100.00	3 530 833.33
其他应收款	12	21 966 960.17	19 691 782.05	其他应付款	39	1 601 848 195.27	1 383 472 409.71
发放贷款和垫款	13	775 918 630.13	1 870 800 000.00	预计负债	40		
可供出售金融资产	14	1 903 404 901.48	2 293 125 047.90	应付债券	41		
持有至到期投资	15			递延所得税负债	42		
长期股权投资	16			其他负债	43	800 000 000.00	900 000 000.00
投资性房地产	17			负债合计	44	2 946 151 105.01	2 805 378 565.67
固定资产	18	7 873 336.62	7 710 201.01	所有者权益(或股东权益):			
在建工程	19			实收资本(或股本)	45	3 000 000 000.00	3 000 000 000.00
固定资产清理	20			国家资本	46		
无形资产	21	10 253 906.05	10 887 490.04	集体资本	47		

续表

项目	行次	年初数	年末数	项目	行次	年初数	年末数
商誉	22			法人资本	48	3 000 000 000. 00	3 000 000 000. 00
长期待摊费用	23	5 958 394. 07	3 062 285. 11	其中：国有法人资本	49	3 000 000 000. 00	3 000 000 000. 00
抵债资产	24			个人资本	50		
递延所得税资产	25	51 350 475. 72	126 625 454. 59	外商资本	51		
其他资产	26	7 148 689. 89	3 289 121. 34	其他权益工具	52		
				资本公积	53		
				减：库存股	54		
				其他综合收益	55	1 510 884. 00	209 981. 18
				盈余公积	56	125 779 896. 59	178 180 491. 84
				一般风险准备	57	141 989 437. 20	168 189 734. 83
				未分配利润	58	441 111 633. 07	886 516 692. 70
				归属于母公司所有者权益合计	59	3 710 391 850. 86	4 233 096 900. 55
				少数股东权益	60		
				所有者权益（或股东权益）合计	61	3 710 391 850. 86	4 233 096 900. 55
资产总计	27	6 656 542 955. 87	7 038 475 466. 22	负债和所有者权益（或股东权益）总计	62	6 656 542 955. 87	7 038 475 466. 22

总经理：丁文忠　　财务总监：浦凤丹　　会计机构负责人：汪　晖　　制表：陈　燕

5.1.3 利润表

5.1.3.1 利润表（单体）

利润表（单体）

编制单位：陆家嘴国际信托有限公司　　2016 年度　　单位：元

项目	行次	上年数	本年数	项目	行次	上年数	本年数
一、营业收入	1	1 363 294 648. 25	1 319 120 353. 10	减：所得税费用	22	153 804 712. 99	153 308 476. 17
（一）利息净收入	2	－1 199 776. 15	－31 925 048. 68	五、净利润（亏损以"－"号填列）	23	551 899 800. 68	524 005 952. 51
利息收入	3	6 913 463. 29	4 524 640. 20	归属于母公司所有者的净利润	24	551 899 800. 68	524 005 952. 51
利息支出	4	8 113 239. 44	36 449 688. 88	少数股东损益	25		
（二）手续费及佣金净收入	5	1 105 181 879. 48	1 049 410 608. 68	六、其他综合收益的税后净额	26	403 908. 11	－1 300 902. 82
手续费及佣金收入	6	1 105 181 879. 48	1 049 410 608. 68	（一）归属于母公司所有者的其他综合收益的税后净额	27	403 908. 11	－1 300 902. 82
手续费及佣金支出	7			1. 以后不能重分类进损益的其他综合收益	28		
（三）投资收益（损失以"－"号填列）	8	268 976 047. 07	297 770 099. 26	2. 以后将重分类进损益的其他综合收益	29	403 908. 11	－1 300 902. 82
其中：对联营企业和合营企业的投资收益	9			（1）权益法下在被投资单位以后将重分类进损益的其他综合收益中享有的份额	30		
（四）公允价值变动收益（损失以"－"号填列）	10	－9 663 502. 15	3 864 693. 84	（2）可供出售金融资产公允价值变动损益	31	403 908. 11	－1 300 902. 82
（五）汇兑收益（损失以"－"号填列）	11			（3）持有至到期投资重分类为可供出售金融资产损益	32		
（六）其他业务收入	12			（4）现金流量套期损益的有效部分	33		
二、营业支出	13	671 861 702. 96	687 767 613. 38	（5）外币财务报表折算差额	34		
（一）营业税金及附加	14	68 433 021. 94	28 156 931. 46	（6）其他	35		
（二）业务及管理费	15	506 577 311. 15	439 673 114. 12	（二）归属于少数股东的其他综合收益的税后净额	36		
（三）资产减值损失（转回金额以"－"号填列）	16	96 851 369. 87	219 937 567. 80	七、综合收益总额	37	552 303 708. 79	522 705 049. 69
（四）其他业务成本	17			归属于母公司所有者的综合收益总额	38	552 303 708. 79	522 705 049. 69
三、营业利润（亏损以"－"号填列）	18	691 432 945. 29	631 352 739. 72	归属于少数股东的综合收益总额	39		
加：营业外收入	19	14 355 258. 00	46 011 775. 64	八、每股收益	40	—	—
减：营业外支出	20	83 689. 62	50 086. 68	（一）基本每股收益	41		
四、利润总额（亏损以"－"号填列）	21	705 704 513. 67	677 314 428. 68	（二）稀释每股收益	42		

总经理：丁文忠　　财务总监：浦凤丹　　会计机构负责人：汪　晖　　制表：陈　燕

5.1.3.2 利润表(合并)

利润表(合并)

编制单位:陆家嘴国际信托有限公司　　2016 年度　　单位:元

项目	行次	上年数	本年数	项目	行次	上年数	本年数
一、营业收入	1	1 401 748 524.71	1 319 899 532.37	减:所得税费用	22	153 804 712.99	153 308 476.17
(一)利息净收入	2	131 960 458.54	-18 513 111.41	五、净利润(亏损以"-"号填列)	23	551 899 800.68	524 005 952.51
利息收入	3	213 991 652.54	29 494 228.59	归属于母公司所有者的净利润	24	551 899 800.68	524 005 952.51
利息支出	4	82 031 194.00	48 007 340.00	少数股东损益	25		
(二)手续费及佣金净收入	5	1 057 511 127.14	1 029 723 241.24	六、其他综合收益的税后净额	26	403 908.11	-1 300 902.82
手续费及佣金收入	6	1 057 511 127.14	1 029 723 241.24	(一)归属于母公司所有者的其他综合收益的税后净额	27	403 908.11	-1 300 902.82
手续费及佣金支出	7			1.以后不能重分类进损益的其他综合收益	28		
(三)投资收益(损失以"-"号填列)	8	221 940 441.18	309 960 750.40	2.以后将重分类进损益的其他综合收益	29	403 908.11	-1 300 902.82
其中:对联营企业和合营企业的投资收益	9			(1)权益法下在被投资单位以后将重分类进损益的其他综合收益中享有的份额	30		
(四)公允价值变动收益(损失以"-"号填列)	10	-9 663 502.15	-1 271 347.86	(2)可供出售金融资产公允价值变动损益	31	403 908.11	-1 300 902.82
(五)汇兑收益(损失以"-"号填列)	11			(3)持有至到期投资重分类为可供出售金融资产损益	32		
(六)其他业务收入	12			(4)现金流量套期损益的有效部分	33		
二、营业支出	13	710 315 579.42	688 546 792.65	(5)外币财务报表折算差额	34		
(一)营业税金及附加	14	68 433 021.94	28 156 931.46	(6)其他	35		
(二)业务及管理费	15	545 031 187.61	440 452 293.39	(二)归属于少数股东的其他综合收益的税后净额	36		
(三)资产减值损失(转回金额以"-"号填列)	16	96 851 369.87	219 937 567.80	七、综合收益总额	37	552 303 708.79	522 705 049.69
(四)其他业务成本	17			归属于母公司所有者的综合收益总额	38	552 303 708.79	522 705 049.69
三、营业利润(亏损以"-"号填列)	18	691 432 945.29	631 352 739.72	归属于少数股东的综合收益总额	39		
加:营业外收入	19	14 355 258.00	46 011 775.64	八、每股收益:	40	—	—
减:营业外支出	20	83 689.62	50 086.68	(一)基本每股收益	41		
四、利润总额(亏损以"-"号填列)	21	705 704 513.67	677 314 428.68	(二)稀释每股收益	42		

总经理:丁文忠　　财务总监:浦凤丹　　会计机构负责人:汪　晖　　制表:陈　燕

5.1.4 所有者权益变动表(单体与合并一致)

所有者权益变动表(单体与合并一致)

编制单位:陆家嘴国际信托有限公司　　2015 年度　　单位:元

项目	行次	2015 年度									
		归属于母公司所有者权益								少数股东权益	所有者权益合计
		实收资本(或股本)	其他权益工具	资本公积	减:库存股	其他综合收益	盈余公积	一般风险准备	未分配利润		
栏次		11	12	13	14	15	16	17	18	19	20
一、上年年末余额	1	3 000 000 000. 00				1 106 975. 89	70 589 916. 53	86 391 249. 65	272 922 005. 93		3 431 010 148. 00
加:会计政策变更	2										—
前期差错更正	3										—
二、本年年初余额	4	3 000 000 000. 00	—	—	—	1 106 975. 89	70 589 916. 53	86 391 249. 65	272 922 005. 93	—	3 431 010 148. 00
三、本年增减变动金额(减少以"-"号填列)	5	—	—	—	—	403 908. 11	55 189 980. 06	55 598 187. 55	168 189 627. 14	—	279 381 702. 86
(一)综合收益总额	6					403 908. 11			551 899 800. 68		552 303 708. 79
(二)所有者投入和减少资本	7	—	—	—	—	—	—	—	—	—	—
1. 所有者投入资本	8										—
2. 其他权益工具持有者投入资本	9										—
3. 股份支付计入所有者权益的金额	10										—
4. 其他	11										—
(三)利润分配	12	—	—	—	—	—	55 189 980. 06	55 598 187. 55	-383 710 173. 54	—	-272 922 005. 93
1. 提取盈余公积	13						55 189 980. 06		-55 189 980. 06		—
2. 提取一般风险准备	14							55 598 187. 55	-55 598 187. 55		—
3. 对所有者(或股东)的分配	15								-272 922 005. 93		-272 922 005. 93
4. 其他	16										—
(四)所有者权益内部结转	17	—	—	—	—	—	—	—	—	—	—
1. 资本公积转增资本(或股本)	18										—
2. 盈余公积转增资本(或股本)	19										—
3. 盈余公积弥补亏损	20										—
4. 一般风险准备弥补亏损	21										—
5. 其他	22										—
四、本年年末余额	23	3 000 000 000. 00	—	—	—	1 510 884. 00	125 779 896. 59	141 989 437. 20	441 111 633. 07	—	3 710 391 850. 86

总经理:丁文忠　　财务总监:浦凤丹　　会计机构负责人:汪晖　　制表:陈燕

所有者权益变动表（单体与合并一致）（续）

编制单位：陆家嘴国际信托有限公司　　2016 年度　　单位：元

项目	行次	2016 年度									
		归属于母公司所有者权益								少数股东权益	所有者权益合计
		实收资本（或股本）	其他权益工具	资本公积	减：库存股	其他综合收益	盈余公积	一般风险准备	未分配利润		
栏次		1	2	3	4	5	6	7	8	9	10
一、上年年末余额	1	3 000 000 000. 00	—	—	—	1 510 884. 00	125 779 896. 59	141 989 437. 20	441 111 633. 07	—	3 710 391 850. 86
加：会计政策变更	2										—
前期差错更正	3										—
二、本年年初余额	4	3 000 000 000. 00	—	—	—	1 510 884. 00	125 779 896. 59	141 989 437. 20	441 111 633. 07	—	3 710 391 850. 86
三、本年增减变动金额（减少以"－"号填列）	5	—	—	—	—	−1 300 902. 82	52 400 595. 25	26 200 297. 63	445 405 059. 63	—	522 705 049. 69
（一）综合收益总额	6					−1 300 902. 82			524 005 952. 51		522 705 049. 69
（二）所有者投入和减少资本	7	—	—	—	—	—	—	—	—	—	—
1. 所有者投入资本	8										—
2. 其他权益工具持有者投入资本	9										—
3. 股份支付计入所有者权益的金额	10										—
4. 其他	11										—
（三）利润分配	12	—	—	—	—	—	52 400 595. 25	26 200 297. 63	−78 600 892. 88	—	—
1. 提取盈余公积	13						52 400 595. 25		−52 400 595. 25		—
2. 提取一般风险准备	14							26 200 297. 63	−26 200 297. 63		—
3. 对所有者（或股东）的分配	15										—
4. 其他	16										—
（四）所有者权益内部结转	17	—	—	—	—	—	—	—	—	—	—
1. 资本公积转增资本（或股本）	18										—
2. 盈余公积转增资本（或股本）	19										—
3. 盈余公积弥补亏损	20										—
4. 一般风险准备弥补亏损	21										—
5. 其他	22										—
四、本年年末余额	23	3 000 000 000. 00	—	—	—	209 981. 18	178 180 491. 84	168 189 734. 83	886 516 692. 70	—	4 233 096 900. 55

总经理：丁文忠　　财务总监：浦凤丹　　会计机构负责人：汪　晖　　制表：陈燕

5.2 信托资产

5.2.1 信托项目资产负债汇总表

信托项目资产负债汇总表

编制单位：陆家嘴国际信托有限公司　　2016 年 12 月 31 日　　单位：万元

信托资产	期末数	期初数	信托负债和信托权益	期末数	期初数
信托资产：			信托负债：		
货币资金	1 010 453.13	753 829.74	交易性金融负债	—	—
拆出资金	—	—	衍生金融负债	—	—
存出保证金	—	—	应付受托人报酬	2 623.62	193.27
交易性金融资产	433 837.06	50 842.73	应付托管费	128.22	95.98
衍生金融资产	—	—	应付受益人收益	3 843.41	2 446.90
买入返售金融资产	4 279 209.88	3 970 410.03	应交税费	—	—
应收款项	74 244.49	65 060.08	应付销售服务费	190.85	190.85
发放贷款	6 138 197.94	2 817 088.04	其他应付款项	141 716.57	116 548.48
可供出售金融资产	5 448 880.56	3 592 727.47	预计负债	—	—
持有至到期投资	—	—	其他负债	—	—
长期应收款	—	—	信托负债合计	148 502.67	119 475.48
长期股权投资	3 274 181.25	1 302 009.62	信托权益：		
投资性房地产	—	—	实收信托	21 362 953.21	13 612 743.37
固定资产	—	—	资本公积	—	25 798.40
无形资产	—	—	外币报表折算差额	—	—
长期待摊费用	473.04	295.23	未分配利润	126 358.85	116 503.20
其他资产	978 337.38	1 322 257.51	信托权益合计	21 489 312.06	13 755 044.97
信托资产总计	21 637 814.73	13 874 520.45	信托负债及信托权益总计	21 637 814.73	13 874 520.45

公司负责人：丁文忠　　复　核：娄佩琍　　制　表：李政卿

5.2.2 信托项目利润和利润分配汇总表

信托项目利润及利润分配汇总表

编制单位：陆家嘴国际信托有限公司　　2016 年度　　单位：万元

项目	本年金额	上年金额
1. 营业收入	1 262 370.16	1 002 379.74
1.1 利息收入	847 088.26	691 423.27
1.2 投资收益	409 638.37	313 839.46
1.2.1 对联营企业和合营企业的投资收益	—	—
1.3 公允价值变动损益	4 992.79	-2 901.39
1.4 租赁收入	—	—
1.5 汇兑损益	—	—
1.6 其他收入	650.74	18.40
2. 支出	167 339.00	177 247.05
2.1 营业税金及附加	—	—
2.2 受托人报酬	103 773.25	99 466.72
2.3 托管费	11 337.50	13 229.07
2.4 投资管理费	—	—
2.5 销售服务费	25 527.71	17 883.29
2.6 交易费用	371.29	2 214.83
2.7 资产减值损失	—	—
2.8 其他费用	26 329.25	44 453.14
3. 信托净利润	1 095 031.16	825 132.69
4. 其他综合收益	—	—
5. 综合收益	1 095 031.16	825 132.69

续表

项目	本年金额	上年金额
6.　加：期初未分配信托利润	116 503.20	81 896.03
7. 可供分配的信托利润	1 253 265.79	936 984.18
8.　减：本期已分配信托利润	1 126 906.94	820 480.98
9. 期末未分配信托利润	126 358.85	116 503.20

公司负责人：丁文忠　　复　核：娄佩琍　　制　表：李政卿

6. 会计报表附注

6.1 会计报表编制基准不符合会计核算基本前提的说明

6.1.1 会计报表不符合会计核算基本前提的事项

本公司以持续经营为基础，根据实际发生的交易和事项，按照《企业会计准则——基本准则》和其他各项会计准则的规定进行确认和计量，在此基础上编制财务报表，无不符合会计核算基本前提的事项。

6.1.2 纳入合并财务报表范围子公司的基本情况

报告期内，本公司无纳入合并会计报表范围的子公司。

6.2 或有事项说明

本报告期内，本公司未发生影响本财务报表阅读和理解的重大或有事项。

6.3 重要资产转让及其出售的说明

本报告期内，无重要资产转让或出售。

6.4 会计报表中重要项目的明细资料

6.4.1 披露自营资产经营情况

6.4.1.1 按信用风险五级分类结果披露信用风险资产的期初数、期末数

信用风险资产五级分类	正常类（万元）	关注类（万元）	次级类（万元）	可疑类（万元）	损失类（万元）	信用风险资产合计（万元）	不良资产合计（万元）	不良资产率（%）
期初数	470 933	20 000	0	18 570	0	509 503	18 570	3.64
期末数	552 791	0	0	0	31 679	584 470	31 679	5.42

注：1. 不良资产合计＝次级类＋可疑类＋损失类。

2. 期初数已按最新口径重述，与期末数口径保持一致。

6.4.1.2 各项资产减值损失准备的期初数、本期计提、本期转回、本期核销、期末数

单位：万元

	期初数	本期计提	本期转回	本期核销	期末数
贷款损失准备	0	0	0	0	0
一般准备	0	0	0	0	0
专项准备	0	0	0	0	0
其他资产减值准备	9 688	32 079	10 088	0	31 679
可供出售金融资产减值准备	9 685	32 079	10 085	0	31 679
持有至到期投资减值准备	0	0	0	0	0
长期股权投资减值准备	0	0	0	0	0
坏账准备	3	0	3	0	0
投资性房地产减值准备	0	0	0	0	0

6.4.1.3 按照投资品种分类，分别披露固有业务股票投资、基金投资、债券投资、股权投资等投资业务的期初数、期末数

单位：万元

	自营股票	基金	债券	长期股权投资	其他投资	合计
期初数	2 494	82 470	22 958		308 125	416 047
期末数	0	48 058	10 960		481 126	540 144

6.4.1.4 按投资入股金额排序，前五名的自营长期股权投资的企业名称、占被投资企业权益的比例、主要经营活动及投资收益情况等

本报告期内，本公司无长期股权投资。

6.4.1.5 前五名的自营贷款的企业名称、占贷款总额的比例和还款情况等

本报告期内，本公司无自营贷款。

6.4.1.6 表外业务的期初数、期末数；按照代理业务、担保业务和其他类型表外业务分别披露

本报告期内，本公司无表外业务。

6.4.1.7 公司当年的收入结构

公司当年的收入结构（单体）

收入结构	金额（万元）	占比（%）
手续费及佣金收入	104 941	74.87
其中：信托手续费收入	104 941	74.87
投资银行业务收入		
利息收入	452	0.32
其他业务收入		
其中：计入信托业务收入部分		
投资收益	29 777	21.25
其中：股权投资收益		
证券投资收益	1 824	1.30
其他投资收益	27 953	19.94
公允价值变动收益	386	0.28
营业外收入	4 601	3.28
收入合计	140 157	100

注：手续费及佣金收入、利息收入、其他业务收入、投资收益、营业外收入均应为损益表中的科目，其中手续费及佣金收入、利息收入、营业外收入为未抵减掉相应支出的全年累计实现收入数。

公司当年的收入结构（合并）

收入结构	金额（万元）	占比（%）
手续费及佣金收入	102 972	72.83
其中：信托手续费收入	102 972	72.83
投资银行业务收入		
利息收入	2 949	2.09
其他业务收入		
其中：计入信托业务收入部分		
投资收益	30 996	21.92
其中：股权投资收益		
证券投资收益	2 935	2.08
其他投资收益	28 061	19.85
公允价值变动收益	−127	−0.09
营业外收入	4 601	3.25
收入合计	141 391	100.00

注：手续费及佣金收入、利息收入、其他业务收入、投资收益、营业外收入均应为损益表中的科目，其中手续费及佣金收入、利息收入、营业外收入为未抵减掉相应支出的全年累计实现收入数。

6.4.2 披露信托财产管理情况

6.4.2.1 信托资产的期初数、期末数

单位：万元

信托资产	期初数	期末数
集合	6 765 403.05	13 467 724.53
单一	6 051 485.81	7 217 933.59
财产权	1 057 631.59	952 156.61
合计	13 874 520.45	21 637 814.73

6.4.2.1.1 主动管理型信托业务的信托资产期初数、期末数

单位：万元

主动管理型信托资产	期初数	期末数
证券投资类	10 922.71 *	38 630.19
股权及其他投资类	1 463 969.34 *	2 880 465.01
融资类	4 591 634.91 *	4 866 637.86
事务管理类	— *	—
合计	6 066 526.96 *	7 785 733.06

注：* 根据实质重于形式原则将期初数按照期末数口径进行重分类。

6.4.2.1.2 被动管理型信托业务的信托资产期初数、期末数

单位：万元

被动管理型信托资产	* 期初数	期末数
证券投资类	77 055.82	585 230.28
股权及其他投资类	3 580 600.96	4 125 208.31
融资类	3 250 426.16	8 399 572.74
事务管理类	899 910.55	742 070.34
合计	7 807 993.49	13 852 081.67

注：* 根据实质重于形式原则将期初数按照期末数口径进行重分类。

6.4.2.2 本年度已清算结束的信托项目表

6.4.2.2.1 本年度已清算结束的信托项目

已清算结束信托项目	项目个数（个）	实收信托合计金额（万元）	加权平均实际年化收益率（%）
集合类	48	2 155 124.00	8.13
单一类	89	4 128 993.00	7.48
财产管理类	2	867 500.00	7.99

注：1. 收益率是指信托项目清算后，给受益人赚取的实际收益水平。

2. 加权平均实际年化收益率 =（信托项目 1 的实际年化收益率 × 信托项目 1 的实收信托 + 信托项目 2 的实际年化收益率 × 信托项目 2 的实收信托 + … + 信托项目 *n* 的实际年化收益率 × 信托项目 *n* 的实收信托）/（信托项目 1 的实收信托 + 信托项目 2 的实收信托 + … + 信托项目 *n* 的实收信托）×100%。

6.4.2.2.2 本年度已清算结束的主动管理型信托项目

已清算结束信托项目	项目个数（个）	实收信托合计金额（万元）	加权平均实际年化信托报酬率（%）	加权平均实际年化收益率（%）
证券投资类	4	215 600.00	0.48	-20.89
股权及其他投资类	11	866 150.00	1.38	7.15
融资类	63	2 340 761.00	2.06	8.74
事务管理类	—	—	—	—

注：加权平均实际年化信托报酬率 =（信托项目 1 的实际年化信托报酬率 × 信托项目 1 的实收信托 + 信托项目 2 的实际年化信托报酬率 × 信托项目 2 的实收信托 + … + 信托项目 n 的实际年化信托报酬率 × 信托项目 n 的实收信托）/（信托项目 1 的实收信托 + 信托项目 2 的实收信托 + … + 信托项目 n 的实收信托）×100%。

6.4.2.2.3 本年度已清算结束的被动管理型信托项目

已清算结束信托项目	项目个数（个）	实收信托合计金额（万元）	加权平均实际年化信托报酬率（%）	加权平均实际年化收益率（%）
证券投资类	7	70 270.00	0.38	71.33
股权及其他投资类	15	1 088 543.00	0.32	6.94
融资类	37	1 702 793.00	0.34	7.99
事务管理类	2	867 500.00	0.08	7.99

6.4.2.3 本年度新增的信托项目

新增信托项目	项目个数（个）	实收信托合计金额（万元）
集合类	208	12 149 427.75
单一类	120	3 443 818.68
财产管理类	7	829 199.99
新增合计	335	16 422 446.42
其中：主动管理型	114	6 707 933.86
被动管理型	221	9 714 512.56

注：本年新增信托项目指在本报告年度内累计新增的信托项目个数和金额（包括以前年度成立本年度新增的分期信托项目）。包含本年度新增并于本年度内结束的项目和本年度新增至报告期末仍在持续管理的信托项目。

6.4.2.4 信托业务创新成果和特色业务有关情况

公司积极发挥区位、股东等优势，围绕"大基金、大项目、战略客户"策略，积极探索多元化资产，推动创新转型。

（1）资产证券化业务。获得特定目的的信托受托机构资质，并开展多种业务模式，有效降低资金成本：自主发行首单私募信托受益权 ABS，全程参与产品设计发行各项工作；通道类业务不断扩大规模，在银登中心挂牌转让信贷资产收益权，与券商、银行等大型金融机构合作设立私募 ABS 系列产品，满足金融机构非标转标业务需求，建立长期合作关系。

（2）房地产业务。开展多只城市新兴区域发展基金、房地产投资基金，在风险可控的前提下拓展房地产业务规模，提高房地产投融资能力。

（3）资本市场业务。推出多只主动管理的证券投资产品，跑赢同期沪深 300 指数，为投资者取得良好投资收益。抓住资管新政契机，积极拓展资本市场通道类业务。

（4）其他新型业务。固有资产股权投资业务资质获得银监局批复，拓宽固有资产的投资领域，并与信托业务加强联动。重点开展消费金融、融资租赁等业务，为后续推行资产证券化业务储备优质交易对手及基础资产。

6.4.2.5 本公司履行受托人义务情况及因本公司自身责任而导致的信托资产损失情况

本公司遵守信托法和信托文件对受托人义务的规定，为受益人的最大利益处理信托事务，管理信托财产时，恪尽职守，履行诚实、信用、谨慎、有效管理的义务，没有损害受益人利益的情况。本公司无因自身责任而导致的信托资产损失情况。

6.5 关联方关系及其交易的披露

6.5.1 关联交易方的数量、关联交易的总金额及关联交易的定价政策等

	关联交易方数量（个）	关联交易金额（万元）	定价政策
合计	5	95 972.35	关联交易遵循公平、公开、公允的原则进行定价。存在市场价格的，按照市场价格定价；不存在市场价格的，以不优于非关联方同期同类型交易的条件进行定价。

注："关联交易"定义以《公司法》《企业会计准则第 36 号——关联方披露》有关规定为准。

6.5.2 关联交易方与本公司的关系性质、关联交易方的名称、法定代表人、注册地址、注册资本及主营业务等

单位:万元

关系性质	关联方名称	法定代表人	注册地址	注册资本	主营业务
控股股东	上海陆家嘴金融发展有限公司	黎作强	中国(上海)自由贸易试验区世纪大道1600号2506室	800 000.00	金融产业、工业、商业、城市基础设施等项目的投资、管理,投资咨询,企业收购、兼并。
受同一控股股东控制的公司	陆家嘴财富管理(上海)有限公司	何勇	中国(上海)自由贸易试验区世纪大道1600号2幢4楼	2 000.00	投资管理,资产管理,商务信息咨询、企业管理咨询、投资咨询(以上咨询均除经纪),财务咨询(不得代理记账),会务服务。
受同一控股股东控制的公司	爱建证券有限责任公司	钱华	中国(上海)自由贸易试验区世纪大道1600号1幢32楼	110 000.00	证券经纪;证券投资咨询;与证券交易、证券投资活动有关的财务顾问;证券承销与保荐;证券自营;证券资产管理;证券投资基金代销;融资融券;代销金融产品业务。
受同一控股股东控制的公司	陆家嘴国泰人寿保险有限责任公司	何勇	中国(上海)自由贸易试验区世纪大道1168号东方金融广场B座19楼	160 000.00	在上海市行政辖区内及已设立分公司的省、自治区、直辖市内经营下列业务(法定保险业务除外):(1)人寿保险、健康保险和意外伤害保险等保险业务;(2)上述业务的再保险业务;(3)保险兼业代理业务。
股东	青岛国信金融控股有限公司	邓友成	青岛市崂山区苗岭路9号	300 000.00	金融及金融服务性机构的投资与运营、资产管理与基金管理、股权投资及资本运营、证券与基金投资、投资策划与咨询服务;经政府及有关监管机构批准的其他资产投资与运营(依法须经批准的项目,经相关部门批准后方可开展经营活动)。

6.5.3 逐笔披露本公司与关联方的重大交易事项

6.5.3.1 固有与关联方交易情况:贷款、投资、租赁、应收账款担保、其他方式等期初汇总数、本期借方和贷方发生额汇总数、期末汇总数

本报告期,公司固有业务未发生与关联方的关联交易。

6.5.3.2 信托与关联方交易情况:贷款、投资、租赁、应收账款、担保、其他方式等期初汇总数、本期借方和贷方发生额汇总数、期末汇总数

单位:万元

信托与关联方关联交易				
	期初数	借方发生额	贷方发生额	期末数
贷款	0.00	0	0.00	0
投资	207 758.94	94 530.00	15 820.00	286 468.94
租赁	—	—	—	—
担保	—	—	—	—
应收账款	—	—	—	—
其他	18 632.58	1 442.35	—	20 074.93
合计	226 391.52	95 972.35	15 820.00	306 543.87

6.5.3.3 信托公司自有资金运用于自己管理的信托项目(固信交易)、信托公司管理的信托项目之间的相互(信信交易)交易金额,包括余额和本报告年度的发生额

6.5.3.3.1 固有与信托财产之间的交易金额期初汇总数、本期发生额汇总数、期末汇总数

单位:万元

固有财产与信托财产相互交易			
	期初数	本期发生额	期末数
合计	303 379.27	749 078.89	391 322.89

注:以固有资金投资公司自己管理的信托项目受益权,或购买自己管理的信托项目的信托资产均纳入统计披露范围。

6.5.3.3.2 信托项目之间的交易金额期初汇总数、本期发生额汇总数、期末汇总数

单位:万元

信托资产与信托财产相互交易			
	期初数	本期发生额	期末数
合计	255 499.54	488 512.48	453 482.48

注:以公司受托管理的一个信托项目的资金购买自己管理的另一个信托项目的受益权或信托项下资产均纳入统计披露范围。

6.5.4 逐笔披露关联方逾期未偿还本公司资金的详细情况以及本公司为关联方担保发生或即将发生垫款的详细情况

本报告期内,公司未发生关联方逾期未偿还本公司资金以及本公司为关联方担保发生或即将发生垫款的情况。

6.6 会计制度的披露

公司固有业务和信托业务,同时执行财政部颁布的《企业会计准则——基本准则》和41项具体会计准则、其后颁布的企业会计准则应用指南、企业会计准则解释以及其他相关规定。

7. 财务情况说明书

7.1 利润实现和分配情况(单体与合并一致)

2016年公司实现净利润52 401万元。公司提取10%法定公积金5 240万元、提取5%信托赔偿准备金2 620万元,加上2015年累计未分配利润44 111万元后,可供分配利润88 652万元。

7.2 主要财务指标

指标名称	指标值
资本利润率(%)	13.29
加权年化信托报酬率(%)	0.99
人均净利润(万元)	177.63

注:1. 资本利润率=净利润/所有者权益平均余额×100%。
2. 所有者权益平均余额=(年初所有者权益/2+第一季度末所有者权益+第二季度末所有者权益+第三季度末所有者权益+第四季度末所有者权益/2)/4。
3. 加权年化信托报酬率=(信托项目1的实际年化信托报酬率×信托项目1的实收信托+信托项目2的实际年化信托报酬率×信托项目2的实收信托+…+信托项目n的实际年化信托报酬率×信托项目n的实收信托)/(信托项目1的实收信托+信托项目2的实收信托+…+信托项目n的实收信托)×100%。
4. 加权年化信托报酬率指标反映的是报告年度清算结束项目的信托报酬率。
5. 人均净利润=净利润/年平均人数,年平均人数=∑每月末人数/12。

7.3 净资本和风险资本情况

指标名称	期末数	监管指标
净资本(万元)	337 383.55	大于监管要求的2亿元
风险资本(万元)	231 175.05	—
净资本/风险资本(%)	145.94	大于监管要求的100%
净资本/净资产(%)	79.7	大于监管要求的40%

7.4 对本公司财务状况、经营成果有重大影响的其他事项

本报告期内,未发生对本公司财务状况、经营成果有重大影响的其他事项。

8. 特别事项揭示

8.1 前五名股东报告期内变动情况及原因

本报告期内,公司未发生前五名股东变动的情况。

8.2 董事、监事及高级管理人员变动情况及原因

8.2.1 董事变动情况

2016年8月2日,2016年度股东会第三次会议通过了《关于变更董事的议案》,免去舒榕怀公司第三届董事会董事职务,选举黎作强担任第三届董事会董事。

由于董事人选的变动,部分公司董事会下属专门委员会也应作调整。2016年12月16日,第三届董事会第九次会议审议通过了《关于选举风险管理委员会、提名与薪酬委员会委员的议案》,舒榕怀在风险管理委员会的委员职务由殷剑峰接任,舒榕怀在提名与薪酬委员会的委员职务由丁文忠接任。在同日召开的上述两个专门委员会会议上,重新推选出了主任委员。最终形成的上述两个专门委员会人员组成如下:

风险管理委员会:张广鸿(主任委员)、殷剑峰、丁文忠

提名与薪酬委员会:殷剑峰(主任委员)、沈宏山、丁文忠

除上述专门委员会以外,其余3个专门委员会的人员组成没有发生变化。

关于独立董事,有以下两点需要说明:其一,独立董事殷剑峰曾因个人原因于2015年12月向公司股东会和董事会提出辞职。之后,其提出辞任的个人原因已排除,经公司董事会极力挽留,同意其继续担任公司独立董事。其二,独立董事沈宏山因个人原因已于2016年8月分别向公司股东会和董事会提出辞职说明和辞职报告。2016年10月31日,2016年度股东会第四次会议审议通过了《关于变更独立董事的议案》,同意免去沈宏山的独立董事职务,选举胡柏枝担任独立董事。截至本报告出具之日,胡柏枝的独立董事资格正在准备申报材料中。根据相关法律法规,在此之前,沈宏山仍继续履行独立董事职责。

8.2.2 监事变动情况

本报告期内,公司未发生监事变动的情况。

8.2.3 高级管理人员变动情况

2016年4月11日,青岛银监局下发《青岛银监局关于核准姚海岚陆家嘴国际信托有限公司副总经理任职资格的批复》(青银监复[2016]51号),核准姚海岚陆家嘴国际信托有限公司副总经理的任职资格。

2016年5月6日,青岛银监局下发《青岛银监局关于核准浦凤丹陆家嘴国际信托有限公司副总经理任职资格的批复》(青银监复[2016]68号),核准浦凤丹陆家嘴国际信托有限公司副总经理的任职资格。

公司副总经理翟振明于2017年1月提出辞职。2017年2月23日,公司召开了第三届董事会第十一次会议,审议通过了《关于解聘公司副总经理的议案》,解除翟振明陆家嘴国际信托有限公司副总经理职务。

8.3 公司重大诉讼事项

8.3.1 重大未决诉讼事项

本报告期内,公司未发生重大未决诉讼事项。

8.3.2 以前年度发生,于本报告年度内终结的诉讼事项

固有业务项下:无。

信托业务项下:发生在2015年的2起涉诉案件判决已生效,公司与外部律师密切合作跟进案件进展,目前更新2016年相关进展如下:(1)檀源木业判决生效,在强制执行过程中;(2)昌泰项目判决已经生效,公司已经申请强制执行。后续公司将会继续向监管汇报案件跟进情况。

8.3.3 本报告年度发生,于本报告年度内终结的诉讼事项

本报告期内,公司未发生本报告年度发生并于本报告年度内终结的诉讼事项。

8.4 对会计师事务所出具的有保留意见、否定意见或无法表示意见的审计报告的,公司董事会应就所涉及事项作出说明。

会计师事务所对公司出具了标准无保留意见的审计报告。

8.5 公司及其董事、监事和高级管理人员受到处罚的情况

本报告期内,公司及其董事、监事和高级管理人员未发生受到处罚的情况。

8.6 银监会及其派出机构检查意见的整改情况

2016年9月下旬至10月末,中国银监会青岛银监局对公

司实施现场检查并下发《现场检查意见书》(青银监意[2016]26号)。根据青岛银监局在公司治理、内部控制、固有业务、信托业务、关联交易等方面提出的检查意见,公司向青岛银监局提交了整改报告并进行了相应整改。

一是完善固有财务顾问业务、咨询服务业务。公司将拟定固有财务顾问业务、咨询服务业务等中间业务的管理办法,弥补制度上的空白,规范财务顾问业务费、咨询服务费等中间业务收入的收取。

二是完善公司治理。公司将严格按照公司章程和制度的要求,督促监事会、董事会及下属委员会切实履行相关职责,按时召开监事会。

三是加大授权制度执行力度。公司将完善固有业务审批流程,通过调整系统风控参数控制审批权限,保障授权制度执行到位。

四是完善同业业务的财务规则。公司将根据第三方机构的专业意见,持续完善同业业务的财务规则。

五是完善信托房地产业务的审查。公司将持续加强对房地产业务的审核力度,坚持审慎原则,依据监管的各项规定严格审查上报的各类房地产项目,有序推进房地产业务的健康发展。

六是完善关联交易公允定价。公司将加强对关联交易市场定价的审核力度,保障集合信托委托人预期收益率的定价具有合理性、公允性,切实保护好信托计划各委托人的合法利益。

七是完善运营操作规范。公司将梳理运营各操作流程,规范各操作节点的合规意识,通过咨询第三方专业机构不断完善内控机制。

8.7 本年度公司重大事项临时事项披露内容

本报告期内,公司未进行重大事项临时事项披露。

8.8 银监会及其省级派出机构认定的其他有必要让客户及相关利益人了解的重要信息

本报告期内,公司未发生银监会及其派出机构认定的其他有必要让客户及相关利益人了解的重大信息。

9. 公司监事会意见

公司第三届监事会根据《监事会议事规则》及相关法律法规,监督检查了公司重大决策、重大经营活动情况及财务状况,认为公司能依法规范运作,公司董事、高级管理人员在履行公司职务时未发生违反法律法规《公司章程》或损害公司利益的行为,公司年度报告真实反映了公司的财务状况和经营成果。

平安信托有限责任公司

1. 重要提示

1.1 公司董事会及董事保证本报告所载资料不存在任何虚假记载、误导性陈述或者重大遗漏，并对其内容的真实性、准确性和完整性承担个别及连带责任。

1.2 独立董事曲毅民、杨世成、陈勇认为，本报告真实、准确、完整地披露了公司2016年度的经营管理情况。

1.3 普华永道中天会计师事务所（特殊普通合伙）为本公司出具了标准无保留意见的年度审计报告。

1.4 公司董事长任汇川、财务部负责人李萍保证年度报告中财务报告的真实、完整。

2. 公司概况

2.1 公司简介

2.1.1 公司法定中文名称：平安信托有限责任公司

公司法定英文名称：Ping An Trust Co.,Ltd.（缩写为PATC）

2.1.2 公司法定代表人：任汇川

2.1.3 公司注册地址：深圳市福田区益田路5033号平安金融中心27层（东北、西北、西南）、29层（东南、西南、西北）、31层（3120室、3122室）、32层、33层

邮政编码：518048

公司国际互联网网址：http://www.pingan.com

电子邮箱：Pub_PATMB@pingan.com.cn

2.1.4 信息披露事务负责人：顾攀

信息披露事务联系人：张翼飞

电话：4008866338

传真：（0755）82415828

电子邮箱：Pub_PATMB@pingan.com.cn

2.1.5 公司选定的信息披露报纸：《证券时报》《中国证券报》《上海证券报》《证券日报》《金融时报》

公司年度报告备置地点：公司董事会秘书处

2.1.6 公司聘请的会计师事务所名称：普华永道中天会计师事务所（特殊普通合伙）

会计师事务所办公地址：上海市湖滨路202号普华永道中心11楼

2.2 组织结构

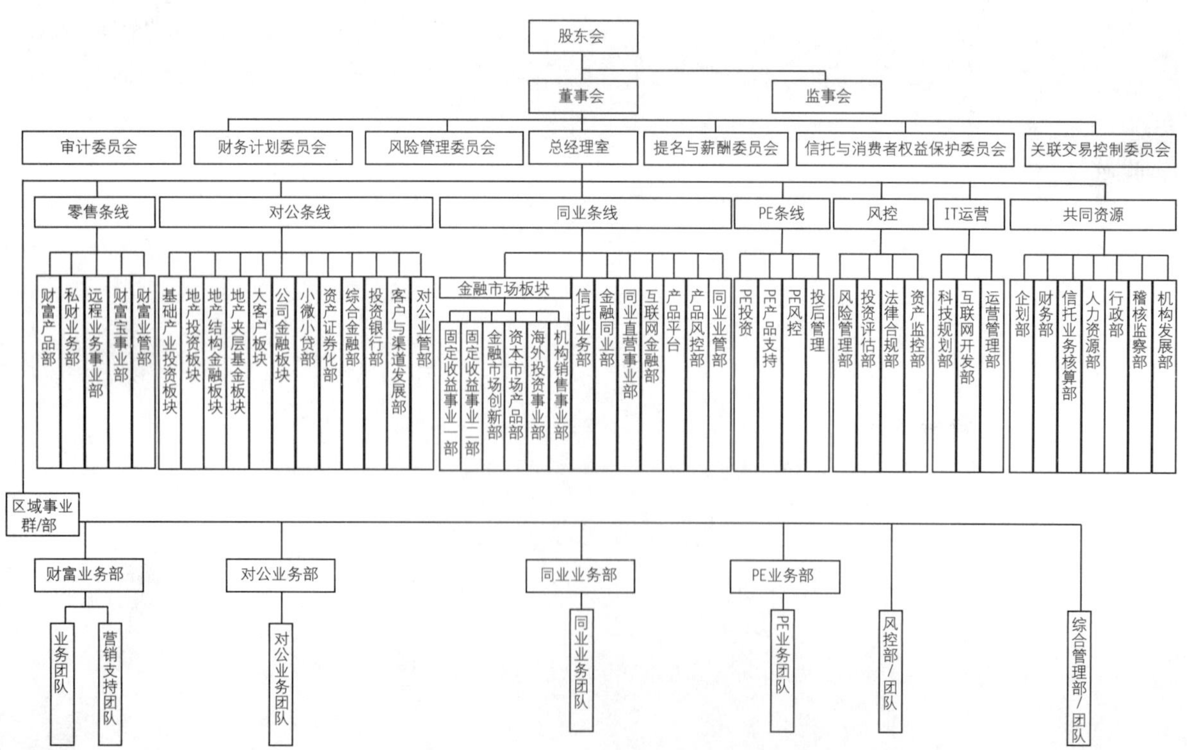

3. 公司治理

3.1 股东

报告期末公司股东总数为2家。

股东名称	持股比例(%)	法定代表人	注册资本(亿元)	注册地址	主要经营业务及主要财务情况
★中国平安保险(集团)股份有限公司(以下简称平安集团公司)	99.88	马明哲	182.80	深圳市	投资保险企业,监督管理控股投资企业的各种国内、国际业务,开展资金运用业务;2016年末其资产总额55 769.03亿元。
上海市糖业烟酒(集团)有限公司	0.12	崔智钧	3.21	上海市	食品贸易,产业投资与管理,现代服务业等;2016年末其资产总额404.24亿元。

注:★为公司最终实际控制人。

3.2 董事

董事长、副董事长、董事

姓名	职务	性别	年龄(岁)	选任日期	所推举的股东名称	该股东持股比例(%)	简要履历
任汇川	董事长	男	47	2016年2月	平安集团公司	99.88	1992年10月加入平安集团公司;现任平安集团公司总经理、本公司董事长,获北京大学工商管理硕士学位。
宋成立	副董事长	男	56	2016年8月	平安集团公司	99.88	现任本公司副董事长,曾任本公司总经理。
姚 波	董事	男	46	2007年10月	平安集团公司	99.88	2001年5月加入平安集团公司;现任平安集团公司副总经理,曾任职德勤会计师事务所精算咨询高级经理,获美国纽约大学工商管理硕士学位。
高 鹏	董事	男	40	2015年2月	平安集团公司	99.88	现任平安集团公司薪酬规划管理部总经理,获浙江大学金融学学士学位。
葛俊杰	董事	男	58	2004年9月	上海市糖业烟酒(集团)有限公司	0.12	现任上海鹏欣(集团)有限公司副董事长,曾任上海市糖业烟酒(集团)有限公司董事长兼总裁,光明食品集团副总裁。获上海财经大学商业经济专业学位。

独立董事

姓名	所在单位及职务	性别	年龄(岁)	选任日期	所推举的股东名称	该股东持股比例(%)	简要履历
曲毅民	退休	男	62	2014年12月	平安集团公司	99.88	曾供职于中远集团、远洋地产,并曾担任平安集团、招商银行、华泰保险等多家公司董事,高级会计师,大专学历。
杨世成★	中远(英国)公司总经理	男	53	2014年12月	平安集团公司	99.88	现任中远(英国)公司总经理,兼任英国中资企业协会会长,曾供职于青岛远洋运输公司、中远散货运输有限公司、中远集团总公司,获英国BRISTOL大学法学硕士学位
陈 勇	上海海高咨询有限公司董事总经理	男	54	2015年3月	平安集团公司	99.88	现任上海海高咨询有限公司董事总经理,曾供职于伯林翰律师事务所、美国Navios公司,获纽约州立大学海运学院理学硕士学位。

注:★2017年3月28日,李祥军取得独立董事任职资格,杨世成不再担任公司独立董事及关联交易控制委员会主任委员职务,公司后续将完成相应变更。

3.3 监事

监事会成员

姓名	职务	性别	年龄(岁)	选任日期	所推举的股东名称	该股东持股比例(%)	简要履历
王芊	监事会主席	女	46	2014年3月	平安集团公司	99.88	现任中国平安保险(集团)股份有限公司首席风险执行官办公室高级经理。
张云平	监事	男	55	2014年3月	平安集团公司	99.88	现任平安金服反洗钱监控中心高级稽核经理。
方渭清	监事	男	39	2010年12月	职工代表	—	现任本公司稽核监察部副总经理。

3.4 高级管理人员

报告期末，公司在职高级管理人员情况如下：

姓名	职务	性别	年龄（岁）	选任日期	金融从业年限（年）	学历	专业	简要履历
任汇川	董事长	男	48	2016 年 4 月	27	硕士	工商管理	于 2016 年 4 月加入平安信托，1992 年加入中国平安；现兼任中国平安保险（集团）股份有限公司集团总经理。
宋成立	副董事长（代履职总经理）	男	56	2016 年 11 月	24	硕士	企业管理	于 2003 年 7 月加入平安信托，1992 年加入中国平安，原平安产险副总经理。
曹宁莉	副总经理	女	41	2015 年 7 月	19	硕士	金融学	于 2015 年 4 月加入平安信托，原任中国民生银行广州分行副行长。
刘 东	副总经理	男	52	2015 年 7 月	22	博士	公共政策与管理学	于 2014 年 11 月加入平安信托 公司，原任新加坡政府投资公司高级副总裁。
郑建家	副总经理	男	48	2015 年 10 月	21	学士	经济学	于 2015 年 4 月加入平安信托公司，2013 年 4 月加入中国平安，原任平安银行财富管理事业部总裁。
顾 攀	副总经理	男	52	2016 年 9 月	19	博士	计算机	于 2008 年 9 月加入中国平安，原任平安信托风险管理部兼投资评估部总经理。
郑 翔	副总经理	男	45	2016 年 5 月	20	双学士	国际贸易	于 2016 年 5 月加入平安信托，原任中国民生银行金融同业部副总经理。
庞洪梅	副总经理	女	46	2015 年 7 月	17	博士	材料学	于 2010 年 10 月加入中国平安，原任平安信托业务部总经理。
李宇航	总经理助理	男	47	2015 年 7 月	20	硕士	工商管理	于 2009 年 2 月加入平安信托，1996 年 9 月加入中国平安，原任平安信托对公条线基建投资板块投资部总经理。
李数光	总经理助理	男	45	2015 年 7 月	21	硕士	系统工程	于 2014 年 12 月加入平安信托公司，2013 年 3 月加入中国平安，原任平安银行上海分行副行长。

3.5 公司员工

报告期末，公司职工人数为 972 人，平均年龄 32 岁，其中博士学历占 1%、硕士学历占 49%、本科学历占 44%、其他学历占 6%。

4. 经营管理

4.1 经营模式、经营目标、发展规划

4.1.1 经营模式

平安信托以“财富 + 基金”作为发展新模式，围绕财富管理、资产管理和私募投行三个核心业务，不断精进专业理财与投资能力，落实受人之托、代人理财的义务，促进差异化、特色化发展，致力于成为中国最领先的信托公司。

4.1.2 经营目标

（1）保持行业领先的业绩水准，成为市场领先的另类资产提供者。

（2）实现股东、客户、社会、员工四方共赢。平安信托善用资本，使公司价值持续增长、使股东获得长期稳定回报；同时秉承“客户至上”原则，实现个人和机构客户委托资产的保值增值；平安信托还要为员工提供个人成长与职业发展的平台，致力于成为员工自我实现和事业成功的舞台；同时深度投身慈善与社会公益事业、积极落实社会责任，切实降低社会融资成本促进实体经济发展。

（3）打造卓越的信托品牌。平安信托依托专业的财富管理、投资投行团队和超出市场水平的理财与投资能力，打造在财富管理、资产管理和私募投行领域的卓越品牌。

4.1.3 发展规划

平安信托以监管政策为基础，持续加强业务风险管控，合法合规经营；充分发挥投资理财专业化、全面风险管理、综合金融与互联网金融等竞争优势，落实新模式，打造行业领先地位。

（1）完善深化个人财富管理业务，打造国内领先的 O2O 财富管理平台。

（2）大力发展机构资产管理业务和同业信托，不断提升综合金融服务能力，满足机构投资者的差异化业务需求。

（3）积极发展私募投行与股权投资业务。地产投资侧重于调结构、促转型、控风险；基建投资业务环绕国家“一带一路”战略展开；PE 则抓住新经济投资机会成为有使命的资本；探索做大金融市场标品信托；环绕区域经济发展的差异性，深耕并满足区域优势行业经济的全方位金融服务。

（4）加强业务创新，积极探索发展慈善公益信托、资产证券化信托、财产信托保险金信托等创新业务，以创新促发展、促转型。

（5）建立强大的管理平台，支持新模式落地并领先行业。

4.2 经营业务的主要内容

2016 年以来，国内宏观环境稳中有好，国家战略、行业变革均带来新的投资机遇，泛资产管理市场蕴藏着超百万亿元的巨大需求，高净值家庭数量保持较快增长。面临新形势下的发展新机遇，信托行业需契合国家战略、提升投融资效率、服务实体经济，深化转型以寻找新的业务增长发动机，实现行业的可持续发展。

为了适应经济和行业发展形势，平安信托积极面对市场多变

的外部市场环境,保持业务稳步推进的同时,主动以"财富+基金"作为发展新模式,围绕财富管理、资产管理和私募投行三个核心业务,不断精进专业理财和投资能力,落实"受人之托、代人理财"的义务,促进差异化、特色化发展,以适应新常态,抓住新机遇,实现新发展服务实体经济,助力经济转型。同时,平安信托持续加强业务风险管控、合法合规经营,各项业务安全、稳健发展。

截至2016年12月31日,信托计划资产管理规模6 772亿元,较年初增长21.3%。

个人财富管理业务方面,平安信托以客户为核心,从渠道、产品、服务、系统及风控等方面着力,提升业务的市场竞争力,推动覆盖客户全生命周期的财富管理服务。活跃财富客户数实现稳步增长,截至2016年12月31日,活跃财富客户数达5.25万,较年初增长39.4%。推动家族信托业务快速增长并得到客户与市场的高度认可,摘得由《中国经营报》评定的2016卓越竞争力金融机构评选"卓越竞争力家族信托管理公司";同时进一步推出保险金信托业务,实现财富传承、财富管理与保险完美的嫁接。

机构资产管理业务方面,平安信托以投资能力为抓手,重点开拓保险公司、城商行、农商行客户。同时打造项目资金撮合及资产转换、卖断平台,为机构投资者提供专业、高效、差异化的服务。

私募投行与股权投资业务方面,平安信托积极把握行业的变化趋势,不断加强与优质客户合作,以股权、债权、夹层融资、基金等多种方式服务于国内众多优秀企业;以服务实体经济为目标,在地产、基建、新能源、PPP、"一带一路"、国企混改等国家重点支持的诸多领域都发挥着积极的作用。同时,平安信托在业务开展过程中依托严谨的风险管理体系,主动加强项目筛选,确保项目风险可控,为投资者提供优质可靠的投资产品。

此外,平安信托还积极推动基金化转型,深耕健康医疗、消费升级、节能环保、现代服务和先进制造等行业。

2016年,平安信托继续秉承"风险创造价值,风控引领市场"的风控理念,融合信托的专业型和商业银行的精细化风控管理,打造全员参与、全流程管控、业务全覆盖的风险管控体系。

风险管理方面,平安信托始终高度重视风险管理对业务发展的重要性,不断完善风险治理架构,制定了覆盖各业务领域的风险策略体系,持续提升量化风险管理水平,提高数据透明度和痕迹化管理水平,为公司业务发展创建良好的风控环境。

资产监控方面,平安信托始终坚持制度先行,持续规范投中投后工作,先后出台了多项规章制度,优化了放款审核、征信查询、合同面签等流程;投后实现分级管理,风险分类和控制初见成效;多次开展风险检视,通过跟踪监控,对信托项目的实际执行情况进行了全面排查。

合规经营方面,平安信托持续提升操作风险管理的有效性及水平,加强合规文化建设,推动关联交易管理机制建设并有序推进反洗钱体系建设。

本公司严格遵照监管要求,定期监控与净资本相关的各类指标,包括净资本、净资本与风险资本之比、净资本与净资产之比。截至2016年12月31日,公司净资本规模167.2亿元,符合监管要求。净资本/各项业务风险资本之和比例为251%,高于监管要求的100%。净资本/净资产比例为74%,符合监管要求。

2016年平安信托凭借优秀业绩、突出表现和良好口碑,先后摘得多个行业权威奖项;七度蝉联由《证券时报》评定的"中国优秀信托公司"奖,蝉联由《金融时报》评定的"中国金融机构金牌榜年度最佳信托公司"奖,荣获由《经济观察报》评定的"中国卓越金融奖年度卓越公益信托产品平台"奖。

本公司(本报告中所称的本公司或公司,均指母公司;本报告中所称的本集团或集团,则为本公司及其子公司)的主要经营业务:

自营资产运用与分布表

资产运用	金额(万元)	占比(%)	资产分布	金额(万元)	占比(%)
货币资产	505 296.50	19.35	基础产业	—	—
贷款及应收款	9 000.00	0.34	房地产业	71 101.65	2.72
划分为持有待售的资产	48 369.03	1.85	证券市场	—	—
可供出售金融资产	944 146.80	36.16	实业	684 633.28	26.22
应收款项类投资	—	—	金融机构	1 766 539.55	67.65
长期股权投资	587 799.13	22.51	其他	88 985.61	3.41
应收股利	264 774.22	10.14			
其他应收款	215 635.18	8.26			
其他	36 239.23	1.39			
资产总计	2 611 260.09	100.00	资产总计	2 611 260.09	100.00

注:除特别说明外,本报告中数据均以人民币计量。资产运用中"其他"项主要包括固定资产、无形资产、递延所得税资产等。

信托资产运用与分布表

资产运用	金额(万元)	占比(%)	资产分布	金额(万元)	占比(%)
货币资产	1 263 244.41	1.87	基础产业	2 759 585.58	4.07
贷款	29 530 691.12	43.61	房地产业	7 356 669.41	10.86
交易性金融资产	4 682 111.51	6.91	证券市场	3 217 954.17	4.75
可供出售金融资产	24 211 655.82	35.75	实业	30 614 114.13	45.21
持有至到期投资	—	—	金融机构	22 432 119.16	33.12
长期股权投资	1 947 360.09	2.88	其他	1 341 651.23	1.98
买入返售资产	291 905.13	0.43			
其他	5 795 125.62	8.56			
资产总计	67 722 093.68	100.00	资产总计	67 722 093.68	100.00

4.3 市场分析

4.3.1 挑战

(1)行业收入增长放缓,报酬率下降;风险陆续暴露。近年来信托业收入和利润增长放缓,2016年信托业实现经营收入1 116亿元,同比2015年的1 176亿元下降了5.1%;信托报酬率也逐步下滑,就清算信托项目为受益人的年化综合实际收益率而言,2016年3月为8.2%、6月为6.4%、9月为7.6%、12月为7.6%,相对于2015年而言,整体呈现出下降趋势。

同时,随着经济增速预期回落,传统行业的融资偿债风险加剧导致信托风险项目有所增加。截至2016年末信托行业风险项目个数545个,涉及规模1 175亿元;分别较2015年末增长了17.5%和20.8%;风险项目单均规模有加大趋势。

(2)信贷扩张对GDP边际贡献下降,传统信托贷款业务发展空间收窄。过往信贷扩张驱动着房地产、基建为主的行业高速增长,信托业也受益于此。传统信贷模式对于抵押品和政府隐性担保的偏爱使得信贷投放不断循环强化,形成金融顺周期。但当前逆周期或已来临,债券市场波动加大,银行业不良率已连续4年上升、不良贷款率达1.74%;平衡风险收益后有利可图的信托贷款增量业务空间快速收缩。

（3）监管政策进一步审慎，传统业务受限。监管将进一步加强金融风险的防范和化解，通过统一资产管理业务的标准规制，来减少存量风险、控制增量风险；预计监管政策将进一步审慎，对信托贷款等非标准化债权资产融资业务、通道业务为主业的信托公司形成较大挑战。

4.3.2 机遇

（1）经济运行缓中向好、国家战略将带来新机遇。2016 年中国国内生产总值达到 74.4 万亿元，增长 6.7%，名列世界前茅，对全球经济增长的贡献率超过 30%。全国居民人均可支配收入实际增长 6.3%。工业企业利润增长 8.5%，单位国内生产总值能耗下降 5%，经济发展的质量和效益明显提高，国民经济各项数据均呈现有利势头。

在未来几年，供给侧改革、"一带一路"、京津冀协同发展、长江经济带等国家级战略，以及工业 4.0、"互联网 +"、新能源等巨大的工业变革以及区域间经济的差异化均为信托行业带来了新的投资机遇。

（2）泛资产管理市场蕴藏着近 150 万亿元的巨大需求。伴随着宏观经济的稳定发展，高净值家庭快速增长，居民财富的迅速积累，资产管理机构的专业投资能力逐步被个人投资者所认可，监管制度日益完善，资产管理行业主动转型，泛资产管理市场正孕育着巨大的需求。预计到 2020 年，该数字有望达到 149 万亿元，年复合增长率高达 17% 。

（3）监管政策导向日益完善，推动行业转型。监管明确提出信托业的"五大坚持""八大责任""八项机制""八项业务"等业务战略方向，有利于各家信托公司根据各自的战略规划、资源禀赋和目标定位，探索差异化、专业化的发展路径。

4.4 内部控制

4.4.1 内部控制环境和内部控制文化

公司一贯致力于构建符合国际标准和监管要求的内部控制体系，根据风险状况和控制环境的变化，持续优化内部控制机制。根据国家法律法规以及各监管机构的要求，公司以现代国际一流金融企业为标杆，秉承综合金融发展战略，结合经营管理需要，践行"法规 +1"的合规理念，贯彻"目标明确、覆盖全面、运作规范、执行到位、监督有力"的方针，完善内部控制运行机制，着力提高抵御风险的能力，确保公司经营管理合法合规、符合监管要求，促进业务可持续健康发展。2016 年，公司遵循"以制度为基础、以风险为导向、以流程为纽带"思路，强化内部控制日常化运作机制，持续提升内控工作的水平和效果，为公司持续稳健发展提供保障。

公司根据《中华人民共和国公司法》《中华人民共和国信托法》《信托公司管理办法》《信托公司治理指引》《企业内部控制基本规范》等国家相关法律法规和《公司章程》的要求，建立了由股东会、董事会、监事会和高级管理层组成的法人治理结构，形成了权力机构、决策机构、监督机构和管理层之间分工配合、相互协调、相互制衡的运行机制。公司股东会、董事会、监事会均按照相关法律、法规、规范性文件及《公司章程》的规定，规范有效地运作。公司完善的法人治理结构为公司内部控制目标的实现提供了合理保证。

公司积极开展合规文化建设，为合规管理工作的开展和内部控制建设营造优越的内部环境及合规文化氛围。公司通过员工行为准则，对违纪类型、违纪处理流程等做出明确规定，倡导员工诚信守法、廉洁自律，遵守公司内部规章制度，维护公司形象及社会公共秩序；通过"红、黄、蓝"牌处罚制度体系，对员工违规行为严格惩处，营造良好的内控环境；通过合规手册，明确公司合规管理职责，完善内部控制和风险管理体系；推动员工签署合规履职承诺函，从遵法守规、商业秘密、利益冲突、销售行为等方面规范员工行为，提升员工知法守规意识。此外，公司通过以全员大会、宣导专刊、面授培训、知鸟课程等多种形式高频次地开展内控文化宣导，在全公司范围内营造高层垂范、人人合规的良好氛围，增强全员合规内控意识。

4.4.2 内部控制措施

按照相关法律法规、监管规定和内部制度的要求，公司建立了组织架构完善、权责清晰、分工明确、人员配备精良的内部控制组织体系。公司董事会负责内部控制的建立健全和有效实施，董事会下设审计委员会，负责监督、审查、评价公司内部控制的实施情况，协调内部控制审计及其他相关事宜；监事会负责对董事会建立与实施的内部控制进行监督，对公司管理层履职情况进行检查监督；2016 年，公司进一步加强"业务及职能部门直接承担管理、法律合规部门统筹推动支持、稽核监察部门监督检查审计"三道防线的分工与协作，强化工作衔接与信息共享机制，有效地实施内部控制，实现内部控制"促管理、促发展、促效益"的目标。公司持续优化内控治理结构，完善操作风险与内控管理、防火墙管理、关联交易管理、反洗钱管理、授权管理、员工利益冲突等机制，持续优化公司内部控制政策、框架、流程、系统及工具标准，提升管理水平，并加强高风险事件管控，防范系统性风险及风险传递，落实合规内控考核，进一步促进内部控制有效实施。2016 年，公司继续贯彻落实《企业内部控制基本规范》及配套指引的相关要求，积极开展内控评价工作，如期完成公司层面控制、信托管理、财务报告与信息披露等流程的内控自评工作；同时，公司持续关注主要业务和新增业务的合规发展和内部控制，通过有效识别、评估并防范和化解内控风险，为公司的稳健经营提供保障。

4.4.3 监督评价与纠正

公司已形成事前、事中与事后"三位一体"的风险管理和监督评价体系，对业务环节和经营管理进行持续性的全方位、全过程的监督、评价与纠正。2016 年全面完成了内部控制检查评价计划，符合《企业内部控制基本规范》等监管规定和公司完善治理结构、强化内部控制体系建设的总体要求。

事前监督主要从制度建设、制度与流程检视与完善、风险信息收集、识别与监测整合等方面展开，对公司的内部控制进行事前管理；事中监控包括投资评估部和法律合规部的业务评审、风险管理部的业务监控、业务部门及投后管理团队的持续监控；事后监督通过常规稽核、专项稽核、离任稽核、信访调查等模式发现、评估公司经营中存在的制度和流程执行缺陷，并建立规范的后续整改跟踪程序确保改进措施得到落实，有效提升公司的内控水平。

4.5 风险管理

4.5.1 风险管理概况

2016 年，公司风险管理工作始终坚持以"经营风险"为核心管理理念，深入推进"全员参与、全流程管控、业务全覆盖"的风险管控体系建设，持续提升全面风险管控能力，严守风险底线，助力业务发展。

报告期内，公司不断优化风险治理架构，进一步梳理公司全面风险管理范畴及管理框架，明确成立董事会风险管理委员会、管理层风险管理委员会的顶层设计，明晰了董事会风险管理委员会、风险管理委员会及各风险各管理部门的风险管理职责，实现了信用风险、流动性风险、市场风险及操作风险管理的统筹管理。2016 年 5 月 13 日，董事会风险管理委员会正式成立；2016 年 12 月 7 日审议通过管理层风险管理委员会正式成立。

同时，围绕公司“零售 + 基金”的战略转型，建立零售“客户—产品—资产”的适配体系，精准定位高净值客户资产配置需求，将合适的产品介绍给合适的投资者，体现风险与收益匹配；初步搭建基金风控模式，建立基金设立、决策、投后管理机制。

4.5.2 风险状况

4.5.2.1 信用风险状况

信用风险是指交易对手未能履行合同所带来的经济损失。公司主要表现为：在信托贷款、资产回购、后续资金安排、担保、履约承诺等交易过程中，借款人、担保人、保管人（托管人）等交易对手不履行承诺，不能或不愿履行合约承诺而使信托资产或自有资产遭受潜在损失的可能性。

4.5.2.2 市场风险状况

市场风险是指由于市场价格或利率波动而导致的对金融工具的资产价值产生负面波动的风险，可以区分为系统性风险和非系统性风险两大类。公司所面临的市场风险主要是指由于市场价格，如利率、股票价格、债券价格等波动而造成的信托资产、自有资产损失的风险。

4.5.2.3 流动性风险状况

流动性风险是指公司短期内资金周转困难无力偿付到期负债而造成损失或破产的风险。本公司对流动性风险高度重视，从监控流程、制度、识别分析、压力测试等多角度进行管理，确保公司稳健经营。

4.5.2.4 操作风险状况

操作风险是指由不完善或有问题的内部程序、员工和信息科技系统，以及外部事件所造成损失的风险。本定义所指操作风险包括法律风险，但不包括策略风险和声誉风险。

4.5.2.5 其他风险状况

公司面临的其他风险有政策和道德等。

政策风险是指因与公司相关的宏观和监管变化给经营带来风险。

道德风险主要是指由于公司内部人员蓄意违规、违法或与公司的利益体串通而给信托受益人或公司自身带来损失的可能性。

4.5.3 风险管理

4.5.3.1 信用风险管理

公司持续完善信用风险的管理架构，规范投融资业务管理流程，及时出台配套的管理制度，完善制度体系；根据外部环境变化适时调整风险策略，明确风险策略重点支持领域，加强风险管理的前瞻性和引领性；加强量化管理工具应用，提高精细化管理水平，树立风险与收益匹配意识；加大存量业务风险排查力度，建立风险信息监测及预警机制；加强问题贷款清收处置，多渠道加快处置不良资产，提高清收处置工作成效，整体风险管理水平持续提升。

在风险管控方面，平安信托对于项目的甄选，有着严格的准入标准，通过制定各类业务风险策略，明确了各项业务在投资规模、信用评级、区域选择、抵（质）押物、风控措施等各方面要求。项目投中实行双人核实，集中审查，即取印、核保、合同面签、抵（质）押登记与权证领取等流程均由业务一线人员和核准人员共同完成，并实行放款审查集中管理。项目投后建立了专业的投后资管团队，在信托计划投资的项目上委派董事、财务人员和工程人员，通过股东会、董事会等公司治理方式，对项目的工程进度，销售进度进行投后监控，以便预警项目开工和销售风险。在交易合同上，特别对停工、工程延期及开盘延期等有处罚措施和提前到付措施，给信托计划增加保障，尽可能将项目风险降到最低。

在风险与收益匹配方面，公司继续完善量化管理体系，有效运用量化管理工具。公司已开发完成房地产、银行、证券公司、信托、城投、综合企业集团、建筑施工等七大信用评级模型，并逐步推进信用评级在风险准入、投后管理、风险计量等方面的应用，采用科学定量方法，为保证业务决策工作的准确度和一致性提供有力的支持。

在风险处置方面，专业不良资产清收团队在项目风险初步显现时即及时介入，针对每个风险项目，设立由公司领导牵头、各职能部门参加的专项处置小组，安排专人负责，在综合考虑产品涉及投资人情况、社会影响程度、债权债务复杂程度等因素的基础上，在既维护投资人合法权益，又保证合法合规经营的前提下，通过创新清收手段“一户一策”科学应对，及时有效地化解项目风险。

4.5.3.2 流动性风险管理

本年度公司继续完善流动性风险管理体系，在明确了流动性风险管理框架的顶层设计的基础上，明确了涉及流动性风险的业务范围，建立了分层分级管理、定期汇报、实时监控的流动性风险管理机制。

公司根据业务发展的需要，制定了流动性风险偏好，结合以往的流动性风险管理经验，明确流动性风险管理监控和限额指标。同时建立了较完善的流动性压力测试体系，定期进行压力测试，以检测公司整体和产品的承压能力，并依据市场环境变化对模型假设、参数进行调整和更新，确保压力测试的有效性。此外，规范了流动性风险日常管理内容，包括日常监测、压力测试、应急机制等。完善了流动性风险报告体系，确保及时完整准确地反映流动性风险。

通过对流动性风险管控机制和措施的改进和加强，公司不仅提高了流动性风险的管理和监控水平，同时还有效地提升了自身的资金运营效率，保证了公司高效、稳定的运行。

4.5.3.3 市场风险管理

公司组建多支投资团队，通过对各种有市场风险敞口的资产进行组合化管理，通过分散化操作，设置各种资产的头寸限额和指标，达到控制市场风险的目的。公司对具有公允价值的资产设定高于市场要求的修正久期、杠杆率、基点价值等敏感度指标限额，严格控制资产的风险敞口。另外，公司严格履行受托人的尽职管理职责，严格按照信托法律、法规及合同进行操作和处理信托事务。

公司从管理层和投资者能够承担的风险出发，根据对市场行情的跟踪和研究，对于可能出现的风险事件，也建立了相应的内外部风险处置流程。设定合理的情景，对资产组合进行利率压力测试，准确把握不同市场行情下资产风险敞口大小，并据此向投资者充分披露。

4.5.3.4 操作风险管理

公司持续落实监管规定及公司操作风险管理策略，以现行合规管理以及内部控制体系为基础，整合监管及行业关于操作风险管理的先进标准、方法和工具，优化操作风险管理架构，完善操作风险管理制度，加强各部门配合与协作，确立日常监测与报告机制，定期向管理层汇报操作风险整体情况；运用操作风险三大工具，从事前、事中、事后三个维度进行风险监控与数据分析；推动开展年度操作风险与控制自我评估，全面检视及优化重要业务流程；针对高风险事件开展专项检视，防范、化解业务风险；同时建立了常态化与专题化相结合的宣导机制，持续提升操作风险管理的有效性及水平。

公司主要通过以下机制和措施管理操作风险：

一是建立健全公司操作风险识别、评估、监测、控制、缓释、报告的全面管理体系。

二是持续优化公司操作风险管理政策、框架、流程、系统及工具标准，提升操作风险管理水平。

三是优化并推动各业务职能部门运用实施操作风险管理工具，如风险与控制自我评估、关键风险指标、操作风险损失事件收集。

四是关键风险领域开展专项排查检视。

五是通过开展操作风险管理方面的培训倡导，推动操作风险管理文化建设。

4.5.3.5 其他风险管理

坚持"遵纪守法""守法 +1"的经营方针和经营宗旨，保证公司的各项业务在完全合法合规的前提下开展。公司主要通过制度规范和加强员工职业道德培训、对违反职业道德行为的查处来严控道德风险，严格履行受托人的监管义务，妥善管理信托投资项目，把道德风险控制在最低限度。

5. 报告期末及上一年度末的比较式会计报表

5.1 自营资产

5.1.1 会计师事务所审计结论

审计报告

普华永道中天审字(2017)第 22193 号

我们审计了后附的平安信托有限责任公司的财务报表，包括2016 年 12 月 31 日的合并及公司资产负债表，2016 年度的合并及公司利润表、合并及公司所有者权益变动表和合并及公司现金流量表以及财务报表附注。

一、管理层对财务报表的责任

编制和公允列报财务报表是平安信托有限责任公司管理层的责任。这种责任包括：

(1)按照企业会计准则的规定编制财务报表，并使其实现公允反映。

(2)设计、执行和维护必要的内部控制，以使财务报表不存在由于舞弊或错误导致的重大错报。

二、注册会计师的责任

我们的责任是在执行审计工作的基础上对财务报表发表审计意见。我们按照中国注册会计师审计准则的规定执行了审计工作。中国注册会计师审计准则要求我们遵守中国注册会计师职业道德守则，计划和执行审计工作以对财务报表是否不存在重大错报获取合理保证。

审计工作涉及实施审计程序，以获取有关财务报表金额和披露的审计证据。选择的审计程序取决于注册会计师的判断，包括对由于舞弊或错误导致的财务报表重大错报风险的评估。在进行风险评估时，注册会计师考虑与财务报表编制和公允列报相关的内部控制，以设计恰当的审计程序，但目的并非对内部控制的有效性发表意见。审计工作还包括评价管理层选用会计政策的恰当性和作出会计估计的合理性，以及评价财务报表的总体列报。

我们相信，我们获取的审计证据是充分、适当的，为发表审计意见提供了基础。

三、审计意见

我们认为，上述平安信托有限责任公司的财务报表在所有重大方面按照企业会计准则的规定编制，公允反映了平安信托有限责任公司 2016 年 12 月 31 日的合并及公司财务状况以及 2016 年度的合并及公司经营成果和现金流量。

普华永道中天会计师事务所(特殊普通合伙)

注册会计师 陈岸强

中国·上海市 注册会计师 田 婕

2017 年 3 月 28 日

5.1.2 资产负债表

资产负债表

2016 年 12 月 31 日

单位：万元

资产	本集团		本公司	
	期末数	期初数	期末数	期初数
货币资金	3 377 185.65	5 048 745.93	505 296.50	848 594.34
结算备付金	973 841.17	678 856.26	—	—
融出资金	712 491.19	967 488.73	—	—
以公允价值计量且其变动计入当期损益的金融资产	408 984.93	450 206.83	—	—
衍生金融资产	1 385.67	8 974.24	—	—
买入返售金融资产	1 221 965.55	1 178 878.96	—	—

续表

资产	本集团		本公司	
	期末数	期初数	期末数	期初数
应收利息	76 296.84	76 267.94	631.79	833.36
应收账款	1 939.26	80 193.55	—	—
预付款项	8 855.07	16 656.59	—	—
发放贷款及垫款	137 000.00	1 037 463.03	9 000.00	33.03
存出保证金	90 483.69	122 464.59	—	—
存货	24 418.00	72 445.56	—	—
划分为持有待售的资产	48 369.03	48 369.03	48 369.03	48 369.03
可供出售金融资产	4 439 287.16	4 191 470.13	944 146.80	1 134 031.72
持有至到期投资	134 060.97	288 575.17	—	—
应收款项类投资	—	9 275.00	—	9 275.00
长期股权投资	150 497.13	233 412.70	587 799.13	608 361.88
商誉	28 965.42	279 245.90	—	—
投资性房地产	973.74	12 546.63	—	—
固定资产	32 216.34	160 314.17	1 505.03	2 134.43
无形资产	584 250.62	1 000 011.89	1 895.38	2 917.93
递延所得税资产	122 744.35	107 794.77	22 721.13	19 187.97
其他资产	456 899.60	489 692.97	489 895.30	251 536.76
资产总计	13 033 111.38	16 559 350.57	2 611 260.09	2 925 275.45

资产负债表(续)

2016 年 12 月 31 日

单位:万元

负债及所有者权益	本集团		本公司	
	期末数	期初数	期末数	期初数
短期借款	4 472.55	424 247.29	—	340 000.00
拆入资金	—	91 800.00	—	—
以公允价值计量且其变动计入当期损益的金融负债	377 391.06	—	—	—
衍生金融负债	2 569.65	21 431.70	—	
卖出回购金融资产款	1 965 489.71	2 003 820.18	—	—
代理买卖证券款	2 639 489.09	3 309 702.48	—	—
应付账款	747.60	65 609.71	—	—
预收款项	125 820.21	201 954.71	—	—
应付职工薪酬	323 185.34	343 549.34	81 418.58	90 429.70
应交税费	39 986.69	190 666.32	456.04	54 963.63
应付利息	33 020.38	61 068.67	1 122.57	1 535.77
长期借款	543 602.71	813 180.96	—	—
应付债券	549 957.77	359 776.32	—	—
递延收益	976.38	34 796.57	—	—
递延所得税负债	86 178.57	173 898.25	—	—
其他负债	1 472 078.03	2 862 065.05	277 191.50	160 879.60
负债合计	8 164 965.74	10 957 567.55	360 188.69	647 808.70
实收资本	1 200 000.00	1 200 000.00	1 200 000.00	1 200 000.00
资本公积	217 389.74	220 051.84	17 147.97	17 279.23
其他综合收益	115 546.10	150 484.38	37 884.15	39 358.34
盈余公积	173 253.33	135 282.32	173 253.33	135 282.32
一般风险准备	299 485.89	258 485.23	113 091.32	97 287.61
未分配利润	1 655 093.66	1 647 433.00	709 694.63	788 259.25
归属于母公司所有者权益合计	3 660 768.72	3 611 736.77	2 251 071.40	2 277 466.75
少数股东权益	1 207 376.92	1 990 046.25	—	—
所有者权益合计	4 868 145.64	5 601 783.02	2 251 071.40	2 277 466.75
负债和所有者权益总计	13 033 111.38	16 559 350.57	2 611 260.09	2 925 275.45

5.1.3 利润表

利润表

2016 年度

单位：万元

项目	本集团		本公司	
	本期数	上期数	本期数	上期数
一、营业收入	2 175 274.74	2 627 143.46	603 050.72	628 743.77
手续费及佣金净收入	917 494.70	1 140 223.81	298 579.51	424 948.55
其中：手续费及佣金收入	1 020 950.53	1 260 896.21	360 034.79	533 140.27
手续费及佣金支出	-103 455.83	-120 672.40	-61 455.28	-108 191.72
利息净收入	27 048.32	2 571.66	3 390.23	-11 006.74
其中：利息收入	312 665.29	335 140.30	14 287.62	8 205.21
利息支出	-285 616.97	-332 568.64	-10 897.39	-19 211.95
商品销售收入	397 888.47	646 454.75	—	—
投资收益	440 900.19	596 419.23	291 086.13	209 249.19
公允价值变动收益	-4 276.37	4 501.50	—	—
汇兑收益	324.90	2 206.25	113.93	96.21
其他业务收入	395 894.53	234 766.26	9 880.92	5 456.56
二、营业成本	-1 365 531.48	-1 619 648.74	-187 097.83	-238 447.19
商品销售成本	-250 108.86	-300 032.67	—	—
营业税金及附加	-37 491.12	-101 044.91	-9 339.88	-30 133.89
业务及管理费	-978 062.33	-1 146 327.86	-153 353.51	-193 905.08
资产减值损失	-17 056.33	-11 055.42	633.98	493.99
其他业务成本	-82 812.84	-61 187.88	-25 038.42	-14 902.21
三、营业利润	809 743.26	1 007 494.72	415 952.89	390 296.58
加：营业外收入	35 373.55	8 241.83	3 462.83	190.51
减：营业外支出	-1 301.41	-9 176.43	-387.71	-2 794.67
四、利润总额	843 815.40	1 006 560.12	419 028.01	387 692.42
减：所得税费用	-197 971.73	-248 346.07	-39 317.91	-76 751.01
五、净利润	645 843.67	758 214.05	379 710.10	310 941.41
归属于母公司所有者的净利润	491 132.33	498 762.97	—	—
少数股东损益	154 711.34	259 451.08	—	—
六、其他综合收益/（亏损）	-49 486.81	76 855.76	-1 474.19	-280.94
归属于母公司所有者的其他综合收益	-34 938.28	54 762.96	—	—
归属于少数股东的其他综合收益	-14 548.53	22 092.80	—	—
七、综合收益总额	596 356.86	835 069.81	378 235.91	310 660.47
归属于母公司所有者的综合收益总额	456 194.05	553 525.93	—	—
归属于少数股东的综合收益总额	140 162.81	281 543.88	—	—

5.1.4 所有者权益变动表

所有者权益变动表

2016 年度

单位：万元

项目	本集团								本公司						
	归属于母公司所有者权益						少数股东权益	所有者权益合计	股本	资本公积	其他综合收益	盈余公积	一般风险准备	未分配利润	所有者权益合计
	股本	资本公积	其他综合收益	盈余公积	一般风险准备	未分配利润									
一、2016 年 1 月 1 日年初余额	1 200 000. 00	220 051. 84	150 484. 38	135 282. 32	258 485. 23	1 647 433. 00	1 990 046. 25	5 601 783. 02	1 200 000. 00	17 279. 23	39 358. 34	135 282. 32	97 287. 61	788 259. 25	2 277 466. 75
二、本年增减变动金额															
（一）净利润	—	—	—	—	—	491 132. 33	154 711. 34	645 843. 67	—	—	—	—	—	379 710. 10	379 710. 10
（二）其他综合收益	—	—	-34 938. 28	—	—	—	-14 548. 53	-49 486. 81	—	—	-1 474. 19	—	—	—	-1 474. 19
综合收益总额	—	—	-34 938. 28	—	—	491 132. 33	140 162. 81	596 356. 86	—	—	-1 474. 19	—	—	379 710. 10	378 235. 91
（三）利润分配															
1. 提取盈余公积	—	—	—	37 971. 01	—	-37 971. 01	—	—	—	—	—	37 971. 01	—	-37 971. 01	—
2. 提取一般风险准备	—	—	—	—	41 000. 66	-41 000. 66	—	—	—	—	—	—	15 803. 71	-15 803. 71	—
3. 对股东的分配	—	—	—	—	—	-404 500. 00	—	-404 500. 00	—	—	—	—	—	-404 500. 00	-404 500. 00
（四）支付给少数股东的股利	—	—	—	—	—	—	-1 020. 93	-1 020. 93	—	—	—	—	—	—	—
（五）收购子公司	—	—	—	—	—	—	597 691. 44	597 691. 44	—	—	—	—	—	—	—
（六）处置及清算子公司	—	-3 774. 95	—	—	—	—	-1 535 471. 69	-1 539 246. 64	—	—	—	—	—	—	—
（七）股份支付	—	1 032. 56	—	—	—	—	1 552. 55	2 585. 11	—	-131. 26	—	—	—	—	-131. 26
（八）少数股东增资	—	—	—	—	—	—	14 500. 00	14 500. 00							
（九）其他	—	80. 29	—	—	—	—	-83. 51	-3. 22							
三、2016 年 12 月 31 日年末余额	1 200 000. 00	217 389. 74	115 546. 10	173 253. 33	299 485. 89	1 655 093. 66	1 207 376. 92	4 868 145. 64	1 200 000. 00	17 147. 97	37 884. 15	173 253. 33	113 091. 32	709 694. 63	2 251 071. 40

所有者权益变动表（续）

2015 年度

单位：万元

项　　目	本集团								本公司						
	归属于母公司所有者权益						少数股东权益	所有者权益合计	股本	资本公积	其他综合收益	盈余公积	一般风险准备	未分配利润	所有者权益合计
	股本	资本公积	其他综合收益	盈余公积	一般风险准备	未分配利润									
一、2015 年 1 月 1 日年初余额	698 800. 00	225 696. 60	95 721. 42	104 188. 18	213 655. 19	1 515 794. 21	899 034. 88	3 752 890. 48	698 800. 00	227 444. 06	39 639. 28	104 188. 18	79 474. 68	817 424. 91	1 966 971. 11
二、本年增减变动金额															
（一）净利润	—	—	—	—	—	498 762. 97	259 451. 08	758 214. 05	—	—	—	—	—	310 941. 41	310 941. 41
（二）其他综合收益	—	—	54 762. 96	—	—	—	22 092. 80	76 855. 76	—	—	-280. 94	—	—	—	-280. 94
综合收益总额	—	—	54 762. 96	—	—	498 762. 97	281 543. 88	835 069. 81	—	—	-280. 94	—	—	310 941. 41	310 660. 47
（三）利润分配															
1. 提取盈余公积	—	—	—	31 094. 14	—	-31 094. 14	—	—	—	—	—	31 094. 14	—	-31 094. 14	—
2. 提取一般风险准备	—	—	—	—	44 830. 04	-44 830. 04	—	—	—	—	—	—	17 812. 93	-17 812. 93	—
（四）资本公积及未分配利润转增资本	501 200. 00	-210 000. 00	—	—	—	-291 200. 00	—	—	501 200. 00	-210 000. 00	—	—	—	-291 200. 00	—
（五）向少数股东分红	—	—	—	—	—	—	-30 427. 84	-30 427. 84							
（六）处置及清算子公司	—	—	—	—	—	—	3 430. 27	3 430. 27							
（七）与少数股东的权益性交易	—	-367. 67	—	—	—	—	135. 53	-232. 14							
（八）股份支付	—	1 464. 77	—	—	—	—	10 495. 67	11 960. 44	—	-164. 83	—	—	—	—	-164. 83
（九）少数股东增资	—	207 360. 64	—	—	—	—	829 796. 35	1 037 156. 99							
（十）其他	—	-4 102. 50	—	—	—	—	-3 962. 49	-8 064. 99							
三、2015 年 12 月 31 日年末余额	1 200 000. 00	220 051. 84	150 484. 38	135 282. 32	258 485. 23	1 647 433. 00	1 990 046. 25	5 601 783. 02	1 200 000. 00	17 279. 23	39 358. 34	135 282. 32	97 287. 61	788 259. 25	2 277 466. 75

5.2 信托资产

5.2.1 信托项目资产负债汇总表

单位:万元

信托资产	期末数	期初数	信托负债	期末数	期初数
货币资金	999 335.29	1 160 060.76	应付受托人报酬	119 641.50	69 044.45
拆出资金	—	—	应付托管费	7 047.93	7 493.10
存出保证金	263 909.12	605 642.99	应付受益人收益	25 165.13	21 479.03
交易性金融资产	4 682 111.51	4 354 208.42	应交税费	24 881.31	24 486.71
衍生金融资产	116 091.70	124 062.95	应付销售服务费	—	—
买入返售金融资产	291 905.13	842 605.35	其他应付款项	376 825.27	861 035.29
应收款项	5 676 886.95	5 322 430.33	其他负债	—	—
发放贷款	29 530 691.12	24 502 161.91	信托负债合计	553 561.14	983 538.59
可供出售金融资产	24 211 655.82	16 175 472.42	信托权益		
持有至到期投资	—	290 801.83	实收信托	64 980 482.29	51 532 789.81
长期股权投资	1 947 360.09	2 463 868.25	资本公积	592 994.59	1 637 798.77
投资性房地产	2 146.97	2 146.97	外币报表折算差额	-0.67	—
固定资产	—	—	未分配利润	1 595 056.33	1 689 335.00
其他资产	—	—	权益合计	67 168 532.55	54 859 923.58
信托资产总计	67 722 093.68	55 843 462.17	负债和权益合计	67 722 093.68	55 843 462.17

5.2.2 信托项目利润及利润分配汇总表

单位:万元

项　目	本期数	上期数
一、营业收入	4 685 176.71	6 969 569.30
利息收入	2 563 302.50	1 793 134.86
投资收入	2 141 746.07	5 235 301.54
租赁收入	-93.48	2 283.18
公允价值变动损益	-22 330.44	-120 922.31
汇兑损益	-0.67	—
其他收入	2 552.73	59 772.03
二、营业费用	-464 182.11	-577 228.19
三、营业税金及附加	-4 871.46	-13 544.35
加:营业外收入	103.25	3 151.13
减:营业外支出	—	-15 400.00
四、扣除资产减值损失前的信托利润	4 216 226.38	6 366 547.89
减:资产减值损失	—	—
五、净利润	4 216 226.38	6 366 547.89
加:期初未分配信托利润	1 689 335.00	1 273 724.24
六、可供分配的信托利润	5 905 561.38	7 640 272.13
减:本期已分配信托利润	4 310 505.05	5 950 937.13
七、期末未分配信托利润	1 595 056.33	1 689 335.00

6. 会计报表附注

6.1 会计报表编制基准不符合会计核算基本前提的说明

6.1.1 公司会计报表编制基准不符合会计核算基本前提的情况

公司会计报表编制基准不存在不符合会计核算基本前提的情况。

6.1.2 简要说明报告年度会计报表编制基准

公司财务报表按照财政部于2006年2月15日及以后期间颁布的《企业会计准则——基本准则》、各项具体会计准则及相关规定(以下合称企业会计准则)编制

6.1.3 计提资产减值准备的范围和方法

金融资产,本集团于资产负债表日对以公允价值计量且其变动计入当期损益的金融资产以外的金融资产的账面价值进行检查,有客观证据表明该金融资产发生减值的,计提减值准备。表明金融资产发生减值的客观证据,是指金融资产初始确认后实际发生的、对该金融资产的预计未来现金流量有影响,且本集团能够对该影响进行可靠计量的事项。

递延所得税资产,本集团对递延所得税资产的账面价值进行复核,如果未来期间很可能无法获得足够的应纳税所得额用于抵扣递延所得税资产的利益,减记递延所得税资产的账面价值。

存货,本集团于资产负债表日,存货按照成本与可变现净值孰低计量。当其可变现净值低于成本时,提取存货跌价准备。

其他资产,本集团于资产负债表日判断资产是否存在可能发生减值的迹象,存在减值迹象的,本集团将估计其可收回金额,进行减值测试。

6.1.4 金融资产分类的范围和标准

本集团的金融资产于初始确认时分类为:以公允价值计量且其变动计入当期损益的金融资产、持有至到期投资、贷款和应收款项、可供出售金融资产。本集团在初始确认时确定金融资产的分类。金融资产在初始确认时以公允价值计量。对于以公允价值计量且其变动计入当期损益的金融资产,相关交易费用直接计入当期损益,其他类别的金融资产相关交易费用计

入其初始确认金额。

6.1.5　**以公允价值计量且其变动计入当期损益的金融资产核算方法**

以公允价值计量且其变动计入当期损益的金融资产，包括以公允价值计量且其变动计入当期损益的金融资产和初始确认时指定为以公允价值计量且其变动计入当期损益的金融资产。以公允价值计量且其变动计入当期损益的金融资产，是指满足下列条件之一的金融资产：取得该金融资产的目的是为了在短期内出售；属于进行集中管理的可辨认金融工具组合的一部分，且有客观证据表明企业近期采用短期获利方式对该组合进行管理；属于衍生工具，但是被指定且为有效套期工具的衍生工具、属于财务担保合同的衍生工具、与在活跃市场中没有报价且其公允价值不能可靠计量的权益工具投资挂钩并须通过交付该权益工具结算的衍生工具除外。对于此类金融资产，采用公允价值进行后续计量，所有已实现（如股利和利息收入）和未实现的损益均计入当期损益。

6.1.6　**可供出售金融资产核算方法**

可供出售金融资产是指初始确认时即指定为可供出售的非衍生金融资产，以及除上述金融资产类别以外的金融资产。对于此类金融资产，采用公允价值进行后续计量，但对于在活跃市场中没有报价且其公允价值不能可靠计量的权益工具投资，按成本扣除减值准备计量。可供出售债务工具投资在持有期间按实际利率法计算的利息，以及被投资单位已宣告发放的与可供出售权益工具投资相关的现金股利，作为投资收益计入当期损益。除减值损失及外币货币性金融资产的汇兑差额确认为当期损益外，可供出售金融资产的公允价值变动作为其他综合收益确认，直到该金融资产终止确认或发生减值时的累计利得或损失转入当期损益。

6.1.7　**持有至到期投资核算方法**

持有至到期投资是指到期日固定、回收金额固定或可确定，且本集团有明确意图和能力持有至到期的非衍生金融资产。对于此类金融资产，采用实际利率法，按照摊余成本进行后续计量，其摊销或减值以及终止确认产生的利得或损失，均计入当期损益。

6.1.8　**长期股权投资核算方法**

长期股权投资包括对子公司、合营企业及联营企业的权益性投资。

本公司能够对被投资单位实施控制的长期股权投资，在本公司个别财务报表中采用成本法核算。

本集团对被投资单位具有共同控制或重大影响的，长期股权投资采用权益法核算。

6.1.9　**投资性房地产核算方法**

投资性房地产按照成本进行初始计量。与投资性房地产有关的后续支出，如果与该资产有关的经济利益很可能流入且其成本能够可靠地计量，则计入投资性房地产成本。否则，于发生时计入当期损益。

6.1.10　**固定资产计价和折旧方法**

固定资产仅在与其有关的经济利益很可能流入本集团，且其成本能够可靠地计量时才予以确认。与固定资产有关的后续支出，符合该确认条件的，计入固定资产成本，并终止确认被替换部分的账面价值；否则，在发生时计入当期损益。

固定资产按照成本进行初始计量，并考虑预计弃置费用因素的影响。购置固定资产的成本包括购买价款，相关税费，以及为使固定资产达到预定可使用状态前所发生的可直接归属于该资产的其他支出。

固定资产的折旧采用年限平均法计提，各类固定资产的预计使用寿命、预计净残值率及年折旧率如下：

项目	预计使用寿命（年）	预计净残值率（%）	年折旧率（%）
房屋及建筑物	20～40	1～10	2.25～4.95
办公及机器设备	3～15	0～10	6.00～33.33
运输设备	4～10	1～10	9.00～24.75

本集团至少于每年年度终了，对固定资产的使用寿命、预计净残值和折旧方法进行复核，必要时进行调整。

6.1.11　**无形资产计价及摊销政策**

无形资产仅在与其有关的经济利益很可能流入本集团，且其成本能够可靠地计量时才予以确认，并以成本进行初始计量。但企业合并中取得的无形资产，其公允价值能够可靠地计量的，即单独确认为无形资产并按照公允价值计量。

无形资产按照其能为本集团带来经济利益的期限确定使用寿命，无法预见其为本集团带来经济利益期限的作为使用寿命不确定的无形资产。

各项无形资产的预计使用寿命如下：

单位：年

项目	预计使用寿命
高速公路收费经营权	20～30
计算机软件系统	3～5
交易席位费	10
期货会员资格	无确定年限

本集团用于取得高速公路收费经营权的支出已资本化为无形资产，期后以直线法在合同期限内进行摊销。

本集团取得的土地使用权，通常作为无形资产核算。

使用寿命有限的无形资产，在其使用寿命内采用直线法摊销。本集团至少于每年年度终了，对使用寿命有限的无形资产的使用寿命及摊销方法进行复核，必要时进行调整。

6.1.12　**长期待摊费用的摊销政策**

公司长期待摊费用按实际发生额核算，在项目的受益期限内分期平均摊销。

6.1.13　**合并会计报表的编制方法**

合并财务报表的合并范围以控制为基础确定，包括本公司及全部子公司截至2016年12月31日的年度财务报表。子公司（包括结构化主体）是指本集团控制的主体。结构化主体为被设计成其表决权或类似权利并非为判断对该主体控制与否的决定因素的主体，比如表决权仅与行政工作相关，而相关运营活动通过合同约定来安排。

本集团决定未由本集团控制的所有信托产品、债权投资计划、股权投资计划和项目资产支持计划均为未合并的结构化主体。

编制合并财务报表时，子公司采用与本公司一致的会计年度和会计政策。本集团内部各主体之间的所有交易产生的余额、交易和未实现损益及股利于合并时对重大往来交易进行抵销。

如果以本集团为会计主体与以本公司或子公司为会计主体对同一交易的认定不同时，从本集团的角度对该交易予以调整。

6.1.14　收入确认原则和方法

本集团各项业务的收入在经济利益很可能流入本集团、且金额能够可靠计量，并满足各项经营活动的特定收入确认标准时予以确认。

6.1.14.1　手续费及佣金收入

信托产品管理费收入包括本集团从事信托业务而收取的信托报酬等。本集团作为信托业务受托人取得的信托报酬，在相关服务已经提供且根据信托合同约定，收取的金额可以可靠计量时确认为收入。

证券、期货代理买卖佣金收入于所提供的服务完成时予以确认。证券承销、保荐业务收入主要在证券承销项目已完成时确认。投资咨询业务收入在提供劳务交易的结果能够可靠估计时确认为收入。

基金管理费收入包括本集团管理旗下各证券投资基金而取得的固定费率管理费收入，以及从事特定客户资产管理而取得的固定费率管理费收入和业绩报酬。在满足收入确认原则和管理费计提条件的前提下，管理费收入按照合同约定的基数和年费率计算。

基金销售收入主要为本集团因销售和购回所管理的开放式证券投资基金(收取销售服务费的货币型基金和债券型基金除外)的基金份额以及特定客户资产的资产份额而实际收取的认购费、申购费、赎回费、转换费，以及作为收取销售服务费的基金和特定客户资产的销售机构而实际收取的销售服务费等。

认购费、申购费、赎回费和转换费分别按认购金额、申购金额、赎回金额和转换金额的一定比例收取，于交易确认日按收费全额扣除归属代销机构部分后的净额确认。

销售服务费按适用基金的基金合同及特定客户资产管理合同中约定的基数和年费率计算，由本集团按月从基金及特定客户资产收取，按收费全额扣除归属代销机构部分后的净额确认。

货币经纪业务手续费及佣金收入于所提供的服务完成时予以确认。

6.1.14.2　高速公路通行费收入

高速公路通行费收入为从事高速公路通行所取得的收入，于所提供的服务完成时予以确认。

6.1.14.3　酒店客房收入

本集团提供酒店服务的收入于提供服务后确认为收入。

6.1.14.4　广告费收入和经销商订阅服务收入

广告费收入和经销商订阅服务收入包括提供线上广告和订阅服务的收入，在相关服务收取的金额是固定或可确定的，有明确证据表明服务会被执行，同时执行服务的费用能够可靠计量时确认收入。

6.1.14.5　渠道居间服务费收入

渠道居间服务费收入包括为金融机构提供产品居间服务，为个人投资者提供综合理财服务，在相关服务完成时确认收入。

6.1.14.6　物业管理费收入

物业管理在物业管理服务已提供，与物业管理服务相关的经济利益能够流入企业，与物业管理服务有关的成本能够可靠计量时确认收入。

6.1.14.7　利息收入和利息支出

利息收入和利息支出都按存出资金或让渡资金的使用权的时间及实际利率计算确定。实际利率是指将金融资产或金融负债在预期存续期间或适用的更短期间内的未来现金流量，折现为该金融资产或金融负债当前账面价值所使用的利率。在确定实际利率时，本集团在考虑金融资产或金融负债所有合同条款并且包括所有归属于实际利率组成部分的费用、交易成本及溢价或折价等，但不考虑未来信用损失。

6.1.14.8　销售商品收入

本集团已将商品所有权上的主要风险和报酬转移给购货方，并不再对该商品保留通常与所有权相联系的继续管理权和实施有效控制，且相关的已发生或将发生的成本能够可靠地计量，确认为收入的实现。销售商品收入金额，按照从购货方已收或应收的合同或协议价款确定，但已收或应收的合同或协议价款不公允的除外；合同或协议价款的收取采用递延方式，实质上具有融资性质的，按照应收的合同或协议价款的公允价值确定。

6.1.14.9　其他收入

本集团在提供劳务交易的结果能够可靠估计的情况下，按完工百分比法确认提供劳务收入；否则按已经发生并预计能够得到补偿的劳务成本金额确认收入。提供劳务交易的结果能够可靠估计，是指同时满足下列条件：收入的金额能够可靠计量，相关的经济利益很可能流入本集团，交易的完工进度能够可靠地确定，交易中已发生和将发生的成本能够可靠地计量。本集团以已经提供的劳务占应提供劳务总量的比例确定提供劳务交易的完工进度。提供劳务收入总额，按照从接受劳务方已收或应收的合同或协议价款确定，但已收或应收的合同或协议价款不公允的除外。

6.1.15　所得税的会计处理方法

所得税包括当期所得税和递延所得税。除由于企业合并产生的调整商誉，或与直接计入所有者权益的交易或者事项相关的计入所有者权益外，均作为所得税费用或收益计入当期损益。

6.1.16　信托报酬确认原则和方法

根据信托合同规定的计提方法、计提标准确认应由信托项目承担的受托人报酬。

6.2　或有事项说明

报告期末，公司无对外担保及其他或有事项。

6.3　重要资产转让及其出售的说明

报告期内，公司无要披露的重要资产转让及其出售。

6.4 会计报表中重要项目的明细资料

6.4.1 自营资产经营情况

6.4.1.1 信用资产风险分类情况

本公司报告期的信用风险资产分类情况如下：

信用风险资产五级分类	正常类（万元）	关注类（万元）	次级类（万元）	可疑类（万元）	损失类（万元）	信用风险资产合计（万元）	不良资产合计（万元）	不良资产率（%）
期初数	1 976 524.86	1.48	44.39	44.32	493.84	1 977 108.89	582.55	0.03
期末数	1 756 581.11	—	—	—	—	1 756 581.11	—	0.00

注：以上资产数据未包括货币资金等非风险资产。

6.4.1.2 资产损失准备情况

本公司报告期的资产减值损失准备情况如下：

单位：万元

项目	期初数	本期转回	本期核销	本期转回已核销贷款	期末数
贷款损失准备	551.54	-633.98	-48.00	130.44	—
其中：一般准备	—	—	—	—	—
专项准备	551.54	-633.98	-48.00	130.44	—
其他资产减值准备	—	—	—	—	—
可供出售金融资产减值准备	—	—	—	—	—
应收款项类投资减值准备	—	—	—	—	—
持有至到期投资减值准备	—	—	—	—	—
长期股权投资减值准备	—	—	—	—	—
坏账准备	—	—	—	—	—

6.4.1.3 投资情况

本公司报告期自营股票投资、基金投资、债券投资、长期股权投资等投资的期初数、期末数如下：

单位：万元

项目	自营股票	基金	债券	长期股权投资	其他投资	合计
期初数	—	11 514.58	—	608 361.88	1 122 517.14	1 742 393.60
期末数	—	129 601.05	—	587 799.13	814 545.75	1 531 945.93

6.4.1.4 前五名自营长期股权投资的企业情况

本公司报告期的前五名长期股权投资的企业情况如下：

单位：%

名称	占被投资企业权益的比例	主要经营活动	2016年投资损益（万元）
深圳市平安创新资本投资有限公司	100.00	投资控股	190 000
平安证券有限责任公司	55.66	证券投资与经纪	—
平安大华基金管理有限公司	60.70	基金投资	—
平安利顺国际货币经纪有限责任公司	67.00	货币经纪	2 010

6.4.1.5 前五名自营贷款情况

本公司报告期的自营贷款情况如下：

单位：万元

企业名称	占贷款总额的比例（%）	还款情况
北京融贯电子商务有限公司	100.00	正常

6.4.1.6 表外业务情况

本公司报告期的表外业务情况如下：

表外业务	期初数	期末数
担保业务	—	—
代理业务（委托业务）	—	—
其他	—	—
合计	—	—

6.4.1.7 公司当年的收入结构

收入结构	本集团		本公司	
	金额（万元）	占比（%）	金额（万元）	占比（%）
手续费及佣金收入	1 020 950.53	39.27	360 034.79	53.03
其中：信托手续费收入	318 827.38	12.26	338 244.85	49.82
投资银行业务收入	142 885.29	5.50	—	—
利息收入	312 665.29	12.03	14 287.62	2.10
商品销售收入	397 888.47	15.31	—	—
渠道居间服务费收入	185 695.86	7.14	—	—
广告费收入	75 187.14	2.89	—	—
高速公路通行费收入	68 062.15	2.62	—	—
其他业务收入	66 949.38	2.58	9 880.92	1.46
其中：计入信托业务收入部分	—	—	—	—
投资收益	440 900.19	16.96	291 086.14	42.88
其中：股权投资收益	158 229.74	6.09	252 833.81	37.25
证券投资收益	47 415.88	1.82	36 872.33	5.43
其他投资收益	235 254.57	9.05	1 380.00	0.20
公允价值变动收益	-4 276.37	-0.16	—	—
汇兑损益	324.90	0.01	113.93	0.02
营业外收入	35 373.55	1.36	3 462.83	0.51
收入合计	2 599 721.09	100.00	678 866.23	100.00

6.4.2 信托财产管理情况

6.4.2.1 信托资产的期初数、期末数

单位：万元

信托资产	期初数	期末数
集合	25 073 493.35	32 160 415.31
单一	21 510 968.95	27 711 574.64
财产权	9 258 999.87	7 850 103.73
合计	55 843 462.17	67 722 093.68

6.4.2.1.1 主动管理型信托业务的信托资产期初数、期末数

单位:万元

主动管理型信托资产	期初数	期末数
证券投资类	6 452 675.27	5 440 532.07
股权投资类	6 880 149.39	1 563 595.84
其他投资类	3 846 931.23	6 560 732.87
融资类	16 020 680.73	14 926 628.66
事务管理类	4 800.01	4 800.01
合计	33 205 236.63	28 496 289.45

6.4.2.1.2 被动管理型信托业务的信托资产期初数、期末数

单位:万元

被动管理型信托资产	期初数	期末数
证券投资类	—	—
股权投资类	—	—
其他投资类	—	—
融资类	186 894.49	121 064.45
事务管理类	22 451 331.05	39 104 739.78
合计	22 638 225.54	39 225 804.23

注:事务管理类信托是指信托公司作为受托人主要承担事务管理功能,为委托人(受益人)的特定目的的提供管理性和执行性服务的信托计划。本次年报根据监管口径对期初数进行重分类调整。

6.4.2.2 本年度信托项目清算情况

6.4.2.2.1 本年度已清算结束的信托项目

已清算结束信托项目	项目个数(个)	实收信托合计金额(万元)	加权平均实际年化收益率(%)
集合	216	7 884 436.29	12.70
单一	201	9 159 379.14	9.61
财产管理类	80	3 034 275.93	6.24

6.4.2.2.2 本年度已清算结束的主动管理型信托项目

已清算结束信托项目	项目个数(个)	实收信托合计金额(万元)	加权平均实际年化信托报酬率(%)	加权平均实际年化收益率(%)
证券投资类	49	774 632.98	0.50	20.93
股权投资类	36	1 849 968.23	0.82	7.49
其他投资类	47	1 065 134.21	2.21	13.50
融资类	177	7 680 658.56	1.65	11.22
事务管理类	0	—	—	—

6.4.2.2.3 本年度已清算结束的被动管理型信托项目

已清算结束信托项目	项目个数(个)	实收信托合计金额(万元)	加权平均实际年化信托报酬率(%)	加权平均实际年化收益率(%)
证券投资类	—	—	—	—
股权投资类	—	—	—	—
其他投资类	—	—	—	—
融资类	—	—	—	—
事务管理类	188	8 707 697.38	0.24	8.78

6.4.2.3 本年度新增信托项目情况

新增信托项目	项目个数(个)	实收信托合计金额(万元)
集合类	169	16 128 750.66
单一类	313	14 210 539.61
财产管理类	62	3 794 491.84
新增合计	544	34 133 782.11
其中:主动管理型	156	9 144 453.21
被动管理型	388	24 989 328.90

6.4.2.4 信托业务创新成果和特色业务情况

公司在传统业务稳健发展的基础上,积极开展创新与特色业务,具体包括:

(1)推出"中国平安公益信托产品平台",建立起完整的"公益+金融"信托产品体系,服务社会公益,树立了慈善信托领先品牌。

(2)运用保险资金服务"一带一路"区域,将"一带一路"沿线城市列为重点业务区域,为国家重点项目提供融资支持,服务实体经济。

(3)创设"并购赢+"业务平台,支持行业龙头进行产业整合,实现去产能、去库存,并通过股权融资支持手段降杠杆,支持供给侧改革。

(4)积极在企业资产证券化信托业务领域(以信托收益权为基础资产的非标转标业务、以商业物业租金收益权或学费收益权为基础资产的交易所公募ABS业务)展开探索,并且尝试开展类REITS(以酒店经营收益为基础资产)业务。

(5)打造中国领先的家族信托品牌,为高净值客户的定制化服务和全方位资产配置方案。

(6)推出保险金信托业务,充分利用平安集团综合金融的优势,与集团内兄弟公司合作,运用信托资产隔离制度的优势,实现财富传承、财富管理与保险完美的嫁接。

(7)打造领先市场的销售服务平台——平安智能化移动服务销售平台,为高净值客户带来高效、便利、安全、私密的全新理财体验。

6.4.2.5 履行受托人义务情况

本公司作为信托项目的受托人,严格按照《中华人民共和国信托法》《信托公司管理办法》《信托公司集合资金信托计划管理办法》等法律法规的规定及信托合同等文件的约定,恪尽职守,诚实、信用、谨慎、有效地管理信托财产,严格履行受托人的义务,为受益人的最大利益处理信托事务,公平、公正地处置信托财产。

6.5 关联方关系及其交易

6.5.1 关联方交易

本公司报告期关联交易方的数量、关联交易的总金额及关联交易的定价政策等如下:

	关联交易方数量(个)	关联交易金额(万元)	定价政策
合计	25	5 025 322.34	本公司2016年发生的关联方交易均根据一般正常的交易条件进行,并以市场价格作为定价依据

6.5.2 关联交易方

报告期涉及关联交易的关联方情况如下：

单位：万元

关系性质	关联方名称	法定代表人	注册地址	注册资本	主营业务
母公司	中国平安保险（集团）股份有限公司	马明哲	深圳	1 828 024	投资保险企业、监督管理控股投资企业的各种国际国内业务
母公司控制的公司	平安付科技服务有限公司	钟毅	深圳	68 000	网络开发与维护
母公司控制的公司	平安科技（深圳）有限公司	陈心颖	深圳	49 858	IT服务
母公司控制的公司	中国平安财产保险股份有限	孙建平	深圳	2 100 000	财产保险
母公司控制的公司	中国平安人寿保险股份有限公司	丁新民	深圳	3 380 000	人身保险
母公司控制的公司	平安养老保险股份有限公司	杜永茂	深圳	486 000	养老保险
母公司控制的公司	深圳平安综合金融服务有限公司（原名平安数据科技（深圳）有限公司）	陈心颖	深圳	49 858	信息技术和业务流程外包服务
母公司控制的公司	上海沪平投资管理有限公司	邬克敏	上海	100	物业管理
母公司控制的公司	北京汇安投资管理有限公司	许良飞	北京	300	投资咨询
合并子公司	平安证券股份有限公司	詹露阳	深圳	1 380 000	证券投资与经纪
合并子公司	深圳平安大华汇通财富管理有限公司	罗春风	深圳	20 000	资产管理
合并子公司	深圳市平安创新资本投资有限公司	谈清	深圳	400 000	投资控股
母公司控制的公司	深圳市平安德成投资有限公司	沈佳华	深圳	30 000	投资咨询
母公司控制的公司	深圳市平安置业投资有限公司	孟甡	深圳	131 000	房地产投资
母公司控制的公司	玉溪平安置业有限公司	王玉涛	玉溪	3 850	物业出租
母公司控制的公司	深圳平安商用置业投资有限公司	梁联昌	深圳	109 500	物业租赁、物业管理
母公司控制的公司	三亚家化旅业有限公司	周晓峰	三亚	24 000	旅馆业、住宿
母公司控制的公司	平安财富理财管理有限公司	张要辉	上海	5 000	投资管理、咨询
母公司控制的公司	北京双融汇投资有限公司	梁少凡	北京	25 632	投资管理；资产管理；出租商业用房
母公司控制的公司	北京京信丽泽投资有限公司	李文强	北京	116 000	投资管理、资产管理；设计、制作、代理、发布广告
母公司控制的公司	广州市信平置业有限公司	车大龙	广州	5 000	房地产业

续表

关系性质	关联方名称	法定代表人	注册地址	注册资本（万元）	主营业务
母公司控制的公司	北京京平尚地投资有限公司	李文强	北京	4 500	投资管理、资产管理；出租商业用房；设计、制作、代理、发布广告
母公司控制的公司	北京京平尚北投资有限公司	李文强	北京	4 200	投资；资产管理；出租商业用房；设计、制作、代理、发布广告；物业管理
母公司控制的公司	沈阳盛平投资管理有限公司	梁少凡	沈阳	41 900	企业投资与资产管理；投资信息咨询；物业管理；自有房屋租赁
母公司控制的公司	上海泽安投资管理有限公司	梁少凡	上海	481 000	实业投资，资产管理，投资管理咨询，物业管理，停车收费

6.5.3 本公司与关联方的重大交易事项

6.5.3.1 固有与关联方交易情况

单位：万元

固有与关联方关联交易				
	期初	借方发生额	贷方发生额	期末数
贷款	—	—	—	—
投资	555 489.00	—	—	555 489.00
租赁	—	—	—	—
担保	—	—	—	—
应收账款	—	—	—	—
其他	19 761.43	34 969.05	-30 294.56	24 435.92
合计	575 250.43	34 969.05	-30 294.56	579 924.92

6.5.3.2 信托与关联方交易情况

单位：万元

信托与关联方关联交易				
	期初数	借方发生额	贷方发生额	期末数
贷款	532 147.20	—	260 300.00	271 847.20
投资	771 618.91	213 350.67	714 969.58	270 000.00
租赁	—	—	—	—
担保	—	—	—	—
应收账款	—	—	—	—
其他	2 187 615.98	—	897 205.37	1 290 410.61
合计	3 491 382.09	213 350.67	1 872 474.95	1 832 257.81

6.5.3.3 固有与信托财产之间交易情况

单位：万元

固有财产与信托财产相互交易			
	期初数	本期发生额	期末数
合计	644 151.12	-434 357.28	209 793.83

6.5.3.4 信托项目之间交易情况

单位:万元

信托资产与信托财产相互交易			
	期初数	本期发生额	期末数
合计	5 494 903.02	-3 091 557.25	2 403 345.77

6.5.4 报告期,关联方逾期未偿还本公司资金的事项以及本公司为关联方担保发生或即将发生垫款的事项

无。

6.6 会计制度的披露

公司固有业务自2007年起执行财政部于2006年2月15日及以后期间颁布的《企业会计准则——基本准则》、各项具体会计准则及相关规定。

公司信托业务自2009年起执行新企业会计准则(财政部2006年颁布)。

7. 财务情况说明书

7.1 利润实现和分配情况

报告期本公司实现净利润379 710.10万元,期初未分配利润为788 259.25万元,提取盈余公积37 971.01万元,提取一般风险准备15 803.71万元,对股东分配利润404 500.00万元,期末累计未分配利润为709 694.63万元。为了更好地支持业务发展,公司决定2016年度不对股东派发股利。

报告期本集团实现归属于母公司所有者的净利润491 132.33万元,期末累计未分配利润为1 655 093.66万元。

7.2 主要财务指标

本公司报告期的主要财务指标如下:

指标名称	指标值		计算公式
	本公司	本集团	
资本利润率(%)	16.77	12.34	净利润/所有者权益平均余额×100%。
加权年化信托报酬率(%)	0.95	0.95	(信托项目1的年化信托报酬率×信托项目1的实收信托+信托项目2的年化信托报酬率×信托项目2的实收信托+…+信托项目n的年化信托报酬率×信托项目n的实收信托)/(信托项目1的实收信托+信托项目2的实收信托+…+信托项目n的实收信托)。
人均净利润(万元)	363.01	617.44	净利润/年平均人数。

7.3 对本公司财务状况、经营成果有重大影响的其他事项

报告期内,没有对本公司财务状况、经营成果有重大影响的其他事项。

8. 特别事项揭示

8.1 前五名股东报告期内变动情况及原因

报告期内,本公司股东没有发生变动。

单位:%

股东名称	期初持股比例	期末持股比例
中国平安保险(集团)股份有限公司	99.88	99.88
上海市糖业烟酒(集团)有限公司	0.12	0.12
合计	100.00	100.00

8.2 董事、监事及高级管理人员变动情况及原因

报告期内,任汇川先生出任公司董事长;宋成立先生出任公司副董事长。

报告期内,监事会成员无变化。

报告期内,公司副董事长宋成立代履职公司总经理,冷培栋先生因工作调动不再担任公司总经理;公司新聘任了郑翔先生为公司副总经理,赵洪先生不再担任公司副总经理。

8.3 变更注册资本、变更注册地或公司名称、公司分立合并事项

报告期内,公司未发生注册资本、注册地、名称变更或分立合并事项。

8.4 公司的重大诉讼事项

报告期内,公司没有重大诉讼事项发生。

8.5 公司及其董事、监事和高级管理人员受到处罚的情况

报告期内,未发生公司及其董事、监事和高级管理人员受到处罚的情况。

8.6 银监会及其派出机构对公司检查的情况

2016年8月31日至9月30日,中国银行业监督管理委员会深圳监管局对本公司开展了“两个加强、两个遏制”回头看现场检查,并出具现场检查意见书,对公司业务发展、资产规模和盈利水平、综合实力等方面给予了肯定,同时也对日常经营中存在的问题提出检查意见。本公司高度重视,深入分析检查意见并采取有效措施,进一步完善了公司治理、内控管理等相关制度和流程。2016年,本公司严格落实监管检查意见,以合规风险防范为中心,持续提升合规管理水平,为公司稳健经营提供基础保障。

8.7 本年度重大事项临时报告的简要内容、披露时间、所披露的媒体及其版面

(1)2016年4月,公司对原营业执照、组织机构代码证、税务登记证进行“三证合一”,合并后公司统一社会信用代码为914403001000200095,并已在《证券日报》2016年4月15日第B3版进行了相关信息的披露。

(2)2016年4月,公司章程变更获得监管核准,公司已在《证券日报》2016年4月25日第A4版进行了相关信息的披露。

(3)2016年4月,任汇川先生董事长任职资格获得监管核准,公司已在《证券日报》2016年4月29日第D3版进行了相

关信息的披露。

（4）2016 年 6 月，公司完成法定代表人变更，并已在《证券日报》2016 年 6 月 8 日第 D33 版进行了相关信息的披露。

（5）2016 年 11 月，冷培栋先生因工作原因不再担任公司总经理，副董事长宋成立先生代为履行总经理职责，公司已在《证券日报》2016 年 11 月 26 日第 B2 版进行了相关信息的披露。

8.8 银监会及其省级派出机构认定的其他有必要让客户及相关利益人了解的重要信息

报告期内，没有发生银监会及其省级派出机构认定的其他有必要让客户及相关利益人了解的重要事项。

9. 公司监事会意见

公司监事会认为，报告期内，公司依法运作，决策程序合法有效，没有发现公司董事、高级管理层履行职务时有违法违规、违反公司章程或损害公司及股东利益的行为。公司 2016 年度财务报告中披露的财务信息，真实反映公司的财务状况和经营成果。

山东省国际信托股份有限公司

1. 重要提示

1.1 公司董事会及董事保证本报告所载资料不存在任何虚假记载、误导性陈述或者重大遗漏，并对其内容的真实性、准确性和完整性承担个别及连带责任。

1.2 公司独立董事丁慧平、颜怀江、孟茹静对本年度报告内容的真实性、准确性、完整性无异议。

1.3 公司董事长王映黎，财务总监马文波及会计部门负责人孙加宝声明：保证年度报告中财务会计报告的真实、完整。

2. 公司概况

2.1 公司简介

2.1.1 公司基本情况

山东省国际信托股份有限公司（以下简称山东信托或公司）初创于1987年3月，前身为山东省国际信托投资公司，是经中国人民银行和山东省人民政府批准设立的非银行金融机构。2007年8月，获中国银监会批复同意换发新的金融许可证，名称变更为山东省国际信托有限公司。2015年7月，顺利完成整体变更为股份有限公司相关手续，正式更名为山东省国际信托股份有限公司。现为中国信托业协会理事单位。截至2016年12月末，山东信托注册资本为20亿元。山东信托自成立以来，充分发挥信托功能，支持经济社会发展，帮助委托人提高财产收益，取得了良好的经济效益和社会效益。目前主要业务为资金信托、财产权信托、投资银行、融资租赁、资产管理和证券投资基金等。

2.1.2 公司的法定中文名称：山东省国际信托股份有限公司

中文名称缩写：山东信托

公司的法定英文名称：Shandong International Trust Co., Ltd.

英文名称缩写：SITC

2.1.3 法定代表人：王映黎

2.1.4 注册地址：济南市解放路166号

2.1.5 邮政编码：250013

2.1.6 国际互联网网址：www.sitic.com.cn

2.1.7 电子信箱：zhb@sitic.com.cn

2.1.8 负责信息披露事务的高级管理人员：贺创业

信息披露事务联系人：袁方

联系电话：0531-86566276

传真：0531-86968708

电子信箱：zonghe@sitic.com.cn

2.1.9 公司选定的信息披露报纸：《上海证券报》

2.1.10 年度报告备置地点：济南市解放路166号鲁信大厦8F

2.1.11 聘请的会计师事务所：

普华永道中天会计师事务所（特殊普通合伙）

地址：上海市黄浦区湖滨路202号企业天地2号楼普华永道中心

2.1.12 聘请的律师事务所：上海市锦天城律师事务所

地址：上海浦东新区花园石桥路33号

2.2 组织结构

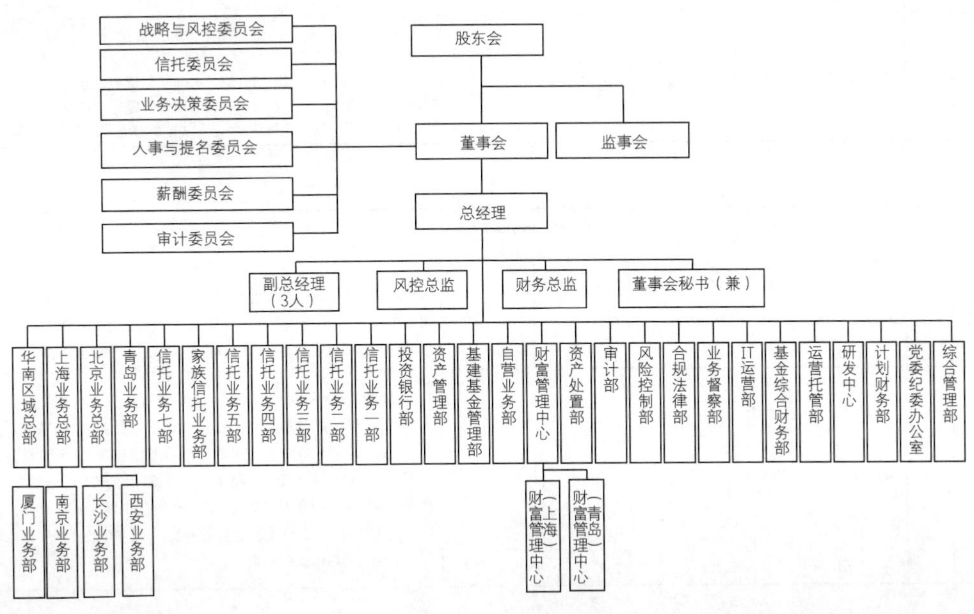

3. 公司治理

3.1 前三位股东

股东名称	持股比例（%）	法定代表人	注册资本（万元）	注册地址	主要经营业务
山东省鲁信投资控股集团有限公司	63.02	汲斌昌	300 000	济南市解放路166号	对外投资（不含法律法规限制行业）及管理，投资咨询（不含证券、期货的咨询），资产管理、托管经营，资本运营等。
中油资产管理有限公司	25	肖华	494 598.348368	北京市东城区东直门北大街9号	受集团公司委托进行战略性和财务性投资；受集团公司委托，进行资产管理、运营和不良资产的清收、处置；受集团公司委托，进行参股公司的股权经营；接受外部委托，进行社会资产经营管理；高新技术产业投资；企业财务、资本运营策划与咨询；经济信息咨询和服务等。
山东省高新技术创业投资有限公司	6.25	王飚	116 572	济南市解放路166号	创业投资及资本运营（不含金融业务）等。

公司第一大股东山东省鲁信投资控股集团有限公司系公司第三大股东山东省高新技术创业投资有限公司的实际控制人。

3.2 董事

董事

姓名	职务	性别	年龄（岁）	选任日期	任期（年）	所推举的股东名称	该股东持股比例（%）	简要履历
王映黎	董事长	女	55	2016年8月	3	山东省鲁信投资控股集团有限公司	63.02	山东大学毕业，新加坡南洋理工大学MBA，历任山东大学实验中心工程师，山东省国际信托投资公司科长、高级业务经理、部经理，山东省国际信托有限公司副总经理、总经理；现任鲁信投资控股集团有限公司党委常委，公司董事长、党委书记。
王　亮	副董事长	男	54	2015年7月	3	中油资产管理有限公司	25	华北石油学院毕业，历任华北石油管理局第一勘探公司财务科会计、副科长、科长，中国石油勘探新区勘探事业部计划财务部副经理，中国石油集团公司财务资产部企业财务处处长、副总会计师，中国石油集团海洋工程有限公司董事、总会计师、党委委员（期间挂职辽宁省财政厅任副厅长、党组成员），中意财产保险有限公司董事长，中国石油川庆钻探工程有限公司总会计师、党委委员，中油资产管理有限公司总经理、党委副书记、执行董事、党委书记，昆仑信托有限责任公司总经理、党委副书记、董事长、党委书记、纪委书记、工会主席；现任中油财务有限责任公司党委书记、副总经理。
万　众	董事	男	43	2016年7月	3	职工代表大会推选	—	山东经济学院毕业，天津财经学院管理硕士，高级经济师，历任山东信托基金贷款管理部项目经理、业务经理，基金投资部副经理、经理，信托业务开发部和信托业务二部经理、副总经理，鲁信实业集团有限公司副总经理、总经理、董事长；现任公司总经理。
金同水	董事	男	51	2015年7月	3	山东省鲁信投资控股集团有限公司	63.02	北京工商大学会计学毕业，历任山东省国际信托投资公司计划财务部会计、副科长，鲁信（香港）投资有限公司财务经理，山东省国际信托投资有限公司计划财务部高级业务经理，山东省国际信托有限公司计划财务部经理，富国基金管理有限公司监事长，山东省国际信托有限公司风险管理部经理，山东省鲁信投资控股集团有限公司产权管理部副部长、部长；现任山东省金融资产管理股份有限公司董事长。

独立董事

姓名	所在单位及职务	性别	年龄（岁）	选任日期	任期（年）	所推举的股东名称	该股东持股比例（%）	简要履历
丁慧平	独立董事	男	60	2015年9月	3	—	—	企业经济博士，教授、博士生导师，历任西北铁合金厂工程师，甘肃省科委专利成果处工程师，北方交通大学工业管理系副教授、经济管理学院教授、博士生导师，曾兼任招商银行独立董事、华电国际独立董事、鲁能泰山独立董事。
颜怀江	独立董事	男	43	2015年11月	3	—	—	美国Golden Gate University财务金融学硕士，暨南大学金融学博士，曾任职瑞士银行（UBS）副总裁，瑞银证券（UBSS）副董事，台湾理财顾问认证协会（FPAT）正式会员C00001、理事会理事兼主任委员、台湾认证理财规划顾问（CFP）教育训练课程专任讲师；现任职为磐合家族办公室创办人/董事长、中盟磐合家族财富管理有限公司执行董事/总裁、中盟磐合家族办公室创办人、中国中小企业金融服务工作委员会副秘书长、中国中小企业产融共生联盟副主席、中国中小企业金融学院荣誉院长。

续表

姓名	所在单位及职务	性别	年龄(岁)	选任日期	任期(年)	所推举的股东名称	该股东持股比例(%)	简要履历
孟茹静	独立董事	女	39	2016年9月	3	—	—	北京大学管理学学士，美国杜克大学金融学博士，历任香港大学商学院和经济金融学院助理教授、北京大学深圳研究生商学院学位论文指导教师，研究领域包括资本市场和投资学、实物期权、公司财务以及风险管理；现任香港大学经济金融学院首席讲师、香港大学金融学硕士主任。

3.3 监事

监事会成员

姓名	职务	性别	年龄(岁)	选任日期	任期(年)	所推举的股东名称	该股东持股比例(%)	简要履历
杨公民	监事长	男	58	2016年5月	3	山东省高新技术创业投资有限公司	6.25	山东大学毕业，历任山东轻工业学院马列主义教研室助教，山东省计委综合处主任科员、副处长，山东省国际信托投资公司研究发展部经理，山东省鲁信投资控股集团有限公司投资管理部经理，所属公司监事会主席。
侯振凯	监事	男	34	2016年5月	3	山东省鲁信投资控股集团有限公司	63.02	山东大学毕业，历任中国金杜律师事务所青岛办公室律师、鲁信集团风险合规部高级职员；现任鲁信集团风险合规部副部长。
陈　勇	监事	男	43	2015年7月	3	中油资产管理有限公司	25	新疆大学计算机应用专业毕业，先后在中国石油新疆石油总公司运输公司办公室、新疆石油总公司财审处工作，历任新疆销售公司财务处副处长，新疆销售公司企业管理处处长，中油资产管理有限公司股权投资部经理，昆仑信托有限责任公司股权投资部经理。
王曰普	监事	男	54	2016年7月	3	潍坊市投资集团有限公司	1.72	大学本科，南开大学硕士学位，历任昌乐县计划委员会科员、潍坊市计划委员会科员、副科长、科长，潍坊市电力办公室副主任、潍坊市投资公司副总经理、党委委员；现任潍坊市投资集团有限公司党委书记、董事长兼总经理。
丁　健	监事	男	42	2015年7月	3	济南市能源投资有限责任公司	1.72	历任济南市能源投资有限责任公司出纳、会计；现任济南市能源投资有限责任公司计划财务部经理。
吴　晨	监事	男	41	2015年7月	3	山东黄金集团有限公司	2.29	历任山东银监局国有银行监管一处组长，山东银监局现场检查一处组长、副处长，山东银监局大型银行监管一处副处长，山东银监局国有银行监管一处副处长，山东银监局非银行金融机构监管处副处长，山东银监局非银行金融机构监管处监管调研员，山东黄金集团财务有限公司总经理、董事。
田志国	职工监事	男	43	2015年7月	3	职工代表大会推选	—	山东大学法学专业毕业，历任山东省电子经济贸易中心员工，山东省国际信托有限公司风险管理部项目经理，信托业务五部项目经理、副总经理；现任公司信托业务五部总经理。
李爱萍	职工监事	女	44	2015年7月	3	职工代表大会推选	—	济南陆军学院法律专业毕业，先后在济南军区26集团军、山东省军区政治部转业办、山东省鲁信投资控股集团有限公司工作；现任山东省国际信托股份有限公司综合管理部副总经理兼党委、纪委办公室副主任。
左　辉	职工监事	男	46	2015年7月	3	职工代表大会推选	—	中国政法大学民商法学硕士，先后在济南炼油厂，山东省国际信托有限公司法律部、基金管理部、风险控制部工作；现任山东省国际信托股份有限公司合规法律部副总经理。

3.4 高级管理人员

姓名	职务	性别	年龄(岁)	选任日期	金融从业年限(年)	学历	专业
万　众	总经理	男	43	2016年7月	20	硕士	管理学
周建蕖	副总经理	女	43	2011年10月	17	硕士	工商管理
贺创业	副总经理兼董事会秘书	男	41	2016年4月	17	硕士	金融学
马文波	财务总监	男	43	2014年7月	19	学士	会计学
宋　冲	副总经理	男	38	2014年8月	16	学士	经济学
付吉广	风控总监	男	47	2016年7月	24	硕士	企业管理

3.5 公司员工

2016年，公司职工192人。报告期内职工人数、学历分布比率见下表：

项　目		报告期年度	
		人数(人)	比例(%)
学历分布	博士	6	3.13
	硕士	129	67.19
	本科	10	5.21
	专科	47	24.48
	其他	0	0.00

4. 经营管理

4.1 经营目标、经营方针、战略规划

根据“十三五”战略规划和转型目标，公司将着力在信托业务与自营业务“平衡发展、双轮驱动”方面做好文章，努力将公司打造成为“专业的一流资产管理服务商”+“卓越的综合金融服务提供商”。信托业务将紧紧围绕资本市场、房地产市场、基础设施市场、家族传承等资产管理细分领域，提高自主管理能力，做响品牌，作出特色。突出自有资金主动投资创利职能，在利润支撑上作出更大贡献。积极申请相关资格，扩大国际化视野，提高海外资产配置和管理能力，提升创新业务在公司收入贡献中的比重。

4.2 所经营业务的主要内容

自营资产运用与分布表（母公司）

截至2016年12月31日　　单位：万元

资产运用	金额（万元）	占比（%）	资产分布	金额（万元）	占比（%）
货币资产	16 207.75	2.28	基础产业	—	—
贷款及应收款	24 394.39	3.43	房地产业	—	—
交易性金融资产投资	7 398.37	1.04	证券市场	151 672.00	21.36
买入返售金融资产	29 890.00	4.21	实业	—	—
可供出售金融资产投资	86 620.07	12.20	金融机构	136 107.55	19.16
持有至到期投资	18 064.34	2.54	其他	422 447.46	59.48
长期股权投资	448 050.74	63.09	—	—	—
其他	79 601.35	11.21	—		
资产总计	710 227.01	100.00	资产总计	710 227.01	100.00

信托资产运用与分布表

截至2016年12月31日　　单位：万元

资产运用	金额（万元）	占比（%）	资产分布	金额（万元）	占比（%）
货币资产	472 114.01	1.80	基础产业	4 417 724.49	16.89
贷款	12 851 673.74	49.13	房地产业	3 482 474.00	13.31
交易性金融资产投资	4 353 449.26	16.64	证券市场	3 328 572.00	12.73
可供出售金融资产投资	40 853.71	0.16	实业	9 455 215.77	36.15
持有至到期投资	5 081 629.79	19.43	金融机构	3 439 658.30	13.15
长期股权投资	2 753 911.19	10.53	其他	2 033 703.27	7.77
其他	603 716.13	2.31	—	—	—
信托资产总计	26 157 347.83	100.00	信托资产总计	26 157 347.83	100.00

4.3 市场分析

2017年中央更加注重供给侧结构性改革，财政政策将更加积极有效，货币政策会保持稳健中性。信托业依然是机遇与挑战并存，机遇大于挑战。

从宏观层面来看，中国经济在合理区间平稳运行，结构调整呈现积极变化。从增速变化、结构调整和动力转换等角度看，经济进入新常态的特征更趋明显，传统增长引擎趋弱，经济增长进入换挡期，新兴产业、服务业发展较为迅速，就业状况整体稳定，消费保持较快增长，服务业、消费在经济发展中的贡献增大。但与此同时，地方政府债务高企、偿债能力下降的问题日益凸显，由产能过剩等问题所引发的金融风险逐步累积，企业生产经营困难的问题短期内难以明显缓解，这都对未来经济运行带来一定的不确定性。

从行业层面看，随着近年来金融改革的深化、利率市场化的推进、各种金融业态的兴起、民间金融的快速发展，以及各类金融机构纷纷进入资产管理市场，直接或间接地突破了分业经营体制，信托公司固有的盈利模式和长期依赖的制度红利将被逐渐侵蚀。国家大力发展直接融资，优质企业融资渠道和工具呈多元化，对信托渠道形成挤出效应，信托业的“优质资产荒”将持续较长一段时间。在经济下行和竞争加剧的双重挑战下，信托业已经结束自2008年以来的长期高速增长时代，步入转型发展阶段。

从理财市场发展来看，金融市场的发展创新推动了我国居民财富管理方式的变革，理财方式的逐步多样化，随着股票市场、债券市场等金融市场的发展壮大，多层次资本市场的不断完善，向多样化理财方式转移的过程还将持续，全新投资时代和财富管理时代已经开启，将为信托公司的发展创造良好的环境。

4.4 内部控制

4.4.1 内部控制环境和内部控制文化

为适应监管政策和信托业务发展的需要，公司不断加强内控管理工作，优化公司治理，完善制度体系，深化内部改革，进一步夯实了管理基础，有力地促进了公司业务发展。

公司建立了较为完善的公司治理体系，通过规范股东大会、董事会、监事会和经营层的权责，形成权力机构、决策机构、监督机构和经营者之间有效的制衡机制，保证公司各项决策和业务活动科学、规范、有效。报告期内，公司全面优化“三会一层”治理结构，修订了《公司章程》、股东大会议事规则、董事会议事规则、监事会议事规则，完成了董事会精简改组，完善了董事会下设各专业委员会设置，形成各司其职，各负其责的的局面，公司治理进一步规范。公司按照业务性质设置部门并明确了部门和岗位职责，制定了明晰、完善的业务流程和操作规范，保障了各项工作顺利开展。

公司建立健全了一系列与公司企业文化、经营目标、经营战略和控制环境相一致的薪酬制度、奖惩措施、风控及内审办法等，充分发挥了各项制度的作用，进一步丰富和完善了法人治理机制。

4.4.2 内部控制措施

公司注重加强基本制度建设，建立健全了“三会一层”与各专业委员会的定期沟通和决策制衡机制，董事会各委员会在授权范围内按照明晰的分级授权制度进行决策，通过体系建设和及时完整的过程控制，使决策、研发、操作、审核及监督评价程序化、体系化。报告期内，公司全面优化公司治理，公司治理体系进一步完善。

公司以健全工作机制、优化管控模式、提高工作效能为着力点，全面推进各项基础建设。报告期内，公司持续加强“事前尽调、事中监控、事后督察”的全面风险管理体系建设，根据形势变化和运转实际，不断优化各类业务指引和评价标准。加强房地产市场监控，强化压力测试环节和抵押物价值复核，减小业务风险敞口，调整公司律师事务所备选库，加强证券信托投资顾问选聘管理工作。不断加强风控体系建设，新设审计部，专司公司内部审计。加强对监管法律法规和公司规章制度的培训和学习，并举办专题考试，以增强全体员工合规意识。

4.4.3 信息交流与反馈

公司建立了良好的信息交流与反馈制度，实现信息有效、及时地传递，并在公司内部实行重大信息报告制度。报告期内，公司通过内网、内部期刊等渠道确保公司内部经营动态、重大事项等信息交流与反馈及时、准确、有效；通过公司外部网站、报纸等媒体，根据法律法规的规定向客户和社会公众及时披露公司资产经营状况及有关业务信息；按法律法规规定向委托人、受益人公布信托财产管理报告；通过非现场监管报表、信托项目事前报告等形式及时向监管机构报告、披露经营信息。

4.4.4 监督评价与纠正

公司定期对内部控制的建设和执行情况进行检查评价，按照规定及时报告相关部门，并根据监管部门的现场检查和监管评价对有关问题进行针对性整改。风险控制部、合规法律部、业务督察部、审计部作为对公司内控体系的健全性、合理性和有效性进行检查和评价的专门机构，负责事前评估、事中审查和事后检查监督，揭示风险，制定风险防范和控制措施；开展了年度全面风险管理报告、年度内部审计，针对季度收息、业务档案等进行自查，配合监管部门“两个加强、两个遏制”回头看自查等，如实客观地汇报发现的问题，并提出了可行的改进措施。

4.5 风险管理概况

公司实行全面风险管理，构建了日常风险信息搜集、报告和处理机制，重大风险监控和预警机制，形成了对风险的动态管理体系，进行全员、全流程、全覆盖的风险管理，形成由业务部门、风险控制部门、监督检查部门、董事会组成的四道风险防线。公司中台、后台部门既相对独立，又协调配合，建立了组织严密、高效有序的执行系统以及有效的内部监督和反馈系统，形成了“事前防范、事中控制、事后监督”的风险控制机制。针对集合信托业务和单一信托业务以及不同类别的业务模式，实施差异化的决策流程，确保了项目运转高效和科学民主决策。

公司经营活动中面临的主要风险包括信用风险、市场风险、操作风险、声誉风险和其他风险。

公司积极推进全面风险管理体系的建设。建立了与业务性质、规模和复杂程度相适应的信用风险管理流程，有效识别、度量、控制、监测和报告信用风险。组织开展了风险辨识与风险评估，全面风险排查和重点风险排查，通过风险管理系统的有效预警，科学制定风险管理策略，提出解决方案。公司利用信用风险计量模型、压力测试、集中度限额管理和其他非统计计量方法进行信用风险管理。同时，公司重视定性评价在信用风险度量中所起的重要作用。公司通过建立完备可靠的管理信息系统和风险管理系统，实现风险信息在线收集、风险状态多维展示，在充分汇集和评估风险的基础上，及时发现由于市场环境等变化带来的项目风险，动态监控、评估相关风险，根据需要及时改进风险管理策略及措施，切实做好风险防控工作，确保实现风险管理目标。报告期内，公司不断加强规章制度建设，根据业务发展需要及时更新制度内容，将操作风险管理嵌入到业务管理、财务管理、法律合规、产品销售、稽核审计、信息科技等各方面，全面防控操作风险。公司非常珍惜多年来经营的良好市场形象，积极采取有效措施规避和防范声誉风险，防止公司声誉受到不良损害。通过优秀的财富管理能力提高客户忠诚度的同时，加强对外宣传力度，继续履行社会责任，开辟多种渠道与监管机构、媒体、公众等利益相关者进行沟通，强化“专业、诚信、勤勉、成就”的企业核心价值观。

4.6 社会责任

作为山东省国有金融企业，山东信托在实现自身稳健发展、积极为地方经济提供投融资服务的同时，充分发挥信托制度和功能优势，对国家和社会全面发展、自然环境和资源，以及广大投资者和员工、客户等利益相关方主动承担责任，实现了追求经济效益与承担社会责任的有机结合。

公司始终坚持根植于实体经济，充分发挥信托独特的功能优势，通过产业信托路径，切实助力了供给侧结构性改革。截至 2016 年末，产业投融资余额 1 520 亿元，占存续信托规模的 60% 左右，有效引导社会闲置资金进入实体经济领域，提升了服务实体经济的质效。同时，发挥“实业投行”资源禀赋优势，加大投贷联动、债加股或债转股、并购基金等业务开拓力度，研发设立 PE 及并购基金类信托计划，通过基金投资天使类项目，支持“双创”企业成长壮大。

公司顺应监管政策导向，积极推动金融创新，有效为国家重点区域发展战略提供金融支持。2013—2016 年，山东信托累计引入 1 724 亿元社会资本支持国家战略经济区及基础性民生工程建设，其中投向“蓝黄”战略经济区 620 亿元、“一圈一带”经济区 540 亿元。

公司不断加大对环境治理、综合整治、绿色环保领域的融资支持，统计显示，2013—2016 年累计为山东省内小清河、白浪河重点流域治理以及污水管网改扩建等城市基础设施项目提供融资支持 564 亿元。2016 年 12 月，山东信托联合国网山东省电力公司、山东省科学院、山东大学等 8 家单位，筹备设立山东省电能替代产业发展促进会，旨在形成战略合作伙伴关系，实现优势互补、资源共享，共同促进电能替代技术的推广应用，为服务经济结构调整、大气污染防治作出更大的积极贡献。

2015 年初，公司选派年轻骨干作为驻村“第一书记”赴菏泽市曹县孙老家镇开展定点帮扶工作，改善了村容村貌、丰富了群众文化生活、推广了多个农业扶贫重点项目，精准扶贫工作取得显著成效，赢得当地干部群众的广泛好评。

山东信托还积极探索开展公益慈善类信托，为精准扶贫注入慈善信托“活水”。公司作为顾问单位发起成立我国慈善信托行业智库，2016 年 11 月联合慈善组织、金融同业机构和专业工作者发起成立全国首个慈善信托行业联合体——中国慈善联合会慈善信托委员会，致力于促进慈善信托的应用与普及，为社会力量参与慈善事业提供更畅通的途径。公司积极开展标准化慈善信托产品，目前已形成山东信托·大同系列慈善信托产品，吸纳社会各界资金参与到扶贫助学、爱老敬老慈善活动中。

同时，山东信托充分发挥信托优势，为山东省残疾人福利基金会、山东省送温暖基金会、山东省慈善总会慈善资金提供专业管理服务。在受托管理山东省公安厅慈善类基金中，通过类慈善信托业务对山东省公安民警互助金和优抚基金进行理财增值，充分体现了主动履行社会责任的国企担当。

5. 报告期末及上一年度末的比较式会计报表

5.1 自营资产

5.1.1 会计师事务所审计意见全文

审计报告

普华永道中天审字（2017）第21782号

山东省国际信托股份有限公司董事会：

我们审计了后附的山东省国际信托股份有限公司（以下简称山东信托）的财务报表，包括2016年12月31日的合并及公司资产负债表，2016年度的合并及公司利润表、合并及公司股东权益变动表和合并及公司现金流量表以及财务报表附注。

一、管理层对财务报表的责任

编制和公允列报财务报表是山东信托管理层的责任。这种责任包括：（1）按照企业会计准则的规定编制财务报表，并使其实现公允反映；（2）设计、执行和维护必要的内部控制，以使财务报表不存在由于舞弊或错误导致的重大错报。

二、注册会计师的责任

我们的责任是在执行审计工作的基础上对财务报表发表审计意见。我们按照中国注册会计师审计准则的规定执行了审计工作。中国注册会计师审计准则要求我们遵守中国注册会计师职业道德守则，计划和执行审计工作以对财务报表是否不存在重大错报获取合理保证。

审计工作涉及实施审计程序，以获取有关财务报表金额和披露的审计证据。选择的审计程序取决于注册会计师的判断，包括对由于舞弊或错误导致的财务报表重大错报风险的评估。在进行风险评估时，注册会计师考虑与财务报表编制和公允列报相关的内部控制，以设计恰当的审计程序，但目的并非对内部控制的有效性发表意见。审计工作还包括评价管理层选用会计政策的恰当性和作出会计估计的合理性，以及评价财务报表的总体列报。

我们相信，我们获取的审计证据是充分、适当的，为发表审计意见提供了基础。

三、审计意见

我们认为，上述山东信托的财务报表在所有重大方面按照企业会计准则的规定编制，公允反映了山东信托2016年12月31日的合并及公司财务状况以及2016年度的合并及公司经营成果和现金流量。

普华永道中天会计师事务所（特殊普通合伙）

注册会计师：胡　亮

中国·上海市　　注册会计师：陈达亮

2017年4月25日

5.1.2 资产负债表

资产负债表

编制单位：山东省国际信托股份有限公司（母公司）　2016年12月31日　单位：万元

项目	2016年12月31日	2015年12月31日（重述后）
资产：		
货币资金	16 207.75	33 897.56
以公允价值计量且其变动计入当期损益的金融资产	7 398.37	24 450.21
应收账款	23 240.40	74 073.04
应收利息	875.19	338.88
预付账款	278.79	23 177.37
可供出售金融资产	86 620.07	120 008.75
买入返售金融资产	29 890.00	42 358.00
发放贷款及垫款	—	29 389.22
应收款项类投资	18 064.34	8 014.44
长期股权投资	448 050.74	276 195.30
固定资产	12 451.57	2 782.74
无形资产	420.62	245.47
递延所得税资产	1 848.50	5 913.27
其他资产	64 880.67	17 788.07
资产总计	710 227.01	658 632.32
负债		
应付职工薪酬	7 093.87	4 014.44
应交税费	10 791.28	40 462.79
短期借款	50 000.00	—
其他负债	8 678.84	19 931.82
负债合计	76 563.99	64 409.05
股东权益		
股本	200 000.00	200 000.00
资本公积	61 628.87	61 628.87
其他综合收益	5 122.31	14 501.12
盈余公积	60 852.68	52 014.85
信托赔偿准备	40 000.00	35 203.70
一般风险准备	23 842.32	23 842.32
未分配利润	242 216.84	207 032.41
股东权益合计	633 663.02	594 223.27
负债和股东权益总计	710 227.01	658 632.32

资产负债表

编制单位：山东省国际信托股份有限公司（合并）　2016年12月31日　单位：万元

项目	2016年12月31日	2015年12月31日（重述后）
资产：		
货币资金	27 448.58	48 169.67
以公允价值计量且其变动计入当期损益的金融资产	30 547.54	39 332.37
应收账款	20 308.81	67 111.94
应收利息	2 913.50	7 775.60
预付账款	278.79	23 177.37
可供出售金融资产	86 620.07	135 008.75
买入返售金融资产	29 890.00	42 358.00
发放贷款及垫款	404 823.50	307 643.17
应收款项类投资	18 064.34	8 014.44

续表

项目	2016 年 12 月 31 日	2015 年 12 月 31 日(重述后)
长期股权投资	156 610.23	102 812.45
固定资产	12 451.57	2 782.74
无形资产	420.62	245.47
递延所得税资产	1 848.50	5 913.27
其他资产	72 576.39	26 729.79
资产总计	864 802.44	817 075.03
负债		
应付职工薪酬	7 093.87	4 014.44
应交税费	10 791.28	40 462.79
短期借款	50 000.00	—
其他负债	162 804.88	172 849.82

续表

项目	2016 年 12 月 31 日	2015 年 12 月 31 日(重述后)
负债合计	230 690.03	217 327.05
股东权益		
股本	200 000.00	200 000.00
资本公积	61 628.87	61 628.87
其他综合收益	5 122.31	14 501.12
盈余公积	60 852.68	52 014.85
信托赔偿准备	40 000.00	35 203.70
一般风险准备	23 842.32	23 842.32
未分配利润	242 666.23	212 557.12
股东权益合计	634 112.41	599 747.98
负债和股东权益总计	864 802.44	817 075.03

5.1.3 利润表

利润表

编制单位:山东省国际信托股份有限公司(母公司)　　2016 年度　　单位:万元

项目	2016 年度	2015 年度(重述后)
一、营业收入	135 557.82	174 757.64
利息收入	4 993.04	5 572.80
利息支出	1 241.96	—
利息净收入	3 751.08	5 572.80
手续费及佣金收入	96 477.76	113 922.90
手续费及佣金支出	2 197.87	1 117.86
手续费及佣金净收入	94 279.89	112 805.04
公允价值变动收益/(损失)	-8 136.63	5 083.79
投资收益	45 523.03	51 259.58
其他业务收入	140.45	36.43
二、营业支出	23 681.43	45 059.43
税金及附加	2 464.21	8 692.22
业务及管理费	20 882.26	15 605.09
资产减值损失	317.53	20 762.12
其他业务成本	17.43	—
三、营业利润	111 876.39	129 698.21
加:营业外收入	920.69	112.44
减:营业外支出	8.92	26.47
四、利润总额	112 788.16	129 784.18
减:所得税费用	24 409.89	27 029.98
五、净利润	88 378.27	102 754.20
其中:归属于母公司股东的净利润	88 378.27	102 754.20
六、其他综合收益的税后净额	-9 378.81	-18 490.73
归属于母公司股东的其他综合收益的税后净额	-9 378.81	-18 490.73
以后将重分类进损益的其他综合亏损	-9 378.81	-18 490.73
权益法下在被投资单位以后将重分类进其他综合收益中享有的份额	-2 036.11	1 084.27
可供出售金融资产公允价值变动	-7 342.70	-19 575.00
七、综合收益总额	78 999.46	84 263.47
其中:归属于母公司股东的综合收益总额	78 999.46	84 263.47

利润表

编制单位：山东省国际信托股份有限公司（合并） 2016年度 单位：万元

项目	2016年度	2015年度（重述后）
一、营业收入	134 766. 25	184 227. 45
利息收入	45 522. 63	46 061. 51
利息支出	8 809. 74	10 644. 14
利息净收入	36 712. 89	35 417. 37
手续费及佣金收入	82 753. 98	105 223. 29
手续费及佣金支出	2 197. 87	1 117. 86
手续费及佣金净收入	80 556. 11	104 105. 43
公允价值变动收益/（损失）	-8 104. 55	5 552. 66
合并结构化主体中归属于第三方投资者的净资产份额变动损失	131. 57	-1. 80
投资收益	25 329. 78	39 117. 36
其他业务收入	140. 45	36. 43
二、营业支出	27 965. 18	49 732. 23
税金及附加	2 464. 21	8 692. 22
业务及管理费	21 431. 71	15 935. 24
资产减值损失	4 051. 84	25 104. 77
其他业务成本	17. 42	—
三、营业利润	106 801. 07	134 495. 22
加：营业外收入	920. 69	112. 44
减：营业外支出	8. 92	26. 47
四、利润总额	107 712. 84	134 581. 19
减：所得税费用	24 409. 89	27 029. 98
五、净利润	83 302. 95	107 551. 21
其中：归属于母公司股东的净利润	83 302. 95	107 551. 21
六、其他综合收益的税后净额	-9 378. 81	-18 490. 73
归属于母公司股东的其他综合收益的税后净额	-9 378. 81	-18 490. 73
以后将重分类进损益的其他综合亏损	-9 378. 81	-18 490. 73
权益法下在被投资单位以后将重分类进其他综合收益中享有的份额	-2 036. 11	1 084. 27
可供出售金融资产公允价值变动	-7 342. 70	-19 575. 00
七、综合收益总额	73 924. 14	89 060. 48
其中：归属于母公司股东的综合收益总额	73 924. 14	89 060. 48

5. 1. 4 所有者权益变动表

所有者权益变动表（续）

编制单位：山东省国际信托股份有限公司（母公司） 单位：万元

项目	归属于母公司股东权益							股东权益合计
	实收资本	资本公积	其他综合收益	盈余公积	信托赔偿准备	一般风险准备	未分配利润	
2016年1月1日余额	200 000. 00	61 628. 87	14 501. 12	52 014. 85	35 203. 70	23 842. 32	207 032. 41	594 223. 27
2016年度增减变动额								
净利润	—	—	—	—	—	—	88 378. 27	88 378. 27
其他综合亏损	—	—	-9 378. 81	—	—	—	—	-9 378. 81
提取盈余公积	—	—	—	8 837. 83	—	—	-8 837. 83	—
提取一般风险准备	—	—	—	—	—	—	—	—
提取信托赔偿准备	—	—	—	—	4 796. 30	—	-4 796. 30	—
对股东的分配	—	—	—	—	—	—	-39 559. 71	-39 559. 71
2016年12月31日余额	200 000. 00	61 628. 87	5 122. 31	60 852. 68	40 000. 00	23 842. 32	242 216. 84	633 663. 02

所有者权益变动表(续)

编制单位:山东省国际信托股份有限公司(合并)　　单位:万元

项目	归属于母公司股东权益							股东权益合计
	实收资本	资本公积	其他综合收益	盈余公积	信托赔偿准备	一般风险准备	未分配利润	
2016 年 1 月 1 日余额	200 000. 00	61 628. 87	14 501. 12	52 014. 85	35 203. 70	23 842. 32	212 557. 12	599 747. 98
2016 年度增减变动额								
净利润	—	—	—	—	—	—	83 302. 95	83 302. 95
其他综合收益	—	—	-9 378. 81	—	—	—	—	-9 378. 81
提取盈余公积	—	—	—	8 837. 83	—	—	-8 837. 83	—
提取一般风险准备	—	—	—	—	—	—	—	—
提取信托赔偿准备	—	—	—	—	4 796. 30	—	-4 796. 30	—
对股东的分配	—	—	—	—	—	—	-39 559. 71	-39 559. 71
2016 年 12 月 31 日余额	200 000. 00	61 628. 87	5 122. 31	60 852. 68	40 000. 00	23 842. 32	242 666. 23	634 112. 41

5. 2　信托资产

5. 2. 1　信托项目资产负债汇总表

信托项目资产负债汇总表

编制单位:山东省国际信托股份有限公司　　2016 年 12 月 31 日　　单位:万元

资产	年初余额	期末余额	负债和权益	年初余额	期末余额
资产:			负债:		
货币资金	305 803. 14	372 963. 56	交易性金融负债	—	
拆出资金			衍生金融负债	—	
结算备付金	331 465. 12	99 150. 45	应付账款	—	
交易性金融资产	5 027 048. 34	4 353 449. 26	应付受托人报酬	3 787. 29	7 057. 91
衍生金融资产		0	应付受益人收益	35 354. 58	45 435. 15
买入返售金融资产		318 998. 90	应付托管费	874. 25	1 267. 91
应收账款	8 460. 16	1. 22	应付销售服务费		0. 27
应收利息	0. 41	84 117. 63	应交税费	141. 37	
应收股利		547. 89	应付利息		
应收申购款		0	其他应付款	158 841. 08	51 355. 41
应收票据		0	其他负债		
其他应收款	39 804. 65	117 469. 68			
存出保证金		0			
发放贷款	11 538 355. 24	12 851 673. 74	负债合计	198 998. 57	105 116. 65
长期应收款	22 556. 95	39 855. 68			
可供出售金融资产		40 853. 71			
持有至到期投资	4 390 041. 80	5 081 629. 79			
长期股权投资	2 972 447. 07	2 753 911. 19	权益:		
投资性房地产			实收信托	24 135 030. 22	25 501 672. 48
融资租赁资产			资本公积	46 114. 55	82 670. 67
固定资产			损益平准		0
固定资产清理			未分配利润	255 839. 54	467 888. 03
无形资产			权益合计	24 436 984. 31	26 052 231. 18
长期待摊费用					
其他资产		42 725. 13			
信托资产总计	24 635 982. 88	26 157 347. 83			
减:各项资产减值准备					
资产总计	24 635 982. 88	26 157 347. 83	负债和权益总计	24 635 982. 88	26 157 347. 83

5.2.2　信托项目利润及利润分配汇总表

信托项目利润及利润分配汇总表

编制单位：山东省国际信托股份有限公司　　2016 年度　　单位：万元

项目	本年累计数	上年累计数
一、收入	1 608 563.15	2 792 626.13
利息收入	1 013 666.67	1 154 080.72
投资收益（损失以"－"号填列）	164 053.86	1 575 715.50
其中：对联营企业和合营企业的投资收益	0	
公允价值变动收益（损失以"－"号填列）	389 954.20	30 063.84
租赁收入	−29.99	3 839.99
汇兑损益（损失以"－"号填列）	16.60	126.57
其他收入	40 901.81	28 799.51
二、支出	235 171.63	227 513.91
营业税金及附加	59.01	463.45
受托人报酬	148 624.95	107 253.93
托管费	19 699.84	31 843.68
销售服务费	108.1	62.41
交易费用	2 532.31	1.6
利息支出	0.48	
资产减值损失	0	
其他费用	64 146.94	87 888.84
三、净利润（净亏损以"－"号填列）	1 373 391.52	2 565 112.22
四、其他综合收益	0	
五、综合收益	1 373 391.52	2 565 112.22
六、期初未分配利润	255 839.54	161 384.54
六、本期已分配信托利润	1 161 343.03	2 470 657.22
七、期末未分配利润	467 888.03	255 839.54

6. 会计报表附注

6.1　会计报表编制基准不符合会计核算基本前提的说明

6.1.1　会计报表不符合会计核算基本前提的事项

本公司无上述情况。

6.1.2　纳入合并范围的子公司的名称、业务性质、注册地、注册资本、实际投资额、母公司所持有的权益性资本的比例及合并期间

公司对部分结构化主体存在控制，需将其纳入合并范围，2016 年纳入合并范围的结构化主体个数为 36 个，全部为认购的本公司发行的信托计划。

本年度合并范围中无子公司。

6.2　重要会计政策和会计估计说明

6.2.1　计提资产减值准备的范围和方法

6.2.1.1　贷款减值准备

本公司于资产负债表日对发放贷款及垫款以及应收款项类投资是否存在预计未来现金流减少的迹象进行判断，以确定是否需要计提减值准备。预计未来现金流减少的减值迹象包括借款人的支付状况发生了不利的变化，国家和地区经济状况的不利变化等。管理层定期审阅预计未来现金流采用的方法和假设，以减少预计损失与实际损失之间的差额。

6.2.1.2　长期资产减值

固定资产、使用寿命有限的无形资产及对联营企业的长期股权投资等，于资产负债表日存在减值迹象的，进行减值测试；尚未达到可使用状态的无形资产，无论是否存在减值迹象，至少每年进行减值测试。减值测试结果表明资产的可收回金额低于其账面价值的，按其差额计提减值准备并计入减值损失。可收回金额为资产的公允价值减去处置费用后的净额与资产预计未来现金流量的现值两者之间的较高者。资产减值准备按单项资产为基础计算并确认，如果难以对单项资产的可收回金额进行估计的，以该资产所属的资产组确定资产组的可收回金额。资产组是能够独立产生现金流入的最小资产组合。

上述资产减值损失一经确认，以后期间不予转回价值得以恢复的部分。

6.2.1.3　金融资产减值

除以公允价值计量且其变动计入当期损益的金融资产外，本集团于资产负债表日对金融资产的账面价值进行检查，如果有客观证据表明某项金融资产发生减值的，计提减值准备。

本集团用于确认是否存在减值的客观证据的标准主要包括：

（1）发行方或债务人发生严重财务困难。

（2）债务人违反了合同条款，如偿付利息或本金发生违约或逾期等。

（3）债权人出于经济或法律等因素的考虑，对发生财务困难的债务人作出让步。

（4）债务人很可能倒闭或者进行其他财务重组。

（5）因重大财务困难，导致金融资产无法在活跃市场继续交易。

（6）无法辨认一组金融资产中的某项资产的现金流量是否已经减少，但根据公开的数据对其进行总体评价后发现，该组金融资产自初始确认以来的预计未来现金流量确已减少且可计量。一是该组金融资产的债务人支付能力逐步恶化。二是债务人所在国家或地区经济出现了可能导致该组金融资产无法支付的状况。

（7）权益工具发行人经营所处的技术、市场、经济或法律环境等发生重大不利变化，使权益工具投资人可能无法收回投资成本。

（8）权益工具投资的公允价值发生严重或非暂时性下跌。

（9）其他表明金融资产发生减值的客观证据。

以摊余成本计量的金融资产发生减值时，按预计未来现金流量（不包括尚未发生的未来信用损失）现值低于账面价值的差额，计提减值准备。如果有客观证据表明该金融资产价值已恢复，且客观上与确认该损失后发生的事项有关，原确认的减值损失予以转回，计入当期损益。

当有客观证据表明以公允价值计量的可供出售金融资产发生减值时，原直接计入所有者权益的因公允价值下降形成的累计损失予以转出并计入减值损失。对已确认减值损失的可供出售债务工具投资，在期后公允价值上升且客观上与确认原减值损失后发生的事项有关的，原确认的减值损失予以转回并计入当期损益。对已确认减值损失的可供出售权益工具投资，期后公允价值上升直接计入所有者权益。

以成本计量的可供出售金融资产发生减值时，按其账面价值超过按类似金融资产当时市场收益率对未来现金流量折现确定的现值之间的差额，确认减值损失。已发生的减值损失以后期间不再转回。

6.2.2 金融资产四分类的范围和标准

本公司的金融资产于初始确认时分为以下四类：以公允价值计量且其变动计入当期损益的金融资产、持有至到期投资、贷款和应收款项、可供出售金融资产。金融资产在初始确认时以公允价值计量。对于以公允价值计量且其变动计入当期损益的金融资产，相关交易费用直接计入当期损益，其他类别的金融资产相关交易费用计入其初始确认金额。

6.2.3 交易性金融资产核算方法

交易性金融资产分为交易性金融资产和指定为以公允价值计量且其变动计入当期损益的金融资产。

交易性金融资产按照取得时的公允价值作为初始确认金额，相关的交易费用在发生时计入当期损益。

在资产负债表日，交易性金融资产按照公允价值进行后续计量且不扣除将来处置该金融资产时可能发生的交易费用，交易性金融资产的公允价值变动计入当期损益。

6.2.4 可供出售金融资产核算方法

可供出售金融资产，是指初始确认时即指定为可供出售的非衍生金融资产，以及除上述金融资产类别以外的金融资产。对于此类金融资产，采用公允价值进行后续计量。其折价或溢价采用实际利率法进行摊销并确认为利息收入或费用。除减值损失及外币货币性金融资产的汇兑差额确认为当期损益外，可供出售金融资产的公允价值变动作为资本公积的单独部分予以确认，直到该金融资产终止确认或发生减值时，在此之前在资本公积中确认的累计利得或损失转入当期损益。与可供出售金融资产相关的股利或利息收入，计入当期损益。

6.2.5 持有至到期投资核算方法

持有至到期投资是指到期日固定、回收金额固定或可确定，且本公司有明确意图和能力持有至到期的非衍生金融资产。对于此类金融资产，采用实际利率法，按照摊余成本进行后续计量，其终止确认、发生减值或摊销产生的利得或损失，均计入当期损益。

6.2.6 长期股权投资核算方法

长期股权投资包括本公司对受本公司控制的结构化主体(以下合称本集团)的长期股权投资，以及本集团对联营企业的长期股权投资。

6.2.6.1 子公司

子公司为本公司能够对其实施控制的被投资单位。

对子公司的投资，在公司财务报表中按照成本法确定的金额列示，在编制合并财务报表时按权益法调整后进行合并。

采用成本法核算的长期股权投资按照初始投资成本计量。被投资单位宣告分派的现金股利或利润，确认为投资收益计入当期损益。

6.2.6.2 联营企业

联营企业为本集团能够对其财务和经营决策具有重大影响的被投资单位。

对联营企业投资采用权益法核算。初始投资成本大于投资时应享有被投资单位可辨认净资产公允价值份额的，以初始投资成本作为长期股权投资成本；初始投资成本小于投资时应享有被投资单位可辨认净资产公允价值份额的，其差额计入当期损益，并相应调增长期股权投资成本。

采用权益法核算时，本集团按应享有或应分担的被投资单位的净损益份额确认当期投资损益。确认被投资单位发生的净亏损，以长期股权投资的账面价值以及其他实质上构成对被投资单位净投资的长期权益减记至零为限，但本集团负有承担额外损失义务且符合或有事项准则所规定的预计负债确认条件的，继续确认投资损失并作为预计负债核算。被投资单位除净损益、其他综合收益和利润分配以外所有者权益的其他变动，调整长期股权投资的账面价值并计入资本公积。被投资单位分派的利润或现金股利于宣告分派时按照本集团应分得的部分，相应减少长期股权投资的账面价值。本集团与被投资单位之间未实现的内部交易损益按照持股比例计算归属于本集团的部分，予以抵销；然后在此基础上确认投资损益。本集团与被投资单位发生的内部交易损失，其中属于资产减值损失的部分，相应的未实现损失不予抵销。

6.2.7 固定资产计价和折旧方法

6.2.7.1 固定资产标准

固定资产是指为生产商品、提供劳务、出租或经营管理，使用寿命超过一个会计年度而持有的有形资产。

6.2.7.2 初始计量

固定资产的初始计量指固定资产入账价值。

对于外购固定资产，入账价值包括购买价款、相关税费及达到预定可使用状态前可直接归属于该资产的的其他支出。

对于自行建造的固定资产，入账价值包括使该资产达到预定可使用状态前所发生的所有必要支出。

对于投资转入的固定资产，按照投资合同或协议约定的价值确定入账价值(约定价值不公允的除外)。

6.2.7.3 固定资产折旧

本公司固定资产分为房屋及建筑物、运输工具、电子设备、其他设备及家具。固定资产折旧采用直线法计提，并按各类固定资产的原值和估计的使用年限，扣除残值(原值的3%)，确定其折旧率。

已全额计提减值准备的固定资产，不再计提折旧。

固定资产各类折旧率如下：

类别	折旧年限(年)	年折旧率(%)
房屋及建筑物	20~40	2.43~4.85
运输工具	8	12.13
电子设备	3~5	19.40~32.33
办公设备	5~10	9.70~19.40

6.2.8 无形资产计价及摊销政策

6.2.8.1 初始计量

无形资产在取得时，按实际成本计价，即以取得无形资产并使之达到预定用途而发生的全部支出作为无形资产的成本。

6.2.8.2 摊销方法

使用寿命有限的无形资产，在预计的使用年限内采用直线法进行摊销。

6.2.9 合并会计报表的编制方法

编制合并财务报表时，合并范围包括本公司及全部子公司及结构化主体。

子公司是指可以被本公司控制的主体(包括结构化主体)。控制是指本集团拥有对被投资方的权力,通过参与被投资方的相关活动而享有可变动报酬,并且有能力利用对被投资方的权力影响其报酬。本集团在获得子公司控制权当日合并子公司,并在丧失控制权当日将其终止合并入账。

结构化主体是指在判断主体的控制方时,表决权或类似权力没有被作为设计主体架构时的决定性因素(如表决权仅与行政管理事务相关),而主导该主体相关活动的依据是合同或相应安排。

当本公司在结构化主体中担任资产管理人时,本集团将评估就该结构化主体而言,本集团是代理人还是主要责任人。如果资产管理人仅仅是代理人,则其主要代表其他方(结构化主体的其他投资者)行事,因此并不控制该结构化主体。但若资产管理人被判断为主要代表其自身行事,则是主要责任人,因而控制该结构化主体。

本公司经营活动中涉及的结构化主体包括信托计划、基金和资产管理计划。本公司设立信托计划,通过向信托计划的委托人(投资者)提供受托及管理服务赚取信托报酬。信托计划主要包括融资类信托计划和投资类信托计划,本公司也可能在本公司设立及管理的信托计划中进行投资。

本公司在决定是否合并结构化主体时,根据合同约定评估本集团是否拥有对结构化主体的权力,通过参与结构化主体的相关活动而享有可变动报酬,并且有能力利用对结构化主体的权力影响其报酬。固定期限和可卖回工具中的归属于第三方受益人的权益在合并资产负债表中列示为其他负债。合并融资类信托计划中归属于第三方受益人的损益变动在合并利润表中列示为利息支出,合并投资类信托计划中归属于第三方受益人的损益变动在合并利润表中列示为合并结构化主体中归属于第三方投资者的净资产份额变动。

6.2.10 收入确认原则和方法

本公司的营业收入主要包括利息收入、金融企业往来收入、手续费收入、证券自营差价收入、租赁业务收入、汇兑收益和其他业务收入,在以下条件均能满足时确认收入:

(1)与交易相关的利益能够流入企业;

(2)收入的金额能够可靠的计量。

6.2.11 所得税的会计处理方法

本公司所得税费用采用资产负债表债务法核算。资产、负债的账面价值与其计税基础存在差异的,按照规定确认所产生的递延所得税资产或递延所得税负债。递延所得税资产与递延所得税负债分别根据可抵扣暂时性差异和应纳税暂时性差异确定。除了将与直接计入股东权益的交易或者事项有关的所得税影响计入股东权益外,当期所得税和递延所得税费用(或收益)均计入当期损益。

6.2.12 信托报酬确认原则和方法

根据权责发生制原则,公司信托业务手续费收入按照合同中与委托人约定的信托报酬收取方式及比例确认或提供给客户清算报告且客户未提出异议后确认收入的实现。

6.3 或有事项说明

公司对外担保的年初数为零,期末数为零。

6.4 重要资产转让及其出售的说明

本年度未发生重要资产转让及其出售事项。

6.5 会计报表中重要项目的明细资料

6.5.1 自营资产经营情况

6.5.1.1 信用风险资产的期初数、期末数

信用风险资产五级分类	正常类(万元)	关注类(万元)	次级类(万元)	可疑类(万元)	损失类(万元)	信用风险资产合计(万元)	不良资产合计(万元)	不良资产率(%)
期初数	664 302.96	—	—	—	41 000.51	705 303.47	41 000.51	5.81
期末数	711 372.74	—	—	—	7 563.17	718 935.90	7 563.17	1.05

注:不良资产合计=次级类+可疑类+损失类。

6.5.1.2 各项资产减值损失准备的期初数、本期计提、本期转回、本期核销、期末数

单位:万元

项目	期初数	本期计提	本期转回	本期核销	期末数
贷款损失准备	599.78	—	599.78	—	—
组合计提	599.78	—	599.78	—	—
个别计提	—	—	—	—	—
应收款项类投资损失准备	163.56	205.10	—	—	368.66
可供出售金融资产减值准备	5 670.64	—	3 144.92	1 380.00	1 145.72
长期股权投资	40 687.63	712.21	34 149.55	—	7 250.29
其他资产减值准备	312.87	—	—	—	312.87
合计	47 434.48	917.31	37 894.25	1 380.00	9 077.54

6.5.1.3 固有业务股票投资、基金投资、债券投资、股权投资等投资业务的期初数、期末数

单位:万元

项 目	自营股票	基金	债券	长期股权投资
期初数	18 225.18	85 141.31	42 358.00	103 012.45
期末数	7 075.02	31 094.02	29 890.00	156 610.23

6.5.1.4 前五名的自营长期股权投资的企业名称、占被投资企业权益的比例、主要经营活动及投资收益情况等

单位:万元

被投资企业名称	占被投资企业权益的比例(%)	主要经营活动	投资收益(万元)
1. 山东省金融资产管理股份有限公司	4.95	收购、管理不良资产等	无分红
2. 富国基金管理有限公司	16.68	基金管理等	12 611.81
3. 泰信基金管理有限公司	45.00	基金管理等	78.67
4. 山东豪沃汽车金融有限公司	30.00	汽车金融等	156.60
5. 德州银行股份有限公司	4.28	吸收公众存款等	624.53

6.5.1.5 前五名的自营贷款的企业名称、占贷款总额的比例和还款情况等

本公司2016年无自营贷款。

6.5.1.6 表外业务的期初数、期末数

公司无表外业务。

6.5.1.7　公司当年的收入结构

母公司

收入结构	金额(万元)	占比(%)
手续费及佣金净收入	94 279.89	69.08
其中:信托手续费净收入	94 279.89	69.08
投资银行业务净收入	—	—
利息净收入	3 751.08	2.75
其他业务收入	140.45	0.10
其中:计入信托业务收入部分	—	—
投资收益	37 386.40	27.39
其中:股权投资收益	16 477.92	12.07
公允价值变动收益	-8 136.63	-5.96
其他投资收益	29 045.11	21.28
营业外收入	920.69	0.67
收入合计	136 478.51	100.00

2016 年实现信托业务收入 94 279.89 万元,占全部收入的 69.08%以上,主营业务突出。

合并

收入结构	金额(万元)	占比(%)
手续费及佣金净收入	80 556.11	59.37
其中:信托手续费净收入	80 556.11	59.37
投资银行业务净收入	—	—
利息收入	36 712.89	27.06
其他业务收入	272.02	0.20
其中:计入信托业务收入部分	—	—
投资收益	17 225.23	12.69
其中:股权投资收益	16 477.92	12.14
公允价值变动收益	-8 104.55	-5.97
其他投资收益	8 851.86	6.52
营业外收入	920.69	0.68
收入合计	135 686.94	100.00

6.5.2　信托资产管理情况

6.5.2.1　信托资产的期初数、期末数

单位:万元

信托资产	期初数	期末数
集合	5 145 955.51	7 073 361.46
单一	17 937 900.68	17 459 197.82
财产权	1 552 126.69	1 624 788.55
合计	24 635 982.88	26 157 347.83

6.5.2.1.1　主动管理型信托业务期初数、期末数

单位:万元

主动管理型信托资产	期初数	期末数
证券投资类	1 095 959.00	949 558.11
股权投资类	1 276 100.00	1 569 230.57
融资类	1 964 680.00	3 693 183.00
事务管理类	796 704.00	861 389.78
合　计	5 133 443.00	7 073 361.46

6.5.2.1.2　被动管理型信托业务期初数、期末数

单位:万元

被动管理型信托资产	期初数	期末数
证券投资类	2 109 276.00	2 257 597.36
股权投资类	271 468.00	201 238.84
融资类	3 441 334.00	1 783 544.53
事务管理类	13 680 461.88	14 841 605.64
合计	19 502 539.88	19 083 986.37

6.5.2.2　本年度已清算结束的信托项目个数、实收信托合计金额、加权平均实际年化收益率

6.5.2.2.1　本年度已清算结束的集合类、单一类资金信托项目和财产管理类信托项目个数、实收信托合计金额、加权平均实际年化收益率

已清算结束信托项目	项目个数(个)	实收信托合计金额(万元)	加权平均实际年化收益率(%)
集合类	130	2 443 630	7.10
单一类	305	7 837 438	7.60
财产管理类	5	26 499	5.65

注:加权平均实际年化收益率 =(信托项目 1 的实际年化收益率 × 信托项目 1 的资产总计 + 信托项目 2 的实际年化收益率 × 信托项目 2 的资产总计 + … + 信托项目 n 的实际年化收益率 × 信托项目 n 的资产总计)/(信托项目 1 的资产总计 + 信托项目 2 的资产总计 + … + 信托项目 n 的资产总计)×100%。

6.5.2.2.2　本年度已清算结束的主动管理型信托项目个数、实收信托合计金额、加权平均实际年化收益率

已清算结束信托项目	项目个数(个)	实收信托合计金额(万元)	加权平均实际年化信托报酬率(%)	加权平均实际年化收益率(%)
证券投资类	45	435 505.00	0.49	5.06
股权投资类	31	394 389.00	1.24	6.76
融资类	53	1 583 736.00	1.41	7.94
事务管理类	1	30 000.00	0.16	7.89

6.5.2.2.3　本年度已清算结束的被动管理型信托项目个数、实收信托合计金额、加权平均实际年化收益率

已清算结束信托项目	项目个数(个)	实收信托合计金额(万元)	加权平均实际年化信托报酬率(%)	加权平均实际年化收益率(%)
证券投资类	4	37 000.00	0.20	9.21
股权投资类	13	164 202.00	0.28	7.28
融资类	80	2 396 453.00	0.32	7.91
事务管理类	213	5 266 282.00	0.15	7.48

6.5.2.3　本年度新增的集合类、单一类和财产管理类信托项目个数、实收信托合计金额

新增信托项目	项目个数(个)	实收信托合计金额(万元)
集合类	119	4 169 939
单一类	327	7 710 022
财产权	3	92 458
新增合计	449	11 972 419
其中:主动管理型	119	4 169 939
被动管理型	330	7 802 480

6.5.2.4　信托业务创新成果和特色业务有关情况

2016 年是信托公司的业务转型创新突破年,公司一方面继续推动传统业务向主动管理方向转型,巩固既有优势;另一方面在创新业务上不断进行有益尝试,抢占市场先机,业务转型创新取得了一定成绩。一是主动管理能力得到持续锻炼提升。信托公司着重从资产端和资金端两端发力,锤炼资产主动管理能力,私募投行和财富管理的主动管理水平均有较大提升。二是深耕多层次资本市场创新业务显成效。2016 年先后成立定向增发、员工持股、“上市公司 +PE”并购主题、可交换债、场内股票质押等创新信托产品。积极尝试基金化管理运作资本市场项目,依托私募基金管理人资格,投资于二级市场的首只契约型基金成

功落地，还研发设计了首单定增基金项目和新三板优选基金项目。债券业务加快“去通道化”，截至2016年末，债券业务存续规模370亿元，已发展成为公司较具特色的业务之一。三是回归信托本源业务走在行业前列。回归信托本源是信托行业转型的大势所趋，在慈善法政策利好之下，积极布局开展家族信托、慈善信托等突出信托本源的信托业务。截至2016年末，公司签约家族信托业务累计达50单，合同总规模24.64亿元。积极挖掘慈善信托市场机会，2016年11月，公司作为顾问单位加入全国首个慈善信托行业联合体中国慈善联合会慈善信托委员会，着力发掘慈善信托业务机会，积极开展标准化慈善信托，“山东信托·大同系列同心扬梦慈善信托”已落地，充分体现了公司主动履行社会责任的国企担当，进一步提升了社会形象。四是新兴领域特色业务取得突破。公司顺应监管政策导向，围绕服务重大在建续建项目、文化产业、社会民生领域等实体经济发展，积极试水PPP信托、演艺信托、不良资产处置信托等新兴特色业务，提升金融服务实体经济能力。

6.5.2.5　本公司履行受托人义务情况及因本公司自身责任而导致的信托资产损失情况

本公司遵守信托法和信托文件对受托人义务的规定，为受益人的最大利益处理信托事务。管理信托财产时，恪尽职守，履行诚实、信用、谨慎、有效管理的义务，没有因本公司自身责任而导致的信托资产损失情况。

6.5.2.6　信托赔偿准备金的提取、使用和管理情况

公司每年按照本期净利润的10%计提信托赔偿准备金，当信托赔偿准备金余额达到实收资本的20%时不再计提。截至2016年末信托赔偿准备金40 000.00万元，迄今为止信托赔偿准备金未曾使用。

6.6　关联方关系及其交易

6.6.1　定价政策

公司在正常业务过程中发生的关联交易遵守一般商业条款。关联交易的价格主要参考市场价格经双方协商后确定。

6.6.2　关联方作为委托人的信托计划

作为委托人投资本公司设立及管理的合并信托计划的关联方包括山东鲁信文化传媒投资集团有限公司、山东鲁信实业集团有限公司、山东泰山文化艺术品交易所股份有限公司及其子公司、合营企业和联营企业。

6.6.2.1　关联方作为委托人的纳入合并范围的信托计划

关联方在合并信托计划中享有的权益在合并资产负债表中列示为其他负债。

项目	2016年12月31日	2015年12月31日
关联方作为委托人的信托计划个数（个）	7	4
关联方享有的权益（万元）	19 454.38	13 127.66

6.6.2.2　关联方作为委托人未纳入合并范围的信托计划

项目	2016年12月31日	2015年12月31日
关联方作为委托人的信托计划个数（个）	75	78
关联方享有的权益（万元）	505 327.39	787 274.01
信托计划总规模（万元）	1 018 894.79	969 584.17

6.6.2.3　关联方作为交易对手未纳入合并范围的信托计划

项目	2016年12月31日	2015年12月31日
信托计划个数	39	40
关联方享有的权益	1 374 376.93	1 122 218.91
信托计划总规模	1 374 376.93	1 122 218.91

6.6.3　本公司与关联方的重大交易事项

6.6.3.1　固有财产与关联方：贷款、投资、租赁、应收账款担保、其他方式等期初汇总数、本期发生额汇总数、期末汇总数

单位：万元

固有财产与关联方关联交易			
项目	期初数	本期发生额	期末数
贷款	—	—	—
投资	—	57 450.00	57 450.00
租赁	—	—	—
担保	—	—	—
应收账款	—	—	—
其他	—	10 969.35	10 969.35
合计	—	68 419.35	68 419.35

6.6.3.2　信托公司自有资金运用于自己管理的信托项目（固信交易）、信托公司管理的信托项目之间的相互交易（信信交易）交易金额，包括余额和本报告年度的发生额

6.6.3.2.1　固有财产与信托财产之间的交易金额期初汇总数、本期发生额汇总数、期末汇总数

单位：万元

固有财产与信托财产相互交易			
项目	期初数	本期发生额	期末数
合计	233 798	155 376	389 174

6.6.3.2.2　信托项目之间的交易金额期初汇总数、本期发生额汇总数、期末汇总数

单位：万元

信托资产与信托财产相互交易			
项目	期初数	本期发生额	期末数
合计	97 346	132 137	229.483

6.6.4　关联方逾期未偿还本公司资金的详细情况以及本公司为关联方担保发生或即将发生垫款的详细情况

本公司本年不存在上述情况。

6.7　会计制度

固有业务（自营业务）自2008年1月1日开始执行新企业会计准则、信托业务自2009年7月1日起执行新企业会计准则。

7. 财务情况说明书

7.1　利润实现和分配情况

7.1.1　母公司利润实现和分配情况

（1）利润总额：112 788.16万元。

（2）所得税费用：24 409.89万元。

(3)净利润:88 378.27 万元。

(4)加年初未分配利润余额(调整后净额):207 032.41 万元。

(5)可供分配利润:295 410.68 万元。

(6)提取法定公积金(净利润的 10%):8 837.83 万元。

(7)按照本年实现净利润的 10% 提取信托赔偿准备金,当信托赔偿准备金余额达到实收资本的 20% 时不再计提。本年计提 4 796.30 万元。

(8)向公司股东分配股利 39 559.71 万元。

(9)期末未分配利润 242.216.84 万元。

7.1.2 合并利润实现和分配情况:

(1)利润总额:107 712.84 万元。

(2)所得税费用:24 409.89 万元。

(3)归属于母公司的净利润:83 302.95 万元。

(4)加年初未分配利润余额(调整后净额):212 557.12 万元。

(5)可供分配利润:295 860.07 万元。

(6)提取法定公积金(净利润的 10%):8 837.83 万元。

(7)按照本年实现净利润的 10% 提取信托赔偿准备金,当信托赔偿准备金余额达到实收资本的 20% 时不再计提。本年计提 4 796.30 万元。

(8)向公司股东分配股利 39 559.71 万元。

(9)期末未分配利润 242 666.23 万元。

7.2 主要财务指标

母公司

指标名称	指标值
资本利润率(%)	14.40
加权年化信托报酬率(%)	0.39
人均净利润(万元)	455.56

合并

指标名称	指标值
资本利润率(%)	13.50
加权年化信托报酬率(%)	0.33
人均净利润(万元)	429.40

注:1. 资本利润率 = 净利润/所有者权益平均余额 ×100%。
2. 信托报酬率 = 信托业务收入/实收信托平均余额 ×100%。
3. 人均净利润 = 净利润/年平均人数。

7.3 净资本风险控制指标

指标名称	期末余额	监管指标
净资本(万元)	552 439.24	≥2 亿元
固有业务风险资本(万元)	42 440.67	
信托业务风险资本(万元)	177 440.46	
各项业务风险资本之和(万元)	219 881.12	
净资本/各项业务风险资本之和(%)	251.24	≥100
净资本/净资产(%)	88.05	≥40

公司净资本充足,各项比例符合管理要求。

7.4 对本公司财务状况、经营成果有重大影响的其他事项

无。

8. 特别事项揭示

8.1 前五名股东报告期内变动情况及原因

无。

8.2 董事、监事及高级管理人员变动情况及原因

经公司第一届董事会第六次会议审议通过,并报经中国银监会山东监管局核准(鲁银监准[2016]297 号),王映黎女士任公司董事长;经公司第三届第四次职工代表大会审议通过,并报经中国银监会山东监管局核准(鲁银监准[2016]239 号),万众先生任公司董事;经公司 2016 年第四次临时股东大会审议通过,并报经中国银监会山东监管局核准(鲁银监准[2016]311 号),孟茹静女士任公司独立董事;经公司 2016 年第五次临时股东大会审议通过,同意王映黎、王亮、金同水、丁慧平、颜怀江、孟茹静与职工代表董事万众共同组成公司董事会,其中丁慧平、颜怀江、孟茹静为独立董事,自股东大会审议通过之日起,陈道江、王曰普、张守合、赵长一不再继续担任公司董事职务。

经公司 2016 年第三次临时股东大会审议通过,侯振凯先生任公司监事;经公司第一届监事会第三次会议审议通过,同意选举杨公民先生为公司第一届监事会监事长;经 2016 年第五次临时股东大会审议通过,王曰普先生任公司监事。

经公司第一届董事会第七次会议审议通过,并报经中国银监会山东监管局核准(鲁银监准[2016]261 号),万众先生任公司总经理;经公司第一届董事会第八次会议审议通过,并报经中国银监会山东监管局核准(鲁银监准[2016]283 号),贺创业先生兼任公司董事会秘书;经公司第一届董事会第八次会议审议通过,不再聘任岳增光先生为公司风控总监,报经中国银监会山东监管局核准(鲁银监准[2016]284 号),付吉广先生担任公司风控总监。

8.3 变更注册资本、变更注册地或公司名称、公司分立合并事项

无。

8.4 公司的重大诉讼事项

公司在报告期内作为原告涉及未决诉讼、仲裁项目共 9 件。其中,代表集合资金信托计划公司诉山东高开变压器制造有限公司等借款合同纠纷案等 2 件,代表单一资金信托有公司诉东方文博城文化发展有限公司等借款合同纠纷案等 7 件。此外,在甘孜州农村信用联社股份有限公司诉四川科亨矿业(集团)有限公司等合同纠纷一案中,公司被列为第三人。

8.5 公司及其董事、监事和高级管理人员受到处罚的情况

2016 年 12 月,山东银监局以山东信托 · 天衡晟 1 期证券投资集合资金信托计划未按规定及信托合同约定向受益人定期披露信息、未按规定及信托合同约定方式向全体受益人披露临时信息为由,给予公司罚款 20 万元的行政处罚,公司已按期足额缴纳前述罚款,并已对前述行政处罚存在的问题进行

整改。

8.6 公司对银监会及其派出机构对公司检查的整改情况

报告期内，山东银监局共对公司开展了结构化股票、房地产和“两个加强、两个遏制”回头看检查等三项常规检查，公司对检查发现的问题，制定了有针对性的整改方案，完善制度建设，优化业务流程，实施内部问责，整改工作取得积极进展。

8.7 本年度重大事项临时报告

无。

8.8 银监会及其派出机构认定的其他有必要让客户及相关利益人了解的重要信息

无。

9. 公司监事会意见

监事会认为，本报告期内，公司决策程序符合国家相关法律、法规和《公司章程》的规定，内部控制制度较为完善，没有发现公司董事和高级管理人员在履行公司职务时有违反法律法规、《公司章程》和侵害股东利益的行为。公司财务报告真实反映了公司的财务状况和经营成果。

山西信托股份有限公司

1. 重要提示

1.1 公司董事会及董事保证本报告所载资料不存在任何虚假记载、误导性陈述或者重大遗漏，并对其内容的真实性、准确性和完整性承担个别及连带责任。

1.2 未有公司董事声明对本年度报告内容的真实性、准确性、完整性存在异议。

1.3 公司独立董事陈凯保证本年度报告内容真实、准确、完整。

1.4 毕马威华振会计师事务所（特殊普通合伙）对本公司年度财务报告进行审计，出具了标准无保留意见的审计报告。

1.5 公司负责人刘叔肄、主管会计工作负责人雷淑俊、会计部门负责人刘峻声明：保证年度报告中财务报告的真实、完整。

2. 公司概况

公司前身为经中国人民银行批准成立于1985年4月1日的山西省经济开发投资公司，1991年更名为山西省信托投资公司；2002年4月，经中国人民银行总行核准（银复[2002]85号），山西省信托投资公司吸收合并太原市信托投资公司，增加了新的股东，重新登记改制为山西信托投资有限责任公司；2007年8月，经中国银行业监督管理委员会核准（银监复[2007]338号），公司更名为山西信托有限责任公司；2013年4月，经中国银行业监督管理委员会《中国银监会关于山西信托有限责任公司变更组织形式及公司名称等有关事项的批复》（银监复[2013]183号）批准，公司更名为山西信托股份有限公司；截至本报告期末，公司注册资本13.57亿元，其中山西金融投资控股集团有限公司持股90.7%，太原市海信资产管理有限公司持股8.3%，山西国际电力集团有限公司持股1%。

2.1 公司概况

1	法定中文名称	山西信托股份有限公司 （中文缩写：山西信托）
2	法定英文名称	Shanxi Trust Co.,Ltd.（英文缩写：STC）
3	法定代表人	刘叔肄
4	注册地址	山西省太原市府西街69号
5	邮政编码	030002
6	国际互联网网址	http://www.sxxt.net
7	公司电子信箱	websxxt@sxxt.net
8	信息披露事务负责人	陈 强
9	信息披露事务联系人	吴 晶
10	联系电话	0351-8686777
11	传 真	0351-8686111
12	电子信箱	websxxt@sxxt.net
13	本次信息披露报纸	《金融时报》
14	年度报告备置地点	山西省太原市府西街69号山西国际贸易中心A座37层
15	公司聘请的会计师事务所及其住所	毕马威华振会计师事务所（特殊普通合伙） 地址：北京市东城区东长安街1号东方广场2座3层

2.2 组织结构

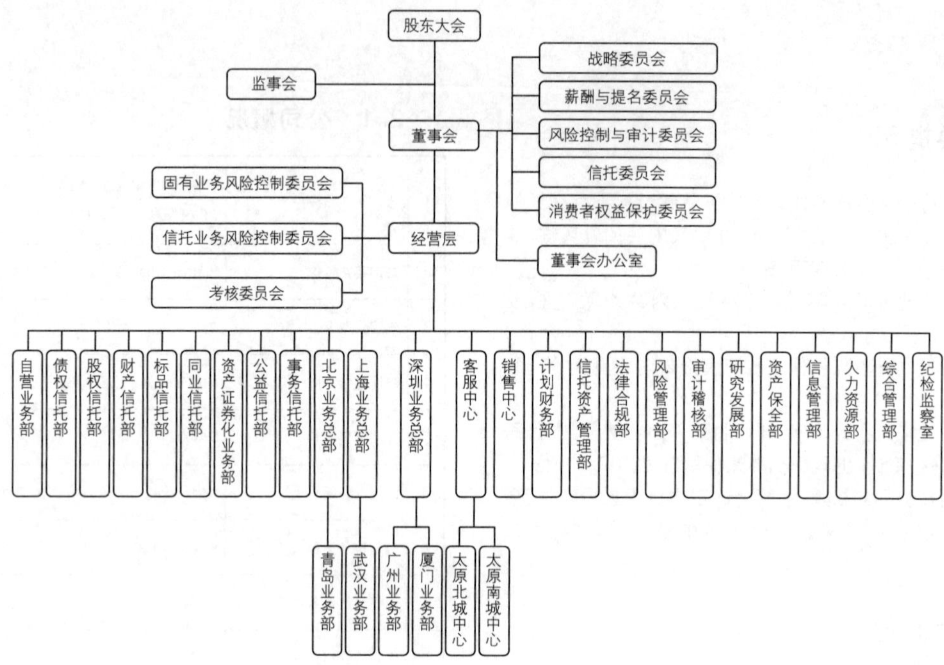

3. 公司治理

3.1 股东

股东总数3家。

股东名称	出资比例(%)	法人代表	注册资本(亿元)	注册地址	主要经营业务
山西金融投资控股集团有限公司★	90.7	孙海潮	106.467	太原市杏花岭区府西街69号	投资和管理金融业包括银行、证券、保险、基金、信托、期货、租赁；资产管理；投资和管理非金融业。 报告期内，公司财务状况良好。
太原市海信资产管理有限公司	8.3	冯企康	1.0073	太原市新建路152号	投资及资产委托管理，投资咨询及企业财务法律咨询。
山西国际电力集团有限公司	1	王启瑞	60	太原市东缉虎营37号	电、热的生产和销售，发电、输变电工程的技术咨询，电力调度、生产管理及电力营销服务等。

注：1. 本公司3家股东之间不存在关联关系。
2. 股东财务状况数字截至2016年12月31日。
3. ★号表示公司最终实际控制人。

3.2 董事

董事

姓名	职务	性别	年龄(岁)	选任日期	所推举的股东名称	该股东持股比例(%)	简要履历
刘叔肄	董事长	男	51	2016年6月	山西金融投资控股集团有限公司	90.7	曾任山西省信托投资公司运城证券营业部经理、运城办事处副主任，山西信托投资有限责任公司地市信托部经理，太原资产管理公司经理，汇丰晋信基金公司副督察长，山西信托有限责任公司总经理；现任山西信托股份有限公司党委书记、董事长、总经理。
赵雅明	董事	男	46	2015年6月	太原市海信资产管理有限公司	8.3	曾任太原市海信资产管理有限公司业务部主任。现任太原市海信资产管理有限公司工会主席、投资部主任。

续表

姓名	职务	性别	年龄（岁）	选任日期	所推举的股东名称	该股东持股比例（%）	简要履历
王建军	董事	男	44	2013年5月	山西国际电力集团有限公司	1	曾任山西国际电力集团工程管理公司工程部经理、产业部经理，通宝能源有限公司党委书记、总经理；现任山西国际电力集团有限公司产业管理部经理。
张福生	职工董事	男	58	2013年5月			曾任山西省统计局副处长，山西省信托投资公司技改处处长、办公室主任、党总支专职副书记，山西信托有限责任公司党委工作部主任，山西信托股份有限公司纪委书记、副总经理；现任山西信托股份有限公司职工董事。
刘拓旺	职工董事	男	54	2015年8月			曾任山西省吕梁地区制药厂财务科长，山西省吕梁地区信托投资公司财务科长，山西智信计算机有限公司财务经理，山西信托投资有限责任公司计划财务部副经理，山西证券有限责任公司资金清算部副经理，山西信托有限责任公司计划财务部总经理；现任山西信托股份有限公司计划财务部经理。

独立董事

姓名	所在单位及职务	性别	年龄（岁）	选任日期	所推举的股东名称	该股东持股比例（%）	简要履历
陈　凯	万商天勤（上海）律师事务所律师、合伙人	男	40	2016年11月	山西金融投资控股集团有限公司	90.7	曾任上海震旦律师事务所律师，上海傅玄杰律师事务所律师；现任万商天勤（上海）律师事务所合伙人、律师。

3.3 监事

姓名	职务	性别	年龄（岁）	选任日期	所推举的股东名称	该股东持股比例（%）	简要履历
焦　杨	监事会主席	男	50	2013年5月	山西金融投资控股集团有限公司	90.7	曾任山西省审计厅金融处副主任，山西省信托投资公司计划处副处长、资金部副经理，山西信托投资有限责任公司副总经理，山西信托有限责任公司常务副总经理，山西信托股份有限公司常务副总经理，山西国信投资集团有限公司风控总监兼审计风控部总经理；现任山西金融投资控股集团有限公司运营总监兼资本运营部总经理。
牛海芳	监事	女	46	2013年5月	太原市海信资产管理有限公司	8.3	曾任太原市信托投资公司会计，太原市海信资产管理有限公司财务科科长；现任太原市海信资产管理有限公司副总经理。
宋晓伟	监事	女	52	2013年5月	山西国际电力集团有限公司	1	曾任太原理工天成科技股份有限公司副总经理，通宝能源有限公司总会计师，山西国际电力集团有限公司法律审计部经理；现任晋能集团有限公司资本运作中心部长。

3.4 高级管理人员

姓名	职务	性别	年龄（岁）	选任日期	金融从业年限（年）	学历	专业
刘叔肄	党委书记、董事长、总经理	男	51	2013年5月	25	研究生	经济
乔彦林	专职党委副书记	男	53	2016年12月	31	本科	经济
郭志宏	党委委员、副总经理	男	51	2015年6月	33	研究生	工商管理
邢秉华	党委委员、纪委书记	男	49	2016年12月	9	本科	法律
雷淑俊	党委委员、副总经理、财务总监	女	47	2013年5月	24	本科	金融
陈　强	党委委员、副总经理、董事会秘书	男	48	2013年5月	23	研究生	经济

3.5 公司员工

职工人数(人)	189	
平均年龄(岁)	39	
学历分布比例(%)	博士	0.53
	硕士	33.86
	本科	56.09
	专科	4.76
	其他	4.76

4. 经营管理

4.1 经营目标、经营方针、战略规划

经营目标:服务客户、成就员工、奉献社会、回报股东。

经营方针:信守承诺、珍视托付、稳健创新、超越期待。

战略规划:以市场为导向,以改革转型、创新发展为主线,订战略、谋转型,改机制、增活力,建制度、防风险,拓业务、促发展,坚持走差异化发展道路,聚焦风险控制和业务创新,通过深挖信托制度优势,充分发挥信托功能,构建科学、合理、稳定的盈利模式,努力将公司建设成为资产质量优、区域影响力大、综合服务能力强、充满活力和创新精神的金融服务机构。

4.2 所经营业务的主要内容

自营资产运用与分布表

资产运用	金额(万元)	占比(%)	资产分布	金额(万元)	占比(%)
货币资产	26 246.06	11.47	基础产业		
买入返售金融资产	13 300.00	5.81	房地产业		
交易性金融资产	4 481.49	1.96	证券市场	9 489.77	4.15
可供出售金融资产	91 081.39	39.80	实业		
持有至到期投资			金融机构	98 456.23	43.03
长期股权投资	68 011.99	29.72	其他*	120 882.67	52.82
其他	25 707.74	11.24			
资产总计	228 828.67	100.00	资产总计	228 828.67	100.00

注:*资产分布中,"其他类"资产主要包括固定资产、无形资产、可供出售金融资产等。

信托资产运用与分布表

资产运用	金额(万元)	占比(%)	资产分布	金额(万元)	占比(%)
货币资产	53 967.62	1.74	基础产业	224 400.41	7.22
贷款	2 054 795.74	66.10	房地产业	242 704.40	7.81
交易性金融资产投资	169 094.25	5.44	证券市场	171 133.23	5.50
买入返售金融资产	6 838.96	0.22	实业	1 105 064.50	35.55
可供出售金融资产投资	148 347.78	4.77	金融机构	116 523.41	3.75
持有至到期投资	341 496.05	10.99	其他	1 248 688.16	40.17
长期股权投资	146 786.77	4.72			
其他	187 186.94	6.02			
信托资产总计	3 108 514.11	100.00	信托资产总计	3 108 514.11	100.00

注:资产分布中,"其他类"资产主要包括货币资金、收益权类资产等。

4.3 市场分析

4.3.1 影响本公司业务发展的有利因素

(1)2016年国家供给侧结构性改革取得积极进展,经济结构继续优化,消费平稳较快增长,投资缓中趋稳;新型城镇化、服务业、高端制造业以及消费升级有较大发展空间,为信托行业发展营造了良好的外部环境。

(2)金融市场总体健康平稳运行,货币市场交易活跃,债券发行规模较快增长,保险业资产、外汇和黄金交易保持较快增长,金融市场保持稳健发展为信托行业积极拓展业务以及开展同业合作打下了坚实的基础。

(3)山西省经济出现标志性、转折性、趋势性变化,地区生产总值逐季加快、逐步向好,农业稳定发展,规模以上工业增加值累计增速结束负增长。山西金控集团助力旗下金融机构实施金融业务协同,为公司发展创造了良好的条件。

4.3.2 影响本公司业务发展的不利因素

(1)全球经济处于大调整过程之中,经济强劲增长的动力不足;我国经济运行对房地产和基建的依赖增强,经济效益改善的企业集中在煤、化等重工业领域,民间投资尚缺乏活力,经济发展结构性矛盾仍然突出,这为公司开展业务带来了挑战。

(2)资产管理行业竞争加剧,其竞争态势是银行理财产品规模较大居于首位,资本市场短期机会助推了券商和基金的理财业务,保险资金和公募基金规模增长较快,信托资产增速低于其他资管行业,为信托公司开拓业务带来了较大压力。

(3)山西省面临破解资源型经济困局的重大课题,存在突出短板,发展不足、经营粗放、规模不大、结构不优、质量不高、效益不好、创新不够的问题仍然突出。地区经济结构性矛盾突出,一煤独大局面尚未实质性改变,区域经济环境一定程度上影响了公司的经营。

4.4 内部控制概况

公司按照现代企业制度的要求,建立了产权明晰、责任明确、管理科学的企业制度;根据法人治理机制的要求,建立了权责分明、有效制衡、协调运作的治理结构;依照金融企业运行的需要,加强内控文化的建设,制定了相对完善的内控制度;公司牢固树立内控优先的理念,不断增强全体员工合规展业与依法经营的意识;公司建立了责任追究制度,把内控文化的建设和执行落到实处,营造良好的内控环境。此外,公司根据业务特点和内部控制的需要,科学划分内部控制管理职能、合理配置资源,为内部控制的实施提供了有效保障。

4.5 风险管理概况

风险管理是公司的一项基础性工作,公司始终遵循"事前预防、事中控制、事后监督"的原则,建立了多层次、全覆盖的风险控制体系,对公司开展的各项经营活动,进行全面的风险管理,确保将各种风险控制在合理水平,保障公司业务稳健运行。

4.5.1 信用风险

信用风险是公司存续信托项目面临的主要风险,公司严格依据相关规定,对资产进行风险分类评级,并计提呆账准备;严格限制保证贷款,对于抵(质)押贷款按照抵(质)押品登记手续合法完备、易变现等原则确认,并根据抵(质)押品价值可能

波动情况及可变现值确定抵(质)押率。

4.5.2　**市场风险**

公司关注国家宏观政策,加强行业风险研究,规避行业周期产生的市场风险;遵循组合投资、分散风险的原则,制定投资比例和投资策略,确立风险止损点,根据市场变化积极调整证券投资规模,优化证券投资结构,防范证券跌价风险;控制投资于同一行业的项目规模和数量,避免风险过于集中,积极拓展多元化投资领域和项目。

4.5.3　**操作风险**

公司坚持前台、中台、后台分离和部门、岗位之间相互制衡原则;明确工作职责,严格执行操作规程和权限设置,定期对业务规章和操作流程进行修订和完善;加大信息化建设投入,加强对员工技能培训,完备相应管理记录,防范操作风险。

4.5.4　**其他风险**

公司根据国家法律、宏观政策和行业政策的导向,积极调整经营策略和业务拓展方向,确保公司经营方向与国家政策保持一致;公司通过加强员工的风险管理教育,强化内控机制建设,完善业务制度和流程,加大检查监督的力度等措施,防范道德风险的发生;公司将发展战略和企业文化与声誉构建进行有机结合,通过尽职管理和充分信息披露塑造公司的专业和诚信形象,加强业务的评审和风险管理,有效规避声誉风险。

5. 报告期末及上一年度末的比较式会计报表

5.1　自营资产

5.1.1　会计师事务所审计结论

毕马威华振会计师事务所对本公司年度财务报告进行审计,并出具了标准无保留意见的审计报告。

审计报告

毕马威华振审字第1701615号

山西信托股份有限公司董事会:

我们审计了山西信托股份有限公司(以下简称贵公司)财务报表,包括2016年12月31日的合并资产负债表和资产负债表,2016年度的合并利润表和利润表、合并现金流量表和现金流量表、合并股东权益变动表和股东权益变动表以及财务报表附注。

一、管理层对财务报表的责任

编制和公允列报财务报表是贵公司管理层的责任,这种责任包括:(1)按照中华人民共和国财政部颁布的企业会计准则的规定编制财务报表,并使其实现公允反映;(2)设计、执行和维护必要的内部控制,以使财务报表不存在由于舞弊或错误导致的重大错报。

二、注册会计师的责任

我们的责任是在执行审计工作的基础上对财务报表发表审计意见。我们按照中国注册会计师审计准则的规定执行了审计工作。中国注册会计师审计准则要求我们遵守中国注册会计师职业道德守则,计划和执行审计工作以对财务报表是否不存在重大错报获取合理保证。

审计工作涉及实施审计程序,以获取有关财务报表金额和披露的审计证据。选择的审计程序取决于注册会计师的判断,包括对由于舞弊或错误导致的财务报表重大错报风险的评估。在进行风险评估时,注册会计师考虑与财务报表编制和公允列报相关的内部控制,以设计恰当的审计程序,但目的并非对内部控制的有效性发表意见。审计工作还包括评价管理层选用会计政策的恰当性和作出会计估计的合理性,以及评价财务报表的总体列报。

我们相信,我们获取的审计证据是充分、适当的,为发表审计意见提供了基础。

三、审计意见

我们认为,贵公司财务报表在所有重大方面按照中华人民共和国财政部颁布的企业会计准则的规定编制,公允反映了贵公司2016年12月31日的合并财务状况和财务状况以及2016年度的合并经营成果和经营成果及合并现金流量和现金流量。

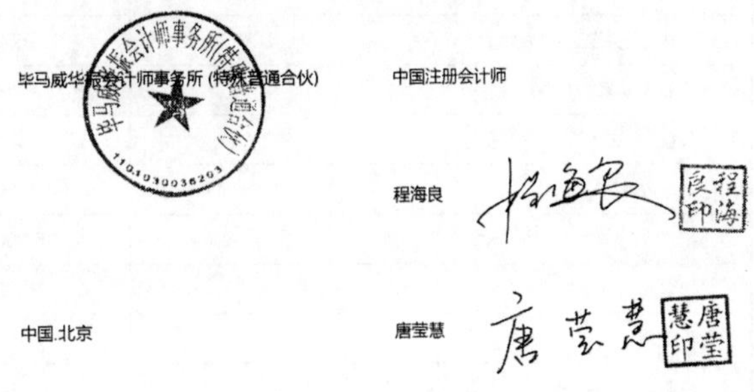

2017年4月7日

5.1.2　资产负债表

资产负债表

编报单位:山西信托股份有限公司　　　　单位:万元

资产	合并		母公司		负债及所有者权益	合并		母公司	
	期末数	期初数	期末数	期初数		期末数	期初数	期末数	期初数
存放同业款项	37 531.79	24 926.36	26 246.06	13 777.92	应付职工薪酬	5 712.63	2 805.32	5 712.01	2 805.32
交易性金融资产	8 429.59	5 116.70	4 481.49	1 480.99	交易性金融负债	—	—	—	—
买入返售金融资产	13 300.00	50 000.00	13 300.00	50 000.00	应交/(预缴)税费	3 329.95	1 393.47	3 284.80	1 393.47
应收利息	5 477.43	4 852.53	2 161.17	3 575.45	预计负债	264.25	264.25	14 498.30	5 263.14
贷款和应收款项	154 413.76	131 056.53	5 084.05	9 636.02	其他负债	176 783.71	136 103.38	9 501.54	13 464.88
可供出售金融资产	115 970.57	70 961.48	91 081.39	86 052.98	负债合计	186 090.54	140 566.42	32 996.65	22 926.81
投资性房地产	145.43	156.27	145.43	156.27	股本	135 700.00	135 700.00	135 700.00	135 700.00

续表

资产	合并		母公司		负债及所有者权益	合并		母公司	
	期末数	期初数	期末数	期初数		期末数	期初数	期末数	期初数
长期股权投资	43 308.13	40 555.72	68 011.99	40 555.72	资本公积	8 983.99	10 483.91	10 483.91	10 483.91
固定资产	3 655.14	3 890.55	3 641.35	3 890.55	其他综合收益	16 376.93	10 184.33	6 126.92	10 184.33
在建工程	5 495.48	—	5 495.48	—	盈余公积	5 695.40	4 472.74	5 695.40	4 472.74
无形资产	271.36	413.16	271.36	413.16	风险准备	22 378.42	20 544.42	22 378.42	20 544.42
递延所得税资产	1 687.83	3 820.63	7 504.82	5 008.28	未分配利润	15 682.28	14 534.89	15 447.37	10 971.93
其他资产	1 694.06	736.78	1 404.08	736.80	归属于母公司股东的权益合计	204 817.02	195 920.29	195 832.02	192 357.33
					少数股东权益	473.01	—	—	—
					股东权益合计	205 290.03	195 920.29	195 832.02	192 357.33
资产总计	391 380.57	336 486.71	228 828.67	215 284.14	负债和股东权益总计	391 380.57	336 486.71	228 828.67	215 284.14

总经理：刘叔肄　　计划财务部总经理：刘　峻　　制表：杨晶茹

注：合并财务报表范围包括本公司、本公司子公司及纳入合并范围的结构化主体。

5.1.3 利润表

利润表

编报单位：山西信托股份有限公司　　单位：万元

	合并		母公司	
	2016 年度	2015 年度	2016 年度	2015 年度
一、营业收入	28 153.51	35 891.63	35 724.19	30 884.73
利息净收入	-7 122.24	6 411.47	1 669.97	1 544.59
利息收入	9 753.20	12 252.16	1 669.97	1 544.59
利息支出	16 875.44	5 840.69	—	—
手续费及佣金净收入	27 207.30	18 504.40	28 222.10	20 109.05
手续费及佣金收入	27 295.99	18 522.73	28 252.31	20 127.38
手续费及佣金支出	88.69	18.33	30.21	18.33
投资收益（损失以“-”号填列）	7 686.27	10 522.92	5 443.12	8 864.02
公允价值变动损益（损失以“-”号填列）	-118.24	68.29	-111.42	-15.48
汇兑收益（损失以“-”号填列）	393.62	327.50	393.62	327.50
其他业务收入	106.80	57.05	106.80	55.05
二、营业支出	16 800.89	24 255.26	19 288.91	17 033.35
营业税金及附加	772.69	1 510.68	769.39	1 510.68
业务及管理费	17 102.07	14 881.94	16 066.75	14 336.26
资产减值损失（转回以“-”号填列）	-1 084.71	7 851.80	2 441.93	1 175.57
其他业务支出	10.84	10.84	10.84	10.84
三、营业利润（损失以“-”号填列）	11 352.62	11 636.37	16 435.28	13 851.38
加：营业外收入	323.48	325.44	322.60	325.44
减：营业外支出	10.00	104.26	1 383.28	2 365.47
四、利润总额（损失以“-”号填列）	11 666.10	11 857.55	15 374.60	11 811.35
减：所得税费用	3 271.65	2 468.43	3 147.93	2 456.88
五、净利润（损失以“-”号填列）	8 394.45	9 389.12	12 226.67	9 354.47
其他综合收益	9 617.04	242.49	-4 057.42	242.49
综合收益总额	18 011.49	9 631.61	8 169.25	9 596.96

总经理：刘叔肄　　计划财务部总经理：刘　峻　　制表：杨晶茹

注：合并财务报表范围包括本公司、本公司子公司及纳入合并范围的结构化主体。

5.1.4 所有者权益变动表

母公司所有者权益变动表

编报单位：山西信托股份有限公司　　　　单位：万元

项目	2016年							2015年						
	实收资本（股本）	资本公积	其他综合收益	盈余公积	风险准备	未分配利润	所有者权益合计	实收资本（股本）	资本公积	其他综合收益	盈余公积	风险准备	未分配利润	所有者权益合计
1. 上年年末余额	135 700.00	10 483.91	10 184.33	4 472.74	20 544.42	10 971.93	192 357.32	135 700.00	10 483.91	9 941.84	3 537.29	19 141.24	9 890.20	188 694.48
2. 会计政策变更及差错更正														
3. 本年年初余额	135 700.00	10 483.91	10 184.33	4 472.74	20 544.42	10 971.93	192 357.32	135 700.00	10 483.91	9 941.84	3 537.29	19 141.24	9 890.20	188 694.48
4. 本年增减变动金额合计（减少以"－"号填列）			−4 057.41	1 222.66	1 834.00	4 475.44	3 474.69			242.49	935.45	1 403.17	1 081.73	3 662.84
4.1 净利润						12 226.67	12 226.67						9 354.47	9 354.47
4.2 直接计入所有者权益的利得和损失			−4 057.41				−4 057.41			242.49				242.49
4.2.1 可供出售金融资产公允价值变动净额			−3 642.82							−1590.08				
4.2.2 权益法下被投资单位其他所有者权益变动的影响			−1 237.06							2 038.13				
4.2.3 与计入所有者权益项目相关的所得税影响			940.12							598.55				
4.2.4 其他			−117.65							−804.10				
4.3 所有者投入和减少资本														
4.3.1 所有者投入资本														
4.3.2 股份支付计入所有者权益的金额														
4.3.3 其他														
4.4 利润分配				1 222.66	1 834.00	−7 751.23	−4 694.57				935.45	1 403.17	−8 272.74	−5 934.12
4.4.1 提取盈余公积				1 222.66		−1 222.66					935.45		−935.45	
4.4.2 提取一般风险准备					1 834.00	−1 834.00						1 403.17	−1 403.17	
4.4.3 对股东的分配						−4 694.57	−4 694.57						−5 934.12	−5 934.12
4.4.4 其他														
4.5 所有者权益内部结转														
4.5.1 资本公积转增资本（或股本）														
4.5.2 盈余公积转增资本（或股本）														
4.5.3 盈余公积弥补亏损														
4.5.4 一般风险准备弥补亏损														
4.5.5 其他														
4.6 外币报表折算差额														
5. 本年年末余额	135 700.00	10 483.91	6 126.92	5 695.40	22 378.42	15 447.37	195 832.02	13 570 000	10 483.91	10 184.33	4 472.74	20 544.42	10 971.93	192 357.32

总经理：刘叔肄　　　　计划财务部总经理：刘　峻　　　　制表：杨晶茹

5.2 信托资产

5.2.1 信托项目资产负债汇总表

信托项目资产负债汇总表

编报单位：山西信托股份有限公司 单位：万元

资产：	2016 年 12 月 31 日	2015 年 12 月 31 日	负债：	2016 年 12 月 31 日	2015 年 12 月 31 日
货币资金	53 967.62	104 226.40	交易性金融负债		
拆出资金			衍生金融负债		
存出保证金			应付受托人报酬	903.23	4 057.42
应收款项	11 768.03	10 234.32	应付受益人款项	1 887.99	1 268.40
交易性金融资产	169 094.25	366 734.86	应付管理人报酬		
衍生金融资产			应付托管费	179.89	181.26
买入返售金融资产	6 838.96	310.00	应付利息		
贷款	2 054 795.74	1 502 449.00	应交税金		
可供出售金融资产	148 347.78	3 172.45	其他应付款	28 445.22	7 720.04
持有至到期投资	341 496.05	513 801.89	递延所得税负债		
长期股权投资	146 786.77	236 400.41	其他负债		
投资性房地产			负债合计	31 416.33	13 227.12
固定资产			所有者权益：		
应收账款			实收信托	3 035 077.37	2 620 279.32
减：坏账准备			资本公积		0.00
无形资产			盈余公积		
递延所得税资产			未分配利润	42 020.41	103 822.89
其他资产	175 418.91		所有者权益合计	3 077 097.78	2 724 102.21
资产总计	3 108 514.11	2 737 329.33	负债和所有者权益总计	3 108 514.11	2 737 329.33

总经理：刘叔肄 信托资产管理部总经理：赵景丽 制表：力 静

5.2.2 信托项目利润及利润分配汇总表

信托项目利润及利润分配汇总表

编报单位：山西信托股份有限公司 单位：万元

项目	2016 年度	2015 年度
一、营业收入	125 996.80	305 946.47
利息收入	113 935.71	160 896.82
投资收益（损失以“-”号填列）	34 162.63	416 372.46
租赁收入		
公允价值变动收益（损失以“-”号填列）	-22 123.54	-271 335.99
汇兑收益（损失以“-”号填列）		
其他业务收入	22.00	13.18
二、营业支出	27 028.69	29 544.86
业务及管理费	27 028.69	29 544.86
营业税金及附加		
资产减值损失		
其他业务支出		
三、营业利润（亏损以“-”号填列）	98 968.11	276 401.61
加：营业外收入		
减：营业外支出		
四、本期利润总额（亏损总额以“-”号填列）	98 968.11	276 401.61
加：期初未分配利润	103 822.89	448 088.38
减：本期已分配利润	160 770.59	620 667.10
五、期末未分配信托利润	42 020.41	103 822.89

总经理：刘叔肄 信托资产管理部总经理：赵景丽 制表：力 静

6. 会计报表附注

6.1 与上一期年度报告相比，会计政策、会计估计和核算方法发生变化的情况说明

6.1.1 重要会计政策变更内容

2016 年度与上年相比，无重要会计政策变更内容。

6.1.2 重要会计核算方法变更内容

2016 年度收购山西卓融投资有限公司 17 600 万股股份。收购完成后，会计核算方法由权益法变为成本法。

6.1.3 重要会计前期差错更正及影响

2016 年度与上年相比，无重要会计前期差错更正及影响。

6.2 或有事项说明

本公司管理的信裕 15 号集合资金信托计划（以下简称信裕 15 号）原本于 2014 年 2 月 4 日到期，后按照信托合同延期 6 个月自 2014 年 8 月 4 日到期。因债务方山西联盛能源投资有限公司处于破产重组阶段暂无还款能力，该信托计划自 2014 年 8 月 4 日逾期至今。信裕 15 号信托规模 5 亿元，担保措施包括：(1) 山西柳林金家庄煤业有限公司 35% 的股权质押；(2) 山西联盛能源投资有限公司 10% 的股权质押；(3) 山西省联盛能源投资有限公司提供连带责任保证担保；(4) 山西联盛能源集团实际控制人邢利斌先生、李风晓女士提供无限连带责任担保；(5) 孝义市岩电力煤化工有限公司提供连带责任担保；(6) 孝义市岩电力煤化工有限公司实际控制人温克忠先生、刘

艳萍女士提供无限连带责任担保。

截至信息披露日，山西联盛能源集团正在进行破产重组。鉴于该项目为被动管理类信托计划，本公司已按照合同约定及委托人相关指令履行了被动管理职责，管理层判断本公司无须以固有资金承担信裕15号的兑付，故未计提预计负债。

6.3 重要资产转让及其出售的说明

本公司报告期内没有发生重要资产转让及其出售的情况。

6.4 会计报表中重要项目的明细资料

6.4.1 披露自营资产经营情况

6.4.1.1 按信用风险五级分类结果披露的信用风险资产

信用风险资产五级分类	正常类(万元)	关注类(万元)	次级类(万元)	可疑类(万元)	损失类(万元)	信用风险资产合计(万元)	不良资产合计(万元)	不良资产率(%)
期初数	199 845.20	4 750.00		10 057.70	11 716.50	226 369.40	21 774.20	9.62
期末数	204 876.61	1 000.00	5 000.00	10 200.00	3 220.98	224 297.59	18 420.98	8.21

注：不良资产合计=次级类+可疑类+损失类。

6.4.1.2 各项资产减值损失准备情况

单位：万元

	期初数	本期计提	本期转回	本期转出	本期核销	期末数
贷款损失准备						
一般准备						
专项准备						
其他资产减值准备	28 589.51	2 555.10	113.18	7 861.88		23 169.55
可供出售金融资产减值准备	28 559.51	2 555.10	113.18	7 861.88		23 139.55
持有至到期投资减值准备						
长期股权投资减值准备						
坏账准备	30.00					30.00
固定资产减值准备						
投资性房地产减值准备						

6.4.1.3 自营股票投资、基金投资、债券投资、股权投资等投资业务的情况

单位：万元

	自营股票	基金	债券	长期股权投资	其他投资	合计
期初数	21 893.26			40 555.72		62 448.98
期末数	18 096.07	1 389.73		68 011.99		87 497.79

6.4.1.4 前五名的自营长期股权投资的企业名称、占被投资企业权益的比例、主要经营活动及投资收益情况（从大到小顺序排列）

企业名称	占被投资企业权益的比例(%)	主要经营活动	投资收益（万元）
1. 汇丰晋信基金管理有限公司	51	证券投资基金管理	1 596.90
2. 长治银行股份有限公司	9.97	商业银行业务	1 376.69
3. 山西卓融投资有限公司	98	投资业务	
4. 山西农业产业发展基金（有限合伙）	21.43	投资与资产管理	
5. 太原晋信卓惠城建投资中心（有限合伙）	100	投资与资产管理	

6.4.1.5 前三名的自营贷款的企业名称、占贷款总额的比例和还款情况（从大到小顺序排列）

本公司报告期末无自营贷款的情况说明。

6.4.1.6 表外业务的情况

本公司报告期内无表外业务的情况说明。

6.4.1.7 公司当年的收入结构

收入结构	金额（万元）	占比(%)
手续费及佣金收入	28 252.31	78.31
其中：信托手续费收入	28 252.31	
投资银行业务收入		
利息收入	1 669.97	4.63
其他业务收入	106.80	0.29
其中：计入信托业务收入部分		
投资收益	5 443.12	15.09
其中：股权投资收益	2 973.58	
证券投资收益	2,469.54	
汇兑损益	393.62	1.09
公允价值变动收益	−111.42	
营业外收入	322.60	0.89
收入合计	36 077	100.00

注：手续费及佣金收入、利息收入、其他业务收入、投资收益、营业外收入均应为损益表中的一级科目，其中手续费及佣金收入、利息收入、营业外收入为未抵减掉相应支出的全年累计实现收入数。

6.4.2 信托资产管理情况

6.4.2.1 信托资产的情况

单位：万元

信托资产	期初数	期末数
集合	1 289 342.91	1 064 560.44
单一	1 442 946.42	1 860 157.14
财产权	5 040.00	183 796.53
合计	2 737 329.33	3 108 514.11

注：截至2016年末，本公司代保管资产余额为75 787.72万元。

6.4.2.1.1 主动管理型信托业务的情况

单位：万元

主动管理型信托资产	期初数	期末数
证券投资类	179 812.39	112 028.00
股权投资类	98 177.00	115 291.00
融资类	560 505.72	406 643.00
事务管理类	342.00	7 226.00
其他类	223 575.67	448 396.00
合计	1 062 412.78	1 089 584.00

6.4.2.1.2 被动管理型信托业务的情况

单位：万元

被动管理型信托资产	期初数	期末数
证券投资类	213 356.21	0
股权投资类	81 603.50	31 283.00
融资类	1 207 076.84	1 120 214.00
事务管理类	162 880.00	272 650.00
其他类	10 000.00	594 783.11
合计	1 674 916.55	2 018 930.11

6.4.2.2 本年度已清算结束的信托项目的情况

6.4.2.2.1 本年度已清算结束的集合类、单一类资金信托项目和财产管理类信托项目的情况

已清算结束信托项目	项目个数（个）	实收信托合计金额（万元）	加权平均实际年化收益率（%）
集合类	55	665 816.50	8.55
单一类	58	829 909.45	8.87
财产管理类			

注：1. 收益率是指信托项目清算后，给受益人赚取的实际收益水平。

2. 加权平均实际年化收益率=（信托项目1的实际年化收益率×信托项目1的实收信托+信托项目2的实际年化收益率×信托项目2的实收信托+…+信托项目n的实际年化收益率×信托项目n的实收信托）/（信托项目1的实收信托+信托项目2的实收信托+…+信托项目n的实收信托）×100%。

6.4.2.2.2 本年度已清算结束的主动管理型信托项目的情况

已清算结束信托项目	项目个数（个）	实收信托合计金额（万元）	加权平均实际年化收益率（%）
证券投资类	7	223 492.00	7.86
股权投资类	4	55 500.00	15.88
融资类	41	260 113.50	8.85
事务管理类			
其他类	2	131 564.00	6.00

6.4.2.2.3 本年度已清算结束的被动管理型信托项目的情况

已清算结束信托项目	项目个数（个）	实收信托合计金额（万元）	加权平均实际年化收益率（%）
证券投资类			
股权投资类	2	5 450.00	10.98
融资类	52	727 467.45	9.64
事务管理类	5	92 139.00	2.00
其他类			

6.4.2.3 本年度新增的集合类、单一类和财产管理类信托项目的情况

新增信托项目	项目个数（个）	合计金额（万元）
集合类	43	480 739.00
单一类	88	1 251 640.00
财产管理类	13	178 145.00
新增合计	144	1 910 524.00
其中：主动管理型	60	530 814.00
被动管理型	84	1 379 710.00

注：本年新增信托项目指在本报告年度累计新增的信托项目个数和金额。包含本年度新增并于本年度内结束的项目和本年度新增至报告期末仍在持续管理的信托项目。

6.4.2.4 信托业务创新成果和特色业务有关情况

2016年，公司根据新制定的五年发展战略规划，依托山西金控集团协同优势，整合公司现有资源，与集团内部保险公司、要素交易市场等合作，设计、开发了系列标准化信托产品。以中小微企业作为融资服务对象，利用信托制度财产转移隔离的特有优势，引入保险公司的保险品种为信托产品增信，依托要素交易市场作为项目风险资产处置的快速通道，实现了对项目风险的全面监控。

2016年公司努力开拓，成功取得信贷资产证券化特定目的信托受托机构资格和以固有资产从事股权投资业务资格等创新业务资格，为公司开展相关实务打下良好基础。

6.4.2.5 本公司履行受托人义务情况及因本公司自身责任而导致的信托资产损失情况

本公司作为受托人，已经建立了完整的信托事务管理制度，严格遵守相关法律、行政法规以及信托合同的约定，恪尽职守，履行诚实、信用、谨慎、有效管理的义务。本着忠实于委托人、争取受益人最大利益的原则处理信托事务。

截至本报告期末，本公司未发生因自身责任导致信托财产损失情况。

6.5 关联方关系及其交易的披露

6.5.1 关联交易方的数量、关联交易的总金额及关联交易的定价政策

	关联交易方数量（个）	关联交易金额（万元）	定价政策
合计	2	6 303.04	本公司在正常业务过程中发生的关联交易遵守一般商业条款。关联交易的价格主要参考市场价格经双方协商后确定。

6.5.2 关联交易方与本公司的关系性质、关联交易方的名称、法定代表人、注册地址、注册资本及主营业务

单位:万元

关系性质	关联方名称	法定代表人	注册地址	注册资本	主营业务
与本公司同受山西金控集团控制	山西光信地产有限公司	田培良	山西省太原市迎泽大街388号国际大厦	10 200	房地产开发
与本公司同受山西金控集团控制	山西国贸物业管理有限公司	郭晋普	山西省太原市府西街69号	300	物业管理等

6.5.3 本公司与关联方的重大交易事项

6.5.3.1 固有财产与关联方关联交易情况

报告期内公司以自有资金5 770.25万元购买山西光信地产有限公司光信·国信嘉园1号楼1002号商铺。

6.5.3.2 信托资产与关联方关联交易情况

报告期内信托资产与关联方无重大关联交易发生。

6.5.3.3 信托公司自有资金运用于自己管理的信托项目(固信交易)、信托公司管理的信托项目之间的相互(信信交易)交易情况

6.5.3.3.1 固有财产与信托财产之间的交易情况

单位:万元

	期初数	本期变动	期末数
合计	91 420.30	500.83	91 921.13

6.5.3.3.2 信托资产与信托财产之间的交易情况

单位:万元

	期初数	本期新增	期末数
合计	209 736.00	-48 084	161 652.00

6.5.4 关联方逾期未偿还本公司资金的详细情况以及本公司为关联方担保发生或即将发生垫款的详细情况

报告期内本公司无上述情况发生。

6.6 会计制度的披露

公司固有业务和信托业务,同时执行财政部2006年2月15日颁布的《企业会计准则——基本准则》和各项具体会计准则、其后颁布的企业会计准则应用指南、企业会计准则解释以及其他相关规定。

7. 财务情况说明书

7.1 利润实现和分配情况

2016年,公司实现净利润12 226.67万元。提取法定盈余公积1 222.66万元,提取一般风险准备1 222.66万元,提取信托赔偿准备611.33万元。年末可供分配的利润15 447.37万元。

7.2 主要财务指标

指标名称	指标值(%)
资本利润率(%)	6.30
加权平均实际年化信托报酬率(%)	0.91
人均净利润(万元)	67.93

注:1. 资本利润率=净利润/所有者权益平均余额×100%。

2. 加权平均实际年化信托报酬率=(信托项目1的实际年化信托报酬率×信托项目1的实收信托+信托项目2的实际年化信托报酬率×信托项目2的实收信托+…+信托项目n的实际年化信托报酬率×信托项目n的实收信托)/(信托项目1的实收信托+信托项目2的实收信托+…+信托项目n的实收信托)×100%。

3. 人均净利润=净利润/年平均人数。

4. 平均值采取年初、年末余额简单平均法,公式为:a(平均)=(年初数+年末数)/2。

7.3 公司净资本监管指标

指标名称	指标值	监管标准
净资本(亿元)	15.41	≥2
净资本/各项业务风险资本之和(%)	146.48	≥100
净资本/净资产(%)	78.68	≥40

本公司无对财务状况、经营成果有重大影响的其他事项。

8. 企业社会责任

8.1 坚持合规稳健经营

2016年,公司严格围绕相关监管要求开展业务,通过遵守相关法律法规、完善行业保障机制、加强全面风险管理、提升管理能力等途径,主动应对与化解风险,保障公司的健康发展,树立诚信守法、合规经营的企业形象。

8.2 服务实体经济发展

公司积极发挥信托在服务实体经济,提升支柱产业、重点产业的促进作用,聚"政信企及社会资金"合力支持实体经济发展,履行公司应当肩负的社会责任。

8.3 推动民生事业发展

公司作为专营信托业务的非银行金融机构,积极响应国家保障和改善民生的政策号召,利用自身优势,通过加大对"三农"等关系社会民生的关键环节的支持力度,努力使经济发展成果更多、更公平地惠及更广泛的社会群体。

8.4 致力推进财富管理

公司充分利用信托制度优势,适应社会发展需求,提升金融服务质量,充分发挥信托多样性业务功能,丰富投资渠道,融通社会资本,利惠广大投资者,为委托人、受益人资产保值增值提供渠道与服务,服务地方经济建设,履行公司社会责任。

8.5 热心参与社会事业

公司依托山西地域和资源优势,积极拓宽金融服务领域,创新产品和融资方式,为发展绿色经济、培育绿色产业提供金

融支持。同时，积极组织员工投身参与社会事业，开展了“送温暖、献爱心”社会捐款等活动，为山西省公益事业发展作出贡献。

8.6 全力帮助员工成长

公司将员工作为企业的宝贵财富和支撑发展的重要力量，致力于维护员工权益，保障员工生命健康，确保福利待遇，改善工作生活环境，建立个人发展通道，坚持“以人为本”发展理念，将构建和谐社会目标落到实处。

9. 特别事项揭示

9.1 报告期内股东变动情况及原因

根据山西省人民政府筹组山西金融投资控股集团有限公司方案要求，公司原控股股东山西国信投资集团有限公司所持公司123 079.9万股股份全部划转至山西金融投资控股集团有限公司。股份划转后，山西金融投资控股集团有限公司持有公司123 079.9万股股份，持股比例为90.7%。

9.2 董事、监事及高级管理人员变动情况及原因

(1)2016年6月20日，经公司股东大会2016年第三次临时会议审议通过，选举陈凯为公司第一届董事会独立董事，其任职资格已经山西银监局核准。

(2)2016年12月30日，中共山西金融投资控股集团有限公司委员会任命乔彦林同志为公司专职党委副书记。

(3)2016年12月30日，中共山西金融投资控股集团有限公司委员会任命邢秉华同志为公司党委委员、纪委书记。

9.3 报告期内公司变更注册资本、变更注册地或公司名称、公司分立合并事项

无。

9.4 报告期内公司重大未决诉讼事项

9.4.1 固有业务

报告期内未发生重大诉讼事项。

9.4.2 信托业务

2013年10月23日，公司按委托人指令向法院提起诉讼，起诉对象为甘肃的7个井矿业有限公司，涉案本金52 521万元，该项目为被动管理类，目前该案件尚在审理阶段，公司按照委托人的有关指令进行了相应的财产保全。

2014年4月21日，公司按委托人指令向法院提起诉讼，起诉对象为山西昔阳安顺三都煤业有限公司，涉案本金60 000万元。2015年2月，山西省高级人民法院判决山西昔阳安顺三都煤业有限公司偿还公司贷款本金、利息及相应罚息。山西昔阳安顺三都煤业有限公司不服省高院判决并向最高院上诉，最高院于2015年10月10日下达终审裁定，本案按照自动撤回上诉处理。该项目为被动管理类，公司按照委托人的有关指令办理相关事项。

2013年10月23日，公司向法院提起诉讼，起诉对象为山西中景泰房地产开发有限公司，2014年6月6日，公司取得胜诉判决，判决被告应归还本金金额为9 850万元，目前该案件正在执行阶段。

2015年4月30日，公司向山西联盛能源投资有限公司重整管理人处申报了债权，涉案本金50 000万元。2015年10月26日，公司向法院申请执行，执行对象为山西联盛能源投资有限公司项目6个保证人，涉案本金50 000万元。2015年11月10日，公司取得执行裁定。2016年7月8日，吕梁市中级人民法院裁定山西联盛能源有限公司等32家公司合并重组，2016年8月3日，吕梁市中级人民法院主持召开山西联盛能源有限公司等32家公司重整第一次债权人会议。该项目为被动管理类，目前该执行案件因山西联盛能源投资有限公司合并重整程序而中止执行。

9.5 对会计师事务所出具的有保留意见，否定意见或无法表示意见的审计报告的，公司董事会应就所涉及事项作出说明

报告期内，公司无相关事项。

9.6 报告期内，公司及其董事、监事和高级管理人员受到处罚的情况

无。

9.7 银监会及其派出机构对公司检查后提出整改意见的，应简单说明整改情况

报告期内，公司无相关事项。

9.8 公司重大事项临时报告情况说明

根据中国银行业监督管理委员会山西监管局《关于同意山西信托公司股权变更的批复》(晋银监复[2016]38号)，公司原控股股东山西国信投资集团有限公司将所持公司123 079.9万股股份全部划转至山西金融投资控股集团有限公司。股份划转后，山西金融投资控股集团有限公司持有公司123 079.9万股股份，持股比例为90.7%。《公司章程》变更和工商登记变更等事项已完成。该事项于2016年5月25日在公司网站及《金融时报》进行了披露。

山西信托股份有限公司召开董事会会议，选举刘叔肄同志为公司董事长。刘叔肄同志的董事长任职资格经山西银监局《山西银监局关于核准刘叔肄任职资格的批复》(晋银监复[2016]100号)核准，法定代表人工商登记变更已完成。该事项于2016年7月15日在公司网站及《金融时报》进行了披露。

9.9 报告期内银监会及其省级派出机构认定的其他有必要让客户及相关利益人了解的重要信息

无。

10. 公司监事会意见

10.1 监事会对公司依法运作情况的独立意见

监事会认为，公司董事会、经营层能够按照国家有关法律、

法规和《公司章程》的规定履行职责，决策程序合规有效；本报告期内未发现董事、高级管理人员履行职务时有违法违规、违反《公司章程》或损害公司及投资人利益的行为。

10.2 监事会对公司财务状况的独立意见

监事会认为，公司能够认真贯彻执行国家有关政策和法律法规，公司财务报告内容完整，客观真实地反映了公司的财务状况和经营成果。

陕西省国际信托股份有限公司

1. 重要提示

本年度报告摘要来自年度报告全文，为全面了解本公司的经营成果、财务状况及未来发展规划，投资者应当到证监会指定媒体仔细阅读年度报告全文。

2. 公司概况

2.1 公司简介

2.1.1 公司信息

股票简称	陕国投 A	股票代码	000563
变更后的股票简称(如有)	无		
股票上市证券交易所	深圳证券交易所		
公司的中文名称	陕西省国际信托股份有限公司		
公司的中文简称	陕国投		
公司的外文名称(如有)	Shaanxi International Trust Co. ,Ltd.		

续表

公司的外文名称缩写(如有)	SITI
公司的法定代表人	薛季民
注册地址	西安市高新区科技路 50 号金桥国际广场 C 座
注册地址的邮政编码	710075
办公地址	西安市高新区科技路 50 号金桥国际广场 C 座
办公地址的邮政编码	710075
公司网址	http://www. siti. com. cn
电子信箱	sgtdm@ siti. com. cn

2.1.2 联系人和联系方式

联系人和联系方式	董事会秘书	证券事务代表
姓名	李玲	孙一娟
办公地址	西安市高新区科技路 50 号金桥国际广场 C 座 24 层	西安市高新区科技路 50 号金桥国际广场 C 座 24 层
传真	(029)88851989	(029)88851989
电话	(029)81870262/88897633	(029)81870262/88897633
电子信箱	sgtdm@ siti. com. cn	sgtdm@ siti. com. cn

2.2 组织结构

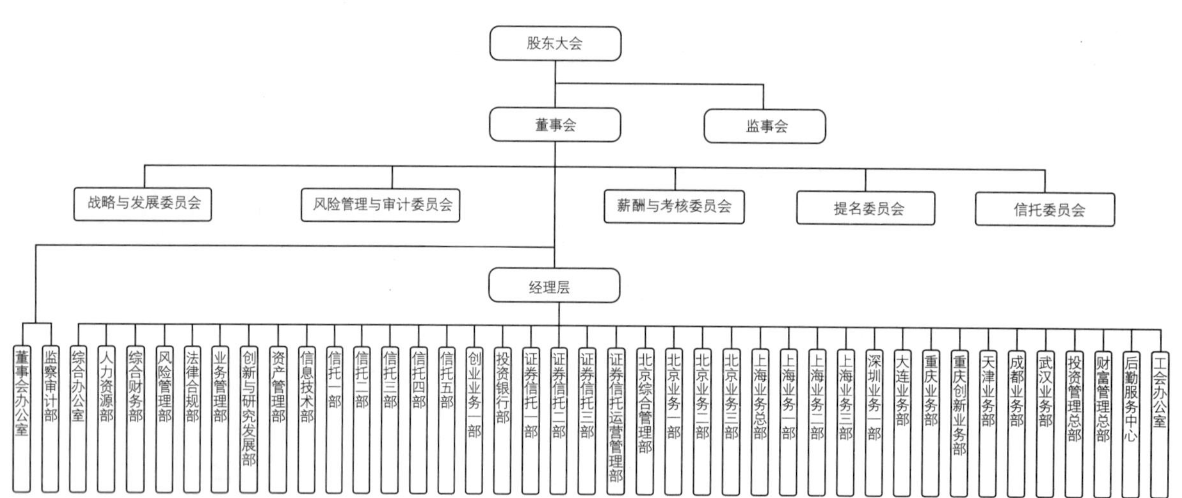

3. 主要会计数据和财务指标

	2016 年	2015 年	本年比上年增减(%)	2014 年
营业收入(元)	1 013 572 110. 40	1 150 972 386. 44	-11. 94	835 478 992. 49
归属于上市公司股东的净利润(元)	515 237 568. 79	453 951 218. 69	13. 50	350 631 760. 50
归属于上市公司股东的扣除非经常性损益的净利润(元)	419 506 568. 20	115 675,811. 35	262. 66	300 722 310. 09
经营活动产生的现金流量净额(元)	157 891 242. 55	356 311 669. 89	-55. 69	-300 853 688. 30
基本每股收益(元/股)	0. 1667	0. 1827	-8. 76	0. 1443
稀释每股收益(元/股)	0. 1667	0. 1827	-8. 76	0. 1443
加权平均净资产收益率(%)	6. 79	10. 35	减少 3. 56 个百分点	9. 52
	2016 年末	2015 年末	本年末比上年末增减	2014 年末
总资产(元)	9 504 666 886. 70	8 743 858 003. 24	8. 70	4 257 245 047. 33
归属于上市公司股东的净资产(元)	7 728 360 604. 97	7 654 141 182. 17	0. 97	3 813 873 903. 31

4. 前10名股东持股情况表

报告期末普通股股东总数	92 034	年度报告披露日前上一月末普通股股东总数	103 804	报告期末表决权恢复的优先股股东总数(如有)(参见注8)	0	年度报告披露日前上一月末表决权恢复的优先股股东总数(如有)(参见注8)	0

前10名股东持股情况								
股东名称	股东性质	持股比例(%)	报告期末持股数量	报告期内增减变动情况	持有有限售条件的股份数量(股)	持有无限售条件的股份数量(股)	质押或冻结情况	
							股份状态	数量(股)
陕西煤业化工集团有限责任公司	国有法人	34.58	1 068 628 098	534 314 049	228 628 098	840 000 000		0
陕西省高速公路建设集团公司	国家	21.33	659 335 152	329 667 576	0	659 335 152		0
华宝信托有限责任公司	国有法人	2.67	82 626 362	41 313 181	0	82 626 362		0
泰达宏利基金—民生银行—泰达宏利价值成长定向增发333号资产管理计划	其他	2.22	68 676 012	34 338 006	0	68 676 012		0
申万菱信资产—招商银行—华润深国投信托—瑞华定增对冲基金2号集合资金信托计划	其他	1.92	59 471 074	29 735 537	0	59 471 074		0
中节能资本控股有限公司	国有法人	1.82	56 146 694	28 073 347	0	56 146 694		0
中广核财务有限责任公司	国有法人	1.67	51 544 008	25 772 004	0	51 544 008		0
中央汇金资产管理有限责任公司	国有法人	1.30	40 053 600	20 026 800	0	40 053 600		0
创金合信基金—招商银行—南京三宝1号资产管理计划	其他	1.02	31 545 148	15 772 574	0	31 545 148		0
财通基金—招商银行—西部证券股份有限公司	其他	0.67	20 657 232	10 328 616	0	20 657 232		0
战略投资者或一般法人因配售新股成为前10名股东的情况(如有)(参见注3)	无。							
上述股东关联关系或一致行动的说明	1. 公司第一大股东和第二大股东均为省属国有独资企业,本公司实际控制人仍为陕西省国资委。2. 公司第一大股东陕西煤业化工集团有限责任公司与除第二大股东陕西省高速公路建设集团公司外其他前10名股东之间不存在关联关系,也不属于《上市公司股东持股变动信息披露管理办法》中规定的一致行动人;未知前10名其他股东之间是否存在关联关系和是否属于《上市公司股东持股变动信息披露管理办法》中规定的一致行动人。							

前10名无限售条件股东持股情况			
股东名称	报告期末持有无限售条件股份数量(股)	股份种类	
		股份种类	数量(股)
陕西煤业化工集团有限责任公司	840 000 000	人民币普通股	840 000 000
陕西省高速公路建设集团公司	659 335 152	人民币普通股	659 335 152
华宝信托有限责任公司	82 626 362	人民币普通股	82 626 362
泰达宏利基金—民生银行—泰达宏利价值成长定向增发333号资产管理计划	68 676 012	人民币普通股	68 676 012
申万菱信资产—招商银行—华润深国投信托—瑞华定增对冲基金2号集合资金信托计划	59 471 074	人民币普通股	59 471 074
中节能资本控股有限公司	56 146 694	人民币普通股	56 146 694
中广核财务有限责任公司	51 544 008	人民币普通股	51 544 008
中央汇金资产管理有限责任公司	40 053 600	人民币普通股	40 053 600
创金合信基金—招商银行—南京三宝1号资产管理计划	31 545 148	人民币普通股	31 545 148
财通基金—招商银行—西部证券股份有限公司	20 657 232	人民币普通股	20 657 232
前10名无限售流通股股东之间,以及前10名无限售流通股股东和前10名股东之间关联关系或一致行动的说明	1. 公司第一大股东和第二大股东均为省属国有独资企业,本公司实际控制人仍为陕西省国资委。2. 公司第一大股东陕西煤业化工集团有限责任公司与除第二大股东陕西省高速公路建设集团公司外其他前10名股东之间不存在关联关系,也不属于《上市公司股东持股变动信息披露管理办法》中规定的一致行动人;未知前10名其他股东之间是否存在关联关系和是否属于《上市公司股东持股变动信息披露管理办法》中规定的一致行动人。		
前10名普通股股东参与融资融券业务情况说明(如有)	无。		

5. 以方框图形式披露公司与实际控制人之间的产权及控制关系

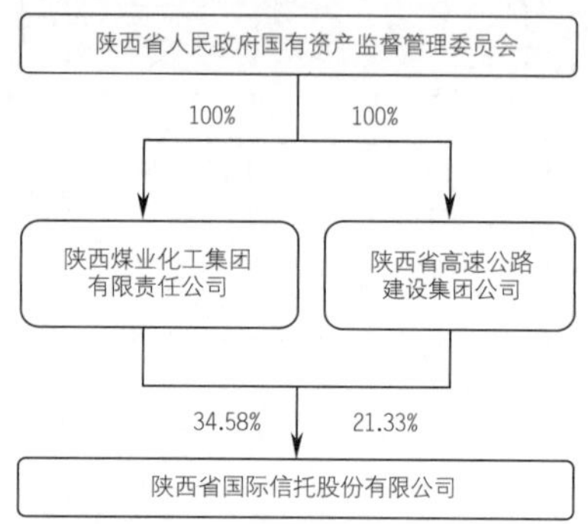

6. 管理层讨论与分析

本报告期，面对极其复杂严峻的经济金融形势，公司克难攻坚抓经营、深化改革激活力、聚焦转型稳增长，从而确保了平稳发展，实现了预期经营目标。全年实现营业收入10.14亿元，受股市疲弱等影响收入同比有所下降；实现利润总额6.86亿元，同比增长12.72%；实现净利润5.15亿元，同比增长13.50%；全年新增信托项目395个，新增项目的规模1 385.12亿元，同比增长38.28%，到期兑付信托项目244个，共489.60亿元，为客户创造收益122.09亿元；截至12月末，公司信托资产规模2 538.11亿元，同比增长35.91%，创历史新高。

6.1 多措力促信托主业，培育动能稳推转型

在多重挑战与考验下，为有效推动公司信托主业发展，公司采取了一系列措施。一是顺势而为抓重点，传统业务稳增长。集合类项目的开发运作量同比翻倍，运作效益良好，有效支撑了业绩。二是发挥优势强力展业，证券信托有效突破。年底资产规模有效突破，实现收入1.3亿元。三是积极推动主业创新，力求夯实转型基础。公司进一步强化顶层设计，从战略引导、人才开发、体制转换、机制优化、任务分解、创新引领、风控转型、教育培训、支持保障等方面入手，积极推动创新；推进全国布局、转型布局并延揽高素质人才，为推动转型发展储备了战略资源；进一步加大教育培训力度，引导全员强化学习以拓宽视野、创新思路；积极强化前中后台"一体化"意识和机制，协力推动创新业务有效突破。四是重视同业资源开发，力促深化战略合作。五是强化客户服务提品质，盯紧财富管理塑品牌。

经过不懈努力，公司信托主业收入同比增长24.86%，在创新方面也取得一定进展：信贷资产证券化业务有效破题，规模近50亿元；PPP项目取得突破，成功中标两单PPP项目，其他项目积极推进；内外合作拓展家族信托业务，取得一定成效；围绕着基建、养老、文化旅游等行业积极探索产业基金业务，有望实现较大突破；专户理财业务探索取得较好成果；积极探索公益信托，推出了陕国投·公安民警英烈基金公益信托计划等项目；针对消费信托、普惠金融进行了积极探索，"普惠+消费"金融合作成效良好。

6.2 战略策略并重抓固有，当期创效长远谋布局

为有效运作好自有资金，公司坚持长中短期结合积极运营。一是积极克服市场价格走低的不利形势继续做贷款融资业务，同时在开发投资类业务的等候期和同业合作开展类融资业务，以提高资金收益，确保当期效益。二是加大了资本市场运作力度，全力应对市场整体疲弱和波动的不利局面，积极运作二级市场投资。三是围绕金融控股战略实施，年内跟踪了华龙证券、长安银行、陕西金融资产管理公司等10多个投资标的，虽然由于政策等客观原因导致个别投资受阻，但公司将坚定推进战略落地；四是有效发挥协同等效应，积极支持信托业务有效拓展；五是在保证流动性的前提下，积极开展同业拆借、购买券商理财产品等短期运作，提高资金效益。经过不懈努力，全年实现收入4.51亿元，可动用资金当期的整体收益率达到了9.2%。

6.3 优化风险管理机制，积极促动业务发展

在风险易发、高发的背景下要兼顾并处理好稳增长和防风险的关系，公司采取了多项措施强化风险管控。一是全面落实"一体化"的风险管理理念，前台、中台、后台共同防控风险、共同推动发展；二是风控人员有重点地参与项目现场调研，增强评审的深度和客观性，延伸风险管理触角，全面提高评审质量。三是加强风险事中管理，动态监控项目运行。四是持续优化业务流程，不断完善内控制度。五是以提升"八大能力"为契机，积极支持创新业务发展。

6.4 深化改革强化管理，积极提升运营效能

为不断提升管理素质和整体效能，公司积极实施一系列强化管理措施：一是积极配合、推动战略谋划并促进战略投资、重组等工作，专注打造"五化陕国投"。二是积极推动公司纳入省上深化国企改革试点，组织了新一轮机构改革和竞争上岗，面向全国开展了多轮人才招聘，公司人才队伍建设和机制优化取得新成效，全国性布局基本完成，市场竞争力进一步提升。三是继续深入实施信息化工程，优化了项目管理系统、TA、CRM、网站预约系统，上线财务管理优化系统、人力资源管理系统等，有效发挥信息化引领和支撑功能。四是加大了品牌建设力度，通过多种方式扩大公司影响力，陕国投品牌价值进一步提升。

7. 按中国银监会要求需披露的其他信息

7.1 信用资产五级分类表

信用资产五级分类	正常类（万元）	关注类（万元）	次级类（万元）	可疑类（万元）	损失类（万元）	信用资产合计（万元）	不良资产合计（万元）	不良资产率（%）
2016年	868 686.25	3 871.70	2 437.95	33 911.89	—	908 907.79	36 349.85	8.54
2015年	390 801.53	23 858.25	4 490.99	2 310.83	301.49	421 763.09	7 103.31	1.68

注：出于谨慎性考虑，公司将1年以内的应收款划分为关注类；1～2年的划分为次级类，2～3年的划分为可疑类，3年以上的划分为损失类，后三类归入不良资产。故不良率有所提高。

7.2 信托公司风险控制指标监管报表

项目(信托公司)	期末余额	监管标准	备注
净资本(万元)	572 267.55	≥2 亿元	
固有业务风险资本(万元)	104 973.49		
信托业务风险资本(万元)	144 314.01		
其他业务风险资本(万元)			
各项业务风险资本之和(万元)	249 287.49		
净资本/各项业务风险资本之和(%)	229.56	≥100	
净资本/净资产(%)	74.05	≥40	

7.3 自有资产运用与分布表

资产运用	金额(万元)	占比(%)	资产分布	金额(万元)	占比(%)
货币资金	67 529.66	7.10	基础产业	0.00	0.00
交易性金融资产	22 832.20	2.40	房地产业	55 000.00	5.79
买入返售金融资产	35 078.40	3.69	证券市场	177 759.96	18.70
贷款	171 150.00	18.01	实业	116 150.00	12.22
可供出售金融资产	404 244.82	42.53	金融机构	321 925.12	33.87
持有至到期投资	97 221.21	10.23	其他	279 631.61	29.42
其他资产	113 338.85	11.92			
应收款项	39 071.55	4.11			
合计	950 466.69	100.00	合计	950 466.69	100.00

7.4 信托财务报告

7.4.1 信托项目资产负债汇总表

信托项目资产负债表

编报单位:陕西省国际信托股份有限公司　　2016 年 12 月 31 日　　单位:元

信托资产	期末余额	年初余额	信托负债和信托权益	期末余额	年初余额
信托资产:			信托负债:		
货币资金	4 848 255 108.32	6 163 795 983.38	交易性金融负债	—	—
拆出资金	—	—	衍生金融负债	—	—
交易性金融资产	99 200 396 394.23	52 483 399 132.67	卖出回购金融资产款	—	—
衍生金融资产	—	—	应付利息	—	—
买入返售金融资产	2 870 047 218.00	2 027 313 641.00	应付受托人报酬	—	—
应收票据	—	—	应付受益人收益	33 800 000.00	49 536 888.89
应收账款	—	—	应付保管费	—	378 333.33
应收利息	—	—	其他应付款	270 501 120.74	171 971 334.10
应收股利	—	—	应交税费	—	—
其他应收款	616 336 125.66	965 452 542.83	其他负债	—	—
贷款	98 885 514 598.81	87 141 276 589.68			
可供出售金融资产	4 282 987 391.70	5 854 299 666.45			
持有至到期投资	16 811 280 900.00	11 409 870 000.00			
长期股权投资	17 759 265 900.00	15 136 355 000.00	信托负债合计	304 301 120.74	221 886 556.32
长期应收款	30 000 000.00	30 000 000.00	信托权益:		
投资性房地产	—	—	实收信托	249 143 993 290.36	180 167 861 198.94
固定资产	—	—	资本公积	3 140 758 187.32	3 307 881 026.70
无形资产	—	—	未分配利润	1 221 971 606.73	3 056 774 342.48
长期待摊费用	—	—			
其他资产	8 506 940 568.43	5 542 640 568.43	信托权益合计	253 506 723 084.41	186 532 516 568.12
信托资产总计	253 811 024 205.15	186 754 403 124.44	信托负债和信托权益总计	253 811 024 205.15	186 754 403 124.44

公司负责人:　薛季民　　主管会计工作的公司负责人:李永周　　会计机构负责人:王小兵

7.4.2 信托项目利润及利润分配汇总表

信托项目利润及利润分配表

编报单位：陕西省国际信托股份有限公司　　2016 年度　　单位：元

项目	本年数	上年数
一、营业收入	12 107 070 307.25	19 799 102 327.68
利息收入	6 823 836 894.92	5 819 471 713.56
投资收益（损失以"－"填列）	5 555 520 454.15	12 143 027 874.27
公允价值变动收益（损失以"－"填列）	−339 376 678.47	1 713 855 184.32
汇兑收益（损失以"－"填列）	—	—
其他业务收入	67 089 636.65	122 747 555.53
二、营业支出	1 732 845 272.18	1 781 748 701.34
利息支出	—	—
手续费及佣金支出	29 480.00	7 710.00
营业税金及附加	—	—
业务及管理费	1 708 096 192.18	1 781 740 991.34
资产减值损失	—	—
其他业务成本	24 719 600.00	—
三、信托营业利润（损失以"－"填列）	10 374 225 035.07	18 017 353 626.34
加：营业外收入	—	—
减：营业外支出	50 886.00	—
四、信托利润（损失以"－"填列）	10 374 174 149.07	18 017 353 626.34
加：期初未分配信托利润	3 056 774 342.48	2 221 890 708.32
五、可供分配的信托利润	13 430 948 491.55	20 239 244 334.66
减：本期已分配信托利润	12 208 976 884.82	17 182 469 992.18
六、期末未分配信托利润	1 221 971 606.73	3 056 774 342.48

公司负责人：薛季民　主管会计工作的公司负责人：李永周　会计机构负责人：王小兵

7.4.3 信托报酬确认原则和方法

本公司信托报酬按照信托文件的规定，以权责发生制原则为基础进行确认和计量。

7.4.4 信托资产运用与分布表

资产运用	金额（万元）	占比（%）	资产分布	金额（万元）	占比（%）
货币资金	484 825.51	1.91	基础产业	6 706 997.09	26.43
交易性金融资产	9 920 039.64	39.08	房地产业	1 055 084.00	4.16
买入返售金融资产	287 004.72	1.13	证券市场	10 894 393.31	42.92
贷款	9 888 551.46	38.96	实业	3 801 791.82	14.98
可供出售金融资产	428 298.74	1.69	金融机构	812 520.45	3.20
持有至到期投资	1 681 128.09	6.62	其他	2 110 315.75	8.31
长期股权投资	1 775 926.59	7.00			
其他资产	850 694.06	3.35			
应收款项	64 633.61	0.26			
合计	25 381 102.42	100.00	合计	25 381 102.42	100.00

7.4.5 信托资产的期初数、期末数

单位：万元

类别	年初数	期末数
集合	4 196 298.59	10 414 552.55
单一	14 442 963.73	14 937 367.97
财产权	36 177.99	29 181.90
合计	18 675 440.31	25 381 102.42

7.4.5.1 主动管理型信托业务的信托资产

单位：万元

类别	年初数	期末数
证券投资类	6 978 778.47	10 641 828.69
股权投资类	329 063.49	412 551.15
融资类	1 296 947.46	2 354 402.18
事务管理类	80 261.36	163 354.23
合计	8 685 050.78	13 572 136.25

7.4.5.2 被动管理型信托业务的信托资产

单位：万元

类别	年初数	期末数
证券投资类		
股权投资类	1 188 894.61	1 376 001.72
融资类	5 661 634.04	5 001 775.73
事务管理类	3 139 860.88	5 431 188.72
合计	9 990 389.53	11 808 966.17

7.5 本期已清算结束的信托项目的有关情况

7.5.1 本期已清算结束的集合类、单一类资金信托项目和财产管理类信托项目

类别	项目个数（个）	实收信托合计金额（万元）	加权平均实际收益率（%）
集合类	108	1 546 876.85	4.90
单一类	136	3 349 111.33	6.86
资产管理类			
合　计	244	4 895 988.18	6.25

7.5.2 本期已清算结束的主动管理型信托项目

类别	项目个数（个）	实收信托合计金额（万元）	加权平均实际年化信托报酬率（%）	加权平均实际收益率（%）
证券投资类	83	1 106 838.58	0.34	4.43
股权投资类	9	135 330.00	1.03	8.87
融资类	31	760 360.00	1.13	8.42
事务管理类				

7.5.3 本期已清算结束的被动管理型信托项目

类别	项目个数（个）	实收信托合计金额（万元）	加权平均实际年化信托报酬率（%）	加权平均实际收益率（%）
证券投资类				
股权投资类				
融资类	77	1 764 902.00	0.11	7.16
事务管理类	44	1 128 557.60	0.17	6.76

7.6 本期新增的集合类、单一类和财产管理类信托项目的有关情况

类别	项目个数（个）	实收信托合计金额（万元）
集合类	220	8 736 890.94
单一类	175	5 114 290.00
财产管理类		
合　计	395	13 851 180.94
其中：主动管理型	198	8 029 766.94
被动管理型	197	5 821 414.00

7.7 本公司履行受托人义务情况及因自身责任而导致的信托资产损失情况

本公司根据《信托法》《信托公司管理办法》等相关法律法规和信托文件的规定，在管理和处分信托财产时，履行了恪尽职守、诚实、信用、谨慎、有效管理的义务。没有发生过任何损害受益人利益的情况，也无因自身责任而导致信托资产损失的情况。

7.8 信托与关联方交易情况

单位：万元

项目	年初数	本期增加额	本期减少额	期末数
贷款	322 000.00	200 000.00	2 000.00	520 000.00
投资				
租赁				
担保				
应收账款				
其他				
合计	322 000.00	200 000.00	2 000.00	520 000.00

7.9 固有资产投资信托计划

单位：万元

期初数	本期发生额	期末数
172 857.70	22 542.30	195 400.00

7.10 信托项目投资信托项目（TOT）

单位：万元

期初数	本期发生额	期末数
1 327.97	140 426.28	141 754.25

7.11 会计制度的披露

按照《企业会计准则——基本准则》和其他各项具体准则、应用指南及准则解释的规定进行确认和计量，在此基础上编制财务报表。

7.12 主要财务指标

单位：%

指标名称	指标值
加权年化信托报酬率	0.29

8. 经营管理

8.1 经营目标、经营方针

（1）经营目标：以“深化改革、深入转型、深谋布局、深推发展、深促超越”为总基调，把握“力推改革激活力、创新为先促转型、全面提质增效益、全员追赶保超越”的主线，坚定不移、同心协力打造“五化陕国投”。

（2）经营方针：立足自身的体制背景、资源禀赋、上市特点、业务基础等，积极顺应金融业转型的新形势，确定了“融资转投资、资产管理与财富管理交叉推进”的基础路径，继而明确了“盯大势、强投资、搭平台、促协同、拓本源、提质效”经营策略，积极打造“专业化、集团化、信息化、国际化、品牌化”“五化陕国投”。

8.2 市场形势等的分析

8.2.1 有利因素

（1）国家供给侧改革及重大战略的实施拓宽了信托发展空间。随着“一带一路”、京津冀协同发展、长江经济带发展、自贸区等一系列重大决策部署的深入实施，一大批机会蕴藏其中，紧随经济社会大趋势寻找业务机遇，将成为我们信托发展的新引擎。尤其是在陕西“追赶超越”、推进“五个扎实”、深度融入“一带一路”大格局、加快推进大西安建设、自贸区建设过程中，信托支持地方经济建设将大有可为。

（2）金融改革的持续推进将会带来新的增长动能。利率市场化改革深化，加强供给侧结构性改革，使得互联网金融从野蛮生长转向规范发展，科技对金融支撑作用日益显现，普惠金融得到快速推进，中央银行货币政策调控更加重视市场规律和有效引导市场预期，市场化手段更趋完善，引导资源配置力量更加强大，市场管理和市场发展共同趋向成熟，为信托展业带来新机遇。

（3）公司已经延揽了一批优秀专业人才，奠定了人力资源基础，在全国进行了扩张布局，塑造了良好的企业品牌，通过市场化的用人机制，为转型发展奠定了基础。

（4）多元化财富管理需求逐步爆发，为信托财富管理发展带来机遇。

（5）信托业的“一体两翼”正式形成（“一体”是以信托公司为主体；而“两翼”，第一是信托保障基金，第二是中国信托登记有限责任公司），中信登的成立能促发展、防风险，解决行业信息不对称问题，推动信托产品转化，盘活存量资产。

8.2.2 不利因素

（1）经济下行增加了信托业经营的宏观风险、泛资产管理加剧了信托业的竞争、金融体系改革的深化使传统融资信托的市场空间萎缩、金融机构同业业务的规范减少了简单通道业务的市场机会，信托展业面临诸多方面的挑战。

（2）资产荒、资金回报率下行或将成为新常态，信托业增速放缓，行业进入平稳发展期。经济下行增加了信托业经营的风险、泛资产管理加剧了信托业的竞争、金融体系改革的深化使传统融资信托的市场空间萎缩、金融机构同业业务的规范减少了简单通道业务的市场机会，信托行业增速放缓成为必然。未来行业面临诸多方面的挑战，转型迫在眉睫。

（3）市场竞争日趋激烈，转型升级压力加大。当前支撑信托业高速增长的主导业务模式是融资信托。随着宏观经济增速放缓、融资信托的制度红利逐步消失，利率市场化改革的推进，信托同业竞争越来越激烈。

8.3 内部控制

8.3.1 内部控制环境和内部控制文化

报告期，公司根据《公司法》《证券法》《信托法》《企业内部控制基本规范》及其配套指引等法律、法规的要求，逐步健全完善符合公司实际的组织制度和法人治理结构：股东大会、董事会、监事会相关机构分工明确并相互制衡、各司其职、规范运作，分别行使决策权、执行权和监督权，在保持相互独立的基础上，做到了有机协调和相互制衡。董事会下设战略发展委员会、薪酬与考核委员会、风险管理与审计委员会、信托委员会、提名委员会5个专门委员会，加强对公司长期发展战略、高管任职与考核、重大投资风险控制、信息披露等方面的管理和监督，有效促进了董事会管理决策的科学高效。

公司以规范的业务管理、风险管理、财务管理、合规管理、合同管理、内部审计、员工违规追究等内部控制制度体系为载体，建立起了全面风险管控体系。通过签订目标责任书、案防合规承诺书以及开展合规培训等多种方式，引导员工树立"诚信、务实、创新、奉献"的企业文化和"内部控制优先、风险管理优先"审慎经营理念，报告期内组织开展了"合规建设推进年"活动，员工内控合规意识不断增强。

8.3.2 内部控制措施

（1）调整优化，加强管理。报告期内，公司为加强内控建设，提升管理水平，公司根据业务需要对内设部门进行了调整，公司相关业务的内控效果得到有效提升，确保公司的规范运作和健康发展。

（2）紧抓契机，完善制度。报告期内，公司以机构改革和公司信息化建设为契机，进一步完善了公司的内控体系和机制，对制度体系进行了优化梳理。报告期内，公司编制修订了《公司章程》《新闻发言人制度》、《案防工作管理办法》以及业务管理多项制度，并依据制度修订情况对内控手册进行了更新。

（3）合规运作，强化执行。按照上市公司内控规范建设要求，公司从组织机构设置、业务流程、事权管理、授权管理、责任追究等方面进一步优化了内控管理体系，有效地保证了公司经营管理水平的不断提升和战略规划的实施。董事会风险管理与审计委员会、监事会、经营层、职能部门分别按照各自职责开展内控工作，形成了有效且相互制衡的决策、执行和监督机制，取得了良好的效果。公司内设的监察审计部加强了效能监察，强化了对公司决策执行情况的检查、督导，执行效率得到有效提升。详细情况见公司《2016年内部控制自我评价报告》。

8.3.3 信息交流与反馈

公司不断完善信息交流与反馈机制。结合机构改革以及内控制度完善等工作，进一步明确了股东大会、董事会、监事会、高级管理层、各部门及员工的职责和报告路径，做到了内部信息传输顺畅、有效；根据监管要求，采取多种形式向监管部门、受益人报告公司重大事项和项目管理情况，并充分运用公司网站，及时发布和更新相关信息，树立公司良好的管理人形象。报告期内，公司信息传递路径通畅，各项信息上通下达，交流反馈快捷，确保了公司安全运行，持续发展。

8.3.4 监督评价与纠正

公司建立了内部控制监督评价与纠正机制，能够按照各项业务不同阶段的管理特征规范相应的内部审批、操作和风险管理程序，通过制度化、流程化来监控和管理各项业务，并按照风险管理原则对拟开展业务进行严格的事前审查，对已开展业务进行事中持续跟踪管理和监控；公司监事会对股东大会负责，对公司财务以及公司董事及高管履行职责的合法性进行监督，维护公司及股东的合法权益；公司监察审计部对内部控制制度的健全性、有效性进行动态检查评价，对各项业务开展进行合规性检查及风险识别，对相关人员的行为规范进行监督和检查，对被审计项目或信托经理做出客观评价，提出意见或建议，并对审计结论和处理意见的执行及整改情况进行后期追踪检查，督促整改落实。

8.4 风险管理

8.4.1 风险管理概况

公司在经营活动中可能遇到的风险主要包括信用风险、市场风险、操作风险、法律风险、声誉风险、员工道德风险等。报告期内，公司积极应对经济持续下行、降杠杆、信托行业政策调整、金融风险加大以及转型发展带来的诸多挑战，进一步提高风险管理意识、完善风险管理体系，优化了项目评审决策程序，采取了更为高效、审慎的评审决策方法。根据净资本监管政策、信托行业变化情况及业务发展的新形势，适时制定了《2016年信托业务风险管理指引》《信托项目风险分类管理办法》《2016年政信合作业务指导意见》《证券投资信托业务管理办法》等多项制度及指引，同时对已有的内控制度进行了修订完善，并加强了对存续项目的风险排查，强化了事中管理措施。

8.4.2 风险状况

8.4.2.1 信用风险状况

信用风险主要是指交易对手违约造成损失的风险，主要表现为公司在开展自有资金运作和信托投融资理财等业务时，可能会因交易对手违约而给公司或信托财产带来风险。报告期内，面对经济下行压力，公司提高了对交易对手的信用等级要求，对发生的各类业务均履行了严格的内部评审程序和事中控制、事后监督等，担保措施充足，整体信用风险可控。

8.4.2.2 市场风险状况

市场风险是指公司在运营过程中可能因股价、市场汇率、利率及其他商品价格因素等变动而产生的风险。具体表现为经济运作周期变化、金融市场利率波动、通货膨胀、房地产交易、证券市场变化等造成的风险，这些风险可能影响信托财产的价值及信托收益水平，也可能影响公司固有资产价值或导致损失。2016年公司密切关注经济持续下行带来的不利影响，将事中事后管理常态化。结合金融风险高发态势，进一步加大对重点项目的贷后核查和风险排查力度，动态监控项目运行，强化存续项目风险隐患预警和应急能力，确保公司平稳发展。

8.4.2.3 操作风险

公司面临的操作风险主要是指制度和操作流程以及现有制度和流程不能得到有效执行而可能引起的经营风险。2016年公司深入贯彻全面风险管控理念及合规文化建设，以开展"合规文化建设年"活动为契机，进一步加强了员工合规运营及风险防范意识和风险防范责任教育，强化了风险识别技巧培训，员工的操作风险防范意识和能力得到提升。

8.4.2.4 其他风险

其他风险主要包括法律风险、声誉风险、员工道德风险等。随着信托行业竞争的进一步加剧，声誉风险已成为需要防范的重点风险之一，报告期内，公司从理财产品销售、兑付等环节入手，进一步强化了声誉风险管理。报告期内公司未发生此类风险。

8.4.3 风险管理

8.4.3.1 信用风险管理

公司从提升尽职调查水平入手，从项目论证、评审、贷后管理等方面防范和规避信用风险，具体措施包括：（1）公司制定有《固有和信托业务尽职调查管理办法》,对交易对手进行全面、深入的信用调查与分析,形成客观、翔实的尽职调查报告;(2)公司制定有《信托业务风控标准指引》《信托项目审查决策管理办法》《固有业务审查决策管理办法》等制度,从项目准入上予以规范;(3)坚持风险防控端口前移,对重大项目风控部门协助业务部门深入现场落实相关问题,实地评估项目风险;(4)持续对交易对手的财务数据、经营状况和信用状况进行跟踪评价,不定期到现场进行财务、项目工程进度和销售情况检查,加强风险排查,督导资金使用;(5)严格按照国家法律、法规相关要求,足额计提相关资产减值准备、一般准备、信托赔偿准备,提升公司的风险抵御能力。

8.4.3.2 市场风险管理

紧跟宏观经济形势的变化,密切关注和防范市场风险,具体措施包括:(1)对宏观经济走势、政策变化、投资策略及其他影响市场变化的因素进行分析研究,为项目决策提供参考;(2)审慎开展新业务,结合市场情况,严格遴选实力较强的交易对手,注重交易对手现金流覆盖情况,做足抵(质)押等风控措施;同时高度重视即将到期信托计划的安全兑付问题;(3)继续严格执行以风险预警和止损为核心的风险管控制度,严控证券投资信托业务风险;(4)密切监控已开展业务的运行情况,根据市场风险情况及时作出投资调整、提前结束等风险管理措施,避免或降低市场风险引起的损失。

8.4.3.3 操作风险管理

在操作风险的防范上,公司要求每项业务在尽职调查、受理申请、交易结构设计、审查审批、营销签约、执行终止各阶段全过程合法合规。建立了职责分离、相互监督制约的内控机制,建立和完善有效的投资决策机制,实行严格的复核审核程序,制定严格的信息系统管理制度和档案管理制度,根据监管法规的要求制定了符合公司实际的规章制度,从机制和制度上降低操作风险,实现对公司各项业务操作过程的有效控制。强化流程控制,严格执行不兼容岗位分离制度,严格执行复核、审批程序,将合规与风险管理贯穿于业务各环节之中。结合内控规范建设,进一步加强了监事会、监察审计等的合力监督职能。

8.4.3.4 其他风险管理

对于法律风险,公司严格按照相关监管规章,对所有拟开展业务进行合规性审查,确保公司业务开展符合国家相关法律法规规定,并不断优化产品结构和法律文本设计,严格按公司法律文件审批程序进行审批后办理业务;对于声誉风险,公司把声誉构建与公司发展战略和企业文化进行有机结合,对可能影响公司声誉的业务坚决予以回避,尽职管理受托资产,并充分披露,塑造公司专业和诚信的社会形象;对于员工道德风险,公司从制度、教育、监督、纪律处罚等多方面着手,不断优化激励约束机制,对员工及其行为进行约束和规范。

9. 涉及财务报告的相关事项

9.1 与上年度财务报告相比,会计政策、会计估计和核算方法发生变化的情况说明

与上年度财务报告相比,会计政策、会计估计和核算方法未发生变化。

9.2 报告期内发生重大会计差错更正需追溯重述的情况说明

不适用。

9.3 与上年度财务报告相比,合并报表范围发生变化的情况说明

不适用。

9.4 董事会、监事会对会计师事务所本报告期“非标准审计报告”的说明

不适用。

上海爱建信托有限责任公司

1. 重要提示

1.1 公司董事会及董事保证本报告内容的真实、准确和完整，不存在重大错报及虚假记载、误导性陈述或重大遗漏，并对其承担个别及连带责任。

1.2 独立董事潘飞、吴斌（拟任）、黄辉（拟任）认为本报告：公司年报所记载的资料不存在重大错报及虚假记载，也没有误导性陈述和重大遗漏，本报告的内容真实、准确、完整。

1.3 公司年度财务报告已经立信会计师事务所（特殊普通合伙）根据中国注册会计师审计准则审计，并出具了标准无保留意见的审计报告。

1.4 公司董事长周伟忠，总经理张建中（拟任），分管自营财务负责人、信托财务负责人朱建高，自营财务部门负责人黄晓，信托财务部门负责人陈幸华声明：保证年度报告中财务报告的真实、完整。

2. 公司概况

2.1 公司简介

公司法定中文名称：上海爱建信托有限责任公司，缩写爱建信托

公司法定英文名称：Shanghai Aj Trust Co.，Ltd. 缩写 AJT

法定代表人：周伟忠

注册地址：上海市徐汇区肇嘉浜路746号3~8层

邮政编码：200030

办公地址：上海市徐汇区肇嘉浜路746号3~8层

邮政编码：200030

国际互联网网址：http://www.ajxt.com.cn

电子信箱：ajmail-1@ajfc.com.cn

信息披露事务负责人：李洋洋

联系电话：021-64386833 传真：021-64392072 电子信箱：lyy@ajfc.com.cn

信息披露报纸名称：《上海证券报》

年度报告备置地点：上海市徐汇区零陵路619号、上海市浦东新区世纪大道1568号及上海市静安区石门二路211号财富中心营业厅

聘请的会计师事务所：立信会计师事务所（特殊普通合伙）

地址：上海市黄浦区南京东路61号四楼

2.2 组织结构

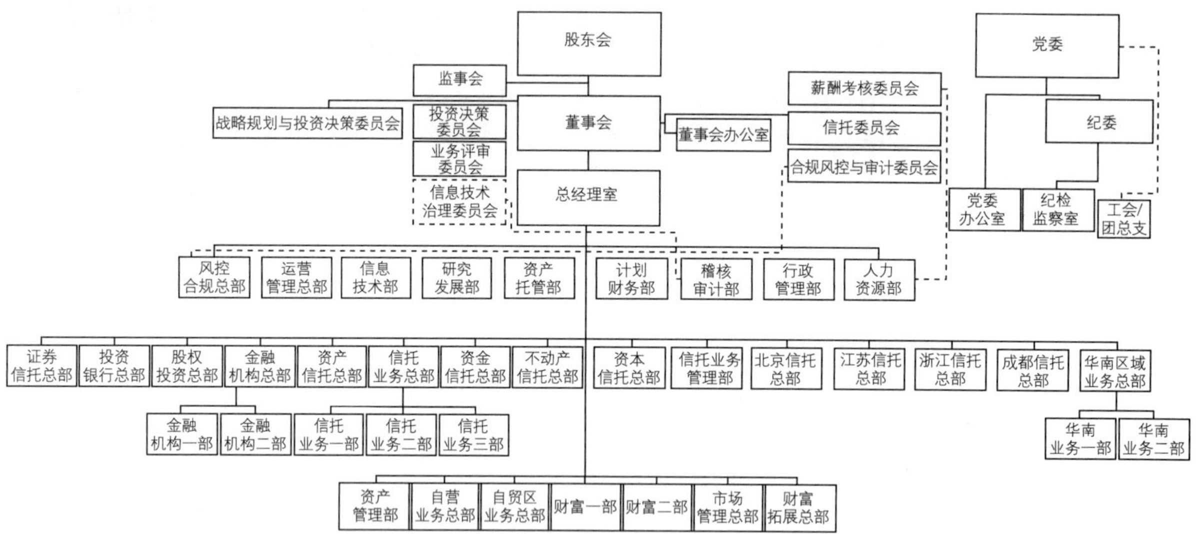

3. 公司治理结构

3.1 股东

股东名称	持股比例（%）	法定代表人	注册资本	注册地址	主要经营业务及主要财务情况
★上海爱建集团股份有限公司	99.33	王均金	1 437 139 840 元	上海浦东新区泰谷路168号	实业投资，投资管理，外经贸部批准的进出口业务（按批文），商务咨询。2016年营业收入160 479.97万元，净利润62 050.08万元。

续表

股东名称	持股比例（%）	法定代表人	注册资本	注册地址	主要经营业务及主要财务情况
上海爱建纺织品有限公司	0.33	徐闰生	1 400 万元	上海香港路59号	针纺织品、建筑装饰材料、纺织原料（除棉花）、服装（含加工）、服饰及辅料、百货、从事货物及技术进出口业务、附设分支。 2016 年营业收入 194.54 万元，净利润 148.94 万元。
上海爱建进出口有限公司	0.33	黄元礼	3 000 万元	上海浦东新区乳山路227号3楼D－46室	经营和代理除国家组织统一经营的进出口商品外的商品及技术的进出口业务、经营进料加工和"三来一补"业务、经营对销贸易和转口贸易业务、从事对外贸易咨询服务、从事出口基地实业投资业务，预包装食品（不含熟食卤味、冷冻冷藏凭许可证经营）的销售。 2016 年营业收入 14 162.78 万元，净利润 167.76 万元。

注：★股东之间存在关联关系，上海爱建集团股份有限公司为上海爱建纺织品有限公司和上海爱建进出口有限公司的唯一股东。

3.2 董事

董事长、副董事长、董事

姓名	职务	性别	年龄（岁）	选任日期	所推举的股东名称	该股东持股比例（%）	简要履历
周伟忠	董事长	男	53	2013 年 11 月 4 日	上海爱建集团股份有限公司	99.33	曾任中国人民银行舟山市分行普陀区支行副行长、行长，中国人民银行舟山市分行行长助理、副行长、行长兼国家外汇管理局舟山市外汇管理支局局长，中国人民银行上海分行金融稳定处处长，中国人民银行上海总部金融稳定部综合处处长、金融稳定部副主任，爱建信托公司副总经理、总经理；现任爱建集团副总经理，爱建信托公司董事长，爱建资产管理公司董事长。
蒋明康	副董事长（拟任）	男	52	2016 年 12 月 9 日	上海爱建集团股份有限公司	99.33	曾任国家外汇管理局上海分局外资处外债科副科长，中国人民银行上海市分行外资处科长、银行监管一处科长，中国人民银行上海分行银行监管一处、外资银行处、银行管理处、城商处副处长，上海银监局政策法规处处长，上海银监局副局长，曾在上海均瑶（集团）有限公司工作；现任爱建集团副总经理，爱建信托公司副董事长（拟任），爱建财富公司董事长。
陈柳青（2016 年 12 月 9 日离任）	副董事长	男	58	2013 年 11 月 4 日	上海爱建集团股份有限公司	99.33	曾任上海爱建股份有限公司研发部副经理，上海爱建信托有限责任公司总经理助理、副总经理、董事会秘书、党总支书记、监事会主席、副董事长；现任上海爱建集团股份有限公司职工监事、监事会办公室主任。
侯学东	董事（拟任）	男	55	2016 年 12 月 9 日	上海爱建集团股份有限公司	99.33	曾任解放军军事院校教研室教官、副主任、代主任，空军某飞行团代副政委，上海爱建股份有限公司党委办公室干部、总经理室干部、董事会办公室副主任（主持工作）、主任；现任爱建集团董事会秘书，上海方达投资发展有限公司董事长，爱建信托公司董事（拟任）。
张建中	董事（拟任）	男	50	2016 年 12 月 9 日	上海爱建集团股份有限公司	99.33	曾任安徽宣城行署教育局、税务局计划财务科科员/税政科科员，中国银行宣城支行信托办事处副主任，中信实业银行合肥支行信贷部负责人，深圳发展银行上海分行市场业务部、分行外滩支行负责人、分行外滩支行副行长、行长、分行行长助理，上海泛华工程有限公司副总经理，兴业银行上海分行营业部/行长室总经理、行长助理、副行长，上海浦东发展银行上海分行行长室党委委员、副行长；现任上海爱建信托有限责任公司董事（拟任）、总经理（拟任）。
吴　淳	董事（拟任）	男	44	2016 年 12 月 9 日	上海爱建集团股份有限公司	99.33	曾任上海爱建信托有限责任公司信贷部信贷员、信贷部本币一科副科长、信托业务科副科长、资金信托部客户经理、资金信托总部副总经理、资金信托总部总经理、金融机构总部总经理，上海爱建信托有限责任公司总经理助理、副总经理；现任上海爱建信托有限责任公司董事（拟任）、常务副总经理。
吴文新	董事（拟任）	男	50	2016 年 12 月 9 日	上海爱建集团股份有限公司	99.33	曾任上海市松江区农业局员工，中国建设银行松江支行副行长、奉贤支行行长、宝钢宝山支行行长、上海市分行公司部总经理；现任上海华瑞银行副行长，上海爱建信托有限责任公司董事（拟任）。
胡爱军（2016 年 12 月 9 日离任）	董事	男	46	2013 年 11 月 4 日	上海爱建集团股份有限公司	99.33	曾任同济大学环境工程学院教师，团市委组织部主任科员、部长助理、副部长（副处），团市委机关纪委委员、管理信息部副部长（主持工作）、管理信息部部长（正处），上海市信息化委员会征信行业监管处处长，上海市经济和信息化委员会信用管理处处长，上海爱建信托有限责任公司董事；现任上海爱建集团股份有限公司监事会副主席（代行监事会主席职权）、党委委员，兼党委办公室主任、人力资源总部总经理，上海爱建信托有限责任公司监事。

独立董事

姓名	职务	性别	年龄（岁）	选任日期	所推举的股东名称	该股东持股比例（%）	简要履历
潘　飞	独立董事	男	60	2014年9月14日	独立董事	—	曾任上海财经大学会计学院助教/讲师、副教授、教授、院长；现任上海财经大学会计学院教授，上海爱建信托有限责任公司独立董事。
吴　斌	独立董事（拟任）	男	43	2016年12月9日	独立董事	—	曾任海通证券股份有限公司投资银行部项目经理、国际业务部总经理助理、办公室副主任、主任、合规总监、战略规划及IT治理委员会主任、公司党委委员、副总经理，上海文化广播影视集团，上海电视台党委委员、副总裁；现任上海中平国瑀资产管理公司总经理，上海爱建信托有限责任公司独立董事（拟任）。
黄　辉	独立董事（拟任）	男	54	2016年12月9日	独立董事	—	曾在德国赫斯特公司法兰克福任职，任毕马威管理咨询（日本）董事、总经理、董事会代表，毕马威管理咨询全球高级副总裁、大中华区CEO、全球执行副总裁；上海均瑶（集团）有限公司CEO；矢光投资总裁；德国电信大中华区总裁；现任德太投资集团执行合伙人；上海爱建信托有限责任公司独立董事（拟任）。
马丽华（2016年12月9日离任）	独立董事	女	54	2014年9月14日	独立董事	—	曾任上海东州资产评估有限公司项目经理，上海爱建信托有限责任公司独立董事；现任上海申威资产评估有限公司董事长，上海九威清算事务有限公司董事长，上海申威房地产估价有限公司董事长。

3.3　监事

监事会成员

姓名	职务	性别	年龄（岁）	选任日期	所推举的股东名称	股东持股比例（%）	简要履历
马　金	监事会主席	男	46	2013年11月4日	上海爱建集团股份有限公司	99.33	曾任上海国际信托投资公司投资银行总部总经理助理、副总经理，上投国际投资咨询有限公司副总经理，上海国际集团资产经营有限公司副总经理，上海国际集团投资管理有限公司总经理，爱建信托公司副董事长；现任爱建集团常务副总经理（代行总经理职权），兼爱建信托公司监事会主席、爱建融资租赁公司董事长、爱建（香港）有限公司董事长。
胡爱军	监事	男	46	2016年12月9日	上海爱建集团股份有限公司	99.33	曾任同济大学环境工程学院教师，团市委组织部主任科员、部长助理、副部长（副处），团市委机关纪委委员、管理信息部副部长（主持工作）、管理信息部部长（正处），上海市信息化委员会征信行业监管处处长，上海市经济和信息化委员会信用管理处处长，上海爱建信托有限责任公司董事；现任上海爱建集团股份有限公司监事会副主席（代行监事会主席职权）、党委委员，兼党委办公室主任、人力资源总部总经理，上海爱建信托有限责任公司监事。
刘兵军	监事	男	40	2016年12月9日	上海爱建集团股份有限公司	99.33	曾任上海国际集团战略发展部副科长，上海国际集团投资管理部高级经理，上海爱建股份有限公司投资部副经理（主持工作）、战略与投资总部总经理；现任上海爱建集团股份有限公司董事会办公室主任，上海爱建信托有限责任公司监事。
张凤翔（2016年12月9日离任）	监事	男	48	2013年11月4日	上海爱建集团股份有限公司	99.33	曾任上海市高级法院任民四庭审判长助理、民二庭审判长；现任上海爱建集团股份有限公司合规与风险管理总部总经理，上海爱建信托有限责任公司监事。
朱学明	职工监事	男	52	2013年11月4日	职工代表	—	曾任上海爱建信托有限责任公司自营业务总部法律事务主管、资产保全首席代表，资产管理部副经理（主持工作）、经理；现任上海爱建信托有限责任公司职工监事，资产管理部总经理。
陈抗非	职工监事	女	43	2016年12月9日	职工代表	—	曾任浙江工人日报社职员，上海青皓建材有限公司人力资源部人事专员，上海卡梵服饰有限公司人力资源部人事主管，上海维古企业发展有限公司人力资源部人事经理，嘉利生化集团有限公司人力资源总监，上海上药第一生化药业有限公司人力资源部经理；现任上海爱建信托有限责任公司党委委员、人力资源部总经理、纪检监察室主任。

3.4 高级管理人员

姓名	职务	性别	年龄(岁)	任职日期	金融从业年限(年)	学历/学位	专业
张建中	总经理(拟任)	男	50	2016 年 12 月 9 日	22	本科/硕士	经济管理
吴　淳	常务副总经理	男	44	2015 年 5 月 12 日	24	本科/硕士	MBA
朱建高	首席财务官	男	50	2016 年 3 月 3 日	3.5	研究生/硕士	工商管理
李洋洋	副总经理/董事会秘书	男	48	2013 年 11 月 4 日	15	研究生/博士	经济及金融
张保华	副总经理	男	45	2013 年 11 月 4 日	19	研究生/硕士	EMBA

3.5 公司员工

报告期内在编、在岗职工人数 201 人，平均年龄 35.6 岁，学历分布比率为博士 3%、硕士 41%、本科 50%、专科 3%、其他 3%。

4. 经营管理

4.1 经营目标、经营方针、战略规划

公司以“爱国建设”为宗旨，坚持“诚信务实、安全高效、便利周到、稳健发展”的质量方针，发扬“稳健、诚信、创新、发展”的企业精神，培育公司的核心竞争力，为股东创造价值，同时承担相应的社会责任。公司制定的 2017—2020 年战略规划以“树龙头、补短板、强中台”为总体发展思路，在经营理念、产品体系、组织架构、激励约束机制以及人才制度五大领域积极寻求变革，从上到下高度统一认识，形成合力，确保各项目标任务能够顺利实现。

4.2 所经营业务的主要内容

自营资产运用与分布表

资产运用	金额(万元)	占比(%)	资产分布	金额(万元)	占比(%)
货币资产	12 962.32	2.33	基础产业	29 646.27	5.32
交易性金融资产	58 552.56	10.50	房地产业	286 403.38	51.38
贷款及应收款	107 412.78	19.27	证券市场	31 283.56	5.61
可供出售金融资产	361 138.72	64.78	实业	0.00	0.00
持有至到期投资	0.00	0.00	金融机构	109 629.27	19.66
长期股权投资	2 835.21	0.51	其他	100 498.06	18.03
其他	14 558.95	2.61			
资产总计	557 460.54	100.00	资产总计	557 460.54	100.00

注：该表与资产负债表资产总额的差额(10 591.51 万元)系计提的资产减值准备。

信托资产运用与分布表

资产运用	金额(万元)	占比(%)	资产分布	金额(万元)	占比(%)
货币资产	220 524.45	1.11	基础产业	5 306 368.23	26.66
贷款	6 609 938.29	33.20	房地产业	3 662 956.71	18.40
交易性金融资产	2 128 497.03	10.69	证券市场	1 230 469.35	6.18
可供出售金融资产	4 266 360.85	21.43	工商企业	2 272 620.43	11.42
持有至到期投资	18 999.63	0.10	金融机构	5 385 421.19	27.05
买入返售	24 794.51	0.12	其他	2 049 710.70	10.29

续表

资产运用	金额(万元)	占比(%)	资产分布	金额(万元)	占比(%)
长期股权投资	1 744 223.01	8.76			
长期应收款	4 836 867.19	24.30			
投资性房地产	30 000.00	0.15			
应收账款	27 341.65	0.14			
信托资产总计	19 907 546.61	100.00	信托资产总计	19 907 546.61	100.00

注：该表与资产负债表资产总额的差额(22 592.59 万元)系计提的资产减值准备。

4.3 市场分析

2016 年，信托行业资产规模保持快速增长，年末已突破 20 万亿元，同比增幅达到 24% 左右。但一方面在规模继续扩张的同时，信托公司的整体经营业绩却出现了一定程度的下滑，根据已披露业绩的信托公司统计数据，反映出行业仍面临着较大的经营和转型压力；另一方面，信托公司之间的业绩分化明显加大，部分信托公司仍保持了高增长态势，这意味着行业调整也加速了信托业内部的洗牌。此外，信托公司在 2016 年继续大规模增资，23 家信托公司合计增资规模接近500 亿元。公司对外加大业务拓展，对内积极挖潜增效，取得了良好效果。

展望 2017 年，中国经济增长将更加倚重于内需驱动，财政政策将更加积极有效，基建投资仍将是维持经济增长稳定的关键力量。中央银行将继续推进金融市场去杠杆，同时在物价回升的背景下，整体货币政策将保持稳健中性，市场利率中枢水平整体将有所抬升。在此宏观背景下，信托行业整体可继续保持稳定增长，但个体业务转型压力仍然较大，优质资产的竞争更加激烈，业绩分化态势也更加明显。同时，市场利率中枢的抬升也将使得信托存量项目的风险度上升。因此，做好存续项目的管控排查和寻求新的业务增长点依然不能偏废。依据自身资源禀赋、战略目标和市场细分，追求差异化定位，设计符合自身发展特征的业务组合，正成为信托公司可持续发展的转型思路和展业模式。

在房地产调控加强和地方债置换加大的背景下，房地产融资类业务将增长乏力，而基于政府信用的信政合作模式也面临较大转型压力。引导社会资本参与、降低政府信用直接挂钩程度的 PPP 模式将成为信托公司信政类业务的突破口，从提供简单融资向投贷联动、股债结合的多元化融资方式演进，城市发展基金、产业引导基金等将成为新模式下的典型代表。此外，新的业务机会日渐清晰，如国内居民与日俱增的资产配置多元化需求所带来的财富管理、家族信托等业务的机会；经济转型、多层次资本市场建设所带来的股权投资机会；盘活各类资产所

带来的各种资产证券化机会;中央和地方国资改革带来的大量混改、重组机会等。在稳健经营和防控风险的原则下,信托公司将积极探索开拓上述这些业务机会,以加快培育新的业务,实现业务转型。

4.4 内部控制概况

4.4.1 内部控制环境和内部控制文化

公司按照现代企业制度的要求,建立了以股东会、董事会、监事会以及经营管理层为核心的内部法人治理结构。不断完善和深化管理体制,规范股东会、董事会、监事会和经营管理班子的权责关系,明确了四者的议事规则和决策程序。设置权责明确、分工合理的决策系统、执行系统和监督系统,建立了以岗位职责、授权体系、风险管理、监督检查与评价为基础的内控体系,形成了科学有效的职责分工和制衡机制。不断强化风险管理意识,完善风险管控体系,持续提高风险控制能力,防范操作风险是公司重点工作,并贯穿于全年。一是公司经营层大力倡导合规经营风险控制严防操作风险为先的经营理念。二是为公司稳健发展建立制衡机制的不断推进与强化,2016 年在多重审批机制的业务决策模式上,关注业务评审各环节所揭示的风险控制薄弱环节预防措施的制定和落实及信息反馈,强化风控前置与运营事中的风险管控及检查监督职责,以期达到对重要风险识别充分,防控措施适当,执行有效,剩余风险控制在公司可接受的范围中。三是继续加强制度建设,完善制度体系,构建覆盖全过程、全岗位的风险管理与控制的制度体系。年内,公司增修订了《员工手册》《公司洗钱风险自评估办法》《重点工作专项考核激励管理办法》《合同面签用印流程操作指引(试行)》《部门组织职能设置》《信息科技管理委员会工作细则(试行)》《案件防控、调查及问责管理办法》《证券交易管理暂行办法》《客户投诉管理办法》《抵(质)押品权证保管实施细则》《信托业保障基金认缴及收益分配流程(试行)》等制度。通过不断完善风险管理与控制制度和控制流程,有效减少了经营活动全过程的风险控制薄弱环节。四是树立全员风险意识,将提高员工的职业操守和诚信意识作为公司的一项长期工作,营造全体员工充分了解并履行职责的文化氛围。通过建立有效的激励约束机制,不断强化风险防范和合规经营理念,培育良好的内部控制文化,提高了全员参与的风险控制意识和效果,使风险管控贯穿于经营活动的全过程,营造了风险控制为先的企业文化。

4.4.2 内部控制措施

自营业务部门和信托业务部门相互独立,各部门目标明确,职责和权限清晰,有效保障了自营业务和信托业务各部门及员工在授权范围内行使相应的职责。

设置专门的信托会计部门进行信托财产的记录、核算与估值,并与固有资产分离,对每项信托业务设立独立的信托财产账户,分别进行会计核算和会计控制。进一步强化信托资产管理能力,完善信托项目管理流程,提升控制效果。通过项目资料及相关合同的归口管理,严格对信托项目成立、存续及清算过程中各环节可能存在的操作风险进行控制和监督,保障项目运行中相关合同条款能够切实有效地执行。

公司以业务流程为主线,致力于建立健全前台、中台、后台并重的内控体系,致力于控制措施覆盖业务流程重要环节。

报告期间,通过明确的业务、销售、风控、合规、研发、运营、稽核审计在风险管理工作中的职能定位,各司其职开展经营活动各领域的风险识别、评估、管理和监督管理控制,以及对管理控制效果进行的再监督和评价,合理保证公司对风险事项、风险环节进行事前识别和防范、事中控制和化解、事后检查和纠正,形成了有效的风险控制和反馈机制。强化业务决策机制,自营、信托业务评审委员会按照《项目评审工作规则》进行业务评审,给决策层提供决策依据,为业务拓展树立起坚实的防范风险的屏障。

在项目存续管理中,业务、运营与风控已形成了较为明确的管理与监督管理职责,通过报告会签、信息互通,体现了有效执行、监督和风险闭口的管理效果。按照职责对信托财产管理过程中的各项事务、数据和有关信息保留记录,严格执行信息披露规则,及时出具信托项目清算报告。在营销过程中,严格按照经合规部门审核的营销方案进行推介。明确规定销售推介人员不得承诺"保本保息"或最低收益,不得通过报刊、电视、广播和其他公共媒体进行营销宣传。前台、中台、后台管理与监督管理、检查与再检查评价职责体现了相互牵制,互为补充的良好控制效果,形成了风险防控的三道防线。公司的信息化建设形成了较为完整的管理信托业务的信息系统体系,实现对业务全资产、全流程、全面风控的一体化管理。通过对公司业务核算的自动化辅助作业,全公司范围业务数据信息的共享和利用,能够准确及时地收集业务数据实现监管报送,有效提升了公司的内部控制和风险管理能力。公司积极响应监管部门提出的信托行业要不断提升风险管理和业务持续能力的要求,在核心业务系统持续稳定运行的基础上,同时投入大量资源建设异地灾备系统,将信息系统的容灾水平和信息安全保护能力提升上了新的台阶。

4.4.3 监督评价与纠正

公司建立了自控、互控与监控三结合的监督机制,对内部控制活动进行检查、监督和纠正。通过对业务项目的尽职调查、风控合规事前评估和业务及运营的事中检查以及监督,实现对业务活动事前事中管理和控制的检测,揭示风险,制定风险防范和控制措施。通过相关部门之间相互制衡、监督,发现问题,要求限时纠正。通过稽核审计的再监督,对公司各项业务实施全面监督、评价,直接向总经理和董事会报告,并督促审计意见整改落实。

报告期内,开展稽核审计项目 10 项,提出稽核审计意见和建议 24 项,揭示了经营活动与项目运行管理中存在的控制薄弱环节、公司现行制度有待改进和完善的方面、执行力有待进一步提高等缺陷。针对稽核审计中发现的问题,督促改进落实并跟踪检查。通过对稽核审计揭示问题的整改落实,促进了公司经营活动中风险管理与控制能力的不断提高,制度的不断完善,执行力的不断加强。

4.5 风险管理概况

4.5.1 风险状况

4.5.1.1 信用风险状况

公司信托业务规模增长快,业务产品线更为丰富,除了房地产企业,公司交易对手还包括地方政府平台公司、中小企业等。相比以往年度,信托行业竞争日趋激烈,公司信托业务规模增长猛，业务类型和交易对手更为多样，公司信用风险保持中等水平。

4.5.1.1.1 内在风险水平描述

（1）自营信贷组合。公司自营贷款类型有抵押贷款、质押贷款，贷款余额85 733.62万元，均为正常类贷款，不良贷款余额为零。不良信用资产余额20 172.54万元，比上年末上升73.40%，不良资产率为3.69%，增幅1.25个百分点。

公司严格按照中国银监会的要求进行资产五级分类，并按照相关规定计提了减值准备，截至2016年末，公司计提各项资产减值准备10 591.51万元。

公司今年新增贷款200 014万元，都为正常贷款，公司已连续五年无不良贷款。

（2）信托业务。公司2016年末信托贷款余额为6 609 938.29万元，占信托业务总规模的比重为33.20%。其中，1年内到期贷款占贷款总额的25.15%；1~2年内到期贷款占贷款总额的51.30%；逾期贷款60 592.59万元，占贷款总额的比重为0.92%。

2016年末，信托贷款计提贷款减值准备22 592.59万元，较上年无变化。

（3）委托业务

公司2016年末委托贷款余额57 321.77万元，比上期同期减少1 952.00万元。公司无尚未放贷的委托存款。公司在贷款业务方面主要是做好清理工作，因目前现存的委托贷款的资产质量较差，基本上都为逾期贷款，且逾期时间较长，清理工作有一定的难度。

4.5.1.1.2 信用风险管理政策

公司根据内外宏观经济环境的变化，定期对风险政策进行调整，并据此对各类型业务的开展进行指导。对于传统类业务，公司根据业务类型的不同，分别针对房地产和信政类业务制定了区域评价体系；对于新型业务，公司及时跟进制定业务尽调和风控指引，引导业务有序开展。公司重视对交易对手的尽职调查，及时评估交易对手的信用，根据集中度，对交易对手实施限额管理，重点关注交易对手的现金流覆盖率和整体信用情况；同时，重视抵押物和其他抵（质）押品的确权及兑付保障效力，及时制定期间管理方案和风险预案，并落实对口部门，从事前、事中、事后三个维度对信用风险进行综合管理。

4.5.1.2 市场风险状况

公司的市场风险主要包括利率波动、汇率波动、证券市场价格波动、房地产市场价格波动的风险。当前国内国际宏观经济形势复杂多变，利率市场化进程加快，房地产市场区域分化明显、走势更为复杂。公司主要面对利率、房地产价格波动和证券市场价格波动的风险。

公司信托业务中，房地产业务的风险主要反映在土地和房地产的价格波动。价格的波动一方面影响交易对手的偿债及现金流，另一方面影响到抵押物的价值，继而影响到资产的风险及质量。证券类业务风险主要反映在所投资本市场的证券以及其他金融资产的价格波动，继而影响到信托计划的净值和风险敞口。

随着利率市场化快速发展，资金面的流动性较为宽裕，再加上泛资管时代的到来加剧了行业内外部的竞争，使得信托报酬率有所下降。总体而言，公司市场风险处于中等水平。

4.5.1.2.1 自营业务分析

（1）公司自有资金投资余额426 526.50万元。2016年度，公司本着审慎的原则，在证券市场整体下行情况下，基本以打新股为目的，投资指标股为主。至2016年末，股票投资余额5 028.11万元，占投资总额1.18%、占总资产（未减各项减值准备，下同）0.90%。

（2）公司股权类投资余额20 219.06万元，占投资总额的4.74%、占总资产的3.63%，其中正常类15 381.53万元，可疑类4 837.53万元。针对可疑类股权投资质量情况已50%计提减值准备。

（3）本年度公司从信托业保障基金公司获得10亿元流动性支持借款，用于投资公司发行的信托产品。至2016年末，信托计划投资余额273 595.37万元，占投资总额的64.14%、占总资产49.08%。

4.5.1.2.2 信托业务分析

信托业务中长期股权投资1 744 223.01万元，其中非事务管理型股权投资714 799.92万元。

4.5.1.3 操作风险状况

公司的各项业务建立有较完整的操作管理制度。2016年公司对建立在业务计算机操作平台系统上的业务处理、操作流程进行了全面的梳理、优化，规范、简化了一些原有的系统业务操作，增加了一些新的操作流程，引入了一些业务操作的系统批量处理作业（如信托项目信息披露的信息自动生成和发布作业），从而极大地减少了业务操作风险。目前公司的运营流程，包括开户、成立、划款、信息披露等已梳理得更为清晰顺畅，运营与风控的职责划分也更为清楚，对于不同业务归口部门也更为明确。但随着公司业务的扩张，年内新员工的数量有较大幅度增加，加大了操作风险管理的难度。总体而言，操作风险的内在水平为中等。

4.5.2 风险管理

4.5.2.1 信用风险管理

信用风险是指交易对手未能履行合同所带来的经济损失风险。公司的信用风险主要表现为在信托贷款、资产回购、后续资金安排、担保、履约承诺等交易过程中，借款人、担保人、保管人（托管人）等交易对手不履行承诺，不能或不愿履行合约承诺而使信托资产或自有资产遭受潜在损失的可能性。

根据宏观经济环境和国内政策的变化，公司定期对风险政策进行审视和调整，并根据风险政策的指引对各类信托业务的规模进行拓展或控制。公司充分重视尽职调查，从制度上明确了调查的要求、步骤，提供了调查报告的参考模板，要求内容包括但不限于基本情况（股东构成、注册资本、管理团队等）、财务状况、经营状况、内控制度、风险管理状况等方面。此外，对于交易对手，根据其集中度采取总量控制分散风险。公司对信贷、融资以及担保业务实行严格审查，通过加强交易对手信息采集、现金流分析，通过贷款资金的使用监控，定期贷后现场检查和风险预警；通过采取抵（质）押物和担保的风险缓释措施，严格实行抵（质）押品评估制度，落实抵（质）押品的价值，逐级降低化解信用风险。公司对固定收益类的投资业务根据不同的业务品种设置不同的资信要求和交易方式，在投资环节上采取了设置风控部门审签的方式把控投资风险。

公司积极响应监管部门的房地产抵押物风险压力测试、地方政府融资平台统计等工作要求，同时对存续业务每半年进行一次风险排查和压力测试，通过对测试统计结果进行进一步分析，发现可能发生的潜在业务风险，为公司风险政策和业务风控指引修正决策提供参考。

4.5.2.2 市场风险管理

市场风险是指由于市场价格或利率波动而导致的对金融工具的资产价值产生负面波动的风险，可以区分为系统性风险和非系统性风险两大类。公司所面临的市场风险主要是指由于市场价格，如利率、股票价格、债券价格、房地产价格等波动而造成的资产损失的风险。

公司通过对各种有市场风险敞口的资产进行组合化管理，设置各种资产的头寸限额和指标，来达到控制市场风险的目的。例如，公司设置单一交易资产限额，防止某一单一交易资产的市场风险过大。对于股票质押融资业务，公司交易室安排专人对质押标的券逐日盯市，跟踪评估，严格实行补仓平仓制度。通过涉足多种业务类型和分散客户所处行业领域，公司能较好地将风险分散在不同的层面。公司在信政业务中针对同一区域、同一交易对手均在风控指引中设有额度控制，对于房地产业务的交易对手也根据集中度实行总量控制。

在具体的业务操作中，公司不断加强规范化管理，颁布实施了一系列实施细则或操作规程文件，及时升级更新资产管理系统，为公司开展证券业务提供系统支持，并作为管理市场风险的有效技术保证。

同时，公司将前期产品策划与后期产品营销环节的市场风险结合考虑，2016 年 8 月，公司对《信托计划产品推介和销售风险适应性管理办法》进行了修订，各部门积极配合落实管理办法中有关规定。管理办法规定，业务部门、风控合规部门、信托评审委员会组成三道防线，由信托评审委员会对项目的风险分类进行最终确认。根据业务发展需要，公司可在适当时候引入独立第三方评级机构对信托计划进行评价和风险分类。在此基础上，销售部门根据信托产品的风险等级和投资者的风险承受能力进行匹配以进行销售，向客户充分揭示信托产品可能面临的市场风险，请客户在充分了解包含市场风险在内的各种风险的基础上，确认自己具备承受风险的能力，当面签署风险申明书等相关文件。

4.5.2.3 操作风险管理

操作风险是指由于不完善或有问题的内部操作过程、人员、系统或外部事件而导致的直接或间接损失的风险，但不包含策略性风险和声誉风险。

公司通过制度规范业务流程，定期对已有流程进行剖析分析，整合和优化投资审批流程。流程上实行环节责任到岗，前一环节对后一环节负责，后一环节对前一环节有核查义务，定期或不定期安排进行信托业务和企业文化的培训，提高员工的专业能力和工作责任心，有效降低操作风险。

公司于 2016 年 5 月出台了《违规积分管理操作制度》，公司根据法规和制度梳理经营管理活动中的风险点，按照风险程度和违规行为性质的严重程度制定不同分值的积分条款，对于公司员工违反法规和制度的行为，按照制定的违规积分标准对有关违规责任人及所在部门实行累计积分管理，以量化反映员工操作及管理行为总体质量，分析违规行为的风险特征和成因，制定有针对性的整改措施及奖惩措施，及时发现和消除操作风险隐患。违规积分管理有利于促进提高员工的专业能力和工作责任心，有效降低操作风险。

另外，在业务的成立环节和事中管理中，计划财务部、资产托管部、运营管理总部以及风控合规部门分工协作，加强资金、抵押品、放款、信托利益兑付和收息收贷的管理工作。

在信息技术方面，公司按照风险管理流程进行业务管理和监控，履行合规合法性审查和评估，使公司对操作风险的监控覆盖了业务经营和公司管理的各个层面，具有充分性和适当性。另外，在 2016 年公司顺利完成了信息系统的升级、改造。改进了信息系统的持续运行能力，极大地提高了信息系统的抗风险能力，保证了系统的持续、正常运行。

在营销过程中，特别注意合规性监管法规的要求，推介中理财经理不得承诺“保本保息”或最低收益，不通过报纸、电视、广播和其他公共媒体进行营销宣传，不存在参与单个集合信托计划自然人超过 50 人（单笔委托金额在 300 万元以上的自然人投资者除外）的情况。

在信托财产运用和管理环节，公司不存在通过信托项目为自己和他人谋取不当利益的行为，切实履行了受托管理的责任，持续跟踪了解资金使用和项目进展情况，坚持信托财产之间、信托财产与固有财产之间分别管理、分别记账的原则，对信托财产管理过程中的各项事务、数据和其他有关情况保留记录；在信托终止清算环节，不存在新信托项目的财产置换或用固有财产垫付到期信托项目的行为，并及时出具信托项目清算报告。

5. 报告期末及上一年度末的比较式会计报表

5.1 自营资产

5.1.1 立信会计师事务所（特殊普通合伙）审计意见

上海爱建信托有限责任公司财务报表在所有重大方面按照企业会计准则的规定编制，公允反映了贵公司 2016 年 12 月 31 日的财务状况以及 2016 年度的经营成果和现金流量。

5.1.2 资产负债表

资产负债表

2016 年 12 月 31 日

单位：万元

资产类	期末余额	年初余额	负债及所有者权益类	期末余额	年初余额
资产：			负债：		
现金及存放中央银行款项	11.75	10.97	向中央银行借款	—	—
存放同业款项	12 950.58	33 675.64	同业及其他金融机构存放款项	—	—
贵金属	—	—	拆入资金	—	—
拆出资金	—	—	以公允价值计量且其变动计入当期损益的金融负债	—	—

续表

资产类	期末余额	年初余额	负债及所有者权益类	期末余额	年初余额
以公允价值计量且其变动计入当期损益的金融资产	58 552.56	34 312.84	衍生金融负债	—	—
衍生金融资产	—	—	卖出回购金融资产款	—	—
买入返售金融资产	11 200.00	2 420.00	吸收存款	—	—
应收利息	7 207.81	2 065.89	应付职工薪酬	21 378.18	9 898.64
发放贷款和垫款	84 876.28	141 570.00	应交税费	16 714.97	10 612.30
可供出售金融资产	351 969.95	215 680.91	应付利息	285.33	277.67
持有至到期投资	—	—	划分为持有待售的负债	—	—
划分为持有待售的资产	—	—	预计负债	—	—
长期股权投资	2 835.21	2 949.37	应付债券	—	—
投资性房地产	—	—	递延所得税负债	53.98	83.65
固定资产	767.60	216.02	其他负债	105 180.96	72 379.06
无形资产	646.23	458.63		—	—
递延所得税资产	5 066.25	1 174.86	负债合计	143 613.42	93 251.32
其他资产	10 784.81	40 831.43		—	—
			所有者权益:	—	—
			实收资本	300 000.00	300 000.00
			其他权益工具	—	—
			其中:优先股	—	—
			永续股	—	—
			资本公积	9 096.93	9 096.93
			减:库存股	—	—
			其他综合收益	349.34	368.57
			盈余公积	22 162.59	16 160.61
			一般风险准备	8 161.60	6 162.52
			信托赔偿准备金	17 468.35	11 466.37
			未分配利润	46 016.80	38 860.24
				—	—
			所有者权益合计	403 255.61	382 115.24
资产总计:	546 869.03	475 366.56	负债及所有者权益总计:	546 869.03	475 366.56

法定代表人:周伟忠　　主管会计工作负责人:朱建高　　会计机构负责人:黄　晓

5.1.3 利润表

利润表

2016 年度　　单位:万元

项目	行号	本期金额	上期金额
一、营业收入	1	116 916.43	100 067.93
利息净收入	2	8 632.98	14 590.62
利息收入	3	14 027.63	17 628.62
利息支出	4	5 394.65	3 038.00
手续费及佣金净收入	5	90 073.41	75 512.87
手续费及佣金收入	6	92 337.33	77 126.33
手续费及佣金支出	7	2 263.92	1 613.46
投资收益(损失以"-"号填列)	8	18 026.79	9 784.77
其中:对联营企业和合营企业的投资收益	9	-114.15	-746.80
公允价值变动收益(损失以"-"号填列)	10	-140.87	-1 661.43
汇兑收益(损失以"-"号填列)	11	293.82	244.18
其他业务收入	12	30.30	1 596.91
二、营业支出	13	38 008.66	30 722.42
营业税金及附加	14	2 365.45	6 026.70

续表

项目	行号	本期金额	上期金额
业务及管理费	15	31 748.22	24 033.47
资产减值损失	16	3 894.99	662.25
其他业务成本	17	—	—
三、营业利润(亏损以"-"号填列)	18	78 907.77	69 345.50
加:营业外收入	19	103.86	64.07
减:营业外支出	20	32.83	—
四、利润总额	21	78 978.80	69 409.57
减:所得税费用	22	18 958.96	18 492.93
五、净利润(净亏损以"-"号填列)	23	60 019.84	50 916.64
六、每股收益	24	—	—
(一)基本每股收益	25	—	—
(二)稀释每股收益	26	—	—
七、其他综合收益的税后净额	27	-19.23	120.16
(一)以后不能重分类进损益的其他综合收益	28	—	—
(二)以后将重分类进损益的其他综合收益	29	-19.23	120.16
八、综合收益总额	30	60 000.61	51 036.80

法定代表人:周伟忠　　主管会计工作负责人:朱建高　　会计机构负责人:黄晓

5.1.4 所有者权益变动表

所有者权益变动表

2016年12月31日

单位：万元

项目	本期金额									上年同期金额								
	归属于母公司所有者权益								所有者权益合计	归属于母公司所有者权益								所有者权益合计
	实收资本（或股本）	资本公积	减：库存股	其他综合收益	盈余公积	一般风险准备	信托赔偿准备金	未分配利润		实收资本（或股本）	资本公积	减：库存股	其他综合收益	盈余公积	一般风险准备	信托赔偿准备金	未分配利润	
一、上年年末余额	300 000.00	9 096.93		368.57	16 160.61	6 162.52	11 466.37	38 860.24	382 115.24	300 000.00	9 096.93	—	248.41	11 068.95	4 289.44	6 374.71	29 845.70	360 924.14
加：会计政策变更																		
前期差错更正																		
其他																		
二、本年年初余额	300 000.00	9 096.93		368.57	16 160.61	6 162.52	11 466.37	38 860.24	382 115.24	300 000.00	9 096.93	—	248.41	11 068.95	4 289.44	6 374.71	29 845.70	360 924.14
三、本年增减变动金额（减少以"－"号填列）				-19.23	6 001.98	1 999.08	6 001.98	7 156.56	21 140.37				120.16	5 091.66	1 873.08	5 091.66	9 014.54	21 191.10
（一）综合收益总额				-19.23	—	—	—	60 019.84	60 000.61				120.16	—	—	—	50 916.64	51 036.80
（二）所有者投入和减少资本									—									
1. 所有者投入资本									—									
2. 其他权益工具持有者投入资本									—									
3. 股份支付计入所有者权益的金额									—									
4. 其他									—									
（三）利润分配					6 001.98	1 999.08	6 001.98	-52 863.28	-38 860.24					5 091.66	1 873.08	5 091.66	-41 902.10	-29 845.70
1. 提取盈余公积					6 001.98			-6 001.98						5 091.66			-5 091.66	
2. 提取一般风险准备						1 999.08	6 001.98	-8 001.06							1 873.08	5 091.66	-6 964.74	
3. 对所有者（或股东）的分配								-38 860.24	-38 860.24								-29 845.70	-29 845.70
4. 其他																		
（四）所有者权益内部结转																		
1. 资本公积转增资本（或股本）																		
2. 盈余公积转增资本（或股本）																		
3. 盈余公积弥补亏损																		
4. 其他																		
（五）专项储备																		
1. 本期提取																		
2. 本期使用																		
（六）其他																		
四、本期期末余额	300 000.00	9 096.93		349.34	22 162.59	8 161.60	17 468.35	46 016.80	403 255.61	300 000.00	9 096.93		368.57	16 160.61	6 162.52	11 466.37	38 860.24	382 115.24

法定代表人：周伟忠　　主管会计工作负责人：朱建高　　会计机构负责人：黄晓

5.2 信托资产

5.2.1 信托项目资产负债汇总表

信托项目资产负债汇总表

2016 年 12 月 31 日

单位:万元

资产类	期末余额	期初余额	负债及所有者权益类	期末余额	期初余额
资产:			负债:		
现金及存放中央银行款项			向中央银行借款		
存放同业款项	220 524.45	137 672.02	同业及其他金融机构存放款项		
贵金属			拆入资金		
拆出资金			交易性金融负债		
交易性金融资产	2 128 497.03	176 662.12	衍生金融负债		
衍生金融资产			卖出回购金融资产款		
买入返售金融资产	24 794.51		吸收存款		
应收利息			应付职工薪酬		
发放贷款和垫款	6 587 345.70	3 991 851.17	应交税费		
可供出售金融资产	4 266 360.85	1 074 616.29	应付利息		
持有至到期投资	18 999.63	3 999.32	预计负债		
长期股权投资	1 744 223.01	835 803.80	应付债券		
投资性房地产	30 000.00	30 000.00	递延所得税负债		
固定资产			其他负债	160 087.56	89 800.09
无形资产					
递延所得税资产			负债合计	160 087.56	89 800.09
其他资产	4 864 208.84	3 185 696.33			
			所有者权益:		
			实收信托	19 661 859.50	9 345 646.32
			资本公积	53 316.00	33 680.00
			减:库存股		
			盈余公积		
			一般风险准备		
			未分配利润	9 690.96	-32 825.36
			所有者权益合计	19 724 866.46	9 346 500.96
资产总计:	19 884 954.02	9 436 301.05	负债及所有者权益总计:	19 884 954.02	9 436 301.05

法定代表人:周伟忠　　主管会计工作负责人:朱建高　　会计机构负责人:陈幸华

5.2.2 信托项目利润及利润分配汇总表

信托项目利润及利润分配汇总表

2016 年度

单位:万元

项　目	行号	本期金额	上期金额
一、营业收入	1	895 630.64	638 427.77
利息净收入	2	438,493.52	346 147.15
利息收入	3	438 493.52	346 147.15
利息支出	4		
手续费及佣金净收入	5		
手续费及佣金收入	6		
手续费及佣金支出	7		
投资收益(损失以“-”号填列)	8	439 685.05	295 807.61
其中:对联营企业和合营企业的投资收益	9		
公允价值变动收益(损失以“-”号填列)	10	17 008.07	-5 552.67
汇兑收益(损失以“-”号填列)	11		
其他业务收入	12	444.00	2 025.68
二、营业支出	13	128 413.78	85 628.39
营业税金及附加	14		
信托管理费用	15	128 413.78	85 628.39
资产减值损失	16		
其他业务成本	17		
三、营业利润(亏损以“-”号填列)	18	767 216.86	552 799.38

续表

项　目	行号	本期金额	上期金额
加:营业外收入	19		
减:营业外支出	20		
四、利润总额	21	767 216.86	552 799.38
减:所得税费用	22		
五、净利润(净亏损以“-”号填列)	23	767 216.86	552 799.38
六、每股收益	24		
(一)基本每股收益	25		
(二)稀释每股收益	26		
七、期初未分配信托利润	27	-32 825.36	66 494.46
八、可供分配信托利润		753 200.11	620 557.27
减:本期已分配信托利润	28	743 509.15	653 382.63
九、期末未分配信托利润	29	9 690.96	-32 825.36

法定代表人:周伟忠　主管会计工作负责人:朱建高　会计机构负责人:陈幸华

6. 会计报表附注

6.1 会计报表编制基准不符合会计核算基本前提的说明

6.1.1 会计报表不符合会计核算基本前提的事项

本公司无上述情况。

6.1.2　对合并会计报表的公司的说明及变动情况

本公司无上述情况。

6.2　重要会计政策和会计估计说明

6.2.1　遵循企业会计准则的声明

公司所编制的财务报表符合企业会计准则的要求，真实、完整地反映了报告期公司的财务状况、经营成果、现金流量等有关信息。

6.2.2　会计期间

自公历1月1日至12月31日为一个会计年度。本报告期为2016年1月1日至2016年12月31日。

6.2.3　营业周期

本公司营业周期为12个月。

6.2.4　记账本位币

人民币与外币业务采用分账制。

6.2.5　现金等价物的确定标准

在编制现金流量表时，将本公司库存现金以及可以随时用于支付的存款确认为现金。将同时具备期限短（从购买日起3个月内到期）、流动性强、易于转换为已知现金、价值变动风险很小四个条件的投资，确定为现金等价物。

6.2.6　外币财务报表的折算方法

外币核算采用分账制，资产负债表日，按照下列规定对相应的外币账户余额分货币性项目和非货币性项目进行调整。

（1）外币货币性项目，采用资产负债表日即期汇率折算。因资产负债表日即期汇率与初始确认时或者前一资产负债表日即期汇率不同而产生的汇兑差额，计入当期损益。

（2）以历史成本计量的外币非货币性项目，仍采用交易发生日的即期汇率折算，不改变其记账本位币金额。

货币性项目是指企业持有的货币资金和将以固定或可确定的金额收取的资产或者偿付的负债。非货币性项目是指货币性项目以外的项目。采用分账制记账方法，其产生的汇兑差额的处理结果与统账制一致。

6.2.7　计提资产减值准备的范围和方法

（1）公司按照谨慎性原则，定期对各项资产进行减值测试，对可能发生损失的资产计提减值准备。

（2）计提方法，每季度末进行减值测试。

自有贷款质量分为正常类、关注类、次级类、可疑类和损失类五类，并计提损失准备。

正常类：能够按账面价值随时变现；有足够理由证明现值大于或等于账面价值（以成本与市价孰低原则衡量）；交易对手能够履行合同或协议，没有足够理由怀疑债务本金和收益不能按时足额偿还。计提损失准备1%。

关注类：已经按成本与市价孰低原则提足准备，相当于市场价值部分的权益类资产；有足够理由证明资产价值的减值程度控制在2% 以内；尽管交易对手目前有能力偿还，但存在一些可能对偿还产生不利影响的因素的债权类资产；交易对手的现金偿还能力出现明显问题，但交易对手抵押或质押的可变现资产大于或等于其债务的本金及收益。计提损失准备2%。

次级类：有足够理由证明资产价值的减值程度可以控制在2%~25%；交易对手的偿还能力出现明显问题，完全依靠其正常经营收入无法足额偿还债务本金及收益，即使执行担保，也可能会造成一定损失。计提损失准备25%。

可疑类：有足够能力证明资产价值的减值程度可以控制在25% ~50%；交易对手无法足额偿还债务本金及收益，即使执行担保，也肯定要造成较大损失。计提损失准备50%。

损失类：按成本与市价孰低原则计提准备的权益类资产，其中计提的准备金部分；有足够理由证明资产价值的减值程度在50%以上；在采取所有可能的措施或一切必要的法律程序后，资产及收益仍然无法收回，或只能收回极少部分；由于技术更新的原因造成固定资产、无形资产的贬值损失。计提损失准备100%。

应收款项减值准备。单项金额重大的应收款项坏账准备计提；单项金额重大的判断依据或金额标准；应收款项余额前五名或占应收款项余额10%以上的款项。单项金额重大应收款项坏账准备的计提方法：单独进行减值测试，按预计未来现金流量现值低于其账面价值的差额，计提坏账准备，确认减值损失。

应收款项质量以账龄作为主要参考因素，分为四档，其主要分类的标准和计提损失准备的比例为：

单位：%

档次	账龄	计提比例
第一档	1~180天	6
第二档	181~360天	25
第三档	361~720天	50
第四档	720天以上	100

注：1. 保证金及押金性质的应收款一般按第一档归类。
2. 垫付信托费用及应收信托报酬，若信托项目仍在存续期内一般按第一档归类，若信托项目已逾期，则应从发生日起按上述账龄标准进行减值测试。

单项金额虽不重大但单项计提坏账准备的应收款项。

单独进行减值测试，按预计未来现金流量现值低于其账面价值的差额计提坏账准备，计入当期损益。

金融资产，除以公允价值计量且其变动计入当期损益的金融资产外，本公司于每期末对金融资产的账面价值进行检查，如果有客观证据表明某项金融资产发生减值的，计提减值准备。

可供出售金融资产的减值准备。期末如果可供出售金融资产的公允价值发生较大幅度下降，或在综合考虑各种相关因素后，预期这种下降趋势属于非暂时性的，就认定其已发生减值，将原直接计入所有者权益的公允价值下降形成的累计损失一并转出，确认减值损失。

对于已确认减值损失的可供出售债务工具，在随后的会计期间公允价值已上升且客观上与确认原减值损失确认后发生的事项有关的，原确认的减值损失予以转回，计入当期损益。

可供出售权益工具投资发生的减值损失，不得通过损益转回。

长期股权投资、采用成本模式计量的投资性房地产、固定资产、在建工程、无形资产等长期资产，于资产负债表日存在减值迹象的进行减值测试。减值测试结果表明资产的可收回金额低于其账面价值的，按其差额计提减值准备并计入减值损失。可收回金额为资产的公允价值减去处置费用后的净额与资产预计未来现金流量的现值两者之间的较高者。资产减值准备按单项资产为基础计算并确认，如果难以对单项资产的可收回金额进行估计的，以该资产所属的资产组确定资产组的可收回金额。资产组是能够独立产生现金流入的最小资产组合。

商誉至少在每年年度终了进行减值测试。

本公司进行商誉减值测试，对于因企业合并形成的商誉的账面价值，自购买日起按照合理的方法分摊至相关的资产组；难以分摊至相关的资产组的，将其分摊至相关的资产组组合。在将商誉的账面价值分摊至相关的资产组或者资产组组合时，按照各资产组或者资产组组合的公允价值占相关资产组或者资产组组合公允价值总额的比例进行分摊。公允价值难以可靠计量的，按照各资产组或者资产组组合的账面价值占相关资产组或者资产组组合账面价值总额的比例进行分摊。

在对包含商誉的相关资产组或者资产组组合进行减值测试时，如与商誉相关的资产组或者资产组组合存在减值迹象的，先对不包含商誉的资产组或者资产组组合进行减值测试，计算可收回金额，并与相关账面价值相比较，确认相应的减值损失。再对包含商誉的资产组或者资产组组合进行减值测试，比较这些相关资产组或者资产组组合的账面价值(包括所分摊的商誉的账面价值部分)与其可收回金额，如相关资产组或者资产组组合的可收回金额低于其账面价值的，确认商誉的减值损失。上述资产减值损失一经确认，在以后会计期间不予转回。

6.2.8 金融资产四分类的范围和标准

管理层按照取得持有金融资产的目的，将其划分为以公允价值计量且其变动计入当期损益的金融资产或负债、持有至到期投资、应收款项和贷款、可供出售金融资产、其他金融负债等。

6.2.9 以公允价值计量且其变动计入当期损益的金融资产(金融负债)核算方法

取得时以公允价值(扣除已宣告但尚未发放的现金股利或已到付息期但尚未领取的债券利息)作为初始确认金额，相关的交易费用计入当期损益。

持有期间将取得的利息或现金股利确认为投资收益，期末将公允价值变动计入当期损益。

处置时，其公允价值与初始入账金额之间的差额确认为投资收益，同时调整公允价值变动损益。

6.2.10 持有至到期投资核算方法

取得时按公允价值(扣除已到付息期但尚未领取的债券利息)和相关交易费用之和作为初始确认金额。

持有期间按照摊余成本和实际利率计算确认利息收入，计入投资收益。实际利率在取得时确定，在该预期存续期间或适用的更短期间内保持不变。

处置时，将所取得价款与该投资账面价值之间的差额计入投资收益。

6.2.11 应收款项和贷款核算方法

贷款和应收款项主要是指金融企业发放的贷款和一般企业销售商品或提供劳务形成的应收款项等债权。贷款和应收款项在活跃市场中没有报价。

金融企业按当前市场条件发放的贷款，应按发放贷款的本金和相关交易费用之和作为初始确认金额。一般企业对外销售商品或提供劳务形成的应收债权，通常应按从购货方应收的合同或协议价款作为初始确认金额。

贷款持有期间所确认的利息收入，应当根据实际利率计算。实际利率应在取得贷款时确定，在该贷款预期存续期间或适用的更短期间内保持不变。实际利率与合同利率差别较小的，也可按合同利率计算利息收入。

企业收回或处置贷款和应收款项时，应将取得的价款与该贷款和应收款项账面价值之间的差额计入当期损益。

公司对外提供劳务形成的应收债权，以及公司持有的其他企业的不包括在活跃市场上有报价的债务工具的债权，包括应收账款、应收票据、预付账款、其他应收款、长期应收款等，以向购货方应收的合同或协议价款作为初始确认金额；具有融资性质的，按其现值进行初始确认。收回或处置时，将取得的价款与该应收款项账面价值之间的差额计入当期损益。

6.2.12 可供出售金融资产核算方法

取得时按公允价值(扣除已宣告但尚未发放的现金股利或已到付息期但尚未领取的债券利息)和相关交易费用之和作为初始确认金额。

持有期间将取得的利息或现金股利确认为投资收益。期末以公允价值计量且将公允价值变动计入资本公积(其他资本公积)。

处置时，将取得的价款与该金融资产账面价值之间的差额，计入投资损益；同时将原直接计入所有者权益的公允价值变动累计额对应处置部分的金额转出，计入投资损益。

6.2.13 其他金融负债核算方法

按其公允价值和相关交易费用之和作为初始确认金额。采用摊余成本进行后续计量。

6.2.14 金融资产转移的确认依据和计量方法

(1)公司发生金融资产转移时，如已将金融资产所有权上几乎所有的风险和报酬转移给转入方，则终止确认该金融资产；如保留了金融资产所有权上几乎所有的风险和报酬的，则不终止确认该金融资产。

在判断金融资产转移是否满足上述金融资产终止确认条件时，采用实质重于形式的原则。公司将金融资产转移区分为金融资产整体转移和部分转移。金融资产整体转移满足终止确认条件的，将以下两项金额的差额计入当期损益。一是所转移金融资产的账面价值。二是因转移而收到的对价，与原直接计入所有者权益的公允价值变动累计额(涉及转移的金融资产为可供出售金融资产的情形)之和。

(2)金融资产部分转移满足终止确认条件的，将所转移金融资产整体的账面价值，在终止确认部分和未终止确认部分(在此种情况下，所保留的服务资产应当视同未终止确认金融资产的一部分)之间，按照各自的相对公允价值进行分摊，并将以下两项金额的差额计入当期损益。一是终止确认部分的账面价值。二是终止确认部分的对价，与原直接计入所有者权益的公允价值变动累计额中对应终止确认部分的金额(涉及转移的金融资产为可供出售金融资产的情形)之和。

6.2.15 金融负债终止确认条件

金融负债的现时义务全部或部分已经解除的，则终止确认该金融负债或其一部分；本公司若与债权人签订协议，以承担新金融负债方式替换现存金融负债，且新金融负债与现存金融负债的合同条款实质上不同的，则终止确认现存金融负债，并同时确认新金融负债。

对现存金融负债全部或部分合同条款作出实质性修改的，则终止确认现存金融负债或其一部分，同时将修改条款后的金融负债确认为一项新金融负债。

金融负债全部或部分终止确认时，终止确认的金融负债账面价值与支付对价(包括转出的非现金资产或承担的新金融负债）之间的差额，计入当期损益。

本公司若回购部分金融负债的，在回购日按照继续确认部分与终止确认部分的相对公允价值，将该金融负债整体的账面价值进行分配。分配给终止确认部分的账面价值与支付的对价（包括转出的非现金资产或承担的新金融负债）之间的差额，计入当期损益。

6.2.16 金融资产和金融负债公允价值的确定方法

本公司采用公允价值计量的金融资产和金融负债全部直接参考活跃市场中的报价。

6.2.17 长期股权投资核算方法

6.2.17.1 初始计量

6.2.17.1.1 企业合并形成的长期股权投资

同一控制下的企业合并。公司以支付现金、转让非现金资产或承担债务方式以及以发行权益性证券作为合并对价的，在合并日按照取得被合并方所有者权益在最终控制方合并财务报表中的账面价值的份额作为长期股权投资的初始投资成本。因追加投资等原因能够对同一控制下的被投资单位实施控制的，在合并日根据合并后应享有被合并方净资产在最终控制方合并财务报表中的账面价值的份额，确定长期股权投资的初始投资成本。合并日长期股权投资的初始投资成本，与达到合并前的长期股权投资账面价值加上合并日进一步取得股份新支付对价的账面价值之和的差额，调整股本溢价，股本溢价不足冲减的，冲减留存收益。

非同一控制下的企业合并。公司按照购买日确定的合并成本作为长期股权投资的初始投资成本。因追加投资等原因能够对非同一控制下的被投资单位实施控制的，按照原持有的股权投资账面价值加上新增投资成本之和，作为改按成本法核算的初始投资成本。

6.2.17.1.2 其他方式取得的长期股权投资

以支付现金方式取得的长期股权投资，按照实际支付的购买价款作为初始投资成本。

以发行权益性证券取得的长期股权投资，按照发行权益性证券的公允价值作为初始投资成本。

在非货币性资产交换具备商业实质和换入资产或换出资产的公允价值能够可靠计量的前提下，非货币性资产交换换入的长期股权投资以换出资产的公允价值和应支付的相关税费确定其初始投资成本，除非有确凿证据表明换入资产的公允价值更加可靠；不满足上述前提的非货币性资产交换，以换出资产的账面价值和应支付的相关税费作为换入长期股权投资的初始投资成本。

通过债务重组取得的长期股权投资，其初始投资成本按照公允价值为基础确定。

6.2.17.1.3 共同控制、重大影响的判断标准

共同控制是指按照相关约定对某项安排所共有的控制，并且该安排的相关活动必须经过分享控制权的参与方一致同意后才能决策。本公司与其他合营方一同对被投资单位实施共同控制且对被投资单位净资产享有权利的，被投资单位为本公司的合营企业。

重大影响是指对一个企业的财务和经营决策有参与决策的权力，但并不能够控制或者与其他方一起共同控制这些政策的制定。本能够对被投资单位施加重大影响的，被投资单位为本公司联营企业。

6.2.17.2 后续计量及损益确认

6.2.17.2.1 成本法核算的长期股权投资

公司对子公司的长期股权投资，采用成本法核算。除取得投资时实际支付的价款或对价中包含的已宣告但尚未发放的现金股利或利润外，公司按照享有被投资单位宣告发放的现金股利或利润确认当期投资收益。

6.2.17.2.2 权益法核算的长期股权投资

对联营企业和合营企业的长期股权投资，采用权益法核算。初始投资成本大于投资时应享有被投资单位可辨认净资产公允价值份额的差额，不调整长期股权投资的初始投资成本；初始投资成本小于投资时应享有被投资单位可辨认净资产公允价值份额的差额，计入当期损益。

公司按照应享有或应分担的被投资单位实现的净损益和其他综合收益的份额，分别确认投资收益和其他综合收益，同时调整长期股权投资的账面价值；按照被投资单位宣告分派的利润或现金股利计算应享有的部分，相应减少长期股权投资的账面价值；对于被投资单位除净损益、其他综合收益和利润分配以外所有者权益的其他变动，调整长期股权投资的账面价值并计入所有者权益。

在确认应享有被投资单位净损益的份额时，以取得投资时被投资单位可辨认净资产的公允价值为基础，并按照公司的会计政策及会计期间，对被投资单位的净利润进行调整后确认。在持有投资期间，被投资单位编制合并财务报表的，以合并财务报表中的净利润、其他综合收益和其他所有者权益变动中归属于被投资单位的金额为基础进行核算。

公司与联营企业、合营企业之间发生的未实现内部交易损益按照应享有的比例计算归属于公司的部分予以抵销，在此基础上确认投资收益。与被投资单位发生的未实现内部交易损失，属于资产减值损失的全额确认。在公司确认应分担被投资单位发生的亏损时，按照以下顺序进行处理。首先，冲减长期股权投资的账面价值。其次，长期股权投资的账面价值不足以冲减的，以其他实质上构成对被投资单位净投资的长期权益账面价值为限继续确认投资损失，冲减长期应收项目等的账面价值。最后，经过上述处理，按照投资合同或协议约定企业仍承担额外义务的，按预计承担的义务确认预计负债，计入当期投资损失。

6.2.17.2.3 长期股权投资的处置

处置长期股权投资，其账面价值与实际取得价款的差额，计入当期损益。

采用权益法核算的长期股权投资，在处置该项投资时，采用与被投资单位直接处置相关资产或负债相同的基础，按相应比例对原计入其他综合收益的部分进行会计处理。因被投资单位除净损益、其他综合收益和利润分配以外的其他所有者权益变动而确认的所有者权益，按比例结转入当期损益，由于被投资方重新计量设定受益计划净负债或净资产变动而产生的其他综合收益除外。

因处置部分股权投资等原因丧失了对被投资单位的共同控制或重大影响的，处置后的剩余股权改按金融工具确认和计量准则核算，其在丧失共同控制或重大影响之日的公允价值与账面价值之间的差额计入当期损益。原股权投资因采用权益法核算而确认的其他综合收益，在终止采用权益法核算时采用

与被投资单位直接处置相关资产或负债相同的基础进行会计处理。因被投资方除净损益、其他综合收益和利润分配以外的其他所有者权益变动而确认的所有者权益，在终止采用权益法核算时全部转入当期损益。

因处置部分股权投资等原因丧失了对被投资单位控制权的，在编制个别财务报表时，处置后的剩余股权能够对被投资单位实施共同控制或重大影响的，改按权益法核算，并对该剩余股权视同自取得时即采用权益法核算进行调整；处置后的剩余股权不能对被投资单位实施共同控制或施加重大影响的，改按金融工具确认和计量准则的有关规定进行会计处理，其在丧失控制之日的公允价值与账面价值间的差额计入当期损益。

处置的股权是因追加投资等原因通过企业合并取得的，在编制个别财务报表时，处置后的剩余股权采用成本法或权益法核算的，购买日之前持有的股权投资因采用权益法核算而确认的其他综合收益和其他所有者权益按比例结转；处置后的剩余股权改按金融工具确认和计量准则进行会计处理的，其他综合收益和其他所有者权益全部结转。

6.2.18 买入返售与卖出回购款项

买入返售交易按照合同或协议的约定，以一定的价格向交易对手买入相关资产（包括债券及票据），合同或协议到期日再以约定价格返售相同的金融产品。买入返售按买入返售相关资产时实际支付的款项入账，在资产负债表“买入返售金融资产”列示。

卖出回购交易按照合同或协议，以一定的价格将相关的资产（包括债券和票据）出售给交易对手，到合同或协议到期日，再以约定价格回购相同的金融产品。卖出回购按卖出回购相关资产时实际收到的款项入账，在资产负债表“卖出回购金融资产款”列示。卖出的金融产品仍按原分类列于公司的资产负债表内，并按照相关的会计政策核算。

买入返售及卖出回购的利息收支，在返售或回购期间内以实际利率确认。实际利率与合同约定利率差别较小的，按合同约定利率计算利息收支。

6.2.19 固定资产计价和折旧方法

6.2.19.1 固定资产确认条件

固定资产是指为生产商品、提供劳务、出租或经营管理而持有，并且使用寿命超过一个会计年度的有形资产。固定资产在同时满足下列条件时予以确认：(1)与该固定资产有关的经济利益很可能流入企业；(2)该固定资产的成本能够可靠地计量。

6.2.19.2 各类固定资产的折旧方法

固定资产折旧采用年限平均法分类计提，根据固定资产类别、预计使用寿命和预计净残值率确定折旧率。如固定资产各组成部分的使用寿命不同或者以不同方式为企业提供经济利益，则选择不同折旧率或折旧方法，分别计提折旧。各类固定资产预计使用寿命和年折旧率如下：

类　别	折旧年限(年)	净残值率(%)	年折旧率(%)
电子设备	3~5	5	19~31.67
运输工具	4~5	5	19~23.75
机具设备	5	5	19
业务设备	5	5	19
家具设备	5	5	19
其他	5	5	19

注：折旧方法：年限平均法。

6.2.20 无形资产计价及摊销政策

6.2.20.1 无形资产的计价方法

6.2.20.1.1 公司取得无形资产时按成本进行初始计量；

外购无形资产的成本，包括购买价款、相关税费以及直接归属于使该项资产达到预定用途所发生的其他支出。购买无形资产的价款超过正常信用条件延期支付，实质上具有融资性质的，无形资产的成本以购买价款的现值为基础确定。

债务重组取得债务人用于抵债的无形资产，以该无形资产的公允价值为基础确定其入账价值，并将重组债务的账面价值与该用于抵债的无形资产公允价值之间的差额，计入当期损益。

在非货币性资产交换具备商业实质且换入资产或换出资产的公允价值能够可靠计量的前提下，非货币性资产交换换入的无形资产以换出资产的公允价值为基础确定其入账价值，除非有确凿证据表明换入资产的公允价值更加可靠；不满足上述前提的非货币性资产交换，以换出资产的账面价值和应支付的相关税费作为换入无形资产的成本，不确认损益。

以同一控制下的企业吸收合并方式取得的无形资产按被合并方的账面价值确定其入账价值；以非同一控制下的企业吸收合并方式取得的无形资产按公允价值确定其入账价值。

内部自行开发的无形资产，其成本包括：开发该无形资产时耗用的材料、劳务成本、注册费、在开发过程中使用的其他专利权和特许权的摊销及满足资本化条件的利息费用，以及为使该无形资产达到预定用途前所发生的其他直接费用。

6.2.20.1.2 后续计量

在取得无形资产时分析判断其使用寿命。

对于使用寿命有限的无形资产，在为企业带来经济利益的期限内按直线法摊销；无法预见无形资产为企业带来经济利益期限的，视为使用寿命不确定的无形资产，不予摊销。

6.2.20.2 使用寿命有限的无形资产的使用寿命估计情况

单位：年

项目	预计使用寿命	依据
电脑软件	5	预计使用年限
车辆牌照	10	按税法规定

每期末，对使用寿命有限的无形资产的使用寿命及摊销方法进行复核。

经复核，本年期末无形资产的使用寿命及摊销方法与以前估计未有不同。

6.2.21 职工薪酬

6.2.21.1 短期薪酬的会计处理方法

本公司在职工为本公司提供服务的会计期间，将实际发生的短期薪酬确认为负债，并计入当期损益或相关资产成本。

本公司为职工缴纳的社会保险费和住房公积金，以及按规定提取的工会经费和职工教育经费，在职工为本公司提供服务的会计期间，根据规定的计提基础和计提比例计算确定相应的职工薪酬金额。

职工福利费为非货币性福利的，如能够可靠计量的，按照公允价值计量。

6.2.21.2 离职后福利的会计处理方法

设定提存计划。本公司按当地政府的相关规定为职工缴纳基本养老保险和失业保险，在职工为本公司提供服务的会计期间，按以当地规定的缴纳基数和比例计算应缴纳金额，确认为负债，并计入当期损益或相关资产成本。

除基本养老保险外，本公司还依据国家企业年金制度的相关政策建立了企业年金缴费制度（补充养老保险）。本公司按职工工资总额的一定比例向当地社会保险机构缴费，相应支出计入当期损益或相关资产成本。

6.2.21.3 辞退福利的会计处理方法

本公司在不能单方面撤回因解除劳动关系计划或裁减建议所提供的辞退福利时，或确认与涉及支付辞退福利的重组相关的成本或费用时（两者孰早），确认辞退福利产生的职工薪酬负债，并计入当期损益。

6.2.22 长期应收款的核算方法

本公司无该项目。

6.2.23 长期待摊费用的摊销政策

本公司无该项目。

6.2.24 合并会计报表的编制方法

本公司无该项目。

6.2.25 收入确认原则和方法

6.2.25.1 利息收入

6.2.25.1.1 发放贷款及垫款利息收入

按照客户使用本企业货币资金的时间和实际利率计算确定。实际利率与合同约定利率差别较小的，按合同约定利率确认为当期收入。

6.2.25.1.2 买入返售证券收入

按返售价格与买入成本价格的差额，确认为当期收入。实际利率与合同约定利率差别较小的，按合同约定利率确认为当期收入。

6.2.25.1.3 存放同业利息收入

在相关的收入金额能够可靠地计量，相关的经济利益可以收到时，按资金使用时间和实际利率确认利息收入。

6.2.25.2 手续费及佣金收入

6.2.25.2.1 信托管理费收入

于信托合同到期，与委托人结算时，按信托合同规定的比例计算应由公司享有的管理费收益，确认为当期收益；或合同中规定公司按约定比例收取管理费和业绩报酬，则在合同期内分期确认管理费和业绩报酬收益。

6.2.25.2.2 顾问及咨询费收入

按照有关合同或协议约定，在向客户提供相关服务并收到款项时确认收入。

6.2.26 政府补助

6.2.26.1 类型

政府补助是本公司从政府无偿取得的货币性资产与非货币性资产。分为与资产相关的政府补助和与收益相关的政府补助。

与资产相关的政府补助是指本公司取得的、用于购建或以其他方式形成长期资产的政府补助，包括购买固定资产或无形资产的财政拨款、固定资产专门借款的财政贴息等。与收益相关的政府补助是指除与资产相关的政府补助之外的政府补助。

本公司将政府补助划分为与资产相关的具体标准为政府文件明确规定补助对象为企业取得、购建或以其他方式形成的长期资产。

本公司将政府补助划分为与收益相关的具体标准为政府文件明确规定补助对象为费用支出或损失。

对于政府文件未明确规定补助对象难以区分的，本公司将政府补助整体归类为与收益相关的政府补助，视情况不同计入当期损益，或者在项目期内分期确认为当期收益。

公司本期收到的政府补助主要为税费返还及装修补贴，公司认为该补助属于对过去发生费用的补偿，是与资产相关的补助之外的补助，因此将其作为与收益相关的政府补助。

6.2.26.2 确认时点

公司于实际收到款项时确认为政府补助。

6.2.26.3 会计处理

与资产相关的政府补助，确认为递延收益，按照所建造或购买的资产使用年限分期计入营业外收入。

与收益相关的政府补助，用于补偿本公司以后期间的相关费用或损失的，取得时确认为递延收益，在确认相关费用的期间计入当期营业外收入；用于补偿本公司已发生的相关费用或损失的，取得时直接计入当期营业外收入。

6.2.27 递延所得税资产和递延所得税负债

对于可抵扣暂时性差异确认递延所得税资产，以未来期间很可能取得的用来抵扣可抵扣暂时性差异的应纳税所得额为限。对于能够结转以后年度的可抵扣亏损和税款抵减，以很可能获得用来抵扣可抵扣亏损和税款抵减的未来应纳税所得额为限，确认相应的递延所得税资产。

对于应纳税暂时性差异，除特殊情况外，确认递延所得税负债。

不确认递延所得税资产或递延所得税负债的特殊情况包括商誉的初始确认；除企业合并以外的发生时既不影响会计利润也不影响应纳税所得额（或可抵扣亏损）的其他交易或事项。

当拥有以净额结算的法定权利，且意图以净额结算或取得资产、清偿负债同时进行时，当期所得税资产及当期所得税负债以抵销后的净额列报。

当拥有以净额结算当期所得税资产及当期所得税负债的法定权利，且递延所得税资产及递延所得税负债是与同一税收征管部门对同一纳税主体征收的所得税相关或者是对不同的纳税主体相关，但在未来每一具有重要性的递延所得税资产及负债转回的期间内，涉及的纳税主体意图以净额结算当期所得税资产和负债或是同时取得资产、清偿负债时，递延所得税资产及递延所得税负债以抵销后的净额列报。

6.2.28 信托赔偿准备金

根据中国银行业监督管理委员会颁布的《信托公司管理办法》有关规定，公司按当年税后净利润的10%计提信托赔偿准备金。

6.2.29 一般风险准备

财政部《金融企业准备金计提管理办法》（财金［2012］20号），为了防范经营风险，增强金融企业抵御风险能力，金融企业应提取一般风险准备作为利润分配处理，并作为股东权益的组成部分。一般风险准备的计提比例由金融企业综合考虑所面临的风险状况等因素确定，原则上一般风险准备余额不低于风险资产期末余额的1.5%。

6.2.30 信托业保障基金

根据中国银行业监督管理委员会、财政部于2014年12月

10 日颁布的《信托业保障基金管理办法》(银监发[2014]50 号)及中国银监会办公厅于 2015 年 2 月 26 日颁发的《中国银监会办公厅关于做好信托业保障基金筹集和管理等有关具体事项的通知》(银监办发[2015]32 号)的相关规定,信托业保障基金认购执行下列统一标准:(1)2015 年 4 月 1 日前信托公司按上年度末经审计的母公司净资产余额的 1%认购保障基金,以后年度以上年度末未经审计的母公司净资产余额为基数动态调整;(2)自 2015年 4 月 1 日起新发行的资金信托按新发行金额的 1%计算并认购保障基金;(3)自 2015 年 4 月 1 日起新设立的财产信托按信托公司收取报酬的 5%计算并认购保障基金。

6.2.31 重要会计政策和会计估计的变更

6.2.31.1 重要会计政策变更

本报告期公司主要会计政策未发生变更。

6.2.31.2 重要会计估计变更

本报告期公司主要会计估计未发生变更。

6.2.31.3 其他

变更的内容和原因	审批程序	备注(受重要影响的报表项目名称)
执行《增值税会计处理规定》	《增值税会计处理规定》(财会[2016]22 号)	适用于 2016 年 5 月 1 日起发生的相关交易。公司执行该规定的主要影响:将利润表中的"营业税金及附加"项目调整为"税金及附加"项目。

6.3 或有事项说明

6.3.1 未决诉讼事项

2016 年 11 月 4 日,公司收到黑龙江省高级人民法院送达的《应诉通知书》([2016]黑民初 83 号)。原告哈尔滨爱达投资置业有限公司、上海子承投资有限公司与上海泓岩投资有限公司诉爱建信托通过 2011 年 6 月 7 日《关于债权债务清理及遗留事项处理整体框架协议书》及后续协议取得原告及第三人财产均无效,依法应返还或恢复原状,如不能返还,则应赔偿相关方相应损失等。

公司在收到黑龙江省高级人民法院送达的《应诉通知书》后,已向其提起管辖权异议;依法撤销《民事裁定书》([2016]黑民初 83 号之一)所提起财产保全裁定,并将被冻结、查封的股权、房产予以解冻、解封;要求被申请人承担由于申请错误造成申请人的经济损失的申请。

截至目前,本案尚未开庭。

6.3.2 期末为其他单位提供债务担保形成的或有负债及其财务影响

无。

6.4 重要资产转让及出售说明

本公司无上述情况。

6.5 会计报表中重要项目的明细资料

6.5.1 自营资产经营情况

6.5.1.1 信用风险资产情况

信用风险资产五级分类	正常类(万元)	关注类(万元)	次级类(万元)	可疑类(万元)	损失类(万元)	信用风险资产合计(万元)	不良资产合计(万元)	不良资产率(%)
期初数	463 352.61	1 137.36	4 199.09	7 344.34	90.31	476 123.71	11 633.74	2.44
期末数	525 777.73	939.58	1 109.40	18 968.02	95.12	546 889.85	20 172.54	3.69

注:不良资产合计 = 次级类 + 可疑类 + 损失类。

6.5.1.2 各项资产减值损失准备情况

单位:万元

	期初数	本期计提	本期转回	本期核销	期末数
贷款损失准备	1 430.00	2 000.14	2 572.80		857.34
一般准备					
专项准备					
其他资产减值准备	5 266.52	6 150.71	1 683.06		9 734.17
可供出售金融资产减值准备	3 983.77	5 500.00	315.00		9 168.77
持有至到期投资减值准备					
长期股权投资减值准备					
坏账准备	1 241.96	650.71	1 368.06		524.61
抵债资产减值准备	40.79				40.79

6.5.1.3 固有业务股票投资、基金投资、债券投资、股权投资等投资业务情况

单位:万元

	自营股票	基金	债券	股权投资	其他投资	合计
期初数	426.91	30 518.16	19 466.84	17 586.90	220 113.08	288 111.89
期末数	5 028.11	84 349.18	10 838.81	20 219.06	306 091.34	426 526.50

6.5.1.4 前五名的自营长期股权投资情况

企业名称	占被投资企业权益的比例(%)	主要经营活动	投资损益(万元)
1. 天堂硅谷银嘉股权投资合伙企业(有限合伙)	17.46	投资	—
2. 柏瑞爱建资产管理(上海)有限公司	38	资产经营管理	-114.15
3. 上海正浩资产管理有限公司	12.75	资产经营管理	—
4. 天安保险股份有限公司	0.12	保险	—
5. 上海汇付互联网金融信息创业股权投资中心(有限合伙)	6.45	投资	—

注:投资损益是指按照企业会计准则的规定,核算股权投资确认损益并计入披露年度利润表的金额。

6.5.1.5 前五名的自营贷款情况

企业名称	占贷款总额的比例(%)	还款情况
1. 江阴雅盛恒泰置业有限公司	34.99	贷款尚未到期
2. 南通利兴华建材有限公司	27.94	贷款尚未到期
3. 金华市保瑞房地产开发有限公司	24.49	贷款尚未到期
4. 福州和胜房地产有限责任公司	10.50	贷款尚未到期
5. 包头中城奥特莱斯置业有限公司	2.08	贷款尚未到期

6.5.1.6　表外业务情况

单位：万元

表外业务	期初数	期末数
担保业务	—	—
代理业务（委托业务）	59 273.77	57 321.77
其他	70 712.11	70 712.11
合计	129 985.88	128 033.88

注：其他主要反映信托代保管项目。

6.5.1.7　公司当年的收入结构

收入结构	金额（万元）	占比（%）
手续费及佣金收入	92 337.33	74.06
其中：信托手续费收入	90 177.39	72.33
投资银行业务收入	1 346.36	1.08
利息收入	14 027.63	11.25
其他业务收入	30.30	0.02
其中：计入信托业务收入部分		0.00
投资收益	18 026.79	14.46
其中：股权投资收益	-114.15	-0.09
证券投资收益	2 543.18	2.04%
其他投资收益	15 597.76	12.51
公允价值变动收益	-140.87	-0.11
营业外收入	103.86	0.08
收入合计	124 678.86	100.00

注：手续费及佣金收入、利息收入、其他业务收入、投资收益、营业外收入均应为损益表中的科目，其中手续费及佣金收入、利息收入、营业外收入为未抵减掉相应支出的全年累计实现收入数。

6.5.2　信托财产管理情况

6.5.2.1　信托资产情况

单位：万元

信托资产	期初数	期末数
集合	5 093 570.30	12 181 334.41
单一	3 604 979.05	5 828 823.42
财产权	760 344.29	1 897 388.78
合计	9 458 893.64	19 907 546.61

6.5.2.1.1　非事务管理型信托业务的信托资产情况

单位：万元

非事务管理型信托资产	期初数	期末数
证券投资类	154 962.95	243 046.01
股权投资类	328 320.13	711 374.74
融资类	2 971 983.57	3 950 266.03
其他类	695 021.81	908 476.62
合计	4 150 288.46	5 813 163.40

6.5.2.1.2　事务管理型信托业务的信托资产情况

单位：万元

事务管理型信托资产	期初数	期末数
证券投资类	44 355.64	1 046 803.29
股权投资类	552 444.01	1 035 590.38
融资类	3 581 695.68	5 682 540.08
其他类	1 130 109.85	6 329 449.46
合计	5 308 605.18	14 094 383.21

6.5.2.2　本年度已清算的信托项目情况

6.5.2.2.1　本年度已清算的信托项目情况

已清算结束信托项目	项目个数（个）	实收信托合计金额（万元）	加权平均实际年化收益率（%）
集合类	60	1 997 642.09	8.79
单一类	55	1 773 883.84	7.69
财产管理类	7	260 162.75	6.41

6.5.2.2.2　本年度已清算结束的非事务管理型信托项目情况

已清算结束信托项目	项目个数（个）	实收信托合计金额（万元）	加权平均实际年化信托报酬率（%）	加权平均实际年化收益率（%）
证券投资类	3	12 050.00	0.09	4.30
股权投资类	6	252 230.00	2.70	9.22
融资类	33	1 114 858.19	2.28	9.12
其他类	12	399 737.18	2.01	6.99

6.5.2.2.3　本年度已清算结束的事务管理型信托项目情况

已清算结束信托项目	项目个数（个）	实收信托合计金额（万元）	加权平均实际年化信托报酬率（%）	加权平均实际年化收益率（%）
证券投资类	3	36 547.00	4.64	-5.24
股权投资类	4	197 807.00	0.14	12.49
融资类	52	1 774 116.00	0.13	7.75
其他类	9	244 343.31	0.18	6.08

6.5.2.3　本年度新增的信托项目情况

新增信托项目	项目个数（个）	实收信托合计金额（万元）
集合类	207	9 193 167.93
单一类	138	4 522 267.29
财产管理类	31	1 396 445.19
新增合计	376	15 111 880.41
其中：非事务管理型	127	4 197 423.69
事务管理型	249	10 914 456.72

6.5.2.4　信托业务创新成果和特色业务有关情况

2016年，公司在确保传统业务稳健发展的前提下，加快转型发展和创新步伐，以专业化和差异化为基本发展思路，坚持资产端和资金端双轮驱动的发展战略。在资产端，公司继续精耕细作，深入开发细分市场，不断扩大传统资产外延，如重点关注地产项目中的养老地产、物流地产和REITs，引导传统信政项目转向产业基金、PPP等联合开发模式。同时，产品开发上继续围绕权益类、标准化、基金化等方向进行探索创新，重点打造并扩大公司在证券、投融资、产融结合方面的专业管理能力优势，如设立镇江新区产业投资基金、互联网消费贷的类资产证券化、开发分级基金稳健系列、发行同安定增产品等均是公司在2016年的有益尝试。在财富端，公司以高净值客户的理财及衍生需求为核心目标，除继续提供传统优质的固定收益类产品外，还专门组建客户经理和专家团队，在涉及私募证券、私募股权、房地产基金、家族信托等另类投资领域提供个性化、专业化的投资规划和资产配置。此外，为进一步提升公司在市场上、客户端的知名度和辨识度，打造品牌化、差异化产品线，最大限度突出不同类别产品特色，公司构建了六大产品系列，如现金类的日盈系列和稳盈系列、传统融资类的长盈系列、投资于证券市场的智赢系列、股权母基金类的共赢系列以及私人财富定制类的传承系列，六大产品系列全方位覆盖了各资产类别。

6.5.2.5 公司履行受托人义务情况及因本公司自身责任而导致的信托资产损失情况

无。

6.5.2.6 信托赔偿准备金的提取、使用和管理情况

根据中国银行业监督管理委员会颁布的《信托公司管理办法》有关规定，公司按当年税后净利润的10%计提信托赔偿准备金。本年度公司提取信托赔偿准备金6 001.99万元。

截至报告期末本公司未发生对信托产品赔偿的事项。

6.6 关联方关系及其交易

6.6.1 关联交易

	关联交易方数量(个)	关联交易金额(万元)	定价政策
合计	0	0	按市场公允价值确定

6.6.2 关联方关系

单位:亿元

关系性质	关联方名称	法定代表人	注册地址	注册资本	主营业务
母公司	上海爱建集团股份有限公司	王均金	上海浦东新区泰谷路168号	14.37139844	实业投资，投资管理，外经贸部批准的进出口业务(按批文)，商务咨询。
重大影响	柏瑞爱建资产管理(上海)有限公司	王溯舸	中国(上海)自由贸易试验区业盛路188号	1	资产经营管理。

6.6.3 本公司与关联方的重大交易事项

6.6.3.1 固有与关联方之间交易情况

单位:万元

固有与关联方关联交易				
	期初数	借方发生额	贷方发生额	期末数
贷款	—	—	—	—
投资	—	—	—	0
租赁	—	—	—	—
担保	—	—	—	—
应收账款	—	—	—	—
其他	—	—	—	—
合计	—	—	—	0

6.6.3.2 信托与关联方交易情况

单位:万元

信托与关联方关联交易				
	期初数	借方发生额	贷方发生额	期末数
贷款	—	—	—	—
投资	—	—	—	—
租赁	—	—	—	—
担保	—	—	—	—
应收账款	—	—	—	—
其他	—	—	—	—
合计	—	—	—	—

6.6.3.3 信托公司自有资金运用于自己管理的信托项目(固信交易)、信托公司管理的信托项目之间的相互(信信交易)交易情况

6.6.3.3.1 固有与信托财产之间的交易情况

单位:万元

固有财产与信托财产相互交易			
	期初数	本期发生额	期末数
合计	179 847.71	89 247.66	269 095.37

6.6.3.3.2 信托项目之间的交易情况

单位:万元

信托资产与信托财产相互交易			
	期初数	本期发生额	期末数
合计	33 600.28	65 209.90	98 810.18

6.6.4 关联方逾期未偿还本公司资金的详细情况以及本公司为关联方担保发生或即将发生垫款的详细情况

无。

6.7 会计制度的披露

(1)本公司固有业务自2007年起执行财政部2006年颁布的企业会计准则进行会计核算;并根据《企业会计准则第30号——财务报表列报》的有关规定及应用指南中商业银行会计报表格式进行编制。

本公司已执行财政部于2014年颁布的下列新的及修订的企业会计准则:《企业会计准则——基本准则》(修订)、《企业

会计准则第 2 号——长期股权投资》(修订)、《企业会计准则第 9 号——职工薪酬》(修订)、《企业会计准则第 30 号——财务报表列报》(修订)、《企业会计准则第 33 号——合并财务报表》(修订)、《企业会计准则第 37 号——金融工具列报》(修订)、《企业会计准则第 39 号——公允价值计量》《企业会计准则第 40 号——合营安排》《企业会计准则第 41 号——在其他主体中权益的披露》。

(2)本公司信托业务自 2010 年起执行财政部 2006 年颁布的企业会计准则进行会计核算;并参照《企业会计准则第 30 号——财务报表列报》有关规定及应用指南中商业银行会计报表格式进行编制。

7. 财务情况说明书

7.1 利润实现和分配情况

2016 年,公司实现净利润 60 019.85 万元,计提盈余公积 6 001.99 万元、信托赔偿准备金 6 001.99 万元及一般风险准备金 1 999.08 万元后,未分配利润 46 016.80 万元。

7.2 主要财务指标

指标名称	指标值
资本利润率(%)	15.28
加权年化信托报酬率(%)	1.12
人均净利润(万元)	335.31

注:1. 资本利润率 = 净利润/所有者权益平均余额 ×100%。

2. 加权年化信托报酬率 = (已清算信托项目 1 的实际年化信托报酬率 × 已清算信托项目 1 的实收信托 + 已清算信托项目 2 的实际年化信托报酬率 × 已清算信托项目 2 的实收信托 + … + 已清算信托项目 n 的实际年化信托报酬率 × 已清算信托项目 n 的实收信托)/(已清算信托项目 1 的实收信托 + 已清算信托项目 2 的实收信托 + … + 已清算信托项目 n 的实收信托) ×100%。

3. 人均净利润 = 净利润/年平均人数。

4. 平均值采取年初、年末余额简单平均法,公式为:a(平均) = (年初数 + 年末数)/2。

7.3 对本公司财务状况、经营成果有重大影响的其他事项

无。

8. 特别事项揭示

8.1 前五名股东报告期内变动情况及原因

无。

8.2 董事、监事及高级管理人员变动情况及原因

2016 年 3 月 3 日,公司董事会以通信表决方式作出《关于同意聘任朱建高同志公司首席财务官的决议》。

2016 年 12 月 9 日,公司股东会召开 2016 年第三次会议,审议通过《关于同意公司第五届董事会组成人员的决议》,同意周伟忠、蒋明康、侯学东、张建中、吴淳、吴文新担任董事,潘飞、吴斌、黄辉担任独立董事,并组成公司第五届董事会,同时建议由周伟忠担任董事长、由蒋明康担任副董事长。新增董事的任职资格待监管部门核准后生效。第四届董事会成员董事职务自然免除。

2016 年 12 月 9 日,公司股东会召开 2016 年第三次会议,审议通过《关于成立公司第四届监事会的决议》,同意马金、胡爱军、刘兵军担任监事,与经公司职代会选举产生的职工监事朱学明、陈抗非组成公司第四届监事会,同时建议由马金担任监事会主席。第三届监事会成员监事职务自然免除。

8.3 公司的重大未决诉讼事项

8.3.1 哈尔滨信托计划案件

2016 年 11 月 4 日,公司接黑龙江省高级人民法院的应诉通知书、民事起诉状副本、民事裁定书,哈尔滨爱达投资置业有限公司及颜立燕起诉要求公司返还因《关于债权债务清理及遗留事项处理整体框架协议》取得的财产。公司已向黑龙江省高级人民法院提出管辖权异议,并就管辖权向最高人民法院提起上诉。

8.3.2 三门峡案件

2014 年 11 月 18 日,公司收到民事起诉状股东损害公司债权人利益责任纠纷 (2015) 四民(商)字第 124 号,原告为方大炭素新材料科技股份有限公司,诉讼标的 1.58 亿元。诉讼请求:要求公司承担河南富达电力集团有限公司等被告在未出资 1.58 亿元及利息范围内连带赔偿原告损失。

原告在承担了三门峡惠能热电有限责任公司(以下简称三门峡热电)借款的连带担保责任义务后,向三门峡热电进行追索,但是三门峡热电无可执行的财产,公司作为信托代持股的股东被原告认为未履行出资义务,因此导致其起诉股东损害债权人利益引发了诉讼纠纷。

2015 年 1 月 23 日,公司收到上海市第一中级人民法院的民事裁定书(2014)沪一中民四(商)初字第 28 -5 号,原告方大炭素以证据不完善为由撤销了对公司起诉。

2016 年 3 月,北京市第四中级人民法院追加公司为被告参加诉讼。

2016 年 6 月 23 日在北京四中院进行了庭前证据交换。

2016 年 9 月 20 日进行了开庭审理,目前等待判决。

8.4 对会计师事务所出具的有保留意见、否定意见或无法表示意见的审计报告的说明

无。

8.5 公司及其董事、监事和高级管理人员受到处罚的情况

无。

8.6 监管意见及整改情况

(1)2016 年,监管部门未对公司进行专项检查或现场检查,且未出具书面检查报告。

(2)2017 年 3 月 20 日,上海银监局下发《上海银监局关于上海爱建信托有限责任公司 2016 年度的监管意见》([2017] 52 号)。收到监管意见后,公司高度重视,逐条对照存在的问题并进行分析,制定相应的落实方案和计划。通过制定 2017—2020 年战略规划,从公司整体层面统一认识,形成合力,在经

营理念、产品体系、组织架构、激励约束机制以及人才制度等领域积极寻求变革，确保公司的可持续发展；针对业务规模增长带来的压力进行合理评估，统筹业务风险水平和业务趋势，动态扩充、调配人力资源，并通过培训、内部交流等方式，不断提高管理能力，以与业务规模匹配；针对不同类型业务建立相应的风险政策，同时根据监管和市场环境的变化，动态调整风险政策；继续坚持服务实体经济的本质要求，努力与实体经济形成有效互动，减少信托资金“脱实向虚”情况的产生；进一步发挥信托制度优势，充分整合、联通资金、资本以及实业三大市场，灵活组合金融工具，更好地发挥金融对经济结构调整和转型升级的支持作用；在拓展新的业务增长领域方面，结合公司自身的资源及资金现状，在传统投资领域与新兴投资领域广泛进行创新布局等，以尽快落实监管意见。

8.7 本年度重大事项临时报告

无。

8.8 银监会及其省级派出机构认定的其他有必要让客户及相关利益人了解的重要信息

无。

9. 公司监事会意见

9.1 监事会对《上海爱建信托有限责任公司2016 年度报告》的独立意见

(1)公司 2016 年度报告的编制和审议程序符合法律、法规、《公司章程》和公司内部制度的各项规定。

(2)公司 2016 年度报告的内容与格式符合监管部门的要求和规定，所包含的信息能从各方面真实地反映出公司 2016 年的经营管理和财务状况等事项。

(3)在提出本意见前，没有发现参与年度报告编制和审议的人员有违反保密规定的行为。

(4)立信会计师事务所(特殊普通合伙)对本公司出具的上海爱建信托有限责任公司审计报告及财务报表(2016 年 1 月 1 日至 2016 年 12 月 31 日)是独立的、公正的。

9.2 监事会对公司关联交易的独立意见

监事会未发现公司 2016 年度存在与固有关联方之间的交易。

上海国际信托有限公司

1. 重要提示

1.1 公司董事会及董事保证本报告所载资料不存在任何虚假记载、误导性陈述或者重大遗漏，并对其内容的真实性、准确性和完整性承担个别及连带责任。本年度报告摘要摘自年度报告全文，客户及相关利益人欲了解详细内容，应阅读年度报告全文。

1.2 公司9名董事出席董事会会议。3名监事列席了本次会议。

1.3 公司独立董事陈学彬、李宪明、谢荣声明：保证年度报告内容的真实、准确、完整。

1.4 普华永道中天会计师事务所（特殊普通合伙）根据中国注册会计师审计准则对本公司年度财务报告进行审计，出具了标准无保留意见的审计报告。

1.5 公司董事长潘卫东、总经理陈兵、会计部门负责人朱红声明：保证年度报告中财务报告的真实、完整。

2. 公司概况

2.1 公司简介

上海国际信托有限公司（以下简称公司）成立于1981年，注册资本金50亿元。公司长期致力于产品创新，获得资产证券化、代客境外理财（QDII）业务受托人、股指期货交易业务资格。公司曾被国务院指定为全国对外融资十大窗口之一；获地方金融机构最高信用评级（穆迪Baa2级、标普BBB－级）；被指定为非银行金融机构首家合规试点单位；发起设立中国第一家信托登记机构——上海信托登记中心，并被推选为理事长单位；连续担任中国信托业协会副会长单位。近年来，公司先后荣获权威媒体评选的多项行业大奖；公司资产配置、QDII、新一代信息系统、ABS等项目先后获得上海市政府金融创新奖（均为入围的唯一信托公司）。公司财富中心荣获上海金融系统五星级"优质服务网点"称号；公司还荣获"上海市文明单位"称号，获得行业内外的广泛好评。

2016年是公司快速发展和转型创新取得显著成就的一年，公司全面推进基金化信托产品，着力打造上信赢通平台，加快海外家族及财富管理布局，增强公、私募资产证券化业务布局力度，在基金化业务转型、资产证券化、家族财富管理等方面均取得历史性突破，极大地满足了客户多样化、差异化的投资需求。

2.1.1 公司法定中文名称：上海国际信托有限公司
中文名称缩写：上海信托
公司法定英文名称：Shanghai International Trust Co.，Ltd.
英文缩写：Shanghai Trust

2.1.2 法定代表人：潘卫东

2.1.3 注册地址：中国上海市九江路111号
邮政编码：200002
公司国际互联网网址：www.shanghaitrust.com
电子信箱：info@shanghaitrust.com

2.1.4 公司信息披露联系人：吴海波
联系电话：021－23131111
传真：021－63235348
电子信箱：info@shanghaitrust.com

2.1.5 公司选定的信息披露报纸：《上海证券报》
公司年度报告备置地点：上海市九江路111号上投大厦3楼

2.1.6 公司聘请的会计师事务所：普华永道中天会计师事务所（特殊普通合伙）
地址：上海市黄浦区湖滨路202号企业天地2号楼普华永道中心11楼
联系电话：021－23238888

2.1.7 公司聘请的律师事务所：锦天城律师事务所
地址：上海市浦东新区银城中路501号上海中心大厦12层
联系电话：021－20511000

2.2 组织结构

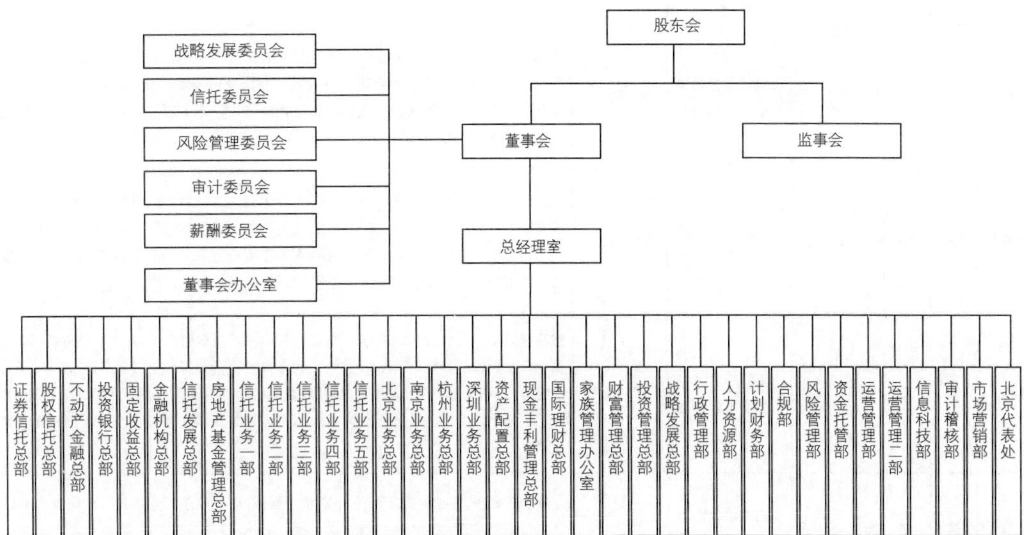

3. 公司治理

3.1 股东

公司前三位股东的主要情况：

股东名称	出资比例(%)	法人代表	注册资本(万元)	注册地址	主要经营业务	主要财务情况(万元)	
上海浦东发展银行股份有限公司★	97.333	吉晓辉	1865347.1415	上海市中山东一路12号	吸收公众存款、发放短期、中期和长期贷款、办理结算、办理票据贴现、发行金融债券、代理发行、代理兑付、承销政府债券、买卖政府债券、同业拆借、提供信用证服务及担保等	资产总额	585 726 300
						负债总额	548 432 900
						利润总额	6 997 500
						净利润	5 367 800
						所有者权益	37 293 400
上海汽车集团股权投资有限公司	2.000	陈志鑫	330 000	上海市静安区威海路489号上汽大厦803室	股权投资，创业投资，实业投资，商务咨询，资产管理	资产总额	709 097.09
						负债总额	277 318.70
						利润总额	8 120.37
						净利润	875.95
						所有者权益	431 778.39
上海新黄浦置业股份有限公司	0.667	程齐鸣	56 116.3	上海市北京东路668号西楼32层	房地产经营，旧危房改造，室内外建筑装潢，物业管理，房产咨询等	资产总额	1 055 105.08
						负债总额	639 510.19
						利润总额	15 667.39
						净利润	11 072.83
						所有者权益	415 594.89

注：★为公司最终实际控制人。

3.2 董事

董事长、副董事长、董事

姓名	职务	性别	年龄(岁)	选任日期	所推举的股东名称	该股东持股比例(%)	简要履历
潘卫东	董事长	男	50	2016年4月	上海浦东发展银行股份有限公司	97.3333	经济学硕士研究生，中共党员，高级经济师，在中国人民银行杭州市分行计划资金处参加工作，曾任上海浦东发展银行宁波分行副行长，上海浦东发展银行昆明分行行长、党组书记，上海市金融服务办公室机构处处长(挂职)、上海国际集团有限公司总经理助理、副总裁；现任上海浦东发展银行党委委员、副行长、财务总监，上海国际信托有限公司党委书记、董事长、法人代表。

续表

姓名	职务	性别	年龄（岁）	选任日期	所推举的股东名称	该股东持股比例（%）	简要履历
陈 兵	董事	男	48	2016 年 4 月	上海浦东发展银行股份有限公司	97.3333	管理学博士，中共党员，高级经济师，金融工程师，曾任浦发银行总行综合计划科副科长，浦发银行大连分行资金财务部总经理（兼任会计部总经理），浦发银行总行资金财务部总经理助理，浦发银行总行个人银行管理会计部总经理，浦发银行总行个人银行财富管理部总经理，上海国际信托有限公司副总经理、董事会秘书；现任上海国际信托有限公司党委副书记、董事、总经理。
陈海宁	董事	男	45	2016 年 4 月	上海浦东发展银行股份有限公司	97.3333	工学硕士，中共党员，经济师，曾任中国工商银行陕西省分行工商信贷处科长、信贷处副处长，工商东亚金融控股公司上海代表处代表，上海浦东发展银行总行公司金融部总经理助理、公司及投资银行总部贸易融资部总经理，上海浦东发展银行武汉分行党委委员、副行长、党委书记、行长；现任浦发银行资产负债管理部总经理，上海国际信托有限公司董事。
刘长江	董事	男	50	2016 年 4 月	上海浦东发展银行股份有限公司	97.3333	教育学硕士，中共党员，经济师，曾任工商银行总行教育部主任科员、基金托管部副处长、处长；上海浦东发展银行基金托管部总经理、公司及投资银行总部资产托管部、企业年金部、期货结算部总经理、公司及投资银行总部副总经理、金融机构部总经理兼期货结算部总经理、外资机构处处长。现任上海浦东发展银行金融机构部总经理兼资产托管部总经理，上海国际信托有限公司董事。
冯金安	董事	男	49	2016 年 4 月	上海汽车集团股权投资有限公司	2	工商管理硕士，民建会员，研究员级高级工程师，曾任中航工业第六一五研究所科研、团委书记、下属公司总经理，杨浦城投集团副总经理，杨浦科技创新集团总经理；现任上海汽车集团股权投资有限公司副总经理，上海国际信托有限公司董事。

独立董事

姓名	所在单位及职务	性别	年龄（岁）	选任日期	所推举的股东名称	该股东持股比例（%）	简要履历
陈学彬	复旦大学金融研究院教授	男	63	2016 年 4 月	—	—	经济学博士，中共党员，教授，曾任四川省自贡市经济研究所、计划委员会、体改委、信息中心研究员，上海财经大学金融学院教授；现任复旦大学金融研究院教授、博士生导师，上海国际信托有限公司独立董事。
李宪明	上海市锦天城律师事务所合伙人	男	47	2016 年 4 月	—	—	法学博士，中共党员，执业律师，曾在吉林大学法学院工作；现任上海市锦天城律师事务所合伙人，上海国际信托有限公司独立董事。
谢 荣	上海国家会计学院教授	男	64	2016 年 4 月	—	—	会计学博士，中共党员，教授，曾任上海财经大学会计学系助教、讲师、副教授、教授、博士生导师、系副主任，毕马威华振会计师事务所合伙人，上海国家会计学院教授兼副院长；现任上海国家会计学院教授，光大银行、申万宏源等公司独立董事，上海国际信托有限公司独立董事。

3.3 监事

监事会成员

姓名	职务	性别	年龄（岁）	选任日期	所推举的股东名称	该股东持股比例（%）	简要履历
赵峥嵘	监事长	男	54	2016 年 9 月	上海浦东发展银行股份有限公司	97.3333	工商管理硕士，中共党员，高级经济师，曾任温州市文成县人民政府办公室副主任，中国工商银行温州市文成县支行行长、温州城西支行行长、温州分行副行长，上海浦东发展银行公司部副总经理、温州分行行长、杭州分行行长；现任上海国际信托有限公司监事长，兼任上投摩根基金管理有限公司监事长。
姚建东	监事	男	46	2016 年 4 月	上海新黄浦置业股份有限公司	0.6667	会计专业学士，高级会计师，曾任上海市第一建筑工程有限公司成本主管、长发集团上海房地产公司财务主管；现任上海新黄浦置业股份有限公司监事、审计合规部经理，上海国际信托有限公司监事。

注：本报告期公司监事会未设下属委员会。

3.4 高级管理人员

姓名	职务	性别	年龄(岁)	选任日期	金融从业年限(年)	学历(位)	专业
陈 兵	总经理	男	48	2016 年 4 月	21	研究生管理学博士	企业管理
应 华	副总经理	男	41	2016 年 4 月	18	本科 工学硕士 EMBA	软件工程 工商管理
叶力俭	总经理 助理	男	44	2016 年 4 月	18	本科 管理学硕士	企业 管理
吴海波	总经理 助理	男	42	2016 年 4 月	7	研究生经济学博士	金融学
邹 俪	总经理 助理(拟任,待核准)	女	40	2016 年 12 月	18	研究生经济学硕士	区域 经济

注:邹俪女士于2017 年1 月17 日经中国银监会上海监管局核准任职资格。

3.5 公司员工

本报告期公司在岗员工 352 人,上年度公司在岗员工 319 人。

项目		报告期年度		上年度	
		人数(人)	比例(%)	人数(人)	比例(%)
年龄分布	25 岁以下	7	1.99	12	3.76
	25 ~29 岁	145	41.19	134	42.01
	30 ~39 岁	127	36.08	102	31.97
	40 岁以上	73	20.74	71	22.26
学历分布	博士	10	2.84	10	3.13
	硕士	218	61.93	196	61.45
	本科	111	31.53	101	31.66
	专科	11	3.13	10	3.13
	其他	2	0.57	2	0.63
岗位分布	董事、监事及其高管人员	7	1.99	10	3.13
	自营业务人员	9	2.56	8	2.51
	信托业务人员	210	59.66	189	59.25
	其他人员	126	35.79	112	35.11

注:自营业务人员是指按照岗位分工,专门或至少主要从事固有资金使用和固有资产管理有关业务的职工。信托业务人员是指按照岗位分工,专门或主要从事信托资金使用和信托资产管理各项业务的职工。对于人力资源部等类似无法明确区分的综合部门归为其他人员。

4. 经营管理

4.1 经营目标、经营方针、战略规划

4.1.1 经营目标

本报告期内公司的经营目标是积极适应当前经济发展新常态,把握加入浦发银行带来的巨大机遇,推进公司信托业务和自营业务持续、健康增长,以改革促转型,以风控保发展,做到风险可控、积极创新,不断增强核心竞争力,争取全年实现利润总额 16.93 亿元,信托业务收入 17 亿元,信托业务年末存续规模 6 800 亿元,全力开创新常态下上海信托各项事业新局面。

4.1.2 经营方针

本报告期公司的经营方针是诚信、专业、稳健、创新。

4.1.3 战略规划

在加入浦发银行的战略机遇下,紧紧抓住信托行业转型契机,持续大力发展资产管理业务和财富管理业务,构建平衡业务组合和紧密的业务协同架构,形成"3 +1"业务板块,即"投资银行、资产配置、家族信托 + 互联网信托"。适应经济新常态和利率市场化趋势,加强与浦发银行协同发展,深度挖掘有潜力的业务领域,与合作伙伴开展深度长期合作,创新出差异化、可持续的业务模式,努力形成新的盈利增长点,做大业务规模和收入;继续深化机制创新,以管理升级和专业化团队建设有效推动公司家族及财富管理业务的发展;牢固树立风险底线思维,持续优化风险管理架构,完善运营管理机制,构建坚实有效的风险防线;以强化内部管理为基础,加强精细化管理运作,在提升保障能力上出实效,努力把公司打造成为全球资产管理和财富管理服务提供商。

4.2 所经营业务的主要内容

4.2.1 经营的主要业务及品种

公司经营的主要业务为信托业务和自营业务。

4.2.1.1 信托业务

信托业务主要品种包括:(1)金融产品配置组合类信托。以高端客户的财富管理需求为出发点,凭借强大的投资管理能力和专业的资产配置能力,将投资者的资金在多种金融工具间进行组合投资,为投资者获取稳定安全的投资收益。(2)不动产金融类信托。选择房地产行业的优秀企业和优质项目,采用灵活多样的业务手段设计"风险适度、期限灵活、回报丰厚"的信托产品,让投资者分享房地产行业的成长收益。(3)证券投资类信托。汇聚全新产品设计理念和技术,投资于股票、基金及债券等金融产品,综合采用结构化设计、聘请投资顾问、应用 CPPI 投资策略与数量投资工具等多种方式,开创投资者在风险市场上获取稳定收益的业务新模式。(4)股权信托及并购信托。对于优质的成长性企业,通过股权受益权融资、股权投资、并购融资、受托股权管理、财务顾问等形式提供全面金融服务。(5)债权投资类信托。公司将募集的信托资金运用于购买各种债权,主要包括银行信贷资产、各类依法合规的受益权以及优秀工商企业的应收账款等,通过回收本息或转让等方式兑现信托财产,实现信托收益。(6)公司及项目金融类信托。通过信托贷款、债权融资以及股权投资等方式,协助优秀企业获取融资,推动基础设施类项目顺利开展。(7)国际理财类信托。以大类资产配置为基础理念,与境外金融机构开展深度合作,捕

捉海外市场投资机遇，采用结构性票据、指数投资、各类现货和期货投资、外币贷款等灵活运用方式，实现投资者财富增值。(8)另类投资信托。运用结构化设计，有效结合金融资本与实业经济，将公司专业化投资优势和外部投资顾问专业能力相结合，投资于包括酒类、艺术品、茶类、古董以及贵金属在内的非传统投资领域，满足高净值财富群体的投资期望和艺术文化消费。(9)养老保障、福利计划等信托服务。利用公司在信托服务领域积累的宝贵经验，根据企业员工在养老保障、福利提升、激励促进等方面的具体要求，为企业员工量身定制持续优质的资产管理服务，实现企业改革发展及员工福利改善的有机结合。(10)资产证券化信托服务。充分利用信托公司资源配置、破产隔离的制度优势，充当各类资产证券化项目的资产受托机构，搭建协同平台，探索国内资产证券化的新路径和模式，为各类优质资产提供流动性。(11)财产权信托服务。公司接受委托人的委托，将其合法拥有并且交付给公司的财产权设立财产权信托，依据信托文件的约定忠实受托人职责，为受益人利益或特定目的，管理或处分该财产权。(12)家族信托业务。公司接受委托，按照委托人的意愿，对家族资产进行管理和处分，提供包括现金流规划、投资规划、风险管理、税务安排、利益协同、传承安排等一系列定制化的服务。

4.2.1.2 自营业务

自营业务主要包括：(1)固定收益业务。以确保资金的安全性和资产的流动性为原则，通过对固定收益市场和相关投资品种的深入研究，根据市场环境的变化动态调整和优化资产配置结构，构建稳健的投资组合，获取固定收益。目前，固定收益业务主要包括货币市场投资和债券市场投资。(2)股权投资业务。通过对股权投资结构、期限、规模的动态调整和优化，把握各类行业领域孕育的投资机会，开展具有战略意义的金融股权投资或与信托主业联动的直接股权投资，从客户资源、渠道资源、项目资源等方面为信托主业提供有力支持，同时获得长期稳定的投资收益。(3)证券投资业务。追求适度风险条件下的绝对收益最大化，坚持稳健投资的原则，注重对宏观经济动向、重点行业发展趋势和相关个股的深入分析。公司已建立了专业化的证券投资管理团队，锤炼了与公司经营风格相适应的投资理念，形成了科学严谨的投资决策体系，提升了证券投资的主动管理能力和投资收益水平。

4.2.2 资产组合与分布

4.2.2.1 自营资产运用与分布表

自营资产运用与分布表

资产运用	金额（万元）	占比（%）	资产分布	金额（万元）	占比（%）
货币资产	75 307.86	5.43	基础产业		
贷款及应收款			房地产业		
以公允价值计量且其变动计入当期损益的金融资产	441 279.54	31.79	证券市场	113 610.79	8.19
可供出售金融资产	457 814.16	32.98	实业		
持有至到期投资			金融机构	1 220 026.55	87.90
长期股权投资	85 376.40	6.15	其他	54 360.81	3.91
其他	328 220.19	23.65			
资产总计	1 387 998.15	100.00	资产总计	1 387 998.15	100.00

注：其他资产中主要项目包括其他应收款、递延所得税资产和固定资产。

4.2.2.2 信托资产运用与分布表

信托资产运用与分布表

资产运用	金额（万元）	占比（%）	资产分布	金额（万元）	占比（%）
货币资产	763 484.16	0.92	基础产业	28 482 205.62	34.49
贷款	45 634 029.31	55.26	工商企业	18 261 104.33	22.11
以公允价值计量且其变动计入当期损益的金融资产	6 923 298.12	8.38	房地产业	4 801 515.00	5.81
可供出售金融资产	9 947 667.65	12.05	证券	3 608 171.41	4.37
持有至到期投资			金融机构	22 139 784.91	26.81
长期股权投资	3 070 010.80	3.72	其他	5 286 594.51	6.41
买入返售	677 460.68	0.82			
其他	15 563 425.06	18.85			
信托资产总计	82 579 375.78	100.00	信托资产总计	82 579 375.78	100.00

4.3 市场分析

在国际政治和经济局势更趋复杂的环境下，2016 年我国经济坚持新发展理念，以推进供给侧结构性改革为主线，适度扩大总需求，坚定推进改革，妥善应对风险挑战，引导形成良好社会预期，经济社会保持平稳健康发展，实现了“十三五”良好开局，顺利完成年初设定的主要指标。

2016 年，我国经济发展总体特征表现为宏观经济稳中向好，微观企业强劲，经济运行保持在合理区间，货币政策保持稳健，积极的财政政策加大力度，供给侧改革持续深入，经济质量和效益全面提高。具体来看，2016 年前三个季度 GDP 同比增长均为 6.7%，第四季度增速提高到 6.8%，全年实现 6.7% 的增速水平。工业品价格快速上涨，PPI 实现了由负转正，CPI 保持在稳定区间，全年同比增长 2%。固定资产投资同比增长 8.1%，房地产投资增长 6.9%，基建投资发力为托底经济增速作出重要贡献，战略性新兴产业、高技术制造业发展势头良好。居民消费保持稳定，社会零售总额同比增长 10.4%，最终消费支出对经济增长的贡献率达 64.6%，经济转型效果显著。全年进出口水平较 2015 年显著回升，进出口金额累计同比增长 -0.9%。其中，出口金额累计同比增长 -2.0%，进口金额累计同比增长 0.6%，实现了由负转正。在金融市场方面，股票、债券、大宗商品和人民币汇率经历了较大幅度的波动。房地产经历年初政策放松与年末严厉调控的双重转换，大宗商品在供给侧改革深入推进环境下快速上涨、债券市场受到金融去杠杆冲击年末经历剧烈调整；人民币汇率兑美元全年贬值约 6%，但参考一篮子货币的定价机制基本形成，下半年保持兑换一篮子货币基本稳定。

2016 年，信托行业转型升级步伐明显加快，行业分化日益明显，两极分化程度继续加深。在信托业发展环境方面，资产管理行业继续保持快速发展势头，包括银行理财、保险资管、证券、基金及基金子公司在内的资产管理规模实现快速增长。金融行业快速扩张也带来了风险隐患的增加和资产价格泡沫的风险，金融行业监管力度持续增强。在信托行业政策导向方面，银监会提出了“五大坚持”的长效发展理念，要求信托公司根据各自的战略规划、资源禀赋和目标定位，探索差异化、专业化的发展路径。随着中国信托登记有限责任公司正式揭牌，信托行业“一体三翼”全面建成，形成以监管部门为监管主体，行业自律、市场约束、安全保障为补充的多层次、多维度的信托业风险防控体系。信托行业基础设施的完成为我国信托行业的健康发展打下了坚实基础，信托行业将在我国经济转型升级发展的重要战略机遇期迎来新的发展机遇，未来发展空间也更加广阔。

4.4 内部控制

4.4.1 内部控制环境和内部控制文化

公司建立了由股东会、董事会、监事会和高级管理层组成的分工明确、权责对应、合理制衡的公司治理结构。公司董事会下设战略委员会、信托委员会、风险管理委员会、审计委员会、薪酬委员会。

报告期内，基于董事会对内部控制机制和内控文化建设的重视，公司紧密围绕战略转型和年度目标，牢牢聚焦资产管理和财富管理，持续优化业务结构，全面推进业务创新与转型，并建立与之匹配的内部组织架构，强化和充实核心业务干部力量，加快人才队伍建设，着力完善绩效评价体系，为实施战略目标进一步注入动能和活力。

公司不断加强内部控制文化建设，践行“诚信合规、开拓创新、协作共赢、追求卓越”的企业精神，把合规风控作为全局性工作来抓，将风控阵地前移到业务第一线，通过开展一系列围绕业务中心的合规培训、合规文化建设活动，激发员工诚信合规、奋发向上的信念和斗志，进一步强化了员工的职业操守与合规理念。

4.4.2 内部控制措施

公司内部控制职能部门为合规部、风险管理部。

公司内部控制遵循全面性、制衡性、审慎性、相匹配、重要性和成本效益原则。公司在内控制度、风险控制、岗位制衡、员工行为、授权管理、会计控制、资产账户核对、隔离机制、新机构新业务、外包管理、客户投诉等方面不断制定和完善内控措施，保持内控活动正常运行。

报告期内，公司进一步加强制度体系建设，共制定和修订了25项内控制度，同时废止16项旧制度。逐步完善在不相容职务分离控制、授权审批控制、会计系统控制、财产保护、预算控制、运营分析控制和绩效考评控制等方面的内控活动。

公司明确划分相关部门之间、岗位之间、上下级机构之间的职责，自营和信托业务之间建立职责分离、横向与纵向相互监督制约的机制。

公司建立授权管理制度，明确业务和事项的审批授权范围和授权时效。

公司业务流程严格按照前台、中台、后台划分。前台负责业务受理、初审及具体操作，完成项目审批前的尽职、信托方案设计和提交、项目审批后的合同签署、产品发售、投资交易、运作管理和客户服务等工作；中台贯穿业务决策程序和管理环节，负责信托项目的尽职调查、合法合规性审核、议事决策、业务综合管理和过程控制，和前台部门共同完成事前防范和事中控制；后台负责对业务的财务管理及会计核算、信息化支持、行政保障、人力资源管理和审计监督。

公司严格执行国家统一的会计准则制度，加强会计基础工作，明确会计凭证、会计账簿和财务会计报告的处理程序，保证会计资料真实完整。

公司建立资产隔离制度，依法建账，将公司信托财产与其固有财产分别管理、分别记账，并将不同委托人的信托财产分别管理、分别记账。

公司综合运用信托业务和自营业务的设计、营销、运营、财务等方面的信息，定期开展运营情况分析，发现存在的问题，及时查明原因并加以改进。

公司建立并不断完善贯穿各部门、各业务流程的管理信息系统和业务操作系统，强化风险控制。

公司建立危机事件预警机制和突发事件应急处理机制，明确风险预警标准，规范处置程序，完善信息科技突发事件应急处置流程，确保突发事件得到及时妥善处理。

公司对各项业务实行净资本管理，使公司业务协调、高效、有重点地运行，并符合监管及公司战略发展要求。

4.4.3 监督评价与纠正

公司设立独立的审计稽核部，对公司所有业务每半年至少进行一次内部审计，对公司自营业务和信托业务进行专项审计，对中止或结束的业务要在一个月内进行稽核，对业务开展过程中发现的问题要随时进行稽核，并将稽核情况向董事会报告。

4.5 风险管理

4.5.1 信用风险状况及其管理

信用风险是指因债务人或交易对手的直接违约或履约能力下降而造成损失的风险。公司固有业务信用风险资产按五级分为正常类、关注类、次级类、可疑类和损失类。公司根据《金融企业准备金计提管理办法》(财金[2012]20号)及《中国银监会办公厅关于修订信托公司年报披露格式规范信息披露有关问题的通知》(银监办发[2009]407号)规定，参照中国人民银行《银行贷款损失计提指引》(银发[2002]98号)规定，对年末信用风险资产按照不低于关注类资产2%、次级类资产30%、可疑类资产50%、损失类资产100%的比例计提贷款损失准备、坏账准备。2016年末公司固有财产不良信用资产余额2.04亿元，计提减值准备0.94亿元。

在信用风险管理上，一是严格实行“贷前调查、贷中审查、贷后检查”。在贷前调查(项目立项)阶段，规范项目尽职调查的程序、重点和方法；在贷中审查(项目审批)阶段，合规部、风险管理部进行预审，项目评审委员会对业务进行项目可行性风险评估。公司成立信托业务尽职调查专门团队，推进风险控制关口前移，实现风险管理的过程控制。公司更新和制定各项业务指引，引导公司业务进一步向优质区域、优质交易对手倾斜和集中，在推动业务高速发展的同时有效地防范业务风险；在贷后检查(项目运营)阶段，严格执行“项目随访”制度，持续监控交易对手的履约能力。二是在产品交易结构设计上，通过引入信用担保、财产抵押、权利质押等担保方式，综合运用规避、预防、分散、转移、补偿等手段管理风险，尽力降低信用风险敞口。三是按照银监会要求，定期对公司资产进行风险分类；四是严格按照财政部和中国银监会的要求，提足包括信托赔偿准备金、一般风险准备金等在内的各项准备金。

4.5.2 市场风险状况及其管理

市场风险是指由于金融市场的波动或行情的变化（利率、汇率、股票价格和商品价格）而带来损失的可能性，包括利率风险、汇率风险、证券价格波动风险等。报告期内，公司密切关注各类市场风险，及时调整投资策略，市场风险可控。

在市场风险管理上，一是打造有竞争力的研究团队，加大对资本市场和股权投资市场的研究和分析，提高对国家政策出台的预判能力，个股选择以业绩成长性和合理估值为基础，行业配置上关注热点产业和新兴产业的比重，努力提高投资绩效。同时，通过强化对市场的前瞻性判断和对业务的准确把握，积极探索新业务模式和产品的创新方向，优化升级各类业务，全力培育主动管理能力。二是坚持稳健原则，在投资组合中配置足够的固定收益类等低风险投资品种；对证券投资组合的净值、仓位和投资集中度等指标事先设定预警点或止损点；通过投资分散化（组合对冲）降低非系统性风险。三是在业务决策和管理过程中，分别通过压力测试进行分析和评估，进行动态跟踪管理。

4.5.3 操作风险状况及其管理

操作风险是指由不完善或有问题的内部程序、员工和信息科技系统，以及外部事件所造成损失的风险。报告期内，公司及时发现操作风险点，制定纠正措施，避免发生因操作风险造成的损失。

在操作风险管理上，一是在立项审批环节，设立非常设机构项目评审委员会和投资决策委员会，负责对公司债性投资业务和股性投资业务的可行性进行评估，提出应对风险的建议和措施，并作出相应决策。二是在推介环节，严格按照“新两规”规范推介程序，认定合格投资者，禁止承诺“保本保息”或最低收益，禁止通过公开媒体进行营销宣传，禁止委托非金融机构推介信托计划。三是在信托财产运用和管理环节，公司制定《员工手册》，严禁通过信托项目为自己或他人谋取不当利益；公司认真履行受托人职责，持续跟踪了解资金使用和项目进展情况，并坚持做到信托财产之间、信托财产与固有财产之间分别管理、分别记账。四是在信托终止清算环节，公司对信托产品的收益、费用、效益和信托财产的净值进行核算并出具到期清算报告，最后向信托受益人实施分配清算。五是加强案件防控责任制。公司制定《案件防控工作管理办法》《违规经营行为实名举报奖励管理办法》，开展全员案防承诺制工作，增强公司全体员工的案件防控意识，建立案件防控工作长效机制。公司根据监管要求，贯彻落实银监会“七不准、四公开”（不准以贷转存、不准存贷挂钩、不准以贷收费、不准浮利分费、不准借贷搭售、不准一浮到顶、不准转嫁成本，以及收费项目公开、服务质价公开、优惠政策公开、效用功能公开）规定，对信托业务收费进行自查、排查，严格禁止信托资金、自有资金涉及非法集资和不规范融资担保，严防客户挪用贷款资金。

4.5.4 其他风险状况及其管理

其他风险主要是指公司业务开展中的合规风险、流动性风险、法律风险、政策风险、信誉风险、道德风险等。报告期内，公司未发生因其他风险所造成的损失。

在其他风险管理上，一是加强员工合规培训，要求员工认真学习并执行有关的法律法规，增强合规意识和风险管理意识，提高风险管理能力。二是加强对运作项目的现金流量管理，做好公司现金流量的预测和安排。同时，组合运用多种工具，有效保证公司流动性。三是加强职业道德教育，规范职业行为，把职业道德、职业操守作为员工教育的一个重要内容，不断增强员工的工作责任心，严格控制道德风险。

5. 报告期末及上一年度末的比较式会计报表

5.1 自营资产

5.1.1 会计师事务所审计意见

普华永道中天会计师事务所（特殊普通合伙）对公司所作的审计意见如下：

上海国际信托有限公司财务报表在所有重大方面按照审计报告的财务报表附注所述编制基础编制，公允反映了上海信托公司 2016 年 12 月 31 日的合并及公司财务状况以及 2016 年度的合并及公司经营成果和现金流量。

5.1.2 资产负债表

资产负债表

编制单位：上海国际信托有限公司　　2016 年 12 月 31 日　　单位：万元

资产	年末数		年初数		负债及所有者权益	年末数		年初数	
	合并	母公司	合并	母公司		合并	母公司	合并	母公司
资产：					负债：				
现金及存放中央银行款项	10.25	0.14	5.80	0.13	向中央银行借款				
存放同业款项	287 567.14	75 307.72	281 258.21	65 869.38	同业及其他金融机构存放款项				
贵金属					拆入资金				
拆出资金					以公允价值计量且其变动计入当期损益的金融负债	486 961.13		3 475.09	
以公允价值计量且其变动计入当期损益的金融资产	502 132.44	441 279.54	158 227.97	82 846.85	衍生金融负债				

续表

资产	年末数		年初数		负债及所有者权益	年末数		年初数	
	合并	母公司	合并	母公司		合并	母公司	合并	母公司
衍生金融资产					卖出回购金融资产款				
买入返售金融资产					吸收存款				
应收股利	623.54	507.07	6.34		应付职工薪酬	69 906.41	41 109.36	58 605.68	29 571.42
应收利息	13 087.79	590.56	4 241.94	696.48	应交税费	39 647.02	31 943.55	52 252.96	34 453.11
发放贷款和垫款	489 570.96				应付股利				
可供出售金融资产	522 107.03	457 814.16	421 121.44	445 187.66	应付利息				
持有至到期投资					预计负债				
长期股权投资	21 708.73	85 376.40	1 509.51	65 376.40	应付债券				
投资性房地产					递延所得税负债	0.63		3 925.94	3 886.55
固定资产	23 486.05	20 988.62	23 201.14	20 837.86	划分为持有待售的负债				
无形资产	2198.35	513.13	1 802.55	618.82	递延收益	14 405.16	12 005.16	12 687.13	10 477.53
递延所得税资产	4 722.33	3 734.00	5 649.65	2 349.98	其他负债	275 915.04	235 470.25	19 303.11	5 752.64
划分为持有待售的资产					负债合计	886 835.39	320 528.32	150 249.91	84 141.25
其他资产	270 691.91	301 886.81	94 451.27	75 161.08	所有者权益:				
商誉	1 065.17		1 065.17		实收资本	500 000.00	500 000.00	245 000.00	245 000.00
					其他权益工具				
					资本公积				
					减:库存股				
					其他综合收益	8 069.88	-734.71	9 866.83	12 162.11
					盈余公积	171 550.30	171 550.30	125 138.91	125 138.91
					风险准备	121 360.61	71 323.74	104 723.07	59 764.65
					未分配利润	367 657.13	325 330.50	272 280.33	232 737.72
					归属于母公司所有者权益合计	1 168 637.92	1 067 469.83	757 009.14	674 803.39
					少数股东权益	83 498.38		85 281.94	
					所有者权益合计	1 252 136.30	1 067 469.83	842 291.08	674 803.39
资产总计	2 138 971.69	1 387 998.15	992 540.99	758 944.64	负债和所有者权益总计	2 138 971.69	1 387 998.15	992 540.99	758 944.64

法定代表人:潘卫东　　主管会计工作负责人:陈　兵　　会计机构负责人:朱　红

5.1.3 利润表

利润表

编制单位:上海国际信托有限公司　　2016 年度　　单位:万元

项目	本年数		上年数	
	合并	母公司	合并	母公司
一、营业收入	388 937.53	256 395.26	426 841.55	254 343.04
利息净收入	51 767.51	775.25	8 495.39	710.43
利息收入	51 822.48	830.22	8 495.39	710.43

续表

项目	本年数		上年数	
	合并	母公司	合并	母公司
利息支出	54.97	54.97		
手续费及佣金净收入	341 427.53	214 203.68	320 881.60	150 906.80
手续费及佣金收入	341 523.91	214 208.77	320 891.10	150 912.17
手续费及佣金支出	96.38	5.09	9.50	5.37
投资收益（损失以"－"号填列）	13 938.93	42 493.72	90 621.93	102 891.04
其中：对联营企业和合营企业的投资收益	1 617.22		157.32	
公允价值变动损益（损失以"－"号填列）	−23 790.76	−1 535.20	2 171.07	−902.53
汇兑收益（损失以"－"号填列）	−257.22	−416.03	−60.69	−190.71
其他业务收入	5 851.54	873.84	4 732.25	928.01
二、营业支出	153 972.31	63 191.03	166 559.55	64 280.67
营业税金及附加	8 533.65	5 031.34	20 936.84	11 134.65
业务及管理费	140 936.72	53 992.70	135 898.44	43 565.29
资产减值损失	334.95		9 543.45	9 399.91
其他业务成本	4 166.99	4 166.99	180.82	180.82
三、营业利润（亏损以"－"号填列）	234 965.22	193 204.23	260 282.00	190 062.37
加：营业外收入	2 763.15	155.11	925.94	2.98
减：营业外支出	157.60	65.75	115.48	45.10
四、利润总额（亏损总额以"－"号填列）	237 570.77	193 293.59	261 092.46	190 020.25
减：所得税费用	59 390.69	42 730.33	54 516.94	33 244.93
五、净利润（净亏损以"－"号填列）	178 180.08	150 563.26	206 575.52	156 775.32
归属于母公司所有者的净利润	158 675.35	150 563.26	178 604.18	156 775.32
少数股东损益	19 504.73		27 971.34	
六、其他综合收益	−1 759.29	−12 896.81	5 175.38	5 571.96
（一）以后不能重分类进损益的其他综合收益				
其中：1. 重新计量设定受益计划净负债或净资产的变动				
2. 权益法下在被投资单位不能重分类进损益的其他综合收益中享有的份额				
（二）以后将重分类进损益的其他综合收益	−1 759.29	−12 896.81	5 175.38	5 571.96
其中：1. 权益法下在被投资单位以后将重分类进损益的其他综合收益中享有的份额				
2. 可供出售金融资产公允价值变动损益	−3 906.22	−14 660.31	3 589.84	4 195.44
3. 持有至到期投资重分类为可供出售金融资产损益				
4. 现金流量套期损益的有效部分				
5. 外币财务报表折算差额	2 146.93	1 763.50	1 585.54	1 376.52
七、综合收益总额	176 420.79	137 666.45	211 750.90	162 347.28
归属于母公司所有者的综合收益总额	156 878.40	137 666.45	183 779.56	162 347.28
归属于少数股东的综合收益总额	19 542.39		27 971.34	−8 335.31

法定代表人：潘卫东　　主管会计工作负责人：陈　兵　　会计机构负责人：朱　红

5.1.4 所有者权益变动表

合并所有者权益变动表

2016 年度

编制单位:上海国际信托有限公司　　　　单位:万元

项目	本年金额										
	归属于母公司所有者权益								小计	少数股东权益	所有者权益合计
	实收资本	其他权益工具	资本公积	减:库存股	其他综合收益	盈余公积	一般风险准备	未分配利润			
一、上年年末余额	245 000.00				9 866.83	125 138.91	104 723.07	272 280.33	757 009.14	85 281.94	842 291.08
加:会计政策变更											
前期差错更正											
其他											
二、本年年初余额	245 000.00				9 866.83	125 138.91	104 723.07	272 280.33	757 009.14	85 281.94	842 291.08
三、本年增减变动金额(减少以"-"号填列)	255 000.00				-1 796.95	46 411.39	16 637.54	95 376.80	411 628.78	-1 783.56	409 845.22
(一)综合收益总额					-1 796.95			158 675.34	156 878.39	19 542.39	176 420.78
(二)所有者投入和减少资本	255 000.00								255 000.00		255 000.00
1. 所有者投入资本	255 000.00								255 000.00		255 000.00
2. 其他权益工具持有者投入资本											
3. 股份支付计入所有者权益的金额											
4. 其他											
(三)利润分配						46 411.39	16 637.54	-63 298.54	-249.61	-21 325.95	-21 575.56
1. 提取盈余公积						46 411.39		-46 411.39			
2. 提取风险准备							16 637.54	-16 637.54			
3. 对所有者的分配										-21 203.00	-21 203.00
4. 其他								-249.61	-249.61	-122.95	-372.56
(四)所有者权益内部结转											
1. 资本公积转增资本											
2. 盈余公积转增资本											
3. 盈余公积弥补亏损											
4. 一般风险准备弥补亏损											
5. 结转重新计量设定受益计划净负债或净资产所产生的变动											
6. 其他											
四、本年年末余额	500 000.00				8 069.88	171 550.30	121 360.61	367 657.13	1 168 637.92	83,498.38	1 252 136.30

法定代表人:潘卫东　　　　主管会计工作负责人:陈　兵　　　　会计机构负责人:朱　红

合并所有者权益变动表（续）

编制单位：上海国际信托有限公司　　2016 年度　　单位：万元

项目	上年金额										
	归属于母公司所有者权益								小计	少数股东权益	所有者权益合计
	实收资本	其他权益工具	资本公积	减：库存股	其他综合收益	盈余公积	一般风险准备	未分配利润			
一、上年年末余额	250 000. 00				13 072. 35	175 028. 87	99 393. 26	319 419. 97	856 914. 46	67 536. 50	924 450. 96
加：会计政策变更											
前期差错更正											
其他											
二、本年年初余额	250 000. 00				13 072. 35	175 028. 87	99 393. 26	319 419. 97	856 914. 46	67 536. 50	924 450. 96
三、本年增减变动金额（减少以"－"号填列）	-5 000. 00				-3 205. 53	-49 889. 96	5 329. 81	-47 139. 64	-99 905. 32	17 745. 43	-82 159. 89
（一）综合收益总额					-3 205. 53			178 604. 18	175 398. 65	28 016. 94	203 415. 59
（二）所有者投入和减少资本	-5 000. 00					-97 708. 41		-127 428. 05	-230 136. 46		-230 136. 46
1. 所有者投入资本											
2. 其他权益工具持有者投入资本											
3. 股份支付计入所有者权益的金额											
4. 其他	-5 000. 00					-97 708. 41		-127 428. 05	-230 136. 46		-230 136. 46
（三）利润分配						47 818. 45	5 329. 81	-98 315. 77	-45 167. 51	-10 271. 51	-55 439. 02
1. 提取盈余公积						47 818. 45		-47 818. 45			
2. 提取风险准备							5 329. 81	-5 329. 81			
3. 对所有者的分配								-45 000. 00	-45 000. 00	-10 189. 00	-55 189. 00
4. 其他								-167. 51	-167. 51	-82. 51	-250. 02
（四）所有者权益内部结转											
1. 资本公积转增资本											
2. 盈余公积转增资本											
3. 盈余公积弥补亏损											
4. 一般风险准备弥补亏损											
5. 结转重新计量设定受益计划净负债或净资产所产生的变动											
6. 其他											
四、本年年末余额	245 000. 00				9 866. 83	125 138. 91	104 723. 07	272 280. 33	757 009. 14	85 281. 94	842 291. 08

法定代表人：潘卫东　　主管会计工作负责人：陈　兵　　会计机构负责人：朱　红

所有者权益变动表

2016 年度

编制单位：上海国际信托有限公司

单位：万元

项目	本年金额								
	实收资本	其他权益工具	资本公积	减：库存股	其他综合收益	盈余公积	一般风险准备	未分配利润	所有者权益合计
一、上年年末余额	245 000. 00				12 162. 11	125 138. 91	59 764. 65	232 737. 72	674 803. 39
加：会计政策变更									
前期差错更正									
其他									
二、本年年初余额	245 000. 00				12 162. 11	125 138. 91	59 764. 65	232 737. 72	674 803. 39
三、本年增减变动金额（减少以“－”号填列）	255 000. 00				－12 896. 82	46 411. 39	11 559. 09	92 592. 78	392 666. 44
（一）综合收益总额					－12 896. 82			150 563. 26	137 666. 44
（二）所有者投入和减少资本	255 000. 00								255 000. 00
1. 所有者投入资本	255 000. 00								255 000. 00
2. 其他权益工具持有者投入资本									
3. 股份支付计入所有者权益的金额									
4. 其他									
（三）利润分配						46 411. 39	11 559. 09	－57 970. 48	
1. 提取盈余公积						46 411. 39		－46 411. 39	
2. 提取风险准备							11 559. 09	－11 559. 09	
3. 对所有者的分配									
4. 其他									
（四）所有者权益内部结转									
1. 资本公积转增资本									
2. 盈余公积转增资本									
3. 盈余公积弥补亏损									
4. 一般风险准备弥补亏损									
5. 结转重新计量设定受益计划净负债或净资产所产生的变动									
6. 其他									
四、本年年末余额	500 000. 00				－734. 71	171 550. 30	71 323. 74	325 330. 50	1 067 469. 83

法定代表人：潘卫东　　主管会计工作负责人：陈　兵　　会计机构负责人：朱　红

所有者权益变动表（续）

编制单位：上海国际信托有限公司　　2016 年度　　单位：万元

项目	上年金额								
	实收资本	其他权益工具	资本公积	减：库存股	其他综合收益	盈余公积	一般风险准备	未分配利润	所有者权益合计
一、上年年末余额	250 000. 00				14 925. 45	175 028. 87	61 344. 67	294 628. 89	795 927. 87
加：会计政策变更									
前期差错更正									
其他									
二、本年年初余额	250 000. 00				14 925. 45	175 028. 87	61 344. 67	294 628. 89	795 927. 87
三、本年增减变动金额（减少以"－"号填列）	−5 000. 00				−2 763. 35	−49 889. 96	−1 580. 02	−61 891. 17	−121 124. 49
（一）综合收益总额					−2 763. 35			156 775. 32	154 011. 98
（二）所有者投入和减少资本	−5 000. 00					−97 708. 41		−127 428. 05	−230 136. 46
1. 所有者投入资本									
2. 其他权益工具持有者投入资本									
3. 股份支付计入所有者权益的金额									
4. 其他	−5 000. 00					−97 708. 41		−127 428. 05	−230 136. 46
（三）利润分配	−					47 818. 45	−1 580. 02	−91 238. 43	−45 000. 00
1. 提取盈余公积						47 818. 45		−47 818. 45	
2. 提取风险准备							−1 580. 02	1 580. 02	
3. 对所有者的分配								−45 000. 00	−45 000. 00
4. 其他									
（四）所有者权益内部结转									
1. 资本公积转增资本									
2. 盈余公积转增资本									
3. 盈余公积弥补亏损									
4. 一般风险准备弥补亏损									
5. 结转重新计量设定受益计划净负债或净资产所产生的变动									
6. 其他									
四、本年年末余额	245 000. 00				12 162. 11	125 138. 91	59 764. 65	232 737. 72	674 803. 39

法定代表人：潘卫东　　主管会计工作负责人：陈　兵　　会计机构负责人：朱　红

5.1.5 现金流量表

现金流量表

编制单位:上海国际信托有限公司　　2016 年度　　单位:万元

	项目	本年数		上年数	
		合并	母公司	合并	母公司
一	经营活动产生的现金流量				
	买卖以公允价值计量且其变动计入当期损益的金融资产及可供出售金融资产收到的现金净额			104 693.45	69 291.63
	收取利息、手续费及佣金	356 462.89	235 152.37	295 564.43	150 017.75
	收到的其他与经营活动有关的现金	280 545.02	232 601.97	37 558.97	17 315.76
	经营活动现金流入小计	637 007.91	467 754.34	437 816.85	236 625.14
	买卖以公允价值计量且其变动计入当期损益的金融资产及可供出售金融资产支出的现金净额	371 797.20	369 449.71	25 706.58	
	支付利息、手续费及佣金	21 531.58	44.83	5.37	5.37
	支付给职工以及为职工支付的现金	89 413.47	41 090.95	63 104.69	22 933.72
	支付的各项税费	96 691.90	60 352.18	67 832.35	45 108.82
	支付其他与经营活动有关的现金	202 457.77	242 457.06	112 160.65	71 036.14
	经营活动现金流出小计	781 891.93	713 394.72	268 809.64	139 084.05
	经营活动产生的现金流量净额	-144 884.02	-245 640.38	169 007.21	97 541.09
二	投资活动产生的现金流量				
	收回投资收到的现金	35 171.06			
	取得投资收益所收到的现金	2 863.12	25 302.38	40 513.48	53 224.48
	处置固定资产、无形资产和其他长期资产收到的现金	752.71	746.69	2.79	
	收到其他与投资活动有关的现金	9 871.28	9 871.28		
	投资活动现金流入小计	48 658.17	35 920.35	40 516.27	53 224.48
	购建固定资产、无形资产和其他长期资产支付的现金净额	6 578.47	4 283.02	8 532.38	6 412.88
	取得子公司及其他营业单位支付的现金净额			2 585.21	
	投资支付的现金	122 740.86	21 271.29	73 000.00	73 000.00
	支付其他与投资活动有关的现金			18 984.09	18 858.43
	投资活动现金流出小计	129 319.33	25 554.31	103 101.68	98 271.31
	投资活动产生的现金流量净额	-80 661.16	10 366.04	-62 585.41	-45 046.83
三	筹资活动产生的现金流量				
	吸收投资所收到的现金		255 000.00	4 080.00	
	收到其他与筹资活动有关的现金	255 000.00			
	筹资活动现金流入小计	255 000.00	255 000.00	4 080.00	
	分配股利、利润或偿付利息支付的现金	21 203.00		55 189.00	45 000.00
	支付的其他与筹资活动有关的现金	3 000.00			
	筹资活动现金流出小计	24 203.00		55 189.00	45 000.00
	筹资活动产生的现金流量净额	230 797.00	255 000.00	-51 109.00	-45 000.00
四	汇率变动对现金的影响	67.46	-416.03	-60.69	-190.71
五	现金及现金等价物净增加/(减少)额	5 319.28	19 309.63	55 252.11	7 303.55
	加:年初现金及现金等价物余额	173 680.42	47 011.08	118 428.31	39 707.53
六	年末现金及现金等价物余额	178 999.70	66 320.71	173 680.42	47 011.08

法定代表人:潘卫东　　主管会计工作负责人:陈　兵　　会计机构负责人:朱　红

5. 2 信托资产

5. 2. 1 信托项目资产负债汇总表

信托项目资产负债汇总表

编制单位：上海国际信托有限公司　　2016 年 12 月 31 日　　单位：万元

信托资产	期末余额	年初余额	信托负债和信托权益	期末余额	年初余额
信托资产：			信托负债：		
货币资金	763 484. 16	672 077. 77	以公允价值计量且其变动计入当期损益的金融负债		
拆出资金			衍生金融负债		
存出保证金		298. 28	应付受托人报酬	5 520. 29	4 496. 06
以公允价值计量且其变动计入当期损益的金融资产	6 923 298. 12	6 698 585. 27	应付托管费	1 408. 95	2 421. 64
衍生金融资产		330. 53	应付受益人收益	6 497. 72	15 034. 89
买入返售金融资产	677 460. 68	29 058. 13	应交税费	5 648. 12	255. 87
应收款项	6 485 861. 20	922 666. 07	应付销售服务费	15. 77	88. 28
发放贷款	45 634 029. 31	31 362 975. 33	其他应付款	300 745. 65	104 349. 10
可供出售金融资产	9 947 667. 65	9 891 360. 00	预计负债		
持有至到期投资			其他负债		
长期应收款			信托负债合计	319 836. 50	126 645. 84
长期股权投资	3 070 010. 80	3 440 622. 94	信托权益：		
投资性房地产			实收信托	81 805 659. 18	60 332 329. 61
固定资产			资本公积	9 523. 71	
无形资产			其他综合收益	−5 026. 67	687. 20
长期待摊费用			未分配利润	449 383. 06	398 654. 13
其他资产	9 077 563. 86	7 840 342. 46	信托权益合计	82 259 539. 28	60 731 670. 94
信托资产总计	82 579 375. 78	60 858 316. 78	信托负债及信托权益总计	82 579 375. 78	60 858 316. 78

企业负责人：潘卫东　　复核：施　未　　制表：伍晓燕

5. 2. 2 信托项目利润和利润分配汇总表

信托项目利润和利润分配汇总表

编制单位：上海国际信托有限公司　　2016 年度　　单位：万元

项目	本年金额	上年金额
1. 营业收入	4 524 012. 54	3 788 523. 92
1. 1 利息收入	3 052 107. 16	2 410 935. 57
1. 2 投资收益	1 447 268. 74	1 289 848. 26
1. 2. 1 其中：对联营企业和合营企业的投资收益		
1. 3 公允价值变动收益	7 404. 04	90 819. 46
1. 4 租赁收入		
1. 5 汇兑损益	2 157. 74	−3 164. 18
1. 6 其他收入	15 074. 86	84. 81
2. 支出	366 983. 96	259 139. 10
2. 1 营业税金及附加	6 309. 54	7 517. 21
2. 2 受托人报酬	234 185. 36	143 783. 74
2. 3 托管费	37 805. 95	35 678. 64
2. 4 投资管理费	2 100. 01	−261. 74
2. 5 销售服务费	2 498. 72	2 073. 43
2. 6 交易费用	1 885. 77	3 650. 33
2. 7 资产减值损失	5 161. 20	
2. 8 其他费用	77 037. 41	66 697. 49
3. 信托净利润	4 157 028. 58	3 529 384. 82
4. 其他综合收益	−5 713. 87	687. 20

续表

项目	本年金额	上年金额
（一）以后不能重分类进损益的其他综合收益		
其中：（1）重新计量设定收益计划净负债或净资产的变动		
（2）权益法下在被投资单位不能重分类进损益的其他综合收益中享有的份额		
（二）以后将重分类进损益的其他综合收益	−5 713. 87	687. 20
其中：（1）权益法下在被投资单位以后将重分类进损益的其他综合收益中享有的份额		
（2）可供出售金融资产公允价值变动损益	−10 272. 99	
（3）持有至到期投资重分类为可供出售金融资产损益		
（4）现金流量套期损益的有效部分		
（5）外币财务报表折算差额	4 559. 12	687. 20
5. 综合收益	4 151 314. 71	3 530 072. 02
6. 加：期初未分配信托利润	398 654. 13	184 204. 73
7. 可供分配的信托利润	4 557 831. 73	3 723 398. 33
8. 减：本期已分配信托利润	4 108 448. 67	3 324 744. 20
9. 期末未分配信托利润	449 383. 06	398 654. 13

企业负责人：潘卫东　　复核：施　未　　制表：伍晓燕

6. 会计报表附注

6.1 报告年度会计报表编制基准、会计政策、会计估计和核算方法发生的变化

公司财务报表以持续经营假设为基础，根据实际发生的交易和事项，按照财政部于2006年2月15日及以后期间颁布的《企业会计准则——基本准则》、各项具体会计准则及相关规定(以下合称企业会计准则)编制。

6.2 或有事项说明

报告期内，本公司未发生对外担保及其他或有事项。

6.3 重要资产转让及其出售的说明

报告期内，本公司未发生重要资产转让及其出售的事项。

6.4 会计报表中重要项目的明细资料

6.4.1 披露自营资产经营情况

6.4.1.1 按信用风险五级分类结果披露信用风险资产的期初数、期末数

信用风险资产五级分类	正常类(万元)	关注类(万元)	次级类(万元)	可疑类(万元)	损失类(万元)	信用风险资产合计(万元)	不良资产合计(万元)	不良资产率(%)
期初数	140 412. 77					140 412. 77		—
期末数	1 349 515. 25		20 417. 26			1 369 932. 51	20 417. 26	1. 49

注:1. 不良资产合计 = 次级类 + 可疑类 + 损失类。
2. 信用风险资产按照银监会非现场监管G11报表口径统计。

6.4.1.2 各项资产减值损失准备的期初数、本期计提、本期转回、本期核销、期末数

单位:万元

	期初数	本期计提	本期转回	本期核销	本期转出	期末数
贷款损失准备	—					—
一般准备	—					—
专项准备	—					—
其他资产减值准备	9 453. 51					9 453. 51
可供出售金融资产减值准备	9 399. 91					9 399. 91
持有至到期投资减值准备						
长期股权投资减值准备	53. 60					53. 60
坏账准备	—					—
投资性房地产减值准备	—					—

6.4.1.3 按照投资品种分类，分别披露固有业务股票投资、基金投资、债券投资、股权投资等投资业务的期初数、期末数

单位:万元

	自营股票	基金	债券	长期股权投资	其他投资	合计
期初数	19 134. 49	119 702. 00	28 363. 44	65 376. 40	360 834. 59	593 410. 92
期末数	14 819. 01	74 785. 86	23 451. 22	85 376. 40	786 037. 61	984 470. 10

6.4.1.4 按投资入股金额排序，前三名的自营长期股权投资的企业名称、占被投资企业权益的比例、主要经营活动及投资收益情况等

企业名称	占被投资企业权益的比例(%)	主要经营活动	投资损益(万元)
1. 上投摩根基金管理有限公司	51. 00	基金管理等	20 145
2. 上海国利货币经纪有限公司	67. 00	证券经纪;证券投资咨询;证券自营等	3 752
3. 上信资产管理有限公司	100. 00	资产管理，股权投资及管理等	—

6.4.1.5 前三名的自营贷款的企业名称、占贷款总额的比例和还款情况等

报告期末，本公司无自营贷款。

6.4.1.6 表外业务的期初数、期末数，按照代理业务、担保业务和其他类型表外业务分别披露

单位:万元

表外业务	期初数	期末数
担保业务	—	
代理业务(委托业务)	2 864. 42	2 864. 42
其他	1 330. 00	1 330. 00
合计	4 194. 42	4 194. 42

6.4.1.7 公司当年的收入结构

合并口径

收入结构	金额(万元)	占比(%)
手续费及佣金收入	341 523. 91	87. 10
其中:信托手续费收入	195 972. 95	49. 98
投资银行业务收入	1 340. 53	0. 34
利息收入	51 822. 48	13. 22
其他业务收入	5 851. 54	1. 49
其中:计入信托业务收入部分		
投资收益	13 938. 93	3. 55
其中:股权投资收益	1 617. 22	0. 41
证券投资收益	12 343. 42	3. 15
其他投资收益	-21. 71	-0. 01
公允价值变动收益	-23 790. 76	-6. 07
营业外收入	2 763. 15	0. 71
收入合计	392 109. 25	100. 00

母公司口径

收入结构	金额(万元)	占比(%)
手续费及佣金收入	214 208.77	83.34
其中:信托手续费收入	212 762.64	82.78
投资银行业务收入	1 340.53	0.52
利息收入	830.22	0.32
其他业务收入	873.84	0.34
其中:计入信托业务收入部分		
投资收益	42 493.72	16.53
其中:股权投资收益	23 897.00	9.30
证券投资收益	18 596.72	7.24
其他投资收益		
公允价值变动收益	-1 535.20	-0.59
营业外收入	155.10	0.06%
收入合计	257 026.45	100.00

2016年以手续费及佣金确认的信托业务收入金额为147 292.93万元,以业绩报酬形式确认的信托业务收入金额为58 300.26万元,以其他形式确认的信托业务收入金额为7 169.45万元。

6.4.2 披露信托财产管理情况

6.4.2.1 信托资产的期初数、期末数

单位:万元

信托资产	期初数	期末数
集合	31 176 043.46	33 009 734.50
单一	21 703 287.85	36 362 444.34
财产权	7 978 985.47	13 207 196.94
合计	60 858 316.78	82 579 375.78

6.4.2.1.1 主动管理型信托业务的信托资产期初数、期末数

单位:万元

主动管理型信托资产	期初数	期末数
证券投资类	7 659 343.09	8 659 355.86
股权投资类	2 001 204.31	666 373.56
融资类	13 740 079.96	10 192 114.83
合计	24 849 866.78	20 006 174.05

6.4.2.1.2 事务管理型信托业务的信托资产期初数、期末数

单位:万元

事务管理型信托资产	期初数	期末数
证券投资类	739 822.37	701 416.89
股权投资类	2 149 671.24	3 867 132.46
融资类	27 944 530.37	50 506 968.81
合计	36 008 450.00	62 573 201.73

6.4.2.2 本年度已清算结束的信托项目表

6.4.2.2.1 本年度已清算结束的信托项目

已清算结束信托项目	项目个数(个)	实收信托合计金额(万元)	加权平均实际年化收益率(%)
集合资金类	99	5 583 252.03	8.69
单一资金类	170	8 291 715.34	7.82
财产管理类	26	1 632 257.68	8.23

注:加权平均实际年化收益率=(信托项目1的实际年化收益率×信托项目1的实收信托+…+信托项目n的实际年化收益率×信托项目n的实收信托)/(信托项目1的实收信托+…+信托项目n的实收信托)×100%。

6.4.2.2.2 本年度已清算结束的主动管理型信托项目

已清算结束信托项目	项目个数(个)	实收信托合计金额(万元)	加权平均实际年化信托报酬率(%)	加权平均实际年化收益率(%)
证券投资类	8	14 957.76	0.43	11.35
股权投资类	8	830 170.00	1.18	9.46
融资类	81	4 429 228.10	0.77	8.39

注:加权平均实际年化收益率=(信托项目1的实际年化收益率×信托项目1的实收信托+…+信托项目n的实际年化收益率×信托项目n的实收信托)/(信托项目1的实收信托+…+信托项目n的实收信托)×100%。

6.4.2.2.3 本年度已清算结束的事务管理型信托项目

已清算结束信托项目	项目个数(个)	实收信托合计金额(万元)	加权平均实际年化信托报酬率(%)	加权平均实际年化收益率(%)
证券投资类	1	615.17	0.18	1.64
股权投资类	7	598 200.00	0.14	8.18
融资类	161	7 052 526.02	0.13	7.45

注:加权平均实际年化收益率=(信托项目1的实际年化收益率×信托项目1的实收信托+…+信托项目n的实际年化收益率×信托项目n的实收信托)/(信托项目1的实收信托+…+信托项目n的实收信托)×100%。

6.4.2.3 本年度新增的信托项目

新增信托项目	项目个数(个)	实收信托合计金额(万元)
集合类	135	9 701 321.44
单一类	481	28 256 414.66
财产管理类	30	10 159 230.75
新增合计	646	48 116 966.85
其中:主动管理型	224	3 853 212.79
事务管理型	422	44 263 754.06

注:本年新增信托项目指在本报告年度内累计新增的信托项目个数和金额,包含本年度新增并于本年度内结束的项目和本年度新增至报告期末仍在持续管理的信托项目。

6.4.2.4 信托业务创新成果和特色业务有关情况

报告期内,公司坚持以创新为抓手,大力推进信托业务转型,探索建立起新的业务结构和可持续发展模式,实现了业务发展突破。在基金化业务方面,公司做强做优净值型基金化产品,增加产品服务功能,加强专业化团队建设,持续提升资产配置能力。在信托投行业务方面,公司重点开发债权型信托直接融资工具TBN,为信托受益权的非标转标探索和实践开拓了一条可行的发展道路。在资产证券化业务方面,公司在金融租赁资产、公积金贷款、个人汽车抵押贷款证券化项目均取得重要突破,受托规模实现快速增长。同时,公司还积极参与企业资

产证券化业务，在企业资产支持票据以及私募资产证券化等领域均有所斩获。在互联网信托方面，公司打造了"上信赢通"信托资产交易平台，建立了信托产品预约发行的一级市场和信托产品流转交易的二级市场，大大提升信托产品的流动性和投资的灵活度、便利性。在海外业务方面，公司基本完成海外平台的组织架构搭建，全资控股公司上信香港已经拿到香港信托牌照并成功获得4号、9号牌，为公司全面主动参与海外业务打下坚实基础。在家族信托方面，公司立足全球资产管理和财富管理服务商的角色定位，积极推进财富管理业务转型，成功推出信睿家族管理办公室的全新品牌。在股权业务方面，公司在城市发展基金、健康医疗基金、房地产股权基金以及借壳上市、中概股回归、不良资产收购、政府引导基金等领域进行实践，并逐渐成为公司新的盈利增长点。

6.4.2.5　本公司履行受托人义务情况

公司严格按照《信托法》《信托公司管理办法》《信托公司集合资金信托计划管理办法》及信托文件等规定，履行诚实、信用、谨慎、有效管理的义务，为受益人的最大利益处理信托事务。

根据银监会的要求，每个信托产品发行前均有一整套的产品相关信息备忘录等资料置于受托人营业场所，以备委托人(受益人)查阅。

委托人在认购信托计划前，提示投资者认真阅读信托计划说明书和其他信托文件。同时，严格审核委托人为合格投资者，并以自己合法所有的资金认购信托单位。

公司将信托财产与其固有财产分别管理、分别记账。同时，对不同的信托资金建立单独的会计账户分别核算，并在银行分别开设单独的银行账户，在证券交易机构分别开设独立的证券账户与资金账户。

根据信托文件的规定，及时履行定期信托计划的信息披露义务。每个信托计划设立后5个工作日内，就信托合同数与信托资金总额向委托人(受益人)进行披露。并按照信托合同的规定，定期将信托资金运用及收益情况以书面信函告知信托文件规定的人。

信托合同终止时，根据信托合同的规定，以信托财产为限向受益人支付信托利益。同时，公司严格根据银监会的要求，在信托终止后十个工作日内作出处理信托事务的清算报告，经审计后送达信托财产归属人。

根据《信托法》要求，妥善保管处理信托事务的完整记录、原始凭证及资料，保存期自信托计划终止之日起十五年。同时对委托人、受益人以及处理信托事务的情况和资料依法保密。

报告期内，公司管理的信托项目运作正常，到期信托产品合同金额1 550.72亿元，全部安全交付受益人，未出现因本公司自身责任而导致的信托资产损失情况。

6.5　关联方关系及其交易的披露

6.5.1　关联交易方的数量、关联交易的总金额及关联交易的定价政策等

	关联交易方数量(个)	关联交易金额(万元)	定价政策
合计	7	2 860 633.46	按市场价格交易；若无市场价格，则按公允原则，以不优于对非关联方同类交易的条件定价交易。

6.5.2　关联交易方与本公司的关系性质、关联交易方的名称、法定代表人、注册地址、注册资本及主营业务等

单位：万元

关系性质	关联方名称	法定代表人	注册地址	注册资本	主营业务
控股股东	上海浦东发展银行股份有限公司	吉晓辉	上海市中山东一路12号	2 161 800.00	银行及金融服务
控股股东投资并对其有重大影响	浦银安盛基金管理有限公司	姜明生	上海自由贸易试验区浦东大道981号3幢316室	28 000.00	基金管理
控股股东投资并对其有重大影响	上海浦银安盛资产管理有限公司	姜明生	上海自由贸易试验区西里路55号1463A室	10 000.00	资产管理
控股股东之主要股东所属集团	上海国有资产经营有限公司	傅帆	上海市徐汇区天钥桥路329号807室	550 000.00	资产管理
控股子公司	上信资产管理有限公司	潘卫东	武昌路559号B楼151室	60 000.00	投资和资产管理
控股子公司	浦耀信晔投资管理有限公司	叶力俭	上海市黄浦区九江路111号701室	10 000.00	资产管理
控股子公司	上投摩根基金管理有限公司	穆矢	上海市富城路99号震旦国际大厦20层	25 000.00	基金管理

6.5.3　逐笔披露本公司与关联方的重大交易事项

6.5.3.1　固有与关联方交易情况：贷款、投资、租赁、应收账款担保、其他方式等期初汇总数、本期借方和贷方发生额汇总数、期末汇总数

单位：万元

固有与关联方关联交易				
	期初数	借方发生额	贷方发生额	期末数
贷款				
投资	3 965.68	66 000.02	52 507.26	17 458.44
租赁				
担保				
应收账款				
其他		60 197.93		60 197.93
合计	3 965.68	126 197.95	52 507.26	77 656.37

注：本年度公司纳入浦发银行后调整关联方，期初数据由2 000.16万元调整为3 965.68万元。

6.5.3.2　信托与关联方交易情况：贷款、投资、租赁、应收账款、担保、其他方式等期初汇总数、本期借方和贷方发生额汇总数、期末汇总数

单位：万元

信托与关联方关联交易				
	期初数	借方发生额	贷方发生额	期末数
贷款	—	—	—	—
投资	—	—	—	—
租赁	—	—	—	—
担保	—	—	—	—
应收账款	—	—	—	—
其他	40 000.00	2 138 431.03	40 000.00	2 138 431.03
合计	40 000.00	2 138 431.03	40 000.00	2 138 431.03

6.5.3.3　本公司自有资金运用于自己管理的信托项目（固信交易）、本公司管理的信托项目之间的相互（信信交易）交易金额，包括余额和本报告年度的发生额

6.5.3.3.1　固有与信托财产之间的交易金额期初汇总数、本期发生额汇总数、期末汇总数

单位：万元

固有财产与信托财产相互交易			
	期初数	本期发生额	期末数
合计	306 642.36	315 240.11	621 882.47

6.5.3.3.2　信托项目之间的交易金额期初汇总数、本期发生额汇总数、期末汇总数

单位：万元

信托资产与信托财产相互交易			
	期初数	本期发生额	期末数
合计	479 767.67	373 271.63	853 039.30

6.5.4　逐笔披露关联方逾期未偿还本公司资金的详细情况以及本公司为关联方担保发生或即将发生垫款的详细情况

本公司无关联方逾期未偿还本公司资金的情况以及为关联方担保发生或即将发生垫款的情况。

6.6　会计制度的披露

公司固有业务2008年1月1日起执行财政部2006年颁布的企业会计准则。

公司信托业务2010年1月1日起执行财政部2006年颁布的企业会计准则。

7. 财务情况说明书

7.1　利润实现和分配情况

7.1.1　母公司利润实现和分配情况

本报告期母公司实现利润总额193 293.59万元，企业所得税费用42 730.33万元，实现净利润150 563.26万元。

依据《公司法》《信托公司管理办法》《金融企业准备金计提管理办法》（财金［2012］20号）的规定，2016年利润分配如下：

（1）提取10%的法定盈余公积金15 056.33万元。

（2）提取20%的任意盈余公积金30 112.65万元。

（3）按照《金融企业准备金计提管理办法》的规定，以标准法计算以及年末一般准备余额不低于风险资产期末余额的1.5%的原则，计提一般风险准备4 030.93万元。

（4）根据本公司《信托赔偿准备金的提取、使用和管理办法》规定，按税后利润的5%计提信托赔偿准备金7 528.16万元。

上述各项提取与转回后，剩余部分93 835.19万元，加上年初未分配利润201 382.66万元，2016年末剩余295 217.85万元。

2017年4月25日经本公司股东会审议通过2016年度利润分配方案：暂不向全体股东派发现金股利，未分配利润295 217.85万元留存以后年度进行分配。

7.1.2　合并报表利润实现和分配情况

本报告期合并报表实现利润总额237 570.77万元，企业所得税费用59 390.69万元，实现净利润178 180.08万元 其中归属于母公司所有者的净利润158 675.35万元 少数股东损益19 504.73万元。

依据《公司法》《信托公司管理办法》《金融企业准备金计提管理办法》的规定，母公司、上信资产管理有限公司、上投摩根基金管理有限公司及上海国利货币经纪有限公司的2016年度合并报表利润分配如下：

（1）根据母公司净利润提取10%的法定盈余公积15 056.33万元。

（2）根据母公司净利润提取20%的任意盈余公积30 112.65万元。

（3）根据母公司净利润提取5%的信托赔偿准备金7 528.16万元。

（4）根据母公司提取一般风险准备、上投摩根基金管理有限公司证券投资基金管理费收入提取10%的一般风险准备以及上海国利货币经纪有限公司提取一般风险准备按母公司投资比例确认的一般风险准备合计9 109.38万元。

（5）根据上海国利货币经纪有限公司提取的职工奖励及福利基金按母公司投资比例确认249.61万元。

上述各项提取之后，剩余部分96 619.22万元，加年初未分配利润240 925.27万元，可供分配的利润337 544.49万元。

7.2　主要财务指标

合并口径

指标名称	指标值
资本利润率（%）	18.52
加权年化信托报酬率（%）	0.4685
人均净利润（万元）	472.95

母公司口径

指标名称	指标值
资本利润率（%）	19.50
加权年化信托报酬率（%）	0.4685
人均净利润（万元）	448.77

注：1. 资本利润率＝净利润/所有者权益加权平均余额×100%。

2. 加权年化信托报酬率＝（信托项目1的实际年化信托报酬率×信托项目1的实收信托＋信托项目2的实际年化信托报酬率×信托项目2的实收信托＋…＋信托项目n的实际年化信托报酬率×信托项目n的实收信托）/（信托项目1的实收信托＋信托项目2的实收信托＋…＋信托项目n的实收信托）×100%。

3. 人均净利润＝净利润/年平均人数。

4. 平均值采取年初、年末余额简单平均法，公式为：a（平均）＝（年初数＋年末数）/2。

7.3 对本公司财务状况、经营成果有重大影响的其他事项

报告期内，本公司未发生对财务状况、经营成果有重大影响的其他事项。

8. 特别事项揭示

8.1 前五名股东报告期内变动情况及原因

2016年3月，上海浦东发展银行股份有限公司与本公司原股东上海国际集团有限公司、上海久事(集团)有限公司、申能股份有限公司、上海锦江国际投资管理有限公司、上海石化城市建设综合开发公司、上海地产(集团)有限公司、国网英大国际控股集团有限公司、中国东方航空股份有限公司、双钱集团股份有限公司、上海爱建股份有限公司和上海百联集团股份有限公司等11家公司签订了《发行股份购买资产协议》，以发行股份的方式购买其合计持有的本公司97.33%股权，完成对本公司的收购。公司股东由原13名变更为3名，2016年3月15日公司完成股东变更的工商登记变更手续。

现公司3名股东为上海浦东发展银行股份有限公司、上海汽车集团股权投资有限公司、上海新黄浦置业股份有限公司。

8.2 董事、监事及高级管理人员变动情况及原因

公司于2016年4月12日召开第一次股东会议，选举产生新一届董事会，同意潘卫东、陈兵、陈海宁、刘长江、冯金安担任公司第六届董事会董事，同意陈学彬、李宪明、谢荣担任公司第六届董事会独立董事，任期自2016年4月12日起，任期3年。公司第六届董事会第一次会议推选潘卫东担任上海国际信托有限公司第六届董事会董事长。新任董事陈海宁、刘长江、冯金安、陈学彬、谢荣于2016年6月8日经中国银监会上海监管局核准任职资格后正式任职。

公司于2016年4月12日召开第一次股东会议，选举产生新一届监事会，同意郁忠民、姚建东担任公司第六届监事会监事。公司第六届监事会第一次会议推选郁忠民担任上海国际信托有限公司第六届监事会监事长。

公司第六届董事会第二次会议于2016年4月12日召开。经会议审议，聘任陈兵担任公司总经理，应华担任公司副总经理，张文桥、叶力俭、吴海波担任公司总经理助理，任职期限自2016年4月12日起，任期3年。

公司第六届董事会于2016年8月24日召开2016年第四次通信会议，以通信表决方式书面审议了《关于聘任张文桥同志为公司副总经理的议案》，同意聘任张文桥为公司副总经理，任职期限与本届经营班子任期一致。张文桥于2016年9月26日经中国银监会上海监管局核准任职资格后正式任职。

公司于2016年9月12日以通信方式召开2016年第三次股东会议，书面审议了《关于上海国际信托有限公司监事人选变更的决议》，同意推选赵峥嵘担任上海国际信托有限公司第六届监事会监事，任职期限与公司第六届监事会任期一致。上海国际信托有限公司第六届监事会第二次会议推选赵峥嵘担任监事长。郁忠民不再担任公司第六届监事会监事、监事长职务。

公司第六届董事会于2016年12月30日召开2016年第九次通信会议，以通讯表决方式书面审议了《关于公司管理层职务任免的议案》，同意聘任邹俪为公司总经理助理，任职期限与本届经营班子任期一致。张文桥不再担任公司副总经理职务。邹俪于2017年1月17日经中国银监会上海监管局核准任职资格后正式任职。

8.3 变更注册资本、变更注册地或公司名称、公司分立合并事项

报告期内，公司注册地和公司名称未发生变更，未发生分立合并事项。

本公司2016年7月经股东会作出决议增加注册资本25.5亿元，由所有股东同比例增资。2016年10月经上海银监局“沪银监复[2016]463号”文批复同意，公司注册资本由人民币24.5亿元增至50亿元，原有股东及股权比例保持不变。公司于2016年11月14日完成增加注册资本的工商变更登记，并由上会会计师事务所出具“上会师报字[2016]第4988号”验资报告。

8.4 公司重大诉讼事项

报告期内，公司有两个信托计划涉及重大诉讼，分别为上信雨润控股信托贷款集合资金信托计划、上信雨润控股2号信托贷款集合资金信托计划。鉴于上述项目出现融资方等违约情形，2015年末，公司向上海市高级人民法院提起诉讼，现两个案件正在一审审理中。

8.5 公司及其董事、监事和高级管理人员受到处罚的情况

报告期内，公司及其董事、监事和高级管理人员未发生受到处罚的情况。

8.6 银监会检查意见的整改情况

公司于2016年5月4日收到《上海银监局关于上海国际信托有限公司2015年度的监管意见》(沪银监发[2016]71号)。上海银监局对公司2015年经营发展和风险管控认可的同时，也指出了存在的问题。公司高度重视，在公司净资本管理、信托业务结构、信托业保障基金认缴、数据质量管理、并表管理等方面，结合公司现状和发展规划，制定相应的改进措施，逐项落实监管意见。

公司于2016年12月5日收到《上海银监局关于上海国际信托有限公司固有业务及“两个加强、两个遏制”回头看专项现场检查的意见》(沪银监发[2016]165号)。上海银监局对公司法人治理结构、授权控制体系、内部制度建设给予较好评价，认为公司固有业务及信托业务管理组织架构健全，风险管理较为有效。同时，也指出了公司在固有业务审批流程、信托产品设计、信托产品推介、项目后续管理、统计信息质量等方面存在的不足和问题。公司已经制定整改措施报监管部门，并在经营管理中加强整改落实。

8.7 本年度公司重大事项临时事项披露内容

报告期内，公司未发生重大事项临时报告的披露。

9. 公司监事会意见

关于公司依法运作情况的意见。报告期内，公司的决策程序符合国家法律、法规和《公司章程》及相关制度，建立健全了比较有效的内控制度，董事会全体成员及董事会聘任的高级管理人员认真履行了职责，未发现有重大违法、违规、违章的行为，也没有损害公司利益、股东利益和委托人利益的行为。

关于公司财务报告真实性的意见。报告期内，公司财务报告真实反映了公司财务状况和经营成果。

本年度报告的编制和审议程序符合国家法律、法规和《公司章程》的规定，报告的内容和格式符合中国银监会的规定。

四川信托有限公司

1. 重要提示

1.1 公司董事会及董事保证本报告所载资料不存在任何虚假记载、误导性陈述或者重大遗漏,并对其内容的真实性、准确性和完整性承担个别及连带责任。

1.2 公司独立董事李光金、熊敬英、王元声明:保证本报告的内容真实、准确、完整。

1.3 致同会计师事务所对本公司出具了标准无保留意见的审计报告。

1.4 公司董事长牟跃先生、总裁刘景峰先生、财务总监胡应福先生声明:保证本年度财务报告的真实、完整。

2. 公司概况

2.1 公司简介

四川信托有限公司(以下简称公司)是在四川省信托投资公司、四川省建设信托投资公司整顿重组,合并部分优质资产并引入战略投资者的基础上改制设立的信托公司,于2010年11月28日正式开业。目前,公司注册资本35亿元,共有10家股东,包括省内外大型的国有企业、民营企业、上市公司等,管理信托资产规模逾3 000亿元。

2.1.1 公司法定中文名称:四川信托有限公司
公司法定英文名称:Sichuan Trust Co.,Ltd.(缩写为SCTC)

2.1.2 公司法定代表人:牟跃

2.1.3 公司注册地址:成都市锦江区人民南路2段18号川信红照壁大厦
邮政编码:610016
公司国际互联网网址:http://www.schtrust.com
电子信箱:schtrust@schtrust.com

2.1.4 信息披露事务负责人:陈洪亮
信息披露事务联系人:胡杨帆
电话:028-86200639
传真:028-86200678
电子邮箱:huyangfan@schtrust.com

2.1.5 公司选定的信息披露报纸:《金融时报》《中国证券报》《上海证券报》
公司年度报告将备置在公司营业场所及网站供查询

2.1.6 公司聘请的会计师事务所名称:致同会计师事务所
地址:四川省成都市青羊工业集中发展区(东区)敬业路229号H区7幢501号
公司常年法律顾问:泰和泰律师事务所
地址:成都高新区天府大道中段199号棕榈泉国际中心16~17楼

2.2 组织结构

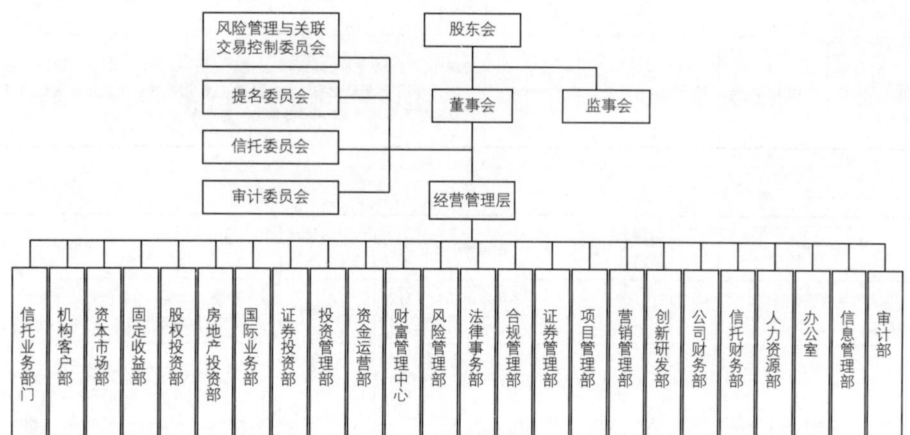

3. 公司治理

3.1 公司治理结构

3.1.1 股东

报告期末公司股东总数为 10 个，持有本公司 10% 以上（含 10%）股份（或出资比例）的股东分别为：四川宏达（集团）有限公司、中海信托股份有限公司、四川宏达股份有限公司。

股东名称	持股比例（%）	法人代表	注册资本（亿元）	注册地址	主要经营业务及主要财务情况
四川宏达（集团）有限公司	32.0388	刘　军	12.5	四川省什邡市师古镇成林村	化工机械制造及设备检测、安装；化工产品及原销售及进出口业务；对旅游业、房地产业、采矿业、化工行业、贸易业、餐饮娱乐业、仓储业投资；房地产开发及物业管理；旅游产品开发。
中海信托股份有限公司	30.2534	黄晓峰	25	上海市黄浦区蒙自路 763 号 36 楼	信托投行业务、资产管理业务及事务性信托业务。截至 2016 年末，公司资产总额 107.33 亿元，净资产 44.47 亿元。公司管理信托资产规模达到 3,453.43 亿元，实现营业收入 13.83 亿元，利润总额 12.10 亿元，净利润 10.42 亿元（经审计）。
四川宏达股份有限公司	22.1605	王国成	20.32	四川省什邡市师古镇慈山村	主要从事冶金、化工、矿山开采及酒店（主要财务情况以上市公司披露的为准）。

股东间关联关系情况：四川宏达（集团）有限公司与四川宏达股份有限公司的实际控制人同为刘沧龙先生。

3.1.2 董事、董事会及其下属委员会

董事长、副董事长、董事

姓名	职务	性别	年龄（岁）	选任日期	所推举的股东名称	该股东持股比例（%）	简要履历
牟　跃	董事长	男	57	2015 年 8 月	四川宏达（集团）有限公司	32.0388	曾任四川省忠县、仪陇县人民政府副县长，四川省证券监督管理办公室发行上市部主任，中国证券监督管理委员会四川监管局上市公司监管处处长、机构监管处处长，四川宏达（集团）有限公司董事、副总裁，四川宏达股份有限公司副董事长，宏信证券有限责任公司党委书记、董事；现任四川信托有限公司董事长。
黄晓峰	副董事长	男	51	2016 年 11 月	中海信托股份有限公司	30.2534	曾任中国海洋石油有限公司资金融资部总经理，中海石油财务有限责任公司董事、总经理；现任中海信托股份有限公司党委书记、总裁。
刘　军	董事	男	35	2016 年 11 月	四川宏达股份有限公司	22.1605	曾任四川宏达集团总裁助理、副总裁，四川宏达集团董事局董事、副总裁、总裁，和兴证券经纪有限责任公司（现为宏信证券有限责任公司）董事；现任四川宏达（集团）有限公司副董事长。
朱开友	董事	男	61	2010 年 11 月	汇源集团有限公司	3.8436	曾任成都市金牛区医药管理局及物资局局长、成都汇源光缆厂厂长；现任汇源集团有限公司董事长，西部汇源矿业有限公司董事长，四川电器集团股份有限公司董事长，成都新汇源医药有限公司董事长，四川省政协委员等职务。

独立董事

姓名	所在单位及职务	性别	年龄（岁）	选任日期	所推举的股东名称	该股东持股比例（%）	简要履历
王　元	中美国际保险销售服务有限公司首席风险官	女	60	2015 年 4 月	中海信托股份有限公司	30.2534	先后在泰康人寿保险股份有限公司稽核部、合规法律部、法律部工作，担任过员工监事、公司法律责任人。
李光金	四川大学商学院教授、博士导师	男	50	2013 年 11 月	四川宏达（集团）有限公司	32.0388	曾在西南交通大学经济管理学院任教，在四川联合大学管理工程系任教，并担任系科研秘书，在四川大学工商管理学院任教，担任副院长，先后主管过硕士与博士研究生、MBA、ME、外事、EMBA 等工作，其中 2003 年 7 月晋升教授，后被聘为博士导师。
熊敬英	达成铁路有限责任公司副总经理	女	50	2010 年 11 月	成都铁路局	3.5691	曾任成都铁路局成都车务段助理经济师，成都铁路局财务处会计师、高级会计师、副科长、科长，成都铁路局国资办任副主任、主任，成都铁路局财务处副处长。

董事会下属委员会

董事会下属委员会	职责	组成人员名单	职务
风险管理与关联交易控制委员会	研究公司发生重大、突发性事件的对策；研究制定总体风险管理、关联交易控制政策供董事会审议；研究公司风险管理的战略结构和资源，并使之与公司的内部风险管理政策相兼容；研究重要的风险边界；对相关的风险管理、关联交易控制政策进行监督、审查和向董事会提出建议等。	王　元	独立董事
		黄晓峰	副董事长
		熊敬英	独立董事
提名委员会	研究董事和总裁的选择标准和程序并提出建议；广泛搜寻合格的董事和总裁人选；对董事候选人和总裁人选进行审查并提出建议等。	牟　跃	董事长
		黄晓峰	副董事长
		刘　军	董事
信托委员会	调查研究信托行业的发展变化，对公司信托业务的发展方向和战略规划进行研究和提出建议；审议单个主动管理集合信托规模超过15亿元（含）以上的融资类集合信托项目；审议集合资金计划3亿元（含）以上，除信政合作业务中应收账款质押项目外，以信用融资、保证担保的，或以非上市公司且非金融机构股权质押的，或其他存有风险敞口方式（抵押物评估价值不能覆盖信托本金）为融资方提供融资的；针对中国银行业监督管理委员会及其派出机构检查公司信托业务后要求董事会组织整改的问题，研究提出具体措施；当公司或股东利益与受益人利益发生冲突时，研究提出维护受益人权益的具体措施等。	李光金	独立董事
		牟　跃	董事长
		朱开友	董事
审计委员会	提议聘请或更换外部审计机构；监督公司的内部审计制度及其实施；负责内部审计与外部审计之间的沟通；审核公司的财务信息及其披露；审查公司内控制度等。	熊敬英	独立董事
		李光金	独立董事
		刘　军	董事

3.1.3　监事、监事会及其下属委员会

姓名	职务	性别	年龄（岁）	选任日期	所推举的股东名称	该股东持股比例（%）	简要履历
孔维文	监事会主席	男	53	2016年4月	公司职工	—	曾任四川银监局办公室主任，达州银监分局局长，四川信托首席风控官、副总裁；现任四川信托监事会主席、工会主席。
严俊波	监事	男	58	2010年11月	四川濠吉食品（集团）有限责任公司	5.0422	四川濠吉集团创始人，全国人大代表；现任四川濠吉食品（集团）有限责任公司董事长兼总经理，集团党委书记。
王静轶	监事	女	40	2013年1月	四川省投资集团有限责任公司	1.3924	曾任四川川投资产管理有限责任公司财务经理、四川川投水务集团有限公司副总会计师；现任四川省投资集团有限责任公司资金财务部副经理。

3.1.4　高级管理人员

报告期末，公司在职高级管理人员情况如下：

姓名	职务	性别	年龄（岁）	选任日期	金融从业年限（年）	学历	专业	履历简介
刘景峰	总裁	男	49	2015年7月	23	硕士	经济学	曾任中融国际信托投资有限公司投资银行部副总经理，中融国际信托投资有限公司北京业务部总经理，中融国际信托投资有限公司副总裁，中植集团有限公司总裁，四川信托有限公司副总裁；现任四川信托有限公司总裁。
陈洪亮	常务副总裁	男	55	2011年10月	25	硕士	工商管理	曾任中国银行遂宁分行行长，四川宏达（集团）有限公司副总裁、四川信托有限公司副董事长；现任四川信托有限公司常务副总裁。
周可彤	副总裁兼首席风控官	男	48	2012年8月	29	本科	金融学	曾任四川银监局现场检查六处处长，非银行金融机构监管处处长；现任四川信托有限公司副总裁兼首席风控官。
向前友	副总裁	男	56	2011年11月	26	硕士	工商管理	曾任中国银行自贡分行行长、党委书记，中国银行四川省分行公司业务处处长，中国银行德阳分行行长、党委书记；现任四川信托有限公司副董事长、党委书记。
刘学川	副总裁	男	52	2016年11月	18	硕士	法学	曾任四川宏达（集团）有限公司副总裁，和兴证券经纪有限责任公司（现为宏信证券有限责任公司）副总裁兼董事会秘书；现任四川信托有限公司副总裁。
李刚	副总裁	男	46	2016年4月	20	本科	审计学	曾任上海远东证券有限公司总裁助理，新时代证券有限责任公司投资总监，宏信证券有限责任公司副总裁。
叶伟清	副总裁	男	55	2010年11月	27	本科	工商管理	曾任工商银行广东省肇庆市分行行长、党委书记，工商银行广东省分行投资银行部总经理，渤海银行总行机构发展部总经理。
严整	副总裁	男	46	2011年10月	16	博士	会计学	曾任四川证监局上市监管处副处长、法制工作处处长；现任四川信托有限公司副总裁。
胡应福	财务总监	男	50	2013年5月	6	本科	财会	曾任中国国际期货经纪有限公司、中期证券经纪有限责任公司财务总监、总会计师，四川宏达股份有限公司总会计师；现任四川信托有限公司财务总监。
吕明昭	总稽核	女	51	2011年11月	9	硕士	工商管理	曾供职于新华保险公司、中务会计师事务所、四川宏达集团副总会计师，四川信托财务总监；现任四川信托有限公司总稽核。

续表

姓名	职务	性别	年龄（岁）	选任日期	金融从业年限（年）	学历	专业	履历简介
马振邦	总裁助理	男	40	2016年8月	8	本科	工商管理	曾任四川信托有限公司金融市场部信托经理，四川信托有限公司金融市场二部总经理，四川信托有限公司华北片区副总经理、总经理；现任四川信托有限公司总裁助理。
陈进	总裁助理	男	42	2016年8月	15	本科	贸易经济	曾任重庆国际信托有限公司信托业务一部副总经理，四川信托有限公司金融机构二部总经理，四川信托有限公司公司业务部（西南片区）总经理，四川信托有限公司结构金融部（重庆片区）总经理；现任四川信托有限公司总裁助理。

向前友、叶伟清、李刚已于2017年2月提出辞去副总裁职务，并经公司第二届董事会第三十九次会议审议通过。

3.1.5　公司员工

报告期末，公司职工人数为725人。

项目		报告期年度	
		人数（人）	比例（%）
年龄分布	25岁以下	22	3.03
	25～29岁	226	31.17
	30～39岁	337	46.49
	40～49岁	109	15.03
	50岁以上	31	4.28
学历分布	博士	5	0.69
	硕士	225	31.03
	本科	374	51.59
	专科	110	15.17
	其他	11	1.52
岗位分布	高管	17	2.34
	中后台人员	172	23.72
	自营业务人员	7	0.97
	信托业务人员	529	72.97

4. 经营管理

4.1　经营目标、经营方针、战略规划

4.1.1　指导思想

以科学发展观为指导，实现川信又好又快地发展。

4.1.2　经营方针

以“产品升级、服务升级、团队升级、管理升级”为工作指导方针，秉承“风险防范第一、效益发展第二”的经营理念，坚持“立足四川、面向全国”的基本定位，在风险可控前提下审慎合规开展业务。

4.1.3　战略目标

以资产管理、投资银行、私人财富管理、金融同业为公司核心业务，在资产端、资金端、管理端三方面齐头并进，协调发展，从“资金提供者”向“资产管理者”转变，力争五年内发展成为国内一流的资产管理机构。

4.2　经营业务的主要内容

4.2.1　业务范围

经中国银监会批准和公司登记机关核准，公司经营下列人民币和外币业务：资金信托、动产信托、不动产信托、有价证券信托、其他财产或财产权信托、作为投资基金或者基金管理公司的发起人从事投资基金业务，经营企业资产的重组、购并及项目融资、公司理财、财务顾问等业务，受托经营国务院有关部门批准的证券承销业务，办理居间、咨询、资信调查等业务，代保管及保管箱业务，以存放同业、拆放同业、贷款、租赁、投资方式运用固有财产，以固有财产为他人提供担保，从事同业拆借，法律法规规定或中国银监会批准的其他业务。

4.2.2　自营资产管理情况

公司稳健开展固有业务，加强自营资产的安全性和流动性管理。2016年整体流动性安全稳健，高流动性资产逐月提升。截至2016年末自营资产运用与分布详见下表。

自营资产运用与分布表

资产运用	金额（万元）	占比（%）	资产分布	金额（万元）	占比（%）
货币资产	207 664.21	32.57	基础产业	13 900.00	2.18
贷款及应收款	56 862.50	8.92	房地产业	22 763.22	3.57
交易性金融资产	39 227.71	6.15	证券市场	39 430.93	6.18
投资性房地产	19 052.58	2.99	实业	30 921.79	4.85
长期股权投资	84 453.03	13.25	金融机构	273 642.38	42.92
其他	230 287.71	36.12	其他	256 889.42	40.29
资产总计	637 547.74	100.00	资产总计	637 547.74	100.00

注：除特别说明外，本报告中数据均以人民币计量。

4.2.3　信托资产管理情况

公司大力发展资本市场业务，稳步推进传统融资业务发展，进一步拓展同业业务，提升自主管理类业务，并加大创新业务研发。截至2016年末信托资产运用与分布详见下表。

信托资产运用与分布表

资产运用	金额（万元）	占比（%）	资产分布	金额（万元）	占比（%）
货币资产	279 009.05	0.78	基础产业	1 991 606.35	5.35
贷款	11 768 494.73	32.64	房地产业	3 287 689.00	9.12
交易性金融资产	5 903 473.29	16.37	证券市场	7 293 673.00	20.23
可供出售金融资产	10 885 357.27	30.19	实业	10 472 166.77	29.04
长期股权投资	796 670.65	2.21	金融机构	5 116 878.12	14.19
其他	6 421 978.03	17.81	其他	7 892 969.78	21.89
信托资产总计	36 054 983.02	100	信托资产总计	36 054 983.02	100

4.3　市场分析

4.3.1　有利因素

2016年末，全国68家信托公司管理的信托资产规模近20万亿元，行业企稳态势明显。同时，随着居民财富的不断积累，理财需求将会进一步扩大，信托业将会迎来转型发展机遇。同时，信托公司作为能够跨越货币市场、资本市场和实业投资市

场的非银行金融机构，有着与生俱来的制度优势。

（1）信托行业整体实力得到提高。信托行业资产管理总规模、盈利能力和水平均创历史最好成绩。信托行业正在经历从做大资产管理规模到提高财富管理水平的跨越。

（2）信托产品成为市场重要的理财品种。目前国内信托市场已初步形成了证券投资型、股权投资型、资金贷款型、资产准证券化型、收益权转让型等多种类型的信托品种。同时，不同信托公司的信托产品在投资领域、规模期限和收益等方面也出现了多样化特点。

（3）中信登揭牌成立，标志着支持信托业发展的“一体三翼”架构全面建成，“八大机制”和“八大责任”进一步落实，行业迎来发展新机遇。

（4）创新能力不断增强，自主管理能力不断提高。信托公司正通过多种方式，不断加强业务创新，推出灵活多样的信托产品。

4.3.2 不利因素

2016 年世界经济仍呈现出复苏乏力态势。主要经济体宏观政策方向不一致，大规模跨境资本流动，外汇与金融市场动荡，地缘政治变化和自然灾变等，对经济运行带来干扰。国内经济下行压力依然较大，行业竞争加剧，信托业务增速放缓，风险防控压力增加。

（1）全球市场“黑天鹅”事件频发。国内经济下行压力依然较大，实体经济表现欠佳，区域和行业走势持续分化。

（2）人民币汇率、股市、债市等金融市场出现较大波动。

（3）信托传统业务受市场挤压，信托报酬率逐步下降，信托公司面临业务转型升级的压力。

（4）金融行业整体风险聚积，风控压力进一步增加。

4.4 内部控制

4.4.1 内部控制环境和内部控制文化

公司建立了由股东会、董事会、监事会和高级管理层组成的治理结构，形成了权力机构、决策机构、监督机构和经营层之间分工配合、相互协调、相互制衡的运行机制。公司“三会一层”均按照相关法律、法规及《公司章程》的规定，科学制定了内部分级授权管理制度并严格实施，规范运作，为公司营造了良好的内部控制环境。

公司坚持“风险防范第一、效益发展第二”的经营理念，根据宏观经济发展状况、监管政策要求及公司实际经营情况，逐步建立健全涵盖公司各管理环节的内部控制措施，促进了公司内控文化的建设。

4.4.2 内部控制措施

公司建立了自上而下的分级授权体系，形成了“全员参与、流程管理、立体监督”的合规风控体系，对项目风险进行事前防范与事中控制，发挥了风险防火墙的作用。公司建立了动态的制度管理体系，根据业务发展的需要，对制度进行实时修订与完善，进一步健全了公司内部控制体系。

公司建立了董事会领导下的内审制度，审计部对公司内部各部门及业务开展了常规审计和相关专项审计，形成了独立的审计报告并及时督促部门进行整改，通过事后的检查和监督进一步强化内部控制的力度。

公司通过科技手段加强内部控制。建成并投产的“一专双录”系统、CRM 系统、恒生业务系统，通过严格的审批流程有效控制操作风险。同时完成了公司网站的安全自查整改及二级等级保护测评。

4.4.3 信息交流与反馈

公司制定了《信息披露管理办法》《重大信息内部报告制度》《向董事会报告制度》等信息披露和报告管理制度，并有专门部门负责对外的信息收集、发布及媒体关系管理，确保信息交流过程中及时发现问题、解决问题。

公司建立了顺畅的报告及通报制度。经营管理层及时通过书面报告、会议报告等方式，将公司经营管理状况、财务状况、内部审计情况、风险与合规状况等向董事会、监事会报告，并根据《公司章程》报告股东会。经营管理层建立各项会议制度，及时收集、听取并研究经营管理各项工作。各部门在职责范围内收集内外部信息，通过财务会计资料、经营管理资料、调研报告、政策分析等，将信息有效送达相关部门和人员。

4.4.4 监督评价与纠正

审计部为公司审计监督检查和评价的执行部门，负责监督各项内部控制制度的执行情况，收集与评价内部控制的反馈意见，对发现的内部控制缺陷，按照规定程序有针对性地建议公司或要求相关部门或责任人予以纠正，并定期向董事会报告工作。

4.5 合规管理及风险管理

4.5.1 合规管理及风险管理概况

公司健全了完善的风险管理制度框架，实施全流程风险管理，建立完善了各类业务准入指引，设立专业评审委员库，严格执行项目风险审查和评审制度，重视并不断强化投贷后风险管理。并设立独立的合规管理部，从制度建设、业务拓展到产品销售进行全面合规审查，不断强化合规意识。

4.5.2 风险状况

4.5.2.1 信用风险状况

信用风险是指交易对手未能履行合同所带来的经济损失风险，或者是其信用等级下降时给公司权益造成的不确定性。报告期末，公司信托业务信用风险资产正常。

4.5.2.2 市场风险状况

市场风险是指公司在业务经营中，不可避免地因市场价格的波动而产生的风险。公司面临的市场风险主要是股份波动风险、利率风险及同业竞争形成的风险和购买力风险。报告期内，公司未因市场风险而对盈利能力及财务状况产生重大影响。

4.5.2.3 操作风险状况

操作风险是指由于不完善或有问题的内部操作过程、人员、系统或外部事件而造成的直接或间接损失的风险。报告期内，公司未发生因操作风险造成的损失。

4.5.2.4 其他风险状况

其他风险主要为政策风险及法律风险。报告期内，公司未发生因其他风险所造成的损失。

4.5.3 风险管理

4.5.3.1 信用风险管理

公司针对信用风险，在项目的前期运作中，组织专人进行项目尽职调查。针对创新类信托项目，公司聘请律师事务所拟订或审核合同，并在合同中设立了违约金制度及担保制度。同时对项目进行跟踪管理，发现问题及时采取措施补救。

4.5.3.2 市场风险管理

通过加强市场调查、市场研究、市场分析，尽量对股价、利率、汇率等市场要素有较全面、较准确的了解。同时，在业务拓展或产品推介时，除有关文件明示风险因素外，业务人员必须向投资者明确说明市场因素变化带来的可能影响。

4.5.3.3 操作风险管理

在财务管理、内部稽核、资金运作、账户管控、客户档案管理等方面，严格按信托法规及信托文件设定相应的管理岗位，坚持固有和信托业务的分离，设置专人专岗，明确管理职责及审批权限，并通过内部邮件系统、审批流程等标准化、系统化的管理方式，最大限度地控制内部管理方面的风险。

4.5.3.4 其他风险管理

公司十分关注宏观政策及监管政策的动向，对于对公司影响重大的政策变动都积极响应，及时调整内部制度和业务方向，力争与宏观政策和监管政策保持一致的步调。

4.6 净资本风险控制指标

本公司报告期末的净资本风险控制指标情况如下：

指标名称	期末数	监管标准
净资本（亿元）	53.03	≥2
固有业务风险资本（亿元）	5.86	
信托业务风险资本（亿元）	17.63	
其他业务风险资本（亿元）		
各项业务风险资本之和（亿元）	23.49	
净资本/各项业务风险资本之和（%）	226	≥100
净资本/净资产（%）	89	≥40

5. 会计报表

5.1 自营资产

5.1.1 会计师事务所审计结论

审计报告

致同审字（2017）第510ZB1750号

四川信托有限公司全体股东：

我们审计了后附的四川信托有限公司（以下简称四川信托公司）财务报表，包括2016年12月31日的合并及公司资产负债表，2016年度的合并及公司利润表、合并及公司现金流量表、合并及公司所有者权益变动表以及财务报表附注。

一、管理层对财务报表的责任

编制和公允列报财务报表是四川信托公司管理层的责任，这种责任包括：（1）按照企业会计准则的规定编制财务报表，并使其实现公允反映；（2）设计、执行和维护必要的内部控制，以使财务报表不存在由于舞弊或错误导致的重大错报。

二、注册会计师的责任

我们的责任是在执行审计工作的基础上对财务报表发表审计意见。我们按照中国注册会计师审计准则的规定执行了审计工作。中国注册会计师审计准则要求我们遵守中国注册会计师职业道德守则，计划和执行审计工作以对财务报表是否不存在重大错报获取合理保证。

审计工作涉及实施审计程序，以获取有关财务报表金额和披露的审计证据。选择的审计程序取决于注册会计师的判断，包括对由于舞弊或错误导致的财务报表重大错报风险的评估。在进行风险评估时，注册会计师考虑与财务报表编制和公允列报相关的内部控制，以设计恰当的审计程序，但目的并非对内部控制的有效性发表意见。审计工作还包括评价管理层选用会计政策的恰当性和作出会计估计的合理性，以及评价财务报表的总体列报。

我们相信，我们获取的审计证据是充分、适当的，为发表审计意见提供了基础。

三、审计意见

我们认为，四川信托公司财务报表在所有重大方面按照企业会计准则的规定编制，公允反映了四川信托公司2016年12月31日的合并及公司财务状况以及2016年度的合并及公司经营成果和合并及公司现金流量。

中国注册会计师 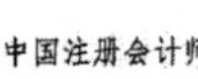

中国注册会计师

中国·北京　　　　二〇一七年四月二十日

5.1.2 资产负债表

资产负债表

2016年12月31日　　　　单位：元

项目	期末数		期初数	
	合并	公司	合并	公司
资产：				
现金及存放中央银行款项	15 046.35	—	33 656.83	24 812.40
存放同业款项	6 745 371 394.10	2 076 642 101.77	7 543 880 571.47	1 644 523 957.53
结算备付金	809 461 586.34	—	2 269 577 565.43	—
融出资金	1 710 939 910.91	—	2 279 985 357.41	—
以公允价值计量且其变动计入当期损益的金融资产	1 844 679 123.78	392 277 091.29	3 036 601 810.02	354 206 957.00
衍生金融资产				

续表

项目	期末数		期初数	
	合并	公司	合并	公司
买入返售金融资产	2 699 513 030. 82	—	1 438 455 954. 65	—
应收利息	82 896 059. 32	4 888 611. 10	108 507 624. 95	3 300 000. 00
发放贷款和垫款	352 000 000. 00	352 000 000. 00	255 800 000. 00	255 800 000. 00
应收款项类投资	1 209 514 067. 57	568 625 007. 51	890 567 801. 90	639 786 630. 18
可供出售金融资产	1 743 270 903. 05	1 683 256 798. 75	1 614 488 700. 91	920 347 126. 96
持有至到期投资				
长期股权投资	—	844 530 283. 51	—	844 530 283. 51
投资性房地产	252 013 384. 44	216 632 157. 49	261 471 409. 81	223 580,000. 52
固定资产	361 786 948. 29	190 525 755. 45	367 378 940. 58	193 954 614. 20
在建工程	6 865 280. 34	2 683 619. 44	6 611 720. 45	3 297 443. 45
无形资产	65 344 284. 55	8 326 183. 27	63 079 632. 32	8 186 094. 76
商誉	154 147 140. 87	—	154 147 140. 87	
递延所得税资产	137 928 001. 87	27 814 101. 01	132 794 546. 54	6 087 760. 94
其他资产	31 366 381. 72	7 275 718. 92	31 443 385. 50	9 053 536. 23
资产总计	18 207 112 544. 32	6 375 477 429. 51	20 454 825 819. 64	5 106 679 217. 68

资产负债表(续)

2016 年 12 月 31 日

单位:元

项目	期末数		期初数	
	合并	公司	合并	公司
负债:				
向中央银行借款				
同业及其他金融机构存放款项				
拆入资金	570 000 000. 00		950 000 000. 00	
以公允价值计量且其变动计入当期损益的金融负债			—	
衍生金融负债	—		—	
卖出回购金融资产款	1 570 172 521. 22		4 576 301 159. 49	
代理买卖证券款	4 910 054 129. 66		6 861 094 955. 34	
应付职工薪酬	500 701 513. 74	165 643 956. 80	578 558 164. 34	159 352 992. 37
应交税费	267 608 209. 59	176 143 167. 41	332 925 827. 79	189 260 862. 47
应付利息	50 783 643. 83	—	73 832 274. 19	—
预计负债	30 000 000. 00	30 000 000. 00		
应付债券	1 100 000 000. 00		500 000 000. 00	
其中:永续债				
递延所得税负债	19 103 809. 61	1 821 723. 62	36 062 632. 25	6 214 974. 54
其他负债	1 714 245 416. 30	15 715 111. 20	363 413 332. 02	41 336 396. 29
负债合计	10 732 669 243. 95	389 323 959. 03	14 272 188 345. 42	396 165 225. 67
股东权益:				
实收资本	3 500 000 000. 00	3 500 000 000. 00	2 500 000 000. 00	2 500 000 000. 00
资本公积	1 835 024. 84		1 835 024. 84	
减:库存股				
其他综合收益	-2 792 827. 22	5 465 170. 86	2 013 492. 03	
盈余公积	562 568 829. 94	562 568 829. 94	435 551 399. 18	435 551 399. 18
一般风险准备	640 904 125. 05	640 904 125. 05	287 713 123. 92	287 713 123. 92
未分配利润	1 894 697 195. 72	1 277 215 344. 63	2 085 485 188. 40	1 487 249 468. 91
归属于母公司股东权益合计	6 597 212 348. 33	5 986 153 470. 48	5 312 598 228. 37	4 710 513 992. 01
少数股东权益	877 230 952. 04	—	870 039 245. 85	—
股东权益合计	7 474 443 300. 37	5 986 153 470. 48	6 182 637 474. 22	4 710 513 992. 01
负债及股东权益总计	18 207 112 544. 32	6 375 477 429. 51	20 454 825 819. 64	5 106 679 217. 68

5.1.3 利润表

利润表

2016 年度

单位:元

项目	本期金额		上期金额	
	合并	公司	合并	公司
一、营业收入	3 585 007 715. 40	2 792 056 770. 92	4 209 674 979. 70	2 606 213 378. 60
利息净收入	230 117 271. 49	149 482 096. 85	180 282 109. 57	45 154 991. 07
利息收入	553 215 604. 99	149 482 096. 85	446 458 582. 44	45 539 360. 93
利息支出	323 098 333. 50	—	266 176 472. 87	384 369. 86
手续费及佣金净收入	3 201 879 025. 19	2 459 451 388. 88	3 210 217 927. 85	2 119 635 920. 49
手续费及佣金收入	3 295 769 687. 52	2 463 458 250. 89	3 374 561 970. 32	2 125 201 471. 90
手续费及佣金支出	93 890 662. 33	4 006 862. 01	164 344 042. 47	5 565 551. 41
投资收益/(损失)	171 605 313. 28	180 060 928. 27	719 844 718. 31	365 124 586. 56
其中:对联营企业和合营企业的投资收益/(损失)				
公允价值变动收益/(损失)	-59 534 580. 66	-27 791 069. 86	54 379 973. 73	43 572 929. 51
汇兑收益/(损失)				
其他业务收入	40 940 686. 10	30 853 426. 78	44 950 250. 24	32 724 950. 97
二、营业支出	1 711 796 291. 61	1 106 971 251. 79	2 059 128 773. 45	1 127 424 909. 31
营业税金及附加	87 158 431. 63	61 000 054. 26	243 268 091. 03	142 332 591. 33
业务及管理费	1 543 182 622. 80	982 232 210. 27	1 766 881 487. 27	949 770 881. 62
资产减值损失	61 162 556. 40	53 974 188. 57	30 565 074. 80	24 351 043. 76
其他业务成本	20 292 680. 78	9 764 798. 69	18 414 120. 35	10 970 392. 60
三、营业利润	1 873 211 423. 79	1 685 085 519. 13	2 150 546 206. 25	1 478 788 469. 29
加:营业外收入	15 457 486. 99	1 244 818. 74	1 909 780. 52	1 601 737. 20
减:营业外支出	32 782 437. 59	31 548 455. 67	10 606 639. 38	9 212 922. 82
四、利润总额	1 855 886 473. 19	1 654 781 882. 20	2 141 849 347. 39	1 471 177 283. 67
减:所得税费用	468 191 450. 57	384 607 574. 59	548 491 084. 61	347 735 724. 16
五、净利润	1 387 695 022. 62	1 270 174 307. 61	1 593 358 262. 78	1 123 441 559. 51
归属于母公司所有者的净利润	1 289 420 439. 21	—	1 359 424 567. 65	—
少数股东损益	98 274 583. 41		233 933 695. 13	
六、其他综合收益的税后净额	-7 975 233. 89	5 465 170. 86	-35 729 377. 85	—
归属于母公司股东的其他综合收益的税后净额	-4 806 319. 25	5 465 170. 86	-21 571 973. 62	—
(一)以后不能重分类进损益的其他综合收益				
(二)以后将重分类进损益的其他综合收益	-4 806 319. 25	5 465 170. 86	-21 571 973. 62	—
可供出售金融资产公允价值变动损益	-4 806 319. 25	5 465 170. 86	-21 571 973. 62	
归属于少数股东的其他综合收益的税后净额	-3 168 914. 64		-14 157 404. 23	
七、综合收益总额	1 379 719 788. 73	1 275 639 478. 47	1 557 628 884. 93	1 123 441 559. 51
归属于母公司股东的综合收益总额	1 284 614 119. 96		1 337 852 594. 03	
归属于少数股东的综合收益总额	95 105 668. 77		219 776 290. 90	

5.1.4 所有者权益变动表

所有者权益变动表

编制单位:四川信托有限公司　　2016 年度　　单位:元

项目	本期金额											
	归属于母公司股东权益										少数股东权益	所有者权益合计
	实收资本	其他收益工具			资本公积	减:库存股	其他综合收益	盈余公积	一般风险准备	未分配利润		
		优先股	永续债	其他								
一、上年年末余额	2 500 000 000.00	—	—	—	1 835 024.84	—	2 013 492.03	435 551 399.18	287 713 123.92	2 085 485 188.40	870 039 245.85	6 182 637 474.22
加:会计政策变更												—
前期差错更正												—
同一控制下企业合并												—
其他												—
二、本年年初余额	2 500 000 000.00	—	—	—	1 835 024.84	—	2 013 492.03	435 551 399.18	287 713 123.92	2 085 485 188.40	870 039 245.85	6 182 637 474.22
三、本年增减变动金额(减少以"－"号填列)	1 000 000 000.00	—	—	—	—	—	-4 806 319.25	127 017 430.76	353 191 001.13	-190 787 992.68	7 191 706.19	1 291 805 826.15
(一)综合收益总额							-4 806 319.25			1 289 420 439.21	95 105 668.77	1 379 719 788.73
(二)所有者投入和减少资本	—	—	—	—	—	—	—	—	—	—	2 000 000.00	2 000 000.00
1. 所有者投入资本											2 000 000.00	2 000 000.00
2. 其他权益工具持有者投入资本												—
3. 股份支付计入所有者权益的金额												—
4. 其他												—
(三)利润分配	—	—	—	—	—	—	—	127 017 430.76	353 191 001.13	-480 208 431.89	-89 913 962.58	-89 913 962.58
1. 提取盈余公积								127 017 430.76		-127 017 430.76		—
2. 提取一般风险准备									353 191 001.13	-353 191 001.13		—
3. 对所有者的分配											-89 913 962.58	-89 913 962.58
4. 其他										—		—
(四)所有者权益内部结转	1 000 000 000.00	—	—	—	—	—	—	—	—	-1 000 000 000.00	—	—
1. 资本公积转增资本												—
2. 盈余公积转增资本												—
3. 盈余公积弥补亏损												—
4. 一般风险准备弥补亏损												—
5. 结转重新计量设定受益计划净负债或净资产所产生的变动												—
6. 其他	1 000 000 000.00									-1 000 000 000.00		—
(五)其他												—
四、本年年末余额	3 500 000 000.00	—	—	—	1 835 024.84	—	-2 792 827.22	562 568 829.94	640 904 125.05	1 894 697 195.72	877 230 952.04	7 474 443 300.37

所有者权益变动表（续）

编制单位：四川信托有限公司　　2016 年度　　单位：元

项目	上期金额											
	归属于母公司股东权益										少数股东权益	所有者权益合计
	实收资本	其他权益工具			资本公积	减：库存股	其他综合收益	盈余公积	一般风险准备	未分配利润		
		优先股	永续债	其他								
一、上年年末余额	2 500 000 000. 00	—	—	—	1 835 024. 84	—	23 585 465. 65	323 207 243. 23	216 873 509. 72	1 209 244 390. 90	728 366 072. 36	5 003 111 706. 70
加：会计政策变更												—
前期差错更正												—
同一控制下企业合并												—
其他												—
二、本年年初余额	2 500 000 000. 00	—	—	—	1 835 024. 84	—	23 585 465. 65	323 207 243. 23	216 873 509. 72	1 209 244 390. 90	728 366 072. 36	5 003 111 706. 70
三、本年增减变动金额（减少以"－"号填列）	—	—	—	—	—	—	-21 571 973. 62	112 344 155. 95	70 839 614. 20	876 240 797. 50	141 673 173. 49	1 179 525 767. 52
（一）综合收益总额							-21 571 973. 62			1 359 424 567. 65	219 776 290. 90	1 557 628 884. 93
（二）所有者投入和减少资本	—	—	—	—	—	—	—	—	—	—	4 000 000. 00	4 000 000. 00
1. 所有者投入资本											4 000 000. 00	4 000 000. 00
2. 其他权益工具持有者投入资本												—
3. 股份支付计入所有者权益的金额												—
4. 其他												—
（三）利润分配	—	—	—	—	—	—	—	112 344 155. 95	70 839 614. 20	-483 183 770. 15	-82 103 117. 41	-382 103 117. 41
1. 提取盈余公积								112 344 155. 95		-112 344 155. 95		—
2. 提取一般风险准备									70 839 614. 20	-70 839 614. 20		—
3. 对所有者的分配										-300 000 000. 00	-81 568 395. 11	-381 568 395. 11
4. 其他											-534 722. 30	-534 722. 30
（四）所有者权益内部结转	—	—	—	—	—	—	—	—	—	—	—	—
1. 资本公积转增资本												—
2. 盈余公积转增资本												—
3. 盈余公积弥补亏损												—
4. 一般风险准备弥补亏损												—
5. 结转重新计量设定受益计划净负债或净资产所产生的变动												—
6. 其他												—
（五）其他												—
四、本年末余额	2 500 000 000. 00	—	—	—	1 835 024. 84	—	2 013 492. 03	435 551 399. 18	287 713 123. 92	2 085 485 188. 40	870 039 245. 85	6 182 637 474. 22

5.2 信托资产

5.2.1 信托项目资产负债汇总表

信托项目资产负债汇总表

2016 年 12 月 31 日　　单位:万元

信托资产	期末数	期初数	信托负债	期末数	期初数
货币资金	279 009.05	1 110 225.78	应付受托人报酬	1 354.48	1 387.74
拆出资金			应付托管费	1 036.07	3 211.76
交易性金融资产	5 903 473.29	6 846 350.17	应付受益人收益	130 813.69	126 254.21
买入返售金融资产	260 041.45	465 528.53	应交税费		
应收款项	527 450.17	313 907.55	其他应付款项	205 811.87	99 387.41
贷款	11 768 494.73	9 756 621.93	其他负债	20 304.29	10 448.45
可供出售金融资产	10 885 357.27	10 757 968.69	信托负债合计	359 320.40	240 689.56
持有至到期投资	4 863 230.19	2 637 365.50	信托权益:		
长期股权投资	796 670.65	1 345 693.15	实收信托	35 078 972.77	32 536 879.57
投资性房地产			资本公积	87 971.72	327 733.65
固定资产			未分配利润	528 718.13	692 946.02
无形资产			信托权益合计	35 695 662.62	33 557 559.24
其他资产	771 256.23	564 587.51			
资产合计	36 054 983.02	33 798 248.81	负债和权益合计	36 054 983.02	33 798 248.81

5.2.2 信托项目利润及利润分配汇总表

信托项目利润及利润分配汇总表

2016 年 12 月 31 日　　单位:万元

项目	本期数	上期数
一、营业收入	2 655 843.63	3 662 810.28
利息收入	1 548 690.04	1 244 514.13
投资收入	1 252 334.77	1 712 494.01
租赁收入		0.00
公允价值变动损益	-145 181.19	705 799.07
其他收入	0.01	3.07
二、营业费用	340 523.21	353 908.31
三、营业税金及附加		
加:营业外收入		
减:营业外支出		
四、扣除资产减值损失前的信托利润		
减:资产减值损失		
五、净利润	2 315 320.42	3 308 901.97
加:期初未分配信托利润	692 946.02	199 065.35
六、可供分配的信托利润	3 008 266.44	3 507 967.32
减:本期已分配信托利润	2 479 548.31	2 815 021.30
七、期末未分配信托利润	528 718.13	692 946.02

6. 会计报表附注

6.1 简要说明报告年度会计报表编制基准、会计政策、会计估计和核算方法发生的变化

6.1.1 会计报表编制基础和重要会计政策变更

本公司本期会计报表不存在编制基础以及重要会计政策变更。

6.1.2 重要会计估计变更

根据《中国银监会办公厅关于进一步加强信托公司风险监管工作的意见》(银监办发[2016]58 号),本公司 2016 年 4 月 26 日召开的第二届董事会第二十次会议审议通过《关于适当提高一般准备和信托赔偿准备金计提比例并相应修改〈公司章程〉的议案》,将原按照风险资产期末余额的 1.5% 计提的一般风险准备提高至风险资产期末余额的 5% 计提,原每年按税后净利润的 5% 计提的信托赔偿准备提高至 10% 比例。该会计估计变更自 2016 年 1 月 1 日开始执行。2016 年按原比例应计提一般风险准备 18 895 874.08 元、信托赔偿准备 63 508 715.38元,按变更后的比例实际计提一般风险准备 226 173 570.37元、信托赔偿准备 127 017 430.76 元,导致本期留存收益减少 270 786 411.67 元,风险准备金增加 270 786 411.67元。

除前述会计估计变更外,本报告期与上一期年度报告相比,无其他重大会计政策、会计估计变化。

6.2 或有事项

(1)2014 年 9 月 11 日,本公司向芒市华盛金矿开发有限公司发放贷款 15 000 万元,2015 年 4 月 9 日、9 月 10 日分别偿还借款本金 3 000 万元、2 000 万元。2016 年 9 月 10 日借款到期,芒市华盛金矿开发有限公司未偿还本金 10 000 万元及利息 2 645.5 万元。本公司于 2016 年 9 月 14 日向四川省高级人民法院申请诉前财产保全。四川省高级人民法院于 2016 年 9 月 20 日出具民事裁定书([2016]川财保 13 号),在 1.3 亿元范围内将芒市华盛金矿开发有限公司位于云南省芒市三台山乡上芒岗金矿采矿权予以查封(证号: C5300002009114120045284),或者冻结相应银行存款。2016 年 10 月 21 日,本公司向四川省高级人民法院提起诉讼,申请法院判令芒市华盛金矿开发有限公司偿还借款本金 10 000 万元、支付利息 2 645.5 万元(截至 2016 年 9 月 10 日)、支付违约金 2 529.1 万元、支付律师费 10 万元等;四川省高级人民法院已于 2017 年 1 月开庭审理,截至报告日未出具判决书。

(2)2016 年 8 月 19 日,上海君富投资管理有限公司向成都市中级人民法院提起诉讼,要求本公司根据《资产份额认购承诺书》的约定比例承担违约责任,诉讼标的 3 000 万元。本公司按谨慎性原则,按最大违约责任已预计负债 3 000 万元。

（3）2016年9月，本公司因房租合同纠纷向成都市锦江区人民法院起诉成都荣兴贵金属投资有限责任公司（以下简称荣兴公司），要求其支付拖欠房租192 343元、违约金72 805.77元并支付房屋使用费1 143 398.40元，并恢复房屋原状返还。因荣兴公司下落不明，成都市锦江市人民法院已于2016年12月20日向荣兴公司公告送达（2016）川104民初7245号案的起诉状副本等资料。

（4）2016年3月，本公司收到成都市中级人民法院通知，个人投资者黄聪起诉本公司宏赢153号信托项目赔偿逾期付款利息损失。2016年7月25日，成都市中级人民法院通知判决本公司承担利息2.50万元。黄聪不服判决提起上诉，二审尚未开庭。

（5）2016年8月，子公司川信物业因物业管理服务合同纠纷向成都市锦江区人民法院起诉成都荣兴贵金属投资有限责任公司及陈俊荣（荣兴贵金属公司法人），要求其支付拖欠的物业服务费及其他费用。2016年10月11日法院开庭审理，并于10月19日出具了两份《民事判决书》（[2016]川0104民初7246号）及（[2016]川0104民初7250号），判决成都荣兴贵金属投资有限责任公司判决生效之日起十日内分别支付物业服务49 040.16元及杂费11 807.77元、物业服务费18 954.90元及杂费5 253.01元。

（6）2014年1月，子公司川信物业因物业管理服务合同纠纷向成都市锦江区人民法院起诉成都迈思信息技术有限公司，要求其支付拖欠的物业服务费及违约金等181 945.71元。成都市锦江区法院于2014年2月27日、2014年3月18日、2014年3月26日三次开庭进行审理，成都市锦江区法院一直未出具判决结果。川信物业于2016年6月8日、2016年9月25日针对该诉讼事项向锦江区法院提交了《关于严重超过审限尽快出具判决的请求书》，至今仍未得到法院的回复。

截至2016年12月31日，除上述事项外本公司不存在其他重大应披露的或有事项。

6.3 承诺事项

6.3.1 受托业务

本公司向第三方提供信托及资产管理服务。这些受托资产并没有包括在本公司的合并资产负债表内。

单位：万元

项　目	期末数	期初数
信托资产	36 054 983.02	33 798 248.81
资产管理计划	9 318 060.67	5 521 677.21

6.3.2 经营租赁承诺

截至资产负债表日，本公司对外签订的不可撤销的经营租赁合约情况。

单位：万元

不可撤销经营租赁的最低租赁付款额	期末数	期初数
资产负债表日后第1年	38 012 908.09	32 281 495.27
资产负债表日后第2年	27 916 050.18	29 342 198.74
资产负债表日后第3年	19 787 906.85	18 204 743.22
以后年度	18 428 575.52	18 172 214.64
合　计	104 145 440.64	98 000 651.87

6.3.3 其他承诺事项

2016年7月14日，经四川证监局《关于核准宏信证券有限责任公司新设立6家分支机构的批复》（川证监机构[2016]14号），同意宏信证券在湖北襄阳市、辽宁大连市、四川眉山市、四川达州市、四川遂宁市各设立1家证券营业部，在湖北武汉市设立1家分公司，应当自批复下发之日起6个月内完成分支机构设立及工商登记事宜。截至2016年12月31日，四川达州市、四川遂宁市营业部未完成筹建，已申请延期并获四川证监局获准。

截至2016年12月31日，除上述事项外本公司不存在其他应披露的承诺事项。

6.4 会计报表中重要项目的明细资料（以下为母公司口径）

以下明细表格除特别注明外，金额单位为“万元人民币”，期初指2016年1月1日，期末指2016年12月31日。

6.4.1 披露自营资产经营情况

6.4.1.1 按信用风险五级分类结果披露信用风险资产的期初数、期末数

信用风险资产五级分类	正常类（万元）	关注类（万元）	次级类（万元）	可疑类（万元）	损失类（万元）	信用风险资产合计（万元）	不良资产合计（万元）	不良资产率（%）
期初数	450 660.09	14 861.25	3 163.26			468 684.60	3 163.26	0.67
期末数	563 672.87	6 715.70	29 848.50			600 237.07	29 848.50	4.97

注：不良资产合计=次级类+可疑类+损失类。

6.4.1.2 各项资产减值损失准备的期初数、本期计提、本期转回、本期核销、期末数

单位：万元

	期初数	本期计提	本期转回	本期核销	期末数
贷款损失准备	620.00	-620.00			0.00
一般准备					
专项准备					
其他资产减值准备					
可供出售金融资产减值准备	0	2 741.40			2 741.40
持有至到期投资减值准备					
长期股权投资减值准备					
坏账准备	1 815.10	3 276.02			5 091.12
投资性房地产减值准备					

6.4.1.3 自营股票投资、基金投资、可供出售金融资产、债券投资、股权投资等投资业务的期初数、期末数

单位：万元

项目	自营股票	基金	可供出售金融资产	债券	长期股权投资
期初数	35 044.56	376.14	92 034.71	—	84 453.03
期末数	37 227.71	—	168 325.68	—	84 453.03

6.4.1.4 前五名的自营长期股权投资的企业名称、占被投资企业权益的比例、主要经营活动及投资收益情况等

企业名称	占被投资企业权益的比例（%）	投资损益（万元）
1. 宏信证券有限责任公司	60.376	13 700.47
2. 四川川信物业管理有限责任公司	95	0

6.4.1.5 前五名的自营贷款的企业名称、占贷款总额的比例和还款情况等

单位：%

企业名称	占贷款总额的比例	还款情况
四川省宁南县白鹤滩水泥有限责任公司	8.52	尚未到期，资产负债表日后债权已转让
芒市华盛金矿开发有限公司	28.41	逾期，资产负债表日后债权已转让
济宁国金建筑工程有限公司	9.09	逾期，资产负债表日后债权已转让
四川省佳宇建筑安装工程有限公司	28.41	尚未到期
成都朴诚贸易有限公司	25.57	尚未到期

6.4.1.6 表外业务的期初数、期末数，按照代理业务、担保业务和其他类型表外业务分别披露

本期末，无表外业务。

6.4.1.7 公司当年的收入结构

收入结构	金额(万元)	占比(%)
手续费及佣金收入	245 945.14	88.05
其中：信托报酬收入	189 393.05	67.80
财务顾问费收入	2 140.67	0.77
其他手续费及佣金收入	54 411.42	19.48
利息收入	14 948.21	5.35
其他业务收入	3 085.34	1.10
投资收益	18 006.09	6.45
其中：股权投资收益	13 700.47	4.90
交易性金融资产收益	-7 322.00	-2.62
可供出售金融资产投资收益	11 627.62	4.16
公允价值变动收益	-2 779.10	-0.99
营业外收入	124.48	0.04
收入合计	279 330.16	100.00

注：手续费及佣金收入、利息收入、其他业务收入、投资收益、营业外收入均应为损益表中的一级科目，其中手续费及佣金收入、利息收入、营业外收入为未抵减掉相应支出的全年累计实现收入数。

6.4.2 披露信托财产经营情况

6.4.2.1 信托资产的期初数、期末数

单位：万元

信托资产	期初数	期末数
集合	12 677 083.65	14 447 914.25
单一	20 801 369.34	20 885 071.71
财产权	319 795.82	721 997.06
合计	33 798 248.81	36 054 983.02

6.4.2.1.1 主动管理型信托资产

单位：万元

主动管理型信托资产	期初数	期末数
证券投资类	1 993 431.56	3 096 945.80
股权投资类	891 320.06	597 926.78
其他投资	3 186 525.60	3 261 144.10
融资类	2 715 257.15	3 229 494.33
事务管理类		
合计	8 786 534.37	10 185 511.01

6.4.2.1.2 被动管理型信托资产

单位：万元

被动管理型信托资产	期初数	期末数
证券投资类	8 369 366.47	4 196 728.00
股权投资类	83 600.42	33 600.74
其他投资	1 288 015.60	4 855 780.39
融资类	1 474 762.65	930 680.29
事务管理类	13 795 969.30	15 852 682.59
合计	25 011 714.44	25 869 472.01

6.4.2.2 本年度已清算结束的信托项目情况

6.4.2.2.1 本年度已清算结束的集合类、单一类资金信托项目和财产管理类信托项目情况

已清算结束信托项目	项目个数(个)	实收信托合计金额(万元)	加权平均实际年化收益率(%)
集合类	405	8 923 693.08	7.86
单一类	242	8 663 659.82	7.15
财产管理类			

6.4.2.2.2 本年度已清算结束的主动管理型信托项目情况

已清算结束信托项目	项目个数(个)	实收信托合计金额(万元)	加权平均实际年化信托报酬率(%)	加权平均实际年化收益率(%)
证券投资类	3	8 200.00	0.59	-41.69
股权投资类	18	998 840.00	1.52	8.98
其他投资类	223	1 548 074.00	0.67	8.92
融资类	22	1 219 760.00	1.55	9.15
事务管理类				

6.4.2.2.3 本年度已清算结束的被动管理型信托项目情况

已清算结束信托项目	项目个数(个)	实收信托合计金额(万元)	加权平均实际年化信托报酬率(%)	加权平均实际年化收益率(%)
证券投资类	116	2 806 991.36	0.48	5.28
股权投资类	1	50 000.00	0.53	6.10
其他投资	36	1 398 586.24	0.31	7.25
融资类	17	830 200.00	0.17	8.27
事务管理类	211	8 726 701.30	0.17	7.60

6.4.2.3 本年度新增信托项目情况

新增信托项目	项目个数(个)	实收信托合计金额(万元)
集合类	315	17 669 214.46
单一类	216	14 700 927.43
财产管理类	2	402 211.32
新增合计	533	32 772 353.21
其中:主动管理型	270	12 356 391.20
被动管理型	263	20 415 962.01

6.5 关联方关系及其交易的披露

6.5.1 关联交易方的数量、关联交易的总金额及关联交易的定价政策等

	关联交易方数量(个)	关联交易金额(万元)	定价政策
合计	4	770.56	本公司的关联交易以公平的市场价格定价。

注:"关联交易"定义应以《公司法》《企业会计准则第36号——关联方披露》有关规定为准。上述关联交易金额系本年度固有、信托与关联方的发生额。

6.5.2 关联交易方与本公司的关系性质、关联交易方的名称、法定代表人、注册地址、注册资本及主营业务等

单位:万元

关系性质	关联方名称	法定代表人	注册地址	注册资本	主营业务
子公司	宏信证券有限责任公司	吴玉明	四川成都	100 000.00	证券经纪;证券投资咨询;证券资产管理;证券自营;证券投资基金销售;证券承销;融资融券。
子公司	四川川信物业管理有限责任公司	刘君谟	四川成都	500.00	物业管理、清洁服务。
最终控制人控制的其他企业	四川宏达金桥大酒店有限公司	王孝军	四川什邡市	6 000.00	宾馆、饭馆、茶座、音乐厅;卡拉OK、卡拉OK(包间)服务;中餐类制售,含凉菜;西餐类制售(不含生食海产品、含冷热饮品制售、含裱花蛋糕);卷烟,雪茄烟零售;预包装食品销售。
最终控制人控制的其他企业	四川蓥山数码科技文化发展有限公司	叶代兴	四川什邡市	3 000.00	只读光盘复制(复制经许可证有效期至2021年8月30日);纸制品、塑料制品加工、销售;经营本企业产品进出口业务。

6.5.3 逐笔披露本公司与关联方的重大交易事项

6.5.3.1 固有与关联方交易情况

单位:万元

固有与关联方关联交易			
关联交易内容	关联交易定价方式及决策程序	本期发生额	上期发生额
物业服务	统一价	494.59	446.4
租赁代理	协商价	48.11	102.9
房租收入	市场价	154.21	151.34
购买短期固定收益凭证	统一价	—	4 350.00
接受服务	市场价	73.65	17.39
合计	770.56	5 050.64	

6.5.3.2 信托资产与关联方交易情况

单位:万元

信托财产与关联方关联交易				
	期初数	借方发生额	贷方发生额	期末数
贷款				
投资	10 000.00	279 841.60	60 700.00	229 141.60
租赁				
担保				
应收账款				
其他				
合计	10 000.00	279 841.60	60 700.00	229 141.60

单位:万元

固有财产与信托财产相互交易情况			
	期初数	本期发生额	期末数
合计	71 970.00	87 614.26	159 584.26

单位:万元

信托资产与信托财产相互交易情况			
	期初数	本期发生额	期末数
合计	1 161 546.00	-331 028.5	830 517.5

6.6 信托业务创新成果和特色业务有关情况

公司坚持以监管要求与市场需求为导向,识时达变、推陈出新、建立了内外协调、知行合一的实战型创新模式,积极将研发成果切实服务于业务创新发展。2016年,公司顺应经济形势变迁,从传统融资业务向债券与股权投资并重转型,从单一项目驱动向全产业链综合解决方案转型,从简单产品销售向综合定制化资产配置转型。公司主动调整业务方向,不断增强自身主动管理能力。资产端,公司全面推进资产管理、投资银行、同业业务等业务创新发展,立足于以资本市场改革发展方向为核心,通过定向增发、PE投资、新三板投资、并购重组、股票质押式回购、上市公司市值管理、私募债承销等全产业链解决方案为客户提供一揽子综合金融服务。资金端服务方面,公司积极推进"锦绣财富"财富管理服务平台建设,以客户的个性化需求作为依托,充分发挥资产管理端专业优势,努力为高净值客户提供全方位、全流程、全周期的综合金融服务。

6.7 公司履行受托人义务情况及因公司自身责任而导致的信托资产损失情况

公司严格按照信托相关法律法规及公司制度的要求管理、运用及处分信托财产,履行诚实、信用、谨慎、有效管理的义务,维护受益人的最大利益。

无因自身责任而导致信托资产损失的情况。

7. 财务情况说明书

7.1 利润实现和分配情况

报告期本公司实现利润总额165 478.19万元,税后净利润127 017.43万元。根据《公司章程》的规定,分别按当年实现净利润的10%提取法定公积金12 701.74万元和信托赔偿

准备金 12 701.74 万元；根据《金融企业准备金计提管理办法》《公司章程》的规定，按年末风险资产余额的 5% 计提一般准备 22 617.36 万元，期末累计未分配利润为 127 721.53 万元。

7.2 主要财务指标

本公司报告期的主要财务指标如下。

指标名称	指标值	计算公式
信托资产规模（亿元）	3 605.5	—
人均信托资产规模（亿元）	4.97	—
信托业务收入占营业收入比重（%）	88.09	手续费及佣金净收入/营业收入 ×100%
资本利润率（%）	23.75	净利润/所有者权益平均余额 ×100%
人均净利润（万元）	178.40	净利润/年平均人数

7.3 对本公司财务状况、经营成果有重大影响的其他事项

报告期内，没有对本公司财务状况、经营成果有重大影响的其他事项。

8. 特别事项揭示

8.1 前五名股东报告期内变动情况及原因

公司现第四大股东四川濠吉食品（集团）有限责任公司行使股东优先认购权，受让中海信托股份有限公司持有的本公司 30.2534% 股权。上述股权变动事项尚待监管部门审核批准。

8.2 董事、监事及高级管理人员变动情况及原因

（1）2016 年 2 月，经公司第二届董事会第二十四次会议审议通过，免去陶勤海公司副总裁职务。

（2）2016 年 3 月，经公司第二届董事会第二十六次会议审议通过，聘任陈进、马振邦担任公司总裁助理，任职资格分别经四川银监局川银监复［2016］264 号、川银监复［2016］265 号文件核准。

（3）2016 年 4 月，经公司第二届董事会第二十七次会议审议通过，免去孔维文公司副总裁职务；并经公司 2016 年第一次职工代表大会审议，选举孔维文为公司职工监事，经公司第二届监事会第七次会议审议通过，选举孔维文为公司第二届监事会主席。

（4）2016 年 4 月，经公司第二届董事会第二十九次会议审议通过，聘任刘学川担任公司副总裁，任职资格经四川银监局川银监复［2016］401 号文件核准。

（5）2016 年 5 月，经公司 2016 年第一次临时股东会审议通过，选举黄晓峰、刘军为公司董事，任职资格分别经四川银监局川银监复［2016］421 号、川银监复［2016］398 号文件核准。

（6）2016 年 5 月，经公司第二届董事会第三十一次会议审议通过，选举黄晓峰为公司副董事长，任职资格经四川银监局川银监复［2016］422 号文件核准。

（7）2016 年 11 月，经公司第二届董事会第三十五次会议审议通过，聘任周可彤副总裁兼任首席风控官。

（8）2016 年 12 月，经公司第二届董事会第三十六次会议审议通过，聘任李长君、陈军担任公司总裁助理，任职资格分别经四川银监局川银监复［2017］92 号、川银监复［2017］90 号文件核准。

8.3 变更注册资本、变更注册地或公司名称、公司分立合并事项

经公司 2015 年度股东会决议，并经《中国银监会四川监管局关于四川信托有限公司变更注册资本的批复》（川银监复［2016］290 号）批准，公司的注册资本由 25 亿元增至 35 亿元。

未有变更注册地或公司名称、公司分立合并事项。

8.4 公司的重大诉讼事项

无。

8.5 公司及其董事、监事和高级管理人员受到处罚的情况

无。

8.6 银监会及其派出机构对公司检查的情况

四川银监局于 2016 年 9 月 21 日至 11 月 15 日对公司截至 2016 年 6 月 30 日的固有业务、信托业务及跨业通道业务等方面进行了现场检查，于 2016 年 11 月 16 日至 11 月 25 日对公司截至 2016 年 9 月 30 日的存续房地产及其相关业务进行了现场检查，并相应提出了整改意见。根据要求，公司全面研究和制订落实整改方案，并着手进行整改和问责。针对检查发现的具体问题，建立了《2016 年现场检查意见整改落实台账》《2016 年房地产相关业务专项现场检查意见整改落实台账》，明确整改时间表，完善和修订相关内控制度，认真严肃进行整改和内部问责。

8.7 本年度重大事项临时报告的简要内容、披露时间、所披露的媒体及版面

2016 年 9 月 14 日，《上海证券报》（信息披露/194 版）刊登《四川信托有限公司关于增加注册资本的公告》，公司注册资本增至 35 亿元。同版刊登《四川信托有限公司关于修改〈公司章程〉的公告》。

8.8 银监会及其省级派出机构认定的其他有必要让客户及相关利益人了解的重要信息

无。

9. 公司监事会意见

监事会认为本公司决策程序符合法律法规和《公司章程》的规定，并建立了较为完善的内部控制制度，公司董事、管理层认真履行职责，未发生执行职务时有违反法律法规、《公司章程》或损害公司利益的行为。公司财务报告经致同会计师事务所审计，真实反映了公司财务状况和经营成果。

苏州信托有限公司

1. 重要提示

1.1 公司保证本报告所载资料不存在任何虚假记载、误导性陈述或者重大遗漏，并对本报告所载资料内容的真实性、准确性和完整性承担个别及连带责任。本年度报告摘要摘自年度报告全文，客户及相关利益人欲了解详细内容，应阅读年度报告全文。

1.2 公司独立董事贝政新先生声明：本年度报告内容真实、准确、完整。

1.3 公司董事长袁维静女士、主管会计工作的负责人周也勤先生、会计机构负责人陶娟女士声明：本报告中财务会计报告内容真实、完整。

2. 公司概况

2.1 公司简介

苏州信托有限公司（以下简称苏州信托或公司）原名苏州信托投资有限公司，于1991年3月18日经中国人民银行批准设立；2002年9月18日获准重新工商登记；2007年7月12日经银监会"银监复［2007］282号"文批准同意，公司变更为现名称，并调整业务范围，同年9月4日换领新的金融许可证。2008年5月20日，公司获中国银行业监督管理委员会"银监复［2008］182号"文件的批复，同意引进新股东，实行增资扩股，注册资本增至5.9亿元。2012年9月，公司获江苏监管局"苏银监复［2012］447号"文批准同意，完成二次增资，注册资本金增至12亿元，公司股东持股比例保持不变。公司股权结构为苏州国际发展集团有限公司占股比例70.01%，苏格兰皇家银行公众有限公司占股比例19.99%，联想控股股份有限公司占股比例10%。

公司中文名称	苏州信托有限公司
中文简称	苏州信托
公司英文名称	Suzhou Trust Co., Ltd.
英文缩写	Suzhou Trust
法定代表人	袁维静
注册地址	江苏省苏州市竹辉路383号
邮政编码	215007
国际互联网网址	www.trus.com
电子信箱	sztic@trustsz.com
公司负责信息披露事务的高级管理人员	张言
公司负责信息披露事务的联系人	联系人：孙焕
	联系电话：0512－65726976
	传真：0512－65291886
	电子信箱：sunh@trustsz.com
公司选定信息披露的报纸	《经济日报》
登载公司年度报告的国际互联网网址	www.trustsz.com
公司年度报告备置地点	苏州市工业园区苏雅路308号信投大厦18层
公司聘请的会计师事务所	天衡会计师事务所（特殊普通合伙）
会计师事务所办公住所	南京市建邺区江东中路106号1907室
公司聘请的律师事务所	江苏新天伦律师事务所
律师事务所办公场所	苏州工业园区苏桐路37号（星海街口）四号楼3～4楼

2.2 组织结构

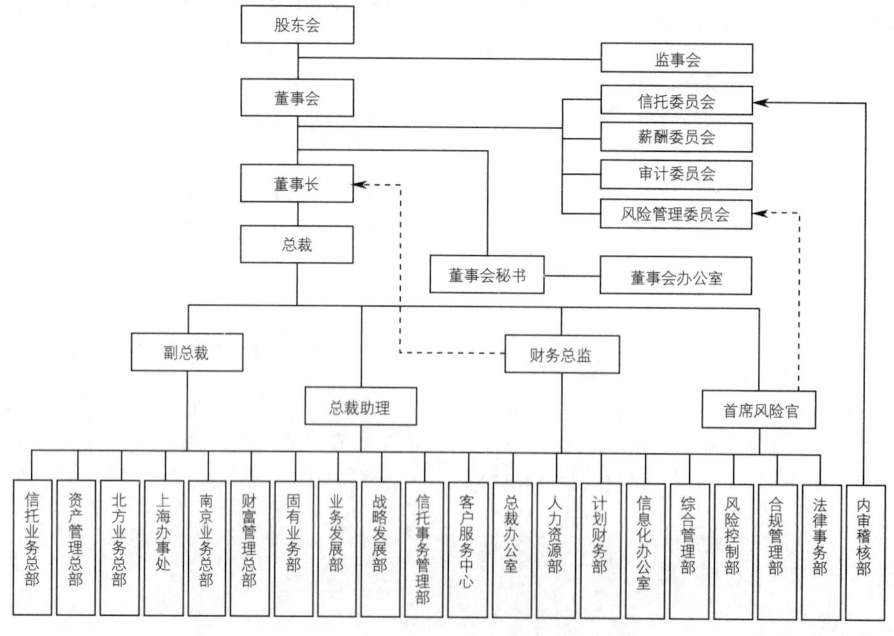

3. 公司治理

3.1 公司股东

截至报告期末公司股东有三名。

股东名称	持股比例(%)	法定代表人	注册资本	注册地址	主要经营业务及主要财务情况
苏州国际发展集团有限公司	70.01	黄建林	25亿元	苏州市人民路3118号	授权范围内的国有资产经营管理,国内商业、物资供销业(国家规定的专营、专项审批商品除外),及各类咨询服务。2015年末公司总资产956亿元,净资产244亿元,净利润42亿元。
苏格兰皇家银行公众有限公司	19.99	Ross Maxwell McEwan	66.09亿英镑	36 St Andrew Square Edinburgh EH22YB Scotland UK	主要业务部门为零售与中小企业银行部、英国企业与私人银行部、国际企业与机构银行部。
联想控股股份有限公司	10	柳传志	23.56亿元	北京市海淀区科学院南路2号院1号楼17层1701室	业务涉及:IT、风险投资、并购投资等非相关多元化领域。2015年末公司总资产3 062亿元,净资产(不包含少数股东权益)489亿元,净利润37.8亿元。

3.2 公司第一大股东的主要股东情况

单位:%

股东名称	出资比例	负责人
苏州市国有资产监督管理委员会	100	顾浩(主任)

3.3 董事、董事会及其下属委员会

董事会成员

姓 名	职 务	性别	年龄(岁)	任期(年)	选任日期	所推举的股东名称	该股东持股比例(%)	简要履历
袁维静	董事长	女	54	3	2014年9月	苏州国际发展集团有限公司	70.01	曾先后任职于苏州市财政局,江苏省高新技术风险投资公司苏州分公司副总经理,苏州市工业发展有限公司副总经理,苏州市营财投资集团公司党支部书记、总经理;现任国发集团有限公司党委委员,苏州信托有限公司董事长。
李 蓬	董事	男	46	3	2014年3月	联想控股股份有限公司	10	曾先后任职于中国对外贸易运输公司,Solectria Corporation,Teradyne Connection Systems,后担任联想控股有限公司投资管理部总经理、企划办副主任、财务资产部总经理、战略投资部总经理;现任联想控股执委会成员、高级副总裁。
董凯镱	董事	男	45	3	2015年5月	苏格兰皇家银行	19.99	曾先后任职于普天寿证券分析员,百富勤融资(香港)有限公司助理经理,恒泰融资有限公司助理总裁,德意志银行副总裁,花旗集团大中华区金融机构投行业务董事总经理,瑞德亚洲有限公司董事总经理,苏格兰皇家银行董事总经理兼中国区战略咨询部总裁。
李志远	董事	男	47	3	2015年1月	苏州国际发展集团有限公司	70.01	曾先后任职于苏州物贸集团原材料进出口公司,苏州国际发展集团有限公司经济发展部、项目管理部经理、办公室副主任,纵横国际电子博览城(苏州)有限公司常务副总经理,苏州赛格电子市场管理有限公司副总经理;现任苏州国际发展集团有限公司办公室主任兼任房置业担保公司董事长。
沈光俊	董事	男	47	3	2014年3月	苏州国际发展集团有限公司	70.01	曾先后任职于苏州资产评估事务所项目助理、项目经理、部门经理、合伙人,苏州仁合资产评估有限公司董事及南京分公司总经理,苏州信托有限公司理财服务中心副主任、主任、总经理助理、副总裁;现任苏州信托有限公司总裁。
刘文忠	职工董事	男	39	3	2016年2月			曾任职于山东网通集团公司泰安分公司,苏州信托有限公司法律事务部;现任苏州信托有限公司法律事务部总经理。

独立董事

姓名	职务	性别	年龄(岁)	任期(年)	选任日期	所推举的股东名称	该股东持股比例(%)	简要履历
贝政新	独立董事	男	65	3	2014年3月	联想控股股份有限公司	10	曾任苏州大学东吴商学院讲师、副教授、管理系支部书记、金融系主任、苏福马股份有限公司独立董事;现任苏州大学东吴商学院金融系教授、博士生导师,东吴基金管理有限公司独立董事,苏州工业园区设计研究院股份有限公司独立董事。

董事会下属委员会

董事会下属委员会名称	职责	组成人员姓名	职务
审计委员会	审核公司内部审计基本制度；监督公司的内部审计制度实施；审核公司的财务信息；提议聘请或更换外部审计机构；听取并审议外部审计机构报告。	张　统	监　事
		陈　磊	监事长
		黄大同	监　事
		李　蓬	董　事
		贝政新	独立董事
薪酬委员会	审议公司提交的薪酬管理策略和计划；审核公司人力资源计划与安排、薪酬方案和绩效考核的建议方案；跟踪、监督公司薪酬制度的落实情况。	贝政新	独立董事
		袁维静	董事长
		李　蓬	董　事
		李志远	董　事
		董凯镱	董　事
风险管理委员会	审核和拟定公司的风险管理战略、政策和规程以及内部控制制度，并监督上述战略、政策、规程和内部控制制度的执行。	袁维静	董事长
		朱燕琳	监　事
		张人雄	监　事
		袁敏文	首席风控官
信托委员会	审议公司信托业务战略发展方向；监督公司依法履行受托职责，保证公司受益人的最大利益；监督公司信托业务与固有业务之间建立有效隔离机制，保障信托财产的独立性。	李志远	董　事
		贝政新	独立董事
		董凯镱	董　事
		朱燕琳	监　事

3.4　公司监事、监事会及其下属委员会

公司监事

姓名	职务	性别	年龄（岁）	任期（年）	选任日期	所推举的股东名称	该股东持股比例（%）	简要履历
陈　磊	监事长	男	53	3	2013 年 11 月	苏州国际发展集团有限公司	70.01	曾任省国资局副主任科员、主任科员，江苏省产权交易所副所长，资产评估中心副主任，江苏省财政厅工贸发展处调研员兼产权交易所所长、股权登记中心主任；现任苏州信托有限公司监事长。
张　统	监　事	男	45	3	2013 年 11 月	苏州国际发展集团有限公司	70.01	曾在苏州丝绸印花厂工作，后任江苏公证会计师事务所部门副经理；现任苏州国际发展集团有限公司资产部、风控部经理，兼苏州市民卡有限公司董事长，信用征信公司董事长。
张人雄	监　事	男	41	3	2015 年 5 月	苏格兰皇家银行公众有限公司	19.99	曾任苏格兰皇家银行亚太区金融机构部董事；现任苏格兰皇家银行中国策略咨询部董事。
朱燕琳	监事	女	38	3	2013 年 11 月	联想控股股份有限公司	10	曾先后任职于上海文广新闻传媒集团广告经营中心、上海锐界数码科技有限公司、联想控股股份有限公司金融服务投资部高级投资经理；现任联想控股子公司正奇金融下属上海投资公司副总经理。
徐李梅	职工监事	女	41	3	2013 年 11 月			曾任职于苏州市投资公司投资部，后担任苏州信托有限公司固有业务部业务主管；现任信托业务总部高级主管。

公司监事会未设立下属委员会。

3.5　高级管理人员

姓名	职务	性别	年龄（岁）	任期（年）	选任日期	金融从业年限（年）	学历	专业	简要履历
沈光俊	总裁	男	47	1	2013 年 11 月	12	本科	财政	曾任职于苏州资产评估事务所评估部项目经理、工程造价审计部经理，苏州仁合资产评估有限公司董事及南京分公司总经理，先后担任苏州信托有限公司理财服务中心副主任、主任、总经理助理、副总裁；现任苏州信托有限公司总裁。
周也勤	副总裁 财务总监	男	54	1	2011 年 1 月	26	中专	会计	曾任职于苏州前进化工厂财务科，后担任苏州信托有限公司财务部经理、总经理助理等职；现任苏州信托有限公司副总裁兼财务总监。

续表

姓名	职务	性别	年龄（岁）	任期（年）	选任日期	金融从业年限（年）	学历	专业	简要履历
汪 瑜	副总裁	女	37	1	2014年7月	15	研究生	行政管理	曾任职于恒远证券苏州干将路营业部，先后担任苏州信托有限公司综合管理部副经理、经理、总裁助理等职；现任苏州信托有限公司副总裁。
姚文德	副总裁	男	49	1	2016年4月	12	本科	财政	曾任职苏州市财政局国有资产评估中心，苏州资产评估事务所评估部副经理，江苏仁合资产评估有限公司资产评估部经理，先后担任苏州信托有限公司信托业务部副经理、经理，研究发展部经理等职；现任苏州信托有限公司副总裁。
张 言	副总裁 董事会秘书	女	52	1	2016年2月	27	研究生	政经	曾任教苏州市供销中专，任职工商银行苏州分行证券营业部副经理、固定资产信贷科副科长，先后担任苏州信托投资有限公司办公室副主任、主任，东吴证券发展规划部副总经理，苏州信托有限公司研究发展部经理、理财服务中心主任、办公室主任，董事会秘书兼董事会、总裁办公室主任；现任苏州信托有限公司副总裁兼董事会秘书。
袁敏文	首席风险官	男	49	1	2016年2月	28	本科	会计	曾任职苏州市庆丰仪表厂财务科任总账会计，先后担任苏州信托有限公司计划财务部、内审稽核部、项目管理部、理财服务中心、风险控制部、合规管理部、法律事务部、战略发展部等部门主要负责人、助理总裁；现任苏州信托有限公司首席风险官。

3.6 公司员工

在岗职工人数（人）		127	
平均年龄（岁）		35岁	
		人数（人）	比例（%）
年龄分布	30岁以下	52	40.94
	31~40岁	44	34.65
	41~50岁	21	16.54
	51岁以上	10	7.87
	小计	127	100.00
学历分布	博士	2	1.58
	硕士	64	50.39
	本科	54	42.52
	专科	4	3.15
	其他	3	2.36
	小计	127	100.00
岗位分布	高级管理人员	7	5.51
	自营业务人员	3	2.36
	信托业务人员	61	48.04
	中台人员	30	23.62
	后台人员	26	20.47
	小计	127	100.00

4. 经营管理

4.1 经营目标、经营方针、战略规划

4.1.1 公司经营目标

继续理顺治理机制；完善以规划为导向、以人才为基础、以制度为标准的科学发展模式；积极探索利用股东资源和开发战略联盟资源进行合作的方式，拓宽和加深核心业务的开发培育；逐步建立更加有效的绩效考核和激励机制，吸引更多更优秀的人才为公司发展服务；进一步提升市场营销与项目拓展能力，加大客户开发、产品供给的力度，为客户提供更丰富的产品和更优质的服务；努力实现由地方性中小机构向全国性信托公司转变，最终成为独具特色的信托理财专业机构。

4.1.2 公司经营方针

坚持依法合规和稳健经营，坚持以健康可持续发展为导向、以“诚信、创新、协作、敬业、自律”核心理念的发展路径，通过规范的公司治理和不断完善的经营管理机制，以及依靠外部引进的高层次人才，推进信托主业的转型和全面发展。

4.1.3 公司战略规划

以“独具特色的财富受托人”为愿景，打造特色化的信托产品、综合的理财服务，以及全国性的影响力。

4.2 公司所经营业务的主要内容

自营资产运用与分布表

资产运用	金额（万元）	占比（%）	资产分布	金额（万元）	占比（%）
货币资产	68 046	13.80	基础产业	—	—
贷款及应收款	19 554	3.96	房地产业	4 397	0.89
交易性金融资产	—		证券市场	125 204	25.38
可供出售金融资产	375 269	76.08	实业	25 357	5.14
持有至到期投资	—		金融机构	310 336	62.92
长期股权投资	6 926	1.40	其他	27 951	5.67
其他	23 450	4.75			
资产总计	493 245		资产总计	493 245	

信托资产运用与分布表

资产运用	金额（万元）	占比（%）	资产分布	金额（万元）	占比（%）
货币资金	348 344.20	3.55	基础产业	2 393 399.24	24.37
贷款	3 716 952.65	37.86	房地产业	695 876.00	7.09
交易性金融资产	234 383.16	2.39	证券市场	48 977.89	0.50
持有至到期投资	3 443 698.67	35.07	金融机构	417 536.20	4.25
长期股权投资	1 853 017.23	18.87	工商企业	738 306.98	7.52
长期应收款	0.00	0.00	其他	5 524 861.43	56.27
买入返售金融资产	0.00	0.00			
应收款项	4 165.36	0.04			
其他资产	218 396.47	2.22			
信托资产总计	9 818 957.74	100.00	信托资产总计	9 818 957.74	100.00

4.3　市场分析

4.3.1　宏观经济分析

2016 年，全球经济复苏总体乏力，分化趋势更加突出。中国政府实施稳健中适度宽松的货币政策和积极的财政政策，采取结构性改革尤其是供给侧改革，推进经济可持续性发展和科学发展。

4.3.2　影响本公司业务发展的主要因素

报告期内，本公司业务发展的有利因素：(1)就国内经济形势而言，传统业务仍将是现阶段信托公司生存不可或缺的重要选择，保障性住房、民生工程等政策刺激给基础设施建设领域信托业务带来了机会；(2)伴随国内高净值人群的持续增长，财富管理需求随之增长，资产管理市场前景广阔，潜力无限；(3)专业化的投资队伍，高效的公司治理为业务开展提供了有力的保障；(4)股东支持，为公司健康发展奠定了基础。

报告期内，本公司业务面临的不利影响：(1)宏观经济结构性改革，货币相对宽松和利率下行，以及资管市场竞争加剧，使得资产荒和资金回报率下行成为信托行业发展新常态；(2)监管部门继续深化金融改革、激发市场活力，信托行业进一步回归信托本源，强化风控管理，推进转型发展；(3)经济下行带来的系统性风险、利率市场化造成的市场风险、个别信托公司兑付危机带来的声誉风险都对信托公司发展不利。

4.4　内部控制

4.4.1　内部控制环境和内部控制文化

公司始终致力于构建全面完善的内部控制管理体系，公司已经按照法律规定和《公司章程》的要求，建立了股东会、董事会、监事会以及高级管理层组成的法人治理结构，董事会下设信托委员会、审计委员会、薪酬委员会、风险管理委员会，各委员会分工明确，协助董事会做好和开展公司的各项工作。公司董事会还建立了独立董事制度，聘请业内专家担任独立董事，对苏州信托的重大事项能客观、公正地发表意见。监事会对公司的各项经营活动进行监督。公司完善的法人治理结构为公司内部控制目标的实现提供了合理保证。

公司积极营造合规文化，为合规管理工作的开展和内部控制建设创造优越的内部环境，把诚信经营、合规经营作为内控文化的主旋律，并通过制度建设、员工培训、激励安排等方式将其融入日常工作和企业行为中，引导公司员工自觉主动合规，将合规管理贯穿于日常经营的每个环节。

公司不断优化内部控制体系，通过合理、有效的内控制度来实现积极主动的内部控制。2016 年，公司组织开展了对《重大投资决策管理委员会工作细则》《苏州信托有限公司洗钱风险自评估制度》等一系列制度的修订以及制定工作，并颁布实施。

4.4.2　内部控制措施

公司根据业务发展、外部环境变化以及监管要求定期进行制度和流程修订工作，建立了相对完备的内部控制制度体系。公司各项业务严格按照公司内控制度及流程要求，履行了相应的审批程序。

公司内部控制制度由内部控制大纲、基本管理制度和部门业务规章等组成。根据内部控制制度，对不同业务与管理事项制定不同的控制措施，保证了业务管理活动的正常运行。

2016 年，公司进一步完善内部控制制度和业务流程，业务运作实现了前台、中台、后台严格分离及各部门之间高效衔接、密切合作。公司通过事前防范、事中控制、事后监督和纠正机制，达到全面内部控制。公司建立了明确的授权制度，执行严格的审批程序与审批权限。根据业务需要，建立了有效的业务决策系统：各业务部门对项目进行初步筛选，风险控制部、合规管理部与法律事务部对项目进行风险审查，客观出具审查报告。公司针对信托业务和固有业务的业务特性，分别成立了信托业务决策委员会和固有业务决策委员会进行项目评审，由公司领导、前中后台部门负责人及业务骨干担任评审委员，对公司各项业务进行集体审议，科学决策。

公司设立了信托业务部、固有业务部、信托事务管理部和计划财务部等部门，信托业务与固有业务相互独立运作，将信托财产与固有财产分别管理、分别记账，并在各部门实行有效的岗位分工制度，起到不相容岗位相分离，相互牵制的作用，进一步保证公司内部控制制度的有效执行。

在业务存续期内，由风险控制部组织季度事中风险检查工作，按季度对存续的信托项目、固有业务的项目进行全面检查与重点抽查，并根据检查结果出具风险管理报告，提交风险管理委员会审议。同时向业务部门出具风险检查反馈意见，督促业务部门根据检查出的问题及时进行整改。

公司内审稽核部对公司各项经营活动进行内部审计。内审稽核部根据公司业务开展的情况制订内部审计稽核工作计划，有针对性地对相关项目进行内部审计。此外，公司还聘请资质优良的会计师事务所对公司的财务经营状况等进行外部审计。

公司建立业务风险预警机制和突发事件应急处理机制，明确风险预警标准，规范处置程序，制定了《业务风险预警及应急处置管理暂行办法》，完善突发事件应急处置流程，确保突发事件得到及时妥善处理。

4.4.3　信息交流与反馈

公司不断完善信息交流与反馈制度，包括内部信息交流及报告与披露。

公司建立了顺畅、双向的内部信息交流制度。公司开通各种信息交流渠道，通过公司公文、公告等传递和获取信息；充分利用信息技术，通过网络、电话会议、邮件、业务系统等方式在公司内部传递信息，确保能够将决策层的战略、政策、制度及相关规定等信息及时传达给员工，公司员工也可及时了解业务运作的有关情况并将操作中的有关信息反馈给管理层。

在对外信息沟通交流方面，公司及时、准确地向监管部门报送监管部门所需要的各种数据和资料，并将监管部门的意见及时、准确地传达给公司相关人员。同时，公司依法将资产经营状况等信息通过公司网站及其他媒介向社会公开披露，并根据合同约定向相关利益人定期披露约定信息。

2016 年公司结合业务发展需要，对业务系统以及机房服务器的架构进行了升级改造，为内部控制制度的执行和反馈提供信息保障，加快了业务流转，提高了工作的协同性，也提高了业务处理和决策效率。

4.4.4　监督评价与纠正

公司建立了股东会、董事会、监事会以及高级管理层组成的法人治理结构，董事会下属的风险管理委员会、审计委员会根据董事会的决策,负责内部控制的实施和监督。监事会对公司的各项经营活动进行监督。

公司对内控制度的执行情况进行持续的监督和评价,保证了内控的实际效果。

公司严格按照《公司法》《信托公司管理办法》等相关法律法规的规定开展各项经营活动,公司各项内部控制制度执行有效。公司设有内审稽核部门,负责内部控制的监督评价,对内部控制的制度建设和执行情况定期进行检查评价,根据检查结果提出内部控制缺陷以及改进建议并及时报告。2016 年针对内审稽核部内部审计意见,相关部门制定整改方案并落实整改,在今后工作中加以防范,整改落实情况良好。

4.5 风险管理

4.5.1 风险管理概况

公司始终认为积极、高效的风险管理工作是公司内部控制环节中重要的组成部分,是公司持续经营、业务稳健发展的基础之一。公司风险管理的主要目的是通过积极、主动的风险管理活动,提升风险管理能力,实现风险和收益的平衡,构建覆盖全部业务、产品和活动的风险管理体系,保证各项业务可持续发展。因此公司建立了有效的风险管理体系,以识别、评估和管理各类风险。

公司在风险管理和内部控制方面已建立起符合监管要求的框架体系。公司董事会下设风险管理委员会,负责审核风险管理政策和内部控制制度,并对其实施情况及效果进行监督和评价,同时对公司的整体风险状况进行定期评估。风险控制部作为公司风险管理的职能部门,按照公司风险管理政策和制度的要求开展工作,有效识别和管理风险,做到事前防范、事中监督和控制、事后总结和分析。

4.5.2 风险状况

4.5.2.1 信用风险状况

信用风险是指由于交易对手不履行与公司的合约而给公司带来潜在损失的可能性。信用风险的主要表现为交易对手在约定期限内,不能按照约定及时足额支付款项或履行义务,或担保人在融资主体违约时不能按约进行代偿等情形,进而给信托公司项目的正常分配、清算造成压力,并有可能损害到信托公司的声誉。

公司信用风险主要存在于非事务管理的融资类信托业务和固有贷款业务。参照贷款五级分类标准,公司目前存续上述业务运行基本正常,贷款项目均在贷前落实各项抵(质)押、担保等保障措施,风险可控。

4.5.2.2 市场风险状况

市场风险主要指市场利率、汇率或有公开市场价值的金融产品或其他产品的价格变动而造成损失的可能性。主要表现:(1)贷款、债券、短期票据、存款等资产,资金收益水平变化产生风险;(2)长期投资和短期投资证券及其他产品损失的风险;(3)外汇资产损失的风险等。

目前,证券市场风险、房地产市场风险和利率风险是公司面临的主要市场风险。在报告期内,公司密切关注各类市场风险,及时调整投资策略,市场风险可控。

4.5.2.3 操作风险状况

操作风险是指由于员工的个人因素出现失误等导致操作不当所引发的风险,因公司治理机制、内部控制失效或制度不完善引发的风险,或者是由于信息系统出现故障等导致业务无法正常运行而引发的风险等。

在报告期内,公司各项业务都严格执行内部控制程序及业务操作流程,公司未发生因操作风险所造成的损失。

4.5.2.4 其他风险状况

公司所面临的政策风险、合规风险、流动性风险、声誉风险及道德风险等其他风险。报告期内,公司未发生因其他风险所造成的损失。

4.5.3 风险管理情况

4.5.3.1 信用风险管理

对于信用风险的管理,首先,甄别交易对手,通过征信报告和企业信用信息公示系统,对融资对象进行信用调查,尽量选择财务状况良好,具有一定行业优势以及信用状况较好的企业作为交易对手,通过尽职调查对企业的情况进行深入了解和分析,对于个别交易对手历史沿革或信托计划结构复杂的项目,由风险控制部召集论证会,对项目的可行性和风险的可控性进行论证。其次,由风险控制部、合规管理部和法律事务部审查和评估项目风险,独立出具相关报告供决策委员会参考。此外,公司还从项目的保障措施方面着手,选取担保实力强、资质较好的企业或个人作为担保人,选取由专业评估机构评估的、易于变现的、具有良好公允价值的核心资产作为抵(质)押物,并控制抵、质押率,为项目提供进一步的综合保障。公司在业务开展过程中,根据业务需要,借鉴外部信用评级机构的信用评估信息,结合业务人员的专业判断,对交易对手的信用状况进行考察和分析。

公司在项目实施过程中,通过对项目运行的有效管理,跟踪交易对手的信用情况、定期进行事中风险检查及开展资产分类评级等工作,对信用风险进行动态监控。除了季度风险检查、风险报告外,按照公司风险预警及应急处置机制,风险控制部通过检查及项目经理、信托经理的报告及时了解项目风险情况,适时发出风险提示及风险预警,并定期对预警项目进行追踪报告。对即将到期项目实行了风险提示和偿付预案备案机制,做到风险早发现、早处理。公司通过对项目结束后的内部稽核和评价进行业务的事后控制和综合评价。

公司除了对交易对手的信用状况进行全过程的跟踪和监控外,还在信托产品交易结构设计上,注重信用风险的分散与补偿。通过组合和多样化的投资,避免集中度风险,通过增加担保、保证等形式来转移和减少风险。

4.5.3.2 市场风险管理

公司通过客观地分析经济形势,审慎判断利率市场、汇率市场、证券及房地产市场走向,谨慎选择项目,并在项目推进前进行充分的尽职调查,分析市场风险可能对项目产生的影响。公司不仅关注市场风险的控制,更注重通过组合策略来合理规避市场风险。

针对证券市场风险,依据投资组合的净值、仓位和投资集中度等指标事先设定预警点或止损点,逐日盯市,及时预警;另外密切跟踪市场变化,及时调整投资策略和投资组合。

针对房地产行业市场风险,加大了对外部合作机构的调研和采购,为业务部门和风控部门对房地产信托项目的市场判断提供了有效的决策依据。2016 年,公司对存续的房地产项目进行多次压力测试，同时公司组织相关人员对全部房地产信托项目进行了专项检查，了解抵押物价值变化、项目建设进度以及销售情况等，强化对市场风险的研判和预防。

在报告期内，各项业务未出现任何风险损失，市场风险管理状况良好。

4.5.3.3　操作风险管理

为防范操作风险，公司制定了一系列覆盖公司治理、财务管理、业务操作等方面的政策及操作程序，并有效地识别、报告、管理和控制操作风险。公司通过对各部门、各岗位制定明确的职责和权限，坚持信托财产之间、信托财产与固有财产之间分别管理、分别记账等相互分离、相互监督、相互制约的原则，并通过严格的授权制度与过程监控来实施，其中采用了大量的技术手段，如在电脑系统对操作权限和内容进行程序设定，以及在业务和资金流转过程中实施双岗核定确认等。

在金融产品投资过程中，通过成立投资小组进行科学决策，指定专人负责交易执行、风险控制、会计核算等环节，做到相对独立，相互制衡，权限明确。公司内控部门对上述业务进行事中监督和控制、事后总结和分析，并制定相应的制度来堵截可能出现的漏洞，对业务执行人定期进行考评，通过奖惩激励对其行为进行约束。

公司加强对存续项目的管理，2016 年重点检查了所有存续的主动管理类、事务管理类项目和固有业务项下的相关项目，以及业务运作各环节的操作风险管理情况。目前内部程序系统运行有效，各项业务均严格按照公司各项制度的规定进行操作。2016 年未出现因操作失误而产生的风险，公司操作风险可控。

4.5.3.4　其他风险管理

公司积极推进业务创新，促进公司信托业务的多元化，从而避免政策调控对公司信托业务产生重大的冲击。此外提高业务开展的前瞻性，在项目结构设计时，考虑到未来可能的政策变动，从而避免政策的调整对项目产生消极影响。公司通过建立完善的治理结构、内控制度、业务流程等，按照法律法规及监管要求开展工作，加强对合规风险、道德风险与流动性风险等其他风险的管理和控制，且专门聘请律师事务所、会计师事务所等专业机构，协助公司对所有业务进行合规审查和法律咨询。

4.6　净资本管理概况

公司依据《信托公司净资本管理办法》积极推进净资本管理。报告期末，净资本各项指标均处于符合监管要求的较好水平。

指标（母公司口径）	期末数	监管标准
净资本（万元）	251 668	≥2 亿元
各项风险资本之和（万元）	101 768	
净资本/各项风险资本之和（%）	247.30	≥100
净资本/净资产（%）	77.10	≥40

4.7　履行社会责任

报告期内，本公司贯彻落实“三重一大”决策制度，进一步完善法人治理结构、内控体系及风险管理，有效控制各类风险；积极发展主动管理类信托业务，完善客户服务体系，优化产品结构；支持地方经济建设，提供优质的信托金融服务；加强党风廉政建设；保障员工基本权益，提供各类专项培训、健全的保险保障和丰富的活动；推行绿色金融，支持低碳环保经济；积极投身金融知识宣传和消费者权益保护工作，共建和谐金融。

5. 报告期末及上一年度末的比较式会计报表

5.1　自营资产

5.1.1　会计师事务所审计结论

审计报告

天衡审字（2017）00949 号

苏州信托有限公司董事会：

我们审计了后附的苏州信托有限公司（以下简称贵公司）的财务报表，包括 2016 年 12 月 31 日的合并及母公司资产负债表，2016 年度的合并及母公司利润表、合并及母公司现金流量表、合并及母公司所有者权益变动表以及财务报表附注。

一、管理层对财务报表的责任

编制和公允列报财务报表是贵公司管理层的责任。这种责任包括：（1）按照企业会计准则的规定编制财务报表，并使其实现公允反映；（2）设计、执行和维护必要的内部控制，以使财务报表不存在由于舞弊或错误导致的重大错报。

二、注册会计师的责任

我们的责任是在实施审计工作的基础上对财务报表发表审计意见。我们按照中国注册会计师审计准则的规定执行了审计工作。中国注册会计师审计准则要求我们遵守职业道德规范，计划和执行审计工作以对财务报表是否不存在重大错报获取合理保证。

审计工作涉及实施审计程序，以获取有关财务报表金额和披露的审计证据。选择的审计程序取决于注册会计师的判断，包括对由于舞弊或错误导致的财务报表重大错报风险的评估。在进行风险评估时，注册会计师考虑与财务报表编制和公允列报相关的内部控制，以设计恰当的审计程序，但目的并非对内部控制的有效性发表意见。审计工作还包括评价管理层选用会计政策的恰当性和作出会计估计的合理性，以及评价财务报表的总体列报。

我们相信，我们获取的审计证据是充分、适当的，为发表审计意见提供了基础。

三、审计意见

我们认为，上述财务报表在所有重大方面按照企业会计准则的规定编制，公允反映了贵公司 2016 年 12 月 31 日的合并及母公司财务状况以及 2016 年度的合并及母公司经营成果和现金流量。

天衡会计师事务所（特殊普通合伙）　　中国注册会计师：

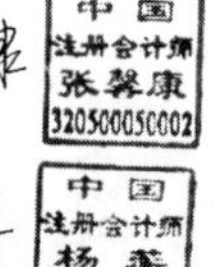

中国·南京　2017 年 4 月 10 日　　中国注册会计师：

5.1.2 资产负债表

合并资产负债表

编制单位：苏州信托有限公司　　2016 年 12 月 31 日　　单位：元

资产	注释	期末余额	期初余额
资产			
货币资金		680 454 913.56	1 038 238 914.23
存放中央银行款项			
存放同业款项			
贵金属			
拆出资金			
以公允价值计量且其变动计入当期损益的金融资产		1 535.00	
衍生金融资产			
买入返售金融资产			
应收利息		416 285.83	948 249.99
发放贷款及垫款		150 530 000.00	315 300 000.00
可供出售金融资产		3 752 690 899.58	2 658 725 610.63
持有至到期投资			
长期应收款			
长期股权投资		69 257 553.32	28 609 198.51
投资性房地产			
固定资产		232 509 780.47	225 274 568.89
无形资产		954 964.36	1 217 083.33
商誉			
长期待摊费用			
递延所得税资产			
其他资产		45 629 804.77	28 127 886.07
资产总计		4 932 445 736.89	4 296 441 511.65

公司法定代表人：袁维静　　主管会计工作负责人：周也勤　　会计机构负责人：陶　娟

合并资产负债表（续）

编制单位：苏州信托有限公司　　2016 年 12 月 31 日　　单位：元

负债和所有者权益	注释	期末余额	期初余额
负债：			
短期借款			
向中央银行借款			
同业及其他金融机构存放款项			
拆入资金			
以公允价值计量且其变动计入当期损益的金融负债			
衍生金融负债			
卖出回购金融资产款			
吸收存款			
应付职工薪酬		202 272 634.78	181 592 513.59
应交税费		51 444 632.41	83 462 144.50
应付利息			
应付股利			
预计负债			
应付债券			
递延所得税负债		229 976 047.49	209 065 639.27
其他负债		90 018 726.70	78 146 487.25
负债合计		573 712 041.38	552 266 784.61
所有者权益：			
实收资本		1 200 000 000.00	1 200 000 000.00
资本公积		249 100.00	249 100.00
减：库存股			
其他综合收益		857 854 877.74	798 259 987.50
盈余公积		307 851 139.33	253 695 961.54
信托赔偿储备		147 154 246.52	120 076 657.63
一般风险准备		40 230 086.02	27 875 705.58
未分配利润		1 805 394 245.90	1 344 017 314.79
所有者权益合计		4 358 733 695.51	3 744 174 727.04
负债和所有者权益总计		4 932 445 736.89	4 296 441 511.65

公司法定代表人：袁维静　　主管会计工作负责人：周也勤　　会计机构负责人：陶娟

资产负债表

编制单位：苏州信托有限公司　　2016 年 12 月 31 日　　单位：元

资产	注释	期末余额	期初余额
资产：			
货币资金		661 166 217. 28	970 629 175. 26
存放中央银行款项			
存放同业款项			
贵金属			
拆出资金			
以公允价值计量且其变动计入当期损益的金融资产		1 535. 00	
衍生金融资产			
买入返售金融资产			
应收利息		416 285. 83	948 249. 99
发放贷款及垫款		150 530 000. 00	315 300 000. 00
可供出售金融资产		3 624 411 241. 74	2 549 145 952. 79
持有至到期投资			
长期应收款			
长期股权投资		118 788 391. 55	119 072 799. 01
投资性房地产			
固定资产		220 066 854. 30	225 014 679. 26
无形资产		954 964. 36	1 217 083. 33
商誉			
长期待摊费用			
递延所得税资产			
其他资产		41 879 000. 62	19 706 739. 04
资产总计		4 818 214 490. 68	4 201 034 678. 68

公司法定代表人：袁维静　　主管会计工作负责人：周也勤　　会计机构负责人：陶　娟

资产负债表（续）

编制单位：苏州信托有限公司　　2016 年 12 月 31 日　　单位：元

负债和所有者权益	注释	期末余额	期初余额
负债：			
短期借款			
向中央银行借款			
同业及其他金融机构存放款项			
拆入资金			
以公允价值计量且其变动计入当期损益的金融负债			
衍生金融负债			
卖出回购金融资产款			
吸收存款			
应付职工薪酬		202 272 634. 78	181 592 513. 59
应交税费		49 965 902. 34	76 815 986. 29
应付利息			
应付股利			
预计负债			
应付债券			
递延所得税负债		229 976 047. 49	209 065 639. 27
其他负债		26 947 883. 27	25 655 184. 84
负债合计		509 162 467. 88	493 129 323. 99
所有者权益：			
实收资本		1 200 000 000. 00	1 200 000 000. 00
资本公积		249 100. 00	249 100. 00
减：库存股			
其他综合收益		857 854 877. 74	798 259 987. 50
盈余公积		304 655 827. 81	250 500 650. 02
信托赔偿储备		147 154 246. 52	120 076 657. 63
一般风险准备		40 230 086. 02	27 875 705. 58
未分配利润		1 758 907 884. 71	1 310 943 253. 96
所有者权益合计		4 309 052 022. 80	3 707 905 354. 69
负债和所有者权益总计		4 818 214 490. 68	4 201 034 678. 68

公司法定代表人：袁维静　　主管会计工作负责人：周也勤　　会计机构负责人：陶　娟

5.1.3 利润表

合并利润表

编制单位：苏州信托有限公司　　2016 年度　　单位：元

项目	注释	本年金额	上年金额
一、营业收入		918 609 690.06	997 806 747.80
其中：利息净收入		33 914 143.60	49 575 060.84
手续费及佣金净收入		623 375 040.35	804 274 350.49
投资收益		241 142 710.33	110 094 285.22
公允价值变动损益			-25 980.00
其他业务收入		20 177 795.78	33 889 031.25
二、营业支出		190 315 908.35	259 786 546.97
其中：税金及附加		22 253 283.32	54 019 802.97
业务及管理费		168 062 625.03	170 766 744.00
资产减值损失			35 000 000.00
三、营业利润（亏损以"-"号填列）		728 293 781.71	738 020 200.83
加：营业外收入		729 622.61	5 493 472.49
减：营业外支出		211 500.65	852 233.90
四、利润总额（亏损总额以"-"号填列）		728 811 903.67	742 661 439.42
减：所得税费用		173 847 825.44	180 880 907.81
五、净利润（净亏损以"-"号填列）		554 964 078.23	561 780 531.61
六、其他综合收益的税后净额		59 594 890.24	-120 528 750.00
（一）以后不能重分类进损益的其他综合收益			
1. 重新计量设定收益计划净负债或净资产的变动			
2. 权益法下在被投资单位不能重分类进损益的其他综合收益中享有的份额			
（二）以后将重分类进损益的其他综合收益		59 594 890.24	-120 528 750.00
1. 权益法下在被投资单位以后将重分类进损益的其他综合收益中享有的份额			
2. 可供出售金融资产公允价值变动损益		59 594 890.24	-120 528 750.00
3. 持有至到期投资重分类为可供出售金融资产损益			
4. 现金流量套期损益的有效部分			
5. 外币财务报表折算差额			
七、综合收益总额		614 558 968.47	441 251 781.61

公司法定代表人：袁维静　　主管会计工作负责人：周也勤　　会计机构负责人：陶　娟

利润表

编制单位：苏州信托有限公司　　2016 年度　　单位：元

项目	注释	本年金额	上年金额
一、营业收入		895 864 078.11	955 360 478.78
其中：利息净收入		33 398 140.64	49 385 250.50
手续费及佣金净收入		625 351 551.65	804 274 350.49
投资收益		237 114 385.82	101 726 857.79
公允价值变动损益			-25 980.00
其他业务收入			
二、营业支出		185 146 487.57	255 561 517.88
其中：税金及附加		21 586 580.74	52 122 017.22
业务及管理费		163 559 906.83	168 439 500.66
资产减值损失			35 000 000.00
三、营业利润（亏损以"-"号填列）		710 717 590.54	699 798 960.90
加：营业外收入		629 622.61	2 253 671.35
减：营业外支出		11 500.65	852 130.19
四、利润总额（亏损总额以"-"号填列）		711 335 712.50	701 200 502.06
减：所得税费用		169 783 934.63	171 605 474.54
五、净利润（净亏损以"-"号填列）		541 551 777.87	529 595 027.52
六、其他综合收益的税后净额		59 594 890.24	-120 528 750.00
（一）以后不能重分类进损益的其他综合收益			
1. 重新计量设定收益计划净负债或净资产的变动			
2. 权益法下在被投资单位不能重分类进损益的其他综合收益中享有的份额			
（二）以后将重分类进损益的其他综合收益		59 594 890.24	-120 528 750.00

续表

项目	注释	本年金额	上年金额
1. 权益法下在被投资单位以后将重分类进损益的其他综合收益中享有的份额			
2. 可供出售金融资产公允价值变动损益		59 594 890.24	-120 528 750.00
3. 持有至到期投资重分类为可供出售金融资产损益			
4. 现金流量套期损益的有效部分			
5. 外币财务报表折算差额			
七、综合收益总额		601 146 668.11	409 066 277.52

公司法定代表人：袁维静　　主管会计工作负责人：周也勤　　会计机构负责人：陶　娟

5.1.4 现金流量表

合并现金流量表

编制单位：苏州信托有限公司　　2016 年度　　单位：元

项目	注释	本期金额	上期金额
一、经营活动产生的现金流量：			
收取利息、手续费及佣金的现金		708 424 986.80	866 339 786.82
客户贷款及垫款净减少额		164 770 000.00	107 700 000.00
买入返售金融资产净减少额			642 201 926.60
收到其他与经营活动有关的现金		1 595 205.63	22 099 873.21
现金流入小计		874 790 192.43	1 638 341 586.63
客户贷款及垫款净增加额			
买入返售金融资产净增加额			
支付给职工以及为职工支付的现金		106 340 175.60	101 882 316.87
支付的各项税费		262 910 087.73	236 878 621.54
支付其他与经营活动有关的现金		43 487 507.77	32 490 068.09
现金流出小计		412 737 771.10	371 251 006.50
经营活动产生的现金流量净额		462 052 421.33	1 267 090 580.13
二、投资活动产生的现金流量：			
收回投资收到的现金		447 144 553.60	569 172 523.64
取得投资收益收到的现金		112 805 051.92	96 434 726.77
处置固定资产、无形资产和其他长期资产收回的现金净额		10 531.29	19 463.50
处置子公司及其他经营单位收到的现金净额			
取得子公司及其他营业单位收到的现金净额			12 777 678.56
收到其他与投资活动有关的现金			50 000 000.00
现金流入小计		559 960 136.81	728 404 392.47
购建固定资产、无形资产和其他长期资产支付的现金		10 834 338.51	4 515 615.84
投资支付的现金		1 368 962 220.30	990 684 436.63
处置子公司及其他经营单位支付的现金净额			
取得子公司及其他营业单位支付的现金净额			
支付其他与投资活动有关的现金			
现金流出小计		1 379 796 558.81	995 200 052.47
投资活动产生的现金流量净额		-819 836 422.00	-266 795 660.00
三、筹资活动产生的现金流量：			
吸收投资收到的现金			
取得借款收到的现金			
收到其他与筹资活动有关的现金			
现金流入小计			
偿还债务支付的现金			
分配股利、利润或偿付利息支付的现金			
支付其他与筹资活动有关的现金			
现金流出小计			
筹资活动产生的现金流量净额			
四、汇率变动对现金及现金等价物的影响			
五、现金及现金等价物净增加额		-357 784 000.67	1 000 294 920.13
加：期初现金及现金等价物余额		1 038 238 914.23	37 943 994.10
六、期末现金及现金等价物净余额		680 454 913.56	1 038 238 914.23

公司法定代表人：袁维静　　主管会计工作负责人：周也勤　　会计机构负责人：陶　娟

现金流量表

编制单位:苏州信托有限公司　　2016 年度　　单位:元

项目	注释	本期金额	上期金额
一、经营活动产生的现金流量:			
收取利息、手续费及佣金的现金		688 879 756.46	853 549 695.23
客户贷款及垫款净减少额		164 770 000.00	107 700 000.00
买入返售金融资产净减少额			642 201 926.60
收到其他与经营活动有关的现金		628 420.42	21 975 206.21
现金流入小计		854 278 176.88	1 625 426 828.04
客户贷款及垫款净增加额			
买入返售金融资产净增加额			
支付给职工以及为职工支付的现金		103 292 271.04	100 005 751.00
支付的各项税费		252 374 850.88	232 079 770.38
支付其他与经营活动有关的现金		41 333 464.71	31 826 613.66
现金流出小计		397 000 586.63	363 912 135.04
经营活动产生的现金流量净额		457 277 590.25	1 261 514 693.00
二、投资活动产生的现金流量:			
收回投资收到的现金		407 144 553.60	479 172 523.64
取得投资收益收到的现金		109 709 489.68	87 907 970.94
处置固定资产、无形资产和其他长期资产收回的现金净额		6 272.92	19 463.50
处置子公司及其他经营单位收到的现金净额			
收到其他与投资活动有关的现金			
现金流入小计		516 860 316.20	567 099 958.08
购建固定资产、无形资产和其他长期资产支付的现金		8 338 644.13	4 465 082.84
投资支付的现金		1 275 262 220.30	884 608 052.79
取得子公司及其他营业单位支付的现金净额			
支付其他与投资活动有关的现金			
现金流出小计		1 283 600 864.43	889 073 135.63
投资活动产生的现金流量净额		−766 740 548.23	−321 973 177.55
三、筹资活动产生的现金流量:			
吸收投资收到的现金			
取得借款收到的现金			
收到其他与筹资活动有关的现金			
现金流入小计			
偿还债务支付的现金			
分配股利、利润或偿付利息支付的现金			
支付其他与筹资活动有关的现金			
现金流出小计			
筹资活动产生的现金流量净额			
四、汇率变动对现金及现金等价物的影响			
五、现金及现金等价物净增加额		−309 462 957.98	939 541 515.45
加:期初现金及现金等价物余额		970 629 175.26	31 087 659.81
六、期末现金及现金等价物净余额		661 166 217.28	970 629 175.26

公司法定代表人:袁维静　　主管会计工作负责人:周也勤　　会计机构负责人:陶　娟

5.1.5 所有者权益变动表

合并所有者权益变动表

编制单位：苏州信托有限公司　　2016 年度　　单位：元

项目	本年金额									
	实收资本	资本公积	减：库存股	其他综合收益	盈余公积	信托赔偿准备	一般风险准备	未分配利润	其他	所有者权益合计
一、上年年末余额	1 200 000 000. 00	249 100. 00		798 259 987. 50	253 695 961. 54	120 076 657. 63	27 875 705. 58	1 344 017 314. 79		3 744 174 727. 04
加：会计政策变更										
前期差错更正										
二、本年年初余额	1 200 000 000. 00	249 100. 00		798 259 987. 50	253 695 961. 54	120 076 657. 63	27 875 705. 58	1 344 017 314. 79		3 744 174 727. 04
三、本年增减变动金额（减少以"－"号填列）				59 594 890. 24	54 155 177. 79	27 077 588. 89	12 354 380. 44	461 376 931. 11		614 558 968. 47
（一）净利润								554 964 078. 23		554 964 078. 23
（二）其他综合收益				59 594 890. 24						59 594 890. 24
上述（一）和（二）小计				59 594 890. 24				554 964 078. 23		614 558 968. 47
（三）所有者投入和减少资本										
1. 所有者投入资本										
2. 股份支付计入所有者权益的金额										
3. 其他										
（四）利润分配					54 155 177. 79	27 077 588. 89	12 354 380. 44	−93 587 147. 12		
1. 提取盈余公积					54 155 177. 79			−54 155 177. 79		
2. 信托赔偿准备						27 077 588. 89		−27 077 588. 89		
3. 提取一般风险准备							12 354 380. 44	−12 354 380. 44		
4. 对所有者的分配										
（五）所有者权益内部结转										
1. 资本公积转增资本										
2. 盈余公积转增资本										
3. 盈余公积弥补亏损										
4. 其他										
（六）专项储备										
1. 本期提取										
2. 本期使用										
（七）其他										
四、本年年末余额	1 200 000 000. 00	249 100. 00		857 854 877. 74	307 851 139. 33	147 154 246. 52	40 230 086. 02	1 805 394 245. 90		4 358 733 695. 51

公司法定代表人：袁维静　　主管会计工作负责人：周也勤　　会计机构负责人：陶娟

合并所有者权益变动表(续)

编制单位:苏州信托有限公司

2016 年度

单位:元

项目	本年金额									
	实收资本	资本公积	减:库存股	其他综合收益	盈余公积	信托赔偿准备	一般风险准备	未分配利润	其他	所有者权益合计
一、上年年末余额	1 200 000 000. 00	249 100. 00		918 788 737. 50	197 949 939. 07	93 596 906. 25	23 670 442. 35	868 667 820. 26		3 302 922 945. 43
加:会计政策变更										
前期差错更正										
二、本年年初余额	1 200 000 000. 00	249 100. 00		918 788 737. 50	197 949 939. 07	93 596 906. 25	23 670 442. 35	868 667 820. 26		3 302 922 945. 43
三、本年增减变动金额(减少以"-"号填列)				-120 528 750. 00	55 746 022. 47	26 479 751. 38	4 205 263. 23	475 349 494. 53		441 251 781. 61
(一)净利润								561 780 531. 61		561 780 531. 61
(二)其他综合收益				-120 528 750. 00						-120 528 750. 00
上述(一)和(二)小计				-120 528 750. 00				561 780 531. 61		441 251 781. 61
(三)所有者投入和减少资本										
1. 所有者投入资本										
2. 股份支付计入所有者权益的金额										
3. 其他										
(四)利润分配					55 746 022. 47	26 479 751. 38	4 205 263. 23	-86 431 037. 08		
1. 提取盈余公积					55 746 022. 47			-55 746 022. 47		
2. 信托赔偿准备						26 479 751. 38		-26 479 751. 38		
3. 提取一般风险准备							4 205 263. 23	-4 205 263. 23		
4. 对所有者的分配										
(五)所有者权益内部结转										
1. 资本公积转增资本										
2. 盈余公积转增资本										
3. 盈余公积弥补亏损										
4. 其他										
(六)专项储备										
1. 本期提取										
2. 本期使用										
(七)其他										
四、本年年末余额	1 200 000 000. 00	249 100. 00		798 259 987. 50	253 695 961. 54	120 076 657. 63	27 875 705. 58	1 344 017 314. 79		3 744 174 727. 04

公司法定代表人:袁维静　　主管会计工作负责人:周也勤　　会计机构负责人:陶娟

所有者权益变动表

编制单位：苏州信托有限公司　　2016 年度　　单位：元

项目	本年金额									
	实收资本	资本公积	减：库存股	其他综合收益	盈余公积	信托赔偿准备	一般风险准备	未分配利润	其他	所有者权益合计
一、上年年末余额	1 200 000 000. 00	249 100. 00		798 259 987. 50	250 500 650. 02	120 076 657. 63	27 875 705. 58	1 310 943 253. 96		3 707 905 354. 69
加：会计政策变更										
前期差错更正										
二、本年年初余额	1 200 000 000. 00	249 100. 00		798 259 987. 50	250 500 650. 02	120 076 657. 63	27 875 705. 58	1 310 943 253. 96		3 707 905 354. 69
三、本年增减变动金额（减少以"－"号填列）				59 594 890. 24	54 155 177. 79	27 077 588. 89	12 354 380. 44	447 964 630. 75		601 146 668. 11
（一）净利润								541 551 777. 87		541 551 777. 87
（二）其他综合收益				59 594 890. 24						59 594 890. 24
上述（一）和（二）小计				59 594 890. 24				541 551 777. 87		601 146 668. 11
（三）所有者投入和减少资本										
1. 所有者投入资本										
2. 股份支付计入所有者权益的金额										
3. 其他										
（四）利润分配					54 155 177. 79	27 077 588. 89	12 354 380. 44	−93 587 147. 12		
1. 提取盈余公积					54 155 177. 79			−54 155 177. 79		
2. 信托赔偿准备						27 077 588. 89		−27 077 588. 89		
3. 提取一般风险准备							12 354 380. 44	−12 354 380. 44		
4. 对所有者的分配										
（五）所有者权益内部结转										
1. 资本公积转增资本										
2. 盈余公积转增资本										
3. 盈余公积弥补亏损										
4. 其他										
（六）专项储备										
1. 本期提取										
2. 本期使用										
（七）其他										
四、本年年末余额	1 200 000 000. 00	249 100. 00		857 854 877. 74	304 655 827. 81	147 154 246. 52	40 230 086. 02	1 758 907 884. 71		4 309 052 022. 80

公司法定代表人：袁维静　　主管会计工作负责人：周也勤　　会计机构负责人：陶娟

所有者权益变动表（续）

编制单位：苏州信托有限公司　　2016 年度　　单位：元

项目	本年金额									
	实收资本	资本公积	减：库存股	其他综合收益	盈余公积	专项储备	一般风险准备	未分配利润	其他	所有者权益合计
一、上年年末余额	1 200 000 000. 00	249 100. 00		918 788 737. 50	197 541 147. 27	93 596 906. 25	23 670 442. 35	864 992 743. 80		3 298 839 077. 17
加：会计政策变更										
前期差错更正										
二、本年年初余额	1 200 000 000. 00	249 100. 00		918 788 737. 50	197 541 147. 27	93 596 906. 25	23 670 442. 35	864 992 743. 80		3 298 839 077. 17
三、本年增减变动金额（减少以"－"号填列）				−120 528 750. 00	52 959 502. 75	26 479 751. 38	4 205 263. 23	445 950 510. 16		409 066 277. 52
（一）净利润								529 595 027. 52		529 595 027. 52
（二）其他综合收益				−120 528 750. 00						−120 528 750. 00
上述（一）和（二）小计				−120 528 750. 00				529 595 027. 52		409 066 277. 52
（三）所有者投入和减少资本										
1. 所有者投入资本										
2. 股份支付计入所有者权益的金额										
3. 其他										
（四）利润分配					52 959 502. 75	26 479 751. 38	4 205 263. 23	−83 644 517. 36		
1. 提取盈余公积					52 959 502. 75			−52 959 502. 75		
2. 信托赔偿准备						26 479 751. 38		−26 479 751. 38		
3. 提取一般风险准备							4 205 263. 23	−4 205 263. 23		
4. 对所有者的分配										
（五）所有者权益内部结转										
1. 资本公积转增资本										
2. 盈余公积转增资本										
3. 盈余公积弥补亏损										
4. 其他										
（六）专项储备										
1. 本期提取										
2. 本期使用										
（七）其他										
四、本年年末余额	1 200 000 000. 00	249 100. 00		798 259 987. 50	250 500 650. 02	120 076 657. 63	27 875 705. 58	1 310 943 253. 96		3 707 905 354. 69

公司法定代表人：袁维静　　主管会计工作负责人：周也勤　　会计机构负责人：陶娟

5.2　信托资产(未经审计)

5.2.1　信托项目资产负债汇总表

信托项目资产负债汇总表

编报单位:苏州信托有限公司　　2016 年 12 月 31 日　　单位:万元

信托资产	期末余额	期初余额	信托负债和信托权益	期末余额	期初余额
信托资产			信托负债		
货币资金	348 344. 20	98 551. 09	交易性金融负债	0. 00	0. 00
拆出资金	0. 00	0. 00	衍生金融负债	0. 00	0. 00
存出保证金	0. 00	0. 00	应付受托人报酬	992. 64	407. 79
交易性金融资产	234 383. 16	285 898. 32	应付托管费	311. 86	395. 65
衍生金融资产	0. 00	0. 00	应付受益人收益	3 549. 14	664. 36
买入返售金融资产	0. 00	0. 00	应交税费	0	368. 52
应收款项	4 165. 36	2 175. 69	应付销售服务费	0. 00	0. 00
发放贷款	3 716 952. 65	3 692 720. 35	其他应付款项	164 866. 82	80 590. 58
可供出售金融资产	0. 00	0. 00	预计负债	286. 79	84. 75
持有至到期投资	3 443 698. 67	3 381 059. 95	其他负债	0. 00	0. 00
长期应收款	0. 00	0. 00	信托负债合计	170 007. 25	82 511. 65
长期股权投资	1 853 017. 23	1 143 561. 55	信托权益		
投资性房地产	0. 00	0. 00	实收信托	9 578 469. 93	8 692 077. 37
固定资产	0. 00	0. 00	资本公积	0. 00	0. 00
无形资产	0. 00	0. 00	损益平准金	0. 00	0. 00
长期待摊费用	0. 00	0. 00	未分配利润	70 480. 56	101 608. 12
其他资产	218396. 47	272230. 19	信托权益合计	9 648 950. 49	8 793 685. 49
信托资产总计	9 818 957. 74	8 876 197. 14	信托负债和信托权益总计	9 818 957. 74	8 876 197. 14

公司负责人:袁维静　　主管会计工作的公司负责人:周也勤　　信托会计机构负责人:钱　悦

5.2.2　信托项目利润及利润分配汇总表

信托项目利润及利润分配汇总表

2016 年度

编报单位:苏州信托有限公司　　单位:万元

项目	本年金额	上年金额
1. 营业收入	793 388. 80	958 740. 34
1. 1 利息收入	316 777. 75	332 329. 38
1. 2 投资收益(损失以"－"号填列)	468 336. 28	609 844. 32
1. 2. 1 其中:对联营企业和合营企业的投资收益	0. 00	0. 00
1. 3 公允价值变动收益(损失以"－"号填列)	6 828. 61	14 606. 52
1. 4 租赁收入	0. 00	0. 00
1. 5 汇兑损益(损失以"－"号填列)	0. 00	0. 00
1. 6 其他收入	1 446. 16	1 960. 12
2. 支出	101 361. 92	133 548. 88
2. 1 营业税金及附加	290. 32	1 688. 52
2. 2 受托人报酬	64 268. 91	79 192. 47
2. 3 托管费	10 600. 60	12 090. 04
2. 4 投资管理费	0. 00	0. 00
2. 5 销售服务费	57. 23	19. 52
2. 6 交易费用	3. 18	7. 34
2. 7 资产减值损失	0. 00	0. 00
2. 8 其他费用	26 141. 68	40 550. 99
3. 信托净利润(净亏损以"－"号填列)	692 026. 88	825 191. 46
4. 其他综合收益	0. 00	0. 00
5. 综合收益	692 026. 88	825 191. 46
6. 加:期初未分配信托利润	101 608. 12	71 250. 25
7. 可供分配的信托利润	793 635. 00	896 441. 71
8. 减:本期已分配信托利润	723 154. 44	794 833. 59
9. 期末未分配信托利润	70 480. 56	101 608. 12

公司负责人:袁维静　　主管会计工作的公司负责人:周也勤

信托会计机构负责人:钱　悦

6. 会计报表附注

6.1　会计报表不符合会计核算基本前提的说明

无。

6.1.1　会计报表不符合会计核算基本前提的事项

无。

6.1.2　对编制合并会计报表的公司应说明纳入合并范围的子公司情况、母公司所持有的权益性资本的比例及合并期间

合并财务报表的合并范围以控制为基础确定,包括本公司及本公司的子公司(指被本公司控制的主体,包括企业、被投资单位中可分割部分以及企业所控制的结构化主体等)。子公司的经营成果和财务状况由控制开始日起至控制结束日止包含于合并财务报表中。

本集团通过设立或投资等方式取得的子公司:

子公司全称	注册地	注册资本(万元)	年末实际出资额(万元)	持股比例(%)	表决权比例(%)	是否合并报表
苏州市苏信创业投资有限公司	苏州	10 000.00	10 000.00	100	100	是
苏州苏信宜和投资管理有限公司①	苏州	1 000.00	1 000.00	100	100	是
苏州苏信百汇资产管理有限公司②	苏州	1 000.00	1 000.00	100	100	是
苏州苏信创新资产管理有限公司③	苏州	5 000.00	5 000.00	100	100	是

注:①苏州苏信宜和投资管理有限公司是苏州市苏信创业投资有限公司直接持股的全资子公司。

②苏州苏信百汇资产管理有限公司是苏州市苏信创业投资有限公司于2015年8月全额出资收购的苏州信托间接持股的全资子公司。

③苏州苏信创新资产管理有限公司是苏州信托通过其控制的苏州苏信创新资本管理企业(有限合伙)及苏州苏信宜和投资管理有限公司间接持股的全资子公司。

2016年度纳入本集团合并范围的结构化主体:

全称	注册地	本公司或其子公司期末实际出资额(万元)	年末实际出资比例(%)	是否合并报表
苏州苏信资产管理中心(有限合伙)	苏州	21 100	100	是
苏州苏信嘉会创业投资企业(有限合伙)	苏州	1 500	100	是
苏州苏信创新资本管理企业(有限合伙)	苏州	5 000	100	是
苏信理财·恒信B1504集合资金信托计划①	苏州	15 000	75	是

注:①该信托计划系本公司管理的产品,本公司能够对该产品实施控制,故将其纳入合并范围。

本公司及下属子公司(以下简称本集团)经营范围为:资金信托;动产信托;不动产信托;有价证券信托;其他财产或财产权信托;作为投资基金或者基金管理公司的发起人从事投资基金业务;经营企业资产的重组、并购及项目融资、公司理财、财务顾问业务;受托经营国务院有关部门批准的证券承销业务;办理居间、咨询、资信调查等业务;代保管及保管箱业务;以存放同业、拆放同业、贷款、租赁、投资方式运用固有财产;以固有财产为他人提供担保;从事同业拆借;法律法规规定或中国银行业监督管理委员会批准的其他业务。

本公司编制的财务报表符合企业会计准则的要求,真实、完整地反映了本公司2016年12月31日的合并及母公司财务状况以及2016年度的合并及母公司经营成果和现金流量等有关信息。

6.2 重要会计政策和会计估计说明

6.2.1 计提金融资产减值的范围和方法

公司在资产负债表日对以公允价值计量且其变动计入当期损益的金融资产以外的金融资产的账面价值进行检查,判定是否发生减值。

6.2.1.1 可供出售金融资减值

股票等权益类:资产负债表日,如果单个可供出售金融资产公允价值下跌幅度超过其持有成本的50%,或持续下跌时间在1年以上,预期这种下降趋势属于非暂时性的,可以认定该可供出售金融资产已发生减值。

债券等固定收益类:如果单个可供出售金融资产出现以下减值迹象,可以认定该可供出售金融资产已发生减值。

(1)发行方或债务人发生严重财务困难。

(2)债务人违反了合同条款,如偿付利息或本金发生违约或逾期等。

(3)债务人很可能倒闭或进行其他财务重组。

(4)因发行方发生重大财务困难,该金融资产无法在活跃市场继续交易。

(5)其他表明金融资产发生减值的客观证据。

可供出售金融资产发生减值时,即使该金融资产没有终止确认,原直接计入所有者权益(其他综合收益)的因公允价值下降形成的累计损失,应当予以转出,计入当期损益。该转出的累计损失,为可供出售金融资产的初始取得成本扣除已收回本金和已摊销金额、当前公允价值和原已计入损益的减值损失后的余额。

对于已确认减值损失的可供出售债务工具,在随后的会计期间公允价值已上升且客观上与确认原减值损失确认后发生的事项有关的,原确认的减值损失应当予以转回,计入当期损益。

可供出售权益工具投资发生的减值损失,不得通过损益转回。但是在活跃市场中没有报价且其公允价值不能可靠计量的权益工具投资,或与该权益工具挂钩并须通过交付该权益工具结算的衍生金融资产发生的减值损失,不得转回。

6.2.1.2 以摊余成本计量的金融资产减值

以摊余成本计量的金融资产发生减值时,将该金融资产的账面价值减记至预计未来现金流量(不包括尚未发生的未来信用损失)现值,减记的金额确认为资产减值损失,计入当期损益。

对以摊余成本计量的金融资产确认减值损失后,如有客观证据表明该金融资产价值已恢复,且客观上与确认该损失后发生的事项有关(如债务人的信用评级已提高等),原确认的减值损失予以转回,计入当期损益。但是该转回后的账面价值不应当超过假定不计提减值准备情况下该金融资产在转回日的摊余成本。

本集团对单项金额重大的金融资产单独进行减值测试,对单项金额不重大的金融资产,单独或包括在具有类似信用风险特征的金融资产组合中进行减值测试。单独测试未发生减值的金融资产,无论单项金额重大与否,仍将包括在具有类似信用风险特征的金融资产组合中再进行减值测试。已单独确认减值损失的金融资产,不包括在具有类似信用风险特征的金融资产组合中进行减值测试。

6.2.1.3 以成本计量的金融资产减值

在活跃市场中没有报价且其公允价值不能可靠计量的金

融资产投资，或与该金融资产挂钩并须通过交付该金融资产结算的衍生金融资产发生减值时，应当将该金融资产投资或衍生金融资产的账面价值，与按照类似金融资产当时市场收益率对未来现金流量折现确定的现值之间的差额，确认为减值损失，计入当期损益。

6.2.2 金融资产四分类的范围和标准

金融资产在初始确认时，按照公司取得金融资产的目的，划分为下列四类：以公允价值计量且其变动计入当期损益的金融资产，包括交易性金融资产和指定为以公允价值计量且其变动计入当期损益的金融资产；持有至到期投资；贷款和应收款项以及可供出售金融资产。

6.2.2.1 以公允价值计量且其变动计入当期损益的金融资产

以公允价值计量且其变动计入当期损益的金融资产包括交易性金融资产及公司指定为以公允价值计量且其变动计入当期损益的金融资产。

交易性金融资产包括公司为了近期内出售、回购或赎回而持有的金融资产；衍生工具，但是被指定且为有效套期工具的衍生工具、属于财务担保合同的衍生工具、与在活跃市场中没有报价且其公允价值不能可靠计量的权益工具投资挂钩并须通过交付该权益工具结算的衍生工具除外。

只有符合以下条件之一的金融资产，才可在初始确认时被直接指定为以公允价值计量且其变动计入当期损益的金融资产：

（1）该指定可以消除或明显减少由于该金融工具的计量基础不同所导致的相关利得或损失在确认或计量方面不一致的情况。

（2）风险管理或投资策略的正式书面文件已载明，该金融工具组合以公允价值为基础进行管理、评价并向关键管理人员报告。

（3）混合金融工具，除非嵌入衍生工具对混合工具的现金流量没有重大改变，或所嵌入的衍生工具明显不应当从相关混合工具中分拆。

（4）包含需要分拆但无法在取得时或后续的资产负债表日对其进行单独计量的嵌入衍生工具的混合工具。

6.2.2.2 持有至到期投资

持有至到期投资是指到期日固定、回收金额固定或可确定，且公司有明确意图和能力持有至到期的非衍生金融资产。

如公司将尚未到期的某项持有至到期投资在本会计年度内出售或重分类为可供出售金融资产，其金额占全部持有至到期投资在出售或重分类前总额的5%时，其剩余部分也重分类为可供出售金融资产，且在本会计年度及以后两个完整的会计年度内不得再将该金融资产划分为持有至到期投资。但是下列情况除外：

（1）出售日或重分类日距离该项投资到期日或赎回日较近（如到期前3个月内），市场利率变化对该项投资的公允价值没有显著影响。

（2）根据合同约定的定期偿付或提前还款方式收回该投资几乎所有初始本金后，将剩余部分予以出售或重分类。

（3）出售或重分类是由于公司无法控制、预期不会重复发生且难以合理预计的独立事项所引起。

6.2.2.3 贷款和应收款项

贷款和应收款项是指在活跃市场中没有报价、回收金额固定或可确定的非衍生金融资产。

6.2.2.4 可供出售金融资产

可供出售金融资产是指初始确认时即被指定为可供出售的非衍生金融资产，以及除划分为贷款和应收款项、持有至到期投资、以公允价值计量且其变动计入当期损益的金融资产以外的其他金融资产。

6.2.3 以公允价值计量且其变动计入当期损益的金融资产核算方法

以公允价值计量且其变动计入当期损益的金融资产，公允价值变动形成的利得或损失，计入当期损益；持有期间实现的利息或现金股利计入投资收益；处置时，其公允价值与初始入账金额之间的差额应当确认为投资收益，同时调整公允价值变动损益。

6.2.4 可供出售金融资产核算方法

可供出售金融资产公允价值变动形成的利得或损失，除减值损失和外币货币性金融资产形成的汇兑差额外，计入其他综合收益；可供出售金融资产持有期间实现的利息或现金股利计入当期损益；处置该金融资产时，应将取得的价款与该金融资产账面价值之间的差额，计入投资收益，同时将原直接计入其他综合收益的公允价值变动累计额对应处置部分的金额转出，计入投资收益。

6.2.5 持有至到期投资核算方法

持有至到期投资在持有期间按摊余成本和实际利率确认利息收入，计入投资收益；处置该项金融资产时，应将取得的价款与该金融资产账面价值之间的差额，计入投资收益。

6.2.6 长期股权投资

6.2.6.1 重大影响、共同控制的判断标准

（1）本公司结合以下情形综合考虑是否对被投资单位具有重大影响：是否在被投资单位董事会或类似权力机构中派有代表；是否参与被投资单位财务和经营政策制定过程；是否与被投资单位之间发生重要交易；是否向被投资单位派出管理人员；是否向被投资单位提供关键技术资料。

（2）若本公司与其他参与方均受某合营安排的约束，任何一个参与方不能单独控制该安排，任何一个参与方均能够阻止其他参与方或参与方组合单独控制该安排，本公司判断对该项合营安排具有共同控制。

6.2.6.2 投资成本确定

企业合并形成的长期股权投资，按以下方法确定投资成本：

（1）对于同一控制下企业合并形成的对子公司投资，以在合并日取得被合并方所有者权益在最终控制方合并财务报表中账面价值的份额作为长期股权投资的投资成本。

分步实现的同一控制下企业合并，在合并日根据合并后应享有被合并方净资产在最终控制方合并财务报表中的账面价值的份额，确定长期股权投资的初始投资成本；初始投资成本与达到合并前长期股权投资账面价值加上合并日进一步取得股份新支付对价的账面价值之和的差额，调整资本公积（资/股本溢价），资本公积不足冲减的，冲减留存收益。合并日之前持有的股权投资，因采用权益法核算或金融工具确认和计量准则

核算而确认的其他综合收益暂不进行会计处理，直至处置该项投资时采用与被投资单位直接处置相关资产或负债相同的基础进行会计处理；因采用权益法核算而确认的被投资单位净资产中除净损益、其他综合收益和利润分配以外的所有者权益其他变动，暂不进行会计处理，直至处置该项投资时转入当期损益。其中，处置后的剩余股权根据本准则采用成本法或权益法核算的，其他综合收益和其他所有者权益应按比例结转，处置后的剩余股权改按金融工具确认和计量准则进行会计处理的，其他综合收益和其他所有者权益应全部结转。

(2)对于非同一控制下企业合并形成的对子公司投资，以企业合并成本作为投资成本。

追加投资能够对非同一控制下的被投资单位实施控制的，以购买日之前所持被购买方的股权投资的账面价值与购买日新增投资成本之和，作为改按成本法核算的初始投资成本；购买日之前持有的被购买方的股权投资因采用权益法核算而确认的其他综合收益，在处置该项投资时采用与被投资单位直接处置相关资产或负债相同的基础进行会计处理。购买日之前持有的股权投资按照《企业会计准则第 22 号——金融工具确认和计量》有关规定进行会计处理的，原计入其他综合收益的累计公允价值变动应当在改按成本法核算时转入当期损益。

除企业合并形成的长期股权投资以外，其他方式取得的长期股权投资，按以下方法确定投资成本：

(1)以支付现金取得的长期股权投资，按实际支付的购买价款作为投资成本。

(2)以发行权益性证券取得的长期股权投资，按发行权益性证券的公允价值作为投资成本。

因追加投资等原因，能够对被投资单位施加重大影响或实施共同控制但不构成控制的，应当按照《企业会计准则第 22 号——金融工具确认和计量》确定的原持有股权的公允价值加上新增投资成本之和，作为改按权益法核算的初始投资成本。原持有的股权投资分类为可供出售金融资产的，其公允价值与账面价值之间的差额，以及原计入其他综合收益的累计公允价值变动应当转入改按权益法核算的当期损益。

6.2.6.3 后续计量及损益确认方法

6.2.6.3.1 对子公司投资

在母公司财务报表中，对子公司投资采用成本法核算，在被投资单位宣告分派的现金股利或利润时，确认投资收益。

6.2.6.3.2 对合营企业投资和对联营企业投资

对合营企业投资和对联营企业投资采用权益法核算，具体会计处理包括：对于初始投资成本大于投资时应享有被投资单位可辨认净资产公允价值份额的，其差额包含在长期股权投资成本中；对于初始投资成本小于投资时应享有被投资单位可辨认净资产公允价值份额的，其差额计入当期损益，同时调整长期股权投资成本。

取得对合营企业投资和对联营企业投资后，按照应享有或应分担的被投资单位实现的净损益和其他综合收益的份额，分别确认投资损益和其他综合收益并调整长期股权投资的账面价值；按照被投资单位宣告分派的现金股利或利润应分得的部分，相应减少长期股权投资的账面价值。

在计算应享有或应分担的被投资单位实现的净损益的份额时，以取得投资时被投资单位可辨认净资产的公允价值为基础确定，对于被投资单位的会计政策或会计期间与本公司不同的，权益法核算时按照本公司的会计政策或会计期间对被投资单位的财务报表进行必要调整。与合营企业和联营企业之间内部交易产生的未实现损益按照持股比例计算归属于本公司的部分，在权益法核算时予以抵销。内部交易产生的未实现损失，有证据表明该损失是相关资产减值损失的，则全额确认该损失。

对合营企业或联营企业发生的净亏损，除本公司负有承担额外损失义务外，以长期股权投资的账面价值以及其他实质上构成对被投资单位净投资的长期权益减记至零为限。被投资企业以后实现净利润的，在收益分享额弥补未确认的亏损分担额后，恢复确认收益分享额。

对于被投资单位除净损益、其他综合收益和利润分配以外所有者权益的其他变动，调整长期股权投资的账面价值并计入资本公积。处置该项投资时，将原计入资本公积的部分按相应比例转入当期损益。

处置长期股权投资，其账面价值与实际取得价款的差额计入当期损益，采用权益法核算的长期股权投资，处置时，采用与被投资单位直接处置相关资产或负债相同的基础，按相应比例对原计入其他综合收益的部分进行会计处理。

因处置部分权益性投资等原因丧失了对被投资单位共同控制或重大影响的，处置后的剩余股权按《企业会计准则第 22 号——金融工具确认和计量》核算，其在丧失共同控制或重大影响之日的公允价值与账面价值间的差额计入当期损益。原股权投资因采用权益法核算而确认的其他综合收益，应当在终止采用权益法核算时采用与被投资单位直接处置相关资产或负债相同的基础进行会计处理。

因处置部分权益性投资等原因丧失了对被投资单位控制的，在编制个别财务报表时，处置后的剩余股权能够对被投资单位实施共同控制或重大影响的，改按权益法核算，并对剩余股权视同自取得时即采用权益法核算进行调整。处置后剩余股权不能对被投资单位实施共同控制或重大影响的，按《企业会计准则第 22 号——金融工具确认和计量》的有关规定进行会计处理，其在丧失控制权之日的公允价值与账面价值间的差额计入当期损益。

6.2.7 固定资产计价和折旧办法

固定资产是指为生产商品、提供劳务、出租或经营管理而持有的，使用寿命超过一个会计年度的有形资产。

本公司采用直线法计提固定资产折旧，各类固定资产使用寿命、预计净残值率和年折旧率如下：

类别	使用寿命(年)	预计净残值率(%)	年折旧率(%)
房屋建筑物	30 ~35	5	2.71 ~3.17
运输设备	4 ~5	5	19 ~23.75
办公设备	3	5	31.67
其他设备	5	5	19.00

本公司至少在每年年度终了对固定资产的使用寿命、预计净残值和折旧方法进行复核。

6.2.8 无形资产计价及摊销政策

无形资产按照取得时的成本进行初始计量。

无形资产的摊销方法为：(1)对于使用寿命有限的无形资产，在使用寿命期限内，采用直线法摊销。本公司至少于每年年度终了对无形资产的使用寿命及摊销方法进行复核。(2)对于使用寿命不确定的无形资产，不摊销。于每年年度终了，对使用寿命不确定的无形资产的使用寿命进行复核，如果有证据表明其使用寿命是有限的，则估计其使用寿命，并按其使用寿命进行摊销。

6.2.9 贷款和应收款项的核算方法

贷款和应收款项按摊余成本计量，占用期间按实际利率法确认收益。

6.2.10 长期待摊费用的摊销政策

集团已发生但应由本期和以后各期负担的分摊期限在1年以上的各项费用，按受益期限内平均摊销。

6.2.11 合并会计报表的编制方法

公司通过同一控制下企业合并取得的子公司，在编制合并当期财务报表时，视同被合并子公司在本公司最终控制方对其实施控制时纳入合并范围，并对合并财务报表的期初数以及前期比较报表进行相应调整。

公司通过非同一控制下企业合并取得的子公司，在编制合并当期财务报表时，以购买日确定的各项可辨认资产、负债的公允价值为基础对子公司的财务报表进行调整，并自购买日起将被合并子公司纳入合并范围。

子公司所采用的会计期间或会计政策与本公司不一致时，在编制合并财务报表时按本公司的会计期间或会计政策对子公司的财务报表进行必要的调整。合并范围内企业之间所有重大交易、余额以及未实现损益在编制合并财务报表时予以抵销。内部交易发生的未实现损失，有证据表明该损失是相关资产减值损失的，则不予抵销。

子公司少数股东应占的权益和损益分别在合并资产负债表中股东权益项目下和合并利润表中净利润项目下单独列示。

子公司少数股东分担的当期亏损超过了少数股东在该子公司期初所有者权益中所享有的份额的，其余额应当冲减少数股东权益。

因处置部分股权投资或其他原因丧失了对原有子公司控制权的，对于剩余股权，按照其在丧失控制权日的公允价值进行重新计量。处置股权取得的对价与剩余股权公允价值之和，减去按原持股比例计算应享有原有子公司自购买日开始持续计算的净资产的份额之间的差额，计入丧失控制权当期的投资收益，同时冲减商誉。与原有子公司股权投资相关的其他综合收益、其他所有者权益变动，在丧失控制权时转为当期投资收益，由于被投资方重新计量设定受益计划净负债或净资产变动而产生的其他综合收益除外。

通过多次交易分步处置对子公司股权投资直至丧失控制权的，需考虑各项交易是否构成一揽子交易，处置对子公司股权投资的各项交易的条款、条件以及经济影响符合以下一种或多种情况，表明应将多次交易事项作为一揽子交易进行会计处理：(1)这些交易是同时或者在考虑了彼此影响的情况下订立的；(2)这些交易整体才能达成一项完整的商业结果；(3)一项交易的发生取决于其他至少一项交易的发生；(4)一项交易单独看是不经济的，但是和其他交易一并考虑时是经济的。

不属于一揽子交易的，对其中每一项交易分别按照前述进行会计处理；若各项交易属于一揽子交易的，将各项交易作为一项处置子公司并丧失控制权的交易进行会计处理；但是，在丧失控制权之前每一次处置价款与处置投资对应的享有该子公司净资产份额的差额，在合并财务报表中确认为其他综合收益，在丧失控制权时一并转入丧失控制权当期的损益。

结构化主体股东权益中不属于母公司的份额作为其他投资者的权益，在合并资产负债表中以其他负债项目列示。结构化主体当期净损益中属于其他投资者的份额，在合并利润表中与投资收益抵销列示。

6.2.12 收入确定原则和方法

(1)利息收入。利息收入按照他人使用本公司货币资金的时间和实际利率计算确定。

实际利率是指按金融工具的预计存续期间或更短期间将其预计未来现金流入折现至其金融资产账面净值的利率。利息收入的计算需要考虑金融工具的合同条款并且包括所有归属于实际利率组成部分的费用和所有交易成本，但不包括未来贷款损失。当单项金融资产或一组类似的金融资产发 生减值，利息收入将按原实际利率和减值后的账面价值计算。

(2)手续费及佣金收入。信托报酬收入于服务已经提供且收取的金额能够可靠计量时，按权责发生制确认收入。财务顾问费收入于服务已经提供且收取的金额能够可靠计量时，按权责发生制确认收入。

(3)其他业务收入。管理费收入于服务已经提供且收取的金额能够可靠计量时，按权责发生制确认收入。

6.2.13 所得税的会计处理方法

公司采用资产负债表债务法进行所得税会计处理。

除与直接计入股东权益的交易或事项有关的所得税影响计入股东权益外，当期所得税费用和递延所得税费用(或收益)计入当期损益。

当期所得税费用是按本年度应纳税所得额和税法规定的税率计算的预期应交所得税，加上对以前年度应交所得税的调整。

资产负债表日，如果纳税主体拥有以净额结算的法定权利并且意图以净额结算或取得资产、清偿负债同时进行时，那么当期所得税资产及当期所得税负债以抵销后的净额列示。

递延所得税资产和递延所得税负债分别根据可抵扣暂时性差异和应纳税暂时性差异确定，按照预期收回资产或清偿债务期间的适用税率计量。暂时性差异是指资产或负债的账面价值与其计税基础之间的差额，包括能够结转以后年度抵扣的亏损和税款递减。递延所得税资产的确认以很可能取得用来抵扣暂时性差异的应纳税所得额为限。

对于既不影响会计利润也不影响应纳税所得额(或可抵扣亏损)的非企业合并交易中产生的资产或负债初始确认形成的暂时性差异，不确认递延所得税。商誉的初始确认导致的暂时性差异也不产生递延所得税。

资产负债表日，根据递延所得税资产和负债的预期收回或结算方式，依据已颁布的税法规定，按照预期收回该资产或清偿该负债期间的适用税率计量该递延所得税资产和负债的账面金额。

资产负债表日，递延所得税资产及递延所得税负债在同时满足以下条件时以抵销后的净额列示：

(1)纳税主体拥有以净额结算当期所得税资产及当期所得税负债的法定权利。

(2)递延所得税资产及递延所得税负债是与同一税收征管部门对同一纳税主体征收的所得税相关或者是对不同的纳税主体相关,但在未来每一具有重要性的递延所得税资产及负债转回的期间内,涉及的纳税主体意图以净额结算当期所得税资产和负债或是同时取得资产、清偿负债。

6.2.14 信托确认原则和方法

信托报酬收入于服务已经提供且收取的金额能够可靠计量时,按权责发生制确认收入。

6.3 或有事项说明

公司对外提供借款担保的期初数、期末数无余额。

6.4 重要资产转让及其出售的说明

公司无重要资产转让及出售。

6.5 会计报表中重要项目的明细资料

6.5.1 披露自营资产经营情况

6.5.1.1 按信用风险五级分类结果披露信用风险资产的期初数、期末数

信用风险资产五级分类	正常类(万元)	关注类(万元)	次级类(万元)	可疑类(万元)	损失类(万元)	信用风险资产合计(万元)	不良资产合计	不良资产率(%)
期初数	137 536	—	—	—	—	137 536	—	—
期末数	481 543	—	—	—	—	481 543	—	—

注:不良资产合计=次级类+可疑类+损失类。

6.5.1.2 资产减值损失准备的期初数、本期计提、本期转回、本期核销、期末数

单位:万元

	期初数	本期计提	本期转回	本期核销	期末数
贷款损失	—	—	—	—	—
一般准备	—	—	—	—	—
专项准备	—	—	—	—	—
其他资产减值准备	—	—	—	—	—
可供出售金融资产减值准备	11 750	—	—	—	11 750
持有至到期投资减值准备	—	—	—	—	—
长期股权投资减值准备	—	—	—	—	—
坏账准备	—	—	—	—	—
投资性房地产减值准备	—	—	—	—	—

6.5.1.3 按照投资品种分类,分别披露固有业务股票投资、基金投资、债券投资、股权投资等投资业务的期初数、期末数

单位:万元

	自营股票	基金	债券	长期股权投资	其他投资	合计
期初数	114 394	—	—	2 861	163 229	280 484
期末数	125 204	—	—	6 926	261 815	393 945

6.5.1.4 本集团按照企业会计准则对长期股权投资进行重分类后,披露长期股权投资的企业名称、占被投资企业权益的比例、主要经营活动及投资收益情况等

企业名称	占被投资企业权益的比例(%)	主要经营活动	投资损益(万元)
苏州苏信元和股权投资有限公司	42.86	投资业务	-43
苏州保信商业保理有限公司	40.00	保理业务	108

6.5.1.5 前五名的自营贷款的企业名称、占贷款总额的比例和还款情况等(按贷款金额从大到小顺序排列)

单位:%

企业名称	占贷款总额的比例	还款情况
江苏恒神股份有限公司	66.43	正常
苏州卓运房地产开发有限公司	29.21	正常
吴江祥盛纺织染整有限公司	4.36	正常

6.5.1.6 表外业务的期初数、期末数,按照代理业务、担保业务和其他类型表外业务分别披露

单位:万元

表外业务	期初数	期末数
担保业务	—	—
代理业务(委托业务)	—	—
其他	—	—
合计	—	—

报告期内,公司未发生代理业务(委托业务)。

6.5.1.7 公司当年的收入结构

收入结构	金额(万元)	占比(%)
手续费及佣金收入	62 338	67.81
其中:信托手续费收入	62 244	67.71
投资银行业务收入	0	0.00
利息收入	3 391	3.69
其他业务收入	2 018	2.19
其中:计入信托业务收入部分	0	0.00
投资收益	24 114	26.23
其中:股权投资收益	65	0.07
证券投资收益	16 075	17.49
其他投资收益	7 974	8.67
公允价值变动收益	0	0.00
营业外收入	73	0.08
全年总收入	91 934	100.00

报告年度实现信托业务收入总额为62 244万元,全部以手续费及佣金收入形式确定。

6.5.2 披露信托财产管理情况

6.5.2.1 信托资产的期初数、期末数

单位:万元

信托资产	期初数	期末数
集合	4 860 174.38	4 292 416.10
单一	3 672 336.10	5 230 672.57
财产权	343 686.66	295 869.07
合计	8 876 197.14	9 818 957.74

6.5.2.1.1　主动管理型信托业务的信托资产期初数、期末数，分证券投资类、非证券投资类、融资类、事务管理类分别披露

单位：万元

主动管理型信托资产	期初数	期末数
证券投资类	0.00	0.00
非证券投资类	3 173 256.30	2 569 460.71
融资类	2 065 430.83	1 308 426.39
事务管理类	1 168 643.50	652 019.62
合计	6 407 330.63	4 529 906.72

6.5.2.1.2　被动管理型信托业务的信托资产期初数、期末数，分证券投资类、非证券投资类、融资类、事务管理类分别披露

单位：万元

被动管理型信托资产	期初数	期末数
证券投资类	0.00	0.00
非证券投资类	0.00	443 737.92
融资类	19 125.58	157 944.53
事务管理类	2 449 740.93	4 687 368.57
合计	2 468 866.51	5 289 051.02

6.5.2.2　本年度已清算结束的信托项目146个数、实收信托合计金额399.37亿元、加权平均实际年化收益率8.43%

6.5.2.2.1　本年度已清算结束的集合类、单一类资金信托项目和财产管理类信托项目个数、实收信托合计金额、加权平均实际年化收益率

已清算结束信托项目	项目个数（个）	实收信托合计金额（万元）	加权平均实际年化收益率（%）
集合类	62	2 335 567.00	9.18
单一类	81	1 463 799.83	7.09
财产管理类	3	194 320.00	9.52

注：收益率是指信托项目清算后，给受益人赚取的实际收益水平，加权平均实际年化收益率=（信托项目1的实际年化收益率×信托项目1的实收信托+信托项目2的实际年化收益率×信托项目2的实收信托+…+信托项目n的实际年化收益率×信托项目n的实收信托）/（信托项目1的实收信托+信托项目2的实收信托+…+信托项目n的实收信托）×100%。

6.5.2.2.2　本年度已清算结束的主动管理型信托项目个数、实收信托合计金额、加权平均实际年华收益率，分证券投资类、非证券投资类、融资类、事务管理类分别计算并披露

已清算结束信托项目	项目个数（个）	实收信托合计金额（万元）	加权平均实际年化信托报酬率（%）	加权平均实际年化收益率（%）
证券投资类	0	0.00	0.00	0.00
股权投资类	27	1 308 635.00	1.27	9.19
融资类	42	1 342 698.00	1.16	8.79
事务管理类	9	285 950.00	0.16	7.84

注：加权平均实际年化信托报酬率=（信托项目1的实际年化信托报酬率×信托项目1的实收信托+信托项目2的实际年化信托报酬率×信托项目2的实收信托+…+信托项目n的实际年化信托报酬率×信托项目n的实收信托）/（信托项目1的实收信托+信托项目2的实收信托+…+信托项目n的实收信托）×100%。

6.5.2.2.3　本年度已清算结束的被动管理型信托项目个数、实收信托合计金额、加权平均实际化收益率，分证券投资类、非证券投资类、融资类、事务管理类分别计算并披露

已清算结束信托项目	项目个数（个）	实收信托合计金额（万元）	加权平均实际年化信托报酬率（%）	加权平均实际年化收益率（%）
证券投资类	0	—	0.00	0.00
非证券投资类	1	65 000.00	0.15	6.93
融资类	0	—	0.00	0.00
事务管理类	67	991 403.83	0.15	7.21

6.5.2.3　本年度新增的集合类、单一类和财产管理类信托项目个数、实收信托合计金额

新增信托项目	项目个数（个）	实收信托合计金额（万元）
集合类	41	2 911 103.27
单一类	95	3 322 665.43
财产管理类	2	216 533.64
新增合计	138	6 450 302.34
其中：主动管理型	41	2 507 343.73
被动管理型	97	3 942 958.61

注：本年新增信托项目指在本报告年度内累计新增的信托项目个数和金额，包括含本年度新增并于本年度内结束的项目和本年度新增至报告期末仍在持续管理的信托项目。

6.5.2.4　信托业务创新成果和特色业务有关情况

6.5.2.4.1　创新业务资格

公司已经获得特定目的的信托受托机构资格，目前正在申请合格境内机构投资者（QDII）资格。

6.5.2.4.2　创新业务品种

2016年，公司发挥主动管理能力，创新设计交易架构，发行了首单“信托计划+资管计划”双SPV结构的资产证券化项目。

2016年，公司通过银登中心开展了首单不良资产收益权转让项目。

财富管理方面，公司初步建立起以平衡配置、稳健配置、积极配置、增强配置为投资策略的华荣系列信托产品、创设各类专户财富管理服务的华彩华丽系列产品，以及以单一特定需求定制的华丰信托产品、现金管理的华冠信托产品等四大财富管理类产品体系，满足不同客户对财富管理信托产品的投资需求。

6.5.2.4.3　创新业务规模

公司根据战略目标，加大创新力度，深化业务模式的创新，分别在资产证券化、不良资产收益权转让、财富管理等领域取得了实质性的突破。

（1）积极开拓新的资产证券化业务，2016年共新增2只资产证券化产品，总规模21.65亿元。

（2）通过银登中心开展的不良资产收益权转让项目，规模36 421.73万元。

（3）积极探索和推动财富管理业务的发展。截至2016年末，存续管理的财富管理类信托产品39个，存续管理信托规模共计92.7亿元。

6.5.2.5　本公司履行受托人义务情况及因本公司自身责任而导致的信托资产损失情况（合计金额、原因等）

无。

6.5.2.6 信托赔偿准备金的提取、使用及管理情况

集团按净利润的5%计提信托赔偿准备金，本报告期内计提信托赔偿准备金2 708万元，截至2016年12月31日累计已计提信托赔偿准备金14 715万元，报告期内未使用信托赔偿准备金。

6.6 关联方关系及其交易的披露

6.6.1 关联交易方的数量、关联交易的总金额及关联交易的定价政策等

	关联交易方数量(个)	关联交易金额(万元)	定价政策
合计	59	3 307 745 411.63	市场定价原则

注："关联交易"定义应以《公司法》《企业会计准则第36号——关联方披露》有关规定为准

6.6.2 关联交易方与本公司的关系性质、关联交易方的名称、法定代表人、注册地址、注册资本及主营业务等

单位：万元

关系性质	关联方名称	法定代表人	注册地址	注册资本	主营业务
本公司信托产品	苏信财富·华彩H1501单一资金信托	无	无	39 600	无
本公司信托产品	苏信财富·华彩H1502单一资金信托	无	无	2 000	无
本公司信托产品	苏信财富·华彩H1504单一资金信托	无	无	2 000	无
本公司信托产品	苏信财富·华彩H1506单一资金信托	无	无	3 000	无
本公司信托产品	苏信财富·华彩H1601单一资金信托	无	无	4 000	无
本公司信托产品	苏信财富·华彩H1603单一资金信托	无	无	18 000	无
本公司信托产品	苏信财富·华冠H1401(稳健配置A)集合资金信托计划	无	无	375 652.51	无
本公司信托产品	苏信财富·华丽H1601单一资金信托	无	无	1 100	无
本公司信托产品	苏信财富·华丽H1602单一资金信托	无	无	800	无
本公司信托产品	苏信财富·华丽H1603单一资金信托	无	无	600	无
本公司信托产品	苏信财富·华荣1202(平衡配置)集合资金信托计划	无	无	17 718	无
本公司信托产品	苏信财富·华荣G1303(增强配置)	无	无	17 021	无
本公司信托产品	苏信财富·华荣H1304(平衡配置)集合资金信托计划	无	无	55 377	无
本公司信托产品	苏信财富·华荣H1401(增强配置)集合资金信托计划	无	无	4 308	无
本公司信托产品	苏信财富·华荣H1402(平衡配置)爱心公益集合资金信托计划	无	无	59 200	无

续表

关系性质	关联方名称	法定代表人	注册地址	注册资本	主营业务
本公司信托产品	苏信财富·华荣H1504(平衡配置)集合资金信托计划	无	无	75 932	无
本公司信托产品	苏信理财·信诚B1605单一资金信托计划	无	无	28 000	无
本公司信托产品	苏信理财·富诚C1604集合资金信托计划	无	无	50 000	无
本公司信托产品	苏信理财·恒信A1303集合资金信托计划	无	无	35 000	无
本公司信托产品	苏信理财·恒信A1404集合资金信托计划	无	无	15 737	无
本公司信托产品	苏信理财·恒信A1601集合资金信托计划	无	无	50 000	无
本公司信托产品	苏信理财·恒信B1201集合资金信托计划	无	无	50 000	无
本公司信托产品	苏信理财·恒信B1415集合资金信托计划	无	无	30 935	无
本公司信托产品	苏信理财·恒信B1424集合资金信托计划	无	无	49 661	无
本公司信托产品	苏信理财·恒信B1425集合资金信托计划	无	无	20 209	无
本公司信托产品	苏信理财·恒信B1501集合资金信托计划	无	无	49 867	无
本公司信托产品	苏信理财·恒信B1502集合资金信托计划	无	无	29 800	无
本公司信托产品	苏信理财·恒信B1503集合资金信托计划	无	无	47 000	无
本公司信托产品	苏信理财·恒信B1506集合资金信托计划	无	无	65 000	无
本公司信托产品	苏信理财·恒信B1507集合资金信托计划	无	无	45 715	无
本公司信托产品	苏信理财·恒信B1601集合资金信托计划	无	无	44 000	无
本公司信托产品	苏信理财·恒信B1607集合资金信托计划	无	无	50 000	无
本公司信托产品	苏信理财·恒信B1610集合资金信托计划	无	无	99 000	无
本公司信托产品	苏信理财·恒信B1611集合资金信托计划	无	无	28 000	无
本公司信托产品	苏信理财·恒信B1613集合资金信托计划	无	无	99 900	无
本公司信托产品	苏信理财·恒信C1406集合资金信托计划	无	无	30 000	无
本公司信托产品	苏信理财·恒信C1505集合资金信托计划	无	无	58 000	无
本公司信托产品	苏信理财·恒信C1509集合资金信托计划	无	无	40 000	无
本公司信托产品	苏信理财·恒信C1602集合资金信托计划	无	无	70 000	无
本公司信托产品	苏信理财·恒信C1603单一资金信托计划	无	无	50 000	无

续表

关系性质	关联方名称	法定代表人	注册地址	注册资本	主营业务
本公司信托产品	苏信理财·恒信 C1607 事务管理集合资金信托计划	无	无	50 000	无
本公司信托产品	苏信理财·恒信 C1608 单一资金信托计划	无	无	50 000	无
本公司信托产品	苏信理财·恒信 C1611 单一资金信托计划	无	无	20 000	无
本公司信托产品	苏信理财·恒信 J1528 集合资金信托计划	无	无	20 000	无
本公司信托产品	苏信理财·恒信 J1609 集合资金信托计划	无	无	4 000	无
本公司信托产品	苏信理财·恒信 J1612 集合资金信托计划	无	无	30 000	无
本公司信托产品	苏信理财·恒信 J1613 单一资金信托	无	无	4 000	无
本公司信托产品	苏信理财·恒信 J1614 单一资金信托	无	无	30 000 万	无
本公司信托产品	苏信理财·恒源 1204 集合资金信托计划	无	无	460 338	无
本公司信托产品	苏信理财·华荣 H1504（平衡配置）集合资金信托计划	无	无	75 932	无
本公司信托产品	苏信理财·信诚 A1602 集合资金信托计划	无	无	30 000	无
本公司信托产品	苏信理财·信诚 B1613 集合资金信托计划	无	无	20 000	无

续表

关系性质	关联方名称	法定代表人	注册地址	注册资本	主营业务
本公司信托产品	苏信理财瑞城 0801 集合资金信托计划	无	无	68 150	无
本公司信托产品	苏信理财－瑞城 K1603 集合资金信托计划	无	无	30 020	无

6.6.3 本公司与关联方的重大交易事项

6.6.3.1 固有与关联方交易情况：贷款、投资、租赁、应收账款、担保、其他方式等期初汇总数、本期借方和贷方发生额汇总数、期末汇总数

本期固有与关联方无交易情况发生。

6.6.3.2 信托与关联方交易情况：贷款、投资、租赁、应收账款、担保、其他方式等期初汇总数、本期借方和贷方发生额汇总数、期末汇总数

本期信托与关联方无交易情况发生。

6.6.3.3 信托公司自有资金运用于自己管理的信托项目（固信交易）、信托公司管理的信托项目之间的相互（信信交易）交易金额，包括余额和本报告年度的发生额

6.6.3.3.1 固有与信托财产之间的交易金额期初汇总数、本期发生额汇总数、期末汇总数

自有资金运用于自己管理的信托项目

单位：万元

期初汇总数	本期发生额汇总数		期末汇总数
	本年增加	本年减少	
80 525	110 275	24 675	166 125

应监管部门要求，公司于 2014 年起对自有资金运用于本公司管理的信托项目情况进行上报。

6.6.3.3.2 信托财产与信托财产之间的交易情况

单位：元

信托财产与信托财产关联交易																				
贷款			投资			租赁			担保			应收账款			其他			合计		
期初	发生额	期末	期初	发生额	期末	期初	发生额	期末	期初	发生额	期末	期初	发生额	期末	期初	发生额	期末	期初	发生额	期末
			1 258 781 570. 70	2 048 963 840. 93	3 307 745 411. 63													1 258 781 570. 70	2 048 963 840. 93	3 307 745 411. 63

6.7 会计制度的披露

6.7.1 固有业务（自营业务）执行会计制度的名称、颁布年份

本集团执行财政部于 2006 年 2 月 15 日颁布的企业会计准则，包括于 2014 年新颁布和经修订的企业会计准则。

6.7.2 信托业务执行会计制度的名称、颁布年份

信托业务核算执行财政部于 2006 年 2 月 15 日正式颁发的企业会计准则。

7. 财务情况说明书

7.1 利润实现和分配情况

2016 年集团实现利润总额 72 881 万元比上年减少 1. 86%；实现净利润 55 496 万元比上年减少 1. 21%。

2016 年初集团未分配利润 134 402 万元，2016 年实现净利润 55 496 万元，年末提取法定盈余公积金 5 416 万元、信托赔偿准备金 2 708 万元、一般风险准备 1 235 万元，2016 年末未分配利润余额 180 539 万元。

7.2 主要财务指标

指标名称	指标值
资本利润率（%）	14. 00
加权年化信托报酬率（%）	0. 86
人均净利润（万元）	430. 20

注：1. 资本利润率 = 净利润/所有者权益平均余额 ×100%。

2. 加权年化信托报酬率 =（信托项目 1 的实际年化信托报酬率 × 信托项目 1 的实收信托 + 信托项目 2 的实际年化信托报酬率 × 信托项目 2 的实收信托 + … + 信托项目 n 的实际年化信托报酬率 × 信托项目 n 的实收信托）/（信托项目 1 的实收信托 + 信托项目 2 的实收信托 + … + 信托项目 n 的实收信托）×100%。

3. 人均净利润 = 净利润/年平均人数。

4. 平均值采取年初、年末余额简单平均法 =（年初数 + 年末数）/2。

5. 此利润率与监管评级时提供一致，平均所有者权益 =（A0/2 + a1 + a2 + a3 + a4/2）/4。

6. 此人均与监管评级时提供一致，职工平均数 =（A0 + A4）/2。

7.3 对公司财务状况、经营成果有重大影响的其他事项

无。

8. 特别事项揭示

8.1 前五名股东报告期内变动情况及原因

报告期内公司股东及持股比例无变动。

8.2 公司董事、监事及高级管理人员变动情况及原因

报告期内，第四届董事会第六次会议审议同意聘任张言女士为公司副总裁，审议同意解除华彪女士公司首席风险官，聘任袁敏文先生为公司首席风险官；第四届董事会第二十次临时会议审议同意聘任姚文德先生为公司副总裁；第四届董事会第二十一次临时会议审议解除戈海先生公司副总裁。

8.3 变更注册资本、变更注册地或公司名称、公司分立合并事项

报告期内未发生变更注册资本、注册地或公司名称、公司分立合并事项。

8.4 公司的重大诉讼事项

公司与债务人无锡丽悦置业有限公司的信托债务纠纷一案正通过司法途径解决中，涉案主债权金额为 78 396 600.00 元。

公司与债务人苏州炜华置业发展有限公司的信托债务纠纷一案正通过司法途径解决中，涉案主债权金额为 150 000 000.00 元。

因建设工程施工合同产生争议，公司（被申请人）、上海市政工程设计研究总院（集团）有限公司（被申请人）与中海外建设集团有限公司（申请人）的信托债务纠纷一案正通过仲裁途径解决中。

8.5 公司及其董事、监事和高级管理人员受到处罚情况

报告期内公司董事、监事和高级管理人员未受到任何处罚。

8.6 对银监会及其派出机构提出的检查整改意见处理情况

2016 年 9 月 19 日至 9 月 23 日，中国银行业监督管理委员会江苏监管局派出检查组对公司开展“两个加强、两个遏制”回头看工作情况进行了现场检查，并出具了《现场检查意见书》。根据《现场检查意见书》，公司对检查中指出的相关情况逐条进行了讨论和分析，积极落实监管意见。公司按规定及时将以上整改情况以书面形式向江苏监管局进行了报告。

8.7 本年度重大事项临时报告的简要内容、披露时间、所披露的媒体及其版面

报告期内未发生重大事项临时信息披露。

8.8 银监会及省级派出机构认定的其他有必要让客户及相关利益人了解的重要信息

无。

9. 公司监事会意见

9.1 关于内部控制

监事会认为，公司高度重视合规风险，在经营管理运作方面能够依照相关法律法规和公司内控制度的规定依法运作。公司现行制度基本适应目前公司的管理与发展需要，能够为各项业务的正常运行和经营风险的控制提供有效保障。公司未发生由于业务行为不合规而被监管部门查处或出现法律纠纷事件。

公司在项目开发设计和后续管理过程中，严格把握和执行监管机构的规定以及公司业务管理制度，风险控制意识较强。公司固有业务及信托业务整体运转正常，均能按照相关文件约定执行。

公司内审部门在内部审计工作开展过程中，依据有关法律法规和内部工作规范，按照客观、公正的原则进行审查监督，认真履行了内审职责，较好地起到了规范经营行为、加强风险防范的作用。

9.2 关于财务报告

监事会认为，2016 年在董事会的正确领导下，公司管理层带领全体员工奋发努力、开拓创新，仍然取得了优良成绩。公司 2016 年度的财务报告的编制和审核程序符合法律、行政法规和监管规定，公司资产、财务收支、资金运作情况真实、公允地反映了财务状况和现金流量，报告内容真实反映了报告期内公司的财务状况和经营成果。

9.3 关于高管履职

监事会认为，报告期内公司高管人员在行使各自职权时遵纪守法，履行诚信、勤勉之义务，自觉维护公司利益和股东权益，能按董事会的决议认真执行，未发现上述人员违反法律法规、《公司章程》或损害公司利益的行为。

10. 自财务审计报告签发之日至本报告披露之日，公司发生的重大会计日后事项

无。

天津信托有限责任公司

1. 重要提示

1.1 公司董事会及董事保证本报告所载资料不存在任何虚假记载、误导性陈述或者重大遗漏,并对其内容的真实性、准确性和完整性承担个别及连带责任。本年度报告摘要摘自年度报告全文,客户及相关利益人欲了解详细内容,应阅读年度报告全文。

1.2 公司独立董事郭田勇因公务未能出席董事会,但委托董事长赵毅出席董事会并行使表决权。

1.3 公司独立董事对本年度报告所披露的内容进行了认真审查,认为本年度报告的内容是真实、准确、完整的。

1.4 中审华会计师事务所(特殊普通合伙)为本公司出具了标准无保留意见的审计报告。

1.5 公司负责人董事长赵毅、总经理韩立新、总会计师尹梅、财会部负责人李瑞聪声明:保证本年度报告中财务报告真实、完整。

2. 公司概况

2.1 公司简介

2.1.1 公司的法定中文名称:天津信托有限责任公司

2.1.2 公司的法定英文名称:Tianjin Trust Co. ,Ltd.

2.1.3 法定代表人:赵 毅

2.1.4 注册地址:天津市河西区围堤道 125 ~127 号天信大厦

邮政编码:300074

2.1.5 国际互联网网址: www. tjtrust. com

电子信箱:office@ tjtrust. com

2.1.6 信息披露事务负责人:韩立新

信息披露事务联系人:冉启文

联系电话: 022 – 28408259, 传真: 022 – 28408279,电子信箱:office@ tjtrust. com

2.1.7 公司指定信息披露报纸:《金融时报》

2.1.8 公司年度报告备置地点:天津信托有限责任公司董事会(天信大厦)

2.1.9 公司聘请的会计师事务所:中审华会计师事务所(特殊普通合伙)

地址:天津市和平区解放北路 188 号信达广场 53 层

2.1.10 公司聘请的律师事务所:无

2.2 组织结构

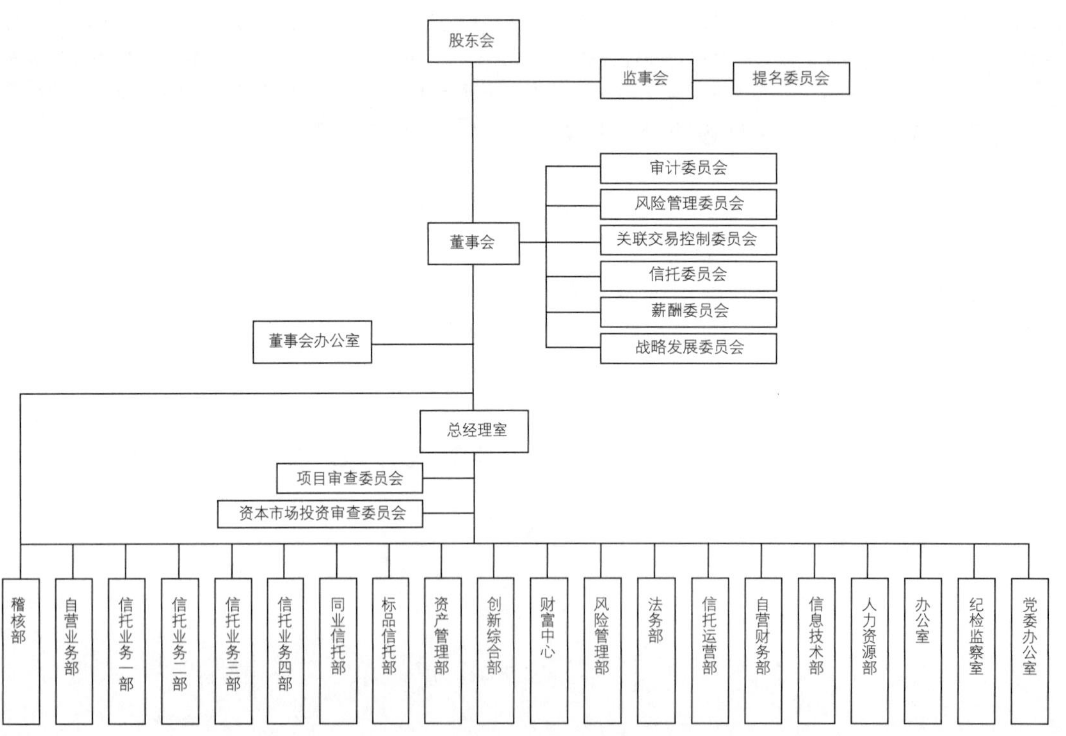

3. 公司治理

3.1 股东

截至2016年末,公司股东5家,前三位股东如下:

股东名称	出资比例(%)	法定代表人	注册资本	注册地址	主要经营业务及主要财务情况
天津海泰控股集团有限公司★	51.58	刘津元	556 153万元	天津华苑产业区梅苑路6号海泰大厦11~12层	主营业务为:房地产与基础设施建设、金融与投资、高科技产业与现代服务业。2016年末集团总资产为362.84亿元,总负债为242.35亿元,所有者权益为120.49亿元。
天津市泰达国际控股(集团)有限公司	42.11	卢志永	103.7亿元	天津经济技术开发区盛达街9号泰达金融广场11层	主营业务为:承担天津市市属国有金融资产出资人的职责,对控股金融机构的经营情况和绩效水平进行考核管理,对授权范围内的国有金融资产依法实施监督,负责国有金融资产的保值增值。2016年末总资产为732.8亿元,总负债为364.6亿元,所有者权益为368.2亿元(以上数据未经审计)。
安邦人寿保险股份有限公司	3.9	姚大锋	307.9亿元	北京市朝阳区建国门外大街6号10层1002室	主营业务为:经营人寿保险、健康保险、意外伤害保险等各类人身保险业务、上述业务的再保险业务以及经中国保险监督管理委员会批准的其他业务2016年末总资产为14 525.61亿元,总负债为13 699.95亿元,所有者权益为825.66亿元(以上数据未经审计)

注:★公司股东之间不存在关联关系。

3.2 董事

截至2016年末,公司董事会人员构成如下:

姓名	职务	性别	年龄(岁)	选任日期	所推举的股东名称	该股东持股比例(%)	简要履历
赵 毅	董事长	男	43	2015年9月	天津海泰控股集团有限公司	51.58	1996年7月至1998年12月在中国投资银行天津分行国际业务部工作;1998年12月至2005年10月在国家开发银行天津分行信贷处工作,任正科级行员(1999年9月至2002年7月在南开大学工商管理专业学习,并获得硕士学位;2002年9月至2005年7月在南开大学金融学专业学习,并获得博士学位);2005年10月至2007年1月任天津松江集团财务总监;2007年1月至2008年3月任天津海泰控股集团有限公司财务管理部部长;2008年3月至2009年9月任天津新技术产业园区管委会财政局(物价局)局长兼财务管理中心主任;2009年9月至2011年5月任天津滨海高新技术产业开发区管委会财政局(物价局)局长兼财务管理中心主任;2011年5月至2014年9月任天津海泰控股集团有限公司副总经理。2014年9月至2015年9月任天津市和平区委常委、委员(挂职)职务、副区长;2015年9月至今任天津信托有限责任公司董事长。
李 林	董 事	男	53	2009年8月	天津海泰控股集团有限公司	51.58	1985年7月至1994年3月在天津师范大学教育系任教师;1994年3月至1996年6月在天津新技术产业园区开发总公司工作;1996年6月至1997年5月任园区总公司工业投资分公司助理经理;1997年5月至1997年12月任园区报关行副经理;1997年12月至2003年5月任园区报关行经理;2003年5月至2006年6月任天津海泰控股集团有限公司资产部部长;2006年6月至2006年12月任天津海泰控股集团有限公司投资发展部副部长;2006年12月至今任天津海泰控股集团有限公司企业运营部副部长、部长,投资发展部部长。
王雪利	董事	女	44	2013年10月	天津海泰控股集团有限公司	51.58	1991年9月至1995年7月为内蒙古医学院药学系药学专业学生;1995年7月至1996年8月为天津市药材公司成药分公司业务部职员;1996年8月至1998年4月任天津市药材公司成药分公司市场开发部部长助理;1998年4月至1999年9月任青岛海信(天津)经销中心经理助理;1999年9月至2002年7月任南开大学国际商学院工商管理专业学生;2002年7月至2003年6月任天津海泰科技管理咨询有限公司部长;2003年6月至2004年10月任天津海泰生物科技发展有限公司部长;2004年10月至2010年6月任天津海泰控股集团有限公司企业运营部干部(2003年9月至2007年3月任天津大学管理学院技术经济及管理专业学生,获博士学位);2010年6月至今任天津海泰控股集团有限公司企业运营部副部长、部长。
苏 欣	董事(拟任)	女	47	2016年12月	天津海泰控股集团有限公司	51.58	1987年7月至1991年7月天津财经大学审计学专业学生;1991年7月至1998年11月为天津市农业生产资料总公司财务部出纳、会计;1998年11月至2002年2月为天津市农业生产资料有限责任公司审计部干部;2002年2月至2003年4月任天津市农业生产资料有限责任公司审计部副部长;2003年4月至2004年5月任天津市中嘉农业生产资料有限公司财务部部长;2004年5月至2016年2月任天津海泰控股集团有限公司财务管理部财务、资金主管;2016年2月至今任天津海泰控股集团有限公司资金运营部副部长(主持工作)

续表

姓名	职务	性别	年龄（岁）	选任日期	所推举的股东名称	该股东持股比例（%）	简要履历
钟玲玲	董事	女	52	2010年4月	天津市泰达国际控股（集团）有限公司	42.11	1986年7月至1991年8月在天津市照相机公司；1991年8月至2009年1月为天津市经济委员会引进处、投资与技术改造处调研员；2008年8月至2010年12月任天津市泰达国际控股（集团）有限公司融资与风险管理部部长；2011年1月至今任天津市泰达国际控股（集团）有限公司审计与合规部、投资部部长。
弓劲梅	董事	女	44	2010年4月	天津市泰达国际控股（集团）有限公司	42.11	2002年1月至2006年10月为天弘基金管理有限公司筹备组成员、高级研究员、职工监事；2006年11月至2008年7月任天津泰达投资控股有限公司资产管理部高级项目经理；2008年8月至2009年4月任天津市泰达国际控股（集团）有限公司融资与风险管理部部长助理；2009年5月至2009年12月任天津市泰达国际控股（集团）有限公司融资与风险管理部副部长；2010年1月至今任天津市泰达国际控股（集团）有限公司资产管理部副部长、部长。
刁　锋	董事	男	42	2015年8月	天津市泰达国际控股（集团）有限公司	42.11	1999年7月至2006年7月任北方国际信托股份有限公司证券交易部、信托业务部、财务中心等交易员、信托经理、信托部经理等；2006年8月至2009年7月任渤海财险股份有限公司资金运用部总经理助理；2009年8月至2010年10月任天津泰达投资控股有限公司资产管理部高级项目经理；2010年11月至今任天津市泰达国际控股（集团）有限公司财务部副部长、部长。
冯　伟	董事	男	46	2015年1月	安邦保险集团股份有限公司和安邦人寿保险股份有限公司	5.26	2002年至2004年任天津发展资产管理有限责任公司研究发展部经理；2004年至2005年任渤海财产保险股份有限公司筹备组规划部主管；2005年至2011年任渤海财产保险股份有限公司资金运用部总经理；2011年至2012年任安邦资产管理有限责任公司投资总监；2012年至今安邦资产管理有限责任公司副总经理、总经理。
韩立新	董事	男	48	2015年9月	管理层及职工代表		1990年至2009年6月历任天津信托投资有限责任公司干部、部门经理、副总经理；2009年7月至2015年8月任天津信托有限责任公司副总经理、常务副总经理；2015年9月至今任天津信托有限责任公司总经理。
郭田勇	独立董事	男	49	2012年11月	天津市泰达国际控股（集团）有限公司	42.11	1990年于山东大学获理学学士学位，之后曾在中国人民银行烟台分行工作，1996年、1999年分别于中国人民大学财政金融学院、中国人民银行研究生部获金融学硕士、博士学位；1999年至今任中央财经大学金融学院教授，博士生导师，中国银行业研究中心主任。
闵路浩	独立董事（拟任）	男	49	2016年12月	天津海泰控股集团有限公司	51.58	1989年8月至2015年1月先后在中国人民银行、中国银监会非银部工作，从事金融市场、证券公司、投资基金、彩票、货币经纪公司、信托公司等监管工作；历任科员、副主任科员、主任科员、副处长、处长、副巡视员、巡视员等职务（1996年9月至1999年9月在湖南财经学院货币银行学专业在职学习，获得经济学硕士学位）。2015年1月至2016年8月任中国小额贷款公司协会会长；2016年8月至今任重庆富民银行行长。
王　威	独立董事（拟任）	男	39	2016年12月	天津海泰控股集团有限公司	51.58	1996年9月至2000年6月在吉林大学金融学本科专业学习；2002年9月至2003年12月求学于英国Heriot－Watt大学；2000年7月至2002年7月任中国建设银行吉林省分行国际业务部信贷经理；2004年1月至2004年9月任华龙证券股份有限公司投资银行部项目经理；2004年10月至2012年2月任中信证券股份有限公司投资银行部高级副总裁；2013年10月至2015年6月于长江商学院EMBA学习；2012年3月至今任北京正唐嘉业投资管理有限公司董事长。

以上董事任期期限为3年，即2016年12月至2019年12月。

截至2016年末，公司独立董事为：

姓名	所在单位及职务	性别	年龄（岁）	选任日期	所推举的股东名称	该股东持股比例（%）	简要履历
郭田勇	独立董事	男	49	2012年11月	天津市泰达国际控股（集团）有限公司	42.11	1990年于山东大学获理学学士学位，之后曾在中国人民银行烟台分行工作，1996年、1999年分别于中国人民大学财政金融学院、中国人民银行研究生部获金融学硕士、博士学位；1999年至今任中央财经大学金融学院教授、博士生导师，中国银行业研究中心主任。
闵路浩	独立董事（拟任）	男	49	2016年12月	天津海泰控股集团有限公司	51.58	1989年8月至2015年1月先后在中国人民银行，中国银监会非银部工作，从事金融市场、证券公司、投资基金、彩票、货币经纪公司、信托公司等监管工作，历任科员、副主任科员、主任科员、副处长、处长、副巡视员、巡视员等职务（1996年9月至1999年9月在湖南财经学院货币银行学专业在职学习，获得经济学硕士学位），2015年1月至2016年8月任中国小额贷款公司协会会长；2016年8至今任重庆富民银行行长。
王　威	独立董事（拟任）	男	39	2016年12月	天津海泰控股集团有限公司	51.58	1996年9月至2000年6月在吉林大学金融学本科专业学习；2002年9月至2003年12月求学于英国Heriot－Watt大学；2000年7月至2002年7月任中国建设银行吉林省分行国际业务部信贷经理；2004年1月至2004年9月任华龙证券股份有限公司投资银行部项目经理；2004年10月至2012年2月任中信证券股份有限公司投资银行部高级副总裁；2013年10月至2015年6月于长江商学院EMBA学习；2012年3月至今任北京正唐嘉业投资管理有限公司董事长。

3.3 监事会

截至2016年末,公司监事会人员构成如下:

姓名	职务	性别	年龄(岁)	选任日期	所推举的股东名称	该股东持股比例(%)	简要履历
陈　杰	监事长	女	54	2016年5月	职工监事		1984年7月至1997年6月历任天津市财经学校教师、团委书记、办公室主任、学生科科长;1997年6月至2000年9月历任天津市财政局(地方税务局)行政处处长助理、副处长;2000年9月至2005年8月历任天津市财经学校、天津市税务学校、天津市财税干部中等专业学校副校长、党委书记、校长;2005年8月至2010年7月任天津信托投资有限责任公司党委办公室主任、人力资源部经理;2010年7月至2011年12月任天津信托有限责任公司党委办公室主任、人力资源部经理;2011年12月至2012年4月任天津信托有限责任公司党委委员、纪委书记、人力资源部经理、党委办公室主任;2012年4月至2013年1月任天津信托有限责任公司党委委员、纪委书记、工会主席、人力资源部经理、党委办公室主任;2013年1月至2016年4月任天津信托有限责任公司党委委员、纪委书记、工会主席、党委办公室主任;2016年4月至2016年5月任天津信托有限责任公司党委副书记、监事长、工会主席、党委办公室主任;2016年5月至今任天津信托有限责任公司党委副书记、监事长、工会主席。
于　滏	监事	女	36	2016年12月	天津海泰控股集团有限公司	51.58	2007年12月至2009年12月任天津海泰建设开发有限公司财务部部长助理(主持工作);2010年1月至2011年8月任天津海泰建设开发有限公司财务部代部长;2011年9月至2014年2月任天津海泰建设开发有限公司财务部部长;2014年3月至今任天津海泰控股集团有限公司资金运营部副部长。
杨雪屏	监事	女	45	2016年12月	天津市泰达国际控股(集团)有限公司	42.11	1990年9月至1995年7月在天津大学电气与自动化系电气工程专业学习;1995年7月至2002年2月为天津青年报社记者、编辑;2002年2月至2003年12月为滨海时报社记者、编辑(2000年9月至2003年7月在中国人民大学新闻学院新闻传播专业学习);2003年12月至2007年6月为天津泰达投资控股有限公司办公室文秘科科员;2007年12月至2012年5月任天津泰达投资控股有限公司办公室文秘科科长;2012年5月至2014年12月任天津市泰达国际控股(集团)有限公司资产管理部高级项目经理;2014年12月至2015年5月任天津市泰达国际控股(集团)有限公司综合办公室副主任;2015年5月至今任天津市泰达国际控股(集团)有限公司党委办公室副主任、办公室副主任。
丁粤军	监事	男	45	2010年4月	职工监事		1988年9月至1990年6月为西安交通大学审计专业专科学生;1990年12月至2000年12月为天津市审计局直属分局干部;2000年12月至2004年3月任天津市审计局主任科员;2004年3月至2009年6年任天津信托投资有限责任公司稽核部干部;2009年7月至2010年2月任天津信托有限责任公司稽核部干部;2010年2月至今任天津信托有限责任公司稽核部副经理、经理,信托托管部经理(兼)。

以上监事任期期限为3年,即2016年12月至2019年9月。

本公司监事会下设提名委员会。

3.4 高级管理人员

截至2016年末,公司高级管理人员构成如下:

姓名	职务	性别	年龄(岁)	选任日期	金融从业年限(年)	学历	专业	简要履历
赵　毅	董事长	男	43	2015年9月	9	研究生	金融学	1996年7月至1998年12月在中国投资银行天津分行国际业务部工作;1998年12月至2005年10月在国家开发银行天津分行信贷处工作,任正科级行员(1999年9月至2002年7月在南开大学工商管理专业学习,并获得硕士学位;2002年9月至2005年7月在南开大学金融学专业学习,并获得博士学位);2005年10月至2007年1月任天津松江集团财务总监;2007年1月至2008年3月任天津海泰控股集团有限公司财务管理部部长;2008年3月至2009年9月任天津新技术产业园区管委会财政局(物价局)局长兼财务管理中心主任;2009年9月至2011年5月任天津滨海高新技术产业开发区管委会财政局(物价局)局长兼财务管理中心主任;2011年5月至2014年9月任天津海泰控股集团有限公司副总经理;2014年9月至2015年9月任天津市和平区委常委、委员(挂职)职务、副区长;2015年9月至今任天津信托有限责任公司董事长。

续表

姓名	职务	性别	年龄(岁)	选任日期	金融从业年限	学历	专业	简要履历
韩立新	总经理	男	48	2015 年 9 月	25	研究生	经济学	1990 年至 2009 年 6 月历任天津信托投资有限责任公司干部、部门经理、副总经理；2009 年 7 月至 2015 年 8 月任天津信托有限责任公司副总经理、常务副总经理；2015 年 9 月至今任天津信托有限责任公司总经理。
杨　湧	副总经理	男	48	2007 年 11 月	21	研究生	管理	1991 年至 1994 年，在天津油墨股份公司工作，任秘书；1994 年至 2009 年 6 月，历任天津信托投资公司证券业务部干部、投资银行二部副总经理、证券投资部副经理、经理、总经理助理兼证券投资部经理、副总经理；2009 年 7 月至今，任天津信托有限责任公司副总经理。
王　辉	副总经理	女	45	2015 年 12 月	21	研究生	工商管理	1994 年 7 月至 2002 年 12 月任天津信托有限责任公司国际业务部、信托业务三部干部。2002 年 12 月至 2004 年 5 月任天津信托有限责任公司业务三部副经理（2003 年 9 月至 2005 年 12 月在南开大学工商管理专业学习）；2004 年 5 月至 2008 年 9 月任天津信托有限责任公司自营业务部、计划管理部副经理；2008 年 9 月至 2010 年 12 月任天津信托有限责任公司计划管理部副经理（主持工作）、经理；2010 年 12 月至 2012 年 12 月任天津信托有限责任公司总经理助理兼业务经营管理部总经理；2013 年 1 月至 2015 年 12 月任天津信托有限责任公司总经理助理；2016 年 2 月至今任天津信托有限责任公司副总经理。
尹　梅	总会计师	女	53	2007 年 11 月	10	研究生	会计	1985 年至 2005 年，在天津市化工局、天津津泰股份有限公司、天津市经委、天津华泽集团工作；2005 年至 2009 年 6 月，先后任天津信托投资有限责任公司副总会计师兼财会部经理、总会计师（财务负责人）；2009 年 7 月至今任天津信托有限责任公司总会计师。
李文涛	总经理助理	男	46	2012 年 5 月	24	研究生	工商管理	1992 年 9 月至 2002 年 2 月任天津信托有限责任公司信托业务二部干部；2002 年 2 月至 2008 年 5 月任天津信托有限责任公司信托业务二部副经理；2008 年 5 月至 2009 年 2 月任天津信托有限责任公司信托业务二部副经理（主持工作）；2009 年 2 月至 2012 年 5 月任天津信托有限责任公司信托业务二部总经理；2012 年 5 月至 2014 年 1 月任天津信托有限责任公司总经理助理兼任信托业务二部总经理；2014 年 1 月至今任天津信托有限责任公司总经理助理。
冉启文	董事会秘书（资格申报中）	男	51	2016 年 12 月	28	研究生	工商管理	1988 年 7 月至 2002 年 2 月历任天津信托投资公司信托业务三部业务员、外汇部副经理、国际业务部副总经理、金融开发中心、资金部和证券研究部研究员；2002 年 2 月至 2006 年 6 月历任天津信托投资有限责任公司市场开发部副总经理、总经理；2006 年 6 月至 2007 年 3 月历任天津信托投资有限责任公司董事会秘书兼风险管理部经理；2007 年 3 月至 2010 年 2 月任天津信托投资有限责任公司董事会秘书；2010 年 2 月至 2013 年 1 月历任天津信托有限责任公司董事会秘书（2012 年 6 月开始，总经理助理职级）兼办公室主任；2013 年 1 至今任天津信托有限责任公司董事会秘书（总经理助理职级）。

3.5　公司员工

截至 2016 年末，公司人员基本情况如下：

项目		报告期年度		上年度	
		人数（人）	比例（%）	人数（人）	比例（%）
年龄分布	25 岁以下	2	1.4	1	0.7
	25 ~29 岁	20	14.4	21	14.9
	30 ~39 岁	36	25.9	39	27.7
	40 岁以上	81	58.3	80	56.7
学历分布	博士	2	1.4	2	1.4
	硕士	60	43.2	62	44.0
	本科	58	41.7	56	39.7
	专科	19	13.7	21	14.9
	其他	0	0.0	0	0.0
岗位分布	董事、监事及其他高管人员	8	5.8	7	5.0
	自营业务人员	19	13.7	18	12.8
	信托业务人员	79	56.8	74	52.5
	其他人员	33	23.7	42	29.7

4. 经营管理

4.1　经营目标、经营方针、战略规划

公司经营目标是本着“诚信、稳健、高效”的经营理念，坚持“对社会负责，对客户负责，对股东负责，对员工负责”的服务宗旨，立足金融信托本业，抓住天津滨海新区、自贸区的建设进一步加快推进，进一步适应经济发展新常态，坚持稳中有进的工作基调，努力认清形势，客观分析自己，抓住发展机遇，促进业务转型，做好传承和创新两篇文章，做优做强信托业务，做好做精固有业务，在重点领域进行创新发展，依法合规经营，防范化解风险，强化管理，优化流程，相得益彰，共同发展，形成公司可持续发展的盈利模式和核心竞争力。

公司经营方针是以遵循国家和监管部门法规为依托，以诚信合规、稳健发展高效运营为理念，进一步健全和强化法人治理、内控严密、管理合规的内部控制体系；以业务开拓创新为动力，以风险防控为前提，进一步提升和增强公司的核心竞争力；以受益人利益最大化和股东稳定回报为原则，努力创建公司、

股东、客户共赢平台。注重加强人才队伍、企业文化和长效机制建设,不断提高公司的盈利能力、风险控制能力、创新能力、营销能力,正确把握宏观经济形势和政策环境,推进公司又好又快发展。

公司2016年至2018年总体战略规划是:认识新常态、适应新常态、引领新常态,以受益人利益最大化和股东稳定回报为原则,以诚信合规为理念、以风险防控为前提,以机制和产品创新为动力,提升公司核心竞争力,创建公司、股东、客户共赢平台,同时实现员工价值。

4.2 所经营业务的主要内容

4.2.1 经营范围

经中国银监会批准,公司的经营范围为:

(1)资金信托。

(2)动产信托。

(3)不动产信托。

(4)有价证券信托。

(5)其他财产或财产权信托。

(6)作为投资基金或者基金管理公司的发起人从事投资基金业务。

(7)经营企业资产的重组、购并及项目融资、公司理财、财务顾问等业务。

(8)受托经营国务院有关部门批准的证券承销业务。

(9)办理居间、咨询、资信调查等业务。

(10)代保管及保管箱业务。

(11)以存放同业、拆放同业、贷款、租赁、投资方式运用固有财产。

(12)以固有财产为他人提供担保。

(13)从事同业拆借。

(14)法律法规规定或中国银行业监督管理委员会批准的其他业务。

(以上业务范围包括本外币业务、国家有专营专项规定的按规定办理)。

4.2.2 公司经营的业务品种

4.2.2.1 固有资产业务

公司运用固有资产经营的主要业务品种包括自营贷款、融资租赁、自营证券投资、自营金融股权投资、金融产品投资、财务顾问业务等。

4.2.2.2 信托业务

公司信托业务主要品种包括集合资金信托、单一资金信托、财产权信托等。

4.2.3 资产分布

2016年末,公司管理的资产总规模为1 575.36亿元,其中固有资产44.84亿元,占资产总规模的2.85%;信托资产1 530.52亿元,占管理资产总规模的97.15%。

自营资产运用与分布表

资产运用	金额(万元)	占比(%)	资产分布	金额(万元)	占比(%)
货币资产	40 899	9.12	基础产业	28 220	6.29
贷款及应收款	89 678	20.00	房地产业	6 932	1.55
交易性金融资产	0	0	证券市场	22 280	4.97

续表

资产运用	金额(万元)	占比(%)	资产分布	金额(万元)	占比(%)
可供出售金融资产	170 882	38.11	实业	72 799	16.24
持有至到期投资	0	0	金融机构	260 016	57.99
长期股权投资	65 214	14.55	其他	58 140	12.96
其他	81 714	18.22			
资产总计	448 387	100.00	资产总计	448 387	100.00

注:1. 资产运用中其他包括买入返售金融资产27 321万元、递延所得税资产31 568万元、投资性房地产及固定资产17 672万元、无形资产3 196万元等。

2. 资产分布中其他包括递延所得税资产31 568万元、投资房地产及固定资产17 672万元、无形资产3 196万元、其他应收款2 955万元等。

信托资产运用与分布表

资产运用	金额(万元)	占比(%)	资产分布	金额(万元)	占比(%)
货币资产	108 137	0.71	基础产业	1 005 788	6.57
贷款	4 015 563	26.24	房地产业	687 254	4.49
交易性金融资产	326 651	2.13	证券市场	396 651	2.59
可供出售金融资产	0	0	实业	12 484 077	81.57
持有至到期投资	6 905 734	45.12	金融机构	459 011	3.00
长期股权投资	806 466	5.27	其他	272 464	1.78
其他	3 142 694	20.53			
信托资产总计	15 305 245	100.00	信托资产总计	15 305 245	100.00

注:资产运用中其他包括应收账款1 541 351万元、买入返售资产1 353 343万元、拆出资金248 000万元。

4.3 市场分析

4.3.1 影响业务发展的有利因素

影响业务发展的有利因素包括:一是京津冀协同发展和"一带一路"等重大倡议的进一步加快推进,使得支持政策和重大项目不断增加,为信托公司带来发展机遇。二是天津市固定资产投资和生产总值增长速度均高于全国平均水平,同时天津市国企全面实施混改,这些都有利于区域信托业务的拓展与管理。三是证监会、保监会相继出台政策,对其监管的资产管理公司的业务进行规范,信托行业的竞争环境有所好转。四是银监会关于"八大业务"的定位,明确了信托公司的业务发展方向。

4.3.2 影响业务发展的不利因素

影响业务发展的不利因素包括:一是国家继续推行供给侧结构性改革,"三去一降一补"的五大工作任务将加快推进,相关边缘、过剩的行业、企业可能加快形成两极分化,对与此相关的存续项目防控风险和新的项目准入带来困难。二是信托制度红利缩减的态势并未根本性扭转,信托报酬率仍然处于低水平。三是信托来源资金将会对市场利率更加敏感,使得信托公司的资金成本可能呈现上升的趋势。

4.4 内部控制

4.4.1 内部控制环境和内部控制文化

公司遵循全面性原则、重要性原则、权威性原则、制衡性原则、适应性原则、成本效益性原则建立与实施内部控制。公司内部控制目标为确保国家法律规订和公司内部规章制度的贯彻执行;确保公司发展战略和经营目标的全面实施和充分实现;确保风险管理体系的有效性和资产安全;确保业务记录、财务信息和其他管理信息的及时、真实和完整。

为防范风险，保障公司稳健运行，公司多年来一直秉承"诚信、稳健、高效"的经营理念，把对委托人负责作为内控文化建设的重要内容，全体员工均树立了内控优先的风险防范理念；公司形成了较为完善的内部控制组织架构和岗位职责，部门设置科学、分工合理、职责明确；公司打造出内控管理体系，对风险进行事前防范、事中控制、事后监督和纠正，形成事前出台制度—事中风险排查—事后稽核—业务整改—后续稽核—修订制度这一封闭环路，充分发挥了各环节的管理控制作用。同时公司还通过后续教育培训，不断提高内控人员的职业操守和专业能力。

4.4.2　内部控制措施

公司始终坚持稳健经营的理念，坚持以信托评级指标为指导加强内控管理及合规管理工作，从完善业务管理制度、加强项目审查、强化合规管理、提升信息系统、推进人力资源改革等各个方面强化内控管理工作。公司完善了分级授权审批体系，明确各部门和岗位的工作职责，实施了业务前中后台操作的隔离制度，对项目实施事前准入、事中检查、事后评价的全程管理。在新业务开发上采取制度先行的管理策略，通过发挥一系列监督管理职能保证内部运营体系的健康有效，建立应急机制以应对突发事件造成的经营风险。

公司董事会下设战略发展委员会、提名委员会、风险管理委员会、薪酬委员会、信托委员会、审计委员会、关联交易控制委员会，主要负责审定公司中长期发展战略规划，拟定董事和高级管理层成员的选任程序和标准，审核和监督公司风险管理的政策、目标和程序，制定和考评公司薪酬计划或方案，监督公司依法合规管理信托财产，对公司内外部审计进行监督和审查，关联交易的管理、审查、批准和控制。

公司设立项目审查委员会、资本市场投资审查委员会，负责审议公司的投融资项目、资本市场投资等业务，严格控制业务经营决策风险。公司项目审查委员会充分发挥业务审查、关口把控作用，不断加强项目准入管理，就报审业务的合法、合规性以及其经营性风险等方面进行严格把关，遵循宏观经济形势以及公司总体经营导向，对传统融资类业务加强了倾向性引导，依据相关评定标准对企业客户名单、业务经理名单进行了重新评估与维护，使业务审查更加标准化，提升了审查质量和审批效率。

风险管理部根据公司下发的《信托项目风险独立调查管理暂行规定》，针对报会审查的重点项目，派员组织开展业务风险独立调查，全方位、多角度进行业务前置风险的筛查与研判。同时，进一步严把项目尽职调查的底线，重点审查报审业务中交易主体、资金用途、还款来源、风控措施等方面有无瑕疵或风险隐患，提出独立性审查意见及防范措施建议。同时加强预审岗的业务审查及相应考核，风险管理部预审岗与业务部项目经理相互促进、相互提升，使尽职调查水平得到有效提升。对于传统业务，继续做好业务交易对手、交易结构、交易环节、资金运作等方面合法合规性审查，同时加强对基金化业务等创新业务类型审查要点的研究，引导项目经理从项目遴选、尽职调查阶段提升业务质量，确保拟上会项目恪守法律和监管政策底线，经营风险有效控制。

信托托管部配合风险管理部，共同组成专项检查小组进行后期检查的程序要求，以资产风险分类为重要依据，以房地产业、钢铁业、小城镇建设等易受宏观政策波动影响的行业或企业集团以及相关异地融资项目为重点，有计划地开展现场检查工作。检查中重点围绕资金使用方向和效益、现金回流情况、还款能力、抵（质）押物价值变动以及业务人员尽职管理情况等核心要素对相关交易对手和经办业务人员进行全面评判，并在此基础上提出加强管理的意见和建议，形成详尽的现场检查报告提交公司领导参考。

公司业务经营管理部负责公司业务制度、程序的拟定、审视和调整，按照公司整体战略发展要求，围绕监管动态，传达监管意图，促进管理工作的主动性和及时性，支持公司业务发展，促进业务管理、监督业务风险，提升精细化管理水平；公司托管部按照委托人利益最大化的目标要求，代表监管部门、公司股东和高管领导，严格按照公司项目后期管理制度规定履行托管职责，对各项信托业务后期管理情况进行监督，并做好充分的信息披露；公司风险管理部执行公司制度、办法、流程，实行专业化的合规管理、负责拟订和完善公司风险管理制度，通过对内外部风险的识别、评估、分析，提出应对措施和化解建议，防范公司经营活动中可能出现的风险。

公司加强了信息化建设，确保现有各系统安全稳定运转，为公司业务发展提供信息技术支持，完成了 OA 系统的版本升级，扩大 OA 系统应用范围，使公司办公效率得到提升和保障。初步完成恒生综合管理系统、客户管理系统、集合信托份额管理系统等重要业务系统的上线，同时开发完善了电子档案、网上信托交易系统等系统。

4.4.3　信息交流与反馈

公司多项措施保障了与监管部门、董事会、高管层和员工之间的信息传递和交流。

公司定期和不定期召开股东会、董事会，通报公司经营成果、存在的风险问题、拟采取的管理手段等，股东会、董事会成员评议并通过各项内控政策和重大事项决策。

公司高管层在各层级会议上传达公司经营政策和风险管理理念，通过内部网络及时向员工发布各项监管政策、内控制度和行业信息，并将政策、制度每年装订成册后下发给各部门。公司员工可以通过直接交流、书面报告或通过内部网及总经理信箱反馈经营过程中发现的问题，使高管层、董事会能够及时了解内部控制环节中的隐患和缺陷。

公司与监管部门做到充分沟通，就新业务拓展、存续业务规范等工作进行经常性交流，按监管部门要求及时对新开展的每笔业务实行监管报告制度。监管部门参加公司董事会会议，充分了解公司合规情况和经营风险状况。

4.4.4　监督评价与纠正

公司设立稽核部，依据国家有关法律法规、内部审计准则和公司内部管理规定开展工作。稽核工作向董事会负责，接受董事会审计委员会的指导和监督。完成年度稽核工作计划，独立、客观地履行了确认、咨询职能。公司坚持稳健经营策略，审慎办理各项业务，内部控制和风险管理适当、有效，经营活动规范。能够遵守和执行相关法律法规、监管制度和公司内部制度规定。年内实施了专项稽核、专项调查、离岗稽核、离任审计、反洗钱稽核等现场稽核和到期项目管理情况等非现场稽核。按制度规定进行了两次后续稽核。稽核发现问题及时整改，稽核结果定期向公司主要领导、审计委员会、董事会和监管机关报告。

建立了制度定期审视机制，坚持制度先行的管理理念，对制度进行认真梳理，及时发现公司现行制度中存在的问题，取消多余、合并重叠，以最大限度地提高公司的办事效率和办事效能为原则，增强制度体系对公司工作流程变化的敏感性及灵活性，使公司管理水平、风险防控和化解能力得到持续的提升，保证公司管理的及时性、有效性，随着国家宏观经济形势变化及监管要求不断充实、完善业务管理制度，坚持制度先行的管理理念，从改进工作流程、加强合规管理等各个方面完善内控制度，以提高公司风险控制能力，促进公司可持续发展。

4.5 风险管理

4.5.1 风险管理概况

公司在经营活动中可能面临诸多风险。其中主要包括信用风险、市场风险、操作风险和其他风险。

为加强风险管理，提高竞争能力，公司把风险的识别、风险测量和评估、风险处理和控制、风险管理的评估和调整，以及风险准备等方面作为风险管理的核心内容，通过制定健全的内部规章制度，建立职责分工合理的组织机构，对可能产生的风险及时作出反应，采取有效措施进行事前、事中、事后的有效控制，根据实际需要，保持对风险管理体系运行情况的持续调整。

公司风险管理坚持全面性、持续性、审慎性、独立性和有效性的原则。风险管理涵盖公司的各项业务、各个部门和各级人员，渗透到决策、执行、监督、反馈各环节；风险管理是一项长期持续性的工作，贯穿于公司经营过程始终；风险管理的核心是有效防范风险；公司各专业管理委员会、风险管理部门具有相对独立性，对各部门业务风险评估、风险检查不受非正常因素干扰；公司风险管理制度是按照国家有关法律、法规要求，结合公司实际制定的，具有权威性、有效性，是所有员工严格遵守的行动指南，执行风险控制制度不存在例外情况，任何人不得拥有超越制度或违反规章的权力。

公司建立了较为健全的风险管理组织体系，以确保各项风险管理政策切实得以落实，确保各种风险信息可以有效传递和反馈。公司股东会、董事会、监事会、高管层及各职能部门分工协作，且互相监督制约，确保各项经营活动都在规范制度体系内得以有序进行，最大限度确保各种风险都能被有效识别、计量、监测和控制，进而实现公司总体发展战略和经营目标。

公司通过科学的机构设置，建立起以风险管理为中心的三道防线：各业务部门是风险管理的第一条防线，在业务前端识别、评估、应对、监控与报告风险；风险管理部、业务经营管理部、信托托管部、财会部和信息技术部等职能部门是风险管理的第二条防线，综合协调制定各类风险制度、标准和限额，实施风险管理措施，提出应对建议；稽核部是风险管理的第三条防线，针对公司已经建立的风险管理流程和各项风险的控制程序和活动进行监督和评价。对于公司面临每一项风险，均由以上三个层次的管理框架进行控制，确保将各种风险控制在公司可承受的范围内。

2016 年，公司积极应对宏观经济新常态，攻坚克难，注重于风险防控和化解，不断夯实基础、调整结构，公司总体经营情况保持稳健，资产质量处于合理区间。报告期内，公司继续贯彻“坚持合规经营战略，增强风险管控能力”的总体要求，不断优化业务风险管理流程，强化业务风险的识别与控制，提升全员的合规经营理念和风险管理意识，全面风险管理体系有效运转，各项风险、合规管控工作有序进行。

4.5.2 风险状况及风险管理

4.5.2.1 信用风险状况及信用风险管理

信用风险是指交易对手未能按照合同的约定履行义务或信用质量发生变化，影响公司债权的实现或其他金融产品的价值，使公司遭受经济损失的风险。

公司对信用风险采取如下防范控制措施：一是实行客户名单式管理，定期对客户资信情况进行级次界定，采取差异化的准入审查及期间管理标准。二是采用资产风险分类、信贷资产评级等信用度量指标进行信用风险评级并不断改进信用分析方法和技术。三是严格按照规定对固有财产进行减值测试，并按测试结果计提专项准备和一般准备。四是对所有信托资产和自营资产进行全面压力测试，对发现的问题制定风险处置预案。五是风控措施综合考量原则，对于不同地区、不同性质、不同信誉度的企业遵循不同的风控标准。六是严格控制集团客户的融资规模，依据集团客户整体情况核定总体融资额度，实施总量控制。七是密切关注融资企业的信贷征信系统变化情况，对有风险迹象的客户及时采取控制措施。

2016 年，宏观经济的持续低迷，使得部分企业资产流动性和偿债能力进一步下滑，给存续的主动管理信托项目到期清算和开发新的主动管理信托投融资项目带来前所未有的困难；同时信托制度红利的衰减给公司拓展新的事务管理类信托业务带来难度。公司经营发展面临较大挑战，业务规模呈现出萎缩态势，利润空间遭遇挤压，部分业务信用风险承压。在此背景下，公司遵循于宏观经济形势以及总体经营导向，对传统融资类业务加强了引导，一方面，主动放缓了传统业务拓展步伐，收紧了部分行业及区域的准入和风控标准，对于产能过剩、面临衰退的行业领域，要求区分交易对手资信情况进行规避或加强担保措施；另一方面，进一步严格了尽职调查底线要求，针对新交易对手及异地项目严格双人尽调，并逐步推行风险前置独立调查，力求在准入阶段最大限度地识别并缓释风险。

此外，为应对宏观经济形势下公司资产质量下沉趋势，公司将部分存续业务列入重点名单，由相关业务部门组织实施高频风险管控。依托于全流程风控体系的有效运行，公司在规模与利润、风险与收益的多重平衡中稳中求进，公司整体资产质量维持在合理区间。

4.5.2.2 市场风险状况及市场风险管理

市场风险是指公司固有财产和信托财产的价值或收入由于市场价格（如利率、汇率、股票或商品价格）或指数的变动而减少的风险。公司主要业务领域包括证券市场、货币市场等，在股价、汇率、利率等因素发生变动时，造成这些市场价格产生较大波动，可能给公司经营和财务状况带来重大影响。

在加强市场风险管理方面，公司采取以下控制措施。建立与公司的业务性质、规模和复杂程度相适应的、完善的、可靠的市场风险管理体系。加强对国家宏观经济政策、货币信贷政策、财政政策的研究，及时掌握市场变化，为调整投资决策提供依据；积极引进人才，开展市场调研，购置权威部门的研究成果，作为决策参考；提高资产配置的有效性，根据公司整体安排，适时调整各领域的投资规模，合理安排期限结构；建立有效的市场风险预警机制等。

公司权益投资业务秉承稳健投资原则，在投资品种、仓位限制和止损等方面严格执行公司相关规定，谨慎操作。年初，较好地回避了股市暴跌的风险，参与了新股和转债的网下申购，获取了一定的无风险套利收益。此外，固收资产投资方面，公司于第四季度大幅调整了持仓结构，较好地规避了债券市场的深度调整，在保证资金安全性、流动性的基础上，获取了稳定的投资收益。

4.5.2.3 操作风险状况及操作风险管理

操作风险是指由不完善或有问题的内部程序、员工和信息科技系统，以及外部事件所造成损失的风险。

目前公司的各项控制制度和操作规程涵盖了所有业务领域，基本实现了对公司各项业务操作过程的有效控制。公司在操作风险管理方面，采取一系列措施加以控制。

制度层面：建立了适当的职责分工和监控制度；建立和完善了授权制度和业务操作规程；坚持每年修订完善风险点和对风险点进行风险排查制度；坚持实行重要岗位轮换和强制休假制度。

控制层面：加强风险管理三道防线的作用，采取对各类资产的风险评估、对内控制度执行情况和经办人员尽职情况检查等方法，约束从业人员的职业行为。

针对业务管理需要以及监管新要求、新变化，公司通过定期制度审视，及时进行补充、完善，兼顾制度的适用性和稳定性的基础上，推动制度体系的适时更新。2016 年，针对征信工作、信息系统安全管理、信息系统突发事件应急管理、信息系统运转维护管理、产品营销和推介管理、投资者权益保护、短期理财投资、责任追究、保障基金、法律服务、优先级业务指引等多个方面进行了修订与完善，以确保现行制度适应监管精神和业务发展需求，进一步提升了业务流程的运作效率和运行效果，极大地提高了操作风险管控水平。

4.5.2.4 其他风险状况及其管理

其他风险主要包括流动性风险、法律合规风险、政策与战略风险和声誉风险。

流动性风险是指公司虽有清偿或兑付能力，但无法及时获得充足资金或无法以合理成本及时获得充足资金以支付到期债务，或无法兑付到期信托计划的风险。流动性风险管理遵循分散性的资产负债管理原则，以公司风险承受能力为基础设定现金流期限错配限额，并设专岗逐日监测现金流量及资产配置；不断加强资产的流动性和融资来源的稳定性，以提升公司应对市场波动的能力；根据自身资产结构和业务开展情况，建立动态的净资本管理机制，确保公司固有资产充足并保持必要的流动性；建立健全信托项目流动化和应急机制，采取信托项目弹性期限设置、非现金资产分配以及信托资产转让处置等手段缓释风险。

报告期内，公司进一步完善资金配置平台运行管理，以保持公司稳健运营为根本目标，积极拓宽公司资金短期投资渠道，有效管理流动性，提高了资金运营效率和收益率。

法律合规风险是指公司因没有遵循法律、法规和监管政策可能遭受法律制裁、监管处罚的风险。法律合规风险管理遵循合规创造价值的管理理念，公司经营管理与法律、规则、监管规定和自律性行业准则相一致，公司建立健全了合规管理体系，并通过多种形式的宣传形成了全员合规的良好氛围；不断加强法律风险防控，并根据外部相关法律、法规的变化，适时调整内控制度和业务模式，确保公司各项经营活动合法合规。

报告期内，公司继续秉承合规经营理念，全面执行项目事前报告要求，合规开展各类业务。积极配合监管部门做好现场检查及非现场监测各项工作，与监管部门持续、有效、细致的沟通，使监管部门对公司业务创新发展和经营管理等情况有了更为深入的了解，并高度认可公司在合规管理方面取得的良好效果，并荣获银监局综合考评的“调研分析优秀奖”表彰，为公司业务发展创建了良好的监管环境。

政策与战略风险是指由于国家宏观经济政策或监管政策的调整和变化，给公司经营活动带来不确定影响，以及公司各项中长期经营计划、策略与外部宏观形势和经济政策不适应导致公司经营出现偏差而产生的风险。政策与战略风险管理主要遵循国家法律法规要求以及泛资管行业发展趋势，根据宏观形势、监管政策和业务模式等新变化，积极调整公司发展规划和业务方向；加强与政策制定部门的沟通，保持公司经营与国家政策的一致性；对业务集中度和行业集中度过高业务实行额度管理，严格落实风控措施，加强业务后续管理；不断拓展多元化的业务领域，并对重点领域不断提升专业化主动管理能力。

基于监管导向以及传统业务利润空间被逐步挤压的现状，公司将开拓创新作为重要的工作目标之一，积极探索新的业务模式与盈利模式，主动调整业务结构，增强多元化经营水平，为长远发展储备后劲。报告期内，公司与蚂蚁金融服务集团正式建立全面战略合作关系，为其定制了天云系列信托产品，间接为广大消费者、小微经营者用户提供了价格合理、便捷安全的金融服务，拉开了公司践行普惠金融的序幕。此外，设计开发多款净值型标准化投资集合产品，以满足不同风险偏好投资者需求；继续扩大同业合作，持续支持消费金融发展；初步探索家族信托、保险信托等创新业务板块。

声誉风险是指在商业活动中或者在业务办理中，公司因违法或未能达到利益相关者需要或期望的标准而被社会公众、监管方或股东方等产生的不利评价的风险。声誉风险管理强调在合规经营和健康发展的基础上，主动、有效、灵活地管理声誉风险，应对声誉事件；公司不进行任何能够实质性地影响公司声誉的交易；对于经营活动中不可避免的声誉风险及时进行识别、评估，以依法合规、透明公开的原则处理各种突发风险事件；通过充分信息披露等方式实现与投资者的良性沟通；通过履行社会责任等方式不断提升公司品牌价值和社会形象。

报告期内，公司继续加强与新闻主管部门以及相关媒体的常规化沟通，建立正向宣传机制，适时宣介公司，通过充分信息披露等方式实现与投资者的良性沟通，不断提升公司知名度和品牌形象。此外，公司负面舆情反映机制运行良好。对于可能出现舆情的敏感事件，公司提出做好应对预案，一方面，积极向委托人做好解释说明、情绪稳定和信息充分披露的各项工作，最大限度地履行社会责任；另一方面，主动向市政府有关部门做好汇报协调工作，力争平稳化解舆情影响。

5. 报告期末及上一年度末的比较式会计报表

5.1 自营资产

5.1.1 会计师事务所审计意见全文

审计报告

CAC 津审字[2017]0064 号

天津信托有限责任公司全体股东：

我们审计了后附的天津信托有限责任公司（以下简称贵公司）自营业务母公司单独财务报表，包括 2016 年 12 月 31 日的资产负债表，2016 年度的利润表、所有者权益变动表和现金流量表以及财务报表附注。

一、管理层对财务报表的责任

编制和公允列报财务报表是贵公司管理层的责任，这种责任包括：(1)按照企业会计准则的规定编制财务报表，并使其实现公允反映；(2)设计、执行和维护必要的内部控制，以使财务报表不存在由于舞弊或错误导致的重大错报。

二、注册会计师的责任

我们的责任是在执行审计工作的基础上对财务报表发表审计意见。我们按照中国注册会计师审计准则的规定执行了审计工作。中国注册会计师审计准则要求我们遵守中国注册会计师职业道德守则，计划和执行审计工作以对财务报表是否不存在重大错报获取合理保证。

审计工作涉及实施审计程序，以获取有关财务报表金额和披露的审计证据。选择的审计程序取决于注册会计师的判断，包括对由于舞弊或错误导致的财务报表重大错报风险的评估。在进行风险评估时，注册会计师考虑与财务报表编制和公允列报相关的内部控制，以设计恰当的审计程序，但目的并非对内部控制的有效性发表意见。审计工作还包括评价管理层选用会计政策的恰当性和作出会计估计的合理性，以及评价财务报表的总体列报。

我们相信，我们获取的审计证据是充分、适当的，为发表审计意见提供了基础。

三、审计意见

我们认为，贵公司自营业务母公司单独财务报表在所有重大方面按照企业会计准则的规定编制，公允反映了贵公司 2016 年 12 月 31 日的财务状况以及 2016 年度的经营成果和现金流量。

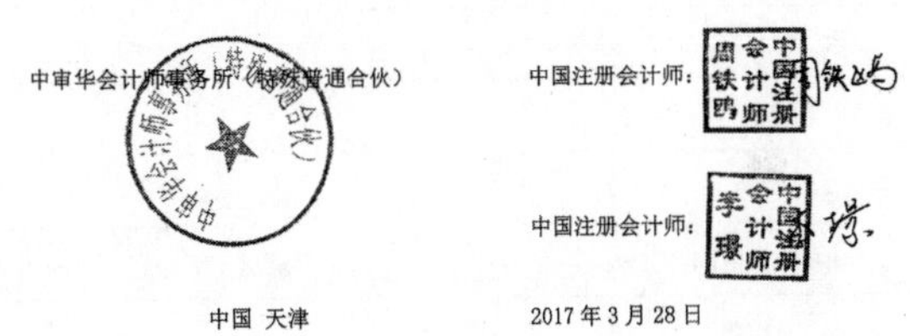

5.1.2 资产负债表

资产负债表

编制单位：天津信托有限责任公司　　2016 年 12 月 31 日　　单位：万元

资 产	期末数	期初数	负债和股东权益	期末数	期初数
资产：			负债：		
现金及存放中央银行款项	—	—	向中央银行借款	—	—
存放同业款项	40 899.50	73 294.24	同业及其他金融机构存放款项	—	—
贵金属	—	—	拆入资金	—	30 000.00
拆出资金	—	—	交易性金融负债	—	—
交易性金融资产	—	—	衍生金融负债	—	—
衍生金融资产	—	—	卖出回购金融资产款	—	—
买入返售金融资产	27 320.51	44 000.00	吸收存款	—	—
应收利息	792.10	295.74	应付职工薪酬	11 944.65	9 401.78
发放贷款和垫款	85 931.19	102 618.97	应交税费	2 520.29	3 580.85
可供出售金融资产	170 881.76	107 842.26	应付利息	—	—
持有至到期投资	—	—	预计负债	15 000.00	—
长期股权投资	65 213.98	66 753.53	应付债券	—	—
投资性房地产	10 628.97	10 995.58	递延所得税负债	307.76	353.16
固定资产	7 042.89	7 263.68	其他负债	17 105.37	30 185.33
无形资产	3 196.01	3 148.62	负债合计	46 878.07	73 521.12
递延所得税资产	31 567.90	24 072.94	所有者权益：	—	—
其他资产	4 912.42	10 883.49	实收资本（或股本）	170 000.00	170 000.00
	—	—	资本公积	19 946.95	19 698.39
	—	—	减：库存股	—	—
	—	—	其他综合收益	610.08	1 256.26
	—	—	盈余公积	34 162.86	30 036.98
	—	—	一般风险准备	4 759.00	4 759.00
	—	—	信托赔偿准备	20 983.51	18 920.56
	—	—	未分配利润	151 046.76	132 976.74
	—	—	所有者权益合计	401 509.16	377 647.93
资产总计	448 387.23	451 169.05	负债及所有者权益总计	448 387.23	451 169.05

企业法定代表人：赵 毅　　主管会计工作负责人：尹 梅　　会计部门负责人：李瑞聪

5.1.3 利润表

利润表

编制单位：天津信托有限责任公司　　2016 年度　　单位：万元

项　目	本期数	上期数
一、营业收入	112 264.01	114 769.44
利息净收入	4 140.75	15 271.37
利息收入	6 213.41	16 427.29
利息支出	2 072.66	1 155.92
手续费及佣金净收入	60 112.64	69 612.85
手续费及佣金收入	60 112.64	69 612.85
手续费及佣金支出	—	—
投资收益（损失以"－"号填列）	45 039.33	27 881.96
其中：对联营企业和合营企业的投资收益	25 766.33	18 996.49
公允价值变动收益（损失以"－"号填列）	—	—
汇兑收益（损失以"－"号填列）	—	2.88
其他业务收入	2 971.29	2 000.38
二、营业支出	66 860.55	49 693.43
营业税金及附加	1 592.39	5 424.59
业务及管理费	15 376.16	14 946.26
资产减值损失	49 522.08	28 710.21
其他业务成本	369.92	612.37
三、营业利润（亏损以"－"号填列）	45 403.46	65 076.01
加：营业外收入	67.84	41.86
减：营业外支出	6.26	16.98
四、利润总额（亏损总额以"－"号填列）	45 465.04	65 100.89
减：所得税费用	4 206.19	11 553.86
其中：当期所得税	11 678.14	16 995.43
递延所得税	-7 471.95	-5 441.57
五、净利润（净亏损以"－"号填列）	41 258.85	53 547.03
六、其他综合收益的税后净额	-646.18	-280.01
（一）以后不能重分类进损益的其他综合收益	—	—
1. 重新计量设定受益计划净负债或净资产的变动	—	—
2. 权益法下在被投资单位不能重分类进损益的其他综合收益变动中享有的份额	—	—
（二）以后将重分类进损益的其他综合收益	-646.18	-280.01
1. 权益法下在被投资单位以后将重分类进损益的其他综合收益中享有的份额	-440.94	156.28
2. 可供出售金融资产公允价值变动损益	-205.24	-436.29
3. 持有至到期投资重分类为可供出售金融资产损益		
4. 外币财务报表折算差额		
七、综合收益总额	40 612.67	53 267.02

企业法定代表人：赵　毅　　主管会计工作负责人：尹　梅　　会计部门负责人：李瑞聪

5.1.4 所有者权益变动表

股东权益变动表

编制单位:天津信托有限责任公司　　2016 年度　　单位:万元

项目	本年数							
	实收资本	资本公积	其他综合收益	盈余公积	一般风险准备	信托赔偿准备	未分配利润	所有者权益合计
一、上期期末数	170 000. 00	19 698. 39	1 256. 26	30 036. 97	4 759. 00	18 920. 56	132 976. 75	377 647. 93
加:会计政策变更								
前期差错更正								
其他								
二、本期期初数	170 000. 00	19 698. 39	1 256. 26	30 036. 97	4 759. 00	18 920. 56	132 976. 75	377 647. 93
三、本期增减变动金额(减少以"-"填列)		248. 56	-646. 18	4 125. 89		2 062. 95	18 070. 01	23 861. 23
(一)综合收益总额			-646. 18				41 258. 85	40 612. 67
(二)所有者投入和减少资本		248. 56						248. 56
1. 所有者投入的普通股								
2. 其他权益工具持有者投入资本								
3. 股份支付计入所有者权益的金额								
4. 其他		248. 56						248. 56
(三)利润分配				4 125. 89		2 062. 95	-23 188. 84	-17 000. 00
1. 提取盈余公积				4 125. 89			-4 125. 89	
2. 提取一般风险准备								
3. 提取信托赔偿准备						2 062. 95	-2 062. 95	
4. 对所有者(股东)的分配							-17 000. 00	-17 000. 00
5. 其他								
(四)所有者权益内部结转								
1. 资本公积转增资本(或股本)								
2. 盈余公积转增资本(或股本)								
3. 盈余公积弥补亏损								
4. 结转重新计量设定受益计划净负债或净资产所产生的变动								
5. 其他								
(五)其他								
四、本期期末数	170 000. 00	19 946. 95	610. 08	34 162. 86	4 759. 00	20 983. 51	151 046. 76	401 509. 16

企业法定代表人:赵　毅　　主管会计工作负责人:尹　梅　　会计部门负责人:李瑞聪

股东权益变动表(续)

编制单位:天津信托有限责任公司　　2016 年度　　单位:万元

项目	上年数							
	实收资本	资本公积	其他综合收益	盈余公积	一般风险准备	信托赔偿准备	未分配利润	所有者权益合计
一、上期期末数	170 000. 00	2 516. 66	1 536. 27	24 682. 27	2 100. 00	16 243. 21	122 120. 77	339 199. 18
加:会计政策变更								
前期差错更正								
其他								
二、本期期初数	170 000. 00	2 516. 66	1 536. 27	24 682. 27	2 100. 00	16 243. 21	122 120. 77	339 199. 18
三、本期增减变动金额(减少以"-"填列)		17 181. 73	-280. 01	5 354. 70	2 659. 00	2 677. 35	10 855. 98	38 448. 75
(一)综合收益总额			-280. 01				53 547. 03	53 267. 02
(二)所有者投入和减少资本		17 181. 73						17 181. 73
1. 所有者投入的普通股								
2. 其他权益工具持有者投入资本								
3. 股份支付计入所有者权益的金额								
4. 其他		17 181. 73						17 181. 73
(三)利润分配				5 354. 70	2 659. 00	2 677. 35	-42 691. 05	-32 000. 00
1. 提取盈余公积				5 354. 70			-5 354. 70	
2. 提取一般风险准备					2 659. 00		-2 659. 00	
3. 提取信托赔偿准备						2 677. 35	-2 677. 35	
4. 对所有者(股东)的分配							-32 000. 00	-32 000. 00
5. 其他								
(四)所有者权益内部结转								

续表

项目	上年数							
	实收资本	资本公积	其他综合收益	盈余公积	一般风险准备	信托赔偿准备	未分配利润	所有者权益合计
1. 资本公积转增资本(或股本)								
2. 盈余公积转增资本(或股本)								
3. 盈余公积弥补亏损								
4. 结转重新计量设定受益计划净负债或净资产所产生的变动								
5. 其他								
(五)其他								
四、本期期末数	170 000. 00	19 698. 39	1 256. 26	30 036. 97	4 759. 00	18 920. 56	132 976. 75	377 647. 93

企业法定代表人:赵　毅　　主管会计工作负责人:尹　梅　　会计部门负责人:李瑞聪

5.2　信托资产

5.2.1　信托项目资产负债汇总表

信托项目资产负债表

编制单位:天津信托有限责任公司　　2016 年 12 月 31 日　　单位:万元

信托资产	期末余额	年初余额	信托负债和信托权益	期末余额	年初余额
信托资产:			信托负债:		
货币资金	108 137. 14	125 613. 44	交易性金融负债		
拆出资金	248 000. 00	97 000. 00	衍生金融负债	—	—
存出保证金	—	—	应付受托人报酬	135. 75	45. 12
交易性金融资产	326 651. 50	119 080. 15	应付托管费	131. 15	19. 97
衍生金融资产	—	—	应付受益人收益	19. 83	—
买入返售金融资产	1 353 343. 40	1 676 242. 97	应付销售服务费	—	—
应收款项	1 541 351. 40	308 775. 72	应付投资管理费	—	—
发放贷款	4 015 562. 65	2 503 248. 00	应交税费	4. 61	2. 74
可供出售金融资产	—	—	其他应付款项	14 713. 85	25 822. 66
持有至到期投资	6 905 733. 51	7 502 322. 88	其他负债	—	—
长期应收款	—	—	信托负债合计	15 005. 19	25 890. 49
长期股权投资	806 465. 83	977 428. 00	信托权益:	—	—
投资性房地产	—	—	实收信托	15 202 868. 46	13 158 944. 48
固定资产	—	—	资本公积	938. 21	914. 49
无形资产	—	—	外币报表折算差额	—	—
长期待摊费用	—	—	未分配利润	86 433. 57	123 961. 70
其他资产	—	—	信托权益合计	15 290 240. 24	13 283 820. 67
信托资产总计	15 305 245. 43	13 309 711. 16	信托负债和信托权益总计	15 305 245. 43	13 309 711. 16

企业法定代表人:赵　毅　　主管会计工作负责人:尹　梅　　会计部门负责人:李瑞聪

5.2.2　信托项目利润及利润分配汇总表

信托项目利润及利润分配表

编制单位:天津信托有限责任公司　2016 年度　　单位:万元

项目	本期累计金额	上期累计金额
一、营业收入	393 707. 63	609 182. 51
利息收入	284 832. 18	402 863. 72
投资收益(损失以"-"号填列)	93 635. 46	258 612. 40
其中:对联营企业和合营企业的投资收益	—	—
公允价值变动收益(损失以"-"号填列)	-43. 27	-58 607. 46
租赁收入	—	1 490. 49
汇兑损益(损失以"-"号填列)	—	—
其他收入	15 283. 26	4 823. 36
二、营业支出	68 158. 05	75 386. 71
营业税金及附加	—	—
受托人报酬	58 195. 31	67 929. 92
托管费	2 813. 99	2 313. 87

续表

项目	本期累计金额	上期累计金额
投资管理费	5 743. 78	4 080. 03
销售服务费	13. 33	294. 10
交易费用	28. 80	65. 40
资产减值损失	—	—
其他费用	1 362. 84	703. 39
三、信托净利润(净亏损以"-"号填列)	325 549. 58	533 795. 80
四、其他综合收益	23. 72	1 311. 00
五、综合收益	325 573. 30	535 106. 79
加:期初未分配信托利润	123 961. 69	186 291. 42
六、可供分配的信托利润	449 511. 27	720 087. 22
减:本期已分配信托利润	363 077. 70	596 125. 52
七、期末未分配信托利润	86 433. 57	123 961. 69

企业法定代表人:赵　毅　　主管会计工作负责人:尹　梅　　会计部门负责人:李瑞聪

6. 会计报表附注

6.1 会计报表编制基准的说明

公司以持续经营为基础，根据实际发生的交易和事项，按照财政部颁布的《企业会计准则——基本准则》和41项具体会计准则、其后颁布的企业会计准则应用指南、企业会计准则解释及其他相关规定（以下简称企业会计准则）的规定进行确认和计量，在此基础上编制财务报表。

6.2 重要会计政策和会计估计说明

6.2.1 计提资产减值准备的主要范围和方法

6.2.1.1 计提资产减值准备的时间

按季度于季度末计提，但有证据证明月度资产有减值迹象的应当按月计提。

6.2.1.2 计提资产减值准备的标准

各类资产计提减值准备的标准，均依据公司《资产风险分类管理办法》（津信计字[2011]18号）进行资产风险分类的结果进行。

6.2.1.3 计提资产减值准备的方法

6.2.1.3.1 贷款、应收账款、买入返售金融资产减值准备核算方法

资产负债表日对贷款、应收账款、买入返售金融资产分别进行减值测试。如有客观证据表明其发生了减值的，依据《天津信托有限责任公司准备金计提管理办法》（津信会字[2012]1号）及《天津信托有限责任公司准备金计提管理办法的补充规定（试行）》（津信会字[2013]2号）计提减值准备。

6.2.1.3.2 长期股权投资、抵债资产减值准备核算方法

资产负债表日，本公司对长期股权投资、抵债资产进行减值测试，发现有减值迹象的，依据《天津信托有限责任公司准备金计提管理办法》（津信会字[2012]1号）及《天津信托有限责任公司准备金计提管理办法的补充规定（试行）》（津信会字[2013]2号）计提减值准备。长期股权投资、抵债资产减值准备一经确认，不再转回。

6.2.1.3.3 可供出售金融资产减值准备核算方法

（1）当可供出售金融资产公允价值低于成本的50%，且有证据判断未来公允价值继续下跌的。

（2）可供出售金融资产公允价值持续性下跌1年以上（含1年），且下跌幅度超过20%的，并有证据判断未来公允价值继续下跌的。

符合上述两个条件之一的，业务部门可以认定该可供出售金融资产已经发生减值，应按照公允价值损失部分全额计提减值准备。

可供出售金融资产减值的计算，依据《天津信托有限责任公司准备金计提管理办法》（津信会字[2012]1号）及《天津信托有限责任公司准备金计提管理办法的补充规定（试行）》（津信会字[2013]2号）进行。

6.2.2 金融资产四分类的范围和标准

（1）以公允价值计量且其变动计入当期损益的金融资产是指本公司为了近期内出售而持有的股票、债券、基金，包括交易性金融资产和指定以公允价值计量且其变动计入当期损益的金融资产。

（2）持有至到期投资是指本公司购入的到期日固定、回收金额固定或可确定且本公司明确意图和能力持有至到期的固定利率国债、浮动利率公司债券、理财产品等。

（3）应收款项和贷款是指应收款项（应收利息、其他应收款和长期应收款）按合同或协议价款作为初始入账金额。贷款的后续计量以摊余成本计量。

（4）可供出售金融资产是指本公司没有划分为以公允价值计量且其变动计入当期损益的金融资产、持有至到期投资、贷款和应收款项的其他金融资产。

6.2.3 交易性金融资产核算方法

取得时以公允价值（扣除已宣告但尚未发放的现金股利或已到付息期但尚未领取的债券利息）作为初始确认金额。

持有期间将取得的利息或现金股利确认为投资收益，资产负债表日将公允价值变动计入当期损益。

处置时，公允价值与初始入账金额之间的差额确认为投资收益，同时调整公允价值变动损益。

6.2.4 可供出售金融资产核算方法

取得时按公允价值（扣除已宣告但尚未发放的现金股利或已到付息期但尚未领取的债券利息）和相关交易费用之和作为初始确认金额。

持有期间将取得的利息或现金股利确认为投资收益。资产负债表日将公允价值变动计入其他综合收益。

处置时，将取得的价款与该金融资产账面价值之间的差额，计入投资损益；同时，将原直接计入所有者权益的公允价值变动累计额对应处置部分的金额转出，计入投资损益。

6.2.5 持有至到期投资核算方法

取得时按公允价值（扣除已到付息期但尚未领取的债券利息）和相关交易费用之和作为初始确认金额。

持有期间按照摊余成本和实际利率（如实际利率与票面利率差别较小的，按票面利率）计算确认利息收入，计入投资收益。实际利率在取得时确定，在该预期存续期间或适用的更短期间内保持不变。

处置时，将所取得价款与该投资账面价值之间的差额计入投资收益。

6.2.6 长期股权投资核算方法

（1）权益法：本公司对联营企业和合营企业的长期股权投资，采用权益法核算。

（2）成本法：公司能够对被投资企业实施控制，即本公司拥有对被投资方的权力，通过参与被投资方的相关活动而享有可变回报，并且有能力运用对被投资方的权力影响其回报金额的，应采用成本法核算。

6.2.7 投资性房地产核算方法

投资性房地产是指为赚取租金或资本增值，或两者兼有而持有的房地产。本公司的投资性房地产为公司办公大楼出租部分的房产。

本公司的投资性房产采用成本模式计量。对按照成本模式计量的投资性房地产采用与本公司固定资产、无形资产相同的折旧或摊销政策。在资产负债表日按投资性房产的成本与可收回金额孰低计价，可收回金额低于成本的，按两者的差额计提减值准备。

6.2.8 固定资产计价和折旧方法

6.2.8.1 固定资产的标准

同时具备以下三个条件的，确认为固定资产：

(1)本公司实际拥有所有权的实物资产。

(2)预计使用期限在1年以上(不含1年)。

(3)单项实物资产的购置或建造价值在2 000元以上。

6.2.8.2 固定资产发生的修理费用，符合规定的固定资产确认条件的计入固定资产成本；不符合规定的固定资产确认条件的在发生时直接计入当期成本、费用。

6.2.8.3 固定资产折旧计提方法

固定资产从其投入使用的次月起采用直线法计提折旧，预计净残值为原价的3%，估计经济使用年限和年折旧率如下：

资产类别	预计使用年限(年)	年折旧率(%)
房屋建筑物	30~43	3.23~2.26
机器设备	5~20	19.40~4.85
运输设备	6	16.17
电子设备	3~5	32.33~19.40
其　他	5	19.40

6.2.9 无形资产计价及摊销政策

6.2.9.1 无形资产的计价

无形资产在取得时，按实际成本计价。取得时的实际成本按以下方法确定：

(1)购入的无形资产，按实际支付的价款作为实际成本。

(2)自行开发并按法律程序申请取得的无形资产按依法取得时发生的注册费、聘请律师费等入账，开发过程中发生的费用直接计入当期损益。

6.2.9.2 无形资产的摊销

无形资产自取得当月起在预计使用年限内分期平均摊销，预计使用年限按受益年限和法律规定的有效年限两者孰短的原则确定，对无受益年限和法律规定的有效年限的则按不超过10年的摊销年限内分期平均摊销，计入当期损益。

6.2.10 长期应收款的核算方法

本公司长期应收款核算应收融资租赁本金和应收融资租赁收益，融资租赁资产出租时，将该项融资租赁资产的初始账面价值由计入"长期应收款——应收融资租赁本金"，将应向承租人收取的各期租金与终止转让价款之和，扣除购入租赁物时实际支付价款及相关税费后的差额，计入"长期应收款——应收融资租赁收益"。

收到融资租赁租金时，根据该项融资租赁业务的《租金表》，或《未确认融资收益分配表》，按实际收到金额中的本金部分，冲减"长期应收款——应收融资租赁本金"；按实际收到金额中的收益部分，冲减"长期应收款——应收融资租赁收益"。同时，按实际收到金额中的收益部分，计入"未实现融资收益""租赁收入"。

6.2.11 长期待摊费用的摊销政策

本公司长期待摊费用在费用项目的受益期限内分期平均摊销。

6.2.12 合并会计报表的编制方法

对本公司拥有实际控制权的被投资企业合并财务报表，公司能够控制的特殊目的主体(如非法人单位的合作项目)也列入合并报表范围。按照《企业会计准则第33号——合并财务报表》的相关规定，编制合并财务报表。

6.2.13 收入确认原则和方法

6.2.13.1 利息收入

本公司的利息收入是指本公司存放于银行和其他金融机构的款项、对外放款、拆出资金、买入返售金融资产等业务所形成的利息收入。

(1)贷款利息收入。按贷款合同在贷款结息日，按照贷款合同(借据)金额和合同利率计算确定的应收未收利息，计入"应收利息"科目；按贷款的摊余成本和实际利率计算确定的利息收入。

(2)拆出资金和买入返售金融资产的利息收入比照贷款利息收入的规定确认。

(3)存放银行和其他金融机构款项的利息收入按结息日实际收到的金额计入利息收入。

6.2.13.2 融资租赁收益

本公司采用实际利率法计算当期应确认的融资租赁收入，并将未实现融资租赁收益在租赁期内的各个期间进行分配。

6.2.13.3 手续费及佣金净收入

本公司的手续费收入是指本公司自营业务的手续费收入以及从本公司所管理的信托业务中按信托合同规定从信托收益中提取或向委托人及第三方收取的受托人报酬。自营业务手续费收入：按合同收取时确认收入；信托业务手续费参见"信托报酬确认原则和方法"。

6.2.13.4 其他营业收入

本公司以合同已签订并执行，款项已收到或取得收取款项凭据时确认为收入实现。

6.2.14 所得税的会计处理方法

本公司所得税费用采用资产负债表债务法核算。资产、负债的账面价值与其计税基础存在差异的，按照规定确认所产生的递延所得税资产或递延所得税负债。

本公司在计算确定当期所得税(即当期应交所得税)以及递延税项(递延所得税费用或收益)的基础上，将两者之和确认为利润表中的所得税费用(或收益)，但不包括直接计入所有者权益的交易或事项的所得税影响。

资产负债表日，本公司按照暂时性差异与适用所得税税率计算的结果，确认递延所得税负债、递延所得税资产以及相应的递延所得税费用(或收益)。一般情况下，所有应税暂时性差异产生的递延所得税负债均予确认，而递延所得税资产则只能在未来应纳税利润足以用作抵销暂时性差异的限度内，才予以确认。

6.2.15 信托报酬确认原则和方法

信托业务手续费收入(受托人报酬)：依据信托合同的约定，按季度、合同中期分配、合同到期分配收取时，计算及确认收入。

6.2.16 会计政策变更的披露

未发生会计政策变更事项。

6.3 或有事项说明

未发生影响财务报表阅读的重大或有事项。

6.4 重要资产转让及其出售的说明

未发生重要资产转让及其出售事项。

6.5 会计报表中重要项目的明细资料

6.5.1 自营资产经营情况

6.5.1.1 信用风险资产的期初数、期末数(按信用风险五级分类)

信用风险资产五级分类	正常类(万元)	关注类(万元)	次级类(万元)	可疑类(万元)	损失类(万元)	信用风险资产合计(万元)	不良资产合计(万元)	不良资产率(%)
期初数	118 855.55	146 857.83	0.00	15 000.00	0.00	280 713.37	15 000.00	5.34
期末数	250 792.01	211 326.68	0.00	0.00	32 010.00	494 128.69	32 010.00	6.48

注:期末数根据银监发《关于印发2016年非现场监管报表的通知》更新口径,信用风险资产范围应包括各项贷款、政府债券(国债)、地方政府债券、中央银行票据、非金融企业债券、金融债券、非金融企业股权(含股票)、金融机构股权(含股票)、存放同业、拆放同业、金融机构间买入返售资产、购买同业存单、购买银行非保本理财产品、购买信托产品、购买资产管理计划、其他具有特定目的的载体属性的产品投资、应收利息和其他应收款、其他表内信用风险资产(包括投资的基金和外国债券等)。

期初数根据中国银监会印发的2011年度非现场监管报表G11《资产质量五级分类情况表》的填报说明,信托风险资产范围应包括存放同业款项、各项贷款、应收利息、其他应收款(含"预付账款")、拆放同业和买入返售资产、银行账户债券投资、不可撤销的承诺及或有负债。

6.5.1.2 各项资产减值损失准备的期初数、本期计提、本期转回、本期核销、期末数

单位:万元

	期初数	本期计提	本期转回	本期核销	期末数
贷款损失准备	47 851.03	127 000.00	85 314.22	22 300.00	67 236.81
其中:一般准备	0.00	0.00	0.00	0.00	0.00
专项准备	47 851.03	127 000.00	85 314.22	22 300.00	67 236.81
其他资产减值准备	33 460.20	51 436.00	58 778.00	—	26 118.20
其中:可供出售金融资产减值准备	30 160.00	24 206.00	35 828.00	0.00	18 538.00
持有至到期投资减值准备	0.00	0.00	0.00	0.00	0.00
长期股权投资减值准备	0.00	0.00	0.00	0.00	0.00
坏账准备	2 900.20	0.00	2 900.00	0.00	0.20
投资性房地产减值准备	0.00	0.00	0.00	0.00	0.00
抵债资产减值准备	400.00	0.00	0.00	0.00	400.00
买入返售金融资产减值准备	0.00	27 230.00	20 050.00	0.00	7 180.00

6.5.1.3 固有业务股票投资、基金投资、债券投资、股权投资等投资业务的期初数、期末数(按照投资品种分类)

单位:万元

	自营股票	基金	债券	长期股权投资	其他投资	合计
期初数	1 501.20	9 151.45	8 270.35	66 753.53	119 079.25	204 755.78
期末数	380.58	3 451.28	12 947.85	65 213.98	154 102.05	236 095.74

6.5.1.4 按投资入股金额排序,前五名的自营长期股权投资的企业名称、占被投资企业权益的比例、主要经营活动及投资收益情况等

企业名称	占被投资企业权益的比例(%)	主要经营活动	投资收益(万元)
天弘基金管理有限公司	16.80	基金募集、基金销售、资产管理和中国证监会许可的其他业务	25 766.33

6.5.1.5 前五名的自营贷款的企业名称、占贷款总额的比例和还款情况等

单位:%

企业名称	占贷款总额的比例	还款情况
辽宁同济置业有限公司	19.63	合同未到期
新昌营造建筑有限公司	13.06	合同未到期
山西大禾新农业科技有限公司	11.11	逾期
广东美林投资有限公司	9.92	合同未到期
山西普大煤业集团有限公司	9.79	逾期

6.5.1.6 担保业务、代理业务(委托业务)

单位:万元

表外业务	期初数	期末数
担保业务	0	0
代理业务(委托业务)	0	0
其他	0	0
合计	0	0

6.5.1.7 公司当年的收入结构

收入结构	金额(万元)	占比(%)
手续费及佣金收入	60 112.64	53.51
其中:信托手续费收入	60 112.64	53.51
投资银行业务收入	0.00	0.00
利息净收入	4 140.75	3.69
其他业务收入	2 971.29	2.65
其中:计入信托业务收入部分	680.27	0.61
投资收益	45 039.34	40.09
其中:股权投资收益	25 766.33	22.94
证券投资收益	1 999.75	1.78
其他投资收益	17 273.26	15.37
营业外收入	67.84	0.06
收入合计	112 331.86	100.00

其中，2016 年，公司其他业务收入 2 971. 29 万元，主要来源是办公大楼出租部分的房租收入及财务咨询费收入；信托业务收入总额为 60 112. 64 万元，全部为手续费收入。

6. 5. 2 披露信托财产管理情况

6. 5. 2. 1 信托资产的期初数、期末数

单位：万元

信托资产	期初数	期末数
集合	2 741 149. 48	2 484 592. 08
单一	9 968 579. 11	10 999 860. 35
财产权	599 982. 57	1 820 793. 01
其中：集合财产权	—	736 204. 21
单一财产权	599 982. 57	1 084 588. 80
合计	13 309 711. 16	15 305 245. 44

6. 5. 2. 1. 1 主动管理型信托业务的信托资产期初数、期末数，分证券投资、股权投资、融资、事务管理类分别披露

单位：万元

主动管理型信托资产	期初数	期末数
证券投资类	6 395. 62	141 207. 03
股权投资类	687 135. 31	267 336. 52
融资类	2 996 595. 14	3 060 764. 16
事务管理类		
合计	3 690 126. 07	3 469 307. 71

6. 5. 2. 1. 2 被动管理型信托业务的信托资产期初数、期末数，分证券投资、股权投资、融资、事务管理类分别披露

单位：万元

被动管理型信托资产	期初数	期末数
证券投资类		
股权投资类		
融资类		
事务管理类	9 619 585. 09	11 835 937. 73
合计	9 619 585. 09	11 835 937. 73

6. 5. 2. 2 本年度已清算结束的信托项目个数、实收信托合计金额、加权平均实际年化收益率

6. 5. 2. 2. 1 本年度已清算结束的集合类、单一类资金信托项目和财产管理类信托项目个数、实收信托合计金额、加权平均实际年化收益率

已清算结束信托项目	项目个数（个）	实收信托合计金额（万元）	加权平均实际年化收益率（%）
集合类	70	1 696 640. 00	8. 61
单一类	96	2 548 876. 51	4. 67
财产管理类	5	159 560. 00	1. 37

注：1. 收益率是指信托项目清算后，给受益人赚取的实际收益水平。

2. 加权平均实际年化收益率 =（信托项目 1 的实际年化收益率 × 信托项目 1 的实收信托 + 信托项目 2 的实际年化收益率 × 信托项目 2 的实收信托 + … + 信托项目 *n* 的实际年化收益率 × 信托项目 *n* 的实收信托）/（信托项目 1 的实收信托 + 信托项目 2 的实收信托 + … + 信托项目 *n* 的实收信托）×100%。

6. 5. 2. 2. 2 本年度已清算结束的主动管理型信托项目个数、实收信托合计金额、加权平均实际年化收益率，分证券投资、股权投资、融资、事务管理类分别计算并披露

已清算结束信托项目	项目个数（个）	实收信托合计金额（万元）	加权平均实际年化信托报酬率（%）	加权平均实际年化收益率（%）
证券投资类				
股权投资类	7	496 990. 00	2. 07	9. 19
融资类	88	1 730 752. 84	2. 05	8. 44
事务管理类				

注：加权平均实际年化信托报酬率 =（信托项目 1 的实际年化信托报酬率 × 信托项目 1 的实收信托 + 信托项目 2 的实际年化信托报酬率 × 信托项目 2 的实收信托 + … + 信托项目 *n* 的实际年化信托报酬率 × 信托项目 *n* 的实收信托）/（信托项目 1 的实收信托 + 信托项目 2 的实收信托 + … + 信托项目 *n* 的实收信托）×100%。

6. 5. 2. 2. 3 本年度已清算结束的被动管理型信托项目个数、实收信托合计金额、加权平均实际年化收益率，分证券投资、股权投资、融资、事务管理类分别计算并披露

已清算结束信托项目	项目个数（个）	实收信托合计金额（万元）	加权平均实际年化信托报酬率（%）	加权平均实际年化收益率（%）
证券投资类				
股权投资类				
融资类				
事务管理类	76	2 177 333. 67	0. 10	3. 68

6. 5. 2. 3 本年度新增的集合类、单一类和财产管理类信托项目个数、实收信托合计金额

新增信托项目	项目个数（个）	实收信托合计金额（万元）
集合类	67	1 560 387. 82
单一类	77	3 391 549. 73
财产管理类	13	1 349 215. 98
新增合计	157	6 301 153. 53
其中：主动管理型	78	2 228 500. 32
被动管理型	79	4 072 653. 21

注：本年新增信托项目指在本报告年度内累计新增的信托项目个数和金额，包含本年度新增并于本年度内结束的项目和本年度新增至报告期末仍在持续管理的信托项目。

6. 5. 2. 4 信托业务创新成果和特色业务有关情况

2016 年，公司在推进业务创新方面，主要取得以下成果：

一是公司与蚂蚁金融服务集团正式建立全面战略合作关系，为广大消费者、小微经营者用户提供了价格合理、便捷安全的金融服务，拉开了公司践行普惠金融的序幕。

二是公司开发设计了多款净值型集合资金信托产品，主要投资于资本市场的标准化投资品种，在满足不同风险偏好投资者理财需求的同时，进一步完善了公司的产品体系，也提升了自身的运营管理能力。

三是继续与非银行金融机构合作，为信托公司介入普惠金融积累经验。积极加强与证券公司、消费金融公司等非银行金融机构的业务合作，尝试创新业务模式。

四是公司成立家族信托业务小组，组织召开了专题研讨

会，并已初步确定了不动产家族信托、非上市公司股权家族信托和慈善家族信托三个家族信托产品研发定位。目前正加紧研发保险金信托，力争在2017年初完成第一单产品落地。

6.5.2.5　本公司履行受托人义务情况

本公司作为受托人，严格遵守信托法规的规定和信托协议（合同）的约定，尽职尽责履行受托人职责和义务，为委托人管理好各项信托财产，精心组织信托财产的运作；依照信托法规和信托协议（合同）约定，定期出具信托财产的管理报告；信托协议（合同）终止时，及时办理信托事务清算事宜；按信托协议（合同）的约定，按期及时向受益人支付信托受益并在信托协议（合同）终止时及时按约定向委托人（受益人）支付信托财产（本金）；按信托法规和信托协议（合同）的约定收取受托人报酬（手续费），本年度没有发生违反受托人职责和义务的情况，没有出现信托协议（合同）到期由于受托人的责任不支付信托财产和受益人收益的情况。受托人按信托法规和信托协议（合同）管理、运用信托财产，管理和分配信托收益以及收取手续费（受托人报酬）时，没有出现侵占委托人和受益人合法权益的情况。

6.5.2.6　信托赔偿准备金的提取、使用和管理情况

信托赔偿准备金的提取情况表

单位：万元

项目	期初数	本年增加	本年减少	期末数
信托赔偿准备金	18 920.56	2 062.95	0	20 983.51

6.6　关联方关系及其交易的披露

6.6.1　关联交易方的数量、关联交易的总金额及管理交易的定价政策等

	关联交易方数量（个）	关联交易金额（万元）	定价政策
合　计	2	60 000	—

6.6.2　关联方交易与本公司的关系性质、关联交易方名称、法定代表人、注册地址、注册资本及主营业务等

单位：亿元

关系性质	关联方名称	法定代表人	注册地址	注册资本	主营业务
与该企业受同一公司控制及重大影响	天津泰达股份有限公司	胡军	天津开发区第三大街16号	14.76	交通、能源、高科技工业投资等
公司自有资金参股的企业	天弘基金管理有限公司	井贤栋	天津自贸区（中心商务区）响螺湾旷世国际大厦A座1704－241号经济贸易中心	5.143	基金募集、基金销售等

6.6.3　逐笔披露本公司与关联方的重大交易事项

6.6.3.1　固有财产与关联方：贷款、投资、租赁、应收账款、担保、其他方式等期初汇总数、本期发生额汇总数、期末汇总数

单位：万元

固有财产与关联方关联交易				
	期初数	借方发生额	贷方发生额	期末数
贷款	0	0	0	0
投资	0	0	0	0
租赁	0	0	0	0
担保	0	0	0	0
应收账款	0	0	0	0
其他	0	0	0	0
合计	0	0	0	0

6.6.3.2　信托资产与关联方：贷款、投资、租赁、应收账款、担保、其他方式等期初汇总数、本期发生额汇总数、期末汇总数

单位：万元

信托资产与关联方关联交易				
	期初数	借方发生额	贷方发生额	期末数
贷款	0	0	0	0
投资	60 000	0	10 000	50 000
租赁	0	0	0	0
担保	0	0	0	0
应收账款	0	0	0	0
其他	0	0	0	0
合计	60 000	0	10 000	50 000

6.6.3.3　信托公司自有资金运用于自己管理的信托项目（固信交易）、信托公司管理的信托项目之间的相互（信信交易）交易金额，包括余额和本报告年度的发生额

6.6.3.3.1　固有与信托财产之间的交易金额期初汇总数、本期发生额汇总数、期末汇总数

单位：万元

固有财产与信托财产相互交易			
	期初数	本期发生额	期末数
合计	0	0	0

6.6.3.3.2　信托项目之间的交易金额期初汇总数、本期发生额汇总数、期末汇总数

单位：万元

信托财产与信托财产相互交易			
	期初数	本期发生额	期末数
合计	0	0	0

6.6.4　逐笔披露关联方逾期未偿还本公司资金的详细情况以及本公司为关联方担保发生或即将发生垫款的详细情况

公司本年度未出现关联方逾期未偿还本公司资金的情况，未出现本公司为关联方担保的情况。

6.7　会计制度的披露

本公司固有业务从2008年1月1日起、信托业务从2010年1月1日起按照财政部2006年颁布的《企业会计准则——基本准则》和其他各项会计准则的规定对固有业务及信托业务进行确认和计量，在此基础上编制财务报表。

6.8　净资本管理情况

根据《信托公司净资本管理办法》和2011年2月下发的净

资本具体计算标准，2016 年末公司的净资产 40.15 亿元，净资本为 28.37 亿元（监管标准≥2 亿元），各项风险资本之和为 10.95 亿元，净资本 / 各项业务风险资本为 259.12%（监管标准≥100%），净资本 / 净资产为 70.65%（监管标准为≥40%），净资本各项指标达到规定标准。

7. 财务情况说明书

7.1 利润实现和分配情况

2016 年，公司实现税前利润 45 465.04 万元，比上年减少 19 635.85 万元，降幅 30.16%；净利润 41 258.85 万元，比上年减少 12 288.18 万元，降幅 22.95%。按照相关法规、《公司章程》，本年净提取法定盈余公积金 4 125.89 万元和信托赔偿准备金 2 062.95 万元。

7.2 主要财务指标

2016 年主要财务指标情况如下：

指标名称	指标值
资本利润率（%）	10.59
加权年化信托报酬率（%）	0.44
人均净利润（万元）	294.71

注：全年在岗职工平均人数 140 人。

7.3 对本公司财务状况、经营成果有重大影响的其他事项

无。

8. 特别事项揭示

8.1 公司股东股权变动情况

天津信托有限责任公司 2016 年股东会第二次会议审议通过了《关于同意天津信托有限责任公司增加资本金的决议》。一致同意公司提出增加资本金的需求，在现有资本金 17 亿元的基础上再增资 1.7 亿元，使公司注册资本金达到 18.7 亿元。有关增加资本的申请批复正在进行中。

8.2 董事、监事及高级管理人员变动情况及原因

2016 年 5 月 17 日，公司以通讯表决方式召开 2016 年股东会第 4 次临时会议，审议通过了《关于同意陈杰担任天津信托有限责任公司职工监事的决议》。同日，公司以通信表决方式召开第七届监事会 2016 年第三次临时会议，审议通过了《关于同意陈杰担任天津信托有限责任公司职工监事、监事长的决议》。

2016 年 12 月 16 日，公司召开 2016 年股东会第二次会议，审议通过了《关于同意王丽不再担任天津信托股东董事的决议》《关于同意苏欣、王鑫、康悦不再担任天津信托股东监事的决议》。通过《关于同意天津信托第八届董事会新增董事人选，董事长提名人选的决议》，同意原董事会成员赵毅、李林、王雪利、钟玲玲、弓劲梅、刁锋、冯伟、韩立新、郭田勇（独立董事）等 9 人继续留任，新增董事 3 人，苏欣为股东董事，闵路浩、王威为独立董事。苏欣的股东董事任职资格，闵路浩、王威的独立董事任职资格正在监管部门核准中。

通过《关于同意天津信托第八届监事会新增监事人选，监事长提名人选的决议》，同意原监事会成员陈杰、丁粤军等 2 人继续留任，新增股东监事于洺、杨雪屏。

2016 年 12 月 16 日，公司召开第八届董事会第一次会议，选举赵毅同志任天津信托有限责任公司第八届董事会董事长（法定代表人）。

董事会继续聘任韩立新同志为天津信托有限责任公司总经理；杨湧、王辉同志为副总经理；尹梅同志为财务负责人（总会计师）；冉启文同志为董事会秘书。按照《中国银监会信托公司行政许可事项实施办法》有关规定，冉启文同志董事会秘书任职资格正在监管部门核准中。

2016 年 12 月 16 日，公司召开第八届监事会第一次会议，选举陈杰同志任天津信托有限责任公司第八届监事会监事长。

除此之外，公司董事、监事及高级管理人员未有变动。

8.3 本年度，公司注册资本、注册地、公司名称、公司分立合并事项

公司注册资本、注册地、公司分立合并事项无变更。

8.4 公司的重大诉讼事项

无。

8.5 本年度，公司及高级管理人员受处罚情况

无。

8.6 银监会派出机构风险检查情况

2016 年 3 月，天津银监局对公司组织召开了监管会议，对公司 2015 年经营管理效果进行了评价，认为公司认真贯彻国家宏观调控政策和金融监管要求，不断深化公司治理机制建设，完善风险管控措施，综合经营实力稳步提升，并提出了监管意见。公司积极贯彻执行相关监管政策和要求，要求相关部门对照问题逐项分析，确定整改实施方案，于 4 月向监管部门报送了检查事实与评价的反馈意见。

2016 年 8 月，天津银监局对公司截至 2016 年 6 月末存续的钢铁煤炭行业表内信贷业务情况进行了检查，对存在的问题提出了监管意见，根据天津银监局下发的检查事实与评价，就检查事实与评价内容积极与监管部门沟通，组织相关部门拟定整改方案及落实情况，于 2017 年 1 月向监管部门报送了检查事实与评价的反馈意见。

8.7 重大事项临时报告

无。

9. 公司监事会意见

9.1 公司依法运作情况

通过检查监督，监事会认为，公司建立了较为完善的公司

法人治理结构,进一步加强了内部控制制度建设和风险管理,强化了内部管理和审计制度。公司决策事项程序合法,公司董事、经理和其他高级管理人员,能够按照《公司法》、“信托一法三规”、《公司章程》等有关法律、法规及监管部门的要求,认真履行相关职责,勤勉工作,积极维护股东利益、公司利益和客户利益。

9.2 关于公司财务报告

依据中审华会计师事务所(特殊普通合伙)出具的审计报告和公司的财务报表,监事会认真检查和审核了公司财务状况和经营成果,认为公司本年度财务报告是客观、公允的。

万向信托有限公司

1. 重要提示

1.1 公司董事会及董事保证本报告所载资料不存在任何虚假记载、误导性陈述或者重大遗漏,并对其内容的真实性、准确性和完整性承担个别及连带责任。本年度报告摘要摘自年度报告全文,客户及相关利益人欲了解详细内容,应阅读年度报告全文。

1.2 公司独立董事李全、成保良、刁维仁认为:公司年报所记载的资料没有存在任何的虚假记载,也没有任何误导性陈述和重大遗漏,本报告的内容真实、准确、完整。

1.3 公司董事长肖风先生、财务负责人汪文桦女士声明:保证年度报告中财务报告的真实、完整。

2. 公司概况

2.1 公司简介

2.1.1 法定中文名称:万向信托有限公司(缩写:万向信托)

法定英文名称:Wanxiang Trust Company Limited

2.1.2 法定代表人:肖风

2.1.3 注册地址:浙江省杭州市下城区体育场路 429 号天和大厦 4 ~6 层及 9 ~17 层

邮政编码:310006

2.1.4 国际互联网网址:www. wxtrust. com

电子信箱:wxtrust@ wxtrust. com

2.1.5 信息披露事务联系人姓名:陆炯

信息披露事务联系人电子信箱:jlu@ wxtrust. com

信息披露事务联系人办公电话:0571-85807978

信息披露事务联系人办公传真:0571-85179809

2.1.6 选定的信息披露报纸名称:《证券时报》

2.1.7 年度报告备置地点:杭州市体育场路 429 号天和大厦 12 层

2.1.8 聘请的会计师事务所名称:大华会计师事务所(特殊普通合伙)

聘请的会计师事务所地址:杭州市体育场路 508 号浙江地矿科技大楼 5 楼

2.2 组织结构

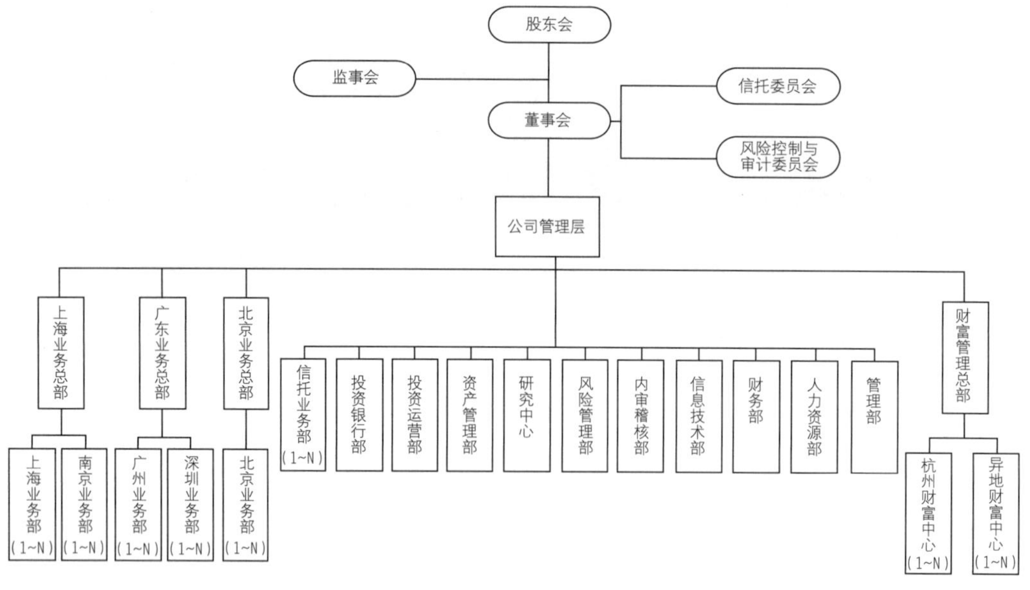

3. 公司治理

3.1 股东

公司股东总数为 5 家,股东构成情况:

股东名称	投股比例(%)	法定代表人	注册资本(万元)	注册地址	主要经营业务
中国万向控股有限公司★	76.50	鲁伟鼎	120 000.00	中国(上海)自由贸易实验区陆家嘴西路 99 号	实业投资、投资管理和金融专业技术领域内的技术咨询、技术开发等。

续表

股东名称	投股比例(%)	法定代表人	注册资本(万元)	注册地址	主要经营业务
浙江烟草投资管理有限责任公司	14.49	潘昵琥	440 714.68	杭州市滨江区西兴街道丹枫路676号香溢大厦23楼	投资管理、实业投资、酒店管理和经营进出口业务等。
北京中邮资产管理有限公司	3.97	龚启华	167 188.05	北京市西城区金融大街3号,甲3号13层甲3－1301	投资管理;资产管理;销售五金交电、化工产品(不含化学危险品及一类易制毒化学品)、建筑材料、金属材料、机械电气设备、电子计算机及外部设备、电子元器件;技术服务、技术转让、技术咨询;信息咨询;组织文化交流活动(演出除外);承办展览展示。
巨化集团公司	2.86	胡仲明	96 600.00	杭州市江城路849号	化肥、化工原料及产品、化学纤维和医药原料等。
浙江省金融控股有限公司	2.18	杜祖国	120 000.00	杭州市浙大路5－1号	金融类股权投资、政府性股权投资基金管理及资产管理等业务。

注:★代表本公司实际控制人;本公司股东之间不存在关联关系。

3.2 董事、董事会及其下属委员会

董事

姓名	职务	性别	年龄(岁)	所推举的股东名称	股东持股比例(%)	简要履历
肖　风	董事长	男	56	中国万向控股有限公司	76.50	南开大学世界经济学博士,中国万向控股有限公司执行副董事长。
傅志芳	董事	男	52	中国万向控股有限公司	76.50	中欧国际工商学院硕士,万向财务有限公司董事长、总裁。
冯立民	董事	男	56	中国万向控股有限公司	76.50	北京国际关系学院本科学历,中国万向控股有限公司副总裁。
葛　旋	董事	男	46	中国万向控股有限公司	76.50	长江商学院研究生,民生通惠资产管理有限公司总经理、董事。
苏明波	董事	男	47	浙江省金融控股有限公司	2.18	湖南大学本科毕业,浙江省金融控股公司金融管理部副经理。
潘昵琥	董事	男	55	浙江烟草投资管理有限责任公司	14.49	河南师范大学化学系,浙江烟草投资管理有限责任公司总经理。
杨嘉树	董事	男	49	浙江省邮政公司	3.97	上海财经大学工商管理专业,中国邮政集团浙江分公司党组成员、副总经理。
王　柱	董事	男	37	巨化集团公司	2.86	浙江卓正投资有限公司董事、总经理。

独立董事

单位:岁

姓名	所在单位职务	性别	年龄
李　全	新华资产管理股份有限公司总经理	男	54
成保良	上海瑞力投资基金管理有限公司董事长	男	56
刁维仁	群益国际控股有限公司上海代表处首席代表	男	63

董事会下属专门委员会构成

名称	职责	成员	职务
风险控制与审计委员会	确定公司风险管理的总体目标、风险偏好、风险承受度、风险管理策略和重大风险管理解决方案;评估公司关联交易业务风险;监督公司信托业务和自营业务的风险控制及管理;监督公司信息披露的真实、准确、完整和合规性;提出完善公司风险管理和内部控制及内部审计实施的建议等。	冯立民	主任委员
		杨嘉树	委员
		刁维仁	委员
信托委员会	组织制定公司信托业务发展规划;定期评估公司信托业务运行情况;研究并提出具体措施落实监管机构提出的整改要求;当公司或股东利益与受益人利益发生冲突时,研究并提出维护受益人权益的具体措施等。	李　全	主任委员
		潘昵琥	委员
		葛　旋	委员

3.3 监事、监事会及其下属委员会

监事

姓名	职务	性别	年龄（岁）	所推举的股东名称	该股东持股比例(%)	简要履历
鲁伟鼎	监事长	男	46	中国万向控股有限公司	76.50	中国万向控股有限公司董事长。
邵松长	监事	男	47	浙江烟草投资管理有限责任公司	14.49	杭州市烟草分公司审计处处长。
熊文斌	职工监事	男	34	万向信托职工代表大会	—	武汉大学本科，公司人力资源部执行总经理。

注：公司监事会没有下属委员。

3.4 高级管理人员

高级管理人员构成

姓名	职务	性别	年龄（岁）	学历	任职日期	专业	金融从业年限（年）
祝　旸	总裁	男	46	硕士	2012年8月18日	新闻学	20
王永刚	执行副总裁	男	52	硕士	2014年4月26日	工商管理	29
斯伟波	总裁助理	男	43	本科	2014年4月26日	银行货币学	23
张学峰	总裁助理	男	51	硕士	2015年10月27日	经济学	28

注：截至本年报披露日，根据公司第一届董事会第十二次临时会议决议，祝旸先生已辞去公司总裁职务，董事会授权王永刚执行副总裁主持公司工作，期限不超过6个月。同时，已聘任余勇文、斯伟波先生为公司拟任副总裁，两位拟任副总裁任职资格须经浙江银监局进行任职资格审批后生效。

3.5 公司员工

项目		报告期年度		上年度	
		人数（人）	比例(%)	人数（人）	比例(%)
年龄分布	30岁以下	76	37.25	92	47.18
	30~39岁	94	46.08	75	38.46
	40岁以上	34	16.67	28	14.36
性别分布	男	115	56.37	116	59.49
	女	89	43.63	79	40.51
学历分布	博士	5	2.45	4	2.05
	硕士	119	58.33	102	52.31
	本科	75	36.77	84	43.08
	专科	5	2.45	5	2.56
岗位分布	董事、监事及其他高管人员	5	2.45	5	2.57
	信托业务人员	141	69.12	136	69.74
	其他人员	58	28.43	54	27.69
合计		204	100	195	100

注：董事、监事及其他高级管理人员不含未在公司就职的董事和监事。

4. 经营概况

4.1 经营目标、方针、战略规划

4.1.1 经营目标

致力于发挥信托制度优势，成为一家具备专业投资管理能力、提供全方位财富管理服务，创新力强、受人尊敬的信托公司。

4.1.2 经营方针

立足浙江，面向全国，聚焦特定产业领域的资产管理能力，增强以客户为中心的财富管理服务和资产配置能力；形成资产管理的专业特色、财富管理的领先优势，提升公司的核心竞争力和品牌声誉。

4.1.3 战略规划

以风险控制为核心，产品战略与财富战略双驱动。继续完善以规范、稳健、效率和创新支持为特征的风控体系，强化全流程风险管理，有力地支撑并且驱动公司的业务发展和转型创新。坚持合法合规经营，规范制度体系建设，强化调和期间管理的审慎尽责原则；提高风险管理的标准化水平和量化模型运用；加强对宏观政策和微观形势的研判，提高风险决策的前瞻性、预判性。

通过专业驱动和创新引领，保持业务稳健增长，聚焦核心客户，在特定产业领域形成核心能力和新的增长点。

强化财富管理的领先优势，增强资产配置能力，构建较完善的产品线；丰富客户服务体系，推进客户分层，增加客户积累，提升对高净值客户的黏性。

4.2 所经营业务的主要内容

4.2.1 信托业务

报告期末，信托资产运用与分布如下：

信托资产运用与分布表

资产运用	金额（万元）	占比（%）	资产分布	金额（万元）	占比（%）
货币资产	44 974.56	0.30	基础产业	5 093 872.38	33.48
贷款及应收款	6 994 334.92	45.97	房地产业	2 127 254.60	13.98
交易性金融资产	119 226.60	0.78	证券市场	42 748.53	0.28
买入返售金融资产	1 163 932.00	7.65	工商企业	3 408 850.06	22.41
可供出售金融资产	259 608.30	1.71	金融机构	4 119 677.80	27.08
持有至到期投资	3 314 238.28	21.78	其他	421 695.63	2.77
长期股权投资	453 190.07	2.98			
其他	2 864 594.27	18.83			
资产总计	15 214 099.00	100	资产总计	15 214 099.00	100

4.2.2 固有业务

报告期末，公司固有资产运用与分布如下：

固有资产运用与分布表

资产运用	金额（万元）	占比（%）	资产分布	金额（万元）	占比（%）
货币资产	13 539.74	4.68	基础产业	41 370.00	14.31
贷款及应收款	—	—	房地产业	20 380.00	7.05
交易性金融资产	—	—	证券市场	9 650.00	3.34
可供出售金融资产	186 820.00	93.89	工商企业	20 220.00	7.00
持有至到期投资	—	—	金融机构	95 200.00	32.94
长期股权投资	—	—	其他	102 230.19	35.37
其他	88 690.45	1.42			
资产总计	289 050.19	100	资产总计	289 050.19	100

4.3 市场分析

4.3.1 有利因素

当前我国经济缓中趋稳，进入结构转换和风险释放的关键阶段。今后一个时期，我国城镇化的推进仍将持续创造投资和消费需求。随着居民收入持续增长，高净值人群持续增加，个人、家庭和企业客户对财富管理的需求还将继续增加。同时，信托行业的基础制度和设施正在趋于完善，行业规范程度继续提高。因此，经济稳定发展的环境中，各类资产和财富的管理需求以及行业自身建设的完善，都将对信托业和公司未来的持续健康发展带来积极的影响。

4.3.2 不利因素

世界经济复苏动力依然不强，全球政治经济的不确定性增加。国内经济内生增长动力依旧偏弱，此前为稳增长而采取的相对宽松的货币政策正在逐步退出，通过去杠杆抑制资产泡沫和防范金融风险成为当前主要的政策目标，信托公司的融资业务、金融同业业务继续趋紧。公司明显感受到近期所面临的外部环境不利于业务规模的大幅扩张。

4.4 内部控制概况

公司内部控制目标是合理保证公司经营管理合法合规、资产安全、财务报告及相关信息真实完整，提高经营效率和效果。

公司高度重视合规文化建设，倡导诚信为本、稳健经营的价值观念，报告期内通过合规教育培训、资格认证考试、建立绩效约束机制等方式加强合规尽责文化建设，落实各部门和关键岗位职责分工和合规管理责任，健全和完善高管分工及相互制衡，内部审计事后监督的多层次监控体系，明确各岗位应尽职责，形成诚实信用、审慎有效、合规经营的风险管理文化。

目前，公司组织架构及前台、中台、后台的设置科学合理，岗位职责清晰，分工明确，制衡有效。严格按照信托业务与固有业务隔离要求，把业务体系、财务体系进行有效分离。

公司实行分级负责制，董事会、管理层及业务人员都在业务权限范围内开展工作，对重大决策、重要人事安排、重大项目安排等事项，坚持集体决策原则，对大额资金业务采用书面授权控制，公司内部不同层级、不同部门之间严格按照部门职责和公司授权管理制度、授权审批体系执行各项指令。

4.5 风险管理概况

公司经营活动可能遇到的主要风险包括信用风险、市场风险、操作风险和其他风险。

公司的架构体系为风险管理奠定了组织基础和制度保障，流程管理实现了对业务审批、操作的规范管理和监控，形成了分工合理、职责明确、运行顺畅、制衡有效的风险管理机制。

报告期内，公司进一步确立风控的战略核心地位，在公司各项业务活动和经营管理活动中贯彻和坚持风控优先的战略思想。在内部管理上，公司坚持贯彻“大风控、全流程”的风险管理理念，制定出台了一系列标准化的风险管理制度与工作模板，并定期开展系统性的制度修订更新，持续优化尽调、评审、决策等主要流程和具体标准，全流程全面风险管理体系得到了进一步的完善，为公司业务发展提供了坚强有力的保障。

5. 报告期末及上一年度末的比较式会计报表

5.1 自营资产

5.1.1 会计师事务所审计结论

审计报告

大华审字[2017]第060467号

万向信托有限公司：

我们审计了后附的万向信托有限公司(以下简称万向信托公司)财务报表，包括2016年12月31日的资产负债表，2016年度的利润表、现金流量表、所有者权益变动表以及财务报表附注。

一、管理层对财务报表的责任

编制和公允列报财务报表是万向信托有限公司管理层的责任，这种责任包括：(1)按照企业会计准则的规定编制财务报表，并使其实现公允反映；(2)设计、执行和维护必要的内部控制，以使财务报表不存在由于舞弊或错误导致的重大错报。

二、注册会计师的责任

我们的责任是在执行审计工作的基础上对财务报表发表审计意见。我们按照中国注册会计师审计准则的规定执行了审计工作。中国注册会计师审计准则要求我们遵守中国注册会计师职业道德守则，计划和执行审计工作以对财务报表是否不存在重大错报获取合理保证。

审计工作涉及实施审计程序，以获取有关财务报表金额和披露的审计证据。选择的审计程序取决于注册会计师的判断，包括对由于舞弊或错误导致的财务报表重大错报风险的评估。在进行风险评估时，注册会计师考虑与财务报表编制和公允列报相关的内部控制，以设计恰当的审计程序，但目的并非对内部控制的有效性发表意见。审计工作还包括评价管理层选用会计政策的恰当性和作出会计估计的合理性，以及评价财务报表的总体列报。

我们相信，我们获取的审计证据是充分、适当的，为发表审计意见提供了基础。

三、审计意见

我们认为，万向信托有限公司的财务报表在所有重大方面按照企业会计准则的规定编制，公允反映了万向信托有限公司2016年12月31日的财务状况以及2016年度的经营成果和现金流量。

大华会计师事务所(特殊普通合伙)

中国注册会计师：祝宗

中国注册会计师：吴美

二〇一七年一月六日

5.1.2 资产负债表

资产负债表

编制单位：万向信托有限公司　　2016 年 12 月 31 日　　单位：元

项目	行次	年末数	年初数	项目	行次	年末数	年初数
资产：				负债：			
现金及银行存款	1			向中央银行借款	28		
存放中央银行款项	2			联行存放款项	29		
贵金属	3			同业及其他金融机构存放款项	30		
存放联行款项	4			拆入资金	31		
存放同业款项	5	135 397 396. 53	12 925 893. 25	以公允价值计量且其变动计入当期损益的金融负债	32		
拆出资金	6			衍生金融负债	33		
以公允价值计量且其变动计入当期损益的金融资产	7			卖出回购金融资产款	34		
衍生金融资产	8			吸收存款	35		
买入返售金融资产	9			应付职工薪酬	36	178 090 695. 80	76 520 808. 35
应收款项类金融资产	10			应交税费	37	151 116 955. 89	57 597 492. 44
应收利息	11			应付利息	38	4 798 149. 46	
其他应收款	12	852 957 236. 51	326 882 502. 37	其他应付款	39	597 808 887. 41	278 440 226. 32
发放贷款和垫款	13			预计负债	40		
可供出售金融资产	14	1 868 200 000. 00	1 699 130 000. 00	应付债券	41		
持有至到期投资	15			递延所得税负债	42		
长期股权投资	16			其他负债	43	13 401 928. 51	4 930 721. 11
投资性房地产	17			负债合计	44	945 216 617. 07	417 489 248. 22
固定资产	18	4 861 750. 63	3 980 261. 16	所有者权益（或股东权益）：			
在建工程	19			实收资本（或股本）	45	1 339 000 000. 00	1 339 000 000. 00
固定资产清理	20			国家资本	46		
无形资产	21	3 978 149. 76	4 100 871. 66	集体资本	47		
商誉	22			法人资本	48	1 339 000 000. 00	1 339 000 000. 00
长期待摊费用	23	15 337 074. 53	10 009 315. 34	其中：国有法人资本	49	314 620 877. 00	314 620 877. 00
抵债资产	24			个人资本	50		
递延所得税资产	25	2 996 853. 00	7 370 330. 14	外商资本	51		
其他资产	26	6 773 449. 41	4 769 528. 69	其他权益工具	52		
				资本公积	53		
				减：库存股	54		
				其他综合收益	55		
				盈余公积	56	97 894 242. 35	46 284 812. 33
				一般风险准备	57	69 710 895. 77	43 906 180. 76
				未分配利润	58	438 680 155. 18	222 488 461. 30
				归属于母公司所有者权益合计	59	1 945 285 293. 30	1 651 679 454. 39
				少数股东权益	60		
				所有者权益（或股东权益）合计	61	1 945 285 293. 30	1 651 679 454. 39
资产总计	27	2 890 501 910. 37	2 069 168 702. 61	负债和所有者权益（或股东权益）总计	62	2 890 501 910. 37	2 069 168 702. 61

5.1.3 利润表

利润表

编制单位:万向信托有限公司　　2016 年度　　单位:元

项　目	行次	本年数	上年数	项　目	行次	本年数	上年数
一、营业收入	1	1 047 855 029. 22	603 130 162. 27	减:所得税费用	22	157 363 186. 97	89 554 978. 52
(一)利息净收入	2	2 729 530. 28	279 436. 90	五、净利润(亏损以"-"号填列)	23	516 094 300. 21	261 751 130. 94
利息收入	3	2 729 530. 28	279 436. 90	归属于母公司所有者的净利润	24	516 094 300. 21	261 751 130. 94
利息支出	4			少数股东损益	25		
(二)手续费及佣金净收入	5	909 698 231. 87	475 449 507. 28	六、其他综合收益的税后净额	26		
手续费及佣金收入	6	910 676 254. 68	475 643 796. 42	(一)归属于母公司所有者的其他综合收益的税后净额	27		
手续费及佣金支出	7	978 022. 81	194 289. 14	1. 以后不能重分类进损益的其他综合收益	28		
(三)投资收益(损失以"-"号填列)	8	97 899 105. 38	121 311 910. 65	2. 以后能重分类进损益的其他综合收益	29		
其中:对联营企业和合营企业的投资收益	9			(1)权益法下在被投资单位以后将重分类进损益的其他综合收益中享有的份额	30		
(四)公允价值变动收益(损失以"-"号填列)	10			(2)可供出售金融资产公允价值变动损益	31		
(五)汇兑收益(损失以"-"号填列)	11			(3)持有至到期投资重分类为可供出售金融资产损益	32		
(六)其他业务收入	12	37 528 161. 69	6 089 307. 44	(4)现金流量套期损益的有效部分	33		
二、营业支出	13	378 797 660. 03	254 792 119. 81	(5)外币财务报表折算差额	34		
(一)营业税金及附加	14	25 200 984. 29	33 826 520. 81	(6)其他	35		
(二)业务及管理费	15	353 596 675. 74	220 965 599. 00	(二)归属于少数股东的其他综合收益的税后净额	36		
(三)资产减值损失或呆账损失(转回金额以"-"号填列)	16			七、综合收益总额	37	516 094 300. 21	261 751 130. 94
(四)其他业务成本	17			(一)归属于母公司所有者的综合收益总额	38	516 094 300. 21	261 751 130. 94
三、营业利润(亏损以"-"号填列)	18	669 057 369. 19	348 338 042. 46	(二)归属于少数股东的综合收益总额	39		
加:营业外收入	19	5 080 500. 00	2 968 067. 00	八、每股收益:	40		
减:营业外支出	20	680 382. 01		(一)基本每股收益	41		
四、利润总额(亏损以"-"号填列)	21	673 457 487. 18	351 306 109. 46	(二)稀释每股收益	42		

5.1.4 所有者权益变动表

所有者权益变动表

编制单位：万向信托有限公司　　2016 年度　　单位：元

项目	行次	本年金额									
		归属于母公司所有者权益								少数股东权益	所有者权益合计
		实收资本（或股本）	其他权益	资本公积	减：库存股	其他综合收益	盈余公积	一般风险准备	未分配利润		
栏次		1	2	3	4	5	6	7	8	9	10
一、上年年末余额	1	1 339 000 000.00					46 284 812.33	43 906 180.76	222 488 461.30		1 651 679 454.39
加：会计政策变更	2										
前期差错更正	3										
二、本年年初余额	4	1 339 000 000.00					46 284 812.33	43 906 180.76	222 488 461.30		1 651 679 454.39
三、本年增减变动金额（减少以"－"号填列）	5						51 609 430.02	25 804 715.01	216 191 693.88		293 605 838.91
（一）综合收益总额	6								516 094 300.21		516 094 300.21
（二）所有者投入和减少资本	7										
1. 所有者投入资本	8										
2. 其他权益工具持有者投入资本	9										
3. 股份支付计入所有者权益的金额	10										
4. 其他	11										
（三）利润分配	12						51 609 430.02	25 804 715.01	-299 902 606.33		-222 488 461.30
1. 提取盈余公积	13						51 609 430.02		-51 609 430.02		
2. 提取一般风险准备	14							25 804 715.01	-25 804 715.01		
3. 对所有者（或股东）的分配	15								-222 488 461.30		-222 488 461.30
4. 其他	16										
（四）所有者权益内部结转	17										
1. 资本公积转增资本（或股本）	18										
2. 盈余公积转增资本（或股本）	19										
3. 盈余公积弥补亏损	20										
4. 一般风险准备弥补亏损	21										
5. 其他	22										
四、本年年末余额	23	1 339 000 000.00					97 894 242.35	69 710 895.77	438 680 155.18		1 945 285 293.30

所有者权益变动表(续)

编制单位:万向信托有限公司　　2016 年度　　单位:元

项目	行次	上年金额									
		归属于母公司所有者权益								少数股东权益	所有者权益合计
		实收资本(或股本)	其他权益	资本公积	减:库存股	其他综合收益	盈余公积	一般风险准备	未分配利润		
栏次		11	12	13	14	15	16	17	18	19	20
一、上年年末余额	1	1 339 000 000. 00					20 109 699. 24	30 818 624. 21	111 168 668. 93		1 501 096 992. 38
加:会计政策变更	2										
前期差错更正	3										
二、本年年初余额	4	1 339 000 000. 00					20 109 699. 24	30 818 624. 21	111 168 668. 93		1 501 096 992. 38
三、本年增减变动金额(减少以“-”号填列)	5						26 175 113. 09	13 087 556. 55	111 319 792. 37		150 582 462. 01
(一)综合收益总额	6								261 751 130. 94		261 751 130. 94
(二)所有者投入和减少资本	7										
1. 所有者投入资本	8										
2. 其他权益工具持有者投入资本	9										
3. 股份支付计入所有者权益的金额	10										
4. 其他	11										
(三)利润分配	12						26 175 113. 09	13 087 556. 55	-150 431 338. 57		-111 168 668. 93
1. 提取盈余公积	13						26 175 113. 09		-26 175 113. 09		
2. 提取一般风险准备	14							13 087 556. 55	-13 087 556. 55		
3. 对所有者(或股东)的分配	15								-111 168 668. 93		-111 168 668. 93
4. 其他	16										
(四)所有者权益内部结转	17										
1. 资本公积转增资本(或股本)	18										
2. 盈余公积转增资本(或股本)	19										
3. 盈余公积弥补亏损	20										
4. 一般风险准备弥补亏损	21										
5. 其他	22										
四、本年年末余额	23	1 339 000 000. 00					46 284 812. 33	43 906 180. 76	222 488 461. 30		1 651 679 454. 39

5.2 信托资产

5.2.1 信托资产负债汇总表

信托项目资产汇总表

2016年12月31日

单位：万元

信托资产	年初数	期末数	信托负债和信托权益	年初数	期末数
信托资产：			信托负债：		
货币资金	77 760.25	44 974.56	交易性金融负债	—	—
拆出资金	—	—	衍生金融负债	—	—
存出保证金	—	—	应付受托人报酬	532.97	88.24
交易性金融资产	322 514.76	119 226.60	应付托管费	97.16	49.97
衍生金融资产	—	—	应付受益人收益	7 598.02	8 436.03
买入返售金融资产	609 261.14	1 163 932.00	应交税费	—	—
应收款项	652.44	433.00	应付销售服务费	16.31	16.30
发放贷款	5 615 073.80	6 993 901.92	其他应付款项	6 654.65	5 276.63
可供出售金融资产	157 283.33	259 608.30	预计负债	—	—
持有至到期投资	1 405 817.63	3 314 238.28	其他负债	—	—
长期应收款	—	—	信托负债合计	14 899.11	13 867.17
长期股权投资	369 171.89	453 190.07	信托权益：		
投资性房地产	—	—	实收信托	9 383 524.93	15 097 312.01
固定资产	—	—	资本公积	44 265.36	3 513.86
无形资产	—	—	外币报表折算差额	—	—
长期待摊费用	—	—	未分配利润	81 192.21	99 405.96
其他资产	966 346.37	2 864 594.27	信托权益合计	9 508 982.50	15 200 231.83
信托资产总计	9 523 881.61	15 214 099.00	信托负债及权益总计	9 523 881.61	15 214 099.00

5.2.2 信托项目利润及利润分配汇总表

信托项目利润及利润分配汇总表

2016年

单位：万元

项目	2015年度	2016年度
一、营业收入	714 562.81	999 093.52
利息收入	570 051.30	751 525.27
投资收益	93 731.13	240 429.71
租赁收入	2 497.40	—
公允价值变动损益	46 758.75	6 390.11
汇兑损益	—	—
其他收入	1 524.23	748.43
二、营业费用	121 765.28	156 148.51
受托人报酬	48 683.49	93 231.15
托管费	16 933.76	10 290.17
投资管理费	—	—
销售服务费	235.67	1 224.61
交易费用	14 104.85	1 339.51
资产减值损失	—	—
其他费用	41 807.51	50 063.07
三、营业税金及附加	201.08	40.34
四、扣除资产损失前的信托利润	592 596.45	842 904.67
减：资产减值损失	—	—
五、扣除资产损失后的信托利润	592 596.45	842 904.67
加：期初未分配信托利润	22 940.87	81 192.21
六、可供分配的信托利润	615 537.32	924 096.88
减：本期已分配信托利润	534 345.11	824 690.92
七、期末未分配信托利润	81 192.21	99 405.96

6. 会计报表附注

6.1 会计报表编制基准不符合会计核算基本前提的说明

公司以持续经营为基础，根据实际发生的交易和事项，按照财政部2006年2月颁布的《企业会计准则——基本准则》和其他各项具体会计准则及其他相关规定（以下合称企业会计准则）进行确认和计量，在此基础上编制财务报表。本报告期会计报表编制基准不存在不符合会计核算基本前提的事项。

6.2 重要会计政策和会计估计说明

6.2.1 计提资产减值准备的范围和方法

公司按照谨慎性原则，定期对各项资产进行减值测试，对可能发生损失的资产计提减值准备。

6.2.1.1 可供出售金融资产的减值准备

期末如果可供出售金融资产的公允价值发生较大幅度下降，或在综合考虑各种相关因素后，预期这种下降趋势属于非暂时性的，就认定其已发生减值，将原直接计入所有者权益的公允价值下降形成的累计损失一并转出，确认减值损失。

6.2.1.2 债权类资产、抵债资产减值准备

按照《中国银行业监督管理委员会关于非银行金融机构全面推进资产质量五级分类管理的通知》（银监发[2004]4号）有关规定，对债权类资产[包括各种贷款（含抵押、质押、担保等贷款）、租赁资产、贴现、担保及承兑汇票垫款、与金融机构的同业债权、债券投资、应收利息、其他各种应收款项等]、抵债资产进行五级（正常类、关注类、次级类、可疑类、损失类）分类，并计

提各项减值准备。

正常类:交易对手能够履行合同或协议,没有足够理由怀疑债务本金和收益不能按时足额偿还。不计提损失准备。

关注类:尽管交易对手目前有能力偿还,但存在一些可能对偿还产生不利影响的因素的债权类资产;交易对手的现金偿还能力出现明显问题,但交易对手抵押或质押的可变现资产大于等于其债务的本金及收益。计提损失准备3%。

次级类:交易对手的偿还能力出现明显问题,完全依靠其正常经营收入无法足额偿还债务本金及收益,即使执行担保,也可能会造成一定损失。计提损失准备30%。

可疑类:交易对手无法足额偿还债务本金及收益,即使执行担保,也肯定要造成较大损失。计提损失准备60%。

损失类:在采取所有可能的措施或一切必要的法律程序后,资产及收益仍然无法收回,或只能收回极少部分;由于技术更新的原因造成固定资产、无形资产的贬值损失。计提损失准备100%。

在五级分类中,各类资产逾期时间与分类认定的关系如下:

贷款:本金或利息逾期90天以内,一般划分为关注类;本金或利息逾期90~180天,一般划分为次级类;本金或利息逾期180~360天,一般划分为可疑类;本金或利息逾期360天以上,一般划分损失类。

同业债权:逾期,一般划分为次级类;逾期3个月以上,一般划分为可疑类;逾期6个月以上的,一般划分为损失类。交易对手为已撤销或破产的金融机构,其同业债权应至少划分为可疑类。交易对手虽未撤销或破产,但已停止经营、名存实亡,且无财产可执行的,应划分为损失类。

其他应收款:账龄为3个月之内,一般划分为正常类;账龄为3~6个月,一般划分为关注类;账龄为6个月至1年,一般划分为次级类;账龄为1~2年的,一般划分为可疑类;账龄为2年以上,一般划分为损失类。

6.2.2 金融资产四分类的范围和标准

6.2.2.1 持有至到期投资

持有至到期投资是指到期日固定、回收金额固定或可确定,且企业有明确意图和能力持有至到期的非衍生金融资产。

6.2.2.2 贷款和应收款项

贷款和应收款项是指在活跃市场中没有报价、回收金额固定或可确定的非衍生金融资产。

贷款是指以合法方式筹集的资金自主发放的贷款,其风险自担,并收取本金和利息。公司对外提供劳务或让渡资产使用权等经营活动中形成的应收债权,以及公司持有的其他企业的不包括在活跃市场上有报价的债务工具的债权,包括应收利息、其他应收款等,以向客户应收的合同或协议价款作为初始确认金额;具有融资性质的,按其现值进行初始确认。

6.2.2.3 可供出售金融资产

可供出售金融资产是指初始确认时即被指定为可供出售的非衍生金融资产,以及除下列各类资产以外的金融资产:(1)贷款和应收款项;(2)持有至到期投资;(3)以公允价值计量且其变动计入当期损益的金融资产。

6.2.2.4 以公允价值计量且其变动计入当期损益的金融资产

以公允价值计量且其变动计入当期损益的金融资产,包括交易性金融资产和指定为以公允价值计量且其变动计入当期损益的金融资产;金融资产满足下列条件之一的,应当划分为交易性金融资产:(1)取得该金融资产的目的,主要是为了近期内出售或回购;(2)属于进行集中管理的可辨认金融工具组合的一部分,且有客观证据表明企业近期采用短期获利方式对该组合进行管理;(3)属于衍生工具,但是被指定且为有效套期工具的衍生工具、属于财务担保合同的衍生工具、与在活跃市场中没有报价且其公允价值不能可靠计量的权益工具投资挂钩并须通过交付该权益工具结算的衍生工具除外。

6.2.3 以公允价值计量且其变动计入当期损益的金融资产核算方法

企业划分为以公允价值计量且其变动计入当期损益的金融资产的股票、债券、基金,以及不作为有效套期工具的衍生工具,应当按照取得时的公允价值作为初始确认金额,相关的交易费用在发生时计入当期损益。支付的价款中包含已宣告但尚未发放的现金股利或已到付息期但尚未领取的债券利息,应当单独确认为应收项目。

企业在持有以公允价值计量且其变动计入当期损益的金融资产期间取得的利息或现金股利,应当确认为投资收益。资产负债表日,企业应将以公允价值计量且其变动计入当期损益的金融资产或金融负债的公允价值变动计入当期损益。

处置该金融资产或金融负债时,其公允价值与初始入账金额之间的差额应确认为投资收益,同时调整公允价值变动损益。

6.2.4 可供出售金融资产核算方法

公司对可供出售金融资产,在取得时按公允价值(扣除已宣告但尚未发放的现金股利或已到付息期但尚未领取的债券利息)和相关交易费用之和作为初始确认金额。持有期间将取得的利息或现金股利确认为投资收益。可供出售金融资产的公允价值变动形成的利得或损失,除减值损失和外币货币性金融资产形成的汇兑差额外,直接计入其他综合收益。处置可供出售金融资产时,将取得的价款与该金融资产账面价值之间的差额,计入投资损益;同时,将原直接计入其他综合收益的公允价值变动累计额对应处置部分的金额转出,计入投资损益。

公司对在活跃市场中没有报价且其公允价值不能可靠计量的权益工具投资,以及与该权益工具挂钩并须通过交付该权益工具结算的衍生金融资产,按照成本计量。

6.2.5 持有至到期投资核算方法

取得时按公允价值(扣除已到付息期但尚未领取的债券利息)和相关交易费用之和作为初始确认金额。

持有期间按照摊余成本和实际利率计算确认利息收入,计入投资收益。实际利率在取得时确定,在该预期存续期间或适用的更短期间内保持不变。

处置时,将所取得价款与该投资账面价值之间的差额计入投资收益。

6.2.6 长期股权投资核算方法

(1)长期股权投资在取得时按照初始投资成本入账。初始投资成本确定方法:

现金购入的长期投资,按实际支付的全部价款(包括支付的税金、手续费等相关费用)作为初始投资成本;实际支付的价款中包含已宣告但尚未领取的现金股利,按实际支付的价款减去已宣告但尚未领取的现金股利后的差额，作为初始投资成本。

公司接受的债务人以非现金资产抵偿债务方式取得的长期股权投资，或以应收债权换入长期股权投资的，按应收债权的账面价值加上应支付的相关税费，作为初始投资成本。

以非货币性交易换入的长期股权投资，按换出资产的账面价值加上应支付的相关税费，作为初始投资成本。

（2）公司持有被投资单位有表决权资本20%（含20%）以上，或虽投资不足20%但具有重大影响，采用权益法核算。公司持有被投资单位有表决权资本20%以下，或虽投资占20%（含20%）以上，但不具有重大影响，采用成本法核算。

（3）采用成本法核算的单位，在被投资单位宣告分派利润或现金股利时，确认投资收益；采用权益法核算的单位，期中或年末，按应分享被投资单位实现的净利润或应分担的被投资单位发生的净亏损的份额，确认投资收益。

（4）长期股权投资采用权益法核算时，取得投资时的投资成本与应享有被投资单位所有者权益份额的差额，或因追加投资等原因对长期股权投资的核算由成本法改为权益法时，投资成本与享有被投资单位所有者权益份额的差额计入“股权投资差额”。股权投资差额按合同规定的投资期限平均摊销，合同没有规定投资期限的，初始投资成本超过应享有被投资单位所有者权益份额之间的差额，按不超过10年的期限摊销；初始投资成本低于应享有被投资单位所有者权益份额之间的差额，按不低于10年的期限摊销。

（5）处置长期股权投资，其账面价值与实际取得价款之间的差额，应当计入当期损益。采用权益法核算的长期股权投资，在处置该项投资时，采用与被投资单位直接处置相关资产或负债相同的基础，按相应比例对原计入其他综合收益的部分进行会计处理。

6.2.7 投资性房地产核算方法

投资性房地产是指为赚取租金或资本增值，或两者兼有而持有的房地产，包括已出租的土地使用权、已出租的建筑物等。

投资性房地产按照成本进行初始计量。与投资性房地产有关的后续支出，如果与该资产有关的经济利益很可能流入且其成本能够可靠地计量，则计入投资性房地产成本。否则，于发生时计入当期损益。

本公司采用成本模式对投资性房地产进行后续计量。投资性房地产的折旧采用年限平均法计提。

6.2.8 长期应收款的核算方法

本公司无长期应收款。

6.2.9 固定资产计价和折旧方法

固定资产是指为提供金融商品服务、出租或经营管理而持有的，使用期限超过一个会计年度且不属于低值易耗品范围的有形资产。固定资产在同时满足下列条件时予以确认：

（1）与该固定资产有关的经济利益很可能流入企业。

（2）该固定资产的成本能够可靠地计量。

6.2.9.1 固定资产的计价方法

固定资产按成本进行初始计量。其中，外购固定资产的成本包括买价、进口关税等相关税费，以及为使固定资产达到预定可使用状态前所发生的可直接归属于该资产的运输费、装卸费、安装费和专业人员服务费等其他支出。

6.2.9.2 各类固定资产的折旧方法

固定资产折旧采用年限平均法分类计提，根据固定资产类别、预计使用寿命和预计净残值率确定折旧率。

各类固定资产折旧年限和年折旧率如下：

固定资产折旧年限和年折旧率

类别	折旧年限（年）	预计净残值率（%）	年折旧率（%）
运输工具	4	5	23.75
电子及其他设备	3	5	31.67
办公设备	5	5	19.00

6.2.9.3 固定资产后续支出的会计处理

对固定资产使用过程中发生的更新改造支出、修理费用等，符合固定资产确认条件的，计入固定资产成本，同时将被替换部分的账面价值扣除；不符合固定资产确认条件的，计入损益。

6.2.9.4 固定资产的减值测试方法、减值准备计提方法

公司在每期末判断固定资产是否存在可能发生减值的迹象。

固定资产存在减值迹象的，估计其可收回金额。可收回金额根据固定资产的公允价值减去处置费用后的净额与固定资产预计未来现金流量的现值两者之间较高者确定。

当固定资产的可收回金额低于其账面价值的，将固定资产的账面价值减记至可收回金额，减记的金额确认为固定资产减值损失，计入当期损益，同时计提相应的固定资产减值准备。

固定资产减值损失确认后，减值固定资产的折旧在未来期间作相应调整，以使该固定资产在剩余使用寿命内，系统地分摊调整后的固定资产账面价值（扣除预计净残值）。

固定资产的减值损失一经确认，在以后会计期间不再转回。

有迹象表明一项固定资产可能发生减值的，企业以单项固定资产为基础估计其可收回金额。企业难以对单项固定资产的可收回金额进行估计的，以该固定资产所属的资产组为基础确定资产组的可收回金额。

6.2.10 无形资产计价及摊销政策

无形资产是指本公司拥有或者控制的没有实物形态的可辨认非货币性资产，包括软件。

6.2.10.1 无形资产的计价方法

6.2.10.1.1 公司取得无形资产时按成本进行初始计量

外购无形资产的成本，包括购买价款、相关税费以及直接归属于使该项资产达到预定用途所发生的其他支出。购买无形资产的价款超过正常信用条件延期支付，实质上具有融资性质的，无形资产的成本以购买价款的现值为基础确定。

6.2.10.1.2 后续计量

在取得无形资产时分析判断其使用寿命。

对于使用寿命有限的无形资产，在为企业带来经济利益的期限内按直线法摊销；无法预见无形资产为企业带来经济利益期限的，视为使用寿命不确定的无形资产，不予摊销。

使用寿命有限的无形资产的使用寿命估计标准：

无形资产的使用寿命估计标准

单位:年

项目	使用寿命	备注
软件	5	

每期末,对使用寿命有限的无形资产的使用寿命及摊销方法进行复核,与原先估计数存在差异的,进行相应的调整。

经复核,本年期末无形资产的使用寿命及摊销方法与以前估计未有不同。

6.2.10.2 无形资产减值准备的计提

对于使用寿命确定的无形资产,如有明显减值迹象的,期末进行减值测试。

对于使用寿命不确定的无形资产,每期末进行减值测试。

对无形资产进行减值测试,估计其可收回金额。可收回金额根据无形资产的公允价值减去处置费用后的净额与无形资产预计未来现金流量的现值两者之间较高者确定。

当无形资产的可收回金额低于其账面价值的,将无形资产的账面价值减记至可收回金额,减记的金额确认为无形资产减值损失,计入当期损益,同时计提相应的无形资产减值准备。

无形资产减值损失确认后,减值无形资产的折耗或者摊销费用在未来期间作相应调整,以使该无形资产在剩余使用寿命内,系统地分摊调整后的无形资产账面价值(扣除预计净残值)。

无形资产的减值损失一经确认,在以后会计期间不再转回。

有迹象表明一项无形资产可能发生减值的,公司以单项无形资产为基础估计其可收回金额。公司难以对单项资产的可收回金额进行估计的,以该无形资产所属的资产组为基础确定无形资产组的可收回金额。

对由于被新技术所替代,已无使用价值和转让价值;或超过法律保护期限,已不能为企业带来经济利益的无形资产,表明可收回金额为零,全额计提减值准备。

6.2.11 长期待摊费用的摊销政策

长期待摊费用包括经营租入固定资产改良支出、租赁费等。按实际发生额入账,在摊销期限内按月摊销,计入相关费用项目。摊销期限根据合同或协议期限与受益期限孰短原则确定。有合同或协议期限而没有受益期的,按合同、协议期限摊销;没有合同或协议期限但受益期限明确或能合理预测的,按受益期限摊销。

长期待摊费用的摊销政策

单位:年

项目	摊销方法	摊销年限
经营租入固定资产改良支出	直线法	5
租赁费	直线法	5

6.2.12 合并会计报表的编制方法

本公司无须编制合并财务报表。

6.2.13 收入确认原则和方法

6.2.13.1 确认让渡资产使用权收入的依据

与交易相关的经济利益很可能流入企业,收入的金额能够可靠地计量时。分别下列情况确定让渡资产使用权收入金额:

(1)利息收入金额,按照他人使用本企业货币资金的时间和实际利率计算确定。

(2)使用费收入金额,按照有关合同或协议约定的收费时间和方法计算确定。

6.2.13.2 手续费及佣金收入

手续费及佣金收入可分为信托报酬和中间业务收入。其中,信托报酬结合信托合同条款约定、存续期工作量划分等在整个信托存续期间分摊确认收入;合理的中间业务收入在满足下列条件时确认收入:

(1)合同规定的服务已经提供。

(2)按合同收款权利已经产生。

(3)收入的金额能够可靠地计量,相关的经济利益很可能流入企业。

6.2.14 所得税的会计处理方法

采用资产负债表债务法计提递延所得税,所得税税率为25%。

6.2.15 信托报酬的确认原则和方法

信托报酬依据信托合同的相关约定确认,具体方法见“手续费及佣金收入”。

6.3 或有事项

截至2016年12月31日,本公司不存在应披露未披露的或有事项。

6.4 重要资产转让及其出售的说明

报告期内无重要资产转让及其出售。

6.5 会计报表中重要项目的明细资料

6.5.1 自营资产经营情况

6.5.1.1 信用资产五级分类情况

按照银监会《非银行金融机构资产风险分类指导原则(试行)》的分类标准,本年度末公司固有资产质量情况:

固有资产质量情况

信用风险资产五级分类	正常类(万元)	关注类(万元)	次级类(万元)	可疑类(万元)	损失类(万元)	信用风险资产合计(万元)	不良资产合计(万元)	不良资产率(%)
期初数	202 601.25	—	—	—	—	202 601.25	—	—
期末数	272 115.72	—	—	—	—	272 115.72	—	—

注:不良资产合计=次级类+可疑类+损失类。

6.5.1.2 资产损失准备情况

本年度未计提资产损失准备。

6.5.1.3 自营股票投资、基金投资、债券投资、长期股权投资等投资情况

自营股票、基金、债券、长期股权等投资情况

单位:万元

项目	固有股票	基金	债券	长期股权投资	其他投资	合计
期初数	—	—	—	—	169 913.00	169 913.00
期末数	—	—	—	—	186 820.00	186 820.00

6.5.1.4　自营长期股权投资的前五名

无。

6.5.1.5　自营贷款前五名

无。

6.5.1.6　原有负债(重新登记前)清理情况

无。

6.5.1.7　表外业务的期初数、期末数

无。

6.5.1.8　公司当年的收入结构

收入结构

收入结构	金额(万元)	占比(%)
手续费及佣金收入	91 067.63	86.41
其中:信托手续费收入	91 067.63	86.41
投资银行业务收入	—	—
利息收入	272.95	0.26
其他业务收入	3 752.82	3.56
其中:计入信托业务收入部分	—	—
投资收益	9 789.91	9.29
其中:股权投资收益	—	—
证券投资收益	—	—
其他投资收益	9 789.91	9.29
公允价值变动收益	—	—
营业外收入	508.05	0.48
收入合计	105 391.36	100

6.5.2　信托资产管理情况

信托资产管理情况

单位:万元

信托资产	期初数	期末数
集合类	3 932 323.81	5 706 189.13
单一类	4 348 739.29	6 637 951.61
财产权管理类	1 242 818.51	2 869 958.26
合计	9 523 881.61	15 214 099.00

主动管理型信托业务情况

单位:万元

主动管理型信托资产	期初数	期末数
证券投资类	15 382.75	21 364.92
股权投资类	285 550.54	284 561.31
融资类	2 114 228.03	2 894 302.42
事务管理类	—	—
合计	2 415 161.32	3 200 228.65

被动管理型信托业务情况

单位:万元

被动管理型信托资产	期初数	期末数
证券投资类	—	—
股权投资类	6 100.02	—
融资类	—	—
事务管理类	7 102 620.27	12 013 870.35
合计	7 108 720.29	12 013 870.35

6.5.2.1　本年度已清算结束的信托项目个数、实收信托合计金额、加权平均实际年化收益率

(1)本年度已清算结束的集合类、单一类资金信托项目和财产管理类信托项目个数、实收信托合计金额、加权平均实际年化收益率。

已清算的各类信托项目情况

已清算结束的信托项目	项目个数(个)	实收信托合计金额(万元)	加权平均实际年化收益率(%)
集合类	98	934 122.60	5.79
单一类	115	1 887 365.90	7.62
财产管理类	20	298 879.87	4.81

(2)本年度已清算结束的主动管理型信托项目个数、实收信托合计金额、加权平均实际年化收益率。

已清算的主动管理型信托项目情况

已清算结束的信托项目	项目个数(个)	实收信托合计金额(万元)	加权平均实际年化收益率(%)
证券投资类	—	—	—
股权投资类	21	84 400.00	7.67
融资类	46	522 263.50	9.43
事务管理类	—	—	—

(3)本年度已清算结束的被动管理型信托项目个数、实收信托合计金额、加权平均实际年化收益率。

已清算的被动管理型信托项目情况

已清算结束的信托项目	项目个数(个)	实收信托合计金额(万元)	加权平均实际年化收益率(%)
证券投资类	—	—	—
股权投资类	—	—	—
融资类	—	—	—
事务管理类	166	2 513 704.87	5.98

6.5.2.2　本年度新增的集合类、单一类和财产管理类信托项目个数、实收信托合计金额

年度新增的信托项目情况

新增信托项目	项目个数(个)	实收信托合计金额(万元)
集合类	151	3 868 255.94
单一类	796	5 080 528.40
财产管理类	32	2 062 874.08
新增合计	979	11 011 658.42
其中:主动管理型	89	1 962 903.00
被动管理型	890	9 048 755.42

6.5.2.3　履行受托人义务情况及信托资产损失情况

公司严格遵守信托业"一法两规"及其他相关规定,按照信托文件处理相关事务,诚实、信用、谨慎、有效管理,维护受益人的最大利益。

公司将信托财产与固有财产分别管理、分别记账,不同的信托产品分别开户、分别管理、单独核算。根据信托文件的规定,及时向委托人、受益人履行信息披露义务。按照《信托法》的要求,妥善保管处理信托事务的完整记录、原始凭证及资料,对委托人、受益人以及处理信托事务的情况和资料依法保密。

报告期内，未出现因本公司自身责任而导致信托资产损失的情况。

6.5.2.4　信托赔偿准备金的提取、使用和管理情况

本年度根据中国银监会发布的《信托公司管理办法》，按净利润的5%提取信托赔偿准备金2 580.47万元。本年度未使用信托赔偿准备金赔付信托项目损失。

6.6　关联方关系及其交易的披露

6.6.1　关联交易方的数量、关联交易的总金额及关联交易的定价政策

关联交易情况

	关联交易方数量(个)	关联交易金额(万元)	定价政策
合计	2	935.36	本公司2016年发生的关联方交易均根据一般正常的交易条件进行，并以市场价格作为定价依据。

6.6.2　关联交易方与本公司的关系性质、关联交易方的名称、法定代表人、注册地址、注册资本及主营业务

关联交易方与本公司的关系情况

母公司名称	注册地	业务性质	注册资本(万元)	母公司对本企业的持股比例(%)	母公司对本企业的表决权比例(%)
中国万向控股有限公司	上海	有限责任公司	120 000.00	76.50	76.50

本公司的最终控制方为中国万向控股有限公司，报告期内未发生变化。

其他关联交易方情况

单位：万元

关联方名称	注册地	业务性质	注册资本	与本公司的关系
浙江工信投资股份有限公司	杭州	股份有限公司	14 598.26	受同一母公司控制
通联数据股份公司	上海	股份有限公司	30 000.00	受同一母公司控制

6.6.3　公司与关联方的重大交易事项

6.6.3.1　固有财产与关联方交易情况

固有财产与关联方的交易情况

单位：万元

	期初数	借方发生额	贷方发生额	期末数
贷款	—	—	—	—
投资	—	—	—	—
租赁	155.00	360.92	456.19	59.82
担保	—	—	—	—
应收账款	—	—	—	—
其他	—	125.00	—	125.00
合计	150.00	485.92	456.19	184.82

6.6.3.2　信托资产与关联方交易情况

信托资产与关联方关联交易情况

单位：万元

	期初数	借方发生额	贷方发生额	期末数
贷款				
投资	7 600.00	0	100	7 500.00
租赁				
担保				
应收账款				
其他				
合计	7 600.00	0	100	7 500.00

6.6.3.3　固有财产和信托财产之间交易情况

固有财产和信托财产之间交易情况

单位：万元

	期初数	本期发生额	期末数
合计	96 290.00	48 740.00	145 030.00

6.6.3.4　信托项目之间的交易情况

信托项目之间交易情况

单位：万元

	期初数	本期发生额	期末数
合计	146 660.00	416 460.00	563 120.00

6.6.4　关联方逾期未偿还本公司资金的详细情况以及本公司为关联方担保发生或即将发生垫款的情况

无。

6.7　会计制度的披露

公司以持续经营为基础，根据实际发生的交易和事项，按照财政部2006年2月颁布的《企业会计准则——基本准则》和其他各项具体会计准则及其他相关规定进行确认和计量，在此基础上编制财务报表。

7. 财务情况说明书

7.1　利润实现和分配情况

本年度实现净利润51 609.43万元，根据《信托公司管理办法》《公司章程》《金融企业财务规则》及其实施指南，以及其他相关规定实施了以下利润分配事项：

根据《公司章程》，按本年度实现净利润的10%提取法定盈余公积5 160.94万元。

根据中国银监会发布的《信托公司管理办法》，按净利润的5%提取信托赔偿准备金2 580.47万元。

根据公司2015年董事会第八次会议决议分配股利22 248.85万元。

期末可供分配的利润为43 868.02万元。

7.2　主要财务指标

主要财务指标

指标名称	指标值
资本利润率(%)	28.70
人均净利润(万元)	258.69

注:1. 资本利润率=净利润/所有者权益平均余额×100%。
2. 人均净利润=净利润/年平均人数。
3. 年平均人数=(期末数+起初数)/2。

7.3　净资本管理概况

报告期内,公司依据《信托公司净资本管理办法》积极推进净资本管理,在优化存量风险资产结构的同时,进一步强化增量业务的资本约束机制,确立了以净资本管理为核心的业务发展模式和管理体系。

本公司报告期末的净资本风险控制指标情况如下:

净资本风险控制指标

指标名称	期末数
净资产(万元)	194 528.53
净资本(万元)	175 839.14
各项业务风险资本之和(万元)	129 250.79
净资本/各项业务风险资本之和(%)	136.04
净资本/净资产(%)	90.39

7.4　对本公司财务状况、经营成果有重大影响的其他事项

无。

8. 特别事项揭示

8.1　前五名股东报告期内变动情况及原因

报告期内,因中国邮政集团公司法人体制调整,公司原股东浙江省邮政公司变更为北京中邮资产管理有限公司。

8.2　董事、监事及高级管理人员变动情况及原因

8.2.1　董事变动情况及原因

董事离职情况表

姓名	前任职位	离任时间	离职原因
吴晓波	独立董事	2016年6月22日	个人原因
凌金良	董事	2016年12月17日	个人原因

8.2.2　监事变动情况及原因

无。

8.2.3　高级管理人员变动情况及原因

无。

8.3　变更注册资本、变更注册地或公司名称、公司分立合并事项

报告期内,公司注册地址变更为浙江省杭州市下城区体育场路429号天和大厦4~6层及9~17层。

8.4　公司的重大诉讼事项

报告期内,公司的重大未决诉讼案件共6件,均为证券结构化投资集合信托业务案件,涉案标的总金额11 379.19万元。上述案件在本报告期内已进行多次开庭审理。

8.5　公司及其高级管理人员受到处罚情况

无。

8.6　银监会及其派出机构对公司检查后提出的整改意见及公司整改情况

2016年4月13日,本公司收到银监局下发的《中国银监会浙江监管局关于万向信托有限公司2015年度监管的意见》(浙银监发[2016]59号),对本公司的公司治理与经营管理中存在的主要问题进行了充分提示,并对相关整改工作提出了具体要求。

针对银监提出的监管意见,公司高度重视,在报告期内积极从体系、机制、流程、架构上进行了针对性的整改:一是持续推进合规基础建设,不断完善内控管理体系,重新梳理合规管理架构和流程,整章建制,有效识别和防范各类风险;二是提高业务指引前瞻性,为促进业务转型奠定基础;三是逐步加强员工队伍的配置和培养,增强尽职调查和期间管理的资源投入,优化工作方式提升工作质量;四是强化对异地团队的管理控制,延伸总部的管理触角,确保商业模式的成功复制;五是通过培训宣导增强公司主动的合规意识,使信托业务从尽职调查、产品设计、立项、审批、募集、后续管理和终止的全过程,都有章可循,并严格按规定、按程序操作。进一步完善公司治理架构,根据实际经营管理状况,调整和增补独立董事,优化高管分工,推进公司健康、均衡发展。

8.7　本年度重大事项临时报告的简要内容、披露时间、所披露的媒体及其版面

无。

8.8　银监会及其省级派出机构认定的其他有必要让客户及相关利益人了解的重要信息

无。

9. 公司监事会意见

监事会独立意见:报告期内,公司的运作符合国家法律、法规和《公司章程》及相关制度。公司的董事会全体成员和高级管理人员认真履行了职责,未发现有违法、违规的行为,也没有损害公司利益、股东利益和受益人利益的行为。公司财务报告真实反映了公司财务状况和经营成果。

五矿国际信托有限公司

1. 重要提示

1.1 公司董事会及董事保证本报告所载资料不存在任何虚假记载、误导性陈述或者重大遗漏,并对其内容的真实性、准确性、完整性承担个别及连带责任。

1.2 公司独立董事对年度报告内容的真实性、准确性、完整性无异议。

1.3 公司董事长任珠峰先生、总经理徐兵先生、主管会计工作的财务总监蔡琦女士声明:保证本年度报告中财务报告的真实、准确、完整。

2. 公司概况

2.1 公司简介

五矿国际信托有限公司于2010年10月8日,经中国银行业监督管理委员会批准,在原庆泰信托投资有限责任公司完成司法重整的基础上变更设立,注册地在青海省西宁市,注册资本12亿元。2013年11月,经中国银行业监督管理委员会批准(银监复[2013]576号),公司注册资本增至20亿元,引入新的股东并相应调整股权结构。

公司成立六年多以来,不断完善公司治理结构,搭建合理的管理流程,建立起较为完善的风险管理体系,各项业务取得了较快的发展。截至2016年末,公司净资产57.11亿元,受托管理的信托资产余额为4 116.7亿元。

2.1.1 基本信息

法定中文名称	五矿国际信托有限公司
中文名称缩写	五矿信托
法定英文名称	Minmetals International Trust Co., Ltd.
法定代表人	任珠峰
注册地址	青海生物科技产业园纬二路18号
邮政编码	810003
互联网地址	http://www.mintrust.com
电子邮箱	Mintrust-fortune@mintrust.com
聘请的会计师事务所	天健会计师事务所
办公地址	北京市朝阳门北大街3号五矿广场

2.1.2 信息披露事务

选定的信息披露报纸	《金融时报》
信息披露负责人	蔡琦
信息披露联系人	唐骥
办公电话	010-59837950
办公传真	010-59837987
电子邮箱	tangj@mintrust.com
年报备置地点	青海生物科技产业园纬二路18号

2.2 组织结构

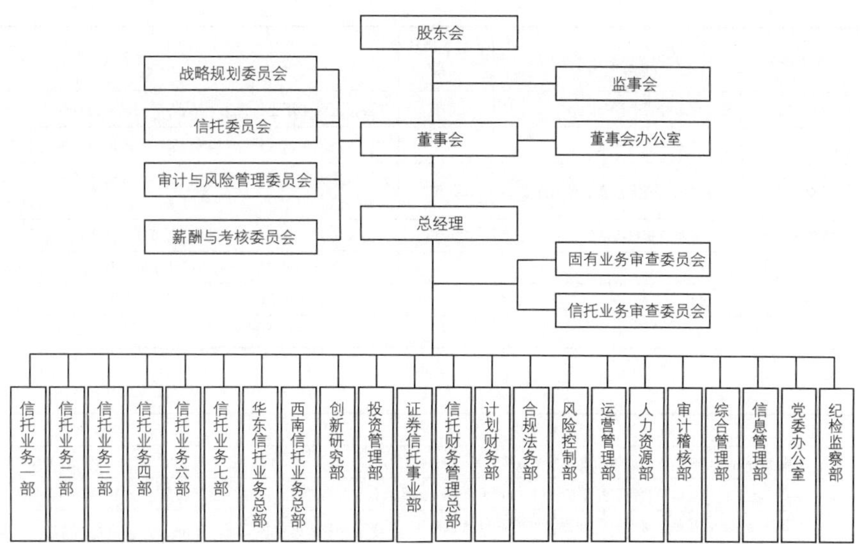

3. 公司治理

3.1 公司治理结构

3.1.1 股东

截至报告期末，公司股东总数为4家。股权结构为：五矿资本控股有限公司持有公司66%的股权，青海省国有资产投资管理有限公司持有公司30.98%的股权，西宁城市投资管理有限公司持有公司2.96%的股权，青海华鼎实业股份有限公司持有公司0.06%的股权。

经中国银行业监督管理委员会青海监管局批准（青银监复[2016]72号），公司于2017年1月5日完成股权变更及工商变更手续，变更后的股权结构为：五矿资本控股有限公司持有公司67.86%的股权，青海省国有资产投资管理有限公司持有公司30.98%的股权，西宁城市投资管理有限公司持有公司1.16%的股权。

截至2016年12月31日股东及出资情况：

股东名称	持股比例（%）	法定代表人	注册资本（万元）	注册地址	主要经营业务及主要财务情况
五矿资本控股有限公司	66.00	任珠峰	920 900	北京市海淀区三里河路5号	实业、高新技术产业、房地产项目的投资；资产受托管理；高新技术开发；投资策划；企业经营管理咨询；投资及投资管理；投资咨询、顾问服务。2016年末净资产为164.43亿元。
青海省国有资产投资管理有限公司	30.98	郝立华	450 000	西宁市城北区生物园区纬二路18号	煤炭批发经营。对特色经济和优势产业、金融业进行投资；受托管理和经营国有资产；构建企业融资平台和信用担保体系；发起和设立科技风险投资基金；提供相关管理和投资咨询理财服务；经营矿产品、金属及金属材料、建设材料、电子材料、有色材料、工业用盐、化肥、化工产品（不含危险化学品）、石油制品（不含成品油）、铝及铝合金、铁合金炉料经销、房屋土地租赁、经济咨询服务、实业投资及开发；矿产品开发（不含勘探开采）、销售；普通货物运输。2016年末净资产为657.1亿元。
西宁城市投资管理有限公司	2.96	林　博	100 000	西宁经济技术开发区金桥路36号	授权资产经营管理；项目经营开发管理与投融资；提供担保；开发高新技术项目；土地储备及综合开发；房地产开发经营；租赁；经批准的其他业务。2016年末净资产为251.7亿元。
青海华鼎实业股份有限公司	0.06	于世光	43 885	青海省西宁市市七一路318号	高科技机械产品开发、制造、数控机床、加工中心专用机械设备等制造、销售；经批准的其他业务。2016年末净资产为18.6亿元。

3.1.2 董事、董事会及其下属委员会

董事会成员

单位：%

姓名	职务	性别	出生年月	所推举的股东名称	该股东持股比例	简要履历
任珠峰	董事长	男	1970年9月	五矿资本控股有限公司	66.0	中央财经大学博士研究生学历，五矿资本控股有限公司总经理。
王晓东	董事	男	1962年12月	五矿资本控股有限公司	66.0	中国人民大学硕士研究生学历，五矿资本控股有限公司副总经理。
陈有凯	董事	男	1963年6月	青海省国有资产投资管理有限公司	30.98	云南大学企业管理在职研究生学历，青海省国有资产投资管理有限公司副总经理、总会计师。
冯　鹏	董事	男	1972年5月	青海省国有资产投资管理有限公司	30.98	青海大学会计专业本科学历，青海省国有资产投资管理有限公司总经理助理。
徐　兵	职工董事	男	1973年8月	—	—	中南大学博士研究生学历，五矿资本控股有限公司副总经理，本公司总经理。
黄　震	独立董事	男	1970年1月	—	—	北京大学法学专业博士，中央财经大学教授。
张成思	独立董事	男	1974年8月	—	—	英国曼彻斯特大学经济学博士，中国人民大学教授。

董事会下属委员会

名称	职责	组织人员
战略规划委员会	主要负责对公司长期发展战略和重大投资决策进行研究并提出建议。	主任委员：任珠峰，委员：黄震、陈有凯
信托委员会	主要负责督促公司依法履行受托职责，保证公司为受益人的最大利益服务。	主任委员：张成思，委员：王晓东、冯鹏
审计与风险管理委员会	主要负责拟定公司风险管理政策和重大风险管理解决方案，督促公司各项业务的合规、合法运作，以防范和控制业务风险。	主任委员：黄震，委员：王晓东、冯鹏
薪酬与考核委员会	主要负责拟定公司的薪酬及绩效考核方案，对公司高级管理人员进行考核，研究公司董事、总经理人选的选择标准和程序并提出建议。	主任委员：张成思，委员：任珠峰、陈有凯

3.1.3 监事、监事会

单位：%

姓名	职务	性别	出生年月	所推举股东名称	股东持股比例	简要履历
姜 弘	监事会主席	男	1973 年 5 月	青海省国有资产投资管理有限公司	30.98	黑龙江商学院商经系会计专业本科学历，青海省国有资产投资管理有限公司总经理助理。
刘 雁	监事	女	1973 年 7 月	五矿资本控股有限公司	66.0	北京工商大学本科学历，五矿资本控股有限公司财务部总经理。
王智瑞	监事	男	1986 年 3 月	职工监事	—	北京大学人力资源管理专业本科学历，本公司人力资源部副总经理。

3.1.4 高级管理人员

单位：年

姓名	职务	性别	出生年月	选任日期	金融从业年限	学历	专业	简要履历
徐 兵	总经理	男	1973 年 8 月	2013 年 9 月	11	博士	管理科学与工程	曾任中钨高新材料股份有限公司副总经理、董事长，湖南有色金属股份有限公司董事长助理兼财经证券部部长。
何其联	副总经理	男	1971 年 10 月	2013 年 9 月	22	本科	金融学	曾任海航集团财务有限公司总经理。
蔡 琦	财务总监、董事会秘书	女	1973 年 1 月	2013 年 10 月	16	本科	会计学	曾任中国外贸金融租赁公司财务部经理。
孟 元	副总经理	男	1978 年 12 月	2013 年 9 月	14	硕士	经济学	曾任中信信托有限责任公司部门负责人。
孙卓立	副总经理	女	1975 年 4 月	2014 年 3 月	13	硕士	会计学	曾任中国对外经济贸易信托有限公司部门总经理，民生信托风险管理总部总裁。

3.1.5 公司员工

截至 2016 年 12 月 31 日，公司共有在册职工 304 人。

项目		报告期年度	
		人数(人)	比例(%)
年龄分布	25 岁以下	13	4.28
	25～29 岁	118	38.82
	30～39 岁	144	47.37
	40 岁以上	29	9.54
学历分布	博士	3	0.99
	硕士	149	49.01
	本科	137	45.07
	专科及其他	15	4.93
岗位分布	董事、监事及高管人员	6	1.97
	业务人员	186	61.18
	其他人员	112	36.84

4. 经营管理

4.1 经营目标、方针、战略规划

4.1.1 经营目标

公司致力成为信托市场上综合服务的领导者和基业长青的最佳典范，实现业务能力综合领先、客户关系稳定互信、风险管控全面完善、人才队伍成熟专业、组织体系科学合理、经营业绩持续增长的目标。

4.1.2 经营方针

公司坚持"诚、明、慎、实"的经营方针。

诚：公司始终坚持至诚至信的服务理念，赢取客户的长久信任和托付。

明：公司利用信托制度的灵活性，以充满智慧、创造性的方式开展信托业务，为客户不断积累财富和创造价值。

慎：公司始终秉持谨慎、尽职、勤勉的理念处理信托事务，将防范风险和控制风险作为开展各项业务的基本要求，以保证委托人利益的最大化。

实：公司一方面保持兢兢业业、脚踏实地、稳健可靠的工作作风和态度，为客户提供优质的金融服务；另一方面始终注重协调金融与实体经济的关系，通过发展信托业务来服务实体经济，为实体经济的发展作出贡献。

4.1.3 战略规划

公司以五矿资本控股有限公司整体上市为契机，进一步夯实基础管理，坚持"大客户，大渠道，大思路"的发展思路，优化业务结构，加大转型力度，增强盈利能力。大力发扬"工匠精神"，坚持精细化、内涵式发展，保持业务发展的稳定性、持续性，坚持风险控制底线思维，不断提升创新与主动管理能力，持续构建风险管理能力、资产管理能力和客户服务能力三大企业核心竞争力，谋划公司发展的崭新篇章。

4.2 经营业务的主要内容

4.2.1 信托业务

信托资产运用与分布表

资产运用	金额(万元)	占比(%)	资产分布	金额(万元)	占比(%)
货币资金	805 425.03	1.96	基础产业	9 479 024.32	23.03
贷款	12 374 228.62	30.06	房地产	3 660 776.00	8.89
交易性金融资产投资	598 505.17	1.45	证券市场	640 855.27	1.56
可供出售金融资产投资	24 492 576.47	59.50	工商企业	9 104 202.71	22.12
持有至到期投资	—	0.00	金融机构	7 387 886.56	17.95
长期股权投资	2 850 360.90	6.92	其他	10 894 264.67	26.46
其他	45 913.34	0.11			
信托资产总计	41 167 009.53	100.00	信托资产总计	41 167 009.53	100.00

4.2.2 固有业务

固有资产运用与分布表

资产运用	金额(万元)	占比(%)	资产分布	金额(万元)	占比(%)
货币资产	240 352.24	33.36	基础产业		
贷款及应收款	32 772.64	4.55	房地产		
以公允价值计量且其变动计入当期损益的金融资产	10 578.78	1.47	证券市场	17 652.94	2.45
可供出售金融资产	353 149.97	49.01	实业		
持有至到期投资			金融机构	636 428.06	88.32
其他	83 728.45	11.61	其他	66 501.08	9.23
资产总计	720 582.08	100.00	资产总计	720 582.08	100.00

4.3 市场分析

4.3.1 有利因素

（1）宏观经济企稳。2016年，中国经济以推进供给侧结构性改革为主线，宏观经济缓中趋稳、稳中向好，经济增长的质量和效益提高，新动能加速成长。随着中国金融业的改革与开放，利率市场化、人民币国际化进程加快，中国经济正处在加快转型升级的通道。

（2）监管体系和监管手段的全面完善。随着中国信托登记有限责任公司正式成立，信托业"一体三翼"的监管架构全面形成，顶层制度设计的完善，对行业转型发展提供了有力支持。中国银监会将信托业务进一步细化为"八大类型"，统一了分类口径，明确了各类业务风险点，有助于提升行业风险精细化管理水平，引导信托公司对业务风险进行有效的识别、防范和化解。

（3）宏观政策的有效引导。人民币国际化推动了信托业对国际化业务的开展，小微金融使得消费信托、小额资产证券化等信托零售业务应运而生。随着政府对社会资本的重视程度不断提升，使得越来越多的基础设施建设项目未来或都将以PPP模式落地，信托业也将从中获取大量的业务机会，进一步完成转型。

4.3.2 不利因素

（1）宏观经济形势与政策层面的影响。在国家"去杠杆、挤泡沫"的政策引导下，实体经济下行趋势短期内难以改变，金融风险逐渐积聚。信托公司作为"实业投行"，面临的各类风险将不断增加，这对信托公司的风险防范与化解能力提出了更高要求。

（2）行业监管环境更加严苛。监管部门将继续通过各种政策措施进行引导规范，以确保行业持续稳健发展。在2016年信托业年会上，中国银监会明确指出，对信托业监管要"坚持审慎、从严的导向"。同时，公司作为资本控股整体上市的资产之一，将面临来自证监会、银监会和国资委的三重监管，承担的监管压力巨大。

（3）竞争压力增大。一方面，各家信托公司在优质资产、人才队伍等核心资源方面激烈竞争；另一方面资管市场业务同质化现象严重，信托业务收益持续下降。同时，随着国内利率市场化改革进程不断推进，企业融资渠道增加，融资方对于单一资金方的依赖性明显减弱，增加了信托业务的落地难度。

4.4 风险管理

4.4.1 风险管理概况

报告期内，面对错综复杂的政策环境和市场环境，公司继续深入贯彻"严控风险、稳健发展，大力推动业务创新转型"的经营策略，进一步健全和完善风险管理制度体系，加强对信托行业和主营业务领域的研究力度，持续完善主营业务操作指引及交易对手准入要求，并针对市场和政策变化及时应变调整，在业务准入、交易结构设计等方面提升风险管理制度的可操作性。

4.4.1.1 紧跟业务环境变化，提升风险管理有效性

公司通过加强风险控制部、合规法务部、运营管理部等中台部门的协同和配合，强化各自在业务节点上的管理能力，有效提升了风险管理的精细化水平。

风险控制部一方面继续严格遵循业务准入标准，加强参与主动管理型重点项目的尽职调查和现场考察力度，不断强化对资产端的严格甄选，在持续提升业务审查有效性和深入程度的同时，进一步强化底线思维，做到主体选择及授信规模的稳健适度。通过持续加强项目风险把控和动态风险监测，从整体上有效提升了对传统信托业务的风险管控水平；另一方面及时从专项事务管理和业务操作等方面查漏补缺，制定出台相应管理办法和操作指引，及时发布事务管理信托业务管理办法及其实施细则，对《业务审查决策管理办法》等制度和业务指引进行修订，提高信托业务操作实施的规范性。通过持续优化业务操作流程，完善、细化具体业务操作指引，推进精细化管理。

合规法务部继续坚持"以合规促风控"的管理思路，持续深化合规经营。通过进一步加强与监管部门的沟通，在合规尺度把握上做到在业务风险切实可控基础上审慎适度把握。优化合规管理条线，在做好各专项现场检查、合规自查配合工作的基础上，通过完善合规评审标准和标准合同模板、优化合同审查流程、加大法律研究力度、加强对律师库管理和案例库建设工作等方式，提供高质量的法律服务支持，在进一步完善公司合规管理体系的同时，有效降低公司合规风险。

运营管理部加强存续信托项目过程管理，在进一步健全和完善放款及运行事项审核、征信系统管理维护、监管机构数据及报表报送等常态化工作机制的基础上，重点推进提升放款工作质量及流程优化、项目中后期尽职情况及关键风险控制措施落实、主动管理类项目还款风险预警及风险项目处置协调等工作。积极推进建立项目运行管理约束机制，促进公司健全完善受托履职的内控规范。

4.4.1.2 强化制度落实，适度调整业务操作标准

公司制定和修订了一系列管理制度和业务操作指引，引导业务团队在开展新业务时提高风险意识和责任意识，并保证存续项目风险的可控。

公司制定和完善相关专项事务管理办法，通过对业务操作标准的适度调整，有效引导业务团队开展业务。继续推进审批流程优化和差异化评审制度，逐步建立完善差异化的业务评审决策机制，提升业务流程的规范性和有效性。区分不同业务类型，突出尽调重点关注事项和规范要求，对信托业务部门的尽职调查和中台部门的项目审查工作提出了细致和详尽的要求。

在充分尽职调查的基础上进行信用风险、市场风险等多角度风险评估，综合运用量化风险评估手段对客户信用进行评定，减少事前风险审查的主观性和片面性。

公司加强对存续信托项目的过程管理，组织核查存续项目增信措施的落实情况，确认公司抵（质）押权利状况，强化了项目运行中重要风险因素的监控与管理。公司要求对4个月内到期的及管理强度要求高的主动管理型信托项目，按月进行风险排查、质询并报告；1个月内到期及重点关注项目实行周报制度，每周汇报工作进展，以保证及时发现并解决问题。通过加强主动管理类项目的重点监测，合理把握监督重点，不断提升风险监测、预警和处置能力。

公司从项目尽调、项目受理、项目评审、项目过程管理等环节狠抓制度的落实，严格遵循"卖者尽责、买者自负"原则，强调明责、履责、尽责，切实履行了受托责任。

4.4.2 风险状况

4.4.2.1 信用风险状况

信用风险是公司面临的主要风险之一，是指债务人、担保人等交易主体违约或信用质量发生变化，影响债权或金融产品的价值，从而造成债权人或金融产品持有人损失，导致信托财产或公司财产遭受损失的风险。

报告期内，公司严格履行受托人尽职管理职责，针对因经济增速放缓而出现的个别交易对手违约事件，公司积极采取多项措施化解风险，及时进行信息披露，必要时采取法律手段予以解决，最大限度保护受托人合法权益，公司总体信用风险基本可控。

公司按照银监会《关于非银行金融机构全面推行资产质量五级分类管理的通知》《非银行金融机构资产风险分类指导原则（试行）》，实行资产五级分类制度。报告期末，公司账面资产余额合计约为72.06亿元，不良资产余额160 783.71万元，不良资产率为19.15%，各项资产减值损失准备计提119 169.51万元。

4.4.2.2 市场风险状况

市场风险是指因市场价格的不利变动而使公司管理的资产遭受损失的风险。市场风险可以分为利率风险、汇率风险（包括黄金）、证券价格风险和商品价格风险等。

报告期内，公司坚持稳健运营的策略，密切关注宏观政策导向，充分深入调研，对有价证券投资管理状况进行实时监测，建立各类分析模型测算资产风险控制指标的变化，控制总体证券投资规模和比例，设置限制性指标和止损限额，通过投资组合分散投资风险，在组合中配置合理数额的低风险投资品种，实现经风险调整的收益率的最大化。信托资产投资、固有资产投资的市场风险情况正常。

4.4.2.3 操作风险状况

操作风险是指由不完善或有问题的内部程序、员工和信息技术系统，以及外部事件所造成损失的风险。报告期内未发生上述风险情况。

4.4.2.4 流动性风险状况

流动性风险是指公司因资产流动性差或对外融资能力下降而导致对外支付困难的风险。报告期内未发生上述风险情况。

4.4.2.5 声誉风险状况

声誉风险是指由公司经营、管理及其他行为或外部事件导致利益相关方对公司作出负面评价的风险，影响公司正常经营。公司高度重视声誉风险管理，在通过加强资产管理能力提高客户忠诚度的同时，加强对外宣传力度，不断完善信息披露工作，强调与客户良性沟通。

4.4.3 风险管理

4.4.3.1 信用风险管理

针对信用风险，公司不断健全基本业务和管理制度，细化业务管理办法和操作流程，在管理流程上实行尽职调查、制定方案、专业审核、严格审批、过程管理、风险监控以降低信用风险发生的可能。公司根据国家宏观经济形势、产业发展政策以及地区和行业发展现状，积极调整和优化信托业务结构，通过多元化的业务分散风险，创新和探索信托融资与抗周期性明显的行业进行产融结合的长效机制。

公司信托业务的信用风险主要来自于融资类信托业务，管理重点是判断融资方或投融资项目兑付本金、收益现金流的可靠性和抵（质）押物价值的合理性和处置可行性。在融资类信托业务的开展过程中，公司主要从四个方面进行信用风险管理：

一是加强对交易对手的甄选，深入贯彻注重交易对手选择、注重发行渠道落实以及谨慎与实力一般的民营交易对手合作的经营及风控政策，坚持优先推进优质交易主体、优质交易项目的风控思路，严格控制民营企业特别是非上市中小型民营企业的融资项目，审慎考察民营企业融资业务。对房地产、政信合作等主营业务严控准入标准，注重控制交易对手的信用风险。

二是在充分尽职调查的基础上进行信用风险评估，高度重视第一还款来源的可靠性与充足性。通过尽职调查，切实把握拟投资项目的优势与不足，并设计具有针对性的交易结构和风险控制措施。

三是强调第二还款来源价值的准确性和处置的可行性，通过设定充足的担保物来规避信用风险。

四是集中主要精力做好对主动管理类项目的风险预警工作，通过每季度撰写项目跟踪风险管理报告、每月编制近4个月到期项目兑付风险情况表、每周汇集欠息项目跟踪表及汇报项目运行情况等，对存在较高风险隐患项目进行现场检查，对主动管理民营集合融资类项目进行重点监测，提早发现风险隐患，并及时制定应对措施。

4.4.3.2 市场风险管理

针对市场风险的管理，公司通过全面、客观分析经济形势，力争准确判断市场走向；谨慎选择项目，各项投资活动前均经过全面调查，对可能产生市场风险的各因素进行测算评估；不断优化业务结构，提早做好防范措施，运用金融工具防范风险。在证券投资过程中，严格遵循组合投资、分散风险的原则。

公司市场风险管理策略如下：

一是对市场风险实施限额管理，根据业务性质、资本规模和风险承受能力制定对各类业务和各级限额的内部审批程序和操作规程。市场风险限额包括投资范围、交易限额、风险预警提示等，主要控制指标包括总体和个体投资规模、总体风险限额控制、整体仓位比例控制、投资品种配置比例等，将固有资金证券投资业务的比重控制在与公司的投资管理和风险承担能力相适应的水平。

二是加强对宏观经济金融形势、调控政策以及行业周期性的研究，加大股票投资项目的实地调研和考察力度，增强对资本市场走向及证券投资产品走势的预判,优化固有业务投资业务流程,提高固有证券投资业务决策的有效性和时效性。

三是建立逐日盯市制度,对于股票质押融资、证券产品投资等类型信托产品,建立风险预警台账,动态监测项目安全边际,做实保证金追加机制。

四是在全面风险监控的基础上建立定期风险报告机制,以便于公司管理层及时了解公司市场风险状况,并对市场风险事项形成风险处置和化解方案。

4.4.3.3 操作风险管理

公司操作风险的管理策略如下:

一是建立规范的内部授权体系,加强内控机制建设,建立系统化的公司制度体系,强化层级授权体系,明确各部门、岗位的职责和权限,使公司业务运行的每一个过程和环节均有章可循。任何个人不得超出授权开展业务、管理活动。

二是不相容岗位相分离,形成有效牵制。各级领导对制度遵守情况逐级进行监督和检查,审计稽核部对其他部门制度执行情况进行监督和检查,以使各项制度得到有效执行,并对关键岗位不定期进行审计和检查。

三是各项业务须按照"职责界定清晰、流程设计合理、信息传导通畅、运营操作规范"的原则,建立相应制度和操作指引,并根据业务发展的变化及时进行修订。持续优化业务操作流程,强调业务操作关键节点管理,加强业务审批、合同面签、增信措施办理等环节的监督和管理,提升业务操作的规范化,推进精细化管理,消除操作风险隐患。

四是建立操作风险事故监测、报告机制,保证及时发现操作风险事故。

五是采取有效措施防范由于信息网络系统技术落后、与战略规划不匹配、系统不稳定、操作和维护失当等因素产生的信息系统风险,确保信息系统稳定、安全、高效运行。

4.4.3.4 其他风险管理

流动性风险管理。公司坚持稳健运营的基本原则,合理制定固有资产投资策略,审慎进行固有资产的投资,在固有资产配置上以流动性和安全性为首要原则,提高货币资金、金融产品投资等流动性资产的配置比例,在确保流动性及安全性的基础上取得了较好的经营成效。通过建立健全流动性预警、防范和处置机制等措施,切实加强对流动性风险的管理。

声誉风险管理。公司从组织架构、人员配备、制度建设和联动管理工作机制等方面,将声誉风险管理纳入公司治理及全面风险管理体系,主动、有效地防范声誉风险。公司新闻宣传与舆情监测工作队伍及时主动了解新闻舆情,并对外发布信息,积极维护公司良好的声誉和企业形象。

4.5 净资本管理

指标名称	期末数	监管标准
净资本(亿元)	47.89	≥2
固有业务风险资本(亿元)	7.41	
信托业务风险资本(亿元)	18.69	
其他业务风险资本(亿元)	0	
各项业务风险资本之和(亿元)	26.10	
净资本/各项业务风险资本之和(%)	183.49	≥100
净资本/净资产(%)	83.86	≥40

5. 报告期末及上一年度末的比较式会计报表

5.1 固有资产

5.1.1 会计师事务所审计意见全文

天健审(2017)1-60号审计报告审计意见:"五矿信托财务报表在所有重大方面按照企业会计准则的规定编制,公允反映了五矿信托2016年12月31日的财务状况,以及2016年度的经营成果和现金流量。"

5.1.2 资产负债表

资产负债表

单位:万元

项目	2016年12月31日	2015年12月31日
资产:		
现金及存放中央银行款项	7.12	7.12
存放同业款项	240 345.12	228 586.20
贵金属		
拆出资金		
以公允价值计量且其变动计入当期损益的金融资产	10 578.78	
衍生金融资产		
买入返售金融资产		
应收利息		
发放贷款和垫款		
可供出售金融资产	353 149.97	218 846.37
持有至到期投资		
长期股权投资		
投资性房地产		
固定资产	626.76	666.41
无形资产	800.32	913.02
递延所得税资产	30 458.26	20 701.84
其他资产	84 615.75	141 889.04
资产总计	720 582.08	611 610.00
负债:		
向中央银行借款		
同业及其他金融机构存放款项		
拆入资金		
以公允价值计量且其变动计入当期损益的金融负债		
衍生金融负债		
卖出回购金融资产款		
吸收存款		

续表

项目	2016 年 12 月 31 日	2015 年 12 月 31 日
应付职工薪酬	22 261. 34	21 815. 13
应交税费	28 551. 06	16 696. 15
应付利息		
预计负债		
应付债券		
递延所得税负债		21. 47
其他负债	98 629. 92	1 937. 49
负债合计	149 442. 32	40 470. 24
所有者权益:		
实收资本	200 000. 00	200 000. 00
其他权益工具		
其中:优先股		
永续债		
资本公积	100 000. 00	100 000. 00
减:库存股		
其他综合收益	-162. 10	64. 40
其中:外币财务报表折算差额		
盈余公积	46 572. 49	36 771. 03
一般风险准备	50 451. 85	48 353. 99
未分配利润	174 277. 52	185 950. 34
所有者权益合计	571 139. 76	571 139. 76
负债和所有者权益总计	720 582. 08	611 610. 00

法定代表人:任珠峰　　主管会计工作负责人:蔡　琦　　会计机构负责人:罗　曼

5. 1. 3　利润表

利润表

单位:万元

项目	2016 年度	2015 年度
一、营业收入	204 747. 95	217 501. 04
利息净收入	1 130. 74	8 008. 71
利息收入	3 832. 68	8 814. 71
利息支出	2 701. 94	806. 00
手续费及佣金净收入	178 857. 67	183 333. 26
手续费及佣金收入	178 857. 67	183 333. 26
手续费及佣金支出		
投资收益(损失以"-"号填列)	25 282. 81	26 293. 61
其中:对联营企业和合营企业的投资收益		
公允价值变动收益(损失以"-"号填列)	-574. 68	-134. 54
汇兑损益(损失以"-"号填列)		
其他业务收入	51. 41	
二、营业支出	79 687. 26	99 446. 89
营业税金及附加	4 027. 88	11 948. 65
业务及管理费	37 381. 87	36 792. 92
资产减值损失	38 244. 13	50 703. 95
其他业务成本	33. 38	1. 37
三、营业利润(损失以"-"号填列)	125 060. 69	118 054. 15
加:营业外收入	6 196. 73	8 058. 12
减:营业外支出	3. 62	
四、利润总额(损失以"-"号填列)	131 253. 80	126 112. 27
减:所得税费用	33 239. 24	5 473. 99
五、净利润(损失以"-"号填列)	98 014. 56	120 638. 28
六、其他综合收益的税后净额	-226. 50	-1 206. 34
(一)以后不能重分类进损益的其他综合收益		
其中:1. 重新计量设定受益计划净负债或净资产的变动		
2. 权益法下在被投资单位不能重分类进损益的其他综合收益中享有的份额		
(二)以后将重分类进损益的其他综合收益	-226. 50	-1 206. 34
其中:1. 权益法下在被投资单位以后将重分类进损益的其他综合收益中享有的份额		
2. 可供出售金融资产公允价值变动损益	-226. 50	-1 206. 34
3. 持有至到期投资重分类为可供出售金融资产损益		
4. 现金流量套期损益的有效部分		
5. 外币财务报表折算差额		
七、综合收益总额	97 788. 06	119 431. 94

法定代表人:任珠峰　　主管会计工作负责人:蔡　琦　　会计机构负责人:罗　曼

5.2 信托资产

5.2.1 信托项目资产负债汇总表

信托项目资产负债汇总表

单位：万元

信托资产	期末数	期初数	信托负债和信托权益	期末数	期初数
信托资产			信托负债		
货币资金	805 425.03	1 382 598.51	应交税费	—	—
存放同业款项	—	—	其他应付款	221 040.97	961 831.67
交易性金融资产	598 505.17	843 996.95	应付账款	2 031.21	9 749.86
买入返售金融资产	31 614.37	30 203.59	长期应付款	—	5 614.27
应收票据	0.37	50 000.00	其他负债	—	—
应收账款	—	201 000.00	信托负债合计	223 072.17	977 195.80
应收利息	560.28	1 727.56			
其他应收款	13 738.32	5 555.03			
贷款	12 374 228.62	10 439 022.82	信托权益：		
可供出售金融资产	24 492 576.47	12 357 714.27	实收信托	40 912 313.53	26 981 532.18
长期应收款	—	8 774.03	资本公积	991 289.30	959 332.62
长期股权投资	2 850 360.90	2 739 291.00	未分配利润	-959 665.47	-858 176.83
应收股利	—	-0.00	信托权益合计	40 943 937.36	27 082 687.97
其他资产	—	—			
信托资产总计	41 167 009.53	28 059 883.77	信托负债和权益总计	41 167 009.53	28 059 883.77

5.2.2 信托项目利润及利润分配汇总表

单位：万元

项目	2016 年度
一、营业收入	2 062 534.17
利息收入	916 476.28
投资收益	1 129 942.14
租赁收入	1 096.04
公允价值变动损益	2 288.15
汇兑损益	—
其他收入	12 731.55
二、营业费用	442 675.18
三、营业税金及附加	49.95
四、扣除资产损失前的信托利润	1 619 809.04
减：资产减值损失	—
五、扣除资产损失后的信托利润	1 619 809.04
加：期初未分配信托利润	-858 176.83
六、可供分配的信托利润	761 632.21
减：本期已分配信托利润	1 721 297.68
七、期末未分配信托利润	-959 665.47

6. 会计报表附注

6.1 报告年度会计报表编制基准、会计政策、会计估计和核算方法变化情况

6.1.1 财务报表的编制基础

本公司财务报表以持续经营为编制基础。

6.1.2 遵循企业会计准则的声明

本财务报表符合企业会计准则的要求，真实、完整地反映了企业的财务状况、经营成果和现金流量等有关信息。

6.1.3 会计期间

会计年度自公历 1 月 1 日起至 12 月 31 日止。

6.1.4 记账本位币

采用人民币为记账本位币。

6.1.5 计提资产减值准备的范围和方法

公司计提资产减值准备的范围包括贷款损失准备、应收款项坏账准备、可供出售金融资产减值准备、长期股权投资减值准备、固定资产减值准备和无形资产减值准备。

(1) 贷款损失准备。公司参照《关于非银行金融机构全面推行资产质量五级分类管理的通知》对风险资产进行风险分类，并根据风险分类结果参照以下比例进行坏账准备的计提：

单位：%

贷款风险类别	计提比例
关注类	3
次级类	30
可疑类	60
损失类	100

(2) 应收款项坏账准备。对于应收款执行公司所属中国五矿集团公司统一会计政策，具体如下：

单项金额重大并单项计提坏账准备的应收款项：

单项金额重大的判断依据或金额标准	公司对同一客户应收款项金额超过 20 000 000.00元视为金额重大。
单项金额重大并单项计提坏账准备的计提方法	单独进行减值测试，根据其未来现金流量现值低于其账面价值的差额计提坏账准备。

按账龄分析法组合计提坏账准备的应收款项：

单位：%

账龄	应收账款计提比例	其他应收款计提比例
6个月以内（含6个月，以下同）	1	1
7～12个月	5	5
1～2年	30	30
2～3年	50	50
3年以上	100	100

单项金额虽不重大但单项计提坏账准备的应收款项：如果某项应收款项金额虽然非重大，但其可收回性与其他各项应收款项存在明显的差别，导致该项应收款项如果按照与其他应收款项同样的方法计提坏账准备，将无法真实地反映其可收回金额的，可对该项应收款采取个别认定法计提坏账准备。

（3）可供出售金融资产减值准备：期末有客观证据表明单项金融资产可回收金额低于账面价值的差额，分项提取可供出售金融资产减值准备。

（4）长期股权投资减值准备：期末对单项投资由于市价持续下跌或被投资单位经营状况恶化等原因，导致其可收回金额低于账面价值的差额分项提取长期投资减值准备。

（5）固定资产减值准备：资产负债表日，有迹象表明固定资产发生减值的，按照账面价值与可回收金额的差额计提相应的减值准备。

（6）无形资产减值准备：资产负债表日，有迹象表明发生减值的，按照账面价值与可回收金额的差额计提相应的减值准备。

6.1.6 金融资产四分类的范围和标准

金融资产于初始确认时分为以下四类：以公允价值计量且其变动计入当期损益的金融资产（包括交易性金融资产和在初始确认时指定为以公允价值计量且其变动计入当期损益的金融资产）、持有至到期投资、贷款和应收款项、可供出售金融资产。金融资产在初始确认时以公允价值计量。对于以公允价值计量且其变动计入当期损益的金融资产，相关交易费用直接计入当期损益，其他类别的金融资产相关交易费用计入其初始确认金额。

6.1.6.1 金融资产的公允价值

存在活跃市场的金融资产，采用活跃市场中的报价确定其公允价值。不存在活跃市场的，本公司采用估值技术确定其公允价值，估值技术包括参考熟悉情况并自愿交易的各方最近进行的市场交易中使用的价格、参照实质上相同的其他金融工具的当前公允价值、现金流量折现法和期权定价模型等。

6.1.6.2 金融资产转移的确认依据和计量方法

公司已将金融资产所有权上几乎所有的风险和报酬转移给了转入方的，终止确认该金融资产；保留了金融资产所有权上几乎所有的风险和报酬的，继续确认所转移的金融资产，并将收到的对价确认为一项金融负债。公司既没有转移也没有保留金融资产所有权上几乎所有的风险和报酬的，分别下列情况处理：（1）放弃了对该金融资产控制的，终止确认该金融资产；（2）未放弃对该金融资产控制的，按照继续涉入所转移金融资产的程度确认有关金融资产，并相应确认有关负债。

6.1.7 以公允价值计量且其变动计入当期损益的金融资产核算方法

以公允价值计量且其变动计入当期损益的金融资产，包括交易性金融资产和初始确认时指定为以公允价值计量且其变动计入当期损益的金融资产，采用公允价值进行后续计量，所有已实现和未实现的损益均计入当期损益。

6.1.8 可供出售金融资产核算方法

可供出售金融资产指初始确认时即指定为可供出售的非衍生金融资产，以及除上述金融资产类别以外的金融资产，此类金融资产采取公允价值进行后续计量。其折溢价采用实际利率法进行摊销并确认为利息收入。除减值损失及外币货币性金融资产的汇兑差额确认为当期损益外，可供出售金融资产的公允价值变动作为资本公积的单独部分予以确认，直到该金融资产终止确认或发生减值时，在此之前在资本公积中确认的累计利得或损失转入当期损益。与可供出售金融资产相关的股利或利息收入，计入当期损益。

6.1.9 持有至到期投资核算方法

持有至到期投资是指到期日固定、回收金额固定或可确定，且本公司有明确意图和能力持有至到期的非衍生金融资产，采用实际利率法，按照摊余成本进行后续计量，其终止确认、发生减值或摊销产生的利得或损失，均计入当期损益。

6.1.10 长期投资核算方法

6.1.10.1 长期股权投资的初始计量

长期股权投资在取得时按初始投资成本计量。初始投资成本一般为取得该项投资而付出的资产、发生或承担的负债以及发行的权益性证券的公允价值，并包括直接相关费用。但同一控制下的企业合并形成的长期股权投资，其初始投资成本为合并日取得的被合并方所有者权益的账面价值份额。

6.1.10.2 长期股权投资的后续计量

能够对被投资单位实施控制的长期股权投资，以及对被投资单位不具有共同控制或重大影响，且在活跃市场中没有报价、公允价值不能可靠计量的长期股权投资采用成本法核算；对被投资单位具有共同控制或重大影响的长期股权投资，采用权益法核算。长期股权投资采用权益法核算时，对长期股权投资初始投资成本大于投资时应享有被投资单位可辨认净资产公允价值份额的，不调整长期股权投资的初始投资成本；对长期股权投资初始投资成本小于投资时应享有被投资单位可辨认净资产公允价值份额的，其差额计入当期损益，同时调整长期股权投资的成本。按权益法对长期股权投资进行核算时，先对被投资单位的净利润进行取得投资时被投资单位各项可辨认资产等的公允价值、会计政策和会计期间方面的调整，再按应享有或应分担的被投资单位的净损益份额确认当期投资损益。

6.1.11 固定资产计价和折旧方法

固定资产按照取得时的实际成本进行初始计量，采用年限平均法计提折旧。

6.1.12 无形资产计价及摊销政策

无形资产按照成本进行初始计量，采用直线法摊销。

6.1.13 长期待摊费用

长期待摊费用按实际发生额入账，在受益期或规定的期限内分期平均摊销。如果长期待摊的费用项目不能使以后会计期间受益则将尚未摊销的该项目的摊余价值全部转入当期损益。

6.1.14 收入确认原则和方法

在与交易相关的经济利益很可能流入公司且收入的金额

能够可靠地计量时，确认提供与金融业务相关服务收入的实现。

6.1.15 所得税的会计处理方法

采用资产负债表债务法计提递延所得税，所得税税率为25%。

6.1.16 信托报酬的确认原则和方法

在收入确认原则基础上，信托业务手续费收入按照信托合同约定的结算方法，一般以收益分配结算报告确认。

6.2 或有事项说明

无。

6.3 重要资产转让及其出售的说明

无。

6.4 会计报表中重要项目的明细资料

6.4.1 固有资产经营情况

6.4.1.1 按照信用风险资产五级分类结果披露资产的期初数、期末数

信用风险资产五级分类	正常类（万元）	关注类（万元）	次级类（万元）	可疑类（万元）	损失类（万元）	信用风险资产合计（万元）	不良资产合计（万元）	不良资产率（%）
期初数	512 715.35		100 825.38			613 540.73	100 825.38	14.56
期末数	536 006.20		160 783.71			696 789.91	160 783.71	19.15

6.4.1.2 资产减值准备情况

单位：万元

	期初数	本期计提	本期转回	本期核销	期末数
贷款损失准备					
一般准备					
专项准备					
其他资产减值准备					
可供出售金融资产减值准备	25 000.00	17 197.36			42 197.36
持有至到期投资减值准备					
长期股权投资减值准备					
坏账准备	55 925.38	41 384.73	20 337.96		76 972.15
投资性房地产减值准备					

6.4.1.3 固有股票投资、基金投资、债券投资、金融股权投资等投资情况

单位：万元

	固有股票	基金	债券	金融股权投资	信托产品投资	合计
期初数	159.76	5 075.07	65.20	50 000.00	303 346.34	358 646.37
期末数	10 609.49	49 125.96	290.66	50 000.00	303 702.64	413 728.75

6.4.1.4 金融股权投资明细表

单位：万元

被投资企业名称	被投资企业所属行业	投资成本（万元）	年末股权比例（%）
中国信托业保障基金有限责任公司	基金管理服务	50 000.00	4.35

6.4.1.5 固有贷款明细表

单位：万元

企业名称	贷款金额（万元）	贷款总额的比例（%）	年初金额（万元）	本年增加（万元）	本年减少（万元）	期末金额（万元）
建铁通泰投资有限公司	13 000	100		13 000	13 000	0
合计	13 000	100		13 000	13 000	0

6.4.1.6 表外业务的期初数、期末数。

无。

6.4.1.7 公司当年收入结构

收入结构	金额（万元）	占比（%）
利息收入	3 832.68	1.85
其中：存放同业	3 385.11	1.63
发放贷款及垫款	134.90	0.07
买入返售证券	312.67	0.15
手续费及佣金收入	178 857.67	86.22
其中：信托手续费收入	171 925.46	82.88
顾问及咨询收入	6 928.71	3.34
其他	3.50	0.00
投资收益	25 282.81	12.19

续表

收入结构	金额（万元）	占比（%）
其中：证券投资收益	5 972.07	2.88
公允价值变动收益	-574.68	-0.28
其他业务收入	51.41	0.02
收入合计	207 449.89	100.00

6.4.2 披露信托资产管理情况

6.4.2.1 信托资产的期初数、期末数

单位：万元

信托资产	期初数	期末数
集合类	16 605 680.63	21 257 901.71
单一类	11 288 495.58	14 090 792.71
财产管理类	165 707.56	5 818 315.11
合计	28 059 883.77	41 167 009.53

6.4.2.2 主动管理型信托资产的期初数、期末数

单位:万元

主动管理型信托资产	期初数	期末数
证券投资类	1 293 480.65	157 992.37
股权投资类	1 035 729.59	903 700.53
其他投资类	1 325 495.13	1 335 092.33
融资类	8 642 750.26	7 296 561.95
事务管理类	—	—
合计	12 297 455.63	9 693 347.18

6.4.2.3 被动管理型信托资产的期初数、期末数

单位:万元

被动管理型信托资产	期初数	期末数
证券投资类	—	—
股权投资类	—	—
融资类	—	—
事务管理类	15 762 428.14	31 473 662.35
合计	15 762 428.14	31 473 662.35

6.4.2.4 本年度已清算结束的信托项目个数、实收信托合计金额、加权平均实际年化收益率

按集合、单一和财产管理类进行分类

已清算结束的信托项目	项目个数(个)	实收信托合计金额(万元)	加权平均实际年化收益率(%)
集合类	125	8 131 977.90	9.58
单一类	108	4 811 107.75	7.74
财产管理类	2	17 000.00	5.66

本年度清算结束的主动管理型信托项目

已清算结束的信托项目	项目个数(个)	实收信托合计金额(万元)	信托报酬率(%)	加权平均实际年化收益率(%)
证券投资类	44	3 835 924.00	0.65	13.53
股权投资类	8	659 843.00	1.50	6.30
其他投资类	6	233 190.00	1.86	7.38
融资类	76	3 588 991.44	0.97	7.68

本年度清算结束的被动管理型信托项目

已清算结束的信托项目	项目个数(个)	实收信托合计金额(万元)	信托报酬率(%)	加权平均实际年化收益率(%)
证券投资类	—	—	—	—
股权投资类	—	—	—	—
融资类	—	—	—	—
事务管理类	101	4 642 137.21	0.31	10.13

6.4.2.5 本年度新增的集合类、单一类和财产管理类信托项目个数及实收信托合计金额

新增信托项目	项目个数(个)	实收信托合计金额(万元)
集合类	133	21 178 989.51
单一类	94	9 260 914.79
财产管理类	10	5 737 848.99
新增合计	237	36 177 753.29
其中:主动管理型	118	7 616 953.91
被动管理型	119	28 560 799.38

6.5 关联方及其交易的披露

6.5.1 关联交易方的数量、关联交易的总金额及关联交易的定价原则等

	关联交易方数量(个)	关联交易金额(万元)	定价政策
合计	10	821 349.02	本公司2016年发生的关联方交易均根据一般正常的交易条件进行,并以市场价格作为定价依据。

6.5.2 关联交易方与本公司的关系性质、关联交易方的名称、法定代表人、注册地址、注册资本及主营业务等

单位:亿元

关系性质	关联方名称	法定代表人	注册地址	注册资本	主营业务
本公司最终控制方	中国五矿集团公司	何文波	北京市海淀区三里河路5号	101	进出口,工程招投标;黑色金属、有色金属;实业投资、资产管理等。
母公司	五矿资本控股有限公司	任珠峰	北京市海淀区三里河路5号	92.09	投资、资产管理等。
同一母公司	五矿经易期货有限公司	张必珍	深圳市福田区益田路西福中路北新世界商务中心	12	商品期货经纪、金融期货经纪。
同一母公司	五矿证券有限公司	赵立功	深圳市福田区金田路4028号荣超经贸中心办公楼47层01单元	13.57	代理证券买卖业务。
本公司母公司的合营企业	中国外贸金融租赁有限公司	丁建平	北京市海淀区三里河路1号院	35.07	融资租赁、经营性租赁。
本公司母公司的联营企业	绵阳市商业银行股份有限公司	何 苗	四川省绵阳市临园路西段文竹街3号	12.44	吸收公众存款、发放贷款、办理国内结算等。
受同一最终控制方控制	五矿恒信投资管理(北京)有限公司	徐 兵	北京市海淀区三里河路5号院1栋四层A463	0.5	投资管理;资产管理;投资咨询。
受同一最终控制方控制	五矿财富投资管理有限公司	徐 兵	萧山区湘湖旅游度假区一期萧山少儿公园区块湘月楼	1	非证券业务的投资管理、投资咨询等。
受同一最终控制方控制	北京第五广场置业有限公司	何剑波	北京市东城区朝阳门北大街7号三层305单元、306单元	4.9	开发、经营、建设、出租用地范围内的房屋等。
受同一最终控制方控制	五矿二十三冶建设集团有限公司	宁和球	长沙市雨花区湘府东路二段208号万境财智中心北栋24层	13.7	在本企业《建筑业企业资质证书》核定的范围内承包工程业务等。

6.5.3　公司与关联方的重大交易事项

6.5.3.1　固有与关联方交易情况

单位:万元

	期初数	借方发生额	贷方发生额	期末数
贷款				
投资				
租赁		-117.60	-38.02	-79.58
应收账款				
担保				
其他	28 989.61	2 082 570.13	2 151 572.05	-40 012.30
合计	28 989.61	2 082 452.53	2 151 534.03	-40 091.88

注:期末负数为应付款项,主要为应付股东股利。

6.5.3.2　信托与关联方交易情况

单位:万元

	期初数	借方发生额	贷方发生额	期末数
贷款	—	—		—
投资	—	—	—	—
租赁		55 812.90		55 812.90
应收账款	—	—		—
担保	—	—		—
其他	196 722.00	776 790.00	475 413.00	498 099.00
合计	196 722.00	832 602.90	475 413.00	553 911.90

6.5.3.3　固有与信托间的交易情况

单位:万元

	期初数	本期发生额	期末数
合计	188 546.34	107 353.66	295 900.00

6.5.3.4　信托项目间的交易情况

单位:万元

	期初数	本期发生额	期末数
合计	269 176	425 886.96	695 062.96

6.5.4　报告期关联方逾期未偿还本公司资金及本公司为关联方担保发生或即将发生垫款的情况

无。

6.6　会计制度的披露

固有业务执行企业会计准则(2006年),信托业务执行企业会计准则(2006年)。

7. 财务情况说明书

7.1　利润实现和分配情况

2015年末公司未分配利润为185 950.34万元,2016年实现净利润98 014.56万元。2016年利润分配如下:

(1)按净利润的10%提取法定盈余公积9 801.46万元。

(2)按年末风险资产1.5%计提一般风险准备金2 097.86万元。

(3)分配股东现金红利97 788.06万元;

截至2016年12月31日,公司未分配利润为174 277.52万元。

7.2　主要财务指标

指标名称	指标值
净资产收益率(%)	17.16
信托报酬率(%)	0.53
人均利润(万元)	452.60

7.3　对本公司财务状况、经营成果有重大影响的其他事项

无。

8. 特别事项揭示

8.1　股东报告期内变动情况及原因

无。

8.2　董事、监事及高级管理人员变动情况及原因

8.2.1　董事变动情况

2016年9月20日,公司股东会2016年第五次会议审议通过了《关于选举公司第三届董事会组成人员的议案》,人员情况详见3.1.2。

8.2.2　监事变动情况

2016年9月20日,公司股东会2016年第五次会议审议通过了《关于选举公司第三届监事会组成人员的议案》,人员情况详见3.1.3。

8.2.3　高管人员变动情况

2016年6月20日,根据工作需要,经公司研究决定,解聘刘永和同志总经理助理及证券信托事业部总经理职务。

自刘永和同志离任后,经公司研究决定,由公司财务总监蔡琦同志负责分管信息管理部,由公司副总经理孙卓立同志分管证券信托事业部,并聘任张国璐同志为证券信托事业部总经理,部门各项业务未受该人事变动影响,部门各项工作平稳开展。

8.3　变更注册资本、注册地或公司名称、公司分立合并事项

无。

8.4 公司的重大诉讼事项

单位:万元

起诉(申请)方	应诉(被申请)方	诉讼仲裁类型	诉讼(仲裁)基本情况	诉讼(仲裁)涉及金额	诉讼(仲裁)进展情况
五矿信托	成都森宇实业集团有限公司	借款合同纠纷	2014年10月,原告与被告签署《信托贷款合同》,原告向被告发放信托贷款,后因被告未能按约履行贷款本息偿付义务,原告起诉被告。	调解书确认金额518 698 630.14元	青海省高级人民法院已于2016年3月22日出具调解书,对方未履行,五矿信托已于2016年5月17日向青海省高级人民法院申请强制执行。青海高院目前已出具裁定。
贵阳市工业投资(集团)有限公司	五矿信托、北京星探联合投资管理有限公司(第三人)、华宝证券有限责任公司(第三人)、天弘基金管理有限公司	证券交易合同纠纷	2014年1至3月,原告与被告签署系列协议,约定通过原告发行的信托计划募集的资金认购贵州轮胎股份有限公司非公开发行股票,后原告以被告未向其支付超额收益为由,起诉被告、天弘基金和华宝证券。	一审判决金额为108 138 927.33元及其利息	五矿信托已向最高人民法院提起上诉。11月24日收到贵州高院送达的贵阳工投及星探公司的上诉状,目前正待最高院受理。
沈利红	五矿信托	信托合同纠纷	原告系"五矿信托—金牛13号定向增发集合资金信托计划"受益人,该信托计划于2015年10月提前终止,原告以被告未向其分配剩余信托收益为由起诉被告。	起诉状金额21 211 266.99元至偿还完毕的利息	2016年7月21日,北京市第二中级人民法院驳回了五矿信托管辖权异议的上诉。实体争议尚在一审法院(北京市东城区人民法院)审理过程中,尚未获得判决。
五矿信托	北京联拓机电集团有限公司、郭和通	借款合同纠纷	2013年8月,原告与被告签署《信托贷款合同》,原告向被告发放信托贷款,后因被告未能按约履行贷款本息偿付义务,原告起诉被告。	49 980 000元及其利息	因管辖权异议被告上诉至最高人民法院,被驳回,2016年4月18日青海高院已开庭一次,2016年5月19日青海高院判决我司胜诉,2016年6月6日联拓机电现已向最高院上诉。2016年2月15日最高院受理了该案,暂未开庭。(短息通知,没有文书)
五矿信托	广西有色金属集团有限公司	营业信托纠纷	2014年10月,原告与被告签署系列协议,约定原告购买被告持有的标的公司的股权收益权,并由被告溢价回购该标股权收益权,后因被告未能按约履行回购义务,原告起诉被告。	破产管理人确认金额716 105 784.94元	最高人民法院作出二审判决,五矿信托胜诉。目前破产管理人已根据终审判决确认了债权数额。第三次债权人大会已召开,之后将按程序进入拍卖资产、清偿债权的流程。
五矿信托	广西有色金属集团有限公司	营业信托纠纷	2014年9月至12月,原告与被告签署系列协议,约定原告受让被告持有的特定资产收益权,并由被告溢价回购该特定资产收益权,后因被告未能按约履行回购义务,原告起诉被告。	破产管理人确认金额1 070 636 023.79元	最高人民法院作出二审判决,五矿信托胜诉。目前破产管理人已根据终审判决确认了债权数额。第三次债权人大会已召开,之后将按程序进入拍卖资产、清偿债权的流程。
夏海清	五矿信托	信托纠纷	原告为"五矿信托—芙蓉2号证券投资集合资金信托计划"第24期次级委托人,其对根据信托合同约定该期子单元提前终止日及提前终止优先级加计31天信托收益、信托管理费及托管费收取至到期有异议,遂起诉被告。	起诉状金额1 002 904.1元及利息	西宁市城北区人民法院于2016年11月4号进行一审开庭审理,尚未裁决。
五矿信托	上海荣腾置业有限公司、马建军	金融合同借款纠纷	2011年5月,原告与被告签署系列协议,约定原告向被告提供融资,被告按约向原告偿付融资本息,后因被告未能按约履行相应义务,原告起诉被告。	起诉金额506 917 762.62元及利息;判决书确认金额145 448 551.11元	上海第一中级人民法院已作出一审判决,五矿信托已向上海市高级人民法院上诉,二审审理过程中,尚待判决。
五矿信托	武汉金正茂商务有限公司、武汉徐东房地产开发有限公司、陈乐铸、朱珠微、朱孟元、陈乐龙、易香玉、湖北凯旋门广场购物中心有限公司、普提金集团有限公司	借款合同纠纷	2011年6月,原告与被告签署系列协议,约定原告受让被告持有的特定资产收益权,被告承诺特定资产的预期收益并承诺承担差额补足义务,后原被告又签署协议对相应的债权债务进行确认,但因被告未能履行合同约定义务,原告起诉被告。	一审判决书金额600 000 000元及利息	2016年6月20日青海高院一审判决五矿信托胜诉,法院支持了本金诉求,按年利率24%计息,计息时间为2011年7月22日至实际支付日止。目前,武汉金正茂商务有限公司、普提金集团有限公司已向最高院提起上诉。最高院已受理,已于2016年12月16日开庭,尚未判决。

续表

起诉(申请)方	应诉(被申请)方	诉讼仲裁类型	诉讼(仲裁)基本情况	诉讼(仲裁)涉及金额	诉讼(仲裁)进展情况
五矿信托	浙江大周实业有限公司、上海宽隆广告有限公司、大周集团有限公司、浙江世纪控股有限公司、周益民	借款合同纠纷	2011年8月，原告与被告签署《信托贷款合同》，原告向被告发放信托贷款，后因被告未能按约履行贷款本息偿付义务，原告起诉被告。	执行证书确认金额196 501 080.25元至执行完毕利息及违约金	强制执行程序中，尚待相关拍卖款回收。
五矿信托	山西楼俊矿业集团有限公司	借款合同纠纷	2012年10月，原告与被告签署《股权收益权转让及回购合同》，约定原告受让被告持有的标的股权收益权，并由被告溢价回购该标的股权收益权，后因被告破产，未能按约履行回购义务，原告依据强制执行公证书向法院申报债权。	申报债权100 000 000元	被告正在法院破产重整过程中，五矿信托已向清算组申报债权
库尔勒市农村信用合作联社、尉犁县农村信用合作联社、和硕县农村信用合作联社、若羌县农村信用合作联社	青海创业资源开发有限公司、西宁市城市投资管理有限责任公司（第三人）、五矿信托（第三人）	保证合同纠纷	2003年，四原告与庆泰信托投资有限责任公司（五矿信托重组前法律实体）签订系列协议，委托庆泰信托投资有限公司进行国债投资，并与被告青海创业资源开发有限公司签订保证合同，由青海创业资源开发有限公司担任投资收益保证人。2007年11月，四被告将债权（投资收益权）转让给青海省创业（集团）有限公司，后庆泰信托投资有限公司破产重组，青海省创业（集团）有限公司与四原告发生债权转让纠纷。四原告起诉青海创业资源开发有限公司，要求其履行保证责任，并将五矿信托及西宁城投公司列为第三人，要求就投资款及投资收益承担补充赔偿责任。	起诉状金额57 740 000元	2016年3月25日，收到最高人民法院应诉通知书，等待开庭。
新疆中盈投资有限责任公司	五矿信托	信托纠纷	2014年9月，原告与被告签署《委托人代表服务协议》，原告为“五矿信托金牛13号定向增发集合资金信托计划”提供咨询服务。后原告以被告违反约定未向其支付服务费、利息等为由起诉被告。	起诉状金额109 395 357.8元及利息	我司已对一审法院的管辖权异议裁定上诉至最高人民法院，最高法裁定驳回五矿管辖权异议，实体争议已于2017年2月23日在青海高院开庭，尚未裁决。
五矿信托	内蒙古中西矿业有限公司、甘肃建新实业集团有限公司、甘肃万星实业股份有限公司、刘建民、王爱琴	借款合同纠纷	2014年8月，原告与被告被签署《信托贷款合同》，由原告向被告发放信托贷款，后因被告未能按约履行贷款本息偿付义务，原告起诉被告。	起诉状金额1 150 413 641.87元及赔偿律师费、交通费、通信费等损失3 000 000元	2016年7月22日，青海高院裁定驳回被告的管辖权异议申请，甘肃建新实业集团有限公司已就此向最高人民法院上诉，最高院已驳回被告的管辖权异议申请，实体争议将在青海高院审理，定于2017年4月6日开庭。
五矿信托	易伟	信托纠纷	被告系“五矿信托—芙蓉2号证券投资集合资金信托计划”第22期次级委托人，由于该期子单元运行中出现净值低于平仓线，被告未按合同约定追加增强信托资金，原告起诉被告。	起诉状金额2 723 583.21元及逾期违约金	西宁市城北区人民法院于2016年6月15日登记立案，后被告申请管辖权异议，西宁市城北区人民法院于2016年8月25日裁定驳回被告的管辖权异议申请，被告上诉至西宁中院。2016年12月12日该院裁定驳回了易伟的管辖权异议申请，实体争议将择期在西宁城北院开庭。
五矿信托	山西晋豪国际大酒店有限公司、吴晓槟、项有飞	借款合同纠纷	2011年5月，原被告双方签署《信托贷款合同》，原告向被告发放信托贷款，后因被告未能按约履行贷款本息偿付义务，原告起诉被告。	判决书金额为本金10 000 000元及利息6 930 410.96元及自2016年5月11至实际支付日的利息	2016年8月3日西宁市中级人民法院开庭审理，并于2016年10月14日二次开庭，同日判决五矿信托胜诉，目前上诉期已过，此为终审判决，下一步将按照委托人指令进行下一步工作。
白吉祥	五矿信托	信托纠纷（仲裁程序）	2015年3月，原告认购了被告发行的“五矿信托—莞盈一号集合资金信托计划”第1期信托单位，并与被告签署资金信托合同，原告认为被告未按约向其分配剩余信托利益，构成违约，遂向北京仲裁委员提起仲裁申请。	仲裁申请书金额3 089 057元	北京市仲裁委员会已于2016年9月28日开庭审理，目前已延期，尚待裁决。

续表

起诉(申请)方	应诉(被申请)方	诉讼仲裁类型	诉讼(仲裁)基本情况	诉讼(仲裁)涉及金额	诉讼(仲裁)进展情况
林　峻	五矿信托	信托纠纷(仲裁程序)	2015年5月,原告认购了被告发行的"五矿信托—莞盈一号集合资金信托计划"第2期信托单位,并与被告签署资金信托合同,原告认为被告未按约向其分配剩余信托利益,构成违约,遂向北京仲裁委员提起仲裁申请。	仲裁申请书金额 2 058 498元	北京市仲裁委员会已于2016年11月16日开庭审理,目前已延期,尚待裁决。
秦　冰	五矿信托	信托纠纷(仲裁程序)	2015年5月,原告认购了被告发行的"五矿信托—莞盈一号集合资金信托计划"第3期信托单位,并与被告签署资金信托合同,原告认为被告未按约向其分配剩余信托利益,构成违约,遂向北京仲裁委员提起仲裁申请。	仲裁申请书金额 12 913 453元	北京市仲裁委员会已于2016年11月16日开庭审理,目前已延期,尚待裁决。
师景山	五矿信托、中国光大银行股份有限公司(第三人)	信托纠纷	2014年7月,原告认购了被告发行的"五矿信托—西南鸿晟集合资金信托计划"第9期信托单位,并与被告签署资金信托合同,原告认为被告未按约向其分配剩余信托利益,构成违约,原告起诉被告。	起诉状金额 11 408 083元	定于2016年11月1日开庭审理,目前一审法院驳回了对方的诉讼请求,目前原告已上诉。
师景山	五矿信托、中国光大银行股份有限公司(第三人)	信托纠纷	2014年7月,原告认购了被告发行的"五矿信托—西南鸿晟集合资金信托计划"第10期信托单位,并与被告签署资金信托合同,原告认为被告未按约向其分配剩余信托利益,构成违约,原告起诉被告。	起诉状金额 13 873 506元	定于2016年11月1日开庭审理,目前一审法院驳回了对方的诉讼请求,目前原告已上诉。
师景山	五矿信托、中国光大银行股份有限公司(第三人)	信托纠纷	2014年7月,原告认购了被告发行的"五矿信托—西南鸿晟集合资金信托计划"第11期信托单位,并与被告签署资金信托合同,原告认为被告未按约向其分配剩余信托利益,构成违约,原告起诉被告。	起诉状金额 8 368 804元	定于2016年11月1日开庭审理,目前一审法院驳回了对方的诉讼请求,目前原告已上诉。
师景山	五矿信托	信托纠纷(仲裁程序)	2015年6月,原告认购了被告发行的"五矿信托—盛隆一号集合资金信托计划"集合资金信托计划第3期信托单位,并与被告签署资金信托合同,原告认为被告未按约向其分配剩余信托利益,构成违约,遂向北京仲裁委员提起仲裁申请。	仲裁申请金额 9 423 557元	北京市仲裁委员会已于2016年10月10日开庭审理,尚待裁决。
师景山	五矿信托	信托纠纷(仲裁程序)	2015年6月,原告认购了被告发行的"五矿信托—盛隆一号集合资金信托计划"集合资金信托计划第4期信托单位,并与被告签署资金信托合同,原告认为被告未按约向其分配剩余信托利益,构成违约,遂向北京仲裁委员提起仲裁申请。	仲裁申请金额 11 109 463元	北京市仲裁委员会已于2016年10月10日开庭审理,尚待裁决。
董　红	五矿信托	信托纠纷(仲裁程序)	2015年6月,原告认购了被告发行的"五矿信托—盛隆一号集合资金信托计划"集合资金信托计划第5期信托单位,并与被告签署资金信托合同,原告认为被告未按约向其分配剩余信托利益,构成违约,遂向北京仲裁委员提起仲裁申请。	仲裁申请金额 15 805 392元	北京市仲裁委员会已于2016年10月10日开庭审理,尚待裁决。
林　峻	五矿信托	信托纠纷(仲裁程序)	2015年6月,原告认购了被告发行的"五矿信托—盛隆一号集合资金信托计划"集合资金信托计划第8期信托单位,并与被告签署资金信托合同,原告认为被告未按约向其分配剩余信托利益,构成违约,遂向北京仲裁委员提起仲裁申请。	仲裁申请金额 1 094 587元	北京市仲裁委员会已于2016年10月10日开庭审理,尚待裁决。

续表

起诉(申请)方	应诉(被申请)方	诉讼仲裁类型	诉讼(仲裁)基本情况	诉讼(仲裁)涉及金额	诉讼(仲裁)进展情况
董　红	五矿信托	信托纠纷(仲裁程序)	2015年5月,原告认购了被告发行的"五矿信托—朝阳一号集合资金信托计划"第18期信托单位,并与被告签署资金信托合同,原告认为被告未按约向其分配剩余信托利益且未尽平仓义务,构成违约,原告向北京仲裁委员提起仲裁申请。	仲裁申请金额74 734 614.85元及利息、仲裁费	原定于2016年10月18日在北京仲裁委开庭审理,10月18日收到对方变更诉讼请求申请书,对仲裁金额进行了变更。已于12月19日在北仲开庭,尚待裁决。
黄鑫宇	五矿信托	信托纠纷(仲裁程序)	2015年6月,原告认购了被告发行的"五矿信托—朝阳一号集合资金信托计划"第19期信托单位,并与被告签署资金信托合同,原告认为被告未按约向其分配剩余信托利益且未尽平仓义务,构成违约,原告向北京仲裁委员提起仲裁申请。	仲裁申请金额72 637 600.55元及利息、仲裁费	原定于2016年10月18日在北京仲裁委开庭审理,10月18日收到对方变更诉讼请求申请书,对仲裁金额进行了变更。已于12月21日在北仲开庭,尚待裁决。
师景山	五矿信托	信托纠纷	2014年7月,原告认购了被告发行的"五矿信托—西南鸿晟集合资金信托计划"第4期信托单位,并与被告签署资金信托合同,原告认为被告未按约向其分配剩余信托利益,构成违约,原告起诉被告。	起诉书金额2 181 513元	目前已于2017年3月7日在西宁城北法院开庭审理。
张汉军	五矿信托	信托纠纷	2015年9月,原告认购了被告发行的"五矿信托——创聚盈证券投资集合资金信托计划"第4期信托单位,并与被告签署资金信托合同,原告认为被告未按其发出的投资建议书列明的金额卖出股票给其造成损失,构成违约,原告起诉被告。	起诉书金额365 000元	该案定于2016年9月22日开庭,2017年1月4日,青海省西宁市城北区人民法院一审驳回原告张汉军的全部诉讼请求,诉讼费用由张汉军自行承担。
孙晓军	唐山市丰润中环嘉业房地产开发有限公司、五矿信托	其他纠纷	2014年7月至11月,唐山市丰润中环嘉业房地产开发有限公司与原告发生经济纠纷。原告认为五矿信托作为唐山市丰润中环嘉业房地产开发有限公司的股东,具有抽逃资金的行为。因此要求五矿信托在抽逃出资本息范围内对唐山市丰润中环嘉业房地产开发有限公司不能清偿的部分承担补充赔偿责任。	起诉书金额1 200 000元及利息	刚接到应诉通知,正着手开展应诉事宜,唐山丰润区法院定于2017年4月13日开庭。

8.5　公司及其董事、监事和高级管理人员受到处罚情况

无。

8.6　对银监会提出的整改意见简要说明整改情况

8.6.1　关于五矿信托2015年的监管意见及整改情况

2016年4月,中国银监会青海监管局针对公司2015年整体情况下发监管意见,要求公司严格把控信托风险,强化员工责任意识;加强和改进基拙工作,确保非现场数据准确性;加强合规运营意识,提高规章制度执行效力;完善公司治理架构,切实有效发挥职能作用;推动公司创新转型,提升服务实体经济水平。公司认真学习监管意见,积极推进完成相关整改工作,完善公司治理架构,切实有效发挥各职能委员会的作用;加强基础工作建设,提高合规运营意识;加强制度建设,提高规章制度的执行力;加强与新闻媒体的沟通交流,严防声誉风险;增资扩股,积极探索创新领域;积极推进专业子公司筹备工作,激发发展活力,并将整改落实情况报告向青海银监局进行报送。

8.6.2　关于"五矿信托—信利达3号证券投资集合资金信托计划"的监管意见及整改情况

2016年5月,中国银监会青海监管局对信利达3号证券投资集合资金信托计划下发监管意见,要求公司修订完善《关于规范公司股票投资类结构化信托业务阶段性操作标准的通知》中与银监会相关规定不相符的条款内容,开展的结构化偏股型证券投资信托计划要严格按照《中国银监会办公厅关于进一步加强信托公司风险监管工作的意见》执行,不得变相放大劣后级受益人的杠杆比例。公司严格落实监管意见,修订完善相关业务制度,合理控制结构化偏股型证券投资信托杠杆比例,严格按照监管规定开展业务。

8.6.3　关于信托监管有效性相关问题的监管意见及整改情况

2016年6月,中国银监会青海监管局下发关于信托监管有效性检查相关问题的监管意见,要求公司持续推进落实"八项机制、八大责任",持续加强风险监管,持续完善市场准入监管,着力提升合规监管有效性,着力加大监管问责力度。公司坚决贯彻执行监管意见,继续加强异地展业行为规范,做到"三

盯三谈三报”，规范公司行政申请事项，持续推进落实“八项机制、八大责任”工作；继续加强风险管控；加大信息披露力度，严格规范关联交易，加强内控督导力度，着力提升合规监管力度。

8.6.4 关于房地产信托项目的监管意见及整改情况

2016 年 6 月，中国银监会青海监管局对公司下发了关于房地产信托项目的监管意见，要求公司认真贯彻落实房地产宏观调控政策，有效防控金融风险，探索转型发展方向；加强房地产信托项目内控审核力度，优化房地产信托项目业务结构，防止风险积累和扩大；加强房地产风险管控，对项目进行认真的尽职调查，按照“穿透”原则向下识别产品底层资产，并要求公司对存续的房地产信托项目全面进行合规制度执行情况自查和风险隐患自查。公司认真学习监管文件，对房地产业务进行了全面自查，同时，公司认真贯彻落实房地产宏观调控政策，以服务“去产能、去库存、去杠杆、降成本、补短板”五大任务为目标，加强房地产信托项目内控审核力度，提高准入门槛，注重区域选择，确保在经济下行压力下，合理控制房地产信托项目业务规模，优化房地产信托项目业务结构，加强房地产风险管控，缓释存量风险，严控增量风险，落实全面风险管控主体责任，建立健全房地产信托项目审批标准、操作流程和风险管理制度并切实执行，对项目进行认真的尽职调查，按照“穿透”原则向下识别产品底层资产，不开展不符合“四三二”条件的房地产的信托项目，并形成自查报告上报青海银监局。

8.6.5 关于新增信托风险项目的监管意见及整改情况

2016 年 7 月，中国银监会青海监管局对公司下发了关于新增信托风险项目的监管意见，要求公司加强风险管理、制定风险预案、加强风险评估、落实风险责任、加大问责力度。公司认真贯彻落实监管意见，对主动管理类和事务管理类信托风险项目的最新进展向青海银监局进行了汇报，同时强化项目风险审查、严控项目风险，加强传统业务领域的深耕细作，推动业务平稳发展的同时，鼓励类投行业务发展，加大与大客户、大渠道的深入合作，设置风险项目处置领导小组，制定风险项目处置预案，根据风险事件的性质组建问责小组，负责问责工作实施，加强对风险项目管控。

8.6.6 关于“两个加强，两个遏制”专项检查的监管意见及整改情况

2016 年 10 月，中国银监会青海监管局对公司下发了关于“两个加强，两个遏制”回头看现场检查的监管意见，要求公司尽快落实独立董事人选，有效发挥信托委员会作用；完善公司内部控制，切实提高制度执行力；强化事前、事中管理工作，切实履行受托责任；严抓业务合规性，切实防范信托风险，严格执行信政业务、证券业务、房地产业务、银信业务相关制度，持续强化风险排查工作，关注房地产、地方政府融资平台、产能过剩等领域信用风险，适时开展风险排查和压力测试，做好风险缓释准备。公司严格贯彻落实监管意见，制订整改方案，制订培训计划，加强内部学习和培训；落实独立董事人员任职资格核准事项，及时召开专业委员会会议；强化制度执行，完善公司内部控制；严格审核、规范展业，提高风险管控能力。

8.7 重大事项临时报告情况

无。

8.8 银监会及其省级派出机构认定的其他有必要让客户及相关利益人员了解的重要信息

无。

9. 公司监事会意见

监事会认为，报告期内公司依法运作，各项决策的程序符合国家法律、法规和《公司章程》及相关制度的规定，内控制度不断完善，董事会、高级管理层诚信、谨慎、认真地履行职责，未发现有违法、违规和损害受托人利益、股东利益和公司利益的行为。

监事会认为，公司本年度财务报告真实、客观地反映了公司的财务状况和经营成果。本年度财务报告已经天健会计师事务所审计，并出具了标准无保留意见的审计报告。

西部信托有限公司

1. 重要提示

1.1 公司董事会及董事保证本报告所载资料不存在任何虚假记载、误导性陈述或重大遗漏,并对其内容的真实性、准确性和完整性承担个别及连带责任。

1.2 公司独立董事声明本年度报告内容真实、准确和完整。

1.3 希格玛会计师事务所为本公司出具了无保留意见的年度审计报告。

1.4 公司董事长徐朝晖、主管会计工作的副总经理刘洁及计划财务部经理甄明声明:保证本年度报告中财务报告的真实、完整。

2. 公司概况

2.1 公司简介

2.1.1 中文名称:西部信托有限公司

2.1.2 中文名称简写:西部信托

2.1.3 英文名称:Western Trust Co.,Ltd.

2.1.4 英文名称缩写:WT

2.1.5 法定代表人:徐朝晖

2.1.6 注册地址:陕西省西安市东新街232号

2.1.7 邮政编码:710004

2.1.8 公司国际互联网网址:www. wti-xa. com

2.1.9 电子信箱:wti-xa@wti-xa. com

2.1.10 公司信息披露负责人:齐冰
联系电话:029-87396585
传真电话:029-87406300
电子信箱:wti-xa@wt-xa. com

2.1.11 选定的信息披露报纸:《证券时报》

2.1.12 年度报告备置地点:陕西省西安市东新街232号信托大厦15楼

2.1.13 聘请的会计师事务所:希格玛会计师事务所
地址:西安市高新路25号希格玛大厦3~4层

2.1.14 聘请的律师事务所:北京金诚同达律师事务所西安分所
地址:西安市沣惠南路华晶广场B座15层

2.2 组织结构

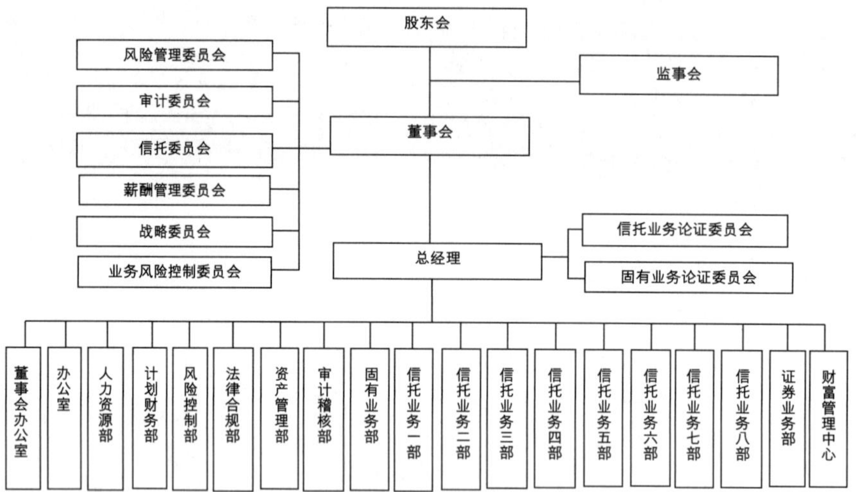

3. 公司治理

3.1 股东

截至2016年末,公司股东总数24个。

股东名称	持股比例(%)	法人代表	注册资本(亿元)	注册地址	主要经营业务及主要财务情况
陕西省电力建设投资开发公司	57.78	袁小宁	20	西安市东新街232号	省电力建设资金的筹集、省电力建设项目的开发和管理。

续表

股东名称	持股比例(%)	法人代表	注册资本(亿元)	注册地址	主要经营业务及主要财务情况
陕西省产业投资有限公司	8.66	贺伟轩	8	西安市莲湖区青年路92号	装备制造、能源交通、电子信息、房地产等产业项目的投资建设和运营。
重庆中侨置业有限公司	6.36	孙 飚	0.1	重庆市渝北区加州花园	五金、交电、装饰材料、建筑材料,化工产品及原料。

3.2 董事

董事长、董事

姓名	职务	性别	年龄(岁)	选任日期	所推荐的股东名称	该股东持股比例(%)	简要履历
徐朝晖	董事长	女	43	2012年8月	陕西省电力建设投资开发公司	57.78	1994年9月参加工作,大学学历,工商管理硕士学位,中共党员,西部信托有限公司董事长、党委书记。
范 明	董事	男	41	2012年8月	陕西省电力建设投资开发公司	57.78	1997年7月参加工作,研究生学历,经济师职称,具有证券从业资格和保险经纪、公估、代理从业资格;现任陕西能源集团有限公司金融证券部主任,陕西陕能投资管理有限公司总经理。
雷永泉	董事	男	45	2015年11月	陕西省电力建设投资开发公司	57.78	1991年7月参加工作,大学学历,高级会计师职称;现任陕西能源集团有限公司财务管理部主任。
杨永柱	董事	男	52	2015年11月	陕西省电力建设投资开发公司	57.78	1984年7月参加工作,研究生学历,高级会计师职称;现任陕西能源集团有限公司财务公司筹备负责人。
王毛安	董事	男	50	2015年11月	陕西省电力建设投资开发公司	57.78	1991年7月参加工作,研究生学历,硕士学位,高级会计师职称,注册会计师资格;现任陕西能源集团有限公司金融证券部副主任。
陈秀芬	董事	女	40	2015年11月	陕西省产业投资有限公司	8.66	2002年7月参加工作,硕士研究生,中级经济师,具备律师资格、企业法律顾问资格;现任陕西省产业投资有限公司董事、副总经理。
韩宗望	职工董事	男	44	2015年11月	西部信托有限公司	—	1993年参加工作,研究生学历,经济师职称;现任西部信托有限公司业务六部部门总经理。

独立董事

姓名	所在单位及职务	性别	年龄(岁)	选任日期	所推举的股东名称	该股东持股比例(%)	简要履历
羿 克	陕西融德律师事务所主任	男	47	2012年8月	—	—	西安交通大学经济法学硕士,中国社会科学院民商专业法学博士研究生,2005年至2008年任西安交通大学法学院客座教授,2008年至今任陕西融德律师事务所主任。
文富胜	北京旭日启源投资管理有限公司投资经理	男	48	2015年11月	—	—	大学本科学历,经济学学士,具有注册会计师、律师、注册资产评估师、经济师(金融)、保荐代表人等资格。
马旭飞	香港中文大学创业研究中心副主任	男	44	2015年11月	—	—	研究生学历,博士学位。先后毕业于西安交通大学、加拿大萨省大学商学院、新加坡国立大学商学院,香港中文大学商学院管理学系终身教授、博士生导师,战略管理和国际企业管理领域的知名学者。

3.3 监事

监事会成员

姓名	职务	性别	年龄(岁)	选任日期	所推荐的股东名称	该股东持股比例(%)	简要履历
樊来盈	监事会主席	男	46	2016年9月	彩虹集团公司	5.01	历任彩虹显示器件股份有限公司财务业务经理,咸阳彩虹热电有限公司财务部部长,合肥彩虹蓝光科技有限公司财务部部长,彩虹(合肥)光伏有限公司财务总监;现任彩虹集团公司副总经济师。
孙 飚	监事	男	49	2012年8月	重庆中侨置业有限公司	6.36	2000年至今担任重庆康信置业有限公司董事长,重庆中侨置业有限公司董事长,重庆金岛房地产有限公司董事长。
张 伟	职工监事	男	42	2015年10月	西部信托有限公司	—	1998年参加工作,大学学历,助理经济师职称,曾就职于陕西省西北信托投资有限公司;现任西部信托有限公司信托业务二部总经理。

本公司监事会未设立下属委员会。

3.4 高级管理人员

姓名	职务	性别	年龄（岁）	选任日期	金融从业年限（年）	学历	专业	简要履历
徐 谦	总经理	男	45	2015年11月	17	博士研究生	政治经济学	中共党员，博士学位，研究生学历，曾任长安国际信托股份有限公司投行部总经理，公司副总裁；现任公司总经理。
王 珂	副总经理	男	56	2015年11月	37	本科	经济管理	中共党员，本科学历，曾任工商银行总行信贷管理部授信处处长，工商银行陕西省分行管理部副总经理；现任公司副总经理。
刘 洁	副总经理	女	47	2015年11月	16	研究生	工商管理	硕士学位，研究生学历，高级经济师、注册会计师，曾任西部证券投资银行部高级经理，长安信托审计部总经理、风险控制部总经理、合规风险副总监、公司监事；现任公司副总经理。
蔡长生	副总经理	男	56	2015年11月	20	研究生	经济管理	中共党员，硕士学位，研究生学历，高级会计师，曾在国有大中型企业担任财务处长、副总会计师，西部信托有限公司任财务部经理、总经理助理兼审计法规部经理、董事会秘书、稽核总监；现任公司副总经理。
贾 旭	副总经理	男	47	2015年11月	24	研究生	工商管理	中共党员，经济师，硕士学位，研究生学历，曾任西部信托有限公司市场营销部经理、信托二部经理、总经理助理；现任公司副总经理。
齐 冰	副总经理	男	44	2015年11月	20	研究生	工商 管理	硕士学位，研究生学历，经济师，曾任西部证券银证券通营销中心副总经理、西安吉祥路证券营业部副总经理、客户资产管理总部副总经理、总经理，上海第二分公司总经理、总经理助理；现任公司副总经理、董事会秘书。

3.5 公司员工

项目		报告期年度		上年度	
		人数（人）	比例（%）	人数（人）	比例（%）
年龄分布	25岁以下	5	2.73	4	2.40
	25～29岁	43	23.50	40	23.50
	30～39岁	65	35.52	60	35.30
	40岁以上	70	38.25	66	38.80
学历分布	博士	2	1.09	2	1.10
	硕士	73	39.89	60	35.30
	本科	75	40.98	73	43
	专科	28	15.30	30	17.60
	其他	5	2.73	5	3
岗位分布	董事、监事及其高管人员	8	4.37	9	5.30
	自营业务人员	4	2.19	5	3
	信托业务人员	76	41.53	64	37.6
	其他人员	95	51.91	92	54.1

4. 经营管理

4.1 经营目标、方针、战略规划

综合运用各类市场资源，在公司内部逐步建立健全现代企业制度，建造科学合理的经营管理体制、激励机制和风险内控系统，为客户提供专业化的综合金融服务，为信托受益人谋求利益最大化，为股东创造价值最大化，为员工提供良好的成长机会，使公司成为具有高度诚信、主营突出、持续高效发展、知识密集型的专业理财金融机构。

以人为本，科学发展，打造信托行业的一流企业。以市场为导向，坚持诚信、稳健、合规经营。以实体经济和金融投资为重点，最大限度满足市场需求。不断加强业务创新力度，努力提升自有业务和信托业务的管理水平，严格控制风险，构建具备持续发展能力的盈利模式，创造理想的经济效益和社会效益。

坚持“受人之托，代人理财”的服务宗旨，以“跟随主流市场同时打造自身特色，进行业务综合布局”为战略方向，以“在锁定基石业务基础上，积极培养战略创新业务和传统业务创新思路”为战略定位，以立足陕西、拓展全国性业务为路径，在资本市场、基础设施建设、能源、装备制造业、基金化房地产、私人银行等领域，通过若干年的努力，在西部地区形成具有自身特色和较强影响力的“投资银行、资产管理、私人银行三位一体”的专业化金融资产管理公司。

4.2 所经营业务的主要内容

公司所经营业务包括固有资产管理业务和信托业务。

自营资产运用与分布表

资产运用	金额（万元）	占比（%）	资产分布	金额（万元）	占比（%）
货币资产	4 253.95	0.49	基础产业		
贷款及应收款	944.20	0.11	房地产业		
交易性金融资产	3 456.62	0.40	证券市场	598 885.69	69.40
可供出售金融资产	631 562.71	73.19	实业		
持有至到期投资	89 164.06	10.33	金融机构	243 988.19	28.27
长期股权投资			其他	20 086.07	2.33
其他	133 578.41	15.48			
资产总计	862 959.95	100.00	资产总计	862 959.95	100.00

信托资产运用与分布表

资产运用	金额（万元）	占比（%）	资产分布	金额（万元）	占比（%）
货币资产	68 829. 74	0. 50	基础产业	3 586 843. 00	25. 98
贷款	8 307 959. 58	60. 18	房地产	1 705 167. 33	12. 36
交易性金融资产	50 820. 77	0. 37	证券市场	47 206. 48	0. 34
可供出售金融资产	4 259 723. 41	30. 86	实业	6 469 000. 96	46. 86
持有至到期投资	574 577. 44	4. 16	金融机构	1 895 377. 53	13. 73
长期股权投资			其他	101 003. 74	0. 73
其他	542 688. 10	3. 93			
信托资产总计	13 804 599. 04	100. 00	信托资产总计	13 804 599. 04	100. 00

4.3 市场分析

2016 年，结构性调整、去库存、去产能、去杠杆是经济运行的主基调。一方面，过去支撑经济高增长的出口和投资的高增速难以恢复，经济增长的动力不足；另一方面，结构性调整对金融领域的负面影响将进一步显现，信贷类资产质量下降，融资风险暴露持续增加。资金将继续流向国有企业、政府投融资平台、上市公司等优秀企业。国家实施的鼓励创新、创业以及侧重于供给侧的各项改革措施，有利于改善和优化生产要素配置，缓解经济发展中的结构性矛盾，增强经济长期发展潜力，但短期内难以发挥出立竿见影的效果。

地方政府债务管理、房地产管理及资本市场监管等方面的政策变化对信托业务有较大的直接影响。随着地方政府负债进一步高企，强化地方债务的预算约束，进一步清理地方政府融资平台负债，将地方政府融资方式规范为直接发行地方政府债券。政信合作转向真正基于财政资金预算支出安排作为部分和全部还款资金来源，严格纳入财政预算管理的 PPP、BOT 等项目融资。国内房地产市场分化明显，以 16 个大型城市为代表的地区房价出现新一轮较快上涨，国家先后出台新一轮限制政策，房地产市场整体供过于求的局面没有改变，特别是三四线城市和部分土地供给过多、开发量过大的二线城市房地产低迷状况还将持续。资产管理和财富管理业务成为各类金融机构展业的重点。大资管格局下不同金融机构围绕资产管理和财富管理领域的同业竞争进一步加剧，同时提供更多基于各自资源优势和专业能力优势互补为基础的同业合作机会。

4.4 内部控制

公司重视内控建设，公司股东会、董事会、监事会、经营管理层各自的职能分工明确，建立了决策层、执行层、监督层构成的内部控制架构，在公司的经营发展中发挥着各自的职能与作用，形成了各层既相互独立，又相互制衡、相互协调的内部控制机制。

公司一直秉承“稳健经营、持续发展”的经营理念，始终把风险控制放在经营管理的首要位置，多层次、全方位推动积极有效的内控文化建设。通过培训学习、印发制度汇编等多种途径使全体员工熟悉公司的各项规章制度及业务操作流程；通过经常性的审计检查，不断强化员工的风险控制意识。

公司董事会下设风险管理委员会、信托委员会、薪酬管理委员会、战略委员会、审计委员会。各委员会职责清晰、分工明确，协助董事会开展公司各项工作。公司引入独立董事制度，并由独立董事出任信托委员会、薪酬管理委员会和审计委员会主任委员，以控制公司重大业务的经营风险，实现公司的稳健持续发展。

公司层面设置了信托业务论证委员会和固有业务论证委员会，建立了有效的业务咨询系统。业务部门在开办业务时首先要经过详细的可行性分析，经风险控制部进行项目预审，法律合规部合规审查，再提交专业论证委员会进行审议表决。公司审计稽核部负责内审工作，遵循内部审计准则和稽核工作规范，独立、客观地履行职能。公司《授权管理办法》对经营班子业务权限作出了明确规定，超过其范围的须经董事会审议通过后方可实施。

公司设立了业务风险控制委员会，人员由公司总经理、副总经理等组成，通过定期对业务项目风险跟踪、分析，对项目运行过程中的风险情况进行认真评估，排查业务项目风险隐患，建立了风险预警机制。

公司固有财产和信托财产设立独立的部门分别管理，各部门和岗位，职权分明，职能独立。公司不断地完善制度体系，将内部综合管理、业务管理、财务管理三大类制度进行梳理与汇总，力求公司经营管理环节都做到有章可循，照章办事。

公司建立了良好的信息交流与沟通制度，通过公司内网、高管的每周例会、中层以上管理人员不定期工作会议与各方达到了顺畅的信息互动。

公司依照规定的程序，及时、完整、准确地向监管部门报备有关材料，向社会公众披露相关信息，并积极整合反馈信息，将其有效地运用于公司的经营管理中。公司还邀请监管机构代表列席董事会、股东会会议，接受监管部门监督。公司能够严格执行向委托人（受益人）披露信托事务处理信息的有关制度，依据有关文件约定能及时召开委托人（受益人）会议，确保相关当事人的知情权。对于监管机构和委托人（受益人）提出的问题或建议，公司均能给予及时、详细的信息反馈。

公司建立了内部控制评价、监督、纠正机制。公司审计稽核部作为公司独立的专职监督部门，以防范风险、纠正违规、加强内控为工作目标，对公司的内部控制、操作风险及合规管理进行独立监督和评价，及时发现内部控制缺陷或项目操作风险，提出改进建议并敦促改进，促进公司的稳健发展。法律合规部负责对公司的法规工作进行统一的规划、指导、监督、检查及评价，确保公司及项目合法合规。

本报告期内，公司审计稽核部按照《企业内部控制基本规范》的有关规定，对公司治理、内部控制、项目管理、风险控制、合规管理、高管经济责任及离任等多个方面开展了审计工作，并提出了有关审计管理建议 38 条。报告期内审计稽核部两次对审计工作中发现的问题进行整改检查，使有关问题及时得到解决。

为推动内控体系建设，本公司分别成立了内控建设工作领导小组及内控建设工作小组，通过搜集整理《企业内部控制基本规范》及其配套指引以及中国银监会关于信托公司行业评级和信息披露有关内部控制的相关规定及公司现存制度、部门职责岗位设置及岗位说明书等，建立了内控建设查询资料信息库。

据此，结合《中央企业全面风险管理指引》，全面分析和诊断识别出所有的主要风险，根据公司的行业特点、业务情况、运营模式、风险因素等，对公司内部控制涵盖业务流程进行初步梳理，形成业务流程汇编。流程汇编包括内部环境类、控制活动类和控制手段类，基本涵盖了公司资金流、实物流、人力流和信息流等各项业务和事项。

公司本年度开展了一系列有关内控体系建设的工作，在2015年梳理内部控制流程的基础上，于西部信托有限公司2016年第三次临时股东会会议审议通过了《关于制定公司内部控制流程手册的议案》。据此，内部控制体系建设工作初步完成，公司在未来年度将继续开展完成内控评价改进以及内控审计工作。

4.5 风险管理

信用风险又称违约风险，是指交易对手不能履行合约义务而带来的风险。对公司而言，指的是信托当事人各自承担的对他方的责任全部或部分不能按时履行的风险。信用风险是公司面临的主要风险，主要表现为公司融资业务中融资方、担保方的信用风险。

合规风险主要是指因公司或公司员工的经营管理活动和执业行为违反法律、法规或准则而使公司受到法律制裁、被采取监管措施、遭受财产损失或声誉损失的风险。

市场风险是指公司在业务经营中所不可避免的因市场参数的波动而产生的风险。公司面临的市场风险主要是市场供求风险、股价波动风险、利率风险、汇率风险及同业竞争形成的风险和购买力风险。具体在信托业务中，如果股价波动、市场利率发生了与预期方向相反的变化，就会给相关业务带来不利影响，从而使公司净收益减少，降低投资效益。报告期内，公司密切关注各类市场风险，加强行业分析及研究。

操作风险是指公司内部业务流程、计算机系统、工作人员在操作中未按合同约定执行而产生的失误，可能给公司造成损失的风险，也指公司外部因素例如通信系统故障等可能给公司造成损失或影响公司正常运行的风险。报告期内，公司未发生因操作风险造成的损失。

其他风险主要是指公司业务开展中的政策风险、流动性风险、道德风险、声誉风险等。政策风险主要表现为宏观政策以及行业政策的变动对公司经营环境和发展所造成的影响。流动性风险是指信托业务在运行中，企业因种种原因造成了现金流量不足，从而有可能影响项目正常兑付的风险。道德风险指公司内部人员不诚信经营、不恪尽职守的风险。报告期内，公司未发生因其他风险所造成的损失。

为有效防控信用风险，公司一是制定了具体的业务管理制度和流程，所有业务均严格按照事前、事中、事后的风险管理原则进行管理，并严格按照业务流程、制度规定和相应程序开展各项业务，确保决策者充分了解业务涉及的信用风险；二是通过对交易对手进行全面、深入的信用调查与分析，形成客观、详实的尽职调查报告，向决策机构充分揭示业务涉及的信用风险；三是严格落实担保等措施，客观、公正地评估抵押物；四是通过项目实施过程中的动态监控及定期的资产五级分类进行风险事中控制；五是强化业务部门的后期尽职管理职能，形成翔实的项目后期尽职管理情况报告，定期向公司经营管理层等报告，并积极推进项目期间风险管理体系的完善，形成到期前6个月兑付风险的排查和管理制度；六是通过提取信托赔偿准备金和计提一般准备、据实计提专项准备来提高抵御风险的能力。公司采用“备抵法”计提一般准备，据实计提专项准备。贷款资产减值准备计提标准为：正常类计提比例0%；关注类计提比例2%；次级类计提比例25%；可疑类计提比例50%；损失类计提比例100%。报告期内，不良资产期初数为18 902.29万元，期末数为18 598.27万元，期末已计提资产减值准备11 305.28万元。

加强合规风险管理制度和体系的建设，用制度规范业务，用规范经营加强合规风险的防御；制定合规政策，从制度、教育、监督、纪律处罚等方面，对公司人员及其行为规范进行约束和管理；重视合规文化建设，提倡全员合规、合规从高层做起的管理理念，树立“风险管理是公司经营的立足之本”这一风险管理的核心价值观念。

公司针对不同的业务品种如基础产业类资金信托、房地产资金信托、证券投资信托等的市场风险状况和特点，采取了积极的应对措施。一是注重研究和防范系统性风险，形成了定期行业分析和研究制度，加强对国内外经济金融形势的分析和把握，注意跟踪宏观经济变化，特别是消费物价指数的变动，预测相关行业发展趋势，加强对市场风险的分析、识别，增强预见性，并防范利率风险；二是通过业务种类、产品结构的多元化提高公司抵御市场风险的整体能力，自主的或会同交易对手共同把握和规避市场风险；三是通过时机选择在资本市场寻找合适的投资标的，妥善管理和控制资本市场波动带来的风险；四是控制行业集中度，关注政策导向研究，回避限制行业；五是定期不定期地对项目进展情况进行检查评估，以灵活多样的方式确保资金按期回笼；六是聘请一些专业的机构参与项目的调查与评估，吸收专家意见防控风险。

为防止操作风险的发生，公司一是设定合理的决策权限、审批流程，建立严格的决策信息采集、传递程序，使决策人能够充分掌握基础决策信息；二是完善各项业务流程和操作规程，实行统一的业务标准和操作要求；三是不断完善公司的内控制度，建立职责分离、横向与纵向相互监督制约的机制；四是更新和完善信息化系统；五是加强员工培训，提高员工技能，通过技术手段对操作权限和内容进行程序设定、实行操作失误处罚、制定应急预案等措施减少人为操作失误。

为防范其他风险，公司一是通过对宏观政策和行业政策的跟踪、研究，提高预见性和前瞻性，控制政策风险；二是通过建立完善的公司治理结构、内控制度、业务流程，加强思想教育，调查交易对手的诚信记录，控制道德风险；三是加强项目风险排查，及时发现风险隐患并予以及时纠正，突出项目现金流量管理，加强对流动性风险的防范。

2016年末，公司净资本风险控制指标为：净资本65.09亿元，各项业务风险资本之和15.70亿元，净资本/各项业务风险资本之和为414.59%，净资本/净资产为93.20%。2016年，公司积极调整优化固有资产和信托业务结构，净资本各项监管指标均达到监管要求。

5. 报告期末及上一年度末的比较式会计报表

5.1 自营资产

5.1.1 会计师事务所审计结论

审计报告

希会审字(2017)0160号

西部信托有限公司:

我们审计了后附的西部信托有限公司(以下简称贵公司)财务报表,包括2016年12月31日的资产负债表,2016年度的利润表、金流量表和所有者权益变动表以及财务报表附注。

一、管理层对财务报表的责任

编制和公允列报财务报表是管理层的责任,这种责任包括:(1)按照企业会计准则的规定编制财务报表,并使其实现公允反映;(2)设计、执行和维护必要的内部控制,以使财务报表不存在由于舞弊或错误导致的重大错报。

二、注册会计师的责任

我们的责任是在执行审计工作的基础上对财务报表发表审计意见。我们按照中国注册会计师审计准则的规定执行了审计工作。中国注册会计师审计准则要求我们遵守中国注册会计师职业道德守则,计划和执行审计工作以对财务报表是否不存在重大错报获取合理保证。

审计工作涉及实施审计程序,以获取有关财务报表金额和披露的审计证据。选择的审计程序取决于注册会计师的判断,包括对由于舞弊或错误导致的财务报表重大错报风险的评估。在进行风险评估时,注册会计师考虑与财务报表编制和公允列报相关的内部控制,以设计恰当的审计程序,但目的并非对内部控制的有效性发表意见。审计工作还包括评价管理层选用会计政策的恰当性和作出会计估计的合理性,以及评价财务报表的总体列报。

我们相信,我们获取的审计证据是充分、适当的,为发表审计意见提供了基础。

三、审计意见

我们认为,贵公司财务报表在所有重大方面按照企业会计准则的规定编制,公允反映了贵公司2016年12月31日的财务状况以及2016年度的经营成果和现金流量。

希格玛会计师事务所(特殊普通合伙)　　西安市

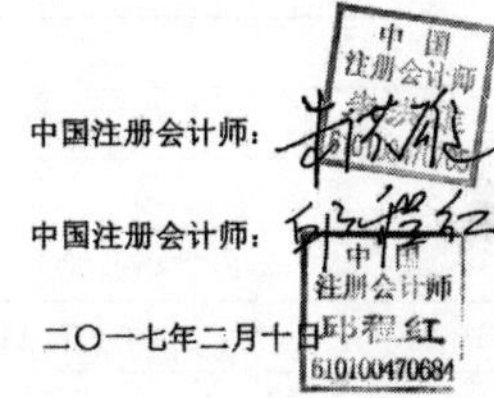

中国注册会计师:

中国注册会计师:

二〇一七年二月十日

5.1.2 资产负债表

资产负债表(自有业务)

编报单位:西部信托有限公司　　2016年12月31日　　单位:万元

资产	期末余额	期初余额	负债和所有者权益	期末余额	期初余额
资产:			负债:		
现金	0.75	1.08	短期借款		
银行存款	4 253.20	4 695.25	拆入资金		
结算备付金	14.36	10.63	交易性金融负债		
拆出资金			衍生金融负债		
交易性金融资产	3 456.62	353.81	卖出回购金融资产款		
衍生金融资产			应付职工薪酬	13 780.04	13 486.63
买入返售金融资产	13 950.48	100.00	应交税费	2 509.20	1 804.20
应收利息			应付利息		
应收款项	944.20	604.49	应付账款	4 315.84	
发放贷款和垫款			其他应付款	2 246.37	2 104.49
其他流动资产	112 033.00	63 350.00	应付股利	41.71	145.63
流动资产合计	134 652.61	69 115.26	其他流动负债		
可供出售金融资产	631 562.71	1 070 598.41	流动负债合计	22 893.16	17 540.95
持有至到期投资	89 164.06	59 792.07	长期借款		
长期股权投资			应付债券		
投资性房地产			预计负债		
固定资产	2 317.44	2 532.83	递延所得税负债	141 627.17	247 709.00
无形资产	20.00	26.00	其他非流动负债		
商誉			非流动负债合计	141 627.17	247 709.00
递延所得税资产	5 243.13	4 287.09	负债合计:	164 520.33	265 249.95

续表

资产	期末余额	期初余额	负债和所有者权益	期末余额	期初余额
长期待摊费用			所有者权益:		
其他非流动资产			实收资本	150 000.00	150 000.00
非流动资产合计	728 307.34	1 137 236.40	资本公积		
			其他综合收益	424 347.92	742 941.78
			盈余公积	26 711.85	19 118.67
			信托赔偿准备	13 355.92	9 559.34
			一般准备	18 564.25	18 564.25
			未分配利润	65 459.68	917.68
			所有者权益合计:	698 439.62	941 101.71
资产总计:	862 959.95	1 206 351.66	负债及所有者权益总计	862 959.95	1 206 351.66

公司负责人:徐朝晖　　主管财务总经理:刘　洁　　财务经理:甄　明　　制表:南志伟

5.1.3 利润表

利润表(自有业务)

编制单位:西部信托有限公司　　2016 年度　　单位:万元

项目	本年累计数	上年累计数
一、营业收入	120 034.87	118 988.72
利息收入	60.65	2 215.96
其中:贷款利息收入	0.00	2 075.96
同业存放利息收入	60.65	140.00
手续费及佣金收入	31 568.33	30 054.73
投资收益	85 160.12	86 474.47
其中:股权投资收入	7 619.42	2 823.12
证券销售差价收入	65 063.88	78 249.09
公允价值变动收益	464.48	208.18
汇兑收益	0.00	
其他业务收入	2 781.29	35.38
二、营业支出	21 437.00	22 830.61
利息支出	0.00	60.40
手续费及佣金支出	11.95	28.32
营业税金及附加	5 153.31	6 668.98
业务及管理费	12 701.25	12 350.41
资产减值损失	3 570.49	3 722.50
其他业务成本	0.00	
三、营业利润	98 597.87	96 158.11
加:营业外收入	101.87	
减:营业外支出	4.43	13.08
四、利润总额	98 695.31	96 145.03
减:所得税费用	22 763.55	23 161.77
五、净利润	75 931.76	72 983.26
六、每股收益		
(一)基本每股收益	0.51	0.49
(二)稀释每股收益	0.51	0.49
七、其他综合收益	-318 593.86	286 580.62
八、综合收益总额	-242 662.10	359 563.88

公司负责人:徐朝晖　　主管财务总经理:刘　洁　　财务经理:甄　明　　制表:南志伟

5.1.4 所有者权益变动表

所有者权益变动表

编制单位：西部信托有限公司　　2016 年度　　单位：元

项目	行次	本年金额										
		归属于母公司所有者权益									少数股东权益	所有者权益合计
		实收资本（或股本）	资本公积	其他综合收益	减：库存股	信托赔偿准备	盈余公积	△一般风险准备	未分配利润	其他	小计		
栏次	—	1	2	3	4	5	6	7	8	9	10	11
一、上年年末余额	1	150 000.00		742 941.78		9 559.33	19 118.67	18 564.25	917.68		941 101.71		941 101.71
加：会计政策变更	2												
前期差错更正	3												
二、本年年初余额	4	150 000.00		742 941.76		9 559.33	19 116.67	18 564.25	917.68		941 101.71		941 101.71
三、本年增减变动金额（减少以"－"号填列）	5			−318 593.86		3 796.59	7 593.18	0.00	64 542.00		−242 662.09		−242 662.09
（一）净利润	6								75 931.77		75 931.77		75 931.77
（二）其他综合收益	7			−318 593.86							−318 593.86		−318 593.86
综合收益小计	8			−318 593.86					75 931.77		−242 662.09		−242 662.09
（三）所有者投入和减少资本	9												
1. 所有者投入资本	10												
2. 股份支付计入所有者权益的金额	11												
3. 其他	12												
（四）专项储备提取和使用	13												
1. 提取专项储备	14												
2. 使用专项储备	15												
（五）利润分配	16					3 796.59	7 593.18	0.00	−11 389.77				
1. 提取盈余公积	17						7 593.18		7 593.18				
其中：法定公积金	18						7 593.18		7 593.18				
任意公积金	19												
#储备基金	20												
#企业发展基金	21												
#利润归还投资	22												
2. 提取一般风险准备	23					3 796.59			−3 796.59				
3. 对比所有者（或股东）的分配	24												
4. 其他	25												
（六）所有者权益内部结转	26												
1. 资本公积转增资本（或股本）	27												
2. 盈余公积转增资本（或股本）	28												
3. 盈余公积弥补亏损	29												
4. 其他	30												
四、本年年末余额	31	150 000.00		47 347.92		13 355.92	26 711.85	15 564.25	65 459.68		698 439.62		698 439.62

公司负责人：徐朝晖　　主管财务总经理：刘洁　　财务经理：甄明　　制表：南志伟

所有者权益变动表（续）

编制单位：西部信托有限公司　　2016 年度　　单位：万元

项目	行次	上年金额										
		归属于母公司所有者权益									少数股东权益	所有者权益合计
		实收资本（或股本）	资本公积	其他综合收益	减：库存股	信托赔偿准备	盈余公积	△一般风险准备	未分配利润	其他	小计		
栏次	—	1		2	3	4	5	6	7	8	9	10	11
一、上年年末余额	1	62 000. 00		456 361. 16		5 910. 17	11 820. 34	11 143. 70	34 302. 46		581 537. 83		581 537. 83
加：会计政策变更	2												
前期差错更正	3												
二、本年年初余额	4	62 000. 00		456 361. 61		5 910. 17	11 820. 34	11 143. 70	34 302. 46		581 537. 83		581 537. 83
三、本年增减变动金额（减少以"－"号填列）	5	88 000. 00		286 580. 62		3 649. 16	7 289. 33	7 420. 55	-33 384. 78		359 553. 88		359 553. 88
（一）净利润	6								72 983. 25		72 983. 25		72 983. 25
（二）其他综合收益	7			286 580. 62							286 580. 62		286 580. 62
综合收益小计	8			286 580. 62							359 553. 88		359 553. 88
（三）所有者投入和减少资本	9												
1. 所有者投入资本	10												
2. 股份支付计入所有者权益的金额	11												
3. 其他	12												
（四）专项储备提取和使用	13												
1. 提取专项储备	14												
2. 使用专项储备	15												
（五）利润分配	16					3 649. 16	7 298. 33	7 420. 55	-18 368. 04				
1. 提取盈余公积	17						7 298. 33		7 298. 33				
其中：法定公积金	18						7 298. 33		7 298. 33				
任意公积金	19												
#储备基金	20												
#企业发展基金	21												
#利润归还投资	22												
2. 提取一般风险准备	23					3 649. 16		7 420. 55	-11 069. 71				
3. 对比所有者（或股东）的分配	24												
4. 其他	25												
（六）所有者权益内部结转	26	88 000. 00							-88 000. 00				
1. 资本公积转增资本（或股本）	27												
2. 盈余公积转增资本（或股本）	28												
3. 盈余公积弥补亏损	29												
4. 其他	30	88 000. 00							-88 000. 00				
四、本年年末余额	31	150 000. 00		742 941. 78		9 559. 33	19 118. 67	18 564. 25	917. 68		941 101. 71		941 101. 71

公司负责人：徐朝晖　　主管财务总经理：刘洁　　财务经理：甄明　　制表：南志伟

5.2 信托资产

5.2.1 信托项目资产负债汇总表

信托项目资产负债表

编制单位：西部信托有限公司　　2016 年 12 月 31 日　　单位：万元

资产	期末余额	期初余额	负债和权益	期末余额	期初余额
资产：			负债：		
货币资金	68 829. 74	48 776. 60	交易性金融负债		
拆出资金			衍生金融负债		
结算备付金	8 201. 10	22 851. 76	应付账款	11 405. 67	25 294. 70
交易性金融资产	50 820. 77	40 039. 53	卖出回购金融资产		
衍生金融资产			应付赎回款		
买入返售金融资产	1 800. 01		应付受托人报酬	27. 30	73. 73
应收账款	2 147. 56	6 054. 55	应付受益人收益	76. 62	10 404. 75
应收利息			应付托管费		
应收股利			应付销售服务费		
应收票据			应交税费		
应收申购款			应付利息		
其他应收款	3 815. 68		其他应付款		
存出保证金			其他负债		
发放贷款	8 307 959. 58	6 112 116. 57	负债合计	11 509. 59	35 773. 18
长期应收款					
可供出售金融资产					
持有至到期投资	4 259 723. 41	2 444 470. 33			
长期股权投资	574 577. 44	1 267 181. 37	权益：		
投资性房地产			实收信托	13 746 812. 93	10 112 732. 81
融资租赁资产			资本公积		
固定资产			未分配利润	46 276. 52	53 607. 72
固定资产清理			权益合计	13 793 089. 45	10 166 340. 53
无形资产					
长期待摊费用					
其他资产	526 723. 75	260 623. 00			
资产总计	13 804 599. 04	10 202 113. 71	负债和权益总计	13 804 599. 04	10 202 113. 71

5.2.2 信托项目利润及利润分配汇总表

信托项目利润表

编制单位：西部信托有限公司　　2016 年　　单位：万元

项目	本年累计数	上年累计数
一、收入	1 027 866. 18	928 464. 91
利息收入	640 280. 50	439 128. 30
投资收益（损失以“－”号填列）	386 908. 55	492 420. 41
其中：对联营企业和合营企业的投资收益		
公允价值变动收益（损失以“－”号填列）	312. 88	－3 447. 48
租赁收入		
汇兑损益（损失以“－”号填列）		
其他收入	364. 25	363. 68
二、支出	83 306. 02	82 886. 66
营业税金及附加		
受托人报酬	36 732. 94	30 085. 69
托管费	12 388. 94	10 993. 99

续表

项目	本年累计数	上年累计数
投资管理费	26 249. 98	20 516. 28
销售服务费	1 373. 82	1 781. 49
交易费用	214. 37	8 002. 00
利息支出	0. 06	
资产减值损失		
其他费用	6 345. 91	11 507. 21
三、信托净利润（净亏损以“－”号填列）	944 560. 16	845 578. 25
四、其他综合收益		
五、综合收益	944 560. 16	845 578. 25
加：期初未分配信托利润	53 607. 72	68 258. 82
六、可供分配的信托利润	998 167. 88	913 837. 07
减：本期已分配信托利润	951 891. 36	860 229. 35
七、期末未分配信托利润	46 276. 52	53 607. 72

6. 会计报表附注

6.1 简要说明报告年度会计报表编制基准、会计政策、会计估计和核算方法发生的变化

本年度主要会计报表编制基准、会计政策、会计估计和核算方法未发生变化。

6.2 或有事项说明

本公司无对外担保事项。截至2016年12月31日，未发生其他影响本年度会计报表阅读和理解的重大或有事项。

6.3 重要资产转让及出售的说明

2016年上半年，公司通过交易所市场集中竞价减持所持有的西部证券（股票代码:002673）股票共计27 955 600股，占上市公司总股本的1%。减持后，公司持有的西部证券股票共计272 044 400股，占上市公司总股本的9.73%。

6.4 会计报表中重要项目的明细资料

6.4.1 披露自营资产经营情况

6.4.1.1 按信用风险五级分类结果披露信用风险资产的期初数、期末数

信用风险资产五级分类（万元）	正常类（万元）	关注类（万元）	次级类（万元）	可疑类（万元）	损失类（万元）	信用风险资产合计（万元）	不良资产合计（万元）	不良资产率（%）
期初数	1 188 337.16		14 890.00		4 012.29	1 207 239.45	18 902.29	1.57
期末数	848 085.64			14 585.98	4 012.29	866 683.91	18 598.27	2.15

注:不良资产合计=次级类+可疑类+损失类。

6.4.1.2 各项资产减值损失准备的期初数、本期计提、本期转回、本期核销、期末数

单位:万元

	期初数	本期计提	本期转回	本期核销	期末数
贷款损失准备	3 522.21				3 522.21
一般准备					
专项准备	3 522.21				3 522.21
其他资产减值准备	4 212.58	3 570.49			7 783.07
可供出售金融资产减值准备	322.2	3 570.49		3 722.50	7 615.19
持有至到期投资减值准备	3 722.50			−3 722.50	
长期股权投资减值准备					
坏账准备	167.88				167.88
投资性房地产减值准					

6.4.1.3 自营股票投资、基金投资、债券投资、股权投资等投资业务的期初数、期末数

单位:万元

	自营股票	基金	债券	长期股权投资	其他投资	合计
期初数	1 009 993.54	10 000.00			148 494.42	1 168 487.96
期末数	584 935.21	50 000.00			215 231.66	850 166.87

6.4.1.4 按投资入股金额排序，前三名的自营长期股权投资的企业名称、占被投资企业权益的比例及投资收益情况等

无。

6.4.1.5 前三名的自营贷款的企业名称、占贷款总额的比例和还款情况等（依大小顺序排列）

单位:%

企业名称	占贷款总额的比例	还款情况
1. 广州天龙大酒店	65.92	逾期
2. 陕西恒丰乳品厂	15.01	逾期
3. 西安华大电子技术有限公司	6.93	逾期

注:2016年末，公司存续贷款都为继承的合并前两家公司的债权，经过多年的清收，存续贷款的借款企业有的面临破产或实际上已经破产，公司已对存续贷款全额计提了减值准备。

6.4.1.6 表外业务的期初数、期末数，按照代理业务、担保业务和其他类型表外业务分别披露

无。

6.4.1.7 公司当年的收入结构（母公司口径和并表口径同时披露）

收入结构	金额（万元）	占比（%）
手续费及佣金收入	31 568.33	26.28
其中:信托手续费收入	31 568.33	26.28
投资银行业务收入		
利息收入	60.65	0.05
其他业务收入	2 781.29	2.31
其中:计入信托业务收入部分		
投资收益	85 160.12	70.89
其中:股权投资收益	7 619.42	6.34
证券投资收益	65 063.88	54.16
其他投资收益	12 476.82	10.39
公允价值变动收益	464.48	0.39
营业外收入	101.87	0.08
收入合计	120 136.74	100.00

注:手续费及佣金收入、利息收入、其他业务收入、投资收益、营业外收入均应为损益表中的科目，其中手续费及佣金收入、利息收入、营业外收入为未抵减掉相应支出的全年累计实现收入数。

6.4.2 披露信托财产管理情况

6.4.2.1 信托资产的期初数、期末数

单位:万元

信托资产	期初数	期末数
集合类	913 980.89	3 023 417.26
单一类	9 287 008.63	10 495 258.06
财产管理类	1 124.19	285 923.72
合计	10 202 113.71	13 804 599.04

6.4.2.1.1 主动管理型信托业务的信托资产期初数、期末数，分证券投资、股权投资、融资、事务管理类分别披露

单位:万元

主动管理型信托资产	期初数	期末数
证券投资类	64 497.50	126 950.38
股权投资类	689 005.05	430 362.25
融资类	1 033 337.41	1 640 339.52
事务管理类	863 510.82	377 339.20
合计	2 650 350.78	2 574 991.35

6.4.2.1.2 被动管理型信托业务的信托资产期初数、期末数，分证券投资、股权投资、融资、事务管理类分别披露

单位：万元

被动管理型信托资产	期初数	期末数
证券投资类	695.74	0
股权投资类	57 005.67	119 176.33
融资类	50 374.69	224 560.47
事务管理类	7 443 686.83	10 885 870.89
合计	7 551 762.93	11 229 607.69

6.4.2.2 本年度已清算结束的信托项目个数、实收信托合计金额、加权平均实际年化收益率

6.4.2.2.1 本年度已清算结束的集合类、单一类资金信托项目和财产管理类信托项目个数、实收信托合计金额、加权平均实际年化收益率

已清算结束的信托项目	项目个数（个）	实收信托合计金额（万元）	加权平均实际年化收益率（%）
集合类	25	458 714.46	14.29
单一类	159	7 399 736.59	6.69
财产管理类	0	0	0

注：1. 收益率是指信托项目清算后，给受益人赚取的实际收益水平。

2. 加权平均实际年化收益率＝（信托项目1的实际年化收益率×信托项目1的实收信托＋信托项目2的实际年化收益率×信托项目2的实收信托＋…＋信托项目n的实际年化收益率×信托项目n的实收信托）/（信托项目1的实收信托＋信托项目2的实收信托＋…＋信托项目n的实收信托）×100%。集合项目兑付收益率较高主要是因为已清算证券类项目收益率为28.16%，导致整体集合项目收益率偏高。

6.4.2.2.2 本年度已清算结束的主动管理型信托项目个数、实收信托合计金额、加权平均实际年化收益率，分证券投资、股权投资、融资、事务管理类分别计算并披露。

已清算结束的信托项目	项目个数（个）	实收信托合计金额（万元）	加权平均实际年化信托报酬率（%）	加权平均实际年化收益率（%）
证券投资类	7	145 252.01	0.24	28.16
股权投资类	2	56 142.45	0.41	5.87
融资类	19	771 130.00	0.51	5.74
事务管理类	8	325 480.00	0.05	6.22

注：加权平均实际年化信托报酬率＝（信托项目1的实际年化信托报酬率×信托项目1的实收信托＋信托项目2的实际年化信托报酬率×信托项目2的实收信托＋…＋信托项目n的实际年化信托报酬率×信托项目n的实收信托）/（信托项目1的实收信托＋信托项目2的实收信托＋…＋信托项目n的实收信托）×100%。

6.4.2.2.3 本年度已清算结束的被动管理型信托项目个数、实收信托合计金额、加权平均实际年化收益率，分证券投资、股权投资、融资、事务管理类分别计算并披露

已清算结束的信托项目	项目个数（个）	实收信托合计金额（万元）	加权平均实际年化信托报酬率（%）	加权平均实际年化收益率（%）
证券投资类	0	0	0	0
股权投资类	8	605 200.00	0.11	7.23
融资类	12	615 000.00	0.11	6.18
事务管理类	128	5 340 246.59	0.38	6.93

6.4.2.3 本年度新增集合类、单一类、财产管理类信托项目个数、实收信托合计金额

新增信托项目	项目个数（个）	实收信托合计金额（万元）
集合类	47	2 881 240
单一类	167	8 638 566.72
财产管理类	5	462 690.00
新增合计	219	11 982 496.72
其中：主动管理型	43	2 285 095.00
被动管理型	176	9 697 401.72

注：本年新增信托项目指在本报告年度内累计新增的信托项目个数和金额，包含本年度新增并于本年度内结束的项目和本年度新增至报告期末仍在持续管理的信托项目。

6.4.2.4 信托业务创新成果和特色业务有关情况

无。

6.4.2.5 本公司履行受托人义务情况及因公司自身责任而导致的信托资产损失情况（合计金额、原因等）

本年度，公司尽职履行受托人职责，没有发生因公司自身责任而导致的信托资产损失的情况。

6.5 关联方关系及其交易的披露

6.5.1 关联交易方的数量、关联交易的总金额及关联交易的定价政策等

	关联交易方数量（个）	关联交易金额（万元）	定价政策
合计	8	365.58	按市场公允价格定价

注："关联交易"定义应以《公司法》《企业会计准则第36号——关联方披露》有关规定为准。

6.5.2 关联交易方与本公司的关系性质，关联交易方的名称、法人代表、注册地址、注册资本及主营业务等

单位：万元

关系性质	关联方名称	法定代表人	注册地址	注册资本	主营业务
股东	陕西省投资（集团）有限公司	袁小宁	西安市东新街232号陕西信托大厦11～13楼	300 000	对全省性重点产业领域和重大发展项目进行投资开发和经营。
受同一控股股东及最终控制方控制	西部证券股份有限公司	刘建武	西安市东新街232号	279 557	证券经纪；证券投资咨询；与证券交易、证券投资活动有关的财务顾问；证券承销与保荐；证券自营；证券资产管理；融资融券；证券投资基金代销；为期货公司提供中间介绍业务；代销金融产品业务。

续表

关系性质	关联方名称	法定代表人	注册地址	注册资本	主营业务
同受最终控制方控制	陕西金信物业管理发展有限公司	张智博	西安市碑林区朱雀路中段1号	612	物业管理；房地产咨询服务；物业区域有偿服务；停车场经营服务；秩序维护管理及服务；绿化养护；清洁、石材及家政的服务等
最终控制方	陕西能源集团有限公司	袁小宁	西安市东新街232号陕西信托大厦	1 000 000	煤田地质、矿产勘查；电力、化工、矿业的开发；项目投资；房地产开发与经营等
同受最终控制方控制	陕西金泰恒业房地产有限公司	马亚鹏	西安市高新区电子二路8号	60 000	房地产开发、销售、租赁；物业管理

6.5.3　本公司与关联方的重大交易事项

6.5.3.1　固有与关联方交易情况：贷款、投资、租赁、应收账款担保、其他方式等期初汇总数、本期借方和贷方发生额汇总数、期末汇总数

单位：万元

固有与关联方关联交易				
	期初数	借方发生额	贷方发生额	期末数
贷款				
投资		29 000.00	19 000.00	10 000.00
租赁		273.62	273.62	
担保				
应收账款				
其他		88.05	88.05	
合计		29 361.67	19 361.67	10 000.00

备注：1. 公司租赁母公司的办公楼，2016年支付租金273.62万元；

2. 公司2016年接受陕西金信物业管理发展有限公司（同受最终控制方控制）的物业服务，支付物业费41.28万元；

3. 公司以自有资金购入西部证券下属子公司西部利得基金管理有限公司发行的理财产品29 000万元（期末余额10 000万元），取得投资收益46.77万元。

6.5.3.2　信托与关联方交易情况：贷款、投资、租赁、应收账款、担保、其他方式等期初汇总数、本期借方和贷方发生额汇总数、期末汇总数

单位：万元

信托与关联方关联交易				
	期初数	借方发生额	贷方发生额	期末数
贷款				
投资				
租赁				
担保				
应收账款				
其他	200 000.00	11 003.91	200 003.91	11 000.00
合计	200 000.00	11 003.91	200 003.91	11 000.00

注：1. 2016年，陕西金泰恒业房地产有限公司委托公司成立西部信托—金泰单一资金信托计划，信托规模11 000万元，信托资金用于认缴陕西金泰发展股权管理合伙企业的有限合伙份额。

2. 西部证券股份有限公司为信托计划提供财务顾问服务，信托计划支付财务顾问费3.91万元。

6.5.3.3　信托公司自有资金运用于自己管理的信托项目（固信交易）、信托公司管理的信托项目之间的相互（信信交易）交易金额，包括余额和本报告年度的发生额

6.5.3.3.1　固有与信托财产之间的交易金额期初汇总数、本期发生额汇总数、期末汇总数

单位：万元

固有财产与信托财产相互交易			
	期初数	本期发生额	期末数
合计	29 753.28	8 907.44	38 660.72

注：以固有资金投资公司自己管理的信托项目受益权，或购买自己管理的信托项目的信托资产均应纳入统计披露范围

6.5.3.3.2　信托项目之间的交易金额期初汇总数、本期发生额汇总数、期末汇总数

单位：万元

信托资产与信托财产相互交易			
	期初数	本期发生额	期末数
合计			

注：以公司受托管理的一个信托项目的资金购买自己管理的另一个信托项目的受益权或信托项下资产均应纳入统计披露范围。

6.5.4　逐笔披露关联方逾期未偿还本公司资金的详细情况以及本公司为关联方担保发生或即将发生垫款的详细情况

无。

6.6　会计制度的披露

6.6.1　固有业务

自2008年1月1日起执行财政部2006年2月15日颁布的企业会计准则及其后续规定。

6.6.2　信托业务

自2010年1月1日起执行企业会计准则及其后续规定。

7. 财务情况说明书

7.1　利润实现和分配情况

本年净利润在提取法定公积金及各项准备金后，留存金额为64 541.99万元。以前年度留存的未分配利润917.68万元，可供分配利润合计65 459.67万元。

根据公司年末可供分配利润情况，公司拟实施以下股利分配方案：

一是以2016年末股本为基数，每股分配现金股利0.10元，合计分配现金股利15 000.00万元。

二是在分配现金股利的基础上，以剩余未分配利润向全体股东同比例转增注册资本50 000.00万元，转增后，公司注册资本由150 000万元变更为200 000.00万元。本次转增后，公司股权结构以及各股东持股比例不发生变化。

7.2 主要财务指标

指标名称	指标值
资本利润率(%)	9.26
加权年化信托报酬率(%)	0.26
人均净利润(万元)	430.21

注:1. 资本利润率 = 净利润/所有者权益平均余额 ×100%。

2. 加权年化信托报酬率 = (信托项目 1 的实际年化信托报酬率 × 信托项目 1 的实收信托 + 信托项目 2 的实际年化信托报酬率 × 信托项目 2 的实收信托 + … + 信托项目 n 的实际年化信托报酬率 × 信托项目 n 的实收信托)/(信托项目 1 的实收信托 + 信托项目 2 的实收信托 + … + 信托项目 n 的实收信托) ×100%。

3. 人均净利润 = 净利润/平均人数。

4. 平均值采取年初、年末余额简单平均法,公式为:a(平均) = (年初数 + 年末数)/2。

7.3 对本公司财务状况、经营成果有重大影响的其他事项

2016 年,公司择机减持持有的西部证券股份 2 795.56 万股,实现投资收益 64 314.43 万元,增加公司年度利润总额 60 563.58万元,增加公司年度净利润 45 422.69 万元。减持后,公司仍持有西部证券股份 27 204.44 万股,约占西部证券总股本的 9.73%。

8. 特别事项揭示

8.1 前五名股东报告期内变动情况及原因

无。

8.2 董事、监事及高级管理人员变动情况及原因

公司于 2016 年 9 月 23 日召开了 2016 年第三次临时股东会会议,同意樊来盈出任西部信托有限公司第五届监事会监事,于 2016 年 12 月 13 日召开了五届三次临时监事会会议,推选樊来盈担任西部信托有限公司第五届监事会主席,姜阿合不再担任公司监事及监事会主席职务。

8.3 变更注册资本、变更注册地或公司名称、公司分立合并事项

无。

8.4 公司的重大诉讼事项

8.4.1 重大未决诉讼事项

(1)陕西五羊集团诉陕西智圣科技贸易有限公司、刘治安、刘治军、陕西瑞德实业发展有限公司、西部信托有限公司、陕西康华有限责任会计师事务所房屋租赁纠纷,金额 297 余万元,起诉时间:2008 年 9 月。

(2)公司分别于 2013 年 2 月 5 日和 2013 年 3 月 5 日向新疆天基水泥有限公司发放 7 000 万元和 6 000 万元贷款,到期日为 2015 年 3 月 5 日。由于天基水泥公司因政策、市场及自身经营等原因到期无力偿还贷款本息。公司于 2016 年 1 月 13 日向陕西省西安市汉唐公证处申请出具了《执行证书》[(2006)陕证执字第 012 号],并于 2016 年 2 月 2 日向阿克苏地区中级人民法院登记立案。

8.4.2 以前年度发生,于本报告年度内终结的诉讼事项

无。

8.4.3 本报告年度发生,与本报告年度内终结的诉讼事项

无。

8.5 公司及其董事、监事和高级管理人员受到处罚的情况

无。

8.6 银监会及其派出机构对公司提出的整改意见,及整改情况说明

无。

8.7 本年度重大事项临时报告的简要内容、披露时间、所披露媒体及其版面

2016 年 1 月 19 日在《证券时报》B001 版,公司对完成了以下事项的工商变更进行了公告:(1)公司原股东单位上海证大投资发展有限公司名称变更为上海证大投资发展股份有限公司;(2)公司原股东单位陕西省电力公司变更为深圳市圳阳投资发展有限公司;(3)公司注册资本由 6.2 亿元变更为 15 亿元。

2016 年 4 月 27 日在《证券时报》B007 版,对公司《2015 年度报告》进行了公告。

2016 年 12 月 24 日在《证券时报》B002 版,对雷永泉、杨永柱、王毛安、陈秀芬、韩宗望担任西部信托董事,文富胜、马旭飞担任西部信托独立董事的任职资格已获得监管部门核准进行了公告。

对徐谦担任西部信托总经理,蔡长生、贾旭担任西部信托副总经理及齐冰担任西部信托副总经理、董事会秘书的任职资格获得监管部门核准进行了公告。

对樊来盈出任西部信托有限公司第五届监事会监事并担任西部信托有限公司第五届监事会主席事宜进行了公告。

8.8 银监会及其省级派出机构认定的其他有必要让客户及相关利益人了解的重要信息

无。

9. 监事会意见

监事会认为,报告期内公司运作规范,决策程序合法。董事会能够认真执行股东会决议、履行董事会职责;董事会会议召开的程序、审议事项及表决等均符合法律和《公司章程》的规定。董事、高级管理人员在履行职务时,勤勉尽责,恪尽职守,没有违反法律、法规、《公司章程》和损害公司及股东利益的行为。

公司 2016 年度财务报告真实地反映了公司的财务状况和经营成果。公司财务核算合规,符合财务管理制度要求。记账方法符合规范,责任人明确,会计报表真实反映了经营成果。

公司 2016 年度报告的编制和审议程序符合相关法律、法规、《公司章程》及公司内控制度的有关规定;年报的内容真实、准确、完整。

西藏信托有限公司

1. 重要提示

1. 公司董事会及董事保证本报告所载资料不存在任何虚假记载、误导性陈述或者重大遗漏,并对其内容的真实性、准确性和完整性承担个别及连带责任。

2. 本年度报告摘要摘自年度报告全文,客户及相关利益人欲了解详细内容,请阅读年度报告全文。

3. 公司独立董事对本报告内容真实性、完整性和准确性无异议。

4. 公司编制的 2016 年度财务报告已经天职国际会计师事务所(特殊普通合伙)审计,并出具了标准无保留意见的审计报告。

5. 公司负责人董事长苏生有、总经理查松、财务总监吴嘉怡声明:保证年度报告中财务报告的真实、完整。

2. 公司概况

2.1 公司简介

2.1.1 公司简介

西藏信托有限公司(以下简称公司)成立于 1991 年 10 月,原名为西藏自治区信托投资公司,是经西藏自治区人民政府和中国人民银行批复成立,由西藏自治区财政厅控股的非银行金融机构。2002 年 3 月,根据中国人民银行成都分行批复(银复[2002]63 号),公司进行了重新登记。2007 年起,公司根据《信托法》《信托公司管理办法》的规定,进行了业务调整。公司根据西藏自治区财政厅下发的《关于西藏自治区信托投资公司资产剥离方案的批复》(藏财企字[2009]9 号)以及公司与西藏自治区投资有限公司签订的资产负债划转协议,进行了资产剥离。至 2010 年 9 月完成了资产剥离、重新登记、换发金融许可证工作。根据《中国银监会关于西藏自治区信托投资公司变更公司名称和业务范围的批复》(银监复[2010]436 号),于 2010 年 12 月公司更名为西藏信托有限公司。

2.1.2 公司法定中文名称:西藏信托有限公司;公司法定英文名称 Tibet Trust Corporation Limited

2.1.3 法定代表人:苏生有

2.1.4 注册地址:西藏自治区拉萨市经济开发区博达路 1 号阳光新城别墅区 A7 栋

2.1.5 邮政编码:850000

2.1.6 电子信箱:wujy@ ttco. cn

2.1.7 信息披露事务负责人:荀诗敏
联系人:荀诗敏
联系电话:010 -85353577
传 真:010 -85906796
电子信箱:xunsm@ ttco. cn

2.1.8 公司选定的信息披露报纸名称:《上海证券报》

2.1.9 公司年度报告备置地点:公司风控合规部

2.1.10 公司聘请的审计事务所:天职国际会计师事务所(特殊普通合伙)
地址:北京市海淀区车公庄西路 19 号外文文化创意园 12 号楼
邮政编码:100048

2.1.11 公司聘请的律师事务所:北京市嘉源律师事务所
地址:北京市西城区复兴门内大街 158 号远洋大厦 F408
邮政编码:100031

2.2 组织架构

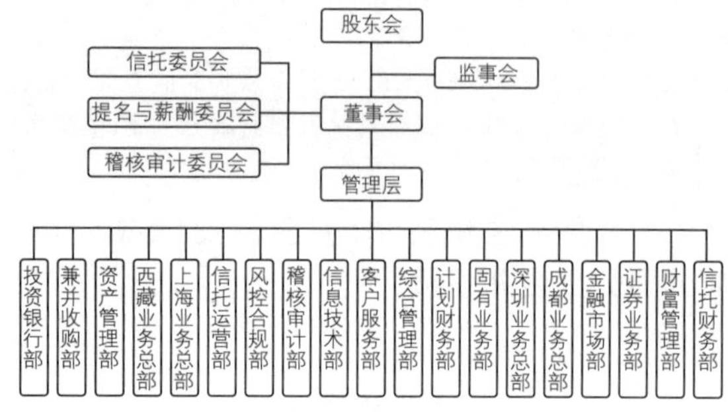

注:管理层包括总经理、副总经理、总经理助理、财务总监。

3. 公司治理

3.1 股东

单位:%

股东名称	持股比例	法人代表	注册地址
西藏自治区财政厅	80	郎福宽	拉萨市北京西路 23 号
西藏自治区投资有限公司	20	白玛才旺	拉萨市经济技术开发区博达路 1 号(阳光新城别墅区 A5、A7 号)

3.2 董事、董事会及其下属委员会

3.2.1 董事

姓名	职务	性别	年龄（岁）	选任日期	代表股东	简要履历
苏生有	董事长	男	58	2012年9月	财政厅	曾任西藏财政厅办公室调研员、副巡视员；现任公司董事长。
王运金	董事	男	68	2012年9月	无	曾任西藏自治区信托投资公司常务副总经理、总经理、董事长，已退休；现任公司独立董事。
任显成	董事	男	53	2012年9月	西藏自治区投资有限公司	曾任西藏财贸公司总经理、西藏国有资产经营公司投资部经理、西藏自治区信托投资公司投资二部经理；现任西藏自治区投资有限公司副总经理。
唐泽平	董事	男	59	2012年9月	财政厅	西藏国资经营公司董事长、党委书记，兼任西藏银行股份公司副监事长。
多吉罗布	董事	男	43	2012年9月	财政厅	曾任西藏自治区交通厅科研所技术员，西藏天路交通股份有限公司副总工程师，西藏天路交通股份有限公司董事会秘书兼董事会办公室主任、党委委员，西藏天路股份有限公司副董事长、党委副书记、总经理，西藏自治区青年企业协会第三届副会长，西藏自治区第七届青联常委；现任西藏天路建筑工业集团有限公司董事长、党委副书记，西藏天路股份有限公司董事长、党委书记，中国青年企业家协会常务理事，区直机关青年联合会第一届委员会副主席，西藏青年企业家协会副会长，中华全国青年联合会第十一届委员会常委。
戴　扬	董事	男	48	2012年9月	财政厅	曾任西藏山南地区城乡建设局办公室副主任，西藏证监局副主任科员、主任科员、副处长、党委办公室副主任、主任、上市公司监管处处长；2009年至今任西藏矿业发展股份有限公司副董事长、总经理。
查　松	董事	男	44	2012年9月	财政厅	曾任国泰君安证券股份有限公司董事会办公室副主任、收购兼并部副总经理、投资银行部董事总经理，西藏证券有限责任公司（现西藏同信证券）总经理；现任公司总经理。
余志平	董事	男	45	2012年9月	财政厅	曾任职东风药业股份有限公司，历任西藏证券有限责任公司北京营业部办公室主任、副总经理；现任公司副总经理。

3.2.2 独立董事

姓名	职务	性别	年龄（岁）	选任日期	代表股东	简要履历
王运金	董事	男	68	2012年9月	无	曾任西藏自治区信托投资公司常务副总经理、总经理、董事长，已退休；现任公司独立董事。

3.2.3 专门委员会

委员会名称	职责
信托委员会	审议、关注公司信托业务发展规划、重大信托项目审核与批准、信托业务运营情况、部门设置、业务培训、信息披露等，审查公司是否侵占受益人利益获取不当信托报酬等。
稽核审计委员会	监督、审核公司内部审计制度及其实施、信息披露、财务信息；负责内部审计与外部审计之间的沟通；提议聘请或更换外部审计机构等。
提名和薪酬委员会	提名董事、经理层人员董事、经理层人员；审议关于公司薪酬考核的规划、制度、规则、报告等，为董事会决策提供依据和建议；监督公司薪酬考核政策实施。

3.3 监事

姓名	职务	性别	年龄（岁）	选任日期	代表股东	简要履历
汪建中	监事会主席	男	61	2012年9月	财政厅	曾任西藏自治区信托投资公司副总经理、西藏证券经纪有限责任公司总经理；现任西藏大厦股份公司董事长。
石璎珞	监事	女	34	2015年3月	职工代表	曾任西藏同信证券股份有限公司北京陶然亭路证券营业部行政人事部主管；现任公司综合管理部总经理。
边巴旺堆	监事	男	42	2012年9月	财政厅	曾任西藏自治区财政厅办公室副主任科员、综合处主任科员、政策研究室副调研员；现任西藏自治区财政厅金融处处长。

3.4 公司高级管理人员

姓名	职务	性别	年龄（岁）	选任日期	金融从业年限（年）	学历	专业	简要履历
查　松	总经理	男	44	2010年5月	17	博士	法学	曾任职中国银行总行风险管理部、国泰君安证券股份有限公司董事会办公室副主任、收购兼并部副总经理、投资银行部董事总经理，西藏证券有限责任公司总经理；现任公司总经理。

续表

姓名	职务	性别	年龄（岁）	选任日期	金融从业年限（年）	学历	专业	简要履历
余志平	副总经理	男	45	2010 年 5 月	13	本科	企业管理	曾任职东风药业股份有限公司，历任西藏同信证券有限责任公司北京营业部办公室主任、副总经理；现任公司副总经理。
王　满	总经理助理	男	35	2016 年 5 月	12	本科	金融学	曾任职北京银行总行营业部、东亚银行北京分行、中信银行总行私人银行中心、西藏信托渠道总监、民生信托金融市场部总经理、西藏信金融市场部总经理；现任公司总经理助理。
吴嘉怡	财务总监	女	33	2016 年 5 月	3	硕士	会计学	曾任职毕马威华振会计师事务所、西藏信托财务部总经理；现任公司财务总监。

3.5　公司员工

项　目		人数（人）	比例（%）
年龄分布	25 岁以下	9	11
	25～29 岁	38	45
	30～39 岁	29	34
	40 岁以上	9	10
学历分布	博士	1	1
	硕士	36	42
	本科	38	45
	专科	9	11
	其他	1	1
岗位分布	高管人员	5	6
	自营业务人员	9	11
	信托业务人员	29	34
	其他	42	49

4. 经营管理

4.1　经营目标、方针、战略规划

公司经营目标是公司利益相关者利益最大化。客户、股东、员工是公司最重要的利益相关者。公司认为，为客户提供安全高效的资产管理服务，为股东提供合理稳定的收益，为员工提供有尊严的工作环境（不仅仅是收入）和有预期的成长空间，是企业的使命和促进社会进步的重要组成部分。“财务保障通达自由心境”是公司不懈努力所追求的最终目标。

公司经营方针是在控制风险的前提下，以卓越的专业能力把握市场机会。公司致力于广泛、多市场的资产管理业务，将受托资产合理配置于货币市场、银行间市场、资本市场、衍生品市场以及直接投资（PE）市场，并积极参与并购融资、房地产、资源、能源、艺术收藏品等另类投资的机会，产品线完整、丰富；同时关注国内及国际市场，不断探索资产的全球配置方案。

公司战略规划是：成为在资本市场和以房地产投资、并购投资为主的另类投资领域有市场影响力的优秀管理人。

4.2　所经营的业务的主要内容

公司依法经营资金信托、动产信托、不动产信托等信托业务，以信托贷款、信托投资等方式将客户的委托资金用于工商业、房地产业、金融机构、证券市场等领域。

4.2.1　自营资产运用与分布表

资产运用	金额（万元）	占比（%）	资产分布	金额（万元）	占比（%）
货币资产	48 975.43	22.23	基础产业	—	—
贷款及应收款	6 794.00	3.08	房地产业	—	—
交易性金融资产	70 248.73	31.89	证券市场	70 248.73	31.89
可供出售金融资产	1 884.40	0.86	实业	6 794.00	3.08
持有至到期金融资产	64 345.77	29.21	金融机构	118 745.63	53.91
长期股权投资	3 540.03	1.61	其他	24 507.77	11.12
其他	24 507.77	11.12			
资产总计	220 296.13	100.00	资产总计	220 296.13	100.00

4.2.2　信托资产运用与分布表

资产运用	金额（万元）	占比（%）	资产分布	金额（万元）	占比（%）
货币资产	799 301.79	1.53	基础产业	2 897 285.61	5.53
贷款及应收款	9 721 680.64	18.55	房地产业	2 789 647.56	5.32
交易性金融资产	7 493 921.86	14.30	证券市场	831 363.79	1.59
可供出售金融资产	1 638 185.20	3.13	工商企业	12 753 670.00	24.34
持有至到期金融资产	4 254 947.06	8.12	金融机构	22 333 438.61	42.62
长期股权投资	600 834.86	1.15	其他	10 799 381.89	20.60
财产权	27 862 595.74	53.17			
其他	33 320.31	0.05			
资产总计	52 404 787.46	100.00	资产总计	52 404 787.46	100.00

4.3　市场分析

根据中国信托业协会的统计，根据中国信托业协会的统计，截至 2016 年末，信托行业管理的信托资产规模约 20.2 万亿元，较 2015 年末的 16.3 万亿元同比增长 23.93%，平均每家信托公司规模 2 973 亿元；截至 2016 年末行业实现利润总额 771.8 亿元，信托业的营业利润保持了增长势头。2016 年末人均利润为 316.10 亿元。

（1）有利因素：2016 年伊始，在全球经济周期、国内债务周期和新兴产业周期等多重周期叠加的背景下，国内经济呈现出增长乏力的态势，但产业结构调整已经在持续向好的阶段发展。随着新常态下经济社会变革深入，通过供给侧改革、创新驱动，大力实施“一带一路”、京津冀协同发展、长江经济带战略，带来了新的发展机遇，传统产业与新兴产业将持续释放新的市场和机会。信托公司可利用业务经营综合性、灵活性、敏锐性的特点，以市场化方式聚集社会资金，通过多方式运用、跨市场配置，以债权融资、股权投资、投贷联动、产业基金、资产证

券化等多种方式将社会闲置资金引入实体经济领域，服务实体经济。

2016 年末，中国信托登记有限责任公司成立，将有效推动统一有效的信托市场逐步形成，市场纪律和约束将进一步强化，标志着支持信托业发展的"一体三翼"架构全面建成，形成了多层次、多维度的信托业风险防控体系，为信托业转型发展保驾护航。

(2)不利因素：随着对房地产、政府融资平台、土地储备等主要信托融资主体或融资领域监管的加强，信托公司的传统业务受到较大限制；证券公司及证券公司下属资产管理公司、基金公司、基金公司子公司、保险公司及保险资管子公司全面介入信托通道业务，简单的银行信贷资产出表的通道业务收费大幅度降低。在此背景下，信托公司均在积极谋求转型，收缩房地产业务，提高在资本市场的配置成为主流。不少信托公司还探索其他方向，如农村土地流转权信托、家族信托的业务、消费信托、现金管理业务、私募股权投资业务、基金化房地产业务、资产证券化业务以及境外理财业务均有明显的发展。但新业务的培育需要一个过程，要弥补原有业务的萎缩有相当难度，并且创新难度不小，稍有不慎也可能造成新的风险点。

4.4 风险管理

4.4.1 风险管理概况

公司风险管理贯彻全面性、审慎性、及时性、有效性等原则，覆盖公司各项业务、各个部门、各个环节和各级人员，对风险进行事前防范、事中控制、事后监督、促进公司持续、稳健、规范、健康运行。

公司风险管理的组织架构和分工如下：董事会是公司风险管理的最高决策机构，负责确定公司的风险管理政策、程序和人员，行使重大经营决策权。董事会下设的各专业委员会根据各自的职责对公司整体进行风险管理。信托委员会负责信托业务的风险管理，关注公司信托业务发展规划、负责重大信托项目审核与批准等。稽核审计委员会监督、审核公司内部审计制度及其实施情况。公司的风控合规部、各业务部以及各管理部在日常业务处理中均负有对应的部门风控职责。同时公司还聘请了外部法律顾问，在业务处理的一定范围内给出专业的法律意见。

报告期内，公司进一步推进组织架构、内控制度及相关业务流程的优化工作，不断完善组织健全、权责明确、合理制衡、报告路径清晰的公司治理结构，为全面风险管理提供了有效的治理结构保障。公司高度重视流动性风险的防范和管理，着力加强流动性风险防范的前瞻性、针对性和有效性，提前落实信托还款资金安排，确保流动性风险的及时转移、释放和化解，进一步巩固公司业务整体稳健运行的态势。

4.4.2 风险状况

4.4.2.1 信用风险状况

信用风险主要指交易对手不履行义务的可能性，主要表现为在贷款、资产回购、后续资金安排、担保、履约承诺等交易过程中，借款人、担保人、保管人(托管人)等交易对手不履行承诺，不能或不愿履行合约承诺而使信托财产和固有财产遭受潜在损失的可能性。同时，当信用风险发生时，如受托人没有尽职管理、安排预算不恰当时，或信托项目违法违规未能如期执行时，会导致发生流动性风险。

报告期内，公司总体信用风险基本可控。对于可能出现交易对手违约事件，公司将积极采取多项措施化解风险，最大限度保护相关者的合法利益，必要时将采取法律手段予以解决；同时，公司还以资产质量为依据谨慎计提足额风险及信托赔偿准备金，进一步提高了公司的风险抵补能力。

4.4.2.2 市场风险状况

市场风险主要指在开展资产管理业务过程中，投资于有公开市场价值的金融产品或者其他产品时，金融产品或者其他产品的价格发生波动导致资产遭受损失的可能性。同时，市场风险还具有很强的传导效应，某些信用风险的根源可能也来自于交易对手的市场风险(如销售下降、成本上升等)。报告期内，在公司加强对经济、金融和产业形势的预判管理、完善市场风险预警机制和市场风险管理体系的举措下，公司市场风险总体可控。

4.4.2.3 操作风险状况

操作风险表现为由于公司治理机制、内部控制失效或者有关责任人出现失误、欺诈等问题，公司没有充分及时地做好尽职调查、持续监控、信息披露等工作，未能及时作出应有的反应，或作出的反应明显有失专业和常理，甚至违规违约；公司没有履行勤勉尽职管理的义务，或者无法出具充分有效的证据和记录，证明自己已履行勤勉尽职管理的义务。报告期内公司开展了内控体系完善工作，对公司各项管理制度、业务流程、内控组织等进行了梳理，并有效地处理和解决了公司业务流程中存在的不足及问题。报告期内，公司未发生内部控制失效或者员工欺诈问题，未发生误操作、违规操作导致的财务损失，未发生系统、账户、流程引发的风险事件，未发生尽职管理不到位导致的经济损失等，公司操作风险基本可控。

4.4.2.4 其他风险状况

其他风险主要是指公司业务开展中的政策风险、声誉风险、人员道德风险等。报告期内，公司高度重视自身声誉，坚持依法合规稳健经营，风险基本可控，未发生此类风险损失。

4.4.3 风险管理

4.4.3.1 信用风险管理

公司的信用风险管理主要是通过强化贷前和贷后管理来进行风险防范。

贷前，充分评估贷款人的履约能力和履约意愿，严格按照申请立项、尽职调查、信用评估、内部审批、签约放款等步骤操作。业务审批中，重点审核贷款质押担保措施，公正地评估质押品，将质押率控制在40%以下。根据贷款人的具体情况和市场情况在一定程度上适度增加或降低担保标准。

贷后，严格按照合同约定，保持对贷款人的动态风险管理。对贷款人的资信状况和偿债能力及保证合同的履行情况定期进行监控，并采取风险预警报告及主动管理进行贷后风险应对。同时，公司注重信用风险管理的前瞻性、针对性和适时性，严格执行授权审批制度及决策流程，确保公司信用风险的可测、可控、可承受。

4.4.3.2 市场风险管理

公司在运营过程中面临的市场风险主要为股价、汇率、利率及其他价格对公司经营和盈利能力的影响。针对上述投资标的的市场风险，公司固有业务和证券类信托业务都制定了严格的风控流程，根据市场目前的具体状况，动态调整风控指标。一方面通过信息系统实现各项投资限制，另一方面通过风控人员逐日盯市，研究人员对市场各类政策的研究，动态调整可投资标的范围、额度及止损标准来控制此类风险。

4.4.3.3 操作风险管理

公司主要通过不断完善各部门和各岗位的职责、清晰化各业务操作流程；实行严格的复核、审核程序；加强内部员工专业知识和流程培训；制定严格的信息管理制度；从而保证业务运行安全而富有效率，降低操作风险。公司在业务尽职调查、产品规范化管理、合同档案管理、信息披露等方面不断细化管理要点和规范操作流程，提升业务操作的规范化和标准化水平，消除操作风险隐患，有效管理各类操作风险。

4.4.3.4 其他风险管理

4.4.3.4.1 政策风险管理

公司及时跟踪研究国家宏观政策和行业政策的调整与变化，动态分析宏观政策和监管政策的变动趋势；及时调整发展思路和经营理念，保持公司经营策略与国家政策的一致性；同时，持续关注有关法律、法规的最新变化，正确理解和准确把握其内涵，强化全员的合法合规经营意识，并及时对业务程序和操作指引进行梳理和修订，保证公司的各项业务在合法合规的前提下进行。

4.4.3.4.2 声誉风险管理

声誉是金融机构赖以生存的基础，是立身之本、展业之本。一直以来，公司对声誉风险的容忍度为零，将声誉风险管理纳入公司治理和全面风险管理体系。

4.4.3.4.3 道德风险管理

加强道德文化教育，要求员工遵纪守法，不断提高员工廉洁自律和勤勉尽职的意识；以员工为本，强调和谐共赢，不断加强公司的凝聚力和员工的归属感，使员工认识到与公司共同成长的重要性。

5. 报告期末及上一年度末的比较式会计报表

5.1 自营资产

5.1.1 会计师事务所审计意见全文

审计报告

天职业字［2017］第5346号

西藏信托有限公司全体股东：

我们审计了后附的西藏信托有限公司（以下简称西藏信托公司）财务报表，包括2016年12月31日的资产负债表，2016年度的利润表、所有者权益变动表和现金流量表以及财务报表附注。

一、管理层对财务报表的责任

编制和公允列报财务报表是西藏信托公司管理层的责任，这种责任包括：（1）按照企业会计准则的规定编制财务报表，并使其实现公允反映；（2）设计、执行和维护必要的内部控制，以使财务报表不存在由于舞弊或错误导致的重大错报。

二、注册会计师的责任

我们的责任是在执行审计工作的基础上对财务报表发表审计意见。我们按照中国注册会计师审计准则的规定执行了审计工作。中国注册会计师审计准则要求我们遵守职业道德守则，计划和执行审计工作以对财务报表是否不存在重大错报获取合理保证。

审计工作涉及实施审计程序，以获取有关财务报表金额和披露的审计证据。选择的审计程序取决于注册会计师的判断，包括对由于舞弊或错误导致的财务报表重大错报风险的评估。在进行风险评估时，注册会计师考虑与财务报表编制和公允列报相关的内部控制，以设计恰当的审计程序，但目的并非对内部控制的有效性发表意见。审计工作还包括评价管理层选用会计政策的恰当性和作出会计估计的合理性，以及评价财务报表的总体列报。

我们相信，我们获取的审计证据是充分、适当的，为发表审计意见提供了基础。

三、审计意见

我们认为，西藏信托公司财务报表在所有重大方面按照企业会计准则的规定编制，公允反映了西藏信托公司2016年12月31日的财务状况以及2016年度的经营成果和现金流量。

中国注册会计师：王清峰

中国注册会计师：迟文洲

中国·北京　　二〇一七年二月二十日

5.1.2 资产负债表

资产负债表

编制单位：西藏信托有限公司　　2016年12月31日　　单位：万元

项目	年末余额	年初余额
流动资产：		
货币资金	48 975.43	49 356.30
△结算备付金	—	—
△拆出资金	6 801.69	—
交易性金融资产	70 248.73	3 208.32
衍生金融资产	—	—
应收票据	—	—
应收账款	—	—
预付款项	5 135.56	5 132.22
△应收保费	—	—
△应收分保账款	—	—
△应收分保准备金	—	—
应收利息	2 792.87	4 121.92
应收股利	—	—
其他应收款	1 250.38	8 458.71
△买入返售金融资产	—	—
存货	—	—
其中：原材料	—	—
库存商品（产成品）	—	—
划分为持有待售的资产	—	—
一年内到期的非流动资产	—	—
其他流动资产	—	—
流动资产合计	135 204.66	70 277.47
非流动资产：		
△发放贷款及垫款	6 794.00	61 200.00

续表

项目	年末余额	年初余额
可供出售金融资产	1 884. 40	1 256. 61
持有至到期投资	64 345. 77	80 576. 35
长期应收款	—	—
长期股权投资	3 540. 03	3 257. 74
投资性房地产	—	—
固定资产原价	6 046. 26	394. 78
减:累计折旧	531. 04	248. 78
固定资产净值	5 515. 22	146. 00
减:固定资产减值准备	—	—
固定资产净额	5 515. 22	146. 00
在建工程	—	—
工程物资	—	—
固定资产清理	—	—
生产性生物资产	—	—
油气资产	—	—
无形资产	204. 67	224. 36
开发支出	—	—
商誉	—	—
长期待摊费用	—	—
递延所得税资产	2 807. 38	2 028. 84
其他非流动资产	—	—
其中:特准储备物资	—	—
非流动资产合计	85 091. 47	148 689. 90
资产总计	220 296. 13	218 967. 37

资产负债表(续)

编制单位:西藏信托有限公司　2016 年 12 月 31 日　单位:万元

项目	年末余额	年初余额
流动负债:		
短期借款	—	—
△向中央银行借款	—	—
△吸收存款及同业存放	—	—
△拆入资金	—	20 000. 00
交易性金融负债	—	—
衍生金融负债	—	—
应付票据	—	—
应付账款	—	—
预收款项	12 946. 15	22 301. 32
△卖出回购金融资产款	—	—
△应付手续费及佣金	—	—
应付职工薪酬	12 705. 48	12 157. 84
其中:应付工资	12 705. 48	12 157. 84
应付福利费	—	—
#其中:职工奖励及福利基金	—	—
应交税费	3 153. 80	3 019. 34
其中:应交税金	3 153. 80	3 019. 34
应付利息	—	72. 77
应付股利	—	—
其他应付款	70. 10	152. 83
△应付分保账款	—	—

续表

项　目	年末余额	年初余额
△保险合同准备金	—	—
△代理买卖证券款	—	—
△代理承销证券款	—	—
划分为持有待售的负债	—	—
流动负债合计	28 875. 53	57 704. 10
非流动负债:	—	—
长期借款	—	—
应付债券	—	—
长期应付款	—	—
长期应付职工薪酬	—	—
专项应付款	—	—
预计负债	—	—
递延收益	—	—
递延所得税负债	39. 60	14. 20
其他非流动负债	—	—
其中:特准储备基金	—	—
非流动负债合计	39. 60	14. 20
负债合计	28 915. 13	57 718. 30

资产负债表(续)

编制单位:西藏信托有限公司　2016 年 12 月 31 日　单位:万元

项目	年末余额	年初余额
所有者权益(或股东权益):	—	—
实收资本(或股本)	100 000. 00	50 000. 00
国有资本	100 000. 00	50 000. 00
其中:国有法人资本	—	—
集体资本	—	—
民营资本	—	—
其中:个人资本	—	—
外商资本	—	—
#减:已归还投资	—	—
实收资本(或股本)净额	100 000. 00	50 000. 00
其他权益工具	—	—
其中:优先股	—	—
永续债	—	—
资本公积	5 000. 00	5 000. 00
减:库存股	—	—
其他综合收益	—	—
其中:外币报表折算差额	—	—
专项储备	—	—
盈余公积	20 471. 31	16 379. 22
其中:法定公积金	20 471. 31	16 379. 22
任意公积金	—	—
#储备基金	—	—
#企业发展基金	—	—
#利润归还投资	—	—
△一般风险准备	24 377. 61	22 331. 56
未分配利润	41 532. 08	67 538. 29
归属于母公司所有者权益合计	191 381. 00	161 249. 07
*少数股东权益		
所有者权益合计	191 381. 00	161 249. 07
负债和所有者权益总计	220 296. 13	218 967. 37

5.1.3 利润表

利润表

编制单位：西藏信托有限公司　　2016 年度　　单位：万元

项目	本年金额	上年金额
一、营业总收入	65 358.27	71 643.57
其中：营业收入	—	—
△利息收入	6 193.03	5 628.58
△已赚保费	—	—
△手续费及佣金收入	59 119.34	66 014.99
△其他业务收入	45.90	—
二、营业总成本	21 726.28	15 461.02
其中：营业成本	—	—
△利息支出	383.73	879.71
△手续费及佣金支出	636.17	892.40
△退保金	—	—
△赔付支出净额	—	—
△提取保险合同准备金净额	—	—
△保单红利支出	—	—
△分保费用	—	—
△其他业务成本	23.51	—
营业税金及附加	1 538.84	4 277.44
销售费用	—	—
管理费用	13 801.35	12 528.83
其中：研究与开发费	—	—
财务费用	—	—
其中：利息支出	—	—
利息收入	—	—
汇兑净损失（净收益以"－"号填列）	—	—
资产减值损失	5 342.68	-3 117.36
其他	—	—
加：公允价值变动收益（损失以"－"号填列）	-1 624.64	-23 211.30
投资收益（损失以"－"号填列）	-462.81	5 110.56
其中：对联营企业和合营企业的投资收益	—	—
△汇兑收益（损失以"－"号填列）	—	—
三、营业利润（亏损以"－"号填列）	41 544.54	38 081.81
加：营业外收入	3 445.91	1 092.86
其中：非流动资产处置利得	—	—
非货币性资产交换利得	—	—
政府补助	3 445.91	1 092.86
债务重组利得	—	—
减：营业外支出	21.80	112.00
其中：非流动资产处置损失	—	—
非货币性资产交换损失	—	—
债务重组损失	—	—
四、利润总额（亏损总额以"－"号填列）	44 968.65	39 062.67
减：所得税费用	4 047.71	3 560.87
五、净利润（净亏损以"－"号填列）	40 920.94	35 501.80
归属于母公司所有者的净利润	40 920.94	35 501.80
*少数股东损益	—	—
六、每股收益：	—	—
基本每股收益	—	—
稀释每股收益	—	—
七、其他综合收益	—	—
八、综合收益总额	40 920.94	35 501.80
归属于母公司所有者的综合收益总额	40 920.94	35 501.80
*归属于少数股东的综合收益总额	—	—

5.1.4 所有者权益变动表

所有者权益变动表

2016 年度

编制单位：西藏信托有限公司　　　　单位：万元

项目	行次	本期金额							
		实收资本	资本公积	减：库存股	其他综合收益	盈余公积	风险准备	未分配利润	所有者权益合计
一、上年年末余额	1	50 000.00	5 000.00	—	—	16 379.22	22 331.56	67 538.29	161 249.07
加：会计政策变更	2								—
前期差错更正	3								—
其他	4								
二、本年年初余额	5	50 000.00	5 000.00		—	16 379.22	22 331.56	67 538.29	161 249.07
三、本年增减变动金额（减少以“－”号填列）	6	50 000.00	—		—	4 092.09	2 046.05	-26 006.21	30 131.93
（一）净利润	7							40 920.94	40 920.94
（二）其他综合收益	8				—				—
上述（一）和（二）小计	9	—	—		—			40 920.94	40 920.94
（三）所有者投入和减少资本	10	—	—				—	—	—
1. 所有者投入资本	11								—
2. 股份支付计入所有者权益的金额	12								—
3. 其他	13								—
（四）利润分配	14	—	—	—		4 092.09	2 046.05	-16 927.15	-10 789.01
1. 提取盈余公积	15					4 092.09		-4 092.09	—
2. 提取一般风险准备	16						2 046.05	-2 046.05	—
3. 对所有者（或股东）的分配	17							-10 789.01	-10 789.01
4. 其他	18								—
（五）所有者权益内部结转	19	50 000.00	—	—			—	-50 000.00	—
1. 资本公积转增资本（或股本）	20							—	—
2. 盈余公积转增资本（或股本）	21								—
3. 盈余公积弥补亏损	22								—
4. 其他	23	50 000.00						-50 000.00	—
（六）专项储备	24	—	—	—			—	—	—
1. 本期提取	25								—
2. 本期使用	26								—
（七）其他	27								—
四、本年年末余额	28	100 000.00	5 000.00	—	—	20 471.31	24 377.61	41 532.08	191 381.00

所有者权益变动表（续）

编制单位：西藏信托有限公司　　　　2016 年度　　　　单位：万元

项目	行次	上年金额							
		实收资本（或股本）	资本公积	减：库存股	其他综合收益	盈余公积	风险准备	未分配利润	所有者权益合计
一、上年年末余额	1	50 000.00	5 000.00	—	—	12 829.04	20 556.26	37 361.97	125 747.27
加：会计政策变更	2								—
前期差错更正	3								—
其他	4								
二、本年年初余额	5	50 000.00	5 000.00		—	12 829.04	20 556.26	37 361.97	125 747.27
三、本年增减变动金额（减少以“－”号填列）	6	—	—		—	3 550.18	1 775.30	30 176.32	35 501.80
（一）净利润	7							35 501.80	35 501.80
（二）其他综合收益	8				—				—
上述（一）和（二）小计	9	—	—		—			35 501.80	35 501.80
（三）所有者投入和减少资本	10	—	—				—	—	—
1. 所有者投入资本	11								—
2. 股份支付计入所有者权益的金额	12								—
3. 其他	13								—
（四）利润分配	14	—	—	—		3 550.18	1 775.30	-5 325.48	—
1. 提取盈余公积	15					3 550.18		-3 550.18	—
2. 提取一般风险准备	16						1 775.30	-1 775.30	—
3. 对所有者（或股东）的分配	17								—
4. 其他	18								—
（五）所有者权益内部结转	19	—	—	—			—	—	—
1. 资本公积转增资本（或股本）	20		—						—
2. 盈余公积转增资本（或股本）	21								—
3. 盈余公积弥补亏损	22								—
4. 其他	23							—	—
（六）专项储备	24	—	—	—			—	—	—
1. 本期提取	25								—
2. 本期使用	26								—
（七）其他	27								—
四、本年年末余额	28	50 000.00	5 000.00	—	—	16 379.22	22 331.56	67 538.29	161 249.07

5.2 信托资产

信托项目资产负债汇总表

编制单位:西藏信托有限公司　　2016年12月31日　　单位:万元

信托资产	期末数	期初数	信托负债和信托权益	期末数	期初数
一、资产	52 404 787.46	35 664 016.85	一、信托负债	866 458.21	89 688.81
货币资金	799 301.79	889 908.81	应付账款	—	—
拆出资金			其他应付款	860 295.21	89 688.81
交易性金融资产	7 493 921.86	10 133 238.56	应交税费	—	—
应收账款	63 410.14	1 202.04	预计负债	—	—
应收票据			其他负债	6 163.00	—
其他应收款	—	—	二、信托权益	51 538 329.25	35 574 328.04
发放贷款及垫款	9 658 270.50	11 587 346.65	实收信托	51 370 107.30	35 600 628.88
长期股权投资	600 834.86	806 844.38	资本公积	41 833.14	148 955.48
持有至到期投资	4 254 947.06	1 087 139.71			
长期应收款	27 862 595.74	11 060 226.23			
其他资产	1 671 505.51	98 110.47	未分配利润	126 388.81	-175 256.32
信托资产总计	52 404 787.46	35 664 016.85	信托负债及信托权益总计	52 404 787.46	35 664 016.85

信托项目利润及利润分配汇总表

编制单位:西藏信托有限公司　　2016年度　　单位:万元

项目	本年数	上年数
一、营业收入	2 744 421.32	2 214 525.09
利息收入	729 945.11	992 078.90
投资收入	1 977 655.41	1 202 357.87
租赁收入	—	—
公允价值变动损益	36 816.03	20 082.32
其他收入	4.77	6.00
二、营业费用	156 413.68	175 762.43
三、营业税金及附加	—	—
四、扣除资产减值准备前的信托利润	2 588 007.64	2 038 762.66
减:资产减值损失		
五、扣除资产减值准备后的信托利润	2 588 007.64	2 038 762.66
加:期初未分配信托利润	-175 256.32	67 864.50
六、可供分配的信托利润	2 412 751.32	2 106 627.16
减:本期已分配信托利润	2 286 362.51	2 281 883.48
七、期末未分配信托利润	126 388.81	-175 256.32

6. 会计报表附注

6.1 简要说明会计报表年度会计报表编制基准、会计政策、会计估计和核算方法发生的变化

公司以持续经营为基础,根据实际发生的交易和事项,按照《企业会计准则——基本准则》和其他各项具体会计准则、应用指南及准则解释的规定进行确认和计量,在此基础上编制财务报表。编制符合企业会计准则要求的财务报表需要使用估计和假设,这些估计和假设会影响到财务报告日的资产、负债和或有负债的披露,以及报告期间的收入和费用。

公司固有业务和信托业务执行的是2006年颁布的新企业会计准则。

6.2 重要会计政策和会计估计说明

6.2.1 金融工具

6.2.1.1 金融资产和金融负债的分类

金融资产在初始确认时划分为以下四类:以公允价值计量且其变动计入当期损益的金融资产(包括交易性金融资产和指定为以公允价值计量且其变动计入当期损益的金融资产)、持有至到期投资、贷款和应收款项、可供出售金融资产。

金融负债在初始确认时划分为以下两类:以公允价值计量且其变动计入当期损益的金融负债(包括交易性金融负债和指定为以公允价值计量且其变动计入当期损益的金融负债)、其他金融负债。

6.2.1.2 金融资产和金融负债的确认依据、计量方法和终止确认条件

公司成为金融工具合同的一方时,确认一项金融资产或金融负债。初始确认金融资产或金融负债时,按照公允价值计量;对于以公允价值计量且其变动计入当期损益的金融资产和金融负债,相关交易费用直接计入当期损益;对于其他类别的金融资产或金融负债,相关交易费用计入初始确认金额。

公司按照公允价值对金融资产进行后续计量,且不扣除将来处置该金融资产时可能发生的交易费用,但下列情况除外:(1)持有至到期投资以及贷款和应收款项采用实际利率法,按摊余成本计量;(2)在活跃市场中没有报价且其公允价值不能可靠计量的权益工具投资,以及与该权益工具挂钩并须通过交付该权益工具结算的衍生金融资产,按照成本计量。

公司采用实际利率法,按摊余成本对金融负债进行后续计量,但下列情况除外:(1)以公允价值计量且其变动计入当期损益的金融负债,按照公允价值计量,且不扣除将来结清金融负债时可能发生的交易费用;(2)与在活跃市场中没有报价、

公允价值不能可靠计量的权益工具挂钩并须通过交付该权益工具结算的衍生金融负债，按照成本计量；(3) 不属于指定为以公允价值计量且其变动计入当期损益的金融负债的财务担保合同，或没有指定为以公允价值计量且其变动计入当期损益并将以低于市场利率贷款的贷款承诺，在初始确认后按照下列两项金额之中的较高者进行后续计量：(1) 按照《企业会计准则第13号——或有事项》确定的金额；(2) 初始确认金额扣除按照《企业会计准则第14号——收入》的原则确定的累计摊销额后的余额。

金融资产或金融负债公允价值变动形成的利得或损失，除与套期保值有关外，按照如下方法处理：(1) 以公允价值计量且其变动计入当期损益的金融资产或金融负债公允价值变动形成的利得或损失，计入公允价值变动损益；在资产持有期间所取得的利息或现金股利，确认为投资收益；处置时将实际收到的金额与初始入账金额之间的差额确认为投资收益，同时调整公允价值变动损益。(2) 可供出售金融资产的公允价值变动计入资本公积；持有期间按实际利率法计算的利息，计入投资收益；可供出售权益工具投资的现金股利，于被投资单位宣告发放股利时计入投资收益；处置时将实际收到的金额与账面价值扣除原直接计入资本公积的公允价值变动累计额之后的差额确认为投资收益。

当收取某项金融资产现金流量的合同权利已终止或该金融资产所有权上几乎所有的风险和报酬已转移时，终止确认该金融资产；当金融负债的现时义务全部或部分解除时，相应终止确认该金融负债或其一部分。

6.2.1.3 金融资产转移的确认依据和计量方法

公司已将金融资产所有权上几乎所有的风险和报酬转移给了转入方的，终止确认该金融资产；保留了金融资产所有权上几乎所有的风险和报酬的，继续确认所转移的金融资产，并将收到的对价确认为一项金融负债。公司既没有转移也没有保留金融资产所有权上几乎所有的风险和报酬的，分别按下列情况处理：(1)放弃了对该金融资产控制的，终止确认该金融资产；(2)未放弃对该金融资产控制的，按照继续涉入所转移金融资产的程度确认有关金融资产，并相应确认有关负债。

金融资产整体转移满足终止确认条件的，将下列两项金额的差额计入当期损益：(1)所转移金融资产的账面价值；(2)因转移而收到的对价，与原直接计入所有者权益的公允价值变动累计额之和。金融资产部分转移满足终止确认条件的，将所转移金融资产整体的账面价值，在终止确认部分和未终止确认部分之间，按照各自的相对公允价值进行分摊，并将下列两项金额的差额计入当期损益：(1)终止确认部分的账面价值；(2)终止确认部分的对价，与原直接计入所有者权益的公允价值变动累计额中对应终止确认部分的金额之和。

6.2.1.4 主要金融资产和金融负债的公允价值确定方法

存在活跃市场的金融资产或金融负债，以活跃市场的报价确定其公允价值；不存在活跃市场的金融资产或金融负债，采用估值技术(包括参考熟悉情况并自愿交易的各方最近进行的市场交易中使用的价格、参照实质上相同的其他金融工具的当前公允价值、现金流量折现法和期权定价模型等)确定其公允价值；初始取得或源生的金融资产或承担的金融负债，以市场交易价格作为确定其公允价值的基础。

6.2.1.5 金融资产的减值测试和减值准备计提方法

资产负债表日对以公允价值计量且其变动计入当期损益的金融资产以外的金融资产的账面价值进行检查，如有客观证据表明该金融资产发生减值的，计提减值准备。

对单项金额重大的金融资产单独进行减值测试；对单项金额不重大的金融资产，可以单独进行减值测试，或包括在具有类似信用风险特征的金融资产组合中进行减值测试；单独测试未发生减值的金融资产(包括单项金额重大和不重大的金融资产)，包括在具有类似信用风险特征的金融资产组合中再进行减值测试。

按摊余成本计量的金融资产，期末有客观证据表明其发生了减值的，根据其账面价值与预计未来现金流量现值之间的差额确认减值损失。在活跃市场中没有报价且其公允价值不能可靠计量的权益工具投资，或与该权益工具挂钩并须通过交付该权益工具结算的衍生金融资产发生减值时，将该权益工具投资或衍生金融资产的账面价值，与按照类似金融资产当时市场收益率对未来现金流量折现确定的现值之间的差额，确认为减值损失。可供出售金融资产的公允价值发生较大幅度下降，或在综合考虑各种相关因素后，预期这种下降趋势属于非暂时性的，确认其减值损失，并将原直接计入所有者权益的公允价值累计损失一并转出计入减值损失。

6.2.2 应收款项坏账准备的核算

6.2.2.1 单项金额重大并单项计提坏账准备的应收款项

单项金额重大的判断依据或金额标准	金额为2 000万元(含)以上
单项金额重大并单项计提坏账准备的计提方法	单独进行减值测试，根据其未来现金流量现值低于其账面价值的差额计提坏账准备

6.2.2.2 按组合计提坏账准备的应收款项

6.2.2.2.1 确定组合的依据及坏账准备的计提方法

确定组合的依据	风险资产分类法组合
按组合计提坏账准备的计提方法	风险资产分类法

6.2.2.2.2 风险资产分类法

单位：%

应收款项五级分类	应收款项计提比例
正常类	0.00
关注类	2.00
次级类	25.00
可疑类	50.00
损失类	100.00
关联方应收款项	0.00

6.2.2.3 单项金额虽不重大但单项计提坏账准备的应收款项

单项计提坏账准备的理由	无法满足组合计提的要求，并且单项金额在2 000万元以下
坏账准备的计提方法	根据其未来现金流量现值低于其账面价值的差额计提坏账准备

对应收票据、预付款项、应收利息、长期应收款等其他应收款项，根据其未来现金流量现值低于其账面价值的差额计提坏账准备。

对确定不能收回的款项另行按法规程序报批后单项确认坏账损失。

6.2.3 固定资产的核算方法

6.2.3.1 固定资产确认条件、计价和折旧方法

固定资产是指为生产商品、提供劳务、出租或经营管理而持有的,使用年限超过一个会计年度的有形资产。

固定资产以取得时的实际成本入账,并从其达到预定可使用状态的次月起采用年限平均法计提折旧。

6.2.3.2 各类固定资产的折旧方法

项　目	折旧年限(年)	预计净残值率(%)	年折旧率(%)
房屋建筑物	30	—	3.33
办公设备	3	5.00	31.67
运输设备	10	5.00	9.50

6.2.3.3 固定资产的减值测试方法、减值准备计提方法

资产负债表日,有迹象表明固定资产发生减值的,按照账面价值与可收回金额的差额计提相应的减值准备。

6.2.4 无形资产的核算方法

6.2.4.1 无形资产是指本公司拥有或控制的没有实物形态的可辨认非货币性资产。无形资产通常包括专利权、非专利权、商标权、著作权、特许权、土地使用权等,按成本进行初始计量。

6.2.4.2 使用寿命有限的无形资产,在使用寿命内按照与该项无形资产有关的经济利益的预期实现方式系统合理地摊销,无法可靠确定预期实现方式的,采用直线法摊销。

6.2.4.3 使用寿命确定的无形资产,在资产负债表日有迹象表明发生减值的,按照账面价值与可收回金额的差额计提相应的减值准备;使用寿命不确定的无形资产和尚未达到可使用状态的无形资产,无论是否存在减值迹象,每年均进行减值测试。

6.2.5 长期待摊费用的核算方法

长期待摊费用按实际发生额入账,在受益期或规定的期限内分期平均摊销。如果长期待摊的费用项目不能使以后会计期间受益则将尚未摊销的该项目的摊余价值全部转入当期损益。

6.2.6 收入确认核算

6.2.6.1 手续费及佣金收入

提供劳务交易的结果在资产负债表日能够可靠估计的(同时满足收入的金额能够可靠地计量、相关经济利益很可能流入、交易的完工情况能够可靠地确定、交易中已发生和将发生的成本能够可靠地计量)。

手续费及佣金收入主要包括信托手续费收入和顾问费收入。信托手续费收入是根据信托合同规定的计提方法、计提标准确认应由信托项目承担的受托人报酬;顾问费收入,于所提供的服务完成时予以确认。

6.2.6.2 利息净收入

利息收入和利息支出都按存出资金或让渡资金的使用权的时间及实际利率计算确定。

6.2.7 递延所得税资产和递延所得税负债

(1)根据资产、负债的账面价值与其计税基础之间的差额(未作为资产和负债确认的项目按照税法规定可以确定其计税基础的,该计税基础与其账面数之间的差额),按照预期收回该资产或清偿该负债期间的适用税率计算确认递延所得税资产或递延所得税负债。

(2)确认递延所得税资产以很可能取得用来抵扣可抵扣暂时性差异的应纳税所得额为限。资产负债表日,有确凿证据表明未来期间很可能获得足够的应纳税所得额用来抵扣可抵扣暂时性差异的,确认以前会计期间未确认的递延所得税资产。

(3)资产负债表日,对递延所得税资产的账面价值进行复核,如果未来期间很可能无法获得足够的应纳税所得额用以抵扣递延所得税资产的利益,则减记递延所得税资产的账面价值。在很可能获得足够的应纳税所得额时,转回减记的金额。

(4)公司当期所得税和递延所得税作为所得税费用或收益计入当期损益,但不包括下列情况产生的所得税:(1)企业合并;(2)直接在所有者权益中确认的交易或者事项。

6.3 或有事项说明

截至2016年12月31日,本公司无或有事项。

6.4 会计报表中重要项目的明细资料

6.4.1 自营资产经营情况

6.4.1.1 资产风险分类的结果披露资产的期初数、期末数

风险分类	正常类(万元)	关注类(万元)	次级类(万元)	可疑类(万元)	损失类(万元)	信用风险资产合计(万元)	不良资产合计(万元)	不良资产率(%)
期初数	218 967.37	—	—	—	15 290.77	234 258.14	15 290.77	6.53
期末数	219 951.66	344.47	—	—	20 626.57	240 922.70	20 626.57	8.56

注:正常类=正常类+关注类,不良类=次级类+可疑类+损失类。

6.4.1.2 资产损失准备的期初数、本期计提、本期转回、本期核销、期末数

单位:万元

项目	期初数	本期计提	本期转回	本期核销	期末数
持有至到期投资减值准备	10 583.85	1 101.00	—	—	11 684.85
其他减值准备	4 706.92	4 241.68	—	—	8 948.60

6.4.1.3 自营股票投资、基金投资、债券投资、长期股权投资等投资的期初数、期末数

单位:万元

	自营股票	基金	债券	长期股权投资	合计
期初数	3 208.32	—	—	3 257.74	6 466.06
期末数	19 452.60	5 000.00	20 221.35	3 540.03	48 213.98

6.4.1.4 前三名自营长期股权投资的企业名称、占被投资企业权益的比例、主要经营活动及投资收益情况

企业名称	占被投资单位权益的比例(%)	主要经营活动	投资收益(万元)
嘉盛基金管理有限公司	30.69	基金募集、基金销售、特定客户资产管理、资产管理和中国证监会许可的其他业务。	282.29

6.4.1.5　前五名的自营贷款

单位：%

序号	企业名称	占自营贷款的比例	还款情况
1	北京金威中嘉科技有限公司	28.48	不良
2	北京梧桐藏山投资管理中心（有限合伙）	27.66	正常
3	深圳走秀网络科技有限公司	20.34	正常
4	上海中发电气（集团）股份有限公司	16.20	不良
5	廊坊市证合泰房地产开发有限公司	4.88	正常

6.4.2　信托资产管理情况

6.4.2.1　信托资产的期初数、期末数

单位：万元

信托资产	期初数	期末数
集合类	3 277 012.97	9 632 127.60
单一类	20 181 016.97	14 468 794.46
财产管理类	12 205 986.91	28 303 865.40
合计	35 664 016.85	52 404 787.46

6.4.2.1.1　主动管理型信托业务情况

单位：万元

主动管理型信托资产	期初数	期末数
证券投资类	671 345.32	821 363.79
股权及其他投资类	2 329 023.72	8 534 119.88
融资类	276 643.93	276 643.93
合计	3 277 012.97	9 632 127.60

6.4.2.1.2　被动管理型信托业务情况

单位：万元

被动管理型信托资产	期初数	期末数
证券投资类	10 000.00	21 615.82
股权及其他投资类	2 195 789.90	668 699.11
融资类	834 900.31	4 223 330.25
事务管理类	29 346 313.67	37 859 014.68
合计	32 387 003.88	42 772 659.86

6.4.2.2　本年度已清算结束的信托项目情况

6.4.2.2.1　本年度已经清算结束的集合类、单一类资金信托项目和财产管理类信托项目数量、实收信托合计金额

信托资产	项目个数（个）	实收信托合计金额（万元）	加权平均年化收益率（%）
集合类	124	3 386 086.00	9.39
单一类	386	12 724 018.00	8.24
财产管理类	132	4 340 664.00	6.18
合计	642	20 450 768.00	7.99

6.4.2.2.2　本年度已经清算结束的主动管理型信托项目数量、实收信托合计金额

已清算结束的信托项目（主动管理型）	项目个数（个）	实收信托合计金额（万元）	加权平均年化收益率（%）
证券投资类	50	424 576.00	-6.28
股权及其他投资类	53	1 595 930.00	10.26
融资类	21	1 365 580.00	13.25
合计	124	3 386 086.00	9.39

6.4.2.2.3　本年度已经清算结束的被动管理型信托项目数量、实收信托合计金额

已清算结束的信托项目（被动管理型）	项目个数（个）	实收信托合计金额（万元）	加权平均年化收益率（%）
证券投资类	—	—	—
股权及其他投资类	17	1 195 983.00	7.79
融资类	20	1 211 550.00	7.76
事务管理类	481	14 657 149.00	7.24
合计	518	17 064 682.00	7.71

6.4.2.3　本年度新增的集合类、单一类资金信托项目和财产管理类信托项目数量、实收信托合计金额

信托资产	项目个数（个）	实收信托合计金额（万元）
集合类	134	4 052 388.30
单一类	221	8 153 238.17
财产管理类	378	20 809 864.88
合计	733	33 015 491.35

6.4.2.4　发生因公司自身责任导致信托资产损失的情况

公司已履行受托人义务，并未发生因公司自身责任导致信托资产损失的情况。

6.5　关联方关系及其交易的披露

6.5.1　关联交易方的数量、关联交易的总额及关联交易的定价政策

6.5.1.1　关联交易方的数量

截至2016年12月31日，公司关联方共2个，分别为公司股东西藏自治区投资有限公司、公司出资成立的嘉盛基金有限公司。

6.5.1.2　关联交易金额

2016年，公司与关联方关联交易金额合计73 100万元。其中，西藏自治区投资有限公司认购公司信托产品金额为48 100万元，截至2016年12月31日余额为56 100万元；嘉盛基金管理有限公司认购公司信托产品25 000万元，截至2016年12月31日余额为10 000万元。

6.5.1.3　关联交易的定价政策

上述关联交易的定价政策为市场公允价格。

6.5.2　关联交易方与本公司的关系性质、关联交易方的名称、法人代表、注册地址、注册资本及主营业务

6.5.2.1　本公司股东的有关信息

单位：万元

母公司名称	注册地	业务性质	注册资本	法人代表
西藏自治区财政厅	西藏拉萨	公共服务	—	郎福宽
西藏自治区投资有限公司	西藏拉萨	投资	300 000	白玛才旺

6.5.2.2　本公司的联营企业有关信息

单位：万元

被投资单位名称	注册地	主营业务	注册资本	法人代表
嘉盛基金管理有限公司	西藏拉萨市城关区北京西路8号环球大厦6层	基金募集、基金销售、特定客户资产管理、资产管理和中国证监会许可的其他业务。	10 100	查松

6.5.3 公司与关联方的重大交易事项

6.5.3.1 固有财产与关联方

本公司无上述事项。

6.5.3.2 信托财产与关联方交易情况:贷款、投资、租赁、应收账款、担保、其他方式等期初汇总数、本期借方和贷方发生额汇总数、期末汇总数

单位:万元

信托与信托财产相互交易			
	期初数	本期发生额	期末数
贷款	—	—	—
投资	9 230.00	56 870.00	66 100.00
租赁	—	—	—
担保	—	—	—
应收账款	—	—	—
其他	—	—	—
合计	9 230.00	56 870.00	66 100.00

6.5.3.3 信托公司自有资金运用于自己管理的信托项目、信托公司管理的信托项目之间的相互(信信交易)交易金额,包括余额和本报告年度的发生额

单位:万元

固有财产与信托财产相互交易			
	期初数	本期发生额	期末数
合计	79 626.35	26 979.05	106 605.40

单位:万元

信托资产与信托财产相互交易			
	期初数	本期发生额	期末数
合计	—	189 625.20	189 625.20

6.5.3.4 逐笔披露关联方逾期未偿还本公司资金的详细情况以及本公司为关联方担保发生或即将发生垫款的详细情况

本公司无上述事项。

7. 财务情况说明书

7.1 利润实现和分配情况

(1)利润总额 44 968.65 万元。

(2)所得税费用 4 047.71 万元。

(3)净利润 40 920.94 万元。

(4)年初未分配利润 67 538.29 万元。

(5)可供分配利润 108 459.23 万元。

(6)上缴国有资本经营收益 10 789.01 万元。

(7)未分配利润转增注册资本 50 000.00 万元。

(8)提取盈余公积 4 092.09 万元。

(9)提取信托赔偿准备金 2 046.05 万元。

(10)年末未分配利润 41 532.08 万元。

7.2 主要财务指标

指标名称	指标值
资本利润率(%)	23.21
信托报酬率(%)	0.14
人均净利润(万元)	552.99

注:1. 资本利润率=净利润/所有者权益平均余额×100%。

2. 信托报酬率=当年税前信托报酬收入/实收信托平均余额×100%。

3. 人均净利润=净利润/公司年平均人数。

4. 平均值采取年初及各季末余额移动算术平均法,公式为:a(平均)=($a0/2+a1+a2+a3+a4/2$)/4。

7.3 对本公司财务状况、经营成果有重大影响的其他事项

无。

8. 特别事项揭示

8.1 前五名股东报告期内变动情况及原因

报告期内,公司前五名股东未发生变动。

8.2 董事、监事及高级管理人员变动情况

8.2.1 董事变动情况

报告期内,公司董事未发生变动。

8.2.2 监事变动情况

报告期内,公司监事未发生变动。

8.2.3 高级管理人员变动情况

报告期内,公司聘任王满先生任总经理助理、吴嘉怡女士任财务总监。

8.3 变更注册资本、变更注册地或公司名称、公司分立合并事项

经《西藏银监局关于西藏信托有限公司利润转增注册资本的批复》(藏银监复[2016]22 号)批准,公司于 2016 年 6 月增加注册资本至 10 亿元,增资完成后,西藏自治区财政厅出资金额为 8 亿元,出资比例为 80%,西藏自治区投资有限公司出资金额为 2 亿元,出资比例为 20%。

8.4 公司的重大诉讼事项

报告期内,本公司无重大诉讼事项。

8.5 对会计师事务所出具的有保留意见、否定意见或无法表示意见的审计报告的,公司董事会应就所涉及事项作出说明

本公司无上述情况。

8.6 公司及其董事、监事和高级管理人员受到处罚的情况

2016 年 10 月 9 日,西藏银监局下发《中国银行业监督管理委员会西藏监管局行政处罚决定书》(藏银监罚决字[2016]第 4 号),对公司未将“西藏信托—金鑫 27 号单一资金信托”项

目信息在银监会 1104 系统报表 s31《信托项目资产负债及利润权益情况表》《信托公司信托项目全要素报表》中反映，影响了统计数据的及时性，进而影响非现场监管整体数据的准确性，违反了《信托公司管理办法》和《中华人民共和国银行业监督管理法》的相关规定，对公司处以 200 000.00 元的罚款。

8.7 银监会及其派出机构对公司检查后提出的整改意见及整改情况

8.7.1 2016 年 3 月 30 日，西藏银监局下发《中国银行业监督管理委员会西藏监管局关于西藏信托有限公司 2015 年度监管意见书》（藏银监发［2016］37 号），对公司提出如下整改意见

（1）完善公司治理体系。

（2）加强合规文化建设。

（3）提高风险管控能力。

（4）做实市场风险防控。

（5）防范流动性风险。

（6）强化操作风险管理。

（7）加强信用风险管理。

（8）有效提高数据质量。

（9）提升风险处置质效。

8.7.2 2016 年 5 月 26 日，中国银监会西藏监管局下发《西藏银监局关于西藏信托证券投资信托业务风险提示的通知》（藏银监发［2016］61 号），对公司提出如下监管意见

（1）增强合规经营意识。

（2）采取有效措施进行整改。

（3）加强对《中国银监会办公厅关于进一步加强信托公司风险监管工作的意见》（银监发［2016］58 号）等监管法规的学习和落实，及时修订业务准入制度，举一反三。

（4）切实落实尽职管理职责，完善合同档案管理，严格按照合同规定进行信息披露，增强主动管理能力，严格填写合同要件内容。

8.7.3 2016 年 8 月 29 日，西藏银监局下发《中国银监会西藏监管局关于西藏信托近期风险情况的风险提示》（藏银监发［2016］122 号），对公司提出如下监管意见和要求

（1）控制业务发展速度，务实资产管理能力。

（2）增强风险识别水平，强化资本管理能力。

（3）明确岗位分工责任，做好风险问责工作。

8.7.4 2016 年 11 月 24 日，西藏银监局下发《中国银监会西藏监管局关于西藏信托有限公司“两个加强、两个遏制”回头看现场检查的意见》（藏银监发［2016］165 号），对公司提出如下监管意见及建议

（1）继续完善“三会一层”运行机制，切实增强执行力。

（2）从严把握固有业务与信托业务关系，严禁通过关联交易掩盖风险项目。

（3）严格执行贷款“三查”制度，切实加强信贷业务管理。

（4）牢固树立依法合规经营理念，夯实合规管理基础。

（5）提高尽职管理能力，推动合规文化建设。

就西藏银监局提出的上述整改意见，公司组织员工认真学习，明确了整改落实目标，落实整改的责任部门和责任人，目前各项整改措施均按照公司的既定目标有序进行。

8.8 本年度重大事项临时报告的简要内容、披露时间、披露的媒体及其版面

报告期内，无重大事项临时报告。

8.9 银监会及其省级派出机构认定的其他有必要让客户及相关利益人了解的重要信息

根据西藏自治区财政厅下发的《西藏自治区财政厅、西藏自治区投资有限公司关于委托查松同志代行西藏信托有限公司董事长及法定代表人职责的函》，公司原董事长苏生有同志不再担任西藏信托董事长职务，为确保西藏信托有限公司业务工作的顺利开展和日常工作的顺利进行，公司股东委托公司总经理查松同志在新任董事长到位前，全权代行公司董事长及法定代表人职责。

根据《信托公司净资本管理办法》规定，公司净资本监管风险控制指标执行情况如下：

净资本/各项业务风险资本之和 = 157 827.35 万元/128 318.91万元 ×100% =123.00% ≥100%（监管标准）。

净资本/净资产 =157 827.35 万元/191 381.00 万元 ×100% =82.47% ≥40%（监管标准）。

9. 公司监事会意见

监事会认为，报告期内，公司经营活动依法运作，操作规范，财务报告真实地反映了公司的财务状况和经营成果。

厦门国际信托有限公司

1. 重要提示

1.1 本公司董事会及董事保证本报告所载资料不存在任何虚假记载、误导性陈述或者重大遗漏，并对其内容的真实性、准确性和完整性承担个别及连带责任。

1.2 没有董事声明对年度报告内容的真实性、准确性、完整性无法保证或存在异议。

1.3 独立董事保证本报告所载资料不存在任何虚假记载、误导性陈述或者重大遗漏，并对其内容的真实性、准确性和完整性承担个别及连带责任。

1.4 北京兴华会计师事务所(特殊普通合伙)福建分所为本公司出具了标准无保留意见的审计报告。

1.5 公司董事长洪文瑾、总经理李自成和会计机构负责人财务部经理陈明雅保证年度报告中财务报告的真实、完整。

2. 公司概况

2.1 公司简介

2.1.1 公司历史沿革

厦门国际信托有限公司是经中国银行业监督管理委员会批准设立的具有法人资格的非银行金融机构。公司前身厦门国际信托投资公司是由厦门市财政局下属的厦门经济特区财务公司组建而成，成立于 1985 年 1 月，已稳健成长了 31 年。2007 年 8 月，经中国银行业监督管理委员会核准换发新的金融许可证。目前，公司注册资本 23 亿元(其中外汇资本金 1 500万美元)，净资产约 37.41 亿元。股东为厦门金圆金控股份有限公司(占股 80%)、厦门建发集团有限公司(占股 10%)和厦门港务控股集团有限公司(占股 10%)，三家股东均是厦门市属国有企业。

2.1.2 公司的法定中文名称：厦门国际信托有限公司
公司的法定英文名称：Xiamen International Trust Co., Ltd

2.1.3 法定代表人：洪文瑾

2.1.4 注册地址：厦门市思明区展鸿路 82 号厦门金融中心大厦 39~42 层

2.1.5 邮政编码：361008

2.1.6 国际互联网网址：www.xmitic.com

2.1.7 电子信箱：master@xmitic.com

2.1.8 信息披露事务负责人：李自成
联 系 人：苏东升
联系电话：0592-5311983
传　　真：0592-5311906
电子信箱：suds@xmitic.com

2.1.9 公司本次信息披露报纸名称：《证券时报》

2.1.10 公司年度报告备置地点：厦门市思明区展鸿路 82 号厦门国际金融中心 39~42 层

2.1.11 公司聘请的会计师事务所：北京兴华会计师事务所(特殊普通合伙)福建分所
地址：厦门市湖滨东路 319 号人才市场 C 座 4 楼

2.1.12 公司信托事务聘请的律师事务所：
上海锦天城(厦门)律师事务所
地址：厦门市思明区展鸿路 82 号厦门金融中心大厦 23 层
福建天衡联合律师事务所
地址：厦门市厦禾路 666 号海翼大厦 A 栋 16 层、17 层
福建闽翔律师事务所
地址：福建省厦门市嘉禾路 298 号(吕厝福隆国际大厦)702 室

2.2 组织结构

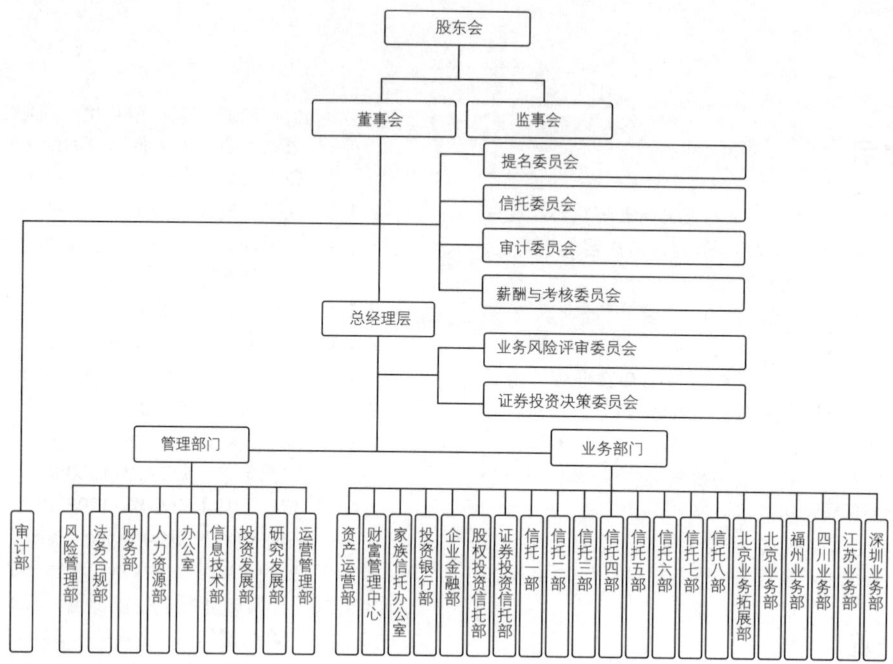

3. 公司治理

3.1 公司治理结构

3.1.1 股东情况

公司现有3个股东。

股东名称	持股比例（%）	法人代表	注册资本	注册地址	主要经营业务及主要财务情况
厦门金圆金控股份有限公司	80	许晓曦	381093.75万元	厦门市思明区展鸿路82号厦门国际金融中心46层4605~4609	对金融产业的投资，创业投资，产业投资，股权投资管理与运营。2016年末总资产超过81亿元。
厦门建发集团有限公司	10	吴小敏	50亿元	厦门市思明区环岛东路1699号建发国际大厦43楼	主要业务涵盖供应链运营、房地产开发、旅游酒店、会展业、投资等多个领域。2016年末总资产超过1 400亿元。
厦门港务控股集团有限公司	10	陈鼎瑜	31亿元	厦门市湖里区东港北路31号港务大厦25楼	以控股、参股方式从事资产投资、监管、经营；港口工程开发与建设；与港口建设经营有关的业务。2016年末总资产367亿元。

注：2017年3月，厦门金圆金控股份有限公司法定代表人变更为檀庄龙。

3个股东均是厦门市属并授权经营的国有独资公司。

3.1.2 董事、董事会及其下属委员会

董事长、副董事长、董事

姓名	职务	性别	年龄（岁）	选任日期	所推举的股东名称	该股东持股比例（%）	简要履历
洪文瑾	董事长	女	53	2013年6月	厦门金圆金控股份有限公司	80	2006年7月毕业于厦门大学工商管理专业；现任厦门金圆投资集团有限公司副总经理，厦门国际信托有限公司董事长兼圆信永丰基金管理有限公司董事长，厦门市担保有限公司董事长，厦门资产管理有限公司董事长。
许晓曦	董事	男	47	2013年6月	厦门金圆金控股份有限公司	80	2003年12月毕业于厦门大学财政学专业，博士学位；现任厦门金圆投资集团有限公司董事长、党委书记兼厦门金圆金控股份有限公司董事长。
薛　荷	董事	女	51	2013年6月	厦门金圆金控股份有限公司	80	1986年7月毕业于南京大学经济系经济管理专业；现任厦门金圆投资集团有限公司副总经理兼厦门市创业投资有限公司董事长。
杨清榕	董事	男	49	2016年12月	厦门金圆金控股份有限公司	80	2016年12月16日获得厦门银监局任职资格核准，2003年12月毕业于厦门大学工商管理专业，硕士学位，2007年12月毕业于厦门大学经济学专业，硕士学位；现任厦门金圆投资集团有限公司总会计师。

续表

姓名	职务	性别	年龄（岁）	选任日期	所推举的股东名称	该股东持股比例（%）	简要履历
王文怀	董事	男	44	2013 年 6 月	厦门建发集团有限公司	10	经济师，1998 年毕业于厦门大学企业管理专业，获硕士学位；现任厦门建发集团有限公司副总经理。
余明凤	董事	男	53	2013 年 6 月	厦门港务控股集团有限公司	10	1985 年毕业于广州暨南大学会计系会计专业；现任厦门港务控股集团有限公司财务总监，厦门海润通资产管理有限公司董事长，厦门海信升融资租赁有限公司董事长。
刘持金	独立董事	男	54	2013 年 6 月	独立董事		1997 年 7 月毕业于美国哈佛大学工商管理专业，获硕士学位；现任北京泛太平洋管理咨询有限公司董事长，中国企业改革发展研究会副会长。
孙立坚	独立董事	男	54	2013 年 6 月	独立董事		2000 年 3 月毕业于日本一桥大学商学研究科，获博士学位；现任复旦大学金融研究中心主任、经济学院金融学教授。
陈　工	独立董事	男	58	2013 年 6 月	独立董事		1999 年 7 月毕业于厦门大学财金系，博士学历，经济学教授、博士生导师；现任厦门大学经济学院财政系教授。

注：2017 年 3 月，许晓曦同志因职务变动辞去董事一职，后公司增补檀庄龙同志为第五届董事会董事。

独立董事

姓名	所在单位职务	性别	年龄（岁）	选任日期	简要履历
刘持金	北京泛太平洋管理咨询有限公司董事长、中国企业改革发展研究会副会长	男	54	2013 年 6 月	1997 年 7 月毕业于美国哈佛大学工商管理专业，获硕士学位；现任北京泛太管理培训有限公司董事长。
孙立坚	复旦大学金融研究中心主任、经济学院金融学教授	男	54	2013 年 6 月	2000 年 3 月毕业于日本一桥大学商学研究科，获博士学位；现任复旦大学金融研究中心主任、经济学院金融学教授。
陈　工	厦门大学经济学院财政系教授	男	58	2013 年 6 月	1999 年 7 月毕业于厦门大学财金系，博士学历，经济学教授、博士生导师；现任厦门大学经济学院财政系教授。

董事会下属委员会

董事会下属委员会名称	职责	组成人员姓名	职务
信托委员会	组织拟定制定公司信托业务的发展规划；初审需由董事会审议的信托项目；检查和评估信托财产管理的风险状况，审议信托业务的重大风险事件；针对中国银监会及其派出机构检查公司信托业务后要求董事会组织整改的问题，提出具体措施；当公司或股东利益与受益人利益发生冲突时，研究制定维护受益人权益的具体措施；指导信托业务部门开展业务创新；审核公司创新类信托计划；监督、检查、评估公司信托计划的实施情况，向董事会提出建议；董事会授予的其他职责。	陈　工	主任委员
		杨清榕	委员
		洪文瑾	委员
		薛　荷	委员
		王文怀	委员
薪酬与考核委员会	审查公司董事、高管人员的年度薪酬、年度效益工资提取办法、基本（固定）薪酬管理制度、员工企业年金方案并提交董事会审定；对公司薪酬制度执行情况进行监督；董事会授权的其他事宜。	杨清榕	主任委员
		薛　荷	委员
		孙立坚	委员
审计委员会	提议聘请和更换外部审计机构；审批公司年度审计工作计划；每季度听取并审议审计部的工作报告；审批公司年度审计工作报告，并报董事会审议；审议批准公司案防工作总体政策，推动案防管理体系建议；明确高级管理层有关案防职责及权限，确保高级管理层采取必要措施有效监测、预警和处置案件风险；提出案防工作整体要求，审议案防工作报告；考核评估公司案防工作有效性；确保内审稽核对案防工作进行有效审查和监督。	孙立坚	主任委员
		薛　荷	委员
		余明凤	委员
提名委员会	研究并提出董事和高级管理人员选任程序和标准；对拟任董事和高级管理人员的任职资格进行初步审核，向董事会提出建议；董事会授权的其他职责。	许晓曦	主任委员
		杨清榕	委员
		刘持金	委员

注：2017 年 3 月，许晓曦同志因职务变动辞去公司董事一职，同时辞去提名委员会委员与主任委员职务，公司第五届董事会将适时及时增补提名委员会委员，并按照公司章程及相关议事规则的规定选举产生主任委员。

3.1.3　监事会成员

姓名	职务	性别	年龄（岁）	选任日期	所推举的股东名称	该股东持股比例（%）	简要履历
黄威飘	监事长	男	52	2013 年 6 月	厦门金圆金控股份有限公司	80	2003 年 12 月毕业于中央党校法律专业；现任厦门金圆投资集团有限公司纪委书记，厦门天马微电子有限公司监事长。

续表

姓名	职务	性别	年龄（岁）	选任日期	所推举的股东名称	该股东持股比例（%）	简要履历
吴 钢	外部监事	男	47	2015 年 2 月	厦门金圆金控股份有限公司	80	1991 年 7 月毕业于厦门大学企业管理专业；现任厦门金圆投资集团有限公司总经理助理，兼投资管理部总经理，厦门天马微电子有限公司副董事长。
苏东升	职工监事	男	44	2013 年 6 月			1994 年 7 月毕业于厦门大学会计系；现任厦门国际信托有限公司办公室主任、审计部总经理。

3.1.4 高级管理人员

姓名	职务	性别	年龄（岁）	选任日期	金融从业年限（年）	学历	专业	简要履历
洪文瑾	董事长	女	53	2008 年 11 月	22	硕研	工商管理	1985 年起历任厦门建发集团有限公司财务部业务主办、副经理、厦门建发信托投资公司副总经理、总经理、厦门国际信托有限公司总经理、董事长等职；现任厦门金圆投资集团有限公司副总经理，厦门国际信托有限公司董事长，圆信永丰基金管理有限公司董事长，厦门市担保有限公司董事长，厦门资产管理有限公司董事长。
李自成	总经理	男	55	2012 年 1 月	27	硕研	历史	1989 年起历任厦门国际信托投资公司办公室主任、总经理助理、副总经理等职，2012 年 1 月起，任厦门国际信托有限公司总经理。
林 将	副总经理	男	59	2005 年 5 月	35	大专	金融	1975 年起历任厦门人行副处长（主持工作），厦门国际信托投资公司副总经理，厦门国际信托有限公司副总经理等职。
胡荣炜	副总经理	男	42	2013 年 8 月	10	硕研	工商管理	1997 年起历任厦门中行副科长、科长，柯达中国区制造财务内控总监，磐基国际集团副总经理，厦门金圆集团投资经理，厦门市创业投资有限公司副总经理等职；现任厦门国际信托有限公司副总经理，圆信永丰基金管理公司监事。
蔡炎坤	副总经理	男	52	2013 年 8 月	28	硕研	货币银行	1988 年起历任厦门国际信托投资公司经理助理、部门经理，厦门国际信托有限公司信托一部经理、投资信托总部总经理、股权投资信托部总经理、公司总经理助理、副总经理等职。
郭韶红	副总经理	女	48	2013 年 8 月	27	硕研	金融	1989 年起历任厦门国际信托投资公司部门经理助理、部门经理，厦门国际信托有限公司信托二部经理、融资信托总部总经理、北京业务部总经理、公司总经理助理、副总经理等职。
苏荣坚	总经理助理	男	54	2013 年 11 月有	22	本科	经济管理	1982 年起历任福建三明地区财政局科长，厦门信息信达总证券部经理助理、计划财务部副经理（主持工作）、厦门国际信托有限公司财务部经理、自营业务部经理、公司财务总监、总经理助理等职。
郑 华	总经理助理	女	42	2010 年 7 月	22	本科	行政管理	1994 年起在厦门建发信托投资公司从事证券有关业务，2002 年起历任厦门国际信托有限公司办公室副主任、人力资源部总经理、办公室主任、财富管理中心总经理、公司总经理助理等职。

3.1.5 公司员工

报告期末公司职工数 212 人，平均年龄 35.96 岁，学历结构分布为博士 0.50%、硕士 36.63%、本科 53.96%、专科 6.93%、其他 1.98%。

4. 经营管理

4.1 经营目标、方针、战略规划

4.1.1 经营目标

在健全内部法人治理结构、完善和规范内控管理制度和业务流程基础上，建立并形成一批高素质、专业化的投资管理与营销团队，实现公司信托资产规模和盈利水平的双增长，为信托受益人和公司股东谋求最大利益。

4.1.2 经营方针

稳健经营、诚实守信、开拓创新、有效回报，即以稳健经营为前提，以诚实信用为根本，以开拓创新为动力，以有效回报为目标。

4.1.3 战略规划

依托国务院关于支持福建省加快建设海峡西岸经济区的发展契机，在集团金融发展战略指引下，以开拓创新为先导，以专注主业为核心，以风险控制为保障，加强与银行、政府、集团成员机构以及海峡两岸其他金融机构和第三方机构之间开展各种形式的合作，逐步实现信托业务从平台型为主向自主管理型为主的转变，增强企业竞争力，提升公司在集团金融板块的行业价值；建立健全有效的激励和约束机制，实施有效的人才战略，为公司可持续发展创造条件；着力提升公司的投融资能力、项目开发能力、资产管理能力和市场营销能力；在确保安全性的前提下适当调整自有资产结构，提高自有资产的运作效益，成为集团金融资源整合的重要平台；积极获得股东支持，通过增资或引进战略投资者方式，提升公司净资本水平；规划期内确保在信托业务主要指标行业排名上有所进步，推动公司业务规模、经营效益、管理水平的全面提升，初步形成自身的核心盈利模式并成为国内具有一定竞争力的信托机构。

4.2 所经营业务的主要内容

目前公司经营的业务均围绕"一法两规"及银监会的有关规定开展,在固有资产方面,开展贷款(流动资金贷款和固定资产贷款)、投资(金融股权投资和证券投资)等业务。在信托业务方面,按资金来源分类,有单一信托、集合信托及财产权信托业务;按信托功能分类,有融资类、投资类和事务管理类业务。目前信托业务主要开展了贷款信托、证券投资信托、股权投资信托和股权管理信托、财产信托(土地收益权、股权收益权、信贷资产)等,信托资金投向涵盖了基础产业、房地产、证券市场、实业、金融机构等方面。

4.2.1 自营资产运用与分布表

资产运用	金额(万元)	占比(%)	资产分布	金额(万元)	占比(%)
货币资产	35 890	7.39	基础产业	36 938	7.61
贷款及应收款	9 862	2.03	房地产业	0	0.00
以公允价值计量且其变动计入当期损益的金融资产	30 424	6.27	证券市场	57 465	11.84
可供出售金融资产	207 891	42.83	实业	9 862	2.03
持有至到期投资	77 458	15.96	金融机构	79 531	16.39
长期股权投资	106 469	21.94	其他	301 560	62.13
其他	17 363	3.58			
资产总计	485 357	100	资产总计	485 357	100

4.2.2 信托资产运用与分布表

资产运用	金额(万元)	占比(%)	资产分布	金额(万元)	占比(%)
货币资产	731 649	3.09	基础产业	2 413 319	10.20
贷款	11 894 025	50.28	房地产	1 910 450	8.08
交易性金融资产	663 889	2.81	证券市场	1 969 826	8.33
可供出售金融资产	4 581 689	19.37	实业	8 487 035	35.88
持有至到期投资	141 649	0.60	金融机构	2 540 471	10.74
长期股权投资	1 371 076	5.80	其他	6 333 021	26.77
其他	4 270 145	18.05			
信托资产总计	23 654 123	100.00	信托资产总计	23 654 123	100

4.3 市场分析

4.3.1 有利因素

(1)宏观层面。2016 年是我国"十三五"规划的开局之年,供给侧结构性改革持续深化。我国经济运行总体平稳,城镇化率进一步提高,就业稳定增加,居民收入稳步增长。传统产业加快转型升级的同时,新兴产业蓬勃兴起。在宏观经济下行压力持续存在的背景下,我国继续实行积极的财政政策和稳健的货币政策。财政政策方面,不断加大积极财政政策力度,"营改增"全面推开,实现了包括建筑业、房地产业、金融业和生活服务业的全面覆盖;继续推进地方政府存量债务置换,降低利息负担。货币政策上,通过灵活适度地运用多种货币政策工具,支持实体经济发展。同时我国持续推进简政放权,提升审批效率,为经济社会发展加足动力。

(2)行业层面。2016 年,监管层相继出台《关于进一步加强信托公司风险监管工作的意见》《银行业金融机构全面风险管理指引》,进一步引导信托公司规范展业。同时信托行业评级体系和信托监管评级体系分别建立,将信托公司风险控制、资产质量、合规经营全面纳入监管体系。中国信托登记有限责任公司的成立使信托业"一体三翼"监管框架建成,有助于形成信托产品统一的交易、流转平台,促进信托行业持续稳健发展。在信托资产规模再创历史新高的同时,信托行业加快转型创新,业务结构不断优化,事务管理和投资功能显著增强。信托行业积极履行社会责任,通过发挥多层次、多领域、多渠道配置资源的行业优势,持续为实体经济提供针对性强、附加值高的金融服务。

(3)公司层面。随着金融市场进入跨行业、跨领域协同发展的大资管时代,公司在监管引导和股东会、董事会支持下,按照战略规划,紧跟市场变化、加强创新研发、业务稳步调整。一方面,积极参与传统业务竞争,重视业务资源和渠道的维护与建设,继续积极推进与各金融机构的业务合作,建立核心客户群,大力拓展政信、国企融资类等风险较低的业务,在集合资金信托业务和通道业务上继续保持了适当的规模。另一方面,从传统的项目推动型向"受人之托、代人理财"的客户需求推动型转变,积极拓展公司自主管理能力,积极开展以客户资产管理为核心的基金化信托业务,围绕家族信托、公益信托、信贷资产证券化、信托受益权证券化、互联网金融等业态进一步拓宽公司的产品线。公司增强品牌宣传力度,充分发挥我司在厦门及周边区域市场上的品牌优势和影响力,财富管理中心和家族信托办公室持续为高净值客户提供证券类、固定收益类、股权类等多种信托产品,满足客户多样化需求。

4.3.2 不利因素

(1)宏观层面。由于国际国内经济形式依然严峻,我国宏观经济增长速度持续放缓,金融行业普遍面临资产荒问题,资金与资产匹配难度增大。受经济因素和政策因素影响,金融机构利差空间压缩,信托报酬率持续下降。税收政策方面,资管产品的增值税负将进一步增加信托行业的运营成本,降低信托行业的利润率。

(2)行业层面。2016 年,信托资产规模增速放缓,资产荒、资金回报率下降或将成为新常态,信托行业的转型之路依然艰难。随着国民财富的飞速增长,资产管理和财富管理需求也急剧膨胀,尽管证监会、保监会纷纷发文对保险公司、基金子公司等提出了较高的要求和较严的监管,大资管背景下的行业竞争依然愈加激烈。

(3)公司层面。由于经济下行、监管政策导向与限制,传统业务发展显著受限,市场上优质资产匮乏,使得符合收益率要求和公司风险容忍度的自主管理型项目愈加难觅。部分新业务模式仍处于培育期,公司自主管理能力和核心竞争力有待提高。同时公司人才资源仍显不足,需要进一步加强业务团队建设。

4.4 内部控制

4.4.1 内部控制环境和内部控制文化

公司的内部控制制度,是为实现经营目标和防范各种风险而采取的一系列方法、措施、程序的总和。公司内部控制的总体目标是要建立一个决策科学、运营规范、管理高效、监督到位、反馈及时和持续、稳定、健康发展的信托业经营机构。具体包括四项内部控制目标:一是确保国家法律法规、外部监管机构的监管要求和公司内部规章制度得到有效的贯彻执行；二是确保公司发展战略和经营目标的全面实施和充分实现；三是确保公司风险管理体系的有效性；四是确保业务记录、财务信息和其他管理信息的及时性、真实性、完整性。

公司建立了较为完善的法人治理结构，包括股东会、董事会、监事会和经营管理层，各自职责明确并得到切实履行。董事会对公司建立内部控制系统和维持其有效性承担最终责任，经营管理层对内部控制制度的有效执行承担责任，监事会对内部控制行使监督职责。公司董事会、监事会和经营管理层能充分认识自身对内部控制所承担的责任，并培育公司良好的内部控制文化和风险管理理念。董事会对经营管理层制定了明确的授权权限，总经理办公会具有明确的议事规则和决策程序。公司按照信托资产与固有资产隔离原则，分别设置不同的部门由不同的高管人员负责管理，各个信托项目均建立独立账户和账套分别管理、分别记账。公司按照职责明确、相互制约的原则设置组织结构，各部门有明确的授权分工，严格遵守公司部门工作职责的规定，在各自职权范围内从事活动。这些设置为公司提供了一个良好的内控环境和氛围。

4.4.2 内部控制措施

公司根据全面性、审慎性、及时性、有效性等原则，主要以业务处理流程为基础，运用目标控制、组织控制、授权控制、程序控制、检查控制等多种控制方法，致力于形成一套包括前台、中台、后台三道防线的内部监督控制体系。

公司持续不断地完善制度建设，包括信贷业务、投资业务、资金业务、会计内部控制、信息系统内部控制等各个方面在内的规章制度，排除内控盲点，建立分类科学、内容全面的制度和流程体系。2003 年 9 月颁布了《公司内部控制制度》，2004 年以来又对内部控制制度进行了修订，各项管理规章制度也围绕内控制度的要求进一步予以修订和完善，并于 2004 年 5 月发布实施《公司规章制度汇编》（修订版，包括具体制度 52 项）。2005 年以来公司根据业务发展情况持续不断制定和修订管理制度 219 项，其中 2016 年制定和修订 25 项。一系列规章制度保证了公司各项业务规范、有序开展。各项制度得到良好执行。

公司内部控制职能主要通过法务合规部、风险管理部和审计部来履行。法务合规部、风险管理部主要履行事前、事中的控制职能。审计部主要履行事后检查监督职能。

4.4.3 信息交流与反馈

公司经营层与董事会保持良好的信息沟通，及时将经营管理中的问题、国家法律法规、政策和监管意见向董事会传达；所有经营活动均严格按照董事会对经营层的授权进行，授权是明确而有效的；根据有关监管要求，对于集合资金信托业务、关联交易等重大事项，公司均履行了报备或报批手续。针对监管意见和稽核审计中发现的问题，向公司各部门发出整改通知，把有关监管意见落实到相关部门；公司通过内部网办公系统，保证全体员工及时了解国家法律法规和公司规章制度，使风险意识和内控措施贯穿到公司各个部门、各个岗位和各个环节；业务部门、内部审计部门和其他人员发现的内部控制的问题，均能有畅通的报告渠道并采取有效纠正措施；公司严格执行向委托人、受益人信息披露的有关制度，确保相关当事人的知情权。

4.4.4 监督评价与纠正

公司设立审计部门负责内部审计工作，审计工作按照审计署关于内部审计的规定和银监会的有关规定进行，包括采取定期和不定期方式，范围涉及财务和业务的各个方面，对公司内部控制制度的执行情况进行持续的监督，评价内部控制的有效性，提出意见。各个信托项目结束以及关键岗位人员离职均必须经过审计部门的审计。2016 年，审计部全年共完成 18 项常规和专项审计，涉及项目共计 490 个，涉及项目金额为 18 479 493.7万元，出具 53 份内部审计报告，发现审计问题 63 个，提出整改意见和审计建议共计 61 条。内部审计工作始终得到公司董事会和高级管理层的重视，内部审计结果向审计委员会、董事会、监事会和经营层报告，对于内部审计中发现的问题，能得到及时有效的整改，并将整改落实情况向监管部门报告。

4.5 风险管理

4.5.1 风险管理概况

公司十分注重风险控制管理，坚持积极稳健的经营原则，规范运作，审慎经营；公司按照全面风险管理、集中风险管理、独立性、有效性、及时性、持续性的原则，通过自上而下的风险识别、自上而下的风险控制和上下结合的风险化解，将本公司业务运作和经营管理的所有内容都涵盖于风险管理制度之下；公司进一步运用现代风险管理控制手段和技术，不断改进和提高风险控制管理质量和水平。

公司建立了有效的风险管理组织结构，包括董事会、总办会、法务合规部、风险管理部（业务风险评审委员会）、审计部。董事会对风险负最终责任，负责确立适当的风险管理原则和战略；总办会发挥其应有的民主决策的积极作用；法务合规部负责业务合规性审查、法律事务；风险管理部负责日常风险管理和跟踪监督；审计部负责公司审计稽核等。

4.5.2 风险状况

4.5.2.1 信用风险状况

信用风险主要表现为公司交易对手不能履行合约义务带来的风险，其中包括业务合作伙伴、贷款对象的信用风险，资金往来银行的信用风险，从而导致公司资产价值发生变动遭受损失的风险。2016 年公司自营信用风险资产期末数为477 815 万元，其中正常类477 649万元、关注类 166 万元、次级类 0 万元、可疑类和损失类为 0 万元。不良信用资产的期初数为 70 万元，期末数为 0 万元。

4.5.2.2 市场风险状况

市场风险是指因市场波动而使得投资者不能获得预期收益的风险，包括股价、市场汇率、利率及其他价格因素产生的不利波动。

证券市场方面，公司的自有资金证券投资规模较小，实现盈利；证券投资信托有较大业务规模，总体盈利，且 79.4% 证券投资实收信托项目实现盈利。

由于公司无外汇业务，因此市场汇率的变动对公司暂时还没有影响。

4.5.2.3 操作风险状况

操作风险是指公司由于内部程序、人员、系统的不完善或失误，或外部事件造成的潜在损失。

公司目前已逐步建立和完善了一系列基本制度、管理规定和业务操作流程，公司高管和员工风险意识和责任心较强。自重新登记以来未发生过较大因员工不尽职或违规而给公司和信托财产造成损失的事件。公司基本能有效地防范各个环节的操作风险。

4.5.2.4　其他风险状况

其他风险例如政策风险，宏观政策以及监管政策的变动对公司经营环境和发展会造成的一定的影响。

4.5.3　风险管理

4.5.3.1　信用风险管理

公司根据企业会计准则关于资产减值准备确认、计量的规定，除发放贷款外参考财政部关于印发《金融企业准备金计提管理办法》的通知（财金［2012］20号文）对本公司资产提取资产减值准备及一般风险准备。截至报告期末公司应提的一般准备6 662万元，已提一般准备6 662万元。

针对融资对象企业的信用风险，公司主要通过严格贷款“三查”制度、审贷分离制度和逐级审批制度来加以防范，制定了统一的企业信用标准和详细的操作规程。

针对资金往来银行和开户券商风险，主要通过选择实力雄厚、信誉卓著、业绩优良的金融机构作为合作伙伴并对合作伙伴定期与不定期压力测试来及时发现问题，对风险加以防范。

办理抵押贷款，注重对抵押物的权属、有效性和变现能力以及所设定抵押的合法性进行审查，完善登记手续；对抵押物确认的主要原则为根据抵押物评估值的不同情况合理确定贷款抵押比例。

办理保证贷款，主要对保证人的保证资格、资信状况及其还款记录进行审查，并签订保证合同；原则上提供保证的企业应属于经营良好的企业，有足够的偿债能力，在贷款期间没有可预见的经营风险存在，没有不良记录，历史上信用良好等。

4.5.3.2　市场风险管理

针对证券市场风险，公司注重对证券投资的策略研究，遵循组合投资、分散风险的原则，建立对各种市场风险暴露进行实时计量和评估机制，并根据所确认和计量的风险暴露，分别制定风险限额，设立止损措施等以有效防范证券市场风险。公司根据市场需求开发信托产品，一方面满足一般受益人的风险收益偏好，另一方面有效降低优先受益人的风险。公司严格选择投资顾问，确定合理的证券投资资产配置比例和止损线。公司运用投资管理信息系统实时控制投资比例限制和产品净值变动，严格执行有关止损点措施。

4.5.3.3　操作风险管理

操作风险可以通过正确的管理程序得到控制。公司主要通过严格的授权制度与过程监控来防范操作风险。在制定和完善具体的风险管理制度时，以“一法两规”为依据，落实信托业务和自营业务分账管理、防止挪用或私自改变资金用途、规范关联交易、加强信息披露等业务操作守则和制度要求。特别是对信托经理人的道德水准和职业操守有明确的职责要求，要求其定期完成对信托业务执行风险控制点的监控报告，恪尽职守，履行诚实、信用、谨慎、有效管理的义务。

4.5.3.4　其他风险管理

其他风险例如政策风险，公司通过严格依法经营，根据法规和监管政策要求及时制定完善公司规章、内控制度和业务规程，加强业务合规性审查以规范和控制公司业务的政策风险。同时公司保持与监管当局紧密沟通、了解政策动向，把握业务方向。

5. 报告期末及上一年度末的比较式会计报表

5.1　自营资产

5.1.1　会计师事务所审计结论

审 计 报 告

京会兴闽分审字［2017］第62000178号

厦门国际信托有限公司全体股东：

我们审计了后附的厦门国际信托有限公司（以下简称厦门信托公司）财务报表，包括2016年12月31日的合并及母公司资产负债表，2016年度的合并及母公司利润表、合并及母公司现金流量表、合并及母公司所有者权益变动表以及财务报表附注。

一、管理层对财务报表的责任

编制和公允列报财务报表是厦门信托公司管理层的责任，这种责任包括：（1）按照企业会计准则的规定编制财务报表，并使其实现公允反映；（2）设计、执行和维护必要的内部控制，以使财务报表存在由于舞弊或错误导致的重大错报。

二、注册会计师的责任

我们的责任是在执行审计工作的基础上对财务报表发表审计意见。我们按照中国注册会计师审计准则的规定执行了审计工作。中国注册会计师审计准则要求我们遵守中国注册会计师职业道德守则，计划和执行审计工作以对财务报表是否不存在重大错报获取合理保证。

审计工作涉及实施审计程序，以获取有关财务报表金额和披露的审计证据。选择的审计程序取决于注册会计师的判断，包括对由于舞弊或错误导致的财务报表重大错报风险的评估。在进行风险评估时，注册会计师考虑与财务报表编制和公允列报相关的内部控制，以设计恰当的审计程序，但目的并非对内部控制的有效性发表意见。审计工作还包括评价管理层选用会计政策的恰当性和作出会计估计的合理性，以及评价财务报表的总体列报。

我们相信，我们获取的审计证据是充分、适当的，为发表审计意见提供了基础。

三、审计意见

我们认为，厦门信托公司财务报表在所有重大方面按照企业会计准则的规定编制，公允反映了厦门信托公司2016年12月31日的合并及母公司财务状况以及2016年度的合并及母公司经营成果和现金流量。

北京兴华
会计师事务所（特殊普通合伙）
福建分所

中国注册会计师：陈英贤

中国·厦门
二〇一七年二月二十八日

中国注册会计师：邱初自

5.1.2 合并及公司资产负债表

合并及公司资产负债表

单位编制：厦门国际信托有限公司（自营资产）　　2016年12月31日　　单位：万元

资产	年末数		年初数	
	合并	公司	合并	公司
货币资金	47 151	35 890	44 331	34 708
存放同业款项				
贵金属				
拆出资金				
以公允价值计量且其变动计入当期损益的金融资产	30 424	30 424	27 836	27 836
衍生金融资产				
买入返售金融资产			140	140
应收利息	664	616	208	193
发放贷款和垫款	9 862	9 862	14 413	14 413
可供出售金融资产	209 755	207 891	243 211	239 955
持有至到期投资	77 458	77 458	18 767	18 767
应收款项类投资				
长期股权投资	96 269	106 469	93 882	104 082
投资性房地产				
固定资产	5 516	5 048	6 000	5 354
无形资产				
商誉				
递延所得税资产	2 653	2 653	2 710	2 710
其他资产	10 681	9 046	4 535	3 086
资产总计	490 433	485 357	456 034	451 245

合并及公司资产负债表（续）

单位编制：厦门国际信托有限公司（自营资产）　　2016年12月31日　　单位：万元

负债	年末数		年初数	
	合并	公司	合并	公司
向中央银行借款				
同业及其他金融机构存放款项				
拆入资金				
以公允价值计量且其变动计入当期损益的金融负债				
衍生金融负债				
卖出回购金融资产款				
吸收存款				
应付职工薪酬	13 283	11 245	13 002	11 608
应交税费	11 491	11 405	6 294	6 203
应付利息	148	148	—	—
预计负债	—	—	34 900	34 900
应付债券				
其中：优先股				
永续债				
递延所得税负债	4 376	4 360	11 794	11 755
其他负债	84 998	84 134	5 290	6 773
负债合计	114 296	111 292	71 280	71 240
所有者权益：				
实收资本	230 000	230 000	230 000	230 000
其他权益工具	—	—	—	—
其中：优先股	—	—	—	—
永续债	—	—	—	—
资本公积	1 535	1 535	1 535	1 535

续表

负债	年末数		年初数	
	合并	公司	合并	公司
减:库存股	—	—	—	—
其他综合收益	15 217	15 193	37 576	37 517
盈余公积	39 331	39 331	33 030	33 030
一般风险准备	6 948	6 662	6 276	6 195
信托赔偿准备	19 357	19 357	16 207	16 207
未分配利润	58 255	61 986	53 846	55 521
归属于母公司所有者权益合计	370 644	374 065	378 470	380 005
少数股东权益	5 494	—	6 283	—
所有者权益合计	376 137	374 065	384 753	380 005
负债及所有者权益总计	490 433	485 357	456 034	451 245

法定代表人:洪文瑾　　主管财务负责人:胡荣炜　　财务主管:陈明雅

5.1.3　合并及公司利润表

合并及公司利润表

编制单位:厦门国际信托有限公司(自营资产)　　2016 年度　　单位:万元

项目	本年金额		上年金额	
	合并	公司	合并	公司
一、营业收入	107 837	100 440	99 143	93 952
利息净收入	1 682	1 354	2 834	2 543
利息收入	2 425	2 097	2 834	2 543
利息支出	743	743	0	0
手续费及佣金净收入	63 048	56 247	58 017	53 458
手续费及佣金收入	63 048	56 247	58 017	53 458
手续费及佣金支出	—	—	—	—
投资收益/(损失)	43 355	43 087	37 181	36 840
公允价值变动收益/(损失)	-738	-738	113	113
汇兑收益/(损失)	—	—	—	—
其他业务收入	490	490	997	997
二、营业支出	31 004	20 988	29 041	23 452
税金及附加	1 328	1 162	3 913	3 658
业务及管理费	26 627	17 841	23 474	16 014
资产减值损失	2 463	2 463	384	384
其他业务成本	586	-478	1 270	3 396
三、营业利润	76 833	79 452	70 102	70 500
加:营业外收入	36	22	744	739
减:营业外支出	-295	-296	51	51
四、利润总额	77 163	79 770	70 795	71 188
减:所得税费用	16 755	16 755	15 465	15 465
五、净利润	60 408	63 015	55 330	55 724
归属于母公司所有者的净利润	61 164	—	56 565	—
少数股东损益	-756	—	-1 235	—
六、每股收益				
(一)基本每股收益	0. 26	0. 27	0. 24	0. 24
(二)稀释每股收益	0. 26	0. 27	0. 24	0. 24
七、其他综合收益的税后净额	-22 393	-22 324	33 046	32 976
归属于母公司所有者的其他综合收益的税后净额	-22 359	-22 324	33 012	32 976
(一)以后不能重分类进损益的其他综合收益	0	0	0	0
归属于少数股东的其他综合收益的税后净额	-34	—	34	—
八、综合收益总额	38 015	40 691	88 376	88 700
归属于母公司所有者的综合收益总额	38 804	—	89 576	—
归属于少数股东的综合收益总额	-789	—	-1 200	—

法定代表人:洪文瑾　　主管财务负责人:胡荣炜　　财务主管:陈明雅

5.1.4 合并所有者权益变动表

合并所有者权益变动表

编制单位：厦门国际信托有限公司　　2016 年度　　单位：万元

项目	本年金额												
	归属于母公司股东权益											少数股东权益	所有者权益合计
	实收资本	其他权益工具			资本公积	减：库存股	其他综合收益	盈余公积	一般风险准备	信托赔偿准备	未分配利润		
		优先股	永续债	其他									
一、上年年末余额	230 000				1 535		66 295	31 971	6 164	15 677	44 956	6 283	402 880
加：会计政策变更							−28 718	1 095	113	530	8 890		−18 127
前期差错更正													
同一控制下企业合并													
其他													
二、本年年初余额	230 000				1 535		37 576	33 030	6 276	16 207	53 846	6 283	384 753
三、本年增减变动金额（减少以" − "号填列）							−22 359	6 301	671	3 151	4 409	−790	−8 616
（一）综合收益总额							−22 359				61 164	−790	38 015
（二）所有者投入和减少资本													
1. 所有者投入的普通股													
2. 其他权益工具持有者投入资本													
3. 股份支付计入所有者权益的金额													
4. 其他													
（三）利润分配								6 301	671	3 151	−56 754		−46 631
1. 提取盈余公积								6 301			−6 301		
2. 提取一般风险准备									671		−671		
3. 提取信托赔偿准备										3 151	−3 151		
4. 对所有者的分配											−46 631		−46 631
5. 其他													
（四）所有者权益内部结转													
1. 资本公积转增资本													
2. 盈余公积转增资本													
3. 盈余公积弥补亏损													
4. 一般风险准备弥补亏损													
5. 结转重新计量设定受益计划净负债或净资产所产生的变动													
6. 其他													
（五）其他													
四、本年年末余额	230 000				1 535		15 217	39 331	6 948	19 357	58 255	5 494	376 137

法定代表人：洪文瑾　　主管财务负责人：胡荣炜　　财务主管：陈明雅

合并所有者权益变动表（续）

编制单位：厦门国际信托有限公司　　2016 年度　　单位：万元

项目	上年金额												
	归属于母公司股东权益											少数股东权益	所有者权益合计
	实收资本	其他权益工具			资本公积	减：库存股	其他综合收益	盈余公积	一般风险准备	信托赔偿准备	未分配利润		
		优先股	永续债	其他									
一、上年年末余额	230 000				1 535		33 283	26 399	5 362	12 8917	36 180	7 484	353 133
加：会计政策变更													
前期差错更正													
同一控制下企业合并													
其他													
二、本年年初余额	230 000				1 535		33 283	26 399	5 362	12 891	36 180	7 484	353 133
三、本年增减变动金额（减少以"－"号填列）							33 012	5 572	802	2 786	8 776	－1 200	49 747
（一）综合收益总额							33 012				56 565	－1 200	88 376
（二）所有者投入和减少资金													
1. 所有者投入的普通股													
2. 其他权益工具持有者投入资本													
3. 股份支付计入所有者权益的金额													
4. 其他													
（三）利润分配								5 572	802	2 786	－47 789		－38 629
1. 提取盈余公积								5 572			－5 572		
2. 提取一般风险准备									802		－802		
3. 提取信托赔偿准备										2 786	－2 786		
4. 对所有者的分配											－38 629		－38 629
5. 其他													
（四）所有者权益内部结转													
1. 资本公积转增资本													
2. 盈余公积转增资本													
3. 盈余公积弥补亏损													
4. 一般风险准备弥补亏损													
5. 结转重新计量设定受益计划净负债或净资产所产生的变动													
6. 其他													
（五）其他													
四、本年年末余额	230 000				1 535		66 295	31 971	6 164	15 677	44 956	6 283	402 880

法定代表人：洪文瑾　　主管财务负责人：胡荣炜　　财务主管：陈明雅

公司所有者权益变动表

2016 年度

编制单位：厦门国际信托有限公司　　　　单位：万元

项目	本年金额										
	实收资本	其他权益工具			资本公积	减：库存股	其他综合收益	盈余公积	一般风险准备	信托赔偿准备	未分配利润	所有者权益合计
		优先股	永续债	其他								
一、上年年末余额	230 000				1 535		66 235	31 971	6 083	15 677	46 631	398 132
加：会计政策变更							−28 718	1 059	113	530	8 890	−18 127
前期差错更正												
其他												
二、本年年初余额	230 000				1 535		37 517	33 030	6 195	16 207	55 521	380 005
三、本年增减变动金额（减少以"－"号填列）							−22 324	6 301	467	3 151	6 465	−5 940
（一）综合收益总额							−22 324				63 015	40 691
（二）所有者投入和减少资金												
1. 所有者投入的普通股												
2. 其他权益工具持有者投入资本												
3. 股份支付计入所有者权益的金额												
4. 其他												
（三）利润分配								6 301	467	3 151	−56 754	−16 631
1. 提取盈余公积								6 301			−6 301	
2. 提取一般风险准备									467		−467	
3. 提取信托赔偿准备										3 151	−3 151	
4. 对所有者的分配											−46 631	−46 631
5. 其他												
（四）所有者权益内部结转												
1. 资本公积转增资本												
2. 盈余公积转增资本												
3. 盈余公积弥补亏损												
4. 一般风险准备弥补亏损												
5. 结转重新计量设定受益计划净负债或净资产所产生的变动												
6. 其他												
（五）其他												
四、本年年末余额	230 000				1 535		15 193	39 331	6 662	19 357	61 986	374 065

法定代表人：洪文瑾　　主管财务负责人：胡荣炜　　财务主管：陈明雅

公司所有者权益变动表(续)

编制单位:厦门国际信托有限公司　　2016 年度　　单位:万元

项目	上年金额											
	实收资本	其他收益工具			资本公积	减:库存股	其他综合收益	盈余公积	一般风险准备	信托赔偿准备	未分配利润	所有者权益合计
		优先股	永续债	其他								
一、上年年末余额	230 000				1 535		33 259	26 399	5 348	12 891	38 629	348 061
加:会计政策变更												
前期差错更正												
其他												
二、本年年初余额	230 000				1 535		33 259	26 399	5 348	12 891	38 629	348 061
三、本年增减变动金额(减少以"-"号填列)							32 976	5 572	734	2 786	8 002	50 071
(一)综合收益总额							32 976				55 724	88 700
(二)所有者投入和减少资金												
1. 所有者投入的普通股												
2. 其他权益工具持有者投入资本												
3. 股份支付计入所有者权益的金额												
4. 其他												
(三)利润分配								5 572	734	2 786	-47 722	-38 629
1. 提取盈余公积								5 572			-5 572	
2. 提取一般风险准备									734		-734	
3. 提取信托赔偿准备										2 786	-2 768	
4. 对所有者的分配											-38 629	-38 629
5. 其他												
(四)所有者权益内部结转												
1. 资本公积转增资本												
2. 盈余公积转增资本												
3. 盈余公积弥补亏损												
4. 一般风险准备弥补亏损												
5. 结转重新计量设定受益计划净负债或净资产所产生的变动												
6. 其他												
(五)其他												
四、本年年末余额	230 000				1 535		66 235	31 971	6 083	15 677	46 361	398 132

法定代表人:洪文瑾　　主管财务负责人:胡荣炜　　财务主管:陈明雅

5.2 信托资产

信托项目资产负债汇总表

编制单位：厦门国际信托有限公司　　2016 年 12 月 31 日　　单位：万元

资产	期末数	期初数	负债与所有者权益	期末数	期初数
资 产：			负 债：		
货币资金	731 649	288 993	应付受托人报酬	277	1 190
拆出资金	0		应付受益人收益	6 792	23 716
交易性金融资产	663 889	582 823	应交税金	0	0
衍生金融资产	0	0	衍生金融负债	0	0
买入返售金融资产	4 205 702	1 157 736	其他负债	8 752	37 902
发放贷款	11 894 025	4 183 130	负债合计	15 821	62 808
可供出售金融资产	4 581 689	3 926 391	所有者权益：		
持有至到期投资	141 649	110 000	实收信托	23 321 024	11 338 678
应收款项	20 143	13 923	其中：集合资金信托	7 932 497	2 218 834
长期股权投资	1 371 076	1 389 589	单一资金信托	15 106 931	8 920 270
其他资产	44 300	30 280	财产信托	281 597	199 573
			资本公积	-4 963	0
			未分配利润	322 240	281 379
			所有者权益合计	23 638 302	11 620 056
资产总计	23 654 123	11 682 865	负债和所有者权益总计	23 654 123	11 682 865

法定代表人：洪文瑾　　主管财务负责人：胡荣炜　　财务主管：陈明雅

信托项目利润及利润分配汇总表

编制单位：厦门国际信托有限公司（信托业务汇总）　2016 年度　单位：万元

项目	当年数	上年数
一、营业收入	1 168 551	1 834 268
利息净收入	898 438	471 804
利息收入	898 438	471 804
利息支出	0	0
投资收益（损失以“-”号填列）	310 158	819 698
公允价值变动收益	-64 694	44 919
其他业务收入	24 650	497 847
二、营业支出	107 576	218 093
营业税金及附加	0	0
信托费用	107 576	218 093
资产减值损失	0	0
三、利润总额（损失以“-”号填列）	1 060 975	1 616 175
加：期初未分配信托利润	281 379	213 675
损益平准金	-56	5 674
四、可供分配的信托利润	1 342 298	1 835 524
减：本期已分配信托利润	1 020 058	1 554 146
五、期末未分配信托利润	322 240	281 379

法定代表人：洪文瑾　　主管财务负责人：胡荣炜　　财务主管：陈明雅

6. 会计报表附注（母公司）

6.1 会计报表编制基准不符合会计核算基本前提的说明

6.1.1 会计报表不符合会计核算基本前提的事项

公司会计报表没有不符合会计核算基本前提的事项。

6.1.2 纳入合并报表范围子公司的说明

本年度公司纳入合并报表范围的子公司为本公司子公司圆信永丰基金管理有限公司。

6.2 重要会计政策和会计估计说明

6.2.1 计提一般准备、资产减值准备的范围和方法

6.2.1.1 一般准备

一般准备金期末余额按照期末风险资产的 1.5% 计提，作利润分配处理。

6.2.1.2 资产减值准备

资产减值准备包括可供出售金融资产减值准备、持有至到期投资减值准备、贷款损失准备、坏账准备和长期投资减值准备、固定资产减值准备等。资产减值准备采用备抵法核算。

6.2.1.2.1 可供出售金融资产的减值准备

年末如果可供出售金融资产的公允价值发生较大幅度下降，或在综合考虑各种相关因素后，预期这种下降趋势属于非暂时性的，就认定其已发生减值，将原直接计入所有者权益的公允价值下降形成的累计损失一并转出，确认减值损失。

6.2.1.2.2 持有至到期投资的减值准备

持有至到期投资减值损失的计量比照应收款项减值损失计量方法处理。

6.2.1.2.3 贷款损失准备

参照中国银行业监督管理委员会令 2011 年第 4 号《商业银行贷款损失储备管理办法》中第六条和第七条规定提取贷款损失准备。贷款拨备率为贷款损失准备与各项贷款余额之比，拨备覆盖率为贷款损失准备与不良贷款余额之比，贷款拨备率基本标准为 2.5%，拨备覆盖率基本标准为 150%，以两项标准中较高者为贷款损失准备的提取标准。其中划分为次级类、可疑类、损失类的贷款属于不良贷款。

6.2.1.2.4 应收款项坏账准备的确认标准和计提方法

年末如果有客观证据表明应收款项发生减值，则将其账面价值减记至可收回金额，减记的金额确认为资产减值损失，计入当期损益。可收回金额是通过对其的未来现金流量（不包括

尚未发生的信用损失)按原实际利率折现确定,并考虑相关担保物的价值(扣除预计处置费用等)。原实际利率是初始确认该应收款项时计算确定的实际利率。短期应收款项的预计未来现金流量与其现值相差很小,在确定相关减值损失时,不对其预计未来现金流量进行折现。

年末对于单项金额重大的应收款项(包括应收账款、应收票据、预付账款、其他应收款、长期应收款等)单独进行减值测试。如有客观证据表明其发生了减值的,根据其未来现金流量现值低于其账面价值的差额,确认减值损失,计提坏账准备。

6.2.1.2.5 除上述金融资产外的其他主要资产的减值

对联营企业的长期股权投资、固定资产、在建工程等长期非金融资产,公司在每年末判断相关资产是否存在可能发生减值的迹象。

资产存在减值迹象的,估计其可收回金额。可收回金额根据资产的公允价值减去处置费用后的净额与资产预计未来现金流量的现值两者之间较高者确定。

当资产的可收回金额低于其账面价值的,将资产的账面价值减记至可收回金额,减记的金额确认为资产减值损失,计入当期损益,同时计提相应的资产减值准备。

资产减值损失确认后,减值资产的折旧或者摊销费用在未来期间作相应调整,以使该资产在剩余使用寿命内,系统地分摊调整后的资产账面价值(扣除预计净残值)。

长期非金融资产的减值损失一经确认,在以后会计期间不再转回。

有迹象表明一项资产可能发生减值的,企业以单项资产为基础估计其可收回金额。难以对单项资产的可收回金额进行估计的,以该资产所属的资产组为基础确定资产组的可收回金额。资产组的认定,以资产组产生的主要现金流入是否独立于其他资产或者资产组的现金流入为依据。同时,在认定资产组时,考虑公司管理层管理经营活动的方式和对资产的持续使用或者处置的决策方式等。资产组一经确定,各个会计期间应保持一致。

公司按照以上所述原则、并参考财政部关于印发《金融企业准备金计提管理办法》(财金[2012]20号文)提取资产减值准备。《金融企业准备金计提管理办法》建议的提取比例如下:

单位:%

资产情况	提取比例(%)
正常	0.00
关注	3.00
次级	30.00
可疑	60.00
损失	100.00

6.2.2 金融资产四分类的范围和标准

公司结合自身业务特点和风险管理要求,根据公司对金融资产的持有意图和持有能力,将取得的金融资产于初始确认时分为以下四类:(1)以公允价值计量且其变动计入当期损益的金融资产,包括交易性金融资产和直接指定为以公允价值计量且其变动计入当期损益的金融资产。(2)持有至到期投资。(3)贷款和应收款项。(4)可供出售金融资产。

6.2.2.1 交易性金融资产和直接指定为以公允价值计量且其变动计入当期损益的金融资产

满足以下条件之一的金融资产,划分为交易性金融资产:

(1)取得金融资产的目的,主要是为了近期内出售、回购或赎回。

(2)属于进行集中管理的可辨认金融工具组合的一部分,且有客观证据表明公司近期采用短期获利方式对该组合进行管理。

(3)属于衍生工具。

满足以下条件之一的金融资产,直接指定为以公允价值计量且其变动计入当期损益的金融资产:

(1)该指定可以消除或明显减少由于该金融资产或金融负债的计量基础不同所导致的相关利得或损失在确认或计量方面不一致的情况。

(2)企业风险管理或投资策略的正式书面文件已载明,该金融资产组合以公允价值为基础进行管理、评价并向关键管理人员报告。

6.2.2.2 持有至到期投资

同时满足以下条件的非衍生金融资产,划分为持有至到期投资:

(1)到期日固定、回收金额固定或可确定。

(2)有明确意图持有至到期。

(3)有能力持有至到期。

6.2.2.3 贷款和应收款项

公司将在活跃市场中没有报价、回收金额固定或可确定的非衍生金融资产划分为贷款和应收款项,主要是公司发放的贷款和其他债权。

6.2.2.4 可供出售金融资产

公司将初始确认时即被指定为可供出售的非衍生金融资产以及除以公允价值计量且其变动计入当期损益的金融资产、持有至到期投资、贷款和应收款项三类外的金融资产划分为可供出售金融资产。

6.2.3 交易性金融资产核算办法

取得时,以公允价值(扣除已宣告但尚未发放的现金股利或已到付息期但尚未领取的债券利息)作为初始确认金额,相关的交易费用计入当期损益。支付的价款中包含已宣告但尚未发放的现金股利或已到付息期但尚未领取的债券利息产,单独确认为应收项目。

持有期间,将取得的利息或现金股利确认为投资收益,资产负债表日,将该金融资产的公允价值变动计入当期损益。

处置时,其公允价值与初始入账金额之间的差额确认为投资收益,同时调整公允价值变动损益。

6.2.4 可供出售金融资产核算办法

取得时,按公允价值(扣除已宣告但尚未发放的现金股利或已到付息期但尚未领取的债券利息)和相关交易费用之和作为初始确认金额。支付的价款中包含已宣告但尚未发放的现金股利或已到付息期但尚未领取的债券利息,单独确认为应收项目。

持有期间将取得的利息或现金股利确认为投资收益。资产负债表日,可供出售金融资产以公允价值计量,其公允价值变动确认为其他综合收益并计入资本公积。

处置时，将取得的价款与该金融资产账面价值之间的差额，计入投资损益；同时，将原直接计入所有者权益的公允价值变动累计额对应处置部分的金额转出，计入投资损益。

6.2.5 持有至到期投资核算办法

取得时，按公允价值（扣除已到付息期但尚未领取的债券利息）和相关交易费用之和作为初始确认金额。支付的价款中包含已到付息期但尚未领取的债券利息产，单独确认为应收项目。

持有期间，按照摊余成本和实际利率（如实际利率与票面利率差别较小的，按票面利率）计算确认利息收入，计入投资收益。实际利率在取得时确定，在该预期存续期间或适用的更短期间内保持不变。

处置时，将所取得价款与该投资账面价值之间的差额计入投资收益。

6.2.6 长期股权投资核算方法

6.2.6.1 初始计量

6.2.6.1.1 企业合并形成的长期股权投资

同一控制下的企业合并：公司以支付现金、转让非现金资产或承担债务方式以及以发行权益性证券作为合并对价的，在合并日按照取得被合并方所有者权益账面价值的份额作为长期股权投资的初始投资成本。长期股权投资初始投资成本与支付合并对价之间的差额，调整资本公积；资本公积不足冲减的，调整留存收益。合并发生的各项直接相关费用，包括为进行合并而支付的审计费用、评估费用、法律服务费用等，于发生时计入当期损益。

非同一控制下的企业合并：合并成本为购买日购买方为取得对被购买方的控制权而付出的资产、发生或承担的负债以及发行的权益性证券的公允价值，以及为企业合并而发生的各项直接相关费用。通过多次交换交易分步实现的企业合并，合并成本为每一单项交易成本之和。在合并合同中对可能影响合并成本的未来事项做出约定的，购买日如果估计未来事项很可能发生并且对合并成本的影响金额能够可靠计量的，也计入合并成本。

6.2.6.1.2 其他方式取得的长期股权投资

以支付现金方式取得的长期股权投资，按照实际支付的购买价款作为初始投资成本。

以发行权益性证券取得的长期股权投资，按照发行权益性证券的公允价值作为初始投资成本。初始投资成本包括与取得长期股权投资直接相关的费用、税金及其他必要支出。

在非货币性资产交换具备商业实质和换入资产或换出资产的公允价值能够可靠计量的前提下，非货币性资产交换换入的长期股权投资以换出资产的公允价值为基础确定其初始投资成本，除非有确凿证据表明换入资产的公允价值更加可靠；不满足上述前提的非货币性资产交换，以换出资产的账面价值和应支付的相关税费作为换入长期股权投资的初始投资成本。

通过债务重组取得的长期股权投资，其初始投资成本按照公允价值为基础确定。

6.2.6.2 被投资单位具有共同控制、重大影响的依据

按照合同约定对某项经济活动所共有的控制，仅在与该项经济活动相关的重要财务和经营决策需要分享控制权的投资方一致同意时存在，则视为与其他方对被投资单位实施共同控制；对一个企业的财务和经营决策有参与决策的权力，但并不能够控制或者与其他方一起共同控制这些政策的制定，则视为投资企业能够对被投资单位施加重大影响。

6.2.6.3 后续计量及收益确认

公司能够对被投资单位施加重大影响或共同控制的，初始投资成本大于投资时应享有被投资单位可辨认净资产公允价值份额的差额，不调整长期股权投资的初始投资成本；初始投资成本小于投资时应享有被投资单位可辨认净资产公允价值份额的差额，计入当期损益，同时调整长期股权投资的成本。

公司对子公司的长期股权投资，采用成本法核算，编制合并财务报表时按照权益法进行调整。

对被投资单位具有共同控制或重大影响的长期股权投资，采用权益法核算。

成本法下被投资单位宣告分派的现金股利或利润，确认为当期投资收益。

权益法下在公司确认应分担被投资单位发生的亏损时，按照以下顺序进行处理：首先，冲减长期股权投资的账面价值。其次，长期股权投资的账面价值不足以冲减的，以其他实质上构成对被投资单位净投资的长期权益账面价值为限继续确认投资损失，冲减长期应收项目等的账面价值。最后，经过上述处理，按照投资合同或协议约定企业仍承担额外义务的，按预计承担的义务确认预计负债，计入当期投资损失。

被投资单位以后期间实现盈利的，公司在扣除未确认的亏损分担额后，按与上述相反的顺序处理，减记已确认预计负债的账面余额、恢复其他实质上构成对被投资单位净投资的长期权益及长期股权投资的账面价值，同时确认投资收益。

被投资单位除净损益以外所有者权益其他变动的处理：对于被投资单位除净损益以外所有者权益的其他变动，在持股比例不变的情况下，公司按照持股比例计算应享有或承担的部分，调整长期股权投资的账面价值，同时增加或减少资本公积（其他资本公积）。

6.2.7 投资性房地产核算方法

投资性房地产的范围限定为已出租的土地使用权、持有并准备增值后转让的土地使用权、已出租的建筑物。

投资性房地产按其成本作为入账价值，外购投资性房地产的成本包括购买价款、相关税费和可直接归属于该资产的其他支出；自行建造投资性房地产的成本，由建造该项资产达到预定可使用状态前所发生的必要支出构成。

投资性房地产采用成本模式进行后续计量，采用与固定资产和无形资产相同的方法计提折旧或进行摊销。

投资性房地产的用途改变为自用时，自改变之日起，本公司将该投资性房地产转换为固定资产或无形资产。自用房地产的用途改变为赚取租金或资本增值时，自改变之日起，本公司将固定资产或无形资产转换为投资性房地产。发生转换时，以转换前的账面价值作为转换后的入账价值。

投资性房地产被处置，或者永久退出使用且预计不能从其处置中取得经济利益时，终止确认该项投资性房地产。投资性房地产出售、转让、报废或毁损的处置收入扣除其账面价值和相关税费后的金额计入当期损益。

6.2.8 固定资产计价及折旧方法

6.2.8.1 固定资产确认条件

固定资产指为生产商品、提供劳务、出租或经营管理而持

有,并且使用寿命超过一个会计年度的有形资产。固定资产在同时满足下列条件时予以确认:

(1)与该固定资产有关的经济利益很可能流入企业。

(2)该固定资产的成本能够可靠地计量。

6.2.8.2 固定资产的分类

固定资产分类为:办公用楼、职工宿舍、电子计算机及外设、其他办公设备、交通运输设备。

6.2.8.3 固定资产的初始计量

固定资产取得时按照实际成本进行初始计量。

外购固定资产的成本,以购买价款、相关税费、使固定资产达到预定可使用状态前所发生的可归属于该项资产的运输费、装卸费、安装费和专业人员服务费等确定。

购买固定资产的价款超过正常信用条件延期支付,实质上具有融资性质的,固定资产的成本以购买价款的现值为基础确定。

自行建造固定资产的成本,由建造该项资产达到预定可使用状态前所发生的必要支出构成。

债务重组取得债务人用以抵债的固定资产,以该固定资产的公允价值为基础确定其入账价值,并将重组债务的账面价值与该用以抵债的固定资产公允价值之间的差额,计入当期损益。

在非货币性资产交换具备商业实质且换入资产或换出资产的公允价值能够可靠计量的前提下,换入的固定资产以换出资产的公允价值为基础确定其入账价值,除非有确凿证据表明换入资产的公允价值更加可靠;不满足上述前提的非货币性资产交换,以换出资产的账面价值和应支付的相关税费作为换入固定资产的成本,不确认损益。

以同一控制下的企业吸收合并方式取得的固定资产按被合并方的账面价值确定其入账价值;以非同一控制下的企业吸收合并方式取得的固定资产按公允价值确定其入账价值。

融资租入的固定资产,按租赁开始日租赁资产公允价值与最低租赁付款额现值两者中较低者作为入账价值。

6.2.8.4 固定资产折旧计提方法

固定资产折旧采用年限平均法分类计提,根据固定资产类别、预计使用寿命和预计净残值率确定折旧率。

各类固定资产预计使用寿命和年折旧率如下:

固定资产类别	预计使用寿命(年)	预计净残值率(%)	年折旧率(%)
办公用楼	30	5	3.17
职工宿舍	20~35	3~5	2.77~4.75
电子设备	3~5	0~5	19~33.33
办公设备	5~10	0~5	9.5~20
运输设备	5~10	5	9.5~19

6.2.9 长期应收款的核算方法

长期应收款用来核算包括融资租赁产生的应收款项、采用递延方式具有融资性质的销售商品和提供劳务等产生的应收款项等,实质上构成对被投资单位净投资的长期权益,也通过本科目核算。

本公司长期应收款主要是用来核算融资租赁产生的应收款项。融资租赁中,在租赁期开始日,本公司按最低租赁收款额与初始直接费用之和作为长期应收款(应收融资租赁款)的入账价值,同时记录未担保余值;将最低租赁收款额、初始直接费用及未担保余值之和与其现值之和的差额确认为未实现融资收益。未实现融资收益在租赁期内各个期间采用实际利率法计算确认当期的融资收入。

6.2.10 长期待摊费用的摊销政策

本公司长期待摊费用是指已经支出,但受益期限在1年以上(不含1年)的各项费用,包括办公室装修费及办公软件等。摊销方法采用直线法,在受益期内平均摊销。

6.2.11 合并会计报表的编制方法

公司将拥有实际控制权的子公司和特殊目的主体纳入合并财务报表范围。

公司合并财务报表按照《企业会计准则第33号——合并财务报表》及相关规定的要求编制。具体编制时,以本公司和子公司的财务报表为基础,若子公司与本公司采用的会计政策或会计期间不一致的,则按照本公司的会计政策或会计期间对子公司财务报表进行必要的调整,同时按照权益法调整对子公司的长期股权投资,并抵销合并范围内的所有重大内部交易和往来后进行合并。子公司的股东权益中不属于母公司所拥有的部分作为少数股东权益在合并财务报表中股东权益项下单独列示。

对于非同一控制下企业合并取得的子公司,在编制合并财务报表时,以购买日可辨认净资产公允价值为基础对其个别财务报表进行调整;对于同一控制下企业合并取得的子公司,视同该企业合并于合并当期的年初已经发生,从合并当期的年初起将其资产、负债、经营成果和现金流量纳入合并财务报表。

6.2.12 收入确认原则和方法

6.2.12.1 利息收入

在相关的收入金额能够可靠计量,相关的经济利益很可能流入时,按资金使用时间和实际利率确认利息收入。

6.2.12.2 手续费收入

在相关的收入金额能够可靠计量,相关的经济利益很可能流入时确认收入。

6.2.12.3 投资收益

公司持有交易性金融资产和可供出售金融资产期间取得的利息或现金股利确认为当期收益;处置交易性金融资产时其公允价值与初始入账金额之间的差额,确认为投资收益,同时调整公允价值变动收益。处置可供出售金融资产时,取得的价款与原直接计入所有者权益的公允价值变动累计额的和与该金融资产账面价值的差额,计入投资收益。

采用成本法核算的长期股权投资,被投资单位宣告分派的现金股利或利润,确认为当期投资收益;采用权益法核算的长期股权投资,根据被投资单位实现的净利润或经调整的净利润计算应享有的份额确认投资收益。

6.2.12.4 其他业务收入

其他业务收入主要是除主营业务活动以外的其他经营活动实现的收入。在收入的金额能够可靠计量,且相关经济利益很可能流入企业时确认收入。

6.2.13 所得税的会计处理方法

本公司的所得税采用资产负债表债务法核算。资产、负债的账面价值与其计税基础存在差异的,按照规定确认所产生的递延所得税资产和递延所得税负债。

在资产负债表日，对于当期和以前期间形成的当期所得税负债（或资产），按照税法规定计算的预期应交纳（或返还）的所得税金额计量；对于递延所得税资产和递延所得税负债，根据税法规定，按照预期收回该资产或清偿该负债期间的适用税率计量。

递延所得税资产的确认以本公司很可能取得用来抵扣可抵扣暂时性差异、可抵扣亏损和税款抵减的应纳税所得额为限。在无法明确估计可抵扣暂时性差异预期转回期间可能取得的应纳税所得额时，不确认与可抵扣暂时性差异相关的递延所得税资产。对联营企业及合营企业投资相关的应纳税暂时性差异产生的递延所得税负债予以确认，但同时满足能够控制应纳税暂时性差异转回的时间且该暂时性差异在可预见的未来很可能不会转回的不予确认；对联营企业及合营企业投资相关的可抵扣暂时性差异产生的递延所得税资产，该可抵扣暂时性差异同时满足在可预见的未来很可能转回即在可预见的将来有处置该项投资的明确计划，且预计在处置该项投资时，除了有足够的应纳税所得以外，还有足够的投资收益用以抵扣可抵扣暂时性差异时予以确认。

资产负债表日，对递延所得税资产的账面价值进行复核。除企业合并、直接在所有者权益中确认的交易或者事项产生的所得税外，本公司将当期所得税和递延所得税作为所得税费用或收益计入当期损益。

6.2.14 信托报酬确认原则和方法

按照信托合同约定，在相关的收入金额能够可靠计量，相关的经济利益很可能流入时确认收入。

6.3 或有事项的说明

公司的对外担保均为在重新登记前为厦门市一些市政项目提供的担保，2016 年期初数为 2 914 万元、期末数为 2 701 万元。由于以上担保均由厦门市财政局提供反担保，因此，上述或有事项对公司不构成重大影响。

6.4 会计报表中重要项目的明细资料（母公司）

6.4.1 自营资产经营情况

6.4.1.1 信用风险资产分类情况

信用风险资产五级分类	正常类（万元）	关注类（万元）	次级类（万元）	可疑类（万元）	损失类（万元）	信用风险资产合计（万元）	不良资产合计（万元）	不良资产率（%）
期初数	52 452	1 200	70	0	0	53 722	0	0.13
期末数	477 649	166	0	0	0	477 815	0	0

注：1. 2016 年监管局改变了信用风险资产的统计口径，信用风险资产 = 各项贷款 + 政府债券（国债）+ 地方政府债券 + 央行票据 + 非金融企业债券 + 金融债券 + 非金融企业股权（含股票）+ 金融机构股权（含股票）+ 存放同业 + 拆放同业 + 金融机构间买入返售资产 + 购买同业存单 + 购买银行非保本理财产品 + 购买信托产品 + 购买资产管理计划 + 其他具有特定目的的载体属性的产品投资 + 应收利息和其他应收款 + 其他表内信用风险资产 + 不可撤销的承诺及或有负债。

2. 上表期末数按 2016 年统计口径进行披露，期初数仍按 2015 年统计口径进行披露。

3. 资产数按照计提减值准备前的数字反映。

4. 不良资产合计 = 次级类 + 可疑类 + 损失类。

6.4.1.2 资产减值损失准备

单位：万元

	期初数	本期计提	本期转回	本期核销	期末数
贷款损失准备	679	2 471	0	2 846	304
一般准备	0	0	0	0	0
专项准备	679	2 471	0	2 846	304
其他资产减值准备	0	0	0	0	0
可供出售金融资产减值准备	0	0	0	0	0
持有至到期投资减值准备	0	0	0	0	0
长期股权投资减值准备	0	0	0	0	0
坏账准备	7	0	3	4	0
投资性房地产减值准备	0	0	0	0	0
合计	686	2 471	3	2 850	304

6.4.1.3 自营投资情况

单价：万元

	自营股票	基金	债券	长期股权投资	其他投资	合计
期初数	11 966	15 870	140	104 082	258 722	390 780
期末数	37 461	20 004	0	106 469	258 309	422 243

6.4.1.4 前五名长期股权投资企业情况

企业名称	占被投资企业权益的比例（%）	主要经营活动	投资损益（万元）
1. 南方基金管理有限公司	15	基金募集、基金销售等	11 868
2. 厦门华夏国际电力发展有限公司	20	火力发电、电力销售及其他与火电厂经营相关项目的开发利用。	33
3. 圆信永丰基金管理有限公司	51	基金募集、基金销售、资产管理和中国证监会许可的其他业务。	0

注：投资损益是指按照企业会计准则规定，核算股权投资确认损益并计入披露年度利润表的金额。

6.4.1.5 前五名自营贷款企业情况

单位：%

企业名称	占贷款总额的比例	还款情况
盛屯金属有限公司	98.37	贷款未到期
厦门炜达实业有限公司	1.63	贷款未到期

6.4.1.6 表外业务

单位：万元

表外业务	期初数	期末数
担保业务	2 914	2 701
代理业务（委托业务）	3 308	3 308
其他	0	0
合计	6 222	6 009

注：代理业务主要反映因客观原因应规范而尚未完成规范的历史遗留委托业务，包括委托贷款和委托投资。

6.4.1.7 公司当年的收入结构

收入结构	金额(万元)	占比(%)
手续费及佣金收入	56 247	55.58
其中:信托手续费收入	56 247	55.58
投资银行业务收入	0	0
利息收入	2 097	2.07
其他业务收入	490	0.48
投资收益	43 087	42.57
其中:股权投资收益	12 701	12.55
证券投资收益	3 254	3.21
其他投资收益	27 133	26.81
公允价值变动收益	-738	-0.73
营业外收入	22	0.02
收入合计	101 205	100

注:手续费及佣金收入、利息收入、其他业务收入、投资收益、营业外收入均为损益表中的一级科目,其中手续费及佣金收入、利息收入、营业外收入为未抵减掉相应支出的全年累计实现收入数。

6.4.2 信托资产管理情况

6.4.2.1 信托资产的期初数、期末数

单位:万元

信托资产	期初数	期末数
集合类	2 543 126	8 002 635
单一类	8 939 085	15 368 738
财产管理类	200 654	282 750
合计	11 682 865	23 654 123

6.4.2.1.1 主动管理型信托业务情况

单位:万元

主动管理型信托资产	期初数	期末数
投资类	964 857	1 191 205
其中:证券投资	869 456	677 158
融资类	1 589 415	1 505 637
事务管理类	248 492	122 442
合计	2 802 764	2 819 284

6.4.2.1.2 被动管理型信托业务情况

单位:万元

被动管理型信托资产	期初数	期末数
投资类	1 564 102	766 976
其中:证券投资	0	0
融资类	2 431 067	3 230 538
事务管理类	4 884 932	16 837 325
合计	8 880 101	20 834 839

6.4.2.2 本年度已清算结束的信托项目情况

6.4.2.2.1 本年度已清算结束的集合类、单一类、财产管理类信托项目情况

已清算结束的信托项目	项目个数	实收信托合计金额(万元)	加权平均实际年化收益率(%)
集合类	132	6 950 961	4.88
单一类	87	5 665 655	6.54
财产管理类	20	371 132	5.34

注:1. 收益率是指信托项目清算后,给受益人赚取的实际收益水平。

2. 加权平均实际年化收益率=(信托项目1的实际年化收益率×信托项目1的实收信托+信托项目2的实际年化收益率×信托项目2的实收信托+…+信托项目n的实际年化收益率×信托项目n的实收信托)/(信托项目1的实收信托+信托项目2的实收信托+…+信托项目n的实收信托)×100%。

6.4.2.2.2 本年度已清算结束的主动管理型信托项目情况

已清算结束的信托项目	项目个数(个)	实收信托合计金额(万元)	加权平均实际年化信托报酬率(%)	加权平均实际年化收益率(%)
投资类	71	5 112 035	0.49	2.38
其中:证券投资类	64	4 937 981	0.47	2.24
融资类	61	981 748	1.12	8.46
事务管理类	4	180 666	0.40	6.96

注:加权平均实际年化信托报酬率=(信托项目1的实际年化信托报酬率×信托项目1的实收信托+信托项目2的实际年化信托报酬率×信托项目2的实收信托+…+信托项目n的实际年化信托报酬率×信托项目n的实收信托)/(信托项目1的实收信托+信托项目2的实收信托+…+信托项目n的实收信托)×100%。

6.4.2.2.3 本年度已清算结束的被动管理型信托项目情况

已清算结束的信托项目	项目个数(个)	实收信托合计金额(万元)	加权平均实际年化信托报酬率(%)	加权平均实际年化收益率(%)
投资类	8	579 390	0.10	7.80
其中:证券投资类	0	0	0	0
融资类	29	1 442 531	0.20	6.75
事务管理类	66	4 691 378	0.43	7.88

6.4.2.3 本年度新增的信托项目情况

新增信托项目	项目个数(个)	实收信托合计金额(万元)
集合类	197	8 380 276
单一类	250	13 533 594
财产管理类	35	358 038
新增合计	482	22 271 908
其中:主动管理型	135	2 178 548
被动管理型	347	20 093 360

6.4.2.4 信托业务创新成果和特色业务情况

公司于2016年新设家族信托办公室开展家族信托业务,"家业常青"系列标准化家族信托产品于7月正式上线,该系列家族信托信托期限不低于10年。信托收益分配可根据委托人的要求灵活设计,对本金及收益进行他益及自益分配,允许委托人针对不同受益人设置差异化分配方式,满足委托人财富保值增值、代际传承、风险隔离的目标。同时该系列标准化家族信托采用全权委托方式,全权委托受托人管理运用信托资金,利用受托人专业的资产配置能力,实现信托财产的稳健增值。该系列家族信托成立后信托资金主要投向某债券基金及某资管产品,截至2016年12月31日,产品净值达1.052。

6.4.2.5 本公司履行受托人义务情况及因本公司自身责任而导致的信托资产损失

公司严格按照信托法规要求,忠实履行信托合同的义务,截至2016年末,没有因本公司自身责任而导致的信托资产损失。

6.4.2.6 信托赔偿准备金的提取、使用和管理情况

公司每年按照净利润的5%计提信托赔偿准备金。截至2016年12月31日,信托赔偿准备金期末余额为19 357万元。本公司提取的信托赔偿准备金尚未使用过。

6.5 关联方关系及其交易

6.5.1 关联交易的数量、交易总金额及交易的定价政策

	关联交易方数量（个）	关联交易金额（万元）	定价政策
合计	12	123 406	市场公允价格。对关联方的贷款利率定价依据参照其他商业银行对其同类贷款利率水平，及与我司发放给其他具有同等资信条件非关联方的贷款利率；其他交易方式均按公允交易价格执行。

6.5.2 关联交易方的基本情况

关系性质	关联方名称	法定代表人	注册地址	注册资本	主营业务
持有本公司10%股权的股东	厦门建发集团有限公司	吴小敏	厦门市思明区环岛东路1699号建发国际大厦43楼	50亿元	主营涉及进出口贸易和物流，房地产开发与物业管理，旅游酒店等。2015年末总资产超过1 200亿元。
受同一母公司控制的其他企业	厦门市两岸金融中心建设开发有限公司	黄昆明	厦门市湖里区泗水道619号130室	6亿元	土地储备、土地综合开发与运营、房地产开发经营、项目投资、酒店管理。
受同一母公司控制的其他企业	厦门金圆置业有限公司	黄昆明	厦门市思明区展鸿路82号厦门金融中心大厦4层04单元、05单元、07单元	500万元	物业管理、房地产开发运营。
本公司子公司	圆信永丰基金管理有限公司	洪文瑾	厦门市思明区展鸿路82号厦门金融中心大厦21层2102单元	2亿元	基金募集、基金销售、资产管理和中国证监会许可的其他业务。
本公司持有其15%的股权	南方基金管理有限公司	吴万善	深圳市福田中心区福华一路6号免税商务大厦塔楼31～33层	3亿元	从事证券基金投资管理业务和发起设立证券投资基金。
直接受本公司的原母公司控制	福建兆润房地产有限公司	龚武林	福建省漳州市龙文区九龙大道以东漳州碧湖万达广场A2地块8幢2106号	2亿元	房地产开发与经营；房地产信息咨询；房屋装修；建筑材料、金属材料、化工产品（危险化学品除外）的批发、零售。
直接受本公司的原母公司控制	苏州兆坤房地产开发有限公司	赵呈闽	苏州市高铁新城南天成路58号	5 000万元	房地产开发与经营。
直接受本公司的原母公司控制	长沙兆盛房地产有限公司	林屹	长沙市天心区芙蓉中路三段380号建发汇金国际8栋20楼4号房	5 000万元	房地产开发、经营。
本公司投资企业的独资控股公司	南方资本管理有限公司	俞文宏	深圳市前海深港合作区前湾一路鲤鱼门街1号前海深港合作区管理局综合办公楼A201室	2亿元	特定客户资产管理业务以及中国证监会许可的其他业务。
间接受本公司的原母公司控制	厦门兆裕房地产开发有限公司	许伊旋	厦门市湖里区禾山街道办枋湖东路705号之一255室	5亿元	房地产开发与经营及管理、工程项目代建、装修、装饰工程施工等。
与本公司同属同一母公司	厦门市担保有限公司	洪文瑾	厦门市思明区展鸿路82号厦门国际金融中心22层	51 570万元	主营贷款担保、票据承兑担保、贸易融资担保、项目融资担保、信用证担保等担保业务和其他法律、法规许可的融资性担保业务。兼营范围为诉讼保全担保、履约担保以及与担保业务有关的融资咨询、财务顾问等中介服务和以自有资金进行的投资。
与本公司同属同一母公司	金圆资本管理（厦门）有限公司	郑木清	厦门市思明区展鸿路82号厦门金融中心大厦45层4501～4503单元	1亿元	投资管理（法律、法规另有规定除外）；资产管理（法律、法规另有规定除外）；其他企业管理服务。

6.5.3 与关联方的重大交易事项

6.5.3.1 固有与关联方交易情况

单位：万元

固有与关联方关联交易	期初数	本期增加数	本期减少数	期末数
贷款	0	0	0	0
投资	30 900	14 400	32 140	13 160
租赁	243	983	971	255
担保	0	0	0	0
应收账款	0	0	0	0
其他	137	39 336	39 359	114
合计	31 280	54 719	72 470	13 529

6.5.3.2 信托与关联方交易

单位:万元

信托与关联方关联交易				
	期初数	本期增加数	本期减少数	期末数
贷款	155 000	0	150 000	5 000
投资	44 322	99 498	38 943	104 877
租赁	0	0	0	0
担保	0	0	0	0
应收账款	0	0	0	0
其他	0	36 000	36 000	0
合计	199 322	135 498	224 943	109 877

6.5.3.3 固信交易、信信交易

6.5.3.3.1 固有财产与信托财产交易情况

单位:万元

固有财产与信托财产相互交易			
期初数	本期增加额	本期减少额	期末数
100 358	101 966	73 283	129 041

6.5.3.3.2 信托项目之间交易情况

单位:万元

信托资产与信托财产相互交易		
期初数	本期净增加额	期末数
9 223	4 078 739	4 087 962

6.5.4 关联方逾期未偿还本公司资金的情况以及本公司为关联方担保发生或即将发生垫款的情况

报告期内无此种情况。

6.6 会计制度的披露

本公司固有业务及信托业务均执行国家财政部 2006 年 2 月 15 日颁布的企业会计准则及其相关补充规定。

7. 财务情况说明书

7.1 利润实现和分配情况

2016 年公司实现净利润 63 015 万元,合并净利润为 60 408 万元。根据《公司法》《信托公司管理办法》及《公司章程》,公司对本年实现的母公司净利润 63 015 万元进行分配,其中提取 10% 的法定盈余公积金 6 301 万元,提取 5% 的信托赔偿准备 3 151 万元。

7.2 主要财务指标

指标名称	指标值
资本利润率(%)	16.79
加权年化信托报酬率(%)	0.46
人均净利润(万元)	316.66

注:1. 资本利润率 = 净利润/所有者权益平均余额 ×100%。

2. 所有者权益平均余额是指评级年度内年初及各季末所有者权益余额的移动算术平均数,公式为 A(平均) = ($A0$/2 + $A1$ + $A2$ + $A3$ + $A4$/2)/4。

3. 加权年化信托报酬率 = (信托项目 1 的实际年化信托报酬率 × 信托项目 1 的实收信托 + 信托项目 2 的实际年化信托报酬率 × 信托项目 2 的实收信托 + … + 信托项目 n 的实际年化信托报酬率 × 信托项目 n 的实收信托)/(信托项目 1 的实收信托 + 信托项目 2 的实收信托 + … + 信托项目 n 的实收信托) ×100%。

4. 人均净利润 = 净利润/年平均人数,年平均人数 = $\sum$ 每月末人数/12。

7.3 公司净资本管理情况

截至 2016 年 12 月 31 日,公司净资本各项监管指标符合监管要求,各监管指标具体情况如下:

(1)净资本 =31.32 亿元≥2 亿元。

(2)净资本/各项业务风险资本之和 = 313 216.90/157 094.07 =199.38% ≥100%。

(3)净资本/净资产 = 313 216.90/374 064.54 = 83.73% ≥40%。

7.4 对本公司财务状况、经营成果有重大影响的其他事项

(1)根据股东会临时会议决议,确认公司对南方基金公司具有实施重大影响的地位。报告期内,公司相应对南方基金管理有限公司会计准则适用进行追溯调整成按照权益法进行长期股权投资核算。

(2)报告期,公司对需要流动性支持的项目调整了会计政策适用,追溯计提了预计负债并以公允价格进行转让处理。

8. 特别事项揭示

8.1 前五名股东报告期内变动情况及原因

2016 年公司未发生股权变更事项。公司控股股东厦门市金财投资有限公司于 2016 年 8 月 10 日完成公司性质变更,即有限责任公司变更为股份有限公司,并正式更名为厦门金圆金控股份有限公司。此次变更不涉及公司合并、分立事项,不存在影响公司股权,及其他可能导致公司股权发生变化的情况。

8.2 董事、监事及高级管理人员变动情况及原因

2016 年,公司第四届董事会成员任期届满,按照《公司法》《信托公司治理指引》《公司章程》及相关议事规则的规定,公司顺利完成董事会换届工作。陈小林(女)任期届满不再担任公司董事,杨清榕为新任董事,其余组成人员不变。2016 年 12 月 16 日,杨清榕任职资格获中国银监会厦门监管局核准通过。

8.3 变更营业场所事项

无。

8.4 公司的重大诉讼事项

8.4.1 重大未决诉讼事项

(1)厦门尚威电子有限公司借款合同纠纷。因借款人厦门尚威电子有限公司及保证人福建省华兴中小企业融资担保股份有限公司、陈德光、谢雅玲未履行合同义务,公司对其提起仲裁,并已胜诉。现已向法院申请强制执行。

(2)厦门信托—济南车站北街棚户区改造项目销售收入收益权集合资金信托计划项目,公司已依据民生银行指令并授权民生银行操作起诉借款人事宜,山东省高院于 2016 年判决公司胜诉,公司根据委托人指令提出强制执行申请。

(3)中铁华天项目,公司受委托人指令,于 2016 年 5 月、9 月分别申请对华天进行起诉(1 号)和仲裁(2 号),案件已开庭。

(4)厦门信托—邵武德贤 1502 号流动资金贷款项目,2016 年 7 月公司申请对福建德至贤和华兴担保的仲裁,厦门仲裁委员会已于 7 月 21 日开庭仲裁,已裁决公司胜诉,并已申请执行,目前已冻结福建德至贤名下厂房和法定代表人王志贤名下两套房屋。

(5)锦绣鹭岛 1401 号中小企业贷款集合资金信托计划(宝来家居)项目,2016 年 9 月公司对宝来家居、华兴担保仲裁已向厦门仲裁委员会申请立案,尚未开庭。

(6)厦门信托—金硕鼎盛一号新型结构化证券投资集合资金信托计划第 1 期项目,2016 年 8 月深圳前海金硕鼎盛起诉公司,要求承担证券投资亏损等的案件,已于 10 月 11 日开庭审理,还需第二次开庭。尚未判决。

(7)湖南新越信息咨询管理有限公司起诉公司要求承担证券投资亏损等的案件,将于 2017 年 2 月 28 日开庭。

8.4.2　以前年度发生,于本报告年度终结的诉讼事项

厦信稳利 1207 单一资金信托大鹏佳兆业项目,公司 2015 年 1 月向福建省高院提起诉讼,并申请保全了佳兆业部分房产、股权和银行账户。该案于 2015 年 12 月 16 日开庭审理,2016 年 4 月公司收到福建省高院判决书,公司获得胜诉,现已经多方协商进行和解履行。

8.4.3　本报告年度发生,于本报告年度终结的诉讼事项

(1)英大 3 号新型结构化证券投资集合资金信托计划。该信托计划第 28 期劣后委托人张站捷起诉公司,要求退还信托报酬、优先委托人信托利益、保管费等费用合计 763 965.04 元。该案于 2015 年 12 月 16 日开庭审理,对方已撤诉。

(2)聚金星一号新型结构化证券投资集合资金信托计划第 23 期信托单位证券客户叶月明起诉公司索赔案件,公司按合同约定卖出复牌股票,该客户不服,起诉索赔超过 1 200 万元,该案一审于 2016 年 3 月 18 日开庭审理,6 月一审判决公司胜诉。对方上诉,厦门中院于 10 月 26 日二审开庭审理,后二审判决公司胜诉。

(3)英大 1 号证券投资集合资金信托计划第 1 期和第 23 期、英大 3 号证券投资集合资金信托计划第 10 期证券客户孙雅章起诉公司索赔的三个案件,已于 2016 年 11 月 3 日开庭审理,12 月 5 日已有 2 个判决公司胜诉,另一笔也已判决公司胜诉。

(4)公司莲滨里 8 号办公大楼出租被拖欠租金问题,公司向思明法院提起诉讼,原定 2016 年 4 月开庭,后双方和解,对方履行租金交付义务后公司撤诉。

(5) 2016 年 2 月证券客户何水平起诉公司主张合同无效,要求退还费用案件金额约 11 万元,案件已开庭。7 月公司已收到一审判决,公司胜诉。

8.5　公司董事会对审计报告提及事项的说明

无。

8.6　公司及其董事、监事和高级管理人员受到处罚的情况

公司于 2016 年 4 月 25 日收到厦门银监局行政处罚通知书(厦银监罚告字[2016]1 号),对公司罚款 30 万元,责令公司对责任人员进行纪律处分。处罚原因是公司 2015 年 12 月 23 日成立的厦门信托—复兴 1 号金融资产证券组合投资单一资金信托。出于从项目接触到项目设立过程中的各方面原因,公司在初期将该项目分类为证券类信托。厦门银监局认为公司该笔业务分类填报错误,由于该项目规模占比较大(约 200 亿元,占公司当时管理规模的 17.13%),决定对公司进行行政处罚。

8.7　银监会及其派出机构对公司检查后提出整改意见及其整改情况

本年度厦门银监局向公司下发监管意见《中国银监会厦门监管局办公室关于厦门国际信托有限公司"两个加强、两个遏制"的现场检查意见书》(厦银监办发[2015]79 号)、《关于厦门国际信托有限公司资管和同业业务暨"两个加强、两个遏制"专项检查"回头看"的现场检查意见书》(厦银监办发[2015]186 号)及交叉检查谈话等。公司逐一对照检查意见,认真落实和整改,并将有关整改计划和进展情况书面报告厦门银监局。主要整改措施包括:(1)召集相关部门对现有相关制度进一步梳理、修改和补充。(2)强调尽职调查的质量,特别是根据现场检查指出的问题,加强对信托项目合规手续、资金使用人资信等情况的全面调查分析。(3)加强贷后跟踪管理,特别是跟踪信托资金流向;加强对资金使用人、担保物风险预警信息的排查,及时发现问题。(4)在整改具体业务问题的同时,进一步完善制度流程,由风险管理部、法务合规部等出台了相关完善的制度。加大对员工的宣传培训力度,提高经办人员的合规意识与风险意识。(5)进一步完善公司的风险管控体系,确保各项风险管控措施及时、有效地得到落实。(6)着力提升自主管理能力,提高市场竞争力,规范与相关合作机构的合作内容,建立可持续发展的客户资源。

8.8　本年度重大事项临时报告简要内容、披露时间、所披露的媒体及版面

2016 年 10 月 12 日,在《证券时报》B13 版发布《厦门国际信托有限公司分立暨减资公告》,拟进行存续分立,分立新设厦门圆信投资管理有限公司。

2016 年 12 月 23 日,在《证券时报》B3 版发布《厦门国际信托有限公司关于更换会计师事务所的公告》,公司 2016 年度会计报表审计机构更换为北京兴华会计师事务所(特殊普通合伙人)福建分所。

8.9　银监会及其省级派出机构认定的其他有必要让客户及相关利益人了解的重要信息

经厦门国际信托有限公司(下称厦门信托)股东会决议,厦门信托拟进行存续分立:分立新设厦门圆信投资管理有限公司(暂定名,最终名称以工商登记的为准,下称新设公司),注册资本和实收资本均为 37 500 万元;厦门信托继续存续(下称存续公司),注册资本和实收资本均减少至 192 500 万元。分立申请尚待中国银行业监督管理委员会最终审核批准。分立后,厦门信托所持的厦门华夏国际电力发展有限公司 20% 股权资产及其所涉及的一切权益与义务剥离至分立后的新设公司,剩余资产、债权债务、业务、人员、名称由本次分立的存续公司承继,存续公司保留金融许可证和从事信托业务相关的资格并继续运营。厦门信托分立前的债务由分立后的存续公司和新设公司承担连带责任。

新华信托股份有限公司

1. 重要提示

1.1 新华信托股份有限公司(以下简称公司)董事会及董事保证:本年度报告所载资料不存在任何虚假记载、误导性陈述或者重大遗漏,并对其内容的真实性、准确性和完整性承担个别及连带责任。

1.2 公司独立董事张玉敏女士、汪方军及黄志亮先生声明:保证本年度报告的内容真实、准确和完整。

1.3 公司法定代表人李桂林先生、总经理项琥先生、主管会计工作负责人夏亮先生声明:保证本年度报告中的财务报告真实、准确和完整。

2. 公司概况

2.1 公司简介

2.1.1 公司基本情况

公司始创于1979年。1986年5月,经中国人民银行《关于成立中国工商银行重庆信托投资公司的批复》(银复[1986]113号)批准,成立中国工商银行重庆信托投资公司。1992年3月,经中国人民银行重庆市分行和重庆市经济体制改革委员会联合以《关于完善中国工商银行重庆信托投资公司股份制体制有关问题的批复》(重人行发[1992]字第66号)同意改制为股份有限公司。1998年1月,经中国人民银行《关于中国工商银行重庆信托投资股份有限公司变更受让单位及更名等有关事宜的批复》批准,中国工商银行转让其所持公司股份给新产业投资股份有限公司,之后公司更名为重庆新华信托投资股份有限公司。2001年10月,公司按照中国人民银行的要求首批完成重新登记,同时报经中国人民银行批准,公司增资扩股至5亿元;同年12月,经中国人民银行重庆营业管理部批准,公司更名为新华信托投资股份有限公司。2007年9月,经中国银行业监督管理委员会(以下简称中国银监会)批准,公司更名为新华信托股份有限公司。2008年8月,经《中国银监会关于新华信托股份有限公司吸收巴克莱银行有限公司入股及股权结构调整有关事项的批复》(银监复[2008]327号)批准,公司于2009年1月增资扩股至6.2112亿元。2012年8月,经重庆银监局《关于新华信托股份有限公司变更注册资本及修改〈公司章程〉等有关事项的批复》(渝银监复[2012]70号)批准,公司于2012年12月将部分未分配利润转增为注册资本,转增后公司注册资本为12亿元。2015年6月23日,经重庆银监局《关于新华信托增资扩股、股权结构调整及章程修订的批复》(渝银监复[2015]62号)核准,公司增加注册资本30亿元,注册资本达到42亿元。

2.1.2 公司法定中、英文名称及缩写

公司法定中文名称:新华信托股份有限公司

中文名简称:新华信托

公司法定英文名称:New China Trust Co., Ltd.

英文名缩写:NCT

2.1.3 公司法定代表人:李桂林

2.1.4 公司注册地址、邮政编码、国际互联网网址、电子信箱

公司注册地址:重庆市江北区北城一路6号

邮政编码:400023

国际互联网网址:http://www.nct-china.com

电子信箱:service@nct-china.com

2.1.5 公司信息披露事务人员

公司信息披露事务负责人:姜志暐

公司信息披露事务联系人:王文文

联系电话:(86)023 6379 9193

传　　真:(86)023 6379 2460

电子信箱:board@nct-china.com

2.1.6 公司选定的信息披露报纸、公司年度报告备置地点

公司选定的信息披露报纸:《上海证券报》

公司年度报告备置地点:重庆市江北区北城一路6号

2.1.7 公司其他资料

公司聘请的会计师事务所:大信会计师事务所(特殊普通合伙)

地址:北京市海淀区知春路1号学院国际大厦22层

邮政编码:400010

2.2 组织结构

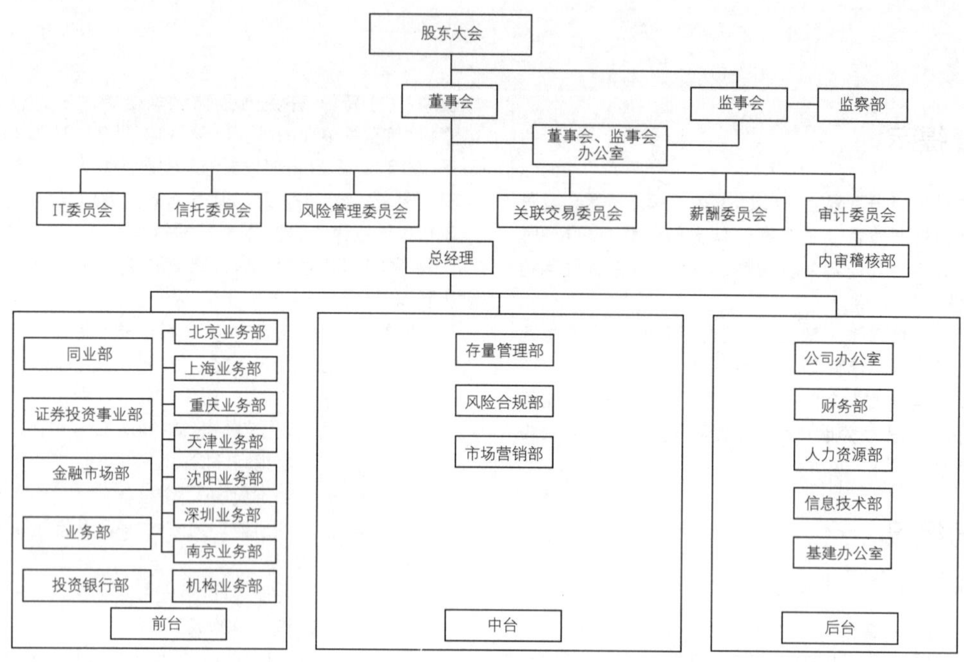

3. 公司治理

3.1 股东

报告期末，公司股东总数为 6 名，即上海珊瑚礁信息系统有限公司（以下简称珊瑚礁）、上海纪辉资产管理有限公司（以下简称纪辉）、新产业投资股份有限公司（以下简称新产业）、北京宏达信资产经营有限公司（以下简称宏达信）、人和投资控股股份有限公司（以下简称人和）、巴克莱银行有限公司（Barclays Bank PLC，以下简称巴克莱）。

股东间关联关系情况：无。

公司全部股东简要情况介绍

股东名称	持股比例（%）	法定代表人	注册资本	注册地址	主要经营业务及报告年度主要财务情况
珊瑚礁	40.00	杭　磊	170 000.00 万元人民币	上海市浦东上钢三村45号甲1043室	计算机、电子专业技术领域内的"四技"服务，电子设备及产品、电气设备的销售。（依法须经批准的项目，经相关部门批准后方可开展经营活动）。 主要财务情况：总资产 423 025.81 万元，总负债 1.64 万元，所有者权益 423 024.17万元。
纪辉	21.43	吴军安	100 000.00 万元人民币	中国（上海）自由贸易试验区浦东大道2123号3E－1795室	资产管理（除金融业务），投资管理，投资咨询、企业管理咨询（除经纪），贸易经纪与代理（除拍卖），企业形象策划，市场信息咨询与调查（不得从事社会调查、社会调研、民意调查、民意测验），实业投资，产权经纪。（依法须经批准的项目，经相关部门批准后方可开展经营活动）。 主要财务情况：总资产 403 192.98 万元，总负债 2.35 万元，所有者权益 403 190.63万元。
新产业	17.33	翁先定	190 000.00 万元人民币	深圳市福田区振兴路3号建艺大厦17楼	投资兴办实业（具体项目另行申报）；投资咨询；工程咨询（凭工程咨询资质证书开展咨询业务）。 主要财务情况：总资产 431 882.42 万元，总负债 108 031.49 万元，所有者权益 323 850.93 万元。
宏达信	10.00	管　莉	230 000.00 万元人民币	北京市东城区王府井大街218－1号B401	资产管理；投资管理；技术咨询、技术开发、技术转让、技术服务。 主要财务情况：总资产 760 289.50 万元，总负债 331 678.04 万元，所有者权益 428 611.46 万元。

续表

股东名称	持股比例(%)	法定代表人	注册资本	注册地址	主要经营业务及报告年度主要财务情况
人和	5.67	戴永革	150 000.00 万元人民币	北京市朝阳区光华路甲8号1号楼13层1605	投资及投资管理；经济贸易咨询；销售机械设备、建材、五金交电、日用品、电子产品、化工产品(不含危险化学品和一类易制毒化学品)、金属材料、电器机械、文具用品、体育用品、工艺品；汽车租赁(不含9座以上客车)。 主要财务情况：总资产733 866.89万元，总负债176 037.25万元，所有者权益557 829.64万元。
巴克莱	5.57	不适用	已发行普通股实收资本2 342 558 515.00英镑。已发行2 094 000.00英镑优先股、3 185 600.00欧元优先股、46 063 300.00美元优先股。	1 Churchill Place, London, E14 5HP, UK	商业银行、信用卡、企业及投资银行、财富管理。 主要财务情况：总资产1 213 955百万英镑，总负债1 143 000百万英镑，总所有者权益70 955百万英镑。

3.2 董事

根据《公司章程》的规定，公司董事会由9人组成，其中独立董事3人。公司董事任期为3年，可连选连任，独立董事累计任职不超过6年。

董事会成员基本情况

姓名	职务	性别	年龄(岁)	选任日期	所推举的股东名称	该股东持股比例(%)	简要履历
李桂林	董事长	男	53	2015年8月	公司提名	—	曾任人民银行长春市分行金融研究所副所长、调统处副处长、计划处副处长，人民银行沈阳分行货币信贷处副处长，人民银行白城市中心支行党委书记、行长，人民银行沈阳分行股份制银行监管处处长，辽宁银监局股份制银行监管处处长、统计信息处处长、现场检查一处处长，哈尔滨银行沈阳分行党委书记、行长；现任新华信托党委书记、董事长。
项　琥	董事	男	45	2016年12月	珊瑚礁	40.00	曾任中国国际信托投资公司天津分公司干部，中信证券天津证券业务部经理、天津解放北路营业部总经理，天津协通咨询中心国债服务部副经理，天津未来保险代理有限公司总经理，新华信托股份有限公司天津业务部总经理、公司副总经理(代为履行总经理职责)；现任新华信托股份有限公司董事、总经理。
李春莉	董事	女	45	2015年12月	珊瑚礁	40.00	曾任天津市红桥区企业管理局(后改制为天津天宝工贸集团公司)职员，香港京华山一企业融资有限公司北京代表处项目经理，北京博瑞胜智咨询有限公司项目经理，北京智通昌荣咨询有限公司咨询顾问；现任上海珊瑚礁信息系统有限公司战略发展部副总裁，新华信托股份有限公司董事。
吴军安	董事	男	40	2015年12月	纪辉	21.43	曾任上海浪潮工贸有限公司工程师、技术部经理、副总经理，太平洋证券股份公司人力资源部高级经理、投资银行总部筹备组成员；现任上海纪辉资产管理有限公司执行董事，新华信托股份有限公司董事。
金洪伟	董事	男	40	2015年12月	宏达信	10.00	曾任佳木斯大学历史系教师，北京嘉润律师事务所律师，北京建龙重工集团有限公司律师；现任北京宏达信资产经营有限公司副总裁、法务部经理，新华信托股份有限公司董事。
魏相永	董事	男	47	2015年12月	新产业	17.33	曾任山东铝业公司会计、财务主管，中能发展电力集团公司财务总监，华资实业股份有限公司董事会秘书；现任新产业投资股份有限公司副总裁，新华信托股份有限公司董事。

独立董事简要情况介绍

姓名	所在单位及职务	性别	年龄(岁)	选任日期	所推举的股东名称	该股东持股比例(%)	简要履历
张玉敏	西南政法大学教授	女	70	2015年12月	公司提名	—	曾任贵州省纳雍县政法机关工作人员，贵州省纳雍县公安局副局长，贵州省纳雍县法院副院长；现任西南政法学院(现西南政法大学)教授，新华信托股份有限公司独立董事。
汪方军	西安交通大学副教授	男	41	2015年12月	纪辉	21.43	曾受聘恒泰证券股份有限公司独立董事，担任董事会审计委员会主任委员、薪酬委员会委员，中国会计学会财务成本分会理事。 目前是西安交通大学会计学副教授、博士生导师，中国会计学会会员与美国会计学会会员；现任新华信托股份有限公司独立董事。
黄志亮	重庆工商大学教授	男	61	2015年12月	公司提名	—	曾任贵州大学教师，重庆市政府办公厅财经办主任科员，重庆商学院讲师、副教授、教授、系副主任、系主任、副院长，重庆工商大学党委副书记、副校长、教授、硕士生导师(期间，任民丰农化、建峰化工独立董事)，重庆工商大学党委常委、副校长、教授、博士生导师。 目前为重庆工商大学教授、博士生导师、《西部论坛》主编；现任新华信托股份有限公司独立董事。

3.3 监事

根据《公司章程》的规定，公司监事会由5人组成，其中员工监事2人。公司监事任期3年，可连选连任。监事会未设立下属委员会。

监事会成员简要情况

姓名	职务	性别	年龄（岁）	选任日期	所推举的股东名称	该股东持股比例（%）	简要履历
刘建良	监事会主席、员工监事	男	48	2015年1月	公司提名	—	曾任北京燕山石化公司车间主任、公司营销管理部部长、公司综合办公室主任、公司技术开发部部长、公司副总经理及下属多家企业董事长、总经理，内蒙古乌达发电集团公司总经理，包头明天科技股份有限公司副总裁、总裁，内蒙古西水创业股份有限公司董事长、总经理；现任新华信托股份有限公司监事会主席、纪委书记、工会主席。
肖　磊	员工监事	男	45	2012年12月	公司提名	—	曾任中国重型汽车集团公司财务部财务管理岗位、资产管理处副处长、综合室主任（期间任中国重汽与沃尔沃客车公司合资项目财务组负责人），浙江金融租赁股份有限公司计划财务部总经理，北京鸿智慧通有限公司副总经理等职；现任新华信托股份有限公司监事、稽核总监、内审稽核部总经理。
王永卫	监　事	男	47	2015年11月	珊瑚礁	40.00	曾任包头市精胶厂员工，北京康海天达科技有限公司监察员、经理、负责人；现任新华信托股份有限公司监事、监察部总经理。
郑福成	监　事	男	49	2015年11月	纪辉	21.43	曾任内蒙古赤峰市元宝山区人民检察院工作人员，北京正皓律师事务所律师；现任北京有因律师事务所律师，新华信托股份有限公司监事。
田爱学	监事	男	43	2016年10月	宏达信	10.00	曾任北京建筑材料机械制造厂财务部出纳、会计、主管会计、财务经理，紫光股份有限公司财务部财务经理，外派控股子公司财务总监、副总经理，清华控股有限公司控股子公司财务总监、副总经理、董事会秘书、监事；现任北京宏达信资产经营有限公司财务总监，新华信托股份有限公司监事。

3.4 高级管理人员

高级管理人员简要情况

姓名	职务	性别	年龄（岁）	选任日期	金融从业年限（年）	学历	专业
项　琥	总经理	男	45	2016年10月	24	研究生	经济法
胡立新	副总经理	男	52	2014年3月	16	研究生	经济学
夏　亮	首席财务官	男	43	2012年11月	9	研究生	工商管理
李　荻	副总经理	男	40	2009年6月	15	研究生	工商管理
彭光萍	总经理助理	女	41	2012年11月	18	研究生	工商管理

3.5 公司员工

报告期末，公司职工人数为184人，公司平均年龄为36.90岁。报告期内，博士2人（占1.09%），硕士74人（占40.22%），本科96人（占52.17%），专科9人（占4.89%），其他3人（占1.63%）。

4. 经营管理

4.1 经营目标、方针、战略规划

全面提升经营管理水平，加强风险防范与化解能力，优化业务结构，最终形成公司的核心竞争优势，从而不断提高经营绩效，真正成长为优秀的金融资产管理机构。

公司秉承“珍视所托、专业理财”的经营理念，贯彻“信托为本、面向市场、勇于创新”的经营方针，以客户为中心、市场为导向，树立公司一流的品牌形象，确保公司长期可持续发展。

全面深化改革，加强公司治理，切实加强执行力建设，提升存续项目管理能力，审慎开展新业务，根据公司治理状况、风险管理水平、人才团队建设和软硬件支撑等情况，制定不同业务模式的发展规划，优化业务结构，强化责任意识，树立良好的社会形象。

4.2 经营业务的主要内容

4.2.1 自营资产运用与分布表

合并自营资产运用与分布表

资产运用	金额（万元）	占比（%）	资产分布	金额（万元）	占比（%）
货币资产	27 269.39	3.05	基础产业	12 595.82	1.41
贷款及应收款	644 271.34	71.99	房地产业	120 456.31	13.46
交易性金融资产	52.23	0.01	证券市场	5 052.23	0.56
可供出售金融资产	121 086.83	13.53	实业	87 526.89	9.78
持有至到期投资	—	—	金融机构	62 349.96	6.97
长期股权投资	29 334.13	3.28	其他	606 924.92	67.82
其他	72 892.21	8.14			
资产总计	894 906.13	100.00	资产总计	894 906.13	100.00

母公司自营资产运用与分布表

资产运用	金额(万元)	占比(%)	资产分布	金额(万元)	占比(%)
货币资产	27 043.96	3.54	基础产业	12 595.82	1.64
贷款及应收款	348 149.68	45.56	房地产业	246 308.54	32.02
交易性金融资产	52.23	0.01	证券市场	5 052.23	0.66
可供出售金融资产	286 725.88	37.52	实业	127 313.71	16.55
持有至到期投资	—	0.00	金融机构	62 124.53	8.08
长期股权投资	29 334.13	3.84	其他	315 803.27	41.05
其他	72 892.22	9.53			
资产总计	764 198.10	100.00	资产总计	769 198.10	100.00

4.2.2 信托资产运用与分布表

信托资产运用与分布表

资产运用	金额(万元)	占比(%)	资产分布	金额(万元)	占比(%)
货币资产	33 199.82	0.26	基础产业	1 739 214.33	13.45
贷款	6 012 342.48	46.48	房地产	2 508 326.85	19.39
交易性金融资产	32 458.97	0.25	证券市场	35 977.84	0.28
可供出售金融资产	700.00	0.01	实业	5 513 127.78	42.62
持有至到期投资	3 826 146.16	29.58	金融机构	2 927 132.65	22.63
长期股权投资	1 151 786.21	8.90	其他	211 318.81	1.63
其他	1 878 464.62	14.52			
信托资产总计	12 935 098.26	100.00	信托资产总计	12 935 098.26	100.00

4.3 市场分析

2016 年,我国经济保持平稳健康发展,经济运行保持在合理区间,质量和效益提升,结构继续优化,改革开放取得新突破。虽然国际国内经济金融形势依然复杂严峻,仍存在不少突出矛盾和风险,但我国政府坚持稳中求进工作总基调,把握引领经济发展新常态,推进供给侧结构性改革,适度扩大总需求,保持货币政策稳健中性,加强预期引导,整个经济金融形势仍处于平稳健康发展状态。监管当局提出信托“八大业务”分类,构建信托业务体系,有助于解决信托行业的定位问题,提升信托行业的地位和社会认知度,为信托公司的发展指明了方向和道路,引导信托公司向专业化和差异化方向发展。信托行业的基础设施建设也日趋完善,为整个行业发展迈入新阶段提供了基础保障,一是中国信托登记有限责任公司正式成立,有助于信托受益权统一流转市场的建立,进而解决信托产品缺乏流动性的弊端,为实现信托产品标准化提供了良好条件;二是监管体系确立了信托公司经营和信托业务开展的底线和约束,为信托公司业务开展提供了基本要求和准则,有助于防范区域性系统性金融风险。

2016 年宏观经济发展缓中趋稳、稳中向好,经济金融环境整体健康平稳,且随着信托“八大业务”分类体系的明确、信托财产登记机制的建立,信托业务体系、运行保障体系和监管体系不断完善,有利于公司明确业务发展方向、调整业务结构、建立适应市场的业务体系,实现持续健康发展。

4.4 内部控制

公司建立了由股东大会、董事会、监事会、高级管理层组成的“三会一层”法人治理结构。公司“三会一层”分工明确、权责清晰、制衡合理。董事会下设薪酬委员会、信托委员会、风险管理委员会、审计委员会、关联交易委员会和 IT 委员会。公司不断完善尽职管理、科学激励、约束监督的治理机制。

公司按照“三会一层”架构,完整地建立了符合现代企业经营管理需要的运营体系,确立了在董事会领导下的总经理负责制,并接受监事会监督,清晰划分治理主体的职责边界,明确决策规则和程序,实现了有效监督和权力制衡。公司加强对董事、监事和高级管理人员的履职管理,按照相关制度规定,对董事、监事和高级管理人员履职情况进行了评价。

公司内部控制措施的核心是实现以防范风险传递为目标的“三个分离”,即对信托业务系统和固有业务系统实施分离;信托业务的前台、中台、后台实施分离;信托财务和固有财务的人员、账表、资产分离,对每项信托业务单独开户、单独核算、单独管理。另外,公司内部管理有明确的授权制度和报告路线,公司于本年度内对各部门的职责进行了进一步的优化,明确了主办和协办部门的工作职责,实现了公司各部门和人员有明确的工作目标、职责和权限。公司通过部门职责重构、流程再造,力求在内部控制的环境、程序和措施上防范经营管理风险事件的发生。

公司不断加强内部控制文化建设,重塑了风险和合规体系建设,在公司治理、行政管理、财务会计、合规法律、信息技术、人力资源和内部审计等方面,对相关规章、办法、细则、流程进行了全面的修订改造完善,并通过颁布《新华信托股份有限公司员工合规手册(试行)》《员工执业行为禁令(试行)》,签署《合规承诺书》等措施,强化公司员工的风险控制与合规管理意识和职业操守,提高内部控制人员的综合素质,改善内部控制环境。

公司建立了信息传递、报送、披露与反馈的制度体系,借助现代化的信息技术系统,保障了各类经营信息的高质量交流和反馈。

完整、准确地信息交流与反馈是公司实施内部控制的基础,公司依照规定的程序,及时、完整、准确地向监管部门报备和向社会公众披露相关信息,并在公司内部建立了清晰、有效的垂直报告制度和平行通报制度,以确保相关人员信息共享。

公司重视信息交流和信息披露后的反馈,积极整合反馈信息,将其有效地服务于后续的决策和经营管理。

公司指定专门部门负责信息收集、发布,处理媒体公关关系,保持公司良好的社会形象,维护公司声誉。

公司建立了制度后评价办法等内部控制制度,内审稽核部为公司审计监督检查的执行部门,负责监督各项内部控制制度的执行情况。对发现的内部控制缺陷,按照规定的程序建议公司或要求相关部门或责任人予以纠正。公司健全了涵盖各个环节的内部控制体系,形成了较为规范的事前防范、事中控制和事后纠正的监督检查机制。2016 年,内审稽核部对公司经营管理等方面进行了数次审计,并就审计报告向公司提出了意见或建议。

4.5 风险管理

在风险管理上,针对经营活动中可能遇到的市场风险、操作风险、流动性风险、信用风险、政策风险等,公司坚持独立化解、全面控制、责任追究的基本管理原则,实行“分类管理、分级防范、分级管控”的风险管理政策。

报告期内，公司在内部管理上围绕风险控制进行了以下的升级：在企业管理上，优化组织架构、完善部门职能、强化风险管理理念、建设积极控制风险的企业文化；在制度流程管理上，进一步完善风险控制的岗责体系，建立科学的风险控制制度及流程体系；在人事管理上，完善公司人员的激励约束机制，建立涵盖风险管理内容的绩效考核体系。

一般准备、专项准备的计提方法如下：首先，公司根据实际情况，合理预估信用风险资产可能发生的损失；其次，财务部门在财政部规定的呆账准备金提取范围内，对信用风险资产以1.5%～100%的计提比例进行资产减值准备和一般准备的计提。其中，资产分类后损失类资产按100%计提准备。抵押物必须足值、足额；抵押物必须合法、有效；抵押物必须具有较高的变现能力；抵押品的评估必须由公司认可的机构进行评估。并根据不同业务种类以及抵押资产的具体类型，分别制定详细、具有可操作性的抵押品与贷款本金的比例标准。

在市场风险管理方面，公司强化了市场风险的量化分析，通过对市场各种指数的跟踪测量，实时了解投资组合市值的变动，同时采取相应的措施将市场风险控制在合理范围内。

公司在健全组织架构的基础上，不断完善内部控制制度，包括建立相应的授权体系；建立必要的职责分离机制；明确关键岗位、特殊岗位、不相容岗位及其控制要求；对于重要活动应实施连续记录和监督检查；对于产品、组织结构、流程、计算机系统的设计过程，应建立有效的控制程序；建立信息安全管理体系，对硬件、操作系统和应用程序、数据和操作环境实施控制；建立并保持应急预案和程序，确保业务持续开展；及时、充分、完整、准确地向信托当事人披露信息，勤勉尽职地履行受托人的管理义务，尽可能避免因操作不当导致风险事件的发生。

在政策风险管理方面，公司要求全体管理人员积极关注及研究国家政策、法律法规、行业新动向，提升政策敏锐度，提高防范政策风险的意识。

在集中度风险管理方面，公司采取对关键行业和地区进行总量控制的政策，有效降低集中度风险。

5. 报告期末及上一年度末的比较式会计报表

5.1 自营资产

5.1.1 会计师事务所审计结论

大信会计师事务所（特殊普通合伙）认为，公司财务报表在所有重大方面按照企业会计准则的规定编制，公允反映了公司2016年12月31日的财务状况以及2016年度的经营成果和现金流量。

5.1.2 资产负债表

合并资产负债表

单位：万元

资产总计	期末数	期初数	负债及所有者权益	期末数	期初数
资产：			负债：		
现金及存放中央银行款项	15.66	27.31	预收款项	3 329.51	10 461.90
存放同业款项	27 253.73	37 055.48	应付职工薪酬	15 134.77	21 704.56
拆出资金	—	—	应交税费	5 201.57	2 788.27
以公允价值计量且其变动计入当期损益的金融资产	52.23	8 578.30	应付利息	—	—
买入返售金融资产	5 000.00	—	其他应付款	—	—
应收利息	—	—	预计负债	—	—
应收手续费及佣金	217.05	241.05	递延所得税负债	—	—
其他应收款	642 735.91	630 406.46	其他负债	295 683.98	284 709.41
发放贷款和垫款	1 318.38	1 318.38	负债合计	319 349.83	319 664.14
可供出售金融资产	121 086.83	128 509.56	所有者权益：	—	—
持有至到期投资	—	—	实收资本（或股本）	420 000.00	420 000.00
长期股权投资	29 334.13	26 357.50	资本公积	12 639.56	12 639.56
投资性房地产	—	—	其他综合收益	75.97	152.57
固定资产	395.53	738.38	盈余公积	22 430.13	22 210.55
在建工程	29 868.25	25 392.70	一般风险准备	8 345.73	8 345.73
无形资产	365.60	253.07	信托赔偿准备金	110 236.17	110 236.17
长期待摊费用	79.01	92.02	未分配利润	1 828.74	1 576.67
递延所得税资产	37 183.82	35 855.18	所有者权益合计	575 556.30	575 161.25
资产总计	894 906.13	894 825.39	负债和所有者权益总计	894 906.13	894 825.39

母公司资产负债表

单位：万元

资产总计	期末数	期初数	负债及所有者权益	期末数	期初数
资　产：			负　债：		
现金及存放中央银行款项	15.66	27.31	预收款项	3 329.51	9 664.41
存放同业款项	27 028.30	23 644.17	应付职工薪酬	15 134.77	20 764.21
拆出资金	—	—	应交税费	5 201.57	2 306.87
以公允价值计量且其变动计入当期损益的金融资产	52.23	8 578.30	应付利息	—	—
买入返售金融资产	5 000.00	—	其他应付款	—	—
应收利息	—	—	预计负债	—	—
应收手续费和佣金	217.05	241.05	递延所得税负债	—	—
其他应收款	346 614.25	181 366.59	其他负债	162 664.25	112 463.07
发放贷款和垫款	1 318.38	1 318.38	负债合计	186 330.10	145 198.56
可供出售金融资产	286 725.88	406 308.67	所有者权益：		
持有至到期投资	—	—	实收资本(或股本)	420 000.00	420 000.00
长期股权投资	29 334.13	35 447.27	资本公积	12 639.56	12 639.56
投资性房地产	—	—	其他综合收益	75.97	152.57
固定资产	395.53	651.18	盈余公积	22 430.13	21 970.08
在建工程	29 868.25	25 392.70	一般风险准备	8 345.73	8 345.73
无形资产	365.60	251.33	信托赔偿准备金	110 236.17	110 236.17
长期待摊费用	79.01	92.02	未分配利润	4 140.44	—
递延所得税资产	37 183.83	35 223.70	所有者权益合计	577 868.00	573 344.11
资产总计	764 198.10	718 542.67	负债和所有者权益总计	764 198.10	718 542.67

5.1.3 利润表

合并利润表

单位：万元

项目	本年数	上年数
营业收入	85 962.35	105 539.98
手续费及佣金净收入	59 868.88	73 321.29
手续费及佣金收入	59 868.88	73 321.29
手续费及佣金支出	—	—
利息净收入	-381.20	1 133.02
利息收入	267.10	1 151.61
利息支出	648.30	18.59
投资损益	26 262.45	31 500.09
公允价值变动损益	207.33	-855.67
汇兑损益	4.89	441.25
营业支出	61 720.00	103 448.17
营业税金及附加	1 447.90	5 596.58
业务及管理费	40 781.10	32 110.03
资产减值损失	19 491.00	65 741.56
营业利润	24 242.35	2 091.81
加：营业外收入	1 549.04	1 375.32
减：营业外支出	23 480.50	40.42
利润总额	2 310.89	3 426.71
减：所得税费用	1 839.24	1 462.56
净利润	471.65	1 964.15
其他综合收益的税后净额	-76.60	-4 242.85
以后将重分类进损益的其他综合收益		
1. 权益法下在被投资单位以后将重分类进损益的其他综合收益中享有的份额	-76.60	101.99
2. 可供出售金融资产公允价值变动损益	—	-4 344.84
综合收益总额	395.05	-2 278.70

母公司利润表

单位：万元

项目	本年数	上年数
营业收入	87 176.07	101 657.57
手续费及佣金净收入	57 493.26	69 441.00
手续费及佣金收入	57 493.26	69 441.00
手续费及佣金支出	—	—
利息净收入	-417.48	1 127.29
利息收入	230.82	1 145.88
利息支出	648.30	18.59
投资损益	29 888.07	31 503.70
公允价值变动损益	207.33	-855.67
汇兑损益	4.89	441.25
营业支出	57 790.27	98 077.82
营业税金及附加	1 288.29	5 398.76
业务及管理费	37 010.98	28 087.50
资产减值损失	19 491.00	64 591.56
营业利润	29 385.80	3 579.75
加：营业外收入	189.04	336.31
减：营业外支出	23 480.50	35.09
利润总额	6 094.34	3 880.97
减：所得税费用	1 493.85	1 442.83
净利润	4 600.49	2 438.14
其他综合收益的税后净额	-76.60	-4 242.85
以后将重分类进损益的其他综合收益		
1. 权益法下在被投资单位以后将重分类进损益的其他综合收益中享有的份额	-76.60	101.99
2. 可供出售金融资产公允价值变动损益	—	-4 344.84
综合收益总额	4 523.89	-1 804.71

5.1.4 所有者权益变动表

合并所有者权益变动表

单位:万元

项目	股本	资本公积	其他综合收益	盈余公积	一般风险准备	信托赔偿准备	未分配利润	股东权益合计
2016 年 1 月 1 日余额	420 000.00	12 639.56	152.57	22 210.55	8 345.73	110 236.17	1 576.67	575 161.25
本年增减变动金额	—	—	—	—	—	—	—	—
1. 净利润	—	—	—	—	—	—	471.65	471.65
2. 其他综合收益	—	—	-76.60	—	—	—	—	-76.60
3. 所有者投入资本	—	—	—	—	—	—	—	—
4. 利润分配	—	—	—	—	—	—	—	—
减:提取盈余公积	—	—	—	219.58	—	—	-219.58	—
提取一般风险准备	—	—	—	—	—	—	—	—
提取信托赔偿准备	—	—	—	—	—	—	—	—
2016 年 12 月 31 日余额	420 000.00	12 639.56	75.97	22 430.13	8 345.73	110 236.17	1 828.74	575 556.30
2015 年 1 月 1 日余额	120 000.00	12 639.56	4 395.42	21 960.02	4 702.60	10 745.54	102 996.81	277 439.94
本年增减变动金额	—	—	—	—	—	—	—	—
1. 净利润	—	—	—	—	—	—	1 964.15	1 964.15
2. 其他综合收益	—	—	-4 242.85	—	—	—	—	-4 242.85
3. 所有者投入资本	300 000.00	—	—	—	—	—	—	300 000.00
4. 利润分配	—	—	—	—	—	—	—	—
减:提取盈余公积	—	—	—	250.53	—	—	-250.53	—
提取一般风险准备	—	—	—	—	3 643.13	—	-3 643.13	—
提取信托赔偿准备	—	—	—	—	—	99 490.63	-99 490.63	—
2015 年 12 月 31 日余额	420 000.00	12 639.56	152.57	22 210.55	8 345.73	110 236.17	1 576.67	575 161.25

母公司所有者权益变动表

单位:万元

项目	股本	资本公积	其他综合收益	盈余公积	一般风险准备	信托赔偿准备	未分配利润	股东权益合计
2016 年 1 月 1 日余额	420 000.00	12 639.56	152.57	21 970.08	8 345.73	110 236.17	—	573 344.11
本年增减变动金额	—	—	—	—	—	—	4 600.49	4 600.49
1. 净利润	—	—	—	—	—	—	—	—
2. 其他综合收益	—	—	-76.60	—	—	—	—	-76.60
3. 所有者投入资本	—	—	—	—	—	—	—	—
4. 利润分配	—	—	—	—	—	—	—	—
减:提取盈余公积	—	—	—	460.05	—	—	-460.05	—
提取一般风险准备	—	—	—	—	—	—	—	—
提取信托赔偿准备	—	—	—	—	—	—	—	—
2016 年 12 月 31 日余额	420 000.00	12 639.56	75.97	22 430.13	8 345.73	110 236.17	4 140.44	577 868.00
2015 年 1 月 1 日余额	120 000.00	12 639.56	4 395.42	21 726.27	4 702.60	10 745.54	100 939.43	275 148.82
本年增减变动金额	—	—	—	—	—	—	—	—
1. 净利润	—	—	—	—	—	—	2 438.14	2 438.14
2. 其他综合收益	—	—	-4 242.85	—	—	—	—	-4 242.85
3. 所有者投入资本	300 000.00	—	—	—	—	—	—	300 000.00
4. 利润分配	—	—	—	—	—	—	—	—
减:提取盈余公积	—	—	—	243.81	—	—	-243.81	—
提取一般风险准备	—	—	—	—	3 643.13	—	-3 643.13	—
提取信托赔偿准备	—	—	—	—	—	99 490.63	-99 490.63	—
2015 年 12 月 31 日余额	420 000.00	12 639.56	152.57	21 970.08	8 345.73	110 236.17	—	573 344.11

5.2 信托资产

5.2.1 信托项目资产负债汇总表

公司信托项目资产负债汇总表

单位:万元

信托资产	年初余额	期末余额	信托负债和信托权益	年初余额	期末余额
信托资产:			信托负债:		
货币资金	45 727.79	33 199.82	交易性金融负债	0.00	0.00
拆出资金	0.00	0.00	衍生金融负债	0.00	0.00
存出保证金	0.00	0.00	应付受托人报酬	47 367.14	44 537.49
交易性金融资产	8 943.36	32 458.97	应付托管费	1 534.90	1 291.45
衍生金融资产	0.00	0.00	应付受益人收益	106 736.78	164 216.12
买入返售金融资产	747 625.53	609 498.53	应交税费	0.00	0.00
应收款项	1 122 621.38	1 268 966.09	应付销售服务费	1 161.74	1 377.04
发放贷款	3 249 498.71	6 012 342.48	其他应付款项	551 074.20	580 770.07
可供出售金融资产	16 400.00	700.00	预计负债	0.00	0.00
持有至到期投资	5 666 878.09	3 826 146.16	其他负债	0.00	0.00
长期应收款	144 750.00	0.00	信托负债合计	707 874.76	792 192.17
长期股权投资	1 247 954.65	1 151 786.21			
投资性房地产	0.00	0.00	信托权益:		
固定资产	0.00	0.00	实收信托	11 573 916.94	12 131 984.15
无形资产	0.00	0.00	资本公积	0.00	0.00
长期待摊费用	379.34	0.00	损益平准金	0.00	0.00
其他资产	0.00	0.00	未分配利润	-31 012.85	10 921.94
减:各项资产减值准备	0.00	0.00	信托权益合计	11 542 904.09	12 142 906.09
信托资产总计	12 250 778.85	12 935 098.26	信托负债及信托权益总计	12 250 778.85	12 935 098.26
表外项目:					
1. 原有委贷业务	年初余额	1 188.79	期末余额	1 188.79	
2. 应收未收利息	年初余额	85 042.03	期末余额	90 274.84	
3. 代保管信托财产	年初余额	220 218.58	期末余额	241 444.00	
4. 卖出信贷资产	年初余额	0.00	期末余额	0.00	
5. 信托项目申购款	年初余额	81.12	期末余额	1.13	

5.2.2 信托项目利润及利润分配汇总表

公司信托项目利润及利润分配汇总表

单位:万元

项目	本年数	上年数
1. 营业收入	1 008 402.63	1 403 392.98
1.1 利息收入	499 393.57	424 041.86
1.2 投资收益(损失以"-"号填列)	497 583.31	981 372.68
1.2.1 其中:对联营企业和合营企业的投资收益	0.00	0.00
1.3 公允价值变动收益(损失以"-"号填列)	-736.49	-9 150.50
1.4 租赁收入	0.00	485.42
1.5 汇总损益(损失以"-"号填列)	143.94	0.00
1.6 其他收入	12 018.30	6 643.52
2. 支出	66 204.55	89 947.38
2.1 营业税金及附加	0.00	0.00
2.2 受托人报酬	32 711.80	61 009.43
2.3 托管费	5 690.48	5 150.90
2.4 投资管理费	0.00	0.00
2.5 销售服务费	790.66	1 712.17
2.6 交易费用	171.04	226.32
2.7 资产减值损失	0.00	0.00
2.8 其他费用	26 840.57	21 848.56
3. 信托净利润(净亏损以"-"号填列)	942 198.08	1 313 445.60
4. 其他综合收益	437.01	3.02
5. 综合收益	942 635.09	1 313 448.62
6. 加:期初未分配利润	-31 012.85	50986.43
7. 可供分配的信托利润	911 622.24	1 364 435.05
8. 减:本期已分配信托利润	900 700.30	1 395 447.90
9. 期末未分配信托利润	10 921.94	-31 012.85

6. 会计报表附注

6.1 简要说明报告年度会计报表编制基准、会计政策、会计估计和核算方法发生的变化。

无。

6.2 或有事项说明

无。

6.3 重要资产转让及其出售的说明

2016 年 10 月,公司转让子公司新华创新资本投资有限公司 100%股权,转让价款为 10 733.8 万元。

6.4 会计报表中重要项目的明细资料

6.4.1 自营资产经营情况

6.4.1.1 自有资产风险分类情况

公司自有资产风险分类情况表

信用风险资产五级分类	正常类(万元)	关注类(万元)	次级类(万元)	可疑类(万元)	损失类(万元)	信用风险资产合计(万元)	不良资产合计(万元)	不良资产率(%)
期初数	451 531.57	189 575.34	44 114.10	16 425.54	49 608.63	751 255.18	110 148.27	14.66
期末数	570 905.67	123 474.67	21 627.04	26 039.20	23 760.69	765 807.27	71 426.93	9.33

注:不良资产合计=次级类+可疑类+损失类。

6.4.1.2 自有资产损失准备情况

公司自有资产损失准备情况表

单位：万元

	期初数	本期计提	本期转回	本期核销	期末数
贷款损失准备	4 123.05	—	—	—	4 123.05
一般准备	81.62	—	—	—	81.62
专项准备	4 041.43	—	—	—	4 041.43
其他资产减值准备	90 227.69	19 863.56	372.56	44 324.67	65 394.02
可供出售金融资产减值准备	35 062.74	6 025.66	174.56	10 923.82	29 990.02
持有至到期投资减值准备	—	—	—	—	—
长期股权投资减值准备	—	—	—	—	—
坏账准备	55 164.95	13 837.90	198.00	33 400.85	35 404.00
投资性房地产减值准备	—	—	—	—	—

6.4.1.3 固有业务股票投资、基金投资、债券投资、长期股权投资等情况

公司固有业务投资情况

单位：万元

	自营股票	基金	债券	长期股权投资	其他投资	合计
期初数	8 578.30	—	—	35 447.27	406 308.67	450 334.24
期末数	52.23	—	5 000.00	29 334.13	286 725.88	321 112.24

6.4.1.4 前五名自营长期股权投资企业情况

公司自营长期股权投资企业情况

企业名称	占被投资企业权益的比例(%)	主要经营活动	投资收益(万元)
新华基金管理有限公司	35.31	基金	3 963.46

6.4.1.5 前五名自营贷款企业情况

公司自营贷款企业情况

单位：万元

企业名称	占贷款总额的比例	还款情况
1. 湖北盈科房地产开发有限公司	63.24	已逾期
2. 上海虹桥文化金融大楼投资有限公司	36.76	已逾期

6.4.1.6 表外业务情况

公司表外业务情况表

单位：万元

表外业务	期初数	期末数
担保业务	0.00	0.00
代理业务(委托业务)	1 188.79	1 188.79
其他	0.00	0.00
合　计	1 188.79	1 188.79

6.4.1.7 公司当年的收入结构

6.4.1.7.1 合并当年收入结构表

合并当年收入结构表

收入结构	金额(万元)	占比(%)
手续费及佣金收入	59 868.88	67.91
其中：信托手续费收入	59 868.88	67.91
投资银行业务收入	—	0.00
利息收入	267.10	0.30
其他业务收入	—	0.00
其中：计入信托业务收入部分	—	0.00
投资收益	26 262.45	29.79
其中：股权投资收益	1 273.58	1.44
证券投资收益	-1 376.54	-1.56
其他投资收益	26 365.41	29.91
公允价值变动收益	207.33	0.24
汇兑收益	4.89	0.01
营业外收入	1 549.04	1.75
收入合计	88 159.69	100.00

6.4.1.7.2 母公司当年收入结构表

母公司当年收入结构表

收入结构	金额(万元)	占比(%)
手续费及佣金收入	57 493.26	65.32
其中：信托手续费收入	57 493.26	65.32
投资银行业务收入	—	0.00
利息收入	230.82	0.26
其他业务收入	—	0.00
其中：计入信托业务收入部分	—	0.00
投资收益	29 888.07	33.96
其中：股权投资收益	4 697.26	5.34
证券投资收益	-1 507.76	-1.71
其他投资收益	26 698.57	30.33
公允价值变动收益	207.33	0.24
汇兑收益	4.89	0.01
营业外收入	189.04	0.21
收入合计	88 013.41	100.00

6.4.2 信托财产管理情况

6.4.2.1 信托资产的期初数、期末数

公司信托资产的期初数和期末数

单位：万元

信托资产	期初数	期末数
集合类	2 953 557.45	2 125 343.56
单一类	8 873 854.28	10 557 163.58
财产管理类	423 367.12	252 591.12
合计	12 250 778.85	12 935 098.26

6.4.2.1.1 主动管理型信托资产

公司主动管理型信托资产表

单位：万元

主动管理型信托资产	期初数	期末数
证券投资类	4 742.40	3 348.88
股权投资类	3 370 640.63	2 106 820.43
融资类	513 854.45	235 326.62
事务管理类	6 327 210.63	75 026.48
合计	10 216 448.11	2 420 522.41

6.4.2.1.2 被动管理型信托资产

公司被动管理型信托资产表

单位:万元

被动管理型信托资产	期初数	期末数
证券投资类	10 073.67	0.00
股权投资类	4 000.72	94 001.18
融资类	269 912.70	88 150.75
事务管理类	1 750 343.65	10 332 423.92
合计	2 034 330.74	10 514 575.85

6.4.2.2 本年度已清算结束的信托项目情况

6.4.2.2.1 本年度已清算结束的集合类、单一类资金信托项目和财产管理类信托项目情况

已清算结束的信托项目	项目个数(个)	实收信托合计金额(万元)	加权平均实际年化收益率(%)
集合类	40	404 551.00	10.22
单一类	140	4 493 900.00	8.30
财产管理类	4	168 900.00	2.86

6.4.2.2.2 本年度已清算结束的主动管理型信托项目情况

已清算结束信托项目	项目个数(个)	实收信托合计金额(万元)	加权平均实际年化信托报酬率(%)	加权平均实际年化收益率(%)
证券投资类	0	0.00	0.00	0.00
股权投资类	58	747 358.00	0.77	10.02
融资类	13	165 953.00	1.31	10.38
事务管理类	104	3 899 705.00	0.34	7.66

6.4.2.2.3 本年度已清算结束的被动管理型信托项目情况

已清算结束信托项目	项目个数(个)	实收信托合计金额(万元)	加权平均实际年化信托报酬率(%)	加权平均实际年化收益率(%)
证券投资类	2	8 235.00	0.84	8.45
股权投资类	0	0.00	0.00	0.00
融资类	3	118 000.00	0.23	9.34
事务管理类	4	128 100.00	0.10	8.41

6.4.2.3 本年度新增信托项目情况

新增信托项目	项目个数(个)	实收信托合计金额(万元)
集合类	0	0.00
单一类	171	8 389 333.06
财产管理类	0	1 315.00
新增合计	171	8 390 648.06
其中:主动管理型	13	220 026.48
被动管理型	158	8 170 621.58

注:本年新增信托项目指在本报告年度内累计新增的信托项目个数和金额。包含本年度新增并于本年度内结束的项目和本年度新增至报告期末仍在持续管理的信托项目。

6.4.2.4 公司履行受托人义务情况及因公司自身责任而导致的信托资产损失情况

无。

6.5 关联方关系及其交易的披露

6.5.1 关联交易方的数量、关联交易的总金额及关联交易的定价政策等

	关联交易方数量(个)	关联交易的金额(万元)	定价政策
合计	3	348 155.81	按市场定价

注:关联交易定义应以《公司法》《企业会计准则第36号——关联方披露》有关规定为准。

6.5.2 关联交易方情况

单位:万元

关联性质	关联方名称	法定代表人	注册地址	注册资本	主营业务
股东	新产业投资股份有限公司	翁先定	深圳市福田区振兴路3号建艺大厦17楼	190 000.00	投资兴办实业(具体项目另行申报);投资咨询;工程咨询(凭工程咨询资质证书开展咨询业务)。
股东	北京宏达信资产经营有限公司	管莉	北京市东城区王府井大街218－1号B401	230 000.00	资产管理;投资管理;技术咨询、技术开发、技术转让、技术服务。
子公司	新华创新资本投资有限公司	周长青	上海市长宁区虹桥路2302号6幢608室	10 000.00	实业投资,股权投资,企业管理咨询,投资咨询(依法须经批准的项目,经相关部门批准后方可开展经营活动)。

6.5.3 公司与关联方的重大交易事项

6.5.3.1 固有财产与关联方关联交易

公司固有财产与关联方关联交易情况表

单位:万元

	固有与关联方关联交易			
	期初数	借方发生额	贷方发生额	期末数
贷款	—	—	—	—
投资	—	—	—	—
租赁	—	149.49	149.49	—
担保	—	—	—	—
应收账款	55 470.91	22 578.38	0.00	78 049.29
其他	—	—	—	—
合计	55 470.91	22 727.87	149.49	78 049.29

6.5.3.2 信托财产与关联方关联交易

无。

6.5.3.3 信托公司自有资金运用于自己管理的信托项目(固信交易)、信托公司管理的信托项目之间的相互交易(信信交易)金额

6.5.3.3.1 固有财产与信托财产相互交易情况

公司固有财产与信托财产相互交易情况表

单位:万元

	固有财产与信托财产相互交易		
	期初数	本期发生额	期末数
合　计	511 787.89	260 029.30	251 758.59

注:以固有资金投资公司自己管理的信托项目受益权,或购买自己管理的信托项目的信托资产均应纳入统计披露范围。

6.5.3.3.2　信托资产与信托财产相互交易情况

公司信托财产与信托财产相互交易情况表

单位：万元

	信托资产与信托财产相互交易		
	期初数	本期发生额	期末数
合　计	426 648.27	65 548.13	361 100.14

注：以公司受托管理的一个信托项目的资金购买自己管理的另一个信托项目的受益权或信托项下资产均应纳入统计披露范围。

6.5.4　逐笔披露关联方逾期未偿还本公司资金的详细情况以及公司为关联方担保发生或即将发生垫款的详细情况

无。

6.6　会计制度的披露

（1）公司固有业务执行2006年颁布的企业会计准则。

（2）公司于2014年7月1日起执行下述财政部新修订/颁布的企业会计准则：《企业会计准则第2号——长期股权投资》《企业会计准则第9号——职工薪酬》《企业会计准则第30号——财务报表列报》《企业会计准则第33号——合并财务报表》《企业会计准则第39号——公允价值计量》《企业会计准则第40号——合营安排》《企业会计准则第41号——在其他主体中权益的披露》。

7. 财务情况说明书

7.1　利润实现和分配情况

7.1.1　合并利润实现和分配情况表

合并利润实现和分配情况表

单位：万元

项　目	本年数	上年数
本年净利润	471.65	1 964.15
加：年初未分配利润	1 576.67	102 996.81
可供分配的利润	2 048.32	104 960.96
减：提取法定盈余公积	219.58	250.53
提取信托赔偿准备金	—	99 490.63
提取一般准备金	—	3 643.13
提取职工奖励及福利基金	—	—
提取储备基金	—	—
提取企业发展基金	—	—
利润归还投资	—	—
可供投资者分配的利润	1 828.74	1 576.67
减：应付优先股股利	—	—
提取任意盈余公积	—	—
股利分配	—	—
未分配利润转增股本	—	—
年末未分配利润	1 828.74	1 576.67

7.1.2　母公司利润实现和分配情况表

母公司利润实现和分配情况表

单位：万元

项　目	本年数	上年数
本年净利润	4 600.49	2 438.14
加：年初未分配利润	—	100 939.43
可供分配的利润	4 600.49	103 377.57
减：提取法定盈余公积	460.05	243.81
提取信托赔偿准备金	—	99 490.63
提取一般准备金	—	3 643.13
提取职工奖励及福利基金	—	—
提取储备基金	—	—
提取企业发展基金	—	—
利润归还投资	—	—
可供投资者分配的利润	4 140.44	—
减：应付优先股股利	—	—
提取任意盈余公积	—	—
股利分配	—	—
未分配利润转增股本	—	—
年末未分配利润	4 140.44	—

7.2　主要财务指标

指标名称	指标值（合并）	指标值（母公司）
资本利润率（%）	0.08	0.80
加权年化信托报酬率（%）	0.47	0.47
人均净利润（万元）	2.27	22.17

注：1. 资本利润率＝净利润/所有者权益平均余额×100%。

2. 加权年化信托报酬率＝（信托项目1的实际年化信托报酬率×信托项目1的实收信托＋信托项目2的实际年化信托报酬率×信托项目2的实收信托＋…＋信托项目n的实际年化信托报酬率×信托项目n的实收信托）/（信托项目1的实收信托＋信托项目2的实收信托＋…＋信托项目n的实收信托）×100%。

3. 人均净利润＝净利润/年平均人数。

4. 平均值采取年初、年末余额简单平均法，公式为：a（平均）＝（年初数＋年末数）/2。

7.3　对公司财务状况、经营成果有重大影响的其他事项

无。

7.4　公司净资本情况

指标名称	期末余额	监管标准
净资本（万元）	378 918.84	≥2亿元
各项业务风险资本之和（万元）	147 377.69	—
净资本/各项业务风险资本之和（%）	257.11	≥100
净资本/净资产（%）	65.57	≥40

8. 特别事项揭示

8.1 前五名股东报告期内变动情况及原因

无。

报告期末，公司各股东持股情况如下：

股东名称	股份额(股)	股份比例(%)
上海珊瑚礁信息系统有限公司	1 680 000 000	40.00
上海纪辉资产管理有限公司	900 000 000	21.43
新产业投资股份有限公司	727 812 462	17.33
北京宏达信资产经营有限公司	420 000 000	10.00
人和投资控股股份有限公司	238 185 938	5.67
巴克莱银行有限公司(Barclays Bank PLC)	234 001 600	5.57
合　计	4 200 000 000	100.00

8.2 董事、监事及高级管理人员变动情况及原因

8.2.1 董事变动情况

2016年3月8日，公司2016年第二次临时股东大会审议并决议，同意张立文辞去公司董事职务。

2016年10月28日，公司2016年第七次临时股东大会审议并决议，选举项琥为公司第六届董事会成员，项琥董事任职资格已于2016年12月30日经重庆银监局核准。报告期末，公司董事会由李桂林(董事长)、项琥、李春莉、吴军安、金洪伟、魏相永、张玉敏(独立董事)、汪方军(独立董事)、黄志亮(独立董事)组成。

8.2.2 监事变动情况

2016年10月28日，公司2016年第七次临时股东大会审议并决议，同意徐大勇辞去公司监事职务，选举田爱学为公司第六届监事会成员。报告期末，公司监事会由刘建良(监事会主席)、肖磊、王永卫、郑福成、田爱学组成。

8.2.3 高级管理层变动情况

2016年2月29日，公司2016年第三次临时董事会审议并决议，同意张立文辞去公司总经理职务，聘任项琥为公司副总经理(代为履行总经理职责)，其任职资格于2016年3月25日经重庆银监局核准。

2016年9月13日，公司2016年第十次临时董事会审议并决议，聘任项琥为公司总经理，其任职资格于2016年10月17日经重庆银监局核准。

2016年12月29日，公司2016年第十三次临时董事会审议并决议，聘任罗建华为公司副总经理，其任职资格于2017年3月29日经重庆银监局核准。

2016年12月29日，公司2016年第十三次临时董事会审议并决议，同意万健敏辞去公司副总经理职务。

8.3 公司的重大诉讼事项

本年度重大未决诉讼共计1个，信托业务1个，被诉案件1个。

单位：万元

序号	诉讼案件	诉讼类别	金额(万元)	发生时间	案件事由	审理进度
1	重庆帝多农业发展有限公司诉新华信托营业信托纠纷案	信托业务	4 069.87	2014年7月	营业信托纠纷	一审已开庭，未判决。

8.4 对会计师事务所出具的有保留意见、否定意见或无法表示意见的审计报告的，公司董事会应就所涉及事项作出说明。

无。

8.5 公司及其董事、监事和高级管理人员受到处罚的情况

报告期内，公司董事、监事及高级管理人员勤勉履职，未发生公司及董事、监事和高级管理人员受到中国银监会或相关部门处罚的情况。

8.6 公司对中国银监会及其派出机构整改意见的整改情况

报告期内，重庆银监局对公司法人治理、经营管理、业务开展及落实监管要求情况进行了提示，并出具了金融监管提示书，公司已按照监管意见或要求逐笔开展整改工作。

8.7 公司重大事项临时报告的简要内容

2016年2月17日，公司在《上海证券报》刊登了公告，公告内容为：张立文先生担任公司总经理职务，不再代理公司总经理职务。

2016年4月5日，公司在《上海证券报》刊登了公告，公告内容为：项琥先生担任公司副总经理职务(代为履行总经理职责)，张立文先生不再担任公司总经理职务。

2016年4月5日，公司在《上海证券报》刊登了公告，公告内容为：对《新华信托股份有限公司章程》部分条款进行修订的情况说明。

2016年4月30日，公司在《上海证券报》刊登了《新华信托股份有限公司2015年度报告》。

2016年10月19日，公司在《上海证券报》刊登了《公告》，公告内容为：项琥先生担任公司总经理职务。

8.8 社会责任履行情况

2016年，公司持续推进优秀企业公民及企业文化建设，始终将“兼容并包、崇尚道德、负有责任感和使命感”的企业文化精神贯穿公司发展之中，积极履行社会责任。

(1)成立重庆明天公益基金会。重庆明天公益基金会由新华信托股份有限公司、刘建良先生和项琥先生共同捐赠并发起，于2016年7月在重庆市民政局正式登记成立。基金会是具有独立法人资格的非公募公益基金会，以“倡导企业社会责任，推动社会公益服务，促进社会和谐进步，共创美好明天”为宗旨，主要开展扶贫、优抚、扶老、救孤、助残、救灾等公益资助活动，切实履行社会责任，为政府分忧，共创和谐社会。

(2)曾颖莹扶贫教育。2016年4月，不满五岁的小朋友曾

颖莹永远地失去了她的母亲，新华信托在了解到曾颖莹家庭的实际困难后，为了助其能顺利完成学业，自发组织了小莹颖的募捐活动，并将全部的善款及利息收入 207 290.08 元捐赠给了重庆明天公益基金会，8 月 25 日基金会将全部善款捐赠给了曾莹颖。

（3）少年英才公益计划。为响应国家扶贫号召，支持自强不息、品学兼优的贫困青少年获得良好的教育与成长环境，培养其成为社会有用之才，重庆明天公益基金会与共青团重庆市委合作开展了"少年英才公益计划"，对全市因客观原因造成的特困家庭或经当地团委考察家庭确实贫困的学生，社区、村落、学校公认的品质良好的学生，学习勤奋、成绩优秀、综合素质高的学生进行资助，为寒门学子打开求学通道。截至 2016 年 12 月 31 日，重庆明天公益基金会收集到重庆市巫溪县、彭水县、云阳县等 29 个区县，共 108 名贫困学生的申报材料，发放助学金 120 000.00 元。基金会在被资助贫困学生中，选拔德才兼备、品学兼优的学生，继续实施"少年英雄助力项目"，为孩子提供从现在到就业的全程资助和指导。

8.9 中国银监会及其派出机构认定的其他有必要让客户及相关利益人了解的重要信息

根据辽宁省大连市中级人民法院民事裁定书[（2014）大民三初字第 121 号]，人和投资控股股份有限公司（以下简称人和）向法院申请诉讼保全，申请人人和以其持有的新华信托股份有限公司 139 208 338 股股权为其诉讼保全申请提供担保。

该事项可能会导致公司股权发生变化，公司正就该事项作进一步核实并会及时进行披露。

9. 公司监事会意见

公司依法经营，决策程序符合法律、法规和《公司章程》等有关规定，公司董事、总经理等高级管理人员履行职责时，尚未发现有违法和故意损害公司利益的行为。

本年度财务报告真实反映了公司的财务状况及经营成果；本年度财务报告已经大信会计师事务所（特殊普通合伙）根据中国注册会计师独立审计准则审计，并出具了标准无保留意见的审计报告。

新时代信托股份有限公司

1. 重要提示及目录

1.1 本公司董事会及董事保证本报告所载资料不存在任何虚假记载、误导性陈述或者重大遗漏,对其内容的真实性、准确性和完整性承担个别及连带责任。

1.2 本公司独立董事杜惠芬女士认为:本年度报告真实、准确、完整。

本公司独立董事何海峰先生认为:本年度报告真实、准确、完整。

本公司独立董事刘剑雄先生认为:本年度报告真实、准确、完整。

1.3 公司董事长赵利民先生、主管会计工作负责人杨明国先生及会计机构(自营)负责人张美荣女士、会计机构(信托)负责人常永丽女士声明:保证年度报告中财务报告的真实、完整。

2. 公司概况

2.1 公司简介

新时代信托股份有限公司前身为包头市信托投资公司,初创于1987年,2003年12月,经中国银行业监督管理委员会核准重新登记并更名为新时代信托投资股份有限公司,2009年6月,经中国银行业监督管理委员会批复,公司名称变更为新时代信托股份有限公司并变更公司业务范围,目前注册资本金60亿元。

公司以"为客户创造价值"为使命,坚持"抱诚守拙,谨行致远"的核心理念,积极拓展以资产管理业务为基础,以资金信托和投资银行业务为两翼的业务架构,为投资者提供全面、优质的理财服务。

2.1.1 公司法定中文名称:新时代信托股份有限公司
公司法定中文名称缩写:新时代信托
公司法定英文名称:New Times Trust Co. ,Ltd.
公司法定英文名称缩写:NTTC

2.1.2 公司法定代表人:赵利民

2.1.3 公司注册地址:内蒙古包头市钢铁大街甲5号信托金融大楼
公司邮政编码:014030
公司国际互联网网址:www. xsdxt. com
公司电子邮箱:xsdxt@xsdxt. com

2.1.4 公司负责信息披露事务人:陈永利
联系电话:0472-6969996
传真电话:0472-6969996
电子邮箱:chenyongli@xsdxt. com

2.1.5 公司选定的信息披露报刊:《证券日报》
公司年报报告备置地点:内蒙古包头市钢铁大街甲5号信托金融大楼

2.1.6 公司聘请的会计师事务所名称:瑞华会计师事务所
办公地址:北京市东城区永定门西滨河路8号院7号楼中海地产广场西塔5~11层。
公司聘请的律师事务所名称:内蒙古炳鸿律师事务所
办公地址:包头市青山区恒源银座25层

2.2 组织结构

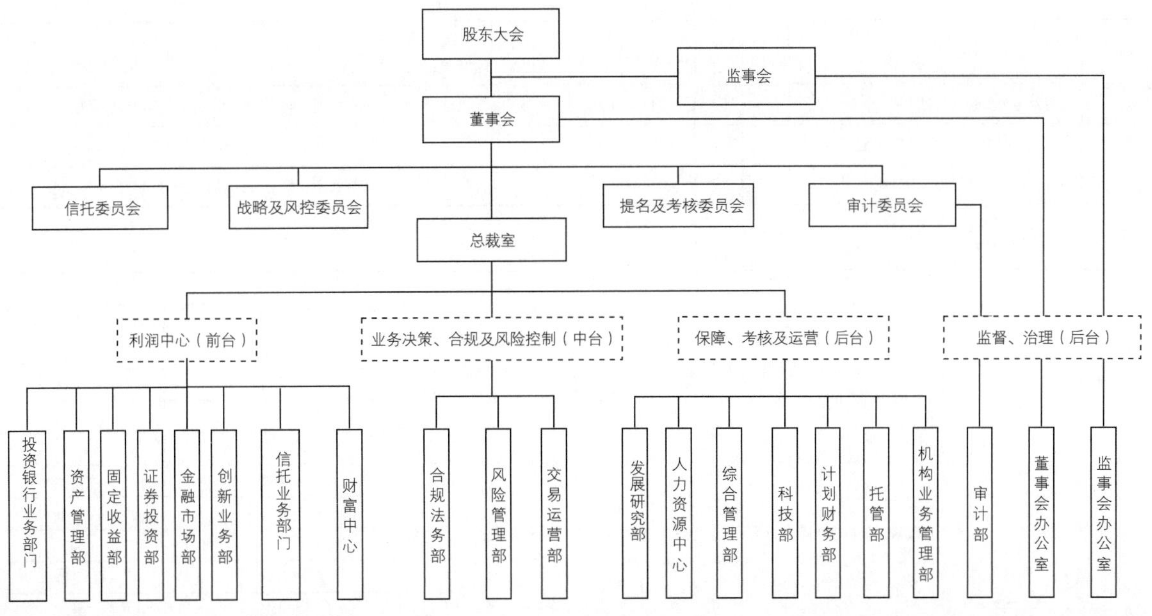

3. 公司治理

3.1 股东情况

报告期末新时代信托股份有限公司股份总数共计60亿股，共有4个股东。

股东名称	持股比例(%)	法人代表	注册资本(万元)	注册地址	主要经营业务
新时代远景(北京)投资有限公司	58.54	赵利民	355 000	北京市朝阳区东三环北路38号3号楼2309室	项目投资、投资管理、投资咨询。
上海人广实业发展有限公司	24.39	郭庆明	185 000	上海市浦东新区长青路92号306室	计算机软硬件开发、投资咨询、园林绿化，室内装潢及设计、国内贸易。
潍坊科微投资有限公司	14.63	张辉	77 500	潍坊高新技术开发区华都写字楼909室	以企业自有资金对外投资(未经金融监管部门批准，不得从事吸收存款、融资担保、代客理财等金融业务)；财务顾问(依法须经批准的项目，经相关部门批准后方可开展经营活动)。
包头市鑫鼎盛贸易有限责任公司	2.44	王三平	30 000	内蒙古自治区包头稀土高新区幸福南路41号(天龙商务写字楼704室)	稀土产品、化工产品、钢材、建材、计算机软、硬件及外围设备、配料、办公设备的销售。

3.2 董事、董事会及其下属委员会

公司董事

姓名	职务	性别	年龄(岁)	选任日期	所推举的股东	该股东持股比例(%)	简要履历
赵利民	董事长	男	53	2015年4月	高管董事		曾在天津大港石化公司、新时代证券有限责任公司等机构任职。
李树新	副董事长	女	49	2015年4月	高管董事		曾在人民银行包头市中心支行等机构任职。
陈祥盛	董事	男	40	2015年4月	高管董事		曾在北京林业大学外语学院任职。
于　雷	董事	男	40	2015年4月	新时代远景(北京)投资有限公司	58.54	曾在天健正信会计师事务所任职；现在新时代远景(北京)投资有限公司任职。
丹常彤	董事	男	50	2015年4月	上海人广实业发展有限公司	24.39	曾在北京优仕行技术咨询有限公司任职；现在上海人广实业发展有限公司任职。
向开润	董事	男	33	2015年4月	潍坊科微投资有限公司	14.63	曾在宝钢集团北方公司、天相投资顾问有限公司任职；现在潍坊科微投资有限公司任职。

独立董事

姓名	所在单位及职务	性别	年龄(岁)	选任日期	所推举的股东	该股东持股比例(%)	简要履历
杜惠芬	中央财经大学金融学院教授	女	54	2015年4月	无		曾在山西财经学院任职；现在中央财经大学任教。
何海峰	中国社科院金融政策研究中心主任	男	47	2015年4月	无		曾在华北电力大学任教；现在中国社科院任职。
刘剑雄	中国社科院经济研究所副研究员	男	39	2015年4月	无		曾在社会科学院研究生院政府政策与公共管理系任职。

董事会下属委员会

董事会下属委员会名称	职责	组成人员姓名	职务
战略及风控委员会	负责对公司长期发展战略规划、重大战略性投资进行可行性研究，负责全面监督、指导公司风险管理工作，检查公司管理层贯彻和执行董事会确立的风险取向和管理战略的情况，并根据董事会授权进行业务决策的常设机构，对公司董事会负责。	赵利民	主任委员
		陈祥盛	委员
		何海峰	委员
		刘剑雄	委员
		于　雷	委员
信托委员会	负责督促公司依法履行受托职责。当公司或股东利益与受益人利益发生冲突时，信托委员会应保证公司为受益人的最大利益服务。	何海峰	主任委员
		杜惠芬	委员
		李树新	委员
		陈祥盛	委员
		向开润	委员

续表

董事会下属委员会名称	职责	组成人员姓名	职务
审计委员会	专门负责对公司财务活动及其有关经济活动的真实、合法、合规、准确和效益的监督审计，依法审议、拟定内部监督活动方案，指导稽核部门实施稽核审计，为维护公司合法权益，防范金融风险，促进增收节支，提高经济效益服务。	杜惠芬	主任委员
		于雷	委员
		向开润	委员
提名及考核委员会	对公司董事和总裁的人选、选择标准和程序进行选择并提出建议，同时对总裁提名的财务负责人以及总裁提名的其他高级管理人员、董事长提名的董事会秘书人选进行审查并提出建议；负责制定公司董事、高级管理人员以及其他员工的全员考核标准并进行考核，对董事会负责。	刘剑雄	主任委员
		赵利民	委员
		李树新	委员
		陈祥盛	委员
		丹常彤	委员

3.3 监事、监事会及其下属委员会

姓名	职务	性别	年龄（岁）	选任日期	所推举的股东名称	该股东持股比例（%）	简要履历
胡宇峰	监事长	男	54	2015年4月	新时代远景（北京）投资有限公司	58.54	曾在中国兵器工业五二研究所、《证券日报》内蒙古记者站任职。
申 洋	监事	女	33	2015年4月	包头市鑫鼎盛贸易有限责任公司	2.44	现在包头市鑫鼎盛贸易有限责任公司任职。
张红权	监事	男	48	2015年4月	职工代表		曾在包头绿远控股有限公司任职；现在公司人力资源中心任职。

注：监事会无下设委员会。

3.4 高级管理人员

姓名	职务	性别	年龄（岁）	选任日期	从业年限（年）	学历	专业	简要履历
陈祥盛	总裁	男	40	2015年3月	12	硕士	经济管理	曾在北京林业大学外语学院任职。
杨明国	财务总监	男	43	2011年9月	19	博士	经济学	曾在湛江华垦有限公司、北方创业股份有限公司任职。
边风杰	副总裁	男	51	2009年3月	26	硕士	商业经济	曾在工商银行包头分行任职。
王晓滨	副总裁	男	48	2013年8月	24	本科	机械动力	曾在人民银行哈尔滨分行、哈尔滨证券、联合证券、大通证券等机构任职。
闫 锋	副总裁	男	42	2013年8月	20	本科	金融	曾在内蒙古网通计算机有限责任公司任职。
郑大刚	副总裁、董事会秘书	男	43	2014年6月	19	硕士	MBA	曾在新时代远景（北京）投资有限公司任职。
李永丰	总裁助理	男	45	2011年9月	21	本科	数学	曾在建设银行海口市分行、海南港澳国际信托投资有限公司、中银国际证券、新时代证券等机构任职。
边 涛	总裁助理	男	45	2012年4月	25	硕士	MBA	曾在工商银行莱芜市分行、北京银行西直门支行、安邦财产保险股份有限公司任职。
陈永明	总裁助理	男	54	2012年7月	29	本科	金融	曾在内蒙古师范大学财务处、华宸信托有限责任公司任职。
崔延辉	总裁助理	男	39	2013年8月	16	本科	信息管理	曾在北京元恒时代科技有限公司、新时代信托股份有限公司任职。
徐 建	首席信息官	男	44	2016年9月	19	本科	水利工程	曾在北京罗格因科技发展有限公司、北京远龙阳光科技有限公司任职。

3.5 公司员工

项目		2016年度		2015年度		2014年度	
		人数（人）	比例（%）	人数（人）	比例（%）	人数（人）	比例（%）
年龄分布	20岁以下	0	0	0	0	0	0
	20~29岁	83	33.74	101	42.98	103	41.03
	30~39岁	95	38.62	87	37.02	96	38.25
	40岁以上	68	27.64	47	20.00	52	20.72
学历分布	博士	4	1.63	2	0.85	2	0.8
	硕士	63	25.61	62	26.38	64	25.50
	本科	138	56.10	123	52.34	139	55.38
	专科	31	12.60	36	15.32	36	14.34
	其他	10	4.06	12	5.11	10	3.98

续表

项目		2016 年度		2015 年度		2014 年度	
		人数(人)	比例(%)	人数(人)	比例(%)	人数(人)	比例(%)
岗位分布	董事、监事及其高管人员	15	6.10	14	5.96	16	6.37
	自营业务人员	4	1.63	4	1.70	4	1.59
	信托业务人员	115	46.75	112	47.66	134	53.39
	其他人员	112	45.52	105	44.68	97	38.65

4. 经营管理

4.1 公司新年度的经营目标、方针、战略规划

4.1.1 核心理念

抱诚守拙:信托公司是经营信用的机构,诚信当为经营的第一要义。坚守受益人利益最大化的原则,并追求股东稳定的回报,是信托业不可逾越、不可取巧的拙朴之道。

谨行致远:唯有审慎稳健,持续加强基础管理、质量管理、合规管理和风险管理;唯有前瞻性的决策和判断,我们才能更远更久,历经风雨而基业长青。

4.1.2 经营方针

合规经营,管控风险:依法合规是公司经营活动的前提和宗旨,管控风险贯穿于经营活动的全过程。

有效激励,稳健发展:以卓有成效的绩效考核和薪酬体系激励员工和团队的积极性、创造性。公司更加追求的是快速增长和可持续发展之间的均衡状态。

4.1.3 战略规划

公司在 2015 年制定了战略规划,公司将发挥金融信托的独特优势,有效拓展公司的业务领域,培育核心盈利模式和盈利能力。公司将依托内蒙古自治区资源型区域经济优势,有效地将金融服务优势和内蒙古地区资源优势结合起来,发挥强强效应,逐步形成"金融服务 + 资源"、具有公司特色的业务发展方向和模式,形成"立足内蒙古、辐射全国"的业务和发展格局;公司将树立"审慎经营、内控优先"的意识,建立决策科学、运营规范、管理高效的公司组织、制度建设体系,形成完善的员工培育和发展模式,促进员工向个性化理财专家方向发展,始终保持公司持续、稳定、健康发展,为将新时代信托股份有限公司建设成一个全国一流的信托公司不断努力。

4.2 所经营业务的主要内容

自营资产运用与分布表

资产运用	金额(万元)	占比(%)	资产分布	金额(万元)	占比(%)
货币资金	34 626.74	3.43	基础产业	—	—
应收账款	12 445.15	1.23	房地产	—	—
贷款	—	—	证券	—	—
以公允价值计量且其变动计入当期损益的金融资产	1 200.00	0.12	金融	850 010.55	84.22
可供出售金融资产	848 810.55	84.10	实业	—	—
长期股权投资	—	—	其他	159 307.59	15.78
其他资产	112 235.70	11.12			
资产总计	1 009 318.14	100.00	资产总计	1 009 318.14	100.00

信托资产运用与分布表

资产运用	金额(万元)	占比(%)	资产分布	金额(万元)	占比(%)
货币资产	112 171.38	0.32	基础产业	618 830.00	1.77
贷款及应收款	3 010 463.57	8.60	房地产	855 700.00	2.45
交易性金融资产	4 815 179.18	13.77	证券	3 499 799.93	10.01
可供出售金融资产投资	—	—	实业	25 979 216.09	74.27
持有至到期投资	9 840 870.68	28.14	金融机构	178 240.00	0.51
长期股权投资	299 585.00	0.86	其他	2 530 033.93	7.23
买入返售金融资产	598 821.54	1.71	债券	1 135 951.12	3.25
其他	16 300 107.85	46.60	基金	179 428.13	0.51
资产总计	34 977 199.20	100.00	资产总计	34 977 199.20	100.00

4.3 市场分析

4.3.1 影响公司发展的有利因素

从全球范围内对比来看,我国经济依然处于较高速增长阶段,居民财富规模继续扩大,投资理财需求更加旺盛,推动资产管理市场保持快速发展。

政府推动的"一带一路""供给侧结构性改革"等一系列重大经济战略举措,为信托业发展提供了一些投资机会。

公司组织结构合理,人力资源结构符合业务开展需求,品牌知名度提升、资本实力雄厚、净资本远高于监管要求,为公司发展提供有力支持,公司在产品创新、新业务拓展等方面能力不断加强,推动公司继续保持稳步发展。

4.3.2 影响公司发展的不利因素

我国依然面临复杂的国际国内形势,世界经济复苏的过程充满不确定性,国内面临调整经济结构与保持经济快速增长的矛盾。

在经济下行的情况下,行业风险逐步暴露,资产端配置出现困难,对信托公司项目筛选能力、风险控制能力等提出了更高的要求,这也将推动公司将继续致力于综合能力的提升。

4.4 风险管理

4.4.1 风险管理概况

风险管理能力是决定信托公司能否健康发展的重要指标,公司风险管理工作遵循全面性、持续性、前瞻性、审慎性、独立性和一致性原则,通过风险制度建设、风险文化教育、风险管理流程设置、风险处置预案及应对、风险管理指标体系设立等措施,全面有效识别风险、防范风险、控制风险、化解风险,保证公司的良性发展。

4.4.1.1 公司风险管理的组织结构和职责划分

(1)董事会,公司风险管理的最高决策机构,负责全面监

督、指导公司风险管理工作，负责确定风险管理战略、政策和程序，对公司风险管理负有最终责任。

(2)战略及风控委员会，负责对公司长期发展战略规划、重大战略性投资进行可行性研究，负责全面监督、指导公司风险管理工作，检查公司管理层贯彻和执行董事会确立的风险取向和管理战略的情况，并根据董事会授权进行业务决策的常设机构，对公司董事会负责。

(3)审计委员会，专门负责对公司财务活动及其有关经济活动的真实、合法、合规、准确和效益依法审计、拟定内部监督活动方案，指导审计部门实施稽核审计。其主要职责是：对公司董事、总裁及高级管理人员履行职务时，执行法规或公司章程的行为进行监督；制定、检查、指导、评价内部审计部门的职责、要求、实施目标；审定、拟定公司有关重大事项的提审方案及审计政策；审查公司年度工作计划；聘请外部注册会计师进行审计；定期与内部审计部门负责人会面并交换意见。

(4)业务决策及风控委员会，主要职责是：建立包括风险管理流程、风险处理方案等完善的风险管理架构和风险管理体系；建立有效的内部控制报告和纠正机制，对发现的内部控制问题，均有畅通的报告渠道和有效的纠正措施。根据《公司授权管理制度》对公司经营范围内的业务出具风险控制审查意见，揭示风险水平，并进行审核和决策；对正在实施项目的投资运用等事项跟踪，进行定期或不定期的检查、监督，在充分了解风险控制相关信息的基础上，提出整改意见和措施，并监督执行；评审各项业务管理制度、办法及信托新产品开发方案及操作规程；对提交业务决策及风控委员会的公司经营范围内的各类业务进行审议、决策；对业务发展战略的落实、信托项目的实施及相关管理制度的执行情况等重要事项进行分析和评价；指导各业务部门树立客观科学的投资理念，明确合理科学的发展方向和业务重点，建立高效可靠的内部决策系统；决定信托项目授权、信托资金和自有资金运作授权等事项，在授权范围内由有关部门自行决定，超出授权范围提交董事会审议；决定禁止的业务及投资事项；董事会委托的其他风险管理和重大投资事项。

(5)公司管理层，依照董事会拟定的公司风险管理战略、政策和程序，负责确定公司风险管理制度。

(6)合规法务部、风险管理部，作为合规管理、风险管理的专职部门，其主要职责是：负责制定公司各类业务的合同文本以及风险管理过程中需要的相关文件；起草公司风险管理政策、制度及业务操作流程；负责各类项目的综合风险审核与评估；监督各业务部门风险管理工作的执行情况；定期安排和实施项目中后期检查；识别和评估新产品、新业务中包含的风险因素，制定相应的操作和风险管理程序；向公司管理层和业务决策及风控委员会及时提交风险管理报告；负责公司法律事务方面的处理工作。

(7)公司各业务部门，根据业务流程标准对项目进行初审与评价，开展尽职调查，充分调查了解开展业务中包含的各类风险因素，落实各项风险控制措施，监督业务运行情况，直接负责业务的过程管理。

(8)审计部，是独立于业务部门以外的监督部门，其主要职责是：检查公司各部门执行国家有关法律、法规和金融政策的情况；检查公司各部门执行公司各项规章制度及内部监控程序的情况；稽查资金营运的情况及其经营效益；稽查财务收支的合法性、合理性；受理并调查公司内部的违规、违法事件并向公司审计委员会报告；审计委员会授权稽核的其他事项。

4.4.1.2 公司风险管理的基本原则和政策

公司风险管理坚持全面性、持续性、前瞻性、审慎性、独立性和一致性的原则。风险管理涵盖公司的各项业务、各个部门和各级人员，渗透到决策、执行、监督、反馈各个环节；风险管理是一项长期持续性工作，贯穿于公司整个存续期；风险管理工作要做到与时俱进的同时需要进行风险预判，提前发现风险隐患，提前制定应对方案；风险管理的核心是有效防范风险，风险管理以审慎经营为各项工作的出发点；公司各专业委员会、风险管理部门具有相对独立性，对各部门业务风险评估、风险检查不受非正常因素干扰；公司风险管理制度是按照国家有关法律、法规、监管机关的政策要求，结合公司实际制定的，具有权威性、有效性，是所有员工严格遵守的行动指南，执行风险控制制度不存在例外情况，任何人不得拥有超越制度或违反规章的权力。

公司风险管理主要是由内部规章、组织架构、授权制度、技术手段以及稽核与事后评价等部分组成，形成研究、决策、操作、稽核与评价相互制衡的风险管理机制。并通过事前、事中、事后控制三者结合进行综合防范，其中尤其强调过程控制，使公司在出现风险苗头后能够立即作出反应，并采取有效措施进行控制。

4.4.1.3 经营活动中可能遇到的风险

公司在经营活动中可能遇到下列风险：信用风险、市场风险、操作风险、政策风险、经营风险和道德风险。无论是自营业务活动还是信托业务活动，都有产生上述风险的可能性。

4.4.2 风险状况

4.4.2.1 信用风险状况

信用风险主要表现为信托业务交易对手的信用状况，资金往来的风险等。交易对手及其担保人根据自身的经营状况，结合各类外部因素，综合而成的影响其还款能力或担保能力的风险。

4.4.2.2 市场风险状况

市场风险主要表现为一是信托业所涉及的货币、资本、实业三大领域，其各自受政策、市场规律等因素影响所形成的波动风险；二是受其他金融机构激烈竞争与挤压，导致公司市场环境与客户资源恶化的风险。

4.4.2.3 操作风险状况

操作风险主要表现在公司内部人员在处理信托业务过程中因操作失误而出现的风险。

4.4.2.4 其他风险状况

(1)政策风险状况。主要表现为宏观政策以及监管政策的变动对公司经营环境和发展所造成的风险。

(2)经营风险状况。主要表现为在经营过程中因管理与经营能力造成的风险。

(3)道德风险状况。主要表现为公司内部人员是否诚信经营、恪尽职守的道德风险。

4.4.3 风险管理

4.4.3.1 信用风险管理

对于信用风险的防范，公司主要是通过对交易对手的信用调查，合规法务部、风险管理部以及业务决策及风控委员会对项目的审核、信托项目抵押、质押、保证担保等条款的科学设计等来进行风险事前防范；通过项目实施过程中的业务跟踪以及资产分类评级来进行风险事中控制；通过项目结束后的稽查与评价进行事后控制。在防范银行和券商信用风险方面，公司制定系列选择标准，选择实力雄厚、信誉卓著、业绩优良的金融机构作为合作伙伴，同时以对合作伙伴定期与不定期的压力测试来及时发现问题，对风险加以控制。担保物确认原则为：合法性原则，即要求抵押物和质押物必须符合国家法律规定，抵押人、出质人对抵押物和质押物享有完整的所有权。充足性原则，即公司根据抵押物、质押物的保值能力和变现难易程度对不同抵押、质押物设置不同的抵押率，对于需要估价的抵（质）押财产，必须经过公司认可的资产评估公司进行估价。可操作性原则，即要求抵（质）押财产标的权属明确、易于保管、转让和变现。

公司保证担保管理原则：保证人应具有独立的法人资格，并对其拥有的财产享有所有权或依法处分权；担保人应具备良好的资信状况，近3年经营业绩稳定，财务状况良好，具备足够的担保能力。

4.4.3.2 市场风险管理

对于市场风险的防范，公司主要是通过加强业务决策及风控委员会的运作力度，通过研究、决策、操纵、评价相互制衡的机制，结合严格的授权制度，以防范市场风险。加强对多种信息资料的收集、整理、研究，正确把握市场的整体走势；建立健全市场风险的预警系统，对风险及其程度进行量化预测，包括主要业务的风险评估和监测办法、重要部门风险考核指标体系等，定期对公司的市场风险进行检查和监控。公司坚持不以风险换业务，而以诚信换市场的原则。

4.4.3.3 操作风险管理

对于操作风险的防范，主要通过严格的授权制度与过程控制以及定期的员工业务培训来实施。一是指导、协助各部门建立健全内部风险控制制度，检查各项业务的作业流程和部门衔接可能存在的风险；二是明确界定部门的目标、职责和权限，确保其在授权范围内行使经营管理职能；三是在各主要业务部门之间建立健全防火墙制度，确保信托业务与自有业务相对独立；四是定期组织员工进行业务培训以及对外的同业交流活动。

4.4.3.4 其他风险管理

（1）政策风险管理。对于政策风险的防范，公司通过严格依法经营，并根据国家法律法规和银监会要求制订《公司章程》和内控制度，以规范与控制公司业务范围和行为。加强对各种政策及其变动趋势的研究，并按照研究结果来决定或调整信托项目及自有业务的投融资计划；实行信托项目的分散化和期限结构的均衡化，以降低系统性政策风险；对突如其来的政策变化可能产生的较大风险建立一整套应急措施；加强与银监会（局）、政府有关部门的联络和沟通。及时学习新出台的法律法规以及监管政策，并向公司员工通告发布。

（2）经营风险管理。对于经营风险的防范，公司有健全的法人治理结构，股东会、董事会和监事会职责明确，对经营层有严格的约束，保证其合法合规经营。公司依据自身经营特点设立顺序递进、权责统一、严密有效的三道监控防线：建立一线岗位双人、双职、双责，业务内容至少双人知道为基础的第一道监控防线；建立相关部门、相关岗位之间相互监督制衡的第二道监控防线；建立对风险现场全面实施监督、检查和反馈的第三道监控防线。严格按照内部规章与流程开展各项业务，同时通过事后稽核与评价来对其进行正负激励，以防范经营风险。

（3）道德风险管理。对于道德风险的防范，公司主要通过完善的法人治理结构对高管进行约束，使其经营行为符合委托人利益和股东利益，并通过严格的规章制度与内控体系对公司员工行为进行规范。在组织架构方面，公司严格按照信托法规的要求对自营资产与信托资产分别管理，并由不同高管分管，以保护委托人的利益。加强内部廉政建设，坚守行业自律，不断完善自身职业道德的提升。与此同时，接受银监部门定期不定期的检查，构成了外部监督体系。

5. 报告期末及上一年度末的比较式会计报表

5.1 自营资产

5.1.1 会计师事务所审计意见全文

审计报告

瑞华审字[2017]第01690014号

新时代信托股份有限公司董事会：

我们审计了后附的新时代信托股份有限公司（以下简称贵公司）的财务报表，包括2016年12月31日的资产负债表，2016年度的利润表、现金流量表和股东权益变动表以及财务报表附注。

一、管理层对财务报表的责任

编制和公允列报财务报表是贵公司管理层的责任。这种责任包括：(1)按照企业会计准则的规定编制财务报表，并使其实现公允反映；(2)设计、执行和维护必要的内部控制，以使财务报表不存在由于舞弊或错误导致的重大错报。

二、注册会计师的责任

我们的责任是在执行审计工作的基础上对财务报表发表审计意见。我们按照中国注册会计师审计准则的规定执行了审计工作。中国注册会计师审计准则要求我们遵守中国注册会计师职业道德守则，计划和执行审计工作以对财务报表是否不存在重大错报获取合理保证。

审计工作涉及实施审计程序，以获取有关财务报表金额和披露的审计证据。选择的审计程序取决于注册会计师的判断，包括对由于舞弊或错误导致的财务报表重大错报风险的评估。在进行风险评估时，注册会师计考虑与财务报表编制和公允列报相关的内部控制，以设计恰当的审计程序，但目的并非对内部控制有效性发表意见。审计工作还包括评价管理层选用会计政策的恰当性和作出会计估计的合理性，以及评价财务报表的总体列报。

我们相信，我们获取的审计证据是充分、适当的，为发表审计意见提供了基础。

三、审计意见

我们认为，上述财务报表在所有重大方面按照企业会计准则的规定编制，公允反映了新时代信托股份有限公司 2016 年 12 月 31 日的财务状况以及 2016 年度的经营成果和现金流量。

瑞华会计师事务所（特殊普通合伙）　　中国注册会计师：

中国·北京　　中国注册会计师：

二〇一七年三月三十日

5.1.2 资产负债表

资产负债表

2016 年 12 月 31 日

编制单位：新时代信托股份有限公司　　单位：元

项目	附注	年末数	年初数
货币资金	六、1	346 267 350.16	372 519 147.50
其中：其他货币资金	六、1	47 471 686.18	240 599.86
买入返售金融资产			
应收款项	六、2	124 451 503.34	11 728 908.15
应收股利			
以公允价值计量且其变动计入当期损益的金融资产	六、3	12 000 000.00	6 046 876.43
发放贷款和垫款			
持有至到期投资			
可供出售金融资产	六、4	8 488 105 466.84	3 421 694 695.76
长期股权投资			
投资性房地产	六、5	4 838 791.38	5 372 001.30
固定资产	六、6	103 560 252.59	30 310 748.26
无形资产	六、7	9 486 965.79	2 812 742.02
递延所得税资产	六、8	54 090 030.63	1 671 879.60
其他资产	六、9	950 381 064.54	242 800 556.87
资产总计		10 093 181 425.27	4 094 957 555.89

法定代表人：赵利民　主管会计工作负责人：杨明国　会计机构负责人：张美荣

资产负债表（续）

2016 年 12 月 31 日

编制单位：新时代信托股份有限公司　　单位：元

项目	注释	年末数	年初数
负债			
拆入资金	六、10	1 400 000 000.00	
以公允价值计量且其变动计入当期损益的金融负债			
应付款项	六、11	4 871 388.34	1 352 066.65
卖出回购金融资产			
应付职工薪酬	六、12	70 917 262.19	70 049 309.05
应付股利			
应交税费	六、13	73 858 129.08	31 809 064.69
递延所得税负债	六、8	—	4 719 133.23
其他负债	六、14	1 168 606 492.96	302 471 609.56
负债合计		410 401 183.18	95 948 451.24
股东权益			
股本	六、15	6 000 000 000.00	1 200 000 000.00
其他权益工具			
资本公积	六、16	637 319 111.21	1 387 319 111.21
其他综合收益	六、17	-157 560 925.20	14 134 680.00
盈余公积	六、18	216 001 668.29	174 794 929.77
一般风险准备	六、19	143 482 934.88	55 133 324.99
信托赔偿准备金	六、20	262 943 509.62	201 133 401.84
未分配利润	六、21	272 741 853.90	652 040 924.90
股东权益合计		7 374 928 152.70	3 684 556 372.71
负债和所有者权益总计		10 093 181 425.27	4 094 957 555.89

法定代表人：赵利民　主管会计工作负责人：杨明国　会计机构负责人：张美荣

5.1.3 利润表

利润表

2016 年度

编制单位：新时代信托股份有限公司　　单位：元

项目	注释	本年数	上年数
一、营业收入	六、22	808 305 117.89	709 716 602.95
利息收入	六、22	-16 834 211.72	10 837 608.23
金融企业往来收入	六、22	6 381 808.69	7 373 083.85
手续费收入	六、22	506 713 874.53	396 667 276.31
投资收益	六、22	307 115 975.83	220 184 587.98
其中：对联营企业和合营企业的投资收益			
其他营业收入	六、22	4 957 963.48	74 623 753.66
公允价值变动损益	六、22	-30 292.92	30 292.92
二、营业支出	六、23	252 877 584.95	240 091 703.18
业务及管理费	六、23	223 036 732.71	199 145 564.40
其他业务成本	六、23	533 209.92	818 858.12
资产减值损失	六、23	2 313 888.89	
营业税金及附加	六、23	26 993 753.43	40 127 280.66
三、营业利润（亏损以“-”号填列）		555 427 532.94	469 624 899.77
加：营业外收入	六、24	3 191.86	11 165 369.36
减：营业外支出	六、25	75 445.48	224 545.88
四、利润总额（亏损总额以“-”号填列）		555 355 279.32	480 565 723.25
减：所得税费用	六、26	143 287 894.13	126 990 978.05
五、净利润（净亏损以“—”号填列）		412 067 385.19	353 574 745.20
六、其他综合收益的税后净额		-171 695 605.20	14 134 680.00
（一）以后不能重分类进损益的其他综合收益			

续表

项目	注释	本年数	上年数
(二)以后将重分类进损益的其他综合收益		-171 695 605. 20	14 134 680. 00
1. 权益法下在被投资单位以后将重分类进损益的其他综合收益中享有的份额			
2. 可供出售金融资产公允价值变动损益		-171 695 605. 20	14 134 680. 00
3. 持有至到期投资重分类为可供出售金融资产损益			
4. 现金流量套期损益的有效部分			
5. 外币财务报表折算差额			
6. 其他			
七、综合收益总额		240 371 779. 99	367 709 425. 20
六、每股收益:			
(一)基本每股收益	0. 10	0. 29	
(二)稀释每股收益	0. 10	0. 29	

法定代表人:赵利民　　主管会计工作负责人:杨明国　　会计机构负责人:张美荣

5.1.4 现金流量表

现金流量表

编制单位:新时代信托股份有限公司　　2016 年度　　单位:元

项目	注释	本年数	上年数
一、经营活动产生的现金流量:			
收取利息、手续费及佣金的现金		415 208 499. 79	409 082 966. 72
处置交易性金融资产净增加额		6 150 005. 91	
金融企业往来收到的现金		6 381 808. 69	7 373 083. 85
其他业务收到的现金		5 158 491. 47	74 842 643. 27
收到的税费返还			10 058 007. 00
收到其他与经营活动有关的现金	六、27	866 731 691. 82	502 649 044. 25
经营活动现金流入小计		1 299 630 497. 68	1 004 005 745. 09
客户贷款及垫款净增加额		—	
支付利息、手续费及佣金的现金		—	
购买交易性金融资产净增加额			5 993 302. 31
支付给职工以及为职工支付的现金		77 130 458. 51	83 735 565. 97
支付的各项税费		140 559 159. 33	170 146 899. 69
支付其他与经营活动有关的现金	六、27	848 455 119. 08	331 107 620. 13
经营活动现金流出小计		1 066 144 736. 92	590 983 388. 10
经营活动产生的现金流量净额	六、28	233 485 760. 76	413 022 356. 99
二、投资活动产生的现金流量:			
收回投资收到的现金		10 936 864 872. 05	3 265 468 470. 00

续表

项目	注释	本年数	上年数
取得投资收益收到的现金		285 820 745. 16	220 161 306. 78
处置子公司、联营企业及合营企业投资收到的现金			
处置固定资产、无形资产和其他长期资产所收到的现金		12 600. 00	87 754. 48
收到其他与投资活动有关的现金			
投资活动现金流入小计		11 222 698 217. 21	3 485 717 531. 26
投资支付的现金		16 232 224 640. 09	3 699 738 230. 00
购建固定资产、无形资产和其他长期资产支付的现金		86 669 921. 40	6 844 207. 30
取得子公司、联营企业及合营企业投资支付的现金			
支付的其他与投资活动有关的现金			
投资活动现金流出小计		16 318 894 561. 49	3 706 582 437. 30
投资活动产生的现金流量净额		-5 096 196 344. 28	-220 864 906. 04
三、筹资活动产生的现金流量:			
吸收投资收到的现金		3 450 000 000. 00	
取得借款收到的现金		1 400 000 000. 00	
发行债券收到的现金			
收到其他与筹资活动有关的现金			
筹资活动现金流入小计		4 850 000 000. 00	
分配股利、利润或偿付利息支付的现金		13 541 213. 82	
其中:向本行股东分配股利支付的现金			
子公司支付给少数股东的股利			
偿还债务支付的现金			
支付其他与筹资活动有关的现金			
筹资活动现金流出小计		13 541 213. 82	—
筹资活动产生的现金流量净额		4 836 458 786. 18	—
四、汇率变动对现金及现金等价物的影响额			
五、现金及现金等价物净增加额	六、28	-26 251 797. 34	192 157 450. 95
加:期初现金及现金等价物余额	六、28	372 519 147. 50	180 361 696. 55
六、期末现金及现金等价物余额	六、28	346 267 350. 16	372 519 147. 50

法定代表人:赵利民　　主管会计工作负责人:杨明国　　会计机构负责人:张美荣

5.1.5 所有者权益变动表

股东权益变动表

编制单位:新时代信托股份有限公司　　　　2016 年度　　　　单位:元

项目	本年数									
	股本	其他权益工具	资本公积	减:库存股	其他综合收益	盈余公积	一般风险准备	信托赔偿准备金	未分配利润	股东权益合计
一、上年年末余额	1 200 000 000. 00	—	1 387 319 111. 21	—	14 134 680. 00	174 794 929. 77	55 133 324. 99	201 133 401. 84	652 040 924. 90	3 684 556 372. 71
加:会计政策变更										—
前期差错更正										—
其他										—
二、本年年初余额	1 200 000 000. 00	—	1 387 319 111. 21	—	14 134 680. 00	174 794 929. 77	55 133 324. 99	201 133 401. 84	652 040 924. 90	3 684 556 372. 71
三、本年增减变动金额(减少以"-"号填列)	4 800 000 000. 00	—	-750 000 000. 00	—	-171 695 605. 20	41 206 738. 52	88 349 609. 89	61 810 107. 78	-379 299 071. 00	379 299 071. 00
(一)综合收益总额					-171 695 605. 20				412 067 385. 19	240 371 779. 99
(二)股东投入和减少资本	3 000 000 000. 00	—	450 000 000. 00	—	—	—	—	—	—	3 450 000 000. 00
1. 股东投入资本	3 000 000 000. 00		450 000 000. 00							3 450 000 000. 00
2、其他权益工具持有者投入资本										
3. 股份支付计入股东权益的金额										—
4. 其他										—
(三)利润分配	—	—	—	—	—	41 206 738. 52	88 349 609. 89	61 810 107. 78	-191 366 456. 19	—
1. 提取盈余公积						41 206 738. 52			-41 206 738. 52	—
2. 提取一般风险准备							88 349 609. 69		-88 349 609. 69	—
3. 提取信托赔偿准备金								61 810 107. 78	-61 810 107. 78	—
4. 对股东的分配										—
5. 其他									—	—
(四)股东权益内部结转	1 800 000 000. 00	—	1 200 000 000. 00	—	—	—	—	—	-600 000 000. 00	—
1. 资本公积转增资本(或股本)										—
2. 盈余公积转增资本(或股本)										—
3. 盈余公积弥补亏损										—
4. 其他	600 000 000. 00								-600 000 000. 00	—
(五)其他										
四、本年年末余额	600 000 000. 00		637 319 111. 21	—	-157 560 925. 20	216 001 668. 29	143 482 934. 88	262 943 509. 62	272 741 853. 90	7 374 928 152. 70

法定代表人:赵利民　　　　主管会计工作负责人:杨明国　　　　会计机构负责人:张美荣

股东权益变动表（续）

编制单位：新时代信托股份有限公司　　2016 年度　　单位：元

项目	上年数									
	股东	其他权益工具	资本公积	减：库存股	其他综合收益	盈余公积	一般风险准备	信托赔偿准备金	未分配利润	股东权益合计
一、上年年末余额	1 200 000 000. 00	—	1 387 319 111. 21	—	—	139 437 460. 58	47 885 011. 44	148 097 198. 05	394 108 166. 23	3 316 846 947. 51
加：会计政策变更										—
前期差错更正										—
其他										—
二、本年年初余额	1 200 000 000. 00	—	1 387 319 111. 21	—	—	139 437 460. 58	47 885 011. 44	148 097 198. 05	394 108 166. 23	3 316 846 947. 51
三、本年增减变动金额（减少以"－"号填列）	—	—	—	—	14 134 680. 00	35 357 469. 19	7 248 313. 55	53 036 203. 79	257 932 758. 67	367 709 425. 20
（一）综合收益总额					14 134 680. 00				353 574 745. 20	367 709 425. 20
（二）股东投入和减少资本	—	—	—	—	—	—	—	—	—	—
1. 股东投入资本										—
2. 其他权益工具持有者投入资本										
3. 股份支付计入股东权益的金额										—
4. 其他										—
（三）利润分配	—	—	—	—	—	35 357 469. 19	7 248 313. 55	53 036 203. 79	-95 641 986. 53	—
1. 提取盈余公积						35 357 469. 19			-35 357 469. 19	—
2. 提取一般风险准备							7 248 313. 55		-7 248 313. 55	—
3. 提取信托赔偿准备金								53 036 203. 79	-53 036 203. 79	—
4. 对股东的分配										—
5. 其他									—	—
（四）股东权益内部结转	—	—	—	—	—	—	—	—	—	—
1. 资本公积转增资本（或股本）										—
2. 盈余公积转增资本（或股本）										—
3. 盈余公积弥补亏损										—
4. 其他										—
（五）其他										
四、本年年末余额	1 200 000 000. 00		1 387 319 111. 21	—	14 134 680. 00	174 794 929. 77	55 133 324. 99	201 133 401. 84	652 040 924. 90	3 684 556 372. 71

法定代表人：赵利民　　主管会计工作负责人：杨明国　　会计机构负债人：张美荣

5.2 信托资产

5.2.1 信托项目资产负债汇总表

信托项目资产负债表

2016 年 12 月 31 日

编制单位:新时代信托股份有限公司　　单位:万元

信托资产	期末数	年初数
信托资产:		
货币资金	112 171.38	188 766.06
拆出资金	—	—
存出保证金	—	—
交易性金融资产	4 815 179.18	2 031 233.80
衍生金融资产	—	—
买入返售金融资产	598 821.54	255 112.35
应收款项	175 215.22	72 852.51
发放贷款	2 835 248.36	5 106 286.58
可供出售金融资产	—	—
持有至到期投资	9 840 870.68	5 597 438.91
长期应收款	—	—
长期股权投资	299 585.00	316 910.00
投资性房地产	—	—
固定资产	—	—
无形资产	—	—
长期待摊费用	—	—
其他资产	16 300 107.84	4 533 572.21
信托资产总计	34 977 199.20	18 102 172.42

信托项目资产负债表(续)

2016 年 12 月 31 日

编制单位:新时代信托股份有限公司　　单位:万元

信托负债和信托权益	期末数	年初数
信托负债:	—	—
交易性金融负债	—	—
衍生金融负债	—	—
应付受托人报酬	10 725.29	—
应付托管费	202.35	53.83
应付受益人收益	6 412.97	3 383.97
应交税费	—	5.75
应付销售服务费	14.53	—
其他应付款项	36 284.22	32 105.97
预计负债	—	—
其他负债	143 435.24	—
信托负债合计	197 074.60	35 549.52
信托权益:	—	—
实收信托	32 315 616.70	15 609 615.39
资本公积	2 331 941.01	2 449 807.58
其中:损益平准金	—	—
未分配利润	132 566.89	7 199.93
信托权益合计	34 780 124.60	18 066 622.90
信托负债及信托权益总计	34 977 199.20	18 102 172.42

5.2.2 信托项目利润及利润分配汇总表

信托项目利润及利润分配表

2016 年 12 月

编制单位:新时代信托股份有限公司　　单位:万元

项　目	本年累计数	上年累计数
一、营业收入	1 411 794.65	1 427 628.92
利息收入	401 516.60	708 546.84
投资收益	972 396.85	649 678.39
公允价值变动收益	37 869.57	69 403.18
租赁收入	—	—
其他收入	11.63	0.51
二、营业支出	185 359.28	126 739.37
三、信托净利润	1 226 435.37	1 300 889.55
四、扣除资产损失前的信托利润	1 226 435.37	1 300 889.55
五、其他综合收益	—	—
六、扣除资产损失后的信托利润	1 226 435.37	1 300 889.55
七、综合收益	1 226 435.37	1 300 889.55
八 加:期初未分配信托利润	7 199.93	180 916.28
六、可供分配的信托利润	1 233 635.30	1 481 805.83
减:本期已分配信托利润	1 101 068.41	1 474 605.90
七、期末未分配信托利润	132 566.89	7 199.93

6. 会计报表附注

6.1 会计报表编制基准不符合会计核算基本前提的说明

无。

6.2 主要会计政策、会计估计和会计核算方法说明

无。

6.3 或有事项说明

无。

6.4 重要资产转让及其出售的说明

报告期内,本公司未发生重大资产转让及出售情况。

6.5 会计报表中重大项目的明细资料

6.5.1 披露自营资产经营情况

6.5.1.1 按信用风险五级分类结果披露信用风险资产的期初数、期末数

风险类	正常类(万元)	关注类(万元)	次级类(万元)	可疑类(万元)	损失类(万元)	信用风险资产合计(万元)	不良资产合计(万元)	不良资产率(%)
期初数	1 172.89	—	—	—	668.75	1 841.64	668.75	0.16
期末数	1 107.09	11 569.44	—	—	396.50	13 073.03	396.50	0.04

6.5.1.2　资产减值损失准备的期初数、本期计提、本期转回、本期核销、期末数

单位：万元

	期初数	本期计提	本期转回	本期核销	期末数
坏账准备	668.75	231.39	—	272.25	627.89
贷款损失准备	—	—	—	—	0
一般准备	—	—	—	—	0
专项准备	—	—	—	—	0
固定资产减值准备	—	—	—	—	—
合计	668.75	231.39	—	272.25	627.89

6.5.1.3　可供出售金融资产情况

单位：万元

	可供出售债务工具	可供出售权益工具	其他	合　计
期初数	3 000.00	69 509.47	269 660.00	342 169.47
期末数	35 105.00	329 983.55	483 722.00	848 810.55

截至2016年12月31日，公司其他投资全部为购买的信托理财产品。

6.5.1.4　按成本计量的可供出售金融资产，被投资企业名称、投资比例、主要经营活动

单位：%

被投资单位名称	投资比例	主要经营活动
新时代证券有限责任公司	6.523	证券经纪、自营、承销业务

6.5.1.5　前五名自营贷款企业名称、占贷款比例、还款情况

无。

6.5.1.6　公司当年的收入结构

收入结构	金额（万元）	占比（%）
手续费及佣金收入	50 671.39	62.69
利息收入	-1 683.42	-2.08
金融企业往来收入	638.18	0.79
其他业务收入	495.79	0.61
其中：计入信托业务收入部分	0	0.00
投资收益	30 711.60	37.99
其中：股权投资收益	0	0.00
其他投资收益	30 711.60	37.99
公允价值变动收益	-3.03	0.00
营业外收入	0.32	0.00
收入合计	80 830.83	100.00

6.5.2　披露信托资产管理情况

6.5.2.1　信托资产的期初数、期末数

单位：万元

信托资产	期初数	期末数
集合类	6 461 005.08	14 955 652.17
单一类	7 297 522.35	3 687 860.88
财产管理类	4 343 644.99	16 333 686.15
合计	18 102 172.42	34 977 199.20

6.5.2.1.1　主动管理型信托业务期初数、期末数

单位：万元

主动管理型信托资产	期初数	期末数
证券投资类	1 122 460.42	4 348 545.50
股权投资类	58 089.04	10 150.46
其他投资	4 161 922.38	7 213 907.96
融资类	1 153 351.09	2 469 571.87
事务管理类	1943.11	150 000.00
合计	6 497 766.04	14 192 175.79

6.5.2.1.2　被动管理型信托业务期初数、期末数

单位：万元

被动管理型信托资产	期初数	期末数
证券投资类	1 514 142.50	1 247 053.30
股权投资类	71 956.12	50 035.69
其他投资	286 695.52	405 613.86
融资类	5 197 784.11	2 841 792.58
事务管理类	4 533 828.13	16 240 527.98
合计	11 604 406.38	20 785 023.41

6.5.2.2　本年度已清算结束信托项目个数、实收信托合计金额、加权平均实际年化收益率

6.5.2.2.1　本年度已清算结束信托项目个数、实收信托合计金额、加权平均实际年化收益率

已清算结束的信托项目	项目个数（个）	合计金额（万元）	加权平均实际年化收益率（%）
集合类	206	3 681 495.88	7.80
单一类	330	6 918 988.94	8.62
财产权	38	5 838 090.39	6.96

6.5.2.2.2　本年度已清算结束的主动管理型信托项目个数、金额、加权平均实际年化收益率

已清算结束的信托项目	项目个数（个）	合计金额（万元）	信托报酬率（%）	加权平均实际年化收益率（%）
证券投资类	29	495 511.88	0.62	7.67
股权投资类	16	114 685.00	0.76	8.45
其他投资	200	2 235 235.00	0.47	7.03
融资类	175	1 038 339.00	0.87	8.68
事务管理类	0	0.00	0.00	0.00

6.5.2.2.3　本年度已清算结束的被动管理型信托项目个数、实收信托合计金额 、加权平均实际年化收益率

已清算结束的信托项目	项目个数（个）	合计金额（万元）	信托报酬率（%）	加权平均实际年化收益率（%）
证券投资类	1	6 461 767.90	0.40	3.73
股权投资类	1	20 000.00	0.50	6.47
其他投资	3	75 625.00	0.23	8.72
融资类	107	3 157 156.77	0.24	8.65
事务管理类	42	2 840 254.66	0.33	7.13

6.5.2.3　本年度新增的集合类、单一类、财产类信托项目个数、信托规模

新增信托项目	项目个数(个)	合计金额(万元)
集合类	324	12 915 786.00
单一类	157	3 445 425.07
财产管理类	204	16 783 365.45
新增合计	685	33 144 576.52
其中:主动管理型	473	11 757 182.00
被动管理型	212	21 387 394.52

6.5.2.4　本公司履行受托人义务情况及因本公司自身责任而导致的信托资产损失情况(合计金额、原因等)

无。

6.5.2.5　信托赔偿准备金的提取、使用和管理情况

公司当年提取盈余公积4 120.67万元,提取一般风险准备8 834.96万元,提取信托赔偿准备金6 181.01万元。截至2016年12月31日,信托赔偿准备金余额为26 294.35万元。

6.6　关联方关系及其交易的披露

6.6.1　关联交易的数量、总金额及关联交易的定价政策等

无。

6.6.2　关联交易方与本公司的关系

无。

6.6.3　本公司与关联方的重大交易事项

6.6.3.1　固有财产与关联方:贷款、投资、租赁、应收账款、担保、其他方式等

无。

6.6.3.2　信托资产与关联方:贷款、投资、租赁、应收账款担保、其他方式等

无。

6.6.3.3　固有财产与信托财产之间的交易金额、交易方式等期初数、期末数

本公司本年购买自己管理的信托理财产品1 255 172.07万元,本期赎回251 140.07万元,本年共计产生投资收益27 507.94万元。

6.6.3.4　信托资产与信托财产之间的交易金额期初汇总数、本期发生额汇总数、期末汇总数

无。

6.6.4　逐笔披露关联方逾期未偿还本公司资金的详细情况以及本公司为关联方担保发生或即将发生垫款的详细情况。

无。

6.7　会计制度的披露

本公司固有业务自2008年1月1日起执行财政部2006年颁布的企业会计准则。

信托业务2010年1月1日起执行财政部2006年颁布的企业会计准则。

7. 财务情况说明书

7.1　利润实现和分配情况

2016年,公司以2015年12月31日总股本12亿股为基数,向全体股东每10股送红股5股,共送出6亿股,转出利润6亿元;同时,以2015年12月31日总股本12亿股为基数,向全体股东每10股转增10股,共计转增12亿股。

经瑞华会计师事务所(特殊普通合伙)审计,公司2016年实现净利润41 206.74万元,根据企业会计准则及《公司章程》规定,提取10%的法定公积金4 120.67万元;提取15%的信托赔偿准备6 181.01万元,截至2016年末,公司可供股东分配利润为27 274.19万元。

7.2　主要财务指标

指标名称	指标值	指标计算说明
资本利润率(%)	8.17	资本利润率=净利润/所有者权益
信托报酬率(%)	0.23	信托报酬率=信托业务收入/实际信托平均余额
人均净利润(万元)	167.51	人均净利润=净利润/职工人数

报告期末公司净资本为640 066.81万元,风险资本为338 230.86万元,净资本/各项业务风险资本之和为189.24%,净资本/净资产为86.79%。

7.3　对本公司财务状况、经营成果有重大影响的其他事项

无。

8. 特别事项揭示

8.1　前五名股东报告期内变动情况及原因

无。

8.2　董事、监事及高级管理人员变动情况及原因

报告期内,洪军先生辞去公司副总裁职务;公司聘任徐建先生为首席信息官,其任职资格已获得银监会内蒙古监管局核准批复;公司聘任陈淑翠女士为总裁助理,其任职资格目前尚处于银监会内蒙古监管局审批中。

8.3　变更注册资本、变更注册地或公司名称、公司分立合并事项

2016年8月,公司注册资本由的120 000万元变更为600 000万元。

8.4　公司的重大诉讼事项

2016年公司重大涉诉案件共计3件,涉案本金合计26 700万元,均为事务管理类单一信托计划发生的案件。其中,一被诉案件涉案本金为6 700万元,已开庭审理,等待法院判决;一被诉案件涉案本金为10 000万元,截至2016年12月31日还未开庭审理;另一案件涉案本金为10 000万元,已开庭审理,等待法院判决。

8.5　公司及其董事、监事和高级管理人员受到处罚的情况

无。

8.6　银监会及其派出机构对公司检查后提出整改意见的，应简单说明整改情况

2016 年包头银监分局按照 2016 年银监会信托公司监管工作会议、内蒙古银监局非银行金融机构监管工作会议和包头市银行业监管工作会议精神和要求，结合分局 2015 年现场检查和非现场监管情况，对公司 2016 年度工作提出如下监管意见。

（1）进一步提升服务实体经济水平；

（2）进一步提升公司治理水平，提高履职效能；

（3）进一步提高风险管理水平和业务合规性；

（4）加强重点领域风险防控；

（5）加大创新力度，进一步提升资产管理能力；

（6）有序推进存量风险信托项目处置进程。

公司围绕监管要求进行了周密部署贯彻落实，组织开展整改、梳理工作，深入分析和挖掘存在各类问题的根源，落实整改措施，根据监管指导意见遵循全面性、持续性、审慎性和有效性原则，加强合规与风险管理，把整改工作落实到位，切实维护和保障信托受益人的利益，保证公司的健康发展，不断提升公司的核心竞争力和风险防范能力。

8.7　本年度重大事项临时报告的简要内容、披露时间、所披露的媒体及其版面

披露时间	简要内容	披露媒体	版面
2016 年 1 月 4 日	关于陈祥盛总裁任职资格批复的公告	《证券日报》	C10 版
2016 年 4 月 26 日	刊登 2015 年年度报告摘要	《证券日报》	D48 版
2016 年 8 月 31 日	刊登关于变更注册资本的公告	《证券日报》	B3 版

8.8　银监会及其省级派出机构认定的其他有必要让客户及相关利益人了解的重要信息

无。

9. 公司监事会意见

公司监事会认为：2016 年度财务报表按照中国会计准则编制，会计处理方法遵循了一贯性原则；本报告年度，报表数据真实、公允地反映了新时代信托的财务状况和经营业绩。

兴业国际信托有限公司

1. 重要提示

1.1 本公司董事会及董事保证本报告所载资料不存在任何虚假记载、误导性陈述或者重大遗漏,并对其内容的真实性、准确性和完整性承担个别及连带责任。

1.2 没有个别董事的异议声明。

1.3 本公司独立董事保证本报告所载资料不存在任何虚假记载、误导性陈述或者重大遗漏,并对其内容的真实性、准确性和完整性承担个别及连带责任,没有异议声明。

1.4 本公司2016年度财务报表已经德勤华永会计师事务所(特殊普通合伙)根据中国注册会计师审计准则审计,并出具了标准无保留意见的审计报告。

1.5 本公司董事长杨华辉、总裁林静、财务总监林艳及财务部门负责人张荻声明:保证2016年年度报告中财务报告的真实、完整。

2. 公司概况

2.1 本公司基本情况

2.1 本公司基本情况

2.1.1 法定中文名称:兴业国际信托有限公司

中文名称简称:兴业信托

英文名称全称:China Industrial International Trust Limited

英文名称简称:Industrial Trust

英文名称缩写:CIIT

2.1.2 法定代表人:杨华辉

2.1.3 注册地址:福州市鼓楼区五四路137号信和广场25~26层

邮政编码:350003

国际互联网网址:www.ciit.com.cn

联系信箱:contact@ciit.com.cn

2.1.4 信息披露负责人:杨刚强

联系地址:福州市鼓楼区五四路137号信和广场25~26层

电话:(86)591-88263888

传真:(86)591-87824530

联系信箱:yanggq@ciit.com.cn

2.1.5 选定的信息披露报纸:《上海证券报》《证券时报》

年度报告备置地点:福州市鼓楼区五四路137号信和广场26层

2.1.6 本公司聘请的国内会计师事务所:德勤华永会计师事务所(特殊普通合伙)

办公地址:中国上海市延安东路222号外滩中心30楼

邮编:200002

电话:(86)21-61418888

2.2 组织结构

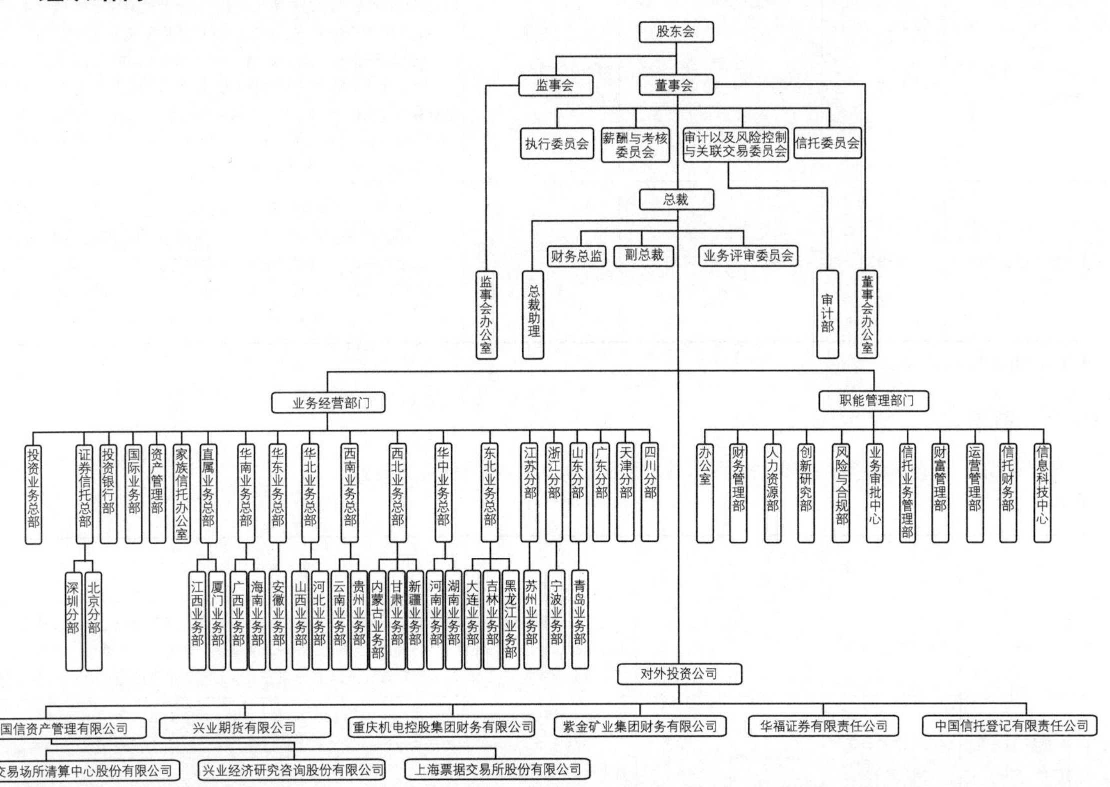

3. 公司治理

3.1 股东

截至报告期末，本公司股东总数为6家。

股东名称	持股比例（%）	法人代表	注册资本	注册地址	主要经营业务及主要财务情况
兴业银行股份有限公司★	73.0000	高建平	190.52亿元	福建省福州市湖东路154号	主要经营业务：商业银行业务。 主要财务情况：截至2016年9月末，资产总额58169.04亿元，负债总额54688.93亿元，所有者权益3480.11亿元。
澳大利亚国民银行	8.4167	—	346.51（亿澳大利亚元）	澳大利亚维多利亚州墨尔本市伯克街800号1层	主要经营业务：银行业服务、信用卡和现金卡服务、租赁、房屋和其他融资、国际银行业务、投资银行业务、财富管理、基金管理、人寿保险，以及托管、受托和提名服务。 主要财务情况：澳大利亚国民银行年报的截止日为9月30日。截至2016年9月30日资产总额7 776.22亿澳大利亚元，负债总额7 263.07亿澳大利亚元，所有者权益513.15亿澳大利亚元。
福建省能源集团有限责任公司	8.4167	林金本	100亿元	福州市省府路1号	主要经营业务：对能源、矿产品、金属矿、非金属矿、建筑、房地产、港口、民爆化工、酒店、旅游、金融（不含证券、期货投资咨询）、药品、贸易、环境保护、建筑材料、装修材料、金属材料、普通机械、电器机械及器材、水泥包装的投资、技术服务、咨询服务；矿产品、化工产品（不含危险品）、建筑材料、装修材料、金属材料、普通机械、电器机械及器材的销售；房地产开发；对外贸易（依法须经批准的项目，经相关部门批准后方可开展经营活动）。主要财务情况（未经审计）：截至2016年末资产总额675.65亿元，负债总额399.60亿元，所有者权益276.05亿元。
福建华投投资有限公司	4.8085	苏文生	2.10亿元	福建省福州市湖东路152号华信大厦1~6层	主要经营业务：对金融、基础设施、高新技术产业、服务业的投资（依法须经批准的项目，经相关部门批准后方可开展经营活动）。 主要财务情况：截至2016年末，资产总额17.42亿元，负债总额10.83亿元，所有者权益总额6.59亿元。
福建省华兴集团有限责任公司	4.5248	陈建武	17.30亿元	福建省福州市鼓楼区华林路69号	主要经营业务：从事政府委托的国有资产的产、股权的管理和营运。对高新技术、房地产、酒店服务、融资担保、融资租赁、典当、小额贷款行业的投资。物业管理、咨询服务、实物租赁；办理政府委托的采购招标业务；工业生产资料、农业生产资料、电子计算机及配件、建筑材料、工艺美术品、百货、五金、交电（依法须经批准的项目，经相关部门批准后方可开展经营活动）。 主要财务情况（未经审计）：截至2016年末资产总额49.29亿元，负债14.81亿元，所有者权益34.48亿元。
南平市投资担保中心	0.8333	冯开猛	0.73亿元	福建省南平市解放路93号	主要经营业务：为南平市的重点项目和城市建设筹措资金，授权经营与管理政府或财政委托国有资产；委托、证券、实业投资；房地产开发；担保、见证、租赁、典当、拍卖等，经主管部门批准的其他业务。 主要财务情况（未经审计）：截至2016年末，资产总额9954.48万元，负债总额279.66万元，所有者权益9674.82万元。

备注：★为本公司控股股东。

3.2 董事

截至报告期末，本公司董事会共有9名董事，其中股权董事6名，独立董事3名。

董事长、股权董事

姓名	职务	性别	年龄（岁）	选任日期	所推举的股东名称	该股东持股比例（%）	简要履历
杨华辉	董事长	男	51	2015年9月	兴业银行股份有限公司	73	现任兴业国际信托有限公司党委书记、董事长，曾任兴业银行总行上海证券部总经理，兴业证券公司上海业务部总经理，兴业银行上海分行党委委员、副行长，兴业银行杭州分行党委书记、行长，联华国际信托有限公司党委书记、董事长、代理总裁，兴业国际信托有限公司党委书记、董事长、代理总裁等职务。
林榕辉	董事	男	47	2016年9月	兴业银行股份有限公司	73	现任兴业银行同业业务部总经理，曾任兴业银行总行计划资金部副总经理、信用审查部总经理、漳州分行党委书记、行长，同业业务部总经理、风险管理部总经理、研究规划部总经理、企业金融总部副总裁、金融市场总部副总裁等职务。

续表

姓名	职务	性别	年龄（岁）	选任日期	所推举的股东名称	该股东持股比例（%）	简要履历
林　静	董事	女	54	2015年9月	兴业银行股份有限公司	73	现任兴业国际信托有限公司党委委员、董事、总裁，曾任中国建设银行福州市鼓楼支行副行长，中国建设银行福州市晋安支行行长，中国建设银行福建省分行营业部副总经理，兴业银行福州分行党委委员、副行长等职务。
林　艳	董事	女	46	2015年9月	兴业银行股份有限公司	73	现任兴业国际信托有限公司党委委员、董事、财务总监，曾任兴业银行总行财务会计部财务科副科长，兴业银行杭州分行计划财务部总经理，兴业银行总行计划财务部副总经理等职务。
蓝玉权	董事	男	59	2015年9月	澳大利亚国民银行	8.4167	现任澳大利亚国民银行大中华区高级顾问，曾任美国大通银行香港分行货币市场及表外业务主管、副总裁，花旗银行香港分行资本及货币市场交易主管、副总裁，Carr Indosuez Asia Ltd董事总经理，英国苏格兰皇家银行环球银行及市场部大中华区主席等职务。
苏文生	董事	男	51	2015年9月	福建华投投资有限公司	4.8085	现任福建华投投资有限公司总经理，曾任中闽国贸发展公司业务三部副经理，中闽公司投资管理部科长，福建省国有资产管理有限公司董事长，福建华侨投资（控股）公司副总经理等职务。

独立董事

姓名	所在单位及职务	性别	年龄（岁）	选任日期	提名方	简要履历
卢东斌	—	男	69	2016年9月	本公司	已退休，历任中国人民大学商学院教研室主任、系主任、副院长等职务，曾兼任中国工业经济学会副理事长、产业经济学专业学术委员会委员、北京高校管理学会理事、北京市工业专家顾问、北京交通大学兼职教授、奥运经济研究会专家策划委员会委员、中国机械工业管理协会常务理事、东北财经大学教育部重点研究基地学术委员会委员、暨南大学特约研究员等社会职务。
吴世农	厦门大学教授、博士生导师	男	61	2015年9月	本公司	现任厦门大学教授、博士生导师，历任厦门大学中加MBA教育中心主任、厦门大学工商管理学院院长、厦门大学管理学院常务副院长和院长、厦门大学副校长等职务。
田　力	国际金融资源服务有限公司（香港）董事长兼总裁	男	49	2015年9月	本公司	现任国际金融资源服务有限公司（香港）董事长兼总裁，曾任美国摩根大通银行投资银行部金融机构组高级经理、中银国际执行董事兼投资银行金融机构部主管、荷兰银行集团执行董事兼中国区金融机构业务主管（中国香港）、星翰国际金融服务有限公司（香港）董事兼总裁等职务。

3.3 监事

截至报告期末，本公司监事会共有3名监事，其中包括1名职工监事。

监事长、监事

姓名	职务	性别	年龄（岁）	选任日期	所推举的股东名称	该股东持股比例（%）	简要履历
吕　伟	监事长	男	47	2016年7月	兴业银行股份有限公司	73	现任兴业国际信托有限公司党委委员、纪委书记、监事长、工会主席，曾任兴业银行人事部副总经理，兴业银行北京分行纪委副书记、综合部总经理，兴业银行审计部副总经理，兴业银行研究规划部副总经理，兴业银行计划财务部副总经理，兴业银行投资银行部副总经理，兴业银行石家庄分行党委书记、行长，兴业银行重庆分行党委书记、行长，兴业银行济南分行党委书记、行长等职务。
叶美秀	监事	女	60	2015年9月	南平市投资担保中心	0.8333	现任南平投资集团有限公司副董事长，曾任闽北武夷信托投资公司副总经理、南平市投资担保中心总经理等职务。
谢炳华	职工监事	男	44	2015年9月	本公司职工代表会议	—	现任兴业国际信托有限公司审计部总经理，曾任兴业国际信托有限公司直属业务总部总经理等职务。

3.4 高级管理人员

截至报告期末，本公司共有6名高级管理人员。

高级管理人员

姓名	职务	性别	年龄（岁）	选任日期	金融从业年限（年）	学历/学位	专业	简要履历
林　静	总裁	女	54	2015年9月	38	大学本科	金融	现任兴业国际信托有限公司党委委员、董事、总裁，曾任中国建设银行福州市鼓楼支行副行长，中国建设银行福州市晋安支行行长，中国建设银行福建省分行营业部副总经理，兴业银行福州分行党委委员、副行长等职务。

续表

姓名	职务	性别	年龄（岁）	选任日期	金融从业年限（年）	学历/学位	专业	简要履历
司　斌	副总裁	男	44	2015年9月	22	大学本科/经济学学士	金融	现任兴业国际信托有限公司党委委员、副总裁。曾任兴业银行总行公司业务部总经理助理，兴业银行郑州分行党委委员、副行长等职务。
林　艳	财务总监	女	46	2015年9月	23	大学本科/高级管理人员工商管理硕士	会计/高级管理人员工商管理	现任兴业国际信托有限公司党委委员、董事、财务总监，曾任兴业银行总行财务会计部财务科副科长，兴业银行杭州分行计划财务部总经理，兴业银行总行计划财务部副总经理等职务。
倪　勤	副总裁	男	47	2015年9月	24	大学本科/高级管理人员工商管理硕士	会计/高级管理人员工商管理	现任兴业国际信托有限公司党委委员、副总裁。曾任兴业银行武汉分行副行长、兴业银行授信审批部广州审批中心总经理、兴业银行广州分行党委委员、副行长等职务。
叶　立	总裁助理	男	45	2015年9月	16	硕士研究生/工商管理硕士	工商管理	现任兴业国际信托有限公司党委委员、总裁助理，曾任重庆国际信托有限公司投资银行部副总经理、信托业务一部副总经理，兴业国际信托有限公司西南业务总部总经理、华北业务总部总经理等职务。
杨刚强	董事会秘书	男	38	2015年9月	16	大学本科/经济学学士	国际金融	现任兴业国际信托有限公司董事会秘书兼董监事会办公室总经理，曾任兴业银行总行办公室综合处高级副理、兴业国际信托有限公司办公室总经理、人力资源部总经理等职务。

3.5　员工情况

截至报告期末，本公司在职正式员工518人，平均年龄为33岁。其中，博士学历15人，占2.9%；硕士学历286人，占55.2%；本科学历213人，占41.1%；专科学历4人，占0.8%。

4. 经营管理

4.1　经营目标、方针、战略规划

4.1.1　经营目标

以国家“十三五”规划为指导，认真贯彻落实国家宏观经济政策和金融监管要求，积极适应把握经济发展新常态，以“提升效益、强化转型、调整结构、防范风险、稳定规模”为经营主线，坚持稳中求进的工作总基调，继续贯彻落实国家重大战略导向，着力提升主动管理能力，持续深化转型创新，以业务方向创新带动资产结构调整，以产品模式创新挖掘基础业务机遇，以客户服务创新提升综合项目收益，不断强化风险管控水平，全面提高公司业务发展的质量和效益，持续推动建设综合性、多元化、有特色的全国一流信托公司。

4.1.2　经营方针

以市场为导向、以客户为中心、以人才为根本、以创新为动力，综合化经营，专业化服务。

4.1.3　战略规划

本公司的发展战略规划是要紧紧围绕建设成为“综合性、多元化、有特色的全国一流信托公司”的战略目标，充分发挥兴业银行等主要股东资源优势，战略聚焦主动管理类业务和股权投资类业务，保持管理资产规模稳健增长，加快推动业务转型创新，持续提升盈利能力；以客户为中心，战略聚焦高净值客户群体，构建综合金融服务能力；充分利用互联网技术，探索具有特色的信托公司轻型发展创新之路；积极发挥对外股权投资制度优势，持续打造综合化经营平台，致力于发展成为具有行业领先的投资管理能力、资源整合能力、业务创新能力、风险管理能力和综合经营能力的一流信托公司。

4.2　所经营业务的主要内容

自营资产运用与分布表

资产运用	金额（万元）	占比（%）	资产分布	金额（万元）	占比（%）
货币资产	165 232.47	11.70	基础产业	—	—
贷款及应收款	11 292.48	0.80	房地产业	204 812.00	14.50
交易性金融资产	22 464.5	1.59	证券市场	123 627.27	8.75
可供出售金融资产	421 321.58	29.83	实业	56 291.26	3.99
持有至到期投资	—	—	金融机构	116 273.73	8.23
应收款项类投资	631 788.42	44.74	其他	911 192.22	64.53
长期股权投资	101 833.83	7.21			
其他	58 263.20	4.13			
资产总计	1 412 196.48	100.00	资产总计	1 412 196.48	100.00

信托资产运用与分布表

资产运用	金额（万元）	占比（%）	资产分布	金额（万元）	占比（%）
货币资产	584 198.78	0.62	基础产业	6 234 578.11	6.60
贷款	22 883 093.07	24.22	房地产	1 423 789.90	1.51
交易性金融资产投资	11 417 247.47	12.09	证券市场	10 770 591.18	11.40
可供出售金融资产投资	49 302 922.06	52.19	实业	30 209 477.54	31.98
持有至到期投资	12 173.10	0.01	金融机构	45 687 969.29	48.37
长期股权投资	7 979 150.77	8.45	其他	135 644.66	0.14
其他	2 283 265.43	2.42			
信托资产总计	94 462 050.68	100.00	信托资产总计	94 462 050.68	100.00

4.3 市场分析

2016年中国经济运行总体平稳，虽然经济增速持续放缓，但增速回落的风险明显下降，稳定因素增多，信托业也继续保持了较高增速，截至2016年末，全行业信托资产规模达到20.22万亿元，再创历史新高，比年初增长24.01%。但随着整体市场利率下行及泛资管竞争不断压缩信托行业报酬率空间，加上资本市场调整，信托行业盈利有所下滑，2016年全行业实现营业收入1 116.24亿元，同比降低4.24%。此外，随着产能过剩和需求结构升级矛盾加剧，各类风险因素有所积聚，信托业经营管理仍面临艰巨挑战。

在上述形势下，信托行业坚定深化转型，回归信托“受人之托，代人理财”的本源，整体呈现出由融资通道向资产管理的功能转变。之前行业融资类、投资类和事务管理类信托“三分天下”的格局被逐渐打破，事务管理类信托逐渐取代了融资类信托的优势地位，截至2016年末，融资类业务规模4.16万亿元，占比仅为20.59%。同时，信托业务逐渐显现出向差异化发展的趋势，业务类型更加多元化，导致信托公司的盈利也从传统的单一的利差收入向多样化发展。信托行业分化不断加剧，一方面强者越强，信托行业前列公司投入更多精力进行业务创新，逐步形成新的核心业务及利润增长点；另一方面及时布局调整的“后起之秀”也能实现弯道超车；此外，也有部分信托公司在内外部压力之下应对乏力，陷入发展瓶颈。

展望2017年，转型创新仍将是信托行业的主旋律。2016年末密集出台的一系列政策，包括中央银行宣布将表外理财纳入MPA考核和财税[2016]140号文，以及监管层面透露出的监管思路，如信托八大分类及资管行业统一监管，都将对未来信托公司的业务拓展将产生深刻影响。同时，伴随着中国供给侧改革的深入，中国经济整体“去产能，减库存，去杠杆”的过程，对于信托行业乃至资产管理行业都是一个“去水分，练内功”的过程，不论从市场需求变化还是监管政策调整等，客观上都在“倒逼”信托行业转型，如何顺应监管与经济时势，加强创新及主动管理能力建设，提升资产管理能力和财富管理能力，是摆在信托公司面前最迫切的问题。

4.4 内部控制

4.4.1 内部控制环境和内部控制文化

根据国家有关法律和《公司章程》，本公司已构建了较为完善的法人治理结构。本公司建立了由股东会、董事会、监事会和高级管理层组成的公司治理结构，“三会一层”合理分工、有效制衡的运行机制持续健全，公司治理、业务治理、风险治理机制持续完善。事前防范、事中控制和事后监督形成防范风险有效机制，为本公司营造良好的内部控制环境。

本公司高度重视内部控制文化建设，通过完善内部控制制度、组织业务培训及从业资格认证、开展各类检查和内控自评、遴选宣导业务案例等方式，传导贯彻内部控制理念，培养员工合规理念与风险防范意识，内部控制文化深入人心。

4.4.2 内部控制措施

本公司董事会负责建立并实施充分而有效的内部控制体系。董事会下设审计以及风险控制与关联交易委员会，负责监督公司内部控制的有效实施和内部控制自我评价情况。报告期内，本公司内部控制工作机制持续完善，经营部门、风险管理部门、内部审计部门三道风险防御体系持续加强，分级授权机制明确有效，风险管理报告体系完整规范，在内部控制环境、程序和措施上遏制各类潜在风险。

本公司严格执行前台、中台、后台分立运行的业务流程：前台负责对业务进行前期立项、初步论证、尽职调查、方案设计和材料收集；中台贯穿业务的决策程序和管理环节，负责业务的合法合规性审核、项目评估和业务审批，负责对业务的运营维护；后台负责对信托业务和自营业务的支持保障，包括财务管理和会计核算、科技支持、审计监督等，对前台、中台提供支持服务和监督评价等。前台、中台、后台形成高效配合和有效制衡运行机制。

报告期内，本公司规章制度体系持续完善，累计新制定或修订规章制度67项，形成现行有效规章制度285项；组织开展全面风险排查工作，强化日常风险监测频率和深度，加强风险应急预案及处置研究；制定《兴业国际信托有限公司内部控制评价管理办法》，每年定期开展内控自评工作，根据评估结果，优化风险控制措施，确保风险可控；积极发挥内部审计监督作用，提高审计工作质量，充分发挥内部审计在防范风险、完善管理和提高前台、中台、后台运营效率等方面的作用；进一步加强内部控制管理，定期发布法律法规汇编、有效制度清单，不定期组织开展法律法规、内部控制制度和内部控制流程、风险管理等方面培训，全面强化内部控制制度及操作流程的有效贯彻和执行。

4.4.3 监督评价与纠正

本公司对内部控制建立和执行情况进行定期和不定期的监督检查，评价内部控制有效性，发现内部控制缺陷并及时加以改进，确保内部控制有效运行。

本公司各业务部门对各项业务的经营状况和风险管理情况进行经常性自我评估，及时发现内部控制缺陷并切实整改落实到位。风险与合规部作为内控管理职能部门，负责内控评价工作的牵头组织实施，结合内外部监督检查情况，对业务部门的内控自评结果进行抽查、复评，验证内控评价结果的有效性，促进内控评价的客观性、全面性。审计部依照内部审计工作程序开展独立的审计监督活动，出具内部审计报告，督促各部门对审计发现问题进行及时整改并跟踪落实。

4.5 风险管理

4.5.1 风险管理概况

本公司在经营活动中可能遇到的风险主要包括信用风险、市场风险、操作风险、合规风险、声誉风险、外包风险、信息科技风险、战略风险等。

本公司风险管理遵循合规性、全面性、独立性、制衡性、程序性等基本原则。合规性，即本公司经营活动应遵守所涉及的法律、法规、监管规定及公司规章制度；全面性，即本公司风险管理涵盖各项业务管理各环节，并渗透到各项业务过程中；独立性，即本公司风险管理部门与各业务部门及支持保障部门保持相互独立，可直接向董事会和高级管理层报告，保证风险管理得到切实有效的执行；制衡性，即明确划分相关部门、岗位之间的职责，建立职责分离、横向与纵向相互监督制约的机制；程序性，即本公司风险管理组织系统的安排遵循事前授权审批、事中控制和事后监督三道程序。

在风险管理组织架构建设方面，本公司分别在董事会、经营管理层面设立了相应的风险管理机构，风险防范制度贯穿于业务全过程。

（1）在董事会层面设立了审计以及风险控制与关联交易委员会，负责指导本公司的风险控制、管理、监督和评估工作。

（2）在经营管理层面设立了业务评审委员会。业务评审委员会是本公司自营业务与信托业务项目的决策机构。

（3）本公司设立业务审批中心，负责对所有拟开展的业务项目进行初审，向业务评审委员会提交审查意见；设立风险与合规部，负责履行业务风险管理和合规管理职责；设立运营管理中心，负责履行业务项目存续期事务的集中运营管理职责。

（4）本公司设立审计部，负责对公司内部控制和业务风险管理状况进行监督评价，并直接向董事会报告。

4.5.2 风险状况

4.5.2.1 信用风险状况

信用风险是指交易对手未能履行合同所带来的经济损失风险。本公司高度关注交易对手的履约能力，针对各类业务特点制定了相应的业务评审指引和操作规程，将信用风险管理运用于贷前调查、贷中审查和贷后管理阶段。

信用风险资产分类情况：（1）信托业务方面，截至报告期末，本公司信托资产 9 446.21 亿元，无不良资产。（2）固有业务方面，截至报告期末，本公司信用风险资产总计 56.65 亿元，仅存续一笔可疑类资产，系债券投资，金额 3 000 万元。

本公司一般准备、资产减值准备的计提和信托赔偿准备金提取方法如下：（1）一般准备：根据国家财政部《关于印发〈金融企业准备金计提管理办法〉的通知》（财金［2012］20 号）的规定，本公司从当年净利润中提取一般风险准备作为利润分配处理，用于弥补尚未识别的可能性损失的准备。一般风险准备按风险资产期末余额的 1.5% 提取。（2）资产减值准备：计提资产减值准备的范围和方法见会计报表附注。（3）信托赔偿准备金：根据《信托公司管理办法》第四十九条规定，从税后利润中提取 5% 作为信托赔偿准备金。

对于抵押品确认原则：抵押品必须是抵押人合法所有的或依法有处分权的财产，且须经过有资质的中介机构评估，抵押贷款应签订抵押合同，并按规定到有关部门登记。本公司在参考中介机构评估价值的基础上，结合业务实际情况，综合评判抵押物价值。

4.5.2.2 市场风险状况

市场风险是指因为股价、房价、市场汇率、利率或其他价格因素变动而产生的或可能产生的风险。市场风险具有很强的传导性，某些信用风险的根源可能也来自于交易对手的市场风险。

信托资产方面，截至报告期末，本公司房地产信托业务规模 147.23 亿元，占本公司信托业务总规模的 1.57%，该类项目受国家宏观政策影响相对较大，房地产市场价格与销售状况将影响信托项目的资金回笼。本公司集合类房地产信托融资担保较为充足，抵押率均控制在较低水平，融资人违约成本高，各项风险控制措施设置得当。截至报告期末，本公司证券投资信托业务（含股票、债券、基金）规模为 1 011.02 亿元，主要运用为债券、二级市场股票和基金投资等。

固有资产方面，截至报告期末，本公司证券投资（含股票、债券、基金）公允价值 24.23 亿元，其中债券投资公允价值 12.62 亿元，基金投资公允价值 9.96 亿元，股票投资公允价值 1.65 亿元；长期股权投资余额 10.18 亿元，包括兴业国信资产管理有限公司 3 亿元，重庆机电控股集团财务有限公司 1.55 亿，兴业期货有限公司 5.63 亿元。

4.5.2.3 操作风险状况

操作风险主要是指因内部控制系统不完善、管理失误、控制缺失或其他一些人为错误而导致的风险。本公司内控制度和操作规程涵盖了所有的业务领域，合理调整组织架构设置，建立岗位相互制衡机制。本公司制订《兴业国际信托有限公司操作风险管理办法》，不断完善操作规程，持续优化业务流程，严格按照本公司问责制度的有关规定对违规操作的人员进行问责，操作风险控制良好。

4.5.2.4 其他风险状况

本公司可能面临的其他风险主要有合规风险、声誉风险、外包风险、信息科技风险、战略风险等。报告期内本公司未发生此类风险。

4.5.3 风险管理

4.5.3.1 信用风险管理

本公司信用风险管理策略：一是针对各类业务特点制定了相应的评审指引、准入标准和操作规程等管理办法；二是加强事前对交易对手的尽职调查，进行事前控制；三是严格落实担保措施，客观、公正地评估抵（质）押物，并通过关注交易对手抵（质）押物情况和资信状况，持续跟踪进行事中和事后控制；四是对所购入的债券进行信用级别限制；五是风险管理部门对业务项目信用风险情况进行全面风险排查，及时发现问题并采取相应措施；六是遵照监管机构及风险管控的要求，进行资产风险分类，实施动态管理；七是严格按财政部和中国银监会的要求，足额提取包括资产减值准备、一般准备和信托赔偿准备金在内的各项准备金。

4.5.3.2 市场风险管理

本公司市场风险管理策略：一是加强宏观经济形势和重大经济政策的分析预测，评估宏观因素变化可能给投资带来的系统性风险，提出业务主要发展方向和调整方案；二是根据市场行情，加强对交易对手在其所处行业的市场竞争能力分析，准确把握资金进入时机，密切跟踪市场变化，及时调整投资策略，通过资产或投资的合理组合实现风险的有效对冲和补偿，以规避市场风险；三是在业务决策和业务流程管理过程中，通过压力测试和动态监控，对项目进行严格管理；四是积极贯彻落实监管部门有关法律法规精神，及时对相关业务做出风险提示，密切关注市场变化，加强风险防范，确保风险可控。

4.5.3.3 操作风险管理

本公司操作风险管理策略：一是不断健全完善各项规章制度和业务操作流程，构建了职责分离、相互监督制约的组织架构，制定了科学的业务审批程序，并切实加强执行力度；二是实行严格的业务流程审核、复核程序，采用全流程管理系统，严格防范操作风险；三是加强员工教育培训，全面推行内部从业资格考试上岗制度，提升员工的专业知识和专业技能；严格执行问责制度，提高业务合规管理和风险管理质量；四是对内控执行情况和项目合规情况进行定期和不定期检查，并督促及时整改。

4.5.3.4 其他风险管理

针对可能面临的其他风险如合规风险、声誉风险、外包风险、信息科技风险、战略风险等,本公司通过制定并执行相应的风险控制制度加以防范和化解。

4.6 子公司经营情况

4.6.1 全资子公司:兴业国信资产管理有限公司

兴业国信资产管理有限公司成立于2013年4月,系经中国银监会批准,由本公司全资设立的一人有限责任公司,注册资本为3亿元,主要经营范围为资产管理、股权投资(项目符合国家宏观经济政策和产业政策要求)、实业投资、投资管理、投资顾问。截至报告期末,兴业国信资产管理有限公司资产总额84 040.99万元,所有者权益71 651.15万元,管理的资产规模达1 608.39亿元;报告期内累计实现营业收入35 823.27万元,实现利润总额31 670.83万元,实现净利润23 708.38万元,净资产收益率达43%。

报告期内,兴业国信资产管理有限公司准确把握行业发展趋势,以股权投资,并购基金的管理为主营方向,公司业务模式和盈利模式日渐清晰和完善:体现在房地产业务领域方面,实现了以债务融资为主的项目投资,向和行业龙头企业共同实施资本投入与资产整合,寻求超额利润的转型;体现在股权投资业务领域方面,股权基金的管理规模、管理费收入以及基金投资的收益,都出现了稳定增长的良好态势。报告期内,兴业国信资产管理有限公司完成了众泰汽车、freetech自动驾驶、天天拍车以及DSI自动变速箱等项目的投资,在汽车股权基金管理领域树立了行业的领导品牌;聚焦节能环保、医疗健康以及高端制造等行业,完成了中国脐带血库、中国兵器集团并购基金等项目的投资,股权投资和并购基金业务取得了较为显著的成效。

4.6.2 控股子公司:兴业期货有限公司

兴业期货有限公司前身系1993年成立的宁波杉立期货经纪有限公司,现有注册资本为5亿元,本公司的持股比例为92.20%。经营范围包括商品期货经纪、金融期货经纪、期货投资咨询、期货资管业务。

报告期内,兴业期货有限公司充分依托股东资源背景优势,持续优化法人治理结构;坚持全国化发展战略,不断拓宽业务辐射半径,已设立2家分公司、9家营业部、2个总部直属期货业务部及资产管理部,初步具备全国化经营服务能力;着力强化业务拓展能力和创新能力,经纪业务稳步发展,资管业务取得良好起步、仓贸通及拟交割业务稳步增长,核心研发能力持续增强,信息科技建设有效开展,各项业务实现持续健康发展,分类评价结果再度提升至“BBB”级,行业排名大幅提升37位。截至报告期末,兴业期货有限公司资产总额达31.71亿元,客户权益总额达26.17亿元;报告期内累计实现营业收入7 737万元,实现利润总额1 297万元,实现净利润1 015万元。

5. 报告期末及上一年度末的比较式会计报表

5.1 自营资产

5.1.1 会计师事务所审计意见全文

审 计 报 告

德师报(审)字[2017]第P01729号

兴业国际信托有限公司董事会:

我们审计了后附的兴业国际信托有限公司(以下简称贵公司)的财务报表,包括2016年12月31日的公司及合并资产负债表,2016年度的公司及合并利润表、公司及合并股东权益变动表和公司及合并现金流量表以及财务报表附注。

一、管理层对财务报表的责任

编制和公允列报财务报表是贵公司管理层的责任,这种责任包括:(1)按照企业会计准则的规定编制财务报表,并使其实现公允反映;(2)设计、执行和维护必要的内部控制,以使财务报表不存在由于舞弊或错误而导致的重大错报。

二、注册会计师的责任

我们的责任是在执行审计工作的基础上对财务报表发表审计意见。我们按照中国注册会计师审计准则的规定执行了审计工作。中国注册会计师审计准则要求我们遵守中国注册会计师职业道德守则,计划和执行审计工作以对财务报表是否不存在重大错报获取合理保证。

审计工作涉及实施审计程序,以获取有关财务报表金额和披露的审计证据。选择的审计程序取决于注册会计师的判断,包括对由于舞弊或错误导致的财务报表重大错报风险的评估。在进行风险评估时,注册会计师考虑与财务报表编制和公允列报相关的内部控制,以设计恰当的审计程序,但目的并非对内部控制的有效性发表意见。审计工作还包括评价管理层选用会计政策的恰当性和作出会计估计的合理性,以及评价财务报表的总体列报。

我们相信,我们获取的审计证据是充分、适当的,为发表审计意见提供了基础。

三、审计意见

我们认为,贵公司财务报表在所有重大方面按照企业会计准则的规定编制,公允反映了贵公司2016年12月31日的公司及合并财务状况以及2016年度的公司及合并经营成果和公司及合并现金流量。

德勤华永会计师事务所(特殊普通合伙) 中国注册会计师

中国·上海 李冰雯

王金翠

2017年3月31日

5.1.2 资产负债表

合并资产负债表

单位:万元

项目	2016 年 12 月 31 日	2015 年 12 月 31 日
资产		
货币资金	366 198.79	221 841.36
以公允价值计量且其变动计入当期损益的金融资产	81 518.31	163 143.17
应收手续费及佣金	18 179.28	14 082.90
应收利息	3 641.08	8 362.33
应收期货保证金	91 609.54	108 824.49
可供出售金融资产	428 344.83	473 448.95
应收款项类投资	646 270.21	563 428.37
长期股权投资	22 615.93	21 883.30
固定资产	6 099.94	4 923.79
在建工程	11.32	—
无形资产	1 464.97	1 033.49
递延所得税资产	12 700.54	7 969.47
商誉	8 602.27	8 602.27
其他资产	48 286.97	5 993.54
资产总计	1 735 543.98	1 603 537.43
负　债		
应付职工薪酬	41 931.12	36 799.63
应交税费	30 122.91	34 290.08
应付期货保证金	261 671.43	278 920.93
期货风险准备金	1 356.64	1 315.53
递延所得税负债	3.63	14.12
其他负债	16 908.24	9 644.29
负债合计	351 993.97	360 984.58
所有者权益		
实收资本	500 000.00	500 000.00
资本公积	289 431.17	289 431.17
其他综合收益	(3 448.13)	6 692.53
盈余公积	65 167.18	53 015.73
信托赔偿准备	32 472.32	26 396.60
一般风险准备	13 728.90	15 018.70
未分配利润	477 291.69	347 932.10
归属于母公司股东权益合计	1 374 643.13	1 238 486.83
少数股东权益	8 906.88	4 066.02
股东权益合计	1 383 550.01	1 242 552.85

母公司资产负债表

单位:万元

项目	2016 年 12 月 31 日	2015 年 12 月 31 日
资产		
货币资金	165 232.47	46 965.55
以公允价值计量且其变动计入当期损益的金融资产	22 464.50	102 918.42
应收手续费及佣金	11 292.48	11 903.18
应收利息	3 423.63	8 294.42
可供出售金融资产	421 321.58	466 097.70
应收款项类投资	631 788.42	547 936.86
长期股权投资	101 833.83	101 129.32
固定资产	2 878.61	2 681.22

续表

项目	2016 年 12 月 31 日	2015 年 12 月 31 日
无形资产	1 148. 25	909. 14
递延所得税资产	11 971. 69	7 577. 67
其他资产	38 841. 02	3 931. 39
资产总计	1 412 196. 48	1 300 344. 87
负债		
应付职工薪酬	38 317. 51	34 733. 96
应交税费	24 458. 13	31 983. 50
其他负债	12 921. 66	8 497. 58
负债合计	75 697. 30	75 215. 04
所有者权益		
实收资本	500 000. 00	500 000. 00
资本公积	289 428. 00	289 428. 00
其他综合收益	(3 448. 13)	6 697. 04
盈余公积	65 167. 18	53 015. 73
信托赔偿准备	32 472. 32	26 396. 60
一般风险准备	13 578. 48	14 961. 86
未分配利润	439 301. 33	334 630. 60
归属于母公司股东权益合计	1 336 499. 18	1 225 129. 83
股东权益合计	1 336 499. 18	1 225 129. 83
负债和所有者权益合计	1 412 196. 48	1 300 344. 87

5. 1. 3 利润表

合并利润表

单位:万元

项目	2016 年度	2015 年度
一、营业收入		
利息收入	4 864. 17	5 241. 48
利息支出	(1 035. 73)	(1 553. 21)
利息净收入	3 828. 44	3 688. 27
手续费及佣金收入	187 809. 46	181 683. 44
手续费及佣金支出	—	(456. 34)
手续费及佣金净收入	187 809. 46	181 227. 10
投资收益	70 284. 06	110 945. 47
公允价值变动损益	(202. 06)	(1 556. 67)
其他业务收入	175. 85	118. 72
营业收入合计	261 895. 75	294 422. 89
二、营业支出		
税金及附加	(6 005. 56)	(15 345. 13)
业务及管理费	(64 990. 98)	(66 948. 26)
资产减值损失	(1 595. 08)	318. 40
其他业务成本	(41. 11)	(41. 47)
营业支出合计	(72 632. 73)	(82 016. 46)
三、营业利润	189 263. 02	212 406. 43
加:营业外收入	1 650. 80	225. 65
减:营业外支出	(73. 08)	(440. 85)
四、利润总额	190 840. 74	212 191. 23
减:所得税费用	(44 602. 92)	(51 104. 78)
五、净利润	146 237. 82	161 086. 45
归属于母公司股东的净利润	146 296. 96	161 020. 09
少数股东损益	(59. 14)	66. 36
六、其他综合收益	(10 140. 66)	(2 222. 51)
七、综合收益总额	136 097. 16	158 863. 94
归属于母公司股东综合收益总额	136 156. 31	158 797. 58
归属于少数股东的综合收益总额	(59. 14)	66. 36

母公司利润表

单位：万元

项目	2016 年度	2015 年度
一、营业收入		
利息收入	1 779. 21	3 141. 64
利息支出	(1 035. 71)	(1 553. 21)
利息净收入	743. 50	1 588. 43
手续费及佣金收入	153 945. 72	165 072. 34
手续费及佣金支出	—	(173. 00)
手续费及佣金净收入	153 945. 72	164 899. 34
投资收益	63 637. 36	107 711. 98
公允价值变动损益	(160. 09)	(1 613. 17)
其他业务收入	169. 14	116. 68
营业收入合计	218 335. 63	272 703. 26
二、营业支出		
税金及附加	(5 208. 78)	(14 136. 00)
业务及管理费	(54 030. 32)	(60 828. 32)
资产减值损失	(1 595. 08)	318. 40
其他业务成本	—	—
营业支出合计	(60 834. 18)	(74 645. 92)
三、营业利润	157 501. 45	198 057. 34
加：营业外收入	433. 99	45. 00
减：营业外支出	(62. 47)	(436. 45)
四、利润总额	157 872. 97	197 665. 89
减：所得税费用	(36 358. 45)	(47 327. 96)
五、净利润	121 514. 52	150 337. 93
归属于母公司股东的净利润	121 514. 52	150 337. 93
少数股东损益	—	—
六、其他综合收益	(10 145. 16)	(2 218. 00)
七、综合收益总额	111 369. 36	148 119. 93
归属于母公司股东综合收益总额	111 369. 36	148 119. 93
归属于少数股东的综合收益总额	—	—

5. 1. 4 所有者权益变动表

所有者权益变动表（合并）

2016 年度

单位：万元

	归属于母公司所有者权益								
	实收资本	资本公积	其他综合收益	盈余公积	信托赔偿准备	一般风险准备	未分配利润	少数股东权益	所有者权益合计
一、报告期初余额	500 000. 00	289 431. 17	6 692. 53	53 015. 73	26 396. 60	15 018. 70	347 932. 10	4 066. 02	1 242 552. 85
二、报告期内增减变动金额									
(一)净利润	—	—	—	—	—	—	146 296. 96	(59. 14)	146 237. 82
(二)其他综合收益	—	—	(10 140. 66)	—	—	—	—	—	(10 140. 66)
本年增减变动小计	—	—	(10 140. 66)	—	—	—	146 296. 96	(59. 14)	136 097. 16
(四)所有者投入资本	—	—	—	—	—	—	—	4 900. 00	4 900. 00
(五)利润分配									
1. 提取盈余公积	—	—	—	12 151. 45	—	—	(12 151. 45)	—	—
2. 提取信托赔偿准备	—	—	—	—	6 075. 72	—	(6 075. 72)	—	—
3. 提取一般风险准备	—	—	—	—	—	(1 289. 80)	1 289. 80	—	—
三、报告期末余额	500 000. 00	289 431. 17	(3 448. 13)	65 167. 18	32 472. 32	13 728. 90	477 291. 69	8 906. 88	1 383 550. 01

所有者权益变动表（母公司）

2016 年度

单位：万元

	归属于母公司所有者权益							
	实收资本	资本公积	其他综合收益	盈余公积	信托赔偿准备	一般风险准备	未分配利润	所有者权益合计
一、报告期初余额	500 000. 00	289 428. 00	6 697. 03	53 015. 73	26 396. 60	14 961. 86	334 630. 60	1 225 129. 83
二、报告期内增减变动金额								
（一）净利润	—	—	—	—	—	—	121 514. 52	121 514. 52
（二）其他综合收益	—	—	（10 145. 16）	—	—	—	—	（10 145. 16）
本年增减变动小计	—	—	（10 145. 16）	—	—	—	121 514. 52	111 369. 36
（三）利润分配								
1. 提取盈余公积	—	—	—	12 151. 45	—	—	（12 151. 45）	—
2. 提取信托赔偿准备	—	—	—	—	6 075. 72	—	（6 075. 72）	—
3. 提取一般风险准备	—	—	—	—	—	（1 383. 38）	1 383. 38	—
三、报告期末余额	500 000. 00	289 428. 00	（3 448. 13）	65 167. 18	32 472. 32	13 578. 48	439 301. 33	1 336 499. 18

5.2 信托资产

5.2.1 信托项目资产负债汇总表

信托项目资产负债汇总表

单位：万元

信托资产	期初数	期末数	信托负债和信托权益	期初数	期末数
信托资产			信托负债		
货币资金	966 560. 44	584 198. 78	交易性金融负债	—	—
拆出资金	—	—	衍生金融负债	18. 34	34. 59
交易性金融资产	10 894 426. 46	11 417 247. 47	应付受益人收益	68 786. 05	58 802. 17
衍生金融资产	5. 05	43. 22	应交税费	—	610. 76
买入返售金融资产	2 527 819. 24	1 966 143. 56	其他应付款项	296 881. 54	136 618. 48
应收款项	455 054. 95	317 078. 65	其他负债	—	—
发放贷款	21 688 151. 38	22 883 093. 07	信托负债合计	365 685. 93	196 066. 00
可供出售金融资产	48 593 614. 66	49 302 922. 06			
持有至到期投资	54 459. 55	12 173. 10			
长期应收款	—	—	信托权益		
长期股权投资	7 021 581. 64	7 979 150. 77	实收信托	90 848 235. 54	93 513 612. 94
投资性房地产	—	—	资本公积	—	—
固定资产	—	—	未分配利润	987 751. 90	752 371. 74
无形资产	—	—	信托权益合计	91 835 987. 44	94 265 984. 68
其他资产	—	—			
信托资产总计	92 201 673. 37	94 462 050. 68	信托负债及权益总计	92 201 673. 37	94 462 050. 68

5.2.2 信托项目利润及利润分配汇总表

信托项目利润及利润分配表

单位：万元

项目	2016 年度	2015 年度
一、营业收入	5 074 847. 16	4 772 820. 34
利息收入	2 165 632. 39	2 243 375. 38
投资收益	3 054 830. 15	2 418 076. 51
公允价值变动损益	（146 342. 95）	73 560. 88
租赁收入	63. 01	609. 19
汇兑损益	—	（1. 59）
其他收入	664. 56	37 199. 97
二、营业支出	315 745. 22	499 560. 51
三、信托净利润	4 759 101. 94	4 273 259. 83
四、其他综合收益		
五、综合收益	4 759 101. 94	4 273 259. 83
加：期初未分配信托利润	987 751. 90	542 532. 01
六、可供分配的信托利润	5 746 853. 84	4 815 791. 84

续表

项目	2016 年度	2015 年度
减：本期已分配信托利润	4 994 482. 10	3 828 039. 94
七、期末未分配信托利润	752 371. 74	987 751. 90

6. 会计报表附注

6.1 会计报表编制基准说明

6.1.1 本公司编制的会计报表不存在不符合会计核算基本前提的事项

6.1.2 纳入本公司合并报表范围的子公司情况

子公司名称	业务性质	注册地	注册资本（万元）	实际投资额（万元）	持股比例（%）	合并期间
兴业国信资产管理有限公司	资产管理	上海	30 000	30 000	100. 00	2016 年度
兴业期货有限公司	期货代理	宁波	50 000	46 100	92. 20	2016 年度

6.2 截至资产负债表日，本公司无需要披露的重大或有事项

无。

6.3 报告期内本公司重要资产转让及出售事项

无。

6.4 会计报表中重要项目的明细资料

6.4.1 自营资产经营情况

6.4.1.1 信用风险资产情况

信用风险资产五级分类	正常类（万元）	关注类（万元）	次级类（万元）	可疑类（万元）	损失类（万元）	信用风险资产合计（万元）	不良资产合计（万元）	不良资产率（%）
期初数	631 121	0	0	0	0	631 121	0	0
期末数	563 539	0	0	3 000	0	566 539	3 000	0.53

6.4.1.2 各项资产减值损失准备情况

单位：万元

	期初数	本期计提	本年转回	本期核销	期末数
贷款损失准备	0	0	0	0	0
一般准备	0	0	0	0	0
专项准备	0	0	0	0	0
其他资产减值准备	467	1 800	205	0	2 062
可供出售金融资产减值准备	467	1 800	205	0	2 062
持有至到期投资减值准备	0	0	0	0	0
长期股权投资减值准备	0	0	0	0	0
坏账准备	0	0	0	0	0
投资性房地产减值准备	0	0	0	0	0

6.4.1.3 自营股票投资、基金投资、债券投资、股权投资等投资业务情况

单位：万元

	自营股票	基金	债券	长期股权投资	其他投资	合计
期初数	1 018	39 745	236 066	101 129	840 124	1 218 082
期末数	16 515	99 589	126 217	101 834	835 250	1 179 405

6.4.1.4 自营长期股权投资情况

企业名称	占被投资企业权益的比例（%）	主要经营活动	投资收益（万元）
兴业期货有限公司	92.2	期货的代理买卖	—
重庆机电控股集团财务有限公司	19	为成员单位提供金融服务	704.51
兴业国信资产管理有限公司	100	资产管理	—

6.4.1.5 自营贷款情况

无。

6.4.1.6 表外业务情况

单位：万元

表外业务	期初数	期末数
担保业务	0	0
代理业务（委托业务）	0	0
其他	0	0
合计	0	0

6.4.1.7 2016 年度收入结构

收入结构	合并		母公司	
	金额（万元）	占比（%）	金额（万元）	占比（%）
手续费及佣金收入	187 809	70.98	153 946	70.04
其中：信托手续费收入	152 479	57.63	152 479	69.37
投资银行业务收入	9 984	3.77	1 467	0.67
资产管理业务管理费收入	23 705	8.96	—	0.00
期货业务手续费收入	822	0.31	—	0.00
期货业务交易所返还、减收的手续费收入	820	0.31	—	0.00
利息收入	4 864	1.84	1 779	0.81
其他业务收入	176	0.07	169	0.08
其中：计入信托业务收入部分	—		—	
投资收益	70 284	26.56	63 637	28.95
其中：股权投资收益	705	0.27	705	0.32
证券投资收益	19 050	7.20	18 955	8.62
其他投资收益	50 529	19.10	43 977	20.01
公允价值变动收益	(202)	(0.08)	(160)	(0.07)
营业外收入	1 651	0.62	434	0.20
收入合计	264 583	100.00	219 805	100

6.4.2 信托财产管理情况

6.4.2.1 信托资产情况

单位：万元

信托资产	期初数	期末数
集合类	18 785 528	17 973 808
单一类	62 528 271	62 056 634
财产管理类	10 887 874	14 431 609
合计	92 201 673	94 462 051

6.4.2.1.1 主动管理型信托业务情况

单位：万元

主动管理型信托资产	期初数	期末数
证券投资类	5 707 138	510 499
股权及其他投资类	1 019 220	165 376
融资类	5 264 819	6 119 282
事务管理类	—	—
合计	11 991 177	6 795 157

6.4.2.1.2 被动管理型信托业务情况

单位：万元

被动管理型信托资产	期初数	期末数
证券投资类	8 364 937	10 031 105
股权及其他投资类	65 702	1 876 822
融资类	26 193 040	33 847 704
事务管理类	45 586 817	41 911 263
合计	80 210 496	87 666 894

6.4.2.2 报告期内已清算结束的信托项目情况

报告期内，本公司已清算结束的信托项目923个，实收信托合计金额37 746 607万元，加权平均实际年化收益率5.82%。

6.4.2.2.1 报告期内已清算结束的集合类、单一类资金信托项目和财产管理类信托项目情况

已清算结束的信托项目	项目个数(个)	实收信托合计金额(万元)	加权平均实际收益率(%)
集合类	223	6 148 355	5.91
单一类	662	24 995 011	6.54
财产管理类	38	6 603 241	3.04

6.4.2.2.2 报告期内已清算结束的主动管理型信托项目情况

已清算结束的信托项目(主动管理型)	项目个数(个)	实收信托合计金额(万元)	信托报酬率(%)	加权平均实际年化收益率(%)
证券投资类	39	399 884	0.54	7.68
股权及其他投资类	—	—	—	—
融资类	133	2 791 193	1.52	7.62
事务管理类	—	—	—	—

6.4.2.2.3 报告期内已清算结束的被动管理型信托项目情况

已清算结束的信托项目(被动管理型)	项目个数(个)	实收信托合计金额(万元)	信托报酬率(%)	加权平均实际年化收益率(%)
证券投资类	50	2 291 187	0.15	3.92
股权及其他投资类	6	24 958	0.28	7.85
融资类	300	11 466 725	0.12	6.29
事务管理类	395	20 772 660	0.13	5.50

6.4.2.3 报告期内新增的集合类、单一类和财产管理类信托项目情况

新增信托项目	项目个数(个)	合计金额(万元)
集合类	112	8 252 594
单一类	605	27 277 666
财产管理类	119	14 133 749
新增合计	836	49 664 009
其中:主动管理型	72	2 467 861
被动管理型	764	47 196 148

6.4.2.4 信托业务创新成果和特色业务有关情况

报告期内，本公司认真贯彻落实国家宏观政策和金融监管要求，以推动业务转型与结构调整为契机，开展实施了不良资产证券化、慈善信托等多项创新信托业务，其中典型创新产品如下：

(1)发行试点重启后全国首单不良资产支持证券项目。本公司与中国银行股份有限公司成功合作在全国银行间债券市场上发行并成立了中誉2016年第一期不良资产支持证券。“中誉一期”是自2008年以来暂停的商业银行不良信贷资产证券化正式重启后成功发行的第一个产品，在积极贯彻监管层重启不良资产证券化试点，提升银行贷款周转速度，进一步支持国内实体经济发展等方面有着重要积极意义。

(2)推出慈善信托产品。2016年9月1日，《中华人民共和国慈善法》正式实施首日，本公司发挥信托本源功能，践行企业社会责任，向福建省民政厅递交了“兴业信托・幸福一期慈善信托计划”的备案材料，并成功获得备案。“兴业信托・幸福一期慈善信托计划”不设存续期限，善款运用集中在养老助学扶贫领域：“养老、扶老”领域，“教育、助学”领域，“扶贫、济困”领域。此次“幸福一期”慈善信托储备了福建省“农村幸福院”项目、青少年助学项目和留守儿童教育等多个公益慈善项目。

(3)成功参设山西省改善城市人居环境PPP投资引导基金。本公司联合兴业银行与山西省政府、北京首创集团联合启动规模上百亿元的“山西省改善城市人居环境PPP投资引导基金”。该基金旨在有效吸引社会资本投入城市基础设施建设和运营中，破解城市基础设施建设投融资难题，主要用于投入城市基础公共设施。该基金的设立，将推动山西省改善城市人居环境领域投融资机制创新，加快推广运用政府和社会资本合作PPP模式，积极发挥财政资金的引导作用，吸引更多的社会资本和民间资本投入山西省改善城市人居环境领域。

(4)成功于银登中心发起不良信贷资产财产权信托受益权转让业务。本公司与国内大型资产管理公司合作通过银行业信贷资产登记流转中心登记和流转，成功发行了“兴业信托・兴昆4号财产权信托”，该项目以资产管理公司收购的不良信贷资产债权作为基础资产，也是银登中心首单登记的不良信贷资产财产权信托受益权转让业务。该业务通过市场化手段处置资产管理公司收购的存量资产，探索形成从初始资产到后续转让过程中银登中心的登记流转机制安排，该业务的创新落地，对国内不良信贷资产流转业务的探索与发展起到了良好的促进作用。

6.4.2.5 本公司履行受托人义务情况及因本公司自身责任而导致的信托资产损失情况(合计金额、原因等)

无。

6.5 关联方关系及其交易的披露

6.5.1 关联交易方的数量、关联交易总金额及定价政策等固有业务关联方情况

	关联交易方数量(个)	关联交易金额(万元)	定价政策
合计	3	163 506.83	依照法律法规、监管要求，以及本公司关于关联交易的内部规定进行定价

信托业务关联方情况

	关联交易方数量(个)	关联交易金额(万元)	定价政策
合计	9	29 352 520.93	依照法律法规、监管要求，以及本公司关于关联交易的内部规定进行定价

6.5.2 关联交易方情况

单位：亿元

关联性质	关联方名称	法定代表人	注册地址	注册资本	主营业务
股东	兴业银行股份有限公司	高建平	福建省福州市湖东路154号	190.52	商业银行业务。
受控股股东重大影响的公司	九江银行股份有限公司	刘羡庭	江西省九江市长虹大道619号	20	商业银行业务。
子公司	兴业期货有限公司	司斌	宁波市中山东路796号11楼1~8室	5	商品期货经纪、金融期货经纪、期货投资咨询、资产管理。
子公司	兴业国信资产管理有限公司	倪勤	上海市虹口区广纪路738号2幢430室	3	资产管理，股权投资（项目符合国家宏观经济政策和产业政策要求），实业投资，投资管理，投资顾问。
子公司	宁波梅山保税港区远晟投资管理有限公司	金越青	宁波市北仑区梅山大道商务中心2号办公楼1303室	0.05	投资管理、实业投资、投资咨询。
子公司	福建交易场所清算中心股份有限公司	林静	平潭综合实验区金井湾片区台湾创业园	1	为交易场所提供交易品种、投资者信息、交易合约、票据、仓单等信息的登记服务，为交易场所交易提供清算结算、资金管理及相关综合服务，以及上述相关业务的咨询、培训、信息技术等综合服务。
受控股股东控制的公司	兴业数字金融服务（上海）股份有限公司	陈翀	中国（上海）自由贸易试验区杨高南路729号第41层	5	金融数据业务处理，经济信息咨询服务，应用软件开发和运营服务，系统集成服务，股权投资，股权投资管理，创业投资，资产管理，投资管理，投资咨询。
受控股股东控制的公司	兴业金融租赁有限责任公司	薛鹤峰	天津经济技术开发区南港工业区创业路综合服务区办公楼D座一层110~111	70	金融租赁业务；转让和受让融资租赁资产；固定收益类证券投资业务；接受承租人的租赁保证金；吸收非银行股东3个月（含）以上定期存款；同业拆借；向金融机构借款；境外借款；租赁物变卖及处理业务；经济咨询；在境内保税地区设立项目公司开展融资租赁业务；为控股子公司、项目公司对外融资提供担保；中国银监会批准的其他业务；公司经营业务中涉及外汇管理事项的，应当遵守国家外汇管理的有关规定；自营和代理货物进出口、技术进出口。
受控股股东控制的公司	兴业消费金融股份公司	郑海清	福建省泉州市丰泽区丰泽街213号兴业银行大厦17层	5	发放个人消费贷款；接受股东境内子公司及境内股东的存款；向境内金融机构借款；经批准发行金融债券；境内同业拆借；与消费金融相关的咨询、代理业务；固定收益类证券投资业务；经银监会批准的其他业务。

6.5.3 本公司与关联方的重大交易事项

6.5.3.1 固有财产与关联方交易情况

单位：万元

固有与关联方关联交易				
	期初数	借方发生额	贷方发生额	期末数
贷款	0	0	0	0
投资	0	0	0	0
租赁	0	101.09	101.09	0
担保	0	0	0	0
应收账款	0	0	0	0
其他	44 636.09	21 545 905.08	21 427 034.33	163 506.83
合计	44 636.09	21 546 006.17	21 427 135.42	163 506.83

6.5.3.2 信托资产与关联方交易情况

单位：万元

信托与关联方关联交易				
	期初数	借方发生额	贷方发生额	期末数
贷款	0	0	0	0
投资	0	0	0	0
租赁	0	0	0	0
担保	0	0	0	0
应收账款	0	0	0	0
其他	17 241 623	17 243 463	29 354 361	29 352 521
合计	17 241 623	17 243 463	29 354 361	29 352 521

6.5.3.3 固有财产与信托财产、信托财产与信托财产之间交易情况

6.5.3.3.1 固有财产与信托财产之间的交易情况

单位：万元

固有财产与信托财产相互交易			
	期初数	本期发生额	期末数
合计	312 177.01	23 792.35	335 969.36

6.5.3.3.2 信托资产与信托财产之间的交易情况

单位：万元

信托资产与信托财产相互交易			
	期初数	本期发生额	期末数
合计	679 542.30	1 232 015.51	1 911 557.81

6.5.4 报告期内，本公司发生关联方逾期未偿还本公司资金的情况以及本公司为关联方担保发生或即将发生垫款的情况

无。

6.6 会计制度的披露

本公司固有业务从2008年1月1日起执行财政部2006

年2月发布的企业会计准则;信托业务从2010年1月1日起执行企业会计准则。

7. 财务情况说明书

7.1 利润实现和分配情况

单位:万元

项目	合并(2016年度)	母公司(2016年度)
利润总额	190 840.74	157 872.97
减:所得税	44 602.92	36 358.45
净利润	146 237.82	121 514.52
减:少数股东损益	(59.14)	—
归属于母公司股东的净利润	146 296.96	121 514.52
加:年初未分配利润	347 932.10	334 630.60
减:已分配利润	—	—
可供分配利润	494 229.06	456 145.12
减:提取法定盈余公积金	12 151.45	12 151.45
减:提取信托赔偿准备金	6 075.72	6 075.72
减:提取(转回)一般准备金	(1 289.80)	(1 383.38)
可供股东分配的利润	477 291.69	439 301.33

7.2 主要财务指标

指标名称	合并	母公司
资本利润率(%)	11.14	9.49
信托报酬率(%)	—	0.17
人均净利润(万元)	198.15	231.90

注:1. 资本利润率=净利润/所有者权益平均余额×100%。
2. 信托报酬率=信托业务收入/实收信托平均余额×100%。
3. 人均净利润=净利润/年平均人数,平均值采取年初、年末余额简单平均法。

7.3 对本公司财务状况、经营成果有重大影响的其他事项

无。

8. 特别事项简要揭示

8.1 报告期内股东变动情况及原因

2016年3月,经中国银监会福建银监局以闽银监复[2016]43号批准,福建省能源集团有限责任公司受让澳大利亚国民银行持有的本公司8.4167%的股权。此次股权结构调整后,本公司股东名称、出资额及出资比例情况如下:(1)兴业银行股份有限公司,出资额为3 650 000 000元,出资比例73%;(2)澳大利亚国民银行(National Australia Bank Limited),出资额为420 833 500元,出资比例8.4167%;(3)福建省能源集团有限责任公司,出资额为420 833 500元,出资比例8.4167%;(4)福建华投投资有限公司,出资额为240 426 600元,出资比例4.8085%;(5)福建省华兴集团有限责任公司,出资额为226 239 900元,出资比例4.5248%;(6)南平市投资担保中心,出资额为41 666 500元,出资比例0.8333%。

8.2 董事、监事及高级管理人员变动情况及原因

报告期内,本公司董事会成员发生以下变动:陈世涌先生因工作调整,辞去本公司董事职务;吴雅伦先生因个人原因,辞去本公司独立董事职务。2016年9月9日,本公司2016年第二次临时股东会选举林榕辉先生担任本公司第五届董事会董事职务,选举卢东斌先生担任本公司第五届董事会独立董事职务。林榕辉先生董事任职资格、卢东斌先生独立董事任职资格已经福建银监局分别以闽银监复[2016]204号及闽银监复[2016]205号文件核准。

报告期内,本公司监事会成员发生以下变动:赖少英女士因年龄原因辞去本公司监事及监事长职务。2016年7月26日,经本公司2016年第一次临时股东会及第五届监事会第三次会议选举,吕伟先生当选为本公司第五届监事会监事并担任监事长职务。

报告期内,本公司其他董事、监事及高级管理人员未发生变动。

8.3 报告期内本公司重大未决诉讼事项

8.3.1 报告期内,本公司重大未决诉讼事项(包括固有及信托)

无。

8.3.2 报告期内本公司以前年度发生并于本报告年度内终结的诉讼事项(包括固有及信托)

报告期内,本公司有2笔2015年发生并于报告期内终结的诉讼事项,均为单一资金信托业务。风险由受益人承担,本公司履行受托管理职责,根据受益人的指示提起诉讼,两笔业务的被诉人分别为泰邦基建发展有限公司和深圳市正昌泰投资咨询有限公司,涉及本金分别为5亿元和4.5亿元及相关利息。报告期内,泰邦基建发展有限公司的项目已原状分配,深圳市正昌泰投资咨询有限公司的项目,法院已调解结案。

8.3.3 报告期内公司本年度发生并于本报告年度内终结的诉讼事项(包括固有及信托)

无。

8.4 报告期内,德勤华永会计师事务所(特殊普通合伙)出具了标准无保留意见的审计报告

8.5 报告期内,本公司及其董事、监事和高级管理人员受到处罚的情况

报告期内,本公司因2015年12月《信托项目全要素报表》报送数据存在差错,被中国银行业监督管理委员会福建监管局予以行政处罚,罚款50万元。除前述事项外,公司及其董事、监事和高级管理人员没有受到监管部门处罚的情况发生。

8.6 银监会及其派出机构对公司的检查意见及公司整改情况

(1)2016年3月21日,中国银行业监督管理委员会福建监管局印发《福建银监局关于兴业信托公司2015年度经营管理情况的监管意见》(闽银监发[2016]20号,以下简称《意见》)。本公司认真按照《意见》的监管要求,加快改革转型步伐,强化合规与风险管控,防范重点领域风险,加强集团内部管理,注重基础平台建设。有关落实情况报告已书面报告福建银监局。

（2）2016 年 8 月 31 日，中国银行业监督管理委员会印发《中国银监会办公厅关于兴业国际信托有限公司的现场检查意见书》（银监办发［2016］132 号），就 2015 年跨区域业务风险管控等情况出具检查意见。本公司根据监管要求，加强内控建设，提升合规管理水平，加强风险管控，重视并表管理，加大问责力度，确保公司规范有序发展。有关落实情况报告已书面报告中国银行业监督管理委员会。

8.7 本年度重大事项临时报告

无。

8.8 银监会及其省级派出机构认定的其他有必要让客户及相关利益人了解的重要信息

无。

9. 本公司监事会独立意见

报告期内，本公司监事会按照本公司章程、监事会议事规则有关规定，通过列席公司股东会、董事会会议及高级管理层相关会议、组织开展调研和审计调查、调阅文件资料等方式，依法对公司依法经营、财务情况、内部控制等事项进行了监督，对下列事项发表独立意见：

（1）依法经营情况。2016 年度，本公司依照《公司法》及有关信托业法律法规、《公司章程》等相关规定规范管理运作，董事会能够严格按照有关法律法规和公司治理规则履行职责，董事会决策程序合法有效，股东会、董事会决议能够得到有效贯彻落实，经营业绩客观真实。报告期内，本公司各董事、高级管理人员均廉洁勤勉、审慎管理、尽职尽责，努力推动公司各项事业持续健康发展，未发现董事、高级管理人员在履职时违反国家有关法律法规、《公司章程》以及其他损害公司利益、股东利益和委托人、受益人利益的行为。

（2）财务情况。2016 年度，本公司财务会计内控制度健全，管理规范；财务收支真实、合法，自营资产质量良好，风险可控；信托财产管理状况良好，未发生集合信托计划延付、涉诉或赔付问题。德勤华永会计师事务所（特殊普通合伙）对本公司 2016 年度财务报告进行了审计，并出具了标准无保留意见的审计报告，该报告能真实、公允、完整地反映公司报告期内财务状况和经营成果，不存在虚假记载、误导性陈述或者重大遗漏。

（3）内部控制情况。2016 年度，本公司持续加强全面风险管理，健全完善内部控制体系，不断加大审计监督力度和责任追究力度，内部控制情况总体良好。报告期内，本公司《关联交易管理办法》执行情况良好，各项关联交易依法合规，诚实公允。本公司现有内部控制制度符合我国有关法律法规和监管要求，符合公司当前经营管理实际，在公司对外投资、业务开展、风险控制、内部管理等方面发挥了积极的作用。本公司“三会一层”的职责和运行机制规范有效，决策程序和议事规则民主、科学，内部监督和反馈体系进一步健全。本公司法人治理结构符合法律和监管要求，组织控制、信息披露、财务管理、业务开展、内部审计等都制定了健全的规章制度并得到了有效而良好的执行，保障了公司内部控制体系完整、有效以及公司规范、安全、顺畅运营。

10. 净资本管理情况

报告期内，本公司按照中国银监会《信托公司净资本管理办法》，积极贯彻落实监管要求，优化净资本相关绩效考核指标，引导经营部门加强净资本和风险资本管理意识，加强业务转型和结构调整，提高资本使用效率，各项净资本指标均符合监管要求：截至报告期末，本公司净资产 133.65 亿元，净资本 118.52 亿元（监管要求为≥2亿元），各项风险资本之和为 75.56 亿元，净资本/各项风险资本之和为 157%（监管要求为≥100%），净资本/净资产为 89%（监管要求为≥40%）。

11. 社会责任履行情况

报告期内，本公司围绕建设“综合性、多元化、有特色的全国一流信托公司”的发展战略目标，大力倡导以“可持续发展为导向，实施社会责任管理，提升核心竞争力”的发展理念，注重发挥信托制度功能优势，加强金融创新与履行社会责任相结合，积极探索将社会责任工作融入企业价值观、企业文化、战略规划和经营管理当中，建立了全面的社会责任管理体系。

2016 年 3 月，本公司成立“兴业信托・聚益优学单一资金信托”，分别以公司、福建省连城县宣和乡中心小学为委托人和受益人，按照该信托计划自然年度投资项目的个数计提信托利益，并定期将款项拨付给公司支助的福建省连城县宣和乡中心小学，用于该校园基础设施修缮。

2016 年 9 月 1 日，《中华人民共和国慈善法》正式实施首日，本公司发挥信托本源功能，践行企业社会责任，向福建省民政厅成功登记备案了“兴业信托・幸福一期慈善信托计划”，该慈善信托计划的善款主要运用在养老、助学、扶贫等领域，这是慈善法正式实施后的国内首批慈善信托计划。

2016 年 12 月，本公司在福建省民政厅的支持与指导下，通过“兴业信托・幸福一期慈善信托计划”向福建省罗源县已建成的 96 家农村幸福院捐赠医疗保健用品。此外，本公司还计划与兴业慈善基金会合作开展“兴未来”公益项目，该公益项目主要专注流动儿童身心协调发展，通过建立“兴未来”社区儿童之家，在社区内引进和挖掘提供教育资源和社工服务的公益力量，为儿童身心健康发展提供支持，从而促进儿童心智成长。

2016 年，本公司专门成立“绿色信托推动工作小组”，组织制定《兴业国际信托有限公司 2016—2020 年“绿色信托”规划》，发挥信托独特制度及多牌照经营优势，搭建“绿色信托”平台，提供全流程综合化绿色信托服务。截至 2016 年末，本公司绿色信托业务规模达 100.43 亿元，涵盖交通、水利、新能源、节能环保等领域。

英大国际信托有限责任公司

1. 重要提示

1.1 本公司董事会及董事保证本报告所载资料不存在任何虚假记载、误导性陈述或者重大遗漏，并对其内容的真实性、准确性和完整性承担个别及连带责任。

1.2 本公司董事长王剑波、总经理张传良、财务负责人周丰收声明：保证年度报告中财务报告的真实、完整。

1.3 独立董事马林、林伯强、杨健声明：保证年度报告中财务报告的真实、准确、完整。

2. 公司概况

2.1 公司简介

英大国际信托有限责任公司的前身为济南市国际信托投资公司，成立于1987年5月。2000年6月，经山东省政府和中国人民银行正式核准予以单独保留。2001年12月31日，经中国人民银行银复[2001]264号文批复，获得《中华人民共和国信托机构法人许可证》，注册资本增至5亿元，名称变更为英大国际信托投资有限责任公司。2003年11月26日，经中国银行业监督管理委员会山东监管局核准，获得《中华人民共和国金融许可证》。2006年，公司实施增资扩股，国家电网公司成为公司第一大股东，公司注册资本由5亿元增至15亿元。2007年9月，经中国银监会的审批，换发了新金融许可证，公司名称变更为英大国际信托有限责任公司。2009年9月，国家电网公司将持有的公司股权划转至国网资产管理有限公司（现已更名为国网英大国际控股集团有限公司），国网资产管理有限公司（国网英大国际控股集团有限公司）成为公司的控股股东。2010年7月，经监管及政府部门批准，公司注册地迁址北京。2012年12月，公司注册资本由15亿元增至18.22亿元。2015年8月，公司注册资本变更为30.22亿元。

30年来，英大国际信托有限责任公司秉承“诚信为本、依法理财”的经营理念，积极践行“诚信、责任、创新、奉献”的核心价值观，在各级政府、监管部门以及股东的帮助和支持下，逐步走出了一条服务大企业集团、服务社会投资者的特色经营之路，并取得了良好业绩。2016年，公司行业评级获评A级，连续九年荣登由金融时报社、中国社会科学院金融所共同举办的“中国金融机构金牌榜”，年内荣获“年度最具创新力信托公司”称号。

2.1.1 公司中文名称：英大国际信托有限责任公司
英文：Yingda Iiternational Trust Co. ,Ltd
缩写：英大信托

2.1.2 法定代表人：王剑波

2.1.3 注册地址：北京市东城区建国门内大街乙18号院1号楼英大国际大厦4层
邮编：100005

2.1.4 国际互联网网址：www. yditc. sgcc. com. cn

2.1.5 电子信箱：yditc@ yditc. sgcc. com. cn

2.1.6 信息披露负责人：乔发栋
联系电话：010-51960333
传　　真：010-51960222
电子信箱：fadong - qiao@ yditc. sgcc. com. cn

2.1.7 信息披露媒体：《金融时报》

2.1.8 公司年报备置地点：北京市东城区建国门内大街乙18号院1号楼

2.1.9 聘请的会计师事务所：中天运会计师事务所（特殊普通合伙）
地址：北京市西城区车公庄大街九号五栋大楼B1座七层、八层
聘请的律师事务所：北京市兰台律师事务所
地址：北京市朝阳区曙光西里甲1号第三置业大厦B座29层

2.2 组织结构

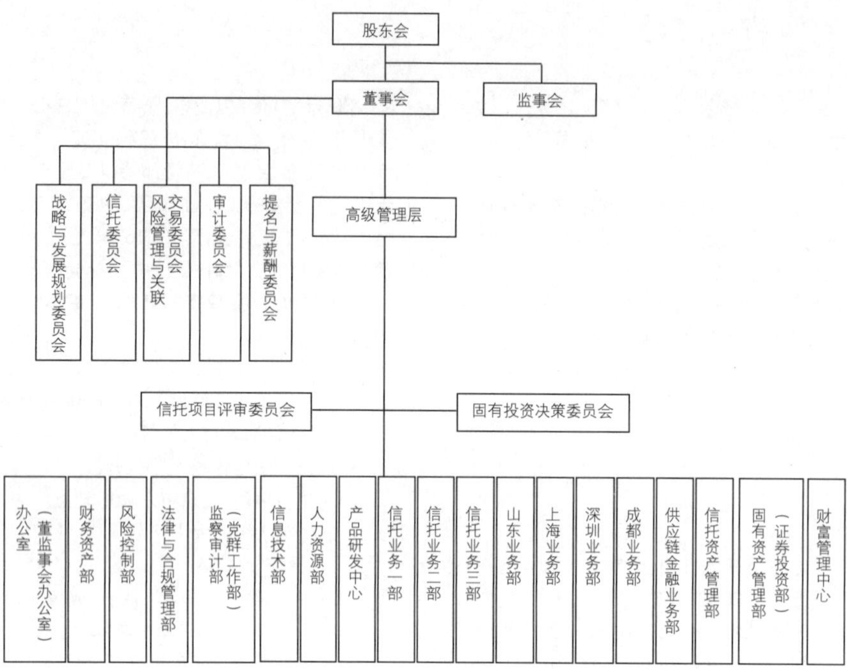

3. 公司治理

3.1 公司治理结构

3.1.1 股东

股东总数6家，持股股东中持股比例超过10%的股东及前三名股东的情况

股东名称	持股比例（%）	法人代表	注册资本（亿元）	注册地址	主要经营业务
国网英大国际控股集团有限公司	84.55	辛绪武	190	北京市东城区建国门内大街乙18号院1号楼	投资与资产经营管理；资产托管；为企业重组、并购、战略配售、创业投资提供服务；投资咨询、投资顾问。
中国电力财务有限公司	5.21	盖永光	100	北京市东城区建国门内大街乙18号院1号楼	对成员单位办理财务和融资顾问、信用鉴证及相关的咨询、代理业务；办理成员单位之间的委托贷款及委托投资；办理成员单位之间的内部转账结算及相应的结算、清算方案设计；经批准发行财务公司债券等
济南市能源投资有限责任公司	4.38	王智太	2	济南市天桥区英贤街19号（吉华大厦）	济南市基建基金的运营管理，对济南市市属范围内的建设项目进行投资，重点向能源、金融、高新技术产业投资。

股东之间关联关系说明：国网英大国际控股集团有限公司投资于第二位股东中国电力财务有限公司。

3.1.2 董事、董事会及其下属委员会

董事长及董事

姓名	职务	性别	年龄（岁）	选任日期	所推举的股东名称	该股东持股比例（%）	任职单位及职务
王剑波	董事长	男	52	2015年3月	国网英大国际控股集团有限公司	84.55	英大国际信托有限责任公司董事长
张传良	职工董事	男	49	2013年12月	工会会员大会	—	英大国际信托有限责任公司总经理
马晓燕	董事	女	47	2012年4月	国网英大国际控股集团有限公司	84.55	国网英大国际控股集团有限公司总会计师
范海荣	董事	男	47	2016年11月	国网英大国际控股集团有限公司	84.55	国网英大国际控股集团计划投资部主任
张彤宇	董事	男	47	2008年12月	国网英大国际控股集团有限公司	84.55	国网英大国际控股集团有限公司风险管理部主任
张守合	董事	男	52	2010年5月	济南市能源投资有限责任公司	4.38	济南市能源投资有限责任公司副总经理

独立董事

姓名	性别	年龄（岁）	选任日期	所推举的股东名称	该股东持股比例（%）	任职单位及职务
马　林	男	63	2012 年 4 月	国网英大国际控股集团有限公司	84.55	退休干部，原国家税务总局干部
林伯强	男	59	2015 年 3 月	国网英大国际控股集团有限公司	84.55	厦门大学中国能源经济研究中心主任
杨　健	男	57	2015 年 3 月	国网英大国际控股集团有限公司	84.55	中国人民大学金融信息中心主任

董事会下属委员会组成情况

董事会下属委员会名称	职责	组成人员姓名	任职单位及职务
战略与发展规划委员会	负责公司长期发展战略规划，对公司重大投资、重大资本运作和资产运营等事项进行研究，提出建议。	王剑波（主任）	英大国际信托有限责任公司董事长
		林伯强	厦门大学中国能源经济研究中心主任
		范海荣	国网英大国际控股集团计划投资部主任
信托委员会	督促公司依法履行受托职责，当公司或股东利益与受益人利益发生冲突时，保证公司为受益人的最大利益服务。	杨健（主任）	中国人民大学金融信息中心主任
		张传良	英大国际信托有限责任公司总经理
		范海荣	国网英大国际控股集团计划投资部主任
风险管理和关联交易委员会	监督、评估公司的风险管理状况，提出完善风险管理意见，监督、评估公司风险管理部门的工作。	张彤宇（主任）	国网英大国际控股集团有限公司风险管理部主任
		张传良	英大国际信托有限责任公司总经理
		马　林	独立董事
审计委员会	负责监督公司内部、外部审计工作。	马晓燕（主任）	国网英大国际控股集团有限公司总会计师
		张守合	济南市能源投资有限责任公司副总经理
		范海荣	国网英大国际控股集团计划投资部主任
提名与薪酬委员会	负责审核公司的人事与薪酬管理制度，监督公司人力资源管理工作，对人力资源管理及绩效考核等工作提出建议和意见。	张传良（主任）	英大国际信托有限责任公司总经理
		张彤宇	国网英大国际控股集团有限公司风险管理部主任
		张守合	济南市能源投资有限责任公司副总经理

3.1.3　监事、监事会及其下属委员会

监事会成员

姓名	职务	性别	年龄（岁）	选任日期	所推举的股东名称	该股东持股比例（%）	任职单位及职务
史厚云	监事长	男	45	2015 年 3 月	国网英大国际控股集团有限公司	84.55	国家电网公司审计部副主任
金嘉民	监事	男	47	2012 年 4 月	国网上海市电力公司	3.84	国网上海市电力公司审计部主任
翟红卫	职工监事	女	48	2012 年 4 月	工会会员大会	—	英大国际信托有限责任公司法律与合规管理部主任

3.1.4　高级管理人员

姓名	职务	性别	年龄（岁）	选任日期	金融从业年限（年）	学历	专业	任职单位及职务
张传良	总经理	男	49	2013 年 12 月	17	研究生	工商管理	英大国际信托有限责任公司总经理
刘卫东	副总经理	男	54	2015 年 3 月	6	研究生	工商管理	英大国际信托有限责任公司副总经理
王迎新	副总经理	男	48	2013 年 12 月	17	研究生	工商管理	英大国际信托有限责任公司副总经理
周丰收	总会计师	女	53	2015 年 3 月	9	大学	会计专业	英大国际信托有限责任公司总会计师
时　凯	总经理助理	男	54	2015 年 9 月	13	研究生	科学技术哲学	英大国际信托有限责任公司总经理助理
乔发栋	总经理助理	男	42	2015 年 9 月	6	研究生	金融学	英大国际信托有限责任公司总经理助理
李翔宇	总经理助理	男	35	2016 年 3 月	9	研究生	工商管理	英大国际信托有限责任公司总经理助理

3.1.5　公司员工

最近两个年度职工人数、年龄分布、学历分布、岗位分布，所有层级加总整体为 100%。

项目		报告期年度		上年度	
		人数（人）	比例（%）	人数（人）	比例（%）
年龄分布	20 岁及以下	0	0.00	0	0.00
	20～29 岁	44	29.14	46	30.67
	30～39 岁	42	27.81	45	30
	40 岁及以上	65	43.05	59	39.33
学历分布	博士	6	3.97	6	4
	硕士	93	61.59	89	59.33
	本科	37	24.50	40	26.67
	专科	8	5.30	8	5.33
	其他	7	4.64	7	4.67
岗位分布	董事、监事及其他高管人员	6	3.97	6	4
	自营业务人员	7	4.64	7	4.67
	信托业务人员	67	44.37	67	44.67
	其他人员	71	47.02	70	46.66

注：自营业务人员是指按照岗位分工，专门或至少主要从事固有资金使用和固有资产管理有关业务的职工；信托业务人员是指按照岗位分工，专门或主要从事信托资金使用和信托资产管理各项业务的职工；对于人力资源部等类似无法明确区分的综合部门归为其他人员。

3.2 公司治理信息

3.2.1 年度内召开股东会情况

本年度公司共召开了三次股东会会议，其中股东年会一次，另两次为临时股东会会议。

3.2.2 董事会及其下属委员会履行职责情况

本年度公司共召开了六次董事会会议。

3.2.3 监事会及其下属委员会履行职责情况

本年度公司共召开了两次监事会会议，即第十届监事会第三次会议、第十届监事会第四次会议。

3.2.4 公司监事会独立意见

报告期内，公司认真贯彻执行国家经济金融政策，按照监管要求加强法人治理和内部控制建设。董事会严格履职，着力提高执行力，规范信息披露，加强合规建设，有效保障了公司依法合规经营、规范管理，切实维护了公司、公司股东和信托受益人的合法权益。公司财务报告真实准确地反映了公司的财务管理状况和经营成果。

3.2.5 高级管理人员履职情况

报告期内，公司高级管理层分工协作，认真落实董事会工作要求，组织实施管理创新和业务创新，加强市场开拓和队伍建设，严格风险管理，全面超额完成董事会年初确定的各项经营目标，第九次荣登“中国金融机构排行榜”，获得“年度最具创新力信托公司”称号，行业评级获评 A 级，市场竞争力、行业影响力和社会美誉度进一步提高。

4. 经营管理

4.1 战略规划、经营方针和经营目标

公司的战略规划：全力实施特色化经营、专门化服务，以主动性、创新性思维，迎接信托新常态，坚持市场化方向，坚持产融结合，坚持服务实体经济，加快调整业务结构，大力拓展电力产业链业务，打造电网领域的绝对优势、电力行业的领先优势、清洁能源的先进优势，通过“两个提升，三大体系建设”，成为国内专业的资产管理和财富管理机构。

公司的经营方针：坚持“转型、提质、合规、发展”的经营方针，努力提升投资理财能力、资源整合能力、风险防控能力和产品创新能力，全面提升公司市场竞争力，加快建设综合优势明显、核心竞争力突出的一流信托公司。

公司的经营目标：完善治理结构，强化风险防范，加快机制创新，实施人才强企，通过业务创新和深度服务，打造具有较强资金配置能力、资产管理能力、风险防范能力，比较优势明显，综合实力突出的国内一流的资产管理和财富管理公司。打造具有“市场化、专业化、创造力、影响力”的现代信托公司，成为国内一流、国际知名资产管理和财富管理专家，清洁能源领域金融服务领航者。

4.2 所经营业务的主要内容

自营资产运用与分布表

2016 年 12 月 31 日

资产运用	金额（万元）	占比（%）	资产分布	金额（万元）	占比（%）
货币资产	26 866.46	4.76	基础产业	40 000.00	7.09
贷款及应收款	40 000.00	7.09	房地产业	0.00	0.00
交易性金融资产	0.00	0.00	证券市场	12 168.97	2.16
可供出售金融资产	371 200.41	65.81	实业	0.00	0.00
持有至到期投资	42 166.67	7.48	金融机构	508 225.81	90.10
长期股权投资	9 800.00	1.74	其他	3 647.02	0.65
其他	74 008.26	13.12			
资产总计	564 041.80	100.00	资产总计	564 041.80	100.00

注：资产分布中的“其他”栏目主要为货币资产。

信托资产运用与分布表

2016 年 12 月 31 日

资产运用	金额（万元）	占比（%）	资产分布	金额（万元）	占比（%）
货币资产	67 528.12	0.31	基础产业	13 793 075.60	62.16
贷款	6 689 676.15	30.15	房地产	3 007 375.51	13.55
交易性金融资产	2 454.05	0.01	证券市场	44 761.21	0.20
可供出售金融资产	44 279.00	0.20	实业	2 285 453.40	10.30
持有至到期投资	3 193 559.35	14.39	金融机构	1 294 899.80	5.84
长期股权投资	1 007 764.00	4.54	其他	1 764 423.44	7.95
其他	11 184 728.29	50.40			
信托资产总计	22 189 988.96	100.00	信托资产总计	22 189 988.96	100.00

注：资产分布中的“其他”栏目主要为公司受托管理的财产权信托和货币资产。

4.3 市场分析

4.3.1 有利因素

第一，整体来说，信托行业发展的宏观基础向好，为信托行业发展提供了较为稳定的宏观经济环境及较好的机会。

第二，居民财富的积累，特别是高端客户资产规模持续增长，为理财型信托产品市场的增长奠定了基础。

第三,信托业监管不断完善、优化,监管部门持续加强监管力度,有效净化信托业经营环境,积极引导信托公司增强风险防控能力及主动管理能力,推动信托行业的持续健康发展。

第四,2015 年公司的注册资本增至 30.22 亿元。为进一步充实资本,优化股权结构,提升公司法人治理水平,健全激励约束机制,2016 年公司也在加快推进战略投资者引进工作。随着资本实力的充实,未来市场竞争力进一步增强。

4.3.2 不利因素

一是现阶段,在宏观经济下行和“泛资管”竞争加剧的双重挑战下,信托业已步入转型发展的新阶段,传统业务结构和发展模式亟待变革和调整,需要在新的市场条件和政策指引下寻找发展新动力。

二是“泛资管”竞争愈演愈烈。新一轮监管放松、业务创新的浪潮逐渐开始打破各类型金融机构间的竞争壁垒,财富管理业多元包容开放竞争格局形成,资产管理行业进入群雄逐鹿的时代。各类型资产管理机构投资渠道呈现出全面放开的态势,从“泛资管”市场看,资管行业规模持续增长,2016 年末市场规模超过到 100 万亿元,未来整个行业竞争将会变得更加惨烈。

三是信托业务面临重构。信托的融资类信托业务逐渐萎缩,产品的收益率也呈现下行趋势,预计融资类业务将继续萎缩,信托业务在转型过程中面临重构,更加注重经济发展过程中资金需求方式的优化调整和信托公司主动管理能力的提升。

4.4 内部控制

4.4.1 内部控制环境和内部控制文化

科学的法人治理环境和组织机构是内部控制的基础。公司建立了股东会、董事会、监事会、高级管理层、专业委员会组成的权责清晰、合理制衡的公司治理结构;完善了部门和岗位设置,科学划分职责和权限;不断健全市场化用人机制、加快人才梯队建设。

公司重视内控文化建设、制度建设和队伍建设。坚持“抓合规、控风险、促发展”的管理理念,努力营造“全员参与内控,业务发展坚持内控优先”的内控文化氛围。通过学习培训、月度例会、专题讲座、交流与研讨会等多种形式,剖析案例,解读监管法律法规;通过修订和完善公司制度、不断优化业务指引及决策审批流程,不断增强全体员工依法合规的意识,提高风险识别能力和风险防范能力;通过完善内部管理制度和责任追究制度,加强公司内控人员队伍建设,把内控建设和执行落到实处,提升公司内控文化。

4.4.2 内部控制措施

内部控制措施主要包括不相容岗位分离控制、授权审批、业务流程控制、会计系统控制、财产保护控制、预算控制、信息系统控制和绩效考评控制等。报告期内,公司不断推进内控建设、制度建设、业务指引及决策审批流程体系构建,注重监督检查和评价内控的科学性、规范性和可操作性。

报告期内,公司进一步加强制度体系建设,根据经营管理需求,严格执行年度制度建设计划,全面升级完善公司规章制度体系,修订、新增《业务审批及决策管理办法》《信托项目评审委员会工作规则》等 23 项规章制度,公司现行补充制度体系扩容至 158 项。

报告期内,公司继续完善业务指引,针对公司重点拓展、创新的业务领域,建立健全相关业务指引,修订了《光伏发电行业信托业务指引》《房地产信托业务指引》,建立尽职调查标准,建立项目指标、增信措施、其他指标等关键风险评价指标体系,明确各类业务准入门槛。

报告期内,公司进一步优化业务审批决策机制,引进外部人才力量,有效提升决策效率及独立性;修订了《业务审批及决策管理办法》,将特殊事项审批在制度中进行规范,强化操作风险防范;修订了《信托项目评审委员会工作规则》,优化信托项目评审会议事规则,建立完善市场化的项目评审工作机制。

公司内控体系工作顺利进行,为公司建立了良好的内部控制环境,有效提升公司审批决策质量,合理保证公司经营管理合法合规、资产安全、财务报告及相关信息真实完整,提高经济效率和效果,确保公司各部门及各项经营活动均能在内部控制制度框架内健康运行。

4.4.3 信息交流与反馈

公司建立了无障碍信息交流与反馈平台。通过各项制度确立了清晰完整的报告线,明确公司股东会、董事会、监事会、高级管理层、专业委员会、各部门和员工的职责范围和报告路径。

借助业务管理综合信息系统、办公自动化系统、公司门户网站等信息化平台,收集、处理、存储、利用和反馈大量业务信息和管理信息,保证董事会、监事会、高级管理层、专业委员会能够掌握公司发展战略和业务发展方向,及时了解公司的经营和风险状况;各个部门和员工明确了解自身的职责权限和规则标准,相关工作信息均能够顺畅反馈,前台、中台、后台通过信息交流实施监督和制约;及时、真实、准确地向中国银监会及北京监管局报送监管报表和对外披露信息;根据文件约定,向相关利益人提交书面文件披露信托资产管理、运用信息。

4.4.4 监督评价与纠正

公司法律与合规管理部和财务资产部行使内部控制职能,监察审计部对内部控制进行再监督,负责常规及专项稽核工作的实施,督促相关整改建议的落实,独立向董事会及高管层报告。

报告期间,公司各项业务健康发展,内控制度执行良好,部门履行职责充分,监督及反馈机制运行有效,未出现违法违规事件。

4.5 风险管理

4.5.1 风险管理概况

公司按照职责清晰、纵向延伸、横向覆盖的原则逐步建立了与业务结构相适应的风险管理组织体系。首先,按照信托法规和监管政策的要求,完善以董事会为核心的全方位、多层次的风险管理组织体系。董事会负责制定公司风险管理战略,下设风险管理委员会,对公司重大风险事项进行审议。高级管理层负责组织实施经董事会批准的风险管理战略。其次,建立适合公司业务发展的全面风险管理体系,根据全面风险管理体系建设的初步方案,分别从风险管理战略、流程、组织、策略、主要业务风险及管理措施等方面,梳理公司风险管理体系现状,查找主要问题,提出较为清晰的体系建设阶段性目标及建议。同时,公司内部建立了覆盖前台、中台、后台的风险管理组织架构,具体执行风险管理战略、策略和制度,落实风险管理“三道防线”责任。公司董事会和管理层坚持审慎经营，以先进风险管理手段指导业务发展，积极推进全员的风险管理文化。

公司建立定期风险监测制度，完善风险管理指标体系。公司建立了月度、季度、年度风险管理报告制度，定期监测分析公司风险状况，对重大风险按照管理要求实施及时报告制度。报告期内，公司不断推动风险管理量化建设，优化风险管理指标体系，力求建立公司风险管理长效机制，提高公司风险控制与应对能力，促进公司业务健康稳定发展。

公司完善项目决策流程，聘请外部专家，优化信托项目评审制度，深化业务条线与风控条线的独立性，为提升公司项目风险管理水平提供了保证。

公司建立健全核心业务系统、信托财务核算系统、经济法律系统等风险管控信息技术系统，公司业务流转和合同管理全部实现信息系统线上运行。通过建立健全风险控制信息系统，加快公司制度、业务流程的软件化，实现权力运行硬约束，进一步防范操作风险，增强公司风险防控能力。

4.5.2 风险状况

公司风险管理的对象包括公司在经营过程中可能遇到的信用风险、市场风险、操作风险以及政策风险、流动性风险、法律风险、声誉风险等。

4.5.2.1 信用风险状况

报告期内，公司进一步优化业务结构，深化项目风险管理，资产质量保持平稳增长，自营业务与信托业务的风险敞口均保持在可接受的范围内，信托和固有业务信用风险基本可控。

4.5.2.2 市场风险状况

报告期内，公司积极探索一系列应对策略，提升公司核心进竞争力，做到与国家经济的市场化特别是利率市场化进程同步，投资业绩良好，各项业务均实现了不同程度的业绩增长。

4.5.2.3 操作风险状况

报告期内，公司通过加强内控体系建设，严格执行岗位分离控制、授权审批、业务流程控制等，未发生因操作风险造成的损失。

4.5.2.4 其他风险状况

报告期内，公司通过全面有效的风险管理，未发生因政策风险、流动性风险、法律风险和声誉风险等其他风险所造成的损失。

4.5.3 风险管理

4.5.3.1 信用风险管理

报告期内，针对公司处在战略转型期的特点，进一步加强资产管理，严格风控措施落实情况监督，强化资金、账户监管，把好资金划拨关口。结合监管重点，对房地产、地方政府融资平台等业务实施跟踪监控。加强贷后风险管理，严格按照定《信托项目贷后现场检查管理办法》执行。履行尽职管理义务，依法合规开展信息披露。全年管理信托项目 1 200 个，清算兑付 2 825 批次，项目兑付率、核算准确率继续保持 100%。

4.5.3.2 市场风险管理

公司密切关注市场经济运行状况，加强与监管部门及同业交流沟通，积极规避产能过剩行业的新增产能项目。持续关注交易对手产品、服务及关键生产要素的市场变化，如产品市场销售状况、供应链及原材料成本等。同时加强抵（质）押物的管理，持续监控抵（质）押物的市场价格波动对抵（质）押率的影响。对于证券投资交易，坚持逐日盯市制度，对市场情况进行监控，及时调整投资策略和投资组合。坚持新业务开拓创新，根据净资本水平，灵活决策管理，积极避免因市场风险带来的诸多不确定性。

4.5.3.3 操作风险管理

报告期内，公司未发生误操作、违规操作导致的财务损失，公司内控管理充分有效，操作风险可控。

4.5.3.4 其他风险管理

公司根据国家政策、宏观政策和行业政策的导向，积极调整经营策略和业务发展方向，确保公司经营和国家政策的一致性；公司根据法律法规和监管部门要求制定各项规章制度，法律与合规管理部负责对业务的合法合规性进行审查，对法律事务进行专项管理，确保公司业务合法合规；公司通过强化合规经营理念，建立健全规章制度，严格规范内控体系，明确职能岗位分工，落实责任追究制度，加强思想道德和职业素质教育，树立诚信的企业文化，增强员工风险文化意识。同时，公司将发展战略和企业文化与声誉构建有机结合，通过尽职管理和信息披露塑造公司良好形象，加强业务评审和风险管理，有效规避声誉风险。

4.6 2016 年净资本、风险资本及风险控制指标状况

公司按照《信托公司净资本管理办法》要求，对公司净资本和风险资本进行有效管理。报告期内，公司净资本风险控制指标不断优化，全部达到监管要求。截至 2016 年 12 月 31 日，公司净资本额 45.65 亿元，净资本/各项业务风险资本之和为 239%，净资本/净资产为 83%。

5. 报告期末及上一年度末的比较式会计报表

5.1 自营资产

5.1.1 会计师事务所审计意见全文

审计报告

中天运（2017）审字第 00072 号

英大国际信托有限责任公司全体股东：

我们审计了后附的英大国际信托有限任公司（以下简称贵公司）的财务报表，包括 2016 年 12 月 31 日的合并及公司资产负债表，2016 年度合并及公司的利润表、合并及公司的现金流量表和合并及公司的所有者权益变动表、2016 年 12 月 31 日合并及公司的资产减值准备情况表以及财务报表附注。

一、管理层对财务报表的责任

编制和公允列报财务报表是英大信托公司管理层的责任，这种现任包括：（1）按照企业会计准则的规定编制财务报表，并使其实现公允反映；（2）设计、执行和维护必要的内部控制，以使财务报表不存在由于舞弊或错误导致的重大错报。

二、注册会计师的责任

我们的责任是在执行审计工作的基础上对财务报表发表审计意见。我们按照中国注册会计师审计准则的规定执行了审计工作。中国注册会计师审计准则要求我们遵守中国注册

会计师职业道德守则，计划和执行审计工作以对合并财务报表是否不存在重大错报获取合理保证。

审计工作涉及实施审计程序，以获取有关财务报表金额和披露的审计证据。选择的审计程序取决于注册会计师的判断，包括对由于舞弊或错误导致的财务报表后果大错报风险的评估。在进行风险评估时，注册会计师考虑与财务报表编制和公允列报相关的内部控制，以设计恰当的审计程序，但目的并非对内部控制的有效性发表意见。审计工作还所括评价管理层选用会计政策的恰当性和作出会计估计的合理性，以及评价财务报表的总体列报。

我们相信，我们获取的审计证据是充分、适当的，为发表审计意见提供了基础。

三、审计意见

我们认为，上述财务报表在所有重大方面按照企业会计准则的规定编制，公允反映了贵公司 2016 年 12 月 31 日及公司的合并财务状况以及 2016 年度合并及公司的经营成果和现金流量。

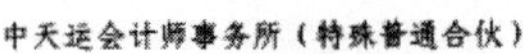
中天运会计师事务所（特殊普通合伙）　　中国注册会计师：

中国·北京

二〇一七年四月二十日　　中国注册会计师：

5.1.2　资产负债表

合并资产负债表

编制单位：英大国际信托有限责任公司　　2016 年 12 月 31 日　　单位：万元

资产	年末余额	年初余额	负债和所有者权益	年末余额	年初余额
资产：			负债：		
现金及存放中央银行款项	0.09	0.09	向中央银行借款	—	—
存放同业款项	39 062.08	45 456.94	同业及其他金融机构存放款项	—	—
贵金属	—	—	拆入资金	—	—
拆出资金	—	—	交易性金融负债	—	—
交易性金融资产	—	—	衍生金融负债	—	—
衍生金融资产	—	—	卖出回购金融资产款	—	—
买入返售金融资产	70 334.96	130 001.95	吸收存款	—	—
应收利息	26.29	38.93	应付职工薪酬	905.53	701.66
发放贷款和垫款	40 000.00	48 000.00	应交税费	5 881.98	5 600.12
可供出售金融资产	374 699.65	195 145.99	应付利息	—	—
持有至到期投资	42 166.67	99 931.05	预计负债	—	—
长期股权投资	—	—	应付债券	—	—
投资性房地产	—	—	递延所得税负债	100.00	147.57
固定资产	1 460.91	1 779.42	其他负债	949.58	10 678.33
无形资产	1 260.21	1 454.95		—	—
递延所得税资产	803.31	407.76	负债合计	7 837.08	17 127.68
其他资产	2 783.37	2 848.51	所有者权益(或股东权益)：	—	—
	—	—	实收资本(或股本)	302 175.45	302 175.45
	—	—	资本公积	17 686.40	17 686.40
	—	—	减：库存股	—	—
	—	—	其他综合收益	-1 237.10	39.13
	—	—	盈余公积	42 175.19	35 827.63
	—	—	一般风险准备	28 670.04	24 614.38
	—	—	未分配利润	166 321.98	119 265.49
	—	—	归属于母公司所有者权益合计	555 791.96	499 608.48
	—	—	少数股东权益	8 968.52	8 329.43
	—	—	所有者权益合计	564 760.47	507 937.91
资　产　总　计	572 597.56	525 065.59	负债和所有者权益(或股东权益)总计	572 597.56	525 065.59

资产负债表

编制单位：英大国际信托有限责任公司　　2016 年 12 月 31 日　　单位：万元

资产	年末余额	年初余额	负债和所有者权益	年末余额	年初余额
资产：			负债：		
现金及存放中央银行款项	0.09	0.09	向中央银行借款	—	—
存放同业款项	26 866.36	34 850.29	同业及其他金融机构存放款项	—	—
贵金属	—	—	拆入资金	—	—
拆出资金	—	—	交易性金融负债	—	—
交易性金融资产	—	—	衍生金融负债	—	—
衍生金融资产	—	—	卖出回购金融资产款	—	—
买入返售金融资产	70 334.96	130 001.95	吸收存款	—	—
应收利息	26.29	38.93	应付职工薪酬	633.70	496.50
发放贷款和垫款	40 000.00	48 000.00	应交税费	5 672.21	5 327.23
可供出售金融资产	371 200.41	192 164.62	应付利息	—	—
持有至到期投资	42 166.67	99 931.05	预计负债	—	—
长期股权投资	9 800.00	9 800.00	应付债券	—	—
投资性房地产	—	—	递延所得税负债	100.00	147.57
固定资产	1 194.41	1 409.85	其他负债	660.75	10 291.05
无形资产	398.13	326.72		—	—
递延所得税资产	778.12	378.10	负债合计	7 066.65	16 262.35
其他资产	1 276.36	766.43	所有者权益（或股东权益）：		
	—	—	实收资本（或股本）	302 175.45	302 175.45
	—	—	资本公积	17 686.40	17 686.40
	—	—	减：库存股	—	—
	—	—	其他综合收益	-1 200.07	82.72
	—	—	盈余公积	42 175.19	35 827.63
	—	—	一般风险准备	28 253.02	24 386.49
	—	—	未分配利润	167 885.16	121 246.99
	—	—	所有者权益（或股东权益）合计	556 975.15	501 405.69
资产总计	564 041.80	517 668.03	负债和所有者权益（或股东权益）总计	564 041.80	517 668.03

5.1.3 利润表

合并利润表

2016 年度

编制单位:英大国际信托有限责任公司　　2016 年度　　单位:万元

项目	本年金额	上年金额
一、营业收入	113 447.69	120 383.75
利息净收入	8 367.93	9 609.06
利息收入	8 367.93	9 609.06
利息支出	0.00	0.00
手续费及佣金净收入	93 396.01	87 923.52
手续费及佣金收入	93 473.89	88 044.53
手续费及佣金支出	77.88	121.01
投资收益(损失以"-"填列)	11 633.34	22 810.13
其中:对联营企业和合营企业的投资收益	0.00	0.00
公允价值变动收益(损失以"-"填列)	0.00	0.00
汇兑收益(损失以"-"填列)	40.68	33.84
其他业务收入	9.73	7.20
二、营业支出	28 413.65	30 103.64
营业税金及附加	2 838.76	6 280.09
业务及管理费	25 574.89	23 817.92
资产减值损失	0.00	5.63
其他业务成本	0.00	0.00
三、营业利润(亏损以"-"填列)	85 034.03	90 280.11
加:营业外收入	536.67	508.53
减:营业外支出	33.65	1.51
四、利润总额(亏损总额以"-"填列)	85 537.05	90 787.13
减:所得税费用	20 821.80	21 034.94
五、净利润(净亏损以"-"填列)	64 715.26	69 752.19
归属于母公司所有者的净利润	64 083.01	68 342.05
少数投东损益	632.25	1 410.14
六、每股收益		
(一)基本股每股收益		
(二)稀释股每股收益		
八、其他综合收益	-1 269.39	-1 425.11
八、综合收益总额	63 445.86	68 327.08
归属于母公司所有者的综合收益总额	62 806.78	67 063.70
归属于少数股东的综合收益总额	639.08	1 263.38

利润表

2016 年度

编制单位:英大国际信托有限责任公司　　单位:万元

项目	本年金额	上年金额
一、营业收入	105 165.18	110 893.66
利息净收入	8 068.63	9 287.20
利息收入	8 068.63	9 287.20
利息支出	0.00	0.00
手续费及佣金净收入	85 519.11	78 895.85
手续费及佣金收入	85 519.71	78 931.17
手续费及佣金支出	0.60	35.32
投资收益(损失以"-"填列)	11 534.24	22 669.57
其中:对联营企业和合营企业的投资收益	0.00	0.00
公允价值变动收益(损失以"-"填列)	0.00	0.00
汇兑收益(损失以"-"填列)	40.68	33.84
其他业务收入	2.52	7.20
二、营业支出	21 720.70	22 874.30
营业税金及附加	2 659.95	5 788.79
业务及管理费	19 060.75	17 079.88
资产减值损失	0.00	5.63
其他业务成本	0.00	0.00
三、营业利润(亏损以"-"填列)	83 444.48	88 019.37
加:营业外收入	536.67	508.53
减:营业外支出	33.65	1.51
四、利润总额(亏损总额以"-"填列)	83 947.50	88 526.38
减:所得税费用	20 471.94	20 967.57
五、净利润(净亏损以"-"填列)	63 475.55	67 558.81
六、每股收益	0.00	0.00
(一)基本股每股收益	0.00	0.00
(二)稀释股每股收益	0.00	0.00
七、其他综合收益	-1 282.79	-1 137.34
八、综合收益总额	62 192.76	66 421.47

5.1.4 所有者权益变动表

合并所有者权益变动表

编制单位：英大国际信托有限责任公司　　　　2016 年度　　　　单位：万元

项目	本年金额												
	归属于母公司所有者权益											少数股东权益	所有者权益合计
	实收资本（或股本）	其他权益工具	资本公积	减：库存股	其他综合收益	专项储备	盈余公积	△一般风险准备	未分配利润	其他	小计		
栏次	1	2	3	4	5	6	7	8	9	10	11	12	13
一、上年年末余额	302 175.45	—	17 686.40	—	39.13	—	35 827.63	24 614.38	119 265.49	—	499 608.48	8 329.43	507 937.91
加：会计政策变更	—	—	—	—	—	—	—	—	—	—	—	—	—
前期差错更正	—	—	—	—	—	—	—	—	—	—	—	—	—
其他		—		—									
二、本年年初余额	302 175.45	—	17 686.40	—	39.13	—	35 827.63	24 614.38	119 265.49	—	499 608.48	8 329.43	507 937.91
三、本年增减变动金额（减少以"－"号填列）		—		—	-1 276.23	—	6 347.56	4 055.66	47 056.49		56 183.48	639.08	56 822.56
（一）综合收益总额	—	—	—	—	-1 276.23	—			64 083.01		62 806.78	639.08	63 445.86
（二）所有者投入和减少资本	—	—		—	—	—							
1. 所有者投入的普通股	—	—	—	—	—	—							
2. 其他权益工具持有者投入资本	—	—	—	—	—	—							
3. 股份支付计入所有者权益的金额	—	—	—	—	—	—							
4. 其他	—	—		—	—	—							
（三）专项储备提取和使用	—	—	—	—	—	—							
1. 提取专项储备	—	—	—	—	—	—							
2. 使用专项储备	—	—	—	—	—	—							
（四）利润分配	—	—	—	—	—	—	6 347.56	4 055.66	-17 026.52		-6 623.30		-6 623.30
1. 提取盈余公积	—	—	—	—	—	—	6 347.56		-6 347.56				
其中：法定公积金	—	—	—	—	—	—	6 347.56		-6 347.56				
任意公积金	—	—	—	—	—	—							
#储备基金	—	—	—	—	—	—							
#企业发展基金	—	—	—	—	—	—							
#利润归还投资	—	—	—	—	—	—							
2. 提取一般风险准备	—	—	—	—	—	—		4 055.66	-4 055.66				
3. 对所有者（或股东）的分配	—	—	—	—	—	—			-6 623.30		-6 623.30		-6 623.30
4. 其他						—							
（五）所有者权益内部结转						—							
1. 资本公积转增资本（或股本）						—							
2. 盈余公积转增资本（或股本）						—							
3. 盈余公积弥补亏损						—							
4. 结转重新计量设定受益计划净负债或净资产所产生的变动						—							
5. 其他													
四、本年年末余额	302 175.45		17 686.40		-1 237.1	—	42 175.19	28 670.04	166 321.98		555 791.96	8 968.52	564 760.47

合并所有者权益变动表(续)

2016 年度

编制单位:英大国际信托有限责任公司　　单位:万元

项目	上年金额											
	归属于母公司所有者权益										少数股东权益	所有者权益合计
	实收资本(或股本)	其他权益工具	资本公积	减:库存股	其他综合收益	专项储备	盈余公积	△一般风险准备	未分配利润	其他	小计		
栏次	14	15	16	17	18	19	20	21	22	23	24	25	26
一、上年年末余额	182 175. 45		17 691. 09		1 317. 48		29 071. 75	20 118. 54	187 554. 16		437 928. 46	7 066. 05	444 994. 51
加:会计政策变更													
前期差错更正													
其他													
二、本年年初余额	182 175. 45		17 691. 09		1 317. 48		29 071. 75	20 118. 54	187 554. 16		437 928. 46	7 066. 05	444 994. 51
三、本年增减变动金额(减少以"-"号填列)	120 000. 00		-4. 69		-1 278. 35		6 755. 88	4 495. 83	-68 288. 66		61 680. 01	1 263. 38	62 943. 40
(一)综合收益总额					-1 278. 35				68 342. 05		67 063. 70	1 263. 38	68 327. 08
(二)所有者投入和减少资本													
1. 所有者投入的普通股													
2. 其他权益工具持有者投入资本													
3. 股份支付计入所有者权益的金额													
4. 其他			-4. 69								-4. 69		-4. 69
(三)专项储备提取和使用													
1. 提取专项储备													
2. 使用专项储备													
(四)利润分配							6 755. 88	4 495. 83	-16 630. 71		-5 379. 00		-5 379. 00
1. 提取盈余公积							6 755. 88		-6 755. 88				
其中:法定公积金							6 755. 88		-6 755. 88				
任意公积金													
#储备基金													
#企业发展基金													
#利润归还投资													
2. 提取一般风险准备								4 495. 83	-4 495. 83				
3. 对所有者(或股东)的分配									-5 379. 00		-5 379. 00		-5 379. 00
4. 其他													
(五)所有者权益内部结转	120 000. 00								-120 000. 00				
1. 资本公积转增资本(或股本)													
2. 盈余公积转增资本(或股本)													
3. 盈余公积弥补亏损													
4. 结转重新计量设定受益计划净负债或净资产所产生的变动													
5. 其他	120 000. 00								-120 000. 00				
四、本年年末余额	302 175. 45		17 686. 40		39. 13		35 827. 63	24 614. 38	119 265. 49		499 608. 48	8 329. 43	507 937. 91

所有者权益变动表

编制单位：英大国际信托有限责任公司　　2016 年度　　单位：万元

项目	本年金额												
	归属于母公司所有者权益											少数股东权益	所有者权益合计
	实收资本（或股本）	其他权益工具	资本公积	减：库存股	其他综合收益	专项储备	盈余公积	△一般风险准备	未分配利润	其他	小计		
栏次	1	2	3	4	5	6	7	8	9	10	11	12	13
一、上年年末余额	302 175. 45		17 686. 40	—	82. 72	—	35 827. 63	24 386. 49	121 246. 99	—	501 405. 69	—	501 405. 69
加：会计政策变更													
前期差错更正													
其他													
二、本年年初余额	302 175. 45		17 686. 40	—	82. 72	—	35 827. 63	24 386. 49	121 246. 99	—	501 405. 69	—	501 405. 69
三、本年增减变动金额（减少以“－”号填列）					-1 282. 79		6 347. 56	3 866. 53	46 638. 17		55 569. 46		55 569. 46
（一）综合收益总额	—	—	—	—	-1 282. 79				63 475. 55		62 192. 76		62 192. 76
（二）所有者投入和减少资本													
1. 所有者投入的普通股													
2. 其他权益工具持有者投入资本													
3. 股份支付计入所有者权益的金额													
4. 其他													
（三）专项储备提取和使用													
1. 提取专项储备													
2. 使用专项储备													
（四）利润分配						—	6 347. 56	3 866. 53	-16 837. 39	—	-6 623. 30		-6 623. 30
1. 提取盈余公积						—	6 347. 56	—	-6 347. 56	—			
其中：法定公积金						—	6 347. 56	—	-6 347. 56				
任意公积金													
#储备基金													
#企业发展基金													
#利润归还投资													
2. 提取一般风险准备								3 866. 53	-3 866. 53				
3. 对所有者（或股东）的分配								—	-6 623. 30	—	-6 623. 30		-6 623. 30
4. 其他													
（五）所有者权益内部结转													
1. 资本公积转增资本（或股本）													
2. 盈余公积转增资本（或股本）													
3. 盈余公积弥补亏损													
4. 结转重新计量设定受益计划净负债或净资产所产生的变动													
5. 其他													
四、本年年末余额	302 175. 45	—	17 686. 40	—	-1 200. 07	—	42 175. 19	28 253. 02	167 885. 16	—	556 975. 15		556 975. 15

所有者权益变动表(续)

编制单位:英大国际信托有限责任公司　　2016 年度　　单位:万元

项目	上年金额												
	归属于母公司所有者权益											少数股东权益	所有者权益合计
	实收资本(或股本)	其他权益工具	资本公积	减:库存股	其他综合收益	专项储备	盈余公积	Δ一般风险准备	未分配利润	其他	小计		
栏次	14	15	16	17	18	19	20	21	22	23	24	25	26
一、上年年末余额	182 175. 45	—	17 686. 40	—	1 220. 07	—	29 071. 75	20 083. 74	190 125. 81	—	440 363. 22	—	440 363. 22
加:会计政策变更	—	—	—	—	—	—	—	—	—	—	—	—	—
前期差错更正	—	—	—	—	—	—	—	—	—	—	—	—	—
其他		—		—								—	
二、本年年初余额	182 175. 45	—	17 686. 40	—	1 220. 07	—	29 071. 75	20 083. 74	190 125. 81	—	440 363. 22	—	440 363. 22
三、本年增减变动金额(减少以"－"号填列)	120 000. 00	—	—	—	－1 137. 34	—	6 755. 88	4 302. 75	－68 878. 82	—	61 042. 47	—	61 042. 47
(一)综合收益总额	—	—	—	—	－1 137. 34	—	—	—	67 558. 81	—	6 6421. 47	—	6 6421. 47
(二)所有者投入和减少资本	—	—	—	—	—	—	—	—	—	—	—	—	—
1. 所有者投入的普通股	—	—	—	—	—	—	—	—	—	—	—	—	—
2. 其他权益工具持有者投入资本	—	—	—	—	—	—	—	—	—	—	—	—	—
3. 股份支付计入所有者权益的金额	—	—	—	—	—	—	—	—	—	—	—	—	—
4. 其他	—	—	—	—	—	—	—	—	—	—	—	—	—
(三)专项储备提取和使用	—	—	—	—	—	—	—	—	—	—	—	—	—
1. 提取专项储备	—	—	—	—	—	—	—	—	—	—	—	—	—
2. 使用专项储备	—	—	—	—	—	—	—	—	—	—	—	—	—
(四)利润分配	—	—	—	—	—	—	6 755. 88	4 302. 75	－16 437. 63	—	－5 379. 00		－5 379. 00
1. 提取盈余公积	—	—	—	—	—	—	6 755. 88	—	－6 755. 88	—	—	—	—
其中:法定公积金	—	—	—	—	—	—	6 755. 88	—	－6 755. 88	—	—	—	—
任意公积金	—	—	—	—	—	—		—		—	—	—	—
#储备基金	—	—	—	—	—	—		—		—	—	—	—
#企业发展基金	—	—	—	—	—	—		—		—	—	—	—
#利润归还投资	—	—	—	—	—	—		—		—	—	—	—
2. 提取一般风险准备	—	—	—	—	—	—	—	4 302. 75	－4 302. 75	—	—	—	—
3. 对所有者(或股东)的分配	—	—	—	—	—	—	—	—	－5379. 00	—	－5379. 00		－5379. 00
4. 其他	—	—	—	—	—	—	—	—	—	—	—	—	—
(五)所有者权益内部结转	120 000. 00	—	—	—	—	—	—	—	－120 000. 00	—	—	—	—
1. 资本公积转增资本(或股本)	—	—	—	—	—	—	—	—	—	—	—	—	—
2. 盈余公积转增资本(或股本)	—	—	—	—	—	—	—	—	—	—	—	—	—
3. 盈余公积弥补亏损	—	—	—	—	—	—	—	—	—	—	—	—	—
4. 结转重新计量设定受益计划净负债或净资产所产生的变动	—	—	—	—	—	—	—	—	—	—	—	—	—
5. 其他	120 000. 00	—	—	—	—	—	—	—	－120 000. 00	—			
四、本年年末余额	302 175. 45	—	17 686. 40	—	82. 72	—	35 827. 63	24 386. 49	121 246. 99	—	501 405. 69		501 405. 69

5.2 信托资产

5.2.1 信托项目资产负债汇总表

信托项目资产负债表

编制单位：英大国际信托有限责任公司　　2016年12月31日　　单位：万元

信托资产	年初数	期末数	信托负债和信托权益	年初数	期末数
信托资产：			信托负债：		
货币资金	26 711.24	67 528.12	交易性金融负债		
其他货币资金			衍生金融负债		
存出保证金			应付受托人报酬		
交易性金融资产		2 454.05	应付托管费	11.59	31.83
衍生金融资产			应付受益人收益		
买入返售金融资产			应交税费		
应收款项	3 036 072.00	8 673 340.87	应付销售服务费		
发放贷款	12 963 827.26	6 689 676.15	其他应付款项	8 270.68	1 684.81
可供出售金融资产		44 279.00	其他负债		
持有至到期投资	3 098 391.68	3 193 559.36	信托负债合计	8 282.27	1 716.64
长期应收款	3 355 532.80	2 511 387.42			
长期股权投资	606 025.00	1 007 764.00	信托权益：		
投资性房地产			实收信托	23 057 464.59	22 146 415.87
固定资产			资本公积		
无形资产			外币报表折算差额		
长期待摊费用			未分配利润	20 813.12	41 856.46
其他资产			信托权益合计	23 078 277.71	22 188 272.33
信托资产总计	23 086 559.98	22 189 988.96	信托负债及信托权益总计	23 086 559.98	22 189 988.96

5.2.2 信托项目利润及利润分配汇总表

信托项目利润及利润分配汇总表

编制单位：英大国际信托有限责任公司　　2016年度　　单位：万元

项目	行次	2016年	2015年
一、营业收入	1	1 303 235.12	1 384 117.33
利息收入	2	1 044 890.74	1 066 913.15
投资收益	3	255 558.85	304 457.77
公允价值变动损益	4	102.05	
租赁收入	5	2 682.62	12 746.41
汇兑损益	6		
其他收入	7	0.85	
二、支出	8	110 125.65	124 955.78
营业税金及附加	9	12 510.90	41 328.28
受托人报酬	10	87 315.39	70 314.73
保管费	11		
投资管理费	12		
销售服务费	13	1 711.22	4 078.95
交易费用	14		
资产减值损失	15		
其他费用	16	8 588.14	9 233.82
三、信托净利润	17	1 193 109.47	1 259 161.55
四、其他综合收益	18		
五、综合收益	19	1 193 109.47	1 259 161.55
加：期初未分配信托利润	20	20 939.04	2 864.71
六、可供分配的信托利润	21	1 214 048.51	1 262 026.26
减：本期已分配信托利润	22	1 172 192.05	1 241 213.14
七、期末未分配信托利润	23	41 856.46	20 813.12

6. 会计报表附注

6.1 会计报表编制基准不符合会计核算基本前提的说明

6.1.1 公司会计报表编制基准不符合会计核算基本前提的情况

无。

6.1.2 2016年度合并财务报表的编制范围

编制范围为公司及所属子公司英大基金管理有限公司，共2户。

本年度纳入合并报表范围的子企业基本情况

序号	企业名称	持股比例(%)	享有表决权比例(%)	注册资本（万元）	实际投资额（万元）	业务性质	注册地
1	英大基金管理有限公司	49	49	20000.00	9800.00	基金募集、基金销售、资产管理	北京

6.1.3 拥有表决权超过半数但未纳入合并范围的被投资单位

无。

6.2 重要会计政策和会计估计说明

6.2.1 计提资产减值准备的范围和方法

本公司采用备抵法核算资产损失，根据中国银行业监督管理委员会《关于非银行金融机构全面推行资产质量五级分类管理的通知》(银监发[2004]4 号)和《非银行金融机构资产风险分类指导原则(试行)》以及企业会计准则对资产分类的要求，按照承担风险和损失程度进行五级分类，并按财政部《金融企业准备金计提管理办法》(财金[2012]20 号)的要求计提资产减值准备。具体计提方法如下：

资产减值准备的计提范围为承提风险和损失的资产，具体包括发放贷款和垫款、可供出售类金融资产、持有至到期投资、长期股权投资、存放同业、拆出资金、抵债资产、其他应收款项等。可供出售金融资产除“三无”股权投资以外的部分以公允价值计量，单独进行测试，对其预计未来现金流量现值低于账面价值部分计提减值准备；除此之外，其他风险资产以资产价值的安全程度为核心，以风险为基础，按照风险程度将上述资产划分为正常类、关注类、次级类、可疑类和损失类五类，其中后三类合称为不良资产。

按如下比例计提：

正常类资产：计提比例为 0%；

关注类资产：计提比例为 2%；

次级类资产：计提比例为 25%；

可疑类资产：计提比例为 50%；

损失类资产：计提比例为 100%。

6.2.2 金融资产核算方法

按照投资目的和经济实质将本公司拥有的金融资产划分为四类：(1)以公允价值计量且其变动计入当期损益的金融资产，包括交易性金融资产和指定为以公允价值计量且其变动计入当期损益的金融资产；(2)持有至到期投资；(3)贷款和应收款项；(4)可供出售金融资产。

本公司初始确认金融资产，按照公允价值计量。对于以公允价值计量且其变动计入当期损益的金融资产，相关交易费用直接计入当期损益；对于其他类别的金融资产，相关交易费用计入初始确认金额。

本公司对金融资产的后续计量主要方法：

(1)以公允价值计量且其变动计入当期损益的金融资产，按照公允价值进行后续计量，公允价值变动计入当期损益。

(2)持有至到期投资和应收款项，采用实际利率法，按摊余成本计量。

(3)可供出售金融资产按照公允价值进行后续计量，公允价值变动形成的利得或损失，除减值损失和外币货币性金融资产形成的汇兑损益外，直接计入所有者权益，在该金融资产终止确认时转出，计入当期损益。

6.2.3 长期股权投资核算方法

长期股权投资在取得时以初始投资成本计价。能够对被投资单位实施控制的长期股权投资，采用成本法核算；对被投资单位具有共同控制或重大影响的长期股权投资，采用权益法核算。

采用成本法核算时，除取得投资时实际支付的价款或者对价中包含的已宣告但尚未发放的现金股利或者利润外，当期投资收益按照享有被投资单位宣告发放的现金股利或利润确认。

采用权益法核算时，当期投资损益为应享有或应分担的被投资单位当年实现的净损益的份额。在确认应分担被投资单位发生的净亏损时，以长期股权投资的账面价值和其他实质上构成对被投资单位净投资的长期权益减记至零为限。

6.2.4 固定资产计价和折旧方法

6.2.4.1 固定资产确认条件

固定资产是指为生产商品、提供劳务、出租或经营管理而持有的，使用寿命超过一个会计年度的有形资产。

6.2.4.2 固定资产的分类、计价方法及折旧方法

固定资产按成本并考虑预计弃置费用因素的影响进行初始计量。固定资产从达到预定可使用状态的次月起，在使用寿命内计提折旧。各类固定资产的使用寿命、预计净残值和年折旧率、折旧方法如下：

固定资产类别	折旧年限(年)	预计净残值率(%)	年折旧率(%)	折旧方法
房屋建筑物	20	5	4.75	年限平均法
运输工具	6	5	15.83	年限平均法
电子设备	5~7	5	13.57~19.00	年限平均法
其他设备	7	5	13.57	年限平均法

6.2.5 无形资产计价及摊销政策

无形资产按照成本进行初始计量。无形资产按照其能为本公司带来经济利益的期限确定使用寿命，无法预见其为本公司带来经济利益期限的作为使用寿命不确定的无形资产。使用寿命有限的无形资产，其应摊销金额在使用寿命内系统合理摊销。无形资产的应摊销金额为其成本扣除预计残值后的金额。已计提减值准备的无形资产，还应扣除已计提的无形资产减值准备累计金额。无形资产的摊销金额计入当期损益。本公司每年年度终了对使用寿命有限的无形资产的使用寿命及摊销方法进行复核，必要时进行调整。

6.2.6 长期待摊费用的摊销政策

长期待摊费用是指公司已经发生但应由本期和以后各期分担的分摊期限在 1 年以上(不含 1 年)的各项费用。包括以经营租赁方式租入的固定资产改良支出等，长期待摊费用按实际支出入账，在项目受益期内平均摊销。

6.2.7 合并会计报表的编制方法

企业合并分为同一控制下企业合并和非同一控制下企业合并。合并财务报表的合并范围以控制为基础予以确定。控制是指投资方拥有对被投资方的权力，通过参与被投资方的相关活动而享有可变回报，并且有能力运用对被投资方的权力影响其回报金额。相关活动是指对被投资方的回报产生重大影响的活动，根据具体情况进行判断，通常包括商品或劳务的销售和购买、金融资产的管理、资产的购买和处置、研究与开发活动以及融资活动等。本公司在综合考虑所有相关事实和情况的基础上对是否控制被投资方进行判断。一旦相关事实和情况变化导致对控制所涉及的相关要素发生变化，则进行重新评估。合并范围包括本公司及全部子公司。子公司是指被本公司控制的主体。合并财务报表以母公司和纳入合并范围的子公司的财务报表为基础，根据其他有关资料，按照权益法调整对子公司的长期股权投资，在抵销母公司权益性资本投资与子公司所有者权益中母公司所持有的份额和公司内部之间重大交易及内部往来后编制而成。少数股东权益在合并资产负债表中所有者权益项目下以“少数股东权益”项目列示，少数股东损益，在合并利润表中净利润项目下以“少数股东损益”项目列示。公司在编制合并财务报表时，如果子公司所采用的会计政

策、会计期间与母公司不一致的，需要按照母公司的会计政策和会计期间对子公司财务报表进行必要的调整；或者要求子公司按照母公司的会计政策和会计期间另行编报财务报表。

母公司在报告期内因同一控制下企业合并增加的子公司，编制合并资产负债表时，调整合并资产负债表的期初数。因非同一控制下企业合并增加的子公司，编制合并资产负债表时，不调整合并资产负债表的期初数。母公司在报告期内处置子公司，编制合并资产负债表时，不调整合并资产负债表的期初数。母公司在报告期内因同一控制下企业合并增加的子公司，将该子公司合并当期期初至报告期末的收入、费用、利润纳入合并利润表。因非同一控制下企业合并增加的子公司，将该子公司购买日至报告期末的收入、费用、利润纳入合并利润表。母公司在报告期内处置子公司，将该子公司期初至处置日的收入、费用、利润纳入合并利润表。母公司在报告期内因同一控制下企业合并增加的子公司，将该子公司合并当期期初至报告期末的现金流量纳入合并现金流量表。因非同一控制下企业合并增加的子公司，将该子公司购买日至报告期末的现金流量纳入合并现金流量表。母公司在报告期内处置子公司，将该子公司期初至处置日的现金流量纳入合并现金流量表。

6.2.8 收入确认原则和方法

本公司的收入主要包括利息收入、金融企业往来收入、手续费佣金收入、其他收入等。收入在满足以下条件时予以确认：与交易相关的经济利益很可能流入企业，并且该收入的金额能够可靠地计量时，确认收入的实现。

6.2.9 所得税的会计处理方法

本公司所得税的会计核算采用资产负债表债务法。本公司在取得资产、负债时，确定其计税基础。资产、负债的账面价值与其计税基础存在的暂时性差异，按照《企业会计准则第18号——所得税》的有关规定，确认所产生的递延所得税资产或递延所得税负债。

本公司所得税分月预缴，在年终汇算清缴时，少缴的所得税税额，在下一年度内缴纳；多缴纳的所得税税额，在下一年度退税。

6.2.10 信托报酬确认原则和方法

在与信托业务相关的经济利益能够流入公司，收入金额能够可靠计量的情况下，按信托文件约定的时间和方法确认。

6.2.11 会计政策、会计估计变更及重大前期差错更正的说明

6.2.11.1 会计政策变更

无。

6.2.11.2 会计估计变更

无。

6.2.11.3 重大前期差错更正事项

无。

6.3 或有事项

无。

6.4 重要资产转让及其出售的说明

无。

6.5 会计报表中重要项目的明细资料

6.5.1 自营资产经营情况

6.5.1.1 资产风险分类

信用风险资产五级分类	正常类（万元）	关注类（万元）	次级类（万元）	可疑类（万元）	损失类（万元）	信用风险资产合计（万元）	不良资产合计（万元）	不良资产率（%）
期初数	516 148.14				1 519.90	517 668.03	1 519.90	0.29
期末数	562 521.90				1 519.90	564 041.80	1 519.90	0.27

6.5.1.2 资产损失准备

单位：万元

项目	期初数	本期计提	本期转回	本期核销	期末数
贷款损失准备	487.50		80.00		407.50
一般准备	480.00		80.00		400.00
专项准备	7.50				7.50
其他资产减值准备	1 512.39				1 512.39
可供出售金融资产减值准备	1 512.39				1 512.39
持有至到期投资减值准备					
长期股权投资减值准备					
坏账准备					
投资性房地产减值准备					

6.5.1.3 投资

单位：万元

项目	自营股票	基金	债券	长期股权投资	其他投资	合计
期初数	3 130.08	92 592.91	21 407.22	9 800.00	174 965.47	301 895.68
期末数	1 450.02	132 396.27	10 717.32	9 800.00	268 803.47	423 167.08

6.5.1.4 前五名自营长期股权投资情况

企业名称	占被投资企业权益的比例	主要经营活动	投资损益（万元）
1. 英大基金管理有限公司	49.00	基金管理	
2. 英大期货有限公司	23.00	期货经纪	
3. 英大证券有限责任公司	3.33	证券经纪	84.03
4. 山东阳谷电缆股份有限公司	11.32	制造业	
5. 山东玉泉集团股份有限公司	1.08	制造业	

注：投资损益是指按照企业会计准则规定，核算股权投资确认损益并计入披露年度利润表的金额。

6.5.1.5 前五名自营贷款情况

单位：%

企业名称	占贷款总额的比例（%）	还款情况
济南钢铁集团总公司	50	正常
江苏南通二建集团有限公司	50	正常

6.5.1.6 表外业务的期初数、期末数，按照代理业务、担保业务和其他类型表外业务分别披露

单位：万元

表外业务	期初数	期末数
担保业务	0	0
代理业务(委托业务)	0	0
其他	0	0
合计	0	0

注：代理业务主要反映因客观原因应规范而尚未完成规范的历史遗留委托业务，包括委托贷款和委托投资。

6.5.1.7 公司当年的收入结构(母公司、并表)

项目	母公司		并表	
收入结构	金额(万元)	占比(%)	金额(万元)	占比(%)
手续费及佣金收入	85 519.71	80.94	93 473.89	81.98
其中：信托手续费收入	84 991.90	80.44	84 991.90	74.54
利息收入	8 068.63	7.64	8 367.93	7.34
其他业务收入	2.52	0.00	9.73	0.01
其中：计入信托业务收入部分				
投资收益	11 534.24	10.92	11 633.34	10.20
其中：股权投资收益	84.03	0.08	84.03	0.07
公允价值变动收益				
其他投资收益	11 450.21	10.84	11 549.31	10.13
营业外收入	536.67	0.51	536.67	0.47
收入合计	105 661.77	100.00	114 021.55	100.00

注：手续费及佣金收入、利息收入、其他业务收入、投资收益、营业外收入均应为损益表中的科目，其中手续费及佣金收入、利息收入、营业外收入为未抵减掉相应支出的全年累计实现收入数。报告期内公司无超过总收入5%的"其他业务收入""营业外收入"。

6.5.2 信托资产管理情况

6.5.2.1 信托资产的期初数、期末数

单位：万元

信托资产	期初数	期末数
集合类	2 228 791.87	3 245 066.54
单一类	12 776 791.88	7 309 147.31
财产管理类	8 080 976.23	11 635 775.11
合计	23 086 559.98	22 189 988.96

6.5.2.1.1 主动管理型信托业务的信托资产期初数、期末数，分证券投资、股权投资、融资、事务管理类分别披露

单位：万元

主动管理型信托资产	期初数	期末数
证券投资类	0.00	0.00
股权投资类	35 450.00	320 192.42
融资类	1 867 118.49	1 991 961.30
事务管理类	0.00	0.00
合计	2 359 960.16	2 861 170.05

注：1. "合计行"要求填主动管理型信托项目的总额，它包含所有运用方式的主动型产品，"证券投资类""股权投资类""融资类""事务管理类"是主动管理型中重点的几个类别，包含在"合计"中，但是与"合计"行没有勾稽关系，合计应大于或等于这四类之和。

2. 按照实收信托分类。

3. 期末数中，合计项除了表格中的四类外主要包括融资租赁、权益投资等投资类业务。

6.5.2.1.2 被动管理型信托业务期初数、期末数。分证券投资、股权投资、融资、事务管理类分别披露

单位：万元

被动管理型信托资产	期初数	期末数
证券投资类	0.00	44 761.20
股权投资类	190 110.00	428 660.05
融资类	7 485 036.43	2 997 634.24
事务管理类	12 479 138.95	15 589 972.67
合计	20 697 504.43	19 328 818.91

注：1. 合计数与主动管理型部分同理。

2. 按照实收信托分类。

6.5.2.2 本年度已清算结束的信托项目个数、实收信托合计金额、加权平均实际年化收益率

6.5.2.2.1 本年度已清算结束的集合类、单一类资金信托项目和财产管理类信托项目个数、实收信托合计金额、加权平均实际年化收益率

已清算结束的信托项目	项目个数(个)	实收信托合计金额(万元)	加权平均实际年化收益率(%)
集合类	34	1 215 140.00	9.72
单一类	81	1 252 718.15	7.80
财产管理类	31	730 899.88	5.71

注：1. 收益率是指信托项目清算后，给受益人赚取的实际收益水平。

2. 加权平均实际年化收益率 =(信托项目1的实际年化收益率×信托项目1的资产总计+信托项目2的实际年化收益率×信托项目2的资产总计+…+信托项目n的实际年化收益率×信托项目n的资产总计)/(信托项目1的资产总计+信托项目2的资产总计+…+信托项目n的资产总计)×100%。

6.5.2.2.2 本年度已清算结束的主动管理型信托项目个数、实收信托合计金额、加权平均实际年化收益率

已清算结束的信托项目	项目个数(个)	实收信托合计金额(万元)	加权平均实际年化信托报酬率(%)	加权平均实际年化收益率(%)
证券投资类	0	0.00	0.00	0.00
股权投资类	3	108 542.00	1.47	11.42
融资类	37	636 643.46	1.32	10.71
事务管理类	0	0.00	0.00	0.00

注：加权平均实际年化信托报酬率 =(信托项目1的实际年化信托报酬率×信托项目1的资产总计+信托项目2的实际年化信托报酬率×信托项目2的资产总计+…+信托项目n的实际年化信托报酬率×信托项目n的资产总计)/(信托项目1的资产总计+信托项目2的资产总计+…+信托项目n的资产总计)×100%。

6.5.2.2.3 本年度已清算结束的被动管理型信托项目个数、实收信托合计金额、加权平均实际年化收益率

已清算结束的信托项目	项目个数(个)	实收信托合计金额(万元)	加权平均实际年化信托报酬率(%)	加权平均实际年化收益率(%)
证券投资类	0	0.00	0.00	0.00
股权投资类	3	141 923.00	0.17	5.93
融资类	48	641 636.23	0.21	7.57
事务管理类	45	1 426 066.54	0.41	7.07

6.5.2.3　本年度新增的集合类、单一类和财产管理类信托项目个数、实收信托合计金额

新增信托项目	项目个数(个)	实收信托合计金额(万元)
集合类	48	2 120 832.70
单一类	33	1 888 841.62
财产管理类	26	1 798 785.65
新增合计	107	5 808 459.96
其中:主动管理型	43	1 449 631.82
被动管理型	64	4 358 828.14

注:本年新增信托项目是指在本报告年度内累计新增信托项目个数和金额。包含本年度新增并于本年度内结束的项目和本年度新增至报告期末仍在持续管理的信托项目。

6.5.2.4　信托业务创新成果和特色业务有关情况

一是基金化、平台化业务有序推进;二是顺利取得受托境外理财业务资格,创新资质进一步健全;三是PPP业务、家族信托、资产证券化等前沿业务取得创新突破。

6.5.2.5　本公司履行受托人义务情况及因本公司自身责任而导致的信托资产损失情况(合计金额、原因等)

公司受托人对受托管理的全部信托财产均履行了尽职管理义务:对信托财产履行"诚实、信用、谨慎、有效"的管理,始终以受益人利益最大化原则处理信托相关事务;对信托财产与固有财产实行了分账管理,对每个信托项目实现了专户核算,不存在受托人侵占信托财产或利用信托财产谋取利益的情况;对信托项目的经营状况及存续期间发生的重大事项均进行了及时披露。

报告期内,未发生因本公司自身责任而导致信托资产损失的情况。

6.6　关联方关系及其交易

6.6.1　关联交易方的数量、关联交易的总金额及关联交易的定价政策

	关联交易方数量(个)	关联交易金额(万元)	定价政策
合计	90	15647149.45	市场公允

6.6.2　关联交易方与本公司的关系性质、关联交易方的名称、法定代表人、注册地址、注册资本及主营业务

单位:亿元

关联性质	关联方名称	法人代表	注册地址	注册资本	主营业务
股东单位及受同一单位控制	国家电网公司及下属企业	舒印彪等	北京	5 363	电力

6.6.3　逐笔披露本公司与关联方的重大交易事项

6.6.3.1　固有财产与关联方:贷款、投资、租赁、应收账款担保、其他方式等期初汇总数、本期借方和贷方发生额汇总数、期末汇总数

单位:万元

固有与关联方关联交易				
	期初数	借方发生额	贷方发生额	期末数
贷款	0	0	0	0
投资	0	0	0	0
租赁	0	0	0	0
担保	0	0	0	0
应收账款	0	0	0	0
其他	0	0	0	0
合计	0	0	0	0

6.6.3.2　信托与关联方:贷款、投资、租赁、应收账款、担保、其他方式等期初汇总数、本期发生额汇总数、期末汇总数

单位:万元

信托与关联方关联交易				
	期初数	借方发生额(清算)	贷方发生额(新增)	期末数
贷款	8 302 590.00	11 310 913.00	7 505 522.13	4 497 199.13
投资	0.00	0.00	0.00	0.00
租赁	47 218.67	50 000.00	8 781.33	6 000.00
担保	0.00	0.00	0.00	0.00
应收账款	0.00	0.00	0.00	0.00
其他	2 010.00	0.00	10 842 373.65	10 844 383.65
合计	8 351 818.67	11 360 913.00	18 356 677.11	15 347 582.78

6.6.3.3　信托公司自有资金运用于自己管理的信托项目(固信交易)、信托公司管理的信托项目之间的相互(信信交易)交易金额,包括余额和本报告年度的发生额

6.6.3.3.1　固有财产与信托财产之间的交易金额期初汇总数、本期发生额汇总数、期末汇总数

单位:万元

固有财产与信托财产相互交易			
	期初数	本期发生额	期末数
合计	81 431.05	80 400.00	114 066.67

6.6.3.3.2　信托资产与信托财产之间的交易金额期初汇总数、本期发生额汇总数、期末汇总数。

单位:万元

信托资产与信托财产相互交易			
	期初数	本期发生额	期末数
合计	0	185 500	185 500

注:以公司受托管理的一个信托项目的资金购买自己管理的另一个信托项目的受益权或信托项下资产均应纳入统计披露范围。

6.6.4　逐笔披露关联方逾期未偿还本公司资金的详细情况以及本公司为关联方担保发生或即将发生垫款的详细情况

报告期内公司无关联方逾期未偿还本公司资金的情况及本公司为关联方担保发生或即将发生垫款的情况。

6.7　会计制度的披露

公司固有业务、信托业务均执行财政部2006年颁布的企业会计准则。

7. 财务情况说明书

7.1　利润实现和分配情况

2016年公司实现利润总额为83 947.50万元,净利润63 475.56万元,提取盈余公积6 347.56万元,提取一般风险准备3 866.53万元,现金分红6 623.30万元,未分配利润余额为167 885.16万元。

2016年合并公司实现利润总额为85 537.05万元,净利润64 715.26万元,提取盈余公积6 347.56万元,提取一般风险准备4 249.13万元,未分配利润余额为166 321.98万元。

7.2 主要财务指标

指标名称	母公司指标值	并表指标值
资本利润率(%)	11.99	12.07
加权年化信托报酬率(%)	0.52	0.52
人均净利润(万元)	423.17	283.84

注:1. 资本利润率=净利润/所有者权益平均余额×100%。

2. 加权年化信托报酬率=(信托项目1的实际年化信托报酬率×信托项目1的资产总计+信托项目2的实际年化信托报酬率×信托项目2的资产总计+…+信托项目n的实际年化信托报酬率×信托项目n的资产总计)/(信托项目1的资产总计+信托项目2的资产总计+…+信托项目n的资产总计)×100%。

该指标是要反映公司实际的信托报酬水平,因此只能计算在报告年度真正清算结束了的项目。

3. 人均净利润=净利润/年平均人数。

4. 平均值采取年初、年末余额简单平均法,公式为:a(平均) =(年初数+年末数)/2。

7.3 本报告期内发生对本公司财务状况、经营成果有重大影响的其他事项

无。

8. 特别事项揭示

8.1 前五名股东变动情况及原因

无。

8.2 董事、监事及高级管理人员变动情况及原因

2016年11月,由于股东单位变更委派人员,范海荣先生出任公司董事,刘晓鹏先生不再担任。

2016年6月,由于原董事会秘书工作调动,公司董事会聘任乔发栋先生任董事会秘书。

2016年6月,由于工作需要,公司董事会聘任李翔宇先生担任公司总经理助理。

8.3 变更注册资本、变更注册地或公司名称、公司分立合并事项

无。

8.4 公司的重大诉讼事项

无。

8.5 公司及其董事、监事和高级管理人员受到处罚的情况

无。

8.6 银监会及其派出机构对公司检查后提出整改意见的,应简单说明整改情况

2016年10月,中国银行业监督管理委员会北京监管局对公司开展了“两个加强、两个遏制”回头看现场检查并出具《检查意见书》,对公司内控体系、风险管理、制度体系、业务发展等方面给予了肯定,同时也对公司进一步完善制度建设等三个方面提出优化整改意见。公司对此制定了整改方案并进行了落实。公司将以此为契机,进一步优化公司内控流程,持续提升合规管理水平。

8.7 本年度重大事项临时报告的简要内容、披露时间、所披露的媒体及其版面

无。

8.8 银监会及其省级派出机构认定的其他有必要让客户及相关利益人了解的重要信息

无。

云南国际信托有限公司

1. 重要提示

1.1 本公司董事会及董事保证本报告所载资料不存在任何虚假记载、误导性陈述或者重大遗漏,并对其内容的真实性、准确性和完整性承担个人及连带责任。本年度报告摘要摘自年度报告全文,客户及相关利益人欲了解详细内容,应阅读年度报告全文。

1.2 独立董事意见

本公司独立董事梁旻松、沈思、杨先明对本报告内容的真实性、准确性和完整性表示认可。

1.3 本公司负责人董事长刘刚、总裁、主管会计工作负责人田泽望、主管信托会计工作负责人舒广及会计机构负责人杨春和、李峥保证:本年度报告中的财务报告真实、完整。

2. 公司概况

2.1 公司简介

2.1.1 公司历史沿革

云南国际信托有限公司(以下简称云南信托),是2003年经中国人民银行"银复[2003]33号"文批准,由原云南省国际信托投资公司增资改制后重新登记的非银行金融机构。公司注册资本为4亿元。2007年,根据《信托公司管理办法》的有关规定,公司经中国银行业监督管理委员会"银监复[2007]315号"文批准同意,换领中华人民共和国金融许可证。2013年,经中国银行业监督管理委员会云南监管局以"云银监复[2013]293号"文批准同意变更注册资本为10亿元。

2.1.2 公司法定名称

中文名称:云南国际信托有限公司

中文缩写:云南信托

英文名称:Yunnan International Trust Co. ,Ltd.

英文缩写:YNTRUST

2.1.3 公司法定代表人:刘刚

2.1.4 公司注册地址:昆明市南屏街(云南国托大厦)

2.1.5 邮政编码:650021

公司国际互联网网址:http://www. yntrust. com

电子信箱:ynxt@ yntrust. com

2.1.6 公司信息披露事务负责人:舒广

联系人:秦少敏

联系电话:0871-63173981

传真:0871-63152142

电子信箱:ynxt@ yntrust. com

2.1.7 公司选定的信息披露报纸名称:《金融时报》

2.1.8 公司年度报告备置地点:云南省昆明市南屏街4号A座33层

2.1.9 公司聘请的会计师事务所:中审众环会计师事务所(特殊普通合伙)云南亚太分所

地址:云南省昆明市盘龙区131号汇都国际C座6层

2.1.10 公司聘请的律师事务所:云南八谦律师事务所

地址:云南省昆明市滇池路914号摩根道5栋

2.2 组织结构

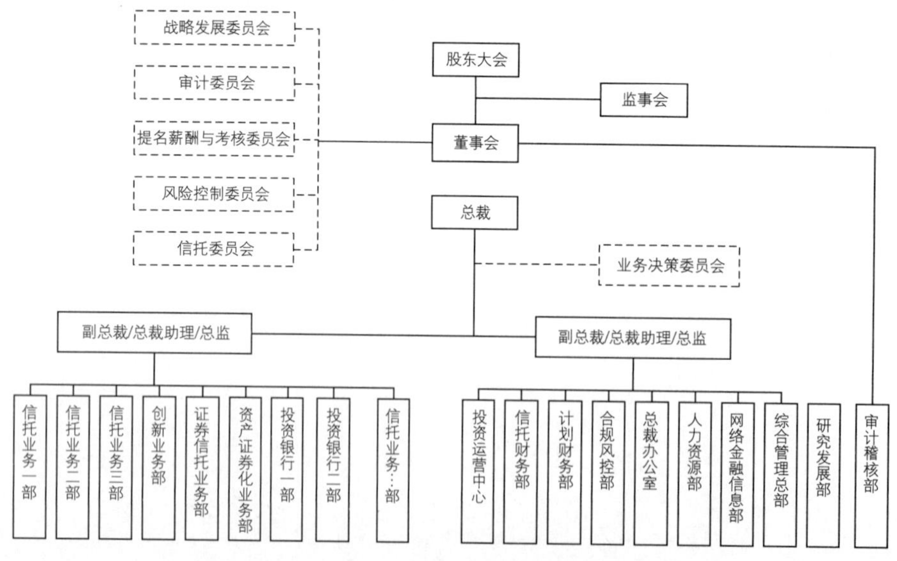

3. 公司治理结构

3.1 股东

本报告期末本公司共有6家股东，持有本公司10%以上（含10%）股份的股东情况如下：

股东名称	持股比例（%）	法人代表	注册资本（亿元）	注册地址	主要经营业务及主要财务情况
云南省财政厅	25	陈建国		昆明市五华山云南省政府内	
涌金实业（集团）有限公司★	24.5	杨利华	2	中国（上海）自由贸易试验区陆家嘴环路958号1711室	主营业务：物业管理，旅游资源开发，国内贸易（除国家明令禁止经营的商品），室内装潢，实业投资咨询，农业产品的购销（除专项审批外）。 主要财务情况：截至2016年末，总资产1 824 770 461.00元，所有者权益1 225 760 883.95元。
上海纳米创业投资有限公司	23	刘明	3	中国（上海）自由贸易试验区陆家嘴环路958号1701室	主营业务：实业投资、资产管理（非金融业务）、科技项目开发及以上相关业务的咨询服务，国内贸易（专项、专控商品除外）。 主要财务情况：截至2016年末，总资产728 893 549.24元，所有者权益678 547 402.45元。
北京知金科技投资有限公司	17.5	魏锋	1.5	北京市怀柔区雁栖工业开发区三区16号	主营业务：投资管理；投资咨询。 主要财务情况：截至2016年末，总资产523 285 030.71元，所有者权益521 935 241.31元。

注：1. 股东主要经营业务及主要财务情况未经审计。

2. ★为控股股东。

本公司股东之中，涌金实业（集团）有限公司、上海纳米创业投资有限公司及北京知金科技投资有限公司之间存在关联关系。

公司前三位股东的主要情况：

（1）云南省财政厅（政府部门）。

（2）涌金实业（集团）有限公司主要股东：陈金霞持股比例为50%。

（3）上海纳米创业投资有限公司主要股东：陈金霞持股比例为75%。

3.2 董事、董事会及其下属委员会

董事长、副董事长、董事

姓名	职务	性别	年龄（岁）	选任日期	所推举的股东名称	该股东持股比例（%）	简要履历
刘刚	董事长	男	51	2015年6月	涌金实业（集团）有限公司	24.5	研究生学历，历任云南国际信托有限公司副董事长兼常务副总经理；现任云南国际信托有限公司董事长。
赵志清	董事	男	32	2015年10月	云南省财政厅	25	研究生学历，历任云南省财经学校讲师；现任云南省注册会计师管理与资产评估中心员工，云南国际信托有限公司董事。
田泽望	董事	男	45	2015年6月	涌金实业（集团）有限公司	24.5	研究生学历，历任云南国际信托有限公司总裁助理；现任云南国际信托有限公司总裁、董事。
赵煜	董事	男	47	2015年6月	涌金实业（集团）有限公司		本科学历，历任职于上海浦东中软科技发展有限公司，北京顶峰贸易公司；现任涌金实业（集团）有限公司董事长助理，云南国际信托有限公司董事。
舒广	董事	男	38	2015年6月	上海纳米创业投资有限公司	23	研究生学历，历任云南国际信托有限公司总裁办公室主任、合规工作部总经理；现任云南国际信托有限公司副总裁、董事会秘书、董事。
刘峥	董事	女	45	2015年6月	北京知金科技投资有限公司	17.5	研究生学历，历任北京涌金财经顾问有限公司研发部经理、副总经理，北京知金科技投资有限公司业务总监、总经理，国金证券有限公司（现国金证券股份有限公司）监察稽核部副总经理、投资银行部副总经理及公司内核委员会委员，云南国际信托有限公司副总裁；现任涌金实业（集团）有限公司投资部总经理，云南国际信托有限公司董事。

独立董事

姓名	所在单位及职务	性别	年龄（岁）	选任日期	所推举的股东名称	该股东持股比例（%）	简要履历
杨先明	云南大学发展研究院，特聘教授（在任），博士生导师	男	63	2015年12月	云南省财政厅	25	经济学博士，历任云南大学经济学系教师、讲师，云南大学经济学院副教授、副系主任，云南大学经济学系教授，系主任，云南省经济研究所研究员、所长，云南大学经济学院副院长，博士生导师，云南大学发展研究院院长、博士生导师；现任云南大学发展研究院特聘教授、博士生导师，云南国际信托有限公司独立董事。

续表

姓名	所在单位及职务	性别	年龄（岁）	选任日期	所推举的股东名称	该股东持股比例（%）	简要履历
沈　思	无	男	63	2015年10月	涌金实业（集团）有限公司	24.5	经济学硕士，历任浙江省人民银行金融研究所副所长、办公室副主任、金管处副处长、调统处处长，人民银行总行调统司副司长，浦发银行杭州分行副行长，浦发银行董秘、董事会办公室主任、战略发展部总经理，浦发银行董秘、董事、执行董事、董事会战略委员会、资本经营委员会委员；现任云南国际信托有限公司独立董事。
梁旻松	北京弘松投资咨询有限责任公司合伙人	男	48	2015年6月	上海纳米创业投资有限公司	23	经济学、法学博士，历任美国纽约 Kelly Drye & Warren LIP 公司/项目融资部律师，美国贝克・麦肯斯国际律师事务所香港办公室中国业务部律师，北京博雅新港资本投资咨询有限公司首席执行官；现任北京弘松投资咨询有限责任公司合伙人，云南国际信托有限公司独立董事。

董事会下属委员会

委员会名称	职责	组成人员姓名及职务
董事会战略发展委员会	对公司的发展战略规划进行研究并提出建议	主任委员：刘刚 成员：沈思、赵志清
董事会审计委员会	监督公司的内部审计制度及其实施	主任委员：杨先明 成员：赵煜、马凌宇（审计稽核部负责人）
董事会风险控制委员会	研究、考核公司的风险控制制度，并提出建议	主任委员：沈思 成员：刘刚、田泽望
董事会提名、薪酬与考核委员会	研究董事、总裁的选择标准和程序及考核标准，并提出建议	主任委员：刘刚 成员：刘峥、田泽望
董事会信托委员会	督促公司依法履行受托人职责，当信托公司与其股东利益与受益人利益发生冲突时保证公司为受益人的最大利益服务	主任委员：梁旻松 成员：刘峥、舒广

3.3 监事、监事会及其下属委员会

监事会成员

姓名	职务	性别	年龄（岁）	选任时间	所推举的股东名称	该股东持股比例（%）	简要履历
曹　芹	监事长	女	59	2015年6月	云南省财政厅	25	研究生学历，高级经济师，历任云南省财政厅综合处副处长、人事教育处处长、党组秘书，云南国际信托有限公司副总经理、党委副书记、总经理；现任云南国际信托有限公司监事长兼党委书记。
王润稣	监事	男	40	2015年6月	涌金实业（集团）有限公司	24.5	本科学历，国际内部审计师，历任上海医药集团审计部审计员，上海汽车股份有限公司审计部审计专员，中化国际股份有限公司审计部高级审计经理；现任涌金实业（集团）有限公司审计部经理，上海涌禾农业科技有限公司总经理，云南国际信托有限公司监事。
曲舒心	监事	女	30	2016年6月	上海纳米创业投资有限公司	23	研究生学历，历任上海朝阳永续理财顾问有限公司业务部经理，涌金实业（集团）有限公司法律部经理；现任涌金实业（集团）有限公司法律部副总经理，云南国际信托有限公司监事。
华士国	监事	男	45	2015年6月	云南合和（集团）股份有限公司	2.5	工商管理硕士，历任云南红塔滇西水泥股份有限公司总经理助理、副总经理，昆明红塔木业副总经理、总经理，云南红塔集团酒店地产科副科长、机电建材科副科长；现任云南合和（集团）股份有限公司金融资产部副部长，云南国际信托有限公司监事。
苏　颖	职工监事	女	38	2015年6月	—	—	大专学历；现任云南国际信托有限公司北京联络处行政经理、职工监事。
杨永忠	职工监事	男	48	2015年6月	—	—	大专学历；现任云南国际信托有限公司综合管理总部副总经理、工会主席、职工监事。
朱炜明	职工监事	男	35	2015年6月	—	—	本科学历；现任云南国际信托有限公司网络金融信息部部门副总经理、职工监事。

3.4 高级管理人员

高级管理人员

姓名	职务	性别	年龄（岁）	选任日期	金融从业年限（年）	学历	专业	简要履历
刘 刚	董事长	男	51	2004 年 8 月	14	硕士研究生	生物	研究生学历，历任云南国际信托有限公司副董事长兼常务副总经理；现任云南国际信托有限公司董事长。
曹 芹	监事长	女	59	2006 年 12 月	16	硕士研究生	财政学	研究生学历，高级经济师，历任云南省财政厅综合处副处长、人事教育处处长、党组秘书，云南国际信托有限公司副总经理、党委副书记、总经理；现任云南国际信托有限公司监事长兼党委书记。
田泽望	总 裁	男	45	2012 年 9 月	18	双学士	管理工程	研究生学历，历任云南国际信托有限公司总裁助理；现任云南国际信托有限公司总裁、董事。
舒 广	副总裁	男	38	2013 年 2 月	10	硕士研究生	法律	研究生学历，历任云南国际信托有限公司总裁办公室主任、合规工作部总经理；现任云南国际信托有限公司副总裁、董事会秘书、董事。
贾 岩	总裁助理	男	38	2015 年 10 月	10	硕士研究生	管理学	研究生学历，历任云南国际信托有限公司信托业务总部信托经理，云晨期货有限公司信息部主管，国金证券昆明营业部大客户部经理，昆明玖言理财咨询有限公司副总经理，云南国际信托有限公司信托业务二部总经理；现任云南国际信托有限公司总裁助理。

3.5 公司员工

本报告期内，公司实有员工 212 人，平均年龄为 32 岁。其中具有大专以上学历的员工 205 人（其中，硕士研究生 116 人，本科 78 人，大专 11 人），占总人数的 96.70%；其他学历的员工 7 人，占总人数的 3.3%。

注：截至 2016 年末，公司实有员工 212 人，外部董监事共 9 人。

4. 经营管理

4.1 经营目标、方针、战略规划

4.1.1 经营目标

公司秉承“正直诚信、专业高效、务实创新、包容开放”的价值理念，提供优质、高效、特色的资产管理服务，致力于实现客户价值、员工价值、股东价值和社会价值的最大化。公司的目标是成长为具有市场影响力和品牌美誉度，细分市场领先、特色业务突出、专业能力精深，在国内独树一帜的资产管理机构。

4.1.2 经营方针

遵循“紧跟市场步伐、深耕可持续业务、坚持风险与收益对等、聚焦重点领域”的基本原则，在投资银行、资产管理、财富管理、委托服务领域不断创新进取，追求风险可控下的最大投资回报。

4.1.3 战略规划

充分利用信托灵活制度属性、深度发挥信托横跨覆盖多市场优势，通过深入整个金融体系服务供给不足和资产管理市场产品供应稀缺的领域，用科技手段致力于金融资产数据化和可交易化。坚持以高品质、高效率、高附加值和专业精深的资产管理服务，实现公司长期持续发展。公司准确把握宏观经济与资管机构变革趋势背景，顺应机构功能重建和混业竞合态势，坚持塑造资产管理核心竞争能力，打造“传统与新型业务新老并行、主线业务与辅线业务两翼齐飞”的资产管理服务体系，囊括市场主流及新兴信托服务类型。

4.2 公司经营业务的主要内容

4.2.1 自营业务

包括证券一级市场投资、股权投资、债券投资、信托受益权投资、经营性租赁业务等方面。

4.2.2 信托业务

包括证券投资类信托业务、贷款融资类信托业务、财产权类信托业务、消费金融类信托业务、股权投资类信托业务、信贷资产转让类信托业务、房地产及基础设施类信托业务等。

4.2.3 自营资产及信托资产运用与分布情况

自营资产运用与分布表

资产运用	金额（万元）	占比（%）	资产分布	金额（万元）	占比（%）
货币资产	116 322.83	48.31	基础产业	0.00	0.00
贷款	0.00	0.00	房地产业	0.00	0.00
短期投资	287.91	0.12	证券	287.91	0.12
长期投资	0.00	0.00	实业	0.00	0.00
其他	124 167.87	51.57	其他	240 490.70	99.88
资产总计	240 778.61	100.00	资产总计	240 778.61	100.00

信托资产运用与分布表

资产运用	金额（万元）	占比（%）	资产分布	金额（万元）	占比（%）
货币资产	759 663.64	3.52	基础产业	2 313 629.29	10.73
贷款	6 216 364.56	28.84	房地产业	355 290.00	1.65
交易性金融资产	3 755 957.74	17.43	证券	4 296 489.36	19.94
长期投资	370 831.20	1.72	金融机构	1 258 910.28	5.84
买入返售资产	647 721.78	3.01	工商企业	3 835 347.80	17.79
其他	9 803 496.71	45.48	其他	9 494 368.90	44.05
资产总计	21 554 035.63	100.00	资产总计	21 554 035.63	100.00

4.3 市场分析

4.3.1 影响本公司业务发展的有利因素

（1）供给侧结构性改革的机会。随着“三去一降一补”五大重点任务的逐步落实，中国经济将会出现新的积极变化，在此过程中，会衍生许多的产业发展趋势，抓住趋势、顺势而为，将会为金融机构，尤其是信托公司创造许多的发展机会。在供给侧结构性改革背景下，并购重组、绿色金融、新兴产业、消费和小微金融、基建 PPP 等领域的投融资机会众多。公司依托系统和信息化优势开展消费金融和供应链金融业务，深耕云南开展基建 PPP 业务，以及资本市场投行业务，都是顺应国家经济形势，分享改革红利。

（2）金融监管政策趋向一致，资管产品标准逐步统一。2016 年各部委及金融监管机构发布一系列政策意见（包括征求意见稿），如证监会"新资管八条底线"、银监会"商业银行理财新规"、保监会"组合类保险资管产品监管通知"，以及 2017 年初人民银行发布的《关于规范金融机构资产管理业务的指导意见（征求意见稿）》等，金融监管层面协调统一、加强资管产品统一监管的步伐在明显加快。随着资管产品统一监管的逐步落实，各资管机构间遵循的业务开展法律基础逐渐一致，有利于营造一个公平公开的资产市场竞争环境，信托作为资管行业先发者和深耕者，将会迎来更有利的市场环境。公司围绕客户需求，长期开展金融同业和证券信托业务，在统一的资管竞争平台上，更有利于业务开展。

（3）依托机构自身优势开展资管业务成为趋势。在监管政策推动下，证券、期货、基金资管，以及保险资管、信托公司等主体机构的混业竞合状态走向深化，各机构在金融体系架构及机构功能发挥边界制约下，进入了依据自身核心优势开展资管业务的阶段。长远来看，资产高效运营服务、专业投研能力、差异化创新能力和风险定价水平将是资管机构生存发展的关键。公司打造的数据与科技运营平台颇具雏形，在证券信托和消费供应链金融（在线供应链）等领域优势突出，配合以专业的 ABS 业务能力，在未来的基于优势禀赋的资管竞争中机会较大。

4.3.2 影响本公司业务发展的不利因素

（1）宏观经济下行压力增加，部分领域波动性较大。2016 年我国 GDP 增速 6.9%，在 2017 年 3 月 5 日，国务院总理李克强在《政府工作报告》中称，我国 GDP 预期增速 6.5%，同比下降 0.4 个百分点。新常态下的经济增速下调态势明显。考虑到国际经济复苏缓慢和国内经济结构调整尚需时间，实体经济及依附其上的金融领域，都将面临风险暴露压力加大、增长困难的挑战，房地产行业等部分领域波动性仍较大，会对包括信托公司在内的金融机构带来一定影响。

（2）金融同业业务竞争加剧。金融同业业务简单化、单一化，服务同质化严重，费率逐渐降低，发展空间难有突破，缺少特点和差异化的经营模式将越发困难。证券公司、基金及其子公司在资管领域发展势头迅猛，对传统信托同业业务构成了一定冲击。信托公司在跨市场投资、灵活创设产品、制度红利等方面的相对优势在逐步削减，公司传统同业业务面临一定冲击。

（3）传统证券信托业务面临发展瓶颈。随着契约型基金逐渐成为私募基金发展的主流，传统证券阳光私募信托业务发展模式逐渐遇到瓶颈，同时，证券市场冲高回落之后的长期低位震荡也使得客户需求缩减。2016 年证券信托业务仍在消化大环境剧变带来的负面冲击，公司传统证券业务也面临调整升级、新型产品研发的阵痛过程。

4.4 内部控制

4.4.1 内部控制环境和内部控制文化

公司遵循"诚信、谨慎、勤勉、高效"的原则，依法经营、科学管理，以维护信托财产及股东权益为经营宗旨；秉承"诚信引领未来、专业创造价值"的企业经营理念，以"资产管理、功能信托、投资银行"为核心竞争力，致力于最大化的实现客户价值、社会价值、员工价值和股东价值，创造良好的公司治理文化和股东信用文化。

公司董事会负责督促、检查、评价公司风险管理工作，专设信托委员会、风险控制委员会两个专业委员会对公司重大信托项目的合规及风险控制进行督导，对公司风险管理负最终责任。公司监事会通过列席公司业务决策会、不受限制参与公司业务流全过程，监督检查并督促落实公司风险管理体系的建立和实施及相关事项的整改，就涉及公司风险的重大事项向股东会汇报，充分发挥了监事会独立监督职能。

公司倡导合规经营和风险管理的理念，努力培养全体员工遵纪守法和风险防范意识，通过定期内部培训学习保证全体员工及时了解国家法律法规和公司规章制度。使合规和风险防范意识贯穿到公司各个部门、岗位和环节。

4.4.2 内部控制措施

4.4.2.1 健全有效议事决策机制

公司建立了以总裁为主任委员的公司业务决策委员会并制定具体的《业务决策委员会工作细则》。对于公司拟实施的每个项目，都必须经由公司业务决策委员会讨论通过后才能组织实施。业务决策委员会通过的业务项目，若存在反对票，则应提请董事会风险控制委员会行使对该项目的最终风险审查权，从而加强对公司项目的事前风险控制。

4.4.2.2 建立内部分工明确相互监督制衡的职责构架

公司设立相对独立的内部审计稽核部门，直接对董事会负责，由其负责对公司所有业务每半年至少进行一次稽核，对公司自营业务和信托业务分离情况按季进行稽核，对终止或结束的业务在一个月内进行审计稽核，对业务开展过程中发现的问题随时进行稽核，并将稽核情况及时向董事会报告。

公司的合规风控部独立行使职能，对公司业务开展事前、事中风险防范、控制、监督并出具独立意见。

4.4.2.3 强化行业政策贯彻与业务同步

公司严格按照中国银行业监督管理委员会规定，执行信托业务与自营业务分岗、分账独立运行，分别对自营业务和信托业务制定业务流程、操作规程和风险控制制度，保证各项业务的前台、中台、后台相对独立，建立健全内外部防火墙。

2016 年，公司继续深化内控体系建设，加强对业务制度、流程、岗位职责、操作规程等各项制度梳理与完善，确保各项制度的规范性、实用性和有效性，并着力抓好各项制度监督执行与落实，从整体上提高了工作效率。制度约束力覆盖所有部门、所有业务，并贯彻落实到每个具体岗位，有效提升了公司内控能力。

4.4.3 信息交流与反馈

2016 年，公司进一步优化了内部信息交流、反馈机制和平台，公司股东会、董事会、监事会、经营管理层可及时了解公司的经营状况和风险情况。员工的工作情况信息能顺畅到达经营管理层，经营管理层的相关反馈信息也能够及时传递给相关的员工和部门。

4.4.4　监督评价与纠正

为了确保公司稳定发展，在坚持做好业务决策委员会事前控制机制的基础上，公司进一步加强对各运行项目的事中和事后管理，定期不定期的开展对各业务操作流程和风险控制措施进行自我检查和评价，做到自查、自省、自纠和自律。

4.5　风险管理

4.5.1　风险管理概况

风险管理是指围绕公司战略目标，由公司各职能部门和业务部门共同实施，在管理环节和经营活动中通过识别、评估、管理各类风险，执行风险管理基本流程，培育良好风险管理文化，建立健全风险管理体系，把风险控制在公司可承受范围内的系统管理过程。

4.5.1.1　公司经营活动中可能遇到的风险

根据信托行业的风险特性以及公司自身情况，公司在经营活动中可能遇到的风险包括法律与合规风险、声誉风险、信用风险、操作风险、道德风险、市场风险、其他风险等。

4.5.1.2　公司风险管理的基本原则与政策

公司的风险管理遵循以下原则：(1)全面性原则，即风险管理涵盖公司的所有部门和岗位，渗透到各项业务和环节中，贯穿于每项业务全过程。通过不断提高员工对风险的识别和防范能力，树立全员风险意识。(2)有效性原则，即在全面风险管理的理念下，建设全面反映公司风险状况的风险控制体系，确保该体系能有效指导业务，并能有效防范和化解风险。(3)防范和控制原则，即风险控制关口前移，努力在前期做好风险管理工作，加强风险的事前预防和统筹管理，并能在风险发生时及时识别和处理。(4)独立性原则，即承担风险管理监督检查职能的部门独立于公司其他部门，确保监督检查工作的独立性。(5)审慎性原则，即风险管理策略及方法根据公司经营战略、经营方针等内部环境的变化和国家法律法规等外部环境的改变及时进行完善，对各项创新业务及产品方案，审慎出具风险评估意见。(6)成本效益原则，即风险管理充分考虑成本与效益的关系，公司保持足够的风险投入，以降低风险损失。同时在保证风险可控的前提下，尽量减少冗余步骤，提高处理效率。

4.5.1.3　公司风险管理组织结构及职责划分

公司根据各内部机构在全面风险管理中的作用和功能不同，建立健全一个职责明确、功能健全、信息沟通顺畅的四道全面风险管理体系。

公司的风险管理工作实行分级管理，风险管理组织体系如下：

第一层级：董事会风险控制委员会。公司在董事会层面设立风险控制委员会，负责进行公司风险控制制度的建设、审查公司重大业务的风险、在公司内部长期进行风险教育等。

第二层级：业务决策委员会。公司的业务决策委员会是董事会领导授权下的负责日常业务决策的最高机构，由总裁召集，负责讨论并通过公司的各项业务管理制度、业务流程、审核决定公司拟推出的各项信托产品。

第三层级：风险管理部门。公司承担风险管理职能的部门主要是合规风控部、审计稽核部、信托财务部等。合规风控部是公司全面风险管理工作的归口管理部门，负责建立健全公司风险防范制度体系，负责公司风险管理制度执行情况的监督，对公司拟推出的各项信托产品进行合规与风险审查，对公司经营管理活动中的各类风险实施有效的事前评估和过程监控，有效防范、化解和降低公司运营风险。审计稽核部负责对公司内部控制和各项业务风险管理状况进行监督评价，并按照公司规定向董事会报告。信托财务部负责信托项目的资金划拨、清算、收益计算、到期兑付以及公司规定的其他职责。

第四层级：各业务部门及投资运营中心。公司固有业务部门、各信托业务部门以及投资运营中心承担一线风险管理职责，负责按照公司风险管理制度与业务操作流程开展信托业务、固有业务，在尽职调查、产品设计、资金募集、贷后投后管理、信息披露、终止清算等整个业务过程中对主要业务风险进行识别和管理。

4.5.2　风险状况

4.5.2.1　法律与合规风险

法律与合规风险是指公司因没有遵循法律、规则、准则和法律文件约定，可能遭受法律制裁、监管处罚、重大财务损失和声誉损失的风险。

4.5.2.2　声誉风险

声誉风险是指由于公司内部管理、信托产品出现问题等而引起公司的外部社会名声、信誉和公众信任度下降，从而对公司的外部市场地位产生消极和不良影响的风险。

4.5.2.3　信用风险

信用风险是指由于交易对手违约造成损失的风险。主要表现为公司在开展固有业务和信托业务时，可能会因交易对手违约而给公司或信托财产带来风险。

4.5.2.4　操作风险

操作风险是指因公司的内部控制系统不完善、管理失误、控制缺失或其他一些人为错误而导致的风险。具体可以细分为执行风险、流程风险、信息风险、人员风险、系统事件风险等。

4.5.2.5　道德风险

道德风险是指公司员工在执行业务过程中，由于法律意识淡漠、自律性差、责任心不强等因素的影响，可能存在的违法违规、操作失误等行为而给公司造成损失损害的风险。

4.5.2.6　市场风险

市场风险是指公司在运营过程中可能因市场的利率、汇率或所投资的产品价格的波动而引起投资亏损的风险。这些风险可能影响信托财产的价值及信托收益水平，也可能影响公司固有资产价值或导致损失。

4.5.2.7　其他风险

其他风险主要包括流动性风险等。

流动性风险是指信托财产、信托受益权或以信托财产为基础开发的具体信托产品的流动性不足导致的风险。

4.5.3　风险管理

4.5.3.1　法律与合规风险管理

公司坚持“合规人人有责，风控创造价值”的基本理念，通过事前调查、事中控制、事后检查实现对每笔业务时间、空间上的全程管理，按照国家法律法规和监管部门的有关要求开展业务，在识别和管理法律与合规风险过程中，注重将原则性和灵活性相结合。2016 年，公司加强了对业务可行性分析、交易结构设计、法律文件审查等环节的法律与合规风险的审查和管理，确保公司在依法合规的前提下审慎展业。

4.5.3.2 声誉风险管理

公司重视声誉风险管理，将其纳入公司治理和全面风险管理体系，强调在依法合规经营和健康有序发展的基础上，主动、有效、灵活地防范和管理声誉风险。报告期内，公司采取了一系列具体措施加强声誉风险及舆情管理。

4.5.3.3 信用风险管理

公司高度重视交易对手的信用情况，通过多种措施加强信用风险管理：一是结合公司业务开展的实际情况，针对特定业务类型制定了相应的业务审批指引、准入标准和操作规程等风控制度；二是结合项目具体情况，加强对交易对手的事前尽职调查和项目可行性分析，审慎选择交易对手，进行事前控制；三是严格落实项目审批条件和担保措施，客观、公正地评估抵（质）押物，并通过关注交易对手担保物情况和资信状况，持续跟踪进行事中和事后控制；四是风险管理归口部门对公司开展项目的信用风险情况进行不定期的风险排查，及时发现问题并采取相应措施；五是遵照外部监管机关及公司内部风险管控的要求，进行资产风险分类，实施动态管理；六是严格按财政部和中国银监会的要求，足额提取包括呆账准备金、信托赔偿准备金在内的各项准备金，足额计提资产减值准备。

4.5.3.4 操作风险管理

操作风险是指因公司的内部控制系统不完善、管理失误、控制缺失或其他一些人为错误而导致的风险。具体可以细分为执行风险、流程风险、信息风险、人员风险、系统事件风险等。

公司通过完善规章制度、细化业务操作流程、加强员工专业培训及奖惩激励、设定计算机业务系统操作权限、制定应急预案等措施控制操作风险。

公司通过多种措施加强操作风险管理：一是不断完善各项规章制度和业务操作流程，持续完善操作风险管理机制，切实提高业务管理的精细化水平；二是实行严格的发起、复核、审核程序，严格防范操作风险；三是加强对员工培训、教育，增强员工责任感和道德水平，执行问责制度，提高操作风险管理质量。

4.5.3.5 道德风险管理

公司通过完善公司治理结构、健全内控制度、规范合理分工及有效制衡的操作流程、加强员工职业道德的培养、提高员工对公司的热爱和对岗位的热情，来控制道德风险。并强化审计监督，完善风险预警机制。

4.5.3.6 市场风险管理

公司的市场风险管理策略：一是注重研究和防范宏观经济、金融形势等系统性风险，制定公司的主要业务发展方向；二是根据市场行情，密切跟踪市场变化，及时调整业务开展策略，通过资产或投资的合理组合实现风险的有效对冲和补偿，以规避市场风险；三是在业务审批决策和业务存续期管理过程中，通过压力测试和动态监控，对项目进行严格管理；四是积极贯彻落实监管部门下发的有关法律法规和监管政策，及时对特定业务作出风险提示，加强风险防范，确保风险可控。

4.5.3.7 其他风险管理

其他风险主要是流动性风险。公司在流动性风险的管理工作中，采取多种有效手段检测流动性风险，如通过压力测试检测公司、产品的承压能力，识别判断公司的流动性风险。

5. 财务会计报表

5.1 自营资产

5.1.1 会计师事务所审计意见全文

审计报告

众环云审字（2017）0164 号

云南国际信托有限公司全体股东：

我们审计了后附的云南国际信托有限责任公司（以下简称云南信托公司）财务报表，包括 2016 年 12 月 31 日的资产负债表，2016 年度的利润表、现金流量表和所有者权益变动表以及财务报表附注。

一、管理层对财务报表的责任

编制和公允列报财务报表是云南信托公司管理层的责任，这种责任包括：（1）按照企业会计准则的规定编制财务报表，并使其实现公允反映；（2）设计、执行和维护必要的内部控制，以使财务报表不存在由于舞弊或错误导致的重大错报。

二、注册会计师的责任

我们的责任是在执行审计工作的基础上对财务报表发表审计意见。我们按照中国注册会计师审计准则的规定执行了审计工作。中国注册会计师审计准则要求我们遵守中国注册会计师职业道德守则，计划和执行审计工作以对财务报表是否不存在重大错报获取合理保证。

审计工作涉及实施审计程序，以获取有关财务报表金额和披露的审计证据。选择的审计程序取决于注册会计师的判断，包括对由于舞弊或错误导致的财务报表重大错报风险的评估。在进行风险评估时，注册会计师考虑与财务报表编制和公允列报相关的内部控制，以设计恰当的审计程序，但目的并非对内部控制的有效性发表意见。审计工作还包括评价管理层选用会计政策的恰当性和作出会计估计的合理性，以及评价财务报表的总体列报。

我们相信，我们获取的审计证据是充分、适当的，为发表审计意见提供了基础。

三、审计意见

我们认为，云南信托公司财务报表在所有重大方面按照企业会计准则的规定编制，公允反映了云南信托公司 2016 年 12 月 31 日的财务状况以及 2016 年度的经营成果和现金流量。

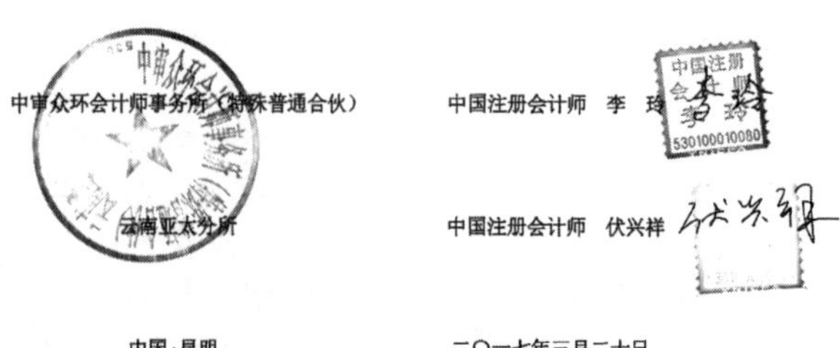

5.1.2 资产负债表

资产负债表

2016 年 12 月 31 日

编制单位：云南国际信托有限公司　　　　单位：元

资产	注释号	行次	期末数	期初数	负债和所有者权益	注释号	行次	期末数	期初数
货币资金	十三、1	1	1 163 228 323. 50	1 531 617 804. 96	拆入资金		24		
拆出资金		2			交易性金融负债		25		
交易性金融资产	十三、2	3	2 879 141. 61	3 747 709. 47	衍生金融负债		26		
衍生金融资产		4			代理承销证券款		27		
买入返售金融资产		5			应付账款		28		
应收账款	十三、3	6	42 954 597. 33	58 989 823. 48	其他应付款	十三、13	29	74 295 274. 35	43 151 250. 69
其他应收款	十三、4	7	202 919 014. 95	27 502 028. 22	预收账款		30		
预付款项	十三、5	8	1 733 133. 42	1 652 903. 02	应付职工薪酬	十三、14	31	221 786 616. 71	267 326 732. 41
应收股利		9			应交税费	十三、15	32	22 895 641. 38	14 693 912. 28
应收利息		10			应付股利	十三、16	33	12 500 000. 00	12 500 000. 00
长期应收款		11			预计负债		34		
贷款		12			长期应付款		35		
可供出售金融资产	十三、6	13	10 000 000. 00	20 000 000. 00	递延所得税负债		36		
持有至到期投资		14			其他负债		37		
长期股权投资		15			负债合计		38	331 477 532. 45	337 671 895. 38
投资性房地产	十三、7	16	37 065 639. 26	39 784 840. 46	所有者权益		39		
固定资产	十三、8	17	20 134 519. 15	22 286 586. 92	实收资本	十三、17	40	1 000 000 000. 00	1 000 000 000. 00
无形资产	十三、9	18	8 805 755. 22	7 159 309. 73	资本公积	十三、18	41	174 345. 00	174 345. 00
信托受益权	十三、10	19	861 834 417. 57	428 853 246. 17	盈余公积	十三、19	42	194 613 425. 14	174 168 981. 81
递延所得税资产	十三、12	20	54 311 029. 33	65 751 416. 77	信托赔偿准备	八、5	43	99 351 156. 91	87 084 490. 91
长期待摊费用	十三、11	21	1 920 557. 59	2 190 389. 33	一般风险准备	八、6	44	36 116 791. 93	33 143 040. 88
其他资产		22			未分配利润	十三、20	45	745 052 877. 50	577 293 304. 55
					其中：本年利润		46		
					所有者权益合计		47	2 076 308 596. 48	1 871 864 163. 15
资产总计		23	2 407 786 128. 93	2 209 536 058. 53	负债及股东权益总计		48	2 407 786 128. 93	2 209 536 058. 53

法定代表人：刘　刚　　　　主管会计工作负责人：田泽望　　　　会计机构负责人：杨春和

5.1.3 利润表

利润表

2016 年度

编制单位：云南国际信托有限公司　　　　单位：元

报表项目名称	注释号	行次	本年累计数	上年累计数
营业收入	十三、21	1	450 269 842. 94	700 218 015. 21
利息净收入		2	35 776 345. 84	14 131 772. 63
利息收入		3	35 776 345. 84	14 131 772. 63
利息支出		4		
手续费及佣金净收入		5	332 086 500. 79	598 375 686. 33
手续费及佣金收入		6	336 799 189. 76	609 050 283. 33
手续费及佣金支出		7	4 702 588. 97	9 574 597. 00
投资收益		8	7 639 248. 89	6 976 776. 41
汇兑损益		9		
公允价值变动损益		10	656 567. 86	294 806. 08
其他业务净收入		11	759 632 215. 28	79 438 973. 76
其他业务收入		12	75 277 196. 54	80 091 225. 16
其他业务支出		13	644 961. 26	652 251. 40
营业支出	十三、22	14	176 398 159. 05	292 083 465. 05
税金及附加		15	10 004 731. 86	38 288 625. 32
业务及管理费		16	166 393 427. 19	253 794 739. 73
资产减值损失		17		
营业利润		18	273 871 683. 89	408 134 550. 16
加：营业外收入	十三、23	19	0. 13	38 539. 06
减：营业外支出	十三、24	20	101 537. 97	192 841. 05
利润总额		21	277 770 146. 05	407 980 248. 17
减：所得税费用	十三、25	22	69 325 712. 72	103 050 090. 77
净利润		23	204 444 433. 33	304 920 157. 40
归属于母公司所有者的净利润		24	204 444 433. 33	304 920 157. 40
* 少数股东损益		25		
每股收益：		26		
基本每股收益		27		
稀释每股收益		28		
其他综合收益		29		
综合收益总额		30	204 4444 433. 33	304 920 157. 40
归属于母公司所有者的综合收益总额		31	204 444 433. 33	304 920 157. 40
* 归属于少数股东的综合收益总额		32		

法定代表人：刘　刚　　　主管会计工作负责人：田泽望　　　会计机构负责人：杨春和

5.1.4 所有者权益变动表

所有者权益变动表

编制单位：云南国际信托有限公司　　2016 年度　　单位：元

项目	本年金额							
	实收资本(或股本)	资本公积	减：库存股	盈余公积	一般风险准备	信托赔偿准备	未分配利润	所有者权益合计
一、上年年末余额	1 000 000 000. 00	174 345. 00	—	174 168 981. 81	33 143 040. 88	87 084 490. 91	577 293 304. 55	1 671 864 163. 15
加：会计政策变更								
前期差错变更								
二、本年年初余额	1 000 000 000. 00	174 345. 00	—	174 168 981. 81	33 143 040. 88	87 084 490. 91	577 293 304. 55	1 871 864 163. 15
三、本年增减变动金额(减少以"－"号填列)	—	—	—	20 444 443. 33	2 973 751. 05	12 266 666. 00	168 759 572. 95	204 444 433. 33
(一)净利润							204 444 433. 33	204 444 433. 33
(二)直接计入所有者权益的利得和损失								—
1. 可供出售金融资产公允价值变动净额								—
(1)计入所有者权益的金额								—
(2)转入当期损益的金额								—
2. 现金流量套期工具公允价值变动净额								—
(1)计入所有者权益的金额								—
(2)转入当期损益的金额								—
(3)计入被套期项目初始确认金额中的金额								—
3. 权益法下被投资单位其他所有者权益变动的影响								—
4. 与计入所有者权益项目相关的所得税影响								—
5. 其他								—
上述(一)和(二)小计								—
(三)所有者投入和减少资本	—							—
1. 所有者投入资本								—
2. 股份支付计入所有者权益的金额								—
3. 其他								—
(四)利润分配				20 444 443. 33	2 973 751. 05	12 266 666. 00	−35 684 860. 38	
1. 提取盈余公积				20 444 443. 33			−20 444 443. 33	—
2. 提取一般风险准备					2 973 751. 05		52 973 751. 05	—
3. 提取信托赔偿准备						12 266 666. 00	−12 266 666. 00	—
4. 对所有者(或股本)的分配								
5. 其他								—
(五)信托赔偿准备弥补信托项目亏损								—
(六)所有者权益内部结转								
1. 资本公积转增资本(或股本)								
2. 盈余公积转增资本(或股本)								
3. 盈余公积弥补亏损								
4. 一般风险准备弥补亏损								
5. 其他								
四、本年年末余额	1 000 000 000. 00	174 345. 00	—	194 613 425. 14	36 116 791. 93	93 351 156. 91	746 052 877. 50	2 076 308 596. 48

法定代表人：刘　刚　　主管会计工作负责人：田泽望　　会计机构负责人：杨春和

所有者权益变动表（续）

2016 年度

编制单位：云南国际信托有限公司　　　　单位：元

项目	上年金额							
	实收资本（或股本）	资本公积	减：库存股	盈余公积	一般风险准备	信托赔偿准备	未分配利润	所有者权益合计
一、上年年末余额	1 000 000 000. 00	174 345. 00	—	143 676 966. 07	27 963 698. 70	71 838 483. 04	373 290 512. 94	1 616 944 005. 75
加：会计政策变更								—
前期差错变更								—
二、本年年初余额	1 000 000 000. 00	174 345. 00		143 676 966. 07	27 963 698. 70	71 838 483. 04	373 290 512. 94	1 616 944 005. 75
三、本年增减变动金额（减少以"－"号填列）	—			30 492 015. 74	5 179 342. 18	15 246 007. 87	204 002 791. 61	254 920 157. 40
（一）净利润							30 920 157. 40	304 920 157. 40
（二）直接计入所有者权益的利得和损失								—
1. 可供出售金融资产公允价值变动净额								—
（1）计入所有者权益的金额								—
（2）转入当期损益的金额								—
2. 现金流量套期工具公允价值变动净额								—
（1）计入所有者权益的金额								—
（2）转入当期损益的金额								—
（3）计入被套期项目初始确认金额中的金额								—
3. 权益法下被投资单位其他所有者权益变动的影响								—
4. 与计入所有者权益项目相关的所得税影响								—
5. 其他								—
上述（一）和（二）小计								—
（三）所有者投入和减少资本	—							—
1. 所有者投入资本								—
2. 股份支付计入所有者权益的金额								—
3. 其他								—
（四）利润分配				30 492 015. 74	5 179 342. 18	15 246 007. 87	-100 917 365. 79	-50 000 000. 00
1. 提取盈余公积				30 492 015. 74			-30 492 015. 74	—
2. 提取一般风险准备					5 179 342. 18		-5 179 342. 18	—
3. 提取信托赔偿准备						15 246 007. 87	-15 246 007. 87	—
4. 对所有者（或股本）的分配							-50 000 000. 00	-50 000 000. 00
5. 其他								—
（五）信托赔偿准备弥补信托项目亏损								—
（六）所有者权益内部结转								—
1. 资本公积转增资本（或股本）								—
2. 盈余公积转增资本（或股本）								—
3. 盈余公积弥补亏损								—
4. 一般风险准备弥补亏损								—
5. 其他								—
四、本年年末余额	1 000 000 000. 00	174 345. 00		174 168 981. 81	33 143 040. 88	87 084 490. 91	577 293 304. 55	1 871 864 163. 15

法定代表人：刘　刚　　　　主管会计工作负责人：田泽望　　　　会计机构负责人：杨春和

5.2 信托业务

信托项目资产负债汇总表

编制单位：云南国际信托有限公司　　单位：万元

项目	2016 年末数	2016 年初数
信托资产：		
货币资金	759 663.64	434 067.80
拆出资金	0.00	0.00
存出保证金	0.00	0.00
交易性金融资产	3 755 957.74	2 092 110.03
衍生金融资产	0.00	0.00
买入返售金融资产	647 721.78	285 803.36
其中：买入返售证券	514 397.78	285 803.36
买入返售信贷资产	0.00	0.00
应收款项	60 920.56	201 924.48
贷款	6 216 364.55	11 866 226.30
可供出售金融资产	3 292 208.01	3 420 074.63
持有至到期投资	1 200 474.97	1 187 992.91
长期应收款	0.00	0.00
长期股权投资	370 831.20	231 449.05
投资性房地产	0.00	0.00
固定资产	0.00	0.00
无形资产	0.00	0.00
长期待摊费用	0.00	0.00
其他资产	5 249 893.18	1 077 177.96
信托资产总计	21 554 035.63	20 796 826.52
信托负债：		
交易性金融负债	0.00	0.00
衍生金融负债	0.00	0.00
应付受托人报酬	3 532.81	4 672.63
应付托管费	654.89	1 913.52
应付受益人收益	82 920.36	27 425.83
应交税费	0.00	0.00
应付销售服务费	42.56	364.48
其他应付款项	52 950.45	198 180.19
其他负债	0.00	0.00
信托负债合计	140 101.07	232 556.65
信托权益：		
实收信托	21 271 546.81	20 183 070.89
其中：资金信托	15 984 701.72	19 053 156.93
财产信托	5 286 845.09	1 129 913.96
资本公积	267.99	142.94
外币报表折算差额	0.00	0.00
未分配利润	142 119.76	381 056.04
信托权益合计	21 413 934.56	20 564 269.87
信托负债及信托权益总计	21 554 035.63	20 796 826.52

法定代表人：刘　刚　主管会计工作负责人：舒　广　财务经理：李　峥　制表：靳佳慧

信托项目利润及利润分配汇总表

编制单位：云南国际信托有限公司　　单位：万元

项目	2016 年度	2015 年度
一、营业收入	847 052.10	2 535 500.95
利息收入	715 416.26	1 191 029.07
投资收益	160 450.01	1 353 712.51
公允价值变动损益	−66 399.25	−24 596.67
租赁收入	0.00	0.00
汇兑损益	0.00	0.00
其他收入	37 585.08	15 356.05
二、营业支出	133 906.39	364 425.65
营业税金及附加	0.00	0.00
受托人报酬	33 097.45	60 081.82
托管费	17 509.36	32 286.66
投资管理费	17 025.92	39 207.70
销售服务费	128.21	1 431.22
交易费用	15 361.34	118 021.54
资产减值损失	0.00	0.00
其他费用	50 784.11	113 396.70
三、信托净利润	713 145.71	2 171 075.30
四、其他综合收益	125.06	−5 774.07
五、综合收益	713 270.77	2 165 301.23
加：期初未分配信托利润	381 056.04	514 970.26
加：未分配信托利润平准金	230 861.70	1 856 301.58
六、可供分配的信托利润	1 325 063.45	4 542 347.15
减：本期已分配信托利润	1 182 943.69	4 161 291.11
七、期末未分配信托利润	142 119.76	381 056.04

法定代表人：刘　刚　主管会计工作负责人：舒　广　财务经理：李　峥　制表：靳佳慧

6. 财务报表附注

6.1 会计报表编制基准不符合会计核算基本前提的说明

本公司的财务报表编制以持续经营假设作为基础，根据实际发生的交易和事项，按照财政部颁布的企业会计准则及其他相关法规的有关规定，并基于“主要会计政策和会计估计”进行编制。本财务报告编制不存在不符合会计核算基本前提的事项。

无会计报表不符合会计核算基本前提的事项

6.2 或有事项说明

本公司本期无对外担保及其他重大的或有事项。

6.3 重要资产转让及其出售的说明

本公司本期无重要的资产转让及出售事项。

6.4 会计报表中重要项目的说明

6.4.1 自营资产经营情况

6.4.1.1 按信用风险五级分类结果披露信用风险资产的期初数、期末数

以下注释中期末余额是指2016年12月31日的余额，期初余额是指2015年12月31日的余额；本期数是指2016年1月1日至2016年12月31日的发生额，上期数是指2015年1月1日至2015年12月31日的发生额。

信用风险资产五级分类	正常类（万元）	关注类（万元）	次级类（万元）	可疑类（万元）	损失类（万元）	信用风险资产合计（万元）	不良资产合计（万元）	不良资产率（%）
期初数	161 976.26	0.00	0.00	0.00	0.00	161 976.26	0.00	0.00
期末数	141 083.51	0.00	0.00	0.00	0.00	141 083.51	0.00	0.00

注：本公司信用风险资产的范围包括报表项目货币资金、应收账款、预付账款、其他应收款。

6.4.1.2 各项风险减值损失准备

单位：万元

	期初余额	本期计提	本期转回	本期核销	期末余额
贷款损失准备	0.00	0.00	0.00	0.00	0.00
一般准备	0.00	0.00	0.00	0.00	0.00
专项准备	0.00	0.00	0.00	0.00	0.00
其他资产减值准备	0.00	0.00	0.00	0.00	0.00
可供出售金融资产减值准备	0.00	0.00	0.00	0.00	0.00
持有至到期投资减值准备	0.00	0.00	0.00	0.00	0.00
长期股权投资减值准备	0.00	0.00	0.00	0.00	0.00
坏账准备	0.00	0.00	0.00	0.00	0.00
投资性房地产减值准备	0.00	0.00	0.00	0.00	0.00
合计	0.00	0.00	0.00	0.00	0.00

注：本公司2016年以上各项资产未发生减值，无须计提资产减值损失。

6.4.1.3 自营股票投资、基金投资、债券投资、股权投资等投资业务的期初数、期末数

单位：万元

	股票	基金	债券	长期股权投资	信托受益权	合计
期初数	374.77	0.00	0.00	0.00	42 885.32	43 260.09
期末数	287.91	0.00	0.00	0.00	86 183.44	86 471.35

6.4.1.4 本公司2016年度无自营长期股权投资

6.4.1.5 本公司2016年度无自营贷款业务

6.4.1.6 本公司2016年度无表外业务

6.4.1.7 本公司当年的收入结构

项目	本期发生额（万元）	占比（%）
手续费及佣金净收入	33 209.66	73.75
其中：信托业务净收入	32 830.00	72.91
利息净收入	3 577.03	7.94
其他业务净收入	7 563.22	16.80
投资收益	763.92	1.70
其中：股权投资收益	0.00	0.00
证券投资收益	0.76	0.00
其他投资收益	763.16	1.70
公允价值变动收益	-86.85	-0.19
合计	45 026.98	100.00

6.4.2 披露信托资产管理情况

6.4.2.1 信托资产的期初数、期末数

单位：万元

信托资产	期初数	期末数
集合类	2 498 897.66	4 496 444.98
单一类	17 167 883.22	11 733 657.52
财产管理类	1 130 045.64	5 323 933.13
合计	20 796 826.52	21 554 035.63

6.4.2.1.1 主动管理型信托业务的信托资产期初数、期末数，分证券投资类、股权投资类、其他投资类、融资类、事务管理类分别披露。

单位：万元

主动管理型信托资产	期初数	期末数
证券投资类	2 702 261.66	4 962 291.16
股权投资类	0.00	3 900.00
其他投资类	490 876.71	959 009.04
融资类	31 838.31	215 546.77
事务管理类	571 985.27	189 997.97
合计	3 796 961.95	6 330 744.94

6.4.2.1.2 被动管理型信托业务的信托资产期初数、期末数，分证券投资类、股权投资类、其他投资类、融资类、事务管理类分别披露。

单位：万元

被动管理型信托资产	期初数	期末数
证券投资类	0.00	575 398.72
股权投资类	102 567.29	6 768.34
其他投资类	0.00	346 225.17
融资类	0.00	101 000.02
事务管理类	16 897 297.28	14 193 898.44
合计	16 999 864.57	15 223 290.69

6.4.2.2 本年度已清算结束的信托项目个数、实收信托合计金额、加权平均实际年化收益率

6.4.2.2.1 本年度已清算结束的集合类、单一类资金信托项目和财产管理类信托项目个数、实收信托合计金额、加权平均实际年化收益率。

已清算结束的信托项目	项目个数（个）	实收信托合计金额（万元）	加权平均实际年化收益率（%）
集合类	163	4 820 005.29	8.46
单一类	277	12 048 457.80	6.94
财产管理类	9	187 657.97	5.54

注：1. 收益率是指信托项目清算后，给受益人赚取的实际收益水平。

2. 加权平均实际年化收益率=（信托项目1的实际年化收益率×信托项目1的实收信托+信托项目2的实际年化收益率×信托项目2的实收信托+…+信托项目n的实际年化收益率×信托项目n的实收信托）/（信托项目1的实收信托+信托项目2的实收信托+…+信托项目n的实收信托）×100%。

6.4.2.2.2　本年度已清算结束的主动管理型信托项目个数、实收信托合计金额、加权平均实际年化收益率，分证券投资类、股权投资类、其他投资类、融资类、事务管理类分别计算并披露

已清算结束的信托项目	项目个数（个）	实收信托合计金额（万元）	加权平均实际年化信托报酬率（%）	加权平均实际年化收益率（%）
证券投资类	154	4 062 973.94	0.63	8.02
股权投资类	1	38 698.92	0.66	47.87
其他投资类	98	3 133 495.41	0.09	3.24
融资类	1	30 000.00	1.03	6.97
事务管理类	8	772 211.00	0.20	8.93

注：加权平均实际年化信托报酬率＝（信托项目1的实际年化信托报酬率×信托项目1的实收信托＋信托项目2的实际年化信托报酬率×信托项目2的实收信托＋…＋信托项目n的实际年化信托报酬率×信托项目n的实收信托）/（信托项目1的实收信托＋信托项目2的实收信托＋…＋信托项目n的实收信托）×100%。

6.4.2.2.3　本年度已清算结束的被动管理型信托项目个数、实收信托合计金额、加权平均实际年化收益率，分证券投资类、股权投资类、其他投资类、融资类、事务管理类分别计算并披露

已清算结束的信托项目	项目个数（个）	实收信托合计金额（万元）	加权平均实际年化信托报酬率（%）	加权平均实际年化收益率（%）
证券投资类	3	24 810.00	0.84	2.44
股权投资类	1	85 000.00	0.20	8.89
其他投资类	1	3 100.00	1.78	−0.35
融资类	2	13 000.00	0.10	7.30
事务管理类	180	8 892 831.79	0.16	7.26

6.4.2.3　本年度新增的集合类、单一类和财产管理类信托项目个数、实收信托合计金额

新增信托项目	项目个数（个）	实收信托合计金额（万元）
集合类	126	3 247 934.64
单一类	144	5 590 744.88
财产管理类	46	4 528 206.42
新增合计	316	13 366 885.94
其中：主动管理型	169	5 150 575.49
被动管理型	147	8 216 310.45

注：本年度新增信托项目指在本报告年度内累计新增的信托项目个数和金额。包含本年度新增并于本年度内结束的项目和本年度新增至报告期末仍在持续管理的信托项目。

6.4.2.4　信托业务创新成果和特色业务有关情况

公司通过挖掘信托独特的优势，提供专业化和特色化服务，开展了一系列新型特色业务，有效提升了公司盈利水平，如资产证券化业务、债券投资业务及消费金融业务就是典型代表。

（1）资产证券化业务。在2015年获批资产证券化业务资格后，公司即组建了相应的团队，充分发挥信托制度优势，利用财产权信托模式，开展资产证券化业务，避开收益率极低、竞争激烈的公募银行信贷资产证券化，依靠专业团队，大力开展收益水平相对较高的私募资产证券化业务，在保理、租赁等领域有所斩获，截至2016年12月，资产证券化业务规模超过200亿元，合同收入超过1 900万元。

（2）债券投资业务。公司利用信托横跨三大市场的制度优势，以及过往在债券管理类业务的经验，进行以债券投资为基础的现金管理业务，为中小银行及其他机构投资者提供了市场亟须的现金管理服务，产品从无到有、目前规模近100亿元。作为主动管理产品，收费水平高于一般事物管理类债券业务，随着规模的扩大将有助于提升公司收益水平。

（3）消费金融业务。公司利用信托公司具有的贷款业务资质，开展小而分散的小微金融业务，通过系统的搭建，在资金方与资产方之间建立起了可信赖的平台，一年业务培育过程中，落地了十数个项目、规模近10亿元。该业务中，公司承担了资产管理运营、机构资金引入、股权投资等多重任务，收费水平相对较高，随着规模的进一步扩大，将为公司带来长久和持续的收入。其中，公司积极响应国务院办公厅关于金融服务“三农”发展的若干意见的要求，开发会泽系列农分期集合资金信托计划，发展农村普惠金融服务，该产品主要向农民发放购买农机、农资、支付土地租金等用途的贷款，降低农民融资成本，解决农民生产经营中的资金问题，年内，累计发放贷款2 589笔，共计16 888万元。

6.4.2.5　本公司履行受托人义务情况及因公司自身责任而导致的信托资产损失情况

本公司根据《信托法》《信托公司管理办法》《信托公司集合资金信托计划管理办法》等相关法律法规的规定，在管理或处分信托财产时，履行了恪尽职守，诚实、信用、谨慎、有效管理的义务。具体为：

（1）遵守信托文件的规定，为受益人的最大利益处理信托事务的义务；

（2）将受托人的固有财产与信托财产进行分别管理、分别记账，并将不同委托人的信托财产分别管理、分别记账的义务。

6.4.2.6　信托赔偿准备金的提取、使用和管理情况

单位：万元

项目	期初余额	本期增加	本期减少	期末余额
信托赔偿准备金	8 708.45	1 226.67	0.00	9 935.12

注：本公司按税后利润的6%计提信托赔偿准备金，本公司2016年税后利润20 444.44万元，按6%计提信托赔偿准备金1 226.67万元。

6.5　关联方关系及交易

6.5.1　关联交易方的数量、关联交易的总金额及定价政策

	关联交易方数量（个）	关联交易金额（万元）	定价政策
合计	1	105 000.00	市价

注：关联交易是指信托公司以自有资产、信托资产为关联方提供投融资等服务，或以担保等方式为关联方融资提供便利的业务。本年度的关联交易为公司发行的两个信托计划的信托资金投资国金证券股份有限公司资产管理计划。

6.5.2 关联交易方与本公司的关系性质、关联交易方的名称、法人代表、注册地址、注册资本及主营业务等

单位:万元

关系性质	关联方名称	法定代表人	注册地址	注册资本	主营业务
股东	涌金实业(集团)有限公司	杨利华	上海	20 000	物业管理、旅游资源开发、国内贸易、室内装潢、实业投资咨询、农产品的购销
股东	上海纳米创业投资有限公司	刘明	上海	30 000	实业投资、资产管理(非金融业务)、科技项目开发以及相关业务的咨询,国内贸易
股东	北京知金科技投资有限公司	魏锋	北京	15 000	投资管理、投资咨询
股东关联企业	国金证券股份有限公司	冉云	成都市青羊区东城根上街95号	302 435.93	证券经纪;证券投资咨询;与证券交易、证券投资活动有关的财务顾问;证券承销与保荐;证券自营;融资融券;证券资产管理;证券投资基金代销;为期货公司提供中间介绍业务;代销金融产品

6.5.3 本年度公司与关联方重大交易事项

6.5.3.1 固有财产与关联方关联情况:贷款、投资、租赁、应收账款担保、其他方式等期初汇总数、本期借方和贷方发生额汇总数、期末汇总数

固有财产与关联方关联交易

单位:万元

	期初数	借方发生额	贷方发生额	期末数
贷款	0.00	0.00	0.00	0.00
投资	0.00	0.00	0.00	0.00
租赁	0.00	0.00	0.00	0.00
担保	0.00	0.00	0.00	0.00
应收账款	0.00	0.00	0.00	0.00
其他	0.00	0.00	0.00	0.00
合计	0.00	0.00	0.00	0.00

注:本年度内,公司未以固有财产为关联方提供投融资或担保服务。其他关联交易情况如下:(1)固有业务—存放同业(存放证券机构)。公司在国金证券开立的自营证券投资交易资金账户买卖变动数据,期初余额96万元、借方发生额18万元、贷方无发生额、期末余额114万元;(2)固有业务—手续费及佣金支出。公司支付国金道富投资服务有限公司代销手续费及服务费104万元;(3)固有业务—应付职工薪酬。公司委托涌金实业(集团)有限公司和北京知金科技投资有限公司代缴部分异地员工社保公积金等74万元;(4)固有业务—业务及管理费。公司向上海涌禾农业科技有限公司购买农产品支付费用9万元。以上交易对手均为本公司股东及其关联方。

6.5.3.2 信托与关联方交易情况:贷款、投资、租赁、应收账款、担保、其他方式等期初汇总数、本期借方和贷方发生额汇总数、期末汇总数

单位:万元

信托与关联方关联交易				
	期初数	借方发生额	贷方发生额	期末数
贷款	0.00	0.00	0.00	0.00
投资	0.00	105 000.00	0.00	105 000.00
租赁	0.00	0.00	0.00	0.00
担保	0.00	0.00	0.00	0.00
应收账款	0.00	0.00	0.00	0.00
其他	0.00	0.00	0.00	0.00
合计	0.00	0.00	0.00	0.00

注:本年度信托与关联方关联交易的情况为:公司发行的两个信托计划的信托资金投资国金证券股份有限公司资产管理计划,合计金额105 000.00万元。其他关联情况如下:(1)国金证券股份有限公司管理的资产管理计划加入公司管理的信托产品,年初余额零万元,年末余额173 200.00万元,年内分配信托收益共计8 026.61万元。(2)国金创新投资有限公司以其自有资金加入公司管理的信托产品,年初余额零万元,年末余额8 940.00万元,年内未分配信托收益。(3)上海国金通用财富资产管理有限公司以其自有资金加入公司管理的信托产品,投资金额为300.00万元,年内本金和收益共计分配305.60万元,分配后无剩余本金和收益。(4)北京千石创富资本管理有限公司的资产管理计划加入公司管理的信托产品,年初余额30 000.00万元,本年内向其分配信托本金30 000.00万元,分配后无剩余本金和收益。(5)公司信托产品委托国金证券作为证券交易经纪商,共向国金证券支付交易佣金1 679.94万元。

6.5.3.3 信托公司自有资金运用于自己管理的信托项目(固信交易)、信托公司管理的信托项目之间的相互(信信交易)交易金额,包括余额和本报告年度的发生额

6.5.3.3.1 固有财产与信托财产之间的交易金额期初汇总数、本期发生额汇总数、期末汇总数

固有财产与信托财产相互交易

单位:万元

期初余额	借方发生额	贷方发生额	期末余额
42 885.32	103 782.77	60 484.65	86 183.44

注:以上交易均为固有资金投资公司自己管理的信托项目受益权。

6.5.3.3.2 信托项目之间的交易金额期初汇总数、本期发生额汇总数、期末汇总数

信托资产与信托财产相互交易

单位:万元

期初数	借方发生额	贷方发生额	期末数
409 282.46	406 663.04	493 653.95	322 291.55

注:以公司受托管理的一个信托项目的资金购买自己管理的另一个信托项目的受益权或信托项下资产均应纳入统计披露范围。

6.5.4 关联方逾期未偿还本公司资金的详细情况以及本公司为关联方担保发生或即将发生垫款的详细情况

本公司无上述情况。

6.6 会计制度的披露

公司固有业务及信托业务均执行2006年财政部颁布的企业会计准则。

7. 财务情况说明书

7.1 利润实现和分配情况

单位:万元

项目	期末余额
本年净利润	20 444.44
加:年初未分配利润	57 729.33
减:提取法定盈余公积	2 044 44
减:提取任意盈余公积金	0.00
减:信托赔偿准备金	1 226.67
减:一般风险准备	297 37
减:应付普通股股利	0.00
减:未分配利润转增实收资本	0.00
年末未分配利润	74 605.29

7.2 主要财务指标

指标名称	指标值
资本利润率(%)	10.36
加权年化信托报酬率(%)	0.23
人均净利润(万元)	95.53

注:1. 资本利润率=净利润/所有者权益平均余额×100%。

2. 加权年化信托报酬率=(信托项目1的实际年化信托报酬率×信托项目1的实收信托+信托项目2的实际年化信托报酬率×信托项目2的实收信托+…+信托项目n的实际年化信托报酬率×信托项目n的实收信托)/(信托项目1的实收信托+信托项目2的实收信托+…+信托项目n的实收信托)×100%。

3. 人均净利润=净利润/年平均人数。

4. 平均值采取年初、年末余额简单平均法,公式为:a(平均)=(年初数+年末数)/2。

7.3 对本公司财务状况、经营成果有重大影响的其他事项

无。

8. 特别事项揭示

8.1 前五名股东报告期内变动情况及原因

无。

8.2 董事、监事及高级管理人员变动情况及原因

8.2.1 本报告期内,董事变动情况

无。

8.2.2 本报告期内,监事变动情况

公司股东上海纳米创业投资有限公司原选派监事章卫红女士因工作原因,向公司监事会提交了辞去监事职务的申请。上海纳米创业投资有限公司向公司出具了监事候选人推荐函,推荐曲舒心女士作为股东选派监事候选人。公司召开2016年第三次临时股东会审议通过了《关于更换股东选派监事的议案》,上海纳米创业投资有限公司选派监事由章卫红女士变更为曲舒心女士。

8.2.3 本报告期高管变动情况

公司副总裁邓国山先生因个人原因,于2016年4月向公司董事会提出辞职申请。邓国山先生任职期间分管公司北京联络处、创新业务总部、信托业务一部及研究发展部,同时,其也是公司业务决策委员会委员。为此,公司监事会按照《公司章程》及监事会议事规则相关规定,委托外部审计机构中审众环会计师事务所(特殊普通合伙)云南亚太分所开展对其离任审计工作,并出具了《关于对云南国际信托有限公司原副总裁邓国山先生离任的审计报告》(众环云专字(2016)0185号)。审计意见如下:"我们认为邓国山先生在任职期间,按照《公司法》、信托行业相关法律法规及《公司章程》等的规定履行了公司副总裁的岗位职责,未发现邓国山先生在任职期间占用公司财产或借款未归还等情况。"

8.2.4 期后事项

无。

8.3 变更注册资本、变更注册地或公司名称、公司分立合并事项

无。

8.4 公司重大诉讼事项

无。

8.5 公司及其董事、监事和高级管理人员受到处罚的情况

无。

8.6 银监会及其派出机构对公司检查后的整改情况

2016年3月,公司收到《中国银监会云南监管局办公室关于2016年云南国际信托有限公司监管工作的意见》(云银监办发[2016]16号,以下简称《2016年监管意见》)。对于《2016年监管意见》提出的各项要求,公司高度重视,结合公司经营管理实际,全面落实了《2016年监管意见》各项要求,并已将有关落实情况于2017年2月书面报告云南银监局。

2016年3月,公司收到《中国银行业监督管理委员会云南监管局关于云南国际信托有限公司2015年信托监管有效性检查的整改通知》(云银监办发[2016]12号,以下简称《整改通知》)。公司高度重视云南银监局在《整改通知》中提出的各项意见和要求,进行了全面整改,并已将有关情况书面报告云南银监局。

8.7 本年度净资本管理情况

2016年,公司按照中国银监会《信托公司净资本管理办法》规定,积极推进净资本管理,进一步确立了以净资本管理为核心的业务发展模式和管理体系,各项净资本指标均符合监管要求。

截至2016年末,本公司净资产20.76亿元,净资本18.2亿元(监管要求为≥2亿元),各项风险资本之和为9.57亿元,净资本/各项风险资本之和为190%(监管要求为≥100%),净资本/净资产为88%(监管要求为≥40%)。

8.8 本年度重大事项临时报告的简要内容、披露时间、所披露的媒体及其版面

（1）2016年1月16日《金融时报》第7版刊登《云南国际信托有限公司关于股权变更及修改章程的公告》。

（2）2016年3月12日《金融时报》第3版刊登《关于聘请中审众环会计师事务所（特殊普通合伙）为云南国际信托有限公司2016年度财务报表审计机构的公告》。

（3）2016年4月23日《金融时报》第3版、第8版刊登《云南国际信托有限公司2015年年度报告摘要》。

（4）2016年11月5日《金融时报》第8版刊登《云南国际信托有限公司关于章程修改的公告》。

8.9 银监会及其省级派出机构认定的其他有必要让客户及相关利益人了解的重要信息

8.9.1 社会责任履行情况

报告期内，公司在多方面践行企业的社会责任：（1）继续紧跟中央步伐，依据政策导向，加强政策及业务学习。尤其是在反洗钱宣传、消费者保护及金融服务方面组织多次学习讨论。（2）进一步加强内控建设，规范企业经营，更好的为社会创造价值。（3）继续运用专业能力为客户创造价值，为受益人取得了较好的投资回报。（4）坚持以员工为本，构建企业文化。培育了一支高素质、高学历、年轻化、专业化的人才队伍。（5）以责任培养爱心，用爱心温暖社会。公司不仅组织开展了一系列志愿服务活动，更重要的是，公司通过专业的投资管理经验与信托制度完美结合，自2006年与云南省青少年发展基金会合作，推出了“爱心稳健收益型集合资金信托计划”，并运营至今。（6）依法履行纳税人义务。2016年内公司上缴各种税金合计12 217.24万元，公司为国家及地方财政收入和经济发展作出了应有的贡献。（7）继续推进系统化办公，创建节约型社会。在全社会树立节约意识、节约观念，倡导节约文化、节约文明的大背景下云南信托积极创建节约型企业，推进无纸化办公，节约成本，降低能耗，提高效率；同时运用金融机构专业优势开展绿色碳权信托，进一步发展碳资产管理能力，力求把自身打造成绿色金融产业的先驱和领导者。

9. 监事会对公司运作及财务报告的独立意见

9.1 公司依法运作情况

监事会认为，本报告期内公司运作合法规范，经营管理决策程序不存在越权违规行为，公司董事及经理等高级管理人员在执行公司职务时没有违反法律、法规、《公司章程》或损害公司利益的行为。

9.2 财务报告的真实性

监事会认为，公司年度财务报告客观公允，真实反映了公司报告期内的财务状况和经营成果。公司年度财务报告经中审众环会计师事务所（特殊普通合伙）云南亚太分所，出具标准无保留意见。

浙商金汇信托股份有限公司

1. 重要提示

1.1 本公司董事会及董事保证本报告所载资料不存在任何虚假记载、误导性陈述或者重大遗漏，并对其内容的真实性、准确性和完整性承担个别及连带责任。

1.2 本公司独立董事认为，本报告的内容真实、准确、完整。

1.3 大华会计师事务所（特殊普通合伙）为本公司出具了标准无保留意见的审计报告。

1.4 董事长蓝翔先生、总经理战伟宏先生、财务总监兼计划财务部负责人朱晓平先生声明：保证年度报告中财务报告的真实、完整。

2. 公司概况

2.1 公司简介

中文名称	浙商金汇信托股份有限公司（以下简称浙金信托）
英文名称	Zheshangjinhui Trust Co., Ltd.（简称"ZHEJIN TRUST"）
法定代表人	蓝翔
注册地址	浙江省杭州市庆春路199号6~8楼
邮政编码	310006
国际互联网网址	http://www.zhejintrust.com
电子邮箱	zjtrust@zjtrust.com
负责信息披露事务的高管	戴俊
负责信息披露联系人	汪友鹏
联系电话	0571-86030807
传真	0571-87386123
电子邮箱	wangyp@zjtrust.com
选定的信息披露报纸名称	《金融时报》《证券时报》《中国证券报》《上海证券报》
年度报告备置地点	公司董事会办公室
聘请的会计师事务所名称及地址	大华会计师事务所（特殊普通合伙） 北京市海淀区西四环中路16号院7号楼1101
聘请的律师事务所名称及地址	上海锦天城律师事务所 上海市浦东新区银城中路501号上海中心大厦11层、12层

2.2 组织结构

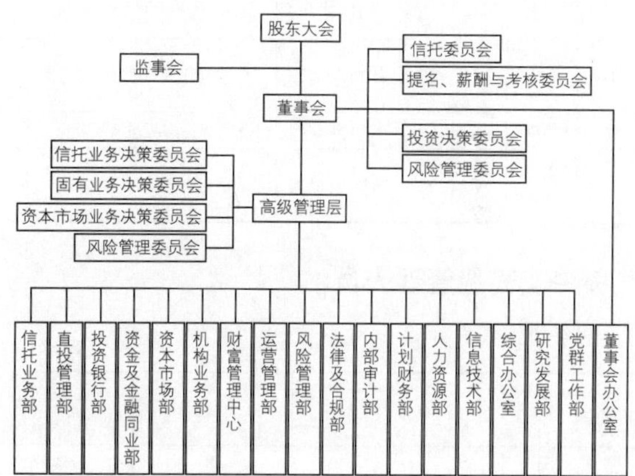

3. 公司治理

3.1 股东

单位：%

股东名称	持股比例	法人代表
浙江省国际贸易集团有限公司	56	楼晶
中国国际金融股份有限公司	35	丁学东
传化集团有限公司	9	徐冠巨

3.2 董事会成员

董事长、董事

姓名	职务	性别	年龄（岁）	选任日期	所推举的股东名称	该股东持股比例（%）	简要履历
蓝 翔	董事长	男	44	2016年4月	浙江省国际贸易集团有限公司	56	现任浙江省国际贸易集团有限公司董事、副总经理，浙商金汇信托股份有限公司董事长。
洪 峰	董事	男	45	2016年9月	浙江省国际贸易集团有限公司	56	现任浙江省国际贸易集团有限公司财务管理部（资金运营中心）总经理，浙商金汇信托股份有限公司董事。
战伟宏	董事	男	44	2016年8月	浙江省国际贸易集团有限公司	56	现任浙商金汇信托股份有限公司董事、总经理。
戴 俊	董事	男	40	2011年6月	浙江省国际贸易集团有限公司	56	现任浙商金汇信托股份有限公司董事、董事会秘书。
李 弘	董事	女	62	2011年6月	中国国际金融股份有限公司	35	现任中国国际金融股份有限公司高级顾问，浙商金汇信托股份有限公司董事。
辛 洁	董事	男	42	2012年4月	中国国际金融股份有限公司	35	现任中国国际金融有限公司直接投资管理部负责人、中金佳成投资管理有限公司总经理，浙商金汇信托股份有限公司董事。
张逢伟	董事	男	49	2016年4月	中国国际金融股份有限公司	35	现任中国国际金融股份有限公司风险管理部执行负责人，浙商金汇信托股份有限公司董事。
杨柏樟	董事	男	59	2011年6月	传化集团有限公司	9	现任传化集团有限公司副总裁，浙商金汇信托股份有限公司董事。

独立董事

姓名	职务	性别	年龄（岁）	选任日期	所推举的股东名称	该股东持股比例（%）	简要履历
周小明	中国人民大学信托与基金研究所所长	男	50	2011 年 6 月	浙江省国际贸易集团有限公司	56	现任中国人民大学信托与基金研究所所长，浙商金汇信托股份有限公司独立董事。
王维安	浙江大学金融研究所所长	男	51	2016 年 12 月	浙江省国际贸易集团有限公司	56	现任浙江大学经济学院教授、博士生导师，浙江大学金融研究所所长、浙商金汇信托股份有限公司独立董事。
邱靖之	天职国际会计师事务所（特殊普通合伙）首席合伙人	男	40	2016 年 12 月	中国国际金融股份有限公司	35	现任天职国际会计师事务所（特殊普通合伙）首席合伙人，Baker Tilly International 全球董事，浙商金汇信托股份有限公司独立董事。

3.3 监事会成员

监事会成员

姓名	职务	性别	年龄（岁）	选任日期	所推举的股东名称	该股东持股比例（%）	简要履历
余艳梅	监事会主席	女	46	2015 年 1 月	浙江省国际贸易集团有限公司	56	现任浙商金汇信托股份有限公司监事会主席。
王利生	监事	女	69	2011 年 6 月	中国国际金融股份有限公司	35	现任浙商金汇信托股份有限公司监事。
文　舟	职工监事	女	36	2016 年 11 月	公司职工大会		现任浙商金汇信托股份有限公司监事、法律及合规部助理总监、研究发展部助理总监。

3.4 高级管理人员

高级管理人员

姓名	职务	性别	年龄（岁）	选任日期	金融从业年限（年）	学历	专业
战伟宏	总经理	男	44	2016 年 8 月	20	硕士研究生	管理科学
刘伟	副总经理	男	46	2012 年 11 月	22	硕士研究生	工商管理
朱晓平	财务总监	男	48	2011 年 6 月	22	本科	金融学
曹学文	风险总监	男	46	2015 年 3 月	21	硕士研究生	工商管理

3.5 公司员工

报告期内职工总数 137 人，平均年龄 33 周岁。

公司员工学历分布比率

项目		报告期年度		上年度	
		人数（人）	比例（%）	人数（%）	比例（%）
年龄分布	博士	2	1.46	3	3.16
	硕士	72	52.55	48	50.53
	本科	62	45.26	44	46.32
	专科	1	0.73	0	0
	其他	0	0.00	0	0

4. 经营管理

4.1 经营目标、方针、战略规划

4.1.1 经营目标

建设成为一家行业领先、特色鲜明、经营稳健、品牌卓越、能够为当地经济发展提供强大支持、具有核心竞争力和独特价值的优秀信托公司。

4.1.2 经营方针

诚信经营、创新发展、互利共赢。

4.1.3 战略规划

立足浙江，面向全国，依托各方资源，以打造核心竞争力为着力点积极开拓创新，在推进事务管理类、房地产投融资、政信合作等传统业务基础上，重点围绕资本市场开展上市公司融资、股权投资、证券投资等业务，尝试拓展消费金融、家族投行等新型业务领域，打造专业化、职业化的高素质人才队伍，构建科学高效的组织管理、运作流程、交易系统和内控机制，形成良好的市场形象和品牌影响力，不断提高公司的核心能力和价值。

4.2 所经营业务的主要内容

自营资产运用与分布表

资产运用	金额（万元）	占比（%）	资产分布	金额（万元）	占比（%）
货币资产	31 851.78	35.27	基础产业	0.00	0.00
贷款及应收款	1 815.53	2.01	房地产业	0.00	0.00
以公允价值计量且其变动计入当期损益的金融资产	5 971.70	6.61	证券市场	30 277.23	33.53

续表

资产运用	金额（万元）	占比（%）	资产分布	金额（万元）	占比（%）
可供出售金融资产	1 898.26	2.10	实业	0.00	0.00
持有至到期投资	0.00	0.00	金融机构	34 260.04	37.93
长期股权投资	0.00	0.00	其他	25 777.63	28.54
其他	48 777.63	54.01			
资产总计	90 314.90	100.00	资产总计	90 314.90	100.00

信托资产运用与分布表

资产运用	金额（万元）	占比（%）	资产分布	金额（万元）	占比（%）
货币资产	81 566.42	1.66	基础产业	507 702.65	10.35
贷款	1 999 124.16	40.74	房地产	579 198.00	11.80
以公允价值计量且其变动计入当期损益的金融资产投资	—	—	证券市场	18 044.00	0.37
可供出售金融资产投资	493 955.10	10.07	实业	1 429 320.00	29.13
持有至到期投资	1 928 477.74	39.30	金融机构	2 181 864.26	44.46
长期股权投资	154 170.00	3.14	其他	190 644.15	3.89
其他	249 479.64	5.09			
信托资产总计	4 906 773.06	100.00	信托资产总计	4 906 773.06	100.00

4.3 市场分析

4.3.1 有利因素

一方面，虽然在新常态下，全球经济和我国经济面临不确定性和复杂性，我国经济增速放缓，但中长期仍将保持一定的发展速度，我国经济仍然是世界经济增长的重要引擎；另一方面，我国社会和私人财富持续增长，信托业的需求基础继续增强；与宏观经济转型调整相适应，中国金融改革将进一步深化，信托制度的独特功能和优势将使其在改革发展中发挥越来越重要的作用；同时，经过多年发展，信托公司的生态环境日益改善，已培育和积累了良好基础。

4.3.2 不利因素

尽管信托公司在过去几年得到了长足发展，但在发展中也遇到了一些问题和困难，主要有市场竞争激烈残酷、核心业务模式尚未形成、行业品牌效应偏弱、配套法律法规需进一步完善、信托市场意识不够成熟、信托理念有待培育等方面。

4.4 内部控制概况

4.4.1 内部控制环境和内部控制文化

公司建立了较为完善的法人治理结构，形成了各治理主体之间分工合作、相互协调、互为制衡的运行机制。公司的股东大会、董事会、监事会均按照相关法律、法规、规范性文件及《公司章程》的规定，规范有效地运作。

公司高度重视内控文化建设，全力打造以信任文化为前提，以人本思想为核心，以制度规范为原则，以诚信尽责为准则，以激情创新为源泉的文化体系，创造内部效率、激情、和谐的氛围，树立外部信誉、品牌形象，为实现公司宗旨和发展目标构筑良好发展环境。

4.4.2 内部控制措施

公司董事会负责内控机制的建立健全和有效实施。董事会下设风险管理委员会，作为董事会风险管理工作的专门议事机构。公司设有独立的风险管理部、法律及合规部和内部审计部，对公司内部控制的执行情况进行监督和检查。风险管理部协助公司高级管理层有效预防、识别、评估和管理各类风险。法律及合规部负责识别公司经营活动中的合规风险，计量、检测和评估公司合规政策和程序的适当性。内部审计部负责涉及经营目标、内部控制及财务管理等各方面的审计与稽核工作。公司基本形成了事前、事中、事后“三位一体”的风险管理和监督检查体系。

公司制定了《业务分级授权管理办法》《风险管理办法》《合规风险管理办法》《内部审计管理办法》《信息披露管理办法》《关联交易管理办法》《反洗钱工作规程》《信息安全管理办法》《信息科技管理办法》《固有业务管理办法》《固有业务财务管理办法》《信托业务管理办法》《信托业务财务管理办法》《统计管理办法》《案件防控处置工作规程》《资产风险分类管理办法》《突发事件应对处置管理办法》《舆情管理办法》等规范性文件，公司内控制度已渗透到各项业务过程和各个操作环节，并覆盖所有部门和岗位。公司业务运作基本实现了前台、中台、后台严格分离及各部门之间高效衔接与密切合作。

4.4.3 监督评价与纠正

报告期内，公司内部审计部按计划开展各类专项审计和检查工作，及时发现问题并督促整改。相关审计报告及时送达董事会、监事会和监管机构。

此外，在案件防控工作方面，公司通过建立案件防控制度，加强员工的案防意识。报告期内未发生任何案件风险事件。

4.5 风险管理概况

4.5.1 风险状况

公司在经营中可能遇到的风险主要包括信用风险、市场风险、法律及合规风险、操作风险、流动性风险、声誉风险等。

4.5.1.1 信用风险状况

信用风险是指交易对手不能或不愿按时履约从而造成损失的风险。公司严格落实监管政策和要求，严格执行公司各项业务流程标准，强化信用管理和风险监测。

4.5.1.2 市场风险状况

市场风险是公开市场金融产品或其他产品价格波动导致损失的风险。公司通过严格的业务操作管理、良好的结构化安排和选择合适的投资顾问，能够基本保障资金安全。

4.5.1.3 操作风险状况

操作风险主要是指由于失效的或有缺陷的内部程序、系统和人员而导致损失的风险。

公司通过规范各项业务流程、加强内控等手段，高度警惕、严格管理操作风险。报告期内未发生因操作风险造成损失的事件。

4.5.1.4 法律及合规风险状况

法律风险是指因公司违反法律规定、监管规则或者因交易对手产生的合同纠纷，致使公司遭受处罚或者诉讼的风险。

合规风险是指因没有遵循法律、规则和准则可能遭受法律制裁、监管处罚、重大财务损失和声誉损失的风险。

报告期内，公司未发生因法律风险或合规风险造成损失的事件。

4.5.1.5 流动性风险状况

流动性风险是指无法以市场正常价格成交（市场流动性风险）或者不能履行到期负债支付义务的风险（融资流动性风险）。

报告期内，公司未发生因流动性风险造成损失的事件。

4.5.1.6 声誉风险状况

声誉风险主要表现为缺少声誉应急处理能力、不能妥善处理媒体关系以及未建立声誉风险管理机制等造成的风险。

报告期内，公司未发生声誉受损的情况。

4.5.2 风险管理

4.5.2.1 信用风险管理

公司通过以下措施加强信用风险管理：

（1）从源头管控风险，加强对重点涉足行业的研究与分析，完善相关业务指引和准入标准，实施准入关口把控，筛选合适的项目。

（2）规范尽职调查的目的、内容、方法，通过全面、翔实、客观的尽职调查获取充足可靠的信息，识别、评估各项风险，分析判断项目的合理性、可行性。

（3）加强对实质性风险和还款来源的审查和把握，积极采取合理有效的增信措施和风险预案。注重对抵押物权属有效性、合法性进行审查，客观、公正评估抵押物，严格控制抵押率。

（4）充分发挥集体决策的有效机制，全面审议项目风险、收益、运营管理等各个方面。

（5）规范和加强存续项目管理，根据差别化、专业化、联动化、动态化管理原则，针对不同的项目类型、不同的风险分类对项目实施不同的风险监控措施及监管频率，一旦发现风险预警信号，及时采取有效措施防范和化解信用风险。

4.5.2.2 市场风险管理

对影响市场变化的各项因素进行持续分析和研究，按严格的流程进行投资决策，设定投资规模、投资范围、集中度、止损点等风险控制指标并密切监控。努力建立与公司业务发展相匹配的市场风险管理系统、模型和工具，根据市场风险情况动态调整投资策略，有效管理市场风险。

4.5.2.3 操作风险管理

加强内控制度建设，不断细化相互制衡的岗位职责和操作规程，强化流程管控，重点防范尽职调查、项目签约、产品推介、划款支付、抵（质）押办理和抵（质）押物管理等案件防控重点领域和关键环节的操作风险。

4.5.2.4 法律及合规风险管理

通过与律师事务所等外部机构的合作，对所有拟开展业务进行合规性审查，并严格按照公司规定程序进行法律文件的审核、签约等手续，同时与监管部门保持密切沟通，确保公司业务开展符合国家相关法律法规和监管政策的规定。

4.5.2.5 流动性风险管理

努力保持合理的资产负债结构和较为充足的长期资本，做好流动性储备和应急资金融资安排，并将逐步建立与公司发展相匹配的流动性风险管理监测体系，主动管理流动性风险。

4.5.2.6 声誉风险管理

为防范声誉风险，公司坚决不开展可能影响公司声誉的业务，尽职管理受托资产，充分披露信息，塑造良好的社会形象。

5. 报告期末及上一年度末的比较式会计报表

5.1 自营资产

5.1.1 会计师事务所审计结论

审计报告

大华审字[2017]003647 号

我们审计了后附的浙商金汇信托股份有限公司（以下简称浙金信托公司）财务报表，包括 2016 年 12 月 31 日的资产负债表，2016 年度的利润表、现金流量表、所有者权益变动表，以及财务报表附注。

一、管理层对财务报表的责任

编制和公允列报财务报表是浙金信托公司管理层的责任，这种责任包括：（1）按照企业会计准则的规定编制财务报表，并使其实现公允反映；（2）设计、执行和维护必要的内部控制，以使财务报表不存在由于舞弊或错误导致的重大错报。

二、注册会计师的责任

我们的责任是在执行审计工作的基础上对财务报表发表审计意见。我们按照中国注册会计师审计准则的规定执行了审计工作。中国注册会计师审计准则要求我们遵守职业道德守则，计划和执行审计工作以对财务报表是否不存在重大错报获取合理保证。

审计工作涉及实施审计程序，以获取有关财务报表金额和披露的审计证据。选择的审计程序取决于注册会计师的判断，包括对由于舞弊或错误导致的财务报表重大错报风险的评估。在进行风险评估时，注册会计师考虑与财务报表编制和公允列报相关的内部控制，以设计恰当的审计程序，但目的并非对内部控制的有效性发表意见。审计工作还包括评价管理层选用会计政策的恰当性和作出会计估计的合理性，以及评价财务报表的总体列报。

我们相信，我们获取的审计证据是充分、适当的，为发表审计意见提供了基础。

三、审计意见

我们认为，浙金信托公司的财务报表在所有重大方面按照企业会计准则的规定编制，公允反映了浙金信托公司 2016 年 12 月 31 日的财务状况以及 2016 年度的经营成果和现金流量。

大华会计师事务所（特殊普通合伙）

中国注册会计师：祝宗春

中国注册会计师：胡　超

中国·北京　　二〇一七年四月二十三日

5.1.2 资产负债表

资产负债表

编制单位:浙商金汇信托股份有限公司　　2016 年 12 月 31 日　　单位:万元

资　产	期末余额	年初余额	负债和所有者权益(或股东权益)	期末余额	年初余额
资产:			负债:		
现金及银行存款	31 851.78	20 378.25	向中央银行借款		
存放中央银行款项			联行存放款项		
存放联行款项			同业及其他金融机构存放款项		
存放同业款项			拆入资金		
拆出资金			以公允价值计量且其变动计入当期损益的金融负债		
以公允价值计量且其变动计入当期损益的金融资产	5 971.70	30 845.33	衍生金融负债		
衍生金融资产		600.55	卖出回购金融资产款		
买入返售金融资产	23 000.00		吸收存款		
应收款项类金融资产	1 815.53	2 735.53	应付职工薪酬	5 247.30	5 671.47
应收利息	314.89	948.82	应交税费	2 556.72	3 173.54
应收股利			应付利息		
其他应收款	10 783.65	14 557.80	其他应付款	1 888.26	4 039.86
可供出售金融资产	1 898.26	4 262.74	预计负债		
持有至到期投资			应付债券		
长期股权投资			递延收益		
投资性房地产			递延所得税负债		168.60
固定资产	313.82	161.21	其他负债		
在建工程	1 583.74	1 228.07	负债合计	9 692.28	13 053.47
固定资产清理			所有者权益(或股东权益):		
无形资产	6 965.02	7 192.32	实收资本(或股本)	50 000.00	50 000.00
商誉			其他权益工具		
长期待摊费用	267.50	461.62	其中:优先股		
抵债资产			永续债		
递延所得税资产	4 220.99	3 280.49	资本公积		
其他资产	1 328.02	981.28	减:库存股		
			其他综合收益		
			盈余公积	3 062.26	2 458.06
			一般风险准备	2 596.01	1 917.83
			未分配利润	24 964.35	20 204.65
			所有者权益(或股东权益)合计	80 622.62	74 580.54
资产总计	90 314.90	87 634.01	负债和所有者权益(或股东权益)总计	90 314.90	87 634.01

企业负责人:蓝　翔　　财务负责人:朱晓平　　会计机构负责人:应容珍　　制表人:陈　频

5.1.3 利润表

利润表

编制单位:浙商金汇信托股份有限公司　　2016年度　　单位:万元

项目	本期金额	上期金额
一、营业收入	19 352.96	23 572.12
(一)利息净收入	332.86	-8.05
利息收入	716.05	931.99
利息支出	383.19	940.04
(二)手续费及佣金净收入	18 125.38	18 032.37
手续费及佣金收入	18 141.44	18 554.22
手续费及佣金支出	16.06	521.85
(三)投资收益(损失以"-"号填列)	1 530.49	5 125.25
其中:对联营企业和合营企业的投资收益		
(四)公允价值变动收益(损失以"-"号填列)	-740.27	422.55
(五)汇兑收益(损失以"-"号填列)		
(六)其他业务收入	104.50	
二、营业支出	11 498.01	14 220.16
(一)税金及附加	310.34	1 304.06
(二)业务及管理费	6 963.09	9 792.68
(三)资产减值损失	4 224.58	3 123.42
(四)其他业务成本		
三、营业利润(亏损以"-"号填列)	7 854.95	9 351.96
加:营业外收入	229.06	244.72
减:营业外支出		1 032.76
四、利润总额(亏损总额以"-"号填列)	8 084.01	8 563.92
减:所得税费用	2 041.93	2 162.67
五、净利润(净亏损以"-"号填列)	6 042.08	6 401.25
六、其他综合收益的税后净额	0.00	0.00
(一)以后不能重分类进损益的其他综合收益	0.00	0.00
其中:1. 重新计量设定受益计划净负债或净资产的变动		
2. 权益法下在被投资单位不能重分类进损益的其他综合收益中享有的份额		
(二)以后能重分类进损益的其他综合收益	0.00	0.00
其中:1. 权益法下在被投资单位以后将重分类进损益的其他综合收益中享有的份额		
2. 可供出售金融资产公允价值变动损益		
3. 持有至到期投资重分类为可供出售金融资产损益		
4. 现金流量套期损益的有效部分		
5. 外币财务报表折算差额		
6. 一揽子交易处置对子公司股权投资在丧失控制权之前产生的投资收益		
七、综合收益总额	6 042.08	6 401.25
八、每股收益:		
(一)基本每股收益		
(二)稀释每股收益		

企业负责人:蓝　翔　　财务负责人:朱晓平　　会计机构负责人:应容珍　　制表人:陈　频

5.1.4 所有者权益变动表

所有者权益变动表

2016 年度

编制单位:浙商金汇信托股份有限公司　　　　单位:万元

项目	行次	本年金额									上年金额								
		实收资本(或股本)	其他权益工具	资本公积	减:库存股	其他综合收益	盈余公积	一般风险准备	未分配利润	所有者权益合计	实收资本(或股本)	其他权益工具	资本公积	减:库存股	其他综合收益	盈余公积	一般风险准备	未分配利润	所有者权益合计
栏次		1	2	3	4	5	6	7	8	9	10	11	12	13	14	15	16	17	18
一、上年年末余额	1	50 000.00	0.00	0.00	0.00	0.00	2 458.06	1 917.83	20 204.65	74 580.54	50 000.00	0.00	0.00	0.00	0.00	1 817.93	1 597.77	14 763.59	68 179.29
加:会计政策变更	2									0.00									0.00
前期差错更正	3									0.00									0.00
其他	4									0.00									0.00
二、本年年初余额	5	50 000.00	0.00	0.00	0.00	0.00	2 458.06	1 917.83	20 204.65	74 580.54	50 000.00	0.00	0.00	0.00	0.00	1 817.93	1 597.77	14 763.59	68 179.29
三、本年增减变动金额(减少以"-"号填列)	6	0.00	0.00	0.00	0.00	0.00	604.20	678.18	4 759.70	6 042.08	0.00	0.00	0.00	0.00	0.00	640.13	320.06	5 441.06	6 401.25
(一)综合收益总额	7								6 042.08	6 042.08								6 401.25	6 401.25
(二)所有者投入和减少资本	8	0.00	0.00	0.00	0.00	0.00	0.00	0.00	0.00	0.00	0.00	0.00	0.00	0.00	0.00	0.00	0.00	0.00	0.00
1. 所有者投入的普通股	9									0.00									0.00
2. 其他权益工具持有者投入资本	10									0.00									0.00
3. 股份支付计入所有者权益的金额	11									0.00									0.00
4. 其他	12									0.00									0.00
(三)利润分配	13	0.00	0.00	0.00	0.00	0.00	604.20	678.18	-1 282.38	0.00	0.00	0.00	0.00	0.00	0.00	640.13	320.06	-960.19	0.00
1. 提取盈余公积	14						604.20		-604.20	0.00						640.13		-640.13	0.00
2. 提取一般风险准备	15							678.18	-678.18	0.00							320.06	-320.06	0.00
3. 对所有者(或股东)的分配	16									0.00									0.00
4. 其他	17									0.00									0.00
(四)所有者权益内部结转	18	0.00	0.00	0.00	0.00	0.00	0.00	0.00	0.00	0.00	0.00	0.00	0.00	0.00	0.00	0.00	0.00	0.00	0.00
1. 资本公积转增资本(或股本)	19									0.00									0.00
2. 盈余公积转增资本(或股本)	20									0.00									0.00
3. 盈余公积弥补亏损	21									0.00									0.00
4. 一般风险准备弥补亏损	22									0.00									0.00
5. 结转重新计量设定受益计划净负债或净资产所产生的变动										0.00									0.00
6. 其他	23									0.00									0.00
四、本年年末余额	24	50 000.00	0.00	0.00	0.00	0.00	3 062.26	2 596.01	24 964.35	80 622.62	50 000.00	0.00	0.00	0.00	0.00	2 458.06	1 917.83	20 204.65	74 580.54

企业负责人:蓝　翔　　　　财务负责人:朱晓平　　　　会计机构负责人:应容珍　　　　制表人:陈　频

5.2 信托资产

5.2.1 信托项目资产负债汇总表

2016年12月31日

单位:万元

信托资产	年初数	年末数	信托负债和信托权益	年初数	年末数
信托资产:			信托负债:		
货币资金	63 295.08	81 566.42	交易性金融负债	—	—
拆出资金	—	—	衍生金融负债	—	—
存出保证金	—	—	应付受托人报酬	859.45	1 069.59
以公允价值计量且其变动计入当期损益的金融资产	—	—	应付托管费	21.45	—
衍生金融资产	—	—	应付受益人收益	—	682.56
买入返售金融资产	75 637.22	239 897.22	应交税费	112.44	119.36
应收款项	18 797.18	9 582.42	应付销售服务费	—	—
发放贷款	1 497 112.46	1 999 124.16	其他应付款项	32.07	1 627.33
可供出售金融资产	353 688.60	493 955.10	预计负债	—	—
持有至到期投资	69 563.40	1 928 477.74	其他负债	—	—
长期应收款	—	—	信托负债合计	1 025.41	3 498.84
长期股权投资	62 860.50	154 170.00			—
投资性房地产	—	—	信托权益:		—
固定资产	—	—	实收信托	2 104 755.44	4 889 882.17
无形资产	—	—	资本公积	—	—
长期待摊费用	—	—	损益平准金	—	—
其他资产	—	—	未分配利润	35 173.59	13 392.05
减:各项资产减值准备	—	—	信托权益合计	2 139 929.03	4 903 274.22
信托资产总计	2 140 954.44	4 906 773.06	信托负债及信托权益总计	2 140 954.44	4 906 773.06

企业负责人:蓝 翔　　财务负责人:朱晓平　　会计机构负责人:应容珍　　制表人:倪春晖

5.2.2 信托项目利润及利润分配汇总表

2016年度

单位:万元

项目	本年金额	上年金额
1. 营业收入	154 491.81	215 455.26
1.1 利息收入	116 824.66	182 493.25
1.2 投资收益(损失以"-"号填列)	36 719.89	30 297.41
其中:对联营企业和合营企业的投资收益	—	—
1.3 公允价值变动收益(损失以"-"号填列)	—	—
1.4 租赁收入	—	—
1.5 汇兑损益(损失以"-"号填列)	—	—
1.6 其他收入	947.26	2 664.60
2. 支出	23 485.22	27 063.14
2.1 税金及附加	539.85	621.81
2.2 受托人报酬	17 087.26	15 111.63
2.3 托管费	3 248.71	4 924.31
2.4 投资管理费	—	—
2.5 销售服务费	544.50	1 749.93
2.6 交易费用	—	—
2.7 资产减值损失	—	—
2.8 其他费用	2 064.90	4 655.46
3. 信托净利润(净亏损以"-"号填列)	131 006.59	188 392.12
4. 其他综合收益	—	—
5. 综合收益	131 006.59	188 392.12
6. 加:期初未分配信托利润	35 173.59	36 282.52
7. 可供分配的信托利润	166 180.18	224 674.64
8. 减:本期已分配信托利润	152 788.13	189 501.05
9. 期末未分配信托利润	13 392.05	35 173.59

企业负责人:蓝 翔　　财务负责人:朱晓平　　会计机构负责人:应容珍　　制表人:倪春晖

6. 会计报表附注

6.1 会计报表编制基准、会计政策、会计估计和核算方法等情况

公司会计报表编制基准无不符合会计核算基本前提的情况。

公司执行新企业会计准则,本期未发生会计政策及会计估计变更。公司以人民币为记账本位币,会计年度自公历1月1日起至12月31日止。

6.2 重要资产转让及其出售的说明

报告期内公司无重大资产转让及出售事项。

6.3 会计报表中重要项目的明细资料

6.3.1 披露自营资产经营情况

6.3.1.1 按信用风险五级分类结果披露信用风险资产的期初数、期末数

信用风险资产五级分类	正常类(万元)	关注类(万元)	次级类(万元)	可疑类(万元)	损失类(万元)	信用风险资产合计(万元)	不良资产合计(万元)	不良资产率(%)
期初数	22 535.58	—	20 472.26	—	—	43 007.84	20 472.26	47.60
期末数	57 682.34	—	20 472.26	—	—	78 154.60	20 472.26	26.19

注:不良资产合计=次级类+可疑类+损失类。

6.3.1.2 各项资产减值损失准备的期初数、本期计提、本期转回、本期核销、期末数

单位:万元

	期初数	本期计提	本期转回	本期核销	其他变化	期末数
贷款损失准备	—	—	—	—	—	—
一般准备	—	—	—	—	—	—
专项准备	—	—	—	—	—	—
其他资产减值准备	—	—	—	—	—	—
可供出售金融资产减值准备	—	—	—	—	—	—
持有至到期投资减值准备	—	—	—	—	—	—
长期股权投资减值准备	—	—	—	—	—	—
坏账准备	6 141.68	4 224.58	—	—	—	10 366.26
投资性房地产减值准备	—	—	—	—	—	—

6.3.1.3 自营股票投资、基金投资、债券投资、股权投资等投资业务的期初数、期末数

单位:万元

	自营股票投资	基金投资	债券投资	长期股权投资	其他投资	合计
期初数	—	—	32 070.86	—	5 772.74	37 843.60
期末数	—	—	7 277.23	—	25 408.26	32 685.49

6.3.1.4 前三名的自营长期股权投资的企业名称、占被投资企业权益的比例及投资收益情况等

无。

6.3.1.5 前三名的自营贷款的企业名称、占贷款总额的比例和还款情况等

无。

6.3.1.6 表外业务的期初数、期末数,按照代理业务、担保业务和其他类型表外业务分别披露

无。

6.3.1.7 公司当年的收入结构

收入结构	金额(万元)	占比(%)
手续费及佣金收入	18 141.44	90.79
其中:信托手续费收入	16 730.50	83.73
投资银行业务收入	0.00	0.00
利息收入	716.05	3.58
其他业务收入	104.50	0.52
其中:计入信托业务收入部分	0.00	0.00
投资收益	1 530.49	7.66
其中:股权投资收益	0.00	0.00
证券投资收益	1 406.19	7.04
其他投资收益	124.30	0.62
公允价值变动收益	-740.27	-3.70
营业外收入	229.06	1.15
收入合计	19 981.27	100.00

注:手续费及佣金收入、利息收入、其他业务收入、投资收益、营业外收入均应为损益表中的一级科目,其中手续费及佣金收入、利息收入、营业外收入为未抵减掉相应支出的全年累计实现收入数。

6.3.2 披露信托资产管理情况

6.3.2.1 信托资产的期初数、期末数

单位:万元

信托资产	期初数	期末数
集合类	490 860.78	1 475 433.16
单一类	1 627 593.46	3 350 539.90
财产管理类	22 500.20	80 800.00
合计	2 140 954.44	4 906 773.06

6.3.2.1.1 主动管理型信托业务的信托资产期初数、期末数

单位:万元

主动管理型信托资产	期初数	期末数
证券投资类	—	—
股权投资类	68 023.84	520 157.81
融资类	406 449.09	411 924.02
事务管理类	536 697.65	—
合计	1 011 170.58	932 081.83

6.3.2.1.2 被动管理型信托业务的信托资产期初数、期末数

单位:万元

被动管理型信托资产	期初数	期末数
证券投资类	30 006.16	—
股权投资类	—	—
融资类	—	—
事务管理类	1 099 777.70	3 974 691.23
合计	1 129 783.86	3 974 691.23

6.3.2.2 本年度已清算结束的信托项目个数、实收信托合计金额、加权平均实际年化收益率

6.3.2.2.1 本年度已清算结束的集合类、单一类资金信托项目和财产管理类信托项目个数、实收信托合计金额、加权平均实际年化收益率

已清算结束的信托项目	项目个数（个）	合计金额（万元）	加权平均实际年化收益率（%）
集合类	19	464 860.00	9.06
单一类	32	1 028 949.23	8.13
财产管理类	2	36 000.00	7.22

注：加权平均实际年化收益率＝（信托项目1的实际年化收益率×信托项目1的资产总计＋信托项目2的实际年化收益率×信托项目2的资产总计＋…＋信托项目n的实际年化收益率×信托项目n的资产总计）/（信托项目1的资产总计＋信托项目2的资产总计＋…＋信托项目n的资产总计）×100%。

6.3.2.2.2 本年度已清算结束的主动管理型信托项目个数、实收信托合计金额、加权平均实际年化收益率。

已清算结束的信托项目	项目个数（个）	实收信托合计金额（万元）	加权平均实际年化信托报酬率（%）	加权平均实际年化收益率（%）
证券投资类	—	—	—	—
股权投资类	3	85 500.00	0.82	7.50
融资类	16	379 360.00	1.74	9.42
事务管理类	12	615 807.00	0.37	8.94

6.3.2.2.3 本年度已清算结束的被动管理型信托项目个数、实收信托合计金额、加权平均实际年化收益率。

已清算结束的信托项目	项目个数（个）	实收信托合计金额（万元）	加权平均实际年化信托报酬率（%）	加权平均实际年化收益率（%）
证券投资类	1	30 000.00	0.15	8.35
股权投资类	—	—	—	—
融资类	—	—	—	—
事务管理类	21	419 142.23	0.15	6.85

6.3.2.3 本年度新增的集合类、单一类、财产管理类信托项目个数、实收信托合计金额

新增信托项目	项目个数（个）	合计金额（万元）
集合类	46	1 402 786.00
单一类	42	3 452 381.45
财产管理类	1	80 800.00
新增合计	89	4 935 967.45
其中：主动管理型	39	877 376.00
被动管理型	50	4 058 591.45

注：本年新增信托项目指在本报告年度内累计新增的信托项目个数和金额。包含本年度新增并于本年度内结束的项目和本年度新增至报告期末仍在持续管理的信托项目。

6.4 关联方关系及其交易的披露

6.4.1 关联交易方的数量、关联交易的总金额及关联交易的定价政策等

	关联交易方数量（个）	关联交易金额（万元）	定价政策
合计	4	1 096.01	市场交易价格

6.4.2 关联交易方与本公司的关系性质、关联交易方的名称、法定代表人、注册地址、注册资本及主营业务等

单位：亿元

关系性质	关联方名称	法定代表人	注册地址	注册资本	主营业务
母公司	浙江省国际贸易集团有限公司	楼 晶	杭州市庆春路199号	9.8	进出口业务、国内贸易、实业投资、咨询服务等。
与本公司同受一母公司控制	浙江国贸东方房地产有限公司	胡承江	杭州市西湖区文三路453号	5	房地产开发经营。
与本公司同受一母公司控制	浙江省五金矿产进出口有限公司	许永明	杭州市中山北路310号	0.5	经营进出口业务、矿产品、金属材料、机电设备、五金、汽车、摩托车配件等。
本公司母公司的合营企业	中韩人寿保险有限公司	夏晓曙	杭州市江干区新业路8号华联时代大厦23～24层	5	人寿保险、健康保险和意外伤害保险等保险业务。

6.4.3 本公司与关联方的重大交易事项

6.4.3.1 固有财产与关联方：贷款、投资、租赁、应收账款担保、其他方式等期初汇总数、本期发生额汇总数、期末汇总数

单位：万元

固有财产与关联方关联交易				
	期初数	借方发生额	贷方发生额	期末数
贷款	—	—	—	—
投资	—	—	—	—
租赁	—	336.46	336.46	—
担保	—	—	—	—
应收账款	—	—	—	—
其他	1 424.97	759.55	520.30	1 664.22
合计	1 424.97	1 096.01	856.76	1 664.22

6.4.3.2 信托资产与关联方：贷款、投资、租赁、应收账款、担保、其他方式等期初汇总数、本期发生额汇总数、期末汇总数

单位：万元

信托财产与关联方关联交易				
	期初数	借方发生额	贷方发生额	期末数
贷款	14 000.00	—	—	14 000.00
投资	—	—	—	—
租赁	—	—	—	—
担保	—	—	—	—
应收账款	—	—	—	—
其他	—	—	—	—
合计	14 000.00	—	—	14 000.00

6.4.3.3　固有财产与信托财产之间的交易金额期初汇总数、本期发生额汇总数、期末汇总数

单位：万元

固有财产与信托财产相互交易			
	期初数	本期发生额	期末数
合计	1 510.00	-1 000.00	510.00

注：以固有资金投资公司自己管理的信托项目受益权，或者购买自己管理的信托项目的信托资产均应纳入统计披露范围。

6.4.3.4　信托资产与信托财产之间的交易金额期初汇总数、本期发生额汇总数、期末汇总数

单位：万元

信托资产与信托财产相互交易			
	期初数	本期发生额	期末数
合计	—	44 510.00	44 510.00

注：以公司受托管理的一个信托项目的资金购买自己管理的另一个信托项目的受益权或信托项下资产均应纳入统计披露范围。

6.5　会计制度的披露

公司执行中华人民共和国财政部颁布的《企业会计准则——基本准则》和41项具体会计准则、应用指南、解释、修订以及其他相关规定。

7. 财务情况说明书

7.1　利润实现和分配情况

2016年公司实现利润总额为8 084.01万元，所得税费用2 041.93万元，实现净利润6 042.08万元。本年提取信托赔偿准备金302.10万元，提取一般风险准备376.08万元，提取法定公积金604.20万元，剩余可供分配利润未向公司股东分配。

7.2　主要财务指标

单位：%

指标名称	指标值
资本利润率	7.79
信托报酬率	0.83

注：1. 资本利润率＝净利润/所有者权益平均余额×100%。
2. 信托报酬率＝信托业务收入/实收信托年平均余额×100%。
3. 平均值采取年初及各季末余额移动算术平均法，公式为：a（平均）＝（a0/2＋a1＋a2＋a3＋a4/2）/4。

7.3　对本公司财务状况、经营成果有重大影响的其他事项

报告期内未发生对本公司财务状况、经营成果有重大影响的其他事项。

8. 特别事项揭示

8.1　前五名股东报告期内变动情况及原因

报告期内，本公司股东未发生变动。

单位：%

股东名称	期初持股比例	期末持股比例
浙江省国际贸易集团有限公司	56	56
中国国际金融股份有限公司	35	35
传化集团股份有限公司	9	9
合计	100	100

8.2　董事、监事及高级管理人员变动情况及原因

8.2.1　董事变动情况及原因

因徐德良先生辞去公司董事职务，2016年4月23日公司股东大会选举蓝翔先生为公司董事，蓝翔先生的董事任职资格已获中国银监会核准。

因林寿康先生辞去公司董事职务，2016年4月23日公司股东大会选举张逢伟先生为公司董事，张逢伟先生的董事任职资格已获中国银监会核准。

因程兴华先生辞去公司董事职务，2016年8月19日公司股东大会选举战伟宏先生为公司董事，战伟宏先生的董事任职资格已获中国银监会核准。

因林光先生辞去公司董事职务，2016年9月30日公司股东大会选举洪峰先生为公司董事，洪峰先生的董事任职资格已获中国银监会核准。

因孙振洲先生辞去公司独立董事职务，2016年12月30日公司股东大会选举王维安先生为公司独立董事，至报告期末王维安先生的独立董事任职资格已递交中国银监会审核中。

因衣锡群先生辞去公司独立董事职务，2016年12月30日公司股东大会选举邱靖之先生为公司独立董事，至报告期末邱靖之先生的独立董事任职资格已递交中国银监会审核中。

8.2.2　监事变动情况及原因

因吴国基先生辞去公司职工监事职务，2016年11月16日公司职工大会选举文舟女士为公司职工监事。

8.2.3　高级管理人员变动情况及原因

因程兴华先生辞去公司总经理职务，2016年8月3日公司董事会聘任战伟宏先生为公司总经理，战伟宏先生的总经理任职资格已获中国银监会核准。

8.3　变更注册资本、变更注册地或公司名称、公司分立合并事项

无。

8.4　公司及其董事、监事和高级管理人员受到处罚的情况

无。

8.5　本年度重大事项临时报告的简要内容、披露时间、所披露的媒体及其版面

无。

9. 公司监事会意见

监事会认为，报告期内公司依法合规经营，本报告的财务报告真实、客观地反映了公司的财务状况和经营结果。

中诚信托有限责任公司

1. 重要提示

1.1 本公司董事会及董事保证本报告所载资料不存在任何虚假记载、误导性陈述或者重大遗漏，并对其内容的真实性、准确性和完整性承担个别及连带责任。

1.2 未出席董事会董事情况：董事王效钉、王会娟、王少华未出席第四届董事会第七次会议，授权其他董事行使表决权；董事张胜东、张毅、王少华未出席第四届董事会第八次会议，授权其他董事行使表决权；董事张胜东、张毅、王少华未出席第五届董事会第一次会议，授权其他董事行使表决权。

1.3 本公司独立董事对年度报告的真实性、准确性、完整性无异议。

1.4 公司董事长牛成立、总裁张树忠、财务负责人丛雪萍声明：保证年度报告中财务报告的真实、完整。

2. 公司概况

2.1 公司简介

中诚信托有限责任公司（以下简称公司）初创于 1995 年 11 月，原名称为中煤信托投资有限责任公司，注册资本金 4 亿元（含 1 500 万美元）；2001 年 9 月，公司成为首家获准重新登记的信托公司；2004 年 2 月，完成增资扩股后，公司注册资本金增至 12 亿元，名称变更为中诚信托投资有限责任公司；2007 年 7 月，根据新颁布实施的《信托公司管理办法》，公司完成了重新登记，首批获准直接换发金融许可证，名称变更为中诚信托有限责任公司；2010 年 10 月，公司完成增资扩股后，注册资本金增至 24.57 亿元。

法定中文名称	中诚信托有限责任公司
法定中文缩写名称	中诚信托
公司法定英文名称	China Credit Trust Co.,Ltd
法定英文缩写名称	CCT
法定代表人	牛成立
注册地址	北京市东城区安定门外大街 2 号
邮政编码	100013
国际互联网网址	http://www.cctic.com.cn/
电子信箱	contactus@cctic.com.cn
信息披露事务负责人	魏青，电话：010－84267098；传真：010－84267118 电子信箱：weiqing@cctic.com.cn
选定的信息披露报纸	《金融时报》
公司年报备置地点	北京市东城区安定门外大街 2 号
聘请的会计师事务所	中审华会计师事务所（特殊普通合伙）
聘请的会计师事务所地址	天津市开发区广场东路 20 号滨海金融街 E7106 室

2.2 组织结构

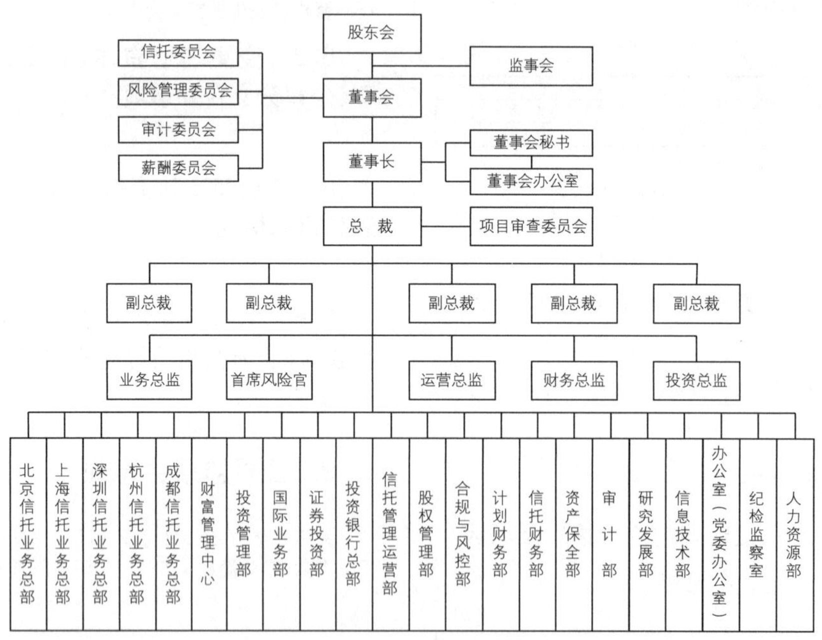

3. 公司治理

3.1 股东

股东总数:15 个。

股东名称	持股比例（%）	法人代表	注册资本（万元）	注册地址	主要经营业务及主要财务情况
中国人民保险集团股份有限公司	32.92	吴焰	4 242 399.0583	北京市西城区东河沿路 69 号	投资并持有上市公司、保险机构和其他金融机构的股权;监督管理控股投资企业的各种国内外业务;国家授权或委托的政策性保险业务;经中国保监会和国家有关部门批准的其他业务（依法须经批准的项目,经相关部门批准后方可开展经营活动）,截至 2016 年末净资产 1 709.9亿元。
国华能源投资有限公司	20.35	谢友泉	477 872.579335	北京市东城区东直门南大街 3 号楼	管理和经营煤代油资金形成的所有资产;对能源、交通项目投资;对金融、医疗卫生行业投资;对信息、生物、电子、环保、新材料高新技术产业投资;对房地产业投资;自有房屋的租赁和物业管理;对燃油的电站锅炉、工业锅炉、工业窑炉设备的改造进行投资;新能源技术的开发、生产;洁净煤技术及相关产品的开发、生产、销售;信息咨询服务（以上项目国家有专项专营规定的除外企业依法自主选择经营项目,开展经营活动;依法须经批准的项目,经相关部门批准后依批准的内容开展经营活动;不得从事本市产业政策禁止和限制类项目的经营活动）,截至 2016 年末净资产 61.0 亿元。
兖矿集团有限公司	10.18	李希勇	335 338.800000	邹城市凫山南路 298 号	以自有资金对外投资、管理及运营;投资咨询;期刊出版,有线广播及电视的安装、开通、维护和器材销售;许可证批准范围内的增值电信业务;对外承包工程资质证书批准范围内的承包与实力、规模、业绩相适应的国外工程项目及对外派遣实施上述境外工程所需的劳务人员;以下仅限分支机构经营:煤炭开采、洗选、销售;热电、供热及发电余热综合利用;公路运输;木材加工;水、暖管道安装、维修;餐饮、旅馆;水的开采及销售; 黄金、贵金属、有色金属的地质探矿、开采、选冶、加工、销售及技术服务。广告业务;机电产品、服装、纺织及橡胶制品的销售;备案范围内的进出口业务;园林绿化;房屋、土地、设备的租赁;煤炭、煤化工及煤电铝技术开发服务;建筑材料、硫酸铵（白色结晶粉末）生产、销售;矿用设备、机电设备、成套设备及零配件的制造、安装、维修、销售;装饰装修;电器设备安装、维修、销售;通用零部件、机械配件、加工及销售;污水处理及中水的销售;房地产开发、物业管理;日用百货、工艺品、金属材料、燃气设备销售;铁路货物（区内自备）运输（依法须经批准的项目,经相关部门批准后方可开展经营活动）,截至 2016 年末净资产 585.0 亿元。

3.2 董事

董事长、董事

姓名	职务	性别	年龄（岁）	选任日期	所推举的股东名称	该股东持股比例（%）	简要履历
牛成立	董事长	男	52	2015 年 12 月	—	—	曾任中国人民银行非银行金融机构司信托处副处长,中国人民银行非银行金融机构监管司信托投资公司监管一处处长,中国银行业监督管理委员会（以下简称银监会）新疆监管局党委委员、副局长,银监会银行监管四部副主任,银监会黑龙江监管局党委书记、局长,银监会融资性担保业务工作部主任,中诚信托有限责任公司总裁;现任中国信托业保障基金有限责任公司董事,中诚信托有限责任公司党委书记、董事长。
张树忠	董事	男	56	2015 年 3 月	中国人民保险集团股份有限公司	32.92	曾任华夏证券公司投资银行部总经理、研究发展部总经理,光大证券公司总裁助理,北方部总经理、资产管理总监,光大保德信基金管理公司董事、副总经理,大通证券股份有限公司总经理,中国人保资产管理公司副总裁,大成基金管理有限公司董事长,中国人民保险集团股份有限公司首席投资执行官,中诚信托有限责任公司副董事长;现任中诚信托有限责任公司党委副书记、总裁、董事。
王会娟	董事	女	54	2004 年 4 月	国华能源投资有限公司	20.35	曾任国家计委主任科员、副处长,国家开发银行技改司副处长、处长,中国爱地集团总经理助理,中远集团资产经营中心副主任,国华能源投资有限公司总经理助理、副总经理;现任国华能源投资有限公司总经理,中诚信托有限责任公司董事。
张胜东	董事	男	59	2011 年 12 月	兖矿集团有限公司	10.18	曾任兖矿集团有限公司副总会计师兼财务处处长,兖矿集团有限公司副总会计师、财务部长兼财务公司筹备处主任;现任兖矿集团有限公司副总经理,兼财务公司董事长,中诚信托有限责任公司董事。
王效钉	董事	男	48	2015 年 3 月	招商局中国基金有限公司	3.33	曾任香港海域金融集团投资银行部分析员,Wellkent International Corp.（Vancouver）财务部经理,Smart Sources Technologies（Vancouver）软件工程师,Thrive Media Corporation（Vancouver）高级软件工程师,广西丰林集团股份有限公司首席财务官,广西百合化工股份有限公司副总经理、总裁,招商局中国投资管理有限公司副总经理、首席投资官;现任招商局中国投资管理有限公司董事总经理,招商局中国基金有限公司执行董事,中诚信托有限责任公司董事。

续表

姓名	职务	性别	年龄(岁)	选任日期	所推举的股东名称	该股东持股比例(%)	简要履历
张　毅	董事	男	44	2011 年 4 月	永城煤电控股集团有限公司	5.09	曾任永城煤电集团有限责任公司财务部副部长、部长、副总会计师、财务总监,永煤控股总会计师、财务公司董事长、总会计师、党委常委、董事、总会计师,国龙投资董事长、财务公司董事长,河南煤业化工集团董事会秘书、董事;现任河南能源化工集团董事会秘书、董事;中诚信托有限责任公司董事。
赵荣哲	董事	男	51	2008 年 9 月	中国中煤能源集团公司	3.39	曾任中国煤炭工业进出口集团公司资产财务部副主任,中国中煤能源集团公司资产财务部主任、财务管理总部总经理、副总会计师、纪委委员,中煤财务有限责任公司董事;现任中国中煤能源集团公司纪委委员、副总会计师、财务总部总经理,中煤财务有限责任公司董事、总经理,中诚信托有限责任公司董事。
尹新全	董事	男	59	2008 年 5 月	贵州盘江投资控股(集团)有限公司	3.39	曾任盘江矿务局火铺矿财务科干部,盘江矿务局财务处干部,盘江煤电(集团)公司财务部主任、副总会计师、董事会董事、总会计师;现任贵州盘江投资控股(集团)有限公司党委委员、总会计师,中诚信托有限责任公司董事。
赵海龙	董事	男	52	2006 年 5 月	中国平煤神马能源化工集团有限责任公司	3.39	曾任平顶山煤业(集团)有限责任公司会计、科长、内部银行行长、结算中心主任、处长、集团副总会计师、平煤集团总会计师;现任中国平煤神马集团总会计师、董事,中诚信托有限责任公司董事。
王少华	董事	男	60	2011 年 4 月	—	—	曾任煤炭管理干部学院干部,南方证券海口分公司总经理,中煤信托投资有限责任公司副总经理,中诚信托有限责任公司董事长、总经理、党委委员;现任中诚信托有限责任公司董事。

注:董事的"选任日期"以银监会或其派出机构批复为准。

独立董事

姓名	职务	性别	年龄(岁)	选任日期	所推举的股东名称	该股东持股比例(%)	简要履历
李秉祥	独立董事	男	58	2015 年 3 月	—	—	长期从事金融学领域的教学科研工作,有过两年学习考察和研究欧洲与美国金融市场的经历,曾任多家银行、信托与证券等金融机构的独立董事或顾问;现任大连友谊(集团)股份有限公司独立董事,大连华锐重工股份有限公司独立董事,中诚信托有限责任公司独立董事。
刘宗义	独立董事	男	58	2015 年 3 月	—	—	曾任贵州省毕节地区劳动人事局干部科科员,贵州财经学院讲师,贵阳新华会计师事务所所长,亚太中汇会计师事务所有限公司贵州分所所长,中审亚太会计师事务所有限公司贵州分所所长;现任任瑞华会计师事务所(特殊普通合伙)贵州分所所长,中诚信托有限责任公司独立董事。
张晓森	独立董事	男	58	2008 年 9 月	—	—	曾任中国政法大学副教授、系副主任,香港胡关李罗律师事务所中国法顾问,天达律师事务所合伙人;现任中咨律师事务所合伙人,中诚信托有限责任公司独立董事。

注:独立董事的"选任日期"以银监会或其派出机构批复为准。

3.3 监事

监事会成员

姓名	职务	性别	年龄(岁)	选任日期	所推举的股东名称	该股东持股比例(%)	简要履历
袁管华	监事	男	53	2016 年 11 月	—	—	曾任中国人民银行外资金融机构管理司综合业务处副处长,中国人民银行监管一司正处级干部、银监会财务会计部固定资产处处长,银监会江西监督局副局长、党委委员,中诚信托有限责任公司第四届监事会副监事长;现任中诚信托有限责任公司第五届监事会监事。
刘瑞生	监事	男	49	2016 年 11 月	国华能源投资有限公司	20.35	曾任国家审计署科员、主任科员;国华能源投资有限公司风险控制部副总经理、总经理、副总会计师兼风险控制部总经理;现任国华能源投资有限公司总经理助理,中诚信托有限责任公司第五届监事会监事。
王玉江	监事	男	53	2016 年 11 月	冀中能源邢台矿业集团有限责任公司	3.39	曾任邯郸矿务局王凤矿财务科科长,邯郸矿业集团有限公司结算中心主任,金牛能源有限责任公司产权资本运营部部长,冀中能源集团有限公司产权资本运营部部长;现任冀中能源邢台矿业集团有限责任公司总会计师,中诚信托有限责任公司第五届监事会监事。
许玉金	监事	男	53	2016 年 11 月	山西焦煤集团有限责任公司	3.39	曾任西山矿务局财务科科员、副科长、科长,西山煤电股份公司财务部会计科科长,西山煤电晋兴公司财务部副部长、部长、总会计师兼财务部部长;现任西山煤电集团公司副总会计师,中诚信托有限责任公司第五届监事会监事。

续表

姓名	职务	性别	年龄（岁）	选任日期	所推举的股东名称	该股东持股比例（%）	简要履历
杨广玉	监事	男	48	2016年11月	山西潞安矿业（集团）有限责任公司	2.54	曾任潞安矿业集团财务处会计科科长，潞安环能股份公司财务部副部长、部长、财务负责人，山西潞安矿业（集团）有限责任公司财务处处长，潞安集团财务公司监事；现任潞安集团副总会计师，潞安集团财务公司董事长，中诚信托有限责任公司第五届监事会监事。
郑建新	监事	男	51	2016年11月	福建省能源集团有限责任公司	2.54	曾任福建建材学校教师，福建省建材工业总公司基建处科员、投资部副主任，福建省建材（控股）有限公司资产财务部主任科员、副经理，福建省能源集团有限责任公司改革与综合产业部副经理、经理；现任福建省能源集团有限责任公司资本运营部经理，中诚信托有限责任公司第五届监事会监事。
殷召峰	监事	男	47	2016年11月	淮北矿业（集团）有限责任公司	1.70	曾任淮北矿业（集团）桃园煤矿财务科科长，淮北矿业集团公司财务总监，淮北矿业集团公司朱庄煤矿副矿长；现任淮北矿业（集团）有限责任公司财务资产部部长，中诚信托有限责任公司第五届监事会监事。
吉　祥	监事	男	32	2016年12月	内蒙古兴业矿业股份有限公司	1.63	曾任内蒙古兴业集团股份有限公司副总裁、副董事长、副总经理；现任内蒙古兴业集团股份有限公司董事，中诚信托有限责任公司第五届监事会监事。
王桂华	监事	女	52	2016年11月	—	—	曾任煤炭科学研究总院财务处会计，中煤信托计财部会计、负责人、副总经理；现任中诚信托有限责任公司审计部总经理，中诚信托有限责任公司第五届监事会监事。
王玉国	监事	男	38	2016.11	—	—	曾任中诚信托有限责任公司研究发展部研究员、副经理；现任中诚信托有限责任公司研究发展部总经理，中诚信托有限责任公司第五届监事会监事。
赵　明	监事	女	39	2016年11月	—	—	曾任中建装饰工程公司项目经理，北京太合嘉园房地产开发有限责任公司业务主管、设计主管、工程部主管，中诚信托有限责任公司投资管理部项目经理、高级经理（期间兼任诚盈（上海）股权投资基金管理有限公司董事会秘书兼综合管理部总经理、旭诚（上海）股权投资基金管理有限公司副总裁），中诚信托有限责任公司董事会办公室副主任；现任中诚信托有限责任公司董事会办公室主任，中诚信托有限责任公司第五届监事会监事。

注：监事的"选任日期"以中诚信托2016年临时股东会上《关于中诚信托有限责任公司监事会换届选举的议案》的通过日期为准。

3.4 高级管理人员

姓名	职务	性别	年龄（岁）	选任日期	金融从业年限（年）	学历	专业	简要履历
张树忠	总裁	男	56	2016年8月	29	博士	世界经济	曾任华夏证券公司投资银行部总经理，研究发展部总经理，光大证券公司总裁助理、北方部总经理、资产管理总监，光大保德信基金管理公司董事、副总经理，大通证券股份有限公司总经理，中国人保资产管理公司副总裁，大成基金管理有限公司董事长，中国人民保险集团股份有限公司首席投资执行官，中诚信托有限责任公司副董事长；现任中诚信托有限责任公司党委副书记、总裁、董事。
刘成相	党委副书记	男	60	2013年6月	17	本科	会计	曾任国家统计局社会资金处副处长、综合分析处处长、副司长，国家统计局固定资产投资统计司司长、核算司司长、综合司司长（其中：2000年1～7月兼局新闻发言人），国务院派驻国家开发银行监事会工作，任监事会办公室主任，专职监事，银监会统计部主任；中央结算公司董事长、党委书记；现任中诚信托有限责任公司党委副书记。
赵建平	纪委书记	男	52	2006年3月	13	硕士	经济	曾任内蒙古自治区党委研究室主任，中央金融工委组织处副处长，银监会组织处处长；现任中诚信托有限责任公司纪委书记、党委委员。
罗学东	副总裁	男	50	2011年10月	27	本科	金融	曾在中国人民银行江苏省南通市分行、中国人民银行稽核局、监管一司、营业管理部、银监会监管一部、三部、四部、银监会山西监管局工作；现任中诚信托有限责任公司党委委员、副总裁。
汤淑梅	副总裁	女	51	2011年10月	20	博士	法学	曾在中国人民大学任教；中煤信托投资有限责任公司工作，曾任中诚信托有限责任公司风险控制部副经理、总经理、首席风险控制官；现任中诚信托有限责任公司党委委员、副总裁。
苗　菁	副总裁	男	42	2015年3月	20	本科	金融	1995年起，先后在中诚信托有限责任公司信贷部、国际业务部、投资管理部工作，历任投资管理部副经理、经理，投资总监；现任中诚信托有限责任公司党委委员、副总裁。
刘孟革	副总裁	男	50	2016年5月	24	本科	金融	曾任江苏商业管理干部学院商业经济系教师，南京国际信托投资公司基金经理，中诚信托有限责任公司研究发展部副总经理、投资银行部总经理；现任中诚信托有限责任公司党委委员、副总裁。
秦　岭	副总裁	男	42	2016年5月	13	硕士	工商管理	曾任中诚信托有限责任公司信托部业务组负责人，综合管理部总经理、信托部总经理，中诚资本管理有限公司总经理；现任中诚信托有限责任公司党委委员、副总裁。

注：高级管理人员的"选任日期"以银监会或其派出机构批复为准；党委副书记和纪委书记的"选任日期"以银监会任免通知为准。

3.5 公司员工

项目		报告期年度		上年度	
		人数（人）	比例（%）	人数（人）	比例（%）
年龄分布	25岁以下	5	1.85	0	0
	25~29岁	48	17.71	52	20.88
	30~39岁	140	51.66	126	50.60
	40岁以上	78	28.78	56	28.52
学历分布	博士	11	4.06	11	4.42
	硕士	162	59.78	155	61.09
	本科	88	32.47	78	31.32
	专科	8	2.95	5	2.01
	其他	2	0.74	0	0
岗位分布	董事、监事及高管人员	10	3.69	10	4.02
	自营业务人员	26	9.59	19	7.63
	信托业务人员	145	53.51	135	54.22
	其他人员	90	33.21	85	34.13

4. 经营管理

4.1 经营目标、方针、战略规划

4.1.1 经营目标

公司坚持市场化、专业化导向，强化创新意识和创新思维，优化和提升战略基础业务，有重点地培育和壮大战略新兴业务，长远布局战略培植业务，着力构建和完善以“九大体系”为核心的组织运营体系，通过创新转型将公司发展成为国内具有核心竞争优势的、相对领先的上市信托公司，实现客户价值、社会价值、股东价值和员工价值“四位一体”的共赢发展。

公司近期的目标是通过转型发展与二次创业，综合排名重新回到行业的领先的位置，信托资产规模与净利润等核心指标重新回到第一梯队；远期力争发展成为国内一流、具有一定国际影响力的专业资产管理和财富管理机构。

4.1.2 经营方针

创新、规范、效率、精细化。

4.1.3 战略规划

公司在圆满完成前期战略规划任务后，制定了2017~2019年发展的新战略规划。新的规划期内，公司将通过改进管理，完善业务结构，促进有质量地增长，提升行业排名水平。具体规划有：一是巩固和提升传统业务优势，提升主动管理能力，保持主动管理信托业务规模的持续增长，实现信托业务收入占比逐年优化，信托主业地位更加巩固；二是有步骤构建和完善业务组织体系、管理运营体系、财富管理体系、风险管理体系、风险处置体系、品牌文化体系、研究创新体系、人力资源体系和信息科技体系等“九大体系”，不断完善公司的组织化运营系统，优化成本费用结构，保持成本收入比处于合理水平，支撑战略规划落地；三是坚持合法、合规、审慎、稳健经营，逐步建立和完善全面风险管理体系，保持公司各项监管指标处于合理水平；四是规范公司治理和管理运作，关注监管政策动向，在条件具备时进行股份制改造，启动上市工作。

4.2 所经营业务的主要内容

自营资产运用与分布表

资产运用	金额（万元）	占比（%）	资产分布	金额（万元）	占比（%）
货币资产	238 417.69	12.51	基础产业	5 460.00	0.29
贷款及应收款	266 615.62	13.99	房地产业	297 510.78	15.61
交易性金融资产	47 670.99	2.50	证券市场	664 860.44	34.89
可供出售金融资产	963 146.95	50.54	实业	31 919.39	1.67
持有至到期投资	0.00	0.00	金融机构	784 716.61	41.18
长期股权投资	372 246.33	19.53	其他	121 270.08	6.36
其他	17 639.72	0.93			
资产总计	1 905 737.30	100.00	资产总计	1 905 737.30	100.00

信托资产运用与分布表

资产运用	金额（万元）	占比（%）	资产分布	金额（万元）	占比（%）
货币资产	348 795.33	1.77	基础产业	1 466 932.93	7.43
贷款	6 497 817.98	32.90	房地产	1 952 812.89	9.89
交易性金融资产	4 167 058.77	21.10	证券市场	2 566 161.90	12.99
可供出售金融资产	0		实业	6 775 703.74	34.31
持有至到期投资	0		金融机构	5 301 057.97	26.84
长期股权投资	2 972 212.86	15.05	其他	1 687 296.65	8.54
买入返售金融资产					
应收账款	5 753 116.87	29.13			
其他	10 964.27	0.05			
信托资产总计	19 749 966.08	100.00	信托资产总计	19 749 966.08	100.00

4.3 市场分析

4.3.1 有利因素

（1）我国资产管理市场发展空间广阔。城乡居民富裕后理财需求旺盛，高净值人士普遍需要专业机构协助进行资产配置，更多的家庭和个人达到了个性化财富管理业务的标准。我国资产管理和财富管理市场仍处于产业发展的成长周期，信托公司是我国资产管理市场中最具制度优势、手段最全面、功能最齐备的金融机构，可以为高净值个人投资者和机构投资者提供全方位的资产管理和财富管理服务。

（2）信托公司在支持实体经济发展中仍大有作为。2017年，我国将全面实施“十三五”规划，大批重大项目加快建设，城市功能改造升级加快推进，基础设施建设领域仍有大量投资机会；我国仍处于城市化加速阶段，在都市化、城市群效应带动下，房地产市场仍有广阔发展空间；国企改革强化资本经营、居民消费需求升级、新兴技术进步、新兴产业发展等方面都孕育着丰富的投资机会。

4.3.2 不利因素

(1)宏观经济增速放缓,市场不确定因素增多。2017年,我国国内生产总值增长的预期目标下调为6.5%左右,经济自主增速下滑,产业结构调整深化,新的经济增长点仍在孕育。在人民币国际化的大格局下,受“特朗普新政”的不确定性、美元加息、人民币汇率贬值预期、资金外流,以及房地产调控政策等因素的影响,市场不确定性增多,金融市场波动将加大。

(2)资管市场竞争加剧,优质业务机会少。我国金融监管部门正在研究制定资产管理业务的统一监管政策,信托公司与银行、保险、证券、基金等各类金融机构在资产管理市场上的竞争更加激烈。利率市场化的深化、多层次资本市场的发展和直接融资在社会融资比例中的进一步提升,优质客户的资金来源更加多元化。信托公司融资类业务在资金来源端和资产运用端都受到挤压。

(3)风险暴露事件增加,业务转型压力大。随着经济增速换挡,实体经济下行带来的风险向金融领域传导。信托公司传统业务领域中,房地产投资增速下滑,各类金融机构争相向优质企业提供资金支持,业务竞争激烈;地方政府债券置换规模进一步加大,基础设施投资项目融资来源多元化;同业合作等通道类业务受监管政策调整发展空间进一步收缩,而股权投资等新兴业务仍处于培育阶段,在资产规模和盈利中的比例仍然较小。

4.4 内部控制

4.4.1 内部控制环境和内部控制文化

完善的公司治理结构是内部控制环境建设的基础。公司已经按照法律规定和《公司章程》要求建立了以股东会、董事会、监事会以及经营管理层为核心的治理结构,“三会一层”之间分工明确,职责清晰,治理机制规范有效。内部审计部门独立运作,审计部依照国家有关法律法规和公司内部规定,围绕公司整体战略转型目标,加大审计力度,积极履行审计监督与服务职责,独立行使内部审计监督权。

内控文化建设不断深化。公司倡导务实高效的风险管理文化,把诚信经营、合规经营作为内控文化的主旋律,并通过合规宣传、制度建设、员工培训、激励安排、责任追究等方式将其融入日常工作和企业行为中,使恪守信用原则成为员工基本的职业道德和行为准则。

4.4.2 内部控制措施

4.4.2.1 严格实施授权审批控制

公司根据业务授权开展相关业务,董事会、管理层及公司业务人员都在业务权限范围内开展工作,对于重大决策、重要人事任免、重大项目安排和大额度资金运作等“三重一大”事项,坚持集体决策原则;对大额采购工作制定了专门制度,并结合公司大额采购实际运行情况及时进行完善,集体决策,分级管理,确保大额采购符合法律规定和公司相关制度要求。

4.4.2.2 建立岗位分离和资产隔离制度

岗位分离制度主要表现在:一是自营业务部门和信托业务部门单独设立,在管理上隶属于不同的公司主管领导,内部人员不相互兼岗;二是财务部门中会计、出纳岗位相互独立,且出纳不得兼顾稽核、会计档案保管等工作;三是业务开展与风险管理相互分离,各职能部门和流程设置明晰,前台、中台、后台既相互分离,又相互制约。资产隔离制度主要表现在:公司对自营业务和信托业务单独建账、独立核算,对公司信托业务的管理遵循“分类管理、专户核算”原则,每项信托业务都要单独设立账户和编制管理报告。

4.4.2.3 加强运营分析控制

公司管理层定期、不定期地根据业务部门、合规与风控部、计划财务部提交的有关报告,对公司运营情况及风险状况进行分析,制定相应解决方案并实施。为了应对经营中可能出现的突发事件和引起公众广泛关注的重大事件,公司还专门制定了突发事件应急预案制度和舆情管理制度。

4.4.2.4 实施绩效考评控制

公司建立了科学的绩效考评制度,合理设定岗位系列,按照岗位职责、任职资格等进行职位价值评估,制定并完善了适合不同专业技术工作特点和岗位特点的考核指标体系。

4.4.3 信息交流与反馈

根据监管要求和规章制度规定,公司制定并实施了信息披露制度。在公司内部信息交流与反馈方面,公司根据内部组织之间的关系和各自的职责权限,建立了从上到下的授权流程和从下到上的汇报路径。根据国家有关法规和公司有关文件要求,公司建立了反舞弊机制,对于员工举报的潜在舞弊或违规行为,审计部、纪检监察部门都会及时跟进和调查,并在公司范围内建立并实施了投诉举报机制。

4.4.4 监督评价与纠正

公司建立了多层次的内控监督体系:监事会依法履行监督职能,对公司董事、高级管理层履职情况进行监督;审计部独立行使内部审计监督权;合规与风控部等部门在对内部控制的实施情况进行持续监督的基础上,还会开展有针对性的专项检查,指出存在的问题提出整改意见和建议。

4.5 风险管理

4.5.1 风险管理概况

公司建立了以风险管理委员会、经营管理层、合规与风控部为主线的风险管理组织体系,制定了以《风险管理办法》为核心的风险管理规章制度,遵循全面、审慎、及时、有效和独立性的风险管理原则,将风险管理贯穿到公司前台、中台以及后台的各个环节,并根据业务类别制定相应的风险控制措施,形成了“事前防范、事中控制、事后评价”的风险管理机制,逐步形成了体现“稳健、审慎”经营理念的风险管理文化。

4.5.2 风险状况

公司经营活动中面临的风险主要包括合规风险、信用风险、市场风险、操作风险及其他风险等。

4.5.2.1 合规风险状况

合规风险是指公司因没有遵守法律、法规和准则而可能遭受法律制裁、监管处罚,从而给公司发展带来重大损失的风险。监管部门不仅持续关注信托公司在房地产、信政等领域的业务风险,提出规范性要求,还通过净资本管理加强对信托公司的资本约束。

4.5.2.2 信用风险状况

信用风险是公司面临的主要风险之一。如果经济增速下降或交易对手所处行业受政府调控等原因,导致交易对手流动性困难,履约能力下降,从而使公司业务开展面临一定风险。

或因交易对手经营不善、资金周转不灵甚至恶意欺诈等原因不按期履行合约义务，而给信托财产或公司财产的造成损失的风险。

4.5.2.3 市场风险状况

市场风险是指由于市场价格的波动而给信托财产或公司财产带来损失的可能性，常见的风险表现形式包括利率风险、证券价格波动风险、商品价格波动风险和汇率风险等。如果利率变化与公司预期相反，将对公司的贷款以及收益产生不利影响；证券价格、商品价格下跌会对公司相关项目担保物价值带来不利影响；汇率变化也可能使公司外汇资本金和 QDII 信托资产发生损失的风险。

4.5.2.4 操作风险状况

操作风险是指在经营管理过程中，由于内控机制不健全、内部业务操作程序不完善或操作系统发生故障，从而给公司经营带来隐患的风险。同时，在业务开展过程中，业务人员未能充分获得准确的市场信息，不熟悉市场交易涉及的法律法规，或者工作失误和效率低下都可能会产生操作风险。

4.5.2.5 其他风险状况

其他风险主要还有法律风险、声誉风险等。法律风险是由于公司在经营过程中，因为无法满足或违反法律要求，导致不能履行合同而发生争议、诉讼或其他法律纠纷，可能给公司或投资人造成经济损失的风险。声誉风险主要是指由于公司经营、管理及其他行为或外部事件导致利益相关方对公司负面评价的风险。

4.5.3 风险管理

4.5.3.1 合规风险管理

公司重视合规文化宣导，通过宣传并解读监管政策、法规培训等方式，来营造良好的合规文化氛围，提高全体员工防范风险、合规展业的意识；结合监管部门要求和实际情况，搭建了董事会、经营管理层、合规与风控部、合规岗四个层次的合规管理组织体系；重视内部制度制定过程中的合规审查，确保制度体系的合规有效；根据监管规定，制定了净资本管理的相关制度，成立了净资本管理委员会，按年度制定净资本配置方案，对公司净资本管理指标进行动态监督；继续加强业务的合规管理和项目的合规性审查，及时制定和更新公司审查指引和法律文本，贯彻落实法律法规、行业和监管政策的最新要求；不断完善反洗钱相关制度，加强反洗钱工作力度。

4.5.3.2 信用风险管理

公司不断加强对员工业务能力的培训，提高项目甄别和筛选能力；根据业务发展情况，逐步制定各类业务的准入及尽职调查要求，规范重点项目提交审查的报告内容及格式，建立了不同类型项目的审查决策机制，完善了差异化、相对独立的项目准入、审查决策机制；严格审查项目资金使用，逐步推行按风险等级分类对项目运行进行差异化管理；加大对重点项目进行监督检查力度，并逐步建立风险预警制度，有效防范信用风险。

4.5.3.3 市场风险管理

公司通过设置合理的交易结构，在资金放贷中引入浮动利率机制，实现对风险的有效对冲和补偿，以规避市场风险；通过加强对证券投资产品单位净值、抵（质）押物价格变化的日常监控，以防范市场价格波动带来的风险；定期对房地产业务进行压力测试，分析在不同风险程度下房地产项目的抗风险能力，从而及时发现并预防市场风险；合理配置外汇资产，防范汇率波动给公司外汇资本金和 QDII 业务带来的市场风险。

4.5.3.4 操作风险管理

公司定期对业务操作流程进行修订和完善，以业务流程为主线，不断完善前台、中台、后台的内部控制体系，对重要的业务环节，实行双人双岗复核、审批；建立集中统一的数据备份与验证系统，并及时对业务管理系统和证券交易系统进行升级和测验，更新相关数据；同时加强对新员工在制定合同文本、熟悉业务流程等方面的培训，有效防范操作风险；重视项目的抵（质）押担保及股权变更手续办理工作，对承担主动管理职责项目风险管理部门参与办理相关手续。

4.5.3.5 其他风险管理

法律风险管理方面，公司高度重视法律风险的防范，定期对合同文本进行更新；不断加强对合同的审查力度，制定合同文本的审核指引，规范事务类等重要项目审核要求；出台担保办理相关制度，提高担保措施办理的质量和效率，有效防范相关风险；修订协助执行制度，使协助执行工作更加规范化、程序化；公司聘请外部律师对重大项目出具法律意见，从业务源头和操作环节防范和化解法律风险。

声誉风险管理方面，公司加强舆情管理，制定了舆情管理制度，规范对引发公众广泛关注的重大事件的管理；及时向投资者和监管层进行信息披露，持续关注新闻舆情，还借助信托业协会的《每日舆情》等做好舆情监测，就重点事件积极采取应对措施，防范和化解声誉风险。

5. 报告期末及上一年度末的比较式会计报表

5.1 自营资产

5.1.1 会计师事务所审计意见全文

审 计 报 告

CAC 审字[2017]0043 号

中诚信托有限责任公司董事会：

我们审计了后附的中诚信托有限责任公司（以下简称贵公司）财务报表，包括 2016 年 12 月 31 日的合并及公司资产负债表，2016 年度的合并及公司利润表、合并及公司现金流量表和合并及公司所有者权益变动表以及财务报表附注。

一、管理层对财务报表的责任

编制和公允列报财务报表是贵公司管理层的责任，这种责任包括：（1）按照企业会计准则的规定编制财务报表，并使其实现公允反映；（2）设计、执行和维护必要的内部控制，以使财务报表不存在由于舞弊或错误导致的重大错报。

二、注册会计师的责任

我们的责任是在执行审计工作的基础上对财务报表发表审计意见。我们按照中国注册会计师审计准则的规定执行了审计工作。中国注册会计师审计准则要求我们遵守中国注册会计师职业道德守则，计划和执行审计工作以对财务报表是否不存在重大错报获取合理保证。

审计工作涉及实施审计程序，以获取有关财务报表金额和披露的审计证据。选择的审计程序取决于注册会计师的判断，包括对由于舞弊或错误导致的财务报表重大错报风险的评估。在进行风险评估时，注册会计师考虑与财务报表编制和公允列报相关的内部控制，以设计恰当的审计程序，但目的并非对内部控制的有效性发表意见。审计工作还包括评价管理层选用会计政策的恰当性和作出会计估计的合理性，以及评价财务报表的总体列报。

我们相信，我们获取的审计证据是充分、适当的，为发表审计意见提供了基础。

三、审计意见

我们认为，贵公司财务报表在所有重大方面按照企业会计准则的规定编制，公允反映了贵公司2016年12月31日的合并及公司财务状况以及2016年度的合并及公司经营成果和合并及公司现金流量。

中审华会计师事务所　　中国注册会计师：黄庆林
（特殊普通合伙）　　中国注册会计师：李迎茜
中国・北京　　二〇一七年四月二十七日

5.1.2 资产负债表

合并及公司资产负债表

2016年12月31日

编制单位：中诚信托有限责任公司　　单位：万元

项目	合并		公司	
	2016年12月31日	2015年12月31日	2016年12月31日	2015年12月31日
资产				
货币资金	261 655.43	316 575.95	238 417.69	299 311.12
以公允价值计量且其变动计入当期损益的金融资产	47 670.99	99 970.99	47 670.99	98 190.97
买入返售金融资产	63 001.35		63 001.35	
应收账款	106 788.19	89 726.00	98 576.30	86 826.12
预付款项	218.58	162.32		
应收利息	84.72	575.20	84.72	538.46
其他应收款	9 835.36	23 766.14	6 589.17	23 546.68
存货	67.97	78.73		
其他流动资产	135.39	281.99		
发放贷款和垫款	98 364.08	219 984.00	98 364.08	219 984.00
可供出售金融资产	964 446.95	741 579.90	963 146.95	741 079.89
应收款项类金融资产				
长期股权投资	336 797.87	309 699.41	372 246.33	345 194.09
投资性房地产	29 229.68	30 616.65		
固定资产	9 113.58	9 553.03	1 484.70	1 636.15
无形资产	629.15	355.29	588.50	310.21
商誉				
长期待摊费用	399.66	703.28	263.26	544.02
递延所得税资产	16 086.43	12 884.83	15 303.26	12 285.70
资产总计	1 944 525.38	1 856 513.71	1 905 737.30	1 829 447.41
负债				
短期借款		32 000.00		32 000.00
应付账款	17.56	17.73		
预收款项	170.40	362.42	0.42	56.67
应付职工薪酬	56 173.26	57 666.44	49 424.61	54 671.48
应交税费	24 439.70	27 700.26	22 115.07	26 498.67
应付利息				
其他应付款	6 111.06	5 424.02	2 368.16	2 935.29
长期借款	300 000.00	300 000.00	300 000.00	300 000.00
长期应付款	2 750.00	3 250.00		
递延所得税负债	1 101.31	1 439.42	1 101.31	1 439.42
负债合计	390 763.29	427 860.29	375 009.57	417 601.53
所有者权益				
实收资本	245 666.67	245 666.67	245 666.67	245 666.67
资本公积	267 973.69	268 145.77	267 973.69	268 145.77
其他综合收益	14 080.06	6 825.56	14 080.06	6 825.56
盈余公积	127 833.34	127 833.34	127 833.34	127 833.34
一般风险准备	62 198.49	62 198.49	62 198.49	62 198.49
未分配利润	832 071.84	715 509.92	812 975.48	701 176.05
归属于母公司所有者权益合计	1 549 824.09	1 426 179.75	1 530 727.73	1 411 845.88
少数股东权益	3 938.00	2 473.67		
所有者权益合计	1 553 762.09	1 428 653.42	1 530 727.73	1 411 845.88
负债及所有者权益合计	1 944 525.38	1 856 513.71	1 905 737.30	1 829 447.41

法定代表人：牛成立　　主管会计工作负责人：丛雪萍　　制表人：吴静玲

5.1.3 利润表

合并及公司利润表

编制单位：中诚信托有限责任公司　　2016 年度　　单位：万元

项目	合并		公司	
	2016 年度	2015 年度	2016 年度	2015 年度
一、营业收入	210 093.74	289 002.11	177 783.77	267 456.37
（一）利息净收入	5 935.59	43 839.37	5 508.89	43 481.71
利息收入	19 857.40	44 806.48	19 430.70	44 448.82
利息支出	13 921.81	967.11	13 921.81	967.11
（二）手续费及佣金净收入	111 119.36	125 454.03	85 107.48	111 052.89
手续费及佣金收入	111 166.93	125 623.30	85 155.05	111 222.15
手续费及佣金支出	47.57	169.27	47.57	169.26
（三）投资收益	86 031.43	113 460.99	89 221.58	113 445.91
其中：对联营企业和合营企业的投资收益	44 018.38	58 764.86	43 972.16	58 964.78
（四）公允价值变动收益	-2 103.26	-576.65	-2 103.26	-573.49
（五）汇兑收益	30.25	27.46	42.66	34.52
（六）其他业务收入	9 080.37	6 796.91	6.42	14.83
二、营业支出	67 876.63	85 157.07	46 166.36	68 606.47
（一）税金及附加	2 905.51	13 189.59	1 707.83	11 495.94
（二）业务及管理费	53 301.89	41 505.30	35 091.34	28 645.83
（三）资产减值损失或呆账损失	9 367.19	28 502.20	9 367.19	28 464.70
（四）其他业务成本	2 302.04	1 959.98		
三、营业利润	142 217.11	203 845.04	131 617.41	198 849.90
加：营业外收入	201.18	1 240.63	165.33	932.70
减：营业外支出	137.44	36.23	104.00	18.63
四、利润总额（亏损以“－”号填列）	142 280.85	205 049.44	131 678.74	199 763.97
减：所得税费用	23 573.46	37 213.81	19 879.32	35 576.01
五、净利润（亏损以“－”号填列）	118 707.39	167 835.63	111 799.42	164 187.96
归属于母公司所有者的净利润	116 561.92	167 116.67	111 799.42	164 187.96
少数股东损益	2 145.47	718.96		
六、其他综合收益的税后净额	7 254.51	62.31	7 254.51	79.99
（一）以后将重分类进损益的其他综合收益	7 254.51	62.31	7 254.51	79.99
1. 权益法下在被投资单位不能重分类进损益的其他综合收益中享有的份额	7 689.09	-953.98	7 689.09	-978.95
2. 可供出售金融资产公允价值变动损益	-434.58	1 058.94	-434.58	1 058.94
3. 外币财务报表折算差额		-42.65		
归属于母公司股东的其他综合收益的税后净额	7 254.51	75.11	7 254.51	79.99
归属于少数股东的其他综合收益的税后净额		-12.80		
七、综合收益总额	125 961.90	167 897.94	119 053.93	164 267.95
归属于母公司所有者的综合收益总额	123 816.43	167 191.78	119 053.93	164 267.95
归属于少数股东的综合收益总额	2 145.47	706.16		
八、每股收益：				
（一）基本每股收益	0.50	0.68	0.48	0.67
（二）稀释每股收益	0.50	0.68	0.48	0.67

法定代表人：牛成立　　主管会计工作负责人：丛雪萍　　制表人：吴静玲

5.1.4 合并所有者权益变动表

合并所有者权益变动表

编制单位：中诚信托有限责任公司　　2016 年度　　单位：万元

项目	归属于母公司所有者权益合计						少数股东权益	所有者权益合计
	实收资本	资本公积	其他综合收益	盈余公积	一般风险准备	未分配利润		
2015 年 1 月 1 日年初余额	245 666.67	263 195.93	6 750.46	122 016.74	53 976.65	601 627.01	4 156.82	1 297 390.28
会计政策变更								
会计差错更正						111.34	50.73	162.07
一、2015 年 1 月 1 日调整后年初余额	245 666.67	263 195.93	6 750.46	122 016.74	53 976.65	601 738.35	4 207.55	1 297 552.35
二、2015 年度增减变动金额		4 949.84	75.10	5 816.60	8 221.84	113 771.57	−1 733.88	131 101.07
（一）综合收益总额			75.10			167 116.68	706.16	167 897.94
1. 净利润						167 116.68	718.96	167 835.64
2. 其他综合收益			75.10				−12.80	62.30
（二）所有者投入和减少资本							−2 440.04	−2 440.04
（三）利润分配				5 816.60	8 221.84	−53 345.11		−39 306.67
1. 提取盈余公积				5 816.60		−5 816.60		
2. 提取一般风险准备					8 221.84	−8 221.84		
3. 对所有者的分配						−39 306.67		−39 306.67
（四）权益法核算被投资单位其他权益变动		4 949.84						4 949.84
三、2015 年 12 月 31 日年末余额	245 666.67	268 145.77	6 825.56	127 833.34	62 198.49	715 509.92	2 473.67	1 428 653.42

合并所有者权益变动表（续）

编制单位：中诚信托有限责任公司　　2016 年度　　单位：万元

项目	归属于母公司所有者权益合计						少数股东权益	所有者权益合计
	实收资本	资本公积	其他综合收益	盈余公积	一般风险准备	未分配利润		
一、2016 年 1 月 1 日年初余额	245 666.67	268 145.77	6 825.56	127 833.34	62 198.49	715 509.92	2 473.67	1 428 653.42
二、2016 年度增减变动金额		−172.08	7 254.50			116 561.92	1 464.33	125 108.67
（一）综合收益总额			7 254.50			116 561.92	2 145.47	125 961.89
1. 净利润						116 561.92	2 145.47	118 707.39
2. 其他综合收益			7 254.50					7 254.50
（二）所有者投入和减少资本								
（三）利润分配							−681.14	−681.14
1. 提取盈余公积								
2. 提取一般风险准备								
3. 对所有者的分配							−681.14	−681.14
（四）权益法核算被投资单位其他权益变动		−172.08						−172.08
三、2016 年 12 月 31 日年末余额	245 666.67	267 973.69	14 080.06	127 833.34	62 198.49	832 071.84	3 938.00	1 553 762.09

法定代表人：牛成立　　主管会计工作负责人：丛雪萍　　制表人：吴静玲

5.1.5 母公司所有者权益变动表

所有者权益变动表

编制单位：中诚信托有限责任公司　　2016 年度　　单位：万元

项目	实收资本	资本公积	其他综合收益	盈余公积	一般风险准备	未分配利润	所有者权益合计
2015 年 1 月 1 日年初余额	245 666.67	263 195.93	6 745.57	122 016.74	53 976.65	590 321.94	1 281 923.50
会计政策变更							
会计差错更正						11.25	11.25
一、2015 年 1 月 1 日调整后年初余额	245 666.67	263 195.93	6 745.57	122 016.74	53 976.65	590 333.19	1 281 934.75
二、2015 年度增减变动金额		4 949.84	79.99	5 816.60	8 221.84	110 842.86	129 911.13
（一）综合收益总额			79.99			164 187.97	164 267.96
1. 净利润						164 187.97	164 187.97
2. 其他综合收益			79.99				79.99
（二）所有者投入和减少资本							
（三）利润分配				5 816.60	8 221.84	−53 345.11	−39 306.67
1. 提取盈余公积				5 816.60		−5 816.60	
2. 提取一般风险准备					8 221.84	−8 221.84	
3. 对所有者的分配						−39 306.67	−39 306.67
（四）权益法核算被投资单位其他权益变动		4 949.84					4 949.84
三、2015 年 12 月 31 日年末余额	245 666.67	268 145.77	6 825.56	127 833.34	62 198.49	701 176.05	1 411 845.88

所有者权益变动表（续）

编制单位：中诚信托有限责任公司　　2016 年度　　单位：万元

项目	实收资本	资本公积	其他综合收益	盈余公积	一般风险准备	未分配利润	所有者权益合计
一、2016 年 1 月 1 日年初余额	245 666. 67	268 145. 77	6 825. 56	127 833. 34	62 198. 49	701 176. 05	1 411 845. 88
二、2016 年度增减变动金额		-172. 08	7 254. 50			111 799. 43	118 881. 85
（一）综合收益总额			7 254. 50			111 799. 43	119 053. 93
1. 净利润						111 799. 43	111 799. 43
2. 其他综合收益			7 254. 50				7 254. 50
（二）所有者投入和减少资本							
（三）利润分配							
1. 提取盈余公积							
2. 提取一般风险准备							
3. 对所有者的分配							
（四）权益法核算被投资单位其他权益变动		-172. 08					-172. 08
三、2016 年 12 月 31 日年末余额	245 666. 67	267 973. 69	14 080. 06	127 833. 34	62 198. 49	812 975. 48	1 530 727. 73

法定代表人：牛成立　　主管会计工作负责人：丛雪萍　　制表人：吴静玲

5. 2　信托资产

5. 2. 1　信托项目资产负债汇总表

信托项目资产负债汇总表

编制单位：中诚信托有限责任公司　　2016 年 12 月 31 日　　单位：万元

资产	行次	期末余额	期初余额	负债和所有者权益	行次	期末余额	期初余额
信托资产：				信托负债：			
银行存款	1	348 795. 33	550 830. 06	应付受托人报酬	18	100 023. 29	88 148. 43
交易性金融资产	2	4 167 058. 77	5 648 902. 36	应付受益人收益	19	80. 15	-740. 38
买入返售金融资产	3			应付托管费	20	23. 89	69. 34
应收账款	4	5 753 116. 87	5 028 626. 59	应交税费	21	211. 16	1 086. 88
应收利息	5			其他应付款	22	59 985. 86	156 731. 11
拆出资金	6						
其他应收款	7	10 964. 27	88 366. 27	信托负债合计	23	160 324. 35	245 295. 38
贷款	8	6 497 817. 98	6 865 958. 96				
持有至到期投资	9						
可供出售金融资产	10			信托权益：			
长期股权投资	11	2 972 212. 86	4 062 076. 94	实收信托	24	18 742 611. 71	21 399 130. 46
固定资产	12			资本公积	25	16 242. 57	6 726. 95
在建工程	13			未分配利润	26	830 787. 45	593 608. 39
无形资产	14			信托权益合计	27	19 589 641. 73	21 999 465. 80
长期待摊费用	15						
其他资产	16						
资产总计	17	19 749 966. 08	22 244 761. 18	负债和所有者权益合计	28	19 749 966. 08	22 244 761. 18

5.2.2　信托项目利润及利润分配汇总表

信托项目利润及利润分配汇总表

编制单位：中诚信托有限责任公司　　2016 年度　　单位：万元

项目	行次	本年金额	上年金额
一、营业收入	1	1 344 071.15	2 028 387.77
利息收入	2	498 401.34	684 802.61
投资收益	3	448 519.46	832 507.81
公允价值变动损益	4	8387.40	-18 374.57
租赁收入	5	0	0
其他业务收入	6	397 071.50	529 628.41
汇兑损益	7	-8 308.55	-176.49
二、手续费及佣金支出		0	0
三、业务及管理费	8	127 209.03	185 697.15
四、营业税金及附加	9	3 660.16	7 600.75
五、扣除财产损失前的信托利润	10	1 213 201.96	1 835 089.87
加：以前年度损益调整		0	0
六、扣除资产损失后的信托利润	11	1 213 201.96	1 835 089.87
加：期初未分配信托利润	12	593 608.39	419 553.11
七、可供分配的信托利润	13	1 806 810.35	2 254 642.98
减：本期已分配的信托利润	14	976 022.90	1 661 034.60
八、期末未分配利润	15	830 787.45	593 608.38

6. 会计报表附注

6.1　会计报表编制基准不符合会计核算基本前提的说明

6.1.1　会计核算基本前提的说明

公司以持续经营为基础，根据实际发生的交易和事项，按照《企业会计准则——基本准则》和其他各项具体会计准则、应用指南及准则解释的规定进行确认和计量，在此基础上编制财务报表。

公司所编制的会计报表符合企业会计准则的要求，真实、完整地反映了公司的财务状况、经营成果、股东权益变动和现金流量等有关信息。

6.1.2　编制合并会计报表的说明

本期本公司将所有控股公司纳入合并会计报表范围。本公司纳入合并报表范围的控股公司如下：

公司名称	业务性质	注册地	注册资本	单位持有的权益性资本的比例（%）	关联方关系
北京三侨物业管理有限责任公司	物业管理	中国北京	2.5 亿元	100.00	全资子公司
北京安贞大厦物业管理有限责任公司	物业管理	中国北京	1 000 万元	100.00	三侨物业全资子公司
中诚宝捷思货币经纪有限公司	境内外货币经纪业务	中国北京	5 000 万元	67.00	控股子公司
中诚资本管理（北京）有限公司	项目投资、资本管理	中国北京	1 亿元	100.00	全资子公司

拥有被投资单位持股比率超过半数但未纳入合并范围的原因：

单位名称	认缴出资（万元）	实缴出资（万元）	本公司合计持股比例（%）	本公司合计表决权比例（%）	未纳入合并范围的原因
深圳市中诚云领厚润德投资企业（有限合伙）	10 600	5 230	99.04	33.33	表决权比例未过半数

6.1.3　重要会计政策和会计估计说明

公司自 2008 年 1 月 1 日起执行财政部 2006 年 2 月 15 日颁布的企业会计准则及其后续规定。

6.2　或有事项说明

单位：万元

或有事项	期初数	期末数
对外担保	6 000	6 000

除上述担保事项外，本公司无其他或有事项。公司所有的担保业务均采取了相应的反担保措施，公司不存在代偿风险。

6.3　重要资产转让及其出售的说明

本年公司无重要资产转让及出售事项。

6.4　会计报表中重要事项的明细资料

6.4.1　披露自营资产经营情况

6.4.1.1　按信用风险五级分类的结果披露资产的期初数、期末数

信用风险资产五级分类	正常类（万元）	关注类（万元）	次级类（万元）	可疑类（万元）	损失类（万元）	信用风险资产合计（万元）	不良资产合计（万元）	不良资产率（%）
期初数	241 615.58	89 700.00	0.00	0.00	7 709.19	339 024.77	7 709.19	2.27
期末数	181 378.26	89 700.00	0.00	0.00	7 709.19	278 787.44	7 709.19	2.77

注：1. 上述信用风险资产主要包括各项贷款、买入返售资产、银行账户的债券投资、应收利息、其他应收款、承诺及或有负债等。

2. 不良资产合计 = 次级类 + 可疑类 + 损失类。

6.4.1.2　各项资产减值损失准备的期初数、本期计提、本期转回、本期核销、期末数

单位：万元

	期初数	本期计提	本期转回	本期核销	期末数
贷款损失准备	4 716.00	-1 852.08			2 863.92
一般准备					
专项准备	4 716.00	-1 852.08			2 863.92
其他资产减值准备					
可供出售金融资产减值准备	35 862.82	11 268.81			47 131.64
持有至到期投资减值准备					
长期股权投资减值准备	1 591.60				1 591.60
坏账准备	9 219.37	226.59	138.07		9 307.90
投资性房地产减值准备					

6.4.1.3 按照投资品种分类，分别披露固有业务股票投资、基金投资、债券投资、股权投资等投资业务的期初数、期末数

单位:万元

	自营股票	基金	债券	长期股权	其他投资	合计
期初数	27 307.16	98 921.03	0.00	460 170.22	603 857.42	1 190 255.83
期末数	22 316.87	76 845.92	0.00	498 822.46	785 079.02	1 383 064.26

6.4.1.4 按投资入股金额排序，前五名的自营长期股权投资的企业名称，占被投资企业权益的比例，主要经营活动及投资收益情况

企业名称	占被投资企业权益的比例(%)	主要经营活动	投资损益（万元）
1. 嘉实基金管理有限公司	40.00	基金管理	34 220.54
2. 国都证券有限责任公司	13.3264	证券服务	9 068.22
3. 北京三侨物业管理有限责任公司	100.00	物业管理	2 000.00
4. 北京丰悦泰和股权投资合伙企业(有限合伙)	40.00	项目投资; 投资咨询; 投资管理; 企业管理咨询	-487.82
5. 北京银汉兴业创业投资中心(有限合伙)	42.553	创业投资业务	1 825.63

注:投资损益是指按照企业会计准则规定,核算股权投资确认损益并计入披露年度利润表的金额。

6.4.1.5 前五名的自营贷款的企业名称，占贷款总额的比例和还款情况

单位:%

企业名称	占贷款总额的比例	还款情况
1. 福建顺华置业发展有限公司	53.25	逾期
2. 重庆金阳房地产开发有限公司	35.36	逾期
3. 北京怡合投资管理有限公司	11.39	正常

6.4.1.6 表外业务的期初数、期末数，按照代理业务担保业务和其他类型表外业务分别披露

单位: 万元

表外业务	期初数	期末数
担保业务	6 000.00	6 000.00
代理业务(委托业务)		
其他		
合计	6 000.00	6 000.00

注:本公司无因客观原因应规范而尚未完成规范的历史遗留委托业务。

6.4.1.7 公司当年的收入结构

收入结构	母公司		合并	
	金额(万元)	占比(%)	金额(万元)	占比(%)
手续费及佣金收入	85 155.05	44.37	111 166.93	49.57
其中:信托手续费收入	72 674.76	37.87	72 674.76	32.41
投资银行业务收入				
利息收入	19 430.70	10.12	19 857.40	8.86
其他业务收入	49.07	0.03	9 110.62	4.06
其中:计入信托业务收入部分				
投资收益	89 221.58	46.49	86 031.43	38.36
其中:股权投资收益	49 855.09	25.98	46 518.38	20.74
证券投资收益	3 399.14	1.77	3 399.14	1.52
其他投资收益	35 967.36	18.74	36 113.92	16.10
公允价值变动收益	-2 103.26	-1.10	-2 103.26	-0.94
营业外收入	165.33	0.09	201.18	0.09
收入合计	191 918.47	100.00	224 264.30	100.00

6.4.2 披露信托资产管理情况

6.4.2.1 信托资产的期初数、期末数

单位:万元

信托资产	期初数	期末数
集合类	2 962 925.12	4 388 702.45
单一类	15 453 409.68	13 189 999.03
财产管理类	3 828 426.38	2 171 264.60
合计	22 244 761.18	19 749 966.08

6.4.2.1.1 主动管理型信托业务的信托资产期初数、期末数

单位:万元

主动管理型信托资产	期初数	期末数
证券投资类	2 291 544.43	493 714.88
股权投资类	1 372 803.65	699 408.15
其他投资类		409 380.81
融资类	3 184 631.69	4 317 976.47
事务管理类	236 850.97	395 877.70
合计	7 085 830.74	6 316 358.01

6.4.2.1.2 被动管理型信托业务的信托资产期初数、期末数

单位:万元

被动管理型信托资产	期初数	期末数
证券投资类	4 118 987.89	4 847 024.52
股权投资类	1 419 523.74	757 347.53
其他投资类		1 012 401.43
融资类	4 498 713.78	4 447 610.50
事务管理类	5 121 705.03	2 369 224.09
合计	15 158 930.44	13 433 608.07

6.4.2.2 本年度已清算结束的信托项目个数、实收信托合计金额、加权平均实际年化收益率

6.4.2.2.1 本年度已清算结束的集合类、单一类资金信托项目和财产管理类信托项目数量、实收信托合计金额、加权平均实际年化收益率

已清算结束的信托项目	项目个数(个)	实收信托合计金额(万元)	加权平均实际年化收益率(%)
集合类	17	1 078 345.00	8.02
单一类	129	6 057 287.09	4.88
财产管理类	12	1 082 719.32	3.40

6.4.2.2.2 本年度已清算结束的主动管理型信托项目个数、实收信托合计金额、加权平均实际年化收益率

已清算结束的信托项目	项目个数(个)	实收信托合计金额(万元)	加权平均实际年化收益率(%)
证券投资类	2	686 024.90	0.32
股权投资类	1	86 000.00	9.12
其他投资类	5	118 280.28	3.58
融资类	25	1 502 435.00	6.24
事务管理类	1	36 000.00	6.56

6.4.2.2.3 本年度已清算结束的被动管理型信托项目个数、实收信托合计金额、加权平均实际年化收益率

已清算结束的信托项目	项目个数(个)	实收信托合计金额(万元)	加权平均实际年化收益率(%)
证券投资类	8	124 083.04	6.71
股权投资类	6	1 017 502.07	6.23
其他投资类	8	217 416.75	6.50
融资类	78	3 014 180.00	5.49
事务管理类	24	1 416 429.37	4.04

6.4.2.3 本年度新增的集合类、单一类资金信托项目和财产管理类信托项目数量、实收信托合计金额

新增信托项目	项目个数(个)	实收信托合计金额(万元)
单一类	110	4 468 474.52
集合类	40	1 780 407.84
财产管理类	7	670 609.86
新增合计	157	6 919 492.22
其中:主动管理型	57	1 947 369.51

6.4.2.4 信托业务创新成果和特色业务有关情况

(1)挖掘客户需求开发特色 QDII 业务。“中诚信托诚信海外增值 1 号受托境外理财集合资金信托计划”的信托资金投资于香港市场的美元债券,该产品采用“双投顾”模式和“双币种”选择。“双投顾”是由公司香港子公司中诚国际负责投资策略选择,受托人优选海外投资公司弥补公司海外投资标的选择方面的劣势,由受托人对投资标的审核确保受益人利益;“双币种”为境内持有美元和人民币资产的投资者开发了投资海外美元资产的机会;分配时,投资者还可以分别选择美元分配或人民币分配。

(2)开发信托型 ABN 拓宽资产证券化业务渠道。“九州通医药集团 2016 年度第一期信托资产支持票据”是由公司担任发行载体管理机构,由兴业银行担任主承销商,是银行间市场首批,也是业内首单采用循环购买结构的信托型 ABN。该产品的创新体现在:首先,引入了特定目的信托(SPT)作为发行载体,实现了基础资产出表和破产隔离。其次,设定了较高的资金归集频率,要求资产服务机构以固定频率向监管账户划付其所收到的基础资产回款,降低了将资产服务机构基础资产回款与自有资金混同使用的风险。最后,根据基础资产产生频率高、总金额较大、账龄较短的特点,设计了循环购买结构,建立了动态基础资产池,更好地盘活发起机构的存量资产,使得发起机构的应收账款及时变现,大幅提高资金使用效率。该产品基础资产为医药流通企业对公立医院享有的应收账款债权,将医药流通企业零散、资产周转率低且难以确权的非标准化应收账款转化为银行间市场的标准化产品,为企业融入低成本资金,有效化解了融资瓶颈的难题。

(3)《慈善法》为契机开发慈善信托业务。由公司发起并担任受托人的“中诚信托 2016 年度博爱助学慈善信托”系慈善法实施后全国首批备案的慈善信托。该慈善信托交易结构严格遵循《慈善法》及相关监管部门的要求,由中诚信托担任受托人,北京市中盛律师事务所担任慈善信托监察人,采取慈善“信托+基金会(慈善组织)”运作模式,由中诚信托负责慈善信托的设立、管理等事项,由北京市美疆助学基金会负责资助项目的选定,充分发挥双方的特长,实现了优势互补。慈善信托财产的管理、监察及资金保管等均不收取任何费用。信托本金及收益全部用于捐赠,促进贫困地区教育事业发展。该产品获得第六届中国公益节 2016 年度责任品牌奖,展现了公司热心公益慈善事业,回馈社会的热忱。

(4)加强创新研究工作。2016 年公司开展了互联网信托、信托参与消费金融、供应链金融、慈善信托等创新业务专题研究,《信托公司消费金融领域展业体系设计》《香港的信托制度及信托业务与启示》两篇报告入选中国信托业协会年度自主研究课题,积极探索信托公司创新体制、机制建设和业务创新研究。2016 年公司荣获多项行业创新专项奖。

6.5 关联方关系及其交易的披露

6.5.1 关联交易方的数量、关联交易的总金额及关联交易的定价政策等

	关联交易方数量(个)	关联交易金额(万元)	定价政策
自营与关联	9	222 754.04	双方协议确定
信托与关联	31	-260 808.88	双方协议确定
信托与固有	11	-81 523.33	双方协议确定
信托与信托	5	-400.00	—
合　计	56	-119 978.17	—

定价政策:关联交易定价政策以不损伤第三方利益为首要原则,主要定价政策如下:(1)根据中国人民银行颁布的指导利率及上下浮动范围确定贷款利率;(2)双方协议确定交易价格;(3)双方参照证券市场成交价格,协商确定交易价格;(4)根据资产账面价值进行交易;(5)根据信托委托人指定价格进行交易;(6)根据原始投资额及持有期间的应获取的收益确定交易价格;(7)依据中介机构评估报告,确定交易价格。

6.5.2 关联交易方与本公司的关系性质、关联交易方的名称、法定代表人、注册地址、注册资本及主营业务等

关系性质	关联方名称	法定代表人	注册地址	注册资本	主营业务
全资子公司	北京三侨物业管理有限责任公司	高 方	中国北京	2.5亿元	物业管理
控股子公司	中诚宝捷思货币经纪有限公司	陈春艳	中国北京	5 000万元	境内外货币经纪业务
全资子公司	中诚资本管理（北京）有限公司	张树忠	中国北京	1亿元	资产管理
三侨物业全资子公司	北京安贞大厦物业管理有限责任公司	高 方	中国北京	1 000万元	物业管理
联营企业	中诚国际资本有限公司	王少华	中国香港	16 814.83万港元	项目投资、资本管理
中诚国际全资子公司	深圳前海中诚股权投资基金管理有限公司	王少华	中国深圳	2 000万元	股权投资
中诚国际全资子公司	SynCap Asset Management（Cayman）Ltd		开曼群岛	0.01万美元	受托管理股权投资企业的投资业务并提供相关服务
联营企业	国都证券有限责任公司	王少华	中国北京	530 000万元	证券服务
联营企业	嘉实基金管理有限公司	邓红国	中国上海	15 000万元	基金管理
联营企业	国都期货有限公司	叶 晓	中国北京	20 000万元	期货服务
联营企业	中关村兴业（北京）投资管理有限公司	董建邦	中国北京	16 182万元	资产管理、项目投资
联营企业	旭诚（上海）股权投资基金管理有限公司	张子牛	中国上海	10 000万元	股权投资管理、资产管理、财务咨询
联营企业	北京银汉兴业创业投资中心（有限合伙）	何 浩	中国北京	23 500万元	创业投资业务
联营企业	北京丰悦泰和股权投资合伙企业（有限合伙）	邹世英	中国北京	53 500万元	项目投资；投资咨询；投资管理；企业管理咨询
联营企业	南通金信灏清投资中心（有限合伙）	薛嘉麟	中国南通	900万元	项目投资；投资咨询；投资管理；企业管理咨询
联营企业	杭州仰健投资合伙企业（有限合伙）	陈越孟	中国杭州	47 500万元	项目投资；投资咨询；投资管理；企业管理咨询
联营企业	深圳市中诚云领厚润德投资企业（有限合伙）	王梦驰	中国深圳	5 230万元	项目投资；投资咨询；投资管理；企业管理咨询

6.5.3 本公司与关联方的重大交易事项

6.5.3.1 固有财产与关联方：贷款、投资、租赁、应收账款、担保、其他方式等期初汇总数、本期发生额汇总数、期末汇总数

单位：万元

固有与关联方关联交易				
	期初数	借方发生额	贷方发生额	期末数
贷款				
投资	94 474.63	207 514.07	12 926.25	289 062.45
租赁		254.70	254.70	
担保				
应收账款				
其他		2 059.02	2 059.02	
合计	94 474.63	209 827.79	15 239.97	289 062.45

6.5.3.2 信托与关联方交易情况：贷款、投资、租赁、应收账款、担保、其他方式等期初汇总数、本期借方和贷方发生额汇总数、期末汇总数

单位：万元

信托与关联方关联交易				
	期初数	借方发生额	贷方发生额	期末数
贷款	104 200.00	267 120.00	234 420.00	136 900.00
投资	1 199 448.90	38 000.00	339 308.88	882 140.02
租赁	0			
担保	0			
应收账款	103 630.00	26 224.00	18 424.00	101 430.00
其他	0			
合计	1 407 278.90	331 344.00	592 152.88	1 146 470.02

6.5.3.3 信托公司自有资金运用于自己管理的信托项目(固信交易)、信托公司管理的信托项目之间的相互(信信交易)交易金额,包括余额和本报告年度的发生额

6.5.3.3.1 固有财产与信托财产之间的交易金额期初汇总数、本期发生额汇总数、期末汇总数

单位:万元

固有财产与信托财产相互交易			
	期初数	本期发生额	期末数
合计	256 620.24	-81 523.33	175 096.91

6.5.3.3.2 信托财产与信托财产之间的交易金额期初汇总数、本期发生额汇总数、期末汇总数

单位:万元

信托财产与信托财产相互交易			
	期初数	本期发生额	期末数
合计	101 880.00	-400.00	101 480.00

6.5.4 **本年度发生关联方逾期未偿还本公司资金的情况以及本公司为关联方担保发生或即将发生垫款的情况**

无。

6.6 会计制度的披露

公司固有业务自2008年1月1日起执行财政部2006年2月15日颁布的企业会计准则及其后续规定。以持续经营为基础,根据实际发生的交易和事项,按照《企业会计准则——基本准则》和其他各项具体会计准则、应用指南及准则解释的规定进行确认和计量,在此基础上编制财务报表。

7. 财务情况说明书

7.1 利润实现和分配情况

单位:万元

项目	母公司	合并
税前利润	131 678.74	142 280.85
减:所得税	19 879.32	23 573.46
净利润	111 799.42	118 707.39
其中:归属于母公司所有者的净利润	111 799.42	116 561.92
少数股东损益		2 145.47
加:年初未分配利润	701 176.05	715 509.92
其中:归属于母公司所有者的未分配利润	701 176.05	715 509.92
少数股东损益		
减:提取法定盈余公积	0.00	0.00
减:提取一般准备	0.00	0.00
减:股利分配	0.00	0.00
年末未分配利润	812 975.47	834 217.31
其中:归属于母公司所有者的未分配利润	812 975.47	832 071.84
少数股东损益		2 145.47

7.2 主要财务指标

指标名称	母公司	合并
资本利润率(%)	7.60	7.83
人均净利润(万元)	435.05	453.55

7.3 本年度对本公司财务状况、经营成果有重大影响的其他事项

无。

8. 特别事项揭示

8.1 报告期内前五名股东发生变动情况

无。

8.2 董事、监事及高级管理人员变动情况及原因

(1)2016年5月9日,取得《北京银监局关于核准刘孟革中诚信托有限责任公司副总裁任职资格的批复》(京银监复[2016]204号),核准刘孟革为中诚信托有限责任公司副总裁。

(2)2016年5月9日,取得《北京银监局关于核准秦岭中诚信托有限责任公司副总裁任职资格的批复》(京银监复[2016]206号),核准秦岭为中诚信托有限责任公司副总裁。

(3)2016年5月9日,取得《北京银监局关于核准魏青中诚信托有限责任公司董事会秘书任职资格的批复》(京银监复[2016]205号),核准魏青为中诚信托有限责任公司董事会秘书。

(4)2016年8月11日,取得《北京银监局关于核准张树忠中诚信托有限责任公司总裁任职资格的批复》(京银监复[2016]449号),核准张树忠为中诚信托有限责任公司总裁,原总裁牛成立同志不再担任公司总裁职务。上述变化已完成工商变更手续。

(5)2016年11月25日,经2016年临时股东会审议通过《关于中诚信托有限责任公司董事会换届选举的议案》,选举杨俊、吕海鹏、王天忠为第五届董事会董事,原董事王少华、张胜东、张毅不再担任董事职务,新任董事任职资格在获得北京银监局核准后方可履职。

(6)2016年11月25日,经2016年临时股东会审议通过《关于中诚信托有限责任公司监事会换届选举的议案》,选举许玉金、郑建新、殷召峰为第五届监事会监事,原监事连福忠、俞建辉、王言彬不再担任监事职务,新增选举王玉国、赵明为公司职工监事。

(7)2016年11月25日,经第五届董事会第一次会议审议通过,聘任丛雪萍为财务负责人(财务总监),敖磊为首席风险官;财务负责人(财务总监)、首席风险官任职资格在获得北京银监局核准后方可履职。

8.3 报告期内公司发生变更注册资本、变更注册地或公司名称、公司分立合并事项

无。

8.4 报告期内公司发生重大诉讼事项

无。

8.5 报告期内公司及其董事、监事和高级管理人员受到处罚

无。

8.6　报告期内公司收到监管部门关于检查的整改通知

无。

8.7　报告期内公司重大事项临时报告披露

（1）2016 年 1 月 15 日，在《金融时报》公开披露了《中诚信托有限责任公司关于变更董事长的公告》。

（2）2016 年 8 月 19 日，在《金融时报》公开披露了《中诚信托有限责任公司关于聘任总裁的公告》。

8.8　公司净资本管理情况

截至 2016 年 12 月 31 日，公司净资本余额 116.65 亿元（≥2 亿元），净资本/各项业务风险资本之和为 350.95%（≥100%），净资本/净资产的比例为 75.64%（≥40%），各项指标均符合监管要求。

8.9　履行社会责任情况

2016 年，公司切实履行社会责任，努力实现与经济、社会和环境的全面协调可持续发展。一是公司继续响应国家号召，积极参与定点扶贫、精准扶贫工作；二是公司借势《慈善法》的颁布，开展了国内首批慈善信托，慈善信托为公司履行社会责任开创了新的方式；三是成立财富管理中心，加强投资者教育和投资者合法权益的保护工作；四是树立绿色发展理念，积极开展节能降耗绿色办公活动，努力打造资源节约型和环境友好型企业。

9. 公司监事会意见

监事会认为，本报告期内，公司决策程序合法，内部控制制度较为完善，没有发现公司董事、经理和其他高级管理人员在执行公司职务时有违法违纪和有损公司及股东利益的行为。公司财务报告真实、客观地反映了公司的财务状况和经营成果。

中国对外经济贸易信托有限公司

1. 重要提示

1.1 中国对外经济贸易信托有限公司(以下简称本公司、外贸信托或中国外贸信托)董事会及董事保证本报告所载资料不存在任何虚假记载、误导性陈述或者重大遗漏,并对其内容的真实性、准确性和完整性承担个别及连带责任。本年度报告摘要摘自年度报告全文,客户及相关利益人欲了解详细内容,应阅读年度报告全文。

1.2 个别董事声明

无。

1.3 独立董事意见

本人作为中国对外经济贸易信托有限公司的独立董事,保证本报告内容的真实性、准确性、完整性。

独立董事:成长青

独立董事:卢力平

独立董事:孙向东

1.4 毕马威华振会计师事务所对本公司年度财务报告进行审计,出具了标准无保留意见的审计报告。

1.5 本公司董事长杨林、总经理伊力扎提、财务总监帅立新声明:保证年度报告中财务报告的真实、完整。

2. 公司概况

2.1 公司简介

2.1.1 公司法定中文名称:中国对外经济贸易信托有限公司

中文名称缩写:外贸信托/中国外贸信托

公司法定英文名称:China Foreign Economy And Trade Trust Co., Ltd.

英文名称缩写:FOTIC

2.1.2 法定代表人:杨林

2.1.3 注册地址:北京市西城区复兴门内大街28号凯晨世贸中心中座6层

邮政编码:100031

2.1.4 国际互联网网址:www.fotic.com.cn

电子信箱:fotic@sinochem.com

2.1.5 信息披露事务负责人:张一冰

联系电话:010-59569299

传真:010-59569888

电子信箱:guoweihua@sinochem.com

2.1.6 信息披露报纸:《上海证券报》

2.1.7 年度报告备置地点:外贸信托总经理办公室

2.1.8 聘请会计师事务所:毕马威华振会计师事务所(特殊普通合伙)

地址:北京市东长安街1号东方广场毕马威大楼8层

2.2 组织结构

股东会

监事会

董事会信托委员会

董事会审计委员会

董事会薪酬与提名委员会

董事会风险控制委员会

董事会

总经理

副总经理

纪委书记

财务总监

董事会秘书

资产管理事业部

金融市场事业部

证券信托事业部

小微金融事业部

产业金融事业部

财富管理中心

投资发展部

上海总部

西北区域总部

西南区域总部

华南区域总部

总经理办公室

人力资源部

战略管理部

风险法规部

运营稽核部

信息技术部

财务管理部

信托财务部

纪检监察部

党群工作部

3. 公司治理

3.1 股东

股东总数:2 个。

股东结构

股东名称	持股比例(%)	法人代表	注册资本(万元)	注册地址	主要经营业务及主要财务情况
中国中化股份有限公司★	96.22	宁高宁	3 980 000 万元	北京市西城区复兴门内大街 28 号凯晨世贸中心中座	公司主营业务范围包括石油、化肥、化工品、金融服务、酒店和房地产业务等。截至 2016 年 12 月 31 日,中化股份资产总额 3 818.20 亿元,2016 年公司实现营业总收入 3 701.03 亿元,利润总额 68.12 亿元(未经审计)。
中化集团财务有限责任公司	3.78	杨　林	300 000 万元	北京市西城区复兴门内大街 28 号凯晨世贸中心中座	公司主营业务为:对成员单位办理财务和融资顾问、信用鉴证及相关的咨询、代理业务;协助成员单位实现交易款项的收付;对成员单位提供担保;办理成员单位之间的委托贷款及委托投资;对成员单位办理票据承兑与贴现;办理成员单位之间的内部转账结算及相应的结算、清算方案设计;吸收成员单位的存款;对成员单位办理贷款及融资租赁;从事同业拆借;承销成员单位的企业债券;经批准发行财务公司债券;对金融机构的股权投资;有价证券投资;成员单位产品的买方信贷。代理企业财产保险、货物运输保险;建筑、安装工程保险;特约标的保险;责任保险类。截至 2016 年 12 月 31 日,公司资产总额 512.51 亿元。2016 年,公司实现营业收入 5.47 亿元,税前利润 5.13 亿元。

注:★为最终实际控制人。

股东关联关系说明:中国中化股份有限公司是中化集团财务有限责任公司的股东。

3.2 董事

3.2.1 董事会成员

姓名	职务	性别	年龄(岁)	选任日期	所推举的股东名称	该股东持股比例(%)	简要履历
杨　林	董事长	男	53	2014 年 4 月	中国中化股份有限公司	96.22	曾任商业部管理干部培训中心教员,德国西门子公司西南分公司职员,德国威拉公司中国总部产品部经理,中国化工进出口总公司计财本部财务处科员、财务科科长、总经理助理,中国化工进出口总公司财务部副总经理,中国化工进出口总公司资金管理部总经理,中国中化集团公司资金管理部总经理兼投资发展部副总经理,中国中化集团公司副总会计师兼中国中化股份有限公司财务副总监;现任中国中化集团公司总会计师兼中国中化股份有限公司财务总监,中化集团金融事业部总裁,中国对外经济贸易信托有限公司董事长。
於乐民	董事	男	53	2012 年 7 月	中国中化股份有限公司	96.22	曾任中国化工进出口总公司法律室职员,中国化工进出口总公司美国农化公司法律顾问,中国化工进出口总公司法律室副主任;现任中化集团总法律顾问,中国对外经济贸易信托有限公司董事。
伊力扎提	董事	男	41	2017 年 2 月	中国中化股份有限公司	96.22	曾任吉通网络通信股份有限公司人力资源部副总经理,中国中化集团公司石油中心人力资源部副总经理、总经理,中化国际石油公司总经理助理、副总经理,中国对外经济贸易信托有限公司副总经理;现任中国对外经济贸易信托有限公司总经理,中化集团金融事业部副总裁,对外经济贸易信托有限公司委员会委员、书记。
张宝红	董事	男	50	2012 年 7 月	中国中化股份有限公司	96.22	曾任中国化工进出口总公司财务部职员,中化日本有限公司财务部经理,中国化工进出口总公司财会部国内财务科副经理,中化国际化肥贸易有限公司财务部总经理,化肥中心财务总经理兼化肥公司财务部总经理,化肥中心财务总经理,中化国际化肥贸易公司副总经理兼财务部总经理,化肥中心副主任兼中化化肥公司副总经理,中化化肥控股有限公司(HK:00297)首席财务官,中化蓝天集团有限公司常务副总经理,浙江英特集团股份有限公司(SZ:000411)副董事长兼浙江英特药业有限责任公司董事长,中国中化集团公司、中国中化股份有限公司风险管理部总经理;现任中国中化股份有限公司审计合规部总监,中国对外经济贸易信托有限公司董事。
蒋承宏	董事	男	42	2013 年 1 月	中国中化股份有限公司	96.22	曾任中国化工进出口总公司保险部职员,中国化工进出口总公司总裁办公室秘书部职员,中国化工进出口总公司财务部职员,中国中化集团公司资金管理部融资部职员,中国中化集团公司资金管理部资金分析部职员,中国中化集团公司资金管理部副总经理,中化集团财务有限责任公司副总经理,中国中化股份有限公司资金管理部副总经理,中国中化股份有限公司资金管理部总经理;现任中国中化股份有限公司财务部总监,中国对外经济贸易信托有限公司董事。

续表

姓名	职务	性别	年龄（岁）	选任日期	所推举的股东名称	该股东持股比例(%)	简要履历
贾　彤	董事	女	50	2015年8月	中国中化股份有限公司	96.22	曾任中国化工进出口总公司公共关系部职员、石油三处职员、石油公司职员、风险管理部市场风险管理科经理、资产管理部办公室主任、人力资源部综合科经理，中国对外经济贸易信托有限公司资产管理总部办公室主任、人力资源部总经理、总经理助理，中化石油勘探开发有限公司副总经理，中国中化集团公司/中国中化股份有限公司人力资源部副总经理；现任中国中化股份有限公司人力资源部副总监，中国对外经济贸易信托有限公司董事。

注：伊力扎提于2016年11月29日获外贸信托股东会审批，选举为公司董事，徐卫晖不再担任公司董事。伊力扎提任职资格于2017年2月3日正式获得北京银监局核准批复。

3.2.2　独立董事

姓名	所在单位及职务	性别	年龄（岁）	选任日期	所推举的股东名称	该股东持股比例(%)	简要履历
成长青	驰卓投资有限公司执行董事	男	55	2015年4月	中国中化股份有限公司	96.22	曾任美国亚历山大咨询有限公司管理咨询员，加拿大多伦多道明银行客户经理，美国第一银行大中华信贷审批主管、中国市场部总经理，英国渣打银行北京分行副行长、中国企业部主管、企业咨询董事总经理，高盛高华证券有限责任公司董事总经理；现任驰卓投资有限公司执行董事，中国对外经济贸易信托有限公司独立董事。
卢力平	北京国家会计学院教授、金融系主任	男	61	2015年4月	中国中化股份有限公司	96.22	曾任天津电子仪表局公务员、处长，天津中环集团处长；现任北京国家会计学院教授，中国对外经济贸易信托有限公司独立董事。
孙向东	杭州久利投资有限责任公司董事长	男	54	2012年7月	中国中化股份有限公司	96.22	曾任建设银行浙江省分行投资研究所研究室副主任、副所长、市场开发部主任，浙江省信托投资有限责任公司副总经理，国民信托有限责任公司董事、副总经理、执行董事；现任杭州久利投资有限责任公司董事长，中国对外经济贸易信托有限公司独立董事。

3.3　监事、监事会及其下属委员会

监事会成员

姓名	职务	性别	年龄（岁）	选任日期	所推举的股东名称	该股东持股比例(%)	简要履历
宋玉增	监事会主席	男	54	2014年4月	中国中化股份有限公司	96.22	曾任中华全国总工会财务部职员，中国化工进出口总公司财会处职员，中国化工进出口总公司威洛基公司财务部经理，中化国际橡胶公司财务部副经理，中国化工进出口总公司审计处一科副科长、审计部海外科副经理、石油中心审计分部经理，中国中化集团公司审计稽核部副总经理，中国中化集团公司/中国中化股份有限公司审计稽核部总经理；现任中国中化股份有限公司纪检监察部主任，中国对外经济贸易信托有限公司监事。
刘　剑	监事	男	51	2012年7月	中化集团财务有限责任公司	3.78	曾任中国机械进出口总公司工业机械进出口公司财会部、中国机械进出口总公司工业机械进出口公司财会科副科长，中化化肥公司财务部、中国中化集团公司化肥中心财务部副总经理，中国中化集团公司保险部副总经理，中国中化集团公司保险部总经理；现任中化集团财务有限责任公司总经理，中国中化集团公司金融事业部副总裁，中国对外经济贸易信托有限公司监事。
梁　虹	监事	男	53	2008年6月	职工代表	—	现任职于中国对外经济贸易信托有限公司证券信托事业部—估值核算部总经理，中国对外经济贸易信托有限公司监事。

3.4　高级管理人员

姓名	职务	性别	年龄（岁）	选任日期	金融从业年限(年)	学历	专业	简要履历
伊力扎提	总经理	男	41	2017年2月	6	硕士研究生	EMBA	曾任吉通网络通信股份有限公司人力资源部副总经理，中国中化集团公司石油中心人力资源部副总经理、总经理，中化国际石油公司总经理助理、副总经理，中国对外经济贸易信托有限公司副总经理；现任中国对外经济贸易信托有限公司总经理，中化集团金融事业部副总裁，中国对外经济贸易信托有限公司委员会委员、书记。

续表

姓名	职务	性别	年龄（岁）	选任日期	金融从业年限（年）	学历	专业	简要履历
黄文波	纪委书记	男	54	2015 年 8 月	1	大专	会计学	曾任北京油泵油嘴厂财务部会计，副科长，中化海南有限公司计财部经理，公司总经理助理、副总经理、常务副总经理，中国化工进出口总公司财务本部风险管理部总经理，清欠办公室主任，财务部特派巡视员，中国中化集团公司/中国中化股份有限公司财务综合部总经理；现任中国对外经济贸易信托有限公司纪律检查委员会委员、书记。
帅立新	财务总监	女	50	2009 年 3 月	8	本科	国际企业管理	曾任中国化工进出口总公司石油财会处会计科科长，中化香港石油国际有限公司财务部总经理，中国中化集团公司会计管理部副总经理；现任中国对外经济贸易信托有限公司财务总监、绩效评价委员会主任（兼），中国对外经济贸易信托有限公司委员会委员。
齐　斌	副总经理	男	48	2013 年 1 月	9	硕士研究生	货币银行学	曾任中国人民银行总行管理干部学院团委书记，对外贸易经济合作部计划财务司股份制处主任科员，中国国际贸易中心有限公司企划部总监助理，董事会秘书，中国驻新加坡使馆商务参赞处一等秘书，中国中化集团公司投资部副总经理，浙江石化建材集团有限公司副总经理，中国中化集团公司/中国中化股份有限公司战略规划部副总经理；现任中国对外经济贸易信托有限公司副总经理，中国对外经济贸易信托有限公司委员会委员。
李银熙	副总经理	女	52	2010 年 7 月	31	本科	国民经济管理	曾任职于中国人民银行北京分行计划处，中国华阳租赁有限公司金融财务部，1992 年 5 月起至今任职于中国对外经济贸易信托有限公司，历任综合计划部副总经理，理财中心副总经理（主持工作）、总经理，资产管理总部副总经理（兼），公司总经理助理，1999 年 10 月至 2001 年 12 月借调到厦华电子公司南非公司；现任中国对外经济贸易信托有限公司副总经理、候任总法律顾问（兼任），中国对外经济贸易信托有限公司纪律检查委员会委员、副书记。
李　京	副总经理	男	46	2010 年 7 月	11	硕士研究生	企业管理	曾任中国化工进出口总公司化肥公司职员，中国化工进出口总公司总裁办公室秘书部职员、部门总经理，香港立丰公司总经理助理，中化汇富资产管理公司副总经理，中化欧洲资本公司副总经理，世盈（厦门）创业投资有限公司副总经理；现任中国对外经济贸易信托有限公司副总经理，中国对外经济贸易信托有限公司委员会委员。
刘燕松	副总经理	男	36	2013 年 1 月	12	本科	金融	曾任中国对外经济贸易信托有限公司理财服务中心总经理助理、副总经理，投资银行部副总经理，资产管理四部总经理，金融产品一部总经理，金融产品总部总经理助理；现任中国对外经济贸易信托有限公司副总经理、资产保全工作组组长（兼），中国对外经济贸易信托有限公司委员会委员。
张一冰	董事会秘书	女	49	2011 年 3 月	26	本科	金融	曾就职于中国华大理工技术公司，任计财部职员，1990 年起至今就职于中国对外经济贸易信托有限公司，先后担任证券部总经理助理，综合业务部经营管理科副科长，投资银行部总经理助理、总经理，稽核法律部总经理、投资发展部总经理，1999 年 6 月至 2001 年 3 月期间担任香港第一太平银行投资银行部副总裁；现任中共中国对外经济贸易信托有限公司委员会委员、副书记，中国对外经济贸易信托有限公司董事会秘书（兼）。

3.5　公司员工

项目		报告期年度		上年度	
		人数（人）	比例（%）	人数（人）	比例（%）
年龄分布	25 岁以下	4	1.15	4	1.23
	25 ~29 岁	147	42.24	106	32.62
	30 ~39 岁	160	45.98	172	52.92
	40 岁以上	37	10.63	43	13.23
学历分布	博士	5	1.44	7	2.15
	硕士	210	60.35	189	58.15
	本科	123	35.34	118	36.31
	专科	10	2.87	11	3.38
	其他	0	0.00	0	0.00
岗位分布	董事、监事及其高管人员	8	2.30	9	2.77
	自营业务人员	8	2.30	8	2.46
	信托业务人员	237	68.10	235	72.31
	其他人员	95	27.30	73	22.46

4. 经营管理

4.1　经营目标、方针、战略规划

4.1.1　发展愿景

国内理财市场的金字招牌，国际金融市场的百年老店。

4.1.2　企业使命

为客户提供专业的产品和服务，为股东创造可持续的投资回报，为员工搭建和谐的事业发展平台。

4.1.3　战略目标

成为细分领先、可持续发展的金融公司。

4.1.4　指导思想

从解决客户需求出发，通过企业产品力和组织力建设，打造卓越的产业服务能力、产品创新能力和运营服务能力，全面升级业务结构，丰富主动管理内涵，积极布局新兴业务领域，努力成为细分领先、可持续发展的金融公司。

4.1.5 经营措施

小微金融业务，公司以“平台+数据”业务策略为纲，为小微金融终端服务商提供融资、运营等全流程服务体系，以平台为载体整合资源、丰富内涵，与客户实现共同成长，并通过多方数据接入，建设智能生态系统，形成数据的自我再生长，打造小微金融业务整合商和综合服务商。

证券信托业务，逐步构建涵盖受托人服务、基金行政服务、托管人业务、大数据服务、大类资产配置服务等多元化综合服务体系，以投资基金的投资周期为脉络，针对投资周期的不同阶段提供针对性服务。

金融同业业务，公司围绕金融同业机构资产管理需求，积极提升资产管理能力，以资产证券化和MOM为主要工具，通过受托服务、撮合承销和资产配置三种业务模式，实现由单纯SPV向SPV和同业资产管理的转变，打造受托服务与同业资管双平台，致力于成为优秀的金融同业资产管理机构。

资本市场主动投资业务，公司以投研能力为基础，持续培育境外市场投资能力，将投资和资管相结合，持续扩大资产管理份额，深化资产管理内涵，延伸投资产业链条，进行跨领域、跨市场、跨地域的拓展，打造具有内在共通逻辑、外在差异策略、功能协同作用的多工具、多品类、多层次、多地域的投资与资管双轮驱动的业务体系，致力于成为专注于公开证券市场的资产管理者与机构投资者。

产业金融业务，面对市场深度调整期，公司全面推进业务转型升级，积极提升基于投资方向和投行服务的自主管理能力，由以往低评级、高收益的债性融资业务向房地产城市更新、基础设施PPP业务与环保行业全面转型，不断丰富项目管控手段，加强主动管理能力，围绕自身资源禀赋，打造细分领域的专业资产管理机构。

财富管理业务，伴随高净值客户财富管理意识逐步增强，公司抓住机遇，积极提升资产管理能力，由以往产品驱动向客户驱动的财富管理模式转型。资产配置逐步由非标资产转为以标准化资产为主，同时做强做大家族信托业务，建设成为“固定+浮动”“内部+外部”“境内+境外”的综合资产配置能力的业务体系。

4.2 所经营业务的主要内容

公司自营业务主要包括金融股权投资、金融产品投资等，涉及金融机构、房地产、基础产业、证券市场等行业和领域。公司信托业务主要包括资金信托、财产信托、财产权信托、股权投资信托等，涉及金融同业、资本市场、小微金融、产业金融、财富管理等行业和领域。

自营资产运用与分布表

资产运用	金额（万元）	占比（%）	资产分布	金额（万元）	占比（%）
货币资产	88 136.58	11.25	基础产业	0	0.00
贷款及应收款	52 089.27	6.65	房地产	64 036.00	8.18
交易性金融资产	3 946.90	0.50	证券市场	226 265.62	28.89
可供出售金融资产	530 975.19	67.80	实业	0	0.00
持有至到期投资	0	0.00	金融机构	82 479.28	10.53
长期股权投资	79 671.28	10.17	其他	410 406.60	52.40
其他	28 368.28	3.63			
资产总计	783 187.50	100.00	资产总计	783 187.50	100.00

信托资产运用与分布表

资产运用	金额（万元）	占比（%）	资产分布	金额（万元）	占比（%）
货币资产	1 748 203.85	3.67	基础产业	1 035 352.41	2.17
贷款及应收款	11 793 371.52	24.76	房地产	470 750.00	0.99
交易性金融资产	15 966 949.24	33.53	证券市场	22 127 377.84	46.46
可供出售金融资产	396 850.85	0.83	实业	2 180 425.37	4.58
持有至到期投资	15 563 913.92	32.68%	金融机构	14 704 241.83	30.88
长期股权投资	557 185.31	1.17	其他	7 107 559.65	14.92
买入返售金融资产	927 214.68	1.95			
其他	672 017.73	1.41			
信托资产总计	47 625 707.10	100.00	信托资产总计	47 625 707.10	100.00

4.3 市场分析

4.3.1 宏观环境

2016年全球经济增速基本与2015年持平，世界经济陷入“长期性停滞”之中。与此同时，全球经济政治风险加大，随着英国脱欧、特朗普胜选与意大利修宪公投失败，政治“黑天鹅”事件频发，对整个国际贸易体系以及汇率体系带来诸多不确定性。

2016年，中国经济运行总体趋稳，GDP实现6.7%增长率，国内宏观经济处于新常态“三期叠加”阶段，以“三去一降一补”为重点的供给侧改革成为主旋律。投资收益率的下降进一步推升杠杆率，企业债违约事件增多，商业银行不良率达到近年来高点，金融领域隐患重重。国家取消存款利率浮动上限，利率市场化改革基本完成；汇率市场化改革不断深入，逐步形成了“收盘汇率+一篮子货币汇率变化”的中间价报价机制。股票市场年初出现暴跌，股市熔断机制暂停，人民币持续贬值，频创6年来新低，致使国内“资产荒”现象持续发酵，对金融市场走向产生深远影响。

在宏观经济结构调整、泛资管竞争加剧、行业主动转型等多重因素作用下，信托行业增速放缓，但回归信托本源、培育核心竞争力正逐渐成为近年来行业的关键词。

在具体业务层面，风险较高的融资性业务占比明显下降，与信托本源相联系的事务管理类业务、与主动管理能力相关的投资类业务占比逐步提升。同业信托在传统受托服务业务的基础上，不断丰富服务内涵，借力非标转标大势，开拓同业资管等创新模式；标品信托与资本市场密切结合，私募基金外包服务的种类和质量逐渐提升，资本市场主动投资能力逐渐培育；小微金融市场热度不减，信托公司通过提供小微金融全产业链综合服务支持普惠金融发展；传统房地产、基础设施相关的债权信托逐渐转型，投贷联动、基金化等展业工具得到充分运用。

在内部，信托业正处于从传统的粗放式增长到精细化、集约化发展的深入转型期，信托公司根据自身资源禀赋，制定差异化的发展规划，培育自身的核心竞争力；在外部，供给侧改革、脱虚向实逐渐深入；泛资管同业的统一监管语境正在形成，平等一致的竞争环境正在逐渐构筑。信托行业借经济转型之机，筑核心竞争力之基，发挥本源优势，在发展变革中锐意进取，前景可期。

4.3.2 影响公司的发展因素

4.3.2.1 有利因素

（1）信托业资产管理规模跨入“20万亿元时代”，信托业在中国经济和金融业中的影响力日趋扩大，投资者对信托的了解大幅度提升。

（2）金融市场改革稳步推进，利率市场化、人民币国际化进程加速，多层次资本市场体系进一步完善，为信托公司开拓业务领域、创新业务模式带来更多契机。

（3）以行业评级、信托登记、产品分类等为代表的系列重要监管政策相继颁布，对建立有序统一规范的信托市场起到重要作用。

4.3.2.2 不利因素

（1）金融监管趋严，限通道、去杠杆导向明确。资管行业向“大一统”的监管环境迈出坚实一步，未来整个资管行业将面临统一监管标准，对信托行业的风险监管将进一步强化和提升。

（2）宏观经济下行压力加大，房地产等行业进入深度调整期，信托业务发展面临的波动性和不确定性增加，创新业务拓展难度加大。

4.4 内部控制概况

公司已建立比较完善的公司治理机制，股东会、董事会、独立董事、监事会及高管层之间权责分明、各司其职。股东会是公司的最高权力机构，代表股东对公司行使最终的控制权和决策权。董事会是经营决策的最高权力机构，对股东会负责。董事会下设风险控制委员会、信托委员会、审计委员会和薪酬与提名委员会等专业委员会。其中，风险控制委员会负责制定公司业务决策授权范围，审批超出公司管理层权限的业务事项，审议公司主要风险管理制度，并监督、检查公司风险管理制度、业务流程规范的执行情况；信托委员会负责消费者权益保护工作并监督、评价消费者权益工作的全面性、及时性和有效性，督促公司依法履行受托职责，对公司信托业务运行情况进行定期评估，当公司或股东利益与受益人利益发生冲突时，信托委员会应保证公司为受益人利益服务，研究提出维护受益人利益的具体措施；审计委员会负责公司内部及外部审计工作，对公司内部控制管理工作进行监督，核查财务信息披露，并协同董事会风险控制委员会工作，指导内部审计部门开展风险管理评价审计等；薪酬与提名委员会代表董事会行使高级管理人员人选提名、考核及薪酬管理等管理职能。监事会是公司的监督机构。公司监事会向股东会负责，对公司财务以及公司董事、经理和其他高级管理人员履行职责的合法性进行监督，维护公司及股东的合法权益。监事会依法享有法律法规赋予的知情权、建议权和报告权。公司应采取措施保障监事的知情权，及时向监事提供必要的信息和资料，以便监事会对公司财务状况和经营管理情况进行有效的监督、检查和评价。公司高管层是公司的决策执行机构，对董事会负责，在《公司章程》和董事会授权范围内行使职权，牢固树立内控优先的风险管理理念，使风险防范意识贯穿到公司各个部门、各个岗位和工作的各个环节。公司所构建的股东会、董事会、监事会和高管层之间的权力制衡结构，能切实发挥科学激励和约束监督的治理机制，有效抑制“道德风险”的发生，为公司内部控制建设提供良好的环境。

公司始终秉承“稳健思变，诚客礼才”的经营理念，树立“国内理财市场的金字招牌，国际金融市场的百年老店”的愿景，强化合规经营和尽职管理，重视全面风险管理、质量管理和内部控制以及文化的建设和培育，建立充分的信息交流和共享机制，强化内控制度约束。2016年，公司持续完善质量管理和内部控制体系，包括根据业务实际不断滚动修订和完善相关体系文件，大力提升公司风险管理能力，以及提升员工经营管理的质量意识和程序意识，对巩固和提高公司经营质量发挥积极作用。

同时，通过质量管理和内部控制队伍建设，以及培训和学习等多种途径，不断强化员工的风险控制意识和职业道德教育，使全体员工熟悉监管法律法规和公司规章制度以及业务操作流程。通过建立实施风险管理问责制，对风险管理过程中的违规、不尽职以及过失等行为进行责任追究。公司将风险管理的执行情况与绩效评价相结合，强化“风险先行”的内控导向。全体员工对内控制度和机制已充分理解并达成共识。

公司内部控制的主要政策导向为合规经营、严控风险，在提升业务开拓能力、实现公司经营战略目标的同时，不断提高公司的业务风险管控能力。结合全面风险管理、质量管理和内部控制体系建设工作，公司已建立一套以战略管理、业务管理、财务管理、信息系统、风险管理与内部审计为核心的较为完善的包括规章制度和操作规范在内的质量管理和内部控制体系，形成职责明确、分工合理、相互制衡的组织结构和内部牵制机制。

公司建立和设置实时跟踪报告公司内控情况的信息反馈机制，内容包括项目审批决策报告体系、项目执行过程管理报告体系以及证券自营业务报表体系等报告机制，并通过包括NOTES平台、财务软件、电子业务台账等在内的电子化信息交流渠道的建立，实现信息在各部门之间的共享与交流，确保公司董事会和高管层能够及时了解公司的经营和内控情况。此外，通过公开信息披露机制的建立以及客户关系管理软件、公司网站等多渠道建设，增进公司与监管部门、委托人、受益人的信息沟通与交流。

公司一直把消费者权益保护作为履行受托人责任的出发点和落脚点，逐步建立了较为完善的消费者权益保护制度体系。2016年，根据监管部门对消费者权益保护工作的新要求和新标准，重点开展了如下工作：第一，进一步完善组织架构体系。修订了《外贸信托消费者权益保护管理程序》，制定了《外贸信托消费者权益保护管理办法》，明确了高层管理者在消费者权益保护工作中的职责，确定了公司消费者权益保护工作的组织架构，为消费者权益保护工作的扎实开展建立了组织保障。第二，建立消保工作的内部激励机制。2016年公司将消费者权益保护工作纳入绩效考评体系，并开展了专题内部审计，着重内部激励与自我完善，发现问题及时整改。第三，及时处理客户投诉。公司根据客户投诉问题紧急程度分为一般、紧急两类。明确要求客户投诉热线8小时工作时间无间断接听，按月与业务部门沟通客户投诉处理进展，确保对每一通客户投诉都慎重对待、及时处理。2016年公司接到客户投诉11起，均及时处理，没有继续投诉情况。

公司运营稽核部负责内部审计工作，独立行使对公司内部控制情况的监督、评价和纠正职责。在审计过程中发现的内部控制缺陷，可向被审计部门提出改进建议并敦促被审计部门及时改进。运营稽核部有权直接向董事会及审计委员会、监事会和公司高管层报告质量管理和内部控制的审计情况。

此外，通过项目审计，对项目尽职调查、项目和合同审批、资金拨付、执行过程管理等全过程进行分析和复核，评价项目是否达到预期效果，分析项目执行的实际情况与预测的差别及原因，找出存在的问题，总结经验教训，提出改进措施与建议。

4.5 风险管理概况

公司在经营活动中所面临的主要风险包括信用风险、市场风险、操作风险、政策风险及其他风险等。

4.5.1 风险管理基本原则

4.5.1.1 全面风险管理原则

风险管理覆盖公司所有的部门、岗位和人员，实现全员参与；风险管理渗透至公司的各项业务及各个操作环节，实行全过程风险控制；重视公司经营过程中面临的市场、信用、操作、法律、案防、声誉、政策等各类风险，对各类风险因素实行全方位管理，对其中关键风险实施重点管理，并按照不同业务类型和不同交易对手等确定差异化风险管理策略。

公司自2009年推行全面风险管理以来，每年定期进行重新评估。全面风险管理由风险法规部牵头，公司各部门参加全面风险管理沟通会，查找识别公司在日常经营中面临的重大风险，经对各类业务风险进行事前预测，做到风险可知，通过分析、评估并制定风险管理策略和措施加以防范和控制，将风险降至各自可承受范围之内。公司已形成就经营管理中存在的包括市场风险、财务风险和运营风险在内的重大风险的管理状况以及开展的风险管理工作定期报告制度。

4.5.1.2 独立性原则

公司风险法规部、信托财务部等中后台部门按部门职责独立进行项目风险评审；运营稽核部与各业务部门及支持保障部门保持相互独立，可直接向董事会和高管层报告，保证风险管理得到切实公正的执行。

4.5.1.3 程序性原则

公司在风险管理过程中设立事前审批、事中执行和事后监督三道程序，为风险管理提供三道防火墙。

4.5.1.4 责任追究原则

风险管理的每个环节都要有明确的责任人，并按规定对违反制度的直接责任人以及负有领导责任的高级管理人员进行问责。

4.5.2 公司风险管理组织结构与职责划分

(1)公司董事会是风险管理的最高决策机构，负责确定公司的风险管理战略、政策和程序，行使重大经营决策权，对公司风险管理负有最终责任。

(2)董事会下设风险控制委员会、信托委员会和审计委员会等专业委员会。其中：

风险控制委员会根据董事会授权行使公司业务决策及风险控制等管理职能，包括负责制定公司业务决策授权范围，审议公司主要风险管理制度，监督、检查公司风险管理制度、业务流程规范的执行情况，并对超出高管层决策权限的自营和信托业务事项进行审批决策。

信托委员会负责督促公司依法履行受托职责，对公司信托业务运行情况进行定期评估，以及针对银监会及其派出机构检查公司信托业务后提出的整改意见，研究提出具体措施。当公司或股东利益与受益人利益发生冲突时，信托委员会应保证公司为受益人利益服务，研究提出维护受益人利益的具体措施。

审计委员会负责公司内部及外部审计工作，对公司内部控制管理工作进行监督，核查财务信息披露，并协同董事会风险控制委员会工作，指导风险管理评价、审计等工作。

(3)公司高管层负责拟定公司的风险管理战略、政策和程序，确定公司风险管理制度，定期审查和监督其执行情况，获取公司风险管理状况的报告。

(4)风险法规部、信托财务部、财务管理部、信息技术部和运营稽核部是公司负责风险管理的中后台部门，负责全面风险管理工作的组织和协调工作。其中，风险法规部作为业务风险、法律风险及合规风险的事中控制部门，主要职责为：负责业务管理办法和风险管理制度的拟定和修订，业务合同范本的拟定和修订，业务合同审核，投融资等项目的风险评估、合规性审核及相关法律文件的审核，以及与风险管理和法律事务管理相关的其他工作。信托财务部作为信托业务的财务管理部门，主要职责：负责建立健全信托业务内部财务管理制度及工作流程并组织实施，信托项目前期的财务风险评估，评估机构的选聘和管理，以及信托业务的日常会计核算、资金管理和税务管理等。财务管理部作为固有资产的财务管理部门，主要职责为：负责固有业务的财务、资金管理和税务筹划，财务内控管理和净资本管理，编制年度财务预决算；同时，作为绩效评价委员会的常设机构，负责公司整体经营业绩的分析评价及公司业务部门的绩效评价等。信息技术部是信息化管理和技术服务部门，主要职责为：负责公司信息系统建设、运维和管理，信息系统的安全和保密管理，为公司正常运营管理提供信息化保障。运营稽核部是负责全面质量管理和内控体系建设、对在运行项目进行风险监测和报告、履行内部审计稽核职责的部门，主要职责为：组织开展体系建设、执行检查以及持续改进工作，组织开展业务数据质量提升工作，拟定和修订与质量管理、内部审计、风险监测和风险管理报告相关的体系文件，对在运行的自营和信托项目进行风险监测，及时进行预警并积极采取补救措施，按规定上报在运行项目风险管理报告，以及定期对公司法律法规的遵循、体系建设和执行情况等进行内部审计，评估和揭示相关运营管理状况，为公司的安全运营发挥监督保障作用。

(5)公司各业务部门承担一线风险管理职责。各业务部门按照公司风险制度与业务操作流程开展自营和信托等业务，在尽职调查、产品设计、资金募集、执行过程管理、信息披露、终止清算等整个业务过程中对信用风险、股价/资产价值波动风险、信托项目执行风险、发行风险、信息披露风险、尽职调查风险等重点风险进行管理。

(6)建立重大风险事件应急处置机制。对经评估分析后认为项目可能出现风险或项目已经出现风险，构成重大风险事件，在公司领导确认后，立即启动重大风险事件应急处置机制。业务部门立即拟订行动方案向公司领导报告，并通知风险法规部、运营稽核部和其他相关单位，成立应急处置机构，持续跟进处置进展。

4.6 公司履行社会责任情况

报告期内，公司严格遵守国家法律法规、监管部门规章、规范性文件以及《公司章程》；坚持诚信经营，自觉履行纳税义务；关注社会整体利益，坚决履行反洗钱义务，维护国家金融秩序和金融安全。公司始终恪守社会公德和商业道德，自觉遵守信托业自律规则和业务相关领域的各项规定，积极维护信托业市场竞争秩序，秉承“受人之托，代人理财”的信托精神，积极履行应尽的社会责任。

5. 报告期末及上一年度末的比较式会计报表

5.1 自营资产

5.1.1 会计师事务所审计结论

审 计 报 告

毕马威华振审字第 1700236 号

中国对外经济贸易信托有限公司董事会：

我们审计了后附的第 1 页至第 42 页的中国对外经济贸易信托有限公司（以下简称贵公司）财务报表，包括 2016 年 12 月 31 日的资产负债表，2016 年度的利润表、现金流量表、所有者权益变动表和资产减值准备情况表以及财务报表附注。财务报表已由贵公司管理层按照财务报表附注 2（以下简称“附注 2”）所述的编制基础编制。

一、管理层对财务报表的责任

管理层负责按照附注 2 所述的编制基础编制财务报表（包括确定附注 2 所述的编制基础对于在具体情况下编制财务报表的可接受性），并负责设计、执行和维护必要的内部控制，以使财务报表不存在由于舞弊或错误导致的重大错报。

二、注册会计师的责任

我们的责任是在执行审计工作的基础上对财务报表发表审计意见。我们按照中国注册会计师审计准则的规定执行了审计工作。中国注册会计师审计准则要求我们遵守中国注册会计师职业道德守则，计划和执行审计工作以对财务报表是否不存在重大错报获取合理保证。

审计工作涉及实施审计程序，以获取有关财务报表金额和披露的审计证据。选择的审计程序取决于注册会计师的判断，包括对由于舞弊或错误导致的财务报表重大错报风险的评估。在进行风险评估时，注册会计师考虑与财务报表编制相关的内部控制，以设计恰当的审计程序，和作出会计估计的合理性，以及评价财务报表的总体列报。

我们相信，我们获取的审计证据是充分的、适当的，为发表审计意见提供了基础。

三、审计意见

我们认为，贵公司财务报表在所有重大方面按照附注 2 所述的编制基础编制。

四、编制基础以及对分发和使用的限制

我们提醒财务报表使用者关注附注 2 对编制基础的说明。贵公司财务报表仅为报送相关监管机构以及母公司和最终控制方编制合并财务报表的目的而编制。因此，该财务报表可能不适用于其他用途。

本报告仅为相关监管机构用于监督管理以及母公司和最终控制方编制合并财务报表之目的而编制。除此之外，本报告不应被任何其他人士所依赖用于其他任何目的。我们对任何其他人士使用本报告产生的一切后果概不承担任何责任或义务。未经本所的事先书面同意，不得披露、提及或引用本报告的全部或部分内容。

上述内容不影响已发表的审计意见。

2017 年 3 月 31 日

5.1.2 资产负债表

资产负债表

编制单位：中国对外经济贸易信托有限公司　2016 年 12 月 31 日　单位：万元

项目	行次	年末数	年初数
流动资产：	1	—	—
货币资金	2	88 136.58	186 869.00
拆出资金	4	—	—
以公允价值计量且其变动计入当期损益的金融资产	5	3 946.90	—
衍生金融资产	6	—	—
应收票据	7	—	—
应收账款	8	41 217.02	39 732.25
预付款项	9	524.20	474.85
应收利息	13	—	—
应收股利	14	—	—
其他应收款	15	10 348.05	2 125.38
发放贷款及垫款	20	—	—
一年内到期的非流动资产	21	—	—
代理业务资产	22	—	—
流动资产合计	23	144 172.75	229 201.48
非流动资产：	24	—	—
可供出售金融资产	26	530 975.19	441 351.35
持有至到期投资	27	—	—
长期应收款	28	—	—
长期股权投资	34	79 671.28	76 194.32
固定资产	35	1 595.25	1 660.57
在建工程	36	—	—
工程物资	37	—	—
固定资产清理	38	—	—
生产性生物资产	39	—	—
油气资产	40	—	—
无形资产	41	4 871.00	3 560.51
开发支出	42	—	—

续表

项目	行次	年末数	年初数
商誉	43	—	—
长期待摊费用	44	342. 49	692. 37
递延所得税资产	45	21 559. 54	6 403. 90
其他非流动资产	46	—	—
非流动资产合计	48	639 014. 75	529 863. 02
资产总计	72	783 187. 50	759 064. 50
流动负债:	73	—	—
短期借款	74	10 000. 00	—
以公允价值计量且其变动计入当期损益的金融负债	78	—	—
衍生金融负债	79	—	—
应付票据	80	—	—
应付账款	81	—	—
预收款项	82	905. 64	—
应付职工薪酬	85	691. 10	574. 75
应交税费	89	1 512. 91	11 261. 27
应付利息	91	39. 00	—
应付股利	92	—	—
其他应付款	93	403. 53	3 838. 87
一年内到期的非流动负债	99	—	—
其他流动负债	100	—	—
流动负债合计	101	13 552. 18	15 674. 89
非流动负债:	102	—	—
长期借款	103	—	—
应付债券	104	—	—
长期应付款	105	—	—
专项应付款	107	—	—
预计负债	108	—	—
递延收益	109	—	—
递延所得税负债	110	—	—
其他非流动负债	111	—	—
非流动负债合计	113	—	—
负债合计	114	13 552. 18	15 674. 89
所有者权益(或股东权益):	115	—	—
实收资本(股本)	116	220 000. 00	220 000. 00
资本公积	128	4 965. 77	4 965. 77
减:库存股	129	—	—
其他综合收益	130	9 029. 25	36 143. 42
盈余公积	133	88 707. 06	77 725. 34
一般风险准备	139	54 590. 85	48 981. 64
未分配利润	140	392 342. 39	355 573. 44
所有者权益合计	143	769 635. 32	743 389. 61
负债和所有者权益总计	144	783 187. 50	759 064. 50

5. 1. 3 利润表

利润表

编制单位:中国对外经济贸易信托有限公司　2016 年 12 月 31 日　单位:万元

项目	本年数	上年数
一、营业收入	199 525. 85	247 414. 91
利息净收入	433. 52	1 493. 09
利息收入	472. 52	1 493. 09
利息支出	39. 00	—
手续费及佣金净收入	132 640. 28	155 857. 72
手续费及佣金收入	133 125. 78	156 417. 27
手续费及佣金支出	485. 50	559. 55
租赁收益	—	—
投资收益	66 346. 59	90 008. 11
公允价值变动收益(损失以"-"号填列)	46. 90	—
汇兑损益(损失以"-"号填列)	58. 56	55. 99
其他业务收入	—	—
二、营业支出	59 178. 80	96 106. 15
营业税金及附加	3 679. 75	11 721. 64
业务及管理费	30 864. 95	26 882. 20
资产减值损失	24 634. 10	57 502. 31
其他业务成本	—	—
三、营业利润(亏损以"-"号填列)	140 347. 05	151 308. 76
加:营业外收入	7. 62	1. 03
减:营业外支出	11. 75	7. 11
其中:非流动资产处置损失	3. 14	1. 65
四、利润总额(亏损总额以"-"号填列)	140 342. 92	151 302. 68
减:所得税费用	30 525. 71	30 902. 30
五、净利润(净亏损以"-"号填列)	109 817. 21	120 400. 38
六、其他综合收益的税后净额	-27 114. 17	16 436. 86
(一)以后不能重分类进损益的其他综合收益	—	—
其中:1. 重新计量设定受益计划净负债或净资产导致的变动	—	—
2. 权益法下在被投资单位不能重分类进损益的其他综合收益中所享有的份额	—	—
(二)以后将重分类进损益的其他综合收益	-27 114. 17	16 436. 86
其中:1. 权益法下在被投资单位以后将重分类进损益的其他综合收益中所享有的份额	-87. 68	1 301. 86
2. 可供出售金融资产公允价值变动损益	-27 026. 49	15 135. 00
3. 持有至到期投资重分类为可供出售金融资产损益	—	—
4. 现金流量套期损益的有效部分	—	—
5. 外币财务报表折算差额	—	—
七、综合收益总额	82 703. 04	136 837. 24
归属于母公司所有者的综合收益总额	82 703. 04	136 837. 24
*归属于少数股东的综合收益总额		
八、每股收益:		
(一)基本每股收益	—	—
(二)稀释每股收益	—	—

5.1.4 所有者权益变动表

所有者权益变动表

编制单位：中国对外经济贸易信托有限公司　　2016年12月31日　　单位：万元

项目	本年金额								
	实收资本（或股本）	资本公积	减：库存股	其他综合收益	专项储备	盈余公积	△一般风险准备	未分配利润	所有者权益合计
一、上年年末余额	220 000. 00	4 965. 77	—	36 143. 42	—	77 725. 34	48 981. 64	355 573. 44	743 389. 61
加：会计政策变更	—	—	—	—	—	—	—	—	—
前期差错更正	—	—	—	—	—	—	—	—	—
其他	—	—	—	—	—	—	—	—	—
二、本年年初余额	220 000. 00	4 965. 77	—	36 143. 42	—	77 725. 34	48 981. 64	355 573. 44	743 389. 61
三、本年增减变动金额（减少以"－"号填列）	—	—	—	−27 114. 17	—	10 981. 72	5 609. 21	36 768. 95	26 245. 71
（一）综合收益总额	—	—	—	−27 114. 17	—	—	—	109 817. 21	82 703. 04
（二）所有者投入和减少资本	—	—	—	—	—	—	—	—	—
1. 所有者投入的普通股	—	—	—	—	—	—	—	—	—
2. 其他权益工具持有者投入资本	—	—	—	—	—	—	—	—	—
3. 股份支付计入所有者权益的金额	—	—	—	—	—	—	—	—	—
4. 其他	—	—	—	—	—	—	—	—	—
（三）专项储备提取和使用	—	—	—	—	—	—	—	—	—
1. 计提专项储备	—	—	—	—	—	—	—	—	—
2. 使用专项储备	—	—	—	—	—	—	—	—	—
（四）利润分配	—	—	—	—	—	10 981. 72	5 609. 21	−73 048. 26	−56 457. 33
1. 提取盈余公积	—	—	—	—	—	10 981. 72	—	−10 981. 72	—
其中：法定公积金	—	—	—	—	—	10 981. 72	—	−10 981. 72	—
任意公积金	—	—	—	—	—	—	—	—	—
#储备基金	—	—	—	—	—	—	—	—	—
#企业发展基金	—	—	—	—	—	—	—	—	—
#利润归还投资	—	—	—	—	—	—	—	—	—
2. 提取一般风险准备	—	—	—	—	—	—	5 609. 21	−5 609. 21	—
3. 对所有者（或股东）的分配	—	—	—	—	—	—	—	−56 457. 33	−56 457. 33
4. 其他	—	—	—	—	—	—	—	—	—
（五）所有者权益内部结转	—	—	—	—	—	—	—	—	—
1. 资本公积转增资本（或股本）	—	—	—	—	—	—	—	—	—
2. 盈余公积转增资本（或股本）	—	—	—	—	—	—	—	—	—
3. 盈余公积弥补亏损	—	—	—	—	—	—	—	—	—
4. 结转重新计量设定受益计划净负债或净资产所产生的变动	—	—	—	—	—	—	—	—	—
5. 其他	—	—	—	—	—	—	—	—	—
四、本年年末余额	220 000. 00	4 965. 77	—	9 029. 25	—	88 707. 06	54 590. 85	392342. 39	769 635. 32

5.2 信托资产

5.2.1 信托项目资产负债汇总表

信托项目资产负债汇总表

编制单位：中国对外经济贸易信托有限公司　　2016年12月31日　　单位：万元

资产	年末数	年初数	负债和所有者权益	年末数	年初数
流动资产：			流动负债：		
现金及存放中央银行款项	—	—	拆入资金	—	—
存放同业款项	1 748 203. 85	2 309 678. 93	交易性金融负债	—	—
拆出资金	150 000. 00	—	衍生金融负债	—	—
交易性金融资产	15 966 949. 24	19 224 887. 78	卖出回购金融资产款	—	—
衍生金融资产	—	—	应付职工薪酬	—	—
买入返售金融资产	927 214. 68	1 918 319. 25	应交税金	109. 68	7 935. 55
应收票据	—	—	应付利息	—	—
应收账款	80 284. 24	22 826. 95	应付股利	105 632. 17	138 666. 22
预付账款	—	—	应付账款	126 918. 38	144 576. 60
应收利息	99 922. 49	164 973. 55	其他应付款	316 375. 72	136 756. 93
应收股利	7 816. 35	20 429. 55	代理业务负债	—	—
其他应收款	257 636. 96	327 135. 14	流动负债合计	549 035. 95	427 935. 30
发放贷款及垫款	11 643 371. 52	8 656 548. 92			

续表

资产	年末数	年初数	负债和所有者权益	年末数	年初数
代理业务资产	—	—			
其他流动资产	—	—	非流动负债:		
流动资产合计	30 881 399. 34	32 644 800. 07	长期应付款	—	—
非流动资产:			预计负债	—	—
可供出售金融资产	396 850. 85	830 818. 23	递延所得税负债	—	—
长期应收款	—	—	非流动负债合计	—	—
持有至到期投资	15 563 913. 92	11 698 740. 49	负债合计	549 035. 95	427 935. 30
长期股权投资	557 185. 31	268 571. 90			
固定资产	—	—			
固定资产清理	—	—	所有者权益:		
无形资产	—	—	实收信托	44 968 876. 87	41 529 908. 12
商誉	—	—	资本公积	123 150. 04	139 489. 57
长期待摊费用	—	—	其他综合收益	102 637. 89	276 253. 97
递延所得税资产	—	—	盈余公积	—	—
其他非流动资产	226 357. 69	146 068. 08	信托赔偿准备金	—	—
非流动资产合计	16 744 307. 76	12 944 198. 70	未分配利润	1 882 006. 35	3 215 411. 81
			所有者权益合计	47 076 671. 15	45 161 063. 47
资产总计	47 625 707. 10	45 588 998. 77	负债和所有者权益总计	47 625 707. 10	45 588 998. 77

5. 2. 2 信托项目利润及利润分配表

编制单位:中国对外经济贸易信托有限公司　2016 年度　单位:万元

项目	本年实际数	上年实际数
一、营业收入	1 232 720. 00	6 555 990. 93
利息净收入	1 012 797. 31	1 242 463. 04
利息收入	1 012 797. 31	1 242 463. 04
利息支出	—	—
手续费及佣金净收入	—	—
手续费及佣金收入	—	—
手续费及佣金支出	—	—
租赁收益	—	—
投资收益(损失以"-"号填列	507 812. 32	5 068 061. 92
其中:对联营企业合营企业的投资收益	38 652. 81	65 766. 43
公允价值变动损益(损失以"-"号填列)	-307 337. 87	239 294. 91
汇兑损益(损失以"-"填列)	15 039. 98	805. 85
其他业务收入	4 408. 26	5 365. 21
二、营业支出	388 502. 56	735 903. 51
营业税金及附加	4 699. 48	11 064. 32
业务及管理费	383 803. 08	724 839. 19
资产减值损失	—	—
其他业务成本	—	—
三、营业利润(亏损以"-"号填列)	844 217. 44	5 820 087. 42
加:营业外收入	15 676. 41	3 696. 72
减:营业外支出	3 339. 64	—
四、利润总额(亏损总额以"-"号填列)	856 554. 21	5 823 784. 14
减:所得税费用	—	—
五、净利润(净亏损以"-"号填列)	856 554. 21	5 823 784. 14
六、其他综合收益	-8 954. 46	—
七、综合收益总额	847 599. 75	—
加:期初未分配信托利润	3 215 411. 81	1 624 546. 91
八、可供分配的信托利润	4 063 011. 56	7 448 331. 05
减:本期已分配的信托利润	2 181 005. 22	4 232 919. 24
九、期末未分配信托利润	1 882 006. 34	3 215 411. 81

6. 会计报表附注

6. 1 会计报表编制基准说明

本报表按照中华人民共和国财政部 2006 年 2 月 15 日颁布的《企业会计准则》编制。本公司报告期内会计报表编制基准无不符合会计核算基本前提的事项。本公司无合并会计报表。

6. 2 或有事项说明

本公司报告期内无或有事项。

6. 3 重要资产转让及其出售的说明

本公司报告期内无重要资产转让及其出售的事项。

6. 4 会计报表中重要项目的明细资料

6. 4. 1 自营资产经营情况

6. 4. 1. 1 资产风险分类结果(以净值列示)

信用风险资产五级分类	正常类(万元)	关注类(万元)	次级类(万元)	可疑类(万元)	损失类(万元)	信用风险资产合计(万元)	不良资产合计(万元)	不良资产率(%)
期初数	742 726. 90	3 177. 22	841. 25	0. 96	—	746 746. 33	842. 21	0. 11
期末数	752 776. 27	1 677. 15	335. 65	22. 13	—	754 811. 20	357. 78	0. 05

6. 4. 1. 2 资产损失准备计提转回情况

单位:万元

	期初数	本期计提	本期转回	本期核销	期末数
贷款损失准备	—	—	—	—	—
一般准备	—	—	—	—	—
专项准备	—	—	—	—	—
其他资产减值准备	—	—	—	—	—
可供出售金融资产减值准备	67 923. 09	24 809. 28	—	—	92 732. 37
持有至到期投资减值准备	—	—	—	—	—
长期股权投资减值准备	401. 79	—	—	—	401. 79
坏账准备	1 007. 03	12. 40	187. 57	—	831. 86
投资性房地产减值准备	—	—	—	—	—

6.4.1.3 金融资产和长期股权投资

单位:万元

	自营股票	基金	债券	持有至到期投资	长期股权投资
期初数	150 480.15	11 183.72	—	—	76 194.32
期末数	98 400.17	26 007.04	—	—	79 671.28

注:净值列示。

6.4.1.4 前三名的自营长期股权投资的企业名称、占被投资企业权益的比例、主要经营活动及投资收益情况(按持股比例排列)

企业名称	占被投资企业权益的比例(%)	主要经营活动	投资收益(万元)
1. 冠通期货经纪有限公司	48.72	期货	806.92
2. 诺安基金管理公司	40.00	基金管理	10 398.48
3. 宝盈基金管理公司	25.00	基金管理	6 444.63

6.4.1.5 前五名的自营贷款的企业名称、占贷款总额的比例和还款情况

单位:%

企业名称	占贷款总额的比例	还款情况
—	—	—

6.4.1.6 代理业务的期初数、期末数

单位:万元

	期初数	期末数
代理业务(委托业务)	—	—
其他	—	—
合计	—	—

6.4.1.7 公司当年的收入结构

单位:万元

收入结构	金额
手续费及佣金收入	133 125.78
其中:信托手续费收入	128 215.73
投资银行业务收入	4 910.05
利息收入	472.52
其他业务收入	—
其中:计入信托业务收入部分	—
投资收益	66 346.59
其中:股权投资收益	17 650.03
证券投资收益	18 332.35
其他投资收益	30 364.21
公允价值变动收益	46.90
营业外收入	7.62
收入合计	199 999.41

6.4.2 信托资产管理情况

6.4.2.1 信托资产情况

单位:万元

信托资产	期初数	期末数
集合类	31 295 462.35	31 029 693.14
单一类	11 771 195.30	9 223 519.44
财产管理类	2 522 341.12	7 372 494.52
合计	45 588 998.77	47 625 707.10

6.4.2.1.1 主动管理型信托业务情况

单位:万元

主动管理型信托资产	期初数	期末数
证券投资类	6 654 185.99	3 414 263.53
股权投资类	7 450 030.54	8 703 989.88
融资类	3 245 928.76	3 355 229.63
事务管理类	489 969.32	484 148.33
合计	17 840 114.61	15 957 631.37

6.4.2.1.2 被动管理型信托业务情况

单位:万元

被动管理型信托资产	期初数	期末数
证券投资类	19 857 731.85	20 003 288.77
股权投资类	268 450.58	562 667.37
融资类	5 822 021.86	2 536 369.48
事务管理类	1 800 679.87	8 565 750.11
合计	27 748 884.16	31 668 075.73

6.4.2.2 本年度已经清算结束的信托项目情况

6.4.2.2.1 本年度已经清算结束的信托项目情况

已清算结束的信托项目	项目个数(个)	实收信托合计金额(万元)	加权平均实际年化收益率(%)
集合类	275	5 013 104.37	8.64
单一类	107	9 693 285.62	7.30
财产管理类	14	1 037 695.71	3.77

6.4.2.2.2 本年度已经清算结束的主动管理型信托项目情况

已清算结束的信托项目	项目个数(个)	实收信托合计金额(万元)	加权平均实际年化信托报酬率(%)	加权平均实际年化收益率(%)
证券投资类	69	8 115 722.50	0.19	8.45
股权投资类	14	211 098.00	0.47	7.38
融资类	65	1 597 356.81	1.44	8.28
事务管理类	2	2 014.00	0.31	4.45

6.4.2.2.3 本年度已经清算结束的被动管理型信托项目情况

已清算结束的信托项目	项目个数(个)	实收信托合计金额(万元)	加权平均实际年化信托报酬率(%)	加权平均实际年化收益率(%)
证券投资类	189	1 597 191.32	0.19	3.37
股权投资类	2	4 200.00	0.21	10.03
融资类	49	3 344 020.48	0.23	6.73
事务管理类	6	872 482.59	0.05	3.71

6.4.2.3 本年度新增信托项目情况

新增信托项目	项目个数(个)	实收信托合计金额(万元)
集合类	244	6 767 761.22
单一类	54	2 339 020.93
财产管理类	91	7 013 690.83
新增合计	389	16 120 472.98
其中:主动管理型	106	2 276 460.78
被动管理型	283	13 844 012.20

6.4.2.4　信托业务创新成果和特色业务有关情况

在个人消费金融方面，外贸信托充分发挥信托制度优势和运营管理优势，通过设计风险可控的交易结构，与小微零售服务商合作，提供快速、便捷的普惠金融服务。充分发挥信托公司的资金募集优势，利用大数法则和金融分层技术，形成不同细分市场的客户群，其中集合类信托业务规模和各类创新位居行业领先地位。截至2016年12月末，外贸信托个人消费金融存量规模已突破300亿元，有效提升了金融服务的覆盖面和普及率。

外贸信托将海外资产配置作为核心业务方向之一并加速进行国际化战略布局，继“全球资产配置一期”平稳运行一年后，外贸信托于2016年成立了“全球资产配置三期”，规模2.82亿元。该项目计划在投资中资美元债、中资金融机构优先股两类资产基础上，首次加入量化策略，挂钩三大工业国大类资产，实现风险分散和间接对冲，助力境内委托人实现资产保值。该项目是目前信托业投资品类最为丰富的主动管理类QDII集合信托产品。

在资产证券化领域，外贸信托持续打造全链条增值服务，公司主导发行了以信托受益权为标的物进行公募的“双SPV”创新产品，实现了ABS产品在交易所上市；同时积极推动信贷资产收益权转让业务，2016年与工商银行合作成立公司首单公募不良资产证券化项目及首单通过银登中心操作的资产证券化项目。

外贸信托借助于在千亿元管理服务类标品信托基础上沉淀的大量投顾资源、渠道客户、数据积累、风控经验，大力提升资本市场主动管理能力，主动投资类TOT产品投资领域覆盖固定收益类、对冲类、权益类三大条线，推出“乾元TOT”“坤元TOT”“晋元TOT”三大产品系列，其中产品收益率在同类组合投资产品中名列前茅。截至2016年末，主动投资类TOT规模突破10亿元，形成了管理服务型和资产运用型标品信托“两翼齐飞”的态势。

外贸信托自2013年5月推出境内私人银行首单家族信托服务以来，业务持续发展。截至2016年末，信托生效240余单，实际交付信托财产规模突破50亿元，业务规模和服务种类位居行业前列。2016年继续为市场各种类型的高净值人士提供内容更加丰富的家族财富管理服务。

6.5　关联方关系及其交易的披露

6.5.1　关联交易方的数量、关联交易的总金额及关联交易的定价政策

固有业务关联方情况

	关联交易方数量(个)	关联交易金额(万元)	定价政策
合计	4	3 652.56	公允价值定价

6.5.2　关联交易方与本公司的关系性质、关联交易方的名称、法定代表人、注册地址、注册资本及主营业务

固有业务关联方情况

关系性质	关联方名称	法定代表人	注册地	注册资本	主营业务
股东	中国中化股份有限公司	宁高宁	北京	3 980 000.00万元	石油、化肥、化工、金融等行业投资

续表

关系性质	关联方名称	法定代表人	注册地	注册资本	主营业务
股东	中化集团财务有限责任公司	杨　林	北京	300 000.00万元	财务和融资顾问
同受母公司控制	北京凯晨置业有限公司	李从瑞	北京	10 240.00美元	房地产开发
同受母公司控制	中化金茂物业管理(北京)有限公司	谢　炜	北京	500.00万元	物业管理
同受母公司控制	中化国际物业酒店管理有限公司	谢　炜	北京	38 760.00万元	房地产开发
同受母公司控制	中化聚缘企业管理(北京)有限公司	杨宝建	北京	1 000.00万元	物业管理、餐饮服务、其他企业服务

6.5.3　本公司与关联方的重大交易事项

6.5.3.1　固有财产与关联方：贷款、投资、租赁、应收账款、担保、其他方式等期初汇总数、本期发生额汇总数、期末汇总数

固有财产与关联方关联交易

单位：万元

	期初数	借方发生额	贷方发生额	期末数
贷款	—	—	—	—
投资	—	—	—	—
租赁	—	—	—	—
担保	—	—	—	—
应收账款	—	—	—	—
其他	871.67		9.66	862.01
合计	871.67		9.66	862.01

注：固有财产与关联方关联交易主要是房屋租赁费用等。

6.5.3.2　信托资产与关联方：贷款、投资、租赁、应收账款、担保、其他方式等期初汇总数、本期发生额汇总数、期末汇总数

信托资产与关联方关联交易

单位：万元

	期初数	借方发生额	贷方发生额	期末数
贷款	—	—	—	—
投资	—	—	—	—
租赁	—	—	—	—
担保	—	—	—	—
应收账款	—	—	—	—
其他	—	—	—	—
合计	—	—	—	—

6.5.3.3 信托公司自有资金运用于自己管理的信托项目（固信交易）、信托公司管理的信托项目之间的相互交易金额

6.5.3.3.1 固有财产与信托财产之间的交易金额期初汇总数、本期发生额汇总数、期末汇总数

固有财产与信托财产相互交易

单位：万元

	期初数	本期发生额	期末数
合计	254 926.76	79 854.24	334 781.00

6.5.3.3.2 信托资产与信托财产之间的交易金额期初汇总数、本期发生额汇总数、期末汇总数

信托资产与信托财产相互交易

单位：万元

	期初数	本期发生额	期末数
合计	5 977 384.72	−1 957 927.98	4 019 456.74

6.5.4 关联方逾期未偿还本公司资金的详细情况以及本公司为关联方担保发生或即将发生垫款的详细情况

固有财产没有关联方逾期未偿还本公司资金及本公司为关联方担保发生或即将发生垫款的事项。

信托业务没有关联方逾期未偿还本公司资金及本公司为关联方担保发生或即将发生垫款的事项。

6.6 会计制度的披露

本公司固有业务和信托业务自2008年1月1日起均执行中华人民共和国财政部于2006年2月15日颁布的企业会计准则。

7. 财务情况说明书

7.1 利润实现和分配情况

2016年本公司实现净利润109 817.21万元，分配方案如下：

（1）按当年净利润的10%提取法定公积金10 981.72万元；

（2）按当年净利润的5%提取信托赔偿准备金5 490.86万元；

（3）提取一般准备118.35万元。

可供股东分配的利润93 226.28万元。

7.2 主要财务指标

指标名称	指标值
资本利润率（%）	14.52
加权年化信托报酬率（%）	0.33
人均利润（万元）	410.36

注：1. 资本利润率＝净利润/所有者权益平均余额×100%。

2. 人均利润＝利润总额/年平均人数。

7.3 对本公司财务状况、经营成果有重大影响的其他事项

本公司没有对财务状况、经营成果有重大影响的其他事项。

7.4 本公司净资本情况

净资本风险控制指标报表

项目	期末余额	监管标准
净资本（万元）	677 235.98	≥2亿元
固有业务风险资本（万元）	96 069.76	
信托业务风险资本（万元）	301 495.14	
其他业务风险资本（万元）		
各项业务风险资本之和（万元）	397 564.90	
净资本/各项业务风险资本之和（%）	170.35	≥100
净资本/净资产（%）	87.82	≥40

8. 特别事项揭示

8.1 前五名股东报告期内变动情况及原因

无。

8.2 董事、监事及高级管理人员变动情况及原因

2016年6月28日，外贸信托第六届董事会第四次会议通过决议，免去徐卫晖外贸信托总经理职务。2016年11月29日，第六届董事会第六次会议通过决议，聘伊力扎提任公司总经理。2016年11月29日，外贸信托2016年第四次股东大会审议了《关于调整中国对外经济贸易信托有限公司董事的议案》，选举伊力扎提任中国对外经济贸易信托有限公司董事，徐卫晖不再担任中国对外经济贸易信托有限公司董事职务。伊力扎提的董事、总经理任职资格于2017年2月3日获北京银监局核准。

8.3 本公司报告期内变更注册资本金、变更注册地或公司名称、公司分立合并事项

无。

8.4 公司重大诉讼事项

本公司共发生1件重大诉讼事项（案情：天工科技流动资金贷款单一资金信托项目，信托计划资金1亿元，用于向石家庄天工科技开发有限公司发放流动资金贷款。借款人实际控制人王林、河北融投担保集团有限公司自愿为该信托项目贷款提供保证担保，承担连带保证责任。2015年3月23日，天工科技未能按时支付一个季度利息。2015年4月13日，公司宣布信托贷款提前到期并向法院立案执行。2016年5月4日，委托人以公司违反信托目的、未尽受托人职责向法院起诉，请求撤销信托贷款、返还信托财产并赔偿损失。2016年12月29日，公司与委托人达成一致意见并向法院申请中止案件审理。法院当庭同意双方当事人申请决定中止案件审判）。

8.5 本报告期内公司及其董事、监事和高级管理人员受到处罚的情况

无。

8.6 银监会及其派出机构对公司检查情况

根据北京银监局于2016年3月下发的《关于开展2016年指定内审检查有关事项的通知》要求，外贸信托结合相关业务实际运行情况，对证券投资信托业务和资金池等项目的合规性和风险管理情况等开展内部审计，并及时上报相关内部审计报告。

根据北京银监局于2016年6月下发的《关于对银监会监管有效性检查发现问题进行自查的通知》，外贸信托对照上述通知，迅速开展全面自查并接受北京银监局检查，包括认真调查问题情况、分析问题原因并提出相应整改措施，持续改进风险管理工作。

8.7 本报告期内公司重大事项临时报告

因外贸信托总经理变动，于2017年2月14日在《上海证券报》信息披露，发布《中国对外经济贸易信托有限公司关于总经理变更的公告》。

8.8 本报告期内银监会及其省级派出机构认定的其他有必要让客户及相关利益人了解的重要信息

无。

9. 公司监事会意见

9.1 公司依法运作情况

报告期内，公司的决策程序符合国家法律、法规和《公司章程》及相关制度，建立健全了比较有效的内控制度，董事会全体成员及董事会聘任的高级管理人员认真履行了职责，未发现有违法、违规、违章的行为，也没有损害公司利益、股东利益和委托人利益的行为。

9.2 财务报告的真实性

报告期内，公司财务报告真实反映了公司财务状况和经营成果。

中国金谷国际信托有限责任公司

1. 重要提示

1.1　本公司董事会及董事保证本报告所载资料不存在任何虚假记载、误导性陈述或者重大遗漏,并对其内容的真实性、准确性和完整性承担个别及连带责任。

1.2　本公司独立董事对本报告的真实性、准确性和完整性无异议。

1.3　安永华明会计师事务所(特殊普通合伙)为本公司出具了标准无保留意见的审计报告。

1.4　本公司董事长彭新、总经理周思良声明:保证年度报告中财务会计报告的真实、完整。

2. 公司概况

2.1　公司简介

中国金谷国际信托有限责任公司(以下简称公司或金谷信托,原名中国金谷国际信托投资有限责任公司)是1993年4月经中国人民银行批准成立的非银行金融机构。2008年7月30日,经国务院及财政部同意,中国银监会批准了中国信达资产管理公司(后改名为中国信达资产管理股份有限公司,以下简称中国信达)对金谷信托实施重组并增资。2009年9月1日,金谷信托经中国银监会批准重新登记,更名为中国金谷国际信托有限责任公司。2009年9月15日,公司在国家工商行政管理总局完成变更登记手续,并换领新的营业执照,注册资本为12亿元。2013年12月20日,金谷信托完成增资,公司注册资本增至22亿元。2013年12月23日,公司在国家工商行政管理总局完成注册资本变更登记手续,股东持股比例:中国信达持有92.29%股权,中国妇女活动中心持有6.25%股权,中国海外工程有限责任公司(以下简称中国海外)持有1.46%股权。

2.1.1　公司名称

法定中文名称:中国金谷国际信托有限责任公司

中文名称缩写:金谷信托

英文名称:ChinaJingu International Trust Co.,Ltd.

英文名称缩写:Jingu Trust

2.1.2　公司法定代表人:彭新

2.1.3　公司注册资本:22亿元

2.1.4　公司注册地址:

北京市西城区金融大街33号通泰大厦C座10层

邮政编码:100033

2.1.5　公司官方网站网址:www.jingutrust.com

2.1.6　公司信息披露事务负责人:王崇

电话:010-88086819

传真:010-88086546

电子信箱:wangchong@cinda.com.cn

2.1.7　公司选定的信息披露报纸名称:《金融时报》

2.1.8　公司年度报告备置地点:北京市西城区金融大街33号通泰大厦C座10层

2.1.9　公司聘请的会计师事务所:安永华明会计师事务所(特殊普通合伙)

地址:北京市东城区东长安街1号东方广场安永大楼16层

2.1.10　公司聘请的律师事务所

北京市中伦律师事务所

地址:北京市朝阳区建国门外大街甲6号SK大厦31层36层37层

北京市环球律师事务所

地址:北京市朝阳区建国路81号华贸中心1号写字楼15层

北京市京都律师事务所

地址:北京市朝阳区景华南街5号远洋光华国际C座23层

北京市天伦怡达律师事务所

地址:北京市朝阳门外大街昆泰国际大厦1009室

2.1.11　其他有关资料:

公司统一社会信用代码:91110000100013642K

公司金融许可证:K0075H111000001

2.2 组织结构

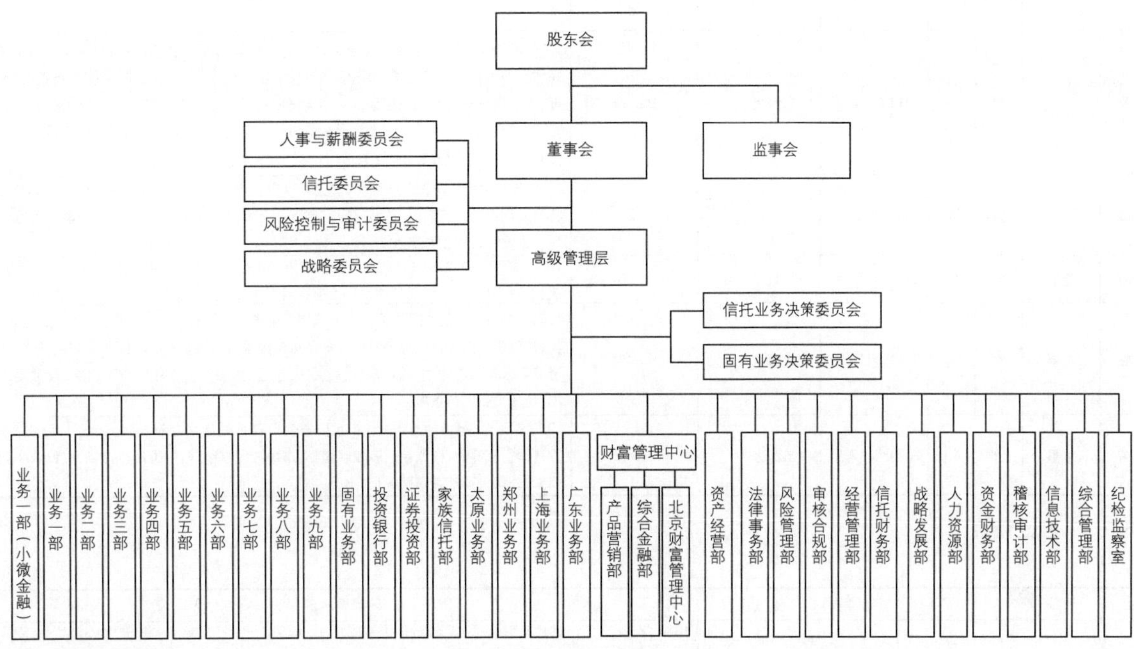

3. 公司治理

3.1 股东

股东名称	持股比例(%)	法人代表	注册资本(亿元)	注册地址	主要经营业务
中国信达资产管理股份有限公司	92.29	侯建杭	362.5669	北京市西城区闹市口大街9号院1号楼	收购、受托经营金融机构和非金融机构不良资产，对不良资产进行管理、投资和处置；债权转股权，对股权资产进行管理、投资和处置；破产管理；对外投资；买卖有价证券；发行金融债券、同业拆借和向其他金融机构进行商业融资；经批准的资产证券化业务、金融机构托管和关闭清算业务；财务、投资、法律及风险管理咨询和顾问；资产及项目评估；国务院银行业监督管理机构批准的其他业务（依法须经批准的项目，经相关部门批准后方可开展经营活动）。
中国妇女活动中心	6.25	郭象	0.3	北京市东城区建国门内大街19号	特大型餐馆；饭店投资管理；承接国际、国内会议；文化艺术、科技交流活动等。
中国海外工程有限责任公司	1.46	陈之功	9.78537	北京市海淀区紫竹院路1号7号楼	向境外派遣各类劳务人员（不含海员，有效期至2017年10月10日）。一般经营：承包各类国外工程和境内外资工程；外派劳务人员培训；承担各类海外工业、民用建筑工程的勘查、设计和咨询；利用外方资源、资金和技术在境内开展劳务合作；进出口业务；工业与民用建筑工程的总承包；市政工程、装饰工程、水力电力工程、港口建设、道路桥梁工程施工；设备安装；建筑材料、工程机械的销售；自有房屋出租；房地产的开发经营及物业管理（依法须经批准的项目，经相关部门批准后方可开展经营活动）。

3.2 董事、董事会及其下属委员会

3.2.1 董事长、副董事长及董事

姓名	职务	性别	年龄（岁）	选任日期	所推举的股东名称	该股东持股比例(%)	简要履历
彭　新	董事长	男	54	2014年6月	中国信达	92.29	1983年参加工作至今，曾任淮阴市金湖县黎城镇副镇长，建设银行江苏省信托投资公司科长，江苏省建设租赁有限公司副总经理，中国信达南京办事处副主任、党委委员、纪委书记，中国信达南昌办事处主任、党委书记，中国信达江西分公司总经理、党委书记，中国信达山东分公司总经理、党委书记，中国信达江苏分公司总经理、党委书记，中国信达纪委委员等职务；现任中国金谷国际信托有限责任公司党委书记、董事长。

续表

姓名	职务	性别	年龄（岁）	选任日期	所推举的股东名称	该股东持股比例（%）	简要履历
周思良	董事、总经理	男	49	2014 年 12 月	中国信达	92.29	1990 年至今，曾任农业部工程研究设计院规划室助理经济师，中国农业物资供销总公司非金属材料部项目经理，中国信达股权管理部重组业务部经理、高级副经理、高级经理（期间兼任赛特集团有限公司董事会秘书），信达金融租赁有限公司副总经理，中国信达投融资业务部总经理、资产管理业务部总经理；现任中国金谷国际信托有限责任公司党委副书记、董事兼总经理。
刘学敬	副董事长	男	59	2013 年 6 月	中国妇女活动中心	6.25	1976 年参军入伍，1980 年至今，曾任国家审计署金融审计司副处长、处长、沈阳特派办特派员助理，金谷信托副总裁、总裁、监事会主席、总经理等职务；现任中国金谷国际信托有限责任公司副董事长。
林承群	董事	男	45	2015 年 6 月	中国海外	1.46	1996 年至今，先后担任中国海外工程有限责任公司财务部职员、境外财务经理、审计部部长、财务部部长；现任中国海外工程有限责任公司总会计师。
宁桂兰	董事	女	60	2014 年 12 月	中国信达	92.29	1980 年至今，曾任中国建设银行大连市分行职员，会计处、信贷处、筹资处副处长、处长，建设银行大连信托投资股份有限公司总经理，中国信达实体管理部副主任，信达投资有限公司副总经理、党委委员、纪委书记，信达地产股份有限公司总经理、党委副书记；现任金谷信托董事。
李婷婷	董事	女	43	2014 年 12 月	中国信达	92.29	1993 年至今，担任中国建设银行重庆市分行审计处副主任科员，中国信达重庆办事处投资银行部经理，中国信达股权管理部、市场开发部经理，中国信达市场开发部、集团协同部、公司管理部高级副经理、高级经理。

3.2.2 独立董事

单位：岁

姓名	职务	性别	年龄（岁）	选任日期	简要履历
夏执东	独立董事	男	62	2014 年 12 月	1984 年至今，历任财政部科学研究所会计研究室副主任，建设银行总行国际业务部资金处副处长，安永华明会计师事务所副总经理，天华会计师事务所合伙人、董事长，京都天华（后更名为致同）会计师事务所副董事长等职务。
郭　光	独立董事	男	59	2015 年 4 月	1986 年至今，历任中国政法大学助教、讲师，德国慕尼黑克伙尔律师事务所职员，德国克虏伯公司法律部职员，德国年利达律师事务所雇员，北京建元律师事务所合伙人，北京市天睿律师事务所主任合伙人。

3.2.3 董事会下属委员会

委员会名称	职责	组成人员
人事与薪酬委员会	负责制定、审查公司高级管理人员（以下简称高管人员）的薪酬政策与方案，拟定公司高管人员的考核标准并进行考核，接受董事会授权的其他事项。	彭新（主任） 夏执东 郭光
战略委员会	主要负责对公司总体发展战略、重大投资方案及其他影响公司发展的重大事项进行研究并提出建议。	彭新（主任） 刘学敬 夏执东
信托委员会	督促公司依法履行受托职责。当公司或股东利益与受益人利益发生冲突时，信托委员会应保证公司为受益人的最大利益服务。	郭光（主任） 刘学敬 李婷婷
风险控制与审计委员会	负责公司的风险控制、管理、监督和评估以及公司内外部审计的沟通、监督和核查等工作。	夏执东（主任） 周思良 林承群

3.3 监事、监事会

姓名	职务	性别	年龄（岁）	选任日期	所推举的股东名称	该股东持股比例（%）	简要履历
展　鸣	监事会主席	男	59	2015 年 1 月	中国信达	92.29	1982 年至今，先后任职建设银行北京分行建筑经济处主任科员、副处长，北京市建筑机械联合租赁公司董事、副总经理、总经理，建设银行北京分行信贷一处、二处处长，建设银行总行资产保全部筹备组组长（部门副主任级），浦发银行北京翠微路支行行长、北京分行公司业务部总经理、北京首体支行行长，信达金融租赁有限公司副总经理、党委委员、董事；现任金谷信托监事会主席。
吕晓清	监事	女	52	2015 年 1 月	中国信达	92.29	1988 年至今，先后任职中国建设银行山东省分行副科长、科长、副处长，中国信达资产管理公司山东分公司资金财务部副处长、高级经理，中国信达资产管理股份有限公司计划财务部高级经理、总经理助理、审计部总经理助理。
任　侠	监事	女	48	2011 年 6 月	中国妇女活动中心	6.25	1987 年至今，先后任职地质矿产部航空物探遥感中心，金谷信托主管会计、处级经理、高级副经理，中国妇女活动中心财务部部长。

续表

姓名	职务	性别	年龄(岁)	选任日期	所推举的股东名称	该股东持股比例(%)	简要履历
王军民	监事	男	61	2008年10月	中国海外	1.46	1988年至今,担任中国海外工程有限责任公司企管部、进出口部、成套设备部、法务合约部、企业风险管理办公室等部门副经理、部长、公司总法律顾问、副总经济师等职务。
王　娜	职工监事	女	43	2011年6月	—	—	1991年至今,担任北京赛特集团管理有限责任公司主管,中国信达业务经理、团委委员,金谷信托人力资源部高级副经理、部门总经理级;现任金谷信托工会副主席,综合管理部副总经理(部门总经理级)。

3.4　高级管理人员

姓名	职务	性别	年龄(岁)	选任日期	金融从业年限(年)	学历/学位	专业
周思良	总经理	男	49	2014年12月	19	硕士	工商管理
吴　杰	总经理助理	男	46	2014年5月	23	硕士	世界经济
武泽平	总经理助理	男	43	2014年9月	9	硕士	工商管理
王　崇	董事会秘书	男	49	2015年12月	21	硕士	国民经济

3.5　公司员工

项目		2015年度		2016年度	
		人数(人)	比例(%)	人数(人)	比例(%)
年龄分布	25岁以下	3	2	3	2
	25~29岁	38	27	23	18
	30~39岁	57	40	56	44
	40岁以上	44	31	46	36
学历分布	博士	6	4	4	3
	硕士	75	53	76	59
	本科	55	39	42	33
	专科及其他	6	4	6	5
岗位分布	董事、监事及高管人员	10	7	8	6
	自营业务人员	3	2	5	4
	信托业务人员	68	48	61	48
	其他	61	43	54	42

4. 经营管理

4.1　经营目标、方针、战略规划

4.1.1　经营目标

努力成为在资产管理、资金融通、投资理财等领域具有竞争力的专业理财服务机构和具有创新能力及持续盈利能力的信托公司。

4.1.2　经营方针

秉承诚信、融合、创新、卓越的经营理念,恪守谨慎、稳健的经营方针,以受益人的利益最大化为宗旨,专注于信托产品的创新与推广。

4.1.3　战略规划

以控股股东发展思路为指导,抓住行业转型发展的战略机遇,坚持以价值创新为目标,以客户需求为导向,以防风险、谋发展、促转型为主线,以合规经营、开拓创新为保障,从自身实际出发,依托股东优势,构建独具特色、可持续发展的业务架构和盈利模式,争取在未来五年内,使公司在财务指标、风控指标、业务结构等各方面达到行业中等以上水平。

4.2　所经营业务的主要内容

4.2.1　自营资产运用与分布表

资产运用	金额(万元)	占比(%)	资产分布	金额(万元)	占比(%)
货币资产	46 556.13	9.82	基础产业		
贷款及应收款	67 953.55	14.33	房地产业	27 016.33	5.70
交易性金融资产			证券市场		
可供出售金融资产	332 602.77	70.14	实业	565.23	0.12
持有至到期投资			金融机构	412 076.98	86.9
长期股权投资			其他	34 536.96	7.28
其他	27 083.05	5.71			
资产总计	474 195.50	100	资产总计	474 195.50	100

4.2.2　信托资产运用与分布表

资产运用	金额(万元)	占比(%)	资产分布	金额(万元)	占比(%)
货币资产	1 743 504.17	14.00	基础产业	1 537 538.83	12.35
贷款	5 491 485.17	44.10	房地产	1 341 616.00	10.77
交易性金融资产	356 115.66	2.86	证券市场	582 563.45	4.68
可供出售金融资产	2 109 988.06	16.94	实业	610 027.06	4.90
持有至到期投资	406 373.52	3.26	金融机构	306 103.27	2.46
长期股权投资	2 098 498.66	16.85	其他	8 074 787.69	64.84
其他	246 671.06	1.99			
信托资产总计	12 452 636.30	100.00	信托资产总计	12 452 636.30	100.00

4.3　市场分析

4.3.1　经济形势分析

2016年我国经济缓中趋稳,稳中向好的态势逐渐显现。CPI保持温和上行,PPI上涨势头不变,消费信心指数持续回升;产业结构调整取得积极进展,去产能力度加大,创新驱动发展战略持续推进,为各行业的发展创造新的机遇。

4.3.2　金融形势分析

2016年,中央银行坚持稳中求进的指导思路,实施稳健的货币政策，保持适度流动性。稳健的货币政策促进了货币信贷和社会融资规模合理增长，为稳增长和供给侧结构性改革营造了适宜的货币金融环境，引导资金脱虚向实，有效地服务实体经济。

4.3.3 影响公司业务发展的有利因素

（1）继"八项机制""八项责任"后，2016 年信托业年会提出了信托业务八大分类。信托业务的八大分类从资产运用端出发，将有助于信托公司更好地识别业务风险并采取针对性风险监管措施，履行受托人谨慎管理义务，确保投资者的财产安全，使信托业务回归本源。

（2）2016 年 12 月 26 日，中国信托登记有限责任公司正式揭牌，以银监会信托部、信托业协会、中国信托登记公司、中国信托业保障基金为"一体三翼"的信托监管架构全面建成。"一体三翼"架构的全面建成，形成了监管部门为监管主体，行业自律、市场约束、安全保障为补充的多层次、多维度信托业风险防控体系，将推动统一有效的信托市场逐步形成，市场纪律和约束将进一步强化。

（3）供给侧改革、传统行业优化升级、战略新兴产业发展、"一带一路"及京津冀协同发展等重大战略带来转型发展机遇。

（4）社会多元化财富管理需求加大，资产配置及财富传承需求旺盛，而信托业具有机制灵活、投资方式多样化、多种工具跨市场配置等特点和优势，未来市场空间较大。

4.3.4 影响公司业务发展的不利因素

（1）宏观经济增速放缓，企业经营压力较大，优质投资项目稀缺。

（2）市场流动性趋稳，资金成本下降，导致信托产品的收益率下行。

（3）信托行业发展存在大而不强、战略定位较为模糊、风险防控能力有待加强等行业发展局限性。

（4）信托公司差异分化逐渐显现，公司需以特色经营开拓市场空间。

4.4 内部控制概况

4.4.1 内部控制环境和内部控制文化

按照现代企业制度的要求，公司建立了由股东会、董事会、监事会以及经营管理层组成的法人治理结构，努力构建分工明确、权责明晰、合理制衡的内控运行机制。董事会下设有信托委员会、人事与薪酬委员会、风险控制与审计委员会、战略委员会等专门机构。同时，还建立了独立董事制度。公司经营管理层下设有前台、中台、后台等业务部门和相关职能部门，努力构建权责明确，合理制衡的内部控制体系。信托业务与固有业务在人员配置、经营决策、会计核算和账务处理上相互独立。

公司建立并培育符合公司发展特点的内控文化。通过业务研讨、讲座、交流和培训等多种形式，不断将最新的制度、经验和理念传递给公司员工，并将内控工作切实落实到各业务岗位和操作环节，以强化员工的合规和风险防范意识。同时，公司制定的"员工行为规范"，鼓励并要求大家爱岗敬业、诚实守信、遵纪守法。

4.4.2 内部控制措施

为确保实现公司经营目标，防范风险，公司制定了一套比较完整的内部控制制度与操作流程。

（1）内控制度规范。公司的基本制度对治理结构、机构设置、权责分配、内部审计等作出了规定，基本满足了内部控制各方面的要求；公司制定并实施了基本涵盖前台、中台、后台的内部控制制度和操作流程，如业务经营、业务授权、合规管理、法律管理、风险管理、业务决策、期间管理、稽核审计、财务管理、人力资源、信息技术以及综合管理等，并随着业务的开展正在持续地补充、修订和完善。

（2）业务流程管理。公司实施了全方位的业务流程内控管理，对于尽职调查、立项审批、合规审查、风险审查、法律审查、项目中后期管理、清算等关键环节实行多人或多部门的交叉审核制，基本保障了公司业务内部控制的有效性。年度内，公司进一步梳理和优化了业务流程，使项目决策审批程序更趋严格细化，期间管理和审计监督等更趋科学规范。

4.4.3 监督评价与纠正

报告期内，公司继续按照财政部等发布的《企业内部控制基本规范》和上级要求，组织开展了年度内控评价工作，在公司的《内部控制评价手册》中新增 2 个管理流程，并对共 31 个管理流程进行测试评价，未发现问题。

4.5 风险管理

4.5.1 风险管理概况

公司继续秉承全面、审慎和有效的原则，主动构建风险管理文化，积极完善全面风险管理体制机制和业务指标体系建设。同时，进一步加大了风险管理绩效考核机制的落实，保证了公司各项业务的稳健经营和发展。公司在建立了包括董事会、经营层、职能管理部门和各业务部门组成的四级风险管理体系的同时，形成了事前、事中、事后三条风险管理的主线，针对战略风险、政策风险、合规风险、资本金不足风险、集中度风险、流动性风险、信用风险、市场风险、操作风险以及声誉风险 10 个方面进行了有效的管理和防控。公司相关职能部门定期对风险状况进行整体评估分析，并提交上报相关报告。

4.5.2 风险状况

4.5.2.1 信用风险状况

信用风险主要是指由于债务人或交易对手未能或者不愿意按时履行偿债义务，或者其信用状况的不利变动而使公司业务发生损失的风险。信用风险是公司经营过程中面临的主要风险，表现为交易对手、担保人等义务主体在贷款偿还、资产（权益）回购、担保等交易环节中不履行或不全面履行合同义务，从而造成信托、固有财产遭受损失的可能性。

4.5.2.2 市场风险状况

市场风险是公司经营过程中面临的风险之一。市场风险是指公司在资产管理业务中，投资具有公开市场价值的金融产品或者其他产品时，由于价格波动导致资产遭受损失的可能性。

4.5.2.3 操作风险状况

操作风险也是公司经营过程中面临的风险因素。主要表现在公司内部人员在相关业务办理中，因错误、疏忽或操作失误而出现的风险，以及由于内部控制制度不完善引发的缺乏监控、监督的风险。

4.5.2.4 其他风险状况

其他风险主要是指政策风险和声誉风险。政策风险主要是国家政策变化对公司业务发展可能产生的不利影响。声誉风险是指由于经营、管理及其他行为或外部事件导致利益相关方对公司作出负面评价的风险，从而影响公司正常运营和发展。

4.5.3 风险管理

4.5.3.1 信用风险管理

对于可能发生的信用风险，公司主要采取以下方式进行控制和防范：一是以公布的产品准入标准及信用评价体系作为重要参考依据，注重项目的前期尽职调查，交易对手的审慎选择。同时，通过强化中、后期检查等方式持续关注交易对手的履约能力变化，防范项目信用风险；二是注重通过多样化结构组合、限制集中度等方式分散信用风险；三是通过在交易结构中设定抵押担保等方式转移风险。

2016年，公司开展了经营和项目风险的排查工作，重点检查了主动管理类信托业务的各类风险，并根据项目风险排查情况，对未到期项目进行了风险识别和研判，制订了相应的应急处置预案，强化了项目期间管理措施等。同时，根据市场变化，及时更新了产品准入标准及风险审查标准，优化完善了风险管理措施等。

2016年，公司按照监管要求和《固有资产风险分类管理暂行办法》等，对固有资产进行五级分类。通过分类管理减少了信用风险发生的可能。另外，公司在固有业务和信托业务操作中强化了抵(质)押物的担保措施，实行了抵(质)押品的价值由第三方评估机构的评估价值确定，并将抵押率控制在合理的比例范围之内。公司按照财政部《金融企业准备金计提管理办法》(财金[2012]20号)的规定计提了相关准备金等，包括一般准备和资产减值准备。其中，一般准备余额不低于风险资产期末余额的1.5%。公司按照净利润的5%提取信托赔偿准备。

4.5.3.2 市场风险管理

为了规避可能出现的市场风险，公司着重从以下几个方面采取措施进行防范和控制：第一，注重定期对国家宏观经济形势的研判，把握国家重点调控政策，防范可能发生的市场风险；第二，加强对不同行业和区域的市场风险分析，注意建立与公司规模和管理能力相适应的风险管理制度；第三，开展与公司发展阶段相适应的业务品种，积极探索组合投资方案，分散市场风险；第四，尽量在贷款合同及相关文件中对利率变动进行事前约定，规避利率风险。

4.5.3.3 操作风险管理

公司采取了不同的管理策略和解决方案，应对和完善操作风险的管理。通过构建内部控制制度和体系，加强尽职风险管理。以严谨的制度流程和清晰的授权体系，明确责任。形成了不同部门、不同岗位之间相互监督制约的关系，从而做到职责明确，各尽其责。在具体项目运作时，公司要求各业务部门严格按照公司内部业务流程操作，以实现委托人的意愿。公司还根据各信托产品的具体情况，要求信托专户开户行协助对资金进行监管，以防范和控制操作风险的出现。

4.5.3.4 其他风险管理

公司通过密切关注和研究国家经济形势和政策变化，及时调整经营思路、业务方向和业务策略等，减少政策风险的影响；通过审慎选择交易对手，尽职尽责履行受托人义务，加强和规范全员从业技能与职业道德培训等，维护委托人的利益，并以此防控声誉风险。

5. 报告期末及上一年度末的比较式会计报表

5.1 自营资产

5.1.1 会计师事务所审计意见全文

审 计 报 告

安永华明(2017)审字第61236512－A01号

中国金谷国际信托有限责任公司：

我们审计了后附的中国金谷国际信托有限责任公司(以下简称贵公司)的财务报表，包括2016年12月31日的资产负债表、2016年度的利润表、所有者权益变动表和现金流量表以及财务报表附注。

一、管理层对财务报表的责任

编制和公允列报财务报表是贵公司管理层的责任。这种责任包括：(1)按照企业会计准则的规定编制财务报表，并使其实现公允反映；(2)设计、执行和维护必要的内部控制，以使财务报表不存在由于舞弊或错误而导致的重大错报。

二、注册会计师的责任

我们的责任是在执行审计工作的基础上对财务报表发表审计意见。我们按照中国注册会计师审计准则的规定执行了审计工作。中国注册会计师审计准则要求我们遵守中国注册会计师职业道德守则，计划和执行审计工作以对财务报表是否不存在重大错报获取合理保证。

审计工作涉及实施审计程序，以获取有关财务报表金额和披露的审计证据。选择的审计程序取决于注册会计师的判断，包括对由于舞弊或错误导致的财务报表重大错报风险的评估。在进行风险评估时，注册会计师考虑与财务报表编制和公允列报相关的内部控制，以设计恰当的审计程序。审计工作还包括评价管理层选用会计政策的恰当性和作出会计估计的合理性，以及评价财务报表的总体列报。

我们相信，我们获取的审计证据是充分、适当的，为发表审计意见提供了基础。

三、审计意见

我们认为，贵公司财务报表在所有重大方面按照企业会计准则的规定编制，公允反映了贵公司2016年12月31日的财务状况以及2016年度的经营成果和现金流量。

安永华明会计师事务所(特殊普通合伙)　　中国注册会计师 许旭明

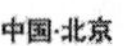

中国·北京　　中国注册会计师 沈艳利

2017年3月28日

5.1.2 资产负债表

资产负债表

2016 年 12 月 31 日

单位：万元

项目	年末数	年初数	项目	年末数	年初数
资产：			负债：		
货币资金	46 556.13	29 267.10	应付职工薪酬	13 168.87	12 516.20
应收利息	7 018.18	7 035.50	应交税费	3 780.27	4 028.02
发放贷款和垫款	27 581.56	61 242.24	预收账款	327.78	1 185.14
可供出售金融资产	332 602.77	350 274.50	其他负债	100 490.91	136 203.31
固定资产	916.16	1 415.94	负债合计	117 767.83	153 932.67
无形资产	242.92	251.52	所有者权益：		
递延所得税资产	25 404.78	25 132.85	实收资本	220 000.00	220 000.00
其他资产	33 873.00	19 472.75	资本公积	23 064.78	23 064.78
			盈余公积	12 456.70	10 829.91
			风险准备金	14 161.73	13 348.33
			未分配利润	86 744.46	72 916.71
			所有者权益合计	356 427.67	340 159.73
资产总计	474 195.50	494 092.40	负债及所有者权益总计	474 195.50	494 092.40

5.1.3 利润表

利润表

2016 年度

单位：万元

项目	本年累计数	上年累计数
一、营业收入	42 770.81	47 131.14
(一)利息净收入	-6 083.40	1 798.40
利息收入	1 272.99	3 449.79
利息支出	7 356.39	1 651.39
(二)手续费及佣金净收入	32 546.26	31 501.29
手续费及佣金收入	32 571.96	31 641.04
手续费及佣金支出	25.70	139.75
(三)投资收益(损失以"-"号填列)	15 303.56	13 053.45
(四)其他收入	1 004.39	778
二、营业支出	20 760.66	31 228.55
(一)税金及附加	917.24	2 663.89
(二)业务及管理费	14 170.15	14 055.63
(三)资产减值损失	5 673.27	14 509.03
三、营业利润(亏损以"-"号填列)	22 010.15	15 902.59
加:营业外收入	62.26	39.11
减:营业外支出	100.00	126.64
四、利润总额(亏损以"-"号填列)	21 972.41	15 815.06
减:所得税费用	5 704.47	3 758.89
五、净利润(亏损以"-"号填列)	16 267.94	12 056.17
六、其他综合收益		
七、综合收益总额	16 267.94	12 056.17

5.1.4 所有者权益变动表

所有者权益变动表

2016 年度

单位:万元

项目	本年金额						上年金额					
	实收资本	资本公积	盈余公积	风险准备金	未分配利润	所有者权益合计	实收资本	资本公积	盈余公积	风险准备金	未分配利润	所有者权益合计
一、上年年末余额	220 000. 00	23 064. 78	10 829. 91	13 348. 33	72 916. 71	340 159. 73	220 000. 00	23 064. 78	9 624. 29	10 539. 57	67 029. 59	330 258. 23
加:会计政策变更												
前期差错变更												
二、本年年初余额	220 000. 00	23 064. 78	10 829. 91	13 348. 33	72 916. 71	340 159. 73	220 000. 00	23 064. 78	9 624. 29	10 539. 57	67 029. 59	330 258. 23
三、本年增减变动金额(减少以“-”号填列)			1 626. 79	813. 40	13 827. 75	16 267. 94			1 205. 62	2 808. 76	5 887. 12	9 901. 50
(一)净利润					16 267. 94	16 267. 94					12 056. 17	12 056. 17
(二)其他综合收益												
上述(一)和(二)小计					16 267. 94	16 267. 94					12 056. 17	12 056. 17
(三)所有者投入和减少资本												
(四)利润分配			1 626. 79	813. 40	-2 440. 19				1 205. 62	2 808. 76	-6 169. 05	-2 154. 67
1. 提取盈余公积			1 626. 79		-1 626. 79				1 205. 62		-1 205. 62	
2. 提取风险准备金				813. 40	-813. 40					2 808. 76	-2 808. 76	
3. 对所有者的分配											-2 154. 67	-2 154. 67
四、本年年末余额	220 000. 00	23 064. 78	12 456. 70	14 161. 73	86 744. 46	356 427. 67	220 000. 00	23 064. 78	10 829. 91	13 348. 33	72 916. 71	340 159. 73

5.2 信托资产

5.2.1 信托项目资产负债汇总表

信托项目资产负债汇总表

2016 年 12 月 31 日

单位:万元

资产	期末余额	期初余额	负债和所有者权益	期末余额	期初余额
信托资产:			信托负债:		
银行存款	1 743 504. 17	1 113 845. 36	应付受托人报酬	52. 72	1. 66
交易性金融资产	356 115. 66	701. 38	应付受益人收益	1. 79	
买入返售金融资产	141 184. 41	68 400. 00	应付托管费	658. 19	0. 92
应收账款	105 486. 65	204 556. 58	应交税费		
应收利息			其他应付款	75 867. 95	109 781. 67
拆出资金					
其他应收款			信托负债合计	76 580. 65	109 784. 25
贷款	5 491 485. 17	7 499 622. 60			
持有至到期投资	406 373. 52	187 579. 16			
可供出售金融资产	2 109 988. 06	1 036 034. 29	信托权益:		
长期股权投资	2 098 498. 66	2 001 273. 50	实收信托	12 179 629. 60	11 871 371. 15
固定资产			资本公积		
在建工程			未分配利润	196 426. 05	130 857. 47
无形资产			信托权益合计	12 376 055. 65	12 002 228. 62
长期待摊费用					
其他资产					
资产总计	12 452 636. 30	12 112 012. 87	负债和所有者权益合计	12 452 636. 30	12 112 012. 87

5.2.2 信托项目利润及利润分配汇总表

信托项目利润及利润分配汇总表

2016 年度　　单位:万元

项目	本年金额	上年金额
一、营业收入	652 950.69	751 554.60
利息收入	458 376.86	492 142.26
投资收益	197 054.95	250 959.07
公允价值变动损益	−3 505.63	−274.27
租赁收入		3 954.17
其他业务收入	1 024.51	4 773.37
二、支出	68 466.08	76 444.44
(一)营业税金及附加	5 696.11	7 023.45
(二)受托人报酬	27 444.53	29 808.96
(三)保管费	4 242.99	6 021.44
(四)资产减值损失		
(五)其他费用	31 082.45	33 590.59
三、信托净利润(净亏损以"−"号填列)	584 484.61	675 110.16
四、其他综合收益		
五、综合收益	584 484.61	675 110.16
六、加:期初未分配信托利润	130 857.47	75 082.92
七、可供分配的信托利润	715 342.08	750 193.08
八、减:本期已分配信托利润	518 916.03	619 335.61
九、期末未分配信托利润	196 426.05	130 857.47

6. 会计报表附注

6.1 会计报表编制基准不符合会计核算基本前提的说明

本公司无上述情况。

6.2 重要会计政策和会计估计说明

公司执行财政部2006 年 2 月 15 日颁布的企业会计准则及后续规定。

6.3 或有事项说明

截至 2016 年 12 月 31 日,本公司共有 8 起本公司作为被告方,针对公司发行的信托产品发生本金或利息违约的诉讼案件。经向专业法律顾问咨询后,本公司管理层认为目前该等法律诉讼与仲裁事项不会对本公司的财务状况或经营成果产生重大影响。

6.4 重要资产转让及其出售的说明

无。

6.5 会计报表中重要事项的明细资料

6.5.1 自营资产经营情况

6.5.1.1 信用风险资产五级分类情况

信用风险资产五级分类	正常类(万元)	关注类(万元)	次级类(万元)	可疑类(万元)	损失类(万元)	风险资产合计(万元)	不良资产合计(万元)	不良资产率(%)
期初数	79 035.81	47 847.76	919.00	6 099.55	376.21	134 278.33	7 394.76	5.51
期末数	79 855.27	47 847.76	919.00	4 733.00	376.21	133 731.24	6 028.21	4.51

6.5.1.2 资产减值准备情况

单位:万元

	期初数	本期计提	本期转回	本期核销	期末数
贷款损失准备					
其中:一般准备					
专项准备	13 184.52	1 274.48	73.8		14 385.20
其他资产减值准备					
可供出售金融资产减值准备	72 061.70	12 251.79	7 779.20	2 697.67	73 836.62
持有至到期投资减值准备					
长期股权投资减值准备					
坏账准备	4 836.36				4 836.36
投资性房地产减值准备					

6.5.1.3 固有业务股票投资、基金投资、债券投资、长期股权投资等投资业务情况

单位:万元

	自营股票	基金	债券	长期股权投资	其他投资	合计
期初数					350 274.50	350 274.50
期末数					332 602.77	332 602.77

6.5.1.4 长期股权投资情况

无。

6.5.1.5 自营贷款业务情况。

单位:%

企业名称	占贷款总额的比例	还款情况
安顺山城房地产开发有限公司	2.50	逾期
中佳(徐州)房地产开发有限公司	95.31	逾期
大连大峘生态渔业有限公司	2.19	逾期

6.5.1.6 表外业务情况

无。

6.5.1.7 公司当年的收入结构

收入结构	金额(万元)	占比(%)
手续费及佣金收入	32 571.96	64.86
其中:信托手续费收入	32 158.05	64.04
投资银行业务收入		
利息收入	1 272.99	2.54
其他业务收入	1 004.39	2.00
其中:计入信托业务收入部分		
投资收益	15 303.56	30.48
其中:股权投资收益		
证券投资收益		
其他投资收益	15 303.56	30.48
公允价值变动收益		
营业外收入	62.26	0.12
收入合计	50 215.16	100.00

6.5.2 信托资产管理情况

6.5.2.1 信托资产的期初数、期末数

单位:万元

信托资产	期初数	期末数
集合类	2 403 070.92	4 576 604.70
单一类	3 808 169.77	2 658 849.04
财产管理类	5 900 772.18	5 217 182.56
合计	12 112 012.87	12 452 636.30

6.5.2.1.1 主动管理型信托业务的信托资产期初数、期末数

单位:万元

主动管理型信托资产	期初数	期末数
证券投资类		86 745.40
股权投资类	930 473.90	1 698 253.19
融资类	1 625 719.18	1 487 486.44
事务管理类	5 580 924.82	4 193 369.62
合计	8 137 117.90	7 465 854.65

6.5.2.1.2 被动管理型信托业务的信托资产期初数、期末数

单位:万元

被动管理型信托资产	期初数	期末数
证券投资类	1 262.00	495 818.05
股权投资类	372 649.50	312 311.64
融资类	848 053.52	422 457.05
事务管理类	2 752 929.95	3 756 194.91
合计	3 974 894.97	4 986 781.65

6.5.2.2 本年度已清算结束的信托项目个数、实收信托合计金额、加权平均实际年化收益率

6.5.2.2.1 本年度已清算结束的集合类、单一类资金信托项目和财产管理类信托项目

已清算结束的信托项目	项目个数(个)	实收信托合计金额(万元)	加权平均实际年化收益率(%)
集合类	15	955 698.00	7.42
单一类	52	2 430 232.72	8.23
财产管理类	3	291 823.14	5.13

6.5.2.2.2 本年度已清算结束的主动管理型信托项目

已清算结束的信托项目	项目个数(个)	实收信托合计金额(万元)	加权平均实际年化收益率(%)
证券投资类			
股权投资类	9	804 695.72	8.17
融资类	18	1 091 167.00	7.91
事务管理类	5	298 251.99	8.49

6.5.2.2.3 本年度已清算结束的被动管理型信托项目

已清算结束的信托项目	项目个数(个)	实收信托合计金额(万元)	加权平均实际年化收益率(%)
证券投资类	2	17 500.00	16.74
股权投资类	5	72 000.00	9.25
融资类	18	505 950.00	7.40
事务管理类	13	888 189.15	7.66

6.5.2.3 本年度新增的集合类、单一类资金信托项目和财产管理类信托项目

新增信托项目	项目个数(个)	实收信托合计金额(万元)
集合类	22	3 107 389.00
单一类	23	1 153 500.00
财产管理类	6	3 328 443.52
新增合计	51	7 589 332.52
其中:主动管理型	31	5 162 319.52
被动管理型	20	2 427 013.00

6.5.2.4 信托业务创新成果和特色业务有关情况

公司一直重视业务创新和开拓。2016 年公司积极响应国家优化金融资源配置、盘活存量资金,更好支持实体经济发展的政策,结合自身业务战略转型,在资产证券化领域持续发展。截至目前,公司先后担任中国银行、国家开发银行、中国进出口银行及华商银行等多家银行信贷资产支持证券化项目的受托机构,在行业中处于领先地位,保持了一定市场份额。2016 年公司对不良信贷资产证券化及企业资产证券化等新领域也进行了积极的探索,于2016 年 12 月完成了公司首单不良信贷资产支持证券的发行工作。2016 年9 月,公司发行的"开元 2015 年第六期信贷资产支持证券"项目荣获"2016 年度资产证券化介甫奖——信贷类:最具规模奖"。

另外,2016 年公司在证券投资类业务领域也得到较快发展,在以往开展结构化证券投资通道业务的基础上积极向主动管理类业务转型,业务品种不断丰富,投资团队能力不断得到提升。为响应国家支持实体经济、深化金融创新的指导思想,2016 年公司在小微金融方面也积极探索业务模式,为小微企业提供金融支持。

同时,公司也在积极布局家族信托、慈善信托等业务品种,增加在创新业务中的行业竞争能力。

6.5.2.5 披露信托财产的损失情况

无。

6.5.2.6 本公司履行受托人义务情况及因公司自身责任而导致的信托资产损失情况

本公司勤勉尽责履行受托人义务,未发生因公司自身责任而导致的信托资产损失情况。

6.5.2.7 信托赔偿准备金的提取、使用和管理情况

公司按 2016 年净利润的 5% 提取信托赔偿准备金 813.40 万元。2016 年公司未使用信托赔偿准备金。

6.6 关联方关系及其交易的披露

6.6.1 关联交易方的数量、关联交易的总金额及关联交易的定价政策等

	关联交易方数量(个)	关联交易金额(万元)	定价政策
合计	6	524922.24	按照市场公允价格定价

6.6.2 关联交易方与本公司的关系性质、关联交易方的名称、法定代表人、注册地址、注册资本及主营业务等

单位：亿元

关系性质	关联方名称	法定代表人	注册地址	注册资本	主营业务
母公司	中国信达资产管理股份有限公司	侯建杭	北京市西城区闹市口大街9号院1号楼	362.5669	收购、受托经营金融机构和非金融机构不良资产，对不良资产进行管理、投资和处置；债权转股权，对股权资产进行管理、投资和处置；破产管理；对外投资；买卖有价证券；发行金融债券、同业拆借和向其他金融机构进行商业融资；经批准的资产证券化业务、金融机构托管和关闭清算业务；财务、投资、法律及风险管理咨询和顾问；资产及项目评估；国务院银行业监督管理机构批准的其他业务（依法须经批准的项目，经相关部门批准后方可开展经营活动）。
同一母公司	北京银泰物业管理有限责任公司	朱江	北京市西城区金融大街25号	0.1	物业管理（含写字间出租）；经济信息咨询；家庭劳务服务；销售机械电器设备、日用品、建筑材料、金属材料、五金交电、化工轻工材料、木材、工艺品、针纺织品、计算机、软件及辅助设备；安装调试制冷空调设备、智能控制设备；安装、调试、维修电子计算机及外部设备；机动车公共停车场服务；代理、发布广告（企业依法自主选择经营项目，开展经营活动；依法须经批准的项目，经相关部门批准后依批准的内容开展经营活动；不得从事本市产业政策禁止和限制类项目的经营活动）。
同一母公司	信达财产保险股份有限公司	徐兴建	北京市东城区东中街29号东环广场B座3层	30	财产损失保险；责任保险；信用保险和保证保险；短期健康保险和意外伤害保险；上述业务的再保险业务；国家法律、法规允许的保险资金运用业务；经中国保监会批准的其他业务。
同一母公司	幸福人寿保险股份有限公司	李传学	北京市东城区东中街29号东环广场B座8层	60.0992	各类人寿保险、健康保险、人身意外伤害保险以及与人身保险相关的再保险业务。
同一母公司	南洋商业银行（中国）有限公司	陈孝周	中国（上海）自由贸易试验区世纪大道800号三层、六层至九层	65	经营对各类客户的外汇业务和人民币业务：吸收公众存款；发放贷款；办理票据承兑与贴现；买卖政府债券、金融债券；买卖股票以外的其他外币有价证券；提供信用证服务及担保；办理国内外结算；买卖、代理买卖外汇；代理保险；从事同业拆借；从事银行卡业务；提供保险箱业务；提供资信调查和咨询服务。
同一母公司	浙江信达资产管理有限公司	马怿林	杭州市下城区灯芯巷14号底层101室	0.8	资产管理、实业投资（国家规定禁止、限制外商投资项目除外），投资管理，投资咨询，财务咨询，企业资产收购、管理、重组、清算的咨询服务。

其他关联方是与公司有同一控制关系的特殊目的主体。

6.6.3 公司与关联方的重大交易事项

6.6.3.1 固有财产与关联方交易情况

单位：万元

	期初数	借方发生额	贷方发生额	期末数
贷款				
投资				
租赁				
担保				
应收账款				
其他	5 448.7	37 887.72	304.05	32 134.97
合 计	5 448.7	37 887.72	304.05	32 134.97

6.6.3.2 信托资产与关联方交易情况

单位：万元

	期初数	借方发生额	贷方发生额	期末数
贷款				
投资				
租赁				
担保				
应收账款				
其他	919 127.27	0.00	426 340.00	492 787.27
合计	919 127.27	0.00	426 340.00	492 787.27

6.6.3.3 信托公司自有资金运用于自己管理的信托项目（固信交易）、信托公司管理的信托项目之间的相互交易（信信交易）金额，包括余额和本报告年度的发生额

6.6.3.3.1 固有与信托财产之间的交易金额

无。

6.6.3.3.2 信托财产与信托财产之间的交易金额

无。

6.6.4 关联方逾期未偿还本公司资金的详细情况以及本公司为关联方担保发生或即将发生垫款的情况

无。

7. 财务情况说明书

7.1 利润实现和分配情况

2016年公司实现净利润16 267.94万元，根据《公司章程》《信托公司管理办法》《金融企业准备金计提管理办法》规定，公司对本年实现的净利润16 267.94万元进行分配，其中按照净利润的10%提取法定盈余公积金1 626.79万元，按照净利润的5%提取信托赔偿准备金813.40万元。2016年实现净利润暂未向股东分配。

7.2 主要财务指标

指标名称	指标值
资本利润率（%）	4.67
信托报酬率（%）	0.28
人均净利润（万元）	120.50

注：1. 资本利润率 = 净利润/所有者权益平均余额 ×100%。

2. 信托报酬率 = 信托业务收入/实收信托平均余额 ×100%。实收信托平均余额是指年初及各季末实收信托余额的移动算数平均数，公式为 A（平均）=（A0/2 + A1 + A2 + A3 + A4/2）/4。

3. 人均利润 = 净利润/平均职工人数。

7.3 公司净资本监管指标

指标名称	指标值	监管标准
净资本(亿元)	23.54	≥2
各项业务风险资本之和(亿元)	14.40	
净资本/各项业务风险资本之和(%)	163.42	≥100
净资本/净资产(%)	66.04	≥40

7.4 本年度对本公司财务状况、经营成果有重大影响的其他事项

无。

8. 特别事项揭示

8.1 前五名股东发生变动情况及原因

无。

8.2 董事、监事及高级管理人员变动情况及原因

8.2.1 董事变动情况及原因

无。

8.2.2 监事变动情况及原因

无。

8.2.3 高级管理人员变动情况及原因

报告期内,经金谷信托第七届董事会第二十次会议审议通过,元磊不再担任公司副总经理职务。

8.3 变更注册资本、变更注册地或公司名称、公司分立合并事项

无。

8.4 公司的重大诉讼事项

无。

8.5 公司及高级管理人员受到处罚的情况

根据北京银监局(京银监发[2016]105号)文件处罚要求,公司已按期执行。

8.6 银监会及其派出机构对公司检查后提出整改意见的,应简单说明整改情况

2016年3月、5月,北京银监局对公司进行了现场检查和核查,提出相关意见。根据监管意见,公司完善和细化《固有资产风险分类管理暂行办法》《非事务管理类信托业务操作规程》《事务管理类信托业务操作规程》等制度,加强全员合规意识,并按监管要求报送资产分类等情况。

8.7 本年度重大事项临时报告的简要内容、披露时间、所披露的媒体及其版面

无。

8.8 中国银监会及其省级派出机构认定的其他有必要让客户及相关利益人了解的重要信息

无。

9. 监事会意见

报告期内,公司高级管理层能认真执行股东会、董事会决议,内部管理得到进一步加强,日常经营过程中,能坚持依法合规经营,决策程序符合法律、法规和《公司章程》的有关规定,未发现公司董事、高级管理人员在履行职务时有违犯法律、法规和损害公司利益的行为。2016年度财务报告已经安永华明会计师事务所审计并出具无保留意见,并真实反映了公司财务状况和经营成果。

中国民生信托有限公司

1. 重要提示

1.1 本公司董事会及董事保证本报告所载资料不存在任何虚假记载、误导性陈述或者重大遗漏，并对其内容的真实性、准确性和完整性承担个别及连带责任。

1.2 公司独立董事齐逢昌先生、田忠华先生、刘纪鹏先生、严法善先生声明：保证本年度报告内容的真实性、准确性和完整性。

1.3 公司董事长卢志强先生、总裁张博先生、首席财务总监赵东先生声明：保证本年度报告中财务报告的真实、完整。

2. 公司概况

2.1 公司简介

2.1.1 公司的法定名称

中文：中国民生信托有限公司（简称：中国民生信托）

英文：China MinSheng Trust Co.，Ltd.（缩写：CMT）

2.1.2 公司法定代表人：卢志强

2.1.3 公司注册地址：北京市东城区建国门内大街28号民生金融中心C座19层

邮政编码：100005

公司网址：www. msxt. com

公司电子信箱：minshengtrust@ msxt. com

2.1.4 公司负责信息披露事务的高级管理人员：王彤

公司信息披露事务联系人：吴斌

办公电话：8610-85259066

办公传真：8610-85259080

电子信箱：wubin@ msxt. com

2.1.5 公司选定的信息披露报纸：《金融时报》《证券时报》

2.1.6 公司年度报告备置地点：公司董事会办公室

2.1.7 公司聘请的会计师事务所：中兴华会计师事务所（特殊普通合伙）

地址：北京市西城区阜外大街1号东塔楼15层

2.2 组织结构

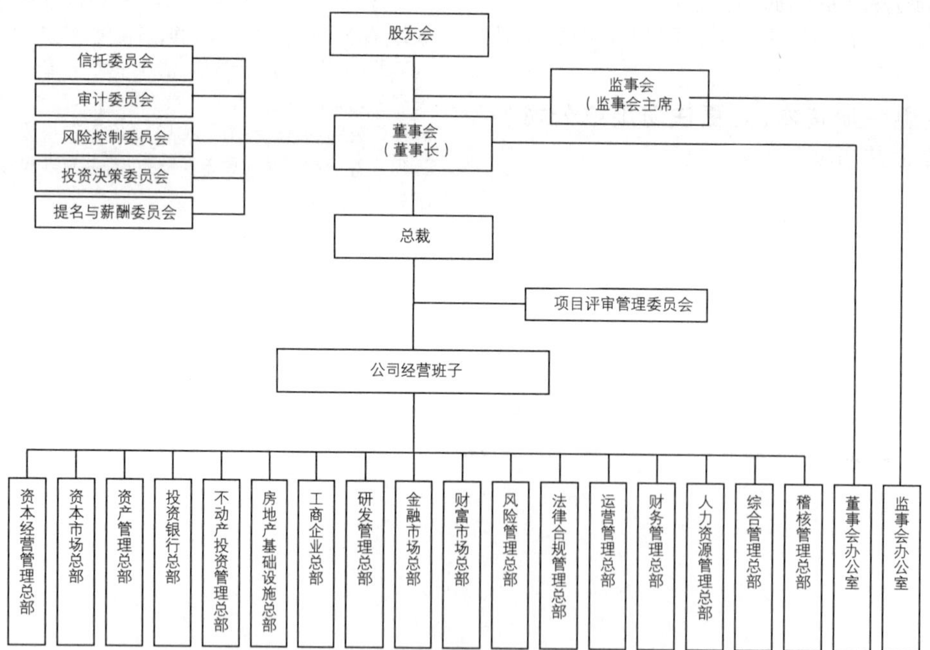

3. 公司治理

3.1 公司股东

3.1.1 截至2016年12月31日，公司共有6家股东。以下是持有本公司10%以上（含10%）出资比例的股东情况

股东名称	持股比例（%）	法定代表人	注册资本（万元）	注册地址	主要经营业务
武汉中央商务区建设投资股份有限公司★	82.7071	卢志强	3 000 000	江汉区云彩路198号泛海城市广场12层	房地产开发、商品房销售；对科技、文化、教育、金融等产业项目投资；建筑及装饰材料销售；基础设施建设；设计、制作、代理、发布国内各类广告；货物进出口、技术进出口、代理进出口业务（国家限制或禁止进出口的货物和技术除外）；商业房屋租赁；停车场服务（依法须经批准的项目，经相关部门批准后方可开展经营活动）。 财务状况：截至2016年12月31日，总资产为12 192 042.08万元，净资产3 663 838.33万元，净利润390 432.80万元（未经审计）。
浙江泛海建设投资有限公司	10.7143	郑　东	75 000	杭州市江干区香樟街2号泛海国际中心3幢2501室	房地产及基础设施投资、开发、经营，新技术、新产品的投资，酒店管理，物业管理，通信设备、办公自动化设备、建筑装饰材料的销售，经济信息咨询服务。 财务状况：截至2016年12月31日总资产为508 030.37万元，净资产19 278.35万元，净利润1 588.89万元（未经审计）。

注：1. ★为本公司控股股东。

2. 上述股东之间存在关联关系。

3.1.2 公司前三位股东的主要股东情况

3.1.2.1 武汉中央商务区建设投资股份有限公司主要股东情况

单位：%

股东名称	出资比例	法定代表人	注册地址	主要经营业务
泛海控股股份有限公司	98.67	卢志强	北京市东城区建国门内大街28号民生金融中心C座22层	投资及投资管理；资产管理；经营房地产业务及物业管理；自有物业租赁；企业管理咨询；销售建筑材料、装饰材料、机械设备（企业依法自主选择经营项目，开展经营活动；依法须经批准的项目，经相关部门批准后依批准的内容开展经营活动；不得从事本市产业政策禁止和限制类项目的经营活动）。 财务状况：截至2016年12月31日，总资产为16 783 599.94万元，净资产2 489 392.22万元，净利润305 696.87万元（未经审计）。

3.1.2.2 浙江泛海建设投资有限公司主要股东情况

单位：%

股东名称	出资比例	法定代表人	注册地址	主要经营业务
通海建设有限公司	100	李强	上海市黄浦区西藏中路18号（实际楼层8层）名义楼层第10层1006A室	房地产及基础设施投资、开发、经营，酒店管理，物业管理，企业收购及兼并，资产管理，新技术、新产品的投资；通信设备，办公自动化设备，建筑、装饰材料，经济信息咨询，商务咨询（依法须经批准的项目，经相关部门批准后方可开展经营活动）。 财务状况：截至2016年12月31日，总资产为2 269 569.92万元，净资产792 855.36万元，净利润2 325.05万元（未经审计）。

3.1.2.3 北京首都旅游集团有限责任公司主要股东情况

单位：%

股东名称	出资比例	法定代表人	注册地址	主要经营业务及主要财务情况
北京市人民政府国有资产监督管理委员会	100	—	—	—

3.2 公司董事

姓名	职务	性别	年龄（岁）	选任日期	所推举的股东名称	该股东持股比例（%）	简要履历
卢志强	董事长	男	65	2016年5月6日	武汉中央商务区建设投资股份有限公司	82.7071	经济学硕士，研究员；现任全国政协常委，中国民间商会副会长，泛海控股股份有限公司董事长，泛海集团有限公司董事长兼总裁，中国泛海控股集团有限公司董事长兼总裁，中国民生银行股份有限公司副董事长，联想控股股份有限公司董事，复旦大学校董，中国民生信托有限公司董事长。
李明海	副董事长	男	50	2016年5月6日	武汉中央商务区建设投资股份有限公司	82.7071	经济学博士，副研究员；现任中国泛海控股集团有限公司执行董事、执行副总裁，泛海控股股份有限公司副董事长，泛海股权投资管理有限公司董事长，中国民生信托有限公司副董事长。

续表

姓名	职务	性别	年龄（岁）	选任日期	所推举的股东名称	该股东持股比例（%）	简要履历
张　博	副董事长	男	43	2016年5月6日	武汉中央商务区建设投资股份有限公司	82.7071	工商管理硕士；现任泛海控股股份有限公司董事，中国民生信托有限公司副董事长、总裁。
王　彤	董事	女	45	2016年5月6日	武汉中央商务区建设投资股份有限公司	82.7071	经济学学士，会计师职称，注册会计师资格；现任泛海控股股份有限公司职工代表监事，民生控股股份有限公司监事，中国民生信托有限公司董事。
陈基建	董事	男	54	2016年5月6日	武汉中央商务区建设投资股份有限公司	82.7071	工商管理（金融）硕士，教授；现任中国泛海控股集团有限公司监事，泛海控股股份有限公司董事，泛海控股股份有限公司副总裁，民生证券股份有限公司副董事长，民生期货有限公司监事会主席，民生金服控股有限公司董事长，北京民金所金融信息服务有限公司董事长，中国民生信托有限公司董事。
张喜芳	董事	男	44	2016年5月6日	武汉中央商务区建设投资股份有限公司	82.7071	工商管理硕士，高级经济师；现任泛海控股股份有限公司董事、副总裁，泛海股权投资管理有限公司董事、总裁，中国民生信托有限公司董事。
陈怀东	董事	男	39	2016年5月6日	武汉中央商务区建设投资股份有限公司	82.7071	经济学学士，董事会秘书任职资格；现任泛海控股股份有限公司董事、副总裁、董事会秘书，中国民生信托有限公司董事。
李源光	董事	男	47	2016年5月6日	北京首都旅游集团有限责任公司	6.4286	经济学硕士；现任北京首都旅游集团有限责任公司股权管理部总经理，中国民生信托有限公司董事。
齐逢昌	独立董事	男	70	2016年5月6日	武汉中央商务区建设投资股份有限公司	82.7071	高级经济师；现任中国民生信托有限公司独立董事。
田忠华	独立董事	男	68	2016年5月6日	武汉中央商务区建设投资股份有限公司	82.7071	经济学硕士，高级经济师；现任中国民生信托有限公司独立董事。
刘纪鹏	独立董事	男	60	2016年5月6日	武汉中央商务区建设投资股份有限公司	82.7071	经济学硕士、高级研究员、高级经济师、注册会计师，中国政法大学商学院院长、资本金融研究院院长、教授、博士生导师；现任中国民生信托有限公司独立董事。
严法善	独立董事	男	65	2016年10月18日	武汉中央商务区建设投资股份有限公司	82.7071	经济学博士，中共党员；现任复旦大学经济学院教授，博士生导师，中国民生信托有限公司独立董事。

3.3　董事会下属专门委员会

董事会下属专门委员会名称	职责	组成人员姓名	职务
信托委员会	（1）组织制订公司信托业务发展专项规划； （2）重大信托项目的审核与批准； （3）对公司信托业务运行情况进行定期评估； （4）针对中国银监会及其派出机构检查公司信托业务后要求董事会组织整改的问题，研究提出具体措施； （5）指导信托业务部门开展信托业务创新； （6）当公司或股东利益与受益人利益发生冲突时，研究提出维护受益人权益的具体措施； （7）研究公司信托业务部门设置方案； （8）指导对信托从业人员的培训等； （9）审查公司是否侵占受益人利益，获取不当信托报酬行为； （10）关注信托业务的信息披露情况； （11）董事会授予的其他职责。	齐逢昌	主任委员
		严法善	副主任委员
		张　博	委员
		陈怀东	委员
		李源光	委员

续表

董事会下属专门委员会名称	职责	组成人员姓名	职务
风险控制委员会	(1)向董事会提交公司全面风险管理年度报告; (2)确定公司风险管理的总体目标、风险偏好、风险承受度、风险管理策略和重大风险管理解决方案; (3)对公司信托业务和自营业务的风险控制及管理情况进行监督; (4)对公司自有财产和信托财产的风险状况进行定期评估; (5)对公司关联交易业务风险进行评估,对重大关联交易事项进行审查并提交董事会审议; (6)提出完善公司风险管理和内部控制的建议; (7)审议公司风险管理组织机构设置及其职责; (8)为董事会督导公司风险管理文化建设提供建议; (9)董事会授予的其他职责。	刘纪鹏	主任委员
		田忠华	副主任委员
		陈基建	委员
		张喜芳	委员
		王　彤	委员
投资决策委员会	(1)对公司章程规定须经董事会批准的重大投资融资、资金运用和资产处置等方案进行研究并提出建议; (2)对公司章程规定须经董事会批准的固有资产投资、重大资本运作、资产经营项目和合作开发等项目进行研究并提出建议; (3)对其他影响公司发展的重大事项进行研究并提出建议; (4)对以上事项的实施进行检查,并对公司资金使用的调度、贷款担保、对外投资、设立全资或合资公司(包括但不限于控股子公司、重大控股子公司以及重大子公司)、产权转让、资产重组等重大决策活动进行研究并提出建议; (5)研究、建议公司的长期发展战略规划; (6)董事会授权的其他职权; (7)针对上述(1)至(6)项的工作成果,形成书面意见或解决方案并报请董事会审批通过;若《公司章程》规定需要股东会审议批准的,则报股东会审议批准。	卢志强	主任委员
		齐逢昌	副主任委员
		李明海	委员
		张　博	委员
		张喜芳	委员
提名与薪酬委员会	(1)研究董事、监事、总裁和其他高级管理人员的薪酬标准,根据董事、监事、总裁和其他高级管理人员的职责与重要性,参考同业相关岗位的薪酬水平,制定薪酬计划或方案并监督薪酬计划或方案的实施; (2)拟定考核标准,审查董事、总裁和其他高级管理人员履行职责情况并对其进行年度绩效考评,提交考核评价意见; (3)负责对公司薪酬制度执行情况进行监督; (4)研究董事、经理层人员的选择标准和程序,并向董事会提出建议; (5)广泛搜寻合格的董事和经理层人员的人选; (6)对董事、经理层人员人选进行审查并提出建议; (7)董事会授权的其他职权。	严法善	主任委员
		卢志强	副主任委员
		田忠华	委员
		陈怀东	委员
		李源光	委员
审计委员会	(1)对公司信息披露的真实、准确、完整和合规性等进行监督; (2)监督公司内部审计制度及其实施; (3)负责内部审计与外部审计之间的沟通; (4)审核公司的财务信息及其披露; (5)提议聘请或更换外部审计机构; (6)董事会授予的其他职责。	田忠华	主任委员
		李明海	副主任委员
		陈基建	委员
		刘纪鹏	委员
		王　彤	委员

3.4 监事

姓名	职务	性别	年龄(岁)	选任日期	所推举的股东名称	该股东持股比例(%)	简要履历
冯宗苏	监事会主席	男	63	2016年5月6日	—	—	经济学硕士、教授;现任中国民生信托有限公司监事会主席。
王　宏	监事会副主席	男	57	2016年5月6日	武汉中央商务区建设投资股份有限公司	82.7071	工商管理硕士,高级会计师;现任中国泛海控股集团有限公司董事、副总裁,泛海控股股份有限公司监事,民生控股股份有限公司董事长,民生财富投资管理有限公司董事长,中国民生信托有限公司监事会副主席。
李　能	监事	男	46	2016年5月6日	武汉中央商务区建设投资股份有限公司	82.7071	经济学学士,高级人力资源管理师;现任中国泛海控股集团有限公司董事、副总裁,泛海控股股份有限公司监事,中国民生信托有限公司监事。

续表

姓名	职务	性别	年龄（岁）	选任日期	所推举的股东名称	该股东持股比例（%）	简要履历
赵英伟	监事	男	45	2016年5月6日	武汉中央商务区建设投资股份有限公司	82.7071	工程硕士，高级会计师；现任中国泛海控股集团有限公司董事、副总裁、财务总监，泛海控股股份有限公司监事会副主席，民生控股股份有限公司监事会主席，泛海股权投资管理有限公司董事，民生证券股份有限公司监事会副主席，中国民生信托有限公司监事。
刘　冰	监事	男	59	2016年5月6日	武汉中央商务区建设投资股份有限公司	82.7071	工商管理硕士；现任中国泛海控股集团有限公司副总裁，泛海控股股份有限公司监事会主席，民生控股股份有限公司监事会副主席，中泛控股有限公司执行董事，民生证券股份有限公司董事，中国泛海美国控股有限公司财务总监，中国泛海国际投资有限公司财务总监，亚太财产保险有限公司监事会副主席，民生财富投资管理有限公司监事，泛海资本投资管理集团有限公司董事，泛海创业投资管理有限公司监事会主席，深圳市泛海三江电子股份有限公司监事会主席，中国泛海电力有限公司董事，泛海不动产投资管理有限公司董事，泛海股权投资管理有限公司董事，泛海国际股权投资有限公司董事，中国民生信托有限公司监事。
刘国升	监事	男	48	2016年5月6日	武汉中央商务区建设投资股份有限公司	82.7071	经济学硕士，高级会计师；现任泛海控股股份有限公司财务总监；中国民生信托有限公司监事。
石　磊	监事	女	38	2016年5月6日	北京首都旅游集团有限责任公司	6.4286	会计硕士，注册会计师，高级会计师；现任北京首都旅游集团有限责任公司预算与财务中心副总经理，中国民生信托有限公司监事。
吴　斌	职工监事	男	35	2016年5月6日	—	—	法学学士；现任中国民生信托有限公司职工监事、董事会办公室部门总经理。
欧阳燕红	职工监事	女	43	2016年5月6日	—	—	理学硕士；现任中国民生信托有限公司职工监事、风险管理总部副总裁。

3.5 高级管理人员

姓名	职务	性别	年龄（岁）	选任日期	金融从业年限（年）	学历	专　业
张　博	总裁	男	43	2016年5月6日	21	本科学历，硕士学位	工商管理专业
王　彤	首席稽核总监 董事会秘书（拟任）	女	45	2016年5月6日	4	本科学历，学士学位	审计专业
冯壮勇	首席法律合规总监（拟任）	男	48	2016年5月6日	4	研究生学历，硕士学位	法学专业
赵　东	首席财务总监	男	46	2016年5月6日	18	本科学历，硕士学位	会计学专业
田吉申	首席风险控制总监	男	37	2016年5月6日	10	硕士学位	金融学专业
林德琼	执行副总裁	男	53	2016年5月6日	12	博士研究生学历，博士学位	金融工程学专业
易宏伟	副总裁	男	58	2016年5月6日	23	本科学历，硕士学位	经济学专业
解玉平	副总裁	男	44	2016年5月6日	13	博士研究生，博士学位	金融学专业
董　军	副总裁	女	47	2016年5月6日	14	本科学历，硕士学位	经济学专业
李　杰	副总裁	男	37	2016年5月6日	8	研究生学历，硕士学位	金融学专业
李永平	助理总裁	男	46	2016年5月6日	12	研究生学历，硕士学位	工商管理专业
钟天翔	助理总裁（拟任）	男	30	2016年5月6日	4	本科学历，硕士学位	国际法学专业

3.6 公司员工

项目		报告期年度		上年度	
		人数(人)	比例(%)	人数(人)	比例(%)
年龄分布	20岁以下	0	0	0	0
	20~29岁	85	30	84	37
	30~39岁	176	62	121	53
	40岁以上	24	8	23	10
学历分布	博士	7	2	6	3
	硕士	167	59	138	61
	本科	107	38	80	35
	专科	4	1	4	1
	其他	0	0	0	0
岗位分布	高管人员	13	5	12	5
	固有业务人员	3	1	8	4
	信托业务人员	121	42	106	46
	其他人员	148	52	102	45
合计		285	—	228	—

注:统计截止日期为2015年12月31日。

4. 经营管理

4.1 经营目标、方针和战略规划

公司以保障委托人的合法权益为最高准则,秉承合规、稳健的经营思路,着力开发优质项目,追求风险可控的经济利益。

以2016年转型发展取得的阶段性成果为基础,继续坚持四大资产端定位:投资、投行、资管、融资,继续坚持“主动管理化、投资银行化”的发展道路,以“专业化”为核心抓手,将资产业务由“小规模质变”带入到“大规模量变”的过程中,并将2017年作为“财富管理年”,加大财富市场推广工作。

4.2 所经营业务的主要内容

公司目前经营的业务品种主要包括信托业务和固有业务。

信托业务品种主要包括单一资金信托、集合资金信托、财产信托等。信托财产的运用方式主要有贷款和投资。

固有业务主要是自有资金的同业存款、发放信托贷款和投资信托产品、资管计划等。

报告期内,公司业务保持平稳较快发展,截至2016年末,公司实际管理信托资产规模1 434.05亿元,管理私募基金规模149.70亿元,公司固有资产总额达到126.47亿元。

报告期内,公司累计向受益人支付的投资收益总额达911 813.96万元。公司严格履行了受托人的尽职管理职责,实现了信托业务的主要预期目标,最大化地维护受益人利益。

4.2.1 信托业务

报告期内,公司上年存续信托项目252个,上年存续本金规模1 112.28亿元,本年新增信托项目133个,新增信托本金规模1 379.66亿元;清算信托项目161个,清算信托本金规模1 064.39亿元。报告期末,存续信托项目224个,存续信托本金余额1 427.55亿元,信托资产总额1 434.05亿元。

公司信托资产运用与分布表如下:

信托资产运用与分布表

资产运用	金额(万元)	占比(%)	资产分布	金额(万元)	占比(%)
货币资产	362 472.29	2.53	基础产业	2 591 298.59	18.07
贷款	4 737 383.56	33.04	房地产	1 161 658.00	8.10
交易性金融资产	1 962 945.67	13.69	证券市场	2 122 137.86	14.80
可供出售金融资产	3 182 673.78	22.19	工商企业	4 962 122.64	34.60
长期股权投资	388 373.88	2.71	金融机构	182 312.69	1.27
其他	3 706 624.35	25.84	其他	3 320 943.75	23.16
信托资产总计	14 340 473.53	100.00	信托资产总计	14 340 473.53	100.00

4.2.2 私募基金业务

截至年末,公司存续基金项目30个,存续基金本金余额149.70亿元。

4.2.3 固有业务

公司固有业务主要包括自有资金的同业存款、发放信托贷款和投资信托产品、资管计划等。报告期内,公司继续秉承谨慎稳健原则,在提高资金运用效率的同时,进一步强化业务风险防范与风险监控,确保公司资产的稳健增长。报告期末,公司固有资产运用与分布表如下:

固有资产运用与分布表

资产运用	金额(万元)	占比(%)	资产分布	金额(万元)	占比(%)
货币资产	241 983.95	19.13	基础产业	14 000.00	1.11
交易性金融资产		0.00	房地产业	38 780.00	3.07
可供出售金融资产	1 000 704.10	79.13	工商企业	708 504.10	56.02
贷款		0.00	金融机构	481 403.95	38.06
其他	22 005.83	1.74	其他	22 005.83	1.74
资产总计	1 264 693.88	100.00	资产总计	1 264 693.88	100.00

4.3 市场分析

4.3.1 宏观经济金融形势

2016年,受世界经济复苏疲弱、我国增长周期调整、产能过剩依然严重等多重因素影响,中国经济增长延续趋缓态势;但在积极的财政政策、稳健的货币政策、去库存背景下的房地产限购放松等政策作用下,宏观经济呈现出底部企稳的迹象。前三个季度经济增长均为6.7%,虽然低于上年水平,但整体呈现出底部徘徊迹象。基础设施投资持续高位增长,工业企业利润增长由负转正并持续增长。但在政府主导力量带动的经济趋稳基础并不牢固,经济运行中一些深层次的问题并没有解决,局部风险不断扩大;民间投资增长下滑,债务的结构性风险日益突出,尤其是非金融企业、产能过剩与局部供给不足的结构性问题依然突出。在这一背景下,宏观调控基调由上半年的“稳增长”向“防风险”转变。

4.3.2 信托市场环境及本公司挑战和机遇

4.3.2.1 信托业发展现状与未来展望

在中国宏观经济失速、产能过剩,利率市场化改革深入、资本市场异常波动、风险防控压力上升等多重因素叠加下,2016年信托公司传统业务领域增长乏力,但创新类业务逐渐崭露头角。截至2016年第三季度末,信托业实现经营收入234.38亿元,较上年同期下降15.71%;实现利润总额179.37亿元,较上年同期上升14.36%。同时,信托行业总资产保持了增长势头,全国68家信托公司管理的信托资产规模为18.17万亿元,

同比增长16.33%。同时，由大资管时代带来的同质化竞争压力日益加剧，信托公司创新产品先发优势日益弱化，行业转型仍面临较大压力。

4.3.2.2 公司业务发展的挑战和机遇

民生信托以2016年为起点，正大踏步向董事会部署的十年成大业战略目标前进，公司积极在"投资、融资、投行、资管、财富"五个方面排兵布阵，打造出差别化的市场定位和竞争力，通过创新转型谋求高速发展。

同时，作为初创期刚刚结束的公司，在业务转型领域还面临诸多挑战。首先，宏观经济增速趋缓将成为新常态。一方面，受经济增速放缓影响，实体经济融资需求下降、优质资产难寻的现象将持续，在这一背景下，地产类和政信类传统业务机会将进一步收缩；另一方面，信托公司新业务领域、新发展模式尚不成熟，未来仍需不断开拓实践。

其次，利率市场化加快实现，多次降息降准，使得信托公司传统融资业务的低风险、高收益的模式难以维系；混业经营趋势使信托公司监管套利与制度安排优势逐渐丧失，这些市场变化迫使信托公司进一步提升市场适应能力。

最后，信托公司仍面临转型定位压力。尽管多数信托公司已开启转型步伐，但业务转型在多方面尚未形成成熟的业务模式，信托公司需要通过不断探寻创新业务模式，明确相关业务模式的规范性要求，由实业投融资向资本市场专业投资转变，以期寻求生存空间。

4.4 内部控制

4.4.1 内部控制环境和内部控制文化

公司目前总计建立了212项规章制度，规章制度涵盖了公司治理、经营管理两个层面，其中公司治理层面制度14项，经营层面制度208项，分别为公司及各部门制度。各项规章制度的建立确保了内部控制有章可循。公司高度重视内部控制环境的改善和内部控制文化的建设，根据经济环境、金融环境、公司市场定位、公司内部管理潜力挖掘等需要，建立动态调整机制。

公司强调"内部控制环境全覆盖"，认真培育内部控制环境中的全程管理、全员管理、全面管理的内部控制文化，确保公司内部控制全覆盖。

4.4.2 内部控制措施

4.4.2.1 履行内部控制职能的部门

公司已构建起较为完备的内部控制职能体系，实现内部控制职能的分层控制：公司已建立首席风险控制总监和首席法律合规总监管理下的风险控制组织体系，并具体由风险管理总部、法律合规管理总部、运营管理总部根据部门职能分工合作；同时，公司也建立首席稽核总监负责下的稽核管理体系，并负责对公司经营、管理的各项活动实施稽核管理，由稽核管理总部具体负责。

4.4.2.2 内部控制的主要政策、制度、程序及执行情况

（1）内部控制的主要政策。按照各项政策内容，分别由股东会审批、董事会审批、公司审批、各管理总部审批，其中公司治理层面的相关制度及议事规则，均由股东会审批；公司经营方面的制度，根据具体内容，分别由董事会或公司内部审批；在上述审批制度规定的范围内，各管理总部（风险管理总部、财务管理总部等）可制定相关操作规则、指引，明确具体要求。

（2）业务控制制度。在项目和合同文本审核、资金拨付和执行过程管理方面，公司制定自营和信托两大体系的管理制度。在业务前期审核、资金拨付和执行过程管理等环节，依据《私募股权投资类业务操作指引》《不动产投资业务操作指引》《固定收益类投资业务操作指引》《上市公司定向增发类业务操作指引》《投后管理办法》《档案管理制度》等制度，规范相关工作流程和标准，并能根据信托行业发展及时予以修订和完善。

（3）对外担保制度。为规范公司对外担保行为，防范公司对外担保风险，公司在《公司章程》及业务审批授权体系中对对外担保的权限和信息披露作出明确规定。

（4）内部监督与问责制度。公司依据《稽核审计管理制度》《内部审计管理办法》，定期开展内部审计工作，并及时将内部审计报告报送公司高管及董事会、监事会。

公司根据宏观经济环境的变化和监管政策的调整以及业务和管理的实际需要，对上述制度进行修订。

4.4.3 信息交流与反馈

在公司内部信息交流与反馈方面，公司通过建立各项规章制度，涵盖了相应制度规范报告责任主体、报告形式、报告流程、报告频率等事项，明确了公司自上而下的授权机制和自下而上的报告机制。报告期内，根据监管要求，公司对于信托业务、基金业务、高级管理人员更替等重大事项，均履行了完备的报备或报批手续，对于监管部门提出的问题、意见和建议，均给予及时、详细的信息反馈。通过公开信息披露机制，增进了公司与监管部门、委托人及受益人之间的信息交流和沟通，增强了公司管理运行的透明度。

4.4.4 监督评价与纠正

根据公司的治理结构，公司监督评价与纠正体系体现在多个层次：监事会作为独立的监督机构对公司股东会负责，对公司经营管理层和公司运营情况进行监督；公司首席稽核总监负责监督检查公司运作的合法合规情况及公司内部风险控制情况，并对董事会和董事会审计委员会负责；稽核管理总部独立行使内部审计监督权；风险管理总部、法律合规管理总部和运营管理总部主要通过现场调查、法律文本审核、资金拨付审核、过程管理等措施对业务全过程进行监督，并及时提出存在的问题和改进措施。

4.5 风险管理

4.5.1 风险管理概况

4.5.1.1 公司经营活动中可能遇到的风险

基于金融行业运营环境和信托业特征，公司在经营活动中可能遇到的主要风险包括信用风险、市场风险和操作风险，同时还可能承担合规风险、流动性风险、法律风险和声誉风险等其他风险。

4.5.1.2 公司风险管理的基本原则和控制政策

公司围绕总体经营和发展战略目标持续推进全面风险管理体系建设，将风险管理工作贯穿到公司经营管理的各个环节中去，对业务经营的全过程进行风险识别、评估、监测和控制，确保稳健经营。在董事会的领导下，公司确立了如下风险管理基本原则和政策：

（1）匹配性原则。风险管理策略与业务发展战略有机结合，与公司长期发展目标相一致。公司的全面风险管理体系须与风险状况和系统重要性等相适应，并根据环境变化予以调整。

（2）全覆盖原则。风险管理工作覆盖各项业务条线和各种

业务类型，覆盖所有分支机构、附属机构、部门、岗位和人员，覆盖所面临的所有风险种类和不同风险之间的相互影响，贯穿到各项业务的决策、执行和监督全部管理环节。

(3)独立性原则。风险管理部门独立于业务部门，负责对各项业务独立开展风险管理，各部门和岗位设置权责分明、相互牵制，各项业务操作环节交叉控制或监督，防止操作失误或舞弊发生。

(4)有效性原则。各项风险管理规章制度应根据公司经营战略、经营方针、经营理念等内部环境和国家法律法规、市场变化等外部环境的变化进行及时的修改和完善。

(5)定性与定量相结合原则。公司逐步建立完备的风险控制指标体系，设定定性与定量相结合的评估标准，使风险管理工作更具科学性和可操作性。

4.5.1.3　公司风险管理的组织结构和职责划分

公司的风险管理组织架构是在公司目前的组织结构上，根据不同职能构建而成。公司董事会对股东会负责并承担风险管理最终责任和最高决策职能，负责制定公司风险管理总体战略、风险偏好、风险容忍度、发展规划和重大政策，保障风险管理所需资源，掌握公司总体风险状况，制定重大风险的解决方案，对公司高级管理层风险管理履职情况进行监督。公司高级管理层根据董事会确定的风险管理战略，设立首席稽核总监、首席风险控制总监、首席法律合规总监、首席运营总监。首席稽核总监负责监督检查公司运作的合法合规情况及公司内部风险控制情况，对公司贯彻执行国家法律法规、行业监管规定和公司本级各项规章制度的情况、对公司主要经营管理活动、对各级主要管理人员在日常经营管理过程中的履职情况等进行审计监督，并定期向董事会或其下设的审计委员会报告工作。首席风险控制总监负责制定并执行具体的风险管理政策、管理程序和控制制度，指导、协调和监督各管理部门和各业务机构开展风险管理工作，并定期向董事会或其下设的风险控制委员会提交风险管理报告。首席法律合规总监负责组织建立公司法律事务管理和合法合规审核体系及相关制度、政策，指导、协调和监督各管理部门和各业务机构开展法律合规管理工作，领导法律合规管理总部工作。首席运营总监负责监督公司固有、信托和基金项目评审及通过后实施过程的管理和审查，组织制定包括项目持续检查、评价、预警和处置的风险监控制度，指导、协调和监督项目风险排查、紧急预案、风险化解工作，并定期向董事会或公司管理层报送风险排查报告。公司设立项目评审管理委员会，负责对董事会授权范围内的信托业务和固有业务等进行审查，就风险管理等内容进行审议，并出具业务评审意见。公司设立独立的风险管理总部、法律合规管理总部、运营管理总部负责全面风险管理，对公司经营和业务活动具体开展风险识别、评估、监控和报告等风险管理日常工作。公司设立稽核管理总部对公司的风险管理工作进行独立的监督和检查，并将全面风险管理纳入内部稽核审计范畴，定期审查和评价全面风险管理的充分性和有效性，从而改善公司经营管理和风险控制的效果，促进公司稳健发展。

4.5.2　风险状况

4.5.2.1　信用风险状况

信用风险是公司存续信托项目面临的主要风险，主要是指因交易对手违约而造成财产损失的风险，又称违约风险，主要表现为客户交易违约或借款人信用等级下降等原因，造成交易对手不能或不愿履行合约承诺而使信托财产和固有财产遭受潜在损失的可能性。信用风险的产生主要来自经济运行周期以及企业自身经营特殊事件的影响。当信用风险发生时，如受托人没有尽职管理、安排预算不恰当时，或信托项目违法违规未能如期执行时，会导致发生流动性风险。信用风险压力主要表现在融资类业务中，对于此类风险，公司严格要求前期的详细尽调、中期的独立审查与评估、后期的及时跟踪管理，同时针对交易对手信用资质情况，要求提供相应的抵押、质押、保证以及其他一些增信措施，防范信用风险；投资业务相关的信用风险，主要体现在交易对手的履约意愿和履约能力，公司严格按照内部决策流程对投资进行信用评估，选取具有较高信用资质的交易对手，同时从多个维度对投资业务设定风险额度来控制信用风险。

4.5.2.2　市场风险状况

市场风险是指因市场价格（利率、汇率、股票价格和商品价格）的不利变动而使公司所开展业务发生损失的风险。公司市场风险主要涉及证券投资和股权投资自营业务、信托业务以及上市公司股权质押融资、不动产投资信托业务等。对于此类业务，公司本着审慎原则，合理配置资产，通过合理的交易安排和严密的管理措施，勤勉、尽职履行受托人职责，最大限度上保障受益人的资金安全。同时，市场风险还具有很强的传导效应，如销售下降、成本上升等因素导致交易对手的信用风险，因此对于此类业务同样采取严格的流程要求以及尽可能取得增信措施来防范风险。

4.5.2.3　操作风险状况

操作风险是指由于不完善或有问题的内部程序、员工、信息科技系统或外部事件所造成损失的风险，主要表现为由于公司治理机制、内部控制失效或者有关责任人出现失误、欺诈等问题，公司没有充分及时地做好尽职调查、持续监控、信息披露等工作，未能及时作出应有的反应，或作出的反应明显有失专业和常理，甚至违规违约；公司没有履行勤勉尽职管理的义务，或者无法出具充分有效的证据和记录，证明自己已履行勤勉尽职管理的义务。对于此类风险，公司建立了有效的风险内控体系，明确并不断优化各项业务的操作规程，同时，由稽核管理总部按期对公司业务开展情况进行稽核，对各职能部门进行管理审计，通过规范各项业务流程、加强内控等手段有效防控操作风险，报告期内未发生重大操作风险事件。

4.5.2.4　其他风险状况

公司面临的其他风险主要还有法律风险、合规风险以及声誉风险。法律风险是指公司因没有遵守法律、法规或监管规定而可能遭受法律制裁、监管处罚，从而给公司或投资人带来经济损失的风险。合规风险是指因没有遵循法律、规则和准则可能遭受法律制裁、监管处罚、重大财务损失和声誉损失的风险。声誉风险是指公司经营管理行为导致外部负面评价的风险。目前，公司的法律风险、合规风险及声誉风险均处于较低水平。

4.5.3　风险管理

4.5.3.1　信用风险管理

公司严格按照业务流程、制度规定和相应程序开展各项业务，确保决策者充分了解业务涉及的信用风险。公司强调全流程风险管理、强调风险管理关口前置、强调完善信用风险管理的制度体系、强调对交易对手履约情况的持续跟踪，以各类业务准入政策、业务报审及审批流程等为抓手，严格执行信用风险的事前防范、事中控制和事后检查制度。由业务部门对交易对手进行全面、深入的信用调查与分析，形成客观、翔实的尽职调查报告；法律合规管理总部和风险管理总部根据业务部门的尽职调查情况，独立开展有关调查，对项目信用风险进行充分的评估和审核，对于融资类业务严格落实贷款担保等措施，对抵（质）押物权属有效性、合法性进行审查，并借助外部专业机构力量客观、公允评估抵押物价值；对于投资类业务严格按照内部决策流程进行信用评估，选取具有较高资质的交易对手，从多个维度对投资业务设定风险限额，通过分散投资、设置合理投资节点、设置对赌条款等多项措施对信用风险进行防范；业务部门和运营管理总部在项目实施过程中共同负责对项目进行日常跟踪管理，同时密切关注交易对手的信用状况、抵（质）押物价值和保证人担保能力的变化、投资标的经营情况变化和价值变动，并根据具体情况采取有效的应对措施，在项目发生风险预警时，业务部门和运营管理总部及时制定应对措施以防范风险的发生或扩大；项目结束后稽核管理总部进行稽核审计和项目评价，以进一步提高对项目的信用风险管理水平。

本公司参照《非银行金融机构资产风险分类指导原则》（试行）对风险资产进行五级分类。

4.5.3.2　市场风险管理

公司建立健全市场风险的识别、计量、监测和控制程序，以确保市场风险管理能够与业务的性质、规模、复杂程度和风险特征相适应，与能够承担的总体市场风险水平相一致；同时，加强对宏观经济和市场的研究，及时跟踪市场价格波动情况，对每项业务和产品中的市场风险因素进行分解和分析，以及时准确识别所有业务中市场风险的类别和性质。公司市场风险管理目标是通过将市场风险控制在公司可承受的合理范围内，实现经风险调整后的收益最大化，主要通过设置合理的收益率对风险进行定价，实现对风险的有效补偿；通过加强对证券投资产品单位净值、抵（质）押物价格变化、投资标的价值变化的日常监控，以防范市场价格波动带来的风险；定期对房地产业务进行压力测试，分析在不同风险程度下房地产项目的抗风险能力，从而及时发现并预防市场风险。

4.5.3.3　操作风险管理

公司通过强化内控基础，优化内控措施，持续提升风险管理体系的运行效率和效果。公司定期对公司内部控制规章制度及业务流程进行梳理和完善，以业务流程为主线，不断完善前台、中台、后台的协作与制约体系，对重要的业务环节，实行双人双岗复核，及时对业务管理系统进行升级，并加强对操作流程的监督、检查，及时排除操作风险隐患，有效防范操作风险。

4.5.3.4　其他风险管理

法律风险管理方面，公司高度重视法律风险的防范，定期对合同范本进行修订，不断加强对合同的审查力度。对于创新及重大项目，公司要求聘请外部律师出具法律意见，从业务源头和操作环节防范和化解法律风险。

合规风险管理方面，公司积极稳妥地推进合规管理体系建设，充分借鉴银行业、证券业和保险业良好的合规管理经验，按照监管机构政策，结合自身合规工作积累，持续完善合规管理的组织框架、管理范围、运行机制和工作流程。

声誉风险管理方面，公司及时向投资者和监管层进行信息披露，持续关注新闻舆情，还借助信托业协会的《信托资讯》《每日舆情》等做好舆情监测，就重点事件积极采取应对措施，防范和化解声誉风险。

5. 2016 年度及上年度比较式会计报表

5.1　固有资产

5.1.1　会计师事务所审计意见全文

审 计 报 告

中兴华审字（2017）第 010881 号

中国民生信托有限公司全体股东：

我们审计了后附的中国民生信托有限公司（以下简称民生信托公司）财务报表，包括 2016 年 12 月 31 日的资产负债表（固有），2016 年度的利润表（固有）、现金流量表（固有）和股东权益变动表（固有）以及财务报表附注（固有）。

一、管理层对财务报表的责任

编制和公允列报财务报表是民生信托公司管理层的责任，这种责任包括：（1）按照企业会计准则的规定编制财务报表，并使其实现公允反映；（2）设计、执行和维护必要的内部控制，以使财务报表不存在由于舞弊或错误而导致的重大错报。

二、注册会计师的责任

我们的责任是在执行审计工作的基础上对财务报表发表审计意见。我们按照中国注册会计师审计准则的规定执行了审计工作。中国注册会计师审计准则要求我们遵守中国注册会计师职业道德守则，计划和执行审计工作以对财务报表是否不存在重大错报获取合理保证。

审计工作涉及实施审计程序，以获取有关财务报表金额和披露的审计证据。选择的审计程序取决于注册会计师的判断，包括对由于舞弊或错误导致的财务报表重大错报风险的评估。在进行风险评估时，注册会计师考虑与财务报表编制和公允列报相关的内部控制，以设计恰当的审计程序，但目的并非对内部控制的有效性发表意见。审计工作还包括评价管理层选用会计政策的适当性和作出会计估计的合理性，以及评价财务报表的总体列报。

我们相信，我们获取的审计证据是充分、适当的，为发表审计意见提供了基础。

三、审计意见

我们认为，民生信托公司财务报表在所有重大方面按照企业会计准则的规定编制，公允反映了民生信托公司 2016 年 12 月 31 日的财务状况以及 2016 年度的经营成果和现金流量。

中兴华会计师事务所（特殊普通合伙）

中国·北京

中国注册会计师：

中国注册会计师：
彭文祖
110002310028

二〇一七年四月十八日

5.1.2 资产负债表

资产负债表

编制单位:中国民生信托有限公司　　2016 年 12 月 31 日　　单位:元

资产	期末余额	年初余额	负债及所有者(股东)权益	期末余额	年初余额
资产:			负债:		
货币资金	2 419 839 517.79	2 065 043 082.57	拆入资金	1 800 000 000.00	600 000 000.00
拆出资金			交易性金融负债		
交易性金融资产		100 320 833.33	卖出回购金融资产款		
买入返售金融资产			应付职工薪酬	599 539 239.03	351 216 351.83
应收账款	53 043 973.54	51 187 794.57	预收账款	107 886 683.51	76 135 861.62
预付账款			应交税费	179 555 506.59	84 882 054.09
应收利息	659 312.50	1 551 109.99	应付利息	2 699 444.44	2 186 666.67
应收股利			应付股利		
其他应收款	65 333 787.21	45 053 597.21	其他应付款	24 867 143.50	1 568 162.72
贷款		386 100 000.00	预计负债		
可供出售金融资产	10 007 041 000.00	1 993 650 000.00	递延收益		
持有至到期投资			递延所得税负债		80 208.33
长期股权投资			其他负债		
投资性房地产			负债合计	2 714 548 017.07	1 116 069 305.26
在建工程	6 120 777.44				
固定资产	11 466 611.83	5 767 675.12			
固定资产清理			所有者(股东)权益:		
无形资产	10 292 945.71	8 356 524.69	实收资本(或股本)	7 000 000 000.00	3 000 000 000.00
长期待摊费用	4 515 482.44	8 954 781.37	资本公积	1 687 200 000.00	
递延所得税资产	68 473 492.74	43 820 440.02	减:库存股		
其他资产	151 913.76		盈余公积	158 659 102.42	63 513 675.99
			一般风险准备	151 909 207.02	38 741 267.08
			信托赔偿准备	79 329 551.21	31 756 838.00
			未分配利润	855 292 937.24	459 724 752.54
			外币报表折算差额		
			归属于母公司所有者权益合计		
			少数股东权益		
			所有者(股东)权益合计	9 932 390 797.89	3 593 736 533.61
资产总计	12 646 938 814.96	4 709 805 838.87	负债和所有者(股东)权益总计	12 646 938 814.96	4 709 805 838.87

5.1.3 利润表

利润表

编制单位:中国民生信托有限公司　　2016 年度　　单位:元

项目	本年累计数	上年同期数
一、营业收入	1 920 814 932.53	1 082 144 041.05
利息净收入	64 211 775.67	71 092 770.70
利息收入	92 535 386.78	102 056 881.81
利息支出	28 323 611.11	30 964 111.11
手续费及佣金净收入	1 203 962 946.06	796 548 624.35
手续费及佣金收入	1 205 812 619.68	801 356 472.50
手续费及佣金支出	1 849 673.62	4 807 848.15
公允价值变动收益(损失以“-”号填列)		-4 447 512.68

续表

项目	本年累计数	上年同期数
投资收益(损失以"－"号填列)	385 339 800.30	211 893 341.75
其中:对联营企业和合营企业的投资收益		
汇兑收益(损失以"－"号填列)		
其他业务收入	267 300 410.50	7 056 816.93
二、营业成本	651 425 526.04	567 616 211.17
其中:营业支出		
税金及附加	30 462 689.01	60 743 629.78
业务及管理费	617 680 878.48	505 776 088.02
资产减值损失	−3 685 408.38	496 493.37
其他业务成本	6 967 366.93	600 000.00
三、营业利润(亏损以"－"号填列)	1 269 389 406.49	514 527 829.88
加:营业外收入	8 001 105.60	15 431 600.00
减:营业外支出	40 043.35	
四、利润总额(亏损总额以"－"号填列)	1 277 350 468.74	529 959 429.88
减:所得税费用	325 896 204.46	138 708 548.76
五、净利润(净亏损以"－"号填列)	951 454 264.28	391 250 881.12
归属于母公司所有者的净利润	951 454 264.28	391 250 881.12
少数股东损益		
六、每股收益:		
(一)基本每股收益		
(二)稀释每股收益		

5.1.4 所有者权益变动表

所有者权益变动表

编制单位:中国民生信托有限公司　　2016 年度　　单位:元

项目	本年金额						
	归属于母公司所有者权益						所有者权益合计
	实收资本(或股本)	资本公积	盈余公积	一般风险准备	信托赔偿准备金	未分配利润	
一、上年年末余额	3 000 000 000.00		63 513 675.99	38 741 267.08	31 756 838.00	459 724 752.54	3 593 736 533.61
二、本年年初余额	3 000 000 000.00		63 513 675.99	38 741 267.08	31 756 838.00	459 724 752.54	3 593 736 533.61
三、本年增减变动金额(减少以"－"号填列)	4 000 000 000.00	1 687 200 000.00	95 145 426.43	113 167 939.94	47 572 713.21	395 568 184.70	6 338 654 264.28
(一)净利润						951 454 264.28	951 454 264.28
(二)其他综合收益							

续表

项目	本年金额						
	归属于母公司所有者权益						所有者权益合计
	实收资本(或股本)	资本公积	盈余公积	一般风险准备	信托赔偿准备金	未分配利润	
上述(一)和(二)小计						951 454 264. 28	951 454 264. 28
(三)所有者投入和减少资本	4 000 000 000. 00	1 687 200 000. 00					5 687 200 000. 00
1. 所有者投入资本	4 000 000 000. 00	1 687 200 000. 00					5 687 200 000. 00
(四)利润分配			95 145 426. 43	113 167 939. 94	47 572 713. 21	-555 886 079. 58	-300 000 000. 00
1. 提取盈余公积			95 145 426. 43			-95 145 426. 43	
2. 提取一般风险准备				113 167 939. 94		-113 167 939. 94	
3. 提取信托赔偿准备金					47 572 713. 21	-47 572 713. 21	
4. 对所有者(或股东)的分配						-300 000 000. 00	-300 000 000. 00
(五)所有者权益内部结转							
1. 资本公积转增资本(或股本)							
四、本年年末余额	7 000 000 000. 00	1 687 200 000. 00	158 659 102. 42	151 909 207. 02	79 329 551. 21	855 292 937. 24	9 932 390 797. 89

所有者权益变动表(续)

编制单位:中国民生信托有限公司 2016 年度 单位:元

项目	上年金额						
	归属于母公司所有者权益						所有者权益合计
	实收资本(或股本)	资本公积	盈余公积	一般风险准备	信托风险准备	未分配利润	
一、上年年末余额	2 000 000 000. 00	1 000 000 000. 00	24 388 587. 88	6 586 964. 53	12 194 293. 94	209 315 806. 14	3 252 485 652. 49
二、本年年初余额	2 000 000 000. 00	1 000 000 000. 00	24 388 587. 88	6 586 964. 53	12 194 293. 94	209 315 806. 14	3 252 485 652. 49
三、本年增减变动金额(减少以"-"号填列)	1 000 000 000. 00	-1 000 000 000. 00	39 125 088. 11	32 154 302. 55	19 562 544. 06	250 408 946. 40	341 250 881. 12
(一)净利润						391 250 881. 12	391 250 881. 12
(二)其他综合收益							
上述(一)和(二)小计						391 250 881. 12	391 250 881. 12
(三)所有者投入和减少资本							
1. 所有者投入资本							
(四)利润分配	—	—	39 125 088. 11	32 154 302. 55	19 562 544. 06	-140 841 934. 72	-50 000 000. 00
1. 提取盈余公积			39 125 088. 11			-39 125 088. 11	—
2. 提取一般风险准备				32 154 302. 55		-32 154 302. 55	—
3. 提取信托赔偿准备金					19 562 544. 06	-19 562 544. 06	—
4. 对所有者(或股东)的分配						-50 000 000. 00	-50 000 000. 00
(五)所有者权益内部结转	1 000 000 000. 00	-1 000 000 000. 00					
1. 资本公积转增资本(或股本)	1 000 000 000. 00	-1 000 000 000. 00					
四、本年年末余额	3 000 000 000. 00	—	63 513 675. 99	38 741 267. 08	31 756 838. 00	459 724 752. 54	3 593 736 533. 61

5.2 信托资产

5.2.1 信托项目资产负债汇总表

信托项目资产负债汇总表

2016年12月31日

单位：万元

信托资产	2016年12月31日	2015年12月31日
信托资产：		
货币资金	362 472.32	531 900.68
拆出资金	0.00	0.00
存出保证金	0.00	0.00
交易性金融资产	1 962 945.70	624 671.54
衍生金融资产	0.00	0.00
买入返售金融资产	70 452.65	0.00
应收款项	11 994.19	29 346.18
发放贷款	4 737 383.56	5 964 655.82
可供出售金融资产	3 182 673.77	687 579.79
持有至到期投资	0.00	0.00
长期应收款	569 948.23	1 167 903.00
长期股权投资	388 373.88	137 399.65
投资性房地产	0.00	0.00
固定资产	0.00	0.00
无形资产	0.00	0.00
长期待摊费用	15.67	0.00
其他资产	3 054 213.56	2 193 141.53
减：各项资产减值准备	0.00	0.00
信托资产总计	14 340 473.53	11 336 598.19
信托负债和信托权益	2016年12月31日	2015年12月31日
信托负债：		
交易性金融负债	0.00	0.00
衍生金融负债	0.00	0.00
应付受托人报酬	4 917.36	5 106.06
应付托管费	117.51	80.90
应付受益人收益	35 581.36	17 377.12
应交税费	0.00	0.00
应付销售服务费	0.00	0.00
其他应付款项	19 095.39	114 834.97
预计负债	0.00	0.00
其他负债	0.00	0.00
信托负债合计	59 711.62	137 399.05
信托权益：		
实收信托	14 275 552.99	11 122 807.38
资本公积	44 958.28	7 452.88
外币报表折算差额	0.00	0.00
未分配利润	−39 749.36	68 938.88
信托权益合计	14 280 761.91	11 199 199.14
信托负债及信托权益总计	14 340 473.53	11 336 598.19

5.2.2　信托项目利润及利润分配汇总表

信托项目利润及利润分配汇总表

2016年度　　单位:万元

项目	2016年度	2015年度
1. 营业收入	944 805.55	789 907.65
1.1 利息收入	493 200.26	482 329.22
1.2 投资收益	403 128.13	407 371.42
1.2.1 对联营企业和合营企业的投资收益	0.00	0.00
1.3 公允价值变动损益	38 641.49	-99 909.56
1.4 租赁收入	0.00	0.00
1.5 汇兑损益	0.00	0.00
1.6 其他收入	9 835.67	116.57
2. 支出	141 679.83	120 535.40
2.1 营业税金及附加	358.10	369.44
2.2 受托人报酬	94 944.65	58 749.88
2.3 托管费	4 150.68	3 894.08
2.4 投资管理费	0.00	0.00
2.5 销售服务费	8 551.00	11 861.22
2.6 交易费用	4 305.70	3 130.43
2.7 资产减值损失	0.00	0.00
2.8 其他费用	29 369.70	42 530.35
3. 信托净利润	803 125.72	669 372.25
4. 其他综合收益	20 595.63	-33 686.44
5. 综合收益	823 721.35	635 685.81
6. 加:期初未分配信托利润	68 938.88	159 479.46
7. 可供分配的信托利润	872 064.60	828 851.71
8. 减:本期已分配信托利润	911 813.96	759 912.83
9. 期末未分配信托利润	-39 749.36	68 938.88

6. 会计报表附注

6.1　会计报表编制基准不符合会计核算基本前提的说明

公司会计报表编制基准不存在不符合会计核算基本前提的情况。

公司执行财政部2006年2月15日颁布的企业会计准则及其后续规定。公司以持续经营为基础,根据实际发生的交易和事项,按照《企业会计准则——基本准则》和其他各项会计准则的规定进行确认和计量,在此基础上编制2016年度财务报表。

6.2　重要会计政策和会计估计说明

6.2.1　计提资产减值准备的范围和方法

6.2.1.1　本公司计提减值准备范围

以公允价值计量且其变动计入当期损益的金融资产以外的金融资产、长期股权投资、投资性房地产、固定资产、无形资产等。

6.2.1.2　计提减值准备的方法

6.2.1.2.1　金融资产的减值

本公司在资产负债表日对以公允价值计量且其变动计入当期损益的金融资产以外的金融资产的账面价值进行检查,有客观证据表明该金融资产发生减值的,将确认减值损失,计入当期损益。对于预期未来事项可能导致的损失,无论其发生的可能性有多大,均不作为减值损失予以确认。

(1)持有至到期投资、贷款和应收款项减值损失的计量。

持有至到期投资、贷款和应收款项(以摊余成本后续计量的金融资产)的减值准备,按该金融资产预计未来现金流量现值低于其账面价值的差额计提,计入当期损益。

本公司对单项金额重大的金融资产单独进行减值测试,对单项金额不重大的金融资产,单独或包括在具有类似信用风险特征的金融资产组合中进行减值测试。单独测试未发生减值的金融资产,无论单项金额重大与否,仍将包括在具有类似信用风险特征的金融资产组合中再进行减值测试。已单独确认减值损失的金融资产,不包括在具有类似信用风险特征的金融资产组合中进行减值测试。本公司对以摊余成本计量的金融资产确认资产减值损失后,如有客观证据表明该金融资产价值已经恢复,且客观上与确认该损失后发生的事项有关,原确认的减值损失予以转回,计入当期损益。

(2)可供出售金融资产。

可供出售金融资产的公允价值发生非暂时性下跌时,即使该金融资产没有终止确认,原直接计入资本公积的因公允价值下降形成的累计损失,也予以转出,计入当期损益。

在活跃市场中没有报价且其公允价值不能可靠计量的可供出售权益工具投资,或与该权益工具挂钩并须通过交付该权益工具结算的衍生金融资产发生减值时,本公司将该权益工具投资或衍生金融资产的账面价值,与按照类似金融资产当时市场收益率对未来现金流量折现确定的现值之间的差额,确认为减值损失,计入当期损益。

对可供出售债务工具确认资产减值损失后,如有客观证据表明该金融资产价值已经恢复,且客观上与确认损失后发生的事项有关,原确认的减值损失予以转回,计入当期损益。

可供出售权益工具投资发生的减值损失,不得通过损益转回。同时,在活跃市场中没有报价且其公允价值不能可靠计量的权益工具投资或与该权益工具挂钩并须通过交付该权益工具结算的衍生金融资产发生的减值损失,不予转回。

6.2.1.2.2　长期股权投资的减值

长期股权投资运用个别方法评估减值损失。长期股权投资发生减值时,本公司将此长期股权投资的账面价值,与按照类似金融资产当时市场收益率对未来现金流量折现确定的现值之间的差额,确认为减值损失,计入当期损益。

6.2.1.2.3　其他非金融长期资产的减值

本公司在资产负债表日根据内部及外部信息以确定下列资产是否存在减值的迹象,包括固定资产、无形资产、采用成本模式计量的投资性房地产。

本公司对存在减值迹象的资产进行减值测试,估计资产的可收回金额。可收回金额的估计结果表明,资产的可收回金额低于其账面价值的,资产的账面价值会减记至可收回金额,减记的金额确认为资产减值损失,计入当期损益,同时计提相应的资产减值准备。

6.2.2　金融资产四分类的范围和标准

本公司在初始确认时按取得资产的目的,把金融资产分为不同类别:以公允价值计量且其变动计入当期损益的金融资产、持有至到期投资、贷款及应收款项以及可供出售金融资产。

6.2.2.1 金融资产、金融负债公允价值的确定

存在活跃市场的金融资产或金融负债，以活跃市场的报价确定其公允价值，活跃市场的报价包括易于定期从交易所、经纪商、行业协会、定价服务机构等获得的价格，且代表了在公平交易中实际发生的市场交易额的价格；不存在活跃市场的金融资产或金融负债，采用估值技术确定其公允价值。估值技术包括参考熟悉情况并自愿交易的各方最近进行的市场交易中使用的价格、参照实质上相同的其他金融资产或金融负债的当前公允价值、现金流量折现法和期权定价模型等。

6.2.2.2 金融资产转移确认依据和计量

本公司在已将金融资产所有权上几乎所有的风险和报酬转移给转入方时终止对该项金融资产的确认。本公司在金融资产整体转移满足终止确认条件时，将下列两项的差额计入当期损益：

(1)所转移金融资产的账面价值；

(2)因转移而收到的对价，与原直接计入所有者权益的公允价值变动累计额(涉及转移的金融资产为可供出售金融资产的情形)之和。

本公司的金融资产部分转移满足终止确认条件的，将所转移金融资产整体的账面价值，在终止确认部分和未终止确认部分之间，按照各自的相对公允价值进行分摊，并将下列两项金额的差额计入当期损益：

(1)终止确认部分的账面价值；

(2)终止确认部分的对价，与原直接计入所有者权益的公允价值变动累计额中对应终止确认部分的金额(涉及转移的金融资产为可供出售金融资产的情形)之和。

原直接计入所有者权益的公允价值变动累计额中对应终止确认部分的金额，应当按照金融资产终止确认部分和未终止确认部分的相对公允价值，对该累计额进行分摊后确定。

金融资产转移不满足终止确认条件的，继续确认所转移金融资产整体，并将所收到的对价确认为一项金融负债。

对于继续涉入条件下的金融资产转移，公司根据继续涉入所转移金融资产的程度确认有关金融资产和金融负债，以充分反映企业所保留的权利和承担的义务。

6.2.3 交易性金融资产核算方法

以公允价值计量且其变动计入当期损益的金融资产，包括交易性金融资产和直接指定为以公允价值计量且其变动计入当期损益的金融资产。

公司购入的股票、债券、基金等，确定以公允价值计量且其变动计入当期损益的金融资产，按照取得时的公允价值作为初始确认金额，相关的交易费用在发生时计入当期损益。支付的价款中包含已宣告但尚未发放的现金股利或债券利息，单独确认为应收项目。

公司在持有该等金融资产期间取得的利息或现金股利，应当确认为投资收益。

资产负债表日，公司将该等金融资产的公允价值变动计入当期损益。

处置该等金融资产时，该等金融资产公允价值与初始入账金额之间的差额确认为投资收益，同时调整公允价值变动损益。

6.2.4 持有至到期投资

持有至到期投资是指到期日固定、回收金额固定或可确定，且公司有明确意图和能力持有至到期的非衍生金融资产。

公司购入的固定利率国债、浮动利率公司债券等持有至到期投资，按取得时的公允价值和相关交易费用之和作为初始确认金额。支付的价款中包含已宣告发放债券利息的，单独确认为应收项目。

持有至到期投资在持有期间按照摊余成本和实际利率确认利息收入，计入投资收益。实际利率在取得持有至到期投资时确定，在随后期间保持不变。实际利率与票面利率差别很小的，也可按票面利率计算利息收入，计入投资收益。

处置持有至到期投资时，将所取得价款与该投资账面价值之间的差额确认为投资收益。

如公司因持有意图或能力发生改变，使某项投资不再适合作为持有至到期投资，则将其重分类为可供出售金融资产，并以公允价值进行后续计量。重分类日，该投资的账面价值与公允价值之间的差额计入所有者权益，在该可供出售金融资产发生减值或终止确认时转出，计入当期损益。

6.2.5 可供出售金融资产

可供出售金融资产是指初始确认时即被指定为可供出售的非衍生金融资产，以及除下列各类资产以外的金融资产：(1)以公允价值计量且其变动计入当期损益的金融资产；(2)持有至到期投资；(3)贷款和应收款项。

公司可供出售金融资产按取得时的公允价值和相关交易费用之和作为初始确认金额。支付的价款中包含已到付息期但尚未领取的债券利息或已宣告但尚未发放的现金股利，单独确认为应收项目。

公司可供出售金融资产持有期间取得的利息或现金股利，应当确认为投资收益。

资产负债表日，可供出售金融资产按公允价值计量，其公允价值变动计入其他综合收益。

处置可供出售金融资产时，将取得的价款和该金融资产的账面价值之间的差额，计入投资损益，同时，将原直接计入所有者权益的公允价值变动累计额对应处置部分的金额转出，计入投资损益。

6.2.6 长期股权投资

长期股权投资按取得时的初始投资成本入账，初始投资成本的确定遵循《企业会计准则第2号——长期股权投资》的有关规定。

根据《企业会计准则第2号——长期股权投资》的规定，本公司对于纳入合并范围的子公司采用成本法核算，编制合并报表时按照权益法进行调整；对于具有共同控制和重大影响的长期股权投资，采用权益法核算。

长期股权投资的后续计量，遵循《企业会计准则第2号——长期股权投资》的有关规定。

6.2.7 投资性房地产核算方法

公司为赚取租金或资本增值，或两者兼有而持有的房地产，包括已出租的土地使用权、持有并准备增值后转让的土地使用权和已出租的建筑物。

投资性房地产按其取得时的成本进行初始计量，与投资性房地产有关的后续支出，如果与该资产有关的经济利益很可能

流入且其成本能够可靠地计量的，则计入投资性房地产成本。其他后续支出，在发生时计入当期损益。

公司采用成本模式对投资性房地产进行后续计量，采用成本模式计量的建筑物，采用直线法平均计算折旧；采用成本模式计量的土地使用权，采用直线法，按土地使用权的使用年限进行摊销。

6.2.8 固定资产计价和折旧方法

本公司固定资产是指为生产商品、提供劳务、出租或经营管理而持有的使用寿命超过一个会计年度的有形资产。

6.2.8.1 固定资产在同时满足下列条件时，按照成本进行初始计量

(1)与该固定资产有关的经济利益很可能流入企业；

(2)固定资产的成本能够可靠地计量。

6.2.8.2 固定资产折旧

与固定资产有关的后续支出，符合规定的固定资产确认条件的计入固定资产成本；不符合规定的固定资产确认条件的在发生时直接计入当期损益。

本公司的固定资产折旧方法为年限平均法。

各类固定资产的使用年限、残值率、年折旧率列示如下：

类 别	预计使用年限(年)	残值率(%)	年折旧率(%)
办公电子设备	3	5	31.67
办公用具	3	5	31.67
器具工具家具	5	5	19

本公司在每个会计年度终了，对固定资产的使用寿命、预计净残值和折旧方法进行复核。使用寿命与原先估计数有差异的，调整固定资产使用寿命；预计净残值预计数与原先估计数有差异的，调整预计净残值；与固定资产有关的经济利益预期实现方式有重大改变的，改变固定资产折旧方法。固定资产使用寿命、预计净残值和折旧方法的改变作为会计估计变更。

6.2.9 无形资产计价及摊销政策

6.2.9.1 无形资产的确认

公司将企业拥有或者控制的没有实物形态，并且与该资产相关的预计未来经济利益很可能流入企业、该资产的成本能够可靠计量的可辨认非货币性资产确认为无形资产。

6.2.9.2 初始计量

(1)外购无形资产的成本，包括购买价款、进口关税和其他税费以及直接归属于使该项资产达到预定用途所发生的其他支出。

(2)投资者投入的无形资产，按照投资合同或协议约定的价值作为成本，但合同或协议预定价值不公允的除外。

6.2.9.3 无形资产的摊销

土地使用权按土地使用权证所列的使用年限平均摊销；外购的专业软件在估计的其能够带来经济利益的期限内平均摊销。

资产负债表日公司将对使用寿命有限的无形资产的使用寿命及摊销方法进行复核。无形资产的使用寿命及摊销方法与以前估计不同的，可改变其摊销期限和摊销方法。

6.2.10 长期待摊费用核算方法

长期待摊费用是指已经支出且金额大于3万元，且受益期限在1年以上(不含1年)的各项费用，长期待摊费用在受益期限内平均摊销，受益期限不能预测的，按3年摊销。如果长期待摊费用项目不能使以后会计期间受益的，则将其尚未摊销的摊余价值全部转入当期损益。

6.2.11 收入确认原则和方法

本公司收入是在与交易相关的经济利益很可能流入本企业，且有关收入的金额可以可靠地计量时，按以下原则确认。

6.2.11.1 利息收入

(1)发放贷款和垫款利息收入。按照客户使用本公司货币资金的时间和实际利率计算确定。实际利率与合同约定利率差别较小的，按合同约定利率确认为当期收入。

(2)存放同业利息收入。活期存款按结息日实际收到的金额计入利息收入；定期存款按存款利率和存款时间计算确认利息收入。

6.2.11.2 中间业务收入

按照有关合同或协议约定，在向客户提供相关服务并收到款项时确认收入。

6.2.11.3 投资收益

公司持有交易性金融资产和可供出售金融资产期间取得的利息或现金股利确认为当期收益；处置交易性金融资产时其公允价值与初始入账金额之间的差额，确认为投资收益，同时调整公允价值变动损益。处置可供出售金融资产时，取得的价款与原直接计入所有者权益的公允价值变动累计额的和与该金融资产账面价值的差额，计入投资收益。

采用成本法核算的长期股权投资，被投资单位宣告分派的现金股利或利润，确认为当期投资收益；采用权益法核算的长期股权投资，根据被投资单位实现的净利润或经调整的净利润计算应享有的份额确认投资收益。

6.2.12 所得税的会计处理方法

公司的所得税采用资产负债表债务法核算。当公司的可抵扣暂时性差异在可预见的未来很可能转回且未来很可能获得用来抵扣可抵扣暂时性差异的应纳税所得额时，确认递延所得税资产；当公司存在应纳税暂时性差异时，确认为递延所得税负债。

在资产负债表日，对于当期和以前期间形成的当期所得税负债(或资产)，按照税法规定计算的预期应交纳(或返还)的所得税金额计量；对于递延所得税资产和递延所得税负债，根据税法规定，按照预期收回该资产或清偿该负债期间的适用税率计量。

资产负债表日，公司对递延所得税资产的账面价值进行复核。除企业合并、直接在所有者权益中确认的交易或者事项产生的所得税外，公司当期所得税和递延所得税作为所得税费用或收益计入当期损益。

6.2.13 信托报酬确认原则和方法

事务类信托业务的报酬收入按有关合同、协议规定的时间和方法确认信托报酬收入的实现。

主动管理型信托业务的报酬收入按信托存续期间平均分摊确认收入。

6.3 或有事项说明

报告期内本公司无对外担保及其他或有事项。

6.4 重要资产转让及其出售的说明

报告期内本公司无重要资产转让及出售事项。

6.5 会计报表中重要项目的明细资料

6.5.1 固有资产经营情况

6.5.1.1 信用风险资产五级分类情况

信用风险资产五级分类	正常类（万元）	关注类（万元）	次级类（万元）	可疑类（万元）	损失类（万元）	信用风险资产合计（万元）	不良资产合计（万元）	不良资产率（%）
期初数	258 275.11	—	—	—	—	258 275.11	—	—
期末数	1 012 728.05	—	—	—	—	1 012 728.05	—	—

6.5.1.2 资产损失准备情况

单位：万元

	期初数	本期计提	本年转回	本期注销	期末数
贷款损失准备	390.00	210.00	600.00	—	—
一般准备	390.00	210.00	600.00	—	—
专项准备	—	—	—	—	—
其他资产减值准备	98.78	23.03	1.57	—	120.24
可供出售金融资产减值准备	—	—	—	—	—
持有至到期投资减值准备	—	—	—	—	—
长期股权投资减值准备	—	—	—	—	—
坏账准备	98.78	23.03	1.57	—	120.24
投资性房地产减值准备	—	—	—	—	—

6.5.1.3 股票投资、基金投资、债券投资、股权投资等投资业务情况

单位：万元

	自营股票	基金	债券	长期股权投资	其他投资	合计
期初数	—	—	—	—	209 397.08	209 397.08
期末数	—	—	—	—	1 000 704.10	1 000 704.10

6.5.1.4 公司当年的收入结构

收入结构	金额（万元）	占比（%）
手续费及佣金收入	120 396.29	62.68
其中：信托手续费收入	120 396.29	62.68
投资银行业务收入	—	—
利息净收入	6 421.18	3.34
其他业务收入	26 730.04	13.92
其中：计入信托业务收入部分	26 730.04	13.92
投资收益	38 533.98	20.06
其中：股权投资收益	—	—
证券投资收益	—	—
其他投资收益	38 533.98	20.06
公允价值变动收益		—
营业收入合计	192 081.49	100.00
营业外收支净额	796.11	
收入合计	192 877.60	

6.5.2 信托资产管理情况

6.5.2.1 信托资产的期初数、期末数

单位：万元

信托资产	期初数	期末数
集合类	4 647 146.53	7 757 335.20
单一类	5 620 883.31	5 625 556.93
财产管理类	1 068 568.35	957 581.40
合计	11 336 598.19	14 340 473.53

6.5.2.1.1 主动管理型信托业务的信托资产期初数、期末数

单位：万元

主动管理型信托资产	期初数	期末数
证券投资类	878 420.17	2 397 510.73
股权投资类	57 265.12	258 008.84
融资类	5 248 738.91	4 961 662.05
事务管理类	0.00	0.00
其他投资	268 417.38	2 920 200.38
合计	6 452 841.58	10 537 382.00

6.5.2.1.2 被动管理型信托业务的信托资产期初数、期末数

单位：万元

被动管理型信托资产	期初数	期末数
证券投资类	0.00	0.00
股权投资类	0.00	0.00
融资类	0.00	0.00
事务管理类	4 883 756.61	3 803 091.53
其他投资	0.00	0.00
合计	4 883 756.61	3 803 091.53

6.5.2.2 本年度已清算结束的信托项目个数、实收信托合计金额、加权平均实际年化收益率

6.5.2.2.1 本年度已清算结束的集合类、单一类资金信托项目和财产管理类信托项目个数、实收信托合计金额、加权平均实际年化收益率

已清算结束的信托项目	项目个数（个）	实收信托合计金额（万元）	加权平均实际年化收益率（%）
集合类	68	2 916 493.00	9.9581
单一类	90	4 275 636.76	8.8271
财产管理类	3	135 377.89	9.9339

注：1. 收益率是指信托项目清算后，给受益人赚取的实际收益水平。

2. 加权平均实际年化收益率 =（信托项目 1 的实际年化收益率 × 信托项目 1 的实收信托 + 信托项目 2 的实际年化收益率 × 信托项目 2 的实收信托 + … + 信托项目 n 的实际年化收益率 × 信托项目 n 的实收信托）/（信托项目 1 的实收信托 + 信托项目 2 的实收信托 + … + 信托项目 n 的实收信托）×100%。

6.5.2.2.2 本年度已清算结束的主动管理型信托项目个数、实收信托合计金额、加权平均实际年化收益率

已清算结束的信托项目	项目个数(个)	实收信托合计金额(万元)	加权平均实际年化收益率(%)
证券投资类	2	292 000.00	20.5050
股权投资类	1	50 000.00	9.7881
融资类	64	2 992 210.89	10.0594
其他投资	3	74 900.00	6.3021
事务管理类	—	—	—

6.5.2.2.3 本年度已清算结束的被动管理型信托项目个数、实收信托合计金额、加权平均实际年化收益率

已清算结束的信托项目	项目个数(个)	实收信托合计金额(万元)	加权平均实际年化收益率(%)
证券投资类	—	—	—
股权投资类	—	—	—
融资类	—	—	—
事务管理类	91	3 918 396.76	7.9319

6.5.2.3 本年度新增的集合类、单一类和财产管理类信托项目个数、实收信托合计金额

新增信托项目	项目个数(个)	实收信托合计金额(万元)
集合类	71	8 905 406.42
单一类	56	4 711 495.69
财产管理类	6	179 740.00
新增合计	133	13 796 642.11
其中:主动管理型	88	10 677 652.60
被动管理型	45	3 118 989.51

注:本年新增信托项目指在本报告年度内累计新增的信托项目个数和金额,包含本年度新增并于本年度内结束的项目和本年度新增至报告期末仍在持续管理的信托项目。

6.6 关联方关系及其交易的披露

6.6.1 关联交易方的数量、关联交易的总金额及关联交易的定价原则等

项目	关联交易方数量(个)	关联交易金额(万元)	定价政策
合计	16	1 616 323.45	市场公允价格

6.6.2 关联交易方情况

单位:万元

关系	关联方名称	法定代表人	注册地	注册资本	主营业务
控股股东	武汉中央商务区建设投资股份有限公司	卢志强	武汉市江汉区	3 000 000.00	房地产开发、商品房销售等
同一控股股东	泛海控股股份有限公司	卢志强	北京市东城区	519 620.07	投资及投资管理;资产管理;经营房地产业务及物业管理等
同一控股股东	通海建设有限公司	李 强	上海市黄浦区	250 000.00	房地产开发
同一控股股东	亚太财产保险有限公司	臧 炜	深圳市福田区	400 138.30	财产损失保险等
同一控股股东	武汉泛海城市广场开发投资有限公司	陈贤胜	武汉市江汉区	100 000.00	房地产开发、商品房销售
同一控股股东	泛海物业管理有限公司	黄翼云	北京市朝阳区	5 000.00	物业服务
与本公司受同一最终控制人控制	中国泛海控股集团有限公司	卢志强	北京市东城区	780 000.00	资本经营、资产管理
与本公司受同一母公司控制	泛海能源控股股份有限公司	秦定国	北京市东城区	200 000.00	能源、资源投资及管理
与本公司受同一最终控制人控制	民生财富投资管理有限公司	王 宏	上海市黄浦区	10 000.00	资产管理、投资管理
与本公司受同一最终控制人控制	民生控股股份有限公司	王 宏	青岛市崂山区	53 187.00	股权投资、资产管理
与本公司受同一最终控制人控制	通海控股有限公司	卢志强	北京市朝阳区	21 000.00	实业投资、资产管理;经济技术管理咨询等
与本公司受同一最终控制人控制	民生资本管理有限公司	张 博	北京市东城区	100 000.00	项目投资;投资管理;投资咨询等
与本公司受同一最终控制人控制	深圳市光彩置业有限公司	郑 东	深圳市福田区	50 000.00	房地产开发和经营
与本公司受同一最终控制人控制	民生保险经纪有限公司	王 宏	北京市朝阳区	5 000	在全国区域内(港、澳、台除外)为投保人拟订投保方案、选择保险人、办理投保手续;再保险经纪业务等
公司董事任职	中国民生银行股份有限公司	洪 崎	北京市西城区	2 836 558.52	吸收公众存款;发放短期、中期和长期贷款等
非控股股东	北京首都旅游集团有限责任公司	段 强	北京市朝阳区	236 867.00	旅游业及现代化服务业

6.6.3 本公司与关联方的重大交易事项

6.6.3.1 固有与关联方交易情况

单位：万元

项目	期初数	借方发生数	贷方发生数	期末数
贷款				—
投资		83 585.12	83 585.12	—
租赁	808.42	3 244.55	3 063.19	989.78
担保				—
应收账款				—
其他	27.74	96.27	124.12	-0.11
合计	836.16	86 925.93	86 772.42	989.67

6.6.3.2 信托与关联方交易情况

单位：万元

项目	期初数	本期发生额	期末数
关联方投入信托本金	885 574.31	779 783.47	1 665 357.78
向关联方分配信托收益		116 102.25	
向关联方支付费用		952.85	

6.6.3.3 公司固有资金运用于自己管理的信托项目和基金（固信交易），信托公司管理的信托项目之间的相互（信信交易）交易金额，包括余额和本报告年度的发生额

6.6.3.3.1 固有与信托财产之间的交易

单位：万元

项目	期初数	本期发生额	期末数
投资本金	86 757.08	457 717.02	544 474.10
投资收益		8 009.16	

6.6.3.3.2 固有与基金之间的交易

单位：万元

项目	期初数	本期发生额	期末数
投资本金	48 000.00	130 400.00	178 400.00
投资收益		7 681.77	

6.6.3.3.3 信托项目之间的交易

单位：万元

项目	期初数	本期发生额	期末数
合计	29 650.00	28 751.00	58 401.00

7. 财务情况说明书

7.1 利润实现和分配情况

2016年公司实现净利润95 145.43万元。根据财政部《金融企业准备金计提管理办法》（财金[2012]20号）规定，从净利润中足额提取风险资产一般准备金11 316.79万元；根据《公司章程》规定，以净利润的10%足额提取了法定盈余公积金9 514.54万元，以净利润的5%足额提取了信托赔偿准备金4 757.27万元；期末未分配利润累计为85 529.29万元。

7.2 主要财务指标

指标名称	指标值
资本利润率（ROE）（%）	13.08
信托年化报酬率（%）	0.91
人均净利润（万元）	369.68

注：1. 资本利润率＝净利润/所有者权益平均余额×100%。

2. 信托报酬率＝信托业务收入/实收信托平均余额×100%

3. 人均净利润＝净利润/年平均人数。

4. 平均值采取年初、年末余额简单平均法。

5. 公式为 A（平均）＝（$A0/2+A1+A2+A3+A4/2$）/4。

7.3 对本公司财务状况、经营成果有重大影响的其他事项

根据公司2015年度股东会决议，中国泛海控股集团有限公司将其持有的中国民生信托有限公司59.65%的股权全部转让给武汉中央商务区建设投资股份有限公司，转让价格以民生信托截至2015年末的股权评估价值确定，股权转让总价款为272 961.98万元（含权）。

根据公司2015年度股东会决议，中国民生信托有限公司注册资本由30亿元增至70亿元，新增注册资本40亿元。新增注册资本40亿元由武汉中央商务区建设投资股份有限公司以其2015年度利润分配后股权评估值认购，总价款为568 720万元，其中股本400 000万元，溢价部分计入资本公积。截至2016年4月28日，增资款已全部到位，并已由中兴华会计师事务所出具验资报告（中兴华验字（2016）第BJ04－0013号）。

8. 特别事项揭示

8.1 前五名股东报告期内变动情况及原因

报告期内，根据《关于中国民生信托有限公司变更股权、增资及调整股权结构的批复》（银监复[2016]87号），同意公司原股东中国泛海控股集团有限公司将其持有的公司59.65%股权全部转让给武汉中央商务区建设投资股份有限公司，武汉中央商务区建设投资股份有限公司成为公司第一大股东；公司新增注册资本40亿元，由武汉中央商务区建设投资股份有限公司认购。2016年3月29日，公司注册资本由30亿元增至70亿元。增资完成后股东情况详见下表：

序号	股东名称	变动后	
		出资额（万元）	出资比例（%）
1	武汉中央商务区建设投资股份有限公司	578 950	82.7071
2	浙江泛海建设投资有限公司	75 000	10.7143
3	北京首都旅游集团有限责任公司	45 000	6.4286
4	中国青旅集团公司	600	0.0857
5	中国铁道旅行社	300	0.0429
6	中国康辉旅行社集团有限责任公司	150	0.0214
合计		700 000	100%

8.2 董事、监事及高级管理人员变动情况及原因

2016年1月，郭庆卫因个人原因，辞去公司副总裁职务。

2016年5月6日，经2016年第一次临时股东会审议通过，选举卢志强、李明海、张博、王彤、陈基建、张喜芳、陈怀东、李源光为第二届董事会董事，选举齐逢昌、田忠华、刘纪鹏为第二届董事会独立董事。选举王宏、李能、赵英伟、刘冰、刘国升、石磊为第二届监事会股东代表监事。公司职工代表大会选举冯宗苏、吴斌、欧阳燕红为第二届监事会职工代表监事。

2016年5月6日，经第二届董事会第一次会议审议通过，选举卢志强为公司董事长；选举李明海、张博为公司副董事长；选举卢志强、李明海、张博、王彤、张喜芳为公司执行董事；聘任张博为公司总裁；聘任王彤为公司首席稽核总监兼董事会秘书；聘任冯壮勇为公司首席法律合规总监；聘任赵东为公司首席财务总监；聘任田吉申为公司首席风险控制总监；聘任林德琼为公司执行副总裁；聘任易宏伟、李庆平、解玉平、董军、李杰为公司副总裁；聘任李永平、钟天翔为公司助理总裁。

2016年9月，李庆平因个人原因，辞去公司副总裁职务。

2016年10月，经2016年第二次临时股东会审议通过，增选严法善为公司第二届董事会独立董事。

除上述事项外，报告期内无其他应揭示事项。

8.3 变更注册资本、注册地或公司名称及公司分立合并事项

2016年3月29日，公司注册资本由30亿元增至70亿元。公司完成了工商注册变更登记程序，并取得新换发的营业执照。

除上述事项外，报告期内无其他应揭示事项。

8.4 公司的重大诉讼事项

报告期内无上述事项。

8.5 公司及其董事、监事和高级管理人员受到处罚的情况

报告期内无上述事项。

8.6 对银监会及其派出机构所提监管意见的整改情况

报告期内无上述事项。

8.7 重大事项临时报告情况

2016年5月31日，公司在《证券时报》B4版发布《中国民生信托有限公司股东变更、增加注册资本及修改公司章程的公告》。

8.8 其他有必要让客户及相关利益人了解的重要信息

公司始终坚持“受益人利益最大化”的宗旨，高度重视消费者保护工作。2016年，根据相关法律法规，公司加强消费者权益保护管理工作，进一步梳理了消费者权益保护工作制度、准则和管理办法，切实为客户提供优质的金融服务，积极分析和解决客户反映的问题，不断提升客户的满意度和忠诚度。

公司对产品设计研发进行严格审批管理，对产品销售过程要求销售人员充分向消费者进行风险提示，严格执行信托产品销售过程录音录像的要求，同时通过公司官方网站等形式对在售产品及存续产品的过程管理信息按时对外披露。此外，公司积极开展投资者教育工作，持续关注新闻舆情，时刻接受消费者的监督并跟踪处理结果。

9. 公司监事会意见

公司建立了较为完善的公司法人治理结构，进一步加强了内部控制和风险管理的体系建设，优化了内部管理制度、业务流程和审计稽核制度。公司决策事项程序合法，公司董事及高级管理人员能够按照有关法律法规、《公司章程》及监管部门的要求，认真履行相关职责，勤勉工作，积极维护股东利益、公司利益和客户利益。

公司财务管理制度及会计制度运行规范，会计处理严格遵循企业会计准则和国家有关法规的规定。公司审计稽核制度运行有效，能够及时预防、发现及纠正公司经营过程中可能出现的重大问题。

中海信托股份有限公司

1. 重要提示

1.1 本公司董事会及董事保证本报告所载资料不存在任何虚假记载、误导性陈述或者重大遗漏,并对其内容的真实性、准确性和完整性承担个别及连带责任。

1.2 公司胡维翊先生、张秉训先生声明:保证本报告的内容真实、准确、完整。

1.3 立信会计师事务所对本公司出具了标准无保留意见的审计报告。

1.4 公司董事长温冬芬女士、总裁黄晓峰先生、财务总监刘显忠先生、会计机构负责人朱玲女士声明:保证年度报告中财务报告的真实、准确、完整。

2. 公司概况

2.1 公司简介

中海信托股份有限公司(以下简称中海信托或公司)系由中国海洋石油总公司(以下简称中国海油)和中国中信有限公司(以下简称中信有限)共同投资设立的国有非银行金融机构。

中海信托秉承"诚信稳健、忠人所托"的经营理念,坚持"风控优先"的低风险发展道路,经过多年的探索和实践,资产管理能力持续提升。2016 年,中海信托管理信托资产余额为 3 453.43亿元,全年累计管理信托资产规模 6 731.66 亿元,实现营业收入 13.83 亿元,实现利润总额 12.10 亿元,人均净利润 694.50 万元,连续 13 年保持新增不良资产为零。

2.1.1 公司情况简表

公司名称(简称)	中海信托股份有限公司(中海信托)
公司英文名称(缩写)	Zhonghai Trust Co., Ltd. (ZHTRUST)
公司法定代表人	黄晓峰
主要营业场所	上海市蒙自路 763 号 36 楼
公司网站	http://www.zhtrust.com

2.1.2 主要联系人及联系方式

信息披露负责人	刘显忠
联系电话	021-23191688
传真	021-63086070
电子信箱	service@zhtrust.com
联系地址	上海市蒙自路 763 号 36 楼
邮政编码	200023

2.1.3 其他事项

2.1.3.1 公司选定《中国证券报》《证券时报》《上海证券报》作为本次信息披露的报纸。公司年报全文将备置在公司营业场所及网站供查询。

2.1.3.2 公司年报审计会计师事务所:立信会计师事务所

联系地址:北京市西城区北三环中路 29 号院 3 号楼 28 层

邮政编码:100029

2.1.3.3 公司常年法律顾问:上海市锦天城律师事务所

联系地址:上海市浦东新区花园石桥路 33 号花旗大厦 14 层

邮政编码:200120

2.2 组织结构

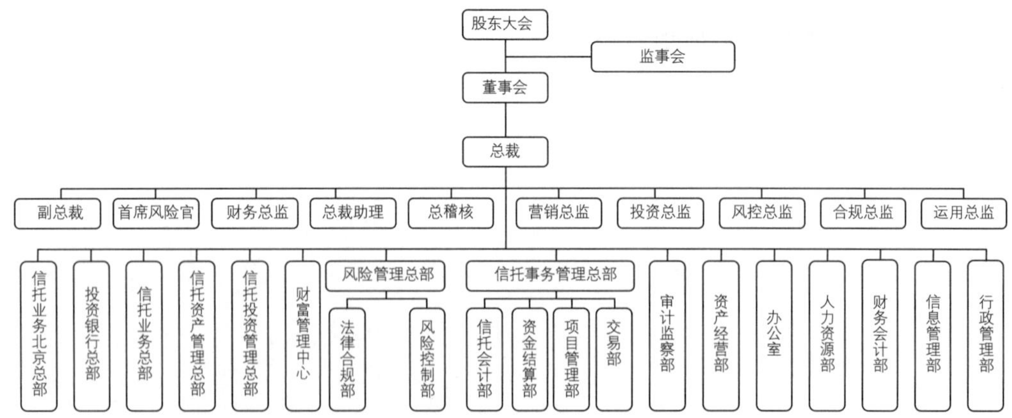

3. 公司治理

3.1 股东

股东总数:2 个。

股东

股东名称	持股比例(%)	法人代表	注册资本(亿元)	注册地址	主要经营业务及主要财务情况
中国海洋石油总公司★	95	杨华	949	北京市东城区朝阳门北大街25号	海上石油、天然气勘探、开发、生产及炼油等。2016 年,中国海油生产原油 7 697 万吨,天然气 245 亿立方米,加工原油 3 229 万吨,生产成品油 738 万吨,进口 LNG 1 652 万吨,天然气发电 215 亿千瓦时。年末公司总资产达 11 527 亿元。
中国中信有限公司	5	常振明	1 390	北京市朝阳区新源南路 6 号	金融与实业并举的大型综合性跨国企业集团,业务涉及银行、证券、信托、保险、基金、资产管理等金融领域和房地产、工程承包、资源能源、基础设施、机械制造、信息产业等实业领域。

注:最终实际控制人在股东名称一栏中加★表示。

3.2 董事、董事会及其下属委员会

董事长、副董事长、董事

姓名	职务	性别	年龄(岁)	选任日期	所推举的股东名称	该股东持股比例(%)	简要履历
温冬芬	董事长	女	52	2016 年 12 月	中国海洋石油总公司	95	1987 年 7 月加入中国石化总公司,历任财务部干部、财务部财务管理处会计师、财务部财会二处会计师、财务部财会二处副处长、财务部商贸事业财务处处长、财务资产部商贸事业处处长、财务计划部副主任、公司财务部副主任、财务部主任,2011 年 1 月至 2016 年 7 月,陆续担任中国石化财务有限责任公司董事、盛骏国际投资有限公司董事长、中国石化财务有限责任公司副董事长、中国石油化工股份有限公司财务总监兼财务部主任;2016 年 7 月起,担任中国海洋石油总公司总会计师、党组成员。
王华	董事	女	40	2017 年 2 月	中国中信有限公司	5	2001 年 7 月起,先后担任中信公司财务部财务管理处副主管,中国中信集团公司财务部财务计划处高级财务分析师,中国中信股份有限公司财务部财务计划处高级财务分析师,中国中信集团有限公司财务部税务处处长;2016 年 8 月至今,担任中国中信集团有限公司财务部总经理助理兼税务处处长。
田文学	董事	男	44	2014 年 3 月	中国海洋石油总公司	95	1996 年 7 月起,先后担任中国化工供销总公司人事处干部、人力资源部主任,香港华达化工有限公司总经理,中国海洋石油总公司销售分公司党委委员、办公室主任,人力资源部总经理,中国海洋石油总公司销售分公司党委副书记、纪委书记、工会主席;2013 年 12 月至今,任中国海洋石油总公司(有限公司)人力资源部副总经理。
黄晓峰	董事	男	51	2015 年 9 月	中国海洋石油总公司	95	1993 年加入中国海洋石油总公司,2003 年 4 月至 2004 年 10 月,任中海石油有限公司资金融资部副总监,2004 年 10 月至 2005 年 4 月,任中国海洋石油有限公司资金融资部代理总监,2005 年 4 月至 2011 年 12 月任中国海洋石油有限公司资金融资部总经理,2011 年 12 月至 2015 年 8 月任中海石油财务有限责任公司总经理;2015 年 9 月至今担任中海信托股份有限公司总裁、党委书记。
周炯	董事	男	56	2013 年 12 月	中国海洋石油总公司	95	2002 年至 2008 年 7 月,历任中海石油财务有限责任公司资金部经理、总会计师;2008 年 8 月至今担任中海信托股份有限公司副总裁、党委副书记、纪委书记。

独立董事

姓名	所在单位及职务	性别	年龄(岁)	选任日期	所推举的股东名称	该股东持股比例(%)	简要履历
胡维翊	北京市天铎律师事务所合伙人、常务副主任	男	50	2013 年 12 月	—	—	历任全国人大常委会办公厅研究室政治组干部,北京市乾坤律师事务所合伙人,北京市中凯律师事务所律师;2001 年 5 月至今,任北京市天铎律师事务所合伙人、常务副主任。
张秉训	退休	男	67	2014 年 5 月	—	—	曾任中国银行董事会秘书,金融机构部总经理及中银国际董事总经理等职;目前,正式退休。
徐丹(待核准)	退休	女	62	2017 年 4 月	—	—	1979 年 9 月起,先后担任上海石化总厂涤纶二厂会计,上海石化总厂计划财务处会计及副科长,中国石化上海金山实业公司财务处副处长,上海金山实业投资发展有限公司总会计师,上海市金山区财政局党组成员及副局长,中国石化上海浦东开发办财务处长,上海工业投资(集团)有限公司副总会计师和总会计师;2010 年 7 月正式退休。

董事会下属委员会

董事会下属委员会	职责	组成人员姓名	职务
审计委员会	提议聘请或更换外部审计机构；监督公司的内部审计制度及其实施；负责内部审计与外部审计之间的沟通；审核公司的财务信息及其披露；审查公司内控制度等。	张秉训	委员会主席
		田文学	委员
		徐丹（待核准）	委员
薪酬与考核委员会	研究董事与总裁人员考核的标准，进行考核并提出建议；研究和审查董事、高级管理人员的薪酬政策与方案等。	张秉训	委员会主席
		田文学	委员
		胡维翊	委员
发展与战略委员会	对公司长期发展与战略规划进行研究并提出建议；对其他影响公司发展战略的重大事项进行研究并提出建议；研究金融市场及金融专项工具，并提出建议等。	温冬芬	委员会主席
		王　华	委员
		黄晓峰	委员
		张秉训	委员
		徐丹（待核准）	委员
提名委员会	研究董事和总裁的选择标准和程序并提出建议；广泛搜寻合格的董事和总裁人选；对董事候选人和总裁人选进行审查并提出建议。	胡维翊	委员会主席
		田文学	委员
		徐丹（待核准）	委员
信托委员会	调查研究信托行业的发展变化；对公司信托业务的发展方向和战略规划进行研究和提出建议；初审须由董事会审议的信托项目；针对中国银监会及其派出机构检查公司信托业务后要求董事会组织整改的问题，研究提出具体措施；当公司或股东利益与受益人利益发生冲突时，研究提出维护受益人权益的具体措施等。	张秉训	委员会主席
		黄晓峰	委员
		周　炯	委员
风险管理与关联交易控制委员会	研究公司发生重大、突发性事项的对策；研究制定总体风险管理、关联交易控制政策供董事会审议；研究公司风险管理的战略结构和资源，并使之与公司的内部风险管理政策相兼容；研究重要的风险边界；对相关的风险管理、关联交易控制政策进行监督、审查和向董事会提出建议等。	胡维翊	委员会主席
		周　炯	委员
		王　华	委员

3.3　监事、监事会及其下属委员会

监事会成员

姓名	职务	性别	年龄（岁）	选任日期	所推举的股东名称	该股东持股比例（%）	简要履历
王宇凡	监事会主席	女	41	2016 年 10 月	中国海油	95	2016 年 6 月至今任中国海洋石油总公司审计部副总经理兼审计中心主任，2016 年 10 月起至今，担任中海信托股份有限公司监事会主席。
陈素婷	监事	女	46	2013 年 12 月	中信有限	5	2011 年 12 月至今，担任中国中信股份有限公司稽核审计部主任助理兼审计管理处处长，2013 年 12 月起担任中海信托股份有限公司监事。
石　枫	职工监事	女	35	2013 年 12 月	职工监事	—	2007 年加入中海信托股份有限公司，曾任稽核审计部副经理兼党委秘书；2015 年 5 月至今，担任中海信托审计监察部经理及纪委副书记。

3.4　高级管理人员

高级管理人员

姓名	职务	性别	年龄（岁）	选任日期	金融从业年限（年）	学历	专业	简要履历
黄晓峰	总裁 党委书记	男	51	2015 年 9 月	10	硕士研究生	中国人民大学生产布局专业	1993 年加入中国海洋石油总公司，2003 年 4 月至 2004 年 10 月任中海石油有限公司资金融资部副总监，2004 年 10 月至 2005 年 4 月任中国海洋石油有限公司资金融资部代理总监，2005 年 4 月至 2011 年 12 月任中国海洋石油有限公司资金融资部总经理，2011 年 12 月至 2015 年 8 月任中海石油财务有限责任公司总经理；2015 年 9 月至今担任中海信托股份有限公司总裁、党委书记。
周　炯	副总裁 党委副书记、纪委书记	男	56	2008 年 8 月	17	硕士研究生	悉尼大学工商管理专业	2002 年至 2008 年 7 月，历任中海石油财务有限责任公司资金部经理、总会计师，2008 年 8 月至今担任中海信托股份有限公司副总裁、党委副书记、纪委书记。

续表

姓名	职务	性别	年龄（岁）	选任日期	金融从业年限（年）	学历	专业	简要履历
张德荣	副总裁兼合规总监 党委委员	男	52	2013年5月	28	硕士研究生	北京大学法律系	2007年12月至2011年2月任中海信托股份有限公司独立董事，2010年8月至2013年4月任大业信托有限责任公司副总经理兼首席风控官；2013年5月至今任中海信托副总裁；2016年8月起兼任公司合规总监。
刘显忠	财务总监兼总信息师 党委委员	男	51	2016年12月	1	硕士研究生	中央财经大学财政学专业	1994年5月至2005年6月任中国海洋石油总公司计划财务部国资处资产评估岗职员、主管、信息处长、信息管理经理，2005年7月至2016年10月，历任中海石油（中国）有限公司投资者关系部资本市场管理经理、处长，2016年12月起任中海信托股份有限公司财务总监、总信息师。
卓新桥	总裁助理 党委委员	男	46	2013年5月	18	硕士研究生	暨南大学产业经济学系	1997年起，曾任工商银行广东省分行项目信贷处副主任科员、业务部副科长，中海石油财务公司惠州代表处经理，中海石油财务公司信贷租赁部经理、客户服务部经理等职务；2013年5月至今，任中海信托股份有限公司总裁助理。
余庆军	总裁助理	男	45	2013年4月	22	硕士研究生	南开大学国际商学院工商管理硕士	1995年起，先后担任平安人寿天津分公司市场营销部业务主任、分公司经理，平安集团电子商务公司销售部北区区域总经理，平安人寿总公司银行保险事业部渠道合作室主任，海康人寿助理副总经理、团险总监、首席银保事业执行官；2013年4月至今，任中海信托股份有限公司总裁助理。
张　悦	总稽核 党委委员	女	47	2012年8月	12	硕士研究生	中国石油大学管理工程专业	2005年9月进入中海信托股份有限公司；目前担任公司总稽核、党办主任兼信托事务管理总部总经理。
李　健	营销总监	男	42	2013年6月	15	硕士研究生	中国人民大学投资银行专业	2008年10月进入中海信托股份有限公司；目前担任公司营销总监、信托业务北京总部总经理。
王一曼	投资总监	女	38	2013年6月	12	硕士研究生	英国邓迪大学石油财税专业	2005年3月进入中海信托股份有限公司；目前担任公司投资总监、信托投资管理总部总经理。

3.5　公司员工

公司员工

项目		报告期年度		上年度	
		人数（人）	比例（%）	人数（人）	比例（%）
年龄分布	20岁以下	—	—	—	—
	20～29岁	52	31.14	36	27.27
	30～39岁	82	49.10	66	50.00
	40岁以上	33	19.76	30	22.73
学历分布	博士	3	17.96	4	3.03
	硕士	88	52.96	75	56.82
	本科	71	42.51	48	36.36
	专科	5	2.99	5	3.79
	其他	—	—	—	—
岗位分布	董事、监事及其高管人员	10	5.99	10	7.58
	自营业务人员	1	0.60	1	0.76
	信托业务人员	76	45.51	85	64.39
	其他人员	80	47.90	36	27.27

注：自营业务人员是指按照岗位分工，专门或至少主要从事固有资金使用和固有资产管理有关业务的职工；信托业务人员是指按照岗位分工，专门或主要从事信托资金使用和信托资产管理各项业务的职工；对于人力资源部等类似无法明确区分的综合部门归为其他人员。

4. 经营管理

4.1　经营目标、方针、战略规划

4.1.1　经营目标

中海信托将结合自身特点和竞争优势，以回归信托本源和提升主动管理能力为战略发展方向，稳步推进业务转型和产品创新，努力把公司打造成具有鲜明业务特色和产品优势、受人信赖和尊敬的国内一流资产管理公司。

4.1.2　经营方针

以保障委托人、受益人合法利益为最高准则，秉承"诚信稳健、忠人所托"的经营理念，建立和完善全面风险管理体系，完善金融服务功能，走创新型金融发展道路，追求风险可控的经济效益。

4.1.3　战略规划

公司确定了创新引领、人才为本、风控优先、文化保障、品牌发展等策略，结合行业特点和自身优势，分别制定了信托业务、风险控制、信息技术、人力资源发展规划，稳步推进战略目标的实现。

4.2　所经营业务的主要内容

公司经营中国银行业监督管理委员会核准的信托业务及自有业务。信托业务包括事务管理类信托和非事务管理类信托业务，主要包括信托贷款、信贷资产证券化、结构化证券投资、私募股权基金、股权信托、财务顾问等业务。

4.2.1　自营资产运用与分布表

资产运用	金额(万元)	占比(%)	资产分布	金额(万元)	占比(%)
货币资产	532 526.05	49.61	基础产业	—	—
发放贷款和垫款	—	0.00	房地产业	—	—
以公允价值计量且变动计入当期损益的金融资产	37 496.53	3.49	证券市场	56 799.17	5.29
可供出售金融资产	197 356.04	18.39	实业	—	0.00
长期股权投资	257 834.07	24.02	金融机构	852 412.40	79.42
其他	48 112.57	4.48	其他	164 113.69	15.29
资产总计	1 073 325.26	100.00	资产总计	1 073 325.26	100.00

注：资产分布“其他”项主要包括信托产品投资 116 001.12 万元、买入返售金融资产 37 592.40 万元和递延所得税资产 7 821.64 万元等。

4.2.2　信托资产运用与分布表

资产运用	金额(万元)	占比(%)	资产分布	金额(万元)	占比(%)
货币资产	392 049.00	1.14	基础产业	3 908 176.00	11.32
贷款	5 057 243.00	14.64	房地产	500 400.00	1.45
交易性金融资产投资	15 532 053.00	44.98	其他实业	1 563 069.00	4.53
可供出售金融资产投资	11 770 968.00	34.08	证券市场	18 515 851.00	53.62
持有至到期投资	0.00	0.00	金融机构	9 022 297.00	26.13
长期股权投资	826 013.00	2.39	其他	1 024 515.00	2.95
其他	955 982.00	2.77	—	—	—
信托资产总计	34 534 308.00	100.00	信托资产总计	34 534 308.00	100.00

4.3　市场分析

4.3.1　有利因素

（1）坚持回归信托本源的基本定位为信托业务市场发展壮大提供了强大的推动力。

（2）随着金融市场改革的不断推进、金融监管政策的日益完善以及信托行业创新转型升级的持续探索，为公司提供了更广阔的业务拓展空间。

（3）公司秉承“诚信稳健、忠人所托”的经营理念，风险控制体系日趋完善，专业化的资产管理团队成为公司可持续发展的基础。

（4）公司以稳健经营和专业理财能力树立了良好的公司品牌，积累了一批优质的机构客户和高净值个人客户资源，客户忠诚度较高。

4.3.2　不利因素

（1）利率市场化的推进导致信托项目的收益率呈下行趋势。

（2）随着银行、券商、保险和基金等公司资管业务的进一步放开，金融同业、行业内部竞争日益激烈。

4.4　内部控制

4.4.1　内部控制环境和内部控制文化

公司坚持“全面风险管理”“只有风险可控的发展才是真正的可持续发展”的风险管理理念，并在制度的设计、决策的进行、业务的开展各个层面加以深入贯彻，在责任明晰、运行高效的“全面、全员、全程”风险管理机制基本建成的基础上，形成了科学、清晰、合理的组织架构，前台、中台、后台形成有效的制衡机制，为公司营造了健康的内部控制环境。

公司法人治理结构完善，股东不干涉公司经营，董事会、监事会、董事会下设各专业委员会以提高业务的安全性和维护委托人的利益为根本出发点，不以利润作为对经营层的主要考核指标，追求风险可控前提下效益的稳步增长，在公司形成了良好的内部控制文化。

4.4.2　内部控制措施

公司根据业务发展、外部环境变化以及监管要求实时滚动修定制度和流程，建立了相对完备的内部控制制度体系。内控制度体系主要包括公司治理制度、基本管理制度、自有资金运用管理制度、合规管理制度和风险管理制度、信托及托管业务管理制度、财务会计管理制度、行政管理制度、人力资源管理制度、信息系统管理制度、审计及纪检监察制度等。同时，中海信托还建立了内部控制优化机制，在日常经营中不断改进风险管理手段与方法，完善风险识别、评估和控制措施。公司的内部控制措施不断完善，建立了多层次的分级有限授权制度；在开展具体业务时遵循前台、中台、后台分离的原则；在开办新业务前，均通过引入外部专业机构进行充分论证、沟通和调研，并遵循制度和流程先行的原则，确保了对潜在风险的有效防范和控制；通过明晰各部门职责，保证了内部运营体系的健康有效；加大投入，完善灾备系统；以信息化建设为依托，逐步建立起覆盖各个业务领域的数据库和计算机信息系统，有力地支持了公司业务的快速发展。

2016 年，公司新增或修定制度和流程共 21 项，主要强化和规范了对信托项目的审查、成立流程和后续管理，使得公司制度在总体上更加系统化和更具可操作性，内部控制体系更加完善。

此外，金融消费者权益保护工作是防范和化解金融风险的重要内容，对提升金融消费者信心、维护金融安全与稳定、防范和化解金融风险具有重要意义。2016 年，公司不断完善金融消费者权益保护相关内控制度，积极开展多种形式的宣传教育工作，认真配合监管机构的各项活动和培训，组织开展了各项自查、自评估工作。通过本年度的金融消费者权益保护工作增强了全体员工金融消费者权益保护意识，进一步提高了公司的服务质量，促进了公司理财服务与项目管理质量的提高。

4.4.3　信息交流与反馈

公司建立起信息交流与反馈机制，搭建起畅通的信息交流渠道，建立了内部审计的报告制度和报告路线，由专人负责，能够有效执行。

2016 年 4 月，公司按照相关规定在指定报纸上刊登了公司 2015 年年报。

根据有关监管要求，对于集合资金信托业务、关联交易、高管更替等重大事项,公司均履行了完备的报备或报批手续。对于监管机构提出的问题或建议,公司均给予及时、详细的信息反馈或制定整改措施。

公司能够严格执行向委托人、受益人披露信托事务处理信息的有关制度,确保相关当事人的知情权。

4.4.4 监督评价与纠正

公司建立了有效的内部监控制度,对公司内控制度的执行情况进行持续的监督,保证了内控的实际效果;建立了重大事故或案件责任人追究制度,通过风险教育使各部门和员工明确了有关风险和职责关系。公司对内部审计和外部审计中发现的问题能够及时整顿和改正,做好反馈工作,不断提升管理水平。

公司风险管理和内部控制能够贯穿、覆盖到每一个部门、每一类业务和每一个员工,同时保持随时跟踪和监控。公司针对信托和自有业务制定了风险识别、计量、监测和控制的具体制度、程序和方法,风险管理总部和审计监察部在业务运作的各个阶段予以通盘考量和全程监控。审计监察部定期开展内部审计,对公司的经营活动和风险状况进行独立、客观的监督和评价,通过监督和检查发挥督导作用。公司重视外部审计对公司运营的促进作用,通过相关制度和措施,保证外部审计的有效性,借助外部审计改善公司经营。

4.5 风险管理

4.5.1 风险管理概况

风险控制体系和风险管理能力是金融企业最核心的技术和最重要的能力之一,公司的理念是“只有风险可控的发展才是真正的可持续发展”。公司建立了较健全的风险控制组织结构和机制,基本形成了前台、中台、后台相分离、信托资金运作与自有资金运作相分离的风险管理框架。

风险管理组织结构:

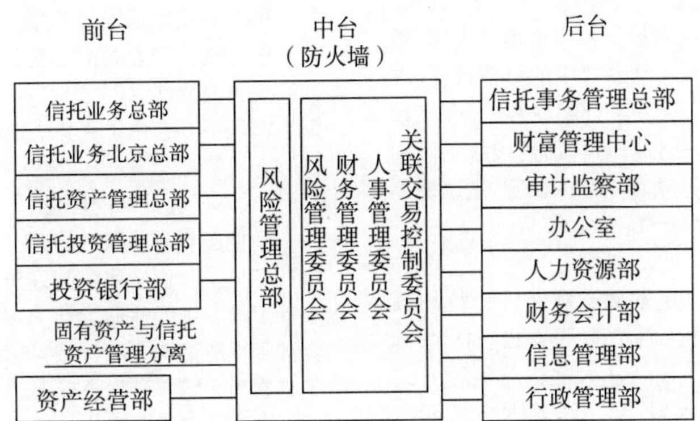

公司的前台由信托业务总部、信托业务北京总部、信托资产管理总部、信托投资管理总部、投资银行部和资产经营部构成,分别负责信托业务开拓和固有资产管理。

公司的中台由风险管理总部和四个非常设的委员会组成,中台的主要作用是集体决策和事中控制。风险管理总部的职责是建立健全内部风险管理体系,防范和控制风险。四个委员会的主要职责是对公司业务、财务工作、机构人事安排和关联交易事项进行审议,并在相关授权范围内进行决策。公司制定了上述四个委员会的议事规则,明确了职责和议事程序。

公司的后台由信托事务管理总部、审计监察部、财富管理中心、办公室、人力资源部、财务会计部、信息管理部和行政管理部构成,其职责是完成信托资金托管清算、财务核算、项目管理、审计监督、客户服务与维护、信托项目直销、行政人事等后台支持。

截至2016年末,公司净资本38.74亿元,风险资本24.66亿元,净资本/各项业务风险资本之和为157.10%,净资本/净资产为87.11%。

4.5.2 风险状况

4.5.2.1 信用风险状况

信用风险是指交易对手未能履行约定契约中的义务而造成经济损失的风险。公司面临的信用风险具体表现为:在开展信托业务或固有业务时,交易对手或融资方违约造成的风险。2016年,公司面临的信用风险主要是因宏观经济政策的变化加大了对融资方信用风险判断的难度;国际、国内复杂的经济形势加大了交易对手的信用风险;公司选择项目、甄别客户、识别信用风险的工作量及压力大增,公司信用风险管理能力在复杂的经济形势中面临考验。公司在复杂多变的形势下采取多种措施积极应对,2016年,公司未发生任何信用风险事件,信托均安全顺利兑付,目前仍存续的业务信用风险较小。

4.5.2.2 市场风险状况

市场风险是指由于证券价格波动、商品价格波动、利率变化、汇率变动等金融市场波动而导致公司自营或信托资产损失的风险。2016年,中国经济呈L形探底软着陆。年初,在人民币贬值、大股东减持压力、注册制加快推进和熔断机制等利空冲击下,股票市场遭遇了两次熔断和数次大面积个股跌停。2016年末,因国海证券“萝卜章”事件引爆了债券代持风险,债券市场出现“踩踏”行情,国债期货市场多次触及跌停。此外,市场利率整体下行,导致信托产品整体收益率下降;汇率波动对公司外汇资产保值增值带来一定的风险。

4.5.2.3 操作风险状况

操作风险是指公司由于内部程序、人员、系统的不完善或失误，以及外部事件而导致公司自营或信托资产损失的风险。2016 年，公司未发生因内部原因或外部冲击造成的直接或间接损失，也未发现滥用操作权，追求私利的情况。

4.5.2.4　其他风险状况

公司面临的其他风险主要表现为法律风险与合规风险。法律风险是由于违反有关法律法规、监管规定及合同等原因可能造成经济损失或企业信誉损失的风险。合规风险是指因未能遵循法律、监管规定、规则、自律性组织制定的有关准则以及适用于自身业务活动的行为准则而可能遭受法律制裁或监管处罚、重大财务损失或声誉损失的风险。2016 年，公司合法合规经营，未发生从业人员违反法律法规和职业操守的行为，未遭受法律制裁，未因此导致任何财务损失或声誉损失。

4.5.3　风险管理

4.5.3.1　信用风险管理

公司按工作职能划分，进行机构分离、强化制约机制，分别设立有信托业务总部、投资管理总部、信托事务管理总部、风险管理总部、审计监察部等部门；通过流程再造，标准化程序设计，完善了事前评估、事中控制、事后检查的风险控制流程；通过建立客户关系管理系统，持续关注交易对手的资信状况、履约能力及其变化，防范信用风险；通过实行重点客户、区域倾斜、保持一定程度的客户集中度，在依托各种信用增级手段的基础上，切实降低了信用风险；通过法律条款的设定，借助外部律师的专业意见，提高抵御信用风险的能力。

4.5.3.2　市场风险管理

对市场风险的控制主要通过定期对宏观经济运行和政策趋势、证券市场发展政策和思路等方面因素进行跟踪研究，及时作出相关的研究报告，为投资决策提供依据等方式实现。公司对证券投资业务采用限额管理，确保市场风险控制在可以承受的合理范围内。市场风险限额包括交易限额、止损限额等，风险限额设定后不得随意突破。公司通过压力测试评估市场风险亏损承受能力。证券交易部门在制定主动管理的投资方案中明确各证券品种止损线、警示线、止盈线等量化指标，当证券类项目出现异常交易、跌破预警线或止损线时，由信托会计部发起通知流程，由各相关部门及时采取处置措施。

4.5.3.3　操作风险管理

公司已经建立了以 SAP 系统为核心的业务管理平台，所有业务开展和后台支持均通过该平台完成，减少了手工操作失误可能导致的损失；逐步完善公司的内控制度，制定了各种业务管理办法和岗位职责制度，对公司每一项业务内容，均制定了操作细则和操作流程，明确流程中每一环节的责任及权限；对各个环节规定了严格的岗位标准，在强化目标管理的同时坚持过程控制，防范人为因素带来的经营风险。同时，公司依据行业监管要求从每年的税后利润中充分计提信托赔偿准备金，用以弥补由于公司的可能过失而导致的信托业务损失，充分保证受益人利益。

4.5.3.4　其他风险管理

公司所有重大合同均通过法律合规部审核同意，并出具独立的法律意见；重大、创新和复杂项目均聘请专业外部律师事务所进行审查，并出具无保留意见的法律意见书后方可实施。公司设有合规总监和风控总监，把握公司整体运营风险，并设立专门的合规岗、制度岗，负责业务的合规审查和制度完善。

5. 报告期末及上一年度末的比较式会计报表

5.1　自营资产

5.1.1　会计师事务所审计意见全文

审 计 报 告

信会师报字[2017]第 ZG20199 号

中海信托股份有限公司：

我们审计了后附的中海信托股份有限公司（以下简称中海信托）财务报表，包括 2016 年 12 月 31 日的资产负债表，2016 年度的利润表、现金流量表、所有者权益变动表，2016 年 12 月 31 日的资产减值准备情况表以及财务报表附注。

一、管理层对财务报表的责任

编制和公允列报财务报表是中海信托管理层的责任。这种责任包括：（1）按照企业会计准则的规定编制财务报表，并使其实现公允反映；（2）设计、执行和维护必要的内部控制，以使财务报表不存在由于舞弊或错误导致的重大错报。

二、注册会计师的责任

我们的责任是在执行审计工作的基础上对财务报表发表审计意见。我们按照中国注册会计师审计准则的规定执行了审计工作。中国注册会计师审计准则要求我们遵守中国注册会计师职业道德守则，计划和执行审计工作以对财务报表是否不存在重大错报获取合理保证。

审计工作涉及实施审计程序，以获取有关财务报表金额和披露的审计证据。选择的审计程序取决于注册会计师的判断，包括对由于舞弊或错误导致的财务报表重大错报风险的评估。在进行风险评估时，注册会计师考虑与财务报表编制和公允列报相关的内部控制，以设计恰当的审计程序，但目的并非对内部控制的有效性发表意见。审计工作还包括评价管理层选用会计政策的恰当性和作出会计估计的合理性，以及评价财务报表的总体列报。

我们相信，我们获取的审计证据是充分、适当的，为发表审计意见提供了基础。

三、审计意见

我们认为，中海信托财务报表在所有重大方面按照企业会计准则的规定编制，公允反映了中海信托 2016 年 12 月 31 日的财务状况以及 2016 年度的经营成果和现金流量。

立信会计师事务所（特殊普通合伙）

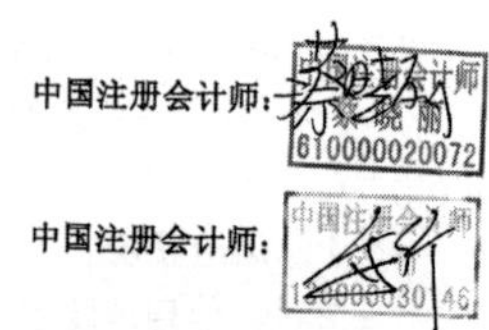
中国注册会计师：

中国注册会计师：

二〇一七年二月二十二日

5.1.2 资产负债表

资产负债表

编制单位：中海信托股份有限公司　　2016 年 12 月 31 日　　单位：万元

项目	期末余额	年初余额	项目	期末余额	年初余额
流动资产：			流动负债：		
现金及存放中央银行存款	0.12	0.02	向中央银行借款	—	—
存放同业存款	532 525.93	35 253.41	同业及其他金融机构存放款项	—	—
贵金属	—	—	拆入资金	—	—
拆出资金	—	—	以公允价值计量且其变动计入当期损益的金融负债	—	—
以公允价值计量且其变动计入当期损益的金融资产	37 496.53	63 231.45	衍生金融负债	—	—
应收账款	—	—	卖出回购金融资产款	—	—
应收利息	322.12	296.50	应付职工薪酬	28 802.24	29 221.54
其他应收款	1 061.95	990.91	应交税费	19 382.04	17 168.03
衍生金融资产	—	—	应付利息	—	—
买入返售金融资产	37 592.40	—	应付股利	80 000.00	70 000.00
一年内到期的非流动资产	287.72	—	其他应付款	500 090.50	189.87
流动资产合计	609 286.78	99 772.29	流动负债合计	628 274.79	116 579.44
非流动资产：			非流动负债：		
发放贷款和垫款	—	100 000.00	预计负债	—	—
可供出售金融资产	197 356.04	118 804.64	应付债券	—	—
持有至到期投资	—	—	递延所得税负债	308.53	1 998.05
长期股权投资	257 834.07	214 834.14	非流动负债合计	308.53	1 998.05
固定资产	629.20	605.39	负债合计	628 583.32	118 577.49
在建工程	—	185.73	所有者权益（或股东权益）：	—	—
无形资产	275.52	202.14	实收资本（股本）	250 000.00	250 000.00
长期待摊费用	122.02	697.47	其他权益工具	—	—
递延所得税资产	7 821.64	7 693.38	资本公积	—	—
非流动资产合计	464 038.48	443 022.88	△减：库存股	—	—
	—	—	其他综合收益	5 155.85	8 805.97
	—	—	专项储备	—	—
	—	—	盈余公积	71 733.12	61 315.68
	—	—	△一般风险准备	53 276.58	41 573.69
	—	—	未分配利润	64 576.39	62 522.34
	—	—	所有者权益合计	444 741.94	424 217.68
资产总计	1 073 325.26	542 795.17	负债和所有者权益总计	1 073 325.26	542 795.17

5.1.3 利润表

利润表

编制单位：中海信托股份有限公司　　2016 年度　　单位：万元

项目	本期金额	上期金额	项目	本期金额	上期金额
一、营业总收入	138 288.07	159 010.09	四、利润总额（亏损总额以“－”号填列）	121 045.55	130 402.26
利息净收入	8 526.57	11 154.66	减：所得税费用	16 871.16	20 497.04
利息收入	8 526.57	11 154.66	五、净利润（净亏损以“－”号填列）	104 174.38	109 905.22
利息支出	—	—	归属于母公司所有者的净利润	104 174.38	109 905.22
手续费及佣金净收入	76 762.75	86 037.85	少数股东损益	—	—
手续费及佣金收入	76 762.75	86 038.37	六、其他综合收益的税后净额	−3 650.13	450.58
手续费及佣金支出	—	0.52	（一）以后不能重分类进损益的其他综合收益	—	—
投资收益（损失以“－”号填列）	55 463.89	58 401.44	其中：1. 重新计量设定受益计划净负债或净资产的变动	—	—
其中：对联营企业和合营企业的投资收益	45 209.81	47 943.41	2. 权益法下在被投资单位不能重分类进损益的其他综合收益中享有的份额	—	—
公允价值变动收益（损失以“－”号填列）	−3 360.11	2 655.44	（二）以后能重分类进损益的其他综合收益	−3 650.13	450.58
汇兑收益（损失以“－”号填列）	894.40	752.01	其中：1. 权益法下在被投资单位以后将重分类进损益的其他综合收益中享有的份额	−338.29	73.91
其他业务收入	0.58	8.69	2. 可供出售金融资产公允价值变动损益	−3 311.84	376.67
二、营业成本	20 394.93	31 652.34	3. 持有至到期投资重分类为可供出售金融资产损益	—	—
营业税金及附加	1 311.46	5 892.84	4. 现金流量套期损益的有效部分	—	—
业务及管理费	19 139.28	25 874.94	5. 外币财务报表折算差额	—	—
资产减值损失	−77.83	−130.76	6. 一揽子交易处置对子公司股权投资在丧失控制权之前产生的投资收益	—	—
其他业务成本	22.02	15.32	七、综合收益总额	100 524.26	110 355.80
三、营业利润（亏损以“－”号填列）	117 893.14	127 357.75	八、每股收益：	—	—
加：营业外收入	3 166.07	3 089.43	基本每股收益	—	—
减：营业外支出	13.65	44.92	稀释每股收益	—	—
其中：非流动资产处置损失	5.91	—			

5.1.4 所有者权益变动表

所有者权益变动表

编制单位：中海信托股份有限公司　　2016 年度　　单位：万元

项目	本年金额										
	实收资本	其他权益工具	资本公积	减：库存股	其他综合收益	专项储备	盈余公积	一般风险准备	未分配利润	其他	所有者权益合计
一、上年年末余额	250 000.00	—	—	—	8 805.97	—	61 315.68	41 573.69	62 522.34	—	424 217.68
加：会计政策变更	—	—	—	—	—	—	—	—	—	—	—
前期差错更正	—	—	—	—	—	—	—	—	—	—	—
其他	—	—	—	—	—	—	—	—	—	—	—
二、本年年初余额	250 000.00	—	—	—	8 805.97	—	61 315.68	41 573.69	62 522.34	—	424 217.68
三、本年增减变动金额（减少以“－”号填列）	—	—	—	—	−3 650.13	—	10 417.44	11 702.89	2 054.06	—	20 524.26
（一）综合收益总额	—	—	—	—	−3 650.13	—	—	—	104 174.38	—	100 524.26
（二）所有者投入和减少资本	—	—	—	—	—	—	—	—	—	—	—
（三）专项储备提取和使用	—	—	—	—	—	—	—	—	—	—	—

续表

项目	本年金额										
	实收资本	其他权益工具	资本公积	减:库存股	其他综合收益	专项储备	盈余公积	一般风险准备	未分配利润	其他	所有者权益合计
(四)利润分配	—	—	—	—	—	—	10 417.44	11 702.89	-102 120.33	—	-80 000.00
1. 提取盈余公积	—	—	—	—	—	—	10 417.44	—	-10 417.44	—	—
其中:法定公积金	—	—	—	—	—	—	10 417.44	—	-10 417.44	—	—
2. 提取一般风险准备	—	—	—	—	—	—	—	11 702.89	-11 702.89	—	—
3. 对所有者(或股东)的分配	—	—	—	—	—	—	—	—	-80 000.00	—	-80 000.00
(五)所有者权益内部结转	—	—	—	—	—	—	—	—	—	—	—
四、本年年末余额	250 000.00	—	—	—	5 155.85	—	71 733.12	53 276.58	64 576.39	—	444 741.94

所有者权益变动表(续)

2016 年度

项目	上年金额										
	实收资本	其他权益工具	资本公积	减:库存股	其他综合收益	专项储备	盈余公积	一般风险准备	未分配利润	其他	所有者权益合计
一、上年年末余额	250 000.00	—	—	—	8 355.40	—	50 325.16	43 739.40	31 441.92	—	383 861.88
加:会计政策变更	—	—	—	—	—	—	—	—	—	—	—
前期差错更正	—	—	—	—	—	—	—	—	—	—	—
其他	—	—	—	—	—	—	—	—	—	—	—
二、本年年初余额	250 000.00	—	—	—	8 355.40	—	50 325.16	43 739.40	31 441.92	—	383 861.88
三、本年增减变动金额(减少以"-"号填列)	—	—	—	—	450.58	—	10 990.52	-2 165.71	31 080.41	—	40 355.80
(一)综合收益总额	—	—	—	—	450.58	—	—	—	109 905.22	—	110 355.80
(二)所有者投入和减少资本	—	—	—	—	—	—	—	—	—	—	—
(三)专项储备提取和使用	—	—	—	—	—	—	—	—	—	—	—
(四)利润分配	—	—	—	—	—	—	10 990.52	-2 165.71	-78 824.81	—	-70 000.00
1. 提取盈余公积	—	—	—	—	—	—	10 990.52	—	-10 990.52	—	—
其中:法定公积金	—	—	—	—	—	—	10 990.52	—	-10 990.52	—	—
2. 提取一般风险准备	—	—	—	—	—	—	—	-2 165.71	2 165.71	—	—
3. 对所有者(或股东)的分配	—	—	—	—	—	—	—	—	-70 000.00	—	-70 000.00
(五)所有者权益内部结转	—	—	—	—	—	—	—	—	—	—	—
四、本年年末余额	250 000.00	—	—	—	8 805.97	—	61 315.68	41 573.69	62 522.34	—	424 217.68

5.2 信托资产

5.2.1 信托项目资产负债汇总表

信托项目资产负债表

编制单位:中海信托股份有限公司　　2016 年 12 月 31 日　　单位:万元

信托资产	期末数	期初数	信托负债和信托权益	期末数	期初数
信托资产			一、信托负债		
货币资金	392 049.27	650 137.98	交易性金融负债	—	—
拆出资金	—	—	应付利息	—	—
交易性金融资产	15 532 053.37	18 246 021.50	应付受托人报酬	46 967.52	27 994.17
买入返售金融资产	632 436.00	316 782.20	应付托管费	6 198.99	6 200.58
应收款项	322 195.30	362 509.17	应付受益人收益	25 214.70	15 839.07
发放贷款和垫款	5 057 243.38	5 756 209.00	其他应付款	57 360.39	56 131.65

续表

信托资产	期末数	期初数	信托负债和信托权益	期末数	期初数
可供出售金融资产	11 770 967.00	15 127 961.46	应交税费	—	—
持有至到期投资	—	—	卖出回购金融资产款	—	—
长期股权投资	826 012.57	708 099.45	信托负债合计	135 741.60	106 165.47
固定资产	—	—	二、信托权益		
无形资产	—	—	实收信托	33 160 581.81	39 265 760.74
长期应收款	—	—	资本公积	272 105.09	331 563.83
其他资产	1 351.17	1 564.70	未分配利润	965 879.56	1 465 795.42
			信托权益合计	34 398 566.46	41 063 119.99
信托资产总计	34 534 308.06	41 169 285.46	信托负债及信托权益总计	34 534 308.06	41 169 285.46

5.2.2 信托项目利润及利润分配汇总表

信托项目利润及利润分配表

编制单位：中海信托股份有限公司　　2016年　　单位：万元

项目	本年数	上年数
一、营业收入	1 917 035.11	3 306 519.56
利息收入	888 777.30	828 804.27
投资收益	1 240 558.25	2 479 169.79
公允价值变动损益	-212 300.44	-1 454.50
租赁收入	—	—
其他收入	—	—
二、营业费用	189 752.92	229 370.56
三、营业税金及附加	5 246.13	3 966.02
四、扣除资产损失前的信托利润	1 722 036.06	3 073 182.98
减：资产减值损失	—	—
五、扣除资产损失后的信托利润	1 722 036.06	3 073 182.98
加：期初未分配信托利润	1 465 795.42	894 687.22
六、可供分配的信托利润	3 187 831.48	3 967 870.20
减：本期已分配信托利润	2 221 951.92	2 502 074.78
七、期末未分配信托利润	965 879.56	1 465 795.42

6. 会计报表附注

6.1 会计报表编制基准不符合会计核算基本前提的说明

6.1.1 会计报表不符合会计核算基本前提的事项

本公司会计报表不存在不符合会计核算基本前提的情况。

6.1.2 本年度未纳入合并报表范围的公司

本公司本年度无未纳入合并报表范围的公司。

6.2 或有事项说明

本公司报告期内无对外担保及其他或有事项。

6.3 重要资产转让及其出售的说明

本公司于2016年6月启动四川信托有限公司股权转让项目。于2016年9月9日在北京产权交易所网站以37.5亿元底价正式公开披露转让信息，最终交易竞价为50亿元。四川濠吉食品（集团）有限责任公司行使优先购买权，与本公司签署《关于四川信托有限公司之股权转让协议》，截至2016年12月31日，本公司已收到四川濠吉食品（集团）有限责任公司支付的50亿元的交易对价。截至财务报告批准报出日，股权转让的监管审批手续尚未完成，本公司正积极配合四川信托有限公司和四川银监局履行股权转让的监管审批手续。

6.4 会计报表中重要项目的明细资料

以下项目除特别注明外，“年初”指2016年1月1日，“年末”指2016年12月31日，“上年”指2015年，“本年”指2016年。以下金额单位若未特别注明者均为人民币万元。

6.4.1 披露自营资产经营情况

6.4.1.1 按信用风险五级分类结果披露信用风险资产的期初数、期末数

信用风险资产五级分类	正常类（万元）	关注类（万元）	次级类（万元）	可疑类（万元）	损失类（万元）	信用风险资产合计（万元）	不良信用风险资产合计（万元）	不良信用风险资产率（%）
期初数	136 540.82	—	—	—	—	136 540.82	—	0.00
期末数	571 502.40	—	—	—	—	571 502.40	—	0.00

注：不良信用风险资产合计=次级类+可疑类+损失类。

6.4.1.2 各项资产减值损失准备的期初数、本期计提、本期转回、本期核销、期末数，贷款的一般准备、专项准备和其他资产减值准备应分别披露

单位：万元

	期初数	本期增加	本期转回	本期核销	期末数
贷款损失准备	—	—	—	—	—
一般准备	—	—	—	—	—
专项准备	—	—	—	—	—
其他资产减值准备	2 252.26	—	77.83	—	2 174.43
可供出售金融资产减值准备	2 002.70	—	—	—	2 002.70
持有至到期投资减值准备	—	—	—	—	—
长期股权投资减值准备	—	—	—	—	—
坏账准备	249.56	—	77.83	—	171.73
投资性房地产减值准备	—	—	—	—	—

6.4.1.3　自营股票投资、基金投资、债券投资、股权投资等投资业务的期初数、期末数

单位:万元

	自营股票	基金	债券	长期股权投资	其他投资	合计
期初数	7 763.72	79 174.59	11.60	214 834.14	241 011.12	542 795.17
期末数	6 732.86	37 495.49	—	257 834.07	771 262.85	1 073 325.26

6.4.1.4　前五名的自营长期股权投资的企业名称、占被投资企业权益的比例、主要经营活动及投资收益情况等(从大到小顺序排列)

企业名称	占被投资企业权益的比例(%)	主要经营活动	投资收益(万元)
1. 中海基金管理有限公司	41.591	基金募集、基金销售、资产管理、中国证监会许可的其他业务(涉及行政许可的凭许可证经营)	3 418.71
2. 国联期货股份有限公司	39	商品期货经纪、金融期货经纪、期货投资咨询、期货资产管理及中国证监会批准的其他业务	125.47
3. 四川信托有限公司	30.2534	信托、投资基金业务	41 665.63

6.4.1.5　前五名的自营贷款的企业名称、占贷款总额的比例和还款情况等(从大到小顺序排列)

报告期末,公司无自营贷款。

单位:%

企业名称	占贷款总额的比例	还款情况
—	—	—

6.4.1.6　表外业务的期初数、期末数,按照代理业务、担保业务和其他类型表外业务分别披露

单位:万元

表外业务	期初数	期末数
担保业务	—	—
代理业务(委托业务)	—	—
其他	—	—
合计	—	—

注:代理业务主要反映因客观原因应规范而尚未完成规范的历史遗留委托业务,包括委托贷款和委托投资。

6.4.1.7　公司当年的收入结构

收入结构	金额(万元)	占比(%)
手续费及佣金收入	76 762.75	54.61
利息收入	8 526.57	6.07
其他业务收入	0.58	0.00
投资收益	55 463.89	39.46
其中:股权投资收益	45 209.81	32.16
证券投资收益	4 713.12	3.35
其他投资收益	5 540.96	3.94
公允价值变动收益	-3 360.11	-2.39
营业外收入	3 166.07	2.25
收入合计	140 559.74	100.00

注:手续费及佣金收入、利息收入、其他业务收入、投资收益、营业外收入均应为损益表中的科目,其中手续费及佣金收入、利息收入、营业外收入为未抵减掉相应支出的全年累计实现收入数。

6.4.2　披露信托资产管理情况

6.4.2.1　信托资产的期初数、期末数

单位:万元

信托资产	期初数	期末数
集合类	20 999 563.00	20 365 869.00
单一类	16 465 630.00	9 029 678.00
财产管理类	3 704 092.00	5 138 761.00
合计	41 169 285.00	34 534 308.00

6.4.2.1.1　主动管理型信托业务期初数、期末数,分证券投资、股权投资、融资、事务管理类分别披露

单位:万元

主动管理型信托资产	期初数	期末数
证券投资类	6 587 553.00	6 579 146.00
股权投资类	—	—
融资类	8 713 966.00	7 223 130.00
事务管理类	—	—
合计	15 301 519.00	13 802 276.00

6.4.2.1.2　被动管理型信托业务期初数、期末数,分证券投资、股权投资、融资、事务管理类分别披露

单位:万元

被动管理型信托资产	期初数	期末数
证券投资类	—	—
股权投资类	—	—
融资类	—	—
事务管理类	25 867 766.00	20 732 032.00
合计	25 867 766.00	20 732 032.00

6.4.2.2　本年度已清算结束的信托项目个数、实收信托合计金额

6.4.2.2.1　本年度已清算结束的集合类、单一类资金信托项目和财产管理类信托项目个数、实收信托合计金额

已清算结束的信托项目	项目个数(个)	实收信托金额合计(万元)	加权平均年化收益率(%)
集合类	58	3 740 605.98	8.8471
单一类	37	9 009 084.89	6.6250
财产管理类	21	2 225 764.45	4.8604

6.4.2.2.2　本年度已清算结束的主动管理型信托项目个数、实收信托合计金额,分证券投资、股权投资、融资、事务管理类分别披露

已清算结束的信托项目	项目个数(个)	实收信托合计金额(万元)
证券投资类	—	—
股权投资类	—	—
融资类	56	3 635 060.03
事务管理类	—	—

6.4.2.2.3 本年度已清算结束的被动管理型信托项目个数、实收信托合计金额，分证券投资、股权投资、融资、事务管理类分别披露

已清算结束的信托项目	项目个数（个）	实收信托合计金额（万元）
证券投资类	—	—
股权投资类	—	—
融资类	—	—
事务管理类	60	11 340 395.29

6.4.2.3 本年度新增的集合类、单一类和财产管理类信托项目个数、实收信托合计金额

新增信托项目	项目个数（个）	实收信托合计金额（万元）
集合类	86	3 106 911.98
单一类	17	1 573 132.89
财产管理类	45	3 660 433.45
新增合计	148	8 340 478.32
其中：主动管理型	52	2 135 817.03
被动管理型	96	6 204 661.29

注：本年新增信托项目指在报告年度内累计新增的信托项目个数和金额。包含本年度新增并于本年度内结束的项目和本年度新增至报告期末仍在持续管理的信托项目。

6.4.2.4 信托业务创新成果和特色业务有关情况

报告期内，公司坚持以市场为导向，以客户为中心，积极拓展资产管理业务，提升主动管理能力。在信贷资产证券化方面，公司与多家商业银行紧密合作，累计实施项目规模约489.1亿元，走在行业前列；在私募资产证券化方面，公司在底层资产类型、产品结构设计、风险管理和产品供应等方面取得创新性突破，陆续实施约340亿元的私募资产证券化业务，进一步提高了资产管理的水平和能力；在房地产基金业务方面，开发海尔普惠1号私募型REITs产品，探索公司REITs业务发展方向。另外，公司设立多个主动管理类FOF产品、净值管理类证券投资产品，积极尝试主动管理型业务。同时，公司深入研究、推进家族信托、保险金信托等产品，为公司探索新的业务模式和利润增长点打下基础。

6.4.2.5 本公司履行受托人义务情况及因本公司自身责任而导致的信托资产损失情况

本公司无因自身责任而导致信托资产损失的情况。

6.4.2.6 信托赔偿准备金的提取、使用和管理情况

根据《信托公司管理办法》有关规定，本公司按当年税后净利润的5%计提信托赔偿准备金。截至报告期末，公司未动用信托赔偿准备金。

6.5 关联方关系及其交易的披露

以下明细表格除特别注明外，金额单位为人民币万元，期初指2016年1月1日，期末指2016年12月31日。

6.5.1 关联交易方的数量、关联交易的总金额及关联交易的定价政策等

	关联交易方数量（个）	关联交易金额（万元）	定价政策
合计	11	6 173 663.28	本公司的关联交易以公平的市场价格定价。

注："关联交易"定义应以《公司法》《企业会计准则第36号——关联方披露》有关规定为准。上述关联交易金额系本年度固有、信托与关联方的发生额。

6.5.2 关联交易方与本公司的关系性质、关联交易方的名称、法定代表人、注册地址、注册资本及主营业务等

关系性质	关联方名称	法定代表人	注册地址	注册资本	主营业务
母公司	中国海洋石油总公司	杨　华	中国北京	949亿元	组织海上石油、天然气勘探、开发、生产及炼油等
同受一方控制	中海投资管理有限公司	周　炯	中国上海	2.5亿元	企业投资与资产管理，企业管理信息咨询，社会经济信息咨询（除中介）
同受一方控制	中海石油气电集团有限责任公司	王中安	中国北京	264.54亿元	石油天然气（含液化天然气）、油气化工有关的技术开发、技术服务和咨询等。
同受一方控制	中海油（北京）贸易有限责任公司	郑保国	中国北京	1亿元	批发（不存储）石油原油，销售化工产品（不含危险化学品）；货物进出口；技术进出口；代理进出口；仓储服务；货运代理；经济贸易咨询；投资咨询
同受一方控制	中海石油化工进出口有限公司	郑保国	中国北京	11.32亿元	成品油（柴油、汽油、航空煤油、蜡油、石脑油、燃料油等）国营贸易进口经营
同受一方控制	中海油中石化联合国际贸易有限责任公司	郑保国	中国北京	2亿元	主要经营原油进口、成品油出口业务
同受一方控制	中国化工建设总公司	夏庆龙	中国北京	2.2099亿元	化肥生产、科研开发、国际贸易、工程设计、工程建设和国际招投标等业务
同受一方控制	中海石油炼化有限责任公司	董孝利	中国北京	189.95亿元	炼油、石化、成品油、及石化产品销售
同受一方控制	中海油大榭贸易有限公司	肖　明	中国浙江	1.3612亿元	化工原料和产品，燃料油的批发和销售
同受一方控制	中海油（山东）贸易有限责任公司	郑保国	中国山东	500万元	主要经营国内一般贸易、自营和代理各类商品及技术的进出口业务
同受一方控制	中海石油财务有限责任公司	吴孟飞	中国北京	40亿元	对成员单位办理财务和融资顾问、信用鉴证及相关的咨询、代理业务；协助成员单位实现交易款项的收付；对成员单位提供担保；办理成员单位之间的委托贷款及委托投资；对成员单位办理票据承兑与贴现；办理成员单位之间的内部转账结算及相应的结算、清算方案设计；吸收成员单位的存款；对成员单位办理贷款及融资租赁；从事同业拆借；经批准发行财务公司债券；承销成员单位的企业债券；对金融机构的股权投资；有价证券投资；成员单位产品的买方信贷及融资租赁

6.5.3 逐笔披露本公司与关联方的重大交易事项

6.5.3.1 固有与关联方交易情况:

单位:万元

固有与关联方关联交易				
	期初数	借方发生额	贷方发生额	期末数
贷款	—	—	—	—
投资	—	—	—	—
租赁	—	—	—	—
担保	—	—	—	—
应收账款	—	—	—	—
其他	—	—	—	—
合计	—	—	—	—

6.5.3.2 信托与关联方交易情况:贷款、投资、租赁、应收账款、担保、其他方式等期初汇总数、本期借方和贷方发生额汇总数、期末汇总数

单位:万元

信托与关联方关联交易				
	期初数	借方发生额	贷方发生额	期末数
贷款	—	—	—	—
投资	—	—	—	—
租赁	—	—	—	—
担保	—	—	—	—
应收账款	—	—	—	—
其他	4 143 087.18	6 173 663.28	6 361 781.17	3 954 969.29
合计	4 143 087.18	6 173 663.28	6 361 781.17	3 954 969.29

6.5.3.3 信托公司自有资金运用于自己管理的信托项目(固信交易)、信托公司管理的信托项目之间的相互(信信交易)交易金额,包括余额和本报告年度的发生额

6.5.3.3.1 固有与信托财产之间的交易金额期初汇总数、本期发生额汇总数、期末汇总数

单位:万元

固有财产与信托财产相互交易			
	期初数	本期发生额	期末数
合计	2 101.00	113 900.00	116 001.00

注:以固有资金投资公司自己管理的信托项目受益权,或购买自己管理的信托项目的信托资产均应纳入统计披露范围。本期清算结束2 000.00万元。

6.5.3.3.2 信托项目之间的交易金额期初汇总数、本期发生额汇总数、期末汇总数

单位:万元

信托财产与信托财产相互交易			
	期初数	本期发生额	期末数
合计	1 466 623.26	-252 603.13	1 214 020.13

注:以公司受托管理的一个信托项目的资金购买自己管理的另一个信托项目的受益权或信托项下资产均应纳入统计披露范围。本期清算结束626 243.35万元。

6.5.4 逐笔披露关联方逾期未偿还本公司资金的详细情况以及本公司为关联方担保发生或即将发生垫款的详细情况

报告期内,公司关联方无逾期未偿还本公司资金的情况,无本公司为关联方担保发生或即将发生垫款的情况。

6.6 会计制度的披露

本公司固有业务(自营业务)、信托业务执行的会计制度均为2006年颁布的企业会计准则。财政部于2014年陆续颁布或修订了一系列企业会计准则,本公司已按要求于2014年7月1日起执行新的企业会计准则。

7. 财务情况说明书

7.1 利润实现和分配情况

本公司2016年共实现利润总额121 045.55万元,税后净利润104 174.38万元。

公司年末按净利润的10%计提盈余公积金10 417.44万元。公司根据相关决议,按照股东持股比例向股东进行利润分配,分配金额为8亿元。

7.2 主要财务指标

指标名称	指标值
信托资产规模(亿元)	3 453.43
人均信托资产规模(亿元)	23.02
资本利润率(%)	23.98
人均净利润(万元)	694.50
不良资产率(%)	0.00

注:1. 资本利润率=净利润/所有者权益平均余额×100%。
2. 人均净利润=净利润/年平均人数。
3. 平均值采取年初、年末简单平均法,公式为:a(平均)=(年初数+年末数)/2。

7.3 对本公司财务状况、经营成果有重大影响的其他事项

无。

8. 特别事项揭示

8.1 前五名股东报告期内变动情况及原因

报告期内公司股东未有变动情况。

8.2 董事、监事及高级管理人员变动情况及原因

8.2.1 董事变更

2016年10月17日,公司股东大会2016年第三次临时会议审议通过《关于免去吴孟飞公司董事、董事长职务的提案》,同意免去吴孟飞公司董事、董事长职务。

公司股东大会第三次临时会议同时审议通过《关于选举温冬芬为公司董事会董事的提案》,同意选举温冬芬担任公司董事。2016年10月21日,公司第三届董事会第二十三次会议审议通过《关于选举温冬芬为公司董事长的议案》,选举温冬芬

为公司第三届董事会董事长。温冬芬任职资格已获上海银监局核准。

2016年9月23日王国樑董事提出辞去公司独立董事职务，公司股东大会2017年第一次临时会议审议通过《关于同意王国樑辞去公司独立董事的提案》，同意王国樑辞去公司独立董事职务。

2017年2月6日，公司股东大会2017年第一次临时会议审议通过《关于选举王华为公司董事的提案》，同意选举王华为公司董事。王华任职资格已获上海银监局核准。

2017年4月7日，公司股东大会2017年第二次临时会议审议通过《关于选举徐丹为公司独立董事的提案》，同意选举徐丹为公司独立董事，徐丹独立董事任职资格需经上海银监局核准。

8.2.2 监事变更

2016年10月17日，公司2016年第三次临时股东大会审议通过《关于免去逄本利公司监事、监事会主席职务的提案》，同意免去逄本利公司监事、监事会主席职务；审议通过《关于选举王宇凡作为公司监事会监事的提案》，同意选举王宇凡为公司监事会监事。2016年10月11日，公司第三届监事会第九次会议审议通过《关于选举王宇凡为公司监事会主席的议案》，选举王宇凡为公司监事会主席。

8.2.3 高级管理人员变更

2016年2月1日，公司第三届董事会第十八次会议审议通过《关于免去翁贵春风控总监职务的议案》，同意翁贵春辞去公司风控总监职务；审议通过《关于聘任张德荣兼任风控总监职务的议案》，同意张德荣兼任公司风控总监职务。

2016年8月11日，公司第三届董事会第二十一次会议审议通过《关于免去张悦合规总监的议案》，同意张悦不再兼任合规总监职务；审议通过《关于免去张德荣风控总监的议案》《关于聘任张德荣兼任合规总监的议案》，同意张德荣不再兼任风控总监、聘任张德荣兼任合规总监。

2016年11月15日，公司第三届董事会第二十四次会议审议通过《关于免去周炯公司财务总监职务的议案》《关于聘任刘显忠为公司财务总监的议案》，公司副总裁周炯不再兼任公司财务总监职务，同意聘任刘显忠为公司财务总监。刘显忠任职资格已获上海银监局核准。

2017年1月20日，公司第三届董事会第二十五次会议审议通过《关于免去周炯公司总信息师职务的议案》《关于聘任刘显忠兼任公司总信息师职务的议案》，公司副总裁周炯不再兼任公司总信息师职务，聘任刘显忠兼任公司总信息师职务。

8.3 变更注册资本、变更注册地或公司名称、公司分立合并事项

本公司在报告期内无变更注册资本或公司名称、公司分立合并等事项。

8.4 公司的重大诉讼事项

8.4.1 重大未决诉讼事项

本公司无重大未决诉讼事项。

8.4.2 以前年度发生，于本报告期内终结的诉讼事项

本公司无以前年度发生、于本报告期内终结的诉讼事项。

8.5 公司及其董事、监事和高级管理人员受到处罚的情况

2016年7月27日，无锡市人民检察院告知公司，公司副总裁魏志刚因涉嫌受贿被指定居所监视居住。公司从江苏检查网2017年1月26日发布的《江苏省人民检察院依法决定逮捕犯罪嫌疑人魏志刚》中获知，“2016年9月23日，江苏省人民检察院以涉嫌受贿罪决定逮捕中海信托股份有限公司原副总裁魏志刚”。2017年4月24日，公司从无锡市人民检察院获知，魏志刚案件于当日被依法移送公诉部门。

2016年7月29日起，公司党委会决定暂停魏志刚在党内的表决权、选举权和被选举权等党员权利，暂停魏志刚行政、管理职务。

8.6 银监会及其派出机构对公司检查后提出整改意见的，应简单说明整改情况

2016年5月11日，公司收到《关于中海信托股份有限公司2015年度监管意见的通知》，上海银监局认为，2015年公司经营较为稳健，信托业务规模增长较为迅速，盈利保持较高水平，对上海银监局提出的监管意见能够采取有效措施，基本整改到位，但公司存在合规管理组织架构设置不合理、风控合规人员流失、盈利模式缺乏可持续性等问题。

公司管理层高度重视监管意见，并部署开展监管意见的落实工作，对现有高管的职责分工进行调整，完善合规管理组织架构；通过成品人才招聘和员工梯队建设等途径加强风控合规队伍建设；加强机制建设，稳妥创新，提升可持续发展能力；公司通过制度建设、完善信息化保障、定期开展数据自查等措施持续提升数据质量管理。

8.7 本年度重大事项临时报告的简要内容、披露时间、所披露的媒体及其版面

（1）2016年3月28日，公司在《中国证券报》《上海证券报》《证券时报》及中海信托网站发布《中海信托股份有限公司关于变更公司法定代表人、总裁及完成工商营业执照换领的公告》，公司于2016年3月25日接到上海市工商行政管理局核发的营业执照，公司法定代表人变更为公司总裁黄晓峰。

（2）2017年1月9日，在《中国证券报》《上海证券报》《证券时报》及中海信托网站发布《中海信托股份有限公司关于董事长变更的公告》，温冬芬董事长的任职资格已经上海银监局核准（沪银监复［2016］578号），温冬芬于2017年1月6日到任，正式担任公司董事、董事长职务。

8.8 银监会及其省级派出机构认定的其他有必要让客户及相关利益人了解的重要信息

（1）2016年1月，公司在中央国债登记结算有限责任公司举办的2015年中国债券市场优秀成员评选中荣获“优秀发行人”和信托公司类“优秀资产管理机构”荣誉称号。

（2）2016年4月，公司荣获“2015年度上海市黄浦区高端服务业100强企业”荣誉称号（第20位）。

（3）2016年7月，由《证券时报》主办的“2016中国信托业发展高峰论坛”暨第九届中国优秀信托公司评选中，公司以完

善的风控体系及良好的经营业绩，荣获“优秀风控信托公司”奖。

8.9 社会责任履行情况报告

公司始终坚持把维护受益人的利益放在首位，把好风险关，切实承担起国有金融企业维护金融稳定的社会责任。自2004年以来，公司累计管理信托资产规模达到42 000亿元，连续13年未发生一笔信托不能到期兑付的情况，未发生一笔损害委托人、受益人利益的情况，未新增任何不良资产。同时，公司发挥信托制度优势，有效支持了实体经济发展。

公司建立起较为完善的公司治理架构和健全的监督制约机制。公司设置有多层次的分级有限授权制度，形成了科学、清晰、合理的组织架构，为公司营造了健康的内部控制环境。

公司持续完善风险控制体系，确保各项业务发展风险可控。结合业务发展实际，公司实施动态的制度管理，从加强全程风控、完善量化风控标准入手，着重提高项目管理各环节的风险防范，形成了有效的管理标准并贯彻实施。

公司坚持服务社会、回报社会，积极参与各项公益活动。近年来，公司组织开展了多次主题募捐活动，弘扬中华民族传统美德，增强员工的社会责任感、服务意识和奉献精神。

9. 公司监事会意见

监事会认为本公司决策程序符合法律法规和《公司章程》的规定，并建立了较为完善的内部控制制度，公司董事、管理层认真履行职责，未发生执行职务时有违反法律法规、《公司章程》或损害公司利益的行为。公司财务报告经立信会计师事务所审计，真实反映了公司财务状况和经营成果。

中航信托股份有限公司

1. 重要提示

1.1 本公司董事会及董事保证本报告所载资料不存在任何虚假记载、误导性陈述或者重大遗漏，并对其内容的真实性、准确性和完整性承担个别及连带责任。

1.2 本公司独立董事对年度报告内容的真实性、准确性、完整性无异议。

1.3 本公司董事长姚江涛、总经理余萌、财务总监罗国华保证年度报告中财务报告的真实和完整。

2. 公司概况

2.1 公司简介

2.1.1 公司法定名称

中文：中航信托股份有限公司

英文：AVIC Trust Co. ,Ltd.

2.1.2 公司法定代表人：姚江涛

2.1.3 公司注册地址：江西省南昌市红谷滩新区赣江北大道1号中航广场24~25层

互联网网址：www. avictc. com

电子邮箱：zhxt@ avictc. com

2.1.4 公司负责信息披露事务的高级管理人员：罗国华

办公电话：0791 -86667992

办公传真：0791 -86772268

电子邮箱：zhxt@ avictc. com

2.1.5 公司选定的信息披露报纸：《金融时报》《证券时报》

2.1.6 年报备置地点：江西省南昌市红谷滩新区赣江北大道1号中航广场24~25层

2.1.7 公司聘请的会计师事务所：致同会计师事务所（特殊普通合伙）

地址：北京朝阳区建外大街22号赛特广场10层

2.1.8 公司聘请的律师事务所：北京市君泽君律师事务所

地址：北京市西城区金融大街9号金融街中心南楼六层

3. 公司治理

3.1 股东

报告期末，公司总股本402 226. 72万股，实收资本402 226. 72万元，股东单位共2家，具体情况如下：

股东名称	持股数（万股）	比例（%）	法人代表	注册资本	注册地址
中航投资控股有限公司	321 786. 06	80. 0001	孟祥泰	88. 43亿元	北京市朝阳区东三环中路乙10号20层
华侨银行有限公司	80 440. 66	19. 9999	黄三光	137. 5亿新加坡元	65 Chulia Street, #09 -00 OCBC Centre, Singapore 049513
合计	402 226. 72	100			

注：中国航空工业集团公司是本公司的实际控制人。中航投资控股有限公司为中航资本控股股份有限公司（600705）的全资子公司，中航资本控股股份有限公司为中国航空工业集团公司控股子公司。

3.2 董事及董事会下属委员

董事会成员

姓名	职务	性别	年龄（岁）	任该职务时间	所推举的股东名称	该股东持股比例（%）
姚江涛	董事长	男	54	2016年4月	中航投资控股有限公司	80. 0001
章建康	董事	男	37	2013年10月	中航投资控股有限公司	80. 0001
张　戈	董事	男	42	2013年10月	中航投资控股有限公司	80. 0001
薛云燕	董事	女	36	2016年4月	中航投资控股有限公司	80. 0001
林文坚	董事	男	53	2013年10月	华侨银行有限公司	19. 9999
康慧珍	董事	女	51	2016年12月	华侨银行有限公司	19. 9999

独立董事

姓名	职务	性别	年龄（岁）	任该职务时间	工作单位	简要履历
孟　焰	独立董事	男	61	2009年10月	中央财经大学	博士学历，注册会计师；现为中央财经大学教授、博士生导师，曾任会计学院院长。
朱武祥	独立董事	男	51	2014年8月	清华大学	数量经济专业博士研究生，清华大学经济管理学院金融系教授、博士生导师。

董事会下设专业委员会成员

委员会名称	职责	组成人员姓名	职务
信托委员会	督促公司依法履行受托职责，当公司或股东利益与受益人利益发生冲突时，保证公司为受益人的最大利益服务。	朱武祥	主任委员
		姚江涛	委员
		林文坚	委员
风险管理委员会	监督、评估公司的风险管理状况，提出完善风险管理意见，监督、评估公司风险管理部门的工作。	姚江涛	主任委员
		康慧珍	委员
		章建康	委员
审计委员会	负责监督公司内、外部审计工作。	孟焰	主任委员
		林文坚	委员
		张戈	委员
薪酬与考核委员会	研究董事与高级管理人员考核的标准，进行考核并提出建议；研究与审查董事、高级管理人员的薪酬政策与方案。	姚江涛	委员
		康慧珍	委员

3.3 监事、监事会

姓名	职务	性别	年龄(岁)	任该职务时间	所推举的股东名称	该股东持股比例(%)	工作单位
孔令芬	监事会主席	女	53	2013 年 7 月	中航投资控股有限公司	80.0001	中航投资控股有限公司
李　军	监事	男	48	2013 年 7 月			兴城资本
陈林芳	监事	男	60	2009 年 10 月			已退休
叶少波	监事	男	52	2013 年 7 月	职工监事		中航信托股份有限公司
刘　合	监事	男	44	2013 年 7 月	职工监事		中航信托股份有限公司

注：本公司监事会未下设专业委员会。

3.4 高级管理人员

姓名	性别	职务	分管领域	任该职务时间	金融从业年限(年)	国别	学位	专业	年龄(岁)
余　萌	男	总经理	主持公司日常经营管理工作、总经理办公会，主管投资管理部、资产管理部	2016 年 4 月	36	中国	硕士	西方经济学	53
刘　寅	男	副总经理	协助管理信托业务	2016 年 10 月	18	中国	硕士	产业经济	42
罗国华	男	董事会秘书	协助管理运营、稽核审计，负责股东会、董事会、监事会具体工作	2009 年 12 月	29	中国	硕士	工商管理	52
郭若强	男	首席风险官	协助管理风险与合规、信息系统建设，主持业务评审会，分管风险管理部、信息科技部	2010 年 9 月	25	中国	硕士	应用金融	51
魏颖晖	男	副总经理	协助管理信托业务、财富管理业务	2013 年 10 月	21	中国	硕士	工商管理	45
严　固	女	总经理助理	协助管理信托业务	2012 年 12 月	29	中国	学士	农业财务	49
李　鹏	男	总经理助理	协助管理信托业务	2014 年 8 月	20	中国	硕士	MBA	40
刘文庆	男	总经理助理	协助管理行政办公、对外联系沟通方面工作，分管办公室、党群与思想政治工作部。	2015 年 8 月	28	中国	本科	经济学	48

3.5 公司员工

报告期末，公司信托业务从业人员 327 人，具体分布如下：

项目		报告期年度	
		人数(人)	比例(%)
年龄分布	20～30 岁	151	46.18
	30～40 岁	126	38.53
	40～50 岁	37	11.31
	50 岁以上	13	3.98
学历分布	博士	5	1.53
	硕士	173	52.9
	本科	127	38.84
	专科	17	5.2
	其他	5	1.53
岗位分布	董事、监事及高管人员	10	3.06
	固有业务人员	6	1.83
	信托业务人员	201	61.47
	其他人员	109	33.64

4. 经营管理

4.1 经营目标、方针、战略规划

4.1.1 经营目标

成为“卓越的金融整合服务提供商”，依托私募投行业务、资产管理业务和财富管理业务，通过智慧与资源的整合，为核心客户提供全方位的金融解决方案。

4.1.2 经营方针

高起点、高境界、可持续、快发展。

4.1.3 战略规划

通过未来 5 年左右的努力，力争实现由战略业务驱动的核心业务指标进入行业前十；在此基础上，塑造公司三大战略业务即私募投行业务、资产管理业务和财富管理业务的核心品牌以及公司整体品牌形象；建立与之匹配的组织运营体系，成为国内具有核心竞争优势的卓越的金融整合服务商，实现客户价值、社会价值、股东价值和员工价值“四位一体”的分享型价值创造和价值增长。

4.2 所经营业务的主要内容

报告期内，公司主要开展业务分为信托业务和固有业务两部分。其中，信托业务主要包括私募投行、资产管理和财富管理业务；固有业务主要包括贷款、金融产品投资和金融股权投资业务。

4.2.1 固有资产运用与分布表

单位：万元

资产运用	金额（万元）	占比（%）	资产分布	金额（万元）	占比（%）
货币资产	192 901.78	22.14	基础产业	1 800.00	0.21
贷款及应收款项等	48 073.36	5.52	房地产业	39 564.19	4.54
拆出资金	—		证券市场	22 600.00	2.59
可供出售金融资产	618 274.60	70.95	实业	24 129.85	2.77
固定资产	5 077.93	0.58	金融机构	460 537.38	52.85
其他	7 065.71	0.81	其他	322 761.96	37.04
资产合计	871 393.38	100.00	资产合计	871 393.38	100.00

4.2.2 信托资产运用与分布表

单位：万元

资产运用	金额（万元）	占比（%）	资产分布	金额（万元）	占比（%）
货币资产	367 769.10	0.77	基础产业	7 541 089.11	15.88
贷款	16 225 989.62	34.18	房地产	3 793 869.19	7.99
交易性金融资产	421262.79	0.89	证券市场	5 796 646.39	12.21
可供出售金融资产	19 611 907.76	41.31	实业	8 462 289.66	17.82
持有至到期投资	1 367 503.06	2.88	金融机构	5 992 086.78	12.62
长期股权投资	6 111 479.36	12.87	其他	15 892 961.63	33.47
其他	3 373 031.07	7.10	—	—	
信托总资产	47 478 942.76	100	信托总资产	47 478 942.76	100

4.3 市场分析

4.3.1 宏观环境分析

2016 年中国宏观经济稳中趋缓，稳中向好，以“三去一降一补”为主的供给侧改革取得阶段性成效，调结构转方式取得积极进展，社会劳动生产率、全要素生产率、资本回报率等微观效率指标也逐渐改善。

4.3.2 影响公司发展的因素

信托行业监管规制体系及保障体系日趋完善、科学，行业“八大机制”“八大责任”“八大业务”“五大坚持”的指引效应，均为信托行业的可持续发展保驾护航，奠定了坚实基础。

伴随经济发展新常态，新业态、新模式不断涌现，社会经济发展和投资者对信托产品及信托服务需求旺盛，助推信托行业转型创新、努力进取。

在我国新旧经济的进一步切换、深化中，对转型下信托行业的专业化能力持续提出新要求、新标准。

4.4 风险管理

4.4.1 风险管理概况

公司高度重视风险控制和管理，坚持积极稳健的经营原则，通过规范运作，逐步形成“事前防范、事中控制、事后监督”的风险管理规程。报告期内，公司创新深运用金融科技发展带来的信息优势，主动捕捉行业大数据，探索具有信托业特色的风控之路，不断改进和提高风险控制管理质量和水平。

4.4.2 风险状况

公司在经营过程中可能遇到的风险主要包括信用风险、市场风险、操作风险、合规风险、流动性风险、其他风险等。报告期内，公司信用风险按风险类资产总额足额计提了准备金，未发生因市场风险、操作风险、合规风险等其他风险造成的损失。

4.4.3 净资本管理状况

2016 年末公司净资本 55.37 亿元，各项业务风险资本 43.40 亿元，净资本与各项业务风险资本之和之比为 127.58%，净资本与净资产之比为 87.79%。各项净资本风险控制指标均符合监管政策要求。

4.5 发展绿色信托

发挥信托制度优势，将绿色理念引入信托发展战略是公司寻找契合国家发展战略、行业发展转型、公司发展动力的创新路径。公司发展绿色信托既符合全球可持续战略也是我国完善金融体系的战略任务，而且与信托行业强调履行社会责任的发展方向相契合。2016 年围绕战略布局、经营发展、公司治理、企业文化四个维度继续深化发展，并取得阶段性成果。

4.6 企业社会责任

2016 年公司积极履行社会责任，不断加强社会责任管理，以实际行动为社会、为客户、为股东创造价值，获得中国慈善联合会授予的“中国慈善联合会 2016 年度推动者”称号，体现了作为央企的责任担当。一是成立全国首单以航空背景的慈善信托计划，首期信托计划规模为 100 万元；二是以产融结合的方式重点扶持定点扶贫联系点永新县曲白乡的“黄桃产业基地”发展，指导当地发展特色产业；三是大力开展保护金融消费者权益工作；四是积极开展社会公益活动，连续 7 年看望和慰问特困群众，开展“关爱红原”温暖送冬衣活动等。

5. 报告期末及上一年度末的比较式会计报表

5.1 固有资产

5.1.1 致同会计师事务所（特殊普通合伙）审计意见

中航信托公司财务报表在所有重大方面按照企业会计准则的规定编制，公允反映了中航信托公司 2016 年 12 月 31 日的财务状况以及 2016 年度的经营成果和现金流量。

5.1.2 资产负债表

资产负债表

2016 年 12 月 31 日　　单位：万元

项目	2016 年 12 月 31 日	2015 年 12 月 31 日
流动资产：		
货币资金	192 901.78	126 089.62
△结算备付金		
△拆出资金		13 000.00

续表

项目	2016 年 12 月 31 日	2015 年 12 月 31 日
以公允价值计量且其变动计入当期损益的金融资产		
应收票据		
应收账款	3 855. 69	4 284. 36
预付款项	521. 60	485. 44
应收利息	468. 88	1 343. 56
应收股利		
其他应收款	7 646. 19	8 609. 15
△买入返售金融资产		
一年内到期的非流动资产		
其他流动资产		
流动资产合计	205 394. 14	153 812. 13
非流动资产:		
△发放贷款及垫款	35 581. 00	97 911. 00
可供出售金融资产	618 274. 60	598 641. 21
持有至到期投资		
长期应收款		
长期股权投资		
投资性房地产		
固定资产原价	8 211. 95	7 613. 19
减:累计折旧	3 134. 02	2 520. 20
固定资产净值	5 077. 93	5 092. 99
减:固定资产减值准备		—
固定资产净额	5 077. 93	5 092. 99
无形资产	361. 81	156. 92
开发支出		
长期待摊费用	921. 89	892. 03
递延所得税资产	4 678. 70	3 537. 17
其他非流动资产	1 103. 31	895. 79
其中:特准储备物资		
非流动资产合计	665 999. 24	707 127. 11
资　产　总　计	871 393. 38	860 939. 24

公司法定代表人:姚江涛　主管会计工作公司负责人:罗国华　　会计机构负责人:刘　燕

资产负债表(续)

单位:万元

项目	2016 年 12 月 31 日	2015 年 12 月 31 日
流动负债:		
△吸收存款及同业存放		
以公允价值计量且其变动计入当期损益的金融负债		
应付票据		
应付账款		
预收款项	92 198. 42	82 133. 52
△卖出回购金融资产款		
△应付手续费及佣金		
应付职工薪酬	20 704. 40	21 504. 40
应交税费	26 836. 30	14 258. 40
应付利息		
应付股利		61 152. 03
其他应付款	100 879. 85	161 888. 92
一年内到期的非流动负债		
其他流动负债		
流动负债合计	240 618. 97	340 937. 27
非流动负债:		
长期应付款		
专项应付款		
预计负债		

续表

项目	2016 年 12 月 31 日	2015 年 12 月 31 日
递延所得税负债		
其他非流动负债		
其中:特准储备基金		
非流动负债合计		
负债合计	240 618. 97	340 937. 27
所有者权益(或股东权益):		
实收资本(股本)	402 226. 72	168 648. 52
资本公积		61 351. 98
减:库存股		
专项储备		
盈余公积	49 756. 85	36 740. 14
△一般风险准备	38 208. 99	31 194. 32
未分配利润	140 581. 85	222 067. 01
外币报表折算差额		
归属于母公司所有者权益合计	630 774. 41	520 001. 97
少数股东权益		
所有者权益合计	630 774. 41	520 001. 97
负债和所有者权益总计	871 393. 38	860 939. 24

公司法定代表人:姚江涛　主管会计工作公司负责人:罗国华　会计机构负责人:刘　燕

5. 1. 3　利润表

利润表

单位:万元

项目	2016 年度	2015 年度
一、营业总收入	238 632. 97	200 776. 08
利息净收入	-1 756. 01	5 613. 97
其中:利息收入	8 465. 71	10 563. 97
利息支出	10 221. 72	4 950. 00
手续费及佣金净收入	212 691. 66	166 278. 40
其中:手续费及佣金收入	212 711. 69	166 290. 92
手续费及佣金支出	20. 03	12. 52
投资收益(损失以“-”号填列)	27 697. 81	28 898. 31
公允价值变动收益(损失以“-”号填列)		-14. 64
汇兑收益	-0. 49	0. 03
其他收入		
二、营业总成本	66 108. 33	57 789. 91
营业税金及附加	4 937. 73	9 826. 94
业务及管理费	59 365. 24	46 578. 30
资产减值损失	1 805. 36	1 384. 67
其他业务支出		
三、营业利润(亏损以“-”号填列)	172 524. 64	142 986. 17
加:营业外收入	186. 67	0. 81
减:营业外支出	326. 77	160. 45
四、利润总额(亏损总额以“-”号填列)	172 384. 54	142 826. 53
减:所得税费用	42 217. 52	35 263. 54
五、净利润(净亏损以“-”号填列)	130 167. 02	107 562. 99
归属于母公司所有者的净利润	130 167. 02	107 562. 99
少数股东损益		

公司法定代表人:姚江涛　主管会计工作公司负责人:罗国华　会计机构负责人:刘　燕

5.1.4 所有者权益变动表

所有者权益变动表

单位：万元

项目	2016年12月31日						
	归属于母公司所有者权益						所有者权益合计
	实收资本	资本公积	盈余公积	一般风险准备	未分配利润	小计	
一、上年年末余额	168 648.52	61 351.98	36 740.15	31 194.32	222 067.01	520 001.97	520 001.97
加：会计政策变更							
前期差错更正							
二、本年年初余额	168 648.52	61 351.98	36 740.15	31 194.32	222 067.01	520 001.97	520 001.97
三、本年增减变动金额（减少以"－"号填列）	233 578.20	－61 351.98	13 016.70	7 014.67	－81 485.16	110 772.44	110 772.44
（一）净利润					130 167.01	130 167.01	130 167.01
（二）其他综合收益							
综合收益小计					130 167.01	130 167.01	130 167.01
（三）所有者投入和减少资本							
1. 所有者投入资本							
2. 股份支付计入所有者权益的金额							
3. 其他							
（四）专项储备提取和使用							
1. 提取专项储备							
2. 使用专项储备							
（五）利润分配	172 226.22		13 016.70	7 014.67	－211 652.17	－19 394.58	－19 394.58
1. 提取盈余公积			13 016.70		－13 016.70	—	—
其中：法定盈余公积			13 016.70		－13 016.70	—	—
任意盈余公积							
储备基金							
企业发展基金							
利润归还投资							
2. 提取信托风险准备				7 014.67	－7 014.67	—	—
3. 所有者（或股东）的分配					－19 394.58	－19 394.58	－19 394.58
4. 其他	172 226.22				－172 226.22	—	—
（六）所有者权益内部结转	61 351.98	－61 351.98				—	—
1. 资本公积转增资本（或股本）	61 351.98	－61 351.98				—	—
2. 盈余公积转增资本（或股本）							
3. 盈余公积弥补亏损							
4. 其他							
四、本年年末余额	402 226.72	—	49 756.85	38 208.99	140 581.85	630 774.41	630 774.41

公司法定代表人：姚江涛　　主管会计工作公司负责人：罗国华　　会计机构负责人：刘　燕

所有者权益变动表（续）

单位：万元

项目	2015年12月31日						
	归属于母公司所有者权益						所有者权益合计
	实收资本	资本公积	盈余公积	一般风险准备	未分配利润	小计	
一、上年年末余额	168 648.52	61 351.98	25 983.85	21 054.82	197 799.77	474 838.94	474 838.94
加：会计政策变更							
前期差错更正							
二、本年年初余额	168 648.52	61 351.98	25 983.85	21 054.82	197 799.77	474 838.94	474 838.94
三、本年增减变动金额（减少以"－"号填列）			10 756.29	10 139.50	24 267.24	45 163.03	45 163.03
（一）净利润					107 562.99	107 562.99	107 562.99
（二）其他综合收益							
综合收益小计					107 562.99	107 562.99	107 562.99
（三）所有者投入和减少资本							
1. 所有者投入资本							
2. 股份支付计入所有者权益的金额							
3. 其他							
（四）专项储备提取和使用							

续表

项目	2015 年 12 月 31 日						
	归属于母公司所有者权益						所有者权益合计
	实收资本	资本公积	盈余公积	一般风险准备	未分配利润	小计	
1. 提取专项储备							
2. 使用专项储备							
(五)利润分配			10 756.29	10 139.50	-83 295.76	-62 399.96	-62 399.96
1. 提取盈余公积			10 756.29		-10 756.29	—	—
其中:法定盈余公积			10 756.29		-10 756.29	—	—
任意盈余公积							
储备基金							
企业发展基金							
利润归还投资							
2. 提取信托风险准备				10 139.50	-10 139.50	—	—
3. 所有者(或股东)的分配					-62 399.96	-62 399.96	-62 399.96
4. 其他							
(六)所有者权益内部结转							
1. 资本公积转增资本(或股本)							
2. 盈余公积转增资本(或股本)							
3. 盈余公积弥补亏损							
4. 其他							
四、本年年末余额	168 648.52	61 351.98	36 740.14	31 194.32	222 067.01	520 001.97	520 001.97

公司法定代表人:姚江涛　　　　主管会计工作公司负责人:罗国华　　　　会计机构负责人:刘　燕

5.2 信托资产

5.2.1 信托项目资产负债表

信托项目资产负债表

单位:万元

信托资产	2016 年 12 月 31 日	信托负债和信托权益	2016 年 12 月 31 日
信托资产:	—	信托负债:	—
货币资金	367 769.10	交易性金融负债	—
拆出资金		衍生金融负债	—
存出保证金		应付受托人报酬	16 978.97
交易性金融资产	421 262.79	应付托管费	2757.48
衍生金融资产		应付受益人收益	9 476.01
买入返售金融资产	1 192 635.59	应交税费	0
应收款项	523 814.19	应付销售服务费	18410.72
发放贷款	16 225 989.62	其他应付款项	109 340.11
可供出售金融资产	19 611 907.76	预计负债	0
持有至到期投资	1 367 503.06	其他负债	0.9
长期应收款	847 120.78		—
长期股权投资	6 111 479.36	信托负债合计	156 964.19
投资性房地产			—
固定资产		信托权益:	—
无形资产		实收信托	47 014 301.22
长期待摊费用	-38.2	资本公积	42 161.20
其他资产	809 498.7	未分配利润	265 516.14
减:各项资产减值准备	—	信托权益合计	47 321 978.56
信托资产总计	47 478 942.75	信托负债及信托权益总计	47 478 942.75

5.2.2 信托项目利润及利润分配表

单位：万元

项目	2016 年度
1. 营业收入	2 600 300.05
1.1 利息收入	1 543 979.70
1.2 投资收益（损失）	1 062 490.55
1.2.1 其中：对联营企业和合营企业的投资收益	0
1.3 公允价值变动收益（损失）	(6201.92)
1.4 租赁收入	0
1.5 汇兑损益（损失）	0
1.6 其他收入	31.72
2. 支出	357 037.61
2.1 营业税金及附加	0
2.2 受托人报酬	209 124.43
2.3 托管费	38 952.95
2.4 投资管理费	3363.96
2.5 销售服务费	28 227.54
2.6 交易费用	339.76
2.7 资产减值损失	0
2.8 其他费用	77 028.97
3. 信托净利润（净亏损）	2 243 262.44
4. 其他综合收益	7728.25
5. 综合收益	2 250 990.69
6. 加：期初未分配信托利润	145 986.07
7. 可供分配的信托利润	2 396 976.76
8. 减：本期已分配信托利润	2 131 460.62
9. 期末未分配信托利润	265 516.14

6. 会计报表附注

6.1 会计报表编制基准不符合会计核算基本前提的说明

本公司无上述情况。

6.2 重要会计政策和会计估计说明

公司执行财政部颁布的企业会计准则及其应用指南、解释及其他有关规定（统称企业会计准则），报告期内公司会计政策、会计估计和核算方法未发生变化。

6.3 或有事项说明

截至报告期末，本公司无需要披露的重大或有事项。

6.4 重要资产转让及其出售的说明

本公司报告期内未发生重要资产转让及出售事项。

6.5 会计报表中重要项目的明细资料

6.5.1 自营资产经营情况

6.5.1.1 信用风险资产五级分类情况

信用资产五级分类	正常类（万元）	关注类（万元）	次级类（万元）	可疑类（万元）	损失类（万元）	信用风险资产合计（万元）	不良资产合计（万元）	不良资产率（%）
期初数	849 876.25					849 876.25		—
期末数	850 726.69			8 000.00		858 726.69	8 000.00	0.93

注：不良资产合计＝次级类＋可疑类＋损失类。

6.5.1.2 资产减值准备情况

单位：万元

项目	期初数	本期计提	本期转回	本期核销	期末数
贷款损失准备	989.00	3 330.00			4 319.00
一般准备	989.00	3 330.00			4 319.00
专项准备	—				
其他资产减值准备	2 700.47		-1 524.64		1 175.83
可供出售金融资产减值准备	—				
持有至到期投资减值准备	—				
长期股权投资减值准备	—				
坏账准备	2 700.47		-1 524.64		1 175.83
投资性房地产减值准备	—				

6.5.1.3 固有股票投资、基金投资、债券投资、长期投资等投资情况

单位：万元

	自营股票	基金	债券	长期投资	其他投资	合计
期初数				193 522.00	405 119.21	598 641.21
期末数				203 522.00	414 752.60	618 274.60

6.5.1.4 长期投资的前五名

企业名称	占被投资企业权益的比例（%）	主要经营活动	投资收益（万元）
中国信托业保障基金有限责任公司	8.70	保障基金管理	2 500.00
天风证券股份有限公司	4.29	证券服务	
南昌农村商业银行股份有限公司	4.91	银行服务	242.00
新余农村商业银行股份有限公司	4.42	银行服务	297.00
中国信托登记有限责任公司	3.33	信托登记服务	

6.5.1.5 固有贷款前五名

单位：%

企业名称	占贷款总额的比例	还款情况
贵州安顺开发区银和房地产开发有限公司	39.85	正常
贝利控股集团有限公司	30.07	正常
北京乾坤翰林文化传播有限公司	20.05	逾期
天津天房融创置业有限公司	10.03	正常

6.5.1.6 表外业务的期初数、期末数

单位：万元

表外业务	期初数	期末数
担保业务	—	—
代理业务（委托业务）	—	—
其他	—	—
合计	—	—

6.5.1.7 公司当年的收入结构

收入结构	金额（万元）	占比（%）
手续费及佣金收入	212 711.69	85.41
其中：信托手续费收入	212 711.69	85.41
投资银行业务收入		
利息收入	8 465.71	3.40
其他业务收入		
其中：计入信托业务收入部分		
投资收益	27 697.81	11.12
其中：股权投资收益	4 026.93	1.62
证券投资收益		

续表

收入结构	金额(万元)	占比(%)
其他投资收益	23 670.88	9.50
公允价值变动收益	—	
营业外收入	186.67	0.07
收入合计	249 061.88	100.00

6.5.2 披露信托资产管理情况

6.5.2.1 信托资产的期初数、期末数对比分析

信托资产	2016 年 12 月 31 日	2015 年 12 月 31 日	增减变动额(万元)	增减幅度(%)
集合类	24 844 335.67	14 444 421.12	10 399 914.55	72.00
单一类	21 139 427.57	18 311 051.77	2 828 375.80	15.45
财产管理类	1 495 179.52	513 975.41	981 204.11	190.90
合 计	47 478 942.76	33 269 448.30	14 209 494.46	42.71

6.5.2.1.1 主动管理型信托业务的信托资产期初数、期末数对比分析

主动管理型信托资产	2016 年 12 月 31 日(万元)	2015 年 12 月 31 日(万元)	增减变动额(万元)	增减幅度(%)
投资类	18 875 480.40	11 580 110.59	7 295 369.81	63.00
融资类	5 334 268.42	4 454 948.15	879 320.27	19.74
事务管理类	0	0	0.00	—
合 计	24 209 748.82	16 035 058.74	8 174 690.08	50.98

6.5.2.1.2 被动管理型信托业务的信托资产期初数、期末数对比分析

被动管理型信托资产	2016 年 12 月 31 日(万元)	2015 年 12 月 31 日(万元)	增减变动额(万元)	增减幅度(%)
投资类	1 631 787.74	918 370.73	713 417.01	77.68
融资类	939 395.34	1 212 723.65	-273 328.31	-22.54
事务管理类	20 698 010.84	15 103 295.18	5 594 715.66	37.04
合 计	23 269 193.92	17 234 389.56	6 034 804.36	35.02

6.5.2.2 本年已清算结束的信托项目情况

6.5.2.2.1 本年度已清算结束的集合类、单一类资金信托项目和财产管理类信托项目情况

已清算结束的信托项目	项目个数(个)	实收信托合计金额(万元)	加权平均实际年化收益率(%)
集合类	166	3 320 645.00	8.96
单一类	258	7 201 509.91	8.68
财产管理类	8	207 500.00	8.05

注:实收信托合计金额是信托本金累计给付额。

6.5.2.2.2 本年度已清算结束的主动管理型信托项目情况

已清算结束的信托项目	项目个数(个)	实收信托合计金额(万元)	加权平均实际年化报酬(%)	加权平均实际年化收益率(%)
投资类	56	1 618 000.91	2.48	9.04
融资类	120	2 172 744.00	2.63	8.87
事务管理类	0	0.00	0	0

注:实收信托合计金额是信托本金累计给付额。

6.5.2.2.3 本年度已清算结束的被动管理型信托项目情况

已清算结束的信托项目	项目个数(个)	实收信托合计金额(万元)	加权平均实际年化报酬(%)	加权平均实际年化收益率(%)
投资类	10	460 541.00	0.26	10
融资类	17	517 950.00	0.27	7.81
事务管理类	229	5 960 419.00	0.28	8.55

6.5.2.3 本年度新增的集合类、单一类资金信托项目和财产管理类信托项目情况

新增信托项目	项目个数(个)	实收信托合计金额(万元)
集合类	206	14 235 244.48
单一类	228	10 862 123.46
财产管理类	12	1 157 401.26
合计	446	26 254 769.20
其中:主动管理型	199	13 129 029.80
被动管理型	247	13 125 739.40

注:实收信托合计金额是本年新增信托项目累计新增的实收信托金额。

6.5.2.4 信托业务创新成果和特色业务有关情况

报告期内,中航信托积极推动业务创新,并取得多项成果。一是发行业内首单信托公司作为原始权益人的类 REITs 资产证券化产品——中航红星爱琴海商业物业信托受益权资产支持专项计划。二是作为发行载体管理机构,参与了国内首单央企 ABN 产品"中国中车股份有限公司 2016 年度第一期信托资产支持票据(ABN)"的成功发行。三是发行国内首单以航空为背景的慈善信托计划。四是发行国内首支数据信托产品。五是发行国内首个以停车场收费权为标的物的 TOT 模式 PPP 项目。六是首批获得铁路发展基金专项信托业务创新资格。

6.5.2.5 本公司履行受托人义务情况及因公司自身责任而导致的信托资产损失情况

报告期内,未发生因公司自身责任导致信托资产损失,集合信托资产管理没有发生重大涉诉及赔付等情况。

6.5.2.6 信托赔偿准备的提取、使用和管理情况

公司从 2016 年税后利润中提取 5% 的信托赔偿准备金 6 508.35万元,累计提取 24 878.42 万元。报告期内公司未使用信托赔偿准备金。

6.6 关联方及其交易的披露

6.6.1 关联交易方的数量、关联交易的总金额及关联交易的定价原则等

固有业务关联方情况

	关联交易方数量(个)	关联交易金额(万元)	定价政策
合计	7	1 827.31	按市场价格交易,或按公允原则,以不优于对非关联方同类交易的条件定价交易

信托业务关联方情况

	关联交易方数量(个)	关联交易金额(万元)	定价政策
合计	10	417 500	按市场价格交易,或按公允原则,以不优于对非关联方同类交易的条件定价

6.6.2 关联交易方与本公司的关系性质、关联交易方的名称、法定代表人、注册地址、注册资本及主营业务等

单位:万元

关系性质	关联方名称	法定代表人	注册地址	注册资本
同一实际控制人	中航地产股份有限公司	肖临骏	深圳市福田区振华路163号飞亚达大厦六楼	66 696.14
同一实际控制人	中国航空技术国际控股有限公司	刘洪德	北京市朝阳区北辰东路18号	957 864.17
同一实际控制人	北京瑞赛科技有限公司	钟宏伟	北京市朝阳区东环南路2号	110 176.00
同一实际控制人	航发投资管理有限公司	肖临骏	北京市朝阳区北辰东路18号凯迪克大酒店23层	8 000.00
同一实际控制人	天津瑞赛投资发展有限公司	王战军	天津宝坻节能环保工业区宝强道1号办公楼一层	5 000.00
同一实际控制人	南昌航都实业有限公司	吴晓勇	江西省南昌市高新技术产业开发区高新七路192号202室	5 000.00
同一实际控制人	中航证券有限公司	王宜四	江西省南昌市红谷滩新区红谷中大道1619号南昌国际金融大厦A栋41层	198 522.1

6.6.3 公司与关联方的重大交易事项

6.6.3.1 固有财产与关联方:贷款、投资、租赁、应收账款、担保、其他方式等期初汇总数、本期发生额汇总数、期末汇总数

单位:万元

	期初数	借方发生额	贷方发生额	期末数
贷款	—	—	—	—
投资	—	—	—	—
租赁	—	—	—	—
担保	—	—	—	—
其他应收款	—	—	—	105.13
其他	—	112.00	1 715.31	—
合计	—	112.00	1 715.31	—

注:固有财产与关联方关联交易主要是咨询费和业务收入。

6.6.3.2 信托与关联方交易情况

单位:万元

项目	期初数	借方发生额	贷方发生额	期末数
贷款	229 000.00	220 000.00	158 900.00	290 100.00
投资	70 000.00	57 400.00	—	127 400.00
合计	299 000.00	277 400.00	158 900.00	417 500.00

6.6.3.3 固有财产和信托财产之间的交易金额期初汇总数、本期发生额汇总数、期末汇总数

单位:万元

固有财产与信托财产相互交易			
项目	期初数	本期发生额	期末数
合计	338 515.96	45 069.85	383 585.81

6.6.4 关联方逾期未偿还本公司资金的详细情况以及本公司为关联方担保发生或即将发生垫款的情况

报告期内本公司无关联方逾期未偿还本公司资金的情况,没有为关联方提供担保。

7. 财务情况说明书

7.1 利润实现和分配情况

公司2016年初未分配利润222 067.01万元,2016年实现净利润130 167.01万元,按净利润的10%提取法定盈余公积金13 016.70万元,按风险资产期末余额的1.5%计提一般风险准备金506.32万元,按净利润的5%提取信托赔偿准备金6 508.35万元,分配股东现金红利19 394.58万元,以未分配利润转增股本172 226.22万元。截至2016年12月31日,公司未分配利润为140 581.85万元。

7.2 主要财务指标

指标名称	指标值	计算公式
净资产收益率(%)	22.62	净利润/所有者权益平均数×100
信托报酬率(%)	0.73	[∑项目合同总收入(信托报酬+财务顾问收入)/信托项目总月份×12]/信托资产总规模
人均利润(万元)	595.45	利润总额/年平均人数

7.3 对本公司财务状况、经营成果有重大影响的其他事项

2016年本公司参与设立中国信托登记有限责任公司,认缴出资1亿元,出资比例为3.33%。

8. 特别事项揭示

8.1 股东报告期内变动情况及原因

报告期内无。

8.2 董事、监事及高级管理人员变动情况

报告期内,公司独立董事吴晓求、董事孙泽群因工作原因分别于2016年4月、6月辞去公司董事及下属专门委员会所任职务。

4月,经公司股东大会审议通过,江西银监局核准,姚江涛、薛云燕担任公司董事,经董事会选举,姚江涛推选为公司董事长;12月,经公司股东大会审议通过,江西银监局核准,康慧珍担任公司董事。

6月,经第二届董事会第十六次会议审议通过及江西银监局核准,刘寅任职公司常务副总经理;11月,因工作原因,王守军不再担任公司财务总监、李培新不再担任公司总经理助理职务。

8.3 变更注册资本、注册地或公司名称、公司分立合并事项

报告期内,经江西银监局核准,公司实施资本公积、未分配利润转增注册资本,注册资本由168 648.52万元增至402 226.7202万元,股东持股比例不变,中航投资控股有限公

司持有公司 321 786.0603 万股，华侨银行有限公司持有公司 80 440.6599万股。

8.4 公司的重大诉讼事项

报告期内无。

8.5 公司及其董事、监事和高级管理人员受到处罚情况

报告期内无。

8.6 对银监会提出的整改意见简要说明整改情况

2016 年 5 月 5 日至 2016 年 6 月 20 日江西银监局对公司开展了监管有效性后续现场检查，下发的《现场检查意见书》（赣银监改字[2016]27 号）指出了存在的问题并提出了具体的整改意见和要求。公司高度重视，董事长及总经理立即组织相关人员根据意见书的具体意见和建议，制定整改方案，积极落实整改，整改完成后及时向江西银监局报告整改落实情况。通过此次检查，公司的各项业务管理、内控管理能力得到了检验，优化了内部控制体系和完善了业务操作流程，为公司可持续健康发展奠定基础。

8.7 银监会及其省级派出机构认定的其他有必要让客户及相关利益人了解的重要信息

报告期内无。

9. 监事会意见

公司监事会认为，本报告期内，公司依法运作，决策程序合法有效，没有发现公司董事、高级管理层履行职务时有违法违规、违反《公司章程》或损害公司及股东利益的行为。公司 2016 年度财务报告中披露的财务信息，真实反映了公司的财务状况和经营成果。

中建投信托有限责任公司

1. 重要提示

1.1 本公司董事会及董事保证本报告所载资料不存在任何虚假记载、误导性陈述或者重大遗漏,并对其内容的真实性、准确性和完整性承担个别及连带责任。

1.2 独立董事刘淑兰、许燕、袁志刚声明:保证本年度报告的内容真实、完整、准确。

1.3 董事长王文津(时任)、总经理刘屹、主管会计工作负责人江峡及财务部负责人吕深远声明:保证本年度报告中财务会计报告的真实、完整、准确。

2. 公司概况

2.1 公司简介

中建投信托有限责任公司的前身是原浙江省国际信托投资公司。浙江省国际信托投资公司创建于1979年8月,1983年12月经中国人民银行批准成为非银行金融机构,是国内最早经营信托投资业务的公司之一。2002年6月25日,公司更名为浙江省国际信托投资有限责任公司,成为浙江省首家获准重新登记的信托公司。

2007年3月,中国建银投资有限责任公司收购浙江省国际信托投资有限责任公司原股东持有的全部股权。2007年11月,经中国银监会批准,浙江省国际信托投资有限责任公司更名为中投信托有限责任公司,注册资本为5亿元。2010年1月,公司股东中国建银投资有限责任公司对公司增资,公司注册资本增至15亿元。2013年6月21日,经中国银行业监督管理委员会浙江监管局批复同意,公司正式更名为中建投信托有限责任公司。2013年10月12日,经中国银行业监督管理委员会浙江监管局批复同意,公司英文名称更名为JIC Trust Co., Ltd.,英文名称缩写更名为JIC Trust。

2013年12月17日,经中国银行业监督管理委员会浙江监管局批复同意,公司注册资本增至16.6574亿元。其中,中国建银投资有限责任公司出资金额为150 000万元,持有公司90.05%的股权;建投控股有限责任公司出资金额为16574万元,持有公司9.95%的股权。2014年1月27日,公司在浙江省工商行政管理局完成工商登记变更手续,领取新的营业执照。2014年12月15日,经中国银行业监督管理委员会浙江监管局批复同意,公司地址变更为浙江省杭州市教工路18号世贸丽晶城欧美中心1号楼(A座)18~19层C、D区及1层C区103室、105室。

中文名称	中建投信托有限责任公司
英文名称	JIC Trust Co., Ltd.
英文名称缩写	JIC Trust
法定代表人	杨金龙
注册地址	浙江省杭州市教工路18号世贸丽晶城欧美中心1号楼(A座)18~19层C区、D区及1层C区103室、105室
邮政编码	310012
国际互联网网址	http://www.jictrust.cn/
电子信箱	gs_zh@jictrust.cn
负责信息披露的高管	刘屹
负责信息披露联系人	陆琴琴
联系电话	0571-89891501
传真	0571-85154216
电子信箱	luqinqin@jictrust.cn
公司信息披露报纸名称	《证券时报》
年度报告备置地点	中建投信托有限责任公司综合办公室
聘请的会计师事务所及地址	德勤华永会计师事务所(特殊普通合伙) 地址:上海市黄浦区延安东路222号外滩中心30楼
聘请的律师事务所及地址	浙江天册律师事务所 地址:浙江省杭州市杭大路1号黄龙世纪广场A座11楼

2.2 组织结构

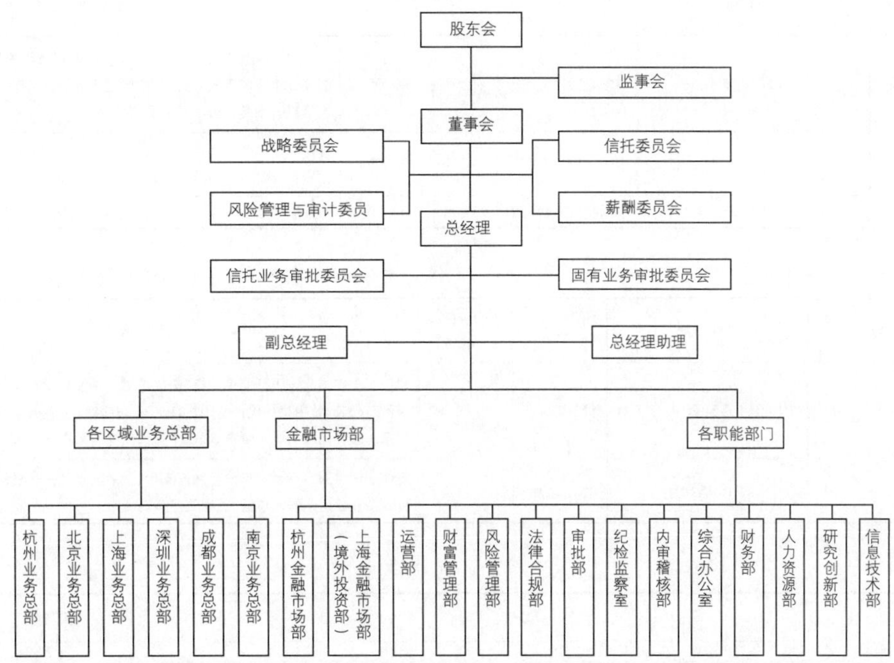

3. 公司治理

3.1 公司治理结构

3.1.1 股东

报告期末，公司股东数为2家。

股东名称	持股比例(%)	法人代表	注册资本(万元)	注册地址	主要经营业务及主要财务情况
中国建银投资有限责任公司	90.05	仲建安	2 069 225	北京市西城区闹市口大街1号院2号楼7～14层	投资与投资管理；资产管理与处置；企业管理；房地产租赁；咨询。 2016年，中国建投实现合并营业收入108.75亿元，归属于母公司净利润61.88亿元。
建投控股有限责任公司	9.95	张英广	200 000	北京市西城区闹市口大街1号院4号楼9F、9G	项目投资；投资管理；酒店管理；房地产开发；物业管理；企业管理咨询；设备租赁。 2016年，建投控股实现合并营业收入12.09亿元，归属于母公司净利润0.33亿元。

注：1. 2016年12月5日，经北京市工商行政管理局变更登记，建投控股有限责任公司完成法定代表人变更，由庄喆先生变更为张英广先生。

3.1.2 董事、董事会及其专门委员会

董事长、董事

姓名	职务	性别	年龄(岁)	选任日期	所推举的股东名称	该股东持股比例(%)	简要履历
杨金龙	董事长	男	61	2014年4月	中国建银投资有限责任公司	90.05	曾任职于中国建设银行，中国建设银行云南省分行，中国建银投资有限责任公司，中建投信托有限责任公司董事长，2012年8月至2016年10月任中建投信托有限责任公司党委书记。
施东辉	董事	男	36	2015年9月至2016年11月	中国建银投资有限责任公司	90.05	曾任职于中国建设银行，中国建银投资有限责任公司，建投投资有限责任公司，2015年9月至2016年11月任中建投信托有限责任公司董事。
王勇华	董事	男	37	2016年12月	中国建银投资有限责任公司	90.05	曾任职于中国出口信用保险公司、中国建银投资有限责任公司，中投科信科技股份有限公司，中国建设投资有限责任公司投资研究院；现任中建投信托有限责任公司董事。
刘　屹	董事	男	45	2014年4月	中国建银投资有限责任公司	90.05	曾任职于中国建设银行河南省分行，百瑞信托有限责任公司，华泰资产管理有限责任公司；现任中建投信托有限责任公司党委委员、董事、总经理。
张亚平	董事	女	50	2014年4月	建投控股有限责任公司	9.95	曾任职于中国建设银行、中国建银投资有限责任公司；现任建投控股有限责任公司总经理助理、嘉浩盈华（天津）股权投资基金管理有限责任公司董事长、中建投信托有限责任公司董事。

独立董事

姓名	职务	性别	年龄（岁）	选任日期	所推举的股东名称	该股东持股比例（%）	简要履历
刘淑兰	独立董事	女	71	2014年4月	中国建银投资有限责任公司	90.05	曾任职于内蒙古自治区财政厅，鄂尔多斯市财税局，杭锦旗财税局，中国建设银行内蒙古区分行，中国建设银行，2006年4月退休；现任中建投信托有限责任公司独立董事。
许　燕	独立董事	女	62	2014年4月	中国建银投资有限责任公司	90.05	曾任职于中国人民银行北京市分行，中国工商银行北京市分行，中国工商银行；现任中建投信托有限责任公司独立董事。
袁志刚	独立董事	男	58	2014年4月	中国建银投资有限责任公司	90.05	曾任职于复旦大学；现任中建投信托有限责任公司独立董事。

职工董事

姓名	职务	性别	年龄（岁）	选任日期	所推举的股东名称	该股东持股比例（%）	简要履历
侯春枫	职工董事	男	43	2014年4月至2016年7月	职工工会	—	曾任职于中国建设银行蚌埠分行，美的集团芜湖制冷设备有限公司，金信信托投资股份有限公司，中建投信托有限责任公司，2014年4月至2016年7月，任中建投信托有限责任公司职工董事；现任中建投信托有限责任公司总经理助理。
陈　枫	职工董事	女	34	2016年8月	职工工会	—	曾任职于中国银行上海市分行徐汇支行，上海国际信托有限公司；现任中建投信托有限责任公司运营部总经理、职工董事。

董事会专门委员会

董事会下属委员会名称	职责	组成人员姓名	职务
风险管理与审计委员会	（1）根据公司发展战略，制订审核公司风险管理工作规划，评价公司战略目标和经营计划所涉及的风险因素，并向董事会提出建议；（2）定期审核、评议公司风险管理政策，促进风险管理政策的合法合规和及时有效；（3）从风险控制角度，监督公司各项规章制度的执行情况，并对公司重大经营决策进行风险监测和评价；（4）审阅公司风险管理工作报告，对风险管理工作提出改善意见和建议；（5）审核、批准公司的风险控制流程与风险计量模型和方法的监测、调整等相关工作；（6）审核、评议公司年度审计工作规划；（7）负责对公司内部审计制度的有效性及其执行情况进行监督；（8）负责内部审计与外部审计之间的沟通与协调；（9）提议聘请或更换外部审计机构；（10）董事会授权的其他事宜。	许　燕	主任委员
		王勇华	委员
		刘淑兰	委员
		陈　枫	委员
信托委员会	（1）审议公司信托业务发展规划，提出意见和建议；（2）对公司依法履行受托人职责情况进行督促，提出改进意见和建议；（3）对公司或公司股东利益与受益人利益的冲突事宜进行调查和协调，确保受益人的利益最大化；（4）董事会授权的其他事宜。	袁志刚	主任委员
		刘　屹	委员
		王勇华	委员
		陈　枫	委员
战略委员会	（1）研究国家经济金融政策变化和行业发展趋势等对公司经营、业务发展等的影响；（2）组织拟定公司发展战略，对公司年度经营计划提出建议；（3）组织评估公司发展战略规划执行情况；（4）董事会授权的其他事宜。	杨金龙	主任委员
		刘　屹	委员
		王勇华	委员
		张亚平	委员
薪酬委员会	（1）研究、拟定公司高级经营管理人员业绩考核办法和薪酬管理办法并提交董事会；（2）研究并提出公司高级经营管理人员的年度薪酬方案，依据公司高级经营管理人员的业绩，拟定薪酬及奖惩建议方案并提交董事会；（3）监督公司薪酬制度与奖惩制度的执行情况；（4）董事会授权的其他事宜。	杨金龙	主任委员
		袁志刚	委员
		王勇华	委员
		张亚平	委员

注：1. 2015年9月至2016年11月，施东辉任风险管理与审计委员会委员，2016年12月起由王勇华任委员。
2. 2014年4月至2016年7月，侯春枫任风险管理与审计委员会委员，2016年8月起由陈枫任委员。
3. 2015年9月至2016年11月，施东辉任信托委员会委员，2016年12月起由王勇华任委员。
4. 2014年4月至2016年7月，侯春枫任信托委员会委员，2016年8月起由陈枫任委员。
5. 2015年9月至2016年11月，施东辉任战略委员会委员，2016年12月起由王勇华任委员。
6. 2013年1月至2016年7月，刘屹任薪酬委员会委员，2016年8月起由袁志刚任委员。
7. 2015年9月至2016年11月，施东辉任薪酬委员会委员，2016年12月起由王勇华任委员。

3.1.3 监事、监事会

监事会成员

姓名	职务	性别	年龄（岁）	选任日期	所推举的股东名称	该股东持股比例（%）	简要履历
陈勇胜	监事会主席	男	58	2015年3月至2016年7月	中国建银投资有限责任公司	90.05	曾任职于中国建设银行，中国投资银行，国泰证券有限公司，国泰基金管理有限公司，2015年3月至2016年7月任中建投信托有限责任公司监事会主席。
杜文和	监事会主席	男	58	2016年8月	中国建银投资有限责任公司	90.05	曾任职于北京市计算机软件中心，中国建设银行，建银科技发展中心，中投科信科技股份有限公司，中国建银投资有限责任公司，建银实业控股有限责任公司，建投控股有限责任公司；现任中建投信托有限责任公司监事会主席。
梁家琦	监事	男	34	2014年4月	中国建银投资有限责任公司	90.05	曾任职于毕马威会计师事务所，昆吾九鼎投资管理有限公司；现任职于中国建银投资有限责任公司，任中建投信托有限责任公司监事。
李爱玲	监事	女	41	2014年4月	建投控股有限责任公司	9.95	曾任职于山东莱芜市经济技术协作办公室，山东莱芜市招商局，中华财务咨询有限公司；现任建投控股有限责任公司计划财务部总经理助理，中建投信托有限责任公司监事。
谢　悦	职工监事	女	45	2014年4月	职工工会	—	曾任职于浙江省水利水电高等专科学校，浙江省国信集团，浙江省国际信托投资有限责任公司；现任中建投信托有限责任公司法律合规部总经理、职工监事。
吕深远	职工监事	男	43	2014年4月	职工工会	—	曾任职于浙江金华康恩贝生物制药有限公司，金信信托投资股份有限公司；现任中建投信托有限责任公司财务部总经理，职工监事。

3.1.4 高级管理人员

高级管理人员

姓名	职务	性别	年龄（岁）	选任日期	金融从业年限（年）	学历	专业	简要履历
刘　屹	总经理	男	45	2013年1月	24	硕士研究生	工商管理	曾任职于中国建设银行河南省分行，百瑞信托有限责任公司，华泰资产管理有限责任公司；现任中建投信托有限责任公司党委委员、董事、总经理。
余　海	副总经理	男	42	2013年3月	17	硕士研究生	国际银行及金融学	曾任职于中信银行广州分行，平安信托有限责任公司；现任中建投信托有限责任公司副总经理。
江　峡	副总经理	女	47	2013年6月	24	硕士研究生	金融会计学	曾任职于中国建设银行，中信控股有限责任公司，中国建银投资有限责任公司，中国投资咨询有限责任公司；现任中建投信托有限责任公司副总经理。
张　昳	副总经理	男	45	2013年12月	24	大学本科	金融学	曾任职于浙江省国际信托投资有限责任公司；现任中建投信托有限责任公司副总经理。
谭　硕	副总经理	男	45	2014年12月	24	博士研究生	经济学	曾任职于四川省涪陵市人民政府办公室（中国建设银行下派挂职锻炼），中国建设银行四川省分行，四川美益投资有限公司；现任中建投信托有限责任公司副总经理。
侯春枫	总经理助理	男	43	2015年12月	19	硕士研究生	工商管理	曾任职于中国建设银行蚌埠分行，美的集团芜湖制冷设备有限公司，金信信托投资股份有限公司；现任中建投信托有限责任公司总经理助理。

3.1.5 公司员工

项目		报告期年度	
		人数（人）	比例（%）
年龄分布	25岁以下	8	2.04
	25～29岁	167	42.60
	30～39岁	177	45.15
	40岁以上	40	10.21
岗位分布	博士	10	2.55
	硕士	216	55.10
	本科	155	39.54
	专科	9	2.30
	其他	2	0.51
学历分布	董事、监事及其高管人员	12	3.06
	自营业务人员	11	2.81
	信托业务人员	163	41.58
	其他人员	206	52.55

4. 经营管理

4.1 经营目标、方针、战略规划

4.1.1 经营目标

塑造“值得信赖的专业受托人”形象，发展成为一家有价值、值得信赖的品牌资产管理机构。

公司以受益人利益为核心来履行受托管理职责，将“忠诚、诚信、尽责”等道德标准贯穿于经营实践过程中。

公司将基于对信托制度的深刻理解，通过信托金融工具的综合运用和创新发展，培育在重点行业的价值提升能力，最终成为具有突出经济价值、社会价值和品牌价值的资产管理机构。

4.1.2 经营方针

合规经营。成为值得信赖的专业受托机构，切实维护信托关系各方当事人的合法利益，牢固树立“诚信为本、合规经营”

的理念，在经营管理活动中全面深入贯彻依法合规经营的基本原则，用制度和流程规范经营行为，使各项业务始终在监管的要求内规范发展。

创新发展。通过体制机制的创新提高经营能力和管理水平；利用信托的制度优势，通过产品创新为投资者提供更加多样化、个性化的金融服务。加强行业发展前沿研究，积极探索信托行业发展规律及新的发展领域。

专业化经营。顺应信托行业发展的趋势，坚持专业化经营的发展方向，在产业投资等领域探索形成自身的经营特色。

4.1.3 战略规划

积极利用信托制度优势，整合内外部资源，提升综合金融服务能力，打造国内一流的资产管理平台，成为投资能力专业、风险管控匹配、客户基础雄厚、值得信赖的专业信托公司。

4.2 所经营业务的主要内容

自营资产运用与分布表

资产运用	金额（万元）	占比（%）	资产分布	金额（万元）	占比（%）
货币资产	10 602.37	1.30	基础产业	0	0.00
贷款及应收款	142 554.91	17.53	房地产业	116 545.33	14.33
交易性金融资产	0.71	0.00	证券市场	40 640.96	5.00
可供出售金融资产	132 317.07	16.27	实业	720.00	0.09
持有至到期投资	0	0.00	金融机构	618 035.55	76.00
长期股权投资	2 880.16	0.35	其他	37 287.90	4.58
其他	524 874.52	64.55			
资产总计	813 229.74	100.00	资产总计	813 229.74	100.00

信托资产运用与分布表

资产运用	金额（万元）	占比（%）	资产分布	金额（万元）	占比（%）
货币资产	233 507.25	2.01	基础产业	2 628 624.90	22.66
贷款	7 885 182.51	67.97	房地产	4 664 565.81	40.21
交易性金融资产	5 063.17	0.04	证券市场	184 016.36	1.59
可供出售金融资产	734 995.59	6.34	实业	1 610 907.22	13.89
持有至到期投资	1 201 891.61	10.36	金融机构	734 429.40	6.33
长期股权投资	706 341.42	6.09	其他	1 777 805.26	15.32
其他	833 367.40	7.19			
信托资产总计	11 600 348.95	100.00	信托资产总计	11 600 348.95	100.00

4.3 市场分析

4.3.1 有利因素

（1）国内实施积极的财政政策和相对宽松的货币政策，消费升级缓释投资下降，宏观政策体系协同配合，助推中国经济缓中趋稳、稳中向好。

（2）信托行业强调“八项机制”“八大责任”，逐步建立完整的监管体系、保障体系和业务分类体系，信托登记制度得到落实，进一步明确业务范围和市场定位。

（3）金融混业统一监管趋势增强，金融市场的监管套利空间不断缩小，资金进入房地产等特定领域的监管从宽趋严，信托公司风险隔离作用明显，信托牌照优势凸显。

（4）深化改革继续进行，推行行政管理体制改革，打破垄断，健全要素市场，使价格机制真正引导资源配置。推进混合所有制改革，推进国有资本投资和运营公司改革。加强激励、鼓励创新，紧抓战略性新兴产业，注重全面改造提升传统产业。上市公司产业并购等得到鼓励，国企混改，产业升级方面投融资需求增多。

4.3.2 不利因素

（1）2016 年外部环境严峻复杂，全球经济长期低位徘徊，导致政治社会领域的不稳定、不确定因素增多。区域发展进一步分化，发达国家中逆全球化思潮有所蔓延，贸易保护主义与跨国投资壁垒开始有所抬头。全球经济总体仍呈疲弱和不稳定势态，经济增长与金融稳定面临一定冲击。

（2）房地产、基础设施等信托传统投资领域分化趋势加速，融资成本不断下行，盈利空间持续收缩。信托公司亟须开拓新的业务模式，挖掘新的增长点。

（3）国内宏观经济仍然存在重大结构性失衡，经济循环不畅，经济增长内生动力不足。家庭部门杠杆率显著上升，政府部门负债压力不断增加，企业部门杠杆率高企，去杠杆压力进一步加大。信托公司面临较大转型多样化发展压力。

4.4 内部控制

4.4.1 内部控制环境和内部控制文化

公司治理结构完善，建立了各项决策、执行、监督和激励约束机制，实现股东会、董事会、监事会、经营层“三会一层”的治理体系规范运作。内部机构设置健全，前台、中台、后台各部门职责清晰、分工明确，建立起风险管理部、法律合规部、审批部、运营部、内审稽核部多部门联动的内部控制格局和风险隔离机制，加强全流程内控管理，有效防范各类风险。

公司高度重视企业内控文化的建设，以合规、稳健和专业化经营为基本原则，秉承“诚信为本，合规经营”的核心理念，发挥信托制度优势，提升资产管理能力和风险管理能力，积极构建资本充实、内控严密、管理规范、具有较强发展能力和竞争能力的金融信托机构。

4.4.2 内部控制措施

4.4.2.1 流程控制

公司风险管理流程分为前台业务部门、中台风控部门、后台职能支持三大模块，实行前台、中台、后台分离原则。现行的各项流程及制度覆盖了公司业务全过程。其中，前台业务人员按照公司各项业务受理、审查和操作规程拓展业务，实现内控流程的前端落实；中台人员以公司业务指引和风险偏好为准绳，评估风险、对业务进行决策和事中控制，认真做好项目存续期间风险的动态监控；后台人员通过公司内控制度和流程管理对公司业务和经营活动进行后台维护和支持，实现内控流程的后端控制。

4.4.2.2 组织控制

公司董事会下设风险管理与审计委员会，作为董事会风险管理与审计工作的专门议事机构；下设信托委员会，保障公司依法履行受托职责，为受益人的利益最大化服务。

公司风险管理部为风险管理的具体职能部门，识别、评估和管理业务风险；法律合规部负责识别公司经营活动中的法律合规风险，监测和评估公司合规政策和程序的适当性，提出改进意见和建议；审批部负责组织公司申报项目的立项及设立审批，不断完善业务受理及审批规程；运营部负责对信托项目实行标准化的集中管理；内审稽核部负责对公司经营活动进行审计监督和评价。

综上所述，公司基本形成了“事前防范、事中控制、事后监督和纠正”健全的内控机制。

4.4.2.3　制度控制

公司建立有规范的制度审查、审批流程，并明确由法律合规部归口管理，保障公司制度的统一性、有效性。2016 年，公司根据展业需求及内控实际，对原有64 部制度进行了修订，并新增制定制度 14 部。截至 2016 年末，公司现行制度共计 163 部，基本覆盖了公司各部门、各岗位的业务环节。上述内控制度体系不仅有效保障了公司管理及业务发展的合规性，也有助于提升公司内部管理的有效性。同时，公司持续加强风险指引、合规指引的编撰工作，进一步保障公司业务在严守合规底线的前提下稳健推进。

4.4.3　信息交流与反馈

4.4.3.1　完整的报告体系

公司建立有多层次、多途径的报告体系，通过划分部门和人员职责、确立清晰完整的报告线路，明确员工、各部门、高管层、董事会和监事会的职责范围及报告路径。

4.4.3.2　信息交流与共享平台的搭建

公司通过 OA 平台、综合业务系统、CRM 系统、财务管理系统等在内的电子化信息交流渠道，建立综合管理信息技术系统，实现“统一平台、信息共享、操作简便、安全高效”的管理目标，保障公司董事会和高管层及时了解和掌握公司的经营和内控情况。

4.4.3.3　外部信息共享机制

公司通过建立公开信息披露机制、官方网站建设、书面和公告通知等多种方式，畅通公司与委托人、受益人及社会公众的信息沟通与交流。

4.4.3.4　监管信息沟通机制

公司通过定期报告、临时报告、事前报备、信托计划成立报告、非现场监管报告等方式，及时向监管部门报告公司相关信息，认真落实监管部门政策要求，建立良好的监管信息交流体系。

4.4.4　监督评价与纠正

4.4.4.1　外部监督与评价

公司定期接受监管部门的现场检查和会计师事务所的审计，积极落实检查意见和审计建议，及时完善和优化各项制度及流程。

4.4.4.2　内部监督与评价

公司内控部门严格按照风险管理的事前调查和审查、事中、事后跟踪管理和监控不同阶段的管理特征，规范相应的内部审批、操作和风险管理的程序，细化和完善内控制度。

公司内审稽核部通过对各项业务运作的动态审计，开展对业务全生命周期的审计检查，并根据审计结果作出客观评价，提出切实可行的建议和意见，督促公司各项流程和制度不断优化和完善。

4.5　风险管理

公司建立有较为完整的风险管理体系来识别、评估、监控以及管理公司的各类风险，包括市场风险、信用风险和操作风险。2016 年，公司围绕风险管理政策制定、审批流程优化、客户准入标准设定、尽职调查配套制度、申报书的标准化、业务风险排查、项目风险预警和应对、风险管理先进工具运用等重要措施，建立健全公司风险管理体系，提高风险管理工作的科学性，为业务快速稳健发展提供了有力的保障。截至 2016 年末，公司各存续业务运行稳健，到期终止的信托业务能够按照交易文件约定履行受托人义务，在约定期限内足额向信托受益人分配信托利益，业务风险得到有效的防范与控制。

4.5.1　风险管理概况

公司风险管理坚持全面性、有效性和独立性原则，根据业务类别制定相应的风险控制措施和政策，建立系统的内部控制制度和风险管理规程。在项目选择上，实行尽职调查制度，由风险、法律、业务等部门员工组成尽调小组参与项目尽职调查，并引入外部律师和外部信用评级机构的专业服务；在项目决策上，实行分级、分类审批制度；在项目执行上，实行信托经理负责制；在项目运作过程中，实行项目后续运营管理专人全程跟踪制度；在财务管理方面，实行信托财产与自有财产分户管理、不同信托财产开立不同账户的管理制度。

2016 年，公司在严格执行专业审批人制度基础上，按各业务条线实行专业化审批，即不同的风控小组对口负责相应业务类型和领域的风险管理工作，从项目尽职调查、审查审批、放款、授信后管理等全流程跟踪管理，进一步健全风险管理部门内部组织结构，落实项目专业化评审和管理。

公司还进一步优化风控条线组织结构，实现部门内部专业化分工。其中，公司在风险管理部原专业小组基础上，根据业务发展需要优化调整为固定收益组、权益业务组、地产业务组和量化分析组四个专业小组，重点明确固收业务和权益业务在风险评估时的差异，切实提高项目的风险管理水平。

公司持续深化对先进风险管理工具的研究和运用，与外部评级机构、评估机构、数据库和券商研究所在原有合作的基础上展开专业服务，学习借鉴各类机构的专业能力和研究经验，提升公司内部风险管理的科学化水平。

为有效实现风险管理关口前移，公司风险管理部门认真参与项目现场调查，并根据需要聘请外部律师参与尽职调查，优化项目立项审批流程。公司还持续优化信托业务审批机制，强调委员会委员的专业化和公正性，规范信托业务审批委员会议事规则，明确规定参加人数、召开方式、审议时限、回避原则等要求。公司信托业务审批委员会实行例会制，原则上每周召开至少一次，提高项目审批效率，提高风险管理水平。

4.5.1.1　公司经营活动中可能遇到的风险

公司经营活动中可能遇到的风险包括信用风险、市场风险、操作风险、法律风险、流动性风险、声誉风险、战略风险。

4.5.1.2　风险管理的基本原则与政策

公司坚持以科学发展观为指导，以建立完善的风险管理机制为目标，以重点业务和创新业务的风险管理为重点，不断引入科学的风险管理技术，实现风险有效控制与业务发展的协调统一，提升公司风险管理能力。

4.5.1.3 风险管理组织结构与职责划分

董事会风险管理与审计委员会是董事会下设负责风险管理与审计工作的专门委员会，负责根据公司发展战略制订、审核公司风险管理工作规划，评价公司战略目标和经营计划所涉及的风险因素，并向董事会提出建议；定期审核、评议公司风险管理政策，促进风险管理政策的合法合规和及时有效；从风险控制角度监督公司各项规章制度的执行情况，并对公司重大经营决策进行风险监测和评价；审阅公司风险管理工作报告，对风险管理工作提出改善意见和建议；审核、检测和调整公司的风险控制流程与风险计量模型和方法；审核、评议公司年度审计工作规划；负责对公司内部审计制度的有效性及其执行情况进行监督；负责内部审计与外部审计之间的沟通与协调；提议聘请或更换外部审计机构；董事会授权的其他事宜等。

风险管理部主要职责是拟定公司风险管理政策，根据董事会及相关专门委员会确定和批准的风险管理战略、政策与程序，实施公司风险管理工作；拟定风险管理规章制度；负责对尽职调查工作提出指引或标准，参与公司重大项目尽职调查，就特定事项独立提出事前风险评估报告；参与公司创新业务与产品的风险评估，研究创新业务与产品有关风险管理的问题，提供风险控制建议和措施；审核公司业务审批委员会要求落实情况的相关文件；负责对业务实施定期或不定期、现场或非现场检查，协助与督促业务部门实施风险监测与预警，受理风险预警信息，履行风险预警报告相关职责；贯彻监管部门风险管理相关政策，提出政策落实建议与意见，检查政策落实情况等工作。

法律合规部主要职责是识别公司经营活动中的合规风险，监测和评估公司合规政策和程序的适当性，提出改进意见和建议，及时向公司高级管理层报告；归口管理公司的规章制定工作，根据公司经营管理需要，提出公司规章体系的设计与调整方案，起草公司规章编制计划、监督落实执行，整理、编纂公司规章文件；起草或参与起草公司的基本规章，起草公司的合规管理和法律事务工作规章，并对公司其他部门起草的规章进行合规性审查；负责公司信托业务和固有业务的合规性审查工作，提出书面合规意见和建议；归口管理公司授权工作，负责公司有权签字人签字样本的制作、管理工作等。

审批部主要职责是组织公司申报项目的立项及设立审批工作；审核公司项目申报材料的完整性和准确性；归口管理对监管部门的报审、沟通及公司专职审批人日常审批职能的履行。

运营部主要职责是对涉及信托项目存续期的各类工作进行归口管理，加强对业务管理的过程控制，开展相应的协调沟通、监督跟踪及运营分析工作，具体包括参与信托项目的面签与核保；负责信托项目存续期间的资金收付、信息披露及档案管理；按项目的风险评级定期开展现场与非现场检查，跟踪交易对手资信变化、用款项目进度以及增信措施的落实；参与信托项目操作环节的设计与沟通，对项目设立的SPV进行归口管理；拟定公司运营管理制度，定期出具运营分析报告，对操作流程、系统建设不断提出优化建议等。

内审稽核部主要职责是对公司内控制度执行情况实行严格的检查和监督，对各部门的业务活动和财务活动进行审计、稽核，出具内部审计稽核报告，并在监督检查过程中对公司内控制度适时作出评价。

4.5.2 风险状况

4.5.2.1 信用风险状况

信用风险是指交易对方不能履行合约义务而带来的风险。对公司而言，它指的是信托当事人各自承担的对他方的责任不能全部或部分按时履行的风险。公司严格按照《中国银行业监督管理委员会关于非银行金融机构全面推行资产质量五级分类管理的通知》的要求，定期对公司资产质量进行五级分类。2016年，公司按照法律法规的相关规定提取了相应比例的风险准备金，全年未发生重大不利风险事件。

（1）信托业务信用风险状况。截至2016年末，公司存续信托项目规模1 147.00亿元。按照资产风险分类标准，正常类信托资产1 105.61亿元；无关注类信托资产；无次级类信托资产；可疑类信托资产41.39亿元，均为被动管理类信托；无损失类信托资产。2016年，公司信托业务未发生重大信用风险所造成的损失。

（2）固有业务信用风险状况。截至2016年末，公司固有资产余额为81.32亿元。按照公司《资产风险分类管理办法》规定的分类标准，正常类固有资产余额76.64亿元；关注类固有资产余额770.15万元；次级类固有资产余额3.79亿元；无可疑类固有资产；损失类固有资产余额118.16万元，为公司持有的“建设银行”股票减值所致。2016年，公司固有业务未发生重大信用风险所造成的损失。

4.5.2.2 市场风险状况

市场风险是指在信托资产和其自有资产合法经营中，所不可避免的因市场参数的波动而产生的风险。这些市场参数包括利率、汇率、股票指数、商品价格和隐含波动性等。信托公司的市场风险又可以分为利率风险、汇率风险、股市风险和价格风险（也称通货膨胀风险或购买力风险）等。公司信托业务主要承担信用风险，市场风险敞口较小，公司对含有市场风险的信托产品做好风险揭示，监控市场风险敞口，做好缓释市场风险准备。公司固有业务持有一定数量股性资产，其中股票4.06亿元，长期股权投资2 880.16万元，其市场风险敞口小，整体市场风险可控。

4.5.2.3 操作风险状况

操作风险主要是指因交易系统不完善、管理失误、控制缺失或其他一些人为的错误而导致损失的可能性，尤其是因管理失误和内部控制缺失带来的损失。公司主要操作风险管理方法包括流程管理和系统控制。流程管理通过分层授权、流程系统控制、业务复核、审批会决策等方式落实；系统控制通过建立综合业务管理系统、按照授权管理原则，确立系统节点控制。2016年，公司未发生因操作风险所造成的损失。

4.5.2.4 其他风险状况

除以上三种风险外，公司还可能面临的风险包括：流动性风险、法律风险、道德风险、政策风险、创新风险等。流动性风险是指公司虽然有清偿能力，但无法及时获得充足资金或无法以合理成本及时获得充足资金以应对资产增长或支付到期债务的风险。法律风险主要是指因合约的内容在法律上有缺陷或不完善而发生法律纠纷甚至无法履约的情况。道德风险是指由于公司内部人员蓄意违规违法或与公司的利益主体串通而给信托受益人或公司自身带来损失的可能性。政策风险主要是指因与信托相关的产业政策或政府各种经济和非经济政策的变化给公司的经营带来的风险。创新风险是指公司因创新业务活动而带来的风险。2016 年,公司未发生因其他风险所造成的损失。

4.5.3 风险管理策略

针对经营中可能存在的风险,公司在认真分析风险成因和影响方式的基础上,均制定有相应的风险管理策略和防范控制措施。

4.5.3.1 信用风险管理策略

2016 年,公司结合自身业务重点及展业领域,明确项目和交易对手的准入标准,并对房地产类业务采用综合授信管理。全年共新订管理办法 3 部,修订更新业务指引 5 项次,统一相关领域的展业规范,明确公司风险偏好及准入门槛,提高风险把控效率。

公司进一步加大对先进风险管理技术工具的运用,继续深化对万得数据库系统和克而瑞业务系统的科学使用,实现双系统联动,提高了公司投资分析、风险评估和投后管理数据的一致性,增强信息透明度,降低业务风险。同时,充分利用双系统数据库,实现对交易对手财务数据、行业数据等的日常查询,继续出具交易对手每日舆情报告及每周舆情报告、土地市场月报和房地产市场月报等,有效监测交易对手风险状况,严控公司整体风险。

公司严格落实对交易对手、项目风险评估制度,为信用风险管理提供三道防火墙:进一步提高交易对手准入标准,采取优先、劣后等内部增信措施;公司前台、中台、后台对项目风险层层把关,建立分层次风险预防体系;认真落实债权担保措施,客观、公正地评估抵押品,严格控制债权本金与不同抵押品价值之比,增加风险对冲,保障信托财产安全。

公司在项目存续期间对交易对手(项目)进行动态管理、定期检查、舆情监测,及时将有关情况向公司高管层和董事会报告。同时,足额提取风险准备金在内的各项准备金,保障兑付能力。

4.5.3.2 市场风险管理策略

市场风险主要是指由于市场价格包括利率、股票价格、债券价格等波动而造成的信托财产、所投资资产损失的风险。公司信托业务主要承担信用风险,市场风险敞口较小。2016 年,公司及时做好风险揭示,动态监控市场风险敞口,做好缓释市场风险准备。公司采用分散化投资策略,降低非系统市场风险,同时密切关注国家政策变化,及时制定相应对策及业务调整方案。针对资产市场风险,则积极通过组合投资,分散投资风险。

4.5.3.3 操作风险管理策略

公司操作风险管理策略主要是流程管理和系统控制。流程管理包括分层授权、流程系统控制、业务复核、审批会决策等方式;系统控制是建立业务管理系统,确立系统节点控制和授权管理原则。公司通过内控制度建设、流程与系统控制、分层授权等方式,重点围绕公司治理、内部控制体系、风险文化、信息系统建设等方面,建立健全操作风险管控体系。一是加强流程管理,实现留痕机制;二是定期开展流程风险评估,不断健全业务评审机制;三是进一步健全公司内部授权体系;四是进一步改造业务信息系统,健全系统功能;五是建立内部问责制度。公司设置专门的运营管理部门,对信托项目存续期间涉及的执行事务进行归口管理,实现前台、中台、后台岗位职责分离,强化对项目各环节操作风险的事中监控。同时,设置专门的内部审计部门,定期对公司的各项内控制度执行状况、财务核算等内容进行检查,根据检查结果提出调整及改进意见,并向董事会和高管层提交相关报告,有效督促各项制度的贯彻执行。

4.5.3.4 其他风险管理策略

公司不断优化和完善制度建设,加强合规经营,建立较为完善的公司治理结构,推进内部约束和监督机制。强化对宏观经济政策和行业政策的跟踪和研究;保持业务管理制度与法律、规则和准则的一致性;积极倡导和培育公司风险文化,构建全员风控理念。

4.6 企业社会责任

公司始终秉承“受人之托、代人理财”的信托宗旨,立足于公司发展中各利益相关方的普遍诉求,服务于经济发展、产业转型、结构升级与社会进步的可持续发展大局。公司积极开展“银信封”公益计划,以“爱的传递,心的信托”为宗旨,通过书信寻找 100 位“最美教师”,传播教师的可贵品质和师生间的动人情义,践行金融机构社会责任。

5. 2016 年度及 2015 年度的比较式会计报表

5.1 自营资产

5.1.1 会计师事务所审计意见全文

审计报告

德师报(审)字[2017]第 P00780 号

中建投信托有限责任公司董事会:

我们审计了后附的中建投信托有限责任公司(以下简称中建投信托)的财务报表,包括 2016 年 12 月 31 日的公司及合并资产负债表、2016 年度的公司及合并利润表、公司及合并所有者权益变动表和公司及合并现金流量表以及财务报表附注。

一、管理层对财务报表的责任

编制和公允列报财务报表是中建投信托管理层的责任,这种责任包括:(1)按照企业会计准则的规定编制财务报表,并使其实现公允反映;(2)设计、执行和维护必要的内部控制,以使财务报表不存在由于舞弊或错误而导致的重大错报。

二、注册会计师的责任

我们的责任是在执行审计工作的基础上对财务报表发表审计意见。我们按照中国注册会计师审计准则的规定执行了审计工作。中国注册会计师审计准则要求我们遵守中国注册会计师职业道德守则,计划和执行审计工作以对财务报表是否不存在重大错报获取合理保证。

审计工作涉及实施审计程序,以获取有关财务报表金额和披露的审计证据。选择的审计程序取决于注册会计师的判断,包括对由于舞弊或错误导致的财务报表重大错报风险的评估。在进行风险评估时，注册会计师考虑与财务报表编制和公允列报相关的内部控制，以设计恰当的审计程序，但目的并非对内部控制的有效性发表意见。审计工作还包括评价管理层选用会计政策的恰当性和作出会计估计的合理性，以及评价财务报表的总体列报。

我们相信，我们获取的审计证据是充分、适当的，为发表审计意见提供了基础。

三、审计意见

我们认为，中建投信托财务报表在所有重大方面按照企业会计准则的规定编制，公允反映了中建投信托2016 年 12 月31 日的公司及合并财务状况以及 2015 年度的公司及合并经营成果和公司及合并现金流量。

德勤华永会计师事务所(特殊普通合伙)

中国注册会计师

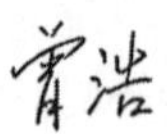

曾浩

王金翠

2017年3月27日

5.1.2 资产负债表

资产负债表

编制单位：中建投信托有限责任公司　　2016 年 12 月31 日　　单位：万元

项目	年末数	年初数
资产		
货币资金	10 602.37	43 628.86
应收账款	6 608.59	9 416.72
应收利息	8 676.21	4 185.36
以公允价值计量且其变动	0.71	0.00
发放贷款和垫款	109 252.80	138 952.80
可供出售金融资产	132 317.07	88 501.85
应收款项类投资	512 876.21	402 846.68
长期股权投资	2 880.16	3 049.08
投资性房地产	6 541.67	6 845.93
固定资产	862.82	2 380.50
无形资产	1 750.05	1 113.69
其他资产	20 861.08	5 545.08
资产总计	813 229.74	706 466.55
负债		
拆入资金	175 000.00	160 000.00
应付账款	174.05	174.05
预收款项	2 278.19	1 261.09
应付利息	295.94	490.28

续表

项目	年末数	年初数
应付职工薪酬	36 210.34	28 644.56
应交税费	14 228.13	10 209.03
递延所得税负债	662.79	2 855.76
其他负债	6 494.59	2 628.96
负债合计	235 344.03	206 263.73
所有者权益		
实收资本	166 574.00	166 574.00
资本公积	14 383.96	14 383.96
其他综合收益	27 930.78	29 098.15
盈余公积	39 936.21	31 420.58
信托赔偿准备	19 968.10	15 710.29
一般风险准备	10 647.36	7 965.69
未分配利润	298 445.30	235 050.15
所有者权益合计	577 885.71	500 202.82
负债和所有者权益总计	813 229.74	706 466.55

单位负责人：刘　屹　　主管会计工作负责人：江　峡　　会计机构负责人：吕深远

5.1.3 利润表

利润表

编制单位：中建投信托有限责任公司　　2016 年 12 月31 日　　单位：万元

项目	本年累计数	上年累计数
一、营业收入	171 165.36	153 476.19
利息净收入	1 496.24	15 958.68
利息收入	12 016.31	16 749.53
利息支出	10 520.07	790.85
手续费及佣金净收入	130 448.00	106 310.94
手续费及佣金收入	130 772.42	107 145.60
手续费及佣金支出	324.42	834.66
投资收益	38 817.70	30 647.67
公允价值变动损益	0.22	—
汇兑损益	7.89	6.74
其他业务收入	395.31	552.16
二、营业支出	58 516.17	53 863.87
税金及附加	4 869.64	8 343.54
业务及管理费	48 142.27	36 948.74
资产减值损失	5 200.00	8 267.33
其他业务成本	304.26	304.26
三、营业利润	112 649.19	99 612.32
加：营业外收入	1 110.63	0.04
减：营业外支出	117.94	115.94
四、利润总额	113 641.88	99 496.42
减：所得税费用	28 485.61	24 360.30
五、净利润	85 156.27	75 136.12
六、其他综合收益	−1 167.37	783.9
七、综合收益总额	83 988.90	75 920.02

单位负责人：刘　屹　　主管会计工作负责人：江　峡　　会计机构负责人：吕深远

5.1.4 所有者权益变动表

所有者权益变动表

编制单位:中建投信托有限责任公司　　2016 年度　　单位:万元

2016 年度	实收资本	资本公积	其他综合收益	盈余公积	信托赔偿准备	一般风险准备	未分配利润	所有者权益合计
一、2016 年 1 月 1 日余额	166 574. 00	14 383. 96	29 098. 15	31 420. 58	15 710. 29	7 965. 69	235 050. 15	500 202. 82
二、本年增减变动金额	—	—	-1 167. 37	8 515. 63	4 257. 81	2 681. 67	63 395. 15	77 682. 89
(一)综合收益总额	—	—	-1 167. 37	—	—	—	85 156. 27	83 988. 90
(二)利润分配	—	—	—	8 515. 63	4 257. 81	2 681. 67	-21 761. 12	-6 306. 01
1. 提取盈余公积	—	—	—	8 515. 63	—	—	-8 515. 63	—
2. 提取信托赔偿准备	—	—	—	—	4 257. 81	—	-4 257. 81	—
3. 提取一般风险准备	—	—	—	—	—	2 681. 67	-2 681. 67	—
4、对股东的分配	—	—	—	—	—	—	-6 306. 01	-6 306. 01
三、2016 年 12 月 31 日余额	166 574. 00	14 383. 96	27 930. 78	39 936. 21	19 968. 10	10 647. 36	298 445. 30	577 885. 71
2015 年度	实收资本	资本公积	其他综合收益	盈余公积	信托赔偿准备	一般风险准备	未分配利润	所有者权益合计
一、2015 年 1 月 1 日余额	166 574. 00	14 383. 96	28 314. 25	23 906. 97	11 953. 48	7 160. 08	176 569. 91	428 862. 65
二、本年增减变动金额	—	—	783. 9	7 513. 61	3 756. 81	805. 61	58 480. 24	71 340. 17
(一) 综合收益总额	—	—	783. 9	—	—	—	75 136. 12	75 920. 02
(二)股东投入资本	—	—	—	—	—	—	—	—
(三) 利润分配	—	—	—	7 513. 61	3 756. 81	805. 61	-16 655. 88	-4 579. 85
1. 提取盈余公积	—	—	—	7 513. 61	—	—	-7 513. 61	—
2. 提取信托赔偿准备	—	—	—	—	3 756. 81	—	-3 756. 81	—
3. 提取一般风险准备	—	—	—	—	—	805. 61	-805. 61	—
4. 对股东的分配	—	—	—	—	—	—	-4 579. 85	-4 579. 85
三、2015 年 12 月 31 日余额	166 574. 00	14 383. 96	29 098. 15	31 420. 58	15 710. 29	7 965. 69	235 050. 15	500 202. 82

单位负责人:刘　屹　　主管会计工作负责人:江　峡　　会计机构负责人:吕深远

5.2 信托资产

5.2.1 信托项目资产负债汇总表

信托项目资产负债表

编制单位:中建投信托有限责任公司　　2016 年 12 月 31 日　　单位:万元

信托资产	期末余额	年初余额	信托负债和信托权益	期末余额	年初余额
信托资产			信托负债		
货币资金	233 507. 25	96 852. 11	交易性金融负债	—	—
拆出资金	—	—	衍生金融负债	—	—
存出保证金	—	—	应付受托人报酬	385. 37	29. 41
交易性金融资产	5 063. 17	22 328. 31	应付托管费	56. 07	15. 34
衍生金融资产	—	—	应付受益人收益	168. 31	1 352. 35
买入返售金融资产	142 970. 00	137 230. 00	应交税费	—	87. 03
应收款项	473 906. 27	184 475. 13	应付销售服务费	—	—
发放贷款	7 885 182. 51	6 319 301. 60	其他应付款项	30 756. 51	28 559. 46
可供出售金融资产	734 995. 59	1,095 439. 14	预计负债	—	—
持有至到期投资	1 201 891. 61	1 320 535. 14	其他负债	—	—
长期应收款	—	—	信托负债合计	31 366. 26	30 043. 59
长期股权投资	706 341. 42	620 830. 96			
投资性房地产	—	—	信托权益		
固定资产	—	—	实收信托	11 469 986. 09	9 875 132. 20
无形资产	121 478. 25	121 478. 25	资本公积	—	1173. 36
长期待摊费用	—	—	损益平准金	—	—
其他资产	95 012. 88	47933. 36	未分配利润	98 996. 60	60 054. 85
减:各项资产减值准备	—	—	信托权益合计	11 568 982. 69	9 936 360. 41
信托资产总计	11 600 348. 95	9 966 404. 00	信托负债和信托权益总计	11 600 348. 95	9 966 404. 00

单位负责人:刘　屹　　主管会计工作负责人:江　峡　　会计机构负责人:吕深远

5.2.2 信托项目利润及利润分配汇总表

利润及利润分配表

编制单位：中建投信托有限责任公司 2016 年度　　单位：万元

项目	本年金额	上年金额
1. 营业收入	922 226.62	620 793.32
1.1 利息收入	711 228.54	600 203.27
1.2 投资收益（损失以"－"号填列）	117 728.18	-42 149.89
1.2.1 其中：对联营企业和合营企业的投资收益	—	—
1.3 公允价值变动收益（损失以"－"号填列）	6 723.84	-6 742.18
1.4 租赁收入	—	—
1.5 汇兑损益（损失以"－"号填列）	—	—
1.6 其他收入	86 546.06	69 482.12
2. 支出	145 543.89	133 663.91
2.1 税金及附加	632.88	684.62
2.2 受托人报酬	125 815.03	81 356.53
2.3 托管费	3 278.38	4 582.72
2.4 投资管理费	166.01	357.48
2.5 销售服务费	4 777.07	13 029.89
2.6 交易费用	30.36	4 867.77
2.7 资产减值损失	—	—
2.8 其他费用	10 844.16	28 784.90
3. 信托净利润（净亏损以"－"号填列）	776 682.73	487 129.41
4. 其他综合收益	—	—
5. 综合收益	776 682.73	487 129.41
6. 加：期初未分配信托利润	60 054.85	70 814.42
7. 可供分配的信托利润	836 737.58	557 943.83
8. 减：本期已分配信托利润	737 740.98	497 888.98
9. 期末未分配信托利润	98 996.60	60 054.85

单位负责人：刘　屹　　主管会计工作负责人：江　峡　　会计机构负责人：吕深远

6. 会计报表附注

6.1 会计报表编制基准不符合会计核算基本前提的说明

公司会计报表编制基准无不符合会计核算基本前提的事项。

6.2 重要会计政策和会计估计说明

无。

6.3 或有事项说明

无。

6.4 重要资产转让及其出售的说明

无。

6.5 会计报表中重要项目的明细资料

6.5.1 自营资产经营情况

6.5.1.1 按信用风险五级分类结果披露信用风险资产的期初数、期末数

信用资产五级分类	正常类（万元）	关注类（万元）	次级类（万元）	可疑类（万元）	损失类（万元）	信用风险资产合计（万元）	不良资产合计（%）	不良资产率（%）
期初数	651 754.98	818.28	37 938.06	0	70.03	690 581.35	38 008.09	5.50
期末数	744 387.75	770.15	37 938.06	0	118.16	783 214.12	38 056.22	4.86

注：1. 不良资产合计＝次级类＋可疑类＋损失类。

2. 2016 年 1104 监管报表扩大了信用资产范围，本公司据此对 2015 年数据进行追溯调整。

6.5.1.2 各项资产减值损失准备的期初数、本期计提、本期转回、本期核销、期末数

单位：万元

	期初数	本期计提	本期转回	本期核销	期末数
贷款损失准备	2 467.20	5 150.00	5 600.00	—	2 017.2
一般准备	700	0	150	—	550
专项准备	1 767.20	5 150.00	5 450.00	—	1467.2
其他资产减值准备	10 642.33	4 295.00	0	0	14937.33
可供出售金融资产减值准备	0	1 205.00	0.00	0.00	1 205.00
持有至到期投资减值准备	—	—	—	—	—
长期股权投资减值准备	—	—	—	—	—
坏账准备	—	—	—	—	—
投资性房地产减值准备	—	—	—	—	—

6.5.1.3 按照投资品种分类，分别披露固有业务股票投资、基金投资、债券投资、股权投资等投资业务的期初数、期末数

单位：万元

	自营股票	基金	债券	长期股权投资	其他投资	合计
期初数	41 669.99	0	0	3 049.08	449 678.54	494 397.61
期末数	40 640.96	10 000.00	15 000.00	2 880.16	579 553.03	648 074.15

6.5.1.4 按投资入股金额排序，前五名的自营长期股权投资的企业名称、占被投资企业权益的比例、主要经营活动及投资收益情况等（从大到小顺序排列）

企业名称	持股比例	主要经营活动	2016 年度投资收益（万元）
国泰元鑫资产管理有限公司	30	特定客户资产管理业务以及中国证监会许可的其他业务。	1 202.67

6.5.1.5 前五名的自营贷款的企业名称、占贷款总额的比例和还款情况等（从贷款金额大到小顺序排列）

单位：%

企业名称	占贷款总额的比例	还款情况
重庆业晋房地产开发有限公司	72.25	已于 2017 年 1 月归还。
正荣御尊（上海）置业发展有限公司	27.10	已于 2017 年 3 月归还。
浙江普达海控股集团有限公司	0.65	

6.5.1.6 代理业务（委托业务）期初数、期末数

单位：万元

	期初数	期末数
担保业务	—	—
代理业务（委托业务）	4 438.25	4 558.95
其他	—	—
合计	4 438.25	4 558.95

6.5.1.7 公司当年的收入结构(母公司口径、并表口径同时披露)

收入结构	金额(万元)	占比(%)
手续费及佣金收入	130 448.00	75.72
其中:信托手续费收入	130 448.00	75.72
投资银行业务收入	0	0.00
利息收入	1 496.24	0.87
其他业务收入	403.20	0.23
其中:计入信托业务收入部分	0	0.00
投资收益	38 817.70	22.53
其中:股权投资收益	1 188.03	0.69
证券投资收益	1 193.63	0.69
其他投资收益	36 436.04	21.15
公允价值变动收益	0.22	0.00
营业外收入	1 110.63	0.65
收入合计	172 275.99	100.00

6.5.2 信托财产管理情况

6.5.2.1 信托资产的期初数、期末数

单位:万元

信托资产	期初数	期末数
集合类	6 068 940.50	7 355 889.81
单一类	3 201 232.35	3 785 630.56
财产管理类	696 231.15	458 828.58
合计	9 966 404.00	11 600 348.95

6.5.2.1.1 主动管理型信托业务的信托资产期初数、期末数,分证券投资、股权投资、融资、事务管理类分别披露

单位:万元

主动管理型信托资产	期初数	期末数
证券投资类	70 066.81	129 752.24
股权投资类	505 513.82	438 300.19
融资类	5 729 672.45	6 560 066.96
事务管理类	625 269.30	774 961.43
合计	6 930 522.38	7 903 080.82

6.5.2.1.2 被动管理型信托业务的信托资产期初数、期末数,分证券投资、股权投资、融资、事务管理类分别披露

单位:万元

被动管理型信托资产	期初数	期末数
证券投资类	24 273.20	7 605.48
股权投资类	33 300.00	37 200.18
融资类	622 447.17	710 176.84
事务管理类	2 355 861.25	2 942 285.63
合计	3 035 881.62	3 697 268.13

6.5.2.2 本年度已清算结束的信托项目个数、实收信托合计金额、加权平均实际年化收益率

6.5.2.2.1 本年度已清算结束的集合类、单一类资金信托项目和财产管理类信托项目个数、实收信托合计金额、加权平均实际年化收益率

已清算结束的信托项目	项目个数(个)	实收信托合计金额(万元)	加权平均实际年化收益率(%)
集合类	103	4 307 372.50	8.54
单一类	60	4 946 520.31	6.03
财产管理类	22	844 601.54	0.07

6.5.2.2.2 本年度已清算结束的主动管理型信托项目个数、实收信托合计金额、加权平均实际年化收益率,分证券投资、股权投资、融资、事务管理类分别计算并披露

已清算结束的信托项目	项目个数(个)	实收信托合计金额(万元)	加权平均实际年化收益率(%)
证券投资类	2	603 880.00	7.05
股权投资类	24	1 172 718.00	8.50
融资类	87	3 072 065.08	8.15
事务管理类	29	829 094.72	2.42

6.5.2.2.3 本年度已清算结束的被动管理型信托项目个数、实收信托合计金额、加权平均实际年化收益率,分证券投资、股权投资、融资、事务管理类分别计算并披露

已清算结束的信托项目	项目个数(个)	实收信托合计金额(万元)	加权平均实际年化收益率(%)
证券投资类	—	—	—
股权投资类	—	—	—
融资类	7	239 700.00	7.21
事务管理类	36	4 181 036.55	5.67

6.5.2.3 本年度新增的集合类、单一类和财产管理类信托项目个数、实收信托合计金额

新增信托项目	项目个数(个)	实收信托合计金额(万元)
集合类	134	5 008 413.09
单一类	73	2 832 827.17
财产管理类	2	161 704.87
新增合计	209	8 002 945.13
其中:主动管理型	157	5 608 695.09
被动管理型	52	2 394 250.04

6.5.2.4 信托业务创新成果和特色业务有关情况

2016 年,公司进一步加大行业研究及业务创新投入力度,编撰出版《中国信托业研究报告(2016)》,另有多篇研究成果在《财经》杂志等国内主流媒体发表。

公司紧密把握宏观经济形势及信托行业发展变化,在稳步拓展房地产、基础设施等传统信托业务的同时,积极推动产品创新,在股权投资、影视消费、现金管理、资产证券化等领域取得较多突破。其中,发行首个影视消费信托"中建投信托·娱乐宝影视消费财产权信托";积极参与滴滴出行等知名独角兽企业股权投资。公司还组织境外业务调研及考察工作,积极稳妥探索国际化业务。在与国内知名房地产企业或投资基金管理人等开展海外投资业务的同时,尝试与国外专业地产商等合作开展境外项目。

6.5.2.5 本公司履行受托人义务情况及因本公司自身责任而导致的信托资产损失情况(合计金额、原因等)

公司严格按照国家法律、法规和信托文件的约定管理、运用和处分信托财产,按期进行信息披露;对委托人、受益人以及处理信托事务的情况和资料依法保密;以信托财产为限向受益人支付信托利益。2016 年,未发生因本公司自身责任而导致的信托资产损失情况。

6.5.2.6　信托赔偿准备金的提取、使用和管理情况

单位:万元

项目	期初数	本年增加	本年减少	期末数
信托赔偿准备金	15 710.29	4 257.81	0	19 968.10
合计	15 710.29	4 257.81	0.00	19 968.10

注:本期依据净利润 85 156.27 万元及 5% 的比例提取信托赔偿准备金 4 257.81 万元。

6.6　关联方关系及其交易的披露

6.6.1　关联交易方的数量、关联交易的总金额及关联交易的定价政策等

	关联交易方数量(个)	关联交易金额(万元)	定价政策
合计	2	2 852.80	合同

6.6.2　关联交易方与本公司的关系性质、关联交易方的名称、法定代表人、注册地址、注册资本及主营业务等

单位:万元

关系性质	关联交易方名称	法定代表人	注册地址	注册资本	主营业务
控股股东	中国建银投资有限责任公司	仲建安	北京市西城区闹市口大街1号院2号楼7～14层	2 069 225	投资与投资管理;资产管理与处置;企业管理;房地产租赁;咨询。
控股股东之子公司	建投嘉昱(上海)投资有限公司	秦程宏	上海市虹口区公平路18号8号楼三层B单元	258 600	实业投资;投资管理;资产管理;房地产经营;物业管理;商务咨询;企业管理及咨询。

6.6.3　逐笔披露本公司与关联方的重大交易事项

6.6.3.1　固有与关联方交易情况:贷款、投资、租赁、应收账款、担保、其他方式等期初汇总数、本期借方和贷方发生额汇总数、期末汇总数

单位:万元

固有与关联方关联交易				
	期初数	借方发生额	贷方发生额	期末数
贷款				
投资				
租赁			2 735.98	—
担保				
应收账款				
其他			116.82	—
合计			2 852.80	—

6.6.3.2　信托与关联方交易情况:贷款、投资、租赁、应收账款、担保、其他方式等期初汇总数、本期借方和贷方发生额汇总数、期末汇总数

单位:万元

信托与关联方关联交易				
	期初数	借方发生额	贷方发生额	期末数
贷款	—	45 000.00	45 000.00	—
投资	—	—	—	—
租赁	—	—	—	—
担保	—	—	—	—
应收账款	—	—	—	—
其他	—	—	—	—
合计	—	45 000.00	45 000.00	—

6.6.3.3　信托公司自有资金运用于自己管理的信托项目(固信交易)、信托公司管理的信托项目之间的相互(信信交易)交易金额,包括余额和本报告年度的发生额

6.6.3.3.1　固有财产与信托财产之间的交易金额期初汇总数、本期发生额汇总数、期末汇总数

单位:万元

固有资产与信托资产相互交易			
	期初数	本期发生额	期末数
合计	342 554.42	162 895.58	505 450.00

6.6.3.3.2　信托项目之间的交易金额期初汇总数、本期发生额汇总数、期末汇总数

单位:万元

信托资产与信托财产相互交易			
	期初数	本期发生额	期末数
合计	342 554.42	278 484.13	621 038.55

6.6.4　逐笔披露关联方逾期未偿还本公司资金的详细情况以及本公司为关联方担保或即将发生垫款的详细情况

无。

6.7　会计制度的披露

公司固有业务、信托业务均执行财政部2006年2月公布的企业会计准则。

7. 财务情况说明书

7.1　利润实现和分配情况

公司2016年初未分配利润为235 050.15万元,2016年实现净利润85 156.27万元。按净利润的10%提取法定盈余公积8 515.63万元,按净利润的5%提取信托赔偿准备金4 257.81万元,按期末承担风险和损失的资产余额计提一般准备2 681.67万元,分配股利6 306.01万元。截至2016年12月31日,公司未分配利润298 445.30万元。

7.2　主要财务指标

指标名称	指标值
资本利润率(%)	15.83
人均净利润(万元)	243.48

7.3　对本公司财务状况、经营成果有重大影响的其他事项

无。

7.4　公司净资本情况表

指标名称	指标值	监管标准
净资产(万元)	577 885.71	
净资本(万元)	477 385.35	≥2 亿元
各项业务风险资本之和(万元)	216 840.28	
净资本/各项业务风险资本之和(%)	220.16	≥100
净资本/净资产(%)	82.61	≥40

以上指标均符合《信托公司净资本管理办法》(中国银监会令[2010]第5号)各项监管要求。

8. 特别事项揭示

8.1 本报告期内股东变动的情况

无。

8.2 本报告期内董事、监事及高级管理人员变动情况

2016年8月9日,公司召开股东会2016年第五次临时会议,审议批准王勇华担任公司股东董事(任职资格已于2016年12月核准生效),施东辉不再担任公司股东董事。推荐杜文和为中建投信托有限责任公司监事、监事会主席人选,陈勇胜不再担任中建投信托有限责任公司监事、监事会主席职务。

2016年8月9日,公司召开第三届监事会第七次会议,选举杜文和担任公司第三届监事会主席。

2016年11月11日,公司召开股东会2016年第八次临时会议,审议批准王文津担任公司董事、董事长,杨金龙不再担任中建投信托有限责任公司董事长、董事职务。

上述事项属正常人事变动,对公司经营管理无显著影响。

8.3 本报告期内变更注册资本、变更注册地、公司名称变更事项

无。

8.4 公司的重大诉讼事项

8.4.1 重大未决诉讼事项

2016年,公司无新增诉讼案件,往年未决诉讼共6件。公司作为原告处理5件,具体情况如下:

(1)普达海文化产业投资集合资金信托计划(主动管理)继续执行法院生效判决,已对该案抵押物进行拍卖,并根据法院执行裁定书对抵押物以资抵债。

(2)奕淳信托贷款集合资金信托计划(主动管理)继续执行法院生效判决,已对该案抵押物进行拍卖,并根据法院执行裁定书对抵押物以资抵债。

(3)至诚32号·财产收益权单一信托(被动管理)继续执行仲裁机构的生效裁决。

(4)瑞富3号·单一资金信托(被动管理)一审判决已获得胜诉,因部分被告人提出上诉,目前二审已开庭尚未判决。

(5)启航8号·单一资金信托(被动管理)继续执行生效法庭调解书,抵押物拍卖成交价款已对受益人进行分配。公司作为被告应诉1件,具体情况如下:

聚鑫2号·证券投资集合资金信托计划(主动管理)融资融券交易纠纷一案,已于2015年10月一审开庭,截至2016年12月31日仍在审理中尚未判决。

8.4.2 以前年度发生,于本报告年度内终结的诉讼事项

2016年,至诚31号·财产收益权单一信托(被动管理)一案已于4月将信托项目项下债权转让给第三方,并由该债权受让方继续推进执行仲裁机构的生效裁决,公司已对本单一信托项目清算终止。

8.4.3 本报告年度发生,于本报告年度内终结的诉讼事项

2016年,公司无新增本司为原告或被告的诉讼事项。

8.5 本报告期内公司及其董事、监事和高级管理人员受到处罚的情况

无。

8.6 本报告期内中国银监会及其派出机构对公司检查后提出监管意见的情况

2016年,中国银行业监督管理委员会浙江监管局对公司开展了监管检查与指导,认为公司总体建立了较为有效的公司治理机制和较为完善的内控制度;通过不断提升交易对手层级、加强中后台力量建设、完善制度流程等方式强化风险防控能力,提升合规管理水平,总体风险基本可控;积极提升主动管理类信托业务比例,利用专业化优势探索新能源等领域信托业务,转型升级初见成效。但检查同时指出,公司仍然存在公司治理和内控环境有待优化、部分固有业务运作不当、合规管理有待加强、部分领域风险管控较为薄弱和内部管理不够精细等问题。

公司高度重视监管提出的各项意见,多次召开专题会议学习、讨论监管问题和整改措施,部署和安排整改落实工作,采取优化公司治理、进一步加强合规管理、风险管理和尽职管理等多项整改措施,从完善体制机制及强化制度执行方面切实落实长效机制建设,保证公司业务快速发展的同时,管理水平不断提升,为公司持续发展提供坚实保障。

8.7 本报告期内重大事项临时报告

无。

8.8 本报告期内中国银监会及其省级派出机构认定的其他有必要让客户及相关利益人了解的重要信息

无。

中江国际信托股份有限公司

1. 公司概况

1.1 公司简介

中江国际信托股份有限公司(以下简称中江信托或本公司)的前身是成立于1981年6月的江西省国际信托投资公司。2003年3月,江西省国际信托投资公司、江西省发展信托投资股份有限公司、赣州地区信托投资公司以新设合并方式重新登记成立江西国际信托投资股份有限公司。2009年3月,经中国银监会核准换发新牌,本公司名称变更为江西国际信托股份有限公司。2012年10月,本公司更名为中江国际信托股份有限公司。报告期末,本公司注册资本为30.05亿元。

1	法定中文名称(缩写)	中江国际信托股份有限公司(中江信托)
2	法定英文名称(缩写)	zhongJiang International Trust Co. ,Ltd. (zJI)
3	法定代表人	裘强

续表

4	注册地址	南昌市北京西路88号江信国际金融大厦
5	邮政编码	330046
6	国际互联网网址	http://www. jxi. cn
7	负责信息披露事务的高管人员	钟镰斧
8	联系人姓名	易勤华
9	联系电话	0791-86304498
10	传真电话	0791-86304500
11	电子信箱	yqh-jx@163. com
12	公司信息披露的报纸名称	《上海证券报》
13	公司年度报告备置地点	南昌市北京西路88号江信国际金融大厦25楼
14	公司聘请的会计师事务所名称及地址	大信会计师事务所(特殊普通合伙)
15	公司聘请的律师事务所名称及地址	江西豫章律师事务所,江西南昌

1.2 组织结构

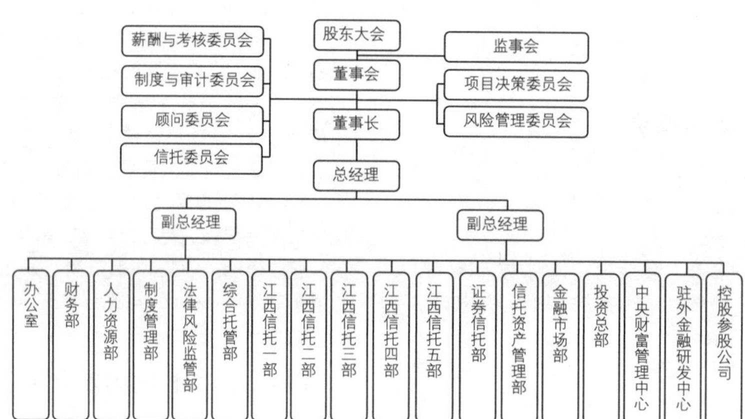

2. 公司治理

2.1 股东

2016年末,本公司股东总数14名,本公司前三位股东的名称、出资比例如下:

股东名称	法人代表	持股比例(%)	注册资本(亿元)	注册地址	主要经营业务及主要财务情况
领锐资产管理股份有限公司	张霄静	32.74	35.8	天津市华苑产业区	对工业、基础设施开发建设、金融、房地产业、物流业、酒店进行投资;资产投资;债务重组与企业重组咨询等。
大连昱辉科技发展有限公司	赵　霖	25.11	16	辽宁大连	计算机软硬件技术开发、技术转让、技术服务;计算机系统集成;计算机硬件及自动化仪表销售;经济信息咨询;国内一般贸易等。
江西省财政厅	胡　强	20.44		江西南昌	制定全省性财政立法规划,拟订全省地方性财政、税收、财务、会计管理、国有资产管理的法规草案及实施办法和规章制度;参与制定全省各项有关宏观经济政策,拟订和执行全省财政分配政策;编制省本级年度预算草案和汇编全省年度预算和决算草案;负责组织实施地方税法和税收条例、决定、规定及有关实施细则;管理和监督各项财政收入、支出;监管全省政府采购工作;管理省级财政社会保障支出;负责地方性金融机构的财务监管工作;管理全省有关政府性基金和行政事业性收费项目的立项及标准等。

2.2 公司员工

项目		2016年末		2015年末	
人数(人)		252		191	
平均年龄(岁)		37		37	
		人数(人)	比例(%)	人数(人)	比例(%)
年龄分布	20岁以下	0	0	0	0
	20~30岁	97	38.49	112	58.64
	31~40岁	67	26.59	30	15.72
	41岁以上	88	34.92	49	25.65
学历分布	博士	2	0.08	2	1.05
	硕士	56	22.22	51	26.70
	本科	154	61.11	110	57.59
	专科	40	15.87	28	14.65
	其他	0	0	0	0
岗位分布	董事、监事及其他高管人员	9	3.57	10	5.24
	自营业务人员	7	2.78	24	12.57
	信托业务人员	155	61.5	157	82.20
	其他人员	0	0	0	0.00

3. 经营管理

3.1 经营目标、方针、战略规划

3.1.1 经营目标

立足信托本业,发挥地方金融机构的职能,在市场中求生存,在竞争中求发展,确保信托财产的安全高效,促进本公司稳健经营和可持续发展,为股东实现稳定的回报,为受益人的利益服务,为地方经济建设提供金融支持。

3.1.2 经营方针

坚持“为了共同利益”的核心价值观,坚持“诚信理财、服务社会”的经营宗旨,坚持“风险第一、效益第一”的经营理念,坚持“简单直接”的管理理念,以多元化的资产管理手段,谋求集团内信托、证券、保险、期货、基金等金融工具及货币、资本和产业等多种行业的融合,实现收益的最大化。

3.1.3 战略规划

通过不懈的努力,把本公司发展成为地方性金融(控股)集团,进入全国信托业先进行列。

3.2 业务经营主要内容

本公司所经营业务主要分为固有业务和信托业务两大块,其中固有业务包括自有资金投资等业务,各种业务所形成的资产组合与分布情况如下。

3.2.1 固有资产运用与分布

资产运用	金额(万元)	占比(%)	资产分布	金额(万元)	占比(%)
货币资产	129 737.64	11.95	基础产业		
拆出资金			房地产业		
交易性金融资产	73 748.02	6.79	证券、保险	890 039.97	81.97
其他流动资产	51 438.77	4.74	实业		
可供出售金融资产	816 291.95	75.18			
持有至到期投资		0.00			
长期股权投资	—	0.00	其他	195 765.85	18.03
其他	14 589.44	1.34			
资产合计	1 085 805.82	100.00	资产合计	1 085 805.82	100.00

3.2.2 信托资产运用与分布

资产运用	金额(万元)	占比(%)	资产分布	金额(万元)	占比(%)
货币资产	144 102.28	0.86	基础产业	2 871 259.83	17.21
交易性金融资产	1 003 137.34	6.01	房地产业	2 191 476.92	13.14
贷款	8 857 459.29	53.09	证券	793 234.18	4.75
应收账款	134 820.82	0.81	金融机构	1 518 803.35	9.10
可供出售金融资产	825 314.20	4.95	工商企业	7 506 121.18	44.99
长期股权投资	959 319.56	5.75	其他	1 802 182.43	10.80
其他	4 758 924.40	28.53			
资产合计	16 683 077.89	100.00	资产合计	16 683 077.89	100.00

4. 自营资产

4.1 自营业务资产负债表

资产负债表

单位:中江国际信托股份有限公司　　2016年12月31日　　单位:元

资产	行次	期初数	期末数	负债及所有者权益	行次	期初数	期末数
资产:				负债:			
货币资金	1	1 016 778 960.66	1 297 376 406.37	短期借款	1		
其中:客户资金存款	2			其中:质押借款	2		
结算备付金	3			拆入资金	3		
其中:客户备付金	4			交易性金融负债	4		
拆出资金	5			衍生金融负债	5		
交易性金融资产	6	488 193 473.08	737 480 205.98	卖出回购金融资产款	6		
衍生金融资产	7			代理买卖证券款	7		
买入返售金融资产	8			代理承销证券款	8		

续表

资产	行次	期初数	期末数	负债及所有者权益	行次	期初数	期末数
应收利息	9			应付职工薪酬	9	161 605 670. 13	248 287 050. 04
存出保证金	10			应交税费	10	160 995 093. 41	468 643 137. 84
其他流动资产	11	211 665 206. 81	514 387 709. 98	应付利息	11		
其中:1. 应收账款	12			预计负债	11		383 825 918. 26
2. 其他应收款	13	212 312 406. 32	514 887 709. 98	长期借款	13		
3. 坏账准备	14	647 199. 51	500 000. 00	应付债券	14		
4. 待摊费用	15			递延所得税负债	15	20 729 114. 58	992 067 378. 66
流动资产合计	16	1 716 637 640. 55	2 549 244 322. 33	其他负债	16	14 378 699. 59	14 746 184. 10
可供出售金融资产	17	2 145 107 340. 93	8 162 919 487. 47	负债合计	17	357 708 577. 71	2 107 569 668. 90
持有至到期投资	18			所有者权益:	18		
长期股权投资	19	1 407 224 235. 14		实收资本	19	1 155 789 134. 00	3 005 051 748. 00
投资性房地产	20			资本公积	20	1 263 756 158. 60	624 288 591. 42
固定资产	21	10 210 331. 89	7 672 517. 67	减:库存股	21		
无形资产	22	2 001 833. 34	1 393 500. 00	盈余公积	22	267 399 424. 04	459 858 160. 37
其中:交易席位费	23			一般风险准备	23	63 145 362. 32	140 729 311. 05
商誉	24			其他综合收益	24	62 187 343. 73	1 889 904 753. 71
递延所得税资产	25	20 705 071. 44	136 828 403. 15	信托赔偿准备金	25	77 415 490. 55	173 644 858. 72
其他资产	26			未分配利润	26	2 054 484 962. 34	2 457 011 138. 45
其中:长期待摊费用	27			归属于母公司所有者权益	27	4 944 177 875. 58	8 750 488 561. 72
				少数股东权益	28		
				所有者权益合计	29	4 944 177 875. 58	8 750 488 561. 72
资产总计	28	5 301 886 453. 29	10 858 058 230. 62	负债和股东权益总计	30	5 301 886 453. 29	10 858 058 230. 62

公司负责人:裘　强　　　　主管会计工作负责人:曾　海　　　　财务负责人:彭缅良

4.2 自营业务利润表

利润表

编制单位:中江国际信托股份有限公司　　　　2016 年 12 月 31 日　　　　单位:元

项目	行次	本年数	上年数
一、营业收入	1	3 615 713 871. 75	1 299 584 912. 67
手续费及佣金净收入	2	883 904 706. 23	1 035 075 869. 52
其中:信托手续费净收入	3	883 904 706. 23	1 035 075 869. 52
代理买卖证券业务净收入	4		
证券承销业务净收入	5		
受托客户资金管理业务净收入	6		
利息净收入	7	43 346 568. 45	17 779 250. 06
投资收益(损失以“-”号填列)	8	2 681 697 990. 04	271 941 694. 65
其中:对联营企业和合营企业的投资收益	9		
公允价值变动收益(损失以“-”号填列)	10	6 763 212. 73	-25 212 921. 56
汇兑收益(损失以“-”号填列)	11		
其他业务收入	12	1 394. 30	1 020. 00
二、营业支出	13	488 409 467. 73	539 040 823. 45
营业税金及附加	14	23 194 170. 17	72 205 879. 82
业务及管理费	15	428 253 856. 78	456 308 474. 52
资产减值损失	16	-147 199. 51	70 874. 77
其他业务成本	17	37 108 640. 29	10 455 594. 34
三、营业利润(亏损以“-”号填列)	18	3 127 304 404. 02	760 544 089. 22
加:营业外收入	19	2 137 147. 04	2 744 298. 61
减:营业外支出	20	389 480 029. 63	12 113 121. 97
四、利润总额(亏损总额以“-”号填列)	21	2 739 961 521. 43	751 175 265. 86
减:所得税费用	22	815 374 158. 09	189 896 708. 94

续表

项目	行次	本年数	上年数
五、净利润(净亏损以"－"号填列)	23	1 924 587 363.34	561 278 556.92
归属于母公司所有者的净利润	24	1 924 587 363.34	561 278 556.92
少数股东损益	25		
六、其他综合收益的税后净额	26	1 827 717 409.98	－103 086 968.84
七、综合收益总额	27	3 752 304 773.32	458 191 588.08
归属于母公司所有者的综合收益总额	28		
归属于少数股东的综合收益总额	29		—

公司负责人:裘　强　　主管会计工作负责人:曾　海　　财务负责人:彭缅良

5.　信托资产

5.1　信托项目资产负债汇总表

编制单位:中江国际信托股份有限公司　　2015 年 12 月 31 日　　单位:万元

信托资产	行次	期初数	期末数	信托负债和信托权益	行次	期初数	期末数
信托资产:				信托负债:			
货币资金	1	278 603.25	144 102.28	应付受托人报酬	1		
拆出资金	2			应付托管费	2		
交易性金融资产	3	761 656.79	1 003 137.34	衍生金融负债	3		
应收款项	4	245 823.96	134 820.82	应付受益人收益	4	215.75	125.18
买入返售资产	5	40 000.00	23 500.00	其他应付款	5	77 731.39	136 495.84
短期投资	6			应交税金	6		
长期债权投资	7			卖出回购资产款	7		
长期股权投资	8	479 482.44	959 319.56	应付账款	8	36 857.00	222.05
客户贷款	9	10 801 565.62	8 857 459.29	其他负债	9		
可供出售金融资产	10	504 955.00	825 314.20	信托负债合计	10	114 804.14	136 843.07
应收融资租赁款	11			信托权益:	11		
固定资产	12			实收信托	12	18 601 174.75	16 342 222.90
无形资产	13			资本公积	13		
长期待摊费用	14			未分配利润	14	266 556.36	204 011.92
其他资产	15	5 870 448.19	4 735 424.40	信托权益合计	15	18 867 731.11	16 546 234.82
信托资产总计	16	18 982 535.25	16 683 077.89	信托负债和信托权益总计	16	18 982 535.25	16 683 077.89

公司负责人:裘　强　　主管会计工作负责人:曾　海　　综合托管部负责人:辛勇红

5.2　信托项目利润及利润分配汇总表

编制单位:中江国际信托股份有限公司　　2016 年度　　单位:万元

项目	本年数	上年数
一、营业收入	1 581 769.62	1 704 972.33
利息收入	1 040 300.68	951 671.69
投资收益	525 693.26	773 280.96
公允价值变动损益	70.51	62.95
其他收入	15 705.17	－20 043.27
二、营业费用	149 500.69	211 674.87
三、营业税金及附加	0	0.00
四、扣除资产损失前的信托利润	1 432 268.93	1 493 297.46
减:资产减值损失	0	0.00
五、扣除资产损失后的信托利润	1 432 268.93	1 493 297.46
加:期初未分配信托利润	266 556.36	670 883.47
六、可供分配的信托利润	1 698 825.29	2 164 180.93
减:本期已分配信托利润	1 494 813.38	1 897 624.57
七、期末未分配信托利润	204 011.91	266 556.36

公司负责人:裘　强　　主管会计工作负责人:曾　海　综合托管部负责人:辛勇红

6. 资产明细披露事项

6.1　自营资产情况

6.1.1　按信用风险五级分类结果披露信用风险资产的期初数、期末数

风险分类	正常类(万元)	关注类(万元)	次级类(万元)	可疑类(万元)	损失类(万元)	资产合计(万元)	不良资产合计(万元)	不良资产率(%)
年初数	530 188.65				50.00	530 238.65	50.00	0.01
年末数	1 085 755.82				50.00	1 085 805.82	50.00	0.00

注:不良资产合计＝次级类＋可疑类＋损失类。

6.1.2 资产损失准备

单位：万元

项目	期初数	本年计提	本年转回	本期核销	期末数
专项准备	64.72		14.72		50.00
合计	64.72	—	14.72	—	50.00

6.1.3 自营股票投资、基金投资、债券投资、股权投资等投资业务的期初数、期末数

单位：万元

项目	期末数	期初数
权益工具	890 039.97	258 973.14
其中：基金	146 284.09	13 203.03
债券及信托产品	50 819.00	25 000.00
长期金融股权投资	112 974.82	162 458.53
股票	579 962.06	58 311.58
合计	890 039.97	258 973.14

6.1.4 自营长期股权投资情况

单位：万元

被投资单位	投资余额	投资比例	经营范围	备注
国盛证券有限责任公司	0	0	证券经纪、自营、承销、财务顾问、资产管理等业务	已出售

6.1.5 本年的收入结构

收入结构	金额（元）	占比（%）
手续费及佣金收入	883 904 706.23	24.45
其中：信托手续费	883 904 706.23	24.45
投资银行业务收入		
利息收入	43 346 568.45	1.20
其他业务收入	1 394.30	0.00
其中：计入信托业务收入部分		
投资收益	2 681 697 990.04	74.17
其中：股权投资收益	2 612 581 374.48	
证券投资收益	38 461 286.79	
其他投资收益	30 655 328.77	
公允价值变动收益	6 763 212.73	0.19
合计	3 615 713 871.75	100

6.1.6 表外业务

单位：万元

表外业务	期初数	期末数
担保业务	无	无
代理业务（委托业务）	无	无
其他	无	无
合计	无	无

6.2 信托资产管理情况

6.2.1 信托资产的期初数、期末数

单位：万元

信托资产	期初数	期末数
集合类	6 437 861.84	7 117 538.59
单一类	12 441 531.44	9 469 698.79
财产管理类	103 141.97	95 840.51
合计	18 982 535.25	16 683 077.89

6.2.1.1 非事务管理型信托业务的信托资产期初数、期末数

单位：万元

非事务管理型信托资产	期初数	期末数
证券投资类	954 282.07	793 220.15
股权及其他投资类	452 583.16	164 738.16
融资类	4 686 443.60	4 796 297.84
货币资金	45 244.42	103 762.26
合计	6 138 553.25	5 858 018.41

6.2.1.2 事务管理型信托业务的信托资产期初数、期末数

单位：万元

事务管理型信托资产	期初数	期末数
证券投资类	0	0
股权及其他投资类	3 720 560.61	3 227 986.80
融资类	9 121 282.58	7 594 955.91
货币资金	2 138.81	2 116.77
合计	12 843 982.00	10 825 059.48

6.2.2 本年度已清算结束的信托项目个数、实收信托合计金额、加权平均年化收益率

6.2.2.1 本年度已清算结束的集合类、单一类资金信托项目和财产管理类信托项目个数、实收信托合计金额、加权平均年化收益率

已清算结束的信托项目	项目个数（个）	实收信托合计金额（万元）	加权平均实际收益率（%）
集合类	168	3 398 689.46	4.08
单一类	216	6 300 536.08	7.04
财产管理类	1	20 000.00	3.87
合计	385	9 719 225.54	6.00

2016年本公司已清算集合信托项目加权收益率为4.08%，原因为本年度已清算的结构化证券投资项目出现了亏损，此类项目劣后受益人承担亏损，优先受益人仍按合同约定实现了收益。若剔除此类项目劣后亏损因素，本公司2016年集合类信托项目加权平均实际收益率为7.69%。

6.2.2.2 本年度已清算结束的非事务管理型信托项目个数、实收信托合计金额、加权平均实际年化收益率。

已清算结束的信托项目	项目个数（个）	实收信托合计金额（万元）	加权平均实际年化信托报酬率（%）	加权平均实际年化收益率（%）
证券投资类	7	707 003.46	0.21	-16.81
股权及其他投资类	11	117 384.00	0.71	17.72
融资类	153	2 666 352	1.51	9.27

6.2.2.3 本年度已清算结束的事务管理型信托项目个数、实收信托合计金额、加权平均实际年化收益率

已清算结束的信托项目	项目个数（个）	实收信托合计金额（万元）	加权平均实际年化信托报酬率（%）	加权平均实际年化收益率（%）
证券投资类				
股权及其他投资类	25	943 772.00	0.15	6.31
融资类	189	5 284 714.08	0.29	7.08

6.2.3 本年度新增项目

新增信托项目	项目个数（个）	实收信托合计金额（万元）
集合类	142	4 479 945.00
单一类	134	4 775 594.50
财产管理类	1	53 300.00
新增合计	277	9 308 839.50
其中：事务管理型	137	5 924 088.50
非事务管理型	140	3 384 751.00

6.3 关联方关系及其交易

6.3.1 关联交易方的数量、关联交易的总金额及关联交易的定价政策等

	关联交易方数量（个）	关联交易金额（万元）	定价政策
合计	1	180 000	公允价格

6.3.2 本公司与关联方的重大交易事项

6.3.2.1 固有财产与关联方：贷款、投资、租赁、应收账款、担保、其他方式等期初汇总数、本期发生额汇总数、期末汇总数

单位：万元

贷款			担保			其他应收款			合计		
期初	发生额	期末	期初	发生额	期末	期初	发生额	期末	期初	发生额	期末
0	0	0	0	0	0	0	0	0	0	0	0

6.3.2.2 信托资产与关联方：贷款、投资、租赁、应收账款、担保、其他方式等期初汇总数、本期发生额汇总数、期末汇总数

单位：万元

投资			投资及附加回购			其他			合计		
期初	发生额	期末	期初	发生额	期末	期初	发生额	期末	期初	发生额	期末
225 000	-45 000	180 000	20 000	-20 000	0	0	0	0	245 000	-65 000	180 000

6.3.2.3 固有财产与信托财产之间的交易金额期初汇总数、本期发生额汇总数、期末汇总数

单位：万元

贷款			投资及附加回购			其他			合计		
期初	发生额	期末	期初	发生额	期末	期初	发生额	期末	期初	发生额	期末
0	0	0	0	23 319.00	23 319.00	0	0	0	0	23 319.00	23 319.00

6.3.2.4 信托财产与信托财产之间的交易金额期初汇总数、本期发生额汇总数、期末汇总数

信托财产与信托财产之间未发生交易。

6.3.3 关联方逾期未偿还本公司资金的详细情况以及本公司为关联方担保发生或即将发生垫款的详细情况

报告期内，本公司无上述情况发生。

7. 财务情况说明书

7.1 利润实现和分配情况

经大信会计师事务所（特殊普通合伙）审计，本公司2016年实现利润总额273 996.15万元，净利润192 458.74万元。按规定提取信托赔偿准备金9 622.94万元，提取一般风险准备7 758.39万元，提取盈余公积19 245.87万元，加上年初未分配205 448.50万元，年末未分配利润为245 701.11万元。

7.2 主要财务指标

指标名称	指标值
净资产收益率（%）	28.11
信托报酬率（%）	0.61
净资本（万元）	575 892.80
风险资本（万元）	203 254.82
人均净利润（万元）	866.93

7.3 对本公司财务状况、经营成果有重大影响的其他事项

报告期内，因实施10送10转增6的分红方案，相应影响未分配利润和资本公积的变动。

8. 特别事项揭示

8.1 前五名股东报告期内变动情况及原因

报告期内，本公司股权结构未发生变化，前五名股东的持股比例分别为领锐资产管理股份有限公司32.7354%，大连昱辉科技发展有限公司25.1121%，江西省财政厅20.4444%，天津瀚晟同创贸易有限公司7.1749%，深圳市振辉利科技有限公司6.2780%。

8.2 董事、监事及高管人员变动情况及原因

报告期内，本公司董事、监事及高级管理人员无变动。

8.3 公司的重大诉讼事项

无。

8.4 会计师事务所审计意见及公司董事会关于审计意见的说明

报告期内，经公司临时董事会表决，一致同意聘请大信会

计师事务所（特殊普通合伙）为公司2016年度审计机构。

大信会计师事务所（特殊普通合伙）注册会计师胡平、李国平对本公司出具了无保留意见的审计报告。

8.5 公司及其董事、监事和高级管理人员受到处罚的情况

无。

8.6 银监会及其派出机构对公司的检查意见及公司整改情况

本报告期内，本公司存续的信托计划均运作正常，未发现影响信托财产安全性的因素，到期信托项目均按合同约定向受益人交付信托财产。2016年，本公司接受了江西银监局组织的"两个加强、两个遏制"专项检查、"回头看"现场检查。检查组认为，本公司能够按照《信托法》《信托公司管理办法》《信托公司集合资金信托计划管理办法》及相关法律法规开展信托业务，业务操作符合有关规定和制度要求，在业务开展过程中，采取了有效的风险防范和控制措施，信托业务总体运行平稳，没有发现到期不能安全兑付的信托项目，也未发现存在明显风险隐患以致影响到期安全终止的信托计划。但检查中也发现，本公司也存在部分制度建设不够完善、业务尽职调查不够充分、项目后期管理不到位、关联交易风控措施不够严密、薪酬延期支付执行不到位等问题。公司对上述存在的问题进行了整改，其他薄弱环节也将在今后业务中加强。

8.7 本年度重大事项临时报告的简要内容、披露时间、所披露的媒体及版面

无。

8.8 银监会及其省级派出机构认定的其他有必要让客户及相关利益人了解的重要信息

无。

中粮信托有限责任公司

1. 重要提示

1.1 公司董事会及董事保证本报告所载资料不存在任何虚假记载、误导性陈述或者重大遗漏，并对其内容的真实性、准确性和完整性承担个别及连带责任。

1.2 天职国际会计师事务所（特殊普通合伙）对公司出具了标准无保留意见的审计报告。

1.3 公司董事长邬小蕙女士、总经理辛伟先生、财务总监陈众先生声明：保证年度报告中财务会计报告的真实、完整。

2. 公司概况

2.1 公司简介

中粮信托有限责任公司（以下简称中粮信托或公司）是2009年7月经中国银行业监督管理委员会（以下简称中国银监会或银监会）批准设立的非银行金融机构，注册地为北京市。

2012年经中国银监会批准，公司成功引进战略投资者——蒙特利尔银行。公司于2012年、2013年分别增资29 981.2523万元、80 018.7477万元，目前公司注册资本金为23亿元。公司现有股东3家分别为：中粮资本投资有限公司持股76.0095%，蒙特利尔银行持股19.99%，中粮财务有限责任公司持股4.0005%。

2.1.1 公司情况简表

公司名称（简称）	中粮信托有限责任公司（中粮信托）
公司英文名称（缩写）	COFCO Trust Co., Ltd.（COFCO TRUST）
公司法定代表人	邬小蕙
注册地址	北京市朝阳区朝阳门南大街8号中粮福临门大厦11层
邮政编码	100020
公司网站	http://www.cofco-trust.com

2.1.2 主要联系人及联系方式

信息披露负责人	辛伟
联系人	张瑜
联系电话	010-85005207
传真	010-85638655
电子信箱	zhangyu1@cofco.com
联系地址	北京市朝阳区朝阳门南大街8号中粮福临门大厦1109
邮政编码	100020

2.1.3 其他事项

2.1.3.1 公司选定《金融时报》作为本次信息披露的报纸。公司年报全文将备置在公司注册地址及网站供查询。

2.1.3.2 公司聘请的会计师事务所：天职国际会计师事务所（特殊普通合伙）

地址：北京市海淀区车公庄西路19号外文文化创意园12号楼

2.1.3.3 公司聘请的律师事务所：北京市君泽君律师事务所

地址：北京市西城区金融大街9号金融街中心南楼6层

2.2 组织结构

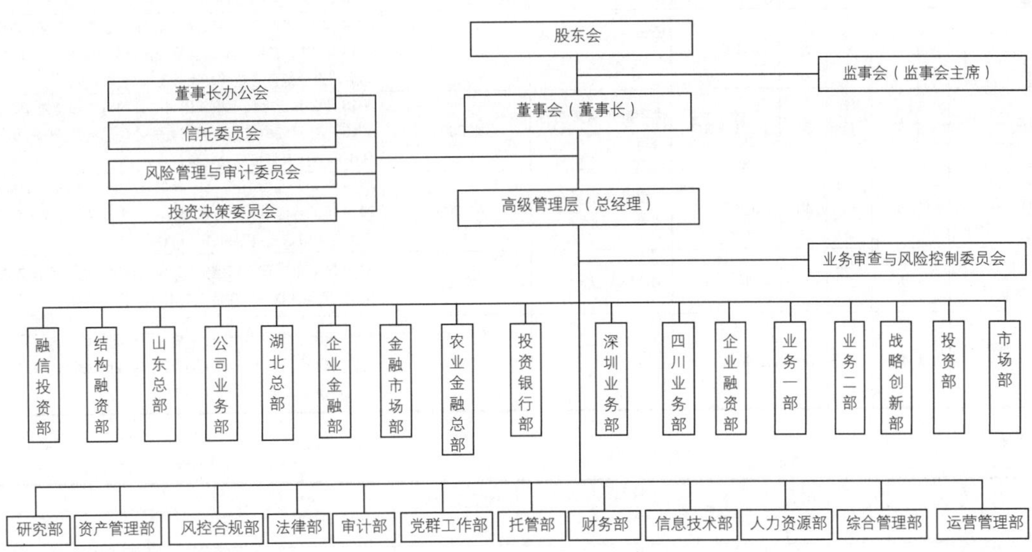

3. 公司治理

3.1 公司治理结构

3.1.1 股东

报告期末股东总数:3 个。

股东名称	出资比例(%)	法人代表	注册资本(万元)	注册地址	主要经营业务
中粮资本投资有限公司	76.0095	邬小蕙	100 000.00	北京市东城区建国门内大街8号中粮广场A座1204室	投资与资产管理;企业管理;投资策划及咨询服务等。
中粮财务有限责任公司	4.0005	马王军	100 000.00	北京市朝阳区朝阳门南大街8号中粮福临门大厦19层	集团内存贷款、资金管理、融资咨询、债券承销等。
蒙特利尔银行	19.99	不适用	—	加拿大安大略省多伦多市帝王西街100号第一加拿大广场	商业银行业务。

公司第一大股东中粮资本投资有限公司是中粮集团有限公司的全资子公司,中粮集团有限公司是国务院国有资产监督管理委员会履行出资人职责的国有独资公司。

公司第二大股东蒙特利尔银行是一家加拿大上市公司。

中粮集团有限公司持有公司第三大股东中粮财务有限责任公司82.74%股权,中粮财务有限责任公司受中粮集团有限公司实际控制。

3.1.2 董事

董事会成员

姓名	职务	性别	年龄(岁)	选任日期	所推举的股东名称	该股东持股比例(%)	简要履历
邬小蕙	董事长	女	56	2016年3月	中粮资本投资有限公司	76.0095	2012年11月至今任中粮集团有限公司副总裁,2002年2月至2012年11月任中粮集团有限公司总会计师;2004年10月至今兼任中粮集团有限公司金融事业部总经理,2009年7月至今兼任中粮信托有限责任公司董事长。
马建平	董事	男	53	2016年3月	中粮资本投资有限公司	76.0095	2010年5月至今任中粮集团有限公司副总裁;2006年1月至2016年7月任中粮集团有限公司战略部总监;2009年7月至今兼任中粮信托有限责任公司董事。
马王军	董事	男	52	2016年3月	中粮资本投资有限公司	76.0095	2012年11月至今任中粮集团总会计师;2010年5月至2012年11月任中粮集团有限公司集团总裁助理、副总会计师;2009年7月至今兼任中粮信托有限责任公司董事。
秦　涛	董事	男	59	2016年3月	中粮资本投资有限公司	76.0095	2014年12月至今任中粮集团财务部首席投资官;2000年8月至2014年12月任中粮集团有限公司财务部资金管理部总经理;2009年7月至今兼任中粮信托有限责任公司董事。
孙彦敏	董事	男	50	2016年3月	中粮财务有限责任公司	4.0005	2013年2月至今任中粮集团有限公司财务部总监;2002年5月至2013年3月任中粮财务有限责任公司总经理;2009年7月至今兼任中粮信托有限责任公司董事。
俞　宁	董事	男	46	2016年3月	中粮资本投资有限公司	76.0095	2014年8月至今任中英人寿保险有限公司总裁;2003年1月至2014年7月任中英人寿保险有限公司资深副总裁;2009年7月至今兼任中粮信托有限责任公司董事。
Edgar Normuncl Legzdins(李凯昇)	董事	男	58	2016年3月	蒙特利尔银行	19.99	2008年至今任BMO国际业务集团高级副总裁及董事总经理;2012年10月至今兼任中粮信托有限责任公司董事。
Albert Chun-Ming Yu(余俊明)	董事	男	55	2016年3月	蒙特利尔银行	19.99	2009年至今任BMO银行金融集团亚洲区首席执行官,蒙特利尔银行(中国)有限公司行长;2012年10月至今兼任中粮信托有限责任公司董事。

独立董事

姓名	职务	性别	年龄(岁)	选任日期	所推举的股东名称	该股东持股比例(%)	简要履历
毕仲华	独立董事	女	64	2016年3月	中粮资本投资有限公司	76.0095	1993年3月至2013年1月历任兴业银行国际业务部总经理、行长助理、副行长、监事长、监事会主席,2014年12月至今任中粮信托有限责任公司独立董事。

3.1.3 监事会

监事会成员

姓名	职务	性别	年龄（岁）	选任日期	所推举的股东名称	该股东持股比例(%)	简要履历
许 良	监事会主席、职工监事	男	43	2016年3月	职工代表大会	—	2000年8月至2015年4月历任中粮集团审计监察部主管、主任助理、副主任、副总经理及总经理；2015年4月至今分管中粮信托有限责任公司审计、工会等工作，2015年6月至今任中粮信托有限责任公司监事会主席。
初丰城	监事	男	53	2016年3月	中粮财务有限责任公司	4.0005	2014年12月至今任中粮集团财务部副总监，2000年至2014年12月任中粮集团财务部会计管理部总经理；2009年7月至今兼任中粮信托有限责任公司监事。
王 伟	监事	男	50	2016年3月	中粮资本投资有限公司	76.0095	2003年1月加入中英人寿保险有限公司任职助理总裁；现任中英人寿保险有限公司副总裁；2009年7月至今兼任中粮信托有限责任公司监事。
Roger Kung-Kit Heng（幸公杰）	监事	男	61	2016年3月	蒙特利尔银行	19.99	1987年加入蒙特利尔银行，历任北京代表处高级代表，蒙特利尔银行广州分行行长、负责全中国业务的董事、中国区总经理兼北京分行行长、中国区执行董事，2012年至今任蒙特利尔银行（中国）有限公司副行长兼亚洲战略关系总监；2012年10月至今兼任中粮信托有限责任公司监事。

目前公司监事会暂未设下属委员会。

3.1.4 高级管理人员

姓名	职务	性别	年龄(岁)	选任日期	金融从业年限(年)	学历	专业
辛伟	总经理	男	42	2009年7月	20	博士研究生	政治经济学
陆吕佳	副总经理	女	44	2009年7月	12	本科	经济学
马建泽	副总经理	男	44	2011年9月	20	本科	国际金融
陈德彪	副总经理	男	44	2013年12月	4	硕士研究生	EMBA
张勇	总经理助理	男	43	2009年7月	18	博士研究生	政治经济学
陈众	总经理助理	男	44	2009年7月	21	本科	会计学
吴江	总经理助理	男	43	2012年9月	20	本科	国际金融
张文生	总经理助理	男	43	2013年12月	12	硕士研究生	EMBA
张瑜	董事会秘书	女	36	2013年12月	10	硕士研究生	经济学/金融学

注：总经理助理杨勇由于工作调整，不再担任中粮信托总经理助理。

3.1.5 公司员工

项目		报告期年度		上年度	
		人数(人)	比例(%)	人数(人)	比例(%)
年龄分布	20岁以下	—	—	—	—
	20~29岁	54	30.51	54	32.93
	30~39岁	83	46.89	72	43.90
	40岁以上	40	22.60	38	23.17
学历分布	博士	6	3.39	6	3.66
	硕士	96	54.24	92	56.10
	本科	68	38.42	60	36.59
	专科	6	3.39	5	3.05
	其他	1	0.56	1	0.61
岗位分布	董事、监事及其高管人员	11	6.21	11	6.71
	自营业务人员	6	3.39	4	2.44
	信托业务人员	105	59.32	95	57.93
	其他人员	55	31.08	54	32.93
合计		177	100.00	164	100.00

4. 经营管理

4.1 经营目标、方针、战略规划

4.1.1 愿景

中粮信托的愿景是：依靠中粮集团的农业食品全产业链优势以及BMO的海外资源，形成以资产证券化、农业金融、投资基金类以及跨境财富管理类产品为核心竞争力的信托公司，满足机构客户以及高净值个人客户的资产和财富管理需求。

中粮信托确立的“十三五”规划目标是资产管理能力和盈利能力达到行业中值水平。

4.1.2 短期经营策略

根据自身特点和股东优势，中粮信托逐步形成了在信托业务发展上的“4+3”战略，即在创新业务方面，以标准化业务（资产证券化）、证券化业务、农金化业务、国际化业务四个方向为抓手推动业务发展；在传统业务方面，继续保持在房地产业务、银信业务、政府平台业务三个传统业务领域的深挖细作。

中粮信托将继续秉承稳健发展的经营策略，在项目审核、合规管理、制度建设、业务引导等方面完善全面风险管理体系，持续提升 ROE，实现业务规模与利润均衡发展。

4.2 所经营业务的主要内容

固有资产运用与分布表（母公司）

资产运用	金额（万元）	占比（%）	资产分布	金额（万元）	占比（%）
货币资产	48 935.25	11.86	基础产业	—	—
贷款及应收款	59 400.00	14.39	房地产业	—	—
交易性金融资产	—	—	证券市场	77 611.84	18.81
可供出售金融资产	243 854.66	59.09	实业	—	—
持有至到期投资	—	—	金融机构	274 578.07	66.54
长期股权投资	2 510.00	0.61	其他	60 477.18	14.65
其他	57 967.18	14.05	—	—	—
资产总计	412 667.09	100.00	资产总计	412 667.09	100.00

信托资产运用与分布表（母公司）

资产运用	金额（万元）	占比（%）	资产分布	金额（万元）	占比（%）
货币资产	562 770.32	3.97	基础产业	2 234 777.14	15.76
贷款	4 766 610.54	33.62	房地产	276 759.29	1.95
交易性金融资产	912 433.36	6.44	证券市场	912 433.35	6.44
可供出售金融资产	3 674 099.22	25.91	实业	2 552 899.47	18.01
持有至到期投资	120 000.00	0.85	金融机构	6 440 931.52	45.43
长期股权投资	1 917 209.48	13.52	其他	1 759 909.95	12.41
其他	2 224 587.80	15.69	—	—	—
信托总资产	14 177 710.72	100.00	信托总资产	14 177 710.72	100.00

4.3 市场分析

2016 年，面对国内外严峻挑战，宏观经济运行缓中趋稳、稳中向好，改革开放深入推进，经济结构加快调整。信托公司的运营受到宏观与微观各层次经济变量的影响。

4.3.1 有利因素

（1）国内高净值客户人群与相关人群可投资资金规模不断攀升，使得资产管理行业具有广阔的前景；供给侧结构性改革的不断深化，“一带一路”政策以及国企混合国有制改革的逐步推进，也将给资产管理行业带来新的业务机会。

（2）出于对大资管行业粗放发展及其蕴含风险的担忧，监管政策逐步收紧，对于原来监管较宽松的子行业逐渐加大了监管力度，监管政策和尺度有望更加统一。中国信托登记有限责任公司的正式揭牌，标志着支持信托业发展的“一体三翼”架构全面建成，形成了多层次、多维度的信托业风险防控体系，为信托业转型升级提供了强有力的保障。

4.3.2 不利因素

（1）大资管行业竞争日趋激烈，信托行业的所谓全牌照优势早已逐步丧失，传统融资业务亟待转型。新常态下企业盈利难以迅速改善，在“去产能、去库存、去杠杆”的政策背景下，部分企业的偿债压力更大，信托产品的兑付风险可能将持续攀升。

（2）信托公司正在积极探索创新业务，但创新业务需要时间、人力和资金等成本投入，同时也受到诸如外汇管理等政策影响，其培育速度远落后于传统业务的萎缩速度。一些创新型业务存在盈利模式不清晰、复制难度较大等问题，其发展需要接受市场实践的检验。

4.4 内部控制概况

4.4.1 内部控制环境和内部控制文化

公司高度重视内部控制建设与完善，以保证经营管理合法合规、资产安全、财务报告及相关信息真实、完整，提升公司的经营效率和效果，维护公司的信誉和形象，促进公司战略发展目标的实现。

公司严格按照《公司法》《信托法》《信托公司管理办法》等法律法规，建立完善了公司的治理结构、议事规则和运行模式，形成股东会、董事会、监事会和经营管理层相互分离、相互制衡的机制，明确划分治理层和管理层间的权限；董事会下设董事长办公会、信托委员会、风险管理与审计委员会、投资决策委员会，各自履行相应职责；公司设立业务审查与风险控制委员会、风控合规部、法律部、审计部、资产管理部，负责风险控制、合规审核、内部审计等方面工作。

公司持续加强内部控制文化的建设，组织高管和员工参加行业培训，吸取同业先进经验；通过定期举办内部培训讲座、发放内部宣传刊物、线上学习等形式，增进员工对合规及风险知识的掌握，有效提升员工合规观念和职业道德操守。通过多种途径使内部控制的有效性得到保障。

4.4.2 内部控制措施

4.4.2.1 内控制度体系

公司建立了权责分明、分工明确的内部控制体系，实现了对公司决策层、管理层和操作层的全面监督和控制。内部控制相关组织架构及职能部门主要包括股东会、董事会、管理层、公司业务审查与风险控制委员会、风控合规部、法律部、审计部和资产管理部。

4.4.2.2 内部控制措施

机制保障。构建完善的公司内部控制体系，明确各部门的权限与职责，设置严格的内部管控流程，实现业务操作和内部管理的规范化、科学化。

制度完善。根据市场环境变化及业务发展情况，对公司现行的制度及操作流程中与公司现阶段发展不符或不适合的规定、要求及时修订。

强化监督。审计部结合外部监管要求及公司实际业务发展情况，以风险为导向开展年度内部控制独立评价，加强对公司内部控制的监督。

推动整改。积极推进公司内部控制缺陷整改工作，定期对内部控制工作发现的缺陷，逐个确认相关风险点并制定相应的整改措施，并对缺陷整改情况进行核实，推进公司内部控制工作的健全和完善。

信息化建设。公司不断加强信息化建设，通过对财务系统、信托业务管理系统等逐步优化，提升审批效率，将关键控制点纳入系统管理，提高公司风险控制能力。

4.4.3 信息交流与反馈

公司定期召开股东会、董事会、监事会，以定期报告的形式将公司经营管理信息传递给股东、董事和监事；通过召开经营及项目评审会议，各管理部门和业务部门将经营管理动态向高级管理人员进行及时汇报。

公司按照监管部门要求，认真按时报送各类业务信息、报告和报表,对监管机构提出的问题或建议,公司均给予及时、详细的信息反馈或制定整改措施。

公司严格按照相关法规中有关信息披露的要求,真实、准确、完整地向外部利益相关者披露信息。在公司官方网站等媒体上及时发布公司年报、披露重大事项;同时公司通过热线电话系统,加强与外部客户的交流,接受客户意见反馈。

4.4.4 监督评价与纠正

公司通过各项日常会议,实现管理层对业务的持续监管。公司董事会通过听取高管层工作报告、月度、季度运行分析报告等,检查公司的日常工作,监督高管层的日常经营;监事(会)列席董事会、业务审查与风险控制委员会、总经理办公会,对董事、高管层的行为实施监督;高管层通过各部门月度、季度运行分析报告、部门日常汇报、签署业绩合同、绩效考核等形式,保障公司各部门的正常运转。

审计部作为公司独立监督部门,负责对公司内部控制制度、业务经营、财务活动等实施评价监督。根据《企业内部控制基本规范》及其配套应用指引的要求,参照《信托公司管理办法》《商业银行内部控制指引》等制度规定,审计部制定了年度内部控制独立评价工作计划,对公司重点内控环节开展全面评价工作,关注内控风险、操作风险、合规风险和信托项目实质性风险等,排查公司经营管理中存在的漏洞和不足,提出切实可行的意见和建议。通过整改追踪核查,对问题整改逐一落实。

4.5 风险管理

4.5.1 风险管理概况

4.5.1.1 公司经营活动中可能遇到的风险

公司经营活动中可能遇到的风险主要包括信用风险、市场风险、操作风险、其他风险。

4.5.1.2 风险控制原则

公司在风险管理方面确立了合规优先、全程监控、风险与效益平衡三个导向。具体执行上,公司坚持不懂不做、信息透明、适度分散、集体决策四个原则。

4.5.1.3 风险管理组织结构与职责划分

(1)董事会:公司董事会是公司的经营决策机构,也是公司风险管理方面的最高决策机构。公司董事会由9名董事组成,设董事长1名。董事会对公司建立全面风险管理体系和维持其有效性承担最终责任,下设信托委员会、风险管理与审计委员会、投资决策委员会和董事长办公会等四个下属委员会。

(2)监事会:公司监事会由4名监事组成,设监事会主席1名。监事会行使下列职权:对董事会编制的公司定期报告进行审核并出审核意见;检查公司财务;对公司董事、高管执行公司职务进行监督等。

(3)业务审查与风险控制委员会:业务审查与风险控制委员会根据国家有关法律法规、金融政策和公司经营计划,对公司重大决策事项、重大风险管理解决方案、各项业务方案等事项进行审查。

(4)风控合规部及法律部:负责适时修订风控指引,对信托计划和固有业务投资计划进行全面风险审查,提供审查意见供业务审查与风险控制委员会参考,法律部负责合同及其他法律文本的复核,以防范、降低法律及合规风险。

(5)资产管理部:负责放款审核、项目动态管理、压力测试、风险排查。

(6)审计部:审计部负责对公司内部控制制度的执行情况、项目风险状况进行监督检查,向公司风险管理与审计委员会或董事会报告。

公司建立了以"三道防线"为核心、全员参与的风险管理机制,前台、中台、后台分别构成风险管理的三道防线。

公司的前台由融信投资部、投资银行部、企业金融部、结构融资部、深圳业务部、山东总部、湖北总部、农业金融总部、市场部、公司业务部、企业融资部、投资部、研究部、战略创新部等构成,分别负责信托业务开拓和固有资产管理。

公司的中台由风控合规部、法律部、资产管理部组成,构成风险管控的二道防线。

公司的后台由托管部、财务部、审计部、综合管理部、信息技术部、人力资源部、运营管理部组成,其重点职责为财务核算、内控监督、风险核查、信息系统建设、人事管理、行政服务支持等。

4.5.2 风险状况

4.5.2.1 信用风险状况

信用风险是指交易对手不能履约而带来的风险。因宏观调控、经济周期引发的地方政府平台偿债能力下降、房地产及资本市场价格下跌,公司可能面临此类风险。

报告期内,公司未发生此类信用风险。

4.5.2.2 市场风险状况

市场风险是指公司在运营过程中可能因股价、市场汇率、利率及其他价格因素等变动而产生的风险。

报告期内,公司未发生此类市场风险。

4.5.2.3 操作风险状况

操作风险是指由于内部程序、人员、系统的不完善或失误,或外部事件造成的风险。

报告期内,公司未发生此类操作风险。

4.5.2.4 其他风险状况

公司面临的其他风险主要表现为政策风险等。

报告期内,公司未发生其他风险。

4.5.3 风险管理

4.5.3.1 信用风险管理

公司一贯坚持加强项目动态检查,及时制定风险预案,集中力量防范和处置单体项目信用风险。

在开展业务过程中,公司坚持完成"情景分析和压力测试"及"净资本"计算。对已运行项目在管理过程中及时评估融资人、担保人和抵(质)押物状况变化对项目的影响程度,并制定有关预案以降低损失。公司所有信托项目均根据《信托业务风险控制操作指引》《中粮信托有限责任公司信托业务中后期管理制度》《中粮信托有限责任公司信托资产五级分类管理办法》等制度,完善事前评估、事中控制、事后检查的风险控制流程,严选交易对手。各职能部门通过高效沟通合作,控制信用风险。

4.5.3.2 市场风险管理

公司在项目日常运营管理中,对自有资金配置加强比例和额度管理,落实相关风险管理措施及VAR值等量化指标监控管理;证券类相关业务,均设定专人、专岗跟踪证券市场、房地产、金融市场的变化,加强止损点预警和中后台强制执行等措施；对股票投资类项目逐日盯市，严格执行预警、平仓机制；对房地产等集合信托项目，均做到定期现场检查，提前制定风险处置预案，增强可操作性并严格执行；公司各相关部门实时关注国家宏观政策变化，进行相应的资产组合及项目中后期管理，有效降低可能发生的市场风险。

4.5.3.3　操作风险管理

公司为提高操作风险管理水平，自2016年开展内部控制体系持续改进工作，将风险管理和内部控制有机融合，对公司每一项业务内容，均制定了操作细则和操作流程，明确流程中每一环节的责任主体及岗位权限。在《信托业务风险控制操作指引》中，对业务流程中的内控标准、权限指引进行了明确，供各职能部门查询参考。同时，公司不断加强信息化系统建设，充分利用信息技术，全面推行OA系统、盈丰系统进行审批和风险管理。通过深入推广审批流程信息系统化，在提高审批效率的同时充分保证审批意见留痕，实现了关键风险点纳入盈丰系统管理，有效降低了公司项目运营管理中的操作风险。

4.5.3.4　其他风险管理

针对政策风险，公司坚持认真研究政策变化，根据宏观政策导向并结合公司实际，适时调整业务发展方向、制定相应的业务策略。通过定期回顾等多种风控手段、多层次管控政策风险。

在管理策略上，公司管理层不断推动业务转型，进一步降低通道类业务，增强主动管理能力，加大集合信托的发展力度。在资产管理能力、财富管理两个领域打造自主管理的核心竞争力，并匹配相应的风险管控能力，做好事前、事中、事后的全面风险管理。

4.6　净资本管理概况

截至2016年12月31日，公司净资本≥2亿元，净资本/各项业务风险资本之和≥100%，净资本/净资产≥40%，符合监管要求。

5. 报告期末及上一年度末的比较式会计报表

5.1　自营资产

5.1.1　会计师事务所审计意见全文

审 计 报 告

天职业字[2017]6386－1号

中粮信托有限责任公司：

我们审计了后附的中粮信托有限责任公司（以下简称中粮信托）财务报表，包括2016年12月31日的合并资产负债表，2016年度的合并利润表、合并所有者权益变动表和合并现金流量表以及财务报表附注。

一、管理层对财务报表的责任

编制和公允列报财务报表是中粮信托管理层的责任，这种责任包括：(1)按照企业会计准则的规定编制财务报表，并使其实现公允反映；(2)设计、执行和维护必要的内部控制，以使财务报表不存在由于舞弊或错误导致的重大错报。

二、注册会计师的责任

我们的责任是在执行审计工作的基础上对财务报表发表审计意见。我们按照中国注册会计师审计准则的规定执行了审计工作。中国注册会计师审计准则要求我们遵守中国注册会计师职业道德守则，计划和执行审计工作以对财务报表是否不存在重大错报获取合理保证。

审计工作涉及实施审计程序，以获取有关财务报表金额和披露的审计证据。选择的审计程序取决于注册会计师的判断，包括对由于舞弊或错误导致的财务报表重大错报风险的评估。在进行风险评估时，注册会计师考虑与财务报表编制和公允列报相关的内部控制，以设计恰当的审计程序，但目的并非对内部控制的有效性发表意见。审计工作还包括评价管理层选用会计政策的恰当性和作出会计估计的合理性，以及评价财务报表的总体列报。

我们相信，我们获取的审计证据是充分、适当的，为发表审计意见提供了基础。

三、审计意见

我们认为，中粮信托财务报表在所有重大方面按照企业会计准则的规定编制，公允反映了中粮信托2016年12月31日的合并财务状况以及2016年度的合并经营成果和合并现金流量。

中国·北京　二〇一七年三月三十一日

中国注册会计师：

中国注册会计师：

5.1.2　资产负债表

合并资产负债表

编制单位：中粮信托有限责任公司　　2016年12月31日　　单位：元

项目	年末数	年初数
流动资产：		
货币资金	528 915 661.07	867 767 838.32
△结算备付金	—	—
△拆出资金	—	—
以公允价值计量且其变动计入当期损益的金融资产	374 275 633.33	—
衍生金融资产	—	—
应收票据	—	—
应收账款	50 450 706.84	5 712 970.65
预付款项	751 287.10	708 325.80
△应收保费	—	—
△应收分保账款	—	—

续表

项目	年末数	年初数
△应收分保准备金	—	—
应收利息	2 606. 02	—
应收股利	—	—
其他应收款	429 739 181. 62	298 677 751. 77
△买入返售金融资产	100 000 300. 00	—
存货	—	—
其中:原材料	—	—
库存商品(产成品)	—	—
划分为持有待售的资产	—	—
一年内到期的非流动资产	—	—
其他流动资产	—	—
流动资产合计	1 484 135 375. 98	1 172 866 886. 54
非流动资产:		
△发放贷款及垫款	2 292 800 000. 00	594 000 000. 00
可供出售金融资产	1 659 399 796. 02	2 265 220 700. 37
持有至到期投资	—	—
长期应收款	—	—
长期股权投资	—	—
投资性房地产	—	—
固定资产原价	7 124 924. 09	5 788 528. 95
减:累计折旧	4 795 942. 83	4 049 871. 63
固定资产净值	2 328 981. 26	1 738 657. 32
减:固定资产减值准备	—	—
固定资产净额	2 328 981. 26	1 738 657. 32
在建工程	—	—
工程物资	—	—
固定资产清理	—	—
生产性生物资产	—	—
油气资产	—	—
无形资产	2 272 053. 97	1 807 017. 59
开发支出	—	—
商誉	—	—
长期待摊费用	1 562 649. 52	5 142 954. 15
递延所得税资产	30 406 662. 61	9 308 964. 99
其他非流动资产	—	—
其中:特准储备物资	—	—
非流动资产合计	3 988 770 143. 38	2 877 218 294. 42
资产总计	5 472 905 519. 36	4 050 085 180. 96

法定代表人:邬小蕙　　主管会计工作负责人:陈　众　　会计机构负责人:陈　众

合并资产负债表(续)

编制单位:中粮信托有限责任公司　　2016 年 12 月 31 日　　单位:元

项目	年末数	年初数
流动负债:		
短期借款	—	—
△向中央银行借款	—	—
△吸收存款及同业存放	—	—
△拆入资金	—	—
以公允价值计量且其变动计入当期损益的金融负债	—	—
衍生金融负债	—	—

续表

项目	年末数	年初数
应付票据	—	—
应付账款	—	—
预收款项	66 060 866. 54	28 652 736. 08
△卖出回购金融资产款	—	—
△应付手续费及佣金	—	—
应付职工薪酬	85 449 223. 02	71 475 152. 99
其中:应付工资	74 426 040. 23	59 572 578. 63
应付福利费	—	—
#其中:职工奖励及福利基金	—	—
应交税费	38 490 553. 56	32 000 709. 73
其中:应交税金	37 823 782. 52	31 432 881. 79
应付利息	—	—
应付股利	—	—
其他应付款	4 586 548. 02	31 805 079. 43
△应付分保账款	—	—
△保险合同准备金	—	—
△代理买卖证券款	—	—
△代理承销证券款	—	—
划分为持有待售的负债	—	—
一年内到期的非流动负债	—	—
其他流动负债	—	—
流动负债合计	194 587 191. 14	163 933 678. 23
非流动负债:	—	—
长期借款	—	—
应付债券	—	—
长期应付款	—	—
长期应付职工薪酬	29 703 127. 47	23 031 377. 23
专项应付款	—	—
预计负债	—	—
递延收益	—	—
递延所得税负债	1 367 132. 68	26 420 938. 21
其他非流动负债	—	—
其中:特准储备基金	—	—
非流动负债合计	31 070 260. 15	49 452 315. 44
负债合计	225 657 451. 29	213 385 993. 67

法定代表人:邬小蕙　　主管会计工作负责人:陈　众　　会计机构负责人:陈　众

合并资产负债表(续)

编制单位:中粮信托有限责任公司　　2016 年 12 月 31 日　　单位:元

项目	年末数	年初数
实收资本(或股本)	2 300 000 000. 00	2 300 000 000. 00
国有资本	1 840 230 000. 00	1 840 230 000. 00
其中:国有法人资本	1 840 230 000. 00	1 840 230 000. 00
集体资本	—	—
民营资本	—	—
其中:个人资本	—	—
外商资本	459 770 000. 00	459 770 000. 00
#减:已归还投资	—	—
实收资本(或股本)净额	2 300 000 000. 00	2 300 000 000. 00
其他权益工具	—	—

续表

项目	年末数	年初数
其中:优先股	—	—
永续债	—	—
资本公积	430 203 568.68	430 203 568.68
减:库存股	—	—
其他综合收益	-54 015 482.79	78 933 226.32
其中:外币报表折算差额	—	—
专项储备	—	—
盈余公积	151 119 611.44	111 480 966.89
其中:法定公积金	151 119 611.44	111 480 966.89
任意公积金	—	—
#储备基金	—	—
#企业发展基金	—	—
#利润归还投资	—	—
△一般风险准备	245 902 715.70	226 009 135.21
未分配利润	853 341 268.16	635 785 258.86
归属于母公司所有者权益合计	3 926 551 681.19	3 782 412 155.96
*少数股东权益	1 320 696 386.88	54 287 031.33
所有者权益(或股东权益)合计	5 247 248 068.07	3 836 699 187.29
负债和所有者权益(或股东权益)总计	5 472 905 519.36	4 050 085 180.96

法定代表人:邬小蕙　　主管会计工作负责人:陈　众　　会计机构负责人:陈　众

资产负债表

编制单位:中粮信托有限责任公司　　2016 年 12 月 31 日　　单位:元

项目	年末数	年初数
流动资产:		
货币资金	489 352 511.03	808 018 150.06
△结算备付金	—	—
△拆出资金	—	—
以公允价值计量且其变动计入当期损益的金融资产	—	—
衍生金融资产	—	—
应收票据	—	—
应收账款	12 927 599.30	2 313 517.92
预付款项	717 495.10	708 325.80
△应收保费	—	—
△应收分保账款	—	—
△应收分保准备金	—	—
应收利息	2 606.02	—
应收股利	—	—
其他应收款	429 739 181.62	298 677 751.77
△买入返售金融资产	100 000 300.00	—
存货	—	—
其中:原材料	—	—
库存商品(产成品)	—	—
划分为持有待售的资产	—	—
一年内到期的非流动资产	—	—
其他流动资产	—	—
流动资产合计	1 032 739 693.07	1 109 717 745.55
非流动资产:		
△发放贷款及垫款	594 000 000.00	594 000 000.00
可供出售金融资产	1 588 546 631.74	2 208 561 125.16
持有至到期投资	—	—

续表

项目	年末数	年初数
长期应收款	—	—
长期股权投资	875 100 000.00	25 100 000.00
投资性房地产	—	—
固定资产原价	6 482 413.65	5 158 917.23
减:累计折旧	4 299 268.25	3 598 139.28
固定资产净值	2 183 145.40	1 560 777.95
减:固定资产减值准备	—	—
固定资产净额	2 183 145.40	1 560 777.95
在建工程	—	—
工程物资	—	—
固定资产清理	—	—
生产性生物资产	—	—
油气资产	—	—
无形资产	2 272 053.97	1 807 017.59
开发支出	—	—
商誉	—	—
长期待摊费用	1 422 727.54	4 821 187.89
递延所得税资产	30 406 662.61	9 308 964.99
其他非流动资产	—	—
其中:特准储备物资	—	—
非流动资产合计	3 093 931 221.26	2 845 159 073.58
资产总计	4 126 670 914.33	3 954 876 819.13

法定代表人:邬小蕙　　主管会计工作负责人:陈　众　　会计机构负责人:陈　众

资产负债表(续)

编制单位:中粮信托有限责任公司　　2016 年 12 月 31 日　　单位:元

项目	年末数	年初数
流动负债:		
短期借款	—	—
△向中央银行借款	—	—
△吸收存款及同业存放	—	—
△拆入资金	—	—
以公允价值计量且其变动计入当期损益的金融负债	—	—
衍生金融负债	—	—
应付票据	—	—
应付账款	—	—
预收款项	66 060 866.54	28 652 736.08
△卖出回购金融资产款	—	—
△应付手续费及佣金	—	—
应付职工薪酬	74 838 472.77	62 552 584.47
其中:应付工资	65 723 773.23	52 280 311.63
应付福利费	—	—
#其中:职工奖励及福利基金	—	—
应交税费	36 966 035.08	30 081 598.38
其中:应交税金	36 343 168.43	29 730 395.14
应付利息	—	—
应付股利	—	—
其他应付款	4 323 041.03	31 569 108.52
△应付分保账款	—	—
△保险合同准备金	—	—
△代理买卖证券款	—	—
△代理承销证券款	—	—

续表

项目	年末数	年初数
划分为持有待售的负债	—	—
一年内到期的非流动负债	—	—
其他流动负债	—	—
流动负债合计	182 188 415. 42	152 856 027. 45
非流动负债:	—	—
长期借款	—	—
应付债券	—	—
长期应付款	—	—
长期应付职工薪酬	29 703 127. 47	23 031 377. 23
专项应付款	—	—
预计负债	—	—
递延收益	—	—
递延所得税负债	853 127. 42	26 200 330. 23
其他非流动负债	—	—
其中:特准储备基金	—	—
非流动负债合计	30 556 254. 89	49 231 707. 46
负债合计	212 744 670. 31	202 087 734. 91

法定代表人:邬小蕙　　主管会计工作负责人:陈　众　　会计机构负责人:陈　众

资产负债表(续)

编制单位:中粮信托有限责任公司　　2016 年 12 月 31 日　　单位:元

项目	年末数	年初数
实收资本(或股本)	2 300 000 000. 00	2 300 000 000. 00
国有资本	1 840 230 000. 00	1 840 230 000. 00
其中:国有法人资本	1 840 230 000. 00	1 840 230 000. 00
集体资本	—	—
民营资本	—	—
其中:个人资本	—	—
外商资本	459 770 000. 00	459 770 000. 00
#减:已归还投资	—	—
实收资本(或股本)净额	2 300 000 000. 00	2 300 000 000. 00
其他权益工具	—	—
其中:优先股	—	—
永续债	—	—
资本公积	430 187 477. 00	430 187 477. 00
减:库存股	—	—
其他综合收益	-54 789 574. 70	78 600 990. 69
其中:外币报表折算差额	—	—
专项储备	—	—
盈余公积	149 347 291. 38	111 480 966. 89
其中:法定公积金	149 347 291. 38	111 480 966. 89
任意公积金	—	—
#储备基金	—	—
#企业发展基金	—	—
#利润归还投资	—	—
△一般风险准备	245 902 715. 70	226 009 135. 21
未分配利润	843 278 334. 64	606 510 514. 43
归属于母公司所有者权益合计	3 913 926 244. 02	3 752 789 084. 22
*少数股东权益	—	—
所有者权益(或股东权益)合计	3 913 926 244. 02	3 752 789 084. 22
负债和所有者权益(或股东权益)总计	4 126 670 914. 33	3 954 876 819. 13

法定代表人:邬小蕙　　主管会计工作负责人:陈　众　　会计机构负责人:陈　众

5. 1. 3　利润和利润分配表

合并利润表

编制单位:中粮信托有限责任公司　　2016 年度　　单位:元

项目	本年金额	上年金额
一、营业总收入	532 707 701. 58	326 982 929. 23
其中:营业收入	35 935 688. 24	29 456 198. 24
△利息收入	163 487 915. 82	81 538 387. 67
△已赚保费	—	—
△手续费及佣金收入	333 284 097. 52	215 988 343. 32
二、营业总成本	219 708 376. 13	155 083 786. 02
其中:营业成本	—	—
△利息支出	—	—
△手续费及佣金支出	—	—
△退保金	—	—
△赔付支出净额	—	—
△提取保险合同准备金净额	—	—
△保单红利支出	—	—
△分保费用	—	—
税金及附加	7 758 278. 12	31 981 280. 59
销售费用	—	—
管理费用	211 950 098. 01	166 761 582. 86
其中:研究与开发费	—	—
财务费用	—	—
其中:利息支出	—	—
利息收入	—	—
汇兑净损失(净收益以“-”号填列)	—	—
资产减值损失	—	-43 659 077. 43
其他	—	—
加:公允价值变动收益(损失以“-”号填列)	-16 671 644. 94	-84 926 032. 03
投资收益(损失以“-”号填列)	222 490 374. 65	321 164 898. 44
其中:对联营企业和合营企业的投资收益	—	—
△汇兑收益(损失以“-”号填列)	342 070. 68	287 765. 29

法定代表人:邬小蕙　　主管会计工作负责人:陈　众　　会计机构负责人:陈　众

合并利润表(续)

编制单位:中粮信托有限责任公司　　2016 年度　　单位:元

项目	本年金额	上年金额
三、营业利润(亏损以“-”号填列)	519 160 125. 84	408 425 774. 91
加:营业外收入	405 155. 80	763 689. 02
其中:非流动资产处置利得	—	—
非货币性资产交换利得	—	—
政府补助	—	458 381. 00
债务重组利得	—	—
减:营业外支出	82 918. 34	88. 96
其中:非流动资产处置损失	378. 58	—
非货币性资产交换损失	—	—
债务重组损失	—	—
四、利润总额(亏损总额以“-”号填列)	519 482 363. 30	409 189 374. 97
减:所得税费用	87 340 271. 28	76 960 752. 21
五、净利润(净亏损以“-”号填列)	432 142 092. 02	332 228 622. 76

续表

项目	本年金额	上年金额
归属于母公司所有者的净利润	361 223 754.04	326 161 424.15
*少数股东损益	70 918 337.98	6 067 198.61
六、其他综合收益的税后净额	-132 510 373.59	32 115 977.05
(一)以后不能重分类进损益的其他综合收益	—	—
其中:1. 重新计量设定受益计划净负债或净资产的变动	—	—
2. 权益法下在被投资单位不能重分类进损益的其他综合收益中享有的份额	—	—
(二)以后将重分类进损益的其他综合收益	-132 510 373.59	32 115 977.05
其中:1. 权益法下在被投资单位以后将重分类进损益的其他综合收益中享有的份额	—	—
2. 可供出售金融资产公允价值变动损益	-132 510 373.59	32 115 977.05
3. 持有至到期投资重分类为可供出售金融资产损益	—	—
4. 现金流量套期损益的有效部分	—	—
5. 外币报表折算差额	—	—
七、综合收益总额	299 631 718.43	364 344 599.81
归属于母公司所有者的综合收益总额	228 275 044.93	358 071 871.59
*归属于少数股东的综合收益总额	71 356 673.50	6 272 728.22
八、每股收益	—	—
基本每股收益	—	—
稀释每股收益	—	—

法定代表人:邬小蕙　　主管会计工作负责人:陈　众　　会计机构负责人:陈　众

利润表

编制单位:中粮信托有限责任公司　　2016 年度　　单位:元

项目	本年金额	上年金额
一、营业总收入	404 122 275.53	296 015 194.24
其中:营业收入	—	—
△利息收入	70 838 178.01	80 026 850.92
△已赚保费	—	—
△手续费及佣金收入	333 284 097.52	215 988 343.32
二、营业总成本	189 030 697.26	136 855 294.05
其中:营业成本	—	—
△利息支出	—	—
△手续费及佣金支出	—	—
△退保金	—	—
△赔付支出净额	—	—
△提取保险合同准备金净额	—	—
△保单红利支出	—	—
△分保费用	—	—
税金及附加	7 444 907.39	30 282 282.89
销售费用	—	—
管理费用	181 585 789.87	150 232 088.59
其中:研究与开发费	—	—
财务费用	—	—
其中:利息支出	—	—
利息收入	—	—

续表

项目	本年金额	上年金额
汇兑净损失(净收益以"-"号填列)	—	—
资产减值损失	—	-43 659 077.43
其他	—	—
加:公允价值变动收益(损失以"-"号填列)	—	-84 926 032.03
投资收益(损失以"-"号填列)	246 837 702.46	317 644 994.90
其中:对联营企业和合营企业的投资收益	—	—
△汇兑收益(损失以"-"号填列)	—	—

法定代表人:邬小蕙　　主管会计工作负责人:陈　众　　会计机构负责人:陈　众

利润表(续)

编制单位:中粮信托有限责任公司　　2016 年度　　单位:元

项目	本年金额	上年金额
三、营业利润(亏损以"-"号填列)	461 929 280.73	391 878 863.06
加:营业外收入	307 723.26	762 774.60
其中:非流动资产处置利得	—	—
非货币性资产交换利得	—	—
政府补助	—	458 381.00
债务重组利得	—	—
减:营业外支出	82 539.76	76.28
其中:非流动资产处置损失	—	—
非货币性资产交换损失	—	—
债务重组损失	—	—
四、利润总额(亏损总额以"-"号填列)	462 154 464.23	392 641 561.38
减:所得税费用	83 491 219.34	72 596 068.35
五、净利润(净亏损以"-"号填列)	378 663 244.89	320 045 493.03
归属于母公司所有者的净利润	378 663 244.89	320 045 493.03
*少数股东损益	—	—
六、其他综合收益的税后净额	-133 390 565.39	31 703 266.99
(一)以后不能重分类进损益的其他综合收益	—	—
其中:1. 重新计量设定受益计划净负债或净资产的变动	—	—
2. 权益法下在被投资单位不能重分类进损益的其他综合收益中享有的份额	—	—
(二)以后将重分类进损益的其他综合收益	-133 390 565.39	31 703 266.99
其中:1. 权益法下在被投资单位以后将重分类进损益的其他综合收益中享有的份额	—	—
2. 可供出售金融资产公允价值变动损益	-133 390 565.39	31 703 266.99
3. 持有至到期投资重分类为可供出售金融资产损益	—	—
4. 现金流量套期损益的有效部分	—	—
5. 外币报表折算差额	—	—
七、综合收益总额	245 272 679.50	351 748 760.02
归属于母公司所有者的综合收益总额	245 272 679.50	351 748 760.02
*归属于少数股东的综合收益总额	—	—
八、每股收益	—	—
基本每股收益	—	—
稀释每股收益	—	—

法定代表人:邬小蕙　　主管会计工作负责人:陈　众　　会计机构负责人:陈　众

5.1.4 所有者权益变动表

合并所有者权益变动表

编制单位：中粮信托有限责任公司　　2016 年度　　单位：元

项目	本年金额												
	归属于母公司所有者权益											少数股东权益	所有者权益合计
	实收资本（或股本）	其他权益工具	资本公积	减：库存股	其他综合收益	专项储备	盈余公积	△一般风险准备	未分配利润	其他	小计		
一、上年年末余额	2 300 000 000.00	—	430 203 568.68	—	78 933 226.32	—	111 480 966.89	226 009 135.21	635 785 258.86	—	3 782 412 155.96	54 287 031.33	3 836 699 187.29
加：会计政策变更	—		—		—		—	—	—		—	—	—
前期差错更正	—	—	—	—	—	—	—	—	—	—	—	—	—
其他	—	—	—	—	—	—	—	—	—	—	—	—	—
二、本年年初余额	2 300 000 000.00	—	430 203 568.68	—	78 933 226.32	—	111 480 966.89	226 009 135.21	635 785 258.86	—	3 782 412 155.96	54 287 031.33	3 836 699 187.29
三、本年增减变动金额（减少以"－"号填列）	—	—	—	—	－132 948 709.11	—	39 638 644.55	19 893 580.49	217 556 009.30	—	144 139 525.23	1 266 409 355.55	1 410 548 880.78
（一）综合收益总额	—	—	—	—	－132 948 709.11	—	—	—	361 223 754.04	—	228 275 044.93	71 356 673.50	299 631 718.43
（二）所有者投入和减少资本	—	—	—	—	—	—	—	—	—	—	—	1 254 040 404.04	1 254 040 404.04
1. 所有者投入的普通股	—	—	—	—	—	—	—	—	—	—	—	1 254 040 404.04	1 254 040 404.04
2. 其他权益工具持有者投入资本	—	—	—	—	—	—	—	—	—	—	—	—	—
3. 股份支付计入所有者权益的金额	—	—	—	—	—	—	—	—	—	—	—	—	—
4. 其他	—	—	—	—	—	—	—	—	—	—	—	—	—
（三）专项储备提取和使用	—	—	—	—	—	—	—	—	—	—	—	—	—
1. 计提专项储备	—	—	—	—	—	—	—	—	—	—	—	—	—
2. 使用专项储备	—	—	—	—	—	—	—	—	—	—	—	—	—
（四）利润分配	—	—	—	—	—	—	39 638 644.55	19 893 580.49	－143 667 744.74	—	－84 135 519.70	－58 987 721.99	－143 123 241.69
1. 提取盈余公积	—	—	—	—	—	—	39 638 644.55	—	－39 638 644.55	—	—	—	—
其中：法定公积金	—	—	—	—	—	—	39 638 644.55	—	－39 638 644.55	—	—	—	—
任意公积金	—	—	—	—	—	—	—	—	—	—	—	—	—
#储备基金	—	—	—	—	—	—	—	—	—	—	—	—	—
#企业发展基金	—	—	—	—	—	—	—	—	—	—	—	—	—
#利润归还投资	—	—	—	—	—	—	—	—	—	—	—	—	—
2. 提取一般风险准备	—	—	—	—	—	—	—	19 893 580.49	－19 893 580.49	—	—	—	—
3. 对所有者（或股东）的分配	—	—	—	—	—	—	—	—	－84 135 519.70	—	－84 135 519.70	－58 987 721.99	－143 123 241.69
4. 其他	—	—	—	—	—	—	—	—	—	—	—	—	—
（五）所有者权益内部结转	—	—	—	—	—	—	—	—	—	—	—	—	—
1. 资本公积转增资本（或股本）	—	—	—	—	—	—	—	—	—	—	—	—	—
2. 盈余公积转增资本（或股本）	—	—	—	—	—	—	—	—	—	—	—	—	—
3. 盈余公积弥补亏损	—	—	—	—	—	—	—	—	—	—	—	—	—
4. 结转重新计量设定受益计划净负债或净资产所产生的变动	—	—	—	—	—	—	—	—	—	—	—	—	—
5. 其他	—	—	—	—	—	—	—	—	—	—	—	—	—
四、本年年末余额	2 300 000 000.00	—	430 203 568.68	—	－54 015 482.79	—	151 119 611.44	245 902 715.70	853 341 268.16	—	3 926 551 681.19	1 320 696 386.88	5 247 248 068.07

法定代表人：邬小蕙　　主管会计工作负责人：陈　众　　会计机构负责人：陈　众

合并所有者权益变动表（续）

编制单位：中粮信托有限责任公司　　2016 年度　　单位：万元

项目	上年金额												
	归属于母公司所有者权益											少数股东权益	所有者权益合计
	实收资本（或股本）	其他权益工具	资本公积	减：库存股	其他综合收益	专项储备	盈余公积	Δ一般风险准备	未分配利润	其他	小计		
一、上年年末余额	2 300 000 000. 00	—	430 203 568. 68	—	47 022 778. 88	—	79 476 417. 58	140 505 072. 29	427 132 446. 94	—	3 424 340 284. 37	48 014 303. 11	3 472 354 587. 48
加：会计政策变更	—	—	—	—	—	—	—	—	—	—	—	—	—
前期差错更正	—	—	—	—	—	—	—	—	—	—	—	—	—
其他	—	—	—	—	—	—	—	—	—	—	—	—	—
二、本年年初余额	2 300 000 000. 00	—	430 203 568. 68	—	47 022 778. 88	—	79 476 417. 58	140 505 072. 29	427 132 446. 94	—	3 424 340 284. 37	48 014 303. 11	3 472 354 587. 48
三、本年增减变动金额（减少以“－”号填列）	—	—	—	—	31 910 447. 44	—	32 004 549. 31	85 504 062. 92	208 652 811. 92	—	358 071 871. 59	6 272 728. 22	364 344 599. 81
（一）综合收益总额	—	—	—	—	31 910 447. 44	—	—	—	326 161 424. 15	—	358 071 871. 59	6 272 728. 22	364 344 599. 81
（二）所有者投入和减少资本	—	—	—	—	—	—	—	—	—	—	—	—	—
1. 所有者投入的普通股	—	—	—	—	—	—	—	—	—	—	—	—	—
2. 其他权益工具持有者投入资本	—	—	—	—	—	—	—	—	—	—	—	—	—
3. 股份支付计入所有者权益的金额	—	—	—	—	—	—	—	—	—	—	—	—	—
4. 其他	—	—	—	—	—	—	—	—	—	—	—	—	—
（三）专项储备提取和使用	—	—	—	—	—	—	—	—	—	—	—	—	—
1. 计提专项储备	—	—	—	—	—	—	—	—	—	—	—	—	—
2. 使用专项储备	—	—	—	—	—	—	—	—	—	—	—	—	—
（四）利润分配	—	—	—	—	—	—	32 004 549. 31	85 504 062. 92	-117 508 612. 23	—	—	—	—
1. 提取盈余公积	—	—	—	—	—	—	32 004 549. 31	—	-32 004 549. 31	—	—	—	—
其中：法定公积金	—	—	—	—	—	—	32 004 549. 31	—	-32 004 549. 31	—	—	—	—
任意公积金	—	—	—	—	—	—	—	—	—	—	—	—	—
#储备基金	—	—	—	—	—	—	—	—	—	—	—	—	—
#企业发展基金	—	—	—	—	—	—	—	—	—	—	—	—	—
#利润归还投资	—	—	—	—	—	—	—	—	—	—	—	—	—
2. 提取一般风险准备	—	—	—	—	—	—	—	85 504 062. 92	-85 504 062. 92	—	—	—	—
3. 对所有者（或股东）的分配	—	—	—	—	—	—	—	—	—	—	—	—	—
4. 其他	—	—	—	—	—	—	—	—	—	—	—	—	—
（五）所有者权益内部结转	—	—	—	—	—	—	—	—	—	—	—	—	—
1. 资本公积转增资本（或股本）	—	—	—	—	—	—	—	—	—	—	—	—	—
2. 盈余公积转增资本（或股本）	—	—	—	—	—	—	—	—	—	—	—	—	—
3. 盈余公积弥补亏损	—	—	—	—	—	—	—	—	—	—	—	—	—
4. 结转重新计量设定受益计划净负债或净资产所产生的变动	—	—	—	—	—	—	—	—	—	—	—	—	—
5. 其他	—	—	—	—	—	—	—	—	—	—	—	—	—
四．本年年末余额	2 300 000 000. 00	—	430 203 568. 68	—	78 933 226. 32	—	111 480 966. 89	226 009 135. 21	635 785 258. 86	—	3 782 412 155. 96	54 287 031. 33	3 836 699 187. 29

法定代表人：邬小蕙　　主管会计工作负责人：陈　众　　会计机构负责人：陈　众

所有者权益变动表

编制单位：中粮信托有限责任公司　　2016 年度　　单位：元

项目	本年金额									
	实收资本	其他权益工具	资本公积	减：库存股	其他综合收益	专项准备	盈余公积	△一般风险准备	未分配利润	其他	所有者权益合计
一、上年年末余额	2 300 000 000. 00	—	430 187 477. 00	—	78 600 990. 69	—	111 480 966. 89	226 009 135. 21	606 510 514. 43	—	3 752 789 084. 22
加：会计政策变更	—	—	—	—	—	—	—	—	—	—	—
前期差错更正	—	—	—	—	—	—	—	—	—	—	—
其他	—	—	—	—	—	—	—	—	—	—	—
二、本年年初余额	2 300 000 000. 00	—	430 187 477. 00	—	78 600 990. 69	—	111 480 966. 89	226 009 135. 21	606 510 514. 43	—	3 752 789 084. 22
三、本年增减变动金额（减少以"－"号填列）	—	—	—	—	-133 390 565. 39	—	37 866 324. 49	19 893 580. 49	236 767 820. 21	—	161 137 159. 80
（一）综合收益总额	—	—	—	—	-133 390 565. 39	—	—	—	378 663 244. 89	—	245 272 679. 50
（二）所有者投入和减少资本	—	—	—	—	—	—	—	—	—	—	—
1. 所有者投入的普通股	—	—	—	—	—	—	—	—	—	—	—
2. 其他权益工具持有者投入资本	—	—	—	—	—	—	—	—	—	—	—
3. 股份支付计入所有者权益的金额	—	—	—	—	—	—	—	—	—	—	—
4. 其他	—	—	—	—	—	—	—	—	—	—	—
（三）专项储备提取和使用	—	—	—	—	—	—	—	—	—	—	—
1. 计提专项储备	—	—	—	—	—	—	—	—	—	—	—
2. 使用专项储备	—	—	—	—	—	—	—	—	—	—	—
（四）利润分配	—	—	—	—	—	—	37 866 324. 49	19 893 580. 49	-141 895 424. 68	—	-84 135 519. 70
1. 提取盈余公积	—	—	—	—	—	—	37 866 324. 49	—	-37 866 324. 49	—	—
其中：法定公积金	—	—	—	—	—	—	37 866 324. 49	—	-37 866 324. 49	—	—
任意公积金	—	—	—	—	—	—	—	—	—	—	—
#储备基金	—	—	—	—	—	—	—	—	—	—	—
#企业发展基金	—	—	—	—	—	—	—	—	—	—	—
#利润归还投资	—	—	—	—	—	—	—	—	—	—	—
2. 提取一般风险准备	—	—	—	—	—	—	—	19 893 580. 49	-19 893 580. 49	—	—
3. 对所有者（或股东）的分配	—	—	—	—	—	—	—	—	-84 135 519. 70	—	-84 135 519. 70
4. 其他	—	—	—	—	—	—	—	—	—	—	—
（五）所有者权益内部结转	—	—	—	—	—	—	—	—	—	—	—
1. 资本公积转增资本（或股本）	—	—	—	—	—	—	—	—	—	—	—
2. 盈余公积转增资本（或股本）	—	—	—	—	—	—	—	—	—	—	—
3. 盈余公积弥补亏损	—	—	—	—	—	—	—	—	—	—	—
4. 结转重新计量设定受益计划净负债或净资产所产生的变动	—	—	—	—	—	—	—	—	—	—	—
5. 其他	—	—	—	—	—	—	—	—	—	—	—
四．本年年末余额	2 300 000 000. 00	—	430 187 477. 00	—	-54 789 574. 70	—	149 347 291. 38	245 902 715. 70	843 278 334. 64	—	3 913 926 244. 02

法定代表人：邬小蕙　　主管会计工作负责人：陈　众　　会计机构负责人：陈　众

所有者权益变动表（续）

编制单位：中粮信托有限责任公司　　2016 年度　　单位：元

项目	上年金额									
	实收资本	其他权益工具	资本公积	减：库存股	其他综合收益	专项准备	盈余公积	△一般风险准备	未分配利润	其他	所有者权益合计
一、上年年末余额	2 300 000 000. 00	—	430 187 477. 00	—	46 897 723. 70	—	79 476 417. 58	140 505 072. 29	403 973 633. 63	—	3 401 040 324. 20
加：会计政策变更	—	—	—	—	—	—	—	—	—	—	—
前期差错更正	—	—	—	—	—	—	—	—	—	—	—
其他	—	—	—	—	—	—	—	—	—	—	—
二、本年年初余额	2 300 000 000. 00	—	430 187 477. 00	—	46 897 723. 70	—	79 476 417. 58	140 505 072. 29	403 973 633. 63	—	3 401 040 324. 20
三、本年增减变动金额（减少以"－"号填列）	—	—	—	—	31 703 266. 99	—	32 004 549. 31	85 504 062. 92	202 536 880. 80	—	351 748 760. 02
（一）综合收益总额	—	—	—	—	31 703 266. 99	—	—	—	320 045 493. 03	—	351 748 760. 02
（二）所有者投入和减少资本	—	—	—	—	—	—	—	—	—	—	—
1. 所有者投入的普通股	—	—	—	—	—	—	—	—	—	—	—
2. 其他权益工具持有者投入资本	—	—	—	—	—	—	—	—	—	—	—
3. 股份支付计入所有者权益的金额	—	—	—	—	—	—	—	—	—	—	—
4. 其他	—	—	—	—	—	—	—	—	—	—	—
（三）专项储备提取和使用	—	—	—	—	—	—	—	—	—	—	—
1. 计提专项储备	—	—	—	—	—	—	—	—	—	—	—
2. 使用专项储备	—	—	—	—	—	—	—	—	—	—	—
（四）利润分配	—	—	—	—	—	—	32 004 549. 31	85 504 062. 92	-117 508 612. 23	—	—
1. 提取盈余公积	—	—	—	—	—	—	32 004 549. 31	—	-32 004 549. 31	—	—
其中：法定公积金	—	—	—	—	—	—	32 004 549. 31	—	-32 004 549. 31	—	—
任意公积金	—	—	—	—	—	—	—	—	—	—	—
#储备基金	—	—	—	—	—	—	—	—	—	—	—
#企业发展基金	—	—	—	—	—	—	—	—	—	—	—
#利润归还投资	—	—	—	—	—	—	—	—	—	—	—
2. 提取一般风险准备	—	—	—	—	—	—	—	85 504 062. 92	-85 504 062. 92	—	—
3. 对所有者（或股东）的分配	—	—	—	—	—	—	—	—	—	—	—
4. 其他	—	—	—	—	—	—	—	—	—	—	—
（五）所有者权益内部结转	—	—	—	—	—	—	—	—	—	—	—
1. 资本公积转增资本（或股本）	—	—	—	—	—	—	—	—	—	—	—
2. 盈余公积转增资本（或股本）	—	—	—	—	—	—	—	—	—	—	—
3. 盈余公积弥补亏损	—	—	—	—	—	—	—	—	—	—	—
4. 结转重新计量设定受益计划净负债或净资产所产生的变动	—	—	—	—	—	—	—	—	—	—	—
5. 其他	—	—	—	—	—	—	—	—	—	—	—
四．本年年末余额	2 300 000 000. 00	—	430 187 477. 00	—	78 600 990. 69	—	111 480 966. 89	226 009 135. 21	606 510 514. 43	—	3 752 789 084. 22

法定代表人：邬小蕙　　主管会计工作负责人：陈　众　　会计机构负责人：陈　众

5.2 信托资产

5.2.1 信托项目资产负债汇总表

信托项目资产负债表

编制单位:中粮信托有限责任公司　　2016 年 12 月 31 日　　单位:万元

信托资产	年初数	年末数	信托负债和信托权益	年初数	年末数
信托资产:			信托负债:		
货币资金	437 326. 90	562 770. 32	交易性金融负债	0. 00	0. 00
拆出资金	0. 00	0. 00	衍生金融负债	0. 00	0. 00
存出保证金	0. 00	0. 00	应付受托人报酬	55. 95	89. 13
交易性金融资产	361 170. 25	912 433. 36	应付托管费	28. 41	39. 04
衍生金融资产	0. 00	0. 00	应付受益人收益	2 975. 63	5 089. 40
买入返售金融资产	550 401. 97	639 614. 55	应交税费	0. 00	0. 00
应收款项	544 719. 14	532 052. 29	应付销售服务费	0. 00	115. 21
发放贷款	4 701 512. 25	4 766 610. 54	其他应付款项	110 278. 02	245 566. 96
可供出售金融资产	3 433 043. 46	3 674 099. 22	预计负债	0. 00	0. 00
持有至到期投资	431 659. 31	120 000. 00	其他负债	0. 00	0. 00
长期应收款	0. 00	0. 00	信托负债合计	113 338. 00	250 899. 74
长期股权投资	704 836. 99	1 917 209. 48			
投资性房地产	0. 00	0. 00	信托权益:		
固定资产	0. 00	0. 00	实收信托	11 372 011. 17	13 687 634. 14
无形资产	0. 00	0. 00	资本公积	126 451. 00	189 308. 00
长期待摊费用	0. 00	0. 00	损益平准金	0. 00	0. 00
其他资产	450 799. 11	1 052 920. 97	未分配利润	3 669. 21	49 868. 84
减: 各项资产减值准备	0. 00	0. 00	信托权益合计	11 502 131. 38	13 926 810. 98
信托资产总计	11 615 469. 37	14 177 710. 72	信托负债及信托权益总计	11 615 469. 37	14 177 710. 72

5.2.2 信托项目利润及利润分配汇总表

信托项目利润及利润分配表

编制单位:中粮信托有限责任公司　　2016 年度　　单位:万元

项目	本年累计数	上年累计数
1. 营业收入	838 773. 87	525 419. 26
1. 1 利息收入	416 460. 81	422 736. 89
1. 2 投资收益(损失以"－"号填列)	417 436. 91	114 427. 92
1. 2. 1 其中:对联营企业和合营企业的投资收益	—	—
1. 3 公允价值变动收益(损失以"－"号填列)	－1 202. 52	－15 540. 11
1. 4 租赁收入	—	—
1. 5 汇兑损益(损失以"－"号填列)	—	—
1. 6 其他收入	6 078. 67	3 794. 56
2. 支出	80 397. 10	70 509. 09
2. 1 营业税金及附加	2 682. 55	8 725. 54
2. 2 受托人报酬	30 493. 19	22 168. 02
2. 3 托管费	4 321. 89	2 915. 15
2. 4 投资管理费	288. 12	127. 08
2. 5 销售服务费	80. 00	26. 18
2. 6 交易费用	689. 61	815. 14
2. 7 资产减值损失	—	—
2. 8 其他费用	41 841. 74	35 731. 98
3. 信托净利润(净亏损以"－"号填列)	758 376. 77	454 910. 17
4. 其他综合收益	—	—
5. 综合收益	758 376. 77	454 910. 17
6. 加:期初未分配信托利润	3 669. 21	18 158. 10
7. 可供分配的信托利润	762 045. 97	473 068. 27
8. 减:本期已分配信托利润	712 177. 14	469 399. 06
9. 期末未分配信托利润	49 868. 84	3 669. 21

6. 会计报表附注

6.1 报告年度会计报表编制基准、会计政策、会计估计和核算方法发生的变化

6.1.1 会计政策变更情况

公司报告期内无会计政策变更事项。

6.1.2 会计估计变更情况

公司报告期内无需要披露的重大会计估计变更事项。

6.1.3 前期会计差错更正情况

本公司上年将预收的个别信托项目款项于款项收取时直接确认为信托报酬,本年予以更正并进行追溯重述,调减上年营业收入28 652 736. 08元,调增年初预收账款 28 652 736. 08 元;应收个别信托项目款项未能及时确认,本年予以更正并进行追溯重述,调增年初应收账款 2 313 517. 92 元,调增上年营业收入 2 313 517. 92 元。因该事项调减上年所得税费用 6 584 804. 54元,调减年初应交税金——所得税 6 584 804. 54 元,调减上年提取盈余公积 1 975 441. 36 元,调减年初盈余公积 1 975 441. 36 元,调减上年提取一般风险准备 987 720. 68 元,调减年初一般风险准备 987 720. 68 元。

6.2 或有事项说明

无。

6.3 重要资产转让及其出售的说明

公司报告期内无重要资产转让及出售情况。

6.4 会计报表中重要项目的明细资料

6.4.1 披露自营资产经营情况

6.4.1.1 按信用风险五级分类结果披露信用风险资产的年初数、年末数

信用风险资产五级分类	正常类（万元）	关注类（万元）	次级类（万元）	可疑类（万元）	损失类（万元）	信用风险资产合计（万元）	不良资产合计（万元）	不良资产率（%）
年初数	60 000.00	—	—	—	—	—	—	—
年末数	60 000.00	—	—	—	—	—	—	—

注：不良资产合计＝次级类＋可疑类＋损失类 。

6.4.1.2 各项资产减值损失准备的年初数、本年计提、本年转回、本年核销、年末数；贷款的一般准备、专项准备和其他资产减值准备应分别披露

单位：万元

	年初数	本年计提	本年转回	本年核销	年末数
贷款损失准备	600.00	—	—	—	600.00
一般准备	—	—	—	—	—
专项准备	600.00	—	—	—	600.00
其他资产减值准备	—	—	—	—	—
可供出售金融资产减值准备	—	—	—	—	—
持有至到期投资减值准备	—	—	—	—	—
长期股权投资减值准备	—	—	—	—	—
坏账准备	—	—	—	—	—
投资性房地产减值准备	—	—	—	—	—

6.4.1.3 自营股票投资、基金投资、债券投资、股权投资等投资业务的年初数、年末数

单位：万元

	自营股票	基金	债券	长期股权投资
年初数	48 585.88	49 251.32	—	87 510.00
年末数	77 611.84	38 954.51	—	2 510.00

6.4.1.4 前五名的自营长期股权投资的企业名称、占被投资企业权益的比例、主要经营活动及投资收益情况等

企业名称	占被投资企业权益的比例（%）	主要经营活动	投资收益（万元）
中粮信托—丰硕1期集合资金信托计划	99	证券投资	4 135.44
中粮信托—南京四建应收账款投资集合资金信托计划	30	债权投资	523.97
中粮信托—凯迪生态信托贷款集合资金信托计划	30	债权投资	259.58
中粮信托—湘潭九华综合保税区项目信托贷款集合资金信托计划	20	债权投资	1 002.74
中粮信托—汇川机电产业园贷款集合资金信托计划	25	债权投资	29.79

6.4.1.5 前五名的自营贷款的企业名称、占贷款总额的比例和还款情况等

单位：%

企业名称	占贷款总额的比例	还款情况
北京高华证券有限责任公司	100	尚未到期

6.4.1.6 表外业务的年初数、年末数，按照代理业务、担保业务和其他类型表外业务分别披露

单位：万元

表外业务	年初数	年末数
担保业务	—	—
代理业务（委托业务）	—	—
其他	—	—
合计	—	—

注：代理业务主要反映因客观原因应规范而尚未完成规范的历史遗留委托业务，包括委托贷款和委托投资。

6.4.1.7 公司当年的收入结构

收入结构	金额（万元）	占比（%）
营业收入	3 593.57	4.86
手续费及佣金收入	33 328.41	45.08
利息收入	16 348.79	22.11
其他业务收入	—	0.00
投资收益	22 249.04	30.10
公允价值变动收益	−1 667.16	−2.26
汇兑损益	34.21	0.05
营业外收入	40.51	0.06
收入合计	73 927.37	100.00

注：营业收入是子公司基金管理费收入，手续费及佣金收入、利息收入、其他业务收入、投资收益、营业外收入均应为损益表中的一级科目，其中手续费及佣金收入、利息收入、营业外收入为未抵减掉相应支出的全年累计实现收入数。

6.4.2 披露信托资产管理情况

6.4.2.1 信托资产的年初数、年末数

单位：万元

信托资产	年初数	年末数
集合类	2 160 049.25	5 177 211.21
单一类	7 140 598.21	4 910 982.34
财产管理类	2 314 821.91	4 089 517.17
合计	11 615 469.37	14 177 710.72

6.4.2.1.1 主动管理型信托业务年初数、年末数，分证券投资、股权投资、融资、事务管理类分别披露

单位：万元

主动管理型信托资产	年初数	年末数
证券投资类	122 885.50	887 700.54
股权投资类	166 610.72	244 434.62
融资类	1 131 103.34	2 235 881.40
事务管理类	515 612.44	2 014 999.29
其他投资类	217 219.65	761 873.15
合计	2 153 431.65	6 144 889.00

6.4.2.1.2 被动管理型信托业务年初数、年末数，分证券投资、股权投资、融资、事务管理类分别披露

单位：万元

被动管理型信托资产	年初数	年末数
证券投资类	3 217 616.31	1 804 355.16
股权投资类	301 233.44	522 911.57
融资类	2 349 266.77	1 798 860.08
事务管理类	3 131 829.27	3 500 993.72
其他类	462 091.93	405 701.19
合计	9 462 037.72	8 032 821.72

6.4.2.2 本年度已清算结束的信托项目个数、实收信托合计金额、加权平均实际年化收益率

6.4.2.2.1 本年度已清算结束的集合类、单一类资金信托项目和财产管理类信托项目个数、实收信托合计金额、加权平均实际年化收益率

已清算结束的信托项目	项目个数（个）	实收信托合计金额（万元）	加权平均实际年化收益率（%）
集合类	34	678 193.00	8.54
单一类	51	2 552 950.97	5.36
财产管理类	8	574 429.76	4.86

注：1. 加权平均实际年化收益率 =（信托项目 1 的实际年化收益率 × 信托项目 1 的资产总计 + 信托项目 2 的实际年化收益率 × 信托项目 2 的资产总计 + … + 信托项目 n 的实际年化收益率 × 信托项目 n 的资产总计）/（信托项目 1 的资产总计 + 信托项目 2 的资产总计 + … + 信托项目 n 的资产总计）×100%。

2. 包含已完成兑付但截至 2016 年末尚未完成银行销户手续的项目。

6.4.2.2.2 本年度已清算结束的主动管理型信托项目个数、实收信托合计金额、加权平均实际年化收益率，分证券投资、股权投资、融资、事务管理类分别披露

已清算结束的信托项目	项目个数（个）	实收信托合计金额（万元）	加权平均实际年化收益率（%）
证券投资类	—	—	—
股权投资类	1	40 000.00	7.82
融资类	26	692 275.44	6.68
事务管理类	1	28 218.56	6.54
其他投资类	11	195 147.00	8.12

6.4.2.2.3 本年度已清算结束的被动管理型信托项目个数、实收信托合计金额、加权平均实际年化收益率，分证券投资、股权投资、融资、事务管理类分别披露

已清算结束的信托项目	项目个数（个）	实收信托合计金额（万元）	加权平均实际年化收益率（%）
证券投资类	—	—	—
股权投资类	—	—	—
融资类	34	1 657 533.00	5.14
事务管理类	15	716 894.69	4.97
其他投资类	5	475 505.04	6.37

6.4.2.3 本年度新增的集合类、单一类和财产管理类信托项目个数、实收信托合计金额

新增信托项目	项目个数（个）	实收信托合计金额（万元）
集合类	69	3 845 141.15
单一类	26	2 473 979.44
财产管理类	10	3 777 396.27
新增合计	105	10 096 516.86
其中：主动管理型	61	6 348 227.81
被动管理型	44	3 748 289.05

6.4.2.4 信托业务创新成果和特色业务有关情况

中粮信托践行"产融结合、服务主业"的战略定位，以供应链管理、土地流转信托、农业股权投资等业务模式为基础，加强现代农业生产要素的有机集成，逐步建立对农业食品企业的综合服务体系，全方位打造一个基于产业协调的农金化投融资平台。截至 2016 年 12 月末，中粮信托共成立农业类信托项目 189 个，累计发行规模 267.9 亿元，服务农业企业 420 余家，涉及耕地面积 35 万亩，惠及上万家农户，推出业内首个土地流转信托、养殖投资信托、境外农业股权投资信托、种植贷系列信托、农产品价格指数系列信托、供应链系列信托等创新产品。

2016 年，中粮信托继续巩固汽车金融资产证券化市场地位，并不断扩大银行信贷资产证券化市场份额，全年共新增资产证券化业务 293 亿元，年末存量规模 287 亿元。同时，中粮信托进一步推进证券投资类产品的落地，2016 年新增规模 75 亿元，年末存量规模 168 亿元。2016 年 7 月，中粮信托获得北京银监局批准，取得受托境外理财业务资格，将在取得 QDII 额度后开展相关业务。

6.4.2.5 公司履行受托人义务情况及因公司自身责任而导致的信托资产损失情况（合计金额、原因等）

公司在报告期内无上述情况。

6.5 关联方关系及其交易的披露

6.5.1 关联交易方的数量、关联交易的总金额及关联交易的定价政策等

	关联交易方数量（个）	关联交易金额（万元）	定价政策
合计	20	161 550.00	本公司与关联方之间的交易采用市场价格进行定价

注：关联交易是指信托公司以自有资产、信托资产为关联方提供投融资等服务，或以担保等方式为关联方融资提供便利的业务。关联交易的统计范围应基本与银监会非现场监管信息系统中关于关联交易的范围和口径一致，也可增加为关联方提供咨询等其他非投融资类业务服务的信息。

6.5.2 关联交易方与公司的关系性质、关联交易方的名称、法定代表人、注册地址、注册资本及主营业务等

单位：万元

关系性质	关联方名称	法定代表人	注册地址	注册资本	主营业务
母公司的实际控制公司	中粮集团有限公司	赵双连	北京	197 776.80	粮油食品加工、贸易
母公司	中粮资本投资有限公司	邬小蕙	北京	100 000.00	投资与资产管理
子公司	中粮农业产业基金管理有限责任公司	邬小蕙	北京	5 000.00	投资管理及咨询
受公司之母公司的重大影响	龙江银行股份有限公司	张建辉	哈尔滨	436 000.00	商业银行业务
受公司之母公司的重大影响	中粮期货有限公司	吴浩军	北京	84 620.00	商品期货经纪、金融期货经纪、期货投资咨询、资产管理

6.5.3 逐笔披露公司与关联方的重大交易事项

6.5.3.1 固有财产与关联方：贷款、投资、租赁、应收账款、担保、其他方式等年初汇总数、本年发生额汇总数、年末汇总数

单位：万元

固有财产与关联方关联交易				
	年初数	借方发生额	贷方发生额	年末数
贷款	—	—	—	—
投资	—	—	—	—
租赁	—	1 022.87	1 022.87	—
担保	—	—	—	—
应收账款	—	—	—	—
其他应收	240.58	15.03	—	255.61
其他应付	—	—	16.00	16.00
合计	240.58	1 037.9	1 038.87	271.61

6.5.3.2 信托资产与关联方：贷款、投资、租赁、应收账款、担保、其他方式等年初汇总数、本年发生额汇总数、年末汇总数

单位：万元

信托资产与关联方关联交易				
	年初数	借方发生额	贷方发生额	年末数
贷款	18 612.78	17 500.00	25 612.78	10 500.00
投资	—	35 000.00	—	35 000.00
租赁	—	—	—	—
担保	—	—	—	—
应收账款	—	—	—	—
其他	36 105.00	1 000.00	26 565.00	10 540.00
合计	54 717.78	53 500.00	52 177.78	56 040.00

6.5.3.3 固有财产与信托财产之间的交易金额年初汇总数、本年发生额汇总数、年末汇总数

单位：万元

固有财产与信托财产相互交易				
	年初数	本年增加额	本年减少额	年末数
合计	37 327.78	108 050.00	47 327.78	98 050.00

6.5.3.4 信托资产与信托财产之间的交易金额年初汇总数、本年发生额汇总数、年末汇总数

单位：万元

信托资产与信托财产相互交易			
	年初数	本年发生额	年末数
合计	—	—	—

6.5.4 逐笔披露关联方逾期未偿还公司资金的详细情况以及公司为关联方担保发生或即将发生垫款的详细情况

无。

6.6 会计制度的披露

公司固有业务和信托业务，同时执行财政部2006年2月15日颁布的企业会计准则及2014年颁布的八项具体准则和一项基本准则的有关规定。

7. 财务情况说明书

7.1 利润实现和分配情况

2016年，公司实现净利润378 663 244.89元。提取法定盈余公积37 866 324.49元，提取一般风险准备19 893 580.49元，年末可供分配的利润为843 278 334.64元。

7.2 主要财务指标

指标名称	指标值
资本利润率(%)	9.88
人均净利润(万元)	221.44

注：1. 资本利润率=净利润/所有者权益平均余额×100%。
2. 人均净利润=净利润/年平均人数

7.3 对公司财务状况、经营成果有重大影响的其他事项

公司无上述事项。

8. 特别事项揭示

8.1 前五名股东报告期内变动情况及原因

无。

8.2 董事、监事及高级管理人员变动情况及原因

2016年3月公司董监事换届，第二届董事会董事连选连任为第三届董事会成员，第二届监事会监事连选连任为第三届监事会成员。

原公司总经理助理杨勇因工作调整不再担任公司总经理助理，其离任审计报告已于2017年3月按要求提交监管部门。

8.3 公司的重大诉讼事项

截至2016年12月31日，公司没有未结的重大诉讼事项。

8.4 对会计师事务所出具的有保留意见、否定意见或无法表示意见的审计报告的，公司董事会应就所涉及事项作出说明

会计师事务所对公司出具了标准无保留意见的审计报告。

8.5 公司及其董事、监事和高级管理人员受到处罚的情况

无。

8.6 银监会及其派出机构对公司检查后提出整改意见的，应简单说明整改情况

无。

8.7 本年度重大事项临时报告的简要内容、披露时间、所披露的媒体及其版面

无。

8.8 银监会及其省级派出机构认定的其他有必要让客户及相关利益人了解的重要信息

无。

9. 公司监事会意见

监事会认为报告期内,公司依法运作、决策程序合法有效,没有发现公司董事、高级管理层履行职务时有违法违规、违反公司章程或损害公司股东利益的行为。公司财务报告经天职国际会计师事务所(特殊普通合伙)审计,真实反映了公司财务状况和经营成果。

中融国际信托有限公司

1. 重要提示

本公司董事会及董事保证本报告所载资料不存在任何虚假记载、误导性陈述或者重大遗漏,并对其内容的真实性、准确性和完整性承担个别及连带责任。本年度报告摘要摘自年度报告全文,客户及相关利益人欲了解详细内容,应阅读年度报告全文。

本公司独立董事保证本报告所载资料不存在任何虚假记载、误导性陈述或者重大遗漏,并对其内容的真实性、准确性和完整性承担个别及连带责任。

公司董事长刘洋先生、财务总监连晋华先生声明:保证年度报告中财务报告的真实、完整。

2. 公司概况

2.1 公司简介

2.1.1 法定中文名称:中融国际信托有限公司(以下简称中融信托,公司或本公司)

2.1.2 法定英文名称:Zhongrong International Trust Co., Ltd.(缩写:ZRT)

2.1.3 法定代表人:刘洋

2.1.4 注册地址:黑龙江省哈尔滨市南岗区嵩山路33号 邮政编码:150090

2.1.5 公司国际互联网网址:www. zritc. com

2.1.6 电子邮箱:zritc@ zritc. com

2.1.7 公司信息披露事务负责人:游宇

信息披露事务联系人:朱熹妍

联系电话:010 -56679000

传真:010 -58878111

电子信箱:zritc@ zritc. com

2.1.8 公司选定的信息披露报纸名称:《金融时报》《上海证券报》

2.1.9 年度报告备置地点:黑龙江省哈尔滨市松北区科技创新城创新二路277号哈投大厦25层 北京市西城区广安门内大街338号港中旅大厦12层

2.1.10 公司聘请的会计师事务所名称:天职国际会计师事务所

地址:北京市海淀区车公庄西路19号外文文化创意园12号楼

2.1.11 公司聘请的律师事务所名称:中伦律师事务所上海分所

地址:上海市浦东新区世纪大道8号国金中心二期10~11楼

2.2 组织结构

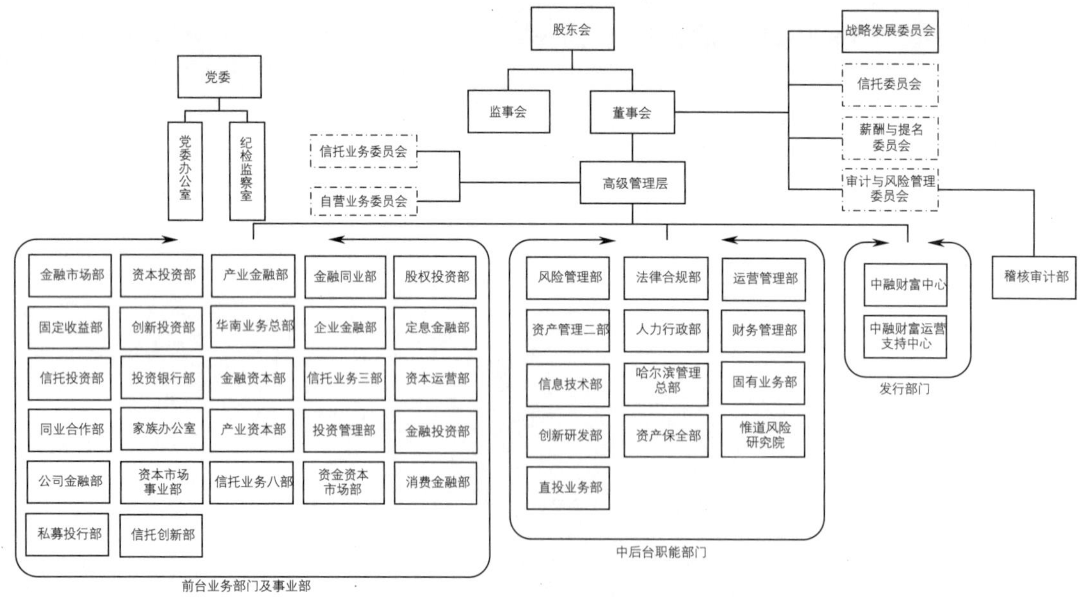

3. 公司治理

3.1 股东

3.1.1 持股股东情况

报告期末，本公司由4家股东共同出资构成，经纬纺织机械股份有限公司为实际控制人。出资比例达10%以上的股东情况如下：

单位：%

股东名称	出资比例	法人代表
经纬纺织机械股份有限公司	37.47	叶茂新
中植企业集团有限公司	32.99	刘秀坤
哈尔滨投资集团有限责任公司	21.54	智大勇

3.1.2 公司第一大股东的主要股东情况

公司第一大股东为经纬纺织机械股份有限公司，其主要股东情况如下：

第一大股东

单位：%

股东名称	出资比例	法定代表人
中国纺织机械（集团）有限公司	31.13	刘红

3.2 董事

董事长、副董事长、董事

姓名	职务	性别	年龄（岁）	选任日期	所推举的股东名称	所推举的股东持股比例（%）	简要履历
刘 洋	董事长	男	41	2016年3月	经纬纺织机械股份有限公司	37.47	自2016年3月起任本公司董事长，曾任中植高科技投资有限公司负责人，上海中植金智科技投资有限公司财务总监，中植企业集团有限公司副总裁兼财务总监，中植企业集团有限公司首席执行官兼财务总监，中融国际信托有限公司董事长、党委书记，中植企业集团有限公司董事局主席。
姚育明	副董事长	男	55	2010年7月	经纬纺织机械股份有限公司	37.47	自2010年7月起任本公司副董事长；现任经纬纺织机械股份有限公司总经理，中国恒天集团有限公司党委委员，曾任经纬纺机厂厂长助理兼金融办公室主任、中国纺机集团财务有限公司董事长，内蒙古日信证券有限责任公司董事长，经纬纺织机械股份有限公司常务副总经理。
张向晖	副董事长	女	39	2015年12月	经纬纺织机械股份有限公司	37.47	自2015年12月起任本公司副董事长，曾任兴业银行上海分行同业业务部副科长，兴业银行资金营运中心财富管理处副处长、兴业银行投资银行部发行承销处处长、兴业银行投资银行部副总经理。
张 东	董事	男	44	2015年5月	经纬纺织机械股份有限公司	37.47	自2015年5月起任本公司董事，曾任哈尔滨铁路局工程师，天元证券经纪有限公司信息技术部总经理，江海证券经纪有限公司信息技术部副总经理，本公司信息技术部总经理、人力资源部总经理（兼行政管理部总经理）、行政总监、副总裁。
张宪军	董事	男	42	2015年1月	哈尔滨投资集团有限责任公司	21.54	自2015年1月起任本公司董事，现任哈尔滨投资集团有限责任公司金融资产管理部部长，曾任哈尔滨投资集团有限责任公司长远发展规划处科长、办公室秘书、办公室副主任、办公室正部级员、董事会办公室主任。

独立董事

姓名	所在单位及职务	性别	年龄（岁）	选任日期	所推举的股东名称	所推荐的股东持股比例（%）	简要履历
李 辉	北京赢动投资有限公司总经理	男	45	2010年7月	—	—	自2010年7月起任本公司独立董事，现任北京赢动投资有限公司总经理，曾任联合证券投资银行部高级经理，汉唐证券投资银行部副总经理，银河证券投资银行部业务总监，安信证券投资银行部业务总监，瑞信方正证券有限责任公司企业融资部执行董事。
李华杰	北京永拓会计师事务所管理合伙人	男	52	2015年8月	—	—	自2015年8月起任本公司独立董事，现任北京永拓会计师事务所管理合伙人，曾任哈尔滨阀门厂财务主管，黑龙江会计师事务所部门经理，黑龙江兴业会计师事务所部门经理，利安达信隆会计师事务所副所长，北京永拓会计师事务所有限责任公司副主任会计师。

3.3 监事

监事

姓名	职务	性别	年龄（岁）	选任日期	所推举的股东名称	该股东持股比例（%）	简要履历
张　磊	监事长	男	45	2016年3月	中植企业集团有限公司	32.99	自2016年3月起任本公司监事长，曾任北京市税务局海淀分局新技术产业开发试验税务所科员，北京市海淀区国家税务局第九税务所、第四税务所科员，北京市海淀区国家税务局税政管理一科科员，北京市海淀区国家税务局征收管理科副科长、科长、办公室主任，北京市国家税务局第五直属税务分局（大企业税收管理局）党组成员、副局长，北京市国家税务局办公室副主任，中植企业集团有限公司财税管理中心总经理。
毛发青	监　事	男	47	2010年7月	经纬纺织机械股份有限公司	37.47	自2010年7月起任本公司监事，现任经纬纺织机械股份有限公司副总经理、财务总监，曾任经纬纺织机械股份有限公司会计室主任、财务部部长。
侯春琳	监　事	女	41	2016年3月	职工监事	—	自2010年3月起任本公司稽核审计部总经理，曾任德勤华永会计师事务所有限公司北京分所高级审计员、审计经理，北京天健会计师事务所有限公司项目经理，宁夏天华会计师事务所有限公司项目经理，宁夏长城须琦机床铸造有限公司会计。

3.4 高级管理人员

高级管理人员

姓名	职务	性别	年龄（岁）	选任日期	金融从业年限（年）	学历	专业	简要履历
张　东	总裁	男	44	2015年5月	18	本科	焊接工艺及设备专业	自2015年5月起任本公司总裁，曾任哈尔滨铁路局工程师，天元证券经纪有限公司信息技术部总经理，江海证券经纪有限公司信息技术部副总经理，本公司信息技术部总经理、人力资源部总经理（兼行政管理部总经理）、行政总监、副总裁。
游　宇	常务副总裁	男	42	2013年6月	19	硕士	金融管理	自2013年6月起任本公司常务副总裁，曾任中国银监会非银部副处长。
胡　猛	副总裁	男	36	2015年5月	9	本科	金融学	自2015年5月起任本公司副总裁，曾任德勤会计师事务所高级审计员，中国中化集团财务公司财务主管，公司风险管理部副总经理、直投业务部总经理、资金资本市场部总经理。
刘伟器	副总裁	男	42	2010年2月	14	本科	俄语	自2010年2月起任本公司副总裁，曾任济南发祥置业有限公司董事长，中植企业集团副总裁，哈尔滨市融兴典当行主管会计，上海中融汇投资担保公司财务总监。
金庆浩	副总裁	男	47	2016年11月	24	硕士	工商管理	自2016年11月起任本公司副总裁，曾任哈尔滨市人民银行金融研究室、调统处科员，人民银行哈尔滨市中心支行调统处科员，人民银行哈尔滨金融监管办事处综合处科员、综合处副主任科员，黑龙江银监局办公室副主任科员、政策法规处副处长、准入处副处长、非银行金融机构监管处处长。
何志强	副总裁	男	41	2011年10月	11	硕士	工商管理	自2011年10月起任本公司副总裁，曾任北京盟科置业有限公司工程部总经理助理，本公司金融市场部总经理、本公司总裁助理。
庚　磊	副总裁	男	32	2016年6月	8	本科	法学	自2016年6月起任本公司副总裁，曾任兰鹏律师事务所律师助理，中国人寿财产保险股份有限公司北京市分公司办公室法务主管，本公司合规管理部总经理助理、产业资本部副总经理、信托业务一部副总经理、金融资本部副总经理、总经理。
连晋华	财务总监	男	57	2010年6月	8	本科	会计学	自2010年6月起任本公司财务总监，曾任经纬纺机厂审计室主任，经纬机械集团山西纺织机械有限公司总会计师，经纬纺织机械股份有限公司战略管理部部长。
黄　威	合规总监	女	42	2010年10月	19	硕士	会计学	自2010年10月起任本公司合规总监，曾任中国银监会业务创新监管协作部理财业务监管岗主理。

3.5 公司员工

公司员工

项目		2016年度		2015年度	
		人数（人）	比例（%）	人数（人）	比例（%）
年龄分布	25岁以下	76	3.92	114	5.76
	25～29岁	598	30.84	693	35
	30～39岁	1044	53.84	958	48.38
	40岁以上	221	11.40	215	10.86
学历分布	博士	6	0.31	10	0.51
	硕士	601	31.00	643	32.47
	本科	1136	58.59	1112	56.16
	专科	183	9.44	197	9.95
	其他	13	0.67	18	0.91
岗位分布	董事、监事及高管人员	18	0.72	17	0.71
	自营业务人员	0	0	0	0
	信托业务人员	974	50.23	1167	58.94
	其他人员	951	49.05	799	40.35

注：自营业务人员是指按照岗位分工，专门或至少主要从事固有资金使用和固有资产管理有关业务的职工；信托业务人员是指按照岗位分工，专门从事或者主要从事信托资金使用和信托资产管理各项业务的职工；对于人力行政部等类似无法明确区分的综合部门归为其他人员。董事、监事及高管人员的18人中有4人不包含在正式编制的1939人中，岗位分布总人数应为正式编制+编制外董事/监事共计1943人。

4. 经营管理

4.1 经营目标、方针、战略规划

为推动业务转型，实现长期可持续发展，公司制定了《2015—2017年战略规划》，设立了“一个目标、三组动力”的实施方案。“一个目标”是指公司的总体战略方向是从单纯的“资金提供者”转型成为“综合资产管理者”；“三组动力”是指公司业绩增长的动力引擎，实现转型的三大板块，即私募投行业务板块、资产管理业务板块和财富管理业务板块。公司将力争成为业务全面优化、管理大幅提升、创新持续推进的国内一流综合资产管理机构。

4.2 所经营业务的主要内容

4.2.1 经营概况

2016年，公司按照既定的战略转型方案，积极推动私募投行、资产管理、财富管理三大板块业务发展，取得良好的经营效

果。截至2016年末，公司合并管理资产8 584.72亿元，其中，自有资产256.51亿元，占2.68%；信托资产6 829.67亿元，占80.59%；子公司受托管理资产1 498.54亿元，占17.46%。公司实现营业总收入67.96亿元。公司净资产128.10亿元，净资本113.28亿元，净资本充足率159.01%，净资本盈余42.04亿元。

4.2.2 信托业务

2016年，公司以转型创新为核心，持续调整并优化业务结构，收缩传统融资类业务，围绕资本市场重点拓展以下四个方面业务：一是参与优质企业的PE股权投资；二是开展上市公司定向增发、并购重组等业务；三是参与一、二线城市的商业地产投资；四是与商业银行、资产管理公司等金融机构合作，开展主动管理型资产证券化业务。本年度内，存续信托计划914个，受托管理资产6 829.67亿元，规模同比略有增长，业务结构进一步优化，风险整体可控。报告期末，信托资产运用与投向的明细情况见下表。

信托资产运用与分布表

资产运用	金额（万元）	占比（%）	资产分布	金额（万元）	占比（%）
货币资产	1 370 640.92	2.01	基础产业	4 995 322.62	7.31
贷款	15 400 637.20	22.55	房地产	3 715 882.56	5.44
交易性金融资产投资	4 823 218.81	7.06	证券市场	5 530 981.22	8.10
可供出售金融资产投资	24 591 308.80	36.01	实业	25 812 997.17	37.80
持有至到期投资	—	—	金融机构	27 864 432.01	40.80
长期股权投资	11 009 443.54	16.12	其他	377 111.31	0.55
其他	11 101 477.62	16.25			
信托资产总计	68 296 726.89	100.00	信托资产总计	68 296 726.89	100.00

4.2.3 自营业务

本年度，公司自有资金主要以高流动性的资产形式管理，同时为满足自有资金保值和增值的需要，还在一定范围内进行了投资管理，主要用于交易性金融产品及可供出售金融产品的投资。

自营资产运用与分布表

资产运用	金额（万元）	占比（%）	资产分布	金额（万元）	占比（%）
货币资产	1 110 018	43.27	基础产业		
贷款及应收款	158 590	6.18	房地产业		
交易性金融资产投资	408 651	15.93	证券市场	713 921	27.83
可供出售金融资产投资	602 774	23.50	实业		
持有至到期投资	0	0.00	金融机构	206 033	8.03
长期股权投资	210 101	8.19	其他	1 645 171	64.14
其他	74 991	2.92			
资产总计	2 565 125	100.00	资产总计	2 565 125	100.00

4.3 市场分析

4.3.1 有利因素

2016年，全球经济维持缓慢复苏态势，我国各项主要经济指标也呈稳中向好的迹象。“一带一路”建设、IPO提速、新三板分层制、国企改革等重要政策的持续推进，都将为资本市场创造更多的投资机会。受政府关注和鼓励的节能环保、文化教育、人工智能高端制造、医疗健康等新兴产业将加速发展。信托作为我国投融资市场的重要力量之一，可充分发挥制度灵活、渠道丰富、产品多样的优势，提升资产管理的专业能力，为实体经济和投资者提供综合性金融服务。具体来说，信托公司可以聚焦股权投资、上市公司定增、并购重组、特定产业投资基金等多种投资方式，积极布局具有较大发展空间和盈利前景的相关行业。

4.3.2 不利因素

新常态下，信托行业也面临着一些挑战。一是宏观经济增长压力仍然较大，“三去一降一补”经济政策可能会导致传统信托融资业务风险进一步暴露；二是资管行业参与机构扩容进一步加剧，市场竞争压力显著增加，与券商等金融同业相比，信托公司在资本市场业务规模、操作经验上仍存在一定差距，需要不断提升行业投研能力，强化专业人才队伍建设，提升金融服务质量和水平；三是跨市场风险管理难度加大，随着信托公司业务转型，跨市场、跨行业投资业务增多，交易结构复杂的金融产品对信托公司的风险管控能力提出了新的挑战。

4.4 内部控制

4.4.1 内部控制环境和内部控制文化

公司高度重视内部控制基础建设，旨在实现企业经营管理合法合规、保证企业资产安全、确保财务报告及相关信息真实完整、提高经营效率和效果、促进企业实现发展战略等目标。本报告期内，公司严格落实监管要求，以风险识别为导向，信息技术建设为支撑，构建以规章制度体系和内控评价体系为主要内容的内部控制体系。

公司十分关注并逐步培育“管理层高度重视、内控人人有责、违规必受追究”的内控文化，积极引进金融同行先进的管理经验，通过不定期开展宣导教育，优化和完善内部控制制度与流程，坚决贯彻内控问责制度等方式，努力培育内部控制文化，内部控制的有效性得到提升。

4.4.2 内部控制措施

公司逐步建立科学、严谨的内部控制体系，持续健全完善内部控制制度体系，进一步完善公司治理制度、加强企业文化建设，优化内部控制环境；结合业务发展和经营特点，持续健全各类业务制度和操作规程，完善各项业务的内部控制机制。公司内部控制制度体系形成了以《公司内部控制制度》为总体制度，《公司内部控制管理手册》为具体内容，《公司内部控制评价手册》为评价标准的三个层次。公司针对各项业务操作和管理支持工作建立了规范化的规章制度和流程程序，内容涵盖综合管理类、信托业务类、自营业务类、财务管理类、风险管理类、人力资源类、信息技术类、合规审计类。

4.4.3 信息交流与反馈

公司建立了信息报告、信息披露、信息分享和举报投诉等机制，明确重要事项的跟踪、报告机制、报告事项、报告责任主体、报告形式、报告流程、报告频率等内容，并及时向股东会、董事会、监事会、高级管理层和监管部门报告。本报告期内，根据监管要求，对信托计划的设立、高级管理人员的变更等重要事项，公司均按要求履行了报备或报批程序；对于监管部门提出的意见，均予以及时详细地反馈，并报告了整改措施与落实情况；对于内外部经营管理信息、创新业务和行业研究报告等进行定期收集和分析,并通过网络平台、会议交流等方式实现信息广泛共享;对客户投诉渠道建设,公司进一步明确各部门职责,加强客服人员专业化培训。公司通过公开信息披露机制,接受社会公众的监督,增进了公司与委托人之间的信息交流和沟通。公司设置了举报途径便捷、处理原则公开、处理程序公正、保护举报人合法权益的举报投诉机制,防止由于隐瞒违规行为而造成的损失扩大或内控缺陷得不到及时整改的情况发生。

4.4.4 监督评价与纠正

公司建立健全的内部监督评价体系,持续对经营管理及业务运行过程进行全面的监督和评价。公司内部审计部门不断加强制度建设和队伍培养,通过财务审计、内控审计和业务审计,关注公司内控风险、操作风险、合规风险和信托项目实质性风险等,排查公司经营管理中存在的漏洞和不足,提出合理的管理建议,并通过整改追踪审计,对稽核工作中发现的问题及时予以指出并监督整改落实,充分发挥审计部门的监督检查职能。

4.5 风险管理概况

4.5.1 风险状况

4.5.1.1 信用风险状况

(1)信用风险主要集中领域:根据2016年末的统计,公司融资类信托资产占全部信托资产的33.37%,按信贷资产五级分类口径统计,无不良融资类信托资产及不良贷款。

(2)抵押品确认的主要原则:最大限度降低价格变动对第二还款来源造成的不利影响,选择质地优良的证券作为质押物,并根据股票质地设置一定的质押率,如果股价下跌到一定程度,则要求融资方或出质人追加质押;以价格相对稳定的土地和房产作为抵押,一般设置不高于50%的抵(质)押率;保证贷款要求担保人财务状况、经营效益良好,具备足够的担保能力。

(3)一般准备与专项准备的计提方法:依据《信托公司管理办法》,信托赔偿准备金按净利润的5%提取,报告期公司提取信托赔偿准备金11 823.58万元,期末余额67 974.57万元;依据财政部《金融企业准备金计提管理办法》(财金[2012]20号),报告期计提一般风险准备754.58万元,期末余额为14 128.51万元。

4.5.1.2 市场风险状况

公司市场风险主要涉及证券投资自营业务、信托业务以及上市公司股权收益权信托业务等。截至2016年末,证券投资信托资产规模占全部信托资产的8.10%。对于此类业务,公司本着审慎原则,合理配置资产,对于项目的投资范围、杠杆比例、投资限制、分散化要求等进行严格限定。此外,通过结构化安排、预警止损等风险管理机制,以及严密的盯市等管理措施,勤勉、尽职履行受托人职责。公司在积极跟踪项目变化情况的同时,严格按照法律法规规定和交易文件约定,定期向投资者进行信息披露,保障投资者的知情权。

4.5.1.3 操作风险状况

公司不断梳理和规范业务流程,加强内部控制,从制度上尽可能的避免操作风险的产生。同时,公司也注重员工业务水平、责任心和素质的培养,尽量杜绝因为员工自身能力或责任心不足导致的操作风险。报告期内,公司未发生因操作风险所造成的损失,未发现较大的操作风险事件暴露。

4.5.1.4 其他风险状况

其他风险主要包括法律风险、合规风险及声誉风险等。法律风险是指因公司违反法律规定、监管协议或者因交易对手产生合同纠纷,致使公司遭受处罚或者诉讼的风险。合规风险是指因公司没有遵循法律、规则和准则而遭受法律制裁、监管处罚、出现重大损失的风险。公司面临的声誉风险是指因缺少声誉应急处理能力、不能妥善处理媒体关系以及未建立声誉风险管理机制而导致声誉损失的风险。目前,公司的法律风险、合规风险及声誉风险均处于较低水平。

4.5.2 风险管理

4.5.2.1 信用风险管理

公司信用风险管理的具体措施包括:一是完善信用风险管理制度管理体系。二是完善信用风险限额管理。三是完善行业研究和准入机制。四是加大存续项目信用风险的监控力度。五是加强投资业务的风险防范措施。

4.5.2.2 市场风险管理

公司运营管理部—证券管理中心负责对证券业务市场风险进行管理,实际风险管理严格遵循组合投资、分散风险的原则,制定投资范围、比例,采用逐日盯市方法,实时掌握风险状况;选择经验丰富、业绩优秀的投资顾问,以更好地识别市场变化中的潜在风险;设置科学、操作性强的警戒与止损机制并对其严格执行,确保风险始终处于可控状态。

4.5.2.3 操作风险管理

公司及时梳理并优化了项目存续期间的披露流程,提高了项目信息披露工作的效率和准确性,并制定和修订了多项业务管理制度和操作指引,进一步加强了前台、中台、后台部门的业务操作规范性。年度内,公司对运营管理部进行了重组,设立项目管理中心、运营管理中心、证券管理中心,明确分工,全面提高对项目信息与数据管理、证券项目阈值控制等操作风险重点管理环节的管控能力。

4.5.2.4 其他风险管理

(1)法律风险。公司于2016年5月成立了风险管理部法律审查中心,继续贯彻前期、中期、后期深入项目的全流程法律风险审查,统一法律审查标准。

(2)合规风险。公司先后制定、修订了多项合规制度,补充了合规性风险管理的内涵和外延,加强对员工合法合规意识。此外,公司积极配合监管部门工作,确保监管政策得以贯彻落实。

(3)声誉风险。公司建立了纵向报告机制和横向协调机制,有效落实声誉风险管理,做到全面监测、主动防范、有效处理,形成声誉风险防控联动效应。

5. 报告期末及上一年度末的比较式会计报表

5.1 自营资产

5.1.1 会计师事务所审计意见

天职业字[2017]8794号审计报告审计意见:“中融信托财务报表在所有重大方面按照企业会计准则的规定编制,公允反映了中融信托2016年12月31日的财务状况及合并财务状况以及2016年度的经营成果和现金流量及合并经营成果和合并现金流量。”

5.1.2 资产负债表

资产负债表

编制单位：中融国际信托有限公司　　2016年12月31日　　单位：元

项目	行次	合并		母公司	
		期末余额	年初余额	期末余额	年初余额
资产：	1				
货币资金	2	11 100 175 309.54	7 734 154 186.97	8 439 764 548.45	7 049 197 270.65
结算备付金	3				
拆出资金	4				
以公允价值计量且其变动计入当期损益的金融资产	5	4 086 514 116.41	6 152 546 921.81	2 658 525 081.24	5 439 249 734.85
衍生金融资产	6				
应收票据	7				
应收账款	8	211 359 361.10	72 867 484.49	111 418 253.88	48 275 167.63
预付款项	9		3 268 431.79		
应收利息	10	38 653 417.99	45 007 209.28	25 800 617.60	43 119 585.83
应收股利	11	55 161 595.19	20 803 274.80	55 161 595.19	20 803 274.80
其他应收款	12	580 723 657.90	236 423 826.64	71 325 557.56	60 104 751.44
买入返售金融资产	13	10 000 000.00	—	—	—
存货	14				
划分为持有待售的资产	15				
发放贷款及垫款	16	700 000 000.00	—	—	—
可供出售金融资产	17	6 027 738 263.73	2 272 304 724.64	479 107 813.66	299 190 710.18
持有至到期投资	18				
长期应收款	19				
长期股权投资	20	2 101 008 100.38	1 647 720 018.19	6 020 669 051.38	3 004 282 272.06
投资性房地产	21				
固定资产净值	22	29 342 491.77	28 944 704.74	17 550 114.04	19 903 939.96
在建工程	23				
固定资产清理	24				
无形资产净值	25	37 659 773.29	32 914 011.88	32 757 142.27	29 676 079.90
开发支出	26				
商誉	27				
长期待摊费用	28	38 713 670.31	37 847 678.12	33 050 859.83	34 954 582.76
递延所得税资产	29	634 195 455.49	567 014 719.73	617 711 686.22	572 897 132.77
其他资产	30				
	31				
资产总计	32	25 651 245 213.10	18 851 817 193.08	18 562 842 321.32	16 621 654 502.83

法定代表人：刘　洋　　主管会计工作负责人：连晋华　　会计机构负责人：汪　松

资产负债表（续）

编制单位：中融国际信托有限公司　　2016年12月31日　　单位：元

项目	行次	合并		母公司	
		期末余额	年初余额	期末余额	年初余额
负债：	33				
短期借款	34	344 422 050.00	—	—	—
拆入资金	35	1 300 000 000.00	1 700 000 000.00	1 300 000 000.00	1 700 000 000.00
以公允价值计量且其变动计入当期损益的金融负债	36				
衍生金融负债	37				
应付票据	38				
应付账款	39	11 983 193.75	5 863 443.50	—	—
预收款项	40	31 157 205.58	72 640 391.61	17 107 474.02	24 067 446.57
卖出回购金融资产款	41				
应付手续费及佣金	42				
应付职工薪酬	43	2 322 024 819.33	1 567 883 595.07	2 139 783 544.57	1 492 331 245.88

续表

项目	行次	合并		母公司	
		期末余额	年初余额	期末余额	年初余额
应交税费	44	649 811 872. 81	498 498 749. 54	554 510 062. 36	451 760 798. 85
应付利息	45	15 104 452. 72	9 848 205. 57	3 226 666. 66	6 195 555. 57
应付股利	46	1 200 000 000. 00	600 000 000. 00	1 200 000 000. 00	600 000 000. 00
其他应付款	47	281 555 085. 63	59 525 493. 41	27 346 431. 52	17 338 523. 30
划分为持有待售的负债	48				
长期借款	49				
应付债券	50	4 990 614 182. 88	1 441 923 043. 85	—	—
长期应付款	51				
长期应付职工薪酬	52	510 392 911. 05	1 010 911 029. 88	510 392 911. 05	1 010 911 029. 88
专项应付款	53				
预计负债	54				
递延所得税负债	55				
其他负债	56				
负债总计	57	11 657 065 773. 75	6 967 093 952. 43	5 752 367 090. 18	5 302 604 600. 05
所有者权益(或股东权益)：	58				
实收资本	59	6 000 000 000. 00	6 000 000 000. 00	6 000 000 000. 00	6 000 000 000. 00
其他权益工具	60				
资本公积	61	234 521 087. 48	232 131 386. 16	234 337 068. 07	230 706 386. 16
其他综合收益	62	100 003 674. 58	43 779 125. 99	22 947 041. 09	-132 253. 73
其中：外币报表折算差额	63	18 416 998. 72	2 255 947. 67	—	—
盈余公积	64	1 304 531 098. 36	1 068 059 563. 20	1 304 531 098. 36	1 068 059 563. 20
一般风险准备	65	821 030 868. 54	695 249 335. 63	821 030 868. 54	695 249 335. 63
未分配利润	66	4 800 581 900. 77	3 431 444 594. 38	4 427 629 155. 08	3 325 166 871. 52
归属于母公司所有者权益合计	67	13 260 668 629. 73	11 470 664 005. 36	12 810 475 231. 14	11 319 049 902. 78
少数股东权益	68	733 510 809. 62	414 059 235. 29	—	—
所有者权益总计	69	13 994 179 439. 35	11 884 723 240. 65	12 810 475 231. 14	11 319 049 902. 78
负债和所有者权益总计	. 70	25 651 245 213. 10	18 851 817 193. 08	18 562 842 321. 32	16 621 654 502. 83

法定代表人：刘　洋　　主管会计工作负责人：连晋华　　会计机构负责人：汪　松

5. 1. 3 利润表

利润表

编制单位：中融国际信托有限公司　　2016 年度　　单位：元

项目	行次	合并		母公司	
		本期金额	上期金额	本期金额	上期金额
一、营业总收入	1	6 796 129 794. 71	6 587 819 030. 25	5 522 997 950. 59	5 976 694 710. 85
利息净收入	2	153 808 410. 93	123 721 285. 15	138 846 405. 87	118 116 237. 76
利息收入	3	203 723 549. 80	216 267 396. 27	188 761 544. 74	210 662 348. 88
利息支出	4	49 915 138. 87	92 546 111. 12	49 915 138. 87	92 546 111. 12
手续费及佣金净收入	5	3 958 391 779. 71	4 617 699 794. 68	3 774 414 525. 89	4 424 055 218. 55
手续费及佣金收入	6	3 958 391 779. 71	4 617 699 794. 68	3 774 414 525. 89	4 424 055 218. 55
手续费及佣金支出	7				
营业收入	8	954 041 915. 46	201 771 770. 58		
投资收益(损失以"-"号填列)	9	533 575 306. 16	792 093 532. 71	480 116 920. 74	576 064 868. 31
公允价值变动损益(损失以"-"号填列)	10	16 220 745. 54	-33 067 269. 52		-11 181 422. 03
汇兑损益(损失以"-"号填列)	11	474 350. 27	901 142. 69	474 350. 27	531 601. 27
其他业务收入	12	1 179 617 286. 64	884 698 773. 96	1 129 145 747. 82	869 108 206. 99
二、营业总支出	13	3 421 169 147. 62	3 310 402 691. 54	2 584 787 253. 30	2 936 256 026. 31
营业税金及附加	14	118 835 852. 43	324 089 716. 19	101 297 686. 06	303 876 966. 78
业务及管理费	15	3 289 657 718. 84	2 790 958 685. 06	2 483 489 567. 24	2 437 486 656. 03
资产减值损失	16	12 624 255. 60	194 892 403. 50		194 892 403. 50
营业成本	17	51 320. 75	461 886. 79		
三、营业利润	18	3 374 960 647. 09	3 277 416 338. 71	2 938 210 697. 29	3 040 438 684. 54

续表

项目	行次	合并		母公司	
		本期金额	上期金额	本期金额	上期金额
加:营业外收入	19	158 123 401.70	98 929 053.04	126 401 051.38	88 285 203.19
减:营业外支出	20	8 418 043.23	4 771 387.38	7 168 925.14	4 587 435.61
四、利润总额	21	3 524 666 005.56	3 371 574 004.37	3 057 442 823.53	3 124 136 452.12
减:所得税费用	22	820 653 559.99	766 166 859.82	692 727 471.90	707 018 917.33
五、净利润	23	2 704 012 445.57	2 605 407 144.55	2 364 715 351.63	2 417 117 534.79
归属于母公司所有者的净利润	24	2 631 390 374.46	2 534 520 938.26	2 364 715 351.63	2 417 117 534.79
少数股东损益	25	72 622 071.11	70 886 206.29	—	—
六、其他综合收益的税后净额	26	58 570 745.29	145 336 883.73	23 079 294.82	106 095 695.81
归属母公司所有者的其他综合收益的税后净额	27	56 224 548.59	149 652 458.52		
(一)以后不能重分类进损益的其他综合收益	28				
其中:1. 重新计量设定受益计划净负债或净资产的变动	29				
2. 权益法下在被投资单位不能重分类进损益的其他综合收益中享有的份额	30				
(二)以后将重分类进损益的其他综合收益	31	56 224 548.59	149 652 458.52	23 079 294.82	106 095 695.81
其中:1. 权益法下在被投资单位以后将重分类进损益的其他综合收益中享有的份额	32				
2. 可供出售金融资产公允价值变动损益	33	40 063 497.54	147 291 336.08	23 079 294.82	106 095 695.81
3. 持有至到期投资重分类为可供出售金融资产损益	34				
4. 现金流量套期损益的有效部分	35				
5. 外币报表折算差额	36	16 161 051.05	2 361 122.44		
归属于少数股东的其他综合收益的税后净额	37	2 346 196.70	-4 315 574.79		
七、综合收益总额	38	2 762 583 190.86	2 750 744 028.28	2 387 794 646.45	2 523 213 230.60
归属于母公司所有者的综合收益总额	39	2 687 614 923.05	2 684 173 396.78	2 387 794 646.45	2 523 213 230.60
*归属于少数股东的综合收益总额	40	74 968 267.81	66 570 631.50		

法定代表人:刘 洋　　主管会计工作负责人:连晋华　　会计机构负责人:汪 松

5.2 信托资产

5.2.1 信托项目资产负债汇总表

单位:万元

项目	2016 年 12 月 31 日	2015 年 12 月 31 日
信托资产:		
货币资金	1 370 640.92	1 790 906.66
交易性金融资产	4 823 218.81	6 449 452.64
买入返售金融资产	326 061.08	578 194.18
应收款项	1 258 396.79	938 067.99
发放贷款	15 400 637.20	15 340 269.24
可供出售金融资产	24 591 308.80	17 807 904.67
长期股权投资	11 009 443.54	10 209 462.27
长期待摊费用	14 384.61	10 916.76
其他资产	9 502 635.14	13 866 680.49
信托资产总计	68 296 726.89	66 991 854.90
信托负债:		
应付受托人报酬	2 309.66	4 852.86
应付托管费	7 176.15	9 009.11
应付受益人收益	500 751.13	383 325.56
应付销售服务费	773.72	1 376.86
其他应付款项	1 012 021.19	969 273.87
其他负债	701 913.76	—
信托负债合计	2 224 945.61	1 367 838.27
信托权益:		
实收信托	65 464 127.76	62 383 798.62
资本公积	646 404.76	2 266 626.49
未分配利润	-38 751.24	973 591.52
信托权益合计	66 071 781.28	65 624 016.63
信托负债和信托权益总计	68 296 726.89	66 991 854.90

5.2.2 信托项目利润及利润分配汇总表

单位:万元

项目	2016 年度	2015 年度
营业收入	4 141 495.73	7 067 050.46
利息收入	1 580 719.49	2 106 861.54
投资收益	2 740 067.91	5 160 312.74
公允价值变动收益	-203 010.89	-217 230.99
其他收入	23 719.22	17 107.17
支出	708 943.77	1 257 124.80
受托人报酬	312 425.09	356 064.14
托管费	27 727.68	34 613.77
投资管理费	41 030.26	118 201.43
销售服务费	168 117.07	285 333.80
交易费用	15 029.54	221 865.04
其他费用	144 614.13	241 046.61
信托净利润	3 432 551.96	5 809 925.66
其他综合收益	648 868.45	2 074 994.34
综合收益	4 081 420.41	7 884 920.00
加:期初未分配信托利润	973 591.52	731 707.43
可供分配的信托利润	5 202 042.15	7 643 934.98
减:本期已分配信托利润	5 240 793.39	6 670 343.46
期末未分配信托利润	-38 751.24	973 591.52

6. 会计报表附注

6.1 会计报表编制基准、会计政策等情况

本合并财务报表以公司持续经营假设为基础，根据实际发生的交易事项，按照2006年2月15日财政部颁布的企业会计准则及2014年财政部颁布的八项具体准则和一项基本准则的有关规定，并基于以下所述重要会计政策、会计估计进行编制。

6.2 或有事项说明

无。

6.3 重要资产转让及其出售的说明

无。

6.4 会计报表中重要项目的明细资料

6.4.1 自营资产经营情况

6.4.1.1 按信用风险五级分类结果披露信用风险资产的期初数、期末数

信用风险资产五级分类	正常类（万元）	关注类（万元）	次级类（万元）	可疑类（万元）	损失类（万元）	信用风险资产合计（万元）	不良资产合计（万元）	不良资产率（%）
期初数	811 252					811 252		
期末数	1 268 607					1 268 607		

注：不良资产合计＝次级类＋可疑类＋损失类。

6.4.1.2 各项资产减值损失准备的期初数、本期计提、本期转回、本期核销、期末数

单位：万元

	期初数	本期计提	本期转回	本期核销	期末数
贷款损失准备	0	0	0	0	0
一般准备	0	0	0	0	0
专项准备	0	0	0	0	0
其他资产减值准备	0	0	0	0	0
可供出售金融资产减值准备	19 489	0	0	0	19 489
持有至到期投资减值准备	0	0	0	0	0
长期股权投资减值准备	0	0	0	0	0
坏账准备	47	1 262	0	0	1 309

6.4.1.3 自营股票投资、基金投资、债券投资、长期股权投资等投资业务的期初数、期末数

单位：万元

	自营股票	基金	债券	长期股权投资
期初数	19 699. 37	635 181. 33	—	164 772. 00
期末数	61 653. 38	652 267. 67	—	210 100. 81

6.4.1.4 前五名的自营长期股权投资的企业名称、占被投资企业权益的比例、主要经营活动及投资收益情况

企业名称	占被投资企业权益的比例（%）	主要经营活动	投资收益（万元）
中国信托业保障基金	13. 04	基金管理服务	11 224. 04
哈尔滨农村商业银行股份有限公司	9. 90	银行	4 210. 45
中国信托登记有限责任公司	3. 33%	信托登记业务	—
中融—中融精选进取3号资产管理计划	15. 46	基金管理服务	18. 12
深圳铧融股权投资基金管理有限公司	49. 00	基金管理服务	230. 57

注：投资收益是指按照企业会计准则规定，核算股权投资确认收益并计入披露年度利润表的金额。

6.4.1.5 前五名的自营贷款的企业名称、占贷款总额的比例和还款情况

公司期末无贷款余额。

6.4.1.6 表外业务的期初数、期末数，按照代理业务、担保业务和其他类型表外业务分别披露

单位：万元

表外业务	期初数	期末数
担保业务	0	0
代理业务（委托业务）	0	0
其他	0	0
合计	0	0

注：代理业务主要指因客观原因应规范而尚未完成规范的历史遗留委托业务，包括委托贷款和委托投资。

6.4.1.7 公司当年的收入结构

收入结构	金额（万元）	占比（%）
手续费及佣金收入	395 839	56. 92
其中：信托手续费收入	376 429	54. 13
投资银行业务收入		0. 00
利息净收入	15 381	2. 21
其他业务收入	117 962	16. 96
其中：计入信托业务收入部分	105 251	15. 13
营业收入	95 404	13. 72
投资收益	54 980	7. 91%
其中：股权投资收益	16 694	2. 40
公允价值变动收益	1 622	0. 23
其他投资收益	36 664	5. 27
汇兑损益	47	0. 01
营业外收入	15 812	2. 27
收入合计	695 425	100. 00

注：手续费及佣金收入、利息收入、其他业务收入、投资收益、营业外收入均应为损益表中的一级科目，其中手续费及佣金收入、利息收入、营业外收入为未抵减掉相应支出的全年累计实现收入数。报告年度实现信托业务收入的总额，其中以手续费及佣金确认的信托业务收入金额，以业绩报酬形式确认的信托业务收入金额和以其他形式确认的信托业务收入金额。

6.4.2 披露信托资产管理情况

6.4.2.1 信托资产的期初数、期末数

单位：万元

信托资产	期初数	期末数
集合类	38 869 737. 39	45 436 914. 85
单一类	19 282 920. 60	17 355 405. 09
财产管理类	8 839 196. 91	5 504 406. 95
合计	66 991 854. 90	68 296 726. 89

6.4.2.1.1　主动管理型信托业务的信托资产期初数、期末数

单位：万元

主动管理型信托资产	期初数	期末数
证券投资类	3 777 089.67	2 869 016.79
股权投资类	5 732 412.56	5 285 076.17
其他投资类	18 162 880.24	24 391 601.58
融资类	13 013 276.44	15 191 561.86
事务管理类	5 164 720.82	468 960.23
合计	45 850 379.73	48 206 216.63

6.4.2.1.2　被动管理型信托业务的信托资产期初数、期末数

单位：万元

被动管理型信托资产	期初数	期末数
证券投资类	3 500 476.51	2 661 964.43
股权投资类	1 198 087.34	1 282 293.43
其他投资类	4 749 672.80	3 505 594.96
融资类	8 018 762.42	7 601 736.38
事务管理类	3 674 476.09	5 038 921.06
合计	21 141 475.17	20 090 510.26

6.4.2.2　本年度已清算结束的信托项目情况

6.4.2.2.1　本年度已清算信托项目情况

已清算结束的信托项目	项目个数（个）	合计金额（万元）	加权平均实际年化收益率（%）
集合类	323	8 223 142.08	5.77
单一类	181	6 414 748.79	7.83
财产管理类	380	5 197 871.93	8.36

注：加权平均实际年化收益率 =（信托项目 1 的实际年化收益率 × 信托项目 1 的资产总计 + 信托项目 2 的实际年化收益率 × 信托项目 2 的资产总计 + … + 信托项目 n 的实际年化收益率 × 信托项目 n 的资产总计）/（信托项目 1 的资产总计 + 信托项目 2 的资产总计 + … + 信托项目 n 的资产总计）×100%。

6.4.2.2.2　本年度已清算结束的主动管理型信托情况

已清算结束的信托项目	项目个数（个）	实收信托合计金额（万元）	信托报酬率（%）	加权平均实际年化收益率（%）
证券投资类	179	711 123.92	0.75	1.14
股权投资类	23	1 505 896.84	2.85	10.53
其他投资类	27	555 025.60	0.99	−1.29
融资类	94	4 874 071.82	3.77	9.65
事务管理类	330	2 204 311.01	1.44	10.29

6.4.2.2.3　本年度已清算结束的被动管理型信托项目情况

已清算结束的信托项目	项目个数（个）	实收信托合计金额（万元）	信托报酬率（%）	加权平均实际年化收益率（%）
证券投资类	4	39 882.84	0.18	14.74
股权投资类	11	701 350.00	0.52	9.94
其他投资类	42	1 093 819.47	0.89	10.00
融资类	124	5 156 720.38	0.45	7.63
事务管理类	50	2 993 560.92	0.15	6.98

6.4.2.3　本年度新增信托项目情况

新增信托项目	项目个数（个）	实收信托合计金额（万元）
集合类	114	10 732 271.56
单一类	81	5 917 542.29
财产管理类	17	3 201 110.64
新增合计	212	19 850 924.49
其中：主动管理型	144	13 658 618.33
被动管理型	68	6 192 306.16

6.4.2.4　信托业务创新成果和特色业务有关情况

公司积极调整经营策略，加大创新产品开发和研发团队建设力度，紧跟市场形势，充分挖掘创新产品的潜在机会，以模式创新、风险可控、投资者认可作为产品设计的基础，将产品创新提升到新的战略高度，树立财富管理的品牌优势。

6.4.2.5　本公司履行受托人义务情况及因本公司自身责任而导致的信托资产损失情况

无。

6.5　关联方关系及其交易的披露

6.5.1　关联交易方的数量、关联交易的总金额及关联交易的定价政策

	关联交易方数量（个）	关联交易金额（万元）	定价政策
合计	12	1 836 651.89	本公司 2016 年发生的关联方交易均根据一般正常的交易条件进行，并以市场价格作为定价依据。

6.5.2　关联交易方基本情况

报告期涉及关联交易的关联方情况如下：

单位：万元

关联性质	关联方名称	法定代表人	注册地址	注册资本	主营业务
合并子公司	中融基金管理有限公司	王　瑶	深圳市前海深港合作区前湾一路1号A栋201室	75 000	基金募集、基金销售、特定客户资产管理、资产管理和中国证监会许可的其他业务。
联营企业	中国信托业保障基金有限责任公司	许志超	北京市西城区闹市口大街9号院1号楼二层201	1 150 000	受托管理保障基金等经相关部门批准后依批准的内容开展经营活动。
合并子公司	中融汇今资产管理有限公司	高　远	中国（上海）自由贸易试验区富特北路211号302部位368室	10 000	资产管理、投资管理、投资咨询、资产管理咨询
合并子公司	中融国富投资管理有限公司	张　东	深圳市前海深港合作区前湾一路1号A栋201室	10 000	资产管理、投资管理、投资咨询
合并子公司	北京中融鼎新投资管理有限公司	张　东	北京市石景山区八大处高科技园区西井路3号2号楼268房间	150 000	项目投资及资产管理、投资咨询、企业管理咨询。

6.5.3 本公司与关联方的重大交易事项

6.5.3.1 固有财产与关联方关联交易

单位：万元

固有与关联方关联交易				
	期初数	借方发生额	贷方发生额	期末数
贷款				
投资	608 461	131 317	370 493	369 285
租赁		310		
担保				
应收账款				
其他	170 000	280 765	235 000	124 235
合计	778 461	412 393	605 493	493 520

6.5.3.2 信托资产与关联方关联交易

单位：万元

信托与关联方关联交易				
	期初数	借方发生额	贷方发生额	期末数
贷款	4 870.00	—	—	4 870.00
投资	—	156 058.50	—	156 058.50
租赁	—	—	—	—
担保	—	—	—	—
应收账款	—	—	—	—
其他	—	515.33	—	515.33
合计	4 870.00	156 573.83	—	161 443.83

6.5.3.3 固有财产与信托财产相互交易

单位：万元

固有财产与信托财产相互交易			
	期初数	本期发生额	期末数
合计	0	235 000.00	235 000.00

6.5.3.4 信托项目之间相互交易

单位：万元

信托资产与信托财产相互交易			
	期初数	本期发生额	期末数
合计	51 617.21	660 071.17	711 688.38

6.5.4 关联方逾期未偿还本公司资金的详细情况以及本公司为关联方担保发生或即将发生垫款的详细情况

无。

6.6 会计制度的披露

本公司执行中华人民共和国财政部2006年2月15日颁布的企业会计准则及2014年财政部颁布的八项具体准则和一项基本准则的有关规定。

7. 财务情况说明书

7.1 利润实现和分配情况

2016年共实现利润总额352 467万元，净利润270 401万元，计提盈余公积23 647万元，计提一般风险准备755万元，计提信托赔偿准备金11 824万元。

7.2 主要财务指标

指标名称	指标值
资本利润率（%）	21.08
人均净利润（万元）	140.10

注：1. 资本利润率＝净利润/所有者权益平均余额×100%。

2. 人均净利润＝净利润/年平均人数。

3. 平均值采取年初及各季度末余额移动算术平均法，公式为：a（平均）＝（$a_0/2+a_1+a_2+a_3+a_4/2$）/4。

7.3 对本公司财务状况、经营成果有重大影响的其他事项

公司2016年第四次临时股东会决议，同意公司出资1亿元参与设立中国信托登记有限责任公司，持股比例为3.33%。

8. 特别事项揭示

8.1 前五名股东报告期内变动情况及原因

无。

8.2 董事、监事及高级管理人员变动情况及原因

8.2.1 董事变动情况及原因

报告期内，董事离任一人，具体情况如下：

离任董事情况表

姓名	前任职位	离任时间	离职原因及内部决议
范　韬	董事长	2016年3月	董事换届，2016年第一次临时股东会

8.2.2 监事变动情况及原因

报告期内，监事离任2人，具体情况如下：

离任监事情况表

姓名	前任职位	离任时间	离职原因及内部决议
高兴山	监事长	2016年3月	监事换届，2016年第一次临时股东会
刘立刚	监事	2016年3月	监事换届，2016年第一次临时股东会

8.2.3 高级管理人员变动情况及原因

报告期内，高级管理人员离任1人，具体情况如下：

离任高级管理人员情况表

姓名	前任职位	离任时间	离职原因及内部决议
战伟宏	副总裁	2016年8月	工作变动，第五届董事会第八次会议

8.3 变更注册资本事项

无。

8.4 公司的重大诉讼事项

无。

8.5 公司及其董事、监事和高级管理人员受到处罚的情况

无。

8.6 银监会及其派出机构对公司检查后提出的整改意见及公司整改情况

2016 年 10 月，黑龙江银监局对公司开展了“两加强、两遏制”回头看专项现场检查。根据检查情况，银监局对公司提出了完善业务决策机制及关联交易审查机制等监管要求。为切实落实监管意见，公司组织相关部门研究制定整改方案，修订相关管理制度，完善了相关决策程序，优化业务合规管控手段，进一步加强了公司风险管理体系建设，为公司业务的持续健康发展奠定基础。

8.7 本年度重大事项临时报告的简要内容、披露时间、所披露的媒体

报告期内，公司重大事项临时报告的披露媒体为《金融时报》《证券日报》，本年度合计刊登各类公告一则，具体如下：

临时披露重大事项

披露时间	披露公告名称	披露内容	披露媒体
2016 年 4 月 15 日	中融国际信托有限公司关于董事长变更的公告	经中融国际信托有限公司第五届董事会第一次会议审议通过，选举刘洋先生担任公司董事长。根据《公司章程》的规定，公司已完成相关工商登记变更手续，公司法定代表人已变更为董事长刘洋先生。 公司保证本公告内容不存在任何虚假记载、误导性陈述或者重大遗漏，并确保公告内容的真实性、准确性和完整性。	《上海证券报》

8.8 银监会及其省级派出机构认定的其他有必要让客户及相关利益人了解的重要信息

报告期内，公司相继得到新闻媒体及社会各方的积极评价，获得主要荣誉如下：

(1) 中央国债登记结算有限责任公司颁发“优秀发行人”。

(2) 银行间市场清算所股份有限公司颁发“基金信托机构类结算业务特别奖”。

(3)《经济观察报》“卓越财富管理信托公司奖”。

(4)《证券时报》“年度优秀信托公司奖”。

(5)《每日经济新闻》“卓越风控能力奖”。

(6)《金融时报》“年度最佳财富管理信托公司奖”。

9. 监事会意见

监事会认为，公司的财务数据资料真实、客观和准确地反映了公司的财务状况和经营成果。

中泰信托有限责任公司

1. 重要提示

1.1　本公司董事会及董事保证本报告所载资料不存在任何虚假记载、误导性陈述或者重大遗漏，并对其内容的真实性、准确性和完整性承担个别及连带责任。本年度报告摘要摘自年度报告全文，客户及相关利益人欲了解详细内容，应阅读年度报告全文。

1.2　独立董事袁东生、熊焰、朱青、鲍治认为本年度报告真实、准确、完整。

1.3　中审亚太会计师事务所(特殊普通合伙)对本公司2016年度财务会计报告出具了标准无保留意见的审计报告。

1.4　公司董事长吴庆斌、总裁周雄，主管会计工作负责人李旻及财务会计部负责人罗建宇声明：保证年度报告中财务会计报告的真实、完整。

2. 公司概况

2.1　公司简介

2.1.1　公司的法定中文名称：中泰信托有限责任公司
公司的法定英文名称：Zhongtai Trust Co.，Ltd.

2.1.2　法定代表人：吴庆斌

2.1.3　地址：上海市中华路1600号黄浦中心大厦17层、18层

2.1.4　邮政编码：200021

2.1.5　国际互联网网址：www. zhongtaitrust. com

2.1.6　电子信箱：zhongtai@ zhongtaitrust. com

2.1.7　信息披露事务负责人：李颖
信息披露事务联系人：赵凤英
联系电话：021-63871888-2058
传真：021-63872700
电子信箱：zhaofengying@ zhongtaitrust. com

2.1.8　公司选定的信息披露报纸名称：《证券时报》《上海证券报》《金融时报》

2.1.9　公司年度报告备置地点：上海市黄浦区中华路1600号黄浦中心大厦18层办公室

2.1.10　公司聘请的会计师事务所：中审亚太会计师事务所(特殊普通合伙)
地址：北京市海淀区青云里满庭芳园小区9号楼青云当代大厦22层

2.1.11　公司聘请的律师事务所：上海市锦天城律师事务所
地址：上海市浦东新区银城中路501号上海中心大厦11层、12层

2.2　组织结构

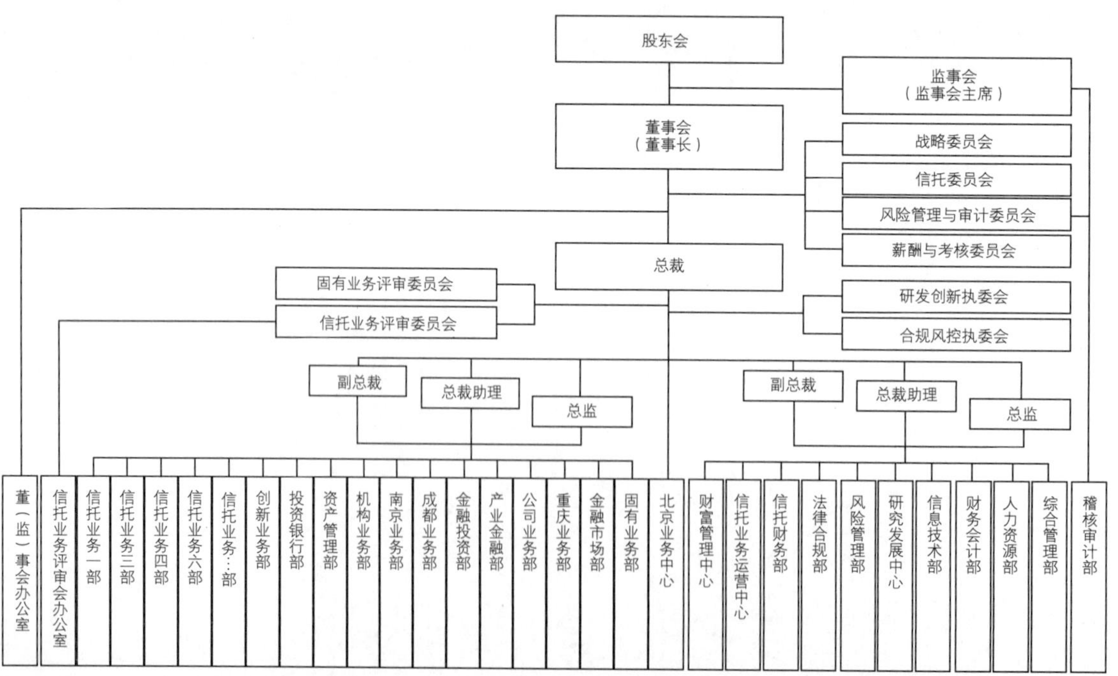

3. 公司治理

3.1 股东

报告期末，股东总数 6 家；持有公司 15% 以上股份的股东情况：

单位：%

股东名称	持股比例	法人代表
中国华闻投资控股有限公司	31.57	幸宇晖
上海新黄浦置业股份有限公司	29.97	程齐鸣
广联（南宁）投资股份有限公司	20	吴庆斌

公司前三位股东的主要股东情况：

股东名称	主要股东	出资比例（%）	法定代表人	注册资本（万元）	注册地址	主要经营业务及主要财务情况
中国华闻投资控股有限公司（华闻控股）	北京国际信托有限公司（德瑞股权投资基金集合资金信托计划）	100	李民吉	140 000	北京市朝阳区安立路30号院1号、2号楼	资金信托；动产信托；不动产信托；企业资产重组等。
上海新黄浦置业股份有限公司（新黄浦置业）	上海新华闻投资有限公司	25	幸宇晖	50 000	上海市闸北区天目中路 383 号 501 室	实业投资，资产经营及管理（非金融业务），国内贸易等。
广联（南宁）投资股份有限公司（广联投资）	中国华闻投资控股有限公司	61.84	幸宇晖	120 000	北京市朝阳区东三环北路38号院1号泰康金融大厦25层2501内5室	实业投资等。财务状况良好。

公司股东华闻控股、广联投资与新黄浦置业存在关联关系：北京国际信托有限公司（德瑞股权投资基金集合资金信托计划）持有华闻控股 100% 股权，华闻控股持有广联投资 63.71% 股权，华闻控股及广联投资分别持有上海新华闻投资有限公司（上海新华闻）50% 的股权，上海新华闻持有新黄浦置业 25% 股权，为其第一大股东。

3.2 董事

董事

姓名	职务	性别	年龄（岁）	选任日期	所推举的股东名称	该股东持股比例（%）	简要履历
吴庆斌	董事长	男	43	2014 年 7 月 15 日	华闻控股 广联投资	31.57 20	毕业于清华大学水利水电工程系水利水电建筑工程专业及法学专业，获得双学士学位，先后任职于北京国际信托有限公司等机构，并担任重要管理职务，具有十余年金融工作及管理经验。
周　雄	董事	男	50	2014 年 7 月 15 日	华闻控股 广联投资	31.57 20	毕业于厦门大学财政金融系金融学专业，先后获得学士、硕士及博士学位，后于北京大学光华管理学院完成 EMBA 课程学习，并取得 MBA 学位，长期从事金融企业管理工作，实践经验深厚，先后任职于华夏证券股份有限公司、人民日报社及中泰信托有限责任公司等机构，并担任高级管理职务，具有二十余年的金融行业管理经验。
穆　瞳	董事	女	33	2014 年 11 月 21 日	华闻控股 广联投资	31.57 20	毕业于西北工业大学自动化专业和宾夕法尼亚大学电子工程专业，先后任职于 Gro-Group 投资管理公司、天行国际集团、日盛嘉富证券及华闻控股，并担任管理职务，积累了相当的市场及金融相关领域工作经验。
叶桂峰	董事	男	38	2014 年 7 月 15 日	华闻控股 广联投资	31.57 20	毕业于江西财经大学法律系国际经济法专业，获得学士学位，后毕业于中国人民大学法学院民商法专业，并先后获得硕士及博士学位。长期从事经济及金融法律实践工作，先后任职于北京市创天律师事务所、北京市宝盈律师事务所及华闻控股等机构，且具有多年金融及法律合规管理工作经验。
史亚政	董事	男	46	2014 年 7 月 15 日	华闻控股 广联投资	31.57 20	毕业于浙江大学无线电系无线电技术专业，获得学士学位，后毕业于电子科技大学计算机学院软件工程领域工程专业，获得硕士学位，长期从事金融及经济管理工作，实践经验深厚，先后任职于江泰保险经纪有限公司、中惠保险经纪有限公司及广联投资等机构，并担任高级管理职务，具有近二十年的金融及企业管理工作经验。
陆却非	董事	男	61	2014 年 7 月 15 日	新黄浦置业	29.97	毕业于中国科技大学，博士研究生学历，先后在中科院上海生理研究所、上海新黄浦置业股份有限公司等机构工作，并担任高级管理职务，具有三十余年的经济及管理工作经验。

注：报告期内，葛贵生先生因个人原因申请辞去董事职务，经公司股东会决议通过，葛贵生先生不再担任公司第六届董事会董事职务，并选举李杰先生为公司第六届董事会股东代表董事，其任职资格自上海银监局核准之日起生效。

独立董事

姓名	所在单位及职务	性别	年龄（岁）	选任日期	所推举的股东名称	该股东持股比例（%）	简要履历
袁东生	已退休	男	65	2014年11月12日	华闻控股	31.57	先后于中共山西省委党校、西安交通大学管理学院学习，取得工商管理硕士学位，长期从事金融及企业管理工作，先后任职于山西信托有限责任公司、山西国信投资（集团）公司等机构，并担任高级管理职务，具有近二十年的金融及企业管理工作经验。
熊　焰	北京国富资本有限公司董事长	男	60	2015年7月9日	华闻控股	31.57	毕业于哈尔滨工业大学无线电工程系通信专业，获得学士学位，后毕业于该校管理学院经济学专业，获得硕士学位。长期从事金融及企业管理工作，实践经验深厚，先后任职于中国共产主义青年团中央委员会、北京产权交易所有限公司、北京金融资产交易所有限公司及北京国富资本有限公司等机构，并担任高级管理职务，具有近二十年的金融及企业管理工作经验。
朱　青	中国人民大学财政金融学院教授、博士生导师	男	59	2014年7月15日	华闻控股	31.57	毕业于北京经济学院财贸系财政专业，获得学士学位，后就读于中国人民大学财政金融学院财政系财政专业，先后获得经济学硕士及博士学位，长期从事财政金融和社会保障领域的教学和研究工作，具有相当丰富的财税知识，先后任职于中国人民大学财政金融学院等单位，担任学术委员会主任、教授、博士生导师等重要职务，积累了深厚的财政金融和社会保障领域工作经验。
鲍　治	北京奋迅律师事务所合伙人	男	39	2014年7月15日	华闻控股	31.57	毕业于安徽大学法学院法律系法学专业，获得学士学位，后先后毕业于华东政法大学研究生院民商法学专业及美国加州大学伯克利分校法学院法学硕士专业，并分别获得硕士学位，长期从事金融、贸易相关法律领域工作，先后任职于中华人民共和国商务部、北京市君合律师事务所以及北京市奋迅律师事务所，积累了相当的金融法律相关领域工作经验。

3.3　监事

姓名	职务	性别	年龄（岁）	选任日期	所推举的股东名称	该股东持股比例（%）	简要履历
刘　卓	监事会主席	男	52	2014年4月9日	华闻控股 广联投资	31.57 20	毕业于武汉水运工程学院船机制造专业，先后在哈尔滨团市委、中泰信托有限责任公司等机构任职，并担任重要管理职务，具备近三十年的管理工作经验。
王红梅	股东代表监事	女	48	2016年11月7日	华闻控股 广联投资	31.57 20	毕业于华中科技大学、武汉工业大学，获得工学学士、硕士学位，后毕业于新加坡国立大学，获得工商管理硕士（EMBA）学位，先后于建设银行、武汉三镇实业控股股份有限公司等机构任职，并担任重要管理职务，具备二十余年经济及管理工作经验。
章　惠	职工代表监事	女	38	2014年4月9日	—	—	毕业于安徽财经大学国际经济法专业，先后在工商银行黄山市分行、中泰信托有限责任公司等机构任职。

注：报告期内，刘忠宁先生因个人原因申请辞去监事职务，经公司股东会决议通过，刘忠宁先生不再担任公司第六届监事会监事职务，并选举王红梅女士为公司第六届监事会股东代表监事。

3.4　高级管理人员

姓名	职务	性别	年龄（岁）	任职日期	金融从业年限（年）	学历	专业
周　雄	总裁	男	50	2010年4月24日	23	博士	金融学
陈乃道	副总裁	男	55	2010年4月24日	18	博士	经济学
余　钧	副总裁	男	49	2010年4月24日	27	本科	经济学
沈　烁	副总裁	男	44	2010年4月24日	19	本科	经济法
周　旭	副总裁	男	52	2010年4月24日	21	本科	经济学
李　旻	财务总监	男	46	2015年4月16日	12	硕士	MBA专业（金融方向）、高级财会人员专业会计学专业

注：报告期内，于潇女士因个人原因申请辞去合规总监（总裁助理级）职务，经公司第六届董事会决议通过，于潇女士不再担任公司合规总监（总裁助理级）职务。

3.5 公司员工

截至2016年12月31日,公司共有员工215人(不含外部董事、监事),平均年龄34岁,大部分员工具有大学本科以上学历。

项目		报告年度		上年度	
		人数(人)	比例(%)	人数(人)	比例(%)
年龄分布	25岁以下	6	2.79	16	6.84
	25~29岁	68	31.63	78	33.33
	30~39岁	94	43.72	92	39.32
	40岁以上	47	21.86	48	20.51
学历分布	博士	4	1.86	5	2.14
	硕士	90	41.86	104	44.44
	本科	92	42.79	96	41.03
	专科	22	10.23	17	7.26
	其他	7	3.26	12	5.13
岗位分布	董事、监事及其他高管	8	3.72	8	3.42
	自营业务人员	5	2.33	5	2.14
	信托业务人员	98	45.58	106	45.30
	其他人员	104	48.37	115	49.15

4. 经营管理

4.1 经营目标、方针、战略规划

公司秉承诚信服务、专业理财、创新思维、理性投资的精神,坚持与新老客户、核心产业和区域经济一起成长的理念,注重提高创新能力,正确处理发展与规范管理、规模结构与效益之间的关系。在信托业务、资产管理业务、信托产品销售能力建设、基础管理工作方面充分发展的基础上,深化公司治理及运营体系的优化调整工作。

公司将认真贯彻落实国家宏观经济政策和金融监管要求,建立规范、高效的公司内控体系,不断提高对各科风险的识别、防范和控制能力。以深化信托行业转型、强化创新和夯实管理为抓手,促进业务转型升级和结构调整。始终坚持市场化、差异化、规模化的发展路线,致力于在明细的发展战略指导下,依托优秀的企业文化和价值观、人力资本体系、法人治理结构,构建运转流畅的资产管理体系和财富管理体系,着力提升资产管理能力、风险控制能力和财富管理能力,为各利益相关者创造价值。

公司未来将继续贴近市场,加强研发,以业务和产品创新为核心,提高创新能力,强化对市场的前瞻性判断和对业务的准确把握,为今后的发展创造条件。在充分发展传统信托业务、资产管理业务、投行业务的基础上,努力实现向专业的、高品质财富管理者的身份转变。将公司建设成为制度健全、内控到位、管理科学、经营规范的,具有核心竞争力的专业金融机构。

4.2 所经营业务的主要内容

报告期内,固有业务除长期金融股权投资外,主要运用活期存款、固定收益类产品投资、国债回购、短期贷款等,2016年实现利息净收入2 934.10万元、投资收益10 457.42万元、其他业务收入64.62万元。

截至2016年12月31日,公司资产总计47.30亿元,负债总计7.54亿元,所有者权益为39.76亿元,净资产收益率为7.49%,净资本为30.54亿元,净资本/净资产的比率为76.81%,净资本/各项风险资本之和的比率为366.19%,均远高于40%及100%的监管标准。公司的净资产保持稳定和充足,公司资产保持较高的流动性水平,信托业务发展势头良好,为公司下一步大力拓展业务奠定了良好的基础。

2016年,公司在政府和主流财经媒体组织的评选中赢得多项荣誉,包括连续多年获得上海市黄浦区人民政府授予的"上海市黄浦区经济发展突出贡献100强企业"、斩获《证券时报》"锐意进取信托公司",蝉联《金融时报》"最稳健增长信托公司",并首次获得21世纪经济报道"2016年度创新业务信托公司"。企业社会责任方面,在以专业能力支持实体经济发展、支持民生保障类事业发展、保护投资者权益等工作的基础上,继2015年首次参加"鞋盒礼物"公益项目后,2016年中泰信托员工继续参与该公益项目。

报告期内,公司新设消费者权益保护工作委员会,统一进行金融消费者权益保护工作的整体规划和统筹部署,以提升相关工作的质效,敦促审慎、妥善履行企业的社会责任、及时处理金融消费者的咨询、投诉和建议意见。

自营资产运用与分布表

资产运用	金额(万元)	占比(%)	资产分布	金额(万元)	占比(%)
货币资产	3 835.20	0.81	基础产业		
贷款及应收款	16 941.40	3.58	房地产业		
交易性金融资产投资	174 737.38	36.94	证券市场	33 934.00	7.17
可供出售金融资产投资	62 905.60	13.30	实业		
持有至到期投资	10 100.00	2.14	金融机构	189 754.78	40.12
长期股权投资	189 754.78	40.12	其他	249 317.64	52.71
其他	14 732.06	3.11			
资产总计	473 006.43	100.00	资产总计	473 006.43	100.00

本年度,公司新发行信托产品108个、信托本金235.15亿元,包括分期发行和开放式产品在内累计新增信托本金362.51亿元;清算信托产品196个、信托本金479.61亿元,包括分期发行和开放式产品在内累计兑付信托本金660.04亿元。全年向受益人分配信托收益87.15亿元。

信托资产运用与分布表

资产运用	金额(万元)	占比(%)	资产分布	金额(万元)	占比(%)
货币资产	164 219.46	3.09	基础产业	1 369 381.24	25.79
贷款	1 697 925.55	31.98	房地产	298 456.20	5.62
交易性金融资产投资	93 991.67	1.77	证券市场	214 058.64	4.03
可供出售金融资产投资	1 333 710.14	25.12	实业	1 877 442.31	35.36
持有至到期投资	464 264.75	8.74	金融机构	737 273.08	13.88
长期股权投资	481 294.32	9.06	其他	813 393.01	15.32
其他	1 074 598.59	20.24		—	—
信托资产总计	5 310 004.48	100.00	信托资产总计	5 310 004.48	100.00

注:"资产分布"项下"其他"主要为对固定收益类金融产品投资。

4.3 市场分析

4.3.1 有利因素

（1）供给侧结构性改革为信托提供新机会。供给侧结构性改革为新常态下信托业的转型创新、加速发展提出了全新的要求，同时带来了难得的历史机遇。信托业既应着眼长远的体制机制创新，又要立足“去产能、去库存、去杠杆、降成本、补短板”五大任务，协调推进自身发展模式改革的深化，提高服务实体经济效率。在“去产能”“去库存”过程中，未来的产业发展将出现新一轮结构调整，企业将出现并购重组潮流。对于信托而言，研发产业引导基金与并购基金能够有效对接经济转型中企业的需求，推动资产证券化等创新业务有效地盘活存量，为企业发展注入流动性。“补短板”政策将产生新的经济增长点，供给侧结构性改革的目的是通过高质量的供给，替代低质量的供给，使得基础设施、产品和服务提高到新的层次。信托业应站在战略发展的高度，发挥制度优势，积极探索创新业务模式，为实业转型提供全方位的投融资服务，在助力供给侧结构改革的同时，完成自身转型升级的历史性飞跃。

（2）国内居民财富的快速积累 信托财富管理前景广阔。随着中国经济的持续发展，中国理财市场仍在快速增长过程中，高净值人群不断增加，在经历了数次降准、降息之后，高净值人群有着更强烈的理财需求，由此催生了巨大的财富管理市场，这预示着信托业长期增长的周期还没有结束，在未来相当长的时间内，信托业规模的仍将持续增长。

（3）回归信托本源 推动信托业重塑经营模式。在宏观经济下行、泛资管竞争加剧和金融自由化深入的背景下，信托业正谋求创新转型，回归信托本源。信托行业应在信托本源的定位上不断进行产品创新，提升专业的资产管理能力，构建比较优势，提供多元化的信托产品和信托服务，在优势领域巩固领先地位，在特色领域形成竞争优势。

（4）信托行业稳健发展的基础设施逐步完善。近年来，信托业各项制度日趋完善，中国信托登记有限责任公司的正式落地，标志着信托业的基础设施建设迈出了实质性的一步，这将进一步强化市场纪律和约束，推动统一有效的信托市场逐步形成，降低信托的经营风险和系统性风险，为信托行业长期可持续发展创造了良好环境。

4.3.2 不利因素

（1）中国经济下行压力依然较大。当前中国经济正处于“L”形探底阶段，增长乏力、转型压力、改革阻力相互叠加。在旧增长方式后继乏力、新增长方式尚未建立的关键转型时期，内部和外部一系列新的不确定因素叠加，使得中国经济虽有回稳态势，但下滑的压力依然存在。外部发展环境的不确定性因素加大，对信托公司经营能力提出了更高的要求。

（2）金融机构转型发展竞争加剧。随着信托行业收益率变低，利润空间收窄，行业竞争必然不断加剧。此外，泛资产管理已经到来，信托公司将面临多方面的竞争，创新转型是信托行业和公司发展的必然路径。信托公司正积极开展自身的专业化能力，如在私募投行业务领域提升“行业专业化能力”，在资产管理业务领域培育“策略专业化能力”，在财富管理业务领域打造“服务专业化能力”，未来行业竞争将非常激烈，只有定位准确、触角敏锐、转型迅速的信托公司才能够有长足的发展。

（3）汇率变动将对国内金融体系产生影响。在外汇市场上，人民币仍存在贬值压力。因短期受地产回暖和政策刺激影响，人民币的表现有所好转，但经济下行压力没有根本消除。此外，由于国际政治经济的不确定性导致汇率预期变动较大。总体上看，人民币对美元的贬值压力虽然得到一定缓解，但中期的贬值压力仍然存在。

（4）信托产品的网络建设与营销存在瓶颈。信托公司网络建设方面存在瓶颈，影响了客户资源和相关信息的收集和整合，市场营销面临较大挑战，渠道是制约信托公司快速发展的一个主要因素。信托公司目前都在积极构建信托产品的网络建设，但要在实质上提升营销能力尚需要时间。

4.4 内部控制概况

4.4.1 内部控制环境和内部控制文化

公司根据法律法规和《公司章程》，建立了完备的法人治理结构，通过建立规范的公司治理结构和议事规则，明确决策、执行、监督等方面的职责权限，形成科学有效的职责分工和制衡机制。

股东会、董事会和监事会依照法律和《公司章程》分别履行决策、执行和监督职责。股东会是公司的权力机构，在股东会的授权下，董事会是公司的决策及执行机构，监事会是公司的监督机构。董事会下设战略委员会、信托委员会、风险管理与审计委员会、薪酬与考核委员会四个专门委员会，在公司发展战略、受益人利益保护、重要岗位人员任职与考核、风险控制、信息披露等方面发挥专业作用，为进一步完善治理结构、促进董事会科学高效决策提供支持。

公司明确界定各部门、各岗位的目标、职责和权限，建立相应的授权、检查和逐级问责制度，确保不相容岗位的相互分离及其在授权范围内履行职能，完善各层级间的授权与管理体系，保证各项决策能够被有效执行。

公司内部树立合规优先，严守风险底线的内控文化，并结合业务特点和内部控制的要求来设置公司各内部机构，明确职责权限分配，落实各部门权利与责任。公司内部控制的目标是合理保证经营合法合规、资产安全、财务报告及相关信息真实完整，提高经营效率，促进公司发展战略的实现。

4.4.2 内部控制措施

风险管理部、法律合规部和稽核审计部作为公司内控管理的主要职能部门，负责拟定和修订内控制度，监督检查和评价内部控制措施的科学性、规范性和可操作性。公司通过修订并不断完善各项管理制度，针对不同业务和管理事项优化内部控制措施，形成事前、事中、事后紧密衔接的内控防线。

公司按照前台、中台、后台划分，制定了相应的规章制度、操作规程和风险管理制度，使得各项业务开展都具备比较详细的业务流程规范。在业务流程上，公司通过事前、事中、事后控制三者结合防范风险，强调即时过程控制。各部门发生异常情况后即时汇报，识别风险并采取相应措施，确保公司内部控制的有效性。

公司固有业务和信托业务相互分离，部门设置和业务人员、业务信息相互独立，分别建账，分别核算。针对信托业务和固有业务的业务特性，分别成立信托业务评审委员会和固有业务评审委员会进行项目评审，根据具体业务的不同特点，采取既有共性又有个性的具体内部控制对策。通过内部控制的环境、程序和措施防范各项业务风险。经营授权方面，实行逐级授权体系，公司内部相关的不同级次、不同部门之间有明确的授权关系和报告关系。

报告期内，公司根据经营发展环境的变化，结合内部控制管理的实际，进一步加强公司内部控制制度及流程建设，制定、梳理和修订了内部控制制度及各类业务指引。公司开展了系统性的风险管理体系自评估工作，以"中泰信托"的法律人格为基本范畴，从可能导致公司经营损失的现实风险点出发，从项目开展生命周期中存在的点状问题切入，进行从问题到危害再到解决措施的系统性分析。随着制度的不断完善，公司董事会、管理层、各相关部门和人员能够按照公司各项制度和业务操作流程履行风险的管理和监控职责，各项业务基本做到前台、中台、后台操作上的相对独立和相互制衡。

4.4.3 信息交流与反馈

公司建立了信息传递、披露和反馈的机制，明确内部控制相关信息的处理和传递程序，确保信息及时沟通，促进内部控制有效运行。

公司明确管理层、各部门和员工的职责范围和报告路径，通过定期工作报告和会商，确保经营管理层及时了解经营信息和风险状况。通过 OA 系统和业务管理系统建立了贯穿各部门的共享信息平台，及时准确的传递管理信息和数据。加大对信息化系统的投入力度，在业务流程、行政审批流程等方面的系统集成功能不断改进和完善。

公司严格按照监管要求，建立对外信息披露制度，规范对投资者、公众、监管部门等的披露方式和流程。定期披露年度报告、年度报告摘要、重大事项临时报告等公司信息。通过网站公告、书面通知等多种方式，依法对委托人和受益人披露信托产品信息。事前向监管部门报送拟开展信托业务的基本信息、关联交易信息、集合资金信托异地推介信息。定期提交非现场监管报告，及时报送临时事项报告等经营信息。报告期内，公司信息交流与反馈机制规范。

4.4.4 监督评价与纠正

公司稽核审计部独立行使对公司内部控制情况的监督和评价职能。每半年对公司开展一次全面审计，囊括公司财务、业务、人事行政及综合等各个方面，对公司经营活动全过程实施监督；项目稽核是通过对项目各环节运作的动态审计和检查来进行合规性评价；专项审计则针对重点项目或监管要求不定期开展；公司高级管理人员、关键岗位人员的离职必须经过稽核审计部门的审计。

通过公司核心业务系统中稽核审计流程审批节点的控制，持续对审计项目的整改情况进行监督检查及复核直至整改结束，公司的跟踪检查及纠正机制得以持续执行。同时，稽核审计部积极开展整改评估专项检查，对公司审计过程中发现的问题的整改情况进行检视评估。

公司各项审计工作均通过审计报告提出意见和建议，并对整改情况进行持续跟踪检查，督促整改落实，使公司能够及时、有的放矢地对各项工作进行规范和管理，有效提升内部控制管理水平，为公司持续稳健运营保驾护航。

4.5 风险管理概况

公司严格执行银监会关于信托公司风险监管的指导意见，坚持防范化解风险和推动转型发展并重的原则，切实加强潜在风险防控，加强尽职管理，加强风险评估，优化业务管理，严防道德风险和案件风险，建立风险防控长效机制。

公司经营活动面临的主要风险包括信用风险、市场风险、操作风险和其他风险。公司风险管理坚持全面性、独立性、连续性、审慎性、有效性等基本原则，以风险最小化、风险成本最低化为目标，坚持以风险管理为核心开展经营活动，平衡业务发展与风险管理之间的关系，建立并逐步完善了基于制度规范和流程控制的风险管理制度体系。基本形成了前台、中台、后台相分离、信托资金运作与自有资金运作相分离的风险管理框架，力求将风险管理制度与措施贯穿到公司各项业务、各个部门、各个岗位，实现风险管理覆盖公司运营的全过程。同时，通过建立有效的风险管理组织体系，保障风险管理制度的有效适用，并根据国家政策、法律及公司经营发展战略的变化，定期对公司相关风险管理制度进行修订和补充。

公司的风险管理组织架构由公司董事会、风险管理与审计委员会、管理层、固有/信托业务评审委员会、风险管理部门、各业务部门及相关职能部门组成。具体来说，形成了由董事会及管理层直接领导，以风险管理部门为依托，相关职能部门配合，与各个业务部门全面联系的风险管理机制。具体风险管理职责划分情况如下：

（1）董事会：进行公司风险管理战略、偏好、政策、最高风险承受水平设定和风险管理决策制定，监控和评价风险管理的全面性、有效性以及高级管理层在风险管理方面的履职情况，审批重大业务项目实施方案，倡导公司全员风险管理意识和风险管理文化，并对公司风险管理承担最终责任。

（2）风险管理与审计委员会：针对公司总体风险管理体系的建立和运行情况向董事会提供咨询意见；对公司业务风险控制及管理情况进行监督。

（3）管理层：负责定期审查和监督执行公司风险管理政策、程序以及具体操作规程，不断完善公司各项风险管理措施，确保公司风险管理体系的有效性；及时了解公司各类风险水平及其管理状况，确保通过恰当的风险管理战略、政策和程序来有效地识别、计量、监测和控制各项业务所承担的各类风险。

（4）固有/信托业务评审委员会：具体负责公司各项业务风险的事前管理和控制，与承担风险的业务部门保持相对独立。对公司所有经立项的固有/信托业务项目进行评审，识别其各项风险水平，在综合风险分析和可行性论证后给出评审意见，通过集体决策实现业务项目风险的事前管理和有效控制。

（5）风险管理部：根据公司发展战略，定位于中端、前端风险管控，建立集中型的风险管理模式，将信用风险、市场风险、操作风险等纳入统一的风险管理体系。负责公司各类投融资业务的风险审查，实现业务决策与风险管理的适度分离，风险管理覆盖公司的全部经营活动与过程，与业务部门的风险自律形成制衡。对公司经营管理活动中的各类风险实施有效的事前评估和过程监控，有效化解和降低公司运营风险。

（6）稽核审计部：通过实行重大业务项目流程稽核，对单个业务项目进行事中和事后风险管理监督，开展定期全流程的全面内部审计，对公司各项经营管理活动进行检查，并向公司董事会及上级监管单位提交内部审计报告。

（7）法律合规部：承担公司法律事务及合规风险管理，组织公司业务合规流程的制定、完善和执行监督，负责合同审查、法律纠纷处理等工作。为各项业务项目提供法律意见，评估业务的合规风险。

（8）业务部门：业务部门是公司风险管理的第一道防线，研判项目风险和设计风险控制措施，构建调研、决策和管理职责相互分离的风险自律体系，承担与其项目相关的风险管理责任。

4.5.1　信用风险状况

信用风险主要来自债务人或交易对手未能或不愿履行其承诺，或者其信用等级下降时给公司权益或金融产品持有人造成损失的风险。

公司2016年末信用风险资产账面余额共490 630.05万元，不良信用风险资产期初数为35 416.06万元，期末数为35 416.06万元，贷款损失准备30 716.06万元，其他各项减值准备4 941.95万元，都已按《资产五级分类管理办法》的规定足额计提。特别是公司已就不良信用风险资产100%全额计提拨备，全面覆盖不良信用风险资产，故上述不良信用风险资产不影响公司资产质量。

公司通过事前评估、事中控制、事后监督的风险管理体系来防范和规避信用风险。具体来说，对交易对手进行综合信用分析，对信托资金的投向区域、行业进行合理布局，避免信用风险的规模化爆发。通过定期风险评估等手段，监控交易对手信用风险的变化，对交易对手进行动态管理。在资金发放后，业务部门、风险管理部等定期或不定期的进行贷后检查和抽查，形成检查报告，发现问题及时预警、及时处理。报告期内，公司各类业务均履行了严格的内部评审程序，合法合规，担保措施充足，交易对手信用等级较高，信用风险可控。

4.5.2　市场风险状况

公司制定与业务性质、规模、复杂程度和风险特征相适应的，与公司总体业务发展战略、管理能力、资本实力和能够承担的总体风险水平相一致的市场风险管理战略。信托业务方面，通过信托产品的结构化设计和组合投资，严格执行权限设定和止损操作，最大限度降低市场风险对投资人权益的影响。另外，公司建立充足的风险准备金，制定风险处置预案、锁定项目退出风险。公司本着审慎的原则，对固有资金进行合理配置。公司固有业务及信托业务尚未涉及外汇业务，受市场汇率变动的直接影响不明显。其他风险，如利率风险、通货膨胀等因素，对公司经营无明显影响。

报告期内，公司密切关注各类市场风险，及时调整投资策略，积极发展创新业务，勤勉尽职地履行受托人职责，市场风险可控。

4.5.3　操作风险状况

操作风险是公司履行受托人勤勉、审慎和尽职责任，在运营和业务开展各个环节可能面临的最为普遍的风险。公司操作风险管理主要是加强内控制度建设，坚持内控优先、制度先行，全面分析公司经营环节和业务流程，合理设置体现制衡原则的前台、中台、后台岗位职责。通过管理层专项调研会，汇总前台、中台、后台对流程优化的意见和建议，持续总结整理各项业务规范，梳理操作流程。通过加强资源配置、完善制度建设、优化系统建设等举措全面提高风险管理能力。

报告期内公司操作风险管控能力不断提升，内控制度体系基本覆盖公司经营的每一个过程和环节，各项制度和流程能够得到有效的执行，并通过“大运营”体系的建立进一步提高了信托业务管控水平。报告期内无该类风险的发生。

4.5.4　其他风险状况

除上述风险类型外，公司还可能面临合规与法律风险、声誉风险等其他风险。

公司合规与法律风险管理包括严格按照相关法律法规、监管规定，对所有拟开展的业务进行合规性审查，明确各类业务合规标准。重视交易安排和法律文件的有效性，强调各类救济措施的可操作性。在信托产品运行和管理过程中，根据信托资金的具体管理、运用和处分方式，严格遵守法律规定和监管要求。提高公司全员的法律合规意识，及时掌握外部金融法律动态和监管政策，严格在现有政策允许范围内开展业务。报告期内，业务整体合规和法律风险管理水平持续提升。

公司声誉风险管理策略包括将公司声誉风险管理机制的构建与公司发展战略、企业文化建设等进行结合，提升专业能力，强化风险意识，审慎经营和诚信发展。公司高度重视防范在业务开展过程中出现的各种声誉风险，强调在稳健经营和持续发展的基础上，主动有效地进行声誉风险管控和应对，进行充分的信息披露，积极履行公司的社会责任，提升公司的社会形象。

5. 报告期末及上年度末的比较式会计报表

5.1　自营资产（经审计）

5.1.1　会计师事务所审计全文

审计报告

中审亚太审字（2017）010073号

中泰信托有限责任公司：

我们审计了后附的中泰信托有限责任公司（以下简称贵公司）财务报表，包括2016年12月31日的资产负债表、2016年度的利润表、现金流量表和所有者权益变动表，以及财务报表附注。

一、管理层对财务报表的责任

编制和公允列报财务报表是贵公司管理层的责任，这种责任包括：（1）按照企业会计准则的规定编制财务报表，并使其实现公允反映；（2）设计、执行和维护必要的内部控制，以使财务报表不存在由于舞弊或错误导致的重大错报。

二、注册会计师的责任

我们的责任是在执行审计工作的基础上对财务报表发表审计意见。我们按照中国注册会计师审计准则的规定执行了审计工作。中国注册会计师审计准则要求我们遵守中国注册会计师职业道德守则，计划和执行审计工作以对财务报表是否不存在重大错报获取合理保证。

审计工作涉及实施审计程序，以获取有关财务报表金额和披露的审计证据。选择的审计程序取决于注册会计师的判断，包括对由于舞弊或错误导致的财务报表重大错报风险的评估。

在进行风险评估时，注册会计师考虑与财务报表编制和公允列报相关的内部控制，以设计恰当的审计程序，但目的并非对内部控制的有效性发表意见。审计工作还包括评价管理层选用会计政策的恰当性和作出会计估计的合理性，以及评价财务报表的总体列报。

我们相信，我们获取的审计证据是充分、适当的，为发表审计意见提供了基础。

三、审计意见

我们认为，上述财务报表在所有重大方面按照企业会计准则的规定编制，公允反映了贵公司2016年12月31日的财务状况以及2016年度的经营成果和现金流量。

中审亚太会计师事务所（特殊普通合伙） 中国注册会计师：杨 涛

中国注册会计师：袁振湘

中国·北京 二〇一七年四月十二日

5.1.2 资产负债表

资产负债表

编制单位：中泰信托有限责任公司　　2016年12月31日　　单位：万元

项目	期末余额	年初余额	项目	期末余额	年初余额
资产：			负债：		
现金	2.31	3.35	拆入资金		
银行存款	2 831.32	12 802.93	交易性金融负债		
其他货币资金	1 001.57	500.55	衍生金融负债		
拆出资金	0.00	0.00	卖出回购金融资产款		
交易性金融资产	134 266.37	44 740.30	应付手续费及佣金		
衍生金融资产	0.00	0.00	应付职工薪酬	13 731.77	19 179.62
买入返售金融资产	40 471.01	0.00	应交税费	4 393.18	5 745.61
应收手续费及佣金	0.00	0.00	应付利息	162.92	0.00
应收利息	98.51	4 834.11	应付股利	470.63	470.63
应收股利	7 870.50	2 707.65	其他应付款	50 764.57	920.74
其他应收款	8 972.39	15 005.91	预计负债	0.00	0.00
存货	0.00	0.00	递延收益	0.00	0.00
发放贷款和垫款	0.00	60 390.00	递延所得税负债	5 888.75	6 736.47
可供出售金融资产	62 905.60	59 358.70	其他负债		
持有至到期投资	10 100.00	0.00	负债合计	75 411.81	33 053.07
长期股权投资	189 754.78	190 390.47	所有者权益：		
投资性房地产	0.00	0.00	实收资本	51 660.00	51 660.00
固定资产	1 750.12	1 875.29	资本公积	3 367.40	3 367.40
无形资产	895.38	869.92	减：库存股		
商誉	0.00	0.00	其他综合收益	16 340.43	21 020.65
长期待摊费用	812.25	828.95	盈余公积	27 584.18	27 584.18
递延所得税资产	11 274.32	12 132.48	一般风险准备	7 351.46	6 210.30
其他资产			信托赔偿准备金	10 332.00	10 332.00
			未分配利润	280 959.15	253 213.01
			外币报表折算差额		
			归属于母公司所有者权益合计	397 594.62	373 387.55
			少数股东权益		
			所有者权益合计	397 594.62	373 387.55
资产总计	473 006.43	406 440.61	负债和所有者权益总计	473 006.43	406 440.61

法定代表人：吴庆斌　　主管会计工作负责人：李 旻　　会计机构负责人：罗建宇

5.1.3 利润表

利润表

编制单位:中泰信托有限责任公司　　2016 年度　　单位:万元

项目	本期金额	上期金额
一、营业收入	60 885.25	75 965.76
利息净收入	2 934.10	7 400.08
利息收入	6 187.10	7 400.08
利息支出	3 253.00	
手续费及佣金净收入	47 286.01	55 782.25
手续费及佣金收入	47 495.59	56 713.45
手续费及佣金支出	209.58	931.21
投资收益(损失以"-"号填列)	10 457.42	12 717.55
其中:对联营企业和合营企业的投资收益	7 220.22	10 949.26
公允价值变动收益(损失以"-"号填列)	143.10	-112.94
汇兑收益(损失以"-"号填列)		
其他业务收入	64.62	178.82
二、营业支出	17 833.33	33 847.69
营业税金及附加	1 183.96	3 746.69
业务及管理费	17 206.87	29 573.60
资产减值损失	-666.63	402.03
其他业务成本	109.14	125.37
三、营业利润(亏损以"-"号填列)	43 051.91	42 118.07
加:营业外收入	1 900.96	2 256.83
减:营业外支出	8 978.39	
四、利润总额(亏损总额以"-"号填列)	35 974.48	44 374.90
减:所得税费用	7 087.19	8 313.03
五、净利润(净亏损以"-"号填列)	28 887.29	36 061.87
六、其他综合收益的税后净额	-4 680.22	-6 984.12
(一)以后不能重分类进损益的其他综合收益		
1. 重新计量设定受益计划净负债净资产的变动		
2. 权益法下在被投资单位不能重分类进损益的其他综合收益中享有的份额		
(二)以后将重分类进损益的其他综合收益	-4 680.22	-6 984.12
1. 权益法下在被投资单位以后将重分类进损益的其他综合收益中享有的份额	-2 029.72	-215.37
2. 可供出售金融资产公允价值变动损益	-2 650.50	-6 768.75
3. 持有至到期投资重分类为可供出售金融资产损益		
4. 现金流量套期损益的有效部分		
5. 外币财务报表折算差额		
七、综合收益总额	24 207.07	29 077.75
八、每股收益:		
(一)基本每股收益		
(二)稀释每股收益		

法定代表人:吴庆斌　　主管会计工作负责人:李　旻　　会计机构负责人:罗建宇

5.1.4 所有者权益变动表

所有者权益变动表

2016 年

编制单位：中泰信托有限责任公司　　　　单位：万元

项目	本期发生额									
	实收资本	资本公积	减：库存股	其他综合收益	专项储备	盈余公积	一般风险准备	信托赔偿准备	未分配利润	所有者权益合计
一、上年期末余额	51 660.00	3 367.40	—	21 020.65	—	27 584.18	6 210.30	10 332.00	253 213.01	373 387.55
加：会计政策变更	—	—	—	—	—	—	—	—	—	—
前期差错更正	—	—	—	—	—	—	—	—	—	—
其他	—	—	—	—	—	—	—	—	—	—
二、本年期初余额	51 660.00	3 367.40	—	21 020.65	—	27 584.18	6 210.30	10 332.00	253 213.01	373 387.55
三、本期增减变动金额（减少以"－"号填列）	—	—	—	－4 680.22	—	—	1 141.15	—	27 746.14	24 207.07
（一）综合收益总额	—	—	—	－4 680.22	—	—	—	—	28 887.29	24 207.07
（二）所有者投入和减少资本	—	—	—	—	—	—	—	—	—	—
1. 股东投入的普通股	—	—	—	—	—	—	—	—	—	—
2. 其他权益工具持有者投入资本	—	—	—	—	—	—	—	—	—	—
3. 股份支付计入所有者权益的金额	—	—	—	—	—	—	—	—	—	—
4. 其他	—	—	—	—	—	—	—	—	—	—
（三）利润分配	—	—	—	—	—	—	1 141.15	—	－1 141.15	—
1. 提取盈余公积	—	—	—	—	—	—	—	—	—	—
2. 提取一般风险准备金	—	—	—	—	—	—	1 141.15	—	－1 141.15	—
3. 提取信托赔偿准备金	—	—	—	—	—	—	—	—	—	—
4. 对所有者（或股东）的分配	—	—	—	—	—	—	—	—	—	—
5. 其他	—	—	—	—	—	—	—	—	—	—
（四）所有者权益内部结转	—	—	—	—	—	—	—	—	—	—
1. 资本公积转增资本（或股本）	—	—	—	—	—	—	—	—	—	—
2. 盈余公积转增资本（或股本）	—	—	—	—	—	—	—	—	—	—
3. 盈余公积弥补亏损	—	—	—	—	—	—	—	—	—	—
4. 其他	—	—	—	—	—	—	—	—	—	—
（五）专项储备	—	—	—	—	—	—	—	—	—	—
1. 本期提取	—	—	—	—	—	—	—	—	—	—
2. 本期使用	—	—	—	—	—	—	—	—	—	—
（六）其他	—	—	—	—	—	—	—	—	—	—
四、本期期末余额	51 660.00	3 367.40	—	16 340.43	—	27 584.18	7 351.46	10 332.00	280 959.15	397 594.62

法定代表人：吴庆斌　　主管会计工作负责人：李　旻　　会计机构负责人：罗建宇

5.2 信托资产

5.2.1 信托项目资产负债汇总表

编制单位：中泰信托有限责任公司　　　　单位：万元

信托资产	期末数	期初数	信托负债和信托权益	期末数	期初数
信托资产：			信托负债：		
货币资金	164 219.47	118 971.45	交易性金融负债	0	0
拆出资金	0	0	衍生金融负债	0	0
存出保证金	0	0	应付受托人报酬	0	1 789.53
交易性金融资产	93 991.67	167 429.27	应付托管费	0	10.40
衍生金融资产	0	0	应付受益人收益	0	0
买入返售资产	20 066.97	17 887.15	应交税费	0	0
应收款项	1 012 031.62	1 291 464.87	应付销售服务费	0	0
发放贷款	1 697 925.55	2 887 389.75	其他应付款项	140 737.04	62 005.05
可供出售金融资产	1 333 710.14	2 201 302.28	其他负债	0	0
持有至到期投资	464 264.75	694 598.00	信托负债合计	140 737.04	63 804.98
长期应收款	0	30 000.00			
长期股权投资	481 294.32	788 774.32	信托权益：		
投资性房地产	0	0	实收信托	5 089 181.56	8 064 532.22
固定资产	0	0	资本公积	7 159.98	724.49
无形资产	42 500.00	42 500.00	外币报表折算差额	0	0
长期待摊费用	0	0	未分配利润	72 925.91	111 255.40
其他资产	0	0	信托权益合计	5 169 267.44	8 176 512.11
信托资产总计	5 310 004.48	8 240 317.09	信托负债及信托权益总计	5 310 004.48	8 240 317.09

法定代表人：吴庆斌　　　　财务负责人：李　旻　　　　会计人员：龚小云

5.2.2 信托项目利润及利润分配汇总表

编制单位：中泰信托有限责任公司　　　　单位：万元

信托资产	本年数	上年数
一、营业收入	918 145.96	890 937.55
利息收入	410 668.75	356 650.05
投资收益	501 980.65	523 300.36
其中：对联营企业和合营企业的投资收益	0.00	0.00
公允价值变动收益（损失以"－"号填列）	−5 473.96	5 413.36
租赁收入	1 991.78	2 323.82
汇兑损益（损失以"－"号填列）	0.00	0.00
其他收入	8 978.73	3 249.96
二、营业支出	84 978.97	110 407.59
营业税金及附加	0.00	0.00
受托人报酬	49 629.00	56 713.45
托管费	18 443.72	14 097.93
投资管理费	0.00	0.00
销售服务费	5 160.53	26 347.94
交易费用	0.00	0.00
资产减值损失	0.00	0.00
其他费用	11 745.71	13 248.27
三、信托净利润（净亏损以"－"号填列）	833 167.00	780 529.96
四、其他综合收益	0.00	0.00
五、综合收益	833 167.00	780 529.96
加：期初未分配信托利润	111 255.39	23 129.06
六、可供分配的信托利润	944 422.39	803 659.01
减：本期已分配信托利润	871 496.48	692 403.62
七、期末未分配信托利润	72 925.91	111 255.39

法定代表人：吴庆斌　　　　财务负责人：李　旻　　　　会计人员：龚小云

6. 会计报表附注

6.1 本会计报表不符合会计核算基本前提的事项

无。

6.2 或有事项说明

本公司对发放的已逾期的贷款提起诉讼，全部已判决并胜诉，公司正积极对相关债权进行追讨。

单位：万元

或有事项项目	期初金额	期末金额
合计	33 805.98	33 805.98

6.3 重要资产转让及其出售的有关说明

报告期内公司无重要资产转让或出售。

6.4 会计报表中重要项目的明细资料

6.4.1 自营资产经营情况

6.4.1.1 信用风险资产情况

中国银行业监督管理委员会自2016年1月起调整了信用风险资产的统计范围，主要为将长期股权投资、交易性金融资产、可供出售金融资产和持有至到期投资等新纳入信用风险资产范围。按信用风险资产五级分类，报告期末，公司无新增不良信用风险资产，仍为历史形成的35 416.06万元，信用风险资产合计为490 630.05万元（其中正常类448 203.18万元、关注类7 010.81万元、次级类0元、可疑类0元、损失类

35 416.06万元）。本年度，信用风险资产不良率为7.22%，且上述不良信用风险资产均为历史形成，公司已就其100%全额计提拨备，全面覆盖不良信用风险资产，故上述不良信用风险资产不影响公司资产质量。信用风险资产不良率仅反映报告期内公司信用风险资产相关情况。按2016年的信用风险资产统计范围对2015年回溯调整，2015年，公司信用风险资产合计为427 055.25万元（其中正常类384 628.38万元、关注类7 010.81万元、次级类0元、可疑类0元、损失类35 416.06万元），信用风险资产不良率为8.29%。

注：1. 不良信用风险资产合计＝次级类＋可疑类＋损失类。
2. 信用风险资产合计＝正常类＋关注类＋次级类＋可疑类＋损失类。
3. 信用风险资产不良率＝不良信用风险资产合计/信用风险资产合计x100%。

6.4.1.2 资产减值损失准备情况

单位：万元

	期初数	本期计提	本期转回	本期核销	期末数
贷款损失准备	31 326.06	—	610.00	—	30 716.06
一般准备	610.00		610.00		—
专项准备	30 716.06				30 716.06
其他资产减值准备					
可供出售金融资产减值准备	—				—
持有至到期投资减值准备	—				—
长期股权投资减值准备	—				—
坏账准备	4 998.57	52.15	108.77		4 941.95
投资性房地产减值准备					

6.4.1.3 投资业务情况

单位：万元

	自营股票	基金	债券	长期股权投资	其他投资	合计
期初数	37 468.00			190 658.87	66 631.00	294 757.87
期末数	32 946.02			189 754.78	163 227.95	385 928.75

6.4.1.4 自营长期股权投资情况

企业名称	占被投资企业权益的比例（%）	主要经营活动	投资损益（万元）
大成基金管理有限公司	50.00	公募基金的募集和管理	7 107.87
都邦财产保险股份有限公司	19.07	保险业务	112.35

6.4.1.5 前三名的自营贷款的企业名称、占贷款总额的比例和还款情况等

单位：%

企业名称	占贷款总额的比例	还款情况
深圳市凯泰隆实业发展有限公司	22.79	逾期
海南金盟发实业有限公司	22.79	逾期
黄山长江徽杭高速公路有限公司	22.79	逾期

6.4.1.6 表外业务情况

单位：万元

表外业务	期初数	期末数
担保业务	0.00	0.00
代理业务（委托业务）	0.00	0.00
其他	—	—
合计	0.00	0.00

6.4.1.7 本公司当年的收入结构

收入结构	金额（万元）	占比（%）
利息收入	2 934.10	4.67
手续费及佣金收入	47 286.01	75.31
其中：信托手续费收入	47 286.01	
投资收益	10 457.42	16.66
公允价值变动收益	143.10	0.23
汇兑损益		0.00
其他业务收入	64.62	0.10
营业外收入	1 900.96	3.03
合计	62 786.21	100

2016年本公司信托业务收入为47 286.01万元，均为以手续费及佣金确认的信托业务收入。

6.4.2 **披露信托财产管理情况**

6.4.2.1 信托资产的期初数、期末数

单位：万元

信托资产	期初数	期末数
集合类	4 026 153.18	2 691 027.72
单一类	4 127 540.13	2 532 352.59
财产管理类	86 623.78	86 624.17
合计	8 240 317.09	5 310 004.48

6.4.2.1.1 主动管理型信托业务

单位：万元

主动管理型信托资产	期初数	期末数
证券投资类	175 963.35	28 344.15
股权投资类	200 641.20	0
融资类	2 926 849.96	1 939 035.97
事务管理类	84 000.50	46 006.91
其他类	715 090.47	351 380.58
合计	4 102 545.48	2 364 767.61

6.4.2.1.2 被动管理型信托业务

单位：万元

被动管理型信托资产	期初数	期末数
证券投资类	123 532.26	199 683.46
股权投资类	219 310.34	115 435.04
融资类	1 592 019.98	599 049.99
事务管理类	2 085 907.87	1 880 941.58
其他类	117 001.16	150 126.80
合计	4 137 771.61	2 945 236.87

6.4.2.2 本年度已清算结束的信托项目个数、实收信托合计金额、加权平均实际年化收益率

6.4.2.2.1 本年度已清算结束的集合类、单一类资金信托项目和财产管理类信托项目个数、实收信托合计金额、加权平均实际年化收益率

已清算结束的信托项目	项目个数（个）	实收信托合计金额（万元）	加权平均实际年化收益率（%）
集合类	42	1 431 550.00	9.28
单一类	154	3 558 170.00	7.42
财产管理类	0	0.00	0

6.4.2.2.2 本年度已清算结束的主动管理型信托项目个数、实收信托合计金额、加权平均实际年化收益率

已清算结束的信托项目	项目个数（个）	实收信托合计金额（万元）	加权平均实际年化信托报酬率（%）	加权平均实际年化收益率（%）
证券投资类	4	56 000.00	0.19	0.85
股权投资类	—	—	—	—
融资类	34	1 265 700.00	1.73	9.62
事务管理类	—	—	—	—
其他类	4	109 850.00	1.57	9.66

注："其他类"是指除投向证券及股权外的其他投资类业务。

6.4.2.2.3 本年度已清算结束的被动管理型信托项目个数、实收信托合计金额、加权平均实际年化收益率

已清算结束的信托项目	项目个数（个）	实收信托合计金额（万元）	加权平均实际年化信托报酬率（%）	加权平均实际年化收益率（%）
证券投资类	—	—	—	—
股权投资类	1	102 000.00	0.16	6.43
融资类	31	937 792.00	0.15	7.89
事务管理类	118	2 401 378.00	0.20	7.30
其他类	4	117 000.00	0.13	7.51

6.4.2.3 本年度新增的集合类、单一类和财产管理类信托项目个数、实收信托合计金额

新增信托项目	项目个数（个）	实收信托合计金额（万元）
集合类	26	689 870.00
单一类	82	1 661 626.85
财产管理类	0	0.00
新增合计	108	2 351 496.85
其中：主动管理型	24	448 520.00
被动管理型	84	1 902 976.85

6.4.2.4 信托业务创新成果和特色业务有关情况

2016 年，公司持续推进信托业务创新工作，其中消费信贷业务作为公司近两年的创新方向之一，过去几年通过大量实践，运营管控更趋稳健和高效；证券投资类业务方面，公司积累了一定的运营经验；传统的政信业务方面，公司积极进行优化改造，在产业基金、PPP 等领域进行了一定的探索和尝试。

6.4.2.5 报告期内，本公司依法依规审慎履行受托人职责，未发生因本公司自身责任导致信托资产损失的情况

截至 2016 年 12 月 31 日，本公司信托赔偿准备金累计金额为 10 332 万元，已达注册资本的 20%。根据《信托公司管理办法》第四十九条，信托赔偿金累计金额达到公司注册资本的 20% 时，可不再提取。因未发生管理失职的情况，本年度未使用信托赔偿准备金。公司按照银监会的有关规定管理信托赔偿准备金。

6.5 关联方关系及其交易的披露

6.5.1 关联交易方的数量、关联交易的总金额及关联交易的定价政策等

	关联交易方数量（个）	关联交易金额（万元）	定价政策
合计	4	15 822.42	按照市场公允价格确定

注："关联交易"定义以《公司法》《企业会计准则第 36 号——关联方披露》有关规定为准。具体定价政策：首先，按照市场公允价格确定；如果缺乏市场公允价格的，比照相关类似业务或资产的市价确定；如果上述两种价格都不存在，则按照中介机构出具的评估价确定。

6.5.2 关联交易方与本公司的关系性质、关联交易方的名称、法定代表人、注册地址、注册资本及主营业务等

单位：万元

关系性质	关联方名称	法人代表	注册地址	注册资本	主营业务
股东	中国华闻投资控股有限公司	幸宇晖	北京市朝阳区东三环北路 38 号院 1 号泰康金融大厦 25 层 2501 内 5 室	120 000	实业投资、机械电子建材销售等。
股东	广联（南宁）投资股份有限公司	吴庆斌	南宁市民族大道 38 -2 号 18 层	13 900	对高新技术产业、交通基础建设、媒体信息产业、房地产开发产业、医药业等产业的投资。
股东	上海新黄浦置业股份有限公司	程齐鸣	上海市北京东路 668 号西楼 32 层	56 116.30	房地产经营、旧危房改造，室内外建筑装潢，物业管理、房产咨询、机械设备安装、餐饮业等。
受同一股东控制	上海新华闻投资有限公司	幸宇晖	上海市闸北区天目中路 383 号 501 室	50 000	实业投资、资产经营及管理等。
受同一股东控制	上海嘉庆投资管理有限公司	王 磊	上海市浦东新区牡丹路 60 号 A2001 室	16 000	实业投资、企业投资管理、投资咨询等。
受同一股东控制	厦门联信投资管理有限公司	余 钧	厦门思明区湖滨南路 299 -309 号裙楼 201 室	500	投资咨询。
受同一股东控制	上海久峰投资咨询有限公司	彭传发	上海市松江区松汇西路 1558 号A -287	1 000	企业投资咨询、商务咨询、财务管理咨询、企业管理咨询服务。
子公司	大成基金管理有限公司	刘 卓	深圳市福田区深南大道 7088 号招商银行大厦 32 层	20 000	基金募集；基金销售；资产管理及中国证监会许可的其他业务。
联营公司	都邦财产保险股份有限公司	郑国如	吉林省吉林市吉丰东路 388 号	270 000	财产损失保险；责任保险；信用保险和保证保险；短期健康保险和意外伤害保险；上述业务的再保险业务；国家法律、法规允许的保险资金运用；经保监会批准的其他业务。

6.5.3 本公司与关联方的重大交易事项

6.5.3.1 固有与关联方交易情况

单位：万元

固有与关联方关联交易				
	期初数	借方发生额	贷方发生额	期末数
贷款	—	—	—	—
投资	—	—	—	—
租赁	—	—	—	—
担保	—	—	—	—
应收账款	14 035.14	10 550.00	5 000.00	19 585.14
其他	297.61	261.21	11.21	47.61
合计	14 332.75	10 811.21	5 011.21	19 632.75

6.5.3.2 信托与关联方交易情况

单位：万元

信托与关联方关联交易				
	期初数	借方发生额	贷方发生额	期末数
贷款	—	—	—	—
投资	—	—	—	—
租赁	—	—	—	—
担保	—	—	—	—
应收账款	—	—	—	—
其他	—	—	—	—
合计	0.00	0.00	0.00	0.00

6.5.3.3 信托公司自有资金运用于自己管理的信托项目（固信交易）、信托公司管理的信托项目之间的相互（信信交易）交易金额，包括余额和本报告年度的发生额

6.5.3.3.1 固信交易情况

单位：万元

固有财产与信托财产相互交易				
	期初数	本期发生额		期末数
		借方发生额	贷方发生额	
合计	0.00	0.00	0.00	0.00

6.5.3.3.2 信信交易情况

单位：万元

信托资产与信托财产相互交易			
	期初数	本期发生额	期末数
合计	0.00	0.00	0.00

6.5.4 本公司本期关联方逾期未偿还本公司资金的情况，且没有为关联方担保发生垫款的事项

无。

6.6 会计制度的披露

6.6.1 固有业务执行的会计制度

本公司固有业务从2008年1月1日起执行财政部2006年2月颁布的《企业会计准则——基本准则》和38项具体会计准则、其后颁布的应用指南、解释以及其他相关规定（统称企业会计准则）。

6.6.2 信托业务执行会计制度

本公司信托业务从2010年1月1日起执行财政部2006年2月颁布的《企业会计准则——基本准则》和38项具体会计准则、其后颁布的应用指南、解释以及其他相关规定（统称企业会计准则）。

7. 财务情况说明书

7.1 利润实现和分配情况

7.1.1 利润实现情况

本年度实现利润总额为35 974.48万元，实现净利润为28 887.29万元。

单位：万元

项目	金额
营业利润	43 051.91
利润总额	35 974.48
所得税	7 087.19
净利润	28 887.29

7.1.2 利润分配情况

单位：万元

项目	金额
本年度净利润	28 887.29
上年未分配利润	253 213.01
本年其他转入	
可供分配的利润	282 100.30
提取法定盈余公积	
提取法定公益金	
提取信托赔偿准备金	
提取一般准备金	1 141.15
可供投资者分配利润	
未分配利润	280 959.15

7.2 主要财务指标

指标名称	指标值
资本利润率（%）	7.49
加权年化信托报酬率（%）	0.51
人均净利润（万元）	128.96

注：1. 资本利润率=净利润/所有者权益平均余额x100%。

2. 加权年化信托报酬率=（信托项目1的实际年化信托报酬率x信托项目1的实收信托+信托项目2的实际年化信托报酬率x信托项目2的实收信托+…+信托项目n的实际年化信托报酬率x信托项目n的实收信托）/（信托项目1的实收信托+信托项目2的实收信托+…+信托项目n的实收信托）。

3. 人均净利润=净利润/平均人数。

4. 平均值采取年初、年末余额简单平均法，公式为：a（平均）=（年初数+年末数）/2。

7.3 对本公司财务状况、经营成果有重大影响的其他事项

无。

8. 特别事项揭示

8.1 报告期内本公司股东发生变动

无。

8.2 董事、监事及高级管理人员变动情况及原因

报告期内,葛贵生先生因个人原因申请辞去董事职务,经公司股东会决议通过,葛贵生先生不再担任公司第六届董事会董事职务,并选举李杰先生为公司第六届董事会股东代表董事,其任职资格自上海银监局核准之日起生效。

报告期内,刘忠宁先生因个人原因申请辞去监事职务,经公司股东会决议通过,刘忠宁先生不再担任公司第六届监事会监事职务,并选举王红梅女士为公司第六届监事会股东代表监事。

报告期内,于潇女士因个人原因申请辞去合规总监(总裁助理级)职务,经公司第六届董事会决议通过,于潇女士不再担任公司合规总监(总裁助理级)职务。

8.3 公司的重大诉讼事项

8.3.1 固有项下诉讼

2014年9月15日,公司收到江苏省泰州市中级人民法院应诉通知书,江苏江山制药有限公司就昆山玉成开发贷款单一资金信托计划的信托纠纷起诉本公司,该案经二审业已审结,本公司与江苏江山制药有限公司协商达成和解,相关判决现已履行完毕。

8.3.2 信托项下诉讼

报告期内,公司"中泰·天地缘实业信托贷款集合资金信托计划"因融资方山东天地缘实业有限公司出现违约情形,公司于2016年12月向上海二中院提起对保证人和股权出质人的诉讼并申请财产保全,上海二中院已立案并裁定进行财产保全。

8.4 公司及其董事、监事和高级管理人员在报告期内受处罚

无。

8.5 银监会及其派出机构对公司检查整改意见落实情况

上海银监局于2016年3月至4月期间对公司进行了例行的全面现场检查,检查主要侧重于公司法人治理、内部控制、固有业务风险情况、信托业务合规性、信托推介录音、录像等。现场检查总体评价公司部门管理职能基本清晰,信托业务操作基本符合政策规定与制度流程。上海银监局根据现场检查和非现场监管的情况,主要提出了包括进一步完善法人治理机制、加强合规和风控管理、完善销售关键环节的双录工作等监管意见。

公司对上海银监局提出的监管意见高度重视,及时向董事会、监事会、股东会进行了报告,组织经营管理层、相关部门进行了学习和研究,并已上报了详细的现场检查意见整改方案和整改计划时间表,同时责成专门部门督促整改方案的落实,每个季度对整改工作的有效性进行评价,并在年末将整改推进情况向上海银监局进行了汇报,主要包括持续落实公司治理优化工作中,持续加强业务风险管控,落实公司信托业务战略和风险战略的制定,严格对照公司指引执行业务准入并逐步完善,持续规范项目运营管理监测方案,系统性加强员工管理,进一步规范营销行为,持续落实风险揭示工作,继续推进公司系统化建设,优化公司信息系统,提升系统对于数据的自动生成能力等。

8.6 本年度公司发布重大事项临时报告情况

公司于2016年1月8日分别在《证券时报》B47版和《上海证券报》B95版发布《公司更换律师事务所公告》。

8.7 报告期内,公司发生中国银监会及其省级派出机构认定的其他有必要让客户及相关利益人了解的重要信息。

无。

9. 监事会意见

公司监事会认为,报告期内公司决策程序合法,内部控制实施符合监管要求,公司董事、高级管理人员履职行为过程中未见违法违纪或有损公司及股东利益的行为。

中审亚太会计师事务所(特殊普通合伙)为公司2016年度财务报告出具了标准无保留意见的审计报告。监事会认为该财务报告真实反映公司的财务状况和经营成果。

中铁信托有限责任公司

1. 重要提示

1.1 本公司董事会及董事保证本报告所载资料不存在任何虚假记载、误导性陈述或者重大遗漏,并对其内容的真实性、准确性和完整性承担个别及连带责任。本年度报告摘要摘自年度报告全文,客户及相关利益人欲了解详细内容,应阅读年度报告全文。

1.2 本公司全体董事均出席了审议本次年报的董事会会议,公司监事、高管列席了会议。

1.3 本公司独立董事周国华先生、陈永生先生、龙宗智先生声明:保证年度报告内容的真实性、准确性和完整性。

1.4 德勤华永会计师事务所(特殊普通合伙)北京分所根据中国注册会计师独立审计准则对本公司年度财务报告进行审计,出具了无保留意见的审计报告。

1.5 本公司董事长郭敬辉先生、总经理景开强先生、财务负责人解义才先生和会计机构负责人(会计主管人员)李正斌先生声明:保证年度报告中财务报告的真实、完整。

2. 公司概况

2.1 公司简介

2.1.1 公司法定中文名称:中铁信托有限责任公司
中文名称缩写:中铁信托
公司法定英文名称:China Railway Trust Co. ,Ltd.
英文名称缩写:CRTC

2.1.2 法定代表人:郭敬辉

2.1.3 注册地址:成都市航空路1号国航世纪中心B座

2.1.4 邮政编码:610041

2.1.5 公司国际互联网网址:www. crtrust. com

2.1.6 电子信箱:crtc@ crtrust. com

2.1.7 公司负责信息披露事务的高级管理人员:陈 赤
联系人:邹纯余
电话/传真:028-86029131
电子信箱:zcy@ crtrust. com

2.1.8 公司选定的信息披露报纸:《证券时报》

2.1.9 公司年度报告备置地点:成都市航空路1号国航世纪中心B座26楼

2.1.10 公司聘请的会计师事务所名称:德勤华永会计师事务所(特殊普通合伙)北京分所
地址:北京市东城区长安街1号东方经贸城西二办公楼

2.1.11 公司聘请的律师事务所名称:泰和泰律师事务所
地址:成都市高新区天府大道中段199号棕榈泉国际中心16楼、17楼

2.2 组织结构

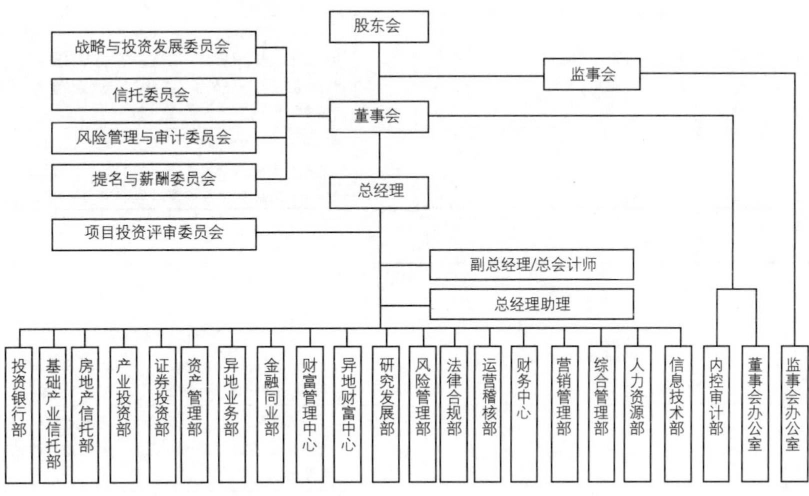

3. 公司治理

3.1 股东

3.1.1 报告期末股东总数为 17 家，出资比例 15% 以上的股东情况：

单位：%

股东名称	出资比例	法人代表
中国中铁股份有限公司	78.911	李长进

3.1.2 公司第一大股东的主要股东情况

单位：%

公司第一大股东名称	第一大股东的主要股东	出资比例	法人代表
中国中铁股份有限公司	中国铁路工程总公司	54.39	李长进

3.2 董事

3.2.1 董事会成员

姓名	职务	性别	年龄（岁）	选任日期	所推举的股东名称	该股东持股比例（%）	简要履历
郭敬辉	董事长	男	60	2013 年 12 月	中国中铁股份有限公司	78.911	历任中铁二局集团有限公司董事会秘书兼办公室主任、副总经理、监事会主席、党委副书记、纪委书记，中铁二局股份有限公司监事会主席、党委副书记、纪委书记，中铁信托有限责任公司党委书记、纪委书记；现任中铁信托有限责任公司党委副书记、董事长。
景开强	董事	男	58	2013 年 12 月	中国中铁股份有限公司	78.911	历任中铁二局股份有限公司财务部部长，中铁八局集团有限公司总会计师、总法律顾问，衡平信托有限责任公司副董事长；现任中铁信托有限责任公司党委副书记、董事、总经理，宝盈基金管理有限公司董事。
何　文	董事	男	52	2014 年 4 月	中国中铁股份有限公司	78.911	历任中铁四局集团有限公司财务处副处长、资金部部长、副总会计师、总会计师、董事、党委常委，中铁信托有限责任公司党委书记、纪委书记、监事长；现任中国中铁股份有限公司副总会计师、财务部部长，中铁信托有限责任公司董事。
刘恒书	董事	男	43	2015 年 12 月	中铁二局集团有限公司	7.232	历任中铁二局一处南昆指挥部财务主管，中铁二局一处株六指挥部财务主管，中铁二局一公司财会部副部长、副总会计师，中铁二局股份有限公司财会部财务科科长，中铁二局二公司总会计师，中铁二局审计部副部长、部长，中铁二局股份有限公司监事；现任中铁二局股份有限公司副总会计师、财务会计部部长、中铁信托有限责任公司董事。
董　晖	董事	男	48	2015 年 12 月	成都工投资产经营有限公司	3.429	历任成都市经济委员会科技处主任科员、技术创新处副处长，成都市投促委综合行业处处长、投资服务处处长、项目管理处处长，成都工投资产经营公司董事、副总经理；现任成都工投资产经营公司董事、总经理，中铁信托有限责任公司董事。
解义才	职工董事	男	47	2013 年 12 月	职工代表	—	历任中铁二局股份有限公司财务部副部长、证券部部长，中铁二局集团有限公司财务部部长、副总会计师，中铁信托有限责任公司董事；现任中铁信托有限责任公司职工董事、副总经理、总会计师、纪委书记、工会主席。

3.2.2 独立董事

姓名	所在单位及职务	性别	年龄（岁）	选任日期	所推举的股东名称	该股东持股比例（%）	简要履历
周国华	西南交通大学教授	男	50	2013 年 12 月	—	—	历任西南交通大学经济管理学院院长助理、副院长；现任西南交通大学企业与项目管理研究所所长，中国高铁国际化发展协同创新中心（四川省 2011 计划）执行主任，教授、博士生导师，中铁信托有限责任公司独立董事。
陈永生	西南财经大学教授	男	52	2015 年 12 月	—	—	历任西南财经大学经济研究所助理研究员、副研究员，西南财经大学金融学院副教授、教授；现任西南财经大学金融学院教授，中铁信托有限责任公司独立董事。
龙宗智	四川大学教授	男	62	2015 年 12 月	—	—	历任解放军 38 师战士、班长、排长，成都军区直属军事检察院检察员、副检察长、检察长，成都军区检察院副检察长，四川大学法学院教授，西南政法大学校长、党委常委，兼重庆市人大内司委副主任、重庆市社科联副主席；现任四川大学法学院教授、博士生导师、法学研究所所长（学术组织），兼任西南政法大学博导，西南财经大学博导，重庆金平教育基金会理事长，中铁信托有限责任公司独立董事。

3.3 监事

姓名	职务	性别	年龄（岁）	选任日期	所推举的股东名称	该股东持股比例(%)	简要履历
马永红	监事长	男	50	2014年4月	中国中铁股份有限公司	78.911	历任铁道部第三工程局处长、高级会计师，中铁三局集团有限公司副总会计师、总会计师、总法律顾问，中铁置业集团有限公司董事、财务总监、副总经理，中铁信托有限责任公司党委书记、纪委书记、监事长；现任中铁信托有限责任公司党委书记、监事长。
王怀远	监事	男	60	2013年12月	中国中铁股份有限公司	78.911	历任铁道部大桥工程局副总经济师、董事会秘书、副总法律顾问、法律事务部部长；现任中国中铁股份有限公司副总法律顾问、法律事务部部长，中铁信托有限责任公司监事。
陈家均	监事	男	53	2013年12月	成都高新发展股份有限公司	0.692	历任贵州省计划管理干部学院会计、省计委财贸处科员、罗甸县委农工部科员，四川省审计局商贸部副主任科员，成都高新发展股份有限公司财务部副部长、部长、总会计师、副总经理；现任成都高新发展股份有限公司监事会主席，中铁信托有限责任公司监事。
彭玖雯	职工监事	女	47	2013年12月	职工代表	—	历任成都市金通信托投资公司财务部助理会计师、会计师，衡平信托投资有限责任公司董事会审计部职员、审计稽核部副总经理；现任中铁信托有限责任公司运营稽核部、内控审计部总经理、职工监事。
严　震	职工监事	男	40	2013年12月	职工代表	—	历任衡平信托投资有限责任公司董事会办公室副主任、主任，资产管理部副经理，中铁信托有限责任公司风险管理部副总经理；现任中铁信托有限责任公司风险管理部、法律合规部总经理、职工监事。

3.4 高级管理人员

姓名	职务	性别	年龄(岁)	选任日期	金融从业年限(年)	学历	专业
景开强	总经理	男	58	2013年12月	10	研究生	财会
李文众	副总经理、总法律顾问	男	57	2013年12月	36	本科	财会
陈　赤	副总经理、董事会秘书	男	50	2013年12月	17	博士	金融学
解义才	副总经理、总会计师	男	47	2013年12月	11	研究生	财会
王　石	副总经理	男	56	2013年12月	34	本科	经济管理
王　兴	副总经理	男	48	2013年12月	17	博士	会计学
舒军华	副总经理	男	43	2014年4月	11	研究生	管理学

3.5 公司员工

报告期内在岗员工人数:211人。平均年龄:36.3岁，学历分布比例见下表。

学历分布	人　数(人)	比　例(%)
博士	7	3.32
硕士	78	36.97
本科	113	53.55
专科	11	5.21
其他	2	0.95

4. 经营管理

4.1 经营目标、方针、战略规划

4.1.1 经营目标

坚持稳中求进、强基固本，在控制风险的前提下开拓创新，加快公司转型升级。按照前台、中台、后台协同的思路，建设精细化的管理机制和支持创新的制度，深入推进成本管理、精准营销、全员风控和品牌建设等战略，提升公司可持续发展能力。

4.1.2 经营方针

公司所秉承的经营方针是:稳健、进取、合作共赢。

4.1.3 战略规划

公司的战略规划:抓住国家“十三五”战略发展的历史性机遇，加快改革转型步伐，提升创新风控能力，把中铁信托建设成为沿信托业价值链纵向一体化发展，具有以城市功能产业为核心，贯通上、中、下游产业闭环运行的投行和资产管理业务特色的、行业一流的现代综合金融服务企业。

4.2 所经营业务主要内容

公司业务分为自营业务和信托业务。

4.2.1 自营业务

主要包括自营贷款、自营证券、金融产品投资等。

自营资产运用与分布表

资产运用	金额(万元)	占比(%)	资产分布	金额(万元)	占比(%)
货币资产	219 755	19.51	基础产业	0	0
贷款及应收款		0	房地产业	0	0
交易性金融资产	500	0.04	证券市场	500	0.04
可供出售金融资产	818 798	72.71	实业	0	0
持有至到期投资	0	0	金融机构	484 088	42.99
长期股权投资	51 679	4.59	其他	641 496	56.97
其他	35 352	3.15			
资产总计	1 126 084	100	资产总计	1 126 084	100

4.2.2 信托业务

信托业务是本公司的主营业务和主要收入来源，主要包括集合资金信托、单一资金信托、财产信托等。

信托资产运用与分布表

资产运用	金额（万元）	占比（%）	资产分布	金额（万元）	占比（%）
贷款	11 426 985	33.56	基础产业	937 836	3.89
交易性金融资产	234 296	0.77	房地产	3 292 642	7.69
可供出售及持有至到期投资	13 332 118	43.83	证券市场(股票)	228 125	0.29
长期股权投资	2 958 120	9.72	证券市场(债券)	67 220	0.51
租赁	10 297	0.03	证券市场(基金)	86 171	1.46
买入返售	17 220	0.06	金融机构	1 440 656	4.09
存放同业	479 542	1.58	工商企业	11 092 847	60.24
其他	1 961 937	6.45	其他	13 275 018	21.83
信托资产总计	30 420 515	100	信托资产总计	30 420 515	100

4.3 市场分析

4.3.1 外部环境机遇和挑战并存

（1）国际环境。全球经济企稳，市场信心回升，但实体经济依然脆弱，市场需求依旧低迷，宏观政策效力削弱，世界经济低增长、高风险局面难有根本改观。（2）国内环境。经济结构的转型继续推进，经济由规模增长变为质量增长，由投资拉动变为创新驱动，国家推进供给侧结构性改革，旨在通过“去产能、去库存、去杠杆、降成本、控风险”等一系列政策推动经济增长模式的转型。2017年，货币政策将转变为中性偏紧，财政政策则会继续保持积极，房地产方面，将继续调控以防止城市房价上涨过快。

4.3.2 信托行业发展面临转型

（1）制度层面，信托相关制度构建和完善取得重大突破。一是信托业八项业务的分类，有利于明确风险点，推动信托公司根据自身情况，探索差异化、专业化的发展路径。二是信托登记制度的构建，有利于进一步规范和完善信托产品的统计和信息披露，提高信托资产的流动性，为信托业发展提供信息支持。三是“营改增”，税制的改革对信托行业也有重要影响，短期内可能增加信托公司的税负，对信托公司的税务筹划能力提出新要求。（2）监管层面。泛资管竞争加剧，防风险、强监管将成2017年金融行业的主基调。监管体系加强，资管行业统一监管的趋势要求信托行业转型、打破刚兑，在实行初期可能给信托行业带来压力。同时，监管层鼓励信托公司转型、创新，对信托公司的管理能力提出新要求。（3）业务层面。信托公司资产规模合理增长，融资类信托占比进一步下降，事务管理类信托占比增加。信托公司从传统行业逐渐转向新兴领域，产业投资基金、资产证券化、慈善信托等创新业务将渐次开展。

4.4 内部控制概况

4.4.1 内部控制环境和内部控制文化

公司按照国家有关法律法规和自身实际，构建了层次清晰、覆盖完整的“三位一体”的内部控制体系。通过建立和完善治理结构、授权体系、组织机构、内部规章及监测评价体系，形成了研究、决策、操作、稽核与评价相互制衡的风险控制机制，并通过事前、事中、事后控制三者结合进行综合防范，营造了合规、完整、有序的内控环境。

首先建立了规范的公司治理结构，股东会、董事会、监事会“三会”分工明确并相互制衡、各司其职、规范运作。股东会是公司的权力机构；董事会是公司的常设决策机构，向股东会负责；监事会是公司的监督机构，负责对公司董事、高级管理人员及公司财务、业务进行监督。各治理主体议事规则完备，职责规定明确，并根据发展情况及时修订，为公司法人治理结构的规范化运行提供了制度保证。

其次，公司建立了授权管理制度。经理层在董事会授权范围内，对日常业务进行风险管理和控制。公司经理层下设投资评审委员会，主要负责公司总经理授权范围内的信托项下、自营项下等业务的审查和决策，以及需要报董事会审批事项的初审。通过授权管理，形成了一套由公司分级授权的逐级审查、分级审批的分工明确和权利相互制衡的业务授权体系。

最后，公司合理划分各经营管理部门的职责分工，加强各业务线的内部管理、监督检查及信息传递，通过明确岗位职责，界定工作权限，制定作业流程，形成了业务管理、合规检查和内部审计有序分工的内部控制三道防线及全流程、全方位覆盖各层级的内部控制监督体系。

公司建立了“依法合规、审慎稳健、诚信尽责、创造价值”的核心价值观和“创新、服务、可持续”的经营理念，积极倡导和推进合规风控文化建设，持续、有效地实施多层次的合规宣导、培训，开展廉洁从业教育活动，提高员工的合规意识，形成全员参与的合规风控文化。

4.4.2 内部控制措施

在内部控制体系下，公司采用不相容职务分离控制、授权审批控制、会计系统控制、预算控制、财产保护控制、绩效考评控制等控制措施，将风险控制在可承受范围内。公司根据实际工作内容，明确各部门工作职责，完善各项管理制度。年度内制定了《征信工作管理办法》《发票管理办法》《员工政纪处分规定（试行）》《科研项目经费管理试行办法》等制度；修订了《投资评审委员会工作办法》《项目管理办法》《固有资产风险分类和资产损失准备金管理办法》《不良资产管理办法》等制度。

4.4.3 监督评价与纠正

公司构建和完善了以监测预警机制为手段，多层次、多渠道共同监督内部控制有效性的检查与监督工作体系。董事会及其风险管理与审计委员会、监事会、风险管理部、法律合规部、运营稽核部、内控审计部等依据各自的职责开展工作，发挥监督效能。同时公司加大了整改问责力度，对检查中发现的不规范行为逐个给予问责处理。公司管理层高度重视内部控制各职能部门和监管机构的报告及建议，对于发现的问题采取各种措施及时纠正控制运行中产生的偏差，最大限度避免各种业务差错发生，有效地提高各部门的规范化程度，提高了公司内部控制管理水平。

4.5 风险管理概况

4.5.1 风险状况

4.5.1.1 信用风险状况

信用风险是指交易对手未能履行合同，所带来的经济损失风险。公司所面临的信用风险主要表现为：在信托融资、资产回购、后续资金安排、担保、履约承诺等交易过程中，借款人、担保人、保管人（托管人）等交易对手不履行承诺，不能或不愿履行合约承诺而使信托财产和固有财产遭受潜在损失的可能性。

报告期内，自营资产采用以风险等级为基础的分类方法评估资产质量，将其分为正常类、关注类、次级类、可疑类和损失类五类，其中后三类称为不良资产，公司自营不良资产的期初数和期末数分别为0万元和0万元。报告期内,公司信托资产无不良资产。

4.5.1.2　市场风险状况

市场风险是指公司在信托和自营业务中,因股价、汇率、利率及其他价格因素变动对公司盈利能力和财务状况的影响,其可以分为金融资产价格风险、汇率风险、利率风险等。2016年,公司在证券二级市场开展的业务量在公司信托总规模中占比仍然维持在较小的比例,因此证券市场的股价变动对公司的盈利和财务状况的影响有限;同时公司大多数证券信托业务的市场风险最终由受益人承担,公司依靠收取受托人固定报酬作为盈利主要渠道,故股价变动不对公司造成直接影响。公司目前暂未开展外汇业务,不会给公司的盈利和财务状况造成影响。公司集合资金信托业务中贷款类业务占比一直偏低,且信贷业务的执行利率多数为固定利率,因此利率变动对公司盈利能力和财务状况的直接影响较小。公司的主营业务之一是投行业务,主要业务收入来源于财务顾问费、咨询费等收入,因而其行业费率的变动(特别是监管政策的变化及同业竞争)对公司的盈利能力和财务状况具有一定影响。

4.5.1.3　操作风险状况

操作风险是指由于不完善或有问题的内部操作过程、人员、系统或外部事件而导致的直接或间接损失的风险,包含了法律风险。2016年公司继续加强业务操作流程化、标准化和规范化。通过引入互联网数据服务系统丰富尽调手段;对信托合同及项目合同进行修订,进一步提高合同标准化程度,降低合同风险;对法律服务供应商及公证处引入竞争淘汰机制,提高工作效率;进一步强化合规文化建设,完善业务审批、用印等流程管控,严格业务、反洗钱等各项合规审查。

4.5.1.4　其他风险状况

其他风险主要是指公司业务开展中的声誉风险、道德风险等。声誉风险是指由机构经营、管理及其他行为或外部事件导致利益相关方对机构负面评价的风险。声誉对信托公司市场价值的影响非常深远,并且可能引发多种严重后果。道德风险是指公司员工在获取信息不对称的情况下,采取以自身效用最大化的自私行为,侵占公司和客户的利益,给公司财产和信托财产带来的损失。报告期内,公司未发生因其他风险所造成的损失。

4.5.2　风险管理

4.5.2.1　信用风险管理

公司的信用风险控制策略是通过规范对交易对手的尽职调查进行事前控制;通过设定抵(质)押担保措施、引入风险转移措施、风险定价等手段规避或减少信用风险;通过贷后交易对手持续跟踪,建立信用评级体系并引入大额自查工作等进行事后控制。公司强调积极实施主动管理类信托业务,将风险管理深入前移,加大信息化系统建设,创新审计及风险管理模式以控制信用风险。

4.5.2.2　市场风险管理

公司市场风险管理的策略是:

(1)通过多领域的业务组合来分散风险。业务开展中,在公司较为精通的业务领域内,逐渐建立有固定业务关系的目标客户群,减少因不熟悉行业情况而造成的风险和损失。

(2)加强对交易对手在其所处行业的市场竞争能力的分析,准确把握资金进入时机,密切跟踪市场,及时调整投资策略和投资组合,密切关注经济运行状况,严格规避宏观政策调控带来的不良影响。

(3)根据项目的期限长短以及交易对手的财务状况和资金调剂能力,合理约定信托资金的还款方式、价格、期限及有效的内控措施,避免市场风险带来的信托财产收益的不确定性。

4.5.2.3　操作风险管理

公司操作风险管理的策略是:一是建立科学的风险内控体系,明确各项业务的操作规程,对操作风险形成一个良好的、定期的操作风险监测和报告线路;二是继续完善法人治理结构,从体制上严防操作风险的产生;三是积极培育全员风险管理文化,在公司树立强化风险防范的理念;四是优化内部风险管控模式,努力建立覆盖全业务、各部门的信息管理系统。

4.5.2.4　其他风险管理

公司从完善内部控制体系、强化声誉风险管理意识、健全声誉风险预警机制和应急机制以及积极维护传播渠道等入手,实现对声誉风险的识别、预警、监测和控制。公司通过多种形式的培训和宣传,让员工知悉声誉风险管理的重要性,并积极投入到声誉风险防范工作中来。

在道德风险管理方面,一是继续强化合法合规经营的理念,建立健全各项规章制度,通过严格的内控体系对员工的行为进行规范;二是完善人事管理制度,建立合理的奖惩制度并严格执行,落实责任追究制度;三是加强政治思想和职业道德教育,增强员工的工作责任心,树立勤勉尽责的思想;四是加强内部稽核。

5. 报告期末及上一年度末的比较式会计报表

5.1　自营资产

5.1.1　会计师事务所审计结论

德勤华永会计师事务所(特殊普通合伙)北京分所认为,中铁信托财务报表在所有重大方面按照企业会计准则的规定编制,公允反映了中铁信托2016年12月31日的公司及合并财务状况以及2016年度的公司及合并经营成果和公司及合并现金流量。

5.1.2　资产负债表

公司及合并资产负债表

编制单位:中铁信托有限责任公司　　2016年12月31日　　单位:万元

项目	合并		公司	
	年末数	年初数	年末数	年初数
资产				
货币资金	3 220 351 092.29	3 027 642 631.71	2 197 550 200.24	1 957 276 755.05
以公允价值计量且其变动				
计入当期损益的金融资产	90 740 987.55	73 248 208.34	4 996 719.96	6 036 294.12
发放贷款和垫款	3 919 636 000.00	2 389 670 000.00	—	—

续表

项目	合并		公司	
	年末数	年初数	年末数	年初数
可供出售金融资产	6 157 333 355.11	6 061 799 865.10	8 187 981 100.977 63	7 638 822 682.95
应收款项类投资	1 920 000 000.00	2 424 750 000.00	—	—
长期股权投资	91 747 895.56	100 749 922.00	516 791 437.06	375 793 463.50
投资性房地产	33 004 362.73	34 755 138.13	15 855 510.17	16 535 232.29
固定资产	39 763 200.03	42 843 441.80	30 574 621.61	33 360 919.35
无形资产	60 117 245.56	61 584 743.88	57 037 773.70	59 397 599.54
递延所得税资产	189 388 432.81	35 169 571.56	174 708 717.35	34 063 968.95
其他资产	3 243 631 562.45	403 692 086.54	75 340 528.62	34 507 949.11
资产总计	18 965 714 134.09	14 655 905 609.06	11 260 836 609.68	10 155 794 864.86
负债				
短期借款	1 669 021 311.25	—	—	—
长期借款	101 180 554.39	—	—	—
预收账款	2 642 723 002.80	3 137 781 334.35	2 642 723 002.80	3 137 781 334.35
应付职工薪酬	166 206 797.58	189 519 188.26	69 950 518.79	69 065 404.82
应交税费	616 455 166.92	342 199 983.51	583 825 527.25	322 890 505.59
应付票据	260 696 000.00	—	—	—
其他负债	5 538 247 857.19	4 751 635 448.33	1 439 477 456.39	1 306 615 868.37
负债合计	10 994 530 690.13	8 421 135 954.45	4 735 976 505.23	4 836 353 113.13
所有者权益				
实收资本	3 200 000 000.00	3 200 000 000.00	3 200 000 000.00	3 200 000 000.00
资本公积	15 580 106.38	15 563 200.00	15 563 200.00	15 563 200.00
其他综合收益	79 877 809.38	21 582 570.68	79 057 435.78	18 057 164.90
盈余公积	652 940 344.47	505 682 236.29	652 940 344.47	505 682 236.29
风险准备金	1 256 836 105.73	976 138 953.79	1 034 804 571.40	801 356 273.37
未分配利润	1 840 327 631.60	1 093 867 044.69	1 542 494 552.80	778 782 877.17
归属于母公司所有者权益合计	7 045 561 997.56	5 812 834 005.45	6 524 860 104.45	5 319 441 751.73
少数股东权益	925 621 446.40	421 935 649.16	—	—
所有者权益合计	7 971 183 443.96	6 234 769 654.61	6 524 860 104.45	5 319 441 751.73
负债和所有者权益总计	18 965 714 134.09	14 655 905 609.06	11 260 836 609.68	10 155 794 864.86

法定代表人：郭敬辉　　主管会计工作负责人：解义才　　会计机构负责人：李正斌

5.1.3 利润和利润分配表

公司及合并利润表

编制单位：中铁信托有限责任公司　　2016 年 12 月 31 日　　单位：万元

项目	合并		公司	
	本年累计数	上年累计数	本年累计数	上年累计数
营业收入	3 455 353 504.46	2 825 967 058.72	2 785 263 806.22	1 478 494 290.35
利息净收入	570 043 596.53	198 598 815.54	503 203 505.21	175 753 503.35
利息收入	665 002 349.34	231 736 143.78	587 588 306.90	208 890 831.59
利息支出	(94 958 752.81)	(33 137 328.24)	(84 384 801.69)	(33 137 328.24)
手续费及佣金净收入	2 865 431 970.88	2 488 896 003.28	2 079 164 313.12	1 157 648 283.06
手续费及佣金收入	2 875 297 538.44	2 489 016 302.32	2 088 602 661.47	1 157 765 052.49
手续费及佣金支出	(9 865 567.56)	(120 299.04)	(9 438 348.35)	(116 769.43)
投资收益	14 147 687.35	133 102 201.52	202 135 294.86	140 337 810.69
公允价值变动损益	(1 043 574.16)	2 687 834.52	(1 043 574.16)	2 687 834.52
其他业务收入	6 773 823.86	2 682 203.86	1 804 267.19	2 066 858.73
营业支出	1 263 086 552.05	974 486 539.40	855 766 937.08	240 758 049.55
税金及附加	108 362 832.00	151 568 772.75	88 669 023.51	74 816 549.22
业务及管理费	549 599 004.39	815 888 149.58	182 574 191.45	165 261 778.21
资产减值损失	602 788 974.30	6 349 894.95	583 844 000.00	—
其他业务成本	2 335 741.36	679 722.12	679 722.12	679 722.12
营业利润	2 192 266 952.41	1 851 480 519.32	1 929 496 869.14	1 237 736 240.80
加：营业外收入	24 263 433.88	31 365 705.23	23 628 103.50	29 486 886.48
减：营业外支出	69 047 312.70	1 213 660.82	58 254 902.12	702 609.25
汇兑损失	(180 598.13)	—	—	—
利润总额	2 147 302 475.46	1 881 632 563.73	1 894 870 070.52	1 266 520 518.03
减：所得税费用	530 300 532.93	457 048 631.38	422 288 988.68	291 527 747.44
净利润	1 617 001 942.53	1 424 583 932.35	1 472 581 081.84	974 992 770.59
归属于母公司所有者的净利润	1 502 578 847.03	1 300 941 978.22	1 472 581 081.84	974 992 770.59
少数股东损益	114 423 095.50	123 641 954.13	—	—

续表

项目	合并		公司	
	本年累计数	上年累计数	本年累计数	上年累计数
其他综合收益	57 393 561. 31	(3 739 093. 82)	61 000 270. 88	4 765 731. 39
归属于母公司所有者的其他综合收益	58 295 238. 70	(1 612 887. 50)	61 000 270. 88	4 765 731. 39
以后将重分类进损益的其他综合收益	58 295 238. 70	(1 612 887. 50)	61 000 270. 88	4 765 731. 39
可供出售金融资产公允价值变动损益	58 295 238. 70	(1 612 887. 50)	61 000 270. 88	4 765 731. 39
归属于少数股东的其他综合收益	(901 677. 39)	(2 126 206. 32)	—	—
综合收益总额	1 674 395 503. 84	1 420 844 838. 53	1 533 581 352. 72	979 758 501. 98
归属于母公司所有者的综合收益总额	1 560 874 085. 73	1 299 329 090. 72	1 533 581 352. 72	979 758 501. 98
归属于少数股东的综合收益总额	113 521 418. 11	121 515 747. 81	—	—

法定代表人:郭敬辉　　主管会计工作负责人:解义才　　会计机构负责人:李正斌

5. 1. 4　公司及合并现金流量表

公司及合并现金流量表

编制单位:中铁信托有限责任公司　　2016 年 12 月 31 日　　单位:万元

项目	合并		公司	
	本年累计数	上年累计数	本年累计数	上年累计数
经营活动产生的现金流量				
收到保理及融资租赁业务回款取得的现金	323 726 011. 67	—	—	—
收到咨询费和手续费取得的现金	1 708 024 336. 72	1 914 441 195. 06	1 659 264 636. 42	1 703 310 617. 34
收到基金管理费取得的现金	644 172 908. 67	1 022 316 372. 56	—	—
收到贷款利息取得的现金	—	96 000. 00	—	96 000. 00
收到金融企业往来利息取得的现金	86 526 432. 83	106 202 399. 63	56 578 981. 31	88 764 672. 33
客户贷款及垫款净减少额	—	—	—	12 000 000. 00
收到其他与经营活动有关的现金	1 745 400 756. 31	2 568 617 852. 63	1 101 872 631. 52	1 066 024 720. 06
经营活动现金流入小计	4 507 850 446. 20	5 611 673 819. 88	2 817 716 249. 25	2 870 196 009. 73
保理及融资租赁业务增加支付的现金	2 729 379 737. 37	162 500 000. 00	—	—
支付利息、手续费及佣金的现金	279 875 377. 69	239 652 947. 71	95 192 912. 49	33 254 097. 67
支付给职工以及为职工支付的现金	287 382 268. 74	394 918 511. 74	124 247 812. 50	132 927 780. 15
支付的各项税费	663 995 324. 11	624 727 735. 61	513 707 007. 91	391 247 507. 66
客户贷款及垫款净增加额	1 570 800 000. 00	1 571 470 000. 00	—	—
支付的银行承兑汇票保证金	18 420 000. 00	—	—	—
支付其他与经营活动有关的现金	1 184 324 992. 70	420 254 622. 76	1 102 687 782. 65	131 017 351. 83
经营活动现金流出小计	6 734 177 700. 61	3 413 523 817. 82	1 835 835 515. 55	688 446 737. 31
经营活动产生的现金流量净额	(2 226 327 254. 41)	2 198 150 002. 06	981 880 733. 70	2 181 749 272. 42
投资活动产生的现金流量				
收回投资收到的现金	7 008 613 607. 07	5 574 091 788. 07	6 963 661 123. 34	5 497 805 134. 57
取得投资收益收到的现金	578 012 929. 35	611 421 491. 55	756 496 804. 48	656 649 478. 47
处置固定资产、无形资产和其他长期资产收回的现金净额	165 096. 55	4 740. 16	117 539. 12	—
投资活动现金流入小计	7 586 791 632. 97	6 185 518 019. 78	7 720 275 466. 94	6 154 454 613. 04
投资支付的现金	7 076 881 231. 82	7 387 221 189. 67	8 141 953 876. 67	7 360 882 932. 29
购建固定资产、无形资产和其他长期资产支付的现金	7 528 541. 39	22 337 262. 55	3 018 878. 78	2 163 326. 75
投资活动现金流出小计	7 084 409 773. 21	7 409 558 452. 22	8 144 972 755. 45	7 363 046 259. 04
投资活动产生的现金流量净额	502 381 859. 76	(1 224 040 432. 44)	(424 697 288. 51)	(1 208 591 646. 00)
筹资活动产生的现金流量				
吸收投资所收到现金	450 152 870. 51	224 886 340. 00	—	—
借款所收到的现金	1 797 515 850. 61	—	—	—
筹资活动现金流入小计	2 247 668 721. 12	224 886 340. 00	—	—
偿还债务所支付的现金	27 313 984. 97	—	—	—
分配股利、利润或偿付利息支付的现金	387 483 951. 12	94 628 009. 32	316 910 000. 00	78 848 009. 32
其中:子公司支付给少数股东的股利、利润	60 000 000. 00	15 780 000. 00	—	—
筹资活动现金流出小计	414 797 936. 09	94 628 009. 32	316 910 000. 00	78 848 009. 32
筹资活动产生的现金流量净额	1 832 870 785. 03	130 258 330. 68	(316 910 000. 00)	(78 848 009. 32)

续表

项目	合并		公司	
	本年累计数	上年累计数	本年累计数	上年累计数
汇率变动对现金及现金等价物的影响	15 503.65	—	—	—
现金及现金等价物净增加额	108 940 894.03	1 104 367 900.30	240 273 445.19	894 309 617.10
加:年初现金及现金等价物余额	2 801 356 314.26	1 696 988 413.96	1 957 276 755.05	1 062 967 137.95
年末现金及现金等价物余额	2 910 297 208.29	2 801 356 314.26	2 197 550 200.24	1 957 276 755.05

法定代表人:郭敬辉　　主管会计工作负责人:解义才　　会计机构负责人:李正斌

5.1.5 所有者权益变动表

公司及合并所有者权益变动表

编制单位:中铁信托有限责任公司　　2016年12月31日　　单位:元

项目	2016年度								
	归属于母公司所有者权益							少数股东权益	所有者权益合计
	实收资本	资本公积	其他综合收益	盈余公积	信托赔偿准备金	风险准备金	未分配利润		
一、2016年1月1日余额	3 200 000 000.00	15 563 200.00	21 582 570.68	505 682 236.29	398 582 273.89	577 556 679.90	1 093 867 044.69	421 935 649.16	6 234 769 654.61
二、本年增减变动金额									
(一)净利润	—	—	—	—	—	—	1 502 578 847.03	114 423 095.50	1 617 001 942.53
(二)其他综合收益	—	—	58 295 238.70	—	—	—	—	(901 677.39)	57 393 561.31
(一)和(二)小计	—	—	58 295 238.70	—	—	—	1 502 578 847.03	113 521 418.11	1 674 395 503.84
(三)所有者投入和减少资本									
1. 所有者投入资本	—	16 906.38	—	—	—	—	—	450 164 379.13	450 181 285.51
(四)利润分配									
1. 提取法定盈余公积	—	—	—	147 258 108.18	—	—	(147 258 108.18)	—	—
2. 提取风险准备金	—	—	—	—	147 258 108.18	133 439 043.76	(280 697 151.94)	—	—
3. 对股东分配	—	—	—	—	—	—	(328 163 000.00)	(60 000 000.00)	(388 163 000.00)
三、2016年12月31日余额	3 200 000 000.00	15 580 106.38	79 877 809.38	652 940 344.47	545 840 382.07	710 995 723.66	1 840 327 631.60	925 621 446.40	7 971 183 443.96

法定代表人:郭敬辉　　主管会计工作负责人:解义才　　会计机构负责人:李正斌

公司及合并所有者权益变动表(续)

编制单位:中铁信托有限责任公司　　2016年12月31日　　单位:元

项目	2015年度								
	归属于母公司所有者权益							少数股东权益	所有者权益合计
	实收资本	资本公积	其他综合收益	盈余公积	信托赔偿准备金	风险准备金	未分配利润		
一、2015年1月1日余额	2 000 000 000.00	15 563 200.00	23 195 458.18	408 182 959.23	301 082 996.83	381 501 612.09	1 462 826 697.72	91 313 561.35	4 683 666 485.40
二、本年增减变动金额									
(一)净利润	—	—	—	—	—	—	1 300 941 978.22	123 641 954.13	1 424 583 932.35
(二)其他综合收益	—	—	(1 612 887.50)	—	—	—	—	(2 126 206.32)	(3 739 093.82)
(一)和(二)小计	—	—	(1 612 887.50)	—	—	—	1 300 941 978.22	121 515 747.81	1 420 844 838.53
(三)所有者投入和减少资本									
1. 所有者投入资本	—	—	—	—	—	—	—	224 886 340.00	224 886 340.00
(四)利润分配									
1. 提取法定盈余公积	—	—	—	97 499 277.06	—	—	(97 499 277.06)	—	—
2. 提取风险准备金	—	—	—	—	97 499 277.06	196 055 067.81	(293 554 344.87)	—	—
3. 对股东分配	—	—	—	—	—	—	(78 848 009.32)	(15 780 000.00)	(94 628 009.32)
(五)所有者权益内部结转									
1. 未分配利润转增资本(或股本)	1 200 000 000.00	—	—	—	—	—	(1 200 000 000.00)	—	—
三、2015年12月31日余额	3 200 000 000.00	15 563 200.00	21 582 570.68	505 682 236.29	398 582 273.89	577 556 679.90	1 093 867 044.69	421 935 649.16	6 234 769 654.61

法定代表人:郭敬辉　　主管会计工作负责人:解义才　　会计机构负责人:李正斌

公司及合并所有者权益变动表(续)

编制单位:中铁信托有限责任公司　　2016 年 12 月 31 日　　单位:元

项目	2016 年度							
	实收资本	资本公积	其他综合收益	盈余公积	信托赔偿准备金	风险准备金	未分配利润	所有者权益合计
一、2016 年 1 月 1 日余额	3 200 000 000.00	15 563 200.00	18 057 164.90	505 682 236.29	398 582 273.89	402 773 999.48	778 782 877.17	5 319 441 751.73
二、本年增减变动金额								
(一)净利润	—	—	—	—	—	—	1 472 581 081.84	1 472 581 081.84
(二)其他综合收益	—	—	61 000 270.88	—	—	—	—	61 000 270.88
(一)和(二)小计	—	—	61 000 270.88	—	—	—	1 472 581 081.84	1 533 581 352.72
(三)利润分配								
1. 提取法定盈余公积	—	—	—	147 258 108.18	—	—	(147 258 108.18)	—
2. 提取风险准备金	—	—	—	—	147 258 108.18	86 190 189.85	(233 448 298.03)	—
3. 对股东分配	—	—	—	—	—	—	(328 163 000.00)	(328 163 000.00)
三、2016 年 12 月 31 日余额	3 200 000 000.00	15 563 200.00	79 057 435.78	652 940 344.47	545 840 382.07	488 964 189.33	1 542 494 552.80	6 524 860 104.45

法定代表人:郭敬辉　　主管会计工作负责人:解义才　　会计机构负责人:李正斌

公司及合并所有者权益变动表(续)

编制单位:中铁信托有限责任公司　　2016 年 12 月 31 日　　单位:元

项目	2015 年度							
	实收资本	资本公积	其他综合收益	盈余公积	信托赔偿准备金	风险准备金	未分配利润	所有者权益合计
一、2015 年 1 月 1 日余额	2 000 000 000.00	15 563 200.00	13 291 433.51	408 182 959.23	301 082 996.83	268 187 426.41	1 412 223 243.09	4 418 531 259.07
二、本年增减变动金额								
(一)净利润	—	—	—	—	—	—	974 992 770.59	974 992 770.59
(二)其他综合收益	—	—	4 765 731.39	—	—	—	—	4 765 731.39
(一)和(二)小计	—	—	4 765 731.39	—	—	—	974 992 770.59	979 758 501.98
(三)利润分配								
1. 提取法定盈余公积	—	—	—	97 499 277.06	—	—	(97 499 277.06)	—
2. 提取风险准备金	—	—	—	—	97 499 277.06	134 586 573.07	(232 085 850.13)	—
3. 对股东分配	—	—	—	—	—	—	(78 848 009.32)	(78 848 009.32)
(四)所有者权益内部结转								
1. 未分配利润转增资本(或股本)	1 200 000 000.00	—	—	—	—	—	(1 200 000 000.00)	—
三、2015 年 12 月 31 日余额	3 200 000 000.00	15 563 200.00	18 057 164.90	505 682 236.29	398 582 273.89	402 773 999.48	778 782 877.17	5 319 441 751.73

法定代表人:郭敬辉　　主管会计工作负责人:解义才　　会计机构负责人:李正斌

5.2 信托资产

5.2.1 信托项目资产负债汇总表

信托项目资产负债汇总表

编制单位:中铁信托有限责任公司　　2016 年 12 月 31 日　　单位:万元

信托资产	期初数	期末数	信托负债和信托权益	期初数	期末数
信托资产			信托负债		
货币资金	449 605	479 542	应付受托人报酬	11	6
拆出资金			应付保管费	4	5
交易性金融资产	160 103	234 296	应付受益人收益	467	
买入返售金融资产		17 220	其他应付款项	15 081	124 490
应收款项	2 737 980	1 961 937	应交税费		
发放贷款	10 958 372	11 426 985	应付销售服务费		
可供出售金融资产	1 321 613	8 999 459	其他负债		
持有至到期投资	2 521 624	4 332 659	信托负债合计	15 563	124 501
长期应收款					
长期股权投资	1 257 130	2 958 120	信托权益		
固定资产			实收信托	19 271 330	30 068 761
无形资产			资本公积		

续表

信托资产	期初数	期末数	信托负债和信托权益	期初数	期末数
长期待摊费用			未分配利润	174 847	227 253
其他资产	55 313	10 297	信托权益合计	19 446 177	30 296 014
信托资产总计	19 461 740	30 420 515	信托负债及信托权益总计	19 461 740	30 420 515

法人代表：郭敬辉　　信托财务分部负责人：邓文英　　制表：郭　磊

5.2.2　信托项目利润及利润分配汇总表

信托项目利润及利润分配表

编制单位：中铁信托有限责任公司　　2016 年度　　单位：万元

项目	本期数	上期数
一、营业收入	1 541 548	1 052 993
利息收入	804 616	757 648
投资收益	464 283	192 906
公允价值变动收益	35 505	19 084
其他收入	237 144	83 355
二、营业支出	146 930	104 581
三、扣除资产减值准备前的信托利润	1 394 618	948 412
减：资产减值损失		
四、扣除资产减值准备后的信托利润	1 394 618	948 412
五、损益平准金	0	-3 797
六、综合收益	1 394 618	944 615
加：期初未分配利润	213 035	586 182
七、可供分配的信托利润	1 607 653	1 530 797
减：本期已分配信托利润	1 380 400	1 317 762
七、期末未分配信托利润	227 253	213 035

法人代表：郭敬辉　　信托财务分部负责人：邓文英　　制表：郭　磊

6. 会计报表附注

6.1　简要说明报告年度会计报表编制基准、会计政策、会计估计和核算方法发生的变化

本公司于 2014 年 7 月 1 日开始采用财政部于 2014 年新颁布的《企业会计准则第 39 号——公允价值计量》《企业会计准则第 40 号——合营安排》《企业会计准则第 41 号——在其他主体中权益的披露》和经修订的《企业会计准则第 2 号——长期股权投资》《企业会计准则第 9 号——职工薪酬》《企业会计准则第 30 号——财务报表列报》《企业会计准则第 33 号——合并财务报表》，同时在 2014 年度财务报表中开始采用财政部于 2014 年修订的《企业会计准则第 37 号——金融工具报》。

6.2　或有事项说明

截至 2016 年 12 月 31 日，对于本公司作为被告的未决诉讼，目前正在按照司法程序进行处置。对于本公司作为原告方的未决诉讼，本公司已根据实际情况对相关贷款计提损失准备，未决诉讼不会对公司产生进一步的重大财务影响。

截至 2016 年 12 月 31 日，本公司并无其他重大的担保事项及其他需要说明的或有事项。

6.3　重要资产转让及其出售的说明

无。

6.4　会计报表中重要项目的明细资料

6.4.1　自营资产经营情况

6.4.1.1　按信用风险五级分类结果披露信用风险资产的期初数、期末数

信用风险资产五级分类	正常类（万元）	关注类（万元）	次级类（万元）	可疑类（万元）	损失类（万元）	信用风险资产合计（万元）	不良资产合计（万元）	不良资产率（%）
期初数	197 264	6 376	—	—	—	203 640	—	—
期末数	224 273	6 376	—	—	—	230 649	—	—

注：不良资产合计 = 次级类 + 可疑类 + 损失类。

6.4.1.2　各项资产减值损失准备的期初数、本期计提、本期转回、本期核销、期末数

单位：万元

	期初数	本期计提	本期转回	本期核销	期末数
贷款损失准备	880	—	—	—	880
一般准备	—	—	—	—	—
专项准备	—	—	—	—	—
其他资产减值准备	8 130	58 384	—	—	66 514
可供出售金融资产减值准备	—	58 384	—	—	58 384
持有至到期投资减值准备	—	—	—	—	—
长期股权投资减值准备	—	—	—	—	—
坏账准备	5 555	—	—	—	5 555
投资性房地产减值准备	—	—	—	—	—

6.4.1.3　自营股票投资、基金投资、债券投资、股权投资等投资业务的期初数、期末数

单位：万元

	自营股票	基金	债券	长期股权投资
期初数	7 925	—	—	99 679
期末数	6 996	—	—	296 009

6.4.1.4　按投资入股金额排序，前五名的自营长期股权投资的企业名称、占被投资企业权益的比例、主要经营活动及投资收益情况等（从大到小顺序排列）

企业名称	占被投资企业权益的比例（%）	主要经营活动	投资收益（万元）
1. 华西证券股份有限公司	4.67	证券经纪、证券投资咨询	—
2. 中国信托业保障基金有限责任公司	4.35	其他金融业	1 250
3. 中铁金控融资租赁有限公司	25	融资租赁	—
4. 宝盈基金管理有限公司	75	基金管理	18 000
5. 富滇银行股份有限公司	1.05	银行金融业	—

6.4.1.5　前五名的自营贷款的企业名称、占贷款总额的比例和还款情况等(从大到小顺序排列)

企业名称	贷款余额(万元)	占贷款总额的比例(%)	还款情况
四川盛大国防科教实业公司	880	100	关注类

6.4.1.6　表外业务的期初数、期末数,按照代理业务、担保业务和其他类型表外业务分别披露

单位:万元

表外业务	期初数	期末数
担保业务	—	—
代理业务(委托业务)	3 936	3 946
其他		
合计	3 936	3 946

6.4.1.7　公司当年的收入结构

收入结构	金额(万元)	占比(%)
手续费及佣金收入	208 860	71.93
利息收入	58 759	20.24
其他业务收入	180	0.06
投资收益	20 214	6.96
其中:股权投资收益	20 210	6.96
营业外收入	2 363	0.81
收入合计	290 376	100.00

6.4.2　信托资产管理情况

6.4.2.1　信托资产的期初数、期末数

单位:万元

信托资产	期初数	期末数
集合类	6 194 926	13 725 403
单一类	10 908 726	13 201 221
财产管理类	2 358 088	3 493 891
合计	19 461 740	30 420 515

6.4.2.1.1　主动管理型信托业务期初数,期末数,分证券投资、股权投资、融资、事务管理类分别披露

单位:万元

主动管理型信托资产	期初数	期末数
证券投资类	60 103	338 455
股权投资类	1 153 758	630 322
其他投资类	496 854	410 627
融资类	3 924 111	3 273 060
事务管理类		
合计	5 634 826	4 652 464

6.4.2.1.2　被动管理型信托业务期初数,期末数,分证券投资、股权投资、融资、事务管理类分别披露

单位:万元

被动管理型信托资产	期初数	期末数
证券投资类	0	0
股权投资类	0	0
其他投资类	0	0
融资类	0	0
事务管理类	13 826 914	25 768 051
合计	13 826 914	25 768 051

6.4.2.2　本年度已清算结束的信托项目个数、实收信托合计金额、加权平均实际年化收益率

6.4.2.2.1　本年度已清算结束的集合类、单一类资金信托项目和财产管理类信托项目个数、实收信托合计金额、加权平均实际年化收益率

已清算结束的信托项目	项目个数(个)	实收信托合计金额(万元)	加权平均实际年化收益率(%)
集合类	140	2 658 431	8.82
单一类	102	4 171 968	7.63
财产管理类	8	825 400	4.67

6.4.2.2.2　本年度已清算结束的主动管理型信托项目个数、实收信托合计金额、加权平均实际年化收益率,分证券投资、股权投资、融资、事务管理类分别披露

已清算结束的信托项目	项目个数(个)	实收信托合计金额(万元)	信托报酬率(%)	加权平均实际年化收益率(%)
证券投资类	6	70 500	0.22	9.93
股权投资类	8	274 353	2.69	8.81
其他投资类	13	78 855	0.14	9.02
融资类	89	2 078 423	2.21	8.31
事务管理类	—	—	—	—

6.4.2.2.3　本年度已清算结束的被动管理型信托项目个数、实收信托合计金额、加权平均实际年化收益率,分证券投资、股权投资、融资、事务管理类分别披露

已清算结束的信托项目	项目个数(个)	实收信托合计金额(万元)	信托报酬率(%)	加权平均实际年化收益率(%)
证券投资类	—	—	—	—
股权投资类	—	—	—	—
其他投资类	—	—	—	—
融资类	—	—	—	—
事务管理类	134	5 153 668	0.17	7.38

6.4.2.3　本年度新增的集合类、单一类、财产管理类信托项目个数、实收信托合计金额

新增信托项目	项目个数(个)	实收信托合计金额(万元)
集合类	107	13 875 748
单一类	138	8 117 811
财产管理类	23	2 122 795
新增合计	268	24 116 354
其中:主动管理型	81	3 067 727
被动管理型	187	21 048 627

6.4.2.4　本公司履行受托人义务情况及因本公司自身责任而导致的信托资产损失情况(合计金额、原因等)

本公司遵守信托法和信托文件对受托人义务的规定,为受益人的最大利益处理信托事务。管理信托财产时,恪尽职守,履行诚实、信用、谨慎、有效管理的义务,没有因本公司自身责任而导致的信托资产损失情况。

6.5　关联方关系及其交易的披露

6.5.1　关联交易方的数量、关联交易的总金额及关联交易的定价政策

	关联交易方数量(个)	关联交易金额(万元)	定价政策
合计	3	78 460.11	按市场公允价格定价

6.5.2 关联交易方与本公司的关系性质、关联交易方的名称、法定代表人、注册地址、注册资本及主营业务等

单位:万元

关系性质	关联方名称	法定代表人	注册地址	注册资本	主营业务
控股股东的子公司	成都中铁天圆房地产有限公司	刘仁智	四川省成都市天府新区正兴街道步行街39号	5 000.00	房地产开发;物业管理;房屋租赁;土地整理。
控股股东的子公司	济南中铁置业有限公司	刘序勇	济南市高新区工业南路59号中铁财智中心8号楼16层	5 000.00	房地产开发、经营;物业管理;房屋租赁。
控股子公司	宝盈基金管理有限公司	李文众	深圳市福田区深圳特区报业大厦第15层	10 000.00	发起设立基金,基金管理业务。

6.5.3 本公司与关联方的重大交易事项

6.5.3.1 固有财产与关联方交易情况:贷款、投资、租赁、应收账款、担保、其他方式等期初汇总数、本期借方和贷方发生额汇总数、期末汇总数

固有与关联方关联交易

单位:万元

	期初数	借方发生额	贷方发生额	期末数
贷款	0	0	0	0
投资	10 000	0	1 539.89	8 460.11
租赁	0	0	0	0
担保	0	0	0	0
应收款项	0	0	0	0
其他	0	0	0	0
合计	10 000	0	1 539.89	8 460.11

6.5.3.2 信托资产与关联方交易情况:贷款、投资、租赁、应收账款、担保、其他方式等期初汇总数、本期借方和贷方发生额汇总数本期发生额汇总数、期末汇总数

信托与关联方关联交易

单位:万元

	期初数	借方发生额	贷方发生额	期末数
贷款	30 002	70 000	30 002	70 000
投资	0	0	0	0
租赁	0	0	0	0
担保	0	0	0	0
应收款项	0	0	0	0
其他	24 086	0	24 086	0
合计	54 088	70 000	54 088	70 000

6.5.3.3 信托公司自有资金运用于自己管理的信托项目(固信交易)、信托公司管理的信托项目之间的相互(信信交易)交易金额,包括余额和本报告年度的发生额

6.5.3.3.1 固有财产与信托财产之间的交易金额期初汇总数、本期发生额汇总数、期末汇总数

单位:万元

固有财产与信托财产相互交易			
	期初数	本期发生额	期末数
合计	0	0	0

6.5.3.3.2 信托项目之间的交易金额:期初汇总数、本期发生额汇总数、期末汇总数

单位:万元

信托资产与信托财产相互交易			
	期初数	本期发生额	期末数
合计	0	0	0

6.5.4 关联方逾期未偿还本公司资金的详细情况以及本公司为关联方担保发生或即将发生垫款的详细情况

无。

6.6 会计制度的披露

固有业务、信托业务均执行财政部于2006年2月15日颁布的企业会计准则。

7. 财务情况说明书

7.1 利润实现和分配情况

根据有关规定提足相关准备后,母公司报告期实现利润总额189 487万元,税后净利润147 258万元,按规定计提法定盈余公积14 726万元,一般风险准备金8 619万元,信托赔偿准备金14 726万元,利润分配32 816万元。2015年末未分配利润77 878万元,2016年末未分配利润154 249万元。

合并后资产总额1 896 571万元,负债总额1 099 453万元,所有者权益797 118万元(其中,少数股东权益92 562万元)。所有者权益中实收资本320 000万元,资本公积1 558万元,其他综合收益7 988万元,盈余公积65 294万元,风险准备金125 684元,未分配利润184 033万元。2016年12月31日,合并未分配利润余额中包括子公司已提取的盈余公积为3 914万元(2015年12月31日:3 750万元)。

合并后净利润为161 700万元,合并后归属母公司净利润为150 258万元。

7.2 主要财务指标

指标名称	指标值
资本利润率(%)	24.87
加权年化信托报酬率(%)	0.77
人均净利润(万元)	698

7.3 对本公司财务状况、经营成果有重大影响的其他事项

无。

8. 特别事项揭示

8.1 前五名股东报告期内变动情况及原因

8.1.1 前五名股东变更

无。

8.1.2 控股股东变更

无。

8.2 董事、监事、高级管理人员变动情况及原因

8.2.1 董事变更

董事会成员新任1人:因工作原因,傅代国先生在公司第四届董事会第二十七次会议上辞去独立董事职务。公司股东会2015年第三次(临时)会议选举龙宗智为公司第四届董事会独立董事,其任职资格于2016年2月4日获得四川银监局核准(川银监复[2016]52号)。

8.2.2 监事变更

无。

8.2.3 高级管理人员变更

无。

8.3 公司的重大未决诉讼事项

无。

8.4 公司及其董事、监事和高级管理人员受到处罚的情况

无。

8.5 银监会及其派出机构对公司检查后提出整改意见的整改情况说明

无。

8.6 本年度重大事项临时报告的简要内容、披露时间、所披露的媒体及其版面

公司于2016年4月27日在《证券时报》B3版、《上海证券报》第20版进行了2015年年度报告摘要的公开信息披露。

公司于2016年4月29日在《证券时报》B17版、《上海证券报》444版进行了"三证合一"的公开信息披露。

8.7 本年度净资本管理情况

项目	期初余额	期末余额	监管标准
净资本(万元)	423 529.61	535 285.09	≥20 000
净资产(万元)	508 065.32	652 486.01	≥30 000
固有业务风险资本(万元)	79 173.58	98 426.22	
信托业务风险资本(万元)	105 161.42	117 973.34	
其他业务风险资本(万元)	—	·	
各项业务风险资本之和(万元)	184 335.00	216 399.56	
净资本/各项业务风险资本之和(%)	229.76	247.36	≥100
净资本/净资产(%)	83.36	82.04	≥40

8.8 银监会及其省级派出机构认定的其他有必要让客户及相关利益人了解的重要信息

无。

9. 公司监事会意见

公司监事会认为,本报告期内,董事会运作规范、决策合理、程序合法;公司董事、高管人员能够认真执行董事会、股东会决议,忠实履行诚信勤勉义务,未发现公司董事、高管人员在执行公司职务时违反法律法规、《公司章程》或损害公司、股东、员工和信托受益人利益的行为;公司建立了较为完善的内部控制体系,并具有合法性、合理性和有效性;公司关联交易公平、公正,交易价格合理,未发现违规关联交易;公司财务报告真实地反映了公司财务状况和经营成果,聘请的会计师事务所出具的审计报告客观真实;公司严格执行信息披露相关规定,认真履行信息披露人的义务和责任,真实、准确、完整、及时披露公司应披露的信息。

中信信托有限责任公司

1. 重要提示

1.1 本公司董事会及董事保证本报告所载资料不存在任何虚假记载、误导性陈述或者重大遗漏，并对其内容的真实性、准确性和完整性承担个别及连带责任。

1.2 本公司独立董事林义相、徐经长、张宏久对年度报告内容的真实性、准确性、完整性无异议。

1.3 本公司董事长陈一松、总经理李子民、主管会计工作的副总经理王道远保证年度报告中财务报告的真实和完整。

2. 公司概况

2.1 公司简介

2.1.1 公司的法定名称

中文：中信信托有限责任公司（缩写：中信信托）

英文：CITIC Trust Co., Ltd.

2.1.2 公司法定代表人：陈一松

2.1.3 公司注册地址：北京市朝阳区新源南路6号京城大厦

邮政编码：100004

公司互联网网址：http://trust.ecitic.com

公司电子信箱：citict@citictrust.com.cn

2.1.4 公司负责信息披露事务的高级管理人员：王道远

公司信息披露事务联系人：王珂

办公电话：8610－84862332

办公传真：8610－84861380

电子信箱：wangket@citictrust.com.cn

2.1.5 公司选定的信息披露报纸：《金融时报》

2.1.6 年报备置地点：北京市朝阳区新源南路6号京城大厦13层

2.1.7 公司聘请的会计师事务所：毕马威华振会计师事务所（特殊普通合伙）

地址：北京市东城区东长安街1号东方广场东2座办公楼8层

2.1.8 公司聘请的律师事务所：北京市嘉源律师事务所

地址：北京市西城区复兴门内大街158号远洋大厦F407室

2.2 组织结构

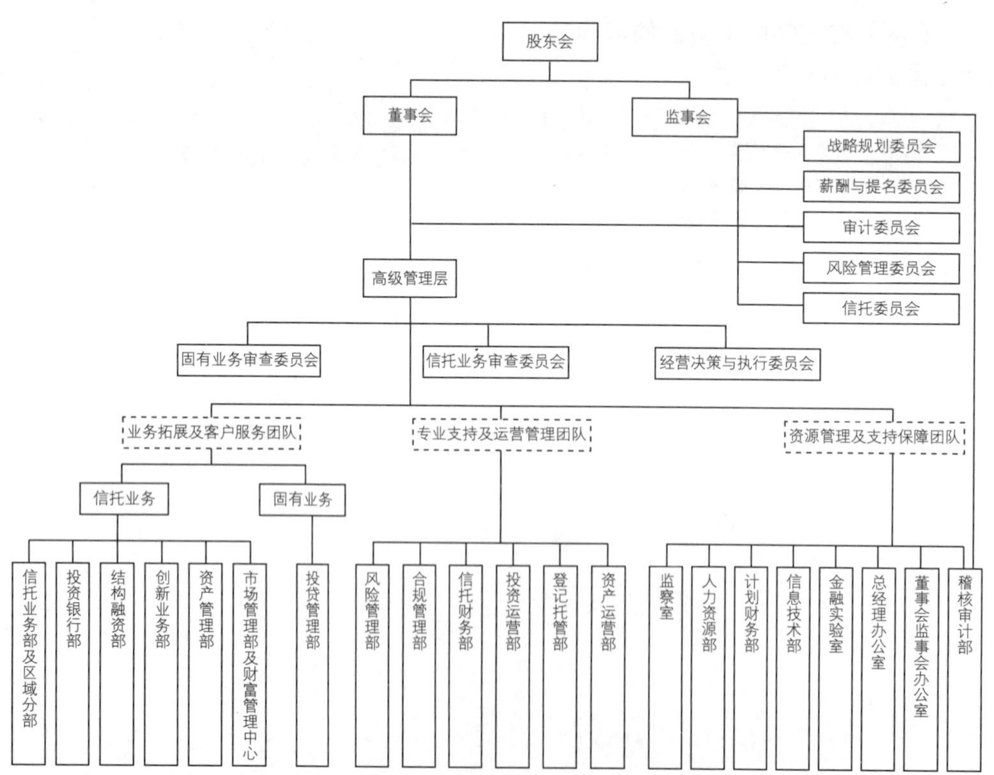

3. 公司治理

3.1 股东

股东名称	持股比例(%)	法定代表人	注册资本(亿元)	注册地址	主要经营业务及主要财务情况
中国中信有限公司	80	常振明	1 390.00	北京市朝阳区新源南路6号	金融、实业,2016年末净资产为5 154亿元。
中信兴业投资集团有限公司	20	王 炯	16.00	上海市虹口区四川北路859号55楼	实业投资与贸易,2016年末净资产为178亿元。

注:中信兴业投资集团有限公司是中国中信有限公司的全资子公司。中国中信集团有限公司为本公司最终实际控制人。

3.2 董事

董事长、董事

姓名	职务	性别	年龄(岁)	选任日期	所推举的股东名称	该股东持股比例(%)	简要履历
陈一松	董事长	男	48	2014年7月	中国中信有限公司	80	湖南大学经济学硕士,1990年9月参加工作,先后在中信实业银行、中信证券公司、中国建设银行就职;2006年8月入职本公司,历任公司副总经理、总经理、副董事长;现任职公司董事长。
路京生	副董事长	男	59	2013年6月	中国中信有限公司	80	中央党校在职研究生,1972年12月参加工作,先后在北京市环境保护检测中心、中共中央组织部就职;2010年5月入职本公司;现任职公司副董事长。
张翔燕	副董事长	女	51	2015年7月	中国中信有限公司	80	清华大学工商管理硕士,1987年8月参加工作,先后在中信实业银行、中信证券公司、中信控股有限公司、中信集团公司就职;2006年7月任职公司董事;现任职公司副董事长、信诚基金管理有限公司专职董事长。
李子民	董事	男	45	2014年8月	中国中信有限公司	80	中国科学院大学工学博士,1994年7月参加工作并入职本公司,历任部门总经理、业务总监、公司副总经理;现任职公司董事、总经理。
张 立	董事	女	44	2012年5月	中信兴业投资集团有限公司	20	中央财经大学经济学硕士,1997年4月参加工作,先后在中信证券公司、中信兴业投资集团有限公司就职;现任中信兴业投资集团有限公司副总经理。

独立董事

姓名	职务	性别	年龄(岁)	选任日期	所推举的股东名称	该股东持股比例(%)	简要履历
林义相	独立董事	男	52	2012年5月	中国中信有限公司	80	法国巴黎第十大学应用宏观经济博士,天相投资顾问有限公司董事长兼总经理。
徐经长	独立董事	男	51	2012年5月	中国中信有限公司	80	中国人民大学经济学博士,中国人民大学商学院教授、博士生导师。
张宏久	独立董事	男	62	2016年6月	中国中信有限公司	80	北京大学法学硕士,北京市竞天公诚律师事务所合伙人。

3.3 监事

姓名	职务	性别	年龄(岁)	选任日期	所推举的股东名称	该股东持股比例(%)	简要履历
吕君芳	监事会主席	女	45	2013年7月	中国中信有限公司	80	浙江大学文学博士,1992年8月参加工作,先后在浙江教育学院、浙江工商大学、中信资产管理有限公司就职;2013年5月入职本公司;现任职公司监事会主席。
关颐	监事	男	48	2012年5月	中国中信有限公司	80	对外经济贸易大学毕业,1990年7月参加工作,先后在中国国际信托投资公司、中信集团公司就职;2006年1月任职公司监事;现任中国中信集团有限公司稽核审计部总经理助理。
李东	监事	女	43	2015年10月	职工代表	—	中央财经大学经济学硕士,1994年7月参加工作并进入国家审计署;2013年11月入职本公司;现任职稽核审计部总经理。

3.4 高级管理人员

姓名	职务	性别	年龄（岁）	选任日期	金融从业年限（年）	学历	专业	简要履历
李子民	总经理	男	45	2014年7月	22	博士	管理科学与工程	1994年7月入职本公司，历任部门总经理、业务总监、公司副总经理；现任公司董事、总经理。
王道远	副总经理	男	47	2011年5月	20	硕士	工商管理	1995年3月入职本公司，历任部门总经理、董事会秘书、公司总经理助理兼信托业务审查委员会主任；现任公司副总经理、董事会秘书。
薄伟康	副总经理	男	45	2015年3月	10	博士	国民经济管理	1996年7月参加工作，先后在农业部、国务院办公厅就职，历任主任科员、副处级干部、正处级干部、副局级干部、副巡视员、巡视员；2015年2月入职本公司；现任公司副总经理。
蔡成维	副总经理	男	47	2015年3月	12	硕士	法律硕士	1991年8月参加工作，先后在山东某市农业局、检察院、建设银行山东省分行、中国中期投资有限公司就职；2006年7月入职本公司，历任部门副总经理、总经理、合规总监；现任公司副总经理。
涂一锴	副总经理	男	40	2015年3月	13	硕士	企业管理	2002年4月参加工作并进入中信银行；2009年2月入职本公司，历任部门副总经理、总经理、业务总监；现任公司副总经理。
赵　娜	副总经理	女	41	2015年3月	13	硕士	工商管理	1997年7月参加工作，2002年9月入职本公司，历任部门副总经理、总经理、业务总监；现任公司副总经理。
刘小军	副总经理	男	40	2016年5月	13	硕士	金融学	2002年7月参加工作，2006年4月入职本公司，历任高级经理、部门副总经理、总经理、业务总监；现任公司副总经理。

3.5 公司员工

报告期末，公司职工人数为517人。

项目		2016年度		2015年度	
		人数（人）	比例（%）	人数（人）	比例（%）
年龄分布	25岁以下	15	3	42	8
	25~29岁	138	27	139	26
	30~39岁	260	50	254	48
	40岁以上	104	20	93	18
性别分布	男	311	60	320	61
	女	206	40	208	39
学历分布	博士	16	3	11	2
	硕士	351	68	348	66
	本科	129	25	145	27
	专科	21	4	24	5
岗位分布	董事、监事及高管人员	17	3	17	3
	自营业务人员	20	4	28	5
	信托业务人员	413	80	402	76
	其他人员	67	13	81	16
合计		517	100	528	100

4. 经营管理

4.1 经营目标、方针、战略规划

4.1.1 经营目标

公司致力于成为综合金融解决方案的提供商和多种金融功能的集成者，以差异化竞争、持续性创新为特色，打造国内领先、综合优势明显、国际化、资源整合型资产管理集团。

4.1.2 经营方针

公司追求和谐、科学的价值文化，秉承"无边界服务、无障碍运行"的经营理念，把握市场规律，超前适变应变，持续学习创新，统筹价值实现。

4.1.3 战略规划

以客户为中心，以信用和人才为资本，以价值创造和风险管理为目的，整合能力和资源，为客户提供投资银行、资产管理与财富管理、服务信托服务，逐步丰富服务品种，提升服务质量，增加客户满意度。

4.2 经营业务的主要内容

公司经营的业务包括三大板块：信托业务、固有业务、通过专业子公司开展的资产管理业务。截至报告期末，公司全口径资产管理规模为1.76万亿元，同比增长27%，其中信托资产规模1.42万亿元，同比增长39%。

4.2.1 信托业务

信托业务是指公司作为受托人，按照委托人的意愿，为受益人利益或特定目的，对信托财产进行管理、处分的业务。公司开展的信托业务根据服务本质大致可以分为投资银行、资产管理、财富管理、服务信托等四类。

投资银行业务是指公司为满足客户的融资需求，向社会投资者发行信托产品募集资金，并通过创设债务、股权等融资工具向客户提供融资的业务。随着实体经济的发展变化，不同领域、不同行业的融资需求和融资方式也在发生变化。2016年公司及时调整投行业务的发展方向，积极创新业务模式，在大客户融资、政府与社会资本合作（PPP）业务等领域取得重大突破，投资银行业务保持稳健发展。

资产管理业务是指公司为满足买方客户的投资需求，按照约定的投资范围和投资策略，将客户交付的信托资金配置到各类金融产品的业务。报告期内，公司为满足客户不同需求，采取多元化资产配置策略，提供不同组合的产品，主要类型包括权益型、货币投资型、混合型等。

财富管理业务是指公司根据高净值个人客户或机构客户的特殊需求，提供专业咨询、资产配置、事务管理等一系列服务，为客户量身打造综合财富管理解决方案的业务。2016年，公司开展的财富管理业务包括家族信托、保险金信托、专户理

财等。

服务信托业务是指公司凭借受托人资格、信誉和运营能力，向客户提供财产风险隔离、投融资工具创设、财产监管与运营、财产保管等事务性服务的业务。报告期内，公司在资产证券化、消费信托、慈善信托等领域不断创新。

2016 年，公司信托业务实现大规模增长，新增信托项目 1 280个，新增信托项目规模 7 866.41 亿元，为信托受益人分配信托利益 561 亿元。报告期末，公司信托资产运用与分布表如下。

公司信托资产运用与分布表

资产运用	金额（万元）	占比（%）	资产分布	金额（万元）	占比（%）
货币资产	14 795 139.82	10.38	基础产业	35 901 856.51	25.20
贷款	57 433 675.77	40.31	房地产	15 049 000.63	10.56
交易性金融资产投资	6 600 804.50	4.63	证券市场	5 934 774.83	4.17
可供出售金融资产投资	26 091 072.29	18.31	实业	18 283 371.27	12.83
持有至到期投资	2 140 916.54	1.50	金融机构	24 101 729.99	16.91
长期股权投资	14 826 271.15	10.41	其他	43 218 145.94	30.33
其他	20 600 999.10	14.46			
信托资产	142 488 879.17	100.00	信托资产	142 488 879.17	100.00
其他管理资产	33 906 518.56		其他管理资产	33 906 518.56	
管理资产总计	176 395 397.73		管理资产总计	176 395 397.73	

4.2.2 固有业务

固有业务指公司运用自有资产开展的业务，主要包括贷款、股权投资、金融产品投资等类型。

公司秉承谨慎稳健运用原则，强化业务风险防范，确保公司资产的稳健增值。报告期末，公司固有资产运用与分布表如下。

资产运用	金额（万元）	占比（%）	资产分布	金额（万元）	占比（%）
货币资产	186 021.66	7.69	基础产业	—	—
贷款及应收款	1 377 304.84	56.95	房地产业	307 265.87	12.71
交易性金融资产	105 983.01	4.38	证券市场	150 658.41	6.23
可供出售金融资产	562 813.88	23.28	实业	6 300.00	0.26
持有至到期投资	—	—	金融机构	438 386.3	18.13
长期股权投资	137 559.36	5.69	其他	1 515 623.70	62.67
其他	48 551.53	2.01			
资产总计	2 418 234.28	100.00	资产总计	2 418 234.28	100.00

4.2.3 资产管理业务

公司通过中信聚信（北京）资本管理有限公司、信诚基金管理有限公司、中信信诚资产管理有限公司、中信信惠国际资本有限公司等专业子公司，采用有限合伙、股权投资基金等形式开展资产管理业务。报告期末，此类业务规模共 3 345 亿元，投向涵盖房地产、基础设施、医疗养老、影视文化等领域。

4.3 市场分析

4.3.1 影响业务发展的有利因素

（1）国内经济社会发展保持稳中有进、稳中向好的态势，经济结构持续调整优化，经济发展内生动力不断增强，这为信托业发展创造了有利环境。

（2）新一轮的社会经济结构调整将会推动传统产业改造提升，并释放出新的产业及市场，可能给公司带来新的业务机会。

（3）信托业监管战略与时俱进，监管机构坚持风险防范与创新发展并举，引导和推动信托公司稳健发展。中国信托业保障基金有限责任公司和中国信托登记有限责任公司相继成立，行业发展配套机制不断完善。

（4）与发达国家相比，我国金融市场还处于发展初期，随着各项金融制度与风险防范措施的不断完善，广阔的市场将为信托公司的发展提供雄厚的基础。

（5）我国经济多年的高速增长催生了居民财富绝对存量的大幅增加，客户对资产保值增值、财富传承、家族治理、税务规划等财富管理需求日益增强，这为信托公司开展资产管理及财富管理业务奠定了坚实的基础。

4.3.2 影响业务发展的不利因素

（1）实体经济变化、部分实体企业经营困难的压力传导到信托行业，信托公司业务风险管理压力加大。

（2）金融业竞争日趋激烈。大资管时代使得券商、基金子公司、保险公司等资管机构业务范围不断扩大，各金融机构纷纷开展类信托业务，同质化竞争日益加剧。

（3）信托传统业务面临调整，信托业“平、房、证、通”四大类传统业务空间进一步萎缩，“高增长、高利润”的商业模式不可持续。

4.4 内部控制

公司建立了由股东会、董事会、监事会、高级管理层组成的分工明确、权责对应、合理制衡的公司治理结构。公司高度重视内部控制文化建设，在各项经营活动中始终贯彻“内控优先”的管理理念，从环境文化、制度文化、组织文化、行为文化等多层次切入，通过制度规范、考核激励、全员问责等多种方式倡导和实践内部控制核心理念。

公司不断完善由业务拓展部门、风险合规管理等职能部门、稽核审计部、监察室构筑的内部控制四道防线体系，保障公司稳健经营。报告期内，公司新增和修订制度及流程共 28 项，制度体系进一步细化和完善。公司实施的控制措施包括但不限于：不相容职务分离控制、分级授权审批控制、业务流程控制、会计系统控制、财务预算控制、财产保护控制、运营分析控制、信息系统控制、绩效考评控制、业务预警及应急机制等。

公司建立了多层次的监督评价体系。监事会对董事会建立、实施内部控制的情况进行监督；监察部门对重大事项实施监督；稽核审计部以风险为导向独立行使监督评价职能。报告期内，公司对内部控制设计和运行的有效性开展专项审计。审计认为，公司的内部控制措施能够覆盖各部门及岗位，渗透至各项业务流程和操作环节，审计过程中未发现公司内部控制体系存在重大缺陷。

4.5 风险管理

公司风险管理的全局性目标是以客户风险偏好为导向，积极开拓业务机会，通过资源和能力整合及专业化管理，投入与收益相匹配的风险管理成本，为客户创造更大价值，实现业务规模与业务质量的平衡发展。公司推行全员风险管理文化，构建了以“四道防线”为组织基础，覆盖公司战略风险、业务风险、人力风险、财务风险、声誉风险的全面风险管理体系，通过制度规章和管理流程的有效运行，保障公司经营目标的实现。

4.5.1 信用风险

公司信托业务的信用风险主要来自融资类信托业务。报告期内，公司通过调整产品结构、改进操作模式、加强高层级战略合作等方式强化地方政府信用风险管理；通过建立“总对总”合作关系加强大客户信用风险管理。年内，公司成功完成了70个融资类信托项目的终止清算，兑付信托本金545亿元，实现了信托业务的预期目标，履行了受托人的尽职管理职责。固有方面，公司投资的具有融资属性的金融产品安全性较好，各产品均处于正常运行状态。

4.5.2 市场风险

公司信托业务的市场风险主要来自直接投资和金融投资信托业务。2016年资本市场风险较2015年同期显著缓释。公司抓住大类资产配置的核心风控逻辑，遵循组合投资、分散风险的原则，各项风险控制措施有效运行，有价证券投资类信托产品整体运行平稳。公司固有业务的市场风险主要来自固有权益类资产，报告期内公司有价证券投资业务业绩表现良好。

4.5.3 操作风险

操作风险在公司证券投资信托业务中比较显著。公司不断细化管理和规范操作流程，提升业务操作的规范化和标准化水平，操作风险得到有效降低。

4.5.4 合规与法律风险

公司全面贯彻“合规风险全覆盖”，坚持“实质重于形式、合法有效”的原则进行业务审查。公司未因开展违规业务遭受监管处罚或导致交易无效或遭受重大财务损失。

4.5.5 道德风险

公司通过“观察员制度”、全员培训和宣导教育活动、增加内部监察和审计频率等方式提高全体员工的职业操守和道德水平。报告期内，公司未发生因员工道德问题使信托或固有财产遭到损失的情形。

4.5.6 声誉风险

公司制定了信托行业第一部《声誉风险管理办法》，进一步提升危机处理、监测分析等工作。报告期内，公司加强声誉风险管理，维护了公司良好的品牌声誉。

4.6 净资本管理概况

公司依据《信托公司净资本管理办法》积极推进净资本管理，进一步强化增量业务的资本约束机制，确立了以净资本管理为核心的业务发展模式和管理体系。报告期末，净资本各项指标均处于符合监管要求的较好水平。

指标	期末数	监管标准
净资本（亿元）	139	≥2
各项风险资本之和（亿元）	81	
净资本/各项风险资本之和（%）	172	≥100
净资本/净资产（%）	69	≥40

5. 报告期末及上一年度末的比较式会计报表

5.1 固有资产

5.1.1 会计师事务所审计结论

毕马威华振会计师事务所认为，公司财务报表在所有重大方面按照企业会计准则的规定编制，公允反映了公司2016年12月31日的合并财务状况和财务状况以及2016年度的合并经营成果和经营成果以及合并现金流量和现金流量。

5.1.2 资产负债表

单位：万元

项目	合并		母公司	
	2016年12月31日	2015年12月31日	2016年12月31日	2015年12月31日
资产：				
现金及银行存款	12 913.52	191.18	2.96	2.96
存放同业款项	202 662.99	546 626.53	186 018.70	532 087.08
以公允价值计量且其变动计入当期损益的金融资产	106 500.70	280 543.49	105 983.01	280 012.76
应收手续费	27 330.80	16 228.23	23 403.02	15 842.71
应收利息	25 164.97	1 989.14	20 025.58	0.00
其他应收款	159 693.36	71 350.22	179 679.23	71 231.25
买入返售金融资产	238 718.46	—	238 718.46	—
发放贷款和垫款	435 939.75	503 963.12	313 565.87	372 587.87
可供出售金融资产	766 470.09	514 706.72	562 813.88	489 585.99
持有至到期投资	53 207.17	—	—	—
应收款项类投资	601 912.68	311 349.94	601 912.68	311 349.94
长期股权投资	112 438.29	94 451.63	137 559.36	120 539.40
固定资产	1 541.72	2 081.56	1 283.84	1 801.99
无形资产	2 675.48	2 680.00	2 675.47	2 680.00
商誉	36.21	36.21	—	—

续表

项目	合并		母公司	
	2016 年 12 月 31 日	2015 年 12 月 31 日	2016 年 12 月 31 日	2015 年 12 月 31 日
递延所得税资产	36 009. 15	28 331. 74	35 937. 48	28 329. 28
其他资产	8 937. 09	5 360. 98	8 654. 74	5 323. 80
资产总计	2 792 152. 43	2 379 890. 69	2 418 234. 28	2 231 375. 03
负债:				
借款	355 335. 23	142 971. 92	—	—
应付利息	935. 78	134. 67	—	—
递延收入	14 205. 08	3 587. 57	14 193. 92	3 587. 57
应付职工薪酬	117 611. 49	99 029. 23	114 557. 52	98 908. 02
应交税费	55 274. 84	7 348. 07	53 618. 12	6 962. 62
递延所得税负债	17. 89	16. 76	—	0. 00
其他应付款	227 367. 21	327 110. 15	227 765. 88	326 693. 65
负债合计	770 747. 52	580 198. 37	410 135. 44	436 151. 86
所有者权益:				
实收资本	1 000 000. 00	1 000 000. 00	1 000 000. 00	1 000 000. 00
资本公积	938. 09	938. 09	—	—
其他综合收益	17 225. 25	8 689. 90	16 235. 61	8 456. 11
盈余公积	211 433. 28	181 016. 83	211 433. 28	181 016. 83
一般风险准备	36 861. 15	34 427. 26	36 861. 15	34 427. 26
信托赔偿准备	103 789. 96	88 581. 74	103 789. 96	88 581. 74
未分配利润	650 908. 49	485 832. 19	639 778. 84	482 741. 23
归属于母公司所有者权益合计	2 021 156. 22	1 799 486. 01	—	—
少数股东权益	248. 69	206. 31	—	—
所有者权益合计	2 021 404. 91	1 799 692. 32	2 008 098. 84	1 795 223. 17
负债和所有者权益总计	2 792 152. 43	2 379 890. 69	2 418 234. 28	2 231 375. 03

公司法定代表人:陈一松　主管会计工作的公司负责人:王道远　公司会计机构负责人:李　玎

5. 1. 3　利润表

单位:万元

项目	合并		母公司	
	2016 年度	2015 年度	2016 年度	2015 年度
一、营业收入	581 760. 31	1 026 300. 06	564 899. 53	1 019 363. 85
手续费及佣金收入	437 586. 88	370 942. 15	430 721. 76	370 471. 40
利息净收入	104 551. 73	88 137. 28	98 398. 45	84 924. 00
投资收益	44 058. 32	564 933. 58	39 628. 36	562 195. 85
公允价值变动收益	−4 251. 06	2283. 94	−3 859. 14	1763. 55
汇兑净收益	−185. 56	3. 11	10. 10	9. 05
二、营业支出	176 581. 82	620 648. 28	169 037. 05	614 548. 84
税金及附加	13 658. 00	29 917. 19	13 541. 83	29 860. 69
业务及管理费	129 499. 67	121 878. 14	121 869. 80	118 509. 69
财务费用	−17. 57	−6. 63	—	—
资产减值损失	33 441. 72	468 859. 58	33 625. 42	466 178. 46
三、营业利润	405 178. 49	405 651. 78	395 862. 48	404 815. 01
加:营业外收入	1 835. 57	93. 51	1 835. 57	93. 51
减:营业外支出	324. 32	1181. 34	324. 32	1181. 34
四、利润总额	406 689. 74	404 563. 95	397 373. 73	403 727. 18
减:所得税费用	94 444. 15	89 155. 03	93 209. 21	88 693. 21
五、净利润	312 245. 59	315 408. 92	304 164. 52	315 033. 97
归属于母公司所有者的净利润	312 203. 21	314 502. 69	—	—
少数股东损益	42. 38	906. 23	—	—

公司法定代表人:陈一松　主管会计工作的公司负责人:王道远　公司会计机构负责人:李　玎

5.1.4 所有者权益变动表

所有者权益变动表

单位：万元

项目	2016年度（合并）									2016年度（母公司）						
	归属于母公司所有者权益							少数股东权益	所有者权益合计	实收资本	其他综合收益	盈余公积	一般风险准备	信托赔偿准备	未分配利润	所有者权益合计
	实收资本	资本公积	其他综合收益	盈余公积	一般风险准备	信托赔偿准备	未分配利润									
2016年1月1日余额	1 000 000.00	938.09	8 689.90	181 016.83	34 427.26	88 581.74	485 832.19	206.31	1 799 692.32	1 000 000.00	8 456.11	181 016.83	34 427.26	88 581.74	482 741.23	1 795 223.17
本年增减变动金额									—							—
1. 综合收益总额			8 535.35				312 203.21	42.38	320 780.94		7 779.50				304 164.52	311 944.02
2. 利润分配	—	—	—	30 416.45	2 433.89	15 208.22	-147 126.91	—	-99 068.35	—	—	30 416.45	2 433.89	15 208.22	-147 126.91	-99 068.35
提取盈余公积				30 416.45			-30 416.45		—			30 416.45			-30 416.45	—
对所有者的分配							-99 068.35		-99 068.35						-99 068.35	-99 068.35
提取一般风险准备					2 433.89		-2 433.89		—				2 433.89		-2 433.89	—
提取信托赔偿准备						15 208.22	-15 208.22		—					15 208.22	-15 208.22	—
上述1至2小计	—	—	8 535.35	30 416.45	2 433.89	15 208.22	165 076.30	42.38	221 712.59	—	7 779.50	30 416.45	2 433.89	15 208.22	157 037.61	212 875.67
2016年12月31日余额	1 000 000.00	938.09	17 225.25	211 433.28	36 861.15	103 789.96	650 908.49	248.69	2 021 404.91	1 000 000.00	16 235.61	211 433.28	36 861.15	103 789.96	639 778.84	2 008 098.84

所有者权益变动表（续）

单位：万元

项目	2015年度（合并）									2015年度（母公司）						
	归属于母公司所有者权益							少数股东权益	所有者权益合计	实收资本	其他综合收益	盈余公积	一般风险准备	信托赔偿准备	未分配利润	所有者权益合计
	实收资本	资本公积	其他综合收益	盈余公积	一般风险准备	信托赔偿准备	未分配利润									
2015年1月1日余额	1 000 000.00	—	261 306.03	149 513.43	34 427.26	72 830.04	307 175.16	170.99	1 825 422.91	1 000 000.00	261 302.65	149 513.43	34 427.26	72 830.04	303 552.92	1 821 626.30
本年增减变动金额																
1. 综合收益总额			−252 616.13				314 502.69	906.23	62 792.79		−252 846.54				315 033.97	62 187.43
2. 利润分配	—	—	—	31 503.40	—	15 751.70	−135 845.66	—	−88 590.56	—	—	31 503.40	—	15 751.70	−135 845.66	−88 590.56
提取盈余公积				31 503.40			−31 503.40		—			31 503.40			−31 503.40	—
对所有者的分配							−88 590.56		−88 590.56						−88 590.56	−88 590.56
提取信托赔偿准备						15 751.70	−15 751.70		—					15 751.70	−15 751.70	—
3. 购买少数股东权益		938.09						−870.91	67.18							
上述1至3小计	—	938.09	−252 616.13	31 503.40	—	15 751.70	178 657.03	35.32	−25 730.59	—	−252 846.54	31 503.40	—	15 751.70	179 188.31	−26 403.13
2015年12月31日余额	1 000 000.00	938.09	8 689.90	181 016.83	34 427.26	88 581.74	485 832.19	206.31	1 799 692.32	1 000 000.00	8 456.11	181 016.83	34 427.26	88 581.74	482 741.23	1 795 223.17

公司法定代表人：陈一松　　主管会计工作的公司负责人：王道远　　公司会计机构负责人：李　玎

5.2 信托资产

5.2.1 信托项目资产负债汇总表

单位：万元

信托资产	2016 年 12 月 31 日	2015 年 12 月 31 日
信托资产：		
存放同业款项	14 795 139. 82	15 794 659. 64
拆出资金	—	—
衍生金融资产	—	—
交易性金融资产	6 600 804. 50	7 358 868. 67
买入返售金融资产	863 263. 40	573 014. 84
应收票据	—	—
应收账款	18 961 810. 52	16 375 848. 08
应收利息	56 748. 13	79 460. 42
应收股利	80 199. 80	1 964. 91
其他应收款	590 744. 96	943 629. 77
贷款	57 433 675. 77	46 201 057. 67
可供出售金融资产	26 091 072. 29	7 045 404. 59
长期应收款	—	5 199. 70
持有至到期金融资产	2 140 916. 54	1 702 780. 99
长期股权投资	14 826 271. 15	6 169 545. 22
其他资产	48 232. 29	30 061. 96
信托资产总计	142 488 879. 17	102 281 496. 46
信托负债和信托权益	2016 年 12 月 31 日	2015 年 12 月 31 日
信托负债：		
交易性金融负债	—	—
应交税费	634. 17	106. 25
其他应付款	2 023 968. 89	1 683 812. 51
应付账款	47 501. 26	69 213. 41
长期应付款	—	—
信托负债合计	2 072 104. 32	1 753 132. 17
信托权益：		
实收信托	133 704 568. 35	96 152 588. 42
资本公积	3 908 312. 00	2 829 745. 53
未分配利润	2 803 894. 50	1 546 030. 34
信托权益合计	140 416 774. 85	100 528 364. 29
信托负债及权益总计	142 488 879. 17	102 281 496. 46

法定代表人：陈一松　　主管信托财务公司负责人：王道远　　会计机构负责人：李　青

5.2.2 信托项目利润及利润分配汇总表

单位：万元

项目	2016 年度	2015 年度
一、营业收入	7 552 411. 72	6 788 765. 34
利息收入	3 711 097. 39	3 393 136. 21
投资收益	2 904 539. 16	2 290 775. 72
租赁收入	—	30. 95
公允价值变动损益	-125 984. 96	-281 573. 71
汇兑损益	-1 638. 66	606. 75
其他收入	1 064 398. 79	1 385 789. 42
二、营业费用	666 032. 87	669 586. 34
三、营业税金及附加	16 342. 12	26 815. 37
四、扣除资产损失前的信托利润	6 870 036. 73	6 092 363. 63
减：资产减值损失	397. 15	-38. 42
五、扣除资产损失后的信托利润	6 869 639. 58	6 092 402. 05
加：期初未分配信托利润	1 546 030. 34	888 047. 93
六、可供分配的信托利润	8 415 669. 92	6 980 449. 98
减：本期已分配信托利润	5 611 775. 42	5 434 419. 64
七、期末未分配信托利润	2 803 894. 50	1 546 030. 34

法定代表人：陈一松　　主管信托财务公司负责人：王道远　　会计机构负责人：李　青

6. 会计报表附注

6.1 年度会计报表编制基准、会计政策、会计估计和核算方法发生的变化

本公司无上述情况。

6.2 或有事项说明

报告期末，公司没有对外担保。

6.3 重要资产转让及其出售的说明

报告期内，公司没有重要资产转让及其出售。

6.4 会计报表中重要项目的明细资料

6.4.1 固有资产经营情况

6.4.1.1 信用风险资产五级分类情况

按照《中国银行业监督管理委员会关于非银行金融机构全面推行资产质量五级分类管理的通知》的分类标准，本年度公司固有资产质量情况如下：

信用风险资产五级分类	正常类（万元）	关注类（万元）	次级类（万元）	可疑类（万元）	损失类（万元）	信用风险资产合计（万元）	不良资产合计（万元）	不良资产率（%）
期初数	1 098 501. 18	245 117. 64	—	2 757. 21	11 000. 00	1 357 376. 03	13 757. 21	1. 01
期末数	1 355 291. 82	235 321. 98	26 600. 00	3 018. 46	10 928. 28	1 631 160. 54	40 546. 74	2. 49

注：不良资产合计 = 次级类 + 可疑类 + 损失类。

6.4.1.2 资产减值准备情况

单位:万元

	期初数	本期计提	本期转回	本期核销	期末数
贷款损失准备	43 029.76	17 707.00	13 656.72	—	47 080.04
一般准备	32 029.76	5 067.00	13 585.00	—	23 511.76
专项准备	11 000.00	12 640.00	71.72	—	23 568.28
其他资产减值准备	18 260.57	77 860.00	48 284.86	11 000.00	36 835.71
可供出售金融资产减值准备	6 300.00	25 205.00		11 000.00	20 505.00
持有至到期投资减值准备	—	—	—	—	—
应收款项类投资减值准备	11 247.41	52 331.59	48 284.86		15 294.14
长期股权投资减值准备	713.16	—	—	—	713.16
坏账准备	—	323.41	—	—	323.41
投资性房地产减值准备	—	—	—	—	—

6.4.1.3 固有股票投资、基金投资、债券投资、长期股权投资等投资情况

单位:万元

	固有股票	基金	债券	长期股权投资	其他投资	合计
期初数	24 601.43	270 346.41	65.20	120 539.40	474 585.71	890 138.15
期末数	50 650.94	100 007.47	—	137 559.36	518 138.48	806 356.25

6.4.1.4 固有长期股权投资的前五名

企业名称	占被投资企业权益的比例(%)	主要经营活动	投资收益(万元)
信诚基金管理有限公司	49.00	证券投资基金	13 483.53
中信聚信(北京)资本管理有限公司	100.00	投资管理、经济信息咨询	—
中信信诚资产管理有限公司	45.00	资产管理	16 507.82
中信信惠国际资本有限公司	100.00	资产管理	—
中信锦绣资本管理有限公司	40.00	投资咨询、投资管理、财务顾问	-11 033.75

6.4.1.5 固有贷款前五名

单位:%

企业名称	占贷款总额的比例	还款情况
昆明嘉丽泽旅游文化有限公司	57.15	正常
新世界中国地产(海口)有限公司	27.73	正常
云南御行中天房地产开发有限公司	5.55	欠息
天津鑫鑫投资有限公司	3.03	欠息
海航地产集团有限公司	2.77	正常

6.4.1.6 表外业务的期初数、期末数

单位:万元

表外业务	期初数	期末数
担保业务	—	—
代理业务(委托业务)	72 527.79	72 527.79
其他	—	—
合计	72 527.79	72 527.79

6.4.1.7 公司当年的收入结构

	合并		母公司	
收入结构	金额(万元)	占比(%)	金额(万元)	占比(%)
手续费及佣金收入	437 586.88	72.25	430 721.76	73.82
其中:信托手续费收入	427 175.76	70.53	427 175.76	73.21
投资银行业务收入	—	—	—	—
利息收入	126 456.61	20.88	115 133.05	19.73
其他业务收入	—	—	—	—
其中:计入信托业务收入部分	—	—	—	—
投资收益	44 058.32	7.27	39 628.36	6.79
其中:股权投资收益	31 695.62	5.23	28 524.93	4.89
证券投资收益	4 655.26	0.77	4 489.21	0.77
其他投资收益	7 707.44	1.27	6 614.22	1.13
公允价值变动收益	-4 251.06	-0.70	-3 859.14	-0.66
营业外收入	1 835.57	0.30	1 835.57	0.32
收入合计	605 686.32	100.00	583 459.60	100.00

6.4.2 信托资产管理情况

6.4.2.1 信托资产的期初数、期末数

单位:万元

信托资产	期初数	期末数
集合类	21 656 248.40	37 356 391.86
单一类	49 780 098.51	59 710 378.43
财产管理类	30 845 149.55	45 422 108.88
合计	102 281 496.46	142 488 879.17

6.4.2.1.1 主动管理型信托业务期初数、期末数

单位:万元

主动管理型信托资产	期初数	期末数
证券投资类	20 612 395.05	20 980 394.98
股权投资类	3 675 723.56	1 816 076.88
融资类	18 146 973.98	19 758 609.13
事务管理类	—	—
合计	42 435 092.59	42 555 080.99

6.4.2.1.2 被动管理型信托业务期初数、期末数

单位:万元

被动管理型信托资产	期初数	期末数
证券投资类	—	—
股权投资类	—	—
融资类	—	—
事务管理类	59 846 403.87	99 933 798.18
合计	59 846 403.87	99 933 798.18

6.4.2.2 本年度已清算结束的信托项目个数、实收信托合计金额、加权平均实际年化收益率

6.4.2.2.1 本年度已清算结束的集合类、单一类资金信托项目和财产管理类信托项目个数、实收信托合计金额、加权平均实际年化收益率

已清算结束的信托项目	项目个数(个)	实收信托合计金额(万元)	加权平均实际年化收益率(%)
集合类	117	14 601 793.81	7.50
单一类	340	43 400 143.87	5.91
财产管理类	90	10 853 703.92	6.64

6.4.2.2.2 本年度已清算结束的主动管理型信托项目个数、实收信托合计金额、加权平均实际年化收益率，分证券投资、股权投资、融资、事务管理类分别披露

已清算结束的信托项目	项目个数(个)	实收信托合计金额(万元)	加权平均实际年化收益率(%)
证券投资类	68	3 052 753.99	7.17
股权投资类	6	8 157 044.88	7.31
融资类	70	5 453 045.30	8.87
事务管理类	—	—	—

6.4.2.2.3 本年度已清算结束的被动管理型信托项目个数、实收信托合计金额、加权平均实际年化收益率，分证券投资、股权投资、融资、事务管理类分别披露

已清算结束的信托项目	项目个数(个)	实收信托合计金额(万元)	加权平均实际年化收益率(%)
证券投资类	—	—	—
股权投资类	—	—	—
融资类	—	—	—
事务管理类	403	52 192 797.43	5.91

6.4.2.3 本年度新增的集合类、单一类和财产管理类信托项目个数、实收信托合计金额

单位：万元

新增信托项目	项目个数(个)	实收信托合计金额(万元)
集合类	320	23 230 656.40
单一类	690	24 622 487.65
财产管理类	270	30 810 912.55
新增合计	1 280	78 664 056.60
其中：主动管理型	512	9 986 576.13
被动管理型	768	68 677 480.47

注：上述统计未包括尚未清算的开放式信托项目本年度内发生的申购和赎回金额，故期初余额－本期清算＋本期新增≠期末余额。

6.4.2.4 信托创新研究成果

报告期内，公司积极推进业务创新，在PPP业务、国际业务、消费信托与消费金融、家族信托与保险金信托、信托型ABN等业务上取得了较大进展。

6.4.2.5 本公司履行受托人义务情况

公司以受益人利益最大化为原则，严格按照法律法规的规定及信托合同等文件的约定，恪尽职守，诚实、信用、谨慎、有效地管理信托财产，严格履行受托人的义务，为受益人的最大利益处理信托事务，为投资者提供了回报稳定且风险可控的投资产品。

6.5 关联方关系及其交易的披露

6.5.1 关联交易方的数量、关联交易的总金额及关联交易的定价原则等

单位：万元

	关联交易方数量(个)	关联交易金额(万元)	定价政策
合计	22	2 365 138.77	(1)遵循市场价格的原则，有客观的市场价格作为参照的一律以市场价格为准；(2)如果没有市场价格，按照成本加成定价；(3)如果既没有市场价格，也不适合采用成本加成定价的，按照协议价定价。

6.5.2 关联交易方与本公司的关系性质、关联交易方的名称、法定代表人、注册地址、注册资本及主营业务等

单位：亿元

关系性质	关联方名称	法定代表人	注册地址	注册资本	主营业务
母公司	中国中信有限公司	常振明	北京市朝阳区新源南路6号	1 390.00	金融、实业
同一母公司	中信银行股份有限公司	李庆萍	北京东城区朝阳门北大街8号富华大厦C座	489.35	银行业务
母公司对其有重大影响	中信证券股份有限公司	张佑君	广东省深圳市福田区中心三路8号卓越时代广场(二期)北座	121.17	证券经纪、投行业务

注：公司本年度共有关联方22个，主要来自中信集团内部，表中为公司主要关联方。

6.5.3 公司与关联方的重大交易事项

6.5.3.1 固有财产与关联方：贷款、投资、租赁、应收账款、担保、其他方式等期初汇总数、本期发生额汇总数、期末汇总数

单位：万元

固有与关联方关联交易				
	期初数	借方发生额	贷方发生额	期末数
贷款	—	—	—	—
投资	4 552.22	35 364.64	—	39 916.86
租赁	1 267.16	3 853.91	5 100.63	20.44
担保	—	—	—	—
应收账款	5 087.88	21 884.33	5 109.32	21 862.89
其他	215 414.09	22 345 808.83	22 284 885.90	276 337.02
合计	226 321.35	22 406 911.71	22 295 095.85	338 137.21

6.5.3.2 信托资产与关联方：贷款、投资、租赁、应收账款、担保、其他方式等期初汇总数、本期发生额汇总数、期末汇总数

单位：万元

信托与关联方关联交易				
	期初数	借方发生	贷方发生	期末数
贷款	279 946.70	—	202 364.42	77 582.28
投资	316 146.45	700.00	299 000.00	17 846.45
租赁	—	—	—	—
担保	—	—	—	—
应收账款	—	—	—	—
其他	—	—	—	—
合计	596 093.15	700.00	501 364.42	95 428.73

注:此外,还包括支付给关联方中信银行的托管费 9 800. 36 万元。

6. 5. 3. 3 固有财产和信托财产之间的交易金额期初汇总数、本期发生额汇总数、期末汇总数

单位:万元

固有财产与信托财产相互交易			
	期初数	本期发生额	期末数
合计	292 818. 96	101 234. 76	394 053. 72

6. 5. 3. 4 信托资产与信托财产之间的交易金额期初汇总数、本期发生额汇总数、期末汇总数

单位:万元

信托资产与信托财产相互交易			
	期初数	本期发生额	期末数
合计	1 067 751. 18	469 767. 93	1 537 519. 11

6. 5. 4 关联方逾期未偿还本公司资金的详细情况以及本公司为关联方担保发生或即将发生垫款的情况

关联方无逾期不偿还本公司资金情况,本公司无为关联方担保发生或即将发生垫款情况。

6. 6 会计制度的披露

本公司固有业务和信托业务均执行财政部 2006 年颁布的企业会计准则。

7. 财务情况说明书

7. 1 利润实现和分配情况

2016 年母公司净利润为 304 164. 52 万元,合并净利润为 312 245. 59 万元。

依据《公司法》《信托公司管理办法》和《公司章程》,公司对本年实现的母公司净利润 304 164. 52 万元进行分配,其中提取 10% 的法定盈余公积金 30 416. 45 万元,提取 5% 的信托赔偿准备 15 208. 22 万元。

7. 2 主要财务指标

指标名称	指标值	
	合并	母公司
资本利润率(%)	16. 34	15. 99
人均净利润(万元)	572. 85	582. 13

注:1. 资本利润率 = 净利润/所有者权益平均余额 ×100% 。

2. 人均净利润 = 净利润/年平均人数。

3. 平均值采取期初、期末余额简单平均法,公式为:a(平均) = (期初数 + 期末数)/2。

7. 3 对本公司财务状况、经营成果有重大影响的其他事项

报告期内,公司没有对财务状况、经营成果产生重大影响的其他事项。

8. 特别事项揭示

8. 1 股东报告期内变动情况及原因

报告期内,本公司没有发生变动。

8. 2 董事、监事及高级管理人员变动情况及原因

2016 年 5 月,公司董事会聘任刘小军为公司副总经理。2016 年 6 月,公司股东会选举张宏久担任公司独立董事,姜国华因个人原因不再担任公司独立董事。2016 年 11 月,公司股东会选举任霞担任公司董事,原拟任董事曹国强因工作原因不再担任公司董事。2016 年 12 月,包学勤因个人原因辞去公司副总经理职务。

8. 3 变更注册资本、注册地或公司名称、公司分立合并事项

报告期内,注册资本、注册地或公司名称、公司分立合并事项均未发生。

8. 4 公司的重大诉讼事项

报告期内,公司无重大诉讼事项。

8. 5 公司及其董事、监事和高级管理人员受到处罚情况

报告期内无上述处罚情况。

8. 6 银监会及其派出机构对公司进行检查及提出整改意见的情况

报告期内,北京银监局对公司开展了全面内控、净资本管理及"两个遏制、两个加强"回头看现场检查,并结合消费者保护工作对部分业务实施了专项检查。结合检查情况,公司积极梳理业务发展、内控管理等方面工作,认真制订和落实改进优化方案,有针对性地加强项目独立管理、尽职调查、风险提示、过程管理、信息披露、关联交易等方面的规范管理,公司整体风险、合规管控水平得以进一步提升。

8. 7 重大事项临时报告情况

报告期内无临时报告。

8. 8 其他有必要让客户及相关利益人了解的重要信息

无。

9. 公司监事会意见

公司监事会根据有关法律、法规,监督检查了公司依法运作、重大决策、重大经营活动情况及财务状况,认为公司能够合规运作,公司董事、总经理等在履行公司职务时未有违反法律、法规、《公司章程》或损害公司利益的行为,公司年度报告真实反映了公司的财务状况和经营成果。

中原信托有限公司

1. 重要提示及目录

1.1 本公司董事会及董事保证本报告所载资料不存在任何虚假记载、误导性陈述或者重大遗漏,并对其内容的真实性、准确性和完整性承担个别及连带责任。

1.2 独立董事于萍女士、徐长生先生认为本报告内容是真实、准确、完整的。

1.3 本公司总裁崔泽军、主管会计工作的副总裁李信凤及计划财务部总经理石翠云声明:保证年度报告中财务报告的真实、完整。

2. 公司概况

2.1 公司简介

中原信托有限公司于1985年8月成立。2002年10月中国人民银行批准公司重新登记。2007年10月中国银监会批准公司变更名称为现名,并核准了新的业务范围,换发了中华人民共和国金融许可证。2008年5月公司注册资本由59 227.2万元增至120 200万元,2012年6月注册资本增至15亿元,2014年12月注册资本增至25亿元,2016年12月注册资本增至36.5亿元。

2.1.1 公司中文名称:中原信托有限公司
中文简称:中原信托
英文名称:Zhongyuan Trust CO., Ltd.
英文缩写:Zhongyuan Trust

2.1.2 法定代表人:黄曰珉

2.1.3 注册地址:中国河南省郑州市商务外环路24号中国人保大厦
邮政编码:450016

2.1.4 公司互联网网址:http://www.zyxt.com.cn
电子信箱:info@zyxt.com.cn

2.1.5 信息披露事务负责人:刘飞
信息披露联系人:张进
电话(传真):0371-88861888 电子信箱:info@zyxt.com.cn

2.1.6 信息披露报纸:《证券时报》

2.1.7 年度报告备置地点:总裁办公室(郑州市商务外环路24号中国人保大厦27层)

2.1.8 公司聘请的会计师事务所:中审华会计师事务所(特殊普通合伙)
地址:天津市和平区解放北路188号信达广场52层

2.1.9 公司聘请的律师事务所:北京市大成律师事务所郑州分所
地址:郑州市商务外环路20号海联大厦4层

2.2 组织结构

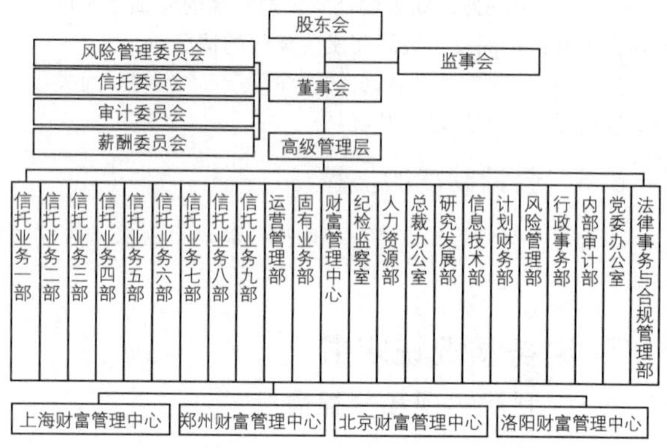

3. 公司治理

3.1 股东

3.1.1 截至报告期末公司股东共4家。

单位:%

股东名称	持股比例	法人代表
河南投资集团有限公司	46.42947	朱连昌
河南中原高速公路股份有限公司	31.91032	金 雷
河南盛润控股集团有限公司	12.53616	李喜朋
河南省豫粮粮食集团有限公司	9.12405	张培贤

以上股东不存在关联关系。

3.1.2 公司第一大股东的主要股东的情况如下:

股东名称	其主要股东	出资比例(%)	注册资本(万元)	股东之主要股东的主要经营业务及主要财务情况
河南投资集团有限公司	河南省人民政府	100	—	—

3.2 董事

董事会成员

姓名	职务	性别	年龄(岁)	选任日期	所推举的股东名称	该股东持股比例(%)	简要履历
黄曰珉	董事长	男	59	2015年12月	河南投资集团有限公司	46.42947	历任河南省计划委员会投资处主任科员,中原信托有限公司国际业务部经理、副总经理、总经理、董事长;现任中原信托有限公司董事长。
段 安	董事	男	58	2015年12月	河南投资集团有限公司	46.42947	历任郑州航空工业管理学院教师,省财政厅债务处处长,省经济技术开发公司党委书记,河南投资集团副总经理、党委委员,河南省文化产业投资有限责任公司董事长;现任河南投资集团有限公司副总经理。

续表

姓名	职务	性别	年龄（岁）	选任日期	所推举的股东名称	该股东持股比例(%)	简要履历
曹宗远	董事	男	50	2015 年 12 月	河南投资集团有限公司	46.42947	历任河南省财政厅财务开发公司信贷管理员，河南省经济技术开发公司信贷部副经理、主任、总经理助理、副总经理，河南投资集团有限公司资产管理八部主任，许平南高速公路有限责任公司总经理，河南投资集团有限公司资产管理二部、资产管理一部主任；现任河南投资集团有限公司金融管理部主任。
顾光印	董事	男	60	2015 年 12 月	河南中原高速公路股份有限公司	31.91032	历任河南省交通厅人事处主任科员，河南交通建设投资公司副总经理，河南高速公路发展有限责任公司党委副书记，河南高速房地产开发有限公司董事长；现任河南中原高速公路股份有限公司党委书记、董事，河南高速房地产开发有限公司董事。
何运福	董事	男	42	2015 年 12 月	河南中原高速公路股份有限公司	31.91032	历任河南财政证券公司职员，河南中原高速公路股份有限公司投资部副经理、河南中原高速公路股份有限公司郑州分公司副总经理、河南中原高速公路股份有限公司投资发展部副经理、河南中原高速公路股份有限公司董事会秘书处主任；现任河南中原高速公路股份有限公司投资发展部经理。
李喜朋	董事	男	53	2015 年 12 月	河南盛润控股集团有限公司	12.53616	历任河南省煤矿供应公司、河南省煤炭厅供应处科员、河南省豫盛石化公司经理；现任河南盛润控股集团有限公司董事长。
袁顺兴	董事	男	51	2016 年 12 月	河南省豫粮粮食集团有限公司	9.12405	历任河南省郑州市建筑材料公司总经理办公室秘书，河南省经济技术开发公司干部、河南省经济技术开发公司业务一部副主任、投资开发部主任、总经理助理兼投资开发部主任、河南省经济技术开发公司副总经理、河南投资集团有限公司资产管理七部临时负责人，河南投资集团有限公司计划总监、河南投资集团有限公司副总经理；现任河南省国有资产控股运营集团有限公司总经理、副董事长，党委副书记。
崔泽军	董事	男	52	2015 年 12 月	职务董事 职工董事	—	历任郑州粮食学院教师、中原信托有限公司财务部经理、副总经理、总经理；现任中原信托有限公司总裁。

注：截至 2016 年 12 月 31 日，袁顺兴董事任职资格尚待监管部门核准。

独立董事

姓名	所在单位及职务	性别	年龄（岁）	所推举的股东名称	该股东持股比例(%)	简要履历
于　萍	北京市大成律师事务所郑州分所高级律师	女	51	—	—	北京大成律师事务所高级合伙人，高级律师，法学硕士，河南省律师协会公司证券业务委员会副主任委员，河南省金融保险专业委员会委员，河南省招商引资律师服务团律师，郑州仲裁委仲裁员，具有上市公司独立董事资格、金融机构高级管理人资格和基金从业资格。
徐长生	华中科技大学教授	男	53	—	—	华中科技大学经济学院博士生导师，经济学院教授，兼任教育部经济学教学指导委员会委员，中华外国经济学研究会理事暨经济学分会副会长，曾任德国杜伊斯堡大学客座教授，并在美国哈弗大学做高级访问学者。

3.3　监事会成员

姓名	职务	性别	年龄（岁）	选任日期	所推举的股东名称	该股东持股比例(%)	简要履历
马沉重	监事会主席	男	49	2015 年 12 月	河南中原高速公路股份有限公司	31.91032	历任河南省公路工程处副处长兼总工程师，河南驻马店至信阳高速公路管理公司副总工程师、副总经理，路鑫项目公司董事长、总经理，河南高速公路发展责任有限公司商丘分公司副书记、经理，河南高速发展有限责任公司郑州分公司经理、党委副书记；现任河南中原高速公路股份有限公司董事、总经理、党委委员。
易　华	监事	男	36	2015 年 12 月	河南投资集团有限公司	46.42947	历任中国建设银行常州培训中心业务副经理、业务经理，河南投资集团有限公司资产二部业务经理；现任河南投资集团人力资源部业务经理。
林　洁	监事	女	55	2015 年 12 月	河南盛润控股集团有限公司	12.53616	历任郑州列车段财务科会计、河南省盛润置业有限公司财务部经理；现任河南盛润控股集团有限公司财务总监。
魏华阳	监事	男	47	2016 年 12 月	河南省豫粮粮食集团有限公司	9.12405	历任河南省油脂公司副总经理、河南世通谷物贸易公司副总经理、河南长城粮油食品有限公司党总支书记；现任河南省国有资产控股运营有限公司发展规划部部长、河南国控租赁有限公司董事长、河南省国控基金管理有限公司董事长。
魏　磊	职工监事	男	42	2015 年 12 月	—	—	曾任河南农业大学讲师；现任中原信托有限公司风险管理部总经理。
杨志勇	职工监事	男	46	2015 年 12 月	—	—	曾在河南省计划经济委员会经济研究所、中原信托有限公司计划财务部、内部审计部工作，历任中原信托有限公司计划财务部副经理、内部审计部副经理；现任中原信托有限公司内部审计部总经理。

3.4 高级管理人员

姓名	职务	性别	年龄（岁）	选任日期	金融从业年限（年）	学历	专业	简要履历
崔泽军	总裁	男	52	2015年12月	25	博士研究生	西方经济学	历任郑州粮食学院教师、中原信托有限公司财务部经理、副总经理、总经理；现任中原信托有限公司总裁。
姬宏俊	副总裁	男	53	2015年12月	14	硕士研究生	工商管理	历任河南省计经委财金处、外经处副主任科员、主任科员，投资处、财金处副处长，国家开发银行河南省分行客户一处副处长、中原信托有限公司副总经理；现任中原信托有限公司副总裁。
薛怀宇	副总裁	男	48	2015年12月	27	博士研究生	西方经济学	历任人行河南省分行货币信贷处副科长、人行郑州中心支行非银处信托科科长、中原信托有限公司副总经理；现任中原信托有限公司副总裁。
李信凤	副总裁	女	51	2015年12月	29	硕士研究生	工商管理	历任中原信托有限公司金融部、财务部经理、总裁助理；现任中原信托有限公司副总裁兼总会计师。
赵　阳	副总裁	男	45	2015年12月	22	硕士研究生	工商管理	历任中保信期货经纪有限公司郑州期货业务部总经理、中原信托有限公司证券营业部总经理、信托市场部经理、信托业务管理总部副总经理、信托综合部经理、风险管理部经理、总裁助理；现任中原信托有限公司副总裁。

3.5 公司员工

项目		报告期年度		上年度	
在职员工数（人）		233		210	
		人数（人）	比例（%）	人数（人）	比例（%）
年龄分布	20岁以下	0	0	0	0
	20~29岁	78	33.5	68	32.4
	30~39岁	93	39.9	81	38.6
	40岁以上	62	26.6	61	29.0
学历分布	博　士	5	2.1	5	2.4
	硕　士	153	65.7	134	63.8
	本　科	57	24.5	53	25.2
	专　科	15	6.4	15	7.2
	其　他	3	1.3	3	1.4
岗位分布	董事、监事及其高管人员	13	5.6	13	6.2
	自营业务人员	13	5.6	10	4.8
	信托业务人员	146	62.6	139	66.2
	其他人员	61	26.2	48	22.8

4. 经营管理

4.1 经营目标、方针、战略规划

4.1.1 经营目标

实现信托业务结构转型升级，产品创新能力提高，固有资产配置优化，经济效益和管理水平持续提升。

4.1.2 经营方针

实施“稳增长、促转型、强营销、控风险”战略，走诚信、合规、创新、可持续发展道路。

4.1.3 战略规划

有效整合资源，提供专业化资产配置和财富管理服务，服务中国机构和高端个人客户需求，做中国最值得托付的信托公司。

4.2 经营业务的主要内容

本公司的业务主要是资产管理、财富管理类信托业务和自营资产管理业务。报告期内，信托业务项下提供的主要理财产品有中原财富—成长系列信托计划、中原财富—宏业系列信托计划、中原财富—安益系列信托计划以及服务高端机构和个人客户特定需求的单一资金信托业务等；自营资产管理业务主要包括股权投资、金融产品投资、贷款等。

自营资产运用与分布表

资产运用	金额（万元）	占比（%）	资产分布	金额（万元）	占比（%）
货币资产	61 066.06	8.05	基础产业	—	—
贷款及应收款	191 908.40	25.28	房地产业	96 482.03	12.71
交易性金融资产投资	—	—	证券市场	—	—
可供出售金融资产投资	363 871.85	47.94	实业	71 937.94	9.48
持有至到期投资	—	—	金融机构	487 525.51	64.23
长期股权投资	124 761.25	16.44	其他	103 038.86	13.58
其他	17 376.78	2.29			
资产总计	758 984.34	100	资产总计	758 984.34	100

信托资产运用与分布表

资产运用	金额（万元）	占比（%）	资产分布	金额（万元）	占比（%）
货币资产	69 738.63	0.52	基础产业	2 230 679.79	16.66
贷款	7 563 894.82	56.48	房地产	4 000 374.67	29.87
交易性金融资产投资	13 486.53	0.10	证券市场	15 886.64	0.12
可供出售金融资产投资	2 229 099.66	16.65	实业	3 484 431.79	26.02
持有至到期投资	—	0.00	金融机构	2 166 327.60	16.18
长期股权投资	2 054 837.86	15.34	其他	1 494 025.85	11.15
其他	1 460 668.84	10.91			
信托资产总计	13 391 726.34	100.00	信托资产总计	13 391 726.34	100.00

4.3 市场分析

4.3.1 影响公司经营发展的有利条件

(1)2016 年我国 GDP 增速为 6.7%,经济形势总的特点是缓中趋稳、稳中向好,国民经济运行保持在合理区间,发展的质量和效益提高;(2)供给侧改革、城镇化发展和国企改革,蕴藏巨大的投融资需求,为经济增长提供持久动力的同时也为信托公司提供了广阔的市场空间;(3)信托业保障基金制度等一系列顶层制度已经落地实施,中国信托登记公司成立,行业基础性制度平台建设取得重大进展,监管环境日趋科学成熟,有助于信托公司不断增强主动管理能力和实现内涵式增长,推动信托行业持续健康发展。

4.3.2 影响公司经营发展的不利条件

(1)我国经济正处在新旧产业和发展动能转换的接续关键期,经济发展进入新常态,经济形势更加错综复杂,下行压力依然较大;供给方面产能过剩的情况仍较为严重,需求方面房地产投资逐渐动力不足,净出口方面也面临较强不确定性;(2)随着泛资管时代的到来,券商、基金公司等开始开展非标准化的私募融资业务,信托公司传统业务模式遭遇到激烈的同质化竞争;(3)2016 年多个城市出台了房地产限购限贷政策,调控政策使房地产投资放缓,商品房销售速度急速下滑,房地产投资信托风险增大。

4.4 内部控制

4.4.1 内部控制环境和内部控制文化

公司坚持强化科学的风控理念,内控制度涵盖部门、岗位和工作的各个环节,通过内部审计、考核和问责制度确保内部控制要求得到落实。公司秉承诚信、合规的内控理念,坚持以人为本,在高效稳健的环境中实现员工与公司的共同成长。

4.4.2 内部控制措施

(1)风险管理部、法律事务与合规管理部和内部审计部作为内控管理的主要职能部门,拟定和修订内控制度,监督检查和评价内控的科学性、规范性和可操作性。

(2)公司建立并完善了基本授权体系,对各部门、岗位制定了明确的职责和权限;严格按照相互分离、相互制约的原则设定岗位职责,确保内控有效。

(3)报告期内,公司顺应市场需求和风控需要,适时修订主要业务品种的授信原则、风控标准、尽职调查及尽职管理的标准化要求。

(4)公司继续坚持和优化由业务部、初评审、主管副总、项审会和总裁办公会构建的公司"五级"评审决策程序,坚持业务发展和风险管控"双轮驱动",准确把握业务发展和风险管理的辩证统一关系;建立了中台、后台对前台的监督制约机制,通过风险控制、内部审计等手段对前台业务进行有效监督、制约,保障公司健康可持续发展。

4.4.3 信息交流与反馈

4.4.3.1 外部信息交流与反馈

公司指定专职人员负责官方网站维护和信息收集整理,所有对外披露的业务信息和其他信息经公司审批流程后在外部网站发布,实现信息披露的及时、规范和完整;建立了舆情监测制度,及时收集舆情,解答客户疑问,不断提升金融服务水平;建立了新闻发言人制度,保持与外界及广大客户良好沟通;遵循为受益人利益最大化处理信托事务的原则,通过问卷调查、客户面谈、电话沟通、代理金融机构意见反馈等方式,对委托人进行适应性调查,并对各信托产品进行了充分的风险揭示和信息披露。

4.4.3.2 内部信息交流与反馈

公司在各项业务活动中,根据相关制度规定了报告路线,董事会、监事会、高管层能够及时获取相关信息,并使前台、中台、后台通过信息的交流形成监督制约机制;针对经营过程中可能发生的重大事项专门制定了《请示报告制度》,对请示报告的受理机构、请示报告的事项范围、请示报告的一般行文规则、项目管理内部报告制度、其他工作汇报制度、责任追究等内容作了明确规定;就业务开展、风险状况、内外部审计情况及合规管理等方面的问题均能够及时完整地向监管部门报告,并及时按照监管部门意见执行落实;建立了信托业务信息管理系统、财务管理系统、CRM 系统和协同办公等应用系统,对核心系统进行了升级优化,进一步规范了信息交流与反馈机制。

4.4.4 监督评价与纠正

2016 年,公司内部审计部共开展了包括信托业务管理、固有业务管理、产品营销与客服管理、反洗钱和员工离任离职等 19 项内部审计工作,累计覆盖项目 310 多个,涉及资产近 700 亿元,提出审计意见或管理建议近 90 条,并对整改情况进行持续跟踪落实。通过审计揭示了不规范问题,总结了工作中的成功经验和做法,提出的意见及建议已逐步转化为管理措施,充分发挥了内部审计在加强公司内部控制、防范经营风险和促进尽职管理等方面应有的作用。

4.5 风险管理

4.5.1 风险管理概况

公司经营活动中可能遇到的主要风险有信用风险、市场风险、操作风险和其他风险等。公司风险管理的基本原则:强化风险管理意识,明确风险管理责任,提高识别、量化和控制风险的能力,建立涵盖公司业务发展、资产管理、部门设置、人员安排以及决策、执行、监督、反馈等各个内控环节的全面风险管理体系,实行全面风险管理,坚决杜绝重大、实质性风险。

4.5.2 风险状况

4.5.2.1 信用风险状况

报告期末公司固有业务信用风险资产(包括贷款、拆借、租赁)按照资产五级分类标准分类的情况为:正常类 177 700 万元、关注类 0 万元、次级类 0 万元、可疑类 0 万元、损失类 0 万元。其中,不良信用资产的期初数为 0 万元,期末数为 0 万元,报告期末准备金余额为 0 万元。报告期末公司自主开发类信托业务信用风险资产按照资产五级分类标准均为正常类。

4.5.2.2 市场风险状况

报告期内,受改革预期明朗和流动性充裕双重利好提振,证券市场呈现出震荡上行趋势。但由于公司固有资产配置的股票额度较少,证券市场波动对公司整体业绩影响较小。对于股票质押融资业务,公司注重选择基本面良好、流动性较强的股票,限定较低的股票质押率,实施保证金或股票质押追加机制,并为质押合同办理具有强制执行效力的公证。报告期内部分质押股票触及保证金追加线,公司严格依据合同约定落实保证金或股票质押追加措施,目前质押股票二级市场价格均高于质押价格,风险可控。

4.5.2.3 操作风险状况

公司实行规范化、标准化、制度化管理,管理制度比较健全,报告期内未发生操作风险。

4.5.2.4 其他风险状况

公司面临的其他风险主要有合规风险、法律风险、流动性风险、声誉风险等。公司能够根据外部监管政策和法律法规的变化及时调整公司相关制度，主动配合监管部门对公司业务的监管，对日常经营中涉及关联交易等敏感问题积极主动与监管部门沟通，没有发生重大合规风险和法律风险。截至2016年12月末，公司净资本对各项业务风险资本的覆盖率达231.58%，净资本/净资产指标为75.69%，公司流动性风险较小。公司重视品牌建设和声誉风险管理，勤勉尽职履行受托人责任，与受益人建立了良好的沟通渠道，自主开发类信托项目到期清算率和信托收益兑付率继续保持为100%。

4.5.3 风险管理

4.5.3.1 信用风险管理

优选交易对手。根据主要业务类型的授信原则，明确各类业务的交易对手准入门槛。优选抵（质）押品，审慎确定抵（质）押率，定期对抵（质）押物进行价值评估和压力测试。认真开展项目风险排查，定期检查交易对手的资信状况、经营状况、代偿能力、履约情况，做到风险苗头早发现、早处置。

根据年度经营情况，公司未计提一般准备，按净利润的5%计提信托赔偿准备金，报告期内计提2016年信托赔偿准备金3 744.41万元，期末信托赔偿准备金累计22 033.30万元，报告期内未使用信托赔偿准备金，所提取信托赔偿准备金存放于商业银行。

4.5.3.2 市场风险管理

公司管理市场风险的主要策略有：一是对市场风险实行限额管理，将固有资金投资股票的比重控制在与公司的投资管理和风险承受能力相适应的水平；二是加强对宏观经济形势和特定行业趋势、区域金融环境的整体判断研究，关注政策变化可能引发的风险，避免进入限制类行业和相关项目，同时增强证券投资决策的预见性和前瞻性，提高反应速度；三是利用证券投资及风险管理系统，提高证券估值效率和风险评估的科学性，强化止盈止损等风险防范措施；四是建立股票质押融资项目风险预警台账，逐日盯市，动态监测项目安全边际，做实保证金、股票追加机制。

4.5.3.3 操作风险管理

公司管理操作风险的主要策略有：一是根据监管政策变化，动态修订和完善内控制度体系，细化业务操作流程，明确岗位职责，规范管理要点；二是提升项目评审机制标准化水平，动态修订、完善不同类别项目对应的评审流程细则；三是加强业务流程的信息化管理，通过证券投资和风险管理系统实现了证券交易的自动化，并能对操作风险进行有效防范，提升了风险防控能力和执行效力；四是持续加强员工培训，增强员工的责任意识和道德水准，坚持轮岗和内部审计制度等；五是持续推进精细化管理，强化监督检查和处罚问责等措施。

4.5.3.4 其他风险管理

报告期内，公司强调风险管理的关口前移、风险管理全流程覆盖及风险管理精细化，注重风险管理的前瞻性、针对性和适时性，严格执行决策流程，确保公司各项风险的可测、可控、可承受。2016年，公司进一步加大合规建设力度，不断加强员工职业道德和行为准则教育，注重提升员工法律素养。坚持把法律合规培训作为各类培训的“必修”内容，定期搜集、分析和归纳整理最新监管政策、法律法规、司法判例，通过简报、通知等形式及时传递给全体员工，使遵章守纪、合规操作成为员工的职业信念和工作习惯。全面加强合规管理人才队伍建设，基本形成了“骨干引领”“梯队式”“高素质”的合规管理团队，合规管理专业化、科学化、精细化水平得到进一步提升；突出合规管理前瞻性，坚持把合规评价作为项目评审第一关，注重法律合规风险预警防范，有效防控法律合规风险发生；全面强化合规流程管理，实现事过留痕、定期审计、问责有据；建立内部审计部与法律合规部协调配合工作机制，实现项目审计全覆盖，及时发现操作漏洞，严格纠正不规范行为。

4.6 净资本管理指标

截至2016年末，公司净资本55.13亿元，各项风险资本之和为23.81亿元，净资本对风险资本的覆盖率达到231.58%，净资本/净资产指标为75.69%，各项指标均达到监管标准。

4.7 履行社会责任

报告期内，公司贯彻落实“三重一大”决策制度，进一步完善法人治理结构、内控体系及风险管理，有效管控各类风险；积极发展主动管理类信托业务，完善客户服务体系，优化业务结构；发挥信托优势，为中原经济区和郑州航空港经济综合实验区等国家战略实施提供了高效的信托金融服务；加强反腐倡廉建设，夯实道德和法纪防线；保障员工基本权益，提供专业的培训、健全的保险保障和丰富的活动，倡导健康生活、快乐工作；推行绿色金融，支持低碳经济；“中原信托—乐善1期—‘善行中原’公益信托计划”重大眼科疾病慈善救助项目继续实施，用于救助郑州市第二人民医院重大眼病、原发性视网膜脱离、糖尿病视网膜病变的贫困患者；以专业知识服务社区，多种方式宣传信托知识，解答市民金融理财问题。

5. 报告期末及上一年度末的比较式会计报表

5.1 自营资产

5.1.1 会计师事务所审计结论

中审华会计师事务所（特殊普通合伙）审计了中原信托有限公司2016年度财务报表，出具了标准无保留意见的审计报告书。

5.1.2 资产负债表

资产负债表

编制单位：中原信托有限公司　　2016年12月31日　　单位：万元

资产	行次	期末数	期初数	负债及所有者权益	行次	期末数	期初数
流动资产：	1			流动负债：	36		
货币资金	2	61 066.06	79 091.84	短期借款	37		

续表

资产	行次	期末数	期初数	负债及所有者权益	行次	期末数	期初数
拆出资金	3			拆入资金	38		
交易性金融资产	4			交易性金融负债	39		
衍生金融资产	5			衍生金融负债	40		
买入返售金融资产	6			卖出回购金融资产款	41		
应收账款	7	6 298.88	10 904.36	应付账款	42		
预付款项	8			预收款项	43		
应收利息	9	506.70	82.74	应付职工薪酬	44	16 759.47	10 131.84
应收股利	10			应交税费	45	11 617.34	16 752.07
其他应收款	11	7 402.81	18 606.02	应付利息	46		
存货	12			应付股利	47		
一年内到期的非流动资产	13			其他应付款	48	2 193.98	65 942.45
其他流动资产	14			一年内到期的非流动负债	49		
	15			其他流动负债	50		
流动资产合计	16	75 274.45	108 684.96	流动负债合计	51	30 570.79	92 826.36
非流动资产:	17			非流动负债:	52		
发放贷款及垫款	18	177 700.00	14 300.00	长期借款	53		
可供出售金融资产	19	363 871.85	277 055.25	应付债券	54		
持有至到期投资	20			预计负债	55		
长期应收款	21			递延所得税负债	56		
长期股权投资	22	124 761.25	95 240.76	其他非流动负债	57		
投资性房地产	23	2 198.20	2 336.04	非流动负债合计	58		
固定资产	24	9 012.85	9 470.38	负债合计	59	30 570.79	92 826.36
在建工程	25	477.07	21.80	所有者权益:	60		
工程物资	26			实收资本	61	365 000.00	250 000.00
固定资产清理	27			资本公积	62	148 376.51	−2 031.84
无形资产	28	5 035.66	5 218.58	减:库存股	63		
递延所得税资产	29	120.80	80.62	其他综合收益	64	−669.84	−531.98
抵债资产	30	477.23	575.39	盈余公积	65	44 183.80	36 694.98
其他非流动资产	31	54.98	97.40	一般风险准备	66	22 315.09	18 570.67
	32			未分配利润	67	149 207.99	117 552.99
非流动资产合计	33	683 709.89	404 396.22	外币报表折算差额	68		
	34			所有者权益合计	69	728 413.55	420 254.82
资产总计	35	758 984.34	513 081.18	负债及所有者权益总计	70	758 984.34	513 081.18

法定代表人:黄曰珉　　财务经理:石翠云　　复核:鲁　耀　　制表:邓　燕

5.1.3 利润及利润分配表

利润及利润分配表

制表单位:中原信托有限公司　　2016 年度　　单位:万元

项目	行次	当年数	上年数
一、营业收入	1	149 867.00	180 631.50
利息净收入	2	6 864.56	4 164.59
利息收入	3	8 662.90	5 907.67
利息支出	4	1 798.34	1 743.08
手续费及佣金净收入	5	107 920.03	140 003.32
手续费及佣金收入	6	107 920.03	140 003.32
手续费及佣金支出	7		
投资收益(损失以"−"号填列)	8	34 721.65	36 143.63
其中:对联营企业和合营企业的投资收益	9		
公允价值变动收益(损失以"−"号填列)	10		
汇兑收益(损失以"−"号填列)	11	0.65	0.54
其他业务收入	12	360.11	319.42
二、营业支出	13	47 126.05	70 893.84
税金及附加	14	2 817.31	9 090.84
业务及管理费	15	26 420.89	23 391.16
资产减值损失	16	17 750.00	38 274.00
其他业务成本	17	137.85	137.85
三、营业利润(亏损以"−"号填列)	18	102 740.95	109 737.66
加:营业外收入	19	127.65	137.82
减:营业外支出	20	2.10	274.03
四、利润总额(亏损以"−"号填列)	21	102 866.50	109 601.45
减:所得税费用	22	27 978.27	32 454.20
五、净利润(净亏损以"−"号填列)	23	74 888.23	77 147.25
六、每股收益	24		
(一)基本每股收益	25		
(二)稀释每股收益	26		
减:其他调整事项	27		
七、其他综合收益	28	−137.86	−336.72
八、综合收益总和	29	74 750.37	76 810.53

法定代表人:黄曰珉　　财务经理:石翠云　　复核:鲁　耀　　制表:邓　燕

5.1.4 所有者权益变动表

所有者权益变动表

编制单位：中原信托有限公司　　2016 年度　　单位：万元

项目	行次	本年金额						
		实收资本	资本公积	其他综合收益	盈余公积	未分配利润	一般风险准备	所有者权益合计
一、上年年末余额	1	250 000.00	-2 031.84	-531.98	36 694.98	117 552.99	18 570.67	420 254.82
1. 会计政策变更	2							
2. 前期差错更正	3							
3. 其他调整项	4							
二、本年年初余额	5	250 000.00	-2 031.84	-531.98	36 694.98	117 552.99	18 570.67	420 254.82
三、本年增减变动金额（减少以"－"号填列）	6	115 000.00	150 408.35	-137.86	7 488.82	31 655.00	3 744.41	308 158.72
（一）本年净利润	7					74 888.23		74 888.23
（二）直接计入所有者权益的利得和损失	8		-241.65	-137.86				-379.51
1. 可供出售金融资产公允价值变动净额	9			-120.53				-120.53
2. 权益法下被投资单位其他所有者权益变动影响	10		-241.65	-17.32				-258.98
3. 与计入所有者权益项目相关的所得税影响	11							
4. 其他	12							
小　计	13		-241.65	-137.86		74 888.23		74 508.72
（三）所有者投入资本	14	115 000.00	150 650.00					265 650.00
1. 所有者本期投入资本	15	115 000.00	150 650.00					265 650.00
2. 本年购回库存股	16							
3. 股份支付计入所有者权益的金额	17							
（四）本年利润分配	18				7 488.82	43 233.23	3 744.41	32 000.00
1. 对所有者（或股东）的分配	19					32 000.00		32 000.00
2. 提取盈余公积	20				7 488.82	7 488.82		0.00
3. 提取一般风险准备	21					3 744.41	3 744.41	0.00
（五）所有者权益内部结转	22							
1. 未分配利润转增资本	23							
2. 资本公积转增资本	24							
3. 盈余公积转增资本	25							
4. 盈余公积弥补亏损	26							
四、本年年末余额	27	365 000.00	148 376.51	-669.84	44 183.80	149 207.99	22 315.09	728 413.55

法定代表人：黄曰珉　　财务经理：石翠云　　复核：鲁　耀　　制表：邓　燕

所有者权益变动表（续）

编制单位：中原信托有限公司　　2016 年度　　单位：万元

项目	行次	上年金额						
		实收资本	资本公积	其他综合收益	盈余公积	未分配利润	一般风险准备	所有者权益合计
一、上年年末余额	1	250 000.00	0.25	-195.26	28 980.25	52 128.20	14 713.31	345 626.75
1. 会计政策变更	2							
2. 前期差错更正	3							
3. 其他调整项	4							
二、本年年初余额	5	250 000.00	0.25	-195.26	28 980.25	52 128.20	14 713.31	345 626.75
三、本年增减变动金额（减少以"－"号填列）	6	0.00	-2 032.08	-336.72	7 714.73	65 424.79	3 857.36	74 628.08
（一）本年净利润	7					77 147.26		77 147.26
（二）直接计入所有者权益的利得和损失	8		-2 032.08	-336.72		-150.38		-2 519.18

续表

项目	行次	上年金额						
		实收资本	资本公积	其他综合收益	盈余公积	未分配利润	一般风险准备	所有者权益合计
1. 可供出售金融资产公允价值变动净额	9			-233. 76				-233. 76
2. 权益法下被投资单位其他所有者权益变动影响	10		- 2 032. 08	-102. 96				-2 135. 04
3. 与计入所有者权益项目相关的所得税影响	11							
4. 其他	12					-150. 38		-150. 38
小计	13	0. 00	-2 032. 08	-336. 72		76 996. 88		74 628. 08
(三)所有者投入资本	14							
1. 所有者本期投入资本	15							
2. 本年购回库存股	16							
3. 股份支付计入所有者权益的金额	17							
(四)本年利润分配	18				7 714. 73	11 572. 09	3 857. 36	0
1. 对所有者(或股东)的分配	19							
2. 提取盈余公积	20				7 714. 73	7 714. 73		0
3. 提取一般风险准备	21					3 857. 36	3 857. 36	0
(五)所有者权益内部结转	22							
1. 未分配利润转增资本	23							
2. 资本公积转增资本	24							
3. 盈余公积转增资本	25							
4. 盈余公积弥补亏损	26							
四、本年年末余额	27	250 000. 00	-2 031. 84	-531. 98	36 694. 98	117 552. 99	18 570. 67	420 254. 82

法定代表人:黄曰珉　　财务经理:石翠云　　复核:鲁　耀　　制表:邓　燕

5. 2　信托资产

5. 2. 1　信托项目资产负债汇总表

信托项目资产负债表

编制单位:中原信托有限公司　　2016 年 12 月 31 日　　单位:万元

信托资产	期末数	期初数	信托负债和信托权益	期末数	期初数
信托资产:			信托负债:		
货币资金	69 738. 64	104 451. 59	交易性金融负债		
拆出资金			衍生金融负债		
存出保证金			应付受托人报酬	6 313. 20	10 909. 23
交易性金融资产	13 486. 53	13 125. 21	应付托管费	234. 37	48. 07
衍生金融资产			应付受益人收益	1 290. 96	421. 70
买入返售金融资产	256 100. 10	354 779. 48	应交税费		
应收款项	136 472. 88	206 764. 34	应付销售服务费		
发放贷款	7 563 894. 82	5 801 550. 57	其他应付款项	31 864. 06	43 283. 26
可供出售金融资产	2 229 099. 66	1 328 990. 00	预计负债		
持有至到期投资			其他负债		
长期应收款	448 030. 23	562 939. 89	信托负债合计	39 702. 59	54 662. 26
长期股权投资	2 054 837. 86	1 797 907. 18			
投资性房地产			信托权益:		
固定资产	1 945. 13	1 945. 13	实收信托	13 299 286. 96	12 518 088. 49
无形资产			资本公积	1 380. 31	1 380. 31
长期待摊费用	445. 11	3 707. 16	外币报表折算差额		
其他资产	617 675. 38	2 472 696. 49	未分配利润	51 356. 48	74 725. 98
减:各项资产减值准备			信托权益合计	13 352 023. 75	12 594 194. 78
信托资产总计	13 391 726. 34	12 648 857. 04	信托负债及信托权益总计	13 391 726. 34	12 648 857. 04

法定代表人:黄曰珉　　财务经理:石翠云　　复核:山　岩　　制表:付　刚

5.2.2 信托项目利润及利润分配汇总表

信托项目利润及利润分配表

编制单位：中原信托有限公司　　2016年度　　单位：万元

项目	当年数	上年数
1. 营业收入	914 315.27	1 205 860.17
1.1 利息收入	566 541.75	576 031.31
1.2 投资收益（损失以"－"号填列）	205 661.23	201 071.84
1.2.1 其中：对联营企业和合营企业的投资收益		
1.3 公允价值变动收益（损失以"－"号填列）	−806.84	400.68
1.4 租赁收入		
1.5 汇兑损益（损失以"－"号填列）		
1.6 其他收入	142 919.13	428 356.34
2. 支出	122 543.06	170 042.63
2.1 营业税金及附加		
2.2 受托人报酬	98 197.04	115 969.21
2.3 托管费	6 013.43	8 002.65
2.4 投资管理费		
2.5 销售服务费		
2.6 交易费用	127.37	437.62
2.7 资产减值损失		
2.8 其他费用	18 205.22	45 633.15
3. 信托净利润（损失以"－"号填列）	791 772.21	1 035 817.54
4. 其他综合收益		
5. 综合收益	791 772.21	1 035 817.54
6. 加：期初未分配信托利润	74 725.98	77 524.87
7. 可供分配的信托利润	866 498.19	1 113 342.41
8. 减：本期已分配信托利润	815 141.71	1 038 616.44
9. 期末未分配信托利润	51 356.48	74 725.97

法定代表人：黄曰珉　财务经理：石翠云　复核：山　岩　制表：付　刚

6. 会计报表附注

6.1 简要说明报告年度会计报表编制基准、会计政策、会计估计和核算方法发生的变化

本公司于2008年1月1日起执行新企业会计准则，按照新企业会计准则要求进行会计核算。

6.2 或有事项说明

本会计期末发生对外担保及其他或有事项。

6.3 重要资产转让及其出售的说明

本会计期无重要资产转让及其出售。

6.4 会计报表中重要项目的明细资料

6.4.1 自营资产经营情况

6.4.1.1 按信用风险五级分类结果披露信用风险资产的期初数、期末数

信用风险资产五级分类	正常类（万元）	关注类（万元）	次级类（万元）	可疑类（万元）	损失类（万元）	信用风险资产合计（万元）	不良资产合计（万元）	不良资产率（%）
期初数	14 300					14 300		
期末数	177 700					177 700		

6.4.1.2 各项资产减值损失准备的期初数、本期计提、本期转回、本期核销、期末数，贷款的一般准备、专项准备和其他资产减值准备

单位：万元

	期初数	本期计提	本期转回	本期核销	期末数
贷款损失准备					
一般准备					
专项准备					
其他资产减值准备	39 048.95	17 750.00			56 798.95
可供出售金融资产减值准备	38 274.00	17 750.00			56 024.00
持有至到期投资减值准备					
长期股权投资减值准备					
坏账准备	774.95				774.95
投资性房地产减值准备					
抵债资产减值准备					

6.4.1.3 自营股票投资、基金投资、债券投资、股权投资等投资业务的期初数、期末数

单位：万元

	自营股票	基金	债券	其他投资
期初数			365.79	276 689.46
期末数			274.34	363 597.51

6.4.1.4 前五名的自营长期股权投资的企业名称、占被投资企业权益的比例、主要经营活动及投资收益情况

企业名称	占被投资企业权益的比例（%）	主要经营活动	投资收益（万元）
长城基金管理有限公司	17.6470	基金管理	2 329.40
上海临芯投资管理有限公司	15.0000	基金管理	0.00
洛银金融租赁股份有限公司	10.0000	金融租赁	831.28
焦作中旅银行股份有限公司	2.8800	商业银行	720.30
郑州银行股份有限公司	3.8520	商业银行	15 448.17

6.4.1.5 前五名的自营贷款的企业名称、占贷款总额的比例和还款情况

单位：%

企业名称	占贷款总额的比例（%）	还款情况
河南伊川龙泉电力有限公司	38.83	正常
郑州合广置业有限公司	28.14	正常
河南天海置业有限公司	16.88	正常
周口天明城乡建设投资有限公司	3.94	正常
深圳百富祥投资有限公司	3.94	正常

6.4.1.6 表外业务的期初数、期末数，按照代理业务、担保业务和其他类型表外业务。

单位：万元

表外业务	期初数	期末数
担保业务	0	0
代理业务（委托业务）	0	0
其他	0	0
合计	0	0

6.4.1.7 公司当年的收入结构

收入结构	金额(万元)	占比(%)
手续费及佣金收入	107 920.03	71.10
其中:信托手续费收入	107 920.03	71.10
投资银行业务收入		
利息收入	8 662.90	5.71
其他业务收入	360.76	0.24
其中:计入信托业务收入部分		
投资收益	34 721.65	22.87
其中:股权投资收益	19 421.70	12.79
公允价值变动收益		
其他投资收益	15 299.95	10.08
营业外收入	127.65	0.08
收入合计	151 792.99	100

6.4.2 信托资产管理情况

6.4.2.1 信托资产的期初数、期末数

单位:万元

信托资产	期初数	期末数
集合类	6 217 345.88	7 640 412.42
单一类	5 776 384.02	5 219 898.85
财产管理类	655 127.14	531 415.07
合计	12 648 857.04	13 391 726.34

6.4.2.1.1 主动管理型信托业务期初数、期末数,分证券投资、其他投资、融资、事务管理类分别披露

单位:万元

主动管理型信托资产	期初数	期末数
证券投资类	22 474.38	16 899.12
其他投资类	3 740 843.64	2 969 502.83
融资类	3 152 840.39	2 481 044.15
事务管理类	188 432.31	183 434.56
合计	7 104 590.72	5 650 880.66

6.4.2.1.2 被动管理型信托业务期初数、期末数,分证券投资、其他投资、融资、事务管理类分别披露

单位:万元

被动管理型信托资产	期初数	期末数
证券投资类	0.00	0.00
其他投资类	1 719 703.56	916 073.11
融资类	2 975 575.61	2 252 299.88
事务管理类	848 987.15	4 572 472.69
合计	5 544 266.32	7 740 845.68

6.4.2.2 本年度已清算结束的信托项目个数、实收信托合计金额、加权平均实际年化收益率

6.4.2.2.1 本年度已清算结束的集合类、单一类资金信托项目和财产管理类信托项目个数、实收信托合计金额、加权平均实际年化收益率

已清算结束的信托项目	项目个数(个)	实收信托合计金额(万元)	加权平均实际年化收益率(%)
集合类	182	2 953 489.50	8.74
单一类	181	2 984 731.46	8.39
财产管理类	10	181 508.00	3.43

6.4.2.2.2 本年度已清算结束的主动管理型信托项目个数、实收信托合计金额、加权平均实际年化收益率,分证券投资、其他投资、融资、事务管理类分别披露

已清算结束的信托项目	项目个数(个)	实收信托合计金额(万元)	加权平均实际年化收益率(%)
证券投资类	0	0.00	0.00
其他投资类	191	2 433 303.00	9.63
融资类	98	1 319 616.16	10.12
事务管理类	0	0.00	0.00

6.4.2.2.3 本年度已清算结束的被动管理型信托项目个数、实收信托合计金额、加权平均实际年化收益率,分证券投资、其他投资、融资、事务管理类分别披露

已清算结束的信托项目	项目个数(个)	实收信托合计金额(万元)	加权平均实际年化收益率(%)
证券投资类	0	0.00	0.00
其他投资类	16	861 899.17	4.92
融资类	55	1 120 857.24	7.58
事务管理类	13	384 053.39	4.09

6.4.2.3 本年度新增的集合类、单一类和财产管理类信托项目个数、实收信托合计金额

新增信托项目	项目个数(个)	实收信托合计金额(万元)
集合类	100	4 924 653.26
单一类	68	2 888 592.80
财产管理类	3	96 500.00
新增合计	171	7 909 746.06
其中:主动管理型	79	3 498 472.69
被动管理型	92	4 411 273.37

6.4.2.4 信托业务创新成果和特色业务有关情况

报告期内,公司高度重视转型发展及创新工作,大力发展自主研发类业务,着力转变业务增长方式,不断提升发展质量。针对股权投资类房地产项目特点,采取了"固定收益+浮动收益"方式,满足不同风险偏好的投资者需求。开发实施了规模5亿元的首单消费信托项目,打造了新的产品线。探索开展公募及私募资产证券化业务,评审通过了2个项目,规模共计12.7亿元,助力企业降低融资成本。研究开发了医疗产业投资基金集合信托计划,规模25亿元,与有关医疗机构合作建设三级甲等医院。启动了家族信托业务,为高净值人群进行财富规划,努力实现财富的保值、增值。

6.4.2.5 信托赔偿准备金的提取、使用和管理情况

公司按净利润的5%计提信托赔偿准备金,报告期内计提2016年信托赔偿准备金3 744.41万元,期末信托赔偿准备金22 033.30万元,报告期内未使用信托赔偿准备金,公司所提取信托赔偿准备金存放于商业银行。

6.5 关联方关系及其交易的披露

6.5.1 关联交易方的数量、关联交易的总金额及关联交易的定价政策等

	关联交易方数量(个)	关联交易金额(万元)	定价政策
合计	38	467 670.99	市场公平价格

6.5.2　关联交易方与本公司的关系性质、关联交易方的名称、法定代表人、注册地址、注册资本及主营业务等

单位：万元

关系性质	关联方名称	法定代表人	注册地址	注册资本	主营业务
公司股东	河南投资集团有限公司	朱连昌	郑州市	1 200 000	项目投资管理
公司股东	河南中原高速公路股份有限公司	金　雷	郑州市	224 737	交通设施投资
公司股东	河南盛润控股集团有限公司	李喜朋	郑州市	85 000	实业投资管理
公司股东	河南省豫粮粮食集团有限公司	张培贤	郑州市	100 000	粮食收购、加工

6.5.3　本公司与关联方的重大交易事项

6.5.3.1　固有财产与关联方：贷款、投资、租赁、应收账款、担保、其他方式等期初汇总数、本期发生额汇总数、期末汇总数

单位：万元

固有财产与关联方关联交易			
	期初	发生额	期末
贷款	—	—	—
投资	—	—	—
租赁	—	—	—
担保	—	—	—
应收账款	—	—	—
其他	—	—	—
合计	0	0	0

6.5.3.2　信托资产与关联方：贷款、投资、租赁、应收账款、担保、其他方式等期初汇总数、本期发生额汇总数、期末汇总数

单位：万元

信托资产与关联方关联交易			
	期初	发生额	期末
贷款	—	—	—
投资	—	—	—
租赁	—	—	—
担保	—	—	—
应收账款	—	—	—
其他	—	—	—
合计	0	0	0

6.5.3.3　固有财产与信托财产之间的交易金额期初汇总数、本期发生额汇总数、期末汇总数

单位：万元

固有财产与信托财产相互交易			
	期初数	本期发生额	期末数
合计	194 386.00	51 874.99	246 260.99

6.5.3.4　信托资产与信托财产之间的交易金额期初汇总数、本期发生额汇总数、期末汇总数

单位：万元

信托资产与信托财产相互交易			
	期初数	本期发生额	期末数
合计	1 470 870.00	-1 249 460.00	221 410.00

6.5.4　逐笔披露关联方逾期未偿还本公司资金的详细情况以及本公司为关联方担保发生或即将发生垫款的详细情况

无。

6.6　会计制度的披露

6.6.1　自营业务

本公司执行2006年财政部颁发的企业会计准则及相关规定。

6.6.2　信托业务

本公司执行2006年财政部颁发的企业会计准则及相关规定。

7. 财务情况说明书

7.1　利润实现和分配情况

2016年本公司实现利润总额102 866.50万元，所得税费用27 978.27万元，实现净利润74 888.23万元，按10%计提法定盈余公积7 488.82万元，按5%计提信托赔偿准备金3 744.41万元，加上以前年度未分配利润后，期末未分配利润余额为149 207.99万元。

7.2　主要财务指标

指标名称	指标值
资本利润率（%）	15.57
加权年化信托报酬率（%）	0.92
人均净利润（万元）	346.50

7.3　对本公司财务状况、经营成果有重大影响的其他事项

2016年12月，注册资本由25亿元增为36.5亿元。

8. 特别事项揭示

8.1　前五名股东报告期内变动情况及原因

2016年12月中国银行业监督管理委员会河南监管局《河南银监局关于同意中原信托有限公司增加注册资本、变更股权比例及核准股东资格的批复》（豫银监复［2016］425号文）批

准公司注册资本金由25亿元变更为36.5亿元，核准了河南省豫粮粮食集团有限公司股东资格，同意公司在新股东入股后变更股权比例。其中河南投资集团有限公司持股比例由48.4193%变为46.42947%；河南中原高速公路股份有限公司持股比例由33.2779%变为31.91032%；河南盛润控股集团有限公司持股比例由18.3028%变为12.53616%；新股东河南省豫粮粮食集团有限公司持股比例为9.12405%。

8.2 董事、监事及高级管理人员变动情况及原因

经新股东河南省豫粮粮食集团有限公司推荐，股东会2016年第四次会议选举袁顺兴同志担任公司第五届董事会董事，选举魏华阳同志担任公司第五届监事会监事。

中原信托有限公司职代会2016年第2次会议选举崔泽军同志兼任职工董事。

8.3 变更注册资本、变更注册地或公司名称、公司分立合并事项

2016年12月19日，中国银行业监督管理委员会河南监管局批复同意增资扩股方案（豫银监复[2016]425号）；12月27日，在河南省工商局取得新营业执照；12月28日，在《证券时报》B1版披露《中原信托有限公司关于增加注册资本及调整股权结构的公告》，标志着增资扩股工作全面完成，注册资本金从25亿元增至36.5亿元。截至2016年12月31日，袁顺兴董事任职资格尚待监管部门核准。

8.4 公司的重大诉讼事项

报告期内，公司针对由河北融投担保集团有限公司担保但到期未履行代偿义务的信托项目借款人和担保人向河南省高级人民法院提起了法律诉讼，目前已胜诉，且已进入执行阶段。除此之外，公司无其他重大诉讼事项。

8.5 公司及其高级管理人员受到处罚的情况

无。

8.6 银监会及其派出机构对公司检查后提出整改意见的整改情况

报告期内，河南银监局对公司进行了包括非现场检查、行业评级、专项业务排查、高管访谈、列席董事会及项目审查委员会等系列监督检查活动。通过监督检查，河南银监局在肯定公司坚持依法合规经营、整体经营状况良好、固有资产规模、营业收入规模和盈利能力保持稳定、总体风险基本可控的同时，也提出了以下监管意见：一是应深度挖掘信托制度优势，探索创新业务增长点；二是完善激励约束机制，提升团队稳定性；三是认真做好存续项目风险排查，及时发现风险隐患；四是进一步完善公司分级授权决策制度。公司高度重视监管意见，制定了专项整改方案并积极推进实施：一是探索资产管理和财富管理业务，积极实施创新型业务。如家族信托、资产证券化业务、消费信托业务、产业基金业务模式等均在积极推进中；二是探索建立以市场为导向的选人用人和激励约束机制，有效解决公司可持续发展的深层次问题；三是进一步修订完善了公司风险排查制度，并加强对业务部门风险排查工作的督导，高度重视交易对手的还本付息、还款来源、项目建设、项目销售及舆情等情况，努力做到风险隐患的早发现、早预警、早化解；四是修订公司章程，完善了董事会对董事长和经营层的授权规定，确保各管理层级的决策活动得到明确授权。

8.7 本年度重大事项临时报告的简要内容、披露时间、所披露的媒体及其版面

中原信托有限公司关于增加注册资本及调整股权结构的公告：2016年12月28日，在《证券时报》B1版发布《中原信托有限公司关于增加注册资本及调整股权结构的公告》，公司注册资本由25亿元增至36.5亿元，增资后公司股东构成及股权结构如下：

股东名称	出资额（万元）	出资比例（%）
河南投资集团有限公司	169 467.55	46.42947
河南中原高速公路股份有限公司	116 472.65	31.91032
河南盛润控股集团有限公司	45 757.00	12.53616
河南省豫粮粮食集团有限公司	33 302.80	9.12405
合计	365 000.00	100

公司已于2016年12月27日办理完毕工商登记变更和《公司章程》修订备案工作。

8.8 银监会及其省级派出机构认定的其他有必要让客户及相关利益人了解的重大信息

无。

9. 公司监事会意见

监事会认为：本报告期内，公司经营活动依法运作，操作规范，未发现违反《公司法》《公司章程》、财务会计制度及国家法律法规的行为，财务报告真实地反映了公司的财务状况和经营成果。公司董事、高级管理人员勤勉履职、守法经营、规范管理、开拓创新，维护了公司全体股东的根本利益，未发现违反《公司法》《公司章程》及国家法律法规的行为。

紫金信托有限责任公司

1. 重要提示

1.1 紫金信托有限责任公司董事会及董事保证本报告所载资料不存在任何虚假记载、误导性陈述或者重大遗漏,并对其内容的真实性、准确性和完整性承担个别及连带责任。本年度报告摘要摘自年度报告全文,客户及相关利益人欲了解详细内容,应阅读年度报告全文。

1.2 公司股东会已建立独立董事制度,独立董事保证本报告内容真实、完整和准确。

1.3 公司编制的2016年度财务报告已经立信会计师事务所(特殊普通合伙)审计,并出具了标准无保留意见的审计报告。

1.4 公司法定代表人陈峥、主管会计部门负责人高晓俊和会计部门负责人杨黎文声明并保证年度报告中财务报告的真实、完整。

2. 公司概况

2.1 公司简介

紫金信托有限责任公司(以下简称紫金信托)前身为南京市信托投资公司,成立于1992年。在历经股权变更后,2010年经中国银行业监督管理委员会批准公司实施增资重组,公司控股股东为国资全资设立的南京紫金投资集团有限责任公司(以下简称紫金投资集团),引入了国际著名的信托金融机构日本三井住友信托银行股份有限公司(Sumitomo Mitsui Trust Bank, Limited)(以下简称三井住友信托)以及三胞集团等多家国内知名企业作为战略投资者。2010年10月,经中国银行业监督管理委员会批准重新登记并正式更名为紫金信托有限责任公司(《中国银监会关于南京市信托投资公司重新登记等有关事项的批复》银监复[2010]485号),同时经中国银监会江苏监管局颁发金融许可证,公司于2010年11月28日在南京开业。

2016年7月4日,经中国银监会江苏监管局批准《中国银监会江苏监管局关于紫金信托有限责任公司增加注册资本及修改公司章程的批复》(苏银监复[2016]150号),公司注册资本由12亿元增至24.53亿元。

紫金信托秉承"行远者,必有信"的经营理念,充分发挥"受人之托、代人理财"的功能,积极探索转型时代下的信托公司发展之道,着力打造"责任、专业、开放、分享"的企业文化,坚持做"定制式服务的财富管理人"。立足信托主业,探索金融创新,为企业提供全方位的综合金融解决方案,为投资者提供立体化的资产管理、财富管理方案。

2.1.1 公司法定中文名称:紫金信托有限责任公司
中文缩写:紫金信托
公司法定英文名称:Zijin Trust Co. ,Ltd
英文缩写:ZJT

2.1.2 法定代表人:陈峥

2.1.3 注册地址:江苏省南京市鼓楼区中山北路2号紫峰大厦30层
邮编:210008

2.1.4 公司国际互联网网址:
http://www. zjtrust. com. cn
公司电子邮箱:BGS@ zjtrust. com. cn

2.1.5 公司负责信息披露事务的高级管理人员:高晓俊
联系人姓名:高晓俊
联系电话:025 -66775859
传真:025 -66770666
电子信箱:GAOXIAOJUN@ zjtrust. com. cn

2.1.6 公司选定的信息披露报纸名称:《经济日报》

2.1.7 公司年度报告备置地点:南京市鼓楼区中山北路2号紫峰大厦30层

2.1.8 公司聘请的会计师事务所:
立信会计师事务所(特殊普通合伙)
地址:上海市黄浦区南京东路61号四楼

2.1.9 公司聘请的律师事务所:
通力律师事务所
地址:上海市银城中路68号时代金融中心19楼
锦天城律师事务所(上海)
地址:上海市浦东新区花园石桥路33号花旗集团大厦14楼
北京中伦律师事务所
地址:中国北京市建国门外大街甲6号SK大厦36 ~37层

2.2 组织结构

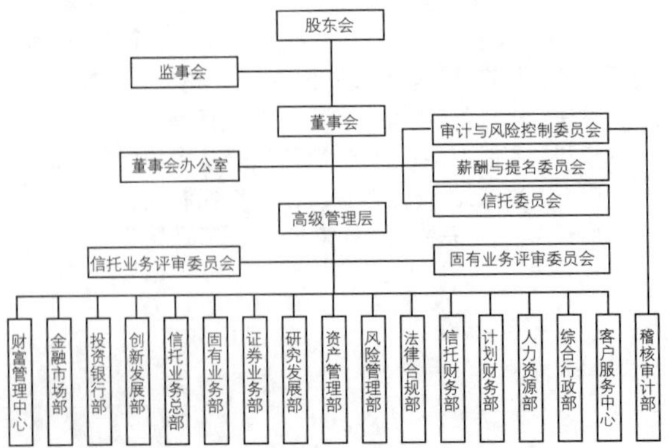

3. 公司治理

3.1 股东

报告期末公司股东总数为5家，最终实际控制人为南京紫金投资集团有限责任公司。出资比例在10%及以上的股东及出资情况：

股东名称	持股比例(%)	法人代表	注册资本	注册地址	主要经营业务
南京紫金投资集团有限责任公司	60.01	王海涛	50亿元	南京市建邺区江东中路269号新城大厦B座2701室	股权投资；实业投资；资产管理；财务咨询、投资咨询（依法须经批准的项目，经相关部门批准后方可开展经营活动）。
三井住友信托银行股份有限公司	19.99	常阴均	3420亿日元	东京都千代田区丸之内1-4-1	信托业务；商业银行业务；证券投资咨询；资产管理运用；房地产咨询及中介业务等。
三胞集团有限公司	10	袁亚非	20亿元	南京市雨花台区软件大道68号01幢	房地产开发经营；实业投资；投资管理等（依法须经批准的项目，经相关部门批准后方可开展经营活动）。

3.2 董事

董事长、副董事长、董事

姓名	职务	性别	年龄(岁)	选任日期	所推举的股东名称	该股东出资比例(%)	简要履历
陈峥	董事长	女	49	2015年6月	南京紫金投资集团有限责任公司	60.01	女，1968年5月出生，硕士，高级经济师，历任上海星火制浆造纸厂技术员、助理工程师，南京国际信托投资公司部门经理，南京市国有资产投资管理控股（集团）有限责任公司部门经理、总经理助理、副总经理，南京紫金投资控股有限责任公司副总经理；现任南京紫金投资集团有限责任公司董事总经理，紫金信托有限责任公司董事长，南京证券股份有限公司董事。
山胁彻哉	副董事长	男	55	2015年6月	三井住友信托银行股份有限公司	19.99	男，1962年1月出生，MBA，历任住友信托银行首尔代表处首席代表，住友信托财务香港公司总经理，住友信托银行信用投资业务部副部长，住友信托银行新加坡分行行长，三井住友信托银行新加坡分行行长、亚洲地区支配人；现任三井住友信托银行执行董事、亚洲地区执行董事，紫金信托有限责任公司副董事长。
崔斌	董事、总裁	男	44	2015年7月	南京紫金投资集团有限责任公司	60.01	男，1973年11月出生，硕士。历任苏州产权交易所交易部负责人，苏州国有资产管理局产权处科员，北京证券投资银行华东部项目经理、苏州营业部投行部副经理，苏州信托有限公司部门经理、总经理助理、副总经理、总裁，合景泰富地产控股（苏州）有限公司副总经理，苏州柯利达集团有限公司副总裁，陆家嘴国际信托有限公司副总经理；现任紫金信托有限责任公司董事、总裁。
王瑞	董事	女	44	2014年10月	南京紫金投资集团有限责任公司	60.01	女，1973年5月出生，硕士，高级经济师。历任南京市投资公司项目经理、投资部经理、副总经理，南京市国有资产投资管理控股（集团）有限责任公司投资管理部副经理，南京市国资委综合处副处长，南京市投资公司副总经理；现任南京紫金资产管理有限公司总经理，紫金信托有限责任公司董事。
赵磊	董事	男	37	2016年5月	三胞集团有限公司	10	男，1980年11月出生，学士。历任日本瑞穗投资咨询有限公司咨询业务部投资分析师，三胞集团有限公司董事长助理，三胞集团有限公司投资管理中心总监，南京万商商务服务有限公司法人总经理，三胞集团有限公司金融事业部副总裁；现任三胞集团有限公司助理总裁，三胞集团南京投资管理有限公司总经理，紫金信托有限责任公司董事。

独立董事

姓名	职务	性别	年龄(岁)	选任日期	所推举的股东名称	该股东出资比例(%)	简要履历
夏亮	上海通力律师事务所律师、合伙人	男	42	2015年1月	南京紫金投资集团有限责任公司	60.01	男，1975年1月出生，硕士。历任上海市毅石律师事务所律师助理，中伦金通律师事务所上海分所律师助理，上海通力律师事务所律师，北京市金杜律师事务所上海分所律师；现任上海通力律师事务所律师、合伙人，紫金信托有限责任公司独立董事。
黄泽民	华东师大国际金融研究所所长	男	65	2014年10月	三井住友信托银行股份有限公司	19.99	男，1952年12月出生，经济学博士，华东师范大学终身教授、博士生导师，曾担任华东师大商学院院长，政协第十、第十一届全国委员会委员；现任华东师大国际金融研究所所长，兼任上海世界经济学会副会长，中国金融学会学术委员，中国国际金融学会理事，中国国际经济关系学会常务理事，全国日本经济学会副会长，政协第十二届全国委员会委员，上海市人民政府参事，紫金信托有限责任公司独立董事。

3.3 监事

监事会成员

姓名	职务	性别	年龄（岁）	选任日期	所推举的股东名称	该股东出资比例（%）	简要履历
骆芝惠	监事会主席	女	61	2014 年 10 月	南京紫金投资集团有限责任公司	60.01	女，1956 年 10 月出生，会计学大专，高级会计师，历任镇江丹徒基本建设局经理部主管会计，镇江市丹徒审计局财贸金融科审计员，南京市国际信托投资公司计划财务部副经理，南京市国有资产投资管理控股（集团）有限责任公司计划财务部经理、副总会计师、总会计师，南京紫金投资集团有限责任公司总会计师；现任南京紫金投资集团有限责任公司专务，紫金信托有限责任公司第二届监事会主席。
渠　泉	监事	男	48	2014 年 10 月	南京高新技术经济开发有限责任公司	5	男，1969 年 10 月出生，大专，工程师。历任南京科技创业服务中心综合管理部经理、招商中心经理、海外学子办公室主任，南京高新技术经济开发总公司南京软件园分公司副总经理，南京高新区管委会经发局综合科科长；现任南京高新融资担保有限公司董事长，南京高新创业投资有限公司执行董事、副总经理，紫金信托有限责任公司第二届监事会监事。
李　薇	职工代表监事	女	38	2014 年 10 月	—	—	女，1979 年 2 月出生，硕士。历任南京证券投资银行一部职员，南京市国有资产投资管理控股（集团）有限责任公司资产管理部、投资管理部、金融资产部高级业务经理、总经理助理，南京紫金投资控股有限责任公司投资运营部经理；现任紫金信托有限责任公司法律合规部总经理、合规总监，紫金信托有限责任公司第二届监事会职工代表监事。

监事会未下设委员会。

3.4 高级管理人员情况

姓名	职务	性别	年龄（岁）	选任日期	金融从业年限（年）	学历	专业
崔斌	董事、总裁	男	44	2015 年 7 月 20 日	21	本科	经济学
高晓俊	副总裁	男	46	2015 年 4 月 1 日	15	硕士	工商管理
顾怀宇	副总裁	男	44	2015 年 11 月 9 日	21	本科	货币银行学
泽村研太郎	副总裁	男	48	2016 年 5 月 24 日	26	本科	经济学
伍　兵	总裁助理	男	51	2013 年 9 月 23 日	28	博士	技术经济及管理

3.5 公司员工

项目		报告期年度		上年度	
		人数（人）	比例（%）	人数（人）	比例（%）
年龄分布	20 岁以下	0	0.0	0	0.0
	20～29 岁	38	25.9	44	31.2
	30～39 岁	77	52.4	69	48.9
	40 岁以上	32	21.7	28	19.9
学历分布	博士	2	1.4	2	1.4
	硕士	68	46.2	66	46.8
	本科	73	49.6	69	49.0
	专科	2	1.4	3	2.1
	其他	2	1.4	1	0.7
岗位分布	董事、监事及高管人员	7	4.8	7	5
	自营业务人员	7	4.8	6	4.3
	信托业务人员	81	55.1	79	56.0
	其他人员	52	35.3	49	34.7

4. 经营概况

4.1 经营目标、方针、战略规划

公司 2016 年的经营目标：秉持以传统业务、投行业务、同业业务为“三驾马车”，以资本市场业务为“一个补充”，不断优化业务结构；从强化主动管理能力、业务创新能力、营销能力、盈利能力和风险控制能力等五大能力入手，持续夯实管理基础；在产业基金、不良资产流转、资产证券化、互联网金融、大消费金融和受托境外理财等六大创新方向上着力，引领业务创新，积极推动各项工作开展，实现公司转型发展。

经营方针：“3＋1”优化业务结构、五大能力夯实管理基础、六大方向引领业务创新。

公司的战略规划：坚持“为客户提供定制式服务的财富管理人”的战略思想，跟随主流市场的同时积极创新，做强基石业务，发展创新业务。同时以“成为中小金融机构产品供应商，中产家庭理财好伙伴”为目标，拓展基石客户群。

4.2 经营业务的主要内容

4.2.1 公司经营业务和品种

经中国银行业监督管理委员会批准，公司许可经营项目为：（1）资金信托；（2）动产信托；（3）不动产信托；（4）有价证券信托；（5）其他财产或财产权信托；（6）作为投资基金或者基金管理公司的发起人从事投资基金业务；（7）经营企业资产的重组、购并及项目融资、公司理财、财务顾问等业务；（8）受托经营国务院有关部门批准的证券承销业务；（9）办理居间、咨询、资信调查等业务；（10）代保管及保管箱业务；（11）以存放同业、拆放同业、贷款、租赁、投资方式运用固有财产；（12）以固有财产为他人提供担保；（13）从事同业拆借；（14）中国法律法规规定或中国银监会批准的其他业务（外资比例低于 25%）。

一般经营项目：无。

4.2.2 公司资产组合和分布

自营资产运用与分布表金额

资产运用	金额（万元）	占比（%）	资产分布	金额（万元）	占比（%）
货币资产	27 554.97	7.49	基础产业		
贷款及应收款	3 139.18	0.85	房地产业		
交易性金融资产	50 125.90	13.63	证券市场	35 225.92	9.58
可供出售金融资产	239 607.07	65.17	实业		
持有至到期投资	39 252.35	10.68	金融机构	322 785.00	87.79
长期股权投资	1 470.63	0.40	其他	9 679.02	2.63
其他	6 539.84	1.78			
资产总计	367 689.94	100.00	资产总计	367 689.94	100.00

信托资产运用与分布表金额

资产运用	金额（万元）	占比（%）	资产分布	金额（万元）	占比（%）
货币资产	61 597.16	0.49	基础产业	2 186 194.30	17.43
贷款	4 608 490.73	36.75	房地产	621 500.00	4.96
交易性金融资产	3 244.32	0.03	证券市场	531 324.94	4.24
可供出售金融资产	6 940 702.95	55.34	实业	4 998 903.12	39.86
持有至到期投资	80 541.49	0.64	金融机构	4 200 377.17	33.49
长期股权投资	831 139.00	6.63	其他	3 115.00	0.02
其他	15 698.88	0.12			
信托资产总计	12 541 414.53	100.00	信托资产总计	12 541 414.53	100.00

4.3 市场分析

4.3.1 影响公司发展的有利因素

（1）中国宏观经济实现稳增长与调结构的平衡，为金融行业有效服务实体经济明确了发展路径。按照年初确定的“坚持稳中求进工作总基调”，经济总量保持了稳步增长，2016年GDP增速为6.7%，符合年初预定的增长区间。钢铁、煤炭等行业去产能效果明显，经济结构继续优化。最终消费对GDP增速的贡献率稳步上升，成为经济增长首要驱动力。宏观经济发展为金融行业转变发展模式，有效地服务实体经济指明了方向。

（2）信托行业监管政策体系、金融基础设施建设逐步完善。2016年末全行业信托资产规模突破20万亿元，信托行业在中国金融体系中地位、作用显著提升。适合信托行业在新的历史阶段发展需求，夯实行业发展根基，突出发展主业，有效管控风险。中国信托业保障基金有限责任公司、中国信托登记有限责任公司等相继成立，为信托行业长期健康发展提供了保障。

（3）资产证券化市场体系日趋完善，为公司资产证券化业务开展提供了有利条件。年内，交易商协会修订了资产支持票据的业务指引、银行业信贷资产登记流转中心业务规模化开展、中国信托登记有限责任公司正式成立等完善、拓宽了资产证券化交易平台。不良信贷资产证券化重启、PPP项目资产证券化、物业租金资产证券化等不断涌现，丰富了基础资产类型。资产证券化市场体系不断完善为公司发挥专业化管理能力，拓展资产证券化业务提供了有力的支持。

（4）国内消费金融业务保持高速发展，为公司业务转型提供了重要机遇。消费金融已经发展成为传统金融服务的有效补充。金融科技在客户获取、信贷审批、贷后管理、交叉销售等环节为消费金融业务提供全流程的应用支撑。随着配套监管政策进一步细化，基于大数据的风控技术不断成熟，消费金融进入较为规范发展阶段。公司抓住机遇，积极探索信托与消费金融的融合互补，推动信托业务转型发展。

4.3.2 影响公司发展的不利因素

（1）市场环境变化，行业竞争加剧，传统业务模式面临转型压力。2016年宏观经济增速持续放缓，基础设施投资增速下滑，市场流动性充裕，地方政府开展存量债务置换以及商业银行加大对基础产业领域业务扩张等多因素共振，外部市场环境与行业展业环境更加严峻，信托公司亟待调整传统业务模式，谋求转型升级。

（2）热点市场实施房地产调控，基础产业业务竞争升级。房地产信托和基础产业信托是信托行业传统的支柱业务。2016年一线城市及部分热点二线城市相继实施了“限购”“限贷”的房地产调控政策，导致了市场交易量显著收缩，业务风险管理更加复杂。基础产业领域面临银行、保险等机构的强势进入，信托公司的传统优势地位受到冲击。

（3）同业业务监管政策加强，同业合作模式有待转型。随着银行业金融机构全面风险管理指引落地实施，对银行表内、表外业务风险管理全面覆盖，银行通过表外业务实现信用扩张受到较大的限制。传统银信合作业务模式面临转型，多渠道的资产证券化业务、定制化资产配置业务等能够充分发挥两类机构管理优势的合作模式亟待加强。

4.4 内部控制

4.4.1 内部控制环境和内部控制文化

公司按照《公司法》《信托公司管理办法》《信托公司治理指引》和监管部门的要求，进一步完善了公司治理的相关制度和实施细则，明确了股东会、董事会和监事会的权责和制约关系，董事会、监事会、经营班子的权责和授权制约关系。公司高级管理层与下属部门形成了有效的授权分责关系。

公司坚持“责任、专业、开放、分享”的文化理念，建立“平衡、奇正、预防、权变”的内控体系，坚守底线而不墨守成规，顺应市场变化和业务发展需要，将防范风险作为风险管控的核心，实现风险管控与业务发展的“平衡”。面对各类风险高发的外部环境，始终秉承“合规、稳健”的内控文化底色，不断引导提升全员风险防控能力。公司坚持依法合规经营的理念和风险控制优先的原则，形成业务不断发展和风险有效控制的运行机制，建立起员工职业道德规范和诚信记录，营造良好的合规经营文化环境。

4.4.2 内部控制措施

公司董事会下设审计与风险控制委员会负责内部控制体系的建设、完善、有效实施。公司的内部控制职能部门为风险管理部、法律合规部。

公司坚持“内控优先、稳健运行”管理理念，持续加强内控制度体系建设和完善细化工作，制定出台有关业务管理和基础管理制度，全面覆盖信托业务、固有业务和基础管理工作。公司建立健全各项业务决策机构和决策程序。公司加强对投资策略、规模、品种、结构、期限等的决策管理。公司主要业务部门之间建立并逐步健全严格的隔离制度，实现四个分离：即信托业务与自营业务及其他业务相分离；不同的信托财产之间相分离；同一信托财产运用与保管相分离；业务操作岗与风险管控岗相分离。

对于信托业务，在信托项目尽职调查、业务审批、产品销售、存续管理、信息披露、清算核算、风险管控等各环节分别制定了管理办法和操作规程，业务运行规范化程度明显提高。在设立环节，公司通过制定各专项业务项目的尽职调查指引、建立科学有效的信托业务决策机制、严格按照公司制度和流程开展信托项目审查审批、根据法律法规制定规范的信托文件等措施实现内部控制；在运用环节，公司对信托财产运用严格遵守法律法规规定，实现信托财产的审批、运用和保管（托管）分离等措施；在管理环节，公司初步建立各类信托业务风险识别、评估、监测、报告控制体系，公司信托业务的前台、中台、后台信息交流保持渠道畅通和信息对称，建立信托项目及时分析、跟踪检查的管理制度，设立业务管理台账做好记录，实现内部控制；在清算终止环节，公司严格依据法律法规、信托文件制作处理信托事务的清算报告，及时向委托人、受益人进行披露，同时规范信托业务档案管理机制，以实现内部控制。

对于固有业务，公司全面加强资金投放的事前、事中和事后管理，业务运行继续保持良好，到期项目资金全部收回。遵循谨慎原则，建立健全固有业务决策机构和决策程序，制定年度自有资金配置计划与风险容忍度，严格按照董事会的有关规定及公司相关制度规定的程序与决策权限进行报审与审批，加强对固有业务的投资策略、规模、品种、结构、期限等的决策管理；公司坚持自有资金“低风险、高流动”的配置要求，根据经济形势、市场情况的变化，适时进行固有业务投资策略的调整；公司通过合理的预警机制、严密的账户管理、严格的资金审批调度、规范的交易操作及完善的业务档案管理制度等，控制固有业务的运作风险；公司投资决策有充分的投资依据，重要投资要有详细的研究报告和风控意见支持，并有决策流程和记录。

4.4.3　监督评价与纠正

公司的稽核审计部独立行使公司内部控制的监督、评价与纠正职责。在审计过程中发现的内部控制缺陷，向被审部门提出改进建议并敦促被审部门及时改进完善。稽核审计部有权直接向董事会、监事会和公司高管层报告内部控制审计情况。

公司实行事前、事中与事后“三位一体”的风险管理和监督评价体系，对业务环节和经营管理进行持续性的全方位、全过程的监督、评价、后评价与纠正。2016 年稽核审计部全面完成了内部控制检查评价工作，符合监管规定、完善公司治理结构和强化内部控制体系建设的总体要求。事前监督主要从制度建设、流程设计与完善，风险信息收集、识别、评估与监测等方面开展，对公司的内部控制进行事前管理；事中监控，包括资产管理部门定期适时的业务监控、业务部门持续性监控以及稽核审计平台的过程监控；事后监督通过常规稽核、专项稽核、离任稽核等形式发现、评价公司经营中存在的制度和流程缺陷，并建立规范的后续整改跟踪程序，确保合理建议得到落实和改进，有效提升公司的内控水平。

4.5　风险管理

4.5.1　风险管理概况

报告期内，公司进一步完善“五全”，即全面、全流程、全员、全市场和全区域的风险管理体系。加强了资本市场业务及省外市场业务对风险的识别、评估、控制能力。截至报告期末，公司已形成覆盖各项业务流程和管理活动、覆盖所有的部门、岗位和人员的 140 项制度。与此同时，2016 年通过加大信息系统建设力度，促进内部控制与信息自动化有效结合，风险管控体系运行效率不断提升。

报告期内，公司风险管理制度运行有效，全部固有、信托资产安全受控。截至 2016 年 12 月末，公司净资本 300 281.05 万元，符合该项指标需大于等于 2 亿元的监管要求。固有业务风险资本 53 318.05 万，信托业务风险资本 58 739.41 万，各项业务风险资本之和为 112 057.46 万。净资本/各项业务风险资本之和为 267.97%，符合该项指标需大于等于 100% 的监管要求，净资本/净资产为 87.97%，符合该项指标需大于等于 40% 的监管要求。

4.5.2　风险状况

4.5.2.1　信用风险状况

信用风险是由于交易对手不履行义务而给公司带来潜在损失的风险。主要表现为：在贷款、资产回购、后续资金安排、担保、履约承诺等交易过程中，借款人、担保人、保管人（托管人）等交易对手不履行承诺，不能或不愿履行合约承诺而使信托财产和固有财产遭受潜在损失的可能性。

报告期内，按照贷款五级分类标准，公司存续信托项目及固有项目均为正常类，无不良贷款率，风险分类真实、准确。无预期损失及贷款风险迁徙，风险可控。

4.5.2.2　市场风险状况

市场风险主要是指市场利率、汇率或金融产品等价格变动给公司造成损失的风险。主要表现为：股票、债券、票据、外汇等资产因价格变动而带来损失的风险。

报告期内，公司通过优选交易对手、谨慎选择项目或标的物、严格的投后管理措施、对股票类标的物进行实时盯盘及设置预警机制，确保市场风险可控。

4.5.2.3　操作风险状况

报告期内，公司未出现重大操作风险事项。

4.5.2.4　其他风险状况

其他风险状况包括流动性风险、声誉风险和集中度风险。

流动性风险：报告期内，公司面临的兑付集中度和清算压力较小，流动性风险低。

声誉风险：报告期内，公司未有任何信托项目赔付，存量信托项目运行正常，潜在赔偿责任风险较小。

集中度风险：信托资金运用涉及公共设施管理业、城市公共交通业、商务服务业、环境管理业、水利管理业、批发业、零售业、银行业、房地产业、其他金融活动等行业，资金运用投向较为丰富，集中度风险低。

4.5.3　风险管理

4.5.3.1　信用风险管理

报告期内，公司对信用风险具体管控措施包括：（1）投前业务展业中，一是根据形势变化，对原有业务指引及业务管理制度及时更新；二是加大了对创新业务的研究与指导，在创新的同时不放松风险，对不同类型的创新业务设置个性化信用风险控制要求。（2）投中业务审查中，通过审查关口前移、深入现场、多渠道信息验证、审查小组集体讨论等方式，多形式探索发现风险、防范风险的途径。(3)投后业务管理中,以存续管理台账为依据,以现场监管报告、存续管理报告、存续管理事项审核审批为抓手,通过事中监管、事后监督严格管控项目风险。产证券化业务的管理方法,配合业务部门及投前审查部门完成新业务创新的设计与实施。

4.5.3.2 市场风险管理

报告期内,公司对市场风险的管控措施具体包括:(1)关注宏观经济及金融市场对业务的影响,遵循组合投资、分散风险的投资原则,注意防范系统性风险;(2)审慎推进有市场风险敞口的投资业务,对投资类业务设置准入门槛及禁入领域,并由评审会授权证券投资决策小组对证券投资业务进行专家把关;(3)在资本市场中,为应对股票市场年初的熔断事件,对股票质押类、上市公司质押融资类、证券投资类等三类业务进行了专项风险排查,从风控阈值安全边际、价格波动性、质押激进程度、风险影响等多角度进行风险评估,实时反映了相关业务风险状况;规范公司内部操作与市场风险的适配性,适应资本市场风险管理要求;对于净值型产品,加强市值监控的管理环节,专人专岗位对产品净值和投资资产市值进行高频跟踪,保障该类投资的风险管理落实到位。

4.5.3.3 操作风险管理

报告期内,公司严格执行操作风险管理制度,加强操作风险管控,致力于使公司能够全面识别并应对于所有主要产品、活动、流程和系统中的内在操作风险。具体措施包括:(1)持续关注并不断完善各项制度规定并优化业务流程,针对关键操作环节和跨部门协同环节,重点强化操作风险防控。(2)在操作风险首问负责制基础上,法律合规部对操作风险管理内容、操作风险报告进行扎口管理,及时报告操作风险事件。(3)对重点业务和流程进行专项检查监督,通过法律合规部的扎口管理、稽核审计部的定期检查,做到操作风险早发现、早处理。(4)进一步完善计算机系统及管理机制,不断完善核心业务系统、CRM 系统和财务系统的功能性建设和优化,加强网络安全管理。(5)从内部举报、案件防控、合规问责等各个层面,加强案件防控及员工行为的管理和监督,切实防范和降低操作风险,公司全体员工已全部签署案防教育与案防责任书,规范员工执业行为。

4.5.3.4 其他风险管理

其他风险包括流动性风险管理、声誉风险管理和集中度风险管理。

报告期内,公司对流动性风险的主要管理措施包括:(1)在管理组织架构上,设立流动性管理领导小组,由计划财务部牵头,风险管理部、客户服务中心、投资银行部各司其职,共同做好流动性管理工作;(2)定期对存续项目的偿付风险进行排查,对交易对手的资金安排情况进行调查评估,以做到流动性风险的尽早掌握和及时预防;(3)关注市场变化,及时根据资金面的变化调整业务期限策略;(4)针对现金管理产品和长久期、期限错配类产品,进行重点流动性监控,实时测算现金缺口,审慎评估每笔投资实施后的流动性风险变化情况,加强对资金和资产的期限匹配管理,从严管控现金缺口,防范流动性风险。

报告期内,公司声誉风险管理的具体措施包括:(1)全面培养以公司声誉为导向的公司文化,从产品设计到产品的审查审批、投放、投后管理全流程中高度重视公司的声誉风险,在公司内部形成自上而下的声誉风险管理意识,实行声誉风险积极管理的策略;(2)修订《风险管理办法》,将声誉风险管理纳入公司全面风险管理体系,明确声誉风险监控、管理和应对的流程与职责;(3)进一步完善舆情监测机制,聘请专业公司对公司信息和存续信托项目信息进行全面的舆情监测,并根据公司业务发展需要及时更新,有效识别、监测、评估、报告声誉风险事项,加强舆情监测、研判、识别以及处置能力;(4)通过及时全面的信息披露,提升公司信息的透明度,实现公司与投资者的良性沟通,有效防控声誉风险;(5)坚持依法合规稳健经营,积极履行社会责任。2016 年,在以往连续五年成功开展"紫金·厚德"系列公益信托的基础上,成功落地江苏省首单慈善信托——"紫金·厚德6号"慈善信托计划,得到社会各界广泛关注和好评,进一步提升公司的知名度、美誉度。

报告期内,集中度风险管理的措施主要包括:(1)结合公司的经营特点,适度进行分散化、多元化的经营策略,对单一客户、单一区域实行限额管理,避免业务过度集中;(2)加强数量统计分析和市场监测,实行更新数据及扩大监控范围,有效防范和控制因集中度风险引致的损失。

5. 报告期末及上一年度末的比较式会计报表

5.1 自营资产

5.1.1 会计师事务所审计结论

审计报告

信会师报字[2017]第 ZH30005 号

紫金信托有限责任公司全体股东:

我们审计了后附的紫金信托有限责任公司(以下简称紫金信托公司)财务报表,包括 2016 年 12 月 31 日的资产负债表,2016 年度的利润表、现金流量表、所有者权益变动表以及财务报表附注。

一、管理层对财务报表的责任

编制和公允列报财务报表是紫金信托公司管理层的责任,这种责任包括:(1)按照企业会计准则的规定编制财务报表,并使其实现公允反映;(2)设计、执行和维护必要的内部控制,以使财务报表不存在由于舞弊或错误导致的重大错报。

二、注册会计师的责任

我们的责任是在执行审计工作的基础上对财务报表发表审计意见。我们按照中国注册会计师审计准则的规定执行了审计工作。中国注册会计师审计准则要求我们遵守中国注册会计师职业道德守则,计划和执行审计工作以对财务报表是否不存在重大错报获取合理保证。

审计工作涉及实施审计程序,以获取有关财务报表金额和披露的审计证据。选择的审计程序取决于注册会计师的判断,包括对由于舞弊或错误导致的财务报表重大错报风险的评估。在进行风险评估时,注册会计师考虑与财务报表编制和公允列报相关的内部控制,以设计恰当的审计程序,但目的并非对内部控制的有效性发表意见。审计工作还包括评价管理层选用会计政策的恰当性和作出会计估计的合理性,以及评价财务报表的总体列报。

我们相信，我们获取的审计证据是充分、适当的，为发表审计意见提供了基础。

三、审计意见

我们认为，紫金信托公司财务报表在所有重大方面按照企业会计准则的规定编制，公允反映了紫金信托公司2016年12月31日的财务状况及2016年度的经营成果和现金流量。

立信会计师事务所（特殊普通合伙）　　中国注册会计师：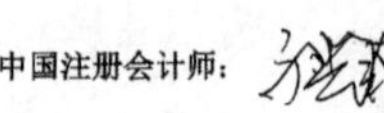

中国注册会计师：

中国·上海　　二〇一七年二月八日

5.1.2 资产负债表

资产负债表

编制单位：紫金信托有限责任公司　2016年12月31日　单位：万元

资产	期末余额	年初余额
资产：		
现金及存放中央银行款项	1.53	0.63
存放同业款项	27 553.44	15 942.53
贵金属		
拆出资金		
以公允价值计量且其变动计入当期损益的金融资产	50 125.90	25 716.94
衍生金融资产		
买入返售金融资产		
应收利息		
发放贷款和垫款		3 000.00
可供出售金融资产	239 607.07	138 232.24
持有至到期投资	39 252.35	18 230.27
长期股权投资	1 470.63	1 470.63
投资性房地产		
固定资产	6 176.69	6 428.25
无形资产	30.14	117.42
长期待摊费用	333.00	351.00
递延所得税资产		
其他资产	3 139.17	992.22
资产总计	367 689.92	210 482.13

法定代表人：陈　峥　　主管会计工作负责人：高晓俊　　会计机构负责人：杨黎文

资产负债表（续）

2016年12月31日

编制单位：紫金信托有限责任公司　单位：万元

负债及股东权益	期末余额	年初余额
负债：		
向中央银行借款		
同业及其他金融机构存放款项		
拆入资金		
以公允价值计量且其变动计入当期损益的金融负债		
衍生金融负债		
卖出回购金融资产款		
吸收存款		
应付职工薪酬	17 346.78	13 983.88
应交税费	7 167.29	5 424.23
应付利息		
预计负债		
应付债券		
递延所得税负债		
其他负债	1 824.21	196.02
负债合计	26 338.28	19 604.13
股东权益：		
股本	245 300.00	120 000.00
资本公积		
减：库存股		
盈余公积	13 427.55	9 293.68
一般风险准备	5 417.23	3 053.77
信托赔偿准备	6 713.77	4 646.84
未分配利润	70 493.11	53 883.71
股东权益合计	341 351.66	190 878.00
负债和股东权益总计	367 689.92	210 482.13

法定代表人：陈　峥　　主管会计工作负责人：高晓俊　　会计机构负责人：杨黎文

5.1.3 利润表

利润表

编制单位：紫金信托有限责任公司　2016年度　单位：万元

项目	本期发生额	上期发生额
一、营业收入	73 890.17	70 384.04
利息净收入	1 083.09	2 773.31
利息收入	1 125.86	2 782.49
利息支出	42.77	9.18
手续费及佣金净收入	59 780.36	51 720.88
手续费及佣金收入	59 780.36	51 720.88
手续费及佣金支出		
投资收益	16 011.68	16 619.62
其中：对联营企业和合营企业的投资收益		
公允价值变动收益	-3 947.78	-729.77
汇兑收益	962.82	0
其他业务收入		
二、营业支出	18 543.11	21 655.54
营业税金及附加	979.62	4 464.08
业务及管理费	17 563.49	17 191.46
资产减值损失		
其他业务成本		
三、营业利润	55 347.06	48 728.50
加：营业外收入	1 105.69	627.80
减：营业外支出	100.00	100.00
四、利润总额	56 352.75	49 256.30
减：所得税费用	15 014.09	12 037.65
五、净利润	41 338.66	37 218.65
六、其他综合收益		
七、综合收益总额	41 338.66	37 218.65

法定代表人：陈　峥　　主管会计工作负责人：高晓俊　　会计机构负责人：杨黎文

5.1.4 所有者权益变动表

所有者权益变动表

编制单位：紫金信托有限责任公司 2016 年度 单位：万元

项目	本期金额							
	股本	资本公积	减：库存股	盈余公积	一般风险准备	信托赔偿准备	未分配利润	所有者权益合计
一、上年年末余额	120 000.00			9 293.68	3 053.77	4 646.84	53 883.71	190 878.00
加：会计政策变更								
前期差错更正								
二、本年期初余额	120 000.00			9 293.68	3 053.77	4 646.84	53 883.71	190 878.00
三、本期增减变动金额（减少以"－"号填列）	125 300.00			4 133.87	2 363.46	2 066.93	16 609.41	150 473.66
（一）净利润							41 338.66	41 338.66
（二）其他综合收益								—
上述（一）和（二）小计				—	—		41 338.66	41 338.66
（三）所有者投入和减少资本	125 300.00							
1. 所有者投入资本	125 300.00							125 300.00
2. 股份支付计入所有者权益的金额								125 300.00
3. 其他								—
（四）利润分配				4 133.87	2 363.46	2 066.93	-24 729.25	-16 165.00
1. 提取盈余公积				4 133.87			-4 133.86	—
2. 提取一般风险准备					2 363.46		-2 363.46	—
3. 提取信托赔偿准备						2 066.93	-2 066.93	—
4. 对所有者（或股东）的分配							-16 165.00	-16 165.00
5. 其他								
（五）所有者权益内部结转								
1. 资本公积转增资本（或股本）								
2. 盈余公积转增资本（或股本）								
3. 盈余公积弥补亏损								
4. 其他（未分配利润转增资本）								
（六）专项储备								
1. 本期提取								
2. 本期使用								
（七）其他								
四、本期期末余额	245 300.00			13 427.55	5 417.23	6 713.77	70 493.12	341 351.66
后附的财务报表附注为财务报表的组成部分。								

法定代表人：陈 峥 主管会计工作负责人：高晓俊 会计机构负责人：杨黎文

5.2 信托资产

5.2.1 信托项目资产负债汇总表

信托项目资产负债表

编制单位：紫金信托有限责任公司 2016 年 12 月 31 日 单位：万元

信托资产	期末余额	年初余额	信托负债和信托权益	期末余额	年初余额
信托资产：			信托负债：		
货币资金	61 597.16	178 280.81	交易性金融负债		
拆出资金			衍生金融负债		
存出保证金			应付受托人报酬	10 593.13	5 343.79
交易性金融资产	3 244.32	15 056.47	应付托管费	0.14	104.97
衍生金融资产			应付受益人收益	9.27	
买入返售金融资产			应交税费		
应收款项	15 698.88	13 253.64	应付销售服务费		
发放贷款	4 608 490.73	3 532 445.00	应付手续费及佣金		
可供出售金融资产	6 940 702.95	4 299 100.64	其他应付款项	7 001.87	2 451.01
持有至到期投资	80 541.49	68 258.87	其他负债		
长期应收款			信托负债合计	17 604 40	7 899.77
长期股权投资	831 139.00	122 286.00			
投资性房地产					
固定资产			信托权益		
无形资产			实收信托	12 476 192.00	8 158 939.80
长期待摊费用			资本公积		
其他资产			未分配利润	47 618.13	61 841.86
减：各项资产减值准备			信托权益合计	12 523 810.13	8 220 781.66
信托资产总计	12 541 414.53	8 228 681.43	信托负债和信托权益总计	12 541 414.53	8 228 681.43

法定代表人：陈 峥 主管会计工作负责人：高晓俊 会计机构负责人：蒋为强

5.2.2 信托项目利润及利润分配汇总表

信托项目利润及利润分配表

编制单位：紫金信托有限责任公司 2016年度 单位：万元

项目	本期发生额	上期发生额
一、营业收入	723 423.88	568 867.57
1.1 利息收入	303 552.92	249,597.94
1.2 投资收益	420 185.57	319 294.30
1.2.1 其中：对联营企业和合营企业的投资收益	0.00	0.00
1.3 公允价值变动收益	−314.61	−24.67
1.4 租赁收入	0.00	0.00
1.5 汇兑损益（损失以“−”号填列）	0.00	0.00
1.6 其他收入	0.00	0.00
二、支出	104 971.22	81 212.57
2.1 营业税金及附加	0.00	0.00
2.2 受托人报酬	71 729.81	54 741.81
2.3 托管费	5 849.98	6 464.21
2.4 手续费及佣金	0.81	3.58
2.5 销售服务费	0.00	0.00
2.6 交易费用	27.72	16.70
2.7 资产减值损失	0.00	0.00
2.8 其他费用	27 362.90	19 986.27
三、信托净利润（净亏损以“−”号填列）	618 452.66	487 655.00
四、其他综合收益	0.00	0.00
五、综合收益	0.00	0.00
六、加：期初未分配信托利润	61 841.86	35 107.03
七、可供分配的信托利润	680 294.52	522 762.03
八、减：本期已分配信托利润	632 676.40	460 920.17
九、期末未分配信托利润	47 618.12	61 841.86

法定代表人：陈 峥　　主管会计工作负责人：高晓俊　　会计机构负责人：蒋为强

6. 会计报表附注

6.1 会计报表编制基准不符合会计核算基本前提的说明

（1）公司会计报表编制基准不存在不符合会计核算基本前提的情况。

（2）本公司以持续经营为基础，根据实际发生的交易和事项，按照《企业会计准则——基本准则》和其他各项会计准则的规定进行确认和计量，在此基础上编制财务报表。

6.2 或有事项说明

本公司无需要披露的或有事项。

6.3 重要资产转让及出售的说明

报告期内，公司未发生重要资产转让及出售行为。

6.4 会计报表中重要项目的明细资料

6.4.1 披露自营资产经营情况

6.4.1.1 按信用风险五级分类结果披露信用风险资产的期初数、期末数

信用风险资产五级分类	正常类（万元）	关注类（万元）	次级类（万元）	可疑类（万元）	损失类（万元）	信用风险资产合计（万元）	不良资产合计（万元）	不良资产率（%）
期初数	203 584.83					203 584.83		
期末数	361 148.58					361 148.58		

注：1. 2015年监管部门数据统计口径发生变化。

2. 不良资产合计＝次级类＋可疑类＋损失类。

6.4.1.2 各项资产减值损失准备的期初数、本期计提、本期转回、本期核销、期末数，贷款的一般准备和专项准备和其他资产减值准备

单位：万元

	期初数	本期计提	本期转回	本期核销	期末数
贷款损失准备	—	—	—	—	—
一般准备	—	—	—	—	—
专项准备	—	—	—	—	—
其他资产减值准备	—	—	—	—	—
可供出售金融资产减值准备	—	—	—	—	—
持有至到期投资减值准备	—	—	—	—	—
长期股权投资减值准备	—	—	—	—	—
坏账准备	—	—	—	—	—
投资性房地产减值准备	—	—	—	—	—

6.4.1.3 自营股票投资、基金投资、债券投资、长期股权投资等投资的期初数、期末数

单位：万元

	自营股票	基金	债券	长期股权投资	其他投资	合计
期初数	20 322.08	803.57	400.00	1 470.63	160 653.81	183 650.09
期末数	19 604.16	5 816.42	900.00	1 470.63	302 664.74	330 455.95

6.4.1.4 自营长期股权投资的企业名称、占被投资企业权益的比例、主要经营活动及投资收益情况

企业名称	占被投资企业权益的比例	主要经营活动	投资收益（万元）
南京证券股份有限公司	0.35%	证券经纪、证券承销、证券自营、客户资产管理、财务顾问等	131.04

6.4.1.5 自营贷款的企业名称、占贷款总额的比例和还款情况

企业名称	贷款金额（万元）	占贷款总额的比例（%）	还款情况
—	—	—	—

6.4.1.6 表外业务

单位：万元

表外业务	期初数	期末数
担保业务	—	—
代理业务	—	—
其他	—	—
合计	—	—

6.4.1.7 公司当年的收入结构

收入结构	金额(万元)	占比(%)
手续费及佣金收入	59 780.36	79.67
其中:信托手续费收入	59 780.36	79.67
投资银行业务收入		
利息收入	1 125.86	1.50
其他业务收入		
其中:计入信托业务收入部分		
投资收益	16 011.68	21.34
其中:股权投资收益	131.04	0.18
证券投资收益	3 789.16	5.05
其他投资收益	12 091.48	16.11
公允价值变动收益	-3 947.79	-5.26
汇兑损益	962.83	1.28
营业外收入	1 105.69	1.47
收入合计	75 038.63	100.00

注:1. 手续费及佣金收入、其他业务收入、投资收益、营业外收入均为损益表中的一级科目,其中手续费及佣金收入、利息收入、营业外收入为未抵减掉相应支出的全年累计实现收入数。

2. 报告年度实现信托业务收入的总额59 780.36万元,均为以手续费及佣金确认的信托业务收入。

6.4.2 信托资产管理情况

6.4.2.1 信托资产的期初数、期末数

单位:万元

信托资产	期初数	期末数
集合类	2 802 586.32	4 918 369.92
单一类	4 286 388.91	4 695 662.95
财产管理类	1 139 706.20	2 927 381.66
合计	8 228 681.43	12 541 414.53

6.4.2.1.1 主动管理型信托业务期初数、期末数

单位:万元

主动管理型信托资产	期初数	期末数
证券投资类	2 766.88	2 840.19
股权投资类	108 000.00	151 000.00
融资类	2 416 394.59	2 254 197.66
事务管理类	3 104.96	317 575.97
合计	3 795 059.30	4 544 272.77

注:"合计"行为主动管理型信托项目的总额,它包含所有运用方式的主动型产品。"证券投资类""股权投资类""融资类""事务管理类"是主动管理型信托中的几个重点类别,包含在"合计"中,但是与"合计"行没有勾稽关系,"合计"行大于或等于这四类之和。

6.4.2.1.2 被动管理型信托业务期初数、期末数,分证券投资、股权投资、融资、事务管理类分别披露

单位:万元

被动管理型信托资产	期初数	期末数
证券投资类	0.00	0.00
股权投资类	14 286.00	23 250.00
融资类	609 619.19	225 098.61
事务管理类	3 342 403.35	7 203 807.91
合计	4 433 622.13	7 997 141.76

6.4.2.2 本年度已清算信托项目个数、实收信托合计金额、加权平均实际年化收益率

6.4.2.2.1 本年度已清算结束的集合类、单一类资金信托项目和财产管理类信托项目个数、实收信托合计金额、加权平均实际年化收益率

已清算结束的信托项目	项目个数(个)	实收信托合计金额(万元)	加权平均实际年化收益率(%)
集合类	51	1 164 788.64	9.0121
单一类	46	1 694 240.00	7.6755
财产管理类	11	405 800.00	8.6074

注:收益率是指信托项目清算后,给受益人赚取的实际收益水平。加权平均实际年化收益率=(信托项目1的实际年化收益率×信托项目1的实收信托+信托项目2的实际年化收益率×信托项目2的实收信托+…+信托项目n的实际年化收益率×信托项目n的实收信托)/(信托项目1的实收信托+信托项目2的实收信托+…+信托项目n的实收信托)×100%。

6.4.2.2.2 本年度已清算结束的主动管理型信托项目个数、实收信托合计金额、加权平均实际年化收益率

已清算结束的信托项目	项目个数(个)	实收信托合计金额(万元)	加权平均实际年化信托报酬率(%)	加权平均实际年化收益率(%)
证券投资类	0	0	0	0
股权投资类	0	0	0	0
融资类	48	1 438 498.00	2.4228	8.8301
事务管理类	3	35 100.64	0.3482	6.6398

注:加权平均实际年化信托报酬率=(信托项目1的实际年化信托报酬率×信托项目1的实收信托+信托项目2的实际年化信托报酬率×信托项目2的实收信托+…+信托项目n的实际年化信托报酬率×信托项目n的实收信托)/(信托项目1的实收信托+信托项目2的实收信托+…+信托项目n的实收信托)×100%。

6.4.2.2.3 本年度已清算结束的被动管理型信托项目个数、实收信托合计金额、加权平均实际年化收益率

已清算结束的信托项目	项目个数(个)	实收信托合计金额(万元)	加权平均实际年化信托收益率(%)	加权平均实际年化收益率(%)
证券投资类	0	0	0	0
股权投资类	0	0	0	0
融资类	17	622 060.00	0.1655	7.6031
事务管理类	24	911 940.00	0.2194	7.9449

6.4.2.3 本年度新增的集合类、单一类和财产管理类信托项目个数、实收信托合计金额

新增信托项目	项目个数(个)	实收信托合计金额(万元)
集合类	56	3 697 446.58
单一类	53	3 409 462.15
财产管理类	32	2 243 178.62
新增合计	141	9 350 087.35
其中:主动管理型	64	3 368 574.68
被动管理型	77	5 981 512.67

注:本年新增信托项目指在本报告年度内累计新增的信托项目个数和金额。包含本年度新增并于本年度内结束的项目和本年度新增至报告期末仍在持续管理的信托项目。

6.4.2.4　信托业务创新成果和特色业务有关情况。

(1)落地江苏省首单养老产业PPP基金。2016年9月,公司与相关承建、运营机构组成社会资本联合体中标淮安养老养生产业园"阳光新城"PPP项目。该项目已纳入《江苏省2016年第一批PPP入库项目名单》,并被认定为江苏省"2016年政府和社会资本合作省级试点项目",同时该项目被列入淮安市"十三五"规划和淮安市"一区一题"重点项目。"阳光新城"PPP基金为公司以PPP基金模式支持养老产业发展建立了成熟展业模式。

(2)公募市场资产证券化业务实现重点突破。2016年8月,公司首单公募信贷资产证券化业务"紫鑫2016年第一期信贷资产支持证券"成功落地,总规模约为10.30亿元。11月,在银行业信贷资产登记流转中心登记、挂牌、交易首单信托支持票据产品(TBN)产品"安瑞1期财产权信托"。首单公募租赁资产证券化业务"苏租2017年第一期租赁资产支持证券"也在2017年1月顺利发行,总规模约为18.73亿元。通过在公募市场多个领域实施重点突破,资产证券化业务已成为公司推进实施供给侧结构性改革的重要工具。

(3)面向"双中"客户成功创设组合型资产配置业务。提供组合型资产配置业务是公司服务中小金融机构、中产家庭(以下简称"双中")战略客户的重点发展方向。2016年7月,鑫享1号集合资金信托计划顺利落地。该产品根据"双中"战略客户投资偏好,采用CPPI配置策略,体现了"固定+浮动"收益的特征。这是公司从单纯的产品销售模式转向以客户需求为中心的资产配置模式的成功探索。

(4)首次将海外资产纳入公司大类资产体系。2016年,公司抓住美元升值的机遇期,积极布局海外资产配置业务。中企海外债1号集合资金信托计划主要投资于中资企业在香港市场发行交易的美元债券。紫金远航QDII专项投资集合资金信托计划通过"借船出海"的方式投资美国REITs市场,为客户提供海外资产配置。通过开展海外资产配置业务,有效拓展了大类资产体系,为发展资产配置业务打下坚实基础。

(5)围绕公司战略方向创新开展消费金融业务。根据发展战略中明确的消费金融业务角色定位,公司与狮桥融资租赁合作设立了狮桥1号集合资金信托计划。该产品从前端融资到后端资产证券化,为交易对手提供全流程服务支持,打通了公司进入消费金融"蓝海"市场的发展路径。

6.4.2.5　本公司履行受托人义务情况及因本公司自身责任而导致的信托资产损失情况

本公司以为受益人最大利益行事为基本职责,认真履行以下义务:(1)诚实信用、谨慎和有效管理义务;(2)忠实义务;(3)分别管理义务;(4)亲自管理义务;(5)保存记录义务;(6)定期报告义务;(7)依法保密的义务;(8)向受益人支付信托利益的义务。

截至2016年12月31日,本公司未发生因自身责任而导致的信托资产损失情况。

6.5　关联方关系及其交易的披露

6.5.1　关联交易方的数量、关联交易的总金额及关联交易的定价政策等

	关联交易方数量(个)	关联交易金额(万元)	定价政策
合计	2	171 470.63	

6.5.2　关联交易方与本公司的关系性质、关联交易方的名称、法人代表、注册地址、注册资本及主营业务等

单位:亿元

关系性质	关联方名称	法定代表人	注册地址	注册资本	主营业务
本公司股东	南京紫金投资集团有限责任公司	王海涛	江苏省南京市	50	实业投资、资产管理、财务咨询、投资咨询
本公司股东在中国设立的分支机构	三井住友信托银行股份有限公司上海分行	大谷力	上海市	34	在银监会批准范围之内,经营对各类客户的外汇业务以及人民币业务
受同一母公司控制	南京银行股份有限公司	林复	江苏省南京市	60.59	吸收存款、发放贷款等
受同一母公司控制	南京证券股份有限公司	步国旬	江苏省南京市	24.74	证券经纪、证券承销、证券自营、客户资产管理、财务顾问等

6.5.3　逐笔披露本公司与关联方的重大交易事项

6.5.3.1　固有财产与关联方:贷款、投资、租赁、应收账款担保、其他方式等期初汇总数、本期借方和贷方发生额汇总数、期末汇总数

单位:万元

固有与关联方关联交易				
	期初数	借方发生额	贷方发生额	期末数
贷款				
投资	1 470.63			1 470.63
租赁				
担保				
应收账款				
其他				
合计	1 470.63			1 470.63

6.5.3.2　信托资产与关联方:贷款、投资、租赁、应收账款、担保、其他方式等期初汇总数、本期借方和贷方发生额汇总数、期末汇总数

单位:万元

信托与关联方关联交易				
	期初数	借方发生额	贷方发生额	期末数
贷款	90 000.00	80 000.00		170 000.00
投资				
租赁				
担保				
应收账款				
其他	7 000.00		7 000.00	0.00
合计	97 000.00	80 000.00	7 000.00	170 000.00

6.5.3.3　信托公司自有资金运用于自己管理的信托项目(固信交易)、信托公司管理的信托项目之间的相互(信信交易)交易金额,包括余额和本报告年度的发生额

6.5.3.3.1　固有财产与信托财产之间的交易金额期初汇总数、本期发生额汇总数、期末汇总数

单位:万元

固有财产与信托财产相互交易			
	期初数	本期发生额	期末数
合计	128 222.24	48 656.65	176 878.89

注:以上固有财产与信托财产之间的交易主要是以固有资金购买本公司管理的信托项目的受益权。

6.5.3.3.2 信托资产与信托财产之间的交易金额期初汇总数、本期发生额汇总数、期末汇总数

单位:万元

信托财产与信托财产相互交易			
	期初数	本期发生额	期末数
合计	877 814.00	862 694.19	1 740 508.19

6.5.4 逐笔披露关联方逾期未偿还本公司资金的详细情况以及本公司为关联方担保发生或即将发生垫款的详细情况

截至2016年12月31日,本公司未发生关联方逾期未偿还本公司资金的情况,也无本公司为关联方担保发生或即将发生垫款的情况。

6.6 会计制度的披露

本公司固有业务、信托业务执行的会计制度为财政部2006年新修订颁布的企业会计准则及其应用指南。

7. 财务情况说明书

7.1 利润实现和分配情况

经立信会计师事务所(特殊普通合伙)审计,2016年公司实现净利润41 338.66万元。按规定计提法定盈余公积4 133.87万元、计提信托赔偿准备2 066.93万元、计提一般风险准备2 363.45万元,加上调整后年初未分配利润53 883.71万元,扣除2016年已分配现金股利16 165万元,2016年末可供股东分配的利润余额为70 493.12万元。

根据股东大会审议通过的2016年利润分配方案,分配现金红利为2016年末可供分配利润的30%,取整后为21 148.00万元。

7.2 主要财务指标

指标名称	指标值
资本利润率(%)	17.02
加权年化信托报酬率(%)	1.15
人均净利润(万元)	252.07

注:1. 资本利润率=净利润/所有者权益平均余额×100%。

2. 所有者权益平均余额=($a0/2+a1+a2+a3+a4/2$)/4。

3. 加权年化信托报酬率=(信托项目1的实际年化信托报酬率×信托项目1的实收信托+信托项目2的实际年化信托报酬率×信托项目2的实收信托+…+信托项目n的实际年化信托报酬率×信托项目n的实收信托)/(信托项目1的实收信托+信托项目2的实收信托+…+信托项目n的实收信托)×100%。

4. 人均净利润=净利润/年平均人数,公式为:a(平均)=(年初数+年末数)/2。

7.3 对本公司财务状况、经营成果有重大影响的其他事项

无。

8. 特别事项提示

8.1 前五名股东在报告期内变动情况及原因

报告期内,公司前五名股东没有发生变动情况。

8.2 董事、监事及高级管理人员变动情况及原因

2016年2月1日,紫金信托有限责任公司第二届董事会第十次会议审议通过《关于甲斐伸一郎先生辞职的议案》,甲斐伸一郎先生不再担任紫金信托有限责任公司副总裁。审议通过《关于聘任公司副总裁的议案》,聘任泽村研太郎先生为紫金信托有限责任公司副总裁,任期三年,自获得中国银监会或其派出机构任职资格核准批复日起计算。

同日召开的紫金信托有限责任公司2015年股东会审议通过《关于沙福贵先生辞职的议案》,沙福贵先生不再担任紫金信托有限责任公司董事。审议通过《关于选举公司董事的议案》,选举赵磊先生出任公司第二届董事会董事。自获得中国银监会或其派出机构任职资格核准批复日起计算。

2016年5月4日,中国银监会江苏监管局核准赵磊先生紫金信托有限责任公司董事任职资格《中国银监会江苏监管局关于赵磊任职资格的批复》(苏银监复[2016]95号)。

2016年5月21日,中国银监会江苏监管局核准泽村研太郎先生紫金信托有限责任公司副总裁任职资格《中国银监会江苏监管局关于泽村研太郎任职资格的批复》(苏银监复[2016]109号)。

8.3 变更注册资本、变更注册地或公司名称、公司分立合并事项

2016年7月4日,经中国银监会江苏监管局批准《中国银监会江苏监管局关于紫金信托有限责任公司增加注册资本及修改公司章程的批复》(苏银监复[2016]150号),公司注册资本由12亿元增至24.53亿元,并于8月18日完成了工商变更登记及备案。

8.4 公司的重大诉讼事项

无。

8.5 报告期内公司及其董事、监事和高级管理人员受到处罚情况

无。

8.6 报告期内银监会及其派出机构提出整改意见的整改情况

报告期内,中国银监会江苏监管局对公司日常经营管理提出一些意见和要求,公司已严格按要求落实。

8.7 本年度重大事项临时报告的简要内容、披露时间、所披露的媒体及版面

2016年8月19日,《证券时报》A4版刊登《紫金信托有限责任公司增资公告》。简要内容如下:紫金信托有限责任公司根据公司2015年度股东会决议及相关决定,将公司注册资本金由12亿元增至24.53亿元。增资后公司股权结构保持不变,仍为南京紫金投资集团有限责任公司出资比例为60.01%、三井住友信托银行股份有限公司出资比例为19.99%、三胞集团有限公司出资比例为10%、南京高新技术经济开发有限责任公司出资比例为5%、江苏金智科技股份有限公司出资比例为5%。并据此修改《公司章程》。以上事项已经中国银行业监督管理委员会江苏监管局批准,并完成了工

商变更登记及备案。

8.8 银监会及其省级派出机构认定的其他有必要让客户及相关利益人了解的重要信息

无。

9. 公司监事会意见

（1）公司股东会、董事会、监事会、经营管理层职责明确，有效行使了公司权力机构、决策机构、监督机构和执行机构的职能。

（2）2016 年公司董事会认真加强科学决策和风险管理，严格遵守《公司法》《公司章程》和相关法规开展工作。公司能够严格按照《信托法》《信托公司管理办法》《信托公司集合资金信托计划管理办法》和中国银监会有关规定，规范运作，依法决策，依法管理。本报告期内董事会认真执行了股东会的决议，忠实履行了诚信义务，未出现董事及高级管理人员在执行公司职务时存在违法违纪和有损公司及股东利益的行为。

（3）公司 2016 年度财务报告客观真实地反映了公司的实际财务状况和经营成果。